PRISMA WOORDENBOEK

Duits Nederlands

Bewerking: dr. K.B. Zaich en redactie Prisma

prisma

Uitgeverij Unieboek | Het Spectrum bv, Houten

Prisma woordenboek Duits-Nederlands

Bewerking: dr. K.B. Zaich en redactie Prisma
Oorspronkelijke auteur: drs. J.A.H. van Gemert

Typografie: Underware, Den Haag
Lettertypes: Zeitung & Dolly
Omslagontwerp: Raak Grafisch Ontwerp, Utrecht

ISBN 978 90 003 5855 7
47 18
ISBN 978 90 003 6307 0 FLUO-editie
7 18

NUR 627

www.prisma.nl
www.prismawoordenboeken.be
www.unieboekspectrum.nl

Prisma maakt deel uit van Uitgeverij Unieboek | Het Spectrum bv
Postbus 97
3990 DB Houten

Welkom bij Prisma!

Met deze Prisma heb je een heel goed woordenboek in handen, met tienduizenden trefwoorden en voorbeeldzinnen.

Maar Prisma kan je nog verder helpen, met uitdagend en leuk leermateriaal. Handig als je op vakantie gaat naar Oostenrijk, als je skypet met je neefje in Australië of als je voor je tentamen Frans nog wat extra wilt leren.

Met de Prisma woordenboeken en taalcursussen ga je gericht aan de gang. Leer wat je nodig hebt, waar en wanneer het jou het beste uitkomt, op het niveau dat bij jou past.

Wil je je taalkennis breed ontwikkelen?

Met onze reeks *Zelfstudies* leg je een stevig fundament. Volg het leerplan in het boek, maak de oefeningen en beluister de audio. Beschikbare talen: onder meer Duits, Engels, Frans, Spaans en Latijn.

Wil je een specifieke vaardigheid leren?

Wil je beter leren spreken en luisteren, oefen dan met de Prisma luistercursussen op audio-cd. Train breed met de eenvoudige *Luistercursus*, of leer zakelijke gesprekken voeren met de *Businesscursus*.

Prisma heeft *Basisgrammatica's* met oefeningen en uitleg voor beginners en voor gevorderden uitgebreide *Grammatica's* die je ook kunt gebruiken als naslagwerk.

Prisma woordenboeken online en als app

Gebruik de pockets digitaal, als je huiswerk maakt, internet, chat of gamet: handig en razendsnel, altijd een betrouwbare taalhulp onder je vingers.

Met een abonnement op de *online*-versie heb je altijd de meest actuele informatie, rechtstreeks uit de Prisma database.

De *apps* download je op je device (iOS® en Android®). Bij de vertaalwoordenboeken krijg je beide vertaalrichtingen. Klik door vanaf elk woord dat je op het scherm ziet. Je krijgt altijd alle vindplaatsen van een woord in beide delen te zien: supercompleet.

Kijk voor alle Prisma producten op **www.prisma.nl**.

Over Prisma woordenboeken

De Prisma's zijn al jaren **de meest gekochte en gebruikte woordenboeken** op scholen en daarbuiten. Ze hebben een uitstekende reputatie onder docenten, die deze woordenboeken al ruim een halve eeuw aanbevelen.

In geen ander pocketwoordenboek vind je zo veel **betrouwbare informatie**. De inhoud is samengesteld en gecontroleerd door ervaren lexicografen en vertalers. In alle Prisma's wordt de **officiële spelling** toegepast, volgens de regels van de Nederlandse Taalunie.

Dit Prisma woordenboek biedt **meer informatie** dan welk ander pocketwoordenboek ook: het bevat tienduizenden trefwoorden en duizenden voorbeeldzinnen: alles wat je als leerling op de middelbare scholier nodig hebt. De Prisma pockets worden voortdurend bijgewerkt en elke nieuwe druk bevat de meest **actuele updates**.

Deze pocket is erg **helder en gebruiksvriendelijk** door de overzichtelijke indeling van betekenissen, voorbeeldzinnen en idiomen. De extra kleur en de letterliniaal zijn belangrijke hulpmiddelen waarmee je snel vindt wat je zoekt.

Heb je vragen of opmerkingen? Mail deze dan naar info@prisma.nl. Alvast hartelijke dank!

de Prisma redactie

Inhoud

Gebruiksaanwijzing

Tip: Geen zin om te lezen? Bekijk dan de zes **korte filmpjes** met uitleg op *YouTube* (zoek op `Prisma woordenboekentrainer').

In woordenboeken vind je informatie onder *trefwoorden*, die alfabetisch gerangschikt zijn, van A tot Z. Een trefwoord is **vet** gedrukt en erachter volgt alle informatie over dat woord, zoals grammatica, betekenis en hoe je het in een zin kunt gebruiken.

Achter in een woordenboek staat vaak nog extra informatie, bijvoorbeeld over onregelmatige werkwoorden of andere grammaticale onderwerpen.

Alfabetische zoekhulpjes

Op de achterkant van dit woordenboek vind je de *letterliniaal*: het hele alfabet van boven naar onder. De letters sluiten aan bij de zijkant: daar zie je aangegeven welke bladzijden beginnen met die letter van het alfabet.

In de kantlijn van elke pagina staan in een blauw blokje de eerste twee letters van het eerste (links) en laatste (rechts) woord op die pagina. Zo kun je snel door de pagina's bladeren. Bovenaan elke pagina staan het eerste en laatste trefwoord van die pagina vermeld.

Trefwoorden

Alle trefwoorden drukken we vet. Varianten erop en verwijzingen ernaar ook. In een woordenboek vind je alleen de basisvorm, niet de verbogen of vervoegde vormen. Dus **Bahn** en **beachten** zijn wel trefwoorden, maar *Bahnen* en *beachtete* niet. Alleen van onregelmatige vormen geven we ook de verbogen en vervoegde vormen als trefwoord (**Bauten → Bau**, **bäckt → backen**).

Klemtoon

Waar nodig geven we de klemtoon aan door de beklemtoonde klinkers te onderstrepen.

Een aantal woorden kun je op meerdere manieren uitspreken. *Durchfliegen* betekent `(aan één stuk) doorvliegen' en *durchfliegen* betekent onder meer `vliegen door'. Deze woorden staan in het boek als afzonderlijke trefwoorden:

durchfliegen [...]
durchfliegen [...]

Woordsoorten, grammatica

We vermelden woordsoorten in blauwe letters, afgekort (bv. BN, bijvoeglijk naamwoord). Als er meerdere zijn, staat er een vet blauw cijfer voor. Check goed of je de woordsoort in de vertaling van de zin past! *Bestehen* kan bijvoorbeeld een overgankelijk werkwoord (**1** OV WW) zijn met de betekenis `doorstaan, slagen voor', maar ook (**2** ONOV WW) een ónovergankelijk werkwoord: `bestaan'.

Ook andere grammaticale informatie, meervouden, vervoegde vormen, naamvallen enz. drukken we met blauw.

Bij zelfstandig naamwoorden geven we de *genitief* (tweede naamval) en de *meervoudsvorm*, gescheiden door een deelstreep (/) . Als deze worden gevormd door letters toe te voegen, geven we dit aan met een plusteken:

Affe zn m (+n/+n)

Als ze worden gevormd door een deel van het woord te vervangen, dan geven we het vervangende deel, voorafgegaan door een streepje:

Anzug zn m (+(e)s/-züge)

Als genitief en/of meervoud hetzelfde zijn als het trefwoord, geven we dan aan met een streepje:

Abseits zn o (-/-)

Als er geen streepje of plusje staat, is het hele trefwoord in genitief- en/of meervoudsvorm afgedrukt:

Zug (+(e)s/Züge)

Als het trefwoord niet in het meervoud wordt gebruikt, geven we dat aan met gmv.

Betekenis

Een trefwoord kan meerdere betekenissen en dus meerdere vertalingen hebben. *Grund* bijvoorbeeld betekent `grond', maar je kunt het ook vertalen als `dal' en `argument'. Als een trefwoord meerdere betekenissen heeft, nummeren we ze met vette zwarte cijfers.

Voorbeeldzinnen

In een voorbeeldzin zie je hoe het trefwoord kan voorkomen in combinatie met andere woorden en hoe je het dan vertaalt. Je kunt een zelfstandig naamwoord (*Bezug*) combineren met een werkwoord en een voorzetsel (`Bezug haben auf') en dan betekent het `betrekking hebben op'. Soms betekent een woordcombinatie in het Nederland iets heel anders, bijvoorbeeld: *kaltes Blut bewahren* betekent `rustig blijven'.

Vóór een voorbeeldzin staat een bolletje: •. Is de zin een vaste uitdrukking of gezegde, dan staat er een driehoekje voor ▶.

In een voorbeeldzin vervangen we het trefwoord door een kringeltje (~).

Extra informatie

Labels, zoals FIG. of MUZ.* geven aan dat een betekenis bv. figuurlijk is, of een muziekterm. Ook tussen geknikte haken vertellen we kort wat meer over een betekenis of een vertaling, bv. of de term alleen gebruikt wordt in de <wielersport>.

Kijk op de Voorbeeldpagina (p. 11) hoe dit alles er in het boek uitziet.

Extra tips

★ Zoek je naar de vertaling van een uitdrukking of vaste woordcombinatie, kijk dan bij het eerste zelfstandig naamwoord dat daarin voorkomt. 'sein Brot verdienen' vind je bij *Brot*, niet bij *sein* of *verdienen*. Staan er meerdere zelfstandige naamwoorden in de zin, kijk dan eerst bij het eerste: 'von Kopf bis Fuß' vind je bij het trefwoord *Kopf*. Als je de gezochte vertaling niet bij het eerste zelfstandig naamwoord vindt, kijk dan bij het tweede, enzovoort.

★ Veel voorzetsels (*an*, *auf*, *durch*, *mit*, *ohne*) vind je bij de (werk)woorden waar ze vaak bij voorkomen: 'belasten mit' vind je bij *belasten*, niet bij *mit*; 'ins Blaue hinein' vind je bij *Blaue*, niet bij *in* of *hinein*.

★ In het Duits begint elk zelfstandig naamwoord met een hoofdletter maar zonder hoofdletter kan dezelfde vorm ook voorkomen. Het woord *Betrieb* betekent `bedrijf, zaak' maar *betrieb*, met kleine b, betekent `bedreef', een werkwoord. Controleer dus goed of de vertaling die je vindt wel in de zin past.

Bekijk ook de **Bijzondere tekens** en **Afkortingen** hieronder en de grammaticale informatie achter in het boek. Wil je meer weten, mail ons dan: info@prisma.nl.

* Zie de lijst Afkortingen op p. 10.

Bijzondere tekens

Kijk op pagina 11 om te zien hoe we onderstaande tekens gebruiken.

1, **2** enz. Als een trefwoord meerdere woordsoorten heeft (bv. werkwoord en zelfstandig naamwoord) nummeren we deze met vette, blauwe cijfers.

1, **2** enz. Als een trefwoord meerdere betekenissen heeft, nummeren we deze met vette, zwarte cijfers.

■ Na een bolletje volgt een voorbeeldzin.

▶ Na een driehoekje volgt een spreekwoord of vaste uitdrukking.

ZN Grammaticale informatie geven we in blauwe tekst. Blauwe cijfers geven de naamval aan.

(mv: ...)

+3

⟨...⟩ Tussen geknikte haken staat extra uitleg over de betekenis of de vertaling daarvan.

"..." Tussen aanhalingstekens geven we aan hoe een woord (of een deel daarvan) klinkt.

~ Een tilde vervangt vaak het trefwoord in voorbeeldzinnen en uitdrukkingen.

/ Een schuine streep scheidt woorden die onderling verwisselbaar zijn.

≈ Een equivalentieteken geeft aan dat de vertaling een benadering of omschrijving is.

→ Een pijl verwijst voor meer informatie naar het erop volgende trefwoord.

Afkortingen

AANW	aanwijzend
AARDK.	aardrijkskunde
ACHTERV	achtervoegsel
ADMIN.	administratie
AFK	afkorting
AGRAR.	agrarisch
ANAT.	anatomie
ARCH.	architectuur
A-V	audiovisueel
BELG.	Belgisch-Nederlands
BELG. OOK	Belgisch-Nederlands, ook NL
BETR	betrekkelijk
BEZ	bezittelijk
BIOL.	biologie
BN	bijvoeglijk naamwoord
BOUW	bouw
BW	bijwoord
COMM.	communicatie
COMP.	computer
CUL.	culinair
DANS	dans
DICHT.	dichterlijk
DIERK.	dierkunde
DRUKK.	drukkerij
ECON.	economie
ELEK.	elektronica
etw.	etwas
EUF.	eufemistisch
EV	enkelvoud
FIG.	figuurlijk
FILOS.	filosofie
FIN.	financiën
FORM.	formeel
GESCH.	geschiedenis
GMV	geen mv
HUMOR.	humoristisch
HWW	hulpwerkwoord
ID.	(verbuiging) identiek
iem.	iemand
INDUS.	industrie
INFORM.	informeel
IRON.	ironisch
JEUGDT.	jeugdtaal
jmd.	jemand
jmdm.	jemandem
jmdn.	jemanden
jmds.	jemandes
JUR.	juridisch
KUNST	kunst
KWW	koppelwerkwoord
LETT.	letterlijk
LETTERK.	letterkunde
LIDW	lidwoord
LIT.	literatuur
LUCHTV.	luchtvaart
M	mannelijk
MED.	medisch
MEDIA	media
MIL.	militair
MIN.	minachtend
MUZ.	muziek
MV	meervoud
MYTH.	mythologie
NATK.	natuurkunde
N-D	Noord-Duitsland
NL	Nederlands
O	onzijdig
O&W	onderwijs
o.t.t.	onvoltooid tegenwoordige tijd
o.v.t.	onvoltooid verleden tijd
OMSCHR.	omschrijvend
ONB	onbepaald
ONOV	onovergankelijk (zonder object)
ONP	onpersoonlijk
ONR.	onregelmatig
ONV	onvervoegbaar
OOK FIG.	ook figuurlijk
OOST.	Oostenrijk
OUD.	ouderwets
OV	overgankelijk (met object)
p.	persoon
PERS	persoonlijk
PLANTK.	plantkunde
PLAT	plat
POL.	politiek
PSYCH.	psychologie
RECR.	recreatie
REG.	regionaal
REL.	religie
SAMENTR	samentrekking
SCHEEPV.	scheepvaart
SCHEIK.	scheikunde
SOC.	sociologie
SPORT	sport
st.	sterk
STERRENK.	sterrenkunde
STRAATT.	straattaal
TAALK.	taalkunde
TECHN.	techniek
TELW	telwoord
TON.	toneel
TRANSP.	transport
TUSSENW	tussenwerpsel
UITR	uitroepend
V	vrouwelijk
V.	van
v.d.	van de
v.e.	van een
v.h.	van het
VISS.	visserij
VNW	voornaamwoord
VOEGW	voegwoord
VOETB.	voetbal
VOORV	voorvoegsel
VR	vragend
VULG.	vulgair
VZ	voorzetsel
WISK.	wiskunde
WKD	wederkerend
WKG	wederkerig
WW	werkwoord
WWW	internet
Z-D	Zuid-Duitsland
ZN	zelfstandig naamwoord
ZW.	zwak
ZWIT.	Zwitserland

Voorbeeldpagina

backen **1** OV + ONOV WW onregelmatig **bakken** • *wir ~ Kuchen und Plätzchen* we bakken taart en koekjes • INFORM. *etwas nicht ge~ kriegen* iets niet voor elkaar krijgen **2** ONOV WW zwak **(op)plakken** • *der Schnee backt an den Stiefeln* de sneeuw plakt / kleeft aan de laarzen • *ein Schild ~* een etiket opplakken

Backenbart ZN M (+(e)s/-bärte) **bakkebaard**

Backenzahn ZN M (+(e)s/-zähne) **kies**

Bäcker ZN M (+s/-) **bakker**

Bäckerei ZN V (-/+en) **1 bakkerij 2 (het) bakken, bakkersvak 3 gebak(je)**

Bäckerladen ZN M (+s/-läden) **bakkerswinkel, bakkerij**

backfertig BN **ovenklaar**

Backfisch ZN M (+es/+e) **gebakken vis**

Backgammon ZN O (-, +s/gmv) **backgammon**

Backobst ZN O (+(e)s/gmv) **gedroogde vruchten**

Backofen ZN M (+s/-öfen) **(bak)oven**

Backpfeife ZN V (-/+n) N-D **oorvijg, draai om de oren**

Backpulver ZN O (+s/-) **bakpoeder**

Backrohr ZN O (+(e)s/+e) OOST. **oven**

Backstein ZN M (+(e)s/+e) **baksteen**

bäckt WW o.t.t. → **backen**

Bad ZN O (+(e)s/Bäder) **1 bad** • *ein ~ nehmen* in bad gaan **2 badkamer** • *ich muss noch ins ~* ik moet nog naar de badkamer **3 zwembad 4 badplaats, kuuroord**

Bogen **1** ZN M (+s/-) **1 boog, bocht** • INFORM. *einen großen ~ um jemanden machen* iemand ontlopen • *einen großen ~ um etwas machen* met een boog om iets heen lopen • FIG., INFORM. *er hatte den ~ heraus* hij had de slag te pakken • INFORM. *sie ist im hohen ~ rausgeflogen* ze is op staande voet ontslagen • FIG. *den ~ überspannen* het onderste uit de kan willen • INFORM. *der spuckt aber große Bogen!* dat is me een opschepper! • FIG. *allzu straff gespannt, zerspringt der ~* de boog kan niet altijd gespannen zijn **2 blaadje, vel papier** • *ein ~ Papier* een vel papier **3 formulier** <vaak in samenstellingen> **2** ZN M (+s/Bögen) MUZ. **strijkstok**

Bogenbrücke ZN V (-/+n) **boogbrug**

bogenförmig BN **boogvormig**

Bogenschießen ZN O (+s/gmv) SPORT **(het) boogschieten**

Bogenschütze ZN M (+n/+n) **boogschutter**

Bohemien ZN M (+s/+s) **bohemien**

Bohle ZN V (-/+n) **(dikke) plank**

Böhme ZN M (+n/+n) **Bohemer**

Böhmen ZN O (+s/gmv) **Bohemen**

böhmisch BN **Boheems** ▸ *das sind für mich böhmische Dörfer* daar snap ik niets van

Trefwoorden en varianten daarvan zijn vet gedrukt; voorzetsels die de betekenis van een trefwoord veranderen ook.

Meerdere woordsoorten binnen een trefwoord geven we aan met vette, blauwe cijfers; woordsoorten geven we in blauwe letters, in kleinkapitaal.

Genitief en meervoud geven we blauw gedrukt tussen zwarte haakjes. Zie de Gebruiksaanwijzing voor de verklaring.

Andere grammaticale informatie geven we in blauwe letters en cijfers. Blauwe cijfers geven de naamval aan.

Een pijl verwijst naar een ander trefwoord.

Meerdere betekenissen binnen een trefwoord geven we aan met vette, zwarte cijfers.

Voorbeeldzinnen geven we schuingedrukt, na een zwart bolletje, met in romeinse letters de vertaling.

Tildes (~) vervangen het trefwoord in voorbeeldzinnen, spreekwoorden en vaste uitdrukkingen.

Tussen geknikte haken geven we extra gebruiksinformatie.

Labels geven extra informatie over stijl, herkomst of vakgebied; ze staan in zwarte letters, in kleinkapitaal.

Spreekwoorden en vaste uitdrukkingen geven we schuingedrukt, na een zwart driehoekje, met in romeinse letters de vertaling.

0-9

3-D 3D • *einen Film in 3-D schauen* een film in 3D bekijken
3-D-Brille ZN V (-/-n) **3D-bril**
3-D-drucken OV + ONOV WW **3D-printen**
3-D-Drucker ZN M (-s/-) **3D-printer**
3-D-Film ZN M (-s/-e) **3D-film**
4G COMM. **4G**

A

a AFK **1** Ar **are 2** MUZ. **A-klein** • MUZ. *a(-Moll)* A-mineur
à BW **van (elk), à, voor** • *6 Stück ~ € 5,00* 6 stuks à € 5,00
a. AFK am **aan de**
a- VOORV + ACHTERV **a-, on-**
A 1 ZN O (-/-) **1** letter **a** • *A wie Anton* de a van Anton • *Ä wie Ärger* de ä van Ärger • *das ~ und O* het begin en het einde, alfa en omega, het wezenlijke, het belangrijkste • *von ~ bis Z* van a tot z • *wer ~ sagt, muss auch B sagen* wie a zegt, moet ook b zeggen • *von ~ bis Z lesen* van a tot z lezen **2** MUZ. **A-groot** • MUZ. *A(-Dur)* A-majeur, a grote terts **2** AFK **1** Ampere **amp. 2** Autobahn **snelweg**
AAA-Batterie ZN V (-/-n) **AAA-batterij**
AA-Batterie ZN V (-/-n) **AA-batterij**
Aachen ZN O **Aken**
Aal ZN M (+(e)s/+e) **aal, paling** • FIG. *sich winden wie ein ~* zich in allerlei bochten wringen
aalen WKD WW **(sich ~) ontspannen onderuitliggen**
aalglatt BN **aalglad** • *er ist ~* hij is zo glad als een aal
Aas 1 ZN O (+es/+e) **aas 2** ZN O (+es/Äser) MIN. **kreng, loeder**
Aasgeier ZN M (+s/-) **1** DIERK. **aasgier 2** FIG., INFORM. **aasgier, profiteur**
aasig BN **1 bedorven, vies 2 weerzinwekkend, gemeen** • *ein ~es Lächeln* een akelig lachje **3 heel erg, zeer** • *es war ~ kalt* het was verschrikkelijk koud
ab 1 BW **1 weg** • *meine Schule liegt ziemlich weit ab* mijn school is behoorlijk ver weg • INFORM. *~ ins Bett!* vooruit, naar bed! **2 (er)af** • *~ und zu* af en toe • *auf und ~* op en neer • *ein Bein ist ~* er mist een poot • *der Knopf ist ~* de knoop is eraf **2** VZ +3, **vanaf, vanuit** • *~ Frankfurt fliegen* vanaf Frankfurt vliegen • *~ Montag* vanaf maandag • *Kinder ~ 12 Jahren* kinderen vanaf 12 jaar, kinderen van 12 jaar en ouder • *~ 1. (ersten) August* vanaf 1 augustus, per 1 augustus
ab- VOORV + ACHTERV **af-, weg-, uit-, ver-**
abändern OV WW **veranderen, wijzigen** • *etwas ~* iets een beetje veranderen
Abänderung ZN V (-/+en) **verandering, wijziging**
abarbeiten 1 OV WW **1 afmaken, voltooien 2 afbetalen** <van schuld>, **wegwerken** <van eten> **3 vlot krijgen** <van schip> **2** WKD WW **(sich ~) zich afsloven, zich kapot werken**
Abart ZN V (-/+en) BIOL. **variëteit**
abartig 1 BN **1 abnormaal, gestoord 2 pervers** <seksueel> **2** BW **krankzinnig** • *das Zimmer ist ~ groß* de kamer is belachelijk groot
Abb. AFK Abbildung **afbeelding, illustratie**
Abbau ZN M (+(e)s/gmv) **1 (het) afbreken, demontage 2 vermindering, verlaging,**

reductie, inkrimping <van personeelsbestand> • *der ~ von Arbeitsplätzen* afstoting van arbeidsplaatsen afvloeiing **3** ontginning <van delfstoffen>, winning

abbaubar BN afbreekbaar • *biologisch ~* biologisch afbreekbaar

abbauen **1** OV WW **1** afbreken, demonteren **2** verminderen, verlagen, reduceren, inkrimpen <van personeelsbestand> • *Personal ~* het personeel inkrimpen **3** ontginnen, winnen <van delfstoffen> **2** ONOV WW verzwakken, aftakelen • *geistig ~* geestelijk achteruitgaan

abbeißen OV + ONOV WW afbijten • *einmal ~* een hap nemen

abbeizen OV WW afbijten <van verf>

abbekommen OV WW **1** krijgen • *er hat nichts vom Kuchen ~* hij heeft niets van de taart gekregen **2** krijgen, gekwetst worden, beschadigd worden • *sie hat nichts ~* zij is ongedeerd gebleven **3** afkrijgen (van), kunnen verwijderen • *hast du den Kleber ~?* heb je de lijm eraf gekregen?

abberufen OV WW **1** terugroepen **2** ontslaan

abbestellen OV WW afbestellen, afzeggen, annuleren, opzeggen <van krant>

abbezahlen OV WW afbetalen, in termijnen betalen

abbiegen **1** OV WW **1** buigen **2** INFORM. een andere wending geven • *das Gespräch geschickt ~* het gesprek handig een andere wending geven **2** ONOV WW af-/inslaan • *(nach) links ~* linksaf slaan • *die Straße biegt nach links ab* de weg buigt naar links af

Abbiegespur ZN V (-/+en) voorsorteerstrook

Abbild ZN O (+(e)s/+er) evenbeeld, spiegelbeeld, weerspiegeling

abbilden OV WW afbeelden, weergeven

Abbildung ZN V (-/+en) afbeelding, illustratie

abbinden **1** OV WW **1** losmaken, afdoen <van das e.d.> **2** afbinden <van ledematen> **2** ONOV WW uitharden <van cement>

Abbitte ZN V (-/+n) verontschuldiging, vergiffenis • *~ leisten/schulden* om vergiffenis vragen

abblasen OV WW **1** afblazen, wegblazen **2** afgelasten, FIG. afblazen • *das Spiel wurde abgeblasen* de wedstrijd werd afgelast

abblättern ONOV WW **1** afvallen <van blad> **2** afbladderen, afschilferen

abblenden OV + ONOV WW **1** afdekken, verduisteren **2** dimmen <van autolamp> **3** het diafragma verkleinen

Abblendlicht ZN O (+(e)s/+er) dimlicht

abblitzen ONOV WW • INFORM. *mit einer Bitte bei jemandem ~* geen gehoor vinden bij iemand, door iemand afgewezen worden <van verzoek> • INFORM. *jemanden ~ lassen* iemand afschepen, iemand een blauwtje laten lopen

abblocken OV WW **1** OOK FIG. verhinderen, blokkeren **2** SPORT blokken, blokkeren, afschermen, afweren

abbrausen **1** OV WW afspoelen, douchen **2** ONOV WW wegstuiven, -scheuren <van auto e.d.>

abbrechen **1** OV WW **1** afbreken, slopen **2** demonteren • *ein Zelt ~* een tent afbreken **3** afbreken, staken <van onderhandelingen>, verbreken <van betrekkingen> • *die Beziehung ~* de relatie verbreken • *eine Partie ~* een partij afbreken ▶ INFORM. *sich 3 einen ~* erg zijn best doen ▶ *ich habe mir keinen abgebrochen* het was voor mij een kleine moeite **2** ONOV WW **1** afbreken **2** plotseling ophouden, verbroken worden <van verbinding>

abbremsen OV + ONOV WW afremmen

abbrennen OV + ONOV WW **1** afbranden, opbranden **2** ontsteken, afsteken <van vuurwerk>

abbringen OV WW **1** afbrengen • *davon lasse ich mich nicht ~* daar laat ik me niet vanaf brengen • *jemanden von seiner Meinung ~* iemand van zijn mening afbrengen **2** INFORM. wegkrijgen

abbröckeln ONOV WW afbrokkelen

Abbruch ZN M (+(e)s/gmv) **1** (het) afbreken, afbraak, sloop **2** stopzetting, verbreking <van betrekkingen> **3** abortus **4** FIG. afbreuk, schade • *einer Sache ~ tun* nadelig voor iets uitpakken, aan iets afbreuk doen

Abbrucharbeiten ZN MV sloopwerkzaamheden, BELG. afbraakwerken

abbuchen OV WW afschrijven <van bankrekening>, afboeken • *einen Betrag von einem Konto ~* een bedrag van een rekening afboeken

Abbuchung ZN V (-/+en) (het) afschrijven <van bankrekening>, afschrijving

abbürsten OV WW **1** afborstelen **2** INFORM. terechtwijzen • *einen Untergebenen ~* een ondergeschikte de mantel uitvegen

abbüßen OV WW uitzitten <van straf>, boeten (voor)

Abc ZN O (-/-) **1** abc, alfabet **2** basis, grondslagen

abchecken OV WW (af)checken, controleren

Abc-Schütze ZN M (+n/+n) eersteklassertje <op basisschool>

abdampfen OV + ONOV WW **1** verdampen **2** INFORM. vertrekken, wegstomen

abdämpfen **1** OV WW dempen <van geluid>, temperen <van licht> **2** ONOV WW laten uitdampen

abdanken ONOV WW aftreden, ontslag nemen • *der König dankte ab* de koning deed afstand van de troon

Abdankung ZN V (-/+en) (het) aftreden, ontslagneming, troonsafstand, abdicatie

abdecken OV WW **1** afdekken, bedekken **2** wegnemen, afrukken • *der Sturm hat das Dach abgedeckt* de storm heeft het dak eraf gerukt **3** afruimen <van tafel> **4** voldoen, aflossen <van schuld> • *Bedürfnisse ~* in behoeften voorzien • *dieses Buch deckt alle Themen des Fachs ab* dit boek bestrijkt alle onderwerpen van het vak **5** SPORT dekken • *einen Gegner ~* een tegenstander dekken

Abdeckung ZN V (-/+en) **1** bedekking, bekleding **2** betaling, aflossing <van schuld> **3**

SPORT dekking

abdichten OV WW (af)dichten

abdrängen OV WW verdringen, opzij dringen

abdrehen **1** OV WW **1** uitdraaien, uitdoen <van apparaat> **2** afdraaien (van) **3** wegdraaien <van gezicht>, afwenden **4** filmopnamen maken **2** ONOV WW van koers veranderen

abdriften ONOV WW **1** afdrijven, uit de koers raken **2** POL. verschuiven <naar links/rechts>

abdrosseln OV WW TECHN. afsluiten, smoren

Abdruck **1** ZN M (+(e)s/-drücke) afdruk <van spoor> **2** ZN M (+(e)s/gmv) afdruk, (het) afdrukken

abdrucken OV WW (af)drukken

abdrücken OV + ONOV WW **1** afklemmen • FIG. *das drückt mir die Luft ab* dat beneemt me de adem **2** INFORM. fijnknijpen <knuffelen> **3** afdrukken, een afdruk maken **4** overhalen <van trekker van een vuurwapen> **5** afduwen, wegduwen <van boot> • INFORM. *Geld ~* betalen

abebben ONOV WW afnemen, bedaren <van storm>

Abend ZN M (+s/+e) avond • *am ~* 's avonds • *der Heilige ~* kerstavond • *eines Abends* op een avond • *gegen ~* tegen de avond • *es wird ~* de avond valt

Abendbrot ZN O REG. avondmaaltijd, broodmaaltijd

Abendessen ZN O (+s/-) avondmaaltijd • *jemanden zum ~ einladen* iemand uitnodigen om te komen eten

abendfüllend BN avondvullend

Abendkurs ZN M (+es/+e) avondcursus, avondopleiding

Abendland ZN O (+(e)s/gmv) Avondland <Europa>

abendländisch BN westers

abendlich BN avond-, avondlijk

Abendmahl ZN O (+(e)s/gmv) **1** avondmaal **2** REL. (Laatste) Avondmaal

Abendrot ZN O (+s/gmv) avondrood

abends BW 's avonds

Abenteuer ZN O (+s/-) **1** avontuur • *die ~ des Weltreisenden* de lotgevallen van de wereldreiziger **2** avontuurtje, flirt

abenteuerlich BN **1** avontuurlijk **2** gewaagd, riskant **3** vreemd, zonderling

Abenteurer ZN M (+s/-) avonturier

aber **1** VOEGW maar, echter • *er wusste es, ~ er hat es nicht gesagt* hij wist het, maar hij heeft het niet gezegd • *oder ~* ofwel • *~ ja!* ja natuurlijk! • *verschwinde, ~ dalli!* verdwijn, en snel! **2** BW • *~ und ~mals* telkens weer • *das ist ~ eine Überraschung!* maar dat is een verrassing!

Aber ZN O (+s/-, +s) maar, bedenking, tegenwerping • *die Sache hat ein ~* er zit een maar aan de zaak • *da gibt's kein Aber!; nur kein Aber!* geen gemaar!

Aberglaube ZN M (+ns/gmv) bijgeloof, bijgelovigheid

abergläubisch BN bijgelovig

aberkennen OV WW JUR. ontzeggen <bij vonnis>, ontzetten (uit), afwijzen • *jemandem seine Rechte ~* iemand zijn rechten ontzeggen

Aberkennung ZN V (-/+en) JUR. ontzegging <bij vonnis>, ontzetting, afwijzing

abermals BW nog eens, weer, opnieuw • *er verlor ~* hij verloor weer

aberwitzig BN waanzinnig, dwaas

abessen **1** OV WW sterk afeten, leegeten **2** ONOV WW de maaltijd beëindigen

abfackeln OV WW **1** TECHN. affakkelen <van fabrieksgassen>, verbranden **2** INFORM. in de fik steken

abfahrbereit BN klaar voor vertrek

abfahren **1** OV WW sterk **1** wegbrengen, afvoeren <van puin> **2** verslijten <van banden> **3** afrijden, bekijken, controleren • *eine Strecke ~* een traject inspecteren **2** ONOV WW sterk **1** vertrekken **(nach** +3 naar), wegrijden • *der Zug fährt ab* de trein vertrekt **2** afdalen <skiën> **3** INFORM. afgewezen worden • *jemanden eiskalt ~ lassen* iemand ijskoud afwijzen ▸ INFORM. *auf jemanden/etwas ~* gek zijn op iemand/iets **3** WKD WW **(sich ~)** sterk verslijten <van banden>

Abfahrt ZN V (-/+en) **1** vertrek **2** afrit <van snelweg> **3** afdaling <skiën>, helling **4** FORM. afvoer <transport>

Abfahrtslauf ZN M (+(e)s/-läufe) afdalingswedstrijd <skiën>

Abfahrtszeit ZN V (-/+en) vertrektijd

Abfall **1** ZN M (+(e)s/-fälle) **1** afval, afvalproduct • *radioaktive Abfälle* radioactief afval • *~ verklappen* afval op zee lozen **2** helling, glooiing **2** ZN M (+(e)s/gmv) **1** vermindering, daling **2** ontrouw, afvalligheid <van geloof>

Abfallbeseitigung ZN V (-/gmv) afvalverwerking, afvalvernietiging

Abfalleimer ZN M (+s/-) afvalemmer, vuilnisemmer

abfallen ONOV WW **1** afvallen, naar beneden vallen **2** afhellen, glooien • *steil ~d* steil aflopend **3** afvallen, overschieten • *was fällt für mich dabei ab?* wat blijft er voor mij over? **4** afvallen <van geloof>, afvallig worden, verloochenen • *vom Glauben ~* van zijn geloof afvallen **5** SPORT in kracht afnemen, achterblijven, tegenvallen

Abfallentsorgung ZN V (-/gmv) afvalverwerking

abfällig BN afkeurend, minachtend

Abfallprodukt ZN O (+(e)s/+e) afvalproduct

Abfallverwertung ZN V (-/gmv) afvalverwerking, recycling

abfangen OV WW **1** opvangen, opwachten, onderscheppen **2** ophouden, tegenhouden, opwachten **3** stutten

abfärben ONOV WW **1** afgeven • *das färbt ab* de verf geeft af **2** beïnvloeden • *auf jemanden ~* invloed op iemand hebben

abfassen OV WW schrijven, opstellen

Abfassung ZN V (-/+en) (het) schrijven, (het) opstellen

abfaulen ONOV WW wegrotten

abfedern OV WW **1** (verend) opvangen • *Verluste ~* (de gevolgen van) verliezen opvangen • *die Nachteile der Preiserhöhung ~* de nadelen van de prijsverhoging compenseren **2** TECHN. van vering voorzien

abfeiern OV WW compenseren door vrije tijd • *Überstunden ~* overuren opnemen (als vrije dagen)

abfeilen OV WW **1** afvijlen **2** INFORM. spieken

abfertigen OV WW **1** verzendklaar maken **2** bedienen, helpen <van klant>, controleren <van reizigers>, inchecken **3** SPORT verslaan, klop geven **4** INFORM. afschepen, afpoeieren • *jemanden kurz ~* iemand bits afpoeieren

Abfertigung ZN V (-/+en) **1** (het) verzendklaar maken **2** (het) bedienen, controle **3** INFORM. (het) afschepen

Abfertigungshalle ZN V (-/+n) terminal

Abfertigungsschalter ZN M (+s/-) incheckbalie

abfeuern OV WW afvuren, afschieten, lossen • *einen Schuss ~* een schot lossen

abfinden **1** OV WW sterk **1** schadeloosstellen • *jemanden ~* iemand uitkopen **2** tevredenstellen **2** WKD WW (**sich ~**) **1** een overeenkomst sluiten • *sich mit jemandem ~* met iemand tot een akkoord komen **2** zich schikken, berusten (**mit** +3 in) • *sich mit etwas ~* zich bij iets neerleggen • *damit kann ich mich nicht ~!* daar kan ik me niet in vinden!

Abfindung ZN V (-/+en) schadeloosstelling, gouden handdruk

abflachen **1** OV WW vlak(ker) maken **2** ONOV WW vervlakken, dalen <van niveau> **3** WKD WW (**sich ~**) vlakker worden, vervlakken, afnemen <van productie>

abflauen ONOV WW minder worden, verflauwen <van stemming>, afnemen <van belangstelling>

abfliegen ONOV WW wegvliegen, vertrekken <van vliegtuig>

abfließen ONOV WW st. wegstromen, wegvloeien, leegstromen

Abflug ZN M (+(e)s/-flüge) **1** (het) wegvliegen **2** vertrek, start

abflugbereit BN klaar voor vertrek <vliegtuig>

Abfluss **1** ZN M (+es/gmv) **1** (het) wegstromen, afvloeiing **2** • *der ~ des Kapitals ins Ausland* (het) afvloeien van het kapitaal naar het buitenland **2** ZN M (+es/-flüsse) afvoer(leiding), afloop

Abflussrohr ZN O (+(e)s/+e) afvoerbuis, afvoerpijp

Abfolge ZN V (-/+n) opeenvolging, volgorde

abfordern ONOV WW (af)eisen, vergen

Abfrage ZN V (-/+n) **1** (het) opvragen **2** COMP. zoekopdracht

abfragen OV WW **1** overhoren • *abgefragt werden* een beurt krijgen **2** aanvragen **3** COMP. opvragen <ook van bestand>, als zoekopdracht geven

abfressen OV WW afvreten, kaalvreten, afknagen

abfrieren ONOV WW sterk afvriezen, bevriezen • *ich friere mir die Füße ab* ik heb steenkoude voeten

Abfuhr ZN V (-/+en) **1** afvoer **2** afwijzing, terechtwijzing • *jemandem eine ~ erteilen* iemand op zijn nummer zetten **3** SPORT (zware) nederlaag • *eine ~ bekommen* een (flinke) nederlaag lijden

abführen **1** OV WW **1** af-/wegvoeren **2** betalen, afdragen <van belasting> **2** ONOV WW **1** (zich) afsplitsen, aftakken **2** zijn behoefte doen, laxeren(d zijn)

Abführmittel ZN O (+s/-) laxeermiddel, purgeermiddel

abfüllen OV WW **1** (af)vullen • INFORM. *jemanden ~* iemand dronken voeren **2** tappen, overtappen, bottelen

Abgabe ZN V (-/+n) **1** afgifte **2** belasting **3** inlevering • *bei ~* +2, tegen inlevering van • *bei ~ von* tegen inlevering van **4** SPORT (het) afgeven <v.d. bal e.d.>, (het) toespelen

abgabenfrei BN belastingvrij

abgabenpflichtig BN belastingplichtig, belastbaar

Abgang ZN M (+(e)s/gmv) **1** vertrek, (het) weggaan **2** EUF. dood • *einen ~ machen* het hoekje omgaan **3** MED. miskraam **4** MED. uitscheiding, ontlasting **5** ECON. afzet **6** SPORT afsprong <turnen> **7** TON. afgang, het verlaten van het toneel

Abgangszeugnis ZN O (+ses/+se) OMSCHR. bewijs dat iemand op school heeft gezeten, voor scholieren zonder einddiploma

Abgas ZN O (+es/+e) uitlaatgas, verbrandingsgas

abgearbeitet **1** BN **1** afgebeuld, afgetobd **2** ruw <door zwaar werk> **2** WW volt. deelw. → **abarbeiten**

abgeben **1** OV + ONOV WW **1** (af)geven, overhandigen • *gib deiner Schwester ein Stück von der Schokolade ab!* geef je zus een stukje van je chocola! **2** afgeven <van warmte> **3** afstaan, neerleggen <van functie> **4** verkopen • *billig abzugeben* tegen een gunstige prijs te verkopen **5** te kennen geven, afleggen <van verklaring>, uitbrengen <van advies> **6** SPORT doorspelen <van bal>, afgeven, passen **7** INFORM. (toneel) spelen • *er würde einen guten Fahrer ~* hij zou een goed chauffeur zijn **2** WKD WW (**sich ~**) **1** zich bezighouden (**mit** +3 met) • *damit gebe ich mich nicht ab!* daar bemoei ik me niet mee! **2** INFORM. zich inlaten (met) • *mit ihm gebe ich mich nicht ab!* met hem laat ik me niet in!

abgebrannt BN **1** afgebrand **2** INFORM. blut, platzak • *er ist völlig ~* hij is blut/geruïneerd

abgebrüht BN gevoelloos, onverschillig

abgedreht BN INFORM. potsierlijk, mal, zonderling • *~e Typen* zonderlinge types

abgedroschen BN INFORM. afgezaagd, clichématig

abgefahren BN INFORM. bijzonder goed, indrukwekkend • *eine ~e Rockband* een puike rockband

abgefuckt BN VULG. verloederd

abgegriffen BN **1** versleten, beduimeld **2** FIG. banaal

abgehackt BN **1** hortend <van stijl>, stotend <van ritme> **2** onsamenhangend

abgehen OV + ONOV WW **1** weggaan, vertrekken • FIG. *davon gehe ich nicht ab!* daar blijf ik bij! **2** afgaan (van), verlaten <van school/toneel> **3** afvallen, losgaan **4** langsgaan, controleren • *alle Geschäfte ~* alle winkels afgaan **5** verstuurd worden **6** aftakken <van weg>, afbuigen **7** FIG. ontbreken <van humor/tact> • *ihm geht der Humor ab* de humor ervan ontgaat hem

abgekämpft WW → **abkämpfen**

abgekartet WW → **abkarten**

abgeklärt BN rijp, bezonken, wijs <levenswijsheid>

Abgeklärtheit ZN V (-/gmv) rijpheid, bedachtzaamheid, bezonkenheid

abgelaufen WW → **ablaufen**

abgelebt BN **1** afgeleefd, uitgeleefd **2** ouderwets, achterhaald

abgelegen BN afgelegen • *~ wohnen* achteraf wonen

abgelten OV WW betalen, vergoeden

Abgeltung ZN V (-/+en) (terug)betaling, vergoeding

abgemessen BN **1** afgepast **2** plechtstatig **3** gematigd, beheerst

abgeneigt BN +3, afwijzend, afkerig • *einer Sache ~ sein* afwijzend tegenover een zaak staan • *ich bin dem nicht ~* ik ben er niet afkerig van

abgenutzt WW → **abnutzen**

Abgeordnete ZN M/V (+n/+n) afgevaardigde, gedeputeerde

Abgeordnetenhaus ZN O (+es/-häuser) huis van afgevaardigden

abgerissen BN **1** versleten, haveloos, afgedragen **2** onsamenhangend, hortend <spreken>

abgerundet WW → **abrunden**

Abgesandte ZN M/V (+n/+n) FORM. (af)gezant, afgevaardigde

abgeschieden BN **1** FORM. eenzaam, afgelegen **2** FORM. overleden

Abgeschiedenheit ZN V (-/gmv) **1** eenzaamheid **2** afzondering

abgeschlagen BN **1** (licht) beschadigd **2** REG. uitgeput, afgemat **3** SPORT (ver) achterliggend, overwonnen, verslagen

Abgeschlagenheit ZN V (-/gmv) uitputting

abgeschlossen BN **1** afgesloten, dicht • *hermetisch ~* hermetisch afgesloten **2** afgezonderd, geïsoleerd **3** afgesloten, afgerond, voltooid

Abgeschlossenheit ZN V (-/gmv) **1** geïsoleerdheid **2** voltooiing

abgeschmackt BN onbenullig, smakeloos, flauw

Abgeschmacktheit ZN V (-/+en) onbenulligheid, smakeloosheid, flauwiteit

abgesehen WW → **absehen**

abgespannt BN uitgeput, doodmoe

abgestanden BN **1** verschaald, bedorven, onfris <van lucht> **2** nietszeggend

abgetragen WW → **abtragen**

abgewinnen OV WW +3 **1** winnen (van), veroveren (op) **2** afdwingen, ontlokken (aan) • *ich konnte ihr ein Lächeln ~* ik kon een glimlach aan haar ontlokken **3** ontdekken (aan) • *ich kann diesem Projekt nichts ~* ik zie niets in dat project

abgewirtschaftet WW → **abwirtschaften**

abgewöhnen **1** OV WW afleren • HUMOR. *einen noch zum Abgewöhnen* nog éentje om het af te leren • *einem Kind etwas ~* een kind iets afleren **2** WKD WW (**sich ~**) afleren, stoppen (met) • *sich etwas ~* een gewoonte afleren • *sich das Rauchen ~* stoppen met roken

abgießen OV WW afgieten

Abglanz ZN M (+es/gmv) **1** weerschijn, weerkaatsing **2** (flauwe) afstraling, glimp, nagalm

abgleichen OV WW sterk **1** gelijkmaken, nivelleren, waterpas maken **2** vereffenen <van rekening>, compenseren <van balans> **3** TECHN. af-/instellen

abgleiten ONOV WW **1** OOK FIG. afglijden, uitglijden • *Vorwürfe gleiten von ihr ab* verwijten glijden langs haar af **2** verminderen, verslechteren, waarde verliezen • *er ist abgeglitten* hij is op het slechte pad **3** afdwalen <van gedachten>

Abgott ZN M (+es/-götter) afgod, idool

Abgötterei ZN V (-/+en) afgoderij • *~ (mit jemandem) treiben* (iemand) verafgoden, (iemand) als een afgod aanbidden

abgöttisch BN • *etwas ~ lieben* verzot op iets zijn

abgraben OV WW **1** afgraven **2** ontwateren, droogleggen <van moeras>

abgrasen OV WW **1** afgrazen **2** INFORM. afzoeken, uitkammen

abgreifen OV WW **1** afslijten **2** bevoelen **3** uitmeten

abgrenzen OV WW **1** af-/begrenzen, afscheiden • *ein abgegrenztes Gebiet* een omlijnd gebied **2** OOK FIG. afbakenen

Abgrenzung ZN V (-/+en) **1** af-/begrenzing, afscheiding **2** OOK FIG. afbakening

Abgrund ZN M (+(e)s/-gründe) **1** OOK FIG. afgrond **2** kloof **3** FIG. ondergang, verderf

abgründig BN FORM., OOK FIG. onpeilbaar

abgrundtief BW FIG. grenzeloos, mateloos

abgucken ONOV WW afkijken (**von**, **bei** +3 van/bij), overnemen, spieken • *das hat sie ihrer Schwester abgeguckt* dat heeft zij afgekeken van haar zus

Abguss ZN M (+es/-güsse) **1** afgietsel **2** REG. gootsteen

abhaben OV WW INFORM. **1** (een deel van iets) krijgen • *willst du was ~?* wil je ook wat? • INFORM. *einen ~* dronken zijn, gek zijn **2** afgezet hebben, uit-/afgedaan hebben <van kleding, bril> • *den Hut ~* je hoed af hebben • *die Haare ~* INFORM. het haar kort dragen **3** verwijderen • *hast du den Fleck ab?* heb je de vlek eruit gekregen?

abhacken OV WW afhakken

abhaken OV WW **1** afhaken, loshaken **2** afvinken <van lijst>, checken, afhandelen • *das habe ich abgehakt* daarmee ben ik klaar

abhalten OV + ONOV WW **1** afhouden, weghouden • *das hält die Fliegen ab* dat houdt de vliegen weg **2** houden, organiseren • *eine Vorlesung ~* een college geven • *ein Meeting ~* een meeting houden **3** afhouden (van), beletten • *jemanden von der Arbeit ~* iemand van het werk afhouden • *er ist nicht davon abzuhalten* hij is daar niet van af te houden • *lassen Sie sich durch mich nicht ~!* laat u zich door mij niet weerhouden!

Abhaltung ZN V (-/+en) **1** (het) houden, (het) organiseren **2** verhindering

abhandeln OV WW **1** kopen (van), afpingelen **2** afdingen **3** verhandelen, (wetenschappelijk) uiteenzetten

abhandenkommen ONOV WW +3, sterk verloren gaan, wegraken, kwijtraken • *mir ist meine Uhr abhandengekommen* ik ben mijn horloge kwijtgeraakt

Abhandlung ZN V (-/+en) verhandeling, (wetenschappelijke) uiteenzetting

Abhang ZN M (+(e)s/-hänge) helling • *ein leichter ~* een zachte glooiing

abhängen 1 OV WW zwak **1** losmaken, loshaken, loskoppelen • *die hinteren Wagen werden abgehängt* de achterste treinstellen worden losgekoppeld **2** SPORT achter zich laten <bij wedstrijd> **3** afschudden • *einen Verfolger ~* een achtervolger van zich afschudden **4** INFORM. laten vallen, de bons geven **2** ONOV WW sterk **1** FIG. afhangen (van), afhankelijk zijn (van) • *das hängt vom Wetter ab* dat hangt van het weer af **2** laten besterven <van vlees> • *abgehangenes Fleisch* bestorven vlees **3** JEUGDT. chillen, rondhangen

abhängig BN **1** afhankelijk (**von** +3 van) • *von jemandem ~ sein* afhankelijk zijn van iemand • *das ist vom Wetter ~* dat hangt van het weer af **2** verslaafd (**von** +3 aan) • *vom Alkohol ~ sein* verslaafd zijn aan alcohol • *ein Abhängiger / eine Abhängige* een verslaafde **3** TAALK. • *die abhängige Rede* de indirecte rede • *abhängiger Satz* bijzin

Abhängigkeit ZN V (-/+en) **1** afhankelijkheid • *gegenseitige ~* wederzijdse afhankelijkheid • *wirtschaftliche ~* economische afhankelijkheid **2** verslaving **3** ondergeschiktheid <van personeel>

abhärten ONOV WW harden (**gegen** +4 tegen), sterk maken • *sich gegen etwas ~* zich tegen iets harden

Abhärtung ZN V (-/gmv) (het) sterk maken, weerstand(svermogen) (**gegen** +4 tegen)

abhauen 1 ONOV WW 'm smeren, ervandoor gaan, ophoepelen • *von zu Hause ~* van huis weglopen • INFORM. *hau ab!* sodemieter op! **2** OV WW **1** afhakken **2** overschrijven, spieken

abhäuten OV WW villen

abheben 1 OV + ONOV WW **1** afnemen, afhalen **2** opnemen <van telefoon> • *da hebt niemand ab* daar neemt niemand op **3** opnemen <van geld> • *etwas vom Konto ~* geld van de rekening opnemen **4** opstijgen <van vliegtuig> • FIG. *abgehoben sein* wereldvreemd zijn **5** couperen <van kaarten> **6** benadrukken • *etwas im Text durch Unterstreichen ~* iets in de tekst door onderstrepen benadrukken **2** WKD WW (**sich ~**) afsteken (**von** +3, **gegen** +4 tegen), zich aftekenen, zich onderscheiden • *sie hebt sich deutlich von ihren Kollegen ab* ze steekt duidelijk tegen haar collega's af

Abhebung ZN V (-/+en) geldopname

abheften OV WW opbergen <in ordner>

abhelfen ONOV WW +3, verhelpen, uit de weg ruimen • *dem ist leicht abzuhelfen* dat is gemakkelijk te verhelpen

abhetzen 1 OV + ONOV WW afjakkeren, opjagen <van vee> **2** WKD WW (**sich ~**) zich afjakkeren

Abhilfe ZN V (-/+n) hulp, uitkomst, redding • *~ schaffen* uitkomst brengen

abhold BN +3 FORM. afkerig van • *jemandem/einer Sache ~ sein* afkerig van iemand/iets zijn

Abholdienst ZN M (+(e)s/+e) afhaaldienst, afhaalservice

abholen OV WW **1** af-/ophalen **2** INFORM. arresteren, oppakken

abholzen OV WW omhakken, rooien, ontbossen • *illegales Abholzen* illegale houtkap

Abholzung ZN V (-/+en) ontbossing, kaalslag

Abhöranlage ZN V (-/+n) afluisterapparaat

abhorchen OV WW MED. beluisteren, ausculteren

abhören OV WW **1** overhoren <van huiswerk> **2** afluisteren <van gesprek> **3** MED. beluisteren, ausculteren

abhungern WKD WW (**sich ~**) **1** afvallen **2** uithongeren, verhongeren

Abi AFK (+s/+s) Abitur eindexamen VWO

Abitur ZN O (+s/+e) O&W **1** ≈ eindexamen vwo • *das ~ machen* eindexamen doen **2** ≈ vwo-diploma • *ich habe ~* ik heb vwo gedaan

Abiturient ZN M (+en/+en) eindexamenkandidaat <voor vwo>, schoolverlater <met vwo-diploma>

Abiturientin ZN V (-/+nen) (vrouwelijke) eindexamenkandidaat <voor vwo>, (vrouwelijke) schoolverlater <met vwo-diploma>

Abiturzeugnis ZN O (+ses/+se) vwo-diploma

abjagen 1 OV WW **1** afpakken, ontnemen, ontfutselen • *dem Gegner den Ball ~* de tegenstander de bal afhandig maken **2** afjagen, afmatten **2** WKD WW (**sich ~**) zich afjakkeren

Abk. AFK Abkürzung afk., afkorting

abkämpfen WKD WW (**sich ~**) zich uitputten • *abgekämpft* doodmoe, bekaf

abkanzeln OV WW INFORM. (iemand) berispen

abkapseln 1 OV + ONOV WW inkapselen **2** WKD WW (**sich ~**) zich afzonderen, zich afsluiten (**von** +3, **gegen** +4 voor, van)

abkarten OV WW bekonkelen • INFORM. *das ist ein abgekartetes Spiel* dat is doorgestoken kaart

abkassieren OV + ONOV WW INFORM. geld innen, afrekenen

abkaufen OV WW **1** kopen van **2** FIG. geloven •

das kaufe ich dir nicht ab! dat geloof ik niet van je!

Abkehr ZN V (-/gmv) (het) zich afwenden, afwending

abkehren **1** OV + ONOV WW **1** afkeren, afwenden **2** af-/wegvegen <met stoffer/bezem> **2** WKD WW (**sich ~**) zich afwenden (**von** +3 van)

abklappern OV WW INFORM. aflopen, afkleppen, afzoeken • *die Geschäfte nach etwas ~* de winkels voor iets aflopen

Abklatsch ZN M (+(e)s/+e) MIN. (slechte) imitatie • *ein billiger ~* een goedkope imitatie • *der Film ist der reinste ~ des Buchs* de film is een slap aftreksel van het boek

abklemmen OV WW afklemmen, afknellen

abklingen ONOV WW **1** afnemen, luwen • *das Fieber ist abgeklungen* de koorts is gedaald **2** wegsterven <van geluid>

abklopfen OV WW **1** afkloppen, uitkloppen **2** MED. bekloppen **3** INFORM. aflopen

abknabbern OV WW INFORM. afknabbelen, afknagen

abknallen OV WW MIN. neerknallen

abknapsen, **abknappen** OV WW INFORM. beknibbelen (**an** , **von** +3 op), uitsparen • *jemandem am Gehalt ~* op iemands salaris beknibbelen

abkneifen OV WW sterk afknijpen

abknicken **1** OV WW afbreken, (af)knakken, ombuigen • *die Ecke abknicken* de hoek ombuigen **2** ONOV WW afbuigen, een knik maken • *die Straße knickt ab* de straat buigt af

abknöpfen OV WW **1** losknopen **2** INFORM. aftroggelen

abknutschen OV WW INFORM. afzoenen • *jemanden ~* een potje vrijen met iemand

abkochen OV WW **1** (af)koken **2** (uit)koken, steriliseren **3** aftroggelen <van geld> **4** INFORM. murw maken, ruïneren

abkommandieren OV WW MIL. detacheren, overplaatsen

abkommen ONOV WW **1** afdwalen • *vom Thema ~* van het thema afdwalen **2** OOK FIG. zich losmaken • *von der Ansicht bin ich abgekommen* die mening heb ik laten varen **3** • *davon ist man ganz abgekommen* dat is helemaal in onbruik geraakt

Abkommen ZN O (+s/-) (contractuele) overeenkomst, akkoord, verdrag • *ein ~ treffen / schließen* een overeenkomst sluiten

abkömmlich BN misbaar • *nicht ~ sein* onmisbaar zijn

Abkömmling ZN M (+s/+e) **1** JUR. nakomeling, afstammeling **2** SCHEIK. derivaat

abkoppeln OV WW loskoppelen

Abkoppelung, **Abkopplung** ZN V (-/+en) ontkoppeling, loskoppeling

abkratzen **1** OV WW afkrabben **2** ONOV WW MIN. het hoekje omgaan

abkriegen OV WW **1** INFORM. krijgen, loskrijgen **2** INFORM. oplopen, incasseren

abkühlen ONOV WW **1** afkoelen **2** bekoelen, verkoelen • FIG. *seinen Zorn ~* zijn woede koelen

Abkühlung ZN V (-/+en) **1** afkoeling **2** temperatuurdaling

Abkunft ZN V (-/gmv) afkomst, herkomst, oorsprong

abkürzen OV WW afkorten, verkorten • *ein Wort ~* een woord afkorten • *den Weg ~* de weg verkorten

Abkürzung ZN V (-/+en) **1** afkorting <van woord> **2** kortere weg • *eine ~ nehmen* binnendoor gaan

Abkürzungsverzeichnis ZN O (+ses/+se) lijst van afkortingen

abküssen OV WW afzoenen

abladen OV WW **1** afladen, lossen • *seine schlechte Laune bei anderen ~* zijn slechte humeur op anderen afreageren **2** laden, bevrachten <van zeeschip> **3** afwentelen <van schuld>, kwijt raken <van verdriet>

Abladeplatz ZN M (+es/-plätze) losplaats

Ablage ZN V (-/+n) **1** (het) afleggen, (het) archiveren **2** archief(map) **3** opbergplaats <bv. garderobe>

ablagern **1** OV WW **1** AARDK. afzetten, bezinken **2** storten, deponeren **2** ONOV WW rijpen

Ablagerung ZN V (-/+en) **1** afzetting, sediment, bezinksel **2** (het) storten <van afval> **3** (het) bewaren

ablandig BN SCHEEPV. aflandig • *~er Wind* aflandige wind **zeewaarts**

Ablass ZN M (+es/-lässe) **1** (het) aftappen, afvoer <van vloeistof> **2** korting <op prijs> **3** REL. aflaat

ablassen **1** OV WW **1** aflaten, aftappen, ledigen **2** loslaten **3** afdoen, korting geven • *jemandem vom Preis 20% ~* iemand 20% korting geven op de prijs **4** overdoen (aan) **2** ONOV WW ophouden, afzien van • *von einem Plan ~* een plan loslaten

ablatschen **1** OV WW **1** INFORM. lopen, te voet afleggen, aftrappen <van schoenen> • *ich bin 20 Kilometer abgelatscht* ik heb 20 kilometer gelopen • *abgelatschte Schuhe* afgetrapte schoenen **2** INFORM. aflopen, langsgaan • *alle Geschäfte ablatschen* alle winkels aflopen **2** ONOV WW INFORM. wegsloffen

Ablauf ZN M (+es/gmv) **1** afvoer **2** verloop <van gebeurtenissen> **3** afloop <van termijn> **4** SPORT start(lijn)

Ablaufdatum ZN O (+s/-daten) vervaldatum, expiratiedatum

ablaufen **1** OV WW aflopen <van winkels/schoenen> **2** ONOV WW **1** aflopen, afrollen • FIG. *an ihm läuft alles ab* alles laat hem koud **2** weglopen, leeglopen • *seine Uhr ist abgelaufen* zijn horloge is stil gaan staan **3** verlopen <van pas> **4** SPORT starten **3** WKD WW (**sich ~**) slijten

Ablaut ZN M (+(e)s/+e) ablaut, veranderende stamklinker

ablegen **1** afleggen, af-/uitdoen • *eine Strecke ~* een afstand afleggen • *legen Sie doch Ihren Mantel ab* doet u toch uw jas uit • *die Beichte ~* biechten • *ein Geständnis ~* een bekentenis afleggen • *Rechenschaft über etwas (4) ~* rekenschap afleggen over iets **2** archiveren ONOV WW afvaren <van schip>

Ableger ZN M (+s/-) **1** loot, stek **2** INFORM. filiaal

3 INFORM. spruit, zoon

ablehnen OV WW afwijzen, afkeuren, verwerpen <van aanbod, enz.>, weigeren • *einen Bewerber ~* een sollicitant afwijzen • *ich wurde bei dem Studiengang abgelehnt* ik ben afgewezen voor de opleiding

Ablehnung ZN V (-/+en) afwijzing, afkeuring, verwerping, weigering

ableiern OV WW MIN. opdreunen, (tot vervelens toe) afdraaien <van verhaal>

ableisten OV WW (iets verplichts) afmaken, uitdienen, vervullen <van dienstplicht>

ableiten OV WW afleiden, afvoeren, verleggen <van rivier>

Ableitung ZN V (-/+en) (het) afleiden, afleiding

ablenken OV WW **1** OOK FIG. afleiden • *die Aufmerksamkeit von einer Sache ~* de aandacht van iets afleiden • *er ist schnell abgelenkt* hij is snel afgeleid • *jemanden ~* iemand afleiding bezorgen **2** afweren, pareren <van stoot> **3** afwenden <van verdenking>

Ablenkung ZN V (-/+en) afleiding

Ablenkungsmanöver ZN O (+s/-) OOK FIG. afleidingsmanoeuvre

ablesen OV WW **1** OOK FIG. aflezen (**an** +3 van), oplezen • *etwas von jemandes Gesicht ~* iets van iemands gezicht aflezen **2** opmaken (**an** +3 uit) • *an dem großen Publikum kann man ~, wie beliebt er ist* uit het grote publiek kun je opmaken hoe populair hij is

ableuchten OV WW (met lamp) afzoeken

ablichten OV WW **1** fotokopiëren **2** INFORM. fotograferen

Ablichtung ZN V (-/+en) fotokopie

abliefern OV WW (af)leveren • *ich liefere dich wieder zu Hause ab* ik breng je weer naar huis • O&W *eine Seminararbeit ~* een scriptie inleveren

Ablieferung ZN V (-/+en) (af)levering

abliegen ONOV WW sterk af liggen, afgelegen zijn • *das Haus liegt weit von der Straße ab* het huis ligt ver van de straat af • *das liegt vom Thema ab* dat heeft nauwelijks nog iets met het thema te maken

ablösbar BN oplosbaar <van lijm>

ablöschen OV WW **1** blussen **2** CULIN afblussen • *anbraten und mit Wein ~* aanbraden en met wijn afblussen

Ablösegeld ZN O (+(e)s/+er) **1** transferbedrag **2** afkoopsom

ablösen **1** OV WW **1** losmaken **2** aflossen <van collega> • *Frau Meier löst Herrn Fischer ab* mevrouw Meier neemt de taken van de heer Fischer over **3** aflossen <van schuld> **2** WKD WW (**sich ~**) **1** loskomen, loslaten **2** elkaar aflossen

Ablösesumme, **Ablösungssumme** ZN V (-/+n) SPORT transferbedrag, afkoopsom

Ablösung ZN V (-/+en) **1** (het) losmaken **2** aflossing <van collega/schuld>

abluchsen OV WW INFORM. aftroggelen <v.geld>, loskrijgen (van) • *jemandem ein Geheimnis ~* iemand een geheim ontfutselen

Abluft ZN V (-/-lüfte) afgewerkte lucht, afvoerlucht

ablutschen OV WW INFORM. aflikken, opzuigen

ABM AFK Arbeitsbeschaffungsmaßnahme gesubsidieerde arbeidsplaats

abmachen OV WW **1** afhalen (van), verwijderen **2** afspreken • *abgemacht!* oké!, afgesproken! **3** regelen, schikken **4** MIL. uitdienen

Abmachung ZN V (-/+en) **1** afspraak, overeenkomst • *gegen die ~* tegen de afspraak **2** regeling, schikking

abmagern ONOV WW OOK FIG. vermageren, afslanken

Abmagerungskur ZN V (-/+en) vermageringskuur

abmahnen OV WW nadrukkelijk vermanen

abmalen OV WW (af)schilderen, portretteren

Abmarsch ZN M (+es/gmv) afmars, aftocht

abmelden OV WW **1** afmelden • *sich ~* zich afmelden, zich uitschrijven • *er muss sich bei seiner Mutter ~* hij moet het tegen zijn moeder zeggen als hij weggaat • INFORM. *(bei jemandem) abgemeldet sein* het (bij iemand) verbruid hebben, voor iemand afgedaan hebben **2** af-/opzeggen • *das Telefon ~* het telefoonabonnement opzeggen **3** SPORT geen kans geven, buitenspel zetten • *der Verteidiger hatte den Linksaußen völlig abgemeldet* de verdediger had de linksbuiten helemaal in zijn zak

Abmeldung ZN V (-/+en) **1** afmelding **2** af-/opzegging

Abmessung ZN V (-/+en) **1** (het) afmeten **2** afmeting, grootte

abmildern OV WW verzachten, matigen • *eine scharfe Äußerung ~* een harde uitlating afzwakken

abmontieren OV WW demonteren, losschroeven

abmühen WKD WW (**sich ~**) zich aftobben, zich af-/uitsloven

abmurksen **1** OV WW **1** INFORM. laten afslaan <van motor> **2** INFORM. van kant maken **2** WKD WW (**sich ~**) INFORM. zich aftobben

abnagen OV WW afknagen, afkluiven • *einen Knochen ~* een bot afkluiven

Abnahme ZN V (-/+n) **1** vermindering, daling • *die ~ von tödlichen Unfällen* de daling van dodelijke ongevallen **2** verwijdering, amputatie **3** het afnemen, aankoop, afzet • *~ finden* aftrek vinden • *die ~ der Parade* het afnemen van een defilé **4** inspectie, controle • *die ~ der Maschine* de keuring van de machine **5** BOUW oplevering • *die ~ des Hauses* de oplevering van het huis

abnehmen OV + ONOV WW **1** afnemen, verminderen, dalen • *die Zahl der Unfälle nimmt ab* het ongevallencijfer daalt **2** afnemen, verwijderen • *den Hut ~* de hoed afzetten **3** afzetten, amputeren **4** afnemen, kopen **5** aannemen van, geloven • *das nehme ich ihm nicht ab* dat geloof ik niet van hem **6** ontnemen, afnemen • *der Lehrer nimmt dem Schüler das Handy ab* de leraar pakt het mobieltje van de leerling af **7** FIG. uit handen nemen, op zich nemen <van taak> • *er nimmt ihr viel Arbeit ab* hij neemt veel taken van haar over **8 afvallen** • *ich habe 1 Kilo abgenommen* ik ben 1 kilo afgevallen **9 opnemen** <telefoon> **10 inspecteren, controleren** • *eine Maschine ~* een machine keuren

Abnehmer ZN M (+s/-) ECON. **afnemer, koper, klant**

Abneigung ZN V (-/+en) **afkeer (gegen** +4 **van), antipathie, aversie** • *sie hat eine ~ gegen Gewalt* zij is afkerig van geweld

abnormal BN **abnormaal**

abnötigen OV WW **afdwingen**

abnutzen, **abnützen** OV WW **verslijten** • *abgenutzt* afgedragen

Abnutzung, **Abnützung** ZN V (-/+en) **(het) (ver)slijten, slijtage**

Abo AFK (+s/+s) INFORM. Abonnement **abonnement**

Abonnement ZN O (+s/+s) **abonnement (auf** +2 **op)** • *das ~ des 'Spiegels'* het abonnement op de 'Spiegel'

Abonnent ZN M (+en/+en) **(mannelijke) abonnee**

Abonnentin ZN V (-/+nen) **(vrouwelijke) abonnee**

abonnieren OV WW **zich abonneren (auf** +4 **op), een abonnement nemen** • *eine Zeitung ~* zich op een krant abonneren • *ich abonniere den "Spiegel"* ik heb een abonnement op 'Der Spiegel'

abordnen OV WW **afvaardigen**

Abordnung ZN V (-/+en) **afvaardiging, deputatie**

Abort ZN M (+(e)s/+e) **1 miskraam, abortus 2** FORM. **toilet**

abpacken OV WW **verpakken** <in kleinere hoeveelheden> • *etwas abgepackt kaufen* iets voorverpakt kopen

abpassen OV WW **1 afwachten** • *sie hat den richtigen Augenblick abgepasst* zij heeft het juiste ogenblik afgewacht/gekozen **2 (iemand) opwachten** • *ich passe ihn nach der Schule ab* ik wacht hem na school op

abpfeifen OV + ONOV WW sterk SPORT **affluiten** • *der Schiedsrichter hat abgepfiffen* de scheidsrechter heeft afgefloten

Abpfiff ZN M (+(e)s/+e) SPORT **(het) affluiten, laatste fluitsignaal**

abpflücken OV WW **(af)plukken, leegplukken**

abplagen WKD WW **(sich ~) zich af-/uitsloven, zich afzwoegen**

abplatzen ONOV WW **afspringen, afbarsten**

Abprall ZN M (+(e)s/+e) **(het) afketsen, terugkaatsing**

abprallen ONOV WW OOK FIG. **terugkaatsen, afketsen (an** +3 **op)** • *die Kugel prallt an der Mauer ab* de kogel ketst af op de muur • FIG. *die Vorwürfe prallten an ihm ab* hij liet de verwijten van zich afglijden

Abpraller ZN M (+s/-) SPORT **terugspringende bal, rebound**

abpressen OV WW **1 afpersen 2 afdwingen 3 dichtsnoeren** <van keel>

abpumpen OV WW **1 weg-/afpompen 2 (af) kolven** <van moedermelk>

abputzen OV WW **1 afvegen, schoonvegen 2 bepleisteren 3** REG. **een uitbrander geven, berispen**

abquälen WKD WW **(sich ~) 1 zich afbeulen, zich afmatten 2 zichzelf dwingen (tot)** • *sich* 3 *ein Lächeln ~* zichzelf dwingen te glimlachen

abquetschen OV WW **afklemmen, afknellen**

abrackern WKD WW **(sich ~)** INFORM. **zich afbeulen, zich uitsloven (für** +4 **voor)**

abrasieren OV WW **1 afscheren 2** INFORM. **met de grond gelijkmaken**

abraten OV + ONOV WW sterk **af-/ontraden** • *jemandem von etwas ~* iemand iets afraden

abräumen OV WW **afruimen** <van tafel>, **wegnemen**

abrauschen ONOV WW **wegscheuren, zich (snel en opvallend) verwijderen**

abreagieren **1** OV WW **afreageren** • *seine Wut an jemandem ~* zijn woede op iemand botvieren **2** WKD WW **(sich ~) zich afreageren (an** +3 **op)**

abrechnen **1** OV WW **afrekenen, betalen, verrekenen, opmaken** <van kas> • *wir müssen das noch ~* wij moeten dat nog verrekenen • *ich rechne das später ab* ik reken dat later af **2** ONOV WW FIG. **afrekenen** • *mit jemandem ~* met iemand afrekenen

Abrechnung ZN V (-/+en) **1 (het) afrekenen, (het) betalen, aftrek 2** ECON. **(jaar)balans 3** FIG. **afrekening, vergelding**

Abrede ZN V (-/+n) • *etwas in ~ stellen* iets ontkennen/loochenen/betwisten

abregen WKD WW **(sich ~)** INFORM. **kalmeren, (tot) bedaren (komen)** • *reg dich ab* wind je niet op!

abreiben OV WW sterk **1 afwrijven, schoonwrijven 2 droogwrijven 3** CULIN **(af) raspen 4** CUL., REG. **roeren**

Abreibung ZN V (-/+en) **1 (het) afwrijven 2** INFORM. **aframmeling 3** INFORM. **uitbrander**

Abreise ZN V (-/+n) **vertrek**

abreisen ONOV WW **1 afreizen, vertrekken 2 terugreizen**

abreißen **1** OV WW sterk **1 afscheuren, lostrekken 2 afbreken, slopen** • *ein Haus ~* een huis slopen **3** INFORM. **verslijten** • FIG. *abgerissen* gehavend, kapot **2** ONOV WW **1 afbreken 2 (plotseling) eindigen, ophouden,** OOK FIG. **verbroken worden** • *die Arbeit reißt nicht ab* er komt geen eind aan het werk • *der Kontakt riss ab* het contact is verbroken • *die Verbindung riss ab* de verbinding werd verbroken **3** INFORM. **uitdienen, vervullen** <van militaire dienst>

Abreißkalender ZN M (+s/-) **scheurkalender**

abrichten OV WW **africhten, dresseren**

Abrichtung ZN V (-/+en) **africhting, (het) dresseren, dressuur**

abriegeln OV WW **1 afgrendelen 2 afsluiten, blokkeren, versperren**

abringen OV WW sterk **afdwingen, ontworstelen** • *sich eine Entscheidung ~* met moeite tot een besluit komen

ab

ab

Abriss ZN M (+es/+e) **1** **afbraak, sloop** **2** **beknopt overzicht, samenvatting** • *ein ~ der Grammatik* een beknopt overzicht van de grammatica
Abrissarbeiten ZN MV **sloopwerken**
abrissreif BN **rijp voor de sloop**
abrollen OV + ONOV WW (+s/gmv) **1** **afrollen** • *das Programm rollt reibungslos ab* het programma verloopt zonder incidenten **2** OOK FIG. **ontrollen** • FIG. *ihr Leben rollte noch einmal vor ihren Augen ab* haar leven ontrolde zich nog eenmaal voor haar ogen **3** **wegrollen, wegrijden**
Abrollmenü ZN O (+s/+s) COMP. **pulldownmenu**
abrücken **1** OV WW **af-/wegschuiven** **2** ONOV WW **1** **zich distantiëren (von** +3 **van)** **2** MIL. **inrukken, afmarcheren**
Abruf ZN M (+(e)s/+e) **1** **(het) af-/weg-/terugroepen, oproep** • *auf ~* op afroep **2** **geldopname**
abrufbereit BN **oproepbaar, stand-by**
abrufen OV WW sterk **1** **af-/wegroepen, oproepen** **2** **opnemen** <van geld> **3** COMP. **opvragen,** <e-mail> **checken**
abrunden OV WW **afronden, completeren**
Abrundung ZN V (-/+en) **(het) afronden**
abrupt BN **1** **abrupt** **2** **onsamenhangend**
abrüsten OV WW **1** **ontwapenen** **2** **steigers demonteren**
Abrüstung ZN V (-/gmv) **ontwapening**
abrutschen ONOV WW **1** **af-/wegglijden** • *in die Kriminalität ~* afglijden naar criminaliteit **2** **verslechteren, minder worden** • *seine Leistungen rutschen ab* zijn prestaties worden minder • *völlig abgerutscht sein* aan lagerwal geraakt zijn, op het slechte pad zijn **3** **slippen** <van auto>
Abs. AFK Absatz **al., alinea**
ABS AFK Antiblockiersystem **ABS, antiblokkeersysteem**
absacken **1** ONOV WW **1** **verzakken, wegglijden** **2** **hoogte verliezen** <van vliegtuig> **3** **zinken** <van schip> **4** **afzakken, minder worden, verslechteren** **5** **afzakken, afglijden** <moreel>, **op het verkeerde pad raken** **2** OV WW **in zakken doen**
Absage ZN V (-/+n) **1** **afzegging, opzegging** • *seine ~ unseres Termins* zijn afzegging van onze afspraak **2** **afgelasting** **3** **afwijzing** • *jemandem eine ~ erteilen* iemand afwijzen • *eine ~ bekommen* een afwijzing krijgen, afgewezen worden
absagen OV WW **1** **afzeggen, opzeggen** • *jemandem ~* iemand afzeggen **2** **afgelasten** • *das Spiel wurde abgesagt* de wedstrijd werd afgelast/ BELG. afgeschaft
absägen OV WW **afzagen** • INFORM. *jemanden ~* iemand aan de dijk zetten
absahnen OV WW OOK FIG. **afromen**
Absatz ZN M (+es/-sätze) **1** **alinea** • JUR. *Paragraf 5, ~ 2* artikel 5, lid 2 **2** **hak** <van schoen> • *mit hohen/flachen Absätzen* met hoge/lage hakken • *die Absätze sind abgelaufen* die hakken zijn versleten • FIG. *auf dem ~ kehrtmachen* rechtsomkeert maken **3** **overloop, trapportaal** **4** ECON. **afzet, verkoop** • *dieser Artikel findet reißenden ~* dit product vindt gretig aftrek **5** AARDK. **afzetting, sediment** **6** AARDK. **bergterras**
Absatzgebiet ZN O (+(e)s/+e) ECON. **afzetgebied**
absaufen ONOV WW sterk **1** INFORM. **verzuipen, verdrinken** **2** INFORM. **zinken, ondergaan** **3** INFORM. **verzuipen** <van motor>
absaugen OV WW **1** **af-/wegzuigen** **2** **(schoon) zuigen**
abschaben OV WW **1** **afkrabben, afschrapen** **2** **(af)slijten** • *abgeschabte Hosen* een kale/versleten broek
abschaffen OV WW **1** **wegdoen, afdanken** **2** **opheffen, afschaffen** • *die Todesstrafe ~* de doodstraf afschaffen • *ein Gesetz ~* een wet afschaffen
Abschaffung ZN V (-/+en) **1** **afschaffing** **2** **opheffing**
abschälen **1** OV WW **(af)schillen** **2** WKD WW **(sich ~)** **loslaten** • *meine Haut schält sich ab* ik vervel
abschalten **1** OV WW **af-/uitzetten, uitschakelen** • *den Motor ~* de motor uitschakelen **2** ONOV WW **1** FIG. **niet meer opletten** • *bei dem Gejammer schalte ich einfach ab* naar dat geklaag luister ik gewoon niet meer **2** FIG. **zich ontspannen, relaxen** • *du musst endlich mal ~* je moet een keertje relaxen
abschätzen OV WW **1** **(in)schatten, taxeren, ramen** **2** **beoordelen, (in zich) opnemen** • *jemanden ~* iemand beoordelen/taxeren
abschätzig BN **geringschattend, denigrerend**
Abschätzung ZN V (-/+en) **1** **schatting, raming** **2** **taxatie**
Abschaum ZN M (+(e)s/gmv) **uitschot** • *der ~ des Volkes* het schuim van de natie / het gepeupel
Abscheidung ZN V (-/+en) **afscheiding**
Abscheu ZN M/V (+s/gmv) **afschuw, afkeer (vor** +3 **van)** • *~ erregend* afschuwwekkend
abscheuerregend BN **afschuwwekkend**
abscheulich BN **1** **afschuwelijk** **2** **schandalig, verwerpelijk** **3** **verschrikkelijk, in hoge mate** • *er hat ~ schlecht gespielt* hij heeft verschrikkelijk slecht gespeeld
Abscheulichkeit **1** ZN V (-/gmv) **afschuwelijkheid** **2** ZN V (-/+en) **schanddaad**
abschicken OV WW **1** **verzenden, versturen** **2** **afzenden, afvaardigen**
abschieben **1** OV WW sterk **1** **af-/wegschuiven** **2** POL. **uitwijzen, uitzetten** <van asielzoekers> **3** INFORM. **(iemand) lozen, zich ontdoen van (iemand)** **2** ONOV WW INFORM. **'m smeren, weggaan**
Abschiebung ZN V (-/+en) **1** **(het) af-/wegschuiven** **2** POL. **uitwijzing, uitzetting** <van asielzoekers> **3** INFORM. **lozing** <van iemand>
Abschied ZN M (+(e)s/+e) **afscheid** • *~ nehmen* afscheid nemen
abschießen OV WW sterk **1** **(af)schieten, afvuren** **2** **neerknallen** **3** **verschieten** <van kleuren> **4**

INFORM. **wegwerken** <uit positie>, **uit de weg ruimen, uitschakelen**

abschirmen OV WW **1 afschermen, beschermen (gegen** +4 **tegen)** • *seine Kinder vor der Außenwelt ~* zijn kinderen afschermen van de buitenwereld **2 isoleren, weren, onschadelijk maken**

abschlachten OV WW **afslachten, afmaken**

abschlagen **1** OV WW sterk **1 afslaan, afhakken 2** REG. **afbreken, demonteren 3** MIL. **afslaan** <van aanval>, **afweren 4 afslaan, weigeren, afwijzen** • *jemandem eine Bitte ~* een verzoek van iemand weigeren • *(den Wunsch) ~* nee verkopen **5 verminderen** • *etwas vom Preis ~* iets van de prijs afdoen **6** SPORT **uittrappen** <voetbal>, **afslaan** <golf> **2** WKD WW **(sich ~)** sterk **zich afzetten** • *Feuchtigkeit hat sich an der Scheibe abgeschlagen* het raam is beslagen

Abschleppdienst ZN M (+(e)s/+e) **autosleepbedrijf**

abschleppen **1** OV WW **1 wegslepen 2** INFORM. **meeslepen, meetronen 2** WKD WW **(sich ~)** INFORM. **zeulen, sjouwen (an , mit** +3 **met)**

Abschleppseil ZN O (+(e)s/+e) **sleeptouw, sleepkabel**

Abschleppwagen ZN M (+s/-) **takelwagen, takelauto**

abschließen **1** OV WW sterk **1 (af)sluiten, op slot doen 2 afsluiten, afzonderen, afscheiden 3 afsluiten, beëindigen, af-/verbreken, voltooien 4** FIG. **(af)sluiten** <van overeenkomst>, **overeenkomen, aangaan 2** ONOV WW sterk **1 afsluiten, eindigen** • *das Buch schließt mit einer Hochzeit ab* het boek eindigt met een bruiloft **2** FIG. **breken** • *ich habe mit ihm abgeschlossen* ik heb met hem gebroken **3** WKD WW **(sich ~) zich afsluiten, zich afzonderen, zich terugtrekken**

abschließend BN **afsluitend, tot besluit, resumerend**

Abschluss ZN M (+es/-schlüsse) **1 afsluiting, beëindiging, afronding** • *~ der Sitzung* afronding van de vergadering • *etwas zum ~ bringen* iets tot een einde brengen • *der ~ des Studiums* het afstuderen **2 boord, kraag 3 (het) (af)sluiten** <van overeenkomst> • *der ~ des Vertrags* het afsluiten van het contract **4 eindexamen** • *sie macht dieses Jahr ihren ~* ze doet dit jaar eindexamen **5** ECON. **overeenkomst, transactie 6** ECON. **balans, jaarrekening**

Abschlussprüfung ZN V (-/+en) **1 eindtoets, eindexamen 2** ECON. **accountantscontrole**

Abschlusszeugnis ZN O (+ses/+se) **einddiploma**

abschmecken OV WW **1 proeven 2 op smaak brengen, kruiden**

abschminken OV WW **1 afschminken, make-up verwijderen 2** INFORM. **opgeven** <van plan>, **afzien van** • *das kannst du dir ~!* vergeet het maar!

Abschn. AFK Abschnitt **gedeelte** <van tekst>, **hoofdstuk, paragraaf**

abschneiden **1** OV WW sterk **1 afsnijden, (af) knippen, afscheren** • *sich die Haare ~ lassen* zijn haar laten knippen **2 afsnijden, isoleren** • *von der Außenwelt abgeschnitten sein* van de buitenwereld afgesneden zijn **3 afsnijden, een kortere weg nemen** • *jemandem den Weg ~* iemand de pas afsnijden **4 ontnemen, verhinderen** • *alle Einwände ~* alle bedenkingen wegnemen **2** ONOV WW **het er (goed of slecht) afbrengen** • *er hat bei der Prüfung hervorragend abgeschnitten* hij heeft het examen uitstekend gedaan

Abschnitt ZN M (+(e)s/+e) **1 hoofdstuk, paragraaf, passage 2 coupon, strookje 3 periode, fase 4 deel** <van traject/gebied>, **sector, deelgebied** • *dieser ~ der Bahnstrecke muss erneuert werden* dit deel van het spoor moet vernieuwd worden • *etwas in Abschnitte aufteilen* iets opdelen in sectoren

abschöpfen OV WW **1 afscheppen 2** OOK FIG. **afromen**

abschotten **1** OV WW **afscheiden 2** WKD WW **(sich ~) zich afsluiten (gegen** +4, **von** +3 **van/voor)**

abschrauben OV WW **afschroeven, losschroeven, afdraaien**

abschrecken OV WW **1 afschrikken** • *ein ~des Beispiel* een afschrikwekkend voorbeeld **2** CULIN **laten schrikken** <van eieren> **3** TECHN. **(af) schrikken** <van metaal>, **koelen, blussen**

Abschreckung ZN V (-/+en) **(het) afschrikken, afschrikking, intimidatie**

abschreiben **1** OV WW sterk **1 overschrijven, in het net schrijven 2 overschrijven, kopiëren** • *bei einem Test ~* bij een toets spieken **3 schriftelijk afzeggen 4** ECON. **afschrijven** <bijv. van machine> **5** INFORM. **afschrijven, opgeven** • INFORM. *das kannst du ~* dat kun je wel vergeten **2** WKD WW **(sich ~) slijten door het schrijven** • *Kreide schreibt sich schnell ab* krijt slijt snel bij het schrijven

Abschrift ZN V (-/+en) **afschrift, kopie, duplicaat** • *eine beglaubigte ~* een gewaarmerkt afschrift

Abschürfung ZN V (-/+en) **schaafwond, ontvelling**

Abschuss ZN M (+es/-schüsse) **1 (het) afschieten, (het) neerschieten 2 lancering**

abschüssig BN **hellend, (schuin) aflopend, steil**

Abschussliste ZN V (-/+n) • *auf der ~ stehen* op de nominatie staan ontslagen / gevangengenomen / geschrapt te worden

abschütteln OV WW **1** OOK FIG. **afschudden 2 ontkomen (aan), kwijtraken 3 overwinnen**

abschütten OV WW **(af)gieten**

abschwächen **1** OV WW **verzwakken, afzwakken** <van kritiek>, **verminderen 2** WKD WW **(sich ~) afzwakken, afnemen, verminderen**

Abschwächung ZN V (-/+en) **1 af-/verzwakking 2** ECON. **daling** <van aandelenkoersen>

abschwatzen OV WW INFORM. **aftroggelen**

abschwören ONOV WW +3, **afzweren** • *dem Alkohol ~* de drank afzweren

absegnen OV WW INFORM. **zijn zegen geven (aan), goedkeuren**

absehbar BN afzienbaar, te overzien • *in ~er Zeit* binnen afzienbare tijd

absehen 1 OV WW sterk 1 afkijken <leren> • *das habe ich meiner Lehrerin abgesehen* dat heb ik afgekeken van mijn docente <geleerd> 2 voorzien, overzien • *das war ja abzusehen* dat was te voorzien • *die Folgen sind nicht abzusehen* de gevolgen zijn niet te overzien 2 ONOV WW 1 afzien (von +3 van), buiten beschouwing laten • *vom Wetter ganz abgesehen* afgezien van het weer 2 aflezen (an +3 in) • *es war ihr an den Augen abzusehen* het was in haar ogen af te lezen 3 • *es auf jemanden abgesehen haben* het op iemand gemunt/voorzien hebben

abseilen 1 OV WW aan een touw neerlaten 2 ONOV WW SPORT abseilen 3 WKD WW (sich ~) 1 afdalen <langs een touw> 2 INFORM. ervandoor gaan • *sie haben sich abgeseilt* zij zijn 'm gesmeerd

abseits 1 BW terzijde, afzijdig, ver • *sich ~ halten von* zich afzijdig houden van • SPORT *~ sein/stehen* buitenspel zijn/staan 2 VZ +2, ver (weg) van • *~ der großen Städte* ver van de grote steden

Abseits ZN O (-/-) SPORT buitenspel • OOK FIG. *im ~ stehen* buitenspel staan

absenden OV WW onregelmatig 1 verzenden, (ver)sturen 2 uitzenden <van persoon>

Absender ZN M (+s/-) afzender

absenken 1 OV WW verlagen, laten zakken 2 WKD WW (sich ~) (af)hellen, aflopen

Absenz ZN V (-/+en) afwezigheid, absentie

abservieren OV WW 1 afruimen <van tafel> 2 INFORM. aan de kant zetten, ontslaan, afserveren • *jemanden ~* iemand afserveren 3 INFORM. onschadelijk maken, uit de weg ruimen, ombrengen 4 SPORT afserveren, afdrogen • *die Mannschaft wurde abserviert* het elftal werd ingemaakt

absetzbar BN 1 aftrekbaar <van belasting> • *steuerlich ~ sein* van de belasting aftrekbaar zijn 2 ECON. verkoopbaar 3 • *der Papst ist nicht ~* de paus kun je niet afzetten

absetzen 1 OV WW 1 afzetten, afnemen • *in der Schule muss er seine Kappe ~* op school moet hij zijn pet afzetten 2 neerzetten 3 afzetten, laten af-/uitstappen 4 annuleren, schrappen • *ein Theaterstück ~* een toneelstuk van het repertoire halen • *das Spiel wurde abgesetzt* de wedstrijd werd afgelast 5 afzetten, uit het ambt zetten • *sie wurde abgesetzt* zij werd uit haar ambt gezet 6 afbreken, stoppen • *die Pille ~* stoppen met de pil 7 ECON. afzetten, verkopen 8 ECON. aftrekken <van belasting> • *von der Steuer ~* van de belasting aftrekken 2 ONOV WW pauzeren • *ohne abzusetzen* zonder ophouden • *er trank sein Glas ohne abzusetzen leer* hij dronk zijn glas in één teug leeg 3 WKD WW (sich ~) 1 zich afzetten, bezinken 2 MIL. zich terugtrekken 3 INFORM. er (stiekem) vandoor gaan

Absetzung ZN V (-/+en) 1 afzetting, verwijdering <uit ambt> 2 afgelasting

absichern WKD WW (sich ~) zich beschermen/beveiligen (gegen +4 tegen), zich indekken <d.m.v. overeenkomst>

Absicherung ZN V (-/+en) 1 afzetting 2 sociaal vangnet

Absicht ZN V (-/+en) bedoeling, plan, intentie • *die ~ haben...* van plan zijn om... • *da steckte keine ~ dahinter* dat is niet met opzet gebeurd • *mit (voller) ~* opzettelijk, expres • *ohne ~* onopzettelijk, onbedoeld • *in bester ~* met de beste bedoelingen • *aus böser ~* met boze opzet • *lautere(n) Absichten* zuivere bedoelingen • *Absichten hegen* van plan zijn • *sich mit der ~ tragen* het voornemen koesteren

absichtlich BW opzettelijk, expres • *er hat es ~ getan* hij heeft het expres gedaan

absinken ONOV WW sterk 1 zinken 2 dalen, zakken, afnemen 3 OOK FIG. minder/slechter worden, achteruitgaan

absitzen 1 OV WW sterk 1 afzitten, afslijten <door zitten> 2 MIN. uitzitten <van tijd>, rondhangen 3 INFORM. uitzitten <van straf> 2 ONOV WW afstappen <van fiets>, afstijgen <van paard>

absolut BN 1 absoluut, volledig, volkomen, volstrekt • *~ unmöglich* absoluut onmogelijk • *~e Mehrheit* volstrekte meerderheid • *unter ~er Geheimhaltung* onder volstrekte geheimhouding 2 soeverein, onbeperkt

Absolvent ZN M (+en/+en) 1 examenkandidaat 2 afgestudeerde

absolvieren OV WW voltooien, (succesvol) afsluiten <van opleiding>, doorlopen <van opleiding of cursus>, slagen voor <examen> • *einen Englischkurs ~* een cursus Engels doorlopen

absonderlich BN zonderling, eigenaardig

Absonderlichkeit ZN V (-/+en) eigenaardigheid

absondern 1 OV WW 1 afzonderen, isoleren <van patiënt> 2 MED. af-/uitscheiden • FIG. *er hat lauter Unsinn abgesondert* hij heeft klinkklare onzin uitgekraamd 2 WKD WW (sich ~) zich afzonderen

abspalten OV WW onregelmatig (zich) afsplitsen, (zich) afscheiden • *sich ~ von* zich afscheiden van

Abspaltung ZN V (-/+en) (het) afsplitsen, afsplitsing, afscheiding

Abspann ZN M (+(e)s/+e) A-V aftiteling

abspecken OV + ONOV WW INFORM. afvallen, vermageren

abspeichern OV WW COMP. opslaan, saven

abspeisen OV WW 1 MIN. te eten geven 2 INFORM. afschepen • *jemanden mit etwas ~* iemand met iets afschepen

abspenstig BW • *jemandem etwas ~ machen* iemand iets aftroggelen, iets inpikken

absperren 1 OV WW 1 (af)sluiten, op slot doen 2 afzetten, versperren 3 stremmen 2 WKD WW (sich ~) zich afsluiten, zich afzonderen

Absperrung ZN V (-/+en) 1 afsluiting 2 afzetting, versperring

abspiegeln 1 OV WW weerspiegelen, afspiegelen 2 WKD WW (sich ~) zich weerspiegelen (in +3 in)

Abspiegelung, **Abspieglung** ZN V (-/+en) weerspiegeling, afspiegeling
abspielen 1 OV WW 1 afspelen, draaien 2 SPORT toespelen <van bal>, passen • *abgespielte Karten* beduimelde kaarten 2 WKD WW (**sich ~**) zich afspelen, gebeuren • *hier spielt sich nichts ab!* geen sprake van!
Abspielgerät ZN O (+(e)s/+e) 1 cassetterecorder 2 cd-speler 3 videorecorder
Absprache ZN V (-/+n) afspraak, overeenkomst
absprachegemäß BN volgens afspraak
absprechen 1 OV WW sterk 1 afspreken, overeenkomen • *wir haben das vorher so abgesprochen* we hebben dat van tevoren zo afgesproken 2 ontzeggen, betwisten • *sie hat Talent, das kann ihr keiner ~* ze heeft aanleg, dat kan niemand haar ontzeggen • *jemandem seine Rechte ~* iemand zijn rechten ontzeggen 2 WKD WW (**sich ~**) sterk overeenkomen • *die beiden hatten sich abgesprochen* die twee hadden (stiekem) afspraken gemaakt
abspringen ONOV WW sterk 1 afspringen, opspringen, naar beneden springen 2 INFORM. afhaken, zich terugtrekken
abspritzen 1 OV WW 1 afspuiten, schoonspuiten 2 (be)sproeien 3 een spuitje geven 2 ONOV WW 1 afspatten 2 INFORM. snel weggaan, wegscheuren
Absprung ZN M (+(e)s/-sprünge) 1 sprong • FIG. *den ~ schaffen* de sprong wagen 2 afzet, afsprong
abspulen OV WW 1 (af)draaien, afrollen 2 INFORM. af-/opdreunen
abspülen OV WW 1 afspoelen 2 REG. afwassen, de vaat doen
abstammen ONOV WW (af)stammen
Abstammung ZN V (-/+en) afstamming, afkomst
Abstand ZN M (+(e)s/-stände) 1 afstand • *in 2 Metern ~* op 2 meter afstand • *mit ~* met afstand, verreweg • *in längeren Abständen* met vrij lange tussenpozen • FIG. *Abstand nehmen von* afstand nemen van • FIG. *Abstand halten* afstand houden 2 INFORM. afkoopsom
abstatten OV WW FORM. brengen, doen <uit plicht> • *jemandem einen Besuch ~* iemand bezoeken • *jemandem Bericht ~* aan iemand verslag uitbrengen • *jemandem seinen Dank ~* iemand dank betuigen
abstauben OV WW 1 afstoffen 2 SPORT een gelukstreffer scoren 3 INFORM. jatten, pikken
abstechen 1 OV WW sterk 1 (af)steken, afhalen van 2 doodsteken, slachten 3 aftappen 2 ONOV WW FIG. afsteken (**von** +3 tegen), contrasteren
Abstecher ZN M (+s/-) uitstapje <tijdens reis> • *einen ~ nach Belgien machen* een ommetje via België maken
abstecken OV WW 1 afbakenen, afzetten 2 (af) spelden
abstehen OV + ONOV WW onregelmatig afstaan (van) • *er hat ~de Ohren* hij heeft uitstaande oren
Absteige ZN V (-/+n) 1 MIN. goedkoop (en slecht) hotel/pension 2 optrekje, pied-à-terre
absteigen ONOV WW sterk 1 afstappen <van fiets>, afstijgen <van paard> 2 (af)dalen, naar beneden lopen • *sie ist auf dem ~den Ast* het gaat bergafwaarts met haar • *in ~der Linie* in neergaande lijn 3 SPORT degraderen • *der Verein ist in die zweite Liga abgestiegen* deze club is gedegradeerd naar de tweede divisie 4 logeren <in hotel> • *sie sind im Amstel-Hotel abgestiegen* ze logeren in het Amstelhotel
Absteiger ZN M (+s/-) 1 SPORT gedegradeerde club 2 SOC. loser
abstellen 1 OV WW 1 (neer)zetten, wegzetten, stallen 2 af-/uitzetten, uitschakelen • *den Motor ~* de motor uitschakelen 3 tegengaan, verhelpen <van gebreken>, ongedaan maken • *Missstände ~* een einde maken aan wantoestanden 4 instellen, afstemmen (**auf** +4 op) 5 detacheren, beschikbaar stellen • *einen Mitarbeiter für den Empfang ~* een medewerker beschikbaar stellen voor de receptie 6 SPORT afstaan, ter beschikking stellen 2 ONOV WW rekening houden (**auf** +4 met)
Abstellgleis ZN O (+es/+e) zijspoor, dood spoor • FIG. *jemanden aufs ~ schieben* iemand uitrangeren
Abstellraum ZN M (+(e)s/-räume) bergruimte, berging, berghok
abstempeln OV WW 1 afstempelen 2 bestempelen (**als/zu** als) • *jemanden als/zum Verbrecher ~* iemand als misdadiger bestempelen
Abstieg ZN M (+(e)s/+e) 1 afdaling 2 neergang, achteruitgang 3 SPORT degradatie • *der Fußballverein steht vor dem ~* de voetbalclub is bijna gedegradeerd
abstimmen 1 OV WW 1 (af)stemmen <van instrument, radio>, instellen 2 afstemmen, (met elkaar) in overeenstemming brengen • *etwas mit jemandem ~* afspraken met iemand maken 2 ONOV WW stemmen, zijn stem uitbrengen 3 WKD WW (**sich ~**) af-/bespreken, overeenkomen
Abstimmung ZN V (-/+en) 1 afstemming 2 stemming • *etwas zur ~ bringen* iets in stemming brengen
abstinent BN abstinent, matig
Abstinenz ZN V (-/gmv) abstinentie, (geheel) onthouding
Abstinenzler ZN M (+s/-) abstinent, geheelonthouder
Abstoß ZN M (+es/-stöße) 1 (het) afstoten 2 SPORT uittrap
abstoßen OV WW sterk 1 OOK FIG., MED. afstoten, afduwen • *der Stier hat sich die Hörner abgestoßen* de stier heeft zijn hoorns afgestoten • *er stößt die Leute durch seine negative Haltung ab* hij stoot mensen af door zijn negatieve houding • *ein Spenderorgan ~* een donororgaan afstoten 2 beschadigen 3 afkomen (van), afstoten, verkopen, betalen <van schuld> • *eine Filiale ~* een filiaal afstoten 4 SPORT uittrappen
abstoßend BN afstotend
abstottern OV WW INFORM. afbetalen <in

termijnen>, aflossen <in termijnen>

abstrahieren 1 OV WW abstraheren, afleiden (aus +3 van/uit) 2 ONOV WW abstraheren • *von etwas ~* iets buiten beschouwing laten

abstrakt BN abstract

Abstraktion ZN V (-/+en) abstractie

abstreifen 1 OV WW 1 OOK FIG. afdoen, afschudden, afleggen, afstropen, uittrekken <van kleding> • *Vorurteile ~* vooroordelen afleggen 2 afzoeken, uitkammen <van gebied> 2 ONOV WW afdwalen

abstreiten OV WW sterk ontkennen, tegenspreken • *das kann man nicht ~* dat valt niet te ontkennen

Abstrich ZN M (+(e)s/+e) 1 vermindering, korting 2 beperking, ongemak • *Abstriche machen müssen* met minder genoegen moeten nemen 3 MED. uitstrijkje 4 MUZ. afstreek

abstufen OV WW 1 trapsgewijs maken 2 schakeren <van kleur>, nuanceren

Abstufung ZN V (-/+en) 1 trapsgewijze indeling 2 schakering <van kleur>, nuance • *eine Farbe in verschiedenen Abstufungen* een kleur in verschillende gradaties/schakeringen

abstumpfen 1 OV WW 1 stomp maken, afronden 2 FIG. afstompen 2 ONOV WW 1 afstompen, bot worden 2 ongevoelig worden (gegen +4 voor)

Abstumpfung ZN V (-/gmv) afstomping

Absturz ZN M (+es/-stürze) 1 (het) neerstorten 2 steile helling, afgrond 3 COMP. (systeem) crash

abstürzen ONOV WW 1 neerstorten 2 steil aflopen • *der Fels stürzt steil ab* de rots loopt steil af 3 COMP. vastlopen, crashen • *der Computer ist abgestürzt* de computer is vastgelopen

absuchen OV WW af-/doorzoeken • *ein Gebiet ~* een gebied doorzoeken

absurd BN absurd, onzinnig

Absurdität ZN V (-/+en) absurditeit, dwaasheid

Abszess ZN M/O (+es/+e) abces

Abt. AFK Abteilung afd., afdeling

abtasten OV WW af-/betasten, afzoeken <met zoeklicht/radar> • *den Mann nach versteckten Waffen ~* de man fouilleren op verborgen wapens

abtauchen ONOV WW OOK FIG. onderduiken

abtauen OV + ONOV WW ontdooien, (weg) smelten • *den Kühlschrank ~* de ijskast ontdooien

Abteil ZN O (+(e)s/+e) 1 coupé 2 (afgeschoten) ruimte

abteilen OV WW afscheiden, indelen, afschieten <van ruimte>

Abteilung ZN V (-/+en) 1 afdeling • *in allen Abteilungen der Partei* in alle geledingen van de partij 2 ploeg, sectie <van werklieden of ander personeel> 3 afgescheiden ruimte, compartiment

Abteilungsleiter ZN M (+s/-) afdelingschef

abtelefonieren OV WW 1 afbellen, telefonisch afzeggen 2 afbellen, rondbellen • *die ganze Klasse ~* alle kinderen van de klas bellen 3 opgebruiken <van bijv. beltegoed> • *ich habe mein ganzes Guthaben abtelefoniert* ik heb mijn hele beltegoed opgebruikt

abtippen OV WW INFORM. overtypen

abtönen OV WW schakeren, nuanceren, op elkaar afstemmen

Abtönung ZN V (-/+en) (het) afstemmen, schakering, nuancering

abtöten OV WW doden • *Gefühle ~* gevoelens onderdrukken

abtragen OV WW sterk 1 verwijderen, wegnemen 2 FORM. afruimen <van tafel> 3 af-/weggraven 4 afbreken • *eine Mauer ~* een muur afbreken 5 FORM. (af)betalen 6 afdragen <van kleding>, verslijten

abträglich BW +3 FORM. nadelig, schadelijk • *einer Sache ~ sein* nadelig voor iets zijn

abtreiben OV + ONOV WW 1 afdrijven, wegdrijven 2 MED. aborteren • *sie hat abgetrieben* ze heeft een abortus gehad

Abtreibung ZN V (-/+en) abortus • *eine ~ vornehmen lassen* zich laten aborteren

Abtreibungspille ZN V (-/+n) abortuspil

abtrennbar BN (af)scheidbaar

abtrennen OV WW 1 afscheiden 2 afscheuren, afsnijden, afknippen 3 lostornen

Abtrennung ZN V (-/+en) afscheiding

abtreten 1 OV WW sterk 1 aftrappen, afslijten • *ein abgetretener Teppich* een kaal/versleten vloerkleed 2 (af)vegen 3 overdragen, afstaan • *jemandem etwas ~* iets aan iemand afstaan 2 ONOV WW sterk 1 weggaan, zich verwijderen • FIG. *von der Bühne ~* het toneel verlaten 2 aftreden <uit functie> 3 WKD WW (sich ~) sterk 1 af-/verslijten 2 (af)vegen • *hast du dir die Füße abgetreten?* heb je je voeten geveegd?

Abtreter ZN M (+s/-) voetmat, voetrooster, voetschraper

Abtritt ZN M (+(e)s/+e) (het) aftreden <uit functie>

abtrocknen OV + ONOV WW (af)drogen

abtropfen 1 OV WW laten uitdruipen • *den Salat ~ lassen* de sla laten uitlekken 2 ONOV WW af-/uitdruipen

abtrotzen OV WW afdwingen

abtun OV WW sterk 1 INFORM. afdoen, afzetten 2 wegdoen • *das ist für sie noch nicht abgetan* daar is zij nog niet mee klaar

abverlangen OV WW verlangen (van), (op)eisen • *jemandem etwas ~* iets van iemand verlangen • *du verlangst dir oft zu viel ab* je vergt vaak te veel van jezelf

abwägen OV WW sterk afwegen, overwegen

Abwägung ZN V (-/+en) afweging, overweging

abwählen OV WW 1 niet herkiezen 2 laten vallen <schoolvak>

abwälzen OV WW afwentelen (auf +4 op), afschuiven (auf +4 op) • *etwas auf einen anderen ~* iets op een ander afschuiven

abwandeln OV WW veranderen, variëren

abwandern ONOV WW 1 weggaan, vertrekken,

wegtrekken • *viele Unternehmen wandern ins Ausland ab* veel bedrijven gaan naar het buitenland **2** SPORT zijn club verlaten

Abwanderung ZN V (-/+en) vertrek, (het) wegtrekken

Abwandlung ZN V (-/+en) **1** verandering **2** variatie

abwarten OV WW afwachten • *warten wir es noch ab* laten we het nog even afwachten/aanzien • *~ und Tee trinken!* rustig afwachten!, geduld!

abwärts BW naar beneden, omlaag, afwaarts • *Kinder von zwölf Jahren ~* kinderen van twaalf jaar en jonger

Abwärtsbewegung ZN V (-/+en) neerwaartse beweging, dalende lijn

Abwärtstrend ZN M (+s/+s) ECON. negatieve tendens/spiraal

Abwasch ZN M (+es/gmv) INFORM. afwas, vaat • *den ~ erledigen* de afwas doen • *den ~ stehenlassen* de vaat laten staan • *das ist ein ~* dat gaat in één moeite door

abwaschen OV WW sterk afwassen

Abwasser ZN O (+s/-wässer) afvalwater, spoelwater

abwechseln OV + ONOV WW afwisselen, variëren • *sich ~* (elkaar) afwisselen • *wir wechseln uns bei der Arbeit ab* wij lossen elkaar af bij het werk

abwechselnd BN afwisselend, om de beurt

Abwechslung ZN V (-/+en) afwisseling, variatie • *zur ~* voor de verandering

abwechslungsreich BN vol afwisseling, gevarieerd

Abweg ZN M (+(e)s/+e) dwaalspoor • *auf Abwege geraten* op een dwaalspoor raken, (fig.) het verkeerde pad opgaan

abwegig BN verkeerd, onjuist, afwijkend, fout

Abwehr ZN V (-/gmv) **1** OOK FIG. afweer, afwijzing **2** MED. afweer **3** MIL., SPORT verdediging **4** contraspionage

abwehren OV WW afweren, afslaan, afwenden

Abwehrmechanismus ZN M (-/-men) **1** BIOL. immuunsysteem **2** PSYCH. afweermechanisme

Abwehrspieler ZN M (+s/-) SPORT verdediger

Abwehrstoff ZN M (+(e)s/+e) MED. afweerstof, antilichaam

abweichen ONOV WW sterk afwijken, verschillen • *~d von* in afwijking van

Abweichler ZN M (+s/-) POL. dissident

Abweichung ZN V (-/+en) afwijking, verschil • *~ vom Durchschnitt* afwijking van het gemiddelde

abweisen OV WW sterk afwijzen, afslaan, weigeren

Abweisung ZN V (-/+en) afwijzing, weigering

abwenden OV WW onregelmatig **1** OOK FIG. afwenden, afkeren • *sie wendet sich von ihren Freunden ab* zij keert zich af van haar vrienden • *er kann seine Augen nicht von ihr ~* hij kan zijn ogen niet van haar afhouden **2** afwenden, verhinderen, afweren

abwerben OV WW sterk ECON. weglokken <van personeel>, (af)ronselen, wegkopen

abwerfen OV WW sterk **1** OOK FIG. afwerpen, neerwerpen, laten vallen **2** opbrengen <van geld> • *Gewinn ~* winst opleveren

abwerten OV WW **1** ECON. in waarde verminderen, devalueren **2** afkeuren, afkraken

Abwertung ZN V (-/+en) ECON. waardevermindering, devaluatie

abwesend BW OOK FIG. afwezig

Abwesende ZN M/V (+n/+n) afwezige

Abwesenheit ZN V (-/+en) OOK FIG. afwezigheid, absentie • *in ~* bij verstek • *durch ~ glänzen* schitteren door afwezigheid

abwetzen **1** OV WW afslijten • *der Teppich hat viele abgewetzte Stellen* het tapijt heeft veel afgesleten/kale plekken **2** ONOV WW INFORM. ervandoor gaan

abwickeln OV WW **1** OOK FIG. afwikkelen **2** afhandelen, liquideren **3** organiseren

Abwicklung ZN V (-/+en) afwikkeling, afhandeling • *mit der ~ der Geschäfte beauftragt sein* belast zijn met de liquidatie van de zaken

abwiegen OV WW sterk (af)wegen

abwimmeln OV WW INFORM. afwimpelen, afpoeieren

abwinken **1** OV WW SPORT afvlaggen **2** ONOV WW een afwijzend gebaar maken • *bis zum Abwinken* tot vervelens toe

abwirtschaften **1** OV WW te gronde richten, ruïneren **2** ONOV WW **1** failliet gaan, te gronde gaan, z'n tijd gehad hebben, afgedaan hebben **2** uitputten <van grond>, verbruiken • *dieser Politiker hat abgewirtschaftet* deze politicus heeft z'n tijd gehad

abwischen OV WW afwissen, afvegen

Abwurf ZN M (+(e)s/-würfe) **1** (het) afwerpen **2** SPORT uitworp

abwürgen OV WW **1** in de kiem smoren, onmogelijk maken, onderdrukken **2** INFORM. laten afslaan <van motor>

abzahlen OV WW (af)betalen

abzählen **1** OV WW (af)tellen • *mit abgezähltem Geld zahlen* met gepast geld betalen **2** ONOV WW **1** aftellen • *das kann man sich an den Fingern ~* dat kun je op je vingers natellen **2** MIL., SPORT nummeren

Abzahlung ZN V (-/+en) afbetaling

abzapfen OV WW aftappen • FIG. *jemandem Geld ~* iemand geld aftroggelen

Abzeichen ZN O (+s/-) kenteken, speldje, insigne, onderscheidingsteken

abzeichnen **1** OV WW **1** natekenen **2** aftekenen, ondertekenen, voor gezien tekenen **2** WKD WW (**sich ~**) zich aftekenen (**auf** +3 tegen)

abziehbar BN aftrekbaar • *~e Kosten* aftrekbare kosten

abziehen **1** OV WW sterk **1** eraf trekken, afnemen, (er) uittrekken, afhalen <van bed> • *den Schlüssel ~* de sleutel uit het slot halen **2** WISK. aftrekken, in mindering brengen • *von seiner Schuld abzuziehen* van zijn schuld aftrekken, in mindering brengen op zijn schuld **3** schillen, pellen, stropen <van (huid van) dier> **4** (af) drukken <van foto/tekst> **5** MIL. **terugtrekken** • *die Truppen ~* de troepen terugtrekken **6** INFORM. **(weg)geven, brengen, houden** • IRON. *eine Show ~* een nummer(tje) opvoeren **7** FIG. **afleiden** <van aandacht> **2** ONOV WW sterk **vertrekken, wegtrekken** • INFORM., MIN. *zieh ab!* rot op!

abzocken OV WW **1** INFORM. **blut maken** <bij kansspel> **2** FIG. **kaalplukken**

Abzug ZN M (+(e)s/-züge) **1 korting, aftrek** • *in ~ bringen* in mindering brengen **2 afdruk 3 vertrek,** MIL. **aftocht 4 afvoer 5 trekker** <van schietwapen>

abzüglich VZ +2, **verminderd met, na aftrek van, minus** • *~ Unkosten* na aftrek van kosten • *der Preis ~ Rabatt* de prijs na aftrek van korting

abzugsfähig BN ECON. **aftrekbaar** <van uitgaven>

abzupfen OV WW **afplukken**

abzwacken OV WW INFORM. **afknijpen, afknibbelen** • *jemandem etwas vom Lohn ~* op iemands loon beknibbelen

abzweigen 1 OV WW **1 vertakken 2 opzij leggen 2** ONOV WW **aftakken**

Abzweigung ZN V (-/+en) **af-/vertakking, splitsing, zijweg**

abzwingen OV WW sterk **afdwingen**

Accessoire ZN O (+s/+s) **accessoire**

ach TUSSENW **ach, och** • *ach, wie schade!* och, wat jammer! • *ach, komm!* ach kom! • *~ nein!* och!, BELG. amai • *~ und weh schreien* ach en wee jammeren • *~ was!* kom nou! • *~ so!* aha! • *ach, ist das schön!* hé, dat is mooi! • *ein ~ so beliebtes Thema* een o zo geliefd thema

Ach ZN O • *~ und Weh schreien* ach en wee jammeren • *mit ~ und Krach* met hangen en wurgen, met kunst- en vliegwerk

Achillessehne ZN V (-/+n) **achillespees**

Achse ZN V (-/+n) **as, spil** • *auf ~ sein* onderweg zijn, op stap zijn

Achsel ZN V (-/+n) **1 oksel 2 schouder** • *mit den Achseln zucken/die Achseln zucken* de schouders ophalen • *jemanden über die ~ ansehen* iemand met de nek aankijken

Achselzucken ZN O (+s/gmv) **(het) schouderophalen**

acht TELW **acht** • *heute in ~ Tagen* vandaag over een week → **vier**

Acht 1 ZN V (-/+en) **1 acht** <getal> **2 lijn acht** <tram, bus> **2** ZN V (-/gmv) **1 acht, oplettendheid** • *auf etwas ~ geben* op iets letten • *~ geben* opletten • *sich/etwas in ~ nehmen* zich/iets in acht nemen • *etwas außer ~ lassen* geen acht slaan op iets/iets buiten beschouwing laten • *gib Acht!* kijk uit! **2** GESCH. **(rijks)ban** • *in ~ und Bann* in rijksban en kerkelijke ban

achte TELW **achtste** → **vierte**

Achteck ZN O (+(e)s/+e) **achthoek**

achteckig BN **achthoekig**

achtel BN **achtste**

Achtel ZN O (+s/-) **1 achtste** <deel> • *drei ~* drie achtste • *ein ~ Wein* een achtste liter wijn **2** MUZ. **achtste (noot)**

Achtelfinale ZN O (+s/-, +s) SPORT **achtste finale**

Achtelnote ZN V MUZ. **achtste noot**

achten 1 OV WW **1 achten, respecteren, eerbiedigen** • *hoch ~* hoogachten • *sie ist bei ihren Kollegen sehr geachtet* zij is zeer gezien bij haar collega's **2 beschouwen 2** ONOV WW **letten (auf** +4 **op)**

ächten OV WW **1 in de ban doen, vogelvrij verklaren 2 uitbannen, boycotten**

achtens BW **ten achtste**

achtenswert BN **achtenswaardig, respectabel**

Achter ZN M (+s/-) **1 acht** <cijfer> **2 lijn acht 3** SPORT **acht(riemsgiek)** <roeien> **4** INFORM. **slag in het wiel**

Achterbahn ZN V (-/+en) **achtbaan**

achtfach BN **in achtvoud, achtvoudig**

achtgeben ONOV WW onregelmatig **opletten** • *~ auf eine Sache* op iets letten

achtjährig BN **achtjarig**

achtlos BN **achteloos, onachtzaam**

Achtlosigkeit ZN V (-/gmv) **achteloosheid, onachtzaamheid**

achtmal BW **achtmaal, acht keer**

achtsam BN **1 oplettend, waakzaam 2 voorzichtig, zorgvuldig**

Achtsamkeit ZN V (-/gmv) **1 oplettendheid 2 zorgvuldigheid**

Achtstundentag ZN M (+(e)s/+e) **achturige werkdag**

achtstündig BN **achturig**

Achtung ZN V (-/gmv) **1 achting (vor** +3 **voor), eerbied, respect** • *alle Achtung!* petje af! • *~ vor jemandem/etwas haben* ontzag voor iemand/iets hebben • *in jemands ~ sinken / steigen* in iemands achting dalen / stijgen • *~ vor dem Gesetz* eerbied voor de wet **2 oplettendheid** • *Achtung!* let op!, attentie! • *Achtung, fertig, los!* op uw plaatsen, klaar, af!

Ächtung ZN V (-/+en) **1 verbanning 2 boycot**

achtzehn TELW **achttien**

achtzehnte TELW **achttiende** → **vierte**

achtzig TELW **tachtig** • *auf ~ sein/kommen* woedend zijn/worden • *jemanden auf ~ bringen* iemand op stang jagen → **vierzig**

Achtzig ZN V (-/gmv) **tachtig**

Achtziger ZN M (+s/-) **1 tachtiger** <van persoon>, **tachtigjarige 2** MV **jaren tachtig** • *die ~* de jaren tachtig

ächzen ONOV WW **1 steunen, kreunen 2 kraken**

Acker ZN M (+s/Äcker) **akker, stuk land** • *sich vom ~ machen* zich uit de voeten maken

Ackerbau ZN M (+(e)s/gmv) **landbouw, akkerbouw**

ackern 1 OV WW **ploegen 2** ONOV WW **1 het land bewerken 2** INFORM. **zwoegen**

Acrylfarbe ZN V (-/+n) **acrylverf**

Actionfilm ZN M (+(e)s/+e) **actiefilm**

a.d. AFK an der **aan de**

a.D. AFK außer Dienst **buiten dienst**

A.D. AFK Anno Domini **A.D., anno Domini**

ADAC AFK Allgemeiner Deutscher Automobil-Club

Duitse ANWB

Adamsapfel ZN M (+s/-äpfel) **adamsappel**

Adapter ZN M (+s/-) TECHN. **adapter** <stekker>, **verbindingsstuk**

adäquat BN **adequaat, passend**

addieren **1** OV WW **optellen** **2** WKD WW **(sich ~) oplopen (auf** +4 **tot)**

Addition ZN V (-/+en) **optelling**

ade TUSSENW INFORM., REG. **doei, ajuus**

Adel ZN M (+s/gmv) **adel** • *der niedrige ~* de lage(re) adel • *von ~ sein* van adel zijn

adelig BN → **adlig**

Ader **1** ZN V (-/+n) **ader** • OOK FIG. *jemanden zur ~ lassen* iemand aderlaten, iemand geld aftroggelen **2** ZN V (-/gmv) **aanleg** • *sie hat eine dichterische ~* zij heeft een dichterlijke aanleg

Adj. AFK TAALK. Adjektiv **bn** <bijvoeglijk naamwoord>

Adjektiv ZN O (+s/+e) TAALK. **bijvoeglijk naamwoord, adjectief**

adjektivisch BN **bijvoeglijk, adjectief**

Adler ZN M (+s/-) **adelaar, arend**

adlig BN **adellijk, van adel** • *von ~er Geburt* van edele geboorte

Adlige ZN M/V (+n/+n) **edele** <van persoon>

Administrator ZN M (-s/-en) COMP., WWW **administrator**

Admiral ZN M (+s/+e, -räle) **1** MIL. **admiraal** **2** DIERK. **atalanta, admiraalvlinder** **3** CULIN **warme rode wijn met vanille of specerijen en eigeel**

adoptieren OV WW **1** OOK FIG. **adopteren** **2** **aannemen, overnemen**

Adoption ZN V (-/+en) **adoptie**

Adoptiveltern ZN MV **adoptieouders**

Adoptivkind ZN O (+(e)s/+er) **adoptiekind**

Adrenalin ZN O (+s/gmv) MED. **adrenaline**

Adressat ZN M (+en/+en) **geadresseerde**

Adressbuch ZN O (+(e)s/-bücher) **adresboek**

Adresse ZN V (-/+n) **adres** • *per Adresse...* per adres... • FIG. *bei jemandem an die richtige / falsche ~ geraten* bij iemand aan het juiste / verkeerde adres zijn

Adressendatei ZN V (-/+en) **adressenbestand**

adressieren OV WW **adresseren**

adrett BN **keurig** <van uiterlijk>, **verzorgd**

A-Dur ZN O MUZ. **A majeur**

Adv. AFK TAALK. Adverb **bw** <bijwoord>

Advent ZN M (+(e)s/+e) **advent** • *der erste ~* de eerste zondag van de advent

Adverb ZN O (+s/+ien) TAALK. **bijwoord, adverbium**

adverbial BN TAALK. **bijwoordelijk, adverbiaal**

Advokat ZN M (+en/+en) **1** OOST., ZWIT., OOK FIG. **advocaat** **2** **voorstander, voorvechter**

Aerobic ZN O (+s/gmv) **aerobics**

Aerodynamik ZN V (-/gmv) NATK. **aerodynamica**

aerodynamisch BN NATK. **aerodynamisch** • *~e(s) Design* aerodynamische vormgeving

Affäre ZN V (-/+n) **1** **affaire, voorval** • INFORM. *sich aus der ~ ziehen* zich eruit redden **2** **(liefdes) verhouding** **3** INFORM. **zaakje**

Affe ZN M (+n/+n) **1** **aap** • *wie vom wilden Affen gebissen* als een gek • *sich zum Affen machen* zichzelf voor aap zetten **2** INFORM. **roes** • *einen Affen sitzen haben* een stuk in de kraag hebben, dronken zijn **3** MIN. **stommerd** • *blöder ~* stommeling

Affekt ZN M (+(e)s/+e) **affect, hartstocht** • *etwas im ~ tun* iets in een opwelling doen

affektiert BN **geaffecteerd, gemaakt, gekunsteld** • *~ sprechen* geaffecteerd spreken

affenartig BN **aapachtig** • *mit ~er Geschwindigkeit* razend snel

affengeil BN JEUGDT. **vet cool, keileuk**

Affenhitze ZN V (-/gmv) INFORM. **grote hitte, smoorhitte**

Affenschande ZN V (-/gmv) **grote schande** • *es ist eine Affenschande!* het is ongehoord!

Affentheater ZN O (+s/gmv) FIG., MIN. **malle vertoning, poppenkast** • *mach nicht so ein Affentheater!* maak niet zo'n theater!, wind je niet zo op!

Affenzahn **1** ZN M (+(e)s/-zähne) **apentand** **2** ZN M (+(e)s/gmv) INFORM. **noodgang, rotgang** • *einen ~ draufhaben* met een rotgang rijden

affig BN INFORM. **ijdel, fatterig**

Äffin ZN V (-/+nen) **apin**

Affront ZN M (+s/+s) **belediging, krenking, smaad**

Afghane ZN M (+n/+n) **Afghaan**

afghanisch BN **Afghaans**

Afghanistan ZN O (+s/gmv) **Afghanistan**

Afrika ZN O (+s/gmv) **Afrika**

Afrikaner ZN M (+s/-) **Afrikaan**

Afrikanerin ZN V (-/+nen) **Afrikaanse**

afrikanisch BN **Afrikaans**

Afrolook ZN M (+s/+s) **afrolook, afrokapsel**

After ZN M (+s/-) **anus**

Afterparty ZN V **afterparty**

Aftershave ZN O (+s/+s) **aftershave**

AG AFK **1** Aktiengesellschaft **naamloze vennootschap** **2** Arbeitsgemeinschaft **werkgroep** **3** Amtsgericht **kantongerecht**

Agent ZN M (+en/+en) **1** **(geheim) agent, spion** **2** **agent, vertegenwoordiger**

Agentin ZN V (-/+nen) **agente**

Agentur ZN V (-/+en) **agentschap, persbureau** • *Arbeitsagentur* arbeidsbureau

Aggression ZN V (-/+en) **agressie**

aggressiv BN **agressief**

Aggressivität ZN V (-/gmv) **agressiviteit**

agieren ONOV WW **ageren, handelen**

agitieren OV + ONOV WW **agiteren, ophitsen, opruien**

agrarisch BN **agrarisch**

Agrarprodukt ZN O (+(e)s/+e) **landbouwproduct**

Ägypten ZN O (+s/gmv) **Egypte**

Ägypter ZN M (+s/-) **Egyptenaar**

Ägypterin ZN V (-/+nen) **Egyptische**

ägyptisch BN **Egyptisch**

ah TUSSENW **o, ah, aha** • *ah, wie schön!* o, wat mooi! • *ah, deshalb!* aha, daarom!

äh TUSSENW **1** **bah** • *äh, das kann ich nicht sehen!* bah,

dat kan ik niet aanzien! **2** eh, uh
Aha-Erlebnis ZN O (+ses/+se) aha-erlebnis, aha-ervaring
ähneln ONOV WW +3, lijken op • *sie ähnelt ihrem Vater* zij lijkt op haar vader • *die beiden ~ sich sehr* die twee lijken erg op elkaar
ahnen OV + ONOV WW vermoeden, een vermoeden/voorgevoel hebben • *ich habe es schon geahnt* ik had al zo'n vermoeden • *du ahnst es nicht!* het is niet te geloven!
ähnlich BN **1** gelijkaardig, soortgelijk, dergelijk, overeenkomstig • *so etwas Ähnliches* iets dergelijks • *so ~ muss es gewesen sein* zo moet het ongeveer geweest zijn • *sie sieht ihrem Vater ~* zij lijkt op haar vader • *jemandem zum Verwechseln ~ sehen* sprekend op iemand lijken • FIG. *das sieht ihr ~* dat is net iets voor haar **2** WISK. gelijkvormig
Ähnlichkeit ZN V (-/+en) gelijkenis, overeenkomst • *eine verblüffende ~* een sprekende gelijkenis
Ahnung ZN V (-/+en) **1** voorgevoel, vermoeden **2** besef, idee • *keine ~ haben* geen idee hebben • *nicht die geringste ~ haben* niet het minste besef hebben • *sie hat keine blasse ~* zij heeft geen flauw idee • INFORM. *hast du eine Ahnung!* weet jij veel! • *eine dunkle/dumpfe ~ haben* een donkerbruin vermoeden hebben
ahnungslos BN argeloos, nietsvermoedend
ahnungsvoll BN FORM. vol voorgevoel
Ahorn ZN M (+s/+e) esdoorn, ahorn
Ähre ZN V (-/+n) (koren)aar
Aids, **AIDS** ZN O (-/gmv) MED. aids
Aidskranke ZN M/V (+n/+n) aidspatiënt(e)
Aidstest ZN M (+(e)s/+s) aidstest
Airbag ZN M (+s/+s) airbag
Airbrush ZN V airbrush
Airfryer ZN M (-s/-) airfryer
Akademie ZN V (-/+n) academie, hogeschool, universiteit
Akademiker ZN M (+s/-) academicus
akademisch BN academisch • *~ gebildet* academisch gevormd
Akazie ZN V (-/+n) PLANTK. acacia
Akk. AFK Akkusativ vierde naamval, accusatief
akklimatisieren WKD WW (**sich ~**) zich acclimatiseren, zich aanpassen
Akkord ZN M (+(e)s/+e) **1** MUZ. akkoord **2** stukloon • *im ~ arbeiten* op/tegen stukloon werken **3** JUR. akkoord, schikking
Akkordarbeit ZN V (-/gmv) stukwerk, tariefwerk
Akkordeon ZN O (+s/+s) accordeon
Akku ZN M (+s/+s) accu • *den ~ wieder aufladen* de accu weer opladen
akkurat BN accuraat, zorgvuldig, nauwkeurig, verzorgd
Akkuratesse ZN V (-/gmv) accuratesse, zorgvuldigheid, nauwkeurigheid
Akkusativ ZN M (+s/+e) TAALK. accusatief, vierde naamval
Akkusativobjekt ZN O (+s/+e) TAALK. lijdend voorwerp
Akne ZN V (-/+n) acne
Akonto ZN O (+s/+s, -ten) OOST. afbetaling, betaling op rekening
Akontozahlung ZN V (-/+en) afbetaling, betaling op rekening
Akrobat ZN M (+en/+en) acrobaat
Akrobatik ZN V (-/gmv) acrobatiek
Akrobatin ZN V (-/+nen) acrobate
akrobatisch BN acrobatisch
Akt ZN M (+(e)s/+e) **1** handeling, daad **2** ceremonie, plechtigheid **3** TON. bedrijf **4** act <circus>, nummer **5** KUNST naaktstudie
Akte ZN V (-/+n) akte, dossier, (proces)stuk • INFORM. *etwas zu den Akten legen* iets als afgedaan beschouwen
Aktenkoffer ZN M (+s/-) aktetas, attachékoffer
aktenkundig BN • *~ sein* schriftelijk vastgelegd/bewijsbaar zijn
Aktentasche ZN V (-/+n) aktetas
Aktenzeichen ZN O (+s/-) dossiernummer
Aktfoto ZN O (+s/+s) naaktfoto
Aktie ZN V (-/+n) ECON. aandeel • *~ auf Namen* aandeel op naam • *~ auf den Inhaber* aandeel aan toonder • *börsennotierte ~* beursgenoteerd aandeel • *Aktien anbieten* aandelen uitgeven • INFORM. *wie stehen die Aktien?* hoe staan de zaken?
Aktiengesellschaft ZN V (-/+en) ECON. naamloze vennootschap
Aktienkurs ZN M (+es/+e) ECON. aandelenkoers
Aktienmarkt ZN M (+(e)s/-märkte) ECON. aandelenmarkt
Aktion ZN V (-/+en) actie, onderneming • *in ~ kommen/treten* in actie komen/tot handelen overgaan
Aktionär ZN M (+s/+e) aandeelhouder
Aktionsbereich ZN M (+(e)s/+e) OOK FIG. actieradius, draagwijdte
Aktionsgemeinschaft ZN V (-/+en) actiegroep, actiecomité
Aktionsradius ZN M (-/-dien) OOK FIG. actieradius, draagwijdte
aktiv BN **1** actief, werkzaam • *in ~em Dienst* in actieve dienst • *~ werden* in actie komen, tot actie overgaan **2** dienstdoend
Aktiv ZN O (+s/gmv) **1** TAALK. bedrijvende vorm, actief, activum **2** actiecomité <DDR>
Aktiva ZN MV ECON. activa, vermogen • *~ und Passiva* activa en passiva
aktivieren OV WW activeren
Aktivierung ZN V (-/+en) activering
Aktivismus ZN M (-/gmv) dadendrang, activisme
Aktivist ZN M (+en/+en) activist
aktivistisch BN activistisch
Aktivität ZN V (-/+en) activiteit, werkzaamheid
Aktivurlaub ZN M (+(e)s/+e) doevakantie, actieve vakantie
Aktmodell ZN O (+s/+e) naaktmodel
aktualisieren ONOV WW actualiseren, actueel maken

Aktualisierung ZN V (-/+en) actualisering

Aktualität **1** ZN V (-/gmv) actualiteit **2** ZN V (-/+en) actualiteiten, nieuws

aktuell BN **1** actueel • *~e Fragen* actuele vraagstukken **2** eigentijds <van mode>, up-to-date, en vogue

akupunktieren OV WW met acupunctuur behandelen

Akupunktur ZN V (-/+en) MED. acupunctuur

Akustik ZN V (-/gmv) **1** akoestiek **2** NATK. geluidsleer

akustisch BN akoestisch

akut BN acuut, dringend, urgent

AKW AFK Atomkraftwerk kerncentrale

Akzent ZN M (+(e)s/+e) accent, klemtoon • *den ~ legen auf* +4 het accent leggen op/de nadruk leggen op • *einen starken niederländischen ~ haben* een zwaar Nederlands accent hebben

akzentfrei BN accentloos, zonder accent

akzentuieren **1** OV WW accentueren, beklemtonen **2** WKD WW (**sich ~**) blijken, zich openbaren

Akzentuierung ZN V (-/+en) accentuering, beklemtoning

akzeptabel BN acceptabel, aanvaardbaar

Akzeptanz ZN V (-/+en) acceptatie, aanvaarding

akzeptieren OV + ONOV WW accepteren, aannemen • *so ein Verhalten akzeptiere ich nicht* dat soort gedrag accepteer ik niet • *einen Vorschlag ~* een voorstel aannemen

Alarm ZN M (+(e)s/+e) alarm(toestand), opschudding • *~ schlagen* alarm slaan • *blinder ~* vals/loos alarm

Alarmanlage ZN V (-/+n) alarminstallatie

alarmbereit BN paraat, in alarmtoestand

Alarmbereitschaft ZN V (-/gmv) paraatheid, alarmtoestand

alarmieren OV WW **1** alarmeren, oproepen **2** verontrusten

Alarmierung ZN V (-/+en) (het) alarmeren, alarmering, oproep

Alarmstufe ZN V (-/+n) alarmfase • *höchste ~* alarmfase één

Alarmzustand ZN M (+(e)s/-stände) alarmtoestand

Albaner ZN M (+s/-) Albaniër, Albanees

Albanerin ZN V (-/+nen) Albanese

Albanien ZN O (+s/gmv) Albanië

albanisch BN Albanees

Albatros ZN M (-/+se) DIERK. albatros

Alberei ZN V (-/+en) dwaasheid

albern **1** BN **1** INFORM. dwaas, onnozel, flauw • *sei nicht ~!* doe niet zo flauw! **2** FIG. onbenullig, onbetekenend **2** ONOV WW gekheid maken, dwaas doen • *sei nicht so ~* doe niet zo gek

Albernheit ZN V (-/+en) dwaasheid, onnozelheid • *in einem Anfall von ~* in een melige stemming

Albino ZN M (+s/+s) albino

Albtraum ZN M (+(e)s/-träume) nachtmerrie

Album ZN O (+s/-ben, +s) album

Alge ZN V (-/+n) alg(e), wier

Algebra ZN V (-/Algebren) algebra

Algerien ZN O (+s/gmv) Algerije

Algerier ZN M (+s/-) Algerijn

algerisch BN Algerijns

Algier ZN O Algiers

Algorithmus ZN M (-/-men) algoritme

alias BW alias

Alibi ZN O (+s/+s) **1** alibi, (bewijs van) onschuld **2** FIG. alibi, voorwendsel, rechtvaardiging • *ein ~ haben* een alibi hebben

Alimente ZN MV alimentatie <m.n. voor buitenechtelijk kind>, onderhoudsgeld

Alkohol ZN M (+s/+e) alcohol

alkoholabhängig BN alcoholverslaafd

Alkoholabhängige ZN M/V (+n/+n) alcoholist(e)

Alkoholabhängigkeit ZN V (-/gmv) alcoholverslaving

alkoholarm BN alcoholarm

Alkoholeinfluss ZN M (+es/gmv) invloed <van alcohol> • *unter ~ stehen* onder invloed <van alcohol> zijn

alkoholfrei BN alcoholvrij, niet-alcoholisch

Alkoholgehalt ZN M (+(e)s/+e) alcoholgehalte

Alkoholgenuss ZN M (+es/gmv) alcoholgebruik

Alkoholiker ZN M (+s/-) alcoholist

Alkoholikerin ZN V (-/+nen) alcoholiste

alkoholisch BN alcoholisch

alkoholisiert BN beschonken • *in ~em Zustand* in beschonken toestand

Alkoholismus ZN M (-/gmv) alcoholisme

Alkoholkonsum ZN M (+s/gmv) alcoholconsumptie

Alkoholsucht ZN V (-/gmv) alcoholverslaving

alkoholsüchtig BN alcoholverslaafd

Alkoholsüchtige ZN M/V (+n/+n) alcoholist(e)

Alkoholsünder ZN M (+s/-) beschonken chauffeur

Alkoholtest ZN M (+(e)s/+s) alcoholtest, ademtest, blaastest

Alkoholvergiftung ZN V (-/+en) MED. alcoholvergiftiging

all ONB VNW al (de/het), alles, ieder, elk, allemaal • *trotz allem* ondanks alles • *vor allem* vooral • *alle zusammen* allemaal samen, met zijn allen • *wir alle wissen ...* wij allen weten ... • *alle zehn Minuten fährt ein Zug* er rijdt om de tien minuten een trein, er rijdt elke tien minuten een trein • *alle zwei Tage* eens in de twee dagen, om de (andere) dag • INFORM. *du hast sie wohl nicht mehr alle!* ben je helemaal gek geworden!

All ZN O (+s/gmv) heelal, kosmos

alle **1** BW **1** op, weg • *meine Zigaretten sind ~* mijn sigaretten zijn op • *~ werden* opraken **2** op, uitgeput, uitgeteld • *ich bin ganz ~* ik ben helemaal op/uitgeteld • *jemanden ~ machen* iemand (moreel/maatschappelijk) ruïneren **2** ONB VNW → **all**

alledem AANW VNW • *aus ~* uit dat allemaal • *bei/*

mit ~ bij/met dat alles • *trotz* ~ ondanks (dat) alles • *nichts von* ~ niets van dat al

Allee ZN V (-/+n) laan, allee

allein **1** BN alleen, in zijn eentje, zonder hulp, eenzaam • ~ *erziehende Mutter* alleenstaande moeder • *er steht darin* ~ daarin staat hij alleen • *das geschieht/geht nicht von* ~*(e)* dat gaat niet vanzelf **2** BW alleen, slechts • *die Miete* ~ *beträgt schon 1000 Euro* alleen de huur al is 1000 euro **3** VOEGW OUD. maar, echter • *ich habe es schon gehört,* ~ *glaube ich es nicht* ik heb het al gehoord, maar ik geloof het niet

Alleinerbe ZN M (+n/+n) enig erfgenaam

alleinerziehend BN alleenstaand <als ouder> • *er ist* ~*er Vater* hij is een alleenstaande vader

Alleinerziehende ZN M/V (+n/+n) alleenstaande ouder

Alleingang ZN M (+(e)s/-gänge) **1** eigengereidheid • *im* ~ in/op zijn eentje, op eigen houtje **2** SPORT soloprestatie

Alleinherrschaft ZN V (-/gmv) alleenheerschappij

Alleinherrscher ZN M (+s/-) alleenheerser

alleinig BN **1** enig • *das* ~*e Mittel* het enige middel **2** OOST. alleenstaand

Alleinrecht ZN O (+(e)s/+e) alleenrecht, monopolie

alleinstehend BN alleenstaand

Alleinstehende ZN M/V (+n/+n) alleenstaande

Alleinverdiener ZN M (+s/-) alleenverdiener

allemal BW **1** elke keer, steeds, telkens • *er hat* ~ *versagt* hij heeft telkens weer gefaald **2** INFORM. in ieder geval, natuurlijk, jazeker • *'Sie fahren?' - 'allemal'* 'rijdt u?' - 'jazeker'

allenfalls BW **1** hoogstens **2** eventueel, misschien, desnoods

aller- BN • *allererst* allereerst

allerbest BN allerbest

allerdings BW **1** maar, echter, weliswaar • *ich gehe* ~ *davon aus, dass ...* ik veronderstel echter dat... **2** beslist, ongetwijfeld, (zeer) zeker, natuurlijk • *sie hat* ~ *recht* zij heeft natuurlijk gelijk

allererst BN allereerst

Allergen ZN O (+s/+e) allergeen

Allergie ZN V (-/+n) allergie (**gegen** +4 voor)

Allergiker ZN M (+s/-) iemand met een allergie

allergisch BN MED., OOK FIG. allergisch • *er ist* ~ *gegen Katzen* hij is allergisch voor katten

allergrößt BN allergrootst

allerhand BN **1** allerlei, allerhande • *über* ~ *plaudern* heel wat afpraten **2** INFORM. tamelijk veel • *ich bin ja* ~ *gewöhnt* ik ben heel wat gewend **3** INFORM. ongehoord, ongelofelijk

Allerheiligen ZN O REL. Allerheiligen <1 november> • *an/zu* ~ met Allerheiligen

allerhöchst BN allerhoogst • *es ist allerhöchste Zeit* het is de hoogste tijd

allerlei BN allerlei, velerlei, allerhande, divers

Allerlei ZN O (+s/gmv) allerlei, allegaartje

allerletzt TELW **1** allerlaatst **2** INFORM. smakeloos, lelijk • *das ist das Allerletzte!* dat is het toppunt! • *das ist ja der* ~*e Hut, den du da aufhast!* wat heb je een afschuwelijke hoed op!

allermeist BW allermeest • *die* ~*en Menschen* de allermeeste mensen • *am* ~*en* het allermeest

Allerseelen ZN O REL. Allerzielen <2 november>

allerseits BW **1** allemaal (samen), alle aanwezigen • *guten Abend* ~! goedenavond allemaal! **2** aan/van alle kanten

Allerweltsgeschmack ZN M (+(e)s/-geschmäcke) doorsneesmaak

Allerweltsgesicht ZN O (+(e)s/+er) INFORM. alledaags gezicht, doorsneegezicht

Allerweltsmittel ZN O (+s/-) IRON. wondermiddeltje

Allerwerteste ZN M (+n/+n) INFORM. achterste, bips

alles ONB VNW alles, allemaal • ~ *in allem* alles bij elkaar • *auf* ~ *gefasst sein* op alles voorbereid zijn • ~ *in allem* al met al, alles bij elkaar • ~ *und jedes* alles wat los en vast zit • ~ *andere als* allesbehalve • ~ *Unsinn* allemaal onzin • ~ *aussteigen!* allemaal uitstappen! • *wer kommt denn* ~*?* wie komen er allemaal?

allesamt ONB VNW INFORM. allemaal

Allesfresser ZN M (+s/-) BIOL. alleseter, omnivoor

Alleskleber ZN M (+s/-) universele lijm

Alleskönner ZN M (+s/-) alleskunner, duizendpoot

Alleswisser ZN M (+s/-) betweter

allg. AFK allgemein algemeen

allgegenwärtig BN alomtegenwoordig

allgemein BN **1** algemeen, algeheel, overal • *es ist* ~ *bekannt, dass* het is algemeen bekend dat • ~ *gültig* algemeen geldig • ~*e Unzufriedenheit* algehele ontevredenheid • *im Allgemeinen* in/over het algemeen • ~ *verbindlich* algemeen bindend **2** algemeen, gemeenschappelijk, omvattend **3** algemeen, onbepaald, vaag

Allgemeinbefinden ZN O (+s/gmv) MED. algemene (gezondheids)toestand

Allgemeinbildung ZN V (-/gmv) algemene ontwikkeling/vorming

allgemeingültig BN algemeengeldig

Allgemeinheit ZN V (-/gmv) **1** gemeenschap, openbaarheid • *im Interesse der* ~ in het belang van de gemeenschap, in het algemeen belang • *auf Kosten der* ~ voor gezamenlijke rekening **2** algemeenheid, onduidelijkheid

Allgemeinmedizin ZN V (-/gmv) algemene geneeskunde

Allgemeinwohl ZN O (+(e)s/gmv) algemeen welzijn

Allheilmittel ZN O (+s/-) geneesmiddel voor alle kwalen, wondermiddel, panacee

Allianz ZN V (-/+en) **1** alliantie, verbond, bondgenootschap **2** vereniging

Alligator ZN M (+s/+en) alligator

alliiert BN geallieerd

Alliierte ZN M/V (+n/+n) geallieerde, bondgenoot

alljährlich BN **jaarlijks, ieder jaar**

Allmacht ZN V (-/gmv) FORM. **almacht, alvermogen**

allmächtig BN **almachtig**

Allmächtige ZN M (+n/gmv) **Almachtige, God**

allmählich BN **langzamerhand, geleidelijk**

Allradantrieb ZN M (+(e)s/+e) TECHN. **vierwielaandrijving**

Allroundsportler ZN M (+s/-) **allrounder**

allseitig BW **1 aan/van alle kanten, algemeen** • *zur ~en Zufriedenheit* tot ieders tevredenheid **2 veelzijdig, omvattend**

allseits BW **overal** • *eine ~ verbreitete Meinung* een alom verbreide opvatting

Alltag ZN M (+(e)s/gmv) **1 dagelijkse leven** • *der graue ~* de dagelijkse sleur • *im ~ läuft das ganz anders* in het alledaagse leven gaat dat heel anders **2 werkdag, doordeweekse dag**

alltäglich BN **1 dagelijks** • *das alltägliche Leben* het dagelijkse leven **2 alledaags, gewoon, banaal, triviaal** • *ein alltäglicher Mensch* een doorsnee mens **3 alledaags** <van kleding>, **doordeweeks**

Alltäglichkeit ZN V (-/gmv) **alledaagsheid, gewoonte**

alltags BW **door de week, op werkdagen**

Alltagskost ZN V **alledaagse kost, de gewone pot**

Alltagsleben ZN O (+s/-) **dagelijks leven, gewone leven**

Alltagssprache ZN V (-/gmv) **omgangstaal**

Alltagstrott ZN M (+(e)s/gmv) MIN. **dagelijkse sleur**

allumfassend BN **alles omvattend, alomvattend**

Allüre ZN V (-/+n) **allure, gemaaktheid**

allwissend BN **alwetend**

allzu BW **al te, veel te** • *sie musste ~ lange warten* zij moest veel te lang wachten • FIG. *~ viel ist ungesund* overdaad schaadt

Allzweck- VOORV + ACHTERV **multifunctioneel, universeel**

Alm ZN V (-/+en) **alm, bergweide**

Almosen ZN O (+s/-) **1 aalmoes 2** MIN. **schijntje, armzalige vergoeding**

Aloe ZN V (-/+n) PLANTK. **aloë**

Alp 1 ZN M (+(e)s/+e) **nachtmerrie 2** ZN V (-/+en) **alp(enweide), alm**

Alpen ZN MV **Alpen**

Alpenglühen ZN O (+s/gmv) **alpengloeien**

Alpenvorland ZN O (+(e)s/gmv) **streek ten noorden van de Alpen**

Alphabet ZN O (+(e)s/+e) **alfabet**

alphabetisch BN **alfabetisch**

alphabetisieren OV WW **alfabetiseren**

Alphabetisierung ZN V (-/+en) **(het) alfabetiseren, alfabetisering**

alphanumerisch BN COMP. **alfanumeriek** • *~e Datenverarbeitung* alfanumerieke gegevensverwerking

Alphorn ZN O (+(e)s/-hörner) **alpenhoorn**

alpin BN **alpine, alpien, van de Alpen**

Alpinist ZN M (+en/+en) **alpinist**

Alptraum ZN M (+(e)s/-träume) **nachtmerrie**

als VOEGW **1 dan** <bij vergelijking> • *kleiner/größer ~* kleiner/groter dan • *besser etwas ~ gar nichts* beter iets dan niets • *sie hat mehr Glück ~ ich* zij heeft meer geluk dan ik • *ganz anders ~ bei uns* heel anders dan bij ons • *eher heute ~ morgen* liever vandaag dan morgen **2 toen, wanneer, nadat** • *~ ich ihn anrief* toen ik hem opbelde • *~ sie das sah ...* toen ze dat zag ... **3 alsof** • *er tut, ~ wüsste er alles* hij doet alsof hij alles weet **4 als, in die hoedanigheid** • *sie ~ Mutter versteht das* als moeder begrijpt zij dat • *ich komme hierher als...* ik kom hier in de hoedanigheid van... • *er ist zu jung, ~ dass er es verstehen könnte* hij is te jong om dat te begrijpen

also BW **1 dus, dat wil zeggen** • *ich kann es ihm ~ erzählen?* ik kan het hem dus vertellen? **2 nu dan!, welnu!**

alt BN **oud** • *auf meine alten Tage* op mijn oude dag • *ein Buch für Alt und Jung* een boek voor jong en oud • INFORM. *hier/heute werde ich nicht ~* hier/vandaag houd ik het niet uit/vol

Alt 1 ZN M (+(e)s/+e) MUZ. **alt(stem) 2** ZN O CULIN **Alt** <afkorting van 'Altbier', een donker bier uit de omgeving van Düsseldorf>

Altar ZN M (+(e)s/-täre) **altaar**

Altbau ZN M (+(e)s/-ten) **oud huis/gebouw**

Altbausanierung ZN V (-/+en) **sanering van oude huizen / gebouwen**

altbekannt BN **vanouds bekend**

altbewährt BN **(vanouds) beproefd, deugdelijk** • *ein altbewährtes Mittel* een vanouds beproefd middel

Alte ZN M/V (+n/+n) **1 oude man, oude vrouw** • *der Alte* de oude man • *die Alte* de oude vrouw • *die Alten* oude mensen **2** INFORM. **ouweheer** <vader>, <moer> **moeder** • INFORM. *die Alten* mijn ouwelui **3** MIN. **echtgenoot, echtgenote 4 de oude, het oude, het vertrouwde** ▸ *er ist wieder ganz der ~* hij is weer helemaal de oude ▸ *sie ist wieder ganz die ~* zij is weer helemaal de oude ▸ *alles ist wieder beim Alten* alles is weer bij het oude

alteingesessen BN **vanouds woonachtig**

Altenheim ZN O (+(e)s/+e) **bejaardentehuis**

Altenpflege ZN V (-/gmv) **bejaardenverzorging**

Altenpfleger ZN M (+s/-) **bejaardenverzorger**

Altenpflegerin ZN V (-/+nen) **bejaardenverzorgster**

Altenteil ZN O (+(e)s/gmv) • *sich aufs ~ zurückziehen* **omschr. de boerderij overdragen aan de kinderen, maar er wel blijven wonen** met pensioen gaan, gaan inwonen bij de kinderen

älter BN **ouder** • *eine ältere Dame* een oudere dame • *er ist ~ als ich* hij is ouder dan ik • *der Ältere von beiden* de oudste van de twee

Alter ZN O (+s/-) **1 leeftijd** • *im ~ von zehn Jahren* op de leeftijd van tien jaar • *er ist in meinem ~* hij is van mijn leeftijd • *im hohen ~* op hoge leeftijd • *mittleren Alters* van middelbare leeftijd **2 ouderdom, de oude dag** • *für sein ~ vorsorgen* voorzieningen treffen voor zijn oude dag

altern **1** ov ww oud maken **2** onov ww **1** oud(er) worden • *sie ist um Jahre gealtert* ze is jaren ouder geworden **2** techn. verouderen
alternativ bn alternatief
Alternative **1** zn v (-/+n) alternatief • *vor die ~ gestellt werden* voor de keuze worden geplaatst **2** zn m/v (+n/+n) alternatieveling(e)
Alternativlösung zn v (-/+en) alternatieve oplossing
alternieren onov ww alterneren, (af)wisselen
Altersaufbau zn m (+(e)s/gmv) leeftijdsopbouw <van de bevolking>
Altersbeschwerden zn mv ouderdomskwaaltjes
Altersbestimmung zn v (-/+en) ouderdomsbepaling, datering
Alterserscheinung zn v (-/+en) ouderdomsverschijnsel
altersgemäß bn passend bij de leeftijd
Altersgenosse zn m (+n/+n) leeftijdgenoot • *wir sind Altersgenossen* wij zijn leeftijdgenoten
Altersgenossin zn v (-/+nen) leeftijdgenote
Altersgrenze zn v (-/+n) leeftijdsgrens • *eine ~ festlegen* een leeftijdsgrens vaststellen
Altersheim zn o (+(e)s/+e) bejaardentehuis
Altersklasse zn v (-/+n) leeftijdsgroep/-klasse, jaargang
Alterspension zn v (-/+en) oost. ouderdomspensioen, ≈ AOW
Altersrente zn v (-/+n) ouderdomsrente, ouderdomspensioen, ≈ AOW
Altersruhegeld zn o (+(e)s/+er) ouderdomspensioen, ≈ AOW
altersschwach bn **1** afgeleefd <van persoon> **2** versleten, bouwvallig
Altersschwäche zn v (-/gmv) ouderdomszwakte
Altersstufe zn v (-/+n) leeftijdsgroep
Altersteilzeit zn v (-/gmv) omschr. deeltijdwerk voor oudere werknemers
Altersunterschied zn m (+(e)s/+e) leeftijdsverschil
Altersversorgung zn v (-/gmv) ouderdomsuitkering, ouderdomsrente
Altertum zn o (+s/gmv) oudheid
Altertümer zn mv oudheden, antiquiteiten
altertümlich bw oud, ouderwets, antiek, archaïstisch
Alterung zn v (-/gmv) veroudering, vergrijzing <van de bevolking>
ältest bn oudst • *das ist mein ältester Sohn* dat is mijn oudste zoon
Älteste zn m/v (+n/+n) **1** oudste <van kind> **2** hoofd, ouderling
Altglascontainer zn m (+s/-) glascontainer, glasbak
althergebracht bn aloud, traditioneel
altholländisch bn oud-Hollands
altklug bn vroegrijp <van kind>, wijsneuzig
Altlast zn v (-/+en) fig. lasten uit het verleden
ältlich bn ouwelijk
Altmeister zn m (+s/-) **1** (groot)meester, nestor **2** sport gewezen kampioen
altmodisch bn ouderwets, achterhaald <van opvatting> • *sich ~ kleiden* zich ouderwets kleden
Altpapier zn o **1** oud papier **2** gerecycled papier
altrosa bn oudroze
Altrosa zn o (-/gmv) oudroze
Altruismus zn m (-/gmv) altruïsme, onzelfzuchtigheid, onbaatzuchtigheid
altruistisch bn altruïstisch, onzelfzuchtig, onbaatzuchtig
Altstadt zn v (-/-städte) oude binnenstad, oude stadsdeel
Altstimme zn v (-/+n) altstem
Alt-Taste zn v (-/-n) comp. alttoets
alttestamentarisch bn oudtestamentisch
altväterlich bn eerbiedwaardig, patriarchaal
Altweibersommer zn m (+s/-) oudewijvenzomer, zonnige en warme nazomer
Alu zn o (+s/gmv) inform. aluminium
Alufolie zn v (-/+n) aluminiumfolie
Aluminium zn o (+s/gmv) aluminium
Alzheimerkrankheit zn v (-/gmv) (ziekte van) Alzheimer
am samentr an dem → **an**
a.M. afk am Main aan de Main
Amalgam zn o (+s/+e) **1** scheik. amalgaam, metaallegering **2** fig. mengelmoes
Amateur zn m (+s/+e) amateur
amateurhaft bn amateuristisch, dilettantisch
Amateurin zn v (-/+nen) amatrice
Amateurismus zn m (-/gmv) amateurisme, dilettantisme
Amazone zn v (-/+n) sport amazone
Ambiente zn o (-/gmv) **1** ambiance, sfeer **2** atmosfeer
Ambition zn v (-/+en) ambitie, eerzucht • *sie hat keine Ambitionen zur Künstlerin* ze heeft geen ambities om kunstenares te worden
ambitioniert bn form. ambitieus, eerzuchtig, ijverig
ambitiös bn min. ambitieus, vol geldingsdrang
ambivalent bn ambivalent, tegenstrijdig
Ambivalenz zn v (-/+en) ambivalentie, tegenstrijdigheid
Amboss zn m (+es/+e) aambeeld
ambulant bn **1** ambulant, rondreizend **2** med. op de been, niet bedlegerig <van patiënt>, poliklinisch, ambulant
Ambulanz zn v (-/+en) **1** ambulance **2** polikliniek
Ameise zn v (-/+n) mier • *fleißig wie eine ~* vlijtig als een mier
Ameisenhaufen zn m (+s/-) mierenhoop
Amen zn o (+s/-) amen • *sein ~ geben* z'n fiat geven • *zu allem Ja und ~ sagen* op alles ja en amen zeggen
Amerika zn o (+s/gmv) Amerika
Amerikaner zn m (+s/-) **1** Amerikaan **2** soort suikergebak

Amerikanerin ZN V (-/+nen) Amerikaanse

amerikanisch BN Amerikaans

amerikanisieren OV WW amerikaniseren

Amerikanismus ZN M (-/-men) amerikanisme

Ami ZN M (-, +s/-, +s) **1** INFORM. Amerikaan **2** INFORM. Amerikaanse soldaat

Amme ZN V (-/+n) voedster, min, baker

Ammenmärchen ZN O (+s/-) bakerpraatje

Ammoniak ZN O (+s/gmv) SCHEIK. ammoniak

Amnesie ZN V (-/+n) MED. amnesie, geheugenverlies

Amnestie ZN V (-/+n) amnestie • *eine ~ erlassen* een amnestie afkondigen

Amnestierung ZN V (-/+en) (het) amnestiëren

Amöbe ZN V (-/+n) amoebe

Amok ZN M (+s/gmv) amok • *~ laufen* amok maken

Amokläufer ZN M (+s/-) amokmaker, druktemaker

a-Moll ZN O (-/gmv) MUZ. A mineur

amoralisch BN amoreel

amorph BN amorf, vormloos

amourös BN amoureus

Ampel ZN V (-/+n) **1** verkeerslicht • *die ~ zeigt Grün* het verkeerslicht staat op groen • *die rote ~ überfahren; bei Rot über die ~ fahren* door rood (licht) rijden **2** hanglamp(je) **3** hangend bloemenbakje

Ampelkoalition ZN V (-/+en) stoplichtcoalitie van SPD (rood), FDP (geel) en Bündnis90/Die Grünen (groen)

Ampelmännchen ZN O (-s/-) mannetje op voetgangerslichten

Ampere ZN O (-, +s/-) ampère

Amphetamin ZN O (+s/+e) amfetamine

Amphibie ZN V (-/+n) amfibie

Amphibienfahrzeug ZN O (+(e)s/+e) amfibievoertuig

Amputation ZN V (-/+en) MED. amputatie

amputieren OV WW MED. amputeren

Amsel ZN V (-/+n) merel

Amt ZN O (+(e)s/Ämter) **1** ambt, functie • *im ~ sein* in functie zijn • *das ~ des Bürgermeisters* het ambt van burgemeester • *von Amts wegen* ambtshalve, officieel • *jemanden im ~ belassen* iemand laten aanblijven • *als Priester aus dem ~ scheiden* als priester uittreden **2** instantie, bureau, dienst • *aufs ~ müssen* bij een instantie iets moeten regelen • *zu den Ämtern laufen* instanties opzoeken • *Auswärtiges ~* Ministerie van Buitenlandse Zaken **3** plicht, taak • FORM. *seines Amtes walten* zijn plicht doen **4** GESCH. district

amtieren ONOV WW **1** een ambt bekleden, in functie zijn • *das ~de Parlament* het zittende parlement • *der ~de Weltmeister* de regerend wereldkampioen **2** fungeren

amtlich BN **1** ambtelijk, officieel, dienst- • *das ist ~* dat staat vast **2** ernstig, serieus • *ein ~es Gesicht machen* ernstig en officieel kijken

Amtsantritt ZN M (+(e)s/gmv) ambtsaanvaarding, indiensttreding

Amtsarzt ZN M (+es/-ärzte) arts in openbare dienst, ≈ GGD-arts

Amtseinführung ZN V (-/+en) installatie <in ambt>, inhuldiging <van vorst> • *die ~ eines neuen Bürgermeisters* de installatie van de nieuwe burgemeester

Amtsenthebung ZN V (-/+en) ambtsontheffing

Amtsgeheimnis ZN O (+ses/+se) beroepsgeheim

Amtsgericht ZN O (+(e)s/+e) kantongerecht

Amtshandlung ZN V (-/+en) ambtsverrichting

amtsmüde BN een ambt moe/beu

Amtsrichter ZN M (+s/-) INFORM. kantonrechter

Amtsschimmel ZN M (+s/gmv) INFORM. overdreven ambtenarij, bureaucratie • *den ~ reiten* als een echte bureaucraat handelen • *der ~ wiehert* de bureaucratie viert hoogtij

Amtssprache **1** ZN V (-/+n) officiële taal **2** ZN V (-/gmv) MIN. ambtelijke taal

Amtszeit ZN V (-/+en) ambtstermijn, ambtsperiode

Amulett ZN O (+(e)s/+e) amulet

amüsant BN amusant, vermakelijk

Amüsement ZN O (+s/+s) amusement

amüsieren **1** OV WW amuseren, vermaken **2** WKD WW (**sich ~**) zich amuseren, zich vermaken, pret maken • *amüsiert euch gut!* veel plezier! • *sich anderswo ~* zijn vertier elders zoeken

Amüsierviertel ZN O (+s/-) **1** amusementswijk, uitgaanswijk **2** MIN. rosse buurt

an **1** VZ **1** +3/4, aan • *er ist am* 3 *Werk* hij is aan het werk • *am* 3 *Klavier: Lucas und Arthur Jussen* aan de piano: Lucas en Arthur Jussen • *das Bild hängt ~* 3 *der Wand* het schilderij hangt aan de muur • *wir hängen das Bild ~* 4 *die Wand* wij hangen het schilderij aan de muur • *das Wasser ist am Kochen* het water kookt **2** +3, op • *~ einer Schule unterrichten* lesgeven op een school • *~ sich* op zich • *~ einem Wintermorgen* op een winterochtend • *am zweiten August* op twee augustus • *~ Weihnachten/Ostern* met Kerstmis/Pasen **3** +4, naar • *das schicken wir ~ Sie* dat sturen we naar u toe • *~ einen anderen Ort gehen* naar een andere plek gaan **4** +3/4, bij • *am* 3 *Fenster stehen* bij het raam staan • *ans* 4 *Fenster treten* bij het raam gaan staan **5** +4, in • *etwas ~ der Sonne trocknen lassen* iets in de zon laten drogen • *~ die frische Luft gehen* een frisse neus halen **6** +4, tegen • *sich ~ einen Baum lehnen* tegen een boom leunen • *~ die dreißig* tegen de dertig **2** BW aan <van apparaat/kleding> • *das Licht soll ~ bleiben* het licht moet aan blijven • *er hatte seine Jacke ~* hij had zijn jas aan • *das Radio ist ~* de radio is aan • *von heute ~* vanaf vandaag

Anachronismus ZN M (-/-men) anachronisme

anachronistisch BN anachronistisch

Anagramm ZN O (+s/+e) **1** anagram **2** letterraadsel

anal BN anaal

analog BN **1** analoog, overeenkomstig, vergelijkbaar **2** COMP. analoog

Analogie ZN V (-/+n) analogie, overeenkomst •

in ~ zu naar analogie van

Analphabet ZN M (+en/+en) **analfabeet** • *ein funktionaler Analphabet* een laaggeletterde

Analphabetentum ZN O (+s/gmv) **analfabetisme**

analphabetisch BN **analfabetisch**

Analphabetismus ZN M (-/gmv) **analfabetisme** • *der funktionale Analphabetismus* de laaggeletterdheid

Analverkehr ZN M (+s/gmv) **anaal geslachtsverkeer**

Analyse ZN V (-/+n) **analyse, ontleding, onderzoek**

analysieren OV WW **analyseren, ontleden, onderzoeken**

Analytiker ZN M (+s/-) **analyticus, analist, onderzoeker**

analytisch BN **analytisch, ontledend**

Ananas ZN V (-/-(se)) **ananas**

Anarchie ZN V (-/+n) **anarchie, chaos**

anarchisch BN **chaotisch, ordeloos, wetteloos**

Anarchismus ZN M (-/gmv) **anarchisme**

Anarchist ZN M (+en/+en) **anarchist**

anarchistisch BN **anarchistisch, libertair**

Anarcho ZN M (-, +s/-, +s) **anarchist**

Anästhesie ZN V (-/+n) MED. **anesthesie, verdoving, narcose**

Anästhesist ZN M (+en/+en) MED. **anesthesist, narcotiseur**

Anästhesistin ZN V (-/+nen) MED. **anesthesiste**

Anatomie ZN V (-/gmv) MED. **anatomie**

anatomisch BN MED. **anatomisch**

anbacken **1** OV WW onregelmatig **licht bakken** **2** ONOV WW onregelmatig **1 vastbakken 2** REG. **vastkoeken**

anbahnen **1** OV WW **aanknopen** • *eine Verbindung ~* een verbinding aangaan **2** WKD WW **(sich ~) ontstaan, zich beginnen af te tekenen, zich ontwikkelen** • *in ihrer Beziehung bahnte sich eine Wende an* in hun verhouding begon zich een ommekeer af te tekenen

Anbahnung ZN V (-/+en) **1 voorbereiding 2 ontstaan, ontwikkeling**

anbändeln, **anbandeln** ONOV WW **een flirt beginnen** • *mit jemandem ~* met iemand flirten

Anbau ZN M (+(e)s/gmv) **1 (het) bijbouwen, (aan)bouw 2 bijgebouw 3** AGRAR. **aanbouw, verbouw, teelt**

anbauen OV WW **1 aanbouwen** • *eine Scheune an das Haus ~* een schuur bij het huis aanbouwen **2 verbouwen, kweken** • *Gemüse ~* groenten verbouwen

Anbaufläche ZN V AGRAR. **beteelde oppervlakte, landbouwgrond waarop gewassen verbouwd worden**

anbehalten OV WW sterk INFORM. **aanhouden** <van kleding>

anbei BN FORM. **bijgaand, ingesloten**

anbeißen **1** OV WW sterk **1 bijten in** • *sie sieht zum Anbeißen aus* ze ziet eruit om in te bijten **2 een stuk afbijten** • *ein angebissenes Brötchen* een broodje waarvan een stuk afgebeten is **2** ONOV WW sterk **1 (aan)bijten** <van vis> **2** FIG. **toehappen, zich laten verlokken** • *die Investoren haben angebissen* de investeerders hebben toegehapt • *bei diesem Preis wird er bestimmt ~* bij deze prijs zal hij zeker toehappen

anbelangen OV WW **betreffen, aangaan** • *was ihn anbelangt, ist er einverstanden* wat hem betreft, is hij het ermee eens

anbeten OV WW **aanbidden, verafgoden**

Anbeter ZN M (+s/-) **aanbidder, liefhebber**

Anbetracht ZN M • *in ~ dessen, dass er noch sehr jung ist* gezien het feit dat hij nog erg jong is • *in ~ seiner Dienstzeit* gezien zijn staat van dienst • *nicht schlecht in ~ seiner Möglichkeiten* voor zijn doen niet slecht

anbetreffen OV WW +4, sterk **betreffen, aangaan** • *was mich anbetrifft, habe ich nichts dagegen* wat mij betreft, ga ik ermee akkoord

anbetteln OV WW **bedelen (bij), smekend vragen**

Anbetung ZN V (-/gmv) **aanbidding, verering, adoratie**

anbiedern WKD WW **(sich ~)** MIN. **aanpappen, zich opdringen** • *sich bei jemandem ~* met iemand aanpappen

Anbiederung ZN V (-/+en) **(het) aanpappen, vleierij**

anbieten **1** OV WW sterk **1 aanbieden, presenteren, ter beschikking stellen 2 aanbieden, voorstellen** • *jemandem das Du ~* iemand voorstellen elkaar te tutoyeren **2** WKD WW **(sich ~)** sterk **1 voor de hand liggen** • *das Datum bietet sich an* die datum ligt voor de hand **2 zich voordoen** <van gelegenheid> • *dafür bietet sich mein Geburtstag an* mijn verjaardag is daarvoor een goede gelegenheid **3 zich aanbieden, zich beschikbaar stellen** • *sie bot sich als Babysitter an* ze stelde zich als oppas beschikbaar

Anbieter ZN M (+s/-) **aanbieder**

anbinden OV WW sterk **1 vastbinden, afmeren** <van schip> • *den Hund ~* de hond aanlijnen • FIG. *kurz angebunden sein* kort aangebonden zijn, kortaf zijn **2 verbinden (an** +4 **met)** • *ein Gewerbegebiet an die Autobahn ~* een industrieterrein verbinden/ontsluiten met een snelweg

Anbindung ZN V (-/+en) **1** TRANSP. **aansluiting, ontsluiting** • *gute ~ zur Autobahn* goed bereikbaar via de snelweg **2** COMP. **toegang**

Anblick ZN M (+(e)s/+e) **aanblik** • *es war kein angenehmer ~* het was geen prettige aanblik • *es war ein schöner ~* het was een aardig gezicht

anblicken OV WW **aankijken, aanzien** • *jemanden unverwandt ~* iemand blijven aankijken

anblinzeln OV WW **1 knipperend aankijken 2 knipogen tegen**

anbohren OV WW **1 aanboren 2** INFORM. **polsen, uithoren** • *jemanden um etwas/wegen einer Sache ~* iets van iemand trachten gedaan te krijgen

anbraten OV WW sterk **aanbakken, kort bakken**

anbrechen **1** OV WW sterk **1 kneuzen,**

beschadigen • *eine angebrochene Rippe* een gekneusde rib **2 aanbreken, openmaken** • *die Packung ist angebrochen* de verpakking is aangebroken • *eine neue Flasche Wein ~* een nieuwe fles wijn aanbreken **2** ONOV WW sterk FORM. **aanbreken, aanvangen, invallen** • *der Tag bricht an* de dag breekt aan • *bei/mit Anbrechen der Dunkelheit* bij het invallen van de duisternis

anbrennen 1 ONOV WW onregelmatig **1 aanbranden, aanbakken** • *das Essen ist angebrannt* het eten is aangebrand • FIG. *nichts ~ lassen* zich niets laten ontgaan, elke gelegenheid benutten **2 vlam vatten 2** OV WW onregelmatig **aansteken** • *eine Kerze ~* een kaars branden/aansteken

anbringen OV WW onregelmatig **1 aanbrengen, toevoegen 2 plaatsen, bevestigen, installeren 3** INFORM. **aankomen met, meebrengen, meenemen** • *wen bringst du denn an?* wie heb jij nou meegenomen? **4 uitspreken, uiten** • *eine Beschwerde ~* een klacht uiten • *hier wäre ja mal eine Bemerkung angebracht* hier is een opmerking wel op zijn plaats **5** REG. **aan krijgen** • *ich bringe das Mofa nicht an* ik krijg de brommer niet aan

Anbruch ZN M (+(e)s/gmv) **(het) aanbreken, begin, aanvang** • *bei ~ der Dunkelheit* bij het vallen van de duisternis

anbrüllen OV WW **1** <van dieren> **brullen tegen 2** INFORM. **afsnauwen** • *jemanden ~* tegen iemand tekeergaan **3** INFORM. **overschreeuwen** • *gegen den Lärm ~* het lawaai overschreeuwen

Andacht 1 ZN V (-/gmv) **1 concentratie, ingetogenheid 2** REL. **vrome aandacht, godsvrucht 3** REL. **gebed, meditatie 2** ZN V (-/+en) **godsdienstige plechtigheid, korte godsdienstoefening**

andächtig BN **1 plechtig, stemmig 2 vroom, eerbiedig, godvruchtig 3 aandachtig, bedachtzaam**

andauern ONOV WW **voortduren, aanhouden**

andauernd BN **aanhoudend, voortdurend, constant** • *sie nervt mich ~* zij valt me constant lastig

Anden ZN MV **Andes(gebergte)**

Andenken 1 ZN O (+s/gmv) **aandenken, gedachtenis, herinnering** • *zum ~ an* +4 ter nagedachtenis van/aan • *ein ~ an* een aandenken aan ... • *er schenkte ihr etwas zum ~* hij gaf haar iets als aandenken • *jemandem ein ehrendes ~ bewahren* iemands nagedachtenis in ere houden **2** ZN O (+s/-) **souvenir**

änderbar BN **veranderbaar, te veranderen, te wijzigen**

andere ONB VNW **ander** • *unter ~m (u.a.)* onder andere (o.a.) • *der eine oder ~* de een of andere • *zum ~n* ten tweede • *einen Tag um den ~n* om de andere dag • *ein um das ~ Mal* keer op keer • *am ~n Tage* de volgende dag • *von einem Tag zum ~n* van de ene dag op de andere • *alles ~ als klein* allesbehalve klein • *eins zum ~n gerechnet* gemiddeld genomen • *sich eines ~n besinnen* zich bedenken • *in ~n Umständen sein* in verwachting zijn

anderenfalls, andernfalls BW **anders, in het andere geval**

anderenorts, andernorts BW FORM. **elders, ergens anders**

andererseits BW **anderzijds**

andermal BW • *ein ~* een andere keer

ändern 1 OV + ONOV WW **veranderen, wijzigen** • *daran lässt sich nichts mehr ~* daar is niets meer aan te veranderen • *können wir den Termin noch ändern?* kunnen we de afspraak nog wijzigen? • *das ändert nichts an der Tatsache, dass ...* dat verandert niets aan het feit dat ... • *seine Meinung ~* van mening veranderen **2** WKD WW **(sich ~) anders worden, veranderen** • *das Wetter ändert sich* het weer slaat om • *sie hat sich geändert* ze is veranderd

andernfalls BW → **anderenfalls**

anders BW **anders, vreemd, ongewoon** • *~ lautend* andersluidend • *es kam ~ als erwartet* het liep anders dan verwacht • INFORM. *mir wurde ~* ik werd niet goed • *das muss ~ werden* daar moet verandering in komen

andersartig BN **andersoortig, ongelijksoortig**

Andersdenkende ZN M/V (+n/+n) **andersdenkende**

andersherum BW **1 andersom, omgekeerd** • *stell dich ~ hin* ga andersom staan **2** INFORM. **van de verkeerde kant** <homoseksueel>

anderslautend BN **andersluidend**

anderswo BW INFORM. **ergens anders**

anderthalb TELW **anderhalf** • *ich habe ~ Stunden gewartet* ik heb anderhalf uur gewacht

Änderung ZN V (-/+en) **verandering, wijziging, mutatie, vernieuwing** • *Änderungen vornehmen* wijzigingen aanbrengen

Änderungsantrag ZN M (+(e)s/-träge) POL. **amendement, wijzigingsvoorstel**

Änderungsvorschlag ZN M (+(e)s/-schläge) **1 wijzigingsvoorstel 2** POL. **amendement**

anderweitig BN **1 verder, ander** • *ich bin gerade ~ beschäftigt* ik ben nu even met iets anders bezig • *etwas ~ verkaufen* iets aan iemand anders verkopen **2 ergens anders (heen), elders**

andeuten 1 OV WW **1 aanduiden, aangeven, bepalen 2 zinspelen op 3 aanstippen 2** WKD WW **(sich ~) zich aftekenen**

Andeutung ZN V (-/+en) **1 aanduiding, toespeling, zinspeling** • *in Andeutungen sprechen* zinspelingen maken **2 zweem, glimp** • *eine ~ bekommen von* een glimp opvangen van

andeutungsweise BW **terloops, vaag**

andichten OV WW **1 toedichten, toeschrijven** • *jemandem übernatürliche Fähigkeiten ~* iemand bovennatuurlijke vermogens toedichten **2 een gedicht maken op**

andienen OV WW MIN. **aanbieden, offreren** • *sich ~ als* zich aandienen als

Andorra ZN O (+s/gmv) **Andorra**

Andrang ZN M (+(e)s/gmv) **1 gedrang, toeloop, drukte 2** MED. **congestie, bloedaandrang**

andrängen 1 ONOV WW **aan-/opdringen,**

oprukken 2 WKD WW (**sich ~**) zich vlijen

andre ONB VNW → **andere**

andrehen OV WW **1** aandraaien, aanzetten • *eine Schraube ~* een schroef vastdraaien • *das Radio ~* de radio aanzetten **2** INFORM. klaarspelen • *wie drehen wir das an?* hoe spelen we dat klaar? **3** INFORM. aansmeren, aanpraten • *jemandem etwas ~* iemand iets aansmeren

andrerseits BW → **andererseits**

andressieren OV WW aanleren <m.b.v. dressuur>

androhen OV WW (be)dreigen met • *eine Strafe androhen* met een straf dreigen

Androhung ZN V (-/+en) (be)dreiging • *unter ~ von Strafe* onder bedreiging met straf

Andruck ZN M (+(e)s/+e) proefdruk

andrücken OV WW aandrukken, drukken (+4 op, tegen)

anecken ONOV WW **1** stoten tegen **2** INFORM. aanstoot geven, ergeren • FIG. *überall ~* iedereen irriteren

aneignen WKD WW (**sich ~**) +3 **1** zich eigen maken, aanleren • *sich eine Sprache ~* zich een taal eigen maken **2** zich (onrechtmatig) toe-eigenen

Aneignung ZN V (-/+en) **1** (het) aanleren **2** (onrechtmatige) toe-eigening

aneinander BW aan elkaar, tegen elkaar, opeen • *~ vorbeireden* langs elkaar heen praten

aneinandergeraten ONOV WW sterk FIG. elkaar in de haren vliegen • *mit jemandem ~* het aan de stok krijgen met iemand, slaags raken met iemand

aneinanderreihen WKD WW (**sich ~**) zich aaneenschakelen

Anekdote ZN V (-/+n) anekdote • *sie gab eine ~ zum Besten* zij vertelde een anekdote

anekeln OV WW doen walgen, tegenstaan • *du ekelst mich an* ik walg van jou

Anemone ZN V (-/+n) anemoon

anerkannt BN erkend • *die ~e Religion* de erkende godsdienst • *ein staatlich ~er Beruf* een erkend beroep • *offiziell ~* officieel erkend • *~es Diplom* erkend diploma

anerkanntermaßen BW zoals algemeen erkend wordt

anerkennen OV WW onregelmatig **1** erkennen, legitimeren • *ihr Diplom wird hier nicht anerkannt* haar diploma wordt hier niet erkend **2** goedkeuren, accepteren, aanvaarden • *etwas als Entschuldigung ~* iets als excuus aanvaarden **3** erkennen, waarderen, respecteren • *ich will ~, dass du dich bemüht hast* ik waardeer je inzet • *~de Worte* lovende woorden • *jemanden als Vorgesetzten ~* iemand als zijn meerdere erkennen

anerkennenswert BN prijzenswaardig, lovenswaardig

Anerkennung ZN V (-/+en) **1** erkenning, legitimatie **2** goedkeuring **3** waardering, respect • *eine kleine ~* een blijk van waardering • *eine ~ für das gute Zeugnis* een beloning voor het goede rapport

anfachen OV WW **1** FORM. aanblazen • *er facht die Glut an* hij blaast de gloed aan **2** OOK FIG. aanwakkeren

anfahren 1 OV WW sterk **1** rijden/varen naar, toerijden op, aandoen • *einen Hafen ~* een haven aandoen • *eine Raststätte ~* een wegrestaurant bezoeken **2** aanvoeren, toevoeren **3** aanrijden, botsen tegen • *von einem Auto angefahren werden* aangereden worden door een auto **4** tekeergaan tegen, toesnauwen, uitvaren tegen • *jemanden ~* tegen iemand tekeergaan, tegen iemand uitvaren **5** TECHN. in bedrijf stellen • *die Maschine ~* de machine in werking stellen **2** ONOV WW sterk **1** (komen) aanrijden, (komen) aanvaren • *das Auto kam mit hoher Geschwindigkeit angefahren* de auto kwam met hoge snelheid aanrijden **2** beginnen te rijden/varen, optrekken • *die Straßenbahn fuhr an* de tram begon te rijden

Anfahrt ZN V (-/+en) **1** aankomst **2** rijafstand <van heenreis>, rijtijd • *die ~ dauert mindestens eine Stunde* de rijtijd is minimaal een uur **3** routebeschrijving • *die ~ erfolgt über die A3* de route loopt via de A3 **4** oprit, toegangsweg

Anfall 1 ZN M (+(e)s/-fälle) aanval, toeval • *ein ~ von Jähzorn* een driftbui **2** ZN M (+(e)s/gmv) aanbod • *der ~ an Arbeit* het aanbod van werk • *in einem ~ von Geistesverwirrung* in een vlaag van verstandsverbijstering

anfallen 1 OV WW sterk **1** aanvallen, overvallen **2** FIG. overrompelen, bekruipen **3** afsnauwen **2** ONOV WW sterk ontstaan, voorkomen • *alle ~den Arbeiten* alle voorkomende werkzaamheden

anfällig BN vatbaar (**für** +4 voor), gevoelig • *er ist sehr ~ für Krankheiten* hij is erg vatbaar voor ziekten

Anfälligkeit ZN V (-/+en) gevoeligheid, vatbaarheid

Anfang ZN M (+(e)s/-fänge) begin, aanvang, start • *am/zu ~* in het begin • *von ~ an* van begin af aan • *er ist ~ dreißig* hij is begin dertig • *~ April* begin april • *den ~ mit etwas machen* een begin maken met iets • *einen neuen ~ machen* met een schone lei beginnen • FIG. *aller ~ ist schwer* alle begin is moeilijk • FIG. *noch in den Anfängen stecken* nog in de kinderschoenen staan

anfangen OV + ONOV WW sterk **1** beginnen, aanvangen • *die Vorstellung fängt um halb neun an* de voorstelling begint om half negen • *mit ihm kann man nichts ~* met hem kun je niets aanvangen, er is geen land te bezeilen met hem • *er fängt immer wieder davon an* hij begint er altijd weer over • *wieder von vorn ~ (müssen)* weer van voor af aan (moeten) beginnen **2** (gaan) doen, aanpakken, ondernemen • FIG. *etwas geschickt ~* iets handig aanpakken **3** beginnen, in dienst treden • *er fängt nächste Woche bei dieser Firma an* hij begint volgende week bij die firma

Anfänger ZN M (+s/-) beginner, beginneling • *ein blutiger ~* een groentje

Anfängerkurs ZN M (+es/+e) beginnerscursus

anfänglich BN aanvankelijk, in het begin

anfangs 1 BW aanvankelijk, in het begin **2** VZ +2, in het begin • *~ der Woche* in het begin van de week

Anfangsbuchstabe ZN M (+ns/+n) **1** beginletter, initiaal **2** monogram

Anfangsgehalt ZN O (+(e)s/-gehälter) aanvangssalaris

anfassen **1** OV WW **1** aanraken **2** beetpakken, vastpakken **3** FIG. aanpakken, ter hand nemen, beginnen **4** FIG. aanpakken <van persoon>, behandelen • FIG. *jemanden mit Glacéhandschuhen ~* iemand met fluwelen handschoenen aanpakken **2** ONOV WW (een handje) helpen • *fass mal mit an!* help even mee! **3** WKD WW (**sich ~**) aanvoelen • *dieser Stoff fasst sich glatt an* deze stof voelt glad aan

anfauchen OV WW **1** blazen tegen **2** INFORM. toesnauwen, uitvaren tegen, uitvallen tegen

anfechtbar BN aanvechtbaar, betwistbaar

Anfechtbarkeit ZN V (-/gmv) aanvechtbaarheid, twijfelachtigheid

anfechten OV WW sterk **1** JUR. aanvechten, betwisten • *ein Testament ~* de geldigheid van een testament aanvechten • *eine Theorie ~* een theorie aanvechten **2** FORM. verontrusten, bekommeren

Anfechtung ZN V (-/+en) **1** JUR. aanvechting, betwisting, hoger beroep **2** FORM. aanvechting, verzoeking • *die ~ eines Urteils* het hoger beroep tegen een vonnis

anfeinden OV WW vijandig bejegenen, bestrijden

Anfeindung ZN V (-/+en) vijandigheid, vijandelijkheid

anfertigen OV WW vervaardigen, fabriceren, produceren • *ein Protokoll ~* een protocol opmaken • *ein Gutachten ~* een rapport opstellen

Anfertigung ZN V (-/+en) vervaardiging, fabricage, productie

anfeuchten OV WW bevochtigen

anfeuern OV WW **1** aansteken **2** FIG. aansporen (**zu** +3 tot), aanvuren, aanmoedigen

anflehen OV WW smeken (**um** +4 om), REL. aanroepen • REL. *alle Heiligen ~* alle heiligen aanroepen

anfliegen **1** OV WW sterk aanvliegen (op), aandoen • *Berlin ~* Berlijn aandoen (per vliegtuig) **2** ONOV WW sterk **1** aanvliegen, aanrennen **2** FIG. aanwaaien **3** overrompelen, plots opkomen bij • FIG. *es kommt ihm angeflogen* het komt hem aangewaaid

Anflug ZN M (+(e)s/-flüge) **1** (het) aanvliegen **2** aanvliegroute • LUCHTV. *wir befinden uns im ~ auf Frankfurt* wij zijn op de aanvliegroute naar Frankfurt **3** FIG. zweem, vleugje • *mit einem ~ von Ironie* met een vleugje ironie

Anflugschneise ZN V (-/+n) aanvliegcorridor

anfordern OV WW **1** (op)eisen, (op)vragen **2** aanvragen, bestellen • *zusätzliche Arbeitskräfte ~* extra personeel oproepen • *einen Katalog ~* een catalogus aanvragen

Anforderung ZN V (-/+en) **1** eis, plicht, verplichting **2** aanvraag, bestelling • *den Anforderungen entsprechen* aan de eisen voldoen

Anfrage ZN V (-/+n) **1** aanvraag, navraag • *auf ~ erhältlich* op aanvraag verkrijgbaar **2** POL. interpellatie • *kleine ~* schriftelijke interpellatie • *große ~* mondelinge interpellatie

anfragen ONOV WW **1** vragen, verzoeken **2** navraag doen, informeren **3** POL. interpelleren

anfressen **1** OV WW sterk **1** aanvreten • INFORM. *angefressen sein* geërgerd/beledigd zijn **2** SCHEIK. aantasten • *das Metall ist von Säure angefressen* het metaal is door zuur aangetast **2** WKD WW (**sich ~**) sterk MIN. zich dik vreten • *sich einen Bauch ~* zich een dikke buik vreten

anfreunden WKD WW (**sich ~**) **1** vriendschap sluiten, bevriend raken • *sich mit jemandem ~* bevriend raken met iemand • *sich leicht ~* makkelijk vrienden maken **2** wennen (**mit** +3 aan) • *er konnte sich damit nicht ~* hij kon er niet aan wennen • *ich muss mich mit diesem Gedanken ~* ik moet aan deze gedachte wennen

anfrieren ONOV WW sterk **1** vastvriezen **2** licht bevriezen

anfügen OV WW toevoegen, aanhechten

anfühlen **1** OV WW **1** bevoelen, betasten **2** FIG. (aan)voelen, gewaarworden **2** WKD WW (**sich ~**) aanvoelen • *der Stoff fühlt sich weich an* de stof voelt zacht aan

Anfuhr ZN V (-/+en) aanvoer

anführen OV WW **1** aanvoeren, leiden **2** aanhalen, citeren **3** INFORM. beetnemen, voor de gek houden

Anführer ZN M (+s/-) aanvoerder, leider

Anführerin ZN V (-/+nen) aanvoerster

Anführung ZN V (-/+en) **1** aanvoering, leiding • *unter ~ eines Generals* onder (het) bevel v.e. generaal **2** aanhaling, vermelding, opsomming **3** (het) citeren, citaat, weergave

Anführungszeichen ZN O (+s/-) TAALK. aanhalingsteken • *das Zitat setzt man in ~* het citaat schrijf je tussen aanhalingstekens • *einfache/doppelte ~* enkele / dubbele aanhalingstekens • *~ unten* aanhalingsteken openen (' of,) • *~ oben* aanhalingsteken sluiten (')

anfüllen OV WW aanvullen, opvullen

Angabe ZN V (-/+n) **1** informatie, verklaring, vermelding • *nähere Angaben* nadere gegevens • *Angaben über jemanden/etwas machen* inlichtingen over iemand/iets geven • *zweckdienliche Angaben machen* relevante gegevens verstrekken **2** SPORT service **3** INFORM. opschepperij, bluf

angeben **1** OV WW sterk **1** aangeven, opgeven, doorgeven, meedelen • *einen Termin ~* een datum doorgeven • *etwas als Grund ~* iets als reden opgeven **2** beweren • *er gibt an, zu Hause gewesen zu sein* hij beweert dat hij thuis is geweest **3** aanwijzen, aanduiden **4** verraden, verklikken • *jemandem beim Lehrer ~* iemand bij de leraar verklikken **5** bepalen • *das Tempo ~* het tempo bepalen **2** ONOV WW sterk **1** SPORT serveren **2** INFORM. opscheppen • INFORM. *gib bloß nicht so an!* schep toch niet zo op!

Angeber ZN M (+s/-) **1** verrader, verklikker **2** INFORM. opschepper

Angeberei ZN V (-/+en) FIG. opschepperij, snoeverij

angeberisch BN opschepperig, snoeverig

angeblich BN zogenaamd, naar men zegt, vermeend

angeboren BN aangeboren

Angebot ZN O (+(e)s/+e) **1** aanbod • *jemandem ein ~ machen* iemand een aanbod doen • *ein ~ annehmen/akzeptieren* een aanbod aannemen • *ein ~ ablehnen* een aanbod afslaan • *ein ~ zurückziehen/ zurücknehmen* een aanbod intrekken **2** offerte • *ein ~ machen* een offerte doen • *ein ~ erbitten* een offerte aanvragen **3** aanbieding • *im ~ sein* in de aanbieding zijn **4** eerste bod <bij veiling> **5** ECON. (goederen)aanbod • *~ und Nachfrage* vraag en aanbod

angebracht BN gepast, geschikt, op zijn plaats • *die Bemerkung ist nicht ~* de opmerking is misplaatst • *das scheint mir jetzt nicht ~* dat lijkt me nu niet zo gepast • *es ist ~* het is raadzaam

angebunden WW → **anbinden**

angedeihen OV WW sterk • *jemandem etwas ~ lassen* iemand iets ten deel laten vallen • *jemandem Schutz ~ lassen* iemand bescherming bieden

Angedenken ZN O (+s/-) aandenken, (na) gedachtenis, herinnering

angegossen BN INFORM. als gegoten • *es passt/ sitzt dir wie ~* het zit je als gegoten (van kleding)

angegriffen BN uitgeput, vermoeid

angehaucht BN OOK FIG. getint, lichtgekleurd • *liberal ~* met een liberaal tintje • *er ist künstlerisch ~* hij is een beetje artistiek

angeheiratet BN aangetrouwd • *ihre ~e Familie* haar aangetrouwde familie • *~er Onkel* aangetrouwde oom

angeheitert BN aangeschoten

angehen **1** OV WW sterk **1** aanpakken, beginnen • *wie willst du das ~?* hoe wil je dat aanpakken? • *ein Problem zielstrebig ~* een probleem vastberaden aanpakken • *ein Ziel ~* een doel nastreven **2** vragen (um +4 om) • *jemandem um etwas ~* iemand om iets vragen **3** aangaan, betreffen • *was geht ihn das an?* wat gaat hem dat aan? • *was ihn angeht* wat hem betreft **2** ONOV WW sterk **1** strijden (gegen +4 tegen), zich verzetten (gegen +4 tegen), tegengas geven • *gegen jemandes Willen ~* tegen iemands wil ingaan **2** meevallen, ermee door kunnen • *es geht nicht an, dass er immer zu spät kommt* het is onbehoorlijk dat hij altijd te laat komt **3** INFORM. beginnen • INFORM. *die Schule geht morgen wieder an* morgen begint de school weer <na vakantie> **4** INFORM. aangaan <van licht> • *das Licht geht an* het licht gaat aan **5** INFORM. wortel schieten

angehend BN toekomstig, aankomend, aanstaand • *ein ~er Lehrer* een aankomend onderwijzer • *ein ~er Sechziger* een man die op de zestig aangaat • *ein ~er Journalist* een toekomstig journalist

angehören ONOV WW +3, toebehoren aan, behoren tot/bij, deel uitmaken van • *der katholischen Kirche ~* lid zijn van de Katholieke Kerk

angehörig BN +3, behorend aan/bij, deel uitmakend van

Angehörige ZN M/V (+n/+n) **1** familielid • *sie hat keine Angehörigen* ze heeft geen familie **2** lid, aanhanger/-ster, medewerker/-ster, onderdaan • *~ anderer Nationalitäten* mensen met een andere nationaliteit

Angeklagte ZN M/V (+n/+n) beklaagde, verdachte • *eine ~ vernehmen* een beklaagde verhoren

angekratzt BN INFORM. aangetast, (licht) gehavend, getekend <door het leven>

Angel ZN V (-/+n) **1** hengel • FIG. *jemandem an die ~ gehen* door iemand aan de haak geslagen worden **2** hengsel, scharnier <van deur>

Angelegenheit ZN V (-/+en) zaak, aangelegenheid, kwestie • *sich in jemandes Angelegenheiten mischen* zich met iemands zaken bemoeien • *kümmere dich um deine eigenen Angelegenheiten* bemoei je met je eigen zaken • *eine wichtige ~* een belangrijke kwestie

angelernt WW → **anlernen**

angeln OV + ONOV WW **1** vissen (op), hengelen • *sie angelt auf Hechte* zij zit op snoek te hengelen • *zum Angeln gehen* uit vissen gaan **2** FIG. vissen (nach +3 naar) **3** FIG. aan de haak slaan • *sie hat sich einen Freund mit Geld geangelt* zij heeft een vriend met geld aan de haak geslagen

Angelpunkt ZN M (+(e)s/+e) **1** draaipunt, spil **2** hoofdzaak

Angelrute ZN V (-/+n) hengel(stok)

Angelsachse ZN M (+n/+n) Angelsaks, Engelsman

angelsächsisch BN Angelsaksisch, Engels

Angelschein ZN M (+(e)s/+e) visvergunning

Angelsport ZN M (+(e)s/gmv) hengelsport

angemessen BN **1** passend, redelijk, gepast, adequaat • *~e Arbeit* passend werk • *die ~e Belohnung* de gepaste beloning • *eine ~e Vergütung* een redelijke/schappelijke vergoeding • *ihre Reaktion war nicht ~* haar reactie was niet gepast **2** in overeenstemming met, evenredig aan • *der Lohn ist seiner Leistung ~* hij krijgt loon naar werken

Angemessenheit ZN V (-/+en, meest ev) **1** gepastheid, adequaatheid, geschiktheid **2** redelijkheid

angenehm BN aangenaam, prettig • *eine ~e Reise* een prettige reis • *~e Reise!* goede reis! • *~!* aangenaam (kennis te maken)!

angepasst BN aangepast, conformistisch

Angepasstheit ZN V (-/gmv) aangepastheid

angeregt BN levendig, geanimeerd • *eine ~e Unterhaltung* een levendig gesprek • *eine ~e Diskussion* een levendige discussie

angesagt BN **1** INFORM. in de mode, hip, in zwang • *das ist eine der ~esten Bands* dat is een van de hipste bands • INFORM. *~ sein* in de mode zijn, in zijn **2** aangekondigd • *~ sein* ophanden zijn, op komst zijn • *heute ist ein Ausflug ~* vandaag staat er een uitje op het programma **3** FIG. • *~ sein* gedaan/

uitgevoerd moeten worden, nodig zijn • *üben ist ~!* er moet worden geoefend!

angeschlagen BN **1** aangeslagen, uitgeput **2** gehavend, beschadigd

Angeschuldigte ZN M/V (+n/+n) verdachte, beklaagde

angesehen BN gezien, geacht, vooraanstaand • *ein ~es Geschäft* een firma met een goede naam

angesessen BN gevestigd, woonachtig

Angesicht ZN O (+(e)s/+er) **1** aangezicht, gelaat • *im ~ dieser Tatsache* met het oog op dit feit • *jemandem von ~ zu ~ gegenüberstehen* oog in oog met iemand staan • *im ~ des Todes* in het aangezicht van de dood **2** FORM. aanblik

angesichts VZ +2 **1** FORM. bij de aanblik van **2** FORM. met het oog op, gezien • *~ der Tatsache, dass ...* gezien het feit dat ...

angespannt BN **1** (in)gespannen, geconcentreerd • *~ arbeiten* ingespannen werken • *sehr ~ sein* in de zenuwen zitten **2** kritiek, krap • *eine angespannte Situation* een kritieke situatie

Angespanntheit ZN V (-/gmv) **1** (het) gespannen zijn, gespannenheid **2** bedenkelijkheid

angestaubt BN **1** beetje stoffig **2** INFORM. achterhaald, verouderd

Angestellte ZN M/V (+n/+n) werknemer, employé

angestrengt BN **1** gespannen, krampachtig **2** geconcentreerd

angetan WW → **antun**

angetrunken BN aangeschoten, licht beneveld

angewandt BN toegepast

angewiesen BN • *auf jemanden/etwas ~ sein* op iemand/iets aangewezen zijn

angewöhnen OV WW aanwennen, (de gewoonte) aanleren (om) • *sich etwas ~* een gewoonte aannemen/aanleren

Angewohnheit ZN V (-/+en) gewoonte, aanwensel • *verknöcherte Angewohnheiten haben* vastgeroest zijn in zijn gewoontes

angewurzelt WW → **anwurzeln**

angezeigt BN FORM. raadzaam, passend, gepast • *etwas nicht für ~ halten* iets niet raadzaam vinden

angiften OV WW INFORM. afsnauwen

Angina ZN V (-/gmv) MED. angina, keelontsteking

angleichen OV WW +3, sterk aanpassen (**an** +4 aan), gelijk maken, assimileren, nivelleren • *die Löhne den Preisen/an die Preise ~* de lonen aan de prijzen aanpassen • *Gehälter ~* salarissen gelijktrekken • *die Farben gleichen sich mit der Zeit an* de kleuren zullen bijtrekken • *sich jemandem/einer Sache ~* zich conformeren aan iemand/iets

Angleichung ZN V (-/+en) aanpassing, gelijkmaking, assimilatie, nivellering

Angler ZN M (+s/-) **1** hengelaar **2** BIOL. zeeduivel

angliedern OV WW +3 **1** aanhechten **2** verbinden **3** inlijven (bij), annexeren

Angliederung ZN V (-/+en) aansluiting, inlijving, annexatie • *die ~ einer Provinz* de inlijving van een provincie

Anglikaner ZN M (+s/-) anglicaan

anglikanisch BN anglicaans • *die ~e Kirche* de anglicaanse/Engelse kerk

anglisieren OV WW verengelsen

Anglizismus ZN M (-/-men) TAALK. anglicisme

anglotzen OV WW INFORM. aangapen, aanstaren

angreifbar BN omstreden, dubieus • *diese Maßnahmen sind ~* deze maatregelen zijn omstreden • *da ist er ~* dat is zijn zwakke punt

angreifen 1 OV WW sterk **1** aanvallen • *jemanden ~* iemand aanvallen **2** FIG. aanvallen, bekritiseren • *sich angegriffen fühlen* zich aangevallen voelen **3** verzwakken, aangrijpen, aantasten • *angegriffen aussehen* er vermoeid uitzien • *seine Gesundheit ist angegriffen* zijn gezondheid is aangetast **4** aanspreken <van reserve>, aanbreken **5** aanpakken <van probleem> **6** REG. aanraken **2** ONOV WW sterk aansluiten, inhaken op **3** WKD WW (**sich ~**) sterk REG. aanvoelen • *der Stoff greift sich rau an* de stof voelt ruw aan

Angreifer ZN M (+s/-) aanvaller

angrenzen ONOV WW grenzen (**an** +4 aan)

angrenzend BN **1** naburig **2** aangrenzend

Angriff ZN M (+(e)s/+e) OOK FIG. aanval, offensief • *einen ~ starten auf* een aanval doen op • *zum ~ übergehen* tot de aanval overgaan • *~ ist die beste Verteidigung* aanval is de beste verdediging • *ein ~ auf die Rechtsordnung* een aantasting van de rechtsorde • FIG. *etwas in ~ nehmen* beginnen met iets, iets aanpakken

Angriffsfläche ZN V (-/+n) zwak punt, achilleshiel • *keine ~ bieten* geen zwakke plekken hebben

Angriffskrieg ZN M (+es/+e) MIL. aanvalsoorlog, agressieoorlog

angriffslustig BN vechtlustig, agressief

Angriffsspieler ZN M (+s/-) SPORT aanvaller

angrinsen OV WW INFORM. aangrijnzen

angst BN • *mir ist ~ (und bange)* ik ben bang

Angst ZN V (-/Ängste) angst, vrees • *es machte mir ~* het maakte me angstig • *jemandem ~ machen* iemand bang maken • *jemandem ~ einjagen* iemand angst aanjagen • *um jemanden ~ haben* zich zorgen maken over iemand • *vor jemandem ~ haben* bang zijn voor iemand • *es mit der ~ (zu tun) bekommen/kriegen* bang worden • *ich habe ~ davor, es ihm zu sagen* ik zie er tegen op om het hem te zeggen • *aus ~ vor* uit vrees voor

Angstgegner ZN M (+s/-) gevreesd tegenstander, angstgegner

Angsthase ZN M (+n/+n) INFORM. angsthaas, bangerik

ängstigen 1 OV WW bang maken, ongerust maken (**um** +4 over) **2** WKD WW (**sich ~**) bang zijn

ängstlich BN **1** angstig, bang, bezorgd • REG. *mit etwas nicht ~ sein* met iets niet zo 'n haast hebben **2** schuchter **3** pijnlijk nauwkeurig, angstvallig

Ängstlichkeit ZN V (-/gmv) angstigheid, bangheid

an

Angstmacherei ZN V (-/gmv) **bangmakerij**
Angstschweiß ZN M (+es/gmv) **angstzweet** • *mir brach der ~ aus* het koude zweet brak me uit
angstvoll BN **angstig, (erg) bang, bevreesd**
angucken OV WW INFORM. **(aan)kijken, bekijken** • *sich etwas sehr genau ~* iets heel goed bekijken
Anh. AFK Anhang **aanhangsel, appendix**
anhaben OV WW onregelmatig **1** INFORM. **aan hebben** <van kleding>, **dragen** • *was hatte sie an?* wat had ze aan? • *ich habe meine Jacke schon an* mijn jas is al aan • *einen Schal ~* een sjaal om hebben **2** INFORM. **aan hebben** <van apparaat> **3 maken, deren** • *er kann mir nichts ~* hij kan me niets maken • *das kann mir nichts ~* dat deert me niet/dat maakt me niets uit
anhaften ONOV WW **1 kleven/plakken/hangen (an** +3 **aan), vastkleven 2 aankleven, eigen zijn** • *dieser Gegend haftet ein schlechter Ruf an* aan deze omgeving kleeft een slechte reputatie
anhaken OV WW **1 aanhaken, vasthaken 2 aankruisen, aanvinken**
anhalten 1 OV WW sterk **1 aanhouden, staande houden, tegenhouden, inhouden** • *der Verkehr wurde angehalten* het verkeer werd tegengehouden • OOK FIG. *die Luft/den Atem ~* de adem inhouden **2 aanhouden, arresteren 3 aanzetten (zu** +3 **tot), aansporen** • *jemanden zum Üben ~* iemand aanzetten tot oefenen **4 houden (naast/tegen), voorhouden** <van kleding> **2** ONOV WW sterk **1 stoppen, tot stilstand komen** • *das Auto hält an* de auto stopt **2 aanhouden, voortduren** • *das schöne Wetter hält an* het mooie weer houdt aan **3** WKD WW **(sich ~)** sterk **zich vasthouden**
anhaltend BN **aanhoudend, voortdurend** • *~e Regenperiode* aanhoudende periode van regen
Anhalter ZN M (+s/-) **lifter** • *per ~ fahren/reisen* liften, BELG. autostop doen
Anhaltspunkt ZN M (+(e)s/+e) **aanknopingspunt, houvast**
anhand VZ +2, **aan de hand van, met behulp van** • *~ der/von Aufzeichnungen* aan de hand van (de) aantekeningen
Anhang ZN M (+(e)s/-hänge) **1 aanhangsel, bijvoegsel, bijlage, appendix 2** boek **appendix, bijlage 3** COMP. **bijlage, attachment** • *die Details senden wir im ~* de details vindt u in de bijlage **4** INFORM. **aanhang, familie, gezin, vrienden-/kennissenkring** • *Peter kommt mit ~* Peter komt met aanhang
anhängen 1 OV WW zwak **1 ophangen, (aan) hangen 2 aansmeren, aanpraten** • INFORM. *jemandem etwas ~* iemand iets aansmeren, iemand iets in de schoenen schuiven **3 toevoegen, laten volgen (an** +4 **op)** • *einer E-Mail etwas ~* een bijlage aan een e-mail toevoegen **2** ONOV WW sterk **1 aankleven 2 aanhangen, aanhanger zijn (van) 3** WKD WW **(sich ~)** zwak **1** INFORM. **zich vasthouden (aan) 2 zich aansluiten (an** +4 **bij)**
Anhänger ZN M (+s/-) **1 aanhanger, volgeling, partijganger** • *die Partei hat viele ~* de partij heeft veel aanhangers, de partij heeft een grote aanhang • *die politischen ~* de politieke aanhang **2** SPORT **supporter 3 aanhangwagen 4 (koffer) label 5 hangertje** <van ketting> **6** REG. **lusje** <van handdoek/kleding>
anhänglich BN **aanhankelijk, trouw**
Anhänglichkeit ZN V (-/gmv) **aanhankelijkheid**
Anhängsel ZN O (+s/-) **1 aanhangsel 2 hangertje** <van ketting>
anhauchen OV WW **1 ademen op, bewasemen, blazen op 2** INFORM. **toesnauwen, berispen** → **angehaucht**
anhauen OV WW **1 beginnen om te slaan/hakken 2** INFORM. **aanklampen** • *er hat mich um Geld angehauen* hij heeft bij me om geld gezeurd
anhäufen 1 OV WW **op(een)hopen, opstapelen, bijeenzamelen 2** WKD WW **(sich ~) zich ophopen**
Anhäufung ZN V (-/+en) **opeenhoping, opeenstapeling** • *die ~ von Gewalt* de toename van geweld
anheben 1 OV WW sterk **1 optillen, opheffen 2 verhogen** <van prijs> **2** ONOV WW sterk FORM. **beginnen, aanvangen**
Anhebung ZN V (-/+en) **1 (het) optillen 2 verhoging** <van prijs>, **stijging**
anheften OV WW **aanhechten, bevestigen, opspelden** • *einen Zettel an der/die Tür ~* een briefje op de deur bevestigen
anheimstellen OV WW +3, **overlaten aan** • *ich stelle es Ihnen anheim* ik laat het aan u over • *etwas seiner Entscheidung ~* de beslissing aan hem overlaten
anheizen OV WW **1 aanmaken, opstoken 2** INFORM., FIG. **aanwakkeren, opzwepen**
anherrschen OV WW **uitvaren tegen, toesnauwen** • *jemanden ~* tegen iemand uitvallen
anheuern OV + ONOV WW **1 aanmonsteren** • *als Matrose ~* aanmonsteren als matroos **2** INFORM. **inhuren, in dienst komen**
Anhieb ZN M • INFORM. *auf ~* bij de eerste poging, onmiddellijk • *er hat es auf ~ geschafft* het is hem de eerste keer al gelukt
anhimmeln OV WW **1 ophemelen, verafgoden 2** INFORM. **smachtend aankijken**
Anhöhe ZN V (-/+n) **hoogte, heuvel**
anhören 1 OV WW **aanhoren, beluisteren** • *ich kann das nicht mehr (mit) anhören!* ik kan het niet meer aanhoren!, ik vind het niet om aan te horen • *man hört es ihr an, dass sie verärgert ist* het is haar aan te horen dat ze kwaad is **2** WKD WW **(sich ~) klinken** • *das hört sich gut an* dat klinkt goed • *das hört sich nach Streit an* het lijkt wel of ze ruzie hebben • *er hört sich krank an* het klinkt alsof hij ziek is
Anhörung ZN V (-/+en) **1 hoorzitting, hearing 2** JUR. **(het) horen, verhoor**
anhusten OV WW **1 in het gezicht hoesten 2** INFORM. **aanblaffen, afsnauwen**
Animateur ZN M (+s/+e) **animator**
Animateurin ZN V (-/+nen) **animatrice**
Animation ZN V (-/+en) **1 animatie 2**

animatiefilm **3** computeranimatie
Animierdame ZN V (-/+n) animeermeisje
animieren OV WW **1** animeren, aanmoedigen **2** animatiefilm maken
Animosität ZN V (-/+en) animositeit
Anis ZN M (-, +es/+e) anijs
Ank. AFK Ankunft aankomst
ankämpfen ONOV WW vechten (**gegen** +4 tegen), (be)strijden
Ankauf ZN M (+(e)s/-käufe) aankoop • *Ankäufe machen/tätigen* aankopen doen
ankaufen **1** OV WW (aan)kopen **2** WKD WW (**sich ~**) zich vestigen door grond/huis te kopen
Anker ZN M (+s/-) anker • *den ~ lichten* het anker lichten • OOK FIG. *~ werfen/vor ~ gehen* voor anker gaan • *sich vor ~ legen* het anker uitwerpen
ankern ONOV WW ankeren, voor anker gaan/liggen
anketten OV WW (vast)ketenen, aan de ketting leggen
Anklage ZN V (-/+n) **1** JUR. aanklacht, beschuldiging, telastelegging • *eine ~ einreichen* een aanklacht indienen • *jemanden unter ~ stellen* iemand in staat van beschuldiging stellen **2** JUR. (openbare) aanklager, openbaar ministerie **3** aanklacht, verwijt
Anklagebank ZN V (-/gmv) beklaagdenbank
anklagen OV WW aanklagen, beschuldigen • *jemanden des Mordes ~* iemand aanklagen wegens moord • *der Film klagt die sozialen Missstände an* de film stelt de sociale wantoestanden aan de kaak
Ankläger ZN M (+s/-) aanklager • *der öffentliche ~* de openbare aanklager
anklammern **1** OV WW vastklemmen, bevestigen **2** WKD WW (**sich ~**) zich vastklampen (**an** +3,4 aan)
Anklang ZN M (+(e)s/-klänge) **1** gelijkenis, lichte overeenkomst **2** weerklank, bijval • *dieser Vorschlag findet keinen ~* dit voorstel vindt geen bijval, dit voorstel valt niet goed
ankleben **1** OV WW aan-/opplakken **2** ONOV WW aan-/vastkleven
ankleiden OV WW (aan)kleden
anklicken OV WW COMP. aanklikken
anklingen ONOV WW **1** doorklinken, hoorbaar worden **2** overeenstemming vertonen (**an** +4 met), herinneringen oproepen (aan)
anklopfen ONOV WW OOK FIG. aankloppen • *bei jemandem um Geld ~* bij iemand om geld aankloppen
anknabbern OV WW **1** (beginnen te) knagen aan **2** aanspreken <van voorraad>
anknacksen OV WW INFORM. knakken, kneuzen • INFORM. *eine angeknackste Gesundheit* een aangetaste gezondheid
anknipsen OV WW INFORM. aanknippen • *das Licht ~* het licht aanknippen
anknüpfen **1** OV WW **1** vastknopen **2** aanknopen, aangaan • *eine Beziehung ~* een relatie aanknopen **2** ONOV WW OOK FIG. aanknopen, aansluiten (bij), inhaken (**an** +4 op) • *da anknüpfen, wo wir aufgehört haben* daar verdergaan, waar we gestopt zijn • *ich knüpfe an meinen Vorredner an* ik sluit me aan bij de vorige spreker
Anknüpfung ZN V (-/+en) aanknoping
Anknüpfungspunkt ZN M (+(e)s/+e) aanknopingspunt • *einen ~ für ein Gespräch finden* een aanknopingspunt voor een gesprek vinden
anknurren OV WW **1** knorren tegen, brommen tegen **2** INFORM. uitvaren tegen
ankommen **1** ONOV WW sterk **1** OOK FIG. aankomen • *mit einer Idee ~* komen aanzetten met een idee • *bei den Nachbarn ist das vierte Kind angekommen* bij de buren is het vierde kind geboren **2** FIG. succes hebben, aanslaan, goed ontvangen worden • *bei jemandem schlecht ~* bij iemand geen succes hebben • *das Buch ist gut angekommen* het boek is goed ontvangen **3** FIG. op kunnen tegen • *nicht gegen jemanden ~* niet tegen iemand op kunnen **4 auf** +4, aankomen op, afhangen van • *jetzt kommt es darauf an* nu komt het eropaan • *es darauf ~ lassen* het eropaan laten komen • *es kommt drauf an* het hangt ervan af • *es kommt auf dich an* het hangt van jou af **2** OV WW sterk **1** FIG. bekruipen, overvallen • *ein Verlangen kommt ihn an* een verlangen overvalt hem **2** moeite kosten, zwaar vallen • *es kommt mich hart an* het valt me zwaar **3** OOK FIG. aankomen • *mit einer Idee ~* komen aanzetten met een idee • *bei den Nachbarn ist das vierte Kind angekommen* bij de buren is het vierde kind geboren **1** FIG. succes hebben, aanslaan, goed ontvangen worden • *bei jemandem schlecht ~* bij iemand geen succes hebben • *das Buch ist gut angekommen* het boek is goed ontvangen **2** FIG. op kunnen tegen • *nicht gegen jemanden ~* niet tegen iemand op kunnen **3 ~ auf** +4, aankomen op, afhangen van • *jetzt kommt es darauf an* nu komt het eropaan • *es darauf ~ lassen* het eropaan laten komen • *es kommt drauf an* het hangt ervan af • *es kommt auf dich an* het hangt van jou af
ankoppeln OV WW vastkoppelen
ankotzen ONOV WW VULG. **1** walgen van, heel erg tegenstaan • *dein Geschwätz kotzt mich an* ik walg van jouw geklets • *diese Politik kotzt mich an* dit beleid staat mij heel erg tegen **2** uitkafferen
ankratzen OV WW schrammen, licht beschadigen • FIG. *seine Ehre ist angekratzt* zijn eer is aangetast
ankreiden OV WW FIG., INFORM. aanwrijven • *jemandem etwas ~* iemand iets aanwrijven
ankreuzen OV WW aankruisen
ankündigen OV WW aankondigen, bekendmaken
Ankündigung ZN V (-/+en) aankondiging, bekendmaking
Ankunft ZN V (-/gmv) aankomst • *bei ~* bij aankomst • *die ~ eines Kindes* de komst van een kind
Ankunftszeit ZN V (-/+en) aankomsttijd
ankuppeln OV WW aan-/vastkoppelen

ankurbeln OV WW OOK FIG. **aanzwengelen, op gang brengen** • *die Wirtschaft ~* de economie aanzwengelen

anlächeln OV WW **glimlachen tegen**

anlachen 1 OV WW **lachen tegen, toelachen** 2 WKD WW **(sich ~)** INFORM. **aan de haak slaan** • *sich jemanden ~* iemand aan de haak slaan

Anlage ZN V (-/+n) **1 (het) aanleggen, aanleg 2 plantsoen, park** • *die städtischen Anlagen* de stadsparken **3 inrichting, complex 4 installatie** • *sanitäre Anlagen* toiletten • *die Anlagen einer Fabrik warten* de installaties van een fabriek onderhouden **5 ontwerp, opzet** • *die ~ des Gartens* het ontwerp van de tuin **6 bijlage** <van brief> • *in der ~* in de bijlage **7** FIG. **aanleg, talent** • *eine ~ zu Allergien haben* aanleg voor allergieën hebben **8** ECON. **belegging** <van geld> • *eine gute ~ für Ihr Geld* een goede geldbelegging

Anlass ZN M (+es/-lässe) **1 aanleiding, reden** • *aus diesem ~* om die reden • *ohne ~* zonder aanleiding • *beim geringsten ~* bij de geringste aanleiding • *ohne jeglichen ~* zonder enige aanleiding • *~ für Gerüchte geben* aanleiding geven tot geklets **2 gelegenheid** • *etwas zum ~ nehmen zu ...* de gelegenheid aangrijpen om ... • *willkommener ~* welkome gelegenheid

anlassen 1 OV WW sterk **1 aanlaten** <van licht/apparaat> **2 starten, aanzetten** • *das Auto ~* de auto starten **3** INFORM. **aanhouden** <van kleding> • *die Jacke ~* zijn jas aanhouden **4** FORM. **berispen, terechtwijzen** 2 WKD WW **(sich ~)** sterk **beginnen, zich laten aanzien** • *das lässt sich gut an* dat laat zich goed aanzien • *wie lässt er sich an?* wat voor indruk maakt hij?

Anlasser ZN M (+s/-) TECHN. **starter**

anlässlich VZ +2, **ter/bij gelegenheid van** • *~ seines Geburtstages* ter gelegenheid van zijn verjaardag

anlasten OV WW **ten laste leggen** • *jemandem die Schuld an etwas ~* iemand de schuld aan iets ten laste leggen

Anlauf ZN M (+(e)s/-läufe) **1 (het) op gang komen, begin 2 poging** • *beim/im ersten ~* bij de eerste poging • *immer neue Anläufe nehmen/machen* steeds weer nieuwe pogingen doen/ondernemen **3** SPORT **aanloop** • *~ nehmen* een aanloop nemen

anlaufen 1 OV WW sterk **aandoen** <van haven> 2 ONOV WW sterk **1 aanlopen, lopend naderen 2 aanlopen, verkleuren** • *sein Gesicht war rot angelaufen* zijn gezicht was rood aangelopen **3 beginnen, op gang komen** • *das Projekt läuft mühsam an* het project komt moeilijk op gang **4 starten** <van motor> **5 oplopen** <van kosten>, **toenemen 6 beslaan** <van ruit> **7** FIG. **opboksen (gegen** +4 **tegen) 8** SPORT **een aanloop nemen**

Anlaufschwierigkeit ZN V (-/+en) **aanloopprobleem**

Anlaufstelle ZN V (-/+n) **aanspreekpunt** • *eine ~ für Obdachlose* een opvangcentrum voor daklozen • *telefonische ~* telefonisch meldpunt

Anlaufzeit ZN V (-/gmv) TECHN. **aanlooptijd**

Anlaut ZN M (+(e)s/+e) TAALK. **beginklank**

Anlegebrücke ZN V (-/+n) **landingsbrug**

anlegen 1 OV WW **1 (aan)leggen, zetten** • *die Ohren ~* de oren plat leggen • *eine Leiter an den Baum ~* een ladder tegen de boom zetten **2 aanleggen** <van geweer>, **richten 3** FORM. **omdoen** <van sieraad>, **aandoen** <van kleding> **4 aanleggen, opstellen, opzetten, op touw zetten** • *einen Garten ~* een tuin aanleggen **5 besteden (für** +4 **aan), uitgeven, beleggen** <van geld> • *sein Geld gut angelegt haben* zijn geld goed besteed/belegd hebben **6 doelen (auf** +4 **op)** • FIG. *es auf jemanden ~* het op iemand gemunt hebben • *darauf hatte sie es angelegt* daarop doelde zij • *es darauf ~* het erop aanleggen 2 ONOV WW **aanmeren, afmeren, meren** 3 WKD WW **(sich ~) ruzie zoeken** • *sich mit jemandem ~* het met iemand aan de stok krijgen

Anleger ZN M (+s/-) **1** ECON. **belegger, investeerder 2 inlegger** <bij boekdruk>

Anlegestelle ZN V (-/+n) **aanlegplaats, kade**

anlehnen 1 OV WW **1 leunen (an** +4 **tegen), zetten tegen 2 op een kier laten staan** • *die Tür war angelehnt* de deur stond op een kier 2 WKD WW **(sich ~) 1 leunen** • *lehnen Sie sich nicht an!* ga niet leunen! **2** FIG. **navolgen, tot voorbeeld nemen**

Anlehnung ZN V (-/+en) **1 steun, steunpunt 2 aansluiting, navolging** • *in ~ an unser Gespräch* in aansluiting op ons gesprek

anleiern OV WW INFORM. **aanzwengelen, in gang zetten** • *wer hat die ganze Sache angeleiert?* wie heeft die hele zaak in gang gezet?

Anleihe ZN V (-/+n) **1 lening** • ECON. *eine langfristige ~* een langlopende lening • *Anleihen machen* leningen sluiten **2 ontlening** • *Anleihen bei Vivaldi machen* leentjebuur spelen bij Vivaldi

anleinen OV WW **aanlijnen** • *Hunde bitte ~* honden aan de lijn, a.u.b.

anleiten OV WW **1 onderrichten, instrueren, leren** • *jemanden zum Gehorsam ~* iemand gehoorzaamheid leren **2 aansporen (zu** +3 **tot)**

Anleitung ZN V (-/+en) **1 leiding, richtlijn, instructie** • *unter der ~ des Lehrers arbeiten* onder leiding van de leraar werken **2 handleiding**

anlernen 1 OV WW **opleiden, inwerken** • *angelernte Arbeiter* halfgeschoolde arbeiders 2 WKD WW **(sich ~) zich aanleren, zich eigen maken**

anleuchten OV WW **beschijnen, verlichten**

anliefern OV + ONOV WW **leveren, bezorgen**

anliegen 1 OV WW sterk SCHEEPV. **aanliggen** <van koers> 2 ONOV WW sterk **1 (nauw) aansluiten** • *ein eng ~des Kleid* een nauwsluitende jurk **2** INFORM. **op afhandeling wachten, te doen zijn** • *was liegt an?* wat staat er op het programma? • *es liegt viel an* er is een hoop te doen

Anliegen ZN O (+s/-) **verzoek, verlangen**

anliegend BN **1 aangrenzend, naburig 2 bijgaand, ingesloten**

Anlieger ZN M (+s/-) **aanwonende** • *~ frei* alleen bestemmingsverkeer

Anliegerverkehr ZN M (+s/gmv)

bestemmingsverkeer

anlocken OV WW (aan)lokken

anlügen OV WW sterk liegen tegen, beliegen • *jemanden* ~ tegen iemand liegen

Anm. AFK Anmerkung opmerking

Anmache ZN V (-/+n) INFORM. (het) versieren, (het) sjansen

anmachen OV WW **1** INFORM. bevestigen, vastmaken **2** aanzetten, aandoen <van apparaat> • *das Licht* ~ het licht aandoen **3** aanmaken, mengen • *den Salat* ~ de sla aanmaken **4** INFORM. meeslepen, opwinden • *das Publikum* ~ het publiek meeslepen **5** INFORM. lastigvallen, opdringerig aanspreken • *einen Jungen* ~ met een jongen flirten • *mach mich nicht an!* laat me met rust!

anmahnen OV WW aanmanen, aansporen

Anmahnung ZN V (-/+en) aanmaning

anmalen OV WW **1** verven, (be)schilderen **2** INFORM. opmaken, schminken

Anmarsch ZN M (+es/gmv) opmars, aantocht • *im* ~ *sein* in aantocht zijn

anmaßen WKD WW (**sich** ~) +4, zich aanmatigen • *was maßt du dir an?* wat matig je je aan?

anmaßend BN aanmatigend, arrogant • *ein anmaßendes Auftreten* een aanmatigend optreden

Anmaßung ZN V (-/+en) aanmatiging, arrogantie

Anmeldeformular ZN O (+s/+e) aanmeldingsformulier, inschrijvingsformulier

anmelden OV WW **1** opgeven, laten registreren, inschrijven • *das Kind in der Schule* ~ je kind inschrijven voor school • *sich zu einem Kurs* ~ zich opgeven/inschrijven voor een cursus • *ein Kind* ~ (de geboorte van) een kind aangeven • *sich* ~ zich inschrijven bij de gemeente **2** (aan)melden, aankondigen • *sich* ~ zich aankondigen **3** naar voren brengen, laten horen • *seine Wünsche* ~ zijn wensen naar voren brengen • *Interesse* ~ belangstelling tonen **4** bieden <bij kaartspel>

Anmeldepflicht ZN V (-/gmv) meldingsplicht

Anmeldeschluss ZN M (+es/-schlüsse) sluiting van de inschrijving

Anmeldung ZN V (-/+en) aanmelding, opgave, registratie • *nur nach vorheriger* ~ alleen op afspraak

anmerken OV WW **1** zien, merken • *jemandem etwas* ~ iets aan iemand merken • *sie lässt sich nichts von ihrem Entsetzen* ~ zij laat niets merken van haar ontsteltenis • *ohne sich etwas* ~ *zu lassen* zonder iets te laten merken **2** aantekenen, noteren, aanstrepen • *etwas im Text* ~ aantekeningen in de tekst maken **3** FORM. opmerken • *hier möchte ich noch* ~ ... hierbij wil ik nog opmerken dat ...

Anmerkung ZN V (-/+en) **1** opmerking **2** (voet)noot, eindnoot, aantekening • *mit einer kritischen* ~ *versehen* er een kritische noot bij plaatsen

anmessen OV WW sterk aanmeten • *jemandem einen neuen Mantel* ~ iemand een nieuwe jas aanmeten

Anmut ZN V (-/gmv) bevalligheid, charme, gratie

anmuten OV + ONOV WW aandoen, schijnen • *das mutet modern an* dat doet modern aan

annähen OV WW aannaaien, vastnaaien • *einen Knopf* ~ een knoop aannaaien, een knoop aanzetten

annähern **1** OV WW aanpassen aan, dichter brengen bij **2** WKD WW (**sich** ~) (be)naderen

annähernd BN bij benadering, ongeveer

Annäherung ZN V (-/+en) **1** nadering **2** toenadering **3** aanpassing

Annäherungsversuch ZN M (+(e)s/+e) toenaderingspoging

Annahme ZN V (-/+n) **1** (het) aannemen, aanneming, acceptatie **2** goedkeuring, aanvaarding **3** aanstelling, toelating **4** veronderstelling, vermoeden • *in der Annahme, dass ...* in de veronderstelling dat ...

annehmbar BN **1** aannemelijk, acceptabel **2** behoorlijk, redelijk

annehmen **1** OV WW sterk **1** aannemen, aanvaarden, instemmen (met) • *einen Vorschlag* ~ een voorstel aannemen, instemmen met een voorstel • *ein Geschenk* ~ een geschenk aanvaarden • *eine Religion* ~ een godsdienst aannemen • *keine Vernunft* ~ *wollen* niet voor rede vatbaar zijn **2** in dienst nemen, toelaten • *er wurde im Konservatorium angenommen* hij is toegelaten tot het conservatorium **3** aannemen, veronderstellen, vermoeden • *ich nehme an, dass er kommt* ik neem aan dat hij komt **4** INFORM. adopteren **2** WKD WW (**sich** ~) +2, sterk zich ontfermen over • *wer wird sich des Kindes* ~*?* wie zal zich over het kind ontfermen? • *sich einer Sache* ~ zich ergens voor inzetten

Annehmlichkeit ZN V (-/+en) genoegen, voordeel

annektieren OV WW annexeren

Annektierung ZN V (-/+en) annexatie, inlijving

Annexion ZN V (-/+en) annexatie

anno BW • INFORM. ~ *dazumal*/~ *dunnemals* in het jaar nul • INFORM. ~ *Tobak* in/uit het jaar nul

Annonce ZN V (-/+n) annonce, advertentie • *eine* ~ *aufgeben* een advertentie plaatsen

annullieren OV WW annuleren, nietig verklaren, herroepen

anöden OV WW vervelen, lastigvallen • *sie ödet mich an* zij verveelt me

anonym BN anoniem

Anonymität ZN V (-/gmv) anonimiteit

Anorak ZN M (+s/+s) anorak, windjack

anordnen OV WW **1** ordenen, rangschikken **2** bepalen, voorschrijven

Anordnung ZN V (-/+en) **1** ordening, rangschikking **2** bepaling, verordening, voorschrift • *eine amtliche* ~ een ambtelijke verordening • *auf* ~ *von* op gezag van

anorektisch BN anorectisch

Anorexia nervosa ZN V (-/-) MED. anorexia nervosa

Anorexie ZN V (-/-xien) MED. anorexie,

magerzucht
anormal BN abnormaal
anpacken 1 OV WW aanpakken • *jemanden hart ~* iemand hard aanpakken • *wie soll ich das ~?* hoe zal ik dat aanpakken? • *es geschickt ~* het slim spelen 2 ONOV WW meehelpen • *sie haben tüchtig mit angepackt* ze hebben flink meegeholpen
anpassen 1 OV WW 1 aanpassen 2 afstemmen (op) 2 WKD WW (**sich ~**) zich aanpassen (**an** +4 aan), zich voegen • *sich den Verhältnissen ~* zich aan de omstandigheden aanpassen
Anpassung ZN V (-/+en) aanpassing, accommodatie
anpassungsfähig BN in staat zich aan te passen • *~ sein* zich gemakkelijk kunnen aanpassen
Anpassungsfähigkeit ZN V (-/gmv) aanpassingsvermogen
anpeilen OV WW 1 LUCHTV. aansturen (op) 2 peilen, de plaats bepalen
anpfeifen OV WW sterk 1 SPORT het beginsignaal geven • *ein Fußballspiel ~* een voetbalwedstrijd laten beginnen 2 INFORM. uitfoeteren
Anpfiff ZN M (+(e)s/+e) 1 SPORT beginsignaal 2 INFORM. uitbrander, standje
anpflanzen OV WW (be)planten, verbouwen
Anpflanzung ZN V (-/+en) 1 teelt 2 aanplant
anpflaumen OV WW INFORM. voor de gek houden, pesten, uitfoeteren
anpiepsen OV WW oppiepen
Anpöbelei ZN V (-/+en) MIN. grove belediging, molestatie
anpöbeln OV WW MIN. lastigvallen, molesteren, provoceren • *jemanden ~* iemand lastigvallen
anprallen OV WW stoten, botsen (**an , gegen** +4 tegen)
anprangern OV WW 1 aan de kaak stellen 2 FIG. brandmerken
anpreisen OV WW sterk aanprijzen, aanbevelen
anpreschen ONOV WW aandraven
Anprobe ZN V (-/+n) (het) aanpassen <van kleding>
anprobieren OV WW (aan)passen <van kleding>
anpumpen OV WW INFORM. geld te leen vragen • *jemanden um 80 Euro ~* 80 euro van iemand afbietsen
anraten OV WW sterk aanraden • *auf Anraten (von)* op aanraden van, op advies van • *auf Anraten des Arztes* op doktersadvies
anrechnen OV WW 1 aanrekenen • *jemandem etwas als Fehler ~* iemand een fout aanrekenen ▸ *das rechne ich dir hoch an* dat waardeer ik zeer van jou 2 (door)berekenen <van kosten>, aftrekken (**auf** +4 van) • *jemandem einen Betrag ~* iemand een bedrag in rekening brengen • *wir rechnen den Vorschuss auf Ihre Rechnung an* wij trekken het voorschot van uw factuur af • *das Auslandsstudium wird angerechnet* de buitenlandse studie wordt meegerekend
Anrechnung ZN V (-/gmv) 1 (door)berekening, rekening ▸ FORM. *etwas in ~ bringen* iets in rekening brengen, iets doorberekenen, 2 aftrek • JUR. *(zwei Jahre Haft) unter ~ der Untersuchungshaft* (twee jaar celstraf) met aftrek van voorarrest.
Anrecht ZN O (+(e)s/+e) 1 recht, aanspraak (**auf** +4 op) 2 abonnement <voor concert/theater>
Anrede ZN V (-/+n) 1 (het) aanspreken 2 aanspreektitel/-vorm
anreden OV WW aan-/toespreken
anregen OV WW 1 aansporen, inspireren (tot), stimuleren, aanzetten (**zu** +3 tot) • *Kinder zu mehr Bewegung ~* kinderen aanzetten tot meer bewegen 2 op gang brengen, de aanzet geven (tot) • *ein Gespräch ~* een gesprek op gang brengen • *das Wachstum ~* de groei bevorderen
anregend BN 1 inspirerend • *ein ~es Gespräch* een inspirerend gesprek 2 opwekkend, prikkelend • *ein ~es Mittel* een opwekkend middel
Anregung ZN V (-/+en) 1 voorstel, suggestie, initiatief • *Anregungen sind willkommen* ideeën en voorstellen zijn welkom • *auf ~ von Lisa* op initiatief van Lisa 2 opwekking, prikkeling 3 stoot, impuls
anreichern OV WW 1 verrijken, vergroten 2 SCHEIK. opslaan, concentreren <van oplossing> • *angereichertes Uran* verrijkt uranium
Anreicherung ZN V (-/+en) 1 verrijking, verbetering 2 ophoping
Anreise ZN V (-/+n) 1 (heen)reis 2 aankomst
anreisen ONOV WW 1 reizen naar 2 aankomen, arriveren
anreißen OV WW sterk 1 (in)scheuren 2 aanspreken, aansnijden • *ein Problem ~* een probleem aansnijden 3 MUZ. (licht) aanslaan 4 TECHN. aftekenen 5 TECHN. aanslaan <van motor>, starten 6 INFORM. aanbreken <van voorraad> 7 INFORM. lokken <van klanten>
Anreiz ZN M (+es/+e) aansporing, prikkel, stimulans • FIG. *ein finanzieller ~* een financiële impuls/injectie
anreizen OV WW prikkelen, aansporen, stimuleren
anrempeln OV WW 1 INFORM. (opzettelijk) aanlopen tegen, aanstoten 2 INFORM. beledigen, uitschelden
anrennen 1 ONOV WW onregelmatig 1 aanrennen, aanlopen • *angerannt kommen* komen aanrennen 2 stormlopen 3 aanlopen (**gegen** +4 tegen), aanstoten, inlopen • *er ist gegen den Sturm angerannt* hij liep tegen de storm in 2 WKD WW (**sich ~**) zich stoten (tegen)
Anrichte ZN V (-/+n) aanrecht, aanrechtkast, buffet
anrichten OV WW 1 toebereiden 2 FORM. opdienen • *es ist angerichtet!* aan tafel! 3 veroorzaken, aanrichten • *was der schon alles angerichtet hat!* wat die al allemaal uitgehaald heeft!
anrüchig BN 1 bedenkelijk, twijfelachtig, aanstootgevend • *anrüchige Witze* schuine moppen 2 ongunstig bekend staand, in een kwade/slechte reuk staand, berucht
anrücken 1 OV WW (aan)schuiven tegen • *an*

jemanden ~ dicht bij iemand schuiven • *einen Stuhl ~* een stoel aanschuiven **2** ONOV WW **aanrukken, oprukken** <van troepen> • IRON. *ihre ganze Familie war angerückt* haar hele familie was gekomen

Anruf ZN M (+(e)s/+e) **1 telefoontje** • *Anrufe entgegennehmen* telefoontjes aannemen **2 (aan) roep, waarschuwing, schreeuw**

Anrufbeantworter ZN M (+s/-) **antwoordapparaat**

anrufen OV WW sterk **1 bellen, opbellen** • *rufst du mich an?* bel je me? • *ich rufe Sie wieder an* ik bel u terug **2 aanroepen** • *ein höheres Gericht ~* in hoger beroep gaan **3 inroepen, oproepen** • *jemanden um Hilfe ~* iemands hulp inroepen

Anrufer ZN M (+s/-) **beller**

anrühren OV WW **1 roeren, mengen 2 aanraken, aanroeren** <van eten/drinken> • *die Leckereien wurden nicht angerührt* de lekkernijen werden niet aangeroerd

ans SAMENTR an das → **an**

Ansage ZN V (-/+n) **1 mededeling, aankondiging** • *die ~ einer Sendung* de aankondiging van een programma • INFORM. *er braucht mal eine klare ~* hij heeft duidelijke taal nodig **2** OOST. **(het) dicteren, dictaat**

ansagen OV WW **1 aankondigen** • *meine Mutter hat sich angesagt* mijn moeder heeft aangekondigd dat ze komt • *gerade wurde etwas angesagt* net is iets omgeroepen **2** OOST. **dicteren**

Ansager ZN M (+s/-) **1 omroeper 2 presentator** <tv> **3 conferencier**

ansammeln 1 OV WW **verzamelen 2** WKD WW **(sich ~) 1 zich ophopen** • *auf meinem Schreibtisch hat sich so einiges angesammelt* op mijn bureau is een hoop blijven liggen **2 samenstromen** <van mensen>, **samenscholen**

Ansammlung ZN V (-/+en) **verzameling, opeenhoping, samenscholing**

ansässig BN **woonachtig** • *er ist in Hamburg ~* hij woont in Hamburg

Ansatz ZN M (+es/-sätze) **1 begin, benadering** • *das ist im ~ gut* dat is een goede benadering • *der ~ einer Rechenaufgabe* het opzetten van een som • *im ~ vorhanden sein* in beginsel aanwezig zijn **2 (het) aanzetten, (het) verbinden 3 afzetting, bezinksel, aanslag 4 teken, symptoom 5** ECON. **raming, schatting, taxatie** • *etwas in ~ bringen* iets taxeren **6** MUZ. **mondstuk, embouchure 7** TECHN. **verlengstuk**

Ansatzpunkt ZN M (+(e)s/+e) **uitgangspunt, aanknopingspunt**

ansaugen 1 OV WW sterk **aanzuigen 2** WKD WW **(sich ~)** sterk **zich vastzuigen**

ansäuseln WKD WW **(sich ~)** • *ich habe mir einen angesäuselt* ik heb er eentje te veel op

anschaffen 1 OV WW **1 aanschaffen** • *einen Hund ~* een hond nemen **2 bevelen** • *wer zahlt, schafft an* wie betaalt, heeft het voor het zeggen **2** ONOV WW **1** INFORM. **geld verdienen, prostitueren, tippelen** • *~ gehen* gaan tippelen **2** INFORM. **jatten, stelen**

Anschaffung ZN V (-/+en) **1 aanschaf, aankoop 2 aanwinst**

anschalten OV WW **aanzetten, aandoen, inschakelen**

anschauen OV WW **aankijken, kijken naar, bekijken** • *es ist nicht zum Anschauen* het is niet om aan te zien!

anschaulich BN **aanschouwelijk, duidelijk** • *etwas ~ machen* iets aanschouwelijk maken

Anschaulichkeit ZN V (-/gmv) **1 aanschouwelijkheid 2 duidelijkheid**

Anschauung ZN V (-/+en) **1 opvatting, zienswijze** • *altmodische Anschauungen* ouderwetse opvattingen **2 aanschouwing, meditatie 3 voorstelling, begrip, ervaring** • *etwas aus eigener ~ kennen* iets uit eigen ervaring kennen

Anschein ZN M (+(e)s/gmv) **schijn, voorkomen** • *dem ~ nach* naar het schijnt • *allem ~ nach* naar alle waarschijnlijkheid • *den ~ haben* er de schijn van hebben

anscheinen OV WW sterk **bestralen, beschijnen**

anscheinend BW **naar het schijnt, blijkbaar**

anschicken WKD WW **(sich ~)** FORM. **op het punt staan**

anschieben OV WW sterk **1 aanschuiven (an** +4 **tegen), bijschuiven 2 aanduwen** <van auto>

anschießen 1 OV WW sterk **1 aanschieten** • SPORT *jemanden ~* tegen iemand aanschieten **2 inschieten** <van wapen> **3** SPORT **het startschot geven 4** INFORM. **bekritiseren, zwart maken 2** ONOV WW sterk **1 toesnellen, aanrazen** • *angeschossen kommen* aangeschoten/toegesneld komen **2** SCHEIK. **kristalliseren**

Anschiss ZN M (+es/+e) INFORM. **uitbrander, kat**

Anschlag ZN M (+(e)s/-schläge) **1 aanslag** • *in ~ bringen* in rekening brengen • *das Gewehr im ~ halten* het geweer in de aanslag hebben • *einen ~ verüben* een aanslag plegen • *sich zu einem ~ bekennen* een aanslag opeisen • HUMOR. *ich habe einen Anschlag auf dich vor* ik heb een groot verzoek aan jou • *eine Zeile mit 60 Anschlägen* een regel met 60 tekens • *hundert Anschläge pro Minute* honderd aanslagen/tekens per minuut **2 mededeling, aanplakbiljet** • *einen ~ am schwarzen Brett machen* een mededeling op het prikbord hangen **3 (het) klotsen 4 (het) aftikken,** SPORT **(het) aantikken, buut** <verstoppertje spelen> • *~ für Emil!* buut Emil! **5** ECON. **(kosten)raming**

Anschlagbrett ZN O (+(e)s/+er) **mededelingenbord**

anschlagen 1 OV WW sterk **1 bekendmaken, aanplakken 2 vastspijkeren, bevestigen** • *ein Brett ~* een plank vastspijkeren **3 beschadigen, stoten tegen** • *angeschlagene Tassen* gebarsten kopjes **4 aanslaan** <van instrument> • *eine Taste ~* een toets aanslaan **5 beginnen, overgaan naar** • *einen schnelleren Schritt ~* vlugger beginnen te lopen **6 aftikken 7** ECON. **ramen** <van kosten> **8** SPORT **aanslaan** <van bal> **2** ONOV WW sterk **1 slaan tegen, klotsen, botsen 2 aanslaan** <van hond> **3 helpen, baten** • *diese Arznei schlägt bei ihm nicht an* dit geneesmiddel slaat bij hem niet aan **4** SPORT aantikken 3 WKD WW (sich ~) zich stoten • *sich 3 den Kopf an der Wand ~* zijn hoofd tegen de muur stoten

anschleifen 1 OV WW sterk aanslijpen 2 OV WW zwak INFORM. aanslepen

anschleppen OV WW aanslepen • *viele Freunde ~* met veel vrienden komen aanzetten

anschließen 1 OV WW +3, 4, sterk 1 aansluiten (an +4 op), toevoegen • *Telefon ~* telefoon aansluiten • *ein Haus an die Wasserleitung ~* een huis aansluiten op de waterleiding 2 vastmaken (an +3 aan) 2 ONOV WW sterk aansluiten <van kleding/ tijd> 3 WKD WW (sich ~) sterk 1 zich aansluiten (an +3 bij) • *sich (an) der Gruppe ~* zich bij de groep aansluiten 2 volgen op • *an die Konferenz schließt sich ein Empfang an* aansluitend aan de conferentie is er een receptie 3 grenzen aan

anschließend BW daarna, in aansluiting daarop

Anschluss ZN M (+es/-schlüsse) aansluiting • *er hat seinen ~ verpasst* hij heeft de aansluitende trein gemist • *den ~ erreichen* de aansluiting halen • *der ~ ans Stromnetz* de aansluiting op het elektriciteitsnet • *im ~ an unser Gespräch* aansluitend op ons gesprek • *bei jemandem ~ suchen* aansluiting zoeken bij iemand • *hast du schon ~ gefunden?* heb je al vrienden gemaakt? • COMM. *der ~ ist besetzt* de lijn is bezet • COMM. *kein ~ unter dieser Nummer* dit nummer is niet in gebruik • GESCH. *der ~* inlijving van Oostenrijk bij Nazi-Duitsland in 1938

Anschlussflug ZN M (+(e)s/-flüge) aansluitende vlucht

Anschlussstelle ZN V (-/+n) af-/oprit <van autobaan>, verkeerswisselaar

Anschlusstreffer ZN M (+s/-) SPORT doelpunt dat de achterstand tot één punt terugbrengt

Anschlusszug ZN M (+(e)s/-züge) aansluitende trein

anschmiegen WKD WW (sich ~) 1 zich aanvlijen (an +4 tegen) 2 goed aansluiten <van kleding>

anschmiegsam BN 1 aanhalig 2 soepel, buigzaam

anschmieren 1 OV WW 1 bekladden 2 INFORM., FIG. (iemand iets) aansmeren, aanpraten • *jemandem etwas ~* iemand iets aansmeren 3 INFORM. bedriegen, oplichten • *sich angeschmiert fühlen* zich genaaid voelen 4 MIN. te veel/slordig opmaken 2 WKD WW (sich ~) 1 zich besmeuren 2 MIN. een wit voetje proberen te halen

anschnallen OV WW aan-/vastgespen, zijn veiligheidsgordels omdoen • *sich ~* zijn autogordel omdoen • *~!* gordel om! • *Skier ~* ski's onderdoen

Anschnallgurt ZN M (+(e)s/+e) veiligheidsgordel

Anschnallpflicht ZN V (-/gmv) gordelplicht <in auto>

anschnauzen OV WW INFORM. toesnauwen, afblaffen, afbekken • *jemanden ~* iemand een snauw geven, tegen iemand snauwen

Anschnauzer ZN M (+s/-) snauw, uitbrander

anschneiden OV WW sterk 1 OOK FIG. aansnijden • SPORT *den Ball ~* de bal effect meegeven • *ein Thema ~* een onderwerp aansnijden 2 afsnijden <van bocht>

Anschnitt ZN M (+(e)s/+e) 1 afgesneden eerste stuk 2 snijvlak 3 fragment <van film>

anschrauben OV WW aan/-vastschroeven

anschreiben OV WW sterk 1 opschrijven • *~ lassen* op de pof kopen, laten opschrijven 2 FORM. (aan) schrijven • *jemanden wegen einer Sache ~* iemand over iets aanschrijven • FIG. *bei jemandem gut/ schlecht angeschrieben sein* bij iemand goed/slecht aangeschreven staan

anschreien OV WW sterk MIN. toeschreeuwen, uitkafferen

Anschrift ZN V (-/+en) adres

anschubsen OV WW aanstoten, een zetje geven

anschuldigen OV WW +2 FORM. beschuldigen (wegen +2 van) • *jemanden des Diebstahls/wegen eines Diebstahls ~* iemand van diefstal beschuldigen

Anschuldigung ZN V (-/+en) FORM. beschuldiging

anschwärmen OV WW 1 (in zwermen) aankomen 2 FIG. dwepen met • *jemanden ~* dwepen met iemand

anschwärzen OV WW 1 OOK FIG. zwart maken 2 belasteren

anschweigen OV WW sterk zwijgen tegen • *sich/ einander ~* elkaar zwijgend aanstaren

anschweißen OV WW aanlassen

anschwemmen OV WW 1 aanspoelen, aanslibben • *angeschwemmtes Land* aangeslibde grond • *ein Stück Holz schwemmte an* er spoelde een stuk hout aan 2 op een vlot aanbrengen

anschwindeln OV WW INFORM. voorliegen • *jemanden mit etwas ~* iemand iets voorliegen

ansehen 1 OV WW sterk 1 aankijken, bekijken • *sieh mal (einer) an!* kijk eens aan! • *die beiden sehen sich an* ze kijken elkaar aan 2 aanzien • *man sieht es ihm an* men kan het hem aanzien • *das sieht man Ihnen nicht an* het is u niet aan te zien, dat zou men van u niet zeggen • *die Müdigkeit kann man ihm ~* de vermoeidheid is hem aan te zien • *man sieht ihm sein Alter nicht an* men ziet hem zijn leeftijd niet aan • *wie können Sie das mit ~?* hoe kunt u dat aanzien? • *ich kann das nicht länger mit ~* ik kan dat niet langer aanzien • *ohnmächtig mit ~, wie etwas passiert* machteloos toezien hoe iets gebeurt 3 beschouwen, beoordelen, opvatten • *etwas für/als möglich ~* iets voor mogelijk houden 2 WKD WW (sich ~) sterk bekijken • FIG. *ich werde mir die Sache ~* ik zal me met die kwestie bezighouden • *sich die Stadt ~* de stad bekijken

Ansehen ZN O (+s/gmv) 1 aanzien, achting • *in hohem ~ stehen; großes ~ genießen* in hoog aanzien staan • *ohne ~ der Person* zonder aanzien des persoons • *Missbrauch des Ansehens* misbruik van gezag 2 voorkomen, uiterlijk • *dem ~ nach zu urteilen* op het uiterlijk afgaand • *er ist mir nur vom ~ bekannt* ik ken hem alleen van gezicht

ansehnlich BN 1 aanzienlijk, belangrijk,

groot • *ein ~es Einkommen* een ruim inkomen **2 voornaam, statig**

ansengen ov ww **schroeien**

ansetzen 1 ov ww **1 aanzetten 2 aan de mond zetten 3 beginnen met, krijgen** • *die Bäume setzen Blätter an* de bomen krijgen bladeren • *Rost ~* roesten • *Fett ~* dik worden • *eine Bowle ~* een bowl bereiden **4 ramen** <van kosten> • *die Kosten mit drei Millionen ~* de kosten op drie miljoen schatten **5 vaststellen, plannen (für** +4 **op)** • *einen Termin ~* een afspraak plannen • *Wahlen ~* verkiezingen uitschrijven • *für die Besprechung zwei Stunden ~* voor de bespreking twee uur uittrekken **6 inschakelen, tewerkstellen 7** reg. **opzetten** <van eten> **2** onov ww **1 beginnen, inzetten, zich klaarmaken (voor)** • *er setzte zum Sprung an* hij maakte zich gereed om te springen, hij nam een aanloop voor de sprong **2 aanbranden** • *die Milch hat angesetzt* de melk is aangebrand **3** wkd ww **(sich ~) zich vastzetten**

Ansetzung zn v (-/+en) **1 aanzetting 2 begin 3 (kosten)raming**

Ansicht zn v (-/+en) **1 mening, opvatting** • *er ist anderer ~* hij heeft een andere mening • *meiner ~ nach* mijns inziens • *der ~ sein* van mening zijn • *überholte Ansichten* achterhaalde opvattingen **2 aanzicht, gezicht, front** • *Waren zur ~ senden* goederen op zicht zenden • *ein Buch zur ~* een boek ter inzage

ansichtig bn form. • *jemandes ~ werden* iemand gewaarworden

Ansichtskarte zn v (-/+n) **ansichtkaart,** belg. **postkaart**

Ansichtssache zn v • *das ist ~* daarover kun je van mening verschillen

ansiedeln 1 ov ww **vestigen, onderbrengen** • *dieses Kunstwerk ist in der frühen Gotik anzusiedeln* dit kunstwerk moet in de vroege gotiek gesitueerd worden **2** wkd ww **(sich ~) zich vestigen**

Ansiedelung zn v (-/+en) **vestiging, nederzetting**

ansonsten bw inform. **anders, verder, overigens, in het andere geval, voor de rest**

anspannen 1 ov ww **1 (aan)spannen** • *einen Wagen ~* een wagen aanspannen **2 inspannen** • *angespannt arbeiten* geconcentreerd werken • *sie sieht angespannt aus* ze ziet er gestrest/gespannen uit **2** wkd ww **(sich ~) gespannen zijn**

Anspannung zn v (-/gmv) **1 inzet 2 inspanning, concentratie** • *unter ~ aller Kräfte* met inzet van alle krachten

anspielen 1 ov ww **1 beginnen te spelen, inzetten 2** sport **aan-/toespelen** <van bal> **2** onov ww **1** sport **beginnen te spelen 2 uitkomen** <kaarten> **3** fig. **zinspelen (auf** +4 **op), een toespeling maken (auf** +4 **op)**

Anspielung zn v (-/+en) **zinspeling, toespeling (auf** +4 **op)**

anspitzen ov ww **1 aanpunten, slijpen** <van potlood> • *einen Bleistift ~* een potlood slijpen **2** inform. **aansporen**

Ansporn zn m (+(e)s/gmv) **aansporing, prikkel**

anspornen ov ww **1 aansporen, aanzetten** • *jemanden zur Arbeit ~* iemand aansporen om te gaan werken **2** ook fig. **aanvuren, de sporen geven**

Ansprache zn v (-/+n) **1 toespraak 2 aanspraak, contact, conversatie**

ansprechbar bn **aanspreekbaar**

ansprechen 1 ov ww sterk **1** ook fig. **aanspreken, toespreken** • *jemanden wegen etwas ~* iemand aanspreken over iets • *sie sprach ihn auf den Vorfall hin an* ze sprak hem over het voorval aan • *ich fühle mich nicht angesprochen* ik voel me niet aangesproken • *wie spricht man ihn an?* hoe spreek je hem aan? • fig. *das spricht mich nicht an* dat spreekt me niet aan/daar kan ik niets mee **2 ter sprake brengen** • *ein Problem ~* een probleem ter sprake brengen **2** onov ww sterk **1 aanspreken, in de smaak vallen 2 reageren (auf** +4 **op)** • *das Mittel spricht bei ihm nicht an* het middel slaat bij hem niet aan • *auf Argumente spricht sie nicht an* met argumenten kom je bij haar niet verder

ansprechend bn **aantrekkelijk, aangenaam aandoend**

Ansprechpartner zn m (+s/-) **contactpersoon**

anspringen 1 ov ww sterk **1 bespringen, springen tegen 2** sport **met een sprong beginnen 2** onov ww sterk **1 aanspringen 2 aanslaan, starten** • *der Motor springt nicht an* de motor slaat niet aan **3** inform. **ingaan op** • *auf ein Angebot ~* op een aanbod ingaan

Anspruch zn m (+(e)s/-sprüche) **1 aanspraak, recht (auf** +4 **op)** • *~ auf eine Sache machen/erheben* aanspraak maken op iets • *einen ~ auf etwas haben* recht op iets hebben • *jemandes Hilfe in ~ nehmen* iemands hulp gebruiken • *einen ~ geltend machen* een claim indienen • fig. *jemanden in ~ nehmen* iemand in beslag nemen **2 eis, pretentie** • *hohe Ansprüche an jemanden stellen* hoge eisen aan iemand stellen • *den Ansprüchen genügen* aan de eisen voldoen • *das entspricht nicht dem ~ unserer Firma* dat voldoet niet aan de pretentie van ons bedrijf

anspruchslos bn **bescheiden, eenvoudig**

Anspruchslosigkeit zn v (-/gmv) **bescheidenheid, eenvoud**

anspruchsvoll bn **veeleisend, pretentieus** • *~ sein* pretentieus zijn/veel pretenties hebben • *sehr ~ sein* erg veeleisend zijn/veel noten op zijn zang hebben

anspucken ov ww **bespuwen**

anspülen ov ww **aanspoelen** • *es wurde eine Leiche angespült* er is een lijk aangespoeld

anstacheln ov ww **aanzetten, aansporen, prikkelen**

Anstalt zn v (-/+en) **1 instelling, inrichting, instituut** • *die Schüler unserer ~* de leerlingen van onze school **2 gesticht** • *eine geschlossene ~* een gesloten inrichting

Anstalten zn mv **aanstalten, voorbereidingen** • *~ zu einer Reise treffen* voorbereidingen treffen voor een reis • *er machte keine ~ zum Gehen* hij maakt

geen aanstalten om te gaan
Anstand ZN M (+(e)s/-stände) **1 fatsoen** • *die Regeln des Anstands beachten* de fatsoensnormen in acht nemen • *den ~ wahren* zijn fatsoen houden • *keinen ~ haben* geen fatsoen hebben **2 bezwaar, moeilijkheid 3 uitkijkpost** <jacht>
anständig 1 BN **1 fatsoenlijk, net** • *ein anständiger Mann* een nette man **2** INFORM. **behoorlijk, redelijk** • *ein anständiges Gehalt* een redelijk salaris • *etwas Anständiges zum Essen* een behoorlijke maaltijd **2** BW **1 fatsoenlijk** • *haben sie dich ~ behandelt?* ben je fatsoenlijk behandeld? **2** INFORM. **flink, nogal wat** • *es hat hier ~ geregnet* het heeft hier flink geregend
Anständigkeit ZN V (-/gmv) **fatsoen, correctheid**
anstandshalber BW **fatsoenshalve, met goed fatsoen**
anstandslos BW **zonder bezwaar, zonder meer** • *das Kind hat ~ aufgegessen* het kind heeft zonder protest zijn bord leeggegeten
anstarren OV WW **aanstaren** • *jemanden ~* iemand aanstaren
anstatt 1 VOEGW **in plaats van** • *~ seine Hausaufgaben zu machen ...* in plaats dat hij zijn huiswerk maakt ... **2** VZ +2, **in plaats van** • *~ eines Mantels trug sie nur eine Weste* in plaats van een jas droeg zij slechts een vest
anstauen 1 OV WW **opstuwen, ophopen** • *angestaute Wut* opgekropte woede **2** WKD WW **(sich ~) zich ophopen**
anstechen OV WW sterk **1 aansteken 2 prikken in, steken in 3 aanslaan** <van vat>, **opsteken**
anstecken OV WW **1 opspelden, vastspelden 2 in brand steken 3** REG. **aansteken 4 aansteken** <met ziekte>, **besmetten** • *ich habe mich bei ihm (mit Grippe) angesteckt* ik ben door hem aangestoken (met griep) • *ihre Begeisterung steckt uns an* haar enthousiasme steekt ons aan • *seine Fröhlichkeit steckte alle an* zijn vrolijkheid stak iedereen aan
ansteckend BN **1 aanstekelijk** • *Gähnen wirkt ~* geeuwen werkt aanstekelijk • *ein ~es Lachen* een aanstekelijke lach **2 besmettelijk** • *eine ~e Krankheit* een besmettelijke ziekte
Anstecknadel ZN V (-/+n) **1 broche, (sier) speldje, dasspeld 2 badge**
Ansteckung ZN V (-/+en) **besmetting**
Ansteckungsgefahr ZN V (-/gmv) **besmettingsgevaar**
anstehen ONOV WW sterk **1 in de rij staan** • *am Schalter ~* in de rij staan voor het loket **2 afgehandeld moeten worden** • *das steht zur Entscheidung an* daarover moet worden besloten • *die Arbeit ~ lassen* het werk uitstellen/laten wachten • *die Wahl eines neuen Präsidenten steht in diesem Jahr an* dit jaar vinden er presidentsverkiezingen plaats • *was steht an?* wat is er te doen? **3** FORM. **betamen, passen** • *es steht mir nicht an, ein Urteil zu fällen* het is niet aan mij om een oordeel te geven **4** JUR. **vastgesteld zijn** <van termijn>
anstelle VZ +2, **in plaats van** • *~ eines Bleistifts hatte er einen Kugelschreiber* in plaats van een potlood had hij een balpen • *~ von* +3 in plaats van
anstellen 1 OV WW **1 zetten (tegen), plaatsen 2 aanzetten** <van apparaat> • *das Radio ~* de radio aanzetten **3 aanstellen, benoemen** • *jemanden ~* iemand in dienst nemen • *fest angestellt sein* in vaste dienst zijn, een vaste aanstelling hebben **4** INFORM. **aan het werk zetten 5 uitvoeren, doen** • *Beobachtungen ~* waarnemingen doen • *Betrachtungen ~* beschouwingen houden • *eine Untersuchung ~* een onderzoek instellen • *Vergleiche ~* vergelijkingen maken • *Versuche ~* proeven nemen **6 uithalen** • *der hat wieder etwas angestellt!* die heeft weer wat uitgehaald! • *wie hast du das angestellt?* hoe heb je dat voor elkaar gekregen? **2** WKD WW **(sich ~) 1 in de rij gaan staan** • *stellen Sie sich bitte hinten an!* kunt u achter in de rij gaan staan alstublieft? **2 zich gedragen, zich aanstellen** • *sich bei etwas geschickt ~* iets handig aanpakken • *stell dich nicht so an!* stel je niet zo aan!
Anstellung ZN V (-/+en) **1 aanstelling, benoeming 2 aanstelling, betrekking, werk, baan** • *befristete ~* tijdelijke aanstelling • *feste ~* vaste aanstelling • *eine ~ finden* een betrekking vinden, werk vinden
ansteuern OV WW **aansturen (op)** • *einen Hafen ~* op een haven aankoersen • FIG. *ein ehrgeiziges Ziel ~* een ambitieus doel nastreven
Anstich ZN M (+(e)s/+e) **(het) aanslaan** <van vat> • *frischer ~* vers van het vat
Anstieg ZN M (+(e)s/+e) **1 (het) oplopen, stijging 2 toename, verhoging 3 klim, beklimming 4 stijgend pad**
anstiften OV WW **1 aanstichten, veroorzaken 2 aanzetten (zu** +3 **tot), opstoken** • *jemanden zum Mord ~* iemand tot een moord aanzetten
Anstifter ZN M (+s/-) **aanstichter, aanstoker**
Anstiftung ZN V (-/+en) **aanstichting, aanzetting (zu** +3 **tot)**
anstimmen OV WW **aanheffen, inzetten** • *ein Lied ~* een lied aanheffen • *ein Gelächter ~* in lachen uitbarsten
Anstoß ZN M (+es/-stöße) **1 stoot, schok 2 aansporing, impuls** • *den ersten ~ geben zu* de eerste aanzet geven tot iets **3 aanstoot, ergernis** • *Anstoß an einer Sache nehmen* aanstoot nemen aan iets • *Anstoß erregen* aanstoot geven • *mit seinem Benehmen hat er ~ bei ihr erregt* met zijn gedrag heeft hij haar ergernis gewekt **4** SPORT **aftrap**
anstoßen 1 OV WW sterk **1 aanstoten, stoten tegen 2 aanzetten, porren** • *sie hat die Sache angestoßen* zij heeft de aanzet gegeven **2** ONOV WW sterk **1 aanstoten, botsen (an, gegen** +4 **tegen) 2 klinken op** • *auf jemandes Wohl ~* op iemands gezondheid klinken **3 lispelen 4 aanstoot geven 5** SPORT **aftrappen** • *unsere Mannschaft stößt an* ons elftal trapt af
anstößig BN **aanstotelijk, aanstootgevend, ergerlijk**
Anstößigkeit ZN V (-/+en) **onfatsoenlijkheid,**

obsceniteit

anstrahlen OV WW **1** bestralen, be-/verlichten **2** stralend aankijken • *sie strahlte mich an* ze keek me stralend aan

anstreben OV WW FORM. nastreven, streven naar

anstreichen OV WW sterk **1** schilderen, verven **2** onderstrepen **3** aanstrijken <van lucifer> **4** REG. betaald zetten • *jemandem etwas ~* iemand iets betaald zetten

Anstreicher ZN M (+s/-) (huis)schilder

anstrengen **1** OV WW **1** inspannen, vermoeien, afmatten • *seine Fantasie ~* zijn fantasie laten werken **2** JUR. aanspannen <van proces>, aanhangig maken • JUR. *einen Prozess (gegen jemanden) ~* een proces tegen iemand aanspannen, een zaak tegen iemand aanhangig maken **2** WKD WW **(sich ~)** zich inspannen • *du musst dich schon ein bisschen ~* je moet wel een beetje moeite doen • *sie strengt sich in der Schule nicht an* ze doet geen moeite op school

anstrengend BN inspannend, vermoeiend

Anstrengung ZN V (-/+en) **1** inspanning • *Anstrengungen unternehmen* moeite doen **2** (over) belasting, vermoeienis

Anstrich ZN M (+(e)s/+e) **1** verf(laag) • *das Haus braucht einen neuen ~* het huis mag wel een verfje hebben **2** schijn, voorkomen, cachet • *die Sache hat einen gelehrten ~* de kwestie heeft een schijn van geleerdheid

Ansturm ZN M (+(e)s/-stürme) **1** bestorming **2** OOK FIG. stormloop, run **(auf** +4 op)

Antarktis ZN V (-/gmv) Antarctica

antarktisch BN antarctisch

antasten OV WW **1** betasten, aanraken **2** aanbreken <van voorraad>, aanspreken **3** aantasten <van eer/rechten> • *jemandes Ehre ~* iemand in zijn eer aantasten

Anteil ZN M (+(e)s/+e) **1** (aan)deel **2** ECON. aandeel **3** deelneming, belangstelling

anteilig BN evenredig • *~ verteilen* evenredig verdelen

anteilmäßig BN evenredig • *anteilmäßige Kosten* hoofdelijk omgeslagen kosten

Anteilnahme ZN V (-/gmv) deelneming, belangstelling • *seine ~ aussprechen* zijn deelneming betuigen • *seine ~ am Tode ... bekunden* medeleven betuigen met het overlijden van... • *innige Anteilnahme!* innige deelneming!

Antenne ZN V (-/+n) antenne

Anthrazit ZN M (+s/+e) antraciet

anti-, **Anti-** VOORV + ACHTERV anti-, tegen-

Antialkoholiker ZN M (+s/-) geheelonthouder

antiautoritär BN antiautoritair

Antibabypille ZN V (-/+n) INFORM. anticonceptiepil, (de) pil

Antibiotikum ZN O (+s/-a) MED. antibioticum

Antiblockiersystem ZN O (+s/+e) TECHN. antiblokkeersysteem (ABS)

Antiglobalismus ZN M (-/gmv) antiglobalisme

Antihaftbeschichtung ZN V (-/+en) antiaanbaklaag

antik BN antiek • *die ~e Kultur* de antieke beschaving

Antike **1** ZN V (-/gmv) klassieke oudheid **2** ZN V (-/+n) antiek <uit oudheid>

Antikörper ZN M (+s/-) MED. antilichaam, antistof

Antilope ZN V (-/+n) antilope

Antipathie ZN V (-/+n) antipathie **(gegen** +4 tegen)

antippen OV WW **1** aantikken **2** FIG. aanstippen, aanroeren

antiquarisch BN **1** antiquarisch **2** tweedehands

antiquiert BN MIN. verouderd, achterhaald

Antiquität ZN V (-/+en) antiquiteit

Antisemit ZN M (+en/+en) antisemiet

antisemitisch BN antisemitisch

Antisemitismus ZN M (-/gmv) antisemitisme, Jodenhaat

Antivirusprogramm ZN O (+s/+e) COMP. antivirusprogramma

antörnen OV WW **1** in roes brengen <van drugs> **2** FIG. bedwelmen, opwinden

antraben ONOV WW **1** de draf inzetten **2** aandraven

Antrag ZN M (+(e)s/-träge) **1** verzoek, aanvraag(formulier) • *einen ~ stellen auf* +4 een aanvraag indienen tot • *einen ~ ausfüllen* een aanvraagformulier invullen • *einem ~ stattgeben* een verzoek inwilligen **2** POL. voorstel, motie • *einen ~ einbringen* een motie indienen • *einen ~ zur Abstimmung bringen* een motie in stemming brengen **3** (huwelijks)aanzoek • *einer Frau einen ~ machen* een vrouw een aanzoek doen

antragen OV WW sterk FORM. aanbieden, voorstellen • *jemandem seine Hilfe ~* iemand zijn hulp aanbieden

Antragsformular ZN O (+s/+e) aanvraagformulier

Antragsteller ZN M (+s/-) ADMIN. aanvrager

antreffen OV WW sterk aantreffen

antreiben **1** OV WW sterk **1** OOK FIG. aandrijven **2** aanzetten, aansporen, prikkelen • *jemanden zur Eile ~* iemand tot spoed aanzetten **2** ONOV WW sterk aanspoelen

antreten **1** OV WW sterk **1** aanstampen <van aarde>, aantrappen <van motor> **2** aanvaarden • *eine Stelle ~* een betrekking aanvaarden • *den Beweis ~* het bewijs leveren **3** beginnen **2** ONOV WW sterk **1** verschijnen, komen **2** MIL. aantreden • *in Reih und Glied ~* in het gelid aantreden **3** SPORT uitkomen **(gegen** +4 tegen) **4** SPORT spurten, sprinten, demarreren

Antrieb ZN M (+(e)s/+e) **1** aandrijving **2** drang, prikkel, stimulans, motief • *aus eigenem ~* uit eigen beweging

Antritt ZN M (+(e)s/gmv) **1** (het) aantreden, aanvaarding • *der ~ einer Erbschaft* de aanvaarding van een erfenis • *der ~ eines Amtes* de aanvaarding van een ambt **2** begin **3** SPORT spurt, sprint, demarrage

antun OV WW sterk **1** OOK FIG. aandoen • INFORM.

an

sich etwas ~ zelfmoord plegen • *jemandem Böses* ~ iemand kwaad doen **2 bewijzen** <van eer>, **betonen 3** FORM. **aantrekken** <van kleding> **4** FIG. **(iemand) aantrekken, betoveren** • *sie waren von dem Konzert sehr angetan* zij waren enthousiast over het concert • FIG. *sie hat es ihm angetan* zij heeft zijn hoofd op hol gebracht • *dieses Auto hat es ihr angetan* ze is ondersteboven van deze auto • *sie ist von ihrer neuen Stelle sehr angetan* zij is zeer ingenomen met haar nieuwe baan **5** • *danach/dazu angetan sein* geschikt zijn om .../ernaar zijn • *die Lage ist nicht dazu angetan, den Geburtstag zu feiern* de situatie is er niet naar om de verjaardag te vieren

Antw. AFK Antwort **antwoord**

Antwort ZN V (-/+en) **1 antwoord (auf** +4 **op)** • *zur ~ geben* als antwoord geven • *die ~ schuldig bleiben* het antwoord schuldig blijven **2 reactie** • FORM. *um ~ wird gebeten* wij zien uw reactie gaarne tegemoet, r.s.v.p. **3 respons**

antworten OV + ONOV WW +3 **1 antwoorden** • *jemandem ~* iemand antwoorden • *~ auf etwas* op iets antwoorden **2 reageren**

Antwortschein ZN M (+(e)s/+e) **antwoordcoupon**

Anus ZN M (-/Ani) MED. **anus**

anvertrauen 1 OV WW +3, **toevertrouwen** • *jemandem etwas ~* iemand iets toevertrouwen **2** WKD WW **(sich ~) in vertrouwen nemen** • *sich jemandem ~* iemand in vertrouwen nemen, iemand zijn vertrouwen schenken

Anwalt ZN M (+(e)s/-wälte) **1 advocaat** • *sich einen ~ nehmen* een advocaat nemen • *Staatsanwalt* officier van justitie • *Anwaltskammer* orde van advocaten **2 voorvechter, pleitbezorger**

Anwältin ZN V (-/+nen) **advocate**

Anwaltskanzlei ZN V (-/+en) **advocatenkantoor**

Anwandlung ZN V (-/+en) **aanval, bevlieging, gril, opwelling** • *eine ~ von Depression* een aanval van depressiviteit • *in einer ~ von Großzügigkeit* in een gulle bui • *in einer ~ von Zorn* in een opwelling van woede

anwärmen OV WW **een beetje verwarmen, opwarmen**

Anwärter ZN M (+s/-) **kandidaat (auf** +4 **voor), aspirant, kanshebber** • *der ~ auf den Thron* de troonpretendent

anweisen OV WW sterk **1 aanwijzen, toewijzen 2 opdragen, bevelen 3 onderrichten, instrueren 4 overmaken** <van geld> • *jemandem durch die Bank Geld ~* via de bank geld aan iemand overmaken

Anweisung ZN V (-/+en) **1 toewijzing 2 aanwijzing, instructie, opdracht** • *jemandem Anweisungen geben* iemand aanwijzingen geven • *auf ~ von* op aanwijzing van • *sich einer ~ widersetzen* een instructie niet opvolgen **3 handleiding 4 overschrijving** <van geld>, **overmaking 5 wissel, cheque**

anwendbar BN **bruikbaar, toepasbaar (auf** +4 **op)**

anwenden OV WW onregelmatig **gebruiken, aanwenden, toepassen** • *eine Taktik ~* een tactiek gebruiken

Anwender ZN M (+s/-) **gebruiker**

Anwendung ZN V (-/+en) **gebruik, toepassing** • *die ~ einer bestimmten Methode* het gebruik van een bepaalde methode • *durch die ~ lernen* door het gebruik leren • *praktische Anwendungen* handige toepassingen • *zur inneren ~* voor inwendig gebruik • *zur äußeren ~* voor uitwendig gebruik

Anwendungsbereich ZN M (+(e)s/+e) **toepassingsgebied**

Anwendungsprogramm, **Anwenderprogramm** ZN O (+s/+e) COMP. **applicatie, toepassing(sprogramma)**

Anwendungssoftware ZN V (-/+s) **(software) applicatie**

anwerben OV WW sterk **(aan)werven**

Anwerbung ZN V (-/+en) **(aan)werving**

anwerfen 1 OV WW sterk **1 werpen tegen 2 starten, aanzetten** <van motor> **2** ONOV WW sterk SPORT **de eerste worp doen**

Anwesen ZN O (+s/-) **huis met land, groot huis**

anwesend BN **aanwezig** • INFORM. *nicht ganz ~ sein* afwezig/er niet helemaal bij zijn

Anwesende ZN M/V (+n/+n) **aanwezige** • *sehr verehrte Anwesende!* geachte aanwezigen!

Anwesenheit ZN V (-/gmv) **aanwezigheid** • *in ~ von* in aanwezigheid van

Anwesenheitsliste ZN V (-/+n) **presentielijst,** BELG. **afwezigheidslijst**

anwidern OV WW MIN. **doen walgen** • *du widerst mich an* ik walg van je • *ein angewidertes Gesicht machen* een vies gezicht trekken

Anwohner ZN M (+s/-) **aanwonende, omwonende, buurtbewoner**

anwurzeln ONOV WW **wortel schieten** • FIG. *wie angewurzelt dastehen* als aan de grond genageld staan

Anzahl ZN V (-/+en) **aantal, hoeveelheid** • *eine ~ (von) Schüler(n)* een aantal leerlingen

anzahlen OV WW **aanbetalen, een aanbetaling doen (voor)**

Anzahlung ZN V (-/+en) **aanbetaling, eerste termijn van een betaling, betaling op rekening** • *eine ~ machen* een aanbetaling doen

anzapfen OV WW **1 aftappen** <van o.a. vaten> • *Fässer ~* vaten aftappen **2** INFORM. **aftappen** <van telefoon/stroom> • *jemandes Telefon ~* iemands telefoon aftappen **3** INFORM. **vragen om geld** • INFORM. *jemanden um Geld ~* iemand om geld aanklampen

Anzeichen ZN O (+s/-) **1 aanwijzing, (voor) teken** • *alle ~ sprechen dafür, dass* alle voortekenen wijzen erop dat **2** MED. **symptoom** • *die ~ einer Krankheit* de symptomen van een ziekte

Anzeige ZN V (-/+n) **1 aankondiging, kennisgeving 2 advertentie** • *eine ~ schalten; eine ~ aufgeben* een advertentie plaatsen **3 aangifte** <bij politie> • *~ gegen jemanden erstatten* aangifte doen tegen iemand • *~ wegen Diebstahls erstatten bei der*

Polizei aangifte doen van diefstal bij de politie **4** COMP. display **5** MED. symptoom

anzeigen OV WW **1** aankondigen, laten weten, bekendmaken **2** aangifte doen van • *einen Diebstahl ~* aangifte doen van diefstal **3** aangeven • *jemanden bei der Polizei ~* iemand aangeven bij de politie **4** aangeven <van meetinstrument>, aanwijzen • *das Thermometer zeigt 25 Grad an* de thermometer geeft 25 graden aan

Anzeiger ZN M (+s/-) **1** nieuwsblad **2** TECHN. wijzerinstrument, (aan)wijzer

Anzeigetafel ZN V (-/+n) **1** informatiebord **2** SPORT scorebord

anzetteln OV WW MIN. op touw zetten, smeden <van complot>, beramen

anziehen 1 OV WW sterk **1** aantrekken • *die Handbremse ~* de handrem aantrekken **2** FIG. aantrekken • FIG. *sich von jemandem angezogen fühlen* zich aangetrokken voelen tot iemand • *so etwas zieht Mädchen magisch an* zoiets heeft een magische aantrekkingskracht op meisjes **3** aankleden • *eine Hose ~* een broek aantrekken • *das Kind ~* het kind aankleden • *dem Kind etwas ~* het kind iets aantrekken **4** aandraaien **5** optrekken <van knieën>, ophalen <van schouders> **2** ONOV WW sterk **1** zich in beweging zetten, optrekken <van auto> **2** ECON. stijgen, aantrekken <van koers> **3** WKD WW **(sich ~)** sterk aantrekken, zich aankleden • *ich ziehe mir die Jacke an* ik trek mijn jas aan • *sich Schuhe ~* zijn schoenen aandoen • *zieh dich schnell an!* kleed je snel aan! • *zieh dich hübsch an* kleed je netjes aan • *zieh deine Schuhe an!* trek je schoenen aan!

anziehend BN aantrekkelijk

Anziehung ZN V (-/+en) **1** aantrekking(skracht) **2** bekoring, verleiding

Anziehungskraft ZN V (-/-kräfte) OOK FIG. aantrekkingskracht • FIG. *auf jemanden ~ ausüben* aantrekkingskracht op iemand hebben

anzielen OV WW nastreven, beogen

Anzug ZN M (+(e)s/-züge) **1** kostuum • *ein Geschäftsmann in ~ und Krawatte* een zakenman in een pak met stropdas **2** aantocht • *im ~ sein* in aantocht zijn • *es ist ein Gewitter im ~* er hangt onweer in de lucht **3** SPORT eerste zet

anzüglich BN **1** hatelijk **2** FIG. stekelig **3** schunnig • *anzügliche Witze* schuine moppen

Anzüglichkeit ZN V (-/+en) hatelijkheid, stekeligheid, insinuatie

anzünden OV WW aansteken, opsteken <van sigaret>

Anzünder ZN M (+s/-) (gas)aansteker

anzweifeln OV WW betwijfelen, in twijfel trekken • *die Wahrheit wird angezweifelt* de waarheid wordt in twijfel getrokken

apart BN **1** bijzonder, bekoorlijk, smaakvol **2** apart, afzonderlijk

Apartheidpolitik ZN V (-/gmv) apartheidspolitiek

Apartment ZN O (+s/+s) appartement, flatwoning

Apartmenthaus ZN O (+es/-häuser) flatgebouw

Apathie ZN V (-/+n) apathie

apathisch BN apathisch, onverschillig

Aperitif ZN M (+s/+s, +e) aperitief

Apfel ZN M (+s/Äpfel) appel • *in einen ~ (hinein) beißen* een hap in een appel doen • FIG. *der ~ fällt nicht weit vom Stamm* de appel valt niet ver van de boom • INFORM. *in den sauren ~ beißen* door de zure appel heen bijten • FIG. *Äpfel mit Birnen vergleichen* appels met peren vergelijken • FIG. *für einen ~ und ein Ei* voor een appel en een ei, voor een habbekrats

Apfelbaum ZN M (+(e)s/-bäume) appelboom

Apfelkraut ZN O appelstroop

Apfelkuchen ZN M (+s/-) appeltaart

Apfelmus ZN O (+es/+e) appelmoes

Apfelsaft ZN M (+(e)s/-säfte) appelsap

Apfelsine ZN V (-/+n) sinaasappel

Apfelstrudel ZN M (+s/-) soort appelgebak

Apfelwein ZN M (+s/+e) appelwijn, cider

Apostel ZN M (+s/-) apostel

Apostroph ZN M (+s/+e) TAALK. apostrof

Apotheke ZN V (-/+n) apotheek

apothekenpflichtig BN alleen in de apotheek verkrijgbaar

Apotheker ZN M (+s/-) apotheker

Apparat ZN M (+(e)s/+e) apparaat, toestel • *am ~* <telefoon> daar spreekt u mee, die heeft u aan de lijn • *wer ist am Apparat?* <telefoon> wie is er aan de lijn? • *bleiben Sie bitte am ~* <telefoon> blijf u aan de lijn a.u.b.

Apparatur ZN V (-/+en) apparatuur

Appartement ZN O (+s/+s) appartement

Appell ZN M (+s/+e) **1** appel, beroep, oproep • *einen ~ an die Vernunft richten* een beroep doen op iemands gezond verstand **2** MIL. appel

appellieren ONOV WW appelleren, een beroep doen • *an jemanden ~* een beroep op iemand doen

Appetit ZN M (+(e)s/+e) eetlust, trek **(auf** +4 in), zin • *guten Appetit!* smakelijk eten! • FIG. *mir ist der ~ vergangen* nu heb ik geen trek meer, de eetlust is mij vergaan • *keinen ~ haben* geen trek hebben • *er bekommt wieder ~* het begint hem weer te smaken

appetitlich BN **1** lekker, smakelijk **2** aantrekkelijk, bekoorlijk

Appetitlosigkeit ZN V (-/gmv) gebrek aan eetlust

Appetitzügler ZN M (+s/-) eetlustremmend middel

applaudieren ONOV WW applaudisseren

Applaus ZN M (+es/+e) applaus

Applikation ZN V (-/+en) **1** FORM. applicatie, toepassing **2** COMP. applicatie, toepassingsprogramma **3** MED. (het) toedienen <van geneesmiddel>

Après-Ski ZN O (-/gmv) après-ski

Aprikose ZN V (-/+n) abrikoos

April ZN M (-, +s/+e) april • *der ~ macht, was er will* april doet wat hij wil • *jemanden in den ~ schicken* iemand in de maling nemen • *April, April!* 1 april!

Aprilscherz ZN M (+es/+e) aprilgrap

apropos BW à propos, trouwens
Aquaplaning ZN O (-, +s/gmv) aquaplaning <van auto>
Aquarell ZN O (+s/+e) aquarel, waterverfschilderij
Aquarium ZN O (+s/-rien) aquarium
Äquator ZN M (+s/-oren) evenaar, equator
äquivalent BN equivalent, gelijkwaardig
Äquivalenz ZN V (-/+en) equivalentie, gelijkwaardigheid
Ära ZN V (-/Ären) era, tijdperk • *eine abgeschlossene ~* een afgesloten tijdperk
Araber ZN M (+s/-) Arabier
Araberin ZN V (-/+nen) Arabische
Arabien ZN O (+s/gmv) Arabië
arabisch BN Arabisch
Arbeit ZN V (-/+en) **1** werk • *an die ~ gehen; sich an die ~ machen* aan het werk gaan • *an der ~ sein* aan het werk zijn • *keiner geregelten ~ nachgehen* geen geregelde baan/geregeld werk hebben • INFORM. *auf (der) ~ sein* op het werk zijn • *gute ~ leisten* goed werk leveren • *bei einer Sache ganze ~ leisten* iets groots aanpakken • *die ~ einstellen* het werk neerleggen • *jemandem viel ~ machen* iemand veel werk bezorgen • *bei einem Bauern in ~ stehen* bij een boer werken • INFORM. *die ~ läuft uns nicht davon* morgen is er weer een dag • *jemanden von der ~ abhalten* iemand van zijn werk afhouden • *keine einfache ~* een lastig karwei • *etwas bei jemandem in ~ geben* iemand iets in de maak geven/iets laten repareren • *den Garten in ~ nehmen* de tuin onder handen nemen • *ungelernte ~* ongeschoolde arbeid **2** O&W opgave, proefwerk, tentamen • *eine ~ schreiben* een schriftelijk tentamen hebben **3** O&W werkstuk • *eine ~ schreiben* een scriptie/werkstuk schrijven • *wissenschaftliche ~* wetenschappelijke verhandeling
arbeiten **1** OV WW maken, bewerken • *etwas auf/nach Maß ~* iets op maat maken/maatwerk leveren **2** ONOV WW werken (**an** +3 aan), bezig zijn • *an sich ~* aan zichzelf werken • *bei Mercedes ~* bij Mercedes werken • *mit Kindern ~* met kinderen werken • *sie arbeitet über den Impressionismus* ze houdt zich bezig met het impressionisme **3** WKD WW (**sich ~**) zich(op)werken • *er arbeitet sich müde* hij werkt zich moe • *sie arbeitete sich von unten hoch* zij werkte zich op • *sich durch das Gedränge ~* zich door de menigte heen worstelen
Arbeiter ZN M (+s/-) arbeider, werker, werknemer
Arbeiterin ZN V (-/+nen) arbeidster, werkster
Arbeiterklasse ZN V (-/gmv) arbeidersklasse
Arbeiterschaft ZN V (-/+en) (de) arbeiders
Arbeitgeber ZN M (+s/-) werkgever
Arbeitnehmer ZN M (+s/-) werknemer
Arbeitsagentur ZN V arbeidsbureau
Arbeitsamt ZN O (+(e)s/-ämter) arbeidsbureau
Arbeitsaufwand ZN M (+(e)s/gmv) werk, moeite, inspanning • *das lohnt den ~ nicht* dat loont de moeite niet
arbeitsaufwändig, **arbeitsaufwendig** BN arbeidsintensief
Arbeitsausfall ZN M (+(e)s/-ausfälle) arbeidsverlet • *~ durch Frost* vorstverlet • *witterungsbedingter ~* verlet wegens weersomstandigheden
Arbeitsbedingungen ZN MV arbeidsvoorwaarden
Arbeitsbesprechung ZN V (-/+en) werkbespreking
Arbeitsblatt ZN O (+(e)s/-blätter) werkblad
Arbeitsbuch ZN O (+(e)s/-bücher) oefenboek, werkboek
Arbeitserlaubnis ZN V (-/+se) werkvergunning
Arbeitsessen ZN O (+s/-) zakendiner/-lunch
arbeitsfähig BN tot werken in staat • *ein arbeitsfähiges Team* een werkbaar team • *er wurde vom Arzt ~ geschrieben* de dokter heeft hem gezond verklaard
Arbeitsfeld ZN O (+(e)s/+er) FORM. werkgebied, ressort
arbeitsfrei BN vrij <van werk> • *~er Tag* vrije dag
Arbeitsgebiet ZN O (+(e)s/+e) werkgebied, ressort
Arbeitsgruppe ZN V (-/+n) werkgroep
arbeitsintensiv BN arbeidsintensief
Arbeitskraft **1** ZN V (-/-kräfte) arbeidskracht <van persoon> **2** ZN V (-/gmv) werkkracht, werkvermogen
Arbeitslager ZN O (+s/-) werkkamp
Arbeitsleistung ZN V (-/+en) arbeidsprestatie, werkprestatie
arbeitslos BN werk(e)loos
Arbeitslose ZN M/V (+n/+n) werkloze
Arbeitslosengeld ZN O (+es/gmv) werkloosheidsuitkering, WW-uitkering • *~ erhalten* een werkloosheidsuitkering ontvangen
Arbeitslosenquote ZN V (-/+n) werkloosheidscijfer
Arbeitslosigkeit ZN V (-/gmv) werkloosheid
Arbeitsmarkt ZN M (+(e)s/gmv) arbeidsmarkt
Arbeitsminister ZN M (+s/-) minister van Werkgelegenheid
Arbeitsniederlegung ZN V (-/+en) werkonderbreking
Arbeitsplatte ZN V (-/-n) werkblad
Arbeitsplatz ZN M (+es/-plätze) **1** werkplek, werkruimte **2** arbeidsplaats, baan, werkkring • *freier ~* vacature • *flexibler ~* flexplek • *das Schaffen von mehr Arbeitsplätzen* de verruiming van de werkgelegenheid, meer banen creëren
Arbeitsspeicher ZN M (+s/-) COMP. werkgeheugen, hoofdgeheugen
Arbeitsstelle ZN V (-/+n) **1** werk(plaats), arbeidsplaats **2** werk, baan • *meine ~ ist nicht weit* het is niet ver naar mijn werk **3** afdeling • *eine ~ leiten* leiding geven aan een afdeling
Arbeitsstunde ZN V (-/+n) arbeidsuur, werkuur
Arbeitssuche ZN V (-/gmv) • *auf ~ sein* op zoek naar werk zijn
arbeitssuchend BN werkzoekend
Arbeitssuchende ZN M/V (+n/+n)

werkzoekende
Arbeitsteilung ZN V (-/+en) werkverdeling
Arbeitstier ZN O (+(e)s/+e) **1** werkdier **2** MIN. werkezel, workaholic
arbeitsunfähig BN arbeidsongeschikt, BELG. werkonbekwaam • *vom Arzt ~ geschrieben werden* door de dokter arbeidsongeschikt verklaard worden
Arbeitsverhältnis ZN O (+ses/+se) arbeidsverhouding, dienstbetrekking, arbeidscontract • *die Arbeitsverhältnisse* de arbeidsomstandigheden • *das ~ lösen* zijn baan opzeggen
Arbeitsvermittlung ZN V (-/+en) werkbemiddeling
Arbeitsvertrag ZN M (+(e)s/-träge) arbeidscontract, arbeidsovereenkomst
Arbeitsweise ZN V (-/+n) **1** werkwijze, manier van doen **2** werking, (het) functioneren
Arbeitszeit ZN V (-/+en) werktijd • *gleitende ~* flexibele/variabele werktijd
archaisch BN archaïsch
Archäologe ZN M (+n/+n) archeoloog
Archäologie ZN V (-/+n) archeologie, oudheidkunde
archäologisch BN archeologisch
Arche ZN V (-/+n) ark • *die ~ Noah* de ark van Noach
Archipel ZN M (+s/+e) archipel, eilandengroep
Architekt ZN M (+en/+en) architect
architektonisch BN architectonisch
Architektur ZN V (-/+en) architectuur
Archiv ZN O (+s/+e) archief
Archivar ZN M (+s/+e) archivaris
archivieren OV WW archiveren
ARD ZN V (-/gmv) Arbeitsgemeinschaft der öffentlich-rechtlichen Rundfunkanstalten der Bundesrepublik Deutschland publieke omroep <in Duitsland, ≈ NOS>
Areal ZN O (+s/+e) areaal, gebied, terrein
Arena ZN V (-/-nen) arena, strijdperk
arg **1** BN REG. erg, slecht • *im Argen liegen* het slecht maken **2** BW REG. zeer, hevig • *sich ~ verletzen* zich lelijk bezeren
Argentinien ZN O (+s/gmv) Argentinië
Argentinier ZN M (+s/-) Argentijn
argentinisch BN Argentijns
ärger BN erger
Ärger ZN M (+s/gmv) **1** ergernis, ontstemming, irritatie (**über** +4 over) • *zum ~ von* tot ergernis van • *sich etwas mit wachsendem ~ anhören* met gekromde tenen naar iets luisteren **2** narigheid, ellende, gelazer, gedonder • *~ mit jemandem/etwas haben* gelazer met iemand/iets hebben • *der Computer macht wieder ~* de computer zorgt weer voor ellende • *lass das, sonst bekommst du ~* niet doen, daar komt gelazer van • *beruflicher ~* problemen op het werk • *das gibt Ärger!* daar komt narigheid van! • *das gibt richtigen ~* dan is de ellende niet te overzien
ärgerlich BN **1** ergerlijk, vervelend • *das ist aber sehr ~* dat is erg vervelend • *das Ärgerliche daran ist ...* het ergerlijke ervan is... **2** ontstemd (**auf** , **über** +4 over), geërgerd • *~ auf/über jemanden/etwas sein* ontstemd over iemand/iets zijn
ärgern **1** OV WW ergeren, ontstemmen, pesten • *jemanden ~* iemand boos maken **2** WKD WW (**sich ~**) zich ergeren, boos zijn • *das kann mich richtig ~* daar kan ik echt boos om worden • *sich an etwas ~* zich aan iets ergeren • *sich an jemandem ~* zich aan iemand ergeren • *sich ~ über jemanden/etwas* zich ergeren over iemand/iets • *sich grün und blau ~* zich groen en geel ergeren
Ärgernis **1** ZN O (+ses/gmv) ergernis, aanstoot • JUR. *öffentliches ~* aanstoot geven in het openbaar **2** ZN O (+ses/+se) narigheid, ellende • *berufliche Ärgernisse* ellende op het werk
arglistig BN arglistig, gemeen, boos(aardig)
arglos BN argeloos
Arglosigkeit ZN V (-/gmv) argeloosheid
ärgst BN ergst
Argument ZN O (+(e)s/+e) argument • *ein billiges ~* een goedkoop argument
Argumentation ZN V (-/+en) argumentatie
argumentieren ONOV WW argumenteren
Argwohn ZN M (+(e)s/gmv) FORM. argwaan • *er hegte ~ gegen sie* hij koesterde argwaan tegen haar • *~ schöpfen* argwaan krijgen • *jemandes ~ erregen* iemands argwaan wekken
argwöhnen OV WW FORM. argwanen, vermoeden
argwöhnisch BN FORM. argwanend, achterdochtig
Arie ZN V (-/+n) aria
Arier ZN M (+s/-) Ariër
arisch BN Arisch
Aristokrat ZN M (+en/+en) aristocraat
Aristokratie ZN V (-/+n) aristocratie
aristokratisch BN aristocratisch
Arkade ZN V (-/+n) arcade
Arktis ZN V (-/gmv) noordpoolgebied
arktisch BN Arctisch, van de noordpool
arm BN **1** arm(oedig) • FIG. *arm wie eine Kirchenmaus* zo arm als een kerkrat • *sie war um eine Illusion ärmer geworden* ze was een illusie armer geworden • *~ an...* arm aan... **2** arm, beklagenswaardig • *die arme Katze* de zielige kat
-arm BN -arm
Arm ZN M (+(e)s/+e) **1** arm • *ein Kind auf den ~ nehmen* een kind op de arm nemen • *mit verschränkten Armen* met de armen over elkaar • FIG. *jemanden auf den ~ nehmen* iemand in de maling nemen • FIG. *jemandem unter die Arme greifen* iemand helpen • FIG. *einen langen ~ haben* een lange arm hebben **2** arm, (ver)tak(king) • *der ~ eines Flusses* de arm van een rivier **3** <kleding> mouw • *ein Shirt mit langem ~* een shirt met lange mouwen
Armatur ZN V (-/+en) armatuur, bedieningsinstallatie
Armaturenbrett ZN O (+(e)s/+er) instrumentenbord, dashboard
Armband ZN O (+(e)s/-bänder) armband
Armbanduhr ZN V (-/+en) polshorloge,

armbandhorloge
Armbinde ZN V (-/+n) **1** (arm)band **2** mitella
Arme ZN M/V (+n/+n) arme • *die geistig Armen* de armen van geest • *die Armen und Bedürftigen* de armen en misdeelden
Armee ZN V (-/+n) leger • *eine ~ von Arbeitslosen* een leger werklozen
Ärmel ZN M (+s/-) mouw • OOK FIG. *die ~ hochkrempeln* de mouwen opstropen, FIG. de handen uit de mouwen steken • *etwas aus dem ~ schütteln* iets uit de mouw schudden • *jemandem am ~ zupfen* iemand aan de mouw trekken
Ärmelkanal ZN M (+s/gmv) Kanaal, Nauw van Calais
ärmellos BN mouwloos
Armenien ZN O (+s/gmv) Armenië
Armenier ZN M (+s/-) Armeniër
Armenierin ZN V (-/+nen) Armeense
armenisch BN Armeens
ärmer BN armer
Armlehne ZN V (-/+n) armleuning
ärmlich BN armelijk, armoedig
Armreif ZN M (+(e)s/+e) armband
Armreifen ZN M (+s/-) → **Armreif**
armselig BN **1** armzalig, armoedig **2** MIN. jammerlijk, miserabel
ärmst BN armst
Armut ZN V (-/gmv) OOK FIG. armoede, gebrek • *bittere ~* bittere armoede • *in ~ geraten* in armoede vervallen • *dort herrscht ~* het is er armoe troef • *verborgene ~* stille armoede
Armutszeugnis ZN O (+ses/+se) OOK FIG. bewijs/brevet van onvermogen
Aroma ZN O (+s/-men, +s) aroma, geur
aromatisch BN aromatisch
Arrangement ZN O (+s/+s) **1** arrangement, voorbereiding, organisatie **2** regeling, overeenkomst, schikking **3** ECON. beurstransactie **4** MUZ. bewerking <van muziekstuk>
arrangieren **1** OV WW **1** arrangeren, organiseren, regelen **2** schikken <van bloemen> **3** MUZ. bewerken **2** WKD WW **(sich ~)** overeenkomen, overeenstemming bereiken, een schikking treffen, INFORM. het op een akkoordje gooien • *sie hat sich mit der Situation arrangiert* ze heeft zich neergelegd bij de situatie
Arrest ZN M (+(e)s/+e) **1** arrest, hechtenis, gevangenisstraf **2** JUR. beslaglegging • *~ legen auf* +4 beslag leggen op
arrogant BN MIN. arrogant, aanmatigend, verwaand
Arroganz ZN V (-/gmv) arrogantie
Arsch ZN M (+(e)s/Ärsche) VULG. **1** kont, reet • *den ~ nicht hochkriegen* op zijn luie gat zitten • *die Sache ist im ~* die zaak ligt op zijn gat • *jemandem geht der ~ auf/mit Grundeis* iemand doet het in zijn broek (van angst) • *in den ~ gehen* in de soep lopen/mislukken • *das Auto ist im/am ~* de auto is total loss/naar de bliksem • *wie ~ und Fridolin* niet bij elkaar passend **2** klootzak, lul, sukkel • *du Arsch!* klootzak!
Arschbombe ZN V bommetje • *eine ~ machen* een bommetje maken
Arschloch ZN O (+(e)s/-löcher) VULG. klootzak, lul
Arsenal ZN O (+s/+e) arsenaal
Art **1** ZN V (-/+en) **1** manier, wijze • *die ~ und Weise, wie er das tut* de manier waarop hij dat doet • *auf die ~ geht das nicht* op deze manier gaat dat niet • *in irgendeiner ~ und Weise* op een of andere manier **2** soort, variëteit • *eine ~ (von) Ratgeber* een soort raadgever • *einzig in seiner ~* enig in zijn soort • *aus der ~ schlagen* een buitenbeentje zijn • FIG. *~ lässt nicht von ~* de appel valt niet ver van de boom **2** ZN V (-/gmv) aard, natuur, manier van doen • *das ist nicht seine ~; das liegt nicht in seiner ~* dat ligt niet in zijn aard • *das ist so seine ~* dat is zo zijn manier van doen • *jeder nach seiner ~* ieder op zijn manier • *in der ~ Mozarts komponieren* in de trant van Mozart componeren
Art. AFK **1** Artikel artikel **2** lidwoord
artenreich BN BIOL. divers, rijk aan soorten
Arterie ZN V (-/+n) MED. slagader, arterie
Arterienverkalkung ZN V (-/+en) INFORM. (slag)adervervetting
artfremd BN vreemd(soortig), niet eigen aan de soort
Artgenosse ZN M (+n/+n) BIOL. soortgenoot
artig BN **1** zoet, lief **2** FORM. galant
-artig BN -achtig
Artikel ZN M (+s/-) **1** artikel, opstel • *er hat viele ~ geschrieben* hij heeft veel artikelen geschreven **2** JUR. paragraaf <van wet>, artikel <van wet> • *in ~ 2 steht ...* in paragraaf 2 staat ... • *nach ~ 26 des Grundgesetzes* volgens artikel 26 van de Grondwet • *nach ~ 10* als bedoeld in artikel 10 **3** (handels)artikel • *welche ~ hatten Sie denn bestellt?* welke artikelen had u dan besteld? **4** lidwoord • *(un)bestimmter ~* (on)bepaald lidwoord
Artikulation ZN V (-/+en) **1** articulatie **2** formulering
artikulieren OV WW **1** articuleren • *sich nicht ~ können* zich niet verstaanbaar kunnen maken **2** formuleren
Artischocke ZN V (-/+n) artisjok
Artist ZN M (+en/+en) artiest <in circus en variété>
Arznei ZN V (-/+en) medicijn, geneesmiddel • *eine bittere ~* een bittere pil
Arzneimittel ZN MV farmaceutica
Arzneimittelmissbrauch ZN M (+(e)s/-bräuche) misbruik van geneesmiddelen
Arzneischränkchen ZN O (+s/-) medicijnkastje
Arzt ZN M (+es/Ärzte) arts, dokter • *behandelnder ~* behandelende arts
Arztbesuch ZN M (+(e)s/+e) doktersbezoek
Ärzteschaft ZN V (-/+en) de (gezamenlijke) artsen, staf van doktoren
Arzthelferin ZN V (-/+nen) doktersassistente
Ärztin ZN V (-/+nen) vrouwelijke arts
ärztlich BN medisch, dokters- • *sich ~ untersuchen lassen* zich door een arts laten onderzoeken •

das ärztliche Attest de geneeskundige verklaring • *~ untersucht werden* medisch gekeurd worden • *ärztliche Behandlung* medische behandeling • *ärztlicher Berater* medisch adviseur

Arztpraxis ZN V (-/-xen) artsenpraktijk

Arzttermin ZN M doktersafspraak

Asbest ZN M (+(e)s/+e) asbest

Asche ZN V (-/+n) **1** as <stof na verbranding> **2** INFORM. kleingeld

Aschenbahn ZN V (-/+en) SPORT sintelbaan

Aschenbecher ZN M (+s/-) asbak

Aschenbrödel ZN O (+s/-) assepoes(ter)

Aschenputtel ZN O (+s/-) assepoes(ter)

Ascher ZN M (+s/-) INFORM. asbak

Aschermittwoch ZN M (+(e)s/gmv) REL. Aswoensdag

aschfahl BN asgrauw

aschgrau BN asgrauw

ASCII-Code ZN M (+s/+s) COMP. ASCII-code

Ascorbinsäure ZN V (-/gmv) SCHEIK. ascorbinezuur <chemische naam voor vitamine C>

aseptisch BN aseptisch

Aserbaidschan ZN O (+s/gmv) Azerbeidzjan

Asiat ZN M (+en/+en) Aziaat

Asiatin ZN V (-/+nen) Aziatische

asiatisch BN Aziatisch

Asien ZN O (+s/gmv) Azië

Asket ZN M (+en/+en) asceet

asketisch BN ascetisch

asozial BN asociaal

Aspekt ZN M (+(e)s/+e) aspect, oogpunt • *unter diesem ~* vanuit dit oogpunt

Asphalt ZN M (+(e)s/+e) asfalt

asphaltieren OV WW asfalteren

Aspirant ZN M (+en/+en) aspirant, kandidaat

Aspirin ZN O (+s/gmv) aspirine, aspirientje

aß WW verl. tijd → **essen**

Ass ZN O (+es/+e) **1** aas <kaartspel> **2** SPORT ace **3** INFORM. uitblinker • *sie ist ein ~ auf der Bassgeige* zij is een echte bolleboos • *sie ist ein ~ in Mathematik* zij is een kei in wiskunde

Assel ZN V (-/+n) BIOL. pissebed

Assessment-Center ZN O (+s/-) assessmentcentrum

Assessor ZN M (+s/+en) kandidaat voor een hogere functie <als ambtenaar>

Assi AFK **1** Assistent(in) assistent(e) **2** aso, asociaal persoon

assimilieren OV WW assimileren

Assimilierung ZN V (-/+en) assimilatie

Assistent ZN M (+en/+en) assistent

Assistentin ZN V (-/+nen) assistente

Assistenz ZN V (-/+en) assistentie • *unter ~ von freiwilligen Helfern* met assistentie van vrijwilligers

Assistenzarzt ZN M (+es/-ärzte) arts-assistent

assistieren ONOV WW +3, assisteren

Assoziation ZN V (-/+en) associatie

assoziieren **1** OV WW associëren **2** WKD WW (**sich ~**) zich associëren (**mit** +3, **an** +4 met)

Ast ZN M (+(e)s/Äste) **1** tak • FIG. *den ~ absägen, auf dem man sitzt* zijn eigen ruiten ingooien • FIG. *auf dem absteigenden ~ sein* erop achteruitgaan, minder presteren • INFORM. *ich lache mir einen ~* ik lach me een aap **2** knoest **3** INFORM. bult, bochel

AStA ZN M (-, +s/-, +s, Asten) Allgemeiner Studentenausschuss orgaan voor studentenbelangen

Aster ZN V (-/+n) aster

Ästhet ZN M (+en/+en) estheet

Ästhetik ZN V (-/+en) **1** esthetiek **2** esthetica

ästhetisch BN esthetisch

Asthma ZN O (+s/gmv) astma

Asthmatiker ZN M (+s/-) astmaticus

asthmatisch BN astmatisch

astrein BN **1** zonder kwasten/noesten **2** volmaakt, zuiver **3** INFORM. eerlijk, betrouwbaar **4** INFORM., JEUGDT. gaaf, te gek

Astrologe ZN M (+n/+n) astroloog

Astrologie ZN V (-/gmv) astrologie, sterrenwichelarij

Astrologin ZN V (-/+nen) astrologe

astrologisch BN astrologisch

Astronaut ZN M (+en/+en) astronaut, ruimtevaarder

Astronom ZN M (+en/+en) astronoom

Astronomie ZN V (-/gmv) astronomie, sterrenkunde

astronomisch BN OOK FIG. astronomisch • *der Preisanstieg war ~* de prijsstijging was onvoorstelbaar groot

Asyl ZN O (+s/+e) asiel • *jemandem ~ gewähren* iemand asiel verlenen • *~ beantragen* asiel aanvragen

Asylant ZN M (+en/+en) (erkende) vluchteling

Asylantrag ZN M (+(e)s/-träge) asielaanvraag

Asylbewerber ZN M (+s/-) asielzoeker

Asymmetrie ZN V (-/+n) asymmetrie

asymmetrisch BN asymmetrisch

asynchron BN asynchroon, niet-synchroon

Atelier ZN O (+s/+s) **1** atelier, werkplaats <van kunstenaar> **2** A-V studio

Atem ZN M (+s/gmv) adem • *außer ~* buiten adem • *außer ~ kommen* buiten adem raken • *wieder zu ~ kommen* op adem komen • *seinen ~ anhalten* zijn adem inhouden • FIG. *jemanden in ~ halten* iemand niet tot rust laten komen, iemand in spanning houden • INFORM. *das verschlug mir den ~* ik was sprakeloos • FIG. *den längeren ~ haben* de langste adem hebben • FIG. *einen langen ~ haben* een lange adem hebben • *den letzten ~ aushauchen* de laatste adem uitblazen

atemberaubend BN adembenemend

Atembeschwerden ZN MV ademhalingsmoeilijkheden

atemlos BN **1** OOK FIG. ademloos, buiten adem **2** snel, ononderbroken **3** vol spanning

Atemnot ZN V (-/gmv) ademnood • *~ haben* in ademnood verkeren

Atempause ZN V (-/+n) adempauze

Atemwege ZN MV luchtwegen

Atemzug ZN M (+(e)s/-züge) ademtocht, ademhaling • *bis zum letzten ~* tot de laatste ademtocht/snik • *im selben/gleichen ~* in één adem

Atheismus ZN M (-/gmv) atheïsme

Atheist ZN M (+en/+en) atheïst

atheistisch BN atheïstisch

Äther ZN M (+s/gmv) ether

ätherisch BN **1** etherisch, vluchtig **2** vergeestelijkt

Äthiopien ZN O (+s/gmv) Ethiopië • *in ~* in Ethiopië

Athlet ZN M (+en/+en) atleet

Athletik ZN V (-/gmv) atletiek

athletisch BN atletisch

Atlantik ZN M (+s/gmv) Atlantische Oceaan

atlantisch BN Atlantisch

Atlas **1** ZN M (+(ses)/-lanten, +se) atlas **2** ZN M (+(ses)/gmv) satijn

atmen **1** OV WW **1** (in)ademen **2** FORM. getuigen van, vervuld zijn van • *dieser Ort atmet Frieden und Stille* deze plaats is vervuld van vrede en stilte **2** ONOV WW ademen

Atmosphäre **1** ZN V (-/gmv) atmosfeer, dampkring **2** ZN V (-/+n) **1** omgeving, milieu **2** sfeer, atmosfeer • *eine angenehme ~* een prettige/aangename sfeer

atmosphärisch BN atmosferisch

Atmung ZN V (-/gmv) ademhaling • *künstliche ~* kunstmatige ademhaling

Atmungsorgane ZN MV MED. ademhalingsorganen

Atom ZN O (+s/+e) **1** atoom **2** INFORM. iets nietigs • INFORM. *sich in Atome auflösen* in het niets oplossen

Atomantrieb ZN M (+(e)s/+e) kernvoortstuwing

atomar BN atomair, atoom-

Atombombe ZN V (-/+n) atoombom, kernbom

Atomenergie ZN V (-/gmv) atoomenergie, kernenergie

atomgetrieben BN door atoomkracht aangedreven, met kernvoortstuwing

Atomgewicht ZN O (+(e)s/+e) atoomgewicht

atomisieren OV WW atomiseren, verpulveren, versplinteren, verstuiven <van vloeistof>

Atomkern ZN M (+(e)s/+e) atoomkern

Atomkraft ZN V (-/gmv) atoomkracht

Atomkraftwerk ZN O (+(e)s/+e) kerncentrale

Atomkrieg ZN M (+(e)s/+e) kernoorlog

Atommacht ZN V (-/-mächte) kernmacht, kernmogendheid

Atommeiler ZN M (+s/-) grote kernreactor

Atommüll ZN M (+s/gmv) atoomafval, radioactief afval

Atomphysik ZN V (-/gmv) atoomfysica

Atomreaktor ZN M (+s/+en) atoomreactor, kernreactor

Atomwaffe ZN V (-/+n) atoomwapen

Atomzeitalter ZN O (+s/gmv) atoomtijdperk

ätsch TUSSENW JEUGDT. lekker puh, sliep uit • *ätsch, du kriegst es nicht* je krijgt het lekker niet • *ätsch, das sage ich nicht* ik zeg het lekker niet

Attaché ZN M (+s/+s) attaché

Attachée ZN V (-/+n) attachee

Attachment, **Attachement** ZN O (+s/+s) COMP. attachment

Attacke ZN V (-/+n) **1** OOK FIG. aanval • *eine ~ auf unsere Gesundheit* een aanslag op onze gezondheid • *eine ~ reiten gegen jemanden/etwas* een felle aanval doen op, uithalen naar iemand/iets **2** MED. attaque

attackieren OV WW attaqueren, aanvallen

Attentat ZN O (+(e)s/+e) POL. (moord)aanslag • *ein ~ (auf jemanden) verüben* een aanslag (op iemand) plegen

Attentäter ZN M (+s/-) pleger van een aanslag

Attest ZN O (+(e)s/+e) (dokters)attest • *hast du schon ein ärztliches Attest?* heb je al een verklaring van de dokter?

attestieren OV WW attesteren, (door middel van een attest) bevestigen

Attitüde ZN V (-/+n) attitude, houding, instelling • *mit/in der ~ des Experten auftreten* zich opstellen als expert

Attraktion **1** ZN V (-/gmv) aantrekkingskracht **2** ZN V (-/+en) attractie

attraktiv BN attractief, aantrekkelijk

Attraktivität ZN V (-/gmv) **1** aantrekkelijkheid **2** aantrekkingskracht

Attrappe ZN V (-/+n) **1** nabootsing **2** etalageverpakking, dummy

Attribut ZN O (+(e)s/+e) **1** attribuut **2** TAALK. bijvoeglijke bepaling • *das prädikative ~* de bepaling van gesteldheid

attributiv BN TAALK. attributief, bijvoeglijk

Attributsatz ZN M (+es/-sätze) TAALK. bijvoeglijke bijzin, attributieve zin

At-Zeichen ZN O (+s/-) COMP. apenstaartje

ätzen **1** OV WW **1** (uit)bijten, schoonbijten **2** etsen **2** ONOV WW OOK FIG. bijten, invreten

ätzend BN **1** bijtend • *ätzender Spott* bijtende spot **2** vervelend, afschuwelijk, klote • *Latein war wieder ~* Latijn was weer klote **3** JEUGDT. fantastisch, te gek

au TUSSENW au!, ai! • INFORM. *~ Backe!* o jee! • *au, ja!* o, ja!

Au ZN V (-/+en) **1** landouw, weide **2** eiland

aua TUSSENW JEUGDT. au!

Aubergine ZN V (-/+n) aubergine

auch BW ook, bovendien, zelfs • *wenn es ~ schlechtes Wetter ist* ook al is het slecht weer • *sie studiert sowohl Violoncello als ~ Jura* ze studeert zowel cello als rechten • *wie dem ~ sei* hoe dan ook, hoe het ook zij • *wann/wo ~ immer* wanneer/waar dan ook • INFORM. *und wenn ~!* en wat dan nog?, nou en? • *nicht nur ... sondern ~* niet alleen ..., maar ook • *das gilt ~ für Sie* dat geldt ook/mede voor u • *~ im Namen meines Mannes* mede namens mijn man

Audienz ZN V (-/+en) audiëntie

Audio-CD ZN V (-/-CDs) audio-cd

audiovisuell BN audiovisueel

Auditorium ZN O (+s/-torien) auditorium, collegezaal

Aue ZN V (-/+n) **1** landouw, weide **2** eiland

auf **1** VZ **1** +3/4, op • *~ dem* 3 *Stuhl sitzen* op de stoel zitten • *der Apfel liegt ~* 3 *der Erde* de appel ligt op de grond • *sich ~* 4 *den Stuhl setzen* op de stoel gaan zitten • *der Apfel fällt ~ 4 die Erde* de appel valt op de grond • *~ 4 diese Weise* op deze manier • *~ einmal* opeens **2** +3, **aan** • *Birnen wachsen ~ Bäumen* peren groeien aan bomen • *~ der anderen Straßenseite* aan de andere kant van de straat **3** plaats +3/4, **in** • *~ 3 einem Baum sitzen* in een boom zitten • *~ 4 einen Baum klettern* in een boom klimmen • *etwas ~ Deutsch sagen* iets in het Duits zeggen **4** +4, **naar** • *aufs Land gehen* naar het platteland gaan • *aufs Gymnasium gehen* naar het gymnasium gaan, op het gymnasium zitten • *~ die Seychellen fliegen* naar de Seychellen vliegen • *er geht ~ die fünfzig* hij is tegen de vijftig • *es geht ~ zwölf zu* het loopt tegen twaalven **2** BW **1 op, omhoog** • *~ und ab* op en neer, heen en weer • *~ sein* op de been zijn, uit bed zijn, wakker zijn **2 open** • *~ sein* open zijn • *Augen ~ im Verkehr!* kijk goed uit in het verkeer! • *auf, ans Werk!* vooruit, aan het werk! • FIG. *er machte sich ~ und davon* hij ging ervandoor

aufarbeiten OV WW **1 wegwerken** • *Rückstände ~* de achterstand wegwerken/inlopen **2** OOK FIG. **verwerken** • *die Vergangenheit ~* het verleden verwerken **3 opknappen** <van meubels>

aufatmen ONOV WW **1 diep ademhalen 2** FIG. **herademen, een zucht slaken** <van verlichting> • *erleichtert ~* opgelucht ademhalen

aufbahren OV WW **opbaren**

Aufbau ZN M (+(e)s/-ten) **1 opbouw** • *im ~ (befindlich)* in opbouw **2 wederopbouw 3 bovenbouw 4** TECHN. **carrosserie**

aufbauen 1 OV WW OOK FIG. **opbouwen, oprichten, opzetten 2** ONOV WW **gebaseerd zijn (auf** +3 **op)** • *der Kurs baut auf dem Anfängerkurs auf* de cursus sluit aan op de beginnerscursus **3** WKD WW **(sich ~) 1 bestaan (aus** +3 **uit) 2 ontstaan 3 zich opstellen (voor), gaan staan 4** • *sich vor jemandem ~* wijdbeens voor iemand gaan staan

aufbegehren ONOV WW FORM. **opvliegen, zich verzetten (gegen** +4 **tegen), kwaad worden** • *sie begehrte gegen ihr Schicksal auf* zij verzette zich tegen haar lot

aufbehalten OV WW sterk **1 ophouden** <van hoed/bril> • *den Hut ~* zijn hoed ophouden **2 openhouden** <van paraplu>

aufbekommen OV WW sterk **1** INFORM. **opkrijgen** <opdracht enz.> • *Hausaufgaben ~* huiswerk krijgen **2** INFORM. **op krijgen** <eten enz.> **3** INFORM. **openkrijgen**

aufbereiten OV WW **1 geschikt maken voor verder gebruik/hergebruik** • *Abfall ~* afval verwerken **2 be-/verwerken** <van gegevens> **3 evalueren, interpreteren** • *Statistiken ~* statistieken interpreteren

Aufbereitung ZN V (-/+en) **1 bewerking, verwerking 2** TECHN. **opwerking**

aufbessern OV WW **verbeteren** • INFORM. *jemandem das Gehalt ~* iemands salaris verhogen • INFORM. *sein Einkommen ~* iets bijverdienen

Aufbesserung ZN V (-/+en) **verbetering**

aufbewahren OV WW **bewaren** • *Kartoffeln ~* aardappelen bewaren

Aufbewahrung ZN V (-/+en, meest ev) **1 (het) bewaren, bewaring** • *etwas zur ~ geben* iets in bewaring geven **2 (bagage)depot**

aufbieten OV WW sterk **1 aanwenden, inspannen** • *seine Kräfte ~* zijn krachten inspannen **2 oproepen, op de been brengen 3 inzetten** <bij veiling>

aufblasbar BN **opblaasbaar**

aufblasen 1 OV WW sterk **opblazen 2** WKD WW **(sich ~)** sterk MIN. **pochen**

aufbleiben ONOV WW sterk **1 opblijven 2 openblijven**

aufblenden OV + ONOV WW **1 opflitsen 2 groot licht aandoen** <van auto> **3** A-V **diafragma vergroten**

aufblicken ONOV WW OOK FIG. **opkijken** • FIG. *ich blicke zu ihm auf* ik kijk tegen hem op

aufblinken ONOV WW **schitteren, oplichten, beginnen te glinsteren**

aufblitzen ONOV WW **1 opflitsen 2** FIG. **(plotseling) opkomen**

aufblühen ONOV WW **1 ontluiken 2** FIG. **opbloeien, opleven**

aufbohren OV WW **openboren, uitboren**

aufbrauchen OV WW **opgebruiken, opmaken** • *seine Geduld ist aufgebraucht* zijn geduld is uitgeput

aufbrausen ONOV WW **1 opbruisen 2 driftig worden, opvliegen**

aufbrechen 1 OV WW sterk **opbreken, openbreken, openscheuren** • *eine Straße ~* een straat opbreken **2** ONOV WW sterk **1 openspringen** <van bloem> **2 doorbreken** <van zweer> **3** FIG. **weggaan, opstappen, opbreken** • *wir brechen auf* wij gaan

aufbrennen 1 OV WW onregelmatig **1 brandmerken** <van dier> **2 openbranden** <met snijbrander> **3 uitroken 2** ONOV WW onregelmatig **oplaaien**

aufbringen OV WW onregelmatig **1** OOK FIG. **opbrengen** • *Verständnis für etwas ~* begrip voor iets tonen • *sie kann das Geld nicht ~* ze kan het geld niet opbrengen • *die Geduld/den Mut nicht ~ können* het geduld/de moed niet opbrengen **2 aanbrengen (op) 3 invoeren, in omloop brengen** • *ein Gerücht ~* een gerucht de wereld in helpen **4 kwaad maken, opruien** • *er war sehr aufgebracht* hij was heel kwaad • *jemanden gegen jemand anderen ~* iemand tegen iemand anders ophitsen • *jemanden gegen sich ~* iemand tegen zich in het harnas jagen **5** INFORM. **openkrijgen**

Aufbruch 1 ZN M (+(e)s/gmv) **1 (het) op(en) breken 2 vertrek 3** FORM. **bewustwording, opkomst 2** ZN M (+(e)s/+brüche) **op(en) gebroken plaats, scheur, barst**

aufbrühen OV WW **zetten** <van thee of koffie> • *Kaffee/Tee ~* koffie/thee zetten

aufbrummen 1 OV WW INFORM. **opleggen** <van straf> • *jemandem die Kosten für etwas ~* iemand voor de kosten van iets laten opdraaien **2** ONOV WW **1 plotseling brommen 2** INFORM. **botsen tegen 3**

SCHEEPV. stranden <van schip>

aufbürden OV WW **1** FORM. opladen <van last> **2** FIG. op de hals schuiven, opzadelen met

aufdecken **1** OV WW **1** opleggen • *das Tischtuch ~* het tafellaken opleggen **2** FIG. onthullen, blootleggen • *Missstände / eine Verschwörung ~* misstanden/een complot aan het licht brengen **2** ONOV WW de tafel dekken **3** WKD WW (**sich ~**) zich blootwoelen

Aufdeckung ZN V (-/+en) onthulling, openbaring

aufdonnern WKD WW (**sich ~**) MIN. zich opdirken, zich optutten • *sie war mächtig aufgedonnert* zij had zich geweldig opgedoft

aufdrängen **1** OV WW opdringen • *jemandem etwas ~* iemand iets opdringen **2** WKD WW (**sich ~**) zich opdringen

aufdrehen **1** OV WW **1** opendraaien • *das Radio ~* de radio harder zetten **2** losdraaien **3** opdraaien <van speelgoed>, opwinden **4** uiteenrafelen **2** ONOV WW **1** INFORM. kwaad worden **2** INFORM. vrolijk worden • *er war ganz aufgedreht* hij was vrolijk en opgewonden **3** INFORM. gas geven

aufdringlich BN opdringerig • INFORM. *nicht so ~!* niet zo opdringerig! • *ein ~er Geruch* een doordringende geur

Aufdringlichkeit **1** ZN V (-/gmv) opdringerigheid **2** ZN V (-/+en) opdringerig gedrag

aufdröseln OV WW INFORM. ontwarren, ontrafelen

Aufdruck ZN M (+(e)s/+e) opdruk

aufdrucken OV WW opdrukken <van drukwerk>

aufdrücken **1** OV WW **1** opendrukken **2** opdrukken <van stempel> • FIG. *einer Sache einen Stempel ~* een stempel op een zaak drukken • MIN. *jemandem einen ~* iemand een kus geven **2** ONOV WW drukken, duwen, opendoen <d.m.v. knop>

aufeinander BW op elkaar, tegen elkaar • *zeitlich ~ folgen* elkaar in tijd opvolgen

Aufeinanderfolge ZN V (-/gmv) opeenvolging, verloop

Aufenthalt ZN M (+(e)s/+e) **1** oponthoud, verblijf • *der Zug hat in Berlin nur wenige Minuten ~* de trein stopt maar een paar minuten in Berlijn • *ein ~ von zwei Wochen* een verblijf van twee weken **2** onderbreking • *ohne ~ durchfahren* zonder tussenstop doorrijden **3** FORM. vertraging • *die Sache duldet keinen ~* de zaak duldt geen vertraging **4** FORM. verblijfplaats

Aufenthaltserlaubnis ZN V (-/+se) verblijfsvergunning

Aufenthaltsgenehmigung ZN V (-/+en) verblijfsvergunning

Aufenthaltsort ZN M (+(e)s/+e) verblijfplaats, woonplaats

auferlegen OV WW FORM. opleggen • *jemandem eine Strafe ~* iemand een straf opleggen • *jemandem eine Geldstrafe ~* iemand een boete opleggen • *jemandem das Schweigen ~* iemand het zwijgen opleggen

auferstehen ONOV WW sterk REL. opstaan, verrijzen, opleven • *das Mittelalter wieder ~ lassen* de Middeleeuwen doen herrijzen • *vom Tode ~* uit de dood herrijzen

Auferstehung ZN V (-/+en) REL. opstanding, verrijzenis

auferwecken OV WW opwekken, doen herleven • *jemanden vom Tode ~* iemand uit de dood opwekken

aufessen OV WW sterk opeten • INFORM. *den Teller nicht ~* het bord niet leegeten

auffädeln OV WW oprijgen, aan(een)rijgen

auffahren **1** OV WW sterk **1** aanvoeren (en afladen) <van materiaal> **2** MIL. in stelling brengen **3** INFORM. opdienen <van maaltijd> • *was du alles auffährst!* wat jij alles opdient! **2** ONOV WW sterk **1** oprijden (**auf** +4 tegen), botsen, opvaren • *auf ein anderes Auto ~* tegen een andere auto oprijden **2** aansluiten • *zu dicht ~* te dicht op elkaar rijden, (bumper)kleven **3** voorrijden **4** opstijgen • REL. *zum Himmel ~* ten hemel varen **5** opschrikken, opspringen **6** FIG. opvliegen, opstuiven <van woede> • FIG. *ein ~des Naturell haben* een opvliegend karakter hebben **7** MIL. de stelling betrekken

Auffahrt ZN V (-/+en) **1** (het) omhoogrijden, klim **2** oprit <van snelweg> **3** oprijlaan, inrit <bv. van garage> **4** (het) voorrijden **5** ZWIT. Hemelvaart(sdag)

Auffahrunfall ZN M (+(e)s/-fälle) kop-staartbotsing

auffallen ONOV WW sterk **1** opvallen (**durch** +4 door) • *fiel dir nichts an ihm auf?* is je niets opgevallen aan hem? **2** vallen op <van licht>

auffallend BN **1** opvallend **2** buitengewoon, zeer

auffällig BN opvallend • *sich ~ kleiden* opvallend/opzichtig gekleed gaan

Auffälligkeit **1** ZN V (-/gmv) opvallendheid **2** ZN V (-/+en) iets opvallends, opvallend gedrag

auffalten **1** OV WW openvouwen **2** WKD WW (**sich ~**) zich ontvouwen

Auffangbecken ZN O (+s/-) verzamelbekken

auffangen OV WW sterk **1** OOK FIG. opvangen **2** afweren <van klap> **3** compenseren

Auffanglager ZN O (+s/-) opvangkamp, verzamelkamp

auffassen OV WW **1** opvatten, interpreteren • *etwas falsch ~* iets verkeerd opvatten **2** begrijpen **3** oprijgen, aan(een)rijgen

Auffassung **1** ZN V (-/+en) opvatting, mening • *der ~ sein* van mening zijn • *meiner ~ nach* naar mijn mening • *eine ganz andere ~ von etwas haben* een geheel andere visie hebben op iets **2** ZN V (-/gmv) begrips-/bevattingsvermogen

Auffassungsgabe ZN V (-/gmv) bevattingsvermogen • *eine schnelle ~ haben* vlug van begrip zijn

auffindbar BN te vinden, vindbaar, herkenbaar • *nicht ~ sein* spoorloos zijn

auffinden OV WW sterk (terug)vinden,

ontdekken

auffischen OV WW **1** opvissen **2** INFORM. opscharrelen, opduikelen

aufflackern ONOV WW OOK FIG. opflakkeren, opvlammen

aufflammen ONOV WW OOK FIG. opvlammen, oplaaien

auffliegen ONOV WW sterk **1** opvliegen **2** openvliegen <van deur, enz.> **3** INFORM. mislukken, uiteenvallen, opgerold worden <van bende>

auffordern OV WW **1** aanmanen, bevelen, oproepen • *jemanden schriftlich zu einer Sache ~* iemand over iets aanschrijven • *das Personal zum Handeln ~* het personeel tot actie oproepen **2** uitnodigen **3** ten dans vragen • *eine Dame zum Tanz ~* een dame ten dans vragen

Aufforderung ZN V (-/+en) **1** aanmaning, bevel **2** uitnodiging

auffressen OV WW sterk **1** opvreten, opeten <van dieren> • *der Wolf fraß die Großmutter auf* de wolf at grootmoeder op **2** INFORM. volledig in beslag nemen • *die Arbeit frisst mich auf* het werk put me uit

auffrischen **1** OV WW **1** opfrissen, opknappen • *sein Deutsch ~* zijn Duits opfrissen/ophalen **2** aanvullen <van voorraad> **2** ONOV WW aanwakkeren <van wind> **3** WKD WW (**sich ~**) zich opfrissen

Auffrischung ZN V (-/+en) opfrissing

Auffrischungskurs ZN M (+es/+e) opfriscursus

aufführen **1** OV WW **1** opvoeren • FIG., INFORM. *musst du denn gleich so ein Theater aufführen?* moet je er nou meteen weer een scène van maken? **2** opsommen, opnoemen, aanvoeren • *als Beweis ~* als bewijs aanhalen **3** FORM. optrekken, opbouwen **2** WKD WW (**sich ~**) INFORM. zich (slecht) gedragen • *wenn ich das mache, führt sich meine Mutter wieder auf* als ik dat doe, wordt mijn moeder weer heel kwaad • *führ dich doch nicht so auf!* doe eens normaal! • *sich lächerlich ~* zich belachelijk aanstellen

Aufführung ZN V (-/+en) **1** opvoering, voorstelling **2** opsomming **3** (op)bouw

auffüllen **1** OV WW **1** (aan)vullen, ophogen • *den Vorrat auffüllen* de voorraad aanvullen **2** CULIN aanlengen **3** INFORM. opscheppen <van eten> **2** WKD WW (**sich ~**) MET. zich opvullen, verzwakken

Aufgabe ZN V (-/+n) **1** taak, werk, opdracht • *sich etwas zur ~ machen* zich iets tot taak stellen • *vor einer ~ zurückschrecken* tegen een taak opzien **2** opgave, huiswerk, (reken)som • *mathematische Aufgaben* rekensommen • *Seite 81, ~ 13* pagina 81, opdracht 13 **3** opheffing, beëindiging, liquidatie • *die ~ seines Geschäfts* de opheffing van zijn zaak **4** SPORT opslag, service

aufgabeln OV WW **1** hooi opsteken **2** INFORM. opduikelen, opscharrelen • *wo hat sie denn diesen Mann aufgegabelt?* waar heeft zij die man opgeduikeld? • *jemanden in der Kneipe ~* iemand in de kroeg oppikken

Aufgabenbereich ZN M (+(e)s/+e) werkterrein, ressort

Aufgabengebiet ZN O (+(e)s/+e) werkterrein, ressort

Aufgang ZN M (+(e)s/-gänge) **1** trap <omhoog> **2** klim, opgang **3** (het) opkomen <van zon/maan>, opgang

aufgeben OV + ONOV WW sterk **1** OOK FIG. opgeven, afgeven • *einen Brief ~* een brief afgeven • *das Rauchen ~* stoppen met roken • *den Geist ~* de geest geven • *ich geb's auf!* ik geef het op! • *diese Idee hat man mittlerweile aufgegeben* men heeft dit denkbeeld inmiddels verlaten **2** opdragen, bevelen • *Hausaufgaben ~* huiswerk opgeven **3** prijsgeven **4** opheffen, liquideren • *ein Geschäft ~* een zaak opheffen **5** REG. opdienen, opscheppen **6** SPORT opslaan, serveren

aufgeblasen BN opgeblazen, verwaand

Aufgebot ZN O (+(e)s/+e) **1** hoeveelheid mensen/materieel, delegatie, inzet • *ein starkes ~ an Demonstranten* een massa demonstranten **2** ondertrouw • *das ~ bestellen* in ondertrouw gaan **3** JUR. oproep **4** MIL. lichting **5** MIL. mobilisatie

aufgebracht BN nijdig, boos

aufgedreht BN **1** geanimeerd, heel vrolijk **2** onrustig, opgewonden

aufgedunsen BN opgezwollen • *ein ~es Gesicht* een pafferig gezicht

aufgehen ONOV WW sterk **1** opgaan • *die Rechnung geht auf* de rekening klopt • FIG. *die Rechnung geht nicht auf* die vlieger gaat niet op, dat gaat mooi niet door • FIG. *seine Rechnung ging auf* zijn plan lukte • *der Wind geht auf* de wind steekt op • *auf- und abgehen* op en neer gaan **2** opengaan • *die Tür geht auf* de deur gaat open **3** rijzen <van deeg> **4** opkomen <van zaad> **5** opgaan (**in** +3 in) • *~ in Musik* in de muziek opgaan **6** duidelijk worden • *jetzt geht mir die Bedeutung seiner Worte auf* nu wordt me duidelijk wat zijn woorden betekenen

aufgehoben OV WW volt. deelw. → **aufheben**

aufgeilen OV WW MIN. opgeilen, seksueel prikkelen

aufgeklärt BN verlicht • *sexuell ~ sein* seksueel voorgelicht zijn

Aufgeklärtheit ZN V (-/gmv) verlichtheid, vrijzinnigheid

aufgekratzt BN INFORM. goedgehumeurd, vrolijk

aufgelegt BN **1** gehumeurd, gemutst • *er ist gut/schlecht ~* hij is goed/slecht gehumeurd **2** MIN. duidelijk, klinkklaar • *ein ~er Betrug* een duidelijk bedrog

aufgelöst BN **1** opgelost, ontbonden **2** buiten zichzelf • *sie war ganz ~* zij was helemaal ontredderd • *alles war völlig ~* er heerste complete ontreddering **3** doodop, uitgeput

aufgeräumt BN OOK FIG. opgeruimd

aufgeregt BN opgewonden, onrustig • *~ hin- und herlaufen* geagiteerd rondlopen

Aufgeregtheit ZN V (-/+en) opwinding

aufgeschlossen BN open(hartig), spontaan,

ontvankelijk (**für** +4 voor) • *für neue Ideen immer ~ sein* altijd voor nieuwe ideeën ontvankelijk zijn

Aufgeschlossenheit ZN V (-/gmv) **openheid, openhartigheid, toegankelijkheid**

aufgeschmissen BN • INFORM. *ganz ~ sein* flink in de nesten zitten

aufgeschossen ONOV WW volt. deelw. → **aufschießen**

aufgeweckt BN **pienter, bijdehand**

Aufgewecktheit ZN V (-/gmv) **pienterheid**

aufgießen OV WW sterk **opgieten** • *Kaffee/Tee ~* koffie/thee zetten

aufgliedern OV WW **indelen (in** +4 **in), onderverdelen (in)**

Aufgliederung ZN V (-/+en) **indeling, onderverdeling**

aufgraben OV WW sterk **opgraven, omspitten**

aufgreifen OV WW sterk **1 (iemand) oppakken, grijpen 2 oppakken, uitwerken** <van thema> • *jemandes Worte ~* op iemands woorden voortbouwen **3 oprapen**

aufgrund VZ +2, **op grond van, naar aanleiding van, wegens** • *~ der wachsenden Nachfrage* op grond van de groeiende vraag

Aufguss ZN M (+es/-güsse) **1** OOK FIG. **aftreksel 2 weergave**

aufhaben 1 OV WW **1** INFORM. **op hebben, dragen 2** INFORM. **opgegeten hebben** • *den Nachtisch ~* het toetje op hebben **3** INFORM. **open hebben** • *den Mund andauernd ~* steeds zijn mond open hebben **4** INFORM. **opgekregen hebben** <van huiswerk> • *wir haben heute nichts auf* we hebben vandaag niets op <huiswerk> **2** ONOV WW INFORM. **open zijn, geopend zijn** • *der Laden hat auf* de winkel is open

aufhalsen 1 OV WW +3 INFORM. **belasten met, opschepen met** • *jemandem etwas ~* iemand iets op de hals schuiven, iemand iets in de maag splitsen **2** WKD WW **(sich ~)** INFORM. **zich op de hals halen** • *du weißt, was du dir da aufhalst!* weet wel wat je je op de hals haalt!

aufhalten 1 OV WW sterk **1 stoppen, ophouden, tegenhouden** • *eine Katastrophe nicht ~ können* een ramp niet kunnen tegengaan **2** INFORM. **openhouden** • *die Hand ~* de hand ophouden **2** WKD WW **(sich ~)** sterk **1 zich bevinden, (ver) blijven** • *wissen Sie, wo er sich aufhält?* weet u waar hij verblijft? **2 zich bezighouden (bei , mit** +3 **met)** • *wir wollen uns nicht mit Konversation ~* we gaan onze tijd niet verspillen met conversatie maken **3 zich afkeurend uitlaten (über** +4 **over)** • *er hielt sich über die Politik auf* hij uitte kritiek op de politiek

aufhängen 1 OV WW **1** OOK FIG. **ophangen** • *ein Thema an einer Geschichte ~* een thema ophangen aan een verhaal **2** INFORM. **aanpraten, aansmeren, opzadelen met 3** INFORM. **wijsmaken 2** WKD WW **(sich ~) zich ophangen**

Aufhänger ZN M (+s/-) **1 lus(je) 2 aanleiding, aanknopingspunt, aangevertje 3** FIG. **kapstok**

Aufhängung ZN V (-/gmv) TECHN. **ophanging**

aufhäufen OV WW **opstapelen, ophopen** • *die Schulden häuften sich auf* de schulden liepen op

aufheben OV WW sterk **1 optillen, oprapen** • *heb das Papier auf!* raap het papier op! **2 opsteken** • *die Hand ~* die hand opsteken **3 bewaren** • *dieses Gemüse kann man nicht ~* die groente kun je niet bewaren • *ich fühle mich hier gut aufgehoben* ik voel me hier geborgen, ik ben hier in goede handen **4 beëindigen, afschaffen, opheffen** • *das Parkverbot ist aufgehoben* het parkeerverbod is opgeheven • *aufgeschoben ist nicht aufgehoben* uitstel is geen afstel • *das hebt sich gegenseitig auf* dat heft elkaar op

Aufheben ZN O (+s/gmv) **ophef** • *ohne großes ~* zonder veel ophef • *viel Aufheben(s) um/von etwas machen* veel ophef over iets maken

Aufhebung ZN V (-/+en) **1 beëindiging, opheffing, afschaffing 2 sluiting** <van vergadering>

aufheitern 1 OV WW **opvrolijken 2** WKD WW **(sich ~) ophelderen** <van gezicht>, **opklaren** <v.h. weer> • *gegen Nachmittag örtlich ~d* aan het eind v.d. middag plaatselijke opklaringen

Aufheiterung ZN V (-/+en) **1 (het) opvrolijken 2 opklaring, opheldering**

aufheizen OV WW **opwarmen, verhitten** • *das Misstrauen der Opposition ~* het wantrouwen van de oppositie aanwakkeren

aufhelfen OV WW sterk **1 op de been helpen, overeind helpen** • *jemandem ~* iemand er (weer) bovenop helpen **2 verbeteren, verhogen** <van salaris>

aufhetzen OV WW **1 ophitsen, opruien (gegen** +4 **tegen)** • *Menschen gegeneinander ~* mensen tegen elkaar opzetten **2 aanzetten (zu** +3 **tot) 3 opjagen** <van wild>

aufhetzerisch BN **opruiend**

aufheulen ONOV WW **1 janken** <van hond>, **ronken** <van motor>, **loeien** <van sirene> **2** INFORM. **in huilen uitbarsten**

aufholen OV + ONOV WW **1 inhalen** <van achterstand>, **inlopen op, compenseren 2** SCHEEPV. **hijsen** <van zeil>, **lichten** <van anker>

aufhorchen OV WW **de oren spitsen, (toe) luisteren** • *damals erschienen von ihr Gedichte, die ~ ließen* toen verschenen er gedichten van haar die opzien baarden

aufhören ONOV WW **ophouden, eindigen, stoppen** • *du hast damit aufgehört?* ben je ermee opgehouden? • INFORM. *das muss aufhören!* daar moet een einde aan komen!, zo kan het niet langer! • INFORM. *da hört (sich) doch alles auf!* dat is toch al te dol!, nu is het genoeg geweest! • *ach, hör auf!* ach, hou toch op!

aufkaufen OV WW **aan-/opkopen**

aufklappbar BN **opklapbaar, afneembaar** <van kap>

aufklappen OV WW **1 openklappen, openslaan** <van boek> **2 opzetten** <van kraag>

aufklaren ONOV WW **opklaren** <van gezicht/weer>

aufklären 1 OV WW **1 ophelderen** • *einen Irrtum ~* een misverstand uit de weg ruimen

2 verduidelijken, inlichten, voorlichten, informeren • *klär mich mal auf* informeer mij even • *aufgeklärtes Denken* verlicht denken 3 seksueel voorlichten • *das Mädchen war nicht aufgeklärt* het meisje was niet (seksueel) voorgelicht 4 GESCH. politiek scholen <DDR>, propageren 5 MIL. verkennen 2 WKD WW (sich ~) ophelderen, opklaren <van gezicht/weer>

Aufklärer ZN M (+s/-) 1 rationalist 2 MIL. verkenner, verkenningsvliegtuig 3 GESCH. agitator <DDR>

Aufklärung ZN V (-/gmv) 1 opheldering 2 seksuele voorlichting 3 politieke voorlichting <DDR> 4 verlichting, rationalisme • *das Zeitalter der ~* het tijdperk van de Verlichting 5 MIL. verkenning

aufkleben OV WW opplakken (auf +4 op)

Aufkleber ZN M (+s/-) sticker, etiket, BELG. zelfklever

aufknacken OV WW 1 INFORM. openbreken <van kluis> 2 kraken <van noot>

aufknöpfen OV WW losknopen, openknopen, losmaken

aufknoten OV WW losknopen

aufkochen OV + ONOV WW 1 (op)koken, opwarmen 2 aan de kook brengen

aufkommen ONOV WW sterk 1 OOK FIG. opkomen, opsteken <van wind>, opzetten • *es kommt Nebel auf* er komt mist opzetten 2 overeind komen, opstaan • FIG. *gegen jemanden ~* tegen iemand opgewassen zijn 3 in de mode komen • *damals kamen diese Hüte auf* toen kwamen deze hoeden in de mode 4 ~ für op zich nemen <van kosten>, instaan voor • *für die Kosten ~* voor de kosten instaan • *dafür ~* ervoor opdraaien 5 REG. uitkomen, ontdekt worden 6 SPORT inlopen <van achterstand>

Aufkommen 1 ZN O (+s/-) ECON. opbrengst <van belasting> 2 ZN O (+s/gmv) FORM. herstel

aufkratzen OV WW 1 openkrabben 2 ruw maken 3 INFORM. opmonteren • *ganz aufgekratzt sein* vrolijk en opgewonden zijn

aufkreischen ONOV WW plotseling beginnen te gillen/krijsen • *~de Bremsen* piepende remmen

aufkrempeln OV WW opstropen, oprollen • *er krempelt die Ärmel hoch* hij stroopt zijn mouwen op

aufkreuzen ONOV WW 1 FIG. binnenkomen, binnenvallen, komen aanzetten • *er kreuzte plötzlich bei Moni auf* hij kwam plotseling bij Moni opdagen 2 SCHEEPV. laveren

aufkriegen OV WW 1 opkrijgen <opdracht enz.> 2 INFORM. open krijgen

aufkündigen OV WW opzeggen

Aufl. AFK Auflage oplage

auflachen ONOV WW in lachen uitbarsten

Aufladegerät ZN O (+(e)s/-geräte) oplader <voor batterijen>

aufladen OV WW sterk 1 opladen • FIG. *eine emotional aufgeladene Diskussion* een emotioneel geladen discussie 2 OOK FIG. (iemand iets) op de schouders laden, belasten met • *sich zu viel Arbeit ~* te veel werk op zijn schouders nemen • *alles wird natürlich wieder mir aufgeladen* alles komt natuurlijk weer op mij neer

Auflage ZN V (-/+n) 1 oplage, druk • *es gibt eine begrenzte ~ von fünfzig Exemplaren* de oplage is beperkt tot vijftig exemplaren • *die dritte, überarbeitete ~* de derde herziene druk 2 ECON. productie(cijfer) 3 voorwaarde, opdracht, (betalings)verplichting • *jemandem etwas zur ~ machen* iemand een verplichting opleggen 4 laag 5 steun

auflassen OV WW sterk 1 openlaten • *das Fenster ~* het raam openlaten 2 ophouden <van hoed, bril> 3 oplaten <van ballon> 4 opheffen <van onderneming> 5 JUR. overdragen 6 INFORM. laten opblijven <van kind>

auflauern ONOV WW loeren op • *jemandem ~* iemand opwachten

Auflauf ZN M (+(e)s/-läufe) 1 oploop 2 CULIN ovenschotel

auflaufen 1 OV WW sterk 1 oplopen (auf +4 tegen), botsen tegen 2 vastlopen <van schip>, stranden • FIG. *jemanden ~ lassen* iemand dwarsbomen 3 oplopen, toenemen • SPORT *zu seiner Bestform ~* naar de topvorm toegroeien 4 FIG. aangroeien, stijgen <van water> 5 opkomen <van zaad> 6 SPORT oprukken naar de kopgroep 2 WKD WW (sich ~) sterk INFORM. kapot lopen

aufleben ONOV WW OOK FIG. opleven, herleven

auflecken OV WW oplikken

auflegen 1 OV WW 1 OOK FIG. opleggen • *Make-up ~* zich opmaken 2 ophangen <van telefoon> • *das Telefon ~* de telefoon neerleggen • *er hat aufgelegt* hij heeft opgehangen 3 ter inzage leggen 4 drukken <van boek> • *das Buch wird neu aufgelegt* het boek is in herdruk 5 ECON. in productie brengen 6 ECON. uitgeven <van aandelen>, emitteren 2 WKD WW (sich ~) 1 steunen op • *sich mit dem Arm ~* met de arm ergens op steunen 2 REG. ruziezoeken

auflehnen 1 ONOV WW REG. steunen op 2 WKD WW (sich ~) in opstand/verzet komen (gegen +4 tegen) • *sich gegen jemanden ~* tegen iemand opstaan

Auflehnung ZN V (-/+en) opstand, verzet

auflesen OV WW sterk 1 oprapen, inzamelen • *die verstreuten Puzzleteile ~* de verstrooide puzzelstukjes oprapen 2 INFORM. opdoen, oplopen <van ziekte>, krijgen 3 INFORM. opscharrelen • *sie hatte ein paar spanische Redensarten aufgelesen* ze had een paar Spaanse uitdrukkingen opgepikt

aufleuchten ONOV WW oplichten

aufliegen 1 ONOV WW sterk 1 liggen (op), rusten (auf +3 op) 2 ter inzage liggen, uitgestald liggen 2 WKD WW (sich ~) sterk doorliggen

auflisten OV WW een lijst samenstellen van

auflockern 1 OV WW 1 losser maken • *aufgelockerte Bewölkung* lichte bewolking 2 afwisselen 3 FIG. opvrolijken, ontspannen 2 WKD WW (sich ~) de spieren losmaken

Auflockerung ZN V (-/+en) (het) losser maken,

(het) ontspannen
auflösbar BN **1** oplosbaar **2** ontbindbaar <van verdrag>
auflösen 1 OV WW **1** oplossen <vermengen> **2** ontbinden, opheffen, verbreken, liquideren • *die Verlobung ~* de verloving verbreken • *einen Verein ~* een vereniging opheffen • *das Parlament ~* het parlement ontbinden • *die Ehe wurde aufgelöst* het huwelijk werd ontbonden • *einen Vertrag ~* een contract verbreken/ontbinden **3** van streek zijn • *ganz aufgelöst sein* volledig van streek zijn • *sie war in Tränen aufgelöst* zij huilde tranen met tuiten **4** FORM. losmaken <van haar> **2** WKD WW (**sich ~**) **1** losgaan **2** uiteenvallen, verdwijnen • *die Stiftung löst sich auf* de stichting heft zichzelf op **3** opgelost/opgehelderd worden
Auflösung ZN V (-/+en) **1** oplossing **2** ontbinding, verval, beëindiging **3** opheffing <van onderneming>, liquidatie **4** TECHN. resolutie
Auflösungsprozess ZN M (+es/+e) ontbindingsproces
aufmachen 1 OV WW **1** INFORM. openen, open-/losmaken • *jemandem die Tür ~* de deur voor iemand opendoen **2** INFORM. openen <van zaak> **3** opmaken <van boek> **2** WKD WW (**sich ~**) **1** zich op weg begeven • *wir machen uns jetzt auf in den Urlaub* wij vertrekken nu op vakantie **2** zich opmaken, zich gereedmaken
Aufmacher ZN M (+s/-) krantenkop
Aufmachung ZN V (-/+en) **1** opmaak, presentatie **2** kleding, uitdossing **3** krantenkop
Aufmarsch ZN M (+(e)s/-märsche) opmars, optocht
aufmarschieren ONOV WW **1** opmarcheren **2** (laten) aanrukken
aufmerksam BN **1** opmerkzaam, oplettend, alert, aandachtig • *auf jemanden/etwas ~ werden* op iemand beginnen te letten • *jemanden auf etwas ~ machen* iemand op iets attent maken, iets onder iemands aandacht brengen • *~ zuhören* aandachtig luisteren **2** attent, hoffelijk • *danke, das ist sehr ~ von Ihnen* bedankt, dat is erg attent van u
Aufmerksamkeit 1 ZN V (-/gmv) oplettendheid, aandacht • *das hat meine ganze ~* dat heeft mijn volle aandacht • *die ~ beanspruchen* de aandacht in beslag nemen • *die ~ lenken auf* de aandacht richten op • *um ~ bitten für* aandacht vragen voor • *die ~ auf sich ziehen* de aandacht op zich vestigen, de aandacht trekken / opeisen • *die ~ festhalten* de aandacht vasthouden • *die ~ ablenken* de aandacht afleiden • *voller ~ sein* een en al aandacht zijn • *mit gespannter ~* met gespannen aandacht • *die ~ auf etwas richten* de aandacht op iets vestigen • *jemandem/einer Sache ~ widmen/schenken* aandacht besteden/schenken aan iemand/iets **2** ZN V (-/+en) **1** hoffelijkheid **2** attentie, geschenkje
aufmischen OV WW **1** omroeren <van verf>, mengen **2** opnieuw schudden <van kaarten> **3** INFORM. afranselen
aufmöbeln OV WW **1** INFORM. opknappen, opfrissen, opkalefateren **2** INFORM. opmonteren, opkikkeren
aufmucken ONOV WW INFORM. tegensputteren (**gegen** +4 tegen), tegenstribbelen
aufmuntern OV WW **1** opmonteren, opvrolijken, opkikkeren **2** aanmoedigen
Aufmunterung ZN V (-/+en) opmontering, aanmoediging
aufmüpfig BN INFORM., REG. weerspannig, recalcitrant, dwars
Aufnahme ZN V (-/+n) **1** ontvangst, onthaal, reactie <van publiek> • *eine herzliche ~* een hartelijk onthaal **2** toelating <op school>, (ziekenhuis) opname **3** (het) aangaan <van betrekkingen>, (het) opnemen, begin **4** opname, weergave, foto • *eine alte ~* een oud foto **5** opname <van stoffen>, absorptie
aufnahmefähig BN **1** in staat iets (in zich) op te nemen **2** ontvankelijk (**für** +4 voor)
Aufnahmefähigkeit ZN V (-/gmv) **1** capaciteit **2** ontvankelijkheid
Aufnahmegerät ZN O (+(e)s/+e) opnameapparaat, fototoestel, filmapparaat
Aufnahmeprüfung ZN V (-/+en) toelatingsexamen
aufnehmen OV WW sterk **1** opnemen, oprapen, optillen **2** ontvangen, onderbrengen <van gast> • *Flüchtlinge ~* vluchtelingen opnemen • FIG. *jemanden mit offenen Armen ~* iemand met open armen ontvangen **3** aannemen, toelaten <op school> • *er wurde an der Universität aufgenommen* hij werd toegelaten tot de universiteit **4** (in zich) opnemen, begrijpen **5** beginnen, aanknopen <van betrekkingen>, aangaan, opnemen • *sie haben den Kampf aufgenommen* zij zijn de strijd aangegaan • JUR. *(das Verfahren) wieder ~* (het proces) hervatten/heropenen • *es mit jemandem ~* het tegen iemand opnemen • *ein Darlehen ~* een lening afsluiten **6** opschrijven, optekenen, opmaken • *mehrere Bilder ~* verschillende foto's maken • *ein Gelände ~* een terrein in kaart brengen • *Bestellungen ~* bestellingen opnemen
aufopfern 1 OV WW FORM. opofferen (**für** +4 voor) **2** WKD WW (**sich ~**) zich opofferen
aufopfernd BN opofferend, belangeloos, onbaatzuchtig
Aufopferung ZN V (-/+en) opoffering
aufopferungsvoll BN opofferend, belangeloos, onbaatzuchtig
aufpassen OV + ONOV WW oppassen, opletten, letten (**auf** +4 op) • *pass auf!* let op!, kijk uit!, denk erom! • *pass gut auf dich auf!* let goed op jezelf! • *in der Schule muss man ~* op school moet je opletten • *sie passt auf die Kinder auf* ze past op de kinderen • *davor pass ich schon auf* daar waak ik wel voor
Aufpasser ZN M (+s/-) **1** MIN. bespieder **2** bewaker, oppasser, waarnemer
aufpicken OV WW **1** oppikken **2** openpikken
aufplatzen OV WW openspringen, openbarsten

aufplustern OV WW **opzetten** <van veren> • FIG. *ein Ereignis ~* een gebeurtenis opblazen • FIG. *sich mit seinem Können gewaltig ~* zeer gewichtig doen over zijn kundigheid

aufpolieren OV WW OOK FIG. **oppoetsen, polijsten** • *seine Kenntnisse ~* zijn kennis opfrissen • *sein Image ~* zijn imago oppoetsen/opvijzelen

aufprägen OV WW **1** **stempelen op** **2** FIG. **zijn stempel drukken op**

Aufprall ZN M (+(e)s/gmv) **botsing, schok, smak**

aufprallen ONOV WW **1** **(op)botsen** (**auf** +3,4 **tegen**) **2** **neersmakken, kletteren** <van regen>

Aufpreis ZN M (+es/+e) **(prijs)toeslag, verhoging, bijbetaling** • *gegen ~* met bijbetaling • *gegen ~ lieferbar* tegen meerprijs leverbaar

aufpumpen **1** OV WW INFORM. **oppompen, opblazen** **2** WKD WW (**sich ~**) **1** INFORM. **opscheppen, pochen** **2** INFORM. **zich boos maken**

aufputschen OV WW **1** **ophitsen, opruien** **2** **opwekken, stimuleren** • *~de Mittel* opwekkende middelen

Aufputschmittel ZN O (+s/-) **stimulerend middel, pepmiddel**

aufputzen OV WW **1** **versieren, tooien, opschikken, opsmukken** **2** MIN. **flatteren, oppoetsen**

aufquellen ONOV WW sterk **1** **(op)zwellen, rijzen** <van deeg>, **opstijgen** <van rook> • *Bohnen ~ lassen* bonen laten zwellen **2** FORM. **opborrelen, opwellen**

aufraffen **1** OV WW **(snel) oprapen, opgrabbelen, bij elkaar grissen, optillen** <van rok> **2** WKD WW (**sich ~**) **1** **moeizaam opstaan** **2** **zich vermannen, zich aanzetten tot** • *sich zu einer Arbeit ~* zich aanzetten tot een klus • *ich kann mich zu nichts ~* ik heb geen energie om iets te beginnen

aufrappeln WKD WW (**sich ~**) **1** INFORM. **opkrabbelen, moeizaam opstaan** **2** INFORM. **zich vermannen**

aufräumen OV + ONOV WW **1** **opruimen** **2** **(definitief) afrekenen** (**mit** +3 **met**) • *mit Vorurteilen ~* vooroordelen uit de weg ruimen **3** FIG. **huishouden, woeden**

Aufräumungsarbeiten ZN MV **opruimwerkzaamheden**

aufrechnen OV WW **1** **berekenen, in rekening brengen** **2** **verrekenen** (**gegen** +4 **met**)

aufrecht BN **1** **recht(op), overeind** • *diese Hoffnung hielt ihn bis zuletzt ~* deze hoop hield hem tot het laatst op de been **2** FIG. **oprecht, eerlijk** **3** **moedig**

aufrechterhalten OV WW **handhaven, in stand houden** • *den Kontakt mit jemandem ~* het contact met iemand handhaven • *etwas ~* iets in stand houden

Aufrechterhaltung ZN V (-/gmv) **handhaving, instandhouding**

aufreden OV WW **aanpraten, wijsmaken**

aufregen **1** OV WW **opwinden, in beroering brengen** **2** WKD WW (**sich ~**) INFORM. **zich opwinden** (**über** +4 **over**) • *sich über etwas ~* zich druk maken over iets

aufregend BN **opwindend, spannend**

Aufregung ZN V (-/+en) **1** **opwinding, spanning** • *er stotterte vor ~* hij stotterde van opwinding • *sie konnte vor ~ nicht schlafen* ze kon niet slapen van de spanning **2** **beroering, commotie** • *nur keine Aufregung!* geen paniek! • *~ verursachen* commotie veroorzaken

aufreiben **1** OV WW sterk **1** **uitputten, slopen** • *eine ~de Sache* een slopende zaak **2** MIL. **in de pan hakken, vernietigen** • *die Armee wurde völlig aufgerieben* het leger werd volledig vernietigd **2** WKD WW (**sich ~**) sterk **1** **openwrijven, stukwrijven** **2** **zich uitputten, zich afmatten** • *sich bei der Arbeit ~* zich uitsloven bij het werk

aufreibend BN **uitputtend**

aufreißen OV WW sterk **1** **openscheuren, openrukken** • FIG. *ein Thema ~* een thema in grote lijnen behandelen **2** **kapotscheuren, uitscheuren** **3** **opbreken** <van straat>, **(open)breken** **4** TECHN. **tekenen** **5** INFORM. **opensperren** <van ogen> **6** INFORM. **kennis maken met, versieren** <van vrouw> • INFORM. *er hat eine tolle Frau aufgerissen* hij heeft een leuke vrouw aan de haak geslagen

aufreizen OV WW **1** **prikkelen** **2** **ophitsen, opruien**

aufrichten **1** OV WW **1** **oprichten** **2** **(op)bouwen** **3** FIG. **troosten, moed inspreken, opbeuren** **2** WKD WW (**sich ~**) **1** **zich oprichten** **2** **moed putten** (**an** +3 **uit**)

aufrichtig BN **oprecht, eerlijk, openhartig** • *~es Interesse* oprechte belangstelling • *seine Worten klangen ~* zijn woorden klonken gemeend

Aufrichtigkeit ZN V (-/gmv) **oprechtheid, openhartigheid**

aufritzen OV WW **1** **openscheuren** **2** **openhalen** <van huid>, **schrammen**

aufrollen OV WW **1** **oprollen** **2** **afrollen, ontrollen, uitrollen** **3** **aansnijden** <van probleem> **4** **heropenen** <van proces>

Aufruf ZN M (+(e)s/+e) **(het) oproepen, oproep** (**an** +4 **aan**)

aufrufen OV WW sterk **1** **af-/oproepen, aansporen tot** • *einen Schüler ~* een leerling laten spreken • *zum Streik ~* oproepen voor een staking **2** FORM. **een beroep doen op** **3** COMP. **opvragen** <van programma> **4** JUR. **dagvaarden**

Aufruhr ZN M (+s/+e) **1** **oproer, opstand** **2** **beroering, tumult, opschudding** • *sein neues Buch sorgte für ~* zijn nieuwe boek bracht opschudding teweeg • *in ~ versetzen* in beroering brengen

Aufrührer ZN M (+s/-) **opstandeling, rebel**

aufrührerisch BN **oproerig, opstandig, ophitsend, opruiend**

aufrunden OV + ONOV WW **naar boven afronden** (**auf** +4 **op**)

aufrüsten OV WW **1** **bewapenen, uitrusten** **2** **opbouwen, monteren**

Aufrüstung ZN V (-/+en) bewapening
aufrütteln OV WW wakker schudden
aufs SAMENTR auf das → **auf**
aufsagen OV WW OOK FIG. opzeggen
aufsammeln OV WW **1** vergaren, verzamelen, oprapen **2** INFORM. oppakken <door politie>
aufsässig BN **1** weerspannig, koppig, recalcitrant **2** rebels
Aufsässigkeit ZN V (-/+en) weerspannigheid, rebellie
Aufsatz ZN M (+es/-sätze) **1** opstel, artikel **2** opzetstuk, bovenstuk
aufsaugen OV WW sterk **1** opzuigen, in zich opnemen **2** FIG. absorberen, in beslag nemen **3** TECHN. afzuigen <van gas/stof>
aufscheuchen OV WW **1** op-/verjagen **2** opschrikken
aufschichten OV WW opstapelen (**an** +3 tegen)
aufschieben OV WW sterk **1** openschuiven **2** uitstellen (**auf** +4, **bis zu** +3 tot) • *aufgeschoben ist nicht aufgehoben* uitstel is geen afstel
Aufschlag ZN M (+(e)s/-schläge) **1** smak, schok, stoot **2** opslag <van prijs>, toeslag **3** omslag, revers **4** SPORT service, opslag
aufschlagen **1** OV WW sterk **1** stoten (**auf** +3,4 tegen), botsen **2** op(en)slaan • *ein Zelt ~* een tent opslaan/opzetten • *die Augen ~* de ogen opslaan • *die Zeitung ~* de krant openslaan **3** stukslaan, openhalen <door val> • *sich das Knie ~* z'n knie openhalen **4** verhogen <van prijs> • *10 Euro auf den Preis ~* de prijs met 10 euro verhogen • *die Kosten auf den Preis ~* de kosten in de prijs doorberekenen **2** ONOV WW sterk **1** neervallen **2** openslaan **3** oplaaien <van vlammen> **4** stijgen <van prijs> **5** SPORT serveren
aufschließen **1** OV WW sterk **1** OOK FIG. openen, ontsluiten • *die Tür ~* de deur openmaken <m.b.v. sleutel> **2** FIG. ophelderen, verklaren **3** SCHEIK. oplossen **2** ONOV WW sterk **1** openmaken <m.b.v. sleutel> **2** aansluiten **3** SPORT inhalen • SPORT *zu jemandem ~* iemand inhalen
Aufschluss ZN M (-schlusses/-schlüsse) **1** opheldering, uitsluitsel, inlichting • *jemandem ~ über etwas geben* iemand opheldering over iets verschaffen **2** ontsluiting, exploitatie **3** SCHEIK. (het) oplossen
aufschlüsseln OV WW indelen, uitsplitsen <van kosten>
Aufschlüss(e)lung ZN V (-/+en) indeling, uitsplitsing <van kosten>
aufschlussreich BN informatief, leerzaam, verhelderend
aufschnappen OV + ONOV WW **1** openspringen, losspringen **2** opvangen <met de bek> **3** INFORM. opvangen, (toevallig) horen • *sie hat da was über Geldprobleme aufgeschnappt* ze heeft er iets over geldproblemen opgevangen
Aufschnitt ZN M (+(e)s/gmv) CULIN gesneden vleeswaar <als broodbeleg>, BELG. charcuterie
aufschnüren OV WW **1** openmaken, losmaken **2** vastbinden op
aufschrauben OV WW **1** opschroeven **2** openschroeven, losschroeven
aufschrecken **1** OV WW zwak doen opschrikken **2** ONOV WW sterk opspringen van schrik
Aufschrei ZN M (+(e)s/+e) gil, kreet
aufschreiben OV WW sterk **1** opschrijven, noteren **2** INFORM. voorschrijven <van medicijn>
aufschreien ONOV WW sterk een gil geven, het uitgillen, een kreet slaken
Aufschrift ZN V (-/+en) **1** opschrift **2** adres(sering)
Aufschub ZN M (+(e)s/-schübe) uitstel • *~ gewähren* uitstel verlenen • *um ~ bitten* uitstel vragen
aufschürfen OV WW openschaven <van knie>, openhalen
aufschütteln OV WW opschudden
aufschütten OV WW **1** (bij)gieten, opgieten **2** opstapelen, ophopen **3** opwerpen <van dam> **4** ophogen
aufschwatzen OV WW FIG. aanpraten, aansmeren • *jemandem etwas ~* iemand iets aanpraten, iemand iets aansmeren, iemand iets in de maag splitsen • *sich einen teuren Computer ~ lassen* zich een dure computer laten aansmeren
Aufschwung ZN M (+(e)s/-schwünge) **1** (hoge) vlucht, (op)bloei, opleving • FIG. *sich im ~ befinden* in de lift zitten • *der wirtschaftliche ~* de economische groei **2** impuls, elan **3** SPORT opzwaai
aufsehen ONOV WW sterk **1** OOK FIG. opkijken (**zu** +3 naar) • *zu jemandem ~* iemand bewonderen **2** opzien
Aufsehen ZN O (+s/gmv) opzien, sensatie • *~ erregen/verursachen* opzien baren, sensatie veroorzaken
aufsehenerregend BN opzienbarend, spraakmakend • *ein ~es Interview* een spraakmakend interview
Aufseher ZN M (+s/-) opzichter, suppoost
aufsetzen **1** OV + ONOV WW **1** opzetten, erop zetten • *die Amtsmiene ~* een officieel gezicht opzetten • *ihr Lächeln wirkt aufgesetzt* haar glimlach doet gemaakt aan • *die Brille ~* de bril opdoen **2** (neer)zetten, overeind zetten **3** landen, neerkomen **4** opstapelen **5** opstellen • *einen Vertrag ~* een contract opstellen • *einen Artikel ~* een eerste versie van een artikel maken **6** SPORT laten stuiteren <van bal> **2** WKD WW (**sich ~**) rechtop gaan zitten
aufseufzen ONOV WW een zucht slaken
Aufsicht **1** ZN V (-/gmv) toezicht, controle • *unter jemandes ~ stehen* onder toezicht staan van iemand • *die ~ führen über* +4 toezicht houden op/over • *~ haben* toezicht houden <met name op groep kinderen> **2** ZN V (-/+en) **1** opzichthouder, toezichthouder **2** bovenaanzicht, vogelperspectief
Aufsichtsrat ZN M (+(e)s/-räte) **1** ECON. raad van toezicht, raad van commissarissen **2** ECON. lid van de raad van toezicht, commissaris

aufspalten 1 OV WW 1 OOK FIG. (op)splitsen, (open)splijten 2 FIG. een wig drijven tussen 2 WKD WW (**sich ~**) zich (op)splitsen (**in** +4 in)

Aufspaltung ZN V (-/+en) splitsing, splijting

aufspannen OV WW 1 openspannen, uitspannen • *den Schirm ~* de paraplu opsteken 2 spannen op

aufsparen OV WW opsparen, bewaren

aufsperren OV WW 1 opensperren, (wijd) openen • *die Ohren ~* nauwlettend luisteren 2 openmaken

aufspielen 1 ONOV WW 1 MUZ. (voor)spelen, musiceren • *zum Tanz ~* een dans muzikaal begeleiden, dansmuziek spelen 2 SPORT spelen 2 WKD WW (**sich ~**) 1 MIN. gewichtig doen, opscheppen • *spiel dich doch nicht so auf!* doe toch niet zo gewichtig! 2 MIN. zich voordoen (**als** als) • *du spielst dich gerne als Held auf* je hangt graag de held uit

aufspießen OV WW 1 (op)prikken, prikken aan • *Fleisch mit der Gabel ~* vlees aan de vork prikken 2 INFORM., FIG. aan de kaak stellen

aufspringen ONOV WW sterk 1 opspringen, stuiteren <van bal> 2 openspringen • *aufgesprungene Lippen* gesprongen lippen

aufspritzen 1 OV WW (op)spuiten 2 ONOV WW 1 opspatten 2 INFORM. opvliegen, opspringen <van stoel>

aufsprühen 1 OV WW opspuiten 2 ONOV WW opspatten

aufspüren OV WW opsporen

aufstacheln OV WW 1 aanzetten, aansporen 2 ophitsen, opruien

aufstampfen ONOV WW stampvoeten

Aufstand ZN M (+(e)s/-stände) opstand, oproer, rebellie • *mach doch nicht so einen Aufstand!* wind je toch niet zo op! • *sein Vater hat einen riesigen ~ gemacht* zijn vader is heel boos geworden • *sich im ~ befinden* in opstand zijn • *einen ~ niederschlagen* een opstand neerslaan

aufständisch BN opstandig, oproerig, rebels

Aufständische ZN M/V (+n/+n) opstandeling, rebel

aufstapeln OV WW opstapelen, ophopen

Aufstapelung ZN V (-/+en) opstapeling

aufstauen 1 OV WW opstuwen • FIG. *aufgestaute Wut* opgekropte woede 2 WKD WW (**sich ~**) zich ophopen

aufstechen OV WW sterk 1 opensteken, openprikken • *eine Blase ~* een blaar doorprikken 2 INFORM. ontdekken, onthullen, aan het licht brengen

aufstecken OV WW 1 opsteken • *eine Amtsmiene ~* een officieel gezicht trekken • *Ehre ~* eer behalen 2 (op)zetten, ophangen 3 INFORM. opgeven <van plan>, laten varen 4 REG. indruk maken

aufstehen ONOV WW sterk 1 opstaan • *~ gegen* in opstand komen tegen 2 openstaan <van deur, enz.> • *das Fenster steht auf* het raam staat open 3 (op de grond) staan 4 FORM. opkomen, opwellen

aufsteigen ONOV WW sterk 1 omhoog klimmen • *die Wanderer steigen auf* de wandelaars klimmen de berg omhoog 2 opkomen, opstijgen • *der Flugzeug steigt auf* het vliegtuig stijgt op 3 opgaan <van zon> 4 oprijzen <van berg> 5 opstijgen • *auf das Fahrrad ~* op de fiets stappen • *auf das Pferd ~* op het paard stijgen 6 promotie maken • *zum Abteilungsleiter ~* tot afdelingshoofd opklimmen 7 SPORT promoveren 8 FIG. opkomen <van gevoelens> • *der Verdacht stieg in mir auf* de verdenking rees in mij op

Aufsteiger ZN M (+s/-) 1 iemand die promotie gemaakt heeft • *sozialer ~* iemand die stijgt op de maatschappelijke ladder 2 SPORT gepromoveerde club

aufstellen 1 OV WW 1 opstellen, plaatsen, (neer) zetten • *einen Schrank ~* een kast neerzetten • *ein Zelt ~* een tent opzetten 2 oprichten, opbouwen 3 opzetten <van kraag> 4 uitzetten <van wachtpost> 5 samenstellen <van groep> • *Listen ~* lijsten samenstellen 6 opstellen, formuleren, opmaken <van balans> • *einen Rekord ~* een record behalen • *eine These ~* een stelling poneren 7 voordragen <van kandidaat>, nomineren 2 WKD WW (**sich ~**) 1 in een rij/formatie gaan staan • *die Kinder stellten sich in einer Reihe auf* de kinderen gingen in een rij staan 2 overeind gaan staan <van haar>

Aufstellung ZN V (-/+en) 1 opstelling, plaatsing • *~ nehmen* in een rij/formatie gaan staan 2 SPORT opstelling • *die Spieler nehmen ~* de spelers nemen hun plaatsen in 3 oprichting, opbouw 4 formulering 5 voordracht <van kandidaat>, nominatie 6 lijst, overzicht

Aufstieg ZN M (+(e)s/+e) 1 (het) opklimmen, klim, (het) opstijgen • *den ~ beginnen* beginnen op te klimmen 2 pad <omhoog> 3 vooruitgang, opleving, bloei 4 promotie, carrière • *sein ~ zum Direktor* zijn carrière tot directeur 5 SPORT promotie

aufstöbern OV WW 1 opsporen, opsnorren 2 opjagen <van wild>

aufstocken OV WW 1 een verdieping erop bouwen 2 uitbreiden, vergroten, verhogen (**um** +4 met) <van kapitaal>

aufstöhnen ONOV WW plotseling kreunen/steunen • *vor Schmerz ~* kreunen van de pijn

aufstoßen 1 OV WW sterk openstoten, openduwen, kapotstoten 2 ONOV WW sterk 1 stoten (**auf** +4 tegen) 2 SCHEEPV. aan de grond lopen, stranden 3 stevig neerzetten 4 oprispen, (op)boeren, opbreken <van eten> • *die Gurken stoßen mir auf* de augurken breken me op • FIG. *etwas kann jemandem sauer ~* iets kan iemand lelijk opbreken 5 INFORM. opvallen, tegenkomen

aufstreben ONOV WW 1 vooruitstreven, (omhoog)streven, opkomen • *zu etwas ~* een hoger ideaal nastreven • *ein ~der Jungunternehmer* een ambitieuze jonge ondernemer 2 FORM. oprijzen <van gebouw/berg>

aufstreichen OV WW sterk opsmeren

Aufstrich ZN M (+(e)s/+e) 1 smeerbaar (brood)

beleg **2** ophaal <van letter> **3** MUZ. **opstreek**

aufstützen **1** OV WW **1 leunen (auf** +4 **op), laten rusten op 2 overeind helpen 2** WKD WW **(sich ~) leunen op, steunen op**

aufsuchen OV WW **1 bezoeken, consulteren** <van arts> • *das Bett ~* naar bed gaan **2 opzoeken** <in een boek enz.>

Auftakt ZN M (+(e)s/+e) **1** MUZ. **opmaat, voorslag 2** FIG. **inleiding (zu** +3 **tot), voorspel**

auftanken OV WW **1** OOK FIG. **bijtanken, voltanken 2** FIG. **energie opdoen**

auftauchen ONOV WW OOK FIG. **opduiken, opdoemen** • *ein Problem taucht auf* er rijst een probleem • *er ist hier nicht mehr aufgetaucht* hij is hier niet meer gezien, hij is hier niet meer komen opduiken

auftauen OV + ONOV WW OOK FIG. **ontdooien**

aufteilen OV WW **verdelen, indelen, opdelen** • *nach (dem) Alter ~* naar leeftijd indelen

Aufteilung ZN V (-/+en) **verdeling, indeling**

auftischen OV WW **1 opdienen, voorschotelen, op tafel zetten** <van maaltijd> • *an ihrem Geburtstag wurde aufgetischt* op haar verjaardag was er een overvloed aan lekker eten **2** MIN. **opdissen** <van leugens>, **vertellen**

Auftrag ZN M (+(e)s/-träge) **1 opdracht** • *jemandem einen ~ erteilen* iemand iets opdragen • *einen ~ bestätigen* een opdracht bevestigen • *einen ~ ausführen/erledigen* een opdracht uitvoeren • *im ~ und auf Rechnung von* in opdracht en op rekening van • *im ~* in opdracht van, op last van • *einen ~ bekommen* een opdracht krijgen **2 order, bestelling** • *ein ~ über die Lieferung eines Fahrrads* een bestelling tot levering van een fiets • *etwas in ~ geben* iets bestellen • *einen ~ vergeben* een order plaatsen **3 taak, missie** • *sie sieht das als ihren ~ an* ze beschouwt dat als haar taak **4 (het) aanbrengen, (opgebrachte) laag**

auftragen **1** OV WW sterk **1 opdragen** • *jemandem etwas ~* iemand een opdracht tot iets geven **2** FORM. **opbrengen, aan-/opsmeren** • *eine dicke Farbschicht ~* een dikke laag verf opbrengen • *Mascara ~* mascara opdoen **3 afdragen** <van kleding> • *die Kleider des großen Bruders ~* de kleren van de grote broer afdragen **4** FORM. **serveren, opdienen 2** ONOV WW sterk **dik maken** • *dieser Pullover trägt auf* deze pullover maakt je dik • FIG. *dick/stark ~* overdrijven

Auftraggeber ZN M (+s/-) **opdrachtgever**

Auftragsbestätigung ZN V (-/+en) ECON. **orderbevestiging**

auftreiben **1** OV WW sterk **1** INFORM. **op de kop tikken, te pakken krijgen** • *ich habe noch eine Theaterkarte aufgetrieben* ik heb nog een theaterkaartje kunnen krijgen **2 opdrijven, opjagen, opwaaien 3 naar bergweide drijven** <van vee> **2** ONOV WW sterk **(op)zwellen, rijzen**

auftreten OV + ONOV WW sterk **1 optreden** • *hier treten bekannte Schauspieler auf* hier treden bekende acteurs op • *sie tritt sehr selbstsicher auf* ze komt heel zelfverzekerd over **2** TON. **opkomen 3 zich voordoen, opduiken, rijzen, vóórkomen** • *es sind Probleme aufgetreten* er hebben zich problemen voorgedaan **4 opentrappen 5 stappen op, lopen** • *ich kann nicht mehr ~* ik kan niet meer lopen

Auftreten ZN O (+s/gmv) **1 gedrag 2** TON. **(het) optreden**

Auftrieb ZN M (+(e)s/+e) **1** SCHEIK. **stijgkracht, opwaartse druk 2 elan, impuls, ambitie 3 (het) opdrijven, aanvoer** <op markt> **4 (het) drijven naar bergweide**

Auftritt ZN M (+(e)s/+e) **1 (het) optreden, opkomst** <van acteur> • *der Minister hatte seinen großen ~* de minister had zijn groot moment **2** TON. **scène 3 ruzie, scène** • *ein peinlicher ~* een onaangename scène

auftrumpfen ONOV WW **1 de boventoon voeren, opscheppen 2 een grote mond opzetten, opspelen**

auftürmen **1** OV WW **(hoog) opstapelen 2** WKD WW **(sich ~) zich (torenhoog) opstapelen**

aufwachen ONOV WW **wakker worden, ontwaken**

aufwachsen ONOV WW sterk **1 opgroeien** • *sie ist in Brabant aufgewachsen* zij is in Brabant opgegroeid **2** FORM. **opdoemen**

Aufwand ZN M (+(e)s/gmv) **1 inzet, ge-/verbruik** • *der ganze ~ war umsonst* het was allemaal vergeefse moeite • *ohne großen ~* zonder veel inzet • *geringer Aufwand, große Wirkung* weinig inzet, groot effect **2 kosten, onkosten, uitgaven** • *eine Entschädigung für den ~* een onkostenvergoeding **3 luxe, pronk, verkwisting** • *großen ~ machen* erg royaal leven

aufwändig BN → **aufwendig**

Aufwandsentschädigung ZN V (-/+en) **onkostenvergoeding**

aufwärmen **1** OV WW **1 opwarmen** • *einen Motor ~* een motor op toeren laten komen **2** FIG. **oprakelen** • FIG. *alte Geschichten wieder ~* oude koeien uit de sloot halen **2** WKD WW **(sich ~) 1 zich opwarmen 2** SPORT **een warming-up doen**

aufwarten OV WW **1** FORM. **aanbieden, voorzetten** • *den Gästen mit etwas ~* de gasten iets aanbieden • *den Gästen mit Champagner ~* een glas champagne aanbieden aan de gasten **2 te bieden hebben** • *damit kann ich nicht ~* dat heb ik niet te bieden • *mit einer Geschichte ~ können* een verhaal in petto hebben • *jemandem mit Neuigkeiten ~* een nieuwtje voor iemand hebben

aufwärts BW **opwaarts, omhoog** • *von 50 Euro ~* vanaf 50 euro

Aufwärtsbewegung ZN V (-/+en) **opwaartse beweging, stijging, stijgende lijn**

aufwärtsgehen ONOV WW onregelmatig **1 omhooggaan, naar boven gaan 2 vooruitgaan, beter gaan** • *mit ihrer Gesundheit geht es wieder aufwärts* haar gezondheid gaat weer vooruit • *es geht wieder aufwärts* het gaat weer beter

Aufwasch ZN M (+(e)s/gmv) REG. **afwas** ▸ *das geht in einem ~* ▸ *das machen wir in einem ~* dat gaat in één moeite door

aufwaschen ov ww sterk REG. **afwassen**
aufwecken ov ww **wekken, wakker maken**
aufweichen ov + onov ww **1 losweken, week maken/worden, doorweken 2** FIG. **ondergraven, ondermijnen**
aufweisen ov ww sterk **1 wijzen op, (aan) tonen 2 vertonen, hebben** • *alle Anzeichen einer Krankheit ~* alle symptomen van een ziekte vertonen **3 bogen op** • *gute Zeugnisse aufzuweisen haben* op goede referenties kunnen bogen
aufwenden ov ww onregelmatig **besteden (für** +4 **aan), spenderen, inspannen** <van krachten>, **gebruiken** • *viel Zeit für etwas ~* veel tijd aan iets besteden
aufwendig BN **luxueus, kostbaar, duur** • *~ leben* een luxueus leventje leiden • *eine ~e Bearbeitung* een omvangrijke bewerking • *eine ~e Renovierung* een grootscheepse renovatie
Aufwendung ZN V (-/+en) **aanwending, inspanning, inzet, besteding** • *Aufwendungen* uitgaven, kosten
aufwerten ov ww ECON. **opwaarderen, in waarde verhogen, revalueren**
Aufwertung ZN V (-/+en) ECON. **opwaardering, waardeverhoging, revaluatie**
aufwickeln ov ww **1 oprollen, opwinden 2 afrollen, af-/loswikkelen 3** INFORM. **krulspelden zetten**
aufwiegen ov ww sterk **opwegen tegen** • *die Vorteile wiegen die Nachteile auf* de voordelen wegen op tegen de nadelen
Aufwind ZN M (+(e)s/+e) **1** AARDK. **stijgwind 2** FIG. **opleving** • FIG. *im ~ sein* hogerop komen/in de lift zitten
aufwirbeln ov + onov ww **opdwarrelen, (doen) opwaaien** • FIG. *Staub aufwirbeln* stof doen opwaaien
aufwischen ov ww **opvegen, (op)dweilen, opnemen**
aufwühlen ov ww **1 omwoelen, loswoelen** • FIG. *alte Geschichten ~* oude gebeurtenissen ophalen **2** FIG. **in beroering brengen, aangrijpen** • FIG. *aufgewühlt verließ er das Theater* geroerd verliet hij het theater
aufzählen ov ww **1 opsommen, opnoemen 2 voortellen** <van geld>
Aufzählung ZN V (-/+en) **opsomming**
aufzäumen ov ww **optuigen** • FIG. *das Pferd von hinten ~* een zaak averechts aanpakken
aufzeichnen ov ww **1 op-/aantekenen, noteren 2 tekenen (op) 3 opnemen** <op band/film> • *auf Film ~* vastleggen op film
Aufzeichnung ZN V (-/+en) **1 aantekening, notitie 2 opname** <op band/film>
aufzeigen 1 ov ww FORM. **aanwijzen, aantonen** • *Fehler ~* zwaktes vertonen **2** onov ww **vinger opsteken** <op school>
aufziehen ov + onov ww sterk **1 optrekken, omhoogtrekken, hijsen** <van zeil/vlag>, **ophalen** <van brug> • *die Flagge aufgezogen* de vlag in top **2 opentrekken, openen** • *eine Schublade ~* een lade uittrekken **3 opwinden** <van mechanisme> • *seine Uhr ~* zijn horloge opwinden **4 spannen (op)** <van snaar> **5 op komen zetten** <van onweer> • *es zieht ein Gewitter auf* er komt onweer opzetten **6 opvoeden** • *sie wurden von der Großmutter aufgezogen* ze zijn door de grootmoeder opgevoed **7** INFORM. **plagen, bij de neus nemen** • *jemanden mit etwas ~* iemand plagen met iets • *ich wollte dich nur ~* ik zei het maar om te plagen **8** INFORM. **op touw zetten, organiseren** • *die Sache war falsch aufgezogen* die zaak was slecht geregeld
Aufzucht ZN V (-/+en) **(het) (op)fokken, opfok, teelt**
Aufzug ZN M (+(e)s/-züge) **1 lift 2 optocht, stoet 3 (het) opmarcheren, opmars 4** TON. **bedrijf** <van toneelstuk> **5** MIN. **uitdossing** • *was ist denn das für ein Aufzug?* wat heb jij weer aan?
aufzwingen ov ww sterk **opdringen, opleggen** • *ein Gedanke zwang sich ihm auf* een gedachte drong zich aan hem op
Augapfel ZN M (+s/-äpfel) OOK FIG. **oogappel**
Auge ZN O (+s/+n) **oog** • *auf einem ~ blind sein* aan één oog blind zijn • *ihre Augen füllten sich mit Tränen* de tranen sprongen in haar ogen • INFORM. *geh mir aus den Augen!* verdwijn uit mijn ogen! • FIG. *große Augen machen* grote ogen opzetten • FIG. *kleine Augen ~* slaap krijgen • FIG. *ein ~ für etwas haben* oog voor iets hebben • FIG. *etwas ins ~ fassen* iets op het oog hebben • FIG. *etwas springt ins ~* iets springt in het oog • FIG. *Augen machen* verbaasd kijken • FIG. *etwas aus den Augen verlieren* iets uit het oog verliezen • FIG. *ihr gingen die Augen auf* haar ogen werden geopend, zij kreeg iets in de gaten • FIG. *jemandem etwas vor Augen halten* iemand iets onder ogen brengen • FIG. *das hätte ins ~ gehen können* dat had verkeerd af kunnen lopen • FIG. *aus den Augen, aus dem Sinn* uit het oog, uit het hart • FIG. *mit einem blauen ~ davonkommen* met de schrik vrijkomen • FIG. *jemandem etwas aufs ~ drücken* iemand iets in de maag splitsen • FIG. *jemandem schöne Augen machen* lief tegen iemand doen • FIG. *mit bloßem ~* met het blote oog
Augenarzt ZN M (+es/-ärzte) **oogarts**
Augenblick ZN M (+(e)s/+e) **ogenblik, moment** • *im ~* op dit moment • *einen Augenblick, bitte!* een ogenblikje, a.u.b.! • *im richtigen ~* op het juiste moment • *in dem Augenblick, wo* op het moment dat • FIG. *einen lichten ~ haben* een helder moment hebben
augenblicklich BN **1 onmiddellijk, meteen 2 momenteel, tegenwoordig**
Augenbraue ZN V (-/+n) **wenkbrauw** • *buschige Augenbrauen* borstelige wenkbrauwen • *die Augenbrauen nachziehen* de wenkbrauwen bijtekenen
augenfreundlich BN **goed voor de ogen** <van beeldscherm>
Augenhöhe ZN V (-/gmv) • LETT. *etwas in ~ anbringen* iets op ooghoogte aanbrengen • FIG. *auf (gleicher) ~ verhandeln* op ooghoogte onderhandelen

Augenhöhle ZN V (-/+n) oogholte
Augenklappe ZN V (-/+n) oogklep
Augenleiden ZN O (+s/-) oogziekte, oogkwaal
Augenlid ZN O (+(e)s/+er) ooglid
Augenmaß ZN O (+es/gmv) inzicht, kijk • *ein gutes ~ haben* goed op het oog kunnen schatten • *nach (dem) Augenmaß* op het oog • *Augenmaß nehmen* met de ogen meten
Augenmerk ZN O (+(e)s/gmv) aandacht • *sein ~ lenken/richten auf* +4 zijn aandacht vestigen op
Augenschein ZN M (+(e)s/gmv) FORM. eigen waarneming/onderzoek, ogenschouw • *jemanden/etwas in ~ nehmen* iemand/iets in ogenschouw nemen, iemand/iets kritisch bekijken/beschouwen
Augenzeuge ZN M (+n/+n) ooggetuige
Augenzwinkern ZN O (+s/gmv) knipoog
August ZN M (+(e)s/gmv) **1** augustus • *im ~* in augustus **2** August <van clown> • *dummer ~* domme August
Auktion ZN V (-/+en) veiling, verkoping
Auktionator ZN M (+s/+en) veilingmeester, vendumeester
Aula ZN V (-/+s, -len) aula
Au-pair-Mädchen ZN O (+s/-) au pair
aus **1** BW uit • *von mir ~* voor mijn part • *von sich ~* uit zichzelf • *das Lied ist ~* het lied is uit • FIG. *mit der Firma ist es ~ (und vorbei)* het is gebeurd met het bedrijf • FIG. *er weiß weder ein noch ~* hij weet geen raad meer **2** VZ +3 **1** uit • *~ Überzeugung* uit overtuiging • *~ dem Haus kommen* uit het huis komen **2** van • *~ Holz* van hout • *~ guter Familie* van goede familie/van goeden huize • *was wird ~ ihm werden?* wat zal er van hem terecht komen? • *~ der Not eine Tugend machen* van de nood een deugd maken • *~ der Schule kommen* van school komen **3** om • *~ welchem Grund?* om welke reden?
Aus ZN O (-/gmv) • SPORT *der Ball geht ins ~* de bal gaat uit/buiten het speelveld • SPORT *der Ball ist im ~* de bal is uit • FIG. *das ist das ~ für unsere Pläne* dat betekent het einde voor onze plannen
ausarbeiten **1** OV WW **1** opstellen <van plan> **2** (in detail) uitwerken, afwerken • *einen Bauplan ~* een bouwplan uitwerken **2** WKD WW (**sich ~**) (het) zorgen voor lichaamsbeweging • *am Abend arbeitet er sich im Garten aus* in de avond werkt hij als compensatie in de tuin
Ausarbeitung ZN V (-/+en) uitwerking
ausarten ONOV WW **1** ontaarden • IRON. *das artet ja in Arbeit aus!* dat wordt echt werken! **2** zich misdragen **3** BIOL. degenereren
ausatmen ONOV WW uitademen
ausbaden OV WW INFORM. boeten voor, bezuren • *die Sache ~ müssen* het kind van de rekening zijn
ausbaggern OV WW uitbaggeren
Ausbau ZN M (+(e)s/gmv) **1** demontage • *der ~ des Motors aus dem Auto* de demontage van de motor uit de auto **2** uitbreiding • *der ~ der Kinderbetreuung* de uitbreiding van de kinderopvang **3** verbouwing • *der ~ des Dachgeschosses* de indeling van de bovenverdieping **4** verbetering, voltooiing
ausbauen OV WW **1** demonteren **2** uitbreiden, uitbouwen **3** ver-/afbouwen • *das Dachgeschoss ~* van de zolderverdieping kamers maken **4** verbeteren, voltooien
ausbaufähig BN voor uitbreiding vatbaar • *eine ausbaufähige Stellung* een baan met toekomstperspectief
ausbeißen OV WW sterk **1** uitbijten • *sich einen Zahn an etwas ~* een tand stukbijten op iets • FIG. *sich die Zähne an etwas ~* iets tevergeefs proberen **2** REG. overtroeven
ausbessern OV WW repareren, herstellen, verstellen
Ausbesserung ZN V (-/+en) reparatie, restauratie
Ausbesserungsarbeit ZN V (-/+en, meest mv) herstelwerkzaamheden, reparatie
Ausbeute ZN V (-/+n) opbrengst, winst, rendement
ausbeuten OV WW **1** benutten, uitputten **2** exploiteren, ontginnen **3** MIN. uitbuiten, misbruik maken, plagiëren • *die Arbeiter werden ausgebeutet* de arbeiders worden uitgebuit • *sie fühlt sich von ihm ausgebeutet* ze voelt zich door hem misbruikt
Ausbeuter ZN M (+s/-) MIN. uitbuiter
Ausbeutung ZN V (-/+en) uitbuiting, exploitatie, misbruik
ausbezahlen OV + ONOV WW uitbetalen
Ausbezahlung ZN V (-/+en) (uit)betaling
ausbilden **1** OV WW **1** opleiden • *zur Krankenschwester ausgebildet sein* als verpleegster opgeleid zijn • *dieser Betrieb bildet aus* dit bedrijf leidt jongeren op • *ein ausgebildeter Zimmermann* een gekwalificeerd timmerman **2** ontwikkelen, vormen **2** WKD WW (**sich ~**) zich ontwikkelen • *sich zum Pianisten ~* een opleiding tot pianist volgen
Ausbilder ZN M (+s/-) opleider, instructeur
Ausbildung ZN V (-/+en) **1** opleiding • *eine berufliche ~ machen* een beroepsopleiding volgen • *die schulische ~* de schoolopleiding • *Jugendliche ohne ~* jongeren zonder beroepsopleiding • *~ zur Krankenschwester* opleiding tot verpleegster **2** ontwikkeling, vorming
ausbitten WKD WW (**sich ~**) +3, sterk FORM. verzoeken om, eisen • *ich bitte mir etwas mehr Höflichkeit aus* ik eis wat meer beleefdheid
ausblasen OV WW sterk uitblazen, uitademen
ausbleiben ONOV WW sterk uitblijven, wegblijven, achterwege blijven
ausblenden ONOV WW **1** COMM. de uitzending beëindigen **2** (geleidelijk) laten verdwijnen <van beeld, geluid>, uitfaden
Ausblick ZN M (+(e)s/+e) **1** uitzicht • *jemandem den ~ versperren* iemands uitzicht belemmeren **2** vooruitblik
ausblicken ONOV WW FORM. uitkijken, uitzien
ausblühen ONOV WW uitbloeien
ausbomben OV WW door bombardementen verwoesten/dakloos maken • *meine*

Großeltern wurden im Krieg ausgebombt het huis van mijn grootouders werd in de oorlog door bombardementen vernield

ausborgen OV WW **1** REG. **(uit)lenen 2** REG. **lenen van/bij**

ausbrechen OV + ONOV WW sterk **1** OOK FIG. **uitbreken** • *es sind Unruhen ausgebrochen* er zijn rellen uitgebroken **2 uitbraken 3 uitbarsten** <van vulkaan> • *in Tränen ~* in tranen uitbarsten **4** PLANTK. **(af)snoeien**

Ausbrecher ZN M (+s/-) **1** INFORM. **uitbreker 2 weigerachtig paard** <voor hindernis>

ausbreiten 1 OV WW **1 uitspreiden, uitbreiden, ontvouwen** • *die Flügel ~* de vleugels uitslaan **2 uitstallen** <van waren> **3 verspreiden** <van gerucht> **2** WKD WW **(sich ~) 1 zich uitbreiden** • *ein Gerücht breitet sich aus* een gerucht verspreidt zich • *das Feuer breitete sich schnell aus* het vuur greep snel om zich heen **2 zich uitstrekken 3** MIN. **uitweiden** <over thema>

Ausbreitung ZN V (-/+en) **uitbreiding**

ausbrennen 1 OV WW onregelmatig **afbranden, verdorren 2** ONOV WW onregelmatig **opbranden, uitbranden** • *eine ausgebrannte Kehle haben* een uitgedroogde keel hebben • FIG. *sich ausgebrannt fühlen* zich opgebrand voelen/een burn-out hebben

Ausbruch ZN M (+(e)s/-brüche) **1 (het) uitbreken, uitbraak 2** MIL. **doorbraak 3 uitbarsting** <van vulkaan/gevoelens>**, eruptie, uitval** <van woede> • *ein ~ von Verzweiflung* een aanval van wanhoop **4 (het) breken met, vlucht uit**

ausbrüten OV WW **1** OOK FIG. **uitbroeden 2** INFORM. **onder de leden hebben** <van ziekte> • *sie brütet etwas aus* ze wordt ziek

ausbuchen OV WW **1 volboeken** • *das Hotel war völlig ausgebucht* het hotel was helemaal volgeboekt **2** ECON. **schrappen** <van post>**, storneren**

ausbügeln OV WW **1 gladstrijken 2** FIG. **herstellen, in orde brengen** • *sie versuchte es auszubügeln* ze probeerde het weer in orde te brengen

ausbürgern OV WW **staatsburgerschap ontnemen, denaturaliseren**

Ausbürgerung ZN V (-/+en) **denaturalisatie**

auschecken ONOV WW **uitchecken** <uit hotel>

Ausdauer ZN V (-/gmv) **uithoudingsvermogen, volharding**

ausdauern OV + ONOV WW **1 uit-/volhouden, overleven 2 volharden**

ausdauernd BN **1 volhardend 2** PLANTK. **overblijvend, winterhard**

ausdehnbar BN **1 (uit)rekbaar, elastisch 2 uit te breiden**

ausdehnen 1 OV WW **1 (doen) uitzetten, uitbreiden, (uit)rekken, verruimen** • *ein ausgedehntes Frühstück* een uitgebreid ontbijt **2 verlengen** <van verblijf> **2** WKD WW **(sich ~) 1 uitzetten** <door hitte> **2 zich uitbreiden 3 zich uitstrekken** <van land> • *der Wald dehnt sich über den ganzen Berg aus* het bos strekt zich over de hele berg uit

Ausdehnung ZN V (-/+en) **1 uitbreiding 2 uitgestrektheid, omvang 3 verlenging 4** NATK. **uitzetting**

ausdenken 1 OV WW onregelmatig **1 be-/uitdenken** • *es ist nicht auszudenken* het is onvoorstelbaar **2 doordenken 2** WKD WW **(sich ~)** onregelmatig **zich voorstellen, verzinnen** • *ich hatte mir die Sache so schön ausgedacht* ik had me de zaak zo mooi voorgesteld • *sie hat sich die ganze Geschichte nur ausgedacht* ze heeft het hele verhaal gewoon verzonnen • *denk dir was aus!* verzin iets! • *sich etwas Neues ~* iets nieuws verzinnen

ausdienen OV WW INFORM. **niet meer bruikbaar zijn, versleten zijn** • *diese Schuhe haben ausgedient* deze schoenen zijn helemaal op • *er hat ausgedient* hij heeft afgedaan

ausdiskutieren OV WW **uitpraten, doorspreken** • *wir haben das Thema ausdiskutiert* we hebben het onderwerp doorgesproken

ausdrehen OV WW **1 uitdraaien, uitschakelen, uitdoen 2** REG. **uitwringen**

Ausdruck 1 ZN M (+(e)s/-drücke) **uitdrukking, woord, gezegde** • *diesen ~ kenne ich nicht* deze uitdrukking ken ik niet • FIG. *das ist gar kein Ausdruck!* dat is nog zachtjes uitgedrukt! **2** ZN M (+(e)s/gmv) **1 uitdrukking, uiting** • *in ihren Worten kam ihre Verbitterung zum ~* in haar woorden kwam haar verbittering tot uitdrukking • *seinen ~ finden in; zum ~ kommen in* tot uiting/uitdrukking komen in • *seinem Dank ~ verleihen* uiting geven aan zijn dank **2 gezichtsuitdrukking 3** ZN M (+(e)s/+e) **uitvoer, output, computerprint**

ausdrucken OV WW **1** COMP. **afdrukken, printen 2 voluit afdrukken**

ausdrücken 1 OV WW **1** OOK FIG. **uitdrukken, uitpersen** <van fruit> • *eine Zigarette ~* een sigaret uitdrukken **2 tot uitdrukking brengen** <van gevoelens>**, onder woorden brengen 2** WKD WW **(sich ~) 1 zich uitdrukken** • *sich klar ~* zich duidelijk uitdrukken **2 tot uitdrukking komen**

ausdrücklich BN **nadrukkelijk, uitdrukkelijk** • *das habe ich doch ~ gesagt* dat heb ik uitdrukkelijk aangegeven

Ausdruckskraft ZN V (-/gmv) **uitdrukkingskracht, expressiviteit**

ausdruckslos BN **uitdrukkingsloos** <van gezicht>**, zonder expressie**

ausdrucksvoll BN **vol uitdrukking, expressief** • *sie hat ~e Augen* zij heeft sprekende ogen • *ein ~es Gesicht* een expressief gezicht

Ausdrucksweise ZN V (-/+n) **uitdrukkingswijze**

ausdünsten, **ausdunsten** OV + ONOV WW **(uit)dampen, (uit)wasemen**

Ausdünstung ZN V (-/+en) **uitwaseming, transpiratie**

auseinander BW **uiteen, uit elkaar** • *sie sind drei Jahre ~* ze schelen drie jaar • REG., INFORM. *~ sein* uit elkaar zijn <van partners>, van streek zijn

auseinandergehen ONOV WW onregelmatig **1**

stuklopen • *die Ehe ging auseinander* het huwelijk liep stuk **2 uiteengaan, uiteenlopen** • *darüber gingen die Meinungen auseinander* daarover liepen de meningen uiteen **3** INFORM. **uitdijen, dik worden** • *in letzter Zeit ist er sehr auseinandergegangen* de laatste tijd is hij erg uitgedijd

auseinanderkennen OV WW onregelmatig **kunnen onderscheiden** • *Zwillinge nicht ~* tweelingen niet uit elkaar kunnen houden

auseinanderleben WKD WW **(sich ~)** • *sich mit jemandem ~* zich van iemand vervreemden

auseinandernehmen OV WW onregelmatig **1 uit elkaar halen, demonteren 2** SPORT **overwinnen, onderuithalen** • *jemanden ~* iemand onderuithalen

auseinandersetzen 1 OV WW **uiteenzetten** • *jemandem seine Pläne ~* iemand zijn plannen uiteenzetten **2** WKD WW **(sich ~) 1 zich bezighouden met** • *sich mit etwas ~* zich diepgaand bezighouden met iets, over omstreden kwesties van gedachten wisselen **2 in discussie gaan met** • *sich mit jemandem ~* met iemand discussiëren

Auseinandersetzung ZN V (-/+en) **1 (grondige) behandeling 2 uiteenzetting, verklaring 3 discussie, debat** • *eine lebhafte ~* een levendige discussie **4 ruzie, twist** • *eine heftige ~* een heftige ruzie • MIL. *eine militärische ~* een gewapend conflict **5** JUR. **boedelscheiding**

auserkoren BN FORM. **uitverkoren**

auserwählen OV WW FORM. **uitverkiezen** • *das auserwählte Volk* het uitverkoren volk <het Joodse volk>

ausfahrbar BN **uitschuifbaar**

ausfahren OV + ONOV WW sterk **1 uitrijden 2** OOK FIG. **uitvaren** • *gegen jemanden ~* tegen iemand uitvaren/uithalen **3 rondbrengen, bezorgen** <met een voertuig> • *die Post ~* de post bezorgen <met de auto, fiets enz.> **4 volledig benutten** <van capaciteit> **5 op volle snelheid rijden** • *ein Auto ~* een auto inrijden <door de maximumsnelheid te rijden> **6** TECHN. **uitschuiven**

Ausfahrt ZN V (-/+en) **1 (het) uitrijden, (het) uitvaren, vertrek** • *die ~ des Zuges* het vertrek van de trein **2 uitrit** • *~ freihalten!* uitrit vrijhouden! **3 afrit** <van snelweg> • *nächste ~ 5 km* volgende afrit 5 km **4 rijtoer, tochtje**

Ausfall ZN M (+(e)s/-fälle) **1 (het) uitvallen, uitval** • *der ~ des Schulunterrichts* de uitval van lessen **2 verlies, tekort 3 afwezigheid** • *in der Firma gibt es zu viele Ausfälle* in de firma zijn er te vaak mensen afwezig

ausfallen ONOV WW sterk **1 uitvallen, niet doorgaan** • *der Unterricht fällt heute aus* de les valt uit vandaag • *das Fest fällt aus* het feest gaat niet door **2 uitvallen, uitpakken,** <goed, slecht etc.> **gaan** • *die Arbeit fällt gut aus* het proefwerk pakt/valt goed uit • *wie ist der Test ausgefallen?* hoe heeft de toets uitgepakt?, hoe is de toets gegaan? **3 afwezig zijn 4** SCHEIK. **neerslaan**

ausfallend, **ausfällig** BN **beledigend, grof**

Ausfall(s)erscheinung ZN V (-/+en) MED. **uitvalsverschijnselen, gebreksverschijnselen**

Ausfallstraße ZN V (-/+n) **uitvalsweg**

Ausfallzeit ZN V (-/gmv) **1 arbeidsverzuim 2** COMP. **storingstijd/-duur 3** TECHN. **uitvaltijd**

ausfertigen OV WW **1 uitschrijven, verstrekken, afgeven** <van pas> **2 opstellen 3 uitvaardigen** <van wet>

Ausfertigung ZN V (-/+en) **1 afgifte, uitreiking 2 (het) opstellen 3 uitvaardiging** <van wet> **4 kopie** • *in doppelter ~* voorzien van een kopie, in duplo **5** JUR. **afschrift** <van officieel stuk>

ausfindig BN • *jemanden / etwas ~ machen* iemand / iets vinden / opsporen

ausfliegen 1 OV WW sterk **evacueren** <met vliegtuig> **2** ONOV WW sterk **uitvliegen, een uitstapje maken**

ausflippen ONOV WW **1** INFORM. **zijn toevlucht zoeken in drugs 2** INFORM. **de maatschappij de rug toekeren, een drop-out worden 3** FIG. **buiten zichzelf zijn** <van vreugde, enz.>, **over zijn toeren raken, op tilt slaan**

Ausflucht ZN V (-/-flüchte) **uitvlucht, smoesje** • *Ausflüchte machen* smoesjes verzinnen

Ausflug ZN M (+(e)s/-flüge) **1 (het) uitvliegen 2 uitstapje, excursie** • *Ausflüge machen* uitstapjes maken

Ausflügler ZN M (+s/-) **dagjesmens, deelnemer aan uitstapje**

Ausfluss ZN M (+es/-flüsse) **1 (het) wegvloeien 2 afvoer 3** FORM. **consequentie, uitvloeisel 4** MED. **afscheiding**

ausfragen OV WW **uitvragen (nach** +3, **über** +4 **over), uithoren** • INFORM. *in der Schule ausgefragt werden* op school overhoord worden

ausfressen OV WW sterk **1 leegvreten 2 afkalven** <van oever> **3** FIG., INFORM. **uitvreten** • *etwas ~* een streek uithalen • *was habt ihr ausgefressen?* wat hebben jullie uitgespookt **4** FIG., INFORM. **moeten opdraaien voor, boeten (voor)**

Ausfuhr 1 ZN V (-/gmv) **uitvoer, export 2** ZN V (-/+en) **uitgevoerde producten, exportproducten**

ausführbar BN **1 uitvoerbaar 2 geschikt voor export**

ausführen OV WW **1 uitvoeren** <van opdracht> **2 uitvoeren, exporteren 3 uiteenzetten, verklaren** • *etwas weiter ~* iets uitgebreid verklaren **4 mee uit nemen, uitgaan (met), uitlaten** <van hond> • *ihr Mann hat sie fein ausgeführt* haar man heeft haar meegenomen in een deftig restaurant **5** REG. **wegpikken, jatten**

ausführlich BN **uitgebreid, uitvoerig, gedetailleerd** • *eine ausführliche Übersicht* een uitgebreid overzicht • *sich ~ mit etwas beschäftigen* zich uitgebreid met iets bezig houden

Ausführlichkeit ZN V (-/gmv) **uitvoerigheid** • *in aller ~* tot in de kleinste details

Ausführung 1 ZN V (-/+en) **1 uiteenzetting 2 uitvoering** <van product>, **versie 2** ZN V (-/gmv) **1 uitvoering, realisatie** • *einen Plan zur ~ bringen*

een plan tot uitvoering brengen/een plan realiseren **2** afronding

Ausfuhrverbot ZN O (+(e)s/+e) ECON. uitvoerverbod

ausfüllen OV WW **1** (op)vullen, aanvullen **2** invullen <van formulier> • *seinen Namen ~* zijn naam invullen **3** vervullen <van taak> **4** (in) vullen <van tijd>, doorbrengen • *mit dieser Aufgabe ist sein Tag ausgefüllt* met deze taak is zijn dag ingevuld **5** OOK FIG. in beslag nemen • FIG. *ihre Arbeit füllt sie nicht aus* het werk geeft haar geen voldoening

Ausgabe ZN V (-/+n) **1** uitgave **2** uitgifte, afgifte, verdeling • *die ~ neuer Geldscheine* de uitgifte van nieuwe bankbiljetten **3** uitgaven, kosten • *hohe Ausgaben* hoge kosten **4** editie, druk, nummer <van tijdschrift> • *die letzte ~ der Nachrichten* de laatste editie van het nieuws **5** uitvoering <van auto> **6** COMP. output

Ausgabedaten ZN MV COMP. uitvoergegevens, output

Ausgang **1** ZN M (+(e)s/-gänge) **1** uitgang • ECON. *die Ausgänge erledigen* de uitgaande post afhandelen **2** (het) uitgaan, wandeling **2** ZN M (+(e)s/gmv) **1** afloop, einde **2** uitgangspunt, begin

Ausgangspunkt ZN M (+(e)s/+e) uitgangspunt

Ausgangssperre ZN V (-/+n) MIL. uitgaansverbod

ausgeben **1** OV WW sterk **1** afgeven, verstrekken • INFORM. *einen ~* een rondje geven **2** uitgeven <van geld/boek/aandeel> • *Geld für CDs ~* geld uitgeven aan cd's **3** opleveren **4** COMP. (uit)printen **2** WKD WW (**sich ~**) sterk **1** zich uitputten **2** zich uitgeven (**für** +4 voor), zich voordoen • *sich als Kenner ~* zich voordoen als kenner • *sich für den Lehrer ~* zich uitgeven voor leraar

ausgebombt WW → **ausbomben**

ausgebucht WW → **ausbuchen**

ausgedient WW → **ausdienen**

ausgefallen BN apart, ongewoon, buitenissig, excentriek

ausgefeilt WW → **ausfeilen**

ausgefüllt WW → **ausfüllen**

ausgeglichen BN evenwichtig, harmonieus • *sie ist immer ~* ze is een evenwichtig mens • *ein ~er Charakter* een evenwichtig karakter • *ein ~es Klima* een gematigd klimaat

Ausgeglichenheit ZN V (-/gmv) evenwichtigheid

ausgehen ONOV WW +3, sterk **1** OOK FIG. uitgaan • *das Licht geht aus* het licht gaat uit • *er ist mit ihr ausgegangen* hij is met haar uit geweest • *die ~de Post* de uitgaande post • FIG. *~ wie das Hornberger Schießen* uitgaan als een nachtkaars • FIG. *leer ~* met lege handen vertrekken **2** aflopen, eindigen • *das kann nicht gut ~* dat kan nooit goed aflopen • *das ~de Mittelalter* de late middeleeuwen **3** op raken • *mir ging der Atem aus* ik raakte buiten adem • *der Zucker ist ausgegangen* de suiker is op **4** uitvallen **5** afslaan <van motor> **6** uitgaan (**von** +3 van) • *von etwas ~* van iets uitgaan

Ausgehverbot ZN O (+(e)s/+e) MIL. uitgaansverbod

ausgelassen BN uitgelaten, uitbundig • *~ lachen* uitbundig lachen

Ausgelassenheit ZN V (-/gmv) uitgelatenheid, uitbundigheid

ausgelernt BN volleerd

ausgeliefert WW → **ausliefern**

ausgemacht BN **1** uitgemaakt, vaststaand • *eine ~e Sache* een uitgemaakte zaak **2** uitgesproken • *das ist doch ~er Blödsinn* dat is totale onzin **3** zeer, buitengewoon

ausgenommen VOEGW uitgezonderd, behalve • *sie kamen alle, ~ mein Sohn* ze kwamen allen, behalve mijn zoon

ausgeprägt BN uitgesproken, geprononceerd • *ausgeprägter Charakterkopf* gezicht met sprekende trekken

ausgerechnet BW uitgerekend, juist • *das musst ~ du sagen!* dat moet jij nodig zeggen

ausgeschlossen BN uitgesloten, ondenkbaar

ausgeschnitten BN + BW uitgesneden • *ein tief ~es Kleid* een jurk met inkijk

ausgespielt BN • *~ haben* afgedaan hebben

ausgesprochen BN **1** uitgesproken, duidelijk **2** buitengewoon, bijzonder

ausgestalten OV WW **1** organiseren **2** vormgeven (aan), inrichten **3** ontwikkelen (tot)

Ausgestaltung **1** ZN V (-/+en) **1** organisatie • *die ~ der Feier* de invulling van het feest **2** vormgeving **2** ZN V (-/gmv) gestalte, vorm

ausgesucht BN **1** uitgezocht, uitgelezen, exquis • *~e Qualität* uitstekende/prima kwaliteit **2** overgeschoten, resterend

ausgewachsen BN **1** volgroeid, volwassen • *ein ~er Skandal* een groot schandaal **2** REG. vergroeid

ausgewogen BN weloverwogen, evenwichtig, harmonieus • *eine ~e Mahlzeit* een uitgebalanceerde maaltijd

Ausgewogenheit ZN V (-/gmv) evenwichtigheid, harmonie

ausgezeichnet BN uitstekend, voortreffelijk • *das Kleid steht dir ~* die jurk staat je enig • *~e Arbeit!* knap werk!

ausgiebig BN **1** rijkelijk, overvloedig **2** veel opbrengend, winstgevend

ausgießen OV WW sterk **1** uitgieten, leeggieten **2** volgieten, opvullen **3** blussen

Ausgleich **1** ZN M (+(e)s/+e) **1** compromis, schikking **2** (schade)vergoeding, compensatie, vereffening • *zum ~ Ihrer Rechnung* ter vereffening van uw rekening • *als ~ zu seiner Arbeit joggt er abends* als compensatie voor zijn werk gaat hij 's avonds hardlopen **3** SPORT handicap **2** ZN M (+(e)s/gmv) SPORT gelijkmaker <doelpunt> • *den ~ erzielen* de gelijkmaker scoren

ausgleichen **1** OV WW sterk **1** gelijkmaken, opheffen, nivelleren **2** ECON. vergoeden, compenseren, aanzuiveren, vereffenen <van

rekening> • *ein Defizit ~* een tekort aanzuiveren **3** ECON. **in evenwicht brengen** <van balans>, **sluitend maken 4 bijleggen** <van twist> **2** ONOV WW sterk SPORT **gelijkmaken 3** WKD WW **(sich ~)** sterk **elkaar opheffen /compenseren, tegen elkaar opwegen** • *das gleicht sich aus* dat heft elkaar op

Ausgleichssport ZN M (+(e)s/+e) **sport als compensatie voor gebrek aan beweging**

Ausgleichstreffer ZN M (+s/-) SPORT **gelijkmaker**

ausgraben OV WW sterk **1 uit-/opgraven 2** FIG. **oprakelen**

Ausgrabung ZN V (-/+en) **1 opgraving 2 archeologische vondst**

ausgrenzen OV WW **1 afzonderen, buiten beschouwing laten 2 buitensluiten** <van groep>, **marginaliseren**

Ausgrenzung ZN V (-/gmv) **1 uitsluiting 2 marginalisering**

Ausguss ZN M (+es/-güsse) **1 gootsteen 2 afvoer(buis) 3** REG. **tuit 4 afvalwater**

aushaben ONOV WW **1 uit hebben** <van kleding/ boek> **2** REG. **op hebben** <van eten/drinken> **3** INFORM. **uit zijn** <van school> • *wann habt ihr heute aus?* hoe laat zijn jullie vandaag uit?

aushalten 1 OV + ONOV WW sterk **1 uithouden, verdragen** • *ich halte das nicht mehr aus* ik houd dat niet meer uit **2 doorstaan, volhouden** • *den Vergleich mit jemandem ~* de vergelijking met iemand doorstaan **3** MIN. **(financieel) onderhouden, financieren** • *sich ~ lassen* van het geld van een ander leven **4** MUZ. **aanhouden** <van toon> **2** WKD WW **(sich ~)** sterk **zich iets voorbehouden**

aushandeln OV WW **door onderhandelen overeenkomen / bereiken**

aushändigen OV WW **overhandigen**

Aushändigung ZN V (-/gmv) **overhandiging**

Aushang ZN M (+(e)s/-hänge) **openbare kennisgeving, aanplakbiljet, affiche**

aushängen 1 OV WW zwak **1 uithangen, aanplakken, bekendmaken 2 uit hengsels lichten** <van deur> **3** INFORM. **verrekken, ontwrichten 2** ONOV WW sterk **uithangen, bekendmaken 3** WKD WW **(sich ~)** zwak **1 uithangen** <van plooi> **2 uit hengsels raken** <van deur>

Aushängeschild ZN O (+(e)s/+er) OOK FIG. **uithangbord** • *jemanden als ~ benutzen* iemand als uithangbord gebruiken

ausharren ONOV WW **volharden, volhouden**

ausheben 1 OV WW sterk **1 uitlichten** <uit hengsels>, **uitnemen 2 legen** <van nest> **3 (uit)graven 4 oprollen** <van bende>, **gevangennemen 5** REG. **legen** <van brievenbus>, **lichten 6** INFORM. **leegpompen** <van maag> **2** WKD WW **(sich ~)** sterk **ontwrichten**

Aushebung ZN V (-/+en) **1 (het) uitlichten 2 (het) uitgraven 3 gevangenneming 4 lichting** <van brievenbus> **5 (het) leegpompen** <van maag>

aushelfen ONOV WW sterk **1 helpen, bijspringen 2 invallen voor**

Aushilfe ZN V (-/+n) **1 (nood)hulp 2 noodhulp, invaller, tijdelijke kracht, uitzendkracht**

Aushilfskraft ZN V (-/-kräfte) **(nood)hulp, invaller**

aushilfsweise BW **als invaller/vervanger, tijdelijk** • *~ in einem Geschäft arbeiten* als invaller in een winkel werken

aushöhlen OV WW OOK FIG. **uithollen**

ausholen OV + ONOV WW **1 uithalen** • *zum Schlag ~* (de arm) uithalen om te slaan • *wenn man das hört, könnte man ~* als ik dat hoor, zou ik het liefst slaan • *einmal kräftig ~* één keer goed uithalen **2 doorstappen, benen 3** FIG. **uitweiden, breedvoerig zijn** • *weit ~* omstandig vertellen/ver teruggaan **4** INFORM. **uithoren**

aushorchen OV WW **uithoren**

aushungern OV WW **uithongeren**

auskämmen OV WW OOK FIG. **uitkammen**

auskennen WKD WW **(sich ~)** onregelmatig **goed op de hoogte zijn (mit +3 van), bekend zijn met, goed thuis zijn in** • *sich mit einem Gerät ~* bekend zijn met een apparaat • *sich irgendwo ~* ergens goed de weg weten • *sich (überhaupt) nicht ~* heg noch steg weten • *sie kennt sich in der modernen Kunst gut aus* zij heeft een gedegen kennis van moderne kunst, zij is goed thuis in de moderne kunst • *sich bei jemandem nicht ~* iemand niet kunnen begrijpen

ausklammern OV WW **1 buiten beschouwing laten, buitensluiten 2** WISK. **buiten haakjes brengen**

Ausklang ZN M (+(e)s/-klänge) **1** FORM. **einde, afloop 2 slot(akkoord)** <van muziekstuk>

auskleiden OV WW **1** FORM. **uitkleden 2 bekleden**

ausklingen ONOV WW sterk **1 ophouden** <met klinken>, **wegsterven** <van klokgelui> **2 eindigen (mit +3 met)** • *das Fest gemütlich ~ lassen* het feest gezellig laten eindigen

ausklinken 1 OV WW **loshaken, uitwerpen** <van bom> **2** ONOV WW **loskomen, losraken 3** WKD WW **(sich ~) 1** INFORM. **zich loshaken, losgaan 2** INFORM. **zich verwijderen, weggaan** • *er klinkte sich einfach aus* hij ging gewoon weg, hij nam gewoon niet meer deel **3** FIG. **het op de zenuwen krijgen** • *bei mir klinkt es aus* ik krijg het op de zenuwen

ausklopfen OV WW **uitkloppen**

Ausklopfer ZN M (+s/-) **mattenklopper**

ausknipsen OV WW **1** INFORM. **uitknippen** <van schakelaar> **2** INFORM. **uitdrukken** <van sigaret>

auskochen OV WW **1 uitkoken, overkoken 2 steriliseren 3** FIG., MIN. **uitdenken, uitbroeden 4** INFORM. **beslissen**

auskommen ONOV WW sterk **1** OOK FIG. **uitkomen 2 rondkomen** <met geld> • *mit seinem Taschengeld ~* met zijn zakgeld rondkomen • *ohne etwas ~* het zonder iets kunnen redden • *mit seinem Geld kaum ~* de eindjes nauwelijks aan elkaar kunnen knopen **3** REG. **uitbreken** <van brand> **4 ontsnappen 5**

het klaarspelen **6 goed overweg kunnen (mit** +3 **met)** • *mit jemandem gut ~* het goed met iemand kunnen vinden • *miteinander nicht ~ können* het niet met elkaar kunnen rooien • *ohne jemanden nicht ~ können* het niet kunnen stellen zonder iemand

Auskommen ZN O (+s/gmv) **bestaan, inkomen** • *ein knappes ~ haben* net rond kunnen komen • FIG. *mit ihm ist kein Aufkommen* met hem is geen land te bezeilen

auskühlen OV + ONOV WW **afkoelen**

Auskunft ZN V (-/-künfte) **1 inlichting(en), informatie** • *Auskünfte einholen über* +4 inlichtingen inwinnen over, informatie aanvragen • *eine ~ erteilen* informatie verstrekken • *jemandem ~ erteilen über etwas* iemand inlichtingen verstrekken over iets **2 informatiedienst** • *rufen Sie die ~ an* bel met de informatiedienst

auskurieren 1 OV WW INFORM. **volledig gezond maken 2** WKD WW **(sich ~)** INFORM. **volledig genezen, herstellen** • *er hat sich auskuriert* hij is helemaal hersteld

auslachen OV WW **uitlachen**

ausladen OV + ONOV WW sterk **1 uitladen, lossen, ontschepen** • *ein- und ~* laden en lossen **2 uitsteken, uitspringen** <van gebouw> **3 uithalen, uitspreiden** <van armen> • *mit den Armen ~de Bewegungen machen* weidse gebaren maken met zijn armen **4 afzeggen** <van uitnodiging> • *sie hat mich einfach ausgeladen* ze heeft haar uitnodiging aan mij teruggenomen

Auslage ZN V (-/+n) **1 uitstalling, (uitgestald) artikel, etalage 2** SPORT **uitgangspositie/-houding 3** meest MV **onkosten**

auslagern OV WW **1 verkopen** <uit magazijn> **2 in veiligheid brengen 3 elders vestigen** <van afdeling/bedrijf>

Ausland ZN O (+(e)s/gmv) **buitenland**

Ausländer ZN M (+s/-) **buitenlander**

ausländerfeindlich BN **vijandig t.o.v. buitenlanders, xenofoob**

Ausländerin ZN V (-/+nen) **buitenlandse**

ausländisch BN **buitenlands** • *ausländisches Geld* vreemde valuta

Auslandsaufenthalt ZN M (+(e)s/+e) **verblijf in het buitenland**

Auslandsbeziehungen ZN MV **buitenlandse betrekkingen**

auslassen 1 OV WW sterk **1 uitlaten** • *ausgelassen* uitgelaten **2 weglaten, overslaan, missen** • *keine Chance ~* geen kans voorbij laten gaan • *den Ausflug ~* bij het uitstapje niet meegaan **3 loslaten, met rust laten 4 afreageren (an** +3 **op), luchten** • *seine Rache an jemandem ~* zich op iemand wreken **2** WKD WW **(sich ~) zich uitlaten, zich uiten** • *sich über jemanden ~* zich over iemand uitlaten

Auslassung ZN V (-/+en) **1 weglating 2 uitspraak, uitlating(en)**

Auslassungszeichen ZN O (+s/-) TAALK. **weglatingsteken, apostrof**

auslasten OV WW **1 vol laden 2** FIG. **volledig benutten** • *einen Betrieb auslasten* de capaciteit van een bedrijf volledig benutten • *der Betrieb ist nicht ausgelastet* het bedrijf heeft overcapaciteit **3 in beslag nemen** • *nicht ausgelastet sein* niet genoeg te doen hebben

Auslastung ZN V (-/+en) **volledige belasting / benutting**

Auslauf ZN M (+(e)s/-läufe) **1 uitloop, (uit)monding** • *in den Ausläufen der Stadt* in de voorsteden • *das Wasser sucht sich einen ~* het water zoekt een uitweg **2 afvoer 3 bewegingsvrijheid** • *der Hund braucht ~* de hond heeft beweging nodig **4 (kippen)ren 5** SPORT **uitloop(baan)**

auslaufen 1 ONOV WW sterk **1 uitvaren** <van schip>, **vertrekken** • *das Schiff ist fertig zum Auslaufen* het schip ligt klaar om uit te varen **2 weg-/leeglopen, lekken** • *die Flasche läuft aus* de fles lekt **3 aflopen, stoppen, eindigen, tot stilstand komen** • *der Vertrag läuft aus* het contract loopt af • *das Modell läuft aus* dit model wordt niet meer gemaakt **4 overgaan (in** +4 **in) 5** SPORT **uitlopen 2** WKD WW **(sich ~)** sterk **een eind wandelen** <voor conditie>

Auslaufmodell ZN O (+s/+e) ECON. **model van de vorige collectie, model dat niet meer in productie is**

Auslaut ZN M (+(e)s/+e) TAALK. **eindklank**

auslauten ONOV WW TAALK. **eindigen (mit** +3 **op)**

ausläuten OV + ONOV WW **uitluiden** • *das alte Jahr ~* het oude jaar uitluiden

ausleben 1 ONOV WW FORM. **(ten volle) ontplooien 2** WKD WW **(sich ~) 1 zich uitleven, ten volle genieten 2** FORM. **gestalte krijgen**

auslecken OV WW **uitlikken**

ausleeren OV WW **weg-/leeggieten, leegmaken**

auslegen OV WW **1 uitleggen, ter inzage leggen** • *Faltblätter ~* folders neerleggen **2 uitstallen, etaleren, uitspreiden 3 leggen (in), bedekken 4 voorschieten** <van geld> • *kannst du mir was ~?* kun je mit iets voorschieten? **5 verklaren, interpreteren** <van wet> • *die Bibel ~* de bijbel interpreteren **6** TECHN. **berekenen op, construeren** • *das Gerät ist ausgelegt auf 150 kg* het toestel is berekend op 150 kg

Auslegung ZN V (-/+en) **1 uitstalling 2 interpretatie**

ausleiern OV + ONOV WW **1 uitrekken** <van elastiek/veer>, **uitgerekt worden 2** TECHN. **doldraaien** <van schroef> • *ein ausgeleiertes Gewinde* een versleten schroefdraad

Ausleihe ZN V (-/+n) **1 uitleen, uitlening 2 uitleenbureau**

ausleihen OV WW sterk **(uit)lenen** • *ich habe mir ein Buch bei/von ihr ausgeliehen* ik heb een boek van haar geleend • *jemandem etwas ~* iemand iets te leen geven/uitlenen

auslernen ONOV WW **een leertijd/studie beëindigen** • *man lernt nie aus* je bent nooit te oud om te leren

Auslese ZN V (-/+n) **1 keuze, selectie** • *natürliche ~* natuurlijke selectie **2 keur, elite,**

kwaliteitssoort <van wijn> **3** bloemlezing
auslesen ov + onov ww sterk **1** uitlezen <van boek> • *ich habe mein Buch ausgelesen* ik heb mijn boek uit **2** uitzoeken, sorteren **3** uitkiezen
ausleuchten ov ww **1** geheel verlichten **2** FIG. belichten
ausliefern ov ww +3 **1** uitleveren (**an** +4 aan), overleveren • *dem Feind ~* aan de vijand uitleveren • *jemandem ganz und gar ausgeliefert sein* helemaal overgeleverd zijn aan iemand **2** (af)leveren, bezorgen
Auslieferung ZN V (-/+en) **1** uitlevering **2** (af)levering (aan detailhandel) **3** (centraal) magazijn
ausliegen onov ww sterk **1** uitgestald liggen **2** ter inzage liggen • *~de Zeitschriften* ter inzage liggende tijdschriften **3** uitgezet zijn <van val>
auslöffeln ov ww uitlepelen, oplepelen
ausloggen onov ww uitloggen • *sich ~* uitloggen
auslöschen **1** ov ww zwak **1** blussen, doven **2** uitvegen, uitwissen <van sporen/herinnering> • *alle Erinnerungen ~* alle herinneringen uitwissen **3** FORM. doden • *eine ganze Familie ~* een heel gezin vermoorden **2** onov ww sterk uitgaan, uitdoven
Auslöschung ZN V (-/gmv) FORM. (volledige) verwoesting / vernietiging
auslosen ov ww uitloten
auslösen ov ww **1** bedienen, in werking stellen **2** halen uit, verwijderen • *Fleisch ~* vlees van de bot halen **3** veroorzaken, teweegbrengen • *Heiterkeit ~* hilariteit veroorzaken • *das Programm löste viele Emotionen aus* het programma maakte veel emoties los
Auslöser ZN M (+s/-) **1** aanleiding • *der ~ für ihren Wutausbruch* de aanleiding voor haar driftbui **2** BIOL., PSYCH. ontspanner **3** TECHN. relais, losser, ontgrendelinrichting, ontspanner <van fototoestel>
Auslosung ZN V (-/+en) (uit)loting
Auslösung ZN V (-/+en) TECHN. trigger
ausmachen ov ww **1** OOK FIG. uitmaken • *das macht mir nichts aus* dat maakt mij niet uit • *5 PS mehr oder weniger machen kaum was aus* 5 pk meer of minder doet er weinig toe • *das macht schon etwas aus* dat is een heel verschil • *eine ausgemachte Sache* een voldongen feit, een uitgemaakte zaak **2** INFORM. uitdoen, doven • *das Licht ~* het licht uitdoen **3** MIN. rooien **4** uitvechten • *macht das unter euch aus* vecht dat onder elkaar uit **5** afspreken • *einen Termin ~* een datum afspreken **6** vaststellen, opsporen • *sie haben den Täter in Spanien ausgemacht* ze hebben de dader in Spanje opgespoord **7** bedragen <van prijs>
ausmalen **1** ov ww **1** (be)schilderen, (in)kleuren **2** FIG. afschilderen, beschrijven **2** WKD WW (**sich ~**) zich voorstellen • *sich etwas ~* zich een voorstelling maken van
Ausmaß ZN O (+es/+e) omvang, afmeting, mate, dimensie • *in hohem Ausmaß* in hoge mate • *ungeheure Ausmaße annehmen* enorme proporties aannemen
ausmessen ov ww sterk op-/uitmeten
ausmisten ov ww **1** OOK FIG. uitmesten **2** INFORM. weggooien
Ausnahme ZN V (-/+n) uitzondering • FIG. *Ausnahmen bestätigen die Regel* uitzonderingen bevestigen de regel • *eine seltene/große ~* een hoge uitzondering • *ohne ~* zonder uitzondering
Ausnahmefall ZN M (+(e)s/-fälle) uitzonderingsgeval, speciaal geval
Ausnahmezustand ZN M (+(e)s/gmv) **1** uitzonderingstoestand **2** noodtoestand • *den ~ verhängen* de noodtoestand afkondigen
ausnahmslos BN zonder uitzondering
ausnahmsweise BW bij wijze van uitzondering • *ganz ~* bij hoge uitzondering
ausnehmen **1** ov ww sterk **1** uitnemen, leeghalen <van nest> **2** uitzonderen, uitsluiten **3** schoonmaken, van ingewanden ontdoen • FIG. *jemanden ~ wie eine Weihnachtsgans* iemand tot op het hemd uitkleden **4** MIN. afzetten, plunderen **5** MIN. uithoren **2** WKD WW (**sich ~**) sterk **1** tot zijn recht komen **2** OOST. waarnemen, onderscheiden
ausnehmend BN FORM. uitnemend, uitzonderlijk, buitengewoon
ausnüchtern ov ww ontnuchteren
Ausnüchterung ZN V (-/+en) ontnuchtering
ausnutzen, **ausnützen** ov ww **1** benutten, gebruiken, profiteren van • *sie nutzt ihn nur aus* ze benut hem alleen maar • *die Gelegenheit ~* van de gelegenheid gebruikmaken • *ich komme mir ausgenutzt vor* ik voel me gebruikt **2** uitbuiten, exploiteren
Ausnutzung, **Ausnützung** ZN V (-/gmv) gebruik(making), exploitatie, benutting
auspacken ov + onov ww **1** OOK FIG. uitpakken **2** INFORM. vertellen, zijn hart luchten **3** INFORM. verraden <van geheim> • *der Anwalt hat gegenüber der Presse ausgepackt* de advocaat heeft bij de pers alles verklapt
ausplaudern **1** ov ww verklappen, loslaten **2** WKD WW (**sich ~**) REG. uitpraten, babbelen
auspowern ov ww MIN. uitbuiten, plunderen, uitmergelen
ausprägen **1** ov ww munten, slaan <van munten> • *ausgeprägt* uitgesproken, geprononceerd **2** WKD WW (**sich ~**) **1** tot uitdrukking komen, zich manifesteren **2** zich ontwikkelen
auspressen ov ww OOK FIG. uitpersen
ausprobieren ov ww uitproberen, (uit)testen
Auspuff ZN M (+(e)s/-puffe) TECHN. uitlaat
auspumpen ov ww uit-/leegpompen
auspusten ov ww INFORM. uitblazen
ausquetschen ov ww **1** OOK FIG. uitpersen **2** INFORM. uithoren
ausradieren ov ww **1** uitwissen, uitgommen **2** MIN. (totaal) verwoesten, uitroeien, wegvagen • FIG. *etwas aus seinem Gedächtnis ~* iets uit zijn geheugen bannen
ausrangieren ov ww **1** uitrangeren <van trein> **2** INFORM. uitrangeren, afdanken • *jemanden ~*

iemand op een zijspoor zetten

ausrasten ONOV WW **1** TECHN. **losspringen, losdraaien 2** FIG., INFORM. **uit zijn vel springen, over zijn toeren raken, doordraaien** • *bei der Nachricht rastete er völlig aus* bij het horen van dat bericht raakte hij over zijn toeren, werd hij woedend

ausrauben OV WW **leegroven, plunderen, beroven**

ausräumen OV WW **1 uit-/ontruimen, leegruimen 2** MED. **curetteren 3** FIG. **uit de weg ruimen 4** INFORM. **leegroven**

ausrechnen OV WW **uitrekenen, berekenen** • *ausgerechnet heute* uitgerekend/juist vandaag • *das hatte ich mir ~ können* dat had ik kunnen weten/nagaan • *sich Chancen ~* een (goede) kans denken te maken

Ausrede ZN V (-/+n) **uitvlucht, smoesje** • *faule/billige Ausreden* goedkope uitvluchten • *nur keine Ausreden!* geen uitvluchten alsjeblieft! • *dumme Ausreden* allemaal smoesjes • *jemandem mit faulen Ausreden kommen* iemand smoesjes verkopen

ausreden 1 OV WW **uit het hoofd praten** • *jemandem etwas ~* iemand iets uit het hoofd praten • *sie wollten ihm diesen Plan ~* ze wilden hem dit plan uit het hoofd praten **2** ONOV WW **uitpraten, uitspreken** • *lässt du mich bitte ~?* mag ik een uitpraten? **3** WKD WW (**sich ~**) REG. **zijn hart luchten**

ausreichen ONOV WW **1 volstaan, voldoende zijn** • *das Essen reicht für zwei Personen aus* het eten is voldoende voor twee personen • *das Geld reicht zu dem Vorhaben aus* het geld is voldoende voor het plan **2** INFORM. **mit uitkomen met**

ausreichend BN **genoeg, voldoende** • *die Note 'ausreichend' bekommen* een 'voldoende' (zesje) als cijfer krijgen • *~e Gründe* voldoende reden

ausreifen ONOV WW OOK FIG. **(volledig) rijpen**

Ausreise ZN V (-/+n) **reis** <waarmee je een stad, land verlaat> • *bei der ~ aus Belgien* bij het verlaten van België

ausreisen ONOV WW **het land uit gaan, (uit) reizen**

Ausreisevisum ZN O (+s/-visen, -visa) **uitreisvisum**

ausreißen OV + ONOV WW sterk **1 uitscheuren, uitrukken, uittrekken 2** INFORM. **weglopen, ontsnappen, ervandoor gaan** • *von zu Hause ~* van huis weglopen • *der Hund ist ausgerissen* de hond is ontsnapt **3** SPORT **wegsprinten van, een voorsprong maken op**

Ausreißer ZN M (+s/-) **1** INFORM. **wegloper, weglopertje, deserteur 2** SPORT **haas**

ausreiten ONOV WW sterk **1 uitrijden** <te paard> **2 het uiterste vergen van**

ausrenken OV WW **verrekken, ontwrichten** • *sie hat sich den Arm ausgerenkt* zij heeft haar arm ontwricht

ausrichten OV WW **1 uitrichten, tot stand brengen** • *er kann nichts ~* hij kan niets doen **2 voorbereiden, organiseren** • *eine Feier ~* een feest organiseren **3 overbrengen** <van groet/boodschap>, **doorgeven** • *jemandem etwas ~* aan iemand iets doorgeven • *kann ich ihm etwas ~?* kan ik iets aan hem doorgeven? • *ich soll dir von Eva ~, dass ...* ik moet je van Eva zeggen, dat ... • *Grüße/Glückwünsche ~* groeten/gelukwensen overbrengen **4** TECHN. **juist afstellen** <van instrument>, **uitlijnen 5** FIG. **richten, afstemmen (auf** +4, **nach** +3 **op), oriënteren 6** INFORM. **kwaadspreken**

Ausrichtung ZN V (-/gmv) **1 (het) organiseren 2 (het) afstemmen, (het) oriënteren 3** TECHN. **uitlijning**

Ausritt ZN M (+(e)s/+e) **(het) uitrijden** <te paard>, **rit(je)**

ausrollen OV + ONOV WW **1 uitrollen, platrollen** • *Teig ~* deeg uitrollen **2 tot stilstand komen**

ausrotten OV WW OOK FIG. **uitroeien, verdelgen** <van ongedierte> • FIG. *etwas mit Stumpf und Stiel ~* iets met wortel en tak uitroeien

Ausrottung ZN V (-/gmv) **uitroeiing, verdelging**

ausrücken 1 OV WW **1 laten uitspringen** <van tekst> **2** TECHN. **ontkoppelen, uitschakelen 2** ONOV WW **1** MIL. **uitrukken 2** INFORM. **ervandoor gaan, 'm smeren**

Ausruf ZN M (+(e)s/+e) **uitroep, kreet** • *~ des Staunens* kreet van verbazing

ausrufen OV WW sterk **1 uitroepen, proclameren 2 afroepen, omroepen** <met luidspreker>

Ausrufer ZN M (+s/-) **omroeper**

Ausrufezeichen, **Ausrufungszeichen** ZN O (+s/-) **uitroepteken**

ausruhen 1 OV WW **laten rusten** • *seine Augen ~* zijn ogen laten rusten **2** ONOV WW **uitrusten** • *sie muss erstmal ~* ze moet eerst uitrusten • *ausgeruht aussehen* er uitgerust uitzien **3** WKD WW (**sich ~**) **uitrusten** • *ich kann mich selten ~* ik kan zelden uitrusten

ausrüsten OV WW **uitrusten (mit** +3 **met)**

Ausrüstung ZN V (-/+en) **uitrusting**

ausrutschen ONOV WW **1 uitglijden, een schuiver maken** • *auf einer Bananenschale ~* uitglijden over een bananenschil **2 uit de hand glijden, uitschieten** • *das Messer ist mir ausgerutscht* het mes gleed uit mijn hand

Ausrutscher ZN M (+s/-) **1 (het) uitglijden, schuiver 2 misstap, flater, blunder 3** SPORT **onverwachte nederlaag**

aussäen OV WW **zaaien**

Aussage ZN V (-/+n) **1 uitspraak, oordeel 2** JUR. **verklaring, getuigenis** • *eine ~ machen* een verklaring afleggen **3** LETTERK. **expressie, uitdrukkingskracht 4** TAALK. **gezegde**

aussagen OV WW **1 zeggen, tot uitdrukking brengen 2** JUR. **verklaren, getuigen** • *~ gegen* getuigen tegen • *falsch ~* valse getuigenis afleggen • *für jemanden ~* voor iemand getuigen **3** KUNST **uitdrukkingskracht hebben**

Aussagesatz ZN M (+es/-sätze) TAALK. **mededelende zin**

aussätzig BN MED. **melaats, lepreus** • *jemanden wie einen Aussätzigen behandeln* iemand mijden als

de pest
ausschalten OV WW TECHN., OOK FIG. **uitschakelen** • *den Fernseher ~* de tv uitzetten • *er hatte seine Konkurrenten ausgeschaltet* hij had zijn concurrenten weggevaagd
Ausschaltung ZN V (-/+en) **uitschakeling**
Ausschank ZN M (+(e)s/-schänke) **1 (het) tappen, (het) schenken 2 buffet, tap(kast) 3 café, kroeg**
Ausschau ZN V (-/gmv) **(het) uitkijken** • *~ halten nach jemandem/etwas* uitzien/uitkijken naar iemand/iets
ausschauen ONOV WW **1 uitkijken, uitzien 2 eruitzien** • INFORM. *wie schaut's aus?* hoe gaat 'ie?
ausscheiden OV + ONOV WW sterk **1** <lichaam> **uitscheiden, afscheiden 2 af-/uittreden** <van functie>, **zijn ontslag nemen** • *aus einem Amt ~* een ambt neerleggen **3 niet in aanmerking komen** • *die Möglichkeit scheidet aus* deze mogelijkheid komt niet in aanmerking **4** SPORT **afvallen, uitvallen** • *ausgeschieden sein* eruit liggen • *im Wettkampf ~* in de wedstrijd uitgeschakeld worden
Ausscheidung 1 ZN V (-/+en) SPORT **voorronde, kwalificatieronde 2** ZN V (-/gmv) **1 uit-/afscheiding 2 (het) afvallen 3** ZN V (-/meest mv) **uitwerpselen, ontlasting**
ausschenken OV WW **1 (uit)schenken** <van alcohol>, **tappen 2 inschenken**
ausscheren ONOV WW **de file/formatie verlaten, uitzwenken, uitwijken** • *nach links ~* naar links zwenken
ausschimpfen OV WW **uitschelden**
ausschlachten OV WW **1 schoonmaken** <van slachtvee>, **van ingewanden ontdoen 2** INFORM. **uithalen, (uit)slopen** • *ein altes Auto ~* een oude auto voor onderdelen slopen **3** MIN. **uitbuiten** • MEDIA *eine Geschichte ~* het laatste uit een verhaal halen
ausschlafen ONOV WW sterk **uitslapen**
Ausschlag ZN M (+(e)s/-schläge) **1** MED. **uitslag** • *sie hat einen komischen ~* ze heeft een rare uitslag **2 (het) uitslaan, uitwijking** <van wijzer> **3** FIG. **doorslag** • *dieses Argument hat den ~ gegeben* dit argument heeft de doorslag gegeven
ausschlaggebend BN **doorslaggevend, beslissend**
ausschließen OV WW sterk **1** OOK FIG. **uit-/buitensluiten** • *das schließe ich aus* dat sluit ik uit • *er hat sich selbst ausgeschlossen* hij heeft zichzelf buitengesloten • *sich ausgeschlossen fühlen* zich buitengesloten voelen **2 royeren** <van lid>
ausschließlich 1 BN **exclusief 2** BW **uitsluitend 3** VZ +2, **uitgezonderd, behalve, exclusief, ... niet inbegrepen** • *~ Versandkosten* verzendkosten niet inbegrepen • *~ Wein* exclusief (de) wijn
Ausschließlichkeit ZN V (-/gmv) **exclusiviteit**
Ausschließung ZN V (-/+en) **1 uit-/buitensluiting 2 royering** <van lid>, **royement**
ausschlüpfen ONOV WW **1 uitkomen** <van ei> • *die Küken schlüpfen aus* de eitjes komen uit **2 ontpoppen** <van vlinder>
Ausschluss ZN M (+es/-schlüsse) **1 uit-/buitensluiting** • *unter ~ der Öffentlichkeit* achter gesloten deuren **2 royering** <van lid>, **royement** • *den ~ eines Mitglieds beantragen* een verzoek tot het royeren van een lid indienen
ausschmücken OV WW **1 ver-/opsieren, (op) tooien, decoreren 2** FIG. **opsmukken** <van verhaal>
Ausschmückung ZN V (-/+en) **1 (het) versieren 2 versiering, decoratie 3** FIG. **opsmuk, franje**
ausschneiden OV WW sterk **uitsnijden, uitknippen**
Ausschnitt ZN M (+(e)s/+e) **1 uitsnijding, opening 2 decolleté** • *ein tiefer ~* een diep decolleté **3 fragment** • *ein ~ aus einem Film* een fragment van een film **4 (kranten)knipsel** • *Seide verkauft man im ~* zijde verkoopt men per meter
ausschöpfen OV WW **1 uit-/leegscheppen 2** FIG. **uitputten, volledig benutten**
ausschreiben OV WW sterk **1 (uit)schrijven, voluit schrijven** • *jemandem eine Quittung ~* voor iemand een kwitantie schrijven **2 aanbesteden** • *eine Stelle ~* een vacature aanbieden
Ausschreibung ZN V (-/+en) **1 aanbesteding** • *öffentliche ~* openbare aanbesteding **2 uitschrijving 3 oproep 4** SPORT **aankondiging**
Ausschreitung ZN V (-/+en, meest mv) **1 gewelddadigheden, ongeregeldheden 2** FORM. **uitspatting**
Ausschuss ZN M (+es/-schüsse) **1 comité, commissie** • *Mitglied eines Ausschusses sein* lid van een commissie zijn, in een commissie zitten **2 uitschot, afval(materiaal)**
ausschütteln OV WW **uitschudden, uitkloppen** <van (stof)doek>
ausschütten OV WW **1** OOK FIG. **uitstorten, uit-/leeggieten** • *Geschenke über jemanden ~* iemand met cadeaus overladen • *jemandem sein Herz ~* bij iemand zijn hart uitstorten • FIG. *sich ~ vor Lachen* zich een ongeluk/een bult lachen **2 uitkeren** <van dividend>, **uitbetalen** • *Dividende ~* dividend uitkeren
Ausschüttung ZN V (-/+en) **uitkering** <van dividend>
ausschweifend BN **overdreven, buitensporig, excessief, losbandig** • *ein ~es Leben führen* een losbandig leven leiden
Ausschweifung ZN V (-/+en) **1 overdrijving, buitensporigheid, mateloosheid 2 losbandigheid, uitspatting, exces**
ausschweigen WKD WW **(sich ~)** sterk **zwijgen als het graf, niets loslaten (über** +4 **over)** • *er schweigt sich aus* hij praat er niet over
ausschwenken OV + ONOV WW **1 af-/uitzwenken 2 (uit)spoelen 3** BOUW **naar buiten draaien** <van hijskraan>
ausschwitzen OV WW **uitzweten**
Aussegnungshalle ZN V (-/+n) **aula, rouwcentrum, uitvaartcentrum**
aussehen ONOV WW sterk **1 eruitzien** • *schlecht/*

müde/gesund/schön ~ er slecht/moe/gezond/mooi uitzien • *er sieht jünger aus, als er ist* hij ziet er jonger uit dan hij is • *so sieht er furchtbar aus* zo ziet hij er niet uit • INFORM. *wie siehst du denn aus!; wie du aber aussiehst!* wat zie jij eruit! • *wie sieht nur dein Zimmer aus!* wat ziet de kamer eruit! • *das sieht furchtbar aus* het is geen gezicht • *es sieht schlecht für dich aus* het ziet er slecht uit voor je • INFORM. *so siehst du aus!* dat had je gedacht!, geen sprake van! **2 ernaar uitzien, lijken** • *es sieht jetzt so aus, dass ...* het ziet er nu naar uit, dat ... • *es sieht nach Regen aus* het ziet ernaar uit dat we regen krijgen • *wie es aussieht* zoals het ernaar uitziet • *das sieht nur so aus* dat lijkt maar zo • *es sieht allerdings danach aus* het ziet er wel naar uit • *wie sieht es mit der Terminplanung aus?* hoe staat het met de tijdsplanning?

Aussehen ZN O (+s/gmv) **uiterlijk, voorkomen**

außen BW **(van) buiten, aan de buitenkant** • *Hilfe von ~ brauchen* hulp van buitenaf nodig hebben • N-D *etwas ~ vor lassen* iets buiten beschouwing laten

Außenbezirk ZN M (+(e)s/+e) **buitenwijk**

aussenden OV + ONOV WW onregelmatig **1 uitzenden, uitsturen** • *eine Expedition ~* een expeditie uitzenden • *einen Techniker ~* een technicus uitzenden **2 uitzenden** <van radio-/tv-programma> • *Radio Bremen sendete dieses Hörspiel aus* radio Bremen zond dit hoorspel uit **3** NATK. **uitstralen**

Außendienst ZN M (+(e)s/+e) **buitendienst**

Aussendung ZN V (-/+en) **1 (het) uitzenden 2 uitzending** <van signalen>**, transmissie 3** OOST. **rondschrijven, bekendmaking**

Außenhandel ZN M (+s/gmv) **buitenlandse handel**

Außenminister ZN M (+s/-) **minister van Buitenlandse Zaken**

Außenministerium ZN O (+s/-rien) **ministerie van Buitenlandse Zaken**

Außenpolitik ZN V (-/gmv) **buitenlandse politiek**

außenpolitisch BN **de buitenlandse politiek betreffend** • *außenpolitische Debatte* debat over de buitenlandse politiek

Außenseite ZN V (-/+n) **buitenkant, buitenzijde**

Außenseiter ZN M (+s/-) **1 buitenstaander, buitenbeentje, (sociaal) randfiguur 2** SPORT **outsider**

Außenstehende ZN M/V (+n/+n) **buitenstaander, outsider**

Außenstelle ZN V (-/+n) **bijkantoor, buitendienst**

Außenwelt ZN V (-/gmv) **buitenwereld**

äußer BN **1 buitenst, buiten-, uitwendig** • *die äußeren Häuser* de buitenste huizen • *äußere Verletzungen* uitwendige verwondingen **2 uiterlijk, van buitenaf** • *äußere Umstände* omstandigheden van buitenaf **3 buitenlands** • *der Minister des Äußeren* de minister van Buitenlandse Zaken

außer 1 VZ +3**, buiten, behalve, uitgezonderd** • *~ Gefahr* buiten gevaar • *ich bin ganz ~ mir vor Freude* ik ben helemaal buiten mezelf van blijdschap • *ich geriet ~ mir vor Wut* ik raakte buiten mezelf van woede • FORM. *~ Hause* buitenshuis • *sich ~ Stande fühlen* zich niet in staat voelen • *alle ~ dir* allen behalve jij **2** VOEGW **behalve, tenzij** • *~ dass* behalve dat • *~ wenn* tenzij, behalve wanneer

außerberuflich BN **buiten de werktijd, privé**

außerdem BW **bovendien** • *~ ist sie auch noch sehr nett* bovendien is zij ook nog heel aardig

Äußere ZN O (+n/gmv) **uiterlijk, voorkomen** • *ein Herr von jugendlichem Äußerem* een heer met een jeugdig uiterlijk

außerehelich BN **buitenechtelijk** • *eine außereheliche Beziehung* een buitenechtelijke relatie

außergewöhnlich BN **buitengewoon** • *außerordentlicher Professor* buitengewoon hoogleraar • *ein außergewöhnliches Talent* een uitzonderlijk talent

außerhalb 1 BW **buiten(af)** • *er wohnt ~* hij woont buiten • *jemand von ~* iemand van buiten **2** VZ +2**, buiten** • *~ der Stadt* buiten de stad • *~ der Geschäftszeit* buiten kantoortijd

außerirdisch BN **buitenaards**

äußerlich BN **1 uiterlijk, uitwendig** • *äußerliche Kennzeichen* uiterlijke kenmerken • *nur zur äußerlichen Anwendung; nur für äußerliche Anwendung* alleen voor uitwendig gebruik <bijsluiter> **2 oppervlakkig 3 onbelangrijk, bijkomstig**

Äußerlichkeit ZN V (-/+en) **uiterlijkheid, bijkomstigheid** • *das sind bloße Äußerlichkeiten* dat zijn maar uiterlijkheden

äußern 1 OV WW **uiten, te kennen geven** • *seine Freude ~* zijn vreugde uiten • *seinen Dank ~* uiting geven aan zijn dank **2** WKD WW **(sich ~) 1 zich uitlaten (über** +4 **over)** • *sich negativ über jemanden ~* zich negatief over iemand uitlaten • *dazu möchte ich mich nicht ~* daar wil ik me niet over uitlaten, daar wil ik geen uitspraken over doen **2 zich openbaren (in** +3**, durch** +4 **in)** • *seine Unzufriedenheit äußert sich in Depressionen* zijn ontevredenheid openbaart zich in depressies

außerordentlich BN **buitengewoon, uitzonderlijk, ongewoon, uitermate**

außerplanmäßig BN **1 niet volgens plan, extra 2 buiten de dienstregeling** • *außerplanmäßige Züge* extra treinen

außerschulisch BN **buitenschools**

äußerst BN **uiterst, (aller)grootst, laatst** • *von äußerster Wichtigkeit* van het allergrootste belang • *im äußersten Fall* in het uiterste geval

außerstand(e) BW **niet in staat**

Äußerste ZN O (+n/gmv) **uiterste** • *bis zum Äußersten gehen* tot het uiterste gaan • *auf das ~ gefasst sein* op het ergste voorbereid zijn • *sein Äußerstes tun* zijn uiterste best doen

Äußerung ZN V (-/+en) **uitspraak, uiting, uitlating, teken (van)** • *politische Äußerungen* politieke uitlatingen / standpunten

aussetzen 1 OV + ONOV WW **1 uitzetten 2 te**

vondeling leggen • *ein Kind ~* een kind te vondeling leggen **3 (plotseling) ophouden, stokken** <van adem>, **afslaan** <van motor> **4 onderbreken** • *bei einem Spiel einmal ~ müssen* bij een spelletje een ronde moeten overslaan **5 blootstellen aan** • *jemanden einer Gefahr ~* iemand aan een gevaar blootstellen • *dem Winde ausgesetzt* aan de wind blootgesteld **6 uitloven** <van beloning> • *eine Prämie ~* een premie uitloven **7 aanmerken (an** +3 **op)** • *was ist an ihm auszusetzen?* wat is er op hem aan te merken? • *an allem etwas auszusetzen haben* overal wat op aan te merken hebben **8 uitstellen 9** JUR. **schorsen 2** WKD WW **(sich ~)** +3, **zich blootstellen aan** • *sie setzt sich dem ganzen Stress aus* ze stelt zich bloot aan al die stress

Aussetzung ZN V (-/+en) **1 uitzetting 2 (het) te vondeling leggen 3 onderbreking 4 (het) uitloven 5** JUR. **schorsing**

Aussicht ZN V (-/+en) **1 uitzicht** • *in den Bergen hat man schöne Aussichten* in de bergen heb je mooie uitzichten **2 uitzicht, vooruitzicht** • *jemandem etwas in ~ stellen* iemand iets in het vooruitzicht stellen • *~ auf eine Stelle haben* uitzicht op een baan hebben • *mir steht etwas in ~* ik heb iets in het vooruitzicht • *sie hat gute Aussichten die Prüfung zu bestehen* ze heeft een goede kans om het proefwerk te halen

aussichtslos BN **uitzichtloos, hopeloos, zonder perspectief**

Aussichtslosigkeit ZN V (-/gmv) **uitzichtloosheid**

Aussichtspunkt ZN M (+(e)s/+e) **1 uitzichtspunt 2 uitkijktoren**

aussichtsreich BN **1 veelbelovend 2 met goed uitzicht** <van huis>

Aussichtsturm ZN M (+(e)s/-türme) **uitkijktoren**

Aussiedler ZN M (+s/-) **emigrant** <in het bijzonder mensen van Duitse afkomst uit Oost-Europa>

aussitzen 1 OV WW **1** FIG. **uitzitten** • FIG. *einen Skandal ~* een schandaal uitzitten **2 indrukken, pletten** <door zitten> **3 uitbroeden 2** ONOV WW **doorzitten** <paardrijden>

Aussöhnung ZN V (-/+en) **verzoening** • *die ~ unter den Völkern* de verzoening van de volkeren

aussortieren OV WW **1 uitsorteren, uitzoeken 2 (uit)selecteren**

ausspannen OV + ONOV WW **1 uitspannen 2 zich ontspannen, relaxen** • *du musst mal richtig ~* je moet een keertje echt relaxen **3** INFORM. **wegkapen, afsnoepen** • *jemandem die Freundin ~* iemand zijn vriendin afpikken **4** INFORM. **lenen (van)**

aussparen OV WW **1 uitsparen** <van ruimte> **2 overslaan, buiten beschouwing laten**

Aussparung ZN V (-/+en) **uitsparing**

aussperren OV WW **1 buitensluiten 2** ECON. **uitsluiten** <van stakers>

ausspielen OV + ONOV WW **1** OOK FIG. **uitspelen** • *sie spielt die beiden gegeneinander aus* ze speelt de twee tegen elkaar uit **2 uitkomen** <kaarten>, **beginnen** • FIG. *den letzten Trumpf ~* je laatste troef uitspelen **3** SPORT **spelen om** <prijs>, **(een tegenstander) uitspelen** <aftroeven> **4** SPORT **niet aan bod laten komen 5** TON. **tot in details goed spelen** • FIG. *er hat (seine Rolle) ausgespielt* hij heeft niets meer in te brengen, zijn rol is uitgespeeld

ausspionieren OV WW **1 te weten komen (über** +4 **over), ontdekken 2 uithoren, uitvragen**

Aussprache ZN V (-/+n) **1 uitspraak, articulatie** • INFORM. *eine feuchte ~ haben* praten met consumptie **2 gesprek, onderhoud, gedachtewisseling** • *eine vertrauliche ~* een vertrouwelijk gesprek

aussprechen 1 OV WW sterk **1 uitspreken** • *wie spricht man das aus?* hoe spreek je dat uit? • *deutlich ~* duidelijk uitspreken • *das Gericht sprach die Todesstrafe gegen ihn aus* het gerecht sprak de doodstraf over hem uit **2 uiten, te kennen geven 2** WKD WW **(sich ~)** sterk **1 zich uitlaten (über** +4 **over) 2 pleiten (für** +4 **voor) 3 afwijzen, stelling nemen (gegen** +4 **tegen) 4 zijn hart luchten**

Ausspruch ZN M (+(e)s/-sprüche) **uitspraak, gezegde, aforisme**

ausspucken OV WW **1 uitspuwen** • INFORM. *der Computer spuckt Informationen aus* de computer werpt informatie uit **2** INFORM. **uitbraken 3** INFORM. **dokken, betalen**

ausspülen OV WW **1 uitspoelen, omspoelen 2 wegspoelen**

ausstatten OV WW **1 voorzien (van), uitrusten (met)** • *jemanden mit Vollmachten ~* iemand volmachten verlenen • *mit jeglichem Luxus ausgestattet* van iedere luxe voorzien **2 inrichten, aankleden, stofferen** • *das Büro ist mit allem ausgestattet* het kantoor is volledig ingericht

Ausstattung ZN V (-/+en) **1 uitrusting 2 (woning)inrichting 3 afwerking, opmaak** <van boek> **4** <theater> **mise-en-scène 5** JUR. **(huwelijks)uitzet**

ausstehen OV + ONOV WW sterk **1 uitstaan** • *ich kann ihn nicht ~* ik kan hem niet uitstaan • *Ängste ~* angsten uitstaan • *er hat eine Menge auszustehen* hij heeft het zwaar te verduren • FIG. *die Sache ist ausgestanden* het leed is geleden **2 uitblijven** <van antwoord>, **openstaan** <van rekening> • *die Antwort steht noch aus* het antwoord is nog niet gekomen • *die Prüfung steht noch aus* het examen komt er nog aan • ECON. *~de Gelder/Außenstände* uitstaande vorderingen **3 verlaten** <van school/werk>

aussteigen OV + ONOV WW sterk **1** OOK FIG. **uitstappen** • *aus dem Geschäft ~* zich uit het bedrijf terugtrekken **2 uittreden, zich buiten de maatschappij plaatsen** • *vor zwei Jahren ist er ausgestiegen* twee jaar geleden is hij een alternatief leven begonnen **3** SPORT **opgeven 4** SPORT **omspelen** <langs tegenstander>

Aussteiger ZN M (+s/-) **drop-out**

ausstellen OV WW **1 uitstallen, tentoonstellen, een stand hebben** <op beurs> • *wir stellen auf der*

Messe aus wij hebben een stand op de beurs • *sie stellt in einer Galerie aus* ze heeft een tentoonstelling in een galerij **2 uitreiken, afgeven** <van pas>, **uitschrijven** <van rekening>, **trekken** <van wissel> • *der Pass ist auf A.'s Namen ausgestellt* de pas is afgegeven op naam van A, de pas staat op naam van A. • *jemandem ein Zeugnis* ~ iemand een getuigschrift geven **3 plaatsen 4** INFORM. **uitzetten** <van apparaat>

Aussteller ZN M (+s/-) **exposant, inzender** <op tentoonstelling>

Ausstellung ZN V (-/+en) **1 tentoonstelling, expositie** • *in eine ~ gehen* naar een tentoonstelling gaan **2 uitreiking, afgifte** <van pas>, **uitschrijving** <van rekening>, **trekking** <van wissel>

Ausstellungsgelände ZN O (+s/-) **beursterrein, expositieterrein**

Ausstellungshalle ZN V (-/+n) **expositiegebouw, beurshal**

aussterben ONOV WW sterk OOK FIG. **uitsterven** • *vom Aussterben bedrohte Tierarten* met uitsterven bedreigde diersoorten

Aussteuer ZN V (-/+n) **bruidsschat, uitzet**

Ausstieg ZN M (+(e)s/+e) **1 (het) uitstappen** • *~ rechts* rechts uitstappen <uit trein enz.> **2 uitgang**

ausstopfen OV WW **1 opvullen 2 opzetten** <van dier>

Ausstoß ZN M (-stosses/-stöße) **1** ECON. **productie(capaciteit) 2 uitstoot, emissie**

ausstoßen OV WW sterk **1** OOK FIG. **uitstoten** • *ihre Freunde haben sie ausgestoßen* haar vrienden hebben haar uitgestoten **2 slaken** <van zucht/gil> • *einen Schrei ~* een kreet/gil slaken **3** ECON. **produceren**

Ausstoßung ZN V (-/+en) **(het) uitstoten, uitbanning**

ausstrahlen OV + ONOV WW **1** OOK FIG. **uitstralen 2 afstralen op** • *seine Ruhe strahlt auf die Umgebung aus* zijn rust straalt af op de omgeving **3 verlichten 4** COMM. **uitzenden** <radio/tv>

Ausstrahlung ZN V (-/+en) **1 uitstraling, charisma** • *ein Mann mit ~* een man met charisma **2** COMM. **uitzending** <radio/tv> **3** NATK. **straling**

ausstrecken 1 OV WW **uitstrekken 2** WKD WW **(sich ~) zich uitstrekken**

ausstreuen OV WW **1** OOK FIG. **uitstrooien, verspreiden** • *ein Gerücht ~* een gerucht in omloop brengen **2 bestrooien**

ausströmen ONOV WW **1 uit-/wegstromen 2 verspreiden** <van warmte/geur> **3 uitgaan van, afstralen** • *der Raum strömt Behaglichkeit aus* de kamer straalt gezelligheid uit • FIG. *von ihr strömt Ruhe aus* van haar gaat rust uit

aussuchen OV WW **uitzoeken, uitkiezen** • *sich etwas ~* iets uitkiezen • *wir suchen Leute für diese Arbeit aus* wij kiezen mensen voor dit werk uit

Austausch ZN M (+(e)s/gmv) **1 ruil, uitwisseling** • *etwas im ~ gegen/für* +4 *etwas anderes erhalten* iets in ruil voor iets anders krijgen • *der ~ von Gedanken* de gedachtewisseling **2 vervanging**

austauschbar BN **ver-/inwisselbaar, vervangbaar**

austauschen 1 OV WW **(om)ruilen, uit-/verwisselen, vervangen (gegen** +4 **door) 2** WKD WW **(sich ~) van gedachten wisselen** • *wir tauschten uns über unsere Erfahrungen aus* we wisselden onze ervaringen uit

Austauschschüler ZN M (+s/-) **uitwisselingsleerling/-student**

austeilen OV WW **uitdelen (an** +4 **aan), uitreiken** • FIG. *wer austeilt, muss auch einstecken können* wie kaatst, moet de bal verwachten

Austeilung ZN V (-/+en) **(het) uitdelen**

Auster ZN V (-/+n) **oester**

austesten OV WW **(uit)testen, onderzoeken**

austoben 1 ONOV WW **uitwoeden, uitrazen 2** OV WW **koelen (an** +3 **op)** <van woede>, **afreageren 3** WKD WW **(sich ~) 1 zich uitleven, ravotten** • *die Kinder müssen sich ~* de kinderen moeten zich even uitleven **2** OOK FIG. **uitrazen, (uit)woeden** <van storm>

austragen OV WW sterk **1 uitdragen** <van zwangerschap> • *das Kind ~* het kind uitdragen **2 bezorgen, rondbrengen** • *Zeitungen ~* kranten rondbrengen **3 uitvechten, beslissen** • *einen Konflikt ~* een conflict uitvechten **4 schrappen** <van lijst> • *sich aus der Anmeldeliste ~* zijn naam uit de inschrijflijst schrappen **5** SPORT **spelen** <van wedstrijd>, **organiseren** • *die Olympischen Sommerspiele ~* de Olympische Zomerspelen organiseren

Austräger ZN M (+s/-) **bezorger**

Austragung ZN V (-/+en) **1 (het) uitdragen** <van zwangerschap> **2 bezorging 3 organisatie** <van wedstrijd>, **(het) houden**

Austragungsort ZN M (+(e)s/+e) SPORT **plaats waar de wedstrijd plaatsvindt**

Australien ZN O (+s/gmv) **Australië**

Australier ZN M (+s/-) **Australiër**

Australierin ZN V (-/+nen) **Australische**

australisch BN **Australisch**

austreiben 1 OV WW sterk **1** FORM. **uitdrijven, verdrijven, uitbannen** • *den Teufel ~* de duivel uitbannen **2 afwennen, afleren** • *ich werde dir das schon ~* dat zal ik je wel afleren **2** ONOV WW sterk PLANTK. **uitlopen**

austreten OV + ONOV WW sterk **1 uittrappen 2 plattrappen, platlopen** • FIG. *ausgetretene Pfade* platgetreden paden **3 af-/uitslijten** <van treden> • *eine ausgetretene Treppe* een uitgesleten trap **4 aftrappen** <van schoen>, **uitlopen** • *ausgetretene Schuhe* afgetrapte schoenen **5 uittreden (aus** +3 **uit)** <partij/kerk>, **het lidmaatschap opzeggen** • *aus einem Verein ~* zijn lidmaatschap van een vereniging opzeggen **6 vrijkomen** <van gas/olie>, **ontsnappen 7 buiten de oevers treden** <van rivier> **8 naar het toilet gaan, zijn behoefte doen** • *darf ich kurz ~?* mag ik naar toilet?

austricksen OV WW **1** SPORT **handig omspelen 2** FIG. **te slim af zijn, in de luren leggen, op het verkeerde been zetten**

austrinken OV WW sterk **opdrinken, leegdrinken**

Austritt ZN M (+(e)s/+e) **1 (het) naar buiten gaan, (het) verlaten 2 uittreding** <uit partij/kerk>, **opzegging** <van lidmaatschap> • *seinen ~ erklären* bedanken als lid **3 (het) vrijkomen** <van gas/olie>, **(het) ontsnappen**

austrocknen OV + ONOV WW **uitdrogen, (af) drogen** • *der Fluss ist ausgetrocknet* de rivier is verdroogd

Austrocknung ZN V **verdroging**

ausüben OV WW OOK FIG. **uitoefenen, bekleden** <van ambt> • *Einfluss ~ auf* +4 invloed uitoefenen op • *ein ausübender Arzt* een praktiserend arts • *eine Praxis ~* een praktijk voeren • *ein ausübender Künstler* als kunstenaar werkzaam zijn • *sein Wahlrecht ~* gebruikmaken van het kiesrecht

Ausübung ZN V (-/gmv) **uitoefening, bekleding** <van ambt>

ausufern ONOV WW **1 buiten de oevers treden 2** FIG. **ontaarden in, de perken te buiten gaan, uit de hand lopen**

Ausverkauf ZN M (+s/-käufe) **uitverkoop, (seizoen)opruiming**

ausverkaufen OV WW **uitverkopen** • *vor ausverkauftem Haus spielen* voor een uitverkochte zaal spelen

auswachsen 1 OV + ONOV WW sterk **1 uitgroeien 2 uit z'n vel springen** • *es ist zum Auswachsen!* het is om wanhopig van te worden!, het is om uit je vel te springen! **2** WKD WW **(sich ~)** sterk **1 (uit) groeien, toenemen 2 zich ontwikkelen (zu** +3 **tot), uitlopen op** • *die Unruhen haben sich zur Rebellion ausgewachsen* de onlusten zijn op een opstand uitgelopen

Auswahl ZN V (-/+en) **1 keus, keuze(mogelijkheid), assortiment** • *eine ~ treffen* een keuze maken • *zur ~ stehen* beschikbaar zijn om uit te kiezen • *eine große ~ an Artikeln* een ruime keus aan artikelen, een groot assortiment **2 bloemlezing, selectie** • *eine ~ aus seinen Werken* een bloemlezing uit zijn werk **3** SPORT **selectie(team)**

auswählen OV WW **(uit)kiezen, selecteren**

Auswahlmannschaft ZN V (-/+en) SPORT **selectie(team)**

Auswahlverfahren ZN O (+s/-) **selectieprocedure**

Auswanderer ZN M (+s/-) **emigrant**

Auswanderin ZN V (-/+nen) **emigrante**

auswandern ONOV WW **emigreren (nach** +3, **in** +4 **naar)** • *nach Australien ~* naar Australië emigreren • *in die USA ~* naar de VS emigreren

Auswanderung ZN V (-/gmv) **emigratie**

auswärtig BN **1 van buiten** <de plaats> • *die auswärtigen Mitarbeiter* de medewerkers die van buiten (de stad) komen • *wir sind Auswärtige* wij zijn niet van hier **2 buitenlands** • *das Auswärtige Amt / Bundesministerium des Auswärtigen* ministerie van Buitenlandse Zaken

auswärts BW **1 van buiten** <de plaats>, **buitenshuis, elders** • *wir essen heute ~* we eten vandaag buitenshuis • SPORT *FC Utrecht spielt ~* FC Utrecht speelt uit • INFORM. *~ reden/sprechen* een ander dialect/andere taal spreken **2 naar buiten** • INFORM. *~ gehen/laufen* met de voeten naar buiten lopen

Auswärtsspiel ZN O (+(e)s/+e) SPORT **uitwedstrijd**

auswaschen OV WW sterk **1 uitwassen 2** AARDK. **eroderen**

auswechselbar BN **uit-/verwisselbaar, vervangbaar**

auswechseln OV WW **uit-/verwisselen, vervangen (gegen** +4 **door)** • *er ist wie ausgewechselt* hij is totaal veranderd, hij is omgedraaid als een blad aan de boom

Auswechselspieler ZN M (+s/-) SPORT **wisselspeler, reserve(speler)**

Auswechslung ZN V (-/+en) **uitwisseling, verwisseling, vervanging**

Ausweg ZN M (+(e)s/+e) FIG. **uitweg, oplossing** • *keinen anderen ~ sehen* geen andere oplossing zien • *ich finde schon einen ~* ik kom er wel uit • *keinen ~ mehr wissen* er geen gat meer in zien

ausweglos BN **zonder uitweg, uitzichtloos, hopeloos**

Ausweglosigkeit ZN V (-/gmv) **uitzichtloosheid, hopeloosheid**

ausweichen OV + ONOV WW sterk **1 uitwijken (voor), ontwijken** • *~de Antworten geben* ontwijkende antwoorden geven • *einer Frage ~* een vraag ontwijken • *jemandes Blick ~* iemands blik ontwijken • *einem Schlag ~* een klap ontwijken • *jemandem ~* iemand ontlopen • *jemandem in letzter Sekunde ~* op het nippertje iemand ontwijken **2 uitwijken (auf** +4 **naar)**

Ausweichmanöver ZN O (+s/-) **uitwijkmanoeuvre**

ausweinen 1 OV + ONOV WW **uithuilen 2** WKD WW **(sich ~) zich uithuilen** • *ich habe mir die Augen ausgeweint* ik heb mijn ogen uitgehuild • *sich bei jemandem ~* bij iemand uithuilen

Ausweis ZN M (+es/+e) **1 legitimatie(bewijs), identiteitskaart** • *haben Sie einen Ausweis?* kunt u zich legitimeren? **2 identiteitsplaatje, pasje 3 bewijs** • FORM. *nach ~ der Statistik* zoals blijkt uit de statistieken

ausweisen 1 OV WW sterk **1 uitwijzen** <uit land> • *jemanden ~* iemand het land uitzetten, iemand over de grens zetten **2 bewijzen, aantonen 3 plannen 2** WKD WW **(sich ~)** sterk **1 zich legitimeren** • *können Sie sich ~?* kunt u zich legitimeren? **2 blijken** • *sich als guter Geschäftsmann ~* een goede zakenman blijken te zijn

Ausweisung ZN V (-/+en) **uitwijzing** <uit land>, **uitzetting**

ausweiten 1 OV WW **1 uitbreiden** • *seine Macht ~* zijn macht uitbreiden **2 verwijden, uitrekken 2** WKD WW **(sich ~) 1 zich uitbreiden, wijder worden 2 (uit)groeien, escaleren**

Ausweitung ZN V (-/gmv) **uitbreiding, verhoging**

auswendig BW **van buiten, uit het hoofd** •

ein Gedicht ~ lernen een gedicht van buiten leren • *etwas in- und ~ kennen* iets van binnen en van buiten kennen
auswerfen OV WW sterk **1** uitwerpen, uitgooien **2** uitgraven <van sloot> **3** uitspuwen, uitbraken **4** produceren <van machine> **5** uittrekken (voor) <van geld>
auswerten OV WW **1** analyseren, evalueren **2** in praktijk brengen, benutten, gebruikmaken (van)
Auswertung ZN V (-/+en) analyse, evaluatie, waardebepaling, gebruikmaking
auswickeln OV WW loswikkelen, uitpakken
auswirken WKD WW (**sich ~**) een effect/uitwerking hebben (**auf** +4 op), ten gevolge hebben • *sich ~ in* doorwerken in • *sich ~ auf* effect hebben op, uitwerking hebben op • *wie wirkt sich das auf das Gehör aus?* hoe werkt dat op het gehoor uit?, welk effect heeft dat op het gehoor
Auswirkung ZN V (-/+en) gevolg, effect, invloed (**auf** +4 op), uitwerking
auswischen 1 OV WW af-/uitvegen, uitwissen, uitwrijven <van ogen> • INFORM. *jemandem eins ~* iemand een loer draaien **2** ONOV WW REG. ontsnappen, ervandoor gaan
auswringen OV WW sterk uitwringen
Auswuchs ZN M (+es/-wüchse) **1** gezwel **2** FIG. uitwas, exces
auszahlen 1 OV WW uitbetalen, uitkeren **2** WKD WW (**sich ~**) INFORM. (de moeite) lonen, de moeite waard zijn, rendabel zijn • *das zahlt sich später aus* daarvan zul je later profijt hebben
auszählen OV WW uittellen
Auszahlung ZN V (-/+en) **1** uitbetaling **2** valuta, deviezen
Auszählung ZN V (-/+en) (uit)telling
auszeichnen 1 OV WW **1** prijzen <van artikel> **2** (eervol) onderscheiden (**durch** +4, **mit** +3 door/met) • *diese Haltung zeichnet dich aus* deze houding onderscheidt jou van anderen **3** kenmerken **2** WKD WW (**sich ~**) zich onderscheiden, uitblinken
Auszeichnung ZN V (-/+en) **1** huldiging **2** prijs, orde, onderscheiding
ausziehbar BN uitschuifbaar
ausziehen OV + ONOV WW sterk **1** uittrekken • *zieh deine Jacke aus* trek je jas uit • *seine Kleider ~* zijn kleren uitdoen • *seine Stiefel ~* zijn laarzen uitdoen • *einen Tisch ~* de tafel uittrekken **2** uitkleden • *sich ~* zich uitkleden • FIG. *der zieht seine Kunden ganz schön aus* hij kleedt zijn klanten helemaal uit **3** verhuizen • *sie müssen aus der Wohnung ~* ze moeten uit hun woning **4** extraheren, een aftreksel maken **5** uittreksel maken
Ausziehtisch ZN M (+(e)s/+e) uitschuiftafel
Auszubildende ZN M/V (+n/+n) leerling(e) <in het leerlingenstelsel: iemand die een beroepsopleiding volgt>
Auszug ZN M (+(e)s/-züge) **1** (het) verlaten, uittocht **2** verhuizing • *sein ~ ist am 30.9.* hij verlaat op 30 september deze woning **3** aftreksel **4** uittreksel, fragment • *ein ~ aus dem Handelsregister* een uittreksel uit het handelsregister • *~ vom Einwohnermeldeamt* uittreksel uit het geboorteregister **5** (bank) afschrift • *Auszüge von der Bank bekommen* afschriften van de bank krijgen **6** uitschuifbaar deel <van toestel> **7** MUZ. bewerking
auszugsweise BW in uittreksel, in fragmenten
autark BN **1** autarkisch, (economisch) onafhankelijk, zelfvoorzienend **2** zelfgenoegzaam
authentisch BN authentiek, echt
Authentizität ZN V (-/gmv) authenticiteit
Autismus ZN M (-/gmv) MED. autisme
Autist ZN M (+en/+en) MED. autist
autistisch BN MED. autistisch
Auto ZN O (+s/+s) auto • *mit dem ~ (fahren)* met de auto (gaan) • *gut ~ fahren können* goed auto kunnen rijden • INFORM. *wie ein ~ gucken* grote ogen opzetten
Autobahn ZN V (-/+en) snelweg
Autobahnauffahrt ZN V (-/+en) oprit <van snelweg>
Autobahnausfahrt ZN V (-/+en) afrit <van snelweg>
Autobahndreieck ZN O (+(e)s/+e) verkeersknooppunt
Autobahnkreuz ZN O (+es/+e) klaverblad <m.b.t. snelwegen>
Autobahnmaut ZN V (-/+en) tolheffing <op snelweg>
Autobiografie, **Autobiographie** ZN V (-/+n) autobiografie
Autobombe ZN V (-/+n) autobom
Autobus ZN M (+ses/+se) (auto)bus
Autodidakt ZN M (+en/+en) autodidact
autodidaktisch BN autodidactisch
Autofähre ZN V (-/+n) autoveer(pont)
Autofahrer ZN M (+s/-) automobilist, autobestuurder
Autofahrt ZN V (-/+en) autorit
autofrei BN autovrij, autoloos
Autogas ZN O (+es/gmv) autogas, LPG
Autogramm ZN O (+(e)s/+e) handtekening, autogram
Autohersteller ZN M (+s/-) autofabrikant
Autokorrektur ZN V autocorrectie
Automat ZN M (+en/+en) TECHN. automaat
Automatik ZN V (-/+en) **1** TECHN. automatiek, automatisme **2** TECHN. automaat, automatische transmissie <van auto> • *ein Auto mit ~* een auto met automatische versnelling
automatisch BN automatisch
automatisieren OV WW automatiseren
Automatisierung ZN V (-/+en) automatisering
Automatismus ZN M (-/-men) automatisme
Automechaniker ZN M (+s/-) automonteur
autonom BN autonoom, zelfstandig, onafhankelijk
Autonomie ZN V (-/+n) autonomie, zelfstandigheid, zelfbeschikking

Autonummer ZN V (-/+n) **kenteken**
Autopilot ZN M (+en/+en) TECHN. **automatische piloot**
Autor ZN M (+s/+en) **auteur, schrijver**
Autoreifen ZN M (+s/-) **autoband**
Autorennen ZN O (+s/-) **autorace** • *~ fahren* autoracen
Autorin ZN V (-/+nen) **schrijfster**
autorisieren OV WW **autoriseren (zu** +3 **tot), machtigen** • *autorisierte Übersetzungen* geautoriseerde vertalingen
autoritär BN **autoritair, dictatoriaal, totalitair**
Autorität ZN V (-/+en) **1 autoriteit, gezag** • *die ~ wahren* het gezag handhaven • *~ haben* gezag hebben • *mit ~ sprechen* met gezag spreken **2 deskundige, gezaghebbende**
Autoschlosser ZN M (+s/-) **automonteur**
Autositz ZN M TRANSP. **autostoel**
Autoskooter ZN M (+s/-) **botsauto**
Autounfall ZN M (+(e)s/-fälle) **auto-ongeluk**
Autoverleih ZN M (+(e)s/+e) **autoverhuur(bedrijf)**
Autovermietung ZN V (-/+en) **autoverhuur(bedrijf)**
Autowaschanlage ZN V (-/+n) **autowasserette**
Autowerkstatt ZN V (-/-stätten) **garage(bedrijf)**
autsch TUSSENW **au!, ai!**
Avance ZN V (-/+n) • *jemandem Avancen machen* avances maken bij/naar iemand
Avatar ZN M WWW **avatar**
AvD AFK Automobilclub von Deutschland OMSCHR. **een soort ANWB**
Aversion ZN V (-/+en) **aversie (gegen** +4 **tegen/van), afkeer**
Avocado ZN V (-/+s) **avocado**
Axt ZN V (-/Äxte) **aks, (grote) bijl** • FIG. *wie die ~ im Walde* onbehouwen, lomp • FIG. *an einer Sache die ~ anlegen/einer Sache die ~ an die Wurzel legen* de bijl aan de wortel v.d. boom leggen, het kwaad in de wortel aanpakken ▸ *die ~ im Haus erspart den Zimmermann* wie zichzelf te helpen weet, heeft de hulp van anderen niet nodig
Azalee ZN V (-/+n) **azalea**
Azubi 1 ZN M (+s/+s) INFORM. Auszubildende **leerling 2** ZN V (-/+s) INFORM. Auszubildene **leerlinge**

B

b ZN O (-/-) MUZ. **bes klein** • MUZ. *b(-Moll)* bes mineur
b. AFK bei(m) **bij**
B 1 ZN O (-/-) **1** letter **b** • *B wie Berta* de b van Bernard **2** MUZ. **bes** • MUZ. *B(-Dur)* bes majeur **2** AFK (-/-) Bundesstraße **rijksweg**
babbeln ONOV WW **1** REG. **brabbelen** <van klein kind> **2** REG. **babbelen, kletsen**
Baby ZN O (+s/+s) **baby**
Babyboom ZN M (+s/+s) INFORM. **babyboom**
babysitten ONOV WW **babysitten, oppassen**
Babysitter ZN M (+s/-) **babysit(ter), oppas**
Bach ZN M (+(e)s/Bäche) **beek** • FIG., INFORM. *den ~ runtergehen* in de soep lopen
Backblech ZN O (+(e)s/+e) **bakblik**
Backbord ZN O (+(e)s/gmv) SCHEEPV. **bakboord**
Backe ZN V (-/+n) **1 wang, kaak** • *Tränen liefen ihr über die Backen* de tranen liepen over haar wangen **2 bek** <van gereedschap>, **zijkant** <van bankschroef>, **klem**
backen 1 OV + ONOV WW onregelmatig **bakken** • *wir ~ Kuchen und Plätzchen* we bakken taart en koekjes • INFORM. *etwas nicht ge~ kriegen* iets niet voor elkaar krijgen **2** ONOV WW zwak **(op)plakken** • *der Schnee backt an den Stiefeln* de sneeuw plakt / kleeft aan de laarzen • *ein Schild ~* een etiket opplakken
Backenbart ZN M (+(e)s/-bärte) **bakkebaard**
Backenzahn ZN M (+(e)s/-zähne) **kies**
Bäcker ZN M (+s/-) **bakker**
Bäckerei ZN V (-/+en) **1 bakkerij 2 (het) bakken, bakkersvak 3 gebak(je)**
Bäckerladen ZN M (+s/-läden) **bakkerswinkel, bakkerij**
backfertig BN **ovenklaar**
Backfisch ZN M (+es/+e) **gebakken vis**
Backgammon ZN O (-, +s/gmv) **backgammon**
Backobst ZN O (+(e)s/gmv) **gedroogde vruchten**
Backofen ZN M (+s/-öfen) **(bak)oven**
Backpfeife ZN V (-/+n) N-D **oorvijg, draai om de oren**
Backpulver ZN O (+s/-) **bakpoeder**
Backrohr ZN O (+(e)s/+e) OOST. **oven**
Backstein ZN M (+(e)s/+e) **baksteen**
bäckt WW o.t.t. → **backen**
Bad ZN O (+(e)s/Bäder) **1 bad** • *ein ~ nehmen* in bad gaan **2 badkamer** • *ich muss noch ins ~* ik moet nog naar de badkamer **3 zwembad 4 badplaats, kuuroord**
Badeanzug ZN M (+(e)s/-anzüge) **badpak, zwempak**
Badehose ZN V (-/+n) **zwembroek**
Badekabine ZN V (-/+n) **1 badcel 2 kleedhokje, badhokje**
Badekappe ZN V (-/+n) **badmuts**
Bademantel ZN M (+s/-mäntel) **badjas**
Bademeister ZN M (+s/-) **badmeester**

Bademütze ZN V (-/+n) badmuts

baden OV + ONOV WW **1** baden, een bad nemen, in bad doen • *das Baby ~* de baby in bad doen **2** zwemmen • *~ gehen* gaan zwemmen

Baden ZN O (+s/gmv) Baden

Badener ZN M (+s/-) inwoner van Baden

Baden-Württemberg ZN O (-s) Baden-Württemberg <Duitse deelstaat>

Badeort ZN M (+(e)s/+e) **1** badplaats **2** kuuroord, herstellingsoord

Badesachen ZN MV zwemspullen, badgoed

Badetuch ZN O (+(e)s/-tücher) bad(hand)doek, badlaken

Badewanne ZN V (-/+n) badkuip, bad

Badezeug ZN O (+(e)s/gmv) zwemspullen, badgoed

Badezimmer ZN O (+s/-) badkamer

baff BN • *er war einfach ~* hij stond gewoon paf

BAföG, **Bafög** AFK Bundesausbildungsförderungsgesetz Duitse wet voor studiefinanciering, studiebeurs

Bagage ZN V (-/+n) MIN. tuig, gespuis

Bagatelle ZN V (-/+n) bagatel, kleinigheid

bagatellisieren OV WW bagatelliseren

Bagatellschaden ZN M (+s/-schäden) bagatelschade, geringe schade

Bagger ZN M (+s/-) **1** graafmachine, dragline **2** baggermachine, baggermolen

baggern OV + ONOV WW baggeren

Bahn ZN V (-/+en) **1** baan <weg; loop; van stof>, baan SPORT • *~ frei!* ruim baan!, aan de kant!, uit de weg! • *(seine)Bahnen schwimmen/ ziehen* baantjes trekken • FIG. *sich ~ 3 brechen* zich een weg banen, zich doen gelden • FIG. *einer Idee (die) ~ brechen* de weg bereiden voor een idee • FIG. *etwas in die richtige(n) Bahn(en) lenken* iets in goede banen leiden • FIG. *auf die schiefe ~ geraten/ gekommen sein* zich op een hellend vlak bevinden **2** spoor(wegen), trein, metro, tram • *mit der ~ (fahren)* met de trein (reizen) • *jemanden von der ~ abholen* iemand van de trein halen • *jemanden an die ~ bringen* iemand naar het station brengen • *die Deutsche ~ AG* de Duitse Spoorwegen • *die ~ erhöht die Preise* de Spoorwegen verhogen de prijzen

Bahnbeamte ZN M (+n/+n) spoorwegbeambte

bahnbrechend BN baanbrekend

Bahncard ZN V (+s/-) ≈ kortingskaart <voor het treinverkeer>

Bahndamm ZN M (+(e)s/-dämme) spoordijk

bahnen OV WW +3, banen • *sich 3 einen Weg ~* zich een weg banen

Bahngleis ZN O (+es/+e) spoor, rails

Bahnhof ZN M (+(e)s/-höfe) station • *jemanden zum ~ bringen* iemand naar het station brengen • *am ~* op het station • FIG. *ich verstehe nur ~* ik begrijp helemaal niets

Bahnhofshalle ZN V (-/+n) stationshal

Bahnlinie ZN V (-/+n) traject <van tram/metro/ trein>

Bahnpolizei ZN V (-/+en) spoorwegpolitie

Bahnschranke ZN V (-/+n) spoorboom

Bahnsteig ZN M (+(e)s/+e) perron • *am ~ 2 fährt ein...* op spoor 2 rijdt binnen...

Bahnstrecke ZN V (-/+n) **1** baanvak, sectie **2** traject <van tram/metro/trein>

Bahnübergang ZN M (+(e)s/-gänge) spoorwegovergang • *unbeschrankter ~* onbewaakte spoorwegovergang • *beschrankter ~* bewaakte spoorwegovergang

Bahnverbindung ZN V (-/+en) spoor(weg)verbinding, aansluiting <van trein>

Bahre ZN V (-/+n) (draag)baar

Bai ZN V (-/+en) baai, inham

Baiser ZN M/O (+s/+s) merengue, schuimgebakje

Bakterie ZN V (-/+n) BIOL. bacterie

Balance ZN V (-/+n) balans, evenwicht • *die ~ halten* in balans blijven • *die ~ verlieren* het evenwicht verliezen • OOK FIG. *aus der ~ bringen/ kommen* uit balans brengen/raken

Balanceakt ZN M (+(e)s/+e) **1** evenwichtsoefening, acrobatische toer **2** FIG. (het) schipperen

balancieren OV + ONOV WW balanceren

bald BW **1** spoedig, gauw, zo • *so ~ wie möglich* zo spoedig mogelijk • INFORM. *bis ~!* tot zo! • *~ X, ~ Y* nu eens X, dan weer Y • *~ sechzig werden* tegen de zestig lopen **2** INFORM. bijna

Baldachin ZN M (+s/+e) baldakijn

Bälde ZN V • FORM. *in ~* binnenkort

baldig BN spoedig • *eine ~e Antwort* een spoedig antwoord • *auf ~es Wiedersehen!* tot ziens!

baldigst BW zo spoedig mogelijk

baldmöglichst BW zo spoedig mogelijk

baldowern OV WW INFORM. uitvissen

Baldrian ZN M (+s/+e) PLANTK. valeriaan

Balg 1 ZN M (+(e)s/Bälge) **1** TECHN. (blaas)balg **2** huid <van dier>, balg **3** INFORM. buik <van mens>, pens, huid • INFORM. *jemanden auf den ~ rücken* iemand in het nauw drijven **2** ZN M/O (+(e)s/-Bälge(r)) MIN. blaag, rakker, peuter

balgen WKD WW (**sich ~**) stoeien, vechten

Balkan ZN M (+s/gmv) Balkan

Balken ZN M (+s/-) balk • *lügen, dass sich die ~ biegen* liegen alsof het gedrukt staat

Balkencode, **Balkenkode** ZN M (+s/+s) barcode, streepjescode

Balkendiagramm ZN O (+s/+e) staafdiagram

Balkon ZN M (+s/+s, +e) balkon <ook rang>

Ball ZN M (+(e)s/Bälle) **1** SPORT bal <ook dans> • *einem ~ Drall geben* een bal effect geven • *den ~ abspielen* de bal afgeven • FIG. *am ~ sein/bleiben* zich ergens niet vanaf laten brengen • FIG. *sich (gegenseitig) die Bälle zuspielen/zuwerfen* elkaar de bal toespelen • FIG. *jemandem die Bälle zuspielen* iemand in de kaart spelen **2** bol

Ballade ZN V (-/+n) ballade

Ballast ZN M (+(e)s/+e) OOK FIG. ballast

ballen 1 OV WW ballen, samenknijpen • *eine geballte Faust* een gebalde vuist **2** WKD WW (**sich ~**) zich samenballen, zich samenpakken <van wolken>, pakken <van sneeuw> • FIG. *die Schwierigkeiten ~ sich* de problemen hopen zich op

Ballen ZN M (+s/-) **1** baal, pak **2** MED. bal <van hand, voet>

Ballerina ZN V (-/-nen) ballerina

ballern OV + ONOV WW **1** INFORM. knallen, paffen, schieten **2** INFORM. bonzen **(an** +4 **op)** <deur> **3** INFORM. smijten, knallen **4** INFORM. rommelen <van donder>, knetteren <van salvo's>

Ballett ZN O (+(e)s/+e) ballet

Balletttänzer ZN M (+s/-) balletdanser

Balljunge ZN M (+n/+n) SPORT ballenjongen

Ballon ZN M (+s/+s, +e) **1** (lucht)ballon • INFORM. *so einen ~ bekommen/kriegen* een hoofd als een biet krijgen <van schaamte> **2** mand(e)fles

Ballspiel ZN O (+(e)s/+e) SPORT balspel

Ballung ZN V (-/+en) opeenhoping, bundeling

Ballungsgebiet ZN O (+(e)s/+e) ECON. agglomeratie, verstedelijkt (industrie)gebied

Ballungsraum ZN M (+es/-räume) ECON. agglomeratie, verstedelijkt (industrie)gebied

Ballungszentrum ZN O (+s/-zentren) ECON. agglomeratie, verstedelijkt (industrie)gebied

Balsam ZN M (+s/+e) OOK FIG. balsem

Balsamessig ZN M balsamicoazijn

Balsamico ZN M balsamicoazijn

Balte ZN M (+n/+n) Balt

Baltikum ZN O (+s/gmv) Baltische landen

baltisch BN Baltisch

Balustrade ZN V (-/+n) balustrade

Balz ZN V (-/+en) BIOL. balts

balzen ONOV WW **1** BIOL. baltsen, paren **2** INFORM. flirten

Bambus ZN M (-, +ses/+se) bamboe

Bambusrohr ZN O (+(e)s/+e) bamboestengel

Bambussprossen ZN MV CULIN bamboespruiten

Bammel ZN M (+s/gmv) INFORM. angst • INFORM. *großen ~ haben vor jemandem/etwas* lelijk in de rats zitten om iemand/voor iets

bammeln ONOV WW **1** bengelen, bungelen <van benen>, schommelen **2** MIN. hangen <aan galg>

banal BN banaal

banalisieren OV WW banaliseren

Banalität ZN V (-/+en) banaliteit

Banane ZN V (-/+n) banaan

Bananenrepublik ZN V (-/+en) MIN. bananenrepubliek

Bananenschale ZN V (-/+n) bananenschil

Bananenstecker ZN M (+s/-) TECHN. banaanstekker

Banause ZN M (+n/+n) MIN. proleet, cultuurbarbaar

band OV WW verl. tijd → **binden**

Band 1 ZN M (+(e)s/Bände) (boek)deel, band • FIG. *das spricht Bände!* dat spreekt boekdelen! **2** ZN V (-/+s) band, orkest **3** ZN O (+(e)s/Bänder) **1** band, lint **2** meetlint **3** (geluids)band • *(jemandem) etwas aufs ~ sprechen* (bij iemand) iets inspreken op het antwoordapparaat **4** (gewrichts)band **5** scharnier **6** (transport) band • FIG. *am laufenden ~* aan de lopende band **4** ZN O (-es/+e) FORM. band, relatie • *zarte Bande anknüpfen* een liefdesrelatie beginnen • *starke Bande in der Familie* een sterk band met de familie • *Bande der Freundschaft fester/enger knüpfen* vriendschapsbanden aanhalen

Bandage ZN V (-/+n) bandage, verband • FIG. *mit harten Bandagen kämpfen* hard tegen hard gaan, alle middelen inzetten in de strijd

bandagieren OV WW bandageren, intapen, omzwachtelen

Bandaufnahme ZN V (-/+n) bandopname

Bandbreite ZN V (-/+n) **1** COMM. bandbreedte **2** FIG. reikwijdte

Bande ZN V (-/+n) **1** MIN. bende, troep <groep mensen> • *eine ~ hochnehmen/auffliegen lassen* een bende oprollen **2** band <rand van biljart>

Bandenführer ZN M (+s/-) bendeleider

Bandenkrieg ZN M (+s/+e) bendeoorlog

Bandenwerbung ZN V (-/gmv) reclame(borden) langs sportveld

Banderole ZN V (-/+n) banderol

Bänderriss ZN M (+es/+e) MED. scheuring van gewrichtsband

Bänderzerrung ZN V (-/+en) MED. verrekking van gewrichtsband

bändigen OV WW temmen, beteugelen, aan banden leggen

Bändiger ZN M (+s/-) (dieren)temmer

Bändigung ZN V (-/gmv) (het) temmen, beteugeling

Bandit ZN M (+en/+en) bandiet, schurk

Bandmaß ZN O (+es/+e) meetlint

Bandnudeln ZN MV tagliatelle, lintvormige macaroni

Bandsäge ZN V (-/+n) lintzaag

Bandscheibe ZN V (+e/+n) tussenwervelschijf

Bandscheibenvorfall ZN M (+(e)s/-fälle) MED. hernia, uitstulping van de tussenwervelschijf

Bandwurm ZN M (+(e)s/-würmer) lintworm • *dieser Satz ist ein richtiger ~* deze zin is echt ellenlang

bange BN bang **(vor** +3 **voor)**, angstig, bezorgd **(um** +4 **om)**, verlangend • *mir war angst und ~* ik stond duizend angsten uit • *~ Stunden erleben* angstige uren doormaken • *mir ist ~ nach ihm* ik verlang naar hem <bezorgd>

Bange ZN V (-/gmv) angst • *(nur) keine Bange!* niet bang zijn! • *jemandem ~ machen* iemand bang maken/angst inboezemen

bangen 1 ONOV WW **1** bang zijn **2** in de zorg zitten **(um** +4 **om)**, verlangen **(nach** +3 **naar)** <bezorgd> **2** WKD WW **(sich ~) 1** verlangen **2** vrezen **(vor** +3 **voor)**

Bangigkeit ZN V (-/gmv) angst

Banjo ZN O (+s/+s) MUZ. banjo

Bank 1 ZN V (-/Bänke) **1** (zit)bank • FIG. *etwas auf die lange ~ schieben* iets op de lange baan schuiven • FIG. *durch die ~* door de bank (genomen) • FIG. *vor leeren Bänken* voor weinig publiek **2** wolkenbank **3** zandbank **4** TECHN. draaibank, schaafbank **2** ZN V (-/+en) **1** bank, wisselbank **2** speelbank

Bankangestellte ZN M/V (+n/+n) bankemployé

Bankanleihe ZN V (-/+n) lening <van een bank>

Bankausweis ZN M (+es/+e) bankstaat

Bankautomat ZN M (+en/+en) **geldautomaat**

Bankdarlehen ZN O (+s/-) **lening** <van een bank>

Bankeinlage ZN V (-/+n) **bankdeposito**

Bankenkonsortium ZN O (+s/-tien) **bankconsortium, samenwerkende banken**

Banker ZN M (+s/-) **bankier**

Bankett ZN O (+(e)s/+e) **1** **banket, feestmaal, galadiner** **2** **(buiten)berm** <evt. verhard> • *befestigtes ~* verharde berm • *~ nicht befahrbar* zachte berm

Bankette ZN V → **Bankett**

Bankfach ZN O (+(e)s/-fächer) **bankkluis**

Bankfachmann ZN M (+(e)s/-männer) **bankier**

Bankgeschäft ZN O (+(e)s/+e) **transactie** <bij een bank> • *Bankgeschäfte tätigen* bankzaken verrichten

Bankgewerbe ZN O (+s/-) **bankwezen**

Bankguthaben ZN O (+s/-) **banksaldo**

Bankier ZN M (+s/+s) **bankier**

Banking ZN O (-, +s/gmv) **(het) bankieren**

Bankkonto ZN O (+s/+s, -ten, -ti) **bankrekening**

Banklehne ZN V (-/+n) **bankleuning**

Bankleitzahl ZN V (-/+en) **bank(code)nummer**

Bänkler ZN M (+s/-) ZWIT. **bankier**

Banknote ZN V (-/+n) **bankbiljet**

Bankomat ZN M (+en/+en) **pinautomaat**

Bankraub ZN M (+(e)s/+e) **bankroof**

Bankräuber ZN M (+s/-) **bankrover**

bankrott BN OOK FIG. **bankroet, failliet** • *~ sein* failliet zijn • *sich (für) ~ erklären* zich failliet verklaren

Bankrott ZN M (+(e)s/+e) OOK FIG. **bankroet, faillissement** • *~ machen* failliet gaan

Bankrotteur ZN M (+s/+e) ECON. **bankroetier**

bankrottgehen ONOV WW sterk **failliet gaan**

Bankschließfach ZN O (+(e)s/-fächer) **bankkluis**

Banküberfall ZN M (+(e)s/-fälle) **bankoverval**

Banküberweisung ZN V (-/+en) **bankgiro, bankoverschrijving**

Bann ZN M (+(e)s/+e) **1** **kerkelijke ban, excommunicatie** **2** FIG., FORM. **ban, betovering** • FIG. *jemanden mit dem ~ belegen* iemand in de ban doen/excommuniceren • *den ~ über jemanden verhängen* de ban over iemand uitspreken • *jemanden in seinen ~ schlagen/ziehen* iemand fascineren • *im ~ sein* onder betovering zijn

bannen OV WW **1** **de ban uitspreken, verbannen** **2** **(uit)bannen** <van geest>, **bezweren** • *die Gefahr war noch nicht gebannt* het gevaar was nog niet afgewend • *er stand wie gebannt* hij stond als aan de grond genageld **3** FIG. **boeien, vasthouden, betoveren**

Banner ZN O (+s/-) **1** **banier, vaandel** **2** COMP. **Banner**

Bannkreis ZN M (+es/+e) **invloedssfeer**

Bannmeile ZN V (-/gmv) **1** GESCH. **banmijl** <rond stad> **2** POL. **verboden zone** <samenscholingsverbod>

Bantu **1** ZN M mens **Bantoe** **2** ZN O taal **Bantoe** **3** BN **Bantoe**

Baptist ZN M (+en/+en) REL. **baptist**

bar BN **1** **contant, baar** • *in ~* in contanten • *~ bezahlen* contant betalen, cash betalen • *gegen ~ verkaufen* tegen contant geld (à contant) verkopen • *in barem Gelde* in klinkende munt, cash **2** **zuiver** • *bare Torheit* je reinste dwaasheid • *barer Unsinn* klinkklare onzin **3** +2, **zonder, gespeend van** • *aller Ehren ~* eerloos • *~ jeglicher Vernunft* zonder enig verstand

Bar **1** ZN V (-/+s) **bar** • *an der ~ sitzen* aan de bar zitten <tapkast> • *in einer ~ sitzen* in een bar zitten <café> **2** ZN O (+s/+s) NATK. **bar**

Bär **1** ZN M (+en/+en) **beer** • FIG. *jemandem einen Bären aufbinden* iemand iets op de mouw spelden, iemand een oor aannaaien • FIG. *hungrig sein wie ein ~* honger hebben als een paard • FIG., INFORM. *da tobt der ~* daar gebeurt het • FIG., INFORM. *den Bären kannst du einem anderen erzählen* daar geloof ik geen zak van **2** ZN M (+s/+en) TECHN. **hamerblok**

Barabfindung ZN V (-/+en) **geldelijke uitkering**

Barabhebung ZN V (-/+en) **contante geldopname**

Baracke ZN V (-/+n) **barak**

Barackenlager ZN O (+s/-, Läger) **barakkenkamp**

Barbar ZN M (+en/+en) **barbaar**

Barbarei ZN V (-/+en) **barbaarsheid, wreedheid**

barbarisch BN **1** **barbaars** **2** **bar, sterk** • *eine ~e Hitze* een moordende hitte

Barbecue ZN O (-, +s/+s) **barbecue**

bärbeißig BN **nors, kribbig**

Bärbeißigkeit ZN V (-/gmv) **norsheid, kribbigheid**

Barbetrag ZN M (+(e)s/-beträge) **bedrag in contanten**

Barbie ZN V (-/+s) **barbie**

Barbiepuppe ZN V (-/+n) **barbie**

barbrüstig BN **met ontblote borsten, topless**

barbusig BN **met ontblote borsten, topless**

Bardame ZN V (-/+n) **barkeepster**

Barde ZN M (+n/+n) **bard**

Bärendienst ZN M (+(e)s/+e) • FIG. *jemandem einen ~ erweisen/leisten* iemand van de wal in de sloot helpen

bärenhaft BN **(sterk/lomp) als een beer**

Bärenhunger ZN M (+s/gmv) **enorme honger** • *einen ~ haben* honger hebben als een paard/wolf

bärenstark BN **beresterk**

Barett ZN O (+(e)s/+e, +s) **baret**

barfuß BW **blootsvoets**

barfüßig BN **blootsvoets**

barg OV WW verl. tijd → **bergen**

Bargeld ZN O (+(e)s/gmv) **contant geld, cash** • *in ~ wechseln* omwisselen in contanten

bargeldlos BN **zonder contant geld** • *~er Zahlungsverkehr* betalingsverkeer per bankoverschrijving/giro, intergiraal betalingsverkeer • *~e Zahlung* girale betaling

Bargeschäft ZN O (+(e)s/+e) ECON. **contante transactie**

ba

barhäuptig BN blootshoofds
Barhocker ZN M (+s/-) barkruk
bärig BN **1** sterk/lomp als een beer, beresterk **2** INFORM. geweldig, fantastisch
Bärin ZN V (-/+nen) berin
Bariton ZN M (+s/+e) bariton
Bark ZN V (-/+en) SCHEEPV. bark
Barkauf ZN M (+(e)s/-käufe) koop tegen contante betaling, koop à contant
Barke ZN V (-/+n) kleine boot
Barkeeper ZN M (+s/-) barkeeper, barman
Barmann ZN M (+(e)s/-männer) barman, barkeeper
barmherzig BN FORM. barmhartig
Barmherzigkeit ZN V (-/gmv) barmhartigheid
Barmittel ZN MV contanten <ook banktegoeden>, liquiditeiten
barock BN **1** KUNST barok, grillig, overladen **2** vreemd, zonderling
Barock ZN M/O (-, +s/gmv) KUNST barok
Barometer ZN M/O (+s/-) OOK FIG. barometer • *das ~ fällt* de barometer daalt
Baron ZN M (+s/+e) baron
Baronesse ZN V (-/+n) **1** barones <dochter van baron> **2** freule <aanspreektitel>
Baronin ZN V (-/+nen) barones
Barrel ZN O (+s/+s) barrel, vat
Barren ZN M (+s/-) **1** baar, staaf • *ein ~ Gold* een baar goud **2** SPORT brug **3** (voer)bak, ruif
Barriere ZN V (-/+n) **1** barrière, versperring **2** ZWIT. slagboom
Barrikade ZN V (-/+n) barricade • OOK FIG. *Barrikaden errichten/bauen* barricaden opwerpen • *auf die Barrikaden gehen/steigen (für)* de barricaden opgaan (voor)
barrikadieren OV WW barricaderen
barsch BN bars, nors, bruusk
Barsch ZN M (+(e)s/+e) baars
Barschaft ZN V (-/+en) contant geld, contanten
Barschheit ZN V (-/+en) barsheid, norsheid
barst ONOV WW verl. tijd → **bersten**
Bart ZN M (+(e)s/Bärte) **1** baard • INFORM. *der ~ ist ab!* nu is het genoeg/afgelopen! • MIN. *das Buch hat (so) einen Bart!* het boek is afgezaagd! • FIG. *jemandem um den ~ gehen/streichen* iemand paaien/vleien **2** snor(haren) <van dier>
Bärtchen ZN O (+s/-) baardje
bärtig BN baardig
Bartwuchs ZN M (+es/gmv) baardgroei • *starker Bartwuchs* zware baardgroei
Barvermögen ZN O (+s/-) kapitaal in contanten
Barzahlung ZN V (-/+en) contante betaling • *gegen ~* tegen contante betaling
basal BN basaal
Basalt ZN M (+(e)s/+e) basalt
Basar ZN M (+s/+e) **1** bazaar **2** rommelmarkt, fancy fair
Base ZN V (-/+n) SCHEIK. base
Baseball ZN M (+s/gmv) SPORT honkbal
Basel ZN O (+s/gmv) Bazel
Baseler **1** ZN M (+s/-) inwoner van Bazel **2** BN Bazels, van/uit Bazel
basieren **1** OV WW baseren **(auf** +3 **op)** • *seine Meinung ~ auf* zijn mening baseren op **2** ONOV WW gebaseerd zijn op, berusten op
Basilika ZN V (-/-ken) basiliek
Basilikum ZN O (+s/+s, -ken) PLANTK. basilicum
Basilisk ZN M (+en/+en) basilisk
Basis ZN V (-/Basen) **1** basis, grondslag, fundament <van gebouw> • *auf der ~ gegenseitigen Vertrauens* op basis van wederzijds vertrouwen **2** POL. achterban <van partij> • *die Unterstützung der ~* steun van de achterban
basisch BN SCHEIK. basisch
Baske ZN M (+n/+n) Bask
Baskenland ZN O (+(e)s/gmv) Baskenland
Baskenmütze ZN V (-/+n) alpino(pet)
Basketball ZN M (+(e)s/gmv) SPORT basketbal
baskisch BN Baskisch
Basler ZN M (+s/-) ZWIT. → **Baseler**
baslerisch BN Bazels
bass BW • *~ erstaunt sein* heel verbaasd zijn
Bass ZN M (+es/Bässe) **1** MUZ. bas(stem), bas(zanger) **2** MUZ. contrabas, basgitaar
Bassgeige ZN V (-/+n) contrabas
Bassgitarre ZN V (-/+n) basgitaar
Bassin ZN O (+s/+s) bassin, bekken
Bassist ZN M (+en/+en) bassist
Bast ZN M (+(e)s/+e) bast
basta TUSSENW • *und damit ~!* en daarmee basta!
Bastard ZN M (+(e)s/+e) bastaard
Bastelarbeit **1** ZN V (-/+en) knutselwerk(stuk) **2** ZN V (-/gmv) (het) knutselen
Bastelei ZN V (-/+en) **1** knutselarij, prutserij **2** knutselwerk(stuk)
basteln OV + ONOV WW knutselen **(an** +3 **aan)** • *an seinem Auto ~* aan zijn auto prutsen • *der Parteivorstand bastelte am Wahlprogramm* het partijbestuur sleutelde aan het verkiezingsprogramma
Bastion ZN V (-/+en) OOK FIG. bastion, bolwerk
Bastler ZN M (+s/-) knutselaar
bat OV WW verl. tijd → **bitten**
Bataillon ZN O (+s/+e) bataljon
Batch ZN O COMP. batch
batiken OV WW batikken
Batterie ZN V (-/+n) batterij, accu
batteriebetrieben BN op accu, op batterij(en)
Batteriehaltung ZN V (-/gmv) AGRAR. legbatterij
Batterieladegerät ZN O (+(e)s/+e) TECHN. accu(op)lader
Batzen ZN M (+s/-) **1** INFORM. kluit, klomp **2** GESCH. geldstuk **3** INFORM. hoop, heel veel <van geld> • *das wird einen (schönen) ~ (Geld) kosten* dat zal een aardige cent kosten • *das ist ein ganz schöner ~* het is 'n hele hap uit mijn portemonnee
Bau **1** ZN M (+(e)s/gmv) **1** (het) bouwen, constructie, aanleg <van straat> • *im ~ sein; sich im ~ befinden* in aanbouw zijn, in aanleg zijn • *der ~ einer Straße* het aanleggen van een weg • *er ist einer vom ~* hij is een man van het vak • *auf dem ~ arbeiten* in de bouw werken **2** (op)bouw,

(lichaams)bouw • *der ~ des menschlichen Körpers* de bouw van het menselijk lichaam • *von zartem ~* tenger gebouwd **3** MIL. **gevangenis, bak** • INFORM. *in den ~ müssen* de gevangenis in gaan **4** AGRAR., Z-D, OOST. **verbouw** **2** ZN M (+(e)s/+ten) **gebouw** **3** ZN M (+(e)s/+e) **hol**

Bauamt ZN O (+(e)s/-ämter) **Dienst Openbare/ Publieke Werken**

Bauarbeiten ZN MV **bouwwerkzaamheden, wegwerkzaamheden, werk in uitvoering**

Bauarbeiter ZN M (+s/-) **bouwvakker**

Bauart ZN V (-/+en) **bouwwijze, constructie**

Bauaufsichtsbehörde ZN V (-/+n) **Bouw- en woningtoezicht**

Baubewilligung ZN V (-/+en) **bouwvergunning**

Bauch ZN M (+(e)s/Bäuche) **buik** • INFORM. *sich den ~ vollschlagen* zich volstoppen met eten en drinken • *einen ~ ansetzen; sich einen ~ anessen; sich ein Bäuchlein zulegen* een buikje krijgen • FIG. *aus dem ~ heraus reagieren* instinctief/gevoelsmatig reageren • FIG. *eine Frage aus dem hohlen ~ beantworten* het antwoord op een vraag uit de mouw schudden, onvoorbereid beantwoorden • FIG. *auf den ~ fallen* in de soep lopen • FIG. *ich habe mir (vor Lachen) den ~ gehalten* ik moest mijn buik vasthouden van het lachen

Bauchfell ZN O (+(e)s/+e) ANAT. **buikvlies**

Bauchfellentzündung ZN V (-/+en) MED. **buikvliesontsteking, peritonitis**

Bauchhöhle ZN V (-/+n) ANAT. **buikholte**

bauchig, bäuchig BN **buikig, corpulent**

Bauchlandung ZN V (-/+en) LUCHTV. **buiklanding** • FIG. *eine ~ machen* op een teleurstelling uitlopen

Bäuchlein ZN O (+s/-) **buikje**

bäuchlings BW **op de buik, voorover**

bauchpinseln OV WW **vleien** • *sich ~ mit* zich vleien met

bauchreden ONOV WW **buikspreken**

Bauchredner ZN M (+s/-) **buikspreker**

Bauchschmerzen ZN MV **buikpijn**

Bauchspeicheldrüse ZN V (-/+n) ANAT. **alvleesklier, pancreas**

bauchtanzen ONOV WW **buikdansen**

Bauchtänzerin ZN V (-/+nen) **buikdanseres**

Bauchweh ZN O (+(e)s/gmv) INFORM. **buikpijn**

Baudenkmal ZN O (+(e)s/-mäler) **(beschermd) monument**

bauen OV WW **1** OOK FIG. **bouwen (auf** +4 **op)** • *schwer gebaut* zwaar van bouw • *sie baut sich ein Haus* zij bouwt een huis • *~ auf jemanden* op iemand bouwen **2** **aanleggen** <van weg> • *an der Straße wird gebaut* in de straat zijn wegwerkzaamheden **3** **verbouwen** <van gewas> **4** **construeren, fabriceren** **5** INFORM. **doen, tot stand brengen, afleggen** <van toets> • INFORM. *Betten ~* bedden opmaken • INFORM. *einen Unfall ~* een ongeval veroorzaken • *er hat Mist gebaut* hij is in de fout gegaan • INFORM. *seinen Führerschein ~* zijn rijbewijs halen

Bauer **1** ZN M (+n/+n) **1** **boer, landbouwer** • FIG. *was der ~ nicht kennt, frisst er nicht* wat de boer niet kent, vreet hij niet • FIG. *die dümmsten Bauern haben die größten Kartoffeln* het geluk is met de dommen **2** MIN. **lomp mens** • *er ist ein richtiger ~* hij is een mens zonder vorming **3** **pion** <in schaakspel> **2** ZN M/O (+s/-) **vogelkooi**

Bäuerin ZN V (-/+nen) **boerin**

bäuerisch BN → **bäurisch**

bäuerlich BN **boeren-, agrarisch**

Bauernfang ZN M (+(e)s/gmv) • INFORM. *auf ~ ausgehen* eropuit zijn iemand op te lichten

Bauernfänger ZN M (+s/-) MIN. **boerenbedrieger, oplichter**

Bauernschaft ZN V (-/gmv) **boerenstand**

bauernschlau BN **gewiekst**

Baufach ZN O (+(e)s/gmv) **bouwvak, bouwsector**

baufällig BN **bouwvallig**

Baufirma ZN V (-/-men) **bouwfirma**

Baugebiet ZN O **bouwterrein**

Baugelände ZN O (+s/-) **bouwterrein, bouwgrond**

Baugenehmigung ZN V (-/+en) **bouwvergunning**

Baugenossenschaft ZN V (-/+en) **woningbouwvereniging, bouwcoöperatie**

Baugerüst ZN O (+(e)s/+e) TECHN. **steiger**

Baugesellschaft ZN V BOUW **projectontwikkelaar**

Baugewerbe ZN O (+s/gmv) **bouw(sector), bouwnijverheid**

Baugrube ZN V (-/+n) **bouwput**

Bauhandwerk ZN O (+(e)s/gmv) **bouwvak**

Bauhandwerker ZN M (+s/-) **bouwvakker**

Bauherr ZN M (-(e)n/+en) **opdrachtgever (voor de bouw)**

Bauhütte ZN V (-/+n) **bouwkeet**

Bauingenieur ZN M (+s/+e) **bouwkundig ingenieur, civiel ingenieur**

Baukasten ZN M (+s/-kästen) **blokkendoos, bouwdoos**

Bauklotz ZN M (+es/-klötze) **bouwblok** <speelgoed> • *da staunt man Bauklötze!* ik ben stomverbaasd!

Baukunst ZN V (-/gmv) **bouwkunst, architectuur**

Bauleiter ZN M (+s/-) **bouwdirectie**

baulich BN **bouwkundig, architectonisch** • *in ~ gutem Zustand* (bouwkundig) in goede staat

Baum ZN M (+(e)s/Bäume) **1** **boom** • *auf den ~ klettern* in de boom klimmen • *er sitzt auf dem ~* hij zit in de boom • FIG. *je höher der Baum, desto näher der Blitz* hoge bomen vangen veel wind • FIG. *er ist stark wie ein ~* hij is zo sterk als een paard • FIG. *Bäume ausreißen (können)* bergen (kunnen) verzetten • FIG. *zwischen ~ und Borke sitzen/stecken/ stehen* op een tweesprong staan, voor een dilemma staan • FIG. *das ist ja, um auf die Bäume zu klettern!* je zou uit je vel springen! **2** TECHN. **(hef)boom**

Baumeister ZN M (+s/-) **bouwkundige, ≈ architect**

baumeln ONOV WW **1** **bengelen, bungelen** <van

benen>, schommelen **2** MIN. hangen <aan galg>
bäumen WKD WW (**sich ~**) **1** steigeren <van paard> **2** FORM. in opstand komen, zich verzetten (**gegen** +4 tegen)
baumlang BN INFORM. boomlang <van mens> • *ein ~er Kerl* een boom van een kerel
Baumrinde ZN V (-/+n) boomschors
Baumschere ZN V (-/+n) snoeischaar
Baumschule ZN V (-/+n) boomkwekerij
Baumstamm ZN M (+(e)s/-stämme) boomstam
baumstark BN beresterk <van man>
Baumsterben ZN O (+s/-) bossterfte
Baumstumpf ZN M (+(e)s/-stümpfe) boomstronk
Baumwolle ZN V (-/gmv) katoen • *ein Hemd aus ~* een overhemd van katoen
baumwollen BN katoenen
Baumwollhemd ZN O (+(e)s/+en) katoenen overhemd
Bauordnung ZN V (-/+en) bouwverordening
Bauplan ZN M (+(e)s/-pläne) bouwplan
Bauplatz ZN M (+es/-plätze) bouwterrein
Baupolizei ZN V (-/gmv) bouwpolitie
baureif BN bouwrijp
bäurisch BN MIN. boers, lomp
Bausatz ZN M (+es/-sätze) bouwpakket
Bausch ZN M (+(e)s/Bäusche) dot, (watten) prop • *etwas in ~ und Bogen verurteilen* iets in zijn totaliteit/en bloc veroordelen
bauschen **1** OV WW bollen, bol doen staan **2** ONOV WW opbollen **3** WKD WW (**sich ~**) bol gaan staan
bauschig BN **1** bol, opbollend **2** wijd vallend <van kleding>, met plooien
Bauschutt ZN M (+(e)s/gmv) bouwafval, sloopafval
bausparen ONOV WW bouwsparen
Bausparer ZN M (+s/-) bouwspaarder
Bausparkasse ZN V (-/+n) bouw(spaar)kas
Baustein ZN M (+(e)s/+e) **1** bouwsteen **2** blok(je) <speelgoed> **3** FIG. (bouw)steentje, element, component
Baustelle ZN V (-/+n) **1** bouwlocatie, bouwterrein **2** wegwerkzaamheden • *Achtung Baustelle!* werk in uitvoering!
Baustil ZN M (+(e)s/+e) bouwstijl
Baustoff ZN M (+(e)s/+e) bouwstof
Baustopp ZN M (+s/+s) bouwstop • *einen ~ verhängen* een bouwstop afkondigen
Bautechnik ZN V (-/+en) bouwtechniek
Bauteil **1** ZN M (+(e)s/+e) deel van een bouwwerk **2** ZN O (+(e)s/+e) bouwelement, (geprefabriceerd) onderdeel
Bauten ZN MV gebouwen → **Bau**
Bauunternehmen ZN O (+s/-) bouwbedrijf
Bauunternehmer ZN M (+s/-) aannemer
Bauvorhaben ZN O (+s/-) bouwplan
Bauwerk ZN O (+(e)s/+e) bouwwerk
Bauwirtschaft ZN V (-/gmv) bouwnijverheid
Bauxit ZN M (+(e)s/+e) bauxiet
bauz TUSSENW pats!, boem! <bij val van kind>
Bauzaun ZN M (+(e)s/-zäune) hek om bouwterrein
Bayer ZN M (+n/+n) Beier
Bayerin ZN V (-/+nen) Beierse
bay(e)risch BN Beiers
Bayern ZN O (+s/gmv) Beieren <Duitse deelstaat>
Bazar ZN M (+s/+e) → **Basar**
Bazille ZN V (-/+n) BIOL., MED., INFORM. bacil
Bazillus ZN M (-/+en) BIOL., MED. bacil
Bazooka ZN V (-/+s) MIL. bazooka
Bd. AFK **1** Band boekdeel **2** Bund bond
Bde. AFK Bände boekdelen
B-Dur ZN O (-/gmv) MUZ. bes majeur
beabsichtigen OV WW **1** van plan zijn • *~ etwas zu tun* van plan zijn om iets te doen **2** bedoelen, beogen • *das war (nicht) beabsichtigt* dat was (niet) de bedoeling/de opzet
beachten OV WW **1** opvolgen, in acht nemen • *Vorschriften ~* regels in acht nemen **2** letten op, notitie nemen van • *bitte zu ~* hierop letten a.u.b. • *bitte Lautsprecherdurchsagen ~* let op omroepbericht
beachtenswert BN opmerkenswaardig, opmerkelijk
beachtlich BN aanzienlijk, opmerkelijk, belangrijk, respectabel • *eine ~e Summe* een aanzienlijk bedrag • *eine ~e Leistung* een opmerkelijke prestatie • *eine ~e Position* een belangrijke positie
Beachtung ZN V (-/gmv) **1** inachtneming <van voorschrift>, opvolging **2** aandacht • *sein Buch fand viel ~* er werd veel aandacht aan zijn boek geschonken
Beachvolleyball ZN M/O (+s/gmv) beachvolleybal
beackern OV WW **1** FIG. doorploegen <van boek>, doorworstelen **2** INFORM. bewerken <van personen>, invloed uitoefenen op
Beamer ZN M A-V beamer
Beamte ZN M (+n/+n) ambtenaar, beambte
Beamtenapparat ZN M (+(e)s/gmv) ambtenarenapparaat
Beamtenschaft ZN V (-/gmv) ambtenarencorps
Beamtentum ZN O (+s/gmv) **1** ambtenaarschap **2** ambtenarencorps
beamtet BN als ambtenaar aangesteld, ambtelijk
Beamtin ZN V (-/+nen) vrouwelijke ambtenaar
beängstigen OV WW bang maken, verontrusten • *ein beängstigendes Gedränge* een beangstigend gedrang
beanspruchen OV WW **1** aanspraak maken op, (op)eisen • *Schadenersatz ~* schadevergoeding eisen • *jemandes Gastfreundschaft ~* gebruikmaken van iemands gastvrijheid • *etwas für sich ~* iets voor zich opeisen **2** in beslag nemen <van ruimte, tijd>, nodig hebben • *sie ist stark beansprucht* ze is erg druk • *ich will Sie nicht länger ~* ik wil u niet langer in beslag nemen **3** TECHN. belasten <van banden> • *die Maschine ist zu stark beansprucht worden* de machine is overbelast

Beanspruchung ZN V (-/+en) **1** (het) opeisen **2** TECHN. belasting

beanstanden, OOST. **beanständen** OV WW aanmerkingen maken (**an** +3 op), bekritiseren, bezwaar maken tegen, afkeuren • *den Service ~* over de service klagen

Beanstandung, OOST. **Beanständung** ZN V (-/+en) **1** aanmerking, kritiek, afkeuring • *keine Beanstandungen* niets op aan te merken **2** protest, bezwaar, reclame

beantragen OV WW **1** aanvragen, verzoeken om • *den Konkurs ~* het faillissement aanvragen • *eine Aufenthaltsgenehmigung ~* een verblijfsvergunning aanvragen • *ein Stipendium ~* een studiebeurs aanvragen **2** JUR. eisen • *eine Strafe ~* een straf eisen • *der Staatsanwalt beantragte eine Gefängnisstrafe von vier Monaten* het Openbaar Ministerie eiste vier maanden gevangenisstraf • *es wurde eine vierjährige Gefängnisstrafe beantragt* de eis luidt vier jaar gevangenisstraf

Beantragung ZN V (-/+en) **1** verzoek **2** JUR. eis

beantworten OV WW beantwoorden, reageren op <bv. brief> • *eine Frage ~* op een vraag antwoorden

Beantwortung ZN V (-/+en) beantwoording • *in ~ Ihres Schreibens vom ...* in antwoord op uw schrijven van ...

bearbeiten OV WW **1** OOK FIG. bewerken **2** be-/afhandelen

Bearbeiter ZN M (+s/-) **1** bewerker **2** verantwoordelijke, bevoegd ambtenaar

Bearbeitung ZN V (-/+en) **1** (het) bewerken **2** bewerking

beargwöhnen OV WW verdenken, wantrouwen, argwaan hebben tegen

Beat ZN M (-, +s/+s) **1** beat(muziek) **2** beat

beatmen OV WW MED. beademen

Beatmung ZN V (-/+en) MED. beademing • *künstliche ~* kunstmatige ademhaling / beademing

beaufsichtigen OV WW controleren, toezicht houden/uitoefenen op, bewaken • *die Kinder ~* op de kinderen passen

Beaufsichtigung ZN V (-/+en) controle, toezicht

beauftragen OV WW opdragen, belasten (**mit** +3 **met**) • *jemanden mit einer Arbeit ~* iemand een taak opleggen • *jemanden mit etwas ~* iemand opdragen iets te doen • *jemanden ~, etwas zu erledigen* iemand om een boodschap sturen

Beauftragte ZN M/V (+n/+n) gevolmachtigde, gemachtigde

beäugen OV WW uitvoerig bekijken

Beaujolais ZN M beaujolais

Beautycenter ZN O (+s/-) **1** schoonheidssalon **2** cosmeticawinkel

bebauen OV WW bebouwen

Bebauung ZN V (-/+en) **1** (het) bebouwen **2** bebouwing

Bebauungsplan ZN M (+(e)s/-pläne) bestemmingsplan, stedenbouwkundig plan

beben ONOV WW trillen, bibberen <van emotie/kou> • *er bebte vor Wut* hij trilde van woede • *um jemanden ~* in angst zitten over iemand

Beben ZN O (+s/-) **1** (het) trillen, (aard)beving **2** FORM. trilling <door emotie>

bebildern OV WW illustreren

Bebilderung ZN V (-/+en) **1** (het) illustreren **2** (de) illustraties

bebrillt BN gebrild, brildragend

bebrüten OV WW OOK FIG. broeden op, bebroeden

Becher ZN M (+s/-) **1** beker • FIG. *zu tief in den ~ geschaut haben* te diep in het glaasje gekeken hebben **2** PLANTK. bolster • *~ einer Eichel* bolster van een eikel

bechern ONOV WW INFORM., HUMOR. drinken, pimpelen

Becken ZN O (+s/-) **1** AARDK. bekken **2** ANAT. bekken **3** MUZ. bekken

bedachen OV WW overdekken <van dak>, van een dak voorzien

bedacht BN bedachtzaam, tactvol • *auf eine Sache ~ sein* op iets bedacht zijn • *auf seinen Vorteil ~ sein* op zijn voordeel bedacht zijn

Bedacht ZN M (+(e)s/gmv) • *etwas mit ~ tun* iets weloverwogen doen, iets met overleg doen • *ohne ~* onbezonnen • *auf etwas (keinen) ~ nehmen* (niet) op iets bedacht zijn

bedächtig BN **1** bedaard, afgepast **2** bedachtzaam, tactvol

Bedächtigkeit ZN V (-/gmv) bedachtzaamheid, omzichtigheid

bedachtsam BN bedachtzaam, behoedzaam, tactvol • *~ vorgehen* met overleg te werk gaan

Bedachtsamkeit ZN V (-/gmv) FORM. bedachtzaamheid, omzichtigheid

Bedachung **1** ZN V (-/gmv) dakbedekking **2** ZN V (-/+en) dak(werk)

bedang WW verl. tijd → **bedingen**

bedanken WKD WW (**sich ~**) (be)danken • *sich bei jemandem für ein Geschenk ~* iemand voor een cadeau bedanken • *hast du dich schon bedankt?* heb je al bedankt? • *ich bedanke mich für Ihre Aufmerksamkeit* ik dank u voor de aandacht • INFORM. *dafür bedanke ich mich (bestens)!* dank je feestelijk!, daar bedank ik (feestelijk) voor!

Bedarf ZN M (+(e)s/gmv) behoefte (**an** +3 **aan**), vraag, (het) benodigde • *bei ~* indien nodig, desgewenst • *(je) nach ~* naar behoefte • *Dinge des täglichen Bedarfs* dagelijkse behoeften • *für den persönlichen ~* voor eigen gebruik • INFORM. *mein ~ ist gedeckt* ik ben het zat

Bedarfsartikel ZN MV benodigdheden

Bedarfsfall ZN M (+(e)s/gmv) • FORM. *für den/im ~* indien/zo nodig, in/voor het geval dat

Bedarfsgüter ZN MV consumptieartikelen, gebruiksartikelen

Bedarfshaltestelle ZN V (-/+n) halte op verzoek

bedarfsorientiert BN gebruikersvriendelijk, afgestemd op de behoefte

bedauerlich BN betreurenswaardig

be

bedauern OV WW **1** medelijden hebben met **2** betreuren, spijten • *(ich) bedaure!* het spijt me!, sorry! • *ich bedaure, dass ich nicht kommen kann* ik betreur het dat ik niet kan komen, het spijt me dat ik niet kan komen • *etwas ~* spijt hebben van iets

Bedauern ZN O (+s/gmv) medelijden (**mit** +3 met), spijt, leedwezen (**über** +4 over) • *zu meinem ~* tot mijn leedwezen, tot mijn spijt

bedauernswert BN betreurenswaardig, beklagenswaardig

bedecken OV WW **1** bedekken (**mit** +3 met) • FIG. *er halt sich bedeckt* hij houdt zich gedekt/gedeisd • *eine bedeckte Stimme* een hese stem **2** betrekken <van lucht> • *der Himmel war bedeckt* de lucht was bewolkt

bedeckt BN • *bewölkter Himmel* bedekte lucht

Bedeckung ZN V (-/gmv) **1** (het) bedekken, bedekking **2** afdekking **3** escorte, geleide • *jemandem polizeiliche ~ mitgeben* iemand een politiegeleide meegeven **4** OOST. dekking <van schuld>

bedenken **1** OV WW onregelmatig **1** bedenken, denken aan **2** overdenken • *jemandem etwas zu ~ geben* iemand iets in overweging geven **3** FORM. schenken, bedenken, bedelen • *er wurde in ihrem Testament bedacht* hij stond in haar testament • *reich bedacht* rijkelijk bedeeld • *jemanden großzügig ~* iemand ruim bedelen **2** WKD WW (**sich ~**) onregelmatig zich bedenken, nadenken • *sich eines Besseren ~* zich bedenken

Bedenken **1** ZN O (+s/-) bedenking, bezwaar, twijfel • *~ haben/hegen/tragen* twijfel koesteren, bedenkingen hebben • *viele ~ anmelden* veel aanmerkingen maken • *seine ~ äußern* bezwaar aantekenen **2** ZN O (+s/gmv) overweging, overleg, (het) nadenken

bedenkenlos BW **1** zonder (enig) bezwaar, zonder aarzelen/nadenken **2** gewetenloos

bedenkenswert BN behartenswaardig

Bedenkfrist ZN V (-/gmv) bedenktijd

bedenklich BN **1** bedenkelijk • *ein ~es Gesicht machen* een bedenkelijk gezicht trekken • *das stimmt mich ~* dat stemt me tot nadenken **2** twijfelachtig, dubieus • *ein ~er Vorschlag* een dubieus voorstel

Bedenklichkeit ZN V (-/+en) **1** bezwaar, aarzeling **2** twijfelachtigheid, bedenkelijkheid

Bedenkzeit ZN V (-/gmv) bedenktijd

bedeppert BN INFORM. bedeesd, beduusd, bedremmeld, bedrukt

bedeuten OV WW **1** betekenen • *das bedeutet mir viel* dat betekent veel voor me • *diese Wolken ~ Sturm* deze wolken duiden op storm • *was bedeutet dieser Text?* wat wordt met deze tekst bedoeld? **2** FORM. te verstaan geven • *jemandem etwas ~* iemand iets te verstaan geven

bedeutend BN belangrijk, aanzienlijk, van betekenis, uitstekend • *der Zustand hat sich ~ gebessert* de toestand is aanzienlijk verbeterd

bedeutsam BN **1** belangrijk, aanzienlijk **2** veelzeggend, veelbetekenend • *jemanden ~ anblicken* iemand veelbetekenend aankijken

Bedeutsamkeit ZN V (-/gmv) **1** belang, draagwijdte **2** FORM. betekenis, zin

Bedeutung ZN V (-/+en) **1** betekenis • *an ~ gewinnen* in betekenis toenemen • *einer Sache ~ beimessen* betekenis hechten aan een zaak, betekenis toekennen aan iets **2** FIG. gewicht, belang • *es ist von ~ zu wissen* het is van belang (om) te weten • *er erzählt nichts von ~* hij vertelt niet veel bijzonders

bedeutungslos BN onbetekenend, onbeduidend • *das ist ~* dat is van geen betekenis

bedeutungsschwanger BN betekenisvol, veelzeggend

bedeutungsschwer BN FORM. zeer belangrijk, veelbetekenend, betekenisvol

bedeutungsvoll BN **1** belangrijk **2** veelbetekenend, veelzeggend

bedienen **1** OV WW **1** bedienen **2** bedienen <van klant>, helpen • FIG. *ich bin bedient!* ik heb mijn portie gehad!, ik heb er genoeg van! • INFORM. *mit etwas gut (schlecht) bedient sein* ergens goed (slecht) mee af zijn • *werden Sie schon bedient?* wordt u al geholpen? • *ich werde schon bedient* ik word al geholpen **3** SPORT (de bal) passen naar, toespelen **2** WKD WW (**sich ~**) **1** zich bedienen <van eten/drinken>, toetasten • *bitte, bediene dich!* tast toe!, ga je gang! **2** FORM. zich bedienen van +2 • *sich des Angebots ~* gebruikmaken van het aanbod

Bedienerin ZN V (-/+nen) OOST. hulp in de huishouding, interieurverzorgster

Bedienstete ZN M/V (+n/+n) bediende

Bedienung **1** ZN V (-/+en) **1** kelner(in), serveerster • *die ~ rufen* de serveerster roepen **2** OOST. hulp in de huishouding **2** ZN V (-/gmv) **1** (het) bedienen, service • *die ~ in dem Restaurant ist ausgezeichnet* de service in het restaurant is uitstekend • *ohne ~; ~ nicht einbegriffen* exclusief de bediening **2** bediening • *die ~ des Geräts* de bediening van het toestel

Bedienungsanleitung ZN V (-/+en) handleiding, gebruiksaanwijzing

bedienungsfreundlich BN gebruiksvriendelijk

Bedienungsvorschrift ZN V (-/+en) handleiding, gebruiksaanwijzing

Bedienungszuschlag ZN M (+(e)s/-schläge) bedieningsgeld

bedingen OV WW zwak veroorzaken, teweegbrengen • *das eine bedingt das andere* het een komt voort uit het ander

bedingt BN **1** afhankelijk (**durch** +4, **von** +3 van), gebonden, beperkt, betrekkelijk • *~ sein von/durch* afhankelijk zijn van **2** voorwaardelijk, onder voorbehoud • JUR. *~er Straferlass* voorwaardelijke invrijheidstelling

Bedingtheit ZN V (-/+en) afhankelijkheid, beperktheid, betrekkelijkheid, relativiteit

Bedingung ZN V (-/+en) voorwaarde, conditie • *unter der Bedingung, dass ...* op voorwaarde dat ... • *etwas zur ~ machen* iets als voorwaarde stellen • *Bedingungen stellen* voorwaarden stellen • *zu den*

vereinbarten Bedingungen op de overeengekomen voorwaarden

bedingungslos BN onvoorwaardelijk, absoluut • *~e Treue* onvoorwaardelijke trouw

Bedingungssatz ZN M (+es/-sätze) voorwaardelijke bijzin

bedrängen OV WW **1** benauwen, in het nauw brengen, lastigvallen (**mit** +3 met), aandringen bij • *der Star wurde von den Reportern mit Fragen bedrängt* de filmster werd door de verslaggevers met vragen bestookt • *jemanden mit Fragen ~* iemand met vragen lastigvallen **2** (be) drukken, kwellen • *in bedrängten Umständen* in benarde omstandigheden

Bedrängnis ZN V (-/+se) FORM. verdrukking, benarde positie • *jemanden in ~ bringen* iemand in het nauw brengen • *in ~ geraten* in de verdrukking komen • *in ~ sein* in het nauw zitten

Bedrängung ZN V (-/+en) **1** (het) lastigvallen **2** nood, benarde positie

bedrohen OV WW (be)dreigen (**mit** +3 met), in gevaar brengen • *vom Aussterben bedrohte Arten* met uitsterven bedreigde (dier)soorten

bedrohlich BN (be)dreigend, onheilspellend

Bedrohung ZN V (-/+en) (be)dreiging

bedrucken OV WW bedrukken (**mit** +3 met)

bedrücken OV WW (be)drukken, beklemmen, bedroeven, deprimeren • *eine ernste Sorge bedrückt sie* er drukt een zware last op haar

Bedrücktheit ZN V (-/gmv) bedruktheid, neerslachtigheid

Bedrückung ZN V (-/gmv) bedruktheid, neerslachtigheid

Beduine ZN M (+n/+n) bedoeïen

bedungen OV WW volt. deelw. → **bedingen**

bedürfen ONOV WW +2, onr. nodig hebben, behoeven • *einer Sache ~* behoefte hebben aan iets • *des Trostes ~* behoefte aan troost hebben • *es bedarf keiner weiteren Beweise* er zijn geen verdere bewijzen nodig • *dies bedarf keiner Erklärung* dit behoeft geen uitleg

Bedürfnis ZN O (+ses/+se) behoefte (**nach** +3 aan), verlangen • *ein ~ befriedigen* in een behoefte voorzien • *~ nach Ruhe haben* behoefte aan rust gevoelen

Bedürfnisanstalt ZN V (-/+en) FORM. openbaar toilet

bedürfnislos BN bescheiden, zonder pretenties

bedürftig BN behoeftig, armoedig • FORM. *jemandes/einer Sache ~ sein* iemand/iets nodig hebben

Bedürftigkeit ZN V (-/gmv) behoeftigheid, armoede

beduseln WKD WW (**sich ~**) INFORM., HUMOR. zich (licht) bedrinken • *beduselt* aangeschoten/ beneveld, verdoofd/versuft

Beefsteak ZN O (+s/+s) biefstuk • *deutsches ~* gehaktbal

beehren 1 OV WW **1** FORM. vereren (**mit** +3 met) <bezoek>, eer aandoen • *jemanden mit einem Besuch ~* iemand met een bezoek vereren **2** FORM. bezoeken • *~ Sie uns bald wieder* bezoek ons snel weer **2** WKD WW (**sich ~**) de eer hebben • *ich beehre mich, Ihnen mitzuteilen, dass …* ik heb de eer u mee te delen dat …

beeiden OV WW beëdigen, onder ede bevestigen

Beeidigung ZN V (-/+en) beëdiging

beeilen WKD WW (**sich ~**) zich haasten, haast maken (**bei** , **mit** +3 met) • *beeil dich!* schiet op! • *sich ~ zu* zich haasten om, haast maken om • *er beeilt sich mit seiner Arbeit* hij haast zich met zijn werk • *du musst dich ~* je moet je haasten

beeindrucken OV + ONOV WW indruk maken op, imponeren • *das hat mich sehr beeindruckt* dat heeft een diepe indruk op mij gemaakt • *von jemandem/ einer Sache beeindruckt sein* onder de indruk zijn van iemand/iets • *beeindruckt werden* onder de indruk raken/zijn

beeinflussen OV WW beïnvloeden, invloed uitoefenen op • *von etwas beeinflusst sein* door iets beïnvloed zijn

Beeinflussung ZN V (-/+en) beïnvloeding

beeinträchtigen OV WW benadelen, afbreuk doen aan, verminderen, belemmeren (**in** +3 in), hinderen • *ihre Hörfähigkeit ist beeinträchtigt* ze heeft een verminderd hoorvermogen • *das schlechte Wetter beeinträchtigte die Reise* het slechte weer deed afbreuk aan de reis

Beeinträchtigung ZN V (-/+en) benadeling, afbreuk, belemmering

beenden OV WW beëindigen, afmaken, voltooien • *die Sitzung ist beendet* de vergadering is afgelopen • *eine Karriere ~* een carrière afsluiten

Beendigung, **Beendung** ZN V (-/gmv) beëindiging

beengen OV WW **1** beperken, belemmeren **2** benauwen, beklemmen • *beengt wohnen* nauw behuisd zijn

Beengtheit ZN V (-/gmv) OOK FIG. beklemming, benauwdheid

beerben OV WW beërven, erven van

beerdigen OV WW begraven, ter aarde bestellen

Beerdigung ZN V (-/+en) begrafenis, teraardebestelling

Beerdigungsfeier ZN V (-/+n) begrafenisplechtigheid

Beerdigungsinstitut ZN O (+(e)s/+e) begrafenisonderneming

Beere ZN V (-/+n) bes

Beet ZN O (+(e)s/+e) bed, perk

Beete ZN V (-/+n) biet • *rote Bete* rode biet

befähigen OV WW bekwamen, in staat stellen

befähigt BN **1** bekwaam (**zu** +3 om te), geschikt **2** begaafd

Befähigung ZN V (-/gmv) **1** bekwaamheid (**für** +4 voor), geschiktheid **2** begaafdheid **3** bevoegdheid (**zu** +3 tot)

Befähigungsnachweis ZN M (+es/+e) akte van bekwaamheid, bekwaamheidsattest

befahl OV WW verl. tijd → **befehlen**

befahrbar BN **1** berijdbaar **2** bevaarbaar

befahren **1** BN **1** bereden • *eine sehr stark ~e Straße* een erg drukke weg **2** SCHEEPV. bevaren **3** <jacht> bewoond **2** OV WW sterk **1** berijden • *er hat viele Länder ~* hij heeft veel landen bereisd **2** bevaren

Befall ZN M (+(e)s/gmv) PLANTK. aantasting, besmetting

befallen OV WW sterk **1** overvallen, aangrijpen, bevangen, zich meester maken van • *von Schlaf ~ werden* door slaap overmand worden **2** PLANTK. aantasten • *der Baum ist von Pilzen ~* de boom is door zwammen aangetast

befangen BN **1** schuchter, geremd **2** JUR. bevooroordeeld, partijdig, vooringenomen

Befangenheit ZN V (-/+en) **1** schuchterheid, geremdheid **2** JUR. partijdigheid, vooringenomenheid

befassen **1** OV WW **1** FORM. belasten • *jemanden mit einer Angelegenheit ~* iemand met een zaak belasten **2** REG. betasten, bevoelen **2** WKD WW (**sich ~**) zich bezighouden (**mit** +3 met) • *sie befasst sich mit der Familiengeschichte* zij houdt zich met de familiegeschiedenis bezig • *damit muss ich mich erst noch ~* daarmee moet ik mij nog bezighouden

Befehl ZN M (+(e)s/+e) **1** bevel, opdracht • *zu Befehl!* tot uw orders! • *einen ~ erlassen* een bevel uitvaardigen • *Befehle erteilen* bevelen geven • *den ~ führen über* het gezag voeren over **2** COMP. commando, instructie

befehlen OV WW sterk **1** bevelen • *ich befehle es dir* ik beveel het jou • *jemandem ~ etwas zu tun* iemand gelasten iets te doen **2** (het) bevel voeren (**über** +4 over) **3** ontbieden • *er wurde zum Chef befohlen* hij werd bij zijn chef ontboden • *seine Seele Gott ~* zijn ziel aan God toevertrouwen

befehligen OV WW MIL. (het) bevel voeren (**über** +4 over), commanderen

Befehlsform ZN V (-/+en) TAALK. gebiedende wijs, imperatief

Befehlsgewalt ZN V (-/gmv) gezag, bevelvoering, commando

Befehlshaber ZN M (+s/-) MIL. bevelhebber, commandant

Befehlsnotstand ZN M (+(e)s/-stände) JUR. uitvoering van een bevel ondanks gewetensconflict

Befehlstaste ZN V (-/+n) COMP. commandotoets

Befehlston ZN M (+(e)s/-töne) bevelende toon • *im ~* op een bevelende toon

Befehlsverweigerung ZN V (-/+en) MIL. insubordinatie, dienstweigering

befeinden OV WW FORM. bestrijden, vijandig doen tegen

befestigen OV WW **1** bevestigen (**an** +3 aan), vastmaken • *das ist an der Wand befestigt* dat zit aan de muur vast **2** versterken <tegen aanval> **3** FIG. vestigen <van reputatie> • *seine berufliche Position befestigte sich* zijn positie op z'n werk werd versterkt/gevestigd

Befestigung ZN V (-/+en) **1** bevestiging, (het) vastmaken **2** versterking <tegen aanval> **3** vesting **4** FIG. vestiging <van reputatie>

befeuchten OV WW bevochtigen

Befeuchtung ZN V (-/+en) bevochtiging

befeuern OV WW **1** voorzien <van brandstof>, stoken **2** FORM. aanvuren, aansporen **3** SCHEEPV., LUCHTV. bebakenen, van navigatielichten voorzien **4** INFORM. bekogelen (**mit** +3 met), beschieten

Befeuerung ZN V (-/+en) **1** (het) stoken **2** (het) bebakenen, navigatielicht

befinden **1** ONOV WW sterk **1** houden (**für** +4 voor), beoordelen, beschouwen (als) • *etwas für richtig ~* iets in orde bevinden **2** beslissen, oordelen (**über** +4 over) **2** WKD WW (**sich ~**) sterk zich bevinden (**in** +3 in) • *sich in guten Händen ~* zich in goede handen bevinden • *der Kopierer befindet sich im Erdgeschoss* het kopieerapparaat bevindt zich op de begane grond

Befinden ZN O (+s/gmv) **1** gezondheidstoestand • *jemanden nach seinem ~ fragen* iemand vragen hoe het met hem gaat **2** FORM. mening, oordeel • *nach meinem ~* naar mijn mening

befindlich BN zich bevindend, aanwezig

befingern OV WW INFORM. bevingeren, betasten, ergens aan zitten

beflaggen OV WW met vlaggen versieren

Beflaggung ZN V (-/+en) versiering met vlaggen

beflecken OV WW OOK FIG. bezoedelen, bevlekken

Befleckung ZN V (-/+en) OOK FIG. (het) bevlekken

befleißigen WKD WW (**sich ~**) +2 FORM. zich toeleggen op, zich beijveren (om/voor) • *sich Zurückhaltung ~* terughoudendheid betrachten

beflissen BN ijverig, vlijtig • *~ sein* ijverig zijn best doen

Beflissenheit ZN V (-/gmv) ijver, vlijt

beflügeln OV WW stimuleren, aansporen (**zu** +3 tot), bespoedigen • FIG. *jemandes Fantasie ~* iemands fantasie de vrije teugel geven

befohlen WW volt. deelw. → **befehlen**

befolgen OV WW opvolgen <van raad>, uitvoeren <van bevel>, zich houden aan, in acht nemen • *Weisungen ~* instructies naleven • *einen Plan ~* gevolg geven aan een plan • *einen Rat ~* een advies volgen

Befolgung ZN V (-/gmv) (het) opvolgen <van bevel>, (het) in acht nemen

Beförderer ZN M (+s/-) vervoerder, expediteur, transporteur

befördern OV WW **1** vervoeren, transporteren, verzenden <van post> • FIG. *jemanden an die frische Luft ~* iemand eruit smijten • HUMOR. *etwas in den Papierkorb ~* iets in de prullenbak gooien **2** OOK FIG. bevorderen, promoveren • *er wurde zum Abteilungsleiter befördert* hij is gepromoveerd tot afdelingshoofd

Beförderung ZN V (-/+en) **1** vervoer, transport, verzending, expeditie **2** bevordering, promotie • *die ~ zum Kommissar* de bevordering tot commissaris

Beförderungskosten ZN MV transportkosten, vervoerskosten

befrachten OV WW **1** bevrachten, laden **2** FIG. belasten

Befrachter ZN M (+s/-) bevrachter

Befrachtung ZN V (-/+en) bevrachting

befragen OV WW **1** ondervragen (**über** +4, **wegen** +2 over), vragen (**nach** +3 naar), interviewen **2** raadplegen

Befragung ZN V (-/+en) **1** ondervraging **2** SOC. enquête, raadpleging

befreien **1** OV WW **1** bevrijden (**aus** , **von** +3 uit, van) • *die Schuhe vom Schmutz ~* de schoenen van vuil ontdoen **2** vrijstellen <van belasting>, ontheffen, dispenseren • *von Gebühren befreit sein* ontheffing hebben voor bepaalde kosten • *jemanden vom Unterricht ~* iemand van school dispenseren **2** WKD WW (**sich ~**) zich bevrijden (**von** +3 van), zich losmaken • *sich von einer Sache ~* zich van iets ontdoen • *sich aus einer Umarmung ~* zich losmaken uit een omarming

Befreier ZN M (+s/-) bevrijder

Befreiung ZN V (-/gmv) **1** bevrijding **2** vrijstelling <van belasting>, ontheffing, dispensatie

Befreiungskrieg ZN M (+(e)s/+e) bevrijdingsoorlog, vrijheidsoorlog

befremden OV WW bevreemden, verwonderen

Befremden ZN O (+s/gmv) bevreemding, verwondering

befremdend BN bevreemdend, vreemd, eigenaardig

befremdlich BN bevreemdend, vreemd, eigenaardig

Befremdung ZN V (-/gmv) bevreemding, verwondering

befreunden WKD WW (**sich ~**) **1** bevriend raken (**mit** +3 met) **2** vertrouwd raken, zich vertrouwd maken (**mit** +3 met)

befreundet BN bevriend • *eng (miteinander) ~ sein* intieme vrienden zijn

befrieden OV WW **1** FORM. pacificeren **2** kalmeren

befriedigen **1** OV WW bevredigen, tevredenstellen, vervullen <van behoefte>, inwilligen <van eis> • *seine Neugier ~* zijn nieuwsgierigheid bevredigen • *ein Bedürfnis ~* in een behoefte voorzien **2** WKD WW (**sich ~**) zich (seksueel) bevredigen, masturberen

befriedigend BN **1** bevredigend **2** (ruim) voldoende <schoolcijfer> • *in Französisch habe ich 'befriedigend'* ik heb een voldoende voor Frans

Befriedigung ZN V (-/gmv) **1** bevrediging **2** tevredenheid, voldoening • *mit ~ feststellen* met voldoening constateren

Befriedung ZN V (-/gmv) **1** pacificatie **2** kalmering

befristen OV WW een termijn stellen voor • *befristet sein* aan een bepaalde termijn gebonden zijn • ECON. *befristete Einlage* termijndeposito

befruchten OV WW **1** bevruchten **2** FIG. inspireren

Befruchtung ZN V (-/+en) OOK FIG. bevruchting • *(künstliche) ~* (kunstmatige) inseminatie

befugen OV WW machtigen (**zu** +3 tot)

Befugnis ZN V (-/+se) bevoegdheid, machtiging, autorisatie • *jemandem (die) ~ erteilen (zu)* iemand autoriseren (te/om/tot)

befugt BN bevoegd, gerechtigd (**zu** +3 tot)

befühlen OV WW betasten, bevoelen

befummeln OV WW INFORM. bevoelen, betasten <ook seksueel>

Befund ZN M (+(e)s/+e) bevinding, uitslag • MED. *ohne ~* negatief, zonder resultaat <van uitslag>

befürchten OV WW vrezen • *das Schlimmste ~* het ergste vrezen • *ich habe nichts zu ~* ik heb niets te vrezen

Befürchtung ZN V (-/+en) vrees • *meine Befürchtungen waren (un)begründet* mijn vrees was (on)gegrond • *Befürchtungen* bange vermoedens

befürworten OV WW voorstaan, bepleiten

Befürworter ZN M (+s/-) voorstander, pleitbezorger

Befürwortung ZN V (-/+en) voorspraak, (het) (be)pleiten

begaben OV WW FORM. begiftigen

begabt BN begaafd, talentvol, getalenteerd • *dafür ist sie nicht ~* daar heeft ze geen aanleg voor

Begabte ZN M/V (+n/+n) begaafde, talent, genie

Begabung ZN V (-/+en) begaafdheid, gave, talent • *er ist eine ~* hij is een talent • *~ haben für* talent/aanleg hebben voor

begaffen OV WW MIN. aangapen

begangen WW volt. deelw. → **begehen**

begann WW verl. tijd → **beginnen**

begatten **1** OV WW paren met, dekken <van dieren> **2** WKD WW (**sich ~**) paren

Begattung ZN V (-/+en) paring, dekking <van dieren>

begeben **1** OV WW sterk ECON. uitgeven <van effecten>, in omloop brengen, emitteren **2** WKD WW (**sich ~**) sterk **1** FORM. zich begeven (**nach** , **zu** +3 naar) • *sich an die Arbeit ~* aan het werk gaan • *sich auf die Reise ~* op reis gaan • *sich auf die Suche ~* op zoek gaan • FIG. *sich nicht auf dünnes Eis ~* niet over één nacht ijs gaan **2** FORM. gebeuren, geschieden • *das Folgende begab sich* het volgende gebeurde **3** FORM. afzien van, afstand doen • *sich einer Sache ~* van iets afzien

Begebenheit ZN V (-/+en) gebeurtenis, voorval

Begebung ZN V (-/+en) ECON. uitgifte <van aandelen>, emissie

begegnen **1** ONOV WW +3 **1** ontmoeten, tegenkomen • *wir sind ihr begegnet* wij hebben haar ontmoet **2** overkomen • *so etwas ist mir noch nie begegnet* zoiets is me nog nooit overkomen **3** FORM. bejegenen, behandelen • *jemandem mit Höflichkeit ~* iemand beleefd behandelen **4** het hoofd bieden <van problemen>, aanpakken • *wie begegnet ihr diesen Problemen?* hoe pakken jullie deze problemen aan? **2** WKD WW (**sich ~**) elkaar

be

be

tegenkomen • *wir ~ uns regelmäßig* we komen elkaar regelmatig tegen

Begegnung ZN V (-/+en) ontmoeting • *flüchtige ~* vluchtige ontmoeting • *zufällige ~* toevallige ontmoeting

begehbar BN begaanbaar • *nicht ~* onbegaanbaar

begehen OV WW onregelmatig **1** begaan, lopen over **2** patrouilleren langs, inspecteren **3** begaan <van fout/misdaad>, plegen <van verraad/overspel> • *einen Mord ~* een moord plegen **4** FORM. vieren • *einen Geburtstag ~* een verjaardag vieren

begehren OV WW begeren • *(sehr) begehrt* (erg) gezocht, (erg) in trek

Begehren ZN O (+s/-) FORM. begeerte (**nach** +3 naar), wens, verlangen • *nach ~* naar wens

begehrenswert BN begerenswaardig

begehrlich BN FORM. begerig, gretig, verlangend

Begehrlichkeit ZN V (-/+en) **1** begerigheid **2** verlangen

Begehung ZN V (-/+en) **1** inspectie, patrouille **2** (het) begaan <van misdrijf e.d.> **3** FORM. viering

begeistern 1 OV WW **1** verrukken, enthousiasmeren, opwinden • *jemanden für etwas ~* iemand warm maken voor iets **2** bezielen • *der Schauspieler begeistert sein Publikum* de acteur bezielt zijn publiek **2** WKD WW (**sich ~**) geestdriftig worden, warmlopen (**für** +4 voor) • *sich für etwas ~* enthousiast zijn/worden over iets

begeisternd BN bezielend, opwindend, meeslepend

begeistert BN geestdriftig, verrukt, enthousiast (**von** +3 over) • *eine ~e Menschenmenge* een enthousiaste menigte • *total ~ von etwas (3) sein* wild enthousiast zijn over iets

Begeisterung ZN V (-/gmv) geestdrift, enthousiasme (**für** +4 voor) • *die Zuschauer brüllten vor ~* het publiek brulde van enthousiasme • *die ~ kannte keine Grenzen* het enthousiasme kende geen grenzen • *mit ~ auf etwas reagieren* enthousiast op iets reageren • *das hat mich in ~ versetzt* dat bracht mij in verrukking • *in ~ geraten* de geest krijgen

Begierde ZN V (-/+n) begeerte (**nach** +3 naar), lust • FIG. *brennen vor ~* branden van verlangen

begierig BN begerig, (hevig) verlangend (**auf** +4, **nach** +3 naar)

begießen OV WW sterk begieten • INFORM. *das muss begossen werden!* daar moet op gedronken worden! • FIG. *er stand da wie begossen* hij stond helemaal paf

Beginn ZN M (+(e)s/gmv) begin, aanvang • *am/bei/zu ~* in/bij het begin • *zum ~ des neuen Jahres* aan het begin van het nieuwe jaar

beginnen OV + ONOV WW sterk **1** beginnen • *im ~den 21. Jahrhundert* aan het begin van de 21e eeuw **2** doen, ondernemen • *wir müssen die Sache anders ~* we moeten de zaak anders aanpakken • *weißt du nichts Besseres zu ~?* heb je niets beters te doen?

beglaubigen OV WW **1** bekrachtigen, waarmerken, legaliseren • *eine beglaubigte Abschrift* een gewaarmerkt afschrift **2** accrediteren (**bei** +3 bij) <van gezant>

Beglaubigung ZN V (-/+en) **1** waarmerking, legalisatie **2** accreditering <van gezant>

Beglaubigungsschreiben ZN O (+s/-) geloofsbrief <van gezant> • *sein ~ überreichen* zijn geloofsbrieven aanbieden

begleichen OV WW sterk FORM., ECON. vereffenen <van schuld/rekening>, voldoen, betalen • *eine Rechnung/Schuld ~* een rekening/schuld vereffenen

Begleichung ZN V (-/+en) vereffening <van schuld/rekening>, voldoening, betaling

Begleitbrief ZN M (+(e)s/+e) begeleidend schrijven

begleiten OV WW **1** begeleiden • *sie begleitete ihn an die Bahn* ze bracht hem naar de trein **2** MUZ. begeleiden **3** MIL. escorteren

Begleiter ZN M (+s/-) begeleider, metgezel

Begleiterscheinung ZN V (-/+en) bijverschijnsel, begeleidingsverschijnsel

Begleitmusik ZN V (-/gmv) achtergrondmuziek

Begleitschein ZN M (+(e)s/+e) ECON. volgdocument, gelei(de)biljet

Begleitschreiben ZN O (+s/-) begeleidend schrijven

Begleitumstand ZN M (+(e)s/-stände, meest mv) bijkomende omstandigheid, bijkomstigheid

Begleitung ZN V (-/+en) **1** begeleiding, gezelschap • *in ~ von* +3 begeleid door, in gezelschap van • *Kinder ohne ~ kein Zugang* kinderen zonder begeleiding geen toegang **2** MUZ. begeleiding **3** MIL. escorte, geleide

beglücken OV WW verblijden (**mit** +3, **durch** +4 met), gelukkig maken

beglückwünschen OV WW gelukwensen (**zu** +3 met), feliciteren • *sich (gegenseitig) ~* elkaar gelukwensen • *jemanden ~ zu* iemand gelukwensen met

Beglückwünschung ZN V (-/+en) **1** (het) feliciteren **2** felicitatie

begnaden OV WW FORM. begiftigen (**mit** +3 met)

begnadet BN begenadigd

begnadigen OV WW begenadigen, gratie verlenen

Begnadigung ZN V (-/+en) (gratie)verlening

begnügen WKD WW (**sich ~**) genoegen nemen (**mit** +3 met), zich tevreden stellen

Begonie ZN V (-/+n) PLANTK. begonia

begonnen OV + ONOV WW volt. deelw. → **beginnen**

begoss WW verl. tijd → **begießen**

begossen OV WW volt. deelw. → **begießen**

begraben OV WW sterk **1** begraven • *einen Toten ~* een dode begraven **2** FIG. opgeven <van hoop>, vergeten • *die Hoffnung ~* de hoop laten varen • *sich (mit etwas) ~ lassen können* het (met iets) wel kunnen vergeten

Begräbnis ZN O (+ses/+se) begrafenis

Begräbnisfeier ZN V (-/+n) begrafenisplechtigheid

begradigen OV WW rechtmaken <van weg/rivier>, rechten

Begradigung ZN V (-/+en) **(het) rechtmaken** <van weg/rivier>, **normalisatie** <van beek>, **kanalisatie** <van rivier>

begreifen OV + ONOV WW sterk **1 begrijpen, inzien, (be)vatten 2 beschouwen, opvatten 3** REG. **betasten** • *er begreift sich als Spezialist(en)* hij beschouwt zichzelf als specialist

begreiflich BN **begrijpelijk, duidelijk**

begreiflicherweise BW **begrijpelijkerwijs**

begrenzen OV WW **1 begrenzen** • *begrenzt werden von* begrensd worden door • *das Land wird vom Fluss begrenzt* de rivier begrenst het land **2 beperken (auf** +4 **tot)**

Begrenzer ZN M (+s/-) TECHN. **begrenzer**

Begrenztheit ZN V (-/+en) **begrensdheid, beperktheid**

Begrenzung ZN V (-/+en) **1 begrenzing, beperking 2 grens**

Begriff ZN M (+(e)s/+e) **begrip, idee** • *schwer/langsam von ~ sein* traag van begrip zijn • *du machst dir keinen Begriff!* je hebt er geen idee van! • *ist dir das ein Begriff?* is dat een begrip voor jou?, zegt je dat iets? • *ich war im ~ zu gehen* ik stond op het punt om uit te gaan

begriffen BN **bezig** • *in etwas ~ sein* met iets bezig zijn, op het punt staan • *er war im Fortgehen ~* hij stond op het punt om te gaan • *die Kirche ist im Bau ~* de kerk is in aanbouw

begrifflich BN **abstract, theoretisch, conceptueel**

Begriffsbestimmung ZN V (-/+en) **begripsbepaling, definitie**

begriffsstutzig, OOST. **begriffsstützig** BN **langzaam/traag van begrip**

begründen OV WW **1 funderen, baseren 2** FIG. **onderbouwen (mit** +3 **met), motiveren** • *wie begründet er das?* hoe onderbouwt hij dat? • *eine Entscheidung ~* een beslissing motiveren • *eine begründete Beschwerde* een gegrond bezwaar • *ein begründeter Verdacht* een gegronde verdenking **3 oprichten, stichten**

Begründer ZN M (+s/-) **grondlegger, oprichter, stichter**

Begründung ZN V (-/+en) **1 motivering, toelichting** • *zur ~ seiner Behauptungen führte er an, dass ...* ter motivatie van zijn beweringen voerde hij aan dat ... • *ohne ~* op losse gronden, zonder toelichting • *diese Behauptung entbehrt jeglicher ~* die bewering mist elke grond **2 oprichting, stichting**

begrünen 1 OV WW **van groen voorzien** <van planten/bomen> **2** WKD WW **(sich ~) groen worden** <van natuur> • *die Bäume ~ sich* de bomen worden groen

begrüßen OV WW **1 begroeten, verwelkomen 2 toejuichen, ingenomen zijn (met), instemmen (met)** • *eine Maßnahme ~* een maatregel toejuichen **3** ZWIT. **raadplegen**

begrüßenswert BN **toe te juichen, aangenaam**

Begrüßung ZN V (-/+en) **begroeting, verwelkoming**

begünstigen OV WW **begunstigen, bevoordelen, bevorderen**

Begünstigte ZN M/V (+n/+n) **begunstigde**

begutachten OV WW **beoordelen, advies uitbrengen over, aan een expertise onderwerpen**

begütert BN **gegoed, vermogend**

begütigen OV WW **kalmeren, sussen**

behaart BN **behaard**

Behaarung ZN V (-/+en) **1 haargroei** • *männliche ~* mannelijke haargroei **2 vacht, beharing**

behäbig BN **1 welgedaan, plomp 2 gezapig** • *ein behäbiges Leben* een gezapig leven **3 traag, afgemeten**

Behäbigkeit ZN V (-/gmv) **1 plompheid 2 gezapigheid 3 traagheid**

behaftet BN **behept (mit** +3 **met)** • *mit einem Makel ~ sein* er kleeft een smet aan

behagen ONOV WW +3, **behagen, bevallen** • *das behagt mir (ganz und gar) nicht* dat bevalt me (helemaal) niet

Behagen ZN O (+s/gmv) **(wel)behagen**

behaglich BN **behaaglijk, aangenaam, gemakkelijk** • *ein ~es Zimmer* een knusse kamer

Behaglichkeit ZN V (-/gmv) **behaaglijkheid, genoeglijkheid**

behalten OV WW sterk **1 (be)houden, bewaren** • *seine Spontaneität ~* zijn spontaniteit behouden • *den Hut auf ~* de hoed ophouden • *das Essen bei sich ~* het voedsel binnenhouden • *ein Zimmer ~* een kamer aanhouden **2 onthouden** • *das kann ich nicht ~* dat kan ik niet onthouden • *ich werde es ~* ik zal het onthouden

Behälter ZN M (+s/-) **1 reservoir, houder 2 bak, container, tank 3 bus, fles**

Behälterschiff ZN O (+(e)s/+e) **containerschip**

Behältnis ZN O (+ses/+se) **1 reservoir, houder 2 bak, container, tank 3 bus, fles**

behämmern OV WW **behameren** • INFORM. *behämmert sein* getikt zijn, niet goed snik zijn

behände BN **behendig, vlug**

behandeln OV WW **behandelen** • *sich von ...(+3) ärztlich ~ lassen* zich onder behandeling stellen van...

Behändigkeit ZN V (-/gmv) **behendigheid**

Behandlung ZN V (-/+en) **behandeling** • *in ärztlicher ~* onder doktersbehandeling

Behang ZN M (+(e)s/-hänge) **1 wandtapijt, gobelin 2 (kerstboom)versiering 3 fruit** <aan bomen>

behangen BN **vol hangen** <van boom>, **beladen (mit** +3 **met)**

behängen OV WW **behangen, volhangen**

beharren OV WW **volharden (auf , bei** +3 **in), volhouden, erop staan, blijven bij** • *auf/bei seiner Meinung ~* bij zijn mening blijven • *sie beharrt darauf, dass ...* zij houdt vol, dat ...

beharrlich BN **volhardend, standvastig, vasthoudend**

Beharrlichkeit ZN V (-/gmv) **volharding, standvastigheid, vasthoudendheid** • *~ führt zum Ziel* de aanhouder wint

Beharrung ZN V (-/gmv) **1** (het) volharden **2** volharding

Beharrungsvermögen ZN O (+s/gmv) **1** uithoudingsvermogen, standvastigheid **2** NATK. traagheid

behauchen OV WW **1** beademen, bewasemen **2** TAALK. aspireren, aanblazen

behauen OV WW onregelmatig hakken, hakkend bewerken

behaupten **1** OV WW **1** beweren • *steif und fest ~, dass* bij hoog en laag beweren dat ... • *wie man behauptet* naar men beweert **2** handhaven, behouden, staande houden • SPORT *den Sieg ~* de overwinning behalen **2** WKD WW (**sich ~**) **1** zich handhaven, zich staande houden **2** SPORT winnen

behauptet BN ECON. vast <van koers>, prijshoudend, onveranderd

Behauptung ZN V (-/+en) **1** bewering • *eine ~ aufstellen* iets beweren • *bei seiner ~ bleiben* bij zijn standpunt blijven • *eine ~ aufrechterhalten* een bewering volhouden **2** handhaving

Behausung ZN V (-/+en) behuizing, woning, onderkomen

beheben OV WW sterk **1** verhelpen, opheffen, uit de weg ruimen • *einen Fehler ~* een fout herstellen **2** OOST. opnemen <van geld> **3** afhalen

beheimaten OV WW onderbrengen, een nieuw thuis/vaderland geven

beheimatet BN thuishorend, woonachtig

beheizen OV WW verwarmen (**mit** +3 met), stoken

Behelf ZN M (+(e)s/+e) **1** hulpmiddel, redmiddel, noodoplossing **2** uitvlucht, smoesje

behelfen WKD WW (**sich ~**) sterk zich behelpen (**mit** +3 met), zich redden

Behelfs- VOORV + ACHTERV nood-, tijdelijk, provisorisch

behelfsmäßig BN voorlopig, tijdelijk, provisorisch

Behelfsmaßnahme ZN V (-/+n) noodmaatregel

behelligen OV WW lastigvallen (**mit** +3 met) • *damit will ich Sie nicht ~* daarmee wil ik u niet lastigvallen

beherbergen OV WW OOK FIG. herbergen, onderdak verlenen

beherrschbar BN beheersbaar

beherrschen OV WW **1** beheersen • *sein Handwerk ~* zijn vak verstaan • *eine Sprache ~* een taal machtig zijn • *etwas gut ~* vaardig zijn in iets • *sich ~* zichzelf meester zijn **2** FIG. beteugelen, in bedwang houden • *ich musste mich ~, um nicht zu lachen* ik moest mijn lachen inhouden **3** heersen over, regeren **4** overheersen <van gebouw/berg>, domineren, zich verheffen boven • *das Gespräch ~* het gesprek domineren

Beherrscher ZN M (+s/-) (be)heerser, overheerser

beherrscht BN beheerst

Beherrschtheit ZN V (-/gmv) (zelf)beheersing, beheerstheid

Beherrschung ZN V (-/gmv) **1** (zelf)beheersing • *die/seine ~ verlieren* zijn zelfbeheersing verliezen **2** FIG. beteugeling

beherzigen OV WW ter harte nemen <van waarschuwing>, opvolgen <van raad>

beherzigenswert BN behartigenswaardig <van raad>

Beherzigung ZN V (-/gmv) opvolging <van raad>

beherzt BN dapper, moedig, vastberaden • *ein ~er Entschluss* een kloek besluit

Beherztheit ZN V (-/gmv) dapperheid, moed, vastberadenheid

behexen OV WW beheksen

behilflich BN +3, behulpzaam (**bei** +3 bij/in) • *jemandem ~ sein* iemand behulpzaam zijn

behindern OV WW hinderen (**bei** +3 bij), belemmeren

behindert BN gehandicapt, invalide, beperkt • *geistig ~* verstandelijk beperkt/verstandelijk gehandicapt • *motorisch ~* motorisch beperkt/motorisch gehandicapt • INFORM. *du bist doch total ~!* je bent niet goed wijs!

Behinderte ZN M/V (+n/+n) iemand met een beperking/handicap, invalide • *ein geistig Behinderter* iemand met een verstandelijke beperking/handicap

behindertengerecht BN geschikt voor mensen met een beperking/handicap, geschikt voor gehandicapten • *~e Verkehrsmittel* aangepaste vervoersmiddelen voor mensen met een beperking/handicap, aangepaste vervoersmiddelen voor gehandicapten

Behinderung ZN V (-/+en) **1** (het) hinderen **2** belemmering **3** handicap, beperking **4** SPORT obstructie

behorchen OV WW **1** afluisteren <van gesprek> **2** INFORM., MED. beluisteren

Behörde ZN V (-/+n) **1** autoriteit, instantie, overheid, bestuursorgaan • *die Behörden* de autoriteiten • *die zuständigen Behörden* de bevoegde autoriteiten **2** bureau <van overheidsinstantie>

Behördenweg ZN M (+(e)s/+e) weg langs de verschillende instanties, hiërarchische weg

behördlich BN ambtelijk, officieel

behördlicherseits BW van overheidswege

behüten OV WW behoeden (**vor** +3 voor), beschermen • *(Gott) behüte!* (God) bewaar me!

Behüter ZN M (+s/-) FORM. beschermer

behutsam BN behoedzaam, voorzichtig

Behutsamkeit ZN V (-/gmv) behoedzaamheid, voorzichtigheid

bei VZ +3 **1** bij • *er ist ~ seinen Eltern* hij is bij zijn ouders **2** aan • *~ Tisch* aan tafel • *beim Essen* aan het eten • *~ der Arbeit* aan het werk **3** met • *~ schönem Wetter* met mooi weer • *beim besten Willen* met de beste wil **4** op • *~ Wasser und Brot* op water en brood • *~ meiner Ehre* op mijn eer • *~ Kräften sein* op krachten zijn **5** in • *~ guter Gesundheit sein* in goede gezondheid zijn • *~ Tag (Nacht)* overdag ('s nachts) • *~ guter Laune sein* goed gemutst zijn • *~ Weitem/weitem* verreweg • FIG. *er ist nicht (ganz) ~*

sich hij is afwezig, hij is er niet helemaal bij, hij is niet goed bij zijn verstand • ECON. *der Umsatz liegt ~ 30 Mio.* de omzet bedraagt rond de 30 mln.

beibehalten OV WW sterk **handhaven, vasthouden (aan), (be)houden** • *das werden wir so ~* dat gaan we zo houden

Beibehaltung ZN V (-/gmv) **handhaving** • *unter ~ des Gehaltes* met behoud van salaris

beibiegen **1** OV WW **1** INFORM. **duidelijk maken, mededelen** **2** INFORM. **bijbrengen** <van leerstof> **2** ONOV WW SCHEEPV. **bijdraaien**

Beiblatt ZN O (+(e)s/-blätter) **bijlage**

beibleiben ONOV WW N-D **doorgaan**

Beiboot ZN O (+(e)s/+e) SCHEEPV. **sloep, jol**

beibringen OV WW onregelmatig **1 bijbrengen, leren** • *jemandem etwas ~* iemand iets leren • *was wird euch in der Schule eigentlich beigebracht?* wat leren jullie eigenlijk op school? **2 toebrengen** <van wond/nederlaag> **3 aanvoeren** <van getuige>, **overleggen** <van materiaal> • *Beweise ~* bewijzen aanvoeren/leveren **4** INFORM. **voorzichtig zeggen, op de hoogte brengen** • *jemandem etwas schonend ~* iemand iets voorzichtig mededelen

Beibringung ZN V (-/gmv) **1 (het) toebrengen** <van wond/nederlaag> **2 aanvoering** <van bewijsmateriaal>, **overlegging**

Beichte ZN V (-/+n) REL. **biecht, (schuld) bekentenis** • *jemandem die ~ abnehmen* iemand de biecht afnemen

beichten OV + ONOV WW REL. **(op)biechten, (schuld) bekennen** • *jemandem einen Fehler ~* iemand een fout opbiechten

Beichtstuhl ZN M (+(e)s/-stühle) REL. **biechtstoel**

Beichtvater ZN M (+s/-) REL. **biechtvader**

beidarmig BN SPORT **met twee/beide armen** • *~ rudern* met beide armen roeien

beidbeinig BN **met beide/twee benen**

beide **1** TELW **(alle) twee** • *diese ~n* deze twee **2** ONB VNW **beide, allebei** • *meine ~n Brüder* mijn beide/twee broers • *~ Hände* allebei de handen • *~s ist unmöglich* het is allebei onmogelijk • *alle ~ kamen zu spät* allebei kwamen te laat • INFORM., HUMOR. *wir zwei ~(n)* wij saampjes/(met ons) beidjes

beiderlei BN **beiderlei, tweeërlei** • *~ Geschlechts* van beiderlei kunne

beiderseitig BN **1 wederzijds** • *in ~em Einverständnis* met wederzijdse goedkeuring **2 beiderzijds, aan beide kanten**

beiderseits **1** BW **1 aan beide zijden/kanten** **2 wederzijds, wederkerig** **2** VZ +2, **aan beide zijden/kanten (van)** • *~ der Straße* aan beide kanten van de straat

beidfüßig BN **met beide/twee voeten**

Beidhänder ZN M (+s/-) **ambidexter**

beidhändig BN **1 met beide/twee handen** **2 ambidexter, links- en rechtshandig**

beidrehen ONOV WW SCHEEPV. **bijdraaien**

beidseitig BN **1 aan beide zijden/kanten** **2 wederzijds** **3 dubbel** <van longontsteking>

beidseits VZ +2 ZWIT. → **beiderseits**

beieinander BW **1 bijeen, bij elkaar** **2** INFORM. **opgeruimd, geordend** • *der alte Mann war noch gut ~* de oude man was nog gezond/flink • *nicht ganz ~ sein* ze niet allemaal op een rijtje hebben • *hast du wohl nicht mehr alle ~?* ben je mal?

Beieinandersein ZN O (+s/gmv) **bijeenzijn, samenzijn**

Beifahrer ZN M (+s/-) **1 passagier** <in auto> **2 bijrijder** <in vrachtwagen>

Beifahrersitz ZN M (+es/+e) **zitplaats naast bestuurder**

Beifall ZN M (+(e)s/gmv) **1 applaus (für** +4 **voor)** • *jemandem ~ klatschen/spenden* voor iemand applaudisseren **2 bijval, instemming** • *~ ernten* bijval oogsten • *~ finden* instemming vinden, in de smaak vallen • *unter lautem ~* onder luide bijval • *~ ernten bei* bijval oogsten/vinden bij

beifällig BN **instemmend, goedkeurend**

Beifallssturm ZN M (+(e)s/-stürme) **donderend applaus, ovatie**

Beifilm ZN M (+(e)s/+e) **bijfilm**

beifügen OV WW +3, **bijvoegen, (aan zijn woorden) toevoegen**

Beifügung **1** ZN V (-/gmv) **bijvoeging, toevoeging** **2** ZN V (-/+en) TAALK. **bijvoeglijke bepaling, attribuut**

Beifügungssatz ZN M (+es/-sätze) TAALK. **bijvoeglijke bijzin**

Beigabe ZN V (-/+n) **1 toevoeging** **2** CULIN **bijgerecht** **3** GESCH. **grafgift**

beige BN **beige**

Beige ZN O (-/-, +s) **beige** <van kleur>

beigeben OV WW +3, sterk **1** FORM. **toevoegen (aan), indelen bij** **2** FORM. **ter beschikking stellen** <van hulp>, **meegeven** <van helper> **3** • *klein ~* een toontje lager zingen, bakzeil halen, de aftocht blazen

beigefarben BN **(beige)kleurig**

Beigeordnete ZN M/V (+n/+n) **wethouder**

Beigeschmack ZN M (+(e)s/gmv) OOK FIG. **bijsmaak**

beigesellen **1** OV WW FORM. **meegeven** <als gezelschap>, **ter beschikking stellen** <van geleide> **2** WKD WW **(sich ~) zich aansluiten bij** <van persoon>, **zich voegen bij**

Beiheft ZN O (+(e)s/+e) **supplement**

beiheften OV WW **aanhechten** <met paperclip>

Beihilfe ZN V (-/+n) **1 (materiële) hulp, (financiële) ondersteuning, toelage, (studie) beurs** **2** JUR. **medeplichtigheid** • *~ zu einem Verbrechen leisten* medeplichtig zijn aan een misdaad

Beiklang ZN M (+(e)s/-klänge) **bijklank**

beikommen ONOV WW +3, sterk **1 opgewassen zijn tegen** <iemand>, **vat krijgen op, de baas worden, onder de knie krijgen** <van probleem> **2** FORM. **opkomen bij, op de gedachte komen** **3** REG. **dichterbij komen** **4** REG. **komen bij**

beil. AFK beiliegend **bijgaand, ingesloten**

Beil ZN O (+(e)s/+e) **bijl**

beiladen OV WW **1 bijladen** **2** JUR. **dagvaarden**

<als derde partij>

Beilage ZN V (-/+n) **1 bijlage** <van krant> **2 bijgerecht** • *Fleisch mit Beilagen* vlees met bijgerechten **3 toevoeging**

beiläufig BN **1 terloops, bijkomstig** • *etwas ~ erwähnen* iets terloops vermelden **2** OOST. **ongeveer**

Beiläufigkeit ZN V (-/+en) **1 bijkomstigheid 2 nonchalance, onbewogenheid 3 bijverschijnsel**

beilegen OV WW **1 bijvoegen, insluiten** • *eine Preisliste ~* een prijslijst insluiten • *einem Brief ~* bij een brief insluiten **2 toekennen (aan)** <van waarde>, **geven** • *einer Sache zu viel Gewicht ~* te veel waarde aan iets hechten **3 bijleggen** <van conflict> • *einen Streit ~* een ruzie bijleggen **4** SCHEEPV. **bijleggen, bijdraaien**

Beilegung ZN V (-/+en) **(het) bijleggen** <van conflict>

beileibe BW • *~ nicht!* absoluut/beslist niet!

Beileid ZN O (+(e)s/gmv) **deelneming, condoleantie** • *(mein) herzliches Beileid* gecondoleerd • *unser ~ gilt der Familie* onze steun gaat naar de familie uit • *jemandem sein ~ aussprechen* iemand condoleren • *herzliches ~ zum Tod deines Vaters* gecondoleerd met het verlies van je vader

Beileidsbezeigung, **Beileidsbezeugung** ZN V (-/+en) **condoleantie**

beiliegen ONOV WW sterk **1 bijgevoegd zijn, ingesloten zijn** • *die Rechnung liegt bei* de factuur is bijgevoegd **2** FORM. **coïteren 3** SCHEEPV. **bijliggen**

beiliegend BN FORM. **bijgevoegd, ingesloten, als bijlage**

beim SAMENTR bei dem → **bei**

beimengen OV WW +3, **bijmengen, mengen onder**

beimessen OV WW +3, sterk **toekennen, toeschrijven** • *einer Sache besondere Bedeutung ~* aan iets een bijzondere betekenis toekennen • *Glauben ~* geloof hechten aan

beimischen 1 OV WW +3, **bijmengen, mengen onder 2** WKD WW **(sich ~)** +3, **vermengen**

Beimischung ZN V (-/+en) **1 (het) bijmengen 2 bijmengsel, toevoeging**

Bein ZN O (+(e)s/+e) **1 been** • *sie hat sich das ~ gebrochen* zij heeft haar been gebroken • FIG. *sich die Beine vertreten* zijn benen strekken • FIG. *wieder auf den Beinen sein* weer op de been zijn • FIG. *sich nicht mehr auf den Beinen halten können* niet meer op zijn benen kunnen staan • FIG. *sich die Beine ablaufen nach* zich de benen uit zijn lijf lopen om • FIG. *jemandem auf die Beine helfen* iemand op de been helpen • FIG. *mit dem linken ~ zuerst aufgestanden sein* met het verkeerde been uit bed zijn gestapt • FIG. *sich beide Beine für jemanden/etwas ausreißen* zich uitsloven voor iemand/iets • FIG. *er reißt sich kein ~ aus* hij is liever lui dan moe • FIG. *Beine bekommen/gekriegt haben* pootjes gekregen hebben • FIG. *immer wieder auf die Beine fallen* steeds op zijn pootjes terechtkomen • FIG. *jemandem Beine machen* iemand aansporen om sneller te lopen, iemand wegjagen • FIG., INFORM. *ich muss mich auf die Beine machen!* ik moet ervandoor! • FIG., INFORM. *die Beine unter den Arm/in die Hand nehmen* ervandoor gaan, 'm smeren • FIG. *jemandem ein ~ stellen* iemand beentje lichten, iemand bij de neus nemen **2 poot** <van meubel> **3 bot 4 pijp** <van broek> **5 ivoor**

beinahe BW **1 bijna** • *sie wäre ~ hingefallen* ze was haast gevallen **2 onderhand, haast**

Beinahezusammenstoß ZN M (+es/-stöße) **bijna-botsing** <meest van vliegtuigen>

Beiname ZN M (+ns/+n) **bijnaam**

Beinbruch ZN M (+(e)s/-brüche) **beenbreuk** • *Hals- und Beinbruch!* veel geluk (ermee)!, het beste (ermee)!, toitoitoi! • INFORM. *das ist kein Beinbruch!* dat is geen ramp!

beinern BN **1 benen, van been 2 benig 3 ivoren, van ivoor**

beinfarben BN FORM. **ivoorkleurig**

Beinfreiheit ZN V (-/gmv) **beenruimte** <in auto e.d.>

beinhalten OV WW FORM. **inhouden, behelzen** • *was beinhaltet diese Warnung?* wat houdt die waarschuwing in?

Beinprothese ZN V (-/+n) **beenprothese**

Beinschiene ZN V (-/+n) **beenspalk**

beiordnen OV WW +3, **toevoegen, toewijzen, ter beschikking stellen**

Beiordnung ZN V (-/+en) **1 toevoeging 2 nevenschikking**

Beipack ZN M (+(e)s/gmv) **1 bijartikel** <bij zending>, **extra vrachtgoed 2** COMM. **extra kabel** <bij breedbandkabel>

beipacken OV WW +3, **bijvoegen, insluiten bij**

Beipackzettel ZN M (+s/-) **bijsluiter, gebruiksaanwijzing**

beipflichten ONOV WW +3, **instemmen (in** +3 **met), het eens zijn met** • *jemandes Meinung ~* meegaan in iemands mening

Beiprogramm ZN O (+(e)s/+e) **bijprogramma** <van film>

Beirat ZN M (+(e)s/-räte) **adviescollege, adviescommissie**

beirren OV WW **in de war brengen** • *sich nicht ~ lassen* zich door niemand van de wijs laten brengen

beisammen BW **bij elkaar, bijeen, samen** • *~ sein* in goede conditie/fit zijn <lichamelijk>, bij de pinken zijn <geestelijk>

beisammenbleiben ONOV WW **bij elkaar blijven**

beisammenhaben OV WW onregelmatig **bij elkaar (gebracht) hebben** • FIG., MIN. *(sie) nicht alle ~* ze niet allemaal op een rijtje hebben

Beisammensein ZN O (+s/gmv) **samenzijn** • *gemütliches ~* gezellig samenzijn

Beisatz ZN M (+es/-sätze) TAALK. **bijstelling, appositie**

beischießen ONOV WW sterk **bijdragen** <van geld>

Beischlaf ZN M (+(e)s/gmv) **bijslaap** • *den ~ ausüben* geslachtsgemeenschap hebben

beischließen OV WW sterk OOST. **insluiten bij, bijvoegen**

Beischluss zn m (+es/-schlüsse) oost. **bijlage, ingeslotene**

beischreiben ov ww sterk admin. **(achteraf) bij-/inschrijven, registreren**

Beischrift zn v (-/+en) **bijschrijving, aanvulling**

Beisein zn o (+s/gmv) **bijzijn, tegenwoordigheid, aanwezigheid** • *im ~ von jemandem/in jemandes ~* in tegenwoordigheid van iemand • *sie sagte es im ~ der Eltern* zij zei het in tegenwoordigheid van de ouders • *ohne ~ von jemandem/ohne jemandes ~* in iemands afwezigheid

beiseite bw **1 opzij 2 terzijde** • *~ legen* terzijde leggen • *jemanden ~ nehmen* iemand terzijde nemen

beiseitelassen ov ww sterk **buiten beschouwing laten**

beiseitelegen ov ww sterk **1 aan de kant leggen, wegleggen 2 opzijleggen** <van geld>, **sparen** • *Geld ~* geld opzijleggen

beiseiteschaffen ov ww sterk **1 uit de weg ruimen** <persoon> **2 wegmoffelen**

beiseitesetzen ov ww fig. **naar de achtergrond verdringen**

beisetzen ov ww **1** form. **bijzetten, begraven 2** scheepv. **bijzetten** <van zeil>

Beisetzung zn v (-/+en) form. **bijzetting, begrafenis**

Beisitz zn m (+es/gmv) **1** jur. **functie van bijzitter 2 plaats naast bestuurder** <in auto>, **duozitting** <op motor>

Beisitzer zn m (+s/-) **1** jur. **bijzitter, assessor 2 passagier, bijrijder**

Beispiel zn o (+(e)s/+e) **voorbeeld** • *(wie) zum ~* bijvoorbeeld • *ein ~ für etwas* een voorbeeld van iets • *mit gutem ~ vorangehen/(ein) ~ geben* het goede voorbeeld geven • *sich* 3 *ein ~ an jemandem/etwas nehmen* iemand/iets tot voorbeeld nemen • *anhand von Beispielen erläutern* met voorbeelden toelichten • *etwas dient als ~* iets dient als voorbeeld

beispielgebend bn **voorbeeldig**

beispielhaft bn **1 voorbeeldig 2 als voorbeeld**

beispiellos bn **ongeëvenaard, weergaloos, uitzonderlijk**

beispielshalber bw **als voorbeeld, bijvoorbeeld**

beispielsweise bw **als voorbeeld, bijvoorbeeld**

beispringen onov ww +3, sterk **bijspringen** <ook financieel>, **te hulp schieten** • *jemandem ~* iemand helpen

beißen 1 ov + onov ww sterk **1 bijten (auf** +4 **op, in** +4 **in)** • fig. *nichts zu ~ (und zu brechen/reißen) haben* op een houtje bijten **2 steken** <van insect>, **prikken** <van insect/rook> • *der Rauch beißt in meinen Augen* de rook prikt in mijn ogen **2** wkd ww **(sich ~)** sterk **vloeken (bij elkaar)** <van kleuren> • *das beißt sich* dat vloekt bij elkaar

Beißring zn m (+(e)s/+e) **bijtring**

beißwütig bn **bijtgraag**

Beißzange zn v (-/+n) **1** techn. **nijptang 2** min. **tang** <vrouw>

Beistand 1 zn m (+(e)s/gmv) **bijstand, assistentie** • *jemandem ~ leisten* iemand bijstand/hulp verlenen **2** zn m (+(e)s/-stände) jur. **adviseur, raadsman**

beistehen onov ww +3, onr. **bijstaan, helpen, steunen** • *sich (gegenseitig) ~* elkaar bijstaan • *jemandem ~* iemand steunen

beistellen ov ww **1** reg. **bijzetten 2** oost. **klaarzetten, ter beschikking stellen 3 bijplaatsen** <van trein>

Beistelltisch zn m (+es/+e) **bijzettafeltje**

beisteuern ov ww **bijdragen, een bijdrage leveren (zu** +3 **aan)** • fig. *sein Scherflein ~* zijn steentje bijdragen • *sie steuerte zu der Party eine Flasche Wein bei* ze bracht voor het feestje een fles wijn mee • *willst du noch etwas ~?* heb je nog een bijdrage?

beistimmen onov ww +3, **instemmen met, toestemmen**

Beistrich zn m (+(e)s/+e) **komma**

Beitel zn m (+s/-) techn. **(steek)beitel**

Beitrag zn m (+(e)s/-träge) **1 bijdrage** • *einen ~ leisten (zu)* een bijdrage leveren (aan/tot), een bijdrage betalen (aan) **2 premie, contributie 3 artikel, opstel**

beitragen ov + onov ww sterk **bijdragen, een bijdrage leveren (zu** +3 **aan/tot)** • *zum Gelingen ~* bijdragen aan het succes

Beiträger zn m (+s/-) **medewerker** <aan publicatie>

Beitragsbemessungsgrenze zn v (-/+n) **premiegrens** <sociale verzekering>

beitragsfrei bn **premievrij**

Beitragspflicht zn v (-/+en) **verzekeringsplicht** <sociale verzekering>

beitragspflichtig bn **premieplichtig** <sociale verzekering>

Beitragssatz zn m (+(e)s/-sätze) **premietarief, bijdragevoet, hoogte van de bijdrage/contributie**

beitreiben ov ww sterk jur. **innen, invorderen, incasseren**

Beitreibung zn v (-/+en) jur. **inning, invordering, incassering**

beitreten onov ww +3, sterk **1 toetreden tot, lid worden van, zich aansluiten bij** • *einem Verein ~* lid worden van een vereniging **2** jur. **tussenkomen, interveniëren**

Beitritt zn m (+(e)s/+e) **1 toetreding (zu** +3 **tot), (het) lid worden van, aansluiting bij** • *Griechenlands EU-Beitritt* de aansluiting van Griekenland bij de EU **2** jur. **interventie, voeging**

Beiwagen zn m (+s/-) **zijspan** <van motor> • *Motorrad mit ~* motor met zijspan

Beiwerk zn o (+(e)s/gmv) **1 bijzaak, bijkomstigheid 2 opsmuk** <bij kleding>, **toebehoren, accessoires**

beiwohnen onov ww +3 **1** form. **bijwonen 2** oud. **(geslachts)gemeenschap hebben (met)**

Beiwohnung 1 zn v (-/gmv) **(het) bijwonen, aanwezigheid 2** zn v (-/+en) jur. **geslachtsgemeenschap**

Beiwort zn o (+(e)s/-wörter) **bijvoeglijk**

naamwoord
Beize ZN V (-/+n) **1** beits **2** CULIN marinade **3** REG. café
beizeiten BW bijtijds, tijdig, op tijd
beizen OV WW **1** beitsen **2** uitbijten • *~d* bijtend/scherp **3** marineren
bejahen OV WW **1** bevestigen, met ja beantwoorden **2** aanvaarden <zoals het is>, positief staan tegenover • *das Leben ~* positief tegenover het leven staan • *etwas ~* ergens positief tegenover staan
bejahend BN bevestigend
bejahrt BN FORM. bejaard
Bejahung ZN V (-/+en) **1** bevestiging, instemming **2** aanvaarding, positieve houding
bejammern OV WW MIN. bejammeren, beklagen
bejammernswert BN jammerlijk, beklagenswaardig, betreurenswaardig
bejubeln OV WW bejubelen
bekakeln OV WW INFORM. uitvoerig bepraten
bekämpfen **1** OV WW OOK FIG. bestrijden, bevechten **2** WKD WW (**sich ~**) elkaar bestrijden
Bekämpfung ZN V (-/+en) bestrijding • *zur ~ der Kriminalität* ter bestrijding van de criminaliteit
Bekämpfungsmittel ZN O (+s/-) bestrijdingsmiddel • *chemisches ~* chemisch bestrijdingsmiddel
bekannt BN bekend • *~ sein für* +4 bekend zijn om • *~ sein wegen* +2 bekend zijn om • *~ geben* bekendmaken, meedelen • *~ werden* wereldkundig worden • *das ist mir ~* dat is me bekend • *darf ich ~ machen?* mag ik voorstellen? • *seinen Freund mit jemandem ~ machen* zijn vriend aan iemand anders voorstellen • *sich mit dem Problem ~ machen* zich verdiepen in een probleem • *er ist für seine Ehrlichkeit ~* hij staat bekend om zijn eerlijkheid
Bekannte ZN M/V (+n/+n) **1** bekende, kennis • *ein Bekannter* een kennis <man> • *sie ist eine ~ von mir* ze is een kennis van mij **2** INFORM. vriendje • *ich war mit meinem Bekannten im Kino* ik was met mijn vriendje in de bioscoop
Bekanntenkreis ZN M (+es/+e) kennissenkring
bekanntermaßen BW FORM. zoals bekend, zoals men weet
Bekanntgabe ZN V (-/+n) bekendmaking
Bekanntheit ZN V (-/gmv) bekendheid
bekanntlich BW zoals bekend, zoals men weet
Bekanntmachung ZN V (-/+en) bekendmaking, kennisgeving
Bekanntschaft ZN V (-/+en) **1** kennismaking • *bei näherer ~* bij nadere kennismaking • *jemands ~ machen* met iemand kennismaken • INFORM. *er hat mit der Polizei ~ gemacht* hij heeft kennis gemaakt met de politie **2** kennis, (persoonlijke) relatie **3** kennissen(kring) • *er hat eine große ~* hij heeft een grote kennissenkring
bekehren **1** OV WW bekeren **2** WKD WW (**sich ~**) zich bekeren (**zu** +3 tot) • *er bekehrte sich zu der Auffassung seines Freundes* hij nam de visie van zijn vriend over
Bekehrung ZN V (-/+en) bekering
bekennen **1** OV WW onregelmatig **1** bekennen, erkennen, toegeven • FIG. *Farbe ~* kleur bekennen • *ich muss ~, dass ....* ik moet toegeven, dat ... **2** belijden <van geloof>, getuigenis afleggen van **2** WKD WW (**sich ~**) onregelmatig **1** bekennen, toegeven • *sich als/für schuldig ~* verklaren dat men schuldig is **2 ~ zu** belijden <van geloof> • *sich zu einer Religion ~* een godsdienst belijden/aanhangen • *sich zum katholischen Glauben ~* het katholieke geloof aanhangen **3 ~ zu** opkomen voor <iemand>, instemmen (met) • *sich zu jemandem ~* aan iemands kant staan • *sich zu einer Partei ~* zich voor een partij uitspreken
Bekenner ZN M (+s/-) belijder
Bekennerbrief ZN M (+(e)s/+e) brief waarin een daad opgeëist wordt
Bekenntnis ZN O (+ses/+se) **1** bekentenis • *ein ~ ablegen* een bekentenis afleggen **2** (geloofs) belijdenis **3** geloof, confessie • FORM. *katholischen Bekenntnisses sein* het katholieke geloof belijden **4** (het) opkomen voor, instemming (met)
Bekenntnisschule ZN V (-/+n) confessionele school
beklagen **1** OV WW beklagen, betreuren • *es gab keine Menschenleben zu ~* er waren geen mensenlevens te betreuren **2** WKD WW (**sich ~**) zich beklagen (**über** +4 over)
beklagenswert BN **1** beklagenswaardig **2** betreurenswaardig
beklagt BN JUR. aangeklaagd
Beklagte ZN M/V (+n/+n) JUR. gedaagde, aangeklaagde partij
beklatschen OV WW **1** applaudisseren voor **2** INFORM. roddelen over
beklauen OV WW INFORM. bestelen
bekleben OV WW beplakken, dichtplakken
bekleckern OV WW INFORM., N-D knoeien op, morsen op
beklecksen OV WW bekladden <met inkt/verf>, kliederen, knoeien op
bekleiden OV WW (be)kleden • FORM. *eine Wand mit Stoff ~* een wand met stof bekleden • *er war nur mit einem Hemd bekleidet* hij droeg slechts een hemd • *ein Amt ~* een ambt bekleden
Bekleidung **1** ZN V (-/+en) kleren, (be)kleding **2** ZN V (-/gmv) bekleding <van ambt>
Bekleidungsindustrie ZN V (-/+n) confectie-industrie
bekleistern OV WW **1** INFORM. insmeren <met lijm> **2** MIN. volplakken
beklemmen OV WW beklemmen, benauwen
Beklemmung ZN V (-/+en) beklemming, benauwdheid
beklommen BN beklemd, be-/gedrukt, angstig
Beklommenheit ZN V (-/gmv) benauwdheid, bedruktheid, angst
beklopfen OV WW bekloppen
bekloppt BN INFORM. getikt, gek • *ich bin doch nicht ~* ik ben me daar gek!
beknabbern OV WW knabbelen aan

beknackt BN **1** INFORM. gek <van persoon/zaak>, getikt, maf, onnozel **2** INFORM. beroerd <van zaak>, belabberd

beknien OV WW IRON. smeken

bekommen **1** OV WW sterk krijgen • *geschenkt ~* cadeau krijgen • *sie hat ein Kind ~* ze heeft een kind gekregen • *den Zug gerade noch ~* nog net de trein halen • INFORM. *etwas in den Magen ~* iets te eten krijgen • *~ Sie schon?* wordt u al bediend? • *ich bekomme ein Bier* ik wil graag een bier • *ich bekam gesagt* men zei me **2** ONOV WW sterk bekomen • *das Essen ist ihm schlecht ~* het eten is hem slecht bekomen • *wohl bekomm's!* goede bekomst!

bekömmlich BN licht <verteerbaar>, goed bekomend • *die Speisen sind leicht ~* de gerechten zijn licht verteerbaar

beköstigen OV WW de kost geven, onderhouden

Beköstigung ZN V (-/+en) **1** (het) onderhouden **2** kost, eten, onderhoud • *bei/mit voller ~* met volpension

bekräftigen OV WW bekrachtigen, bevestigen • *mit einem Eid/durch einen Eid ~* met een eed bevestigen

Bekräftigung ZN V (-/+en) bekrachtiging, bevestiging

bekreuzigen WKD WW (**sich ~**) een kruis slaan • *sich vor jemandem/etwas ~* als de dood zijn voor iemand/iets

bekriegen **1** OV WW beoorlogen, oorlog voeren met **2** WKD WW (**sich ~**) elkaar bestrijden

bekritteln OV WW bevitten, vitten op • *jemanden ~* op iemand vitten

bekritzeln OV WW volkrabbelen

bekrönen OV WW OOK FIG. bekronen

bekümmern **1** OV WW verdriet doen, zorgen baren • *was bekümmert Sie das?* wat gaat u dat aan? • *sein Schweigen bekümmert sie* zijn zwijgzaamheid doet haar verdriet **2** WKD WW (**sich ~**) zich bekommeren (**um** +4 om), zich bemoeien met

Bekümmernis ZN V (-/+se) FORM. verdriet, zorg, bezorgdheid

bekümmert BN bedrukt, zorgelijk

bekunden **1** OV WW **1** FORM. laten blijken, tot uitdrukking brengen, betuigen • *seine Reue ~* zijn spijt betuigen • *sein Mitleid ~* zijn leedwezen betuigen **2** JUR. verklaren • *etwas eidlich ~* iets onder ede verklaren **2** WKD WW (**sich ~**) blijken, tot uitdrukking komen

Bekundung ZN V (-/+en) verklaring, getuigenis

belächeln OV WW (meewarig) glimlachen om

belachen OV WW lachen om

beladen OV WW sterk beladen (**mit** +3 met), belasten • *das Auto ~* de auto inladen • *sich nicht mit Sorgen ~* zich niet met zorgen belasten

Belag ZN M (+(e)s/-läge) **1** bedekking **2** aanslag <op tanden, tong> • *ein ~ auf der Zunge* een aanslag op de tong **3** coating, deklaag **4** (brood-)beleg • *welchen ~ willst du auf dein Brot?* welk beleg wil je op je brood? • *der ~ der Pizza* de pizzatopping **5** (rem)voering **6** (weg)verharding

Belagerer ZN M (+s/-) belegeraar

belagern OV WW **1** MIL., OOK FIG. belegeren **2** INFORM. zich verdringen om

Belagerung ZN V (-/+en) MIL., OOK FIG. belegering, beleg

belämmern OV WW **1** N-D lastigvallen **2** REG. beetnemen

belämmert BN **1** INFORM. beroerd, belabberd **2** INFORM. bedremmeld, beteuterd, terneergeslagen

Belang ZN M (+(e)s/+e) belang • *von ~ (sein)* van belang zijn • *ohne ~* onbelangrijk, niet van belang, irrelevant

belangen OV WW **1** JUR. aanklagen, ter verantwoording roepen • *jemanden gerichtlich ~* iemand gerechtelijk vervolgen **2** OUD. betreffen, aangaan

belanglos BN van geen belang, niet van belang, onbelangrijk, irrelevant • *das ist ~* dat is niet van belang, dat is irrelevant

Belanglosigkeit **1** ZN V (-/gmv) onbelangrijkheid, irrelevantie **2** ZN V (-/+en) bijzaak, futiliteit

belassen OV WW sterk **1** laten • *jemanden in seiner Stellung ~* iemand op zijn post laten • *wir wollen es dabei ~* daar willen we het bij laten **2** overlaten (aan)

belastbar BN **1** belastbaar **2** stressbestendig <van persoon> • *er ist nicht ~* hij kan het niet aan

Belastbarkeit ZN V (-/+en) OOK FIG. belastbaarheid, toelaatbare belasting

belasten OV WW **1** OOK FIG. belasten (**mit** +3 met), beladen <met schuld/zorgen>, opzadelen (met) <werk / verantwoordelijkheid> • *ich will dich nicht damit ~* ik wil je er niet mee belasten • *das belastet ihn sehr* dat belast hem zeer **2** ECON. debiteren **3** JUR. bezwaren <d.m.v. verklaring> • JUR. *~de Aussagen* bezwarende verklaringen • *~de Aussage* belastende verklaring

belästigen OV WW lastigvallen (**mit** +3 met), hinderen • *jemanden ~* iemand lastigvallen • *eine Frau ~* een vrouw lastigvallen

Belästigung ZN V (-/+en) **1** (het) lastigvallen • *sexuelle ~* seksuele intimidatie **2** (over)last, hinder

Belastung ZN V (-/+en) belasting, last, druk, vracht • *erbliche ~* erfelijke belasting • *das ist eine große ~ für sie* dat is een zware last voor haar **1** ECON. debitering **2** JUR. bezwarende verklaring

belastungsfähig BN **1** belastbaar **2** stressbestendig <van persoon>

Belastungsfähigkeit ZN V (-/gmv) belastbaarheid

Belastungsmaterial ZN O (+s/+ien) JUR. bezwarende stukken, overtuigingsstuk

Belastungsprobe ZN V (-/+n) **1** MED. belastingsproef **2** FIG. zware test

Belastungszeuge ZN M (+n/+n) JUR. getuige à charge

belauern OV WW beloeren

belaufen **1** OV WW sterk **1** belopen, lopen over

• *ein wenig ~er Pfad* een pad dat weinig gebruikt wordt **2** REG. **aflopen** <van winkels> **2** WKD WW **(sich ~)** sterk **belopen, bedragen** • *die Kosten ~ sich auf 1000 Euro* de kosten bedragen 1000 euro

belauschen OV WW **1 af-/beluisteren 2 observeren**

beleben 1 OV WW **1 verlevendigen, opfleuren, stimuleren** • *das belebt das Geschäft* dat stimuleert de zaken **2 opleven, tot leven brengen** • *etwas neu ~* iets nieuw leven inblazen **2** WKD WW **(sich ~) 1 levend(iger) worden, opleven 2 drukker worden** • *die Straße belebt sich langsam* in de straat wordt het langzaam drukker

belebt BN **1 levend 2 levendig, druk** • *eine ~e Straße* een drukke straat

Belebtheit ZN V (-/gmv) **levendigheid, drukte**

Belebung ZN V (-/+en) **verlevendiging, stimulering, opwekking, opleving** • *steile ~ der Nachfrage* sterke toename van de vraag

Belebungsversuch ZN M (+(e)s/+e) MED **reanimatiepoging**

belecken OV WW **1 likken aan 2 schoon likken**

Beleg ZN M (+(e)s/+e) **1 bewijs(stuk)** • *der ~ für seine These* het bewijs van zijn stelling **2 kwitantie 3** TAALK. **bewijsplaats, referentie**

belegen OV WW **1 beleggen, bedekken** • *ein Brot ~* een boterham beleggen • *ein belegtes Brot* een belegd broodje • *eine belegte Zunge* een beslagen tong • *eine belegte Stimme* een schorre stem **2 bespreken, reserveren, bezet houden** • *alle Zimmer sind belegt* alle kamers zijn bezet • *das Telefon ist belegt* de telefoon is bezet **3 zich inschrijven voor** <bv. cursus> • *Mathe hat er nicht belegt* hij heeft geen wiskunde in zijn vakkenpakket **4 opleggen** • *mit Steuern ~* belasten, een belasting opleggen • *mit Strafe ~* een straf opleggen, bestraffen **5 bewijzen (mit** +3, **durch** +4 **met)** • *das ist nirgends belegt* daar is geen bewijs voor • *Ausgaben ~* uitgaven verantwoorden **6 beschieten** • *mit Bomben ~* bombarderen **7** SPORT **bezetten, behalen** • *den zweiten Platz ~* de tweede plaats behalen

Belegexemplar ZN O (+s/+e) **bewijsexemplaar**

Belegmaterial ZN O (+s/+ien) **bewijsmateriaal**

Belegschaft ZN V (-/+en) **(het voltallige) personeel**

Belegschaftsmitglied ZN O (+(e)s/+er) **personeelslid**

Belegstelle ZN V (-/+n) **1 vindplaats, bewijsplaats 2** TAALK. **referentie**

Belegtton ZN M (+(e)s/-töne) COMM. **bezettoon**

Belegtzeichen ZN O (+s/-) **bezettoon**

belehrbar BN **leergierig**

belehren OV WW **1** FORM. **onderrichten, beleren, instrueren** • *er ließ sich nicht ~* er viel niet met hem te praten **2 inlichten, informeren 3 de les lezen, terechtwijzen** • *jemanden eines Besseren ~* iemand uit de droom helpen • *er wurde eines Besseren belehrt* hij werd uit de droom geholpen

Belehrung ZN V (-/+en) **1 onderrichting, lering, instructie 2 inlichting, voorlichting 3 terechtwijzing, berisping**

beleibt BN **zwaarlijvig, corpulent**

Beleibtheit ZN V (-/gmv) **zwaarlijvigheid, corpulentie**

beleidigen OV WW **beledigen** • *ich wollte Sie nicht ~!* het was niet kwaad/persoonlijk bedoeld! • *sie ist immer gleich beleidigt* ze is meteen beledigd, ze is meteen op haar tenen getrapt

Beleidigung ZN V (-/+en) **belediging**

Beleidigungsklage ZN V (-/+n) **aanklacht wegens belediging/smaad**

beleihen OV WW sterk **belenen, verpanden**

Beleihung ZN V (-/+en) **belening, verpanding**

belesen BN **belezen**

Belesenheit ZN V (-/gmv) **belezenheid**

beleuchten OV WW **1 verlichten, beschijnen 2** FIG. **belichten**

Beleuchtung ZN V (-/+en) **1 verlichting 2** FIG. **belichting**

belfern ONOV WW **1** INFORM. **keffen, blaffen 2** INFORM. **snauwen, brullen** <van bevel> **3** INFORM. **knetteren** <van motor>, **ratelen** <van geweer>, **bulderen** <van kanon>

Belgien ZN O (+s/gmv) **België**

Belgier ZN M (+s/-) **Belg**

Belgierin ZN V (-/+nen) **Belgische**

belgisch BN **Belgisch**

Belgrad ZN O **Belgrado**

belichten OV WW A-V **belichten**

Belichtung ZN V (-/+en) A-V **belichting**

Belichtungsmesser ZN M (+s/-) NATK. **belichtingsmeter**

belieben OV + ONOV WW **1** FORM. **believen, wensen** • *wie es Ihnen beliebt! / wie Sie ~!* zoals u wenst! **2** IRON. **zich verwaardigen**

Belieben ZN O (+s/gmv) **believen, goeddunken** • *nach ~* naar believen, naar eigen goeddunken • *es liegt/steht (ganz) in Ihrem ~* zoals u wilt, het wordt (helemaal) aan u overgelaten

beliebig 1 BN **willekeurig, een of ander 2** BW **naar believen, naar wens, naar eigen goeddunken** • *~ viele* zo veel als je/u maar wilt

beliebt BN **1 bemind (bei** +3 **bij), geliefd, populair** • *sie versucht sich ~ zu machen* ze probeert zich geliefd te maken **2 gewild, in trek** • *diese Röcke sind sehr ~* deze rokken zijn erg in trek

Beliebtheit ZN V (-/gmv) **geliefdheid, populariteit** • *sich großer ~ erfreuen* zeer populair zijn

beliefern OV WW **leveren (mit** +3 **aan), bevoorraden (met), voorzien (van)** • *jemanden mit Waren ~* aan iemand goederen leveren • *der Großhandel beliefert die Geschäfte* de groothandel bevoorraadt de winkels

Belieferung ZN V (-/+en) **levering, bevoorrading**

bellen ONOV WW **1 blaffen** • FIG. *Hunde, die ~, beißen nicht* blaffende honden bijten niet **2** FIG. **(hard) hoesten**

Bellen ZN O **blaf**

belobigen, **beloben** OV WW **loven, prijzen**

Belobigung ZN V (-/+en) lof

belohnen OV WW belonen **(für** +4 voor)

Belohnung ZN V (-/+en) beloning

belüften OV WW luchten, ventileren

Belüftung ZN V (-/+en) ventilatie

Belüftungsanlage ZN V (-/+n) ventilatiesysteem

belügen OV WW sterk liegen tegen • *sich selbst ~* zichzelf voor de gek houden

belustigen **1** OV WW vermaken **(mit** +3 met), amuseren **2** WKD WW **(sich ~)** **1** zich vrolijk maken **(über** +4 over), de spot drijven (met) **2** OUD. zich vermaken

Belustigung **1** ZN V (-/+en) **1** vermaak, amusement **2** attractie **2** ZN V (-/gmv) vrolijkheid

belutschen OV WW zuigen op

bemächtigen WKD WW **(sich ~)** +2 **1** overmeesteren <met geweld> **2** bemachtigen • *sich einer Sache ~* zich van iets meester maken

bemäkeln OV WW INFORM. kankeren op, vitten op

bemalen OV WW beschilderen

Bemalung ZN V (-/+en) **1** (het) beschilderen **2** schildering, verflaag

bemängeln OV WW bekritiseren, aanmerking(en) maken op • *daran ist nichts zu ~* daarop is niets aan te merken

bemannen OV WW **1** bemannen **2** INFORM., HUMOR. trouwen

Bemannung ZN V (-/+en) bemanning

bemerkbar BN (be)merkbaar, waarneembaar • *sich ~ machen* de aandacht trekken <met gebaren>, zich doen gelden

bemerken OV WW **1** (be-/op)merken, waarnemen • *ich bemerke, dass er keine Lust hat* ik merk dat hij geen zin heeft **2** notitie nemen van **3** opmerken, zeggen • *haben Sie noch etwas dazu zu ~?* wilt u daar nog iets aan toevoegen? • *etwas nebenbei ~* iets terloops opmerken

bemerkenswert BN opmerkelijk, opvallend, aanzienlijk

Bemerkung ZN V (-/+en) opmerking • *bissige/scharfe/spitze/stichelnde Bemerkungen* vinnige woorden

bemessen OV WW sterk (af-/op)meten, berekenen, doseren, vaststellen • *meine Zeit ist knapp ~* ik zit krap in mijn tijd • *seine knapp ~e Freizeit* zijn schaarse vrije tijd • *sich ~ nach* +3 vastgesteld worden naar

Bemessung ZN V (-/+en) **1** berekening **2** dosering

Bemessungsgrundlage ZN V (-/+n) grondslag <belastingen, sociale premies>

bemitleiden OV WW medelijden hebben met, betreuren

bemitleidenswert BN meelijwekkend, beklagenswaardig

bemittelt BN bemiddeld, welgesteld, gegoed

bemogeln OV WW INFORM. bedotten

bemoost BN **1** bemost, met mos begroeid **2** oud • MIN. *ein ~es Haupt* een grijsaard, een eeuwige student

bemühen **1** OV WW FORM. inschakelen <van hulp>, erbij halen • *jemanden wegen einer Sache ~* iemand met iets lastigvallen **2** WKD WW **(sich ~)** **1** zich moeite geven **(um** +4 voor), zijn best doen **(für** +4 voor), zich inspannen, streven **(um** +4 naar) • *bitte, ~ Sie sich nicht!* doet u alstublieft geen moeite! • *sich ~ um* dingen naar • *sie bemüht sich um Karten für die Festspiele* zij probeert kaartjes voor het festival te krijgen • *sich um jemanden ~* om iemands gunst dingen **2** zich bezighouden **(um** +4 met), zorgen voor • *er bemühte sich um die Gäste* hij zorgde voor de gasten **3** FORM. zich begeven **(zu** +3 naar) • *sich hinauf ~* zich naar boven begeven • IRON. *würdest du dich vielleicht her bemühen?* zou je misschien hier willen komen?

Bemühen ZN O (+s/gmv) FORM. moeite

bemüht BN **1** ingespannen **2** gekunsteld

Bemühung ZN V (-/+en) moeite, inspanning, poging • *alle Bemühungen waren umsonst* alle moeite was tevergeefs

bemüßigt BN • FORM., HUMOR. *sich ~ finden/fühlen/sehen ...* zich genoodzaakt voelen/zien ...

bemustern OV WW • *bemustert* met een monster • ECON. *Waren ~* goederen van een monster voorzien

bemuttern OV WW bemoederen

benachbart BN **1** naburig, aangrenzend • *die Physik und ~e Disziplinen* de natuurkunde en aanverwante disciplines **2** dichtbij <wonend>

benachrichtigen OV WW inlichten, informeren **(über** +4 over), in kennis stellen (van) • *die Polizei ~* de politie waarschuwen • *bitte ~ Sie uns* gelieve ons te berichten

Benachrichtigung ZN V (-/+en) **1** (het) inlichten **2** bericht, kennisgeving **3** waarschuwing

Benachrichtigungsschreiben ZN O (+s/-) informatieve brief

benachteiligen OV WW benadelen • *(sozial) benachteiligt* (in sociaal opzicht) achtergesteld, kansarm • *jemanden ~* iemand tekortdoen • *er wurde von der Natur benachteiligt* hij is misdeeld door de natuur

Benachteiligte ZN M/V (+n/+n) benadeelde

Benachteiligung ZN V (-/+en) benadeling

benagen OV WW knagen aan, aanvreten

benannt OV WW volt. deelw. → **benennen**

benässen OV WW vochtig maken, bevochtigen

benebeln OV WW **1** benevelen **2** (licht) bedwelmen

Benefiz ZN O (+es/+e) benefiet <voorstelling>

Benefizkonzert ZN O (+s/+e) benefietconcert

Benefizspiel ZN O (+(e)s/+e) benefietwedstrijd

Benefizvorstellung ZN V (-/+en) benefietvoorstelling

benehmen **1** OV WW sterk FORM. benemen, ontnemen • *die Kälte benahm mir den Atem* de kou benam mij de adem **2** WKD WW **(sich ~)** sterk zich gedragen **(gegen** +4, **gegenüber** +3 tegenover) • *benimm dich!* gedraag je! • *sich gut ~*

können zich goed weten te gedragen • *sich schlecht ~* zich slecht gedragen
Benehmen ZN O (+s/gmv) **gedrag, manieren** • *er hat kein ~* hij heeft geen fatsoen • *im ~ mit dem Vorgesetzten* in overleg met de chef • FORM. *sich mit jemandem ins ~ setzen* met iemand overleg plegen, tot overeenstemming komen
beneiden OV WW **benijden (um** +4, **wegen** +2 **om)**
beneidenswert BN **benijdenswaardig**
Benelux ZN V (-/gmv) **Benelux**
Beneluxstaaten ZN MV **Benelux**
benennen OV WW onregelmatig **1 vernoemen (nach** +3 **naar)** • *benannt nach seinem Opa* vernoemd naar zijn opa **2 benoemen** <de naam kennen> **3 benoemen als/tot als** • *jemanden als Kandidaten ~* iemand kandideren
Benennung ZN V (-/+en) **1 (het) (be)noemen, benoeming, naamgeving 2 benaming, naam**
benetzen OV WW FORM. **bevochtigen** <van lippen>
Bengel ZN M (+s/-, +s) INFORM. **bengel, kwajongen** • *halbwüchsiger ~* opgeschoten kwajongen
bengelhaft BN MIN. **lomp, ruw**
Benimm ZN M (+s/gmv) INFORM. **gedrag** • *~ haben* zich weten te gedragen
Benimmregeln ZN MV **gedragsregels**
benommen BN **verdoofd, versuft, bevangen** <door hitte>
Benommenheit ZN V (-/gmv) **verdoving, versuftheid**
benoten OV WW O&W **een cijfer geven/ toekennen, waarderen**
benötigen OV WW **nodig hebben**
Benotung ZN V (-/+en) O&W **(het) geven van cijfer, toekenning** <van cijfer>, **waardering**
benutzbar BN **bruikbaar**
benutzen, **benützen** OV WW **gebruiken (für** +4 **voor), gebruikmaken van, benutten** • *das benutzt man zum Schreiben* dat gebruik je om te schrijven • FIG. *er benutzt sie bloß* hij buit haar uit
Benutzer, **Benützer** ZN M (+s/-) **gebruiker**
benutzerfreundlich BN **gebruiksvriendelijk**
Benutzerkonto ZN O WWW **gebruikersaccount**
Benutzeroberfläche ZN V (-/+n) COMP. **gebruikersinterface**
Benutzung, **Benützung** ZN V (-/gmv) **gebruik, gebruikmaking** • *in ~ nehmen* in gebruik nemen
Benzin ZN O (+s/+e) **benzine** • *bleifreies ~* loodvrije benzine
Benzinpumpe ZN V (-/+n) TECHN. **benzinepomp** <van motor>
Benzintank ZN M (+s/+s, +e) **benzinetank**
Benzinuhr ZN V (-/+en) TECHN. **benzinemeter, brandstofmeter**
beobachtbar BN **waarneembaar**
beobachten OV WW **1 waarnemen, observeren, gadeslaan** • *sich beobachtet fühlen* zich bekeken voelen • *jemanden ~* iemand opnemen/gadeslaan **2 constateren, opmerken 3** FORM. **in acht nemen, zich houden aan** • *strengste Zurückhaltung ~* uiterste terughoudendheid in acht nemen
Beobachter ZN M (+s/-) **waarnemer**
Beobachtung ZN V (-/+en) **1 waarneming, observatie** • *Beobachtungen anstellen* waarnemingen doen • *zur ~* ter observatie • *unter ~* in observatie **2 constatering, bevinding 3** FORM. **inachtneming**
Beobachtungsgabe ZN V (-/+n) **opmerkingsgave**
beordern OV WW **1 ontbieden, laten komen, bestellen** <van taxi> • *jemanden zu sich ~* iemand bij zich ontbieden • *jemanden ins Ausland ~* iemand naar het buitenland sturen **2 bevelen 3** ECON. **bestellen**
bepacken OV WW **bepakken (mit** +3 **met)**
bepflanzen OV WW **beplanten**
bepflastern OV WW **1 plaveien, bestraten 2** INFORM. **een pleister plakken op**
bepinseln OV WW **1 bestrijken** <met penseel> **2** MIN. **verven 3 (slordig) volkrabbelen**
bequatschen OV WW INFORM. **1 praten over, (uitvoerig) bepraten** • *wir haben die Sache bequatscht* we hebben de zaak besproken **2 be-/ ompraten, overhalen** • *ich lasse mich nicht ~* ik laat me niet ompraten
bequem BN **1 (ge)makkelijk, gerieflijk, comfortabel** • *mach es dir ~!* maak het je gemakkelijk! • *ein ~er Sessel* een luie stoel • *das ist ~ zu erreichen* dat is makkelijk te bereiken • *sitzt du ~?* zit je goed? • *ein ~es Leben führen* een gemakkelijk leventje leiden • *es sich ~ machen* er zijn gemak van nemen, aan zijn gerief komen **2** MIN. **gemakzuchtig, lui** • *dafür ist er zu ~* daarvoor is hij te lui • *eine ~e Person* een gemakzuchtig persoon • *~e Lösung* gemakzuchtige oplossing
bequemen WKD WW **(sich ~) zich verwaardigen, ertoe overgaan** • *sich zu einer Antwort ~* zich een antwoord verwaardigen
Bequemlichkeit **1** ZN V (-/+en) **gemak, comfort** • *mit allen Bequemlichkeiten ausgestattet sein* van alle gemakken voorzien zijn • *die ~ lieben* van gemak houden **2** ZN V (-/gmv) **gemakzucht, luiheid** • *das tut sie aus ~ nicht* dat doet zij uit gemakzucht niet
Ber. AFK Bericht **verslag, bericht**
berappen OV WW **1 ruw bepleisteren 2** INFORM. **dokken (für** +4 **voor), betalen**
beraten **1** OV + ONOV WW sterk **1 adviseren/advies geven, raad geven** • *jemanden ~* iemand van advies dienen • *jemanden schlecht ~* iemand een slechte raad geven • *gut/wohl/schlecht ~ sein* er goed/niet goed aan doen • *sich ~ lassen* zich laten adviseren **2 beraadslagen over, bespreken** • *eine Sache ~* een zaak bespreken **2** WKD WW **(sich ~)** sterk **beraadslagen (über** +4 **over), overleggen** • *das Lehrerkollegium berät sich über den Schüler* het docentenberaad overlegt over de leerling • *sich mit jemandem ~* overleg plegen met iemand • *sich mit jemandem über etwas ~* met iemand beraadslagen over iets
Berater ZN M (+s/-) **adviseur** • *fachmännischer ~*

deskundig adviseur

Beraterfirma ZN V (-/-men) adviesbureau

beratschlagen ONOV WW beraadslagen (**über** +4 over)

Beratung ZN V (-/+en) **1** advies, raadgeving **2** beraadslaging, discussie, onderhoud • *nach gemeinsamer ~* in onderling overleg **3** adviesbureau

Beratungsausschuss ZN M (+es/-schüsse) adviescommissie

Beratungsgremium ZN O (+s/-gremien) adviescommissie, overlegorgaan

Beratungsstelle ZN V (-/+n) adviesbureau, consultatiebureau

berauben OV WW +2, beroven • *jemanden seiner Freiheit ~* iemand van zijn vrijheid beroven

Beraubung ZN V (-/+en) beroving

berauschen **1** OV WW **1** dronken maken **2** FIG. bedwelmen <van geur>, in vervoering brengen • *ein berauschtes Publikum* een uitzinnig publiek • INFORM. *das war nicht gerade ~d* dat was niet erg opwindend, dat was maar zozo **2** WKD WW (**sich ~**) **1** zich bedrinken **2** zich laten bezielen/meeslepen/enthousiasmeren

Berber ZN M (+s/-) **1** Berber **2** zwerver **3** berber <tapijt>

berechenbar BN **1** berekenbaar **2** voorspelbaar

berechnen OV WW berekenen, in rekening brengen

berechnend BN berekenend

Berechnung ZN V (-/+en) OOK FIG. berekening • *Berechnungen anstellen* berekeningen uitvoeren • *mit kühler ~* met overleg

berechtigen OV WW **1** het recht geven **2** reden geven, rechtvaardigen • *sein Talent berechtigt zu großen Hoffnungen* zijn talent geeft reden tot grote verwachtingen

berechtigt BN **1** gerechtigd, bevoegd (**zu** +3 tot) • *dazu sind Sie nicht ~* hiertoe bent u niet bevoegd **2** gerechtvaardigd, terecht • *ein ~er Vorwurf* een terecht verwijt • *~er Zweifel* gerechtvaardigde twijfel • *~er Optimismus* gerechtvaardigd optimisme • *das ist eine ~e Frage* dat is een legitieme vraag

Berechtigte ZN M/V (+n/+n) rechthebbende

Berechtigung ZN V (-/+en) **1** recht, bevoegdheid, kwalificatie • *dazu hast du keine ~* hiertoe heb je geen recht **2** JUR. gegrondheid, billijkheid

bereden OV WW **1** bespreken, bepraten • *sich mit jemandem ~* met iemand overleggen **2** ompraten **3** kletsen over

beredsam BN welsprekend, welbespraakt, mededeelzaam

Beredsamkeit ZN V (-/gmv) welbespraaktheid

beredt BN **1** welsprekend, welbespraakt **2** veelbetekenend, sprekend • *ein ~es Schweigen* een veelbetekenend zwijgen

beregnen OV WW besproeien

Beregnung ZN V (-/gmv) besproeiing

-bereich ACHTERV gebied • *im Verwaltungsbereich* op administratief gebied

Bereich ZN M/O (+(e)s/+e) **1** bereik • *das liegt im ~ des Möglichen* dat behoort tot de mogelijkheden • INFORM. *alles im grünen Bereich?* alles in orde? **2** (vak)gebied, terrein, domein • *das fällt nicht in meinen ~* dat valt buiten mijn terrein, dat behoort niet tot mijn gebied • *im sozialen ~* op sociaal vlak • *im kulturellen ~* op het culturele vlak

bereichern **1** OV WW verrijken (**mit** , +3, **um** +4 met) **2** WKD WW (**sich ~**) zich verrijken (**an** +3 met)

Bereicherung ZN V (-/+en) verrijking

Bereichsleiter ZN M (+s/-) afdelingshoofd

bereifen OV WW **1** van banden/hoepels voorzien **2** met rijp bedekken • *bereifte Äste* berijpte takken

Bereifung ZN V (-/+en) **1** ((het) voorzien van) hoepels/banden • *die ~ des Wagens* de banden van de auto **2** dauw

bereinigen **1** OV WW **1** in het reine brengen **2** bijleggen, beslechten **3** uit de weg ruimen • *Schwierigkeiten ~* moeilijkheden uit de weg ruimen **4** corrigeren • *saisonal bereinigt* gecorrigeerd voor seizoensinvloeden **2** WKD WW (**sich ~**) opgelost worden/zijn

Bereinigung ZN V (-/+en) **1** (het) uit de weg ruimen, oplossing **2** bijlegging

bereisen OV WW bereizen

bereit BN **1** bereid • *sich (zu etwas) ~ zeigen/erklären* zich bereid tonen (tot iets) • *sie ist dazu nicht ~* zij verkiest het niet te doen, zij is er niet toe bereid • *sich ~ halten* oproepbaar zijn <van arts>, dienst hebben, wachtdienst hebben BELG. **2** klaar, gereed • *~ zur Abfahrt* klaar voor vertrek • *bist du ~?* ben je klaar? • *der Zug steht ~* de trein staat klaar

bereiten **1** OV WW ZWAK **1** OOK FIG. bereiden, gereed-/klaarmaken • *das Essen ~* het eten bereiden **2** veroorzaken, bezorgen, aandoen • FIG. *jemandem Schwierigkeiten ~* iemand moeilijkheden bezorgen • *jemandem Sorgen ~* iemand opzadelen met zorgen • *jemandem Kummer ~* iemand leed berokkenen • *ein Ende ~* een einde maken aan **2** OV WW STERK **1** berijden <van paard>, africhten **2** rijden door <met paard>

Bereiter ZN M (+s/-) berijder, ruiter

bereitfinden OV WW • *sich (zu etwas) ~* zich bereid tonen (tot iets)

bereithalten **1** OV WW gereedhouden • *eine Überraschung ~* een verrassing in petto hebben **2** WKD WW (**sich ~**) voorbereid/oproepbaar zijn, klaarstaan (**zu** +3 voor)

bereitliegen ONOV WW ST. klaarliggen, gereedliggen

bereitmachen **1** OV WW klaarmaken, in orde maken **2** WKD WW (**sich ~**) zich klaarmaken

bereits BW reeds, al

Bereitschaft **1** ZN V (-/gmv) **1** bereidheid, bereidwilligheid • *in ~ sein* bereid zijn, voorradig zijn • *welcher Arzt hat Bereitschaft?* welke arts heeft dienst?, welke arts heeft wachtdienst?BELG. **2** gereedheid, paraatheid • *in ~ stehen* klaar staan

• *in ~ bringen* in gereedheid brengen • *etwas in ~ haben* iets beschikbaar hebben **2** ZN V (-/+en) parate politie-eenheid, mobiele eenheid

Bereitschaftsarzt ZN M (+es/-ärzte) dienstdoend arts

Bereitschaftsdienst ZN M (+(e)s/+e) wachtdienst <politie/brandweer/Rode Kruis> • *~ haben* op afroep beschikbaar zijn, oproepbaar/ standby zijn • *ärztlicher Bereitschaftsdienst* dokterspost

Bereitschaftspolizei ZN V (-/gmv) parate politie-eenheid, mobiele eenheid

bereitstehen ONOV WW st. klaarstaan • *für jemanden ~* klaarstaan voor iemand

bereitstellen OV WW **1** beschikbaar stellen **(für** +4 voor) **2** gereed-/klaarzetten

Bereitung ZN V (-/gmv) bereiding

bereitwillig BN bereidwillig

Bereitwilligkeit ZN V (-/gmv) bereidwilligheid

bereuen OV WW berouwen, spijt hebben van, betreuren • *das werden Sie ~* daar zult u spijt van krijgen • *etwas ~* berouw over iets hebben, er spijt van hebben

Berg ZN M (+(e)s/+e) berg • *ein ~ Briefe* een stapel brieven • SCHEEPV. *zu Berge* stroomopwaarts • FIG. *mit etwas nicht hinter dem ~ halten* iets niet onder stoelen of banken steken • FIG. *die Haare standen ihm zu Berge* zijn haren rezen hem te berge • *er ist über dem ~* hij heeft het ergste achter de rug • INFORM. *er ist (längst) über alle Berge* hij is er (allang) vandoor • *jemandem goldene Berge versprechen* iemand het onmogelijke beloven • *mit etwas nicht hinter dem ~ halten* het wezenlijke niet verzwijgen

bergab, **bergabwärts** BW OOK FIG. bergaf(waarts)

bergan BW bergop

Bergarbeiter ZN M (+s/-) mijnwerker

bergauf, **bergaufwärts** BW OOK FIG. bergop(waarts)

Bergbahn ZN V (-/+en) **1** bergtrein(tje) **2** bergspoor(weg)

Bergbau ZN M (+(e)s/gmv) mijnbouw

Bergbauer ZN M (+n/+n) bergboer

bergehoch BN hemelhoog

bergen OV WW sterk **1** bergen • *sich geborgen fühlen* zich geborgen/thuis voelen **2** FORM. bevatten, inhouden **3** verbergen, bewaren

Bergführer ZN M (+s/-) berggids

Berggipfel ZN M (+s/-) bergtop

Berghang ZN M (+(e)s/-hänge) berghelling • *am ~* tegen de berghelling

bergig BN bergachtig

Bergkrankheit ZN V (-/gmv) MED. bergziekte

Bergmann ZN M (+(e)s/-männer, -leute) mijnwerker

Bergnot ZN V (-/gmv) levensgevaarlijke noodsituatie <in bergen>

Bergrücken ZN M (+s/-) bergrug

Bergrutsch ZN M (+es/+e) AARDK. aardverschuiving

Bergspitze ZN V (-/+n) bergtop

bergsteigen ONOV WW bergen beklimmen

Bergsteiger ZN M (+s/-) bergbeklimmer

Berg-und-Tal-Bahn ZN V (-/+en) rupsbaan

Bergung ZN V (-/+en) berging • *die ~ eines gesunkenen Schiffs* de berging van het gezonken schip

Bergwacht ZN V (-/gmv) reddingsdienst <in bergen>

Bergwerk ZN O (+(e)s/+e) mijn

Bericht ZN M (+(e)s/+e) **1** verslag, rapport • *~ erstatten über einen/von einem Unfall* verslag uitbrengen over een ongeluk **2** bericht

berichten OV WW verslag doen **(über** +4, **von** +3 van), rapport uitbrengen • *der Fernsehreporter berichtet aus Afghanistan* de televisieverslaggever doet verslag vanuit Afghanistan

Berichterstatter ZN M (+s/-) verslaggever, correspondent <van krant>

Berichterstattung ZN V (-/+en) verslaggeving, berichtgeving

berichtigen OV WW verbeteren, corrigeren, herstellen, rectificeren

Berichtigung ZN V (-/+en) verbetering, correctie, rectificatie

beriechen OV WW sterk **1** beruiken, ruiken aan **2** INFORM. verkennen <bv. omgeving>

berieseln OV WW **1** besproeien, irrigeren **2** INFORM., MIN. (voortdurend ongemerkt) beïnvloeden **(mit** +3 door)

Berieselung ZN V (-/+en) **1** besproeiing, irrigatie **2** INFORM., MIN. (voortdurende ongemerkte) beïnvloeding **(mit** +3 door) • *die ~ mit Propaganda* de voortdurende beïnvloeding met propaganda

Berieselungsanlage ZN V (-/+n) (water) sproei-installatie

beringen OV WW ringen <van vogels>

beritten BN bereden • *ein ~er Polizist* een politieagent te paard • *die ~e Polizei* de bereden politie

Berlin ZN O (+s/gmv) Berlijn

Berliner 1 ZN M (+s/-) **1** Berlijner **2** CULIN Berliner bol **2** BN (+s/-) Berlijns

Berlinerin ZN V (-/+nen) Berlijnse

berlinerisch BN Berlijns

Bermudas ZN MV **1** Bermuda-eilanden **2** bermuda <broek>

Bermudashorts ZN MV bermuda(short)

Bern ZN O (+s/gmv) Bern

Bernhardiner ZN M (+s/-) sint-bernardshond

Bernstein ZN M (+(e)s/gmv) barnsteen

bersten ONOV WW sterk barsten • FIG. *vor Wut ~* ploffen van woede • *(bis) zum Bersten voll/gefüllt* barstensvol, tot barstens toe vol

berüchtigt BN berucht **(für** +4, **wegen** +2 om, wegens)

berücksichtigen OV WW **1** rekening houden met, in aanmerking nemen • *wir ~ seine Krankheit* wij houden rekening met zijn ziekte • *leider konnten wir ihre Anmeldung nicht ~* helaas konden we haar inschrijving niet in aanmerking nemen **2 meenemen** • *wir werden das bei unserer Besprechung ~* wij zullen dat in onze bespreking meenemen **3** FIG. **in de gaten houden** • *bitte ~ Sie, dass wir um 17 Uhr schließen* let u er alstublieft op dat wij om 17 uur dichtgaan • *wir müssen neue Entwicklungen ~* wij moeten nieuwe ontwikkelingen in de gaten houden

Berücksichtigung ZN V (-/gmv) **(het) rekening houden met, (het) in aanmerking nemen** • *unter ~ der Umstände* de omstandigheden in aanmerking genomen • *ohne ~ der Person* zonder aanzien des persoons • *unter ~ dessen, dass ...* in aanmerking genomen dat

Beruf ZN M (+(e)s/+e) **beroep** • *einen ~ ausüben* een beroep uitoefenen • *was ist er von Beruf?* wat is hij van beroep? • *den ~ zum Arzt in sich fühlen* zich geroepen voelen arts te worden • *einen ~ erlernen* een vak leren

berufen **1** BN **1 geroepen, voorbestemd** • *sich ~ fühlen zu* zich geroepen voelen om/tot **2 bevoegd, deskundig, competent** • *etwas aus ~em Munde erfahren* iets uit betrouwbare bron vernemen **2** OV WW sterk **1 benoemen, aanstellen** • *einen Professor an eine Universität ~* een professor benoemen aan een universiteit **2** INFORM. **niet te hard roepen** <bijgelovig>, **afkloppen** • *berufe es nicht!* laten we het maar afkloppen! **3** WKD WW **(sich ~)** sterk **zich beroepen (auf +4 op)**

beruflich BN **beroeps-, beroepsmatig** • *~ tätig sein* een beroep uitoefenen • *~er Werdegang* carrière, loopbaanontwikkeling • *was machen Sie ~?* wat doet u als beroep?

Berufsanfänger ZN M (+s/-) **starter** <op arbeidsmarkt>

Berufsausbildung ZN V (-/+en) **beroepsopleiding**

Berufsberater ZN M (+s/-) **beroepskeuzeadviseur**

Berufsberatung ZN V (-/+en) **beroepskeuzevoorlichting, beroepskeuzebegeleiding**

Berufserfahrung ZN V (-/gmv) **werkervaring**

Berufsgeheimnis ZN O (+ses/+se) **beroepsgeheim**

Berufsgenossenschaft ZN V (-/+en) **beroepsvereniging** <o.a. ongevallenverzekering>

Berufsgruppe ZN V (-/+n) **beroepsgroep**

Berufsklasse ZN V (-/+n) **beroepsklasse**

Berufskrankheit ZN V (-/+en) **beroepsziekte**

berufsmäßig BN **beroepsmatig**

Berufspraxis ZN V (-/-praxen) **beroepspraktijk**

Berufsschule ZN V (-/+n) **vakschool, ≈ mbo** • *technische ~* ≈ BELG. tso <technisch secundair onderwijs>

Berufsspieler ZN M (+s/-) **beroepsspeler, professional**

Berufssportler ZN M (+s/-) SPORT **beroepsspeler, professional**

berufstätig BN **werkend, werkzaam** <in beroep> • *halbtags ~ sein* een baan voor halve dagen hebben • *sie ist nicht ~* ze werkt niet

Berufstätige ZN M/V (+n/+n) **werkende**

berufsunfähig BN niet meer geschikt voor het beroep **arbeidsongeschikt,** BELG. **werkonbekwaam**

Berufsunfähigkeit ZN V (-/gmv) **arbeidsongeschiktheid**

Berufsverbot ZN O (+(e)s/+e) **beroepsverbod**

Berufsverkehr ZN M (-s/gmv) **ochtendspits, avondspits**

Berufswahl ZN V (-/gmv) **beroepskeuze**

Berufswechsel ZN M (+s/-) **verandering van beroep**

Berufung ZN V (-/+en) **1 benoeming, beroep, aanstelling 2 roeping (zu +3 tot)** • *seiner ~ folgen* zijn roeping volgen **3 (het) zich beroepen op** • *unter ~ auf die Verträge* zich beroepend op de verdragen **4** JUR. **hoger beroep** • *in ~ gehen* in hoger beroep gaan • *gegen ein Urteil ~ einlegen* tegen een vonnis in hoger beroep gaan

Berufungsgericht ZN O (+(e)s/+e) JUR. **Hof van Beroep**

Berufungsinstanz ZN V (-/+en) JUR. **beroepsinstantie**

Berufungsverfahren ZN O (+s/-) JUR. **beroepsprocedure**

beruhen ONOV WW **berusten (auf +3 op), baseren** • *das beruht auf einem Irrtum* dat berust op een vergissing • *etwas auf sich ~ lassen* iets laten rusten

beruhigen **1** OV WW **geruststellen, kalmeren, tot bedaren brengen, sussen** <van kind> • *du kannst deine Eltern ~* je kunt je ouders geruststellen • *sie lässt sich nicht ~* ze laat zich moeilijk kalmeren • *~d* geruststellend **2** WKD WW **(sich ~) kalmeren, rustig worden** • *sie beruhigte sich wieder* ze werd weer rustig

Beruhigung ZN V (-/+en) **1 kalmering** • *der Arzt gab ihr etwas zur ~* de arts gaf haar iets om te kalmeren **2 geruststelling, stabilisatie** • *zu Ihrer ~ kann ich sagen* tot uw geruststelling kan ik zeggen • *es war eine große ~* het was een hele geruststelling

Beruhigungsmittel ZN O (+s/-) **kalmeringsmiddel**

berühmt BN **beroemd (wegen +2, für +4 om, wegens)** • IRON. *dein Aufsatz ist nicht gerade ~* jouw opstel is niet echt om over naar huis te schrijven

Berühmtheit **1** ZN V (-/gmv) **beroemdheid, roem** • *zu trauriger ~ gelangen* een twijfelachtige roem verwerven **2** ZN V (-/+en) **beroemdheid** <persoon>

berühren **1** OV WW **1 aanraken, aanroeren** • *bitte nicht berühren!* niet aanraken s.v.p.! **2 grenzen aan 3 aangaan, betreffen** • *das Problem berührt dich auch* het probleem betreft jou ook **4** FIG. **raken, treffen, indruk maken** • *das hat mich schmerzlich berührt* dat heeft mij pijnlijk getroffen • *das berührt mich nicht* dat raakt mij niet **5** FIG. **aanstippen** <van thema>, **aanroeren** **2** WKD WW **(sich ~) 1 elkaar aanraken 2 overeenkomen (mit +3 met), in de lijn liggen van** • *unsere Pläne ~ sich* onze plannen komen overeen **3** FIG. **raken, treffen** • *es berührt mich nicht* het raakt me niet, het laat me koud

be

Berührung **1** ZN V (-/+en) **aanraking, contact** • *sanfte* ~ zachte aanraking • *in* ~ *kommen mit* in aanraking komen met **2** ZN V (-/gmv) FIG. **(het) aanstippen, (het) aanroeren**
Berührungspunkt ZN M (+(e)s/+e) **1** WISK. **raakpunt** **2** FIG. **raakvlak**
bes. AFK besonders **bijzonder**
besagen OV WW **zeggen, inhouden, betekenen** • *das besagt nichts* dat wil niets zeggen
besagt BN FORM. **genoemd, voornoemd**
besamen OV WW **bevruchten**
Besamung ZN V (-/+en) **bevruchting** • *künstliche* ~ kunstmatige inseminatie <bij dieren>
besänftigen **1** OV WW **tot bedaren brengen, sussen** **2** WKD WW **(sich ~) kalmeren**
Besatzung ZN V (-/+en) **1 bezetting** **2 bemanning** <van vliegtuig/schip> **3** MIL. **garnizoen**
Besatzungsmacht ZN V **bezettingsleger**
besaufen WKD WW **(sich ~)** sterk INFORM. **zich bezatten**
Besäufnis **1** ZN V (-/+se) **dronkenschap** **2** ZN O (+ses/+se) **(het) zich bezatten**
besäuseln WKD WW **(sich ~)** INFORM. **zich een lichte roes drinken**
beschädigen **1** OV WW **beschadigen** **2** WKD WW **(sich ~) zich verwonden, letsel oplopen**
Beschädigung ZN V (-/+en) **beschadiging**
beschaffbar BN **verkrijgbaar**
beschaffen **1** BN **geaard, van die aard** • *mit ihrer Gesundheit ist es nicht gut* ~ met haar gezondheid is het niet goed gesteld **2** OV WW **verschaffen, aanschaffen, (ver)krijgen** • *(sich) etwas* ~ iets aanschaffen
Beschaffenheit ZN V (-/gmv) **1 aard, natuur, gesteldheid** • ~ *des Bodens* gesteldheid van de bodem **2 toestand, hoedanigheid**
Beschaffung ZN V (-/gmv) **verschaffing, aanschaf(fing), verwerving, (het) bijeenbrengen**
beschäftigen **1** OV WW **1** OOK FIG. **bezighouden** • *ein Kind* ~ een kind bezighouden • *es beschäftigt mich ständig* het houdt mij voortdurend bezig **2 in dienst hebben** • *eine Haushaltshilfe* ~ een huishoudelijke hulp in dienst hebben • *bei der Post beschäftigt sein* bij de post werken **2** WKD WW **(sich ~) zich bezighouden (mit** +3 **met)** • *das Buch beschäftigt sich mit der Klimakatastrophe* het boek gaat over de klimaatramp • *sie kann sich gut allein* ~ ze kan zich goed alleen bezighouden
beschäftigt BN **1 bezig** • *sehr* ~ *sein* het erg druk hebben, druk bezig zijn • *stör mich nicht, ich bin* ~ stoor mij niet, ik ben bezig • *sie ist sehr/stark* ~ ze is erg druk • *mit einer Sache* ~ *sein* met iets doende zijn, met iets bezig zijn **2 werkzaam** • *wo ist er beschäftigt?* waar werkt hij? • ~ *sein bei/in* +3 in dienst zijn bij
Beschäftigte ZN M/V (+n/+n) **werknemer, personeelslid**
Beschäftigtenzahl ZN V (-/+en) **aantal werknemers**
Beschäftigung ZN V (-/+en) **1 bezigheid** • *er braucht* ~ hij moet iets om handen/te doen hebben • *eine langweilige* ~ een saaie bezigheid **2 (het) zich bezighouden (mit** +3 **met), studie** • *durch die* ~ *mit der Geschichte* door zich met geschiedenis bezig te houden **3 werkgelegenheid, aanstelling** • *ohne* ~ *sein* werkloos zijn
beschäftigungslos BN **werkloos, zonder emplooi**
Beschäftigungstherapeut, **Beschäftigungstherapeutin** ZN M **activiteitenbegeleider**
Beschäftigungstherapie ZN V (-/+n) MED. **bezigheidstherapie**
beschämen OV WW **beschamen**
Beschämung **1** ZN V (-/+en) **beschaming** **2** ZN V (-/gmv) **schaamte, schande** • *mit/zu meiner* ~ tot mijn schande
beschatten OV WW **1 een schaduw werpen over, overschaduwen** <ook fig.> **2 schaduwen** <van persoon> **3** SPORT **dekken** <van tegenspeler>
Beschattung ZN V (-/+en) **(het) schaduwen**
Beschau ZN V (-/gmv) FORM. **keuring, (douane) controle, visitatie** <van goederen>
beschauen OV WW REG. **bekijken**
Beschauer ZN M (+s/-) **1 be-/toeschouwer** **2 keurmeester**
beschaulich BN **1 rustig, teruggetrokken** **2 beschouwend, bespiegelend, contemplatief**
Beschaulichkeit ZN V (-/gmv) **1 rust, vrede** **2 bespiegeling, contemplatie**
Bescheid ZN M (+(e)s/+e) **1 inlichting (über** +4 **over), antwoord** • ~ *wissen* op de hoogte zijn, er alles vanaf weten • *jemandem* ~ *sagen* iemand op de hoogte stellen, FIG. iemand de waarheid zeggen • *in einer Stadt genau* ~ *wissen* in een stad goed de weg weten **2 beschikking, beslissing** • *der endgültige* ~ de definitieve beschikking
bescheiden **1** BN **1 bescheiden, eenvoudig** • *ein* ~*es Mahl* een eenvoudige maaltijd **2** INFORM., MIN. **rot, miserabel** • *Mensch, ist das ein* ~*es Wetter!* wat een rotweer! **2** OV WW sterk FORM. **1 (ver) gunnen, ten deel doen vallen, weggelegd zijn voor** • *es war ihm nicht beschieden* het was hem niet vergund **2 ontbieden (zu** +3 **bij), laten roepen** **3 meedelen** <van beslissing>, **antwoord geven** • *sein Gesuch wurde abschlägig beschieden* zijn verzoek werd afgewezen **3** WKD WW **(sich ~)** sterk FORM. **zich tevreden stellen (mit** +3 **met)**
Bescheidenheit ZN V (-/gmv) **bescheidenheid** • *in aller* ~ in alle eenvoud
bescheinen OV WW sterk **beschijnen**
bescheinigen OV WW **schriftelijk bevestigen/verklaren, zwart-op-wit geven** • *hiermit wird bescheinigt, dass ...* hierbij verklaren wij dat ...
Bescheinigung **1** ZN V (-/gmv) **(het) schriftelijk bevestigen** **2** ZN V (-/+en) **(schriftelijke) verklaring (über** +4 **over), attest, certificaat** • *eine* ~ *der Versicherung* een verzekeringsbewijs
bescheißen OV WW sterk **1** INFORM. **beschijten** **2** INFORM. **beduvelen, verlakken, afzetten**
Bescheißer ZN M VULG. **verlakker**

beschenken ov ww **een geschenk geven aan** • *sie wurde reich beschenkt* ze kreeg veel cadeaus

bescheren ov ww **1 geschenken uitdelen** <met kerstfeest> **2 geven, bezorgen, gunnen** • *das hat mir eine Menge Ärger beschert* dat heeft mij een hoop gedoe bezorgd • *ihnen waren keine Kinder beschert* hun waren geen kinderen gegund

Bescherung ZN V (-/+en) **1 uitdeling van (kerst) geschenken, pakjesavond** <vooral op kerstavond> • *wir essen nach der ~* wij eten na het uitdelen van de cadeaus **2** INFORM. **gelazer** • *das ist (mir) eine schöne/nette Bescherung!* dat is een mooie boel! • *da haben wir die Bescherung!* daar heb je het gedonder in de glazen!, daar zul je het krijgen, nu komt de kat op de koord

bescheuert BN **1** INFORM. **dwaas, getikt 2** INFORM. **vervelend**

beschichten ov ww TECHN. **aanbrengen** <van deklaag>, **coaten**

beschicken ov ww **1 inzenden (mit** +3 **op)** • *die Messe mit Gütern ~* goederen op de jaarbeurs inzenden **2 afgevaardigden sturen naar 3** TECHN. **laden, bijvullen 4** REG. **afhandelen, regelen**

beschienen ov ww volt. deelw. → **bescheinen**

beschießen ov ww sterk **beschieten** • FIG. *jemanden mit Fragen ~* iemand met vragen bestoken

Beschießung ZN V (-/+en) **beschieting**

beschildern ov ww **van (verkeers)borden voorzien, bewegwijzeren**

Beschilderung ZN V (-/+en) **bewegwijzering,** BELG. **signalisatie**

beschimpfen ov ww **uitschelden** • *sich (gegenseitig) ~* elkaar uitschelden • *jemanden fürchterlich ~* iemand uitmaken voor alles wat lelijk is • *er hat mich beschimpft* hij heeft me uitgescholden

Beschimpfung ZN V (-/+en) **1 (het) uitschelden, belediging 2 scheldwoord**

Beschiss ZN M (+es/gmv) VULG. **verlakkerij, afzetterij**

beschissen 1 BN VULG. **belazerd, klote, rot** • *sich ~ fühlen* zich rot voelen **2** WW volt. deelw. → **bescheißen**

beschlafen ov ww sterk **1** INFORM. **geslachtsgemeenschap hebben met 2** INFORM. **een nachtje slapen over** • *das will ich (mir) noch mal ~* daar zal ik nog eens een nachtje over slapen

Beschlag ZN M (+(e)s/-schläge) **1 beslag** • *etwas mit ~ belegen/in ~ nehmen* beslag leggen op iets • *etwas in ~ halten* iets bezet houden **2 beslag** <metaalbekleedsel> • *der ~ des Pferdes* de hoefijzers van het paard **3 aanslag** <laagje>

beschlagen 1 BN **thuis** • *gut ~ sein auf dem Gebiet der Mathematik* goed onderlegd zijn in wiskunde **2** ov ww sterk **1 beslaan** <met metaal> • *Segel ~* zeilen beslaan/vastmaken **2 bekleden 3** ZWIT. **betreffen 3** ONOV WW sterk **1 beslaan** <van ruit, enz.> • *die Fenster sind ~* de ruiten zijn beslagen **2 beschimmelen**

Beschlagenheit ZN V (-/gmv) **geestelijke ontwikkeling**

Beschlagnahme ZN V (-/+n) **inbeslagneming**

beschlagnahmen ov ww **1 in beslag nemen 2** HUMOR. **beslag leggen op**

beschleichen ov ww sterk **1 besluipen 2** FORM. **bekruipen** <van gevoelens> • *Furcht beschlich ihn* angst bekroop hem

beschleunigen 1 ov ww **1 versnellen 2 bespoedigen 2** ONOV WW **accelereren** <van auto>

Beschleuniger ZN M (+s/-) **1 (deeltjes) versneller 2** SCHEIK. **katalysator**

Beschleunigung ZN V (-/+en) **1 versnelling 2 bespoediging** • *mit größter ~* met de grootste spoed **3** INFORM. **acceleratie**

Beschleunigungsspur ZN V (-/+en) **invoegstrook**

beschließen ov ww sterk **1 besluiten, beslissen** • *er beschloss umzuziehen* hij besloot te verhuizen • *es ist noch nichts beschlossen* er is nog niets beslist • *in etwas beschlossen sein/liegen* in iets besloten zijn **2 afsluiten (mit** +3 **met), beëindigen**

beschloss ov ww verl. tijd → **beschließen**

beschlossen ww volt. deelw. → **beschließen**

Beschluss ZN M (+es/-schlüsse) **besluit** <na overleg>, **beslissing** • *einen ~ fassen* een besluit nemen • *auf/laut ~ der Direktion* volgens de beslissing van de directie • OUD. *zum ~* tot besluit/slot

beschlussfähig BN **vereist aantal aanwezigen, quorum** • *die Versammlung war nicht mehr ~* de vergadering had geen quorum meer voor een besluit

Beschlussfassung ZN V (-/+en) **besluitvorming, beslissing**

beschmeißen ov ww sterk INFORM. **bekogelen**

beschmieren ov ww **1 besmeren, smeren op 2 besmeuren (mit** +3 **met), bevuilen 3** MIN. **bekladden, volkladderen** • *Fassaden mit Texten ~* teksten op gevels kalken

beschmutzen ov ww **1 bevuilen 2** OOK FIG. **bezoedelen**

beschneiden ov ww sterk **1 afsnijden, (af) knippen 2 snoeien** <van boom>, **kortwieken** <van vogel> • *Sträucher ~* struiken knotten **3 korten (in** +3 **op)** <van inkomen>, **verlagen** <van uitgaven> **4** FIG. **beknotten** <van rechten/vrijheid> • FIG. *jemandes Freiheit ~/jemandem die Freiheit ~* iemands vrijheid beknotten **5 besnijden**

Beschneidung ZN V (-/+en) **1 (het) snoeien** <van boom> **2** FIG. **besnoeiing** <van rechten/vrijheid> **3 besnijdenis**

beschneit BN **besneeuwd**

beschnüffeln ov ww **besnuffelen, snuffelen aan** • *die Umgebung ~* de omgeving verkennen

beschnuppern ov ww **besnuffelen, snuffelen aan**

beschönigen ov ww **vergoelijken, goedpraten** • *einen Fehler ~* een fout goedpraten

Beschönigung ZN V (-/+en) **vergoelijking**

Beschr. AFK Beschreibung **beschrijving**

beschranken ov ww **van spoorbomen voorzien** • *ein beschrankter Bahnübergang* een bewaakte

be

spoorwegovergang
beschränken ov ww beperken (**auf** +4 **tot**) • *Geschwindigkeit* ~ snelheid beperken • *das beschränkt die Möglichkeiten* dat beperkt de mogelijkheden • *die Ausgaben* ~ de uitgaven beperken • *sich* ~ *auf* zich beperken tot • *beschränkte Verhältnisse* armoedige omstandigheden
beschränkt BN + BW **1** beperkt • *das ist nur* ~ *wahr* dat klopt slechts gedeeltelijk **2** bekrompen, naïef • *er ist etwas* ~ hij is iets naïef
Beschränktheit ZN V (-/gmv) **1** beperktheid **2** bekrompenheid, naïviteit
Beschränkung ZN V (-/+en) beperking • *jemandem Beschränkungen auferlegen* iemand beperkingen opleggen
beschreiben OV WW sterk beschrijven • *näher* ~ nader beschrijven, een nadere aanduiding geven
Beschreibung ZN V (-/+en) be-/omschrijving • *das spottet jeder* ~ dat tart iedere beschrijving
beschreien OV WW sterk • *beschreie es nicht!* zeg/roep het maar niet te hard! • *ich will es nicht* ~, *aber bis jetzt hat es immer geklappt* even afkloppen, maar tot nog toe is het steeds gelukt
beschreiten OV WW sterk FORM. lopen op, betreden, bewandelen • *neue Wege* ~ nieuwe wegen inslaan • *den Rechtsweg* ~ gerechtelijke stappen ondernemen
beschriften OV WW beschrijven, van opschrift/tekst voorzien, labelen
Beschriftung 1 ZN V (-/gmv) (het) voorzien <van label/opschrift> **2** ZN V (-/+en) opzicht, inscriptie, label
beschuldigen OV WW beschuldigen • *jemanden des Diebstahls* ~ iemand van diefstal beschuldigen
Beschuldigte ZN M/V (+n/+n) JUR. beschuldigde, verdachte
Beschuldigung ZN V (-/+en) JUR. beschuldiging, tenlastelegging
beschummeln OV WW INFORM. beduvelen, vals spelen
Beschuss ZN M (+es/gmv) **1** MIL. beschieting • OOK FIG. *unter* ~ *liegen/geraten* onder vuur liggen • FIG. *unter* ~ *stehen/geraten* onder vuur komen te liggen <in pers> **2** TECHN. keuring van vuurwapens
beschütten OV WW **1** begieten, gieten op, morsen (**mit** +3 met) **2** storten (**mit** +3 op) <van grind>
beschützen OV WW beschermen (**vor** +3 tegen), beschutten
Beschützer ZN M (+s/-) **1** beschermer **2** beschermheer, mecenas **3** pooier
beschwatzen OV WW **1** be-/ompraten, overhalen **2** (uitgebreid) kletsen over
Beschwerde ZN V (-/+n) **1** kwaal, ongemak • *körperliche Beschwerden* lichamelijke klachten • *der Arzt fragte, welche Beschwerden er habe* de dokter vroeg wat zijn (gezondheids)klachten waren **2** bezwaar, klacht • *eine* ~ *über die Qualität* een klacht over de kwaliteit • JUR. ~ *einlegen/einreichen* protest aantekenen, een (aan)klacht indienen • ~ *führen gegen jemanden/über etwas* zich beklagen bij iemand/over iets • *die* ~ *ist unbegründet* het bezwaar is ongegrond
Beschwerdebuch ZN O (+(e)s/-bücher) klachtenboek
Beschwerdeführer ZN M (+s/-) JUR. klager, reclamant
beschweren 1 OV WW **1** verzwaren, bezwaren **2** FIG. belasten **2** WKD WW (**sich** ~) zich beklagen (**bei** +3 bij, **über** +4 over), klagen, zijn beklag doen • *sich beim Chef über einen Kollegen* ~ zich bij de chef beklagen over een collega • *sich über die Verspätung* ~ over de vertraging klagen • *sich beim Geschäftsführer* ~ bij de manager klagen • *der Kunde hat sich beschwert* de klant heeft geklaagd • *du kannst dich nicht* ~! jij hebt niets te klagen!
beschwerlich BN bezwaarlijk, moeizaam, lastig
Beschwerlichkeit ZN V (-/gmv) (het) lastig/problematisch zijn • *Beschwerlichkeiten* moeite, inspanningen
Beschwernis ZN V (-/+se) moeite, inspanning
beschwichtigen OV WW kalmeren, sussen
Beschwichtigung ZN V (-/+en) (het) kalmeren, (het) sussen
beschwindeln OV WW **1** beliegen, voorliegen • *sich (gegenseitig)* ~ elkaar voorliegen **2** afzetten
beschwingt BN **1** bezield, zwierig, opgewekt <van melodie> **2** FORM. gevleugeld
beschwipst BN INFORM. aangeschoten, tipsy
beschwören OV WW bezweren, onder ede bevestigen • *jemanden* ~ *etwas nicht zu tun* iemand smeken iets niet te doen
Beschwörung ZN V (-/+en) **1** bezwering **2** dringend verzoek • *gegen jemandes Beschwörungen taub bleiben* zich doof houden voor iemands smeekbeden
beseelen OV WW OOK FIG. bezielen, inspireren
besehen OV WW sterk bekijken, bezien • FIG. *bei Lichte* ~ op de keper beschouwd
beseitigen OV WW **1** verwijderen, opruimen • *Bedenken* ~ bezwaren ondervangen • *Spuren* ~ sporen uitwissen **2** uit de weg ruimen, elimineren
Beseitigung ZN V (-/gmv) **1** verwijdering **2** uitschakeling, eliminatie
Besen ZN M (+s/-) **1** bezem • INFORM. *ich fresse einen Besen, wenn das stimmt* ik mag doodvallen als dat klopt • *neue* ~ *kehren gut* nieuwe bezems vegen schoon • INFORM. *auf den* ~ *laden* voor de gek houden • *mit eisernem* ~ *kehren* met harde hand regeren **2** INFORM. kreng, feeks • *sie ist ein richtiger* ~ ze is echt een kreng
besessen BN bezeten (**von** +3 door, van), geobsedeerd (door)
Besessenheit ZN V (-/gmv) bezetenheid
besetzen OV WW **1** bezetten • *ein Theaterstück* ~ de rollen van een toneelstuk verdelen • *die Stelle muss neu besetzt werden* de vacature moet worden vervuld • *dieser Platz ist besetzt* deze plaats is bezet • *besetzt* in gesprek **2** kraken • *ein Haus* ~ een huis

kraken **3 afzetten, garneren** <van kleding> • *einen Mantel mit Pelz ~* een mantel met bont afzetten

Besetztton ZN M (+(e)s/-töne) **ingesprektoon, bezettoon**

Besetztzeichen ZN O (+s/-) **ingesprektoon, bezettoon**

Besetzung ZN V (-/+en) **1 bezetting 2 vervulling** <van vacature> **3** TON. **rolverdeling, cast**

besichtigen OV WW **1 bezichtigen 2** MIL. **inspecteren, onderzoeken**

Besichtigung ZN V (-/+en) **1 bezichtiging** • *~ von Sehenswürdigkeiten* sightseeing **2** MIL. **inspectie, onderzoek**

Besichtigungstour ZN V (-/+en) **rondrit**

besiedeln OV WW **1 koloniseren, zich vestigen in 2 bevolken** • *dicht besiedelt* dichtbevolkt **3 voorkomen** <van dieren/planten>, **groeien op**

Besied(e)lung ZN V (-/+en) **1 kolonisatie 2 (het) bevolken**

besiegeln OV WW OOK FIG. **bezegelen**

Besieg(e)lung ZN V (-/+en) **bezegeling**

besiegen OV WW **overwinnen** • *sie gibt/erklärt sich besiegt* zij geeft zich gewonnen

Besiegte ZN M/V (+n/+n) **overwonnene** • *Sieger und ~* (over)winnaars en overwonnenen

besingen OV WW sterk **bezingen**

besinnen WKD WW **(sich ~)** sterk **1 bedenken, nadenken over** • *ich habe mich eines anderen/Besseren besonnen* ik heb me bedacht **2 zich bezinnen 3 zich herinneren** • *er konnte sich nicht mehr auf den Namen ~* hij kon niet meer op de naam komen • *jetzt besinne ich mich wieder* nu schiet het me weer te binnen

besinnlich BN **beschouwend, bedachtzaam, bezonnen, contemplatief, bespiegelend**

Besinnung ZN V (-/gmv) **1 bewustzijn** • *die ~ verlieren* het bewustzijn verliezen, zijn zelfbeheersing verliezen • *die ~ wiedererlangen* weer tot bewustzijn komen **2 bezinning** • *zur ~ kommen* tot bezinning komen

besinnungslos BN **1 bewusteloos, buiten bewustzijn 2 buiten zichzelf**

Besitz ZN M (+es/gmv) **bezit(ting)** • *in den ~ gelangen* +2*/von* in het bezit komen van • *im ~ von etwas sein* in het bezit zijn van • *etwas in ~ haben* iets in bezit hebben • *in ~ nehmen/Besitz ergreifen von* in bezit nemen

besitzanzeigend BN • *das ~e Fürwort* het bezittelijk voornaamwoord

besitzen OV WW sterk **bezitten, hebben** • *sie besaß die Frechheit, mich zu schlagen* ze had de brutaliteit mij te slaan

Besitzer ZN M (+s/-) **eigenaar, bezitter** • *den ~ wechseln* van eigenaar veranderen

Besitzergreifung ZN V (-/+en) **1 inbezitneming 2 inlijving**

besitzlos BN **bezitloos, zonder bezit**

Besitznahme ZN V (-/+n) **1 inbezitneming 2 inlijving**

Besitzstand ZN M (+(e)s/-stände) **1 verworvenheid, recht** • *sozialer ~* sociale verworvenheden **2 verworven bezit**

Besitztum ZN O (+s/-tümer) **1 bezit 2 grondbezit, landgoed**

Besitzung ZN V (-/+en) **grondbezit, landgoed**

besoffen BN INFORM. **zat, dronken**

besohlen OV WW **verzolen** <van schoenen>

besolden OV WW **1 bezoldigen, salariëren 2** MIL. **soldij betalen**

Besoldung ZN V (-/+en) **1 bezoldiging, salaris 2** MIL. **soldij**

besonder BN **1 bijzonder, speciaal** • *nichts Besonderes* niets bijzonders • *im Besonderen* in het bijzonder • *das ist schon ~s* dat is wel bijzonder **2 apart** • *sein ~es Zimmer haben* een eigen kamer hebben

Besonderheit ZN V (-/+en) **bijzonderheid, eigenaardigheid**

besonders BW **1 vooral, in het bijzonder, uitdrukkelijk** • *ich möchte ~ darauf hinweisen* ik wil er vooral op wijzen **2 bijzonder, erg** • *sich ~ anstrengen* extra moeite doen • *~ fein* extra fijn • *~ stark* extra sterk

besonnen BN **bezonnen, bedachtzaam**

Besonnenheit ZN V (-/gmv) **bezonnenheid, bedachtzaamheid**

besorgen 1 OV WW **1 bezorgen** • FIG. *es jemandem ~* zich op iemand wreken, iemand duidelijk zijn mening zeggen, iemand seksueel bevredigen **2 halen, kopen** • *ich muss noch etwas in der Stadt ~* ik moet nog iets in de stad halen **3 zorgen voor** <bv. het huishouden> **4 afhandelen, uitvoeren** <van opdracht> • *wird besorgt!* komt in orde! ▸ *was du heute kannst ~, das verschiebe nicht auf morgen* stel niet uit tot morgen, wat je vandaag kunt doen **2** WKD WW **(sich ~) regelen** • *~ Sie sich einen Babysitter* zorg voor een oppas • *das hat er sich heimlich besorgt* dat heeft hij stiekem geregeld • *ich muss mir das Buch noch ~* ik moet het boek nog zien te krijgen

Besorgnis ZN V (-/+se) **bezorgdheid, zorg** • *~ erregend* zorgwekkend • *~ um jemanden/über* +4 *etwas haben* zorg over iemand/iets hebben

besorgniserregend BN **zorgwekkend**

besorgt BN **bezorgd (über** +4, **um** +4 **over, om)**

Besorgtheit ZN V (-/gmv) **bezorgdheid**

Besorgung ZN V (-/+en) **1 bezorging 2 boodschap, inkoop** • *Besorgungen machen* inkopen/boodschappen doen **3 uitvoering** <van opdracht>, **afhandeling**

bespannen OV WW **bespannen, bekleden**

Bespannung ZN V (-/+en) **bespanning, bekleding**

bespiegeln 1 OV WW **1 bespiegelen, beschouwen 2 belichten 2** WKD WW **(sich ~) 1 zich in de spiegel bekijken 2 veel en graag over zichzelf praten**

Bespieg(e)lung ZN V (-/+en) **bespiegeling, beschouwing**

bespielen OV WW **1 bespelen 2 spelen in/op**

bespitzeln OV WW **bespioneren**

be

bespötteln ov ww **bespotten**

besprechen **1** ov ww sterk **1** **bespreken** • *etwas mit jemandem ~* iets met iemand bespreken **2** **recenseren** • *ein Buch ~* een boek recenseren **3** **inspreken** • *ein Tonband ~* een bandje inspreken **4** **bezweren, belezen** **2** WKD WW (**sich ~**) sterk **bespreken, beraadslagen** • *sich mit jemandem über einen Plan ~* met iemand overleggen over een plan

Besprechung ZN V (-/+en) **1** **bespreking** • *sie ist in einer ~* ze is in bespreking • *eine ~ mit jemandem haben* een bespreking hebben met iemand • *Besprechungen führen* besprekingen voeren **2** **recensie** **3** **bezwering**

Besprechungsraum ZN M (+(e)s/-räume) **vergaderruimte**

besprengen ov ww **besprenkelen, besproeien**

besprenkeln ov ww **bespatten**

bespringen ov ww sterk **bespringen** <van zoogdieren>, **dekken**

bespritzen ov ww **1** **bespatten** **2** **bespuiten**

bespucken ov ww **bespuwen**

besser BN **beter** • *desto/umso ~* des te beter • *er ist ~ dran als ich* hij is er beter aan toe dan ik • *die ~en Kreise* de betere kringen • *eine ~e Wohngegend* een chique buurt • *~ gesagt* laat ik liever zeggen, beter gezegd • *sie hat es nicht ~ verdient* zij verdient niet beter • *~ ist ~* je moet het zekere voor het onzekere nemen • *ich habe Besseres zu tun* ik heb wel wat beters te doen • FIG. *jemanden eines Besseren belehren* iemand uit de droom helpen • FIG. *sich eines Besseren besinnen* tot andere gedachten komen

bessern **1** ov ww **verbeteren** • *sein Besuch hat meine Laune gebessert* zijn bezoek heeft mijn humeur verbeterd **2** WKD WW (**sich ~**) **zich verbeteren, beter worden** • *er hat versprochen, sich zu ~* hij heeft beloofd zijn leven te beteren • *das bessert sich schon noch* dat wordt nog beter

besserstellen ov ww **de financiële positie verbeteren van**

Besserung ZN V (-/gmv) **1** **verbetering** **2** **beterschap** • *gute Besserung!* beterschap!

Besserwessi ZN M (+s/+s) HUMOR. **besserwessi** <West-Duitse betweter>

Besserwisser ZN M (+s/-) MIN. **betweter**

best BN **best, uitstekend** • *das Beste vom Besten* het beste van het beste • *sie weiß das am ~en* zij weet dat het beste • *das ist das Beste!* dat is je van het! • *das Beste aus etwas machen* het beste van iets maken, ergens een mouw aan weten te passen • *aufs ~e/Beste* ten zeerste, zeer goed • *sein Bestes tun/geben* zijn (uiterste) best doen • *mit ~em Dank* met hartelijke dank • *eine Frau in den ~en Jahren* een vrouw van middelbare leeftijd • *er war auf dem ~en Wege, ein Verbrecher zu werden* hij was hard op weg een crimineel te worden • *beim ~en Willen* met de beste wil • *bei ~er Gesundheit sein* zich in een goede gezondheid verheugen • *damit steht es nicht zum Besten* daarmee gaat het niet zo geweldig • *zum Besten geben* ten beste geven • *jemanden zum Besten halten/haben* iemand voor de gek houden/foppen, iemand voor het lapje houden

best. AFK bestimmt **bepaald, bep.**

Bestallung ZN V (-/+en) **aanstelling, benoeming**

bestand ov ww verl. tijd → **bestehen**

Bestand **1** ZN M (+(e)s/gmv) **1** **(het) voortbestaan** **2** OOST. **bestaan** **3** **bestendigheid** • *das hat keinen Bestand/das ist nicht von ~* dat is van voorbijgaande aard **2** ZN M (+(e)s/-stände) **bestand, voorraad, inventaris** • *der eiserne ~* de vaste voorraad

bestanden **1** BN **1** **begroeid** • *ein mit Bäumen ~er Hügel* een met bomen begroeide heuvel **2** ZWIT. **bejaard** **2** WW volt. deelw. → **bestehen**

beständig BN **1** **bestendig (gegen** +4, **gegenüber** +3 **tegen), duurzaam** • *beständiges Wetter* bestendig weer **2** **voortdurend** • *es hat ~ geregnet* het heeft voortdurend geregend **3** **volhardend, standvastig**

Beständigkeit ZN V (-/gmv) **1** **bestendigheid, duurzaamheid** **2** **standvastigheid**

Bestandsaufnahme ZN V (-/+n) **inventarisatie**

Bestandsverzeichnis ZN O (+ses/+se) **inventaris(lijst)**

Bestandteil ZN M (+(e)s/+e) **bestanddeel, onderdeel**

bestärken **1** ov ww **1** **sterken (in** +3 **in), stijven** • *jemanden in seiner Meinung ~* iemand in zijn mening sterken **2** **versterken, bevestigen** **2** WKD WW (**sich ~**) **zich versterken, sterker worden**

Bestärkung ZN V (-/+en) **1** **versterking** **2** **bevestiging**

bestätigen **1** ov ww **1** **bevestigen** • *können Sie das bitte schriftlich bestätigen?* kun u dat schriftelijk bevestigen a.u.b.? • *das kann ich so nicht ~* dat kan in zo niet bevestigen • *das bestätigt meine Meinung* dit bevestigt mijn mening **2** JUR. **bekrachtigen** **2** WKD WW (**sich ~**) **bewaarheid worden** • *das Gerücht hat sich bestätigt* het gerucht bleek juist te zijn

Bestätigung ZN V (-/+en) **1** **bevestiging** • *zur ~* ter bevestiging van **2** JUR. **bekrachtiging**

Bestätigungsschreiben ZN O (+s/-) **bevestigingsbrief**

bestatten ov ww FORM. **ter aarde bestellen, begraven**

Bestatter ZN M (+s/-) **begrafenisondernemer**

Bestattung ZN V (-/+en) FORM. **teraardebestelling, begrafenis**

bestäuben ov ww **bestuiven** • *mit Mehl ~* met meel bestuiven

Bestäubung ZN V (-/+en) BIOL. **bestuiving** <van plant>

bestaunen ov ww **bewonderend/verbaasd bekijken, verbaasd staan over**

bestechen ov ww sterk **1** **omkopen** **2** **inpalmen, betoveren, voor zich innemen** • *sie besticht durch ihre Fröhlichkeit* zij betovert door haar vrolijkheid

bestechlich BN **omkoopbaar, corrupt**

Bestechlichkeit ZN V (-/gmv) **omkoopbaarheid**

Bestechung ZN V (-/+en) **omkoping, omkoperij** • JUR. *passive ~* (het) aannemen van steekpenningen

• JUR. *aktive ~* actieve omkoping/corruptie

Besteck ZN O (+(e)s/+e) **1** couvert, bestek **2** MED. instrumentarium, instrumententas **3** SCHEEPV. bestek

bestehen **1** OV WW sterk **1** doorstaan **2** slagen (voor) • *eine Prüfung ~* slagen voor een examen **2** ONOV WW sterk **1** bestaan (**aus**, **in** +3 uit), (blijven) bestaan • *es besteht aus lauter Einzelteilen* het bestaat uit allemaal kleine deeltjes • *die ~de Ordnung* de gevestigde orde • *~de Interessen* gevestigde belangen • *~ bleiben* blijven bestaan • *der Kurs besteht aus 10 Lektionen* de cursus bestaat uit 10 lessen **2** zich handhaven, standhouden **3** *~* **auf** +3, staan op • *auf seinem Recht ~* op zijn rechten staan • *ich bestehe darauf* ik sta erop **4** slagen • *sie hat bestanden* ze is geslaagd

Bestehen ZN O (+s/gmv) **1** (het) bestaan • *wir feiern das 20-jährige ~ der Firma* wij vieren het 20-jarige bestaan van het bedrijf **2** (het) doorstaan **3** vasthoudendheid • *~ auf +3 vermeintlichen Rechten* vasthoudendheid aan vermeende rechten

bestehlen OV WW sterk bestelen

besteigen OV WW sterk **1** bestijgen, beklimmen **2** stappen in/op, instappen **3** bespringen, dekken <van dieren>

Besteigung ZN V (-/+en) **1** bestijging **2** beklimming **3** dekking <fokken>

bestellen OV + ONOV WW **1** bestellen, reserveren <van tafel/kaartjes> • *Waren ~* waren bestellen • *einen Tisch ~* een tafel reserveren • *Essen ~* eten bestellen • INFORM. *dastehen wie bestellt und nicht abgeholt* er verloren bijstaan **2** ontbieden (**bei**, **zu** +3 bij), laten komen **3** overbrengen <van groeten/boodschap> • *jemandem Grüße ~* iemand de groeten doen • *bestelle deiner Mutter, dass sie morgen kommen kann* zeg tegen je moeder dat ze morgen kan komen **4** benoemen (**zu** +3 tot, als), aanstellen **5** bewerken <van grond> **6** • *mit ihr/dieser Sache ist es gut/schlecht bestellt* met haar/deze zaak is het goed/slecht gesteld • *um ihn/diese Sache ist es gut/schlecht bestellt* hij/deze zaak staat er goed/slecht voor

Besteller ZN M (+s/-) besteller

Bestellformular ZN O (+s/+e) bestelbon/-formulier

Bestellschein ZN M (+(e)s/+e) bestelbon/-formulier

Bestellung ZN V (-/+en) **1** bestelling, order • *es gingen viele Bestellungen ein* er kwamen veel bestellingen binnen • *eine ~ aufgeben* een order plaatsen **2** boodschap **3** benoeming, aanstelling (**zu** +3 tot) **4** bewerking <van land>

Bestellzettel ZN M (+s/-) bestelbon/-formulier

bestenfalls BW in het gunstigste geval

bestens BW uitstekend, prima • *ist ja ~!* is prima! • *sie lässt ~ grüßen* zij laat de hartelijke groeten doen

besteuern OV WW belasten, belasting heffen op • *zu stark ~* te zwaar belasten

Besteuerung ZN V (-/+en) belastingheffing

bestialisch BN bestiaal, beestachtig

Bestialität ZN V (-/+en) bestialiteit, beestachtigheid

besticken OV WW bestikken, borduren

Bestie ZN V (-/+n) **1** OOK FIG. beest **2** MIN. bruut

bestimmbar BN bepaalbaar, definieerbaar

bestimmen OV + ONOV WW **1** bepalen, vaststellen, beslissen • *hier bestimme ich!* hier heb ik het voor het zeggen! • *sich von seinen Gefühlen ~ lassen* zich door zijn gevoelens laten leiden • *er bestimmt, was gemacht wird* hij bepaalt wat er gebeurt **2** (voor)bestemmen, aanwijzen (**zu** +3 tot/als) **3** vaststellen, definiëren **4** beschikken (**über** +4 over) **5** aanzetten tot, aandringen (**zu** +3 op)

bestimmt **1** BN **1** bepaald, zeker • *zu einem ~en Zeitpunkt* op een gegeven ogenblik **2** beslist • *etwas in ~em Ton sagen* iets op besliste toon zeggen **3** precies, duidelijk **2** BW beslist, zeker • *das ist ~ falsch* dat is zeker verkeerd • *~ nicht* beslist niet • *ganz ~* vast en zeker, BELG. zeker en vast, wel degelijk • *es wird ~ klappen* het zal best lukken • *das ist ~ zu viel Geld* dat is vast te veel geld

Bestimmtheit ZN V (-/gmv) **1** beslistheid, stelligheid • *etwas mit ~ behaupten* iets nadrukkelijk stellen **2** zekerheid

Bestimmung **1** ZN V (-/+en) **1** regeling, bepaling, verordening **2** TAALK. bepaling **2** ZN V (-/gmv) **1** bestemming **2** vaststelling **3** roeping, lot

bestimmungsgemäß BW reglementair, volgens de regels/voorschriften

Bestimmungsort ZN M (+(e)s/+e) plaats van bestemming

Bestleistung ZN V (-/+en) SPORT record

bestmöglich BN allerbest, optimaal

bestrafen OV WW (be)straffen (**für** +4 voor)

Bestrafung ZN V (-/+en) straf, bestraffing

bestrahlen OV WW **1** bestralen **2** beschijnen, verlichten

Bestrahlung ZN V (-/+en) bestraling

bestreben WKD WW (**sich ~**) trachten, streven naar • *sie bestrebt sich, alles richtig zu machen* zij tracht alles goed doen • *er ist bestrebt, jeden zufriedenzustellen* hij spant zich in om ieder tevreden te stellen

Bestreben ZN O (+s/gmv) (het) streven

Bestrebung ZN V (-/+en) poging

bestreichen OV WW sterk **1** bestrijken (**mit** +3 met), besmeren, smeren op **2** MIL. onder vuur nemen

bestreiken OV WW platleggen <door staking>, stilleggen, treffen <door een staking>

bestreitbar BN **1** betwistbaar **2** betaalbaar

bestreiten OV WW sterk **1** bestrijden, betwisten, tegenspreken • *es lässt sich nicht ~, dass ...* het valt niet te betwisten dat ... • *das will ich ja gar nicht ~* dat wil ik helemaal niet betwisten/tegenspreken **2** bekostigen, betalen • *die Kosten ~* bekostigen • *den Unterhalt ~ können* in het onderhoud voorzien **3** zorgen voor, voor zijn rekening nemen • *sie*

be

bestritt die ganze Unterhaltung allein ze overheerste het gesprek

bestreuen OV WW **bestrooien (mit** +3 **met)**

bestricken OV WW **1 betoveren, inpalmen 2 breien voor**

Bestseller ZN M (+s/-) **bestseller**

Bestsellerliste ZN V (-/+n) **bestsellerlijst**

bestücken OV WW **1 voorzien van 2** MIL. **uitrusten (mit** +3 **met)**

Bestückung ZN V (-/+en) **1 bepakking 2** MIL. **uitrusting**

bestürmen OV WW OOK FIG. **bestormen** • FIG. *jemanden mit Fragen ~* iemand met vragen bestoken

bestürzen OV + ONOV WW **ontstellen, verbijsteren**

bestürzt BN **ontdaan, ontsteld, verbijsterd (über** +4 **over)** • *ein bestürztes Gesicht machen* een verbijsterd gezicht trekken

Bestürzung ZN V (-/gmv) **verbijstering, ontzetting** • *es herrschte große ~* iedereen was verbijsterd

Bestzeit ZN V (-/+en) SPORT **recordtijd, persoonlijk record**

Bestzustand ZN M (+(e)s/gmv) **(zeer) goede staat** • *Gebrauchtwagen in/im ~* occasions in zeer goede staat

Besuch ZN M (+(e)s/+e) **1 bezoek** • *zu ~ sein* op bezoek zijn, op visite zijn • *der ~ einer Homepage* het bezoeken van een site • *unser erster ~ bei ihr* ons eerste bezoek aan haar • *einen ~ machen/abstatten* een bezoek afleggen **2 opkomst** • *mäßiger ~ einer Versammlung* matige opkomst bij een vergadering

besuchen OV WW **bezoeken** • *eine Stadt ~* een stad aandoen • *ein stark besuchter Laden* een drukke winkel • *Vorlesungen ~* colleges volgen

Besucher ZN M (+s/-) **bezoeker**

Besuchskarte ZN V (-/+n) **visitekaartje**

Besuchsrecht ZN O (+(e)s/+e) **bezoekrecht**

besudeln OV WW OOK FIG. **bezoedelen, besmeuren**

betagt BN FORM. **bedaagd** <van mensen>**, op leeftijd**

betanken OV WW **bijtanken, bijvullen** <van tank>

betasten OV WW **betasten** • *etwas ~* aan iets voelen

betätigen 1 OV WW **1 bedienen** • *den Schalter ~* de schakelaar bedienen **2 in werking stellen, aanzetten 2** WKD WW **(sich ~) werkzaam zijn, bezig zijn, actief zijn** • *sie betätigt sich gern als Babysitterin* zij past graag op

Betätigung 1 ZN V (-/+en) **werkzaamheid, bezigheid, activiteit** • *eine sinnvolle ~* een zinvolle bezigheid **2** ZN V (-/gmv) **1 bediening 2 (het) in werking stellen**

Betätigungsfeld ZN O (+(e)s/+er) **werkgebied, terrein v.d. activiteiten**

betatschen OV WW INFORM. **betasten** <op lompe wijze>**, (ergens) aanzitten**

betäuben OV WW **1 verdoven (mit** +3, **durch** +4 **met)** • *betäubender Lärm* oorverdovend lawaai • *sie versuchte sich durch allerlei Aktivitäten zu ~* ze zocht afleiding in allerlei activiteiten • *seine Schmerzen mit Tabletten ~* pijnstillers innemen **2 bedwelmen** • *ein betäubender Duft* een bedwelmende geur

Betäubung ZN V (-/+en) **1 verdoving** • *eine örtliche ~* een plaatselijke verdoving **2 bedwelming**

Betäubungsmittel ZN O (+s/-) **verdovingsmiddel**

beteiligen 1 OV + ONOV WW **1 betrekken (an** +3 **bij)** • *sie ist an der Erbschaft (mit) beteiligt* zij deelt mee in de erfenis • *innerlich an einer Sache beteiligt sein* zich innerlijk bij iets betrokken voelen **2 doen delen (an** +3 **in)** <van winst> • *ich möchte Sie daran ~* ik wil u erin doen delen **2** WKD WW **(sich ~) deelnemen (an** +3 **aan, in), bijdragen** • *er beteiligt sich an der Diskussion* hij neemt deel aan de discussie

Beteiligte ZN M/V (+n/+n) **betrokkene, deelnemer** • *das ist das Beste für alle Beteiligten* dat is de beste oplossing voor alle betrokkenen

Beteiligung ZN V (-/+en) **1 deelname (an** +3 **aan)** • *unter reger ~ der Bevölkerung* onder sterke deelname van de bevolking **2** ECON. **deelneming, deelgenootschap, aandeelhouderschap**

beten ONOV WW **bidden (für** +4 **voor)**

beteuern OV WW **bezweren, (plechtig) verzekeren** • *seine Unschuld ~* zijn onschuld betuigen

Beteuerung ZN V (-/+en) **bezwering, (plechtige) verzekering**

betexten OV WW **van tekst voorzien** <foto's e.d.>

betiteln OV WW **1 een titel geven** <van boek> **2 betitelen (mit** +3 **als) 3 noemen** • *er betitelte ihn (mit) Lump* hij schold hem uit voor lomperik

Betitelung ZN V (-/+en) **betiteling**

Beton ZN M (+s/+e, +s) **beton** • *~ gießen* beton storten

betonen OV WW **beklemtonen, benadrukken, accentueren** • *ich möchte noch einmal ~, dass ...* ik wil nog een keer benadrukken dat ... • *mit betonter Gleichgültigkeit* met nadrukkelijke/demonstratieve onverschilligheid • *eine betonte Silbe* een beklemtoonde lettergreep

betonieren OV WW **1 betonneren 2** FIG. **bevriezen**

Betonkopf ZN M (+(e)s/-köpfe) POL. **hardliner, dogmaticus**

Betonmischmaschine ZN V (-/+n) **betonmolen**

Betonung ZN V (-/+en) **1 klemtoon, nadruk** • *die ~ liegt auf der zweiten Silbe* de klemtoon ligt op de tweede lettergreep **2** OOK FIG. **beklemtoning, accentuering**

betören OV WW **betoveren, inpalmen, verleiden, verblinden** • *sich ~ lassen* zich laten verblinden, zich laten inpalmen

Betörung ZN V (-/+en) **betovering, verblinding**

betr. AFK **1** betreffend **(des)betreffend, betr. 2** betreffs **met betrekking tot, m.b.t., wat betreft 3** betrifft **betreft**

Betr. AFK Betreff **onderwerp** • *Betr.: Ihr Brief vom ...* betreft: uw brief d.d. ...

Betracht ZN M • *etwas bleibt außer ~; etwas außer ~ lassen* met iets wordt geen rekening gehouden, iets wordt buiten beschouwing gelaten • *(nicht) in ~ kommen für* +4 (niet) in aanmerking komen voor • *jemanden/etwas in ~ ziehen* rekening houden met iemand/iets

betrachten OV WW **1 bekijken** • *ich habe mir die Gegend betrachtet* ik heb de omgeving bekeken **2 beschouwen** • *genau betrachtet* op de keper beschouwd • *er betrachtet sich als mein Freund* hij beschouwt zich als mijn vriend

beträchtlich BN **aanzienlijk, belangrijk, behoorlijk** • *ein beträchtlicher Verlust* een aanzienlijk verlies • *eine beträchtliche Summe* een behoorlijk bedrag, een hele som geld

Betrachtung ZN V (-/+en) **beschouwing, overpeinzing** • *bei genauerer/näherer ~* bij nader inzien • *Betrachtungen über etwas anstellen* iets overdenken

Betrachtungsweise ZN V (-/+n) **zienswijze**

Betrag ZN M (+(e)s/-träge) **bedrag** • *zum ~ von* ten bedrage van • *über einen ~ von* ten bedrage van

betragen **1** OV WW sterk **bedragen** **2** WKD WW **(sich ~)** sterk **zich gedragen (gegen** +4**, gegenüber** +3 **tegenover)**

Betragen ZN O (+s/gmv) **gedrag** • *was ist das für ein Betragen?* hoe gedraag je je eigenlijk?

betrauen OV WW **opdragen, toevertrouwen (mit** +3 **aan)** • *jemanden mit der Leitung des Unternehmens ~* de leiding van de onderneming aan iemand toevertrouwen

betrauern OV WW **betreuren, rouwen over/om**

Betreff ZN M (+(e)s/+e) **onderwerp** <van brief, e-mail enz.> • *Betreff: Ihr Brief vom ...* betreft: uw brief d.d. ... • *in diesem ~* in dit opzicht • *im ~* +2 met betrekking tot

betreffen OV WW sterk **1 betreffen, aangaan** • *die ~de Person* de desbetreffende persoon, de bedoelde persoon • *was mich betrifft, bin ich/ich bin einverstanden* wat mij betreft, ik ben het ermee eens • *betrifft: Ihre Bestellung* betreft: uw bestelling **2** FORM. **overkomen, treffen** • *von einem Unfall betroffen werden* het slachtoffer zijn van een ongeluk • *dich betrifft das nicht* jou treft dat niet • *das betrifft mich nicht* het gaat mij niet aan **3** FORM. **raken** • *das hat mich betroffen gemacht* dat heeft mij geraakt

betreffend BN **betreffend** • *die ~en Personen* de betreffende personen

betreffs VZ +2 FORM. **met betrekking tot, wat betreft** • *~ eines Termins* wat een afspraak betreft

Betreffzeile ZN V COMP. **onderwerpregel** <e-mail>

betreiben OV WW sterk **1 doen, verrichten, nastreven, bespoedigen 2 uitoefenen** <van beroep>**, beoefenen** <van sport, hobby> **3 leiden, runnen** <van zaak>**, drijven** <van handel> **4** TECHN. **aandrijven**

Betreiben ZN O (+s/gmv) **aansporing, (het) aandringen, instigatie** • *auf seines ~ (hin)* op aansporing van hem

Betreiber ZN M (+s/-) ECON. **exploitant**

Betreibung ZN V (-/+en) **1 (het) uitvoeren, (het) verrichten 2 uitoefening** <van beroep>**, beoefening** <van sport, hobby> **3 (het) drijven** <van zaak>

betreten **1** OV WW sterk **betreden** • *Betreten der Fahrbahn verboten!* verboden op de rijweg te lopen! **2** BW **verlegen, bedremmeld** • *ein ~es Schweigen* een beklemmend zwijgen

Betretenheit ZN V (-/gmv) **verlegenheid**

betreuen OV WW **1 verzorgen** • *seine Oma betreute ihn* zijn oma zorgde voor hem • *sie arbeitet, während er die Kinder betreut* zij werkt terwijl hij voor de kinderen zorgt • *Kinder werden betreut* kinderen worden opgevangen **2 begeleiden** • *der Dozent betreut zwei Studenten* de docent begeleidt twee studenten • *betreutes Wohnen* begeleid wonen

Betreuer ZN M (+s/-) **1 verzorger 2 begeleider**

Betreuung ZN V (-/gmv) **1 verzorging** • *sie übernimmt seine ~* zij neemt de zorg voor hem over • *die ~ von Kindern* de kinderopvang • *sie haben keine ~* zij hebben geen opvang voor hun kinderen • *nachschulische ~* naschoolse opvang **2 begeleiding** • *die ~ seiner Studenten* de begeleiding van zijn studenten **3 verzorger**

Betrieb **1** ZN M (+(e)s/+e) **1 bedrijf, zaak** • *den ganzen ~ aufhalten* alles/de hele zaak ophouden **2 gebruik, werking** • *etwas außer ~ setzen* iets buiten bedrijf/werking stellen • *in ~ setzen* in werking stellen • *außer ~ sein* buiten gebruik zijn **3 exploitatie** **2** ZN M (+(e)s/gmv) INFORM. **drukte, bedrijvigheid** • INFORM. *hier ist immer ~* hier is altijd wat te beleven • *am Samstag ist viel ~* op zaterdag is het druk, op zaterdag is het een drukte van belang

betrieblich BN **bedrijfs-, van het bedrijf**

betriebsam BN **bedrijvig**

Betriebsamkeit ZN V (-/gmv) **bedrijvigheid**

Betriebsangehörige ZN M/V (+n/+n) **personeelslid**

Betriebsanleitung ZN V (-/+en) **gebruiksaanwijzing, handleiding**

Betriebsarzt ZN M (+es/-ärzte) **bedrijfsarts**

betriebsbereit BN **bedrijfsklaar**

betriebsblind BN **bedrijfsblind**

betriebseigen BN **bedrijfs-**

Betriebsführer ZN M (+s/-) ECON. **bedrijfsleider**

Betriebsgeheimnis ZN O (+ses/+se) **fabrieksgeheim, dienstgeheim**

Betriebskapital ZN O (+s/+e, +ien) ECON. **bedrijfskapitaal**

Betriebskosten ZN MV ECON. **bedrijfskosten, exploitatiekosten**

Betriebsleiter ZN M (+s/-) ECON. **bedrijfsleider**

Betriebsrat ZN M (+(e)s/-räte) **1** ECON. **ondernemingsraad 2** ECON. **lid van ondernemingsraad**

Betriebsrente ZN V (-/+n) **bedrijfspensioen**

betriebssicher BN **betrouwbaar, veilig**

Betriebsunfall ZN M (+(e)s/-unfälle) **bedrijfsongeval**

Betriebswirt ZN M (+(e)s/+e) **bedrijfseconoom**

Betriebswirtschaft ZN V (-/+en) **bedrijfseconomie, business management** • *~ studieren* bedrijfskunde studeren

betrinken WKD WW (**sich ~**) sterk **zich bedrinken**

betroffen BN **1 ontdaan, ontsteld** • *die Geschichte hat mich ~ gemacht* het verhaal heeft mij geraakt **2 betrokken, (des)betreffend** • *die ~en Personen* de desbetreffende personen • *unser Theater ist von den Kürzungen ~* ons theater is getroffen door de bezuinigingen • *das ~e Gebiet* het geteisterde gebied • *er fühlt sich da nicht ~* hij trekt zich er niets van aan

Betroffene ZN M/V (+n/+n) **1 betrokkene 2 gedupeerde**

Betroffenheit ZN V (-/gmv) **ontsteltenis**

betrog OV WW verl. tijd → **betrügen**

betrogen OV WW volt. deelw. → **betrügen**

betrüben OV WW **bedroeven, verdriet doen** • *er ist tief betrübt* het is diep treurig

betrüblich BN **bedroevend, droevig**

Betrübnis ZN V (-/+se) FORM **droefheid, verdriet**

Betrug ZN M (+(e)s/gmv) **bedrog, fraude** • *ein frommer ~* vroom bedrog, zelfbedrog • *das ist glatter ~* dat is puur bedrog

betrügen OV WW sterk **1 bedriegen** • *sich selbst ~* zichzelf voor de gek houden **2 oplichten** • *jemanden um 100 Euro ~* iemand voor 100 euro oplichten **3 vals spelen**

Betrüger ZN M (+s/-) **bedrieger, oplichter**

Betrügerei ZN V (-/+en) **bedriegerij, oplichting** • *Betrügereien an alten Menschen* oplichting van oude mensen

betrügerisch BN **bedrieglijk, frauduleus**

betrunken BN **dronken** • *jemanden ~ machen* iemand dronken voeren • FIG. *~ vor Freude* dronken van blijdschap

Betrunkene ZN M/V (+n/+n) **dronkenman, beschonkene**

Betrunkenheit ZN V (-/gmv) **dronkenschap**

Bett ZN O (+(e)s/+en) **1 bed** • *das Bett ~* het bed opmaken • *das ~ hüten müssen* (ziek) in bed blijven • *ans ~ gefesselt sein* aan het ziekbed gekluisterd zijn • *ins ~ kriechen* tussen de lakens kruipen • INFORM. *mit jemandem ins ~ gehen/steigen* met iemand naar bed gaan, met iemand de koffer induiken • FIG. *sich ins gemachte ~ legen* in een gespreid bedje komen **2 dekbed** • *das ~ abziehen* het bed afhalen **3 bedding** <van rivier>

Bettbezug ZN M (+(e)s/-bezüge) **dekbedovertrek, dekbedhoes**

Bettdecke ZN V (-/+n) **1 deken 2 bedsprei**

bettelarm BN **straatarm, doodarm**

Bettelei ZN V (-/+en) MIN. **bedelarij, gebedel**

betteln ONOV WW **bedelen (um** +4 **om)**

Bettelstab ZN M (+(e)s/gmv) **bedelstaf** • *jemanden an den ~ bringen* iemand tot de bedelstaf brengen

betten OV WW **1 (neer)leggen, (neer)vlijen** • *sich ~* zich neervlijen • FIG. *sie ist weich gebettet* ze zit op rozen • FIG. *wie man sich bettet, so liegt man* ≈ wie zijn billen brandt, moet op de blaren zitten **2 inbedden** • *das Dorf ist in Felder und Wiesen gebettet* het dorp wordt omgeven door velden en weiden **3 in/op bed leggen**

Bettgeschichten ZN MV **seksuele avonturen** • *seine ~ interessieren mich nicht* ik ben niet geïnteresseerd in met wie hij naar bed gaat

Bettgestell ZN O (+(e)s/+e) **ledikant, bedframe**

bettlägerig BN **bedlegerig**

Bettlaken ZN O (+s/-) **(bedden)laken**

Bettler ZN M (+s/-) **bedelaar**

Bettlerin ZN V (-/+nen) **bedelaarster, bedelares**

Bettnässer ZN M (+s/-) **bedplasser**

Bettruhe ZN V (-/+n) **bedrust** • *jemandem ~ verordnen* iemand bedrust voorschrijven

Betttuch ZN O (+(e)s/-tücher) **(bedden)laken**

Bettung ZN V (-/+en) **bed, bedding**

Bettwäsche ZN V (-/gmv) **beddengoed** <lakens, dekbedhoezen, slopen>

Bettzeug ZN O (+(e)s/+e) **beddengoed**

betucht BN **welgesteld, vermogend** • *gut ~ sein* heel vermogend zijn

betulich BN **1** OUD. **vriendelijk bezorgd 2 gemoedereerd, bedaard 3** MIN. **bezadigd, degelijk**

betupfen OV WW **1 (af)betten 2 bestippen**

beugbar BN TAALK. **verbuigbaar**

Beuge ZN V (-/+n) **1 knieholte 2 binnenkant v.d. elleboog**

beugen 1 OV WW **1 buigen** • *vom Alter gebeugt* door de leeftijd gebogen **2** JUR. **verdraaien 3** TAALK. **verbuigen** • *ein Verb ~* een werkwoord verbuigen **2** WKD WW (**sich ~**) **1 zich buigen (über** +4 **over)** • *sich aus dem Fenster ~* zich uit het raam buigen **2** +3**, zich onderwerpen (aan)** • *ich beuge mich der Mehrheit* ik schik me naar de meerderheid

Beugung ZN V (-/+en) **1 buiging 2** TAALK. **verbuiging**

Beule ZN V (-/+n) **1 buil, bult** • *eine ~ an der Stirn haben* een bult op het voorhoofd hebben **2 deuk** • *das Auto hat eine ~* de auto heeft een deuk

Beulenpest ZN V (-/gmv) MED. **builenpest**

beunruhigen 1 OV WW **verontrusten (über** +4**, wegen** +2 **over) 2** WKD WW (**sich ~**) **zich ongerust maken, zich zorgen maken (um** +4**, wegen** +2 **om)**

beunruhigend BN **verontrustend, zorgwekkend**

Beunruhigung ZN V (-/+en) **verontrusting, ongerustheid**

beurkunden OV WW **(een) akte opmaken van, (schriftelijk) vastleggen**

Beurkundung ZN V (-/+en) **1** JUR. **akte (waarin bepaalde rechten worden vastgelegd) 2** COMP. **certificering**

beurlauben OV WW **1 verlof geven, vrijaf geven** • *für die Filmaufnahmen wurde sie von der Schule beurlaubt* voor de filmopnames kreeg ze vrij van school **2 schorsen** • *beurlaubt* geschorst

Beurlaubung ZN V (-/+en) **1 verlof 2 schorsing**

beurteilen OV WW **beoordelen (nach** +3 **op)** • *etwas verkehrt/falsch ~* iets verkeerd beoordelen, zich op iets verkijken

Beurteilung ZN V (-/+en) beoordeling

Beute ZN V (-/+n) 1 buit, prooi • *eine leichte ~* een gemakkelijke prooi • *eine fette ~* een vette buit • *jemandem zur ~ fallen* aan iemand ten prooi vallen 2 FORM. slachtoffer • FORM. *sie wurde eine ~ ihrer Leidenschaft* zij werd het slachtoffer van haar hartstocht

Beutel ZN M (+s/-) 1 zak(je), tas(je) 2 INFORM. beurs • *jemandes ~ ist leer* iemand is blut • *er hat tief in den ~ greifen müssen* zij heeft diep in de beurs/buidel getast 3 BIOL. buidel

beuteln 1 OV WW 1 kloppen 2 REG. afzetten, uitschudden 3 door elkaar schudden • *jemanden tüchtig ~* iemand flink door elkaar rammelen 2 ONOV WW lubberen <van kleding>, flodderen

Beutelschneider ZN M (+s/-) 1 MIN. afzetter, woekeraar 2 OUD. zakkenroller

Beuteltier ZN O (+(e)s/+e) BIOL. buideldier

Beutezug ZN M (+(e)s/-züge) rooftocht, strooptocht

bevölkern 1 OV WW bevolken • *Menschenmengen ~ den Platz* er staan massa's mensen op het plein • *ein stark/nur wenig bevölkertes Land* een dichtbevolkt/dunbevolkt land 2 WKD WW (**sich ~**) bevolkt worden (**mit** +3 met)

Bevölkerung ZN V (-/+en) bevolking • *aus allen Kreisen der ~* uit alle lagen van de bevolking

Bevölkerungsdichte ZN V (-/+n) AARDK. bevolkingsdichtheid

Bevölkerungsüberschuss ZN M (+es/-schüsse) AARDK. bevolkingsoverschot

Bevölkerungszunahme ZN V (-/gmv) AARDK. bevolkingsgroei

bevollmächtigen OV WW machtigen (**zu** +3 tot), volmacht geven, autoriseren

Bevollmächtigte ZN M/V (+n/+n) ge(vol)machtigde

Bevollmächtigung ZN V (-/+en) machtiging, (het) geven van een volmacht

bevor VOEGW voor(dat), alvorens • *~ sie abfuhren* alvorens te vertrekken, voordat ze vertrokken • *wir sehen uns noch, ~ ich fahre* ik zie je nog wel voor ik vertrek • *das steht mir noch ~* dat staat me nog te wachten

bevormunden OV WW 1 FIG. bevoogden, betuttelen 2 onder voogdij hebben

Bevormundung ZN V (-/+en) 1 voogdijschap, curatele 2 FIG. bevoogding, betutteling

bevorraten OV WW bevoorraden (**mit** +3 met)

bevorrechtigen, **bevorrechten** OV WW bevoorrechten, voortrekken, privilegiëren

bevorrechtigt BN bevoorrecht, geprivilegieerd • *eine ~e Straße* een voorrangsweg

bevorstehen ONOV WW sterk op komst zijn, te wachten staan • *~d* aanstaand, dreigend • *da steht uns ja einiges bevor* daar staat ons het een of ander te wachten • *die ~den Wahlen* de aanstaande verkiezingen

bevorstehend BN aanstaand, komend

bevorteilen OV WW bevoordelen

bevorzugen OV WW 1 prefereren, de voorkeur geven aan • *eine bevorzugte Behandlung* een voorkeursbehandeling 2 voortrekken (**vor** +3 boven), bevoorrechten • *ihr kleiner Bruder wurde immer bevorzugt* haar kleine broer werd altijd voorgetrokken

Bevorzugung ZN V (-/+en) bevoorrechting

bewachen OV WW bewaken

Bewacher ZN M (+s/-) bewaker

bewachsen OV WW sterk begroeien • *das Haus ist mit/von Efeu ~* het huis is begroeid met klimop

Bewachung ZN V (-/+en) bewaking

bewaffnen OV WW (be)wapenen • *bewaffneter Widerstand* gewapend verzet • IRON. *ich bewaffnete mich mit einem Regenschirm* ik wapende me met een paraplu • *sich ~ gegen* zich wapenen tegen

Bewaffnung ZN V (-/+en) bewapening

bewahren OV WW 1 FORM. bewaren, behouden • *die Fassung/Ruhe ~* zijn kalmte bewaren • *die Ordnung ~* de orde bewaren • *(Gott) bewahre!* (God) bewaar me! 2 behoeden (**vor** +3 voor), beschermen • *jemanden vor einem Fehler ~* iemand voor een fout behoeden

bewähren 1 OV WW bewijzen, (aan)tonen 2 WKD WW (**sich ~**) 1 zich bewijzen/waarmaken • *sie muss sich in dem neuen Job noch ~* ze moet zich in haar nieuwe baan nog bewijzen 2 voldoen, de proef doorstaan • *diese Methode hat sich bewährt* deze methode heeft zich bewezen

Bewahrer ZN M (+s/-) bewaarder, behoeder

bewahrheiten WKD WW (**sich ~**) bewaarheiden, bewaarheid worden, waar blijken

bewährt BN 1 beproefd • *bewährte Mittel* beproefde middelen 2 betrouwbaar, kundig, deugdelijk • *ein bewährtes Hausmittel* een probaat huismiddeltje

Bewährtheit ZN V (-/gmv) betrouwbaarheid, deugdelijkheid

Bewahrung ZN V (-/+en) 1 (het) bewaren, behoud 2 (het) behoeden (**vor** +3 voor), (het) beschermen

Bewährung ZN V (-/+en) 1 (bewijs van) geschiktheid/betrouwbaarheid 2 JUR. proeftijd 3 JUR. voorwaardelijke veroordeling • *drei Monate Gefängnis ohne ~* drie maanden onvoorwaardelijke gevangenisstraf • *Strafaussetzung zur ~* voorwaardelijke veroordeling, voorwaardelijke invrijheidstelling

Bewährungsfrist ZN V (-/+en) JUR. proeftijd

Bewährungshelfer ZN M (+s/-) JUR. reclasseringsambtenaar

Bewährungsprobe ZN V (-/+n) (vuur)proef • *jemanden auf eine harte ~ stellen* iemand flink op de proef stellen

Bewährungsstrafe ZN V (-/+n) JUR. voorwaardelijke gevangenisstraf

Bewaldung ZN V (-/+en) 1 bebossing 2 (de) bossen

bewältigen OV WW 1 aankunnen, beheersen, onder de knie krijgen • *so viel Eis kann selbst ich*

be

be

nicht ~ zoveel ijs kan zelfs ik niet op • *kann sie so viel Arbeit bewältigen?* kan zij zoveel werk aan? **2 overwinnen, oplossen** <van probleem> • *die zu bewältigende Aufgabe* de te volbrengen taak **3 afhandelen 4 verwerken** <van het verleden> • *die Vergangenheit* ~ het verleden verwerken • *er hat den Tod seiner Frau nicht bewältigt* hij heeft de dood van zijn vrouw niet verwerkt

Bewältigung ZN V (-/+en) **1 overwinning 2 afhandeling 3 verwerking**

bewandert BN **ervaren, geoefend, bedreven (in** +3 **in)** • *in einer Sache* ~ *sein* bedreven zijn in iets • *gut* ~ *sein* beslagen ten ijs komen • *in seinem Fach* ~ *sein* doorkneed zijn in zijn vak

Bewandtnis ZN V (-/+se) **gesteldheid** • *mit jemandem/etwas hat es folgende* ~ met iemand/iets is het als volgt gesteld

bewässern OV WW **bevloeien, irrigeren**

Bewässerung ZN V (-/+en) **bevloeiing, irrigatie**

bewegen 1 OV WW zwak **1 bewegen** • *er bewegte seine Hände* hij bewoog zijn handen **2** FIG. **ontroeren** • *der Film bewegte mich* de film raakte mij • *eine ~de Feier* een aangrijpende plechtigheid **3 bezighouden** • *die Gemüter* ~ de gemoederen bezighouden **2** WKD WW **(sich ~)** zwak **bewegen, zich bewegen** • *du musst dich mehr* ~ je moet meer bewegen • *sie bewegt sich nicht mehr* ze beweegt niet meer • *sich frei* ~ *können* vrij zijn gang kunnen gaan **3** OV WW sterk **bewegen (zu** +3 **tot), overhalen, (ertoe) brengen** • *was hat ihn (bloß) dazu bewogen?* wat heeft hem toch daartoe gebracht? • *jemanden dazu* ~*, etwas zu tun* iemand ertoe bewegen/brengen iets te doen

Beweggrund ZN M (+(e)s/-gründe) **beweegreden, motief**

beweglich BN **1 beweeglijk, flexibel** • *~e Feiertage* feestdagen die niet ieder jaar op dezelfde dag vallen • *er ist da nicht sehr* ~ hij is hier niet bijzonder flexibel **2 beweegbaar 3** OUD. **roerend** • *~e Güter/Sachen* roerende goederen

Beweglichkeit ZN V (-/gmv) **1 beweeglijkheid, flexibiliteit 2 beweegbaarheid**

bewegt BN **1 ruw** <van zee> **2 bewogen, turbulent** • *ein ~es Leben* een veelbewogen leven, een turbulent leven **3 ontroerd** • *mit ~er Stimme* met een bewogen stem

Bewegung ZN V (-/+en) **1 beweging** • *der Zug setzte sich in* ~ de trein zette zich in beweging **2 ontroering**

Bewegungsfreiheit ZN V (-/gmv) **bewegingsvrijheid**

bewegungslos BN **beweginloos**

bewegungsunfähig BN **niet in staat zich te bewegen**

beweihräuchern OV WW OOK FIG. **bewieroken**

beweinen OV WW **bewenen, betreuren**

Beweis ZN M (+es/+e) **bewijs** • *den* ~ *für den Mord erbringen/führen/liefern* het bewijs leveren van de moord • *etwas unter* ~ *stellen* iets bewijzen • *den* ~ *liefern* het bewijs leveren • *bis zum* ~ *des Gegenteils* tot het tegendeel bewezen is • *überzeugender* ~*; einwandfreier* ~ overtuigend bewijs • *Beweise anführen* bewijzen aanvoeren • *als* ~ *anführen* als bewijs aanvoeren, ter staving aanhalen • *der lebende* ~ het levende bewijs • *jemandem einen* ~ *seines Vertrauens geben* iemand een blijk van vertrouwen geven

Beweisaufnahme ZN V (-/+n) **1 (gerechtelijk) vooronderzoek 2 (getuigen)verhoor**

beweisbar BN **bewijsbaar**

beweisen OV WW sterk **bewijzen, betonen**

Beweisführung ZN V (-/+en) **bewijsvoering**

Beweiskraft ZN V (-/gmv) **bewijskracht** • ~ *beziehen aus* bewijskracht ontlenen aan

beweiskräftig BN **bewijskrachtig**

Beweislast ZN V (-/gmv) JUR. **bewijslast** • *die* ~ *obliegt dem Kläger* de bewijslast ligt bij de klager

Beweismaterial ZN O (+s/+ien) JUR. **bewijsmateriaal**

bewenden ONOV WW onregelmatig • *es dabei* ~ *lassen* het erbij laten • *er wird es nicht dabei* ~ *lassen* hij zal het daarbij niet laten zitten

Bewenden ZN O (+s/gmv) • *dabei hat es sein* ~ daar blijft het bij

bewerben 1 OV WW sterk ECON. **reclame maken voor** • *ein Produkt* ~ reclame voor een product maken • *Kinder* ~ op kinderen gerichte reclame maken **2** WKD WW **(sich ~)** sterk **1 solliciteren (um** +4 **naar)** • *sich bei einer Firma* ~ bij een firma solliciteren • *sich um eine Stelle* ~ solliciteren voor een baan **2** FORM. **dingen naar** <van gunst>

Bewerber ZN M (+s/-) **1 sollicitant, kandidaat 2 mededinger** • *es sind noch andere* ~ *im Rennen* er zijn kapers op de kust **3 aanbidder**

Bewerbung ZN V (-/+en) **sollicitatie(brief)**

Bewerbungsbogen ZN M **sollicitatieformulier**

Bewerbungsgespräch ZN O (+(e)s/+e) **sollicitatiegesprek**

Bewerbungsschreiben ZN O (+s/-) **sollicitatiebrief**

bewerfen OV WW sterk **1 bekogelen, gooien naar** • FIG. *jemanden mit Schmutz* ~ iemands naam door het slijk halen **2 bepleisteren** <van muur>

bewerkstelligen OV WW FORM. **bewerkstelligen, voor elkaar krijgen**

bewerten OV WW **1 beoordelen, waarderen 2 (in)schatten, taxeren**

Bewertung ZN V (-/+en) **1 beoordeling, waardering 2 schatting, taxatie**

bewiesenermaßen BW **(zoals) bewezen (is), aantoonbaar**

bewilligen OV WW **toestaan, toestemmen, goedkeuren, verlenen** • INFORM. *jemandem ein Ding* ~ iemand een mep/trap verkopen, iemand een draai om de oren geven

Bewilligung ZN V (-/+en) **(het) toestaan, toestemming, goedkeuring, permissie**

bewirken OV WW **1 veroorzaken, bewerken, teweegbrengen 2 tot stand brengen**

bewirten OV WW **onthalen** <van gast>

bewirtschaften OV WW **1 exploiteren, beheren, runnen** <van bedrijf> **2 bewerken** <van land> **3**

rantsoeneren, distribueren

Bewirtschaftung ZN V (-/+en) **1** exploitatie, beheer **2** bewerking <van land> **3** rantsoenering

Bewirtung ZN V (-/+en) onthaal <van gast>, ontvangst

bewog OV WW verl. tijd → **bewegen**

bewogen OV WW volt. deelw. → **bewegen**

bewohnbar BN bewoonbaar

bewohnen OV WW bewonen

Bewohner ZN M (+s/-) bewoner

Bewohnerschaft ZN V (-/+en) bewoners

bewölken WKD WW (**sich ~**) bewolken, betrekken • *bewölkt* bewolkt • *seine Stirn bewölkte sich* zijn gezicht betrok

Bewölkung ZN V (-/+en) bewolking

Bewölkungsauflockerung ZN V (-/+en) AARDK. opklaring

Bewölkungszunahme ZN V (-/gmv) AARDK. bewolkingstoename

Bewuchs ZN M (+es/gmv) begroeiing

Bewunderer ZN M (+s/-) bewonderaar

bewundern OV WW bewonderen (**wegen** +2 om)

bewundernswert BN bewonderenswaardig

Bewunderung ZN V (-/+en) bewondering

Bewurf ZN M (+(e)s/-würfe) pleisterwerk, bepleistering

bewusst BN bewust • *sich einer Sache* 2 *~ sein* zich van iets bewust zijn • *ich bin mir dessen ~* ik ben me daarvan bewust • *in dem ~en Haus* in het bewuste huis • *er war ein ~er Anhänger des Kommunismus* hij was een overtuigd aanhanger van het communisme

Bewusstheit ZN V (-/gmv) bewustheid

bewusstlos BW bewusteloos, buiten kennis

Bewusstlosigkeit ZN V (-/gmv) bewusteloosheid • INFORM. *bis zur ~* tot vervelens toe

Bewusstsein ZN O (+s/+e) bewustzijn • *bei ~ sein* bij kennis zijn • *das ~ verlieren* buiten kennis raken • *gespaltenes ~* gespletenheid, schizofrenie • *in dem/im ~ seine Pflicht getan zu haben* in het bewustzijn zijn plicht te hebben vervuld • *etwas mit ~ erleben* iets bewust meemaken • *wieder zu(m) ~ kommen* weer bij bewustzijn komen, weer bij zinnen komen • *allmählich kam ihm zu(m) Bewusstsein, dass seine Methode falsch war* hij kwam langzamerhand tot het inzicht dat zijn methode verkeerd was

bewusstseinserweiternd BN bewustzijnsverruimend, geestverruimend • *~e Mittel* geestverruimende middelen

bez. AFK **1** bezahlt betaald **2** bezüglich met betrekking tot, m.b.t.

Bez. AFK **1** Bezeichnung benaming **2** Bezirk district **3** Bezahlung betaling

bezahlbar BN betaalbaar

bezahlen OV WW betalen • *etwas (in) bar ~* iets contant betalen • *in/mit Euros ~* met euro's betalen • *das macht sich bezahlt* dat is de moeite/het geld waard • FIG., INFORM. *er läuft, als ob er es bezahlt bekäme* hij rent alsof zijn leven ervan afhangt

Bezahlung ZN V (-/+en) betaling • *gegen ~* tegen betaling

bezähmen OV WW FIG. beheersen, bedwingen, beteugelen <van nieuwsgierigheid>

bezaubern OV WW betoveren (**durch** +4, **mit** +3 door, met) • *sie bezauberte mich* ik was betoverd door haar • *sie ist ~d schön* ze is betoverend mooi

bezaubernd BN betoverend

Bezauberung ZN V (-/+en) betovering

bezeichnen OV WW **1** aanduiden, markeren **2** (be)noemen, beschrijven, typeren • *näher ~* (nader) specificeren • *das bezeichnet den wahren Kenner* dat tekent de ware kenner

bezeichnend BN kenmerkend, typerend (**für** +4 voor), karakteristiek

bezeichnenderweise BW typisch (genoeg), kenmerkend • *~ hat er kein Wort gesagt* het is typisch iets voor hem dat hij geen woord heeft gezegd

Bezeichnung ZN V (-/+en) **1** aanduiding, markering **2** benaming, naam

bezeigen **1** OV WW FORM. betuigen <van deelneming>, bewijzen, (be)tonen, blijk geven van • *jemandem Respekt ~* iemand respect tonen **2** WKD WW FORM. (**sich ~**) zich (be)tonen

bezeugen OV WW getuigen (van), betuigen, bevestigen, bewijzen, (be)tonen • *seine Worte ~ seine Ehrlichkeit* zijn woorden getuigen van eerlijkheid • *das kann ich ~* dat kan ik bevestigen

Bezeugung ZN V (-/+en) betuiging, getuigenis

bezichtigen OV WW +2, betichten (+2 van), beschuldigen • *jemanden einer Sache ~* iemand van iets betichten

Bezichtigung ZN V (-/+en) beschuldiging

beziehbar BN **1** te betrekken <van woning enz.> **2** verkrijgbaar <van producten>, beschikbaar

beziehen **1** OV WW sterk **1** overtrekken, verschonen <van bed> • *das Bett frisch ~* het bed verschonen **2** zijn intrek nemen in, betrekken <van woning> • *ein Haus ~* een huis betrekken • *eine größere Wohnung ~* groter gaan wonen **3 ~ auf** +4, in verband brengen met • *diese Bemerkung brauchst du nicht auf dich zu ~* je moet je die opmerking niet aantrekken **4** (regelmatig) ontvangen, krijgen • INFORM. *eine Ohrfeige ~* een draai om de oren krijgen • *eine Tageszeitung ~* een dagelijkse krant abonneren • *ein gutes Gehalt ~* een goed salaris genieten **5** innemen • *einen festen/klaren Standpunkt ~* een duidelijk standpunt innemen • *zu etwas Stellung ~* een positie tegenover iets innemen **2** WKD WW (**sich ~**) sterk **1** betrekken <van lucht>, bewolkt worden **2** verwijzen (**auf** +4 naar), betrekking hebben op • *das bezieht sich auf* dat heeft betrekking op • *ich beziehe mich auf Goethe* ik verwijs naar Goethe • *die sich hierauf ~den Daten* de hierop betrekking hebbende gegevens

Bezieher ZN M (+s/-) **1** afnemer, koper **2** abonnee <van krant> **3** trekker (van wissel)

Beziehung ZN V (-/+en) betrekking, relatie

be

• *gute Beziehungen zu jemandem haben* een goede relatie met iemand hebben • *Beziehungen knüpfen* relaties aanknopen • *wirtschaftliche Beziehungen mit/zu einem Land unterhalten* economische betrekkingen onderhouden met een land • *mit ~ auf jemanden/etwas* met betrekking tot iemand/iets • *in mancher ~* in menig opzicht • *zwei Dinge zueinander in ~ bringen* twee dingen met elkaar in verband brengen • *eine ~ eingehen* een relatie beginnen • *er hat hervorragende Beziehungen* hij heeft uitstekende connecties

Beziehungskiste ZN V (-/gmv) INFORM. **(liefdes) relatie**

beziehungsweise VOEGW **respectievelijk, beter gezegd** • *die Mütter bzw. Väter* de moeders en/of vaders

Beziehungswort ZN O (+(e)s/-wörter) TAALK. **antecedent**

beziffern 1 OV WW **1 becijferen, (in)schatten 2 nummeren** 2 WKD WW **(sich ~) bedragen, belopen, oplopen (auf** +4 **tot)**

Bezifferung ZN V (-/+en) **1 becijfering, taxatie, bedrag 2 nummering**

Bezirk ZN M (+(e)s/+e) **district, gebied**

bezirzen OV WW INFORM. **verleiden, inpalmen, betoveren**

Bezug ZN M (+(e)s/-züge) **1 overtrek, sloop** <van kussen> **2 (het) betrekken** <van waren, woning enz.>, **aankoop** • *Bezüge* inkomsten **3 abonnement** • *der ~ einer Zeitung* het abonnement op een krant **4 betrekking** • *in ~ auf* met betrekking tot, ten aanzien van • *wir nehmen ~ auf unser Schreiben* wij verwijzen naar onze brief • *mit/unter ~ auf* met betrekking tot • *~ haben auf* +4 betrekking hebben op • *keinen ~ zu etwas haben* geen relatie met iets hebben

bezüglich 1 BN FORM. **betrekking hebbend (auf** +4 **op)** 2 VZ +2 FORM. **met betrekking tot** • *~ Ihres Schreibens* met betrekking tot uw brief

Bezugnahme ZN V (-/+n) FORM. **verwijzing, betrekking** • *unter ~ auf Ihre Bestellung* onder verwijzing naar uw bestelling

bezugnehmend BN **~ auf naar aanleiding van, in aansluiting op** • *~ auf Ihre Anzeige* naar aanleiding van uw advertentie • *~ auf unser Schreiben* in aansluiting op ons schrijven

Bezugsbedingung ZN V (-/+en) **leveringsvoorwaarde**

Bezugsperson ZN V (-/+en) **1 contactpersoon, vertrouwenspersoon** • *die Kindergärtnerin wurde zur ~* de crècheleidster werd een vertrouwenspersoon **2 voorbeeldfiguur**

Bezugspreis ZN M (+es/+e) **1 inkoopsprijs 2 abonnementsprijs**

Bezugspunkt ZN M (+es/+e) **referentiepunt, uitgangspunt**

Bezugsquelle ZN V (-/+n) **inkoopadres**

Bezugsrahmen ZN M (+s/-) **referentiekader**

bezuschussen OV WW **subsidiëren** • *die Eltern ~ seine Reise* zijn ouders geven hem iets voor zijn reis

bezwecken OV WW **beogen, bedoelen**

bezweifeln OV WW **betwijfelen**

bezwingbar BN **bedwingbaar**

bezwingen OV WW sterk **1 bedwingen, overwinnen, onderdrukken** <van emoties> • *eine Festung ~* een vesting innemen • *einen Berg ~* een berg beklimmen/bedwingen **2** SPORT **verslaan** <van tegenstander>

Bezwinger ZN M (+s/-) **1 overwinnaar 2 bergbeklimmer**

Bezwingung ZN V (-/+en) **bedwinging, overwinning**

Bf. AFK **1** Bahnhof **(spoorweg)station 2** Brief **brief**

bfn. AFK brutto für netto **bruto voor netto**

BG AFK **1** Berufsgenossenschaft **ongevallenverzekering** <voor bep. bedrijfstak> **2** Belgien **België 3** Bundesgrenzschutz **grenswacht**

BGB AFK Bürgerliches Gesetzbuch **burgerlijk wetboek**

BGH AFK JUR. Bundesgerichtshof **federaal hooggerechtshof, Hoge Raad**

BH ZN M (-, +s/-, +s) Büstenhalter **bh, beha**

Bhf. AFK Bahnhof **(spoorweg)station**

BI AFK Bürgerinitiative **actiegroep**

Biathlon 1 ZN O (+s/-) SPORT **biatlon** 2 ZN O (+s/+s) SPORT **biatlonwedstrijd**

bibbern ONOV WW **bibberen, beven** • *~ vor Angst* bibberen van angst

Bibel ZN V (-/+n) **Bijbel**

Bibelauslegung ZN V (-/gmv) **Bijbelverklaring, exegese**

bibelfest BN **Bijbelvast**

Bibelstelle ZN V (-/+n) **Bijbelplaats**

Biber ZN M (+s/-) **bever, bevervel**

Bibliografie, **Bibliographie** ZN V (-/+n) **bibliografie**

bibliografisch, **bibliographisch** BN **bibliografisch**

Bibliothek ZN V (-/+en) **bibliotheek**

Bibliothekar ZN M (+s/+e) **bibliothecaris**

Bibliothekarin ZN V (-/+nen) **bibliothecaresse**

biblisch BN **Bijbels**

Bidet ZN O (+s/+s) **bidet**

bieder BN **1 betrouwbaar, braaf, rechtschapen** • *~e Leute* eerzame lieden **2 saai, alledaags**

Biederkeit ZN V (-/gmv) **1 trouwhartigheid 2 braafheid**

Biedermann ZN M (+(e)s/-männer) **1 (bekrompen) burgermannetje 2** IRON. **brave man**

biegbar BN **(ver)buigbaar**

biegen 1 OV WW sterk **(ver)buigen** • *nach links ~* linksaf slaan • *um die Ecke ~* de hoek omslaan • INFORM. *(es geht) auf Biegen oder Brechen* het is buigen of barsten 2 WKD WW **(sich ~)** sterk **zich buigen, zich krommen** • *sie bogen sich alle vor Lachen* ze lagen allemaal krom van het lachen

biegsam BN **1 buigzaam, elastisch 2 handelbaar** <van karakter>, **plooibaar**

Biegsamkeit ZN V (-/gmv) **1 buigzaamheid, lenigheid 2 plooibaarheid** <van karakter>

Biegung ZN V (-/+en) **bocht, buiging,**

kromming

Biene zn v (-/+n) **1 bij** <insect> • INFORM. *eine ~ drehen/machen* de benen nemen **2** INFORM. **meisje** • *eine flotte ~* een leuke griet

Bienenfleiß zn m (+es/gmv) **grote/ onvermoeide vlijt**

Bienenkorb zn m (+(e)s/-körbe) **bijenkorf**

Bienenstich zn m (+(e)s/+e) **1 bijensteek 2** CULIN **soort taart** <met honing, amandelen en crèmevulling>

Bienenstock zn m (+(e)s/-stöcke) **bijenkast** • *es wimmelte wie in einem ~* het was er erg druk

Bienenwabe zn v (-/+n) **honingraat**

Bienenzüchter zn m (+s/-) **bijenhouder, imker**

Bier zn o (+(e)s/+e) **1 bier** • INFORM. *das ist dein Bier!* dat is jouw probleem! • INFORM. *das ist nicht mein ~* het zal mij een zorg zijn • *helles/dunkles ~* licht/donker bier • *ein Krug/Glas ~* een pint bier • *ein großes ~* een groot bier <0,4 of 0,5 liter> • *ein kleines ~* een klein bier <0,3 liter> • *etwas wie saures ~ anpreisen* iets onaantrekkelijks proberen te verkopen • *~ zapfen* bier tappen **2 biertje** • *beim ~ sitzen* achter een biertje zitten • *miteinander auf ein ~ gehen* samen een biertje gaan drinken

Bierbrauer zn m (+s/-) **bierbrouwer**

Bierbrauerei zn v (-/+en) **bierbrouwerij**

Bierdeckel zn m (+s/-) **bierviltje**

Bierdose zn v (-/+n) **bierblikje**

Biereifer zn m (+s/gmv) INFORM. **overdreven ijver**

bierernst bn INFORM. **bloedserieus**

Bierfilz zn m (+es/+e) **bierviltje**

Bierflasche zn v (-/+n) **bierfles(je)**

Biergarten zn m (+s/-gärten) **café** <in een grote tuin>

Bierkeller zn m (+s/-) **1 bierkelder 2 café** <in kelder>

Bierruhe zn v (-/gmv) **onverstoorbare kalmte**

Bierstube zn v (-/+n) **kroegje**

Bierwirtschaft zn v (-/+en) **kroegje**

Bierwurst zn v (-/-würste) **dikke gerookte worst**

Biese zn v (-/+n) **1 bies** <op kleding> **2 stiksel** <op schoen>

Biest 1 zn m (+(e)s/gmv) **biest 2** zn o (+(e)s/+er) **1 beest 2 kreng, smeerlap 3 snertding**

Biestmilch zn v (-/gmv) **biest**

bieten 1 ov ww sterk **1 (aan)bieden** • *jemandem die Spitze/Stirn ~* iemand het hoofd bieden • *man kann sich nicht alles ~ lassen* je kunt je niet alles laten welgevallen **2 bieden (auf** +4**, für** +4 **op)** <bij veiling> **2** wkd ww **(sich ~)** sterk **zich voordoen** <van gelegenheid>**, zich openen** • *es bietet sich die Gelegenheit ...* de gelegenheid doet zich voor ...

Bieter zn m (+s/-) ECON. **bieder** <bij veiling>

Bigamie zn v (-/+n) **bigamie**

Bigband zn v (-/+s) **bigband**

bigott bn **1 kwezelachtig, bigot 2 schijnheilig**

Bigotterie zn v (-/+n) **1 bigotterie 2 schijnheiligheid**

Bikini zn m (+s/+s) **bikini**

Bikinizone zn v **bikinilijn**

Bilanz zn v (-/+en) **balans** • *die ~ aufstellen/ziehen* de balans opmaken • *die ~ aus einer Sache ziehen* de balans van iets opmaken

Bilanzbuchhalter zn m (+s/-) ECON. **accountant, financieel controleur**

Bilanzbuchhaltung zn v (-/gmv) ECON. **accountancy**

bilanzieren ov ww **1** ECON. **sluiten** <v.e. rekening> **2** ECON. **de balans opmaken**

Bilanzjahr zn o (+(e)s/+e) ECON. **balansjaar**

Bilanzprüfer zn m (+s/-) ECON. **accountant, financieel controleur**

bilateral bn **bilateraal**

Bild zn o (+(e)s/+er) **1 afbeelding, illustratie** • *schau dir das ~ im Buch an* kijk naar de afbeelding in het boek **2 plaat, prent, schilderij** • *ein ~ in Öl malen* een schilderij in olieverf schilderen • *das Kind malt ein ~* het kind maakt een tekening **3 foto** • *ein ~ vom ~* een foto van een foto **4 tafereel, aanblik, beeld** • *es ist ein ~ von einem Kind* het is een plaatje van een kind • *ein ~ für Götter* een goddelijke aanblik • *er ist ganz das ~ seines Vaters* hij is het evenbeeld van zijn vader • FIG. *über etwas im Bilde sein* op de hoogte zijn van • FIG. *jemanden über etwas ins ~ setzen* iemand van iets op de hoogte stellen • *du machst dir kein Bild!* je hebt er geen idee van!, je kunt je er geen voorstelling van maken! • *ein ~ vermitteln von* een beeld geven van • *ein falsches ~ von einer Sache haben* een vertekend beeld van iets hebben • *jemandes ~ lebendig halten* het beeld van iemand levendig houden • *sich ein ~ machen von* zich een beeld vormen van

Bildarchiv zn o (+(e)s/+e) **fotoarchief**

Bildband zn m (+(e)s/-bände) **fotoboek, prentenboek, platenboek**

Bildbericht zn m (+(e)s/+e) **fotoverslag, fotoreportage**

bilden 1 ov ww **1 vormen** <van regering, zin> • *einen Kreis ~* een kring maken • *diese Herren ~ den Vorstand* deze heren maken het bestuur uit **2** KUNST **modelleren 3 ontwikkelen, beschaven** • *die Jugend politisch ~* de jeugd politiek ontwikkelen • *sie ist sehr gebildet* ze is erg beschaafd **2** wkd ww **(sich ~) zich ontwikkelen/vormen** • *sich kulturell ~* zich cultureel vormen

bildend bn **1 beeldend** • *die ~e Kunst* de beeldende kunst • *~er Künstler* beeldend kunstenaar **2 vormend, ontwikkelend**

Bilderbuch zn o (+(e)s/-bücher) **prentenboek**

Bilderrätsel zn o (+s/-) **1 rebus 2 zoekplaatje**

bilderreich bn **1 rijk geïllustreerd 2 beeldend** <van taal>

Bildersprache zn v (-/gmv) **1** LETTERK. **beeldspraak 2 beeldende taal**

Bildersturm zn m (+(e)s/-stürme) GESCH. **beeldenstorm**

Bilderstürmer zn m (+s/-) OOK FIG. **beeldenstormer**

Bildfläche zn v (-/+n) **1 beeldvlak** • FIG. *auf der ~ erscheinen* op het toneel verschijnen, plotseling ergens opduiken • INFORM., FIG. *von*

der ~ verschwinden van het toneel verdwijnen **2** projectiescherm
Bildgeschichte ZN V (-/gmv) beeldverhaal, stripverhaal
bildhaft BN beeldend, plastisch, aanschouwelijk
Bildhauer ZN M (+s/-) beeldhouwer
Bildhauerei ZN V (-/gmv) beeldhouwkunst
bildhauern ONOV WW INFORM. beeldhouwen
bildhübsch BN beeldig, beeldschoon
bildlich BN **1** d.m.v. beelden, in beelden • *etwas ~ darstellen* iets in beeld brengen **2** overdrachtelijk, figuurlijk • *ein ~er Ausdruck* een figuurlijke uitdrukking
Bildnis ZN O (+ses/+se) beeltenis, portret
Bildplatte ZN V (-/+n) COMM. beeldplaat, videoplaat
Bildreporter ZN M (+s/-) fotoverslaggever
Bildröhre ZN V (-/+n) COMM. beeldbuis
bildsam BN FORM. vormbaar, soepel
Bildschirm ZN M (+(e)s/+e) beeldscherm • *am ~ arbeiten* achter het beeldscherm werken • INFORM. *am/vor dem ~ sitzen* voor de buis zitten
Bildschirmschoner ZN M (+s/-) COMP. screensaver
bildschön BN beeldschoon, beeldig • *es ist ~* het is een plaatje
Bildtelefon ZN O (+s/+e) beeldtelefoon, videofoon
Bildung ZN V (-/gmv) **1** vorming **2** opleiding, educatie • *sie ist für ~ zuständig* zij is verantwoordelijk voor educatie • *ständige ~* permanente educatie **3** ontwikkeling, beschaving • *~ haben* gecultiveerd zijn • *etwas für die ~ tun* iets voor zijn culturele vorming doen • *keine ~ haben* geen vorming hebben, niets weten
Bildungsanstalt ZN V (-/+en) FORM. onderwijsinstelling • *höhere ~* instelling voor hoger onderwijs
Bildungsgang ZN M (+(e)s/gmv) ontwikkelingsgang
Bildungslücke ZN V (-/+n) hiaat in de algemene ontwikkeling
Bildungsstätte ZN V (-/+n) onderwijsinstelling
Bildungsweg ZN M (+(e)s/+e) opleiding, studie • *zweiter ~* volwassenenonderwijs, tweedekansonderwijs
Bildungswesen ZN O (+s/gmv) onderwijsstelsel, educatief bestel
Bildzuschrift ZN V (-/+en) brief met foto
Billard ZN O (+s/+e) biljart • *~ spielen* biljarten
Billardkugel ZN V (-/+n) biljartbal
Billardstock ZN M (+(e)s/-stöcke) biljartkeu
Billett ZN O (+(e)s/+s, +e) ZWIT. biljet, kaartje
Billiarde ZN V (-/+n) biljard
billig BN **1** goedkoop • *eine ~e Ausrede* een goedkoop smoesje • *das ist ein ~er Trost* dat is een schrale troost • FIG. *~ kann teuer werden* goedkoop is duurkoop • FIG. *~ davonkommen* er goedkoop vanaf komen **2** redelijk, billijk • *das ist nicht mehr als recht und ~* dat is niet meer dan redelijk • FIG. *was dem einen recht ist, ist dem andern ~* gelijke monniken, gelijke kappen
billigen OV WW billijken, goedkeuren, goedvinden
Billigflug ZN M (+(e)s/-flüge) goedkope vlucht
Billigkeit ZN V (-/gmv) **1** goedkoopte **2** redelijkheid, billijkheid
Billiglohnland ZN O (+(e)s/-länder) lagelonenland
Billigpreis ZN M (+es/+e) spotprijs
Billigung ZN V (-/+en) goedkeuring
Billigware ZN V (-/+n) goedkoop artikel
Billion ZN V (-/+en) biljoen
Bimbam ZN O (+s/gmv) JEUGDT. bimbam • *heiliger Bimbam!* hemeltjelief!
Bimmel ZN V (-/+n) INFORM. bel(letje), klokje
Bimmelbahn ZN V (-/+en) INFORM. boemeltrein, boemeltje
bimmeln ONOV WW bellen, luiden, tingelen
Bims ZN M (+es/+e) puimsteen • INFORM. *Bimse kriegen* een pak slaag krijgen
bimsen OV WW **1** gladschuren <met puimsteen> **2** een pak slaag geven **3** drillen **4** in het hoofd stampen
Bimsstein ZN M (+(e)s/+e) puimsteen
bin ONOV WW o.t.t. → **sein**
binär, **binar**, **binärisch** BN binair
Binde ZN V (-/+n) **1** verband **2** mitella **3** band <om arm> **4** INFORM. maandverband **5** OUD. stropdas • INFORM. *sich einen hinter die ~ kippen* een borreltje vatten
Bindegewebe ZN O (+s/-) MED. bindweefsel
Bindeglied ZN O (+(e)s/+er) OOK FIG. schakel
Bindehaut ZN V (-/-häute) MED. bindvlies
Bindehautentzündung ZN V (-/+en) MED. bindvliesontsteking, conjunctivitis
Bindemittel ZN O (+s/-) bindmiddel
binden **1** OV WW sterk **1** (vast)binden (**an** +4 aan), verbinden • *ich bin an ihn gebunden* ik zit aan hem vast • *die Krawatte ~* de das strikken • *die Schuhe ~* de veters strikken • *gebundenes Buch* ingebonden boek **2** boeien <van handen> • *mir sind die Hände gebunden* ik ben aan handen en voeten gebonden **3** CULIN binden **2** WKD WW (**sich ~**) sterk zich (ver)binden (**an** +4 aan) • *er möchte sich nicht ~* hij wil geen vaste relatie • *ich will mich nicht ~* ik wil nog niets definitiefs zeggen
Binder ZN M (+s/-) **1** boekbinder, bloembinder **2** bindbalk **3** kopse steen, bindsteen **4** bindmiddel **5** OUD. stropdas
Bindestrich ZN M (+(e)s/+e) koppelteken
Bindewort ZN O (+(e)s/-wörter) TAALK. voegwoord, conjunctie
Bindfaden ZN M (+s/-fäden) touwtje, bindgaren • INFORM. *es regnet Bindfäden* het regent pijpenstelen
Bindung ZN V (-/+en) binding, verbinding, relatie • *eine ~ eingehen* een verplichting aangaan
binnen VZ +2, 3, binnen • *~ einem Jahr* binnen een jaar • *~ eines Monats* binnen een maand
Binnengewässer ZN O (+s/-) binnenwater

Binnenland ZN O (+(e)s/-länder) **binnenland** <vasteland, ver weg van kust>

Binnenmarkt ZN M (+(e)s/-märkte) ECON. **binnenlandse/interne markt, thuismarkt** • *der europäische ~* de Europese thuismarkt

Binnenschifffahrt ZN V (-/gmv) **binnen(scheep)vaart**

Binse ZN V (-/+n) PLANTK. **bies** • *in die Binsen gehen* naar de filistijnen gaan

Binsenwahrheit ZN V (-/+en) **algemeen bekende waarheid, waarheid als een koe**

Binsenweisheit ZN V (-/+en) **waarheid als een koe**

Bio ZN V (-/gmv) **1** INFORM. **biologie** <vak> **2** INFORM. **biologische voedingsmiddelen** • *sie essen nur ~* ze eten alleen biologisch voedsel

Biochemie ZN V (-/gmv) **biochemie**

Biochemiker ZN M (+s/-) **biochemicus**

Biodiesel ZN M (-s/gmv) **biodiesel**

biodynamisch BN **biologisch-dynamisch** • *biodynamischer Ackerbau;* *biologisch-dynamische landbouw*

Biogas ZN O (+es/+e) **biogas**

Biograf, **Biograph** ZN M (+en/+en) **biograaf**

Biografie, **Biographie** ZN V (-/+n) **biografie**

biografisch, **biographisch** BN **biografisch**

Biokost ZN V (-/gmv) **biologische voedingsmiddelen**

Bioladen ZN M (+s/-läden) **natuurvoedingswinkel**

Biologe ZN M (+n/+n) **bioloog**

Biologie ZN V (-/gmv) **biologie**

biologisch BN **biologisch**

Biomasse ZN V (-/gmv) BIOL. **biomassa**

Biomüll ZN M (+s/gmv) **gft-afval**

Biorhythmus ZN M (-/-men) BIOL. **bioritme**

Biosphäre ZN V (-/+n) BIOL. **biosfeer**

Biotechnik ZN V (-/gmv) **biotechniek**

Biotonne ZN V (-/+n) **biobak, gft-bak**

Biotop ZN M/O (+s/+e) **biotoop**

BIP AFK ECON. Bruttoinlandsprodukt **BBP, bruto binnenlands product**

birgt OV WW o.t.t. → **bergen**

Birke ZN V (-/+n) **berk**

Birma ZN O (+s/gmv) **Birma** <sinds 1989: Myanmar>

Birnbaum ZN M (+(e)s/-bäume) **1 perenboom 2 perenhout**

Birne ZN V (-/+n) **1 peer 2 perenboom 3 gloeilamp, peertje 4** INFORM. **hoofd, kop** • MIN. *eine weiche ~ haben* niet zo snugger zijn

birnenförmig BN **peervormig**

bis 1 VZ +4 **1 tot** • *~ bald/gleich* tot zo • *~ morgen* tot morgen • *~ nächstes Jahr* tot volgend jaar • *~ zum 1. Mai* tot 1 mei, tot en met 1 mei • *~ zur Haltestelle* tot de halte • *~ wann haben Sie das Geld?* wanneer hebt u het geld? • *~ auf den letzten Mann* tot de laatste man • *der Saal war ~ auf den letzten Platz besetzt* de zaal was tot op de laatste plaats bezet • *von unten ~ oben* van onder tot boven **2 voor** • *~ 3 Uhr bin ich wieder da* voor 3 uur ben ik er weer • *ist das ~ Montag fertig?* is dat voor maandag klaar? • *alle ~ auf einen* allen op één na • *~ auf Weiteres* voorlopig, tot nader order **2** VOEGW **tot, voordat, totdat** • *wir bleiben, ~ er kommt* wij blijven tot hij komt • *wir hören nicht auf, ~ alles fertig ist* wij houden niet op voordat alles klaar is

Bisam ZN M (+s/+s, +e) **bisam, muskusrat**

Bisamratte ZN V (-/+n) **bisamrat, muskusrat, waterkonijn**

Bischof ZN M (+s/-schöfe) **bisschop**

bischöflich BN **bisschoppelijk**

Bisexualität ZN V (-/gmv) **biseksualiteit**

bisexuell BN **biseksueel**

bisher BW **tot nu toe**

bisherig BN **tot nu toe (geldend), huidig** • *die ~en Funde* de vondsten die tot nu toe gedaan zijn • *unsere ~en Vertreter* onze huidige vertegenwoordiger • *im ~en* in het voorgaande/bovenstaande

Biskaya ZN O (+s/gmv) **Biskaje** • *der Golf von ~* de Golf van Biskaje

Biskuit ZN M/O (+(e)s/+e, +s) **biscuit**

bislang BW REG. **tot nu toe**

Bismarckhering ZN M (+s/+e) **ingelegde haring zonder graten**

Bison ZN M (+s/+s) **bizon**

biss OV + ONOV WW verl. tijd → **beißen**

Biss ZN M (+es/+e) **1 beet 2** INFORM. **bezieling, vuur** • *ohne ~ spielen* zonder vuur spelen

bisschen ONB VNW **beetje, weinig** • *es dauert noch ein ~* het duurt nog wel even • *kein ~!* absoluut niet! • INFORM. *(ach) du liebes ~!* lieve help!, alle mensen!

Bissen ZN M (+s/-) **beet, hap(je)** • *keinen ~ herunterbekommen* geen hap door je keel krijgen • FIG. *das ist ein harter ~* dat is een hele kluif • FIG. *mir blieb der ~ im Hals stecken* ik schrok me een hoedje • INFORM. *ein fetter ~* een buitenkansje, een lucratief zaakje

bissig BN **1 bijtend, bijterig** • *eine ~e Kälte* een snijdende koude **2 bits, snibbig 3** SPORT **fel** <van speler>

Bissigkeit ZN V (-/+en) **1 neiging tot bijten 2 bitsheid, vinnigheid**

Bisswunde ZN V (-/+n) **bijtwond**

bist ONOV WW o.t.t. → **sein**

Bistro ZN O **grand café**

Bistum ZN O (+s/-tümer) **bisdom**

bisweilen BW FORM. **soms, nu en dan, af en toe**

Bit ZN O (-, +s/-, +s) COMP. **bit, binair cijfer**

Bitdichte ZN V (-/gmv) COMP. **bitdichtheid**

Bittbrief ZN M (+(e)s/+e) **verzoekschrift, smeekschrift**

bitte TUSSENW **1 alsjeblieft, alstublieft, graag** • *~?* pardon?, wat wenst u? • *wie ~?* hoe zegt u? • *Möchten Sie Kaffee? - Bitte!* Wilt u koffie? - Alstublieft! • *Danke. - Bitte!* Dankuwel. - Graag gedaan! • *(na) ~!* zie je wel! **2 ga je/uw gang**

Bitte ZN V (-/+n) **verzoek, vraag** • *ich habe eine ~ an Sie* ik heb een verzoek aan u • *eine ~ an jemanden richten* een verzoek aan iemand richten • *einer ~ nachkommen* aan een verzoek voldoen

bitten OV WW sterk **verzoeken (um** +4 **om), vragen, smeken** • *ich habe dich nicht darum* *gebeten* ik heb je er niet om gevraagd • *können Sie ihn ~, mich anzurufen?* kunt u hem vragen om mij te bellen? • *darf ich Sie ~, mitzukommen?* mag ik u verzoeken mee te komen? • *wenn ich ~ darf* als ik vragen mag • FORM. *darf ich ~?* mag ik deze dans van u?, het eten is opgediend!/aan tafel! • *jemanden zum Tee ~* iemand op de thee vragen • INFORM. *aber ich bitte dich/Sie!* wat is dát nu!, hoe komt u daar nu bij! • INFORM. *da muss ich doch ~!* dat gaat zomaar niet! • *~ und betteln* bidden en smeken • OUD. *die gnädige Frau lässt ~* mevrouw vraagt of u binnen wilt komen

bitter BN **1** bitter **2** verbitterd, scherp, hard **3** smartelijk • *~ enttäuscht* zwaar teleurgesteld

bitterböse BN spinnijdig

bitterernst BN bitter ernstig, bloedserieus

bitterkalt BN ijskoud

Bitterkeit ZN V (-/gmv) **1** OOK FIG. bitterheid **2** verbittering

bitterlich BN **1** (enigszins) bitter • *~ weinen* bittere/hete tranen huilen **2** bitter(lijk)

Bitternis ZN V (-/+se) OOK FIG. bitterheid

bittersüß BN bitterzoet

Bittgang ZN M (+(e)s/-gänge) **1** processie **2** bedetocht

Bittgesuch ZN O (+(e)s/+e) verzoekschrift, petitie

Bittschreiben ZN O (+s/-) verzoekschrift, petitie

Bittsteller ZN M (+s/-) indiener van verzoekschrift

Bitumen ZN O (+s/-, -mina) SCHEIK. bitumen

Biwak ZN O (+s/+s, +e) bivak

biwakieren ONOV WW bivakkeren

bizarr BN **1** bizar, grillig **2** zonderling, buitenissig

Bizeps ZN M (-, +es/+e) biceps

Bl. AFK Blatt blad <papier>

Blabla ZN O (-, +s/gmv) INFORM. blabla

Blackbox, **Black Box** ZN V (-/+es) LUCHTV. black box, vluchtrecorder

Black-out ZN O (-, +s/+s) black-out, bewustzijnsverlies

blähen **1** OV + ONOV WW **1** doen bollen, doen zwellen, opblazen **2** opzetten <van buik>, winderigheid veroorzaken • *Zwiebel ~* uien maken winderig **3** opensperren <van neusgaten> **2** WKD WW (**sich ~**) **1** bol gaan staan <van zeilen>, zwellen **2** FORM. pochen, opscheppen

Blähung ZN V (-/+en) wind, winderigheid

blamabel BN beschamend

Blamage ZN V (-/+n) blamage

blamieren **1** OV WW blameren, te schande maken, belachelijk maken **2** WKD WW (**sich ~**) zich blameren • *sich vor jemandem ~* zich voor iemand bespottelijk maken

blanchieren OV WW CULIN blancheren

blank BN **1** blank, glimmend, blinkend, stralend • *~e Augen* stralende ogen **2** kaal, versleten <van kleding> **3** bloot • INFORM., FIG. *er ist ganz/völlig ~* hij heeft geen rooie cent meer **4** puur • *~er Neid* pure jaloezie • *~er Unsinn* klinkklare onzin

blanko BW blanco <van formulier>

Blankoformular ZN O (+s/+e) blanco formulier

Blankoscheck ZN M (+s/+s) blanco cheque

Bläschen ZN O (+s/-) **1** blaasje **2** blaartje • *~ an den Händen haben* blaren op de handen hebben

Blase ZN V (-/+n) **1** blaas, blaar • FIG. *Blasen ziehen* vervelende gevolgen hebben, een staartje krijgen • FIG. *Blasen werfen* opzien baren **2** luchtbel, gasbel **3** urineblaas **4** MIN. zootje, gespuis

Blasebalg ZN M (+(e)s/-bälge) blaasbalg

blasen **1** ONOV WW sterk blazen • *es bläst ganz schön draußen* het waait behoorlijk buiten • *~ müssen* in het zakje blazen • FIG. *also daher bläst der Wind!* dus dat zit erachter!, dus de wind waait uit die hoek! • INFORM. *ich blase dir was!* je kunt naar de pomp lopen! **2** OV WW VULG. pijpen

Blasenentzündung ZN V (-/+en) MED. blaasontsteking

Bläser ZN M (+s/-) MUZ. blazer

blasiert BN MIN. blasé

Blasiertheit **1** ZN V (-/gmv) (het) geblaseerd zijn **2** ZN V (-/+en) geblaseerde opmerking

blasig BN **1** vol blazen, vol bellen **2** vol blaren

Blasinstrument ZN O (+(e)s/+e) MUZ. blaasinstrument

Blaskapelle ZN V (-/+n) MUZ. fanfare, harmonie

Blasmusik ZN V (-/gmv) blaasmuziek

Blasphemie ZN V (-/+n) blasfemie

blasphemisch BN blasfemisch

Blasrohr ZN O (+(e)s/+e) blaaspijp

blass BN **1** bleek, vaal, flets • *~ und dünn* bleek en mager • *~ um die Nase werden* bleek om de neus worden • *~ aussehen* er bleek/pips/witjes uitzien **2** vaag **3** FIG. kleurloos, nietszeggend

Blässe ZN V (-/gmv) bleekheid, fletsheid

Blässhuhn ZN O (+(e)s/-hühner) meerkoet

blässlich BN **1** bleek(jes) **2** FIG. kleurloos, nietszeggend

Blatt ZN O (+(e)s/Blätter) **1** blad <van plant, zaag> • *kein ~ vor den Mund nehmen* geen blad voor de mond nemen **2** vel <papier> • *lose Blätter* losse vellen (papier) • FIG. *ein unbeschriebenes ~ sein* een onbeschreven blad zijn • FIG. *das steht auf einem anderen ~* dat is een (heel) andere kwestie, dat is nog maar de vraag • INFORM., FIG. *das ~ hat sich gewendet* het tij keert **3** krant, blad

Blättchen ZN O (+s/-) blaadje <van plant, papier>

blättern **1** OV WW **1** stuk voor stuk neerleggen • *er blätterte die Geldscheine auf den Tisch* hij spreidde de bankbiljetten op tafel uit **2** van bladeren ontdoen <landbouw> **2** ONOV WW **1** bladeren (**in** +3 **in**) <boek/tijdschrift> • *sie blätterte in der/durch die Illustrierte* zij bladerde wat door het tijdschrift **2** (af)bladderen <van verf>, (af)schilferen **3** neertellen <van geld>, neerleggen <van kaarten> **4** COMP. scrollen

Blätterteig ZN M (+(e)s/+e) CULIN bladerdeeg

Blattgold ZN O (+(e)s/gmv) bladgoud

Blattgrün ZN O (+s/gmv) PLANTK. bladgroen, chlorofyl

Blattlaus ZN V (-/-läuse) BIOL. bladluis
blättrig BN **1** dicht bebladerd **2** schilferig
Blattsalat ZN M (+(e)s/gmv) kropsla
blau BN **1** blauw **2** INFORM. dronken • INFORM. *~ wie ein Veilchen/ein Eckhaus/eine Frostbeule/eine Strandhaubitze sein* zo dronken zijn als een tor/kanon
Blau ZN O (+s/-) blauw • *sie erschien ganz in ~* ze verscheen helemaal in het blauw
blauäugig BN **1** met blauwe ogen **2** FIG. naïef
Blaubeere ZN V (-/+n) blauwe bosbes
Blaue ZN O (+n/gmv) • *ins ~ (hinein)* in het wilde weg • *ins ~ hinein reden* in het luchtledige praten • *Fahrt ins ~* tocht met onbekende bestemming • *das ~ vom Himmel (herunter)lügen* liegen alsof het gedrukt staat • INFORM. *das ~ vom Himmel (herunter) reden* iemand de oren van het hoofd kletsen • INFORM. *jemandem das ~ vom Himmel (herunter) versprechen* iemand gouden bergen beloven
bläuen OV WW **1** blauw verven **2** in blauwselwater spoelen
Blaufichte ZN V (-/-n) blauwspar
Blauhelm ZN M (+(e)s/+e) MIL., INFORM. blauwhelm, VN-soldaat
Blaukohl ZN M (+(e)s/+e) REG. rodekool
Blaukraut ZN O (+(e)s/-kräuter) rodekool
bläulich BN blauwachtig, met een blauwe glans
Blaulicht ZN O (+(e)s/+er) (blauw) zwaailicht • *ein Krankenwagen mit ~* een ambulance met sirene
blaumachen ONOV WW INFORM. spijbelen, niet (gaan) werken
Blaumeise ZN V (-/+n) pimpelmees
Blaupause ZN V (-/+n) blauwdruk
Blausäure ZN V (-/gmv) SCHEIK. blauwzuur
Blazer ZN M (+s/-) blazer
Blech ZN O (+(e)s/+e) **1** blik **2** (bak)blik **3** metalen plaat, plaatstaal **4** MUZ. koperen blaasinstrumenten, (het) koper **5** INFORM. kletspraat, onzin • *rede doch nicht so'n Blech!* zit niet zo te zwammen!
Blechbüchse ZN V (-/+n) blik(je), blikken bus, trommel(tje)
Blechdose ZN V (-/+n) blik(je), blikken bus, trommel(tje)
blechen OV + ONOV WW INFORM. dokken, ophoesten <van geld>
blechern BN **1** blikken, van blik **2** blikkerig, metaalachtig <van klank/stem>
Blechinstrument ZN O (+(e)s/+e) MUZ. koperen blaasinstrument
Blechkiste ZN V (-/+n) **1** blikken doos **2** MIN. rammelkast <v auto>, brik
Blechschaden ZN M (+s/-schäden) blikschade
Blechschere ZN V (-/+n) blikschaar
Blechtrommel ZN V (-/+n) blikken trommel
blecken OV WW • *der Hund bleckte die Zähne* de hond liet zijn tanden zien
Blei **1** ZN M (+(e)s/+e) brasem **2** ZN O (+(e)s/+e) **1** lood • OOK FIG. *etwas liegt wie ~ im Magen* iets ligt zwaar in de maag • *schwer wie ~* loodzwaar **2** schietlood **3** dieplood, peillood
Bleibe ZN V (-/+n) onderdak, verblijf • *keine ~ haben* geen dak boven zijn hoofd hebben
bleiben ONOV WW sterk blijven • *es bleibt warm* het blijft warm • *wo bleibt er nur?* waar blijft hij toch? • *wo sind wir geblieben?* waar waren we gebleven? • *das bleibt unter uns* dat blijft onder ons • *stehen/sitzen/liegen ~* blijven staan/zitten/liggen • *jung ~* jong blijven • *ich bleibe bei dieser Marke* ik blijf bij dit merk • INFORM. *du sollst das Rauchen ~ lassen* eigenlijk moet je stoppen met roken • INFORM. *das werde ich schön ~ lassen!* dat laat ik mooi zitten!
bleich BN bleek, vaal
bleichen **1** OV WW bleken **2** ONOV WW verbleken, bleek worden
Bleichgesicht ZN O (+(e)s/+er) INFORM. bleekgezicht
Bleichmittel ZN O (+s/-) bleekmiddel
bleiern BN **1** loden, van lood **2** FIG. loodzwaar <van slaap>, drukkend <van hitte>
bleifrei BN loodvrij
bleihaltig BN loodhoudend <van benzine>
bleischwer BN OOK FIG. loodzwaar
Bleistift ZN M (+(e)s/+e) potlood
Bleistiftspitzer ZN M (+s/-) potloodslijper, puntenslijper
Bleivergiftung ZN V (-/+en) loodvergiftiging
Blende ZN V (-/+n) **1** afschermkap, zonneklep **2** blind, zonwering <van raam> **3** blindering, blinde muur, loze deur, loos venster **4** A-V diafragma **5** bies <op kleding> **6** oogklep <van paard> **7** AARDK. blende <mineraal>
blenden **1** OV WW **1** OOK FIG. verblinden <door licht> **2** blind maken, blinddoeken **3** blinderen <van raam> **4** MIL. camoufleren **5** FIG. imponeren **2** ONOV WW iets voorspiegelen
blendend BN **1** schitterend, betoverend **2** stralend, helder • *~ weiße Wäsche* helderwitte was **3** uitstekend, geweldig • *mir geht es ~* met mij gaat het uitstekend • *eine ~e Idee* een geweldig idee • *sich ~ amüsieren* zich kostelijk amuseren
blendfrei BN **1** niet verblindend **2** ontspiegeld <van glas>
Blendschutz ZN M (+es/+e) zonneklep <in de auto>
Blendung ZN V (-/+en) **1** (het) verblinden, verblinding **2** (het) blind maken/worden **3** blindering <van raam>
Blesse ZN V (-/+n) bles
Blesshuhn ZN O (+(e)s/-hühner) meerkoet
blich OV WW verl. tijd → **bleichen**
Blick **1** ZN M (+(e)s/+e) blik, oog(opslag) • *einen ~ in ein Buch werfen* een blik werpen in een boek • *den ~ senken* de ogen neerslaan • *jemanden keines Blickes würdigen; jemandem keinen ~ schenken* iemand geen blik waardig keuren • *einen guten ~ für etwas haben* een goede kijk op iets hebben • *alle Blicke auf sich ziehen* alle ogen op zich richten • FIG. *einen ~ hinter die Kulissen werfen* achter de schermen kijken • *auf den ersten ~* op het eerste gezicht • *tückischer ~* boosaardige blik • *ein ängstlicher ~* een

bl

angstige blik **2** ZN M (+(e)s/gmv) **uitzicht** • *mit ~ aufs Meer* met uitzicht op de zee

blicken ONOV WW **kijken, zien** • *lass dich mal wieder bei uns ~!* kom weer eens bij ons langs! • *der lässt sich hier nicht mehr ~!* die durft niet meer terug te komen! • INFORM. *das lässt tief ~!* dat zegt genoeg!

Blickfang ZN M (+(e)s/-fänge) **blikvanger**

Blickfänger ZN M (+s/-) **eyecatcher**

Blickfeld ZN O (+(e)s/+er) OOK FIG. **gezichtsveld** • *jemanden/etwas ins ~ rücken* iemand/iets onder de aandacht brengen • *aus dem ~ verschwinden* uit het gezicht verdwijnen • *ein weites ~ haben* een ruime blik hebben

Blickkontakt ZN M (+(e)s/+e) **oogcontact** • *er hielt ~ mit dem Publikum* hij hield oogcontact met het publiek

Blickpunkt ZN M (+(e)s/+e) **1 belangstelling, middelpunt** • *im ~ des Interesses stehen* in het middelpunt van de belangstelling staan **2 gezichtspunt, oogpunt, standpunt**

Blickwinkel ZN M (+s/-) **gezichtshoek, oogpunt, perspectief**

blieb ONOV WW verl. tijd → **bleiben**

blies ONOV WW verl. tijd → **blasen**

blind BN **1** OOK FIG. **blind** • *auf einem Auge ~ sein* aan een oog blind zijn • *~ sein für etwas* blind voor iets zijn • *~ schreiben* blind typen • *~er Alarm* vals/loos alarm **2** • *der Spiegel ist ~* het weer zit in de spiegel

Blindbewerbung ZN V (-/+en) **open sollicitatie**

Blinddarm ZN M (+(e)s/-därme) **blindedarm**

Blinddarmentzündung ZN V (-/+en) **blindedarmontsteking** • *akute ~* acute blindedarmontsteking

Blind Date ZN O (-, +s/+s) **blind date**

Blinde ZN M/V (+n/+n) **blinde, iemand met een visuele beperking** • INFORM., FIG. *das sieht doch ein Blinder!* dat is toch zo klaar als een klontje! • FIG. *von etwas reden wie der ~ von der Farbe* als een blinde over de kleuren oordelen • FIG. *unter den Blinden ist der Einäugige König* in het land der blinden is eenoog koning

Blindekuh • *~ spielen* blindemannetje spelen

Blindenanstalt ZN V (-/+en) **blindeninstituut**

Blindenführhund ZN M (+(e)s/+e) **(blinden) geleidehond**

Blindenheim ZN O (+(e)s/+e) **blindeninstituut**

Blindenhund ZN M (+(e)s/+e) **(blinden) geleidehond**

Blindenschrift ZN V (-/gmv) **brailleschrift**

Blindflug ZN M (+(e)s/-flüge) LUCHTV. **(het) blind vliegen, (het) instrumentvliegen**

Blindgänger ZN M (+s/-) **1 blindganger 2** INFORM. **mislukkeling**

Blindheit ZN V (-/gmv) **blindheid**

blindlings BW **blindelings** • *sich ~ auf jemanden verlassen* blindelings op iemand vertrouwen

Blindversuch ZN M (+(e)s/+e) **poging in het wilde weg**

blindwütig BN **in blinde woede**

blinken ONOV WW **1 blinken, glanzen, schitteren 2 knipperen** • *sie blinkte mit den Augen* zij knipperde met haar ogen • *das Lämpchen blinkt die ganze Zeit schon* het lampje knippert de hele tijd al **3 richting aangeven** <van auto> • *links ~* het linke knipperlicht aandoen **4 seinen** <met lichtsignaal>

Blinker ZN M (+s/-) **1 richtingaanwijzer** <van auto>**, knipperlicht** • *den ~ setzen* de richting aangeven **2 blinkerd**

blinkern ONOV WW **1 fonkelen, schitteren 2 knipogen**

Blinkfeuer ZN O (+s/-) **knipperlicht** <bv. vuurtoren>**, flikkerlicht, schitterlicht**

Blinkleuchte ZN V (-/+n) **knipperlicht, richtingaanwijzer** <van auto>

Blinklicht ZN O (+(e)s/+er) **knipperlicht**

blinzeln ONOV WW **1 knipperen** <met de ogen> **2 knipogen**

Blitz ZN M (+es/+e) **1 bliksem(straal), bliksemschicht** • *den ~ ableiten* de bliksem afleiden • *greller/zuckender ~* felle bliksemschicht • FIG. *wie vom ~ gerührt sein* als door de bliksem getroffen zijn • FIG. *wie ein ~ aus heiterem Himmel* als een donderslag bij heldere hemel • FIG. *wie ein geölter ~ dahinsausen* er als de (gesmeerde) bliksem vandoor gaan • FIG. *wie der ~* snel als de bliksem • FIG. *einschlagen wie ein ~* als een bom inslaan **2** A-V **flits(licht)**

Blitzableiter ZN M (+s/-) OOK FIG. **bliksemafleider**

Blitzaktion ZN V (-/+en) **bliksemactie**

blitzartig BN **bliksemsnel**

Blitzaufnahme ZN V (-/+n) **foto met flitslicht**

Blitzbesuch ZN M (+(e)s/+e) **bliksembezoek**

blitzblank BN INFORM. **kraakhelder, brandschoon**

blitzen 1 OV WW **flitsen** <verkeersovertreding> • *sie wurde mit 120 geblitzt* ze is met 120 geflitst **2** ONOV WW **1 bliksemen, weerlichten 2 flikkeren** <van tanden>**, blinken 3 fonkelen** <van ogen>

Blitzer ZN M INFORM. **flitspaal**

Blitzesschnelle ZN V (-/gmv) • *in/mit ~* bliksemsnel

blitzgescheit BN INFORM. **erg pienter**

Blitzkarriere ZN V (-/+n) **bliksemcarrière** • *eine ~ machen* een bliksemcarrière maken

Blitzkrieg ZN M (+(e)s/+e) MIL. **bliksemoorlog**

Blitzlicht ZN O (+(e)s/+er) A-V **flitser, flitslicht**

Blitzlichtgewitter ZN O (+s/-) • *im ~* bestormd door fotografen

blitzsauber BN INFORM. **brandschoon, kraakhelder**

Blitzschlag ZN M (+(e)s/-schläge) **bliksem(in)slag**

blitzschnell BN **bliksemsnel**

Blitzstrahl ZN M (+(e)s/+en) **bliksemstraal, bliksemflits**

Blitzwürfel ZN M (+s/-) A-V **flitsblokje**

Bln. AFK Berlin **Berlijn**

Block 1 ZN M (+(e)s/Blöcke) **blok 2** ZN M (+(e)s/+s) **(huizen)blok 3** ZN M (+(e)s/+s, Blöcke) **blocnote, schrijfblok**

Blockade ZN V (-/+n) **blokkade** • *die ~ über ein Land verhängen* de blokkade van een land afkondigen

blocken OV WW blokkeren

Blockflöte ZN V (-/+n) MUZ. blokfluit

blockfrei BN POL. niet-gebonden • *die ~en Länder* de niet-gebonden landen

blockieren OV WW **1** blokkeren • *die Bremsen blockierten* de remmen blokkeerden **2** stremmen <van verkeer>

Blockierung ZN V (-/+en) (het) blokkeren, blokkade

Blockschrift ZN V (-/+en) blokschrift

blöd BN INFORM. dom, stom, vervelend • *ich bin gerannt wie ~* ik heb gerend als een gek • *das ist ganz schön ~* dat is stomvervelend • MIN. *stell dich nicht so ~ an* doe niet zo idioot • MIN. *eine blöde Kuh* een stomme trut

Blödelei ZN V (-/+en) onzin, flauwekul, idioot gedoe

blödeln ONOV WW onzin uitkramen

Blödheit ZN V (-/+en) **1** stommiteit **2** onzin, flauwekul

Blödian ZN M (+s/+e) INFORM. stommerik, sufferd

Blödmann ZN M (+(e)s/-männer) stommeling, sufferd

Blödsinn ZN M (+(e)s/gmv) MIN. stompzinnigheid, onzin, flauwekul, nonsens, BELG. zotteklap • *~ reden* onzin uitkramen

blödsinnig BN INFORM. stompzinnig, onzinnig, dwaas

Blog ZN M/O (+s/+s) blog

bloggen WW, bloggt, bloggte, gebloggt bloggen

blöken ONOV WW loeien <van koe>, blaten <van schaap>

blond BN blond • *~ gelockt* met blonde krullen

Blond ZN O (+s/+s) blond <van kleur>

Blonde ZN O (+n/+n) INFORM. blonde <licht bier>

blondieren OV WW blonderen

Blondine ZN V (-/+n) blondine, MIN. dom blondje

Bloody Mary ZN V bloody mary

bloß 1 BN **1** bloot, ontbloot, naakt • FIG. *mit bloßem Auge* met het blote oog **2** enkel, alleen • *der bloße Gedanke* de gedachte alleen al • *er macht es aus bloßem Mitleid* hij doet het alleen uit medelijden, hij doet het uit louter medelijden **2** BW **1** (alleen) maar • *das sind alles ~ Worte* dat zijn alleen maar woorden • *er hat ~ noch zehn Euro* hij heeft nog maar tien euro • *ich bin's ~* ik ben het alleen maar **2** toch • *was ist hier ~ passiert?* wat is hier toch gebeurd? • *tu das ~ nicht!* doe dat toch niet, niet doen hoor! • *komm ~ nicht rein!* waag het niet binnen te komen!

Blöße ZN V (-/+n) **1** FORM. blootheid, naaktheid **2** FIG. zwak punt • *sich eine ~ geben* zich blootgeven/zich kwetsbaar opstellen

bloßlegen OV WW OOK FIG. blootleggen

bloßstellen OV WW compromitteren, blameren • *jemanden in aller Öffentlichkeit ~* iemand in zijn hemd zetten

Bloßstellung ZN V (-/+en) (het) compromitteren, blamage

Blouson ZN M/O (-, +s/+s) blouson

blubbern ONOV WW **1** borrelen **2** klotsen **3** brabbelen

Bluejeans ZN MV jeans

Bluff ZN M (+s/+s) bluf

bluffen OV + ONOV WW (over)bluffen

blühen ONOV WW OOK FIG. bloeien, floreren • FIG. *jemandem blüht etwas* iemand staat iets te wachten

blühend BN bloeiend, florissant, blakend <van gezondheid> • *blühender Unsinn* klinkklare onzin

Blume ZN V (-/+n) **1** bloem **2** manchet <van bier>, schuimkraag **3** bouquet <wijngeur> **4** pluim <van haas> • IRON. *vielen Dank für die Blumen!* dank je feestelijk! • *jemandem Blumen auf den Weg streuen* iets prettigs voor iemand doen • *etwas durch die ~ sagen* iets in bedekte termen zeggen

Blumenbeet ZN O (+(e)s/+e) bloemperk, bloembed

Blumengeschäft ZN O (+(e)s/+e) bloemisterij

Blumenhändler ZN M (+s/-) bloemist

Blumenkind ZN O (+es/+er) bloemenkind, hippie

Blumenkohl ZN M (+(e)s/+e) bloemkool

Blumenladen ZN M (+s/-läden) bloemisterij

blumenreich BN **1** rijk aan bloemen **2** FIG. bloemrijk <van taal>

Blumenstock ZN M (+(e)s/-stöcke) bloeiende potplant

Blumenstrauß ZN M (+es/-sträuße) boeket

Blumentopf ZN M (+(e)s/-töpfe) bloempot

Blumenzwiebel ZN V (-/+n) bloembol

blümerant BN INFORM. slap, naar, draaierig

blumig BN **1** met bloemengeur <van parfum> **2** geurig <van wijn> **3** FIG. bloemrijk <van taal>

Bluse ZN V (-/+n) **1** bloes <van vrouwen> **2** kiel

Blut ZN O (+(e)s/+e) bloed • *jemandem ~ abnehmen* iemand bloed aftappen • *blaues ~* blauw bloed • *jemanden bis aufs ~ schlagen* iemand tot bloedens toe slaan • *kalten Blutes* koelbloedig • FIG. *kaltes ~ bewahren* rustig blijven • FORM. *ihm kocht das ~ in den Adern* hij kookt van woede • INFORM. *er hat ~ geleckt* hij heeft de smaak te pakken • FIG. *das liegt ihr im ~* ze is daarvoor in de wieg gelegd • FIG. *das hat viel böses ~ gemacht* dat heeft veel kwaad bloed gezet • FIG. *jemanden bis aufs ~ peinigen/quälen/reizen* iemand het bloed onder de nagels vandaan halen

Blutalkohol ZN M (+s/+e) bloedalcoholgehalte, alcoholspiegel

Blutalkoholgehalt ZN M (+(e)s/+e) bloedalcoholgehalte, alcoholspiegel

blutarm BN **1** bloedarm, anemisch **2** INFORM. straatarm

Blutarmut ZN V (-/gmv) MED. bloedarmoede, anemie

Blutbad ZN O (+(e)s/-bäder) bloedbad

Blutbank ZN V (-/+en) MED. bloedbank

blutbefleckt BN met bloed bevlekt/besmeurd

blutbeschmiert BN met bloed bevlekt/besmeurd

Blutbild ZN O (+(e)s/+er) MED. bloedbeeld,

hemogram

Blutdruck ZN M (+(e)s/gmv) MED. **bloeddruk**

blutdrucksenkend BN MED. **bloeddrukverlagend** <van medicijn>

Blutdurst ZN M (+(e)s/gmv) FORM. **bloeddorst**

blutdürstig BN FORM. **bloeddorstig**

Blüte **1** ZN V (-/+n) **1** **bloesem** • *Blüten treiben* bloesem dragen • FIG. *sonderbare/seltsame Blüten treiben* vreemde vormen aannemen **2** FIG. **bloem** **3** INFORM. **vals bankbiljet** **4** INFORM. **puist(je)** **5** **nul, sukkel** **2** ZN V (-/gmv) OOK FIG. **bloei** • *in voller/höchster ~ stehen* in volle bloei staan • *in der ~ seiner Jahre sterben* sterven in de bloei van zijn leven

Blutegel ZN M (+s/-) **bloedzuiger**

bluten ONOV WW OOK FIG. **bloeden** • INFORM. *~ wie ein Schwein* bloeden als een rund • FIG., INFORM. *schwer ~ müssen* een hoge tol betalen

Blütenlese ZN V (-/+n) **bloemlezing, anthologie**

Blütenstand ZN M (+(e)s/-stände) PLANTK. **bloeiwijze**

Blütenstaub ZN M (+(e)s/gmv) PLANTK. **stuifmeel**

blütenweiß BN **hagelwit** <van was>, **spierwit**

Bluter ZN M (+s/-) **bloeder, hemofiliepatiënt**

Bluterguss ZN M (+es/-ergüsse) **bloeduitstorting**

Blütezeit ZN V (-/+en) **bloeiperiode**

Blutgefäß ZN O (+es/+e) MED. **bloedvat**

Blutgerinnsel ZN O (+s/-) MED. **bloedstolsel**

Blutgruppe ZN V (-/+n) MED. **bloedgroep**

Bluthochdruck ZN M (+(e)s/gmv) MED. **hoge bloeddruk, hypertensie**

blutig BN **bloedig, bloederig, bebloed** • *jemanden ~ schlagen* iemand tot bloedens toe slaan • *er ist ein ~er Anfänger* hij is een beginneling/groentje • *es ist (mein) ~er Ernst* het is mij bittere ernst • *~e Tränen weinen* bittere tranen huilen

blutjung BN **bloedjong, piepjong**

Blutkörperchen ZN O (+s/-) MED. **bloedcel**

Blutkreislauf ZN M (+(e)s/-läufe) MED. **bloedsomloop**

Blutlache ZN V (-/+n) **plas bloed**

blutleer BN OOK FIG. **bloedeloos**

blutlos BN OOK FIG. **bloedeloos**

Blutorange ZN V (-/+n) **bloedsinaasappel**

Blutplasma ZN O (+s/-men) MED. **bloedplasma**

Blutprobe ZN V (-/+n) **1** MED. **bloedproef, bloedonderzoek** **2** MED. **bloedmonster**

Blutrache ZN V (-/gmv) **bloedwraak, vendetta**

blutrot BN **bloedrood**

blutrünstig BN **1** **bloeddorstig** **2** **bloederig**

Blutsauger ZN M (+s/-) **1** OOK FIG. **bloedzuiger** **2** FIG. **uitzuiger**

Blutschande ZN V (-/+n) **bloedschande, incest**

Blutsenkung ZN V (-/+en) MED. **bloedbezinking**

Blutspende ZN V (-/+n) MED. **bloeddonatie**

Blutspender ZN M (+s/-) **bloedgever, bloeddonor**

blutstillend BN **bloedstelpend**

blutsverwandt BN **verwant**

Blutsverwandte ZN M/V (+n/+n) **bloedverwant**

Blutsverwandtschaft ZN V (-/+en) **bloedverwantschap**

Bluttat ZN V (-/+en) FORM. **bloedige daad**

Bluttransfusion ZN V (-/+en) MED. **bloedtransfusie**

Blutübertragung ZN V (-/+en) MED. **bloedtransfusie**

Blutung ZN V (-/+en) **1** **bloeding** • *innere Blutungen* inwendige bloedingen **2** **menstruatie**

blutunterlaufen BN **bloeddoorlopen** <van ogen>

Blutvergießen ZN O (+s/gmv) FORM. **(het) bloedvergieten**

Blutvergiftung ZN V (-/+en) MED. **bloedvergiftiging**

Blutverlust ZN M (+(e)s/+e) **bloedverlies**

blutverschmiert BN **met bloed besmeurd**

Blutwäsche ZN V (-/+n) MED. **(kunst)nierdialyse, hemodialyse**

Blutwurst ZN V (-/-würste) **bloedworst**

Blutzucker ZN M (+s/-) MED. **bloedsuiker**

Blutzuckerspiegel ZN M (+s/-) MED. **bloedsuikerspiegel**

BLZ AFK Bankleitzahl **bank(code)nummer**

BMI AFK MED. Body-Mass-Index **BMI**

b-Moll ZN O (-/gmv) MUZ. **bes mineur**

BMX-Rad ZN O (+es/-räder) **crossfiets**

Bö ZN V (-/+en) **windvlaag, windstoot**

Boa ZN V (-/+s) **boa**

Bob ZN M (+s/+s) **bobslee**

Bobfahrer ZN M (+s/-) **bobsleeër**

Bock **1** ZN M (+(e)s/Böcke) **1** BIOL. **bok, ram** • INFORM. *einen ~ haben* de bokkenpruik op hebben • INFORM. *einen ~ schießen* een bok schieten, een blunder begaan • INFORM. *ihn stößt der ~* hij is koppig/opstandig • INFORM. *jetzt ist der ~ fett* nu is het genoeg geweest • INFORM. *das macht den ~ nicht fett* dat helpt niet echt • FIG. *den ~ zum Gärtner machen* de kat op het spek binden **2** **(rijtuig) bok** **3** **krukje** **4** **schraag, zaagbok** **5** SPORT **bok** <turntoestel>, **paard** **6** INFORM. **zin (auf in)** +4 • *(keinen) ~ haben auf* +4 (geen) zin hebben in • *keinen ~ auf Schule haben* geen zin in school hebben • *etwas aus ~ tun* iets voor de lol doen **2** ZN M/O (+s/-) **bockbier**

bockbeinig BN **koppig, dwars, weerbarstig**

Bockbier ZN O (+(e)s/+e) **bockbier**

bocken **1** ONOV WW **1** **bokken** <van paard>, **weigeren, steigeren** **2** INFORM. **bokken** <van motor>, **haperen** **3** INFORM. **koppig zijn, de bokkenpruik ophebben** **4** **bokkig zijn** <van schaap/geit> **5** VULG. **neuken** **2** WKD WW **(sich ~)** REG. **zich vervelen**

bockig BN **1** **koppig, dwars, eigenzinnig** <van kind> **2** REG. **saai**

Bockshorn ZN O (+(e)s/-hörner) **bokshoorn** • INFORM. *jemanden ins ~ jagen* iemand angst aanjagen, iemand intimideren

Bockspringen ZN O (+s/gmv) **(het) bokspringen**

Bocksprung ZN M (+(e)s/-sprünge) **1** **bokkensprong** **2** SPORT **(het) bok(je)springen**

bocksteif BN **stokstijf**

Bockwurst ZN V (-/-würste) **gekookte worst**

Boden 1 ZN M (+s/Böden) 1 bodem, grond • *sumpfiger ~* drassige grond • *auf dem ~ bleiben* aan de grond blijven • *auf dem ~ liegen* op de grond liggen • *auf den ~ fallen* op de grond vallen • *den ~ bearbeiten/bestellen* de grond bewerken • *aus dem ~ stampfen* uit de grond stampen • FIG. *festen ~ unter den Füßen haben* vaste grond onder de voeten hebben • FIG. *den ~ unter den Füßen verlieren* de grond onder zijn voeten weg voelen zakken • *zu ~ gehen* tegen de grond gaan, te gronde gaan • FIG. *auf fruchtbaren ~ fallen* in goede aarde vallen • *(an) ~ gewinnen/verlieren* terrein winnen/verliezen • INFORM. *am ~ zerstört sein* helemaal total loss zijn • FIG. *wie aus dem ~ gestampft* als bij toverslag • FIG. *etwas nicht aus dem ~ stampfen (können)* niet kunnen toveren 2 vloer 3 REG. zolder 2 ZN M (+s/gmv) grondslag • *auf dem ~ der Verfassung stehen* zich op de grondwet baseren

Bodenbelag ZN M (+(e)s/-beläge) vloerbedekking

Bodenbeschaffenheit ZN V (-/gmv) bodemgesteldheid

Bodenfläche ZN V (-/+n) (grond)oppervlakte

Bodenfrost ZN M (+(e)s/gmv) vorst aan de grond

Bodenhaftung ZN V (-/gmv) wegligging

Bodenhaltung ZN V (-/gmv) • *Eier aus ~* scharreleieren

bodenlos BN 1 bodemloos 2 INFORM. ongelofelijk, ongehoord

Bodennebel ZN M (+s/-) laaghangende mist

Bodenpersonal ZN O (+s/gmv) LUCHTV. grondpersoneel

Bodenreform ZN V (-/+en) JUR. herverdeling <van het grondbezit>, landhervorming

Bodensatz ZN M (+es/-sätze) bezinksel, aanzetsel

Bodenschätze ZN MV bodemschatten

Bodensee ZN M (+s/gmv) AARDK. Bodenmeer

bodenständig BN autochtoon, oorspronkelijk, kenmerkend voor de streek

Bodenstation ZN V (-/+en) grondstation

Bodentruppen ZN MV grondtroepen, grondstrijdkrachten

Bodenturnen ZN O (+s/gmv) grondoefeningen <bij turnen>

Bodenverseuchung ZN V (-/gmv) bodemvervuiling, grondvervuiling

Body ZN M (+s/+s) 1 body, bodysuit 2 rompertje <voor baby's>

Bodybuilder ZN M (+s/-) bodybuilder

Bodybuilding ZN O (+s/gmv) bodybuilding

Bodypainting ZN O bodypaint

Bodysuit ZN M (-, +s/+s) bodysuit

bog OV WW verl. tijd → **biegen**

Bogen 1 ZN M (+s/-) 1 boog, bocht • INFORM. *einen großen ~ um jemanden machen* iemand ontlopen • *einen großen ~ um etwas machen* met een boog om iets heen lopen • FIG., INFORM. *er hatte den ~ heraus* hij had de slag te pakken • INFORM. *sie ist im hohen ~ rausgeflogen* ze is op staande voet ontslagen • FIG. *den ~ überspannen* het onderste uit de kan willen • INFORM. *der spuckt aber große Bogen!* dat is me een opschepper! • FIG. *allzu straff gespannt, zerspringt der ~* de boog kan niet altijd gespannen zijn 2 blaadje, vel papier • *ein ~ Papier* een vel papier 3 formulier <vaak in samenstellingen> 2 ZN M (+s/Bögen) MUZ. strijkstok

Bogenbrücke ZN V (-/+n) boogbrug

bogenförmig BN boogvormig

Bogenschießen ZN O (+s/gmv) SPORT (het) boogschieten

Bogenschütze ZN M (+n/+n) boogschutter

Bohemien ZN M (+s/+s) bohemien

Bohle ZN V (-/+n) (dikke) plank

Böhme ZN M (+n/+n) Bohemer

Böhmen ZN O (+s/gmv) Bohemen

böhmisch BN Boheems ▸ *das sind für mich böhmische Dörfer* daar snap ik niets van

Bohne ZN V (-/+n) boon • *grüne Bohnen* sperziebonen • *weiße Bohnen* witte bonen • *blaue Bohnen* blauwe bonen <van kogels> • *nicht die Bohne!* geen denken aan! • *nicht die ~ wert sein* geen knip voor de neus waard zijn • INFORM. *davon versteht er keine ~* daar begrijpt hij geen biet van • INFORM. *Bohnen in den Ohren haben* Oost-Indisch doof zijn

Bohnenstange ZN V (-/+n) OOK FIG. bonenstaak • FIG. *dünn wie eine ~* zo dun als een bonenstaak/zo mager als een lat

Bohnenstroh ZN O • INFORM. *dumm wie ~* zo dom als het achtereind van een varken

bohnern OV WW boenen, wrijven

Bohnerwachs ZN O (+es/+e) boenwas

Bohranlage ZN V (-/+n) boorinstallatie

bohren 1 OV + ONOV WW 1 boren • *nach/auf Erdöl ~* naar aardolie boren • *in der Nase ~* in zijn neus peuteren • *~de Blicke* doordringende blikken • *ein ~der Schmerz* een knagende pijn 2 INFORM. aandringen (bei +3 bij), zeuren • *~de Fragen* indringende vragen • *~, bis man die Wahrheit weiß* aandringen tot de waarheid boven tafel komt 2 WKD WW (sich ~) zich boren

Bohrer ZN M (+s/-) boor

Bohrinsel ZN V (-/+n) booreiland, boorplatform

Bohrloch ZN O (+(e)s/-löcher) boorgat

Bohrmaschine ZN V (-/+n) boormachine

Bohrung ZN V (-/+en) 1 boring 2 boorgat

böig BN buiig, winderig

Boiler ZN M (+s/-) boiler

Boje ZN V (-/+n) SCHEEPV. (anker)boei

Bolero ZN M (+s/+s) bolero

Bolid ZN M (+en/+en) bolide

Bolivien ZN O (+s/gmv) Bolivia

Bollengewächs ZN O (+es/+e) bolgewas

Böller ZN M (+s/-) 1 mortier 2 vuurwerk

böllern ONOV WW 1 hard schieten <van mortier> 2 INFORM. knallen <van vuurwerk>

Böllerschuss ZN M (+es/-schüsse) 1 saluutschot 2 waarschuwingsschot

Bollwerk ZN O (+(e)s/+e) bolwerk, bastion

Bolschewismus ZN M (-/gmv) POL. bolsjewisme

Bolschewist ZN M (+en/+en) POL. bolsjewist

bolschewistisch BN POL. bolsjewistisch
bolzen 1 OV WW INFORM. afranselen 2 ONOV WW SPORT (in het wilde weg) voetballen
Bolzen ZN M (+s/-) 1 bout, pin 2 slagpin 3 wig
Bombardement ZN O (+s/+s) bombardement
bombardieren OV WW OOK FIG. bombarderen
Bombardierung ZN V (-/+en) bombardement
Bombast ZN M (+(e)s/gmv) bombast
bombastisch BN MIN. bombastisch
Bombe ZN V (-/+n) bom • FIG. *die Nachricht schlug ein wie eine ~* het bericht sloeg in als een bom • FIG. *die ~ ist geplatzt* de bom is gebarsten
bomben OV WW 1 INFORM. bombarderen 2 SPORT schieten
Bombenalarm ZN M (+(e)s/+e) bomalarm, bommelding
Bombenanschlag ZN M (+(e)s/-schläge) bomaanslag
Bombenattentat ZN O (+(e)s/+e) bomaanslag
Bombenerfolg ZN M (+(e)s/+e) INFORM. doorslaand succes
bombenfest BN 1 bomvrij 2 INFORM. absoluut zeker
Bombenform ZN V (-/gmv) • INFORM., SPORT *in ~* in topvorm
bombensicher BN 1 bomvrij 2 INFORM. absoluut zeker 3 INFORM. absoluut veilig
Bombenstimmung ZN V (-/+en) INFORM. uitbundige stemming
Bomber ZN M (+s/-) INFORM. bommenwerper
bombig BN INFORM. reusachtig, enorm • *sich ~ amüsieren* zich reusachtig amuseren
Bon ZN M (+s/+s) (kassa)bon
Bonbon ZN M/O (+s/+s) snoepje, zuurtje
Bonität ZN V (-/+en) ECON. kredietwaardigheid, soliditeit
Bonus ZN M (-, +ses/-, +se, Boni) bonus
Bonze ZN M (+n/+n) MIN. bonze, bons, MIN., INFORM. hoge piet
bookmarken OV WW bookmarken
Boom ZN M (+s/+s) boom, hausse
boomen ONOV WW boomen, een boom/grote bloei beleven
Boot ZN O (+(e)s/+e) boot(je) • INFORM. *mit jemandem in einem/im gleichen ~ sitzen* met iemand in hetzelfde schuitje zitten • *~ fahren* bootje varen
booten OV WW COMP. booten, (op)starten
Bootsanhänger ZN M (+s/-) boottrailer
Bootsfahrt ZN V (-/+en) boottocht(je)
Bootsflüchtling ZN M (+s/+e) bootvluchteling
Bootsmann ZN M (+(e)s/-leute) bootsman
Bor ZN O (+s/gmv) SCHEIK. borium
Bord 1 ZN M (+(e)s/+e) boord • *an/von ~ gehen* aan/van boord gaan • OOK FIG. *etwas über ~ werfen* iets overboord gooien • ECON. *frei an ~* vrij aan boord, f.o.b. (free on board) 2 ZN O (+(e)s/+e) (boeken)plank
Bordcomputer ZN M (+s/-) TECHN. boordcomputer
Bordell ZN O (+s/+e) bordeel
Bordfunk ZN M (+s/gmv) boordradio <van vliegtuig/schip>
Bordkante ZN V (-/+n) stoeprand, trottoirband
Bordkarte ZN V (-/+n) LUCHTV. instapkaart
Bordmechaniker ZN M (+s/-) boordwerktuigkundige
Bordstein ZN M (+(e)s/+e) trottoirband
Bordüre ZN V (-/+n) boordsel
Bordverpflegung ZN V (-/+en) LUCHTV. vliegtuigmaaltijd
borgen OV WW lenen **(bei / von** +3 bij, van) • *jemandem etwas ~* iemand iets lenen • *von jemandem etwas ~* van iemand iets lenen
borniert BN MIN. kleingeestig, bekrompen
Borniertheit ZN V (-/+en) kleingeestigheid, bekrompenheid
Börse ZN V (-/+n) 1 ECON. beurs • *an der ~ spekulieren* speculeren op de beurs • *an die ~ gehen* naar de beurs gaan 2 OUD. (geld)beurs
Börsenbericht ZN M (+(e)s/+e) ECON. beursbericht, beursoverzicht
börsenfähig BN ter beurze genoteerd, ter beurze verhandelbaar • *börsenfähige Wertpapiere* verhandelbare waardepapieren
Börsenkrach ZN M (+(e)s/-kräche) ECON. beurskrach, beursval
Börsenkurs ZN M (+es/+e) ECON. beurskoers
Börsenmakler ZN M (+s/-) ECON. beursmakelaar
börsennotiert BN ECON. aan de beurs genoteerd
Börsennotierung ZN V (-/+en) ECON. beursnotering
Börsensturz ZN M (+es/-stürze) ECON. beursval, beurskrach
Börsenzettel ZN M (+s/-) ECON. koerslijst
Börsianer ZN M (+s/-) 1 INFORM. beursmakelaar 2 INFORM. speculant
Borste ZN V (-/+n) 1 borstel <van varken> 2 haar <van borstel> 3 INFORM. (dik/stug) haar <van mens>, stekels
borstig BN 1 borstelig, stekelig, stoppelig <van baard> 2 nors, bits
Borte ZN V (-/+n) boordsel, galon
bösartig BN kwaadaardig, boosaardig, geniepig • MED. *eine bösartige Geschwulst* een kwaadaardig gezwel
Bösartigkeit ZN V (-/gmv) boosaardigheid, kwaadaardigheid
Böschung ZN V (-/+en) helling, glooiing, talud
böse BN 1 slecht, erg, naar • *bist du mir böse, wenn ...?* vind je het erg als ...? • *eine ~ Geschichte* een naar verhaal • *ein böser Traum* een nare droom • *ein böser Mensch* een slecht mens 2 stout <van kind>, ondeugend 3 INFORM. boos, kwaad • *auf jemanden ~ sein; jemandem ~ sein* boos/kwaad op iemand zijn • *über etwas ~ sein* boos zijn over iets • *kein böses Wort* geen onvertogen woord 4 INFORM., OUD. ontstoken <van lichaamsdeel>, pijnlijk • *ein böser Finger* een pijnlijke vinger
Böse 1 ZN M (+n/gmv) LETTERK. de Boze, Satan 2 ZN O (+n/gmv) kwaad • *Böses im Sinn haben* kwaad in de zin hebben • *Gutes mit Bösem vergelten* goed met kwaad vergelden • *etwas Böses tun* iets

slechts doen
Bösewicht ZN M (+(e)s/+er) **1** OUD. booswicht **2** IRON. deugniet <van kind>
boshaft BN kwaadaardig, boosaardig, hatelijk
Boshaftigkeit ZN V (-/+en) **1** boosaardigheid, hatelijkheid **2** sarcasme
Bosheit ZN V (-/+en) **1** kwaadaardigheid, slechtheid **2** hatelijkheid
Bosnien(-Herzegowina) ZN O (+s/gmv) Bosnië(-Hercegovina)
Bosnier ZN M (+s/-) Bosniër
bosnisch BN Bosnisch
Boss ZN M (+es/+e) INFORM. boss, baas, chef, leider
Bossanova ZN M bossanova
bosseln OV + ONOV WW **1** INFORM. knutselen **2** boetseren
bossieren OV WW **1** behakken <van steen> **2** boetseren
böswillig BN JUR. kwaadwillig
bot OV WW verl. tijd → **bieten**
Botanik ZN V (-/gmv) botanica, plantkunde
Botaniker ZN M (+s/-) botanicus, plantkundige
botanisch BN botanisch, plantkundig
Bötchen ZN O (+s/-) bootje
Bote ZN M (+n/+n) bode, voorbode • *der hinkende ~ kommt nach!* tot slot komt er nog een vervelend bericht
Botendienst ZN M (+(e)s/+e) bodedienst, koeriersdienst
Botengang ZN M (+(e)s/-gänge) boodschap • *einen ~ machen* een boodschap doen
Botschaft ZN V (-/+en) **1** boodschap • *die Frohe ~* de blijde boodschap **2** ambassade
Botschafter ZN M (+s/-) ambassadeur
Böttcher ZN M (+s/-) kuiper
Bottich ZN M (+s/+e) kuip, tobbe
bottom-up BN bottom-up
Botulismus ZN M (-/gmv) MED. botulisme
Bouillabaisse ZN V bouillabaisse
Bouillon ZN V (-/+s) bouillon
Bouillonwürfel ZN M (+s/-) bouillonblokje
Boulevard ZN M (+s/+s) boulevard
Boulevardblatt ZN O (+(e)s/-blätter) boulevardblad
Boulevardpresse ZN V (-/+n) boulevardpers
Boulevardzeitung ZN V (-/+en) boulevardkrant
Boutique ZN V (-/+n) boetiek
Bowle ZN V (-/+n) bowl • *eine ~ ansetzen* bowl maken
bowlen ONOV WW SPORT bowlen
Bowling ZN O (+s/+s) bowling
Box ZN V (-/+en) **1** box <van paard, auto, luidspreker> **2** (brood)trommel
boxen **1** OV + ONOV WW SPORT boksen **2** WKD WW (**sich ~**) **1** vechten, knokken **2** zich een weg banen
Boxen ZN O (+s/gmv) SPORT (het) boksen, bokswedstrijd
Boxenstopp ZN M (+s/+s) pitsstop
Boxer ZN M (+s/-) **1** SPORT bokser **2** boxer <hond> **3** INFORM. stomp
Boxershorts ZN MV boxershort
Boxkampf **1** ZN M (+(e)s/gmv) SPORT (het) boksen **2** ZN M (+(e)s/-kämpfe) SPORT bokswedstrijd
Boxring ZN M (+(e)s/+e) SPORT boksring
Boxsport ZN M (+(e)s/gmv) (het) boksen
Boy ZN M (+s/+s) **1** liftboy, piccolo **2** boy, jongen
Boykott ZN M (+(e)s/+s, +e) boycot • *den ~ über etwas verhängen* een boycot over iets afkondigen/instellen
boykottieren OV WW boycotten
Br. AFK **1** Brief brief **2** Breite breedte **3** Bruder broer
BR AFK Bayerischer Rundfunk Beierse omroep
Brabançonne ZN V het Belgische volkslied Brabançonne
brach **1** BN braak(liggend) <van akker> **2** WW verl. tijd → **brechen**
Brachfeld ZN O (+(e)s/+er) braakland
brachial BN **1** MED. brachiaal, de bovenarm betreffend **2** handtastelijk, bruut
Brachialgewalt ZN V (-/gmv) ruw geweld • *mit ~ vorgehen* met bruut geweld optreden
Brachland ZN O (+(e)s/gmv) braakland
brachlegen OV WW braak laten liggen <van akker>
brachliegen ONOV WW sterk OOK FIG. braakliggen
Brachse ZN V (-/+n) BIOL. brasem
brachte OV WW verl. tijd → **bringen**
Brachvogel ZN M (+s/-vögel) BIOL. wulp
Bracke ZN M (+n/+n) jachthond
brackig BN brak <van water>
Brackwasser ZN O (+s/-) brak water
Brahmane ZN M (+n/+n) REL. brahmaan
Brailleschrift ZN V (-/gmv) brailleschrift
Braindrain, **Brain-Drain** ZN M/O (+s/gmv) braindrain
Brainstorming ZN O (+s/gmv) brainstorming
Branche ZN V (-/+n) branche, bedrijfstak
Branchenführer ZN M (+s/-) marktleider
branchenspezifisch BN specifiek voor een branche
Branchenverzeichnis ZN O (+ses/+se) gouden gids
Brand ZN M (+(e)s/Brände) **1** brand, vuur • *die Scheune in ~ setzen/stecken* de schuur in brand steken **2** FIG. gloed **3** (stuk) brandend materiaal **4** MED. koudvuur **5** (koren)brand <plantenziekte> **6** REG. brandstof **7** INFORM. dorst <als gevolg van alcoholgebruik> • INFORM. *einen tüchtigen ~ haben* dorst als een paard hebben
brandaktuell BN hoogst actueel
Brandblase ZN V (-/+n) brandblaar
Brandbombe ZN V (-/+n) brandbom
branden ONOV WW **1** FORM. breken <van golven>, slaan (**an**, **gegen** +4 tegen) **2** FORM. woeden • *~der Beifall* een daverend applaus
Brandenburg ZN O (+s) Brandenburg <Duitse deelstaat>
brandgefährlich BN levensgevaarlijk

Brandgeruch ZN M (+(e)s/-gerüche) brandlucht
Brandherd ZN M (+(e)s/+e) OOK FIG. brandhaard
brandig BN branderig, aangebrand
Brandmal ZN O (+(e)s/+e) FORM. brandmerk
Brandmalerei ZN V (-/gmv) brandschilderkunst
brandmarken OV WW OOK FIG. brandmerken • FIG. *er ist gebrandmarkt* hij is een getekend man • FIG. *Missstände ~* wantoestanden aan de kaak stellen
brandneu BN gloednieuw
brandrot BN vuurrood
Brandschaden ZN M (+s/-schäden) brandschade
brandschatzen OV WW brandschatten
Brandstifter ZN M (+s/-) brandstichter • *ideologische ~* demagogen
Brandstiftung ZN V (-/+en) brandstichting • *es war ~* de brand is aangestoken
Brandung ZN V (-/+en) branding
Brandverhütung ZN V (-/gmv) brandpreventie
Brandwunde ZN V (-/+n) brandwond
Brandzeichen ZN O (+s/-) brandmerk
brannte OV + ONOV WW verl. tijd → **brennen**
Branntwein ZN M (+(e)s/+e) brandewijn
Brasilianer ZN M (+s/-) Braziliaan
brasilianisch BN Braziliaans
Brasilien ZN O (+s/gmv) Brazilië
braten OV + ONOV WW sterk braden, bakken <ook in de zon> • *sich in/von der Sonne ~ lassen* bakken in de zon • *Fleisch ~* vlees bakken
Braten ZN M (+s/-) **1** gebraden vlees • FIG. *ein fetter ~* een vette kluif • FIG. *den ~ riechen* lont ruiken/nattigheid voelen **2** gebraad
Bratensoße ZN V (-/+n) CULIN (vlees)jus
bratfertig BN **1** panklaar **2** voorgebakken
Bratfisch ZN M (+(e)s/+e) gebakken vis
Brathähnchen ZN O (+s/-) gebraden kip/ haantje
Brathendl ZN O (+s/+n) CULIN gebraden kip/ haantje
Bratkartoffeln ZN MV gebakken aardappelen
Bratpfanne ZN V (-/+n) braadpan
Bratröhre ZN V (-/+n) braadoven
Bratrost ZN M (+(e)s/+e) braadrooster, grill
Bratsche ZN V (-/+n) MUZ. altviool
Bratschist ZN M (+en/+en) MUZ. altviolist
Bratspieß ZN M (+es/+e) braadspit
Bratwurst ZN V (-/-würste) braadworst
Bräu ZN O (+(e)s/+e, +s) **1** bier(soort), brouwsel **2** brouwerij
Brauch ZN M (+(e)s/Bräuche) gebruik, gewoonte • *ein alter ~* een oude traditie • *nach altem ~* volgens oud gebruik • *es ist hier ~ zu ...* het is de gewoonte om ...
brauchbar BN bruikbaar (**für** +4 voor), nuttig
Brauchbarkeit ZN V (-/gmv) bruikbaarheid
brauchen OV WW **1** nodig hebben • *zum Lesen eine Brille ~* een bril nodig hebben bij het lezen • *ich brauche mehr Zeit* ik heb meer tijd nodig **2** hoeven • *er braucht morgen nicht zu arbeiten* hij hoeft morgen niet te werken **3** gebruiken • *das kann ich gut ~* dat kan ik goed gebruiken
Brauchtum ZN O (+s/-tümer) gebruiken en gewoonten, tradities
Brauchwasser ZN O (+s/gmv) TECHN. bedrijfswater, fabriekswater, industrieel water
Braue ZN V (-/+n) wenkbrauw
brauen OV WW INFORM. brouwen, bereiden <van drank>
Brauer ZN M (+s/-) brouwer
Brauerei ZN V (-/+en) brouwerij
braun BN bruin
Braun ZN O (+s/-) bruin
Braunbär ZN M (+en/+en) bruine beer
Bräune ZN V (-/gmv) bruinheid, bruine (huids) kleur
bräunen **1** OV + ONOV WW **1** bruinen <van zon> • *die Sonne hat mich schön gebräunt* ik ben mooi bruin geworden in de zon **2** bruin bakken, fruiten **2** WKD WW (**sich ~**) bruin worden
Braunkohle ZN V (-/+n) bruinkool
bräunlich BN bruinachtig
Bräunung ZN V (-/+en) **1** (het) bruinen **2** bruinheid
Bräunungscreme ZN V (-/+s) zelfbruinende crème
Braus ZN M → **Saus**
Brause ZN V (-/+n) **1** sproeier <van gieter> **2** douche **3** INFORM., OUD. (prik)limonade
Brausekopf ZN M (+(e)s/-köpfe) douchekop
Brauselimonade ZN V (-/+n) priklimonade
brausen ONOV WW **1** bruisen <van golven> **2** stormachtig ruisen <van wind> • *ein ~der Beifall* een stormachtig applaus **3** razen <van auto's> • *er brauste vorüber* hij stoof voorbij
Brausepulver ZN O (+s/-) bruispoeder
Brausetablette ZN V (-/+n) bruistablet
Braut ZN V (-/Bräute) **1** bruid • PLANTK. *~ in Haaren* juffertje-in-'t-groen **2** verloofde **3** INFORM. griet, meid
Brautführer ZN M (+s/-) bruidsjonker
Bräutigam ZN M (+s/+e) **1** bruidegom **2** verloofde
Brautjungfer ZN V (-/+n) bruidsmeisje
Brautkleid ZN O (+(e)s/+er) bruidsjapon, bruidsjurk, trouwjapon
Brautleute ZN MV bruidspaar
bräutlich BN **1** als een bruid **2** van een bruid
Brautpaar ZN O (+(e)s/+e) **1** bruidspaar **2** verloofd paar
Brautschau ZN V • INFORM. *auf (die) ~ gehen* een vrouw zoeken
brav BN **1** braaf <van kind>, gehoorzaam, zoet, lief • *alles ~ tun* alles braaf doen • *~e Kinder* zoete kinderen • *sie ist ~ gewesen* ze is lief geweest • *~er Hund!* brave hond! **2** OUD. dapper, flink
Bravheit ZN V (-/gmv) braafheid
bravo TUSSENW bravo
Bravour **1** ZN V (-/gmv) bravoure, lef, durf **2** ZN V (-/+en) bravourestukje, stunt • *die Bravour(en) der Stuntwoman* de hoogstandjes van de stuntvrouw
bravourös BN **1** met bravoure, gedurfd **2**

meesterlijk

Bravourstück ZN O (+(e)s/+e) **1 hoogstandje 2** MUZ. **bravoure**

BRD AFK MIN. Bundesrepublik Deutschland **Bondsrepubliek Duitsland** <vooral in de vroegere DDR gebruikt>

brechbar BN **breekbaar**

Brechdurchfall ZN M (+(e)s/-fälle) MED. **maag-darmcatarre, buikgriep**

Brecheisen ZN O (+s/-) **breekijzer, koevoet**

brechen 1 OV WW sterk **1** OOK FIG. **breken, verbreken** <ook van record>, **doorbreken** <van zwijgen> • *der Tod seiner Frau hat ihn gebrochen* de dood van zijn vrouw heeft hem gebroken • *einen Vertrag ~* een contract verbreken • *die Treue ~* ontrouw zijn • *die Ehe ~* overspel plegen • *der Raum war ~d/zum Brechen voll* het vertrek was barstensvol **2 omploegen 3 braken 2** ONOV WW sterk **1 breken** • *mit jemandem ~* met iemand breken • *mit der Vergangenheit ~* breken met het verleden • *ihm brach die Stimme* zijn stem brak • *der Widerstand brach* het verzet brak **2** INFORM. **braken, overgeven** • *ich fand es zum Brechen* ik ging ervan over mijn nek **3** WKD WW (**sich ~**) sterk **breken** • *ich habe mir den Arm gebrochen* ik heb mijn arm gebroken

Brecher ZN M (+s/-) **1 breker** <van golf>, **stortzee 2** TECHN. **breekmachine**

Brechmittel ZN O (+s/-) **braakmiddel** • *er ist mir ein ~* ik kan hem niet uitstaan/luchten

Brechreiz ZN M (+es/+e) **braakneiging**

Brechstange ZN V (-/+n) **breekijzer, koevoet**

Brechung ZN V (-/+en) NATK. **breking**

Brei ZN M (+(e)s/+e) **brij, pap, puree** • *einen ~ aus Grieß kochen* pap van griesmeel koken • INFORM. *um den heißen ~ herumreden* ergens omheen draaien • INFORM. *jemandem ~ um den Mund schmieren* iemand stroop om de mond smeren • INFORM. *jemanden zu ~ schlagen* iemand tot moes slaan

breiig BN **papperig**

breit BN **1 breed** • *die ~e Masse* de grote massa • *eine ~e Auswahl* een ruime keuze • FIG. *weit und ~* wijd en zijd • *eine ~e Aussprache* een platte uitspraak • INFORM. *sich ~ machen* veel plaats innemen, om zich heen grijpen, zijn intrek nemen (bij) • *er hat sich bei mir breit gemacht* hij doet net of hij bij mij thuis is **2 breedsprakig, breedvoerig** • *etwas (lang und) ~ erzählen* iets breedvoerig vertellen

Breitband- VOORV + ACHTERV **breedband-**

breitbeinig BN **wijdbeens**

Breite ZN V (-/+n) **1 breedte** • *etwas der ~ nach durchsägen* iets in de breedte doorzagen • *südliche ~* zuiderbreedte • INFORM. *in die ~ gehen* dik worden, uitdijen **2 breedsprakigheid, breedvoerigheid**

breiten 1 OV WW **(uit)spreiden 2** WKD WW (**sich ~**) **zich uitbreiden**

Breitengrad ZN M (+(e)s/+e) AARDK. **breedtegraad**

Breitenkreis ZN M (+es/+e) AARDK. **breedtecirkel**

Breitensport ZN M (+(e)s/+e) **breedtesport, volkssport**

breitschlagen OV WW sterk INFORM. **overreden, overhalen (zu** +3 **tot)** • *sich zu etwas ~ lassen* zich tot iets laten overhalen • *jemanden ~* iemand overhalen

breitschultrig BN **breedgeschouderd**

Breitseite ZN V (-/+n) **lange zijde, langszij** <van schip> • FIG. *eine ~ bekommen* de volle laag krijgen

breitspurig BN **1 met breedspoor 2 aanmatigend, opschepperig**

breittreten OV WW sterk **1** INFORM. **uitweiden over, doorzagen over** • *eine Sache ~* over een zaak doorzagen **2** INFORM. **rondbazuinen**

Breitwand ZN V (-/-wände) A-V **breed bioscoopscherm**

Bremen ZN O **Bremen** <stad en deelstaat>

Bremsbacke ZN V (-/+n) TECHN. **remblok**

Bremsbelag ZN M (+(e)s/-beläge) TECHN. **remvoering**

Bremse ZN V (-/+n) **1 rem** • *auf die ~ treten* op de rem trappen **2 horzel**

bremsen OV + ONOV WW OOK FIG. **(af)remmen, beperken** <van import> • *er ist nicht mehr zu ~* hij is laaiend enthousiast

Bremsflüssigkeit ZN V (-/+en) TECHN. **remvloeistof**

Bremsklotz ZN M (+es/-klötze) TECHN. **remblok**

Bremskraftverstärker ZN M (+s/-) TECHN. **rembekrachtiging**

Bremsleuchte ZN V (-/+n) TECHN. **remlicht** <van auto>

Bremslicht ZN O (+(e)s/+er) TECHN. **remlicht** <van auto>

Bremspedal ZN O (+s/+e) TECHN. **rempedaal**

Bremsscheibe ZN V (-/+n) TECHN. **remschijf**

Bremsspur ZN V (-/+en) **remspoor**

Bremsung ZN V (-/+en) **(het) remmen**

Bremsvorrichtung ZN V (-/+en) **reminrichting, remmechanisme**

Bremsweg ZN M (+(e)s/+e) **remweg**

brennbar BN **brandbaar** • *leicht ~* licht ontvlambaar

brennen OV + ONOV WW onregelmatig **1 branden** • *es brennt!* brand! • *mir ~ die Augen vor Müdigkeit* mijn ogen branden van vermoeidheid • FIG. *wo brennt's denn?* wat is er aan de hand? • FIG. *~ vor Verlangen* branden van verlangen • FIG. *er brennt darauf, ihre Bekanntschaft zu machen* hij is erop gebrand om kennis met haar te maken • FIG. *auf Rache ~* naar wraak dorsten **2 bakken** <van stenen/tegels> **3 stoken** <van jenever> • *Schnaps ~* jenever stoken **4 branden** <van cd>

brennend BN **1 brandend, acuut** • *in der ~en Sonne* in de felle zon • *eine ~e Frage* een brandende/dringende vraag • *ein ~es Problem* een dringend probleem **2 zeer** • *es interessiert mich ~* ik vind het hoogst interessant

Brenner ZN M (+s/-) **1 brander 2 stoker, distilleerder 3 Brenner(pas)**

Brennerei ZN V (-/+en) **(jenever)branderij, jeneverstokerij, destilleerderij**

Brennholz ZN O (+es/gmv) **brandhout**

Brennnessel ZN V (-/+n) PLANTK. **brandnetel**

Brennpunkt ZN M (+(e)s/+e) **1** OOK FIG. **brandpunt, focus** • *ein sozialer ~* een achterstandswijk **2** FIG. **middelpunt, voetlicht** • *im ~ des Interesses* in het middelpunt van de belangstelling • *etwas in den ~ rücken* iets voor het voetlicht brengen **3** WISK. **brandpunt**

Brennstoff ZN M (+(e)s/+e) **brandstof**

Brennweite ZN V (-/+n) NATK. **brandpuntsafstand**

brenzlig BN **1** OUD. **aangebrand 2 bedenkelijk, hachelijk, netelig**

Bresche ZN V (-/+n) **bres** • FIG. *eine ~ schlagen für jemanden/etwas* voor iemand/iets opkomen • FIG. *in die ~ springen für jemanden/etwas* voor iemand/iets in de bres springen

Brett ZN O (+(e)s/+er) **1 plank** • *das schwarze ~* het mededelingenbord • FIG. *sie sieht durch drei Bretter* zij is heel slim • FIG. *ein ~ vor dem Kopf haben* een bord voor je kop hebben • TON. *über die Bretter gehen* opgevoerd worden • FIG. *das ~ bohren, wo es am dünnsten ist* de weg van de minste weerstand kiezen, zich er makkelijk vanaf maken • *etwas auf einem ~ bezahlen* iets contant betalen **2 toneel** • *die Bretter, die die Welt bedeuten* (de) planken/het toneel **3** • *die Bretter* de ski's/de lange latten

Bretterbude ZN V (-/+n) **houten keet**

Bretterzaun ZN M (+(e)s/-zäune) **houten schutting**

Brettspiel ZN O (+(e)s/+e) **bordspel**

Brevier ZN O (+s/+e) **brevier**

Brexit ZN M (-s/gmv) **brexit**

Brezel ZN V (-/+n) **krakeling** <zout of zoet>

Brezen ZN V (-/-) **krakeling**

bricht OV WW o.t.t. → **brechen**

Bridge ZN O (-/gmv) **bridge**

Brief ZN M (+(e)s/+e) **brief** • *einen ~ zustellen* een brief bezorgen • *einen ~ einwerfen* een brief op de bus doen • *einen ~ in ein Kuvert stecken* een brief in een envelop stoppen • *mit jemandem Briefe wechseln* een briefwisseling hebben met iemand • *blauer ~* ontslagbrief, waarschuwingsbrief van school <m.b.t. overgang>

Briefbeschwerer ZN M (+s/-) **presse-papier**

Briefblock ZN M (+s/-blöcke, +s) **schrijfblok**

Briefbogen ZN M (+s/-, -bögen) **vel briefpapier**

Briefbombe ZN V (-/+n) **bombrief**

Briefeinwurf ZN M (+(e)s/-würfe) **(gleuf v.d.) brievenbus**

briefen OV WW **briefen, instrueren**

Briefform ZN V (-/gmv) • *in ~* in briefvorm, per brief

Brieffreund ZN M (+(e)s/+e) **penvriend**

Brieffreundin ZN V (-/+nen) **penvriendin**

Briefkasten ZN M (+s/-) **1 brievenbus** • *in den ~ werfen* op de post doen **2 vragenrubriek, ingezonden brieven** <in krant/tijdschrift>

Briefkopf ZN M (+(e)s/-köpfe) **briefhoofd, brievenhoofd**

brieflich BN **per brief**

Briefmarke ZN V (-/+n) **postzegel**

Briefmarkensammlung ZN V (-/+en) **postzegelverzameling**

Brieföffner ZN M (+s/-) **briefopener**

Briefpapier ZN O (+s/gmv) **briefpapier, postpapier**

Brieftasche ZN V (-/+n) **portefeuille**

Brieftaube ZN V (-/+n) **postduif**

Briefträger ZN M (+s/-) **brievenbesteller, postbode**

Briefumschlag ZN M (+(e)s/-umschläge) **envelop** • *Geld im Kuvert* een envelop met inhoud

Briefverkehr ZN M (+s/gmv) **briefwisseling, correspondentie**

Briefwahl ZN V (-/+en) **stemming per brief**

Briefwechsel ZN M (+s/-) **briefwisseling, correspondentie**

Briekäse ZN M (+s/-) **brie**

Bries ZN O (+es/+e) **zwezerik**

briet OV + ONOV WW verl. tijd → **braten**

Brigade ZN V (-/+n) MIL. **brigade**

Brigadier ZN M (+s/+s) MIL. **brigadier**

Brigg ZN V (-/+s) SCHEEPV. **brik**

Brikett ZN O (+(e)s/+s, +e) **briket**

brillant BN **briljant, schitterend**

Brillant ZN M (+en/+en) **briljant**

Brillanz ZN V (-/gmv) **1 virtuositeit 2** COMM. **helderheid**

Brille ZN V (-/+n) **1 bril** • FIG. *etwas durch eine rosarote ~ sehen* iets door een roze bril zien **2** INFORM. **(wc)bril**

Brillenetui ZN O (+s/+s) **brillenkoker**

Brillenfassung ZN V (-/+en) **montuur** <van bril>

Brillengestell ZN O (+(e)s/+e) **montuur** <van bril>

Brillenglas ZN O (+es/-gläser) **brillenglas**

Brillenschlange ZN V (-/+n) **1** BIOL. **brilslang 2** INFORM., MIN. **brillenjood**

Brillenträger ZN M (+s/-) **brildrager**

brillieren ONOV WW **uitblinken, schitteren**

Brimborium ZN O (+s/gmv) **ophef** • *~ um etwas machen* ophef maken over iets

bringen OV WW onregelmatig **1 brengen, wegbrengen, overbrengen** <van bericht> • *jemanden dazu ~, etwas zu tun* iemand ertoe brengen iets te doen • *das Gespräch auf etwas ~* het gesprek op iets brengen • *etwas in Ordnung ~* iets in orde maken • INFORM. *etwas an sich ~* iets in bezit nemen • *dahin bringst du mich nicht!* zover krijg je me niet! • INFORM. *etwas hinter sich ~* iets klaarkrijgen • FIG. *jemanden um etwas ~* iemand van iets beroven **2 opbrengen** <van winst>, **opleveren** • *das bringt 200 Euro* dat levert 200 euro op • *Kapital bringt Zinsen* kapitaal brengt rente op • INFORM. *was bringt mir das?* wat schiet ik daar mee op? • INFORM. *das bringt nichts* dat heeft geen zin **3 publiceren, uitzenden** • *die Zeitung bringt den Artikel* de krant publiceert het artikel • *was ~ sie im Fernsehen?* wat komt er op de tv? **4** INFORM. **presteren** • *er bringt es nicht!* hij krijgt het niet voor elkaar!

Bringer ZN M (+s/-) OUD. **(over)brenger**

Bringschuld ZN V (-/+en) JUR. **brengschuld**

brisant BN OOK FIG. **brisant, explosief** • *ein ~es Problem* een brandend vraagstuk
Brisanz ZN V (-/+en) **1 neteligheid 2 gevaarlijkheid**
Brise ZN V (-/+n) **bries** • *eine steife ~* een stevige bries
Britannien ZN O (+s/gmv) **Groot-Brittannië**
Brite ZN M (+n/+n) **Brit**
Britin ZN V (-/+nen) **Britse**
britisch BN **Brits** • *die Britischen Inseln* de Britse eilanden
Britpop ZN M **britpop**
Broccoli ZN M **broccoli**
bröckelig BN **brokkelig**
bröckeln OV + ONOV WW **1 (af)brokkelen** • FIG. *sein Denkmal bröckelt* zijn nagedachtenis wordt verstoord **2 (ver)kruimelen** <van brood/koekjes>, **in stukjes breken**
brocken OV WW **brokken** <van grote stukken>, **(ver)brokkelen**
Brocken ZN M (+s/-) **1 brok, homp, stuk** • FIG., INFORM. *das war ein harter ~* dat was een zware dobber • INFORM. *die ~ hinwerfen/hinschmeißen* het bijltje erbij neergooien **2 brokstuk, deel 3 (lok) aas** <jacht> **4** INFORM. **boom van een vent**
brockenweise BW **broksgewijs**
brodeln ONOV WW **borrelen, pruttelen, koken, bubbelen** • FIG. *es brodelt in/unter der Bevölkerung* het broeit onder de bevolking
Brokat ZN M (+(e)s/+e) **brokaat**
Brokkoli ZN M **broccoli**
Brom ZN O (+s/gmv) SCHEIK. **broom**
Brombeere ZN V (-/+n) **braam, braambes**
Brombeerstrauch ZN M (+(e)s/-sträucher) **braamstruik**
bronchial BN MED. **bronchiaal**
Bronchialasthma ZN O (+s/gmv) MED. **astma (bronchiale)**
Bronchien ZN MV MED. **bronchiën**
Bronchitis ZN V (-/-tiden) MED. **bronchitis**
Bronze ZN V (-/+n) **1 brons 2** KUNST **bronzen beeld**
bronzefarben BN **brons(kleurig)**
Bronzemedaille ZN V (-/+n) **bronzen medaille**
bronzen BN **1 bronzen 2 brons(kleurig)**
Bronzezeit ZN V (-/gmv) GESCH. **bronstijd**
bronzieren OV WW **bronzen**
Brosame ZN V (-/+n) FORM. **broodkruimel**
brosch. AFK broschiert **gebrocheerd**
Brosche ZN V (-/+n) **broche**
broschieren OV WW **brocheren, innaaien** • *eine broschierte Ausgabe* een paperback(editie)
Broschüre ZN V (-/+n) **brochure**
Brösel ZN M/O (+s/-) **1 (brood)kruimel 2 paneermeel**
bröseln OV + ONOV WW **(ver)kruimelen**
Brot ZN O (+(e)s/+e) **brood** • *halbes ~* halfje (brood) • *sich ein ~ machen* een boterham smeren • *eine Scheibe ~* een boterham • *dunkles ~* bruinbrood • *weißes ~* witbrood • *schwarzes ~* roggebrood • *belegte Brote* belegde broodjes • FIG. *sein ~ verdienen* zijn brood verdienen • FIG. *womit verdient er sein Brot?* wat doet hij voor de kost? • INFORM. *flüssiges ~* bier • FORM. *sein eigen ~ essen* zichzelf kunnen bedruipen • FIG. *etwas für ein Stück ~ verkaufen* iets voor een appel en een ei verkopen • FIG. *ein hartes/saures ~* een zuur verdiende boterham • INFORM. *mehr können als ~ essen* heel wat mans zijn
Brotaufstrich ZN M (+(e)s/+e) **broodbeleg** <smeerbaar>
Brotbelag ZN M (+(e)s/-beläge) **broodbeleg** <worst, kaas>
Brotbüchse ZN V (-/+n) **broodtrommel**
Brötchen ZN O (+s/-) **broodje** • INFORM. *kleine(re) ~ backen (müssen)* de broekriem (moeten) aanhalen • *~ holen* verse broodjes halen <'s ochtends>
Brötchengeber ZN M (+s/-) INFORM., HUMOR. **baas**
Broterwerb ZN M (+(e)s/+e) **brood-/kostwinning**
Brotkorb ZN M (+(e)s/-körbe) **broodmand(je)** • INFORM. *jemandem den ~ höher hängen* iemand op rantsoen stellen, iemand kort houden
Brotkrume ZN V (-/+n) **broodkruimel**
Brotkrümel ZN M (+s/-) **broodkruimel**
Brotlaib ZN M (+(e)s/+e) **brood**
brotlos BN **brodeloos** • *das ist eine ~e Kunst!* daar is geen droog brood mee te verdienen!
Brotneid ZN M (+(e)s/gmv) **broodnijd**
Brotrinde ZN V (-/+n) **broodkorst**
Brotscheibe, **Brotschnitte** ZN V (-/+n) **snee brood**
Brotzeit ZN V (-/gmv) **1 lunchpauze** • *~ machen* pauze maken **2 lunchpakketje** • *eine ~ mitnehmen* broodjes meenemen **3 broodmaaltijd** • *eine ~ bestellen* een broodmaaltijd bestellen • *eine zünftige ~* een stevige broodmaaltijd
browsen ONOV WW COMP. **browsen** • *im Internet ~* op internet browsen
Browser ZN M (+s/-) COMP. **browser**
BRT AFK SCHEEPV. Bruttoregistertonne **brt** <brutoregisterton>
Bruch 1 ZN M (+(e)s/Brüche) **1 breuk, barst** • *in die Brüche gehen* in duigen vallen, spaak lopen, op de klippen lopen <van huwelijk>, verbroken worden <van vriendschap> • INFORM. *einen ~ machen* ergens inbreken • *ein Auto zu ~ fahren* een auto in de prak rijden **2** WISK. **breuk 3** MED. **(lies)breuk, fractuur** • INFORM. *ich lache mir einen ~* ik lach me een breuk **4** MED. **hernia 5 (het) verbreken** <van eed, verdrag, vriendschap>, **schending 6 vouw** <in papier, kleding> **7 rommel 8 crashen** <van vliegtuig> **2** ZN M/O (+(e)s/Brüche) **moeras, broekland**
Bruchbude ZN V (-/+n) MIN. **krot, bouwval**
bruchfest BN **onbreekbaar**
brüchig BN **1 breekbaar, bros, fragiel 2 hees** <van stem>, **schor**
bruchlanden ONOV WW **crashen** <van vliegtuig>
Bruchlandung ZN V (-/+en) LUCHTV. **crash**
bruchlos BN **naadloos**
Bruchpilot ZN M (+s/+e) **brokkenpiloot**
Bruchschaden ZN M (+s/-schäden)

breukschade

bruchsicher BN onbreekbaar

Bruchstrich ZN M (+(e)s/+e) WISK. breukstreep

Bruchstück ZN O (+(e)s/+e) **1** (brok)stuk **2** fragment

bruchstückhaft BN fragmentarisch, gedeeltelijk

Bruchteil ZN M (+(e)s/gmv) klein gedeelte, fractie • *im ~ einer Sekunde* in een fractie van een seconde • *die Kurse waren um einen ~ höher* de koersen waren een fractie hoger

Bruchzahl ZN V (-/+en) WISK. breuk

Brücke ZN V (-/+n) **1** brug, viaduct • *jemandem goldene Brücken bauen* het iemand makkelijk maken om tot overeenstemming te komen • FIG. *alle Brücken hinter sich abbrechen* alle schepen achter zich verbranden **2** (aanleg)steiger **3** SCHEEPV. (commando)brug **4** SPORT brug **5** MED. brug **6** tapijtje

Brückengeländer ZN O (+s/-) brugleuning

Brückenkopf ZN M (+(e)s/-köpfe) MIL. bruggenhoofd

Brückentag ZN M extra dag vrij <als overbrugging naar het weekeinde>

Bruder ZN M (+s/Brüder) broer, broeder • *Brüderchen; kleiner ~* broertje • MIN. *ein übler ~* een nare vent • INFORM. *nasser ~* drinkebroer • MIN. *warmer ~* homo(seksueel) • *~ Liederlich/Lustig/Leichtfuß* levensgenieter • FIG. *gleiche Brüder, gleiche Kappen* gelijke monniken, gelijke kappen

brüderlich BN broederlijk

Brüderlichkeit ZN V (-/gmv) broederlijkheid

Bruderschaft ZN V (-/+en) **1** REL. broederschap <r.-k.> **2** REG. broeder-/vriendschap

Brüderschaft ZN V (-/+en) broeder-/vriendschap • *~ trinken* Broederschap drinken <elkaar gaan tutoyeren>

Brügge ZN O (+s/gmv) Brugge

Brühe ZN V (-/+n) **1** jus, (vlees)nat • *in der ~ sitzen/stecken* in de puree zitten **2** bouillon **3** INFORM. slootwater <slappe koffie, thee> **4** MIN. drab **5** INFORM. zweet

brühen OV WW koken, broeien <van varken>, met heet water begieten • *Kaffee/Tee ~* koffie/thee zetten

brühheiß BN kokend heet

brühwarm BN INFORM. • *jemandem etwas ~ erzählen* iemand iets vers van de pers vertellen, iemand iets heet van de naald vertellen

Brühwürfel ZN M (+s/-) bouillonblokje

Brüllaffe ZN M (+n/+n) **1** BIOL. brulaap **2** schreeuwlelijk

brüllen ONOV WW **1** brullen • *es ist zum Brüllen!* het is om te gillen! **2** loeien <van koe>

Brummbär ZN M (+en/+en) INFORM. brombeer

brummeln ONOV WW INFORM. mompelen

brummen **1** OV WW **1** mompelen **2** neuriën **2** ONOV WW **1** OOK FIG. brommen • *mir brummt der Kopf/Schädel* mijn hoofd bonst <van hoofdpijn> **2** gonzen <van insect>, zoemen **3** mopperen, knorren **4** INFORM. straf uitzitten, brommen

Brummer ZN M (+s/-) **1** INFORM. bromvlieg **2** INFORM. log persoon **3** (zware) vrachtwagen **4** joekel

Brummi ZN M (+s/+s) INFORM. joekel van een vrachtwagen

brummig BN INFORM knorrig, brommerig

Brummschädel ZN M (+s/-) INFORM. duf hoofd, kater

Brunch ZN M (+(e)s/-, +e) brunch

brunchen ONOV WW brunchen

brünett BN bruinharig

Brünette ZN V (-/+n) brunette

Brunft ZN V (-/Brünfte) bronst, bronsttijd

brunftig BN bronstig

Brunnen ZN M (+s/-) **1** OOK FIG. bron **2** put • FIG. *den ~ (erst) zudecken, wenn das Kind hineingefallen ist* als het kalf verdronken is, dempt men de put **3** fontein **4** bronwater

Brunnenkresse ZN V (-/+n) PLANTK. waterkers

Brunnenwasser ZN O (+s/-) bronwater

Brunst ZN V (-/Brünste) bronst, bronsttijd

brünstig BN **1** bronstig **2** geil <m.b.t. mensen>

Brunstzeit ZN V (-/+en) bronsttijd

brüsk BN **1** bruusk **2** bars

brüskieren OV WW bruuskeren, schofferen

Brüssel ZN O (+s/gmv) Brussel

Brust ZN V (-/Brüste) borst • *aus voller ~ singen* voluit zingen • *~ an ~* tegenover elkaar • *dem Kind die ~ geben* het kind de borst geven • *schwach auf der ~ sein* een zwakke borst hebben • INFORM. *einen zur ~ nehmen* er eentje vatten <van alcohol> • FIG. *sich in die ~ werfen* een hoge borst opzetten, zich op de borst kloppen • SPORT *100 m ~* 100 m. borstslag

Brustbein ZN O (+(e)s/+e) MED. borstbeen

brüsten WKD WW (**sich ~**) MIN. pochen, snoeven, een hoge borst opzetten • *sich mit seinen Erfolgen ~* opscheppen over zijn successen

Brustfell ZN O (+(e)s/+e) ANAT. borstvlies

Brustfellentzündung ZN V (-/+en) MED. borstvliesontsteking, pleuritis

Brusthöhle ZN V (-/+n) MED. borstholte

Brustkasten ZN M (+s/-kästen) borstkas

Brustkorb ZN M (+(e)s/-körbe) borstkas

Brustkrebs ZN M (+es/+e) MED. borstkanker

Brustschwimmen ZN O (+s/gmv) (het) borstzwemmen, schoolslag

Brusttasche ZN V (-/+n) **1** borstzak **2** binnenzak

Brustton ZN M (+(e)s/-töne) MUZ. borsttoon • *im ~ der Überzeugung* op zelfverzekerde toon

Brüstung ZN V (-/+en) borstwering, balustrade

Brustwarze ZN V (-/+n) tepel • *aufgesprungene Brustwarzen* tepelkloven

Brustweite ZN V (-/+n) borstwijdte

Brut **1** ZN V (-/+en) **1** (het) broeden **2** broedsel • MIN. *da kommt sie mit ihrer ~* daar komt zij met haar kinderen **2** ZN V (-/gmv) MIN. gespuis

brutal BN **1** bruut, ruw, grof **2** meedogenloos

Brutalität ZN V (-/+en) **1** bruutheid, ruwheid **2** meedogenloosheid

Brutapparat ZN M (+(e)s/+e) **1** broedmachine **2**

MED. couveuse
brüten OV + ONOV WW **1** OOK FIG. broeden **(über** +3 **op)**, peinzen • *über einer Sache ~* op iets zitten te broeden **2** FORM. broeien <van zon> • *brütende Hitze* broeihitte
Brüter ZN M (+s/-) kweekreactor • *schneller ~* snellekweekreactor
Bruthitze ZN V (-/gmv) INFORM. broeihitte
brütig BN broeds
Brutkasten ZN M (+s/-kästen) MED. couveuse
Brutstätte ZN V (-/+n) **1** broedplaats **2** OOK FIG. broeinest
brutto BW ECON. bruto
Bruttoeinkommen ZN O (+s/-) ECON. bruto-inkomen
Bruttogehalt ZN O (+(e)s/-gehälter) brutoloon
Bruttoinlandsprodukt ZN O (+(e)s/+e) ECON. bruto binnenlands product
Bruttolohn ZN M (+(e)s/-löhne) brutoloon
Bruttoregistertonne ZN V (-/+n) SCHEEPV. (bruto)registerton
Bruttosozialprodukt ZN O (+(e)s/+e) ECON. bruto nationaal product
brutzeln **1** OV WW INFORM. (aan)braden, bakken, fruiten <van ui> **2** ONOV WW sudderen, sissen
BSE AFK bovine spongiforme Enzephalopathie BSE
BSP AFK Brutosozialproduct BNP, bruto nationaal product
bspw. AFK beispielsweise bijvoorbeeld
btto. AFK ECON. brutto bruto
Btx AFK Bildschirmtext videotex
Bub ZN M (+en/+en) knaap, jongen
Bube ZN M (+n/+n) **1** boer <in kaartspel> **2** MIN., OUD. schurk, boef
bubenhaft BN jongensachtig
Bubenstreich ZN M (+(e)s/+e) kwajongensstreek
Bubi ZN M (+s/+s) **1** INFORM. jochie, ventje **2** MIN. lummel
Bubikopf ZN M (+(e)s/-köpfe) jongenskop <dameskapsel>
bübisch BN **1** FORM., OUD. gemeen, schurkachtig **2** FORM., OUD. ondeugend, jongensachtig
Buch ZN O (+(e)s/Bücher) **1** boek • FIG. *ein offenes ~ sein* een open boek zijn • FIG. *so sein, wie es im Buche steht* volgens het boekje zijn • FIG. *reden wie ein ~* aan een stuk doorpraten • FIG. *das ist für mich ein ~ mit sieben Siegeln* dat is een gesloten boek voor mij **2** A-V draaiboek, scenario **3** ECON. kasboek • *die Bücher führen* boekhouden, de boeken bijhouden • *die Bücher abschließen* het boekjaar afsluiten
Buchbinder ZN M (+s/-) boekbinder
Buchdeckel ZN M (+s/-) boekband
Buche ZN V (-/+n) beuk(enboom)
Buchecker ZN V (-/+n) beukennootje
Bucheinband ZN M (+(e)s/-bände) boekband
buchen **1** BN beuken-, van beukenhout **2** OV + ONOV WW **1** ECON. boeken **2** reserveren
Bücherei ZN V (-/+en) (openbare) bibliotheek
Büchergutschein ZN M (+(e)s/+e) boekenbon
Büchernarr ZN M (+en/+en) boekengek
Bücherregal ZN O (+s/+e) boekenrek
Bücherrevisor ZN M (+s/+en) ECON. boekhouder
Bücherschrank ZN M (+(e)s/-schränke) boekenkast
Bücherstütze ZN V (-/+n) boekensteun
Bücherwurm ZN M (+(e)s/-würmer) FIG., HUMOR. boekenwurm
Buchfink ZN M (+en/+en) BIOL. (boek)vink
Buchführung ZN V (-/+en) ECON. boekhouding • *doppelte ~* dubbele boekhouding
Buchgemeinschaft ZN V (-/+en) boekenclub
Buchhalter ZN M (+s/-) ECON. boekhouder
Buchhaltung ZN V (-/+en) **1** ECON. boekhouding **2** ECON. boekhoudafdeling
Buchhandel ZN M (+s/gmv) boekhandel <branche>
Buchhändler ZN M (+s/-) boekhandelaar
Buchhandlung ZN V (-/+en) boekhandel, boekwinkel
Buchklub ZN M (+s/+s) boekenclub
Büchlein ZN O (+s/-) boekje
Buchmacher ZN M (+s/-) bookmaker
buchmäßig BN boekhoudkundig
Buchmesse ZN V (-/+n) boekenbeurs
Buchpreisbindung ZN V (-/+en) vaste boekenprijs
Buchprüfer ZN M (+s/-) ECON. boekhouder
Buchprüfung ZN V (-/gmv) ECON. boekhouding, controle v.d. boekhouding
Buchs ZN M (+es/+e) PLANTK. buks(boom), buxus
Buchsbaum ZN M (+(e)s/-bäume) PLANTK. buks(boom), buxus
Buchse ZN V (-/+n) **1** bus, huls, naaf <van wiel> **2** TECHN. contactdoos
Büchse ZN V (-/+n) **1** bus <verpakking>, blik, trommel **2** buks, (jacht)geweer
Büchsenfleisch ZN O (+(e)s/gmv) vlees in blik, blikvlees
Büchsenöffner ZN M (+s/-) blikopener
Buchstabe ZN M (+ns/+n) letter • *ein großer ~* een hoofdletter • *ein kleiner ~* een kleine letter
buchstabengetreu BN letterlijk, zeer nauwkeurig
Buchstabieralphabet ZN O (+(e)s/+e) telefoonalfabet
buchstabieren OV WW spellen
buchstäblich BN letterlijk • *sie hat ~ alles verloren* zij is letterlijk alles kwijt
Bucht ZN V (-/+en) baai, inham
Buchung ZN V (-/+en) **1** boeking **2** reservering
Buchweizen ZN M (+s/gmv) PLANTK. boekweit
Buchwert ZN M (+(e)s/+e) ECON. boekwaarde
Buchzeichen ZN O (+s/-) boekenlegger
Buckel **1** ZN M (+s/-) **1** bochel, bult **2** INFORM. rug **3** bult, heuvelrug **4** (metaal)beslag, knop <van schild> • FIG., INFORM. *du kannst mir den ~ runterrutschen!* je kunt naar de pomp lopen!, je kunt naar de maan lopen! • FIG., INFORM. *einen krummen ~ machen* flikflooien <kat> • FIG., INFORM. *er hat einen breiten ~* hij heeft een brede rug **2** ZN V (-/+n) **1** knop <van schild> **2** (metaal)beslag

bu

buckeln 1 OV WW INFORM. op zijn rug nemen <van last>, torsen 2 ONOV WW 1 INFORM. een hoge rug opzetten <van kat> 2 INFORM. kruipen • FIG. *vor jemandem ~* voor iemand kruipen

bücken WKD WW (**sich ~**) (zich) bukken

bucklig BN 1 gebocheld 2 INFORM. hobbelig, oneffen • HUMOR. *die ~e Verwandtschaft* de familie

Bucklige ZN M/V (+n/+n) gebochelde

Bückling ZN M (+s/+e) 1 INFORM., HUMOR. (diepe) buiging 2 bokking <vis>

Buddel ZN V (-/+n) INFORM. (drank)fles

buddeln 1 OV WW REG. rooien <van aardappels> 2 ONOV WW 1 graven, woelen 2 met zand spelen

Buddha ZN M (+s/+s) 1 REL. Boeddha 2 REL. Boeddhabeeld

Buddhismus ZN M (-/gmv) REL. boeddhisme

Buddhist ZN M (+en/+en) REL. boeddhist

buddhistisch BN REL. boeddhistisch

Bude ZN V (-/+n) 1 kraam(pje), tentje, stalletje, kiosk 2 MIN. krot, bouwval <van huis> 3 INFORM. (studenten)kamer • FIG. *sturmfreie ~ haben* alleen (zonder ouderlijk toezicht) thuis zijn 4 MIN. keet, tent, café, winkel • *wir machen die ~ zu; wir schließen die ~* we sluiten de tent • FIG. *Leben in die ~ bringen* leven in de brouwerij brengen • FIG. *die ~ auf den Kopf stellen* de tent afbreken

Budget ZN O (+s/+s) ECON. budget, begroting

budgetär BN ECON. budgettair

budgetieren ONOV WW ECON. budgetteren

Budike ZN V (-/+n) 1 REG. winkeltje 2 REG. cafeetje

Bufdi OMSCHR. AFK iemand die 'Bundesfreiwilligendienst' doet

Büfett ZN O (+(e)s/+s, +e) buffet, bar • *kaltes ~* koud buffet

Büffel ZN M (+s/-) buffel

Büffelei ZN V (-/+en) INFORM. geblok, gezwoeg <op huiswerk>

büffeln ONOV WW blokken, zwoegen, stampen

Büffler ZN M (+s/-) INFORM. blokker, zwoeger

Bug 1 ZN M (+(e)s/+e) boeg <van schip>, neus <van vliegtuig> • FIG. *Schuss vor den ~* schot voor de boeg 2 ZN M (+(e)s/+e, Büge) schouderstuk <van vlees>

Bügel ZN M (+s/-) 1 beugel 2 kleerhanger, hangertje 3 (stijg)beugel 4 brillenveer

Bügelbrett ZN O (+(e)s/+er) strijkplank

Bügeleisen ZN O (+s/-) strijkijzer, strijkbout

Bügelfalte ZN V (-/+n) vouw <in een broek>

bügelfrei BN strijkvrij, no-iron

bügeln OV WW strijken <van was>

Buggy ZN M (+s/+s) buggy

Büglerin ZN V (-/+nen) strijkster

bugsieren OV WW 1 SCHEEPV. boegseren, slepen, binnenloodsen 2 FIG., INFORM. loodsen, dirigeren

buh TUSSENW boe, bah

buhen ONOV WW INFORM. boe roepen

buhlen ONOV WW 1 FORM., MIN. dingen (**um** +4 naar) <een gunst> 2 OUD. vrijen

Buhler ZN M (+s/-) FORM. mededinger

Buhmann ZN M (+(e)s/-männer) 1 INFORM. boeman 2 INFORM. zondebok • *jemanden zum ~ machen* iemand als zondebok aanwijzen

Bühne ZN V (-/+n) 1 toneel, schouwburg, theater • *zur ~ gehen* bij het toneel gaan 2 podium • *über die ~ gehen* opgevoerd worden • *ein Stück auf die ~ bringen* een stuk opvoeren, een stuk ten tonele brengen • FIG. *etwas spielt sich hinter der ~ ab* iets speelt zich achter de schermen af • FIG. *alles ist gut über die ~ gegangen* alles is goed verlopen • FIG. *etwas über die ~ bringen* iets tot een goed einde brengen • FIG. *die ~ verlassen* uit de schijnwerpers verdwijnen

Bühnenautor ZN M (+s/+en) TON. toneelschrijver

Bühnenbild ZN O (+(e)s/+er) TON. decor

Bühnenbildner ZN M (+s/-) TON. decorontwerper

Bühnendichter ZN M (+s/-) TON. toneelschrijver

Bühnenfassung ZN V (-/+en) TON. toneelbewerking

bühnenreif BN TON. speelbaar, opvoerbaar

Bühnenstück ZN O (+(e)s/+e) toneelstuk

Buhruf ZN M (+(e)s/+e) boegeroep

buk OV + ONOV WW → **backen**

Bukett ZN O (+s/+s, +e) boeket

Bulette ZN V (-/+n) REG. gehaktbal(letje)

Bulgare ZN M (+n/+n) Bulgaar

Bulgarien ZN O (+s/gmv) Bulgarije

Bulgarin ZN V (-/+nen) Bulgaarse

bulgarisch BN Bulgaars

Bulimie ZN V (-/gmv) MED. boulimie, boulimia, vraatzucht

Bullauge ZN O (+s/+n) SCHEEPV. patrijspoort

Bulldogge ZN V (-/+n) buldog

Bulldozer ZN M (+s/-) bulldozer

Bulle 1 ZN M (+n/+n) 1 stier 2 MIN. bullebak, bul 3 MIN. smeris 2 ZN V (-/+n) 1 (pauselijke) bul, oorkonde 2 zegel

Bullenbeißer ZN M (+s/-) 1 buldog 2 MIN., INFORM. bullebak

Bullenhitze ZN V (-/gmv) INFORM. vreselijke hitte

bullern ONOV WW INFORM. 1 INFORM. dreunen, donderen, loeien <van kachel> • *im Kamin bullert das Holz* in de haard knettert het hout 2 INFORM. schieten 3 INFORM. bonken

Bulletin ZN O (+s/+s) bulletin

bullig BN 1 INFORM. zwaargebouwd, gedrongen <van bouw> 2 INFORM. drukkend <van hitte> • *es war ~ heiß* het was ondraaglijk heet

Bumerang ZN M (+s/+s, +e) boemerang

Bummel ZN M (+s/-) INFORM. wandelingetje • *einen ~ durch die Altstadt machen* door de oude binnenstad slenteren

Bummelei ZN V (-/+en) MIN. gelanterfant, getreuzel

bummeln ONOV WW 1 slenteren, wandelen • *~ gehen* een beetje gaan wandelen • *durch die Stadt ~* door de stad wandelen 2 MIN. boemelen 3 MIN. lummelen, lanterfanten, treuzelen • *bummel doch nicht so!* treuzel niet zo!

Bummelstreik ZN M (+(e)s/+s) langzaamaanactie

Bummelzug ZN M (+(e)s/-züge) INFORM. boemel-/stoptrein

Bummler ZN M (+s/-) **1** slenteraar, wandelaar **2** boemelaar **3** lanterfanter, leegloper

bums TUSSENW boem, bons

Bums ZN M (+es/+e) INFORM. bons, doffe klap

bumsen ONOV WW **1** bonzen (**an** +4 op, tegen), botsen **2** INFORM. dreunen **3** SPORT schieten, knallen **4** INFORM. neuken • *eine Frau ~* een vrouw neuken

Bumslokal ZN O (+s/+e) sjofele tent, ordinaire dancing

Bund 1 ZN M (+(e)s/Bünde) **1** bond, verbond, federatie • *mit jemandem im Bunde sein/stehen* een bondgenootschap met iemand hebben • FIG. *mit dem Teufel im Bunde sein* een pact met de duivel hebben **2** (taille)band <van broek, rok> **2** ZN O (+(e)s/+e) bundel, bos • *~ Petersilie* bosje peterselie • *~ Möhren* bos wortelen **3** ZN M (+(e)s/gmv) Bondsrepubliek, bondsregering • *der ~ und die Länder* de bondsregering en de deelstaten • *beim ~ sein* in dienst zijn <bij Bundeswehr>

Bündel ZN O (+s/-) bundel, bos(je), pakje • *sein ~ packen/schnüren* zijn boeltje pakken

bündeln OV WW OOK FIG. bundelen

bündelweise BW gebundeld, in bundels/bosjes

Bundesamt ZN O (+(e)s/-ämter) federaal bureau

Bundesautobahn ZN V (-/+en) nationale snelweg

Bundesbahn ZN V (-/+en) nationaal spoorwegbedrijf <Oostenrijks, Zwitsers>

Bundesbank ZN V (-/gmv) Deutsche Bundesbank centrale bank van Duitsland

bundesdeutsch BN Duits • *die ~en Wahlen* de verkiezingen in de Bondsrepubliek Duitsland

Bundesdeutsche ZN M/V (+n/+n) Duitse(r)

Bundesebene ZN V (-/gmv) nationaal, centraal • *auf ~* op federaal niveau

Bundesfreiwilligendienst ZN M vrijwillige sociale dienst

Bundesgenosse ZN M (+n/+n) bondgenoot

Bundesgerichtshof ZN M (+(e)s/-gmv) JUR. hoogste federaal gerechtshof

Bundesgrenzschutz ZN M (+es/gmv) grenswacht

Bundeshaus ZN O (+es/gmv) parlementsgebouw

Bundeskanzler ZN M (+s/-) POL. bondskanselier

Bundeskanzlerin ZN V (-/+nen) vrouwelijke bondskanselier

Bundesland ZN O (+es/-länder) deelstaat <van Duitsland of Oostenrijk> • *die neuen Bundesländer* de nieuwe deelstaten <voormalige DDR> • *die alten Bundesländer* de oude deelstaten <voormalig West-Duitsland> • *welches ~ hat das beste Schulsystem?* welke deelstaat heeft het beste schoolsysteem?

Bundesliga ZN V (-/gmv) SPORT Duitse eredivisie <voetbal> • *Erste ~* eerste divisie

Bundesminister ZN M (+s/-) POL. bondsminister

Bundesministerium ZN O (+s/-rien) bondsministerie

Bundespost ZN V (-/gmv) Deutsche Bundespost nationaal postbedrijf <van Duitsland tot 1994>

Bundespräsident ZN M (+en/+en) POL. bondspresident

Bundesrat ZN M (+(e)s/gmv) POL. Bondsraad <≈ eerste kamer>

Bundesrechnungshof ZN M (+(e)s/gmv) Algemene Rekenkamer

Bundesregierung ZN V (-/+en) POL. bondsregering

Bundesrepublik ZN V (-/gmv) bondsrepubliek • *~ Deutschland* Bondsrepubliek Duitsland

bundesrepublikanisch BN van de Bondsrepubliek, Duits

Bundesstaat ZN M (+(e)s/+en) bondsstaat

Bundesstraße ZN V (-/+n) rijksweg

Bundestag ZN M (+(e)s/gmv) POL. Bondsdag <Duits parlement>

Bundestagsabgeordnete ZN M/V (+n/+n) POL. parlementslid <in Duitse Bondsdag>

Bundestagswahl ZN V (-/+en) POL. parlementsverkiezingen

Bundesverfassungsgericht ZN O (+(e)s/gmv) POL. federaal constitutioneel gerechtshof

Bundesversammlung ZN V (-/gmv) POL. orgaan voor de verkiezing van de bondspresident

Bundeswehr ZN V (-/gmv) MIL. strijdkrachten <het Duitse leger>

bundesweit BN in heel Duitsland

Bundhose ZN V (-/+n) kniebroek, knickerbocker

bündig BN **1** bondig <van antwoord> **2** overtuigend, afdoend <van bewijs> **3** ARCH. gelijkliggend

Bündigkeit ZN V (-/gmv) **1** bondigheid <van antwoord> **2** geldigheid <van bewijs>

Bündnis ZN O (+ses/+se) (ver)bond, bondgenootschap, alliantie • *ein ~ eingehen/schließen* een bondgenootschap aangaan/sluiten, een verbond sluiten • *~ 90/Die Grünen* OMSCHR. Duitse milieupartij

bündnisfrei BN POL. neutraal, niet-gebonden

Bündnisgrüne ZN M/V (+n/+n) POL. lid van Bündnis 90/Die Grünen

Bündnispartner ZN M (+s/-) bondgenoot

Bungalow ZN M (+s/+s) bungalow

Bungee-Jumping, **Bungeejumping** ZN O (+s/gmv) bungeejumpen

Bungeespringen ZN O (+s/gmv) bungeejumpen

Bunker ZN M (+s/-) MIL. bunker, schuilkelder

bunkern ONOV WW bunkeren

bunt BN bont • *~ gemischt* gevarieerd <van programma> • *eine ~e Kuh* een gevlekte koe • *eine ~e Gesellschaft* een gemêleerd gezelschap • INFORM. *jetzt wird es mir aber zu ~!* dit gaat me te ver! • INFORM., FIG. *er treibt es zu ~* hij maakt het al te bont

Buntmetall ZN O (+s/+e) non-ferrometaal

Buntspecht ZN M (+(e)s/+e) BIOL. bonte specht
Buntstift ZN M (+(e)s/+e) kleurpotlood
Buntwäsche ZN V (-/gmv) bonte was
Bürde ZN V (-/+n) OOK FIG., FORM. last, vracht
Bure ZN M (+n/+n) Boer <in Zuid-Afrika>
Burg ZN V (-/+en) burcht
Bürge ZN M (+n/+n) borg • *der Name der Firma ist ~ für Qualität* de naam v.d. firma staat garant voor kwaliteit
bürgen ONOV WW **1** borg staan, instaan **(für** +4 **voor) 2** waarborgen
Bürger ZN M (+s/-) burger
Bürgerhaus ZN O (+es/-häuser) **1** herenhuis **2** buurthuis
Bürgerin ZN V (-/+nen) vrouwelijke burger
Bürgerinitiative ZN V (-/+n) actiegroep <van burgers>
Bürgerkrieg ZN M (+(e)s/+e) burgeroorlog
bürgerlich BN burgerlijk, bourgeois • *~ werden* burgerlijk worden
Bürgerlichkeit ZN V (-/gmv) burgerlijkheid
Bürgermeister ZN M (+s/-) burgemeester
bürgernah BN dicht bij de burger staand
Bürgerpflicht ZN V (-/+en) burgerplicht
Bürgerrecht ZN O (+(e)s/+e) burgerrecht
Bürgerrechtler ZN M (+s/-) strijder voor burgerrechten
Bürgerschaft ZN V (-/+en) **1** burgerij, (de) burgers **2** gemeenteraad **3** parlement <in Bremen/Hamburg>
Bürgersteig ZN M (+(e)s/+e) trottoir
Bürgertum ZN O (+s/gmv) burgerij, (de) burgers
Burgfriede ZN M (+n/+n) **1** GESCH. godsvrede **2** wapenstilstand
Bürgschaft ZN V (-/+en) (waar)borg, borgtocht • *für jemanden/etwas ~ leisten* borg staan voor iemand/iets
Bürgschaftsleistung ZN V (-/+en) borgstelling
Burgund ZN O (+s/gmv) Bourgondië
Burgunder ZN M (+s/-) **1** Bourgondiër **2** bourgogne(wijn)
burgundisch BN Bourgondisch
Burka ZN V (-/+s) boerka
Burn-out, **Burnout** ZN O (+s/+s) MED. burn-out(syndroom)
Büro ZN O (+s/+s) kantoor(ruimte), bureau • *ins ~ gehen* naar kantoor gaan
Büroangestellte ZN M/V (+n/+n) kantoorbediende
Bürobedarf ZN M (+(e)s/gmv) kantoorbenodigdheden
Bürohochhaus ZN O (+es/-häuser) hoog kantoorgebouw, kantoorkolos
Büroklammer ZN V (-/+n) paperclip
Bürokraft ZN V (-/+en) kantoorbediende
Bürokrat ZN M (+en/+en) bureaucraat
Bürokratie ZN V (-/+n) bureaucratie
bürokratisch BN bureaucratisch
Bürolandschaft ZN V (-/+en) kantoortuin
Büromöbel ZN MV kantoormeubilair
Büroschluss ZN M (+es/gmv) sluitingstijd <van kantoor> • *nach ~* na kantoortijd
Bürostunden ZN MV kantooruren
Bürozeit ZN V (-/+en) kantoortijd
Bursche ZN M (+n/+n) **1** knaap, jongen, jongeman **2** MIN. vent, kerel • *ein übler ~* een vervelende vent • *ein flinkes Bürschchen* een vief kereltje • *das ist ein sauberer Bursche!* dat is een fraai heerschap! **3** INFORM. kanjer, joekel
Burschenschaft ZN V (-/+en) studentenvereniging
Burschenschafter ZN M (+s/-) lid <van studentenvereniging>, corpslid
burschikos BN **1** studentikoos **2** ongedwongen, vlot
Bürste ZN V (-/+n) borstel
bürsten OV WW **1** borstelen • *sich das Haar ~* zijn haar borstelen **2** poetsen <van schoenen> **3** VULG. neuken
Bürstenfrisur ZN V (-/+en) stekeltjeshaar, stekeltjes
Bürstenschnitt ZN M (+(e)s/+e) stekeltjeshaar, stekeltjes
Bus ZN M (+ses/+se) (auto)bus • *mit dem ~ fahren* met de bus gaan
Busbahnhof ZN M (+(e)s/-höfe) busstation
Busch ZN M (+(e)s/Büsche) **1** bosje, struik(gewas), kreupelhout • FIG., INFORM. *(bei jemandem) auf den ~ klopfen* (bij iemand) naar iets vissen, zinspelen op iets, een ballonnetje oplaten • INFORM. *mit etwas nicht hinter dem ~ halten* iets niet onder stoelen of banken steken • INFORM. *etwas ist im Busch!* er is iets op til! **2** oerwoud, rimboe, jungle **3** bos, boeket
Büschel ZN O (+s/-) bos, bundel, pluk • *~ Haare* bos haar
büschelig BN in bosjes
buschig BN **1** dichtbegroeid <met struiken> **2** ruig, borstelig
Buschmann ZN M (+(e)s/-männer) Bosjesman
Buschmesser ZN O (+s/-) kapmes
Busen ZN M (+s/-) **1** boezem, borsten • *ein üppiger ~* een weelderige boezem **2** FORM. gemoed, hart **3** zeeboezem
Busenfreund ZN M (+(e)s/+e) boezemvriend
Busfahrer ZN M (+s/-) buschauffeur
Busfahrt ZN V (-/+en) busrit, bustoer
Bushaltestelle ZN V (-/+n) bushalte
Business ZN O (-/gmv) business
Businessclass, **Business-Class** ZN V (-/-) businessclass
Buslinie ZN V (-/+n) buslijn
Bussard ZN M (+s/+e) buizerd
Buße ZN V (-/+n) **1** JUR. boete • *jemanden mit einer ~ belegen* iemand een boete opleggen • *~ zahlen* boete betalen **2** REL. boete, boetedoening
büßen OV + ONOV WW **1** boeten **(für** +4 **voor)** • *das sollst du (mir) büßen!* dat zet ik je betaald! • *das wird sie noch ~* daar zal ze nog spijt van hebben **2** REL. boete doen **3** ZWIT. beboeten
bußfertig BN boetvaardig

Bußgeld ZN O (+(e)s/+er) JUR. **(geld)boete**
Büste ZN V (-/+n) **buste**
Büstenhalter ZN M (+s/-) **bustehouder**
Butan ZN O (+s/+e) SCHEIK. **butaan**
Butike ZN V (-/+n) **winkeltje, cafeetje**
Butler ZN M (+s/-) **butler**
Büttenpapier ZN O (+s/gmv) **geschept papier**
Büttenrede ZN V (-/+n) **carnavalsspeech, tobberede**
Butter ZN V (-/gmv) **(room-)boter** • *zerlassene ~* gesmolten boter • INFORM. *alles in (bester) Butter!* alles kits!, alles okay! • FIG., INFORM. *ich lasse mir nicht die ~ vom Brot nehmen* ik laat me de kaas niet van het brood eten
Butterblume ZN V (-/+n) PLANTK. **boterbloem**
Butterbrot ZN O (+(e)s/+e) **boterham** • *ein ~ schmieren* boter op een boterham smeren • INFORM. *etwas für/um ein ~ (ver)kaufen* iets voor een appel en een ei (ver)kopen
Butterdose ZN V (-/+n) **botervloot**
buttergelb BN **botergeel**
Buttermilch ZN V (-/gmv) **karnemelk**
buttern **1** OV WW **beboteren, besmeren** <met boter> **2** ONOV WW **boteren, karnen** • *Geld in etwas ~* geld in iets steken
Butterseite ZN V (-/gmv) **1 beboterde kant** <van boterham> **2** INFORM. **zonzijde** • INFORM. *auf die ~ fallen* met zijn neus in de boter vallen
butterweich BN **boterzacht, zacht** <als boter> • *eine ~e Landung* een zachte landing
Büttner ZN M (+s/-) **kuiper**
Button ZN M (+s/+s) **button**
Butzemann ZN M (+(e)s/-männer) **boeman**
Butzen ZN M (+s/-) **1 verkoolde kaarsenpit 2** REG. **klokhuis** <van appel> **3** REG. **verdikking** <in glas> **4 klomp(je), klont(je)**
BVG AFK Bundesverfassungsgericht **federaal constitutioneel gerechtshof**
b.w. AFK bitte wenden! **zie ommezijde, z.o.z.**
Bw. AFK Bundeswehr **strijdkrachten**
Bypass ZN M (+es/-pässe) MED. **bypass**
Byte ZN O (-, +s/-, +s) COMP. **byte**
byzantinisch BN **Byzantijns**
Byzanz ZN O **Byzantium**
bz AFK bezahlt **betaald**
Bz. AFK **1** Bezahlung **betaling 2** Bezeichnung **aanduiding 3** Bezirk **district**
bzgl. AFK bezüglich **m.b.t., met betrekking tot**
bzw. AFK beziehungsweise **resp., respectievelijk, en/of** • *bitte mailen Sie uns ~ rufen Sie uns an* mail of bel ons alstublieft

C

c AFK **1** Cent(s) **cent 2** MUZ. **C klein** • MUZ. *c(-Moll)* C mineur
C 1 ZN O (-/-) **1** letter **c** • *C wie Cäsar* de c van Cornelis **2** MUZ. **C** • *C(-Dur)* C majeur • *das hohe C* de hoge c **2** AFK (-/-) Celsius **C**
ca. AFK zirka **ca., circa**
Cabrio ZN O (+s/+s) **cabrio**
Cabriolet ZN O (+s/+s) **cabriolet**
Café ZN O (+s/+s) **koffiehuis**
Cafeteria ZN V (-/+s, -rien) **cafetaria, snackbar**
cal AFK Kalorie **calorie**
Callcenter, Call-Center ZN O (+s/-) **callcenter**
Calvinist ZN M (+s/+en) **calvinist**
Camcorder ZN M (+s/-) **camcorder**
Camembert ZN M (+s/+s) **camembert**
campen ONOV WW **kamperen**
Camper ZN M (+s/-) **1 kampeerder** <persoon> **2 kampeerauto, camper**
Camping ZN O (+s/gmv) **(het) kamperen** • *~ machen* kamperen
Campingartikel ZN MV **kampeerartikelen**
Campingbus ZN M (+ses/+se) **kampeerauto, camper**
Campingladen ZN M **kampwinkel**
Campingplatz ZN M (+es/-plätze) **camping, kampeerterrein**
canceln OV WW **cancelen** • *der Flug wurde gecancelt* de vlucht werd gecanceld
Cantaloupe-Melone ZN V (-/-n) **cantaloupe**
Cappuccino ZN M (-s/-s) **cappuccino**
Caravan ZN M (+s/+s) **stationcar**
Carport ZN M (+s/+s) **carport**
Cartoon ZN M/O (-, +s/+s) **cartoon**
Cashewnuss ZN V (-/-nüsse) **cashewnoot**
catern ONOV WW **cateren**
ccm AFK Kubikzentimeter **cc(m), kubieke centimeter**
CD ZN V (-/-, +s) Compact Disc **cd** • *eine ~ brennen* een cd branden
CD-Player ZN M (+s/-) **cd-speler**
CD-ROM ZN V (-/-, +s) COMP. **cd-rom**
CD-Spieler ZN M (+s/-) **cd-speler**
CDU AFK POL. Christlich Demokratische Union (Deutschlands) **CDU** <christendemocatische partij>
C-Dur ZN O (-/gmv) MUZ. **C majeur**
Cellist ZN M (+en/+en) MUZ. **cellist**
Cello ZN O (+s/+s, Celli) MUZ. **cello**
Celsius Celsius • *20 Grad ~* 20 graden Celsius
Cembalo ZN O (+s/+s, -li) MUZ. **klavecimbel**
Cent ZN M (-, +s/-, +s) **cent**
Center ZN O (+s/-) **(winkel)centrum**
CH AFK Confoederatio Helvetica **Zwitserland**
Chalet ZN O (+s/+s) **chalet**
Chamäleon ZN O (+s/+s) **kameleon** • MIN. *er ist ein ~* hij waait met alle winden mee
Champagner ZN M (+s/-) **champagne**
Champignon ZN M (+s/+s) **champignon**

ch

Chance ZN V (-/+n) kans • *jedem dieselbe ~ geben* iedereen dezelfde kans geven • *jemandem die ~ geben zu* iemand de kans geven om • *die Chancen dafür stehen schlecht* daar is weinig kans op • *es gibt eine geringe Chance, dass ...* er is een kleine kans dat... • *das ist meine ~* dat is mijn kans • *er hat in dieser Wahl keine großen Chancen* hij is niet erg kansrijk in deze verkiezing • *keine ~ haben* geen schijn van kans hebben
Chancengleichheit ZN V (-/gmv) gelijke kansen
Chanson ZN O (+s/+s) chanson, cabaret- of luisterlied
Chaos ZN O (-/gmv) chaos
Chaot ZN M (+en/+en) chaoot
chaotisch BN chaotisch
Charakter ZN M (+s/+e) karakter, wezen • *er hat einen weichen ~* hij heeft een zacht karakter • *sie ist eine Frau von ~* zij is een vrouw met karakter • *die Besprechung hatte vertraulichen ~* de bespreking had een vertrouwelijk karakter
Charaktereigenschaft ZN V (-/+en) karaktereigenschap
charakterisieren OV WW karakteriseren, kenschetsen
Charakterisierung ZN V (-/+en) (het) karakteriseren, karakterisering
Charakteristik ZN V (-/+en) karakteristiek, karakterschets
Charakteristikum ZN O (+s/-ka) FORM. karakteristieke eigenschap
charakteristisch BN karakteristiek, kenmerkend **(für** +4 **voor)** • *das ist ~ für sie* dat is tekenend voor haar
charakterlich BN karakter-
charaktervoll BN **1** karaktervol, karaktervast **2** markant
Charakterzug ZN M (+(e)s/-züge) karaktertrek
chargieren OV WW **1** chargeren, overdrijven **2** ECON. overtekenen
Charisma ZN O (+s/-men) charisma
charmant BN charmant
Charme ZN M (+s/gmv) charme • *seinen ~ spielen lassen* zijn charme inzetten
Charta ZN V handvest • *die ~ der Vereinten Nationen* het handvest van de Verenigde Naties
Charter ZN M (+s/+s) LUCHTV. charter
Charterflug ZN M (+(e)s/-flüge) LUCHTV. chartervlucht
chartern OV WW charteren <van schip, vliegtuig>
Chatbox ZN V (-/+en) chatbox, babbelbox
Chauffeur ZN M (+s/+e) chauffeur
Chauvi ZN M (+s/+s) INFORM. seksist, macho
Chauvinismus ZN M (-/-men) MIN. chauvinisme
Chauvinist ZN M (+en/+en) MIN. chauvinist
chauvinistisch BN MIN. chauvinistisch
Check ZN M (+s/+s) check
checken OV WW **1** checken **2** INFORM. snappen, begrijpen
Checkliste ZN V (-/+n) checklist
Check-up ZN M/O (-, +s/+s) check-up, controle
Cheeseburger ZN M (-s) (-) cheeseburger
Chef ZN M (+s/+s) **1** chef, baas **2** aanvoerder
Chefarzt ZN M (+es/-ärzte) MED. geneesheer-directeur
Chefetage ZN V (-/+n) directieverdieping
Chefin ZN V (-/+nen) cheffin
Chefredakteur ZN M (+s/+e) hoofdredacteur
Chefsache ZN V (-/+n) • *etwas zur ~ machen/ erklären* prioriteit geven aan iets
Chefsekretärin ZN V (-/+nen) directiesecretaresse
Chefsessel ZN M (+s/-) • *es auf den ~ abgesehen haben* het op de functie van zijn chef voorzien hebben
Chemie ZN V (-/gmv) chemie, scheikunde • *sie hat in ~ eine Zwei* zij heeft een acht voor scheikunde • *bei ihnen stimmt die ~* het klikt tussen hen
Chemikalien ZN MV chemicaliën
Chemiker ZN M (+s/-) chemicus, scheikundige
chemisch BN chemisch, scheikundig
Chemotherapie ZN V (-/+n) MED. chemotherapie
Chicorée ZN M (+s/gmv) witlof, Brussels lof
Chiffre ZN V (-/+n) **1** cijfer, getal **2** codeteken **3** nummer <in advertentie>
chiffrieren OV WW coderen, in code schrijven
Chile ZN O (+s/gmv) Chili
Chilene ZN M (+n/+n) Chileen
chilenisch BN Chileens
chill BN JEUGDT. chill
China ZN O (+s/gmv) China
Chinakohl ZN M (+(e)s/+e) Chinese kool
Chinese ZN M (+n/+n) Chinees • *sollen wir was beim Chinesen holen?* zullen we chinees halen?
chinesisch BN Chinees
Chinin ZN O (+s/gmv) kinine
Chip ZN M (+s/+s) **1** fiche <roulette> **2** COMP. chip
Chipkarte ZN V (-/+n) chipkaart, BELG. protonkaart
Chips ZN MV CULIN chips • *eine Tüte ~* een zakje chips
Chirurg ZN M (+en/+en) chirurg
Chirurgie ZN V (-/gmv) MED. chirurgie
chirurgisch BN chirurgisch
Chlor ZN O (+s/gmv) SCHEIK. chloor
chloren OV WW SCHEIK. chloren, chloreren
chlorfrei BN chloorvrij
Chlorid ZN O (+s/+e) SCHEIK. chloride
Chloroform ZN O (+s/gmv) SCHEIK. chloroform
Chlorophyll ZN O (+s/gmv) BIOL. chlorofyl, bladgroen
Choke ZN M (+s/+s) TECHN. choke
Cholera ZN V (-/gmv) MED. cholera
cholerisch BN cholerisch, driftig, opvliegend
Cholesterin ZN O (+s/gmv) MED. cholesterol
Cholesterinspiegel ZN M (+s/-) MED. cholesterolspiegel
Chor **1** ZN M (+(e)s/Chöre) zangkoor • *ein gemischter ~* een gemengd koor • *die Kinder brüllen im ~* de kinderen schreeuwen in koor **2** ZN M (+(e) s/Chöre, +e) **(priester)koor**

Choreograf, **Choreograph** ZN M (+en/+en) TON. choreograaf
Choreografie, **Choreographie** ZN V (-/+n) TON. choreografie
Chow-Chow ZN M (+s/+s) chowchow
Chr. AFK Christus • *v. Chr.* voor Christus • *n. Chr.* na Christus
Christbaum ZN M (+(e)s/-bäume) kerstboom • INFORM. *nicht alle auf dem ~ haben* ze niet allemaal op een rijtje hebben
Christdemokrat ZN M (+en/+en) christendemocraat
christdemokratisch BN christendemocratisch
Christenheit ZN V (-/gmv) REL. christelijke gemeenschap
Christentum ZN O (+(e)s/gmv) REL. christendom
christianisieren OV WW REL. tot christenen maken, kerstenen
Christkind ZN O (+(e)s/gmv) het kindje Jezus, kerstkind • *etwas vom ~ bekommen* met Kerstmis iets krijgen
christlich BN REL. christelijk
Christmette ZN V (-/+n) REL. (kerst)nachtmis <katholiek>
Christstollen ZN M (+s/-) kerststol
Christus ZN M (Christi/gmv) Christus • *vor, nach ~; vor, nach Christi Geburt* vóór, na Christus
Christusfigur ZN V (-/+en) Christusbeeld
Chrom ZN O (+s/gmv) SCHEIK. chroom
Chromosom ZN O (+s/+en) BIOL. chromosoom
chron. AFK chronisch chronologisch
Chronik ZN V (-/+en) kroniek
chronisch BN chronisch • *~ krank sein* chronisch ziek zijn
Chronologie ZN V (-/+en) chronologie
chronologisch BN chronologisch
Chrysantheme ZN V (-/+n) PLANTK. chrysant
Ciabatta ZN O (+s/-te, +s) ciabatta
circa BW circa, ongeveer
Cis ZN O (-/-) MUZ. cis
City ZN V (-/+s) city, binnenstad
Citybike ZN O (+s/+s) citybike
City-Center, **City Center** ZN O (+s/-) winkelcentrum
cl AFK Zentiliter cl, centiliter
Clearing ZN O (+s/+s) ECON. clearing, onderlinge verrekening
clever **1** BN clever, slim, handig **2** BW clever, slim, handig
Clinch ZN M (+(e)s/gmv) clinch <boxen> • *mit jemandem im ~ liegen* met iemand in de clinch liggen
Clip ZN M (+s/+s) **1** clip **2** oorclip **3** (video)clip
Clique ZN V (-/+n) kliek, vriendengroepje
Clou ZN M (+s/+s) **1** INFORM. clou **2** INFORM. hoogtepunt
Clown ZN M (+s/+s) clown • *den ~ spielen* clown spelen
Club ZN M (+s/+s) → **Klub**
cm AFK Zentimeter cm, centimeter
cm2 AFK Quadratzentimeter cm^2, vierkante centimeter
cm3 AFK Kubikzentimeter cm^3, kubieke centimeter
c-Moll ZN O (-/gmv) MUZ. C mineur
cm/s AFK Zentimeter in der Sekunde centimeter per seconde
c/o AFK care of p.a., per adres
Co. AFK Compagnie, Kompanie compagnie, co.
CO2-neutral BN CO_2-neutraal
Cockpit ZN O (+s/+s) LUCHTV. cockpit
Cocktail ZN M (+s/+s) CULIN cocktail
Code ZN M (+s/+s) code • *einen ~ knacken* een code breken
Codex ZN M (-, +es/+e, -dizes) codex
codieren OV WW coderen
Codierung ZN V (-/+en) codering
Cola **1** ZN V (-/+s) cola <glas, fles enz.> **2** ZN O (-, +s/+s) cola <soort drank>
Collage ZN V (-/+n) collage
Collier ZN O (+s/+s) collier, halssnoer
Comeback, **Come-back** ZN O (+s/+s) comeback • *(s)ein ~ feiern* een comeback beleven
Comedy ZN V (-/+s) comedy <tv>
Comic ZN M (+s/+s) strip, stripverhaal, stripboek
Compact Disc, **Compactdisk** ZN V (-/-, +s) compact disc
Computer ZN M (+s/-) COMP. computer • *in den ~ eingeben* in de computer zetten
computergesteuert BN computergestuurd
computergestützt BN computerondersteund
computerisieren OV WW COMP. computeriseren, automatiseren
Computerspiel ZN O (+(e)s/+e) computerspel
computerunterstützt BN computerondersteund
Computervirus ZN M/O (-/-viren) COMP. computervirus
Conditioner ZN M conditioner
Conférencier ZN M (+s/+s) conferencier
Confoederatio Helvetica ZN V (-/-) Zwitserland
Conga ZN V (-/+s) conga
Connection ZN V (-/+s) INFORM. connectie, relatie • *man muss eben die richtigen Connections haben* je moet de juiste connecties hebben
Consulting ZN O (+s/gmv) consultancy
Consulting-Unternehmen ZN O (+s/-) consultantsbureau, adviesbureau
Container ZN M (+s/-) container
Containerschiff ZN O (+(e)s/+e) containerschip
Convenience-Food ZN O (+(s)/gmv) ECON. gemaksvoedsel, fastfood
cool BN INFORM. cool, onverstoorbaar
Cool-down, **Cooling-down** ZN M coolingdown
Copyright ZN O (+s/+s) copyright, auteursrecht
Copyshop ZN M (+s/+s) copyshop
Couch ZN V (-/+es) (lig)bank, divan
Couchgarnitur ZN V (-/+en) bankstel
Couleur ZN V (-/gmv) **1** POL. kleur **2** troef <kaartspel>

Countdown, **Count-down** ZN M/O (-, +s/+s) **1** **(het) aftellen** <voor lancering> **2** **aftelprocedure** <ruimtevaart>

Coup ZN M (+s/+s) **coup, slag** • *einen ~ gegen jemanden starten/landen* iemand een slag toebrengen

Coupé ZN O (+s/+s) OUD. **coupé**

Coupon ZN M (+s/+s) **coupon** • *Coupons abtrennen* coupons knippen

Courage ZN V (-/gmv) **moed**

couragiert BN **moedig, dapper** • *~ handeln* kordaat optreden

Courtage ZN V (-/+n) ECON. **courtage**

Couscous ZN M/O **couscous**

Cousin ZN M (+s/+s) **neef(je)** <zoon van oom/tante> • *sie sind ~ und Cousine* ze zijn neef en nicht

Cousine ZN V (-/+n) **nicht(je)** <dochter van oom/tante> • *~ ersten Grades* volle nicht

Cover ZN O (+s/-, +s) **cover** <van tijdschrift>

Coverband ZN V **coverband**

Crack ZN M (+s/+s) SPORT **crack**

Cracker ZN M (+s/-, +s) **cracker**

creme BN **crème(kleurig)**

Creme ZN V (-/+s) **crème** • *die ~ der Gesellschaft* de elite

cremefarben BN **crèmekleurig**

cremig BN **romig**

Creutzfeldt-Jakob-Krankheit ZN V (-/gmv) MED. **ziekte van Creutzfeldt-Jakob**

Crew ZN V (-/+s) **crew, bemanning** <van schip, vliegtuig>

Croûton ZN M CULIN **crouton**

Crowdsurfen ZN O **crowdsurfen**

CSU AFK POL. Christlich Soziale Union **CSU** <christelijk-sociale partij>

ct AFK Cent(s) **cent(en)**

Cup ZN M (+s/+s) SPORT **cup**

Cupcake ZN M (+s/+s) **cupcake**

Cupfinale ZN O (+s/+s) SPORT **cupfinale, bekerfinale**

Curry ZN M/O (+s/+s) **1** **kerrie, curry** **2** **kerrieschotel**

Cursor ZN M (+s/+s) COMP. **cursor**

Cybermobbing, **Cyber-mobbing** ZN O (-s/gmv) **cyberpesten**

Cyberspace ZN M (-/+s) COMP. **cyberspace**

D

d AFK **1** Durchmesser **diameter, doorsnede** **2** MUZ. **D** • *d(-Moll)* D mineur

D ZN O (-, +s/-) **1** letter **d** • *D wie Dora* de d van Dirk **2** MUZ. **D** • *D(-Dur)* d majeur

da **1** BW **1** **dan, toen** • *~ tat er Folgendes* toen deed hij het volgende • *von ~ an/ab* van toen af (aan), vanaf toen **2** **daar, er** • *ist ~ jemand?* is daar iemand? • *ist er da?* is hij er?, is hij aanwezig? • *ich bin auch ~ gewesen* ik ben er ook geweest • *endlich war der Tag ~, an dem...* eindelijk was de dag gekomen dat... • *er wohnte nicht mehr ~* hij woonde er niet meer • *ich bin gleich wieder ~* ik ben zo weer terug • *von ~ an wird es schwierig* vanaf daar wordt het moeilijk • INFORM. *was sagst du denn da!* wat zeg je me nu! **2** VOEGW **1** **daar, omdat** • *er kommt nicht, da es glatt ist* hij komt niet omdat het glad is **2** **dat** • *jetzt, da du hier bist, können wir es besprechen* nu je hier bent kunnen we het bespreken

dabei BW **1** **daarbij, erbij** • *ist der Brief ~?* is de brief erbij? • *es bleibt ~* het blijft daarbij • *es ~ lassen* het erbij laten • *ich bleibe ~, dass es korrekt ist* ik blijf erbij dat het correct is • *sie ist mit ~* zij is er ook bij, zij is ook van de partij • *~ kommt nichts heraus* dat leidt tot niets • FIG. *ich finde nichts ~* ik vind het niet erg • FIG. *es ist nichts ~* er is niets aan, het is niet moeiijk • FIG. *was ist denn (schon) ~?* wat is daar (nu voor moeilijks) aan?, dat geeft toch niets? **2** **bezig** • *~ sein etwas zu tun* bezig zijn iets te doen • *ich war gerade ~, den Tisch abzuräumen, als...* ik was net bezig de tafel af te ruimen, toen... **3** **hoewel** • *ich wurde bestraft, ~ habe ich gar nichts getan* ik ben gestraft, hoewel ik niets heb gedaan

dabeibleiben ONOV WW st. **erbij blijven, ermee doorgaan**

dabeihaben OV WW onregelmatig **bij zich hebben** • *ich habe kein Geld dabei* ik heb geen geld bij me

dabeisitzen ONOV WW onregelmatig aanwezig zijn **bijwonen**

dabeistehen ONOV WW st. **erbij staan**

dableiben ONOV WW **blijven, er blijven**

Dach ZN O (+(e)s/Dächer) **dak** • *unterm ~ wohnen* op de zolderverdieping wonen • FIG. *kein ~ über dem Kopf haben* geen dak boven zijn hoofd hebben • FIG. *die Sache ist unter ~ und Fach* de zaak is in kannen en kruiken • FIG. *dir steig' ich aufs Dach!* jou zal ik een lesje leren! • FIG. *er hat eins aufs ~ bekommen* hij heeft op zijn falie gekregen

Dachboden ZN M (+s/-böden) **zolder**

Dachdecker ZN M (+s/-) **dakdekker**

Dachfenster ZN O (+s/-) **dakraam**

Dachgepäckträger ZN M (+s/-) **imperiaal**

Dachgeschoss ZN O (+es/+e) **zolderverdieping, zolderetage**

Dachgesellschaft ZN V (-/+en) **houdstermaatschappij, holdingcompany**

Dachkammer ZN V (-/+n) **zolderkamer(tje), dakkamer(tje)**

Dachrinne ZN V (-/+n) **dakgoot**

Dachs ZN M (+es/+e) **1 das** • *schlafen wie ein ~* slapen als een marmot **2 groentje**

Dachschaden ZN M **dakschade** • FIG. *einen ~ haben* een klap van de molen hebben gehad

dachte WW verl. tijd → **denken**

Dachverband ZN M (+(e)s/-bände) **overkoepelende organisatie**

Dachziegel ZN M (+s/-) **dakpan**

Dackel ZN M (+s/-) **teckel**

dadurch BW **daardoor**

DaF AFK Deutsch als Fremdsprache **Duits als vreemde taal**

dafür BW **1 daarvoor, ervoor** • *~ brauche ich nicht zu kommen* daarvoor hoef ik niet te komen • *~ spricht einiges* daar is iets voor te zeggen • *~ sein* vóór zijn • *ich bin dafür, dass wir spielen* ik ben er voor om te spelen • *wer ~ ist, hebt die Hand* als je voor bent, steek je je hand op • *ich kann nichts ~* ik kan er niets aan doen, ik kan het niet helpen • *dafür, dass er erst zwei Jahre alt ist, ...* gezien het feit dat hij pas twee jaar oud is, ... **2 daarentegen, maar** • *es ist teuer, ~ aber sehr gut* het is duur, maar wel heel goed

Dafürhalten ZN O (+s/gmv) **mening, opvatting** • *nach jemandes ~* volgens iemands opvatting

dafürkönnen ONOV WW **er niets aan kunnen doen** • *ich kann nichts dafür!* ik kan er niets aan doen!

dagegen BW **1 daarentegen 2 daarmee vergeleken 3 daartegen, ertegen** • *wenn niemand etwas ~ hat* als niemand er bezwaar tegen heeft • *hast du etwas ~?* heb je er iets op tegen? • *~ sein* tegen zijn • *ich bin ~* ik ben ertegen

dagegenhalten OV WW st. **1 ertegen inbrengen, tegenwerpen, antwoorden** • *was hat er dagegengehalten?* wat heeft hij daarop geantwoord? **2 vergelijken met** • *das Original ~* vergelijken met het origineel

dagegenstellen 1 OV WW **ertegenaan zetten 2** WKD WW **(sich ~) zich verzetten tegen**

daheim BW **thuis** • *~ ist ~!* oost west, thuis best!

daher BW **1 daarvandaan 2 om die reden, daarom**

dahergelaufen BN **van bedenkelijk allooi, van twijfelachtige herkomst** • *jeder ~e Kerl* iedere vreemde kerel

daherkommen ONOV WW sterk **komen aanlopen**

daherreden ONOV WW **eruit flappen, erop los praten**

dahin BW **1 daarheen, zover** • *auf dem Weg ~* op de weg erheen • *~ sein* verloren zijn • *bis ~* tot dan • *bis ~ müssen wir warten* tot dan moeten we wachten • *bis ~ haben wir noch Zeit* we hebben nog tijd genoeg voor het zover is • *meine Hoffnung ist ~* mijn hoop is vervlogen • *mein freier Nachmittag war ~* ik was mijn vrije middag kwijt **2 zo ver** • *~ hat sie die Liebe gebracht* zo ver heeft de liefde haar gedreven **3 in die zin** • *sich ~(gehend) äußern, dass...* zich uitlaten in de zin van

dahinfahren ONOV WW sterk **1** FORM. **voorbijrijden 2** FORM. **wegrijden**

dahingegen VOEGW **daarentegen**

dahingehen ONOV WW sterk **1 heengaan, voorbijgaan, weggaan 2 sterven 3 verstrijken**

dahingehend BW **dusdanig** • *sich ~ äußern* zich dusdanig uitlaten

dahingestellt BN • *das bleibt ~* dat valt nog te bezien • *das sei ~* dat blijft in het midden • *etwas ~ sein lassen* iets in het midden laten

dä

dahinleben ONOV WW **verder leven**

dahinraffen ONOV WW **wegrukken, uit het leven rukken**

dahinstehen ONOV WW onregelmatig **de vraag zijn, niet uitgemaakt zijn, nog onzeker zijn**

dahinten BW **achteraan, daarachter**

dahinter BW **daarachter, erachter** • *~ kommen* erachter komen • *da steckt etwas ~* daar steekt iets achter • *man wusste, wer ~ steckte* men wist wie daar achter zat

dalassen OV WW st. **1 achterlaten** <van bericht> **2 achterlaten, laten liggen**

daliegen ONOV WW st. **liggen, zich bevinden**

dalli BW • *ein bisschen ~!* vlug een beetje! • *~ machen* vaart maken

damalig BN **toenmalig**

damals BW **destijds, toen**

Damast ZN M (+(e)s/+e) **damast**

Dame ZN V (-/+n) **1 dame** • *meine Damen und Herren!* dames en heren! • *da ist eine ~ für Sie* er is een mevrouw voor u • *die ~ des Hauses* de vrouw des huizes • *ist die ~ des Hauses anwesend?* is mevrouw thuis? **2 vrouw** <in kaartspel> **3 damspel, dam** <in damspel> **4 koningin** <in schaakspel>

Damebrett ZN O (+(e)s/+er) **dambord**

Damenbinde ZN V (-/+n) **maandverband**

Damespiel ZN O (+(e)s/+e) **damspel**

Damestein ZN M (+(e)s/+e) **damsteen**

Damhirsch ZN M (+(e)s/+e) **damhert**

damit 1 BW **ermee, daarmee** • *sie nahm ihr Rad und fuhr ~ weg* zij pakte haar fiets en reed ermee weg • *was willst du ~ erreichen?* wat wil je ermee bereiken? • *kannst du ~ schneiden?* kun je ermee snijden? • *was machen wir ~?* wat doen we ermee? • *er wurde ~ reich* hij werd er rijk van • INFORM. *her ~!* geef op! • INFORM. *heraus ~!* voor de dag ermee! **2** VOEGW **zodat, opdat**

dämlich BN **1 stom, dom, suf 2 onhandig**

Damm ZN M (+(e)s/Dämme) **1 dam, dijk** • FIG. *einen ~ gegen etwas errichten/aufschütten* een dam opwerpen tegen iets • FIG., INFORM. *auf dem ~ sein* er bovenop zijn • FIG., INFORM. *nicht auf dem ~ sein* niet helemaal lekker/fit zijn **2 landhoofd 3 rijweg 4 bilnaad**

Dammbruch ZN M (+(e)s/-brüche) **dijkdoorbraak**

dämmen OV WW **1 afdammen 2 indammen 3 tegengaan 4** TECHN. **isoleren**

Dämmer ZN M (+s/gmv) **schemer**

dämmerig BN **schemerig, schemerachtig**

Dämmerlicht ZN O (+(e)s/gmv) **schemerlicht**

dämmern ONOV WW **1 schemeren** • *es dämmert* de

nacht valt • FIG. *bei ihm dämmert es jetzt* het begint hem te dagen **2 half slapen, soezen** • *vor sich hin ~* in een schemertoestand zijn
Dämmerung ZN V (-/+en) **schemering**
Dämmung ZN V (-/+en) **isolering**
Dämon ZN M (+s/+en) **demon, boze geest**
dämonisch BN **1 demonisch, duivels 2 luguber, onheilspellend**

dä

Dampf ZN M (+(e)s/Dämpfe) **1 damp, stoom** • OOK FIG. *Dampf ablassen* stoom afblazen • INFORM. *jemandem ~ (unter dem Hintern) machen* iemand achter de vodden zitten **2** INFORM. **vaart, schwung** • *~ drauf haben* snel rijden, scheuren, vaart hebben, temperamentvol zijn • *~ hinter etwas machen/setzen* vaart achter iets zetten
Dampfbügeleisen ZN O (+s/-) **stoomstrijkijzer**
dampfen ONOV WW **dampen, stomen** • *einen Anzug dämpfen* een pak persen
dämpfen OV WW **1 stomen 2 dempen, smoren** • *den Schall ~* het geluid dempen **3 stoven 4 beteugelen, temperen, verzachten**
Dampfer ZN M (+s/-) **stoomboot** • *auf dem falschen ~ sein* een verkeerde voorstelling van zaken hebben
Dämpfer ZN M (+s/-) **sordino** • *einen ~ bekommen* een bittere pil moeten slikken
Dampfkessel ZN M (+s/-) **stoomketel**
Dampfkochtopf ZN M (+(e)s/-töpfe) **snelkookpan**
Dampfmaschine ZN V (-/+n) **stoommachine**
Dampfnudel ZN V (-/+n) **≈ bapao, gestoomd broodje** • INFORM. *auseinandergehen wie eine ~* moddervet worden
Dampfschiff ZN O (+(e)s/+e) **stoomboot, stoomschip**
Dampfturbine ZN V (-/+n) **stoomturbine**
Dämpfung ZN V (-/+en) **1 tempering 2 beteugeling**
Dampfwalze ZN V (-/+n) **stoomwals**
Damwild ZN O (+(e)s/gmv) **damherten**
danach BW **1 daarna, vervolgens** • *das Jahr ~* het jaar erna • *kurz ~* kort nadien • *drei Wochen ~* drie weken later **2 daarnaar, ernaar** • *er schaut ~* hij kijkt ernaar • *mir ist nicht ~* mijn hoofd staat er niet naar
Dance ZN M (-/gmv) **dance**
Dandy ZN M (+s/+s) **dandy**
Däne ZN M (+n/+n) **Deen**
daneben BW **1 daarnaast, ernaast** • *der Schuss ging ~* het schot was mis • *alles, was er anfängt, geht ~* alles wat hij aanpakt gaat mis **2 bovendien**
danebenbenehmen WKD WW **(sich ~)** ST. INFORM. **zich onbehoorlijk gedragen**
danebengehen ONOV WW **1 missen** <schot> • *der Schuss ging daneben* het schot miste **2 mislukken** <poging>
danebengreifen ONOV WW ST. **1 mistasten, misgrijpen 2 een fout maken, ernaast zitten**
danebenhauen ONOV WW **1 ernaast slaan 2** INFORM. **de plank misslaan, zich vergissen**
danebentreffen ONOV WW STERK **1 missen 2 ernaast zitten, de plank misslaan**
Dänemark ZN O (+s/gmv) **Denemarken**
daniederliegen ONOV WW STERK **terneerliggen, bedlegerig zijn**
Dänin ZN V (-/+nen) **Deense**
dänisch BN **Deens**
Danish Blue ZN M **Danish blue**
dank VZ +2, 3, **dankzij** • *~ seiner Hilfe bin ich hier* dankzij zijn hulp ben ik hier • *~ seinem Eifer; ~ seines Eifers* dankzij zijn ijver
Dank ZN M (+(e)s/gmv) **dank, erkentelijkheid** • *besten/vielen/herzlichen Dank!* hartelijk bedankt! • *mit ~ an X* met dank aan X • *~ aussprechen* dank betuigen • *jemandem seinen ~ abstatten* iemand zijn dank betuigen • IRON. *und das ist nun der Dank!* stank voor dank!
Dankadresse ZN V (-/+n) **dankbetuiging**
dankbar BN **dankbaar** • *~ sein für Kritik* openstaan voor kritiek
Dankbarkeit ZN V (-/gmv) **dankbaarheid**
danke TUSSENW **dank je wel, dank u wel, bedankt** • *~ schön/sehr* hartelijk bedankt
danken OV + ONOV WW +3, **(be)danken** • *jemandem für etwas ~* iemand voor iets bedanken • *danke schön* dank je/u wel • *danke sehr* dank je/u zeer • *nein, danke* nee, dank je/u • *nichts zu ~!* geen dank!, graag gedaan! • *~d ablehnen* voor de eer bedanken • *~d erhalten* in dank ontvangen • *mit Dank für erwiesene Dienste* onder dankzegging voor bewezen diensten • INFORM. *na, ich danke!*; INFORM. *besten Dank!* dank je feestelijk!
dankenswert BN **1 dank waard 2 dankbaar**
Dankeschön ZN O (+s/gmv) **bedankje, woord van dank**
Danksagung ZN V (-/+en) **dankzegging**
Dankschreiben ZN O (+s/-) **schriftelijke dankbetuiging**
dann BW **1 dan** • *~ und wann* nu en dan • *bis ~!* tot kijk! • *wir gehen ~ erst* we gaan dan pas • *und ~?* en dan? **2 toen, vervolgens 3 in dat geval** • *~ kannst du schon kommen* in dat geval kun je wel komen
daran BN **1 daaraan, aan het genoemde** • *ich werde ~ denken* ik zal eraan denken • *denk ~* denk hieraan • *nahe ~ sein* op het punt staan • *kein Wort ist ~ wahr* daar is geen woord van waar • *was kann ich denn ~ machen?* wat kan ik er nou aan doen? • *was kannst du da dran tun?* wat kun je eraan doen? • *~ kann man nichts machen* hieraan valt niets te doen • *~ besteht kein Zweifel* hieraan valt niet te twijfelen **2 daaraan, ten gevolge daarvan** • *~ ist noch niemand gestorben* daar is nog niemand van doodgegaan
darangehen ONOV WW ST. **beginnen, aan de gang gaan**
daranmachen WKD WW **(sich ~)** INFORM. **aan de slag gaan, beginnen**
daransetzen ONOV WW • *er hat alles darangesetzt, dieses Ziel zu erreichen* hij heeft alles in het werk gesteld om dit doel te bereiken
darauf BW **1 daarop, op het genoemde** • *wie*

kommst du nur ~? hoe kom je daarop? • *also, ~ willst du hinaus!* daar ben je dus op uit! • *es war ein interessantes Angebot, viele reagierten ~* het was een interessant aanbod, velen reageerden erop • *etwas drauf tun* iets erop doen • *ich bestehe ~!* ik sta erop! **2 daarna, daaropvolgend** • *~ verließ er den Raum* daarna verliet hij de kamer • *am Morgen ~* de ochtend erop • *das Jahr ~* het jaar erop • *der Monat ~* de maand erop

daraufhin BW **1 dientengevolge, op grond daarvan 2 met het oog daarop**

daraus BW **1 daaruit, eruit** • *~ lässt sich schließen, dass* daaruit kun je concluderen dat • *~ wird nichts* daar komt niets van terecht **2 daarvan, van die stof**

darben ONOV WW **gebrek lijden**

darbieten OV WW sterk **1 ten gehore brengen, voordragen 2 aanbieden** • *die dargebotene Hand ausschlagen* het verzoeningsgebaar negeren • *sich ~* zich aanbieden **3 vertonen** • *sich ~* zich voordoen, zich vertonen

Darbietung ZN V (-/+en) **opvoering**

darbringen OV WW onregelmatig **1 offeren, schenken 2 brengen, aanbieden**

darein BW **daarin, erin**

darf HWW o.t.t. → **dürfen**

darfst HWW o.t.t. → **dürfen**

darin BW **1 daarin, erin** • *steht es drin?* staat het erin? **2 wat dat betreft**

Darkroom ZN M (+s/+s) **darkroom**

darlegen OV WW **uiteenzetten, aantonen**

Darlegung ZN V (-/+en) **uiteenzetting** • *eine deutliche ~ des Problems* een duidelijke uiteenzetting van het probleem

Darlehen ZN O (+s/-) **lening** • *zinsgünstiges ~* lening tegen lage rente • *zinsloses ~* renteloze lening • *ein ~ aufnehmen* een lening aangaan • *jemandem ein ~ gewähren* iemand een lening toestaan

Darm ZN M (+(e)s/Därme) **darm**

Darmgrippe ZN V (-/+n) **buikgriep**

Darmkrebs ZN M (+es/+e) **darmkanker**

Darmträgheit ZN V (-/+en) **obstipatie, verstopping**

darreichen OV WW **1 geven, schenken 2 aanbieden, aanreiken**

darstellbar BN **uit te beelden, weer te geven**

darstellen **1** OV WW **(sich ~) 1 uitbeelden, spelen, vertolken** • *sie stellen Romeo und Julia dar* zij spelen Romeo en Julia **2 voorstellen, weergeven** • *es schlimmer ~, als es ist* het erger voorstellen dan het is • *jemanden als einen Schurken ~* iemand als een schurk afspiegelen **3 beschrijven** • *~de Geometrie* beschrijvende meetkunde **2** WKD WW sich **1 (blijken te) zijn** • *das stellt sich als Problem dar* dat blijkt een probleem te zijn **2** • *sie stellt sich gern selbst dar* zij treedt graag op de voorgrond

Darsteller ZN M (+s/-) **vertolker, speler**

Darstellung ZN V (-/+en) **1 uiteenzetting 2 vertolking 3 uitbeelding, weergave 4 beschrijving**

dartun OV WW sterk **1 tonen, uiteenzetten 2 bewijzen, duidelijk maken**

darüber BW **1 daarboven, erboven** • FIG. *darüber hinaus* bovendien • *er ist ~ hinweg* hij is het te boven gekomen • *100 Jahre und ~* 100 jaar en ouder **2 daarover, erover** • *~ sprechen* erover praten **3 ondertussen 4 daardoor**

darum BW **1 daarom, eromheen** • *ein Haus mit einem Garten ~ herum* een huis met een tuin eromheen **2 om die zaak/aangelegenheid, wat dat betreft** • *~ ist es mir nicht zu tun* daar gaat het mij niet om **3 erom, om die reden**

darunter BW **1 eronder, daaronder, onder die plaats** • *das Buch liegt ~* het boek ligt eronder **2 onder die maat/grens** • *zehn Grad und ~* tien graden en lager **3 onder die menigte/groep, daartussen** • *viele Menschen ~ auch Kinder* veel mensen, daartussen ook kinderen **4 eronder** <figuurlijk> • *was soll ich ~ verstehen?* wat moet ik daaronder verstaan?

Darwinismus ZN M **darwinisme**

darwinistisch BN **darwinistisch**

das **1** AANW VNW **dat, deze, die** • *welches Geschäft? Ach, ~ meinst du!* welke winkel? Ach, die bedoel je! **2** BETR VNW • *~ Geschäft, ~ ich meine* de winkel die ik bedoel **3** LIDW **het, de** • *~ Buch* het boek • *~ Baby* de baby

Dasein ZN O (+s/gmv) **bestaan** • *der Kampf ums ~* de strijd om het bestaan

Daseinsberechtigung ZN V (-/+en) **recht van bestaan**

daselbst BW **aldaar**

dasitzen ONOV WW sterk **zitten** • *sie sitzt ohne Arbeit da* zij heeft geen werk • *sie saß traurig da* zij zat er treurig bij

dasjenige AANW VNW **hetgeen**

dass VOEGW **dat**

dasselbe AANW VNW **hetzelfde**

dastehen ONOV WW sterk **staan** • *nun, wie stehe ich jetzt da?* nou, heb ik dat niet goed gedaan? • *wie stehe ich denn jetzt vor dir da!* wat voor een indruk zal je wel niet van me hebben! • *sie stehen gut da* zij staan er goed voor • *sie stand da wie vom Blitz getroffen* zij stond als door de bliksem getroffen • *er steht jetzt als Lügner da* hij komt nu als leugenaar over

dat. AFK Datum **datum**

Date ZN O **date**

Datei ZN V (-/+en) **1 gegevens 2** COMP. **bestand**

Dateianhang ZN M (+s/-anhänge) COMP. **bijlage, attachment**

daten OV + ONOV WW **daten**

Daten ZN MV (-) **data, gegevens** • *persönliche Daten* naw-gegevens • *~ eingeben* gegevens invoeren • *~ sichern* back-up maken • *~ verarbeitend* informatieverwerkend • *die technischen ~* de technische gegevens

Datenautobahn ZN V (-/+en) **elektronische snelweg**

Datenbank ZN V (-/+en) COMP. **databank**

Datenbestand ZN M (+(e)s/-bestände) database
Dateneingabe ZN V (-/+en) gegevensinvoer
Datenfernübertragung ZN V (-/gmv) elektronisch berichtenverkeer
Datennetz ZN O (+es/+e) datanetwerk
Datenschutz ZN M (+es/gmv) COMP., JUR. (wet op de) bescherming van persoonsgegevens
Datenschutzbestimmungen ZN MV COMP. privacybeleid
Datensicherung ZN V (-/+en) COMP. gegevensbeveiliging
Datenspeicherung ZN V COMP. opslag van gegevens
Datenträger ZN M (+s/-) COMP. informatiedrager, gegevensdrager
datenverarbeitend BN informatieverwerkend
Datenverarbeitung ZN V (-/gmv) informatieverwerking • COMP. *elektronische ~ (EDV)* geautomatiseerde gegevensverwerking
Datenverarbeitungsanlage ZN V (-/+n) (groot) computersysteem
datieren **1** OV WW dateren • *der Brief ist vom 2. Mai datiert* de brief dateert van 2 mei **2** ONOV WW **1 ~ seit** teruggaan tot **2 ~ aus** dateren uit
Dativ ZN M (+s/+e) TAALK. datief, derde naamval
Dativobjekt ZN O (+(e)s/+e) meewerkend voorwerp
dato BW dato • *a ~* na dato • *bis ~* totnogtoe
Dattel ZN V (-/+n) dadel
Datum ZN O (+s/Daten) datum
Dauer ZN V (-/+n) **1** duur • *für die ~ von zwei Jahren* voor de duur van twee jaar • *auf die ~* op den duur, op lange termijn • *nicht von langer ~ sein* niet van lange duur zijn • *von kurzer ~* van korte duur **2** duurzaamheid
Dauerauftrag ZN M (+(e)s/-aufträge) ECON. machtiging tot automatische afschrijving
Dauerbetrieb ZN M (+(e)s/gmv) **1** ononderbroken gebruik **2** continubedrijf • *diese Fabrik ist ein ~* deze fabriek is een continubedrijf
Dauerbrenner ZN M (+s/-) (langlopend) succesnummer, (langlopend) thema, probleem
dauerhaft BN duurzaam • *dauernd getrennt* duurzaam gescheiden
Dauerhaftigkeit ZN V (-/gmv) duurzaamheid
Dauerkarte ZN V (-/+n) abonnementskaart
Dauerlauf ZN M (+(e)s/-läufe) **1** langeafstandsloop **2** duurloop
Dauerleistung ZN V (-/+en) constante prestatie
dauern ONOV WW **1** duren • *solange es dauert* voor zolang het duurt **2** van duur zijn, blijven **3** OUD. • *du dauerst mich* ik ben met je begaan
dauernd BN **1** ononderbroken, voortdurend • *~er Wohnsitz* vaste woonplaats **2** steeds weer
Dauerparker ZN M (+s/-) langparkeerder
Dauerregen ZN M (+s/-) aanhoudende regen
Dauerstellung ZN V (-/+en) vaste aanstelling
Dauerwelle ZN V (-/+n) permanent (wave)
Dauerwurst ZN V (-/-würste) droge, gerookte worst
Dauerzustand ZN M (+(e)s/-zustände) blijvende toestand
Daumen ZN M (+s/-) duim • FIG. *jemandem die ~ drücken/halten* voor iemand duimen • FIG. *das ist über den ~ gepeilt* het is nattevingerwerk • FIG. *jemanden unter dem ~ halten* iemand onder de duim houden • FIG. *Pi mal ~* op de gis
Däumling ZN M (+s/+e) **1** duimbeschermer **2** • *der kleine ~* Kleinduimpje
Daune ZN V (-/+n) dons
Daunen ZN MV dons
Daunendecke ZN V (-/+n) donzen dekbed
Daunenfeder ZN V (-/+n) donsveer
Daus ZN O (+es/+e) **1** aas <kaartspel> **2** twee <dobbelsteen>
davon BW **1** ervan, daarvan • *das hat man ~* dat komt ervan • *sie nahm etwas ~* zij nam er wat van • *~ wirst du stark* daar word je sterk van • *ich habe noch zwei ~* ik heb er nog twee • *was hat man ~?* wat heb je eraan? **2** daarvandaan, daarvan verwijderd • *nicht weit ~* niet ver daarvandaan • *hundert Meter ~ entfernt* honderd meter daarvandaan
davonbleiben ONOV WW sterk INFORM. uit de buurt blijven, niet aanraken
davonfahren ONOV WW wegrijden <met de auto>
davongehen ONOV WW onregelmatig **1** weglopen, weggaan **2** FORM. sterven
davonkommen ONOV WW sterk ervanaf komen • *ungestraft ~* zonder straf ervanaf komen • *billig ~* er gemakkelijk vanaf komen • *er ist übel davongekommen* hij is er bekaaid/slecht vanaf gekomen • *irgendwo glimpflich ~* ergens goed vanaf komen • *er ist mit dem Schrecken davongekommen* hij is er met de schrik vanaf gekomen • *er ist mit dem Leben davongekommen* hij heeft het er levend vanaf gebracht
davonlaufen ONOV WW sterk **1** weglopen, ervandoor gaan • *zornig ~* boos weglopen • FIG. *es ist zum Davonlaufen!* het is niet te harden! **2** controle verliezen, uit de hand lopen **3** INFORM. afschudden
davonmachen WKD WW (**sich ~**) **1** zich uit de voeten maken, ervandoor gaan • *sich mit dem Geld ~* ervandoor gaan met het geld **2** INFORM. sterven
davontragen OV WW sterk **1** wegdragen **2** oplopen, krijgen • *Schaden ~* schade oplopen • *eine Verletzung ~* een verwonding oplopen **3** FORM. verwerven, verkrijgen • *den Ruhm ~* roem verwerven
davor BW daarvoor, ervoor • *ich bin dafür* ik ben ervoor • *er ist nicht die richtige Person dafür* hij is niet de juiste persoon daarvoor • *was kriege ich dafür?* wat krijg ik ervoor terug?
DAX AFK ECON. Deutscher Aktienindex Duitse aandelenindex <≈ AEX>
Daypack ZN M (+s/+s) daypack
dazu BW **1** daarvoor • *er hat kein Geld ~* hij heeft daarvoor geen geld • *was kann ich ~?* wat kan ik

eraan doen? **2** **daarbij** **3** **erbij, ertoe** • *das kommt noch ~* dat komt er nog bij • *jemanden ~ bringen* iemand ertoe brengen • *~ fehlt ihr der Mut* zij heeft er de moed niet toe • *ich bin nicht ~ gekommen* ik ben er niet aan toe gekomen • *willst du noch was ~?* wil jij er nog iets bij? • *das gehört eben ~* dat hoort er nu eenmaal bij • *das dient ~ ...* dat dient ervoor om ... • *~ im Stande sein* ertoe in staat zijn **4** **daarover** • *was sagen Sie ~?* wat zegt u daarover?

dazugehören ONOV WW **erbij horen**

dazukommen ONOV WW sterk **1** **erbij komen, arriveren** **2** **erbij komen, toegevoegd worden**

dazumal BW **toen, destijds** • *Anno ~* in het jaar nul

dazutun OV WW onregelmatig **erbij doen, eraan toevoegen** • *ohne mein Dazutun* zonder mijn toedoen • *nichts ~* van geen tel zijn

dazuverdienen OV WW **bijverdienen**

dazwischen BW **daartussen, ertussen**

dazwischenfahren ONOV WW sterk **1** **tussenbeide komen, ingrijpen** **2** **in de rede vallen**

dazwischenkommen ONOV WW sterk **1** **ertussen komen** • *es ist etwas dazwischengekommen* er is iets tussen gekomen **2** **tussenbeide komen**

dazwischenreden ONOV WW **in de rede vallen, ertussen komen**

dazwischentreten ONOV WW sterk **1** **tussenbeide komen** **2** **ertussen komen, scheiden**

DB AFK Deutsche Bahn **de Duitse spoorwegen**

DDR AFK GESCH. Deutsche Demokratische Republik **Duitse Democratische Republiek** • *in der DDR* in de DDR

D-Dur ZN O (-/gmv) MUZ. **D majeur**

Deal ZN M (+s/+s) **deal**

dealen ONOV WW **dealen** <m.b.t. drugs>

Dealer ZN M (+s/-) **1** **dealer** <m.b.t. drugs> **2** ECON. **hoekman**

Debakel ZN O (+s/-) **debacle, fiasco**

Debatte ZN V (-/+n) **debat** • *zur ~ stehen* ter discussie staan • *zur ~ stellen* ter discussie stellen

debattieren OV + ONOV WW **debatteren** (**über** +4 **over**)

Debet ZN O (+s/+s) **debet** • *ins ~ stellen* in debet brengen • *~ und Kredit* debet en credit

debil BN **debiel**

debitieren OV WW **1** **debiteren** **2** **verkopen**

Debitor ZN M (+s/+en) **debiteur**

Debüt ZN O (+s/+s) **debuut**

debütieren ONOV WW **debuteren**

Deck ZN O (+(e)s/+s, +e) **dek** • *alle Mann an Deck!* alle hens aan dek!

Deckadresse ZN V (-/+n) **correspondentieadres, schuiladres**

Deckbett ZN O (+(e)s/+en) **dekbed**

Deckblatt ZN O (+(e)s/-blätter) **1** **dekblad, schutblad** **2** **titelpagina** **3** **errata, inlegblad met correcties** **4** **bovenste speelkaart**

Decke ZN V (-/+n) **1** **deken** • INFORM. *(mit jemandem) unter einer ~ stecken* (met iemand) onder een hoedje spelen • FIG. *sich nach der ~ strecken* de tering naar de nering zetten **2** **wegdek, wegbedekking** **3** **plafond, zoldering** • FIG. *vor Freude an die ~ springen* een gat in de lucht springen • FIG. *mir fällt die ~ auf den Kopf* de muren komen op me af • FIG. *an die ~ gehen* boos worden

Deckel ZN M (+s/-) **1** **deksel** • *eine auf den ~ kriegen* op zijn donder krijgen **2** **boekband**

decken **1** OV WW **1** **dekken, bedekken** • *sie können kaum die Kosten ~* ze kunnen de kosten nauwelijks dekken • *etwas über etwas +4 ~* iets ergens mee afdekken **2** SPORT **dekken** **3** DIERK. **dekken** **2** WKD WW (**sich ~**) **1** **zichzelf beschermen** **2** **overeenkomen** • *das deckt sich mit ihrer Geschichte* das komt met haar verhaal overeen

Deckenbeleuchtung ZN V (-/+en) **plafondverlichting**

Deckenlampe ZN V (-/+n) **plafondlamp, plafonnière**

Deckenleuchte ZN V (-/+n) **plafondlamp, plafonnière**

Deckfarbe ZN V (-/+n) **dekverf, dekkende verf**

Deckmantel ZN M (+s/gmv) **dekmantel, voorwendsel**

Deckname ZN M (+ns/+n) **schuilnaam**

Deckung ZN V (-/+en) **1** **dekking** **2** **bedekking**

Decoder ZN M (+s/-) **decoder**

decodieren OV WW **decoderen, ontcijferen**

dedizieren OV WW **1** **schenken** **2** **opdragen**

Deduktion ZN V (-/+en) **deductie**

deduzieren OV WW **deduceren, afleiden**

Defätismus, **Defaitismus** ZN M (-/gmv) **defaitisme**

Defätist, **Defaitist** ZN M (+en/+en) **defaitist**

defekt BN **defect**

Defekt ZN M (+(e)s/+e) **1** **defect** **2** **tekort**

defensiv BN **defensief**

Defensive ZN V (-/+n) **defensief, verdediging** • *in die ~ gehen* in de verdediging gaan

defilieren ONOV WW **defileren**

definieren OV WW **definiëren, bepalen**

Definition ZN V (-/+en) **definitie**

definitiv BN **definitief, voorgoed**

Defizit ZN O (+(e)s/+e) **deficit, tekort** • *ein ~ ausgleichen* een tekort dekken

Deflation ZN V (-/+en) **deflatie**

Deformation ZN V (-/+en) **1** **vormverandering, deformatie** **2** MED. **misvorming**

deformieren OV WW **deformeren, misvormen**

Deformierung ZN V (-/+en) **misvorming**

Deformität ZN V (-/+en) **mismaaktheid, misvorming**

deftig BN **1** **grof** **2** **robuust** **3** **stevig, voedzaam** • *ein ~es Essen* een stevige maaltijd **4** **flink, erg**

degaussen OV WW COMP. **degaussen**

Degen ZN M (+s/-) **degen**

Degeneration ZN V (-/+en) **degeneratie**

degenerieren ONOV WW **degenereren, ontaarden** (**zu** **in**)

degradieren OV WW **degraderen**

dehnbar BN **rekbaar** • *ein ~er Begriff* een rekbaar

begrip
dehnen 1 ov ww rekken, uitrekken 2 wkd ww (**sich ~**) 1 langer/breder worden • *diese Handschuhe ~ sich noch* er zit nog rek in die handschoenen 2 zich uitstrekken, zich uitrekken • *gedehnt sprechen* lijzig praten
Dehnung zn v (-/+en) rekking, verlenging

Deich zn m (+(e)s/+e) dijk • *der ~ bricht* de dijk breekt door
Deichsel zn v (-/+n) disselboom
deichseln ov ww inform. bedisselen, regelen, klaarspelen, voor elkaar brengen • *sie wird die Sache schon ~* dat zal zij wel klaarspelen • *er deichselt alles* hij bedisselt alles • *etwas so ~, dass ...* iets zo manoeuvreren dat ...
dein bez vnw 1 jouw, je • *gib mir ~en Stift* geef me je pen 2 de/het jouwe • *ist das mein Buch oder ~es?* is dat mijn tas of de jouwe?
deine bez vnw 1 jouw, je • *gib mir ~ Tasse* geef me je kopje 2 de/het jouwe • *ist das meine Tasche oder ~?* is dat mijn tas of de jouwe?
deiner bez vnw • *dies ist mein Koffer und das ist ~* dit is mijn koffer en die is van jou • *ist das der Sohn deiner Schwester?* is dat de zoon van je zus? • *ich sage es deiner Frau* ik zeg het tegen je vrouw → **dein**
deinerseits bw van jouw kant
deines bez vnw • *dies ist mein Buch und das ist ~* dit is mijn boek en dat is dat van jou • *der Hund deines Bruders* de hond van je broer
deinesgleichen pers vnw iemand zoals jij
deinetwegen bw ter wille van jou
deinige bez vnw • *der/die/das ~* de/het jouwe
Deka zn o (-, +s/-) oost. decagram
Dekade zn v (-/+n) decade
dekadent bn decadent, in verval
Dekadenz zn v (-/gmv) decadentie, achteruitgang
Dekameter zn m/o (+s/-) decameter
Dekan zn m (+(e)s/+e) 1 decaan 2 rel. deken
Dekanat zn o (+(e)s/+e) decanaat
Deklamation zn v (-/+en) declamatie
deklamieren ov ww voordragen, declameren
Deklaration zn v (-/+en) 1 plechtige verklaring 2 aangifte, declaratie
deklarieren ov ww 1 declareren, plechtig verklaren 2 aangeven voor de belasting, aangifte doen van goederen
deklassieren ov ww 1 sport een verpletterende nederlaag toebrengen 2 declasseren
Deklination zn v (-/+en) taalk. verbuiging
deklinierbar bn taalk. verbuigbaar
deklinieren ov ww taalk. verbuigen
Dekolleté zn o (+s/+s) decolleté
Dekolletee zn o (+s/+s) zwit. decolleté
dekolletiert bn met decolleté
Dekompression zn v (-/+en) decompressie
Dekor zn m (+s/+e, +s) decor
Dekorateur zn m (+s/+e) 1 etaleur, etalagist, decorateur 2 decorateur, toneelschilder
Dekoration zn v (-/+en) 1 ordeteken 2 decoratie, versiering
dekorativ bn decoratief
dekorieren ov ww 1 decoreren 2 ridderen
Dekret zn o (+(e)s/+e) decreet
dekretieren ov ww voorschrijven, decreteren
Delegation zn v (-/+en) 1 afvaardiging, delegatie • *eine ~ nach Deutschland entsenden* een delegatie naar Duitsland afvaardigen 2 jur. overdracht
delegieren ov ww 1 delegeren, afvaardigen • *der Verband delegierte drei Personen zur Konferenz* de bond vaardigde drie personen af naar de conferentie 2 delegeren, overdragen • *Aufgaben an Untergebene ~* taken delegeren aan ondergeschikten
Delegierte zn m/v (+n/+n) gedelegeerde
Delfin zn m (+s/+e) 1 dolfijn 2 sport vlinderslag
Delfinschwimmen zn o (+s/gmv) sport vlinderslag
delikat bn delicaat
Delikatesse 1 zn v (-/+n) delicatesse 2 zn v (-/gmv) kiesheid
Delikt zn o (+(e)s/+e) delict
Delinquent zn m (+en/+en) delinquent
Delirium zn o (+s/-rien) delirium
Delle zn v (-/+n) 1 aardk. del 2 inform. deuk
Delphin zn m (+s/+e) → **Delfin**
Delta 1 zn o (+s/-ten) deltagebied 2 zn o (+s/gmv) delta
dem 1 aanw vnw hem, die daar • *~ hätte ich nichts gesagt!* hem had ik niets verteld! 2 betr vnw die, dat • *der, ~ ich es gegeben habe* degene aan wie ik het gegeven heb 3 lidw de, het • *er gibt ~ Mann ein Buch* hij geeft een boek aan de man
Demagoge zn m (+n/+n) demagoog, volksmenner
Demagogie zn v (-/gmv) demagogie
demagogisch bn min. demagogisch
demaskieren ov ww 1 demaskeren, ontmaskeren 2 mil. de camouflage verwijderen
dementieren ov ww ontkennen, loochenen
dementsprechend bn dienovereenkomstig
demgegenüber bw daartegenover • *~ ist er sehr ordentlich* daar staat tegenover dat hij heel netjes is
demgemäß bw dienovereenkomstig
Demission zn v (-/+en) demissie
demissionieren 1 ov ww ontslaan 2 onov ww zijn ontslag nemen
demnach bw 1 volgens (iets) • *es ist eine neue Studie erschienen; ~ nimmt die Gefahr zu* er is een nieuw onderzoek gepubliceerd; volgens dit onderzoek stijgt het gevaar 2 dus • *~ ist das die einzige Chance* dat is dus de enige kans
demnächst bw binnenkort, eerstdaags
Demo zn v (-/+s) inform. demonstratie
demobilisieren ov ww demobiliseren
Demobilisierung zn v (-/+en) demobilisatie
Demografie, **Demographie** zn v (-/+n) demografie
Demokrat zn m (+en/+en) democraat
Demokratie zn v (-/+n) democratie
demokratisch bn democratisch

demokratisieren ov ww democratiseren

demolieren ov ww **1** afbreken, slopen **2** vernielen

Demolierung zn v (-/+en) vernieling

Demonstrant zn m (+en/+en) demonstrant

Demonstration zn v (-/+en) demonstratie • *eine ~ von wütenden Studenten* een demonstratie door woedende studenten

demonstrativ bn **1** demonstratief, zeer opvallend **2** verhelderend **3** TAALK. aanwijzend

Demonstrativpronomen zn o (+s/-pronomina, -) aanwijzend voornaamwoord

demonstrieren 1 ov ww demonstreren, aanschouwelijk maken **2** onov ww betogen, demonstreren

Demontage zn v (-/+n) demontage

demontieren ov ww demonteren • *Atomwaffen ~* kernwapens ontmantelen

demoralisieren ov ww demoraliseren

Demoskopie zn v (-/+n) opinieonderzoek

demoskopisch bn • *~e Umfrage* opinieonderzoek

demotivieren ov ww demotiveren

Demut zn v (-/gmv) deemoed, nederigheid

demütig bn deemoedig, ootmoedig

demütigen ov ww vernederen

Demütigung zn v (-/+en) vernedering

demzufolge bw dientengevolge

den 1 aanw vnw **1** deze, dit **2** hem, die daar • *~ habe ich schon gesehen* hem heb ik al gezien **2** betr vnw **die, dat** • *der Mann, ~ ich gesehen habe* de man die ik gezien heb **3** lidw **de, het** • *hast du ~ Mann gesehen?* heb je de man gezien? • *gib das ~ Eltern* geef dat aan de ouders → **der, die**

denen 1 aanw vnw • *~ sage ich gar nichts mehr* tegen hun zeg ik helemaal niets meer **2** betr vnw • *die Leute, ~ ich das gesagt habe* de mensen, aan wie ik dat gezegd heb • *die Gefahren, ~ er sich aussetzt* de gevaren waaraan hij zich blootstelt

Den Haag zn o Den Haag • *nach ~ gehen* naar Den Haag gaan

Denier zn o denier

Denkanstoß zn m (+es/-stöße) aanzet, prikkel tot nadenken

Denkart zn v (-/+en) **1** denktrant, denkwijze **2** mentaliteit

denkbar 1 bn denkbaar, mogelijk **2** bw zeer, uiterst

denken 1 ov + onov ww onregelmatig **denken (an** +4 **aan)** • *ich denke daran wegzugehen* ik denk erover om weg te gaan • *an jemanden/etwas ~* denken aan iemand/iets • *ich denke nicht im Traum daran!* ik denk er niet aan! • *laut ~* hardop denken • *ich denke schon* ik denk van wel • *denk dir bloß!* stel je eens voor! • FIG. *erst ~, dann handeln* eerst denken, dan doen • FIG. *jeder denkt sich dazu seinen Teil* ieder denkt er het zijne van • *eine gedachte Linie* een denkbeeldige lijn • *das hätte ich nicht gedacht* dat had ik niet gedacht, dat valt me tegen **2** wkd ww **(sich ~)** onregelmatig **zich voorstellen, zich indenken** • *das habe ich mir schon gedacht* dat dacht ik al • *ich dachte mir* ik dacht bij mezelf • *das hast du dir gedacht!* dat had je gedroomd!

Denker zn m (+s/-) filosoof, denker

Denkfabrik zn v (-/+en) INFORM. denktank

denkfaul bn geestelijk lui

Denkfehler zn m (+s/-) denkfout

Denkmal zn o (+(e)s/+e, -mäler) monument, gedenkteken • *jemandem ein ~ setzen* een monument voor iemand oprichten • *ein ~ errichten* een monument oprichten

Denkmalschutz zn m (+es/gmv) monumentenzorg • *unter ~ stehen* onder monumentenzorg staan

Denkschrift zn v (-/+en) memorandum, memorie

denkste tussenw INFORM. vergeet het maar!, dat had je gedacht!

Denkweise zn v (-/+n) denkwijze

denkwürdig bn gedenkwaardig • *ein denkwürdiges Ereignis* een gedenkwaardige gebeurtenis

Denkzettel zn m (+s/-) afstraffing • *jemandem einen ~ verpassen/geben* iemand een lesje leren

denn 1 bw dan • *weiß er ~ nichts?* weet hij dan niets? • *wieso ~?* waarom dan? • *ich habe es ~ auch sehr oft versucht* ik heb het dan ook heel vaak geprobeerd • *es sei ~, dass* tenzij **2** voegw **1** want • *wir kommen nicht, ~ der Zug ist zu spät* wij komen niet want de trein is te laat **2** dan • *sie ist schöner ~ je* zij is mooier dan ooit tevoren

dennoch 1 bw toch, evenwel **2** voegw toch, evenwel

dental bn dentaal

Dentist zn m (+en/+en) tandheelkundige

denunzieren ov ww aanbrengen, verklikken

Deo zn o (+s/+s) INFORM. deo <deodorant>

Deodorant zn o (+s/+e, +s) deodorant

Deoroller zn m (+s/-) deoroller

Deospray zn o (+s/+s) deodorantspray

Dependance zn v (-/+n) dependance, filiaal

deplatziert bn misplaatst • *die Bemerkung ist total ~* die opmerking is geheel misplaatst • *eine ~e Bemerkung* een misplaatste opmerking

Deponie zn v (-/+n) vuilstortplaats

deponieren ov ww deponeren • *Geld auf einem Konto ~* geld op een rekening deponeren

Deportation zn v (-/+en) deportatie

deportieren ov ww deporteren

Depositen zn mv → **Depositum**

Depositenbank zn v (-/+en) depositobank

Depositum zn o (+s/-ten) deposito

Depot zn o (+s/+s) depot

Depp zn m (+(e)s/+en) INFORM. sukkel • *der ~ sein* voor aap staan

Depression zn v (-/+en) depressie

depressiv bn depressief

deprimieren ov ww deprimeren

Deputation zn v (-/+en) deputatie, afvaardiging

deputieren ov ww deputeren, afvaardigen

Deputierte zn m/v (+n/+n) afgevaardigde

der 1 lidw de, het • *~ Lehrer kommt* de docent

komt • *wir sagen es ~ Lehrerin* wij vertellen het aan de docente • *das ist die Tasche ~ Lehrerin* dat is de tas van de docente **2** AANW VNW **1 deze, die 2 hij, die daar** • *~ ist wohl verrückt!* die is toch gek! **3** BETR VNW **die, dat** • *~ Mann, ~ sehr froh war* de man die erg blij was • *die Frau, ~ ich das gesagt habe* de vrouw, aan wie ik het heb verteld

de

derart BW **zodanig, van dien aard** • *~, dass* van dien aard dat
derartig BN **zodanig, dergelijk** • *nichts Derartiges* niets van dien aard
derb BN **1 stevig, stabiel 2 grof, ruw** • *ein ~er Witz* een grove grap • *~e Sprache* grove taal, ruwe taal
Derbheit 1 ZN V (-/+en) **ruwe grap 2** ZN V (-/gmv) **ruwheid, grofheid**
dereinst BW FORM. **eens, in de toekomst**
deren 1 AANW VNW **van haar, van hen** • *meine Schwester und ~ Mann* mijn zuster en haar man • *das ist doch ~ Angelegenheit* dat is toch hun zaak **2** BETR VNW **van wie, waarvan** • *die Frau, ~ Sohn ich kenne* de vrouw van wie ik de zoon ken • *die Musik, ~ Titel ich nicht weiß* de muziek waarvan ik de titel niet weet
derentwegen BETR VNW **om haar/hen**
derentwillen BW • *(um) ~* ter wille van hen, omwille van hen
derer AANW VNW **van hen** • *die Zahl ~, die das nicht wissen, nimmt ab* het aantal van hen die dat niet weten, daalt
dergestalt BW **zodanig**
dergleichen AANW VNW **1 dergelijke** • *und ~ mehr* en wat dies meer zij • *und ~* en dergelijke **2 zoiets 3 zulke**
Derivat ZN O (+(e)s/+e) **derivaat**
derjenige AANW VNW **degene, die, datgene, dat** • *~, der* hij, die
derlei AANW VNW **1 zulk 2 dergelijke**
dermaßen BW **dermate, zodanig**
Dermatologe ZN M (+n/+n) **dermatoloog, huidarts**
derselbe AANW VNW **1 dezelfde, datzelfde 2 deze, dit**
derweil 1 BW **ondertussen 2** VOEGW **terwijl**
derzeit BW **1 nu 2 destijds**
derzeitig BN **1 tegenwoordig 2 toenmalig**
des LIDW **van de, van het** • *der Hund ~ Nachbarn* de hond van de buurman → **der**
Desaster ZN O (+s/-) **ramp**
Deserteur ZN M (+(e)s/+e) **deserteur**
desertieren ONOV WW **overlopen, deserteren**
Desertion ZN V (-/+en) **desertie**
desgleichen 1 BW **evenzo, net zo 2** VOEGW **evenzo, ook**
deshalb 1 BW **derhalve, daarom 2** VOEGW **daarom**
Design ZN O (+s/+s) **design**
Designer ZN M (+s/-) **designer** • *Industrial ~* industrieel ontwerper
designieren OV WW **1 bestemmen voor, doodverven 2 aanwijzen** • *der designierte Präsident* de beoogde/aangewezen president
desillusionieren OV WW **desillusioneren, ontgoochelen**
Desinfektion ZN V (-/+en) **ontsmetting**
desinfizieren OV WW **desinfecteren**
Desintegration ZN V (-/+en) **desintegratie**
Desinteresse ZN O (+n/gmv) **desinteresse, onverschilligheid (an** +3 **voor)**
Desktop-Publishing ZN O (-, +s/gmv) COMP. **desktoppublishing**
desolat BN **desolaat, troosteloos**
desorientiert BN **gedesoriënteerd** • *~ sein* gedesoriënteerd zijn
desperat BN **desperaat, wanhopig**
Despot ZN M (+en/+en) **despoot** • *aufgeklärter ~* verlicht despoot
despotisch BN **despotisch**
Despotismus ZN M (-/gmv) **despotisme**
dessen 1 AANW VNW • *mein Bruder und ~ Frau* mijn broer en diens vrouw • *sich ~ bewusst sein, dass ...* zich ervan bewust zijn dat ... **2** BETR VNW **van wie, waarvan** • *das Kind, ~ Eltern verreist waren, ...* het kind van wie de ouders op reis waren ... • *der Mann, ~ Mutter ich gut kenne* de man van wie ik de moeder goed ken • *das Wort, ~ Bedeutung ich nicht kenne* het woord waarvan ik de betekenis niet ken → **das, der**
dessentwillen BW • *(um) ~* omwille van hem/het, ter wille van hem/het
Dessert ZN O (+s/+s) **dessert, toetje**
Destillat ZN O (+(e)s/+e) **distillaat**
Destillation ZN V (-/+en) **1 kroeg 2** SCHEIK. **distillatie**
destillieren OV WW **distilleren**
desto VOEGW **des te** • *je ... ~* hoe ... des te, hoe ... hoe
destruktiv BN **destructief, vernietigend, afbrekend**
deswegen BW **daarom, dientengevolge**
Deszendent ZN M (+en/+en) **nakomeling**
Deszendenz ZN V (-/gmv) **afstamming**
Detail ZN O (+s/+s) **detail** • *bis ins kleinste ~* tot in de details • *ins ~ gehen* in details treden • FIG. *der Teufel steckt im ~* het venijn zit in de staart • *alles bis ins kleinste ~ wissen* het naadje van de kous willen weten
detaillieren OV WW **1 detailleren, in details vertellen 2** ECON. **en détail verkopen**
Detektei ZN V (-/+en) **detectivebureau**
detektieren OV WW **detecteren**
Detektiv ZN M (+es/+e) **detective**
Detektivroman ZN M (+s/+e) **detectiveroman**
Detektor ZN M (+s/+en) **detector**
Determinativpronomen ZN O (+s/-pronomina, -) TAALK. **bepalingaankondigend voornaamwoord**
Determinismus ZN M (-/gmv) **determinisme**
Detonation ZN V (-/+en) **ontploffing**
detonieren ONOV WW **1** MUZ. **onzuiver zingen/spelen 2 ontploffen**
Deut ZN M • *keinen ~ wert sein* geen stuiver waard

zijn • *für keinen ~ weniger* voor geen cent minder
deutbar BN verklaarbaar
deuteln ONOV WW spitsvondig uitleggen
deuten **1** OV WW duiden, verklaren • *einen Text ~* een tekst verklaren **2** ONOV WW **1 ~ auf** +4, wijzen • *auf jemanden ~* naar iemand wijzen **2 ~ auf** +4, duiden/wijzen op • *alles deutet darauf hin, dass* alles wijst erop dat
deutlich BN duidelijk • INFORM. *~ werden* er niet langer omheen draaien
Deutlichkeit **1** ZN V (-/gmv) duidelijkheid • *etwas mit/in aller ~ sagen* iets in alle duidelijkheid zeggen **2** ZN V (-/+en) INFORM. onbeschofte uitlating
deutsch **1** BN Duits • *ein ~es Produkt* een Duits product **2** BW Duits, in het Duits • FIG., INFORM. *~ mit jemandem reden/sprechen* duidelijke taal spreken met iemand, iemand onverbloemd de waarheid zeggen
Deutsch ZN O (-, +s/gmv) Duits, Duitse taal • *kein ~ mehr verstehen* Oost-Indisch doof zijn • *auf ~* in het Duits • INFORM. *auf (gut) ~* onverbloemd • *etwas ins Deutsche übersetzen* iets in het Duits vertalen
Deutsche ZN M/V (+n/+n) Duitse(r) • *der ~* de Duitser • *die ~* de Duitse • *ein Deutscher* een Duitser
deutschfeindlich BN anti-Duits
deutschfreundlich BN pro-Duits
Deutschland ZN O (+s/gmv) Duitsland
Deutschlehrer ZN M (+s/-) leraar Duits
deutschsprachig BN **1** Duits sprekend, Duitstalig **2** in de Duitse taal, in het Duits
Deutschstunde ZN V Duitse les
Deutschtum ZN O (+s/gmv) **1** Duitse aard **2** Duitse nationaliteit
Deutschunterricht ZN M (+(e)s/gmv) onderwijs/les in het Duits
Deutung ZN V (-/+en) uitlegging, verklaring
Devaluation ZN V (-/+en) devaluatie
Devise ZN V (-/+n) **1** zinspreuk, devies **2** wissel op het buitenland **3** buitenlandse geldswaarde • *Devisen* deviezen
Devisenbörse ZN V (-/+n) valutamarkt
devot BN devoot
Devotion ZN V (-/+en) devotie
Devotionalien ZN MV religieuze voorwerpen
Dextrose ZN V (-/gmv) dextrose, druivensuiker
Dez. AFK Dezember **december**
Dezember ZN M (-, +s/-) december • *im ~* in december
Dezennium ZN O (+s/-nien) decennium
dezent BN **1** decent, niet opvallend **2** tactvol, passend
dezentral BN decentraal, gespreid
dezentralisieren OV WW decentraliseren
Dezernat ZN O (+(e)s/+e) tak van dienst, afdeling
Dezernent ZN M (+en/+en) afdelingshoofd
Dezibel ZN O (+s/+s) decibel
Dezigramm ZN O (+(e)s/+e) decigram
Deziliter ZN M/O (+s/-) deciliter
dezimal BN decimaal
Dezimale ZN V (-/+n) decimaal
Dezimalsystem ZN O decimaal stelsel
Dezimalzahl ZN V (-/+en) getal met decimalen
Dezimeter ZN M/O (+s/-) decimeter
dezimieren OV WW decimeren, uitdunnen
Dezimierung ZN V (-/+en) uitdunning, vermindering
DFB AFK Deutscher Fußball-Bund **Duitse voetbalbond**
DGB AFK Deutscher Gewerkschaftsbund **het Duitse vakverbond**
dgl. AFK dergleichen **dergelijke**
d.Gr. AFK der Große, die Große **de Grote** • *Alexander ~* Alexander de Grote
d.h. AFK das heißt **d.w.z., dat wil zeggen**
d.i. AFK das ist **dat is, i.e., te weten**
Dia ZN O (+s/+s) dia(positief)
Diabetes ZN M (-/gmv) diabetes
Diabetiker ZN M (+s/-) diabeticus
diabolisch BN duivels
Diadem ZN O (+(e)s/+e) diadeem
Diagnose ZN V (-/+n) diagnose
diagnostisch BN diagnostisch
diagnostizieren OV WW diagnosticeren
diagonal BN diagonaal
Diagonale ZN V (-/+n) diagonaal
Diagramm ZN O (+(e)s/+e) diagram
Diakon ZN M (+s, +en/+en, +e) **1** diaken **2** hulpgeestelijke
Diakonat ZN O (+(e)s/+e) diaconaat
Diakonisse ZN V (-/+n) diacones
Dialekt ZN M (+(e)s/+e) dialect
Dialektik ZN V (-/gmv) dialectiek
Dialog ZN M (+(e)s/+e) dialoog
Dialyse ZN V (-/+n) dialyse
Diamant ZN M (+en/+en) diamant
diamanten BN **1** diamanten, van diamant **2** met (een) diamant(en) bezet **3** als (van) diamant
Diameter ZN M (+s/-) diameter
diametral BN OOK FIG. diametraal • *~ entgegengesetzt* diametraal tegenovergesteld
Diaphragma ZN O (+s/-men) diafragma
Diapositiv ZN O (+s/+e) dia
Diaspora ZN V (-/gmv) diaspora
Diät ZN V (-/+en) dieet • *~ leben/halten* een dieet volgen, op dieet zijn
Diätassistent ZN M (+en/+en) diëtist
Diätassistentin ZN V (-/+nen) diëtiste
Diäten ZN MV onkostenvergoeding <voor politici>
Diätetik ZN V (-/+en) diëtetiek, dieetleer
Diätfahrplan ZN M (+(e)s/-pläne) INFORM. dieetprogramma
dich **1** PERS VNW jou, je **2** WKD VNW je
dicht **1** BN dicht • FIG., INFORM. *er ist nicht ganz ~* er is een steekje bij hem los • *~er Nebel* dichte mist **2** BW dichtbij • *~ bevorstehen* op het punt staan te gebeuren, bijna plaatsvinden • *~ an ~; ~ bei ~; ~ beieinander* dicht bij elkaar • *er war ~ daran aufzugeben* hij wilde het bijna opgeven

di

Dichte ZN V (-/+n) dichtheid
dichten **1** OV WW dichten, dichtmaken **2** OV + ONOV WW **1** schrijven, dichten **2** INFORM. fantaseren
Dichter ZN M (+s/-) **1** schrijver, dichter **2** dichterlijke natuur
dichterisch BN dichterlijk • *die ~e Freiheit* de dichterlijke vrijheid
dichtgedrängt BN dicht opeengepakt • *~ stehen* dicht aaneen staan
dichthalten ONOV WW sterk INFORM. niets verraden, niet verder vertellen
Dichtkunst ZN V (-/-künste) dichtkunst, literatuur, poëzie
dichtmachen OV WW **1** INFORM. (definitief) sluiten <van bedrijf, winkel> **2** SPORT verdediging versterken
Dichtung ZN V (-/+en) **1** literair werk, dichtwerk **2** literatuur **3** INFORM. verzinsel **4** TECHN. pakking, afsluiting
dick BN dik • *ein ~er Mann* een dikke man • *sie sind ~ befreundet* het is dik aan tussen hen • *~er Verkehr* druk verkeer • INFORM. *jemanden/etwas ~ haben* iemand/iets beu zijn • *~ und rund* zo rond als een tonnetje • FIG. *sich ~ machen* dik doen • FIG. *es gibt ~e Luft* het wordt gevaarlijk • FIG. *~ auftragen* overdrijven • FIG. *es nicht so ~ haben* het niet zo breed hebben • FIG. *durch ~ und dünn* door dik en dun
Dickbauch ZN M (+s/-bäuche) dikbuik, dikzak
Dickdarm ZN M (+(e)s/-därme) dikke darm
Dicke **1** ZN V (-/+n) dikte **2** ZN M/V (+n/+n) INFORM. dikkerd(je), dikzak
Dickerchen ZN O (+s/-) INFORM. dikkerdje, dikzak
dickfellig BN onverschillig, bot, ongevoelig, dikhuidig
dickflüssig BN stroperig, taai
Dickhäuter ZN MV dikhuidigen, pachydermen
Dickicht ZN O (+s/+e) **1** kreupelhout, struikgewas **2** FIG. warwinkel
Dickkopf ZN M (+(e)s/-köpfe) dikkop, stijfkop • *seinen ~ aufsetzen* eigenzinnig zijn
dickköpfig BN stijfkoppig, eigenzinnig
dickleibig BN diklijvig
dicklich BN **1** dikkig • *eine ~e Soße* een dikke saus **2** mollig • *ein ~es Kind* een mollig kind
Dickmilch ZN V (-/gmv) dikke zure melk <te vergelijken met karnemelk>
Dicksaft ZN M diksap
Dickschädel ZN M (+s/-) dikkop
Didaktik ZN V (-/+en) didactiek
didaktisch BN didactisch
die **1** LIDW de, het • *~ Musik ist schön* de muziek is mooi • *~ Kinder spielen* de kinderen spelen • *~ Gefahr* het gevaar **2** AANW VNW deze, die, dat • *~ will ich haben!* deze wil ik hebben! **3** BETR VNW die, dat • *~ Frau, ~ gerade spricht* de vrouw die nu aan het woord is • *~ Bücher, ~ ich gekauft habe* de boeken die ik gekocht heb
Dieb ZN M (+(e)s/+e) dief • *haltet den Dieb!* houdt de dief!
Diebesgut ZN O (+(e)s/-güter) gestolen goed
Diebin ZN V (-/+nen) dievegge
diebisch BN **1** OUD. diefachtig **2** met leedvermaak • *sich ~ freuen* leedvermaak hebben
Diebstahl ZN M (+(e)s/-stähle) diefstal • *ein geistiger/literarischer ~* plagiaat
diebstahlsicher BN beveiligd tegen diefstal
Diebstahlsicherung ZN V (-/+en) beveiliging tegen diefstal
diejenige AANW VNW degene, zij die
Diele ZN V (-/+n) **1** vloerplank **2** vestibule, hal **3** dansgelegenheid
dienen ONOV WW +3, dienen • *womit kann ich ~?* waarmee kan ik u van dienst zijn? • *damit ist mir nicht gedient* daar ben ik niet mee geholpen • *als Beispiel ~* als voorbeeld dienen
Diener ZN M (+s/-) **1** dienaar **2** bediende, huisknecht **3** buiging • *einen ~ machen* een buiging maken
Dienerin ZN V (-/+nen) bediende, serveerster
dienlich BN dienstig, nuttig
Dienst ZN M (+(e)s/+e) dienst, werk, betrekking, instelling • *seinen ~ antreten* met zijn werk beginnen • *im öffentlichen ~ sein* werken bij de overheid • *den ~ quittieren* uit dienst treden • *außer ~* buiten dienst • *Dienste leisten* diensten bewijzen • *zu Ihren Diensten* tot uw dienst • *im Dienste von* ten dienste van • *jemandem einen guten/schlechten ~ erweisen* iemand een goede/slechte dienst bewijzen • *meine Beine verweigerten ihren ~* mijn benen weigerden dienst • *jederzeit zu Diensten stehen* altijd voor anderen klaarstaan • FIG. *Dienst nach Vorschrift machen* het werk doen volgens het boekje
Dienstag ZN M (+(e)s/+e) dinsdag • *am ~* op dinsdag
dienstags BW dinsdags, op dinsdagen
Dienstalter ZN O (+s/gmv) anciënniteit, aantal dienstjaren
Dienstälteste ZN M/V (+n/+n) oudste in rang/ qua dienstjaren
Dienstantritt ZN M (+(e)s/gmv) indiensttreding
Dienstanweisung ZN V (-/+en) instructie, dienstvoorschrift
Dienstausweis ZN M (+es/+e) legitimatiebewijs, pasje
dienstbar BN dienstbaar
dienstbereit BN **1** gedienstig **2** geopend • *~e Apotheke* apotheek die ook 's avonds en in het weekend geopend is
Dienstbote ZN M (+n/+n) dienstbode
diensteifrig BN dienstwillig, gedienstig
dienstfrei BN vrij van dienst • *~ haben* geen dienst hebben
Dienstgeheimnis ZN O (+ses/+se) ambtsgeheim
Dienstgewerbe ZN O (+s/-) dienstensector
Dienstgrad ZN M (+(e)s/+e) rang
diensthabend BN dienstdoend
Dienstherr ZN M (+n/+en) werkgever, patroon
Dienstleister ZN M (+s/-) dienstverlener

Dienstleistung ZN V (-/+en) **1** dienstbetoon, hulpbetoon **2** ECON. dienstverlening
Dienstleistungssektor ZN M (+s/+en) dienstensector, dienstverlenende sector, tertiaire sector
dienstlich BN **1** ambtelijk, officieel **2** de dienst betreffend
Dienstmädchen ZN O (+s/-) dienstmeisje
Dienstreise ZN V (-/+n) dienstreis
Dienstschluss ZN M (+es/-schlüsse) • *nach ~* na werktijd, na afloop van de dienst
Dienststelle ZN V (-/+n) instantie, bureel
diensttauglich BN goedgekeurd voor dienst
dienstunfähig BN ongeschikt voor dienst • *jemanden ~ schreiben* iemand afkeuren voor dienst
Dienstverhältnis ZN O (+ses/+se) dienstverband
Dienstwagen ZN M (+s/-) dienstauto
Dienstweg ZN M (+(e)s/gmv) ambtelijke weg • *auf dem ~* langs de officiële weg
dienstwillig BN gedienstig
Dienstzeit ZN V (-/+en) **1** diensttijd **2** werktijd, arbeidstijd
dies AANW VNW dit, dat, die, deze • *~er Mann* deze man • *~e Frau* deze vrouw • *~es Buch* dit boek • *~e Leute* deze mensen • *~es und jenes* ditjes en datjes, het een en ander • *~ und das* het een en ander
Dies ZN M dies <gedenkdag>
diesbezüglich BN desbetreffend, hieromtrent
diese AANW VNW deze • *diese Frage* deze vraag • *diese Leute* deze mensen → **dies**
Diesel ZN M (-, +s/-) **1** diesel • *~ fahren* op diesel rijden **2** dieselauto, dieselmotor
dieselbe AANW VNW dezelfde, hetzelfde
Dieselkraftstoff ZN M (+(e)s/+e) diesel(olie)
Dieselmotor ZN M (+s/+en) dieselmotor
dieser AANW VNW deze, dit • *dieser Monat* deze maand • *der Freund dieser Frau* de vriend van deze vrouw • *ich gebe dieser Dame einen Rat* ik geef een advies aan deze dame → **dies**
dieses AANW VNW deze, dit • *dieses Kind* dit kind • *der Roman dieses Schriftstellers* de roman van deze schrijver → **dies**
diesig BN nevelig
diesjährig BN van dit jaar
diesmal BW (voor) deze keer, dit keer
diesmalig BN voor deze keer
diesseitig BN **1** REL. aards, van deze wereld **2** aan deze kant
diesseits VZ +2, aan deze kant • *~ des Rheins* aan deze kant van de Rijn
Diesseits ZN O (-/gmv) aardse leven, wereld
Dietrich ZN M (+(e)s/+e) loper, valse sleutel
Differenz ZN V (-/+en) **1** verschil **2** meningsverschil, geschil **3** ECON. tekort **4** WISK. differentie
Differenzial ZN O (+(e)s/+e) **1** WISK. differentiaal **2** TECHN. differentieel
Differenzialrechnung ZN V (-/+en) differentiaalrekening
differenzieren **1** OV + ONOV WW differentiëren, een onderscheid maken **2** WKD WW (**sich ~**) onderling verschillen
differieren ONOV WW verschillen (**um** +4 met)
diffus BN diffuus
digital BN digitaal
Digital- VOORV digitaal • *Digitalkamera* digitale camera
Digitalanzeige ZN V (-/+n) digitale aanduiding
Digitalfernsehen ZN O (+s/gmv) digitale televisie
digitalisieren OV WW digitaliseren
Digitaltechnik ZN V (-/+en) digitale techniek
Diktat ZN O (+(e)s/+e) **1** dictee **2** dictaat
Diktator ZN M (+s/+en) dictator
diktatorisch BN dictatoriaal
Diktatur ZN V (-/+en) dictatuur
diktieren OV WW **1** voorschrijven **2** dicteren
Diktiergerät ZN O (+(e)s/+e) dicteerapparaat, dictafoon
Diktion ZN V (-/+en) dictie, zegging
Dilemma ZN O (+s/-ta, +s) dilemma • *in ein ~ geraten* voor een dilemma gesteld worden
Dilettant ZN M (+en/+en) dilettant
dilettantisch BN **1** dilettantisch, amateuristisch **2** MIN. stumperig
Dilettantismus ZN M (-/gmv) dilettantisme
Dill ZN M (+(e)s/+e) dille
Dimension ZN V (-/+en) dimensie
Diminutiv ZN O (+(e)s/+e) verkleinwoord
Dimmer ZN M (+s/-) dimmer
DIN AFK Deutsche Industrie-Norm(en) DIN
Diner ZN O (+s/+s) diner
Ding **1** ZN O (+(e)s/+e) **1** ding, voorwerp **2** aangelegenheid • *unverrichteter Dinge zurückkehren* onverrichter zake terugkeren • *vor allen Dingen* allereerst • *guter Dinge sein* goedgemutst zijn, in zijn schik zijn • *ein ~ drehen* een kraak zetten, een overval/inbraak plegen • *das ist ein Ding!* is dát even goed! • *das geht nicht mit rechten Dingen zu* dat is niet in de haak • *aller guten Dinge sind drei* drie keer is scheepsrecht • *das ist ein ~ der Unmöglichkeit* dat is gewoon onmogelijk • *wie die Dinge jetzt liegen* hoe de zaken er nu voor staan • *die Dinge so nehmen müssen, wie sie sind* het niet voor het uitzoeken hebben **2** ZN O (+(e)s/+er) **1** INFORM. ding, meisje **2** INFORM. ding, iets **3** INFORM. ding, zaak(je) • *krumme Dinger machen* ≈ vuil spel spelen
Dingelchen ZN O (+s/-) **1** dingetje **2** klein meisje
dingfest BN • *jemanden ~ machen* iemand arresteren
dinglich BN zakelijk, zaken betreffend
Dings ZN O (-/-, +er) **1** dinges, je weet wel **2** dingetje
Dingsbums ZN M/V/O dinges, je-weet-wel
Dingsda ZN M/V/O dinges, je-weet-wel
Dingwort ZN O (+(e)s/-wörter) zelfstandig naamwoord
dinieren ONOV WW dineren
Dinkel ZN M (+s/-) spelt
Dinosaurier ZN M (+s/-) dinosaurus

di

Diode ZN V (-/+n) diode
Diopter ZN O (+s/-) vizier
Dioptrie ZN V (-/+n) dioptrie
Dioxin ZN O (+s/+e) dioxine
Diözese ZN V (-/+n) diocees, bisdom
Diphterie ZN V (-/+n) difterie
Diphthong ZN M (+(e)s/+e) tweeklank, diftong
Dipl. AFK Diplom (universitair) diploma
Dipl.-Ing. AFK Diplomingenieur ≈ afgestudeerd ingenieur
Dipl.-Kfm. AFK Diplomkaufmann doctorandus bedrijfskunde
Diplom ZN O (+(e)s/+e) diploma <vooral van universiteit/hogeschool>
Diplomarbeit ZN V (-/+en) doctoraalscriptie, afstudeerscriptie
Diplomat ZN M (+en/+en) diplomaat
Diplomatie ZN V (-/+en) diplomatie
diplomatisch BN diplomatiek
Diplomingenieur ZN M (+(e)s/+e) ≈ afgestudeerd ingenieur
dippen OV WW dippen • SCHEEPV. *die Flagge ~* met de vlag groeten
dir PERS VNW aan jou, jou, je • *wie geht es dir?* hoe gaat het met jou? → **du**
direkt **1** BN **1** direct • *~ hintereinander* direct/vlak na elkaar • *~ gegenüber* recht tegenover • COMP. *~er Zugriff* directe toegang **2** rechtstreeks <van uitzending>, live **2** BW gewoonweg, bepaald • *das ist nicht ~ falsch* dat is niet echt verkeerd
Direktflug ZN M (+(e)s/-flüge) directe vlucht, non-stopvlucht
Direktion ZN V (-/+en) directie
Direktor ZN M (+s/+en) directeur
Direktorat ZN O (+(e)s/+e) **1** directoraat **2** directeurskamer
Direktorin ZN V (-/+nen) directrice
Direktsendung ZN V (-/+en) live-uitzending
Direktübertragung ZN V (-/+en) live-uitzending, rechtstreekse uitzending
Direktzugriffsspeicher ZN M (+s/-) COMP. direct toegankelijk geheugen
Dirigent ZN M (+en/+en) dirigent
dirigieren OV + ONOV WW dirigeren
Dirigismus ZN M (-/gmv) dirigisme, geleide economie
Dirndl ZN O (+s/-) dirndljurk, klederdrachtjurk
Dirne ZN V (-/+n) hoertje
Discjockey, **Diskjockey** ZN M (+s/+s) diskjockey
Disclaimer ZN M disclaimer
Disco ZN V (-/+s) disco
Disharmonie ZN V (-/+n) disharmonie
disharmonisch BN disharmonisch
Diskette ZN V (-/+n) diskette
Diskettenlaufwerk ZN O (+(e)s/+e) diskdrive
Disko ZN V (-/+s) → **Disco**
Diskont ZN M (+(e)s/+e) disconto
diskontieren OV WW disconteren
Diskonto ZN M (-, +s/+s, -ti) disconto
Diskontrate ZN V (-/+n) rentevoet
Diskothek ZN V (-/+en) discotheek
Diskredit ZN M (+(e)s/gmv) diskrediet
diskreditieren OV WW in diskrediet brengen
Diskrepanz ZN V (-/+en) discrepantie, onderlinge afwijking
diskret BN discreet
Diskretion ZN V (-/gmv) discretie • *~ wird zugesichert* discretie verzekerd
diskriminieren OV WW discrimineren
Diskriminierung ZN V (-/+en) discriminatie
Diskus ZN M (-, +ses/-ken, +se) discus, werpschijf
Diskussion ZN V (-/+en) discussie, debat • *das steht nicht zur ~* dat staat niet ter discussie
Diskussionsleiter ZN M (+s/-) discussieleider
Diskuswerfen ZN O (+s/gmv) discuswerpen
diskutabel BN voor discussie vatbaar, aannemelijk
diskutieren OV + ONOV WW discussiëren (**über** +4 over)
Dispens ZN M (+es/+e) dispensatie, vrijstelling
dispensieren OV WW dispenseren, vrijstellen
Display ZN O (+s/+s) COMP. display, beeldscherm
Dispokredit, **Dispositionskredit** ZN M (+s/+e) ECON. ongedekt krediet • *ich habe einen ~ von 1000 Euro* ik mag op mijn bankrekening 1000 euro rood staan • *den ~ erhöhen* het krediet op de bankrekening verhogen
disponibel BN disponibel, beschikbaar
disponieren OV + ONOV WW disponeren (**über** +4 over)
Disposition ZN V (-/+en) dispositie • *zur ~ stellen* op non-actief stellen
Disput ZN M (+(e)s/+e) dispuut, twistgesprek
Disputation ZN V (-/+en) disputatie, wetenschappelijk twistgesprek, verdediging <bij promotie>
disputieren ONOV WW disputeren, redetwisten
Disqualifikation ZN V (-/+en) diskwalificatie
disqualifizieren OV WW diskwalificeren
Disqualifizierung ZN V (-/+en) diskwalificatie
Diss. AFK Dissertation dissertatie, proefschrift
Dissertation ZN V (-/+en) proefschrift
Dissident ZN M (+en/+en) dissident, andersdenkende
Dissonanz ZN V (-/+en) **1** dissonantie **2** MUZ. dissonant
Distanz ZN V (-/+en) afstand
distanzieren **1** OV WW SPORT achter zich laten **2** WKD WW (**sich ~**) zich distantiëren, afstand nemen
Distel ZN V (-/+n) distel
distinguiert BN gedistingeerd
Distrikt ZN M (+(e)s/+e) district
Disziplin **1** ZN V (-/gmv) discipline, tucht **2** ZN V (-/+n) **1** O&W discipline, tak van wetenschap **2** SPORT discipline, tak van sport
Disziplinarstrafe ZN V (-/+n) SPORT disciplinaire straf
disziplinieren OV WW disciplineren
dito BW dito

Diva ZN V (-/-ven, +s) diva
divergent BN **1** divergent, uiteenlopend **2** FIG. strijdig, tegengesteld, verschillend
Divergenz ZN V (-/+en) divergentie
divergieren ONOV WW **1** divergeren, uiteenlopen **2** verschillen
divers BN divers • *~e Käsesorten* diverse kaassoorten
Diversifikation ZN V (-/+en) diversificatie, differentiatie
diversifizieren OV WW diversifiëren, differentiëren
Diversifizierung ZN V (-/+en) diversificatie
Dividend ZN M (+en/+en) deeltal, teller
Dividende ZN V (-/+n) dividend
dividieren OV WW delen • *8 durch 2 ~* 8 delen door 2
Division ZN V (-/+en) **1** MIL. divisie **2** WISK. deling **3** vlootafdeling
Divisor ZN M (+s/+en) noemer, deler
Diwan ZN M (+s/+e) **1** divan **2** oriëntaalse gedichtenbundel **3** vroegere Turkse staatsraad
d.J. AFK **1** dieses Jahres van dit jaar **2** der Jüngere de Jonge
DJ ZN M (-, +s/+s) dj, deejay
DJH AFK Deutsches Jugendherbergswerk ≈ Duitse koepelorganisatie van jeugdherbergen
dl AFK deciliter dl
d.M. AFK dieses Monats van deze maand
DM AFK Deutsche Mark Duitse mark
D-Mark ZN V (-/+en) ECON., GESCH. Deutsche Mark Duitse mark
d-Moll ZN O (-/gmv) MUZ. D mineur
DNA-Profil ZN O (+s/+e) DNA-profiel
Do. AFK Donnerstag donderdag
Dobermann ZN M (+s/-männer) dobermann, dobermannpincher
doch **1** BW **1** toch, immers • *sie durfte ~ mitmachen* zij mocht toch meedoen • *er hat dir ~ geschrieben* hij heeft je toch/immers geschreven • *also ~!* dus toch! • *nicht ~!* nee toch! **2** ja, ja zeker • *du kommst nicht mit? - ~!* je komt niet mee? - jawel! **2** VOEGW niettemin, maar, toch, nochtans
Docht ZN M (+(e)s/+e) lampenpit, kaarsenpit
Dock ZN O (+s/+s, +e) dok
docken **1** OV WW **1** SCHEEPV. dokken, in het dok brengen **2** aan schoven binden **3** opwinden, een knot maken **4** vastkoppelen <ruimtevaart> **2** ONOV WW SCHEEPV. dokken, in het dok liggen
Docker ZN M (+s/-) dokwerker
Doge ZN M (+n/+n) doge
Dogge ZN V (-/+n) **1** slijpzetting **2** dog
Dogma ZN O (+s/-men) dogma
Dogmatik ZN V (-/+en) **1** dogmatiek **2** starre instelling
Dogmatiker ZN M (+s/-) dogmaticus
dogmatisch BN dogmatisch
Dogmatismus ZN M (-/gmv) dogmatisme
Dohle ZN V (-/+n) torenkraai
doktern ONOV WW dokteren
Doktor ZN M (+s/+en) **1** doctor • *~ der Rechte* doctor in de rechten • *seinen ~ machen* promoveren **2** INFORM. dokter
Doktorand ZN M (+en/+en) promovendus
Doktorarbeit ZN V (-/+en) proefschrift
Doktorin ZN V (-/+nen) **1** doctor <vrouwelijk> • *sie ist ~ der Psychologie* zij is doctor in de psychologie **2** INFORM. vrouwelijke dokter
Doktrin ZN V (-/+en) **1** INFORM. starre opvatting **2** doctrine, leerstelling
Dokument ZN O (+(e)s/+e) **1** bewijsstuk **2** oorkonde, document
Dokumentarfilm ZN M (+(e)s/+e) (film) documentaire
Dokumentation ZN V (-/+en) documentatie
dokumentieren OV WW documenteren, met documenten bewijzen
Dolch ZN M (+(e)s/+e) dolk
Dolde ZN V (-/+n) PLANTK. bloemscherm
doll BN **1** dol **2** geweldig, mieters
Dollar ZN M (-, +s/+s) dollar
Dollarcent ZN M dollarcent
Dollbord ZN O (+(e)s/+e) dolboord
Dolle ZN V (-/+n) SCHEEPV. roeidol
dolmetschen **1** OV WW (mondeling) vertalen **2** ONOV WW tolken, als tolk optreden, tolk zijn
Dolmetscher ZN M (+s/-) tolk
Dolomiten ZN MV Dolomieten
Dom ZN M (+(e)s/+e) **1** dom, kathedraal **2** gewelf, koepel
Domäne ZN V (-/+n) domein
domestizieren OV WW domesticeren
dominant BN dominant
Dominante ZN V (-/+n) dominant
Dominanz ZN V (-/+en) dominantie
dominieren ONOV WW domineren, overheersen
Dominikaner ZN M (+s/-) dominicaan
Domino **1** ZN M (+s/+s) **1** maskerademantel **2** domino <persoon> **2** ZN O (+s/+s) dominospel
Dominostein ZN M (+(e)s/+e) **1** dominosteen **2** CUL., OMSCHR. peperkoek met chocola en marsepein, typisch voor de kersttijd
Domizil ZN O (+(e)s/+e) domicilie
Dompteur ZN M (+(e)s/+e) dompteur
Dompteuse ZN V (-/+n) dompteuse
Donau ZN V (-/gmv) Donau
Don Juan ZN M (+s/+s) don juan
Donner ZN M (+s/-) **1** donder, donderslag • *wie vom ~ gerührt* als door de bliksem getroffen **2** gebulder
donnern ONOV WW **1** donderen, dreunen • *von der Treppe ~* van de trap donderen • *der schwere Lastwagen donnerte über die Brücke* de zware vrachtwagen daverde over de brug **2** razen, tekeergaan **3** knallen **(gegen** +4 **tegen)**, botsen, slaan • *gegen etwas ~* tegen iets slaan
Donnerschlag ZN M (+(e)s/-schläge) **1** donderslag **2** donders!
Donnerstag ZN M (+(e)s/+e) donderdag • *am ~* op donderdag
donnerstags BW donderdags, op donderdag
Donnerwetter ZN O (+s/-) **1** gedonder,

heibel (+s/-) **2** verdorie • *zum ~ (noch einmal)!* potverdorie! **3** drommels <verbazing>

Don Quichotte ZN M (-/+s) don quichot

doof BN **1** suf, onnozel, stom **2** vervelend

dopen OV WW SPORT dopen, dope geven

Doping ZN O (+s/+s) doping

Dopingkontrolle ZN V (-/+n) dopingcontrole

Doppel ZN O (+s/-) **1** duplicaat **2** dubbelspel • *gemischtes ~* gemengd dubbel • *ein ~ austragen* een dubbel spelen

Doppelalbum ZN O dubbelalbum

Doppelbett ZN O (+(e)s/+en) **1** tweepersoonsbed **2** lits-jumeaux

Doppeldecker ZN M (+s/-) **1** tweedekker **2** dubbeldekker

doppeldeutig BN dubbelzinnig • *das ist ~* dat is dubbelzinnig, dit is voor tweeërlei uitleg vatbaar

Doppelehe ZN V (-/+n) bigamie

Doppelfehler ZN M (+s/-) SPORT dubbele fout

Doppelfenster ZN O (+s/-) dubbel raam

Doppelflinte ZN V (-/+n) dubbelloopsgeweer

Doppelgänger ZN M (+s/-) dubbelganger

Doppelhaus ZN O (+es/-häuser) twee (huizen) onder één kap

Doppelheit ZN V (-/+en) tweevoudigheid, dubbelheid

Doppelkinn ZN O (+(e)s/+e) onderkin

Doppelklick ZN M (+(e)s/+e) COMP. dubbelklik

doppelklicken ONOV WW COMP. dubbelklikken (**auf** +4 op)

doppelläufig BN dubbelloops-

Doppelmoral ZN V (-/gmv) dubbele moraal

Doppelname ZN M (+ns/+n) dubbele naam

Doppelpass ZN M (+es/-pässe) SPORT een-tweetje

Doppelpunkt ZN M (+(e)s/+e) dubbele punt

doppelseitig BN **1** dubbelzijdig **2** beide zijden/ kanten, aan twee zijden/kanten

doppelsinnig BN dubbelzinnig

Doppelspiel ZN O (+(e)s/+e) dubbelspel

Doppelstecker ZN M (+s/-) dubbelstekker

doppelt BN dubbel • *~ sehen* dubbel zien • *~ so schlimm* dubbel zo erg • *~ und dreifach* dubbel en dwars, dubbel en dik • *er ist ~ so alt wie ich* hij is tweemaal zo oud als ik • *~ so viel* tweemaal zo veel • *das ist ~ gemoppelt* dat is dubbelop

Doppelte ZN O (+n/+n) het dubbele

Doppelung ZN V (-/+en) verdubbeling

Doppelverdiener ZN M (+s/-) **1** iemand met twee inkomens **2** tweeverdiener(s)

Doppelzimmer ZN O (+s/-) tweepersoonskamer

Dopplereffekt ZN M (+(e)s/gmv) dopplereffect

Dorf ZN O (+(e)s/Dörfer) dorp

Dörfler ZN M (+s/-) dorpeling

Dorfleute ZN MV dorpsbewoners, dorpelingen

dörflich BN dorps

dorisch BN Dorisch

Dorn **1** ZN M (+(e)s/+en) stekel, doorn • FIG. *es ist mir ein ~ im Auge* het is me een doorn in het oog **2** ZN M (+(e)s/+e) **1** priem **2** stift

Dornbusch ZN M (+es/-büsche) doornstruik

Dornfortsatz ZN M (+es/-sätze) MED. doornuitsteeksel

dornig BN doornig, vol doornen

Dornröschen ZN O (+s/-) Doornroosje, de schone slaapster

dorren ONOV WW verdorren, uitdrogen

dörren OV WW drogen, laten drogen

Dörrfleisch ZN O (+es/gmv) CULIN met vlees doorregen spek

Dörrgemüse ZN O (+s/gmv) gedroogde groente

Dörrobst ZN O (+(e)s/gmv) gedroogd fruit, gedroogde vruchten

Dorsch ZN M (+(e)s/+e) jonge kabeljauw

dort BW daar, ginds

dorther BW daarvandaan • *von ~* van die kant • *ich komme gerade ~* ik kom net daarvandaan

dorthin BW daarheen

dorthinaus BW **1** die kant op **2** INFORM. zeer, mateloos • *bis ~* in zeer hoge mate • *frech bis ~* mateloos brutaal

dortig BN aldaar, van die plaats • *der ~e Bürgermeister* de burgemeester aldaar

Dose ZN V (-/+n) **1** (conserven)blik, trommel, bus **2** INFORM. dosis

dösen ONOV WW suffen, dutten

Dosenbier ZN O (+(e)s/+e) bier uit blik

Dosengemüse ZN O blikgroente, geconserveerde groenten

Dosenmilch ZN V (-/gmv) gecondenseerde melk

Dosenöffner ZN M (+s/-) blikopener

Dosenpfand ZN O (+es/gmv) statiegeld <voor blikjes, plastic flessen enz.>

dosieren OV WW doseren

Dosierung ZN V (-/+en) dosering

dösig BN doezelig, suf

Dosimeter ZN O (+s/-) dosismeter

Dosis ZN V (-/Dosen) dosis

Dotation ZN V (-/+en) schenking, dotatie

dotieren OV WW doteren, beschenken, betalen (**mit** +3 met)

Dotierung ZN V (-/+en) bezoldiging, betaling

Dotter ZN M/O (+s/-) dooier, eigeel

Dotterblume ZN V (-/+en) dotterbloem

doubeln OV + ONOV WW als double (bv. van een filmster) optreden

Double ZN O **1** A-V stand-in, dubbelganger **2** SPORT double

Doublé ZN O (+s/+s) doublé

down BN INFORM. down, depressief

downgraden OV WW downgraden

Download ZN M (+s/+s) download

downloaden OV WW COMP. downloaden • *ich habe das Foto downgeloadet* ik heb de foto gedownload

Downsyndrom ZN O (+s/gmv) Down, syndroom van Down

Dozent ZN M (+en/+en) docent <op universiteit>

Dozentur ZN V (-/+en) **1** docentschap **2** leeropdracht

dozieren ONOV WW doceren, onderwijzen

dpa AFK Deutsche Presse-Agentur het Duitse persagentschap

Dr. AFK Doktor doctor, dr.

Drache ZN M (+n/+n) draak

Drachen ZN M (+s/-) **1** vlieger • *einen ~ steigen lassen* een vlieger oplaten **2** feeks, draak **3** deltazweefvliegtuig

Drachenfliegen ZN O (+s/gmv) (het) deltavliegen

Drachenflieger ZN M (+s/-) deltavlieger

Drachme ZN V (-/+n) drachme

Dragee ZN O (+s/+s) dragee

Dragoner ZN M (+s/-) dragonder

Draht ZN M (+(e)s/Drähte) metaaldraad • FIG. *heißer ~* hotline • FIG. *auf ~ sein* alert zijn

Drahtbürste ZN V (-/+n) staalborstel

Drahtesel ZN M (+s/-) stalen ros <fiets>

Drahtfunk ZN M (+s/gmv) draadomroep

Drahtgitter ZN O (+s/-) kippengaas, gaas

Drahtglas ZN O (+es/-gläser) draadglas

drahtig BN **1** pezig **2** draadachtig, ruig

drahtlos BN draadloos

Drahtschere ZN V (-/+n) draadschaar, kniptang

Drahtseil ZN O (+(e)s/+e) staaldraad

Drahtseilbahn ZN V (-/+en) kabelbaan, kabelspoor

Drahtzaun ZN M (+(e)s/-zäune) draadafrastering

Drahtzieher ZN M (+s/-) **1** draadtrekker **2** manipulator, iemand die achter de schermen aan de touwtjes trekt

drakonisch BN draconisch

drall BN stevig, flink, forsgebouwd

Drall ZN M (+(e)s/+e) **1** draaiing **2** twist <garen> **3** trek <vuurwapen>

Drama ZN O (+s/-men) **1** drama, schokkend gebeuren **2** drama, toneelstuk

Dramatik ZN V (-/gmv) dramatiek, toneelkunst

Dramatiker ZN M (+s/-) toneelschrijver

dramatisch BN dramatisch

dramatisieren OV WW **1** tot drama bewerken **2** de zaken erger voorstellen dan ze zijn

Dramaturg ZN M (+en/+en) dramaturg

Dramaturgie ZN V (-/+n) dramaturgie

dran BW **1** INFORM. aan de beurt • *Sie sind ~* u bent aan de beurt, het is uw beurt • *wer ist ~?* wie is er aan de beurt? **2** INFORM. daaraan, eraan • *du bist gut ~!* jij treft het! • *da ist was ~* daar is iets aan de hand • *~ glauben müssen* er gloeiend bij zijn • *wissen, wo ~ ist* weten waar je aan toe bent • *übel ~ sein* er slecht aan toe zijn → **daran**

Drän ZN M (+s/+s, +e) **1** draineersloot **2** draineerbuis

Dränage ZN V (-/+n) drainage

dranbleiben ONOV WW st. INFORM. eraan blijven, erbij blijven • *bleib dran!* blijf aan de lijn!

drang ONOV WW verl. tijd → **dringen**

Drang ZN M (+(e)s/Dränge) **1** drang, aandrang • *der ~ nach Freiheit* de drang naar vrijheid **2** druk, nood

Drängelei ZN V (-/+en) **1** gedrang, duw- en trekwerk **2** gezeur

drängeln **1** OV + ONOV WW **1** blijven doorzeuren **2** dringen **2** WKD WW (**sich ~**) **1** elkaar verdringen **2** dringen

drängen **1** OV WW **1** aandringen bij, dwingen **2** dringen, drukken, duwen • *jemanden zur Seite ~* iemand opzij duwen • *an die Wand ~* tegen de wand duwen **2** ONOV WW **1** dringen • *die Zeit drängt* de tijd dringt **2** aandringen • *auf sein Drängen hin* op zijn aandringen • *nach langem Drängen* na lang aandringen • *auf etwas ~* aandringen op iets **3** dringen, geen uitstel dulden **3** WKD WW (**sich ~**) zich verdringen • *sich durch die Menge ~* door de menigte dringen

Drängler ZN M (+s/-) **1** voordringer **2** bumperklever

Drangsal ZN V (-/+e) nood, tegenspoed, kwelling

drangsalieren OV WW kwellen

Drangsalierung ZN V (-/+en) (het) getreiter

dranhalten WKD WW (**sich ~**) INFORM. van geen ophouden weten, blijven doorgaan, opschieten

dranhängen OV WW zwak INFORM. • *einen Tag ~* er een dagje aanknopen

dränieren OV WW draineren

drankommen ONOV WW st. **1** INFORM. aan de beurt komen • *jetzt komme ich dran* nu is het mijn beurt **2** INFORM. • *wie bist du da drangekommen?* hoe ben je eraan gekomen?

drankriegen ONOV WW **1** INFORM. • *jemanden ~* iemand zover krijgen iets tegen zijn zin te doen **2** INFORM. te pakken nemen • *da hast du mich drangekriegt!* je hebt me beetgenomen!

drannehmen OV WW **1** INFORM. helpen <van klant>, behandelen <van patiënt> **2** INFORM. een beurt geven, overhoren

dransetzen **1** OV WW inzetten, op het spel zetten • *alles ~* alles op alles zetten **2** WKD WW (**sich ~**) ermee beginnen

drapieren OV WW draperen

drastisch BN drastisch

drauf BW erop, daarop • *~ und dran sein, etwas zu tun* op het punt staan om iets (negatiefs) te doen • *achtzig (Kilometer) ~ haben* tachtig rijden • *gut ~ sein* in een beste stemming zijn • *da geb' ich nichts ~* daar heb ik geen vertrouwen in

Draufgabe ZN V (-/+n) toegift, premie

Draufgänger ZN M (+s/-) waaghals, haantje-de-voorste

draufgängerisch BN overmoedig

draufgehen ONOV WW st. INFORM. eraan gaan, omkomen • *dabei geht viel Geld drauf* dat kost handenvol geld • *der ganze Wald geht drauf* het hele bos gaat eraan • *ein ganzer Tag geht dabei drauf* er is een hele dag mee gemoeid

draufhaben OV WW onregelmatig INFORM. kunnen, beheersen

draufkriegen OV WW INFORM. • *eins ~* er van langs krijgen, een opduvel krijgen

dr

drauflegen OV WW INFORM. **erop toeleggen, er (geld) bijleggen**

drauflos BW **erop los**

draufmachen OV WW INFORM. • *einen ~* een feestje vieren, de bloemetjes buiten zetten, aan de zwier gaan, BELG. op de zwier gaan

draufzahlen OV WW INFORM. **extra betalen, bijbetalen** • *dabei zahle ich drauf* ik moet erop bijleggen • *~ müssen* er geld op toe moeten leggen

draus BW INFORM. → **daraus**

draußen BW **buiten** • *von ~* van buitenaf • *~ auf der Straße* buiten op straat • *nach ~* naar buiten • *nach ~ gehen* naar buiten gaan • *von ~ kommen* van buiten komen

Drechselbank ZN V (-/-bänke) **draaibank**

drechseln OV WW **1 draaien, op de draaibank bewerken 2 in elkaar draaien**

Drechsler ZN M (+s/-) **draaier, houtbewerker**

Drechslerei ZN V (-/+en) **draaierij, draaibankwerkplaats**

Dreck ZN M (+(e)s/gmv) **1 vuil, viezigheid** • INFORM. *jemanden wie den (letzten) ~ behandeln* iemand als een stuk vuil behandelen • FIG. *Dreck am Stecken haben* boter op zijn hoofd hebben, niet zuiver op de graat zijn **2 drek, stront 3 modder** • FIG. *im ~ stecken/sitzen* in de puree zitten • FIG. *durch den ~ ziehen* door het slijk halen **4 troep, rommel** • *räum deinen ~ weg!* ruim je rommel op! **5 kleinigheid** ▸ INFORM. *das geht dich einen ~ an* dat gaat je geen zak aan ▸ *er kümmert sich einen ~ darum* het kan hem geen zier schelen

Dreckarbeit ZN V (-/+en) **1 vuil/smerig werk 2 rotwerk**

Dreckding ZN O (+(e)s/+e, +er) INFORM. **rotding, smerig iets**

dreckig BN **1 onbeschoft** • *ein ~er Witz* een vuile mop **2 vies, smerig 3 slecht** • *es geht ihm ~* het gaat beroerd met hem

Drecknest ZN O (+es/+er) INFORM., MIN. **gehucht, boerengat**

Drecksau ZN V (-/-säue) VULG. **smeerlap, viespeuk**

Dreckschwein ZN O (+(e)s/+e) VULG. **smeerlap, viezerik**

Dreckskerl ZN M (+(e)s/+e, +s) **smeerlap, rotzak**

Dreckspatz ZN M (+en/+en) INFORM. **smeerpoets, viezerik**

Dreckwetter ZN O (+s/gmv) INFORM. **rotweer**

Dreh ZN M (+(e)s/+e) **1 draai, draaiing 2 slag** • *den ~ heraushaben* de slag te pakken hebben

Dreharbeiten ZN MV **(film)opnamen**

Drehbank ZN V (-/-bänke) **draaibank**

drehbar BW **draaibaar**

Drehbleistift ZN M (+(e)s/+e) **vulpotlood**

Drehbuch ZN O (+(e)s/-bücher) A-V **draaiboek**

Drehbuchautor ZN M (+s/+en) **scenarioschrijver**

drehen 1 OV WW **1 draaien** • FIG. *ein Ding ~* iets uithalen • FIG. *wie man die Sache auch dreht und wendet* hoe je de zaak ook wendt of keert **2 draaien** <film> • *einen Film ~* een film draaien **2** ONOV WW **draaien** • FIG. *daran ist nichts zu ~ und zu deuteln* dat is zo klaar als een klontje **3** WKD WW **(sich ~) 1 zich omdraaien 2 draaien** • *die Mühlenflügel ~ sich* de molenwieken draaien • *die Erde dreht sich um ihre Achse* de aarde draait om haar as • *worum dreht es sich?* waar draait het om? • FIG. *sich ~ und winden* zich in (allerlei) bochten wringen

Dreher ZN M (+s/-) **draaier**

Dreherei ZN V (-/+en) **draaierij, gedraai**

Drehkreuz ZN O (+es/+e) **draaihek, tourniquet**

Drehorgel ZN V (-/+n) **draaiorgel**

Drehscheibe ZN V (-/+n) **1 draaischijf 2 pottenbakkersschijf 3 centrum** <figuurlijk>**, spil** • *die ~ des Drogenhandels* het centrum van de drugshandel

Drehstrom ZN M (+(e)s/-ströme) **draaistroom**

Drehtür ZN V (-/+en) **draaideur**

Drehung ZN V (-/+en) **draaiing, omwenteling**

Drehzahl ZN V (-/+en) **toerental**

Drehzahlmesser ZN M (+s/-) **toerenteller**

drei TELW **drie** • REG. *es war ~ viertel zwei* het was kwart voor twee • FIG. *nicht bis ~ zählen können* niet tot tien kunnen tellen

Drei ZN V (-/+en) **1 drie** • *wählen Sie die ~* kies drie **2** O&W **7** <schoolcijfer>**, ruim voldoende** • *sie bekam eine ~* ze kreeg een 7

Dreieck ZN O (+(e)s/+e) **driehoek** • *im ~ springen* razend van woede zijn

dreieckig BN **driehoekig**

Dreiecksverhältnis ZN O (+ses/+se) **driehoeksverhouding**

Dreieinigkeit ZN V (-/gmv) **drie-eenheid, Drievuldigheid**

Dreier ZN M (+s/-) **1** REG. **drie 2** O&W **7** <ruim voldoende> • *ich habe einen ~ in der Englischarbeit* ik heb een 7 voor het proefwerk Engels **3** INFORM. **trio(seks)** • *ein flotter ~* een triootje

dreierlei BN **drieërlei**

dreifach BN **drievoudig**

dreifarbig BN **driekleurig**

dreihundert TELW **driehonderd**

dreijährig BN **driejarig** • *ein dreijähriges Kind* een kind van drie jaar oud

Dreikäsehoch ZN M (+s/+s) IRON. **kleine jongen, klein kereltje**

Dreikönigsfest, **Dreikönige**, **Dreikönig** ZN O (+(e)s/+e) **Driekoningen**

dreimal BW **driemaal**

dreimalig BN **drie keer, driemaal**

Dreimaster ZN M (+s/-) **driemaster**

dreimonatig BN **1 drie maanden oud, van drie maanden 2 drie maanden durend**

dreimonatlich BN **driemaandelijks**

drein BW INFORM. **daarin, erin**

dreinblicken, **dreinschauen** ONOV WW INFORM. **kijken** • *böse/finster ~* lelijk kijken

dreingeben 1 OV WW sterk FORM. **opgeven 2** WKD WW **(sich ~) zich erin schikken**

dreinreden ONOV WW INFORM. **in de rede vallen** • *ich lasse mir nicht ~* ik duld geen inmenging

dreinschlagen ONOV WW INFORM. erop losslaan

Dreipunktgurt ZN M (+(e)s/+e) driepuntsgordel

Dreirad ZN O (+es/-räder) driewieler

dreiseitig BN **1** driezijdig **2** met drie bladzijden

dreisilbig BN drielettergrepig

Dreispitz ZN M (+es/+e) INFORM. op drie punten omgeslagen hoed

Dreisprung ZN M (+(e)s/-sprünge) hink-stap-sprong

dreispurig BN driebaans

dreißig TELW dertig → **vierzig**

Dreißiger ZN M (+s/-) **1** dertiger **2** die Dreißiger (Jahre) de jaren dertig

dreist BN driest, brutaal

dreistellig BN van drie cijfers

Dreistigkeit ZN V (-/+en) driestheid, ongegeneerdheid

dreistöckig BN met/van drie verdiepingen • *ein dreistöckiges Haus* een huis met/van drie verdiepingen

dreitägig BN driedaags

dreiteilig BN driedelig • *~er Anzug* driedelig pak

Dreivierteltakt ZN M (+(e)s/+e) driekwartsmaat

dreiwöchentlich BN driewekelijks

dreiwöchig BN drie weken oud/durend, van drie weken

Dreizack ZN M (+s/+e) drietand

dreizehn TELW dertien • FIG., INFORM. *nun schlägt's aber ~* nu breekt mijn klomp

Dreizimmerwohnung ZN V (-/+en) driekamerappartement

Dresche ZN V (-/gmv) INFORM. slaag, ransel • *~ bekommen* een pak slaag krijgen

dreschen OV WW sterk **1** dorsen **2** slaan, rammen **3** afrossen

Drescher ZN M (+s/-) dorser

Dreschflegel ZN M (+s/-) dorsvlegel

Dress ZN M (+es/+e) sportkleding

dressieren OV WW **1** dresseren **2** garneren

Dressing ZN O (+s/+s) dressing

Dressur ZN V (-/+en) dressuur

Dr.h.c. AFK doctor honoris causa doctor honoris causa

Drift ZN V (-/+en) drift, stroming

driften ONOV WW op het water drijven

Drill 1 ZN M (+(e)s/gmv) africhting, afmatting **2** ZN M (+(e)s/+e) BIOL. dril

Drillbohrer ZN M (+s/-) drilboor

drillen OV WW **1** drillen, africhten **2** drillen, boren

Drillich ZN M (+s/+e) dril, keperstof

Drillinge ZN MV (-) drieling • *sie haben ~* zij hebben een drieling

drin BW INFORM. daarin, erin, binnen • *es ist nichts ~* er zit niets in • FIG. *das ist (bei mir) nicht ~!* dat zit er niet in • FIG. *es ist noch alles ~* er is nog van alles mogelijk

dringen ONOV WW sterk **1** dringen • *er drang ins Zimmer* hij drong de kamer binnen • *an die Öffentlichkeit ~* in de openbaarheid komen **2** *~ auf/in* +4, aandringen op • *auf sofortige Zahlung ~* aandringen op directe betaling • *in jemanden ~* er bij iemand op aandringen

dringend BN **1** dringend, urgent • *das ist nicht ~* dat is niet urgent • *~ aufs Klo müssen* dringend/nodig naar het toilet moeten • *es muss ~ repariert werden* het moet nodig hersteld • *~ nötig* hard nodig **2** nadrukkelijk • *eine ~e Bitte* een dringend verzoek

dringlich BN dringend

Dringlichkeit ZN V (-/gmv) dringende noodzaak, urgentie

Dringlichkeitsantrag ZN M (+(e)s/-träge) voorstel tot urgentieverklaring

Dringlichkeitsstufe ZN V (-/+n) • *höchste ~* topprioriteit

Drink ZN M (+s/+s) drankje, glaasje, cocktail

drinnen BW binnen • *~ im Kreis* binnen in de cirkel • *sie ist noch ~* ze is nog binnen

drinstecken ONOV WW INFORM. erin zitten • *da steckt viel Arbeit drin* daar zit veel werk in

dritt BN • *zu ~* met zijn drieën

dritte TELW derde → **vierte**

Dritte ZN M/V (+n/+n) derde • JUR. *einem Dritten gegenüber* tegenover een derde

Drittel ZN O (+s/-) derde • *ein ~ des Preises* een derde van de prijs • *zwei ~ der Bevölkerung* twee derde van de bevolking

dritteln OV WW in drieën delen

drittens BW ten derde

Drittland ZN O (+(e)s/-länder) POL. derde land • *sicheres ~* veilig derde land <m.b.t. asielrecht>

drittletzt BN op twee na laatst

Dr.jur. AFK doctor juris doctor in de rechten

DRK AFK Deutsches Rotes Kreuz Duitse Rode Kruis

Dr.med. AFK Doktor der Medizin doctor in de geneeskunde

droben BW daarboven

Dr.oec. AFK doctor oeconomiae doctor in de economie

Droge ZN V (-/+n) **1** medicament **2** drug • *Drogen nehmen/konsumieren* drugs gebruiken

drogenabhängig BN drugsverslaafd

Drogenabhängige ZN M/V (+n/+n) drugsverslaafde

Drogenhandel ZN M (+s/gmv) drugshandel

Drogenmafia ZN V drugsmaffia

Drogenmissbrauch ZN M (+(e)s/-bräuche) drugsmisbruik

Drogenrausch ZN M (+es/-räusche) trip, roes door drugsgebruik

Drogensucht ZN V (-/gmv) drugsverslaving

drogensüchtig BN drugsverslaafd • *~ sein* verslaafd zijn aan drugs

Drogenszene ZN V (-/+n) drugsscene, milieu van de drugshandel

Drogentote ZN M/V (+n/+n) drugsdode, drugsslachtoffer

Drogerie ZN V (-/+n) drogisterij

Drogist ZN M (+en/+en) drogist

Drohbrief ZN M (+(e)s/+e) dreigbrief

dr

drohen ONOV WW +3, **dreigen** • *ihm droht Strafe* er staat hem straf te wachten • *er drohte ihr, das Kind mitzunehmen* hij dreigde haar het kind mee te nemen • *es droht Gefahr* er dreigt gevaar
Drohne ZN V (-/+n) **1 dar 2 nietsnut 3** MIL. **drone**
dröhnen ONOV WW **dreunen** • *mir dröhnt der Kopf* het dreunt in mijn hoofd
Drohung ZN V (-/+en) **dreiging, dreigement**
drollig BN **grappig, koddig** • INFORM. *so ein ~es Kind!* wat een koddig kind!, wat een drolletje!
Dromedar ZN O (+s/+e) **dromedaris**
Drops ZN M/O (-/-) **zuurtje, vruchtenbonbon** • *(saure) ~* zuurtjes
drosch OV WW verl. tijd → **dreschen**
Droschke ZN V (-/+n) **huurrijtuig**
Drossel ZN V (-/+n) **1 lijster 2 ventiel, klep 3 strot**
drosseln OV WW **1 verminderen, beperken 2 wurgen**
Drosselung ZN V (-/+en) **vermindering, beperking**
Dr.phil. AFK doctor philosophiae **doctor in de filosofie** <doctor in de geesteswetenschappen>
Dr.theol. AFK doctor theologiae **doctor in de theologie**
drüben BW **1 ginds, aan de overkant** • *sie wohnt dort ~* zij woont daarginds aan de overkant **2** GESCH. **in het andere deel van Duitsland** • *er kommt von ~* hij komt uit de DDR
drüber BW INFORM. → **darüber**
Druck 1 ZN M (+(e)s/Drücke) NATK. **druk** • *der ~ im Zylinder ist sehr hoch* de druk in de cylinder is heel hoog • FIG. *Druck hinter etwas machen* vaart achter iets zetten **2** ZN M (+(e)s/gmv) **1 druk** <op een knop> **2 druk, pressie** • *sie stand schwer unter ~* zij stond erg onder druk • *unter dem ~ der öffentlichen Meinung nachgeben* onder druk van de publieke opinie zwichten • *~ auf jemanden ausüben* druk uitoefenen op iemand **3 druk** <pijn> **3** ZN M (+(e)s/+e) **druk** <boek> • *im ~ erscheinen* in druk verschijnen • *etwas in ~ geben* iets laten drukken • *in ~ gehen* gedrukt worden, ter perse zijn
Druckbuchstabe ZN M (+ns/+n) **drukletter** • *in Druckbuchstaben schreiben* in blokletters schrijven
Drückeberger ZN M (+s/-) **lijntrekker, iemand die zich drukt**
druckempfindlich BN **gevoelig voor druk**
drucken OV + ONOV WW **drukken** • *ein Buch ~* een boek drukken • *lügen wie gedruckt* liegen alsof het gedrukt staat
drücken 1 OV WW **1 drukken** • *jemandem etwas in die Hand ~* iemand iets in de hand drukken • *eine ernste Sorge drückt sie* er drukt een zware last op haar • *sie drückt das Kind* zij knuffelt het kind • *die Schulbank ~* naar school gaan **2 duwen 2** ONOV WW **1 drukken** • *auf einen Knopf ~* op een knop drukken **2 knellen** • *mich drückt der Schuh* mijn schoen knelt • FIG. *wo drückt der Schuh?* waar wringt de schoen? **3** WKD WW **(sich ~) zich drukken, ertussenuit knijpen**
Drucker ZN M (+s/-) **1 printer 2 boekdrukker**
Drücker ZN M (+s/-) **1 deurklink 2 drukker, drukknop 3 trekker** <vuurwapen> • INFORM. *am ~ sitzen* de touwtjes in handen hebben • INFORM. *auf den letzten ~* op het nippertje
Druckerei ZN V (-/+n) **drukkerij**
Druckerpapier ZN O (+s/gmv) **printpapier**
Druckerpatrone ZN V (-/+n) **inktpatroon**
Druckertreiber ZN M (+s/-) **printerdriver**
Druckfehler ZN M (+s/-) **drukfout**
druckfertig BN **persklaar**
Druckknopf ZN M (+(e)s/-knöpfe) **1 drukknop 2 drukknoop**
Drucklegung ZN V (-/+en) **(het) in druk bezorgen**
Druckluft ZN V (-/gmv) **perslucht**
Druckmittel ZN O (+s/-) **pressiemiddel, drukmiddel**
Druckpresse ZN V (-/+n) **drukpers**
druckreif BN **persklaar** • *was er sagt, ist ~* wat hij zegt, kan zo in de krant
Drucksache ZN V (-/+n) **1 drukwerk** • *als ~ versenden* als drukwerk verzenden **2 gedrukt stuk**
Druckschrift ZN V (-/+en) **1 drukschrift 2 blokletters**
drucksen ONOV WW **eromheen draaien, weifelen**
Druckstelle ZN V (-/+n) **1** MED. **drukplaats 2** COMP. **afdrukpositie 3 gekneusde plek** <van fruit>
Druckstock ZN M (+(e)s/-stöcke) **cliché**
Drucktaste ZN V (-/+n) **druktoets, drukknop**
Druckverband ZN M (+s/-verbände) **drukverband**
Drude ZN V (-/+n) **heks**
Druide ZN M (+n/+n) **druïde**
drum BW INFORM. **daarom, erom** • *da kommst du nicht ~ herum* daar kun je niet omheen/dat kun je niet omzeilen • *das ganze Drum und Dran* het hele gedoe • *mit allem Drum und Dran* met alles erop en eraan
Drums ZN MV **drums**
drunten BW **daar beneden, daarginds**
drunter BW INFORM. **daaronder, eronder** • *es geht alles ~ und drüber* alles loopt in het honderd
Drüse ZN V (-/+n) **klier**
DSB AFK Deutscher Sportbund **Duitse Sportbond**
Dschihadist ZN M (+en/+en) **jihadist**
Dschungel ZN M (+s/-) **jungle, rimboe**
Dschunke ZN V (-/+n) **jonk**
DSG AFK Deutsche Schlaf- und Speisewagengesellschaft **Duitse slaap- en restauratiewagenmaatschappij**
dt. AFK deutsch **Duits**
DTP AFK COMP. Desktop Publishing **dtp**
Dtzd. AFK Dutzend **dozijn**
du PERS VNW **jij** • *du!* hé, zeg! • *mit jemandem auf Du und Du stehen* op vertrouwelijke voet met iemand staan • *jemandem das Du anbieten* iemand voorstellen elkaar te tutoyeren • *mit jemandem per Du sein* iemand tutoyeren
d.U. AFK der/die Unterzeichnete **ondergetekende**
dual BN **duaal** • *~es System* binair stelsel,

gescheiden vuilnisophaal

Dualismus ZN M (-/gmv) dualisme

dualistisch BN **1** dualistisch, tweeslachtig, tegenstrijdig **2** het dualisme betreffend

Dübel ZN M (+s/-) plug

dubios BN FORM. dubieus, twijfelachtig

Dublette ZN V (-/+n) doublet

ducken **1** OV WW **1** snel intrekken • *den Kopf ~* het hoofd snel intrekken **2** vernederen, klein krijgen **2** WKD WW (**sich ~**) **1** snel bukken **2** in zijn schulp kruipen

Duckmäuser ZN M (+s/-) **1** MIN. schuchtere figuur **2** MIN. stiekemerd

duckmäuserisch BN geniepig, stiekem

Dudelei ZN V (-/+en) gejengel

dudeln ONOV WW **1** monotoon klinken **2** MUZ. doedelen

Dudelsack ZN M (+(e)s/-säcke) doedelzak

Duell ZN O (+(e)s/+e) duel

Duellant ZN M (+en/+en) duellist

duellieren WKD WW (**sich ~**) duelleren

Duett ZN O (+(e)s/+e) duet

Duft ZN M (+(e)s/Düfte) **1** geur, aroma • *sie hat einen angenehmen ~* zij heeft een lekker luchtje op **2** waas

dufte BN INFORM. tof, fijn, super

duften ONOV WW ruiken, geuren • *die Blumen ~ angenehm* de bloemen ruiken lekker • *~ nach* ruiken/geuren naar

duftig BN **1** wazig **2** luchtig • *eine ~e Bluse* een luchtige bloes

Duftnote ZN V (-/+n) specifieke geur <van parfum>

Dukaten ZN M (+s/-) dukaat

Duktus ZN M (-/-) **1** karakteristieke vorm **2** handschrift, schrijfwijze

dulden **1** OV WW **1** verdragen, uithouden **2** dulden, toestaan, gedogen • *der Lehrer duldet keinen Widerspruch* de leraar duldt geen tegenspraak • *diese Sache duldet keinen Verzug* deze zaak gedoogt geen uitstel • *etwas ~* iets gedogen **2** ONOV WW in stilte lijden

Dulder ZN M (+s/-) iemand die (in stilte) lijdt of verdraagt

Duldermiene ZN V (-/+n) martelaarsgezicht

duldsam BN tolerant, verdraagzaam

Duldsamkeit ZN V (-/gmv) verdraagzaamheid

Duldung ZN V (-/+en) (het) dulden

dumm BN **1** dom • FIG., INFORM. *ich lasse mich nicht für ~ verkaufen* ik ben niet achterlijk • INFORM. *dummes Zeug reden* onzin verkopen • INFORM. *es wurde mir zu ~* het werd me al te bont • FIG., INFORM. *dümmer als die Polizei erlaubt* oerdom • INFORM. *guck nicht so ~* kijk niet zo onnozel • INFORM. *das war ~ von dir* dat was onverstandig van je **2** onaangenaam, pijnlijk • *eine ~e Angelegenheit* een pijnlijke kwestie

Dumme ZN M/V (+n/+n) INFORM. domoor • *dann ist sie die ~* dan is ze het haasje/dan trekt ze aan het kortste eind

dümmer BN dommer

Dummerjan ZN M (+s/+e) onnozele hals

dummerweise BW **1** vervelend genoeg **2** dom genoeg • *~ habe ich es vergessen* stom genoeg heb ik het vergeten

Dummheit **1** ZN V (-/gmv) domheid **2** ZN V (-/+en) stommiteit • *eine ~ machen* een stommiteit begaan • *mach nur keine Dummheiten!* doe vooral niets stoms!

Dummkopf ZN M (+(e)s/-köpfe) domkop, domoor

dümmlich BN onnozel

dümmst BN domst

dumpf BN **1** onbezield, bekrompen **2** gedempt, dof • *ein ~er Knall* een doffe knal **3** bedompt, muf **4** vaag

Dumpfbacke ZN V (-/+n) INFORM. debiel

Dumpfheit ZN V (-/gmv) dofheid, dufheid, mufheid

dumpfig BN bedompt, muf

Dumping ZN O (+s/gmv) dumping

Düne ZN V (-/+n) duin

Dung ZN M (+(e)s/gmv) mest

Düngemittel ZN O (+s/-) meststof

düngen OV WW bemesten

Dünger ZN M (+s/-) mest, meststof

Düngererde ZN V (-/gmv) compost

Düngerhaufen ZN M (+s/-) mesthoop, mestvaalt

Düngung ZN V (-/+en) bemesting

dunkel BN **1** donker • *ein dunkler Raum* een donker vertrek **2** duister, verdacht • *dunkle Geschäfte machen* duistere zaakjes bij de hand hebben **3** onduidelijk, vaag • *sich ~ erinnern* zich vaag herinneren • *eine dunkle Ahnung* een vaag voorgevoel/vermoeden **4** somber

Dunkel ZN O (+s/gmv) duisternis, donker(heid) • *im Dunkeln sitzen* in het duister zitten • FIG. *im Dunkeln tappen* in het duister tasten

Dünkel ZN M (+s/gmv) eigendunk, verwaandheid • *viel ~ haben* veel eigendunk hebben

dünkelhaft BN verwaand • *~ sein* verwaand zijn/een hoge dunk van zichzelf hebben

dunkelhäutig BN met een donkere huidskleur

Dunkelheit ZN V (-/+en) donkerheid, duisternis • *bei einbrechender ~* bij het invallen van de duisternis

Dunkelkammer ZN V (-/+n) A-V donkere kamer

dunkeln ONP WW donker worden • *es dunkelt* het wordt donker

Dunkelziffer ZN V (-/+n) duister getal <bv. van abortussen>, onbekend aantal

dünken **1** ONP WW FORM. dunken, voorkomen **2** WKD WW (**sich ~**) FORM. zich verbeelden • *er dünkt sich schlau* hij denkt dat hij slim is

dünn BN dun, mager • *er ist ~ geworden* hij is mager geworden • *~ besiedelt* dunbevolkt • *~ gesät sein* dun gezaaid zijn • *dünne Luft* ijle lucht

Dünndarm ZN M (+(e)s/-därme) dunne darm

Dünne ZN V (-/gmv) dunheid

dünn(e)machen WKD WW (**sich ~**) de benen

nemen

dünnflüssig BN **dun vloeibaar**

Dunst ZN M (+(e)s/Dünste) **1 nevel 2 walm 3** INFORM. **benul, notie** • FIG. *jemandem einen blauen ~ vormachen* iemand iets op de mouw spelden • INFORM. *keinen (blassen) ~ von etwas haben* ergens geen flauw benul van hebben **4 damp, uitwaseming**

Dunstabzugshaube ZN V (/+n) **afzuigkap**

dunsten ONOV WW **dampen, uitwasemen**

dünsten 1 OV WW **stoven 2** ONOV WW **dampen, wasemen**

Dunstglocke ZN V (-/+n) **mistlaag**

dunstig BN **nevelig**

Dunstkreis ZN M (+es/+e) **1 invloedssfeer 2 dampkring**

Dünstobst ZN O (+(e)s/gmv) **gestoofde vruchten**

Dünung ZN V (-/+en) **deining**

Duo ZN O (+s/+s) **1 duo 2** MUZ. **duo, duet**

düpieren OV WW FORM. **bedriegen, misleiden**

Duplikat ZN O (+(e)s/+e) **duplicaat**

Duplikation ZN V (-/+en) **verdubbeling**

Duplizität ZN V (-/+en) **coïncidentie**

Dur ZN O (-/gmv) **majeur, dur** • *in C-Dur* in c groot • *in ~* in majeur

durch 1 BW **1 door** • *die Hose ist ~* de broek is door/versleten • *~ und ~* door merg en been, door en door • *morgen bin ich mit den Korrekturen ~* morgen ben ik klaar met de correcties • *bei mir ist sie unten ~* bij mij heeft zij het verbruid • *~ und ~ kalt* door en door koud **2 erdoor 3 rijp** <kaas> **4 doorbakken** • *~ sein* gaar zijn **5 gepasseerd** • *der Bus ist schon ~* de bus is al gepasseerd • *es ist 5 Uhr ~* het is over vijven **2** VZ +4, **door** • *~ den Wald* door het bos • *das kam ~ mich* dat kwam door mij • *~ einen Unfall* ten gevolge van een ongeval • *~ all die Jahre* over al die jaren

durchackern OV WW INFORM. **grondig doornemen**

durcharbeiten 1 OV WW **1 grondig doornemen 2 bewerken, kneden 2** ONOV WW **(ononderbroken) doorwerken 3** WKD WW **(sich ~) zich worstelen door**

durchatmen ONOV WW **diep ademhalen**

durchaus BW **volledig, volstrekt, beslist, absoluut** • *ich bin ~ nicht zufrieden* ik ben beslist niet tevreden

durchbacken OV WW **doorbakken, goed gaar bakken** <deeg>

durchbeben OV WW **doortrillen**

durchbeißen 1 OV WW sterk **doorbijten 2** WKD WW **(sich ~) zich erdoorheen slaan**

durchbekommen WW sterk **1 doormidden krijgen 2 doorgegeven krijgen**

durchbetteln WKD WW **(sich ~) bedelend aan de kost komen**

durchbilden OV WW **1 uitwerken 2 goed ontwikkelen, trainen**

durchblasen 1 ONOV WW **blazen door** • *der Wind hat uns ganz schön durchgeblasen* de wind blies dwars door onze kleren heen **2** OV WW **doorblazen, schoonblazen**

durchblättern OV WW **doorbladeren**

durchbläuen OV WW **afranselen**

Durchblick ZN M (+(e)s/+e) **1 doorkijk(je) 2 overzicht** • *den ~ verlieren* het overzicht verliezen • INFORM. *der hat doch null ~* hij begrijpt er helemaal niets van

durchblicken ONOV WW **1 doorhebben** • *etwas ~ lassen* iets laten doorschemeren • *da blicke ich nicht durch!* dat is me niet duidelijk/daar word ik niet wijs uit **2 kijken door**

durchbluten OV WW **doorbloeden**

Durchblutung ZN V (-/+en) **doorbloeding**

durchblutungsfördernd BN **de doorbloeding bevorderend**

durchbohren OV WW **doorboren**

durchbraten OV WW onregelmatig **doorbraden, goed braden**

durchbrausen ONOV WW **razen door, stuiven door** • *der Zug brauste durch den Bahnhof durch* de trein raasde door het station

durchbrechen 1 ONOV WW sterk **doorbreken** • *die Sonne bricht durch* de zon breekt door **2** OV WW sterk **doorbreken, stukbreken**

durchbrechen OV WW sterk **1 doorbreken, stukbreken 2 doorbreken** • *die Front ~* het front doorbreken

durchbrennen 1 OV WW onregelmatig **doorbranden, snijbranden 2** ONOV WW onregelmatig **1 doorbranden** • *die Glühbirne ist durchgebrannt* de gloeilamp is doorgebrand • *es ist eine Sicherung durchgebrannt* er is een stop doorgeslagen **2 ervandoor gaan** • *mit dem Geld ~* ervandoor gaan met het geld • *sie ist von zu Hause durchgebrannt* zij is weggelopen van huis

durchbringen OV WW onregelmatig **1 slepen door** • *sich mühsam ~* met moeite het hoofd boven water houden **2 verkwisten**

Durchbruch ZN M (+(e)s/-brüche) **doorbraak** • FIG. *einer Sache zum ~ verhelfen* het succes van iets bewerkstelligen

durchchecken OV WW **grondig controleren** • *sich ~ lassen* een medische check-up laten doen

durchdacht BN **doordacht**

durchdenken OV WW onregelmatig **doordenken**

durchdiskutieren OV WW **grondig bespreken**

durchdrängen WKD WW **(sich ~) zich een weg banen**

durchdrehen 1 OV WW **doordraaien 2** ONOV WW INFORM. **van streek raken** • *sie drehte völlig durch* zij sloeg helemaal op tilt, zij was helemaal over haar toeren

durchdringen ONOV WW sterk **doordringen (bis) zu** tot (in) • *das ist noch nicht bis zu den Mitarbeitern durchgedrungen* dat heeft de medewerkers nog niet bereikt

durchdringen OV WW sterk **doordringen (von van), vervullen** • *er ist ganz durchdrungen von dieser Idee* hij is helemaal vervuld van dit idee

Durchdringung ZN V (-/gmv) **1 doordringing 2**

bevatting, begrip

durchdrücken OV WW **1** drukken door **2** (helemaal) strekken

Durchdruckpackung ZN V (-/+en) doordrukverpakking

durcheinander BW door elkaar, in de war • *ich bin ganz ~* ik ben helemaal in de war, ik ben helemaal van streek • *er war dadurch völlig ~* hij was er helemaal van ondersteboven • *mein Magen ist ~* mijn maag is overstuur/van streek

Durcheinander ZN O (+s/-) verwarring, warboel • INFORM. *das ist da vielleicht ein Durcheinander!* het is me daar een troep! • INFORM. *dein Zimmer ist ein einziges Durcheinander!* je kamer is een grote puinhoop!

durcheinanderbringen OV WW onregelmatig **1** in de war brengen, (met elkaar) verwisselen **2** in verwarring brengen **3** door elkaar gooien

durcheinandergehen ONOV WW onregelmatig in de war lopen

durchfahren ONOV WW sterk **1** rijden door, varen door • *die Stadtmitte? Ja, da sind wir durchgefahren* de binnenstad? Ja, daar zijn we doorheen gereden **2** (aan één stuk) doorrijden • *der Zug fährt durch bis Berlin* deze trein rijdt door tot Berlijn

durchfahren OV WW **1** rijden door **2** afleggen **3** flitsen door <gedachten enz.> • *der Schreck durchfuhr sie* de schrik ging door haar heen

Durchfahrt ZN V (-/+en) **1** inrit • *~ freihalten!* inrit vrijhouden! • *~ verboten* verboden door te rijden **2** doortocht, doorreis

Durchfahrtsstraße ZN V (-/+n) weg voor doorgaand verkeer

Durchfall ZN M (+(e)s/-fälle) **1** fiasco, mislukking **2** diarree

durchfallen ONOV WW sterk **1** vallen door **2** INFORM. zakken, sjezen, BELG. buizen • *bei einer Prüfung ~* zakken voor een examen **3** INFORM. mislukken, een fiasco worden

durchfaulen ONOV WW doorrotten

durchfechten **1** OV WW ten einde toe uitvechten **2** WKD WW (**sich ~**) **1** zich slaan door **2** bedelend aan de kost komen

durchfeiern ONOV WW INFORM. doorfeesten

durchfeiern OV WW feestend doorbrengen <de nacht>

durchfeilen OV WW **1** door vijlen doormidden delen **2** FIG. bijvijlen

durchfeuchten OV WW door en door vochtig maken

durchfliegen ONOV WW sterk **1** (aan één stuk) doorvliegen • *wir können bis Miami ~* wij hebben een directe vlucht naar Miami **2** zakken, sjezen • *sie ist bei der Führerscheinprüfung durchgeflogen* zij is gezakt voor haar rijexamen

durchfliegen OV WW sterk **1** doorvliegen, haastig doorlezen • *die Post ~* de post haastig doornemen **2** vliegen door **3** (vliegend) afleggen

durchfließen OV + ONOV WW sterk doorstromen

Durchfluss ZN M (+es/-flüsse) **1** doorstroming **2** doorlaat

durchfluten OV WW FORM. doorstromen

durchforschen OV WW doorvorsen

durchforsten OV WW **1** kritisch nakijken (en selecteren) **2** uitdunnen <bos>

durchfragen **1** OV WW rondvragen **2** WKD WW (**sich ~**) INFORM. door te vragen zijn weg vinden

durchfressen **1** OV WW doorvreten, vretende vernielen **2** WKD WW (**sich ~**) **1** doorvreten, door iets heen vreten **2** op andermans kosten eten **3** zich worstelen door

durchfrieren ONOV WW **1** volledig bevriezen **2** verkleumen

durchfroren BN verkleumd

Durchfuhr ZN V (-/+en) doorvoer

durchführbar BN uitvoerbaar

Durchführbarkeit ZN V (-/gmv) uitvoerbaarheid

durchführen OV WW **1** voeren door **2** uitvoeren • *einen Plan ~* een plan uitvoeren • *einen politischen Beschluss ~* een beleid doorvoeren

Durchführung ZN V (-/+en) verwezenlijking, uitvoering • *einen Plan zur ~ bringen* een plan tot uitvoering/ten uitvoer brengen

durchfurchen OV WW **1** doorklieven **2** rimpels maken, groeven

durchfüttern OV WW INFORM. te eten geven • *sie hat ihn wochenlang durchgefüttert* zij heeft hem wekenlang onderhouden

Durchgabe ZN V (-/+n) (het) doorgeven

Durchgang ZN M (+(e)s/-gänge) **1** doorgang **2** manche **3** culminatie

Durchgänger ZN M (+s/-) **1** INFORM. schichtig paard **2** INFORM. wegloper, deserteur

durchgängig BN algemeen

Durchgangsstraße ZN V (-/+n) doorgaande weg

Durchgangsverkehr ZN M (+s/gmv) **1** doorgaand verkeer **2** doorvoerhandel

durchgeben OV WW sterk doorgeven

durchgehen **1** OV WW sterk **1** doorlopen, volgen • *den Gang ~* de gang volgen **2** doornemen, doorlopen • *die Liste ~* de lijst doornemen/doorlopen **2** ONOV WW sterk **1** erdoor gaan • *du kannst ~* je kunt erdoor gaan **2** (aan één stuk) doorgaan/doorlopen • *~d geöffnet* doorlopend open <winkel> **3** ervandoor gaan **4** op hol slaan • *das Pferd geht durch* het paard slaat op hol • FIG., INFORM. *ihm gingen die Nerven durch* de stoppen sloegen bij hem door • FIG. *seine Fantasie ging mit ihm durch* zijn fantasie ging met hem op de loop **5** aangenomen worden, goedgekeurd worden • *etwas ~ lassen* iets door de vingers zien

durchgeistigt BN vergeestelijkt

durchgießen OV WW doorgieten, gieten door

durchgliedern OV WW nauwkeurig onderverdelen

durchglühen OV + ONOV WW doorgloeien

durchgraben OV WW sterk doorgraven, graven door

du

durchgreifen ONOV WW sterk **1** grijpen door **2** optreden, aanpakken • *der Lehrer greift bei Schulschwänzern hart durch* de leraar treedt hard op tegen spijbelaars
durchgreifend BN doortastend • *~e Änderungen* radicale veranderingen
durchhaben OV WW **1** INFORM. uit hebben <van boek>, af hebben <van les enz.> **2** INFORM. doormidden hebben <van boomtak enz.>
durchhalten ONOV WW sterk volhouden
Durchhaltevermögen ZN O (+s/gmv) volharding, doorzettingsvermogen
durchhängen ONOV WW **1** geen fut hebben **2** slap hangen, doorbuigen • *das Seil hängt durch* het koord hangt slap
Durchhänger ZN M (+s/gmv) • INFORM. *einen ~ haben* zich slap, lusteloos voelen
durchhauen 1 OV WW **1** doorhouwen, doorhakken **2** afranselen • *jemanden ~* iemand afranselen **2** WKD WW (**sich ~**) sterk zich hakkende een weg banen
durchhecheln OV WW roddelen over, over de hekel halen
durchheizen 1 OV WW goed stoken **2** ONOV WW doorstoken
durchhelfen 1 ONOV WW +3, sterk erdoor helpen • *jemandem ~* iemand erdoor helpen **2** WKD WW (**sich ~**) sterk zich redden
durchhören OV WW **1** door...heen horen **2** FIG. horen doorklinken • *aus seiner Bemerkung konnte ich durchhören, dass ...* uit zijn opmerking kon ik opmaken dat ...
durchhungern WKD WW (**sich ~**) zich er doorheen slaan ondanks de honger
durchirren OV WW dwalen door
durchjagen 1 OV WW **1** jagen door **2** snel afhandelen **2** ONOV WW erdoor jagen
durchkämmen OV WW (door)kammen, goed kammen
durchkämmen OV WW uitkammen • *ein Gebiet ~* een gebied nauwkeurig doorzoeken
durchkämpfen 1 OV WW uitvechten, tot een goed eind brengen **2** WKD WW (**sich ~**) **1** zich een weg banen **2** zich erdoor slaan
durchkauen OV WW **1** grondig kauwen **2** INFORM. uitvoerig behandelen
durchklingen ONOV WW onregelmatig doorklinken, klinken door
durchkneten OV WW **1** doorkneden, goed kneden **2** INFORM. stevig masseren
durchkommen ONOV WW sterk **1** slagen • *ist er bei der Prüfung durchgekommen?* is hij geslaagd voor het examen? **2** passeren **3** erdoor komen • *ein Durchkommen ist nicht möglich* er is geen doorkomen aan • *trotz des Schnees sind wir gut durchgekommen* ondanks de sneeuw zijn we goed aangekomen **4** het redden, er goed doorheen komen
durchkönnen ONOV WW erdoor kunnen
durchkosten OV WW alles proberen/proeven <eten>
durchkreuzen OV WW doorkruisen • *jemand(e)s Pläne ~* iemands plannen doorkruisen/dwarsbomen
Durchkreuzung ZN V (-/+en) verhindering, dwarsbomen
durchkriechen OV + ONOV WW sterk kruipen door • *das Kind kriecht unter dem Tisch durch* het kind kruipt onder de tafel door
durchlangen ONOV WW INFORM. erdoor grijpen
Durchlass ZN M (+es/-lässe) doorlaat, doorgang
durchlassen OV WW sterk doorlaten
durchlässig BN **1** doorlatend, poreus **2** flexibel
Durchlässigkeit ZN V (-/gmv) doorlaatbaarheid
Durchlaucht ZN V (-/+en) doorluchtigheid
Durchlauf ZN M (+(e)s/-läufe) **1** doorloop **2** SPORT manche **3** COMP. programmarun
durchlaufen OV WW sterk doorlopen • *die Schuhe ~* zijn schoenen stuklopen
Durchlauferhitzer ZN M (+s/-) geiser
durchleben OV WW doorleven, doormaken
durchlesen OV WW doorlezen
durchleuchten OV WW doorschijnen
durchleuchten OV WW doorlichten • *jemandes Vergangenheit ~* iemands verleden doorlichten
Durchleuchtung ZN V (-/+en) (röntgen) doorlichting
durchliegen OV WW sterk doorliggen
durchlöchern OV WW gaten maken in, doorzeven • *von Kugeln durchlöchert werden* met kogels doorzeefd worden
durchlüften OV WW grondig luchten
durchlügen WKD WW (**sich ~**) sterk zich met leugens erdoorheen slaan, met liegen zijn doel bereiken
Durchm. AFK Durchmesser doorsnede, diameter
durchmachen 1 ONOV WW (aan een stuk) doorgaan • *die ganze Nacht ~* de hele nacht doorfeesten **2** OV WW **1** volgen, doorlopen **2** doormaken, doorstaan
Durchmarsch ZN M (+es/-märsche) doortocht
durchmarschieren ONOV WW erdoorheen marcheren
durchmengen OV WW goed mengen
durchmessen OV WW sterk opmeten
durchmessen OV WW sterk **1** afleggen <weg> **2** stappen door
Durchmesser ZN M (+s/-) diameter, middellijn
durchmischen OV WW vermengen
durchmogeln WKD WW (**sich ~**) INFORM., MIN. met bedriegerijen verder komen
durchmustern OV WW grondig nazien, controleren
durchnässen OV WW doornat maken • *völlig durchnässt sein* kletsnat zijn, doorweekt zijn
durchnehmen OV WW sterk doornemen, behandelen
durchpassieren OV WW **1** zeven **2** passeren
durchpausen OV WW calqueren
durchpeitschen OV WW **1** afranselen, geselen **2** haastig afhandelen, erdoor jagen • *ein Gesetz ~* een wet erdoor jagen

durchplumpsen ONOV WW **1** INFORM. erdoor vallen **2** INFORM. zakken (voor een examen), sjezen
durchpressen OV WW **1** persen door, drukken door • *Kartoffeln durch ein Sieb ~* aardappelen door een zeef drukken **2** erdoor drukken <figuurlijk>
durchprügeln OV WW afranselen • *jemanden ~* iemand alle hoeken van de kamer laten zien
durchpulsen OV WW pulseren, stromen door
durchqueren OV WW er dwars doorheen gaan, doorkruisen • *die Stadt ~* dwars door de stad gaan
durchquetschen **1** OV WW persen door **2** WKD WW (**sich ~**) erdoorheen persen
durchrasen ONOV WW erdoor razen, er langs razen
durchrasen OV WW razen door
durchrechnen OV WW doorrekenen
durchregnen ONP WW **1** doorregenen • *es hat die ganze Nacht durchgeregnet* het heeft de hele nacht door geregend **2** regenen door • *beim Dach regnet es durch* bij het dak regent het door
Durchreiche ZN V (-/+n) doorgeefluik
Durchreise ZN V (-/+n) doorreis, doortocht • *auf der ~ sein* op doorreis zijn
durchreisen ONOV WW **1** reizen door **2** doorreizen
durchreisen OV WW doorheen reizen • *ganz Deutschland ~* door heel Duitsland reizen
Durchreisevisum ZN O (+s/-visen, -visa) doorreisvisum
durchreißen OV + ONOV WW sterk **1** doormidden scheuren **2** MIL. haastig afdrukken
durchreiten ONOV WW te paard rijden door/langs
durchreiten OV WW sterk **1** (te paard) rijden door **2** dresseren
durchrieseln OV WW vervullen, gaan door • *Angst durchrieselte uns* angst vervulde ons
durchrieseln ONOV WW doorsijpelen
durchringen WKD WW (**sich ~**) sterk na innerlijke strijd tot een besluit komen • *sie hat sich zu diesem Entschluss durchgerungen* zij is met moeite tot dit besluit gekomen
durchrosten ONOV WW doorroesten
durchrufen OV + ONOV WW onregelmatig **1** INFORM. doorgeven, meedelen **2** INFORM. telefonisch mededelen
durchrühren OV WW **1** doorroeren, goed roeren **2** erdoor roeren
durchrütteln OV WW door elkaar schudden
durchs SAMENTR durch das → **durch**
durchsacken ONOV WW snel hoogte verliezen
Durchsage ZN V (-/+n) mededeling, bericht (dat omgeroepen wordt) • *eine ~ machen* een bericht omroepen
durchsagen OV WW omroepen
durchsägen OV WW doorzagen
Durchsatz ZN M (+es/-sätze) doorzet
durchschalten OV WW **1** doorschakelen **2** snel opschakelen <motorsport> **3** INFORM. zappen <bij televisie>
durchschaubar BN te doorzien, begrijpelijk • *ein schwer ~er Mensch* een moeilijk te doorgronden iemand
durchschau(d)ern OV WW een huivering veroorzaken
durchschauen ONOV WW erdoor kijken
durchschauen OV WW doorzien • *jemanden ~* iemand doorzien/in de gaten hebben
durchscheinen ONOV WW sterk schijnen door
durchscheinend BN doorschijnend
durchschieben OV WW sterk erdoor schuiven
durchschießen OV WW **1** doorschieten • *die Wand war völlig durchschossen* de muur zat vol kogelgaten **2** doorschieten <boekwezen> **3** flitsen door <gedachten enz.>
durchschiffen OV WW bevaren
durchschimmern ONOV WW doorschemeren, doorschijnen
durchschlafen ONOV WW sterk doorslapen
Durchschlag ZN M (+(e)s/-schläge) **1** doorslag **2** uitgebroken gat **3** vergiet, zeef **4** drevel
durchschlagen **1** OV WW sterk **1** in tweeën slaan **2** een doorslag maken **3** er doorheen slaan **4** door een zeef wrijven **5** doorboren **2** ONOV WW sterk **1** doorwerken **2** doorslaan, vocht doorlaten **3** laxerend werken **3** WKD WW (**sich ~**) sterk **1** zich een weg banen **2** zich er doorheen slaan
durchschlagend BN overtuigend, doorslaand
durchschlängeln WKD WW (**sich ~**) kronkelen door
durchschleichen **1** OV WW sluipend gaan door **2** ONOV WW sluipen door, erdoor sluipen
durchschleppen OV + ONOV WW erdoorheen slepen
durchschleusen OV WW **1** sluizen door **2** sluizen, schutten
Durchschlupf ZN M (+(e)s/+e) opening om door te glippen
durchschlüpfen ONOV WW erdoor glippen
durchschmuggeln OV WW smokkelen door • *habt ihr das beim Zoll durchgeschmuggelt?* hebben jullie dat door de douane gesmokkeld? • *wir haben Jan beim Eingang durchgeschmuggelt* wij hebben Jan door de entree gesmokkeld
durchschneiden OV WW doorsnijden, doormidden snijden
durchschneiden OV WW FIG. doorsnijden
Durchschnitt ZN M (+(e)s/+e) **1** doorsnede, profiel **2** doorsnee, gemiddelde • *unter dem ~* onder het gemiddelde • *über dem ~* bovengemiddeld • *einen ~ bestimmen/nehmen von* het gemiddelde bepalen/nemen van
durchschnittlich BN **1** normaal, gewoon, middelmatig • *~ groß* middelmatig groot **2** gemiddeld • *es kommt auf ~ zwei Stunden täglich* het komt gemiddeld op twee uur per dag
Durchschnitts- VOORV doorsnee-, modaal, gemiddeld • *Durchschnittstemperatur* gemiddelde temperatuur • *Durchschnittsverdiener* modale werknemer • *ein Durchschnittseinkommen haben* een

modaal inkomen hebben
Durchschnittsbetrag ZN M (+(e)s/-beträge) gemiddeld bedrag
durchschnüffeln OV WW doorsnuffelen
durchschreiten OV WW FORM. erdoor lopen, lopen door
Durchschrift ZN V (-/+en) afschrift, doorslag
Durchschuss ZN M (+es/-schüsse) DRUKK. interlinie

du

durchschütteln OV WW (dooreen)schudden
durchschwimmen OV WW sterk zwemmen door, overzwemmen • *er hat den Fluss durchschwommen* hij is de rivier overgezwommen
durchschwimmen ONOV WW sterk doorzwemmen • *er ist bis zum Ufer durchgeschwommen* hij heeft de kant zwemmend bereikt • *er ist eine Stunde durchgeschwommen* hij heeft één uur lang gezwommen
durchsehen **1** OV WW sterk **1** controleren, nagaan • *die Akten ~* de stukken controleren **2** (vluchtig) doorkijken, doorbladeren **2** ONOV WW sterk **1** snappen, doorzien **2** kijken door
durchseihen OV WW filteren, zeven
durchsetzen **1** OV WW doordrijven, doorzetten • *seinen Willen ~* zijn zin / wil doordrijven **2** WKD WW (**sich ~**) zijn wil doordrijven, succes hebben • *er kann sich nicht ~* hij kan zich niet handhaven
durchsetzt BN • *~ mit* vol met, doorspekt met
Durchsetzungsvermögen ZN O (+s/gmv) doorzettingsvermogen
Durchsicht ZN V (-/gmv) **1** doorkijk **2** doorkijken, inzage, onderzoek, nakijken • *bei ~ der Bücher* bij het nakijken van de boeken
durchsichtig BN doorzichtig, transparant
Durchsichtigkeit ZN V (-/gmv) doorzichtigheid
durchsickern ONOV WW **1** doorsijpelen **2** uitlekken
durchsieben OV WW door de zeef doen
durchsieben OV WW doorzeven
durchsitzen OV WW sterk verslijten <op het zitvlak, van kleding> • *er hat die Hose durchgesessen* hij heeft zijn broek versleten
durchspielen **1** OV WW **1** doornemen • *wir spielen die Szene noch einmal durch* wij nemen de scène nog een keer door **2** tot het einde spelen **3** doorspelen **2** WKD WW (**sich ~**) SPORT door de verdediging breken
durchsprechen OV WW sterk doorspreken
durchspringen OV WW sterk springen door
durchstarten ONOV WW **1** LUCHTV. een doorstart maken **2** FIG. een doorstart maken
durchstechen OV WW sterk doorsteken
Durchstecherei ZN V (-/+en) doorgestoken kaart, bedrog
durchstecken OV WW steken door
durchstehen OV WW sterk doorstaan, uithouden, volhouden
durchsteigen ONOV WW sterk **1** klimmen door **2** snappen, doorhebben • *da steig' ich nicht mehr durch* nu snap ik het niet meer
durchsteigen OV WW beklimmen
durchstellen OV WW doorverbinden • *ein Gespräch ~* een gesprek doorverbinden
Durchstich ZN M (+(e)s/+e) **1** doorsteken **2** doorsteek, opening
durchstöbern OV WW grondig doorzoeken
durchstoßen ONOV WW sterk **1** doorbreken **2** doorstoten
durchstoßen OV WW **1** doorstoten **2** kapotstoten
durchstreichen OV WW sterk doorstrepen
durchstreichen OV WW sterk zwerven door
durchstreifen OV WW zwerven door
durchströmen OV WW doorstromen
durchsuchen OV WW doorzoeken • *jemanden nach Waffen ~* iemand op wapens fouilleren
Durchsuchung ZN V (-/+en) doorzoeken
Durchsuchungsbefehl ZN M (+s/+e) bevel tot huiszoeking
durchtanzen OV WW doordansen
durchtränken OV WW doordrenken
durchtreiben OV WW sterk **1** slaan door **2** voortdrijven door, jagen door
durchtreten **1** OV WW sterk intrappen • *das Gaspedal voll ~* plankgas geven **2** ONOV WW sterk doordringen • *das Gas tritt durch die Wand des Behälters durch* het gas dringt door de wand van de tank
durchtrieben BN doortrapt, geraffineerd • *ein ~er Junge* een gladde jongen
Durchtriebenheit ZN V (-/gmv) doortraptheid
durchwachen OV WW wakend doorbrengen
durchwachsen[1] ONOV WW sterk INFORM. doorgroeien
durchwachsen[2] BN sterk doorregen
Durchwahl ZN V (-/gmv) COMM. doorkiesnummer • *ich gebe Ihnen meine ~* ik geef u mijn directe nummer
durchwählen ONOV WW doorkiezen
Durchwahlnummer ZN V (-/+n) COMM. doorkiesnummer
durchwalken OV WW INFORM. afranselen
durchwandern OV WW trekken door
durchwaten OV WW doorwaden
durchweben OV WW sterk **1** doorweven • *die Geschichte ist von Lügen durchwebt* het verhaal is met leugens doorweven • *ein durchwebter Teppich* een doorweven tapijt **2** weven door
durchweg BW altijd, zonder uitzondering
durchwehen OV WW waaien door
durchweichen ONOV WW door en door nat worden
durchwetzen OV WW doorslijten
durchwinden **1** OV WW **1** winden door **2** vlechten door **2** WKD WW (**sich ~**) zich wringen door • *ich musste mich durch die Stühle ~* ik moest mij tussen de stoelen door wringen • *sich zu Veränderungen ~* met moeite veranderen
durchwirken OV WW goed kneden
durchwühlen OV WW (woelend) doorzoeken
durchwühlen OV WW omwoelen

durchwürzen OV WW flink kruiden
durchzählen OV WW doortellen
durchzechen ONOV WW doorpimpelen
durchziehen OV WW sterk **1** erdoor trekken • *den Faden ~* de draad erdoor trekken **2** tot een goed einde brengen
durchziehen ONOV WW sterk trekken door, trekken langs • *dieses Ereignis durchzieht den ganzen Roman* deze gebeurtenis speelt door de hele roman
Durchzug ZN M (+(e)s/-züge) **1** doortocht **2** tocht, trek <windvlaag>
durchzwängen **1** OV WW duwen door, persen door **2** WKD WW (**sich ~**) zich persen door
dürfen HWW onregelmatig mogen, toestemming hebben, het recht hebben • *darf ich hereinkommen?* mag ik binnenkomen? • *darf ich Sie etwas fragen?* mag ik u iets vragen? • *hier darf nicht geraucht werden* hier mag niet gerookt worden • *du darfst jetzt gehen* je mag nu gaan • *du darfst es behalten* je mag het houden • *was darf es sein?* wat mag het zijn? • *sie dürften recht/Recht haben* ze konden wel eens gelijk hebben • *darf ich Sie bitten?* mag ik u verzoeken? • *das darf ich wohl* dat mag ik gerust
durfte HWW verl. tijd → **dürfen**
dürfte HWW conj. → **dürfen**
dürftig BN **1** gebrekkig, pover **2** armoedig, schamel, karig
Dürftigkeit ZN V (-/gmv) **1** gebrekkigheid **2** armoede, behoeftigheid
dürr BN **1** mager **2** dor, droog • *in dürren Worten* met weinig woorden, nuchter **3** onvruchtbaar, schraal
Dürre ZN V (-/+n) **1** droogte **2** dorheid, onvruchtbaarheid
Durst ZN M (+(e)s/gmv) dorst • *er hat einen über den ~ getrunken* hij heeft iets te veel op, hij heeft te diep in het glaasje gekeken • *~ auf ein Bier haben* zin in een biertje hebben
durstig BN **1** dorstig **2** dorstend
durstlöschend BN dorstlessend
durststillend BN dorstlessend
Durststrecke ZN V (-/+n) magere tijd, periode van ontberingen
Dusche ZN V (-/+n) douche • *eine kalte ~* een koude douche
duschen **1** OV I ONOV WW douchen **2** WKD WW (**sich ~**) douchen
Duschgel ZN O (+s/+e) douchegel
Duschkopf ZN M (+(e)s/-köpfe) douchekop
Duschstange ZN V (-/-n) douchestang
Düse ZN V (-/+n) **1** sproeier **2** straalpijp
Dusel ZN M (+s/gmv) mazzel
duselig BN versuft, slaapdronken
duseln ONOV WW suffen, dromen, dommelen
düsen ONOV WW INFORM. snel lopen/rijden/ vliegen, voortrazen, stuiven
Düsenantrieb ZN M (+(e)s/+e) straalaandrijving
Düsenflugzeug ZN O (+(e)s/+e) straalvliegtuig
Düsenjäger ZN M (+s/-) straaljager
Dussel ZN M (+s/-) sufferd, domoor
dusselig BN **1** INFORM. suf, stom, idioot **2** REG. versuft, verdoofd
düster BN **1** donker **2** duister **3** somber
Düsterheit ZN V (-/gmv) **1** duisternis **2** somberheid
Dutt ZN M (+(e)s/+s, +e) haarknoet, wrong
Duty-free-Shop ZN M (-, +s/+s) taxfreeshop
Dutzend ZN O (+s/+e) dozijn • *im ~* per dozijn • *davon gehen zwölf auf ein ~* zo gaan er dertien in een dozijn
Dutzendware ZN V (-/+n) MIN. massaproduct
dutzendweise BW **1** per dozijn **2** FIG. in grote hoeveelheden • *er verschlingt die Kekse verschlingt* hij verslindt koekjes bij de vleet
Duzbruder ZN M (+s/-brüder) vriend die men tutoyeert
duzen OV WW tutoyeren • *jemanden ~* iemand met 'jij' aanspreken, iemand tutoyeren • *sich/einander ~* INFORM. jijen en jouen • *sie ~ sich* zij tutoyeren elkaar
Duzfreund ZN M (+(e)s/+e) vriend die men tutoyeert
DV AFK Datenverarbeitung informatieverwerking
DVD-Spieler ZN M dvd-speler
Dynamik ZN V (-/gmv) **1** dynamiek **2** dynamica
dynamisch BN dynamisch
dynamisieren OV WW bespoedigen, in beweging zetten
Dynamit ZN O (+s/gmv) dynamiet
Dynamo ZN M (+s/+s) dynamo
Dynast ZN M (+en/+en) heerser, vorst
Dynastie ZN V (-/+n) dynastie
dynastisch BN dynastiek
Dysenterie ZN V (-/+n) dysenterie
dz. AFK derzeit thans, op het ogenblik
D-Zug ZN M (+(e)s/-Züge) OUD. sneltrein • IRON. *mit dem ~ durch die Kinderstube gefahren sein* een slechte opvoeding hebben gehad • HUMOR. *eine alte Frau ist kein D-Zug!* rustig aan, ik kan je niet bijbenen

E

e ZN O (-/-) MUZ. **E klein** • MUZ. *e(-Moll)* E mineur

E ZN O (-/-) **1** letter **e** • *E wie Emil* de e van Eduard **2** MUZ. **E groot** • MUZ. *E(-Dur)* E majeur

Ebbe ZN V (-/+n) **eb** • *~ und Flut* eb en vloed • *bei ~* bij eb • *es ist ~* het is eb • FIG. *bei mir ist ~* ik ben blut/platzak

ebd. AFK ebenda **(al)daar**

eben 1 BN **1 gelijkmatig 2 effen, vlak, glad** • *der Boden ist nicht ~* de grond is niet gelijk/effen • *zu ~er Erde* gelijkvloers **2** BW **1 juist** • *das ist es ~* dat is het hem nu juist • *~ deshalb* daarom juist **2 even 3 net** • *~ war er noch da* net was hij er nog • *~ wollte ich es sagen* ik wilde het net zeggen • *ich fange ~ erst an* ik begin pas • *so~* zo net **4 nu eenmaal** • *na, ~!* zie je wel! • *dann ~ nicht!* dan niet!

Ebenbild ZN O (+(e)s/+er) **evenbeeld** • *er ist das ~ seines Vaters* hij is het evenbeeld van zijn vader • *nach Gottes ~* naar Gods evenbeeld

ebenbürtig BN **gelijkwaardig** • *die beiden waren sich ~* die twee waren tegen elkaar opgewassen • *ein ebenbürtiger Gegner* een gelijkwaardig tegenstander • *jemandem ~ sein* iemands evenknie zijn

ebenda BW **aldaar, op dezelfde plaats**

ebendas AANW VNW **juist dat**

Ebene ZN V (-/+n) **1** WISK. **plat vlak** • *eine schiefe ~* een hellend vlak **2 vlakte 3 niveau, vlak** • *eine Beratung auf höchster ~* een bespreking op topniveau • *auf derselben ~* op hetzelfde niveau • *das liegt auf gleicher ~* dat ligt op hetzelfde vlak

ebenerdig BN **gelijkvloers**

ebenfalls BW **eveneens** • *danke, ~!* dank je, (van) hetzelfde!

Ebenholz ZN O (+es/gmv) **ebbenhout**

ebenmäßig BN **gelijkmatig, regelmatig, symmetrisch**

ebenso BW **even, evenzo, precies zo** • *~ groß wie* even groot als • *ich bin ~ schuldig wie er* jij bent evenzeer schuldig als hij • *das ist ~ wahr* dit is evenzeer waar

Eber ZN M (+s/-) **beer** <mannelijk varken>

E-Bike ZN O (-s/-s) **e-bike** • *mit dem E-Bike fahren* e-biken

ebnen OV WW **effenen** • *einen Weg ~* een weg afgraven • *den Weg für jemanden ~* de weg effenen voor iemand

E-Book ZN O (-s/-s) **e-boek**

EC AFK EuroCity **eurocity(trein)**

Echo ZN O (+s/+s) **respons, echo, weerklank** • *das ~ seiner Freundin sein* de echo van zijn vriendin zijn

echoen OV + ONOV WW **echoën**

Echse ZN V (-/+n) **hagedis**

echt BN **1 echt, typisch** • *~e Perlen* echte parels • *~es Gold* echt goud • *ein ~er Holländer* een echte Hollander • *eine ~e Freundin* een echte vriendin **2 werkelijk** • *das ist ~ Paul!* dat is Paul ten voeten uit! • *~?* echt?

Echtheit ZN V (-/gmv) **1 echtheid 2 oprechtheid**

Echtzeit ZN V (-/+en) COMP. **werkelijke tijd**

Eck ZN O (+(e)s/+e(n)) **1 hoek** • *über ~* diagonaal, schuin **2** SPORT **corner**

Eckball ZN M (+s/-bälle) **corner, hoekschop**

Ecke ZN V (-/+n) **1 hoek** • *wir treffen uns an der ~* we ontmoeten elkaar op de hoek • INFORM. *jemanden um die ~ bringen* iemand van kant maken • INFORM. *es hapert an allen Ecken und Enden/Kanten* het rammelt aan alle kanten • *in der ~ stehen müssen* in de hoek moeten staan • *in allen Ecken und Winkeln* in alle hoeken en gaten **2** SPORT **corner, hoekschop**

Eckhaus ZN O (+es/-häuser) **hoekhuis**

eckig BN **1 hoekig** • FIG. *sich ~ lachen* zich krom lachen **2 onbeholpen 3 onbeschoft**

Eckpfeiler ZN M (+s/-) **1 hoekpijler 2 hoeksteen**

Eckstein ZN M (+(e)s/+e) **hoeksteen**

Eckwert ZN M (+(e)s/+e) ECON. **richtwaarde, norm**

Eckzahn ZN M (+(e)s/-zähne) **hoektand**

Economyklasse ZN V (-/gmv) **economyclass**

Ecstasy ZN V (-/+s) **ecstasy**

Edamer ZN M (+s/-) **Edammer kaas**

edel BN **1 edel** • *er ist ein edler Mensch* hij is een edel mens **2 kostbaar, voortreffelijk**

Edelgas ZN O (+es/+e) **edelgas**

Edelmut ZN M (+(e)s/gmv) **edelmoedigheid**

edelmütig BN **edelmoedig**

Edelstahl ZN M (+(e)s/-stähle) **roestvrij staal, rvs** • *Besteck aus ~* roestvrijstalen bestek

Edelstein ZN M (+(e)s/+e) **edelsteen** • *ein geschliffener ~* een geslepen edelsteen

Edelweiß ZN O (-, +es/+e) **edelweiss**

Eden ZN O (+s/gmv) **Eden, paradijs** • *der Garten ~* de hof van Eden

edieren OV WW **uitgeven**

Editor ZN M (+s/+en) **1** DRUKK. **uitgever 2** COMP. **editor**

E-Dur ZN O (-/gmv) MUZ. **E majeur**

EDV ZN V (-/gmv) elektronische Datenverarbeitung **geautomatiseerde gegevensverwerking, ICT**

EDV-Fachmann ZN M (+(e)s/-männer) **ICT'er**

EEG AFK (+s/+s) Elektroenzephalogramm **eeg**

Efeu ZN M (+s/gmv) **klimop**

Effeff ZN O • *etwas aus dem ~ beherrschen / verstehen / können* iets tot in de puntjes kennen, iets volledig beheersen

Effekt ZN M (+(e)s/+e) **1 effect** • *~ machen* indruk maken • *~ haben* effect hebben • *das hat keinen ~ gehabt* dat heeft geen effect gehad • *auf ~ aus sein* op effect berekend zijn **2 werking**

Effekten ZN MV ECON. **effecten, waardepapieren**

Effektenbörse ZN V (-/+n) **effectenbeurs**

effektiv BN **effectief**

effektvoll BN **vol effect**

effizient BN **doelmatig, efficiënt**

Effizienz ZN V (-/+en) **doeltreffendheid, efficiëntie, efficiency**

e.G. AFK eingetragene Genossenschaft **coöperatieve vereniging, coöperatieve vennootschap,**

coöperatie
egal 1 BN egaal, gelijk, gelijkmatig 2 BW om het even • *das ist mir ~* dat kan me niets schelen • *~, wie* hoe dan ook • *das ist ~* dat maakt niets uit
egalisieren OV WW gelijkmaken, egaliseren
Egge ZN V (-/+n) 1 eg 2 zoom
Egoismus ZN M (-/-men) egoïsme, egoïstisch gedrag
Egoist ZN M (+en/+en) egoïst
egoistisch BN egoïstisch
egozentrisch BN egocentrisch
EG-weit BN in de hele EG
eh BW 1 toch (al), sowieso • *seit ~ und je* sinds jaar en dag 2 INFORM. hé (daar)
ehe BW alvorens, voordat • *wie eh und je* zoals altijd
Ehe ZN V (-/+n) huwelijk • *die ~ eingehen* in het huwelijk treden • *sie führen eine glückliche ~* ze zijn gelukkig getrouwd • *die ~ brechen* echtbreuk plegen • *in wilder ~ leben* samenwonen zonder boterbriefje • *eine nicht standesgemäße ~* een huwelijk beneden zijn stand
eheähnlich BN met huwelijk vergelijkbaar, samenwonend • *eheähnliche Gemeinschaft* samenwoning
Eheberater ZN M (+s/-) huwelijksconsulent
Eheberatungsstelle ZN V (-/+n) huwelijksadviesbureau
Ehebett ZN O (+(e)s/+en) tweepersoonsbed
Ehebrecher ZN M (+s/-) echtbreker, overspelige echtgenoot
ehebrecherisch BN overspelig
Ehebruch ZN M (+(e)s/gmv) echtbreuk • *~ begehen* echtbreuk/overspel plegen
ehedem BW eertijds, voorheen
Ehefrau ZN V (-/+en) echtgenote
Ehegatte ZN M (+n/+n) echtgenoot
Ehekrach ZN M (+s/+e) INFORM. echtelijke ruzie
Eheleute ZN MV echtelieden
ehelich BN echtelijk, huwelijks- • *ein ~es Kind* een wettig kind
ehelos BN ongehuwd
Ehelosigkeit ZN V (-/gmv) ongehuwde staat
ehem. AFK ehemalig voormalig
ehemalig BN voormalig, vroeger, ex- • INFORM. *ihr Ehemaliger* haar ex • *~er Direktor* ex-directeur
ehemals BW eertijds, vroeger
Ehemann ZN M (+(e)s/-männer) echtgenoot
Ehepaar ZN O (+(e)s/+e) echtpaar
Ehepartner ZN M (+s/-) huwelijkspartner
eher BW vergrotende trap 1 eerder • *je ~, desto besser* hoe vroeger, hoe beter • *das ist ~ möglich* dat is waarschijnlijker • *ich denke ~, dass er nicht kommt* Ik denk eerder dat hij niet komt • *~ reich als arm* meer rijk dan arm • *~ mehr als weniger* eerder meer dan minder • *er ist ~ faul als dumm* hij is eerder lui dan dom • *~ sterbe ich* ik ga nog liever dood 2 liever → **bald**
Ehering ZN M (+(e)s/+e) trouwring
Ehescheidung ZN V (-/+en) echtscheiding
Eheschließung ZN V (-/+en) huwelijksvoltrekking
ehest BW overtreffende trap 1 vroegst, snelst • *am ~en* het vroegst, het snelst 2 (nog) het liefste, (nog) het beste, (nog) het gemakkelijkste, (nog) het meest waarschijnlijke • *am ~en ist es noch ein Flirt* het is nog het beste een flirt te noemen → **bald**
Ehestand ZN M (+(e)s/gmv) huwelijkse staat, huwelijk, gehuwde staat
ehestens BW op zijn vroegst
Ehestreit ZN M (+(e)s/+e) huwelijksconflict
Ehevertrag ZN M (+s/-verträge) huwelijkse voorwaarden • *einen ~ schließen* trouwen onder huwelijkse voorwaarden
ehrbar BN achtenswaardig, eerbaar
Ehre ZN V (-/+n) eer • *jemandes ~ antasten* iemand in zijn eer aantasten • *seine ~ retten* de eer aan zichzelf houden • *die ~ wahren* de eer hooghouden • *ich betrachte es als eine ~* ik beschouw het als een eer • *seinem Namen alle ~ machen* zijn naam eer aandoen • *jemandem alle Ehren für etwas zukommen lassen* iemand alle eer geven voor iets • *die ~ ist gerettet* de eer is gered • *jemanden wieder zu Ehren bringen* iemand in zijn eer herstellen • *es seiner ~ schuldig sein zu ...* het aan zijn eer verplicht zijn te... • *jemandem die ~ erweisen* iemand eer bewijzen/ aandoen • *in Ehren wiederherstellen* in ere herstellen • *jemandem zur ~ gereichen* iemand tot eer strekken • *in allen Ehren* in alle eer en deugd • *jemandem die letzte ~ erweisen* iemand de laatste eer bewijzen • *nach ~ und Gewissen* naar eer en geweten • *~ wem ~ gebührt* ere wie ere toekomt • *das verbietet mir meine ~* dat is mijn eer te na • *etwas macht jemandem (keine) ~* iets strekt iemand (niet) tot eer • *ihr Wort in Ehren* met alle respect • *jemandem die ~ abschneiden* kwaad spreken over iemand, iemand een slechte naam bezorgen • *mit wem habe ich die Ehre?* met wie heb ik het genoegen? • *bei meiner Ehre!* op mijn erewoord! • *mit militärischen Ehren* met militair eerbetoon • *jemanden bei seiner ~ packen* op iemands eergevoel werken • *die Toten in Ehren halten* de doden eren • *jemandes ~ wiederherstellen* iemand van alle blaam zuiveren • *... zu Ehren* ter ere van ... • *das gereicht Ihnen zur ~* dat strekt u tot lof
ehren OV WW 1 achting/eer bewijzen, (ver)eren • *sehr geehrter Herr X* geachte meneer X • *du sollst Vater und Mutter ~* eer uw vader en uw moeder 2 sieren • *das ehrt dich* dat siert je
Ehrenamt ZN O (+(e)s/-ämter) ereambt, vrijwilligerswerk
ehrenamtlich BN 1 ere-, honorair 2 vrijwillig, vrijwilligers- • *~e Tätigkeit* vrijwilligerswerk
Ehrenbürger ZN M (+s/-) ereburger
ehrenhaft BN rechtschapen, achtenswaardig, fatsoenlijk
ehrenhalber BW eershalve • *Doktor ~* doctor honoris causa
Ehrenmal ZN O (+(e)s/+e, -mäler) gedenkteken, monument
Ehrenmann ZN M (+(e)s/-männer) man van eer

eh

Ehrenmord ZN M (+(e)s/+e) **eerwraak**
Ehrenplatz ZN M (+(e)s/-plätze) **ereplaats**
Ehrenrechte ZN MV **ererechten** • *bürgerliche ~* burgerlijke en politieke rechten
Ehrenrettung ZN V (-/+en) **eerherstel, rehabilitatie**
ehrenrührig BN **beledigend, krenkend**
Ehrenrunde ZN V (-/+n) **ereronde** • *eine ~ drehen/machen* een ererondje lopen, rijden enz., IRON. een klas overdoen

Ehrensache ZN V (-/+n) **erezaak**
ehrenvoll BN **eervol, vererend** • *~e Nennung* eervolle vermelding • *~e Entlassung* eervol ontslag
ehrenwert BN **achtenswaardig, braaf, eerlijk**
Ehrenwort ZN O (+(e)s/+e) **erewoord** • *Ehrenwort!* op mijn erewoord! • *Ehrenwort* op mijn woord (van eer) • *sein ~ geben* zijn erewoord geven • *auf sein ~ freilassen* op zijn erewoord vrijlaten
ehrerbietig BN FORM. **eerbiedig**
Ehrerbietung ZN V (-/gmv) FORM. **eerbied, hoogachting**
Ehrfurcht ZN V (-/gmv) +3, **ontzag (vor** +3 **voor), respect** • *~ vor jemandem/etwas haben* ontzag voor iemand/iets hebben • *~ gebieten* respect afdwingen
ehrfürchtig BN **eerbiedig, vol eerbied, vol ontzag**
Ehrgefühl ZN O (+(e)s/gmv) **eergevoel** • *an jemandes ~ appellieren* een beroep doen op iemands eergevoel
Ehrgeiz ZN M (+es/gmv) **eerzucht, ambitie** • *aus ~* door ambitie gedreven
ehrgeizig BN **ambitieus, eerzuchtig**
ehrlich BN **eerlijk** • *es ~ meinen* het eerlijk menen • *~ gesagt* eerlijk gezegd • *das ist am ~sten* dat is het eerlijkst • FIG. *~ ist ~* eerlijk is eerlijk • FIG. *~ währt am längsten* eerlijk duurt het langst
Ehrlichkeit ZN V (-/gmv) **eerlijkheid** • *die ~ gebietet zu sagen, dass ...* de eerlijkheid gebiedt me te zeggen dat...
Ehrung ZN V (-/+en) **1 eerbetoon 2 eerbewijs**
ei TUSSENW JEUGDT. **hè**
Ei ZN O (+(e)s/+er) **ei, eicel** • *verquirltes ~* geklutst ei • *gekochtes ~* gekookt ei • *verlorenes ~* gepocheerd ei • *weichgekochtes Ei* zachtgekookt ei • *hartgekochtes ~* hardgekookt ei • *ein ~ legen* een ei leggen • FIG. *sich um ungelegte Eier kümmern* zich onnodig druk maken om iets • FIG. *wie aus dem ~ gepellt aussehen* er pico bello uitzien • FIG. *wie auf Eiern gehen* op eieren lopen • INFORM. *ach, du dickes Ei!* mensenkinderen! • FIG. *sich gleichen wie ein ~ dem anderen* als twee druppels water op elkaar lijken
Eiche ZN V (-/+n) **1 eik 2 eikenhout** • *Möbel in ~* eikenhouten meubelen • *eine Küche aus massiver ~* een massief eiken keuken
Eichel ZN V (-/+n) **1** PLANTK. **eikel 2** ANAT. **eikel**
eichen 1 BN **eiken 2** OV WW **ijken** • *auf etwas geeicht sein* ergens bijzonder in thuis zijn
Eichhörnchen ZN O (+s/-) **eekhoorntje**
Eichung ZN V (-/+en) **ijking**
Eid ZN M (+(e)s/+e) **eed** • *einen ~ ablegen/leisten (auf)* een eed afleggen (op) • *einen ~ abnehmen* de eed afnemen • *jemanden vereidigen* iemand een eed afnemen • *einen ~ brechen* een eed breken • *einen ~ leisten* een eed doen • *ein ~ auf die Bibel* een eed op de Bijbel • *unter ~ stehen* onder ede staan • *etwas unter ~ bezeugen* iets onder ede bevestigen • *etwas an Eides statt erklären* iets onder belofte verklaren • *jemanden in ~ und Pflicht nehmen* voor iemand instaan • *ich nehme es auf meinen ~* ik durf er een eed op te doen
Eidechse ZN V (-/+n) **hagedis**
eidesstattlich BN **in plaats van een eed, plechtig** • *eine ~e Erklärung* een plechtige verklaring
Eidgenosse ZN M (+n/+n) FORM. **Zwitser**
Eidgenossenschaft ZN V (-/+en) FORM. **Zwitserland**
Eidgenossin ZN V (-/+nen) FORM. **Zwitserse**
eidgenössisch BN FORM. **Zwitsers**
Eidotter ZN M/O (+s/-) **eierdooier**
Eier ZN MV **1 eieren** • *~ legen* eieren leggen **2** VULG. **ballen, kloten** • *jemandem in die ~ treten* iemand in zijn kruis tasten LETT. **3 ballen** <geld>
Eierbecher ZN M (+s/-) **eierdopje**
Eierkarton ZN M **eierdoos**
Eierkopf ZN M (+(e)s/-köpfe) **1 punthoofd, puntig hoofd 2 kamergeleerde**
Eierkuchen ZN M (+s/-) **1** REG. **omelet 2** REG. **pannenkoek**
Eierlikör ZN M (+(e)s/+e) **advocaat** <drank>
Eierschale ZN V (-/+n) **eierschaal**
eierschalenfarben BN **geelwit, gebroken wit**
Eierschaum ZN M (+s/gmv) **stijfgeklopt eiwit**
Eierstock ZN M (+(e)s/-stöcke) **eierstok**
Eifer ZN M (+s/gmv) **ijver, enthousiasme** • *in ~ geraten* enthousiast worden • *blinde(r) ~* blinde ijver • *im ~ des Gefechts* in het vuur van de strijd
Eifersucht ZN V (-/gmv) **afgunst, jaloezie**
eifersüchtig BN **afgunstig, jaloers**
eiförmig BN **eivormig, ovaal**
eifrig BN **ijverig** • *~ am Lernen sein* druk aan het leren zijn • *ein ~er Verfechter* een warm voorstander
Eigelb ZN O (+(e)s/+e) **eigeel** • *mit ~ bestreichen* met eigeel bestrijken
eigen BN **1 eigen** • *sich etwas zu ~ machen* zich iets eigen maken • *ein ~es Haus haben* een eigen huis hebben • *aus ~em Antrieb* uit eigen beweging **2 karakteristiek** • *das ist ihm ~* dat is eigen aan hem
Eigenart ZN V (-/+en) **aard, wezen** • *sie hat so ihre Eigenarten* zij heeft nou eenmaal haar eigenaardigheden
eigenartig BN **eigenaardig, vreemd**
Eigenbedarf ZN M (+s/gmv) **eigen behoefte** • *für den ~* voor eigen gebruik
Eigenbeteiligung, **Eigenleistung** ZN V (-/+en) **eigen bijdrage**
Eigenbrötler ZN M (+s/-) persoon **eenzelvig mens, zonderling**
eigenhändig BN **eigenhandig** • *eigenhändige Unterschrift* handtekening • *jemanden ~ vor die Tür setzen* iemand eigenhandig buiten de deur zetten

• *das habe ich ~ gemacht* dat heb ik eigenhandig gemaakt

Eigenheim ZN O (+(e)s/+e) eigen huis

Eigenheit ZN V (-/+en) eigenaardigheid, karakteristieke eigenschap

eigenmächtig BN eigenmachtig, op eigen gezag • *eigenmächtiges Handeln; ~ handeln* eigenmachtig optreden

Eigenname ZN M (+ns/+n) eigennaam

Eigennutz ZN M (+es/gmv) eigenbelang

eigennützig BN zelfzuchtig

eigens BW uitsluitend, speciaal

Eigenschaft ZN V (-/+en) **1** eigenschap • *gute/schlechte ~* goede/slechte eigenschap **2** hoedanigheid • *in meiner ~ als Vorsitzender* in mijn hoedanigheid van voorzitter

Eigenschaftswort ZN O (+(e)s/-wörter) bijvoeglijk naamwoord

Eigensinn ZN M (+(e)s/gmv) eigenzinnigheid

eigensinnig BN eigenzinnig, eigengereid • *sie ist ein ~es Mädchen* zij is een eigenzinnig meisje

eigenständig BN op zichzelf staand, zelfstandig, eigen

eigentlich **1** BN werkelijk, eigenlijk • *das ~e Zentrum* het eigenlijke centrum • *die ~e Bedeutung* de eigenlijke betekenis • *der ~e Grund* de eigenlijke reden • *sein ~er Name ist Marco* zijn eigenlijke naam is Marco • *es geht ihm um das Eigentliche* het gaat hem om het wezenlijke **2** BW eigenlijk • *was denkt sie sich ~?* wat denkt ze wel niet? • *~ hat der Recht* eigenlijk heeft hij gelijk • *~ weiß ich es nicht* eigenlijk weet ik het niet • *was meinst du ~?* wat bedoel je eigenlijk? • *sie wusste ~ nicht mehr, was sie tun sollte* zij wist eigenlijk niet wat ze moest doen • *weißt du ~, mit wem du es zu tun hast?* weet je wel wie ik ben? • *deshalb komme ich ~ nicht* daarvoor kom ik eigenlijk niet • *was ist das ~?* wat is dat eigenlijk?

Eigentor ZN O (+(e)s/+e) eigen doelpunt/goal • *ein ~ schießen* een eigen goal maken

Eigentum ZN O (+s/+e) eigendom, bezit • *in ~ haben* in eigendom hebben • *in ~ bekommen* iets in eigendom verkrijgen • *das Haus ist mein ~* dat huis is mijn eigendom • *das Haus ist ~ meines Bruders* het huis staat op naam van mijn broer • *geistiges ~* intellectueel eigendom

Eigentümer ZN M (+s/-) eigenaar, bezitter • *den ~ wechseln* van eigenaar verwisselen

eigentümlich BN **1** typisch, kenmerkend **2** eigenaardig, zonderling

Eigentümlichkeit ZN V (-/+en) **1** typisch kenmerk, karakteristieke eigenschap, trekje **2** eigenaardigheid

Eigentumswohnung ZN V (-/+en) koopflat, koophuis

eigenwillig BN eigenzinnig

Eigenwilligkeit ZN V (-/gmv) eigenzinnigheid

eignen WKD WW (**sich ~**) **1** geschikt zijn • *er eignet sich nicht als Lehrer* hij is niet geschikt als leraar **2 ~ für** +4, geschikt zijn voor • *der Topf eignet sich für Fondue* de pan is geschikt voor fondue • *dafür ist es nicht geeignet* hiervoor is het niet geschikt • *ich eigne mich nicht für so etwas* ik ben niet geschikt voor zoiets **3 ~ zu** +3, geschikt zijn voor/om • *das Buch eignet sich zum Vorlesen* het boek is geschikt om uit voor te lezen • *sich zur Krankenschwester ~* geschikt zijn voor verpleegster

Eignung ZN V (-/+en) geschiktheid

Eilbote ZN M (+n/+n) koerier • *durch Eilboten* per expresse • *durch Eilboten schicken* per expresse sturen

Eile ZN V (-/gmv) spoed, haast • *die Sache hat keine ~* dat heeft geen haast • *in aller ~* in alle haast, in allerijl • *in der ~* in de gauwigheid

Eileiter ZN M (+s/-) eileider

eilen **1** ONOV WW **1** zich haasten, haastig lopen • *jemandem zu Hilfe ~* iemand te hulp snellen • FIG. *eile mit Weile* haast je langzaam **2** dringen, dringend zijn • *die Sache eilt* er is haast bij • *das eilt nicht* dat heeft geen haast **2** WKD WW (**sich ~**) zich haasten

eilig BN **1** haastig, vlug • *es ~ haben (zu)* haast hebben (om) • *ich hab es ~* ik heb haast • *mit ~en Schritten* met haastige schreden **2** dringend, urgent • *die Sache ist ~* de zaak is dringend, er is haast bij

Eiltempo ZN O (+s/+s, -i) INFORM. ijltempo • *im ~* in ijltempo

Eilverfahren ZN O (+s/-) kort geding • *eine Sache im ~ entscheiden* een zaak in kort geding beslissen • *Urteil im ~* vonnis in kort geding

Eimer ZN M (+s/-) emmer • *jetzt ist alles im ~* nu kunnen we het helemaal wel schudden • INFORM. *es gießt wie aus Eimern* het regent pijpenstelen

ein **1** TELW **1** één • *~ für alle Mal* eens en voor altijd • *in einem fort* aan één stuk door, onafgebroken • *noch einer/eine/eines (dazu)* nog een (extra) • *~ oder zwei Bücher* een of twee boeken • *ihr eines Bein* haar ene been **2** dezelfde, hetzelfde • *wir sind einer Meinung* wij zijn het met elkaar eens • *es kommt auf eines hinaus* het komt op hetzelfde neer **2** LIDW een • *~ Hund* een hond **3** ONB VNW INFORM. iemand, men, je • *da wird sich kaum einer freuen* daar zal niemand blij mee zijn • *das soll einer wissen* dat moet je maar net weten • INFORM. *du bist mir aber eine/einer!* jij bent me er óók een! **4** BW in, erin • *er geht dort ~ und aus* hij is daar kind aan huis • *weder ~ noch aus wissen* geen raad weten, niet meer weten hoe of wat • *ein-aus* aan/uit <van schakelaar>

einachsig BN eenassig

einander BW elkaar

einarbeiten **1** OV WW **1** inwerken **2** verwerken **2** WKD WW (**sich ~**) zich inwerken

Einarbeitung ZN V (-/gmv) **1** inwerking **2** verwerking

einarmig BN eenarmig

einäschern OV WW **1** platbranden **2** cremeren

Einäscherung ZN V (-/+en) crematie

einatmen OV + ONOV WW inademen

einäugig BN eenogig

Einbahnstraße ZN V (-/+n) straat met eenrichtingsverkeer

Einband ZN M (+(e)s/-bände) (boek)band

ei

Einbau 1 ZN M (+(e)s/gmv) inbouw 2 ZN M (+(e)s/+ten) ingebouwd element
einbauen OV WW inbouwen • *eingebaut* ingebouwd • *Sicherheitsmaßnahmen ~* veiligheidsmaatregelen inbouwen
Einbauküche ZN V ingebouwde keuken
Einbauschrank ZN M ingebouwde kast
einbehalten OV WW sterk inhouden, niet uitbetalen • *Gehalt ~* salaris inhouden • *einen Prozentsatz ~* een percentage inhouden
einbetten OV WW inbedden
Einbettzimmer ZN O (+s/-) eenpersoonskamer
einbeziehen OV WW sterk erbij betrekken, rekening houden met, meetellen
Einbeziehung ZN V (-/gmv) erbij betrekken • *unter ~ aller Ergebnisse* rekening houdend met alle resultaten
einbiegen 1 OV WW naar binnen buigen 2 ONOV WW sterk afbuigen, inbuigen • *in eine Straße ~* een weg inslaan
einbilden WKD WW (**sich ~**) verbeelden, inbeelden • *das bildest du dir bloß ein* dat verbeeld je je slechts • *darauf brauchst du dir nichts einzubilden* dat is niet iets om trots op te zijn
Einbildung ZN V (-/+en) 1 verbeelding 2 inbeelding
Einbildungskraft ZN V (-/gmv) 1 voorstellingsvermogen 2 fantasie
einbinden OV WW sterk inbinden • *sein Arm ist eingebunden* zijn arm zit in een mitella
einbläuen OV WW inhameren, inprenten • *jemandem etwas ~* iets erin hameren bij iemand
einblenden 1 OV WW 1 invoegen, inlassen <van geluid/filmopnames> 2 uitregelen, inregelen <van uitzending> 2 WKD WW (**sich ~**) COMM. hervatten <van uitzending>
Einblendung ZN V (-/+en) ingelast gedeelte
Einblick ZN M (+(e)s/+e) 1 inzage • *jemandem ~ in die Akten gewähren* iemand inzage in de akten geven 2 inzicht
einbrechen 1 OV WW sterk openbreken, afbreken 2 ONOV WW sterk 1 inbreken • *bei den Nachbarn wurde eingebrochen* bij de buren is ingebroken 2 invallen 3 inzakken, instorten 4 door het ijs zakken • *auf dem Eis ~* door het ijs zakken
Einbrecher ZN M (+s/-) inbreker
einbringen 1 OV WW onregelmatig 1 binnenbrengen, binnenhalen • *die Ernte ~* de oogst binnenhalen • *das bringt nichts ein* 2 opbrengen • *das bringt nichts ein!* dat levert niets op!, daar is geen droog brood mee te verdienen 3 indienen, voorleggen • *nichts dagegen einzubringen haben* geen verweer tegen iets hebben 4 inhalen, goedmaken 2 WKD WW (**sich ~**) zich (ten volle) inzetten • *die Großmutter bringt sich sehr in die Erziehung ein* de grootmoeder bemoeit zich erg met de opvoeding
einbrocken OV WW erin brokkelen • *der hat sich was eingebrockt!* die heeft zich wat op de hals gehaald!
Einbruch ZN M (+(e)s/-brüche) 1 inbraak 2 (het) inzakken, (het) instorten • *seine Karriere erlebte einen ~* het ging neerwaarts met zijn carrière 3 AARDK. breukgebied, slenk 4 MIL. inval 5 (het) aanbreken, (het) (in)vallen • *der ~ der Dämmerung* het invallen van de schemering • *bei ~ der Dunkelheit* bij het invallen van de duisternis
einbruchssicher BN beveiligd tegen inbraak
einbürgern 1 OV WW naturaliseren 2 WKD WW (**sich ~**) 1 naturaliseren 2 inburgeren • *eingebürgert* ingeburgerd
Einbürgerung ZN V (-/+en) 1 het ingeburgerd raken, inburgering 2 naturalisatie
Einbürgerungstest ZN M inburgeringsexamen, inburgeringstoets
Einbuße ZN V (-/+n) verlies, schade
einbüßen OV WW inboeten, verliezen • *an Wert ~* in waarde verminderen • *an Kraft ~* aan kracht inboeten
einchecken OV + ONOV WW inchecken
eincremen OV WW insmeren <met crème>
eindämmen OV WW 1 indammen <van o.a. rivier> 2 beperken, inperken, beteugelen, indammen • *die Kosten ~* de kosten inperken
eindecken 1 OV WW 1 voorzien, een voorraad aanleggen • *jemanden mit etwas ~* in iemands behoefte voorzien 2 overladen, overstelpen • *mit Arbeit eingedeckt sein* tot over zijn oren in het werk zitten 2 WKD WW (**sich ~**) zich voorzien (**mit** +3 van)
eindeutig BN 1 ondubbelzinnig 2 zeer duidelijk, niet mis te verstaan
Eindeutigkeit ZN V (-/+en) 1 ondubbelzinnigheid, duidelijkheid 2 grofheid
eindeutschen OV WW verduitsen • *die eingedeutschte Form des Wortes* de verduitste vorm van het woord
eindimensional BN eendimensionaal
eindösen ONOV WW indommelen, wegsoezen
eindringen ONOV WW sterk 1 binnendringen, doordringen • *in das Zimmer ~* de kamer binnendringen • *in ein Problem ~* een probleem doorgronden 2 bedreigen, in het nauw brengen • *mit Fragen in jemanden ~* iemand met vragen lastigvallen
eindringlich BN nadrukkelijk
Eindringling ZN M (+(e)s/+e) indringer
Eindruck 1 ZN M (+(e)s/+e) afdruk 2 ZN M (+(e)s/-drücke) indruk • *ich habe den Eindruck, dass ...* ik heb het idee dat ... • *einen guten ~ hinterlassen* een goede indruk achterlaten • *einen guten ~ machen* een goede beurt maken • *einen schlechten ~ machen* een slechte beurt maken • *ich habe den Eindruck, er hat Angst* ik heb de indruk dat hij bang is • *einen ~ gewinnen von* een indruk krijgen van • *einen bleibenden ~ hinterlassen* een blijvende indruk maken
eindrücken 1 OV WW indrukken, induwen 2 WKD WW (**sich ~**) een spoor achterlaten • *sich im Boden ~* een spoor achterlaten in de bodem
eindrucksvoll BN indrukwekkend

einebnen OV WW nivelleren, vlak maken
eineiig BN eeneiig <van tweeling>
eineinhalb TELW anderhalf
Einelternfamilie ZN V (-/+n) eenoudergezin
einen OV WW verenigen
einengen OV WW **1** beknellen **2** inperken, beperken **3** begrenzen
eine(r) ONB VNW een, iemand, men • *einer dieser Männer* een van deze mannen • *eines ist sicher* een ding is zeker • *das ist auch eine von denen* dat is ook een van hen
Einer ZN M (+s/-) **1** getal tussen één en tien **2** eenpersoonsbootje
einerlei BN indeclinabel **1** onverschillig • *es ist mir ~* het is me om het even **2** eentonig, hetzelfde
Einerlei ZN O (+s/gmv) **1** sleur • *das tägliche ~* de dagelijkse sleur **2** eentonigheid, monotonie
einerseits BW enerzijds, aan de ene kant • *~ ... andererseits ...* enerzijds ... anderzijds ...
einfach BN **1** eenvoudig, simpel • *so ~ ist das nicht* zo eenvoudig is dat niet **2** enkel(voudig) • *~e Fahrkarte* enkeltje, kaartje enkele reis **3** eenvoudig(weg), gewoon(weg) • *es ist ~ unglaublich!; es ist ~ nicht zu glauben* dat is gewoon niet te geloven! • *geh doch ~ hin!* ga er gewoon naar toe! • *~ Unsinn* gewoonweg onzin • *es ist ~ schrecklich* het is gewoonweg vreselijk • *er will ~ nicht hören* hij wil gewoonweg niet luisteren • *es will ~ nicht gelingen* het wil maar niet lukken **4** gemakkelijk • *es sich ~ machen* het zich gemakkelijk maken • *das ist ein ~es Kind* dat is een gemakkelijk kind
Einfachheit ZN V (-/gmv) simpelheid, eenvoud • *der ~ halber* gemakshalve, voor het gemak • *die ~ der Einrichtung* de eenvoud van de inrichting
einfädeln **1** OV WW **1** een draad in de naald doen **2** op touw zetten, opzetten **2** WKD WW (**sich ~**) zich invoegen
einfahren **1** OV WW sterk **1** binnenrijden, binnenvaren **2** binnenbrengen, binnenhalen **3** stukrijden, in elkaar rijden **4** inrijden **2** ONOV WW aankomen, binnenrijden/ -varen • *in die Grube ~* in de mijn afdalen **3** WKD WW (**sich ~**) zich inrijden, leren rijden
Einfahrt ZN V (-/+en) **1** (het) binnenvaren, (het) binnenrijden, aankomst • *der Zug aus Berlin hat ~ auf Gleis 1* de trein uit Berlijn komt binnen op spoor 1 **2** inrit, oprit • *~ freihalten!* inrit vrijhouden!
Einfall ZN M (+(e)s/-fälle) **1** MIL. inval **2** overval **3** inval <van licht> **4** idee, ingeving • *ein glücklicher ~* een gelukkige ingeving • *er hat immer solche verrückten Einfälle* hij heeft altijd van die gekke ideeën • *kein guter ~* geen goed idee, geen goede zet **5** MUZ. inzet, begin
einfallen ONOV WW sterk **1** instorten **2** MIL. invallen, binnenvallen **3** invallen, mager worden **4** neerstrijken <vogels> **5** te binnen schieten • *dabei fällt mir ein, dass...* nu schiet me te binnen dat... • *das fällt mir nicht ein!* ik denk er niet aan! • *fällt Ihnen etwas dazu ein?* heeft u misschien een idee hiervoor? • *es will mir nicht ~* ik kan er maar niet opkomen • *lass dir dazu etwas ~!* verzin er maar iets op!
einfallslos BN fantasieloos, saai
Einfallslosigkeit ZN V (-/+en) gebrek aan ideeën
einfallsreich BN rijk aan ideeën, vindingrijk
einfältig BN simpel, naïef • MIN. *einfältiger Tropf* onnozele hals
Einfaltspinsel ZN M (+s/-) idioot, naïeveling
Einfamilienhaus ZN O (+es/-häuser) eengezinswoning
einfangen OV WW sterk **1** vangen, te pakken krijgen • FIG. *sich etwas ~* iets oplopen, zich iets op de hals halen **2** vastleggen, weergeven
einfärben OV WW **1** verven **2** kleuren <ook figuurlijk>
einfarbig BN eenkleurig, effen • *~ blau* effen blauw
einfassen OV WW **1** omlijsten, omranden, omsluiten, omboorden **2** in vaten doen
einfinden WKD WW (**sich ~**) sterk verschijnen, komen
einfliegen **1** OV WW sterk aanvliegen **2** ONOV WW binnenvliegen, invliegen • *wir haben einen Experten aus den USA ~ lassen* wij hebben een expert uit de VS laten invliegen
einfließen ONOV WW sterk instromen, monden, binnenstromen • *etwas ~ lassen* iets terloops opmerken
einflößen OV WW **1** te drinken geven, doen innemen **2** inboezemen
Einflugschneise ZN V (-/+n) aanvliegroute
Einfluss ZN M (+es/-flüsse) **1** invloed (**auf** +4 **op**) • *~ nehmen auf* invloed uitoefenen op • *~ ausüben auf* invloed uitoefenen op • *eine Person mit ~* een invloedrijk iemand **2** binnenstromen
Einflussbereich ZN M (+(e)s/+e) invloedssfeer
Einflussnahme ZN V (-/gmv) beïnvloeding
einflussreich BN invloedrijk
einfordern OV WW invorderen, opeisen
einförmig BN **1** eenvormig **2** eentonig
Einförmigkeit ZN V (-/+en) eenvormigheid, eentonigheid
einfrieden OV WW omheinen
einfrieren **1** OV WW invriezen, bevriezen **2** ONOV WW sterk bevriezen, vastvriezen
einfügen **1** OV WW invoegen, bijvoegen **2** WKD WW (**sich ~**) zich schikken, zich aanpassen
Einfügetaste ZN V (-/+n) COMP. inserttoets
Einfügung ZN V (-/+en) **1** inpassing, invoeging **2** aanpassing
einfühlen WKD WW (**sich ~**) zich inleven (**in** +4 **in**), aanvoelen
einfühlsam BN **1** met inlevingsvermogen **2** meelevend, aanvoelend
Einfühlungsvermögen ZN O (+s/gmv) inlevingsvermogen
Einfuhr ZN V (-/+en) invoer, import
einführen OV WW **1** inbrengen **2** invoeren, importeren **3** invoeren, doorvoeren • *ein Gesetz ~* een wet invoeren **4** introduceren • *wir haben ein*

ei

neues EDV-System eingeführt wij hebben een nieuw computersysteem geïntroduceerd **5** inwerken, instrueren **6 ~ in** +4, inleiden • *in das Thema ~* het thema inleiden **7** introduceren, voorstellen

Einführung ZN V (-/+en) **1** inleiding **2** invoeren **3** introductie

einfüllen OV WW gieten in, scheppen in

Eingabe ZN V (-/+n) **1** verzoekschrift, verzoek **2** toediening **3** input

Eingabetaste ZN V (-/+n) entertoets

Eingang ZN M (+(e)s/-gänge) **1** toegang, ingang **2** begin, inleiding **3** het binnenkomen, ontvangst • *die Eingänge* de binnengekomen stukken/post • *den ~ des Briefes bestätigen* de ontvangst van de brief bevestigen

eingängig BN begrijpelijk • *ein eingängiges Lied* een lied dat goed in het gehoor ligt

eingangs 1 VZ +2, aan het begin • *~ des letzten Jahrhunderts* aan het begin van de vorige eeuw **2** BW aan het begin • *wie ~ erwähnt ...* zoals aan het begin genoemd ...

Eingangsdatum ZN O (+s/-daten) ingangsdatum

Eingangstür ZN V (-/+en) toegangsdeur

eingeben OV WW sterk **1** ingeven, inspireren tot **2** toedienen **3** COMP. invoeren

eingebildet BN ingebeeld, verwaand

eingeboren BN **1** inheems **2** REL. eniggeboren <van Christus>

Eingeborene ZN M/V (+n/+n) inboorling

Eingebung ZN V (-/+en) ingeving

eingedenk BW +2 FORM. indachtig • *einer Sache ~ sein* iets indachtig zijn • *~ seiner Worte* gedachtig aan zijn woorden

eingefallen BN ingevallen

eingefleischt BN **1** diep ingeworteld • *ein ~es Vorurteil* een diepgeworteld vooroordeel **2** verstokt, in hart en nieren • *ein ~er Junggeselle* een verstokt vrijgezel

eingehen 1 OV WW aangaan • *eine Wette ~* een weddenschap aangaan **2** ONOV WW sterk **1** binnenkomen <geld/goederen/post> **2** er in gaan, genoegen doen • *das Kompliment geht ihm glatt ein* dat compliment gaat er bij hem in als koek • *in die Geschichte ~* de geschiedenis ingaan **3** INFORM. erbij inschieten, aan het kortste eind trekken **4** krimpen <bij het wassen> **5** ophouden te bestaan <van bedrijven enz.> **6** doodgaan <van dieren> **7 ~ auf** ingaan op • *nicht tiefer ~ auf* niet verder ingaan op **8** aanvaarden, accepteren

eingehend BN grondig, nauwkeurig, uitvoerig • *~e Untersuchung* diepgaand onderzoek • *etwas ~ besprechen* iets grondig overleggen • *sich ~ mit etwas beschäftigen* zich uitgebreid met iets bezig houden

eingeklemmt BN **1** beklemd <van breuk> **2** bekneld <van zenuw>

Eingemachte ZN O (+n/gmv) **1** inmaak, het inmaken **2** het ingemaakte • FIG. *jetzt geht's ans ~* nu gaat het mes er diep in, nu komt het erop aan

eingemeinden OV WW inlijven in een grotere gemeente

eingenommen BN ingenomen • *von sich selbst ~ sein* met zichzelf ingenomen zijn • *er hat alle gegen sich ~* hij heeft iedereen tegen zich ingenomen • *von jemandem ~ sein* met iemand ingenomen zijn

eingeschnappt ONOV WW volt. deelw. → **einschnappen**

Eingeschränktheit ZN V (-/gmv) begrensdheid, beperktheid

eingeschrieben OV WW aangetekend volt. deelw. → **einschreiben**

eingeschweißt BN **1** in krimpfolie verpakt **2** vastgelast

eingesessen BN ingezeten, reeds lang gevestigd

Eingeständnis ZN O (+ses/+se) bekentenis

eingestehen OV WW sterk bekennen, toegeven • *sich etwas nicht ~ wollen* icts niet voor zichzelf willen toegeven • *sein Unrecht ~* zijn ongelijk bekennen

eingestellt BN ingesteld, gezind, georiënteerd

Eingeweide ZN MV ingewanden

Eingeweihte ZN M/V (+n/+n) ingewijde, insider

eingewöhnen WKD WW (**sich ~**) wennen • *haben Sie sich in der neuen Wohnung schon eingewöhnt?* bent u al gewend geraakt in het nieuwe huis?

eingezogen BN **1** teruggetrokken **2** ingetogen **3** afgezonderd

eingießen OV WW sterk inschenken

eingliedern OV WW **1** opnemen **2** aanpassen, inpassen, integreren (**in** +4 in)

Eingliederung ZN V (-/gmv) opname, inpassing

eingraben 1 OV WW sterk **1** ingraven, begraven **2** inprenten, griffen • *dieses Erlebnis hat sich mir tief ins Gedächtnis eingegraben* deze gebeurtenis staat diep in mijn geheugen gegrift **3** ingraveren **2** WKD WW (**sich ~**) sterk zich ingraven (**in** +4 in)

eingreifen ONOV WW sterk **1** ingrijpen, optreden, tussenbeide komen • *in jemandes Rechte ~* inbreuk maken op iemands rechten **2** opereren

Eingriff ZN M (+(e)s/+e) **1** ingreep • *operativer ~* operatieve ingreep **2** inbreuk

einhaken 1 OV WW inhaken, met een haak bevestigen **2** ONOV WW **1** ingrijpen **2** interrumperen • *wenn ich hier ~ darf* als ik hier mag onderbreken **3** WKD WW (**sich ~**) elkaar de arm geven • *sich bei jemandem ~* iemand een arm geven

Einhalt ZN M (+(e)s/gmv) • *einer Sache ~ tun/gebieten* paal en perk stellen aan iets, een eind aan iets maken, iets een halt toeroepen • *jemandem ~ gebieten* iemand een halt toeroepen • *der Bevölkerungsexplosion ~ gebieten* een halt toeroepen aan de bevolkingsexplosie

einhalten 1 OV WW sterk **1** innemen **2** in acht nemen, zich houden aan • *die Richtung ~* de richting aanhouden • *einen Termin ~* een afspraak nakomen **2** ONOV WW ophouden, inhouden

Einhaltung ZN V (-/gmv) naleving, nakomen

einhandeln 1 OV WW kopen, inruilen, door ruil verkrijgen **2** WKD WW (**sich ~**) zich verwerven •

er hat sich einen schlechten Ruf eingehandelt hij heeft een slechte reputatie verworven

einhändig BN eenhandig, met één hand

einhängen **1** OV WW inhangen **2** ONOV WW ophangen, de hoorn op de haak leggen **3** WKD WW (**sich ~**) elkaar een arm geven

einheimisch BN inheems, plaatselijk • *die ~e Mannschaft* de thuis spelende ploeg

Einheimische ZN M/V (+n/+n) inwoner, ingezetene

einheimsen OV WW oogsten, binnenhalen

Einheit ZN V (-/+en) eenheid • *eine ~ bilden* een geheel vormen • *die ~ wiederherstellen* de eenheid herstellen • *die ~ brechen* de eenheid verbreken • *in etwas (4) ~ bringen* eenheid brengen in • *Einheiten und Zehner* eenheden en tientallen

einheitlich BN één geheel vormend, uniform • *~ gestalten* uniformiseren, eenvormig maken

Einheitlichkeit ZN V (-/gmv) **1** samenhang, harmonie **2** eenvormigheid

einheizen ONOV WW **1** stoken **2** flink de waarheid zeggen

einhellig BN eensgezind, unaniem • *~ sein* eensgezind zijn • *~ handeln* eensgezind handelen

einhergehen ONOV WW onregelmatig **1** rondlopen, rondgaan **2** voortgaan, voortstappen **3 ~ mit** gepaard gaan met

einholen **1** OV WW **1** inhalen • *einen Verlust ~* een verlies weer goedmaken • *jemanden ~* iemand inhalen, op iemand inlopen • *ich kann sie nicht mehr ~* ik kan ze niet meer inhalen • *den Rückstand aufholen* de achterstand inhalen • *das Versäumte ~* de schade inhalen • *Arbeitsstunden ~* werkuren inhalen **2** binnenhalen • *die Segel ~* de zeilen inhalen **3** inwinnen <van advies>, verkrijgen • *eine Genehmigung ~* een vergunning proberen te verkrijgen **4** **2** ONOV WW INFORM. boodschappen doen

Einhorn ZN O (+(e)s/-hörner) eenhoorn

einhundert TELW honderd → **hundert**

einig BN **1** eens, eensgezind • *darüber sind wir uns ~* daarover zijn we het eens • *(sich) ~ werden* het eens worden, akkoord gaan • *über den Preis ~ werden* het eens worden over de prijs **2** een eenheid vormend, verenigd

einige ONB VNW enige, een paar • *~ hundert* enige honderden, een paar honderd • *~ Leute glauben das* sommige mensen denken dat • *~ Scheiben zerbrachen* menige ruit sneuvelde • *vor ~r Zeit* enige tijd geleden • *in ~n Monaten* over enige maanden • *nach ~r Zeit* na verloop van tijd • *du hast noch ~s vor dir* je bent er nog lang niet • *wir müssen noch ~s tun* wij hebben nog veel voor de boeg

einigen OV WW verenigen • *sich ~* het eens worden, het op een akkoordje gooien (met)

einigermaßen BW enigszins • *geht es einigermaßen?* gaat het een beetje?

Einigkeit ZN V (-/gmv) **1** overeenstemming **2** eendracht, eensgezindheid

Einigung ZN V (-/+en) **1** eenmaking, eenwording, vereniging • *die Europäische ~* de Europese eenwording **2** overeenstemming • *eine ~ erzielen* tot overeenstemming komen • *zu einer ~ kommen* tot een akkoord komen

einjagen OV WW aanjagen • FIG. *jemandem Furcht ~* iemand angst aanjagen

einjährig BN eenjarig • *das einjährige Bestehen feiern* het eenjarig bestaan vieren • *einjähriger Kurs* eenjarige cursus

einkassieren OV WW in ontvangst nemen, innen

Einkauf ZN M (+(e)s/-käufe) inkoop, aankoop • *Einkäufe machen* inkopen doen, boodschappen doen

einkaufen OV + ONOV WW kopen, inkopen • *ich gehe ~* ik ga boodschappen doen

Einkäufer ZN M (+s/-) inkoper

Einkaufsbummel ZN M (+s/-) INFORM. (het) winkelen • *einen ~ machen* winkelen, winkels kijken

Einkaufstüte ZN V boodschappentas <van plastic of papier>

Einkaufswagen ZN M (+s/-) winkelwagentje

Einkaufszentrum ZN O (+s/-tren) winkelcentrum

Einkaufszettel ZN M (+s/-) boodschappenlijstje

einkehren ONOV WW **1** aanleggen <bij café/restaurant>, uitrusten <onderweg> • *auf der Rückfahrt kehren wir ein* op de terugweg stoppen we bij een restaurant **2** zijn intrede doen • *es kehrte Ruhe ein* de rust trad in

einkeilen OV WW klemzetten, vastklemmen • *ein Auto einkeilen* een auto klemrijden

einkesseln OV WW omsingelen

einklagen OV WW via de rechter opeisen

Einklang ZN M (+(e)s/-klänge) **1** harmonie, overeenstemming • *in/im ~ stehen/sein mit* overeenstemmen met, in harmonie zijn met • *miteinander in ~ bringen* op elkaar afstemmen **2** MUZ. unisono

einkleben OV WW inplakken

einklemmen OV WW inklemmen, vastklemmen • *eingeklemmt werden* bekneld raken

einklinken **1** OV WW op de klink doen, met de klink sluiten **2** ONOV WW ineensluiten, in het slot vallen, in elkaar sluiten

einkochen **1** OV WW wecken, inmaken <van groente/fruit> **2** ONOV WW inkoken, indikken • *das Gemüse kocht ein* de groente slinkt bij het koken

Einkommen ZN O (+s/-) inkomen, inkomsten • *ein üppiges ~* een riant salaris

einkommensschwach BN met een laag inkomen, minder draagkrachtig

einkommensstark BN met een hoog inkomen

Einkommenssteuer, **Einkommensteuer** ZN V (-/+n) ECON. inkomstenbelasting

Einkommenssteuererklärung ZN V (-/+en) ECON. belastingaangifte <voor inkomstenbelasting>

einkreisen OV WW **1** in een district opnemen, inlijven **2** omcirkelen **3** omsingelen, in het nauw drijven • *einen Gegner ~* een tegenstander insluiten **4** OOK FIG. isoleren

ei

Einkünfte ZN MV inkomsten
einladen OV WW sterk **1** uitnodigen • *jemanden zum Essen ~* iemand voor het eten uitnodigen • *dieses schöne Wetter lädt zum Schwimmen ein* dit mooie weer nodigt uit tot zwemmen **2** inladen • *ein- und ausladen* laden en lossen
einladend BN uitnodigend, verleidelijk, aanlokkelijk, aantrekkelijk
Einladung ZN V (-/+en) **1** uitnodiging • *eine ~ annehmen/ablehnen* een uitnodiging aanvaarden/ afslaan • *einer ~ Folge leisten* gevolg/gehoor geven aan een uitnodiging **2** (het) inladen

Einlage ZN V (-/+n) **1** inlegstuk, uitneembaar deel **2** voering **3** vulling • *Suppe mit ~* bouillon met groente, vlees enz. **4** inzet, inleggeld **5** steunzool, inlegzool **6** bijlage **7** spaartegoed **8** tussenspel, intermezzo
Einlass ZN M (+es/-lässe) toegang • *wann ist ~ im Theater?* wanneer gaat het theater open?
einlassen **1** OV WW sterk **1** binnenlaten **2** laten lopen/stromen in **3** aanbrengen, inzetten, inleggen **4** inbouwen **2** WKD WW (**sich ~**) zich inlaten (met), meedoen (met), ingaan (op) • *sich mit jemandem ~* zich met iemand inlaten, het met iemand aanleggen • *sich auf eine Sache ~* op iets ingaan
Einlassung ZN V (-/+en) JUR. verweer
einlaufen **1** OV WW inlopen • *neue Schuhe ~* nieuwe schoenen inlopen • *jemandem die Bude ~* bij iemand de deur platlopen **2** ONOV WW sterk **1** binnenlopen, binnenkomen, binnenstromen, binnenrijden, binnenvaren **2** (in looppas) het sportveld betreden **3** krimpen • *der Pullover ist eingelaufen* de trui is gekrompen • *dieser Stoff läuft ein* deze stof krimpt **3** WKD WW (**sich ~**) SPORT een warming-up doen
einleben WKD WW (**sich ~**) wennen • *sie hat sich in der neuen Umgebung gut eingelebt* ze is goed gewend geraakt in haar nieuwe omgeving
einlegen OV WW **1** doen in, leggen in **2** inlassen • *eine Pause ~* een pauze inlassen • *eine extra Stunde ~* een extra les inlassen **3** inmaken, marineren • *das Fleisch ~* het vlees marineren • *Gemüse ~* groente conserveren **4** inleggen **5** ECON. storten **6** (officieel) uitspreken • *ein gutes Wort für jemanden ~* een goed woordje voor iemand doen • *Beschwerde ~* bezwaar indienen • *sein Veto ~* zijn veto uitspreken • *Berufung ~* in beroep gaan **7** golven, krullen
einleiten OV WW **1** inleiden • *~de Worte* inleidende woorden • *die Geburt ~* de bevalling inleiden **2** beginnen **3** openen **4** instellen/aanspannen/ nemen <onderzoek / proces / maatregel> • *Schritte ~* stappen ondernemen • *gegen jemanden ein Verfahren ~* een rechtszaak tegen iemand inspannen • *eine Untersuchung ~* een onderzoek instellen
Einleitung ZN V (-/+en) inleiding
einlenken ONOV WW **1** inbinden, bijdraaien **2** afslaan
einlesen **1** OV WW sterk COMP. inlezen **2** WKD WW (**sich ~**) zich inlezen (in)
einleuchten ONOV WW duidelijk zijn, overtuigen • *das leuchtet mir ein* dat is mij duidelijk
einleuchtend BN begrijpelijk, overtuigend, duidelijk
einliefern OV WW **1** afleveren, afgeven **2** binnenbrengen
Einlieferung ZN V (-/+en) **1** opname **2** aflevering, afgifte
einlochen **1** OV WW INFORM. opsluiten, in de bak zetten **2** ONOV WW een hole maken <golf>, putten
einloggen WKD WW (**sich ~**) COMP. inloggen
einlösbar BN inwisselbaar
einlösen OV WW **1** inlossen, nakomen • *ein Versprechen ~* een belofte nakomen/waarmaken **2** inwisselen, verzilveren • *einen Gutschein ~* een tegoedbon inwisselen/inleveren • *Schecks ~* cheques verzilveren
einlullen OV WW in slaap zingen/sussen • *jemanden/ sich in Sicherheit ~* blind maken/ zijn voor een gevaar
einmal BW **1** eens • *er kann nicht ~ lesen* hij kan niet eens lezen • *er ist nicht ~ so schlecht* hij is nog niet eens zo slecht • *~ hier, ~ dort* nu eens hier, dan weer daar • *noch nicht ~ fünf Minuten* nog geen vijf minuten • *das nenne ich ~ mutig!* dat is nog eens moedig! • *guck ~* kijk maar eens • *schon ~* wel eens • *auf ~* opeens **2** eenmaal, een keer • *wenn er ~ bestanden hat ...* als hij eenmaal geslaagd is ... • *das ist nun ~ so* dat is nu eenmaal zo **3** één keer • *~ ist k~* eenmaal is geenmaal
Einmaleins ZN O (-/gmv) tafels van vermenigvuldiging
Einmalhandtuch ZN O (+(e)s/-tücher) papieren handdoekje, wegwerphanddoekje
einmalig BN **1** eenmalig • *nach ~em Durchlesen* na een keer doorlezen • *~e(r) Gebrauch* eenmalig gebruik • *~e Zuwendung* eenmalige uitkering • *ein ~es Angebot* een eenmalige aanbieding **2** uniek • *~ schön* ongelooflijk mooi
Einmaligkeit ZN V (-/gmv) uniciteit
Einmannbetrieb ZN M (+(e)s/+e) eenmansbedrijf, eenmanszaak
einmieten **1** OV WW inkuilen **2** WKD WW (**sich ~**) huren • *sich bei jemandem ~* bij iemand een woning/ kamer huren
einmischen **1** OV WW inmengen, mengen in **2** WKD WW (**sich ~**) zich bemoeien met • *misch dich da nicht ein!* bemoei je daar niet mee!, zit er niet zo bovenop!
Einmischung ZN V (-/+en) inmenging
einmonatig BN van een maand, een maand durend
einmonatlich BN maandelijks
einmütig BN eensgezind, eenstemmig
Einnahme ZN V (-/+n) **1** inname, verovering **2** opbrengst • *unsere Einnahmen belaufen sich auf eine Million* wij hebben een miljoen aan inkomsten
Einnahmequelle ZN V (-/+n) bron van inkomsten
einnehmen OV WW sterk **1** innemen • FIG.

jemanden für sich ~ iemand voor zich innemen • *sich von etwas ~ lassen* zich door iets laten beïnvloeden **2** verdienen, ontvangen **3** innemen, veroveren, bezetten • *eine Stadt ~* een stad innemen **4** innemen, beslaan **5** tot zich nemen, nuttigen • *den Tee ~* thee drinken

einnehmend BN innemend

einnicken ONOV WW indutten, indommelen

Einöde ZN V (-/+n) eenzame streek, woestenij

einordnen 1 OV WW plaatsen, rangschikken, invoegen **2** WKD WW (**sich ~**) **1** voorsorteren <van verkeer> • *sich links ~* links voorsorteren **2** zich aanpassen

einpacken 1 OV WW inpakken **2** ONOV WW • *damit kannst du ~!* daarmee kun je het wel vergeten!

einparken ONOV WW (in)parkeren • *~ zwischen zwei Autos* fileparkeren tussen twee auto's

einpendeln WKD WW (**sich ~**) zich stabiliseren

einpferchen OV WW **1** samendrijven, insluiten <vee> **2** dicht opeen pakken

einpflanzen OV WW **1** inplanten **2** implanteren **3** inprenten

einplanen OV WW (in)plannen, rekening houden met, incalculeren • *eine Mittagspause ~* een lunchpauze plannen • *Zeit ~ für* tijd uittrekken voor • *Geld für etwas ~* geld voor iets uittrekken

einprägen 1 OV WW inprenten, stempelen/graveren **2** WKD WW (**sich ~**) in het geheugen prenten, indruk maken • *sich etwas ~* zich iets in het geheugen prenten • *das hat sich mir ins Gedächtnis eingeprägt* dat staat in mijn geheugen gegrift

einprägsam BN pakkend, gemakkelijk te onthouden, sprekend

einprogrammieren OV WW COMP. programmeren

einquartieren 1 OV WW **1** onderbrengen, onderdak verschaffen • *Leute bei jemandem ~* mensen bij iemand onderbrengen **2** MIL. inkwartieren **2** WKD WW (**sich ~**) zijn intrek nemen (**bei** +3 bij), zich installeren

einquetschen OV WW knellen, vastklemmen • *ein Finger in der Tür ~* een vinger tussen de deur krijgen

Einrad ZN O (+es/-räder) eenwieler

einrahmen OV WW **1** inlijsten • *ein Foto ~* een foto inlijsten **2** omgeven

einrasten ONOV WW TECHN. op zijn plaats komen, in elkaar grijpen, ineensluiten

einräumen OV WW **1** inruimen **2** opbergen **3** toegeven **4** verlenen, toestaan • *wir räumen Ihnen eine Zahlungsfrist von 30 Tagen ein* gaarne binnen 30 dagen betalen

einreden OV + ONOV WW **1** JUR. in verzet gaan **2** aanpraten, wijsmaken • *jemandem ein Leiden ~* iemand een kwaal aanpraten **3 ~ auf** +4, inpraten • *auf jemanden ~* op iemand inpraten

einreiben 1 OV WW sterk inwrijven **2** WKD WW (**sich ~**) zich inwrijven (**mit** +3 met)

einreichen OV WW indienen, aanbieden, inleveren • *seine Kündigung ~* zijn ontslag indienen • *einen Vorschlag ~* een voorstel indienen

einreihen 1 OV WW op zijn plaats zetten, indelen **2** WKD WW (**sich ~**) zich aansluiten (**in** +4 bij), zich voegen bij <een rij>

Einreise ZN V (-/+n) reis <waarmee je een stad, land binnenkomt>

einreisen ONOV WW een land binnenkomen, binnenreizen

Einreisevisum ZN O (+s/-visa, -visen) inreisvisum

einreißen 1 ONOV WW sterk **1** (in)scheuren **2** om zich heen grijpen, inwortelen • *so ein Verhalten sollte man nicht ~ lassen* dit soort gedrag moet met wortel en tak uitgeroeid worden **2** OV WW **1** inscheuren, een scheur maken in **2** afbreken, slopen

einrenken 1 OV WW **1** in het gelid zetten **2** in orde brengen **2** WKD WW (**sich ~**) in orde komen

einrennen OV WW onregelmatig inrennen • *jemandem das Haus ~* bij iemand de deur platlopen • *offene Türen ~* open deuren intrappen

einrichten 1 OV WW **1** inrichten **2** instellen, oprichten, openen **3** MUZ. arrangeren **4** MED. zetten • *ein gebrochenes Bein ~* een gebroken been zetten **5** inwerken **2** WKD WW (**sich ~**) **1** zijn huis inrichten, zich installeren • *sich behaglich ~* zich behaaglijk installeren **2** zich instellen (**auf** +4 op), zich voorbereiden • *auf so etwas sind wir nicht eingerichtet* op zoiets zijn we niet voorbereid **3** de uitgaven aanpassen, zuinig zijn

Einrichtung ZN V (-/+en) **1** inrichting • FIG. *er gehört zur ~* hij hoort bij het meubilair **2** instelling, voorziening • *eine öffentliche ~* een openbare instelling • *soziale Einrichtungen* sociale voorzieningen

Einrichtungsgegenstand ZN M (+(e)s/-stände) meubel(stuk)

einrosten ONOV WW vastroesten

einrücken 1 OV WW **1** inschakelen **2** koppelen • *eine Anzeige ~* een advertentie plaatsen • *eine Zeile ~* een regel laten inspringen **2** ONOV WW **1** binnenrukken **2** in het leger gaan

einrühren OV WW inroeren, roerend toevoegen • *sie hat sich etwas eingerührt* zij heeft zich iets op de hals gehaald

eins 1 TELW → **vier** één • SPORT *~ zu ~* één-één • *das geht nicht so ~, zwei, drei* dat gaat niet zo een-twee-drie → **ein 2** BN **1** hetzelfde, om het even • INFORM. *das ist mir (alles) ~* het is me (allemaal) om het even **2** eens • *wir sind uns ~ darüber* we zijn het erover eens

Eins ZN V (-/+en) **1** één **2** O&W ≈ 9/10 <schoolcijfer>, zeer goed • *die Note ~ erhalten* een negen/tien krijgen • *eine ~ in Englisch bekommen* een negen/tien halen voor Engels

einsam BN eenzaam • *er fühlt sich ~* hij voelt zich eenzaam • INFORM. *einsame Spitze!* onwijs gaaf!

Einsamkeit ZN V (-/gmv) eenzaamheid

einsammeln OV WW inzamelen, collecteren

Einsatz ZN M (+es/-sätze) **1** inzet • *er findet den*

~ von Tablets in der Schule eine gute Sache hij vindt de inzet van tablets op school een goede zaak • *er rettete das Kind unter ~ seines Lebens* met gevaar voor eigen leven redde hij het kind • **'2 inzetstuk, tussenstuk, hulpstuk 3 statiegeld, pand 4 inzet, inleg 5** MIL. **ingezette troepen, operatie, actie**

einsatzbereit BN **1 paraat 2 klaar/bereid (zich) in te zetten**

einsatzfähig BN **1 inzetbaar 2** SPORT **in conditie**

einsatzfreudig BN **actief, strijdlustig, dynamisch**

Einsatzgruppe ZN V (-/+n) **speciale eenheid, taakgroep**

einsaugen OV WW sterk **inzuigen, opzuigen**

einscannen OV WW COMP. **inscannen**

einschalten OV WW **1 inschakelen, aanzetten** • *den Fernseher ~* de televisie aandoen **2 invoegen, inlassen** • *sich ~* zich mengen in **3 schakelen**

Einschaltquote ZN V (-/+n) **luisterdichtheid, kijkdichtheid**

einschärfen OV WW **1 inscherpen 2** FIG. **inprenten**

einschätzen OV WW **1 taxeren, inschatten** • *etwas zu hoch ~* iets te hoog schatten • *zu niedrig ~* te laag taxeren • *etwas verkehrt/falsch ~* zich op iets verkijken, iets verkeerd inschatten **2** ECON. **aanslaan** <van belasting>

Einschätzung ZN V (-/+en) **1 inschatting 2 aanslag** <belasting>

einschenken OV WW **inschenken**

einschicken OV WW **inzenden, opsturen** • *seine Texte ~* zijn stukken inzenden

einschieben OV WW sterk **1 inlassen, ertussen schuiven 2 tussenvoegen**

Einschienenbahn ZN V (-/+en) **monorail**

einschl. AFK einschließlich **inclusief, inbegrepen**

einschlafen ONOV WW sterk **1 inslapen, in slaap vallen 2** EUF. **inslapen, sterven 3 verflauwen, ophouden, doven** • FIG. *die Initiative ist eingeschlafen* het initiatief is een zachte dood gestorven

einschläfern OV WW **1 in slaap sussen, doen inslapen 2 laten inslapen** <van dier> • *ein Tier ~ lassen* een dier laten inslapen **3 sussen** <van geweten>

einschläfernd BN **slaapverwekkend**

Einschlag ZN M (+(e)s/-schläge) **1 inslag 2 plaats van de inslag 3 kap, kaalslag 4 spoor, zweem** • FIG. *mit italienischem ~* met Italiaanse trekjes **5 gekapt hout**

einschlagen 1 OV WW sterk **1 inslaan, slaan in** • *einen Nagel in die Wand ~* een spijker in de muur slaan **2 inslaan, stukslaan** • *eine Fensterscheibe ~* een ruit inslaan **3 inpakken, inwikkelen 4 klutsen 5 naar binnen vouwen, omslaan 2** ONOV WW **1 inslaan, slaan in** • *der Blitz hat eingeschlagen* de bliksem is ingeslagen • FIG. *~ wie ein Blitz* inslaan als een bom **2 erop los slaan** • *auf jemanden ~* iemand afranselen **3 succes hebben** • *das neue Produkt ist voll eingeschlagen* het nieuwe product was een doorslaand succes, het nieuwe product is zeer goed aangeslagen **4** ECON. **handslag geven**

einschlägig BN **behorend tot, desbetreffend** • JUR. *~ vorbestraft sein* een strafblad hebben

einschleichen WKD WW (**sich ~**) sterk **1 binnensluipen 2 insluipen** • *sich in jemandes Vertrauen ~* iemands vertrouwen weten te winnen

einschleifen OV WW sterk **1 uitfrezen, uitslijpen 2 op maat slijpen 3 inslijpen 4 tot een gewoonte worden**

einschleusen OV WW **1 binnenloodsen 2 binnensmokkelen**

einschließen 1 OV WW **1 insluiten, opsluiten 2 omsluiten 3 meerekenen 2** WKD WW (**sich ~**) **zich opsluiten** (**in** +3 **in**)

einschließlich 1 BW **tot en met** • *bis ~ 1. Mai* tot en met 1 mei **2** VZ +2, **inclusief, met inbegrip van** • *~ Übernachtung* inclusief overnachting

Einschluss ZN M (+es/gmv) **1 in steen ingesloten voorwerp 2 opsluiting, insluiting** • *mit/ unter ~ von* met inbegrip van

einschmeicheln WKD WW (**sich ~**) • *sich bei jemandem ~* zoete broodjes bakken

einschmeißen OV WW sterk **1** INFORM. **insmijten, stuksmijten 2** INFORM. **nemen** <van tabletten, verdovende middelen>, **slikken** • *Ecstasy ~* ecstasy slikken

einschmieren OV WW **insmeren**

einschmuggeln OV WW **binnensmokkelen**

einschnappen ONOV WW **1 in het slot vallen, dicht springen 2 zich beledigd voelen** • INFORM. *sie ist leicht eingeschnappt* ze is gauw gepikeerd, ze heeft lange tenen

einschneiden OV + ONOV WW sterk **1 inknippen 2 insnijden**

einschneidend BN **diepgaand, ingrijpend** • *dies ist von entscheidender Bedeutung* dit is van ingrijpend belang

einschneien ONOV WW **insneeuwen** • *das Haus war völlig eingeschneit* het huis was helemaal ingesneeuwd

Einschnitt ZN M (+(e)s/+e) **1 insnijding, kerf 2 ingrijpende verandering, cesuur**

einschränken 1 OV WW **beperken, inperken** • *die Pressefreiheit ~* de persvrijheid inperken • *den Stromverbrauch ~* het elektriciteitsgebruik verminderen **2** WKD WW (**sich ~**) **bezuinigen, zuinig leven**

Einschränkung ZN V (-/+en) **1 beperking, bezuiniging 2 voorbehoud** • *mit ~* onder voorbehoud • *ohne ~* zonder voorbehoud • *Einschränkungen machen* een voorbehoud maken

Einschreibebrief ZN M (+(e)s/+e) **aangetekende brief**

einschreiben OV WW sterk **1 inschrijven 2 aantekenen** • *ein eingeschriebener Brief* een aangetekende brief

Einschreiben ZN O (+s/-) **aangetekend stuk** • *etwas per/als ~ schicken* iets aangetekend versturen

Einschreibung ZN V (-/+en) **inschrijving**

einschreiten ONOV WW sterk **1** ingrijpen **2** optreden **(gegen** +4 **tegen)**

Einschub ZN M (+(e)s/-schübe) **1** inlassing **2** tussenvoeging

einschüchtern OV WW intimideren, bang maken • *sie lassen sich nicht leicht ~* zij laten zich niet snel bang maken

Einschüchterung ZN V (-/+en) intimidatie

einschulen OV WW op een school plaatsen, voor het eerst naar school laten gaan • *sie wurde mit sechs Jahren eingeschult* zij ging vanaf haar zesde naar school • *er wird am 1. September eingeschult* hij gaat op 1 september voor het eerst naar school

Einschulung ZN V (-/+en) plaatsing op school • *wann ist ihre Einschulung?* wanneer is haar eerste schooldag?

Einschuss ZN M (+es/-schüsse) **1** (plaats van de) inslag **2** toevoeging, tendens **3** ECON. inleg, storting **4** SPORT schot op het doel

einschweißen OV WW **1** in krimpfolie verpakken **2** vastlassen

einschwenken **1** OV WW draaien, naar binnen draaien **2** ONOV WW inzwaaien, binnenrijden • *wir sind auf einen neuen Kurs eingeschwenkt* wij zijn een andere koers gaan varen

einschwören **1** OV WW sterk beëdigen, doen zweren • FIG. *auf eine Marke eingeschworen sein* zweren bij een merk • *auf etwas eingeschworen sein* zich door een eed tot iets verplicht hebben **2** WKD WW **(sich ~)** sterk **1** zich verplichten **(auf** +4 **tot)** **2** FIG. zweren bij

einsehen OV WW sterk **1** inzien, overzien **2** doorzien, beseffen

Einsehen ZN O (+s/gmv) begrip, inzicht • *ein ~ haben* begrip tonen

einseitig BN eenzijdig • *~er Vorschlag* eenzijdig voorstel • *~e Entwaffnung* eenzijdige ontwapening • *ein Blatt ~ beschreiben* een blad aan één zijde beschrijven • *~ beurteilen* subjectief beoordelen

einsenden OV WW onregelmatig inzenden, opsturen

Einsender ZN M (+s/-) inzender

Einsendeschluss ZN M (+es/-schlüsse) sluitingsdatum <voor inzendingen>, uiterste termijn, deadline

Einsendung ZN V (-/+en) inzending

Einser ZN M (+s/-) **1** INFORM. (getal/cijfer) één **2** O&W **1** <zeer goed> • *sie hat lauter ~ im Zeugnis* ze heeft allemaal negens en tienen op haar rapport

einsetzen **1** OV WW **1** inzetten, zetten in • *ein Boot ~* een boot in het water laten **2** aanstellen, benoemen **3** inzetten, inschakelen, gebruiken • *die Polizei setzte Tränengas ein* de politie zette traangas in • *seinen Einfluss ~* zijn invloed aanwenden **4** op het spel zetten, riskeren • *sein Leben ~* zijn leven riskeren **5** inzetten, inleggen **2** ONOV WW inzetten, beginnen • MUZ. *die Bläser setzten ein* de blazers zetten in **3** WKD WW **(sich ~)** **1** moeite doen, zich inspannen • *wir setzen uns da voll ein* we gaan er helemaal voor **2** **~ für** zich inzetten voor, opkomen voor

Einsetzung ZN V (-/+en) **1** benoeming, instelling **2** invoeging

Einsicht ZN V (-/+en) **1** inzicht, begrip • *zur ~ gelangen* tot inzicht komen **2** inzage • *~ in die Akten fordern* inzage van de stukken eisen • *zur ~ vorliegen / ausliegen* ter inzage liggen

einsichtig BN vol begrip, verstandig, met inzicht

Einsichtnahme ZN V (-/gmv) inzage

Einsiedler ZN M (+s/-) kluizenaar

einsilbig BN **1** eenlettergrepig **2** van weinig woorden, kort

einsitzen ONOV WW sterk zijn straf uitzitten, gevangenzitten

einspannen OV WW **1** inspannen, voor de wagen spannen • *ein Pferd ~* een paard inspannen **2** spannen **3** zetten in, doen in **4** aan het werk zetten • *sich für etwas ~ lassen* zich voor iemands karretje laten spannen • *sehr eingespannt sein* ingespannen bezig zijn • *jemanden für etwas ~* iemand charteren voor iets

einsparen OV WW besparen

Einsparung ZN V (-/+en) besparing

einspeichern OV WW COMP. invoeren, opslaan **(in** +4 **in)**

einspeisen OV WW **1** COMP. invoeren **2** TECHN. toevoeren, voeden • *Strom ins Netz ~* stroom aan het net leveren

einsperren OV WW opsluiten, gevangenzetten

einspielen **1** OV WW **1** invoegen <van beeld of geluid> **2** opbrengen, opleveren • *der Film hat 10 Millionen Euro eingespielt* de film heeft 10 miljoen euro opgeleverd **3** opnemen, een plaat maken **4** inspelen • *ein Klavier ~* een piano inspelen **2** WKD WW **(sich ~)** **1** elkaar vinden, kunnen samenwerken • *sich aufeinander ~* een goed team proberen te vormen • *die Mannschaft ist gut aufeinander eingespielt* de samenwerking binnen het elftal is uitstekend **2** inburgeren • *die neue Vorschrift hat sich noch nicht ganz eingespielt* de nieuwe regeling is nog niet ingeburgerd **3** zich inspelen, trainen **4** TECHN. blijven staan, aangeven

Einsprache ZN V (-/+n) **1** OOST., ZWIT. tegenspraak, bezwaar **2** JUR. verzet, bezwaar, beroep • *gegen etwas ~ erheben/einlegen* bezwaar maken tegen iets, in beroep gaan tegen iets

einsprachig BN eentalig

einsprechen ONOV WW sterk **1** inspreken • *einen Text ~* een tekst inspreken **2** inpraten • *auf jemanden ~* op iemand inpraten

einspringen ONOV WW sterk **1** inspringen **2** invallen, inspringen • *für jemanden ~* voor iemand inspringen/invallen

Einspruch ZN M (+(e)s/-sprüche) **1** tegenspraak, bezwaar **2** JUR. verzet • JUR. *gegen etwas ~ erheben/ einlegen* bezwaar maken tegen iets, in beroep gaan tegen iets

einspurig BN met één rijbaan, enkelsporig

einst BW eens, ooit

einstampfen OV WW **1** aanstampen,

vaststampen **2** vernietigen <papier>
Einstand ZN M (+(e)s/-stände) **1** indiensttreding **2** feest bij indiensttreding • *seinen ~ geben* de collega's trakteren i.v.m. indiensttreding **3** deuce <tennis>
einstecken OV WW **1** insteken **2** meenemen **3** in z'n zak steken **4** slikken, zich laten welgevallen • *er kann viel ~* hij kan veel hebben • *wer austeilt, muss auch ~ können* wie de bal kaatst, kan hem terug verwachten **5** gevangenzetten

ei

Einsteckkarte ZN V COMP. insteekkaart
einstehen ONOV WW sterk borg staan, opkomen/instaan (**für** voor
einsteigen ONOV WW sterk **1** naar binnen klimmen **2** instappen, stappen in • SPORT *hart ~* hard/ruw inkomen **3** INFORM. meedoen aan, deelnemen aan, toetreden tot • *wieder ~* herintreden • *ins Berufsleben ~* het bedrijfsleven ingaan
einstellbar BN instelbaar
einstellen 1 OV WW **1** instellen, afstellen **2** zetten/plaatsen in, stallen **3** staken, stoppen, beëindigen • *die Buslinie wird eingestellt* deze buslijn wordt opgeheven • *Zahlungen ~* betalingen staken • *ein Verfahren ~* een zaak seponeren • *das Feuer ~* het vuren staken **4** aanstellen, in dienst nemen • *wir stellen neue Mitarbeiter ein* we nemen nieuwe medewerkers in dienst **5** evenaren • *einen Rekord ~* een record evenaren **2** WKD WW (**sich ~**) **1** verschijnen **2 ~ auf** zich instellen (op) • *sich auf etwas ~* zich op iets instellen • *gegen jemanden eingestellt sein* iemand ongunstig gezind zijn
einstellig BN van één cijfer
Einstellung ZN V (-/+en) **1** instelling **2** houding, standpunt **3** staking, stopzetting **4** aanstelling
Einstellungsgespräch ZN O (+(e)s/-spräche) sollicitatiegesprek
Einstieg ZN M (+(e)s/+e) **1** instap, ingang • *~ vorne!* vóór instappen **2** instappen • *~ in die Kernenergie* keuze voor de/start met kernenergie
Einstiegsdroge ZN V (-/+n) softdrug die naar hard drug leidt
einstig BN vroeger, van toen
einstimmen 1 OV + ONOV WW **1** instemmen, meedoen **2** MUZ. invallen **3** MUZ. stemmen **2** WKD WW (**sich ~**) zich innerlijk voorbereiden
einstimmig BN **1** unaniem **2** MUZ. eenstemmig • *~ singen* eenstemmig zingen
Einstimmigkeit ZN V (-/gmv) **1** overeenstemming **2** eenstemmigheid
Einstimmung ZN V (-/+en) **1** instemming **2** MUZ. stemming
einstmals BW eens, vroeger
einstöckig BN van één verdieping
einstreichen OV WW sterk **1** insmeren, instrijken **2** opstrijken
einstudieren OV WW instuderen
einstufen OV WW classificeren, indelen
Einstufung ZN V (-/+en) indeling, classificatie
Einstufungstest ZN M (+es/+s) intaketoets
einstündig BN van één uur, één uur durend
Einsturz ZN M (+es/-stürze) instorting, ineenstorting
einstürzen OV + ONOV WW instorten, laten instorten
Einsturzgefahr ZN V (-/gmv) instortingsgevaar
einstweilen BW voorlopig, intussen
einstweilig BN FORM. voorlopig, tijdelijk • JUR. *eine ~e Verfügung* een uitspraak in kort geding
eintägig BN van één dag, eendaags
Eintagsfliege ZN V (-/+n) OOK FIG. eendagsvlieg
eintauchen 1 OV WW indompelen, onderdompelen **2** ONOV WW duiken, onderduiken
Eintausch ZN M (+(e)s/gmv) (in)ruil
eintauschen OV WW inruilen (**gegen** +4 tegen)
eintausend TELW duizend → **tausend**
einteilen OV WW indelen (**in** +4 in), verdelen • *seine Zeit gut ~* zijn tijd goed indelen • *seine Arbeit ~* zijn werk indelen
Einteilung ZN V (-/+en) indeling • *die ~ einer Wohnung* de indeling van een flat • *~ in Kategorien* indeling in categorieën
eintippen OV WW intikken, typen
eintönig BN eentonig
Eintönigkeit ZN V (-/gmv) eentonigheid, sleur, monotonie
Eintopf ZN M (+es/gmv) eenpansgerecht, stamppot
einträchtig BN eendrachtig
Eintrag ZN M (+(e)s/-träge) **1** aantekening, notitie **2** afbreuk
eintragen 1 OV WW sterk **1** opleveren, opbrengen **2** inschrijven, noteren • *eine eingetragene Marke* een gedeponeerd merk • *ein eingetragener Verein* een officieel goedgekeurde vereniging • *seinen Namen in eine Liste ~* zijn naam op een lijst zetten **2** WKD WW (**sich ~**) noteren (**in** +4 in), inschrijven • *sich in das Handelsregister ~ lassen* zich inschrijven bij de Kamer van Koophandel
einträglich BN winstgevend, lucratief • *ein einträgliches Geschäft* een winstgevende zaak
Eintragung ZN V (-/+en) aantekening, inschrijving, boeking • *die ~ in ein Register* de inschrijving in een register
eintreffen ONOV WW sterk **1** aankomen **2** werkelijkheid worden, uitkomen
eintreiben OV WW sterk **1** slaan in **2** binnendrijven **3** invorderen, innen
eintreten 1 OV WW sterk **1** intrappen, kapottrappen • *die Tür ~* de deur intrappen **2** trappen in • *ich habe mir einen Dorn (in den Fuß) eingetreten* ik heb een doorn in mijn voet gekregen **2** ONOV WW **1** binnentreden, binnenkomen • *~ ohne anzuklopfen* binnen zonder kloppen **2** toetreden tot, in dienst treden **3** gebeuren, zich voordoen • *es ist genau das eingetreten, was ich befürchtet habe* er is precies gebeurd waar ik bang voor was • *die ~de Stille* de invallende stilte **4** beginnen **5 ~ für** +4 • *für jemanden ~* voor iemand opkomen

eintrichtern ov ww **1 inprenten, erin stampen** • *jemandem etwas ~* iets bij iemand erin stampen **2 met een trechter ingieten** <van medicijn voor dieren>
Eintritt zn m (+(e)s/+e) **1 toegang, entree(geld)** • *~ bezahlen* entree betalen • *~ frei* vrije toegang, gratis toegang **2 het binnentreden/ binnenkomen 3 toetreding, intrede 4 begin, intrede**
Eintrittskarte zn v (-/+n) **toegangsbewijs, kaartje**
Eintrittspreis zn m (+es/+e) **entreeprijs**
eintrudeln onov ww inform. **aan/binnen komen slenteren, komen aanzakken** • *langsam trudelten die ersten Gäste ein* de eerste gasten druppelden binnen
eintunken ov ww **indopen**
eintüten ov ww **in een envelop doen** • *die Einladungen müssen eingetütet werden* de uitnodigingen moeten in enveloppen worden gedaan
einüben ov ww **1 oefenen 2 instuderen**
einundzwanzig telw **eenentwintig**
einverleiben 1 ov ww **inlijven, zich toe-eigenen** • *er hatte die eroberten Gebiete seinem Reich einverleibt* hij had de veroverde gebieden bij zijn rijk ingelijfd **2** wkd ww **(sich ~) 1 verorberen 2 zich eigen maken** <van kennis>
Einvernehmen zn o (+s/gmv) **1 verstandhouding 2 overeenstemming** • *in gegenseitigem ~* in onderlinge overeenstemming, met wederzijds goedvinden • *sich mit jemandem ins ~ setzen* met iemand in overleg treden
einverstanden bw **akkoord** • *~ sein (mit)* het eens zijn (met) • *mit jemandem ~ sein* het eens zijn met iemand • *mit etwas ~ sein* het ergens mee eens zijn • *damit bin ich nicht ~* daar ben ik het niet mee eens
Einverständnis zn o (+ses/+se) **1 toestemming, goedkeuring** • *nur mit ~ der Eltern* alleen met toestemming van de ouders • *im ~ mit jemandem handeln* met iemands goedvinden handelen • *in beiderseitigem ~* met wederzijdse goedkeuring **2 verstandhouding**
einwachsen 1 ov ww zwak **met was inwrijven 2** onov ww sterk **1** plantk. **wortelen 2 ingroeien**
Einwand zn m (+(e)s/-wände) **tegenwerping, bezwaar** • *dagegen habe ich keine Einwände* daar heb ik geen bezwaar tegen
Einwanderer zn m (+s/-) **immigrant**
Einwanderin zn v (-/+nen) **immigrante**
einwandern onov ww **immigreren**
Einwanderung zn v (-/gmv) **immigratie**
Einwanderungsland zn o (+(e)s/-länder) **immigratieland**
einwandfrei bn **1 foutloos, correct, onberispelijk** • *ein ~er Apparat* een apparaat zonder gebreken **2 overtuigend** <van bewijs>
einwechseln ov ww **inwisselen**
Einwegflasche zn v (-/+n) **wegwerpfles**
Einwegverpackung zn v **wegwerpverpakking**
einweihen ov ww **1 inwijden, deelgenoot maken 2 inwijden, in gebruik nemen** • *eine neue Filiale ~* een nieuw filiaal feestelijk openen **3** inform. **inwijden, voor het eerst gebruiken** • *den Tisch ~* de tafel voor het eerst gebruiken
Einweihung zn v (-, +en/gmv) **1 inwijding 2 ingebruikneming, feestelijke opening** • *zur ~ der neuen Filiale einladen* voor de opening van het nieuwe filiaal uitnodigen
einweisen ov ww sterk **1 inwerken 2 opnemen, laten opnemen** • *jemanden ins Krankenhaus ~* iemand in het ziekenhuis (laten) opnemen **3 indelen 4 installeren** • *jemanden in ein Amt ~* iemand in een ambt installeren/ bevestigen
Einweisung zn v (-/+en) **1 installatie** <in een ambt> **2 opname**
einwenden ov ww onregelmatig **inbrengen tegen, bezwaren maken** • *was hast du dagegen einzuwenden?* wat heb je hiertegen in te brengen? • *dagegen kann man nichts ~* daar valt niets tegen in te brengen • *immer etwas einzuwenden haben* altijd iets te maren hebben
einwerfen ov ww sterk **1 inwerpen, ingooien 2 ingooien, stukgooien 3 tegenwerpen, terloops opmerken 4 posten 5** inform. **een pilletje nemen** • *hast du etwas eingeworfen?* heb je iets genomen?
einwickeln ov ww **inpakken, inwikkelen** • *sich von jemandem ~ lassen* zich door iemand laten inpakken
einwilligen onov ww **inwilligen, toestaan, instemmen (in** +4 **met)**
Einwilligung zn v (-/+en) **inwilliging, toestemming**
einwirken onov ww **inwerken, uitwerking hebben (auf** +4 **op)**
Einwirkung zn v (-/+en) **inwerking, invloed**
Einwohner zn m (+s/-) **inwoner, bewoner**
Einwohnermeldeamt zn o (+es/-ämter) **bevolkingsbureau**
Einwurf zn m (+(e)s/-würfe) **1 inworp 2 opening, gleuf 3 bedenking, tegenwerping**
Einzahl zn v (-/gmv) **enkelvoud** • *in der ~* in het enkelvoud
einzahlen ov ww **betalen, storten** • *Geld aufs Konto ~* geld op de rekening storten
Einzahlung zn v (-/+en) **storting, betaling**
einzäunen ov ww **omheinen**
Einzäunung zn v (-/+en) **omheining**
einzeilig bn **eenregelig**
Einzel zn o (+s/-) **enkelspel** <tennis>
Einzelfall zn m (+(e)s/-fälle) **1 geval apart, afzonderlijk geval 2 uitzondering**
Einzelgänger zn m (+s/-) **solitair, eenling**
Einzelhaft zn v (-/gmv) **eenzame opsluiting**
Einzelhandel zn m (+s/gmv) econ. **detailhandel**
Einzelhändler zn m (+s/-) econ. **detailhandelaar**
Einzelhaus zn o (+es/-häuser) **vrijstaand huis**
Einzelheit zn v (-/+en) **detail** • *etwas in allen Einzelheiten besprechen* alle details van iets bespreken • *die Einzelheiten der Sache wissen wollen*

het fijne van de zaak willen weten • *in allen Einzelheiten schildern* in geuren en kleuren vertellen
Einzelkind ZN O (+(e)s/+er) **enig kind**
einzeln BN **afzonderlijk, enkel, enig** • *~ erhältlich* los verkrijgbaar • *ein ~er Handschuh* een enkele handschoen • *bis ins Einzelne gehen* in detail treden • *wer die Leute im Einzelnen sind, weiß ich nicht* ik weet niet wat voor mensen dat precies zijn • *ein Einzelner* een enkeling
Einzelperson ZN V (-/+en) **afzonderlijk individu**
ei
Einzelpreis ZN M (+es/+e) **prijs per stuk**
Einzelteil ZN M (+(e)s/+e) **afzonderlijk deel, onderdeel**
Einzelverkauf ZN M (+(e)s/gmv) **detailverkoop**
Einzelzimmer ZN O (+s/-) **eenpersoonskamer**
einziehen OV + ONOV WW sterk **1 intrekken** • *die Beine ~* de benen intrekken • *bei jemandem ~* bij iemand intrekken • *wir sind vor einem Jahr hier eingezogen* wij zijn een jaar geleden hier komen wonen **2 binnentrekken** • *die Armee zieht in die Stadt ein* het leger trekt de stad binnen **3 opsnuiven 4 innen, inwinnen** • *Erkundigungen ~* informatie/inlichtingen inwinnen **5 inspringen** <regel> **6 inbouwen** • *eine Wand ~* een extra muur plaatsen **7 verbeurd verklaren 8** MIL. **oproepen** • *Rekruten ~* rekruten oproepen
einzig 1 BN **1 enig, enkel** • *unser ~es Kind* ons enig kind • *als ~e Entschuldigung* als enige verontschuldiging • *das Einzige, was zählt* het enige dat telt **2 onvergelijkelijk 2** BW **enig, uitsluitend, alleen** • *~ und allein* enkel en alleen
einzigartig BN **enig in zijn soort, uniek, onvergelijkelijk**
Einzimmerwohnung ZN V (-/+en) **eenkamerwoning, eenkamerflat**
Einzug ZN M (+(e)s/-züge) **1 intocht 2 betrekken van een woning 3 begin, intrede** • *~ halten* zijn intrede doen
Einzugsbereich ZN M (+(e)s/+e) **verzorgingsgebied, achterland**
Einzugsermächtigung ZN V (-/+en) ECON. **machtiging** <tot afschrijving v.e. rekening>, **incasso-opdracht**
Einzugsgebiet ZN O (+(e)s/+e) **1 verzorgingsgebied, achterland 2** AARDK. **stroomgebied** <van rivier>
einzwängen 1 OV WW **inklemmen, inpersen 2** WKD WW **(sich ~) zich persen in**
Eis ZN O (+es/gmv) **1 ijs** • *künstliches ~* kunstijs • FIG. *das ~ brechen* het ijs breken • FIG. *sich nicht auf dünnes ~ begeben* niet over één nacht ijs gaan • FIG., INFORM. *auf ~ legen* iets in de ijskast zetten, iets opzijleggen <sparen> • FIG., INFORM. *jemanden auf ~ legen* iemand achter de hand houden **2 ijsje, ijsco** • *~ am Stiel* ijslolly
Eisbahn ZN V (-/+en) **ijsbaan**
Eisbär ZN M (+en/+en) **ijsbeer**
Eisbecher ZN M (+s/-) **ijscoupe**
Eisbein ZN O (+(e)s/+e) **gepekelde en gekookte varkenspoot** • IRON. *Eisbeine haben* koude voeten hebben
Eisberg ZN M (+(e)s/+e) **ijsberg** • FIG. *das ist erst die Spitze des Eisbergs* dat is maar het topje van de ijsberg
Eisbergsalat ZN M (+(e)s/+e) **ijsbergsla**
Eisblumen ZN MV **ijsbloemen**
Eisbrecher ZN M (+s/-) SCHEEPV. **ijsbreker**
Eiscafé ZN O (+s/+s) **ijssalon**
Eischnee ZN M (+s/gmv) **stijfgeklopt eiwit**
Eisdiele ZN V (-/+n) **ijssalon**
eisen OV WW **1 met ijs vermengen 2 bevriezen**
Eisen ZN O (+s/-) **1 ijzer** • *altes ~* oud ijzer • FIG. *man muss das ~ schmieden, solange es heiß ist* men moet het ijzer smeden als het heet is • FIG. *mehrere ~ im Feuer haben* meer ijzers in het vuur hebben • FIG. *ein heißes ~* een heet hangijzer • FIG. *noch ein ~ im Feuer haben* meer ijzers in het vuur hebben, nog andere pijlen op de boog hebben **2 val, klem** • *jemanden in ~ legen* iemand in de boeien slaan
Eisenbahn ZN V (-/+en) **1 spoorweg 2 trein** • INFORM. *es ist höchste ~* het is de hoogste tijd
Eisenbahner ZN M (+s/-) **spoorwegambtenaar**
Eisenbahnlinie ZN V (-/+n) **spoorlijn**
Eisenblech ZN O (+(e)s/+e) **plaatijzer**
Eisenerz ZN O (+es/+e) **ijzererts**
eisenhaltig BN **ijzerhoudend**
Eisenhütte ZN V (-/+n) **hoogovens**
Eisenmangel ZN M (+s/-mängel) MED. **ijzergebrek**
Eisenoxid ZN O (+(e)s/+e) **ijzeroxide**
Eisenwaren ZN MV **ijzerwaren**
Eisenzeit ZN V (-/gmv) **ijzertijd**
eisern BN **1 ijzeren, van ijzer 2** FIG. **ijzeren, stalen, hard, onvermurwbaar** • *ein ~er Wille* een ijzeren wil • *einen ~en Magen haben* een ijzeren maag hebben • *mit ~er Stirn lügen* met een stalen gezicht liegen • *~ an etwas festhalten* onvermurwbaar zijn • *~ sparen* stevig/hard bezuinigen • *(aber) ~!* vast en zeker!/vanzelfsprekend! • *die ~e Ration* het noodrantsoen
Eisfach ZN O (+(e)s/-fächer) **vriesvak**
eisfrei BN **ijsvrij, vrij van ijs**
Eisgang ZN M (+(e)s/gmv) **het kruien, ijsgang**
Eisglätte ZN V (-/gmv) **gladheid door ijsvorming**
Eisheilige ZN MV **ijsheiligen** <dagen in mei waar het nog kan vriezen>
Eishockey ZN O (+s/gmv) **ijshockey**
Eishockeyspieler ZN M (+s/-) **ijshockeyer**
Eishockeyspielerin ZN V (-/+nen) **ijshockeyer**
eisig BN **ijzig, ijskoud**
Eiskaffee ZN M (+s/gmv) **ijskoffie**
eiskalt BN OOK FIG. **ijskoud**
Eiskunstlauf, **Eiskunstlaufen** ZN M (+(e)s/gmv) SPORT **kunstrijden op de schaats**
Eiskunstlaufen ZN O (+s/gmv) → **Eiskunstlauf**
Eiskunstläufer ZN M (+s/-) SPORT **kunstrijder** <op schaatsen>
Eislauf ZN M (+(e)s/gmv) SPORT **(het) schaatsen**
eislaufen ONOV WW sterk **schaatsen**
Eisläufer ZN M (+s/-) SPORT **schaatser**
Eismann ZN M (+(e)s/-männer) **ijscoman**

Eismeer ZN O (+(e)s/+e) ijszee • *Nördliches ~* Noordelijke IJszee

Eisprung ZN M (+(e)s/-sprünge) eisprong, ovulatie

Eisregen ZN M (+s/gmv) ijsregen, ijzel

Eissalat ZN M (+(e)s/+e) ijsbergsla

Eisschnelllauf ZN M (+(e)s/gmv) SPORT hardrijden <op de schaats>

Eisschnelllaufen ZN O (+s/gmv) → **Eisschnelllauf**

Eisschnellläufer ZN M (+s/-) SPORT hardrijder <op de schaats>

Eisscholle ZN V (-/+n) ijsschots, ijsschol

Eisschrank ZN M (+(e)s/-schränke) **1** ijskast **2** koelkast

Eisstadion ZN O (+s/-stadien) stadion <met kunstijsbaan>

Eistee ZN M (+s/gmv) ijsthee

Eisvogel ZN M (+s/-vögel) BIOL. ijsvogel

Eiswürfel ZN M (+s/-) ijsblokje

Eiszapfen ZN M (+s/-) ijspegel

Eiszeit ZN V (-/+en) ijstijd

eitel BN **1** ijdel ▸ *eitle Hoffnung* ijdele hoop **2** nietig, waardeloos

Eitelkeit ZN V (-/+en) ijdelheid • *gekränkte ~* gekrenkte ijdelheid

Eiter ZN M (+s/gmv) etter

Eiterbeule ZN V (-/+n) etterbuil

Eiterbläschen ZN O (+s/-) puistje

eiterig BN **1** etterend **2** etterig

eitern ONOV WW etteren

Eiweiß ZN O (+es/+e) eiwit

Eiweißmangel ZN M (+s/-mängel) eiwitgebrek

Eizelle ZN V (-/+n) eicel, ovum

Ejakulation ZN V (-/+en) ejaculatie, zaadlozing

ejakulieren ONOV WW ejaculeren

Ekel 1 ZN M (+s/gmv) walging, afkeer • *~ erregend* walgelijk, weerzinwekkend **2** ZN O (+s/-) kwal, mispunt • *er ist ein ~* hij is een engerd

ekelerregend BN walgelijk, weerzinwekkend

ekelhaft BN walgelijk, weerzinwekkend • *~ frieren* vriezen dat het kraakt • MIN. *was für ein ~er Typ* wat een misselijk kereltje

ekeln 1 OV WW afkeer oproepen • *es ekelt mir/mich vor* +3 ik walg van, ik heb een afkeer van **2** WKD WW **(sich ~) vor** +3, walgen (van), een afkeer hebben (van) • *sich vor jemandem/etwas ~* afschuw hebben van iemand/iets

EKG AFK Elektrokardiogramm ECG, elektrocardiogram

Eklat ZN M (+s/+s) **1** opzien **2** misbaar, schandaal • *zum ~ kommen* een schandaal worden

eklatant BN **1** duidelijk **2** eclatant, opvallend, opzienbarend

eklektisch BN eclectisch

eklig 1 BN **1** walgelijk, weerzinwekkend **2** akelig, onaangenaam **3** INFORM. gemeen **2** BW INFORM. flink, ontzettend • *sich ~ wehtun* zich ontzettend pijn doen

Eklipse ZN V (-/+n) eclips, verduistering

Ekstase ZN V (-/+n) extase, vervoering • *in ~* in extase, in vervoering • *in ~ geraten über* in extase raken (over)

ekstatisch BN als in extase, extatisch

Ekzem ZN O (+(e)s/+e) eczeem • *anfällig für ~ sein* last van eczeem hebben

el. AFK elektrisch **elektrisch**

Elan ZN M (+s/gmv) elan, enthousiasme

Elastik 1 ZN V (+s/+en) elastiek **2** ZN O (+s/+s) elastiek

elastisch BN elastisch, soepel

Elastizität ZN V (-/gmv) **1** elasticiteit **2** soepelheid, flexibiliteit

Elch ZN M (+(e)s/+e) eland

Elchtest ZN M (+(e)s/+e, +s) elandtest

Eldorado ZN O (+s/+s) eldorado

E-Learning ZN O (-s/gmv) e-learning

Elefant ZN M (+en/+en) olifant

elegant BN elegant

Eleganz ZN V (-/gmv) elegantie, verfijndheid, zwier

elektrifizieren OV WW elektrificeren

Elektrifizierung ZN V (-/gmv) elektrificatie

Elektrik ZN V (-/gmv) **1** elektrische leidingen/installatie **2** INFORM. elektrotechniek

Elektriker ZN M (+s/-) elektricien

elektrisch BN elektrisch

elektrisieren OV WW elektriseren

Elektrizität ZN V (-/gmv) elektriciteit

Elektrizitätswerk ZN O (+(e)s/+e) elektrische centrale • *städtisches ~* gemeentelijk elektriciteitsbedrijf

Elektroauto ZN O (+s/+s) elektrische auto

Elektrode ZN V (-/+n) elektrode

Elektroenzephalogramm ZN O (+(e)s/+e) elektro-encefalogram

Elektrogerät ZN O (+(e)s/+e) elektrisch apparaat

Elektroherd ZN M (+(e)s/+e) elektrisch fornuis

Elektrokardiogramm ZN O (+(e)s/+e) elektrocardiogram

Elektrolyse ZN V (-/+n) SCHEIK. elektrolyse

Elektromotor ZN M (+s/+en) elektromotor

Elektron ZN O (+s/+en) elektron

Elektronenhirn ZN O elektronisch brein

Elektronik ZN V (-/gmv) elektronica

elektronisch BN elektronisch • *~e Bezahlung* elektronisch betalen

Elektroofen ZN M (+s/-öfen) elektrische oven

Elektrorasierer ZN M (+s/-) elektrisch scheerapparaat

Elektroschock ZN M (+(e)s/+e) elektroshock

Elektrotechnik ZN V (-/gmv) elektrotechniek

Elektrotechniker ZN M (+s/-) elektrotechnicus

elektrotechnisch BN elektrotechnisch

Element ZN O (+(e)s/+e) element • *die Elemente der Physik* de grondslagen van de natuurkunde

elementar BN **1** elementair **2** hevig

Elementarschule ZN V (-/+n) basisschool

Elementarteilchen ZN O (+s/-) elementair deeltje, nucleon

Elementarunterricht ZN M (+(e)s/gmv)

el

basisonderwijs

elend BN ellendig, beroerd, miserabel • *~ aussehen* er beroerd uitzien • *sich ~ fühlen* zich beroerd voelen • *in einer ~en Lage* in een miserabele toestand

Elend ZN O (+(e)s/gmv) ellende • INFORM. *das graue/heulende ~ bekommen* zich diep ellendig voelen • INFORM. *es ist ein Elend!* het is treurig! • INFORM. *heulendes ~* doffe ellende • *eine tiefe Quelle des Elends* een diepe bron van ellende

elendig BN ellendig

Elendsviertel ZN O (+s/-) krottenwijk

elf TELW elf

Elf 1 ZN M (+en/+en) elf <sprookjesfiguur> 2 ZN V (-/+en) 1 elf 2 elftal

Elfe ZN V (-/+n) fee, elf

Elfenbein ZN O (+(e)s/gmv) ivoor

elfenbeinern BN ivoren, van ivoor

Elfenbeinküste ZN V (-/+n) Ivoorkust

Elfenbeinturm ZN M (+(e)s/-türme) FIG. ivoren toren

Elfmeter ZN M (+s/-) strafschop

Elfmeterschießen ZN O (+s/gmv) SPORT penaltyschieten, (het) nemen van een strafschop

elfte TELW elfde → **vierte**

eliminieren OV WW elimineren

elitär BN elitair, van/voor een elite

Elite ZN V (-/gmv) elite

Elixier ZN O (+(e)s/+e) elixer

Ellbogen ZN M (+s/-) elleboog • *sich auf die ~ stützen* op de ellebogen leunen • *durchgescheuerte ~ haben* versleten ellebogen hebben • FIG. *keine ~ haben* zich niet kunnen handhaven • FIG. *seine ~ gebrauchen* zijn ellebogen gebruiken, met de ellebogen werken

Ellbogenfreiheit ZN V (-/+en) bewegingsvrijheid

Ellbogenmensch ZN M (+en/+en) iemand die met zijn ellebogen werkt, intrigant

Elle ZN V (-/+n) 1 el 2 ellepijp

Ellenbogen ZN M (+s/-) elleboog • *keine ~ haben* zich niet kunnen handhaven • *seine ~ gebrauchen* zijn ellebogen gebruiken

ellenlang BN INFORM. eindeloos, ellenlang • *~e Geschichte* ellenlang verhaal

Ellipse ZN V (-/+n) ellips

elliptisch BN elliptisch • *ein elliptischer Satz* een elliptische zin

Elsass ZN O Elzas • *im ~* in de Elzas

Elsässer ZN M (+s/-) Elzasser

elsässisch BN van/uit de Elzas

Elster ZN V (-/+n) ekster • *diebische ~* dievegge

elterlich BN ouderlijk

Eltern ZN MV ouders • *das war nicht von schlechten ~* dat was niet mis

Elternabend ZN M (+s/+e) O&W ouderavond, BELG. oudercontact

Elternbeirat ZN M (+(e)s/-räte) oudercommissie

Elternhaus ZN O (+es/-häuser) ouderlijk huis

elternlos BN ouderloos

Elternschaft ZN V (-/gmv) de gezamenlijke ouders

Elternteil ZN M (+(e)s/+e) een van de ouders • *einen ~ verlieren* een van zijn ouders verliezen

em. AFK emeritus emeritus

EM AFK Europameisterschaft EK

Email ZN O (+s/+s) email <smeltglas>

E-Mail ZN V (-/+s) COMP. e-mail

Emaille ZN V (-/+n) email <smeltglas>

emaillieren OV WW emailleren

Emanze ZN V (-/+n) MIN. geëmancipeerde vrouw

Emanzipation ZN V (-/+en) emancipatie

emanzipatorisch BN emancipatorisch, emancipatoir

emanzipieren 1 OV WW emanciperen 2 WKD WW (**sich ~**) zich bevrijden

Embargo ZN O (+s/+s) embargo • *ein ~ auferlegen* embargo leggen op • *das ~ aufheben* het embargo opheffen • *die Pressemitteilung ist noch unter ~* dit persbericht is nog onder embargo

Emblem ZN O (+s/+ata,+e) embleem

Embolie ZN V (-/+n) embolie

Embryo ZN M (+s/+nen, +s) embryo

embryonal BN embryonaal

Emigrant ZN M (+en/+en) 1 emigrant 2 vluchteling <om politieke redenen> • *die deutschen Emigranten waren in den Niederlanden nicht willkommen* de Duitse vluchtelingen waren in Nederland niet welkom

Emigration ZN V (-/+en) 1 emigratie 2 vlucht (naar een ander land) <om politieke redenen>

emigrieren ONOV WW 1 emigreren 2 (naar een ander land) vluchten <om politieke redenen> • *viele deutsche Juden emigrierten nach 1933 in die USA* veel Duitse Joden vluchtten na 1933 naar de VS

eminent BN 1 buitengewoon, uiterst • *eine ~ gefährliche Person* een uiterst gevaarlijk persoon • *ein ~er Unterschied* een buitengewoon belangrijk verschil 2 voortreffelijk, eminent

Eminenz ZN V (-/+en) eminentie • *graue ~* grijze eminentie

Emission ZN V (-/+en) 1 emissie 2 uitgifte

Emissionskurs ZN M (+es/+e) ECON. emissiekoers, inschrijvingskoers

Emissionswert ZN M (+(e)s/+e) emissiewaarde

emittieren OV WW 1 uitstoten 2 TECHN., ECON. emitteren

Emmentaler ZN M (+s/-) emmentaler

Emoji ZN O (-s/-s) emoji

e-Moll ZN O (+s/gmv) MUZ. E mineur

Emotion ZN V (-/+en) emotie • *Emotionen wachrufen/auslösen* emoties oproepen/losmaken

emotional, **emotionell** BN emotioneel

empfahl OV WW verl. tijd → **empfehlen**

empfand OV WW verl. tijd → **empfinden**

Empfang ZN M (+(e)s/-pfänge) 1 ontvangst • *den ~ bestätigen* voor ontvangst tekenen • *etwas in ~ nehmen* iets in ontvangst nemen • *ein guter ~ von Radio/Fernsehen* een goede ontvangst op de radio/televisie • *jemanden in ~ nehmen* iemand ontvangen • *jemandem einen freundlichen ~ bereiten* iemand

hartelijk ontvangen **2 receptie** • *einen ~ geben* een receptie houden
empfangen OV WW sterk **ontvangen** • *jemanden mit offenen Armen ~* iemand met open armen ontvangen • *etwas dankend ~* iets in dank ontvangen • *jemanden freundlich ~* iemand vriendelijk ontvangen • *dieser Sender ist gut zu ~* die zender is goed te ontvangen
Empfänger ZN M (+s/-) **1 ontvanger 2 geadresseerde 3 begunstigde 4 ontvangtoestel**
empfänglich BN **ontvankelijk** • *für das Schöne ~ sein* voor schoonheid ontvankelijk zijn
Empfänglichkeit ZN V (-/gmv) **1 ontvankelijkheid 2** MED. **vatbaarheid**
Empfängnis ZN V (-/+se) **bevruchting, ontvangenis** • REL. *die unbefleckte ~* de Onbevlekte Ontvangenis
empfängnisverhütend BN **anticonceptie-, anticonceptioneel**
Empfängnisverhütung ZN V (-/gmv) **anticonceptie**
Empfängnisverhütungsmittel ZN O (+s/-) **anticonceptiemiddel, voorbehoedmiddel**
Empfangsbescheinigung ZN V (-/+en) **ontvangstbewijs, reçu, kwitantie**
Empfangsbestätigung ZN V (-/+en) **ontvangstbevestiging**
Empfangsdame ZN V (-/+n) **receptioniste**
Empfangsgerät ZN O (+(e)s/+e) **ontvangtoestel**
Empfangszimmer ZN O (+s/-) **salon**
empfehlen 1 OV WW sterk **1 aanbevelen, aanraden, aanprijzen** • *das würde ich dir nicht ~* dat zou ik je niet aanraden • *es empfiehlt sich zu ...* het is aan te bevelen om.., het is raadzaam om .. • *wärmstens empfohlen* warm aanbevolen **2 toevertrouwen 2** WKD WW **(sich ~) 1 afscheid nemen, weggaan** • *ich empfehle mich* ik ga weg • FIG. *sich auf Englisch/Französisch ~* stiekem weggaan **2 zich aanbevolen houden** • *ich empfehle mich* ik houd me aanbevolen
empfehlenswert BN **aanbevelenswaardig**
Empfehlung ZN V (-/+en) **1 aanbeveling** • *gute Empfehlungen haben* goede referenties hebben • *auf ~ von* op aanbeveling van **2** FORM. **groet**
Empfehlungsschreiben ZN O (-s/-) **aanbevelingsbrief**
empfinden OV WW sterk **voelen, ervaren, gewaarworden**
Empfinden ZN O (+s/gmv) **1 gevoel 2 gevoelen 3 beleving** • *in meinem ~* in mijn beleving
empfindlich BN **gevoelig, lichtgeraakt, kwetsbaar** • *~ auf etwas (4) reagieren* gevoelig op iets reageren • *ein ~es Gemüt* een gevoelige/tere ziel • *eine ~e Niederlage* een gevoelig verlies • *ein ~er Schlag* een gevoelige slag • *jemanden an einer ~en Stelle treffen* iemand op een gevoelige plek raken • *~e Haut* gevoelige huid • *es ist ~ kalt* het is flink koud
Empfindlichkeit ZN V (-/gmv) **1 lichtgeraaktheid 2 kwetsbaarheid 3** gevoeligheid
empfindsam BN **(over)gevoelig, fijngevoelig, sentimenteel** • *ein ~er Junge* een gevoelige jongen
Empfindsamkeit ZN V (-/+en) **1 fijngevoeligheid 2 sentimentaliteit**
Empfindung ZN V (-/+en) **gevoel, gewaarwording**
empfindungslos BN **gevoelloos**
empfing OV WW verl. tijd → **empfangen**
empfohlen BN **aanbevolen**
empfunden OV WW volt. deelw. → **empfinden**
empirisch BN **empirisch** • *~e Forschung* empirisch onderzoek • *~e Wissenschaften* empirische wetenschappen
empor BW **naar boven, omhoog**
emporarbeiten WKD WW **(sich ~) zich omhoogwerken**
emporbringen OV WW onregelmatig **omhoogbrengen**
empören 1 OV WW **verontwaardigd/woedend maken 2** WKD WW **(sich ~) in opstand komen, woedend worden**
empörend BN **schandelijk, weerzinwekkend**
Empörer ZN M (+s/-) **rebel, muiter**
empörerisch BN **rebels, opstandig**
emporfahren ONOV WW sterk **1 omhoogrijden 2 opspringen**
emporkommen ONOV WW sterk **1 omhoogkomen, opkomen 2 carrière maken, fortuin maken**
Emporkömmling ZN M (+(e)s/+e) **parvenu**
emporragen ONOV WW **oprijzen, uitsteken boven**
emporschnellen ONOV WW **omhoogschieten, opvliegen**
emporschwingen OV WW sterk **omhoogzwaaien** • *sich zu großen Taten ~* grootse daden verrichten
emporsehen ONOV WW sterk **1 omhoog kijken 2 opzien**
empört BN **verontwaardigd, woedend**
emportreiben OV WW **omhoog-/opdrijven**
Empörung ZN V (-/+en) **1 opstand 2 verontwaardiging**
emsig BN **ijverig, handig, onvermoeibaar**
Emsigkeit ZN V (-/gmv) **ijver, onvermoeibaarheid**
Emu ZN M (+s/+s) **emoe**
E-Musik ZN V (-/+en) **klassieke muziek**
Endabnehmer ZN M (+s/-) ECON. **eindgebruiker**
Ende ZN O (+s/+n) **einde, eind** • *~ Mai* eind mei • *gegen ~ des Monats* tegen het eind van de maand • *am ~ der Straße* aan het eind van de straat • *es nimmt kein ~* er komt geen eind aan • *etwas zu ~ führen/ bringen* iets ten einde brengen • *am ~; letzten Endes* ten slotte, uiteindelijk • *zu ~ gehen* afgelopen zijn, ten einde lopen, op zijn • *meine Geduld ist zu ~* mijn geduld is op • *zu dem ~* met het doel • *am ~ der Liste stehen* onderaan de lijst staan • *zu einem guten ~ führen* tot een goed einde brengen • *es hat ein verkehrtes ~ genommen* het is faliekant misgegaan • *das ~ für ... bedeuten* het einde betekenen van... •

das ~ vom Lied war, dass het eind van het liedje was dat • *am ~ seiner Kräfte sein* aan het eind van zijn krachten zijn • *bis zum bitteren ~* tot het bittere eind • FIG. *Ende gut, alles gut* eind goed, al goed • FIG. *alles hat ein ~* aan alles komt een eind • FIG. *das dicke ~ kommt noch/nach* het ergste moet nog komen, onderin de zak vindt men de rekening • FIG. *die Enden zusammenbinden* de eindjes aan elkaar knopen • FORM. *einer Sache ein ~ bereiten/machen* ergens een eind aan maken

Endeffekt ZN M • *im ~* per slot van rekening
enden ONOV WW **1** eindigen, aflopen, ophouden **2** sterven
Endergebnis ZN O (+ses/+se) eindresultaat, einduitslag
Endgerät ZN O (+s/+e) COMP. terminal, eindapparatuur
endgültig BN definitief • INFORM. *jetzt ist ~ Schluss!* en nu is het afgelopen! • *endgültiger Abschied* definitief afscheid
Endivie ZN V (-/+n) andijvie
Endkampf ZN M (+(e)s/-kämpfe) eindstrijd • *in den ~ kommen* de finale bereiken
Endlager ZN O (+s/-) definitieve opslagplaats <van radioactief afval>
endlagern OV WW definitief opslaan <van radioactief afval>
Endlagerung ZN V (-/+en) definitieve opslag <van radioactief afval>
endlich 1 BW eindelijk, uiteindelijk • *~ erfuhr er es* eindelijk kwam hij het te weten • *na, ~!* nou, eindelijk! • *kommst du jetzt ~?* kom je nou eindelijk? **2** BN eindig • WISK. *eine ~e Zahl* een eindig getal • WISK. *die ~en Zahlen* de eindige getallen • *das Leben ist ~* het leven is eindig
Endlichkeit ZN V (-/gmv) eindigheid
endlos BN eindeloos, zonder eind, oneindig • *~ dauern* eindeloos duren • *sich ~ langweilen* zich mateloos vervelen
Endlösung ZN V (-/+en) **1** definitieve oplossing **2** GESCH. Endlösung, plan tot algehele uitroeiing van de Joden <in de Tweede Wereldoorlog>
endogen BN endogeen, van binnenuit komend
Endoskop ZN O (+s/+e) MED. endoscoop
Endphase ZN V (-/+n) eindfase
Endrunde ZN V (-/+n) finale, laatste ronde
Endsilbe ZN V (-/+n) laatste lettergreep, eindlettergreep
Endspiel ZN O (+(e)s/+e) **1** SPORT finale **2** eindspel <schaken>
Endspurt ZN M (+(e)s/+s) SPORT eindspurt
Endstadium ZN O (+s/-stadien) eindstadium
Endsumme ZN V (-/+n) eindbedrag
Endung ZN V (-/+en) TAALK. uitgang
Endverbraucher ZN M (+s/-) ECON. eindverbruiker
Endziel ZN O (+(e)s/+e) einddoel
Energie ZN V (-/+n) energie • *vor ~ sprühen* bruisend van energie • *erneuerbare ~* duurzame energie
Energiebedarf ZN M (+(e)s/gmv) energiebehoefte
Energieeinsparung ZN V (-/+en) energiebesparing
energiegeladen BN FIG. vol energie, energiek
Energiekrise ZN V (-/+n) energiecrisis
energieneutral BN energieneutraal
Energiequelle ZN V (-/+n) energiebron
energiesparend BN energiesparend
Energiesparlampe ZN V (-/+n) spaarlamp
Energieverbrauch ZN M (+(e)s/gmv) energieverbruik
Energieverschwendung ZN V (-/+en) energieverspilling
Energieversorgung ZN V (-/gmv) energievoorziening
energisch BN energiek, wilskrachtig • *sie trat sehr ~ auf* ze was heel beslist in haar optreden
eng BN **1** nauw, eng, krap • *dieses Kleid ist sehr ~* deze jurk zit erg nauw • *eine enge Hose* een strakke broek • *mir ist es hier zu ~* het is mij hier te krap • *~ anliegende Kleidung* nauwsluitende kleding • *das wird zeitlich sehr ~ für mich* dat wordt haasten om op tijd te komen • *in die engere Wahl kommen* door de eerste selectieronde komen **2** dicht op elkaar • *~ schreiben* dicht op elkaar schrijven **3** beperkt, bekrompen • *etwas nicht so ~ sehen* iets niet zo nauw nemen **4** innig, intiem • *eine enge Zusammenarbeit* een hechte samenwerking • *enge Beziehungen* nauwe banden
Engagement 1 ZN O (+s/+s) engagement, verbintenis **2** ZN O (+s/gmv) engagement, betrokkenheid
engagieren 1 OV WW engageren **2** WKD WW (**sich ~**) zich binden, zich engageren, zich inzetten • *sich für die Menschenrechte ~* zich inzetten voor de mensenrechten • *auf einem Gebiet engagiert sein* zich inzetten op een bepaald gebied
Enge ZN V (-/+n) **1** nauwte, engte • *jemanden in die ~ treiben* iemand in het nauw drijven • *in die ~ getrieben* in het nauw gedreven **2** beperktheid
Engel ZN M (+s/-) engel • FIG. *ein ~ geht durchs Zimmer* daar gaat een dominee voorbij • *Engelchen* engeltje • *rettender ~* reddende engel
Engelsgeduld ZN V (-/gmv) engelengeduld
engherzig BN enghartig, geborneerd, bekrompen
England ZN O (+s/gmv) Engeland • *in ~* in Engeland
Engländer ZN M (+s/-) **1** Engelsman **2** Engelse sleutel
Engländerin ZN V (-/+nen) Engelse
englisch BN Engels • *die ~e Flagge* de Engelse vlag
Englisch ZN O (-, +s/gmv) Engels
Englischkenntnisse ZN MV kennis van het Engels • *meine ~* mijn kennis van het Engels
engmaschig BN met kleine mazen
Engpass ZN M (+es/-pässe) **1** wegversmalling **2** bergpas, bergengte **3** knelpunt, bottleneck • *ein personeller ~* een personeelstekort
en gros BW en gros, in het groot

engstirnig BN bekrompen

Enkel ZN M (+s/-) kleinkind, kleinzoon

Enkelin ZN V (-/+nen) kleindochter

Enkelkind ZN O (+(e)s/+er) kleinkind

Enkelsohn ZN M kleinzoon

Enkeltochter ZN V kleindochter

Enklave ZN V (-/+n) enclave

enorm BN geweldig, enorm • *ein ~er Hagelschauer* een enorme hagelbui

Ensemble ZN O (+s/+s) ensemble

entarten ONOV WW ontaarden, degenereren

Entartung ZN V (-/+en) ontaarding, degeneratie

entäußern WKD WW (**sich ~**) +2 • *sich einer Sache ~* iets weggeven, van iets afzien

entbehren **1** OV WW +4, missen, ontberen • *ich kann das nicht ~* ik kan dat niet missen • *kannst du das Buch ~?* kun je het boek missen? • *etwas ~ müssen* verstoken zijn van iets **2** ONOV WW +2, gespeend zijn van, missen • *die Sache entbehrt nicht einer gewissen Logik* er zit een zekere logica in deze zaak

entbehrlich BN te ontberen, overbodig

Entbehrung ZN V (-/+en) ontbering

entbieten OV WW sterk **1** ontbieden **2** overbrengen, laten weten

entbinden OV + ONOV WW sterk **1** ontheffen, ontslaan, vrijmaken **2** helpen bij een bevalling, verlossen • *sie hat sie von einem Sohn entbunden* zij heeft geholpen bij de bevalling van haar zoon • *von einem Kind entbunden werden* bevallen, van een kind worden verlost **3** bevallen, een kind ter wereld brengen • *sie hat einen Sohn entbunden* zij is bevallen van een zoon

Entbindung ZN V (-/+en) **1** vrijstelling, verlossing **2** bevalling

Entbindungsklinik ZN V (-/+en) kraamkliniek

entblößen OV WW +2, 4 **1** ontbloten, onthullen **2** ontdoen van, beroven van • *aller Mittel entblößt sein* platzak zijn

Entblößung ZN V (-/+en) **1** vrijmaking **2** blootlegging

entbrennen ONOV WW onregelmatig ontbranden

entbunden OV + ONOV WW volt. deelw. → **entbinden**

entbürokratisieren OV WW minder bureaucratisch maken, dereguleren

entdecken OV WW **1** ontdekken **2** toevertrouwen

Entdecker ZN M (+s/-) ontdekker

Entdeckung ZN V (-/+en) ontdekking

Entdeckungsreise ZN V (-/+n) ontdekkingsreis • *auf ~ gehen* op ontdekking uitgaan

Entdeckungsreisende(r) ZN M/V (+n/+n) ontdekkingsreiziger

Ente ZN V (-/+n) **1** eend • MIN. *eine lahme ~* een slome duikelaar • FIG. *ein hässliches kleines Entlein* het lelijke jonge eendje **2** canard, verzonnen krantenbericht **3** INFORM. urinaal

entehren OV WW onteren

Entehrung ZN V (-/+en) ontering

enteignen OV WW onteigenen

Enteignung ZN V (-/+en) onteigening

enteisen OV WW van ijs ontdoen, ontdooien

Entenbraten ZN M (+s/-) gebraden eend

Entengrün ZN O (+s/gmv) kroos

enterben OV WW onterven

Enterbung ZN V (-/+en) onterving

Enterich ZN M (+(e)s/+e) woerd

entern OV + ONOV WW enteren

Entertainer ZN M (+s/-) entertainer

Enter-Taste ZN V (-/+n) entertoets

entfachen OV WW doen ontvlammen, ontsteken • *einen Krieg ~* een oorlog ontketenen

entfahren ONOV WW sterk ontsnappen, ontglippen

entfallen OV WW sterk **1** vervallen, uitvallen • *entfällt* niet van toepassing <in formulieren> • *diese Sendung entfällt* dit programma vervalt **2** ten deel vallen • *von der Summe entfällt 500 Euro auf ihn* van het bedrag komt hem 500 euro toe **3** ontschieten • *es ist mir ~* het is mij ontschoten **4** vallen uit, ontvallen

entfalten **1** OV WW **1** ontplooien, ontvouwen **2** aan de dag leggen **2** WKD WW (**sich ~**) **1** zich openen, zich ontvouwen **2** FIG. zich ontplooien

Entfaltung ZN V (-/gmv) ontplooiing • *zur ~ kommen/gelangen* tot ontplooiing komen

entfärben **1** OV WW ontkleuren **2** WKD WW (**sich ~**) de kleur verliezen, verbleken

Entfärber ZN M (+s/-) ontkleuringsmiddel

entfernen OV WW verwijderen • *sich ~* weggaan, zich verwijderen, vervreemden van

entfernt BN ver, verwijderd, afgelegen • *ich bin weit davon ~* ik denk er niet aan • *nicht im ~esten* in de verste verte niet/absoluut niet • *das Hotel liegt einen Kilometer vom Zentrum ~* het hotel ligt een kilometer uit het centrum

Entfernung ZN V (-/+en) **1** afstand • *in großer ~* op grote afstand • *in einer ~ von drei Kilometern* op drie kilometer afstand **2** verwijdering

Entfernungsmesser ZN M (+s/-) afstandsmeter

entfesseln OV WW ontketenen

entfetten OV WW ontvetten

Entfettung ZN V (-/gmv) ontvetting, vermagering

entfiel OV WW verl. tijd → **entfallen**

entflammbar BN ontvlambaar

entflammen OV + ONOV WW **1** ontvlammen • *es entflammte ein Streit* er ontvlamde een strijd, er brak een strijd uit **2** doen ontbranden, ontsteken

entflechten OV WW sterk **1** ECON. opsplitsen **2** ontwarren

entfliegen ONOV WW vliegend ontvluchten

entfliehen ONOV WW sterk ontvluchten, ontsnappen • *jemanden ~* iemand ontvluchten

entfloh ONOV WW verl. tijd → **entfliehen**

entflohen ONOV WW volt. deelw. → **entfliehen**

entfremden **1** OV WW +3 **1** aan zijn bestemming onttrekken **2** vervreemden • *er ist seiner Familie entfremdet* hij is vervreemd van zijn gezin **2** WKD

en

ww (**sich ~**) zich vervreemden
Entfremdung ZN V (-/gmv) vervreemding
entfrosten OV WW ontdooien
Entfroster ZN M (+s/-) **1** achterruitverwarming **2** ontdooiapparaat
entführen OV WW **1** ontvoeren • *ein Flugzeug ~* een vliegtuig kapen **2** meenemen
Entführer ZN M (+s/-) ontvoerder, kaper
Entführung ZN V (-/+en) ontvoering, kaping
entgangen ONOV WW volt. deelw. → **entgehen**
entgegen 1 VZ +3, in tegenstelling tot, tegen, tegenover, in strijd met • *~ den Angaben auf der Einladung* in tegenstelling tot de gegevens op de uitnodiging • *das war ~ meinen Anweisungen* dat was tegen mijn instructies in **2** BW +3, tegemoet • *der Sonne ~* de zon tegemoet
entgegenarbeiten ONOV WW +3, tegenwerken, dwarsbomen • *jemandem ~* iemand tegenwerken/dwarsbomen
entgegenbringen OV WW +3, onr. **1** schenken, brengen **2** tonen
entgegeneilen ONOV WW +3, tegemoet snellen
entgegengehen ONOV WW +3, sterk tegemoet gaan
entgegengesetzt BN tegenovergesteld • *in ~er Richtung* in omgekeerde richting
entgegenhalten OV WW +3, sterk **1** inbrengen tegen, tegenwerpen **2** voorhouden, uitsteken
entgegenhandeln ONOV WW +3, handelen tegen
entgegenkommen ONOV WW +3, sterk tegemoetkomen • *jemandem ~* iemand tegemoet komen
Entgegenkommen ZN O (+s/gmv) tegemoetkoming, welwillendheid
entgegenkommend BN voorkomend, welwillend, behulpzaam
entgegenlaufen ONOV WW +3, sterk **1** tegemoet lopen **2** in tegenstelling zijn met, indruisen tegen
Entgegennahme ZN V (-/+n) inontvangstneming
entgegennehmen OV WW sterk in ontvangst nemen, aannemen • *etwas ~* iets in ontvangst nemen • *Glückwünsche ~* gelukwensen ontvangen
entgegensehen ONOV WW +3, sterk tegemoet zien • *etwas ~* iets tegemoet zien • *einer Sache mit Furcht ~* ergens als een berg tegenop zien
entgegensetzen OV WW tegenoverstellen, inbrengen tegen
entgegenstehen ONOV WW +3, sterk in de weg staan • *dem steht nichts entgegen* daar valt niets tegen in te brengen
entgegenstellen OV WW tegenoverstellen • *sich jemandem ~* tegenstand bieden
entgegenstrecken OV WW +3, toesteken, uitstrekken naar • *jemandem die Arme ~* de armen naar iemand uitstrekken
entgegentreten ONOV WW +3, sterk **1** tegemoettreden **2** bestrijden, tegen iets ingaan, tegengaan • *wir werden diesen Plänen energisch ~* wij zullen deze plannen resoluut tegengaan, wij zullen resoluut tegen deze plannen ingaan
entgegenwirken ONOV WW +3, tegenwerken, bestrijden, tegengas geven
entgegnen ONOV WW antwoorden, tegenin brengen
Entgegnung ZN V (-/+en) antwoord, tegenwerping, reactie
entgehen ONOV WW +3, onr. **1** ontgaan • *das ist mir völlig entgangen* dat is mij helemaal ontgaan, dat is geheel aan mij voorbijgegaan • *mir ist nicht entgangen, dass...* het is me niet ontgaan dat... • *der Unterschied entgeht mir* het verschil ontgaat me **2** ontkomen aan, ontsnappen aan, mislopen • *der Strafe ~* zijn straf mislopen • *es ist meiner Aufmerksamkeit entgangen* het is aan mijn aandacht ontsnapt • *dir ist ein schönes Fest entgangen* je bent een leuk feest misgelopen
entgeistert BN verbijsterd, onthutst
Entgelt ZN O (+(e)s/gmv) vergoeding, beloning
entgelten OV WW sterk **1** vergoeden, betalen **2** ontgelden, boeten voor • *es ~ müssen* het moeten ontgelden
entgiften OV WW **1** het vergif ontnemen, ontgiften **2** venijn wegnemen <figuurlijk>
Entgiftung ZN V (-/+en) **1** zuivering **2** vergif weghalen
entgleisen ONOV WW **1** ontsporen **2** zich vergalopperen
Entgleisung ZN V (-/+en) **1** vergissing **2** ontsporing
entgleiten ONOV WW sterk ontglijden, ontglippen
entgräten OV WW fileren
enthaaren OV WW ontharen
Enthaarungsmittel ZN O (+s/-) ontharingsmiddel
enthalten OV WW sterk bevatten, inhouden • *sich ~* zich onthouden, zich inhouden, zich ontzeggen
enthaltsam BN **1** abstinent **2** sober, matig
Enthaltsamkeit ZN V (-/gmv) **1** matigheid, soberheid **2** onthouding • *sexuelle ~* seksuele onthouding
Enthaltung ZN V (-/gmv) ontzegging, onthouding
enthärten OV WW ontharden
enthaupten OV WW onthoofden
Enthauptung ZN V (-/+en) onthoofding
enthäuten OV WW villen
entheben OV WW sterk ontheffen, ontslaan, bevrijden • *jemanden seiner Pflicht ~* iemand van zijn plicht ontheffen • *sie wurde ihres Amtes enthoben* zij werd uit haar functie ontheven, zij werd uit haar ambt ontzet
Enthebung ZN V (-/+en) **1** ontheffing **2** ontslag **3** ontzetting
entheiligen OV WW ontheiligen
Entheiligung ZN V (-/+en) **1** ontheiliging **2** heiligschennis
enthüllen OV WW onthullen • *ein Denkmal ~* een

monument onthullen

Enthüllung ZN V (-/+en) onthulling

Enthüllungsjournalismus ZN M (-/gmv) boulevardjournalistiek

enthülsen OV WW doppen, pellen

Enthusiasmus ZN M (-/gmv) enthousiasme

enthusiastisch BN enthousiast

entjungfern OV WW ontmaagden

entkalken OV WW ontkalken

entkeimen **1** OV WW **1** van de uitlopers ontdoen **2** ontsmetten **2** ONOV WW ontkiemen

entkernen OV WW ontpitten

entkleiden OV WW **1** beroven, ontdoen • *jemanden seiner Würde ~* iemand van zijn waardigheid beroven **2** ontkleden • *sich ~* zich ontkleden

entkoffeiniert BN decafeïné

entkommen ONOV WW sterk ontkomen, ontsnappen • *es gab kein Entkommen* er was geen ontkomen aan • *es gelang ihnen zu ~* zij wisten te ontkomen

entkorken OV WW ontkurken

entkräften OV WW **1** verzwakken **2** weerleggen, ontzenuwen • *eine Geschichte ~* een verhaal doorprikken

Entkräftung ZN V (-/gmv) **1** zwakte, verzwakking **2** weerlegging

entkrampfen OV WW van verkramptheid ontdoen • *sich ~* zich ontspannen

Entkrampfung ZN V (-/+en) ontspanning na verkramping

entladen OV WW sterk ontladen • *sich ~* zich ontladen • *ihre Wut entlud sich in Tränen* haar woede ontlaadde zich in tranen

Entladung ZN V (-/+en) ontlading

entlang **1** BW langs • *hier ~, bitte!* deze kant op, alstublieft! • *an der Straße ~* langs de straat **2** VZ +3/4, langs • *den Fluss ~* langs de rivier • *~ dem Fluss* langs de rivier

entlangfahren OV + ONOV WW sterk **1** langsrijden, uitrijden <van straat> • *am Fluss ~* langs de rivier rijden • *eine Straße ~* een weg afrijden **2** volgen <met vinger>

entlanggehen OV + ONOV WW onregelmatig **1** gaan/lopen langs <van straat> • *an einer Straße ~* langs een straat lopen **2** aflopen, volgen • *eine Straße ~* een straat aflopen

entlarven OV WW ontmaskeren

Entlarvung ZN V (-/+en) ontmaskering

entlassen OV WW sterk **1** ontslag geven **2** ontslaan, laten gaan • *jemanden aus dem Krankenhaus ~* iemand uit het ziekenhuis ontslaan

Entlassung ZN V (-/+en) **1** ontslag • *um seine ~ bitten* ontslag aanvragen • *~ vom Militär* ontslag uit militaire dienst **2** invrijheidstelling

entlasten OV WW ontlasten, bevrijden • *den Verkehr ~* het verkeer ontlasten

Entlastung ZN V (-/+en) **1** ontlasting, bevrijding **2** decharge

Entlastungsmaterial ZN O (+s/gmv) ontlastend materiaal

Entlastungsstraße ZN V (-/+n) ontlastingsweg

Entlastungszeuge ZN M (+n/+n) JUR. getuige à decharge

entlauben OV WW ontbladeren • *sich ~* de bladeren verliezen

Entlaubungsmittel ZN O (+s/-) ontbladeringsmiddel

entlaufen ONOV WW sterk ontlopen, weglopen

entlausen OV WW ontluizen

entledigen OV WW +2 FORM. ontdoen van • *sich einer Sache ~* zich van iets ontdoen, zich van iets kwijten • *sich seiner Pflichten ~* zich van zijn plichten kwijten

entleeren OV WW ledigen, leegmaken

Entleerung ZN V (-/+en) lediging

entlegen BN **1** ongebruikelijk **2** verafgelegen

Entlegenheit ZN V (-/gmv) afgelegenheid

entlehnen OV WW ontlenen

Entlehnung ZN V (-/+en) ontlening

entleihen OV WW sterk **1** ontlenen **2** lenen

Entleiher ZN M (+s/-) lener

entlocken OV WW ontlokken, ontfutselen

entlohnen OV WW uitbetalen

Entlohnung ZN V (-/+en) **1** loon **2** uitbetaling

entlüften OV WW ventileren

Entlüfter ZN M (+s/-) ontluchter

Entlüftung ZN V (-/+en) **1** ontluchting **2** ventilatie(systeem)

entmachten OV WW **1** van kracht beroven **2** uit de macht ontzetten, van de macht beroven

entmannen OV WW ontmannen, castreren

Entmannung ZN V (-/+en) **1** afzwakking **2** castratie

entmilitarisieren OV WW demilitariseren

Entmilitarisierung ZN V (-/+en) demilitarisering

entmündigen OV WW onder curatele stellen

Entmündigung ZN V (-/+en) curatele

entmutigen OV WW ontmoedigen • *jemanden ~ (zu)* iemand ontmoedigen (om)

Entmutigung ZN V (-/+en) ontmoediging

Entnahme ZN V (-/+n) **1** ontnemen, afnemen • *die ~ von Blut* het afnemen van bloed **2** onttrekken **3** (geld)opname

entnazifizieren OV WW denazificeren

entnehmen OV WW sterk **1** ontlenen • *Zitate einem Roman ~* citaten aan een roman ontlenen **2** opmaken, concluderen • *Ihrem Schreiben entnahmen wir, dass ...* uit uw schrijven maakten wij op dat ...

entnerven OV WW ontzenuwen, nerveus maken

entpolitisieren OV WW depolitiseren

entpuppen WKD WW (**sich ~**) zich ontpoppen

entradikalisieren **1** WKD WW (**sich ~**) deradicaliseren <minder radicaal worden> **2** OV WW deradicaliseren <maken dat iemand minder radicaal wordt>

entrahmen OV WW afromen

enträtseln OV WW ontraadselen

entrechten OV WW van zijn rechten beroven

entreißen OV WW sterk **1** ontrukken **2** ontrukken

aan, redden • *jemanden dem Tode ~* iemand van de dood redden
entrichten OV WW betalen, voldoen
Entrichtung ZN V (-/+en) betaling
entriegeln OV WW ontgrendelen
entrinden OV WW van schors ontdoen
entringen OV WW sterk ontwringen, ontworstelen • *ein Seufzer entrang sich seiner Brust* hij slaakte een zucht
entrinnen ONOV WW sterk ontsnappen aan, ontkomen aan • *es gab kein Entrinnen* er was geen ontsnappen/ontkomen aan • *einer Gefahr ~* aan een gevaar ontkomen/ontsnappen

entrollen OV + ONOV WW ontrollen
entrosten OV WW van roest ontdoen
entrücken OV WW **1** ontrukken, onttrekken aan • *der Wirklichkeit entrückt* in vervoering, aan de werkelijkheid onttrokken **2** wegvoeren
entrümpeln OV WW van rommel ontdoen, opruimen • *ich entrümpele den Keller* ik ruim de kelder op
Entrümpelung ZN V (-/+en) opruiming
entrüsten OV WW verontwaardigd maken • *sich ~* in opstand komen, verontwaardigd worden • *sie war sehr entrüstet* ze was hevig verontwaardigd
entrüstet BN verontwaardigd
Entrüstung ZN V (-/+en) verontwaardiging
entsaften OV WW uitpersen <van vrucht>
Entsafter ZN M (+s/-) vruchtenpers
entsagen ONOV WW +3, zich ontzeggen, verzaken, afstand doen van • *dem Thron ~* afstand doen van de troon
Entsagung ZN V (-/+en) **1** afstand, verzaking **2** zelfverloochening
entsagungsvoll BN opofferend
entschädigen OV WW schadeloosstellen • *jemanden für etwas ~* iemand voor iets schadeloosstellen
Entschädigung ZN V (-/+en) schadeloosstelling, schadevergoeding • *~ leisten* schadevergoeding betalen
entschärfen OV WW **1** onschadelijk maken **2** de scherpe kantjes er vanaf halen
Entscheid ZN M (+(e)s/+e) beslissing
entscheiden OV + ONOV WW sterk beslissen • *sich ~* een besluit nemen • *du musst dich jetzt ~* je moet nu beslissen • *sie konnte den Wettkampf für sich ~* zij wist de wedstrijd in haar voordeel te beslissen
entscheidend BN doorslaggevend, beslissend
Entscheidung ZN V (-/+en) beslissing • *eine ~ treffen/fällen* een beslissing nemen • *einfach keine ~ treffen können* maar geen beslissing kunnen nemen
Entscheidungsbedarf ZN M (+s/+e) • *es besteht ~* dit vraagt om een beslissing
Entscheidungsbefugnis ZN V (-/+se) beslissingsbevoegdheid • *er hat keine ~* hij is niet bevoegd daarover te beslissen
Entscheidungsspiel ZN O (+(e)s/+e) beslissingswedstrijd
Entscheidungsträger ZN M (+s/-) beslissingsorgaan, beslisser
entschieden BN **1** beslist, stellig • *eine ~e Antwort* een beslist antwoord **2** vastbesloten
Entschiedenheit ZN V (-/+en) beslistheid • *mit aller ~* ten stelligste
entschlacken OV WW ontslakken
Entschlackung ZN V (-/+en) MED. ontslakking
entschlafen ONOV WW sterk ontslapen, sterven
entschlagen WKD WW (**sich ~**) sterk zich innerlijk van iets vrijmaken • *sich eines Dinges ~* iets laten varen, zich van iets ontdoen
entschleiern OV WW ontsluieren
entschleunigen ONOV WW onthaasten
Entschleunigung ZN V (-/gmv) onthaasting
entschließen WKD WW (**sich ~**) sterk besluiten • *er konnte sich nicht ~* hij kon geen besluit nemen • *sich nicht ~ können* niet in staat zijn een besluit te nemen
Entschließung ZN V (-/+en) **1** besluit, beslissing **2** resolutie
entschlossen BN vastbesloten, vastberaden, doelbewust, resoluut
Entschlossenheit ZN V (-/gmv) vastberadenheid
entschlummern ONOV WW insluimeren
entschlüpfen ONOV WW ontglippen
Entschluss ZN M (+es/-schlüsse) besluit • *aus eigenem ~* uit vrije wil • *einen ~ fassen* een besluit nemen
entschlüsseln OV WW decoderen, ontcijferen
Entschlüsselung ZN V (-/+en) **1** ontcijfering **2** decoderen
entschlussfähig BN besluitvaardig
Entschlussfähigkeit ZN V (-/gmv) besluitvaardigheid
entschlussfreudig BN besluitvaardig
Entschlusskraft ZN V (-/gmv) besluitvaardigheid
entschuldbar BN excusabel, vergeeflijk
entschulden OV WW schuldenvrij maken
entschuldigen OV WW verontschuldigen • *sich für etwas ~* zich excuseren voor iets • *sich ~ lassen* zich laten verontschuldigen • *~ Sie bitte* neemt u mij niet kwalijk • *~ Sie!* pardon!
Entschuldigung ZN V (-/+en) verontschuldiging, excuus • *Entschuldigung!* sorry! • *um ~ bitten* om excuus vragen • *eine gute ~* een geldig excuus • *als ~ angeben* als excuus aanvoeren
entschwinden ONOV WW sterk **1** FORM. verdwijnen **2** FORM. vervliegen • *die Stunden entschwanden* de uren vlogen voorbij
entseelt BN ontzield
entsenden OV WW onregelmatig **1** uitzenden, zenden **2** afvaardigen
Entsetzen ZN O (+s/gmv) ontsteltenis, ontzetting
entsetzlich BN ontzettend, verschrikkelijk
Entsetzlichkeit ZN V (-/+en) afgrijselijkheid, vreselijkheid
entsetzt BN **1** ontzet **2** geschokt
Entsetzung ZN V (-/+en) **1** ontslag **2** MIL. ontzet

entseuchen ov ww ontsmetten
Entseuchung zn v (-/+en) ontsmetting
entsichern ov ww op scherp stellen, uit de rust stellen <van geweer>
entsinnen wkd ww (**sich ~**) sterk zich herinneren • *sich einer Sache ~* zich iets herinneren
entsorgen ov ww afval/huisvuil afvoeren
Entsorgung zn v (-/+en) afvoer <van afval>, lozing
Entsorgungsgebühr zn v verwijderingsbijdrage
entspannen ov ww ontspannen • *sich im Urlaub ~* relaxen tijdens de vakantie
Entspannung zn v (-/+en) ontspanning
entspiegelt bn ontspiegeld
entspinnen wkd ww (**sich ~**) sterk zich ontspinnen, zich ontwikkelen
entspr. afk entsprechend overeenkomstig, in overeenstemming met
entsprechen onov ww +3, sterk **1** overeenkomen met, beantwoorden aan • *das entspricht meinen Erwartungen* dat beantwoordt aan mijn verwachtingen • *einem Bedürfnis ~* inspelen op een behoefte • *das entspricht den Erwartungen* dat ligt in de lijn (der verwachting) • *den Tatsachen nicht ~* niet in overeenstemming met de feiten zijn • *das entspricht nicht den Fakten* dat stemt niet met de feiten overeen • *der Wahrheit nicht ~* niet met de waarheid overeenkomen • *der Wahrheit ~* met de waarheid stroken **2** voldoen aan • *einer Bitte ~* gevolg geven aan een verzoek
entsprechend **1** bn **1** competent, bevoegd • *die ~e Behörde* de bevoegde instanties **2** passend bij, in overeenstemming met, navenant, overeenkomstig • *er hat nicht gelernt und das Ergebnis war ~ schlecht* hij heeft niet gestudeerd en het resultaat was navenant • *ein Briefbogen und der ~e Umschlag* een velletje briefpapier en de bijpassende envelop **3** passend, adequaat, gepast • *die der Funktion ~e Ausbildung* de voor de functie adequate opleiding • *eine ~e Belohnung* een redelijke beloning **2** vz +3, conform, volgens, in overeenstemming met, naar • *~ unserer Abmachung* conform/volgens onze afspraak • *~ den Tatsachen* overeenkomstig de feiten • *dem Beispiel ~* volgens het voorbeeld • *es geht ihr den Umständen ~ gut* het gaat met haar naar omstandigheden goed
Entsprechung zn v (-/+en) **1** equivalent, tegenhanger **2** overeenstemming
entsprießen onov ww sterk ontspruiten, voortkomen uit
entspringen onov ww sterk **1** ontspringen **2** ontkomen, ontsnappen
entstaatlichen ov ww privatiseren
entstammen ov + onov ww afstammen van
entstauben ov ww stofvrij maken
entstehen onov ww sterk ontstaan
Entstehung zn v (-, +en/gmv) (het) ontstaan
Entstehungsgeschichte zn v (-/+n) ontstaansgeschiedenis, wordingsgeschiedenis
entsteigen onov ww +3, sterk **1** form. opstijgen uit **2** form. uitstappen
entsteinen ov ww ontpitten
entstellen ov ww misvormen, verminken • *er wurde für sein Leben entstellt* hij raakte voor het leven verminkt
Entstellung zn v (-/+en) misvorming, verminking
entstören ov ww ontstoren
Entstörung zn v (-/+en) ontstoring
entströmen onov ww +3 **1** ontsnappen **2** naar buiten stromen, wegstromen
enttarnen ov ww onthullen, ontmaskeren
enttäuschen ov ww teleurstellen • *von jemandem enttäuscht sein* teleurgesteld zijn in iemand
Enttäuschung zn v (-/+en) teleurstelling, tegenvaller
entthronen ov ww onttronen
Entthronung zn v (-/+en) **1** onttroning **2** val
entvölkern ov ww ontvolken
Entvölkerung zn v (-/gmv) ontvolking
entw. afk entweder of, ofwel
entwachsen onov ww sterk ontgroeien aan
entwaffnen ov ww ontwapenen • *ein ~der Charme* een ontwapenende charme
Entwaffnung zn v (-/+en) ontwapening
entwalden ov ww ontbossen
entwarnen onov ww de alarmtoestand opheffen
Entwarnung zn v (-/+en) **1** signaal `veilig' **2** signaal `veilig' geven
entwässern ov ww ontwateren, draineren, afwateren
Entwässerung zn v (-/+en) ontwatering, drainage, afwatering
entweder voegw • *~, oder!* het een of het ander! • *~ ... oder* of ... of
Entweder-oder zn o (+s/gmv) alternatieve keuze
entweichen onov ww sterk **1** wegstromen, ontsnappen **2** ontwijken
entweihen ov ww ontwijden
Entweihung zn v (-/+en) schending, ontheiliging
entwenden ov ww ontvreemden, stelen
Entwendung zn v (-/+en) ontvreemding, diefstal
entwerfen ov ww sterk **1** ontwerpen • *Muster ~* patronen ontwerpen **2** schetsen
Entwerfer zn m (+s/-) ontwerper, designer
entwerten ov ww **1** ongeldig maken **2** in waarde verminderen, devalueren
Entwerter zn m (+s/-) stempelautomaat <strippenkaart/treinkaartje>
Entwertung zn v (-/+en) waardevermindering, devaluatie
entwickeln **1** ov ww **1** ontwikkelen **2** uiteenzetten **2** wkd ww (**sich ~**) zich ontwikkelen (**zu** +3 **tot**) • *sich ~* tot ontwikkeling komen • *das Dorf hat sich zu einer Stadt entwickelt* het dorp is tot stad uitgegroeid

en

Entwickler ZN M (+s/-) A-V ontwikkelaar
Entwicklung ZN V (-/+en) ontwikkeling
Entwicklungsdienst ZN M (+(e)s/+e) ontwikkelingshulp, ontwikkelingswerk
entwicklungsfähig BN in staat zich te ontwikkelen
Entwicklungshelfer ZN M (+s/-) ontwikkelingshelper
Entwicklungshilfe ZN V (-/+n) ontwikkelingshulp
Entwicklungskosten ZN MV ontwikkelingskosten
Entwicklungsland ZN O (+(e)s/-länder) ontwikkelingsland
Entwicklungsstand ZN M trap van ontwikkeling
entwinden OV WW sterk ontwringen • *jemandem eine Pistole ~* iemand een pistool ontwringen
entwirren OV WW ontwarren
entwischen ONOV WW ontsnappen • *der Dieb entwischte der Polizei* de dief ontsnapte aan de politie
entwöhnen OV WW **1** ontwennen, afwennen **2** spenen
Entwöhnung ZN V (-/+en) ontwenning
entwürdigen OV WW vernederen • *sich nicht ~ lassen* zich niet laten vernederen • *das ist so entwürdigend* dat is zo vernederend
Entwürdigung ZN V (-/+en) vernedering
Entwurf ZN M (+(e)s/-würfe) ontwerp, schets
entwurzeln OV WW ontwortelen
Entwurzelung ZN V (-/+en) ontworteling
entzaubern OV WW **1** ontnuchteren **2** de betovering wegnemen van
Entzauberung ZN V (-/+en) ontluistering
entzerren OV WW **1** ontdoen van vertekeningen <foto> **2** TECHN. ontdoen van vervormingen, compenseren **3** spreiden
entziehen OV WW sterk **1** onttrekken, ontnemen • *das entzieht sich meiner Kenntnis* dat is mij onbekend • *den Führerschein ~* het rijbewijs intrekken • *dem Vater die elterliche Gewalt ~* de vader uit de ouderlijke macht ontzetten • *etwas jemandes Blicken ~* aan het oog/gezicht onttrekken • *sich der Verantwortung ~* zich onttrekken aan zijn verantwoordelijkheid **2** weigeren **3** ontwennen
Entziehung ZN V (-/+en) **1** onttrekking, ontnemen, intrekking **2** ontwenning
Entziehungskur ZN V (-/+en) ontwenningskuur
entzifferbar BN te ontcijferen
entziffern OV WW ontcijferen
Entzifferung ZN V (-/+en) ontcijfering
entzücken OV WW verrukken, betoveren, in vervoering brengen • *entzückt sein von* gecharmeerd zijn van • *darüber bin ich nicht gerade entzückt* daar ben ik niet zo van gecharmeerd
Entzücken ZN O (+s/gmv) **1** verrukking **2** vervoering
entzückend BN verrukkelijk, prachtig, schattig, betoverend
Entzückung ZN V (-/+en) verrukking
Entzug ZN M (+(e)s/gmv) **1** ontnemen, intrekking **2** ontwenning
Entzugserscheinungen ZN MV ontwenningsverschijnselen
entzündbar BN ontvlambaar
Entzündbarkeit ZN V (-/gmv) ontvlambaarheid
entzünden OV WW **1** ontsteken, in vuur en vlam zetten **2** aansteken, doen ontvlammen • *sie hat sein Herz entzündet* ze heeft zijn hart in vuur en vlam gezet • *sich ~* vlam vatten, opgewonden raken, MED. ontsteken
entzündlich BN **1** opvliegend **2** (licht) ontbrandbaar, (licht) ontvlambaar **3** besmettelijk
Entzündung ZN V (-/+en) **1** aansteken, doen ontbranden **2** infectie, ontsteking
entzündungshemmend BN ontstekingsremmend
entzwei BN stuk, kapot
entzweibrechen **1** OV WW sterk in twee stukken breken, doormidden breken • *etwas ~* iets in tweeën breken **2** ONOV WW sterk breken, stukgaan
entzweien OV WW tweedracht zaaien tussen, een breuk veroorzaken tussen • *sich ~* onenigheid krijgen
entzweigehen ONOV WW stukgaan
Entzweiung ZN V (-/+en) onenigheid
Enzian ZN M (+s/+e) PLANTK. gentiaan
Enzyklika ZN V (-/-ken) encycliek
Enzyklopädie ZN V (-/+n) encyclopedie
enzyklopädisch BN encyclopedisch
Enzym ZN O (+s/+e) enzym
EP AFK Europäisches Parlament Europees Parlement
Epidemie ZN V (-/+n) epidemie • *es brach eine ~ aus* er brak een epidemie uit
epidemisch BN epidemisch
Epigone ZN M (+n/+n) epigoon, navolger
Epigramm ZN O (+s/+e) epigram, puntdicht
Epilepsie ZN V (-/+n) epilepsie
Epileptiker ZN M (+s/-) epilepticus, lijder aan toevallen
epileptisch BN epileptisch • *einen ~en Anfall bekommen* een epileptische aanval krijgen
Epilog ZN M (+s/+e) epiloog, slotwoord
episch BN episch, verhalend
Episkopat ZN O (+(e)s/+e) episcopaat
Episode ZN V (-/+n) episode
episodenhaft BN episodisch, ingelast
Epistel ZN V (-/+n) epistel
Epizentrum ZN O (+s/-ren) epicentrum
Epoche ZN V (-/+n) tijdperk • *~ machen* een nieuw tijdperk inluiden, opzien baren • *~ machend* opzienbarend
epochemachend BN opzienbarend
Epos ZN O (-/Epen) epos, heldendicht
Epoxy ZN O epoxyhars
Equipe ZN V (-/+n) equipe
er PERS VNW hij
erachten OV WW achten, houden voor • *etwas als/für notwendig ~* iets nodig achten

Erachten ZN O (+s/gmv) mening, gevoelen • *meines Erachtens* naar mijn mening, mijns inziens

erarbeiten OV WW **1** door werken verkrijgen **2** uitwerken • *einen neuen Plan ~* een nieuw plan uitwerken

Erbanlage ZN V (-/+n) erfelijke aanleg

erbarmen OV WW medelijden inboezemen • *sich ~* zich ontfermen

Erbarmen ZN O (+s/gmv) erbarmen, medelijden

erbarmenswert BN erbarmelijk, beklagenswaardig

erbärmlich BN erbarmelijk • *~ frieren* het verschrikkelijk koud hebben • *ein erbärmliches Buch* een beroerd boek • *~ schlecht* bedroevend slecht

erbarmungslos BN meedogenloos • *~ auf jemanden einschlagen* iemand een ongenadig pak slaag geven

erbauen 1 OV WW **1** bouwen, oprichten **2** stichten **2** WKD WW (**sich ~**) FIG. stichten, genieten (**an** +4 van) • *sich an einem Buch ~* van een boek genieten • INFORM. *von etwas/über etwas nicht erbaut sein* niet echt blij zijn met iets

Erbauer ZN M (+s/-) stichter, bouwer

erbaulich BN **1** IRON. hartverheffend **2** stichtelijk

Erbauung ZN V (-/+en) stichting, innerlijke verheffing

erbberechtigt BN erfgerechtigd

Erbe 1 ZN M (+n/+n) erfgenaam • *jemanden als/zum Erben einsetzen* iemand als erfgenaam aanwijzen, iemand tot erfgenaam benoemen • *alleiniger ~* enig erfgenaam • *gesetzlicher ~* wettig erfgenaam **2** ZN O (+s/+n) **1** erfgoed **2** erfenis, erfdeel, nalatenschap • *ein ~ antreten* een erfenis/nalatenschap aanvaarden

erbeben ONOV WW beven, sidderen

erben OV WW **1** erven • *etwas von jemandem ~* iets van iemand erven • *die Nase hat er von seinem Vater geerbt* die neus heeft hij van zijn vader geërfd **2** INFORM. krijgen

erbeten OV WW afsmeken

erbetteln OV WW afbedelen

erbeuten OV WW buitmaken

Erbfaktor ZN M (+s/+en) BIOL. erfelijke factor

Erbfeind ZN M (+(e)s/+e) erfvijand

Erbfolge ZN V (-/+n) erfopvolging • *durch ~ bekommen* door erfopvolging verkrijgen

Erbgut ZN O (+(e)s/-güter) **1** erfgoed **2** erfelijke eigenschappen

erbieten WKD WW (**sich ~**) sterk zich bereid verklaren

Erbin ZN V (-/+nen) erfgename

erbitten OV WW sterk afsmeken, vragen, verzoeken • *sich nicht ~ lassen* zich niet laten vermurwen

erbittern OV WW verbitteren

erbittert BN **1** verbitterd, hardnekkig, grimmig **2** vertoornd

Erbitterung ZN V (-/gmv) verbittering

Erbkrankheit ZN V (-/+en) erfelijke ziekte

erblassen ONOV WW verbleken, bleek worden

Erblasser ZN M (+s/-) erflater

erbleichen ONOV WW zwak **1** sterven **2** verbleken

erblich BN erfelijk • *~ belastet sein* erfelijk belast zijn

Erblichkeit ZN V (-/gmv) erfelijkheid

erblicken OV WW **1** aanschouwen, zien • *das Licht der Welt ~* het levenslicht aanschouwen **2** beschouwen als • *sie erblickt in ihm ihren Retter* ze beschouwt hem als haar redder

erblinden ONOV WW blind worden

Erblindung ZN V (-/+en) verblinding

erblühen ONOV WW ontluiken, opbloeien

Erbmasse ZN V (-/+n) JUR. boedel, nalatenschap

Erbonkel ZN M (+s/-) erfoom, suikeroom

erbosen OV WW boos maken

erbötig BN bereid

erbrausen ONOV WW beginnen te ruisen, bruisend klinken

erbrechen OV WW sterk **1** uitbraken • *sein Essen ~* zijn eten uitbraken • *sich ~* overgeven, braken **2** openbreken

Erbrecht 1 ZN O (+(e)s/gmv) erfrecht **2** ZN O (+(e)s/+e) recht op een erfenis

erbringen OV WW onregelmatig **1** opleveren • *den Nachweis für etwas ~* het bewijs van iets leveren **2** aanvoeren

Erbschaden ZN M (+s/-schäden) BIOL. erfelijk gebrek

Erbschaft ZN V (-/+en) nalatenschap, erfenis • *eine ~ machen* een erfenis krijgen • *eine ~ antreten/annehmen* een erfenis aanvaarden

Erbschaft(s)steuer ZN V (-/+n) successierecht, successiebelasting

Erbschleicher ZN M (+s/-) erfenisjager

Erbse ZN V (-/+n) erwt • *grüne ~* groene erwt

Erbsensuppe ZN V (-/+n) erwtensoep

Erbsenzählerei ZN V (-/gmv) INFORM. muggenzifterij

Erbstück ZN O (+(e)s/+e) erfstuk • *dieses Gemälde ist ein ~* dit schilderij is een erfstuk

Erbsünde ZN V (-/gmv) erfzonde

Erbteil ZN O (+(e)s/+e) **1** erfdeel • *väterlicher ~* vaderlijk erfdeel • *sein ~ bekommen* zijn erfdeel krijgen **2** geërfde eigenschap

Erdachse ZN V (-/+n) aardas

Erdapfel ZN M (+s/-äpfel) OOST. aardappel

Erdbeben ZN O (+s/-) aardbeving

Erdbeere ZN V (-/+n) aardbei

Erdbeermarmelade ZN V aardbeienjam

Erdbevölkerung ZN V (-/gmv) wereldbevolking

Erdboden ZN M (+s/-böden) aardbodem, grond • *etwas dem ~ gleichmachen* iets met de grond gelijk maken • *vom ~ verschluckt* van de aardbodem verdwijnen • *im ~ versinken wollen* door de grond willen zakken

Erde ZN V (-/+n) **1** aarde • *hier auf Erden* hier op aarde • *sich auf die ~ werfen* zich ter aarde werpen **2** grond, bodem • *zu ebener ~* gelijkvloers

erden OV WW aarden

Erdenbürger ZN M (+s/-) aardbewoner, mens

erdenkbar BN uit te denken, denkbaar

erdenken OV WW onregelmatig uitdenken,

bedenken
erdenklich BN denkbaar, mogelijk • *alle ~en Mittel* alle mogelijke middelen
Erderwärmung ZN V (-/gmv) opwarming van de aarde
erdfarben BN aardkleurig
Erdg. AFK Erdgeschoss begane grond
Erdgas ZN O (+es/gmv) aardgas • *flüssiges ~* vloeibaar aardgas
Erdgeschichte ZN V (-/gmv) aardkunde, geologie
Erdgeschoss ZN O (+es/+e) parterre, begane grond
erdichten OV WW verzinnen
Erdichtung ZN V (-/+en) verzinsel
erdig BN **1** vol aarde, aarde bevattend **2** aardachtig
Erdinnere ZN O (+n/gmv) inwendige van de aarde
Erdkabel ZN O (+s/-) grondkabel, ondergrondse geleider
Erdkern ZN M (+(e)s/+e) AARDK. aardkern
Erdkruste ZN V (-/gmv) aardkorst
Erdkugel ZN V (-/gmv) aardbol
Erdkunde ZN V (-/gmv) aardrijkskunde
erdkundlich BN aardrijkskundig, geografisch
Erdleitung ZN V (-/+en) aardleiding
Erdnuss ZN V (-/-nüsse) aardnoot, pinda, apennootje
Erdnussbutter ZN V (-/gmv) pindakaas
Erdoberfläche ZN V (-/gmv) aardoppervlak
Erdöl ZN O (+(e)s/gmv) aardolie • *nach ~ bohren* boren naar olie
Erdölfeld ZN O (+(e)s/+er) olieveld
Erdölförderung ZN V (-/gmv) aardolieproductie
Erdölgewinnung ZN V (-/gmv) oliewinning
Erdölleitung ZN V (-/+en) olie(pijp)leiding
Erdölraffinerie ZN V (-/+n) aardolieraffinaderij
Erdölvorkommen ZN O (+s/-) aardolieveld
Erdreich ZN O (+(e)s/gmv) grond, aarde
erdreisten WKD WW (**sich ~**) de (euvele) moed hebben (om)
erdröhnen ONOV WW (beginnen te) dreunen
erdrosseln OV WW wurgen
Erdrosselung ZN V (-/+en) wurging
erdrücken OV WW platdrukken, dooddrukken, verpletteren • *von Arbeit erdrückt werden* overstelpt worden door werk
erdrückend BN **1** drukkend <van hitte> **2** verpletterend, overstelpend
Erdrutsch ZN M (+(e)s/+e) aardverschuiving
Erdsatellit ZN M (+en/+en) aardsatelliet
Erdschicht ZN V (-/+en) **1** laag aarde **2** AARDK. aardlaag
Erdstoß ZN M (+es/-stöße) aardschok
Erdteil ZN M (+(e)s/+e) werelddeel
erdulden OV WW dulden, verdragen, lijden
Erdumdrehung ZN V (-/+en) omwenteling van de aarde
Erdumlaufbahn ZN V (-/+en) baan rond de aarde
Erdung ZN V (-/+en) aarding
ereifern WKD WW (**sich ~**) zich kwaad maken, zich opwinden
Ereiferung ZN V (-/+en) **1** opwinding **2** drift
ereignen WKD WW (**sich ~**) gebeuren, plaatsvinden
Ereignis ZN O (+ses/+se) gebeurtenis • *ein freudiges ~* een blijde gebeurtenis • *das Konzert war ein ~* het concert was een gebeurtenis
ereignislos BN zonder belangrijke gebeurtenissen
ereignisreich BN rijk aan gebeurtenissen
ereilen OV WW verrassen, achterhalen
Erektion ZN V (-/+en) erectie
Eremit ZN M (+en/+en) heremiet, kluizenaar
ererben OV WW door erfenis verkrijgen
ererbt BN **1** (over)geërfd **2** erfelijk
erfahren **1** BN ervaren • *~ in ... sein* ervaren zijn in **2** OV WW sterk **1** te weten komen, vernemen, horen • *durch Zufall ~* bij toeval vernemen **2** ondervinden • *nicht viel Glück ~* niet veel geluk ondervinden • *etwas am eigenen Leib ~* iets aan den lijve ondervinden • *sie hat das als unangenehm ~* zij heeft dat als heel naar ervaren **3** ondergaan
Erfahrenheit ZN V (-/gmv) ervaring
Erfahrung ZN V (-/+en) ervaring, knowhow • *aus ~ wissen* uit ervaring weten • *ich spreche aus ~* ik spreek uit ervaring • *nach meiner ~* volgens mijn ervaring • *die ~ lehrt, dass* de ervaring leert dat • *~ mit ... haben* ervaring hebben met • *Erfahrungen machen/sammeln* ervaring opdoen • *schlechte Erfahrungen machen* slechte ervaringen opdoen • *etwas in ~ bringen* iets te weten komen
erfahrungsgemäß BW zoals de ervaring leert, proefondervindelijk, empirisch
Erfahrungssache ZN V (-/gmv) INFORM. kwestie van ervaring
erfassbar BN **1** begrijpelijk, vatbaar **2** meetbaar, registreerbaar
erfassen OV WW **1** grijpen • *von einem Zug erfasst* door een trein gegrepen **2** begrijpen • *eine Lage ~* een situatie doorzien **3** onderbrengen, registreren • *statistisch ~* statistisch vastleggen
Erfassung ZN V (-/+en) **1** begrijpen **2** registratie, onderbrenging
erfechten OV WW sterk bevechten, behalen
erfinden OV WW sterk **1** uitvinden **2** uitdenken, verzinnen • *Ausreden ~* smoesjes verzinnen
Erfinder ZN M (+s/-) uitvinder
erfinderisch BN vindingrijk
Erfindung ZN V (-/+en) **1** verzinsel **2** uitvinding
Erfindungsgabe ZN V (-/gmv) creativiteit, vindingrijkheid, inventiviteit
erfindungsreich BN vindingrijk, inventief
erflehen OV WW afsmeken • *von jemandem etwas ~* iemand iets afsmeken
Erfolg ZN M (+(e)s/+e) succes • *~ versprechend* succes belovend, veelbelovend • *ein billiger ~* een goedkoop succes • *viel Erfolg!* succes! • *mit gutem ~* met goed gevolg • *mit ~ das Examen machen* met

goed gevolg examen doen

erfolgen ONOV WW plaatshebben, gebeuren

erfolglos BN zonder resultaat, zonder succes • *seine Versuche waren ~* zijn pogingen bleven zonder resultaat • *~ bleiben* geen succes hebben

Erfolglosigkeit ZN V (-/gmv) mislukking, fiasco

erfolgreich BN succesvol

Erfolgsaussichten ZN MV kans op succes

Erfolgsautor ZN M (+s/+en) auteur van bestsellers, succesvol auteur

Erfolgsbeteiligung ZN V (-/+en) winstdeling

Erfolgserlebnis ZN O (+ses/+se) kick

Erfolgszwang ZN M (+(e)s/gmv) prestatiedruk • *unter ~ stehen* onder druk staan om te presteren

erforderlich BN vereist, noodzakelijk • *das Erforderliche veranlassen* de noodzakelijke maatregelen treffen • *die ~en Mittel* de vereiste middelen

erforderlichenfalls BW indien nodig

erfordern OV WW vergen, vereisen • *viel Zeit ~* veel tijd vergen

Erfordernis ZN O (+ses/+se) vereiste

erforschen OV WW navorsen, uitvorsen, onderzoeken • *etwas ~* een onderzoek verrichten naar

Erforscher ZN M (+s/-) onderzoeker

Erforschung ZN V (-/+en) onderzoek

erfragen OV WW door vragen te weten komen

erfreuen 1 OV WW verheugen, verblijden • *jemanden durch/mit etwas ~* iemand met iets blij maken • *erfreut sein über* +4 blij zijn met • OUD. *sehr erfreut!* aangenaam <bij kennismaking> **2** WKD WW **(sich ~)** +2 • *sich einer guten Gesundheit ~* een goede gezondheid genieten • *sich eines guten Rufes ~* een goede reputatie genieten • *sich ~ an* +3 genieten van

erfreulich BN verheugend, prettig

erfreulicherweise BW gelukkig

erfrieren ONOV WW sterk bevriezen, doodvriezen

Erfrierung ZN V (-/+en) bevriezing

erfrischen OV WW verfrissen, verkwikken • *ein Glas Wein wird dich ~* van een glas wijn zul je opknappen

Erfrischung ZN V (-/+en) **1** verkwikking **2** verfrissing, verversing **3** frisdrank

Erfrischungsgetränk ZN O (+(e)s/+e) frisdrank

Erfrischungsraum ZN M (+(e)s/-räume) kantine, lunchroom

Erfrischungstuch ZN O (+(e)s/-tücher) verfrissingsdoekje

erfüllen OV WW **1** (volledig) vullen **2** vervullen • *sich ~* in vervulling gaan

Erfüllung ZN V (-/+en) **1** vervulling • *in ~ gehen* in vervulling gaan **2** schulddelging

Erfüllungsort ZN M (+(e)s/+e) plaats van levering/betaling

ergänzen 1 OV WW aanvullen, invullen • *den fehlenden Betrag ~* het tekort aanvullen • *ergänzend zu* in aanvulling op **2** WKD WW **(sich ~) 1** aangevuld/gecompleteerd worden **2** elkaar aanvullen • *sie ~ sich gegenseitig* zij vullen elkaar aan

ergänzend BN • *eine ergänzende Bemerkung machen* een aanvullende opmerking maken

Ergänzung ZN V (-/+en) aanvulling, invulling, supplement • *zur ~* ter aanvulling van

Ergänzungsband ZN M (+(e)s/-bände) supplement

ergattern OV WW te pakken krijgen, op de kop tikken

ergaunern OV WW INFORM. bij elkaar stelen, op arglistige wijze verkrijgen

ergeben 1 BN **1** toegenegen, toegedaan, toegewijd • *Ihr ~er* uw toegewijde **2** onderdanig **3** berustend **2** OV WW sterk opleveren • *das ergibt nichts* dat levert niets op **3** WKD WW **(sich ~)** sterk **1** blijken • *das hat sich so ~* dat is zo gebleken **2** +3, zich overgeven, berusten in • *sie hat sich diesen Umständen ~* ze heeft zich overgegeven aan deze omstandigheden • *sich in sein Schicksal ~* zich in zijn lot schikken **3 ~ aus** +3, tot gevolg hebben, opleveren • *daraus wird sich noch Schlimmes ~* daar zullen nog erge dingen uit voortkomen

Ergebenheit ZN V (-/gmv) **1** toegenegenheid, trouw **2** berusting

Ergebnis ZN O (+ses/+se) resultaat, uitkomst • *zu keinem ~ führen* niet tot resultaat leiden

ergebnislos BN zonder resultaat, vruchteloos

Ergebung ZN V (-/gmv) **1** overgave **2** berusting

ergehen ONOV WW sterk **1** uitgaan, gericht worden aan • *~ lassen* uitvaardigen, laten uitgaan **2** vergaan • *ihm ist es schlecht ergangen* hem is het slecht vergaan • *etwas über sich ~ lassen* iets over zich heen laten gaan **3** • *sich ~* een luchtje scheppen • *sich ~ in* zich uitputten in

Ergehen ZN O (+s/gmv) toestand, welzijn • *sich nach jemandes ~ erkundigen* informeren hoe het met iemand gaat

ergiebig BN vruchtbaar, overvloedig, winstgevend

Ergiebigkeit ZN V (-/gmv) winstgevendheid, vruchtbaarheid

ergießen ONOV WW sterk uitgieten, uitstorten • *sich ~* stromen

erglänzen ONOV WW (beginnen te) glanzen, schitteren

erglühen ONOV WW **1** gaan gloeien, ontbranden **2** blozen

Ergonom ZN M (+en/+en) ergonoom

Ergonomie ZN V (-/gmv) ergonomie, arbeidsleer

ergonomisch BN ergonomisch

Ergotherapie ZN V ergotherapie

ergötzen OV + ONOV WW vermaken • *sich ~* zich verlustigen

Ergötzen ZN O (+s/gmv) FORM. vermaak

ergötzlich BN vermakelijk

ergrauen ONOV WW grijs worden

ergreifen OV WW sterk **1** arresteren **2** grijpen, pakken, nemen • *eine Chance mit beiden Händen ~* een kans met beide handen grijpen • *die Macht ~*

de macht grijpen • *das Wort* ~ het woord nemen • *die Flucht* ~ op de vlucht slaan **3 aangrijpen** • *von einer Sache ergriffen sein* door iets aangegrepen zijn

ergreifend BN **aangrijpend, aandoenlijk**

Ergreifung ZN V (-/+en) **1 (het) nemen** <van maatregelen> **2 arrestatie**

ergriffen BN **aangedaan, bewogen** • *tief* ~ diep bewogen

Ergriffenheit ZN V (-/gmv) **bewogenheid**

ergründen OV WW **uitvorsen, doorgronden**

Erguss ZN M (+es/-güsse) **1 uitstorting 2** MIN. **ontboezeming**

erhaben BN **1 verheven, hoog, groots** • *über jeden Zweifel* ~ *sein* boven alle twijfel verheven zijn **2 in reliëf**

Erhabenheit ZN V (-/+en) **verhevenheid, grootsheid**

Erhalt ZN M (+(e)s/gmv) **1** FORM. **ontvangst** • *den* ~ *... (+2) bestätigen* de ontvangst bevestigen van **2 behoud, conservering**

erhalten OV WW sterk **1 ontvangen, krijgen** • *eine Nachricht* ~ een bericht ontvangen • *sie hat einen Brief* ~ zij heeft een brief ontvangen • *Ihren Brief habe ich* ~ uw brief heb ik ontvangen • *dankend* ~ in dank ontvangen • *Geld* ~ geld ontvangen **2 behouden, bewaren** • *eine Stelle* ~ een baan behouden • *dieser Brauch hat sich* ~ dit gebruik is blijven bestaan • *das erhält (einen) jung* dat houdt je jong • *die Oberhand* ~ de overhand behouden • *das Naturgebiet* ~ het natuurgebied behouden **3 onderhouden** • *gut* ~ *sein* goed onderhouden zijn, in goede staat van onderhoud zijn

erhältlich BN **verkrijgbaar**

Erhaltung ZN V (-/gmv) **1 instandhouding 2 verzorging, onderhoud**

erhandeln OV WW **door handelen krijgen, aankopen**

erhängen OV WW **ophangen** • *er hat sich erhängt* hij heeft zich opgehangen

erhärten 1 OV WW **1 hard maken 2 staven, bevestigen** • *etwas eidlich* ~ iets onder ede bevestigen **2** ONOV WW **verharden, hard worden**

Erhärtung ZN V (-/gmv) **1 harden 2 staving, bekrachtiging**

erhaschen OV WW **1 te pakken krijgen 2 opvangen** • *Worte* ~ woorden opvangen

erheben OV WW sterk **1 opheffen 2 aanheffen 3 verheffen** • *sich* ~ zich verheffen/oprichten, in opstand komen **4 heffen, innen** • *Steuern* ~ belasting heffen **5 uiten, aanvoeren** • *Anspruch* ~ *auf etwas* aanspraak op iets maken • *Ansprüche* ~ eisen stellen • *Bedenken* ~ bezwaren opperen • *Einspruch* ~ protest aantekenen • *eine Klage* ~ een klacht indienen • *es erhebt sich die Frage, ob ...* de vraag rijst of ..

erhebend BN **verheffend**

erheblich BN **belangrijk, aanzienlijk** • *eine ~e Geldsumme* een flinke som geld

Erhebung ZN V (-/+en) **1 opheffen 2 heuvel, berg 3 verheffing 4 heffing, inning 5 opstand 6 onderzoek, enquête** • *Erhebungen machen* inlichtingen inwinnen, een onderzoek instellen, een enquête houden

erheiraten OV WW **door huwelijk verkrijgen**

erheischen OV WW **verlangen, vereisen**

erheitern OV WW **opvrolijken** • *sich* ~ opklaren

Erheiterung ZN V (-/+en) **vermaak**

erhellen OV WW **1 verlichten** • *sich* ~ opklaren **2 duidelijk worden** • *daraus erhellt* daaruit blijkt

erhitzen OV WW **verhitten** • *sich* ~ zich opwinden, heet worden

Erhitzung ZN V (-/+en) **verhitting**

erhoben OV WW volt. deelw. → **erheben**

erhoffen OV WW **hopend verwachten, hopen**

erhöhen OV WW **1 verhogen (auf tot), hoger maken** • *sich* ~ *um* +4, stijgen met **2 vergroten, opvoeren 3 bevorderen** <in rang>

Erhöhung ZN V (-/+en) **1 verhoging 2 berg, heuvel**

erholen WKD WW **(sich ~) 1 zich ontspannen, uitrusten 2 herstellen, bijkomen** • *sich von einer Krankheit* ~ van een ziekte herstellen **3** ECON. **aantrekken**

erholsam BN **verkwikkend**

Erholung ZN V (-/gmv) **1 herstel** • *wirtschaftliche* ~ economisch herstel **2 ontspanning, recreatie, rust**

erholungsbedürftig BN **overwerkt, aan rust/vakantie toe**

Erholungsgebiet ZN O (+(e)s/+e) **recreatiegebied**

Erholungsheim ZN O (+(e)s/+e) **herstellingsoord**

Erholungsurlaub ZN M (+(e)s/+e) **ziekteverlof**

Erholungszentrum ZN O (+s/-zentren) **recreatiecentrum**

erhören OV WW **1 verhoren, inwilligen 2 aanhoren**

erigieren ONOV WW **verstijven, een erectie hebben**

erinnern 1 OV WW **1 ~ an** +4, **herinneren** • *jemanden an etwas* ~ iemand aan iets herinneren, iemand iets helpen onthouden • *ich erinnere Sie daran* ik herinner u eraan • *sie erinnert mich an diese Schauspielerin* zij doet me denken aan die actrice **2 aanmerken 2** WKD WW **(sich ~) an** +4, **zich herinneren** • *sich an jemanden/etwas* ~ zich iemand/iets herinneren • *wenn ich mich recht erinnere* als ik het me goed herinner • *daran kann er sich nicht* ~ dat kan hij zich niet herinneren • *ich erinnere mich noch sehr gut daran* het ligt me nog vers in het geheugen • *soweit ich mich erinnere* voor zover ik me herinner

Erinnerung ZN V (-/+en) **1 herinnering** • *wenn die* ~ *mich nicht trügt* als mijn geheugen mij niet bedriegt **2 vermaning**

Erinnerungshilfe ZN V (-/+n) **geheugensteuntje**

Erinnerungsvermögen ZN O (+s/gmv) **herinneringsvermogen, geheugen**

erjagen OV WW **1 bemachtigen 2 vangen**

erkalten ONOV WW **1 koud worden 2 bekoelen**

erkälten WKD WW **(sich ~) verkouden worden, kou vatten** • *er hat sich stark erkältet* hij heeft een flinke kou gevat

Erkältung ZN V (-/+en) **verkoudheid, kou** • *sich eine ~ holen/zuziehen* een kou/verkoudheid oplopen • *eine schlimme ~ haben* snipverkouden zijn

erkämpfen OV WW **bevechten, behalen**

erkaufen OV WW **1 betalen** • *eine Erfahrung teuer ~* een ervaring duur betalen **2 kopen**

erkennbar BN **kenbaar**

erkennen 1 OV WW onregelmatig **1 herkennen** • *sich zu ~ geben* zich bekendmaken **2 zien, onderscheiden** • *nur die Umrisse ~* alleen de contouren onderscheiden **3 inzien, beseffen 2** ONOV WW onregelmatig **een oordeel vellen** • *das Gericht erkannte auf Schadenersatz* de rechtbank veroordeelde tot schadevergoeding

erkenntlich BN **erkentelijk, dankbaar** • *sich für etwas ~ zeigen* zich voor iets erkentelijk tonen • *sich jemandem ~ erweisen* zich erkentelijk tonen jegens iemand

Erkenntlichkeit ZN V (-/+en) **1 erkentelijkheid, dank** • *aus ~ für ihre Unterstützung* uit erkentelijkheid voor haar steun **2 attentie, blijk van erkentelijkheid**

Erkenntnis 1 ZN V (-/+se) **1 besef, inzicht** • *zu der ~ kommen, dass* tot het besef komen dat • *er kam zu der Erkenntnis, dass ...* hij kwam tot het besef dat ... **2 weten, kennis 2** ZN O (+ses/+se) OOST. **vonnis, uitspraak**

Erkenntnisstand ZN M (+es/-stände) **stand van de wetenschap** • *nach dem neuesten ~* volgens de laatste inzichten

Erkennung ZN V (-/gmv) **herkenning**

Erkennungsdienst ZN M (+(e)s/+e) **identificatieafdeling v.d. recherche**

Erkennungszeichen ZN O (+s/-) **herkenningsteken**

Erker ZN M (+s/-) **erker**

erklärbar BN **verklaarbaar**

erklären 1 OV WW **verklaren** • *(für) nichtig/ungültig ~* nietig verklaren • *erklär mir das doch mal* leg me dat maar eens uit **2** WKD WW **(sich ~) zich verklaren, zich uitspreken (zu** +3 **over)** • *erkläre dich deutlicher!* verklaar je nader!

erklärlich BN **verklaarbaar**

erklärt BN **1 onbetwist, uitgesproken 2 fel, overtuigd** • *er ist ein erklärter Gegner der Kernkraft* hij is een fel tegenstander van kernenergie

Erklärung ZN V (-/+en) **verklaring** • *eine ~ abgeben* een verklaring afgeven • *eidliche ~* beëdigde verklaring • *jemandem eine ~ geben* een verklaring geven aan iemand • *für etwas eine ~ geben* een verklaring geven voor iets

erklettern OV WW **beklimmen**

erklimmen OV WW **beklimmen, bestijgen** <moeizaam>

erklingen ONOV WW sterk **weerklinken**

erkoren BN **uitverkoren**

erkranken ONOV WW **ziek worden**

Erkrankung ZN V (-/+en) **1 ziekte 2 het ziek worden**

erkunden OV WW **1 te weten komen 2 verkennen** • *das Gelände ~* het terrein verkennen

erkundigen WKD WW **(sich ~) informeren** • *sich nach jemandem ~* informeren naar iemand • *sich nach etwas ~* zich op de hoogte stellen van iets

Erkundigung ZN V (-/+en) **1 inlichting** • *über jemanden Erkundigungen einziehen* over iemand inlichtingen inwinnen **2 nasporing**

Erkundung ZN V (-/+en) **verkenning** • *jemanden zur ~ ausschicken* iemand op verkenning uitsturen • *auf ~ gehen* op verkenning uitgaan

erlahmen ONOV WW **1 verlammen, moe worden 2 verflauwen**

erlangen OV WW **verkrijgen, verwerven**

Erlangung ZN V (-/gmv) **verkrijging**

Erlass ZN M (+es/+e) **1 decreet 2 kwijtschelding**

erlassen OV WW sterk **1 uitvaardigen 2 kwijtschelden**

erlauben OV WW **veroorloven, toestaan** • *das ist erlaubt* dat mag wel • *das ist nicht erlaubt* dat mag niet • *sein Vater erlaubt es ihm nicht* hij mag niet van zijn vader • *das ist nicht erlaubt* dat is niet toegestaan • *das erlaubt meine Börse nicht* dat kan mijn beurs niet lijden • *was erlaubst du dir!* wat denk je wel! • *sich ~* zich permitteren

Erlaubnis ZN V (-/+se) **toestemming, permissie, verlof** • *um ~ bitten* toestemming vragen • *mit Ihrer ~* met uw welnemen, met alle respect, met uw goedvinden

Erlaubnisschein ZN M (+(e)s/+e) **schriftelijke toestemming**

erlauschen OV WW **afluisteren**

erläutern OV WW **verklaren, toelichten** • *mit Beispielen ~* met voorbeelden toelichten

Erläuterung ZN V (-/+en) **verklaring, toelichting** • JUR. *Erläuterungen zu einem Gesetzentwurf* memorie van toelichting

Erle ZN V (-/+n) **elzenboom, els**

erleben OV WW **beleven, meemaken** • *spannende Abenteuer ~* spannende avonturen beleven • *hier gibt es wirklich gar nichts zu ~* er valt hier werkelijk niets te beleven • *viel ~* veel meemaken • *das wird er wohl nicht mehr ~* dat zal hij wel niet meer meemaken • *ich habe vielleicht etwas erlebt!* ik heb toch iets meegemaakt! • *hast du so etwas schon mal erlebt?* heb je ooit zoiets meegemaakt?

Erlebensfall ZN M (+(e)s/-fälle) • *Versicherung auf den ~* verzekering bij leven

Erlebnis ZN O (+ses/+se) **gebeurtenis, belevenis**

Erlebnispark ZN M (+s/+s) **attractiepark**

erlebnisreich BN **veelbewogen, vol afwisseling**

erledigen OV WW **1 afdoen, afhandelen, afmaken** • *etwas ~* iets in orde maken • *sich selbst ~* vanzelf in orde komen • *das ist/wäre erledigt* dat is afgedaan • *das hat sich erledigt* dat is van de baan • *der ist für mich erledigt* hij heeft voor mij afgedaan **2 uitvoeren** • *eine Aufgabe ~* een opdracht uitvoeren **3 uit de weg ruimen, uitschakelen** • *jemanden ~* iemand uitschakelen

erledigt BN **uitgeput, bekaf** • *ich bin ~* ik ben

doodmoe
Erledigung ZN V (-/+en) **afhandeling, afwikkeling**
erlegen OV WW **neerleggen, doden**
Erlegung ZN V (-/+en) **1 doden 2 betaling**
erleichtern OV WW **1 verlichten, vergemakkelijken** • FIG. *jemanden um 1000 Euro ~* iemand 1000 euro lichter maken **2 opluchten** • *ich bin erleichtert* ik ben opgelucht
Erleichterung ZN V (-/+en) **1 opluchting 2 verlichting, vergemakkelijking 3 faciliteit** • *jemandem Erleichterungen gewähren* iemand faciliteiten toestaan

erleiden OV WW sterk **lijden, ondergaan**
erlernbar BN **te leren, aan te leren**
erlernen OV WW **leren**
erlesen 1 BN **uitgelezen** • *~e Früchte* gesorteerde vruchten **2** OV WW sterk **door lezen verkrijgen** • *er hat sein Wissen ~* hij heeft zijn kennis door lezen verkregen
erleuchten OV WW **verlichten**
Erleuchtung ZN V (-/+en) **plotseling inzicht, ingeving**
erliegen ONOV WW sterk **1** • *etwas zum Erliegen bringen* iets lam leggen • *zum Erliegen kommen* tot stilstand komen **2** FORM. **bezwijken, overlijden** • *einem Krebsleiden ~* aan kanker overlijden • *der Versuchung ~* voor de verleiding bezwijken • *den Verlockungen ~* voor de verleiding zwichten
erlogen WW → **erlügen**
Erlös ZN M (+es/+e) **opbrengst, winst**
erlöschen ONOV WW sterk **1 uitgaan, uitdoven** • *das Feuer erlischt* het vuur gaat uit • *das Licht erlischt* het licht gaat uit • *ein erloschener Vulkan* een uitgewerkte vulkaan **2 zwakker worden 3 uitsterven 4 ophouden te bestaan**
erlösen OV WW **verlossen, bevrijden**
Erlöser 1 ZN M (+s/-) **bevrijder, verlosser 2** ZN M (+s/gmv) REL. **Verlosser, Heiland**
Erlösung ZN V (-/+en) **verlossing**
erlügen OV WW sterk **liegen, verzinnen** • *das ist erlogen* dat is een leugen • *das ist erstunken und erlogen* dat is een stinkende leugen
ermächtigen OV WW **machtigen** • *jemanden ~* iemand machtigen
Ermächtigung ZN V (-/+en) **machtiging, volmacht**
ermahnen OV WW **aanmanen, vermanen**
Ermahnung ZN V (-/+en) **1 aanmaning 2 vermaning**
ermangeln ONOV WW +2 **1 ontbreken, missen** • *eines Dinges ~* iets missen **2 nalaten**
Ermangelung ZN V (-/gmv) • *in ~ eines Bessern* bij gebrek aan beter
ermäßigen OV WW **matigen, verminderen**
Ermäßigung ZN V (-/+en) **matiging, vermindering, korting** • *~ erhalten* korting krijgen
ermatten OV WW **1 vermoeien, uitputten 2 verflauwen**
ermessen OV WW sterk **overzien, beoordelen**
Ermessen ZN O (+s/gmv) **oordeel, goeddunken** • *ich stelle es in Ihr ~* dat laat ik aan uw beoordeling over • *nach menschlichem ~* menselijkerwijs (gesproken) • *nach eigenem ~ handeln* naar eigen inzicht handelen • *nach bestem ~* naar mijn beste vermogen
Ermessensfrage ZN V (-/+n) **kwestie van opvatting/appreciatie**
ermitteln 1 OV WW **1 uitmaken, vaststellen 2 ontdekken, opsporen** • *die Wahrheit lässt sich nicht mehr ~* de waarheid is niet meer te achterhalen **2** ONOV WW JUR. **een (gerechtelijk) onderzoek instellen (gegen** +4 **naar)**
Ermittlung ZN V (-/+en) **1 vaststelling 2 ontdekking, opsporing 3** JUR. **(gerechtelijk) onderzoek** • JUR. *Ermittlungen einleiten* een gerechtelijk onderzoek instellen
Ermittlungsrichter ZN M (+s/-) JUR. **rechter van instructie, rechter-commissaris**
Ermittlungsverfahren ZN O (+s/-) **onderzoek**
ermöglichen OV WW **mogelijk maken**
ermorden OV WW **vermoorden**
Ermordung ZN V (-/+en) **moord** • *die ~ des Königs* de moord op de koning
ermüden 1 OV WW **vermoeien, moe maken 2** ONOV WW **moe worden**
Ermüdung ZN V (-/+en) **vermoeidheid**
ermuntern OV WW **1 opmonteren** • *sich ~* opmonteren, zich vermannen **2 aanmoedigen**
Ermunterung ZN V (-/+en) **1 opvrolijking 2 bemoediging**
ermutigen OV WW **aanmoedigen**
Ermutigung ZN V (-/+en) **bemoediging**
ernähren OV WW **1 voeden 2 onderhouden** • *sich ~* zijn kost verdienen, in eigen onderhoud voorzien • *eine Familie ~* een gezin onderhouden
Ernährer ZN M (+s/-) **kostwinner**
Ernährung ZN V (-/gmv) **1 voedsel, voeding** • *künstliche ~* sondevoeding **2 voedselvoorziening, onderhoud**
Ernährungsstörung ZN V (-/+en) **voedingsstoornis**
Ernährungsweise ZN V (-/+n) **voedingswijze**
Ernährungswissenschaft ZN V (-/+en) **voedingswetenschap, voedingsleer**
ernennen OV WW onregelmatig **benoemen**
Ernennung ZN V (-/+en) **benoeming**
erneuerbar BN **vernieuwbaar, verwisselbaar** • *~e Energie* duurzame energie
erneuern 1 OV WW **vernieuwen, vervangen 2** WKD WW **(sich ~) zich vernieuwen**
Erneuerung ZN V (-/+en) **vernieuwing, vervanging**
erneut BN **1 nieuw, vernieuwd** • *mit ~er Kraft* met hernieuwde kracht **2 opnieuw**
erniedrigen OV WW **1 verlagen 2 vernederen**
Erniedrigung ZN V (-/+en) **vernedering**
ernst BN **1 ernstig, serieus** • *~es Wort* ernstig woord • *~e Sache* ernstige zaak • *die Lage ist ~* de toestand is ernstig • *etwas ~ nehmen* iets serieus nemen • *~ bleiben* ernstig blijven • *es ist ~* het is

menens • *jetzt wird's ~* het wordt (nu) menens • *es war ihm ~* het was hem ernst **2 oprecht**

Ernst ZN M (+(e)s/gmv) **ernst** • *der ~ der Lage* de ernst van de toestand • *allen Ernstes; in allem/vollem ~* in alle ernst • *ist das dir Ernst?* meen je dat serieus? • *das ist nicht Ihr ~* dat meent u niet (echt) • *es ist mein ~* ik meen het • *es wird ~* het wordt menens • *mit etwas ~ machen* ernst met iets maken, iets echt doen • *jetzt im Ernst!* nu geen geintjes!, nu even serieus, zonder gekheid

Ernstfall ZN M (+(e)s/-fälle) **ernstige situatie** • *im ~* in geval van nood

ernsthaft BN **ernstig** • *~er Mann* ernstige man • *mit ~er Miene* met een ernstig gezicht • *ein ~er Mangel* een nijpend tekort

Ernsthaftigkeit ZN V (-/gmv) **serieusheid, oprechtheid**

ernstlich BN **ernstig** • *~ krank* ernstig ziek

Ernte ZN V (-/+n) **oogst**

erntefrisch BN **pas geoogst**

ernten OV WW **oogsten**

Erntezeit ZN V (-/+en) **oogsttijd**

ernüchtern OV WW **ontnuchteren**

Ernüchterung ZN V (-/+en) **ontnuchtering**

Eroberer ZN M (+s/-) **veroveraar**

erobern OV WW **veroveren**

Eroberung ZN V (-/+en) **verovering** • *die Eroberung der Stadt vom Feind* de verovering van de stad op de vijand • *sie erschien mit ihrer neuen ~* zij verscheen met haar nieuwe verovering

eröffnen OV WW **1 openen** • *das Geschäft wurde heute eröffnet* de winkel werd vandaag geopend **2 mededelen, openbaren** • *sich ~* zijn hart uitstorten

Eröffnung ZN V (-/+en) **1 opening, begin** • *~ des Konkurses* faillietverklaring **2 mededeling**

Eröffnungsansprache ZN V (-/+n) **openingsspeech, openingstoespraak**

erogen BN **erogeen**

erörtern OV WW **1 bediscussiëren 2 bespreken**

Erörterung ZN V (-/+en) **uiteenzetting, bespreking, discussie**

Erosion ZN V (-/+en) **erosie**

Erotik ZN V (-/gmv) **erotiek**

erotisch BN **erotisch**

erpicht BN **verzot/verkikkerd op**

erpressen OV WW **afpersen** • *von jemandem Geld ~* iemand geld afpersen • *ein Geständnis ~* een bekentenis afdwingen • *jemanden ~* iemand chanteren

Erpresser ZN M (+s/-) **afperser**

Erpresserbrief ZN M (+(e)s/+e) **afpersingsbrief**

Erpressung ZN V (-/+en) **1 afpersing 2 - chantage**

erproben OV WW **op de proef stellen, beproeven** • *ein erprobtes Mittel* een beproefd middel, een betrouwbaar middel

Erprobung ZN V (-/+en) **(het) testen, (het) op de proef stellen**

erquicken OV WW **verkwikken, verfrissen, verkoelen**

erquicklich BN **aangenaam, verkwikkend**

Erquickung ZN V (-/+en) **verkwikking**

erraten OV WW sterk **raden, oplossen**

errechnen OV WW **uitrekenen, berekenen**

erregbar BN **prikkelbaar**

Erregbarkeit ZN V (-/gmv) **prikkelbaarheid**

erregen OV WW **1 opwekken, verwekken, teweegbrengen** • *Aufsehen ~* opzien baren **2 opwinden, prikkelen**

Erreger ZN M (+s/-) **1 ziektekiem 2 veroorzaker, verwekker**

Erregtheit ZN V (-/gmv) **opwinding**

Erregung ZN V (-/+en) **1 opwinding** • *in ~ geraten* in opwinding raken **2 opwekking**

erreichbar BN **bereikbaar, te bereiken**

erreichen OV WW **bereiken** • *den Zug ~* de trein halen • *sein Ziel ~* zijn doel bereiken • *etwas ~* iets bereiken, iets gedaan weten te krijgen • MUZ. *einen (hohen) Ton ~* een noot halen • *etwas bei jemandem ~* iets van iemand gedaan krijgen

Erreichung ZN V (-/+en) **(het) bereiken**

erretten OV WW **redden**

Erretter ZN M (+s/-) **redder, verlosser**

Errettung ZN V (-/+en) **redding**

errichten OV WW **1 oprichten, opstellen 2 vestigen, stichten**

Errichtung ZN V (-/+en) **1 opbouwen 2 oprichting, stichting**

erringen OV WW sterk **met inspanning verwerven** • *den Sieg ~* de overwinning bevechten

erröten ONOV WW **blozen, rood worden**

Errungenschaft ZN V (-/+en) **verworvenheid, aanwinst, verovering**

Ersatz ZN M (+es/gmv) **1 vervanging, vervangingsmiddel, surrogaat** • *als ~* ter vervanging **2 vergoeding, schadeloosstelling** • *~ leisten* schadeloosstellen

Ersatz- VOORV **1 reserve-** • *Ersatzkleidung* reservekleding • SPORT *Ersatzbank* reservebank • SPORT *Ersatzmann* reserve(speler), wisselspeler • SPORT *Ersatzspieler* reserve(speler), wisselspeler **2 vervangend** • MIL. *Ersatzdienst* vervangende dienstplicht

Ersatzleistung ZN V (-/+en) **schadeloosstelling**

ersatzlos BN **zonder vervangen te worden**

Ersatzpflicht ZN V **verplichting tot schadevergoeding**

Ersatzteil ZN O (+(e)s/+e) **(reserve)onderdeel,** BELG. **wisselstuk**

ersatzweise BN **ter vervanging, als compensatie**

ersaufen ONOV WW sterk **1 onderlopen 2 verzuipen, verdrinken** • *den Motor absaufen lassen* de motor verzuipen

ersäufen OV WW **verzuipen, doen verdrinken** • *eine Katze ~* een kat verdrinken

erschaffen OV WW sterk **scheppen, doen ontstaan**

Erschaffer ZN M (+s/-) **schepper**

Erschaffung ZN V (-/gmv) **schepping**

erschallen ONOV WW **weerklinken**

er

erschaudern ONOV WW huiveren, rillen
erscheinen ONOV WW sterk **1** lijken • *das erscheint mir nicht* dat lijkt me niet • *das/es erscheint mir ein bisschen zu viel* het lijkt me een beetje te veel **2** verschijnen **3** uitkomen, gepubliceerd worden • *das Erscheinen der Zeitung* de verschijning van de krant
Erscheinung ZN V (-/+en) **1** verschijning • *er ist eine stattliche ~* hij is een deftige verschijning • *in ~ treten* zich openbaren **2** verschijnsel **3** visioen

Erscheinungsbild ZN O (+(e)s/+er) **1** uiterlijk **2** aanzien
Erscheinungsform ZN V (-/+en) verschijningsvorm
Erscheinungsjahr ZN O (+(e)s/+e) jaar van publicatie <van boek>
erschießen OV WW sterk doodschieten • INFORM. *erschossen sein* bekaf zijn
Erschießung ZN V (-/+en) doodschieten, terechtstelling door de kogel
erschlaffen **1** OV WW doen verslappen **2** ONOV WW verslappen, verzwakken • *seine Muskeln sind erschlafft* zijn spieren zijn verslapt
Erschlaffung ZN V (-/gmv) verslapping, verzwakking
erschlagen **1** BN • INFORM., FIG. *er war (wie) ~, als er das hörte* hij stond paf toen hij dat hoorde **2** OV WW sterk doodslaan, dodelijk treffen • INFORM. *sich wie ~ fühlen* zich doodmoe voelen
erschleichen OV WW sterk MIN. op slinkse wijze verwerven • *du hast dir diese Erbschaft erschlichen* jij hebt deze erfenis op slinkse wijze verkregen
Erschleichung ZN V (-/+en) slinks verwerven
erschließen **1** OV WW sterk **1** ontsluiten • *ein Gebiet ~* een gebied ontsluiten **2** winbaar maken **3** afleiden, concluderen • *etwas aus dem Kontext ~* iets uit de context afleiden **2** WKD WW (**sich ~**) FORM. zich openen, zich ontsluiten
Erschließung ZN V (-/+en) **1** ontsluiting **2** afleiding, (het) opmaken (**aus** +3 uit)
erschlossen OV WW volt. deelw. → **erschließen**
erscholl ONOV WW verl. tijd → **erschallen**
erschollen ONOV WW volt. deelw. → **erschallen**
erschöpfen **1** OV WW uitputten • *einen Abschnitt erschöpfend behandeln* een hoofdstuk uitputtend behandelen **2** WKD WW (**sich ~**) **1** verminderen, uitgeput raken **2** zich beperken (**in** +3 tot)
erschöpft BN uitgeput, afgemat
Erschöpfung ZN V (-/+en) **1** (het) verbruiken **2** uitputting
erschossen OV WW volt. deelw. → **erschießen**
erschrak WW verl. tijd → **erschrecken**
erschrecken **1** OV WW zwak verschrikken, laten schrikken • *du hast mich erschreckt* je hebt me laten schrikken • *großes Erschrecken packte mich* ik had de schrik stevig te pakken **2** ONOV WW sterk schrikken • *ich bin ganz schön erschrocken* ik ben behoorlijk geschrokken
erschreckend BN ontzettend, schrikbarend
erschrocken OV WW volt. deelw. → **erschrecken**
erschüttern OV WW **1** schokken, doen trillen • *die Explosion erschütterte die Häuser* de explosie deed de huizen schudden **2** schokken, ontstellen
erschütternd BN FIG. schokkend, ontstellend
Erschütterung ZN V (-/+en) **1** schok, trilling **2** ontsteltenis
erschweren **1** OV WW verzwaren, bemoeilijken **2** WKD WW (**sich ~**) moeilijker worden
erschwerend BN JUR. verzwarend • *das kommt ~ hinzu* dat maakt de zaak nog erger
Erschwernis ZN V (-/+se) (extra) moeilijkheid, bezwaar
Erschwerung ZN V (-/+en) verzwaring, bemoeilijking
erschwindeln OV WW door bedrog vergaren/verkrijgen
erschwinglich BN **1** betaalbaar • *~e Preise* betaalbare prijzen **2** op te brengen
ersehen OV WW sterk **1** opmaken (uit) **2** OUD. zien • *einen Vorteil ~* een voordeel in iets zien
ersehnen OV WW hevig verlangen naar • *der heiß ersehnte Augenblick* het langverwachte ogenblik
ersetzbar BN vervangbaar
ersetzen OV WW **1** vervangen (**durch** +4 door) • *jemanden ~* iemand vervangen **2** vergoeden • *jemandem etwas ~* iemand iets vergoeden
Ersetzung ZN V (-/+en) vervanging, vergoeding
ersichtlich BN duidelijk • *aus seinem Schreiben ist ~* uit zijn schrijven blijkt
ersinnen OV WW sterk verzinnen
erspähen OV WW ontdekken, bespeuren
ersparen OV WW **1** sparen **2** besparen • INFORM. *erspar mir den Unsinn!* bespaar me die onzin!
Ersparnis ZN V (-/+se) **1** spaargeld • *die Ersparnisse angreifen* het spaargeld aanbreken **2** besparing
Ersparung ZN V (-/gmv) **1** besparing, bezuiniging **2** spaargeld
ersprießlich BN **1** nuttig **2** voordelig, bevorderlijk
erst **1** TELW → **erste** **2** BW **1** eerst • *~ ging alles gut* eerst ging alles goed • *~ kommst du an die Reihe, dann sie* eerst ben jij aan de beurt, dan zij • FIG. *~ die Arbeit, dann das Vergnügen* zaken gaan voor het meisje **2** pas • *~ acht Jahre alt sein* pas acht zijn • *das macht ~ richtig Spaß* dat is pas echt leuk • *dann ~* dan pas
erstarken ONOV WW sterk(er) worden
erstarren ONOV WW verstarren, verstijven, stollen
Erstarrung ZN V (-/gmv) verstarring, verstijving
erstatten OV WW **1** terugbetalen, teruggeven • *die Fahrtkosten ~* de reiskosten vergoeden **2** doen • *Anzeige ~* aangifte doen • *Bericht ~* verslag uitbrengen
Erstattung ZN V (-/+en) **1** terugbetaling, teruggave • *~ der Reisekosten* vergoeding voor reiskosten **2** uitbrengen <van verslag>
erstattungsfähig BN invorderbaar <van kosten>
Erstaufführung ZN V (-/+en) première
Erstauflage ZN V (-/+n) eerste druk

erstaunen 1 ov ww verbazen • *es erstaunt mich* het verbaast me 2 onov ww zich verbazen (**über** +4 over)
Erstaunen zn o (+s/gmv) verbazing • *jemanden in ~ setzen* iemand verbaasd doen staan, iemand verbazen • *zu meinem großen ~* tot mijn stomme verbazing
erstaunenswert bn verbazingwekkend
erstaunlich bn verbazend, verbazingwekkend
erstaunlicherweise bw merkwaardigerwijs
Erstausgabe zn v (-/+n) eerste editie
erstbeste bn (de) eerste de beste
erste telw eerst(e), eerstgenoemde • *der ~ Tag* de eerste dag • *als Erstes essen wir …* eerst eten we … • *ein ~r Versuch* een eerste poging • *zum ~n Mal* voor de eerste keer • *der ~ Mai* een mei • *als Erster ankommen* het eerst aankomen • *der ~ Beste* de eerste de beste • *fürs Erste* voorlopig → **vierte**
erstechen ov ww sterk doodsteken
erstehen 1 ov ww sterk kopen 2 onov ww sterk 1 opstaan, verrijzen 2 ontstaan, voortkomen
ersteigen ov ww sterk beklimmen
ersteigern ov ww bij opbod kopen
Ersteigung zn v (-/+en) beklimming
erstellen ov ww 1 vervaardigen, bouwen 2 ter beschikking stellen 3 aanmaken • *eine Datei erstellen* een bestand aanmaken
Erstellung zn v (-/+en) 1 vervaardiging 2 bouw
erstens bw ten eerste
ersterben onov ww sterk 1 wegsterven 2 besterven
Erstgeborene zn m/v (+n/+n) eerstgeborene
erstgenannt bn eerstgenoemd
ersticken 1 ov ww 1 doen stikken, verstikken, smoren • *im Keim ~* in de kiem smoren 2 doven <van vlam> 2 onov ww stikken • *ein ersticktes Gelächter* een onderdrukt gelach • *beinah ~ vor Lachen* stikken van het lachen
Erstickung zn v (-/+en) verstikking
erstiegen ov ww volt. deelw. → **ersteigen**
erstklassig bn eerste kwaliteit, uitstekend • *von ~er Qualität* van eersteklas kwaliteit • *~es Hotel* eersteklas hotel
Erstkommunion zn v (-/+en) rel. eerste communie
Erstling zn m (+s/+e) eersteling, eerste product
erstmalig bn voor de eerste maal, voor het eerst
erstmals bw voor de eerste maal
erstrahlen onov ww stralen
erstrangig bn 1 eersteklas, uitstekend 2 zeer belangrijk, urgent
erstreben ov ww streven naar
erstrebenswert bn waard om na te streven, begerenswaardig
erstrecken wkd ww (**sich ~**) 1 zich uitstrekken, zich uitbreiden 2 **~ auf** betreffen, aangaan
erstreiten ov ww sterk form. bevechten, door strijd verkrijgen
erstunken bn • *das ist ~ und erlogen* dat is een gemene leugen
erstürmen ov ww stormenderhand nemen
Erstürmung zn v (-/+en) verovering door bestorming
ersuchen ov ww verzoeken
Ersuchen zn o (+s/-) verzoek
ertappen 1 ov ww betrappen (**auf** +3 op) 2 wkd ww (**sich ~**) fig. zich betrappen (**bei** +3 op) <van gedachte/wens>
erteilen ov ww doen toekomen, geven • *jemandem das Wort ~* iemand het woord geven • *Erlaubnis ~* toestemming geven/verlenen • *einer Firma einen Auftrag ~* een bedrijf een order gunnen
Erteilung zn v (-/+en) verstrekking
ertönen onov ww weerklinken
Ertrag zn m (+(e)s/-träge) opbrengst
ertragen ov ww sterk verdragen, uithouden • *ich kann es nicht länger ~* ik kan er niet meer tegen
erträglich bn te verdragen, draaglijk • *die Situation ist ~* de situatie is leefbaar
Erträgnis zn o (+ses/+se) opbrengst
ertragreich bn 1 winstgevend 2 vruchtbaar
ertragsfähig bn 1 winstgevend 2 rendabel
Ertragsfähigkeit zn v (-/+en) winstgevendheid, rentabiliteit, vruchtbaarheid
Ertragslage zn v (-/+n) rendement, resultaat
ertränken ov ww verdrinken • *er hat sich ertränkt* hij heeft zich door verdrinking van het leven beroofd
erträumen ov ww dromen van, verlangen
ertrinken onov ww sterk verdrinken
Ertrinken zn o (+s/gmv) verdrinking • *Ertrinkungstod* dood door verdrinking
ertrotzen ov ww afdwingen
ertrug ov ww verl. tijd → **ertragen**
Ertrunkene zn m/v (+n/+n) verdronkene
ertüchtigen ov ww trainen, stalen
Ertüchtigung zn v (-/+en) training • *körperliche ~* lichaamstraining
erübrigen ov ww overhouden, besparen • *sich ~* overbodig zijn • *Zeit für etwas ~* tijd voor iets vrijmaken
erwachen ov ww 1 wakker worden, ontwaken 2 gewekt worden <van interesse>
erwachsen 1 bn volwassen 2 onov ww sterk voortkomen, ontstaan
Erwachsene zn m/v (+n/+n) volwassene • *Zutritt nur für ~* toegang slechts voor volwassenen
Erwachsenenbildung zn v (-/+en) volwasseneneducatie, volwassenenonderwijs
erwägen ov ww sterk overwegen, nadenken over
Erwägung zn v (-/+en) overweging • *etwas in ~ ziehen* iets in overweging nemen • *nach reiflicher ~* na lang wikken en wegen
erwählen ov ww verkiezen, uitverkiezen
erwähnen ov ww (terloops) noemen, zeggen • *etwas kurz ~* iets kort aanduiden, iets kort aanstippen • *etwas nicht ~* iets niet noemen, geen gewag maken van iets
erwähnenswert bn vermeldenswaardig

er

Erwähnung ZN V (-/+en) vermelding • *ehrende/ ehrenvolle ~* eervolle vermelding
erwärmen **1** OV WW verwarmen **2** WKD WW (**sich ~**) **1** warm worden **2** warm lopen (voor), enthousiast worden (voor)
Erwärmung ZN V (-/gmv) • *~ der Erdatmosphäre* (het) opwarmen van de dampkring rond de aarde
erwarten OV WW verwachten • *das hätte ich von dir nicht erwartet* dat had ik niet van je verwacht, je valt me tegen • *ein Baby ~* een baby verwachten
er
Erwarten ZN O (+s/gmv) verwachting • *über (alles) ~* boven (alle) verwachting • *wider ~* tegen alle verwachting in
Erwartung ZN V (-/+en) verwachting • *das entspricht den Erwartungen* dat voldoet aan de verwachtingen, dat ligt in de lijn (der verwachting) • *die Erwartungen übertreffen* de verwachting overtreffen
erwartungsgemäß BN zoals verwacht
Erwartungshorizont ZN M (+(e)s/+e) verwachtingspatroon
erwartungsvoll BN verwachtingsvol, vol verwachting
erwecken OV WW wekken, opwekken
Erweckung ZN V (-/+en) **1** wekken, opwekking **2** REL. bekering
erwehren WKD WW (**sich ~**) +2, afweren, zich verzetten tegen • *sich des Angriffs ~* de aanval afweren • *sich des Lachens ~* zijn lachen inhouden • *man konnte sich des Eindrucks nicht ~, dass* men kon zich niet aan de indruk onttrekken dat • *ich kann mich des Gedankens nicht ~* de gedachte dringt zich bij mij op
erweichen **1** OV WW week maken, vertederen, vermurwen • *jemanden ~* iemand vermurwen • *sich ~ lassen* zich laten vertederen **2** ONOV WW week worden
erweisen OV WW sterk bewijzen • *sich ~* blijken • *jemandem eine Gunst ~* iemand een gunst bewijzen
erweitern **1** OV WW **1** verwijden **2** verruimen, uitbreiden • *seine Kenntnisse ~* zijn kennis vergroten • *seinen Horizont ~* zijn horizon/blik verbreden, zijn horizon/blik verruimen **2** WKD WW (**sich ~**) zich verwijden, wijder worden
Erweiterung ZN V (-/+en) **1** verwijding **2** uitbreiding
Erwerb ZN M (+(e)s/+e) **1** beroep, ambacht **2** verdienste **3** verkrijgen **4** aankoop
erwerben OV WW sterk **1** verwerven • *ein Vermögen ~* een vermogen verwerven • *sich Ruhm ~* roem verwerven **2** kopen
Erwerber ZN M (+s/-) koper
erwerbsfähig BN in staat in zijn levensonderhoud te voorzien
Erwerbsleben ZN O (+s/gmv) beroepsleven
erwerbslos BN werkloos
Erwerbsquelle ZN V (-/+n) bron van inkomsten
erwerbstätig BN in een beroep werkzaam, werkend
Erwerbstätige ZN M/V (+n/+n) werkende
Erwerbstätigkeit ZN V (-/gmv) (het) werkzaam zijn
erwerbsunfähig BN arbeidsongeschikt, BELG. werkonbekwaam
Erwerbsunfähigkeit ZN V (-/+en) arbeidsongeschiktheid
Erwerbsunfähigkeitsrente ZN V (-/+n) arbeidsongeschiktheidsuitkering
Erwerbung ZN V (-/+en) aankoop
erwidern OV WW antwoorden, beantwoorden • *nicht erwiderte Liebe* onbeantwoorde liefde
Erwiderung ZN V (-/+en) beantwoording • *in ~ Ihres Schreibens* in antwoord op uw schrijven
erwiesen OV WW volt. deelw. → **erweisen**
erwiesenermaßen BW zoals bewezen is
erwirken OV WW weten te verkrijgen, bewerkstelligen
erwirtschaften OV WW door verstandig beheer bereiken
erwischen OV WW **1** betrappen • *er wurde beim Klauen erwischt* hij is bij het jatten betrapt **2** te pakken krijgen • *ihn hat es bös erwischt!* hij heeft het behoorlijk te pakken <is ziek of verliefd>, hij is geruïneerd
erwog OV WW verl. tijd → **erwägen**
erwogen OV WW volt. deelw. → **erwägen**
erwünscht BN welkom, aangenaam
erwürgen OV WW wurgen
Erz ZN O (+es/+e) **1** erts • *~ gewinnen* erts winnen **2** brons
erzählen OV WW **1** vertellen • *er konnte es nicht mehr ~* hij heeft het niet kunnen navertellen **2** INFORM. wijsmaken • *das kannst du deiner Großmutter erzählen!* maak dat de kat wijs!
erzählenswert BN vermeldenswaard
Erzähler ZN M (+s/-) verteller
Erzählung ZN V (-/+en) vertelling, verhaal
Erzbischof ZN M (+s/-bischöfe) aartsbisschop
erzeigen OV WW betonen, bewijzen • *sich ~* blijken te zijn, zich tonen
Erzengel ZN M (+s/-) aartsengel
erzeugen OV WW **1** voortbrengen, produceren **2** verwekken
Erzeuger ZN M (+s/-) **1** producent **2** verwekker, vader
Erzeugnis ZN O (+ses/+se) voortbrengsel, product
Erzeugung ZN V (-/+en) **1** productie **2** verwekking
erzfaul BN aartslui
Erzfeind ZN M (+(e)s/+e) aartsvijand
Erzgrube ZN V (-/+n) ertsgroeve
Erzherzog ZN M (+(e)s/-herzöge) aartshertog
erziehbar BN opvoedbaar • *ein schwer ~es Kind* een moeilijk opvoedbaar kind
erziehen OV WW sterk opvoeden • *frei ~* vrij opvoeden • *allein ~de Mutter* alleenstaande moeder
Erzieher ZN M (+s/-) opvoeder, onderwijzer, pedagoog
Erzieherin ZN V (-/+nen) opvoedster
erzieherisch BN opvoedkundig
Erziehung ZN V (-/gmv) opvoeding • *eine*

autoritäre ~ een autoritaire opvoeding • *eine ~ erhalten* een opvoeding krijgen

Erziehungsanstalt ZN V (-/+en) **1** (rijks) opvoedingsinstituut **2** instituut voor moeilijk opvoedbare kinderen

Erziehungsberater ZN M (+s/-) opvoeddeskundige

Erziehungsberechtigte ZN M/V (+n/+n) ouder, verzorger

Erziehungsgeld ZN O (+(e)s/+er) ≈ kinderbijslag

Erziehungsheim ZN O (+(e)s/+e) tehuis voor moeilijk opvoedbare kinderen

Erziehungsurlaub ZN M (+(e)s/+e) ouderschapsverlof

Erziehungswissenschaft ZN V (-/gmv) pedagogiek, opvoedkunde

erzielen OV WW behalen, bereiken • *einen hohen Preis ~* een hoge prijs bedingen

Erzielung ZN V (-/gmv) **1** bereiken **2** verkrijgen

erzittern ONOV WW sidderen, beven

erzogen OV WW volt. deelw. → **erziehen**

Erzrivale ZN M (+n/+n) aartsrivaal

erzürnen OV WW vertoornen

Erzvater ZN M (+s/-väter) aartsvader

erzwingen OV WW sterk afdwingen

es PERS VNW **1** het • *~ war schön* het was mooi • *das Mädchen dort - hast du ~ gesehen?* het meisje daar - heb je haar gezien? **2** er • *~ lebe die Königin* leve de koningin • *~ geschieht nichts* er gebeurt niets

Escapetaste ZN V (-/+n) COMP. escapetoets

Esche ZN V (-/+n) es

Eschenholz ZN O (+es/gmv) essenhout

Escortservice ZN M (-/+s) escortbureau

Esel ZN M (+s/-) ezel • *stur wie ein ~* zo koppig als een ezel

Eselei ZN V (-/+en) stommiteit

Eselin ZN V (-/+nen) ezelin

Eselsbrücke ZN V (-/+n) ezelsbruggetje

Eselsohr ZN O (+(e)s/+en) ezelsoor

Eskalation ZN V (-/+en) escalatie • *eine ~ der Gewalt* een escalatie van geweld

eskalieren ONOV WW escaleren

Eskapade ZN V (-/+n) escapade

Eskimo ZN M (-, +s/-, +s) Eskimo

Eskorte ZN V (-/+n) escorte • *unter ~* onder militair geleide

eskortieren OV WW escorteren

Esoterik ZN V (-/gmv) esoterie

esoterisch BN esoterisch, alleen voor ingewijden, geheim

Espe ZN V (-/+n) esp

Espenlaub ZN O (+(e)s/gmv) espenloof • *zittern wie ~* trillen als een espenblad

Esperanto ZN O (-, +s/gmv) Esperanto

Espresso ZN M (+s/+s) espresso

Essay ZN O (+s/+s) essay

Essayist ZN M (+en/+en) essayist

essbar BN eetbaar

Essecke ZN V (-/+n) eethoek

essen OV + ONOV WW sterk eten • *viel/wenig ~* veel/weinig eten • *nichts zu ~ haben* niets te eten hebben • *~ gehen* uit eten gaan • *er kann gut ~* hij kan flink eten • *ich esse bei meinem Freund* ik ga bij mijn vriend eten • *für drei ~* eten voor drie • *~ wie ein Spatz* een kleine eter zijn • *man isst dort ganz gut* het eten is daar prima

Essen 1 ZN O (+s/gmv) **1** eten (van een maaltijd) • *nach dem ~* na het eten • *beim ~* onder het eten • *Leute zum ~ eingeladen haben/einladen* mensen te eten hebben/vragen • *was gibt es zum Essen?* wat eten we? • *beim ~ sein* aan het eten zijn, aan de maaltijd zitten • *gern gut essen* houden van lekker eten • *bist du zum ~ da?* ben je er met het eten? **2** diner • *für alle Gäste gab es ein ~* er was een diner voor alle gasten **2** ZN O (+s/-) **maaltijd, eten** • *das warme ~* het warme eten, de warme maaltijd • *das ~ zubereiten* het eten klaarmaken • *das ~ ist fertig* het eten is klaar • *das ~ nicht hinunterbringen können* het eten niet weg kunnen krijgen • *sein eigenes ~ kochen* zijn eigen potje koken • *das ~ steht auf dem Tisch* het eten is opgediend

Essenmarke ZN V (-/+n) maaltijdbon

Essenszeit ZN V (-/+en) etenstijd

Essenz ZN V (-/+en) **1** essentie **2** essence

Esser ZN M (+s/-) eter • *ein guter/starker ~* een flinke eter

Essgeschirr ZN O (+(e)s/gmv) eetgerei, bestek

Essig ZN M (+s/+e) azijn • INFORM. *es ist ~ damit* dat wordt niets meer, dat is misgelopen

Essiggurke ZN V (-/+n) augurk in het zuur

Essig-und-Öl-Ständer ZN M (+s/-) olie-en-azijnstel(letje)

Esskastanie ZN V (-/+n) tamme kastanje

Esslöffel ZN M (+s/-) eetlepel • *ein ~ Zucker* een eetlepel suiker

Esszimmer ZN O (+s/-) eetkamer

ESt AFK Einkommenssteuer **inkomstenbelasting**

Este ZN M (+n/+n) Estlander, Est

Estin ZN V (-/+nen) Estlandse, Estse

Estland ZN O (+s/gmv) Estland • *in ~* in Estland

Estländer ZN M (+s/-) Estlander

Estländerin ZN V (-/+nen) Estlandse

estländisch BN Estlands, Ests

estnisch BN Estlands, Ests

Estragon ZN M (+s/gmv) dragon

Estrich ZN M (+s/+e) harde vloer <van cement/leem>

ETA ZN V ETA

etablieren OV WW vestigen, stichten, oprichten • *sich ~* zich vestigen

etabliert BN gevestigd, gesetteld

Etablissement ZN O (+s/+s) FORM. etablissement

Etage ZN V (-/+n) **1** verdieping **2** etage(woning)

Etagenbett ZN O (+(e)s/+en) stapelbed

Etagenwohnung ZN V (-/+en) appartement, flat

Etagere ZN V etagère

Etappe ZN V (-/+n) etappe

Etappensieg ZN M (+es/+e) etappezege

Etat ZN M (+s/+s) begroting, budget • *einen ~ überschreiten* een begroting overschrijden • *einen ~*

ausgleichen een begroting sluitend maken • *einen ~ einreichen* een begroting indienen

etc. AFK et cetera etc., et cetera

etepetete BN bekakt, aanstellerig, overdreven (netjes)

Ethik ZN V (-/+en) ethiek

Ethiker ZN M (+s/-) ethicus

ethisch BN ethisch • *~ vertretbar* ethisch verantwoord

ethnisch BN etnisch • *~e Minderheiten* etnische minderheden

Ethos ZN O (-/gmv) ethos

Etikett ZN O (+(e)s/+s, +e(n)) etiket • *jemanden mit einem ~ versehen* iemand een etiket opplakken

Etikette ZN V (-/+n) etiquette • *die ~ wahren/einhalten* de etiquette in acht nemen

etikettieren OV WW etiketteren

etliche TELW **1** ettelijke • *~ Leute* ettelijke mensen **2** enige • *Etliches* het een en ander, heel wat

Etüde ZN V (-/+n) etude

Etui ZN O (+s/+s) etui

etwa BW **1** ongeveer • *~ acht Tage* ongeveer acht dagen, een dag of acht • *in ~ zwei Wochen* met een week of twee • *es gibt ~ tausend Menschen* er zijn ongeveer/circa duizend mensen **2** soms, misschien • *denke nicht ~, dass...* denk maar niet dat... **3** bijvoorbeeld

etwaig BN eventueel, mogelijk

etwas ONB VNW iets, wat • *es geht ~ langsam* het gaat wat langzaam • *oder so ~* of iets dergelijks • *kaum ~* vrijwel niets • *~ Geld* wat geld • *ich habe ~ Schönes* ik heb wat moois • *bleib noch ~* blijf nog wat • *das ist ~ Anderes* dat is wat/iets anders

Etwas ZN O (-/-) iets • *das gewisse ~* hét, dat heel bijzondere

Etymologie ZN V (-/+n) etymologie

etymologisch BN etymologisch

Et-Zeichen ZN O (+s/-) en-teken, ampersand, &

EU AFK Europäische Union Europese Unie

EU-Bürger ZN M (+s/-) EU-ingezetene

EU-Bürgerin ZN V (-/+nen) EU-ingezetene

euch PERS VNW jullie, u

Eucharistie ZN V (-/+n) REL. eucharistie(viering) • *die ~ feiern* de eucharistie vieren

Eucharistiefeier ZN V (-/+n) eucharistieviering

euer **1** BEZ VNW **1** jullie • *ist das ~ Haus?* is dat jullie huis? • *zu ~ aller Erstaunen* tot jullie aller verbazing **2** (die/dat) van jullie • *dies ist unser Koffer und das ist eurer* dit is onze koffer en die is van jullie **2** PERS VNW +2 FORM. (van) jullie • *ich gedenke ~* ik denk aan jullie

Eugenik ZN V (-/gmv) eugenetiek

Eukalyptus ZN M (-/-ten, -) eucalyptus

Eule ZN V (-/+n) **1** uil **2** nachtvlinder **3** plumeau

Eunuch ZN M (+en/+en) eunuch

Euphemismus ZN M (-/-men) eufemisme

euphemistisch BN eufemistisch

Euphorie ZN V (-/+n) euforie

Eurasien ZN O (+s/gmv) Eurazië

Euratom AFK (-/gmv) Europäische Atom(energie)gemeinschaft Euratom <Europese organisatie voor atoom(energie)gebruik>

eure BEZ VNW → **euer**

eurer PERS VNW • *dies ist unser Koffer und das ist ~* dit ist onze koffer en dat is die van jullie • *erzählt von eurer Reise!* vertel van jullie reis! • *der Erfolg eurer Produkte* het succes van jullie producten

eurerseits BW van jullie kant

eures BEZ VNW • *dies ist unser Buch und das ist ~* dit is ons boek en dat is dat van jullie • *der Hund eures Freundes* de hond van jullie vriend

euresgleichen PERS VNW iemand zoals u

eurige BEZ VNW dat van jullie

Euro ZN M (+s/+s) euro • *sechs ~* zes euro

Eurocent ZN M (+s/+s) eurocent

Eurocheque ZN M (+s/+s) eurocheque

Eurocity ZN M (+s/+s) eurocity

Euronorm ZN V (-/+en) Europese norm

Europa ZN O (+s/gmv) Europa

Europäer ZN M (+s/-) Europeaan

Europäerin ZN V (-/+nen) Europese

europäisch BN Europees

Europameister ZN M (+s/-) Europees kampioen

Europameisterschaft ZN V (-/+en) Europees kampioenschap

Europaparlament ZN O (+(e)s/gmv) Europees Parlement

Europapokal ZN M (+s/+e) Europacup

Europarat ZN M (+(e)s/gmv) Raad van Europa

Europastraße ZN V (-/+n) Europese snelweg, E-weg

europaweit BN over heel Europa

Euroscheck ZN M (+s/+s) → **Eurocheque**

Euroskeptiker ZN M (+s/-) euroscepticus

Eurovision ZN V (-/gmv) Eurovisie

Eurozone ZN V (-/gmv) eurozone

Euter ZN O (+s/-) uier

Euthanasie ZN V (-/gmv) GESCH. euthanasie <doding van gehandicapte mensen tijdens het nationaalsocialisme>

ev. AFK **1** evangelisch evangelisch **2** protestants

Ev. AFK Evangelium evangelie

e.V. AFK eingetragener Verein officieel ingeschreven vereniging

evakuieren OV WW evacueren

Evakuierung ZN V (-/+en) evacuatie

evangelisch BN **1** protestants **2** evangelisch

Evangelist ZN M (+en/+en) evangelist

Evangelium ZN O (+s/-lien) evangelie • *das ~ nach Johannes* het evangelie van Johannes • *das ~ predigen* het evangelie prediken

Eventualität ZN V (-/+en) eventualiteit, mogelijk geval

eventuell **1** BN mogelijk, eventueel • *~e Beschwerden* eventuele klachten • *bei ~en Schwierigkeiten* bij mogelijke moeilijkheden **2** BW mogelijkerwijs, misschien, eventueel • *ich könnte ~ kommen* ik zou eventueel kunnen komen

evident BN evident

Evolution ZN V (-/+en) evolutie

Evolutionstheorie ZN V (-/gmv) evolutietheorie

evtl. AFK eventuell **eventueel**

Ew. AFK Euer, Eure **uw, van u**

E-Werk ZN O (+(e)s/+e) Elektrizitätswerk **elektriciteitscentrale**

EWF AFK Europäischer Währungsfonds **EMF, Europees Monetair Fonds**

EWG AFK Europäische Wirtschaftsgemeinschaft **Europese Economische Gemeenschap**

ewig BN **eeuwig** • INFORM. *das dauert ja ~ !* dat duurt een eeuwigheid ! • *auf ~* voor eeuwig • *~er Schnee* eeuwige sneeuw • *immer und ~* altijd en eeuwig

Ewigkeit ZN V (-/+en) **eeuwigheid** • *ich habe dich seit Ewigkeiten nicht mehr gesehen; ich habe dich eine ~ nicht gesehen* ik heb je in geen eeuwen gezien, ik heb je in geen eeuwigheid gezien • *es dauerte eine ~* het duurde een eeuwigheid • *bis in alle ~* tot in de eeuwigheid • *in alle ~ eingehen* de eeuwigheid ingaan • *ich warte schon eine halbe ~ auf dich* ik wacht al eeuwen op je

ewiglich BW **eeuwig**

EWS AFK Europäisches Währungssystem **EMS, Europees Monetair Stelsel**

EWU AFK Europäische Währungsunion **EMU, Europese Monetaire Unie**

ex BW **1 in één teug** • INFORM. *~ trinken* in één teug legen <van glas> **2 uit, fini**

Ex **1** ZN M/V (-/-) **ex** • *ihr ~* haar ex <man> • *seine ~* zijn ex <vrouw> **2** ZN V (-/+en) O&W Extemporale **s.o., schriftelijke overhoring**

Ex. AFK Exemplar **exemplaar**

exakt BN **precies, exact** • *die ~en Wissenschaften* exacte wetenschappen

Exaktheit ZN V (-/gmv) **nauwkeurigheid**

Examen ZN O (+s/-mina, -) **examen** • *das ~ bestehen* voor het examen slagen • *jemandem ein ~ abnehmen* iemand een examen afnemen • *ein ~ machen* een examen afleggen/doen • *sich zum ~ melden* voor een examen opgaan • *in einem ~ durchfallen* voor een examen zakken

Examenskandidat ZN M (+en/+en) **examenkandidaat**

examinieren OV WW **1 uithoren, ondervragen 2 nauwkeurig onderzoeken/nagaan 3 examineren**

Exegese ZN V (-/+n) **exegese**

Exekutive ZN V (-/+en) **uitvoerende macht**

Exempel ZN O (+s/-) **1 voorbeeld 2 rekenopgave**

Exemplar ZN O (+s/+e) **exemplaar** • *ein beschädigtes ~* een beschadigd exemplaar

exemplarisch BN **voorbeeldig, een voorbeeld (für** +4 **van)**

Exfrau ZN V **ex-vrouw, ex-echtgenote**

Exhibitionismus ZN M (-/gmv) **exhibitionisme**

Exhibitionist ZN M (+en/+en) **exhibitionist**

Exil ZN O (+s/+e) **1 verbanningsoord 2 verbanning**

Exilregierung ZN V (-/+en) **regering in ballingschap**

existent BN **bestaand, existent**

Existenz ZN V (-/+en) **1 existentie, bestaan 2 broodwinning, bestaan 3** MIN. **sujet** • *verkrachte Existenzen* randfiguren

Existenzberechtigung ZN V (-/+en) **bestaansreden, bestaansrecht**

existenzfähig BN **levensvatbaar**

Existenzgründer ZN M (+s/-) **oprichter** <van bedrijf>

Existenzgrundlage ZN V **middelen van bestaan**

Existenzialismus ZN M (-/gmv) **existentialisme**

Existenzialist ZN M (+en/+en) **existentialist**

existenzialistisch BN **existentialistisch**

existenziell BN **existentieel**

Existenzkampf ZN M (+(e)s/gmv) **bestaansstrijd**

Existenzminimum ZN O (+s/-minima) **bestaansminimum**

existieren ONOV WW **bestaan** • *er existiert für mich nicht mehr* hij bestaat niet meer voor mij

exkl. AFK exklusive **exclusief**

exklusiv BN **exclusief** • *ein ~es Fest* een exclusief feestje

Exklusivbericht ZN M (+(e)s/+e) **exclusief verslag/verhaal**

exklusive BW **exclusief** • *~ Trinkgeld* zonder fooi • *~ Mehrwertsteuer* exclusief btw

Exklusivität ZN V (-/gmv) **exclusiviteit**

Exkommunikation ZN V (-/+en) **excommunicatie**

exkommunizieren OV WW **excommuniceren**

Exkursion ZN V (-/+en) **excursie** • *sich auf (einer) ~ befinden* op excursie zijn • *auf ~ gehen* op excursie gaan

Exmann ZN M **ex-man, ex-echtgenoot**

exorbitant BN + BW **exorbitant, buitensporig** • *~e Preise* buitensporig hoge prijzen

Exot ZN M (+en/+en) **1 exotische plant, exotisch dier 2 vreemdeling** <uit de tropen> **3 overzees waardepapier**

exotisch BN **exotisch**

expandieren ONOV WW **expanderen, zich uitbreiden**

Expansion ZN V (-/+en) **expansie, uitzetting, uitbreiding**

Expedition ZN V (-/+en) **expeditie**

Experiment ZN O (+(e)s/+e) **experiment**

experimentell BN **experimenteel**

experimentieren ONOV WW **experimenteren** • *~ mit* experimenteren met

Experte ZN M (+n/+n) **expert, deskundige**

Expertin ZN V (-/+nen) **(vrouwelijke) expert**

Expertise ZN V (-/+n) **expertise**

explizieren OV WW **uitleggen, verduidelijken**

explodieren ONOV WW **ontploffen, exploderen** • *vor Wut ~* van woede ontploffen

Exploration ZN V (-/+en) **exploratie, onderzoek**

explorieren OV WW **onderzoeken**

Explosion ZN V (-/+en) **ontploffing, explosie**

explosionsartig BN FIG. **explosief**

Explosionsgefahr ZN V (-/gmv) **explosiegevaar**

explosiv BN **explosief**

Exponent ZN M (-/+en) **exponent**

ex

ex

exponieren OV WW **1** exponeren, blootstellen **2** uiteenzetten
exponiert BN geëxponeerd, kwetsbaar
Export ZN M (+(e)s/+e) export, uitvoer
Exportabteilung ZN V (-/+en) exportafdeling
Exporteur ZN M (+s/+e) exporteur
exportieren OV + ONOV WW exporteren, uitvoeren
Exposé ZN O (+s/+s) exposé • *ein ~ machen* een exposé geven
Expositur ZN V (-/+en) **1** REL. hulpkerk **2** OOST. filiaal **3** OOST. dependance
express BN **1** per expresse **2** uitdrukkelijk
Express ZN M (-presses/-züge) sneltrein
Expressgut ZN O (+(e)s/-güter) expresgoed
Expressionismus ZN M (-/gmv) KUNST expressionisme
Expressionist ZN M (+en/+en) KUNST expressionist
expressionistisch BN KUNST expressionistisch
exquisit BN voortreffelijk, exquis
Extension ZN V (-/-s) extension
extensiv BN extensief
extern BN extern
extra BN extra • *sie sind ~ gekommen um ...* ze zijn expres gekomen om ... • *~ berechnen* extra berekenen
Extra ZN O (+s/+s) extra, accessoire • *als ~ bekommen Sie ... dazu* als extraatje krijgt u ... erbij • *das ist ein schönes ~* dat is mooi meegenomen • *ein ~* iets extra's
Extrablatt ZN O (+(e)s/-blätter) extra editie
extrahieren OV WW extraheren
Extrakt ZN M (+(e)s/+e) extract
Extranet ZN O COMP. extranet
Extratour ZN V (-/+en) buitenissigheid
extravagant BN extravagant
extravertiert BN extravert, naar buiten gekeerd
Extrawurst ZN V (-/-würste) INFORM. voorkeursbehandeling • *jemandem eine ~ braten* voor iemand een uitzondering maken
extrem BN extreem
Extrem ZN O (+s/+e) extreem, uiterste • *er fällt von einem ~ ins andre* het is met hem hollen of stilstaan, hij valt van het ene uiterste in het andere • *die Extreme berühren sich* de uitersten raken elkaar • *in Extreme verfallen* in uitersten vervallen • *etwas bis ins ~ treiben* iets tot het uiterste drijven
Extremfall ZN M (+(e)s/-fälle) extreme situatie
Extremismus ZN M (-/-men) extremisme
Extremist ZN M (+en/+en) extremist, radicaal
extremistisch BN extremistisch
Extremität ZN V (-/+en) **1** extremiteit **2** uiteinde • *Extremitäten* ledematen
exzellent BN excellent
Exzellenz ZN V (-/+en) excellentie • *Seine ~* Zijne Excellentie • *Ihre ~* Hare Excellentie
Exzentriker ZN M (+s/-) excentriekeling
exzentrisch BN excentrisch, zonderling • *sie benimmt sich ~* zij gedraagt zich excentriek
Exzess ZN M (-zesses/-zesse) exces, uitspatting
Eyeliner ZN M (+s/-) eyeliner
Ez. AFK Einzahl **enkelvoud**
EZB AFK Europäische Zentralbank **ECB, Europese Centrale Bank**
E-Zigarette ZN V (-/-n) e-sigaret
EZU AFK Europäische Zahlungsunion **Europese Betalingsunie**

F

f ZN O (-/-, +s) MUZ. F • *f(-Moll)* F mineur
f. AFK **1** folgende Seite **volgende pagina** **2** für **voor**
F ZN O (-/-, +s) **1** letter **f** • *F wie Friedrich* de f van Ferdinand **2** MUZ. **F** • *F(-dur)* F majeur
Fa. AFK Firma **firma**
Fabel ZN V (-/+n) **fabel**
fabelhaft BN **1** **fabelachtig** **2** **reuze, enorm, prachtig**
fabeln OV + ONOV WW **fabeltjes vertellen, onzin verkopen**
Fabrik ZN V (-/+en) **fabriek**
Fabrikanlage ZN V (-/+n) **fabriekscomplex**
Fabrikant ZN M (+en/+en) **fabrikant**
Fabrikarbeiter ZN M (+s/-) **fabrieksarbeider**
Fabrikat ZN O (+(e)s/+e) **fabricaat**
Fabrikation ZN V (-/+en) **fabricage** • *aus chinesischer ~* van Chinese makelij
Fabrikationsfehler ZN M (+s/-) **constructiefout, fabricagefout**
Fabrikationskosten ZN MV **productiekosten**
Fabrikbesitzer ZN M (+s/-) **fabriekseigenaar**
Fabrikgelände ZN O (+s/-) **fabriieksterrein**
fabrikneu BN **gloednieuw**
Fabrikpreis ZN M (+es/+e) **fabrieksprijs**
fabrizieren OV WW **fabriceren, produceren**
Facebook ZN O • *auf Facebook sein* facebooken
Facette ZN V (-/+n) **facet** • *alle Facetten einer Sache beleuchten* alle facetten van een zaak belichten • *etwas von allen Facetten betrachten* alle facetten van iets bekijken
Fach ZN O (+(e)s/Fächer) **1** **vak** • *das steht im oberen ~* dat staat in het bovenste vak **2** **vak, beroep** • *ein Meister seines Faches* een meester in zijn vak **3** **schoolvak** • *welche Fächer hast du heute?* welke vakken heb je vandaag?
Fachabitur ZN O ≈ **havo-diploma**
Fachakademie ZN V (-/+n) ≈ **hogeschool**, ≈ **academie**
Facharbeiter ZN M (+s/-) **geschoold arbeider**
Facharzt ZN M (+es/-ärzte) MED. **specialist**
fachärztlich BN MED. **specialistisch, van/door een specialist**
Fachausbildung ZN V (-/+en) **vakopleiding**
Fachausdruck ZN M (+(e)s/-drücke) **vakterm**
Fachberater ZN M (+s/-) **deskundig adviseur**
Fachbereich ZN M (+(e)s/+e) **1** **faculteit, vakgroep** **2** **vakgebied**
Fachbuch ZN O (+(e)s/-bücher) **vakboek**
fächeln OV WW **waaieren**
Fächer ZN M (+s/-) **waaier**
fächerartig BN **waaiervormig**
fächern **1** OV WW **1** **waaiervormig uitspreiden** **2** **in vakken verdelen** **2** WKD WW (**sich ~**) **uitwaaieren, waaiervormig uitlopen**
Fachgebiet ZN O (+(e)s/+e) **vakgebied**
fachgemäß BN **vakkundig**
fachgerecht BN **vakkundig**
Fachgeschäft ZN O (+(e)s/+e) **speciaalzaak**
Fachhandel ZN M (+s/-) **speciaalzaak**
Fachhochschule ZN V (-/+n) O&W ≈ **hbo(-school), hogeschool**
Fachidiot ZN M (+en/+en) MIN. **vakidioot**
Fachkraft ZN V (-/-kräfte) **vakman, iemand met een vakopleiding**
fachkundig BN **vakkundig, deskundig**
Fachleute ZN MV **vakmensen, experts**
fachlich BN **van een bepaald vakgebied, vak-** • *~er Ausdruck* vakterm
Fachmann ZN M (+(e)s/-leute, -männer) **vakman, expert**
fachmännisch BN **vakkundig**
Fachschaft ZN V (-/+en) **vakgroep**
Fachschule ZN V (-/+n) **vakschool**
Fachsimpelei ZN V (-/+en) INFORM. **beroepsdeformatie**
fachsimpeln ONOV WW **over zijn vak praten**
Fachsprache ZN V (-/+n) **vaktaal**
Fachwerk ZN O (+(e)s/gmv) BOUW **vakwerk, vakwerkbouw**
Fachwissen ZN O (+s/gmv) **vakkennis**
Fackel ZN V (-/+n) **fakkel**
fackeln ONOV WW INFORM. **aarzelen, treuzelen**
Fackelzug ZN M (+(e)s/-züge) **fakkeloptocht**
fade BN **1** **vervelend** • INFORM. *wie ~ es hier ist!* wat een duffe boel is het hier **2** **smakeloos, flauw** <m.b.t. smaak>
fädeln OV WW **1** **rijgen** **2** INFORM. **voor elkaar krijgen, fiksen**
Faden ZN M (+s/-, Fäden) **draad** • *alle Fäden fest in der Hand haben* de touwtjes in handen hebben • *der rote ~* de rode draad • *die Fäden ziehen* de hechtingen verwijderen, FIG. aan de touwtjes trekken • FIG. *an einem seidenen/dünnen ~ hängen* aan een zijden draadje hangen • FIG. *den ~ verlieren* de draad (van het verhaal) kwijtraken
Fadennudeln ZN MV **vermicelli**
fadenscheinig BN **1** **twijfelachtig** • *eine ~e Ausrede* een doorzichtig smoesje **2** **afgedragen, versleten**
Fadheit ZN V (-/gmv) **1** **flauwheid** **2** **saaiheid, suffigheid** **3** **smakeloosheid**
Fagott ZN O (+(e)s/+e) **fagot**
Fagottist ZN M (+en/+en) **fagottist**
fähig BN **bekwaam, in staat (tot), geschikt** • *eine sehr fähige Anwältin* een zeer bekwame advocate • *zu etwas ~ sein* tot iets in staat zijn • *zu allem ~ sein* tot alles in staat zijn
-fähig VOORV + ACHTERV **in staat tot** • *transportfähig sein* in staat zijn om getransporteerd te worden • *konfliktfähig sein* in staat zijn om met conflicten om te gaan • *erweiterungsfähig* voor uitbreiding vatbaar • *das ist verbesserungsfähig* dat is voor verbetering vatbaar
Fähigkeit ZN V (-/+en) **1** **vaardigheid, bekwaamheid, capaciteit** • *seine Fähigkeiten zeigen* zijn vaardigheden tonen **2** **geschiktheid**
fahl BN **bleek, vaal** • *~e Farben* fletse kleuren
Fähnchen ZN O (+s/-) **1** **vaantje, vlaggetje** **2**

fä

goedkoop, dun jurkje, floddertje **3** haakje
fahnden ONOV WW zoeken (**nach** +3 naar), opsporen <door politie o.i.d.>
Fahnder ZN M (+s/-) rechercheur
Fahndung ZN V (-/+en) JUR. opsporing, BELG. opsporingsbevel
Fahndungsliste ZN V (-/+n) opsporingsregister
Fahne ZN V (-/+n) **1** vlag, vaandel • *die ~ aus-/heraus-/hinaushängen* de vlag uithangen • FIG. *sein Fähnchen nach dem Wind hängen* met alle winden meedraaien • FIG. *etwas auf seine Fahnen schreiben* iets in zijn vaandel schrijven **2** drukproef **3** rookwolk, rookpluim **4** dranklucht, kegel • INFORM. *eine ~ haben* een kegel hebben <naar drank ruiken>
Fahnenflucht ZN V (-/gmv) desertie
fahnenflüchtig BN MIL. gedeserteerd
Fahnenstange ZN V (-/+n) vlaggenstok • FIG. *das Ende der ~ ist erreicht* mijn geduld is op, de mogelijkheden zijn uitgeput
Fähnrich ZN M (+(e)s/+e) vaandrig
Fahrausweis ZN M (+es/+e) plaatsbewijs
Fahrbahn ZN V (-/+en) rijbaan
fahrbar BN verplaatsbaar, rijdend
Fähre ZN V (-/+n) veerpont, veer
fahren OV + ONOV WW sterk **1** besturen, rijden, varen • *das Auto fährt langsam* de auto rijdt langzaam • *das Schiff fährt auf der Nordsee* de boot vaart op de noordzee • *ich fahre dich zum Bahnhof* ik rijd/breng je naar het station • *an/gegen etwas ~* tegen iets aanrijden **2** vervoeren • *die Gäste werden mit dem Bus ge~* de gasten worden met de bus vervoerd **3** gaan <met auto, trein etc.> • *nach Berlin ~* naar Berlijn gaan • *mit dem Zug/dem Auto/dem Rad/dem Schiff ~* met de trein/de auto/de fiets/de boot gaan • *wir ~ morgen in Urlaub* we gaan morgen op vakantie **4** aaien, strijken (over), vegen (over) • *jemandem über den Kopf ~* iemand over het hoofd aaien • *mit dem Kamm durch die Haare ~* een kam door je haar halen • *mit dem Finger über den Tisch ~* met de vinger over de tafel vegen **5** springen • *in die Höhe ~* opspringen • FIG. *aus der Haut ~* uit zijn vel springen • *ein Gedanke fuhr ihm durch den Kopf* er schoot hem iets te binnen • *was ist in ihn gefahren?* wat is er met hem aan de hand? • *fahre fort* ga verder
fahrend BN rondtrekkend, rondreizend
Fahrer ZN M (+s/-) chauffeur, bestuurder • *ich bin heute Abend der ~* ik ben vanavond de bob
Fahrerflucht ZN V (-/gmv) • *~ begehen* doorrijden na het veroorzaken van een ongeval
Fahrgast ZN M (+(e)s/-gäste) reiziger, passagier
Fahrgeld ZN O (+(e)s/+er) reisgeld
Fahrgemeinschaft ZN V (-/+en) carpool
Fahrgeschwindigkeit ZN V (-/+en) rijsnelheid
Fahrgestell ZN O (+(e)s/+e) onderstel, chassis
fahrig BN **1** ongecontroleerd, heftig **2** verstrooid
Fahrigkeit ZN V (-/gmv) **1** verstrooidheid **2** onevenwichtigheid
Fahrkarte ZN V (-/+n) kaartje, plaatsbewijs • *eine ~ lösen* een kaartje kopen • *~ erste Klasse* eersteklas kaartje
Fahrkartenautomat ZN M (+en/+en) kaartjesautomaat
Fahrkartenschalter ZN M (+s/-) loket <voor kaartjes>
Fahrkomfort ZN M (+s/gmv) rijcomfort
Fahrkosten, **Fahrtkosten** ZN MV reiskosten
Fahrkostenerstattung, **Fahrtkostenerstattung** ZN V (-/-en) reiskostenvergoeding
fahrlässig BN slordig, nonchalant • JUR. *fahrlässige Tötung* dood door schuld
Fahrlässigkeit ZN V (-/+en) nalatigheid, onachtzaamheid, nonchalance • JUR. *grobe Fährlässigkeit* grove nalatigheid
Fahrlehrer ZN M (+s/-) rijinstructeur
Fährmann ZN M (+(e)s/-männer, -leute) veerman
Fahrplan ZN M (+(e)s/-pläne) **1** dienstregeling **2** spoorboekje
fahrplanmäßig BN volgens de dienstregeling, op tijd
Fahrpraxis ZN V (-/-praxen) rijervaring
Fahrpreis ZN M (+es/+e) tarief, vervoerprijs
Fahrpreisanzeiger ZN M (+s/-) taximeter
Fahrprüfung ZN V (-/+en) rijexamen
Fahrrad ZN O (+(e)s/-räder) fiets • *elektrisches Fahrrad* elektrische fiets
Fahrradreifen ZN M (-s/-) fietsband
Fahrrinne ZN V (-/+n) vaargeul
Fahrschein ZN M (+(e)s/+e) plaatsbewijs, kaartje
Fahrscheinautomat ZN M kaartjesautomaat
Fährschiff ZN O (+(e)s/+e) veerboot
Fahrschule ZN V (-/+n) autorijschool
Fahrschüler ZN M (+s/-) **1** leerling <autorijles> **2** leerling die pendelt
Fahrspur ZN V (-/+en) rijstrook • *freie ~ für Busse* vrije busbaan • *Straße mit zwei Fahrspuren* weg met dubbele rijbaan
Fahrstraße ZN V (-/+n) rijweg
Fahrstreifen ZN M rijstrook, BELG. rijvak
Fahrstuhl ZN M (+(e)s/-stühle) lift
Fahrstunde ZN V (-/+n) (auto)rijles
Fahrt ZN V (-/+en) **1** tocht, reis, rit • *gute Fahrt!* goede reis! • *einfache ~* kaartje enkele reis • *auf ~ gehen* op trektocht gaan • FIG. *freie ~ haben* groen licht hebben **2** vaart • FIG. *in ~ kommen* op gang/dreef komen
Fährte ZN V (-/+n) spoor, afdruk • FIG. *auf der falschen ~ sein* op het verkeerde spoor zijn • FIG. *von der ~ abkommen* het spoor bijster raken
Fahrtenschreiber ZN M (+s/-) tachograaf
Fahrtkosten ZN MV → **Fahrkosten**
Fahrtkostenerstattung ZN V (-/+en) reiskostenvergoeding
Fahrtreppe ZN V (-/+n) roltrap
Fahrtrichtung ZN V (-/+en) rijrichting • *Ausstieg in ~ links* aan de linkerkant uitstappen <in openbaar vervoer>

fa

fahrtüchtig BN **1** rijvaardig <van persoon>, in staat om te rijden **2** rijwaardig <van auto>, startklaar

Fahrtwind ZN M (+(e)s/gmv) **1** rijwind **2** gunstige wind <zeilen>

Fahrverbot ZN O (+(e)s/+e) rijverbod • *jemandem ein ~ erteilen* iemand een rijverbod opleggen

Fahrwasser ZN O (+s/gmv) vaarwater

Fahrweise ZN V (-/gmv) rijstijl, rijgedrag

Fahrwerk ZN O (+(e)s/+e) **1** landingsgestel **2** onderstel, chassis

Fahrzeit ZN V (-/+en) reistijd, rijtijd

Fahrzeug ZN O (+(e)s/+e) **1** voertuig <m.n. auto> **2** vaartuig

Fahrzeughalter ZN M (+s/-) autobezitter

Fahrzeugpark ZN M (+(e)s/+e, +s) wagenpark

fair BN eerlijk, fair • *~es Spiel* eerlijk spel • *~ spielen* eerlijk spelen • *das ist nicht ~* dat is niet eerlijk • *eine ~e Chance* een eerlijke kans • *ein ~er Preis* een eerlijke prijs

Fairness ZN V (-/gmv) eerlijkheid, sportiviteit

Fäkalien ZN MV fecaliën, uitwerpselen

Fakir ZN M (+s/+e) fakir

Faksimile ZN O (+s/+s) facsimile

Fakt ZN M (+(e)s/+en, +s) feit

faktisch **1** BN in feite, feitelijk **2** BW vrijwel, nagenoeg

Faktor ZN M (+s/+en) **1** factor **2** factoor **3** technisch leider in zetterij of drukkerij

Fakultät ZN V (-/+en) faculteit • *juristische ~* rechtenfaculteit • *medizinische ~* faculteit der geneeskunde

fakultativ BN facultatief, keuze-, niet verplicht

Falke ZN M (+n/+n) **1** valk **2** FIG. voorstander van agressieve politiek, havik

Fall **1** ZN M (+(e)s/+en, Fälle) **1** geval, zaak • *das ist nicht der ~* dat is niet het geval • *schwieriger ~* moeilijk geval • *in dem ~* in dat geval • *im Fall, dass* in geval dat • *auf keinen ~* in geen geval • *ich gehe auf jeden Fall* ik ga in ieder/elk geval, ik ga hoe dan ook • *das ist auf alle Fälle falsch* dat is in ieder geval verkeerd • *klarer Fall!* natuurlijk, vanzelfsprekend! • *gesetzt den Fall, dass...* stel dat..., aangenomen dat... • *im günstigsten ~* in het gunstigste geval • *jeden ~ einzeln beurteilen* elk geval op zichzelf beoordelen • INFORM. *das ist nicht mein ~* daar houd ik niet van • INFORM. *das ist genau dein ~* dat is net wat voor jou **2** val • *zu ~ bringen* ten val brengen • *einen schweren ~ tun* een harde smak maken **3** daling • *der Fall des Ölpreises* de daling van de olieprijs **4** ondergang, verval **5** TAALK. naamval • *'ihm' ist der dritte ~ von 'er'* 'ihm' is de derde naamval van 'er' • *erster ~* eerste naamval **2** ZN O (+(e)s/+en, Fälle) SCHEEPV. hijstouw

Falle ZN V (-/+n) **1** val, klem • *in die ~ gehen* in de val lopen FIG. *jemandem eine ~ stellen* iemand een strik spannen **2** INFORM. bed, nest • INFORM. *jetzt geht's ab in die Falle!* nu ga je naar bed!

fallen ONOV WW **1** vallen • *er fällt auf den Boden* hij valt op de grond • *(sehr) unglücklich ~* vallen en lelijk terechtkomen • FIG. *jemanden ~ lassen* iemand in de kou laten staan • FIG. *ins Wort ~* in de rede vallen **2** dalen • *die Temperatur ist ge~* de temperatuur is gedaald **3** afhellen **4** vallen <sneuvelen> • *er ist bei Verdun ge~* hij is bij Verdun gevallen

fällen OV WW **1** vellen • *eine Entscheidung ~* een beslissing nemen/vellen • *ein Urteil ~* een oordeel vellen **2** ten val brengen

Fallgrube ZN V (-/+n) valkuil

fällig BN **1** vervallen **2** te betalen, opeisbaar • *die Zinsen sind längst ~* de rente had allang betaald moeten zijn • *die Rechnung ist morgen ~* de factuur moet morgen betaald zijn • INFORM. *der ist heute Abend fällig!* die zal ik vanavond even bijpraten! **3** te verwachten, noodzakelijk • *die fälligen Bauarbeiten* de noodzakelijke werkzaamheden

Fälligkeit ZN V (-/gmv) ECON. vervaldag, opeisbaarheid

Fälligkeitstag ZN M (+(e)s/+e) vervaldag

falls VOEGW indien, wanneer, als • *~ nicht* zo niet

Fallschirm ZN M (+(e)s/+e) parachute

Fallschirmjäger ZN M (+s/-) para • *die ~* de paratroepen/para's

Fallschirmspringen ZN O (+s/gmv) parachutespringen

Fallschirmspringer ZN M (+s/-) parachutist

Fallstrick ZN M (+(e)s/+e) valstrik • *jemandem einen ~ legen* voor iemand een valstrik leggen

Fallstudie ZN V (-/+n) casestudy

Falltür ZN V (-/+en) valluik

fallweise BW van geval tot geval

falsch BN **1** vals • *falsche Papiere* valse documenten • *der Ton klingt falsch* de toon klinkt vals **2** verkeerd, fout • *das ist ~* dat is fout • *etwas ~ machen* iets verkeerd doen • *~ gehen* niet op tijd/goed lopen <van klok> • *etwas Falsches sagen* iets verkeerds zeggen • FIG. *an den Falschen geraten* bij de verkeerde aankloppen, bij iemand aan het verkeerde adres zijn ▸ *wie man's macht, ist es ~* je kunt het ook nooit goed doen

Falsch ZN M • *an ihr ist kein ~* zij is door en door eerlijk • *ohne ~* oprecht

Falschaussage ZN V (-/+n) valse getuigenis, valse verklaring

Falscheid ZN M (+(e)s/+e) valse eed

fälschen OV WW vervalsen

Fälscher ZN M (+s/-) vervalser

Falschfahrer ZN M (+s/-) spookrijder

Falschgeld ZN O (+(e)s/gmv) vals geld

Falschheit ZN V (-/gmv) valsheid

fälschlich BW **1** valselijk, ten onrechte **2** onjuist

fälschlicherweise BW bij vergissing, abusievelijk

falschliegen ONOV WW sterk mis hebben • *bei etwas ~* iets verkeerd inschatten

Falschmeldung ZN V (-/+en) foutmelding, onjuist bericht

Falschmünzer ZN M (+s/-) valsmunter

Falschparker ZN M (+s/-) foutparkeerder

Falschspieler ZN M (+s/-) valsspeler

Fälschung ZN V (-/+en) vervalsing

fä

fälschungssicher BN veilig voor vervalsing

Falsett ZN O (+(e)s/+e) falsetstem, kopstem

falsifizieren OV WW falsificeren

Faltblatt ZN O (+(e)s/-blätter) folder

Faltboot ZN O (+(e)s/+e) opvouwbare boot

Fältchen ZN O (+s/-) rimpeltje, kraaienpootje

Falte ZN V (-/+n) vouw, plooi, rimpel • *Falten werfen* in plooien vallen • *die Stirn in Falten ziehen* zijn voorhoofd fronsen

fälteln OV WW **1** vouwen **2** plisseren, plooien

falten OV WW **1** vouwen, plooien **2** fronsen

Faltenrock ZN M (+(e)s/-röcke) plooirok

Falter ZN M (+s/-) vlinder

faltig BN geplooid, vol vouwen, gerimpeld

Faltkarte ZN V (-/+n) opvouwbare landkaart

Falz ZN M (+es/+e) **1** sponning, gleuf **2** voeg **3** vouw, kneep <boeken>

falzen OV WW **1** vouwen <boeken/ drukwerk> **2** groeven **3** gladschaven <leer>

familiär BN familie- • *aus familiären Gründen* wegens familieomstandigheden

Familie ZN V (-/+n) **1** gezin • *eine ~ gründen* een gezin stichten **2** familie • *es liegt in der ~* het zit in de familie

Familienangehörige ZN M/V (+n/+n) **1** gezinslid **2** familielid

Familienanschluss ZN M (+es/gmv) contact met andermans familie

Familienfürsorge ZN V (-/gmv) gezinszorg

Familienkreis ZN M (+es/gmv) huiselijke kring • *im ~* in de huiselijke kring

Familienleben ZN O (+s/-) gezinsleven

Familienmitglied ZN O (+(e)s/+er) **1** gezinslid **2** familielid

Familienname ZN M (+n/+n) achternaam

Familienpackung ZN V (-/+en) gezinspak, gezinsverpakking

Familienplanung ZN V (-/+en) **1** gezinsplanning **2** geboorteregeling

Familienstand ZN M (+(e)s/gmv) burgerlijke staat

Familienvater ZN M (+s/-väter) huisvader

Familienverhältnisse ZN MV gezinsomstandigheden • *aus zerrütteten Familienverhältnissen kommen* uit een ontwricht gezin komen

Familienzuwachs ZN M (+es/gmv) gezinsuitbreiding

famos BN INFORM. schitterend, prachtig

Fan ZN M (+s/+s) fan, bewonderaar, supporter

Fanal ZN O (+(e)s/+e) **1** lichtsignaal, vuursignaal **2** waarschuwingsteken

Fanatiker ZN M (+s/-) fanaticus

fanatisch BN fanatiek

Fanatismus ZN M (-/gmv) fanatisme

fand OV WW verl. tijd → **finden**

Fanfarenzug ZN M (-+(e)s/-züge) fanfare

Fang ZN M (+es/Fänge) **1** vangst • *einen guten ~ machen* iets goeds vinden • IRON. *mit dem habt ihr ja einen tollen ~ gemacht!* daar hebben jullie iemand gevonden! **2** • *die Fänge eines Raubtiers* de bek/tanden van een roofdier • *die Fänge eines Raubvogels* de klauwen van een roofvogel

Fangarm ZN M (+(e)s/+e) tentakel, vangarm

fangen **1** OV WW sterk **1** vangen • *Feuer ~* in vuur raken, vlam vatten • JEUGDT. *~ spielen* tikkertje spelen **2** gevangennemen, grijpen • *jemanden ge~ nehmen* iemand gevangenzetten • *jemanden ge~ halten* iemand gevangenhouden • *ge~ sein* gevangenzitten **2** WKD WW (**sich ~**) **1** zich vangen **2** blijven hangen • *der Rauch hat sich ge~* de rook bleef hangen **3** zijn evenwicht hervinden, zich herstellen • SPORT *sich wieder ~* zich herstellen, zijn vorm hervinden

Fänger ZN M (+s/-) vanger

Fangfrage ZN V (-/+n) strikvraag

Fangnetz ZN O (+es/+e) vangnet

Fanklub ZN M (+s/+s) fanclub

Fanmeile ZN V OMSCHR. verzamelplek voor fans <bij evenementen>

Fantasie ZN V (-/+n) **1** fantasie **2** dagdroom

fantasiereich BN fantasierijk, fantasievol

fantasieren ONOV WW **1** fantaseren • *fantasiere nicht!* vertel geen onzin! **2** ijlen **3** dagdromen

fantasievoll BN fantasierijk, fantasievol

Fantast ZN M (+en/+en) fantast

Fantasterei ZN V (-/+en) hersenschim, waanidee • *Fantastereien* onzin

fantastisch BN fantastisch, geweldig

Farbabstufung ZN V (-/+en) kleurschakering

Farbabzug ZN M (+(e)s/-züge) A-V kleurenafdruk, kleurenprint

Farbaufnahme ZN V (-/+n) **1** kleurenfoto **2** opname in kleur

Farbband ZN O (+(e)s/-bänder) schrijfmachinelint

Farbbild ZN O (+(e)s/+er) kleurenfoto

Farbbildschirm ZN M (+(e)s/+e) kleuren(beeld)scherm

Farbdisplay ZN O (+s/+s) kleurendisplay, kleurenbeeldscherm

Farbdrucker ZN M (+s/-) kleurenprinter

Farbe ZN V (-/+n) **1** kleur • *eine empfindliche ~* een besmettelijke kleur • *blasse ~* fletse tint • FIG. *wie der Blinde von der ~ sprechen* spreken zonder kennis van zaken • FIG. *~ bekennen* kleur bekennen • FIG. *etwas in den schillerndsten Farben malen* iets bijzonder enthousiast beschrijven • FIG. *die ~ wechseln* van politieke richting veranderen **2** verf • *~ anrühren* verf aanmaken

farbecht BN kleurecht, kleurvast

Färbemittel ZN O (+s/-) kleurmiddel

färben **1** OV WW kleuren, verven • *ein gefärbter Bericht* een gekleurd verslag **2** WKD WW (**sich ~**) kleuren • *sich (rot) ~* (rood) kleuren • *sich die Haare ~* zijn haar verven

farbenblind BN kleurenblind

farbenfreudig BN kleurrijk

farbenfroh BN kleurrijk

farbenprächtig BN kleurrijk

Färber ZN M (+s/-) textielverver

Färberei ZN V (-/+en) **1** verven van textiel **2**

textielververij

Farbfernseher ZN M (+s/-) kleurentelevisie

Farbfernsehgerät ZN O (+(e)s/+e) kleurentelevisie

Farbfilm ZN M (+s/+e) kleurenfilm

farbig BN gekleurd, kleurig • *~es Glas* gekleurd glas

Farbige ZN M/V (+n/+n) kleurling

Farbkasten ZN M (+s/-kästen) verfdoos

Farbkopie ZN V (-/+n) kleurenkopie

Farbkopierer ZN M (+s/-) kleurenkopieerapparaat

farblich BN qua kleur

farblos BN kleurloos

Farbstift ZN M (+(e)s/+e) kleurpotlood

Farbstoff ZN M (+(e)s/+e) kleurstof

Farbton ZN M (+(e)s/-töne) tint

Färbung ZN V (-/+en) **1** kleuren, verven **2** kleuring **3** kleur, tendens

Farce ZN V (-/+n) farce, lachwekkende vertoning

Farn ZN M (+(e)s/+e) varen

Färse ZN V (-/+n) vaars

Fasan ZN M (+(e)s/+e(n)) fazant

Faschierte ZN O (+n/+n) OOST. gehakt, uit gehakt bereide spijs

Fasching ZN M (+(e)s/+e, +s) carnaval

Faschismus ZN M (-/gmv) fascisme

Faschist ZN M (+en/+en) fascist

faschistisch BN fascistisch

Faselei ZN V (-/+en) **1** verstrooidheid, gedachteloosheid **2** kletspraat, onzin

faseln ONOV WW kletsen, bazelen • *was faselt sie denn da?* wat zegt zij voor onzin?

Faser ZN V (-/+n) vezel, draad

faserig BN draderig, vezelig

fasern ONOV WW rafelen

Faserplatte ZN V (-/+n) vezelplaat

Fass ZN O (+es/Fässer) vat, fust, ton • *Wein in Fässern* wijn op fust • *Bier vom ~* bier van de tap ▸ *das schlägt dem ~ den Boden aus!* het moet niet gekker worden! ▸ *ein ~ ohne Boden* een bodemloos vat

Fassade ZN V (-/+n) **1** voorkant, voorgevel, façade **2** uiterlijke schijn

Fassadenkletterer ZN M (+s/-) geveltoerist

fassbar BN begrijpelijk, tastbaar

Fassbier ZN O (+(e)s/+e) tapbier

fassen **1** OV WW **1** vatten, pakken **(an** +3 bij/op), grijpen **(an** +4 naar) • *jemandem am/beim Arm ~* iemand bij de arm pakken • *nach etwas ~* naar iets grijpen • FIG. *Mut ~* moed vatten **2** begrijpen • *es ist nicht zu ~* het is niet te begrijpen • *jemanden/etwas nicht zu ~ bekommen* geen grip op iemand/iets kunnen krijgen **3** bevatten, kunnen bevatten • *der Behälter fasst hundert Liter* de bak bevat honderd liter **4** uitdrukken, formuleren • *etwas in Worte ~* iets in woorden uitdrukken **2** WKD WW **(sich ~)** **1** tot bedaren/rust komen • *sie hat sich wieder gefasst* ze is weer tot bedaren gekomen **2** • *sich kurz ~* beknopt zijn

fasslich BN begrijpelijk • *sein Vortrag war ~ formuliert* zijn betoog was goed te begrijpen

Fasson ZN V (-/+s) **1** vorm, model • *der Hut hat keine ~ mehr* er zit geen model meer in die hoed • INFORM. *aus der ~ geraten* dik worden **2** manier, fatsoen

Fassung ZN V (-/+en) **1** versie • *die letzte ~ eines Textes* de laatste versie van een tekst **2** fitting **3** brilmontuur **4** zelfbeheersing, houding • *die ~ verlieren* zijn zelfbeheersing verliezen • *um ~ ringen* zijn zelfbeheersing proberen te houden • *jemanden aus der ~ bringen* iemand van zijn stuk brengen • *außer ~ sein* zijn zelfbeheersing kwijt zijn • *etwas mit ~ tragen* kalm blijven

fassungslos BN van streek, van zijn stuk • *ein ~es Schweigen* een bedremmeld zwijgen

Fassungsvermögen ZN O (+s/gmv) **1** begripsvermogen, bevattingsvermogen **2** capaciteit, inhoud

fast BW bijna • *~ nichts* bijna niets • *~ wäre er gefallen* hij was bijna gevallen, het scheelde niet veel of hij was gevallen • *~ eine Stunde* een klein uur

fasten ONOV WW vasten • *das Fasten* het vasten

Fastenkur ZN V (-/+en) vermageringskuur

Fast Food, **Fastfood** ZN O (-/-, +s) fastfood

Fastnacht ZN V (-/gmv) REG. carnaval

Fasttag ZN M (+(e)s/+e) vastendag

Faszination ZN V (-/+en) fascinatie

faszinieren OV WW fascineren • *von jemandem fasziniert sein* gefascineerd zijn door iemand

fatal BN **1** noodlottig, fataal **2** onaangenaam, pijnlijk

Fatalismus ZN M (-/gmv) fatalisme

fatalistisch BN fatalistisch

Fata Morgana ZN V (-/+s, -nen) fata morgana

Fatzke ZN M (+n/+n) ijdele dwaas, kwast

fauchen ONOV WW sissen, blazen

faul BN **1** bedorven, rot • *~es Obst* bedorven fruit • *ein ~es Ei* een rot ei **2** lui, traag • *auf der ~en Haut liegen* lui zijn • *ein ~er Mensch* een luie vent **3** INFORM. bedenkelijk, verdacht • *~er Zauber* zwendel • *~e Ausreden* flauwe smoesjes • *eine ~e Sache* een smerig zaakje • *daran ist etwas ~* hier klopt iets niet, dat is geen zuivere koffie

Fäule ZN V (-/gmv) bederf, verrotting

faulen ONOV WW bederven, verrotten

faulenzen ONOV WW luieren, nietsdoen • *den ganzen Tag ~* de hele dag luieren

Faulenzer ZN M (+s/-) **1** luilak **2** INFORM. ligstoel **3** OOST. gelinieerd papier

Faulenzerei ZN V (-/gmv) geluier, nietsdoen

Faulheit ZN V (-/gmv) luiheid

faulig BN rottend

Fäulnis ZN V (-/gmv) **1** verrotting, bederf **2** verval

Faulpelz ZN M (+es/+e) luilak

Faultier ZN O (+(e)s/+e) **1** BIOL. luiaard **2** luiwammes

Faun ZN M (+(e)s/+e, +en) **1** bosgod, faun **2** wellusteling

Fauna ZN V (-/gmv) fauna

Faust ZN V (-/Fäuste) vuist • *das passt wie die ~ aufs Auge* dat slaat als een tang op een varken • *auf eigene ~* op eigen houtje • FIG. *mit der ~ auf den Tisch hauen* met de vuist op tafel slaan

Fäustchen ZN O (+s/-) vuistje • *sich ins ~ lachen* in zijn vuistje lachen

faustdick BN **1** zo dik als een vuist **2** enorm • INFORM. *eine ~e Lüge* een enorme leugen • INFORM. *es ~ hinter den Ohren haben* het achter de ellebogen hebben

Fäustel ZN M (+s/-) **1** moker **2** vuistbijl

faustgroß BN vuistgroot, zo groot als een vuist

Fausthandschuh ZN M (+(e)s/+e) want

Fäustling ZN M (+(e)s/+e) **1** want, vuisthandschoen **2** steen zo groot als een vuist <mijnbouw>

Faustrecht ZN O (+(e)s/gmv) het recht van de sterkste

Faustregel ZN V (-/+n) vuistregel

Faustschlag ZN M (+(e)s/-schläge) vuistslag

favorisieren OV WW **1** favoriseren, begunstigen **2** SPORT tot favoriet maken

Favorit ZN M (+en/+en) favoriet

Fax ZN O (-/-, +e) fax • *per ~ übermitteln* per fax versturen

Faxanschluss ZN M (+es/-schlüsse) faxaansluiting

faxen OV WW faxen • *ich faxe Ihnen die Rechnung* ik fax de rekening aan u

Faxen ZN MV gekheid, flauwekul • *mach keine Faxen!* stel je niet aan!

Faxgerät ZN O (+(e)s/+e) faxapparaat

Faxnummer ZN V (-/+n) faxnummer

Fazit ZN O (+s/+s) uitkomst, resultaat • *das ~ ziehen* de conclusie trekken

FC AFK Fußballclub **voetbalclub**

FCKW AFK SCHEIK. Fluorchlorkohlenwasserstoff **CFK, chloorfluorkoolwaterstof**

FDP AFK POL. Freie Demokratische Partei **FDP** <Vrije Democratische Partij>

F-Dur ZN O (-/gmv) F majeur

Feber ZN M (+s/-) OOST. februari

Febr. AFK Februar **februari**

Februar ZN M (-, +s/+e) februari

fechten ONOV WW sterk **1** schermen **2** vechten

Fechter ZN M (+s/-) schermer

Feder ZN V (-/+n) **1** veer • FIG. *aus den Federn kommen* uit bed komen • FIG. *noch in den Federn liegen* nog op één oor liggen • FIG. *sich mit fremden Federn schmücken* met andermans veren pronken • FIG. *bei etwas Federn lassen* een veer laten **2** pen • *zur ~ greifen* de pen ter hand nemen • *ein Mann der ~* een schrijver, een journalist

Federball **1** ZN M (+(e)s/+bälle) shuttle **2** ZN M (+(e)s/gmv) SPORT badminton

Federbett ZN O (+(e)s/+en) veren dekbed

federführend BN bevoegd, verantwoordelijk

Federgewicht ZN O (+(e)s/+e) SPORT vedergewicht

Federgewichtler ZN M (+s/-) SPORT vedergewicht <persoon>

Federhalter ZN M (+s/-) kroontjespen

Federkernmatratze ZN V (-/+n) springveren matras

federleicht BN licht als een veertje

Federlesen ZN O (+s/gmv) • *ohne langes ~* zonder omhaal • *nicht viel Federlesens machen* zonder omhaal, niet veel complimenten maken

federn OV + ONOV WW veren

federnd BN verend

Federschmuck ZN M (+(e)s/+e) verentooi

Federstrich ZN M (+(e)s/+e) pennenstreek • *mit einem ~* met één pennenstreek

Federung ZN V (-/+en) vering

Federvieh ZN O (+(e)s/gmv) pluimvee

Federzeichnung ZN V (-/+en) pentekening

Fee ZN V (-/+n) fee

Feedback ZN O (+s/+s) feedback

feenhaft BN feeëriek, toverachtig mooi

Fegefeuer ZN O (+s/-) vagevuur

fegen OV + ONOV WW **1** vegen • OOK FIG. *etwas vom Tisch ~* iets van tafel vegen **2** gieren, razen <wind> **3** stuiven

Feger ZN M (+s/-) **1** INFORM. wervelwind <kind> **2** fat, ijdeltuit <jonge man> **3** snibbig, trots meisje

Fehde ZN V (-/+n) twist, vete

fehl BN • *~ am Platz(e)* misplaatst

Fehl ZN M • *ohne ~* zonder fout, volmaakt

Fehlanzeige ZN V (-/+n) melding dat iets niet klopt of niet aanwezig is • *Fehlanzeige!* had je gedacht!

fehlbar BN feilbaar

Fehlberechnung ZN V (-/+en) verkeerde berekening

Fehlbetrag ZN M (+(e)s/-träge) ontbrekend bedrag, tekort • *den ~ ausgleichen* het tekort aanvullen

Fehldiagnose ZN V (-/+n) verkeerde diagnose

Fehldruck ZN M (+(e)s/+e) misdruk

Fehleinschätzung ZN V (-/+en) verkeerde beoordeling

fehlen ONOV WW **1** missen, ontbreken • *es ~ zwei Seiten* er missen twee bladzijden • *fehlt dir was?* mis je iets? • *daran soll es nicht ~* daar zal het niet aan liggen • *das fehlte gerade noch!* dat ontbrak er nog maar aan! • *du fehlst mir sehr* ik mis je heel erg • *es fehlte nicht viel, und er wäre ertrunken* het scheelde niet veel of hij was verdronken • *weit gefehlt!* helemaal mis! **2** afwezig zijn • *sie hat drei Wochen in der Schule gefehlt* zij is drie weken niet naar school geweest **3** FORM. verkeerd handelen **4** mankeren • *fehlt dir was?* mankeert je iets?, gaat het niet goed met jou? • *mir fehlt nichts* mij mankeert niets • *was fehlt dir denn, mein Junge?* wat is er dan toch, jongen?

Fehlen ZN O (+s/-) afwezigheid **(bei** +3, **in** +3 in)

Fehlentscheidung ZN V (-/+en) foutieve beslissing

Fehler ZN M (+s/-) **1** fout • *jemanden auf seine ~ hinweisen* iemand op zijn fouten wijzen • *einen ~ machen* een fout maken • *einen ~ wieder gutmachen* een fout goedmaken • *wieder in die alten ~ verfallen* weer in de oude fout vervallen **2** gebrek • *Fehler im System* gebreken in het systeem

Fehleranzeige ZN V (-/+n) COMP. foutmelder, foutvlag

fehlerfrei BN zonder fouten, zonder gebreken

fehlerhaft BN **1** fout, onjuist **2** gebrekkig

Fehlerhäufigkeit ZN V (-/+en) COMM. foutenhoeveelheid, foutensnelheid

fehlerlos BN foutloos

Fehlermeldung ZN V (-/+en) foutmelding

Fehlerquelle ZN V (-/+n) bron van fouten

Fehlersuche ZN V (-/+n) foutenopsporing, (het) zoeken naar storingen

Fehlerverzeichnis ZN O (+ses/+se) foutenlijst

Fehlgeburt ZN V (-/+en) miskraam • *eine ~ bekommen* een miskraam krijgen • *eine ~ haben* een miskraam hebben

fehlgehen ONOV WW sterk FORM. **1** verkeerd lopen, verdwalen **2** zijn doel missen **3** zich vergissen • *gehe ich fehl in der Annahme, dass...?* vergis ik mij als ik denk dat...?

Fehlgriff ZN M (+(e)s/+e) misgreep

Fehlkauf ZN M (+(e)s/-käufe) miskoop • *einen ~ machen* een miskoop doen

Fehlleistung ZN V (-/+en) onbewust verkeerde handeling • *eine freudsche ~* een freudiaanse vergissing/verspreking

Fehlpass ZN M (+es/-pässe) SPORT verkeerde/foutieve pass

Fehlschlag ZN M (+(e)s/-schläge) mislukking, fiasco

fehlschlagen ONOV WW sterk **1** mislukken **2** verkeerd slaan

Fehlschluss ZN M (+es/-schlüsse) verkeerde gevolgtrekking

Fehlschuss ZN M (+es/-schüsse) SPORT misser, misschot • *so ein Fehlschuss!* wat een misser!

Fehlstart ZN M (+(e)s/+s) **1** LUCHTV. mislukte start **2** SPORT valse start

Fehltritt ZN M (+(e)s/+e) misstap • *einen ~ begehen/tun* een misstap begaan

Fehlurteil ZN O (+(e)s/+e) **1** ongepast oordeel, misplaatst oordeel **2** onjuist oordeel

Fehlverhalten ZN O (+s/gmv) fout gedrag

Fehlzündung ZN V (-/+en) TECHN. te vroege/late ontsteking • INFORM. *eine ~ haben* het niet goed begrijpen

Feier ZN V (-/+n) **1** viering, plechtigheid • *zur ~* ter viering van **2** feest

Feierabend ZN M (+(e)s/+e) einde van de werkdag • INFORM. *nun ist aber Feierabend!* nu is het afgelopen! • *um 5 Uhr machen wir ~* om 5 uur houden we op • *mein Kollege hat schon ~* mijn collega is al naar huis gegaan • *schönen Feierabend!* fijne avond!

feierlich BN plechtig • *das ist ja schon nicht mehr ~!* dat is niet leuk meer, dat gaat te ver

Feierlichkeit ZN V (-/+en) **1** plechtigheid **2** feestelijkheid

feiern **1** OV WW vieren • *wir feiern meinen Geburtstag* we vieren mijn verjaardag • *eine gefeierte Sängerin* een gevierde zangeres **2** ONOV WW feesten • *die jungen Leute kommen hierher, um zu feiern* de jonge mensen komen hier om te feesten

Feierstunde ZN V (-/+n) herdenkingsplechtigheid, plechtige viering

Feiertag ZN M (+(e)s/+e) feestdag, (officiële) vrije dag • *Karfreitag ist ein gesetzlicher ~* Goede Vrijdag is een officiële vrije dag • *christliche(r) ~* christelijke feestdag • *schöne Feiertage!* prettige feestdagen!

feige BN **1** laf **2** brokkelig <gesteente>

Feige ZN V (-/+n) vijg

Feigheit ZN V (-/gmv) lafheid, angst

Feigling ZN M (+(e)s/+e) lafaard

feilbieten OV WW sterk te koop aanbieden

Feile ZN V (-/+n) vijl

feilen OV + ONOV WW vijlen, bijwerken

feilschen ONOV WW afdingen, pingelen, onderhandelen, BELG. afbieden • *um den Preis ~* afdingen op de prijs

fein BN **1** fijn • *~ reiben* fijn wrijven • *ein ~es Gespür für etwas haben* iets fijntjes aanvoelen • FIG. *das Feinste vom Feinen* het neusje van de zalm **2** fijnzinnig, scherpzinnig **3** elegant, voornaam • *sich ~ machen* zich optutten **4** van goede kwaliteit • *~es Gold* zuiver goud **5** INFORM. leuk • *das ist ~!* dat is leuk! • *~ heraus sein* er goed van afgekomen zijn • IRON. *feine Freunde hast du da!* lekkere vrienden heb jij!

Feinabstimmung ZN V (-/+en) fijnafstemming, fijnafstelling

Feinarbeit ZN V (-/+en) fijn werk, precisiewerk

Feinbäckerei ZN V (-/+en) banketbakkerij, patisserie

Feind ZN M (+(e)s/+e) vijand • *jemandem feind sein* iemand vijandig gezind zijn • *sein schlimmster ~* zijn grootste vijand • *sich jemanden zum ~ machen* iemand tot vijand maken • *das wünsche ich meinem ärgsten ~ nicht* dat gun ik mijn ergste vijand niet

Feindin ZN V (-/+nen) vijandin

feindlich BN vijandig, vijandelijk • *jemandem ~ gesinnt sein* iemand vijandig gezind zijn • *~e Flugzeuge* vijandige vliegtuigen

Feindlichkeit ZN V (-/+en) vijandigheid

Feindschaft ZN V (-/+en) vijandschap

feindselig BN vijandig, vijandelijk • *eine ~e Haltung* een vijandige houding

Feindseligkeit ZN V (-/+en) vijandelijkheid, vijandigheid

feinfühlig BN fijngevoelig

Feinfühligkeit ZN V (-/gmv) fijngevoeligheid

Feingebäck ZN O (+(e)s/+e) fijn gebak

Feingefühl ZN O (+s/+e) tact, fijngevoeligheid

Feingold ZN O (+(e)s/gmv) zuiver goud

Feinheit ZN V (-/+en) **1** fijnheid **2** finesse, nuance • *stilistische Feinheiten* stilistische subtiliteiten **3** hoge kwaliteit **4** voornaamheid

feinkörnig BN fijnkorrelig

Feinkost ZN V (-/gmv) delicatessen

Feinkostgeschäft ZN O (+(e)s/+e) delicatessenzaak

Feinschmecker ZN M (+s/-) fijnproever
feinsinnig BN fijnzinnig, fijngevoelig
Feinstaub ZN M fijnstof
Feinwäsche ZN V (-/+n) fijne was
Feinwaschmittel ZN O (+s/-) fijnwasmiddel
feist BN dik, vet
feixen ONOV WW grijnzen, grinniken
Feld ZN O (+(e)s/+er) **1** veld, akker **2** gebied, vak • *eine Kapazität auf seinem ~* een capaciteit in zijn vak **3** SPORT groep, peloton **4** slagveld • *das ~ behaupten* zijn wil doorzetten, zijn positie houden • *etwas ins ~ führen* met iets argumenteren
Feldarbeit ZN V (-/+en) veldwerk, werk op het land
Feldbett ZN O (+(e)s/+en) veldbed
Feldflasche ZN V (-/+n) veldfles
Feldhamster ZN M (+s/-) korenwolf
Feldküche ZN V (-/+n) veldkeuken
Feldlazarett ZN O (+(e)s/+e) veldhospitaal
Feldmarschall ZN M (+s/-schälle) MIL. veldmaarschalk
Feldpost ZN V (-/gmv) veldpost
Feldsalat ZN M (+(e)s/+e) veldsla
Feldspat ZN M veldspaat
Feldspieler ZN M (+s/-) veldspeler
Feldstecher ZN M (+s/-) verrekijker, veldkijker
Feldstudie ZN V (-/+n) veldonderzoek
Feldwebel ZN M (+s/-) **1** sergeant-majoor, opperwachtmeester **2** kenau
Feldzug ZN M (+(e)s/-züge) veldtocht
Felge ZN V (-/+n) velg
Felgenband ZN O velglint
Felgenbremse ZN V (-/+n) velgrem
Fell ZN O (+(e)s/+e) **1** vacht • FIG. *sie sieht ihre Felle davon schwimmen* zij heeft alle hoop verloren • FIG. *jemandem das ~ über die Ohren ziehen* iemand bedriegen **2** vel, huid • FIG. *ein dickes ~ haben* een olifantenhuid hebben
Fels ZN M (+en/+en) rots
Felsblock ZN M (+(e)s/-blöcke) rotsblok
Felsbrocken ZN M (+s/-) rotsblok
Felsen ZN M (+s/-) → **Fels**
felsenfest BN rotsvast
Felsenvorsprung ZN M (+(e)s/-sprünge) vooruitstekende rots
felsig BN rotsachtig
Felsklettern ZN O (+s/gmv) (het) rotsen beklimmen
Felswand ZN V (-/-wände) rotswand
fem. AFK TAALK. feminin vrouwelijk
Feme ZN V (-/+n) veem
feminin BN vrouwelijk
Femininum ZN O (+s/-na) femininum, vrouwelijk woord/geslacht
Feminismus ZN M (-/gmv) feminisme
Feministin ZN V (-/+nen) feministe
feministisch BN feministisch
Fenchel ZN M (+s/gmv) venkel
Fenster ZN O (+s/-) raam, venster • *zum ~ hinausblicken* uit het raam kijken • *etwas aus dem ~ werfen* iets uit het raam gooien • INFORM. *weg vom ~ sein* niet meer meetellen
Fensterbank ZN V (-/-bänke) vensterbank
Fensterbrett ZN O (+(e)s/+er) vensterbank
Fensterbriefumschlag ZN M (+(e)s/-umschläge) vensterenvelop
Fensterladen ZN M (+s/-läden) vensterluik
Fensterleder ZN O (+s/-) zeemlap
Fensterplatz ZN M (+es/-plätze) raamplaats
Fensterputzer ZN M (+s/-) glazenwasser
Fensterrahmen ZN M (+s/-) raamkozijn
Fensterrose ZN V roosvenster
Fensterscheibe ZN V (-/+n) vensterruit
Fenstersims ZN M (+es/+e) vensterbank <buitenkant>
Ferien ZN MV vakantie <vooral van school>
Feriendorf ZN O (+(e)s/-dörfer) vakantiedorp, vakantiepark
Ferienjob ZN M (+s/+s) vakantiewerk, vakantiebaantje
Ferienlager ZN O (+s/-) vakantiekamp
Ferienreise ZN V (-/+n) vakantiereis
Ferienwohnung ZN V (-/+en) vakantiehuis(je)
Ferkel ZN O (+s/-) **1** big **2** smeerpoets, viezerik
Ferkelei ZN V (-/+en) zwijnerij, schunnigheid
ferkeln ONOV WW **1** biggen werpen **2** vieze moppen vertellen, zich als een varken gedragen
Fermate ZN V (-/+n) MUZ. rustpunt, fermate
fermentieren OV WW fermenteren
fern **1** VZ +3 FORM. ver, ver verwijderd • *er starb ~ der Heimat* hij overleed ver van zijn thuisstreek vandaan **2** BN ver • *jemandem ~ sein* ver van iemand verwijderd zijn, FIG. zich niet met iemand verwant voelen • *das sei mir ~!* geen denken aan!
Fern- VOORV **1** tele-, afstands- • *Fernbedienung* afstandsbediening **2** op afstand • *Fernstudium* studie op afstand • *Fernlehrgang* schriftelijke cursus
fernab BW FORM. ver weg, op grote afstand • *~ gelegen* veraf gelegen
Fernabfrage ZN V (-/+n) COMM. afstandsraadpleging
Fernamt ZN O (+(e)s/-ämter) telefooncentrale
Fernauslöser ZN M (+s/-) afstandsbediening voor fototoestel
fernbedienen OV WW op afstand bedienen
Fernbedienung ZN V (-/+en) afstandsbediening
fernbleiben ONOV WW sterk wegblijven, niet verschijnen • *dem Unterricht ~* uit de les wegblijven
Ferne ZN V (-/+n) **1** verte, afstand • *in der Ferne lag ein Dorf* in de verte lag een dorp **2** toekomst • *in weiter ~* in de verre toekomst • *durch die Krise ist unser Hauskauf in weite ~ gerückt* door de crisis is het kopen van een huis op de lange baan geschoven
ferner BW verder, voortaan
fernerhin BW voortaan, in de toekomst
Fernfahrer ZN M (+s/-) vrachtwagenchauffeur, BELG. camioneur
Fernflug ZN M (+(e)s/-flüge)

langeafstandsvlucht
ferngelenkt BN met afstandsbediening, draadloos bestuurd
Ferngespräch ZN O (+(e)s/+e) interlokaal telefoongesprek
ferngesteuert BN draadloos bestuurd
Fernglas ZN O (+es/-gläser) verrekijker
ferngucken ONOV WW INFORM. tv-kijken
fernhalten **1** OV WW sterk weghouden, op een afstand houden **2** WKD WW (**sich ~**) • *sich ~ von* zich afzijdig houden van
Fernkurs ZN M (+es/+e) schriftelijke cursus
Fernlastzug ZN M (+(e)s/-züge) vrachtwagencombinatie
Fernleitung ZN V (-/+en) **1** hoogspanningsleiding **2** transportleiding, pijpleiding <olie>
Fernlenkung ZN V (-/+en) **1** draadloze besturing **2** afstandsbediening
Fernlicht ZN O (+(e)s/gmv) groot licht <van een auto>
Fernmeldeamt ZN O (+(e)s/-ämter) telefoon- en telegraafkantoor
Fernmeldesatellit ZN M (+en/+en) communicatiesatelliet
fernmündlich BN telefonisch
Fernost ZN M Verre Oosten
fernöstlich BN m.b.t. het Verre Oosten
Fernrohr ZN O (+(e)s/+e) verrekijker, telescoop
Fernschreiben ZN O (+s/-) telex(bericht)
Fernschreiber ZN M (+s/-) telex
fernschriftlich BN per telex
Fernsehansager ZN M (+s/-) televisiepresentator
Fernsehanstalt ZN V (-/+en) ≈ televisieomroep
Fernsehapparat ZN M (+(e)s/+e) televisietoestel
Fernsehdiskussion ZN V (-/+en) televisiedebat
fernsehen ONOV WW sterk televisie kijken
Fernsehen ZN O (+s/gmv) televisie • *im ~* op de televisie • *im ~ übertragen* op de televisie uitzenden • *den Fernseher einschalten* de televisie aanzetten • *beim ~ arbeiten* werken voor de televisie
Fernseher ZN M (+s/-) televisietoestel
Fernsehfassung ZN V (-/+en) tv-adaptatie, tv-bewerking
Fernsehgebühren ZN MV kijkgeld
Fernsehgerät ZN O (+(e)s/+e) televisietoestel
Fernsehmuffel ZN M (+s/-) iemand die niets om tv geeft
Fernsehprogramm ZN O (+s/+e) televisieprogramma
Fernsehsender ZN M (+s/-) televisiezender
Fernsehsendung ZN V (-/+en) televisie-uitzending
Fernsehserie ZN V (-/+n) televisieserie
Fernsehtelefon ZN O (+s/+e) videofoon, beeldtelefoon
Fernsehübertragung ZN V (-/+en) televisie-uitzending
Fernsehwerbung ZN V (-/gmv) televisiereclame
Fernsehzeitschrift ZN V (-/+en) televisiegids
Fernsehzuschauer ZN M (+s/-) televisiekijker
Fernsicht ZN V (-/gmv) vergezicht
fernsichtig BN verziend
Fernsprechamt ZN O (+(e)s/-ämter) telefooncentrale
Fernsprecher ZN M (+s/-) telefoon
Fernsprechnetz ZN O (+es/+e) communicatienet(werk)
Fernsprechteilnehmer ZN M (+s/-) telefoonabonnee
fernsteuern OV WW draadloos besturen, op afstand besturen/bedienen
Fernsteuerung ZN V (-/+en) **1** draadloze besturing **2** afstandsbediening
Fernstraße ZN V (-/+n) autoweg, verkeersweg voor doorgaand verkeer
Fernstudium ZN O (+s/-dien) universitair afstandsonderwijs
Fernuniversität ZN V (-/+en) O&W ≈ open universiteit
Fernunterricht ZN M (+(e)s/+e) afstandsonderwijs
Fernverkehr ZN M (+(e)s/gmv) langeafstandsverkeer
Fernwärme ZN V (-/gmv) stadswarmte, stadsverwarming
Fernweh ZN O (+s/gmv) FORM. hevig verlangen naar verre landen
Fernziel ZN O (+(e)s/+e) **1** doelstelling op lange termijn **2** verafgelegen bestemming
Fernzug ZN M (+(e)s/-züge) internationale trein
Ferse ZN V (-/+n) hak, hiel • *jemandem auf den Fersen bleiben* iemand op de hielen zitten • *jemandem auf den Fersen sein* iemand achterna zitten • *die Fersen zeigen* vluchten
Fersengeld ZN O (+(e)s/gmv) • INFORM. *~ geben* zijn hielen lichten, ervandoor gaan
fertig BN **1** klaar, gereed, af • *die Suppe ist ~* de soep is klaar • *die Arbeit ist ~* het werk is af/klaar • *mit einer Sache ~ sein* met iets klaar zijn • *sich ~ machen* zich klaarmaken • *~ stellen* voltooien • *~ bringen* af krijgen • *~ machen* afmaken, gereedmaken • *~ werden* afkomen • INFORM. *mit dem werde ich schon ~!* ik krijg hem wel klein! • *damit wirst du schon ~* dat krijg je wel voor elkaar • INFORM. *mit dem bin ich ~* met hem wil ik niets meer te maken hebben • INFORM. *und damit ~!* en daarmee uit! • *auf die Plätze, ~, los!* klaar voor de start? af! • INFORM. *~ ist die Laube* klaar is Kees **2** doodop • *fix und ~ sein* doodop zijn • *er war völlig ~* hij was helemaal op • *er ist mit den Nerven ~* hij staat op instorten
-fertig ACHTERV -klaar, gereed voor • *versandfertig* gereed voor verzending • *gebrauchsfertig* gebruiksklaar
Fertigbau ZN M (+(e)s/-ten) montagebouw, systeembouw
fertigbringen OV WW sterk **1** af krijgen **2** FIG. klaarspelen, over het hart kunnen verkrijgen

• *sie bringt es schon fertig* zij klaart het wel • *er bringt das noch nicht mal fertig* hij is te lamlendig om dat te doen • IRON. *sie hat es fertiggebracht, ...* zij heeft het gepresteerd om ...
fertigen OV WW vervaardigen, fabriceren
Fertiggericht ZN O (+(e)s/+e) kant-en-klaarmaaltijd
Fertighaus ZN O (+es/-häuser) prefab huis
Fertigkeit ZN V (-/+en) handigheid, vaardigheid • ~ *im Klavierspielen* vaardigheid in het piano spelen
fertigmachen OV WW FIG. kapotmaken, murw maken • *die Kinder machen sie fertig* de kinderen putten haar helemaal uit • *die Geschichte macht mich ganz fertig* ik ben helemaal kapot van dit verhaal
Fertigprodukt ZN O (+s/+e) kant-en-klaar product
fertigstellen OV WW voltooien
Fertigstellung ZN V (-/gmv) voltooiing
Fertigteil ZN O (+(e)s/+e) prefab bouwelement
Fertigung ZN V (-/+en) vervaardiging, fabricage
Fertigware ZN V (-/+n) afgewerkt product
fertigwerden ONOV WW sterk voor elkaar krijgen • *damit wirst du schon fertig* dat krijg je wel voor elkaar • *mit dem werde ich schon fertig!* ik krijg hem wel klein!
fesch BN vlot, flitsend, chic
Fessel ZN V (-/+n) **1** boei, keten • *jemandem die Fesseln anlegen* iemand in de boeien slaan **2** keten, band <figuurlijk> **3** onderste deel van een paardenvoet **4** enkel
Fesselballon ZN M (+(e)s/+s, +e) kabelballon
fesseln OV WW **1** binden, boeien, kluisteren • *jemanden* ~ iemand vastbinden **2** FIG. boeien, in de ban houden • *ein ~der Vortrag* een boeiende lezing
fest BN **1** vast • *~er Kern* vaste kern • FIG. *ihr Schicksal liegt* ~ haar vonnis is getekend • FIG. *ist sie schon in ~en Händen?* is ze al getrouwd? • ~ *umrissen* vastomlijnd **2** sterk, stevig • ~ *gefügt* stevig, onwankelbaar • *eine ~e Freundschaft* een hechte vriendschap **3** standvastig **4** taai
Fest ZN O (+(e)s/+e) **1** feest • *Frohes Fest!* prettige feestdagen! • *man muss die Feste feiern, wie sie fallen* je moet geen gelegenheid missen om feest te vieren **2** kerkelijk feest • *das ~ des heiligen Martin* het feest van de heilige Martinus
Festakt ZN M (+(e)s/+e) feestelijke plechtigheid
Festanstellung ZN V (-/+en) vaste aanstelling
Festausschuss ZN M (+es/-schüsse) feestcommissie, feestcomité
festbinden OV WW vastbinden (**an** +3 aan)
Festessen ZN O (+s/-) feestmaal • *ein ~ vorbereiten* een feestmaal aanrichten
festfahren **1** ONOV WW vastrijden, vastlopen <onderhandelingen> • *die Verhandlungen sind völlig festgefahren* de onderhandelingen zitten muurvast **2** WKD WW (**sich ~**) vastlopen
Festgehalt ZN O (+(e)s/-gehälter) vast salaris
Festhalle ZN V (-/+n) feestzaal
festhalten **1** ONOV WW sterk vasthouden (**an**, **in** +3 aan) • *einen Gedanken ~* een gedachte vasthouden • *an einer Forderung ~* aan een eis vasthouden **2** WKD WW (**sich ~**) zich vasthouden (**an** +3 aan) • *halt dich fest!* hou je vast! (nu komt er wat)
festigen OV WW versterken, verstevigen
Festigkeit ZN V (-/gmv) **1** stevigheid, vastheid **2** standvastigheid
Festigung ZN V (-/+en) versterking
Festival ZN O (+s/+s) festival
Festivität ZN V (-/+en) festiviteit
festklammern **1** OV WW vastklemmen **2** WKD WW (**sich ~**) zich vastklemmen (**an** +3 aan), zich vastklampen
festkleben **1** OV WW vastplakken **2** ONOV WW vastplakken
Festkörper ZN M (+s/-) NATK. vaste stof
Festkosten ZN MV vaste kosten, constante kosten
Festland ZN O (+(e)s/gmv) vasteland
festländisch BN tot het vasteland behorend
festlegen OV WW vastleggen, vaststellen • *vertraglich wurde festgelegt, dass ...* contractueel is vastgelegd dat ... • *sich ~* zich binden, zich vastleggen
festlich BN feestelijk • FORM. ~ *begehen* vieren
Festlichkeit ZN V (-/+en) feestelijkheid
festliegen ONOV WW sterk vastliggen, vaststaan • *das Datum liegt fest* de datum ligt vast
festmachen **1** OV WW **1** vastmaken **2** aanmeren **3** vast afspreken, vastleggen **2** ONOV WW vastmeren (**an** +3 aan) <van schip>
Festmeter ZN O (+s/-) kubieke meter <van hout>
festnageln OV WW **1** vastspijkeren **2** INFORM. uitdrukkelijk wijzen op **3** INFORM. • *jemanden auf etwas ~* iemand op iets vastpinnen
Festnahme ZN V (-/+n) arrestatie, aanhouding
festnehmen OV WW sterk arresteren, aanhouden • *einen Verdächtigen ~* een verdachte aanhouden
Festnetz ZN O vast telefoonnetwerk, vaste lijn • *Handynummer* mobiel nummer
Festnetznummer ZN V vast (telefoon)nummer <niet mobiel>
Festplatte ZN V (-/+n) COMP. harde schijf, harddisk
Festplattenlaufwerk ZN O (+(e)s/+e) COMP. harddiskdrive
Festpreis ZN M (+(e)s/+e) vaste prijs
Festrede ZN V (-/+n) feestrede
Festredner ZN M (+s/-) feestredenaar
Festschrift ZN V (-/+en) feestbundel
festsetzen **1** OV WW **1** vaststellen **2** vastzetten **3** gevangenzetten **2** WKD WW (**sich ~**) zich nestelen, zich vastzetten
Festsetzung ZN V (-/+en) vastlegging
festsitzen ONOV WW sterk vastzitten, niet verder kunnen, blijven steken • *mit einem Problem ~* bij een probleem blijven steken
Festspeicher ZN M (+s/-) COMP. Read Only Memory, ROM
Festspiele ZN MV (-) festival

feststehen ONOV WW onregelmatig vaststaan, zeker zijn • *der ~de Ausdruck* de geijkte term
Feststellbremse ZN V (-/+n) parkeerrem
feststellen OV WW **1** vastmaken **2** vaststellen, constateren • *ich stelle zu meiner Genugtuung fest* ik constateer tot mijn genoegen • *soweit ich habe ~ können* voor zover ik heb kunnen nagaan
Feststellung ZN V (-/+en) vaststelling, constatering
Festtag ZN M (+(e)s/+e) feestdag
festtäglich BN bij een feestdag passend
Festung ZN V (-/+en) vesting
festverzinslich BN met vaste rente
Festzug ZN M (+(e)s/-züge) (feestelijke) optocht
Feta ZN M (+s/gmv) feta
Fete ZN V (-/+n) INFORM. fuif, feest • *eine ~ steigen lassen; eine ~ schmeißen* een fuif geven
Fetisch ZN M (+s/+e) fetisj, afgod(sbeeldje)
fett BN vet • *das macht den Kohl nicht ~* dat zet geen zoden aan de dijk • *~ gedruckt* vet gedrukt • JEUGDT. *das ist ja ~!* dat is cool!
Fett ZN O (+(e)s/+e) vet • *das ~ abschöpfen* de krenten uit de pap pikken • *jemandem sein ~ geben* iemand zijn vet geven • *pflanzliche Fette* plantaardige vetten
fettarm BN vetarm
fetten OV + ONOV WW **1** invetten **2** vet afgeven, vetvlekken maken
Fettgehalt ZN M (+(e)s/+e) vetgehalte
fetthaltig BN vethoudend, vetrijk
fettig BN vettig
Fettkloß ZN M (+es/-klöße) vetzak, dikzak
fettleibig BN diklijvig, obees
Fettleibigkeit ZN V (-/gmv) MED. vetzucht, obesitas
Fettnäpfchen ZN O (+s/gmv) • *bei jemandem ins ~ treten* het bij iemand verbruien
Fettpolster ZN O (+s/-) vetlaag, vetkussentje
Fettschicht ZN V (-/+en) vetlaag
Fettsucht ZN V (-/gmv) vetzucht
Fetus ZN M (-, +ses/+se, Feten) foetus
fetzen **1** OV WW stukscheuren **2** ONOV WW INFORM. vliegen, razen
Fetzen ZN M (+s/-) **1** vod, lor, flard, lap • INFORM. *da fliegen die ~* er is een hevige ruzie • INFORM. *arbeiten, dass die ~ fliegen* werken dat de stukken eraf vliegen **2** snipper
fetzig BN INFORM. fantastisch, meeslepend, grandioos
feucht BN vochtig
Feuchte ZN V (-/gmv) vochtigheid
feuchtfröhlich BN • *ein feuchtfröhlicher Abend* een avond waarop de alcohol rijkelijk vloeit
Feuchtigkeit ZN V (-/gmv) vocht, vochtigheid
Feuchtigkeitscreme ZN V (-/+s) vochtinbrengende crème
feuchtkalt BN kil
Feuchttuch ZN O (-tücher) <hygiënisch> vochtig doekje
feudal BN feodaal • *~ speisen* bourgondisch tafelen
Feuer ZN O (+s/-) **1** vuur • *das ~ entfachen* het vuur aanwakkeren • *das ~ eröffnen* het vuur openen • *im ~ des Spiels* in het vuur van het spel • *~ fangen* vlam vatten, FIG. in vuur/ geestdrift raken • FIG. *Feuer hinter etwas machen* haast achter iets zetten • FIG. *wie ~ und Wasser sein* water en vuur zijn • FIG. *mit dem ~ spielen* met vuur spelen • INFORM. *jemandem ~ unterm Hintern machen* iemand een schop onder zijn kont geven **2** brand • *~ löschen* brand blussen • *~ fangen* in brand vliegen • *~ legen* brandstichten • *~ an etwas legen* iets in brand steken
Feueralarm ZN M (+s/+e) brandalarm
feuerbeständig BN vuurbestendig, bestand tegen vuur
Feuerbestattung ZN V (-/+en) crematie, lijkverbranding
Feuereifer ZN M (+s/gmv) vurige ijver, vurig enthousiasme
feuerfest BN vuurvast
Feuerfresser ZN M (+s/-) INFORM. vuurvreter, vuurspuwer
Feuergefahr ZN V (-/gmv) brandgevaar
feuergefährlich BN licht ontvlambaar
Feuerkorb ZN M vuurkorf
Feuerleiter ZN V (-/+n) brandladder
Feuerlöscher ZN M (+s/-) brandblusapparaat
Feuermelder ZN M (+s/-) brandmelder
feuern OV + ONOV WW **1** stoken, vuur maken **2** vuren, schieten • INFORM. *jemandem eine ~* iemand een draai om zijn oren geven **3** INFORM. eruit gooien, ontslaan • *Sie sind gefeuert!* u bent ontslagen!
Feuerprobe ZN V (-/+n) vuurproef
feuerrot BN vuurrood
Feuersbrunst ZN V (-/-brünste) grote brand, vuurzee
Feuerschiff ZN O (+(e)s/+e) lichtschip
Feuerschlucker ZN M (+s/-) INFORM. vuurvreter, vuurspuwer
Feuerschutz ZN M (+es/gmv) brandbeveiliging
feuersicher BN brandvrij
Feuerspritze ZN V (-/+en) brandspuit
Feuerstelle ZN V (-/+n) **1** haard, stookplaats **2** plaats van de brand
Feuertaufe ZN V (-/+n) vuurdoop
Feuertreppe ZN V (-/+n) brandtrap
Feuerung ZN V (-/+en) **1** verwarming **2** oven, verbrandingsruimte, kachel **3** stoken
Feuerversicherung ZN V (-/+en) brandverzekering
Feuerwache ZN V (-/+n) brandweerkazerne
Feuerwaffe ZN V (-/+n) vuurwapen
Feuerwehr ZN V (-/+en) brandweer
Feuerwehrauto ZN O (+s/+s) brandweerauto
Feuerwehrfahrzeug ZN O (+(e)s/+e) brandweerauto
Feuerwehrmann ZN M (+(e)s/-männer, -leute) brandweerman
Feuerwerk ZN O (+(e)s/+e) vuurwerk
Feuerwerkskörper ZN M (+s/-) (stuk)

vuurwerk
Feuerzeug ZN O (+(e)s/+e) aansteker
Feuilleton ZN O (+s/+s) feuilleton, cultuurbijlage <van Duitse kranten>
feurig BN vurig
ff AFK **1** sehr fein zeer fijn <van voedingsmiddelen> **2** MUZ. fortissimo fortissimo
ff. AFK folgende Seiten volgende pagina's
Ffm. AFK Frankfurt am Main Frankfurt aan de Main
FH AFK O&W Fachhochschule ≈ hbo
Fiaker ZN M (+s/-) **1** OOST. huurrijtuig **2** OOST. koetsier van een huurrijtuig
Fiasko ZN O (+s/+s) fiasco, mislukking
Fibel ZN V (-/+n) **1** eerste leesboekje, abc-boekje **2** leerboek voor beginners
Fiber ZN V (-/+n) **1** vezel **2** fiber
Fiberglas ZN O (+es/gmv) fiberglas
ficht ONOV WW o.t.t. → **fechten**
Fichte ZN V (-/+n) spar
fichten BN vuren, van vurenhout
Fichtenholz ZN O (+es/gmv) vurenhout
ficken OV + ONOV WW VULG. neuken
Fieber ZN O (+s/-) koorts • *das ~ sinkt* de koorts neemt af • *~ haben* verhoging hebben, koorts hebben • *hohes ~* hoge koorts • *~ messen* temperatuur opnemen
fieberfrei BN koortsvrij
fieberhaft BN koortsig, koortsachtig
fiebern ONOV WW **1** koorts hebben **2** hunkeren • *~ nach* koortsachtig verlangen naar **3** opgewonden zijn • *er fieberte vor Aufregung* hij trilde van opwinding
fiebersenkend BN koortswerend, koortsverdrijvend
Fieberthermometer ZN O (+s/-) koortsthermometer
fiebrig BN koortsachtig
fiedeln ONOV WW INFORM. fiedelen, (slecht) vioolspelen
fiedern WKD WW (**sich ~**) ruien
fiel ONOV WW verl. tijd → **fallen**
fies BN INFORM. weerzinwekkend, walgelijk, gemeen, onsympathiek
Fiesling ZN M (+s/+e) rotvent, gemenerik, rotzak
Fig. AFK Figur figuur
Figur ZN V (-/+en) **1** figuur • *eine gute/schlechte ~ machen/abgeben* een goed/slecht figuur slaan • *eine jämmerliche ~ abgeben* een modderfiguur slaan • *auf seine ~ achten* aan de lijn doen **2** gestalte
figurativ BN **1** figuratief **2** figuurlijk <m.b.t. taalgebruik>, overdrachtelijk
figurieren OV WW figureren
figürlich BN **1** figuurlijk **2** wat het figuur betreft **3** met figuren
Fiktion ZN V (-/+en) **1** fictie, verzinsel **2** veronderstelling
fiktiv BN fictief
Fil. AFK Filiale filiaal
Filet ZN O (+s/+s) filet
Filet-Américain ZN O filet americain
Filetsteak ZN O CULIN biefstuk van de haas
Filiale ZN V (-/+n) filiaal
Filialleiter ZN M (+s/-) filiaalchef, filiaalhouder
Filigran ZN O (+es/+e) filigraan
Film ZN M (+(e)s/+e) **1** film • *blutrünstiger ~* bloederige film • FIG., INFORM. *im falschen ~ sein* als in een film terechtgekomen zijn <in een onwerkelijke situatie> • FIG., INFORM. *mir ist der ~ gerissen* ik ben de draad kwijt **2** dun vliesje
Filmaufnahme ZN V (-/+n) filmopname
Filmemacher ZN M (+s/-) filmmaker <in eigen beheer>, filmregisseur
filmen OV + ONOV WW **1** filmen **2** een film draaien **3** in een film spelen
Filmfestspiele ZN MV filmfestival
filmisch BN filmisch
Filmkamera ZN V (-/+s) filmcamera
Filmkritiker ZN M (+s/-) filmrecensent
Filmstar ZN M (+s/+s) filmster
Filmstreifen ZN M (+s/-) filmstrook
Filmverleih ZN M (+(e)s/+e) filmverhuur
Filmvorführer ZN M (+s/-) filmoperateur
Filmvorführung ZN V (-/+en) filmvoorstelling
Filmvorschau ZN V (-/+en) A-V voorvertoning, trailer
Filmzensur ZN V (-/gmv) filmkeuring, filmcensuur
Filter ZN M/O (+s/+s) filter
Filterkaffee ZN M (+s/+s) filterkoffie
filterlos BN filterloos • *~e Zigarette* filterloze sigaret
filtern OV WW filtreren
Filtertüte ZN V (-/+n) filterzakje
Filtertütenhalter ZN M filterhouder
Filterung ZN V (-/+en) filtratie
Filterzigarette ZN V (-/+n) filtersigaret
filtrieren OV WW filteren
Filz ZN M (+es/+e) **1** vilt **2** INFORM. gierigaard, vrek **3** OOST. gesmolten vet
filzen **1** OV WW INFORM. doorzoeken, fouilleren • *sie wurde am Flughafen gefilzt* ze werd op het vliegveld gefouilleerd **2** ONOV WW **1** vervilten **2** INFORM. **~ mit** gierig zijn, krenterig zijn **3** slapen, pitten
filzig BN **1** gierig **2** viltachtig
Filzschreiber ZN M (+s/-) viltstift
Filzstift ZN M (+(e)s/+e) viltstift
Fimmel ZN M (+s/-) manie, tik • *das mit den Schuhen ist ein ~ von ihr* dat met de schoenen is een tik van haar
Finale ZN O (+s/-, +s) finale, slotstuk
Finalist ZN M (+en/+en) SPORT finalist
Finanz ZN V (-/gmv) geldwereld
Finanzamt ZN O (+(e)s/-ämter) belastingdienst
Finanzbeamte ZN M (+n/+n) belastingambtenaar
Finanzberater ZN M (+s/-) financieel adviseur
Finanzen ZN MV financiën
Finanzfrage ZN V (-/+n) kwestie van financiën, financiële kwestie
finanziell BN financieel • *~e Hilfe* financiële hulp

• *~er Vorteil* financieel voordeel
Finanzier ZN M (+s/+s) financier, geldschieter
finanzieren OV WW financieren
Finanzierung ZN V (-/+en) financiering
Finanzjahr ZN O (+(e)s/+e) begrotingsjaar
finanzkräftig BN kapitaalkrachtig
Finanzlage ZN V (-/gmv) financiële toestand
Finanzmann ZN M (+(e)s/-männer, -leute) financier
Finanzminister ZN M (+s/-) minister van financiën
Finanzministerium ZN O (+s/-rien) ministerie van financiën
Finanzplan ZN M (+(e)s/-pläne) begroting
finanzschwach BN niet kapitaalkrachtig, financieel zwak
Finanzspritze ZN V (-/+n) ECON. kapitaalinjectie, financiële injectie
Finanzverwaltung ZN V (-/+en) **1** financieel beheer **2** belastingdienst
Findelkind ZN O (+(e)s/+er) vondeling
finden OV WW sterk vinden, aantreffen • *wie findest du das?* wat vind je ervan? • *ich finde nichts daran* ik vind er niets aan • *wieder ~* terugvinden • *der Schlüssel hat sich gefunden* de sleutel is terecht • *ich finde nichts dabei* ik vind het niet erg • *findet sich schon* dat komt wel goed • *er kann sich in sein Schicksal ~* hij kan zich schikken in zijn lot • IRON. *da haben sich zwei gefunden!* daar zijn de juiste twee bij elkaar
Finder ZN M (+s/-) vinder
Finderlohn ZN M (+(e)s/-löhne) vindersloon
findig BN vindingrijk
Findigkeit ZN V (-/gmv) vindingrijkheid
Findling ZN M (+(e)s/+e) **1** vondeling **2** zwerfkei
Finesse ZN V (-/+n) finesse, kneep
fing WW verl. tijd → **fangen**
Finger ZN M (+s/-) vinger • *sie konnte die ~ nicht davon lassen* zij kon er met haar vingers niet van afblijven • INFORM. *lass die ~ davon!* blijf er met je vingers van af! • *man zeigt nicht mit dem ~* het is niet netjes om te wijzen • FIG. *er macht keinen ~ krumm;* FIG. *er rührt keinen ~* hij steekt geen vinger uit • FIG. *jemanden um den ~ gewickelt haben* iemand om zijn vinger winden • FIG. *den ~ auf die Wunde legen* de vinger op de zere plek leggen • FIG. *sich etwas aus den Fingern saugen* iets uit zijn duim zuigen • FIG. *krumme/lange ~ machen;* FIG. *klebrige ~ haben* stelen
Fingerabdruck ZN M (+(e)s/+e) vingerafdruk
Fingerbreit ZN M (-/-) vingerbreedte • FIG. *keinen ~ nachgeben* geen duimbreed wijken
fingerfertig BN vingervlug
Fingerfertigkeit ZN V (-/gmv) vingervlugheid
Fingerhut ZN M (+(e)s/-hüte) **1** vingerhoed **2** vingerhoedskruid
Fingerkuppe ZN V (-/+n) vingertop
fingern OV + ONOV WW tasten, peuteren **(an** +3 **aan)**, friemelen
Fingernagel ZN M (+s/-nägel) vingernagel
Fingerspitze ZN V (-/+n) vingertop
Fingerspitzengefühl ZN O (+(e)s/gmv) fingerspitzengefühl, fijngevoeligheid, feeling
Fingerzeig ZN M (+s/+e) tip, wenk
fingieren OV WW fingeren
fingiert BN gefingeerd, denkbeeldig
Finish ZN O (+s/+s) **1** SPORT finish, eindspurt, finale **2** TECHN. afwerking
Fink ZN M (+en/+en) vink
Finne 1 ZN M (+n/+n) Fin **2** ZN V (-/+n) **1** vin **2** puist **3** fin, blaasworm
Finnin ZN V (-/+nen) Finse
finnisch BN Fins
Finnland ZN O (+s/gmv) Finland
finster BN **1** duister, donker • *~ wie die Nacht* duister als de nacht • FIG. *im Finstern tappen* in het duister tasten **2** somber **3** dreigend, onheilspellend, onguur
Finsterling ZN M (+(e)s/+e) MIN. obscure vent
Finsternis ZN V (-/+se) **1** duisternis **2** verduistering
Finte ZN V (-/+n) **1** truc, list, afleidingsmanoeuvre **2** uitvlucht, smoes **3** SPORT schijnbeweging
Firewire ZN O (-/+s) COMP. firewire
Firlefanz ZN M (+es/+e) **1** onzin, dwaasheid **2** rommel, tierelantijn
firm BN • *in etwas ~ sein* in iets thuis zijn
Firma ZN V (-/-men) firma, bedrijf, zaak • *an einer ~ beteiligt sein* belangen in een bedrijf hebben • *eine ~ gründen* een zaak opzetten • *ich bin in der ~* ik ben op de zaak
Firmament ZN O (+(e)s/+e) firmament, uitspansel
Firmenanschrift ZN V (-/+en) zakenadres, kantooradres
firmeneigen BN van het bedrijf • *der ~e Fuhrpark* het wagenpark van het bedrijf
Firmengebäude ZN O bedrijfspand
Firmeninhaber ZN M (+s/-) firmant
Firmenschild ZN O (+(e)s/+er) uithangbord
Firmensitz ZN M (+es/+e) zetel van de vennootschap
Firmenwagen ZN M (+s/-) bedrijfsauto, BELG. firmawagen
Firmenwert ZN M (+(e)s/gmv) goodwill
Firmenzeichen ZN O (+s/-) handelsmerk
firmieren ONOV WW **1** een firmanaam voeren **2** met de firmanaam ondertekenen
Firmling ZN M (+(e)s/+e) REL. vormeling
Firmung ZN V (-/+en) REL. vormsel
Firnis ZN M (+ses/+se) vernis
firnissen OV WW vernissen
Firnschnee ZN M (+s/gmv) eeuwige sneeuw
First ZN M (+(e)s/+e) nok van het dak
Fis ZN O (-/-) fis
Fisch ZN M (+es/+e) vis • INFORM. *faule Fische* smoesjes • INFORM. *das sind kleine Fische!* dat stelt niets voor! • INFORM. *ein großer ~* een belangrijke klant • *Fische* Vissen <sterrenbeeld> • FIG. *weder ~ noch Fleisch sein* het is vlees noch vis
Fischauge ZN O (-/+n) **1** vissenoog **2** A-V

visooglens
Fischbrötchen ZN O broodje met vis
Fischdampfer ZN M (+s/-) trawler
fischen OV + ONOV WW vissen, opvissen
Fischer ZN M (+s/-) visser
Fischerei ZN V (-/+en) visserij
Fischereihafen ZN M (+s/-häfen) vissershaven
Fischfang ZN M (+(e)s/-fänge) visvangst
Fischfilet ZN O (+s/+s) visfilet
Fischgericht ZN O visgerecht
Fischgeschäft ZN O (+(e)s/+e) vishandel
Fischgrat **1** ZN M (+s/+s) stof met visgraatmotief **2** ZN O (+s/+s) visgraatmotief
Fischgräte ZN V (-/+n) visgraat
Fischgrätenmuster ZN O (+s/-) visgraatmotief
Fischhändler ZN M (+s/-) visboer
Fischkonserve ZN V (-/+n) visconserven
Fischkutter ZN M (+s/-) SCHEEPV. viskotter
Fischmilch ZN V (-/gmv) hom
Fischreiher ZN M (+s/-) blauwe reiger
Fischrestaurant ZN O (+s/+s) visrestaurant
Fischstäbchen ZN O (+s/-) visstick
Fischsuppe ZN V (-/+n) vissoep
Fischzucht ZN V (-/+en) visteelt
Fisimatenten ZN MV ▸ INFORM. *~ machen* overdreven doen, moeilijk doen, onzin maken
fiskalisch BN fiscaal
Fiskus ZN M (-/+se, -ken) fiscus
Fisole ZN V (-/+n) OOST. boon
Fistel ZN V (-/+n) MED. fistel
Fistelstimme ZN V (-/+n) falsetstem, kopstem
fit BN fit, in goede conditie
Fitness ZN V (-/gmv) fitness • *~ machen* fitnessen
Fitnesscenter ZN O (+s/-) fitnesscentrum
fix BN **1** handig, vlug • *mach (mal) fix!* schiet een beetje op! **2** vast, vastgesteld • *eine fixe Idee* een idee-fixe ▸ *~ und fertig* kant en klaar, doodop/kapot/uitgeteld • *er ist ~ und fertig* hij is uitgeteld
fixen ONOV WW spuiten <van drugs> • *er fixt* hij spuit drugs
Fixer ZN M (+s/-) INFORM. drugsgebruiker, junk(ie)
Fixgeschäft ZN O (+(e)s/+e) ECON. termijnhandel
Fixierbad ZN O (+(e)s/-bäder) A-V fixeerbad
fixieren OV WW **1** strak aankijken, aanstaren **2** bevestigen, fixeren • *auf etwas fixiert sein* gefixeerd zijn op iets **3** vastleggen, vaststellen
Fixierung ZN V (-/+en) fixatie
Fixkosten ZN MV vaste kosten
Fixstern ZN M (+(e)s/+e) vaste ster
Fixum ZN O (+s/Fixa) vast loon, vast bedrag
Fjord ZN M (+(e)s/+e) fjord
FKK AFK Freikörperkultur naturisme
FKK-Strand ZN M (+(e)s/+e) nudistenstrand, naturistenstrand
fl. AFK Florin, Gulden florijn, gulden
flach BN **1** vlak, plat • *~er Teller* plat bord • *~es Gelände* effen terrein • *mit der ~en Hand* met de vlakke hand **2** ondiep **3** oppervlakkig
Flachbaugebiet ZN O laagbouwwijk
Flachdach ZN O (+(e)s/-dächer) plat dak
Fläche ZN V (-/+n) **1** vlakte, terrein **2** vlak, vlakke zijde • *eine ebene ~* een plat vlak
Flächenbrand ZN M (+(e)s/-brände) uitgestrekte brand
flächendeckend BN het hele gebied bestrijkend
Flächenmaß ZN O (+es/+e) WISK. oppervlaktemaat
Flächennutzungsplan ZN M (+(e)s/-pläne) bestemmingsplan
flachfallen ONOV WW sterk INFORM. niet doorgaan, in het water vallen
Flachheit ZN V (-/gmv) vlakheid, oppervlakkigheid
flächig BN **1** vlak **2** in de vorm van een vlak
Flachland ZN O (+(e)s/gmv) vlakte, vlak land
Flachpass ZN M (+es/-pässe) VOETB. strakke pass
Flachs ZN M (+es/gmv) **1** vlas **2** gekheid, plagerij
flachsen ONOV WW plagen, gekheid maken
flackern ONOV WW **1** flakkeren, knipperen **2** trillen, beven
Fladen ZN M (+s/-) **1** vlaai **2** platte koek, plat rond brood
Flagge ZN V (-/+n) vlag • *unter französischer ~ fahren* onder de Franse vlag varen
flaggen ONOV WW vlaggen
Flaggschiff ZN O (+(e)s/+e) vlaggenschip
Flair ZN O (+s/gmv) flair • *diese Stadt hat kein ~* deze stad heeft geen flair/sfeer
Flak ZN V (-/-, +s) Flugzeugabwehrkanone luchtdoelartillerie, luchtafweergeschut
Flakon ZN O (+s/+s) flacon
flambieren OV WW flamberen
Flame ZN M (+n/+n) Vlaming
Flamenco ZN M flamenco
Flämin ZN V (-/+nen) Vlaamse
Flamingo ZN M (+s/+s) flamingo
flämisch BN Vlaams
Flamme ZN V (-/+n) vlam • *in Flammen stehen* in brand staan • *Gaskocher mit drei Flammen* gasstel met 3 pitten • *ein Opfer der Flammen werden* een prooi van de vlammen worden
flammen ONOV WW **1** branden, vlammen **2** fonkelen, gloeien
flammend BN **1** vlammend **2** enthousiast, gepassioneerd
Flammenmeer ZN O (+(e)s/+e) vlammenzee, vuurzee
Flammenwerfer ZN M (+s/-) MIL. vlammenwerper
Flandern ZN O Vlaanderen
flandrisch BN Vlaams
Flanell ZN M (+(e)s/+e) flanel
flanieren ONOV WW flaneren, rondslenteren
Flanke ZN V (-/+n) **1** SPORT voorzet **2** flank **3** radslag over een toestel <turnen>
flankieren OV WW **1** flankeren **2** MIL. de flank beschieten, de flank dekken
flapsig BN lomp, vlegelachtig
Fläschchen ZN O (+s/-) flesje

Flasche ZN V (-/+n) **1** fles • *auf Flaschen ziehen; in Flaschen abfüllen* bottelen, BELG. op flessen trekken **2** katrol **3** INFORM. sukkel

Flaschenbier ZN O (+(e)s/+e) flessenbier

Flaschenhals ZN M (+es/-hälse) **1** hals van een fles **2** knelpunt, bottleneck **3** INFORM. nauwe doorgang

Flaschenmilch ZN V (-/gmv) flessenmelk

Flaschenöffner ZN M (+s/-) flesopener

Flaschenpfand ZN O (+(e)s/-pfänder) statiegeld

Flaschenwein ZN M (+(e)s/+e) wijn in flessen

Flaschenzug ZN M (+(e)s/-züge) katrol, takel

Flatrate ZN V flatrate, vast bedrag

flatterhaft BN wispelturig

flatterig BN **1** wispelturig **2** opgewonden, onrustig

Flattermann **1** ZN M (+(e)s/gmv) opgewondenheid, onrust **2** ZN M (+(e)s/-männer) **1** onrustig mens, nerveus type **2** IRON. gebraden haantje

flattern ONOV WW fladderen, wapperen, klapperen • FIG. *jmdm. auf den Tisch ~* op iemands bureau belanden

flau BN flauw, mat, zwak

Flaum ZN M (+(e)s/gmv) **1** dons **2** donshaar

Flaumfeder ZN V (-/+n) dons

flaumig BN donzig

flaumweich BN donszacht, donzig

Flausch ZN M (+es/+e) zachte wollen stof, fleece

flauschig BN wollig, zacht

Flausen ZN MV onzin • *nur ~ im Kopf haben* onzin verkopen • *sich ~ in den Kopf setzen* zich muizenissen in het hoofd halen

Flaute ZN V (-/+en) **1** windstilte **2** slapte, inzinking **3** ECON. malaise, slapte

fläzen WKD WW (**sich ~**) MIN. nonchalant zitten/hangen

Flechte ZN V (-/+n) **1** vlecht **2** huiduitslag **3** korstmos

flechten OV WW sterk vlechten • *die Haare zu einem Zopf ~* het haar in een staart vlechten • *das Haar ~* het haar vlechten

Flechtwerk ZN O (+(e)s/+e) vlechtwerk

Fleck ZN M (+(e)s/+e) **1** vlek • FIG. *ein weißer ~ auf der Landkarte* een witte vlek op de kaart **2** plek(je), plaats • INFORM. *vom ~ weg* onmiddellijk, meteen • INFORM. *nicht vom ~ kommen* niet opschieten **3** REG. lap, stuk

Fleckchen ZN O (+s/-) plekje • *ein schönes ~ Erde* een heerlijk plekje

flecken **1** OV WW **1** repareren <van schoenen> **2** vlekken, bevlekken **2** ONOV WW **1** vlekken (maken) **2** opschieten

Flecken ZN M (+s/-) **1** vlek, plek **2** stadje, groot dorp

Fleckenentferner ZN M (+s/-) vlekkenmiddel

fleckenlos BN **1** vlekkeloos, smetteloos **2** onberispelijk • *eine ~e Weste haben* een smetteloze naam hebben

Fleckenwasser ZN O (+s/-wässer) vlekkenwater

Fleckfieber ZN O (+s/-) vlektyfus

fleckig BN **1** vlekkerig, vies, vuil **2** gevlekt

Fledderer ZN M (+s/-) INFORM. plunderaar

fleddern OV WW INFORM. plunderen, beroven

Fledermaus ZN V (-/-mäuse) vleermuis

Fleece ZN O (-/gmv) fleece

Flegel ZN M (+s/-) **1** dorsvlegel **2** lummel, lomperik

Flegelei ZN V (-/+en) lompheid

flegelhaft BN lomp

flegeln WKD WW (**sich ~**) nonchalant gaan zitten

flehen ONOV WW smeken

flehentlich BN smekend, dringend

Fleisch ZN O (+es/gmv) vlees • FIG. *jemandem in ~ und Blut übergehen* iemand tot een tweede natuur worden • FIG. *sich ins eigene ~ schneiden* zijn eigen glazen ingooien

Fleischbrühe ZN V (-/+n) vleesbouillon, consommé

Fleischer ZN M (+s/-) slager

Fleischerei ZN V (-/+en) slagerij

Fleischersatz ZN M vleesvervanger

Fleischhauer ZN M (+s/-) OOST. slager

fleischig BN vlezig

Fleischklößchen ZN O (+s/-) soepballetje

fleischlich BN **1** van vlees **2** FORM. vleselijk

Fleischvergiftung ZN V (-/+en) vleesvergiftiging

Fleischwaren ZN MV vleeswaren

Fleischwolf ZN M (+(e)s/-wölfe) gehaktmolen, vleesmolen • FIG. *jemanden durch den ~ drehen* gehakt van iemand maken

Fleischwunde ZN V (-/+n) vleeswond

Fleiß ZN M (+es/gmv) vlijt, ijver • *mit Fleiß* met opzet • *ohne ~ kein Preis* wie niet zaait zal niet oogsten

fleißig BN vlijtig, ijverig • *~ studieren* hard studeren

flektieren TAALK. **1** OV WW verbuigen, vervoegen **2** ONOV WW verbogen/vervoegd worden

flennen BN INFORM. huilen, grienen

fletschen OV WW ontbloten • *die Zähne ~* zijn tanden laten zien

Flevoland ZN O Flevoland

flexibel BN flexibel

Flexibilität ZN V (-/gmv) flexibiliteit

Flexion ZN V (-/+en) verbuiging, vervoeging

Flexitarier ZN M (-s/-) flexitariër

flicht OV WW o.t.t. → **flechten**

Flickarbeit ZN V (-/+en) **1** verstelwerk, reparatie **2** lapwerk

flicken OV WW oplappen, repareren, verstellen • *jemandem etwas am Zeuge ~* iemand iets flikken/lappen

Flicken ZN M (+s/-) lap, stuk

Flickerei ZN V (-/+en) verstelwerk, lapwerk

Flickwerk ZN O (+(e)s/gmv) lapwerk, knoeiwerk • *das ist doch alles nur ~* dat zijn toch alleen maar

fl

lapmiddelen
Flickwort ZN O (+(e)s/-wörter) stopwoord
Flickzeug ZN O (+(e)s/+e) gereedschap voor bandenplakken
Flieder ZN M (+s/gmv) **1** sering **2** vlier
Fliege ZN V (-/+n) **1** vlieg • *keiner ~ etwas zuleide tun* geen vlieg kwaad doen **2** vlinderdas, strikje
fliegen ONOV WW sterk **1** vliegen • *die Scherben flogen durch die Luft* de scherven vlogen rond • FIG. *auf etwas/jemanden ~* vallen op iets/iemand, gek zijn op iets/iemand • INFORM. *das fliegt gleich in den Müll* dat wordt zo weggegooid **2** eruit vliegen • *durchs Examen ~* zakken voor het examen **3** vliegen, haasten **4** trillen, beven **5** INFORM. vallen • *sie ist von der Leiter geflogen* ze is van de ladder gevallen
fliegend BN **1** vliegend • *~e Hitze* plotselinge hitte, opvlieging **2** verplaatsbaar • *~er Händler* rondtrekkende koopman
Fliegenfänger ZN M (+s/-) vliegenvanger
Fliegengewicht ZN O (+(e)s/+e) SPORT vlieggewicht <klasse, persoon>
Fliegengewichtler ZN M (+s/-) SPORT vlieggewicht <persoon>
Fliegenklappe ZN V (-/+n) vliegenmepper
Fliegenklatsche ZN V (-/+n) vliegenmepper
Fliegenpilz ZN M (+es/+e) vliegenzwam
Flieger ZN M (+s/-) **1** piloot, vliegenier **2** luchtmachtsoldaat **3** INFORM. vliegtuig
Fliegeralarm ZN M (+(e)s/+e) luchtalarm
Fliegerangriff ZN M (+(e)s/+e) luchtaanval
Fliegerei ZN V (-/gmv) vliegerij
Fliegerhorst ZN M (+(e)s/+e) militair vliegveld
fliegerisch BN het vliegen/vliegwezen betreffend
fliehen OV + ONOV WW sterk **1** vluchten, ontvluchten • FIG. *die Zeit flieht* de tijd vliegt • *vor jemandem/etwas ~* voor iemand/iets vluchten • *vor dem Feind ~* voor de vijand vluchten **2** FORM. schuwen **3** terugwijken <kin/voorhoofd>
fliehend BN terugspringend, wijkend
Fliehkraft ZN V (-/-kräfte) middelpuntvliedende kracht
Fliese ZN V (-/+n) tegel, plavuis
fliesen OV WW betegelen
Fließband ZN O (+(e)s/-bänder) lopende band • *am ~* aan de lopende band
fließen ONOV WW sterk vloeien, stromen • *ein fließendes Gewand* een golvend vallend gewaad
fließend BN **1** stromend **2** vloeiend • *~ Französisch sprechen* vloeiend Frans spreken
Fließheck ZN O (+(e)s/+s, +e) fastback <auto>
Fließpapier ZN O (+(e)s/gmv) vloeipapier
Flimmer ZN M (+s/gmv) **1** fonkeling, glinstering **2** glitter **3** trilhaartje
flimmerfrei BN trillingsvrij, storingsvrij <beeld>
Flimmerkasten ZN M (+s/-) IRON. tv
Flimmerkiste ZN V (-/+n) IRON. tv
flimmern **1** OV WW INFORM. poetsen, schoonmaken **2** ONOV WW schitteren, flikkeren, glinsteren, trillen • *die Luft flimmert vor Hitze* de lucht zindert van de hitte • *es flimmert mir vor den Augen* het schemert me voor de ogen
flink BN rap, vlug
Flinkheit ZN V (-/gmv) rapheid, vlugheid
Flinte ZN V (-/+n) geweer, buks • FIG. *die ~ ins Korn werfen* de moed verliezen, het bijltje erbij neerleggen
Flipchart ZN O (+s/+s) flip-over, flap-over
Flipper ZN M (+s/-) flipper(kast)
flippern ONOV WW INFORM. flipperen
flippig BN INFORM. verknipt, geschift
flirren ONOV WW trillen, zinderen, flikkeren
Flirt ZN M (+s/+s) flirt
flirten ONOV WW flirten • *sie/er flirtet gern* zij/hij is een flirt
Flittchen ZN O (+s/-) sletje, lellebel, hoertje
Flitter ZN M (+s/-) **1** lovertje **2** glitter, klatergoud
Flittergold ZN O (+(e)s/gmv) klatergoud
Flitterkram ZN M (+s/gmv) snuisterijen, prullen
flittern ONOV WW **1** rondfladderen **2** trillen, flikkeren, glinsteren
Flitterwochen ZN MV wittebroodsweken
Flitzbogen, **Flitzebogen** ZN M (+s/-) speelgoed pijl en boog • *gespannt sein wie ein ~* heel erg benieuwd zijn
flitzen ONOV WW INFORM. flitsen, vliegen
Flitzer ZN M (+s/-) **1** INFORM. kleine snelle auto/boot **2** flitser, streaker
floaten ONOV WW ECON. de wisselkoers vrijgeven
Floating ZN O (+s/+s) ECON. zwevende koers
flocht WW verl. tijd → **flechten**
Flocke ZN V (-/+n) vlok, pluk
flockig BN vlokkig
flog WW verl. tijd → **fliegen**
floh WW verl. tijd → **fliehen**
Floh ZN M (+(e)s/Flöhe) vlo • HUMOR. *die Flöhe husten hören* ≈ conclusies trekken uit de minste aanleiding • INFORM. *die Flöhe* geld, centen • *jemandem einen ~ ins Ohr setzen* iemand op ideeën brengen
flöhen OV WW vlooien • *jemanden ~* iemand neppen
Flohmarkt ZN M (+(e)s/-märkte) vlooienmarkt
Flop ZN M (+s/+s) flop, mislukking
Floppy ZN V (-/+s) floppy
Floppy Disc, **Floppy Disk** ZN V (-/+s) floppydisk
Flor ZN M (+(e)s/+e) **1** velours, fluweel **2** rouwband **3** pool <van tapijt>
Flora ZN V (-/-ren) flora
florentinisch BN Florentijns
Florenz ZN O Florence
Florett ZN O (+(e)s/+e) floret, degen
florieren ONOV WW floreren
Florist ZN M (+en/+en) **1** bloemist **2** bloemenliefhebber
Floskel ZN V (-/+n) frase, formule
floss WW verl. tijd → **fließen**
Floß ZN O (+es/Flöße) vlot
Flosse ZN V (-/+n) **1** vin **2** INFORM. poot <hand/

voet>

flößen ov + onov ww **1** met een vlot varen, met een vlot vervoeren **2** als vlot vervoeren <hout>

Flößer zn m (+s/-) vlotvoerder

Flößerei zn v (-/gmv) vlotvaart

Flöte zn v (-/+n) fluit

flöten onov ww **1** fluit spelen • fig., inform. *~ gehen* naar de knoppen gaan, naar de haaien gaan **2** inform. vleien

Flötenspieler zn m (+s/-) muz. fluitist

Flötenton zn m (+(e)s/-töne) fluittoon • *jemandem die Flötentöne beibringen* iemand mores leren

Flötist zn m (+en/+en) fluitist

flott bn **1** vlot • *eine ~e Zunge haben* een gladde tong hebben **2** vlug • *alles wurde ~ verkauft* alles werd grif verkocht **3** onbekommerd • *~ leben* vrolijk/gemakkelijk leven

Flotte zn v (-/+n) vloot

flottmachen ov ww vlot maken, op gang brengen

Flöz zn o (+es/+e) bedding <erts/gesteente>, laag

Fluch zn m (+(e)s/Flüche) vloek, vervloeking • *ein ~ liegt auf diesem Haus* er rust een vloek op dit huis

fluchen onov ww vloeken, vervloeken

Flucht zn v (-/+en) **1** vlucht • *die ~ ergreifen* op de vlucht slaan • *in die ~ schlagen* op de vlucht jagen • *seine ~ aus dem Gefängnis* zijn ontsnapping uit de gevangenis **2** rooilijn **3** rij

fluchtartig bn hals over kop, in allerijl

fluchten **1** ov ww **1** in één rechte lijn brengen **2** rooien **2** onov ww in één rechte lijn staan **3** wkd ww (**sich ~**) vluchten (**in** +4 **in**)

flüchten **1** onov ww vluchten, toevlucht zoeken **2** wkd ww (**sich ~**) vluchten (**in** +4 **in**)

flüchtig bn **1** voortvluchtig • *~ sein* voortvluchtig zijn • *flüchtiger Fahrer* chauffeur die doorrijdt na aanrijding **2** oppervlakkig • *jemanden ~ kennen* iemand oppervlakkig kennen **3** vluchtig • *~ geschrieben* ongeconcentreerd en met veel fouten geschreven **4** form. vergankelijk

Flüchtigkeit zn v (-/gmv) **1** vergankelijkheid **2** vluchtigheid **3** oppervlakkigheid

Flüchtigkeitsfehler zn m (+s/-) slordigheidsfout

Flüchtling zn m (+(e)s/+e) vluchteling

Flüchtlingslager zn o (+s/-) vluchtelingenkamp

Fluchtlinie zn v (-/+n) rooilijn

Fluchtversuch zn m (+(e)s/+e) ontsnappingspoging

Fluchtweg zn m (+(e)s/+e) vluchtweg, vluchtroute

Flug zn m (+(e)s/Flüge) vlucht, vliegen • *einen Vogel im Fluge schießen* een vogel in de vlucht schieten • *die Zeit vergeht wie im Fluge* de tijd vliegt zo voorbij

Flugabwehr zn v (-/gmv) mil. luchtafweer

Flugangst zn v (-/gmv) vliegangst

Flugbahn zn v (-/+en) **1** vliegbaan **2** kogelbaan

Flugball zn m (+s/-bälle) sport volley

Flugbegleiter zn m (+s/-) luchtv. steward

Flugblatt zn o (+(e)s/-blätter) vlugschrift

Flugdatenschreiber zn m (+s/-) luchtv. vluchtrecorder

Flügel zn m (+s/-) **1** vleugel • *die ~ ausbreiten* de vleugels uitslaan **2** schoep, wiek **3** vleugel <piano>

flügellahm bn vleugellam

Flügelmutter zn v (-/+n) techn. vleugelmoer

Flügelstürmer zn m (+s/-) sport linker/rechter spits

Flügeltür zn v (-/+en) stel openslaande deuren

flugfähig bn luchtwaardig, in staat om te vliegen

Fluggast zn m (+(e)s/-gäste) vliegtuigpassagier

Fluggastabfertigung zn v (-/+en) incheckbalie

flügge bn volwassen

Fluggesellschaft zn v (-/+en) luchtvaartmaatschappij

Flughafen zn m (+s/-häfen) vliegveld

Flughafensteuer zn v luchthavenbelasting

Flugkapitän zn m (+s/+e) gezagvoerder, eerste piloot

Flugkarte zn v (-/+n) vliegticket

Flugkörper zn m (+s/-) raket, projectiel

Flugleiter zn m (+s/-) verkeersleider

Fluglinie zn v (-/+n) **1** inform. luchtvaartmaatschappij **2** vliegroute

Fluglotse zn m (+n/+n) verkeersleider

Flugobjekt zn o (+(e)s/+e) vliegend voorwerp • *unbekanntes ~* ufo, vliegende schotel

Flugpersonal zn o (+s/gmv) luchtv. vliegtuigbemanning, crew

Flugplan zn m (+(e)s/-pläne) luchtdienstregeling, vliegschema

Flugplatz zn m (+es/-plätze) vliegveld

Flugreise zn v (-/+n) luchtreis

flugs bw onmiddellijk, snel

Flugsand zn m (+(e)s/gmv) stuifzand

Flugschein zn m (+(e)s/+e) **1** vliegticket **2** vliegbrevet

Flugschneise zn v (-/+n) luchtcorridor

Flugschrift zn v (-/+en) vlugschrift

Flugsicherung zn v (-/+en) luchtverkeersveiligheid

Flugsteig zn m (+(e)s/+e) luchtv. overdekte loopbrug, pier

Flugstrecke zn v (-/+n) vliegroute

Flugstunde zn v (-/+n) vlieguur

flugtauglich bn in staat om te vliegen <van piloot>

Flugticket zn o (+s/+s) vliegticket

Flugverkehr zn m (+s/gmv) luchtverkeer

Flugwesen zn o (+s/gmv) luchtvaart

Flugzeug zn o (+(e)s/+e) vliegtuig

Flugzeugentführer zn m (+s/-) vliegtuigkaper

Flugzeugentführung zn v (-/+en) vliegtuigkaping

Flugzeugführer zn m (+s/-) gezagvoerder,

fl

piloot
Flugzeughalle ZN V (-/+n) hangar
Flugzeugträger ZN M (+s/-) vliegdekschip
Fluktuation ZN V (-/+en) fluctuatie
fluktuieren ONOV WW fluctueren
Flunder ZN V (-/+n) bot <vis>
Flunkerei ZN V (-/+en) opschepperij, snoeverij, bedriegerij
Flunkerer ZN M (+s/-) opschepper, snoever
flunkern ONOV WW opscheppen, snoeven, liegen
Flunsch ZN M (+(e)s/+e) pruillip, ontevreden gezicht • *einen ~ ziehen* een ontevreden gezicht trekken

fl

Fluor ZN O (+s/gmv) fluor
fluoreszieren ONOV WW fluoresceren
Flur 1 ZN M (+(e)s/+e) gang, hal 2 ZN V (-/+en) bouwland, akkers en weilanden
Flurbereinigung ZN V (-/+en) ruilverkaveling
Flurbuch ZN O (+(e)s/gmv) kadaster
Flurschaden ZN M (+s/-schäden) veldschade, terreinschade
Fluse ZN V (-/+n) N-D pluisje
Fluss ZN M (+es/Flüsse) 1 rivier, stroom • *der Fluss, an dem wir entlanggingen* de rivier waarlangs we liepen 2 gang, verloop <van gesprek> • *in ~ kommen* op gang komen 3 TECHN. gesmolten/ vloeibare toestand
flussabwärts BW stroomafwaarts
flussaufwärts BW stroomopwaarts
Flussbett ZN O (+(e)s/+en) rivierbedding
Flussdiagramm ZN O (+(e)s/+e) stroomschema
flüssig BN 1 vloeibaar 2 vloeiend, vlot • *das Buch liest sich ~* het boek is prettig leesbaar • *~ sprechen* vloeiend spreken 3 liquide • *nicht ~ sein* geen geld hebben
Flüssiggas ZN O (+es/+e) vloeibaar gas
Flüssigkeit ZN V (-/+en) 1 vloeistof 2 vloeibaarheid 3 soepelheid, vlotheid
Flüssigkristallanzeige ZN V (-/+n) 1 lcd 2 lcd-scherm
flüssigmachen OV WW • *kein Geld ~ können* geen contant geld hebben
Flüssigseife ZN V (-/+n) vloeibare zeep
Flusslauf ZN M (+(e)s/-läufe) rivierloop
Flusspferd ZN O (+(e)s/+e) nijlpaard
Flüsterbelag ZN M zoab
flüstern OV + ONOV WW fluisteren • *das kann ich dir ~* wat ik je brom • *dem werde ich etwas flüstern!* ik zal hem eens wat zeggen!
Flüsterpropaganda ZN V (-/gmv) fluistercampagne
Flut ZN V (-/+en) 1 vloed • *die ~ kommt* de vloed komt op 2 golf, golven, stroom
fluten OV + ONOV WW 1 stromen 2 laten volstromen
Flutkatastrophe ZN V (-/+n) watersnoodramp, overstromingsramp
Flutlicht ZN O (+(e)s/gmv) strijklicht
flutschen ONOV WW 1 REG. opschieten 2 glijden, glippen
Flutwelle ZN V (-/+n) vloedgolf
fm AFK Festmeter kubieke meter
f-Moll ZN O (-/gmv) F mineur
focht WW verl. tijd → **fechten**
Fock ZN V (-/+en) fok(zeil)
Föderalismus ZN M (-/gmv) federalisme
Föderalist ZN M (+en/+en) federalist
föderalistisch BN federalistisch
Föderation ZN V (-/+en) federatie
föderativ BN federatief
Fohlen ZN O (+s/-) veulen
Föhn ZN M (+(e)s/+e) 1 warme droge valwind 2 föhn, haardroger
föhnen OV WW föhnen <van haar>
Föhre ZN V (-/+n) den, pijnboom
Fokus ZN M (-/-) 1 focus, brandpunt 2 MED. bacteriënhaard
Fol. AFK Folio fol. <folio>
Folge ZN V (-/+n) 1 gevolg, resultaat • *es wird zur ~ haben, dass ...* het zal als/tot gevolg hebben dat... • *die Folgen ließen nicht auf sich warten* de gevolgen bleven niet uit • *die ~ ...+2 sein* het gevolg zijn van • *Folgen nach sich ziehen* gevolgen met zich meebrengen • *die Entscheidung wird weitreichende / ernste Folgen haben* die beslissing zal verstrekkende / ernstige gevolgen hebben • *die Folgen einer Sache verspüren* ergens de gevolgen van ondervinden • *keine nachteiligen Folgen von ... +3 verspüren* geen nadelige gevolgen ondervinden van 2 volgorde, opeenvolging 3 reeks • *der vierte Sieg in ~* de vierde overwinning op rij 4 MEDIA aflevering <van televisieserie> 5 vervolg, voortzetten • *einer Sache ~ leisten* aan iets gehoor geven • *in der ~* vervolgens, in de toekomst
Folgebestellung ZN V (-/+en) vervolgorder
folgen 1 ONOV WW +3, sein opvolgen, volgen • *jemandem/etwas nicht ~ können* iemand/iets niet kunnen volgen • *einem Rat ~* een advies opvolgen • *wer folgt?* wie volgt? • *wie folgt* als volgt • *sie folgte unserem Beispiel* zij volgde ons voorbeeld • *Hirngespinsten ~* hersenschimmen najagen • *jemandem auf Schritt und Tritt ~* iemand op de voet volgen • *darauf ~d* (daarop)volgend • *ich kann Ihnen da(rin) nicht ~* daar kan ik niet mee instemmen 2 ONOV WW +3, haben gehoorzamen • *jemandem aufs Wort ~* iemand tot op de letter gehoorzamen
Folgende ZN O (-n/gmv) het volgende • *sie schreibt Folgendes* zij schrijft het volgende • *Sie können mit Folgendem rechnen* u kunt op het volgende rekenen
folgendermaßen BW op de volgende wijze, als volgt • *die Sache hat sich ~ zugetragen* het is als volgt gebeurd
folgenreich BN met verstrekkende gevolgen • *eine ~e Entscheidung* een verstrekkend besluit
folgenschwer BN met ernstige gevolgen
folgerichtig BN consequent, logisch
folgern OV WW opmaken, concluderen • *aus ihren Worten folgerte man* uit haar woorden concludeerde men
Folgerung ZN V (-/+en) gevolgtrekking,

conclusie

Folgeschaden ZN M (+s/-schäden) gevolgschade, indirecte schade

Folgezeit ZN V (-/+en) toekomst, tijd daarna

folglich VOEGW bijgevolg, daarom, dus

folgsam BN volgzaam, gehoorzaam

Folgsamkeit ZN V (-/gmv) volgzaamheid, gehoorzaamheid

Folie ZN V (-/+n) **1** folie **2** achtergrond

folienverpackt BN in folie verpakt

Folklore ZN V (-/gmv) folklore

folkloristisch BN folkloristisch

Follikel ZN M (+s/-) MED. follikel

Follower ZN M (-s/-) WWW volger <op sociale media>

Folter ZN V (-/+n) **1** foltering **2** pijnbank • FIG. *jemanden auf die ~ spannen* iemand met spanning laten wachten

Folterbank ZN V (-/-bänke) folterbank

Folterer ZN M (+s/-) folteraar

foltern OV WW folteren, pijnigen

Folterqual ZN V (-/+en) **1** foltering, kwelling **2** helse pijn, folterpijn

Folterung ZN V (-/+en) foltering, marteling

Fon ZN O (+s/gmv) telefoon

Fond ZN M (+s/+s) **1** achtergrond **2** grondslag, kern **3** achterbank <van auto>

Fonds ZN M (-/-) fonds

Fondue ZN O (-, +s/+s) CULIN fondue

Fön® ZN M (+(e)s/+e) föhn <haardroger>

Fontäne ZN V (-/+n) fontein

Fontanelle ZN V (-/+n) ANAT. fontanel

foppen OV WW foppen

Fopperei ZN V (-/+en) fopperij

forcieren OV WW forceren

Förde ZN V (-/+n) diepe zee-inham

Förderband ZN O (+(e)s/-bänder) transportband, lopende band

Förderer ZN M (+s/-) begunstiger, promotor, sponsor

förderlich BN bevorderlijk, nuttig • *der Gesundheit ~* bevorderlijk voor de gezondheid

fordern OV WW **1** eisen, verlangen • *die Katastrophe forderte neun Todesopfer* de ramp eiste negen levens • *der Bürgerkrieg forderte viele Opfer* de burgeroorlog eiste veel slachtoffers • *der Aufstand hat Menschenleben gefordert* de rellen hebben doden geëist **2** uitdagen • *er braucht eine Aufgabe, die ihn fordert* hij heeft een taak nodig die hem uitdaagt • *da bist du gefordert* dat is een uitdaging voor jou **3** een uiterste krachtsinspanning vergen

fördern OV WW **1** bevorderen, steunen • *das Kind wird in der Schule nicht richtig gefördert* het kind wordt op school niet optimaal begeleid • *Talente ~* talent bevorderen **2** delven <mijnbouw> • *zutage (ook: zu Tage) ~* aan het licht brengen

Förderpreis ZN M (+es/+e) aanmoedigingsprijs

Förderschule ZN V school voor speciaal onderwijs

Förderstufe ZN V (-/+n) brugklas <middelbaar onderwijs>

Förderturm ZN M (+(e)s/-türme) schachttoren

Forderung ZN V (-/+en) **1** eis • *die Forderungen vorlegen* de eisen op tafel leggen • *nach den Forderungen der Zeit* naar de eisen van de tijd **2** vordering • *eine ~ anmelden* een vordering indienen **3** uitdaging <tot een duel>

Förderung ZN V (-/+en) **1** bevordering, steun, sponsoring • *die ~ der Kunst* bevordering van de kunst **2** productie <mijnbouw>

Förderungsmaßnahme ZN V (-/+n) maatregel tot bevordering van iets

Förderungsmittel ZN MV (-) financiële middelen ter bevordering van iets, subsidies

Förderunterricht ZN M speciale les voor bijzonder sterke of bijzonder zwakke leerlingen

Förderwagen ZN M (+s/-) mijnwagen

Forelle ZN V (-/+n) forel

forensisch BN gerechtelijk, forensisch

Form ZN V (-/+en) **1** vorm • *(wieder) in ~ bringen* (weer) in model brengen • *~ und Inhalt* vorm en inhoud • *der ~ halber* pro forma • *die ~ wahren* de fatsoensnormen in acht nemen • *eine ~ geben* gestalte geven **2** vorm, conditie • *in ~ sein* in vorm zijn, een goede conditie hebben • *in ~ bleiben* in vorm blijven, in conditie blijven

formal BN formeel, de vorm betreffend

Formalie ZN V (-/+n) formaliteit

Formalität ZN V (-/+en) **1** formaliteit • *die Formalitäten weglassen* de formaliteiten achterwege laten • *die Formalitäten erledigen* formaliteiten afhandelen **2** vormelijkheid

Format ZN O (+(e)s/+e) formaat • *eine Frau von ~* een vrouw met allure

formatieren OV WW formatteren

Formation ZN V (-/+en) formatie

formbar BN OOK FIG. vormbaar, kneedbaar

Formblatt ZN O (+(e)s/-blätter) formulier

Formel ZN V (-/+n) formule

Formel-1-Rennen ZN O (+s/-) formule 1-race

formelhaft BN als een formule, staand • *ein ~er Ausdruck* een vaste uitdrukking

formell BN **1** formeel, de voorgeschreven norm in acht nemend **2** vormelijk

formen OV WW vormen • *sich ~* gestalte krijgen

Formenlehre ZN V (-/+n) vormleer

Formfehler ZN M (+s/-) vormfout

Formgebung ZN V (-/+en) vormgeving

formgerecht BN in de juiste vorm

Formgestaltung ZN V (-/+en) vormgeving, design

formieren OV WW formeren

Formierung ZN V (-/+en) formatie, vorming

förmlich BN **1** vormelijk **2** formeel, officieel **3** gewoonweg, echt • *sie hat sich ~ aufgedrängt* ze was direct opdringerig

Förmlichkeit **1** ZN V (-/gmv) vormelijkheid **2** ZN V (-/+en) formaliteit, plichtpleging

formlos BN **1** vormeloos • *eine ~e Bewerbung* een sollicitatie zonder bepaalde formele plichten **2** ongedwongen

fo

Formsache ZN V (-/+n) **formaliteit, vormkwestie** • *reine* ~ louter formaliteit
formschön BN **mooi van vorm**
Formtief ZN O (+(e)s/+e, +s) SPORT **slechte conditie** • *ein* ~ *haben* uit de vorm zijn
Formular ZN O (+s/+e) **formulier** • *ein* ~ *ausfüllen* een formulier invullen
formulieren OV WW **formuleren**
Formulierung ZN V (-/+en) **formulering**
Formung ZN V (-/+en) **1 vorming 2 vormgeving**
Formverstoß ZN M JUR. **vormfout**
formvollendet BN **volmaakt/perfect van vorm**
forsch BN **energiek, kordaat**
forschen OV + ONOV WW **navorsen, onderzoeken** • *nach etwas* ~ naar iets vorsen
Forscher ZN M (+s/-) **onderzoeker**
Forschung ZN V (-/+en) **onderzoek**
Forschungsanstalt ZN V (-/+en) **onderzoeksinstituut**
Forschungsarbeit ZN V (-/+en) **research**
Forschungsinstitut ZN O (+(e)s/+e) **onderzoeksinstituut**
Forschungsreise ZN V (-/+n) **wetenschappelijke expeditie**
Forst ZN M (+(e)s/+e(n)) **woud, bos** <afgebakend en economisch geëxploiteerd>
forsten OV WW **beheren** <bos>
Förster ZN M (+s/-) **boswachter**
Försterei ZN V (-/+en) **1 boswachterswoning 2 boswachterij**
Forsthaus ZN O (+es/-häuser) **boswachtershuis**
Forstverwaltung ZN V (-/gmv) **bosbeheer**
Forstwirtschaft ZN V (-/gmv) **bosbouw** • *Land- und* ~ agrarische sector
Forsythie ZN V (-/+n) **forsythia**
fort BW **1 vooruit, verder** • *nur immer so* ~*!* ga zo maar door! • *er liest in einem* ~ hij leest aan één stuk door • *und so* ~ enzovoort **2 weg, voort** • INFORM. ~ *mit X!* weg met X! • INFORM. ~ *damit!* weg ermee!
Fort ZN O (+s/+s) **fort**
fortan BW **voortaan**
fortbegeben WKD WW (**sich** ~) sterk **weggaan**
Fortbestand ZN M (+(e)s/gmv) **voortbestaan**
fortbestehen ONOV WW sterk **voortbestaan**
fortbewegen 1 OV WW **voortbewegen, verplaatsen 2** WKD WW (**sich** ~) **zich verplaatsen, zich voortbewegen**
Fortbewegung ZN V (-/+en) **voortbeweging**
fortbilden 1 OV WW **verder ontwikkelen 2** WKD WW (**sich** ~) **zich bijscholen**
Fortbildung ZN V (-/+en) **verdere ontwikkeling, bijscholing** • *auf* ~ *sein* een bijscholingscursus volgen
fortbleiben ONOV WW onregelmatig **wegblijven**
fortbringen OV WW onregelmatig **1 wegbrengen 2 weg krijgen, van de plaats krijgen 3** INFORM. **tot bloeien brengen** • *sich* ~ zijn brood verdienen
Fortdauer ZN V (-/gmv) **voortzetting, duur**
fortdauern ONOV WW **voortduren**
forte BW MUZ. **forte, luid**
fortfahren 1 OV WW sterk, met `haben' **wegvoeren, wegbrengen 2** ONOV WW sterk, met `sein' **1 wegrijden, wegvaren 2 doorgaan, verder gaan** • *bitte fahren Sie fort!* ga alstublieft door! • *fahre fort wie bisher!* ga zo voort! • *mit seiner Erzählung* ~ met zijn verhaal doorgaan • *also fuhr er fort* aldus vervolgde hij
Fortfall ZN M (+(e)s/gmv) FORM. **wegvallen, vervallen**
fortfallen ONOV WW sterk **wegvallen, vervallen**
fortführen OV WW **1 wegvoeren 2 voortzetten**
Fortgang ZN M (+(e)s/gmv) **1 vertrek, heengaan 2 voortgang, vooruitgang** • *seinen* ~ *nehmen* verder gaan
fortgehen ONOV WW sterk **1 weggaan, heengaan 2 verder gaan, doorgaan**
fortgeschritten BN **vooruitstrevend, gevorderd** • *weiter* ~ *als* verder gevorderd dan • *in* ~*em Alter* op gevorderde leeftijd • *ein Kurs für Fortgeschrittene* een cursus voor gevorderden
Fortgeschrittene ZN M/V **gevorderde** • *ein Sprachkurs für* ~ een taalcursus voor gevorderden
fortgesetzt 1 BN **voortdurend 2** BW **voortdurend**
forthelfen ONOV WW sterk **verder helpen, voorthelpen**
forthin BW **voortaan, van nu af aan**
fortjagen 1 OV WW **wegjagen 2** ONOV WW **wegstuiven, wegscheuren**
fortkommen ONOV WW sterk **1 wegkomen 2 vooruitkomen**
Fortkommen ZN O (+s/gmv) **1 levensonderhoud, bestaan** • *sein* ~ *finden* in zijn onderhoud kunnen voorzien **2 vooruitkomen, voortkomen 3 vooruitgang, carrière**
fortlassen OV WW sterk **1 weglaten 2 laten gaan**
fortlaufen ONOV WW sterk **1 weglopen 2** FIG. **doorlopen, verder gaan**
fortlaufend BN **1 ononderbroken, onafgebroken 2 successievelijk** • ~ *nummeriert* doorlopend genummerd
fortmachen ONOV WW **1 verder gaan, doorgaan 2 weggaan** • *sich* ~ zich uit de voeten maken
fortmüssen ONOV WW onregelmatig **weg moeten**
fortnehmen OV WW sterk **afnemen, wegnemen**
fortpacken WKD WW (**sich** ~) **zich wegscheren**
fortpflanzen 1 OV WW **1 vermeerderen, uitbreiden 2 voortplanten 2** WKD WW (**sich** ~) **zich voortplanten**
Fortpflanzung ZN V (-/gmv) **voortplanting**
forträumen OV WW **wegruimen, opruimen**
fortreißen OV WW sterk **1 ontrukken 2 meesleuren, meeslepen** • *sich* ~ *lassen* zich laten meeslepen
fortrücken OV WW **wegschuiven**
Fortsatz ZN M (+es/-sätze) **uitsteeksel, aangroeisel**
fortschaffen OV WW **wegbrengen, wegdoen**
fortscheren WKD WW (**sich** ~) **zich wegscheren**
fortscheuchen OV WW **wegjagen**
fortschicken OV WW **wegsturen**
fortschleichen 1 ONOV WW sterk **wegsluipen,**

voortsluipen **2** WKD WW (**sich ~**) sterk wegsluipen

fortschleppen OV WW wegslepen

fortschreiben OV WW sterk **1** bijwerken, updaten • *Daten ~* gegevens bijwerken **2** herwaarderen, opnieuw vaststellen • *den Wert ~* de waarde opnieuw vaststellen

fortschreiten ONOV WW sterk vorderingen maken, vooruitgaan, zich verder ontwikkelen, voortschrijden

Fortschritt ZN M (+(e)s/+e) vordering, vooruitgang • *Fortschritte machen* vorderingen maken • *sie macht überhaupt keine Fortschritte* zij maakt helemaal geen vorderingen

fortschrittlich BN vooruitstrevend

Fortschrittsbericht ZN M (+(e)s/+e) voortgangsrapport

fortschwemmen OV WW wegspoelen, meesleuren

fortsehnen WKD WW (**sich ~**) ergens anders willen zijn

fortsetzen OV WW **1** wegzetten **2** voortzetten

Fortsetzung ZN V (-/+en) voortzetting, vervolg • *~ folgt* wordt vervolgd

Fortsetzungsroman ZN M (+s/+e) feuilleton

fortstehlen WKD WW (**sich ~**) sterk wegsluipen, stil ervandoor gaan

forttragen OV WW sterk wegdragen, wegbrengen

forttreiben **1** OV WW sterk **1** wegdrijven, voortdrijven, wegjagen **2** verder drijven, doorgaan (met) **2** ONOV WW wegdrijven, afdrijven

fortwähren ONOV WW voortduren

fortwährend BN voortdurend, aanhoudend

fortwälzen **1** OV WW wegrollen **2** WKD WW (**sich ~**) zich langzaam voortbewegen

fortwerfen OV WW sterk weggooien

fortwollen ONOV WW onregelmatig weg willen

Fortzahlung ZN V (-/+en) doorbetaling • *die Fortbezahlung des Lohns im Krankheitsfall* doorbetaling van de loon bij ziekte

fortziehen **1** OV WW wegtrekken, meetrekken **2** ONOV WW sterk **1** verhuizen **2** wegtrekken, weggaan

Forum ZN O (+s/Fora, Foren) forum

forwarden OV WW forwarden

fossil BN fossiel

Fossil ZN O (+s/-lien) fossiel

Foto ZN O (+s/+s) **1** foto **2** COMP. gif <bestandsformaat> • *ein Foto von einem tanzenden Baby* een gifje van een dansende baby **3** fotocamera

fotogen BN fotogeniek

Fotogeschäft ZN O (+(e)s/+e) fotozaak

Fotograf ZN M (+en/+en) fotograaf

Fotografie ZN V (-/+n) **1** fotografie **2** foto

fotografieren OV + ONOV WW fotograferen

fotografisch BN fotografisch

Fotokopie ZN V (-/+n) fotokopie

fotokopieren OV WW fotokopiëren

Fotokopierer ZN M (+s/-) INFORM. fotokopieerapparaat

Fotokopiergerät ZN O (+(e)s/+e) fotokopieerapparaat

Fotosafari ZN V (-/+s) fotosafari

Fotozelle ZN V (-/+n) fotocel

Fötus ZN M (+ses/+se) foetus

Fotze ZN V (-/+n) **1** VULG. kut **2** VULG. hoer

Foul ZN O (+s/+s) SPORT overtreding

foulen OV WW SPORT een overtreding begaan, vals spelen

Foxterrier ZN M (+s/-) foxterriër

Foxtrott ZN M (+s/+e, +s) foxtrot

Foyer ZN O (+s/+s) foyer

FPÖ AFK Freiheitliche Partei Österreichs Oostenrijkse Vrijheidspartij

fr. AFK **1** Franc frank **2** frei vrij

Fr AFK Freitag vrijdag

Fr. AFK **1** Frau mevrouw **2** Franken (Zwitserse) frank **3** Freitag vrijdag

Fracht ZN V (-/+en) **1** vracht **2** vrachtprijs

Frachtbrief ZN M (+(e)s/+e) vrachtbrief

Frachter ZN M (+s/-) vrachtboot

frachtfrei BN franco • *fracht- und zollfrei* franco vracht en rechten

Frachtführer ZN M (+s/-) vrachtrijder, vervoerder, transporteur

Frachtgut ZN O (+(e)s/-güter) vrachtgoed

Frachtkosten ZN MV transportkosten

Frachtschiff ZN O (+(e)s/+e) vrachtschip

Frack ZN M (+(e)s/Fräcke, +s) rok <van heer>

Frage ZN V (-/+n) **1** vraag • *die ~ stellt sich* de vraag rijst • *mir brennt die ~ auf der Zunge* de vraag brandt mij op de lippen • *etwas in ~ stellen* iets in twijfel trekken • *in ~ stehen* onzeker/twijfelachtig zijn • *das steht außer ~; das ist gar keine ~* dat staat buiten kijf • *in ~ kommen* in aanmerking komen • *das kommt nicht in Frage!* dat is uitgesloten! • *ohne ~* ongetwijfeld **2** vraagstuk **3** kwestie • *die in ~ stehende Angelegenheit* de zaak in kwestie • *es ist eine ~ der Zeit* het is een kwestie van tijd • *brennende ~* brandende kwestie

Fragebogen ZN M (+s/-bögen) vragenlijst

fragen **1** OV WW vragen, een vraag stellen • INFORM. *danach frage ich nicht* dat kan me niet schelen • INFORM. *da fragst du mich zu viel* daar vraag je me wat! • FIG. *~ kostet nichts* vragen staat/is vrij **2** WKD WW (**sich ~**) **1** zich afvragen • *ich frage mich, warum ...* ik vraag me af waarom ... **2** de vraag zijn • *das fragt sich noch* dat is nog zeer de vraag • *es fragt sich noch, warum...* het is nog de vraag waarom...

Fragerei ZN V (-/+en) MIN. gevraag

Fragesatz ZN M (+es/-sätze) TAALK. vragende zin

Fragestellung ZN V (-/+en) **1** vraagstelling **2** probleemstelling

Fragestunde ZN V (-/+n) POL. vragenuurtje

Fragewort ZN O (+(e)s/-wörter) vragend voornaamwoord

Fragezeichen ZN O (+s/-) vraagteken

fraglich BN **1** onzeker, twijfelachtig • *das ist*

fr

noch ~ dat is nog maar de vraag **2** **omstreden** **3** **bedoeld, desbetreffend** • *zum ~en Zeitpunkt* op het desbetreffende moment • *die ~e Person* de persoon in kwestie

fraglos BW **zonder twijfel, ongetwijfeld**

Fragment ZN O (+(e)s/+e) **fragment**

fragmentarisch BN **fragmentarisch**

fragwürdig BN **twijfelachtig**

Fraktion ZN V (-/+en) **fractie**

Fraktionsführer ZN M (+s/-) **fractievoorzitter**

Fraktionssitzung ZN V (-/+en) POL. **fractievergadering**

Fraktionsvorsitzende ZN M/V (+n/+n) **fractievoorzitter**

Fraktionszwang ZN M (+(e)s/gmv) POL. **fractiediscipline**

Fraktur ZN V (-/gmv) **1** **fractuur** **2** **gotisch schrift**

Franchise ZN O (-/+n) ECON. **franchise**

frank BN **frank, vrijmoedig** • ~ *und frei* frank en vrij

Franke ZN M (+n/+n) **bewoner van Frankenland**

Franken **1** ZN M (+s/-) **(Zwitserse) frank** **2** ZN O (+s/gmv) **Frankenland**

Frankfurt ZN O (+s/gmv) **Frankfurt**

Frankfurter **1** ZN M (+s/-) **Frankfurter** **2** ZN V (-/-) **Frankfurter worstje** **3** BN **Frankfurts**

frankieren OV WW **frankeren** • *der Brief ist nicht ausreichend frankiert* de brief is onvoldoende gefrankeerd

Frankierung ZN V (-/+en) **frankering**

Fränkin ZN V **bewoonster van Frankenland**

fränkisch BN **Frankisch**

franko BN **franco**

frankophob BN **francofoob**

Frankreich ZN O (+s/gmv) **Frankrijk**

Franse ZN V (-/+n) **franje, rafel**

fransen ONOV WW **uitrafelen**

fransig BN **1** **uitgerafeld** **2** **met franje(s) bezet**

Franziskaner ZN M (+s/-) **franciscaan**

Franzose ZN M (+n/+n) **Fransman**

Französin ZN V (-/+nen) **Française**

französisch BN **Frans** • *sich ~ empfehlen* stilletjes weggaan

Französisch ZN O (-/gmv) **Frans, Franse taal** • *auf* ~ op zijn Frans, in het Frans • *im Französischen* in het Frans • *ins Französische übersetzen* naar het Frans vertalen

französischsprachig BN **Franstalig**

frappant BN **frappant**

frappieren OV WW **frapperen, treffen**

Fräse ZN V (-/+n) **frees(machine)**

fräsen OV WW TECHN. **frezen**

Fräser ZN M (+s/-) **frees**

Fräsmaschine ZN V (-/+n) **freesmachine**

fraß WW verl. tijd → **fressen**

Fraß ZN M (+es/+e) **1** **voer** <voor dieren> **2** INFORM. **slecht eten** **3** **(het) aanvreten**

Frater ZN M (+s/Fratres) **frater, broeder**

Fratz ZN M (+es/+e(n)) **1** **ondeugend kind** **2** **guitig kind/meisje**

Fratze ZN V (-/+n) **1** **tronie** **2** **grimas** **3** INFORM. **gezicht** • *Fratzen schneiden* lelijke gezichten trekken

fratzenhaft BN **vertrokken, verwrongen, als een karikatuur**

Frau ZN V (-/+en) **1** **vrouw** **2** **mevrouw** • ~ *Meier* mevrouw Meier • *sehr geehrte ~ M.* geachte mevrouw M. • *gnädige Frau!* geachte mevrouw! **3** **echtgenote** • *seine* ~ zijn vrouw/echtgenote

Frauchen ZN O (+s/-) **1** **vrouwtje, bazin van huisdier** **2** **besje, oud vrouwtje**

Frauenarzt ZN M (+es/-ärzte) **vrouwenarts, gynaecoloog**

Frauenbeschneidung ZN V (-/gmv) **vrouwenbesnijdenis**

frauenfeindlich BN **vrouwonvriendelijk, vijandig tegen vrouwen**

frauenhaft BN **vrouwelijk**

Frauenhaus ZN O (+es/-häuser) **blijf-van-mijn-lijfhuis**

Frauenheilkunde ZN V (-/gmv) **gynaecologie**

Frauenheld ZN M (+en/+en) **vrouwenjager, donjuan, ladykiller**

Frauenkondom ZN O (+s/+e) **vrouwencondoom**

Frauenrechtlerin ZN V (-/+nen) **feministe**

Frauenzimmer ZN O (+s/-) **vrouwspersoon**

Fräulein ZN O (+s/+s, -) **1** OUD. **juffrouw, meisje** **2** **winkeljuffrouw** **3** **serveerster**

fraulich BN **vrouwelijk**

Freak ZN M (+s/+s) **freak, zonderling, fanatiekeling**

frech BN **1** **brutaal, onbeschaamd** • ~ *wie Oskar* hondsbrutaal • *jemandem ~ kommen* brutaal tegen iemand zijn **2** **ondeugend** • *ein ~es Kerlchen* een ondeugend kereltje

Frechdachs ZN M (+es/+e) **brutaal nest, brutale vlerk**

Frechheit ZN V (-/+en) **brutaliteit, onbeschoftheid**

Fregatte ZN V (-/+n) **fregat**

frei BN **1** **vrij** • *die Toilette ist* ~ het toilet is vrij • *im Freien* in de buitenlucht, onder de blote hemel • *ins Freie gehen* naar buiten gaan • ~ *von Übertreibungen* zonder overdrijven • *ein ~es Leben* een ongebonden leven • *das ~e Feld* het vlakke veld **2** **vrijmoedig**

-frei VOORV + ACHTERV **-vrij** • *bleifrei* loodvrij

Freibad ZN O (+(e)s/-bäder) **openluchtzwembad**

freibekommen OV WW INFORM. **vrij krijgen** • *einen Tag* ~ een dag vrij(af) krijgen

Freiberufler ZN M (+s/-) **freelancer, iemand die een vrij beroep uitoefent**

freiberuflich BN **zelfstandig, freelance** • ~ *arbeiten* in een vrij beroep werkzaam zijn, freelance werken

Freibetrag ZN M (+(e)s/-beträge) **belastingvrije som**

Freibeuter ZN M (+s/-) **vrijbuiter**

Freibier ZN O (+(e)s/gmv) **gratis bier**

Freibrief ZN M (+(e)s/+e) **vrijbrief**

Freidenker ZN M (+s/-) **vrijdenker**

Freie ZN O • *im Freien* in de openlucht

Freier ZN M (+s) **1** hoereerder **2** OUD. minnaar

Freiersfüße ZN MV • *auf Freiersfüßen gehen* op vrijersvoeten zijn

Freiexemplar ZN O (+(e)s/+e) presentexemplaar

Freifahrschein ZN M (+(e)s/+e) gratis (vervoer) kaartje

Freifrau ZN V (-/+en) **1** barones **2** freule

Freigabe ZN V (-/+n) vrijgeven

freigeben OV WW sterk **1** vrijlaten **2** vrijgeven

freigebig BN vrijgevig, royaal

Freigebigkeit ZN V (-/gmv) vrijgevigheid

Freigeist ZN M (+(e)s/+er) vrijdenker

Freigepäck ZN O (+(e)s/+e) vrachtvrije bagage

Freigrenze ZN V (-/+n) belastingvrije voet

freihaben ONOV WW onregelmatig INFORM. vrij(af) hebben

Freihafen ZN M (+s/-häfen) vrijhaven

freihalten OV WW sterk vrijhouden

Freihandel ZN M (+s/gmv) vrijhandel

Freihandelszone ZN V (-/+n) vrijhandelszone

freihändig BN **1** zonder gebruikmaking van de handen • *~ Rad fahren* met losse handen fietsen **2** onder de hand • *freihändiger Verkauf* onderhandse verkoop **3** uit de vrije hand

Freiheit ZN V (-/+en) **1** vrijheid • *Freiheit, Gleichheit, Brüderlichkeit* vrijheid, gelijkheid, broederschap • *jemanden in ~ setzen* iemand in vrijheid stellen **2** (voor)recht • *sich Freiheiten herausnehmen* zich vrijheden permitteren

freiheitlich BN vrijheidlievend, liberaal

Freiheitsberaubung ZN V (-/+en) vrijheidsberoving

Freiheitskampf ZN M (+(e)s/-kämpfe) vrijheidsstrijd

Freiheitskämpfer ZN M (+s/-) vrijheidsstrijder

Freiheitsstrafe ZN V (-/+n) JUR. gevangenisstraf, hechtenis • *lebenslange ~* levenslange gevangenisstraf • *eine ~ verbüßen* een gevangenisstraf uitzitten • *zu einer ~ verurteilen* veroordelen tot een gevangenisstraf • *zu einer ~ verurteilt werden* tot gevangenisstraf worden veroordeeld • *zu einer ~ von vier Jahren verurteilt werden* tot vier jaar gevangenisstraf/hechtenis worden veroordeeld • *sechs Jahre ~* zes jaar gevangenisstraf

freiheraus BW onomwonden, ronduit, openlijk • *~ gesagt* ronduit gezegd

Freiherr ZN M (+n/+en) baron

Freikarte ZN V (-/+n) vrijkaartje

freikaufen **1** OV WW vrijkopen **2** WKD WW (**sich ~**) afkopen

freikommen ONOV WW sterk vrijkomen, loskomen • *wann kommt er frei?* wanneer komt hij vrij?

Freikörperkultur ZN V (-/+en) naturisme

Freilager ZN O (+s/-) vrij entrepot

Freiland ZN O (+es/gmv) koude grond

Freilandgemüse ZN O (+s/-) groente van de koude grond

freilassen OV WW sterk **1** vrijlaten, loslaten **2** JUR. in vrijheid stellen

Freilassung ZN V (-/+en) vrijlating

Freilauf ZN M (+(e)s/gmv) TECHN. vrij <van auto>

freilegen OV WW vrijmaken, blootleggen

freilich BW **1** echter, weliswaar, evenwel **2** natuurlijk, ja zeker

Freilichtbühne ZN V (-/+n) openluchttheater

Freilichtmuseum ZN O (+s/-museen) openluchtmuseum

Freilichttheater ZN O (+s/-) openluchttheater

Freiluft- VOORV open lucht • *Freiluftmuseum* openluchtmuseum

Freiluftkonzert ZN O (+(e)s/+e) openluchtconcert

freimachen **1** OV WW **1** inklaren **2** frankeren **3** INFORM. niet werken **2** WKD WW (**sich ~**) **1** vrij nemen • *sich für ein paar Tage ~* een paar dagen tijd (voor iets) nemen **2** zich uitkleden

Freimarke ZN V (-/+n) postzegel

Freimaurer ZN M (+s/-) vrijmetselaar

Freimut ZN M (+(e)s/gmv) vrijmoedigheid • *mit großem ~* zeer vrijmoedig

freimütig BN vrijmoedig, openhartig

freinehmen OV WW sterk INFORM. vrij nemen • *(sich) einen Tag ~* een dag vrij(af) nemen

freischaffend BN zelfstandig, freelance

freisetzen OV WW **1** vrijmaken • *freigesetzte Arbeitskräfte* overtollig, boventallig personeel **2** SCHEIK. (laten) vrijkomen • *dabei wird viel Energie freigesetzt* daarbij komt veel energie vrij

Freisprechanlage ZN V (-/+n) carkit <voor handsfree telefoneren in de auto>

freisprechen OV WW sterk **1** vrijpleiten, vrijspreken **2** diploma van gezel uitreiken

Freispruch ZN M (+(e)s/-sprüche) vrijspraak

Freistaat ZN M (+(e)s/+en) vrijstaat, republiek • *~ Bayern/Sachsen/Thüringen* <officiële naam van deze deelstaten>

Freistatt ZN V (-/-stätten) toevluchtsoord, vrijplaats, asiel

freistehen ONOV WW sterk vrijstaan • *es steht Ihnen frei zu ...* het staat u vrij om ...

freistehend BN vrijstaand • *halb ~* twee onder één kap

freistellen OV WW **1** vrijstellen **2** de keus laten

Freistil ZN M (+s/gmv) SPORT vrije slag • *100 m ~* 100 m vrije slag

Freistoß ZN M (+es/-stöße) SPORT vrije trap, vrije schop

Freistunde ZN V (-/+n) vrij uur

Freitag ZN M (+(e)s/+e) vrijdag • *am ~* op vrijdag

freitags BW vrijdags, op vrijdag

Freitod ZN M (+(e)s/gmv) suïcide, zelfdoding

Freitreppe ZN V (-/+n) bordes

Freiübungen ZN MV SPORT vrije oefening

Freiumschlag ZN M (+(e)s/-schläge) gefrankeerde envelop

Freiverkehr ZN M (+s/gmv) ECON. nabeurshandel, vrije markt, coulisse • *im ~* vrij verkrijgbaar <van geneesmiddelen>

freiweg BW INFORM. onomwonden, vierkant <in

fr

het gezicht>, **vrijuit**
Freiwild ZN O (+(e)s/gmv) **1 gemakkelijke prooi 2 vogelvrijverklaarde**
freiwillig BN **vrijwillig**
Freiwillige ZN M/V (+n/+n) **vrijwilliger**
Freizeichen ZN O (+s/-) **kiestoon**
Freizeit ZN V (-/gmv) **1 vrije tijd 2 bezinning**
Freizeitbeschäftigung ZN V (-/+en) **vrijetijdsbesteding**
Freizeitgestaltung ZN V (-/gmv) **vrijetijdsbesteding**
Freizeitkleidung ZN V (-/gmv) **vrijetijdskleding**
fr
Freizeitpark ZN M (+(e)s/+e, +s) **recreatiepark**
freizügig BN **1 vrij, vrijmoedig 2 royaal 3 vrij om zich te vestigen**
fremd BN **1 vreemd, andermans** • *unter ~em Namen* onder een andere naam • *so eine Reaktion wäre ihm ~* zo zou hij nooit reageren **2 buitenlands 3 onbekend** • *ich bin hier ~* ik ben hier niet bekend
fremdartig BN **vreemdsoortig**
Fremde 1 ZN M/V (+n/+n) **1 vreemdeling, buitenlander** • *ein Fremder* een vreemdeling (man) • *eine ~* een vreemdeling (vrouw) **2 onbekende 2** ZN V (-/-) **vreemde, buitenland** • *in der ~* in den vreemde
fremdeln ONOV WW **eenkennig zijn**
fremdenfeindlich BN **vijandig t.o.v. vreemdelingen, xenofoob**
Fremdenführer ZN M (+s/-) **(reis)gids** <persoon>
Fremdenhass ZN M (+es/gmv) **vreemdelingenhaat**
Fremdenindustrie ZN V (-/+n) **toeristenindustrie, vreemdelingenindustrie**
Fremdenlegion ZN V (-/gmv) **vreemdelingenlegioen**
Fremdenverkehr ZN M (+(e)s/gmv) **vreemdelingenverkeer, toerisme**
Fremdenverkehrsamt ZN O (+(e)s/-ämter) **bureau voor toerisme**
Fremdenzimmer ZN O (+s/-) **hotelkamer**
Fremdfinanzierung ZN V (-/+en) **externe financiering, financiering door vreemd kapitaal**
fremdgehen ONOV WW sterk **vreemdgaan**
Fremdheit ZN V (-/+en) **vreemdheid**
Fremdherrschaft ZN V (-/gmv) **bezetters, vreemde heerschappij**
Fremdkörper ZN M (+s/-) **1** BIOL., MED. **vreemd voorwerp, vreemd lichaam 2 indringer**
fremdländisch BN **buitenlands**
Fremdling ZN M (+s/+e) **vreemdeling**
fremdschämen WKD WW **(sich ~) plaatsvervangende schaamte voelen**
Fremdsprache ZN V (-/+n) **vreemde taal** • *Deutsch als ~* Duits als tweede taal • *Niederländisch als ~* Nederlands als tweede taal, NT2
fremdsprachig BN **1 in een vreemde taal 2 een vreemde taal sprekend**
fremdsprachlich BN **m.b.t. een vreemde taal** • *~er Unterricht* onderwijs in een vreemde taal
Fremdwort ZN O (+(e)s/-wörter) **vreemd woord** • FIG. *Höflichkeit ist für ihn ein ~* hij weet niet wat beleefdheid is, hij is nooit beleefd
frenetisch BN **razend, hartstochtelijk** • *~er Beifall* daverend applaus
frequentieren OV WW **vaak bezoeken**
Frequenz ZN V (-/+en) **1 frequentie 2 aantal** <bezoekers enz.>
Fresko ZN O (+s/-ken) KUNST **fresco**
Fressalien ZN MV INFORM. **eten**
Fresse ZN V (-/+n) **1** VULG. **bek** • *halt die Fresse!* houd je bek! **2** VULG. **bakkes, smoel**
fressen OV + ONOV WW sterk **eten** <bij dieren> **1 vreten, eten** • *an jemandem einen Narren ge~ haben* dol zijn op iemand • *jemanden ge~ haben* iemand/iets niet kunnen uitstaan • *etwas ge~ haben* iets gesnapt hebben, iets geaccepteerd hebben **2 vreten, verbruiken, verslinden** • *das frisst Strom* dat verslind energie
Fressen ZN O (+s/gmv) **vreten, voer** • *ein gefundenes ~* een buitenkansje • *dem Hund sein ~ geben* de hond voeren
Fresser ZN M (+s/-) **1** MIN. **eter 2 vreter, vreetzak**
Fresserei ZN V (-/+en) MIN. **vreetpartij, gevreet**
Fressnapf ZN M (+(e)s/-näpfe) **voerbak** <van dier>
Fresssack ZN M (+(e)s/-säcke) MIN. **vreetzak**
Fresssucht ZN V (-/gmv) **vraatzucht, boulimie**
Frettchen ZN O (+s/-) **fret**
Freude ZN V (-/+n) **plezier, genoegen, vreugde** • *jemandem eine ~ machen* iemand een plezier doen • *jemandem die ~ vergällen* iemands plezier vergallen • *damit wird er viel ~ haben* daar zal hij veel plezier van beleven • FIG. *in Freud und Leid* in voor- en tegenspoed • *seine helle ~ an etwas haben* zijn hart aan iets ophalen, plezier hebben in iets • *vor ~* van blijdschap • *jemandem eine falsche ~ vorspiegeln* iemand blij maken met een dode mus • FORM. *mit großer ~* met veel genoegen • FORM. *es ist mir eine große ~* het is mij een waar genoegen
Freudenhaus ZN O (+es/-häuser) **bordeel**
Freudenmädchen ZN O (+s/-) **prostituee, hoertje**
Freudenschrei ZN M (+(e)s/+e) **vreugdekreet**
Freudensprung ZN M (+(e)s/-sprünge) **luchtsprong van vreugde**
Freudentanz ZN M (+es/-tänze) **vreugdedans** • INFORM. *einen (wilden/wahren) ~ aufführen* dansen van blijdschap
Freudentaumel ZN M (+s/gmv) **vreugderoes**
freudestrahlend BN **stralend van vreugde**
freudig BN **1 blij, blijmoedig, opgewekt 2 heuglijk** • FIG. *das ~e Ereignis* de geboorte van een kind
Freudigkeit ZN V (-/gmv) **blijdschap, opgewektheid**
freudlos BN **vreugdeloos**
freudvoll BN **vreugdevol**
freuen 1 OV WW **verheugen, plezier doen** • *es freut ihn, dass du kommst* hij is blij dat je komt • *das freut mich* dat doet me plezier **2** WKD WW **(sich ~)**

zich verheugen, blij zijn • *sich* ~ **auf** +4 zich verheugen op • *sich* ~ **über** +4 blij zijn over • *ich freue mich, dich zu sehen* ik ben blij je te zien • *es freut mich, Sie kennenzulernen* aangenaam kennis te maken! • *sich mit jemandem* ~ meeleven met iemands vreugde

Freund ZN M (+(e)s/+e) **vriend** • *sie sind dicke Freunde* het is dikke mik tussen die twee • IRON. *schöne Freunde sind das* mooie vrienden zijn dat

Freundesdienst ZN M (+(e)s/+e) **vriendendienst**

Freundeskreis ZN M (+es/+e) **vriendenkring**

Freundin ZN V (-/+nen) **vriendin**

freundlich BN **1 vriendelijk** • *sehr* ~! erg aardig van u! • ~ *gesagt* netjes gezegd • *mit* ~*er Mitwirkung* met welwillende medewerking **2 aangenaam, vrolijk**

Freundlichkeit ZN V (-/+en) **vriendelijkheid** • *jemanden um eine* ~ *bitten* iemand om een dienst vragen

Freundschaft ZN V (-/+en) **1 vriendschap 2 vrienden-/kennissenkring**

freundschaftlich BN **vriendschappelijk**

Freundschaftsdienst ZN M (+(e)s/+e) **vriendendienst** • *jemandem einen* ~ *erweisen* iemand een vriendendienst bewijzen

Freundschaftsspiel ZN O (+(e)s/+e) **vriendschappelijke wedstrijd**

Frevel ZN M (+s/-) **misdaad, vergrijp** • *es wäre ein* ~ het zou zonde zijn

frevelhaft BN FORM. **schandelijk, misdadig** • *eine* ~*e Tat* een schandelijke daad

freveln ONOV WW **zich vergrijpen, misdoen, zondigen** • *gegen das Gesetz* ~ de wet overtreden

Freveltat ZN V (-/+en) FORM. **misdaad, vergrijp**

Frevler ZN M (+s/-) **misdadiger, boosdoener**

frevlerisch BN **misdadig, schandelijk**

Friede ZN M (+ns/gmv) → **Frieden**

Frieden ZN M (+s/gmv) **1 vrede** • *dann war alles Friede, Freude, Eierkuchen* dan was alles koek en ei **2 rust** • *dem* ~ *nicht trauen* de zaak niet vertrouwen • *in* ~ *lassen* met rust laten **3 vredesverdrag** • *der Westfälische* ~ de vrede van Münster

Friedensbewegung ZN V (-/+en) **vredesbeweging**

Friedensbruch ZN M (+(e)s/-brüche) **vredebreuk**

Friedensschluss ZN M (+es/-schlüsse) **vredesluiting, sluiten van vrede**

Friedensstifter ZN M (+s/-) **vredestichter, bemiddelaar**

Friedenstruppe ZN V (-/+n) **vredesmacht**

Friedensverhandlungen ZN MV **vredesonderhandelingen**

Friedensvertrag ZN M (+(e)s/-verträge) **vredesverdrag**

Friedenszeit ZN V (-/+en) **vredestijd** • *in Friedenszeiten* in vredestijd/in tijden van vrede

friedfertig BN **vredelievend, vreedzaam**

Friedfertigkeit ZN V (-/gmv) **vreedzaamheid**

Friedhof ZN M (+(e)s/-höfe) **begraafplaats**

friedlich BN **vredelievend, vreedzaam, vredig**

Friedlichkeit ZN V (-/gmv) **verdraagzaamheid, vreedzaamheid**

friedliebend BN **vredelievend**

frieren 1 ONOV WW sterk **1 het koud hebben** • *ich friere* ik heb het koud • FIG. ~ *wie ein Schneider* vernikkelen van de kou **2 bevriezen, stollen 2** ONP WW sterk **1 vriezen 2 het koud hebben** • *mich friert* ik heb het koud

Fries ZN M (+es/+e) ARCH. **fries, lijst**

Friese ZN M (+n/+n) **Fries** <persoon>

Friesin ZN V (-/+nen) **Friezin**

friesisch BN **Fries**

Friesland ZN O (+s/gmv) **Friesland**

friesländisch BN **Fries**

frigid, frigide BN MED. **frigide**

Frigidität ZN V (-/gmv) **frigiditeit**

Frikadelle ZN V (-/+n) **(platte) bal gehakt**

Frikassee ZN O (+s/+s) **fricassee**

Friktion ZN V (-/+en) **wrijving, frictie**

Frisbee ZN O (-/+s) **frisbee**

Frisbeescheibe ZN V (-/+n) **frisbeeschijf**

frisch BN + BW **1 vers, onbedorven, nieuw** • ~*es Gemüse* verse groente • ~ *gebacken* nieuwbakken, kersvers • ~ *gestrichen* pas geverfd • *auf* ~*er Tat* op heterdaad **2 fris, uitgerust** • *sich* ~ *machen* zich opfrissen **3 schoon** • ~*e Bettwäsche* schoon beddengoed **4 gezond, levendig** • ~ *und munter* goed gezond **5 helder, vrolijk 6 koel** • *es ist* ~ *draußen* het is koel buiten

Frische ZN V (-/gmv) **1 versheid 2 frisheid, kracht, levendigheid, gezondheid** • *es hat seine* ~ *verloren* de fleur is eraf **3 koelte**

Frischei ZN O (+(e)s/+er) **vers ei**

frischgebacken BN FIG. **nieuwbakken, kersvers** • *der* ~*e Vater* de kersverse vader

Frischhaltebeutel ZN M (+s/-) **plastic zakje** <voor levensmiddelen>

Frischhaltefolie ZN V (-/+n) **huishoudfolie, vershoudfolie**

Frischhaltepackung ZN V (-/+en) **vacuümverpakking**

Frischling ZN M (+(e)s/+e) **1 jong wild zwijn 2** IRON. **groentje, nieuweling**

Frischluft ZN V (-/gmv) **frisse lucht**

Friseur ZN M (+s/+e) **kapper**

Friseurin ZN V (-/+nen) **kapster**

Friseursalon ZN M (+s/+s) **kapsalon**

frisieren 1 OV WW **1 kappen, kammen 2 bijwerken, bijschaven** • *eine frisierte Bilanz* een geflatteerde balans • *einen Motor* ~ een motor opvoeren **2** WKD WW **(sich ~) zich kappen, zich kammen**

Frisiersalon ZN M (+s/+s) **kapsalon**

Frisör ZN M (+s/+e) → **Friseur**

Frisöse ZN V (-/+n) → **Friseurin**

frisst OV + ONOV WW o.t.t. → **fressen**

Frist ZN V (-/+en) **1 termijn, tijd** • *jemandem eine* ~ *setzen* iemand een termijn stellen • *eine* ~ *von 30 Tagen* een termijn van 30 dagen • *die* ~ *einhalten* de termijn in acht nemen • *nach Ablauf der* ~ na het verstrijken van de termijn **2 uitstel**

fristen OV WW met moeite houden, rekken • *ein kümmerliches Dasein ~* een armzalig bestaan leiden • *sein Leben ~* zijn leven rekken
fristgemäß BN op tijd • *fristgemäße Rückzahlung* aflossing op de vervaldag
fristgerecht BN binnen de gestelde termijn
fristlos BN onmiddellijk, zonder uitstel, op staande voet • *~e Kündigung* onmiddellijk ontslag
Frisur ZN V (-/+en) kapsel
Fritten ZN MV INFORM. patat, friet
Fritteuse ZN V (-/+n) friteuse, frituurpan
frittieren OV WW frituren
fr
frivol BN **1** onzedig **2** lichtzinnig, frivool
Frivolität ZN V (-/+en) **1** lichtzinnigheid, frivoliteit **2** luchtigheid, onverschilligheid
Frl. AFK OUD. Fräulein juffrouw
froh BN **1** vrolijk, blij, opgewekt • *~ gelaunt* in een vrolijke bui, blij gestemd **2** opgelucht • *da bin ich aber ~* daar ben ik erg blij om, daar ben ik erg opgelucht over
frohgemut BN welgemoed, opgewekt
fröhlich BN vrolijk, blij, onbekommerd
Fröhlichkeit ZN V (-/gmv) vrolijkheid, blijheid
frohlocken ONOV WW **1** jubelen, juichen, leedvermaak hebben **2** loven
Frohnatur **1** ZN V (-/gmv) opgewekte aard **2** ZN V (-/+en) opgewekt type
Frohsinn ZN M (+(e)s/gmv) blijmoedigheid
fromm BN **1** zeer gelovig, vroom • *ein ~er Betrug* een leugentje om bestwil • *ein ~er Wunsch* een onvervulbare wens **2** schijnheilig
Frömmelei ZN V (-/+en) schijnheiligheid, kwezelarij
frömmeln ONOV WW huichelen, schijnheilig doen
Frömmigkeit ZN V (-/gmv) vroomheid
Frömmler ZN M (+s/-) huichelaar
Frondienst ZN M (+(e)s/+e) **1** herendienst **2** ZWIT. onbetaald werk voor het algemeen belang
frönen ONOV WW botvieren • *einer Leidenschaft ~* zich volledig aan een passie wijden
Fronleichnam ZN M (+(e)s/gmv) REL. Sacramentsdag
Front ZN V (-/+en) **1** gevechtslinie, front • SPORT *in ~ gehen/liegen* aan de leiding gaan, op kop lopen **2** POL. groepering **3** voorgevel, façade
frontal BN frontaal
Frontantrieb ZN M (+(e)s/+e) voorwielaandrijving
Frontlader ZN M voorlader
Frontscheibe ZN V (-/+n) voorruit
Frontwechsel ZN M (+s/-) FIG. totale ommezwaai, radicale verandering
fror WW verl. tijd → **frieren**
Frosch ZN M (+es/Frösche) **1** kikker • INFORM. *sei kein Frosch!* wees geen spelbreker! **2** kikvors **3** voetzoeker
Froschhüpfen ZN O kikkeren
Froschmann ZN M (+(e)s/-männer) duiker, kikvorsman
Froschperspektive ZN V (-/+n) **1** kikkerperspectief **2** MIN. bekrompen opvatting
Froschschenkel ZN M (+s/-) kikkerbilletje
Frost ZN M (+(e)s/Fröste) **1** vorst, koude **2** koude rilling
frostbeständig BN vorstbestendig
Frostbeule ZN V (-/+n) **1** winterhanden **2** REG. koukleum
frösteln **1** ONOV WW bibberen, huiveren **2** ONP WW **1** bibberen, huiveren • *mich fröstelt* ik bibber van de kou **2** licht vriezen
frosten **1** OV WW invriezen **2** ONP WW vriezen
frostig BN **1** vriezend, heel koud **2** FIG. koel, ijzig **3** rillerig, kouwelijk
Frostigkeit ZN V (-/+en) **1** vriesweer, koude **2** kouwelijkheid **3** onvriendelijke opmerking
Frostschaden ZN M (+s/-schäden) vorstschade
Frostschutzmittel ZN O (+s/-) **1** beschermingsmiddel tegen bevriezing **2** antivries
Frostwetter ZN O (+s/gmv) vriesweer
Frottee ZN M/O (+s/+s) badstof
frottieren OV WW afwrijven, afdrogen
Frotzelei ZN V (-/+en) INFORM. plagerij
frotzeln **1** OV WW plagen **2** ONOV WW spotten • *über etwas/jemanden ~* met iets/iemand spotten
Frucht ZN V (-/Früchte) **1** vrucht **2** resultaat, opbrengst **3** graan **4** embryo
Fruchtansatz ZN M (+es/-ansätze) vruchtzetting
fruchtbar BN **1** vruchtbaar **2** lonend, winstgevend **3** productief
Fruchtbarkeit ZN V (-/gmv) **1** vruchtbaarheid **2** productiviteit <figuurlijk>
Fruchtblase ZN V (-/+n) MED. vruchtblaas
fruchtbringend BN vruchtbaar
Früchtchen ZN O (+s/-) vruchtje • *sie ist mir ja ein sauberes ~* ze is me een lieverdje
fruchten ONOV WW baten
Fruchtfleisch ZN O (+es/gmv) vruchtvlees
fruchtig BN fruitig
fruchtlos BN **1** onvruchtbaar **2** vruchteloos
Fruchtpresse ZN V (-/+n) citruspers, vruchtenpers
Fruchtsaft ZN M (+(e)s/-säfte) vruchtensap
Fruchtwasser ZN O (+s/-) vruchtwater
Fruchtzucker ZN M (+s/-) vruchtensuiker, fructose
frugal BN sober, bescheiden, matig
früh **1** BN vroeg, voortijdig • *frühe Ostern* een vroege Pasen **2** BW vroeg, 's morgens vroeg • *~ schlafen gehen* vroeg gaan slapen • FIG. *früher oder später* vroeg of laat • *morgen ~* morgenochtend • *je früher, desto besser* hoe eerder hoe beter • *frühestens* op zijn vroegst, ten vroegste
Frühaufsteher ZN M (+s/-) vroege vogel • *ein ~ sein* een vroege vogel zijn
Frühbucherrabatt ZN M vroegboekkorting
Frühchen ZN O (+s/-) te vroeg geboren kind
Frühe, Früh ZN V (-/gmv) vroegte • *in aller ~* voor dag en dauw, in alle vroegte
früher **1** BW vroeger, eerder • *~ schon einmal* al

eens eerder **2** BN **vroeger** • *ein früherer Versuch* een eerdere poging

Früherkennung ZN V (-/+en) MED. **vroegtijdige vaststelling**

frühestens BW **op zijn vroegst**

Frühgeburt ZN V (-/+en) **1 voortijdige geboorte 2 voortijdig geboren baby**

Frühgeschichte ZN V (-/gmv) **oudste geschiedenis**

Frühjahr ZN O (+(e)s/+e) **lente, voorjaar**

Frühjahrsmüdigkeit ZN V (-/gmv) **voorjaarsmoeheid**

Frühling ZN M (+s/+e) **1 voorjaar, lente 2 lente, jeugd, bloei**

Frühlingsgefühle ZN MV • *~ haben* de lente in het hoofd hebben

frühlingshaft BN **lenteachtig**

Frühlingsrolle ZN V (-/+n) **loempia**

frühmorgens BW **vroeg in de ochtend**

frühreif BN **vroegrijp**

Frührente ZN V (-/+n) **vervroegd pensioen,** BELG. **brugpensioen**

Frührentner ZN M (+s/-) **vervroegd gepensioneerde, vutter**

Frühschicht ZN V (-/+en) **1 vroege dienst 2 ochtendploeg**

Frühschoppen ZN M (+s/gmv) **borreltje 's ochtends**

Frühsport ZN M (+(e)s/gmv) **ochtendgymnastiek**

Frühstadium ZN O (+s/-stadien) **beginstadium**

Frühstück ZN O (+(e)s/+e) **ontbijt** • *beim ~ sitzen* aan het ontbijt zitten • *Kaffee zum ~ trinken* ontbijten met koffie

frühstücken ONOV WW **ontbijten**

Frühzeit ZN V (-/+en) **eerste tijd, beginperiode, beginjaren**

frühzeitig BN **1 vroegtijdig, vroeg 2 voortijdig**

Frust ZN M (+es/gmv) INFORM. **frustratie**

Frustration ZN V (-/+en) **frustratie**

frustrieren OV WW **frustreren**

frz. AFK französisch **Frans**

F-Schlüssel ZN M (+s/-) MUZ. **f-sleutel**

FTP-Server ZN M COMP. **ftp-server**

FU AFK Freie Universität **vrije universiteit**

Fuchs ZN M (+es/Füchse) **1 vos** • *ein schlauer ~* een slimme vogel • *wo die ~ und Hase sich gute Nacht sagen* aan het einde van de wereld • *da kommt der ~ zum Loch heraus* daar komt de aap uit de mouw • *Reineke ~* Reintje de Vos **2 vossenbont 3 vos** <paard> **4** FIG. **vos** <listig persoon>

fuchsen 1 OV WW **ergeren, dwars zitten 2** WKD WW **(sich ~) zich ergeren**

Fuchsie ZN V (-/+n) **fuchsia**

fuchsig BN **1 voskleurig, rossig, roodharig 2 ongeduldig 3 woedend**

Füchsin ZN V (-/+nen) **moervos, wijfjesvos**

fuchsrot BN **rossig, voskleurig**

Fuchsschwanz ZN M (+es/-schwänze) **1 vossenstaart 2** TECHN. **handzaag**

fuchsteufelswild BN **woest, ontzettend boos** • *jemanden ~ machen* iemand ontzettend boos maken

Fuchtel ZN V (-/+n) **1** OUD. **steekwapen 2 strenge tucht** • *unter jemandes ~ stehen* bij iemand onder de plak zitten

fuchteln ONOV WW **in het rond zwaaien** • *mit den Armen ~* maaien met de armen • *er fuchtelte alles vom Tisch* hij maaide alles van tafel

fuderweise BW **bij karrenvrachten, in grote hoeveelheden**

Fug ZN M • OUD. *mit ~ und Recht* volkomen terecht, met het volste recht

Fuge ZN V (-/+n) **1 voeg 2** MUZ. **fuga**

fugen OV WW **samenvoegen** • *eine Mauer ~* een muur voegen

fügen 1 OV WW **1 (samen)voegen, verbinden 2 (be)schikken** • REL. *Gott fügt alles zum Besten* God schikt alles ten beste **2** WKD WW **(sich ~) zich voegen (in** +4 **in), zich schikken** • *er musste sich ~* hij moest gehoorzamen • *es fügte sich so, dass ...* het kwam zo uit dat ... • *sich einer Sache willig ~* zich gedwee aan iets onderwerpen

fügsam BN **meegaand, gedwee**

Fügsamkeit ZN V (-/gmv) **inschikkelijkheid, meegaandheid**

Fügung ZN V (-/+en) **1 schikking, beschikking 2 speling, samenloop** • *eine ~ des Schicksals* een samenloop van omstandigheden, een speling van het lot

fühlbar BN **1 voelbaar, tastbaar 2 voelbaar, waarneembaar**

fühlen 1 OV WW **1 bemerken, voelen, gewaarworden** • *ich fühle, dass etwas nicht stimmt* ik voel an dat er iets niet klopt **2 voelen, gevoel hebben** • *er fühlt nichts mehr* hij heeft geen gevoel meer **2** ONOV WW **1 tasten** • *nach etwas ~* naar iets tasten **2 meevoelen, meeleven** • *wir ~ mit dir* we leven met jou mee **3** WKD WW **(sich ~) zich voelen** • *sie fühlt sich nicht gut* ze voelt zich niet goed • *er fühlt sich jetzt als der große Held* hij denkt nu dat hij de grote held is • *sich krank ~* zich ziek voelen • *sich mit jemandem eins ~* zich met iemand één voelen • *es fühlt sich weich an* het voelt zacht

Fühler ZN M (+s/-) **voelspriet, voelhoorn**

fühllos BN **1 gevoelloos, ongevoelig 2 gevoelloos, harteloos** • *mein Finger ist ~* ik heb geen gevoel meer in mijn vinger

Fühlung ZN V (-/gmv) **voeling, contact** • *mit jemandem in ~ sein; ~ mit jemandem haben* voeling hebben met iemand • *mit jemandem in ~ kommen* voeling krijgen met iemand

Fühlungnahme ZN V (-/+n) **contact (zoeken)**

fuhr WW verl. tijd → **fahren**

Fuhre ZN V (-/+n) **1 (karren)vracht, lading 2 transport**

führen 1 OV WW **1 voeren, leiden, geleiden** • *jemanden ~* iemand aan de hand hebben • FIG. *hinters Licht ~* om de tuin leiden • *Klage ~* klagen • *zu Ende ~* ten einde brengen • *was führt Sie hierher?* wat brengt u hier? • *das führte sie wieder zusammen* dat bracht hen weer tot elkaar **2 aanvoeren, besturen 3 bijhouden, registreren** • *Buch*

~ boekhouden **4** **voeren, hebben, dragen** • *einen Namen ~* een naam voeren • *etwas bei sich ~* iets bij zich hebben **2** ONOV WW **1** **leiden** • *~ zu* leiden tot • *das führt zu nichts* dat leidt tot niets • *wo führt das hin?* waar leidt dat heen? • *die Straße führt auf eine vielbefahrene Straße* de straat komt uit op een drukke weg • *dieser Weg führt nicht weiter* die weg loopt niet verder • *die Strecke führt durch die Berge* dat traject gaat door de bergen **2** **de leiding hebben, toonaangevend zijn** **3** WKD WW (**sich ~**) **zich gedragen**

führend BN **leidend, toonaangevend** • *ein führendes Unternehmen in der Branche* een toonaangevende onderneming van deze branche

fü

Führer ZN M (+s/-) **1** **leider, aanvoerder** **2** **gids, reisleider** • *jemandes ~ sein* iemands gids zijn **3** **reisgids, plattegrond, informatiebrochure, handboek** **4** **chauffeur, bestuurder**

Führerhaus ZN O (+es/-häuser) **cabine** <vrachtwagen>

führerlos BN **1** **zonder leider** **2** **zonder gids** **3** **zonder bestuurder, onbestuurd**

Führerschaft ZN V (-/+en) **1** **leiderschap** **2** **leiders, bestuur**

Führerschein ZN M (+(e)s/+e) **rijbewijs** • *den ~ machen* zijn rijbewijs halen

Führerscheinentzug ZN M (+(e)s/gmv) **intrekking van het rijbewijs**

Führerscheinprüfung ZN V (-/+en) **rijexamen**

Fuhrmann ZN M (+(e)s/-leute, -männer) **1** **wagenmenner** **2** **voerman**

Fuhrpark ZN M (+(e)s/+e, +s) **wagenpark**

Führung ZN V (-/+en) **1** **leiding, beheer** • *die Führung/Leitung haben; in ~ liegen* de leiding hebben • *die ~ eines Geschäfts* de bedrijfsleiding • SPORT *in ~ gehen; die ~ übernehmen* de leiding nemen **2** **rondleiding** **3** JUR. **gedrag** • *wegen guter ~* wegens goed gedrag **4** **bijhouden** • *die ~ der Bücher* het bijhouden van de boeken

Führungskraft ZN V (-/-kräfte) **leidinggevend personeel**

Führungsspitze ZN V (-/+n) **bestuur, leiding, top** <van partij>, **directie**

Führungsstab ZN M (+(e)s/-stäbe) **leiding, staf**

Führungstreffer ZN M (+s/-) SPORT **goal die op voorsprong zet**

Führungszeugnis ZN O (+ses/+se) **bewijs van goed gedrag** • *ein polizeiliches Führungszeugnis* een VOG (verklaring van goed gedrag)

Fuhrunternehmen ZN O (+s/-) **transportbedrijf**

Fülle ZN V (-/+n) **1** **rijkdom, overvloed** • *in Hülle und ~* in overvloed **2** **massa, hoeveelheid** **3** CULIN **vulling**

füllen **1** OV WW **1** **vullen, vol maken** **2** **vullen, beslaan** **2** WKD WW (**sich ~**) **zich vullen, vol worden**

Füllen ZN O (+s/-) **veulen**

Füller ZN M (+s/-) **vulpen**

füllig BN **1** **gevuld, mollig** **2** **vol** <geluid>

Füllsel ZN O (+s/-) **vulsel**

Füllung ZN V (-/+en) **vulling, vulsel**

Füllwort ZN O (+(e)s/-wörter) **stopwoord**

Fummel ZN M (+s/-) INFORM. **goedkoop kledingstuk**

fummeln OV + ONOV WW **frunniken, frutselen, friemelen**

Fund ZN M (+(e)s/+e) **1** **vondst, ontdekking** • *einen ~ machen* een vondst doen **2** **gevonden voorwerp**

Fundament ZN O (+(e)s/+e) **1** **fundament, grondslag, basis** • *das ~ legen für* de grondslag leggen voor, de basis leggen voor **2** **fundering** • *das ~ eines Hauses* de fundering van een huis

fundamental BN **fundamenteel**

Fundamentalismus ZN M (-/gmv) **fundamentalisme**

Fundamentalist ZN M (+en/+en) **fundamentalist**

fundamentalistisch BN **fundamentalistisch**

Fundbüro ZN O (+s/+s) **bureau voor gevonden voorwerpen**

Fundgrube ZN V (-/+n) **1** **rijke mijn** **2** FIG. **vindplaats, rijke bron**

fundieren OV WW **1** **funderen, veilig stellen** **2** **funderen, gronden**

fündig BN **rijk, veel opleverend** • *~ werden* een ontdekking doen, op iets stoten • *wirtschaftlich ~* economisch verantwoord

Fundort ZN M (+(e)s/+e) **vindplaats**

Fundsache ZN V (-/+n) **gevonden voorwerp**

Fundstätte ZN V (-/+n) **vindplaats**

Fundus ZN M (-/-) **1** **voorraad, schat** **2** GESCH. **stuk grond, perceel** **3** TON. **afdeling met decorstukken, kostuums en rekwisieten**

fünf TELW **vijf** • *wir wollen ~ gerade sein lassen* we zullen het door de vingers zien, we zullen het niet zo nauw nemen

Fünf ZN V (-/+en) **1** **vijf** **2** O&W ≈ **4** <schoolcijfer>, **onvoldoende** • *mit zwei Fünfen im Zeugnis bleibt man sitzen* met twee vieren op je rapport blijf je zitten • *eine ~* een onvoldoende

Fünfeck ZN O (+(e)s/+e) **vijfhoek**

Fünfer ZN M (+s/-) **1** O&W **5** <onvoldoende> • *mit zwei Fünfern fällst du durch* met twee onvoldoendes ga je niet over **2** **munt van 5 eurocent**

fünferlei BN **van vijf verschillende soorten, vijf verschillende dingen**

fünffach BN **vijfvoudig**

Fünfkampf ZN M (+(e)s/-kämpfe) SPORT **vijfkamp, pentatlon**

Fünfling ZN M (+s/+e) **vijfling**

fünfmal BW **vijf keer**

Fünftagewoche ZN V (-/+n) **vijfdaagse (werk) week**

fünfte TELW **vijfde** → **vierte**

Fünftel ZN O (+s/-) **vijfde (deel)**

fünftens BW **ten vijfde**

fünfzehn TELW **vijftien**

fünfzig TELW **vijftig** → **vierzig**

Fünfziger ZN M (+s/-) **1** **vijftiger** **2** **munt van vijftig eurocent** **3** **bankbiljet van vijftig** • *ein falscher ~* een valse/onbetrouwbare persoon

fungieren ONOV WW **fungeren, dienst doen**

Funk ZN M (+(e)s/gmv) **1 radiotelegrafie 2 mobilofoon 3 radio**

Funkamateur ZN M (+s/+e) **radioamateur**

Funkanlage ZN V (-/+n) **(radio)zendinstallatie**

Fünkchen ZN O (+s/-) **1 vonkje 2 beetje, greintje** • *kein ~ Verstand haben* geen greintje verstand hebben

Funke ZN M (+ns/+n) **1 vonk** • *der ~ sprang über* de vonk sprong over **2 sprankje, greintje** • *keinen Funken Respekt haben* geen greintje respect hebben

funkeln ONOV WW **flikkeren, schitteren, fonkelen**

Funkeln ZN O (+s/gmv) **flonkering**

funkelnagelneu BN **fonkelnieuw**

funken 1 OV WW **(draadloos) seinen 2** ONOV WW **1 functioneren** • INFORM. *zwischen uns hat es sofort gefunkt* tussen ons klikte het meteen **2 schieten 3 vonken**

Funken ZN M (+s/-) **1 vonk** • FIG. *der ~ ist übergesprungen* de vonk is overgeslagen **2 sprankje, greintje**

Funker ZN M (+s/-) **1 seiner, marconist 2 soldaat bij de verbindingstroepen**

Funkfeuer ZN O (+s/-) **radiobaken**

Funkgerät ZN O (+(e)s/+e) **walkietalkie, mobilofoon**

Funkhaus ZN O (+es/-häuser) **gebouw(encomplex) van een radio- of televisiestation**

Funksprechgerät ZN O (+(e)s/+e) **walkietalkie, mobilofoon**

Funkspruch ZN M (+(e)s/-sprüche) **1 radiobericht 2 bericht per mobilofoon**

Funkstille ZN V (-/+n) **radiostilte** • FIG. *zwischen ihnen herrscht ~* tussen hun heerst radiostilte

Funktion ZN V (-/+en) **1 functie, ambt 2 functioneren, werking** • *etwas außer ~ setzen* iets onklaar maken

funktional BN **functioneel**

Funktionär ZN M (+(e)s/+e) **functionaris**

funktionell BN **functioneel**

funktionieren ONOV WW **1 functioneren, werken** • *diese Methode funktioniert nicht* deze methode werkt niet • *die Waschmaschine funktioniert* de wasmachine doet het • *die Maschine funktioniert nicht* de machine werkt niet **2 functioneren, de functie vervullen van**

funktionsfähig BN **in staat een functie te vervullen, goed functionerend**

Funktionstaste ZN V (-/+n) **functietoets**

Funkturm ZN M (+(e)s/-türme) **radiotoren, zendmast**

Funkverbindung ZN V (-/+en) **radioverbinding, radiocontact**

Funkverkehr ZN M (+s/gmv) **radioverkeer**

Funzel ZN V (-/+n) **pitje, armzalig lampje**

funzen ONOV WW INFORM. **functioneren, werken**

für 1 BW • *~ und ~* voortdurend **2** VZ +4, **voor** • *ich habe es ~ dich getan* ik deed het voor jou • *er verreist ~ ein Jahr* hij gaat voor een jaar weg • *fürs Erste* voorlopig • *an und ~ sich* eigenlijk, op zichzelf beschouwd • *das hat viel ~ sich* er valt veel voor te zeggen • *das Für und Wider* de voors en tegens

Fürbitte ZN V (-/+n) **1** REL. **voorbede 2 voorspraak, verdediging** • *für jemanden ~ einlegen* voor iemand een goed woordje doen

Fürbitter ZN M (+s/-) **voorbidder, pleiter**

Furche ZN V (-/+n) **1 vore, wagenspoor** • *Furchen ziehen* voren trekken **2 groef, rimpel**

furchen OV WW **1 voren maken 2 rimpelen, fronsen**

furchig BN **doorgroefd, rimpelig**

Furcht ZN V (-/gmv) **1 vrees, angst** • *aus ~ vor* uit vrees voor • *~ einflößend/erregend* angstaanjagend **2 ontzag**

furchtbar BN **verschrikkelijk, vreselijk, heel erg** • *ein ~er Lärm* een verschrikkelijk lawaai • *~ schlecht* verschrikkelijk slecht • *es ist ~!* het is vreselijk!

Furchtbarkeit ZN V (-/gmv) **verschrikking, afgrijselijkheid**

fürchten 1 OV WW **bang zijn, vrezen** • *zum Fürchten* om bang van te worden • *ich fürchte, das klappt nicht* ik vrees dat dat niet lukt **2** ONOV WW FORM. **bevreesd zijn** • *für etwas ~* zich zorgen maken over iets **3** WKD WW **(sich ~) vrezen, bang zijn** • *sie fürchtet sich nicht vor ihm* ze is niet bang voor hem

fürchterlich BN **1 vreselijk, verschrikkelijk 2 geweldig, zeer**

furchterregend BN **angstaanjagend**

furchtlos BN **onbevreesd, onverschrokken**

furchtsam BN **1 angstig, bang 2 bangelijk**

füreinander BW **voor elkaar**

Furie ZN V (-/+n) **1** GESCH. **furie, wraakgodin 2 woedende vrouw, furie**

Furnier ZN O (+s/+e) **fineer**

furnieren OV WW **fineren**

Furore ZN V (-/-) **furore** • *~ machen* furore maken, grote opgang maken

fürs SAMENTR für das → **für**

Fürsorge ZN V (-/gmv) **1 zorg, verzorging, steun 2 maatschappelijk werk 3** IRON. **bijstandsuitkering** • INFORM. *von der ~ leben* van een uitkering leven **4** IRON. **sociale dienst**

fürsorglich BN **zorgzaam**

Fürsprache ZN V (-/+n) **voorspraak** • *auf ~ seiner Eltern* op voorspraak van zijn ouders

Fürsprecher ZN M (+s/-) **verdediger, pleitbezorger, belangenbehartiger**

Fürst ZN M (+en/+en) **vorst, heerser**

Fürstentum ZN O (+(e)s/-tümer) **vorstendom**

Fürstin ZN V (-/+nen) **vorstin**

fürstlich BN **1 vorstelijk, als een vorst 2 vorstelijk, rijkelijk**

Fürstlichkeit ZN V (-/+en) **vorstelijk persoon**

Furt ZN V (-/+en) **doorwaadbare plaats**

Furunkel ZN M/O (+s/-) **steenpuist**

fürwahr BW **voorwaar**

Fürwort ZN O (+(e)s/-wörter) **voornaamwoord**

Furz ZN M (+es/Fürze) **wind, scheet** • *kein ~* geen

fu

fuck, niets
furzen ONOV WW INFORM. scheten laten
Fusel ZN M (+s/-) foezel, slechte jenever
fuseln ONOV WW **1** rafelen **2** slordig werken **3** kriebelig schrijven
füsilieren OV WW fusilleren
Fusion ZN V (-/+en) fusie
fusionieren OV + ONOV WW fuseren • *~ mit* een fusie aangaan met, fuseren met
Fuß ZN M (+es/Füße) **1** voet • *zu ~ kommen* te voet komen • *zu ~ zu erreichen* op loopafstand • *den ~ ans Land setzen* voet aan wal zetten • *schlecht zu ~ sein* slecht ter been zijn • FIG. *stehenden Fußes* op staande voet • FIG. *jemandem vor die Füße laufen* iemand tegen het lijf lopen • FIG. *sich die Füße vertreten* even de benen strekken • FIG. *mit dem linken ~ zuerst aufstehen* met het verkeerde been uit bed stappen • FIG. *mit beiden Füßen auf der Erde stehen* met beide benen op de grond staan • FIG. *mit einem ~ im Grabe stehen* met één voet in het graf staan • FIG. *jemandem auf die Füße treten* iemand kwetsen • FIG. *sich auf die Füße getreten fühlen* zich gekwetst voelen **2** poot <van meubel etc.> **3** sokkel
Fußabdruck ZN M voetafdruk
Fußball **1** ZN M (+(e)s/gmv) voetbal <spel> • *~ spielen* voetballen **2** ZN M (+(e)s/-bälle) voetbal
Fußballer ZN M (+s/-) voetballer
Fußballmannschaft ZN V (-/+en) voetbalploeg
Fußballspiel ZN O (+(e)s/+e) voetbalwedstrijd
Fußballspieler ZN M (+s/-) SPORT voetballer
Fußballverein ZN M (+(e)s/+e) voetbalclub
Fußbank ZN V (-/-bänke) voetenbankje
Fußboden ZN M (+s/-böden) vloer
Fußbodenbelag ZN M (+(e)s/-beläge) vloerbedekking
Fußbodenheizung ZN V (-/+en) vloerverwarming
Fußbreit ZN M (+(e)s/gmv) voetbreed
Fussel ZN V (-/+n) pluisje
fusselig BN **1** pluizig **2** rafelig **3** INFORM. onrustig en ongeconcentreerd ▸ *sich den Mund fusselig reden* praten als Brugman
fusseln ONOV WW rafelen, pluizen
fußen ONOV WW steunen, berusten
Fußende ZN O (+s/+n) voeteneinde
Fußgänger ZN M (+s/-) voetganger
Fußgängerüberweg ZN M (+(e)s/+e) voetgangersoversteekplaats
Fußgängerzone ZN V (-/+n) voetgangerszone
Fußgelenk ZN O (+(e)s/+e) enkel
Fußleiste ZN V (-/+n) plint
Füßling ZN M (+(e)s/+e) **1** voet <van kous> **2** sokje
Fußmarsch ZN M (+es/-märsche) voettocht
Fußnagel ZN M (+s/-nägel) teennagel
Fußnote ZN V (-/+n) voetnoot
Fußpflege ZN V (-/gmv) voetverzorging
Fußpfleger ZN M (+s/-) pedicure
Fußpilz ZN M (+es/+e) voetschimmel
Fußsohle ZN V (-/+n) voetzool
Fußspur ZN V (-/+en) voetspoor
Fußstapfen ZN M (+s/-) voetstap • FIG. *in jemandes ~ treten* in iemands voetsporen treden • FIG. *sie tritt in die ~ ihrer Mutter* zij treedt in de voetsporen van haar moeder, zij gaat haar moeder achterna
Fußtritt ZN M (+(e)s/+e) **1** voetstap **2** schop, trap • *jemandem einen ~ geben* iemand een schop geven
Fußvolk ZN O (+(e)s/gmv) voetvolk
Fußwanderung ZN V (-/+en) voettocht
Fußweg ZN M (+(e)s/+e) **1** voetpad • *eine Stunde ~* een uur te voet **2** trottoir
Fut. AFK Futur toekomende tijd
futsch BN **1** INFORM. foetsie, verdwenen **2** INFORM. kapot
Futter ZN O (+s/-) **1** voer, voedsel **2** voering • *lose(s) ~* losse voering
Futteral ZN O (+(e)s/+e) **1** foedraal **2** koker, etui
Futterkrippe ZN V (-/+n) voerbak
futtern OV + ONOV WW INFORM. eten • *sie futtert viel Schokolade* ze eet veel chocola • *die Jungen futtern schon wieder* de jongens zijn alweer aan het eten
füttern OV WW **1** voeren, voederen **2** voeren <helpen met eten> • *ein Kind ~* een kind voeren **3** COMP. invoeren • *den Computer mit Daten ~* gegevens in de computer invoeren
Futternapf ZN M (+(e)s/-näpfe) voederbak
Futterneid ZN M (+(e)s/gmv) broodnijd
Futtertrog ZN M (+(e)s/-tröge) voedertrog
Fütterung ZN V (-/+en) **1** voederplaats, ruif **2** voering, bekleding
Futur ZN O (+s/+e) TAALK. toekomende tijd
Futurismus ZN M (-/gmv) futurisme
futuristisch BN futuristisch
Fu Yong Hai ZN M foeyonghai

G

g AFK **1** Gramm **gram 2** MUZ. **G klein** • MUZ. *g(-Moll)* G mineur

G ZN O (-/-) **1** letter **g** • *G wie Gustav* de g van Gerard **2** MUZ. **G groot**

gab WW verl. tijd → **geben**

gäbe BN • *gang und ~* gebruikelijk, schering en inslag

Gabe ZN V (-/+n) **1 gift, geschenk 2 gave, talent**

Gabel ZN V (-/+n) **1 vork 2 vertakking, splitsing 3 telefoonhaak** <bij ouderwetse toestellen> • *den Hörer von der ~ nehmen* de hoorn van de haak nemen **4 gaffel**

gabelig BN **gevorkt**

gabeln 1 OV WW **(op)prikken, op de vork steken 2** ONOV WW • *nach etwas ~* iets proberen op te prikken, naar iets hengelen **3** WKD WW **(sich ~) zich splitsen, zich vertakken**

Gabelschlüssel ZN M (+s/-) TECHN. **gaffelsleutel, steeksleutel**

Gabelstapler ZN M (+s/-) **vorkheftruck**

Gabelung ZN V (-/+en) **splitsing, vertakking**

Gabentisch ZN M (+es/+e) **cadeautafel**

Gabun ZN O (+s/gmv) **Gabon** • *in ~* in Gabon

gackern ONOV WW **1 snateren, kakelen 2** FIG. **kwebbelen, snateren**

Gaffel ZN V (-/+n) **gaffel**

gaffen ONOV WW **gapen, met open mond kijken**

Gaffer ZN M (+s/-) **gaper**

Gafferei ZN V (-/gmv) MIN. **gestaar**

Gag ZN M (+s/+s) **gag, kwinkslag, grap in film**

Gage ZN V (-/+n) **honorarium, gage, loon**

gähnen ONOV WW **gapen, geeuwen** • *gähnender Abgrund* gapende afgrond

Gähnen ZN O (+s/gmv) **gegeeuw** • *ein ~ unterdrücken* een geeuw onderdrukken

Gala ZN V (-/+s) **1 galafeest, gala-uitvoering 2 galakleding**

Galaanzug ZN M (+(e)s/-züge) **galakostuum**

galant BN **galant, voorkomend**

Galanterie 1 ZN V (-/gmv) **galanterie, hoffelijkheid 2** ZN V (-/+n) **galant compliment**

Galeere ZN V (-/+n) **galei**

Galeone ZN V (-/+n) **galjoen**

Galerie ZN V (-/+n) **1 galerie 2 galerij 3 collectie, verzameling**

Galerist ZN M (+en/+en) **galeriehouder**

Galgen ZN M (+s/-) **1 galg** • *er ist reif für den ~* hij verdient de galg **2** spelletje **galgje**

Galgenfrist ZN V (-/+en) FIG. **uitstel van executie, respijt** • *jemandem eine ~ gewähren* iemand een laatste kans geven

Galgenhumor ZN M (+s/gmv) **galgenhumor**

Galgenstrick ZN M (+(e)s/+e) **1 galgenaas 2 gehaaide vent**

Galionsfigur ZN V (-/+en) **boegbeeld** • *wir haben ihn zu unserer ~ gemacht* wij hebben hem tot voortrekker gebombardeerd

Galizien ZN O **Galicië**

Galle ZN V (-/+n) **gal** • *ihm kommt die ~ hoch* hij wordt ziedend • *ihm läuft die ~ über* hij wordt ziedend • *Gift und ~ speien* zijn gal spuwen

gallenbitter BN **zo bitter als gal**

Gallenblase ZN V (-/+n) MED. **galblaas**

Gallenstein ZN M (+(e)s/+e) **galsteen**

Gallert ZN O (+(e)s/+e) **gelei, gelatine**

gallertartig BN **geleiachtig**

gallig BN **1 galachtig 2 bitter, verbitterd**

Gallone ZN V (-/+n) **gallon**

Galopp ZN M (+s/+s, +e) **galop** • *im ~* in galop • *in vollem ~* in volle galop • INFORM. *im ~ durch die Kinderstube geritten sein* geen goede opvoeding hebben gehad • *etwas im ~ fertig kriegen* iets in sneltreinvaart afkrijgen

galoppieren ONOV WW **galopperen**

galt WW verl. tijd → **gelten**

galvanisieren OV WW **galvaniseren**

gamen ONOV WW **gamen**

Gamer ZN M **gamer**

Gammastrahlung ZN V (-/gmv) **gammastraling**

Gammelei ZN V (-/gmv) **leegloperij**

gammelig BN **1 bedorven 2 slonzig, slordig**

gammeln ONOV WW **1 een lui leventje leiden, zijn tijd verlummelen, rondhangen 2 op een saaie of trage manier doen**

Gammler ZN M (+s/-) **leegloper**

Gämse ZN V (-/+n) **gems, klipgeit**

gang BN • *das ist ~ und gäbe* dat is algemeen/heel gebruikelijk, dat is schering en inslag

Gang 1 ZN M (+(e)s/Gänge) **1 gang** • *der ~ der Dinge* de gang van zaken • *in vollem ~ sein* in volle gang zijn • *in ~ bringen* op gang brengen, aan de gang brengen/krijgen • *im Gange halten* aan de gang houden • *im Gange sein* aan de gang zijn, op dreef zijn • *in ~ setzen* aan de praat krijgen, op gang brengen • *es geht so seinen ~* het gaat zo zijn gangetje • *die Verhandlungen sind noch im Gange* de onderhandelingen zijn nog aan de gang • *der ~ der Ereignisse* de loop der gebeurtenissen • *hier geht alles seinen geordneten ~* hier verloopt alles zoals gewoonlijk • *den Motor in ~ halten* de motor aan de praat houden • *gegen ihn ist etwas im ~* er wordt tegen hem samengespannen • FIG. *die Dinge ihren ~ gehen lassen* de dingen op hun beloop laten **2 loop 3 boodschap** • *einen ~ erledigen* een boodschap doen **4 versnelling** • *der erste ~* de eerste versnelling • INFORM. *einen ~ zurückschalten* even dimmen • INFORM. *einen ~ zulegen* naar een hogere versnelling schakelen, er vaart achter zetten • INFORM. *in die Gänge kommen* opschieten • INFORM. *es kommt in ~* er komt schot in **2** ZN V (-/+s) **bende, gang**

Gangart ZN V (-/+en) **1** SPORT **spel, manier van spelen 2 manier van lopen, gang**

gangbar BN **1 gangbaar 2 begaanbaar 3 gewild**

Gangbarkeit ZN V (-/gmv) **1 gangbaarheid 2 begaanbaarheid**

Gängelband ZN O (+(e)s/-bänder) **leiband** • *sich am ~ führen lassen; am ~ gehen* aan de leiband lopen

gängeln OV WW **aan de leiband laten lopen, bevoogden**

gängig BN **1 gangbaar, geldig** • *gängige Größen* gangbare maten • *die gängige Handlungsweise* de gangbare aanpak • *die gängige Meinung* de gangbare mening • *ein gängiger Ausdruck* een gangbare uitdrukking **2 begaanbaar 3 goedlopend** • *gängige Ware* goedlopende producten

Gangschaltung ZN V (-/+en) **versnelling(en), versnellingsbak, derailleur** <van fiets>

Gangster ZN M (+s/-) **gangster**

Gangway ZN V (-/+s) **(vliegtuig)trap, loopplank, loopbrug**

Ganove ZN M (+n/+n) **boef**

Gans ZN V (-/Gänse) **gans** • MIN. *blöde Gans!* stomme geit!

Gänseblümchen ZN O (+s/-) PLANTK. **madeliefje**

Gänsebraten ZN M (+s/-) **gebraden gans**

Gänsefüßchen ZN MV INFORM. **aanhalingstekens**

Gänsehaut ZN V (-/gmv) **kippenvel** • *eine ~ bekommen* kippenvel krijgen

Gänseleberpastete ZN V (-/+n) **ganzenleverpastei**

Gänsemarsch ZN M (+es/gmv) • *im ~ gehen* in ganzenmars lopen

Gänserich ZN M (+s/+e) **1 mannetjesgans, gent 2** PLANTK. **zilverschoon**

ganz 1 BN **heel, gaaf** • *den ~en Tag* de hele dag • *die ~e Welt* de hele wereld • *das ~e Jahr über* het hele jaar door • FORM. *~ der Ihre* geheel de uwe • *das ~e Geld* al het geld • *das Ganze* het geheel • *~e Arbeit machen* prima werk afleveren • *etwas wieder ~ machen* iets repareren • *das Buch hat ~e drei Euro gekostet* het boek kostte maar drie euro • *die ~e Arbeit* al het werk • *der ~e Spaß war weg* alle plezier was er af **2** BW **helemaal, geheel, geheel en al** • *im Großen und Ganzen* over het geheel genomen • *~ und gar* volkomen, helemaal • *mir geht es ~ gut* met mij gaat het heel goed • *das war schon ~ gut* dat was niet slecht • *~ schön groß* behoorlijk groot • *nicht ~* niet helemaal • *ich bin ~ deiner Meinung* ik ben het volkomen met je eens

Ganzaufnahme ZN V (-/+n) **foto van iemand ten voeten uit**

Ganze ZN O (+n/gmv) **geheel, totaliteit** • *etwas als Ganzes betrachten* iets in zijn geheel bekijken • FIG. *aufs ~ gehen* alles op het spel zetten

Gänze ZN V (-/gmv) **geheel** • *in seiner ~* in zijn geheel

Ganzheit ZN V (-/gmv) **totaal, geheel**

ganzheitlich BN **op het totaal gericht**

Ganzheitsmedizin ZN V (-/gmv) **holistische/integrale geneeskunde**

Ganzheitsmethode ZN V (-/+n) **globale (lees) methode**

ganzjährig BN **het hele jaar door**

gänzlich BW **geheel**

ganzseitig BN **van een hele bladzijde**

ganztägig BN **de hele dag** • *er arbeitet ~* hij werkt fulltime

Ganztags- VOORV **voltijds, fulltime** • *Ganztagsbeschäftigung* fulltime baan • *Ganztagsunterricht* fulltime onderwijs

Ganztagsarbeit ZN V (-/gmv) **fulltime job, volledige dagtaak**

gar 1 BN **gaar** • *das Essen ist zu gar/nicht ~* het eten is te gaar/niet gaar **2** BW **1 zelfs 2 soms** • *~ zu* al te • *ganz und ~* volkomen, helemaal **3** met ontkenning • *das ist ~ nicht so schlecht* dat is helemaal niet slecht, dat is lang niet slecht • *entweder ganz oder ~ nicht* graag of helemaal niet • *~ kein Problem* helemaal geen probleem • *er ist ~ nicht so dumm* hij is lang niet gek

Garage ZN V (-/+n) **garage** <om auto te stallen> • *in die ~ stellen* in de garage stallen

Garant ZN M (+en/+en) **borg**

Garantie ZN V (-/+n) **garantie, waarborg** • *mit einem Jahr ~* met een jaar garantie • *da ist ~ drauf* er zit garantie op • *~ geben* garantie geven • *jemandem ~ auf/für einen Apparat geben* iemand garantie geven op een apparaat • *der Name ist eine ~ für Qualität* die naam staat borg voor kwaliteit

Garantiefrist ZN V (-/+en) **garantieperiode**

garantieren OV WW **1 garanderen** • *wir ~ für die Qualität* we staan in voor de kwaliteit • *garantiert für Ersatzteile und Arbeitslohn* gegarandeerd voor onderdelen en werkloon • *garantiert!* gegarandeerd! **2 borgen**

Garantieschein ZN M (+(e)s/+e) **garantiebewijs**

Garaus ZN M • *jemandem den ~ machen* iemand doden

Garbe ZN V (-/+n) **schoof** • *zu Garben binden* in schoven binden

Garde ZN V (-/+n) MIL. **garde** • FIG. *er ist noch einer von der alten ~* hij is nog van de oude garde

Garderobe ZN V (-/+n) **1 garderobe 2 vestiaire 3 kapstok**

Garderobenfrau ZN V (-/+en) **garderobejuffrouw, vestiairevrouw**

Garderobenmarke ZN V (-/+n) **garderobepenning, garderobenummer**

Garderobenständer ZN M (+s/-) **kapstok**

Gardine ZN V (-/+n) **1 (over)gordijn 2 vitrage** • FIG. *hinter schwedischen Gardinen sitzen* tussen vier muren zitten/in de gevangenis zitten

Gardinenstange ZN V (-/+n) **gordijnroede**

garen ONOV WW **1 gaar worden 2 gaar laten worden 3 koken**

gären OV + ONOV WW ZWAK **1 gisten 2** FIG. **broeien** • *es gärt im Volk* het volk is in beroering

Garküche ZN V (-/+n) **gaarkeuken**

Garn ZN O (+(e)s/+e) **1 draad 2 garen** • *sein ~ spinnen* verhalen opdissen **3 net** • *jemandem ins ~ gehen* in de val lopen

Garnele ZN V (-/+n) **garnaal**

garnieren OV WW **1 garneren 2 decoreren**

Garnison ZN V (-/+en) **garnizoen**

Garnitur ZN V (-/+en) **1 garnituur** • *eine ~ Unterwäsche* een stel ondergoed **2 tenue**

Garnrolle ZN V (-/+n) **klosje garen**

garstig BN **1 gemeen 2 lelijk 3 onhebbelijk** • *sich ~ benehmen* zich onhebbelijk gedragen • ~

dreinschauen boos kijken

Gärtchen ZN O (+s/-) tuintje

Garten ZN M (+s/Gärten) tuin

Gartenanlage ZN V (-/+n) **1** tuinaanleg **2** plantsoen

Gartenbau ZN M (+(e)s/gmv) tuinbouw

Gartengerät ZN O (+s/+e) tuingereedschap

Gartenhaus ZN O (+es/-häuser) tuinhuis

Gartenkolonie ZN V (-/+n) volkstuinencomplex

Gartenkresse ZN V (-/gmv) tuinkers

Gartenlaube ZN V (-/+n) tuinhuisje, prieeltje

Gartenlokal ZN O (+s/+e) buitencafé, uitspanning

Gartenschere ZN V (-/+n) snoeischaar

Gartenschlauch ZN M (+(e)s/-schläuche) tuinslang

Gartenstadt ZN V (-/-städte) tuinstad

Gartentor ZN O (+(e)s/+e) tuinpoort(je)

Gartenzwerg ZN M (+(e)s/+e) **1** tuinkabouter **2** INFORM. onbenul

Gärtner ZN M (+s/-) tuinder, tuinman, tuinier

Gärtnerei ZN V (-/+en) **1** tuinderij **2** bloemisterij

gärtnerisch BN op het gebied van de tuinbouw, tuinbouw-, tuin-

gärtnern ONOV WW tuinieren

Gärung ZN V (-/+en) gisting

Gas ZN O (+es/+e) **1** gas • *mit ~ kochen* op gas koken • *das ~ anstellen* het gas aandoen **2** INFORM. gaspedaal • *~ wegnehmen* gas terugnemen • *aufs ~ treten* het gaspedaal intrappen, gas geven • OOK FIG. *Gas geben* gas geven • OOK FIG. *Gas zurücknehmen* gas terugnemen / minderen

gasbeheizt BN met gasverwarming

Gasbrenner ZN M (+s/-) gaspit, gasbrander

Gasflasche ZN V (-/+n) gasfles

gasförmig BN gasvormig

Gashahn ZN M (+(e)s/-hähne) gaskraan

Gashebel ZN M (+s/-) **1** gaspedaal **2** gashendel

Gasheizung ZN V (-/+en) gasverwarming

Gasherd ZN M (+(e)s/+e) gasfornuis

Gaskammer ZN V (-/+n) gaskamer

Gaskocher ZN M (+s/-) gastoestel

Gasleitung ZN V gasleiding

Gasmaske ZN V (-/+n) gasmasker

Gasometer ZN M (+s/-) gashouder, gasreservoir

Gaspedal ZN O (+s/+e) gaspedaal

Gasse ZN V (-/+n) steeg • *eine ~ bilden* een erehaag vormen

Gassi ZN M • INFORM. *~ gehen* de hond uitlaten

Gast ZN M (+(e)s/Gäste) **1** gast • *hohe Gäste* hoge gasten • *ungebetene(n) Gäste* ongenode gasten • *zu ~ sein* te gast zijn • *Gäste haben* gasten hebben • *Gäste empfangen* gasten ontvangen **2** logé • *Gäste haben* logés hebben

Gastarbeiter ZN M (+s/-) gastarbeider

Gastdozent ZN M (+en/+en) gastdocent

Gästebett ZN O (+(e)s/+en) logeerbed

Gästebuch ZN O (+(e)s/-bücher) gastenboek

Gästehaus ZN O (+es/-häuser) gastenverblijf

Gästezimmer ZN O (+s/-) gastenkamer, logeerkamer, hotelkamer

gastfreundlich BN gastvrij

Gastfreundlichkeit ZN V (-/gmv) gastvrijheid

Gastfreundschaft ZN V (-/gmv) gastvrijheid

Gastgeber ZN M (+s/-) gastheer

Gastgeberin ZN V (-/+nen) gastvrouw

Gasthaus ZN O (+es/-häuser) **1** restaurant **2** hotel, logement

Gasthof ZN M (+(e)s/-höfe) **1** restaurant **2** logement, pension

Gasthörer ZN M (+s/-) extraneus

gastieren ONOV WW een gastoptreden verzorgen • *im Theater ~* als gast optreden in de schouwburg

Gastland ZN O (+(e)s/-länder) gastland

gastlich BN gastvrij

Gastlichkeit ZN V (-/+en) gastvrijheid

Gastronom ZN M (+en/+en) gastronoom

Gastronomie ZN V (-/gmv) gastronomie

gastronomisch BN gastronomisch

Gastspiel ZN O (+(e)s/+e) **1** gastvoorstelling **2** gastrol

Gaststätte ZN V (-/+n) restaurant

Gaststättengewerbe ZN O (+s/-) horecasector

Gaststube ZN V (-/+n) gelagkamer

Gastwirt ZN M (+(e)s/+e) waard

Gastwirtschaft ZN V (-/+en) eethuisje, restaurant

Gastzimmer ZN O (+s/-) **1** logeerkamer **2** hotelkamer

Gasuhr ZN V (-/+en) gasmeter

Gasvergiftung ZN V (-/+en) gasvergiftiging

Gasversorgung ZN V (-/+en) gasvoorziening, gasdistributie

Gaswerk ZN O (+(e)s/+e) gasfabriek, gasbedrijf

Gaszähler ZN M (+s/-) gasmeter

Gatte ZN M (+n/+n) FORM. echtgenoot

Gatter ZN O (+s/-) **1** TECHN. gate, poort **2** traliewerk **3** hek

Gattin ZN V (-/+nen) FORM. echtgenote

Gattung ZN V (-/+en) soort, genre, klasse

Gattungsname ZN M (+ns/+n) soortnaam

Gau ZN M (+(e)s/+e) **1** streek, gewest, district **2** GESCH. district <nationaalsocialisme>

GAU ZN M (+s/+s) Größter Anzunehmender Unfall zwaarst denkbare ongeluk, worstcasescenario

Gaudi ZN V/O (-, +s/gmv) INFORM. plezier

Gaukelei ZN V (-/+en) **1** illusie, begoocheling **2** goochelarij

gaukeln **1** ONOV WW **1** goochelen **2** fladderen, zweven, dartelen **2** OV WW **1** voorspiegelen **2** bedriegen

Gaukler ZN M (+s/-) goochelaar, kunstenmaker, acrobaat

Gaul ZN M (+(e)s/Gäule) knol, paard • *einem geschenkten ~ sieht man nicht ins Maul* een gegeven paard ziet men niet in de bek

Gauleiter ZN M (+s/-) GESCH. gouwleider, districtleider <nationaalsocialisme>

Gaumen ZN M (+s/-) gehemelte • FIG. *einen feinen ~ haben* een fijnproever zijn • FIG. *das kitzelt den ~* dat streelt de tong, dat is iets voor fijnproevers

Gaumensegel ZN O het zachte gehemelte

Gaumenspalte ZN V een gespleten gehemelte

Gauner ZN M (+s/-) bedrieger, oplichter, boef

Gaunerbande ZN V (-/+n) oplichtersbende, boevenbende

Gaunerei ZN V (-/+en) schurkenstreek, oplichterij, bedrog

gaunern ONOV WW oplichten, bedriegen

Gaunersprache ZN V (-/+n) dieventaal, Bargoens

Gaze ZN V (-/+n) gaas

Gazelle ZN V (-/+n) gazelle

GB ZN O Gigabyte GB

G-Dur ZN O (-/gmv) MUZ. G majeur

Geächtete ZN M/V (+n/+n) vogelvrijverklaarde

Geächze ZN O (+s/gmv) gekreun, gesteun

geadert, **geädert** BN geaderd

geartet BW van aard, geaard

Geäst ZN O (+(e)s/gmv) takken

geb. AFK **1** geboren geboren **2** gebunden (in) gebonden

Gebäck ZN O (+(e)s/+e) gebak

gebacken WW volt. deelw. → **backen**

Gebälk ZN O (+(e)s/+e) dakbalken, balkwerk

gebar ZN O verl. tijd → **gebären**

Gebärde ZN V (-/+n) gebaar

gebärden WKD WW (**sich ~**) zich aanstellen, zich gedragen • *er gebärdet sich wie wahnsinnig* hij gaat te keer als een bezetene • *sie gebärdet sich, als wüsste sie alles* zij meet zich een air aan alsof ze alles weet

Gebärdensprachdolmetscher ZN M doventolk

Gebärdensprache ZN V (-/+n) gebarentaal

gebären OV WW sterk baren, voortbrengen • *ein Kind ~* bevallen van een kind

Gebaren ZN O (+s/gmv) gedrag, manier van doen

Gebärmutter ZN V (-/-mütter) baarmoeder

gebauchpinselt BN INFORM. gevleid

Gebäude ZN O (+s/-) gebouw

gebefreudig BN gul, royaal

Gebein ZN O (+(e)s/+e) gebeente

Gebell ZN O (+(e)s/gmv) **1** geblaf **2** geblaf

geben 1 OV WW sterk **1** geven • *jemandem etwas zu essen ~* iemand iets te eten geven • *das gibt zu denken* dat geeft te denken • *was gibst du dafür?* hoeveel geef jij ervoor? • *ein Konzert ~* een concert geven • *~ und nehmen* geven en nemen • *es ist nicht jedem ge~ zu...* het is niet iedereen gegeven om... • *drei mal drei gibt neun* drie keer drie is negen • *ich gebe mein Wort* ik beloof het • *ich gäbe viel darum zu wissen ...* ik zou graag willen weten ... • *keinen Laut von sich ~* geen geluid laten horen • *Reis in einen Topf ~* rijst in een pan doen • *ich gebe nichts auf seine Meinung* ik hecht geen waarde aan zijn mening • *etwas auf sich ~* gevoel van eigenwaarde hebben • *es jemandem ~* iemand van repliek dienen, iemand er van langs geven • *zu gegebener Zeit* tezijnertijd • *am Geben sein* aan zet zijn <kaartspel> • *nichts mehr ~ auf* niet meer talen naar **2** veroorzaken • *das gibt Ärger* daar komt heibel van **3** SPORT doorspelen **2** ONP WW +4, sterk bestaan, zijn • *es gibt* er is, er zijn • *in diesem Wald gibt es viele Vögel* in dit bos zijn veel vogels • *was gibt es heute im Fernsehen?* wat is er vandaag op tv? • *morgen gibt es Regen* morgen gaat het regenen • *es gibt schönes Wetter* het wordt mooi weer • *es gab kein Entkommen* er was geen ontkomen aan • INFORM. *das gibt's doch nicht!* hoe bestaat het! • INFORM. *gibt's denn so was?* heb je ooit zoiets meegemaakt? • INFORM. *was gibt's?* wat is er aan de hand? • INFORM. *da gibt es nichts zu lachen!* dat is niet leuk/grappig hoor! • *so etwas gibt es nicht bei mir* dat gebeurt hier niet • INFORM. *gibt's dich auch noch?* zo, leef je nog? • INFORM. *still, sonst gibt's was!* stilte, anders zwaait er wat! **3** WKD WW (**sich ~**) sterk **1** minder worden, afnemen • *die Schmerzen ~ sich* de pijn wordt minder **2** goedkomen • *das Übrige wird sich ~* de rest komt/volgt vanzelf • *das gibt sich schon* dat komt wel in orde **3** zich voordoen • *wenn sich eine Gelegenheit gibt* als zich iets voordoet **4** zich gedragen • *sich mit etwas zufrieden ~* met iets genoegen nemen • *sich freundlich ~* zich vriendelijk gedragen

Geber ZN M (+s/-) **1** gever **2** zender

Geberlaune ZN V (-/gmv) gulle bui • *in ~ sein* in een royale bui zijn

Gebet ZN O (+(e)s/+e) gebed • *sein ~ sprechen* zijn gebed opzeggen • FIG. *jemanden ins ~ nehmen* iemand flink onder handen nemen, iemand op het matje roepen

Gebetbuch ZN O (+(e)s/-bücher) gebedenboek

gebeten OV WW volt. deelw. → **bitten**

Gebettel ZN O (+s/gmv) gebedel

Gebiet ZN O (+(e)s/+e) gebied, terrein • *auf dem ~* op het gebied van • *Forschung auf dem ~ der Sprache* onderzoek op taalgebied • *eine Autorität auf dem ~ von* een autoriteit op het gebied van

gebieten 1 OV WW sterk **1** gebieden, bevelen • *Ehrfurcht ~* respect afdwingen **2** gebieden, (ver) eisen • *es ist Vorsicht geboten* waakzaamheid is geboden • *die Ehrlichkeit gebietet mir zu sagen, dass ...* de eerlijkheid gebiedt mij te zeggen dat ... **2** ONOV WW sterk heersen

Gebieter ZN M (+s/-) gebieder, meester

gebieterisch BN gebiedend, bevelend • *mit ~er Stimme fordern* met dwingende stem verlangen

Gebietsabtretung ZN V (-/+en) gebiedsafstand

Gebietsanspruch ZN M (+(e)s/-ansprüche) territoriale aanspraak

Gebietshoheit ZN V (-/gmv) soevereiniteit

Gebietsleiter ZN M (+s/-) regiomanager

Gebietsleiterin ZN V (-/+nen) regiomanager

gebietsweise BN regionaal • *~ Regen* plaatselijk een bui

Gebilde ZN O (+s/-) voorwerp, ding

gebildet BN **1** ontwikkeld • *ein ~er Mann* een algemeen ontwikkeld man **2** beschaafd • *in ~en Kreisen* in beschaafde kringen

Gebimmel ZN O (+s/-) gebeier

Gebinde ZN O (+s/-) **1** bundel, streng, bos, kluwen **2** dakspant

Gebirge ZN O (+s/-) gebergte • *im ~* in het gebergte
gebirgig BN bergachtig
Gebirgler ZN M (+s/-) bergbewoner
Gebirgskette ZN V (-/+n) bergketen
Gebirgsmassiv ZN O (+s/+e) bergmassief
Gebirgsstock ZN M (+(e)s/-stöcke) bergmassief
Gebirgszug ZN M (+(e)s/-züge) bergketen
Gebiss ZN O (+es/-e) gebit
gebissen OV + ONOV WW volt. deelw. → **beißen**
Geblärre ZN O (+s/gmv) gejank, geblèr
Geblase ZN O (+s/gmv) geblaas
Gebläse ZN O (+s/-) **1** blaastoestel **2** (lucht)koeling **3** ventilator
geblasen ONOV WW volt. deelw. → **blasen**
geblichen OV WW volt. deelw. → **bleichen**
geblieben ONOV WW volt. deelw. → **bleiben**
Geblöke ZN O (+s/gmv) geblaat, geblèr
geblümt BN gebloemd • *geblümte Stoffe* gebloemde stoffen
Geblüt ZN O (+(e)s/gmv) **1** FORM. bloed **2** FORM. afstamming
gebogen OV WW volt. deelw. → **biegen**
geboren BN geboren • *~ werden* geboren worden • *zu früh ~* te vroeg geboren • *~ in Utrecht* geboren in Utrecht • *in Utrecht ~ und aufgewachsen sein* geboren en getogen zijn in Utrecht • *Frau L., ~e K.* Mevrouw L., geboren K. • *ein ~er Staatsmann* een geboren staatsman • *ein ~er Dichter* een geboren dichter • *wie ~ für* geboren voor
geborgen BN geborgen • *~ sein wie in Abrahams Schoß* hoog en droog zitten
Geborgenheit ZN V (-/gmv) geborgenheid • *jemandem ein Gefühl der ~ geben* iemand een geborgen gevoel geven
geborsten ONOV WW volt. deelw. → **bersten**
Gebot ZN O (+(e)s/+e) **1** gebod, bevel • *das ~ der Stunde ist ...* op dit moment is het van belang dat ... • REL. *die Zehn Gebote* de Tien Geboden **2** vereiste, eis **3** bod
geboten WW volt. deelw. → **bieten**
Gebr. AFK Gebrüder gebroeders
gebracht OV WW volt. deelw. → **bringen**
gebrannt OV + ONOV WW volt. deelw. → **brennen**
gebraten OV + ONOV WW volt. deelw. → **braten**
Gebratene ZN O (+n/gmv) gebraden gerechten • *Gesottenes und Gebratenes* een overvloed van gerechten, allerhande gerechten
Gebräu ZN O (+(e)s/+e) brouwsel
Gebrauch ZN M (+(e)s/-bräuche) **1** gebruik • *in ~ nehmen* in gebruik nemen • *zum ~ überlassen* in gebruik geven • *zum ~ von* ten gebruike van • *vor ~ schütteln* voor het gebruik schudden **2** gewoonte, gebruik • *außer ~ kommen* in onbruik raken
gebrauchen OV WW gebruiken • *ich könnte mal einen neuen Anzug ~* ik kan wel een nieuw pak gebruiken • *jemand ist zu allem zu ~* iemand is overal goed in/overal inzetbaar • INFORM. *seinen Verstand ~* je verstand gebruiken • INFORM. *seinen Kopf ~* zijn hersens gebruiken • INFORM. *ich kann hier keine Faulpelze ~* ik kan hier geen luilakken gebruiken
gebräuchlich BN gebruikelijk
Gebrauchsanleitung ZN V (-/+en) gebruiksaanwijzing, handleiding
Gebrauchsanweisung ZN V (-/+n) handleiding, gebruiksaanwijzing • *mit vollständiger ~* met volledige handleiding • *ist die ~ dabei?* zit de gebruiksaanwijzing erbij?
Gebrauchsartikel ZN M (+s/-) gebruiksartikel
gebrauchsfähig BN bruikbaar, gebruiksklaar
gebrauchsfertig BN gebruiksklaar
Gebrauchsgegenstand ZN M (+(e)s/-stände) gebruiksvoorwerp
Gebrauchswert ZN M (+(e)s/+e) gebruikswaarde
Gebrauchtwagen ZN M (+s/-) tweedehands auto, occasion
gebräunt BN gebruind
gebrechen ONOV WW sterk ontbreken • *hier gebricht es an nichts* hier ontbreekt niets
Gebrechen ZN O (+s/-) (lichamelijk) gebrek, handicap
gebrechlich BN gebrekkig <van personen>
Gebrechlichkeit ZN V (-/gmv) **1** gebrekkigheid **2** teerheid
gebrochen BN gebroken • *er hat ein ~es Bein* hij heeft een gebroken been • *er spricht ~ Englisch* hij praat gebroken/gebrekkig Engels • *~es Weiß* gebroken wit • *ein ~es Verhältnis zu jemandem haben* moeite met iemand hebben • FIG. *ein ~er Mann* een gebroken man
Gebrodel ZN O (+s/gmv) **1** gepruttel **2** geborrel
Gebrüder ZN MV gebroeders
Gebrüll ZN O (+(e)s/gmv) **1** gebrul **2** geloei
Gebrumm ZN O (+(e)s/gmv) **1** gebrom, gezoem **2** gegons
Gebühr ZN V (-/+en) **1** kosten, leges, tarief **2** • *nach ~* naar verdienste • *über ~* overmatig, meer dan goed • *keine Maklerkosten und Gebühren* vrij op naam
gebühren **1** ONOV WW toekomen **2** WKD WW (**sich ~**) betamen, passen • *wie es sich gebührt* zoals het hoort
Gebührenanzeige ZN V (-/+n) (het) opgeven v.d. kosten
gebührend BN behoorlijk, naar behoren, juist • *etwas ~ würdigen* aan iets naar behoren aandacht besteden
Gebühreneinheit ZN V (-/+en) COMM. gesprekseenheid, unit
gebührenfrei BN kosteloos
Gebührenordnung ZN V (-/+en) tariefregeling, (vastgestelde) tarieven
gebührenpflichtig BN tegen betaling, aan rechten onderworpen • *eine gebührenpflichtige Verwarnung* een bekeuring • *gebührenpflichtiges Parken* betaald parkeren
gebührlich BN behoorlijk
gebunden OV WW volt. deelw. → **binden**
Gebundenheit ZN V (-/gmv) gebondenheid
Geburt ZN V (-/+en) geboorte • *bei der ~* bij

de geboorte • *eine ~ anzeigen* aangifte doen van geboorte • REL. *die ~ Christi* de geboorte van Christus • *von ~ an blind* sinds zijn geboorte blind

Geburtenbeschränkung ZN V (-/+en) geboortebeperking

Geburtenkontrolle ZN V (-/+n) geboorteregeling

Geburtenrückgang ZN M (+(e)s/-gänge) daling van het geboortecijfer

geburtenschwach BN met een laag geboortecijfer • *ein ~er Jahrgang* een jaar met een laag geboortecijfer

geburtenstark BN met een hoog geboortecijfer • *~e Jahrgänge* jaren met een hoog geboortecijfer

ge

Geburtenüberschuss ZN M (+es/-schüsse) AARDK. geboorteoverschot

gebürtig BN van geboorte, geboren, afkomstig • *gebürtiger Niederländer sein* Nederlander van geboorte zijn

Geburtsanzeige ZN V (-/+n) **1** geboorteaangifte **2** geboorteaankondiging, geboortekaartje

Geburtsdatum ZN O (+s/-daten) geboortedatum

Geburtshaus ZN O (+es/-häuser) geboortehuis

Geburtshelfer ZN M (+s/-) verloskundige

Geburtshelferin ZN V (-/+nen) verloskundige

Geburtsjahr ZN O (+(e)s/+e) geboortejaar

Geburtsort ZN M (+(e)s/+e) geboorteplaats

Geburtsstadt ZN V (-/-städte) geboortestad

Geburtstag ZN M (+(e)s/+e) verjaardag • *seinen ~ feiern* zijn verjaardag vieren • *zum ~ gratulieren* met de verjaardag feliciteren • *sich etwas zum ~ wünschen* iets voor zijn verjaardag vragen • *was bekommst du zum Geburtstag?* wat krijg je met/voor je verjaardag? • *ich habe heute ~* ik ben vandaag jarig

Geburtstagsfeier ZN V (-/+n) verjaardagsfeest(je)

Geburtstagsgeschenk ZN O (+(e)s/+e) verjaardagscadeau

Geburtstagskind ZN O (+(e)s/+er) INFORM. jarige (Job), feestvarken

Geburtsurkunde ZN V (-/+n) geboortebewijs, geboorteakte

Geburtswehen ZN MV barensweeën

Gebüsch ZN O (+(e)s/+e) kreupelhout, struikgewas, bosje • *im ~* in de bosjes

geckenhaft BN **1** fatterig **2** kwasterig

gedacht BN **1** bestemd **2** bedoeld • *so war das nicht ~* zo was het niet bedoeld • *dafür ist es nicht ~* daarvoor is het niet bedoeld

Gedächtnis ZN O (+ses/+se) **1** (na)gedachtenis **2** herinnering, geheugen • *ein fotografisches ~* een fotografisch geheugen • *ein schlechtes ~ haben* een slecht geheugen hebben • *ein ~ wie ein Sieb* een geheugen als een zeef • *ein ~ wie ein Elefant* een geheugen als van een olifant • *soll ich deinem ~ nachhelfen?; soll ich deinem ~ auf die Sprünge helfen* zal ik je geheugen even opfrissen? • *etwas im ~ behalten* iets onthouden • *kollektives ~* collectief geheugen

Gedächtnisfeier ZN V (-/+n) herdenkingsplechtigheid, herdenkingsdienst

Gedächtnishilfe ZN V (-/+n) geheugensteuntje

Gedächtnislücke ZN V (-/+n) lacune/hiaat in de herinnering

Gedächtnisschwund ZN M (+(e)s/gmv) geheugenverlies

Gedächtnisstörung ZN V (-/+en) geheugenstoornis

Gedächtnisstütze ZN V (-/+n) geheugensteuntje, ezelsbruggetje • *eine ~ geben* een geheugensteuntje geven, een ezelsbruggetje geven

Gedächtnisübung ZN V (-/+en) geheugentraining

Gedanke ZN M (+ns/+n) gedachte, denkbeeld, idee • *auf den Gedanken kommen* op de gedachte/ het idee komen • *ich bin nie auf den Gedanken gekommen* dat is nooit bij me opgekomen • *sich (über etwas) Gedanken machen* zich zorgen maken om iets, diep nadenken (over iets) • *Gedanken über etwas austauschen* over iets van gedachten wisselen • *seine Gedanken ablenken* zijn zinnen verzetten • *einen Gedanken hegen* een gedachte koesteren • *jemands Gedanken lesen* iemands gedachten lezen • *mit den Gedanken dabei sein* zijn gedachten erbij houden • *ich bin mit meinen Gedanken woanders* ik ben elders met mijn gedachten • *sich mit dem Gedanken anfreunden* aan de gedachte wennen • *mit dem Gedanken spielen zu* met de gedachte spelen om • *jemanden auf andere Gedanken bringen* iemand op/tot andere gedachten brengen • *schon allein bei dem Gedanken* bij de gedachte alleen al • *der ~ an* de gedachte aan • *in Gedanken* in gedachten • *in seinen Gedanken* in zijn gedachten • INFORM. *kein ~ daran!* geen sprake van! • INFORM. *der bloße ~ schon* het idee alleen al

Gedankenaustausch ZN M (+(e)s/+e) gedachtewisseling

Gedankenblitz ZN M (+es/+e) INFORM. inval, plotselinge gedachte

Gedankenfreiheit ZN V (-/gmv) vrijheid van denken

Gedankengang ZN M (+(e)s/-gänge) gedachtegang

Gedankengut ZN O (+(e)s/gmv) culturele verworvenheden

gedankenlos BN onnadenkend, gedachteloos

Gedankenlosigkeit ZN V (-/+en) verstrooidheid, onoplettendheid, onnadenkendheid

gedankenreich BN rijk aan ideeën

Gedankensprung ZN M (+(e)s/-sprünge) gedachtesprong • *einen ~ machen* een gedachtesprong maken

Gedankenstrich ZN M (+(e)s/+e) gedachtestreepje

gedankenverloren BN verstrooid, afwezig, in gedachten verzonken

gedankenvoll BN peinzend, diepzinnig
gedanklich BN **1** de gedachten betreffend **2** uitsluitend theoretisch
Gedärm ZN O (+(e)s/+e) ingewanden, darmen
Gedeck ZN O (+(e)s/+e) couvert • *Essen zu vierzig Euro pro ~* diners van veertig euro per couvert
Gedeih ZN M (+s/gmv) • *auf ~ und Verderb* in voor- en tegenspoed, onvoorwaardelijk, door dik en dun, erop of eronder
gedeihen ONOV WW sterk **1** gedijen, bloeien, groeien, zich goed ontwikkelen • *die Pflanze gedeiht hier nicht* hier groeit die plant niet goed **2** opschieten, vorderen • *etwas ist so weit gediehen, dass ...* iets is zo ver gevorderd dat
Gedeihen ZN O (+s/gmv) gedijen, voorspoed
gedeihlich BN voorspoedig, vruchtbaar
gedenken ONOV WW onregelmatig **1** van plan zijn, denken • *was gedenkst du zu tun?* wat ben je van plan? **2** +2, gedenken • *im Gebet jemands ~* iemand in een gebed gedenken • *der Opfer ~* de slachtoffers herdenken • *der Toten ~* de doden gedenken • *eines Helden ~* een held herdenken
Gedenken ZN O (+s/gmv) gedachtenis • *zum ~ an* ter nagedachtenis van
Gedenkfeier ZN V (-/+n) herdenkingsplechtigheid
Gedenkminute ZN V (-/+n) minuut stilte
Gedenkstätte ZN V (-/+n) gedenkplaats
Gedenkstein ZN M (+(e)s/+e) gedenksteen, monument
Gedenktafel ZN V (-/+n) gedenkplaat
Gedenktag ZN M (+(e)s/+e) gedenkdag, herdenkingsdag
gedeucht ONP WW volt. deelw. → **dünken**
Gedicht ZN O (+(e)s/+e) gedicht • FIG. *das Essen ist ein Gedicht!* het eten is overheerlijk
Gedichtband ZN M (+es/-bände) gedichtbundel
gediegen BN gedegen, solide
Gediegenheit ZN V (-/gmv) gedegenheid, zuiverheid
gedieh ONOV WW verl. tijd → **gedeihen**
gediehen ONOV WW volt. deelw. → **gedeihen**
Gedränge ZN O (+s/gmv) gedrang • *ins ~ kommen* in het gedrang komen • *das ~ in der U-Bahn* het gedrang in de metro • *es war ein fürchterliches ~* er werd vreselijk gedrongen
gedrängt BN **1** opeengedrongen • *dicht ~ stehen* op elkaar gepakt staan • *~ voll* propvol **2** bondig, beknopt • *gedrängter Stil* gedrongen stijl
Gedrängtheit ZN V (-/gmv) bondigheid, beknoptheid
gedroschen OV WW volt. deelw. → **dreschen**
gedruckt BN gedrukt, geprint • FIG. *lügen wie ~* liegen alsof het gedrukt staat
gedrückt BN **1** gedrukt **2** neerslachtig, bedrukt
Gedrücktheit ZN V (-/gmv) neerslachtigheid
gedrungen BN gedrongen, kort en dik
Gedrungenheit ZN V (-/gmv) gedrongenheid <van gestalte>
Geduld ZN V (-/gmv) geduld • *mit jemandem/einer Sache ~ haben* geduld hebben met iemand/iets • *sich in ~ fassen/üben* geduldig zijn, geduld oefenen • *die ~ verlieren* zijn geduld verliezen • *jemands ~ auf die Probe stellen* iemands geduld op de proef stellen • *mit seiner ~ am Ende sein; seine ~ ist am Ende* zijn geduld is op • *eine unendliche ~* een eindeloos geduld • *mir reißt die Geduld!* mijn geduld is op! • *ein bisschen Geduld, bitte* even geduld alstublieft
gedulden WKD WW (**sich ~**) geduld hebben
geduldet WW volt. deelw. → **dulden**
geduldig BN geduldig
Geduldsfaden ZN M (+s/gmv) • *mir reißt der ~* mijn geduld is op
Geduldsprobe ZN V (-/+n) • *eine ~ für jemanden sein* een geduldoefening zijn voor iemand
gedunsen BN opgezet, opgezwollen
gedurft HWW volt. deelw. → **dürfen**
geehrt BN geëerd, geacht • *sehr ~e Frau Müller* geachte mevrouw Müller <aanhef van brief> • *sehr ~er Herr Müller* geachte heer Müller <aanhef van brief> • *sehr ~e Damen und Herren* geachte mevrouw, mijnheer <aanhef van brief>
geeignet BN geschikt, passend • *nicht ~ sein für* niet geschikt zijn voor • *er ist für dieses Fach nicht ~* hij is niet geschikt voor dit vak • *der ~e Mann dafür* de geschikte man daarvoor • *ein ~es Geschenk* een toepasselijk cadeau
Gefahr ZN V (-/+en) gevaar, risico • *es besteht die Gefahr, dass ...* het gevaar/de kans/het risico bestaat dat ... • *sich in akuter ~ befinden* in acuut gevaar verkeren • *es besteht keine ~ für den Patienten mehr* er is geen gevaar/risico meer voor de zieke • *außer ~ sein* buiten gevaar zijn • *in ~ bringen/kommen* in gevaar brengen/komen • *auf die ~ hin, dass ...* op het gevaar af dat... • *auf eigene ~* op eigen risico • *die ~ bannen* het gevaar afwenden • *unter ~ für das eigene Leben* met gevaar voor eigen leven • *~ laufen zu* de kans lopen om, het gevaar/risico lopen om • *die ~ zu ertrinken ist groß* de kans om te verdrinken is groot • *in ~ schweben* in gevaar verkeren • FIG. *einer ~ ins Auge sehen* een gevaar onder ogen zien
gefährden OV WW in gevaar brengen, bedreigen
gefährdet BW in gevaar • *seine Position ist ~* zijn positie loopt gevaar
Gefährdung ZN V (-/+en) dreiging, bedreiging
gefahren OV + ONOV WW volt. deelw. → **fahren**
Gefahrengut ZN O (+es/-güter) gevaarlijke stoffen <waarschuwingsboordje op vrachtauto>
Gefahrenguttransport ZN M (+es/+e) transport van gevaarlijke stoffen
Gefahrenherd ZN M (+(e)s/+e) bron van gevaar
Gefahrenquelle ZN V (-/+n) bron van gevaar
Gefahrenstelle ZN V (-/+n) gevaarlijke plek
Gefahrenzulage ZN V (-/+n) gevarentoeslag
gefährlich BN gevaarlijk • *das ist nicht ~* dat is niet gevaarlijk
Gefährlichkeit ZN V (-/gmv) gevaar(lijkheid)
gefahrlos BN ongevaarlijk
Gefahrlosigkeit ZN V (-/gmv) veiligheid, zekerheid
Gefährt ZN O (+(e)s/+e) rijtuig, gevaarte,

ge

voertuig
Gefährte ZN M (+n/+n) gezel, kameraad
Gefährtin ZN V (-/+nen) kameraad, vriendin, partner
gefahrvoll BN gevaarlijk, vol gevaren
Gefälle ZN O (+s/-) **1** hellingspercentage • *10% ~; ein ~ von 10%* een helling van 10% **2** niveauverschil
gefallen ONOV WW sterk bevallen, aanstaan • *wie gefällt es Ihnen hier?* hoe bevalt het u hier? • *gefällt dir das Haus?* bevalt het huis je? • *mir gefällt es sehr im Büro* het bevalt me goed op kantoor • *sich etwas ~ lassen* zich iets laten welgevallen • *sich etwas nicht ~ lassen* iets niet accepteren, iets niet pikken • *sie gefällt sich in dieser Rolle* zij vindt deze rol erg leuk • *das gefällt mir gar nicht* dat bevalt me helemaal niet, ik vind het maar niks

ge

Gefallen **1** ZN M (+s/-) plezier, gunst, genoegen • *jemandem einen ~ tun* iemand een plezier doen • *jemanden um einen ~ bitten* iemand om een gunst vragen **2** ZN O (+s/gmv) plezier, behagen, genoegen • *~ finden an* +3, plezier beleven aan
Gefallene ZN M/V (+n/+n) gesneuvelde
Gefallenendenkmal ZN O (+s/-mäler) **1** gedenkteken voor de gesneuvelden **2** oorlogsmonument
gefällig BN **1** vriendelijk, gedienstig, attent • *jemandem ~ sein* iemand van dienst zijn **2** bevallig **3** gewenst • *ein Bier gefällig?* wilt u nog een biertje? • *noch etwas gefällig?* nog iets van uw dienst?
Gefälligkeit ZN V (-/+en) attentie, vriendelijkheid, gedienstigheid • *jemandem eine ~ erweisen* iemand een dienst bewijzen • *etwas aus reiner ~ tun* iets enkel en alleen uit vriendelijkheid doen
gefälligst BN MIN. alsjeblieft • *komm ~ hierher!* wil je alsjeblieft hier komen?
Gefällstrecke ZN V (-/+n) sterk dalend weggedeelte
Gefallsucht ZN V (-/-süchte) behaagzucht
gefallsüchtig BN behaagziek
gefangen OV WW volt. deelw. → **fangen**
Gefangene ZN M/V (+n/+n) gevangene, gedetineerde
Gefangenenaufseher ZN M (+s/-) gevangenbewaarder
Gefangenenlager ZN O (+s/-) gevangenenkamp
Gefangennahme ZN V (-/gmv) gevangenneming
Gefangenschaft ZN V (-/+en) gevangenschap
Gefängnis ZN O (+ses/+se) gevangenis • *ins ~ gehen* de gevangenis ingaan • *aus dem ~ freikommen* vrijkomen uit de gevangenis • *aus dem ~ ausbrechen* ontsnappen uit de gevangenis
Gefängnisstrafe ZN V (-/+n) hechtenis, gevangenisstraf • *lebenslange ~ auferlegen* levenslange gevangenisstraf opleggen
Gefängniswärter ZN M (+s/-) gevangenbewaarder, cipier
Gefasel ZN O (+s/gmv) gebazel, geleuter
Gefäß ZN O (+es/+e) **1** vat, vaatwerk, bak, schaal **2** ader, (bloed)vat **3** gevest
Gefäßkrankheit ZN V (-/+en) MED. vaatziekte
gefasst BW **1** kalm, rustig, beheerst • *~ sein* beheerst/kalm zijn • *sie reagierte sehr ~* zij reageerde heel beheerst **2** **~ auf** +4 • *auf alles ~ sein* op alles voorbereid zijn • *darauf war ich nicht ~* daar was ik niet op voorbereid/bedacht • *du kannst dich auf etwas ~ machen; mach dich auf etwas ~!* maak je borst maar nat
Gefasstheit ZN V (-/gmv) (zelf)beheersing, kalmte
Gefecht ZN O (+(e)s/+e) gevecht • *jemanden außer ~ setzen* iemand buiten gevecht stellen
gefechtsbereit BN gevechtsklaar • *~ machen* gevechtsklaar maken
Gefechtsstand ZN M (+(e)s/-stände) gevechtspost
gefeit BN onkwetsbaar, beschermd • *gegen etwas ~ sein* van iets gevrijwaard blijven, immuun zijn voor iets
Gefiedel ZN O (+s/gmv) MIN. gejammer, gekras
Gefieder ZN O (+s/-) verenkleed, gevederte, veren
gefiedert BN gevederd • *unsere ~en Freunde* onze gevederde vrienden
Gefilde ZN O (+s/-) FORM. veld, gebied
Geflacker ZN O (+s/gmv) geflikker
Geflatter ZN O (+s/gmv) gewapper, gefladder
Geflecht ZN O (+(e)s/+e) vlechtwerk
gefleckt BN gevlekt, gespikkeld
Geflenne ZN O (+s/gmv) gegrien
Geflimmer ZN O (+s/gmv) geflikker, geschitter
Geflissenheit ZN V (-/gmv) ijver
geflissentlich BN opzettelijk • *etwas ~ übersehen* opzettelijk over iets heen kijken
geflochten OV WW volt. deelw. → **flechten**
geflogen ONOV WW volt. deelw. → **fliegen**
geflohen OV + ONOV WW volt. deelw. → **fliehen**
geflossen ONOV WW volt. deelw. → **fließen**
Geflügel ZN O (+s/gmv) gevogelte, pluimvee
geflügelt BN gevleugeld • *geflügeltes Tier* gevleugeld dier • FIG. *ein geflügeltes Wort* een gevleugeld woord
Geflügelzucht ZN V (-/gmv) pluimveeteelt, pluimveefokkerij
Geflunker ZN O (+s/gmv) opschepperij
Geflüster ZN O (+s/gmv) gefluister
gefochten ONOV WW volt. deelw. → **fechten**
Gefolge ZN O (+s/-) **1** gevolg **2** nasleep
Gefolgschaft ZN V (-/+en) gevolg, aanhang • *jemandem ~ leisten* iemand gehoorzamen
Gefolgsmann ZN M (+(e)s/-leute, -männer) volgeling
Gefrage ZN O (+s/gmv) MIN. gevraag
gefragt BN **1** gewenst **2** gevraagd, in trek, gewild • *dieser Artikel ist sehr ~* dit artikel is erg gewild, er is veel vraag naar dit artikel
gefräßig BN vraatzuchtig
Gefräßigkeit ZN V (-/gmv) vraatzucht

Gefreite ZN M/V (+n/+n) soldaat eerste klasse

gefressen OV + ONOV WW volt. deelw. → **fressen**

Gefrieranlage ZN V (-/+n) diepvriesinstallatie

gefrieren ONOV WW sterk bevriezen

Gefrierfach ZN O (+(e)s/-fächer) vriesvak

Gefrierfleisch ZN O (+(e)s/gmv) diepvriesvlees

Gefrierpunkt ZN M (+(e)s/+e) vriespunt

Gefrierschrank ZN M (+(e)s/-schränke) diepvrieskast

Gefriertruhe ZN V (-/+n) diepvrieskist

gefroren ONOV WW volt. deelw. → **frieren**

Gefüge ZN O (+s/-) **1** structuur **2** systeem

gefügig BN inschikkelijk, gedwee • *jemanden seinem Willen ~ machen* iemand aan zijn wil onderwerpen, iemand naar zijn hand zetten

Gefügigkeit ZN V (-/gmv) MIN. gewilligheid, onderdanigheid

Gefühl ZN O (+(e)s/+e) gevoel • *ein angenehmes ~* een plezierig gevoel • *ein ~ der Angst* een gevoel van angst • *das ~ haben, als ob* het gevoel hebben alsof • *was für ein ~ ist es ...?* wat voor gevoel is het om ...? • *ich habe das Gefühl, dass* ik heb het gevoel dat • *nach meinem Gefühl/Empfinden* naar mijn gevoel • *mit ~ spielen* met gevoel spelen • *dem ~ nach* op het gevoel • *dem ~ nach ist das aus Holz* zo te voelen is dat van hout • *etwas im ~ haben* iets aanvoelen • *seine Gefühle unterdrücken* zijn gevoelens onderdrukken, zijn emoties bedwingen • *mit gemischten Gefühlen* met gemengde gevoelens • *jemandes Gefühle erwidern* iemands gevoelens beantwoorden • *jemanden emotional bewegen* op iemands gevoel werken

gefühlig BN (al te) sentimenteel

gefühllos BN gevoelloos • *~ gegenüber* gevoelloos jegens

Gefühllosigkeit ZN V (-/gmv) gevoelloosheid, ongevoeligheid

Gefühlsduselei ZN V (-/gmv) MIN. overdreven sentimentaliteit

Gefühlsleben ZN O (+s/gmv) gevoelsleven

gefühlsmäßig BN op het gevoel, intuïtief

Gefühlsmensch ZN M (+en/+en) gevoelsmens

Gefühlstemperatur ZN V (-/-) gevoelstemperatuur

gefühlvoll BN vol gevoel, gevoelig

gefüllt BN vol, gevuld • *~ mit* gevuld met

gefunden OV WW volt. deelw. → **finden**

Gegacker ZN O (+s/gmv) **1** gesnater **2** INFORM. gegiechel

gegangen WW volt. deelw. → **gehen**

gegeben BN **1** geschikt • *die ~e Person* de aangewezen persoon **2** gegeven • *unter den ~en Umständen* onder de gegeven omstandigheden • *im ~en Fall* in voorkomend geval • *aus ~em Anlass* naar aanleiding van een voorval/feit • *~ ein gleichschenkliges Dreieck* gegeven een gelijkbenige driehoek

gegebenenfalls BW als de situatie zich voordoet, eventueel

Gegebenheit ZN V (-/+en) omstandigheid, feit, gegeven

gegen VZ +4 **1** tegen • *~ etwas protestieren* tegen iets protesteren • *~ Abend* tegen de avond • *~ jede Vernunft* tegen alle verstand • *ich habe nichts ~ ihn* ik heb niets tegen hem **2** OUD. jegens • *sie ist freundlich ~ ihn* zij is vriendelijk jegens hem **3** ongeveer • *~ 30 Stück* ongeveer 30 stuks • *sie kam ~ 5* ze kwam rond 5 uur

Gegenangriff ZN M (+(e)s/+e) tegenaanval

Gegenbewegung ZN V (-/+en) tegenbeweging

Gegenbeweis ZN M (+es/+e) tegenbewijs

Gegend ZN V (-/+en) **1** streek **2** omstreken, buurt • *sie wohnen in dieser ~* ze wonen in deze omgeving • *bei uns in der ~ gibt es das nicht* bij ons in de buurt bestaat dat niet

Gegendarstellung ZN V (-/+en) **1** rectificatie **2** repliek, andere mening

Gegendienst ZN M (+(e)s/+e) wederdienst

gegeneinander BW tegen elkaar, jegens elkaar

gegeneinanderstellen OV WW confronteren, vergelijken

Gegenfahrbahn ZN V (-/+en) andere weghelft • *auf die ~ geraten* op de verkeerde weghelft komen

Gegenfrage ZN V (-/+n) wedervraag

Gegengebot ZN O (+s/+e) tegenbod

Gegengewicht ZN O (+(e)s/+e) tegenwicht • *ein ~ bilden zu* een tegenwicht vormen tegen

Gegengift ZN O (+(e)s/+e) tegengif(t)

Gegenkandidat ZN M (+en/+en) tegenkandidaat

Gegenleistung ZN V (-/+en) tegenprestatie

Gegenliebe ZN V (-/gmv) wederliefde

Gegenpartei ZN V (-/+en) tegenpartij

Gegenpol ZN M (+s/+e) tegenpool

Gegenprobe ZN V (-/+n) controle, proef op de som

Gegenrede ZN V (-/+n) **1** weerwoord **2** tegenspraak

Gegenrichtung ZN V (-/+en) tegengestelde richting • *in der ~* tegen het verkeer in

Gegensatz ZN M (+es/-sätze) tegenstelling, contrast • *im ~ zu etwas stehen* in tegenstelling tot iets staan

gegensätzlich BN tegengesteld, tegenstrijdig

Gegensätzlichkeit ZN V (-/gmv) tegenstelling, tegenstrijdigheid

Gegenschlag ZN M (+(e)s/-schläge) vergeldingsmaatregel, tegenactie • *zum ~ ausholen* tot de tegenaanval overgaan, counteren

Gegenseite ZN V (-/+n) **1** overzijde **2** keerzijde **3** tegenpartij

gegenseitig BN wederkerig, wederzijds

Gegenseitigkeit ZN V (-/gmv) wederkerigheid • *auf ~* op basis van wederkerigheid • *auf ~ beruhen* wederkerig zijn

Gegenspieler ZN M (+s/-) tegenspeler, tegenhanger

Gegenstand ZN M (+(e)s/-stände) **1** voorwerp **2** onderwerp, thema • *zum ~ heftiger Kritik werden* het mikpunt van felle kritiek worden • *etwas zum ~ haben* iets tot onderwerp hebben

gegenständlich BN zakelijk, concreet •

gegenständliche Kunst figuratieve kunst
gegenstandslos BN **1** doelloos, ongegrond **2** abstract
Gegenstimme ZN V (-/+n) **1** stem tegen **2** MUZ. tegenstem, tweede stem
Gegenstück ZN O (+(e)s/+e) tegenhanger, pendant
Gegenteil ZN O (+(e)s/+e) tegendeel • *das genaue ~* precies het tegendeel • *im ~* integendeel • *das ~ bewirken* een averechts effect hebben • *genau das ~ behaupten* precies het tegenovergestelde beweren
gegenteilig BN tegenovergesteld, tegengesteld • *sich ~ auswirken* averechts uitwerken • *ich bin ~er Meinung wie er* mijn mening staat haaks op de zijne
ge
gegenüber VZ +3 **1** tegenover • *sie gab es ihm ~ zu* ze gaf het tegenover hem toe • *das Haus ist ~ dem Park* het huis is tegenover het park • *er saß mir ~* hij zat tegenover mij • *das ist ~ vom Supermarkt* dat is tegenover de supermarkt **2** jegens • *freundlich ~ jemandem sein* jegens iemand vriendelijk zijn
Gegenüber ZN O (+s/-) overbuur(huis)
gegenüberliegen ONOV WW +3, sterk ertegenover liggen, aan de overkant liggen
gegenübersehen WKD WW (**sich ~**) +3, staan tegenover, zich geplaatst zien voor • *wir sehen uns schwierigen Problemen gegenüber* we zien ons voor grote moeilijkheden geplaatst
gegenüberstehen ONOV WW +3, sterk staan tegenover • *sich ~* tegenover elkaar staan
gegenüberstellen OV WW **1** tegenover elkaar stellen **2** confronteren
Gegenüberstellung ZN V (-/+en) confrontatie
gegenübertreten ONOV WW +3 **1** tegemoettreden, onder ogen komen **2** onder ogen zien
Gegenverkehr ZN M (+(e)s/+e) tegenliggers, tegemoetkomend verkeer
Gegenvorschlag ZN M (+(e)s/-schläge) tegenvoorstel
Gegenwart ZN V (-/gmv) **1** aanwezigheid • *in ~ von* in aanwezigheid van • *sie sagte es in ~ der Eltern* zij zei het in het bijzijn van haar ouders • *in ~ meines Freundes* in het bijzijn van mijn vriend **2** tegenwoordige tijd • *die Literatur der ~* de hedendaagse literatuur
gegenwärtig BN **1** tegenwoordig, huidig • *die gegenwärtige Situation* de huidige situatie **2** aanwezig • *sich etwas ~ halten* bedenken, iets voor ogen houden
Gegenwartsliteratur ZN V (-/+en) moderne letterkunde
Gegenwartssprache ZN V (-/gmv) actueel taalgebruik
Gegenwehr ZN V (-/gmv) tegenweer
Gegenwert ZN M (+(e)s/+e) tegenwaarde
Gegenwind ZN M (+(e)s/gmv) tegenwind • *~ haben* tegenwind hebben, de wind tegen hebben
Gegenwirkung ZN V (-/+en) **1** tegenkracht **2** FIG. reactie
gegenzeichnen OV WW medeondertekenen
Gegenzug ZN M (+(e)s/-züge) **1** trein uit tegenovergestelde richting **2** tegenzet
gegessen OV + ONOV WW volt. deelw. → **essen**
geglichen ONOV WW volt. deelw. → **gleichen**
geglitten ONOV WW volt. deelw. → **gleiten**
geglommen ONOV WW volt. deelw. → **glimmen**
Gegner ZN M (+s/-) **1** tegenstander **2** MIL. vijand
gegnerisch BN van de tegenpartij
Gegnerschaft ZN V (-/+en) **1** tegenstanders **2** verzet, vijandigheid
gegolten ONOV WW volt. deelw. → **gelten**
gegoren ONOV WW volt. deelw. → **gären**
gegossen OV WW volt. deelw. → **gießen**
gegraben OV WW volt. deelw. → **graben**
gegriffen OV + ONOV WW volt. deelw. → **greifen**
Gegröle ZN O (+s/gmv) **1** MIN. gebrul **2** MIN. geschreeuw
Gehabe ZN O (+s/gmv) aanstellerij
gehaben WKD WW (**sich ~**) OOST. gedragen • *gehab dich wohl!* het ga je goed!
gehabt OV + ONOV WW volt. deelw. → **haben**
Gehackte ZN O (+n/gmv) gehakt
Gehalt **1** ZN M (+(e)s/+e) inhoud, gehalte, waarde **2** ZN O (+(e)s/-gehälter) salaris
gehalten BW **1** verplicht **2** ingehouden, beheerst
gehaltlos BN zonder inhoud, onbeduidend
gehaltreich BN **1** waardevol, rijk aan inhoud **2** voedzaam
Gehaltsabrechnung ZN V (-/+en) salarisspecificatie
Gehaltsabzug ZN M (+(e)s/-abzüge) salariskorting, inhouding op het salaris
Gehaltsaufbesserung ZN V (-/+en) salarisverhoging
Gehaltsempfänger ZN M (+s/-) gesalarieerde
Gehaltserhöhung ZN V (-/+en) salarisverhoging, opslag, loonsverhoging
Gehaltsforderung ZN V (-/+en) looneis, salariseis
Gehaltskürzung ZN V (-/+en) loonsverlaging, salarisverlaging
Gehaltsstufe ZN V salarisschaal
Gehaltszahlung ZN V (-/+en) loonbetaling, salarisbetaling
Gehaltszulage ZN V (-/+n) salaristoeslag
gehaltvoll BN **1** beduidend, waardevol **2** betekenisvol **3** voedzaam
Gehänge ZN O (+s/-) **1** iets dat van boven hangt, hangertje, guirlande **2** PLAT mannelijke geslachtsdelen
gehangen OV WW volt. deelw. → **hängen**
Gehänsel ZN O (+s/gmv) getreiter
geharnischt BN geharnast • *ein ~er Brief* een brief op poten
gehässig BN hatelijk, vijandig
Gehässigkeit ZN V (-/+en) hatelijkheid
gehauen OV WW volt. deelw. → **hauen**
gehäuft BN meermaals, vaak
Gehäuse ZN O (+s/-) **1** doos, koker, kast **2** klokhuis **3** van camera body

gehbehindert BN **slecht ter been**

Gehege ZN O (+s/-) **1 (omheind) gebied** <voor dieren> • FIG. *jemandem ins ~ kommen* in iemands vaarwater komen **2 verblijf** <voor dieren in dierentuin>

geheim BN **geheim, geheimzinnig** • *an einem ~en Ort* op een geheime plaats • *etwas vor jemandem ~ halten* iets geheimhouden voor iemand

Geheim- VOORV **geheim** • *Geheimagent* geheim agent • *Geheimrat* geheime Raad • *Geheimnummer* geheim telefoonnummer

Geheimagent ZN M (+en/+en) **geheim agent, spion**

Geheimbericht ZN M (+(e)s/+e) **geheim rapport**

Geheimdienst ZN M (+(e)s/+e) **geheime dienst**

Geheimfach ZN O (+(e)s/-fächer) **geheim vakje, geheim laatje**

Geheimhaltung ZN V (-/gmv) **geheimhouding** • *unter strikter ~* onder strikte geheimhouding

Geheimnis ZN O (+ses/+se) **geheim** • *ein offenes ~* een publiek geheim • *aus einer Sache kein ~ machen* geen geheim van iets maken • *ein ~ behalten* een geheim bewaren

Geheimniskrämer ZN M (+s/-) INFORM. **iemand die altijd geheimzinnig doet**

Geheimniskrämerei ZN V (-/gmv) **geheimzinnig gedoe**

Geheimnistuerei ZN V (-/gmv) **geheimzinnig gedoe**

geheimnisumwittert BN **mysterieus, geheimzinnig** • *ein ~es Haus* een geheimzinnig huis

geheimnisvoll BN **geheimzinnig** • *~ tun* geheimzinnig doen

Geheimpolizei ZN V (-/gmv) **geheime politie**

Geheimschrift ZN V (-/+en) **geheimschrift**

Geheimtipp ZN M (+s/+s) **geheime tip**

Geheiß ZN O (+es/gmv) **bevel**

geheißen OV WW volt. deelw. → **heißen**

gehen WW onregelmatig **1 gaan, lopen** • *wie geht's?* hoe gaat het? • *wie geht es dir/Ihnen?* hoe gaat het met jou/u? • *es geht ihr schon besser* het gaat al beter met haar • *es geht um +4* het gaat om/over... • *das geht zu weit* dat gaat te ver • INFORM. *geh hin* ga erheen • *das geht so nicht länger* het gaat zo niet langer • *er ließ sich ~* hij liet zich gaan • *es geht nichts über* er gaat niets boven ... • *es ist mir auch so gegangen* het is mij ook zo gegaan • *es geht nach Wunsch* het loopt naar wens • *es geht auf Mitternacht* het loopt tegen middernacht • *es geht sich hier ganz gut* je kunt hier heel goed lopen • *auf die Straße ~* de straat oplopen • *wenn es nach mir ginge* als het aan mij lag • *in die Luft ~* uit z'n vel springen, exploderen • *es geht ums Ganze* het is erop of eronder • *jetzt geht's los* nu begint het • *das geht ja noch* dat is (nog) tot daar aan toe • *das geht gerade so* dat kan ermee door • *es sich gut ~ lassen* het er (goed) van nemen • *vor sich ~* gebeuren, plaats hebben • *diese Bemerkung geht auf dich* deze opmerking slaat op jou • *die Küche geht auf den Garten* de keuken biedt uitzicht op de tuin • *mein Vorschlag geht dahin, dass ...* mijn voorstel komt hierop neer, dat .. • *sein Bruder geht ihm nur bis an die Schultern* zijn broer komt slechts tot zijn schouder **2 kunnen** • *das geht leider nicht* dan kan helaas niet • *am Montag geht es* op maandag kan het **3 passen** • *es geht da nicht hinein* het past er niet in **4 rijzen** • *den Teig ~ lassen* de deeg laten rijzen

Gehen ZN O (+s/gmv) **snelwandelsport**

Geher ZN M (+s/-) **snelwandelaar**

geheuer BN **pluis** • *es ist hier nicht ~* het is hier niet pluis/in de haak • *das ist mir nicht ganz ~* ik vertrouw dat zaakje niet

Gehhilfe ZN V (-/+n) **loophulp, rollator**

Gehilfe ZN M (+n/+n) **assistent, medewerker**

Gehilfin ZN V (-/+nen) **assistente, medewerkster**

Gehirn ZN O (+(e)s/+e) **hersens, brein**

Gehirnerschütterung ZN V (-/+en) MED. **hersenschudding**

Gehirnhautentzündung ZN V (-/+en) MED. **hersenvliesontsteking, nekkramp**

Gehirntumor ZN M (+s/+en) MED. **hersentumor**

Gehirnwäsche ZN V (-/+n) **hersenspoeling**

gehoben BN **verheven, plechtig** • *ein ~er Stil* een verheven stijl • *in ~er Stimmung* in een plechtige stemming, in een vrolijke stemming • *eine ~e Stellung* een hoge positie • *~er Dienst* middenkader, het hogere kader

Gehöft ZN O (+(e)s/+e) **hoeve**

geholfen ONOV WW volt. deelw. → **helfen**

Gehölz ZN O (+es/+e) **klein bos**

Gehör ZN O (+(e)s/gmv) **gehoor** • *nach ~ spielen* op het gehoor spelen • *absolutes ~* absoluut gehoor • *ein musikalisches ~ haben* een muzikaal gehoor hebben • *(kein) ~ finden* (geen) gehoor vinden • *sich ~ verschaffen* zich gehoor verschaffen, aan het woord komen • *zu ~ bringen* ten gehore brengen

gehorchen ONOV WW **luisteren, gehoorzamen** • *blind ~* blindelings gehoorzamen

gehören **1** ONOV WW **1 horen, behoren** • *das gehört in den Schrank* dat hoort in de kast thuis • *das gehört nicht zu meinem Fachbereich* dat behoort niet tot mijn vak • *das gehört nicht hierher* dat hoort hier niet bij, dat doet hier niet ter zake • *da gehört sehr viel dazu* daar komt heel wat bij kijken **2 toebehoren aan** • *das Fahrrad gehört meiner Schwester* de fiets is van mijn zus • *wem gehört dieses Auto?* van wie is die auto? **2** WKD WW **(sich ~) (be)horen, zich betamen, passen** • *wie es sich gehört* zoals het hoort, naar behoren

Gehörgang ZN M (+(e)s/-gänge) **gehoorgang, gehoorbuis**

gehörig BN **1 behoorlijk, flink** • *es regnet ~* het regent flink • *jemandem ~ die Wahrheit sagen* iemand flink de waarheid zeggen • *eine gehörige Tracht Prügel bekommen* een flink pak slaag krijgen **2 toebehorend aan 3 vereist, gepast**

gehörlos BN **doof**

Gehörlosigkeit ZN V (-/gmv) **doofheid**

gehörnt BN **gehoornd**

gehorsam BN **gehoorzaam, volgzaam**

ge

Gehorsam ZN M (+s/gmv) gehoorzaamheid • *jemandem den ~ verweigern* iemand weigeren te gehoorzamen • *~ gegenüber jemandem* gehoorzaamheid aan iemand
Gehörsinn ZN M (+(e)s/gmv) gehoor <zintuig>
Gehrung ZN V (-/+en) verstek, schuinte, schuine stootnaad
Gehsteig ZN M (+(e)s/+e) **1** voetpad **2** trottoir
Gehversuch ZN M (+(e)s/+e) **1** loopoefening **2** FIG. poging, probeersel • *die ersten Gehversuche* de eerste stapjes
Gehweg ZN M (+(e)s/+e) **1** voetpad **2** trottoir
Geier ZN M (+s/-) gier • *weiß der ~* Joost mag het weten
Geifer ZN M (+s/gmv) **1** kwijl **2** venijn, woede
geifern ONOV WW **1** kwijlen **2** venijn spuwen
Geige ZN V (-/+n) viool • FIG. *die erste ~ spielen* de eerste viool spelen
geigen ONOV WW vioolspelen • *jemandem die Meinung ~* iemand behoorlijk de waarheid zeggen
Geigenbauer ZN M (+n, +s/+n) vioolbouwer
Geigenbogen ZN M (+s/-bögen) strijkstok
Geigenkasten ZN M (+s/-) vioolkist
Geiger ZN M (+s/-) violist
Geigerzähler ZN M (+s/-) geigerteller
geil BN **1** INFORM., JEUGDT. geweldig • *das ist ~!* dat is gaaf! **2** INFORM. weelderig, wellustig, geil • *~ auf* +4 tuk op
Geilheit ZN V (-/gmv) geilheid
Geisel ZN V (-/+n) gegijzelde, gijzelaar • *jemanden als/zur ~ nehmen* iemand gijzelen, iemand in gijzeling nemen • *jemanden als ~ festhalten* iemand in gijzeling houden
Geiselnahme ZN V (-/+n) gijzeling
Geiselnehmer ZN M (+s/-) gijzelhouder
Geiß ZN V (-/+en) geit
Geißbock ZN M (+es/-böcke) geitenbok
Geißel ZN V (-/+n) **1** zweep **2** gesel, plaag
geißeln OV WW geselen, tuchtigen
Geißelung ZN V (-/+en) geseling
Geist ZN M (+(e)s/+er) geest • *der ~ des Gesetzes* de geest van de wet • *böse Geister* boze geesten • *der ~ der Zeit* de tijdgeest • *die großen Geister unserer Zeit* de toonaangevende mannen van onze tijd • REL. *der Heilige ~* de Heilige Geest • FIG. *jemandem auf den ~ gehen* iemand op de zenuwen werken • FIG. *von allen guten Geistern verlassen sein* van God los zijn • FIG. *den ~ aufgeben* de geest geven • FIG. *der ~ ist willig, aber das Fleisch ist schwach* de geest is gewillig, maar het vlees is zwak
Geisterbahn ZN V (-/+en) spookhuis <op kermis>
Geisterfahrer ZN M (+s/-) spookrijder
Geisterglaube ZN M (+ns/gmv) geloof aan geesten
geisterhaft BN spookachtig
Geisterhand ZN V (-/gmv) geheimzinnige kracht • *wie von/durch ~* als door magische kracht
geistern ONOV WW spoken, als een geest rondwaren • *dieser Gedanke geistert mir durch den Kopf* deze gedachte spookt door mijn hoofd
Geisterstadt ZN V (-/-städte) spookstad
Geisterstunde ZN V (-/-n) spookuur
geistesabwesend BN afwezig, verstrooid
Geistesblitz ZN M (+es/+e) (ingenieuze) inval, vondst, gedachteflits
Geistesgegenwart ZN V (-/gmv) tegenwoordigheid van geest • *mit ~* met tegenwoordigheid van geest
geistesgegenwärtig BN alert, met tegenwoordigheid van geest
geistesgestört BN geestelijk gestoord
Geisteshaltung ZN V (-/gmv) mentaliteit, geestesgesteldheid
geisteskrank BN krankzinnig
Geisteskrankheit ZN V (-/+en) geestesziekte, krankzinnigheid
geistesschwach BN zwakzinnig
Geistesschwäche ZN V (-/gmv) zwakzinnigheid
Geistesstörung ZN V (-/+en) geestelijke stoornis
Geistesverfassung ZN V (-/gmv) geestesgesteldheid
geistesverwandt BN geestverwant
Geistesverwandtschaft ZN V (-/+en) geestverwantschap
Geistesverwirrung ZN V (-/gmv) verstandsverbijstering
Geisteswissenschaften ZN MV geesteswetenschappen
Geisteszustand ZN M (+(e)s/gmv) geestestoestand
geistig BN **1** geestelijk, psychisch • *~e Gesundheit* geestelijke gezondheid • *der ~e Vater dieser Figur* de geestelijke vader van dit personage • *~er Diebstahl* plagiaat • *~e Arbeit* intellectuele arbeid **2** verstandelijk • *~ behindert* verstandelijk beperkt/gehandicapt **3** geestrijk, alcoholisch
Geistigkeit ZN V (-/+en) onstoffelijkheid, geestesgesteldheid
geistlich BN geestelijk, kerkelijk, religieus • *~e Lieder* geestelijke liederen • *der ~e Stand* de geestelijke stand • *~es Leben* geestelijk leven • *~e Musik* gewijde muziek
Geistliche ZN M/V (+n/+n) geestelijke
Geistlichkeit ZN V (-/+en) geestelijkheid <priesters>
geistlos BN geestloos, onbenullig
geistreich BN **1** geestig, gevat **2** geestrijk, fijnzinnig
geistvoll BN geestrijk, fijnzinnig
Geiz ZN M (+es/gmv) gierigheid
geizen ONOV WW gierig zijn • *mit seiner Zeit ~* je tijd goed benutten • *mit Komplimenten ~* niet scheutig zijn met complimenten
Geizhals ZN M (+es/-hälse) vrek, gierigaard
geizig BN gierig
Geizkragen ZN M (+s/-) gierigaard, vrek
Gejammer ZN O (+s/gmv) MIN. geklaag, gejammer
Gejauchze ZN O (+s/gmv) (aanhoudend) gejuich
Gejohle ZN O (+s/gmv) **1** gejoel **2** gejuich

gekannt OV WW volt. deelw. → **kennen**
Gekeife ZN O (+s/gmv) **1** getwist **2** (aanhoudend) gekijf
Gekicher ZN O (+s/gmv) gegiechel
Geklapper ZN O (+s/gmv) MIN. gerammel, geklepper
Geklimper ZN O (+s/gmv) getingel
Geklingel ZN O (+s/gmv) MIN. gerinkel, gebel
Geklirr(e) ZN O (+(e)s/gmv) gerinkel, gerammel, gekletter
geklommen ONOV WW volt. deelw. → **klimmen**
geklungen ONOV WW volt. deelw. → **klingen**
Geknatter ZN O (+s/gmv) geknetter
geknickt BN INFORM. gedesillusioneerd, sip, neerslachtig
gekniffen OV WW volt. deelw. → **kneifen**
Geknister ZN O (+s/gmv) geritsel
gekommen ONOV WW volt. deelw. → **kommen**
gekonnt BN knap, van talent getuigend • *ein ~er Vortrag* een bekwame voordracht
Gekreisch(e) ZN O (+(e)s/gmv) gekrijs, geschreeuw
Gekritzel ZN O (+s/gmv) gekrabbel
gekrochen ONOV WW volt. deelw. → **kriechen**
gekünstelt BN gekunsteld, gemaakt, onnatuurlijk • *gekünsteltes Verhalten* onnatuurlijk gedrag • *gekünsteltes Lachen* gemaakt lachje • *~ freundlich* gemaakt vriendelijk
Gel ZN O (+s/+e) gel
Gelächter ZN O (+s/-) gelach • *in ~ ausbrechen* in gelach uitbarsten
geladen BN **1** (uit)genodigd **2** woedend **3** geladen • *eine ~e Pistole* een geladen pistool • *ein ~er Akku* een geladen accu • *eine ~e Stimmung* een geladen sfeer
Gelage ZN O (+s/-) gelag, feestmaal
gelähmt BN verlamd, kreupel
Gelände ZN O (+s/-) terrein
Geländefahrzeug ZN O (+(e)s/+e) terreinwagen, terreinvoertuig
geländegängig BN geschikt voor alle terreinen
Geländelauf ZN M (+(e)s/-läufe) veldloop
Geländer ZN O (+s/-) leuning, balustrade, hekwerk
Geländewagen ZN M (+s/-) terreinwagen, terreinvoertuig
gelang ONOV WW verl. tijd → **gelingen**
gelangen ONOV WW komen, geraken • *in jemandes Hände ~* in iemands handen vallen • *an die/zur Macht ~* aan de macht komen
gelangweilt BN verveeld
gelassen BN gelaten, kalm, rustig
Gelassenheit ZN V (-/gmv) kalmte, rust
Gelatine ZN V (-/gmv) gelatine
gelaufen WW volt. deelw. → **laufen**
geläufig BN **1** vlot, vloeiend **2** bekend, gebruikelijk • *das ist ihm nicht ~* dat weet hij niet
Geläufigkeit ZN V (-/gmv) **1** gebruikelijkheid **2** perfectie
gelaunt BN geluimd, gehumeurd • *zu etwas ~ sein* ergens voor in de stemming zijn • *gut ~ sein* goed gestemd zijn, in een goed humeur zijn • *schlecht ~ sein* slecht gestemd zijn, in een slecht humeur zijn
gelb BN geel • *die Gelben Seiten* de Gouden Gids® • *die Ampel ist ~* het stoplicht staat op oranje
Gelb ZN O (+s/+s, -) geel • *bei ~ sollte man schon anhalten* als het stoplicht op oranje staat moet je eigenlijk al stoppen
gelblich BN geelachtig, gelig
Gelbsucht ZN V (-/gmv) MED. geelzucht
Geld ZN O (+(e)s/+er) geld • *~ in der Tasche haben* geld op zak hebben • *damit lässt sich ~ verdienen* daar is geld mee te verdienen • *~ oder Leben!* je geld of je leven! • *einfach verdientes ~* gemakkelijk verdiend geld • *es muss ~ her* er moet geld op tafel komen • *das bringt ~ ein* dat brengt geld in het laatje • *~ rausrücken* met geld over de brug komen • *dafür ist mir das ~ zu schade* daar heb ik geen geld voor • *kein ~ haben* geen geld hebben, zonder geld zitten • *das ist kein ~* dat is geen geld • *rausgeschmissenes ~* weggegooid geld • *da geht es um viel ~* daar is veel geld mee gemoeid • INFORM. *das geht ins ~* dat loopt in de papieren, dat hakt erin • *irgendwo ~ drauflegen müssen* ergens geld moeten bijleggen • *~ zur Seite legen* geld opzijleggen • *es ist nicht mit ~ zu bezahlen* het is met geen geld te betalen • *alles dreht sich um ~* alles draait om geld • *für ihn zählte nur ~* hij was een geldwolf • *jemanden mit ~ unterstützen* iemand geldelijk steunen • *etwas zu ~ machen* iets te gelde maken • *zu ~ kommen* rijk worden • *öffentliche Gelder* overheidsgelden, gemeenschapsgelden • FIG. *jemandem das ~ aus der Tasche ziehen* iemand geld uit de zak kloppen • FIG. *er schwimmt im ~* hij zwemt in het geld • FIG. *auf seinem ~ sitzen* op zijn geld zitten • FIG. *~ wie Heu haben* geld als water hebben • FIG. *nicht aufs ~ schauen* niet op een cent kijken • FIG. *Geld wie Heu verdienen* geld als water verdienen, geld als slijk verdienen • FIG. *Geld wächst nicht auf Bäumen* het geld groeit me niet op de rug • FIG. *Geld zum Fenster hinauswerfen* geld over de balk smijten • FIG. *Geld macht nicht glücklich* geld maakt niet gelukkig • FIG. *mit ~ kann man alles kaufen* voor geld is alles te koop • FIG. *das ~ rinnt ihm durch die Finger; er wirft das ~ zum Fenster hinaus* hij heeft een gat in zijn hand
Geldangelegenheit ZN V (-/+en) geldkwestie, geldzaak, geldelijke aangelegenheid
Geldanlage ZN V (-/+n) geldbelegging
Geldanweisung ZN V (-/+en) overschrijving
Geldautomat ZN M (+en/+en) geldautomaat
Geldbeutel ZN M (+s/-) geldbuidel, portemonnee
Geldeinwurf ZN M (+(e)s/-würfe) gleuf om geld in te werpen
Geldentwertung ZN V (-/gmv) geldontwaarding, inflatie
Geldfälscher ZN M (+s/-) valsemunter
Geldgeber ZN M (+s/-) geldschieter
Geldgeschäft ZN O (+(e)s/+e) geldzaak, financiële transactie
Geldgier ZN V (-/gmv) geldzucht
Geldinstitut ZN O (+(e)s/+e) financiële

instelling, bank
geldlich BN financieel
Geldmangel ZN M (+s/gmv) geldgebrek
Geldmarkt ZN M (+(e)s/-märkte) geldmarkt, financiële markt
Geldmittel ZN MV geldmiddelen, financiële middelen
Geldnot ZN V (-/gmv) geldnood, geldgebrek • *in ~ sein* in geldnood zitten
Geldquelle ZN V (-/+n) geldbron, financiële/winstgevende bron
Geldschein ZN M (+(e)s/+e) bankbiljet
Geldschrank ZN M (+(e)s/-schränke) brandkast
Geldsendung ZN V (-/+en) geldzending
Geldspende ZN V (-/+n) donatie, geldschenking
Geldstrafe ZN V (-/+n) geldboete
Geldstück ZN O (+(e)s/+e) geldstuk
Geldumtausch ZN M (+(e)s/+e) (het) wisselen van geld
Geldverschwendung ZN V geldverspilling
Geldwäsche ZN V (-/+n) (het) witwassen van geld
Geldwechsel ZN M (+s/-) **1** (het) wisselen van geld **2** wisselkantoor
Geldwechsler ZN M (+s/-) geldwisselaar <automaat>
Geldwert ZN M (+(e)s/+e) **1** waarde in geld **2** waarde van het geld
Gelee ZN M/O (+s/+s) **1** gelatine **2** gelei
Gelege ZN O (+s/-) nest eieren, legsel
gelegen BN gelegen, gunstig • *es ist mir nicht ~* het komt me niet gelegen • *zu ~er Zeit* te gelegener tijd • *mir ist nicht daran ~* er is mij niet veel aan gelegen, het interesseert me niet zo erg
Gelegenheit ZN V (-/+en) gelegenheid • *festliche ~* feestelijke gelegenheid • *bei besonderen Gelegenheiten* bij bijzondere gelegenheden • *für die ~* voor de gelegenheid • *bei der ersten ~* bij de eerste gelegenheid • *bei jeder ~* bij elke gelegenheid • *die ~ geben zu* in de gelegenheid stellen om • *die ~ nutzen* de gelegenheid aangrijpen • *es gibt keine ~ zu* er is geen gelegenheid om • *die ~ ergreifen/nutzen; die ~ beim Schopfe nehmen* de gelegenheid aangrijpen, de kans grijpen • *wenn sich die ~ ergibt* als de gelegenheid zich voordoet • *jemandem die ~ bieten* iemand in de gelegenheid stellen • *keine ~ verpassen* geen kans voorbij laten gaan om • *bei ~* bij gelegenheid, wanneer het uitkomt • FIG. *Gelegenheit macht Diebe* de gelegenheid maakt de dief
Gelegenheitsarbeit ZN V (-/+en) los werk, karweitje
Gelegenheitsarbeiter ZN M (+s/-) klusjesman, los werkman
Gelegenheitskauf ZN M (+(e)s/-käufe) koopje, occasion
gelegentlich BN **1** bij gelegenheid **2** soms, bij vlagen
gelehrig BN leergierig, gemakkelijk lerend, vlug van begrip
Gelehrsamkeit ZN V (-/gmv) geleerdheid
gelehrt BN geleerd • *die ~e Welt* de geleerde wereld
Gelehrte ZN M/V (+n/+n) geleerde
Gelehrtheit ZN V (-/gmv) geleerdheid
Geleier ZN O (+s/gmv) gezeur, gezanik, eentonige voordracht
Geleit ZN O (+(e)s/+e) geleide, begeleiding, escorte • *freies/sicheres ~* vrijgeleide • *jemandem das ~ geben* iemand uitgeleide doen • *zum ~* ten geleide
Geleitbrief ZN M (+(e)s/+e) vrijgeleide
geleiten OV WW escorteren, (be)geleiden
Geleitschiff ZN O (+(e)s/+e) konvooischip, escorteschip
Geleitschutz ZN M (+es/+e) geleide, escorte • *jemandem ~ geben* iemand escorteren
Geleitzug ZN M (+(e)s/-züge) MIL. **konvooi** • MIL. *im ~ fahren* in konvooi rijden
Gelenk ZN O (+(e)s/+e) **1** gewricht, geleding **2** scharnier
gelenkig BN buigzaam, lenig, vlug
Gelenkigkeit ZN V (-/gmv) souplesse, lenigheid
Gelenkwelle ZN V (-/+n) TECHN. cardanas
gelernt BN geschoold • *das will ~ sein* dat moet je eerst leren
gelesen OV WW volt. deelw. → **lesen**
Geliebte ZN M/V (+n/+n) geliefde
geliefert BN • INFORM. *~ sein* verloren/geruïneerd zijn, er bij zijn
geliehen OV WW volt. deelw. → **leihen**
gelinde BN **1** zacht, matig, licht • *eine ~ Geldstrafe* een lichte/milde geldstraf **2** IRON. **flink, fiks** • *~ Wut packte ihn* hij werd flink kwaad • *~ gesagt* zachtjes uitgedrukt, op z'n zachtst genomen/gezegd
gelingen ONOV WW sterk, +3 **1** (ge)lukken • *es gelingt mir* het lukt me • *es ist ihm gelungen zu entkommen* het is hem gelukt om te ontsnappen, hij heeft kans gezien te ontsnappen • *ohne Hanny wäre es nicht gelungen* zonder Hanny zou het niet gelukt zijn **2** slagen • *ein gelungenes Fest* een geslaagd feest
Gelingen ZN O (+s/gmv) welslagen, succes • *auf gutes Gelingen!* veel succes!
gelitten OV WW volt. deelw. → **leiden**
gell TUSSENW niet waar?, toch? • *du hast Hunger, ~?* je hebt honger, toch?
gellen ONOV WW gillen, schel klinken
geloben OV WW FORM. plechtig beloven • *sich etwas ~* zich iets plechtig voornemen • *das Gelobte Land* het Beloofde Land
Gelöbnis ZN O (+ses/+se) gelofte • *ein ~ ablegen* een gelofte afleggen
gelogen ONOV WW volt. deelw. → **lügen**
gelöst BN los, ongedwongen, vrij, ontspannen
gelten ONOV WW sterk **1** gelden, geldig zijn, waard zijn • *die Regel gilt hier nicht* die regel geldt hier niet • *das gilt auch für dich* dat geldt ook voor jou • *das gilt für alle* dat geldt voor iedereen • *wem ~ diese Worte?* voor wie gelden deze woorden? • *der Vorwurf gilt dir* het verwijt geldt voor jou • *das*

gilt nicht! dat telt niet!, dat geldt niet! • *jetzt gilt es* nu gaat het erom • *die allgemein ~de Meinung* de algemeen geldende opinie • *sich ~d machen* zich doen gelden • *sein Recht ~d machen* zijn recht laten gelden • *mein Interesse gilt der Mathematik* mijn belangstelling gaat uit naar de wiskunde **2 ~ als beschouwd worden als**

geltend BN **geldend** • *~ machen* doen gelden

Geltung ZN V (-/gmv) **1 geldigheid, waarde** • *an ~ verlieren* geldigheid/waarde verliezen **2 betekenis, recht, aanzien** • *es kommt nicht zur ~* het komt niet tot zijn recht • *dieses Kleid ließ ihre Figur zur ~ kommen* in deze jurk kwam haar figuur goed uit • *zur ~ bringen* tot zijn recht doen komen • *sich ~ verschaffen* zich aanzien verschaffen

Geltungsbedürfnis ZN O (+ses/gmv) **geldingsdrang**

Geltungsdauer ZN V (-/gmv) **geldigheidsduur**

Gelübde ZN O (+s/-) **gelofte**

gelungen BN **1 leuk, geslaagd, grappig** • *es war eine ~e Fete* het was een leuk/geslaagd feest • *ein ~er Ausflug* een geslaagd uitstapje **2 gelukt**

Gelüst ZN O (+(e)s/+e) **1 zin, trek** • *Gelüste auf etwas 4* trek in iets **2 lust, begeerte**

gelüsten OV WW FORM. **begeren** • *mich gelüstet nach +3* ik heb zin in

gemach BW **geleidelijk, langzaam** • *nur ~!* kalmpjes aan!

Gemach ZN O (+(e)s/-mächer) **vertrek, kamer**

gemächlich BN **1 kalm, rustig 2 op zijn gemak, behaaglijk**

Gemächlichkeit ZN V (-/gmv) **bedaardheid, gemak**

gemacht BN **1 gemaakt** • *~!* in orde!, akkoord! • *ein ~er Mann* iemand die het gemaakt heeft, arrivé **2 gekunsteld**

Gemahl ZN M (+(e)s/+e) FORM. **gemaal, echtgenoot**

Gemahlin ZN V (-/+nen) FORM. **gemalin, echtgenote**

gemahnen OV WW FORM. **herinneren, doen denken**

Gemälde ZN O (+s/-) **schilderij**

Gemarkung ZN V (-/+en) **1 grens 2 gemeentegebied**

gemasert BN **1 gevlekt 2 geaderd**

gemäß 1 BN +3, **passend** • *jemandem/einer Sache ~ sein* bij iemand/iets passen **2** VZ +3, **overeenkomstig, volgens** • *~ Zeichnung* volgens tekening • *~ Artikel 12* volgens artikel 12 • *den Vorschriften ~* volgens de voorschriften • *~ der Forderung* conform de eis • *seinem Wunsch ~* overeenkomstig zijn wens • *~ unserer Vereinbarung* overeenkomstig onze afspraak

-gemäß ACHTERV +3, **overeenkomstig, volgens** • *gesetzesgemäß* volgens de wet • *vertragsgemäß* volgens het contract • *auftragsgemäß* volgens opdracht

Gemäßheit ZN V (-/gmv) **overeenkomst, overeenstemming**

gemäßigt BN **gematigd**

Gemäuer ZN O (+s/-) **muurwerk, ruïne**

Gemauschel ZN O **geknoei** • *~ bei den Wahlen* geknoei bij de verkiezingen

Gemecker ZN O (+s/gmv) **1 geblaat 2** MIN. **gevit, gezanik** • *das ewige ~* dat eeuwige gezanik • *hör auf mit dem Gemecker!* hou op met dat gezanik!

gemein BN **1 gemeen, gewoon, algemeen** • *er hat etwas mit ihr ~* hij heeft iets met haar gemeen • *der ~e Leser* de gewone lezer **2 gemeen, laag** • *~e Sache* gemene streek • *~es Spiel* gemeen spel • *ein ~er Streich* een vuile streek • *~ sein zu* lelijk doen tegen • *sei nicht so ~* doe niet zo gemeen • MIN., INFORM. *du bist ein ~er Lügner!* vuile leugenaar dat je bent!

Gemeinbesitz ZN M (+es/gmv) **gemeenschappelijk bezit**

Gemeinde ZN V (-/+n) **gemeente** • *eine ländliche ~* een plattelandsgemeente • *die evangelische ~* de protestantse gemeente

Gemeindeabgaben ZN MV **gemeentelijke belasting**

Gemeindeamt ZN O (+(e)s/-ämter) **gemeentehuis**

Gemeinderat ZN M (+(e)s/-räte) **1 gemeenteraad 2 gemeenteraadslid**

Gemeindevorsteher ZN M (+s/-) **burgemeester**

Gemeindewahl ZN V (-/+en) **gemeenteraadsverkiezing**

gemeingefährlich BN **publiek gevaar opleverend**

gemeingültig BN **algemeen geldig**

Gemeingut ZN O (+(e)s/gmv) **gemeengoed** • *(zum) ~ werden* gemeengoed worden • *(zu) ~ machen* (tot) gemeengoed maken

Gemeinheit ZN V (-/+en) **gemeenheid, gemene streek** • *so eine Gemeinheit!* wat gemeen!

gemeinhin BW **over het algemeen, gewoonlijk** • *es ist ~ bekannt* het is algemeen bekend

Gemeinnutz ZN M (+es/gmv) **algemeen belang**

gemeinnützig BN **van algemeen nut** • *die gemeinnützige Organisation* de non-profit organisatie

Gemeinplatz ZN M (+es/-plätze) **gemeenplaats**

gemeinsam 1 BN **gemeenschappelijk, gezamenlijk** • *~es Konto* gezamenlijke rekening • *~e Arbeit* gezamenlijke arbeid • *~e Anstrengungen* gezamenlijke inspanningen • *nach/in ~er Beratung* na/in gezamenlijk overleg **2** BW **gemeenschappelijk, samen** • *etwas mit jemandem ~ haben* iets met iemand gemeen hebben • *~ sind wir stark* samen zijn we sterk • *wir haben es ~ entschieden* we hebben het samen besloten

Gemeinsamkeit ZN V (-/+en) **1 eensgezindheid, saamhorigheid 2 gemeenschappelijk kenmerk** • *sie haben viele Gemeinsamkeiten* zij hebben veel gemeen

Gemeinschaft ZN V (-/+en) **gemeenschap** • *Europäische ~* Europese Gemeenschap • *auf Kosten der ~* op kosten van de gemeenschap

gemeinschaftlich BN **gemeenschappelijk** • *~es Interesse* gemeenschappelijk belang • *~es Eigentum*

gemeenschappelijk eigendom • ~ *mit anderen* in vereniging met anderen
Gemeinschaftsarbeit ZN V (-/+en) **1** gemeenschappelijk werkstuk **2** teamwork
Gemeinschaftserziehung ZN V (-/gmv) **1** socialisatie **2** co-educatie
Gemeinschaftsgeist ZN M (+(e)s/gmv) gemeenschapszin, gemeenschapsgevoel
Gemeinschaftskunde ZN V (-/gmv) maatschappijleer
Gemeinschaftspraxis ZN V (-/-praxen) groepspraktijk
Gemeinschaftsproduktion ZN V (-/+en) coproductie
Gemeinschaftsraum ZN M (+(e)s/-räume) recreatiezaal
Gemeinschaftsschule ZN V (-/+n) openbare school
Gemeinsinn ZN M (+(e)s/gmv) gemeenschapszin
gemeinverständlich BN voor iedereen begrijpelijk
Gemeinwesen ZN O (+s/gmv) gemeenschap
Gemeinwohl ZN O (+(e)s/gmv) algemeen welzijn, algemeen belang
Gemenge ZN O (+s/-) **1** mengsel **2** gewoel, strijdgewoel, drukte
gemessen BN **1** waardig, passend, gepast **2** (af)gemeten, nauwkeurig bepaald • *~en Schrittes gehen* schrijden • *in ~en Worten* in deftige bewoordingen, plechtstatig
Gemessenheit ZN V (-/gmv) **1** gepastheid **2** ernst, afgemetenheid
Gemetzel ZN O (+s/-) slachting, bloedbad
gemieden OV WW volt. deelw. → **meiden**
Gemisch ZN O (+(e)s/+e) mengsel, mengeling
gemischt BN gemengd
Gemischtwarenhandlung ZN V (-/+en) OUD. supermarkt in een dorp, buurtsuper
gemocht OV WW volt. deelw. → **mögen**
gemolken OV + ONOV WW volt. deelw. → **melken**
Gemunkel ZN O (+s/gmv) geroddel, geklets, gemompel
Gemurmel ZN O (+s/gmv) gemompel
Gemüse ZN O (+s/gmv) groente • *er mag kein ~* hij lust geen groente
Gemüseanbau ZN M (+(e)s/gmv) groenteteelt
Gemüsegarten ZN M (+s/-gärten) moestuin
Gemüsehändler ZN M (+s/-) groenteboer
Gemüseladen ZN M (+s/-läden) groentewinkel
gemusst HWW volt. deelw. → **müssen**
gemustert BN met een patroontje
Gemüt ZN O (+(e)s/+er) gemoed • *jemandem aufs ~ schlagen* werken op het gemoed van iemand • *erhitzte Gemüter* verhitte gemoederen • *die Gemüter beruhigen* de gemoederen tot bedaren brengen • *ein kindliches ~* een kinderlijke geest • *sich etwas zu Gemüte führen* van iets genieten, verorberen
gemütlich BN **1** gezellig, gemoedelijk • *es ist hier ~* het is hier gezellig • *ein gemütliches Häuschen* een gezellig huisje • *gemütlicher Abend* gezellig avondje • *gemütliches Beisammensein* gezellig samenzijn • *es sich ~ machen* het zich gemakkelijk/ behaaglijk maken • *eine gemütliche Atmosphäre* een gemoedelijke sfeer **2** zonder haast, rustig • *wir laufen ganz ~ nach Hause* wij wandelen op ons gemak naar huis
Gemütlichkeit ZN V (-/gmv) **1** gezelligheid • *in aller ~* doodgemoedereerd, op zijn dooie gemak **2** gemoedelijkheid
gemütlos BN gevoelloos
Gemütsart ZN V (-/gmv) inborst, karakter
Gemütsbewegung ZN V (-/+en) gemoedsaandoening, gemoedsbeweging, emotie
gemütskrank BN zenuwziek, depressief
Gemütsmensch ZN M (+en/+en) **1** INFORM. gevoelsmens **2** IRON. onmens
Gemütsruhe ZN V (-/gmv) gemoedsrust
Gemütszustand ZN M (+es/-stände) gemoedstoestand
gemütvoll BN gevoelvol
gen VZ +4, tegen, naar • *~ Himmel* ten hemel • *~ Abend* naar het westen
gen. AFK genannt genaamd
Gen ZN O (+s/+e) BIOL. gen
Gen. AFK **1** Genossenschaft coöperatie **2** Genitiv tweede naamval
genannt OV WW volt. deelw. → **nennen**
genarbt BN generfd
genas ONOV WW verl. tijd → **genesen**
genau BN nauwkeurig, precies • *es ist ~ zwölf Uhr* het is precies/stipt drie uur • *ich weiß es ~* ik weet het zeker/precies • *aufs Genau(e)ste* uiterst precies • *auf den Millimeter ~* tot op de millimeter nauwkeurig • *~ übereinstimmen* nauwkeurig overeenstemmen • *ganz ~ erzählen* nauwkeurig vertellen • *es ~ nehmen* het nauw nemen • *es nicht so ~ nehmen* het niet erg nauw nemen • *~ gesehen/ genommen* strikt gezien/genomen • *~!* precies/juist! • *das ist ~ das Problem* dat is precies het probleem, dat is nou net het probleem • *das muss ~ stimmen* dat moet precies kloppen, dat luistert heel nauw • *~ betrachtet* sec bekeken
Genauigkeit ZN V (-/gmv) nauwkeurigheid, precisie • *mit peinlicher ~* pijnlijk nauwgezet
genauso BW precies zo, even • *~ gut* evengoed • *~ wenig* net zo min, evenmin • *~ groß wie ich* precies even groot als ik • *ich hasse sie ~ wie ihn* ik haat haar evenzeer als ik hem haat • *~ handeln* gelijk handelen
Gendarm ZN M (+en/+en) gendarme
Gender ZN O gender
genderneutral BN genderneutraal
genehm BN aangenaam
genehmigen OV WW **1** goedkeuren **2** toestaan
Genehmigung ZN V (-/+en) **1** goedkeuring • *zur ~ vorlegen* ter goedkeuring voorleggen • *seine ~ erteilen* zijn goedkeuring geven • *vorbehaltlich der ~* behoudens goedkeuring van **2** vergunning • *eine ~ beantragen* een vergunning aanvragen
geneigt BN **1** genegen, welwillend • *~ sein*

zu genegen zijn om/tot • *ein ~es Ohr finden* een welwillend gehoor vinden • *ich bin ~ zu* ik ben geneigd om **2** hellend

Geneigtheit ZN V (-/gmv) welwillendheid, genegenheid

General ZN M (+s/+e, Generäle) generaal

Generaldirektor ZN M (+s/+en) **1** directeur-generaal **2** president-directeur

generalisieren OV + ONOV WW generaliseren

Generalität ZN V (-/+en) **1** algemeenheid **2** MIL. alle generaals

Generalprobe ZN V (-/+n) generale repetitie

Generalstaatsanwalt ZN M (+(e)s/-wälte) procureur-generaal

Generalstab ZN M (+(e)s/-stäbe) generale staf

Generalstreik ZN M (+(e)s/+s, +e) algemene staking

generalüberholen OV WW geheel reviseren • *das Auto ist generalüberholt* de auto is geheel gereviseerd

Generalversammlung ZN V (-/+en) algemene vergadering

Generalvollmacht ZN V (-/+en) algemene volmacht

Generation ZN V (-/+en) generatie

Generationenvertrag ZN M (+(e)s/-verträge) ≈ omslagstelsel

generativ BN generatief

Generator ZN M (+s/+en) generator

generell BN **1** algemeen, algemeen geldig **2** over het algemeen

generisch BN generiek

generös BN genereus, edelmoedig

genesen ONOV WW sterk genezen, beter worden

Genesende ZN M/V (+n/+n) herstellende

Genesis ZN V (-/gmv) REL. Genesis

Genesung ZN V (-/+en) genezing

Genesungsheim ZN O (+s/+e) herstellingsoord

Genetik ZN V (-/gmv) BIOL. erfelijkheidsleer

genetisch BN genetisch • *~ bestimmt sein* erfelijk bepaald zijn • *~ veränderte Pflanzen* genetisch gemodificeerd gewas

Genf ZN O (+s/gmv) Genève

Genfer BN van Genève • *~ See* Meer van Genève

Genforschung ZN V (-/+en) genetisch onderzoek

genial BN geniaal • *etwas Geniales* iets geniaals • *eine ~e Idee* een geniaal idee

Genialität ZN V (-/gmv) genialiteit

Genick ZN O (+s/+e) nek • FIG. *das brach ihm das ~* dat gaf hem de doodsteek, dat nekte hem • *sich das ~ brechen* zijn nek breken, FIG. zichzelf ruïneren • *jemandem im ~ sitzen* INFORM. iemand achter de broek zitten

Genickschuss ZN M (+es/-schüsse) nekschot

Genie ZN O (+s/+s) genie

genieren OV WW storen, hinderen • *sich (vor jemandem) ~* zich (voor iemand) generen

genießbar BN bruikbaar, goed te eten • *er ist ungenießbar* hij is niet te genieten

genießen OV WW sterk genieten, gebruiken, savoureren • *etwas ~* genieten van iets • *ich habe es genossen* ik heb ervan genoten • *die Natur ~* van de natuur genieten • *das Leben ~* van het leven genieten • FIG. *er ist heute nicht zu ~* hij is vandaag niet te genieten • *eine gute Erziehung ~* een goede opvoeding genieten

Genießer ZN M (+s/-) genieter, gastronoom, bon vivant

genießerisch BN genotzuchtig, genotvol

Genitalien ZN MV genitaliën

Genitiv ZN M (+s/+e) TAALK. genitief, tweede naamval

Genius ZN M (-/-nien) genius, beschermgeest

Genmanipulation ZN V (-/+en) genetische manipulatie

genommen OV WW volt. deelw. → **nehmen**

Genörgel ZN O (+s/gmv) gemopper, gekanker

genoss OV WW verl. tijd → **genießen**

Genosse ZN M (+n/+n) POL. partijgenoot, kameraad

genossen OV WW volt. deelw. → **genießen**

Genossenschaft ZN V (-/+en) coöperatie

Genossenschaftler ZN M (+s/-) lid van een coöperatie

genossenschaftlich BN coöperatief

Genossin ZN V (-/+nen) **1** POL. partijgenote **2** vriendin

Genre ZN O (+s/+s) soort, genre • *nicht mein ~* niet mijn genre • *in diesem ~* in dat genre

Gent ZN O (+s/+s) Gent

Gentechnik ZN V (-/+en) gen(en)techniek

Gentechnologie ZN V (-/+n) gentechnologie

Gentherapie ZN V (-/+n) gentherapie

Genua ZN O Genua

genuesisch BN Genuees

genug BW toereikend, genoeg • *~ bekommen von jemandem/etwas* genoeg krijgen van iemand/iets • *mehr als ~ von etwas bekommen* meer dan genoeg krijgen van iets • *von jemandem ~ haben* genoeg hebben van iemand • *nicht ~ davon kriegen können* er maar niet genoeg van kunnen krijgen • *davon kriege ich nie ~* daar krijg ik nooit genoeg van • *das ist ~ für mich* dat vind ik genoeg • *~ Geld* genoeg geld • *~ zum Leben haben* genoeg hebben om van te leven • *alt ~ sein* oud genoeg zijn • INFORM. *drücke ich mich klar ~ aus?* ben ik duidelijk genoeg? • INFORM. *das war jetzt ~* nu is het mooi geweest

Genüge ZN V • *zur ~* afdoende • *jemandem ~ tun* iemand tevredenstellen • *einer Sache ~ tun* recht doen aan iets, tegemoetkomen aan iets

genügen ONOV WW **1** voldoende zijn • *das genügt* dat is voldoende • *das genügt fürs Erste* dat volstaat voorlopig **2** voldoen aan • *er genügt den Anforderungen nicht* hij voldoet niet aan de eisen • *jemandem ~* voldoende zijn voor iemand

genügend BN genoeg, voldoende • *es gibt ~ Platz* er is voldoende plaats

genügsam BN gemakkelijk tevreden, sober, bescheiden

Genügsamkeit ZN V (-/gmv) soberheid, bescheidenheid

ge

genugtun OV WW sterk voldoening geven, tevreden stellen
Genugtuung ZN V (-/+en) voldoening, genoegdoening • *~ fordern* genoegdoening eisen • *darüber empfinde ich ~* dat geeft mij voldoening
Genuss **1** ZN M (+es/gmv) gebruik, eten, drinken, genot • *beim ~* onder het genot van... **2** ZN M (+es/-nüsse) genot
genüsslich BN behaaglijk, genotvol
Genussmensch ZN M (+en/+en) genieter, genotzoeker
Genussmittel ZN O (+s/-) genotmiddel
Genusssucht ZN V (-/gmv) genotzucht
geöffnet BN geopend, open • *bis 5 Uhr ~* open tot vijf uur

ge

Geograf, **Geograph** ZN M (+en/+en) geograaf
Geografie, **Geographie** ZN V (-/-) geografie • *soziale ~* sociale geografie
geografisch, **geographisch** BN geografisch
Geologe ZN M (+n/+n) geoloog
Geologie ZN V (-/gmv) aardkunde, geologie
geologisch BN geologisch
Geometer ZN M (+s/-) landmeter
Geometrie ZN V (-/gmv) geometrie, meetkunde • *darstellende ~* beschrijvende meetkunde • *höhere ~* hogere meetkunde • *analytische / euklidische ~* analytische / euclidische meetkunde
geometrisch BN geometrisch, meetkundig • *~er Ort* meetkundige plaats
Geophysik ZN V (-/gmv) geofysica
Georgien ZN O Georgië • *in ~* in Georgië
Gepäck ZN O (+(e)s/+e) bagage • *das ~ hochbringen* de bagage naar boven brengen • *das ~ hinunterbringen* de bagage naar beneden brengen
Gepäckabfertigung ZN V (-/+en) bagagedepot, aangifte v.d. bagage, inklaring v.d. bagage, afgifte v.d. bagage
Gepäckannahme ZN V (-/+n) **1** bagagebureau **2** inontvangstname van bagage
Gepäckaufbewahrung ZN V (-/+en) bagagedepot
Gepäckaufgabe ZN V (-/+n) bagagebureau
Gepäckschein ZN M (+(e)s/+e) bagagereçu
Gepäckträger ZN M (+s/-) **1** kruier **2** bagagedrager
Gepard ZN M (+s/+e) DIERK. jachtluipaard, cheeta
gepfeffert BN gepeperd • *eine ~e Rechnung* een gepeperde rekening
Gepfeife ZN O (+s/gmv) (aanhoudend) gefluit
gepfiffen ONOV WW volt. deelw. → **pfeifen**
gepflegt BN goed verzorgd, keurig • *ein ~er Rasen* een keurig gazon • *eine ~e Ausdrucksweise* een beschaafde manier van spreken
Gepflegtheit ZN V (-/+en) netheid, verzorgdheid
Gepflogenheit ZN V (-/+en) gewoonte
Geplänkel ZN O (+s/gmv) **1** plagerij **2** schermutseling
Geplapper ZN O (+s/gmv) geklets, gebabbel
Geplätscher ZN O (+s/gmv) **1** smalltalk, gebabbel **2** geklater
Geplauder ZN O (+s/gmv) gepraat, gebabbel
Gepolter ZN O (+s/gmv) kabaal, lawaai
Gepräge ZN O (+s/gmv) stempel, karakter
Geprahle ZN O (+s/gmv) gesnoef, gepoch
Gepränge ZN O (+s/gmv) FORM. pronk, praal
Geprassel ZN O (+s/gmv) **1** geknetter **2** gekletter
gepriesen OV WW volt. deelw. → **preisen**
gepunktet BN gestippeld • *eine ~e Bluse* een gestippelde blouse
Gequassel ZN O (+s/gmv) geklets, gewauwel, gezeur
Gequatsche ZN O (+s/gmv) geklets, gezwam
gequollen OV WW volt. deelw. → **quellen**
gerade **1** BN **1** recht, rechtop, oprecht • *in ~r Linie* in rechte lijn **2** even • *~ oder un~* even of oneven • *eine ~ Zahl* een even getal • *die Sitzplätze mit ~r Nummer* de even zitplaatsen • FIG. *wir wollen fünf ~ sein lassen* we zullen het maar zo nauw niet nemen **2** BW **1** juist, net • *das habe ich ~ gesagt* dat heb ik net gezegd • *ich wollte dich ~ anrufen* ik wilde je net bellen • *~ das wollte ich sagen* juist dat wilde ik zeggen • *~ diese Menschen sind verantwortlich* juist deze mensen zijn verantwoordelijk • *~ deshalb!* juist daarom! • *~ nicht!* juist niet! • *~ als ...* juist toen ... • *~ rechtzeitig* net op tijd • *geschieht ihr/ihm ~ recht!* net goed! • *nicht ~* niet bepaald, geenszins **2** recht, rechtop • *~ biegen* rechtbuigen • *~ halten* recht(op) houden • *~ stehen* rechtop staan
Gerade ZN V (+n/+n) **1** rechte lijn **2** SPORT rechte stoot
geradeaus BW **1** rechtuit **2** ronduit, eerlijk
geradebiegen OV WW sterk goedmaken, in orde maken
geradeheraus BW ronduit
gerädert BN INFORM. geradbraakt, uitgeput • *sich wie ~ fühlen* zich geradbraakt voelen • *ich fühle mich ~* ik voel me geradbraakt, ik ben gebroken
geradeso BW net zo
geradestehen ONOV WW sterk • *für etwas ~* voor iets instaan
geradewegs BW **1** rechtstreeks, direct **2** FIG. op de man af
geradezu BW **1** gewoonweg, bepaald • *es ist ~ lächerlich* het is gewoonweg belachelijk **2** rechtstreeks, op de man af
Geradheit ZN V (-/gmv) **1** oprechtheid **2** openhartigheid
geradlinig BN rechtlijnig
Geradlinigkeit ZN V (-/gmv) rechtlijnigheid
gerammelt BN • *~ voll* propvol
Gerangel ZN O (+s/gmv) **1** gestoei **2** vechtpartij **3** strijd, touwtrekkerij
Geranie ZN V (-/+n) geranium
gerann ONOV WW verl. tijd → **gerinnen**
gerannt OV + ONOV WW volt. deelw. → **rennen**
Geraschel ZN O (+s/gmv) geritsel
Gerassel ZN O (+s/gmv) gerammel
Gerät ZN O (+(e)s/+e) **1** gerei, gereedschap **2** apparaat, toestel, device
geraten **1** ONOV WW sterk **1** (ge)raken, komen tot

• *sie ist in Schwierigkeiten* ~ zij is in moeilijkheden geraakt • *er geriet mit seinem Auto in die Gracht* hij geraakte met zijn auto in de gracht • *vor Wut außer sich* ~ buiten zichzelf van woede geraken **2 lukken, uitvallen** • *gut ~e Kinder* succesvolle kinderen **2** BN **geraden, raadzaam** • *das sei dir* ~ dat zal je geraden zijn

Geräteturnen ZN O (+s/gmv) **turnen aan de toestellen**

Geratewohl ZN O • *aufs* ~ op goed geluk, lukraak

Gerätschaft ZN V (-/+en) **gereedschap**

Geratter ZN O (+s/gmv) **geratel**

Geraufe ZN O (+s/gmv) **1 bakkeleien 2 (aanhoudend) stoeien/vechten**

geraum BN • *seit ~er Zeit* sedert geruime tijd

geräumig BN **ruim, uitgestrekt** • *ein geräumiges Haus* een ruim huis

Geräumigkeit ZN V (-/+en) **ruimte**

Geraune ZN O (+s/gmv) **gefluister**

Geräusch ZN O (+es/+e) **geruis, lawaai** • *merkwürdige Geräusche* vreemde geluiden

Geräuschdämmung ZN V (-/+en) **geluidsdemping, geluidsisolatie**

Geräuschkulisse ZN V (-/+n) **achtergrondgeluiden** • *bei der ~ kann man ja nicht arbeiten!* bij dit lawaai kun je gewoon niet werken!

geräuschlos BN **geruisloos, stil**

Geräuschpegel ZN M (+s/-) **geluidsniveau**

geräuschvoll BN **luidruchtig**

gerben OV WW **looien** • *jemandem das Fell* ~ iemand afranselen

Gerber ZN M (+s/-) **leerlooier**

Gerbera ZN V **gerbera**

Gerbsäure ZN V (-/+n) **looizuur**

gerecht BN **rechtvaardig, eerlijk** • *das ist nicht ~!* dat is niet eerlijk! • ~ *teilen* eerlijk delen • *einer Sache ~ werden* aan iets recht laten wedervaren • *seinen Verpflichtungen ~ werden* aan zijn verplichtingen voldoen

gerechtfertigt BN **1 gerechtvaardigd 2 terecht**

Gerechtigkeit ZN V (-/gmv) **1 rechtvaardigheid 2 gerechtigheid** • *jemandem ~ zuteilwerden lassen* iemand gerechtigheid doen wedervaren • *der ~ ihren Lauf lassen* het recht op zijn beloop laten

Gerede ZN O (+s/gmv) INFORM. **gepraat, geklets** • *dummes/blödes* ~ slap geklets • *leeres* ~ geklets in de ruimte • *er ist ins ~ gekommen/geraten* hij is in opspraak gekomen, hij gaat over de tong • *jemanden ins ~ bringen* iemand in opspraak brengen

geregelt BN **geregeld** • *ein ~es Leben führen* een geregeld leven leiden

gereichen ONOV WW **strekken tot** • *zum Nutzen* ~ tot voordeel strekken • *zur Ehre* ~ tot eer strekken

gereizt BN **geïrriteerd, geprikkeld** • ~ *sein* geprikkeld zijn, geïrriteerd zijn

Gereiztheit ZN V (-/gmv) **irritatie, geprikkeldheid**

Geriatrie ZN V (-/gmv) MED. **geriatrie**

geriatrisch BN **geriatrisch**

Gericht ZN O (+(e)s/+e) **1 gerecht** <voedsel> • *vegetarisches* ~ vegetarisch gerecht **2 rechtbank** • ~ *halten* rechtspreken • *vor ~ bringen* voor het gerecht brengen • *eine Sache vor ~ bringen* een zaak aanhangig maken bij de rechtbank • *vor ~ erscheinen* voor het gerecht verschijnen • FIG. *mit jemandem ins ~ gehen* iemand onderhanden nemen • REL. *das Jüngste/Letzte* ~ het Laatste Oordeel • *Militärgericht* militair gerechtshof • *Internationaler Gerichtshof* Internationaal Gerechtshof

gerichtlich BN **gerechtelijk** • ~ *belangen/verfolgen* gerechtelijk vervolgen • *eine ~e Verordnung* een gerechtelijke/rechterlijke bepaling

Gerichtsakten ZN MV **1** JUR. **stukken 2** JUR. **dossier**

Gerichtsbarkeit ZN V (-/gmv) **1** JUR. **jurisdictie 2** JUR. **rechterlijke bevoegdheid**

Gerichtsbeschluss ZN M (+es/-beschlüsse) JUR. **gerechtelijk/rechterlijk besluit**

Gerichtsgebäude ZN O (+s/-) JUR. **gerechtsgebouw, paleis van justitie**

Gerichtshof ZN M (+(e)s/-höfe) JUR. **gerechtshof** • *der Oberste* ~ de Hoge Raad

Gerichtskanzlei ZN V (-/+en) JUR. **griffie**

Gerichtskosten ZN MV JUR. **gerechtskosten, proceskosten**

Gerichtssaal ZN M (+es/-säle) JUR. **rechtszaal**

Gerichtsstand ZN M (+(e)s/-stände) JUR. **bevoegde rechtbank**

Gerichtstermin ZN M (+s/+e) JUR. **rechtszitting**

Gerichtsurteil ZN O (+(e)s/+e) JUR. **gerechtelijk vonnis**

Gerichtsverfahren ZN O (+s/-) JUR. **procedure, proces**

Gerichtsverhandlung ZN V (-/+en) JUR. **proces, rechtszitting** • *zur ~ erscheinen* ter terechtzitting verschijnen

Gerichtsvollzieher ZN M (+s/-) JUR. **deurwaarder**

Gerichtsweg ZN M (+(e)s/+e) JUR. **gerechtelijke weg**

gerieben BN **doortrapt, uitgekookt**

Geriesel ZN O (+s/gmv) **vloeien, gekabbel**

gering BN **gering, klein, onaanzienlijk** • *von ~em Wert* van geringe waarde • *nicht im Geringsten* niet in het geringste/minst • *aus dem ~sten Grund* om het minste of geringste • ~ *achten/schätzen* geringachten, geringschatten • *das ist nicht* ~ FIG. dat is niet kinderachtig • *bin ich zu ~?* ben ik te min? • *etwas nicht ~ schätzen* er niet te min over denken • *bei der ~sten Gefahr* bij het minste of geringste gevaar • *ohne die ~ste Gefahr* zonder enig gevaar • *von ~erer Bedeutung* van weinig betekenis • *in ~erem Maße* in mindere mate • *von ~erer Qualität* van mindere kwaliteit • *kein Geringerer als der Bürgermeister* niemand minder dan de burgemeester

geringfügig BN **gering, luttel, onbeduidend**

Geringfügigkeit 1 ZN V (-/+en) **kleinigheid, futiliteit 2** ZN V (-/gmv) **onbeduidendheid, nietigheid**

geringschätzig BN **geringschattend, minachtend** • ~ *behandeln* met minachting behandelen • *da brauchst du nicht so ~ drüber zu denken* daar moet je niet zo min over denken

Geringschätzung ZN V (-/gmv) geringschatting, minachting

geringstenfalls BW op z'n minst

geringwertig BN **1** middelmatig **2** van geringe waarde

Gerinne ZN O (+s/gmv) **1** stroompje **2** goot

gerinnen ONOV WW sterk stollen, stremmen • *geronnene Milch* gegiste melk

Gerinnsel ZN O (+s/-) **1** watertje, stroompje **2** stolsel, stremsel

Gerinnung ZN V (-/+en) stolling, stremming

Gerippe ZN O (+s/-) karkas, geraamte

gerippt BN geribd • *~er Samt* ribfluweel

gerissen 1 BN **1** gescheurd **2** gewiekst, geslepen, sluw • *er ist ganz schön ~* hij is behoorlijk goochem **2** WW volt. deelw. → **reißen**

geritten OV + ONOV WW volt. deelw. → **reiten**

Germane ZN M (+n/+n) Germaan

germanisch BN Germaans

germanisieren OV WW germaniseren

Germanismus ZN M (-/-men) TAALK. germanisme

Germanium ZN O (+s/gmv) chemische grondstof, een grijswit metaal

gern, gerne BW graag • *das mache ich ~ für dich* dat doe ik graag voor je • *ich lese ~* ik lees graag • *ich hätte ~ ein Bier* een biertje graag! • *~ geschehen* graag gedaan • *jemanden ~ haben* iemand graag mogen • *~ oder un~* graag of niet • *das glaube ich ~* dat geloof ik graag • *ich würde ~* ik zou graag • *ich möchte ~* ik wil graag... • *ich hätte es ~* ik zou het graag hebben • *ja, ~!* ja, graag! • *sehr ~!* heel graag! • *es ist nicht ~ geschehen* ik kon er niets aan doen • *~ gesehen* graag gezien • *er hat es nicht ~ getan* hij heeft het niet opzettelijk gedaan

Gernegroß ZN M (-/+e) gewichtigdoener, opschepper

gernhaben OV WW onregelmatig houden van • *jemanden ~* van iemand houden • IRON. *du kannst mich ~!* je kunt me de pot op!

Geröchel ZN O (+s/gmv) gereutel, gerochel

gerochen OV + ONOV WW volt. deelw. → **riechen**

Geröll ZN O (+(e)s/gmv) losgeraakte stenen, steengruis

geronnen WW volt. deelw. → **rinnen** • *~es Blut* geronnen bloed

Gerontologe ZN M (+n/+n) gerontoloog

Gerste ZN V (-/gmv) PLANTK. gerst

Gerstenkorn ZN O (+(e)s/-körner) **1** gerstekorrel **2** MED. gerstekorrel, strontje

Gerstensaft ZN M (+(e)s/gmv) gerstenat

Gerte ZN V (-/+n) **1** twijg, gard **2** zweep

Geruch ZN M (+s/-rüche) reuk, geur • *ein ekliger ~* een akelige geur • *schlechte Gerüche* vieze luchtjes • *der ~ von/nach etwas 3* de geur van iets • *der ~ nach Benzin* de geur van benzine • *fader/widerlicher ~* weeë lucht

geruchlos BN zonder geur, reukloos

Geruchssinn ZN M (+es/gmv) reukzin

Gerücht ZN O (+(e)s/+e) gerucht • *es geht das ~ (um), dass...* het gerucht doet de ronde dat... • *Gerüchte in Umlauf bringen / verbreiten/ausstreuen* praatjes uitstrooien • *es gibt Gerüchte* het gerucht gaat

gerufen OV WW volt. deelw. → **rufen**

geruhen OV WW zich verwaardigen • *der Kaiser geruhte zu bestimmen...* het behaagde de keizer te bepalen...

geruhsam BN gemoedelijk, behaaglijk, rustig, kalm

Gerumpel ZN O (+s/gmv) gestommel, kabaal

Gerümpel ZN O (+s/gmv) voddenboel, rommel

gerungen OV WW volt. deelw. → **ringen**

Gerüst ZN O (+(e)s/+e) **1** stellage, steiger, stelling • *das ~ einer Brücke* dragende constructie v.e. brug **2** geraamte **3** FIG. kerngedachte

Gerüttel ZN O (+s/gmv) **1** geschud, geschok **2** geruk

Ges ZN O (-/-) MUZ. ges

gesalzen BN **1** gezouten **2** FIG. gepeperd • *ein ~er Brief* een brief op poten **3** FIG. schuin <van mop> **4** FIG. fel, bits

gesammelt BN beheerst, kalm, rustig

gesamt BN totaal, geheel

Gesamtansicht ZN V (-/+en) totaalaanzicht

Gesamtausgabe ZN V (-/+n) volledige uitgave

Gesamtbetrag ZN M (+(e)s/-träge) totaalbedrag

gesamtdeutsch BN heel Duitsland omvattend

Gesamteindruck ZN M (+(e)s/-drücke) **1** indruk van het geheel **2** totale indruk

Gesamtergebnis ZN O (+ses/+se) eindresultaat, einduitslag

gesamteuropäisch BN heel Europa omvattend

Gesamtheit ZN V (-/gmv) totaal, geheel • *in seiner ~* in zijn totaliteit

Gesamtschule ZN V (-/+n) ≈ scholengemeenschap

Gesamtwerk ZN O (+(e)s/+e) (hele) oeuvre, volledig werk

Gesamtwert ZN M (+(e)s/+e) totale waarde, gezamenlijke waarde

Gesamtwertung ZN V algemeen klassement

gesandt OV WW volt. deelw. → **senden**

Gesandte ZN M/V (+n/+n) (af)gezant

Gesandtschaft ZN V (-/+en) afvaardiging, gezantschap

Gesang ZN M (+(e)s/-sänge) **1** zang **2** gezang

Gesangbuch ZN O (+(e)s/-bücher) gezangboek, liedboek

Gesangverein ZN M (+(e)s/+e) zangvereniging

Gesäß ZN O (+es/+e) zitvlak

Gesäßbacke ZN V (-/+n) bil

Gesäßtasche ZN V (-/+n) achterzak

Gesause ZN O (+s/gmv) **1** gesuis **2** gegier

Gesäusel ZN O (+s/gmv) gesuizel, geruis

gesch. AFK geschieden gescheiden

geschaffen OV WW volt. deelw. → **schaffen**

geschafft BN doodop, bekaf

Geschäft ZN O (+(e)s/+e) **1** bedrijf, kantoor,

winkel, zaak • *ein ~ führen* een zaak drijven/hebben • *ins ~ gehen* naar kantoor gaan, naar de zaak gaan • *das ~ geht gut* de zaak loopt goed • *ein florierendes ~* een bloeiende zaak • *gute Geschäfte machen* goede zaken doen • JEUGDT. *ein kleines/großes ~* een kleine/grote boodschap doen <bij kinderen> • *dunkle Geschäfte* duistere zaakjes • *mit jemandem ins ~ kommen* met iemand een zakelijke relatie aangaan **2 transactie 3 werk** • *seinen Geschäften nachgehen* zijn werk doen • *sein ~ verstehen* zijn vak verstaan

geschäftig BN **werklustig, bezig, druk**

Geschäftigkeit ZN V (-/gmv) **bedrijvigheid, drukte, werklust, bezigheid**

geschäftlich BN **zakelijk, in zaken, voor zaken** • *~ unterwegs* op zakenreis • *~ oder privat* zakelijk of privé • *geschäftliche Angelegenheiten* huishoudelijke zaken

Geschäftsabschluss ZN M (+es/-schlüsse) **transactie** • *zu einem ~ kommen* tot een transactie komen

Geschäftsaufgabe ZN V • *wegen ~* wegens opheffing van de zaak

Geschäftsbedingungen ZN MV **handelsvoorwaarden, condities** • *allgemeine ~* algemene voorwaarden

Geschäftsbereich ZN M (+(e)s/+e) **ambtsgebied, rayon** • *Minister ohne ~* minister zonder portefeuille

Geschäftsbericht ZN M (+(e)s/+e) **jaarverslag**

Geschäftsbeziehung ZN V (-/+en) **zakenrelatie, handelsbetrekking**

Geschäftsbrief ZN M (+(e)s/+e) **zakenbrief**

geschäftsfähig BN **handelingsbekwaam**

Geschäftsfrau ZN V (-/+en) **zakenvrouw**

Geschäftsfreund ZN M (+(e)s/+e) **zakenvriend, zakenrelatie**

geschäftsführend BN **beherend** • *der geschäftsführende Ausschuss; geschäftsführende Instanz* het dagelijks bestuur

Geschäftsführer ZN M (+s/-) **bedrijfsleider,** BELG. **zaakvoerder**

Geschäftsführung ZN V (-/gmv) **1 bedrijfsleiding, directie 2 leiding van de zaak, beheer**

Geschäftsgeheimnis ZN O (+ses/+se) **bedrijfsgeheim, zakengeheim**

Geschäftshaus ZN O (+es/-häuser) **zakenpand, winkelpand,** BELG. **handelshuis**

Geschäftsinhaber ZN M (+s/-) **eigenaar van een zaak**

Geschäftsjahr ZN O (+(e)s/+e) **boekjaar**

Geschäftskosten ZN MV ECON. **kosten van de zaak/van het bedrijf** • *das geht auf ~* dat is op rekening van mijn baas, dat is op kosten van de zaak

Geschäftslage ZN V (-/+n) **toestand in zaken**

Geschäftsleben ZN O (+s/-) **bedrijfsleven, zakenleven**

Geschäftsmann ZN M (+(e)s/-leute) **zakenman**

geschäftsmäßig BN **zakelijk, volgens zakengebruik**

Geschäftsordnung ZN V (-/+en) **reglement van orde**

Geschäftspartner ZN M (+s/-) ECON. **handelspartner**

Geschäftsreise ZN V (-/+n) **zakenreis**

Geschäftsschluss ZN M (+es/gmv) **sluitingstijd**

Geschäftssinn ZN M (+(e)s/gmv) **handelsgeest, zakelijk inzicht** • *einen guten ~ haben* een goed zakelijk inzicht hebben

Geschäftssitz ZN M (+es/+e) **locatie v.h. bedrijf**

Geschäftsstelle ZN V (-/+n) **kantoor**

Geschäftsstunden ZN MV **kantooruren, kantoortijd**

Geschäftsträger ZN M (+s/-) **zaakgelastigde**

geschäftstüchtig BN **bekwaam, handig in zaken** • *er ist ~* hij is een handig zakenman

Geschäftsverbindung ZN V (-/+en) **zakenrelatie**

Geschäftsverkehr ZN M (+s/gmv) **handelsverkeer**

Geschäftswert ZN M (+(e)s/gmv) **goodwill**

Geschäftszeit ZN V (-/+en) **1 openingstijd 2 kantooruren**

Geschäftszweig ZN M (+(e)s/+e) **branche, bedrijfstak**

geschah ONOV WW verl. tijd → **geschehen**

Geschaukel ZN O (+s/gmv) **(aanhoudend) geschommel**

gescheckt BN **bont, gevlekt**

geschehen ONOV WW sterk **gebeuren, geschieden** • *es kann dir nichts ~* er kan je niets gebeuren • *es ist nun einmal ~* het is nu eenmaal gebeurd • *was auch geschieht* wat er ook gebeurt • *es ist ein Unglück ~* er is een ongeluk gebeurd • *als ob nichts ~ wäre* alsof er niets gebeurd was • *das darf nie wieder ~* dat mag nooit meer gebeuren • *gern ~* graag gedaan, geen dank • *es geschah ihm recht* hij kreeg zijn verdiende loon • INFORM. *es ist um ihn ~* het is gedaan met hem

Geschehen ZN O (+s/gmv) **gebeurtenis**

Geschehnis ZN O (+ses/+se) **voorval, gebeurtenis**

gescheit BN **1 verstandig, wijs** • *das hat sie ~ gemacht* dat heeft zij verstandig gedaan • *du bist wohl nicht ~?* ben je niet goed wijs? **2 goed, geschikt** • *er hat kein ~es Werkzeug* hij heeft geen geschikt gereedschap

Geschenk ZN O (+s/+e) **geschenk, cadeau** • *jemandem etwas zum ~ machen* iemand iets cadeau geven • *soll ich es als ~ einpacken?* is het een cadeautje? • *großzügige Geschenke* gulle gaven • FIG. *ein ~ des Himmels* een geschenk uit de hemel

Geschenkgutschein ZN M (+(e)s/+e) **cadeaubon**

Geschichte ZN V (-/+n) **1 geschiedenis** • *in die ~ eingehen* de geschiedenis ingaan • *die ~ lehrt uns* de geschiedenis leert ons • *die ~ wiederholt sich* de geschiedenis herhaalt zich • *allgemeine/biblische ~* algemene/Bijbelse geschiedenis • *alte/neue/neueste ~* oude/nieuwe/nieuwste geschiedenis **2 verhaal,**

ge

gebeurtenis • *alltägliche Geschichten* dagelijkse gebeurtenissen • *eine seltsame/merkwürdige ~* een vreemde gebeurtenis • FIG. *das ist wieder die alte ~* dat is weer het oude liedje • INFORM. *das ist ja eine schöne ~* dat is ook een mooie boel! • INFORM. *mach doch keine Geschichten* haal toch geen dwaasheden uit • INFORM. *was machst du denn für Geschichten?* wat doe jij allemaal?
geschichtlich BN historisch
Geschichtsbewusstsein ZN O (+s/gmv) historisch bewustzijn/besef
Geschichtsbuch ZN O (+(e)s/-bücher) geschiedenisboek
Geschichtsschreibung ZN V (-/+en) geschiedschrijving

ge

Geschick ZN O (+(e)s/+e) **1** handigheid, flair • *großes ~ für etwas haben* heel handig in iets zijn **2** lotgeval, noodlot
Geschicklichkeit ZN V (-/gmv) handigheid, behendigheid, flair • *in einer Sache ~ entwickeln* ergens handigheid in krijgen
geschickt BN bekwaam, handig, vaardig • *~ mit etwas umgehen; sich ~ mit etwas anstellen* iets handig doen, handig met iets omgaan
Geschiebe **1** ZN O (+s/gmv) geduw, gedrang **2** ZN O (+s/-) losgeraakt gesteente
geschieden BN gescheiden • *wir sind ~e Leute* wij hebben niets meer met elkaar te maken
Geschiedene ZN M/V (+n/+n) gescheiden persoon
geschienen ONOV WW volt. deelw. → **scheinen**
Geschimpfe ZN O (+s/gmv) gescheld, gefoeter
Geschirr ZN O (+(e)s/+e) **1** vaatwerk, servies • *das ~ abwaschen/spülen* de vaat/afwas doen **2** gerei, gereedschap **3** tuig, paardentuig
Geschirrschrank ZN M (+(e)s/-schränke) servieskast
Geschirrspüler ZN M (+s/-) vaatwasmachine
Geschirrspülmaschine ZN V (-/+n) vaatwasmachine
Geschirrtuch ZN O (+(e)s/-tücher) theedoek, afdroogdoek, BELG. keukenhanddoek
geschissen ONOV WW volt. deelw. → **scheißen**
geschlafen ONOV WW volt. deelw. → **schlafen**
geschlagen OV WW volt. deelw. → **schlagen**
Geschlecht ZN O (+s/+er) geslacht • *das menschliche ~* het menselijk geslacht • *ein altes ~* een oud geslacht • FIG. *das schöne/schwache ~* het schone/zwakke geslacht • FIG. *von ~ zu ~* van generatie op generatie
geschlechtlich BN geslachtelijk, seksueel
Geschlechtsakt ZN M (+(e)s/+e) geslachtsdaad
Geschlechtskrankheit ZN V (-/+en) MED. geslachtsziekte
Geschlechtsmerkmal ZN O (+(e)s/+e) geslachtskenmerk
geschlechtsneutral BN genderneutraal
Geschlechtsorgan ZN O (+s/+e) geslachtsorgaan
Geschlechtsteil ZN M/O (+(e)s/+e) geslachtsdeel
Geschlechtsverkehr ZN M (+s/gmv) geslachtsverkeer, geslachtsgemeenschap, seksuele omgang
Geschlechtswort ZN O (+(e)s/-wörter) TAALK. lidwoord
geschlichen ONOV WW volt. deelw. → **schleichen**
geschliffen BN **1** verfijnd, gecultiveerd **2** scherp **3** geslepen
Geschliffenheit ZN V (-/gmv) fatsoen
Geschlinge ZN O (+s/-) verwarde ranken
geschlossen BN **1** dicht, gesloten • *der Laden ist ~* de winkel is gesloten • *~er Umschlag* gesloten enveloppe • *ein ~er Kreislauf* gesloten circuit • *in ~en Reihen* in gesloten rijen **2** besloten • *~e Ortschaft* bebouwde kom • *eine ~e Veranstaltung* een besloten bijeenkomst **3** unaniem, gezamenlijk • *~ hinter jemandem stehen* unaniem achter iemand staan **4** afgerond, een eenheid vormend
Geschlossenheit ZN V (-/gmv) **1** geslotenheid **2** beslotenheid **3** eensgezindheid, saamhorigheid
Geschluchze ZN O (+s/gmv) (aanhoudend) gesnik
geschlungen OV WW volt. deelw. → **schlingen**
Geschmack ZN M (+s/-schmäcke) smaak • *der gute ~* de goede smaak • *ein bitterer ~* een zure smaak • *auf den ~ kommen* er de smaak van te pakken krijgen • *~ an einer Sache finden* ergens plezier in hebben • *gibt es etwas nach deinem Geschmack?* is er iets naar jouw smaak?, zit er iets van je gading bij? • *es ist nichts nach meinem ~ dabei* er zit niets bij dat naar mijn smaak is, er is niets van mijn gading bij • *das ist nicht mein ~* dat is niet mijn smaak, dat is niet van mijn gading • *es nach seinem ~ machen* zijn goesting doen • *jeder nach seinem ~* ieder zijn meug
geschmacklich BN wat de smaak betreft
geschmacklos BN **1** smakeloos <ook figuurlijk> **2** flauw
Geschmacklosigkeit ZN V (-/+en) **1** smakeloosheid <ook figuurlijk> **2** flauwheid
Geschmackssache ZN V (-/+n) kwestie van smaak • *das ist Geschmacksache* dat is een kwestie van smaak
Geschmacksverirrung ZN V (-/+en) FIG. smakeloosheid
geschmackvoll BN smaakvol, stijlvol
Geschmatze ZN O (+s/gmv) **1** gesmak **2** gezoen
Geschmeide ZN O (+s/-) edelsmeedwerk, sieraad
geschmeidig BN buigzaam, soepel, zacht, lenig • *ein ~er Körper* een lenig lichaam
Geschmeidigkeit ZN V (-/gmv) meegaandheid, lenigheid, soepelheid
Geschmetter ZN O (+s/gmv) geschal
Geschmiere ZN O (+s/gmv) geknoei, geklieder
geschmissen OV + ONOV WW volt. deelw. → **schmeißen**
geschmolzen OV WW volt. deelw. → **schmelzen**
Geschnatter ZN O (+s/gmv) gesnater
geschniegelt BN piekfijn, tot in de puntjes

verzorgd • *ein ~er Bursche* een opgedofte jongeman

geschnitten OV WW volt. deelw. → **schneiden**

Geschnüffel ZN O (+s/gmv) gesnuffel

geschoben OV WW volt. deelw. → **schieben**

gescholten OV + ONOV WW volt. deelw. → **schelten**

Geschöpf ZN O (+es/+e) wezen, schepsel, creatuur • *ein undankbares ~* een ondankbaar schepsel

geschoren OV WW volt. deelw. → **scheren**

Geschoss ZN O (+es/+e) **1** projectiel, pijl, werpspies **2** verdieping, etage

geschossen OV WW volt. deelw. → **schießen**

geschraubt BN opgeblazen, gekunsteld • *sich ~ ausdrücken* zich gekunsteld uitdrukken

Geschrei ZN O (+s/gmv) geschreeuw • *lautes ~ erheben* een luid geschreeuw aanheffen • *viel ~ um etwas machen* een grote drukte om iets maken • *mit großem ~* met veel misbaar

Geschreibe ZN O (+s/gmv) (aanhoudend) geschrijf

geschrieben OV + ONOV WW volt. deelw. → **schreiben**

geschrien OV + ONOV WW volt. deelw. → **schreien**

geschritten ONOV WW volt. deelw. → **schreiten**

geschunden OV WW volt. deelw. → **schinden**

geschuppt BN geschubd

Geschütz ZN O (+es/+e) geschut, kanon • OOK FIG. *mit schwerem/großem ~* met zwaar/grof geschut • OOK FIG. *schweres/großes ~ auffahren* met zwaar/grof geschut schieten, zwaar/grof geschut gebruiken

Geschwafel ZN O (+s/gmv) gebazel, gewauwel

Geschwätz ZN O (+es/gmv) gepraat, geklets • INFORM. *dummes ~* dom geklets

geschwätzig BN praatlustig

Geschwätzigkeit ZN V (-/gmv) praatlust

geschweift BN gebogen, gewelfd

geschweige VOEGW laat staan • *er hat nicht angerufen, ~ denn den Brief geschrieben* hij heeft niet gebeld, laat staan de brief geschreven

geschwiegen ONOV WW volt. deelw. → **schweigen**

geschwind BN vlug, snel

Geschwindigkeit ZN V (-/+en) snelheid, vaart • *~ haben* snelheid hebben, vaart hebben • *~ drosseln/zurücknehmen* snelheid verminderen/ matigen, vaart minderen • *~ erhöhen* snelheid vermeerderen/verhogen, vaart vermeerderen

Geschwindigkeitsbegrenzung ZN V (-/+en) snelheidsbeperking

Geschwindigkeitsmesser ZN M (+s/-) snelheidsmeter

Geschwindigkeitsüberschreitung ZN V (-/+en) snelheidsovertreding

Geschwirr ZN O (+s/gmv) getjilp, gegons

Geschwister ZN MV broer(s) en zuster(s) • *hast du Geschwister?* heb je broers en zussen?

geschwisterlich BN van broers en zusters, als broers en zusters

Geschwisterpaar ZN O (+(e)s/+e) broer en zus

geschwollen ONOV WW volt. deelw. → **schwellen**

geschwommen ONOV WW volt. deelw. → **schwimmen**

geschworen OV WW volt. deelw. → **schwören**

Geschworene ZN M/V (+n/+n) JUR. jurylid

Geschwulst ZN V (-/-schwülste) gezwel • *eine gutartige ~* een goedaardig gezwel • *eine bösartige ~* een kwaadaardig gezwel

geschwunden ONOV WW volt. deelw. → **schwinden**

geschwungen BN gebogen, gewelfd

Geschwür ZN O (+s/+e) zwerende plek, zweer

gesehen OV + ONOV WW volt. deelw. → **sehen**

Geselchte ZN O (+n/gmv) OOST. gerookt vlees

Geselle ZN M (+n/+n) **1** gezel, knecht <in ambachtsstelsel> **2** MIN. vent, knaap • *das ist ein übler ~* dat is een gevaarlijke kerel **3** kameraad • *ein lustiger ~* een vrolijke kerel

gesellen WKD WW (**sich ~**) zich voegen • *sich zu jemandem ~* zich bij iemand voegen

gesellig BN gezellig, sociaal • *er ist eine ~e Natur* hij houdt van gezelligheid

Geselligkeit ZN V (-/gmv) gezelligheid, samenzijn met anderen

Gesellschaft ZN V (-/+en) **1** gezelschap • *jemandem ~ leisten* iemand gezelschap houden • *sich in guter ~ befinden* in goed gezelschap zijn • *schlechte ~ meiden* slecht gezelschap mijden • *gemischte ~* bont gezelschap • *eine fröhliche ~* een vrolijk gezelschap • FORM. *die vornehme ~* de voorname kringen **2** maatschappij, samenleving • *die bürgerliche ~* de burgerlijke samenleving **3** genootschap **4** vennootschap • *~ mit beschränkter Haftung* besloten vennootschap, BV **5** partijtje, feestje

Gesellschafter ZN M (+s/-) ECON. vennoot • *stiller ~* stille vennoot • *(persönlich) haftender ~* een vennoot die persoonlijk aansprakelijk is

Gesellschafterin ZN V (-/+nen) gezellin, gezelschapsdame

gesellschaftlich BN **1** sociaal, maatschappelijk • *~e Verpflichtungen* maatschappelijke plichten **2** welgemanierd, beschaafd • *~e Formen besitzen* goede manieren hebben

Gesellschaftsanzug ZN M (+(e)s/-züge) avondkostuum

gesellschaftsfähig BN maatschappelijk, sociaal aanvaard, gedistingeerd, beschaafd

Gesellschaftskritik ZN V (-/gmv) maatschappijkritiek

Gesellschaftsordnung ZN V (-/+en) maatschappelijke orde

Gesellschaftsraum ZN M (+(e)s/-räume) conversatiezaal, salon

Gesellschaftsschicht ZN V (-/+en) sociale klasse

Gesellschaftsspiel ZN O (+(e)s/+e) gezelschapsspel

Gesellschaftswissenschaft ZN V (-/+en) maatschappijwetenschap

gesessen ONOV WW volt. deelw. → **sitzen**

Gesetz ZN O (+es/+e) **wet** • *ein ~ erlassen/verabschieden* een wet uitvaardigen • *ein ungeschriebenes ~* een ongeschreven wet • *das ~ des Dschungels* de wet van de jungle • *die Gesetze einhalten* de wetten naleven • *nach dem ~* volgens/krachtens de wet • *das ~ zum...* de wet op... • *durch das ~* bij de wet • *mit dem ~ in Konflikt kommen* met justitie in aanraking komen • *sich außerhalb des Gesetzes stellen* zich buiten de wet stellen

Gesetzbuch ZN O (+(e)s/-bücher) **wetboek** • *Bürgerliches ~ (BGB)* Burgerlijk Wetboek

Gesetzentwurf ZN M (+(e)s/-würfe) **wetsontwerp**

Gesetzeshüter ZN M (+s/-) **wetshandhaver**

Gesetzeskraft ZN V (-/gmv) **kracht van wet**

Gesetzeslücke ZN V (-/+n) **maas in de wet**

Gesetzesnovelle ZN V (-/+n) **wetswijziging**

Gesetzesvorlage ZN V (-/+n) JUR. **wetsontwerp**

gesetzeswidrig BN **onrechtmatig, onwettig**

gesetzgebend BN **wetgevend** • *die ~e Gewalt* de wetgevende macht

Gesetzgeber ZN M (+s/-) **wetgever**

Gesetzgebung ZN V (-/+en) **wetgeving**

gesetzlich BN **1 wettig** • *~es Zahlungsmittel* wettig betaalmiddel **2 wettelijk** • *~ geschützt* wettelijk gedeponeerd • *~ haftbar* wettelijk aansprakelijk • *~ verboten* bij de wet verboden

Gesetzlichkeit ZN V (-/gmv) **1 wettigheid 2 wettelijkheid**

gesetzlos BN **wetteloos**

gesetzmäßig BN **1 wettelijk, wettig** • *die gesetzmäßige Gewalt* het wettig gezag **2 wetmatig**

Gesetzmäßigkeit ZN V (-/+en) **wetmatigheid, wettigheid**

gesetzt BN **bezadigd, bedaard** • *im ~en Alter* op rijpere leeftijd

gesetzwidrig BN **wederrechtelijk, in strijd met de wet**

Gesetzwidrigkeit ZN V (-/+en) **onwettigheid, wetsovertreding**

Geseufze ZN O (+s/gmv) **gezucht**

ges.gesch. AFK gesetzlich geschützt **wettig gedeponeerd**

Gesicht ZN O (+(e)s/+er) **1 gezicht** • *ein bekanntes ~* een bekend gezicht • *ein rundes ~* een vol gezicht • *das sieht man an deinem ~* dat zie je aan je gezicht • *Gesichter schneiden* gezichten trekken • *ein fröhliches ~ machen* een vrolijk gezicht zetten • *ich habe ihr direkt ins ~ gesagt, dass* ik heb haar recht in het gezicht gezegd dat • INFORM. *der machte vielleicht ein Gesicht!* hij trok me een gezicht! • FIG. *sein wahres ~ zeigen* zijn ware gezicht tonen • FIG. *das ~ verlieren* zijn gezicht verliezen • FIG. *sein ~ retten* zijn gezicht redden • FIG. *das ~ wahren* zijn gezicht niet verliezen • FIG. *jemandem wie aus dem ~ geschnitten sein* sprekend op iemand lijken • FIG. *sein wahres ~ zeigen* zijn ware gezicht laten zien • FIG. *jemandem ins ~ lachen* iemand in zijn gezicht uitlachen **2 gezichtsvermogen 3 visioen**

Gesichtsausdruck ZN M (+(e)s/-drücke) **gezichtsuitdrukking, gelaatsuitdrukking**

Gesichtsbräuner ZN M (+s/-) **gezichtsbruiner**

Gesichtscreme ZN V (-/+s) **gezichtscrème**

Gesichtsfarbe ZN V (-/+n) **gelaatskleur** • *mit dunkler/heller ~* met een donkere/lichte gelaatskleur

Gesichtsfeld ZN O (+(e)s/+er) **gezichtsveld**

Gesichtskreis ZN M (+es/+e) **1 gezichtsveld 2 horizon, blik** • *seinen ~ erweitern* zijn blik/horizon verruimen

Gesichtsnerv ZN M (+s/+en) **gezichtszenuw**

Gesichtspunkt ZN M (+(e)s/+e) **gezichtspunt, aspect** • *etwas unter einem neuen ~ betrachten* iets vanuit een nieuw oogpunt bekijken

Gesichtswasser ZN O (+s/-wässer) **reinigingslotion** <voor gezicht>

Gesichtswinkel ZN M (+s/-) **1 gezichtspunt, oogpunt 2** FIG. **standpunt, optiek**

Gesichtszug ZN M (+(e)s/-züge) **gelaatstrek**

Gesims ZN O (+es/+e) **1 lijst, kroonlijst, gevellijst 2 rand, richel**

Gesindel ZN O (+s/gmv) **gespuis**

gesinnt BN **1 gezind** • *jemandem freundlich/übel ~ sein* iemand vriendelijk/slecht gezind zijn • *er ist Ihnen gut ~* hij is u goed gezind • *feindlich ~* vijandig gezind **2 van zins**

Gesinnung ZN V (-/+en) **gezindheid, richting** • *freundschaftliche ~* vriendschappelijke instelling/gezindheid

Gesinnungsgenosse ZN M (+n/+n) **geestverwant**

gesinnungslos BN **zonder vaste overtuiging**

gesittet BN **welgemanierd, beschaafd**

Gesittung ZN V (-/gmv) **welgemanierdheid, beschaving**

Gesöff ZN O (+(e)s/+e) **slechte drank, bocht**

gesoffen OV + ONOV WW volt. deelw. → **saufen**

gesogen OV + ONOV WW volt. deelw. → **saugen**

gesondert BN **afzonderlijk**

gesonnen BN • *~ sein, etwas zu tun* van zins zijn iets te doen, bereid zijn iets te doen • *jemandem gut/übel ~ sein* iemand welgezind/niet welgezind zijn

gesotten OV WW volt. deelw. → **sieden**

Gespann ZN O (+(e)s/+e) **span, paar, bespanning**

gespannt BN **(in)gespannen, benieuwd** • *in ~er Erwartung* met gespannen verwachting • *ein ~es Verhältnis zu jemandem haben* op gespannen voet staan met iemand • *~ zuhören* ingespannen luisteren • *auf etwas ~ sein* benieuwd zijn naar iets • *ich bin ~, was er tun wird* ik ben benieuwd wat hij zal doen

Gespanntheit ZN V (-/gmv) **1 stress, spanning 2 nieuwsgierigheid**

Gespenst ZN O (+(e)s/+er) **spook** • *du siehst aus wie ein ~* je ziet er uit als een geest • *es gibt keine Gespenster* spoken bestaan niet • FIG. *Gespenster sehen* spoken zien

gespensterhaft BN **spookachtig**

gespenstern ONOV WW **spoken, rondwaren**

Gespensterschiff ZN O (+(e)s/+e) **spookschip**

gespenstisch BN **spookachtig**

Gesperre zn o (+s/-) **1** techn. afsluiting **2** blokkeersysteem

Gespiele zn m (+n/+n) speelkameraad

gespien ov ww volt. deelw. → **speien**

Gespinst zn o (+(e)s/+e) spinsel, weefsel

Gespinstfaser zn v (-/+n) gesponnen draad

gesplissen ov ww volt. deelw. → **spleißen**

gesponnen ov + onov ww volt. deelw. → **spinnen**

Gespött zn o (+(e)s/gmv) voorwerp van spot • *jemanden zum ~ machen* iemand belachelijk maken • *zum ~ der Leute werden* het mikpunt van spot worden

Gespräch zn o (+(e)s/+e) conversatie, gesprek • *ein ~ anknüpfen* een gesprek aanknopen • *ich bin mit ihm ins ~ gekommen* ik ben met hem in gesprek geraakt • *mit jemandem ein ~ über etwas führen* met iemand een gesprek over iets voeren • *~ mit schlechten Nachrichten* slecht-nieuwsgesprek • *~ unter vier Augen* gesprek onder vier ogen • *das ~ auf ... bringen* het gesprek brengen op

gesprächig bn spraakzaam

Gesprächigkeit zn v (-/gmv) spraakzaamheid

Gesprächsleiter zn m (+s/-) gespreksleider

Gesprächspartner zn m (+s/-) gesprekspartner

Gesprächsstoff zn m (+(e)s/+e) gespreksstof

Gesprächsthema zn o (+s/-themen) onderwerp van gesprek

Gesprächstherapie zn v (-/+n) gesprekstherapie

gespreizt bn min. hoogdravend • *sich ~ ausdrücken* zich hoogdravend uitdrukken

Gespreiztheit zn v (-/gmv) aanstellerigheid, hoogdravend gedoe

gesprenkelt bn gespikkeld • *schwarz ~* zwart gespikkeld

gesprochen onov ww volt. deelw. → **sprechen**

gesprossen onov ww volt. deelw. → **sprießen**

Gesprudel zn o (+s/gmv) geborrel

gesprungen onov ww volt. deelw. → **springen**

Gespür zn o (+s/gmv) instinctief gevoel, fijne neus • *kein ~ für etwas haben* geen gevoel hebben voor iets

Gestalt zn v (-/+en) **1** gestalte • *~ annehmen* gestalte krijgen **2** gedaante, vorm, figuur • *eine gespenstische ~* een spookachtige gedaante • *von mittlerer ~* van middelmatige lengte • *die Lösung kam in der ~ ihres Freundes* de oplossing kwam in de vorm van haar vriend • *eine andere ~ annehmen* van gedaante veranderen • *in ~* in de gedaante van

gestalten **1** ov ww ontwerpen, vormen, inrichten, organiseren • *dieser Abend wird von der Jugend gestaltet* deze avond wordt door de jongeren georganiseerd • *etwas ~* iets vorm geven **2** wkd ww (**sich ~**) zich ontwikkelen, zich vormen • *sich günstig ~* zich positief ontwikkelen • *wie wird sich die Zukunft ~?* hoe zal de toekomst eruitzien?

Gestalter zn m (+s/-) maker, vormgever, ontwerper

gestalterisch bn vormgevend, creatief, artistiek, decoratief

Gestaltung zn v (-/+en) **1** vormgeving, vorm **2** ontwikkeling

Gestaltungskraft zn v (-/-kräfte) vormgevend vermogen, uitbeeldend vermogen

Gestammel zn o (+s/gmv) gestamel, gestotter

gestand ov + onov ww verl. tijd → **gestehen**

gestanden **1** bn ervaren, bedreven • *ein ~er Mann* een verstandige, degelijke man **2** ww volt. deelw. → **stehen, stehen**

geständig bn • *~ sein* bekennen

Geständnis zn o (+ses/+se) bekentenis • *sie machte ihrem Freund ein ~* zij bekende haar vriend iets • *ein ~ ablegen* een bekentenis afleggen

Gestänge zn o (+s/-) stangenstelsel

Gestank zn m (+(e)s/gmv) stank

Gestänker zn o (+s/gmv) gekanker

Gestapo zn v (-/gmv) Geheime Staatspolizei <in Nazi-Duitsland> **Gestapo** <geheime politie>

gestatten ov ww toestaan, veroorloven • *~ Sie, dass ich rauche?* mag ik roken? • *ich gestatte mir, Sie darauf hinzuweisen, dass...* ik ben zo vrij u erop te wijzen, dat...

Geste zn v (-/+n) geste, gebaar • *eine nette ~* een aardige geste

Gesteck zn o (+(e)s/+e) bloemstuk

gesteckt ov ww volt. deelw. → **stecken**

gestehen ov + onov ww sterk bekennen, toegeven • *offen gestanden* eerlijk gezegd • *der Täter hat gestanden* de dader heeft bekend

Gestehungskosten zn mv econ. kostprijs

Gestein zn o (+(e)s/+e) gesteente • *festes ~* vast gesteente

Gestell zn o (+(e)s/+e) **1** onderstuk, onderstel, schraag, voetstuk **2** stellage, rek **3** frame

gestern bw gisteren • fig. *nicht von ~ sein* niet van gisteren zijn • fig. *das ist Schnee von ~* dat is oude koek • fig. *Ideen von ~* ouderwetse ideeën • fig. *als wäre es ~ gewesen* als de dag van gisteren

Gestichel zn o (+s/gmv) **1** prikken **2** stekelige opmerkingen

gestiefelt bn voorzien van laarzen • *~ und gespornt* reisvaardig, gelaarsd en gespoord

gestiegen onov ww volt. deelw. → **steigen**

gestielt bn gesteeld, met steel

Gestik zn v (-/gmv) **1** gebaren, gebarenspel, gesticulatie **2** optreden, gedrag

Gestikulation zn v (-/+en) gebarentaal, gesticulatie

gestikulieren onov ww gesticuleren, gebaren

Gestirn zn o (+(e)s/+e) **1** gesternte **2** ster, hemellichaam **3** sterrenbeeld

gestirnt bn vol sterren, met sterren bezaaid

gestoben onov ww volt. deelw. → **stieben**

Gestöber zn o (+s/-) jachtsneeuw

gestochen bn • *sie schreibt wie ~* zij schrijft keurig netjes

gestohlen ov ww volt. deelw. → **stehlen**

Gestolper zn o (+s/gmv) **1** gestruikel **2** gestrompel

gestorben onov ww volt. deelw. → **sterben**

gestört bw • *geistig ~ sein* geestelijk gestoord zijn

gestoßen OV WW volt. deelw. → **stoßen**

Gestotter ZN O (+s/gmv) gestotter

Gestrampel ZN O (+s/gmv) getrappel

Gesträuch ZN O (+(e)s/+e) struiken, struikgewas

gestreift BN gestreept • *rot ~* rood gestreept • *~es Hemd* gestreept overhemd

gestreng BN streng, strikt

gestrichelt BN **1** gearceerd **2** gestippeld

gestrichen OV WW volt. deelw. → **streichen**

gestrig BN van gisteren • *Ihr ~es Schreiben* uw brief van gisteren

gestritten ONOV WW volt. deelw. → **streiten**

Gestrüpp ZN O (+(e)s/+e) **1** struikgewas, kreupelhout **2** FIG. wirwar, jungle

Gestühl ZN O (+(e)s/+e) stoelen, gestoelte

Gestümper ZN O (+s/gmv) prutswerk, knoeiwerk

gestunken ONOV WW volt. deelw. → **stinken**

Gestüt ZN O (+(e)s/+e) stoeterij, paardenfokkerij

Gesuch ZN O (+(e)s/+e) FORM., OUD. verzoek, rekest, aanvraag

Gesuchsteller ZN M (+s/-) indiener van een verzoek

gesucht BN **1** gewild, gevraagd • *diese Briefmarke ist sehr ~* deze postzegel is erg gewild • *Sekretär ~* secretaris gevraagd **2** gezocht • *er drückt sich ~ aus* hij drukt zich behoedzaam uit • *die Auflösung war etwas ~* de ontknoping was een beetje gezocht • *eine ~e Bildsprache* een gezochte beeldspraak

Gesudel ZN O (+s/gmv) geklieder, gemors

Gesumme ZN O (+s/gmv) (aanhoudend) gezoem

gesund BN gezond • *~ sein* gezond zijn • *(wieder) ~ werden* (weer) gezond worden • *~ machen* gezond maken • *~ aussehen* er gezond uitzien • *~ und munter* gezond en wel • *Hauptsache ~!* als we maar gezond zijn! • *~e Ernährung* gezonde voeding • *ein ~es Klima* een gezond klimaat • *einen ~en Appetit* een gezonde eetlust • *~ essen* gezond eten • *~ in Körper und Geist* gezond naar lichaam en geest

gesundbeten OV WW door gebed genezen

Gesundbrunnen ZN M (+s/-) geneeskrachtige bron

gesunden ONOV WW herstellen, gezond worden

Gesundheit ZN V (-/gmv) gezondheid, gezondheidstoestand • *auf jemandes ~ trinken* op iemands gezondheid drinken • *bei guter ~ sein* goed gezond zijn • *strotzend vor ~* blakend van gezondheid • *das ist gut für deine ~* dat is gezond voor je • *in guter ~* in goede gezondheid • *der ~ wegen* voor zijn gezondheid • *sich guter ~ erfreuen* een goede gezondheid hebben • *~ ist das Wichtigste* gezondheid is de grootste schat

gesundheitlich BN wat de gezondheid betreft, gezondheids- • *~e Probleme* gezondheidsproblemen • *~e Schäden* schade voor de gezondheid • *wie geht es ~?* hoe gaat het met de/je gezondheid?

Gesundheitsamt ZN O (+(e)s/ämter) MED. gezondheidsdienst, geneeskundige dienst, GGD

Gesundheitsbehörde ZN V (-/+n) MED. geneeskundige dienst

gesundheitsfördernd BN goed voor de gezondheid

Gesundheitspflege ZN V (-/gmv) hygiëne

gesundheitsschädlich BN schadelijk voor de gezondheid

Gesundheitswesen ZN O (+s/gmv) gezondheidswezen, gezondheidszorg

Gesundheitszeugnis ZN O (+ses/+se) medische verklaring, medisch attest

Gesundheitszustand ZN M (+(e)s/-zustände) gezondheidstoestand

gesundschreiben OV WW gezond verklaren

gesundschrumpfen OV WW INFORM. afslanken <van bedrijf>, saneren, inkrimpen • *die Landwirtschaft ~* de landbouw saneren

gesundstoßen WKD WW (**sich ~**) INFORM. er (financieel) bovenop komen, zijn slag slaan, zich verrijken

Gesundung ZN V (-/gmv) **1** herstel **2** genezing

gesungen OV + ONOV WW volt. deelw. → **singen**

gesunken ONOV WW volt. deelw. → **sinken**

Getäfel ZN O (+s/gmv) betimmering, lambrisering

getan OV + ONOV WW volt. deelw. → **tun**

Getändel ZN O (+s/gmv) **1** gescherts, flauw gedoe **2** geflirt

Getier ZN O (+(e)s/gmv) **1** gedierte **2** dier, dieren

Getobe ZN O (+s/gmv) **1** stormachtig applaus **2** stormachtig ruisen **3** razernij

Getöse ZN O (+s/gmv) lawaai, kabaal, tekeergaan

getragen OV WW volt. deelw. → **tragen**

Getrampel ZN O (+s/gmv) getrappel

Getränk ZN O (+(e)s/+e) drank <in algemene betekenis> • *darf ich Sie zu einem ~ einladen?* mag ik je op iets trakteren?

Getränkeautomat ZN M (+en/+en) drankenautomaat

Getränkemarkt ZN M (+s/-märkte) supermarkt alleen voor dranken

Getratsch(e) ZN O (+s/gmv) INFORM. kletspraatje

getrauen WKD WW (**sich ~**) wagen, aandurven

Getreide ZN O (+s/-) graan, koren

Getreideanbau ZN M (+(e)s/gmv) graanteelt

Getreideernte ZN V (-/+n) graanoogst

Getreidespeicher ZN M (+s/-) graanschuur

getreten OV WW volt. deelw. → **treten**

getreu BN getrouw, trouw • *ein ~es Abbild; eine ~e Wiedergabe* een waarheidsgetrouwe weergave

-getreu ACHTERV -getrouw • *naturgetreu* natuurgetrouw • *maßstabsgetreu zeichnen* op schaal tekenen

Getreue ZN M/V getrouwe • *ein alter Getreuer* een oude getrouwe

getreulich BW trouw, getrouw

Getriebe ZN O (+s/-) **1** drijfwerk, raderwerk, aandrijving **2** transmissie **3** drukte, gewoel

getrieben ov ww volt. deelw. → **treiben**
Getrippel zn o (+s/gmv) getrippel
getroffen ov ww volt. deelw. → **treffen**
getrogen ov + onov ww volt. deelw. → **trügen**
Getrommel zn o (+s/gmv) geluid van een trommel
getrost bn getroost, gerust, vol vertrouwen • *dieser Seite kann man ~ weglassen* deze pagina kun je gerust overslaan
getrunken ov + onov ww volt. deelw. → **trinken**
Getto zn o (+s/+s) getto
Getue zn o (+s/gmv) drukte, gedoe
Getümmel zn o (+s/gmv) drukte, gewoel
Getuschel zn o (+s/gmv) gefluister, gesmiespel
geübt bn bedreven, geoefend • *ein geübter Schwimmer* een geoefend zwemmer
Geübtheit zn v (-/+en) geoefendheid, oefening
Gewächs zn o (+es/+e) gewas • *das ist ein 1990er ~* dat is een wijn van 1990
gewachsen bn • *jemandem ~ sein* tegen iemand opgewassen zijn • *einer Sache ~ sein* tegen iets opgewassen zijn • *klein ~* klein van gestalte
Gewächshaus zn o (+es/-häuser) kas, broeikas
Gewackel zn o (+s/gmv) gewaggel
gewagt bn gewaagd, gedurfd
gewählt bn **1** verheven **2** verzorgd, keurig
gewahr bn • *einer Sache ~ werden* iets opmerken/bemerken
Gewähr zn v (-/gmv) waarborg, garantie • *~ leisten für etwas* instaan voor iets • *auf die ~ von* op gezag van • *Angaben ohne ~* aan deze gegevens kunnen geen rechten worden ontleend • *ohne ~* onder voorbehoud
gewahren ov ww bemerken, opmerken, bespeuren
gewähren ov ww **1** toestaan, inwilligen • *jemandem eine Bitte ~* iemands verzoek inwilligen **2** verschaffen, verlenen • *Kredit ~* krediet verlenen • *Vorfahrt ~* voorrang verlenen **3** • *jemanden ~ lassen* iemand laten begaan, iemand zijn gang laten gaan
gewährleisten ov ww waarborgen, borg staan voor
Gewährleistung zn v (-/gmv) waarborgen, borgstelling
Gewahrsam **1** zn m (+s/gmv) **1** verzekerde bewaring, hechtenis **2** bewaring, hoede • *etwas in ~ geben* iets in bewaring geven **2** zn o (+s/+e) gevangenis • *jemanden in ~ nehmen* iemand arresteren
Gewährsmann zn m (+(e)s/-männer, -leute) zegsman, borg
Gewährung zn v (-/gmv) **1** inwilliging **2** toestemming, toestaan
Gewalt zn v (-/+en) **1** geweld • *sinnlose ~* zinloos geweld • *mit ~ vorgehen* met geweld optreden • *jemandem ~ antun* iemand geweld aandoen • *~ anwenden* geweld gebruiken • *mit aller ~* met alle geweld, tot elke prijs **2** macht • *in jemandes ~ geraten* in iemands macht raken • *jemanden/etwas in seine ~ bringen* iemand/iets in zijn macht brengen • *höhere ~* overmacht • JUR. *gesetzgebende ~* wetgevende macht
Gewaltakt zn m (+(e)s/+e) gewelddaad
Gewaltanwendung zn v (-/+en) gebruik van geweld
Gewaltenteilung zn v (-/+en) POL. machtenscheiding, trias politica
gewaltfrei bn **1** niet-gewelddadig **2** POL. pacifistisch
Gewaltherrschaft zn v (-/gmv) dwingelandij, despotisme
Gewaltherrscher zn m (+s/-) dwingeland, tiran, despoot
gewaltig bn geweldig • *er hat sich ~ geirrt* hij heeft zich lelijk vergist • *ein ~er Schock* een geweldige schok • *ein ~es Gebäude* een geweldig gebouw • *ein ~er Sturm* een geweldige storm • *ein ~er Fehler* een geweldige fout
gewaltlos bn geweldloos
Gewaltmaßnahme zn v (-/+n) dwangmaatregel, geweldsmaatregel
gewaltsam bn gewelddadig • *~ öffnen* met geweld openen • *~ vorgehen* gewelddadig optreden
Gewalttat zn v (-/+en) **1** gewelddaad **2** geweldsmisdrijf **3** gewelddadigheid
gewalttätig bn gewelddadig
Gewalttätigkeit zn v (-/+en) gewelddadigheid, geweldpleging • *~ in der Öffentlichkeit* openbare geweldpleging
Gewaltverbrechen zn o (+s/-) geweldsmisdrijf
Gewaltverzicht zn m (+(e)s/+e) (het) afzien van geweld
Gewand zn o (+(e)s/-wänder) gewaad, kleed • *in neuem ~ erscheinen* met een nieuwe omslag verschijnen <van boeken>
gewandt bn **1** handig, behendig **2** vlot • *~ sprechen* vlot praten • *~ sein* gevat zijn
Gewandtheit zn v (-/gmv) handigheid, behendigheid, vlotheid • *sich mit ~ bewegen* zich gemakkelijk bewegen • *die Gewandtheit, mit der er spricht* het gemak waarmee hij spreekt
gewann ov ww verl. tijd → **gewinnen**
Gewäsch zn o (+(e)s/gmv) gewauwel
gewaschen ov ww volt. deelw. → **waschen**
Gewässer zn o (+s/-) water, stroom(pje) • *schiffbares, stehendes ~* bevaarbaar, stilstaand water
Gewebe zn o (+s/-) stof, weefsel
Gewebsschwund zn m (+(e)s/gmv) MED. atrofie, weefselversterf
Gewehr zn o (+(e)s/+e) geweer • *präsentiert das Gewehr!* presenteer geweer! • *das ~ richten auf* het geweer aanleggen op • *das ~ anlegen* het geweer in de aanslag brengen
Gewehrkolben zn m (+s/-) geweerkolf
Geweih zn o (+(e)s/+e) gewei
Gewerbe zn o (+s/-) **1** nijverheid, industrie • *ein ~ anmelden* een bedrijf inschrijven <bij de Kamer van Koophandel> • *Handel und ~* handel en industrie • *vielerlei Gewerbe, keinerlei Erwerbe* twaalf ambachten, dertien ongelukken • *~ treiben* nering drijven **2** beroep, vak • *ein einträgliches/*

ge

rentables ~ een winstgevend, rendabel beroep • HUMOR. *das älteste* ~ *der Welt* het oudste beroep ter wereld • HUMOR. *das horizontale* ~ de prostitutie **3** handwerk, ambacht • *ein* ~ *erlernen* een vak leren
Gewerbeaufsicht ZN V (-/gmv) arbeidsinspectie
Gewerbegebiet ZN O (+(e)s/+e) industrieterrein
Gewerbeordnung ZN V (-/+en) ondernemingsrecht
Gewerbeschein ZN M (+(e)s/+e) bedrijfsvergunning
Gewerbeschule ZN V (-/+n) technische school, huishoudschool, mbo-school
Gewerbesteuer ZN V (-/+n) bedrijfsbelasting
ge
Gewerbetreibende ZN M/V (+n/+n) neringdoende
gewerblich BN van beroep, in (uit) het bedrijfsleven, industrieel
gewerbsmäßig BN als beroep, beroeps-
Gewerkschaft ZN V (-/+en) vakbond
Gewerkschaftler ZN M (+s/-) **1** lid van een vakbond **2** vakbondsfunctionaris
gewerkschaftlich BN vakbonds-, van de vakbond • ~ *organisiert sein* lid v.e. vakbond zijn
Gewerkschaftsbund ZN M (+(e)s/-bünde) verbond van vakverenigingen, vakcentrale
Gewerkschaftsführer ZN M (+s/-) vakbondsleider
Gewerkschaftshaus ZN O (+es/-häuser) vakbondsgebouw
gewesen ONOV WW volt. deelw. → **sein**
gewichen OV WW volt. deelw. → **weichen**
Gewicht ZN O (+(e)s/+e) **1** gewicht • *spezifisches* ~ soortelijk gewicht • *Maße und Gewichte* maten en gewichten • FIG. *sein ganzes* ~ *in die Waagschale werfen* zijn volle gewicht in de schaal werpen **2** gewicht, belang, betekenis • *das fällt ins* ~ dat legt gewicht in de schaal • *einer Sache* ~ *beimessen* gewicht hechten aan iets
Gewichtheben ZN O (+s/gmv) SPORT gewichtheffen
Gewichtheber ZN M (+s/-) SPORT gewichtheffer
gewichtig BN **1** zwaarwegend, belangrijk **2** zwaar
Gewichtigkeit ZN V (-/gmv) belangrijkheid, belang
Gewichtung ZN V (-/-) factor voor statistiek
gewieft BN gewiekst, uitgeslapen, geslepen
Gewieher ZN O (+s/gmv) **1** gehinnik **2** gierend gelach
gewiesen OV WW volt. deelw. → **weisen**
gewillt BN • ~ *sein* bereid/van plan zijn, genegen zijn, van zins zijn
Gewimmel ZN O (+s/gmv) gekrioel, gewemel
Gewimmer ZN O (+s/gmv) gejank, gekerm
Gewinde ZN O (+s/-) **1** schroefdraad **2** krans, guirlande
Gewinn ZN M (+(e)s/+e) nut, winst, voordeel • *aus einer Sache* ~ *ziehen* ergens winst uithalen, ergens profijt van trekken • ~ *bringend* winstgevend • *fette Gewinne machen* grof geld verdienen • *sie ist ein* ~ *für die Firma* zij is een aanwinst voor de zaak • *Gewinne erzielen* winst boeken • *großer* ~ groot gewin
Gewinnanteil ZN M (+(e)s/+e) winstaandeel, dividend
Gewinnbeteiligung ZN V (-/+en) aandeel in de winst
gewinnbringend BN winstgevend
gewinnen OV WW sterk **1** winnen • *jemanden für eine Sache* ~ iemands medewerking krijgen voor iets • FIG. *wie gewonnen, so zerronnen* zo gewonnen, zo geronnen **2** verkrijgen, verwerven, behalen • *er gewann ihr Herz* hij veroverde haar hart • *er konnte das Ufer nicht* ~ hij kon de oever niet bereiken • *an Bedeutung* ~ belangrijker worden
gewinnend BN innemend, sympathiek
Gewinner ZN M (+s/-) winnaar
Gewinnerin ZN V (-/+nen) winnares
Gewinnspanne ZN V (-/+n) winstmarge
Gewinnsucht ZN V (-/gmv) winstbejag
gewinnträchtig BN winstgevend
Gewinn- und Verlustrechnung ZN V (-/+en) ECON. winst-en-verliesrekening
Gewinnung ZN V (-/+en) **1** ontginning, winning **2** verkrijging
Gewinnzahl ZN V (-/+en) winnend getal
Gewinsel ZN O (+s/gmv) gekerm, gejank
Gewirr ZN O (+(e)s/gmv) **1** wirwar, warboel **2** geroezemoes
Gewisper ZN O (+s/gmv) (aanhoudend) gefluister
gewiss 1 BN zeker • *ein* ~*er Herr X* een zekere meneer X • *einer Sache* ~ *sein* zeker van iets zijn • *etwas ist mir* ~ ik kan erop rekenen **2** BW **zeker** • *ich werde* ~ *kommen!* ik kom zeker! • ~*!* wel zeker! • *ganz* ~ zeker en vast
Gewissen ZN O (+s/-) geweten • *ein reines/ schlechtes* ~ *haben* een zuiver/slecht geweten hebben • *etwas auf dem* ~ *haben* iets op zijn geweten hebben • *jemandem ins* ~ *reden* op iemands gemoed werken • *sein* ~ *rührte sich* zijn geweten begon te spreken • *daraus macht er sich kein* ~ daar maakt hij geen gewetenszaak van
gewissenhaft BN gewetensvol, nauwgezet, stipt, consciëntieus • *eine Aufgabe* ~ *erledigen* zich gewetensvol van een taak kwijten
Gewissenhaftigkeit ZN V (-/gmv) **1** nauwgezetheid **2** stiptheid
gewissenlos BN gewetenloos
Gewissenlosigkeit ZN V (-/gmv) gewetenloosheid
Gewissensbisse ZN MV wroeging • ~ *haben* wroeging hebben
Gewissensfrage ZN V (-/+n) gewetenskwestie, gewetensvraag • *eine* ~ *machen aus* een gewetenszaak maken van
Gewissensfreiheit ZN V (-/gmv) gewetensvrijheid
Gewissensgründe ZN MV gewetensbezwaren, gemoedsbezwaren • *Kriegsdienstverweigerung aus Gewissensgründen* dienstweigering wegens

gewetensbezwaren
Gewissensnot ZN V (-/-nöte) gewetensnood • *in ~ geraten* gewetensnood krijgen • *in ~ kommen* in gewetensnood komen • *in ~ sein* in gewetensnood zijn
gewissermaßen BW enigszins, in zekere zin, om zo te zeggen
Gewissheit ZN V (-/+en) zekerheid
gewisslich BW zeker, gewis
Gewitter ZN O (+s/-) onweersbui, onweer
gewitterhaft BN onweerachtig
gewittern ONP WW onweren • *es gewittert schon lange* het onweert al een hele tijd
Gewitterwolke ZN V (-/+n) onweerswolk
gewittrig BN onweerachtig, met onweerdreiging
gewitzt BN gewiekst
gewoben OV WW volt. deelw. → **weben**
Gewoge ZN O (+s/gmv) (aanhoudend) golven/deinen
gewogen BN welgezind, genegen, goedgunstig • *jemandem ~ sein* iemand goed gezind zijn
Gewogenheit ZN V (-/gmv) welgezindheid, goedgunstigheid
gewöhnen **1** OV WW laten wennen, gewennen • *jemanden an etwas ~* iemand laten wennen aan iets • *das bin ich gewöhnt* dat ben ik gewend **2** WKD WW (**sich ~**) wennen • *sich an etwas ~* aan iets gewend raken • *daran gewöhnt man sich* dat went wel • *man gewöhnt sich an alles* alles went
Gewohnheit ZN V (-/+en) gewoonte • *schlechte ~* slechte gewoonte • *aus ~* uit gewoonte • *die ~ haben zu* de gewoonte hebben om • *es sich zur ~ machen zu* er een gewoonte van maken om • *eine ~ aus etwas machen* een gewoonte van iets maken • *das ist ihm zur ~ geworden* dat is een gewoonte van hem geworden
gewohnheitshalber BN gewoontegetrouw, uit gewoonte
gewohnheitsmäßig BN gewoontegetrouw, uit gewoonte
Gewohnheitsrecht ZN O (+(e)s/gmv) JUR. gewoonterecht
gewöhnlich **1** BN gewoon, gebruikelijk • *im gewöhnlichen Leben* in het leven van alledag **2** BW in het algemeen, meestal • *für ~ ist er pünktlich* normaal gesproken is hij op tijd • *wie ~* zoals gewoonlijk • *weniger als ~* minder dan gewoonlijk
Gewöhnlichkeit ZN V (-/gmv) **1** alledaagsheid **2** gewoonte, normaliteit
gewohnt BN gewoon • *in ~er Weise* op de gewone manier • *zu ~er Zeit* op de gewone tijd
gewohntermaßen BW **1** gewoontegetrouw **2** zoals gewoonlijk
Gewöhnung ZN V (-/gmv) het wennen (**an** +3 aan), gewenning (**an** +3 aan)
Gewölbe ZN O (+s/-) gewelf • *unterirdisches ~* onderaards gewelf
Gewölk ZN O (+(e)s/gmv) wolken, wolkenmassa
Gewölle ZN O (+s/-) uilenbal
gewonnen OV WW volt. deelw. → **gewinnen**
geworben OV WW volt. deelw. → **werben**
geworden ONOV WW volt. deelw. → **werden**
geworfen OV WW volt. deelw. → **werfen**
gewrungen OV WW volt. deelw. → **wringen**
Gewühl ZN O (+(e)s/gmv) gewoel, drukte • *sich ins ~ stürzen* zich in het gedrang storten
gewunden BN **1** gevlochten, gewonden **2** kronkelig
gewürfelt BN geblokt, geruit
Gewürm ZN O (+s/+e) **1** hoop wormen **2** kruipend ongedierte
Gewürz ZN O (+es/+e) specerij, kruid
Gewürzgurke ZN V (-/+n) augurk
Gewürznelke ZN V (-/+n) kruidnagel
Gewürzständer ZN M (+s/-) kruidenrekje
gewusst OV WW volt. deelw. → **wissen**
Geysir ZN M (+s/+e) geiser
gez. AFK gezeichnet getekend
gezackt BN getand, puntig
Gezänk ZN O (+(e)s/gmv) gekijf, geruzie, gekibbel
Gezappel ZN O (+s/gmv) gespartel
Gezeiten ZN MV getijden
Gezeitenenergie ZN V (-/+n) getijdenenergie
Gezeitenkraftwerk ZN O (+(e)s/+e) getijcentrale
Gezerre ZN O (+s/gmv) geruk, getrek
Gezeter ZN O (+s/gmv) geschreeuw
gezielt BN doelgericht, gericht • *eine ~e Bemerkung* een puntige opmerking
geziemen ONOV WW passen, betamen • *das geziemt sich nicht* dat is niet netjes, dat hoort niet
geziemend BN gepast, passend, betamelijk
geziert BN aanstellerig, geaffecteerd
Geziertheit ZN V (-/gmv) aanstellerij
Gezischel ZN O (+s/gmv) gefluister
gezogen OV + ONOV WW volt. deelw. → **ziehen**
Gezwitscher ZN O (+s/gmv) getjilp
gezwungen BN gedwongen, onnatuurlijk, gekunsteld • *ein ~es Lächeln* een gedwongen glimlach
gezwungenermaßen BW (nood)gedwongen
Gezwungenheit ZN V (-/gmv) gedwongenheid
GG AFK Grundgesetz grondwet
ggf. AFK gegebenenfalls eventueel, zo nodig
GHB ZN O Gammahydroxybutyrat ghb
Gicht ZN V (-/gmv) MED. jicht
gicksen ONOV WW een schrille toon geven • *mit ~der Stimme* met overslaande stem
Giebel ZN M (+s) **1** topgevel, puntgevel, gevel **2** driehoekig bovenstuk van zijgevel **3** INFORM. grote neus, gok
Giebeldach ZN O (+(e)s/-dächer) ARCH. zadeldak
Giebelhaus ZN O (+es/-häuser) ARCH. huis met topgevel
Gier ZN V (-/gmv) begerigheid, hebberigheid, gulzigheid
gieren ONOV WW gretig verlangen, hunkeren
gierig BN begerig, hunkerend, gulzig, gretig • *mit ~em Blick* met gretige blik • *sie langte ~ zu* zij tastte gretig toe

gi

Gierigkeit ZN V (-/gmv) **1** **hebzucht** **2** **gulzigheid**
gießen OV WW sterk **1** **gieten** • *Gedanken in eine bestimmte Form ~* gedachten in een bepaalde vorm gieten **2** **water geven** • *die Pflanzen ~* de planten water geven **3** **gieten** <van regen> • *es gießt draußen* het giet buiten
Gießer ZN M (+s/-) **vakarbeider in een gieterij**
Gießerei ZN V (-/+en) **gieterij**
Gießkanne ZN V (-/+n) **gieter**
GIF ZN O (+s/+s) **gif** <bewegend plaatje> ein GIF von einem tanzenden Baby • *een gifje van een dansende baby*
Gift ZN O (+(e)s/+e) **vergif** • FIG. *darauf kannst du ~ nehmen* daar kun je vergif op innemen • *ein schleichendes ~* een sluipend gif • FIG. *wegen einer Sache ~ und Galle spucken* zijn gal over iets uitspuwen
giften **1** OV WW INFORM. **woedend maken, ergeren** **2** WKD WW **(sich ~)** INFORM. **zich rot ergeren, erg boos worden**
Giftgas ZN O (+es/+e) **gifgas**
giftig BN **1** **giftig** **2** FIG. **giftig, nijdig, hatelijk** • *~ werden* giftig worden • *er sah sie ~ an* hij keek haar vuil aan
Giftigkeit ZN V (-/gmv) **1** **giftig zijn** **2** **venijnigheid, giftigheid, nijdigheid**
Giftmischer ZN M (+s/-) **gifmenger**
Giftmüll ZN M (+s/gmv) **giftig afval**
Giftpflanze ZN V (-/+n) **giftige plant**
Giftpilz ZN M (+es/+e) **giftige paddenstoel**
Giftschlange ZN V (-/+n) **gifslang**
Giftstoff ZN M (+(e)s/+e) **giftige stof**
Giftzahn ZN M (+(e)s/-zähne) **1** **giftand** **2** FIG. **gifkikker, venijnig persoon**
Giftzwerg ZN M (+(e)s/+e) **gifkikker**
Gigabyte ZN O **gigabyte**
Gigant ZN M (+en/+en) **reus, gigant** • *ein ~ des Radsports* een gigant in de wielersport
gigantisch BN **gigantisch, reusachtig**
Gigolo ZN M (+s/+s) **gigolo**
Gilde ZN V (-/+n) **gilde, beroepsvereniging**
Gimpel ZN M (+s/-) **1** **goudvink** **2** **sul**
ging WW verl. tijd → **gehen**
Ginster ZN M (+s/-) **brem**
Gipfel ZN M (+s/-) **1** **top** • *~ der Berge* toppen van de bergen • *den ~ erreichen* de top bereiken • *die höchsten ~ der Alpen* de hoogste toppen van de Alpen • POL. *ein EU-Gipfel* een EU-top **2** **toppunt** • *das ist der Gipfel!* dat is het toppunt! • *der ~ des Glücks* het toppunt van geluk • *der ~ der Geschmacklosigkeit* het toppunt van smakeloosheid • *auf dem ~ ihrer Macht* op het toppunt van haar macht • *der ~ der Unverschämtheit* de onbeschoftheid ten top
Gipfelkonferenz ZN V (-/+en) **topconferentie**
gipfeln ONOV WW **hoogtepunt bereiken** • *in etwas ~* culmineren in iets
Gipfelpunkt ZN M (+(e)s/+e) **toppunt**
Gipfeltreffen ZN O (+s/-) **topconferentie**
Gips ZN M (+es/gmv) **gips** • *den Arm im ~ haben* de arm in het gips hebben • *ich habe das Bein im ~* mijn been zit in het gips
Gipsabdruck ZN M (+(e)s/-drücke) **gipsafdruk**
Gipsbein ZN O (+(e)s/+e) **gipsbeen, been in het gips**
gipsen OV WW **gipsen, pleisteren**
Gipser ZN M (+s/-) **stukadoor**
gipsern BN **gipsen, van gips**
Gipsverband ZN M (+(e)s/-verbände) **gipsverband**
Giraffe ZN V (-/+n) **giraffe**
Girlande ZN V (-/+n) **guirlande**
Giro ZN O (+s/+s) **1** **giro** **2** **endossement**
Girokonto ZN O (+s/-konten) **girorekening, betaalrekening**
Gis ZN O (-/-) MUZ. **gis klein**
Gischt ZN M/V (-, +es/+e(n)) **(zee)schuim, schuimende massa**
Gitarre ZN V (-/+n) **gitaar**
Gitarrist ZN M (+en/+en) **gitarist, gitaarspeler**
Gitter ZN O (+s/-) **1** **hek, traliewerk** • *hinter Gittern sitzen* achter de tralies zitten • *jemanden hinter ~ bringen* iemand achter de tralies brengen **2** **rooster**
Gitterbett ZN O (+(e)s/+en) **bed met spijltjes** <van kinderen>
Gitterfenster ZN O (+s/-) **tralievenster**
Gitterstab ZN M (+(e)s/-stäbe) **tralie**
Gitterzaun ZN M (+(e)s/-zäune) **omheining van traliewerk**
Glacéhandschuh ZN M (+(e)s/+e) **glacéhandschoen** • FIG. *jemanden mit Glacéhandschuhen anfassen* iemand met fluwelen handschoenen aanpakken
Gladiator ZN M (+s/+en) **gladiator**
Gladiole ZN V (-/+n) **gladiool, zwaardlelie**
Glanz ZN M (+es/gmv) **glans, schittering, luister** • *eine Prüfung mit ~ bestehen* een tentamen met glans halen • *mit ~ und Gloria durchfallen* zakken als een baksteen <voor tentamen/examen> • *sich in vollem ~ zeigen* zich in al zijn glorie vertonen • *einer Sache ~ geben* glans aan iets geven • *der ~ auf seinem Gesicht* de glans op zijn gezicht • *in vollem ~* in volle glorie • *vergangener ~* vergane glorie • *seines Glanzes beraubt* van zijn glans beroofd • *~ und Glamour* glitter en glamour
glänzen ONOV WW **glanzen, schitteren, blinken** • *seine Augen glänzten* zijn ogen glansden • *mit seinem Wissen ~* pronken met zijn kennis
glänzend BN **1** **glanzend** • *glänzende Augen* glanzende ogen • *glänzende Schuhe* glimmende schoenen • *~ bestehen* met glans slagen **2** **schitterend, prachtig**
Glanzleistung ZN V (-/+en) **schitterende prestatie**
glanzlos BN **1** **dof, mat** **2** **eentonig, saai**
Glanznummer ZN V (-/+n) **glansnummer, glansrol**
Glanzpapier ZN O (+s/+e) **glanspapier**
Glanzpunkt ZN M (+(e)s/+e) **hoogtepunt, klap op de vuurpijl, klapstuk**

Glanzstück ZN O (+(e)s/+e) **1 schitterende prestatie, de klap op de vuurpijl 2 meesterwerk, pronkstuk**

glanzvoll BN **schitterend, uitstekend, glansrijk, luisterrijk** • *ein ~er Sieg* een glansrijke overwinning

Glas ZN O (+es/Gläser) **1 glas** • *kugelsicheres ~* kogelvrij glas • *hinter ~* achter glas • *hart wie ~* zo hard als glas • *aus einem ~ trinken* uit een glas drinken • *zwei ~ Bier* twee glazen bier • *ein ~ Wasser* een glas water • *ein Gläschen trinken* een glaasje drinken • *ein ~ zu viel getrunken haben* een glaasje te veel ophebben • FIG. *zu tief ins ~ geschaut haben* te diep in het glaasje gekeken hebben • *dicke Gläser tragen* dikke brillenglazen hebben **2 kijker**

Glasauge ZN O (+s/+n) **glazen oog**

Glasbläser ZN M (+s/-) **glasblazer**

Glascontainer ZN M (+s/-) **glascontainer**

Glaser ZN M (+s/-) **glazenmaker**

Glaserei ZN V (-/+en) **bedrijf waar glas wordt verwerkt**

Glaserkitt ZN M (+(e)s/+e) **stopverf**

gläsern BN **1 glazen, van glas 2 glazig** • *ein gläserner Blick* een glazige/wezenloze blik **3 broos** • *ein gläserner Mensch* een teer mens, iemand die zich volledig blootgeeft

Glasfaser ZN V (-/+n) **glasfiber, glasvezel**

Glasfaserkabel ZN O (+s/-) TECHN. **glasvezelkabel**

Glasfenster ZN O (+s/-) **ruit, raam**

Glashaus ZN O (+es/-häuser) **1 broeikas 2 serre** ▸ *wer im ~ sitzt, sollte nicht mit Steinen werfen* wie in een glazen huis woont, moet niet met stenen gooien

Glashütte ZN V (-/+n) **glasblazerij, glasfabriek**

glasieren OV WW **1 glazuren 2 glaceren**

glasig BN **1 star, wezenloos, glazig** • *~e Augen* glazige ogen • *jemanden mit ~em Blick anstarren* iemand glazig aankijken **2 doorschijnend, glazig** • *~e Kartoffel* glazige aardappel

Glaskabel ZN O (+s/-) TECHN. **glasvezelkabel**

Glaskeramik ZN V (-/gmv) **glaskeramiek**

glasklar BN **glashelder, duidelijk, doorzichtig**

Glasmalerei ZN V (-/gmv) **glasschilderkunst**

Glasperle ZN V (-/+n) **kraal**

Glasscheibe ZN V (-/+n) **ruit, raam**

Glasschneider ZN M (+s/-) **glassnijder**

Glasschrank ZN M (+(e)s/-schränke) **1 glazenkast 2 glazen kast**

Glastür ZN V (-/+en) **glazen deur**

Glasur ZN V (-/+en) **glazuur**

glasweise BN **per glas**

Glaswolle ZN V (-/gmv) **glaswol**

glatt **1** BN **1 glad** • *eine ~e Haut* een gladde huid • *~es Meer* gladde zee • *es ist hier ~* het is hier glad **2 vlot** • *eine ~e Landung* een probleemloze landing • *eine ~e Eins* een dikke tien <schoolcijfer> • *~er Unsinn* je reinste onzin • *das ist eine ~e Lüge!* dat is ronduit gelogen! **2** BW **1 botweg, zonder meer** • *etwas ~ ablehnen* iets zonder meer van de hand wijzen • *jemandem etwas ~ ins Gesicht sagen* iemand iets recht in zijn gezicht zeggen • *ich hatte es ~ vergessen* ik was het glad vergeten • *das ist ~ erfunden* dat is gewoonweg verzonnen **2 volkomen** • *alles geht ~* alles loopt van een leien dakje

Glätte ZN V (-/gmv) **gladheid**

Glatteis ZN O (+es/gmv) **1 ijzel** • *es gibt ~* het ijzelt **2 glad ijs** <figuurlijk> • FIG. *sich aufs ~ begeben* zich op glad ijs wagen • FIG. *jemanden aufs ~ führen* iemand erin laten lopen, iemand op gevaarlijk terrein lokken • FIG. *aufs ~ geraten* op gevaarlijk terrein komen

Glatteisgefahr ZN V (-/+en) AARDK. **kans op ijzel**

glätten OV WW **1 gladmaken, gladstrijken 2 polijsten 3 kalmeren** • *sich ~* kalm/glad worden

Glattheit ZN V (-/gmv) **gladheid**

glattmachen OV WW **1 in orde brengen 2 gladstrijken 3 vereffenen**

Glättung ZN V (-/+en) **1 gladmaken, gladstrijken 2 polijsten**

glattweg BW **gladweg, zonder meer**

glattzüngig BN **met gladde tong**

Glatze ZN V (-/+n) **kaal hoofd, kale plek** • *eine ~ bekommen* kaal worden

Glatzkopf ZN M (+(e)s/-köpfe) **kaalkop, kale knikker**

glatzköpfig BN **kaalhoofdig, met een kaal hoofd, kalend**

Glaube, **Glauben** ZN M (+ns/gmv) **geloof** • *der ~ an Gott* het geloof in God • *einer Sache Glauben schenken* geloof aan iets hechten • *seinen Glauben an jemanden verlieren* zijn geloof in iemand verliezen • *~ versetzt Berge* geloof kan bergen verzetten • *vom Glauben abfallen* van zijn geloof afvallen • *seinen Glauben bekennen* zijn geloof belijden • *im festen Glauben, dass ...* in de vaste overtuiging dat ... • *im guten Glauben* in goed vertrouwen, te goeder trouw • *jemanden in dem Glauben lassen* iemand in de waan laten

glauben OV WW **geloven (an** +4 **in)** • *ich kann es nicht ~* ik kan het niet geloven • *er will mich ~ machen* hij wil mij doen geloven • *er wird dran ~ müssen* hij zal eraan moeten geloven • *felsenfest an etwas ~* rotsvast in iets geloven • *an Gott ~* in God geloven • *es ist nicht/kaum zu ~* het is niet/bijna niet te geloven! • *wenn man ihm ~ darf* als je hem mag geloven • *das glaube ich nicht* dat geloof ik niet • *ich glaube kein Wort* ik geloof er niks van • *das glaube ich gern* dat geloof ik graag • *ich glaube nicht daran* ik geloof er niet in • *ich glaube schon* ik geloof van wel • *ich glaube, dass es meine Pflicht ist* ik geloof dat het mijn plicht is • *ich glaube nicht, dass er kommt* ik geloof niet, dat hij komt, ik denk niet dat hij komt • *ich glaube ihm aufs Wort* ik geloof hem op zijn woord • *glaub mir einfach* geloof me toch • *glaub' das doch nicht!* geloof dat maar niet! • *wer glaubt so was!* wie gelooft dat nou! • *glaub's mir oder nicht* je kunt me geloven of niet • *das kannst du mir ruhig ~* neem dat maar van me aan

Glauben ZN M (+s/gmv) → **Glaube**

Glaubensbekenntnis ZN O (+ses/+se) **geloofsbelijdenis**

Glaubensfreiheit ZN V (-/gmv) **geloofsvrijheid, godsdienstvrijheid**
Glaubensgenosse ZN M (+n/+n) **medegelovige**
Glaubenslehre ZN V (-/+n) REL. **geloofsleer, dogmatiek**
glaubhaft BN **geloofwaardig, aannemelijk** • *jemandem etwas ~ machen* iemand iets doen geloven • *ein ~er Vorwand* een aannemelijk voorwendsel • *~ sein* geloofwaardig zijn
Glaubhaftigkeit ZN V (-/gmv) **geloofwaardigheid**
gläubig BN **gelovig** • *~ sein* gelovig zijn
Gläubige ZN M/V (+n/+n) **gelovige** • *die Gläubigen* de gelovigen
Gläubiger ZN M (+s/-) ECON. **schuldeiser**

gl

Gläubigkeit ZN V (-/gmv) **(geloofs)overtuiging, geloof**
glaubwürdig BN **geloofwaardig** • *eine glaubwürdige Geschichte* een geloofwaardig verhaal • *aus glaubwürdigen Quellen* uit betrouwbare bronnen
Glaubwürdigkeit ZN V (-/gmv) **geloofwaardigheid**
Glaukom ZN O (+s/+e) **glaucoom, groene staar**
gleich **1** BN **gelijk, hetzelfde, dezelfde** • *unter ~en Bedingungen* onder gelijke voorwaarden • *in ~e Portionen verteilen* in gelijke porties verdelen • *auf ~em Niveau* op gelijke voet • *am ~en Punkt ankommen* op hetzelfde punt uitkomen • *alle Menschen sind ~* alle mensen zijn gelijk • *das ist genau das Gleiche* dat is precies hetzelfde • *es ist immer wieder das Gleiche* er is niets nieuws onder de zon **2** BW **1** **gelijk** • *~ gesinnt* gelijkgezind • *~ lautend* gelijkluidend • *wir sind ~ alt* wij zijn even oud • *alles ~ schlimm* alles even erg • *er bleibt sich immer ~* hij blijft altijd dezelfde • *ganz ~ welcher/welches* om het even welke, maakt niet uit wat • INFORM. *das ist mir ganz ~* dat zal me worst zijn **2** **meteen, dadelijk, direct** • *~ bei der Ankunft* direct bij aankomst • *~ darauf* direct daarna • *ich habe es ~ gewusst* ik wist het meteen al • *bis ~!* tot zo! • *ich komme ~* ik kom eraan • *wie heißt er ~?* hoe heet hij ook al weer?
gleichaltrig BN **even oud, van dezelfde leeftijd**
gleichartig BN **gelijksoortig**
gleichbedeutend BN **met dezelfde betekenis** • *mit einer Sache ~ sein* hetzelfde betekenen, synoniem zijn
Gleichbehandlung ZN V (-/gmv) **gelijke behandeling**
gleichberechtigt BN **gelijkgerechtigd**
Gleichberechtigung ZN V (-/gmv) **gelijkstelling, gelijkgerechtigd zijn** • *die ~ der Frau* de rechtsgelijkheid van de vrouw
gleichen ONOV WW sterk **lijken op, gelijken** • *jemandem ~* op iemand lijken
gleichergestalt BW **1** **eveneens** **2** **op dezelfde wijze**
gleichermaßen BW **in dezelfde mate, evenzeer** • *er spricht beide Sprachen ~ fließend* hij spreekt beide talen even vloeiend
gleicherweise BW **op dezelfde wijze, evenzo**
gleichfalls BW **eveneens, insgelijks, ook zo** • *danke, ~!* bedankt, van hetzelfde!
gleichförmig BN **1** **gelijkvormig** • *~ beschleunigt* eenparig versneld • *gleichförmige Bewegung* eenparige beweging **2** **saai, eentonig**
Gleichförmigkeit ZN V (-/gmv) **1** **gelijkvormigheid** **2** **eentonigheid, saaiheid**
gleichgeschlechtlich BN **1** **van hetzelfde geslacht** **2** **homoseksueel**
gleichgesinnt BN **gelijkgezind, geestverwant**
Gleichgewicht ZN O (+(e)s/gmv) **evenwicht, balans** • *ins ~ bringen* in evenwicht brengen • *im ~ halten* in evenwicht houden • *jemanden aus dem ~ bringen* iemand uit z'n evenwicht brengen • *sich im ~ halten* het evenwicht bewaren • *das ~ wiederherstellen* het evenwicht herstellen • *das ~ verlieren* het evenwicht verliezen • *aus dem ~ kommen/geraten* uit balans raken, het evenwicht verliezen
gleichgültig BN **onverschillig**
Gleichgültigkeit ZN V (-/gmv) **onverschilligheid**
Gleichheit ZN V (-/+en) **gelijkheid** • *auf der Basis der ~* op voet van gelijkheid
Gleichheitszeichen ZN O (+s/-) **isgelijkteken**
Gleichklang ZN M (+(e)s/-klänge) **1** **gelijkluidendheid** **2** **overeenstemming, harmonie**
gleichkommen ONOV WW +3, sterk **1** **evenaren** • *einer Sache ~* iets evenaren **2** **gelijk staan met** • *das kommt einer Verurteilung gleich* dat is net een veroordeling • *das kommt einer Beschuldigung gleich* dat staat gelijk met een beschuldiging
gleichmachen OV WW **gelijkmaken** • *etwas dem Erdboden ~* iets met de grond gelijkmaken
Gleichmacherei ZN V (-/+en) **(neiging tot) nivellering**
Gleichmaß ZN O (+es/gmv) **1** **gelijkmatigheid, harmonie** **2** **eentonigheid**
gleichmäßig BN **gelijkmatig** • *~ beschleunigt* eenparig versneld • *eine gleichmäßige Bewegung* een gelijkmatige beweging • *eine gleichmäßige Stimme* een gelijkmatige stem
Gleichmäßigkeit ZN V (-/gmv) **gelijkmatigheid, regelmaat**
Gleichmut ZN M (+(e)s/gmv) **gelijkmoedigheid, rust, bedaardheid**
gleichmütig BN **gelijkmoedig, rustig, bedaard**
gleichnamig BN **gelijknamig**
Gleichnis ZN O (+ses/+se) **parabel, gelijkenis**
gleichrangig BN **van gelijke rang, gelijkwaardig**
gleichsam BW **als het ware**
gleichschalten OV WW **gelijkschakelen**
Gleichschritt ZN M (+(e)s/gmv) **maat, gelijke pas** • *im ~* in de pas • *~ halten* in de pas blijven • *nicht im ~ bleiben* uit de pas lopen
gleichsehen ONOV WW +3, sterk **lijken op** • *er sieht seinem Vater gleich* hij lijkt op zijn vader
gleichseitig BN WISK. **gelijkzijdig** • *ein ~es Dreieck*

een gelijkzijdige driehoek

gleichsetzen OV WW gelijkstellen (**mit** +3 met/aan) • *sich jemandem ~* zich met iemand vereenzelvigen

Gleichstand ZN M (+(e)s/gmv) gelijke stand

gleichstehen ONOV WW gelijkstaan (met) • *jemandem in etwas ~* in iets voor iemand niet onderdoen

gleichstellen OV WW +3, gelijkstellen (**mit** +3 aan) • *jemanden einem anderen ~* iemand met een ander gelijkstellen

Gleichstellung ZN V (-/gmv) gelijkstelling, gelijkheid

Gleichstrom ZN M (+(e)s/-ströme) gelijkstroom

gleichtun OV WW +3, onr. evenaren • *es jemandem ~* het iemand nadoen, iemand evenaren • *es jemandem an/in etwas ~* iemand in iets evenaren

Gleichung ZN V (-/+en) WISK. vergelijking • FIG. *die ~ geht nicht auf* de vlieger gaat niet op

gleichviel BW onverschillig, om het even

gleichwertig BN gelijkwaardig

gleichwohl 1 BW niettemin, toch **2** VOEGW ofschoon

gleichzeitig BN gelijktijdig

Gleichzeitigkeit ZN V (-/gmv) gelijktijdigheid

gleichziehen ONOV WW onregelmatig op gelijke voet komen • *in etwas mit jemandem ~* met iemand gelijk optrekken, zijn achterstand in iets op iemand inhalen

Gleis ZN O (+es/+e) OOK FIG. spoor, rails • FIG. *ein totes ~* een dood spoor • FIG. *jemanden/etwas aus dem ~ bringen* iemand/iets in de war brengen • FIG. *sich in ausgefahrenen Gleisen bewegen* in de oude sleur voortgaan • FIG. *jemanden aufs tote ~ schieben* iemand uitrangeren

Gleisner ZN M (+s/-) veinzer, huichelaar

Gleisnerei ZN V (-/gmv) huichelarij, veinzerij

gleißen ONOV WW glanzen, schitteren, blinken

gleißend BN **1** met schone schijn **2** huichelachtig

Gleitboot ZN O (+(e)s/+e) glijboot, draagvleugelboot

gleiten ONOV WW sterk glijden • *etwas in seine Tasche ~ lassen* iets in zijn zak laten glijden • *ein Schatten glitt über ihr Gesicht* een schaduw gleed over haar gezicht • *über das Eis ~* over het ijs zwieren • *~de Arbeitszeit* flexibele werktijden

Gleiter ZN M (+s/-) zweefvliegtuig

Gleitflug ZN M (+(e)s/-flüge) glijvlucht, zweefvlucht

Gleitmittel ZN O (+s/-) glijmiddel

Gleitschutz ZN M (+es/gmv) antislipmiddel

Gleitzeit ZN V (-/+en) **1** variabele werktijd **2** tijdruimte waarbinnen variabele werktijd mogelijk is

Gletscher ZN M (+s/-) gletsjer

glich ONOV WW verl. tijd → **gleichen**

Glied ZN O (+(e)s/+er) **1** lid • *an allen Gliedern zittern* over zijn hele lichaam trillen • *die Glieder* de ledematen **2** ANAT. lid, penis • *das männliche ~* het mannelijk lid **3** schakel **4** MIL. gelid • *in Reih und ~* in het gelid **5** geleding

Gliederarmband ZN O (+(e)s/-bänder) schakelarmband

Gliederbau ZN M (+(e)s/gmv) **1** lichaamsbouw **2** BOUW skeletbouw

gliedern OV WW onderverdelen, indelen, ordenen • *in vier Kategorien ~* in vier categorieën indelen • *sich ~* gerangschikt worden, ingedeeld worden

Gliederpuppe ZN V (-/+n) ledenpop

Gliederschmerz ZN M (+es/+en) MED. gewrichtsreumatiek

Gliederung ZN V (-/+en) **1** geleding **2** indeling, opbouw, rangschikking • *die ~ eines Aufsatzes* de indeling van een opstel

Gliedmaßen ZN MV ledematen

glimmen ONOV WW zwak gloeien, smeulen

Glimmer ZN M (+s/-) **1** mica **2** zachte glans

glimmern ONOV WW **1** schitteren **2** glinsteren, glanzen

Glimmstängel ZN M (+s/-) INFORM. sigaar, sigaret

glimpflich BN genadig, met consideratie, mild • *~ davonkommen* er goed afkomen • *mit jemandem ~ umgehen* iemand schappelijk behandelen

Glitschbahn ZN V (-/+en) glijbaan <op ijs of sneeuw>

glitschen ONOV WW glijden, glippen

glitschig BN glibberig, glad

glitt ONOV WW verl. tijd → **gleiten**

glitzern ONOV WW glinsteren, flonkeren • *der Schnee glitzert in der Sonne* de sneeuw glinstert in de zon

global BN **1** wereldomvattend **2** globaal

Globetrotter ZN M (+s/-) globetrotter, wereldreiziger

Globus ZN M (+ses/+se, Globen) aardbol, globe

Glocke ZN V (-/+n) **1** klok, bel • FIG. *etwas an die große ~ hängen* iets aan de grote klok hangen • FIG. *wissen, was die ~ geschlagen hat* weten hoe laat het is **2** stolp

Glockenblume ZN V (-/+n) klokjesbloem, klokje

glockenförmig BN klokvormig

Glockengeläut ZN O (+(e)s/+e) **1** klokkenspel **2** gebeier, klokgelui

Glockenrock ZN M (+(e)s/-röcke) klokrok

Glockenschlag ZN M (+(e)s/-schläge) klokslag

Glockenspiel ZN O (+(e)s/+e) klokkenspel, beiaard

Glockenturm ZN M (+(e)s/-türme) klokkentoren

Glöckner ZN M (+s/-) koster, klokkenluider

glomm ONOV WW verl. tijd → **glimmen**

Glorie ZN V (-/+n) glorie, luister, stralenkrans

glorreich BN roemrijk, glorierijk

Glotze ZN V (-/+n) INFORM. tv, buis

glotzen ONOV WW **1** INFORM. met grote ogen staren • *glotz nicht so blöd* kijk niet zo onnozel **2** PLAT tv kijken

Glück ZN O (+(e)s/+e) geluk • *diese Halskette bringt*

~ deze halsketting brengt geluk • *sein ~ versuchen* zijn geluk beproeven • *von ~ sprechen können* van geluk mogen spreken • *sein ~ nicht fassen können* zijn geluk niet op kunnen • *viel Glück!* veel geluk!, succes! • *zum ~* gelukkig • *auf gut ~* op goed geluk • *was für ein Glück!* wat een geluk! • *es war einfach nur ~* het was stom geluk • *ihr lacht das Glück* het geluk lacht haar toe • *jemandem zu etwas viel ~ wünschen* iemand gelukwensen/feliciteren met iets • FIG. *mehr ~ als Verstand* meer geluk dan wijsheid • FIG. *Glück im Unglück* geluk bij een ongeluk • FIG. *Glück im Spiel, Pech in der Liebe* gelukkig in het spel, ongelukkig in de liefde

gl

Glucke ZN V (-/+n) **kloek**
glucken ONOV WW **klokken**
glücken ONOV WW **lukken**
glückhaft BN **fortuinlijk, gelukbrengend**
Gluckhenne ZN V (-/+n) **kloek**
glücklich BN **gelukkig, voorspoedig** • *ein glückliches neues Jahr!* een gelukkig Nieuwjaar! • *~ sein* gelukkig zijn • *wunschlos ~* volmaakt gelukkig • *sich ~ schätzen* zich gelukkig prijzen • *glückliche Umstände* gelukkige omstandigheden • *ein glücklicher Zufall* een gelukkig toeval • *ein glückliches Leben* een voorspoedig leven • *über etwas ~ sein* blij zijn met iets
glücklicherweise BW **gelukkig, godzijdank**
Glücksbringer ZN M (+s/-) **mascotte, talisman**
glückselig BN **gelukzalig**
Glückseligkeit ZN V (-/gmv) **gelukzaligheid**
glucksen ONOV WW **onderdrukt lachen**
Glücksfall ZN M (+(e)s/-fälle) **geluk, gunstig toeval, meevaller** • *ein finanzieller ~* een financiële meevaller
Glücksgöttin ZN V (-/+nen) **geluksgodin, vrouwe Fortuna**
Glückskarte ZN V (-/+n) **geluksnummer, gelukslot, gelukskaart**
Glückskind ZN O (+(e)s/+er) **gelukskind**
Glückspfennig ZN M (+(e)s/+e) **geluksdubbeltje**
Glückspilz ZN M (+es/+e) **geluksvogel**
Glücksrad ZN O (+(e)s/-räder) **1 rad van avontuur 2 rad van fortuin** <spiritueel>
Glücksritter ZN M (+s/-) **gelukzoeker, avonturier**
Glückssache ZN V (-/+n) **kwestie van geluk** • *das ist reine ~* dat is puur geluk
Glücksspiel ZN O (+(e)s/+e) **kansspel**
Glückssträhne ZN V (-/+n) **periode van geluk** • *seine ~ hält an* zijn geluk blijft aanhouden • *ihre ~ riss ab* het geluk liet haar in de steek
glückstrahlend BN **stralend van geluk**
Glückstreffer ZN M (+s/-) **toevalstreffer**
Glückwunsch ZN M (+es/-wünsche) **gelukwens, felicitatie** • *jemandem seinen ~ aussprechen* iemand feliciteren • *herzlichen ~ zum Geburtstag* hartelijk gefeliciteerd met je verjaardag • *(meinen) Glückwunsch!* gefeliciteerd!
Glückwunschschreiben ZN O (+s/-) **felicitatiebrief**
Glühbirne ZN V (-/+n) **gloeilamp**
glühen ONOV WW **gloeien** • FIG. *vor Zorn ~* gloeien van drift
Glühfaden ZN M (+s/-fäden) TECHN. **gloeidraad**
Glühlampe ZN V (-/+n) **gloeilamp**
Glühwein ZN M (+(e)s/+e) **bisschopwijn**
Glühwürmchen ZN O (+s/-) INFORM. **glimwormpje**
Glukose ZN V (-/gmv) **glucose, druivensuiker**
Glut ZN V (-/+en) **gloed** • *die ~ des Feuers* de gloed van het vuur • *die ~ der Sonne* de gloed van de zon • *eine rote ~* een rosse gloed
Gluten ZN O (+s/gmv) **gluten**
glutenfrei BN **glutenvrij**
glutrot BN **vuurrood**
Glyzerin ZN O (+s/gmv) **glycerine**
Glyzine ZN V (-/+n) PLANTK. **blauweregen**
GmbH AFK Gesellschaft mit beschränkter Haftung **besloten vennootschap, BV**
g-Moll ZN O MUZ. **G mineur**
Gnade ZN V (-/+n) **genade, gunst** • *jemands ~ ausgeliefert sein* aan iemands genade overgeleverd zijn • *von Gottes Gnaden* door Gods genade • *um ~ flehen* om genade smeken • *bei jemandem ~ walten lassen* iemand genade schenken • *~ vor/für Recht ergehen/walten lassen* genade voor recht laten gelden • *vor jemandem ~ finden* genade vinden in iemands ogen • *es hat keinen Gnaden gefunden* men is het er niet mee eens
gnaden OV WW +3, **genadig zijn** • *gnade mir Gott!* God zij mij genadig!
Gnadenakt ZN M (+s/+e) **gratie**
Gnadenbrot ZN O (+(e)s/+e) **genadebrood**
Gnadenfrist ZN V (-/+en) **uitstel van executie, respijt**
Gnadengesuch ZN O (+(e)s/+e) **gratieverzoek, verzoek om gratie** • *ein ~ einreichen* een gratieverzoek indienen
Gnadenstoß ZN M (+(e)s/-stöße) **genadeslag** • *das bedeutete für ihn den Gnadenstoß* dat gaf hem de genadeslag
gnädig BN **1 genadig** • *eine gnädige Strafe* een genadige straf • *ein gnädiges Nicken* een genadig hoofdknikje **2 minzaam, goedgunstig** • FORM. *gnädige Frau* mevrouw
Gnom ZN M (+en/+en) **gnoom, aardmannetje**
gnomenhaft BN **1 dwergachtig 2 als van een aardmannetje**
Gobelin ZN M (+s/+s) **gobelin**
Gockel ZN M (+s/-) **1 haan** • *sich aufplustern wie ein ~* gewichtig doen **2** INFORM. **verwaande kwast**
Gockelhahn ZN M (+(e)s/-hähne) **haan**
Gojibeere ZN V (-/-n) **gojibes**
Gold ZN O (+(e)s/gmv) **goud** • *14-karätiges ~* 14-karaats goud • *reines ~* zuiver goud • FIG. *es ist nicht alles Gold, was glänzt* het is niet alles goud wat er blinkt • FIG. *nicht mit ~ zu bezahlen sein* zijn gewicht in goud waard zijn • FIG. *es ist nicht alles Gold, was glänzt* het is niet alles goud wat er blinkt • FIG. *er ist ~ wert* hij is (zijn gewicht in) goud waard • FIG. *das schwarze ~* het zwarte goud
Goldbarren ZN M (+s/-) **staaf goud**

golden bn gouden, van goud, gulden • *eine ~e Kutsche* een gouden koets • *~e Hochzeit* gouden bruiloft • *die ~e Mitte* de gulden middenweg

Golden Delicious zn m golden delicious

Goldfisch zn m (+(e)s/+e) **1** goudvis **2** INFORM. rijk meisje

goldgelb bn goudgeel, goudkleurig

Goldgräber zn m (+s/-) goudzoeker, gouddelver

Goldgrube zn v (-/+n) goudmijn

Goldhamster zn m (+s/-) goudhamster

goldig bn **1** gouden, gulden **2** schattig, heerlijk • *ein ~es Kind* een dot van een kind

Goldkind zn o (+(e)s/+er) lief kind, schat

Goldlack zn m (+(e)s/+e) goudlak, muurbloem

Goldmedaille zn v (-/+n) gouden medaille

Goldmine zn v (-/+n) goudmijn

Goldmünze zn v (-/+n) gouden munt, goudstuk

Goldregen zn m (+s/-) **1** PLANTK. goudenregen **2** onverwachte rijkdom

goldrichtig bn volkomen juist, prima

Goldschmied zn m (+(e)s/+e) goudsmid

Goldschmuck zn m (+(e)s/+e) gouden sieraden

Goldschnitt zn m (+(e)s/gmv) goud op snee

Goldstück zn o (+(e)s/+e) **1** goudstuk **2** iemand uit duizenden

Goldwaage zn v (-/+n) goudschaal • *jedes Wort auf die ~ legen* ieder woord op een goudschaaltje wegen

Goldwährung zn v (-/+en) gouden standaard

Goldwert zn m (+(e)s/gmv) goudwaarde

Golf **1** zn m (+(e)s/+e) golf, zeeboezem **2** zn o (+s/gmv) SPORT golf • *~ spielen* golf spelen, golfen

Golfball zn m (+(e)s/-bälle) golfbal

Golfer zn m (+s/-) golfer

Golfplatz zn m (+es/-plätze) golfterrein, golfbaan, golflinks

Golfschläger zn m (+s/-) golfclub

Golfspieler zn m (+s/-) SPORT golfspeler, golfer

Golfstrom zn m (+(e)s/gmv) golfstroom

Gondel zn v (-/+n) gondel

Gondelbahn zn v (-/+en) kabelbaan

gondeln onov ww **1** gondelen, varen **2** zwerven

Gong zn m/o (+s/+s) gong

Gongschlag zn m (+(e)s/-schläge) gongslag

gönnen ov ww gunnen • *sich keine Ruhe ~* zich geen rust gunnen • *jemandem etwas ~* iemand iets gunnen • *es sei dir (von Herzen) gegönnt* het is je (van harte) gegund • *er gönnt dir keinen Augenblick Ruhe* hij gunt je geen moment rust • *sie gönnt es mir nicht* ze gunt het me niet • *das gönnt mir keine Ruhe* dat laat me niet met rust

Gönner zn m (+s/-) donateur, mecenas, beschermer • *ein großzügiger ~* de gulle gever

gönnerhaft bn beschermend, minzaam

Gönnermiene zn v (-/+n) neerbuigende houding, minzaamheid

Gönnerschaft zn v (-/gmv) **1** begunstiging **2** bescherming **3** beschermers

googeln ov + onov ww WWW googelen

gor onov ww verl. tijd → **gären**

Gör zn o (+(e)s/+en) **1** kind **2** blaag

Göre zn v (-/+n) wicht, blaag • *verwöhnte ~* verwend nest

Gorilla zn m (+s/+s) gorilla

goss ov ww verl. tijd → **gießen**

Gosse zn v (-/+n) goot • *in der ~ landen/enden/geraten* in de goot belanden • *jemanden aus der ~ ziehen* iemand uit de goot halen

Gote zn m (+n/+n) GESCH. Goot

Gothic zn o (+s/gmv) gothic

Gotik zn v (-/gmv) gotiek

gotisch bn Gotisch • *~er Buchstabe* gotische letter

Gott zn m (+es/Götter) **1** REL. God • *~ mit uns!* God zij met ons! • *an ~ glauben* in God geloven • *es liegt in Gottes Hand* het ligt in Gods hand • *in Gottes Namen* in Gods naam • *~ bewahre!* God beware me er voor • *~ sei Dank* God zij dank, INFORM. godzijdank • *grüß Gott!* goedendag! • INFORM. *mein ~* mijn/goeie God! • INFORM. *das weiß ich bei ~ nicht* ik zou het bij God niet weten • INFORM. *leider Gottes!* helaas! • FIG. *jeder für sich und ~ für alle* ieder voor zich en God voor ons allen • FIG. *das ist weiß ~ nicht schwierig* dat is echt niet moeilijk • FIG. *leben wie ~ in Frankreich* een luizenleventje leiden • FIG. *über ~ und die Welt reden* over koetjes en kalfjes praten **2** god, godheid • IRON. *die Götter in Weiß* de artsen

Götterbild zn o (+(e)s/+er) **1** godenbeeld, afgodsbeeld **2** FIG. idool

gottergeben bn berustend, gelaten

Götterspeise zn v (-/gmv) **1** godenspijs, ambrozijn **2** gelatinepudding

Gottesdienst zn m (+(e)s/+e) REL. kerkdienst, dienst • *einen ~ halten* een kerkdienst houden • *einem ~ beiwohnen* een kerkdienst bijwonen

gottesfürchtig bn godvruchtig, vroom

Gotteshaus zn o (+es/-häuser) godshuis, kerk

Gotteslästerer zn m (+s/-) godslasteraar

Gotteslästerung zn v (-/+en) godslastering, blasfemie

gottfroh bn dolblij

Gottheit zn v (-/+en) godheid

Göttin zn v (-/+nen) godin

göttlich bn goddelijk

Göttlichkeit zn v (-/gmv) goddelijkheid

gottlob bw goddank

gottlos bn goddeloos

Gottvater zn m (+s/gmv) REL. God de Vader

gottverlassen bn **1** van God verlaten **2** godverlaten, eenzaam

Götze zn m (+n/+n) afgod, afgodsbeeld

Gouda zn m (+s/gmv) Goudse kaas

Gouvernante zn v (-/+n) gouvernante

Gouverneur zn m (+s/+e) gouverneur

GPS afk Global Positioning System **gps**

Grab zn o (+(e)s/Gräber) graf • *ein ~ ausheben* een graf delven • *zu Grabe tragen* ten grave dragen • *aus dem Grabe auferstehen* uit de dood verrijzen • FIG. *sein eigenes ~ graben* zijn eigen graf graven • FIG. *sich im Grabe umdrehen* zich omdraaien in zijn graf • FIG. *schweigen wie ein ~* zwijgen als het graf • FIG.

gr

etwas ins ~ mitnehmen iets meenemen in het graf • FIG. *jemanden ins ~ bringen* schuld zijn aan iemands dood, iemand tot wanhoop brengen
Grabbeigabe ZN V (-/+n) grafgift
graben **1** OV WW sterk **1** graven, spitten • *einen Tunnel ~* een tunnel graven • *eine Grube ~* een kuil graven • *tief ~* diep graven **2** graveren **2** WKD WW (**sich ~**) zich boren • *ihre Fingernägel gruben sich in seinen Arm* zij zette haar nagels in zijn arm
Graben ZN M (+s/Gräben) **1** sloot, greppel, gracht **2** loopgraaf
Grabenkrieg ZN M (+(e)s/+e) loopgravenoorlog
Gräber ZN M (+s/-) delver
Gräberfeld ZN O (+(e)s/+er) begraafplaats
Gräberfund ZN M (+(e)s/+e) grafvondst
Grabesstille ZN V (-/gmv) doodse stilte
Grabesstimme ZN V (-/gmv) INFORM. grafstem
Grabgewölbe ZN O (+s/-) grafkelder
Grabhügel ZN M (+s/-) grafheuvel
Grabinschrift ZN V (-/+en) grafschrift, inscriptie <op grafsteen>, epitaaf
Grabmal ZN O (+(e)s/+e, mäler) grafmonument
Grabrede ZN V (-/+n) grafrede
Grabstätte ZN V (-/+n) graf
Grabstein ZN M (+(e)s/+e) grafsteen
Grabung ZN V (-/+en) (archeologische) opgraving
Gracht ZN V (-/+en) gracht
Grad ZN M (+es/+e) graden, graad • *37 ~ Celsius* 37 graden Celsius • *es hat minus fünf ~* het is vijf graden onder nul • *es sind 40 ~ im Schatten* het is 40 graden in de schaduw • *auf 100 ~ Länge und 50 ~ Breite* op 100 graden lengte en 50 graden breedte • WISK. *ein 90 Grad-Winkel* een hoek van 90 graden • WISK. *eine Gleichung zweiten Grades* een vergelijking van de tweede graad • MED. *Verbrennungen dritten Grades* derdegraadsverbrandingen • *akademischer ~* academische titel • *in geringerem Grade* in mindere mate • *bis zu einem gewissen ~ übereinstimmen* tot op zekere hoogte overeenkomen
grade **1** BN **1** even **2** recht, eerlijk, precies **2** BW **1** bepaald, recht **2** INFORM. even, net
Gradeinteilung ZN V (-/+en) graadverdeling, schaal
Gradmesser ZN M (+s/-) graadmeter
graduell BN gradueel • *~e Unterschiede* graduele verschillen
graduieren ONOV WW een graad halen
Graf ZN M (+en/+en) graaf
Grafik ZN V (-/+en) **1** grafiek, grafische kunst **2** grafisch kunstwerk
Grafiker ZN M (+s/-) graficus, grafisch kunstenaar
Grafikkarte ZN V (-/+n) COMP. grafische kaart
Gräfin ZN V (-/+nen) gravin
grafisch BN grafisch • *~er Entwurf* grafisch ontwerp
Grafit ZN O (+s/+e) → **Graphit**
gräflich BN grafelijk
Grafologe ZN M (+n/+n) → **Graphologe**
Grafschaft ZN V (-/+en) graafschap
Gral ZN M (+(e)s/gmv) graal • *der Heilige ~* de Heilige Graal
gram BN • *jemandem ~ sein* boos op iemand zijn
Gram ZN M (+(e)s/gmv) verdriet, hartzeer • *sich vor ~ verzehren* van verdriet wegkwijnen
grämen **1** OV WW verdrieten **2** WKD WW (**sich ~**) treuren (**über**, **um** +4 over), kniezen, verdriet hebben
grämlich BN zuur, gemelijk
Gramm ZN O (+s/+e) gram • *fünfzig ~ Zucker* vijftig gram suiker
Grammatik ZN V (-/+en) grammatica, spraakkunst
grammatikalisch BN grammaticaal
grammatisch BN grammaticaal, volgens de spraakkunst
Grammofon, **Grammophon** ZN O (+s/+e) grammofoon
gramvoll BN **1** kommervol **2** indroevig
Granat ZN M (+(e)s/+e) **1** garnaal **2** granaat
Granate ZN V (-/+n) granaat
Granatsplitter ZN M (+s/-) granaatsplinter, granaatscherf
grandios BN grandioos, groots, geweldig
Granit ZN M (+s/+e) graniet
Grant ZN M (+s/gmv) INFORM. wrevel, slecht humeur
grantig BN chagrijnig, mopperig
Granulat ZN O (+(e)s/+e) **1** granulatie **2** korrelige massa
granulieren OV WW granuleren
Grapefruit ZN V (-/+s) grapefruit
Graphik ZN V (-/+en) → **Grafik**
Graphiker ZN M (+s/-) → **Grafiker**
graphisch BN → **grafisch**
Graphit ZN O (+(e)s/+e) grafiet
Graphologe ZN M (+n/+n) grafoloog
grapschen OV + ONOV WW grijpen, graaien • *nach etwas ~* naar iets graaien
Gras ZN O (+es/Gräser) gras • *das ~ wachsen hören* betweterig zijn • FIG. *ins ~ beißen* in het zand bijten • FIG. *darüber ist längst ~ gewachsen* dat is allang vergeten • FIG. *kein ~ über etwas wachsen lassen* ergens geen gras over laten groeien
grasen OV + ONOV WW **1** grazen • *das Vieh ~ lassen* het vee laten grazen **2** weiden
Grasfläche ZN V (-/+n) grasveld
Grashalm ZN M (+(e)s/+e) grasspriet
Grashüpfer ZN M (+s/-) sprinkhaan
grasig BN grazig, grasrijk
Grasnarbe ZN V (-/+n) grasmat
grassieren ONOV WW MED. woeden <van misstanden/ziekte>, heersen
grässlich BN afgrijselijk, afschuwelijk, gruwelijk • *sich ~ langweilen* zich gruwelijk vervelen
Grat ZN M (+(e)s/+e) **1** scherpe kant **2** bergkam • *sich auf schmalem ~ bewegen* op het randje balanceren
Gräte ZN V (-/+n) visgraat
grätig BN vol graten

Gratin ZN O gegratineerd gerecht

gratis BN gratis

Gratisvorstellung ZN V (-/+en) gratis voorstelling

Grätsche ZN V (-/+n) spreidsprong

grätschen **1** OV WW spreiden • *die Beine ~* de benen (zijwaarts) spreiden **2** ONOV WW met gespreide benen springen

Gratulant ZN M (+en/+en) iemand die feliciteert

Gratulation ZN V (-/+en) gelukwens, felicitatie • *(meine) Gratulation!* gefeliciteerd!

gratulieren ONOV WW feliciteren • *jemandem zu etwas ~* iemand met iets feliciteren • *jemandem zu seinem Erfolg ~* iemand feliciteren met zijn succes • *jemandem zum Geburtstag ~* iemand feliciteren met zijn verjaardag • *gratuliere!* gefeliciteerd!, proficiat!

grau BN **1** grijs, grauw • *~ meliert* grijzend, peper-en-zoutkleurig • *in ~er Vorzeit* in een grijs verleden • *der ~e Markt* het grijze circuit **2** troosteloos

graublau BN blauwgrijs, grijsblauw, vaalblauw

Graubrot ZN O (+(e)s/+e) REG. (grof) bruinbrood

Gräuel ZN M (+s/-) gruwel, monsterachtigheid • *das ist mir ein ~* dat vind ik afschuwelijk

Gräuelmärchen ZN O (+s/-) griezelverhaal

Gräueltat ZN V (-/+en) gruweldaad

grauen **1** ONOV WW **1** huiveren, gruwen **2** aanbreken, schemeren • *der Morgen graut* de ochtend schemert **2** WKD WW (**sich ~**) • *sich ~ vor* gruwen van • *mir graut davor* ik gruw ervan

Grauen ZN O (+s/-) **1** verschrikking **2** afgrijzen, huivering • *mit ~ erfüllen* met afgrijzen vervullen

grauenerregend BN afschuwwekkend

grauenhaft BN + BW afschuwelijk, afgrijselijk • *~ hässlich* afgrijselijk lelijk

grauenvoll BN afschuwelijk, gruwelijk • *eine ~e Tat* een gruwelijke daad

grauhaarig BN grijsharig, grijs

graulen **1** ONP WW • *es grault mir vor ihm* ik griezel van hem **2** WKD WW (**sich ~**) huiveren

graulich BN **1** grijzig **2** griezelig, angstig

gräulich BN gruwelijk, afschuwelijk

Graupe ZN V (-/+n) gort

Graupel ZN V (-/+n) (zachte) hagelkorrel

graupeln ONP WW licht hagelen, een beetje hagelen • *es graupelt* het hagelt licht

Graupelschauer ZN M (+s/-) hagelbui

Graureiher ZN M blauwe reiger

Graus ZN M (+es/gmv) verschrikking, afgrijzen

grausam BN wreed • *~ gegen jemanden/zu jemandem sein* iemand wreed behandelen

Grausamkeit ZN V (-/+en) wreedheid

grausen ONP WW • *mir graust* ik huiver • *sich ~ vor* gruwen van

Grausen ZN O (+s/gmv) huivering, afgrijzen • *~ erregend* huiveringwekkend, afgrijselijk

grausig BN **1** afgrijselijk **2** huiveringwekkend

Graveur ZN M (+s/+e) graveur, graveerder

gravieren OV WW graveren

gravierend BN **1** belastend, verzwarend **2** ernstig, zwaarwegend • *ein ~er Fehler* een zware fout

Gravierung ZN V (-/+en) (het) graveren, gravering

Gravitation ZN V (-/gmv) zwaartekracht

Gravur ZN V gravure, gravering

graziös BN gracieus, bevallig

gregorianisch BN gregoriaans • *der ~e Gesang* de gregoriaanse zang

greifbar BN **1** grijpbaar, onder handbereik **2** tastbaar, vast • *~e Gestalt annehmen* concreet gestalte krijgen • *ein ~er Beweis* een tastbaar bewijs • *~e Resultate* tastbare resultaten **3** direct leverbaar, in voorraad, beschikbaar

greifen OV + ONOV WW sterk grijpen, pakken, tasten • *am Arm ~* bij de arm grijpen/pakken • *nach einer Sache ~* naar iets grijpen • *zu den Waffen ~* naar de wapens grijpen • *um sich ~* om zich heen grijpen • *ineinander ~* in elkaar grijpen • *die Schraube greift nicht* de schroef pakt niet • *das ist zum Greifen nahe* dat ligt voor het grijpen • *zu hoch gegriffen* te hoog gegrepen

Greifer ZN M (+s/-) grijper

Greifvogel ZN M (+s/-vögel) roofvogel

Greifzange ZN V (-/+n) TECHN. tang

greinen ONOV WW grienen, pruilen

greis BN grijs, eerbiedwaardig oud

Greis ZN M (+es/+e) bejaarde, grijsaard

Greisenalter ZN O (+s/gmv) hoge ouderdom

greisenhaft BN **1** ouwelijk **2** verzwakt door hoge leeftijd

Greisin ZN V (-/+nen) bejaarde, oude vrouw

grell BN schel, schril • *~e Farben* schelle kleuren

Gremium ZN O (+s/-mien) commissie, comité, college

Grenadier ZN M (+s/+e) grenadier, infanterist

Grenzbaum ZN M (+(e)s/-bäume) **1** grensboom **2** slagboom

Grenzbereich ZN M **1** grensstreek, grensgebied **2** FIG. maximum, limiet

Grenzbezirk ZN M (+(e)s/+e) grensdistrict

Grenze ZN V (-/+n) grens • *an der ~* aan de grens • *innerhalb gewisser Grenzen bleiben* binnen zekere grenzen blijven • *jetzt ist die ~ erreicht* nu is de grens bereikt • *die ~ überschreiten* de grens overschrijden • *die Grenzen sprengen* de grenzen te buiten gaan • *man muss irgendwo die ~ ziehen* men moet ergens de grens trekken • *seine Grenzen erweitern* zijn grenzen verleggen • *sein Ehrgeiz kennt keine Grenzen* zijn eerzucht kent geen grenzen • *alles hat seine Grenzen* er zijn grenzen • *seine Grenzen kennen* zijn grenzen kennen • *einer Sache Grenzen setzen* paal en perk stellen aan iets • *sich in Grenzen halten* binnen de perken blijven • *die ~ des Erlaubten überschreiten* de perken te buiten gaan • *das stößt schon an die Grenzen des Lächerlichen* dat is al bijna belachelijk • *jemanden in seine Grenzen verweisen* iemand terechtwijzen • INFORM. *über die ~ machen* illegaal de grens overschrijden <vooral in de voormalige DDR>

grenzen ONOV WW grenzen (**an** +4 **aan**) • *~ an* grenzen aan • *ihre Gärten ~ aneinander* hun tuinen grenzen aan elkaar • *Italien grenzt an die Schweiz* Italië grenst aan Zwitserland • *das grenzt an ein*

gr

Wunder dat grenst aan het wonderbaarlijke • *das grenzt schon an Unverschämtheit* dat grenst aan onbeschaamdheid • *das grenzt ans Unmögliche* dat grenst aan het onmogelijke

grenzenlos BN grenzeloos

Grenzer ZN M (+s/-) douanier, grenswacht

Grenzfall ZN M (+(e)s/-fälle) grensgeval

Grenzgebiet ZN O (+(e)s/+e) grensgebied, grensstreek

Grenzkonflikt ZN M (+(e)s/+e) grensconflict

Grenzkontrolle ZN V (-/+n) grenscontrole

Grenzlinie ZN V (-/+n) **1** grens **2** SPORT buitenlijn, zijlijn

Grenzposten ZN M (+s/-) grenswachter, grensbewaker

Grenzschutz ZN M (+es/gmv) **1** grensbewaking **2** grenspolitie

Grenzübergang ZN M (+(e)s/-gänge) grensovergang

Grenzverkehr ZN M (+s/gmv) grensverkeer

Grenzzwischenfall ZN M (+(e)s/-fälle) grensincident

Grieche ZN M (+n/+n) Griek

Griechenland ZN O Griekenland • *in ~* in Griekenland

Griechin ZN V (-/+nen) Griekse

griechisch BN Grieks

Griechisch ZN O (-, +s/gmv) Grieks <als leervak>

griechisch-orthodox BN Grieks-orthodox • *die griechisch-orthodoxe Kirche* de Grieks-orthodoxe kerk

Griesgram ZN M (+(e)s/+e) brompot, zuurpruim, chagrijn • *ein alter ~* een stuk chagrijn

griesgrämig BN knorrig, brommerig

Grieß ZN M (+es/+e) **1** grof zand **2** gries(meel) **3** gruis

Grießbrei ZN M (+(e)s/+e) griesmeelpap

griff OV + ONOV WW verl. tijd → **greifen**

Griff ZN M (+(e)s/+e) **1** greep, grip • *ein schwieriger ~* een moeilijke greep • *etwas nicht in den ~ bekommen* geen grip op iets kunnen krijgen • *etwas im ~ haben* iets in de hand hebben, grip hebben op iets **2** handvat, knop, steel

griffbereit BW bij de hand, gereed

Griffbrett ZN O (+(e)s/+er) MUZ. toets, greepplank <van snaarinstrument>

Griffel ZN M (+s/-) griffel, stift

griffig BN stevig, handzaam

Grill ZN M (+s/+s) grill

Grille ZN V (-/+n) **1** krekel **2** gril • *Grillen fangen* tobben • INFORM. *Grillen im Kopf haben* zonderlinge ideeën hebben

grillen **1** OV WW barbecuen, grillen **2** WKD WW (**sich ~**) bakken <in de zon>

Grillenfänger ZN M (+s/-) humeurig/ zwaarmoedig mens

grillenhaft BN grillig, nukkig, gemelijk

Grillofen ZN M grillbakoven

Grillparty ZN V (-/+s, -ties) barbecue, BBQ

Grimasse ZN V (-/+n) grimas • *Grimassen schneiden/ziehen* grimassen maken, bekken trekken

Grimm ZN M (+(e)s/gmv) woede, grimmigheid

Grimmen ZN O (+s/-) buikkramp

grimmig BN grimmig • *mit ~er Stimme* met grimmige stem • *in einem ~en Ton sprechen* op kwaadaardige toon spreken

Grind ZN M (+(e)s/+e) korst <op een wond>, schurft

grindig BN schurftig

grinsen ONOV WW grijnzen • *er begann zu ~* hij begon te grijnzen • INFORM. *grins nicht so blöd!* sta niet zo dom te grijnzen! • INFORM. *was grinst du so?* wat zit je te ginnegappen?

Grinsen ZN O (+s/gmv) gegrijns

grippal BN griep- • MED. *ein ~er Infekt* een griepinfectie

Grippe ZN V (-/-) MED. griep • *die ~ haben* griep hebben

Grippeanfall ZN M (+(e)s/-fälle) MED. griepaanval

grippekrank BN grieperig

Grippevirus ZN M/O (-/-ren) griepvirus

Grippewelle ZN V (-/+n) griepepidemie

Grips ZN M (+es/+e) INFORM. hersens, verstand • *streng mal deinen ~ an!* zet je hersens eens aan het werk!

grob **1** BN **1** grof, ruw • *~e Gesichtszüge* grove gelaatstrekken • *ein ~er Fehler* een grove fout • *~es Unrecht* grof onrecht • *durch ~e Fahrlässigkeit* door grove nalatigheid • *etwas in ~en Zügen beschreiben* iets in grove/grote lijnen beschrijven • *~e Schätzung* ruwe schatting **2** grof, onbehouwen, lomp • *~es Benehmen* ongemanierd gedrag **2** BW grof • *es ist ~ gesagt hundert Kilometer* het is ongeveer honderd kilometer • *jemanden ~ behandeln* iemand grof behandelen

gröber BN → **grob**

Grobheit ZN V (-/+en) grofheid

Grobian ZN M (+(e)s/+e) lompe vlegel, kinkel

grobkörnig BN grofkorrelig

grobschlächtig BN grof, onbehouwen

gröbst BN → **grob**

Grog ZN M (+s/+s) grog

groggy BN **1** groggy <boksen> **2** INFORM. doodop, bekaf

grölen ONOV WW brullen, schreeuwen

Groll ZN M (+(e)s/gmv) wrok • *einen ~ gegen jemanden hegen* een wrok koesteren tegen iemand

grollen ONOV WW **1** wrokkig zijn, wrokken • *jemandem ~* boos zijn op iemand, jegens iemand wrok koesteren **2** rommelen **3** grommen

Grönland ZN O Groenland • *in ~* in Groenland

Grönländer ZN M (+s/-) Groenlander

Gros ZN O (-/-) **1** gros **2** gros <grote meerderheid>

Groschen ZN M (+s/-) GESCH. muntstuk van tien pfennig • *jetzt fiel bei ihm der ~* nu viel het kwartje, nu begreep hij het

Groschenheft ZN O (+(e)s/+e) stuiversroman

Groschenroman ZN M (+s/+e) stuiversroman, keukenmeidenroman

groß BN groot • *er ist so ~ wie du* hij is even groot als jij • *schreibt man das groß?* schrijf je dat met hoofdletter? • *mit großem H* met hoofdletter H •

das ist unsere Große dat is onze oudste dochter • *wie ~ ist er?* hoe lang is hij? • *zum größten Teil* voor het grootste deel • *im Großen und Ganzen* over het geheel genomen, globaal genomen • *damit bin ich ~ geworden* daar ben ik mee opgegroeid • *in großem Umfang* op ruime schaal • *ein großer Vorrat* een ruime voorraad

Großabnehmer ZN M (+s/-) grootverbruiker

Großaktionär ZN M (+s/+e) ECON. grootaandeelhouder

Großangriff ZN M (+(e)s/+e) MIL. grootscheepse aanval, frontale aanval

großartig BN schitterend, fantastisch, geweldig, groots, indrukwekkend • *er war ~* hij was geweldig • *das ist ja großartig!* dat is geweldig!

Großaufnahme ZN V (-/+n) close-up

Großauftrag ZN M (+(e)s/-träge) ECON. grote opdracht, mammoetorder

Großbetrieb ZN M (+(e)s/+e) **1** grootbedrijf **2** groot landbouwbedrijf

Großbildschirm ZN M (+(e)s/+e) grootbeeldscherm

Großbrand ZN M (+(e)s/-brände) grote brand, uitslaande brand

Großbritannien ZN O (+s/gmv) Groot-Brittannië • *in ~* in Groot-Brittannië

Großbuchstabe ZN M (+n/+n) hoofdletter

Großbürgertum ZN O (+s/gmv) bourgeoisie, gegoede burgerij

Größe ZN V (-/+n) **1** grootte • *in wahrer ~* op ware grootte • *die natürliche ~* de ware grootte • *der ~ nach ordnen* naar grootte rangschikken • *in der ~* ter grootte van • *(von) gleicher ~* van gelijke grootte **2** grootheid • WISK. *eine gegebene/unbekannte ~* een gegeven/onbekende grootheid **3** lengte, maat, omvang • *eine Hose ~ 40* een broek maat 40 • *welche ~ haben Sie?* wat voor kledingmaat heeft u?

Großeinkauf ZN M (+(e)s/-einkäufe) inkoop in het groot

Großeinsatz ZN M (+es/-einsätze) (het) uitrukken met groot materieel, grootscheepse actie

Großeltern ZN MV grootouders

Größenordnung ZN V (-/+en) orde van grootte, dimensie

großenteils BW grotendeels

Größenverhältnis ZN O (+ses/+se) verhouding, proportie

Größenwahn ZN M (+(e)s/gmv) grootheidswaanzin, megalomanie

größenwahnsinnig BN aan grootheidswaanzin lijdend, megalomaan

größer BN → **groß**

Größer-als-Zeichen ZN O groterdanteken

Großfahndung ZN V (-/+en) grootscheepse politiële opsporingsactie

Großfeuer ZN O (+s/-) grote/uitslaande brand

großflächig BN groot, uitgestrekt

großformatig BN met een groot formaat

Großgrundbesitz ZN M (+es/+e) grootgrondbezit

Großgrundbesitzer ZN M (+s/-) grootgrondbezitter

Großhandel ZN M (+s/gmv) groothandel

Großhändler ZN M (+s/-) grossier

Großhandlung ZN V (-/+en) grossierderij, groothandel

großherzig BN grootmoedig, edelmoedig

Großherzog ZN M (+(e)s/-zöge) groothertog

Großhirn ZN O (+(e)s/+e) grote hersenen

Grossist ZN M (+en/+en) grossier, groothandelaar

großkotzig BN INFORM. branieachtig

Großmacht ZN V (-/-mächte) grote mogendheid

Großmannssucht ZN V (-/gmv) grootdoenerij, geldingsdrang

großmaschig BN met grote mazen

Großmaul ZN O (+(e)s/-mäuler) praatjesmaker, opschepper

Großmut ZN M (+(e)s/gmv) grootmoedigheid, edelmoedigheid

großmütig BN grootmoedig, edelmoedig

Großmutter ZN V (-/-mütter) grootmoeder • FIG. *das kannst du deiner ~ erzählen* maak dat je grootje wijs

Großneffe ZN M (+n/+n) achterneef

Großnichte ZN V (-/+n) achternicht

Großonkel ZN M (+s/-) oudoom

Großpackung ZN V (-/+en) gezinsverpakking

Großputz ZN M grote schoonmaak, grote beurt • *~ in der Küche machen* de keuken een grote beurt geven

Großraum ZN M (+(e)s/-räume) groot gebied, grote ruimte

Großraumbüro ZN O (+s/+s) kantoortuin, grote kantoorruimte

Großraumwagen ZN M (+s/-) harmonicawagen <tram of bus>, grote coupé <trein>, goederenwagen <met grote laadruimte>

Großreinemachen ZN O (+s/gmv) grote schoonmaak

großschreiben OV WW sterk **1** met een hoofdletter schrijven **2** FIG. belangrijk vinden • *großgeschrieben werden* hoog in het vaandel staan

Großschreibung ZN V (-/+en) gebruik van hoofdletters

Großsprecher ZN M (+s/-) grootspreker, praatjesmaker

großsprecherisch BN opschepperig

großspurig BN snoevend

Großstadt ZN V (-/-städte) grote stad

Großstädter ZN M (+s/-) grotestadsmens

großstädtisch BN grootstedelijk • *das großstädtische Leben* het grootstedelijke leven

größt BN → **groß**

Großtante ZN V (-/+n) oudtante

Großteil ZN M (+(e)s/+e) **1** meerderheid **2** groot deel

größtenteils BW hoofdzakelijk, voor het grootste deel

größtmöglich BN zo groot mogelijk • *der*

gr

größtmögliche Vorteil het grootst mogelijke voordeel
Großtuer ZN M (+s/-) **opschepper, snoever**
Großtuerei ZN V (-/gmv) **opschepperij**
großtun ONOV WW sterk **pronken, opscheppen** • *sich mit einer Sache ~* met iets snoeven
Großunternehmen ZN O (+s/-) **grootbedrijf**
Großvater ZN M (+s/-väter) **grootvader**
großväterlich BN **grootvaderlijk**
großziehen OV WW sterk **grootbrengen** • *Kinder ~* kinderen grootbrengen
großzügig BN **1 ruimdenkend 2 royaal, gul** • *eine großzügige Geste* een genereus gebaar • FIG. *großzügig über etwas hinwegsehen* iets door de vingers zien **3 grootscheeps, grootschalig**
grotesk BN **grotesk, zonderling**
gr
Groteske ZN V (-/+n) **groteske** • *die Prozedur war einfach eine ~* de procedure was gewoonweg een lachertje
Grotte ZN V (-/+n) **grot**
grub OV WW verl. tijd → **graben**
Grübchen ZN O (+s/-) **kuiltje**
Grube ZN V (-/+n) **1 groeve, mijn** • *in die ~ einfahren* in de mijn afdalen **2 kuil, put** ▸ FIG. *wer anderen eine ~ gräbt, fällt selbst hinein* wie een kuil graaft voor een ander, valt er zelf in
Grübelei ZN V (-/+en) **gepieker**
grübeln ONOV WW **peinzen (über** +4 **over), piekeren, prakkiseren** • *ich grüble darüber* ik pieker erover, dat maalt maar door mijn hoofd
Grubenarbeiter ZN M (+s/-) **mijnwerker**
Grubenunglück ZN O (+(e)s/+e) **mijnongeluk**
Grübler ZN M (+s/-) **piekeraar**
grüblerisch BN **zwaar op de hand, piekerend**
Gruft ZN V (-/Grüfte) **groeve, grafkelder**
Grufti ZN M (+s/+s) JEUGDT. **oudere persoon**
grummeln OV + ONOV WW **1 mompelen, in zijn baard brommen 2 rommelen 3 dof dreunen**
grün BN **1 groen** • FIG. *jemandem nicht ~ sein* iemand niet mogen • FIG. *sich ~ und blau ärgern* zich groen en geel ergeren • FIG. *jemanden ~ und blau schlagen* iemand bont en blauw slaan **2 vers 3 groen, milieubewust** • *~ denken* groen denken • *grüne Energie* groene energie • *~ wählen* op een groene partij stemmen
Grün ZN O (+s/-) **groen** • *im Grünen* buiten in de vrije natuur • *ins Grüne* de natuur in • *die Ampel zeigt ~* het verkeerslicht staat op groen
Grünanlage ZN V (-/+n) **plantsoen, groenvoorziening, groenstrook**
grund- VOORV **volkomen, door en door** • *grundschlecht* door en door slecht • *grundverschieden sein* totaal verschillend zijn
Grund ZN M (+(e)s/Gründe) **1 grond, bodem, ondergrond** • *das Schiff ist auf ~ gelaufen* het schip zit aan de grond • FIG. *von ~ auf verdorben* tot in de grond bedorven • FIG. *sich in ~ und Boden schämen* door de grond gaan van schaamte • FIG. *einer Sache auf den ~ gehen* iets tot op de bodem uitzoeken **2 dal 3 grond, grondslag** • *zu Grunde* te gronde, ten grondslag • *auf ~ seiner Mitteilungen* op grond van zijn mededelingen • *auf ~ Ihrer Anzeige* naar aanleiding van uw advertentie • *von ~ aus unterrichtet* volkomen op de hoogte • *jetzt kann er von ~ auf anfangen* nu kan hij weer helemaal opnieuw beginnen • *im Grunde (der Sache)* in de grond (van de zaak) • *einer Sache zu Grunde liegen* aan iets ten gronde liggen • *auf ~ von* op grond van • *aus medizinischen Gründen* op medische gronden **4 argument, reden** • *aus welchem ~* om welke reden • *aus gutem Grunde* met een goede reden • *ein ~ mehr* reden te meer • *im Grunde* in principe • *Gründe anführen* met redenen omkleden
Grundanstrich ZN M (+(e)s/+e) **grondverf, grondlaag**
Grundbedeutung ZN V (-/+en) **kernbetekenis, hoofdbetekenis**
Grundbedingung ZN V (-/+en) **voornaamste voorwaarde**
Grundbegriff ZN M (+(e)s/+e) **grondbegrip, grondbeginsel** • *Grundbegriffe einer Wissenschaft* grondbegrippen van een wetenschap
Grundbesitz ZN M (+es/gmv) **grondbezit**
Grundbesitzer ZN M (+s/-) **grondbezitter, landeigenaar**
Grundbestandteil ZN O (+(e)s/+e) **basiselement, hoofdbestanddeel**
Grundbuch ZN O (+(e)s/-bücher) **kadaster**
Grundbuchamt ZN O (+(e)s/-ämter) **kadaster**
grundehrlich BN **goudeerlijk**
gründen OV WW **oprichten, baseren, grondvesten, stichten** • *seine Meinung auf etwas ~* zijn mening baseren op iets • *sich ~ auf* +4 steunen op, baseren op • *~ auf* gefundeerd zijn op • *eine Firma ~* een bedrijf oprichten
Gründer ZN M (+s/-) **stichter, oprichter**
Gründeraktie ZN V (-/+n) **oprichtersaandeel**
Grunderwerb ZN M (+(e)s/+e) **grondaankoop**
grundfalsch BN **volkomen verkeerd**
Grundfarbe ZN V (-/+n) **1** KUNST **primaire kleur, hoofdkleur 2 grondverf** • *die ~ anbringen* in de grondverf zetten
Grundfesten ZN MV **grondvesten** • *in seinen ~ erschüttert werden* tot op zijn grondvesten trillen
Grundform ZN V (-/+en) **1 grondvorm 2** TAALK. **infinitief, onbepaalde wijs**
Grundgebühr ZN V (-/+en) **basistarief, vastrecht**
Grundgedanke ZN M (+ns/+n) **grondgedachte, hoofdgedachte**
Grundgesetz ZN O (+es/+e) **1 grondwet** • *das ~ der Bundesrepublik Deutschland* de Duitse Grondwet **2 basiswet**
grundieren OV WW **een basislaag aanbrengen, gronden**
Grundierung ZN V (-/+en) **1 (het) gronden, (het) grondverven 2 grondlaag, grondverf**
Grundkapital ZN O (+s/+e, +ien) **1 maatschappelijk kapitaal 2 beginkapitaal**
Grundkenntnis ZN V (-/+se) **basiskennis, elementaire kennis**
Grundkurs ZN M (+es/+e) **1 basiscursus 2** O&W **vak op basisniveau** <in de bovenbouw van het

Duitse gymnasium>

Grundlage ZN V (-/+n) grondslag, basis • *das entbehrt jeder ~* hiervoor is geen reden • *~ sein von* ten grondslag liggen aan

grundlegend BN fundamenteel

gründlich BN grondig, diepgaand • *eine gründliche Untersuchung* een grondig onderzoek • *~ studieren* grondig bestuderen • *~ untersuchen* grondig onderzoeken

Gründlichkeit ZN V (-/gmv) accuratesse, grondigheid

Grundlinie ZN V (-/+n) **1** FIG. grote lijn, hoofdlijn **2** SPORT baseline

Grundlohn ZN M (+(e)s/-löhne) basisloon

grundlos BN **1** grondeloos **2** ongegrond, zonder reden • *jemanden ~ beschuldigen* iemand ongegrond beschuldigen

Grundmauer ZN V fundament • *bis auf die Grundmauern abbrennen* tot de grond toe afbranden

Grundnahrungsmittel ZN O (+s/-) **1** primair levensmiddel, eerste levensbehoeften **2** hoofdvoedsel

Gründonnerstag ZN M (+(e)s/+e) REL. Witte Donderdag <donderdag voor Pasen>

Grundpfeiler ZN M (+s/-) **1** grondpilaar **2** FIG. steunpilaar

Grundprinzip ZN O (+s/-prinzipien) basisprincipe, grondbeginsel

Grundrecht ZN O (+(e)s/+e) grondrecht, fundamenteel recht

Grundregel ZN V (-/+n) beginsel, hoofdregel

Grundrente ZN V (-/+n) **1** grondrente **2** basispensioen, basisuitkering

Grundriss ZN M (+es/+e) **1** plattegrond, horizontale projectie **2** schets, overzicht

Grundsatz ZN M (+es/-sätze) grondbeginsel, principe

Grundsatzerklärung ZN V (-/+en) beginselverklaring

grundsätzlich BN principieel, fundamenteel • *ich trinke ~ nicht* ik drink uit principe niet

Grundschule ZN V (-/+n) basisschool • *in die ~ gehen* op de basisschool zitten

Grundschüler ZN M (+s/-) leerling van de basisschool

Grundstein ZN M (+(e)s/+e) **1** eerste steen • *den ~ legen* de eerste steen leggen **2** grondslag, basis

Grundsteinlegung ZN V (-/+en) eerstesteenlegging

Grundstellung ZN V (-/+en) **1** MUZ. grondligging **2** uitgangspositie, beginstand

Grundsteuer ZN V (-/+n) grondbelasting

Grundstock ZN M (+(e)s/-stöcke) **1** beginkapitaal **2** eerste begin

Grundstoff ZN M (+(e)s/+e) **1** SCHEIK. element **2** grondstof, basismateriaal

Grundstück ZN O (+(e)s/+e) **1** stuk grond, lap grond **2** perceel

Grundstufe ZN V (-/+n) **1** O&W groep 5 en 6 van de basisschool **2** TAALK. stellende trap **3** basiscursus

Gründung ZN V (-/+en) **1** grondlegging, stichting, oprichting **2** fundering

Grundursache ZN V (-/+n) hoofdoorzaak

grundverkehrt BN totaal verkeerd, fout

grundverschieden BN volkomen verschillend, totaal verschillend

Grundvoraussetzung ZN V (-/+en) eerste voorwaarde, basisvoorwaarde

Grundwasser ZN O (+s/gmv) grondwater

Grundwert ZN M (+(e)s/+e) basisprincipe, fundamentele waarde • *Grundwerte* normen en waarden

Grundzahl ZN V (-/+en) **1** hoofdtelwoord **2** WISK. grondtal

Grundzug ZN M (+(e)s/-züge) hoofdkenmerk

gr

Grüne ZN M/V (+n/+n) POL. lid van Duitse milieupartij

grünen ONOV WW **1** opbloeien <figuurlijk> **2** groen worden

Grünen ZN MV POL. • *die ~* de Groenen <Duitse milieupartij>

Grünfläche ZN V (-/+n) plantsoen, park, groenvoorziening

Grünfutter ZN O (+s/gmv) groenvoer

Grüngürtel ZN M (+s/-) groengordel, groenstrook

Grünkohl ZN M (+(e)s/gmv) boerenkool

grünlich BN groenig, groenachtig

Grünschnabel ZN M (+s/-schnäbel) melkmuil

Grünspan ZN M (+(e)s/gmv) kopergroen

Grünstreifen ZN M (+s/-) middenberm, groenstrook

grunzen ONOV WW grommen, knorren

Grünzeug ZN O (+(e)s/gmv) **1** rauwkost, sla, verse groente **2** melkmuil(en)

Gruppe ZN V (-/+n) **1** groep • *in Dreier- oder Vierergruppen* in groepjes van drie of vier • *in der ~* in groepsverband • FIG. *etwas in der ~ zur Diskussion stellen* iets in de groep gooien **2** afdeling

Gruppenbild ZN O (+(e)s/+er) groepsfoto

Gruppendynamik ZN V (-/gmv) groepsdynamiek

Gruppenführer ZN M (+s/-) **1** groepsleider **2** MIL. groepscommandant

Gruppenreise ZN V (-/+n) groepsreis

Gruppentherapie ZN V (-/+n) groepstherapie

gruppenweise BW groepsgewijze

gruppieren **1** OV WW groeperen **2** WKD WW (**sich ~**) zich groeperen • *sich zu einem Kreis ~* in een kring gaan staan

Gruppierung ZN V (-/+en) groepering • *eine politische ~* een politieke groepering

Grus ZN M (+es/+e) gruis

Gruselgeschichte ZN V (-/+n) griezelverhaal

gruselig BN griezelig

Gruselmärchen ZN O (+s/-) griezelverhaal

gruseln ONP WW • *sich ~* griezelen, huiveren • *mich/mir gruselt* ik griezel, ik huiver • *es ist zum Gruseln* het is om van te griezelen • *davor gruselt (es) mich* ik griezel daarvan • *jemandem zum Gruseln bringen* iemand doen griezelen

Gruß ZN M (+es/Grüße) **groet** • FORM. *mit freundlichem Gruß; mit freundlichen Grüßen* met vriendelijke groet • *jemandem Grüße von jemandem bestellen* iemand de groeten van iemand doen/ overbrengen • *sag ihr einen schönen ~ von mir; grüße ihr von mir* doe haar de groeten van mij • *ich soll dich von ihm grüßen* je moet de groeten van hem hebben • *Grüße an die Familie* de groeten thuis • *grüße alle von mir!; grüßen Sie alle von mir!* groeten aan iedereen! • *Gruß aus Utrecht* groeten uit Utrecht
grüßen OV WW **groeten** • *grüße sie vielmals von mir!* doe haar de hartelijke groeten van me! • *ohne zu ~ gehen* zonder groeten weggaan • *grüß dich!; grüß Sie!* gegroet! • *er lässt dich ~* hij laat je groeten

gr

Grußformel ZN V (-/+n) **begroetingsformule**
Grütze ZN V (-/+n) **grutten** • *nicht viel ~ haben* niet bijzonder snugger zijn
gucken ONOV WW **kijken** • *ängstlich ~* bang kijken • INFORM. *guck nicht so blöd!* kijk niet zo dom! • FIG. *in den Mond ~* het nakijken hebben, ernaast grijpen
Gucker ZN M (+s/-) **kijker**
Guckfenster ZN O (+s/-) **kijkraampje**
Guckloch ZN O (+(e)s/-löcher) **kijkgat**
Guerilla ZN V (-/+s) **guerrilla**
Guerillakrieg ZN M (+(e)s/+e) **guerrillaoorlog**
Guillotine ZN V (-/+n) **guillotine**
Gulasch ZN M/O (+es/+e) **goulash**
Gulaschkanone ZN V (-/+n) INFORM. **veldkeuken**
Gulden ZN M (+s/-) **gulden**
Gülle ZN V (-/gmv) **gier** <mest>
Gully ZN M/O (+s/+s) **rioolputje**
gültig BN **geldig, deugdelijk** • *allgemein ~* algemeen geldig • *etwas für ~ erklären* iets geldig verklaren • *~ für den Tag der Ausgabe* geldig voor de dag van afgifte • *~ für eine Fahrt* goed voor één rit
Gültigkeit ZN V (-/gmv) **geldigheid, deugdelijkheid**
Gültigkeitsdauer ZN V (-/gmv) **geldigheidsduur**
Gummi **1** ZN M (+s/+s) **1 vlakgom 2** INFORM. **condoom 2** ZN M/O (+s/-, +s) **gummi, rubber 3** ZN O (+s/+s) **elastiek**
Gummi- VOORV **rubberen** • *Gummischuhe* rubberen schoenen
gummiartig BN **1 rubberachtig 2 gomachtig**
Gummiband ZN M (+(e)s/-bänder) **elastieken band, elastiek**
Gummibaum ZN M (+(e)s/-bäume) **1 rubberboom 2 ficus**
gummieren OV WW **gommen**
Gummierung ZN V (-/+en) **1 gomlaag 2 gommeren**
Gummihandschuh ZN M (+(e)s/+e) **rubberhandschoen**
Gummiknüppel ZN M (+s/-) **gummistok**
Gummilinse ZN V (-/+n) A-V **zoomlens**
Gummireifen ZN M (+s/-) **rubberband**
Gummistiefel ZN M (+s/-) **rubberlaars**
Gummistrumpf ZN M (+(e)s/-strümpfe) **elastische kous, steunkous**
Gunst ZN V (-/gmv) **gunst** • *in jemandes ~ stehen* bij iemand in de gunst staan • *jemandem eine ~ erweisen* iemand een gunst bewijzen • *die ~ ... gewinnen* in de gunst komen bij • *um jemands ~ werben* naar iemands gunst dingen • *jemandes ~ erlangen* bij iemand in de gunst komen • *zu jemandes Gunsten* ten behoeve van iemand
Gunstbezeigung ZN V (-/+en) **gunstbetoon**
günstig BN **gunstig, voordelig** • *jemanden ~ stimmen* iemand gunstig stemmen • *ein günstiger Moment* een gunstig moment • *günstiger Preis* gunstige prijs • *~ gelegen* gunstig gelegen
Günstling ZN M (+s/+e) **gunsteling, favoriet**
Günstlingswirtschaft ZN V (-/gmv) **vriendjespolitiek**
Gurgel ZN V (-/+n) **keel, strot** • FIG. *jemandem an die ~ springen* iemand naar de keel vliegen
Gurgelmittel ZN O (+s/-) **gorgeldrank**
gurgeln ONOV WW **gorgelen**
Gurke ZN V (-/+n) **1 augurk** • *saure Gurken* zure augurken **2 komkommer** • FIG. *alte ~* oude rammelkast • FIG. *komische ~* rare snijboon **3** INFORM. **grote neus, gok**
Gurkensalat ZN M (+(e)s/+e) **komkommersla**
gurren ONOV WW **koeren, kirren**
Gurt ZN M (+(e)s/+e) **gordel, riem, band** • *sich den ~ anschnallen* de (auto)gordel omdoen
Gürtel ZN M (+s/-) **gordel, ceintuur** • FIG. *den ~ enger schnallen* de buikriem aanhalen
Gürtellinie ZN V (-/+n) **1 lendenstreek 2 taille, heuplijn** • FIG. *ein Schlag unter die ~* een stoot onder de gordel
Gürtelreifen ZN M (+s/-) **radiaalband**
Gürtelrose ZN V (-/gmv) MED. **gordelroos, sint-antoniusvuur**
Gürteltier ZN O (+(e)s/+e) BIOL. **gordeldier**
gürten OV WW **gorden, omgorden** • *sich ~* zich opmaken, zich gereedmaken
Gurtpflicht ZN V (-/gmv) **verplichting om (auto)gordel te dragen**
GUS AFK Gemeinschaft Unabhängiger Staaten **GOS, Gemeenschap van Onafhankelijke Staten**
Guss ZN M (+es/Güsse) **1 gietsel** • *wie aus einem ~* uit één stuk, af, volmaakt **2 stortbui, stortbad, plens 3 (het) gieten, (het) storten**
Gussbeton ZN M (+s/gmv) **stortbeton**
Gusseisen ZN O (+s/gmv) **gietijzer**
Gussform ZN V (-/+en) **gietvorm**
Gussregen ZN M (+s/-) **stortregen, plensbui**
Gussstahl ZN M (+(e)s/-stähle) **gietstaal**
Gusto ZN M (+s/Gusti, +s) **1 smaak 2 zin**
gut BN **goed** • *es schmeckt ~* het smaakt goed • *sich ~ benehmen* zich goed gedragen • *~ aussehen* er goed uitzien • *~ gelaunt* goed gehumeurd • *~ gelungen* geslaagd, goed gelukt • *~ gemeint* goed bedoeld • *~ und gern* gerust, vast en zeker • *jemandem ~ sein* iemand welgezind zijn • *dafür ist sie sich nicht zu ~* daar is zij niet te goed voor • *lass es ~ sein* laat het maar rusten • *also gut!* nou goed dan!, oké! • *komm ~ nach Hause!* wel thuis! • *~ dran sein* goed af zijn, er goed voor staan • *so ~ es geht* zo goed en zo kwaad • *das wiegt ~ fünf Kilo* dat weegt ruim vijf kilo • *ein*

guter tausend Euro een dikke duizend euro • *eine gute Stunde* een goed/dik uur • *das ist ein total guter Film* dat is een te gekke film • *sei so ~ und warte* wees zo goed te wachten • *wären sie so ~ und* zou u zo goed willen zijn om • *so ~ wie möglich* zo goed mogelijk • *es ~ mit jemandem meinen* het goed met iemand menen • *du würdest ~ daran tun zu* je zou er goed aan doen om • *wozu soll das ~ sein?* waar is dat goed voor? • *es ist doch noch zu was ~ gewesen* het is toch nog ergens goed voor geweest • *bloß ~, dass ...* het is maar goed dat... • FIG. *mit jemandem ~ stehen* op goede voet met iemand staan, goed met iemand kunnen opschieten • FIG. *guter Dinge sein* in een goed humeur zijn, goed gemutst zijn • FIG. *es jemandem ~ geben* iemand behoorlijk van repliek dienen

Gut ZN O (+(e)s/Güter) **1** landgoed, bezitting, hofstede **2** goed • ECON. *bewegliche Güter* roerende goederen • ECON. *unbewegliche/liegende Güter* onroerende goederen **3** koopwaar, waar

Gutachten ZN O (+s/-) **1** certificaat **2** rapport, advies van deskundige • *ein ~ einholen* een advies inwinnen • *ein ~ erstellen* een deskundigenrapport opstellen, expertise uitbrengen **3** attest

Gutachter ZN M (+s/-) adviseur, deskundige

gutartig BN goedaardig, vriendelijk

gutbürgerlich BN degelijk, burgerlijk, eenvoudig en goed • *~ essen* eenvoudig maar goed eten • *die gutbürgerliche Küche* de burgerpot

Gutdünken ZN O (+s/gmv) goeddunken • *mit Ihrem ~* met uw goeddunken • *aus/nach eigenem ~ handeln* naar eigen goeddunken handelen

Gute ZN O (+n/gmv) • *jemandem alles ~ wünschen* iemand alle goeds toewensen • *sich im Guten trennen* vriendschappelijk uiteengaan • *alles Gute!* het allerbeste! • *im Guten* goedschiks

Güte ZN V (-/gmv) **1** goedheid, welwillendheid • *er ist die ~ in Person* hij is de goedheid zelve • *du meine Güte!* hemeltjelief!, grote goedheid! • *in ~* in der minne **2** kwaliteit, deugdelijkheid • *erster ~* van eersteklas kwaliteit

Güteklasse ZN V (-/+n) kwaliteitsklasse

Gutenachtgeschichte ZN V verhaaltje voor het slapengaan

Gutenachtkuss ZN M (+es/-küsse) nachtzoen

Gutenachtlied ZN O (+(e)s/-lieder) slaapliedje

Güterabfertigung ZN V (-/+en) **1** expeditiebureau **2** expeditie

Güterbahnhof ZN M (+(e)s/-höfe) goederenstation

Gütergemeinschaft ZN V (-/+en) gemeenschap van goederen • *in ~ heiraten* in gemeenschap van goederen trouwen

Gütertrennung ZN V (-/+en) JUR. huwelijkse voorwaarden • *in ~* onder huwelijkse voorwaarden

Güterwagen ZN M (+s/-) goederenwagen

Güterzug ZN M (+(e)s/-züge) goederentrein

Gütezeichen ZN O (+s/-) kwaliteitskenmerk, kwaliteitsaanduiding

gutgläubig BN **1** lichtgelovig **2** te goeder trouw

guthaben OV WW te goed hebben (**bei** +3 van) • *etwas bei jemandem ~* iets van iemand te goed hebben

Guthaben ZN O (+s/-) **1** tegoed, positief saldo **2** beltegoed <telefoon> **3** saldo <ov-chipkaart>

gutheißen OV WW sterk goedkeuren, billijken • *etwas ~* iets goedkeuren

gutherzig BN goedhartig

gütig BN goedhartig, vriendelijk

gütlich BN minnelijk, vriendschappelijk • *einen Streit ~ beilegen* een geschil in der minne schikken • *sich ~ tun* zich tegoed doen

gutmachen OV WW **1** goedmaken • *nicht mehr gutzumachen* niet meer goed te maken **2** een winst maken

gutmütig BN goedmoedig, goedhartig • *gutmütiger Spott* goedmoedige spot

Gutmütigkeit ZN V (-/gmv) goedmoedigheid, goedhartigheid

gutnachbarlich BN als (van) goede buren

Gutsbesitzer ZN M (+s/-) landgoedeigenaar, landheer

Gutschein ZN M (+(e)s/+e) **1** tegoedbon **2** waardebon

gutschreiben OV WW sterk crediteren • *jemandem 2500 Euro ~* iemand crediteren voor 2500 euro

Gutschrift ZN V (-/+en) **1** creditering, bijboeking **2** creditnota **3** positief saldo

Gutsverwalter ZN M (+s/-) rentmeester

gutwillig BN **1** gewillig, bereidwillig **2** welwillend

Gutwilligkeit ZN V (-/gmv) bereidwilligheid

Gymnasiallehrer ZN M (+s/-) leraar bij het vwo

Gymnasiast ZN M (+en/+en) gymnasiast, vwo-leerling

Gymnasium ZN O (+s/-sien) vwo-school • *aufs ~ gehen* op het vwo zitten • *humanistisches ~* gymnasium • *musisches ~* ≈ BELG. kso <kunstsecundair onderwijs> • *berufliches Gymnasium* ≈ havo-school • *er geht ins / aufs ~* hij zit op het gym

Gymnastik ZN V (-/gmv) gymnastiek

Gymnastikanzug ZN M (+(e)s/-züge) gympak, sportkleding

Gynäkologe ZN M (+n/+n) MED. gynaecoloog, vrouwenarts

Gynäkologie ZN V (-/gmv) MED. gynaecologie

gynäkologisch BN MED. gynaecologisch

Gyros ZN O gyros

H

h ZN O (-/-) MUZ. **B klein** • *h(-Moll)* B mineur

H ZN O (-/-) **1** letter **h** • *H wie Heinrich* de h van Hendrik **2** MUZ. **B groot** • *H(-Dur)* B majeur • *h(-Moll)* B mineur

ha **ha!, hé!** AFK Hektar **hectare**

Haager BN **Haags**

Haar ZN O (+(e)s/+e) **haar** • *offenes ~* los haar • *volles ~* een volle haardos • *lange Haare haben* lang haar hebben • *sich die Haare kämmen* zijn haar kammen • *seine Haare schneiden lassen* zijn haar laten knippen • *graue Haare bekommen* grijs haar krijgen • *um ein ~* op een haar na • *aufs ~ genau* op de kop af • FIG. *sich in die Haare geraten* elkaar in de haren vliegen • FIG. *sich in den Haaren liegen* elkaar in de haren zitten • FIG. *etwas an den Haaren herbeiziehen* iets met de haren erbij slepen • FIG. *(um) kein ~ besser sein* geen haar beter zijn • FIG. *jemandem kein ~ krümmen* iemand geen haar krenken • FIG. *sich die Haare raufen* zich de haren uit het hoofd trekken • FIG. *die Haare stehen mir zu Berge* de haren rijzen mij te berge • FIG. *Haare auf den Zähnen haben* haar op de tanden hebben • FIG. *Haare lassen müssen* een veer moeten laten • FIG. *sich aufs ~ gleichen* als twee druppels water op elkaar lijken • FIG. *graue Haare von einer Sache bekommen* er grijze haren van krijgen • FIG. *sich über/um etwas keine grauen Haare wachsen lassen* zich ergens niet veel van aantrekken • FIG. *ein ~ in der Suppe finden* een haar in de boter vinden • FIG. *krauses Haar, krauser Sinn* gekrulde haren, gekrulde zinnen

Haarausfall ZN M (+(e)s/gmv) **haaruitval**

Haarbreit ZN O (+(e)s/gmv) **haarbreed** • *um kein ~* geen haarbreed

Haarbürste ZN V (-/+n) **haarborstel**

Haarbüschel ZN O (+s/-) **pluk haar**

haaren ONOV WW **verharen** • *sich ~* in de rui zijn

Haarentferner ZN M (+s/-) **ontharingsmiddel**

Haaresbreite ZN V (-/gmv) **haarbreedte** • *er entging um ~ einem Unfall* hij ontsnapte maar net aan een ongeluk • FIG. *nicht um ~ abweichen* geen duimbreed wijken

Haarfarbe ZN V (-/+n) **1 haarkleur 2 haarverf**

Haarfärbemittel ZN O (+s/-) **haarkleurmiddel**

haarfein BN **haarfijn, ragfijn**

Haargefäß ZN O (+es/+e) **haarvat**

haargenau BW **haarfijn, heel precies** • *etwas ~ darlegen* iets haarfijn uitleggen • *das stimmt ~* dat klopt als een bus! • *noch ~ wissen* noch heel precies weten, nog vers in het geheugen liggen

haarig BN **behaard, harig** • *eine ~e Sache* een netelige kwestie

Haarklammer ZN V (-/+n) **haarclip**

haarklein BN **haarfijn, heel precies**

Haarnadel ZN V (-/+n) **haarspeld**

Haarnadelkurve ZN V (-/+n) **haarspeldbocht**

Haarriss ZN M (+es/+e) **haarscheurtje**

haarscharf BN **1 haarscherp, haarfijn** • *etwas ~ sehen* iets haarscherp zien **2 rakelings** • *an etwas ~ vorbeigehen* rakelings langs iets heen gaan

Haarschleife ZN V (-/+n) **haarlint**

Haarschnitt ZN M (+(e)s/+e) **coupe, kapsel**

Haarspalter ZN M **pietje-precies**

Haarspalterei ZN V (-/+en) **muggenzifterij** • *~ treiben* muggenziften

Haarspray ZN M/O (+s/+s) **haarspray, hairspray**

Haarsträhne ZN V (-/+n) **haarsliert**

haarsträubend BN **ontzettend, verschrikkelijk, vreselijk** • *eine haarsträubende Geschichte* een verhaal dat iemands haren te berge doet rijzen

Haarteil ZN O (+(e)s/+e) **haarstukje**

Haartrockner ZN M (+s/-) **haardroger**

Haarwaschmittel ZN O (+s/-) **shampoo**

Haarwasser ZN O (+s/-wässer) **haarwater, haarlotion**

Haarwuchs ZN M (+es/gmv) **1 haargroei 2 haardos**

Haarwurzel ZN V (-/+n) **haarwortel**

Habe ZN V (-/gmv) **have, bezit** • *fahrende ~* roerend goed • *Hab und Gut verlieren* have en goed verliezen

haben **1** OV + ONOV WW onregelmatig **hebben, bezitten** • *was hat es damit auf sich?* wat heeft dat te betekenen? • *damit hat es nichts auf sich* dat heeft niets te betekenen • *nicht zu ~* niet verkrijgbaar/te krijgen • *davon hat man nichts* daar heb je niets aan • HUMOR. *noch zu ~ sein* vrijgezel zijn • *für etwas zu ~ sein* voor iets te vinden zijn • INFORM. *ich hab's!* ik ben er uit! • INFORM. *hab dich nicht so!* stel je niet zo aan! • *das hat was für sich* daar valt wel wat voor te zeggen • *heute hat es 30 Grad im Schatten* vandaag is het 30 graden in de schaduw • *wie gehabt* zoals gewoonlijk, als vanouds **2** KWW **hebben** • *hast du schon geantwortet?* heb je al geantwoord? • *das habe ich vergessen* dat ben ik vergeten

Haben ZN O (+s/gmv) **credit, creditzijde** • *Soll und ~* debet en credit

Habenichts ZN M (+es/+e) **armoedzaaier**

Habgier ZN V (-/gmv) **hebzucht**

habgierig BN **hebzuchtig**

habhaft BN • *einer Sache ~ werden* iets te pakken krijgen

Habicht ZN M (+(e)s/+e) **havik**

Habichtsnase ZN V (-/+n) **haviksneus**

Habitat ZN O (+s/+e) **habitat** <natuurlijke omgeving>

Habseligkeiten ZN MV (-) **bezittingen, hebben en houden**

Habsucht ZN V (-/gmv) **hebzucht**

habsüchtig BN **hebzuchtig**

Hachse ZN V (-/+n) DIERK. **poot, schenkel**

Hackbraten ZN M (+s/-) **gebraden gehakt** <vaak in broodvorm>

Hackbrett ZN O (+(e)s/+er) **hakbord**

Hacke ZN V (-/+n) **1 houweel, hak, schoffel 2 hak, hiel**

hacken OV + ONOV WW **1 hakken** • *Holz ~* hout hakken, hout kloven • *in Stücke ~* in stukken hakken • FIG. *sie hackt auf mir herum* zij zit op mij te hakken **2** COMP. hacken

Hacken ZN M (+s/-) **1** hak, hiel **2** COMP. (het) hacken

Hackenporsche ZN M INFORM. boodschappentrolley

Hackepeter ZN M (+s/gmv) rauw gehakt, tartaar

Hacker ZN M (+s/-) **1** COMP. hacker, computerkraker **2** SPORT ruwe speler

Hackfleisch ZN O (+(e)s/gmv) gehakt • FIG. *aus jemandem ~ machen* gehakt van iemand maken, iemand tot moes slaan

Hackklotz ZN M (+es/-klötze) hakblok

Hackmesser ZN O (+s/-) hakmes, kapmes

Hackordnung ZN V (-/+en) pikorde

Häcksel ZN M/O (+s/gmv) haksel, hakstro

Häckselmaschine ZN V (-/+n) hakselmachine

Hacksteak ZN O (+s/+s) hamburger

Hader **1** ZN M (+s/+n) vod, lor **2** ZN M (+s/gmv) ruzie, twist, onmin • *mit jemandem in ~ liegen* met iemand in onmin leven

hadern ONOV WW **1** ontevreden zijn (**mit** over) • *mit seinem Schicksal ~* in opstand komen tegen zijn lot **2** morren

Hafen ZN M (+s/Häfen) haven • *aus dem ~ auslaufen* de haven uitvaren • *einen ~ anlaufen; in einen ~ einlaufen* een haven binnenvaren • *der sichere ~* de veilige haven • *einen sicheren ~ gefunden haben* een veilige haven hebben gevonden

Hafenamt ZN O havenkantoor

Hafenanlagen ZN MV havenwerken, havencomplex

Hafenarbeiter ZN M (+s/-) **1** havenarbeider **2** dokwerker

Hafeneinfahrt ZN V (-/+en) havenmond

Hafengebühr ZN V (-/+en) havengeld

Hafenstadt ZN V (-/-städte) havenstad

Hafensteuer ZN V havenbelasting

Hafer ZN M (+s/-) haver • *dich sticht wohl der Hafer!* ben je nou helemaal besodemieterd!

Haferbrei ZN M (+s/gmv) haverpap

Haferflocken ZN MV havervlokken, havermout

Haff ZN O (+(e)s/+s, +e) haf, zee-inham

Haft ZN V (-/gmv) hechtenis

Haftanstalt ZN V (-/+en) huis van bewaring

haftbar BN aansprakelijk • *jemanden ~ machen für* iemand aansprakelijk stellen voor

Haftbefehl ZN M (+s/+e) arrestatiebevel

haften ONOV WW **1** hechten, kleven, blijven zitten • *~ bleiben* blijven kleven/plakken, blijven hangen • *im Gedächtnis ~ bleiben* bijblijven/heugen • *ein Makel haftet an ihm* hij is niet van onbesproken gedrag **2** grip hebben <van autoband> **3** aansprakelijk zijn, borg zijn • *für jemanden/etwas ~* aansprakelijk zijn voor iemand/iets • *er haftet dafür* hij staat ervoor in

Häftling ZN M (+s/+e) gevangene, gedetineerde

Haftpflicht ZN V (-/gmv) wettelijke aansprakelijkheid

haftpflichtig BN wettelijk aansprakelijk

Haftpflichtversicherung ZN V (-/+en) verzekering tegen wettelijke aansprakelijkheid, WA-verzekering

Haftschale ZN V (-/+en) contactlens

Haftstrafe ZN V (-/+n) hechtenis, gevangenisstraf

Haftung **1** ZN V (-/+en) aansprakelijkheid • ECON. *Gesellschaft mit beschränkter ~* besloten vennootschap • *die ~ für etwas übernehmen* ergens voor instaan **2** ZN V (-/gmv) grip, wegcontact

Hafturlaub ZN M JUR. penitentiair verlof

Hag ZN M (+(e)s/+e) **1** klein bos **2** haag, heg

Hagebutte ZN V (-/+n) rozenbottel

Hagebuttentee ZN M (+s/gmv) rozenbottelthee

Hagel ZN M (+s/gmv) hagel • *ein ~ von Schimpfwörtern* een regen van scheldwoorden

Hagelkorn ZN O (+(e)s/-körner) hagelkorrel

hageln ONP WW hagelen • *es hagelt* het hagelt

Hagelschauer ZN M (+s/-) hagelbui

Hagelschlag ZN M (+(e)s/-schläge) hevige hagelbui • *Schaden durch ~* schade door hagel

hager BN mager

Hahn ZN M (+(e)s/Hähne) **1** kraan **2** haan • FIG. *der ~ im Korb sein* de enige man in een groep zijn • FIG. *danach kräht kein ~* daar kraait geen haan naar • *den ~ spannen* <van een geweer> de haan spannen

Hähnchen ZN O (+s/-) **1** haantje **2** gebraden kippetje

Hahnenkamm ZN M (+(e)s/-kämme) hanenkam

Hahnenkampf ZN M (+(e)s/-kämpfe) hanengevecht

Hahnenschrei ZN M (+(e)s/+e) hanengekraai

Hahnrei ZN M (+s/+e) bedrogen echtgenoot

Hai ZN M (+(e)s/+e) haai

Haifisch ZN M (+(e)s/+e) haai

Hain ZN M (+(e)s/+e) bosschage, bosje, aanplanting

Häkchen ZN O (+s/-) haakje ▸ *was ein ~ werden will, krümmt sich beizeiten* ≈ jong geleerd, oud gedaan

Häkelarbeit ZN V (-/+en) haakwerkje

Häkelei ZN V (-/+en) **1** geplaag, plagerij **2** haakwerk

häkeln OV + ONOV WW **1** haken **2** OOST., REG. • *sich ~* elkaar plagen

Häkelnadel ZN V (-/+n) haaknaald

haken **1** OV WW **1** vasthaken, aanhaken **2** haken <voetbal> • *einen Stürmer ~* een aanvaller haken **2** ONOV WW blijven hangen

Haken ZN M (+s/-) **1** haak • *eine Jacke an den ~ hängen* een jas aan de haak hangen • *einen Fisch am ~ haben* een vis aan de haak slaan • FIG. *einen ~ schlagen* een plotselinge wending maken **2** moeilijkheid • *das hat einen ~* er zitten haken en ogen aan

Hakenkreuz ZN O (+es/+e) hakenkruis

Hakennase ZN V (-/+n) haviksneus

halb BN half • *~ eins* half een • *ein ~er Liter* een halve liter • *zum ~en Preis* voor de halve prijs • *~ tot* halfdood • *auf ~em Weg* halverwege • *eine ~e Antwort* een halfslachtig antwoord • *keine ~en Maßnahmen* geen halve maatregelen • *keine*

ha

~en Sachen machen geen half werk doen • FIG. *mit jemandem ~e-halbe machen* iets half om half met iemand delen • FIG. *nichts Halbes und nichts Ganzes sein* vlees noch vis zijn • FIG. *zwei Halbe ergeben ein Ganzes* twee halven maken een heel
halb-, **Halb-** VOORV + ACHTERV semi-
halbamtlich BN officieus
halbbitter BN bitterzoet <van chocolade>
Halbblut ZN O (+(e)s/- bluter) **1** halfbloed <van dier> **2** kleurling <van mens>
Halbbruder ZN M (+s/-brüder) halfbroer
Halbdunkel ZN O (+s/-) halfduister, halfdonker, schemerdonker, schemering • *im ~* in het halfdonker
Halbe ZN V (+n/+n) halve liter <bier & andere dranken>
halber VZ +2, vanwege, wegens • *der Bequemlichkeit ~* gemakshalve
Halberzeugnis ZN O (+ses/+se) ECON. halffabricaat
Halbfabrikat ZN O (+(e)s/+e) ECON. halffabricaat
Halbfertigprodukt ZN O (+(e)s/+e) halffabricaat
Halbfinale ZN O (+s/-, +s) SPORT halve finale
Halbgeschwister ZN MV halfbroer(s) en -zuster(s)
Halbglatze ZN V (-/+n) halfkaal hoofd
Halbheit ZN V (-/+en) **1** halfheid **2** halfslachtigheid
halbieren OV WW halveren
Halbierung ZN V (-/+en) halvering
Halbinsel ZN V (-/+n) schiereiland
Halbjahr ZN O (+(e)s/+e) halfjaar
halbjährig BN halfjarig, van een halfjaar, een halfjaar oud
halbjährlich BN halfjaarlijks • *halbjährliche Raten* halfjaarlijkse termijnen
Halbkreis ZN M (+es/+e) halve cirkel
Halbkugel ZN V (-/+n) halve bol • *südliche ~* zuidelijk halfrond • *nördliche ~* noordelijk halfrond
halblang BN half lang • *mach mal ~!* niet overdrijven!
halblaut BN halfluid, op gedempte toon
Halbleiter ZN M (+s/-) TECHN. halfgeleider
halbmast BW halfstok • *~ flaggen* halfstok hijsen • *die Fahne hängt auf ~* de vlag hangt halfstok
halbmonatlich BN halfmaandelijks, tweewekelijks
Halbmond ZN M (+(e)s/+e) halve maan
halbpart BW • INFORM. *(mit jemandem) ~ machen* fiftyfifty (met iemand) delen
Halbpension ZN V (-/gmv) halfpension
halbrund BN halfrond
Halbrund ZN O (+(e)s/+e) halve cirkel
Halbschatten ZN M (+s/-) halfschaduw
Halbschlaf ZN M (+(e)s/gmv) sluimer • *im ~* tussen waken en dromen
Halbschuh ZN M (+(e)s/+e) lage schoen
Halbschwergewicht ZN O (+(e)s/+e) SPORT halfzwaargewicht
Halbschwester ZN V (-/+n) halfzus(ter)
halbseiden BN **1** halfzijden **2** enigszins oneerlijk, verdacht, louche • *~e Methoden* bedenkelijke methoden
halbseitig BN **1** MED. aan één kant • *~ gelähmt* aan één kant/halfzijdig verlamd **2** van een halve pagina
Halbstarke ZN M/V (+n/+n) nozem
Halbstiefel ZN M (+s/-) halfhoge laars, bottine
halbstündig BN van een half uur
halbstündlich BN ieder half uur, om het halve uur
halbtägig BN van een halve dag, een halve dag durend
halbtags BW gedurende een halve dag • *~ arbeiten* halve dagen werken
Halbtagsarbeit ZN V (-/+en) baan voor halve dagen
Halbtagsstelle ZN V (-/+n) baan voor halve dagen
Halbton ZN M (+(e)s/-töne) **1** MUZ. halve toon • *einen ~ zu hoch* een halve toon te hoog **2** KUNST halftoon, nuance
halbtrocken BN halfdroog <van wijn>
Halbtrottel ZN M halvegare
halbwegs BW **1** halverwege **2** INFORM. enigszins
Halbwelt ZN V (-/gmv) demi-monde
Halbwertszeit ZN V (-/+en) SCHEIK. halfwaardetijd
Halbwissen ZN O (+s/gmv) schijngeleerdheid, oppervlakkige kennis
Halbwüchsige ZN M/V (+n/+n) **1** halfvolwassen persoon **2** opgeschoten jongen
Halbzeit ZN V (-/+en) SPORT speelhelft, halve speeltijd • *erste/zweite ~* eerste/tweede speelhelft
Halde ZN V (-/+n) **1** gruisberg, steenberg <mijnbouw> **2** helling
half ONOV WW verl. tijd → **helfen**
Hälfte ZN V (-/+n) helft • *zur ~* voor de helft • *um die ~ größer* de helft groter • *das ist um die ~ billiger* dat is de helft goedkoper • *das Wirtschaftswachstum ist um die ~ zurückgegangen* de economische groei is gehalveerd • HUMOR. *meine bessere ~* mijn wederhelft
Halfter **1** ZN V (-/+n) holster **2** ZN O (+s/-) halster
Hall ZN M (+(e)s/+e) **1** klank, geluid, galm **2** echo
Halle ZN V (-/+n) **1** hal, zaal **2** portaal
Halleluja ZN O (+s/+s) halleluja, loflied
hallen ONOV WW weerklinken, galmen
Hallenbad ZN O (+es/-bäder) overdekt zwembad, binnenbad
Hallensport ZN M (+(e)s/+e) zaalsport
hallo TUSSENW hallo, hoi • *~, wer ist da?* hallo, met wie spreek ik?
Hallo ZN O (+s/+s) • *ein großes ~* grote opschudding • *er wurde mit großem ~ begrüßt* hij werd enthousiast begroet
Halloween ZN O Halloween
Halluzination ZN V (-/+en) hallucinatie
Halm ZN M (+(e)s/+e) **1** strootje, halm **2** rietje
Halo ZN M (-, +s/+s) **1** halo **2** MED. donkere

kringen om de ogen

Halogen ZN O (+s/+e) **halogeen**

Hals ZN M (+es/Hälse) **hals, nek, keel** • *sich den ~ brechen* zijn nek breken • *jemandem um den ~ fallen* iemand om de hals vliegen • *~ über Kopf* halsoverkop • *aus vollem Halse* uit volle borst, luidkeels • *aus vollem Halse lachen* schaterlachen • *die Worte blieben mir im Halse stecken* mijn woorden stokten • *er jagte/schickte/hetzte mir den Direktor auf den ~* hij stuurde mij de directeur op mijn dak • *jemandem etwas auf den ~ laden* iemand iets op zijn dak schuiven • *viel am/auf dem ~ haben* veel besognes hebben • *sie verrenkten sich den ~ (nach)* ze stonden met uitgerekte hals te kijken (naar) • FIG. *das hängt mir zum ~ heraus* dat hangt me de keel uit • FIG. *jemandem den ~ umdrehen* iemand de nek omdraaien • FIG. *er hat es in den falschen ~ bekommen* het schoot hem in het verkeerde keelgat • FIG. *bis zum ~ in Arbeit stecken* tot aan de nek in het werk zitten • FIG. *sich etwas vom ~ schaffen* zich van iets afmaken

Halsabschneider ZN M (+s/-) **uitzuiger, afzetter**

Halsband ZN O (+(e)s/-bänder) **1 halsband 2 halsketting**

Halsbonbon ZN O **keelpastille**

halsbrecherisch BN **halsbrekend**

Halsentzündung ZN V (-/+en) **keelontsteking**

Halskette ZN V (-/+n) **halsketting, halssnoer**

Halskrause ZN V (-/+n) **1 plooikraag 2** BIOL. **halsveren, kraag**

Hals-Nasen-Ohren-Arzt ZN M (+es/-ärzte) MED. **keel-, neus- en oorarts, kno-arts**

Halsschlagader ZN V (-/+n) MED. **halsslagader**

Halsschmerzen ZN MV **keelpijn**

halsstarrig BN **halsstarrig** • *~ an ... festhalten* halsstarrig vasthouden aan

Halstuch ZN O (+(e)s/-tücher) **halsdoek, sjaal**

Hals- und Beinbruch TUSSENW • *Hals- und Beinbruch!* veel succes!, het beste ermee!, toi toi toi!

Halswirbel ZN M (+s/-) **halswervel**

halt BW **1 nu eenmaal 2 ho!, stop!**

Halt ZN M (+(e)s/+e) **1 steun, stut 2 steun, houvast** • *an jemandem/etwas einen festen ~ finden* steun vinden bij iemand/iets **3 stop** • *~ machen* stoppen

haltbar BN **1 houdbaar 2 duurzaam 3 verdedigbaar**

Haltbarkeit ZN V (-/gmv) **1 houdbaarheid 2 duurzaamheid**

Haltegriff ZN M (+(e)s/+e) **1 handvat, handgreep 2** SPORT **houdgreep**

halten 1 OV + ONOV WW sterk **1 houden** • *ein Buch in Händen ~* een boek in handen houden • *hoch ~* hoog houden, in ere houden • *meine Haare ~ nicht* mijn haar wil niet blijven zitten • *dein Anzug da hält keinen Monat* dat pak van je gaat geen maand mee • *das hält noch Jahre* dat kan nog lang / jaren mee • *das kann man ~, wie man will* dat kun je doen, zoals je wilt • *sie hält, was sie verspricht* zij houdt zich aan haar woord • *jemanden für jemanden anders ~* iemand voor een ander aanzien • *wofür hältst du mich?* waar zie je mij voor aan? • *ge~ sein* verplicht zijn • *auf etwas ~* gesteld zijn op iets • *auf sich ~* gevoel van eigenwaarde hebben • *zu jemandem ~* iemand steunen • *an sich ~* zich inhouden **2 vinden, denken** • *was hält er davon?* wat denkt hij ervan? • *für wen hältst du dich eigentlich?* wie denk je wel dat je bent? • *hältst du das wirklich für nötig?* vind je dat echt nodig? **3 tegenhouden, stoppen** • FIG. *da gibt's kein Halten mehr* het hek is van de dam **2** WKD WW **(sich ~) 1 standhouden, blijven** • *der Laden hält sich* de zaak loopt goed • *er hat sich gut ge~* hij ziet er goed uit voor zijn leeftijd **2 goed blijven, duurzaam zijn** • *die Milch hält sich nicht* de melk is niet lang houdbaar **3 (zich) houden (an +4 aan)** • *sich an die zehn Gebote ~* zich houden aan de tien geboden • *sich an jemanden ~* zich tot iemand wenden

Halter ZN M (+s/-) **1 houder 2 handvat, steel**

Halterung ZN V (-/+en) **houder**

Haltestelle ZN V (-/+n) **halte**

Halteverbot ZN O (+(e)s/+e) **1 stopverbod** • *im ~ stehen* ergens staan waar stopverbod geldt **2 verbod dieren te houden**

haltlos BN **1 labiel, onevenwichtig 2 ongegrond, onhoudbaar**

Haltlosigkeit ZN V (-/gmv) **1 onevenwichtigheid 2 onhoudbaarheid**

Haltung ZN V (-/+en) **1 houding** • *eine ~ einnehmen* een houding aannemen, zich een houding geven **2 zelfbeheersing** • *~ bewahren* beheerst blijven

Halunke ZN M (+n/+n) **schurk**

Hamburg ZN O **Hamburg** <stad en deelstaat>

hämisch BN **boosaardig, vals, gemeen, geniepig**

Hammel ZN M (+s/Hämmel, -) **1 hamel 2** MIN. **domoor**

Hammelbraten ZN M (+s/-) **gebraden schapenvlees**

Hammelfleisch ZN O (+(e)s/gmv) **schapenvlees**

Hammelkeule ZN V (-/+n) **schapenbout**

Hammer ZN M (+s/Hämmer) **1 hamer** • *einen ~ haben* getikt zijn • *unter den ~ kommen* onder de hamer komen • FIG. *wissen, wo der ~ hängt* van de hoed en de rand weten **2 slingerkogel 3** SPORT **loeier, knal** • *das ist ja der Hammer!* wat een succes!, wat een schandaal!, wat een stommiteit!, dat slaat alles!

hämmern OV + ONOV WW **hameren, kloppen**

Hammerschlag ZN V (+(e)s/-schläge) **hamerslag, slag met een hamer**

Hammerwerfen ZN O (+s/gmv) SPORT **kogelslingeren**

Hämoglobin ZN O (+s/gmv) **hemoglobine**

Hämorrhoiden ZN MV MED. **hemorroïden, aambeien**

Hampelmann ZN M (+(e)s/-männer) **1 harlekijn, ledenpop 2 sul 3** FIG. **marionet, stroman** • *ich bin doch nicht euer Hampelmann!* ik ben niet jullie slaaf!

ha

hampeln ONOV WW INFORM. wiebelen, bungelen, spartelen
Hamster ZN M (+s/-) **1** hamster **2** schraper
Hamsterer ZN M (+s/-) hamsteraar
Hamsterkauf ZN M (+(e)s/-käufe) hamsteren
hamstern ONOV WW hamsteren
Hand ZN V (-/Hände) hand • *~ in ~* hand in hand • *mit der ~ geschrieben* met de hand geschreven • *aus der ~ essen* uit de hand eten • *jemandem die ~ drücken / geben* iemand de hand drukken / geven • *eine feste ~ haben* een vaste hand hebben • *in der ~ haben* in de hand hebben • *jemandem aus der ~ lesen* iemand de hand lezen • *jemandem die ~ entgegenstrecken/reichen* iemand de hand reiken • *auf der ~ liegen* voor de hand liggen • *aus freier ~* uit de hand • *etwas zur ~ haben* iets bij de hand hebben • *letzte ~ anlegen* de laatste hand aan iets leggen • *jemanden an die ~ nehmen* iemand bij de hand nemen • *die ~ des Meisters* de hand van de meester • *~ an sich legen* de hand aan zichzelf slaan • *Hände hoch!* handen omhoog! • *Hände weg!* handen thuis! • *halte die ~ vor den Mund!* hou je hand voor je mond! • SPORT *Hand!* hands! • *sich die Hände schütteln* elkaar de hand schudden • *in die Hände klatschen* in de handen klappen • *mit bloßen Händen* met blote handen • *sich die Hände reiben* zich in de handen wrijven • *in Händen halten* in handen hebben • *seine Zukunft liegt in meiner ~* zijn toekomst ligt in mijn handen • *in andere Hände übergehen* in andere handen overgaan • *in die verkehrten Hände geraten* in verkeerde handen vallen • *jemandem in die Hände fallen* in handen vallen van iemand • *in guten Händen sein* in goede handen zijn • *in den falschen Händen sein* in verkeerde handen zijn • *die Macht aus der ~ geben* het gezag uit handen geven • *~ anlegen* aanpakken, de handen uit de mouwen steken • *jemandes rechte ~ sein* iemands rechterhand zijn • *alle Hände voll zu tun haben* de handen vol hebben • *die Macht in Händen haben* de macht in handen hebben • *ich habe ihn in der ~* ik heb hem in mijn greep • *unter der ~* onderhands • *aus öffentlicher ~* uit publieke middelen • *zur ~ sein* klaar staan om te helpen • *jemandem an die/zur ~ gehen* iemand helpen • *jemandem etwas an die ~ geben* iets aan iemand overlaten • *jemandem etwas in die ~ geben* iemand iets opdragen • *jemandem etwas in die ~ versprechen* iemand de hand ergens op geven • *das lässt sich nicht von der ~ weisen* dat kun je niet van de hand wijzen • *sein Herz in die ~ nehmen* moed vatten • *von langer ~* langdurig, zorgvuldig • *zu Händen Herrn X* ter attentie van de heer X • *etwas an der ~ haben* de beschikking over iets hebben • FIG. *weder ~ noch Fuß haben* kop noch staart hebben • FIG. *für jemanden/etwas die ~ ins Feuer legen* voor iemand/iets de hand in het vuur steken • FIG. *jemandem das Heft aus der ~ nehmen* iemand de teugels uit handen nemen • FIG. *jemandem freie ~ lassen* iemand de vrije teugel laten • FIG. *eine ~ wäscht die andere* het mes snijdt aan twee kanten • FIG. *das hat ~ und Fuß* dat klinkt als een klok, dat zit goed in elkaar
Handapparat ZN M (+(e)s/+e) (telefoon)hoorn
Handarbeit ZN V (-/+en) **1** handwerk • *das ist ~* dat is handwerk • *in ~ hergestellt* met de hand vervaardigd **2** handenarbeid
Handball ZN M (+(e)s/-bälle) **1** handbal • *Ich spiele ~* ik zit op handbal **2** handbalspel
Handballer ZN M (+s/-) SPORT handballer
Handballspieler ZN M (+s/-) SPORT handballer
Handballspielerin ZN V (-/+nen) handballer
Handbesen ZN M (+s/-) stoffer
handbetätigt BN met de hand bediend
Handbetrieb ZN M (+(e)s/gmv) • *mit ~* met de hand, met handkracht
Handbewegung ZN V (-/+en) handbeweging
handbreit BN handbreed • *die Tür stand ~ offen* de deur stond een stukje open
Handbreit ZN V handbreed • *eine ~ kürzer* een handbreed korter • *keinen ~ weichen* geen handbreed wijken
Handbremse ZN V (-/+n) handrem
Handbuch ZN O (+(e)s/-bücher) handboek
Händchen ZN O (+s/-) handje • *~ halten* (verliefd) hand in hand zitten/lopen • *ein ~ für etwas haben* gouden handen voor iets hebben
Handcreme ZN V (-/+s) handcrème
Händedruck ZN M (+(e)s/-drücke) handdruk • *jemanden mit ~ begrüßen* iemand met een handdruk begroeten
Händeklatschen ZN O (+s/gmv) applaus
Handel ZN M (+s/gmv) handel • *der ~ blüht/gedeiht* de handel bloeit • *freier ~* vrije handel • *im ~ sein* in de handel zijn • *nicht im ~ erhältlich* niet in de handel • *nicht mehr im ~ sein* niet meer in de handel zijn • *aus dem ~ nehmen* uit de handel nemen • *~ treiben* handel drijven • *~ und Gewerbe* handel en industrie • FIG. *Handel und Wandel* doen en laten
handeln **1** ONOV WW **1** handelen, handel drijven • *~ mit etwas* handel drijven in iets • *mit Tabak ~* in tabak handelen **2** handelen, te werk gaan • *eigenmächtig ~* eigenmachtig handelen • *nach Ehre und Gewissen ~* naar eer en geweten handelen • *hier muss schnell gehandelt werden* hier moet snel iets gedaan worden • *gesetzeswidrig ~* handelen in strijd met de wet **3** verhandelen **4** afdingen **2** WKD WW (**sich ~**) gaan om/over • *es handelt sich um* het gaat om, er is sprake van • *hier handelt es sich um Diebstahl* hier is sprake van diefstal
Handeln ZN O (+s/gmv) handelen
Handelsabkommen ZN O (+s/-) handelsverdrag
Handelsbeschränkung ZN V (-/+en) handelsbeperking
Handelsbeziehung ZN V (-/+en) handelsbetrekking
Handelsbilanz ZN V (-/+en) handelsbalans • *aktive ~* actieve handelsbalans • *passive ~* passieve handelsbalans
handelseinig BW • *~ werden* een akkoord bereiken
Handelsflotte ZN V (-/+n) handelsvloot
Handelsgericht ZN O (+(e)s/+e) handelsrechtbank, handelskamer

Handelsgesellschaft ZN V (-/+en) handelsvennootschap, handelsmaatschappij • *offene ~* vennootschap onder firma
Handelsgesetzbuch ZN O (+(e)s/-bücher) Wetboek van Koophandel
Handelskammer ZN V (-/+n) Kamer van Koophandel • *Industrie- und ~* Kamer van Koophandel
Handelsklasse ZN V (-/+n) handelsklasse, kwaliteitsklasse
Handelsmarine ZN V (-/+n) handelsvloot, koopvaardijvloot
Handelsmarke ZN V (-/+n) handelsmerk
Handelsminister ZN M (+s/-) minister van handel
Handelsniederlassung ZN V (-/+en) handelsnederzetting
Handelsrecht ZN O (+(e)s/gmv) JUR. handelsrecht
Handelsreisende ZN M/V (+n/+n) vertegenwoordiger
Handelsschiff ZN O (+(e)s/+e) handelsschip, koopvaardijschip
Handelsschifffahrt ZN V (-/gmv) koopvaardij
Handelsschule ZN V (-/+en) handelsschool
Handelsspanne ZN V (-/+n) winstmarge
handelsüblich BN in de handel gebruikelijk • *handelsübliche Verpackung* gebruikelijke verpakking
Handelsverkehr ZN M (+s/gmv) handelsverkeer
Handelsvertretung ZN V (-/+en) handelsvertegenwoordiging
Handeltreibende ZN M/V (+n/+n) handelaar, koopman
händeringend BW **1** handenwringend, wanhopig **2** INFORM. dringend
Handfeger ZN M (+s/-) stoffer • *~ und Schaufel; ~ und Kehrblech* stoffer/veger en blik
Handfertigkeit ZN V (-/gmv) handvaardigheid
handfest BN **1** sterk, stevig, robuust **2** concreet, duidelijk
Handfeuerwaffe ZN V (-/+n) handvuurwapen
Handfläche ZN V (-/+n) handpalm
handgearbeitet BN handgemaakt
handgefertigt BN handgemaakt
Handgeld ZN O (+(e)s/gmv) handgeld
Handgelenk ZN O (+(e)s/+e) pols • INFORM. *aus dem ~ (heraus)* voor de vuist weg, onvoorbereid, spelenderwijs
handgemacht BN zelfgemaakt <van producten>
handgemein BW • *~ werden* slaags raken, beginnen te vechten
Handgemenge ZN O (+s/-) vechtpartij, handgemeen • *es kam zu einem ~* het kwam tot een handgemeen
Handgepäck ZN O (+(e)s/+e) handbagage
handgeschrieben BN met de hand geschreven • *~er Brief* eigenhandig geschreven brief
Handgranate ZN V (-/+n) handgranaat
handgreiflich BN **1** overtuigend, voor de hand liggend **2** handtastelijk • *~ werden* handtastelijk worden
Handgreiflichkeit ZN V (-/+en) handtastelijkheid • *Handgreiflichkeiten* concreetheid, duidelijkheid, evidentie
Handgriff ZN M (+(e)s/+e) **1** handgreep, handvat, hendel, greep, hengsel **2** handigheid **3** kleine moeite • *er tut keinen ~* hij steekt geen hand uit
Handhabe ZN V (-/+n) aanleiding, mogelijkheid • *keine gesetzliche ~ haben* geen wettelijke grondslag hebben
handhaben OV WW **1** hanteren, bedienen • *leicht zu ~* makkelijk hanteerbaar **2** toepassen • *Gesetze ~* wetten toepassen
Handhabung ZN V (-/+en) gebruik, hantering
Handicap ZN O (+s/+s) OOK FIG. handicap
handicapen OV WW belemmeren, een handicap vormen voor
Handkuss ZN M (+es/-küsse) handkus
Handlanger ZN M (+s/-) **1** handlanger **2** opperman
Händler ZN M (+s/-) handelaar
Handlesekunst ZN V (-/-künste) handleeskunde, chiromantie
handlich BN gemakkelijk te hanteren, handzaam, handig • *~e(s) Format* handig formaat
Handlichkeit ZN V (-/gmv) handzaamheid, handigheid
Handlung ZN V (-/+en) **1** daad, handeling • *eine illegale ~* een onrechtmatige handeling **2** handel, zaak, winkel
Handlungsbevollmächtigte ZN M/V (+n/+n) handelsgevolmachtigde
handlungsfähig BN JUR. handelingsbekwaam
Handlungsfreiheit ZN V (-/gmv) vrijheid van handelen
Handlungsreisende ZN M/V (+n/+n) handelsreiziger
Handlungsvollmacht ZN V (-/+en) volmacht tot handelen
Handlungsweise ZN V (-/+n) handelwijze, manier van handelen/doen • *brutale ~* hardhandige manier van doen
Handpflege ZN V (-/gmv) handverzorging, manicure
Handreichung ZN V (-/+en) hulp, bijstand
Handrücken ZN M (+s/-) rug van de hand
Handschelle ZN V (-/+n) handboei • *jemandem Handschellen anlegen* iemand handboeien omdoen
Handschlag ZN M (+(e)s/-schläge) **1** handdruk • *etwas durch ~ besiegeln/bekräftigen* iets met een handdruk bezegelen **2** handslag • *keinen ~ tun* geen fluit uitvoeren
Handschrift ZN V (-/+en) handschrift • *eine schöne ~ haben* een mooi handschrift hebben • *eine unleserliche ~* een onleesbaar handschrift • *alte Handschriften* oude handschriften
handschriftlich BN in handschrift, met de hand geschreven • *~e Quellen* handgeschreven bronnen
Handschuh ZN M (+(e)s/+e) handschoen • *ein*

Paar Handschuhe een paar handschoenen • *sich die Handschuhe anziehen* zijn handschoenen aantrekken

Handschuhfach ZN O (+(e)s/-fächer) handschoen(en)vak

Handspiel ZN O (+(e)s/+e) SPORT hands

Handstand ZN M (+es/-stände) SPORT handstand

Handstreich ZN M (+(e)s/+e) verrassende overval, overrompeling

Handtasche ZN V (-/+n) handtas(je)

Handteller ZN M (+s/-) handpalm

Handtuch ZN O (+(e)s/-tücher) handdoek • FIG. *das ~ werfen* de handdoek in de ring werpen

Handumdrehen ZN O • *im ~* in een handomdraai, in een wip • *sie hatte es im ~ erledigt* in een handomdraai speelde zij het klaar

handverlesen BN **1** met de hand gesorteerd **2** zorgvuldig uitgekozen

Handwäsche ZN V (-/+n) (het) wassen met de hand, handwas

Handwerk ZN O (+s/+e) handwerk, ambacht, vak • *ein ~ ausüben* een handwerk uitoefenen • *ein ~ (er)lernen* een handwerk leren • *sie versteht ihr ~* zij is heel goed in haar vak • FIG. *jemandem ins ~ pfuschen* beunhazen in iemands vak • FIG. *jemandem das ~ legen* een eind maken aan iemands praktijken

Handwerker ZN M (+s/-) handwerksman, ambachtsman

handwerklich BN ambachtelijk, ambachts-

Handwerksbetrieb ZN M (+(e)s/+e) middenstandsbedrijf, kleinbedrijf

Handwerkskammer ZN V (-/+n) HWK Centraal Registratiekantoor Detailhandel-Ambacht

Handwerksmeister ZN M meester <meester-timmerman>, baas

Handwerkszeug ZN O (+(e)s/+e) gereedschap

Handwörterbuch ZN O (+(e)s/-bücher) handwoordenboek

Handwurzel ZN V (-/+n) MED. handwortel

Handy ZN O (+s/+s) COMM. mobieltje, gsm® • *jemanden auf dem ~ anrufen* iemand mobiel bellen

Handynummer ZN V mobiel (telefoon)nummer

Handzeichen ZN O (+s/-) **1** teken met de hand **2** POL. handopsteken

Handzettel ZN M (+s/-) strooibiljet

Hanf ZN M (+es/gmv) hennep

hanfen, **hänfen** BN van hennep

Hang **1** ZN M (+(e)s/Hänge) helling **2** ZN M (+(e)s/gmv) trek, neiging • *den ~ zu etwas haben* de neiging hebben tot iets • *der ~ zum Stehlen* de drang tot stelen

Hängebauch ZN M (+(e)s/-bäuche) hangbuik

Hängebauchschwein ZN O hangbuikzwijn

Hängebrücke ZN V (-/+n) hangbrug

Hängelampe ZN V (-/+n) hanglamp

hangeln ONOV WW zich hangend met de handen voortbewegen

Hängematte ZN V (-/+n) hangmat

hängen **1** OV WW zwak hangen **(an** +4 **aan)**, ophangen • *ein Bild an die Wand ~* een schilderij aan de muur hangen • *sie hat ihren Mantel an den Kleiderständer gehängt* zij heeft haar jas aan de kapstok gehangen **2** ONOV WW sterk **1** hangen **(an** +3 **aan)** • *das Bild hängt an der Wand* het schilderij hangt aan de muur • *ich blieb mit meiner Hose an einem Nagel ~* ik bleef met mijn broek aan een spijker hangen • *der Baum hängt voller Orangen* de boom hangt vol met sinaasappels • *am Telefon ~* aan de telefoon hangen • *an jemandes Lippen ~* aan iemands lippen hangen • *das hängt noch in der Luft* dat hangt nog in de lucht • *der Rauch hängt im Zimmer* de rook hangt in de kamer • *die Wäsche hing zum Trocknen* de was hing te drogen • *die Haare hingen ihr ins Gesicht* haar haren hingen voor haar ogen • *Blumen mit hängenden Köpfen* hangende bloemen • *~ bleiben* blijven steken, blijven hangen, blijven zitten • *es ist nicht viel ~ geblieben* er is niet veel blijven hangen • *mit Hängen und Würgen* met hangen en wurgen • *mit Hangen und Bangen* met grote vrees • *die ganze Arbeit hängt an mir* al het werk komt op mij neer • INFORM. *woran hängt's?* wat is 't probleem? **2** rondhangen **3** hechten, gehecht zijn (aan) • *sehr an jemandem ~* erg gehecht zijn an iemand • *an seiner Freiheit ~* zijn vrijheid koesteren **3** WKD WW **(sich ~)** **1** gaan hangen **2** zich ophangen • *sich an jemanden ~* iemand lastigvallen, iemand achtervolgen

Hängeohr ZN O (+(e)s/+en) hangoor

Hänger ZN M (+s/-) **1** overgooier **2** swagger **3** INFORM. aanhangwagen

Hängeschrank ZN M (+(e)s/-schränke) hangkastje, muurkastje

Hängeweide ZN V (-/+n) PLANTK. treurwilg

Hans ZN M (-/Hänse) Hans • *~ im Glück* geluksvogel

Hansdampf ZN M (+(e)s/+e) • *~ in allen Gassen* regelneef, betweter

Hanse ZN V (-/gmv) Hanze

Hanseat ZN M (+en/+en) **1** GESCH. lid van de Hanze **2** bewoner van een Hanzestad

hanseatisch BN Hanze-

Hänselei ZN V (-/+en) plagerij

hänseln OV WW foppen, bij de neus nemen, plagen

Hansestadt ZN V (-/-städte) Hanzestad

Hanswurst ZN M (+(e)s/+e) hansworst

Hantel ZN V (-/+n) halter

hantieren ONOV WW bezig zijn (met)

hapern ONP WW **1** ontbreken • *es hapert am Geld* het ontbreekt aan geld **2** haperen, niet goed gaan • *in/mit der Mathematik hapert es bei ihm* met zijn wiskunde gaat het niet goed

Häppchen ZN O (+s/-) hapje, snack

Happen ZN M (+s/-) hap, brok, beet • *einen ~ essen* een hapje eten

happig BN **1** begerig, gulzig **2** erg, overdreven, bont • *der Preis ist ganz schön ~* dat vind ik te duur

Happyend, **Happy End** ZN O (+(e)s/+s) happy end, goede afloop

Haptonom ZN M haptonoom

Harakiri ZN O harakiri • *~ machen* harakiri plegen

Härchen ZN O (+s/-) haartje • *ihm wurde kein ~ gekrümmt* hij bleef volkomen ongedeerd

Harddisk ZN V (-/+e) COMP. harddisk

Hardware ZN V (-/gmv) COMP. hardware

Harem ZN M (+s/+s) harem

Häresie ZN V (-/+n) heresie, ketterij

Harfe ZN V (-/+n) harp

Harfenist ZN M (+en/+en) harpist

Harke ZN V (-/+n) hark • *jemandem zeigen, was eine ~ ist* iemand duidelijk maken waar het op staat, iemand duidelijk maken hoe het moet

harken OV + ONOV WW harken

Harlekin ZN M (+s/+e) harlekijn

Harm ZN M (+(e)s/gmv) smart, verdriet

härmen WKD WW (**sich ~**) verdriet hebben, kniezen

harmlos BN **1** ongevaarlijk • *der Hund ist völlig ~* de hond is ongevaarlijk **2** onschuldig, naïef • *eine ~e Erkältung* een onschuldige verkoudheid **3** argeloos • *~ tun* doen alsof niets aan de hand is

Harmlosigkeit **1** ZN V (-/gmv) argeloosheid, onschuld, naïviteit **2** ZN V (-/+en) onschuldige zaak, onschadelijkheid

Harmonie ZN V (-/+n) harmonie, eensgezindheid • *sie leben in völliger ~* zij leven in volledige harmonie

harmonieren ONOV WW passen, harmoniëren

Harmonika ZN V (-/+s, -ken) harmonica

harmonisch BN harmonieus

Harmonium ZN O (+s/+s, -nien) harmonium

Harn ZN M (+(e)s/gmv) urine

Harnblase ZN V (-/+n) MED. urineblaas

harnen ONOV WW urineren

Harnflasche ZN V (-/+n) MED. urinaal

Harnisch ZN M (+(e)s/+e) harnas • *jemanden in ~ bringen* iemand nijdig maken

Harnleiter ZN M (+s/-) MED. urineleider, ureter

Harnröhre ZN V (-/+n) MED. urinebuis

Harnwege ZN MV MED. urinewegen

Harpune ZN V (-/+n) harpoen

harpunieren OV WW harpoeneren

harren ONOV WW +2 FORM. wachten, tegemoet zien, verbeiden • HUMOR. *wir ~ seiner* wij wachten op hem

harsch BN **1** hard, ijzig **2** nors

Harsch(schnee) ZN M (+es/gmv) diep bevroren sneeuw

hart **1** BN **1** hard • *~e Währung* harde valuta • *~ im Nehmen* veel kunnen hebben/incasseren • *gegen sich/jemanden ~ sein* hard zijn voor zichzelf/voor iemand **2** zwaar **3** hardvochtig **4** streng **2** BW hard, vlakbij, dicht • *~ an der Grenze* op de grens • *~ gesotten/gekocht* hardgekookt • *jemandem ~ zusetzen* iemand het vuur na aan de schenen leggen • *es geht ~ auf ~* het gaat hard tegen hard • *ein ~er Winter* een strenge winter

Härte ZN V (-/+n) **1** hardheid, weerstandsvermogen **2** strengheid, hardvochtigheid • *mit äußerster ~ gegen jemanden vorgehen* hardvochtig tegen iemand optreden **3** zwarigheid

Härtefall ZN M (+(e)s/-fälle) schrijnend geval

härten OV WW harden

härter BN → **hart**

Härter ZN M (+s/-) harder

härtest BN → **hart**

Hartfaserplatte ZN V (-/+n) hardboard

Hartgeld ZN O (+(e)s/+er) muntgeld, munten

hartgesotten BN verstokt, onverbeterlijk

hartherzig BN hardvochtig

Hartholz ZN O (+es/gmv) hardhout

Hartkäse ZN M (+s/-) harde kaas(soort)

hartnäckig BN hardnekkig • *er bleibt ~* hij blijft hardnekkig

Hartnäckigkeit ZN V (-/gmv) hardnekkigheid, onverzettelijkheid, vasthoudendheid

Härtung ZN V (-/+e) harden

Hartz IV ZN O werkloosheidsuitkering, bijstandsuitkering • *Hartz IV beziehen* een uitkering trekken

Hartz-IV-Empfänger ZN M (+s/-) OMSCHR. iemand die een werkloosheids- of bijstandsuitkering krijgt

Harz **1** ZN M (+es/gmv) Harzgebergte **2** ZN O (+es/+e) hars

harzen OV + ONOV WW **1** hars uitscheiden **2** harsen

harzig BN **1** plakkerig, harsrijk **2** harsachtig

Hasch ZN O (+s/gmv) hasj

Haschee ZN O (+s/+s) hachee

haschen **1** OV WW vangen, grijpen • *~ nach* streven naar, speculeren op **2** ONOV WW hasj roken

Häschen ZN O (+s/-) **1** haasje **2** arm schepseltje

Häscher ZN M (+s/-) **1** gerechtsdienaar **2** achtervolger

Haschisch ZN M/O (-, +s/gmv) hasjiesj

Hase ZN M (+n/+n) haas • *es gibt heute Hasen* vanavond eten we haas • *falscher ~* ≈ groot stuk gebraden gehakt • FIG. *sehen, wie der ~ läuft* de kat uit de boom kijken • FIG. *wissen, wie der ~ läuft* het klappen van de zweep kennen/weten hoe het zit • FIG. *ein alter ~* een oude rot • FIG. *da liegt der ~ im Pfeffer!* daar zit het probleem! • FIG. *mein Name ist ~* ik weet van niets

Hasel ZN V (-/+n) hazelaar

Haselnuss ZN V (-/-nüsse) hazelnoot

Haselnusscreme ZN V (-/-s) hazelnootpasta

Haselnussstrauch ZN M (+(e)s/-sträucher) hazelnotenstruik, hazelaar

Hasenbraten ZN M (+s/-) gebraden haas

Hasenfuß ZN M (+es/-füsse) **1** hazenpoot **2** bangerik

Hasenpanier ZN O (+s/gmv) • *das ~ ergreifen* het hazenpad kiezen

Hasenpfeffer ZN M (+s/gmv) hazenpeper

Hasenscharte ZN V (-/+n) MED. hazenlip

Häsin ZN V (-/+nen) wijfjeshaas, moerhaas

Haspel ZN V (-/+n) haspel

haspeln OV + ONOV WW **1** haspelen **2** haastig spreken/werken

hasplig BN **1** gejaagd, zenuwachtig **2** onhandig, schutterig

Hass ZN M (+es/gmv) haat (**gegen** , **auf** +4 tegen) • *von ~ erfüllt sein* haat koesteren • *blinde(r)*

~ blinde haat • *~ verbreiten* haat zaaien
hassen OV WW haten • *jemanden/etwas zutiefst ~* iemand/iets hartgrondig haten
hassenswert BN om te haten
hasserfüllt BN vol haat
hässlich BN 1 lelijk 2 gemeen • *hässliche Wunde* gemene wond
Hässlichkeit ZN V (-/+en) 1 lelijkheid 2 gemeenheid
Hast ZN V (-/gmv) haast, gejaagdheid • *zu große ~ hat's oft verpasst* haastige spoed is zelden goed
hasten ONOV WW haasten, jachten
hastig BN haastig, gejaagd
Hastigkeit ZN V (-/gmv) 1 gejaagdheid 2 haast
hat OV + ONOV WW teg. tijd → **haben**
Hätschelkind ZN O (+(e)s/+er) troetelkind
hätscheln OV WW liefkozen, vertroetelen • *sie hätschelt das Kind* ze vertroetelt het kind
hatschi TUSSENW hatsjie
hatte WW verl. tijd → **haben**
Häubchen ZN O (+s/-) kapje, mutsje
Haube ZN V (-/+n) 1 kap • FIG. *unter die ~ kommen* aan de man komen/trouwen 2 muts 3 kuif
Haubentaucher ZN M fuut
Haubitze ZN V (-/+n) houwitser • *voll wie eine ~* dronken als een Maleier
Hauch ZN M (+(e)s/+e) 1 ademtocht 2 zuchtje 3 zweem, waas • *der ~ eines Lächelns* de zweem v.e. glimlach • *ein ~ von Parfüm* een vleugje parfum
hauchdünn BN flinterdun, ragfijn
hauchen OV WW 1 ademen 2 fluisteren
hauchfein BN ragfijn
hauchzart BN ragfijn
Haudegen ZN M (+s/-) 1 houwdegen 2 ijzervreter, vechtjas
Hau-den-Lukas ZN M kop-van-jut <kermis>
Haue ZN V (-/+n) 1 houweel, hak 2 slaag • *gleich gibt's ~* zo meteen krijg je een pak voor je broek
hauen 1 OV WW sterk hakken, kappen, slaan • *eine Figur aus Stein ~* een beeld uit steen hakken • FIG. *jemanden übers Ohr ~* iemand bedriegen • *sie hauten sich* zij sloegen elkaar, zij waren aan het vechten 2 WKD WW (**sich ~**) INFORM. • *sie haute sich aufs Sofa* zij plofte neer op de bank
Hauer ZN M (+s/-) 1 slagtand van een ever 2 maaier 3 steenhouwer
Hauerei ZN V (-/+en) vechtpartij
Häufchen ZN O (+s/-) hoopje • *wie ein ~ Elend dasitzen* er als een zielig hoopje mens bij zitten
häufeln OV WW 1 aanaarden 2 op hoopjes leggen
häufen OV WW ophopen, opstapelen • *sich ~* zich ophopen
Haufen ZN M (+s/-) 1 hoop, stapel • *über den ~* overhoop • *jemanden über den ~ fahren/rennen* iemand omver rijden/omverlopen 2 boel, hoop • *das ist ein ~ Geld* dat is een hoop geld • FIG. *ein lahmer ~* een lamlendig stel bij elkaar
haufenweise BW in massa's, bij hopen
häufig 1 BN veel voorkomend, veelvuldig 2 BW dikwijls • *immer häufiger vorkommen* steeds vaker voorkomen • *das sieht man heutzutage ~* dat zie je tegenwoordig veel
Häufigkeit ZN V (-/+en) veelvuldigheid, frequentie
Häufung ZN V (-/+en) 1 opeenhoping, opeenstapeling 2 hoge frequentie
Haupt ZN O (+(e)s/Häupter) FORM. hoofd • *gesenkten Hauptes* met gebogen hoofd • *erhobenen Hauptes* met opgeheven hoofd
Hauptabnehmer ZN M (+s/-) belangrijkste afnemer
hauptamtlich BN als hoofdberoep
Hauptangeklagte ZN M/V (+n/+n) JUR. hoofdverdachte
Hauptarbeit ZN V (-/+en) voornaamste werk
Hauptbahnhof ZN M (+(e)s/-höfe) centraal station
Hauptbestandteil ZN M (+(e)s/+e) hoofdbestanddeel
Hauptbuch ZN O (+(e)s/-bücher) grootboek
Hauptdarsteller ZN M (+s/-) hoofdrolspeler
Häuptelsalat ZN M (+(e)s/+e) kropsla
Haupteslänge ZN V (-/+n) • *jemanden um ~ überragen* een hoofd groter dan iemand zijn
Hauptfach ZN O (+(e)s/-fächer) hoofdvak
Hauptfeld ZN O (+(e)s/+er) SPORT hoofdgroep, peloton
Hauptgericht ZN O (+(e)s/+e) CULIN hoofdgerecht
Hauptgeschäft ZN O (+(e)s/+e) 1 hoofdkantoor 2 spitsdrukte 3 hoofdtransactie
Hauptgeschäftszeit ZN V (-/+en) drukste winkeltijd
Hauptgewicht ZN O (+(e)s/+e) nadruk, zwaartepunt
Hauptgewinn ZN M (+(e)s/+e) hoofdprijs
Hauptgrund ZN M (+(e)s/-gründe) hoofdreden
Haupthahn ZN M (+(e)s/-hähne) hoofdkraan
Hauptlast ZN V • FIG. *die ~ tragen* het het zwaarst te verduren hebben
Häuptling ZN M (+s/+e) hoofdman, opperhoofd
Hauptmahlzeit ZN V (-/+en) hoofdmaaltijd
Hauptmann ZN M (+(e)s/-leute) 1 MIL. kapitein 2 hoofdman
Hauptperson ZN V (-/+en) hoofdpersoon
Hauptpost ZN V (-/gmv) hoofdpostkantoor
Hauptprobe ZN V (-/+n) generale repetitie
Hauptquartier ZN O (+s/+e) MIL. hoofdkwartier
Hauptrechner ZN M (+s/-) mainframe (computer)
Hauptreisezeit ZN V (-/+en) hoogseizoen
Hauptrolle ZN V (-/+n) hoofdrol • *die ~ spielen* de hoofdrol spelen
Hauptsache ZN V (-/+n) hoofdzaak • *Haupt- und Nebensachen* hoofd- en bijzaken • *Hauptsache, du bist da!* Je bent er en daar gaat het om! • *~ gesund!* gezondheid is het belangrijkste
hauptsächlich 1 BN voornaamst, belangrijkst 2 BW hoofdzakelijk
Hauptsaison ZN V (-/+s) hoogseizoen
Hauptsatz ZN M (+es/-sätze) TAALK. hoofdzin

Hauptschlagader ZN V (-/+n) MED. lichaamsslagader, aorta
Hauptschule ZN V (-/+n) O&W ≈ vmbo
Hauptsendezeit ZN V (-/+en) primetime <tv>
Hauptsitz ZN M (+es/+e) hoofdvestiging
Hauptstadt ZN V (-/-städte) hoofdstad
Hauptstraße ZN V (-/+n) **1** hoofdstraat **2** hoofdweg
Hauptverdiener ZN M (+s/-) kostwinner, broodwinner
Hauptverhandlung ZN V (-/+en) JUR. openbare rechtszitting
Hauptverkehrsstraße ZN V (-/+n) hoofdverkeersweg
Hauptverkehrszeit ZN V (-/+en) spitsuur
Hauptversammlung ZN V (-/+en) **1** algemene vergadering **2** ECON. aandeelhoudersvergadering
Hauptwort ZN O (+(e)s/-wörter) zelfstandig naamwoord
Hauptzeuge ZN M (+n/+n) JUR. belangrijkste getuige, kroongetuige
Hauruckverfahren ZN O (+s/-) (het) heel snel regelen, (het) overhaast tot stand komen • *im ~* in een geforceerd tempo
Haus ZN O (+es/Häuser) **1** huis • *zu Hause sein* thuis zijn • *nach Hause gehen/bringen* naar huis gaan/brengen • *von ~ aus* van huis uit • *aus bestem Hause* van goeden huize • *außer Hause* buiten de deur • *sich ganz wie zu Hause fühlen* zich thuis voelen • *ins ~ liefern* aan huis leveren • FIG. *jemandem das ~ einrennen* de deur bij iemand platlopen • FIG. *irgendwo wie zu Hause sein* ergens kind aan huis zijn • FIG. *auf einem bestimmten Gebiet/in etwas zu Hause sein* in iets thuis zijn • FIG. *altes ~* ouwe jongen • FIG. *sein ~ bestellen* testament maken, orde op zaken stellen • FIG. *ein großes ~ führen* royaal leven • FIG. *ins ~ stehen* te wachten staan, ophanden zijn • *das hohe ~* het Hogerhuis **2** flatgebouw, huizencomplex • *in diesem ~ befinden sich 6 Wohnungen* in dit complex zijn 6 appartementen **3** firma, kantoor • *im ~ sein* (op kantoor) aanwezig zijn **4** hotel
Hausapotheke ZN V (-/+n) huisapotheek
Hausarbeit ZN V (-/+en) **1** huiswerk **2** O&W werkstuk **3** huishoudelijk werk
Hausarrest ZN M (+(e)s/+e) huisarrest • *unter ~ stehen* huisarrest hebben
Hausarzt ZN M (+es/-ärzte) huisarts
Hausaufgabe ZN V (-/+n) huiswerk • *Hausaufgaben aufhaben* huiswerk hebben
hausbacken BN huisbakken, alledaags, saai
Hausbesetzer ZN M (+s/-) kraker
Hausbesetzung ZN V (-/+en) kraakactie
Hausbesitzer ZN M (+s/-) huiseigenaar
Hausbesuch ZN M (+(e)s/+e) huisbezoek
Hausboot ZN O (+(e)s/+e) woonboot
Häuschen ZN O (+s/-) huisje ▸ *ganz aus dem ~ sein* uit zijn (gewone) doen zijn ▸ *aus dem ~ geraten* buiten zichzelf raken
hausen ONOV WW **1** wonen, huizen **2** woeden
Häuserblock ZN M (+(e)s/+s) huizenblok
Hausflur ZN M (+(e)s/+e) vestibule, hal
Hausfrau ZN V (-/+en) huisvrouw
Hausfreund ZN M (+(e)s/+e) huisvriend
Hausfriedensbruch ZN M (+(e)s/-brüche) JUR. huisvredebreuk
Hausgebrauch ZN M (+(e)s/gmv) huiselijk gebruik • *sie spielt Klavier zum ~* ze speelt piano voor zichzelf
Hausgehilfin ZN V (-/+nen) hulp in de huishouding
hausgemacht BN zelfgemaakt
Hausgemeinschaft ZN V (-/+en) **1** huiselijke gemeenschap **2** woongemeenschap
Haushalt ZN M (+(e)s/+e) **1** huishouden, huishouding • *den ~ führen/besorgen* het huishouden doen • *jemandem den ~ führen* voor iemand het huishouden doen **2** ECON. begroting
haushalten ONOV WW sterk budgetteren • *~ mit etwas* zuinig met iets zijn
Haushälterin ZN V (-/+nen) huishoudster
haushälterisch BN **1** economisch **2** zuinig
Haushaltsgeld ZN O (+(e)s/+er) huishoudgeld
Haushaltsgerät ZN O (+(e)s/+e) huishoudelijk apparaat
Haushaltshilfe ZN V (-/+n) hulp in de huishouding
Haushaltsjahr ZN O (+(e)s/+e) ECON. begrotingsjaar
Haushaltsplan ZN M (+(e)s/-pläne) ECON. ontwerpbegroting
Haushaltswaren ZN MV huishoudelijke artikelen
Haushaltung ZN V (-/+en) huishouding
Hausherr ZN M (-(e)n/+en) heer des huizes, gastheer
Hausherrin ZN V (-/+nen) gastvrouw, vrouw des huizes
haushoch BN huizenhoog • *haushohe Wellen* huizenhoge golven
hausieren ONOV WW venten, leuren
Hausierer ZN M (+s/-) venter, leurder, marskramer
häuslich BN huiselijk
Häuslichkeit ZN V (-/+en) huiselijkheid
Hausmacher- VOORV + ACHTERV ambachtelijk • *Hausmacherwurst* ambachtelijk vleeswaar
Hausmacherart ZN V (-/gmv) • *nach ~* zoals thuis (gemaakt) <van etenswaren>
Hausmann ZN M (+(e)s/-männer) huisman
Hausmannskost ZN V (-/gmv) burgerkost
Hausmarke ZN V (-/+n) **1** huismerk, eigen merk **2** eigen wijn **3** lievelingskost, lievelingsdrank
Hausmeister ZN M (+s/-) conciërge
Hausmittel ZN O (+s/-) huismiddel(tje)
Hausmüll ZN M (+s/gmv) huisvuil
Hausnummer ZN V (-/+n) huisnummer
Hausordnung ZN V (-/+en) **1** huisregels **2** huishoudelijk reglement
Hauspflege ZN V (-/gmv) ziekenverzorging thuis, gezinsverzorging, thuiszorg

ha

Hausputz ZN M (+es/gmv) **grote schoonmaak**
Hausrat ZN M (+(e)s/gmv) **huisraad, inboedel**
Hausschuh ZN M (+(e)s/+e) **pantoffel**
Hausse ZN V (-/+n) ECON. **hausse, koersstijging, hoogconjunctuur** • *auf die ~ spekulieren* op koersstijging speculeren, à la hausse speculeren
Haussegen ZN M (+s/-) • INFORM. *der ~ hängt schief* er heerst onenigheid in het gezin
Hausstand ZN M (+(e)s/-stände) **1 huishouding 2 gezin**
Haussuchung ZN V (-/+en) **huiszoeking**
Haustier ZN O (+(e)s/+e) **huisdier**
Haustür ZN V (-/+en) **huisdeur**
Hausverwaltung ZN V (-/gmv) **administratie, beheer** <v.e. gebouw>
Hauswirt ZN M (+(e)s/+e) **huisbaas**
Hauswirtschaft ZN V (-/gmv) **1 huishouding 2 huishoudkunde**
Hauswurfsendung ZN V (-/+en) **huis-aan-huisreclame**
Haut ZN V (-/Häute) **1 huid** • *auf der blanken ~ tragen* op de blote huid dragen • FIG. *nass bis auf die ~* nat tot op het hemd • FIG. *mit heiler ~* heelhuids • FIG. *eine gute ~* een brave borst • FIG. *eine lustige ~* een vrolijke klant • FIG. *aus der ~ fahren* uit zijn vel springen • FIG. *nicht aus seiner ~ herauskönnen* zijn aard niet kunnen verloochenen • FIG. *sich in seiner ~ wohlfühlen* lekker in zijn vel zitten • FIG. *mit ~ und Haar* met huid en haar • FIG. *auf der faulen ~ liegen* op zijn luie krent zitten • FIG. *sich seiner ~ wehren* zich verdedigen • FORM. *seine ~ retten* z'n hachje redden **2 vel** • FIG. *nur (noch) ~ und Knochen sein* vel over been zijn • FIG. *seine ~ zu Markte tragen* zijn leven wagen **3 schil** • *die ~ der Tomate* de schil van de tomaat • *die Häute einer Zwiebel* de rokken van een ui **4 vlies**
Hautabschürfung ZN V (-/+en) **schaafwond, ontvelling**
Hautarzt ZN M (+es/-ärzte) MED. **huidarts, dermatoloog**
Häutchen ZN O (+s/-) **velletje, vliesje**
Hautcreme ZN V (-/+s) **huidcrème**
häuten OV WW **stropen, villen, ontvellen** • *sich ~* vervellen
hauteng BN **erg nauwsluitend, strak** • *ein ~es T-Shirt* een strak T-shirtje
Hautfarbe ZN V (-/+n) **huidkleur**
hautfreundlich BN **huidvriendelijk**
Hautkrebs ZN M (+es/+e) MED. **huidkanker**
hautnah BN **1 zeer dichtbij** • *etwas ~ miterleben* iets van dichtbij meemaken • SPORT *~e Deckung* mandekking **2 vlak onder de huid 3 realistisch, levensecht**
Hautpflege ZN V (-/gmv) **huidverzorging**
Hautpilz ZN M (+es/+e) MED. **huidschimmel**
Hauttransplantation ZN V (-/+en) **huidtransplantatie**
Häutung ZN V (-/+en) **(het) vervellen**
Hautwunde ZN V (-/+n) **ontvelling, schaafwond**
Havarie ZN V (-/+n) **averij** • *~ erleiden* averij oplopen
Hbf. AFK Hauptbahnhof **hoofdstation, centraal station**
H-Bombe ZN V (-/+n) Wasserstoffbombe **waterstofbom**
H-Dur ZN O (-/gmv) MUZ. **B majeur**
Headhunter ZN M (+s/-) **headhunter**
Hebamme ZN V (-/+n) **vroedvrouw, verloskundige**
Hebebühne ZN V (-/+n) **hefbrug**
Hebekran ZN M (+(e)s/-kräne) **hijskraan**
Hebel ZN M (+s/-) **hefboom** • FIG. *alle ~ in Bewegung setzen* alles in het werk stellen • FIG. *am längeren ~ sitzen* aan het langste eind trekken
Hebelarm ZN M (+(e)s/+e) **hefboomarm**
Hebelwirkung ZN V (-/+en) **hefboomwerking**
heben 1 OV WW sterk **1 omhoogbrengen, verheffen, optillen** • *die Stimme ~* zijn stem verheffen • FIG., INFORM. *noch einen ~* nog een borreltje pakken • *aus der Taufe ~* ten doop houden, FIG. oprichten **2 bevorderen** • *den Umsatz ~* de omzet vergroten • *die Stimmung ~* de stemming verbeteren **3** REG. **vasthouden 2** WKD WW **(sich ~) zich verheffen, omhoogkomen, omhooggaan**
Heber ZN M (+s/-) **hevel**
Hebräer ZN M (+s/-) **Hebreeër**
hebräisch BN **Hebreeuws**
Hebung ZN V (-/+en) **1 verbetering, bevordering, verheffing 2 verhoging 3 heffing, omhoogbrengen, lichting**
hecheln OV + ONOV WW **1 hekelen 2 hijgen** <vooral van hond> **3 puffen**
Hecht ZN M (+(e)s/+e) **1 snoek 2 snoeksprong 3 kerel, snoeshaan**
hechten ONOV WW **een snoekduik/snoeksprong maken**
Heck ZN O (+(e)s/+e, +s) **1** SCHEEPV. **hek, achtersteven 2 staart** <van auto enz.> **3 achterzijde**
Heckantrieb ZN M (+(e)s/gmv) **achter(wiel) aandrijving**
Hecke ZN V (-/+n) **heg, haag, omheining**
Heckenrose ZN V (-/+n) **wilde roos**
Heckenschere ZN V (-/+n) **heggenschaar**
Heckenschütze ZN M (+n/+n) **sluipschutter, burgersoldaat**
Heckklappe ZN V (-/+n) **achterklep** <van auto>
Heckmotor (+s/+en) **motor achterin**
Heckscheibe ZN V (-/+n) **achterruit** <van auto>
Hecktür ZN V (-/+en) **achterklep** <van stationcar/bestelwagen>
Heer ZN O (+es/+e) OOK FIG. **leger, landmacht** • *das ~ in Bereitschaft halten* het leger paraat houden • *ein ~ von Heuschrecken* een leger sprinkhanen • *stehendes ~* parate troepen
Hefe ZN V (-/+n) **gist**
Hefepilz ZN M (+es/+e) BIOL. **gistzwam**
Hefeteig ZN M (+(e)s/+e) **gistdeeg**
Heft ZN O (+es/+e) **1 schrift, cahier 2 nummer, aflevering** <van tijdschrift enz.> **3 brochure, boekje 4** FORM. **handvat, heft** • *das ~ in der Hand haben* het heft in handen hebben

heften 1 ov ww 1 hechten, vastpinnen, vaststeken • *die Augen auf etwas ~* zijn aandacht op iets vestigen • *heftest du die Notiz mit einer Reißzwecke an die Wand?* prik je de notitie met een punaise aan de muur? 2 vastrijgen 3 inbinden, innaaien 2 wkd ww (**sich ~**) gericht zijn op • *ihr Blick heftete sich auf ihn* haar blik was op hem gericht
Hefter zn m (+s/-) ordner, opbergmap
Heftfaden zn m (+s/-fäden) draad, rijgdraad
heftig bn 1 hevig • *ein ~er Streit* een hevige/ hoogoplopende ruzie • *ein ~er Kampf* een hevig gevecht 2 heftig, opgewonden
Heftigkeit 1 zn v (-/gmv) 1 hevigheid, intensiteit 2 drift 2 zn v (-/+en) heftige uitlating
Heftklammer zn v (-/+n) 1 paperclip 2 nietje
Heftpflaster zn o (+s/-) hechtpleister
Heftzwecke zn v (-/+n) punaise
Hegemonie zn v (-/+n) hegemonie
hegen ov ww zorgvuldig onderhouden, verzorgen, koesteren • *einen Groll gegen jemanden ~* wrok koesteren tegen iemand • *~ und pflegen* koesteren, met liefde en zorg omringen
Hehl zn m/o • *kein(en) ~ aus etwas machen* ergens geen geheim van maken
hehlen ov ww een misdaad helpen verbergen
Hehler zn m (+s/-) heler
Hehlerei zn v (-/+en) heling
Heide 1 zn m (+n/+n) heiden 2 zn v (-/+n) 1 heide, hei 2 onontgonnen veld
Heidekraut zn o (+(e)s/gmv) hei, erica
Heidelbeere zn v (-/+n) bosbes
Heidenangst zn v (-/-ängste) doodsangst, ontzettende angst
Heidengeld zn o (+(e)s/gmv) een bom geld
Heidenlärm zn m (+(e)s/gmv) heidens kabaal
Heidenspaß zn m (+es/gmv) dikke lol, dolle pret • *sie hatten einen Heidenspaß* zij hadden dolle pret
Heidentum zn o (+s/gmv) heidendom
Heideröschen zn o (+s/-) plantk. heideroosje
Heidin zn v (-/+nen) heidin
heidnisch bn heidens
heikel bn 1 netelig, hachelijk • *die Sache wird ~* de zaak wordt hachelijk • *heikle Situation* hachelijke toestand • *eine heikle Frage* netelige kwestie 2 kieskeurig
heil bn 1 heel, ongedeerd 2 genezen
Heil zn o (+(e)s/gmv) heil, geluk, welzijn • *sein ~ in der Flucht suchen* zijn heil in de vlucht zoeken
Heiland zn m (+s/gmv) Verlosser, Heiland
Heilanstalt zn v (-/+en) herstellingsoord, zenuwinrichting
Heilbad zn o (+(e)s/-bäder) 1 geneeskrachtig bad 2 badplaats met geneeskrachtige bronnen
heilbar bn geneeslijk
Heilbehandlung zn v (-/+en) therapie
Heilbutt zn m (+(e)s/+e) heilbot
heilen ov + onov ww helen, genezen • *die Wunde ist geheilt* de wond is geheeld
Heiler zn m (+s/-) genezer, heler
heilfroh bn dolblij, heel blij
heilig bn heilig • *die Heilige Schrift* de Heilige Schrift • *hoch und ~ versprechen* plechtig beloven, vast beloven
Heiligabend zn m (+s/gmv) kerstavond, 24 december
Heilige zn m/v (+n/+n) heilige
heiligen ov ww wijden, heiligen
Heiligenbild zn o (+(e)s/+er) rel. heiligenbeeld
Heiligenschein zn m (+(e)s/+e) stralenkrans, aureool
Heiligkeit zn v (-/gmv) heiligheid • *Seine ~* Zijne Heiligheid, de paus
heiligsprechen ov ww sterk heilig verklaren
Heiligsprechung zn v (-/+en) rel. heiligverklaring
Heiligtum zn o (+s/-tümer) heiligdom
Heilklima zn o (+s/+s, -te) geneeskrachtig klimaat
Heilkraft zn v (-/-kräfte) geneeskracht, genezende kracht
heilkräftig bn geneeskrachtig
Heilkunde zn v (-/gmv) heelkunde, geneeskunde
heillos bn 1 heilloos 2 ontzettend, vreselijk
Heilmethode zn v (-/+n) med. geneesmethode, therapie
Heilmittel zn o (+s/-) geneesmiddel
Heilpflanze zn v (-/+n) geneeskrachtige plant
Heilpraktiker zn m (+s/-) geneeskundige <zonder artsdiploma>
Heilquelle zn v (-/+n) geneeskrachtige bron
heilsam bn heilzaam
Heilsarmee zn v (-/gmv) Leger des Heils
Heilsbotschaft zn v (-/gmv) rel. blijde boodschap, evangelie
Heilung zn v (-/+en) heling, genezing
Heilverfahren zn o (+s/-) 1 geneesmethode, therapie 2 revalidatie
Heilwirkung zn v (-/+en) geneeskracht, genezende kracht
heim bw naar huis
Heim zn o (+s/+e) 1 thuis 2 tehuis, asiel • *das Kind ist im ~* het kind is in een tehuis
Heimarbeit zn v (-/+en) thuiswerk, huisnijverheid
Heimarbeiter zn m (+s/-) thuiswerker
Heimat zn v (-/+en) plaats van herkomst, geboortestreek, thuis • *in seiner neuen ~* in zijn nieuwe vaderland • *eine ~ finden* een thuis vinden • *keine ~ haben* nergens thuis zijn
Heimatabend zn m (+s/+e) folkloristische avond met muziek en dans
Heimatfilm zn m (+s/+e) film die in landelijk milieu speelt
Heimathafen zn m (+s/-häfen) thuishaven
Heimatkunde zn v (-/gmv) heemkunde
Heimatland zn o (+(e)s/-länder) geboorteland
heimatlich bn van het vaderland/vaderlands,

van de geboortestreek, van thuis, zoals het thuis is • ~ *anmuten* aan thuis doen denken • *auf ~em Boden* op vaderlandse grond
heimatlos BN zonder vaderland, ontheemd, zwervend
Heimatmuseum ZN O (+s/-museen) streekmuseum
Heimatort ZN M (+(e)s/+e) woonplaats, geboorteplaats
Heimatstadt ZN V (-/-städte) vaderstad
Heimatvertriebene ZN M/V (+n/+n) ontheemde <vooral Duitsers die na 1945 uit Polen en Tsjechië zijn verdreven>
heimbegeben WKD WW (**sich ~**) zich naar huis begeven, naar huis gaan
heimbringen OV WW naar huis brengen
Heimcomputer ZN M (+s/-) pc, personal computer
heimelig BN knus, gezellig, als thuis
heimfahren ONOV WW sterk naar huis rijden/gaan
Heimfahrt ZN V (-/+en) terugreis
heimfinden ONOV WW de weg naar huis vinden
heimgehen ONOV WW sterk **1** naar huis gaan **2** heengaan, sterven
heimisch BN **1** inheems, binnenlands **2** thuis • *sich irgendwo ~ fühlen* zich ergens thuis voelen **3** vertrouwd
Heimkehr ZN V (-/gmv) terugkeer, thuiskomst
heimkehren ONOV WW naar huis terugkeren
Heimkehrer ZN M (+s/-) **1** terugkerend krijgsgevangene **2** repatriant
Heimkind ZN O (+(e)s/+er) kind uit een tehuis
heimkommen ONOV WW sterk thuiskomen
Heimleiter ZN M (+s/-) leider in een tehuis
heimleuchten ONOV WW +3 INFORM. een uitbrander geven • FIG. *dem habe ich heimgeleuchtet* die heb ik het goed ingepeperd
heimlich BN **1** geheim • *sich ~ treffen* elkaar in het geheim ontmoeten **2** stiekem, steels • *~, still und leise* steels **3** geheimzinnig **4** OOST. knus
Heimlichkeit ZN V (-/+en) heimelijkheid, geheimzinnigheid • *in größter ~* in het diepste geheim
Heimlichmanöver ZN O heimlichmanoeuvre
Heimlichtuer ZN M (+s/-) stiekemerd
Heimlichtuerei ZN V (-/+en) stiekem gedoe
Heimreise ZN V (-/+n) thuisreis, terugreis
Heimsieg ZN M (+(e)s/+e) SPORT thuisoverwinning
Heimspiel ZN O (+(e)s/+e) SPORT thuiswedstrijd
Heimstatt ZN V (-/gmv) onderkomen
Heimstätte ZN V (-/+n) **1** onderkomen, tehuis **2** eigen huis **3** bakermat, kweekplaats
heimsuchen OV WW **1** binnendringen **2** teisteren, kastijden • *er wurde von einer schweren Krankheit heimgesucht* hij werd door een zware ziekte geteisterd
Heimsuchung ZN V (-/+en) plaag, bezoeking, teistering, kwelling
Heimtrainer ZN M (+s/-) hometrainer
Heimtücke ZN V (-/+n) geniepigheid, boosaardigheid, valsheid
heimtückisch BN geniepig, boosaardig, vals
Heimvorteil ZN M (+(e)s/gmv) SPORT thuisvoordeel
heimwärts BW huiswaarts
Heimweg ZN M (+(e)s/gmv) terugweg • *auf dem ~* op weg naar huis
Heimweh ZN O (+s/gmv) heimwee • *krank vor ~* ziek van heimwee • *sie bekam ~* ze kreeg heimwee
Heimwerker ZN M (+s/-) doe-het-zelver
heimzahlen OV WW • *ich werde es dir ~!* dat zal ik je betaald zetten!
Hein ZN M • *Freund ~* magere Hein
Heini ZN M (+s/+s) **1** INFORM. vent, kerel **2** sukkel, sufferd
Heinzelmännchen ZN O (+s/-) kabouter
Heirat ZN V (-/+en) huwelijk, (het) trouwen
heiraten OV + ONOV WW trouwen • *jemanden ~* met iemand trouwen • *er heiratete sie* hij trouwde met haar • *wir haben letztes Jahr geheiratet* we zijn vorig jaar getrouwd • *sie haben sich später geheiratet* ze zijn later met elkaar getrouwd • *wir ~* we gaan trouwen • *standesamtlich ~* voor de wet trouwen • *kirchlich ~* voor de kerk trouwen • *ich bin nicht der Typ zum Heiraten* ik ben niet het type om te trouwen • *wann heiratet ihr?* wanneer gaan jullie trouwen?
Heiratsantrag ZN M (+s/-anträge) huwelijksaanzoek • *jemandem einen ~ machen* iemand een (huwelijks)aanzoek doen, iemand ten huwelijk vragen
Heiratsanzeige ZN V (-/+n) **1** huwelijksadvertentie **2** huwelijksaankondiging
heiratsfähig BN huwbaar • *im heiratsfähigen Alter sein* de huwbare leeftijd hebben
Heiratsinstitut ZN O (+(e)s/+e) huwelijksbureau
Heiratsurkunde ZN V (-/+n) trouwakte
Heiratsvermittlung ZN V (-/+en) huwelijksbemiddeling
heischen OV WW eisen, verlangen
heiser BN schor, hees
Heiserkeit ZN V (-/gmv) schorheid, heesheid
heiß BN **1** heet, warm • *die Suppe ist noch ~* de soep is nog heet • *etwas ~ empfehlen* iets warm aanbevelen • *sich heißreden* een verhitte discussie voeren • *weder ~ noch kalt* vlees noch vis • *was ich nicht weiß, macht mich nicht ~* wat niet weet, wat niet deert **2** vurig
heißblütig BN warmbloedig, vurig, opvliegend
heißen OV + ONOV WW sterk **1** heten • *wie heißt du mit Nachnamen?* hoe heet je van je achternaam? • *wie heißt er doch/denn gleich?* hoe heet hij ook alweer? • *wie heißt der genaue Titel?* hoe luidt de precieze titel? **2** betekenen • *was heißt das?* wat betekent dat? • *das heißt* dat wil zeggen • *das braucht noch nichts zu ~* dat zegt niets **3** bevelen • *jemandem etwas ~* iemand iets bevelen **4** REG. noemen
Heißhunger ZN M (+s/gmv) **1** geeuwhonger **2**

FIG. honger, begeerte

heißhungrig BN **1** uitgehongerd **2** vol begeerte

heißlaufen ONOV WW oververhit raken <van machine, motor>

Heißluft ZN V (-/gmv) hete lucht

Heißluftherd ZN M (+(e)s/+e) heteluchtoven

Heißsporn ZN M (+(e)s/+e) heethoofd, driftkop

heiter BN **1** vrolijk, opgewekt • *in ~er Laune/ Stimmung sein* in een vrolijk humeur zijn **2** <weer> helder • *ein ~er Himmel* een heldere hemel

Heiterkeit ZN V (-/gmv) **1** opgewektheid, vrolijkheid, hilariteit • *~ erregen / für ~ sorgen* hilariteit veroorzaken **2** <weer> helderheid

heizbar BN • *ein ~es Zimmer* een kamer met stookgelegenheid

Heizdecke ZN V (-/+n) elektrische deken

heizen OV + ONOV WW stoken, verwarmen • *mit Kohlen ~* kolen stoken

Heizer ZN M (+s/-) stoker

Heizkessel ZN M (+s/-) verwarmingsketel

Heizkissen ZN O (+s/-) elektrisch kussen

Heizkörper ZN M (+s/-) **1** radiator **2** verwarmingselement

Heizkraft ZN V (-/-kräfte) warmtekracht, verwarmingsvermogen

Heizkraftwerk ZN O (+(e)s/+e) warmtekrachtcentrale

Heizlüfter ZN M (+s/-) ventilatorkachel

Heizmaterial ZN O (+s/+ien) brandstof

Heizöl ZN O (+(e)s/gmv) stookolie, huisbrandolie

Heizsonne ZN V (-/+n) straalkachel

Heizung ZN V (-/+en) **1** verwarming **2** stoken

Hektar ZN O (+s/-) hectare

Hektik ZN V (-/gmv) hectiek, opwinding, drukte

hektisch BN **1** hectisch **2** koortsachtig, druk

Hektoliter ZN M/O (+s/-) hectoliter

Held ZN M (+en/+en) held • *sie ist der ~ des Tages* zij is de held van de dag • FIG. *kein ~ in etwas sein* geen held in iets zijn • FIG. *den Helden spielen; einen auf ~ machen* de held uithangen

Heldendichtung ZN V (-/+en) LETTERK. heldenpoëzie, heldenliteratuur

Heldengedicht ZN O (+(e)s/+e) heldendicht, epos

heldenhaft BN heldhaftig

Heldenmut ZN M (+(e)s/gmv) heldenmoed

Heldensage ZN V (-/+n) heldensage

Heldentat ZN V (-/+en) heldendaad

Heldentum ZN O (+s/gmv) heldendom, heldhaftigheid

Heldin ZN V (-/+nen) heldin

helfen ONOV WW +3, sterk helpen • *helfen bei +3*, helpen met • *kann ich Ihnen ~?* kan ik u helpen? • *einander ~* elkaar helpen • *jemandem beim Aussteigen ~* iemand helpen uitstappen • *jemandem in den Mantel ~* iemand in zijn jas helpen • *das hilft gegen Kopfschmerzen* dat helpt tegen hoofdpijn • *er weiß sich gut zu ~* hij kan zich goed redden • *damit ist mir nicht geholfen* daarmee ben ik niet geholpen • *es hilft (alles) nichts!* het helpt/baat (allemaal) niets!

Helfer ZN M (+s/-) helper

Helfershelfer ZN M (+s/-) handlanger

Helikopter ZN M (+s/-) helikopter

Helium ZN O (+s/gmv) SCHEIK. helium

hell BN **1** licht, helder, klaar • *ein ~er Klang* een helder geluid • *ein ~er Kopf* een pienter persoon • *ein ~es Gelächter* een schaterend gelach • *~ leuchtend* helder stralend • *ein Helles* een glas licht bier **2** groot, erg, hevig • *~e Wut* hevige woede • *~e Freude* uitbundig plezier • *~er Wahnsinn!* je reinste waanzin! • *~ begeistert sein* wild enthousiast zijn, laaiend enthousiast zijn • IRON. *daran wird er seine ~e Freude haben* daar zal hij nog heel veel lol aan beleven

hellauf BW **1** luid • *~ lachen* schaterlachen **2** buitengewoon, zeer • *~ begeistert* laaiend enthousiast

hellblau BN lichtblauw

hellblond BN lichtblond

Helldunkel ZN O (+s/gmv) KUNST clair-obscur

Helle 1 ZN V (-/gmv) helderheid, licht **2** ZN O (+n/+n) blond biertje

Hellebarde ZN V (-/+n) hellebaard

Heller ZN M (+s/-) duit, cent • *er hat es auf ~ und Pfennig ausgerechnet* hij heeft het tot op de cent uitgerekend • *keinen roten ~ wert sein* niets waard zijn • *keinen roten/lumpigen ~ haben* geen rooie cent hebben, geen cent te makken hebben

hellfarbig BN lichtkleurig, licht

hellhäutig BN met lichte huidskleur

hellhörig BN **1** gehorig **2** scherphorend • *da wurde ich ~* toen spitste ik mijn oren

Helligkeit ZN V (-/+en) **1** lichtsterkte **2** licht

helllicht BN klaarlicht • *am ~en Tage* op klaarlichte dag

hellrot BN lichtrood, helderrood

hellsehen ONOV WW sterk helderziende zijn

Hellseher ZN M (+s/-) helderziende

hellseherisch BN helderziend

hellsichtig BN scherpziend, met scherpe blik

hellwach BN **1** klaarwakker **2** intelligent, schrander

Helm ZN M (+(e)s/+e) **1** helm **2** koepel **3** steel

Hemd ZN O (+(e)s/+en) hemd • *nass bis aufs ~* nat tot op het hemd • FIG. *das ~ ist näher als der Rock* het hemd is nader dan de rok • FIG. *jemanden bis aufs ~ ausziehen* iemand tot op het hemd uitkleden • FIG. *sein letztes ~ hergeben* het hemd van zijn gat weggeven • FIG. *alles bis aufs ~ verlieren* alles kwijtraken • FIG. *machen Sie sich doch nicht ins Hemd!* stelt u zich niet zo aan!

Hemdbluse ZN V (-/+n) overhemdblouse

Hemdblusenkleid ZN O (+(e)s/+er) overhemdjurk

Hemdsärmel ZN MV hemdsmouwen

hemdsärmelig BN **1** in hemdsmouwen **2** ongedwongen, vlot

Hemisphäre ZN V (-/+n) hemisfeer, halfrond

hemmen OV WW hinderen, tegenhouden, remmen • *gegenüber Fremden gehemmt sein* tegenover vreemden geremd/terughoudend zijn

Hemmnis ZN O (+ses/+se) hindernis
Hemmschuh ZN M (+(e)s/+e) **1** remblok **2** hinderpaal <figuurlijk>
Hemmung ZN V (-/+en) **1** belemmering **2** geremdheid, inhibitie • *keine Hemmungen haben* geen scrupules hebben
hemmungslos BN onbeheerst, ongeremd
Hemmungslosigkeit ZN V (-/+en) ongeremdheid, onbeheerstheid
Hengst ZN M (+(e)s/+e) hengst
Henkel ZN M (+s/-) hengsel, oor
Henkelkorb ZN M (+(e)s/-körbe) hengselmand
henken OV WW ophangen
Henker ZN M (+s/-) beul • *zum Henker!* verduiveld! • *ich schere mich den ~ darum* dat kan me geen klap schelen • *weiß der ~* dat mag Joost weten
Henkersfrist ZN V (-/+en) uitstel van executie
he
Henne ZN V (-/+n) hen, kip
her BW **1** hier, hierheen • *~ damit!* geef het aan mij! • *von alters ~* van oudsher • *hin und ~* heen en weer • *hinter jemandem ~ sein* achter iemand aan zitten **2** vandaan • *nicht weit ~* niet veel bijzonders • *vom Inhalt ~* wat de inhoud betreft • *von oben ~* van bovenaf • *wo haben Sie das her?* waar heeft u dat vandaan? • *da komme ich gerade ~* daar kom ik juist vandaan **3** geleden • *es ist einen Monat ~* het is een maand geleden
herab BW naar beneden, omlaag
herabblicken ONOV WW neerzien
herabhängen ONOV WW sterk omlaaghangen
herablassen OV WW sterk neerlaten, laten zakken • *sich ~* minzaam zijn, zich verwaardigen
herablassend BN arrogant
Herablassung ZN V (-/gmv) neerbuigend gedrag
herabsehen ONOV WW sterk neerzien, neerkijken
herabsetzen OV WW **1** verlagen, verminderen • *die Strafe wurde herabgesetzt* de straf werd verminderd • *herabgesetzte Artikel* gereduceerde artikelen **2** kleineren • *jemanden in den Augen anderer ~* iemand in achting doen dalen
Herabsetzung ZN V (-/+en) verlaging, vermindering, reductie
herabsinken ONOV WW sterk dalen, zakken
herabwürdigen **1** OV WW vernederen, discrimineren **2** WKD WW (**sich ~**) zich verlagen
Heraldik ZN V (-/gmv) heraldiek
heraldisch BN heraldisch
heran BW dichterbij, hier naar toe
heranbilden **1** OV WW opleiden **2** WKD WW (**sich ~**) zich vormen, zich ontwikkelen
heranfahren ONOV WW sterk rijdend/varend naderen
heranführen OV WW brengen (naar), in contact brengen • *jemanden an ein Problem ~* iemand met een probleem confronteren • *jemanden an die Malerei ~* iemand in aanraking brengen met de schilderkunst
herangehen ONOV WW onregelmatig **1** naderen, naderbij gaan **2** aanpakken, beginnen • *an ein Problem ~* een probleem aanpakken
Herangehensweise ZN V (-/+en) aanpak
herankommen ONOV WW sterk **1** naderen, naderbij komen • *etwas an sich ~ lassen* rustig afwachten • *an etwas ~ können* bij iets kunnen komen • *man kann an den Minister nicht ~* de minister is onbereikbaar/ontoegankelijk • *an sie kommt man schwer heran* zij is gesloten als een oester **2** komen aan • *kannst du an so ein Teil ~?* kun jij aan zo een onderdeel komen?
heranmachen WKD WW (**sich ~**) **an** aanpakken, beginnen, benaderen • *sich an ein Mädchen ~* een meisje proberen te versieren • *sich an die Arbeit ~* het werk beginnen
heranreichen ONOV WW **1 ~ an** reiken tot **2 ~ an** evenaren • *an jemanden ~* met iemand kunnen wedijveren **3 ~ an** aanpakken, beginnen, benaderen
heranreifen ONOV WW OOK FIG. rijpen, volgroeid raken
heranrücken **1** OV WW dichterbij zetten **2** ONOV WW dichterbij komen
herantasten WKD WW (**sich ~**) **an** tastend een weg zoeken • *sich an ein Problem ~* een probleem omzichtig benaderen
herantragen OV WW sterk **~ an** aandragen • *etwas an jemanden ~* iemand iets voorleggen
herantreten ONOV WW sterk **~ an** naderen • *mit einer Frage an jemanden ~* zich met een vraag tot iemand wenden
heranwachsen ONOV WW sterk opgroeien • *die Kinder wachsen heran* de kinderen groeien op
Heranwachsende ZN M/V (+n/+n) jongere, adolescent
heranwagen WKD WW (**sich ~**) zich in de buurt wagen (**an** +4 van)
heranziehen **1** OV WW sterk **1** naar zich toe halen **2** opkweken **3** opleiden **4** erbij halen, aantrekken • *etwas zum Vergleich ~* iets ter vergelijking aanvoeren **2** ONOV WW sterk naderen
herauf BW omhoog, naar boven • *sie kamen den Berg ~* ze kwamen de berg op
heraufbeschwören OV WW sterk **1** bezweren, oproepen • *Geister ~* geesten bezweren/oproepen **2** veroorzaken
heraufsetzen OV WW verhogen
heraufsteigen ONOV WW sterk **1** omhoogklimmen **2** opstijgen **3** opkomen, opklimmen
heraufziehen **1** OV WW sterk optrekken **2** ONOV WW sterk naderen, komen opzetten
heraus, **raus** BW eruit, naar buiten • INFORM. *~ aus den Federn!* kom uit je nest! • INFORM. *~ mit der Sprache!*; INFORM. *~ damit!* voor de dag ermee!, zeg op! • *wenn du das machst, bist du raus* als je dit doet, ben je eraf
heraus- VOORV eruit-, naar buiten • *herausrutschen* wegglippen
herausarbeiten **1** OV WW **1** uitwerken • *verschiedene Standpunkte ~* verschillende standpunten uitwerken **2** accentueren **2** WKD WW (**sich ~**) zich bevrijden

herausbekommen ov ww sterk **1 eruit krijgen** • *noch Geld ~* nog geld terugkrijgen, wisselgeld krijgen **2 erachter komen** • *ein Geheimnis aus jemandem ~* een geheim bij iemand lospeuteren • *die Wahrheit ~* de waarheid achterhalen

herausbilden WKD WW (**sich ~**) **zich ontwikkelen, zich vormen**

herausbrechen **1** OV WW sterk **eruit breken** **2** ONOV WW sterk **tot uitbarsting komen**

herausbringen OV WW onregelmatig **1 naar buiten brengen** **2 eruit krijgen** • *er konnte kein Wort ~* hij kon geen woord uitbrengen • *man konnte kein Wort aus ihm ~* men kon geen woord uit hem krijgen **3 op de markt brengen, doen verschijnen**

herausfahren ONOV WW sterk **1 naar buiten rijden/varen** **2** INFORM. • *das ist mir herausgefahren* dat heb ik me laten ontvallen

herausfinden ONOV WW sterk **1 de weg vinden** **2 een uitweg/oplossing vinden** **3 ontdekken, erachter komen**

Herausforderer ZN M (+s/-) **uitdager**

herausfordern OV WW **1 uitdagen (zu** +3 **tot)** • *jemanden zum Duell ~* iemand uitdagen tot een duel **2 uitlokken** • *das Schicksal ~* het lot tarten

Herausforderung ZN V (-/+en) **uitdaging** • *die ~ annehmen* de uitdaging aannemen

Herausgabe ZN V (-/+n) **1 teruggave** **2 publicatie, uitgave**

herausgeben OV WW sterk **1 teruggeven** • *können Sie auf 100 Euro ~?* kunt u van 100 euro teruggeven? • *hast du Kleingeld? ich kann nicht ~* heb je kleingeld? ik kan niet wisselen **2 aangeven** **3 uitgeven** <boek/tijdschrift e.d.> • *ein Buch ~* een boek uitbrengen

Herausgeber ZN M (+s/-) **uitgever**

herausgehen ONOV WW onregelmatig **1 eruit gaan, verdwijnen** **2 naar buiten gaan** • *aus sich ~* zijn schroom overwinnen • *endlich ging sie aus sich heraus* eindelijk kwam ze los • *nicht aus sich ~* gesloten zijn

herausgreifen OV WW sterk **eruit nemen** • *ein Beispiel ~* een voorbeeld nemen

heraushaben OV WW onregelmatig **1** INFORM. **eruit hebben** **2** INFORM. **erachter zijn**

heraushalten **1** OV WW sterk **1 naar buiten steken** **2** FIG. **erbuiten houden** **2** WKD WW (**sich ~**) sterk **zich erbuiten houden**

herausheben **1** OV WW sterk **1 doen uitkomen, accentueren, benadrukken** **2 eruit tillen** **2** WKD WW (**sich ~**) **1 uitrijzen boven** **2 uitsteken boven**

heraushelfen OV WW sterk **1 helpen uit** **2** FIG. **bevrijden**

herausholen OV WW **eruit halen** • *das Beste aus sich ~* het beste uit zichzelf halen • *~, was drin ist; das Letzte ~* eruit halen wat erin zit

heraushören OV WW **1 er bovenuit horen** **2** FIG. **beluisteren** • *sie hörte Enttäuschung aus seiner Antwort heraus* zij voelde teleurstelling in zijn antwoord

herauskehren OV WW **1 eruit vegen** **2** FIG. **accentueren** **3** FIG. **uithangen, doen alsof** • *den starken Mann ~* de sterke man uithangen

herauskommen ONOV WW sterk **1 (er)uit komen, naar buiten komen** • *er kommt wenig aus dem Haus heraus* hij komt er weinig uit • *die Knospen kommen heraus* de knoppen komen uit • *die Farben kamen gut heraus* de kleuren kwamen goed uit • *bei seinen Forschungen kam nichts heraus* zijn onderzoekingen leverden niets op • *aus dem Staunen nicht ~* zich blijven verbazen • *auf dasselbe ~* op hetzelfde neerkomen • *sie kam ganz groß heraus* zij had groot succes **2 uitkomen, op de markt komen** • *wann kommt ihr Roman heraus?* wanneer komt haar roman uit? • *sein neues Buch kommt nächsten Monat heraus* zijn nieuwe boek komt volgende maand uit

herauskristallisieren **1** OV WW **1 uitkristalliseren** **2 kort samenvatten** **2** WKD WW (**sich ~**) **1 uitkristalliseren** **2 zich ontwikkelen, ontstaan**

herausmachen OV WW INFORM. **eruit halen, verwijderen** • *sich ~* goed gedijen, zich goed ontwikkelen

herausnehmen **1** OV WW sterk **eruit nemen, eruit halen** **2** WKD WW (**sich ~**) **zich aanmatigen** • *sich viel ~* zich veel aanmatigen • *sich das Recht ~ etwas zu tun* zich iets permitteren

herausplatzen ONOV WW **1 in lachen uitbarsten** **2 eruit flappen** • *mit einer Frage ~* een vraag eruit flappen

herausputzen OV WW **uitdossen, opsmukken, opdoffen**

herausragen ONOV WW **1 uitsteken** **2 erboven uitsteken** **3 buitengewoon zijn**

herausragend BN **vooraanstaand, uitstekend**

herausreden **1** ONOV WW **verklappen, verraden** **2** WKD WW (**sich ~**) **zich eruit praten**

herausreißen OV WW sterk **1 uittrekken, uitscheuren, uitrukken** **2** INFORM. **eruit redden** • INFORM. *das reißt's auch nicht mehr raus* dat maakt het ook niet meer beter

herausrücken **1** OV WW **1 naar buiten schuiven** **2** INFORM. **afstaan, geven** • INFORM. *Geld ~* geld geven **2** ONOV WW **voor de dag komen (met), voor de draad komen (met)** • *mit der Wahrheit ~* de waarheid opbiechten

herausrutschen ONOV WW **ontsnappen, ontglippen** <van woorden> • *das ist mir im Zorn herausgerutscht* dat is mij in mijn boosheid ontvallen

herausschinden OV WW INFORM. **eruit halen, eruit slaan** • *einen Rabatt ~* een korting eruit halen

herausschlagen OV WW sterk **eruit slaan**

herausspringen ONOV WW sterk **1 eruit springen** **2** INFORM. **opleveren** • *dabei wird nicht viel ~* dat zal niet veel opleveren • *was springt dabei (für mich) heraus?* wat levert mij dat op?, wat staat er tegenover?

herausstellen **1** OV WW **1 naar buiten zetten** **2 naar voren brengen, onderstrepen** **2** WKD

he

ww (**sich ~**) blijken • *die Krankheit hat sich als ungefährlich herausgestellt* de ziekte blijkt ongevaarlijk te zijn
herausstrecken ov ww uitsteken, naar voren steken • *jemandem die Zunge ~* de tong naar iemand uitsteken
herausstreichen ov ww sterk **1** schrappen **2** ophemelen, ophef maken van
heraussuchen ov ww (uit)zoeken
heraustreten onov ww sterk naar buiten treden • *aus sich ~* zijn terughoudendheid laten varen, uit zijn schulp komen
herauswinden wkd ww (**sich ~**) sterk FIG. zich eruit draaien
herausziehen ov ww sterk **1** eruit trekken • *einen Splitter ~* een splinter uittrekken **2** voor de dag halen

he

herb bn **1** wrang, bitter, sec <wijn> • *ein ~er Duft* een scherpe/pittige geur • *ein ~es Klima* een guur klimaat **2** zuur, rins **3** FIG. hard • *~e Kritik* scherpe kritiek **4** stug, streng
herbei bw hierheen, nader
herbeieilen onov ww toesnellen
herbeiführen ov ww veroorzaken, bewerkstelligen • *ein Unglück ~* een ongeluk veroorzaken
herbeiholen ov ww erbij halen, laten komen
herbeilassen wkd ww (**sich ~**) sterk zich verwaardigen, zo goed zijn
herbeilaufen onov ww sterk toelopen
herbeireden ov ww oproepen <door erover te praten> • *das Unglück ~* het ongeluk oproepen
herbeirufen ov ww sterk roepen, erbij roepen, ontbieden
herbeischaffen ov ww **1** aanbrengen, aanslepen **2** verschaffen • *Beweise ~* bewijzen verschaffen/aanvoeren
herbeisehnen ov ww verlangend uitzien naar, vurig verlangen naar
herbeiwünschen ov ww naderbij wensen, verlangen naar
herbeiziehen ov ww sterk **1** naderbij trekken **2** erbij halen
herbekommen ov ww sterk hier(heen) krijgen • *sieh selbst zu, wie du sie herbekommst!* kijk zelf maar hoe je haar hier krijgt
herbemühen **1** ov ww beleefd verzoeken om te komen **2** wkd ww (**sich ~**) de moeite nemen om te komen
Herberge zn v (-/+n) (jeugd)herberg
herbestellen ov ww INFORM. ontbieden
herbeten ov ww INFORM. opzeggen, afraffelen
Herbheit zn v (-/gmv) **1** wrangheid, bitterheid **2** FIG. stugheid, hardheid, ongenaakbaarheid
herbitten ov ww sterk vragen om (hier) te komen
herbringen ov ww onregelmatig hier(heen) brengen
Herbst zn m (+(e)s/+e) herfst • *im ~* in de herfst • FIG. *im ~ des Lebens* in de herfst van het leven
herbsten **1** onov ww druiven oogsten **2** onp ww herfst worden
Herbstferien zn mv herfstvakantie
herbstlich bn herfstachtig, herfstig, herfst- • *herbstliches Wetter* herfstig weer
Herbstmesse zn v (-/+n) najaarsbeurs
Herd zn m (+(e)s/+e) **1** fornuis • FIG. *eigener ~ ist Goldes wert* eigen haard is goud waard • FIG. *Haus und ~* huis en haard **2** FIG. (brand)haard • *der ~ des Aufstandes* de haard van de opstand
Herde zn v (-/+n) kudde • *der ~ folgen* met de massa meelopen
Herdentier zn o (+(e)s/+e) kuddedier
Herdentrieb zn m (+(e)s/gmv) kudde-instinct
Herdfeuer zn o (+s/-) haardvuur
Herdplatte zn v (-/+n) kookplaat
herein bw binnen, naar binnen
herein- voorv erin-, naar binnen • *hereinstürmen* naar binnen stormen
hereinbitten ov ww sterk verzoeken binnen te komen
hereinbrechen onov ww **1** binnendringen **2** vallen, beginnen **3 ~ über** +4, overvallen, treffen • *ein Unheil brach über das Land herein* het land werd door onheil getroffen
hereinfallen onov ww sterk **1** erin vallen **2** zich laten beetnemen, erin lopen • *er ist darauf hereingefallen* hij heeft zich laten beetnemen • *ich bin drauf reingefallen* ik ben er ingetuind
hereinholen ov ww **1** binnenhalen **2** inhalen, goedmaken
hereinkommen, **reinkommen** onov ww sterk binnenkomen • *komm rein!* kom erin!, kom binnen! • *ist Nummer 8 schon reingekommen?* is nummer 8 al binnen?
hereinlassen ov ww sterk binnenlaten
hereinlegen ov ww **1** naar binnen leggen **2** erin laten lopen, bij de neus nemen, te grazen nemen
hereinplatzen onov ww onverwacht binnen komen vallen
hereinrasseln onov ww INFORM. erin lopen, zich in de nesten werken
hereinschauen onov ww **1** binnenkijken **2** FIG. langskomen, aanlopen • *schau doch mal herein, wenn du in der Nähe bist* kom eens langs, als je in de buurt bent
hereinschneien onov ww **1** naar binnen sneeuwen **2** FIG. komen aanwaaien, langskomen • *hereingeschneit kommen* komen aanwaaien
herfahren **1** ov ww sterk hierheen rijden **2** onov ww sterk hierheen rijden/varen • *hinter jemandem ~* achter iemand aanrijden
Herfahrt zn v (-/+en) heenreis
herfallen onov ww sterk **1 ~ über** +4, overvallen **2 ~ über** +4, zich storten op, bekritiseren **3 ~ über** +4, aanvallen op • *über das Frühstück ~* op het ontbijt aanvallen
herfinden onov ww INFORM. de weg hierheen vinden
Hergang zn m (+(e)s/-gänge) toedracht,

verloop • *der ~ der Sache* het verloop van de zaak

hergeben OV WW sterk **1 aangeven 2 inleveren, teruggeven** • *er gibt es nicht mehr her* hij geeft het niet meer terug **3 verstrekken, geven** • *er lief, was die Beine hergaben* hij liep zo hard als hij kon **4** FIG. • *dafür/dazu gebe ich mich nicht her* voor/tot zoiets leen ik me niet • *alles ~* zijn uiterste best doen

hergebracht BN **traditioneel, gebruikelijk**

hergehen ONOV WW sterk **1 lopen** • *er ging neben mir her* hij liep naast me • *er ging hinter mir her* hij liep achter mij aan **2 toegaan** • *es geht lustig her* het gaat er vrolijk toe

hergelaufen BN **van de straat opgeraapt** • *ein ~er Kerl* een vent van twijfelachtig allooi

herhaben OV WW onregelmatig **vandaan hebben**

herhalten OV WW sterk **aangeven, ophouden** • *den Teller ~* het bord ophouden • *~ müssen* het moeten ontgelden, moeten betalen

herholen OV WW **hierheen halen, erbij halen** • *das ist weit hergeholt* dat is ver gezocht

Hering ZN M (+s/+e) **haring** • *Heringe ausnehmen* haring kaken • FIG. *wie die Heringe* als haringen in een ton

herkommen ONOV WW sterk **1 hier komen 2 vandaan komen, afkomstig zijn**

Herkommen ZN O (+s/gmv) **1 afkomst, afstamming 2 gebruik, traditie**

herkömmlich BN **gebruikelijk, traditioneel**

herkulisch BN **herculisch** • *~e Kräfte* bovenmenselijke krachten

Herkunft ZN V (-/-künfte) **1 afkomst, afstamming** • *sie ist spanischer ~* zij is van Spaanse afkomst **2 oorsprong**

Herkunftsbezeichnung ZN V (-/+en) **opgave van land van herkomst**

Herkunftsland ZN O (+(e)s/-länder) **land van herkomst**

herlaufen ONOV WW sterk **1 komen aanlopen 2 lopen** • *vor jemandem ~* voor iemand uit lopen • *hinter jemandem ~* achter iemand aanlopen

herleiten OV WW **afleiden** • *sich ~ von* afkomstig zijn van, afstammen van

hermachen 1 ONOV WW **1 een indruk geven, tonen** • *viel ~* grote indruk maken **2 ~ von ophef maken over 2** WKD WW **(sich ~) über** +4, aanvallen op

Hermelin 1 ZN M (+s/+e) **hermelijn(bont) 2** ZN O (+s/+e) **hermelijn**

hermetisch BN **hermetisch**

hernach BW **daarna, vervolgens**

hernehmen OV WW sterk **vandaan halen** • *jemanden ~* iemand stevig onder handen nemen

hernieder BW **naar beneden**

Heroin ZN O (-/gmv) **heroïne**

heroinsüchtig BN **verslaafd aan heroïne**

heroisch BN **heldhaftig**

Herpes ZN M (-/Herpetes) MED. **herpes**

herplappern OV WW **1 opdreunen 2 afratelen**

Herr ZN M (+n/+en) **1 heer, meneer** • *sehr geehrter ~ Müller* geachte heer Müller • *Herrn Werner Schmidt* aan de heer Werner Schmidt • *der ~ des Hauses* de heer des huizes • *~ (Richter)!* edelachtbare! • *~ Vorsitzender* meneer de voorzitter • *~ Bürgermeister* meneer de burgemeester • FIG. *den großen Herrn spielen* de grote meneer uithangen • FIG. *ein richtiger ~* een hele meneer **2 baas, heerser** • *~ der Lage sein* de toestand meester zijn • *nicht mehr ~ der Lage sein* de situatie niet (meer) meester zijn • *über etwas ~ werden* iets meester worden/zijn • *aus aller Herren Ländern* overal vandaan • FIG. *sein eigener ~ sein* zijn eigen heer en meester zijn **3 Heer (God)**

Herrchen ZN O (+s/-) **baasje**

Herreise ZN V (-/+n) **reis hierheen**

Herrenausstatter ZN M (+s/-) **herenmodezaak**

Herrenbekleidung ZN V (-/+en) **herenkleding, herenconfectie**

Herrendoppel ZN O (+s/-) SPORT **herendubbel(spel)**

Herreneinzel ZN O (+s/-) SPORT **herenenkel(spel)**

Herrenhaus ZN O (+es/-häuser) **herenhuis**

herrenlos BN **1 zonder baas 2 onbeheerd**

Herrenmode ZN V (-/+n) **herenmode**

Herrgott ZN M (+s/gmv) **Onze-Lieve-Heer, God** • *~ noch mal!* God allemachtig!

Herrgottsfrühe ZN V (-/gmv) • *in aller ~* voor dag en dauw

herrichten 1 OV WW **1 een (opknap)beurt geven 2 klaarmaken** • *ein Zimmer für den Besuch ~* een kamer in orde brengen voor het bezoek **2** WKD WW **(sich ~) zich mooi maken, zich klaarmaken**

Herrin ZN V (-/+nen) **1 eigenares 2 meesteres**

herrisch BN **heerszuchtig, bazig**

herrlich BN **heerlijk, prachtig, kostelijk** • *es ~ haben* het heerlijk hebben

Herrlichkeit ZN V (-/+en) **heerlijkheid, pracht**

Herrschaft ZN V (-/+en) **heerschappij** • *meine Herrschaften!* dames en heren! • *die ~ antreten* het gezag aanvaarden

herrschaftlich BN **1 voornaam** • *ein ~es Haus* een herenhuis **2 van een (land)heer** • *der ~e Wagen* de wagen van de land-/kasteelheer

herrschen ONOV WW **1 heersen** • *die ~den Ansichten* de heersende meningen • *unter den ~den Umständen* onder de heersende omstandigheden **2 de overhand hebben**

Herrscher ZN M (+s/-) **heerser, machthebber**

Herrscherhaus ZN O (+es/-häuser) **vorstenhuis, dynastie**

Herrscherin ZN V (-/+nen) **heerseres**

Herrschsucht ZN V (-/gmv) **heerszucht**

herrschsüchtig BN **heerszuchtig**

herrühren ONOV WW FORM. **vandaan komen, afkomstig zijn**

hersagen OV WW **opzeggen**

herschaffen OV WW sterk INFORM. **(hierheen) brengen**

herschieben OV WW sterk **hierheen schuiven** • *eine Entscheidung vor sich ~* een beslissing voor zich uit schuiven

herstammen ONOV WW **1 afstammen 2 afkomstig zijn**

herstellen 1 OV WW **1 vervaardigen, fabriceren**

2 tot stand brengen • *eine Verbindung ~* een verbinding tot stand brengen **2** ONOV WW **1** herstellen, genezen • *der Patient war so weit hergestellt, dass er aufstehen konnte* de patiënt was zover genezen dat hij mocht opstaan **2** (hier) neerzetten • *stellen Sie die Tasche her* zet de tas hier neer

Hersteller ZN M (+s/-) producent, vervaardiger

Herstellung ZN V (-/gmv) **1** vervaardiging, productie **2** totstandbrenging

Herstellungskosten ZN MV productiekosten

Herstellungsland ZN O (+(e)s/-länder) land van herkomst <van product>

Herstellungspreis ZN M (+es/+e) kostprijs

Herstellungsverfahren ZN O (+s/-) productiemethode

he

herüber BW hierheen, naar deze kant

herüberkommen ONOV WW sterk naar deze kant komen, overkomen

herüberreichen **1** OV WW overreiken **2** ONOV WW tot hier reiken

herum BW rond, rondom • *um das Haus ~* om het huis heen • *um diese Zeit ~* rond deze tijd

herumärgern WKD WW (**sich ~**) INFORM. zich voortdurend ergeren

herumbringen OV WW onregelmatig **1** doorbrengen, doorkomen <van tijd> **2** doorvertellen

herumdoktern ONOV WW dokteren aan, prutsen aan

herumdrehen OV WW omdraaien

herumdrücken WKD WW (**sich ~**) **1** rondhangen <op straat> **2** zich onttrekken (**um** +4 aan), zich drukken • *sich um eine Entscheidung ~* zich drukken voor een beslissing

herumfahren ONOV WW sterk rondrijden • *er fuhr mit den Händen in der Luft herum* hij zwaaide met zijn handen in de lucht • *um die Stadt ~* om de stad heen rijden

herumfragen ONOV WW overal vragen stellen

herumfuchteln ONOV WW in het rond zwaaien

herumführen **1** OV WW **1** rondleiden **2** optrekken rond ▸ *jemanden an der Nase ~* iemand bij de neus nemen **2** ONOV WW lopen rond(om) • *die Straße führt um das Dorf herum* de weg loopt rond het dorp

herumfuhrwerken ONOV WW INFORM. (zonder systeem) zitten rommelen

herumgehen ONOV WW sterk **1** rondgaan • *dieser Gedanke geht in seinem Kopf herum* deze gedachte houdt hem voortdurend bezig **2** voorbijgaan, verstrijken

herumhacken ONOV WW INFORM. vitten, hakken • *ständig auf jemandem ~* altijd op iemand zitten te hakken

herumhorchen ONOV WW zijn oor te luisteren leggen

herumirren ONOV WW ronddwalen

herumkommandieren OV WW INFORM. commanderen • *ich lasse mich von niemandem ~* ik laat me door niemand commanderen

herumkommen ONOV WW sterk **1** reizen • *er ist viel herumgekommen* hij heeft veel gereisd **2** eromheen komen **3** kunnen omzeilen • *um etwas nicht ~ können* iets niet kunnen vermijden **4** rondverteld worden

herumkriegen OV WW **1** INFORM. ompraten **2** INFORM. omkrijgen <van tijd>

herumlaufen ONOV WW sterk **1** lopen rond **2** rondlopen

herumliegen ONOV WW sterk **1** eromheen liggen **2** rondslingeren

herumlümmeln ONOV WW rondhangen, lanterfanten

herumlungern ONOV WW rondhangen, lanterfanten • INFORM., MIN *herumlungernde Jugendliche* hangjongeren

herummachen **1** OV WW INFORM. doen om **2** ONOV WW INFORM. klooien (**an** +3 aan) • *nicht lange ~* niet moeilijk doen

herummäkeln ONOV WW aldoor vitten • *~ an* vitten op

herumreden ONOV WW er omheen praten, zwetsen • *um das Thema ~* om het thema heen draaien

herumreichen **1** OV WW rondgeven **2** ONOV WW omspannen

herumreiten ONOV WW sterk rondrijden • *auf einer Sache ~* steeds op iets terugkomen

herumschlagen OV WW sterk eromheen slaan/wikkelen • *sich mit jemandem ~* het met iemand aan de stok hebben • *sich mit einem Problem ~* met een probleem niet verder komen

herumschleppen OV WW **1** overal mee naar toe slepen **2** gebukt gaan onder

herumschnüffeln ONOV WW INFORM. rondsnuffelen • *in einer Sache ~* in iets neuzen, zijn neus in iets steken • *in jemandes Privatangelegenheiten ~* in iemands privézaken neuzen, zijn neus steken in iemands privézaken

herumsitzen ONOV WW sterk **1** rondhangen **2** rondom zitten

herumsprechen WKD WW (**sich ~**) sterk overal verteld worden, de ronde doen • IRON. *das hat sich inzwischen herumgesprochen* dat is een algemeen bekend feit

herumstehen ONOV WW sterk **1** in het rond staan **2** INFORM. staan te lummelen, rondhangen

herumstoßen OV WW INFORM. geen tehuis bieden • FIG. *sich ~ lassen* zich van het kastje naar de muur laten sturen

herumstreiten WKD WW (**sich ~**) sterk INFORM. ruziën, twisten

herumtragen OV WW sterk **1** ronddragen **2** meedragen, meesjouwen • *er trägt seine Tasche immer mit sich herum* hij heeft altijd zijn tas bij zich **3** rondvertellen

herumtreiben OV WW sterk ronddrijven • *sich ~* rondzwerven, lopen te lanterfanten

Herumtreiber ZN M (+s/-) lanterfanter

herumwerfen OV WW sterk **1** omgooien • *das Steuer des Autos ~* het stuur van de auto omgooien **2**

in het rond gooien

herumziehen **1** OV WW sterk **1** eromheen doen, binden rond **2** heen en weer trekken **2** ONOV WW sterk **1** rondtrekken **2** eromheen trekken • *um den Garten zieht sich eine Mauer herum* een muur omringt de tuin

herunter BW naar beneden, omlaag • *~ sein* omlaag zijn, aan lagerwal zijn, aan het eind van zijn krachten zijn • *er fiel vom Dach ~* hij viel van het dak af • INFORM. *komm wieder ~!* doe eens normaal!

herunterbringen OV WW onregelmatig **1** naar beneden brengen • *er konnte keinen Bissen ~* hij kon geen hap door zijn keel krijgen **2** aan lager wal brengen, te gronde richten

herunterfahren **1** OV WW COMP. afsluiten **2** ONOV WW naar beneden rijden

herunterfallen ONOV WW sterk naar beneden vallen, omlaag vallen

heruntergehen ONOV WW onregelmatig omlaag gaan • *den Berg ~* de berg afdalen • *mit dem Preis ~* de prijs verlagen

herunterhandeln OV WW INFORM. afdingen • *den Preis ~* afdingen op de prijs

herunterhauen OV WW sterk INFORM. afslaan • *jemandem eine ~* iemand een draai om zijn oren geven

herunterholen, **runterholen** OV WW naar beneden halen • *ein Flugzeug runterholen* een vliegtuig neerhalen • VULG. *sich einen runterholen* zich afrukken/aftrekken

herunterkommen ONOV WW sterk **1** naar beneden komen **2** achteruitgaan, verzwakken, in verval raken • *die Gegend ist ziemlich heruntergekommen* die buurt is tamelijk achteruitgegaan **3** aan lagerwal geraken

herunterladen OV WW COMP. downloaden

herunterleiern OV WW afraffelen

heruntermachen OV WW **1** omlaag doen **2** afkraken • *ein neues Buch ~* een nieuw boek afkraken **3** uitkafferen • *jemanden ~* iemand de huid vol schelden

herunterputzen OV WW uitkafferen

herunterrasseln **1** OV WW afratelen **2** ONOV WW ratelend neerkomen

herunterschalten OV + ONOV WW INFORM. terugschakelen <van motorvoertuig>

herunterschlucken OV WW doorslikken

herunterschrauben OV WW **1** omlaagdraaien **2** verlagen, lager stellen <van eis>

herunterspielen OV WW bagatelliseren

herunterwirtschaften OV WW aan lagerwal brengen, te gronde richten

hervor BW tevoorschijn, naar voren

hervorblicken ONOV WW **1** vanuit, vanonder, vanachter, van tussen kijken **2** vanuit, vanonder, vanachter, van tussen tevoorschijn komen

hervorbrechen ONOV WW sterk **1** plotseling tevoorschijn komen **2** losbarsten

hervorbringen OV WW onregelmatig **1** voortbrengen, doen ontstaan **2** produceren, uitbrengen

hervorgehen ONOV WW onregelmatig **1** voortkomen, tevoorschijn komen • *aus einem Kampf als Sieger ~* als overwinnaar uit de strijd komen **2** voortvloeien, volgen, blijken • *das ging aus diesem Gespräch hervor* dit vloeit voort uit dit gesprek

hervorheben OV WW sterk op de voorgrond plaatsen, de nadruk leggen op

hervorholen OV WW tevoorschijn halen

hervorkommen ONOV WW sterk tevoorschijn komen

hervorragen ONOV WW **1** uitsteken **2** uitblinken

hervorragend BN **1** uitstekend **2** uitmuntend, voortreffelijk, eminent, eersteklas

hervorrufen OV WW sterk **1** tevoorschijn roepen **2** oproepen • *alte Erinnerungen ~* oude herinneringen oproepen **3** verwekken, teweegbrengen

hervorstechen ONOV WW sterk **1** sterk opvallen **2** uitsteken

hervortreten ONOV WW sterk **1** naar voren treden, tevoorschijn komen **2** uitpuilen, naar buiten uitsteken **3** duidelijker worden **4** in de publiciteit komen

hervortun WKD WW (**sich ~**) sterk **1** uitblinken, zich onderscheiden **2** opscheppen, prat gaan (**mit** +3 op)

hervorwagen WKD WW (**sich ~**) zich tevoorschijn wagen

Herweg ZN M (+(e)s/+e) weg hierheen

Herz ZN O (+ens/+en) **1** hart • FIG. *etwas auf dem Herzen haben* iets op het hart hebben • FIG. *es liegt mir am Herzen* het ligt me na aan het hart • FIG. *sein ~ ausschütten;* FIG. *seinem Herzen Luft machen* zijn hart luchten/uitstorten • FIG. *dies bricht ihr das ~* dit breekt haar hart • FIG. *etwas nicht übers ~ bringen* iets niet over het hart kunnen verkrijgen • FIG. *es ist mir aus dem Herzen gesprochen* het is me uit het hart gegrepen • FIG. *aus seinem Herzen keine Mördergrube machen* van zijn hart geen moordkuil maken • FIG. *das ~ auf der Zunge haben* het hart op de tong hebben • FIG. *das ~ krampfte sich mir zusammen* mijn hart kromp ineen • FIG. *jemandem etwas ans ~ legen* iemand iets op het hart drukken • FIG. *sein ~ gehört der Natur* hij heeft zijn hart aan de natuur verpand • FIG. *mit blutendem Herzen;* FIG. *blutenden Herzens* met bloedend hart • FIG. *wes das ~ voll ist, des geht der Mund über* waar het hart van vol is, loopt de mond van over • FIG. *sie hat alles, was das ~ begehrt* zij heeft alles wat haar hartje begeert • FIG. *jemanden ins ~ treffen* iemand op het hart trappen • FIG. *aus tiefstem Herzen* uit het diepst van iemands hart • FIG. *von ganzem Herzen* van ganser harte • FIG. *mit halbem Herzen* niet van harte • FIG. *von Herzen gern* heel graag • FIG. *ein ~ und eine Seele sein* onafscheidelijk zijn • FIG. *sich ein ~ fassen* moed vatten • FIG. *sich +3 etwas zu Herzen nehmen* iets ter harte nemen • FIG. *das ist ihm ans ~ gewachsen* dat is hem zeer dierbaar • FIG. *tief zu Herzen gehen* diepe indruk maken • FIG. *leichten Herzens* met een licht hart, opgewekt • FIG. *das ~ rutschte mir in die Hose* de moed zonk me in de schoenen **2 harten** <in kaartspel> • *~ ist Trumpf* harten is troef • *ein ~ auf der Hand haben* een hartenkaart in de hand hebben

Herzanfall ZN M (+(e)s/-fälle) MED. **hartaanval** • *einen ~ bekommen* een hartaanval krijgen • *einem ~ erliegen* aan een hartaanval overlijden

Herzbeschwerden ZN MV MED. **hartklachten**

Herzchen ZN O (+s/-) **1 naïeveling 2 schatje**

Herzchirurg ZN M (+en/+en) MED. **hartchirurg**

herzeigen OV WW **laten zien**

Herzeleid ZN O (+(e)s/gmv) **diepe smart, hartzeer**

herzen OV WW **aan het hart drukken, liefkozen**

Herzensangelegenheit ZN V (-/+en) **gevoelskwestie**

he

Herzensangst ZN V (-/-ängste) **doodsangst**

herzensgut BN **doodgoed**

Herzenslust ZN V • *nach ~* naar hartenlust

Herzenswunsch ZN M (+(e)s/-wünsche) **hartenwens**

herzerfrischend BN **hartverkwikkend**

herzergreifend BN **hartroerend**

herzerschütternd BN **hartroerend, hartverscheurend**

Herzfehler ZN M (+s/-) **hartaandoening**

Herzflimmern ZN O (+s/gmv) **(het) fibrilleren, fibrillatie**

herzförmig BN **hartvormig**

herzhaft BN **1 hartig** • *ein ~es Essen* een hartige maaltijd • *sie isst gern Herzhaftes* zij houdt van hartig **2 flink, stevig** • *einen ~en Schluck nehmen* een stevige slok nemen • *~ lachen* smakelijk lachen

herziehen ONOV WW sterk **1 hier komen wonen, hierheen trekken** • *die Kinder zogen hinter dem Umzug her* de kinderen liepen achter de optocht aan **2 ~ über afgeven op** • *über jemanden ~* het iemand laten ontgelden, iemand tot mikpunt van plagerijen maken

herzig BN **lief, schattig**

Herzinfarkt ZN M (+(e)s/+e) MED. **hartinfarct**

Herzkammer ZN V (-/+n) MED. **hartkamer**

Herzklappe ZN V (-/+n) MED. **hartklep**

Herzklopfen ZN O (+s/gmv) **hartklopping** • *~ bekommen* hartkloppingen krijgen

herzkrank BN MED. **met een hartkwaal**

Herzkrankheit ZN V (-/+en) MED. **hartziekte, hartkwaal**

Herzkranzgefäß ZN O (+es/+e) **kransslagader**

Herz-Kreislauf-Erkrankung ZN V (-/+en) MED. **hart- en vaatziekte**

Herzleiden ZN O (+s/-) MED. **hartkwaal**

herzlich BN **1 hartelijk** • *ein ~er Empfang* een hartelijke ontvangst, een warm onthaal • *ein ~es Lachen* een hartelijke/gulle lach **2 zeer, heel, erg** • *~ gern* zeer gaarne • *~ wenig* heel weinig, bedroevend weinig

Herzlichkeit ZN V (-/+en) **hartelijkheid, oprechtheid**

herzlos BN **harteloos**

Herzlosigkeit ZN V (-/+en) **harteloosheid, harteloze daad**

Herz-Lungen-Maschine ZN V (-/+n) MED. **hart-longmachine**

Herzmassage ZN V (-/+n) MED. **hartmassage**

Herzog ZN M (+s/-zöge) **hertog**

Herzogin ZN V (-/+nen) **hertogin**

herzoglich BN **hertogelijk**

Herzogtum ZN O (+s/-tümer) **hertogdom**

Herzoperation ZN V (-/+en) MED. **hartoperatie**

Herzrhythmusstörung ZN V (-/+en) MED. **hartritmestoornis**

Herzschlag ZN M (+(e)s/-schläge) **1 hartslag 2 hartverlamming** • *einem ~ erliegen* aan een hartverlamming sterven

Herzschrittmacher ZN M (+s/-) MED. **pacemaker**

Herzschwäche ZN V (-/+n) MED. **hartzwakte**

Herzspezialist ZN M (+en/+en) MED. **hartspecialist**

herzstärkend BN **hartversterkend**

Herzstillstand ZN M (+es/-stände) **hartstilstand**

Herzstück ZN O (+(e)s/+e) FORM. **belangrijkste gedeelte, kwintessens**

Herztod ZN M (+(e)s/+e) **dood veroorzaakt door hartaanval**

Herztransplantation ZN V (-/+en) MED. **harttransplantatie**

herzu BW **hierheen**

Herzverpflanzung ZN V (-/+en) MED. **harttransplantatie**

Herzversagen ZN O (+s/-) MED. **hartstilstand**

herzzerreißend BN **hartverscheurend**

Hesse ZN M (+n/+n) **Hes** <inwoner van de deelstaat Hessen>

Hessen ZN O (+s/gmv) **Hessen** <Duitse deelstaat>

Hessin ZN V (-/+nen) **Hessische**

hessisch BN **Hessisch, uit Hessen**

hetero- BN **hetero-**

heterogen BN **heterogeen, ongelijksoortig**

heterosexuell BN **heteroseksueel**

Hetze ZN V (-/+n) **1 lastercampagne** • *eine ~ gegen jemanden/etwas betreiben* een lastercampagne tegen iemand/iets voeren **2 gejaagdheid, haast 3 drijfjacht**

hetzen **1** OV WW **1 jagen, haasten 2 opjagen, vervolgen** • *jemanden ~* iemand opjagen • *hetz mich nicht so!* jaag me niet zo op! **3 opruien, ophitsen** **2** ONOV WW **1 een lastercampagne voeren, stoken** • *gegen jemanden ~* tegen iemand stoken **2 erg gehaast zijn** • *sie muss immer ~* ze moet altijd snel doen **3** WKD WW **(sich ~) zich erg haasten**

Hetzer ZN M (+s/-) **opruier, ophitser**

Hetzerei ZN V (-/+en) **1 opruierij, ophitserij 2 gejaag, gehaast**

hetzerisch BN **ophitsend, opruiend** • *~e Reden* opruiende taal

Hetzjagd ZN V (-/+en) **drijfjacht**

Hetzkampagne ZN V (-/+n) **lastercampagne**

Hetzrede ZN V (-/+n) **opruiende toespraak**

Heu ZN O (+(e)s/gmv) hooi
Heuboden ZN M (+s/-böden) **1** hooizolder **2** engelenbak
Heuchelei ZN V (-/+en) huichelarij
heucheln **1** OV WW voorwenden, huichelen **2** ONOV WW huichelen
Heuchler ZN M (+s/-) huichelaar
heuchlerisch BN huichelachtig
heuen ONOV WW hooien
heuer BW (in) dit jaar
Heuer **1** ZN M (+s/-) REG. hooier **2** ZN V (-/+n) **1** SCHEEPV. aanmonstering • *~ finden* zich laten aanmonsteren **2** SCHEEPV. gage
heuern OV WW aanmonsteren
Heuernte ZN V (-/+n) hooioogst
Heugabel ZN V (-/+n) hooivork
Heulboje ZN V (-/+n) **1** brulboei **2** FIG., MIN. slechte zanger
heulen ONOV WW huilen, loeien, jammeren • *~de Sirenen* loeiende sirenes • *das ist zum Heulen* dat is om te huilen, dat is huilen met de pet op • INFORM. *ich hätte ~ können* ik kon wel janken • MIN. *heul nicht so herum* zit niet zo te jammeren • *der Wind heult ums Haus* de wind giert om het huis
Heuler ZN M (+s/-) **1** huiler, jonge zeehond **2** gillende keukenmeid <vuurwerk> **3** INFORM. één huiltoon
Heulsuse ZN V (-/-n) huilebalk
heurig BN van dit jaar • *der Heurige* de wijn van dit jaar • OOST. *zum Heurigen gehen* een wijntje gaan drinken
Heuschnupfen ZN M (+s/gmv) hooikoorts
Heuschober ZN M (+s/-) hooimijt, hooiberg
Heuschrecke ZN V (-/+n) sprinkhaan
heute BW **1** heden, vandaag • *von ~ auf morgen* van vandaag op morgen • *~ in einer Woche* vandaag over een week **2** tegenwoordig • *~ ist das ganz anders als früher* tegenwoordig is dat heel anders dan vroeger
heutig BN van vandaag, huidig, tegenwoordig • *die ~en Nachrichten* het nieuws van vandaag
heutzutage BW heden ten dage, tegenwoordig
Hexe ZN V (-/+n) heks, toverkol
hexen **1** OV WW (tevoorschijn) toveren **2** ONOV WW heksen
Hexenjagd ZN V (-/+en) heksenjacht
Hexenkessel ZN M (+s/-) heksenketel
Hexenkunst ZN V (-/-künste) heksenkunst, hekserij
Hexenmeister ZN M (+s/-) tovenaar, duivelskunstenaar
Hexenschuss ZN M (+es/-schüsse) spit(aanval)
Hexerei ZN V (-/+en) hekserij
hg. AFK herausgegeben bewerkt, samengesteld, uitgegeven
Hg. AFK Herausgeber bewerker, samensteller, uitgever
HGB AFK Handelsgesetzbuch Wetboek van Koophandel
hie BW • *~ und da* hier en daar, zo nu en dan
hieb WW verl. tijd → **hauen**
Hieb ZN M (+(e)s/+e) **1** houw, slag, stoot • *einen ~ haben* getikt zijn • *auf einen ~* in één keer **2** litteken, jaap
hiebfest BN • *hieb- und stichfest* steekhoudend, onweerlegbaar
hielt WW verl. tijd → **halten**
hier BW hier • *~ und da* hier en daar, af en toe • *~ und jetzt* nu meteen
Hierarchie ZN V (-/+n) hiërarchie
hierarchisch BN hiërarchisch
hierauf BW hierop, daarna
hieraus BW hieruit
hierbei BW hierbij
hierdurch BW **1** hierdoor **2** hierbij
hierfür BW hiervoor
hiergegen BW hiertegen
hierher BW hier(heen) • *bis ~ und nicht weiter!* tot hier en niet verder!
hierherum BW **1** hier omheen, deze kant op **2** in deze buurt
hierhin BW hier(heen) • *setz dich ~* ga hier zitten
hierhinab BW hier naar beneden
hierhinauf BW hier naar boven
hierhinein BW hier naar binnen
hierin BW hierin
hiermit BW **1** hierbij • *~ erkläre ich ...* bij dezen verklaar ik ... **2** hiermee
hiernach BW hierna
Hieroglyphe ZN V (-/+n) hiëroglief
Hiersein ZN O (+s/gmv) aanwezigheid hier, verblijf alhier
hierüber BW **1** hierboven **2** hierover **3** FORM. ondertussen
hierum BW hierom
hierunter BW hieronder
hiervon BW hiervan, hierdoor
hierzu BW **1** hiertoe, hierbij **2** hierover
hierzulande BW in dit land, hier bij ons
hiesig BN van hier, alhier, plaatselijk • *die ~en Gebräuche* de plaatselijke gebruiken • *die ~e Schule* de school alhier, de plaatselijke school
hieß OV WW verl. tijd → **heißen**
hieven OV WW **1** ophijsen **2** SCHEEPV. hieuwen
Hi-Fi-Anlage ZN V (-/+n) hifi-installatie
Hi-Fi-Turm ZN M (+(e)s/-türme) hifitoren
Hightech ZN O (-, +s/gmv) hightech, geavanceerde technologie
hiken, hikt, hikte, hat gehikt WW hiken
Hilfe ZN V (-/+n) **1** hulp • *jemanden um ~ bitten* iemands hulp inroepen • *jede ~ ist willkommen* alle beetjes helpen • *~ leisten* hulp bieden/verlenen • *Erste ~* eerste hulp, EHBO **2** hulpkracht, hulp
Hilfeleistung ZN V (-/+en) hulpverlening
Hilferuf ZN M (+(e)s/+e) hulpkreet, hulpgeroep
Hilfestellung ZN V (-/+en) hulp <bij het turnen> • *jemandem ~ leisten* iemand (onopvallend) helpen
hilflos BN hulpeloos
Hilflosigkeit ZN V (-/gmv) hulpeloosheid, onbeholpenheid
hilfreich BN **1** heel nuttig **2** hulpvaardig
Hilfsaktion ZN V (-/+en) hulpactie

hi

Hilfsarbeiter ZN M (+s/-) ongeschoold arbeider
hilfsbedürftig BN hulpbehoevend
Hilfsbedürftigkeit ZN V (-/gmv) hulpbehoevendheid
hilfsbereit BN hulpvaardig • *immer ~ sein* altijd voor anderen klaarstaan
Hilfsbereitschaft ZN V (-/gmv) hulpvaardigheid
Hilfsdienst ZN M (+(e)s/+e) hulporganisatie, servicedienst
Hilfsfonds ZN M (-/-) ondersteuningsfonds, hulpfonds
Hilfskraft ZN V (-/-kräfte) hulpkracht, assistent • *wissenschaftliche ~* student-assistent
Hilfsmittel ZN O (+s/-) hulpmiddel
Hilfsorganisation ZN V (-/+en) hulporganisatie
Hilfsquelle ZN V (-/+n) **1** hulpbron, hulpmiddel **2** bron van bestaan, bijstand, steun

hi

Hilfsverb ZN O (+s/+en) hulpwerkwoord
Himbeere ZN V (-/+n) framboos
Himbeersaft ZN M (+(e)s/gmv) frambozensap
Himmel ZN M (+s/-) **1** hemel • FIG. *Himmel und Hölle/Erde in Bewegung setzen* hemel en aarde bewegen • FIG. *ihr hängt der ~ voller Geigen;* FIG. *sie schwebt im siebten ~* zij is in de zevende hemel • INFORM. *um Himmels willen!* in 's hemelsnaam • INFORM. *ach du lieber Himmel!* lieve hemel! • INFORM. *das weiß der ~* God mag het weten • FIG. *das stinkt zum ~* dat is schandalig **2** lucht • *blauer ~* blauwe lucht • *klarer ~* heldere lucht • *am ~* in de lucht • *der ~ bezieht sich* de lucht betrekt • FIG. *das Blaue vom ~ herunterlügen* liegen alsof het gedrukt staat • FIG. *wie aus heiterem ~ erscheinen* uit de lucht komen vallen • FIG. *das fällt nicht vom ~* het komt je niet aanwaaien
himmelangst BN • *jemandem ist/wird ~* iemand is/wordt doodsbang
Himmelbett ZN O (+(e)s/+en) hemelbed
himmelblau BN hemelsblauw
Himmelfahrt ZN V (-/gmv) REL. Hemelvaart • *Christi ~* Hemelvaartsdag • *an ~* op Hemelvaartsdag • *Mariä ~* Maria-Hemelvaart <feestdag op 15 augustus>
Himmelfahrtsnase ZN V (-/+n) INFORM. wipneus
Himmelfahrtstag ZN M (+(e)s/+e) REL. Hemelvaartsdag
himmelhoch BN hemelhoog
Himmelreich ZN O (+(e)s/gmv) hemelrijk
himmelschreiend BN ten hemel schreiend, hemeltergend
Himmelskörper ZN M (+s/-) hemellichaam
Himmelsrichtung ZN V (-/+en) windstreek
Himmelszelt ZN O (+(e)s/gmv) uitspansel, firmament
himmelwärts BN hemelwaarts
himmelweit BN **1** hemelsbreed, enorm groot • *ein ~er Unterschied* een verschil als dag en nacht • *~ verschieden sein* hemelsbreed verschillen **2** enorm ver
himmlisch BN hemels
hin BW heen, weg • *wo willst du hin?* waar wil je heen?, waar wil je naar toe? • *~ ist ~* weg is weg • *~ und her* heen en weer, over en weer • *er fuhr ~ und her* hij reed af en aan • FIG. *nach langem Hin und Her* na lang wikken en wegen • FIG. *von etwas ~ und weg sein* helemaal weg van iets zijn • *auf die Gefahr ~* op het gevaar af • *~ und wieder* af en toe • *auf deinen Rat ~* afgaande op jouw advies • *jemanden auf Krebs ~ untersuchen* iemand op kanker onderzoeken • *nach außen ~ wirkte sie ruhig* uiterlijk maakte zij een rustige indruk • *die Schuhe sind ~* de schoenen zijn op • INFORM. *wo denkst du hin?* wat denk je wel?
hinab BW naar beneden, omlaag
hinabstürzen ONOV WW omlaagvallen, neerstorten
hinan BW naar boven, omhoog
hinarbeiten ONOV WW aansturen **(auf** +4 **op)** • *auf etwas ~* naar iets toe werken
hinauf BW naar boven, omhoog
hinaufarbeiten WKD WW **(sich ~)** zich omhoog werken
hinaufgehen ONOV WW sterk omhooggaan
hinaus, **raus** BW **1** naar buiten, eruit • *zum Fenster ~* het raam uit • *da ~* die kant uit • *auf Jahre ~* voor jaren • *ich finde schon ~* ik kom er wel uit **2** bovendien • *er erhielt 50 Euro über sein Gehalt ~* hij kreeg 50 euro meer dan zijn salaris • *darüber ~* bovendien
hinausekeln OV WW wegpesten
hinausfinden ONOV WW sterk de weg naar buiten vinden, de uitgang vinden
hinausfliegen ONOV WW sterk **1** wegvliegen **2** eruit gegooid worden
hinausführen 1 OV WW naar buiten brengen **2** ONOV WW naar buiten voeren • *dieser Weg führt aus der Stadt hinaus* deze weg voert de stad uit
hinausgehen ONOV WW onregelmatig **1** naar buiten gaan **2** uitkijken op **3 ~ über** +4, verder gaan dan
hinauskommen ONOV WW sterk naar buiten komen • *~ über* verder komen dan • *über das Mittelmaß nicht ~* niet boven de middelmaat uitstijgen
hinauslaufen ONOV WW sterk **1** naar buiten lopen, eruit lopen **2 ~ auf** +4, uitlopen op, uitdraaien op, neerkomen op • *auf was wird das ~?* waar zal dat op uitdraaien? • *es läuft auf dasselbe hinaus* het komt op hetzelfde neer
hinausposaunen OV WW uitbazuinen
hinausragen ONOV WW uitsteken • *weit ~ über* hoog uitsteken boven
hinausreichen ONOV WW verder reiken **(über** +4 **dan)**
hinausschaffen OV WW naar buiten brengen, verwijderen
hinausschieben OV WW sterk **1** naar buiten schuiven **2** uitstellen • *etwas um eine Woche ~* iets een week uitstellen
hinausschmeißen OV WW sterk naar buiten gooien
hinaustragen OV WW sterk naar buiten dragen
hinauswachsen ONOV WW sterk **1** uitgroeien

(über +4 **boven) 2** FIG. **overtreffen** • *über sich selbst ~* zichzelf overtreffen

hinauswerfen, **rauswerfen** OV WW sterk **1 naar buiten gooien 2** FIG. **eruit zetten** • *jemanden ~* iemand eruit gooien, iemand eruit zetten

hinauswollen ONOV WW onregelmatig **1 ~ auf** +4**, uit zijn op, heen willen** • *worauf willst du hinaus?* waar ben je op uit? **2 naar buiten willen, eruit willen, naartoe willen** ▸ *hoch ~* het ver willen schoppen

hinausziehen 1 OV WW sterk **1 eruit trekken 2 rekken, uitstellen 2** ONOV WW sterk **1 naar buiten trekken** • *aufs Land ~* op het platteland gaan wonen **2 eropuit trekken** • *in die weite Welt ~* de wijde wereld in trekken **3** WKD WW **(sich ~) zich uitstrekken, zich voortslepen** • *sich ~* lang duren, zich voortslepen

hinauszögern OV WW **op de lange baan schuiven, uitstellen, rekken** • *etwas zögert sich hinaus* iets duurt langer dan gedacht

hinbekommen OV WW sterk INFORM. **klaarkrijgen, in orde brengen**

hinbiegen OV WW sterk INFORM. **klaarspelen, fiksen**

Hinblick ZN M (+(e)s/gmv) **blik** • *im ~ auf* +4 met het oog op

hinblicken ONOV WW **ernaar kijken**

hinbringen OV WW onregelmatig **1 erheen brengen 2 doorbrengen, slijten**

hindenken ONOV WW onregelmatig • *wo denkst du hin?* wat denk je wel?

hinderlich BN **hinderlijk**

hindern OV WW **hinderen, beletten** • *jemanden an/bei einer Sache ~* iemand bij iets hinderen • *das wird sie nicht daran ~, weiterzumachen* dat zal haar niet beletten om door te gaan

Hindernis ZN O (+ses/+se) **belemmering, hindernis**

Hindernislauf ZN M (+es/-läufe) **hindernisloop, steeplechase** <atletiek>

Hindernisrennen ZN O (+s/-) **hindernisloop, steeplechase** <paardensport>

Hinderung ZN V (-/+en) **verhindering, belemmering**

Hinderungsgrund ZN M (+(e)s/-gründe) **beletsel**

hindeuten ONOV WW **wijzen (auf** +4 **naar/op)** • *alles deutet darauf hin* alles wijst erop

hindösen ONOV WW • *vor sich ~* zitten/liggen te suffen

Hindu ZN M/V (-, +s/-, +s) **1** gelovige **hindoe 2** bewoner **Hindoe**

Hinduismus ZN M (-/gmv) REL. **hindoeïsme**

hinduistisch BN REL. **hindoeïstisch**

hindurch BW **erdoorheen, erdoor** • *die ganze Zeit ~* al die tijd

hindürfen ONOV WW onregelmatig **erheen mogen**

hinein BW **naar binnen, erin** • *er lief ~* hij liep naar binnen • *nur ~!* kom(t u) toch binnen!

hinein- VOORV **erin-, naar binnen** • *in etwas hineinschneiden* in iets snijden

hineindenken WKD WW **(sich ~)** onregelmatig **zich indenken** • *sich in jemandes Lage ~* zich in iemands situatie verplaatsen

hineinfinden ONOV WW sterk **de weg naar binnen vinden** • *sich ~* zich schikken, vertrouwd raken met

hineinfressen OV WW sterk **opvreten** • *etwas in sich ~* iets verkroppen • *sich ~* invreten

hineingehen ONOV WW sterk **1 naar binnen gaan 2 erin passen**

hineingeraten ONOV WW sterk **terechtkomen (in** +4 **in)**

hineininterpretieren OV WW • *etwas in einen Text ~* van alles in een tekst leggen / uit een tekst halen • *da hast du zu viel hineininterpretiert* hier heb je te veel in gezocht

hineinknien WKD WW **(sich ~) in** +4**, zich geheel verdiepen in**

hineinkommen ONOV WW sterk **binnenkomen, terechtkomen (in** +4 **in)** • *in eine ausweglose Situation ~* in een uitzichtloze situatie verzeild raken

hineinleben ONOV WW • *in den Tag ~* van de ene dag in de andere leven

hineinlegen OV WW **erin leggen** <ook van gevoel>

hineinreden OV WW **1 in de rede vallen 2 zich mengen in** • *ich lasse mir nicht mehr ~!* ik laat me niets meer aanpraten

hineinreiten 1 OV WW FIG., INFORM. **in een lastig parket brengen 2** ONOV WW **naar binnen rijden** <met een rijdier>

hineinstecken OV WW **erin steken**

hineinsteigern WKD WW **(sich ~)** • *sich in etwas ~* **steeds meer betrokken raken bij iets, steeds meer opgewonden raken over iets**

hineinwachsen ONOV WW sterk **1 naar binnen groeien, ingroeien 2** FIG. **erin groeien, vertrouwd raken met**

hineinziehen OV WW sterk **1 naar binnen trekken 2 betrokken doen raken** • *in eine Sache mit hineingezogen werden* bij iets betrokken worden

hinfahren 1 OV WW sterk **erheen rijden, erheen brengen 2** ONOV WW sterk **1 erheen rijden, erheen gaan 2 ~ über strijken over**

Hinfahrt ZN V (-/+en) **heenreis**

hinfallen ONOV WW sterk **neervallen, op de grond vallen**

hinfällig BN **1 gebrekkig** • *~ werden* zwak/ gebrekkig worden **2 ongegrond** • *~ werden* vervallen • *nach 18 Jahren wird das Patent ~* het octrooi vervalt na 18 jaar

hinfinden ONOV WW sterk **de weg erheen vinden**

hinfliegen ONOV WW **1 erheen vliegen 2 wegvliegen 3** INFORM. **neervallen**

Hinflug ZN M (+(e)s/-flüge) **heenreis** <per vliegtuig>

hinfort BW FORM. **voortaan**

hing WW verl. tijd → **hängen**

Hingabe ZN V (-/gmv) **overgave**

hingeben 1 OV WW sterk **offeren, weggeven** • *sein Leben ~* zijn leven offeren **2** WKD WW **(sich ~)**

hi

zich opofferen voor, zich overgeven aan, zich wijden (aan) • *sich der Hoffnung ~, dass* de hoop koesteren dat
Hingebung ZN V (-/gmv) **1** overgave **2** toewijding
hingebungsvoll BN vol toewijding
hingegen VOEGW daarentegen
hingehen ONOV WW onregelmatig **1** erheen gaan • *gehst du hin?* ga je erheen? **2** voorbijgaan, verstrijken **3** • *etwas ~ lassen* iets dulden, iets door de vingers zien
hingehören ONOV WW er horen, thuishoren
hingeraten ONOV WW sterk terechtkomen
hingerissen 1 BN gefascineerd, verrukt **2** WW → **hinreißen**
hinhalten OV WW sterk **1** voorhouden, aangeven, reiken **2** aan het lijntje houden • *jemanden ~* iemand aan het lijntje houden • *jemanden mit leeren Versprechungen ~* iemand met mooie beloften paaien
Hinhaltetaktik ZN V (-/+en) tactiek van aan het lijntje houden, vertragingstactiek
hinhauen 1 OV WW onregelmatig **1** wegsmijten **2** overdonderen **3** neerslaan **2** ONOV WW **1** slaan **2** hard neervallen • INFORM. *sich ~* gaan liggen **3** INFORM. lukken • *das wird schon ~* dat zal wel lukken
hinhocken WKD WW (**sich ~**) **1** gaan hurken **2** INFORM. gaan zitten
hinhorchen ONOV WW ernaar luisteren
hinhören ONOV WW luisteren naar
Hinkebein ZN O (+(e)s/+e) mankepoot
hinken ONOV WW hinken, mank gaan • *dein Vergleich hinkt* jouw vergelijking gaat mank
hinkommen ONOV WW sterk **1** erheen komen • *wo ist mein Buch hingekommen?* waar is mijn boek gebleven? **2** INFORM. in orde komen **3 ~ mit** rondkomen • *ich komme mit meinem Taschengeld nicht hin* ik kan van mijn zakgeld niet rondkomen
hinkriegen OV WW klaarspelen
hinlangen ONOV WW **1** INFORM. grijpen naar **2** INFORM. onder handen nemen, flink aanpakken **3** INFORM. voldoende zijn
hinlänglich BW toereikend, voldoende
hinlegen 1 OV WW **1** neerleggen **2** met flair brengen **2** WKD WW (**sich ~**) gaan liggen
hinmachen OV + ONOV WW **1** aanbrengen, vastmaken **2** vermoorden **3** vernielen **4** INFORM. opschieten
hinnehmen OV WW sterk aannemen, accepteren, zich laten welgevallen • *das nehme ich nicht hin* dat neem ik niet • *die Entscheidung kann ich nicht ~* die beslissing kan ik niet accepteren/verteren
hinneigen ONOV WW neigen, overhellen • *sich zu etwas ~* zich naar iets buigen
hinreichen 1 OV WW aanreiken **2** ONOV WW **1** toereikend zijn, voldoende zijn **2** reiken tot
hinreichend BN voldoende
Hinreise ZN V (-/+n) heenreis
hinreißen OV WW sterk in verrukking brengen, meeslepen • *sich ~ lassen* zich laten meeslepen
hinreißend BN **1** meeslepend **2** verrukkelijk
hinrichten OV WW terechtstellen, ter dood brengen
Hinrichtung ZN V (-/+en) terechtstelling, executie
Hinrunde ZN V SPORT eerste helft van de competitie, BELG. heenronde
hinschicken OV WW sturen/zenden (**zu** +3 naar)
hinschleppen 1 OV WW erheen slepen **2** WKD WW (**sich ~**) zich moeizaam voortslepen
hinschreiben 1 OV WW sterk neerschrijven **2** ONOV WW sterk schrijven naar
hinsehen ONOV WW sterk ernaar kijken
hinsetzen 1 OV WW wegzetten **2** WKD WW (**sich ~**) gaan zitten • *die werden sich ~!* die zullen raar opkijken
Hinsicht ZN V (-/+en) opzicht • *in zweifacher ~* in dubbel opzicht • *in mancher/vielerlei ~* in menig/velerlei opzicht • *in jeder ~* in alle opzichten • *in ~ auf* +4 met het oog op, ten aanzien van • *in wirtschaftlicher ~* economisch gezien
hinsichtlich VZ +2, ten aanzien van, wat betreft, omtrent • *~ dessen* wat dat betreft • *eine Erklärung ~ der Untersuchung* een verklaring omtrent het onderzoek
Hinspiel ZN O (+(e)s/+e) SPORT uitwedstrijd
hinstellen 1 OV WW **1** neerzetten • *stell die Stühle hierhin* zet de stoelen hier neer **2** voorstellen als • *jemanden als Vorbild ~* iemand ten voorbeeld stellen **2** WKD WW (**sich ~**) gaan staan • *sich vor jemanden ~* voor iemand gaan staan
hinstrecken OV WW **1** toesteken, aanreiken **2** neervellen, doden • *sich ~* zich uitstrekken, gaan liggen
hintansetzen OV WW **1** achterstellen **2** terzijde stellen, geen rekening houden met
hintanstellen OV WW FORM. achterstellen, achteruitzetten, naar de achtergrond schuiven
hinten BW achter, achteraan • *~ im Garten* achter in de tuin • *nach ~* naar achteren • *~ aussteigen* achteraan uitstappen • FIG. *etwas von ~ nach vorne kennen* iets van achter naar voren kennen • FIG. *~ und vorn* altijd, in ieder opzicht • FIG. *es stimmt weder ~ noch vorn* het klopt van geen kanten • INFORM., MIN. *~ sein* achterlijk zijn
hintenherum BW **1** achterom **2** langs een omweg, door een achterdeurtje
hintenhin BW naar achteren, naar de achterkant
hintenüber BW achterover
hinter 1 VZ +3, 4, achter • *~* 3 *dem Haus sein* achter het huis zijn • *~* 4 *das Haus gehen* achter het huis lopen • *~* 4 *etwas/jemandem her sein* achter iets/iemand aanzitten • *etwas ~* 3 *sich haben* iets achter de rug hebben • *etwas ~* 4 *sich bringen* iets klaarspelen, iets tot een goed einde brengen • *gleich ~ Köln* meteen na Keulen • *sich etwas ~* 4 *die Ohren schreiben* iets in de oren knopen **2** BN achter • *er hat einen ~en Platz belegt* hij is ergens achteraan geëindigd • *das ~e Zimmer* de achterkamer
Hinterachse ZN V (-/+n) achteras

Hinterausgang ZN M (+(e)s/-gänge) achteruitgang, achterdeur

Hinterbacke ZN V (-/+n) bil

Hinterbänkler ZN M (+s/-) POL. backbencher

Hinterbein ZN O (+(e)s/+e) achterpoot • *sich auf die Hinterbeine stellen* zich hardnekkig verzetten, op zijn achterste benen gaan staan

Hinterbliebene ZN M/V (+n/+n) nabestaande

hinterbringen OV WW onregelmatig verklikken, heimelijk melden

hintereinander BW achter elkaar • *wir laufen ~* wij lopen achter elkaar • *drei Tage ~* drie dagen achter elkaar, drie dagen aaneen

Hintereinanderschaltung ZN V (-/+en) TECHN. serieschakeling

Hintereingang ZN M (+(e)s/-gänge) achteringang

hinterfragen OV WW vraagtekens zetten bij

Hintergedanke ZN M (+ns/+n) bijgedachte

hintergehen OV WW sterk misleiden, bedriegen

Hintergrund ZN M (+(e)s/-gründe) achtergrond • *mit rotem ~* met een rode achtergrond • *der ~ des Streiks* de achtergrond van de staking • *vor dem ~* tegen de achtergrond van • *sich im ~ halten* zich op de achtergrond houden • *im ~ bleiben* op de achtergrond blijven • *in den ~ treten; in den ~ geraten* op de achtergrond raken • *in den ~ rücken* naar de achtergrond schuiven

hintergründig BN veelbetekenend, diepzinnig, ondoorgrondelijk

Hintergrundinformation ZN V (-/+en) achtergrondinformatie

Hintergrundmusik ZN V (-/+en) achtergrondmuziek

Hinterhalt ZN M (+(e)s/+e) hinderlaag, valstrik • *im ~ liegen* in een hinderlaag liggen • *im ~ auf jemanden lauern* iemand in een hinderlaag lokken • *in einen ~ geraten* in een hinderlaag lopen / vallen

hinterhältig BN geniepig, achterbaks, arglistig • *ein hinterhältiger Streich* een geniepige streek • *ein hinterhältiges Kerlchen* een geniepig ventje

Hinterhältigkeit ZN V (-/+en) **1** geniepige streek **2** geniepigheid, achterbaksheid

Hinterhand ZN V (-/gmv) achterhand

Hinterhaus ZN O (+ses/-häuser) achterhuis

hinterher BW **1** achterna • *er ging ihr ~* hij liep haar achterna • *die Polizei ist hinter ihm her* de politie zit hem achterna • *hinter einer Sache her sein* ergens achterheen zitten • *hinter einem Job her sein* op een baantje jagen **2** achteraf, later, daarna • *~ tut es dir leid* achteraf/later heb je er spijt van • *~ bezahlen* achteraf te betalen • *erst ~* pas achteraf

hinterherlaufen ONOV WW achternalopen • *jemandem ~* iemand achternalopen

Hinterhof ZN M (+(e)s/-höfe) binnenplaats, plaatsje

Hinterkopf ZN M (+(e)s/-köpfe) achterhoofd • *ein Schlag auf den ~* een klap op het achterhoofd • *etwas im ~ haben/behalten* iets in het achterhoofd hebben, iets in gedachten houden

Hinterland ZN O (+(e)s/gmv) achterland

hinterlassen OV WW sterk **1** nalaten <van erfenis>, vermaken • *nichts ~* niets nalaten **2** achterlaten • *eine Nachricht für jemanden ~* een boodschap voor iemand achterlaten

Hinterlassenschaft ZN V (-/+en) nalatenschap

hinterlegen OV WW deponeren, in bewaring geven

Hinterlegung ZN V (-/+en) **1** bewaargeving **2** deposito

Hinterlist ZN V (-/+en) gemene streek, arglist

hinterlistig BN boosaardig, arglistig

Hintermann ZN M (+(e)s/-männer) **1** achterste persoon **2** man achter de schermen

Hintern ZN M (+s/-) achterste • FIG. *jemandem einen Tritt in den ~ geben* iemand een schop onder zijn kont geven • FIG. *Ameisen im ~ haben* geen zitvlees hebben, BELG. geen zittend gat hebben

Hinterrad ZN O (+(e)s/-räder) achterwiel

Hinterradantrieb ZN M (+(e)s/+e) TECHN. achterwielaandrijving

Hinterreifen ZN M (+s/-) achterband

hinterrücks BW in de rug, van achteren • *~ angreifen* van achteren aanvallen

Hinterseite ZN V (-/+n) **1** achterste **2** achterzijde

Hintersinn ZN M (+(e)s/gmv) geheime bijbetekenis

hintersinnig BN **1** met een diepere betekenis **2** zwaarmoedig

Hinterteil ZN O (+(e)s/+e) achterste

Hintertreffen ZN O (+s/gmv) achterhoede • *im ~ sein* in het nadeel zijn • *ins ~ geraten* achteropraken, in het nadeel komen

hintertreiben OV WW sterk verijdelen

Hintertür ZN V (-/+en) achterdeur • FIG. *durch eine ~* via de achterdeur • FIG. *sich eine ~ offen halten* een achterdeurtje openhouden

Hinterwäldler ZN M (+s/-) boerenkinkel, provinciaal

hinterziehen OV WW sterk ontduiken • *Steuern ~* belasting ontduiken

Hinterziehung ZN V (-/+en) ontduiking

hintreten ONOV WW erheen stappen, verschijnen

hintun OV WW **1** INFORM. neerzetten, opbergen **2** FIG. thuisbrengen • *ich weiß nicht, wo ich ihn ~ soll* ik kan hem niet thuisbrengen

hinüber BW erheen, naar de andere kant, erover • *~ sein* dood zijn, versleten zijn, stuk zijn

hinüberfahren ONOV WW naar de andere kant overrijden

hinübergehen ONOV WW onregelmatig **1** naar de overkant gaan **2** ontslapen

hinübergreifen ONOV WW sterk **1** naar de andere kant grijpen **2** een raakvlak hebben

hinüberretten OV WW in veiligheid brengen, redden

hinübersetzen **1** OV WW overzetten **2** ONOV WW **~ über** springen over

hinüberwechseln ONOV WW overgaan, overlopen, wisselen

Hin- und Rückfahrt ZN V (-/+en) heen- en terugreis
hinunter BW naar beneden, omlaag
hinunterbringen OV WW naar beneden brengen
hinunterfahren ONOV WW naar beneden rijden
hinuntergehen, **runtergehen** ONOV WW naar beneden gaan • *die Treppe ~* de trap afgaan
hinunterlaufen ONOV WW naar beneden lopen
hinunterschlucken OV WW inslikken, slikken • FIG. *eine Bemerkung ~* een opmerking inslikken • *gierig ~* gulzig inslikken
hinwärts BW erheen
hinweg BW weg, (over)heen • *über etwas ~ lesen* over iets heen lezen • *über eine lange Zeit ~* gedurende lange tijd • *jemandem über etwas ~helfen* iemand erdoorheen helpen
hinweggehen ONOV WW sterk heengaan (**über** over) • *über etwas ~* geen aandacht schenken aan iets
hinwegkommen ONOV WW sterk heenkomen (**über** over) • *über einen Verlust nicht ~* een verlies niet te boven komen
hinwegsehen ONOV WW sterk **1** heenkijken (**über** over) **2** door de vingers zien, geen aandacht schenken (**über** aan)
hinwegsetzen **1** ONOV WW **~ über** heenspringen over **2** WKD WW (**sich ~**) **über** zich heenzetten over, zich niet storen aan
hinwegtäuschen OV WW **~ über** +4, voorspiegelen, wijsmaken • *sich über etwas ~* zichzelf iets wijsmaken • *jemanden über etwas ~* iemand iets voorspiegelen
hinwegtrösten OV WW **~ über** +4, doen vergeten • *sich über etwas ~* zich ergens overheen zetten • *jemanden über etwas ~* iemand iets doen vergeten
Hinweis ZN M (+es/+e) **1** verwijzing • *unter ~ auf* onder verwijzing naar **2** tip, aanwijzing • *es gibt nicht den geringsten ~ dafür* er bestaat niet de minste aanwijzing voor • *hat die Polizei schon Hinweise auf den möglichen Täter?* heeft de politie al aanwijzingen over de mogelijke dader?
hinweisen ONOV WW sterk **1 ~ auf** +4, attent maken, wijzen op • *jemanden auf etwas ~* iemand op iets wijzen **2** (heen)wijzen **3 ~ auf** +4, duiden op • *alles weist darauf hin, dass ...* alles duidt erop dat ... • *das weist deutlich auf etwas anderes hin* dat duidt duidelijk op iets anders
Hinweisschild ZN O (+(e)s/+er) waarschuwingsbord, aanwijzingsbord
hinwerfen **1** OV WW sterk **1** erheen gooien, toewerpen **2** laten vallen **3** erbij neergooien, ermee stoppen • *du kannst doch nicht einfach alles ~!* je kunt toch niet zomaar met alles stoppen! **4** laten ontvallen **2** WKD WW (**sich ~**) zich laten vallen
hinwirken ONOV WW **~ auf** +4, streven naar, aansturen op
Hinz ZN M • *~ und Kunz* Jan en alleman
hinziehen **1** OV WW sterk **1** rekken, uitstellen **2** erheen trekken **2** ONOV WW sterk trekken naar, er gaan wonen • *sich zu jemandem hingezogen fühlen* zich tot iemand aangetrokken voelen **3** WKD WW (**sich ~**) **1** zich uitstrekken **2** eindeloos duren, zich voortslepen • *das Verfahren zieht sich hin* de procedure sleept zich voort **3** vertraagd worden
hinzielen ONOV WW mikken (**auf** +4 op), doelen op, beogen
hinzu BW erbij
hinzufügen OV WW eraan toevoegen, erbij voegen • *dem kann ich nichts ~* daar heb ik niets aan toe te voegen • *ich möchte gleich hinzufügen...* ik haast me om eraan toe te voegen... • *sie fügte dem gleich hinzu* zij liet daar direct op volgen
hinzukommen OV WW sterk erbij komen • *es kommt noch hinzu, dass ...* er komt nog bij dat ...
hinzutun OV WW onregelmatig erbij doen
hinzuzählen OV WW erbij tellen • *etwas zu etwas anderem ~* iets bij iets anders optellen
hinzuziehen OV WW sterk erbij halen, consulteren
Hiobsbotschaft ZN V (-/+en) jobstijding
Hirn ZN O (+(e)s/+e) hersenen • FIG. *sich das ~ zermartern* zijn hersens pijnigen
Hirngespinst ZN O (+(e)s/+e) hersenschim • *Hirngespinsten folgen* hersenschimmen najagen
Hirnhautentzündung ZN V (-/+en) MED. hersenvliesontsteking, meningitis
hirnlos BN hersenloos
hirnrissig BN INFORM. onzinnig, krankzinnig
Hirntod ZN M (+(e)s/+e) MED. hersendood
Hirntumor ZN M (+s/+en) hersentumor
hirnverbrannt BN idioot, krankzinnig
Hirnverletzung ZN V hersenletsel
Hirsch ZN M (+es/+e) hert
Hirschfänger ZN M (+s/-) hartsvanger, jachtmes
Hirschkuh ZN V (-/-kühe) hinde
Hirschrücken ZN M (+s/-) hertenrug
Hirse ZN V (-/+n) gierst
Hirt ZN M (+en/+en) herder • *Hirtendichtung* pastorale gedichten
Hirtin ZN V (-/+nen) herderin
hissen OV WW (op)hijsen
Historiker ZN M (+s/-) historicus, geschiedkundige
Historikerin ZN V (-/+nen) historica, geschiedkundige
historisch BN historisch, geschiedkundig
Hit ZN M (-, +s/+s) hit, succesnummer
Hitliste ZN V (-/+n) hitparade
Hitparade ZN V (-/+n) hitparade
Hitze ZN V (-/+n) **1** hitte • *es herrscht eine sengende ~* het is zo heet dat de mussen van het dak vallen **2** FIG. hitte, drift, vuur • *in der ~ des Gefechts* in de hitte van het gevecht/de strijd • *in ~ geraten* driftig worden
hitzebeständig BN hittebestendig, bestand tegen hitte
hitzefrei BN vrij van school wegens hitte

Hitzewallung ZN V (-/+en) MED. congestie, opvlieging

Hitzewelle ZN V (-/+n) hittegolf

hitzig BN **1** hitsig, heethoofdig, vurig • *der Streit wird ~* de ruzie loopt hoog op **2** bronstig

Hitzkopf ZN M (+(e)s/-köpfe) heethoofd, driftkop

hitzköpfig BN heethoofdig, onstuimig

Hitzschlag ZN M (+(e)s/-schläge) zonnesteek, hitteberoerte

HIV-positiv BN hiv-positief

hl. AFK heilig heilig

H-Milch AFK (-/gmv) haltbare Milch houdbare melk

h-Moll ZN O (-/gmv) MUZ. B mineur

HNO-Arzt AFK (+es/-ärzte) Hals-Nasen-Ohrenarzt kno-arts, keel-, neus- en oorarts

Hoax ZN M WWW hoax

hob WW verl. tijd → **heben**

Hobby ZN O (+s/+s) hobby

Hobel ZN M (+s/-) schaaf

Hobelbank ZN V (-/-bänke) schaafbank

Hobelmaschine ZN V (-/+n) schaafmachine

hobeln OV WW schaven, (fijn)snijden ▸ *wo gehobelt wird, fallen Späne* waar gehakt wordt, vallen spaanders

hoch BN + BW hoog, omhoog • *ein hohes Haus* een hoog huis • *er geht die Treppe ~* hij gaat de trap omhoog • *höher* hoger • *zu ~ gegriffen sein* te hoog gegrepen zijn • *auf hoher See* op volle zee • *zehn Mann ~* tien man sterk • *das ist mir zu ~* dat gaat mijn pet te boven • WISK. *zwei ~ vier* twee tot de vierde macht • WISK. *~ drei nehmen* tot de derde macht verheffen • *aufs höchste überrascht* ten zeerste/uiterst verrast • *wenn es ~ kommt* hooguit • *~ gesteckt* groots, eerzuchtig • *~ halten* hoog houden, in ere houden • *~ gewachsen* groot van gestalte • *~ hinauswollen* hogerop willen

Hoch ZN O (+s/+s) **1** toast, hoera **2** hogedrukgebied

Hochachtung ZN V (-/gmv) hoogachting • *mit vorzüglicher ~* met de meeste hoogachting

hochachtungsvoll BN hoogachtend

Hochadel ZN M (+s/gmv) hoge adel

hochaktuell BN zeer actueel

Hochaltar ZN M (+(e)s/-täre) hoogaltaar

Hochamt ZN O (+(e)s/-ämter) hoogmis

hochanständig BN zeer fatsoenlijk

hocharbeiten WKD WW (**sich ~**) zich opwerken

hochauflösend BN high definition <van beeldbuis>, met hoge resolutie

Hochbahn ZN V (-/+en) viaductspoorweg, luchtspoorweg

Hochbau **1** ZN M (+(e)s/+ten) hoog bouwwerk **2** ZN M (+(e)s/gmv) bovengrondse werken

hochbeinig BN hoogbenig, hoog op de poten

hochbetagt BN hoogbejaard

Hochbetrieb ZN M (+(e)s/gmv) grote drukte • *in dieser Industrie herrscht ~* in deze industrie heerst grote bedrijvigheid

hochbringen OV WW onregelmatig **1** omhoogbrengen **2** tot bloei brengen, erbovenop helpen **3** woedend maken

Hochburg ZN V (-/+en) bolwerk

hochdeutsch BN Hoogduits

Hochdeutsch ZN O (+(e)s/gmv) Hoogduits

Hochdruck ZN M (+(e)s/gmv) **1** hoge druk • *unter/mit ~ arbeiten* onder hoogspanning werken, onder hoge druk werken **2** MED. hoge bloeddruk

Hochdruckgebiet ZN O (+(e)s/+e) AARDK. hogedrukgebied

Hochebene ZN V (-/+n) hoogvlakte

hochfahren **1** ONOV WW sterk **1** opvliegen, woedend worden **2** naar boven rijden/gaan • *aus dem Schlaf ~* uit de slaap opschrikken **2** OV WW sterk COMP. opstarten

hochfahrend BN aanmatigend, op hoge toon

hochfein BN eersteklas, zeer fijn

hochfliegend BN FIG. stoutmoedig, vermetel

Hochform ZN V (-/gmv) topvorm • *in ~ sein* in topvorm zijn

Hochgebirge ZN O (-/gmv) hooggebergte

Hochgefühl ZN O (+(e)s/gmv) zalig gevoel

hochgehen ONOV WW onregelmatig **1** omhooggaan **2** exploderen **3** opvliegen, woedend worden **4** tegen de lamp lopen, gearresteerd worden, ontmanteld worden <van organisatie>

Hochgenuss ZN M (+es/-nüsse) waar/groot genot

Hochgeschwindigkeitszug ZN M (+(e)s/-züge) hogesnelheidstrein

hochgestellt BN **1** hoger geplaatst **2** FIG. hooggeplaatst, belangrijk

hochgestochen BN **1** verwaand **2** hoogdravend

hochgradig BN uiterst, in hoge mate

hochhalten OV WW sterk hoog houden, in ere houden • *die Hand ~* de hand omhoog houden

Hochhaus ZN O (+es/-häuser) hoog flatgebouw, torenflat, BELG. appartementsgebouw

hochheben OV WW sterk optillen

hochherzig BN edel, grootmoedig

hochinteressant BN zeer interessant

hochkant BW op zijn kant • FIG. *jemanden ~ hinauswerfen* iemand er vierkant uitgooien

hochkantig BN vierkant • FIG. *jemanden ~ hinauswerfen* iemand er vierkant uitgooien

hochkarätig BN **1** van veel karaat **2** FIG. eersteklas, prima

hochklappbar BN opklapbaar

hochklappen OV WW opklappen

hochkommen ONOV WW sterk **1** omhoogkomen • *das vertraute Gefühl kam wieder hoch* het oude gevoel kwam weer boven **2** er weer bovenop komen

Hochkonjunktur ZN V (-/+en) hoogconjunctuur

hochkriegen OV WW omhoog krijgen

Hochkultur ZN V (-/+en) hoogontwikkelde beschaving

hochladen OV WW WWW uploaden

Hochland ZN O (+(e)s/+e, -länder) hoogland •

ho

das Schottische ~ de Schotse Hooglanden

hochleben ONOV WW • *jemanden ~ lassen* 'hoera' voor iemand roepen

Hochleistung ZN V (-/+en) zeer goede prestatie

Hochleistungskessel ZN M hr-ketel

Hochleistungssport ZN M (+(e)s/+e) topsport

hochmodern BN zeer modern

Hochmoor ZN O (+(e)s/+e) hoogveen

Hochmut ZN M (+(e)s/gmv) hoogmoed

hochmütig BN hoogmoedig

hochnäsig BN verwaand

hochnehmen OV WW sterk **1** opnemen, optillen **2** beduvelen, bij de neus nemen **3** INFORM. arresteren

Hochofen ZN M (+s/-öfen) hoogoven

Hochparterre ZN O (+s/+s) bel-etage

hochprozentig BN met een hoog (alcohol) percentage • *~e Getränke* sterke dranken

hochqualifiziert BN hoogopgeleid

hochrangig BN met hoge rang

hochrot BN vuurrood, felrood

Hochruf ZN M (+(e)s/+e) **1** hoera **2** hoerageroep

Hochsaison ZN V (-/+s) hoogseizoen

hochschaukeln OV WW INFORM. opblazen, opkloppen

hochschnellen ONOV WW omhoogschieten, opspringen

Hochschulabschluss ZN M (+es/-schlüsse) HBO- of universiteitsdiploma

Hochschule ZN V (-/+n) **1** universiteit • *technische ~* technische universiteit **2** hogeschool • *pädagogische ~* ≈ pabo, ≈ BELG. normaalschool

Hochschullehrer ZN M (+s/-) docent aan een universiteit of hogeschool

Hochschulreife ZN V (-/+n) • *Allgemeine ~* +/- vwo-eindexamen

Hochschulstudium ZN O (+s/-studien) studie aan universiteit/hogeschool

Hochschulwesen ZN O (+2/gmv) hoger onderwijs

Hochsee ZN V (-/gmv) open zee

Hochsicherheitsgefängnis ZN O (+ses/+se) ebi, extra beveiligde inrichting

Hochsommer ZN M (+s/-) hartje zomer

Hochspannung ZN V (-/+en) hoogspanning

Hochspannungsleitung ZN V (-/+en) hoogspanningsleiding

hochspielen OV WW opblazen, aandikken

Hochsprache ZN V (-/+n) algemeen beschaafd taalgebruik

hochspringen ONOV WW omhoog springen, opspringen

Hochsprung ZN M (+(e)s/-sprünge) **1** hoogspringen **2** sprong

höchst **1** BN in hoge mate, hoogst **2** BW ten zeerste, zeer

Höchstbelastung ZN V (-/+en) maximale belasting

Höchstbetrag ZN M (+(e)s/-träge) maximumbedrag

höchstens BW hoogstens, ten hoogste • *es wird ~ eine Stunde dauern* het zal hoogstens een uur duren

Höchstfall ZN M • *im ~* op zijn hoogst

Höchstform ZN V (-/+en) topvorm

Höchstgeschwindigkeit ZN V (-/+en) maximumsnelheid

Höchstgrenze ZN V (-/+n) maximum, uiterste grens • *jemandem/einer Sache eine ~ setzen* een maximum stellen aan iemand/iets

Hochstimmung ZN V (-/gmv) feestelijke stemming, euforie

Höchstleistung ZN V (-/+en) **1** maximale prestatie, topprestatie **2** maximale vermogen

Höchstmaß ZN O (+es/+e) maximum

Höchstpreis ZN M (+es/+e) maximumprijs

Höchstsatz ZN M (+es/-sätze) maximumtarief

Höchststand ZN M (+(e)s/gmv) maximum, hoogste niveau

Höchsttemperatur ZN V maximumtemperatuur

höchstwahrscheinlich BN hoogstwaarschijnlijk • *das wird ~ passieren* dat zal hoogstwaarschijnlijk gebeuren, het zit er dik in dat dat gebeurt

Höchstwert ZN M (+(e)s/+e) hoogste waarde

höchstzulässig BN maximaal toelaatbaar

Hochtechnologie ZN V (-/+n) geavanceerde technologie, speerpunttechnologie

Hochtour ZN V (-/+en) • INFORM. *jemanden auf Hochtouren bringen* iemand sneller laten werken • *auf Hochtouren laufen* op volle toeren draaien

hochtrabend BN hoogdravend

Hochverrat ZN M (+(e)s/gmv) hoogverraad • *des Hochverrats angeklagt* wegens hoogverraad aangeklaagd

Hochverräter ZN M (+s/-) iemand die hoogverraad pleegt

hochverzinslich BN hoge rente gevend

Hochwasser ZN O (+s/-wasser) hoge waterstand, vloed

hochwertig BN hoogwaardig, van hoge kwaliteit

Hochzahl ZN V (-/+en) WISK. exponent

Hochzeit[1] ZN V (-/+en) bloeiperiode, hoogtepunt

Hochzeit[2] ZN V (-/+en) bruiloft • *die eiserne ~* de 65-jarige bruiloft • *eine aufwendige ~ feiern* voor de bruiloft flink uitpakken • FIG. *auf allen Hochzeiten tanzen* overal bij willen zijn

Hochzeitsfeier ZN V (-/+n) bruiloftsfeest

Hochzeitsfest ZN O (+(e)s/+e) trouwfeest

Hochzeitskleid ZN O (+(e)s/+er) trouwjapon

Hochzeitspaar ZN O (+(e)s/+e) bruidspaar

Hochzeitsreise ZN V (-/+n) huwelijksreis

Hochzeitstorte ZN V (-/+n) bruidstaart

hochziehen **1** OV WW sterk omhoogtrekken, ophalen <van neus>, ophijsen <van broek> • *seine Hosen ~* zijn broek ophijsen • *die Brauen ~* de wenkbrauwen optrekken • *ein neues Viertel ~* een nieuwe wijk uit de grond stampen **2** ONOV WW sterk **optrekken, naderbij komen** <van bui>

Hocke ZN V (-/+n) **hurkzit, kniebuiging** • *in die ~ gehen* op zijn hurken gaan zitten

hocken 1 ONOV WW **1 op de hurken zitten 2 blijven zitten, hokken** • *er hockt immer zu Hause* hij is een echte huismus 2 WKD WW **(sich ~)** **neerhurken**

Hocker ZN M (+s/-) **1 kruk(je)** • *locker vom ~* heel nonchalant **2 iemand die maar blijft zitten, plakker**

Höcker ZN M (+s/-) **(vet)bult, bochel**

Hockey ZN O (+s/gmv) **hockey**

Hockeyschläger ZN M (+s/-) **hockeystick**

Hockeyspieler ZN M (+s/-) SPORT **hockeyer**

Hoden ZN M (+s/-) **testikel**

Hodensack ZN M (+(e)s/-säcke) **scrotum, balzak**

Hof ZN M (+(e)s/Höfe) **1 boerderij 2 erf, binnenplaats 3 hof (van een vorst)** • *jemandem den ~ machen* iemand het hof maken • *~ halten* resideren

Hofdame ZN V (-/+n) **hofdame**

hoffen OV + ONOV WW **hopen** • *das will ich ~* het is te hopen • *ich will es nicht ~* ik hoop van niet • *~, dass ...; ~d, dass ...* de hoop hebben dat ... • FIG. *man hofft, solange man lebt* hoop doet leven • FIG. *zwischen Hoffen und Bangen schweben* tussen hoop en vrees leven

hoffentlich BW **hopelijk**

Hoffnung ZN V (-/+en) **hoop, verwachting** • *Hoffnungen hegen* verwachtingen koesteren • *wieder ~ schöpfen* weer hoop krijgen • *die ~ begraben* alle hoop laten varen • *jemandem Hoffnungen machen* iemand hoop geven, bij iemand verwachtingen wekken • *eine blasse ~* een sprankje hoop • *der ~ Ausdruck geben, dass ...* de hoop uitspreken dat ... • *in der Hoffnung, dass ...* in de hoop dat ... • FIG. *guter ~ sein* in blijde verwachting zijn • FIG. *die ~ stirbt zuletzt* hoop doet leven

hoffnungslos BN **hopeloos**

Hoffnungslosigkeit ZN V (-/gmv) **hopeloosheid, wanhoop**

Hoffnungsschimmer ZN M (+s/-) **zweem van hoop** • *kein ~* geen greintje hoop

Hoffnungsstrahl ZN M (+(e)s/+en) **sprankje hoop**

hoffnungsvoll BN **1 hoopvol 2 veelbelovend**

hofieren OV WW **paaien, het hof maken**

höfisch BN **hoofs**

höflich BN **hoffelijk, beleefd** • *~ ausgedrückt* in beschaafde termen

Höflichkeit ZN V (-/+en) **hoffelijkheid, beleefdheid**

Hoflieferant ZN M (+en/+en) **hofleverancier**

Höfling ZN M (+s/+e) **hoveling**

Hofnarr ZN M (+en/+en) **hofnar**

Hofstaat ZN M (+(e)s/gmv) **hofstoet, hofhouding**

hohe BN → **hoch**

Höhe ZN V (-/+n) **1 hoogte** • *in einer ~ von 300 Metern* op een hoogte van 300 meter • *ein Betrag in ~ von* een bedrag ter hoogte van • *auf der ~ sein* op de hoogte zijn • *auf der ~ von Utrecht* ter hoogte van Utrecht • *nicht ganz auf der ~ sein* niet helemaal gezond zijn • *in die ~ gehen* woedend worden • *in die ~ schießen* groeien als kool **2 toppunt** • *das ist ja die Höhe!* dat is wel het toppunt!

Hoheit ZN V (-/+en) **1 vorstelijk persoon, hoogheid** • FORM. *Seine/Ihre Königliche ~* Zijne/Hare Koninklijke Hoogheid • FORM. *Eure ~* Uwe Hoogheid **2 soevereiniteit**

hoheitlich BN **soeverein, overheids-**

Hoheitsgebiet ZN O (+(e)s/+e) **soeverein gebied**

Hoheitsgewässer ZN MV **territoriale wateren**

Hoheitsrecht ZN O (+(e)s/+e) **soeverein recht**

hoheitsvoll BN **verheven, majestueus**

Hoheitszeichen ZN O (+s/-) **nationaal embleem**

Hohelied ZN O (+(e)s/gmv) **1 lofzang** • *ein ~ der Freundschaft* een lofzang op de vriendschap **2 Hooglied**

Höhenangst ZN V (-/gmv) **hoogtevrees**

Höhenkrankheit ZN V (-/+en) **hoogteziekte**

Höhenlage ZN V (-/+n) **hoogte boven de zeespiegel**

Höhenmesser ZN M (+s/-) **hoogtemeter**

Höhensonne ZN V (-/+n) **hoogtezon**

Höhenunterschied ZN M (+(e)s/+e) **hoogteverschil**

Höhenwanderung ZN V (-/+en) **bergwandeling**

Höhenzug ZN M (+(e)s/-züge) **bergketen, heuvelrij**

Hohepriester ZN M (+s/-) **hogepriester**

Höhepunkt ZN M (+(e)s/+e) **hoogtepunt** • *der Film war der ~ des Tages* de film was het hoogtepunt van de dag

höher BN **hoger**

hohl BN **hol** • *~e Phrasen* holle frases • *~e Worte* holle woorden

hohläugig BN **hologig**

Höhle ZN V (-/+n) **holte, hol, grot** • FIG. *sich in die ~ des Löwen begeben/wagen; in die ~ des Löwen gehen* zich in het hol van de leeuw wagen

Höhlenmalerei ZN V (-/+en) **grottekening, rotstekening**

Höhlenmensch ZN M (+en/+en) **holenmens**

Hohlheit ZN V (-/gmv) **1 holheid 2 leegte**

Hohlkopf ZN M (+(e)s/-köpfe) **leeghoofd**

Hohlkreuz ZN O (+es/+e) MED. **holle rug, lordose**

Hohlmaß ZN O (+es/+e) **inhoudsmaat**

Hohlraum ZN M (+(e)s/-räume) **1 holte, lege ruimte 2 spouw**

Hohlspiegel ZN M (+s/-) **holle spiegel**

Höhlung ZN V (-/+en) **uitholling**

Hohn ZN M (+(e)s/gmv) **hoon, spot** • *~ lachen* honend lachen • INFORM. *das ist der blanke ~* dat is totaal absurd • INFORM. *das war der reinste ~* dat was echt een aanfluiting

höhnen OV + ONOV WW **honen, bespotten**

Hohngelächter ZN O (+s/gmv) **hoongelach**

höhnisch BN **spottend, honend**

Hokuspokus ZN M (-/gmv) **hocus pocus,**

ho

goochelarij
hold BN liefelijk, bekoorlijk • *jemandem ~ sein* iemand toegenegen zijn
holen 1 OV WW halen • *Geld von der Bank ~* geld van de bank halen • *zum Vorschein ~* iets tevoorschijn halen • *bei ihm ist nichts zu ~* bij hem valt niets te halen **2** WKD WW **(sich ~)** halen, zich verschaffen, zich op de hals halen
Holland ZN O Holland, Nederland • FIG. *dann ist ~ in Not* dan is Leiden in last
Holländer ZN M (+s/-) **1** Hollander, Nederlander **2** Hollandse kaas
holländisch BN Hollands, Nederlands
Hölle ZN V (-/+n) hel • FIG. *die ~ war los* de hel brak los • FIG. *jemandem die ~ heißmachen* iemand bang maken, iemand in het nauw drijven • INFORM., MIN. *fahr zur Hölle!* loop naar de hel!

ho

Höllenangst ZN V (-/-ängste) ontzettende angst • FIG. *eine ~ vor etwas haben* als de dood voor iets zijn
Höllenlärm ZN M (+(e)s/gmv) hels kabaal
Höllenqual ZN V (-/+en) helse kwelling
Höllentempo ZN O (+s/-) • INFORM. *in/mit einem ~ fahren* met een noodgang rijden
höllisch BN **1** hels **2** buitengewoon, verduiveld • *es ist ~ kalt* het is gemeen koud
Holocaust ZN M (-, +s/+s) Holocaust
holpern ONOV WW **1** hakkelen • *~d lesen* hakkelen bij het lezen **2** schokken, hobbelen
holprig, **holperig** BN **1** hobbelig **2** hortend, hakkelend, stuntelig
holterdiepolter BW holderdebolder
Holunder ZN M (+s/-) vlierbes, vlier
Holunderbaum ZN M (+(e)s/-bäume) vlierboom
Holunderbeere ZN V (-/+n) vlierbes
Holz ZN O (+es/Hölzer) **1** hout • FIG. *nicht aus ~ sein* niet van steen zijn • FIG. *dastehen wie ein Stück ~* er roerloos bij staan **2** houtsoort • FIG. *er ist aus gutem ~ geschnitzt* hij is uit het goede hout gesneden • FIG. *aus dem gleichen ~ geschnitzt sein* uit hetzelfde hout gesneden zijn • FIG. *aus anderem ~ geschnitzt sein* uit ander hout gesneden zijn **3** MUZ. houtinstrumenten
Holzauge ZN O • *Holzauge, sei wachsam!* let op!, kijk uit!
Holzbau ZN M (+(e)s/-bauten) houten gebouw
Holzbearbeitung ZN V (-/gmv) houtbewerking
Holzbläser ZN M (+s/-) MUZ. houtblazer • *die ~* de houtblazers
Holzbündel ZN O (+s/-) takkenbos
holzen ONOV WW **1** hout hakken **2** klungelig werken **3** ruw/onsportief spelen
hölzern BN **1** van hout, houten **2** houterig • *ein hölzerner Bursche* een houterige jongen
Holzfäller ZN M (+s/-) houthakker
Holzfaserdämmplatte ZN V zachtboard
Holzfaserplatte ZN V (-/+n) houtvezelplaat, board
Holzhammer ZN M (+s/-) houten hamer
Holzhammermethode ZN V (-/gmv) • *mit der Holzhammermethode arbeiten* de botte bijl hanteren
holzig BN houtachtig
Holzindustrie ZN V (-/+n) houtindustrie
Holzklotz ZN M (+es/-klötze) houtblok
Holzkohle ZN V (-/+n) houtskool
Holzkopf ZN M (+(e)s/-köpfe) stommeling, sufferd
Holzscheit ZN O (+(e)s/+e) houtblok
Holzschnitt 1 ZN M (+(e)s/+e) houtsnede **2** ZN M (+(e)s/gmv) houtsnijkunst
Holzschnitzer ZN M (+s/-) houtsnijder, houtgraveur
Holzschuh ZN M (+(e)s/+e) klomp
Holztäfelung ZN V (-/+en) houten betimmering
Holzverkleidung ZN V (-/+en) houten betimmering
Holzweg ZN M (+(e)s/+e) • *auf dem ~ sein* op de verkeerde weg zijn, op een dwaalspoor zitten
Holzwolle ZN V (-/gmv) houtwol
Holzwurm ZN M (+(e)s/-würmer) houtworm
Holzzaun ZN M (+(e)s/-zäune) houten hek, schutting
Homebanking ZN O (-/gmv) (het) thuisbankieren
Homepage ZN V (-/+s) homepage
homerisch BN homerisch
Hommage ZN V (-/+n) hommage, eerbetoon
Homo ZN M (+s/+s) homo
Homo-Ehe ZN V homohuwelijk
homogen BN homogeen
Homöopath ZN M (+en/+en) homeopaat
Homöopathie ZN V (-/gmv) homeopathie
homöopathisch BN homeopathisch
Homosexualität ZN V (-/gmv) homoseksualiteit
homosexuell BN homoseksueel
Honig ZN M (+s/+e) honing • *jemandem ~ um den Bart/Mund schmieren* iemand paaien, iemand stroop om de mond smeren
Honigkuchen ZN M (+s/-) honingkoek
Honigkuchenpferd ZN O (+(e)s/+e) INFORM. goeierd • *strahlen wie ein ~* glunderen, heel blij kijken
Honiglecken ZN O • *das ist kein ~* dat is geen pretje
honigsüß BN honingzoet, zoet als honing • *honigsüße Worte* honingzoete woorden
Honigwabe ZN V (-/+n) honingraat
Honorar ZN O (+s/+e) honorarium
honorieren OV WW honoreren
Hooligan ZN M (+s/+s) hooligan
Hopfen ZN M (+s/-) hop • FIG. *bei ihm ist ~ und Malz verloren* het is met hem boter aan de galg gesmeerd
hopp TUSSENW hopla!, vooruit
hoppeln ONOV WW **1** huppelen **2** hobbelen
hoppla TUSSENW hopla!, hola!
hops BW **1** weg, naar de haaien **2** over de kop, failliet **3** kapot **4** dood
Hops ZN M (+es/+e) sprong
hopsen ONOV WW huppelen • *das ist gehopst wie gesprungen* dat is lood om oud ijzer
Hopser ZN M (+s/-) **1** sprong **2** huppeldans
hopsgehen ONOV WW **1** INFORM. kapotgaan,

verloren gaan **2** INFORM. de pijp uitgaan **3** INFORM. ingerekend worden
Hörapparat ZN M (+(e)s/+e) gehoorapparaat
hörbar BN hoorbaar • *~ durch die Nase atmen* hoorbaar door de neus ademen
hörbehindert BN slechthorend
Hörbehinderte ZN M/V (+n/+n) slechthorende, dove
horchen ONOV WW aandachtig luisteren • *hinter die Sätze ~* tussen de regels door lezen
Horcher ZN M (+s/-) luistervink
Horchposten ZN M (+s/-) MIL. luisterpost
Horde ZN V (-/+n) horde, troep • *eine ~ von Menschen* een horde mensen
hordenweise BW in horden
hören OV + ONOV WW **1** luisteren, horen, vernemen, aanhoren • *Radio ~* naar de radio luisteren • *das höre ich gern* zo mag ik het horen • *nichts von sich ~ lassen* niets van zich laten horen, taal noch teken geven • *hör mal!* luister eens! • *man höre und staune* niet te geloven • FIG. *wer nicht ~ will, muss fühlen* wie niet horen wil, moet maar voelen • FIG. *da vergeht einem Hören und Sehen* horen en zien vergaat je **2** luisteren **(auf** +4 naar), gehoorzamen • *der Hund hört nicht* de hond gehoorzaamt niet • *auf den Rat seines Freundes ~* het advies van zijn vriend ter harte nemen
Hörensagen ZN O (+s/gmv) • *vom ~* van horen zeggen
Hörer ZN M (+s/-) **1** luisteraar, toehoorder **2** hoorn <van telefoon> • *den ~ abnehmen* de hoorn opnemen • *den ~ auflegen* de hoorn ophangen
Hörerschaft ZN V (-/+en) toehoorders
Hörfehler ZN M (+s/-) **1** wat verkeerd verstaan/begrepen is **2** slechthorendheid
Hörfolge ZN V (-/+n) serie radioprogramma's
Hörfunk ZN M (+s/gmv) radio
Hörgerät ZN O (+(e)s/+e) gehoorapparaat
Hörgeräteakustiker ZN M (-s/-) audicien
hörgeschädigt BN gehoorgestoord
hörig BN horig, afhankelijk
Horizont ZN M (+(e)s/+e) horizon, einder • *das geht über seinen ~* dat gaat hem boven de pet
horizontal BN horizontaal
Horizontale ZN V (-/+n) horizontale lijn
Horizontalfläche ZN V (-/+n) horizontaal vlak
Hormon ZN O (+(e)s/+e) hormoon
hormonal BN hormonaal
Hormonhaushalt ZN M (+(e)s/+e) hormoonhuishouding
Hormonspiegel ZN M (+s/-) hormoonspiegel
Horn ZN O (+(e)s/Hörner) hoorn • FIG. *sich die Hörner abstoßen* zijn wilde haren verliezen • INFORM. *(mit jemandem) ins gleiche ~ blasen* achter iemand staan
Hornbrille ZN V (-/+n) hoornen bril
Hörnchen ZN O (+s/-) **1** hoorntje **2** croissant
hörnern BN van hoorn, hoornen
Hörnerv ZN M (+s/+s) gehoorzenuw
Hornhaut ZN V (-/-häute) **1** verhoornde huid, eelt **2** hoornvlies
hornig BN **1** hoornen **2** hoornachtig
Hornisse ZN V (-/+n) horzel
Hornist ZN M (+en/+en) hoornblazer
Hornochse ZN M (+n/+n) INFORM. rund, stommeling
Hornvieh 1 ZN O (+s/-viecher) stom rund **2** ZN O (+s/gmv) hoornvee
Horoskop ZN O (+s/+e) horoscoop • *jemandem das ~ stellen* iemands horoscoop trekken
horrend BN buitensporig, afgrijselijk, schrikwekkend
Horror ZN M (+s/gmv) hevige afkeer, afgrijzen
Horrorfilm ZN M (+(e)s/+e) horrorfilm, griezelfilm
Hörsaal ZN M (+(e)s/-säle) collegezaal
Hörschaden ZN M (+s/gmv) gehoorbeschadiging
Hörspiel ZN O (+s/+e) hoorspel
Hort ZN M (+(e)s/+e) **1** naschoolse opvang **2** OUD. steun, toevlucht **3** OUD. bolwerk, toevluchtsoord **4** LIT. goudschat
horten OV WW oppotten, hamsteren
Hortensie ZN V (-/+n) hortensia
Hörtest ZN M (+(e)s/+s, +e) gehoortest
Hörvermögen ZN O (+s/-) gehoorvermogen
Hörweite ZN V (-/gmv) gehoorsafstand • *er ist in ~* hij is binnen gehoorsafstand • *außer ~* buiten gehoorsafstand
Hose ZN V (-/+n) broek • *ihr Versuch ging in die Hosen* hun poging liep op niks uit • *hier ist tote ~* hier is niks te beleven • INFORM., FIG. *(zu Hause/daheim) die Hosen anhaben* de broek aanhebben • FIG. *die Hosen voll haben* bang zijn • *in die Hosen ~* in zijn broek doen
Hosenanzug ZN M (+(e)s/-anzüge) broekpak
Hosenbein ZN O (+(e)s/+e) broekspijp
Hosenboden ZN M (+s/-böden) zitvlak <van een broek> • *jemandem den ~ stramm ziehen* iemand een pak voor zijn broek geven
Hosenknopf ZN M (+(e)s/-knöpfe) **1** broeksknoop **2** kleinigheid, futiliteit
Hosenmatz ZN M (+es/-mätze) broekenman, dreumes
Hosenrock ZN M (+(e)s/-röcke) broekrok
Hosenschlitz ZN M (+es/+e) gulp
Hosentasche ZN V (-/+n) broekzak
Hosenträger ZN M (+s/-) bretel
Hospital ZN O (+s/+e, -täler) ziekenhuis
hospitieren ONOV WW hospiteren
Hospiz ZN O (+es/+e) hospitium
Host ZN M (+s/+s) host
hosten OV WW hosten
Hostie ZN V (-/+n) hostie
Hotel ZN O (+s/+s) hotel • *in einem ~ wohnen* in een hotel verblijven
Hotelbesitzer ZN M (+s/-) hoteleigenaar, hotelhouder
Hotelier ZN M (+s/+s) hôtelier, hotelhouder
Hotspot ZN M (+s/+s) hotspot • *ein Hotspot für Surffans* een hotspot voor surfliefhebbers • *WLAN-Hotspot* wifi-hotspot

Hoverboard ZN O (-s/-s) hoverboard
Hptst. AFK Hauptstadt **hoofdstad**
Hr. AFK Herr **(mijn)heer**
Hrn. AFK Herrn **(aan de) heer**
hrsg. AFK **1** herausgegeben **bewerkt, samengesteld 2 uitgegeven**
Hrsg. AFK **1** Herausgeber **bewerker, samensteller 2 uitgever**
hü TUSSENW **1 ho!, halt! 2 vort!**
Hub ZN M (+(e)s/Hübe) **1 opheffen 2 slag (van zuiger)**
Hubbrücke ZN V (-/+n) **hefbrug**
hüben BW **aan deze kant** • *~ und drüben* overal, aan deze en aan de andere kant
Hubraum ZN M (+(e)s/-räume) **cilinderinhoud**
hübsch BN **1 mooi, knap** • FIG. *nicht die Hübscheste sein* niet moeders mooiste zijn **2 behoorlijk, aardig** • *~ kalt* behoorlijk koud • *eine hübsche Strecke* een flink eind
Hubschrauber ZN M (+s/-) **helikopter**
Hubschrauberlandeplatz ZN M (+es/-plätze) LUCHTV. **helikopterlandingsplaats**
Hubstapler ZN M (+s/-) **heftruck**
Hucke ZN V (-/+n) **vracht (die men op de rug draagt)** • *jemandem die ~ voll lügen* iemand van alles op de mouw spelden • *die ~ voll kriegen* op zijn donder krijgen
huckepack BW **op de rug** • *jemanden ~ tragen* iemand op de rug dragen
Huckepackverkehr ZN M (+s/gmv) **transport per spoor van beladen vrachtwagens**
Hudelei ZN V (-/+en) **1 narigheid 2 slordig werk, geknoei 3 geflikflooi**
hudeln 1 OV WW **plagen, berispen 2** ONOV WW **knoeien, slordig werken**
Hudler ZN M (+s/-) **1 plaaggeest 2 knoeier**
Huf ZN M (+(e)s/+e) **hoef**
Hufbeschlag ZN M (+(e)s/-beschläge) **hoefbeslag**
Hufeisen ZN O (+s/-) **hoefijzer**
hufeisenförmig BN **hoefvormig**
Hufschmied ZN M (+(e)s/+e) **hoefsmid**
Hüftbein ZN O (+(e)s/+e) **heupbeen**
Hüftdysplasie ZN V MED. **heupdysplasie**
Hüfte ZN V (-/+n) **heup**
Hüftgelenk ZN O (+(e)s/+e) **heupgewricht**
Huftier ZN O (+(e)s/+e) **hoefdier**
Hüftweite ZN V (-/+n) **heupbreedte**
Hügel ZN M (+s/-) **heuvel**
hügelig BN **heuvelachtig**
Hugenotte ZN M (+n/+n) **hugenoot**
Huhn ZN O (+(e)s/Hühner) **hen, kip** • *da lachen ja die Hühner* dat is ronduit belachelijk • *wie die Hühner auf der Stange* dicht op elkaar gepropt • *sie ist ein verrücktes ~* zij is een raar mens
Hühnchen ZN O (+s/-) **kippetje** ▸ *mit jemandem ein ~ zu rupfen haben* met iemand een appeltje te schillen hebben, met iemand een eitje te pellen hebben
Hühnerauge ZN O (+s/+n) **eksteroog** • *Hühneraugen haben* last van eksterogen hebben
Hühnerbrühe ZN V (-/+n) **kippenbouillon**
Hühnerei ZN O (+(e)s/+er) **kippenei**
Hühnerfarm ZN V (-/+en) **kippenboerderij, kippenfokkerij**
Hühnerfleisch ZN O (+(e)s/gmv) **kippenvlees**
Hühnerhof ZN M (+(e)s/-höfe) **kippenboerderij, kippenfokkerij**
Hühnerpest ZN V (-/gmv) **hoenderpest, vogelpest**
Hühnerzucht ZN V (-/+en) **kippenfokkerij**
Hühnerzüchter ZN M (+s/-) **kippenfokker**
hui TUSSENW **vlug, snel** • *im Hui* vliegensvlug, in een wip
Huld ZN V (-/gmv) IRON. **genade, gunst**
huldigen ONOV WW +3, **huldigen** • *jemandem ~* iemand hulde brengen
Huldigung ZN V (-/+en) **huldiging** • *Huldigungen entgegennehmen* huldeblijken ontvangen
Hülle ZN V (-/+n) **1 hoes, omhulsel** • *die leibliche ~; die sterbliche ~* het stoffelijk omhulsel ▸ *in ~ und Fülle* in overvloed **2 kledingstuk**
hüllen OV WW **wikkelen (in), bedekken**
Hülse ZN V (-/+n) **1 huls 2 peul**
Hülsenfrucht ZN V (-/-früchte) **peulvrucht**
human BN **humaan, menselijk**
Humanismus ZN M (-/gmv) **humanisme**
Humanist ZN M (+en/+en) **1 humanist 2 expert in de klassieke talen**
humanistisch BN **humanistisch**
humanitär BN **humanitair**
Humanität ZN V (-/gmv) **humaniteit, menslievendheid**
Humanmedizin ZN V (-/gmv) **geneeskunde**
Humbug ZN M (+s/gmv) **humbug, onzin, opschepperij** • *das ist doch alles ~* dat is toch allemaal onzin
Hummel ZN V (-/+n) **hommel** • *Hummeln im Hintern haben* geen rust in z'n gat hebben
Hummer ZN M (+s/-) **zeekreeft**
Humor ZN M (+s/+e) **humor** • *schwarzer ~* zwarte humor
humorig BN **humoristisch, met humor**
Humorist ZN M (+en/+en) **humorist**
humoristisch BN **humoristisch**
humorlos BN **zonder humor, saai**
humorvoll BN **humoristisch**
humpeln ONOV WW **hinken**
Humpen ZN M (+s/-) **groot drinkglas**
Humus ZN M (-/gmv) **humus**
Humusboden ZN M (+s/-böden) **humusgrond**
Hund ZN M (+(e)s/+e) **hond** • *Hunde frei herumlaufen lassen* honden los laten lopen • *Vorsicht, bissiger ~* pas op voor de hond • FIG. *Hunde, die bellen, beißen nicht* blaffende honden bijten niet • FIG. *auf den ~ kommen* aan lagerwal geraken • FIG. *vor die Hunde gehen* naar de haaien/knoppen gaan, naar de filistijnen gaan • FIG. *da liegt der ~ begraben* daar zit hem de kneep • INFORM. *er ist bekannt wie ein bunter ~* hij staat bekend als de bonte hond • FIG. *leben wie ein ~* een hondenleven leiden/hebben • FIG. *damit lockt man keinen ~ hinter dem Ofen vor* er is

ho

geen hond die ernaar omkijkt • FIG. *wie ~ und Katze leben* als kat en hond leven • FIG. *mit allen Hunden gehetzt sein* niet voor één gat te vangen zijn

Hundearbeit ZN V (-/gmv) hondenbaantje

hundeelend BN allerberoerdst • *er fühlt sich ~* hij is zo ziek als een hond

Hundehalter ZN M (+s/-) hondenbezitter

Hundehütte ZN V (-/+n) hondenhok

hundekalt BN bar koud

Hundekuchen ZN M (+s/-) hondenbrokje(s)

Hundeleine ZN V (-/+n) hondenlijn, hondenriem

Hundemarke ZN V (-/+n) hondenpenning

hundemüde BN hondsmoe, bekaf

hundert TELW honderd • FIG. *jemanden auf ~ bringen* iemand woedend maken

Hundert **1** ZN V (-/+en) getal honderd **2** ZN O (+s/-, +e) honderdtal • *Hunderte und Aberhunderte* honderden • *Hunderte/hunderte von Jahren* honderden jaren

hunderteins TELW honderdeen, 101

Hunderter ZN M (+s/-) **1** honderdtal **2** briefje van honderd

hunderterlei BN honderdvoudig

hundertfach BN honderdvoudig

Hundertjahrfeier ZN V (-/+n) eeuwfeest

hundertmal BW **1** honderdmaal **2** INFORM. talloze keren

hundertprozentig BN **1** honderd procent **2** helemaal • *sich ~ für etwas einsetzen* zich voor honderd procent inzetten

Hundertschaft ZN V (-/+en) (afdeling van) honderd man

hundertste TELW honderdste • *vom Hundertsten ins Tausendste kommen* van de hak op de tak springen

Hundertstel ZN O (+s/-) honderdste • *drei ~* driehonderdste

hunderttausend TELW honderdduizend

Hundeschlitten ZN M (+s/-) hondenslee

Hundesteuer ZN V (-/+n) hondenbelasting

Hundewetter ZN O (+s/gmv) hondenweer

Hundezwinger ZN M (+s/-) kennel

Hündin ZN V (-/+nen) teef

hündisch BN **1** gemeen, honds **2** onderdanig, kruiperig

hundserbärmlich BN INFORM. allerberoerdst, allerellendigst

hundsgemein BN INFORM. ingemeen, laag

hundsmiserabel BN hondsberoerd, allerbelabberdst

Hundstage ZN MV hondsdagen

Hüne ZN M (+n/+n) reus

Hünengrab ZN O (+(e)s/-gräber) hunebed

hünenhaft BN reusachtig

Hunger ZN M (+s/gmv) honger, trek • *ich habe großen ~* ik heb erge honger/trek • *~ bekommen* trek krijgen • FIG. *vor ~ sterben/umkommen* vergaan van de honger

Hungerleider ZN M (+s/-) hongerlijder

Hungerlohn ZN M (+(e)s/-löhne) hongerloon

hungern **1** ONOV WW honger lijden, hongeren **2** WKD WW (**sich ~**) vasten • *sich schlank ~* vasten totdat men slank is **3** ONP WW verlangen • *ihn hungerte nach Anerkennung* hij verlangde naar erkenning

Hungerödem ZN O (+s/+e) hongeroedeem

Hungersnot ZN V (-/-nöte) hongersnood

Hungerstreik ZN M (+(e)s/+e, +s) hongerstaking • *in den ~ treten* in hongerstaking gaan

Hungertod ZN M (+(e)s/+e) hongerdood

Hungertuch ZN O (+(e)s/-tücher) vastendoek, hongerdoek • INFORM. *am ~ nagen* gebrek lijden

hungrig BN hongerig

Hunne ZN M (+n/+n) Hun

Hupe ZN V (-/+n) claxon

hupen ONOV WW toeteren, claxonneren

hüpfen ONOV WW huppelen, springen • FIG. *das ist gehüpft wie gesprungen* het is zo lang als het breed is

Hupsignal ZN O (+(e)s/+e) signaal met de claxon

Hürde ZN V (-/+n) horde

Hürdenlauf ZN M (+(e)s/-läufe) hordeloop, (het) hordelopen

Hürdenläufer ZN M (+s/-) hordeloper

Hure ZN V (-/+n) hoer

hurra TUSSENW hoera!

Hurrikan ZN M (+s/+e) wervelstorm

hurtig BN vlug, rap

Husar ZN M (+en/+en) huzaar

husch TUSSENW snel • *~, ~!* hup, wegwezen jullie!

huschen ONOV WW glijden, glippen

hüsteln ONOV WW kuchen

husten **1** OV WW (op)hoesten • *ich werde ihm eins ~* hij kan me nog meer vertellen • *Blut ~* bloed ophoesten **2** ONOV WW hoesten • *auf etwas ~* iets aan zijn laars lappen

Husten ZN M (+s/-) hoest

Hustenanfall ZN M (+(e)s/-fälle) hoestbui

Hustensaft ZN M (+(e)s/-säfte) hoestdrank, hoestsiroop

Hut **1** ZN M (+(e)s/Hüte) hoed • FIG. *eins auf den ~ bekommen* op z'n kop krijgen • FIG. *jemandem eins auf den ~ geben* iemand op zijn kop geven • FIG. *verschiedene Dinge unter einen ~ bringen* verschillende dingen onder één noemer brengen • FIG. *das ist ein alter ~* dat is niets nieuws • FIG. *seinen ~ nehmen* zijn koffers pakken • FIG. *mit einer Sache nichts am ~ haben* ergens niets van moeten hebben, niks met iets te maken willen hebben • FIG. *das kannst du dir an den ~ stecken* dat kun je in je haar smeren • FIG. *etwas aus dem ~ zaubern* iets uit de hoed toveren • FIG. *mir geht der ~ hoch* daar gaan mijn haren van overeind staan **2** ZN V (-/gmv) hoede • *auf der ~ vor jemandem sein* voor iemand op zijn hoede zijn

hüten **1** OV WW hoeden, passen op • *die Kinder ~* op de kinderen passen • *das Bett ~* het bed houden **2** WKD WW (**sich ~**) oppassen, uitkijken • *ich werde mich hüten!* ik kijk wel uit!

Hüter ZN M (+s/-) beschermer, hoeder, bewaker

hü

Hutschnur ZN V (-/-schnüre) hoedenlint • *das geht mir über die Hutschnur!* dat gaat me te ver!
Hütte ZN V (-/+n) **1** hut, keet **2** hoogovenbedrijf
Hüttenarbeiter ZN M (+s/-) hoogovenarbeider
Hüttenindustrie ZN V (-/+n) staalindustrie
Hüttenkäse ZN M (+s/-) hüttenkäse <soort kwark>
Hüttenschuh ZN M (+(e)s/+e) wollen pantoffel, muil(tje)
Hüttenwerk ZN O (+(e)s/+e) hoogovenbedrijf
Hutzelmännchen ZN O (+s/-) kabouter
hutzlig, **hutzelig** BN INFORM. rimpelig, verschrompeld
HV AFK **1** Hauptversammlung algemene vergadering **2** aandeelhoudersvergadering
Hyäne ZN V (-/+n) hyena
Hyazinthe ZN V (-/+n) hyacint

hu

hybrid BN **1** hybridisch **2** bastaard-
Hybridauto ZN O hybride auto <benzine en elektriciteit>
Hybride ZN V (-/+n) hybride, bastaard
Hydrant ZN M (+en/+en) brandkraan
Hydraulik ZN V (-/gmv) **1** hydraulica **2** hydraulisch systeem
hydraulisch BN hydraulisch
Hydrokultur ZN V (-/+en) hydrocultuur
Hygiene ZN V (-/gmv) hygiëne
hygienisch BN hygiënisch
Hygrometer ZN O (+s/-) hygrometer
Hymne ZN V (-/+n) **1** lofzang, hymne **2** volkslied
Hyperkorrektheit ZN V hypercorrectie
Hyperlink ZN M (+s/+s) COMP. hyperlink
hypermodern BN hypermodern
hypersensibel BN hypergevoelig
Hyperventilation ZN V (-/gmv) hyperventilatie
hyperventilieren ONOV WW hyperventileren
Hypnose ZN V (-/+n) hypnose • *jemanden in ~ versetzen* iemand onder hypnose brengen
hypnotisch BN hypnotisch
Hypnotiseur ZN M (+s/+e) hypnotiseur
hypnotisieren OV WW hypnotiseren
hypoallergen BN hypoallergeen • *hypoallergene Kosmetik* hypoallergene cosmetica
Hypochonder ZN M (+s/-) hypochonder
Hypophyse ZN V (-/+n) MED. hypofyse, hersenaanhangsel
Hypotenuse ZN V (-/+n) WISK. hypotenusa
Hypothek ZN V (-/+en) hypotheek
Hypothekenbank ZN V (-/+en) hypotheekbank
Hypothekenbrief ZN M (+(e)s/+e) hypotheekakte
Hypothese ZN V (-/+n) hypothese
hypothetisch BN hypothetisch
Hysterie ZN V (-/+n) hysterie
hysterisch BN hysterisch

I

i. AFK in in
I ZN O (-/-) letter i • *I wie Ida* de i van Isaak
i.A. AFK im Auftrag namens
iahen ONOV WW balken
IBAN AFK International Bank Account Number IBAN
Iberien ZN O Iberië
iberisch BN Iberisch
Ibis ZN M (+ses/+se) ibis
IC AFK Intercity Intercity
ICE AFK Intercity Express ICE, hogesnelheidstrein
ich PERS VNW ik • *wenn ~ du wäre* als ik jou was
Ich ZN O (-, +s/-, +s) ik • *sein wahres ~ zeigen* zijn ware aard tonen • *man kann sein wahres ~ nicht verleugnen* iemands ware aard verloochent zich niet
ichbezogen BN egocentrisch
Ichsucht ZN V (-/gmv) zelfzucht, egoïsme
ideal BN ideaal
Ideal ZN O (+s/+e) ideaal
Idealfall ZN M (+(e)s/-fälle) ideaal geval
idealisieren OV WW idealiseren
Idealismus ZN M (-/gmv) idealisme
Idealist ZN M (+en/+en) idealist
idealistisch BN idealistisch
Idee ZN V (-/+n) **1** idee, denkbeeld • *das war nicht seine ~* dat was niet zijn idee • *jemanden auf eine ~ bringen* iemand op een idee brengen • *auf die ~ kommen zu* op het idee komen om **2** kleine hoeveelheid, tikje • *eine ~ zu viel* een tikje te veel
ideell BN ideëel
identifizieren **1** OV WW identificeren **2** WKD WW (**sich ~**) zich identificeren (**mit** +3 met) • *sich mit jemandem/etwas ~* zich identificeren met iemand/iets
identisch BN identiek
Identität ZN V (-/+en) identiteit
Ideologe ZN M (+n/+n) ideoloog
Ideologie ZN V (-/+n) ideologie
ideologisch BN ideologisch
Idiom ZN O (+s/+e) idioom
idiomatisch BN idiomatisch
Idiot ZN M (+en/+en) idioot
Idiotenhügel ZN M (+s/-) INFORM. skipiste voor beginners
idiotensicher BN INFORM. doodeenvoudig
Idiotie ZN V (-/+n) **1** INFORM., MIN. idiotie, idioterie, dwaasheid **2** MED. idiotie
idiotisch BN idioot
Idol ZN O (+s/+e) idool, afgod
Idyll ZN O (+s/+e) idylle
Idylle ZN V (-/+n) idylle
idyllisch BN idyllisch
IG AFK **1** Interessengemeinschaft belangengemeenschap **2** Industriegewerkschaft industriebond
Igel ZN M (+s/-) egel
Ignorant ZN M (+en/+en) onwetende
Ignoranz ZN V (-/gmv) onwetendheid

ignorieren OV WW **negeren, niet willen kennen of weten** • *jemanden ~* iemand negeren • INFORM. *einfach ~!* gewoon negeren!/neem er geen notitie van

IHK AFK Industrie- und Handelskammer OMSCHR. **Kamer van Koophandel**

ihm PERS VNW **hem** • *gib ~ das Buch* geef hem het boek

ihn PERS VNW **hem** • *ich kenne ~* ik ken hem

ihnen PERS VNW **(aan) hen, hun** • *gib ~ die Bücher* geef hun de boeken

Ihnen PERS VNW 3e naamval **u** • *wie geht es Ihnen?* hoe gaat het met u? • *ich habe es Ihnen gesagt* ik heb het u gezegd • *sie gibt Ihnen das Buch* ze geeft het boek aan u

ihr 1 PERS VNW **1 jullie** • *~ könnt gehen* jullie kunnen gaan **2 (aan) haar, haar** • *gib ~ das Buch* geef haar het boek **2** BEZ VNW **1 hun, haar** • *~ Buch* haar boek, hun boek **2 de/het hare, de/het hunne** • *das ist nicht mein Buch, sondern ihres* dat is niet mijn boek maar het hare • *sie und die Ihren/ihren* zij en de haren • *sie tut das Ihre/ihre* zij doet het hare

Ihr BEZ VNW **uw, de/het uwe** • *~ Haus* uw huis

ihre BEZ VNW **1 hun, haar** • *~ Tasche* haar tas, hun tas **2 de/het hare, de/het hunne** • *das ist nicht meine Jacke, sondern ihre* dat is niet mijn jas maar de hare • *sie und die Ihren/ihren* zij en de haren

ihrer PERS VNW • *dies ist sein Koffer und das ist ~* dit is zijn koffer en die is van haar, dit is zijn koffer en die is van hun • *das ist das Foto ihrer Mutter* dat is de foto van haar/hun moeder • *gib das ihrer Schwester!* geef dat aan haar/hun zus! → **ihr**

Ihrer PERS VNW • *dies ist mein Koffer und das ist ~* dit is mijn koffer en die is van u • *das hängt von Ihrer Zeit ab* dat hangt af van uw tijd • *die Frage Ihrer Kollegin* de vraag van uw collega → **Ihr**

ihrerseits BW **1 van haar kant 2 van hun kant**

Ihrerseits BW **van uw kant**

ihres BEZ VNW **van haar, van hen** • *dies ist dein Buch und das ist ~* dit is jouw boek en dat is dat van haar/hen • *der Hund ihres Bruders* de hond van haar/hun broer

Ihres BEZ VNW **van u** • *dies ist mein Buch und das ist ~* dit is mijn boek en dat is dat van u • *der Brief Ihres Freundes* de brief van uw vriend

ihretwegen BW **1 ter wille van haar 2 ter wille van hen**

ihrige BW **1 van haar** • *der/die/das ~* de/het hare **2 van hen** • *der/die/das ~/Ihrige* de/het hunne, de/het uwe

Ihrige BN • *die Ihrigen* de uwen • *das ~* het uwe

i.J. AFK im Jahre **in het jaar**

Ikone ZN V (-/+n) **icoon**

illegal BN **illegaal, onwettig** • *er ist ~ hier* hij is hier illegaal

illegitim BN **onwettig, onecht**

Illusion ZN V (-/+en) **illusie** • *sich keine Illusionen machen* geen illusies hebben • *jemandem alle Illusionen nehmen* iemand alle illusies ontnemen

illusionslos BN **zonder illusies**

illusorisch BN **illusoir, denkbeeldig**

Illustration ZN V (-/+en) **illustratie**

illustrieren OV WW **illustreren**

Illustrierte ZN V (+n/+n) **geïllustreerd tijdschrift**

Iltis ZN M (+ses/+se) **bunzing**

im SAMENTR in dem → **in**

Image ZN O (-, +s/+s) **image, imago**

Imagepflege ZN V (-/gmv) **imagovorming, imagebuilding**

imaginär BN **imaginair** • *imaginärer Gewinn* fictieve winst

Imbiss ZN M (+es/+e) **1 lichte maaltijd 2 snackbar**

Imbissbude ZN V (-/+n) INFORM. **snackbar, cafetaria**

Imbissstand ZN M (+es/-stände) **snackbar, cafetaria**

Imbissstube ZN V (-/+n) **snackbar, cafetaria**

Imitation ZN V (-/+en) **nabootsing, imitatie**

Imitator ZN M (+s/+en) **imitator**

imitieren OV WW **imiteren, nabootsen**

Imker ZN M (+s/-) **imker, bijenhouder**

Imkerei ZN V (-/+en) **imkerij**

immateriell BN **immaterieel, onstoffelijk**

Immatrikulation ZN V (-/+en) **inschrijving** <hoger onderwijs>

immatrikulieren 1 OV WW **inschrijven** <hoger onderwijs> **2** WKD WW **(sich ~) zich laten inschrijven** <hoger onderwijs>

immens BN **enorm, immens**

immer BW **altijd, steeds** • *für ~; auf ~* voor altijd • *~ wieder* keer op keer, telkens weer • *was ~ du siehst* wat je ook ziet • *du kannst es ~ noch machen* je kunt het alsnog/altijd nog doen • *~ kleiner* al kleiner en kleiner • *~ größer* al groter en groter • *~ schl~* hoe langer hoe erger • *es geht ~ besser* het gaat hoe langer hoe beter • INFORM. *~ mit der Ruhe!* kalmpjes aan!

immerdar BW **altijd** • *auf ~* voor altijd

immerfort BW **onafgebroken, voortdurend**

immergrün BN **groenblijvend**

Immergrün ZN O (+s/+e) **1** PLANTK. **maagdenpalm 2** PLANTK. **klimop**

immerhin BW **1 tenminste, in elk geval** • *das ist ~ etwas* dat is tenminste iets **2 toch, tenslotte, altijd nog** • *er konnte es ~ nicht wissen* hij kon het tenslotte niet weten

immerzu BW **steeds, aldoor** • *er redet ~* hij praat onafgebroken

Immigrant ZN M (+en/+en) **immigrant**

immigrieren ONOV WW **immigreren**

Immobilien ZN MV **onroerende goederen**

Immobilienhandel ZN M (+s/gmv) **handel in onroerend goed**

Immobilienhändler ZN M (+s/-) **makelaar in onroerend goed**

Immobilienmakler ZN M **makelaar in onroerend goed, vastgoedmakelaar**

immun BN OOK FIG. **immuun, niet vatbaar (gegen** +4 **voor)** • *~ gegen Beleidigungen sein* immuun zijn voor beledigingen

immunisieren OV WW immuniseren

Immunität ZN V (-/gmv) immuniteit • *~ genießen* onschendbaar zijn

Immunsystem ZN O (+s/+e) immuunsysteem

Imperativ ZN M (+s/+e) TAALK. gebiedende wijs

Imperfekt ZN O (+s/+e) TAALK. onvoltooid verleden tijd

Imperialismus ZN M (-/gmv) imperialisme

imperialistisch BN imperialistisch

Imperium ZN O (+s/-rien) imperium

impertinent BN onbeschoft, brutaal, impertinent

impfen OV WW enten, inenten • *gegen Masern ~* inenten tegen mazelen

Impfling ZN M (+(e)s/+e) inentingspatiënt(je)

Impfpass ZN M (+es/-pässe) inentingsbewijs

Impfschein ZN M (+(e)s/+e) inentingsbewijs, pokkenbriefje

Impfstoff ZN M (+(e)s/+e) vaccin, entstof

Impfung ZN V (-/+en) **1** inenting **2** enting

Impfzwang ZN M (+(e)s/gmv) inentingsplicht

Implantat ZN O (+(e)s/+e) implantaat, geïmplanteerd orgaan

implantieren OV WW inplanteren

Implementierung ZN V (-/+en) implementatie

implizieren OV WW impliceren

implodieren ONOV WW imploderen

imponieren ONOV WW imponeren

Imponiergehabe ZN O (+s/gmv) imponeergedrag

Import ZN M (+(e)s/+e) import, invoer

Importeur ZN M (+s/+e) importeur

importieren OV WW importeren, invoeren

imposant BN ontzagwekkend, imposant

impotent BN impotent

Impotenz ZN V (-/+en) impotentie

imprägnieren OV WW impregneren, doordrenken

Impressionismus ZN M (-/gmv) KUNST impressionisme

Impressionist ZN M (+en/+en) KUNST impressionist

impressionistisch BN KUNST impressionistisch

Impressum ZN O (+s/-sen) colofon

Improvisation ZN V (-/+en) improvisatie

improvisieren OV + ONOV WW improviseren

Impuls ZN M (+es/+e) impuls • *mein erster ~ war, ihm zu helfen* in een eerste opwelling wilde ik hem helpen

impulsiv BN impulsief • *~ handeln* impulsief/in een impuls handelen

imstande BW in staat • *~ sein (zu)* in staat zijn (om), kunnen

in **1** BW • *~ sein* in (de mode) zijn • *die Farbe ist ~* die kleur is in **2** VZ **1** +3/4, **in** • *im* 3 *Zimmer sein* in de kamer zijn • *~* 3 *Amsterdam wohnen* in Amsterdam wonen • *~* 3 *den Niederlanden* in Nederland • *im* 3 *April* in april • *Wasser ~* 4 *ein Glas schenken* water in een glas schenken **2** +4, **naar** • *~ die Schule gehen* naar school gaan • *~ die Niederlande reisen* naar Nederland reizen • *~ die Stadt gehen* naar de stad gaan • *ins Zimmer gehen* de kamer binnengaan **3** +3, **over** • *im Allgemeinen* over het algemeen • *~ wenigen Tagen* over/binnen een paar dagen • *~ zehn Minuten* over tien minuten • *~ Kürze* binnenkort • *im Voraus* bij voorbaat • *~ einer Entfernung von* op een afstand van • *das hat es ~ sich* dat valt nog niet mee • *er hat es ~ sich* hij kan wel wat • *er hat ~ Mathematik eine Eins* hij heeft een tien voor wiskunde

inaktiv BN **1** niet actief **2** non-actief **3** gepensioneerd

inakzeptabel BN onacceptabel, onaannemelijk

Inangriffnahme ZN V (-/gmv) start, begin

Inanspruchnahme ZN V (-/+n) **1** inbeslagneming **2** ingebruikneming, gebruikmaking

Inbegriff ZN M (+(e)s/+e) belichaming, summum, toonbeeld

inbegriffen BN erbij inbegrepen, inclusief • *mit ~ sein* erbij inbegrepen zijn

Inbesitznahme ZN V (-/+n) FORM. inbezitneming

Inbetriebnahme ZN V (-/+n) in bedrijf nemen

Inbetriebsetzung ZN V (-/+en) inbedrijfstelling

Inbrunst ZN V (-/gmv) vuur <figuurlijk>, innigheid

inbrünstig BN vurig, innig

indem VOEGW doordat

Inder ZN M (+s/-) Indiër

Inderin ZN V (-/+nen) Indiase

indessen **1** BW **1** ondertussen **2** evenwel, echter **2** VOEGW FORM. terwijl

Index ZN M (-, +es/-dizes, +e) index, register, lijst

indexieren OV WW indexeren

Indianer ZN M (+s/-) indiaan

indianisch BN indiaans

Indien ZN O (+s/gmv) India

Indienststellung ZN V (-/gmv) **1** aanstelling **2** indienstneming

Indikation ZN V (-/+en) indicatie

Indikativ ZN M (+s/+e) TAALK. indicatief, aantonende wijs

indirekt BN indirect • *eine ~e Mitteilung* een zijdelingse toespeling

indisch BN Indiaas

indiskret BN indiscreet

Indiskretion ZN V (-/+en) indiscretie

indiskutabel BN indiscutabel, niet voor discussie vatbaar

indisponiert BN niet goed gedisponeerd • *der Sänger ist ~* de zanger is niet in vorm

individualisieren OV WW individualiseren

Individualismus ZN M (-/gmv) individualisme

Individualist ZN M (+en/+en) individualist

individualistisch BN individualistisch

Individualität ZN V (-/+en) individualiteit

individuell BN individueel

Individuum ZN O (+s/-duen) individu

Indiz ZN O (+es/+ien) JUR. aanwijzing

Indizienbeweis ZN M (+es/+e) JUR. op aanwijzingen berustend bewijs

indoktrinieren OV WW indoctrineren
Indonesien ZN O (+s/gmv) Indonesië
Indonesier ZN M (+s/-) Indonesiër
indonesisch BN Indonesisch
Indossament ZN O (+s/+e) endossement
Induktion ZN V (-/+en) inductie • *für ~ geeignet* geschikt voor inductie
industrialisieren OV WW industrialiseren
Industrialisierung ZN V (-/gmv) industrialisatie
Industrie ZN V (-/+n) industrie, nijverheid
Industrieanlage ZN V (-/+n) fabriekscomplex
Industriearbeiter ZN M (+s/-) industriearbeider
Industriebetrieb ZN M (+(e)s/+e) industriële onderneming, industrieonderneming
Industriegebiet ZN O (+(e)s/+e) industriegebied, industrieterrein
Industriegesellschaft ZN V (-/+en) geïndustrialiseerde maatschappij
Industriegewerkschaft ZN V (-/+en) industriebond
industriell BN industrieel
Industrielle ZN M/V (+n/+n) industrieel
Industriemüll ZN M (+(e)s/gmv) industrieafval
Industrie- und Handelskammer ZN V (-/+n) Kamer van Koophandel (en Fabrieken)
Industriezweig ZN M (+(e)s/+e) bedrijfstak
induzieren OV WW induceren
ineinander BW ineen, in elkaar • *~ fügen/passen* in elkaar passen
infam **1** BN schandelijk, infaam **2** BW enorm, ontzettend
Infanterie ZN V (-/+en) MIL. infanterie
Infanterist ZN M (+en/+en) MIL. infanterist
infantil BN kinderlijk, infantiel
Infarkt ZN M (+(e)s/+e) MED. infarct
Infektion ZN V (-/+en) infectie, besmetting
Infektionsherd ZN M (+(e)s/+e) besmettingshaard
Infektionskrankheit ZN V (-/+en) MED. infectieziekte
infektiös BN besmettelijk, infectueus
Inferno ZN O (+s/+s) inferno
infiltrieren OV + ONOV WW infiltreren, binnendringen
Infinitiv ZN M (+s/+e) TAALK. infinitief, onbepaalde wijs
infizieren OV WW infecteren, besmetten
Inflation ZN V (-/+en) inflatie
inflationär BN inflatie veroorzakend, inflatoir
Inflationsrate ZN V (-/+n) inflatiepercentage
Info ZN V (-/+s) informatie
infolge VZ +2, ten gevolge van • *~ eines Verkehrsunfalls* ten gevolge van een verkeersongeluk
infolgedessen VOEGW dientengevolge, daardoor
Infomercial ZN M/V infomercial
Informatik ZN V (-/gmv) informatica
Informatiker ZN M (+s/-) informaticadeskundige
Information ZN V (-/+en) informatie, inlichting • *ich habe keine Informationen* ik heb geen informatie • *Informationen über etwas anfordern* inlichtingen aanvragen over iets
Informationsbüro ZN O (+s/+s) voorlichtingsbureau
Informationsfluss ZN M (+es/-flüsse) informatiestroom
Informationsstand ZN M (+(e)s/-stände) informatiebalie
Informationsverarbeitung ZN V (-/gmv) informatieverwerking
informieren **1** OV WW informeren, inlichten (**über** +4 over) • *ich informiere Sie, sobald ich mehr weiß* ik informeer u, zodra ik meer weet **2** WKD WW (**sich ~**) zich op de hoogte stellen, informeren • *ich informiere mich, wann der Kurs beginnt* ik informeer wanneer de cursus begint
Infostand ZN M (+(e)s/-stände) INFORM. infostand
infrage BW • *~ kommen* in aanmerking komen • *(das) kommt nicht ~!* daar is geen sprake van!
infrarot BN infrarood
Infrarotstrahlung ZN V (-/gmv) infraroodstraling
Infrastruktur ZN V (-/+en) infrastructuur
Infusion ZN V (-/+en) infuus, infusie
Ing. AFK Ingenieur ingenieur
Ingangsetzung ZN V (-/gmv) start
Ingebrauchnahme ZN V (-/gmv) ingebruikneming
Ingenieur ZN M (+s/+e) ingenieur
Ingenieurbüro ZN O (+s/+s) ingenieursbureau
ingeniös BN ingenieus, vernuftig
Ingredienz ZN V (-/+ien) ingrediënt, bestanddeel
Ingwer ZN M (+s/gmv) gember
Inh. AFK Inhaber eigenaar
Inhaber ZN M (+s/-) eigenaar, bezitter, houder
Inhaberaktie ZN V (-/+n) aandeel aan toonder
inhaftieren OV WW arresteren
Inhaftierte ZN M/V (+n/+n) arrestant
Inhaftierung ZN V (-/+en) arrestatie, inhechtenisneming
Inhalation ZN V (-/+en) inhalatie
Inhalationsapparat ZN M (+s/+e) inhalator
inhalieren OV WW inhaleren
Inhalt ZN M (+(e)s/+e) inhoud • *der ~ des Briefes war vertraulich* de inhoud van de brief was vertrouwelijk
inhaltlich BN inhoudelijk, wat de inhoud betreft
Inhaltsangabe ZN V (-/+n) inhoudsopgave
inhaltsleer BN **1** zonder inhoud, leeg **2** nietszeggend, waardeloos
inhaltslos BN **1** zonder inhoud, leeg **2** nietszeggend, waardeloos
inhaltsreich BN betekenisvol
Inhaltsverzeichnis ZN O (+ses/+se) inhoudsopgave
inhärent BN inherent

inhuman BN inhumaan • *jemanden ~ behandeln* iemand inhumaan behandelen
Initiale ZN V (-/+n) initiaal, beginletter
Initiative ZN V (-/+n) initiatief • *die ~ ergreifen* het initiatief nemen
Initiator ZN M (+s/+en) initiatiefnemer
initiieren OV WW initiëren, inleiden
Injektion ZN V (-/+en) injectie
Injektionsnadel ZN V injectienaald
Injektionsspritze ZN V (-/+n) injectiespuit
injizieren OV WW injectie toedienen, inspuiten
Inkasso ZN O (+s/+s, -kassi) incasso
Inkassobüro ZN O (+s/+s) incassobureau
inkl. AFK inklusive inclusief, inbegrepen
inklusive VZ +2, inclusief, inbegrepen • *~ Mehrwertsteuer* inclusief BTW
inkognito BW incognito
Inkognito ZN O (+s/+s) incognito
inkompatibel BN incompatibel
in **inkompetent** BN incompetent
inkonsequent BN inconsequent
Inkonsequenz ZN V (-/+en) inconsequentie
Inkontinenz ZN V (-/gmv) incontinentie
inkorrekt BN incorrect, onjuist • *ihr Verhalten war ~* haar gedrag was onjuist
Inkrafttreten ZN O (+s/gmv) inwerkingtreding
Inkubationszeit ZN V (-/+en) incubatietijd
Inland ZN O (+(e)s/gmv) binnenland
Inländer ZN M (+s/-) autochtone bewoner
Inlandflug ZN M (+(e)s/-flüge) binnenlandse vlucht
inländisch BN binnenlands, inheems
Inlandsgespräch ZN O (+(e)s/+e) binnenlands telefoongesprek
Inlandsmarkt ZN M (+(e)s/-märkte) ECON. binnenlandse markt
Inlett ZN O (+(e)s/+s, +e) tijk, overtrek
inliegend BN OOST. ingesloten, bijgevoegd
Inliner ZN M (+s/+s) inlineskate
Inlineskate ZN O (+s/+s) inlineskate
inmitten VZ +2, te midden van • *~ aller Probleme* te midden van alle problemen
innehaben OV WW onregelmatig bekleden <van ambt>
innehalten ONOV WW sterk even onderbreken, even ophouden
innen BW binnen, van binnen • *die Tür von ~ abschließen* de deur van binnen sluiten
Innenarchitekt ZN M (+en/+en) binnenhuisarchitect
Innenaufnahme ZN V (-/+n) A-V binnenopname
Innenausstattung ZN V (-/+en) interieurverzorging, inrichting
Innendienst ZN M (+(e)s/+e) binnendienst
Inneneinrichtung ZN V (-/+en) woninginrichting
Innenleben ZN O (+s/gmv) innerlijk leven, gevoelsleven
Innenminister ZN M (+s/-) minister van Binnenlandse Zaken
Innenministerium ZN O (+s/-rien) ministerie van Binnenlandse Zaken
Innenpolitik ZN V (-/gmv) binnenlandse politiek
innenpolitisch BN de binnenlandse politiek betreffend
Innenraum ZN M (+(e)s/-räume) binnenruimte
Innenseite ZN V (-/+n) binnenkant
Innenstadt ZN V (-/-städte) binnenstad
innere BN innerlijk, binnen(ste), inwendig, intern • *~ Medizin* interne geneeskunde • *~ Unruhen* binnenlandse onlusten • *jemandes innerste Überzeugung* iemands innige overtuiging
Innere ZN O (-(e)n/gmv) **1** binnenste, inwendige • *der Minister des Innern* de minister van Binnenlandse Zaken **2** innerlijk **3** kern
Innereien ZN MV ingewanden
innerhalb VZ +2, +von+3, binnen • *~ von fünf Minuten* binnen vijf minuten • *~ einer Woche; ~ von einer Woche* binnen een week • *~ der Stadt* binnen de stad • *~ der Schlossmauern* binnen de muren van het kasteel
innerlich BN innerlijk, inwendig
innerst... BN **1** binnenst **2** FIG. diepst
innewerden ONOV WW +2, onr. FORM. gewaarworden, beseffen, door krijgen • *ehe er dessen inne wurde* voordat hij het besefte
innewohnen ONOV WW +3 FORM. kleven aan, inherent zijn, zitten in • *einer Sache ~* inherent zijn aan iets
innig BN innig, hartelijk
Innigkeit ZN V (-/+en) tederheid, hartelijkheid
inniglich BN FORM. innig
Innovation ZN O (-/+en) innovatie
innovativ BN innovatief, vernieuwend
Innung ZN V (-/+en) vakvereniging, gilde
inoffiziell BN inofficieel, officieus
in petto BW in petto • INFORM. *etwas ~ haben* iets in petto hebben
in puncto BW wat betreft • *~ Kleidung* wat de kleding betreft
Inquisition ZN V (-/+en) inquisitie
Inquisitor ZN M (+s/+en) inquisiteur
ins SAMENTR in das → **in**
Insasse ZN M (+n/+n) **1** inzittende **2** bewoner
Insassenversicherung ZN V (-/+en) inzittendenverzekering
insbesondere BW bijzonder, vooral
Inschrift ZN V (-/+en) inscriptie
Insekt ZN O (+(e)s/+en) insect
Insektenspray ZN O anti-insectenspray
Insektizid ZN O (+(e)s/+e) insecticide
Insel ZN V (-/+n) eiland • *kleine ~* eilandje • *auf einer ~* op een eiland • *unbewohnte ~* onbewoond eiland
Inselbewohner ZN M (+s/-) eilander, eilandbewoner
Inselstaat ZN M (+(e)s/+en) eilandenrijk
Inselwelt ZN V (-/+en) eilandenrijk
Inserat ZN O (+(e)s/+e) advertentie
Inseratenteil ZN M (+(e)s/+e) advertentierubriek

Inserent ZN M (+en/+en) adverteerder

inserieren ONOV WW adverteren

insgeheim BW in het geheim, heimelijk

insgesamt BW alles bij elkaar, in totaal, samen

Insider ZN M (+s/-) insider, ingewijde

insofern VOEGW **1** wat dat betreft **2** voor zover, indien

insolvent BN insolvent

Insolvenz ZN V (-/+en) insolventie

insoweit **1** BW in dit opzicht, in zoverre **2** VOEGW voor zover

in spe BW in spe, toekomstig • *ein Künstler ~* een kunstenaar in de dop

Inspekteur ZN M (+s/+e) **1** leider v.e. inspectie **2** MIL. inspecteur-generaal

Inspektion ZN V (-/+en) inspectie • *eine ~ vornehmen* inspectie houden • *ein Auto zur ~ bringen* een auto een servicebeurt geven

Inspektor ZN M (+s/+en) inspecteur

Inspektorin ZN V (-/+nen) inspectrice

Inspiration ZN V (-/+en) inspiratie

inspirieren OV WW inspireren

inspizieren OV WW inspecteren

Installateur ZN M (+s/+e) installateur

Installation ZN V (-/+en) **1** (het) installeren **2** installatie

installieren OV WW installeren

instand BW • *~ halten* in goede staat houden, onderhouden • *~ setzen* herstellen, repareren

Instandhaltung ZN V (-/gmv) **1** verzorging, instandhouding, onderhoud **2** behoeden voor ondergang

Instandhaltungsarbeiten ZN MV onderhoudswerkzaamheden • *überfällige ~* achterstallig onderhoud

inständig BN nadrukkelijk, dringend

Instandsetzung ZN V (-/gmv) reparatie, herstel

instant BW instant-, oplos-

Instanz ZN V (-/+en) instantie • *in zweiter/letzter ~ verurteilt werden* in hoger beroep veroordeeld worden

Instanzenweg ZN M (+(e)s/+e) weg langs de verschillende instanties, hiërarchische weg

Instinkt ZN M (+(e)s/+e) instinct

instinktiv BN instinctief

instinktlos BN **1** zonder instinct **2** zonder gevoel <voor (politieke) verhoudingen>

Institut ZN O (+(e)s/+e) instelling, instituut • *~ für Niederländische Philologie* instituut voor Neerlandistiek

Institution ZN V (-/+en) institutie

institutionalisieren OV WW institutionaliseren

institutionell BN institutioneel

instruieren OV WW instrueren

Instruktion ZN V (-/+en) instructie

Instrument ZN O (+(e)s/+e) instrument • *Instrumente eines Chirurgen* instrumenten van een chirurg • *ein Wörterbuch als ~ benutzen* een woordenboek als instrument gebruiken • *ein ~ spielen* een instrument bespelen

instrumental BN instrumentaal

Instrumentarium ZN O (+s/-rien) instrumentarium

Instrumentenbrett ZN O (+(e)s/+er) instrumentenpaneel

Instrumentenflug ZN M (+(e)s/-flüge) LUCHTV. (het) instrumentvliegen, (het) blind vliegen • *im ~* op de automatische piloot

Insulaner ZN M (+s/-) eilandbewoner

Insulin ZN O (+s/gmv) insuline

inszenieren OV WW ensceneren

Inszenierung ZN V (-/+en) enscenering

intakt BN onverlet, intact

integer BN integer, rechtschapen

integral BN integraal

Integralhelm ZN M (+(e)s/+e) integraalhelm

Integration ZN V (-/+en) integratie

integrieren **1** OV WW integreren **2** WKD WW (sich ~) integreren • *sich in die Gesellschaft* integreren in de samenleving

Integrität ZN V (-/gmv) **1** integriteit, onomkoopbaarheid **2** onschendbaarheid <van territorium>

Intellekt ZN M (+(e)s/gmv) denkvermogen, intellect

intellektuell BN intellectueel

Intellektuelle ZN M/V (+n/+n) intellectueel

intelligent BN intelligent

Intelligenz ZN V (-/+en) intelligentie

Intelligenzquotient ZN M (+en/+en) intelligentiequotiënt

Intelligenztest ZN M (+(e)s/+s, +e) intelligentietest

Intendant ZN M (+en/+en) intendant, directeur van een schouwburg, directeur van een omroep

Intensität ZN V (-/+en) intensiteit

intensiv BN intensief

intensivieren OV WW intensiveren

Intensivierung ZN V (-/+en) intensivering

Intensivkurs ZN M (+es/+e) intensieve cursus, stoomcursus

Intensivstation ZN V (-/+en) intensive care <ziekenhuis>

interaktiv BN interactief

Intercity ZN M (+s/+s) IC intercity

Intercityexpress ZN M (-express'/+e) hogesnelheidstrein

interessant BN interessant

Interesse ZN O (+s/+n) belangstelling **(für** +4, **an** +3 voor), interesse (in), belang • *daran haben wir kein ~* daar hebben we geen interesse in • *es liegt in deinem ~ zu* het is in je eigen belang om • *jemandes Interessen vertreten* iemands belangen vertegenwoordigen • *das hat mein ganzes ~* dat heeft mijn volle aandacht

interesselos BN ongeïnteresseerd

Interesselosigkeit ZN V (-/gmv) desinteresse

Interessengebiet ZN O (+(e)s/+e) aandachtsgebied, interessesfeer

Interessengemeinschaft ZN V (-/+en)

in

belangengemeenschap
Interessenkonflikt ZN M (+(e)s/+e) belangenconflict
Interessent ZN M (+en/+en) geïnteresseerde, belanghebbende
Interessenvertreter ZN M (+s/-) belangenbehartiger
interessieren **1** OV WW interesseren • *jemanden für ein Projekt/an einem Projekt ~* iemand interesseren voor een project • *an jemandem/etwas interessiert sein* geïnteresseerd zijn in iemand/iets • *das interessiert mich sehr* daar ben ik erg in geïnteresseerd **2** WKD WW **(sich ~) für** geïnteresseerd zijn (in) • *wofür ~ Sie sich?* waar bent u in geïnteresseerd?
Interface ZN O (-/+s) interface
Interimsregierung ZN V (-/+en) interimregering
interkontinental BN intercontinentaal

Intermezzo ZN O (+s/+s, -mezzi) **1** intermezzo **2** incident, voorval
intern BN intern, inwendig, inwonend • *~er Schüler* interne leerling
Internat ZN O (+(e)s/+e) internaat, kostschool
international BN internationaal
Internet ZN O (+s/gmv) internet
Internetanschluss ZN M COMP. internetaansluiting
internieren OV WW interneren
Internierte ZN M/V (+n/+n) geïnterneerde
Internierung ZN V (-/+en) internering
Internierungslager ZN O (+s/-) interneringskamp
Internist ZN M (+en/+en) MED. internist
Interpret ZN M (+en/+en) interpreet, uitlegger, vertolker
Interpretation ZN V (-/+en) interpretatie
interpretieren OV WW interpreteren, verklaren, uitleggen
Interpunktion ZN V (-/+en) interpunctie
Interrogativpronomen ZN O (+s/-, -mina) vragend voornaamwoord
Intervall ZN O (+s/+e) interval, tussenpoos
intervenieren ONOV WW interveniëren, tussenbeide komen • *in einem Streit ~* tussenbeide komen bij een ruzie • *für jemanden ~* voor iemand tussenbeide komen
Intervention ZN V (-/+en) interventie, tussenkomst
Interview ZN O (+s/+s) interview, vraaggesprek
interviewen OV WW interviewen
Interviewer ZN M (+s/-) interviewer
intim BN intiem
Intimbereich ZN M (+(e)s/+e) **1** intieme levenssfeer **2** MED. schaamstreek
Intimität ZN V (-/+en) intimiteit
Intimsphäre ZN V (-/+n) intieme levenssfeer
intolerant BN intolerant, onverdraagzaam
Intoleranz ZN V (-/gmv) intolerantie, onverdraagzaamheid
Intranet ZN O (+s/+s) intranet
intransitiv BN TAALK. intransitief, onovergankelijk
intravenös BN intraveneus, in de ader
intrigant BN intrigant, intrigerend
Intrigant ZN M (+en/+en) intrigant
Intrige ZN V (-/+n) intrige
intrigieren OV + ONOV WW intrigeren
Introduktion ZN V (-/+en) introductie
introvertiert BN introvert
Intuition ZN V (-/+en) intuïtie
intuitiv BN intuïtief • *den Weg ~ finden* de weg op het gevoel vinden
intus BN • INFORM. *einen ~ haben* aangeschoten/dronken zijn • INFORM. *etwas ~ haben* iets begrepen hebben/goed kennen, iets gegeten/gedronken hebben
Inuit ZN M (-/-) Inuit
Invalide ZN M/V (+n/+n) invalide
Invalidenrente ZN V (-/+n) invaliditeitspensioen
Invalidität ZN V (-/gmv) invaliditeit
Invasion ZN V (-/+en) invasie
Inventar ZN O (+s/+e) inventaris • *ein ~ aufstellen* de inventaris opmaken
inventarisieren OV WW inventaris opmaken
Inventur ZN V (-/+en) inventarisatie
Inventurausverkauf ZN M (+s/-ausverkäufe) balansopruiming
Inversion ZN V (-/+en) inversie, omkering
investieren OV WW **1** investeren **(in** +4 in), beleggen • *Geld in etwas ~* geld in iets investeren **2** installeren <in ambt>, bevestigen
Investierung ZN V (-/+en) investering, belegging
Investition ZN V (-/+en) investering
Investitionsgüter ZN MV investeringsgoederen
Investmentfonds ZN M (-/-) beleggingsfonds
Investmentgesellschaft ZN V (-/+en) ECON. investment-trust, beleggingsmaatschappij
Investor ZN M (+s/+en) investeerder, belegger
In-vitro-Fertilisation ZN V (-/+en) in-vitrofertilisatie/-bevruchting
inwendig BN inwendig • INFORM. *jemanden/etwas in- und auswendig kennen* iemand/iets heel goed kennen
inwiefern VOEGW in hoeverre
Inzest ZN M (+(e)s/+e) incest
inzestuös BN incestueus
Inzucht ZN V (-/+en) inteelt
inzwischen BW intussen, ondertussen, inmiddels
IOK ZN O (-, +s/gmv) Internationales Olympisches Komitee IOC
Ion ZN O (+s/+en) SCHEIK. ion
I-Punkt ZN M (+(e)s/+e) puntje op de i • *bis auf den i-Punkt* tot in de puntjes
IQ AFK (-, +s/-, +s) Intelligenzquotient IQ, intelligentiequotiënt
i.R. AFK im Ruhestand gepensioneerd
IRA ZN V IRA
Irak ZN M (+s/gmv) Irak • *im ~* in Irak • *in den ~*

fahren naar Irak gaan
Iraker ZN M (+s/-) Irakees
irakisch BN Irakees
Iran ZN M (+s/gmv) Iran • *im ~* in Iran • *in den ~* naar Iran
Iraner ZN M (+s/-) Iranees
iranisch BN Iraans
irdisch BN aards • *~e Güter* aardse goederen
Ire ZN M (+n/+n) Ier
irgend BW **1** ook maar, dan ook **2** enigszins • *wenn es ~ geht* als het enigszins gaat
irgendein ONB VNW een of ander • *aus ~em unklaren Grund* om een of andere duistere reden • *auf ~e Art und Weise* op de een of andere manier, op enigerlei wijze • *in ~er Form* in enigerlei vorm
irgendetwas ONB VNW een of ander, iets
irgendjemand ONB VNW een of ander, iemand
irgendwann BW vroeger of later, eens
irgendwas ONB VNW INFORM. iets, wat dan ook, het een of ander • *Ist ~?* Is er iets?
irgendwelch ONB VNW een of ander, willekeurig • *ohne ~e Kosten* zonder enige kosten
irgendwer ONB VNW **1** een of ander, iemand • *will das ~ tun?* wil dat iemand doen? **2** zo maar iemand • *sie ist schließlich nicht ~* ze is tenslotte niet zo maar iemand
irgendwie BW op de een of andere manier, enigszins • *sobald ich ~ kann* zodra ik maar enigszins kan • *wenn es ~ möglich ist* als het enigszins mogelijk is • *falls es ~ möglich ist* indien enigszins mogelijk • *das ist ~ schon verständlich* het is ergens wel begrijpelijk
irgendwo BW op de een of andere plaats, ergens • *dort ~* daar ergens
irgendwoher BW ergens vandaan
irgendwohin BW ergens heen
Irin ZN V (-/+nen) Ierse
Iris **1** ZN V (-/-) PLANTK. iris, lisbloem **2** ZN V (-/-iden, -ides) MED. iris, regenboogvlies
irisch BN Iers
IRK AFK Internationales Rotes Kreuz Internationaal Rode Kruis
Irland ZN O (+s/gmv) Ierland
Ironie ZN V (-/+en) ironie
ironisch BN ironisch
ironisieren OV WW ironiseren, belachelijk maken
irrational BN irrationeel, niet-rationeel
irre BN **1** gek, vreemd **2** in de war, verward **3** JEUGDT. (te) gek, onwijs **4** verdwaald
Irre ZN V (-/gmv) • *in die ~ führen* op een dwaalspoor brengen, misleiden
irreal BN irreëel, niet-werkelijk
irreführen OV WW misleiden, op een dwaalspoor brengen
Irreführung ZN V (-/+en) misleiding
irregehen ONOV WW onregelmatig **1** zich vergissen • *sie geht irre in der Annahme, dass...* zij vergist zich door aan te nemen, dat... **2** de verkeerde weg nemen, verdwalen
irregulär BN **1** ongeregeld **2** niet-regulier
irremachen OV WW van de wijs brengen
irren **1** ONOV WW **1** FORM. dwalen **2** FORM. het mis hebben **2** WKD WW (**sich ~**) zich vergissen • *sich im Datum ~* zich vergissen in de datum • *wenn ich mich nicht irre* als ik me niet vergis • *Sie ~ sich in der Person* u heeft de verkeerde voor u • *irrst du dich nicht?* vergis je je niet? • *ich habe mich geirrt* ik heb me vergist
Irrenanstalt ZN V (-/+en) **1** MIN. gekkenhuis **2** MIN. krankzinnigengesticht
Irrenhaus ZN O (+es/-häuser) MIN. krankzinnigengesticht • *es geht hier zu wie im ~* het is hier een gekkenhuis
irreparabel BN onherstelbaar
irrewerden ONOV WW gaan twijfelen, onzeker worden • *an jemandem/etwas ~* aan iemand/iets gaan twijfelen
Irrfahrt ZN V (-/+en) dwaaltocht, zwerftocht, odyssee
Irrgarten ZN M (+s/-gärten) labyrint, doolhof
Irrglaube ZN M (+ns/gmv) dwaalleer, valse leer
irrig BN foutief, onjuist, ondenkbaar, verkeerd
irrigerweise BW abusievelijk, bij vergissing
irritieren OV WW irriteren
Irrläufer ZN M (+s/-) verkeerd bezorgd poststuk
Irrlehre ZN V (-/+n) dwaalleer
Irrlicht ZN O (+(e)s/+er) dwaallicht
Irrsinn ZN M (+(e)s/gmv) **1** dwaasheid **2** waanzin, krankzinnigheid
irrsinnig BN **1** waanzinnig, krankzinnig **2** INFORM. waanzinnig, enorm
Irrtum ZN M (+s/-tümer) vergissing, dwaling • *im ~ sein* zich vergissen • *ein gewaltiger ~* een lelijke vergissing
irrtümlich BN bij vergissing, verkeerd
irrtümlicherweise BW bij/per vergissing
Irrung ZN V (-/+en) dwaling • *Irrungen und Wirrungen* dwalingen
Irrweg ZN M (+(e)s/+e) **1** dwaalweg **2** verkeerde opvatting
IS AFK Islamitischer Staat IS, Islamitische Staat
Ischias ZN V (-/gmv) MED. ischias
ISDN ZN O (-/gmv) Integrated Services Digital Network ISDN
ISIL AFK Islamitischer Staat im Irak und der Levante ISIL, Islamitische Staat in Irak en de Levant
ISIS AFK Islamitischer Staat im Irak und Syrien ISIS, Islamitische Staat in Irak en Syrië
Islam ZN M (-, +s/gmv) REL. islam
islamisch BN islamitisch
Islamismus ZN M (-/gmv) islamisme
Islamist ZN M (+en/+en) islamist
islamistisch BN islamistisch
Island ZN O (+s/gmv) IJsland
Isländer ZN M (+s/-) IJslander
Isländerin ZN V (-/+nen) IJslandse
isländisch BN IJslands
Isolation ZN V (-/+en) isolatie
Isolierband ZN O (+(e)s/-bänder) isolatietape
isolieren OV WW isoleren

Isolierschicht ZN V (-/+en) isolerende laag
Isolierstation ZN V (-/+en) MED. isoleerafdeling
Isoliertheit ZN V (-/gmv) geïsoleerdheid, afzondering
Isolierung ZN V (-/+en) isolering, isolement
isoton BN isotoon
Israel ZN O (+s/gmv) Israël
Israeli ZN M (+s/+s) Israëli
israelisch BN Israëlisch
Israelit ZN M (+en/+en) Israëliet
israelitisch BN Israëlitisch
isst WW verl. tijd → **essen**
ist ONOV WW o.t.t. → **sein**
Istbestand ZN M (+(e)s/-bestände) werkelijke (kas)voorraad
Italien ZN O (+s/gmv) Italië
Italiener ZN M (+s/-) Italiaan
Italienerin ZN V (-/+nen) Italiaanse
italienisch BN Italiaans
is
i-Tüpfelchen ZN O (+s/-) puntje op de i • *bis aufs ~* tot in de kleinste details
i.V. AFK **1** in Vertretung plaatsvervangend, namens, voor **2** in Vollmacht bij volmacht
IVF ZN V MED. In-vitro-Fertilisation ivf <in-vitrofertilisatie>
IWF AFK Internationaler Währungsfonds Internationaal Monetair Fonds

J

J 1 ZN O (-/-) letter j • *J wie Julius* de j van Johan **2** AFK (-/-) **1** Jod jodium **2** Joule joule
ja ja <bevestigend> • *na ~* nou ja • FIG. *zu allem ~ und amen sagen; zu allem Ja und Amen sagen* op alles ja en amen zeggen BW **1** immers, toch • *es ist ~ schon zu spät* het is toch al te laat • *das wäre ~ noch schöner* dat zou nog mooier zijn • *ich kann es dir ~ sagen, aber du hast nichts davon* ik kan het je wel zeggen, maar je hebt er niets aan • *es schneit ja!* het sneeuwt warempel! • *das stimmt ~* dat is waar ook • *das war ~ ein Schreck!* was me dat even schrikken! **2** vooral • *sagen Sie das ~ nicht!* zegt u dat vooral niet!
Jacht ZN V (-/+en) SCHEEPV. jacht
Jacke ZN V (-/+n) **1** jas, jack • FIG. *Jacke wie Hose* lood om oud ijzer **2** jasje, colbert(je)
Jackett ZN O (+s/+s, +e) colbert
Jagd ZN V (-/+en) jacht • *auf der ~ sein* op jacht zijn • *auf die ~ gehen* op jacht gaan • *~ machen auf* jacht maken op • *die ~ nach Ruhm* de jacht naar roem
Jagdflieger ZN M MIL. jachtvliegtuig
Jagdflinte ZN V (-/+n) jachtgeweer
Jagdflugzeug ZN O (+(e)s/+e) LUCHTV. jachtvliegtuig, jager
Jagdrevier ZN O (+s/+e) jachtgebied <ook figuurlijk>
Jagdschein ZN M (+(e)s/+e) jachtvergunning
Jagdschutz ZN M (+es/gmv) bescherming van het wild
jagen 1 OV WW **1** achtervolgen, jacht maken op **2** jagen **2** ONOV WW jagen • *die Wolken ~ am Himmel* de wolken jagen langs de hemel **3** WKD WW (**sich ~**) snel op elkaar volgen
Jäger ZN M (+s/-) jager
Jägerei ZN V (-/gmv) **1** jagen, jacht **2** jagers
Jägerlatein ZN O (+s/gmv) jagerslatijn
Jaguar ZN M (+s/+e) jaguar
jäh BN **1** steil **2** plotseling
Jahr ZN O (+(e)s/+e) jaar • *ich bin zwanzig Jahre alt* ik ben twintig jaar oud • *jemandem ein gutes neues ~ wünschen* iemand een gelukkig Nieuwjaar wensen • *die zwanziger Jahre* de jaren twintig • O&W *praktisches ~* ≈ stagejaar, ≈ BELG. specialisatiejaar • *nach ~ und Tag* sinds jaar en dag • *in die Jahre kommen* op leeftijd komen • *bei Jahren sein* op leeftijd zijn
jahraus BW • *~, jahrein* jaar in, jaar uit
Jahrbuch ZN O (+(e)s/-bücher) jaarboek
jahrelang BN jarenlang
jähren WKD WW (**sich ~**) verjaren, een jaar geleden zijn • *sein Tod jährt sich zum dritten Mal* het is drie jaar geleden dat hij stierf
Jahresabschluss ZN M (+es/-schlüsse) **1** eind van het jaar **2** jaarbalans
Jahresbeitrag ZN M (+(e)s/-beiträge) jaarlijkse bijdrage/premie
Jahresbericht ZN M (+(e)s/+e) jaarverslag
Jahresbezüge ZN MV jaarinkomen

Jahresdurchschnitt ZN M (+s/+e) jaargemiddelde

Jahreseinkommen ZN O (+s/-) ECON. jaarinkomen

Jahresende ZN O (+s/gmv) einde van het jaar • *vor ~* voor het eind van het jaar

Jahresfrist ZN V (-/+en) termijn van een jaar • *innerhalb ~* binnen een jaar

Jahresgehalt ZN O (+es/-gehälter) jaarsalaris

Jahreshälfte ZN V (-/+n) halfjaar, helft van een jaar

Jahreskarte ZN V (-/+n) jaarkaart

Jahresring ZN M (+(e)s/+e) jaarring

Jahrestag ZN M (+(e)s/+e) verjaardag, jaarlijkse herdenkingsdag

Jahresumsatz ZN M (+es/-sätze) jaaromzet

Jahreswechsel ZN M (+s/-) jaarwisseling

Jahreszahl ZN V (-/+en) jaartal

Jahreszeit ZN V (-/+en) jaargetijde

Jahrg. AFK Jahrgang jaargang

Jahrgang ZN M (+(e)s/-gänge) **1** jaargang **2** MIL. lichting

Jahrhundert ZN O (+s/+e) eeuw • *das 20. ~* de 20e eeuw

jahrhundertelang BN eeuwenlang

Jahrhundertfeier ZN V (-/+n) eeuwfeest

Jahrhundertwende ZN V (-/+n) eeuwwisseling • *um die ~* rond de eeuwwisseling

jährlich BN jaarlijks

Jahrmarkt ZN M (+(e)s/-märkte) jaarmarkt, kermis, BELG. foor

Jahrtausend ZN O (+s/+e) duizend jaar, millennium

Jahrzehnt ZN O (+s/+e) tien jaar, decennium

Jähzorn ZN M (+(e)s/gmv) drift, opvliegendheid

jähzornig BN driftig, opvliegend

Jak ZN M (+s/+s) jak

Jalousie ZN V (-/+n) jaloezie, zonwering

Jammer ZN M (+s/gmv) **1** gejammer **2** ellende • *es ist ein ~* het is om te huilen

Jammergestalt ZN V (-/+en) **1** ongelukkig figuur **2** MIN. sukkel

Jammerlappen ZN M (+s/-) sul, sukkel

jämmerlich BN **1** jammerlijk, ellendig • *ein jämmerliches Schauspiel* een ellendig schouwspel **2** armzalig

jammern ONOV WW jammeren, klagen • *das Kind jammert nach einem Eis* het kind zeurt om een ijsje • *sie jammert dauernd* ze is alleen maar aan het klagen

jammerschade BW eeuwig zonde

Jan. AFK Januar januari

Januar ZN M (-, +s/+e) januari • *im ~* in januari

Japan ZN O (+s/gmv) Japan

Japaner ZN M (+s/-) Japanner

japanisch BN Japans

japsen ONOV WW hijgen, snakken

Jargon ZN M (+s/+s) jargon <vaktaal>

Jasager ZN M (+s/-) MIN. jaknikker, jabroer

Jasmin ZN M (+s/+e) jasmijn

jäten OV WW wieden

Jauche ZN V (-/+n) gier, vloeibare mest

Jauchegrube ZN V (-/+n) gierput

jauchzen ONOV WW juichen, jubelen

Jauchzer ZN M (+s/-) juichkreet

jaulen ONOV WW luid janken <vooral van hond> • *der Hund jault* de hond jankt

Jause ZN V (-/+n) OOST. maaltijd tussendoor, broodmaaltijd

jawohl BW jawel, ja

Jawort ZN O (+(e)s/+e) jawoord

Jazz ZN M (-/gmv) jazz(muziek)

Jazzmusiker ZN M (+s/-) jazzmuzikant

je BW **1** naarmate • *~ nach Bedarf* al naar behoefte • *~ nachdem* al naargelang, dat ligt eraan • *~ eher, desto besser* hoe eerder hoe beter **2** elk • *Flaschen zu ~ 2 Liter* flessen van elk 2 liter • *ein Getränk ~ Person* één drankje per persoon **3** ooit • *wer hätte das ~ gedacht?* wie had dat ooit gedacht? • *seit eh und ~* sinds jaar en dag

Jeans ZN MV jeans

Jeansjacke ZN V (-/+n) spijkerjack

jede ONB VNW ieder, elk • *~r Tag* elke dag • *~ Blume* elke bloem • *~s Kind* elk kind • *~n dritten Monat* om de drie maanden • *~n zweiten Tag* om de (andere) dag • *ohne ~ Gefahr* zonder enig gevaar • *~s Mal* telkens, iedere keer, steeds weer

je

jedenfalls BW in ieder geval

jeder ONB VNW ieder, elk • *~r Tag* elke dag → **jede**

jederart BN allerlei, om het even welk

jederlei BN allerlei

jedermann ONB VNW iedereen

jederzeit BW altijd

jedes ONB VNW **1** iedereen • *alles und ~s* alles en iedereen **2** elk, ieder • *jedes Kind* elk kind → **jede**

jedoch VOEGW maar, echter • *das ist ein schöner Stuhl, er ist ~ unbequem* dit is een mooie stoel, hij is echter ongemakkelijk

Jeep ZN M (+s/+s) jeep

jegliche ONB VNW **1** enig • *ohne ~n Grund* zonder enige reden **2** ieder

jeher BW • *seit ~* van oudsher • *von ~* vanouds, van oudsher

jein BW HUMOR. ja en nee

jemals BW ooit • *kaum ~* vrijwel nooit

jemand ONB VNW iemand

Jemand ZN M (+s/gmv) INFORM. iemand • *ein gewisser ~* een zeker iemand

jene AANW VNW die, dat • *dieser und ~r* deze en gene

jenseitig BN tegenoverliggend, aan de overkant

jenseits VZ +2, aan de andere kant van • *~ des Rheins* aan de andere kant van de Rijn • *~ der großen Städte* ver weg van de grote steden

Jenseits ZN O (-/gmv) hiernamaals • HUMOR. *jemanden ins ~ befördern* iemand naar de andere wereld helpen

Jesuit ZN M (+en/+en) jezuïet

Jesus ZN M (-/gmv) Jezus • *~ Christus* Jezus Christus

Jesuskind ZN O (+(e)s/gmv) kindje Jezus

jetten ONOV WW INFORM. per jet reizen

jetzig BN **tegenwoordig, huidig, actueel**
jetzt BW **nu** • *was sollen wir ~ machen?* wat moeten we nu doen? • *bis ~* tot nu toe • *~ oder nie* nu of nooit • *~ erst* nu pas • *ab ~* van nu af (aan) • *kommt sie ~?* komt ze nou?
Jetzt ZN O (-/-) **heden**
Jeu de Boules ZN O **jeu de boules**
jeweilig BN **van dat ogenblik, huidig** • *die ~en Umstände* de actuele omstandigheden • *sein ~er Gehilfe* zijn huidige assistent
jeweils BW **telkens, steeds**
Jewelcase ZN V (-/+s) **jewelcase**
Jg. AFK Jahrgang **jaargang**
Jh. AFK Jahrhundert **eeuw**
JH AFK Jugendherberge **jeugdherberg**
jiddisch BN **Jiddisch**
Jiddisch ZN O (-, +s/gmv) **Jiddisch**
Jive ZN M **jive**
Job ZN M (+s/+s) **job, baantje** • *jemandem einen ~ besorgen* iemand een baantje bezorgen
jobben ONOV WW **een (tijdelijke) baan hebben, werken**

Jobsharing ZN O (+s/+s) **jobsharing, werken in een duobaan**
Joch ZN O (+(e)s/+e) **juk** • *das ~ der Diktatur* het juk van de dictatuur • *ein ~ Ochsen* een span ossen
Jochbein ZN O (+(e)s/+e) **jukbeen**
Jockey ZN M (+s/+s) **jockey**
Jod ZN O (+(e)s/gmv) **jodium**
jodeln ONOV WW **jodelen**
Jodler ZN M (+s/-) **1 jodelaar 2 jodellied**
joggen ONOV WW SPORT **joggen, hardlopen**
Jogger ZN M (+s/-) **jogger**
Jogging ZN O (+s/-) **(het) joggen**
Jogginganzug ZN M (+(e)s/-anzüge) **joggingpak**
Joghurt ZN M/O (-, +s/-, +s) **yoghurt**
Jogi ZN M (+s/+s) → **Yogi**
Jogin ZN M (+s/+s) → **Yogin**
Jogurt ZN M/O (-, +s/-, +s) → **Joghurt**
Johannisbeere ZN V (-/+n) **aalbes**
johlen OV + ONOV WW **joelen, joelend roepen**
Joint ZN M (+s/+s) **joint, blowtje** • *einen ~ drehen* een blowtje draaien
Joint Venture, **Jointventure** ZN O (-, +s/+s) **joint venture**
Joker ZN M (+s/-) **joker** <kaartspel>
Jolle ZN V (-/+n) **jol**
Jom Kippur ZN M **Jom Kipoer**
Jongleur ZN M (+s/+e) **jongleur**
jonglieren ONOV WW **jongleren**
Joppe ZN V (-/+n) **jasje, jekker**
Jot ZN O (-/-) **J**
Joule ZN O (-, +s/-) **joule**
Journalismus ZN M (-/gmv) **journalistiek**
Journalist ZN M (+en/+en) **journalist**
journalistisch BN **journalistiek**
jovial BN **joviaal**
Joystick ZN M (+s/+s) **joystick**
jr. AFK junior **jr.**
Jubel ZN M (+s/gmv) **gejuich** • *in ~ ausbrechen* in gejuich uitbarsten
Jubelgeschrei ZN O (+(e)s/gmv) **gejubel**
Jubeljahr ZN O (+(e)s/+e) **jubeljaar** • *er kommt alle Jubeljahre mal vorbei* hij komt praktisch nooit langs
jubeln OV + ONOV WW **jubelen, juichen**
Jubilar ZN M (+s/+e) **jubilaris**
Jubiläum ZN O (+s/-läen) **jubileum**
Jubiläumsausgabe ZN V (-/+n) **jubileumuitgave**
jubilieren ONOV WW **1 juichen 2 jubileren**
juchhe(i) TUSSENW **hoezee!**
juchzen ONOV WW INFORM. **juichen**
jucken **1** OV + ONOV WW **kriebelen, jeuken** • *es juckt* het jeukt • FIG. *das juckt mich nicht* dat laat me koud • FIG. *die Finger ~ mir; mich juckt's in den Fingern* mijn vingers jeuken **2** WKD WW **(sich ~)** INFORM. **zich krabben**
Juckreiz ZN M (+es/+e) **jeuk**
Jude ZN M (+n/+n) **1 jood** <m.b.t. geloof> **2 Jood** <m.b.t. volk>
Judentum ZN O (+s/gmv) **1 jodendom** <m.b.t. geloof> **2 Jodendom** <m.b.t. volk>
Judenverfolgung ZN V (-/+en) **Jodenvervolging**
Judikative ZN V **rechterlijke macht**
Jüdin ZN V (-/+nen) **1 jodin** <m.b.t. geloof> **2 Jodin** <m.b.t. volk>
jüdisch BN **1 joods** <m.b.t. geloof> **2 Joods** <m.b.t. volk>
Jugend ZN V (-/gmv) **jeugd** • *von ~ an* van jongs af aan • *die ~ von heute* de jeugd van tegenwoordig
Jugendalter ZN O (+s/gmv) **jeugdige leeftijd, jeugd**
Jugendamt ZN O (+(e)s/-ämter) **bureau jeugdzorg**
Jugendarrest ZN M (+(e)s/+e) JUR. **jeugdarrest**
Jugendbuch ZN O (+(e)s/-bücher) **jeugdboek**
jugendfrei BN **voor alle leeftijden** <film, boek>
Jugendfreund ZN M (+(e)s/+e) **jeugdvriend**
jugendgefährdend BN **gevaarlijk voor de jeugd**
Jugendgericht ZN O (+s/+e) JUR. **kinderrechter, jeugdrechtbank**
Jugendherberge ZN V (-/+n) **jeugdherberg**
Jugendhilfe ZN V (-/gmv) **jongerenwerk, jeugdzorg**
Jugendkriminalität ZN V (-/gmv) **jeugdcriminaliteit**
jugendlich BN **jeugdig** • *~ aussehen* er jeugdig uitzien
Jugendliche ZN M/V (+n/+n) **jongere, jeugdige, adolescent**
Jugendlichkeit ZN V (-/gmv) **jeugdigheid**
Jugendmannschaft ZN V (-/+en) **jeugdteam, juniorenteam**
Jugendmeister ZN M (+s/-) **kampioen bij de junioren**
Jugendorganisation ZN V (-/+en) **jeugdorganisatie**
Jugendrichter ZN M (+s/-) **kinderrechter**

Jugendschutz ZN M (+es/gmv) kinderbescherming

Jugendstrafanstalt ZN V (-/+en) jeugdgevangenis

Jugendzeit ZN V (-/gmv) jeugd, jonge jaren

Jugoslawe ZN M (+n/+n) Joegoslaaf

Jugoslawien ZN O (+s/gmv) Joegoslavië

Jugoslawin ZN V (-/+nen) Joegoslavische

jugoslawisch BN Joegoslavisch

Julei ZN M (-, +s/+s) → **Juli**

Juli ZN M (-, +s/+s) juli • *im ~* in juli

jun. AFK junior jr.

jung BN jong • *Jung und Alt* jong en oud • *~er Wein/Käse* jonge wijn/kaas • *von ~ auf* van jongs af (aan) • *in seinen ~en Jahren* in zijn jonge jaren • *sie ist 10 Jahre jünger als ich* ze is 10 jaar jonger dan ik • *mein jüngerer Bruder / meine jüngere Schwester* mijn jongere broer / zus • *ein jüngerer Mann* een vrij jonge man • *er ist das jüngere Kind* hij is de jongste van de twee • *in jüngster Zeit* de laatste tijd • *jüngeren Datums* van recente datum • *die jüngste Vergangenheit* het jongste verleden • FIG. *~ gewohnt, alt getan* jong geleerd, oud gedaan

Junge **1** ZN M (+n/+n, Jungs) jongen • *ein schwerer ~* een zware jongen • *ist es ein ~ oder ein Mädchen?* is het een jongen of een meisje? • *ein schlauer ~* een slimme jongen • INFORM. *Jungs* jongens • *unsere Jungs halten gut mit* onze jongens doen het goed • INFORM. *hallo, Jungs!* hallo jongens! **2** ZN O (+n/+n) jong <dier> • *ein Junges* een jong

jungenhaft BN jongensachtig

jünger BN → **jung**

Jünger ZN M (+s/-) discipel, volgeling

Jungfer ZN V (-/+n) • *alte ~* oude vrijster

Jungfernfahrt ZN V (-/+en) SCHEEPV. eerste reis, maidentrip

Jungfernhäutchen ZN O (+s/gmv) maagdenvlies

Jungfrau ZN V (-/+en) maagd <ook sterrenbeeld> • *die heilige ~* de Heilige Maagd

jungfräulich BN maagdelijk, ongerept • *~ weißer Schnee* maagdelijk witte sneeuw

Jungfräulichkeit ZN V (-/gmv) maagdelijkheid

Junggeselle ZN M (+n/+n) vrijgezel • *ein eingefleischter ~* een verstokte vrijgezel

Junggesellenabschied ZN M (+s/+e) vrijgezellenfeest

Jüngling ZN M (+s/+e) OUD. jongeling, jongmens

jüngst **1** BN jongst • *die jüngsten Meldungen* de nieuwste berichten → **jung** **2** BW OUD. onlangs

Jüngste ZN M/V (+n/+n) jongste • *sie ist die ~ in der Gruppe* zij is de jongste van de groep • *sie ist auch nicht mehr die ~* zij is ook niet meer de jongste

Jungtier ZN O (+(e)s/+e) jong dier

Jungverheiratete ZN M/V (+n/+n) pasgehuwde

Juni ZN M (-, +s/+s) juni • *im ~* in juni

junior BN junior

Junior ZN M (+s/-_oren) junior, zoon <vooral in familiebedrijven> • HUMOR. *mein ~* mijn zoon

Junker ZN M (+s/-) jonkheer

Junkie ZN M (+s/+s) junkie

Juno ZN M (-, +s/+s) juni

Junta ZN V (-/Junten) junta

Jura **1** ZN M Juragebergte **2** ZN rechtswetenschappen, rechten • *~ studieren* rechten studeren

Jurist ZN M (+en/+en) jurist

Juristin ZN V (-/+nen) juriste

juristisch BN juridisch • *~e Person* rechtspersoon

Jury ZN V (-/+s) jury

just BW juist, precies, net

justieren OV WW (ad)justeren, afstellen, ijken • *den Motor ~* de motor afstellen

Justiz ZN V (-/gmv) justitie

Justizbehörde ZN V (-/+n) rechterlijke macht

Justizirrtum ZN M (+s/-tümer) gerechtelijke dwaling

Justizminister ZN M (+s/-) minister van Justitie

Jute ZN V (-/gmv) jute

Jutesack ZN M (+(e)s/-säcke) jutezak

Juwel ZN O (+s/+en) juweel • FIG. *die Frau ist ein ~* die vrouw is een parel

Juwelier ZN M (+s/+e) juwelier

Juweliergeschäft ZN O (+(e)s/+e) juwelierswinkel

Juwelierladen ZN M (+s/-läden) juwelierswinkel

Jux ZN M (+es/+e) grap, scherts

juxen ONOV WW grappen maken, schertsen

K

K **1** ZN O (-/-) letter **k** • *K wie Kaufmann/Konrad* de k van Karel **2** AFK (-/-) Kalorie **cal, calorie**

Kabarett ZN O (+s/+s, +e) **cabaret**

Kabarettist ZN M (+en/+en) **cabaretier, cabaretartiest**

kabarettistisch BN **cabaretesk**

kabbeln ONOV WW **kabbelen** • *sich ~* kibbelen

Kabel ZN O (+s/-) **kabel**

Kabelanschluss ZN M (+es/-schlüsse) **kabelaansluiting**

Kabelbahn ZN V (-/+en) **kabelbaan**

Kabelfernsehen ZN O (+s/gmv) **kabeltelevisie**

Kabeljau ZN M (+s/+s, +e) **kabeljauw**

Kabine ZN V (-/+n) **1 hokje, cabine 2 kleedhokje 3 scheepshut 4 gondel** <van kabelbaan> **5** LUCHTV. **passagiersruimte**

Kabinenbahn ZN V (-/+en) **kabelbaan**

Kabinett ZN O (+s/+e) **1 kabinet** <regering> • *das ~ auflösen* het kabinet ontbinden • *ein ~ bilden* een kabinet formeren **2 kabinet 3** OOST. **kamertje 4 eerste kwaliteit wijn**

Kabinettskrise ZN V (-/+n) **kabinetscrisis**

Kabinettssitzung ZN V (-/+en) **vergadering van de ministerraad**

Kabinettstück ZN O (+(e)s/+e) **1 pronkstuk, prachtexemplaar 2** FIG. **meesterstuk, sterk staaltje**

Kabrio ZN O (+s/+s) **cabrio**

Kabriolett ZN O (+s/+s) **cabriolet**

Kabul ZN O **Kaboel**

Kachel ZN V (-/+n) **tegel** • *Delfter Kacheln* Delfts blauw

kacheln OV WW **betegelen**

Kachelofen ZN M (+s/-öfen) **betegelde kachel**

Kacke ZN V (-/gmv) VULG. **kak**

kacken ONOV WW VULG. **kakken**

Kadaver ZN M (+s/-) **kadaver**

Kadavergehorsam ZN M (+s/gmv) **blinde gehoorzaamheid**

Kadenz ZN V (-/+en) **1 cadans 2** MUZ. **cadens**

Kader ZN M (+s/-) **kader** • *permanenter ~* vast kader

Kadett ZN M (+en/+en) **cadet, adelborst**

Kadi ZN M (+s/+s) **kadi** • *zum ~ laufen* naar de rechter lopen

Käfer ZN M (+s/-) **kever, tor**

Kaff ZN O (+(e)s/+e) MIN. **gat** <gehucht> • *ein ödes ~* een saai gat

Kaffee ZN M (+s/+s) **koffie** • *schwarzer ~* zwarte koffie • *~ verkehrt* koffie verkeerd • *~ und Kuchen* koffie en taart • *Kaffee ~* koffiezetten • *zum ~ kommen* ('s middags) op de koffie komen • *~ trinken* koffie drinken, ontbijten • FIG. *das ist kalter ~* dat is oud nieuws

Kaffeebohne ZN V (-/+n) **koffieboon**

Kaffee-Ersatz, **Kaffeeersatz** ZN M (+es/-sätze) **koffiesurrogaat**

Kaffeegeschirr ZN O (+(e)s/+e) **koffieservies**

Kaffeekanne ZN V (-/+n) **koffiepot**

Kaffeeklatsch ZN M (+(e)s/gmv) **koffiekransje**

Kaffeelöffel ZN M (+s/-) **koffielepel**

Kaffeemaschine ZN V (-/+n) **koffiezetapparaat**

Kaffeemühle ZN V (-/+n) **koffiemolen**

Kaffeepad ZN O **koffiepad**

Kaffeepause ZN V (-/+n) **koffiepauze**

Kaffeesatz ZN M (+es/gmv) **koffiedik**

Kaffeeservice ZN O (-/+s) **koffieservies**

Kaffeetasse ZN V (-/+n) **koffiekopje**

Käfig ZN M (+s/+e) **kooi**

Käfighaltung ZN V (-/gmv) **(het) houden van dieren in een kooi**

kafkaesk BN **kafkaësk**

Kaftan ZN M (+s/+e) **kaftan**

kahl BN **kaal** • *die Bäume werden ~* de bomen worden kaal • *eine ~e Stelle* een kale plek • *~e Felsen* kale rotsen • *ein ~er Raum* een kale ruimte • *~ geschoren* kaalgeschoren

Kahlheit ZN V (-/gmv) **kaalheid**

Kahlkopf ZN M (+(e)s/-köpfe) **1 kaal hoofd 2 kaalkop**

kahlköpfig BN **kaal, kaalhoofdig**

Kahlschlag ZN M (+(e)s/-schläge) **kaalslag** <ook figuurlijk>, **kale, boomloze oppervlakte**

Kahn ZN M (+(e)s/Kähne) **bootje, schuit, aak**

Kahnfahrt ZN V (-/+en) **boottocht**

Kai ZN M (+s/+s) **kade** • *das Schiff liegt am ~* het schip ligt aan de kade

Kaiman ZN M (+s/+e) **kaaiman**

Kairo ZN O (+s/gmv) **Caïro** • *in ~* in Caïro

Kaiser ZN M (+s/-) **keizer**

Kaiserin ZN V (-/+nen) **keizerin**

Kaiserkrone ZN V (-/+n) **keizerskroon**

kaiserlich BN **keizerlijk**

Kaiserreich ZN O (+(e)s/+e) **keizerrijk**

Kaiserschmarren ZN M (+s/-) OOST. **zoete omelet**

Kaiserschnitt ZN M (+(e)s/+e) MED. **keizersnede**

Kaisertum ZN O (+s/gmv) **keizerschap**

Kajak ZN M/O (+s/+s) **kajak** • *~ fahren* kajakken

Kajüte ZN V (-/+n) **kajuit**

Kakadu ZN M (+s/+s) **kaketoe**

Kakao ZN M (+s/+s) **1 cacao 2 chocomel** ▸ *jemanden durch den ~ ziehen* iemand voor schut zetten

Kakaopulver ZN O (+s/gmv) **cacaopoeder**

Kakerlake ZN V (-/-n) **kakkerlak**

Kaktee ZN V (-/+n) → **Kaktus**

Kaktus ZN M (-/-teen) **cactus**

Kalamität ZN V (-/+en) **calamiteit**

Kalauer ZN M (+s/-) **1 flauwe woordspeling 2 oude mop**

Kalb ZN O (+(e)s/Kälber) **kalf** • *das Goldene ~ anbeten* het gouden kalf aanbidden

kalben ONOV WW **afkalven**

Kalbfleisch ZN O (+(e)s/gmv) **kalfsvlees**

Kalbleder ZN O (+s/gmv) **kalfsleer**

Kalbsbraten ZN M (+s/gmv) **gebraden kalfsvlees**

Kalbshachse ZN V (-/+n) kalfsschenkel
Kalbskeule ZN V (-/+n) kalfsbout
Kalbskopf ZN M (+(e)s/-köpfe) **1** uilskuiken, domoor **2** kalfskop
Kalbsschnitzel ZN O (+s/-) kalfsschnitzel, kalfslapje
Kaleidoskop ZN O (+s/+e) caleidoscoop
Kalender ZN M (+s/-) **1** kalender **2** agenda
Kalenderjahr ZN O (+(e)s/+e) kalenderjaar
Kalenderwoche ZN V (-/+n) • *in ~ 46* in week 46
Kaliber ZN O (+s/-) **1** OOK FIG. kaliber • *mit schwerem ~ kommen* met zwaar geschut komen **2** slag, soort
Kalif ZN M (+en/+en) kalief
Kalifat ZN O (+s/+e) kalifaat
Kalifornien ZN O (+s/gmv) Californië
Kalk ZN M (+(e)s/+e) kalk
Kalkbrennerei ZN V (-/+en) kalkoven
kalken OV WW kalken
kalkhaltig BN kalkhoudend
kalkig BN **1** kalkachtig **2** kalkhoudend
Kalkmangel ZN M (+s/-mängel) MED. kalkgebrek
Kalkstein ZN M (+(e)s/gmv) kalksteen
Kalkül ZN M/O (+s/+e) calculatie, berekening • *etwas ins ~ ziehen* iets van te voren incalculeren • *aus wirtschaftlichem ~* uit economische overweging
Kalkulation ZN V (-/+en) calculatie, (kosten) berekening
kalkulierbar BN inschatbaar, berekenbaar
kalkulieren OV WW calculeren, berekenen
kalkweiß BN krijtwit, spierwit
Kalorie ZN V (-/+n) calorie
kalorienarm BN caloriearm
Kalorienbedarf ZN M (+(e)s/gmv) calorieënbehoefte
Kaloriengehalt ZN M (+(e)s/+e) calorieëngehalte
kalorienreich BN calorierijk • *~ sein* calorierijk zijn
kalt BN **1** koel • *er fragte mich ~* gevoelloos vroeg hij mij **2** koud • *mir ist ~* ik heb het koud • *das lässt mich ~* dat laat me koud, dat doet me niets • *~ stellen* koud zetten • *die Miete ist ~* de huur is exclusief stookkosten • *es überlief mich ~* ik kreeg er koude rillingen van
Kaltblüter ZN M (+s/-) koudbloedig dier
kaltblütig BN **1** koelbloedig **2** BIOL. koudbloedig
Kaltblütigkeit ZN V (-/gmv) **1** koudbloedigheid **2** koelbloedigheid, onverschrokkenheid, gevoelloosheid
Kälte ZN V (-/gmv) **1** koude • *10 Grad ~* 10 graden onder nul **2** koelheid
kältebeständig BN tegen koude bestand
Kälteeinbruch ZN M (+(e)s/-brüche) koudegolf, invallen van de koude
kälteempfindlich BN gevoelig voor kou(de), vatbaar voor kou
Kältegrad ZN M (+(e)s/+e) **1** koudegraad **2** graden onder nul
kälter BN → **kalt**
kältest BN → **kalt**
Kältewelle ZN V (-/+n) koudegolf
Kaltfront ZN V (-/+en) koufront
kaltherzig BN ongevoelig, harteloos
Kaltluft ZN V (-/gmv) koude lucht
kaltmachen OV WW INFORM. koud maken, afmaken
Kaltmiete ZN V (-/+n) kale huur
Kaltschale ZN V (-/+n) zoete, koude soep
kaltschnäuzig BN hard, koud, onverschillig
kaltstellen OV WW INFORM. uitschakelen, wegwerken, aan de dijk zetten, uitrangeren
kam ONOV WW verl. tijd → **kommen**
Kamel ZN O (+(e)s/+e) **1** kameel **2** sufferd
Kamelie ZN V (-/+n) camelia
Kamera ZN V (-/+s) camera
Kamerad ZN M (+en/+en) kameraad
Kameradschaft ZN V (-/+en) kameraadschap
kameradschaftlich BN kameraadschappelijk
Kameraführung ZN V (-/+en) **1** camerabediening **2** cameraregie
kamerascheu BN bang voor de camera
Kamille ZN V (-/+n) kamille
Kamin ZN M (+s/+e) **1** schoorsteen **2** haard • *ein offener ~* een open haard
Kaminfeger ZN M (+s/-) schoorsteenveger
Kaminfeuer ZN O (+s/-) open haardvuur
Kaminsims ZN M/O (+es/+e) schoorsteenmantel
Kamm ZN M (+(e)s/Kämme) kam • FIG. *über einen ~ scheren* over één kam scheren
kämmen OV WW kammen
Kammer ZN V (-/+n) **1** POL. kamer • *Zweite ~* Tweede Kamer **2** beroepsvereniging, orde **3** TECHN. kamer **4** BIOL. kamer **5** MIL. wapenkamer **6** bergkast, opkamer **7** kleine kamer
Kämmerer ZN M (+s/-) beheerder der financiën, schatbewaarder
Kammerjäger ZN M (+s/-) ongediertebestrijder
Kammermusik ZN V (-/gmv) kamermuziek
Kammerorchester ZN O (+s/-) MUZ. kamerorkest
Kammerspiel ZN O (+(e)s/+e) toneelstuk voor klein theater
Kammgarn ZN O (+(e)s/+e) kamgaren
Kampagne ZN V (-/+n) campagne • *eine ~ für/gegen ... führen* een campagne voeren voor/tegen
Kampf ZN M (+(e)s/Kämpfe) strijd, gevecht • *der ~ ums Dasein* de strijd om het bestaan • *jemandem/einer Sache den ~ ansagen* iemand/iets de oorlog verklaren, de strijd met iemand/iets aanbinden
Kampfabstimmung ZN V (-/+en) POL. spannende verkiezing, stemming
Kampfansage ZN V (-/+n) oorlogsverklaring
Kampfanzug ZN M (+(e)s/-züge) gevechtstenue
Kampfbahn ZN V (-/+en) SPORT arena, wedstrijdbaan, stadion
kampfbereit BN strijdvaardig, gevechtsklaar
kämpfen **1** ONOV WW strijden, vechten • *gegen jemanden/mit jemandem ~* tegen iemand vechten • FIG. *mit den Tränen ~* tegen de tranen vechten **2** WKD

ww (**sich ~**) **durch** zich een weg erdoorheen banen, zich omhoog werken
Kampfer ZN M (+s/gmv) kamfer
Kämpfer ZN M (+s/-) **1** voorvechter, kampvechter **2** strijder **3** SPORT deelnemer
kämpferisch BN strijdbaar, strijdlustig
kampferprobt BN in de strijd beproefd, ervaren in de strijd
kampffähig BN strijdvaardig
Kampfflugzeug ZN O (+(e)s/+e) gevechtsvliegtuig
Kampfgeist ZN M (+(e)s/gmv) strijdlust
Kampfgericht ZN O (+(e)s/+e) SPORT jury
Kampfgeschehen ZN O (+s/-) strijdgewoel
Kampfgetümmel ZN O (+s/gmv) strijdgewoel
Kampfhahn ZN M (+(e)s/-hähne) **1** SPORT vechthaan **2** ruziezoeker, kemphaan
Kampfhandlung ZN V (-/+en) gevechtshandeling
kampflos BN zonder strijd
Kampflust ZN V (-/gmv) strijdlust
kampflustig BN strijdlustig
Kampfplatz ZN M (+es/-plätze) **1** slagveld **2** strijdperk

ka

Kampfrichter ZN M (+s/-) SPORT jurylid, scheidsrechter
Kampfsport ZN M (+(e)s/+e) vechtsport
Kampftruppe ZN V (-/+n) MIL. gevechtseenheid
kampfunfähig BN niet in staat te vechten, buiten gevecht
kampieren ONOV WW kamperen
Kanada ZN O (+s/gmv) Canada • *in ~* in Canada
Kanadier ZN M (+s/-) **1** Canadees **2** SPORT Canadese kano
Kanadierin ZN V (-/+nen) Canadese
kanadisch BN Canadees
Kanal ZN M (+s/-näle) **1** kanaal • *dies bekommt man auf ~ 1* dit wordt op kanaal 1 uitgezonden • INFORM. *den ~ voll haben* de buik vol hebben (van iets), dronken/zat zijn **2** riool **3** weg, bron
Kanalarbeiter ZN M (+s/-) **1** putjesschepper, rioolarbeider **2** stille hulp op de achtergrond
Kanaldeckel ZN M (+s/-) riooldeksel
Kanalisation ZN V (-/+en) **1** kanalisatie **2** riolering
kanalisieren OV WW **1** kanaliseren **2** riolering aanleggen
Kanalisierung ZN V (-/+en) kanalisatie
Kanaltunnel ZN M (+s/gmv) Kanaaltunnel
Kanapee ZN O (+s/+s) canapé
Kanaren ZN MV Canarische eilanden
Kanarienvogel ZN M (+s/-vögel) kanarie(piet)
Kandare ZN V (-/+n) • INFORM. *jemanden an die ~ nehmen* iemand streng onderhanden nemen
Kandidat ZN M (+en/+en) kandidaat • *jemanden als Kandidaten aufstellen* iemand kandidaat stellen
Kandidatur ZN V (-/+en) kandidatuur
kandidieren ONOV WW zich kandidaat stellen (**für** +4 voor), kandidaat zijn (**für** +4 voor)
Kandis ZN M (-/gmv) kandij
Kandiszucker ZN M (+s/gmv) kandijsuiker
Känguru ZN O (+s/+s) kangoeroe
Kaninchen ZN O (+s/-) konijn
Kaninchenstall ZN M (+(e)s/-ställe) konijnenhok
Kanister ZN M (+s/-) blik, benzineblik
Kanne ZN V (-/+n) kan • INFORM. *volle Kanne!* met volle kracht/snelheid
Kannibale ZN M (+n/+n) kannibaal
kannibalisch BN kannibaals
Kannibalismus ZN M (-/gmv) kannibalisme
kannte OV WW verl. tijd → **kennen**
Kanon ZN M (+s/+s) **1** norm **2** codex **3** canon
Kanonade ZN V (-/+n) kanonnade
Kanone ZN V (-/+n) **1** kanon • FIG. *mit Kanonen auf Spatzen schießen* met een kanon op een mug schieten • FIG. *unter aller ~ sein* onder de maat zijn **2** INFORM. revolver **3** INFORM. kei, ster
Kanonenfutter ZN O (+s/gmv) kanonnenvlees
Kanonenschuss ZN M (+es/-schüsse) kanonschot
Kanoniker ZN M (+s/-) kanunnik
Kantate ZN V (-/+n) cantate
Kante ZN V (-/+n) kant, rand, zijkant • FIG. *etwas auf der hohen ~ haben* geld achter de hand hebben • FIG. *etwas auf die hohe ~ legen* geld aan de kant zetten • *auf der ~ stehen* onzeker zijn
kanten OV WW **1** kantelen **2** kanten
kantig BN kantig, hoekig • *ein ~es Gesicht* een hoekig gezicht
Kantine ZN V (-/+n) kantine
Kanton ZN M (+s/+e) ZWIT. kanton, district
Kantor ZN M (+s/+en) cantor
Kanu ZN O (+s/+s) kano
Kanüle ZN V (-/+n) canule, buisje
Kanute ZN M (+n/+n) SPORT kanovaarder
Kanzel ZN V (-/+n) **1** kansel, preekstoel **2** vliegtuigkoepel
Kanzlei ZN V (-/+en) **1** kanselarij, secretarie, griffie **2** advocatenkantoor, notariskantoor
Kanzler ZN M (+s/-) kanselier
Kanzleramt ZN O (+(e)s/-ämter) bureau van de bondskanselier
Kanzlerin ZN V (-/+nen) (vrouwelijke) kanselier
Kanzlerkandidat ZN M (+en/+en) kandidaat voor het kanselierschap
Kap ZN O (+s/+s) kaap
Kap. AFK Kapitel hoofdstuk
Kapazität ZN V (-/+en) **1** capaciteit • *auf voller ~ arbeiten* op volle capaciteit werken **2** expert
Kapee ZN O • *schwer von ~ sein* traag van begrip zijn
Kapelle ZN V (-/+n) **1** kapel **2** muziekkapel, orkest, band
Kapellmeister ZN M (+s/-) **1** (orkest)dirigent **2** kapelmeester, bandleider
Kaper **1** ZN M (+s/-) piratenschip **2** ZN V (-/+n) kappertje
kapern OV WW kapen
kapieren OV WW INFORM. snappen, begrijpen • INFORM. *kapiert?* is dat duidelijk?, begrepen?
kapital BN kapitaal, enorm
Kapital ZN O (+s/e) kapitaal • *eingezahltes ~*

gestort kapitaal • *sein ~ angreifen* zijn kapitaal aanspreken • *~ schlagen aus* munt slaan uit
Kapitalabwanderung ZN V (-/+en) kapitaalvlucht
Kapitalanlage ZN V (-/+n) kapitaalbelegging
Kapitalbildung ZN V (-/+en) kapitaalvorming
Kapitalertrag ZN M (+(e)s/-erträge) ECON. kapitaalopbrengst
Kapitalfehler ZN M (+s/-) kapitale fout
Kapitalflucht ZN V (-/+en) kapitaalvlucht
Kapitalgeber ZN M (+s/-) kapitaalverstrekker
Kapitalgesellschaft ZN V (-/+en) kapitaalvennootschap
Kapitalismus ZN M (-/-men) kapitalisme
Kapitalist ZN M (+en/+en) kapitalist
kapitalistisch BN kapitalistisch
kapitalkräftig BN kapitaalkrachtig
Kapitalmarkt ZN M (+(e)s/-märkte) kapitaalmarkt
Kapitalverbrechen ZN O (+s/-) halsmisdaad, zwaar misdrijf
Kapitän ZN M (+s/+e) kapitein
Kapitel ZN O (+s/-) **1** hoofdstuk • *das ist ein ~ für sich* dat is een hoofdstuk apart **2** REL. kapittel
Kapitell ZN O (+s/+e) kapiteel
Kapitulation ZN V (-/+en) capitulatie
kapitulieren ONOV WW capituleren
Kaplan ZN M (+s/-pläne) kapelaan
Kapo ZN M (+s/+s) **1** onderofficier <soldatentaal> **2** concentratiekampgevangene in functie van bewaarder
Kappe ZN V (-/+n) **1** muts, pet • *etwas auf seine ~ nehmen* iets verantwoorden **2** kap **3** dop **4** hielstuk, neus <van schoen>
kappen OV WW kappen, afkappen
Käppi ZN O (+s/+s) kepie
Kapriole ZN V (-/+n) capriool • *merkwürdige Kapriolen schlagen* rare capriolen uithalen
Kapsel ZN V (-/+n) **1** capsule **2** foedraal, etui **3** MED. kapsel, omhulsel **4** PLANTK. zaaddoos
kaputt BN kapot, stuk • *ich bin völlig ~* ik ben bekaf
kaputtfahren OV WW **1** doodrijden **2** stukrijden
kaputtgehen ONOV WW **1** stukgaan **2** failliet gaan **3** FIG. naar de maan gaan
kaputtkriegen OV WW INFORM. kapot krijgen
kaputtlachen WKD WW (**sich ~**) zich een ongeluk lachen
kaputtmachen OV WW **1** kapotmaken **2** FIG. ruïneren • FIG. *das macht einen (ganz) kaputt* daar ga ik (helemaal) aan onderdoor • *sich ~* zich ruïneren
Kapuze ZN V (-/+n) capuchon, kap
Kapuzinerkresse ZN V (-/gmv) PLANTK. Oost-Indische kers
Karabiner ZN M (+s/-) karabijn
Karacho ZN O (+s/gmv) razende snelheid, vuur, animo • *mit ~* in volle vaart, FIG. met elan
Karaffe ZN V (-/+n) karaf
Karambolage ZN V (-/+n) carambolage, botsing
Karamell ZN M/O (+s/gmv) karamel
Karaoke ZN O (-, +s/gmv) karaoke
Karat ZN O (+(e)s/+e) karaat
Karate ZN O (-, +s/gmv) SPORT karate
Karateka ZN M karateka
Karatekämpfer ZN M (+s/-) SPORT karatevechter, karateka
Karawane ZN V (-/+n) karavaan
Karbid ZN O (+(e)s/+e) carbid
Karbol ZN O (+s/gmv) carbol
Karbonat ZN O (+(e)s/+e) carbonaat
Kardanwelle ZN V (-/+n) TECHN. cardanas
Kardinal ZN M (+s/-näle) kardinaal
Kardinalfehler ZN M (+s/-) kardinale fout
Kardinalfrage ZN V (-/+n) kardinale kwestie, voornaamste probleem
Kardinalpunkt ZN M (+(e)s/+e) **1** kardinaal punt **2** hoofdwindstreek
Kardinalzahl ZN V (-/+en) hoofdgetal, grondgetal
Kardiologe ZN M (+n/+n) cardioloog
Karenzfrist ZN V (-/+en) wachttermijn
Karenztag ZN M (+(e)s/+e) eerste ziektedag van werknemer
Karenzzeit ZN V (-/gmv) wachttijd
Karfiol ZN M (+s/gmv) OOST. bloemkool
Karfreitag ZN M (+(e)s/gmv) Goede Vrijdag
Karfunkel ZN M (+s/-) karbonkel
karg BN karig, schriel, schraal • *ein ~es Mahl* een karig maal
Kargheit ZN V (-/gmv) karigheid, schrielheid
kärglich BN karig, schamel, armzalig
Karibe ZN M (+n/+n) Caraïeb
Karibik ZN V (-/gmv) • *die ~* de Caribische Zee
Karibin ZN V (-/+nen) Caraïebse
karibische Inseln ZN MV Caraïben
kariert BN geruit • *~er Stoff* geruite stof • FIG. *ganz ~ gucken* verontwaardigd kijken
Karies ZN V (-/gmv) cariës, tandbederf
Karikatur ZN V (-/+en) karikatuur
karikieren OV WW karikaturiseren
kariös BN MED. carieus, door cariës aangestoken
karitativ BN charitatief • *Geld für ~e Zwecke sammeln* geld inzamelen voor charitatieve doeleinden • *eine ~e Einrichtung* een liefdadige instelling
Karkasse ZN V (-/+n) karkas
karminrot BN karmijnrood
Karneval ZN M (+s/+s, +e) carnaval
karnevalistisch BN carnavalesk, carnavals-
Karnevalsumzug ZN M (+(e)s/-züge) carnavalsoptocht
Karnickel ZN O (+s/-) **1** REG., INFORM. konijn **2** sukkel **3** INFORM. zondebok
Karnivore 1 ZN M (+n/+n) vleeseter, carnivoor **2** ZN V (-/+n) vleesetende plant
Kärnten ZN O (+s/gmv) Karinthië <Oostenrijkse deelstaat>
Karo ZN O (+s/+s) **1** ruiten <bij kaartspel> **2** ruit
Karomuster ZN O (+s/-) ruitjespatroon
Karosse ZN V (-/+n) karos
Karosserie ZN V (-/+n) carrosserie

Karotte ZN V (-/+n) wortel, peen
Karpfen ZN M (+s/-) karper
Karre ZN V (-/+n) **1** kruiwagen, handkar, kar • *jemandem an die ~ fahren* iemand in de wielen rijden • *die ~ in den Dreck fahren* iets verprutsen **2** vehikel **3** MIN. auto
Karree ZN O (+s/+s) **1** vierkant **2** vierkant huizenblok **3** MIL. carré • *sich im ~ aufstellen* zich in carré opstellen
karren OV WW **1** karren, kruien **2** MIN. met de auto brengen
Karren ZN M (+s/-) kar, wagen • FIG. *jemandem an den ~ fahren* iemand in de wielen rijden • FIG. *den ~ ziehen* de kar trekken
Karriere ZN V (-/+n) carrière • *eine glanzvolle ~* een schitterende carrière • *~ machen* carrière maken
Karrierefrau ZN V (-/+en) carrièrevrouw
Karrieremacher ZN M (+s/-) carrièrejager, streber
Karsamstag ZN M (+(e)s/+e) zaterdag vóór Pasen Stille Zaterdag, Paaszaterdag
Karst ZN M (+(e)s/+e) **1** houweel **2** karst
Kartäuser ZN M (+s/-) **1** kartuizermonnik **2** chartreuse <likeur>
Karte ZN V (-/+n) **1** kaart • SPORT *die Gelbe/gelbe, Rote/rote ~* de gele, rode kaart • *Karten spielen* kaarten, een kaartje leggen • *die Karten mischen* de kaarten schudden • *was steht auf der Karte?* wat staat er op de kaart/het menu? • FIG. *schlechte Karten haben* weinig kans maken • FIG. *mit offenen Karten spielen* open kaart spelen • FIG. *sich nicht in die Karten sehen lassen* zich niet in de kaart laten kijken • FIG. *seine Karten offen auf den Tisch legen* zijn kaarten op tafel leggen **2** briefkaart **3** kaartje • *Karten reservieren* kaartjes reserveren • *bei jemandem seine ~ abgeben* je kaartje afgeven bij iemand **4** landkaart
Kartei ZN V (-/+en) kaartsysteem • *eine ~ anlegen* gegevens in kaart brengen
Karteikarte ZN V (-/+n) systeemkaart
Karteikasten ZN M (+s/-kästen) kaartenbak
Kartell ZN O (+s/+e) kartel
Kartellamt ZN O (+(e)s/-ämter) kartelbureau
Kartellgesetz ZN O (+es/+e) wet tegen kartelvorming
karten ONOV WW kaarten, kaartspelen
Kartenhaus ZN O (+es/-häuser) kaartenhuis • *wie ein ~ zusammenstürzen* als een kaartenhuis in elkaar storten
Kartenleger ZN M (+s/-) kaartlegger
Kartenspiel ZN O (+(e)s/+e) spel kaarten, partijtje kaarten, kaartspel
Kartentelefon ZN O (+s/+e) kaarttelefoon
Kartenzeichner ZN M (+s/-) cartograaf
Kartoffel ZN V (-/+n) **1** aardappel • *mehlige Kartoffeln* bloemige aardappels **2** INFORM. gat <in sok of kous>
Kartoffelbrei ZN M (+(e)s/+e) aardappelpuree
Kartöffelchen ZN O krieltje
Kartoffelchips ZN MV chips
Kartoffelkäfer ZN M (+s/-) coloradokever
Kartoffelkloß ZN M (+es/-klöße) aardappelknoedel
Kartoffelknödel ZN M (+s/-) knoedel <bal uit aardappeldeeg als bijgerecht>
Kartoffelpuffer ZN M (+s/-) aardappelpannenkoek
Kartoffelpüree ZN O (+s/+s) aardappelpuree
Kartoffelschäler ZN M (+s/-) dunschiller
Kartograf, Kartograph ZN M (+en/+en) cartograaf
Karton ZN M (+s/+s, +e) **1** karton **2** kartonnen doos
kartonieren OV WW kartonneren
Kartothek ZN V (-/+en) cartotheek
Karussell ZN O (+s/+s, +e) carrousel, draaimolen
Karwoche ZN V (-/+n) REL. de Goede Week, de Stille Week
karzinogen BN MED. carcinogeen, kankerverwekkend
Karzinom ZN O (+s/+e) MED. carcinoom, kankergezwel
kaschieren OV WW verbloemen, verhullen, verbergen
Käse ZN M (+s/-) **1** kaas **2** INFORM. onzin • *so ein Käse!* wat een onzin!
Käseblatt ZN O (+(e)s/-blätter) snertkrant, sensatieblad, een flutkrant
Käsebrot ZN O (+(e)s/+e) boterham met kaas
Käsebrötchen ZN O broodje kaas
Käsegebäck ZN O (+(e)s/+e) ≈ kaaskoekjes
Käseglocke ZN V (-/+n) kaasstolp
Käsekuchen ZN M (+s/-) kwarktaart
Kasematte ZN V (-/+n) kazemat
käsen ONOV WW **1** kaas maken **2** tot kaas worden
Käserei ZN V (-/+en) kaasmakerij
Kaserne ZN V (-/+n) kazerne
kasernieren OV WW in een kazerne huisvesten
käseweiß BN doodsbleek
käsig BN **1** kaasachtig **2** bleek
Kasino ZN O (+s/+s) **1** MIL. officiersmess **2** casino
Kaskoversicherung ZN V (-/+en) cascoverzekering
Kasper ZN M (+s/-) **1** janklaassen **2** FIG. hansworst, dwaas
Kasperletheater ZN O (+s/-) poppentheater, poppenkast
Kassa ZN V (-/-sen) OOST. kassa, kas
Kassageschäft ZN O (+(e)s/+e) ECON. kassahandel, handel op zeer korte termijn
Kasse ZN V (-/+n) **1** kas • *die ~ machen* de kas opmaken • *die ~ führen* de kas beheren • INFORM. *jemanden zur ~ bitten* van iemand betaling eisen • *bei ~ sein* goed bij kas zijn • *knapp bei ~ sein* krap bij kas zitten • *getrennte ~ machen/führen* ieder voor zich betalen **2** kassa • *per ~* contant **3** ziekenfonds
Kassenabschluss ZN M (+es/-schlüsse) opmaken van de kas

ka

Kassenarzt ZN M (+es/-ärzte) ziekenfondsarts

Kassenbestand ZN M (+(e)s/-stände) kassaldo • *den ~ aufnehmen* de kas opmaken

Kassenbon ZN M (+s/+s) kassabon

Kassenerfolg ZN M (+(e)s/+e) kassucces, kasstuk

Kassenmagnet ZN M (+(e)s, +en/+e, +en) kassucces

Kassenpatient ZN M (+en/+en) fondspatiënt

Kassenprüfung ZN V (-/+en) kascontrole, accountantscontrole

Kassenschlager ZN M (+s/-) kassucces

Kassensturz ZN M (+es/gmv) INFORM. opmaken van de kas • *~ machen* berekenen hoeveel contant geld men bezit

Kassenwart ZN M (+(e)s/+e) penningmeester

Kassenzettel ZN M (+s/-) kassabon

Kasserolle ZN V (-/+n) kasserol, braadpan

Kassette ZN V (-/+n) **1** cassette **2** kartonnen hoes **3** A-V chassis

Kassettendeck ZN O (+(e)s/+e) cassettedeck

Kassettenrekorder ZN M (+s/-) cassetterecorder

kassieren OV WW **1** innen, incasseren **2** INFORM. afpakken, beslag leggen op **3** INFORM. arresteren

Kassierer ZN M (+s/-) **1** kassier **2** penningmeester

Kassiererin ZN V (-/+nen) **1** caissière, BELG. kassierster **2** penningmeesteres

Kastanie ZN V (-/+n) kastanje

Kastanienbaum ZN M (+(e)s/-bäume) kastanjeboom

kastanienbraun BN kastanjebruin

Kästchen ZN O (+s/-) **1** kastje, kistje, bakje, doosje **2** hokje, vierkantje • *ein ~ ankreuzen* een hokje aankruisen

Kaste ZN V (-/+n) kaste

kasteien WKD WW (**sich ~**) **1** zich onthouden **2** zich kastijden

Kasten ZN M (+s/Kästen) **1** kist, bak, doos, krat • *ein ~ Bier* een krat bier • *ein alter ~* een oud groot gebouw • *ein riesiger ~* een kast van een huis • FIG. *eine Menge auf dem ~ haben* heel wat in huis hebben **2** bak, arrest **3** brievenbus **4** OOST. kast

Kastration ZN V (-/gmv) castratie

kastrieren OV WW castreren

Kasus ZN M (-/-) **1** TAALK. naamval **2** geval

Kat AFK (+s/+s) Katalysator **katalysator**

Katakombe ZN V (-/+n) catacombe

Katalane ZN M (+n/+n) Catalaan

Katalanin ZN V (-/+nen) Catalaanse

Katalog ZN M (+(e)s/+e) catalogus

katalogisieren OV WW catalogiseren

Katalysator ZN M (+s/+en) katalysator

Katamaran ZN M/O (+s/+e) catamaran

Katapult ZN M/O (+(e)s/+e) katapult

katapultieren OV WW katapulteren, wegslingeren

Katarrh ZN M (+s/+e) MED. catarre

Kataster ZN M/O (+s/-) kadaster

katastrophal BN catastrofaal, noodlottig

Katastrophe ZN V (-/+n) catastrofe, ramp

Katastropheneinsatz ZN M (+es/-einsätze) rampenmissie

Katastrophenschutz ZN M (+es/+e) **1** rampendienst **2** voorkoming van catastrofes

Katastrophenstimmung ZN V (-/gmv) doemdenken

katechisieren ONOV WW catechiseren

Katechismus ZN M (-/-men) catechismus

Kategorie ZN V (-/+n) categorie

kategorisch BN categorisch

Kater ZN M (+s/-) **1** kater <mannetjeskat> • *der gestiefelte ~* de gelaarsde kat **2** kater <na dronkenschap>

Katheder ZN M/O (+s/-) katheder

Kathedrale ZN V (-/+n) kathedraal

Kathete ZN V (-/+n) WISK. rechthoekszijde

Katheter ZN M (+s/-) katheter

Kathode ZN V (-/+n) kathode, negatieve elektrode

Katholik ZN M (+en/+en) katholiek

Katholikin ZN V (-/+nen) vrouwelijke katholiek

katholisch BN katholiek

Katholizismus ZN M (-/gmv) katholicisme

Katz ZN V • *das ist alles für die ~* dat is allemaal voor de kat z'n viool • *~ und Maus spielen* kat en muis spelen

katzbuckeln ONOV WW flikflooien, hielen likken

Kätzchen ZN O (+s/-) **1** DIERK. katje **2** PLANTK. katje

Katze ZN V (-/+n) kat, poes • *die ~ aus dem Sack lassen* het geheim verklappen, zijn bedoeling verraden • *das hat die ~ gefressen* dat is spoorloos verdwenen • *da beißt sich die ~ in den Schwanz* dat is een cirkelredenering • *die ~ im Sack kaufen* een kat in de zak kopen • *getigerte ~* cyperse kat • *wenn die ~ aus dem Haus ist, tanzen die Mäuse* als de kat van huis is, dansen de muizen op tafel • *die ~ im Sack kaufen* een kat in de zak kopen, een kat in een zak kopen • *der ~ die Schelle umhängen* de kat de bel aanbinden • *Katz und Maus spielen* kat en muis spelen

Katzenauge ZN O (+s/+n) **1** katoog <mineraal> **2** kattenoog **3** katoog, reflector

katzenhaft BN katachtig

Katzenjammer ZN M (+s/gmv) katterigheid, kater

Katzenkopf ZN M (+(e)s/-köpfe) **1** kattenkop **2** INFORM. klap op het achterhoofd **3** kinderhoofdje, ronde straatsteen

Katzenmusik ZN V (-/gmv) ketelmuziek

Katzensprung ZN M (+(e)s/-sprünge) kattensprong • *das ist ein ~ von hier* het is maar een klein eindje van hier

Katzenstreu ZN V (-/gmv) kattenbakkorrels, kattenbakvulling

Katzenwäsche ZN V (-/+n) INFORM. vluchtige wasbeurt • *~ machen* zich oppervlakkig wassen

Katz-und-Mausspiel ZN O kat-en-muisspel

Kauderwelsch ZN O (-, +s/gmv) koeterwaals

ka

kauderwelschen ONOV WW koeterwalen
kauen OV WW **1** kauwen • *Tabak ~* pruimen **2** piekeren • *an einem Aufsatz ~* veel moeite hebben met een opstel
kauern **1** ONOV WW hurken **2** WKD WW (**sich ~**) hurken, zich verschuilen
Kauf ZN M (+(e)s/Käufe) koop • *einen ~ abschließen/tätigen* een koop sluiten • *gratis Y bei ~ eines X* bij aankoop van X een Y cadeau • FIG. *etwas in ~ nehmen* iets op de koop toe nemen
Kaufabschluss ZN M (+es/-schlüsse) het sluiten van een koop
kaufen OV WW kopen • *zu ~ gesucht* te koop gevraagd • FIG. *sich jemanden ~* iemand ter verantwoording roepen • FIG., INFORM. *dafür kann ich mir nichts ~!* wat koop ik ervoor?
Käufer ZN M (+s/-) koper, klant
Käuferin ZN V (-/+nen) koopster
Kauffrau ZN V (-/+en) zakenvrouw
Kaufhaus ZN O (+es/-häuser) warenhuis
Kaufkraft ZN V (-/gmv) koopkracht
kaufkräftig BN koopkrachtig
Kaufladen ZN M (+s/-läden) **1** winkel, handelszaak **2** winkeltje <speelgoed>
Kaufleute ZN MV zakenmensen, kooplieden
käuflich BN **1** te koop • *käufliche Liebe* prostitutie **2** corrupt, omkoopbaar
Kauflust ZN V (-/gmv) kooplust
kauflustig BN kooplustig, koopgraag
Kaufmann ZN M (+(e)s/-leute) **1** koopman, handelaar **2** winkelier
kaufmännisch BN commercieel, koopmans-, handels- • *kaufmännische Lehre* handelsopleiding • *kaufmännische Kreise* handelskringen • *ein kaufmännischer Beruf* een commercieel beroep
Kaufsumme ZN V (-/+n) koopsom
Kaufvertrag ZN M (+(e)s/-träge) koopcontract
Kaufwert ZN M (+(e)s/+e) aankoopwaarde
Kaugummi ZN M/O (+s/-, +s) kauwgom
Kaulquappe ZN V (-/+n) kikkervisje, dikkopje
kaum BW nauwelijks, bijna niet • *es ist ~ zu glauben* het is nauwelijks te geloven • *er war ~ angekommen, als ...* hij was nauwelijks gearriveerd of... • *~ waren wir zu Hause, da fing es an zu regnen* we waren nauwelijks thuis of het begon te regenen • *~ drei Meter breit* krap drie meter breed • *~ etwas* vrijwel niets • *so viel wird er ~ schaffen können* zoveel zal hij wel niet kunnen doen
Kaumuskel ZN M (+s/+n) MED. kauwspier
kausal BN causaal, oorzakelijk
Kausalität ZN V (-/+en) causaliteit
Kausalzusammenhang ZN M (+(e)s/-hänge) oorzakelijk verband
Kautabak ZN M (+s/+e) pruimtabak
Kaution ZN V (-/+en) cautie, borgstelling • *eine ~ stellen/leisten* een cautie/zekerheid stellen, een borgsom betalen • JUR. *gegen ~ freilassen* in vrijheid stellen tegen borgstelling
Kautschuk ZN M (+s/+e) rubber
Kauz ZN M (+es/Käuze) **1** uil **2** INFORM. snuiter, kwast • *ein seltsamer/komischer/wunderlicher/ sonderlicher ~* een rare snuiter/kwast
Käuzchen ZN O (+s/-) uil
kauzig BN wonderlijk, zonderling, raar
Kavalier ZN M (+s/+e) **1** heer **2** cavalier, aanbidder
Kavaliersdelikt ZN O (+(e)s/+e) onbelangrijk delict
Kavaliersstart ZN M (+(e)s/+e) vliegende start
Kavallerie ZN V (-/+n) cavalerie
Kavallerist ZN M (+en/+en) cavalerist
Kaviar ZN M (+s/+e) kaviaar
KB ZN O Kilobyte KB
keck BN **1** vrijpostig **2** kek, parmantig, vlot
Keckheit **1** ZN V (-/gmv) **1** parmantig gedrag, vlotheid **2** vermetelheid **3** vrijmoedigheid **2** ZN V (-/+en) vrijpostigheid
Kegel ZN M (+s/-) kegel • *~ schieben* kegelen • *mit Kind und ~* met het hele gezin
Kegelbahn ZN V (-/+en) kegelbaan
Kegelbruder ZN M (+s/-brüder) **1** kegelliefhebber **2** clubgenoot bij het kegelen **3** kegelaar
kegelförmig BN kegelvormig
Kegelkugel ZN V (-/+n) kegelbal
kegeln ONOV WW kegelen
Kegelspiel ZN O (+(e)s/+e) kegelspel
Kegelstumpf ZN M (+(e)s/-stümpfe) WISK. afgeknotte kegel
Kegler ZN M (+s/-) kegelaar
Kehle ZN V (-/+n) keel • *aus voller ~* uit volle borst • *die falsche ~* het verkeerde keelgat • *sich die ~ anfeuchten* z'n keel smeren • *jemanden an der ~ packen* iemand bij de strot grijpen
kehlen OV WW kaken <van vis>
Kehlkopf ZN M (+(e)s/-köpfe) strottenhoofd
Kehlkopfentzündung ZN V (-/+en) strottenhoofdontsteking, laryngitis
Kehlkopfkrebs ZN M (-es/gmv) keelkanker
Kehllaut ZN M (+(e)s/+e) **1** keelklank **2** TAALK. velaar, laryngaal
Kehraus ZN M (-/gmv) laatste dans • *den ~ machen* opruiming houden, er een einde aan maken
Kehre ZN V (-/+n) **1** scherpe bocht **2** SPORT keersprong
kehren OV WW **1** keren, wenden, toedraaien **2** vegen
Kehricht ZN M/O (+s/gmv) vuilnis, vuil ▸ *das geht dich einen feuchten ~ an* dat gaat je geen snars aan ▸ *das interessiert mich einen feuchten ~* dat kan me niets schelen
Kehrmaschine ZN V (-/+n) veegmachine
Kehrreim ZN M (+(e)s/+e) refrein
Kehrseite ZN V (-/+n) **1** keerzijde • *die ~ der Medaille* de keerzijde van de medaille **2** IRON. achterwerk, rug
kehrtmachen ONOV WW rechtsomkeert maken, omkeren
Kehrtwendung ZN V (-/+en) ommezwaai • *eine ~ machen* rechtsomkeert maken
keifen ONOV WW kijven
Keil ZN M (+(e)s/+e) **1** wig, keg, spie **2** geer <in

ka

een kous>

Keilabsatz ZN M (+es/-absätze) sleehak

Keile ZN V (-/gmv) INFORM. slaag, klappen • *~ bekommen* een pak slag krijgen

keilen OV WW wiggen • *jemanden für einen Verein ~* iemand overhalen lid te worden van een vereniging • *sich ~* vechten

Keiler ZN M (+s/-) mannelijk everzwijn

Keilerei ZN V (-/+en) vechtpartij

keilförmig BN wigvormig

Keilhose ZN V (-/+n) skibroek

Keilkissen ZN O (+s/-) peluw

Keilriemen ZN M (+s/-) TECHN. V-snaar, transmissieriem

Keilschrift ZN V (-/gmv) spijkerschrift

Keim ZN M (+(e)s/+e) kiem • *etwas im ~ ersticken* iets in de kiem smoren

keimen ONOV WW kiemen, ontkiemen • *die Saat beginnt zu ~* het zaad begint te ontkiemen

keimfähig BN kiemkrachtig

keimfrei BN kiemvrij

keimtötend BN antiseptisch

Keimung ZN V (-/+en) kiemproces

Keimzelle ZN V (-/+n) kiemcel, geslachtscel

kein ONB VNW geen • *es ist ~ einfacher Beruf* het is geen gemakkelijk beroep • *ich habe ~en/keine/keines* ik heb er geen

keine ONB VNW geen • *es ist ~e einfache Sache* het is geen gemakkelijke zaak • *es gibt hier keine Mücken* er zijn hier geen muggen • *ich kenne keine* ik ken er geen • *keine von den Nachbarinnen wusste etwas* geen van de buurvrouwen wist iets

keiner ONB VNW geen • *~ von beiden* geen van beiden • *~* niemand

keinerlei BN geen enkele, helemaal geen, generlei • *auf ~ Weise* op geen enkele wijze, op geen enkele manier

keines ONB VNW geen • *ich habe ~* ik heb er geen • *keines von den Kindern hatte eine Jacke dabei* geen van de kinderen had een jas bij zich

keinesfalls BW in geen geval, volstrekt niet

keinmal BW geen enkele maal

Keks ZN M (-, +es/-, +e) biscuit, koekje • *jemandem auf den ~ gehen* op iemands zenuwen werken

Kelch ZN M (+(e)s/+e) kelk

Kelle ZN V (-/+n) **1** seinstok, spiegelei **2** troffel **3** pollepel

Keller ZN M (+s/-) **1** kelder • FIG. *im ~ sein* gekelderd zijn, heel laag/slecht zijn <van bijvoorbeeld aandelenkoersen, sfeer ...> **2** café, bierkelder

Kellerassel ZN V (-/+n) keldermot

Kellerei ZN V (-/+en) wijnkelder(s)

Kellergeschoss ZN O (+es/+e) kelderverdieping, souterrain

Kellermeister ZN M (+s/-) keldermeester

Kellner ZN M (+s/-) kelner

Kellnerin ZN V (-/+nen) kelnerin

Kelte ZN M (+n/+n) Kelt

Kelter ZN V (-/+n) **1** wijnpers **2** vruchtenpers

keltern OV WW wijn persen

keltisch BN Keltisch

Kelvin ZN O kelvin

kennen OV WW onregelmatig kennen • *woher ~ wir uns?* waar kennen we elkaar van? • *~ lernen* leren kennen, kennis maken met • *er kennt keine Gnade* hij kent geen genade • *ich kenne das* ik ken dat, ik weet er alles van • FIG. *ich kenne den Text in- und auswendig* ik kan die tekst wel dromen

kennenlernen OV WW leren kennen • *es freut mich, Sie kennenzulernen* aangenaam kennis te maken

Kenner ZN M (+s/-) kenner

Kennerblick ZN M (+(e)s/+e) kennersblik

Kennermiene ZN V (-/+n) gezichtsuitdrukking als van een kenner

Kennkarte ZN V (-/+n) identiteitsbewijs

kenntlich BN kenbaar

Kenntnis ZN V (-/+se) kennis, wetenschap • *ausreichende Kenntnisse* voldoende kennis • *sich Kenntnisse erwerben* kennis opdoen • *jemanden von etwas in ~ setzen* iemand van iets in kennis stellen • *zur ~ nehmen* kennisnemen van • *jemandem etwas zur ~ bringen* iemand iets mededelen

Kenntnisnahme ZN V (-/gmv) kennisname, kennisneming • *zur ~ schicken* ter kennisneming/kennisname sturen

Kennwort ZN O (+(e)s/-wörter) **1** devies, motto, titel **2** sleutelwoord, codewoord **3** MIL. wachtwoord

Kennzahl ZN V (-/+en) **1** kengetal **2** netnummer

Kennzeichen ZN O (+s/-) **1** kenmerk **2** kenteken, nummerbord • *mit französischem ~* met Frans nummerbord

kennzeichnen OV WW kenbaar maken, kenmerken, aanduiden • *etwas mit einem Pfeil ~* iets met een pijl aanduiden

Kennziffer ZN V (-/+n) (identificatie-)nummer, netnummer, kengetal • *Briefe unter ~* brieven onder nummer

kentern ONOV WW kenteren

Keramik ZN V (-/+en) keramiek

Keramiker ZN M (+s/-) keramist

Keramikerin ZN V (-/+nen) keramist

Kerbe ZN V (-/+n) **1** kerf, insnijding **2** vizierkeep

Kerbel ZN M (+s/gmv) kervel

kerben OV WW kerven

Kerbholz ZN O (+es/gmv) • *etwas auf dem ~ haben* iets op zijn kerfstok hebben

Kerker ZN M (+s/-) kerker

Kerl ZN M (+s/+e) **1** INFORM. kerel, vent • *ein netter ~* een aardige vent • *patenter ~* geschikte kerel • FIG. *ein ganzer ~ sein* zich een hele piet voelen **2** INFORM. meid • *sie ist ein netter ~* ze is een aardige meid

Kern ZN M (+(e)s/+e) **1** kern • *der ~ der Sache* de kern van de zaak • *im ~ der Stadt* in het stadscentrum **2** pit, steen • *in ihm steckt ein weicher ~* hij is een ruwe bolster met een blanke pit **3** atoomkern **4** merg, binnenste

Kernbrennstoff ZN M (+(e)s/+e) TECHN. kernbrandstof

ke

kernen ov ww **1** karnen **2** doppen, ontpitten
Kernenergie zn v (-/gmv) kernenergie
Kernexplosion zn v (-/+en) kernexplosie
Kernfach zn o (+(e)s/-fächer) hoofdvak
Kernforschung zn v (-/+en) kernonderzoek
Kernfrage zn v (-/+n) kernvraagstuk, kernprobleem, crux
Kernfusion zn v (-/+en) kernfusie
Kerngehäuse zn o (+s/-) klokhuis
kerngesund bn kerngezond
kernig bn **1** kernachtig, krachtig, stevig **2** degelijk, voortreffelijk **3** vol pitten
Kernkraft zn v (-/gmv) kernenergie, atoomenergie
Kernkraftwerk zn o (+(e)s/+e) kerncentrale
kernlos bn zonder pitten
Kernobst zn o (+es/gmv) steenvruchten
Kernphysik zn v (-/gmv) kernfysica
Kernpunkt zn m (+(e)s/+e) kernpunt, voornaamste punt
Kernreaktor zn m (+s/+en) kernreactor
Kernseife zn v (-/+n) huishoudzeep, harde zeep
Kernspaltung zn v (-/+en) kernsplitsing
Kernstück zn o (+(e)s/+e) kern, essentie
Kernverschmelzung zn v (-/+en) **1** kernfusie **2** biol. kernversmelting
Kernwaffe zn v (-/+n) kernwapen
Kernwaffenversuch zn m (+(e)s/+e) proef met kernwapens
Kernzeit zn v (-/+en) vaste werktijd <bij flexibele werktijden>
Kerosin zn o (+s/gmv) kerosine
Kerze zn v (-/+n) **1** kaars **2** techn. bougie **3** sport schouderstand **4** hoge trap <bij voetbal> **5** plantk. kaarsje
kerzengerade bn kaarsrecht
Kerzenleuchter zn m (+s/-) kandelaar
Kerzenlicht zn o (+(e)s/+er) kaarslicht
Kerzenschein zn m (+(e)s/gmv) schijnsel van de kaarsen, kaarslicht
Kerzenständer zn m (+s/-) kandelaar
kess bn **1** tof, flink **2** vlot, modieus
Kessel zn m (+s/-) **1** ketel **2** keteldal **3** mil. omsingeld gebied
Kesseltreiben zn o (+s/-) klopjacht, heftige campagne, hetze
Kesselwagen zn m (+s/-) tankwagen
Ketchup zn m/o (-, +s/+s) ketchup
Ketschup zn m/o → **Ketchup**
Kette zn v (-/+n) **1** ketting • *eine goldene ~* een gouden ketting • fig. *eine ~ ist immer so stark wie ihr schwächstes Glied* een ketting is zo sterk als zijn zwakste schakel **2** keten • *die Ketten abwerfen* de ketens afwerpen **3** reeks • *eine ~ von Unfällen* een reeks ongelukken
ketten ov ww ketenen
Kettenbrief zn m (+(e)s/+e) kettingbrief
Kettenfahrzeug zn o (+(e)s/+e) rupsvoertuig
Kettenglied zn o (+(e)s/+er) schakel
Kettenhund zn m (+(e)s/+e) kettinghond

Kettenraucher zn m (+s/-) kettingroker
Kettenreaktion zn v (-/+en) kettingreactie
Kettenschutz zn m (+es/+e) kettingkast
Ketzer zn m (+s/-) ketter
Ketzerei zn v (-/+en) ketterij
ketzerisch bn ketters
keuchen onov ww hijgen, puffen
Keuchhusten zn m (+s/gmv) kinkhoest
Keule zn v (-/+n) **1** knots **2** poot, bout
keusch bn kuis
Keuschheit zn v (-/gmv) kuisheid
Keyboard zn o (+s/+s) keyboard
Keyboarder zn m (+s/-) keyboardspeler
Kfz afk Kraftfahrzeug motorrijtuig
Kfz-Mechaniker zn m (+s/-) automonteur
Kfz-Steuer zn v (-/+n) rijtuigenbelasting
kg afk Kilogramm kg, kilogram
KG afk Kommanditgesellschaft commanditaire vennootschap
Kichererbse zn v (-/+n) kikkererwt, keker
kichern onov ww giechelen, giebelen • *in Kichern ausbrechen* in giechelen uitbarsten
Kick zn m (-, +s/+s) **1** kick, extase • *einen ~ von etwas bekommen* ergens een kick van krijgen **2** sport uittrap
kicken ov ww inform. schieten, schoppen • *den Ball ~* de bal trappen
Kicker zn m (+s/-) inform. voetballer
kidnappen ov ww kidnappen
Kidnapper zn m (+s/-) kidnapper
Kiebitz zn m (+es/+e) **1** kieviet **2** inform. toeschouwer <bij het kaartspel>
kiebitzen onov ww inform. toekijken <bij het kaartspel>
Kiefer **1** zn m (+s/-) kaak **2** zn v (-/+n) den, pijnboom
Kieferhöhle zn v (-/+n) kaakholte
kiefern bn grenen
Kiefernholz zn o (+es/gmv) grenenhout
Kieferorthopädie zn v (-/gmv) orthodontie, kaakorthopedie
Kieker zn m (+s/-) scheepv. verrekijker • *jemanden auf dem ~ haben* de pik op iemand hebben
Kiel zn m (+(e)s/+e) **1** schacht van een vogelveer **2** scheepv. kiel
kielholen ov ww **1** scheepv. overzij halen **2** scheepv. kielhalen
Kielwasser zn o (+s/gmv) kielwater, kielzog
Kieme zn v (-/+n) kieuw
Kienspan zn m (+(e)s/-späne) spaan van pijnhout, kienspaan
Kies zn m (+es/gmv) **1** kiezel, grind **2** inform. geld, poen
Kiesel zn m (+s/-) kiezelsteen
Kieselstein zn m (+(e)s/+e) kiezel, kiezelsteen
Kieserde zn v (-/gmv) grind
Kiesgrube zn v (-/+n) grindgroeve
kiesig bn grindachtig, vol kiezelstenen
Kiesweg zn m (+(e)s/+e) grindpad
kiffen onov ww wiet roken
KiGa zn m Kindergarten peuterspeelzaal,

kleuterschool <voor kinderen tussen 3 en 6 jaar>

Killer ZN M (+s/-) killer, huurmoordenaar

Kilo ZN O (+s/-, +s) kilo

Kilobyte ZN O kilobyte

Kilogramm ZN O (+s/-) kilogram

Kilojoule ZN O (-, +s/-) kilojoule

Kilokalorie ZN V (-/+n) kilocalorie

Kilometer ZN M/O (+s/-) kilometer • *fünfzig ~ in der Stunde* 50 kilometer per uur

Kilometerstein ZN M (+(e)s/+e) kilometerpaal

Kilometerzähler ZN M (+s/-) kilometerteller

Kilowatt ZN O (+s/-) kilowatt

Kimme ZN V (-/+n) **1** vizierkeep **2** kim <van een vat> **3** inkeping

Kind ZN O (+(e)s/+er) kind • *von ~ an/auf* van kind/jongs af aan • *von ~ auf* van kind af aan • *ein ~ erwarten/bekommen* een kind verwachten/krijgen • *ein außereheliches ~* een buitenechtelijk kind • FIG. *das ~ mit dem Bade ausschütten* het kind met het badwater weggooien • FIG. *jemandem ein ~ in den Bauch reden* iemand iets inpraten • FIG. *sich bei jemandem lieb ~ machen* bij iemand een wit voetje halen • FIG. *das weiß doch jedes Kind!* een kind kan de was doen • FIG. *ein gebranntes ~ scheut das Feuer* een ezel stoot zich in het algemeen geen twee keer aan dezelfde steen • FIG. *weder ~ noch Kegel haben* kind noch kraai hebben • FIG. *Kinder werden groß* kleine kinderen worden groot • FIG. *ein ~ seiner Zeit sein* een kind van zijn tijd zijn • FIG. *Kinder und Narren sagen die Wahrheit* kinderen en dwazen vertellen de waarheid

Kindbett ZN O (+(e)s/gmv) kraambed

Kindbettfieber ZN O (+s/gmv) kraamvrouwenkoorts

Kinderarbeit ZN V (-/gmv) kinderarbeid

Kinderei ZN V (-/+en) kinderachtig gedoe, aanstellerij

Kinderermäßigung ZN V (-/+en) korting voor kinderen

kinderfeindlich BN kindonvriendelijk

kinderfreundlich BN **1** kinderlievend **2** kindvriendelijk <van meubels enz.> • *ein ~es Restaurant* een kindvriendelijk restaurant

Kindergarten ZN M (+s/-gärten) peuterspeelzaal, kleuterschool <voor kinderen tussen 3 en 6 jaar>

Kindergärtnerin ZN V (-/+nen) kleuterleidster

Kindergeld ZN O (+(e)s/gmv) kinderbijslag, BELG. kindergeld

Kinderheim ZN O (+(e)s/+e) kindertehuis

Kinderhort ZN M (+(e)s/+e) naschoolse opvang

Kinderkrankheit ZN V (-/+en) kinderziekte

Kinderkriminalität ZN V (-/gmv) jeugdcriminaliteit

Kinderkrippe ZN V (-/+n) crèche

Kinderlähmung ZN V (-/gmv) polio, kinderverlamming

kinderleicht BN doodgemakkelijk, zo gemakkelijk als wat • *das ist ~* een kind kan de was doen

kinderlieb BN van kinderen houdend

kinderlos BN kinderloos

Kindermädchen ZN O (+s/-) kindermeisje

kinderreich BN kinderrijk

Kinderreim ZN M (+(e)s/+e) kinderversje

Kinderschreck ZN M (+s/gmv) boeman

Kinderschuh ZN M (+(e)s/+e) kinderschoen • FIG. *noch in den Kinderschuhen stecken* nog in de kinderschoenen staan • FIG. *den Kinderschuhen entwachsen sein* de kinderschoenen ontgroeid zijn

Kinderschwester ZN V (-/+n) kinderverpleegster, kinderverzorgster

Kindersendung ZN V (-/+en) kinderprogramma

kindersicher BN kindveilig • *~er Verschluss* kindveilige sluiting

Kindersitz ZN M (+es/+e) kinderzitje

Kindersoldat ZN M kindsoldaat

Kinderspiel ZN O (+(e)s/+e) OOK FIG. kinderspel • *das ist ein ~ für ihn* dat is kinderspel voor hem

Kinderstube ZN V (-/gmv) FIG. opvoeding • *er hatte eine gute ~* hij is goed opgevoed

Kindertage ZN MV jeugd, kindertijd

Kindertagesstätte ZN V (-/+n) kinderdagverblijf

Kinderteller ZN M (+s/-) **1** kinderbord **2** kinderportie <in restaurant>

Kinderwagen ZN M (+s/-) kinderwagen

Kinderzulage ZN V (-/+n) kinderbijslag

Kindesalter ZN O (+s/gmv) kinderleeftijd

Kindesbeine ZN MV • *von Kindesbeinen an* van kindsbeen

Kindesmisshandlung ZN V (-/gmv) kindermishandeling

kindgemäß BN aangepast aan kinderen

kindgerecht BN aangepast aan kinderen

kindhaft BN kinderlijk

Kindheit ZN V (-/gmv) jeugd, kinderjaren

kindisch BN kinderachtig, kinds • *~es Verhalten* kinderachtig gedrag • *du bist vielleicht ~!* wat ben jij kinderachtig! • *sei nicht so ~!* doe niet zo kinderachtig

kindlich BN kinderlijk

Kindlichkeit ZN V (-/gmv) kinderlijkheid, naïviteit

Kindskopf ZN M (+(e)s/-köpfe) naïeveling, onnozele hals

Kindstod ZN M (+es/gmv) • *plötzlicher ~* wiegendood

Kindtaufe ZN V (-/+n) kinderdoop

kinetisch BN kinetisch

Kinkerlitzchen ZN MV **1** gekheid **2** prullerijen

Kinn ZN O (+(e)s/+e) kin

Kinnbacke ZN V (-/+n) kaak

Kinnbart ZN M (+(e)s/-bärte) baardje, sik

Kinnhaken ZN M (+s/-) hoekslag op de kin

Kinnlade ZN V (-/+n) kaak

Kino ZN O (+s/+s) bioscoop • *ins ~ gehen* naar de bioscoop gaan

Kinocenter ZN M/O (+s/-) megabioscoop

Kinoerfolg ZN M (+(e)s/+e) drukbezochte film

Kinofilm ZN M/O (+(e)s/+e) bioscoopfilm

Kinokarte ZN V (-/+n) bioscoopkaartje

Kintopp ZN M/O (+s/+s, -töppe) **bioscoop**
Kiosk ZN M (+(e)s/+e) **kiosk**
Kippe ZN V (-/+n) **1** **stortplaats** **2** **kantelpunt, uiterste rand** • *auf der ~ stehen* op de wip zitten **3** **peukje** <van sigaret> **4** SPORT **in de steun zetten** <bij turnen>
kippen **1** OV WW **1** **kiepen, kantelen** • *einen ~* er eentje nemen **2** **uitgooien** • *eine Zigarette ~* een sigaret uitdrukken **2** ONOV WW **kantelen, vallen** • *vom Stuhl ~* van zijn stoel vallen
Kipper ZN M (+s/-) **1** **kiepstoel** **2** **kiepwagen, lorrie**
Kippfenster ZN O (+s/-) **tuimelraam**
Kippschalter ZN M (+s/-) **tuimelschakelaar**
Kirche ZN V (-/+n) **kerk** • *zur/in die ~ gehen* naar de kerk gaan • *die ~ ist aus* de kerk gaat uit • *Wallonische ~* Waalse kerk • FIG. *die ~ im Dorf lassen* ≈ de gulden middenweg bewandelen • FIG. *mit der ~ ums Dorf fahren* onnodig eromheen praten
Kirchenälteste ZN M/V (+n/+n) **ouderling**
Kirchenbuch ZN O (+(e)s/-bücher) **kerkelijk register**
Kirchengemeinde ZN V (-/+n) REL. **gemeente, parochie**
Kirchenjahr ZN O (+(e)s/+e) **kerkelijk jaar**
Kirchenlicht ZN O (+(e)s/+er) • *er ist kein großes ~* hij is geen groot licht
Kirchenmaus ZN V (-/-mäuse) ▸ *arm wie eine ~* arm als een kerkrat
Kirchenrat ZN M (+(e)s/-räte) **1** **kerkenraad** **2** **lid van de kerkenraad**
Kirchenschiff ZN O (+(e)s/+e) **kerkschip**
Kirchenstaat ZN M (+(e)s/gmv) **Kerkelijke Staat**
Kirchensteuer ZN V (-/+n) **kerkbelasting**
Kirchenvater ZN M (+s/-väter) **kerkvader**
Kirchhof ZN M (+(e)s/-höfe) **kerkhof**
kirchlich BN **1** **kerkelijk** • *~ heiraten* voor de kerk trouwen **2** **kerks**
Kirchturm ZN M (+(e)s/-türme) **kerktoren**
Kirchweih ZN V (-/+en) **1** **kermis** **2** **kerkwijdingsfeest**
Kirmes ZN V (-/-sen) **kermis**
kirre BN **tam, mak**
kirren **1** OV WW **1** **tam maken** **2** **lokken** **2** ONOV WW **schril klinken**
Kirsch ZN M (+(e)s/-) **kirsch, kersenbrandewijn**
Kirschbaum ZN M (+(e)s/-bäume) **kersenboom**
Kirsche ZN V (-/+n) **1** **kers** • *mit ihm ist nicht gut Kirschen essen* met hem is het kwaad kersen eten **2** **kersenboom**
Kirschkern ZN M (+(e)s/+e) **kersenpit**
Kirschsaft ZN M (+(e)s/-säfte) **kersensap**
Kirschwasser ZN O (+s/-) **kirsch, kersenbrandewijn**
Kissen ZN O (+s/-) **kussen**
Kissenbezug ZN M (+(e)s/-bezüge) **kussensloop**
Kiste ZN V (-/+n) **1** **kist** • *mit jemandem in die ~ springen* met iemand naar bed gaan **2** INFORM. **zaak, geval** • *eine faule ~* een bedenkelijk zaakje **3** **kist, vliegtuig** **4** SPORT **goal** **5** INFORM. **vehikel** **6** INFORM. **tv-toestel**
Kita ZN V (-/+s) Kindertagesstätte **kinderdagverblijf**
Kitesurfen ZN O (+s/gmv) **kitesurfen**
Kitsch ZN M (+(e)s/gmv) **kitsch, prulwerk, rommel**
kitschig BN **prullerig, kitscherig**
Kitt ZN M (+(e)s/+e) **kit, stopverf**
Kittchen ZN O (+s/-) **nor, bajes, bak** • *im ~ landen* de bak indraaien
Kittel ZN M (+s/-) **1** **kiel, bloes** **2** **jasschort**
kitten OV WW **kitten**
Kitz ZN O (+es/+e) **1** **reekalf** **2** **gemzenjong** **3** **geitenlam**
Kitzel ZN M (+s/-) **1** **kitteling, jeuk** **2** **prikkeling** **3** **lust, zin**
kitzeln OV WW **1** **prikkelen** • *das kitzelt den Gaumen* dat streelt de tong **2** **kietelen**
Kitzler ZN M (+s/-) **clitoris**
Kiwi ZN V (-/+s) **kiwi**
Klacks ZN M (+es/+e) **1** **klets, kwak** **2** **klodder** **3** **kleinigheid** • *das ist doch 'n ~* dat is 'n peulenschilletje
Kladde ZN V (-/+n) **1** **klad** **2** **kladboek** **3** **kladschrift**
klaffen ONOV WW **gapen, openstaan** • *eine ~de Wunde* een gapende wond
kläffen ONOV WW **keffen**
klagbar BN **in rechte te vervolgen, voor het gerecht te brengen**
Klage ZN V (-/+n) **1** **klacht** • *eine begründete ~* een gegronde klacht • *eine ~ einreichen* een klacht indienen • *~ führen über jemanden* klagen over iemand **2** JUR. **eis, aanklacht** • *~ auf Schadenersatz* eis tot schadevergoeding • *einer ~ stattgeben* een eis toewijzen • *jemands ~ abweisen* iemands eis afwijzen • *gegen jemanden ~ erheben* een proces beginnen/aanspannen tegen iemand • *eine ~ zurückziehen* een aanklacht intrekken • *von einer ~ absehen* afzien van vervolging
Klageerhebung ZN V (-/+en) JUR. **aanklacht, indienen van een eis**
Klagelied ZN O (+(e)s/+er) **klaaglied, klaagzang** • *zu einem ~ anheben* een klaagzang aanheffen • *sein Brief war ein einziges ~* zijn brief was één grote klaagzang
Klagemauer ZN V (-/gmv) **Klaagmuur** <Jeruzalem>
klagen **1** OV WW **1** **verdriet uiten** • *jemandem sein Leid ~* bij iemand zijn verdriet uiten • *jemandem seine Not ~* zijn beklag doen bij iemand **2** OOST. **een klacht indienen tegen** • *die Zeitung ~* een klacht tegen de krant indienen **2** ONOV WW **1** **klagen (über** +4 **over), jammeren** • *wie geht's? - Ich kann nicht ~.* hoe gaat het? - Ik heb niets te klagen. **2** JUR. **een rechtszaak aanspannen (gegen** +4 **tegen, wegen** +2 **wegens)** • *gegen jemanden ~* een rechtszaak tegen iemand aanspannen **3** **een eis indienen** • *auf Schadenersatz ~* een eis tot schadevergoeding indienen
Kläger ZN M (+s/-) JUR. **klager, eiser, klagende**

ki

partij

Klägerin ZN V (-/+nen) JUR. klaagster, eiseres

Klageschrift ZN V (-/+en) JUR. (aan)klacht, conclusie van eis

Klageweg ZN M (+(e)s/gmv) JUR. gerechtelijke weg

kläglich BN **1** klaaglijk, meelijwekkend **2** armzalig **3** teleurstellend

klaglos BN zonder te klagen

Klamauk ZN M (+s/gmv) bombarie, drukte, herrie

klamm BN **1** klam, vochtig **2** verkleumd **3** INFORM. krap bij kas

Klamm ZN V (-/+en) ravijn <met bergbeek>

Klammer ZN V (-/+n) **1** klem, knijper, kram **2** haakje • *etwas in Klammern setzen* iets tussen haakjes zetten • *eckige Klammern* vierkante haakjes • *~ auf / zu* haakjes openen / sluiten

Klammeraffe ZN M (+n/+n) **1** slingeraap **2** COMP. apenstaartje

Klammergriff ZN M (+(e)s/+e) houdgreep

klammern OV WW **1** MED. krammen **2** vastklemmen • *sich ~* zich vastklampen

klammheimlich BN heel stiekem, heimelijk

Klamotten ZN MV INFORM. plunje, kleren

klang ONOV WW verl. tijd → **klingen**

Klang ZN M (+(e)s/Klänge) klank, geluid • *ein warmer ~* een warme klank • *einen guten ~ haben* goed klinken

Klangfarbe ZN V (-/+n) klankkleur, timbre

klanglos BN zonder klank, toonloos

klangvoll BN klinkend <figuurlijk>, klankvol, sonoor

Klappbett ZN O (+(e)s/+en) opklapbed

Klappe ZN V (-/+n) **1** klep, klap **2** INFORM. smoel, klep, bek • *halt die Klappe!* houd je bek! • *eine große ~ haben* een grote bek hebben

klappen **1** OV WW klappen • *den Deckel in die Höhe ~* het deksel omhoogklappen **2** ONOV WW **1** klapperen, klappen **2** lukken, uitkomen • *es hat geklappt* het is gelukt • *klappt es am Montag?* gaat het maandag lukken?

Klappentext ZN M (+(e)s/+e) flaptekst

Klapper ZN V (-/+n) klepper, rammelaar

klapperdürr BN INFORM. broodmager

Klapperkasten ZN M (+s/-kästen) INFORM. rammelkast

Klapperkiste ZN V (-/+n) INFORM. rammelkast

klappern ONOV WW klepperen, rammelen • *mit den Zähnen ~* klappertanden

Klapperschlange ZN V (-/+n) ratelslang

Klapperstorch ZN M (+(e)s/-störche) JEUGDT. ooievaar • *der ~ ist gekommen* de ooievaar is op bezoek geweest

Klappfahrrad ZN O (+(e)s/-räder) vouwfiets

Klappfenster ZN O (+s/-) klapraam, tuimelraam

Klappmesser ZN O (+s/-) knipmes

Klapprad ZN O (+(e)s/-räder) vouwfiets

klapprig BN **1** zwak, versleten **2** gammel, rammelig, wankel • *ein ~er Wagen* een aftandse auto

Klappsitz ZN M (+es/+e) opklapbare zitting

Klappstuhl ZN M (+(e)s/-stühle) klapstoel

Klaps ZN M (+es/+e) tik, klap • *er hat einen ~* hij is getikt

klapsen OV WW een tik geven

Klapsmühle ZN V (-/+n) INFORM. gekkenhuis

klar BN **1** helder, klaar • *~es Wasser* helder water • *ein ~er Himmel* een heldere hemel **2** duidelijk, helder • *ist das ~?* is dat duidelijk? • *~e Richtlinien* duidelijke richtlijnen • *sich im Klaren über etwas sein* iets duidelijk inzien, niet twijfelen aan iets • *na ~!* ja natuurlijk!, dat spreekt vanzelf! • *eine ~e Sache* een heldere zaak **3** SCHEEPV. klaar, gereed • *das Schiff ist ~ zum Auslaufen* het schip is klaar om te vertrekken

Kläranlage ZN V (-/+n) waterzuiveringsinstallatie

Klarblick ZN M (+(e)s/gmv) helder inzicht

Klare ZN M (+n/+n) klare, borrel

klären OV WW **1** helder maken, zuiveren, klaren **2** oplossen, ophelderen • *das hat sich geklärt* dat is opgelost • *das muss noch geklärt werden* dat moet nog worden afgesproken • *klärend wirken* verhelderend werken

klargehen ONOV WW INFORM. vlot verlopen, in orde komen

Klarheit ZN V (-/+en) **1** klaarheid, helderheid **2** duidelijkheid • *~ schaffen* duidelijkheid verschaffen

Klarinette ZN V (-/+n) klarinet

klarkommen ONOV WW INFORM. overweg kunnen **(mit** +3 **met)** • *kommst du klar?* kom je eruit?, snap je het? • *er kommt einfach nicht klar mit ihr* hij kan gewoon niet met haar overweg

klarlegen OV WW uitleggen, duidelijk maken

klarmachen OV WW **1** duidelijk maken • *jemandem etwas ~* iemand iets aan het verstand brengen **2** SCHEEPV. klaarmaken, gereedmaken

Klarsichtfolie ZN V (-/+n) huishoudfolie, vershoudfolie

klarstellen OV WW duidelijk maken, rechtzetten, een misverstand uit de weg ruimen • *eines will ich ~* een misverstand wil ik uit de weg ruimen

Klarstellung ZN V (-/+en) rectificatie, opheldering

Klartext ZN M (+(e)s/+e) **1** normaal leesbare tekst **2** INFORM. duidelijke taal/bewoordingen • *im ~* in duidelijke bewoordingen

Klärung **1** ZN V (-/+en) TECHN. klaring, zuivering **2** ZN V (-/gmv) verduidelijking, opheldering

klasse BN INFORM. prima, geweldig

Klasse ZN V (-/+n) **1** klas, klasse • *das ist erste Klasse!* dat is geweldig! • *Klasse* klasse! • *erste ~ reisen* eersteklas reizen • *die unteren Klassen* de lagere klassen/standen **2** schoolklas • *die erste ~* groep 3 van de basisschool • *in der ersten ~ sein* in groep drie zitten

Klasse- VOORV klasse- • *Klasseauto* klasse-auto

Klassement ZN O (+s/+s, +e) klassement

kl

Klassenarbeit ZN V (-/+en) O&W **proefwerk, schriftelijke repetitie** • *eine ~ schreiben* een proefwerk maken
Klassengesellschaft ZN V (-/+en) **klassenmaatschappij**
Klassenjustiz ZN V (-/gmv) POL. **klassenjustitie**
Klassenkamerad ZN M (+en/+en) **klasgenoot**
Klassenkampf ZN M (+(e)s/-kämpfe) POL. **klassenstrijd**
Klassenlehrer ZN M (+s/-) O&W **klassenleraar**
klassenlos BN **klasseloos**
Klassensprecher ZN M (+s/-) **klassenvertegenwoordiger**
Klassenunterricht ZN M (+(e)s/gmv) **groepsonderwijs, klassikaal onderwijs**
Klassenzimmer ZN O (+s/-) **schoollokaal**
Klassifikation ZN V (-/+en) **classificatie**
klassifizieren OV WW **classificeren**
Klassik ZN V (-/gmv) **1** KUNST **klassieke periode** **2 antieke kunst en cultuur** <Griekse of Romeinse oudheid> **3** KUNST **klassieke stijl** **4** MUZ. **klassieke muziek** • *sie hört gern ~* zij luistert graag naar klassieke muziek

kl

Klassiker ZN M (+s/-) **1 schrijver behorend tot de klassieke periode** **2 klassiek kunstenaar/ wetenschapper, meester** **3 klassiek werk** • *die ~* de klassieken
klassisch BN **klassiek** • *~e Sprachen* klassieke talen • *~e Musik* klassieke muziek
Klassizismus ZN M (-/gmv) **classicisme**
Klatsch **1** ZN M (+(e)s/gmv) **geklets, geroddel** **2** ZN M (+(e)s/+e) **klets, klap**
Klatschbase ZN V (-/+n) **kletskous, kletstante**
Klatsche ZN V (-/+n) **vliegenmepper**
klatschen **1** OV WW **smakken, slaan** • *Beifall ~* applaudisseren • *jemandem eine ~* iemand slaan **2** ONOV WW **1 applaudisseren, klappen** **2 kletsen, wauwelen, roddelen** **3 kletsen, kletteren** • *der Regen klatscht gegen das Fenster* de regen klettert tegen het raam
Klatscherei ZN V (-/+en) **geklets, gewauwel, geroddel**
Klatschmaul ZN O (+(e)s/-mäuler) **roddelaar, kletskous**
Klatschmohn ZN M (+(e)s/gmv) **papaver, klaproos**
klatschnass BN **kletsnat**
Klatschspalte ZN V (-/+n) INFORM. **roddelrubriek**
klauben OV WW **1 bijeensprokkelen** **2 peuteren, plukken** **3 uitpluizen**
Klaue ZN V (-/+n) **1 klauw** • INFORM. *nimm deine Klauen da weg* blijf daar met je tengels af **2 hanenpoten, slecht handschrift** • INFORM. *sie hat vielleicht eine Klaue!* zij schrijft hanenpoten!
klauen OV WW INFORM. **jatten, gappen**
Klause ZN V (-/+n) **1 kluis, cel** **2 bergpas**
Klausel ZN V (-/+n) **clausule**
Klausur **1** ZN V (-/+en) **1** O&W **schriftelijk tentamen** **2 clausuur, afgesloten kloostervertrek** **2** ZN V (-/gmv) **afgeslotenheid, eenzaamheid**
Klausurtagung ZN V (-/+en) **besloten vergadering, vergadering achter gesloten deuren**
Klavier ZN O (+s/+e) **piano**
Klavierkonzert ZN O (+(e)s/+e) **pianoconcert**
Klavierspieler ZN M (+s/-) **pianist**
Klavierstunde ZN V (-/+n) **pianoles**
Klavierunterricht ZN M (+(e)s/+e) **pianoles**
Klebeband ZN O (+(e)s/-bänder) **plakband**
kleben **1** OV WW **plakken, aanplakken** • INFORM. *ich könnte ihn an die Wand ~* ik zou hem wel achter het behang kunnen plakken **2** ONOV WW **kleven, plakken** • *der Schnee klebt gut* de sneeuw pakt goed
Kleber ZN M (+s/-) **1 gluten** **2 lijm**
Klebestift ZN M (+(e)s/+e) **plakstift**
Klebestreifen ZN M (+s/-) **plakstrook, plakband**
klebrig BN **kleverig, plakkerig**
Klebstoff ZN M (+(e)s/+e) **kleefstof**
kleckern OV + ONOV WW **morsen, kliederen** • *essen ohne zu ~* eten zonder te knoeien • *~ auf* morsen op • *sich Soße auf die Kleider ~* saus op zijn kleren morsen
kleckerweise BW INFORM. **bij stukjes en beetjes**
Klecks ZN M (+es/+e) **vlek, klodder**
klecksen OV WW **1 kladden, knoeien** • *der Kugelschreiber kleckst* de pen vlekt **2 klodderen, slecht schilderen**
Kleckserei ZN V (-/+en) **geknoei, knoeiwerk**
Klee ZN M (+s/gmv) **klaver** • *jemanden über den grünen ~ loben* iemand ophemelen
Kleeblatt ZN O (+(e)s/-blätter) **klaverblad**
Klei ZN M (+(e)s/gmv) **klei** • *fetter ~* zware klei
Kleid ZN O (+(e)s/+er) **1 japon, jurk** **2** • *Kleider* kleren • *in die Kleider fahren* in de kleren schieten
kleiden OV WW **kleden** • *sich auffällig/auffallend ~* zich opvallend kleden, opzichtig gekleed gaan • *diese Jacke kleidet dich gut* die jas staat je goed
Kleiderablage ZN V (-/+n) **garderobe**
Kleiderbügel ZN M (+s/-) **kleerhanger**
Kleiderbürste ZN V (-/+n) **kleerborstel**
Kleiderhaken ZN M (+s/-) **kapstok, klerenhaak**
Kleiderschrank ZN M (+(e)s/-schränke) **1 kleerkast** **2 grote, potige kerel**
Kleiderständer ZN M (+s/-) **klerenstandaard, staande kapstok**
kleidsam BN **gekleed**
Kleidung ZN V (-/+en) **kleding**
Kleidungsstück ZN O (+(e)s/+e) **kledingstuk**
Kleie ZN V (-/+n) **zemelen**
klein BN **1 klein** • *~ machen* klein maken, in kleine stukjes hakken/snijden • *der ~e Finger* de pink • *~ schreiben* met kleine letters schrijven • *von ~ an/auf* van jongs af aan • *bis ins Kleinste* tot in de kleinste details • FIG. *~ beigeben* een toontje lager zingen, bakzeil halen • FIG. *jemanden ~ halten* iemand eronder houden **2 gering** **3 bekrompen**
Kleinaktionär ZN M (+s/+e) **kleine aandeelhouder**
Kleinanzeige ZN V (-/-n) **kleine advertentie**
Kleinarbeit ZN V (-/gmv) **minutieus werk,**

peuterwerk

Kleinasien ZN O (+s/gmv) Klein-Azië

Kleinbauer ZN M (+s/-) keuterboer

Kleinbetrieb ZN M (+(e)s/+e) kleine boerderij, kleinbedrijf

Kleinbildkamera ZN V (-/+s) kleinbeeldcamera

Kleinbürger ZN M (+s/-) **1** iemand uit de lagere middenstand **2** bekrompen burger

kleinbürgerlich BN kleinburgerlijk

Kleinbus ZN M (+ses/+se) minibus

Kleine ZN M/V/O (+n/+n) kleine, baby, kindje • *Kleines* schatje <kooswoord> • *ein Bett für das ~* een bed voor het kleintje • *mein Kleiner* mijn zoontje, mijn broertje • *meine ~* mijn dochtertje, mijn zusje • *die ~ und die Große* de kleine (dochter) en de grote (dochter) • *der ~ und der Große* de kleine (zoon) en de grote (zoon)

kleiner BN kleiner

Kleiner-als-Zeichen ZN O kleinerdanteken

Kleinformat ZN O (+(e)s/+e) klein formaat

Kleingeist ZN M (+(e)s/+er) MIN. bekrompen mens, muggenzifter

Kleingeld ZN O (+(e)s/gmv) kleingeld

kleingläubig BN kleingelovig

Kleinhandel ZN M (+s/gmv) detailhandel

Kleinheit ZN V (-/gmv) **1** kleinheid **2** FIG. bekrompenheid

Kleinhirn ZN O kleine hersenen

Kleinholz ZN O (+es/gmv) brandhout, hakhout

Kleinigkeit ZN V (-/+en) kleinigheid • *eine ~ essen* een hapje eten • *das ist keine Kleinigkeit!* dat is geen kattenpis

kleinkariert BN MIN. bekrompen

Kleinkind ZN O (+(e)s/+er) peuter, kleuter, klein kind

Kleinkram ZN M (+(e)s/gmv) **1** beuzelarijen **2** rommel, prullen **3** prutswerk, klusjes

Kleinkrieg ZN M (+(e)s/+e) **1** MIL. guerrillaoorlog **2** INFORM. geruzie, gekibbel

kleinkriegen OV WW **1** kleinkrijgen, eronder krijgen • *sich nicht ~ lassen* zich niet klein laten krijgen **2** HUMOR. kapotkrijgen **3** HUMOR. opmaken <geld>

Kleinkunst ZN V (-/gmv) kunst met een kleine k

Kleinkunstbühne ZN V (-/+n) cabaret

kleinlaut BN beteuterd, schuchter • *~ werden* in zijn schulp kruipen

kleinlich BN **1** kleingeestig, bekrompen **2** pedant **3** krenterig

Kleinlichkeit ZN V (-/gmv) kleingeestigheid

kleinmachen OV WW **1** INFORM. opmaken <van geld> **2** INFORM. wisselen • *kannst du 100 Euro ~?* kun je 100 euro wisselen? **3** INFORM. kleineren • *lass dich nicht ~* laat je er niet onder krijgen

Kleinmut ZN M (+(e)s/gmv) **1** lafheid **2** bangheid

kleinmütig BN laf

Kleinod ZN O (+(e)s/-dien, +e) kleinood

Kleinrentner ZN M (+s/-) iemand met een klein pensioen

kleinschreiben OV WW **1** met kleine (begin) letter schrijven **2** FIG. niet belangrijk vinden

Kleinschreibung ZN V (-/+en) • *in ~* met kleine (begin)letter geschreven

kleinst BN kleinst, mini-, miniatuur-, minimum- • *bis ins Kleinste* tot in het kleinste

Kleinstadt ZN V (-/-städte) kleine stad, provinciestad

kleinstädtisch BN kleinsteeds <ook figuurlijk>

Kleinstlebewesen ZN O (+s/-) micro-organisme

kleinstmöglich BN zo klein mogelijk

Kleintier ZN O (+(e)s/+e) klein huisdier

Kleinvieh ZN O (+s/gmv) kleinvee • *~ macht auch Mist* alle beetjes helpen

Kleinwagen ZN M (+s/-) kleine auto

kleinwüchsig BN klein van gestalte

Kleister ZN M (+s/-) **1** stijfsel, gluton **2** kleverige brij **3** lijm

kleistern OV WW pappen, plakken

Klematis ZN V (-/-) PLANTK. clematis

Klemmbrett ZN O ADMIN. klembord

Klemme ZN V (-/+n) **1** klem • FIG. *jemandem aus der ~ helfen* iemand uit de brand helpen, BELG. iemand depanneren • FIG. *in der ~ sein/sitzen/stecken* in de knel zitten • FIG. *in die ~ geraten/kommen* in de knel raken **2** MED. hechtkram

klemmen **1** OV WW klemmen, vastzetten • *sich hinter die Arbeit ~* zich op het werk gooien • *ich habe mir den Finger in der Tür geklemmt* ik heb met mijn vinger tussen de deur gezeten **2** ONOV WW klemmen, vastzitten • *die Tür klemmt* de deur klemt

Klempner ZN M (+s/-) loodgieter

Klempnerei ZN V (-/+en) loodgieterij, blikslagerij

Kleptomanie ZN V (-/gmv) kleptomanie

klerikal BN klerikaal

Kleriker ZN M (+s/-) geestelijke

Klerus ZN M (-/gmv) clerus, geestelijkheid

Klette ZN V (-/+n) **1** PLANTK. klis, klit **2** al te aanhankelijk mens, klit • *wie Kletten aneinanderhängen* als klitten aan elkaar hangen

Kletterei ZN V (-/+en) klimpartij

Klettereisen ZN O (+s/-) klimspoor, klimijzer

Kletterer ZN M (+s/-) klimmer, klauteraar

Klettergerüst ZN O (+(e)s/+e) klimrek

Kletterhalle ZN V klimhal

klettern ONOV WW **1** klimmen, klauteren **2** INFORM. stijgen

Kletterpflanze ZN V (-/+n) klimplant

Kletterstange ZN V (-/+n) klimpaal

Klettverschluss ZN M (+es/-verschlüsse) klittenbandsluiting

klicken ONOV WW COMP. klikken (**auf** +4 op)

Klient ZN M (+en/+en) cliënt

Klientel ZN V (-/+en) clientèle, klantenkring

Klima ZN O (+s/+s, -te) klimaat

Klimaanlage ZN V (-/+n) airconditioning

klimaneutral BN klimaatneutraal

klimatisch BN klimatologisch

kl

klimatisieren OV WW klimatiseren
Klimawechsel ZN M (+s/-) klimaatverandering
Klimax ZN V (-/+e) climax
Klimbim ZN M (+s/gmv) **1** INFORM. bijkomstigheden **2** INFORM. drukte, omhaal
klimmen ONOV WW sterk klimmen
klimpern ONOV WW **1** tokkelen, rammelen • *auf dem Klavier ~* op de piano rammelen **2** rinkelen
Klinge ZN V (-/+n) **1** kling, lemmet • *jemanden über die ~ springen lassen* iemand over de kling jagen, iemand te gronde richten **2** degen, sabel
Klingel ZN V (-/+n) bel • *auf die ~ drücken* op de bel drukken
Klingelknopf ZN M (+(e)s/-knöpfe) belknop
klingeln ONOV WW bellen • *es klingelt (an der Tür)* er wordt (aan de deur) gebeld • *das Telefon klingelt* de telefoon gaat • *es ~ lassen* de bel laten gaan • FIG. *da klingelte es* dat deed een belletje rinkelen
Klingelton ZN M (+(e)s/-töne) beltoon
klingen ONOV WW sterk klinken • *das klingt ganz anders* dat klinkt heel anders • *die Gläser ~ lassen* op iets klinken/drinken • *mir ~ die Ohren* mijn oren tuiten
Klinik ZN V (-/+en) kliniek
kl
Klinikclown ZN M cliniclown
klinisch BN klinisch
Klinke ZN V (-/+n) klink • *sich/einander die ~ in die Hand geben* de deur platlopen
Klinker ZN M (+s/-) klinker, straatsteen
klipp BN • *~ und klar* volkomen duidelijk
Klipp ZN M (+s/+s) (oor)clip, klem
Klippe ZN V (-/+n) OOK FIG. klip
klirren ONOV WW rinkelen, kletteren • *~der Frost* strenge/bijtende vorst • *die Kette klirrt* de ketting rammelt
Klischee ZN O (+s/+s) cliché
Klischeevorstellung ZN V (-/+en) stereotiep idee, stereotiepe voorstelling
Klistier ZN O (+s/+e) MED. lavement, klysma
Klitoris ZN V (-/-, Klitorides) clitoris
Klitsche ZN V (-/+n) **1** klein bedrijfje **2** tweederangs theater
klitschig BN klef, kliederig
klitschnass BN kletsnat
klitzeklein BN INFORM. piepklein
Klo ZN O (+s/+s) INFORM. plee, wc • *aufs ~ gehen* naar de wc gaan • *ich muss aufs ~* ik moet naar de wc
Kloake ZN V (-/+n) **1** riool **2** BIOL. cloaca
klobig BN plomp, lomp, bonkig
Klobrille ZN V (-/+n) wc-bril
Klobürste ZN V (-/+n) toiletborstel
klomm ONOV WW verl. tijd → **klimmen**
Klon ZN M (+s/+e) BIOL. kloon
klonen OV WW klonen
klönen ONOV WW N-D babbelen
Klopapier ZN O toiletpapier
klopfen OV + ONOV WW kloppen • *jemandem auf die Finger ~* iemand op de vingers tikken • *es klopft an der Tür* er wordt op de deur geklopt
Klopfer ZN M (+s/-) klopper
klopffest BN klopvast <van benzine>
Klopfzeichen ZN O (+s/-) klopsignaal
Klöppel ZN M (+s/-) **1** trommelstok **2** klepel **3** klos <bij kantklossen>
klöppeln OV + ONOV WW kantklossen
Klops ZN M (+es/+e) gehaktballetje
Klorolle ZN V rol toiletpapier
Klosett ZN O (+s/+s, +e) closet, toilet
Klosettbürste ZN V (-/+n) wc-borstel
Klosettpapier ZN O (+s/gmv) toiletpapier
Klosettrolle ZN V (-/+n) closetrol
Kloß ZN M (+es/Klöße) **1** knoedel, deegballetje <van bijvoorbeeld aardappel, gehakt ...> **2** kluit • *einen ~ im Hals haben* een brok in de keel hebben
Kloster ZN O (+s/Klöster) klooster • *ins ~ gehen* kloosterling worden
Klosterbruder ZN M (+s/-brüder) kloosterbroeder
klösterlich BN kloosterlijk
Klosterschwester ZN V (-/+n) non
Klotz ZN M (+es/Klötze) **1** blok, houtblok • *mit Klötzen spielen* met blokken spelen • FIG. *jemandem ein ~ am Bein sein* iemand een blok aan het been zijn **2** INFORM. lomperik, bonk • *ein ungehobelter ~* een ongelikte beer
klotzen ONOV WW **1** klossen, sjokken, zwaar stappen **2** hard werken
klotzig BN **1** bonkig, zwaar **2** enorm
Klub ZN M (+s/+s) club
Klubbeitrag ZN M (+(e)s/-träge) contributie
Klubgarnitur ZN V (-/+en) bankstel
Klubjacke ZN V (-/+n) blazer
Klubsessel ZN M (+s/-) clubfauteuil
Kluft ZN V (-/Klüfte) **1** kloof, breuk • *die ~ zwischen Arm und Reich* de kloof tussen arm en rijk **2** kloof, rotsspleet **3** INFORM. pak, kleding, kloffie
klug BN **1** verstandig, wijs • *eine ~e Antwort* een verstandig antwoord • *der Klügere gibt nach* de wijste geeft toe • FIG. *sie kann nicht ~ daraus werden* zij kan er niet wijs uit worden **2** knap • *ein ~er Kopf* een knappe kop
Klügelei ZN V (-/+en) haarkloverij
klügeln ONOV WW **1** piekeren **2** haarkloven
klüger BN → **klug**
klugerweise BW wijselijk
Klugheit **1** ZN V (-/gmv) verstand, wijsheid **2** ZN V (-/+en) MIN. slimme opmerking
Klugredner ZN M (+s/-) betweter
klügst BN → **klug**
klumpen ONOV WW klonteren
Klumpen ZN M (+s/-) klomp, kluit, klonter
Klumpfuß ZN M (+es/-füße) klompvoet, horrelvoet
klumpig BN **1** klonterig **2** vormloos
Klüngel ZN M (+s/-) kliek
Klüngelei ZN V (-/+en) **1** MIN. kliekvorming **2** REG. getreuzel, getalm
Klunker ZN M/V (-, +s/-, +n) **1** klompje **2** kwast **3** schittersteen
km AFK Kilometer km, Kilometer

km/h Kilometer pro Stunde **km/u, kilometer per uur**
knabbern ov + onov ww **knabbelen**
Knabe zn m (+n/+n) **1** oud. **knaap, jongen 2** inform. **vent, kerel, jongen** • *alter Knabe!* ouwe jongen!
Knabenalter zn o (+s/gmv) oud. **jongensleeftijd, jongensjaren**
knabenhaft bn **jongensachtig**
Knäckebrot zn o (+(e)s/+e) **knäckebröd**
knacken 1 ov ww **kraken, openbreken** • inform. *ein Auto ~* een auto openbreken • *den Code ~* de code kraken **2** onov ww **knakken, kraken** • *mit den Fingern ~* zijn vingers laten knakken • fig. *an einer Sache zu ~ haben* een harde noot om te kraken
Knacker zn m (+s) **1 knakworst 2** inform., min. • *ein alter ~* een oude zak
knackig bn **1 knappend, krokant 2 attractief, aantrekkelijk**
Knacks zn m (+es/+e) **1 knak, krak 2 barst, breuk** • *einen ~ haben* een beetje gestoord zijn **3 knak, knauw**
knacksen onov ww **knakken, knappen**
Knackwurst zn v (-/-würste) **knakworst**
Knall zn m (+(e)s/+e) **knal** • *auf ~ und Fall* op stel en sprong • *einen ~ haben* niet goed snik zijn
Knalleffekt zn m (+(e)s/+e) **knaleffect**
knallen 1 ov ww **1 knallen, smakken** • *jemandem eine ~* iemand een klap geven **2** inform. **schieten 2** onov ww **1 knallen** • *mit der Peitsche ~* met de zweep klappen **2 schreeuwen** <van kleuren>
Knallfrosch zn m (+(e)s/-frösche) **voetzoeker**
knallhart bn **keihard, onverbiddelijk** • *die ~en Tatsachen* de keiharde feiten • *~e Verhandlungen* keiharde onderhandelingen • *~ sagen, was Sache ist* keihard zeggen waar het op staat
knallheiß bn inform. **bloedheet**
knallig bn **opvallend, schreeuwend** <van kleuren>
Knallkörper zn m (+s/-) **stuk vuurwerk**
knallrot bn **felrood**
knallvoll bn **1 tjokvol 2** inform. **straalbezopen**
knapp bn **1 vlak, dicht** • *~ vor Ostern* vlak voor Pasen **2 nauw, eng, krap** • *mit ~er Not* ternauwernood • *ein ~er Sieg* een nipte overwinning **3 schaars, karig** • *eine ~e Mehrheit* een heel kleine meerderheid • *ein ~es Auskommen haben* maar net rond kunnen komen • *die Zeit ist ~ bemessen* er is maar heel weinig tijd **4 beknopt 5 amper**
Knappheit zn v (-/gmv) **1 krapte, schaarste 2 bondigheid**
Knappschaft zn v (-/+en) **mijnwerkersvereniging**
knapsen onov ww **beknibbelen**
Knarre zn v (-/+n) **1 ratel 2 spuit, geweer**
knarren onov ww **knarsen, kraken** • *die Tür knarrt* de deur kraakt • *mit ~der Stimme* met krakende stem
Knast zn m (+(e)s/Knäste) **1 bajes, bak, nor** • *in den ~ stecken* de bak indraaien **2 gevangenisstraf** • *er musste fünf Jahre ~ schieben* hij moest vijf jaar zitten
Knastbruder zn m (+s/-brüder) **bajesklant**
knastern onov ww **brommen, mopperen**
knattern onov ww **knetteren**
Knäuel zn m/o (+s/-) **kluwen** • *ein ~ von Menschen* een wirwar van mensen
knäueln wkd ww (**sich ~**) **zich ophopen, in de war raken**
Knauf zn m (+(e)s/Knäufe) **1 knop** <van stok, zadel en dergelijke> **2 kapiteel**
Knauser zn m (+s/-) **gierigaard**
Knauserei zn v (-/+en) **gierigheid**
knauserig bn **krenterig, gierig**
knausern onov ww **gierig zijn, krenterig zijn**
knautschen 1 ov ww inform. **kreuken, verkreukelen 2** onov ww inform. **kreukelen**
Knautschzone zn v (-/+n) **kreukelzone**
Knebel zn m (+s/-) **1 draaghoutje 2 spanstok** <van zaag> **3 mondprop 4 knevel**
Knebelbart zn m (+(e)s/-bärte) **knevel, snor**
knebeln ov ww **1 een prop in de mond duwen 2 aan banden leggen**
Knecht zn m (+(e)s/+e) **knecht** • *~ Ruprecht* ≈ Zwarte Piet
knechten ov ww **knechten, onderdrukken**
Knechtschaft zn v (-/+en) **knechtschap, slavernij**
kneifen 1 ov ww sterk **knijpen 2** onov ww sterk **1 knellen, klemmen 2** inform. **zich drukken** • *vor jemandem/etwas ~* iemand/iets uit de weg gaan, zich voor iets drukken
Kneifer zn m (+s/-) **knijper, lorgnet**
Kneifzange zn v (-/+n) **nijptang**
Kneipe zn v (-/+n) **café, kroeg** • *in die ~ gehen* naar de kroeg gaan, naar het café gaan
kneipen 1 ov ww **knijpen 2** onov ww **fuiven, pimpelen**
Knete zn v (-/gmv) **1 boetseerklei** • *mit ~ spielen* kleien **2** inform. **poen**
kneten ov ww **kneden**
Knetmasse zn v (-/+n) **modelleerklei**
Knick zn m (+(e)s/+e) **1 knik** • *einen ~ in der Optik haben* scheel zien, niet goed kunnen zien **2 barst, breuk, knak**
knicken 1 ov ww **1 knakken 2 omvouwen 3 buigen** • *ganz geknickt sein* neerslachtig zijn ▶ inform. *das kannst du knicken* dat kun je wel vergeten **2** onov ww **1 knakken, barsten 2 knikken** • *in die Knie ~* door de knieën zakken
Knickerei zn v (-/+en) **gierigheid, krenterigheid**
knickerig bn **krenterig, gierig**
knickern onov ww **krenterig zijn**
Knicks zn m (+es/+e) **kniebuiging, reverence**
knicksen onov ww **een reverence maken**
Knie zn o (+s/-) **1 knie** • inform. *weich in den Knien werden* knikkende knieën krijgen • *jemanden übers ~ legen* iemand over de knie leggen • *jemanden in die ~ zwingen* iemand op de knieën dwingen • *etwas übers ~ brechen* iets te haastig doen **2 hoekstuk,**

elleboog <van buis> 3 kniebocht

Kniebeuge ZN V (-/+n) kniebuiging

Kniefall ZN M (+(e)s/-fälle) knieval <ook figuurlijk>

kniefällig BN op de knieën

kniefrei BN tot boven de knie <van kleding>

Kniekehle ZN V (-/+n) knieholte

knien ONOV WW knielen • *sich in die Arbeit ~* zich in het werk verdiepen

Kniescheibe ZN V (-/+n) knieschijf

Knieschoner ZN M (+s/-) kniebeschermer

Kniestrumpf ZN M (+(e)s/-strümpfe) kniekous

kniff OV WW verl. tijd → **kneifen**

Kniff ZN M (+(e)s/+e) 1 kneep <(ook: het knijpen)> • *alle Kniffe kennen* de fijne kneepjes kennen • *das ist der ~ an der ganzen Sache* daar zit hem de kneep 2 vouw

kniffen OV WW vouwen

knifflig BN netelig, moeilijk

Knilch ZN M (+s/+e) 1 vervelende vent 2 knul, vrijer

knipsen OV + ONOV WW 1 knippen • *die Fahrkarte ~* het kaartje knippen 2 kieken

Knirps ZN M (+es/+e) 1 peuter, dreumes 2 ® kleine opvouwbare paraplu

knirschen ONOV WW knarsen, kraken • *mit ~den Zähnen* met knarsende tanden

knistern ONOV WW knisperen, ritselen

Knittelvers ZN M (+es/+e) knittelvers

Knitter ZN M (+s/-) kreuk

Knitterfalte ZN V (-/+n) kreukel

knitterig BN gekreukt, verfrommeld

knittern 1 OV WW kreuken, verfrommelen 2 ONOV WW kreukelen

Knobel ZN M (+s/-) 1 knokkel 2 dobbelsteen

knobeln ONOV WW 1 knobelen, dobbelen 2 uitknobbelen • *an einer Sache ~* over iets piekeren

Knoblauch ZN M (+s/gmv) knoflook

Knöchel ZN M (+s/-) 1 enkel • *sich den ~ verstauchen* zijn enkel verstuiken 2 knokkel

Knochen ZN M (+s/-) been, bot • *bis auf die ~* tot op het bot • FIG. *ihr steckt eine Krankheit in den ~* zij heeft iets onder de leden • FIG. *ein harter ~* een hele kluif • FIG. *sich bis auf die ~ blamiert haben* in zijn hemd staan

Knochenarbeit ZN V (-/gmv) zwaar werk, slavenarbeid

Knochenbau ZN M (+(e)s/gmv) MED. skelet, beenderstelsel

Knochenbruch ZN M (+(e)s/-brüche) MED. botbreuk, fractuur

knochendürr BN broodmager

Knochengerüst ZN O (+(e)s/+e) geraamte, beendergestel

knochenhart BN keihard

Knochenhaut ZN V (-/-häute) MED. beenvlies

Knochenkrebs ZN M (+es/gmv) botkanker

Knochenmark ZN O (+(e)s/gmv) beenmerg

Knochenschinken ZN M CULIN beenham

knochentrocken BN kurkdroog

knöchern BN benen, van been

knochig BN knokig, benig

Knödel ZN M (+s/-) knoedel, deegballetje <van aardappel, brood enz.>

Knöllchen ZN O (+s/-) INFORM. bon, boete voor verkeersovertreding

Knolle ZN V (-/+n) knol

Knollensellerie ZN M (+s/+s) knolselderie

knollig BN 1 vol knobbels 2 knolvormig

Knopf ZN M (+(e)s/Knöpfe) 1 knoop • *einen ~ verlieren* een knoop verliezen • *einen ~ annähen* een knoop aanzetten 2 knop • *auf den ~ drücken* op de knop drukken 3 kereltje

Knopfdruck ZN M (+(e)s/-drücke) druk op de knop • *ein leichter ~* een lichte druk op de knop

knöpfen OV WW knopen <met knoopsgaten>

Knopfloch ZN O (+(e)s/-löcher) knoopsgat

Knopfzelle ZN V (-/+n) knoopcel

knorke BN fijn, mieters, tiptop

Knorpel ZN M (+s/-) kraakbeen

knorplig BN van kraakbeen

knorrig BN knoestig

Knospe ZN V (-/+n) knop <plant>

knospen ONOV WW uitlopen, uitbotten

Knötchen ZN O (+s/-) 1 knoopje 2 knobbeltje

knoten OV + ONOV WW knopen, binden

Knoten ZN M (+s/-) 1 knoop • *einen ~ machen* een knoop leggen • *die ~ aus seinen Haaren kämmen* de klitten uit je haar halen • FIG. *da steckt der ~* daar zit hem de knoop 2 verdikking, knobbel 3 knooppunt 4 knot <in het haar>

Knotenpunkt ZN M (+(e)s/+e) knooppunt

knotig BN 1 knoopvormig 2 knoestig

Know-how, **Knowhow** ZN O (-, +s/gmv) knowhow

Knuff ZN M (+(e)s/Knüffe) por, stomp, stoot <vriendelijk>

knuffen OV WW INFORM. stompen

knüllen 1 OV WW verfrommelen, verkreukelen 2 ONOV WW kreukelen

Knüller ZN M (+s/-) INFORM. succes, sensationele nieuwigheid

knüpfen OV WW 1 knopen • *eine Krawatte ~* een stropdas strikken 2 verbinden • *an dieses Dorf ~ sich viele Erinnerungen* met dit dorp zijn veel herinneringen verbonden

Knüppel ZN M (+s/-) 1 knuppel 2 stuurknuppel 3 schakelpook

knüppeldick BN INFORM. erg, zeer • *knüppeldicke voll* propvol • *auf einmal kam es ~* opeens kwam alles tegelijk, opeens zaten wij midden in de moeilijkheden

knüppeln 1 OV WW knuppelen 2 ONOV WW SPORT ruw spelen

Knüppelschaltung ZN V (-/+en) vloerschakeling

knurren ONOV WW knorren, brommen • *mir knurrt der Magen* mijn maag knort, ik rammel van de honger

Knurrhahn ZN M (+(e)s/-hähne) 1 DIERK. knorhaan 2 FIG. knorrepot

knurrig BN knorrig

kn

knuspern ONOV WW knabbelen
knusprig BN **1** knapperig, croquant, bros **2** INFORM. vlot, aantrekkelijk
Knute ZN V (-/+n) knoet
knutschen ONOV WW INFORM. vrijen, knuffelen • *mit jemandem ~* tongen met iemand
k.o. AFK knock-out ko, knock-out • *jemanden ~ schlagen* iemand ko slaan
koalieren ONOV WW zich aaneensluiten, een coalitie vormen
Koalition ZN V (-/+en) coalitie • *eine ~ bilden/ eingehen* een coalitie vormen/aangaan
Kobalt ZN O (+s/gmv) kobalt
Kobold ZN M (+(e)s/+e) kobold, kabouter
Koch ZN M (+(e)s/Köche) kok
Kochbuch ZN O (+(e)s/-bücher) kookboek
Kochecke ZN V (-/+n) kookhoek, kitchenette
köcheln ONOV WW **1** IRON. kokkerellen **2** sudderen, zachtjes koken
kochen OV + ONOV WW koken • *die Kartoffeln ~ schon* de aardappelen koken al • *Kaffee ~* koffie zetten • *er kocht vor Wut* hij kookt van woede
Kocher ZN M (+s/-) **1** kooktoestel **2** kookvat
Köcher ZN M (+s/-) pijlkoker, koker
Kochfeld ZN O (+(e)s/+er) kookplaat
kochfertig BN panklaar
kochfest BN geschikt voor de kookwas
Kochgelegenheit ZN V (-/+en) kookgelegenheid
Kochgeschirr ZN O (+(e)s/+e) **1** kookgerei **2** MIL. gamel
Kochherd ZN M (+(e)s/+e) fornuis
Köchin ZN V (-/+nen) kokkin
Kochlöffel ZN M (+s/-) pollepel, houten lepel • HUMOR. *den ~ schwingen* koken
Kochplatte ZN V (-/+n) kookplaat
Kochsalz ZN O (+es/+e) keukenzout
Kochtopf ZN M (+(e)s/-töpfe) kookpot, kookpan
Kode ZN M (+s/+s) → **Code**
Köder ZN M (+s/-) lokaas
ködern OV WW **1** lokken met aas **2** INFORM. verlokken, aanlokken
Kodex ZN M (-, +es/-dizes) codex
kodieren OV WW → **codieren**
Koedukation ZN V (-/gmv) co-educatie
Koeffizient ZN M (+en/+en) coëfficiënt
Koexistenz ZN V (-/gmv) co-existentie • *friedliche ~* vreedzame co-existentie
Koffein ZN O (+s/gmv) cafeïne
koffeinfrei BN cafeïnevrij
Koffer ZN M (+s/-) **1** koffer • FIG. *sie kann die ~ packen* ze kan haar koffers wel pakken **2** fundering <van een weg> **3** MIL. zwaar projectiel
Kofferanhänger ZN M (+s/-) kofferlabel
Kofferkuli ZN M (+s/+s) bagagewagentje
Kofferraum ZN M (+(e)s/-räume) kofferbak
Kognak ZN M (+s/+s) cognac
Kognakbohne ZN V (-/+n) cognacbonbon
Kohl 1 ZN M (+s/+e) kool • FIG. *alten ~ (wieder) aufwärmen* oude koeien uit de sloot halen **2** ZN M (+s/gmv) kletskoek, onzin • *red' keinen Kohl!* klets geen onzin!
Kohldampf ZN M (+(e)s/gmv) INFORM. honger • *~ schieben* op een houtje moeten bijten
Kohle 1 ZN V (-/+n) **1** steenkool, kolen • *mit Kohlen heizen* stoken op kolen • *wie auf heißen/ glühenden) Kohlen sitzen* op hete kolen zitten **2** poen **2** ZN V (-/gmv) houtskool
Kohlekraftwerk ZN M (+(e)s/+e) kolencentrale
Kohlenbergwerk ZN O (+(e)s/+e) kolenmijn
Kohlendioxid, **Kohlendioxyd** ZN O (+s/gmv) SCHEIK. kooldioxide
Kohleneimer ZN M (+s/-) kolenkit, kolenemmer
Kohlenförderung ZN V (-/gmv) steenkolenwinning, steenkolenproductie
Kohlengrube ZN V (-/+n) kolenmijn
Kohlenhalde ZN V (-/+n) kolenopslag, berg kolen
Kohlenhydrat ZN O (+(e)s/+e) koolhydraat
Kohlenmonoxid, **Kohlenmonoxyd** ZN O (+s/gmv) SCHEIK. koolmonoxide
Kohlensäure ZN V (-/gmv) koolzuur • *mit ~* met prik <van dranken>
Kohlenstoff ZN M (+(e)s/gmv) koolstof
Kohlepapier ZN O (+s/+e) carbonpapier
Köhler ZN M (+s/-) **1** kolenbrander **2** koolvis
Kohlestift ZN M (+(e)s/+e) houtskoolstift
Kohletablette ZN V koolstoftablet, ≈ norit®
Kohlezeichnung ZN V (-/+en) houtskooltekening
Kohlkopf ZN M (+(e)s/-köpfe) **1** krop <van een kool>, kool **2** sufferd
Kohlmeise ZN V (-/+n) koolmees
kohlrabenschwarz BN pikzwart
Kohlrabi ZN M (-, +s/-, +s) koolrabi
Kohlrübe ZN V (-/+n) koolraap
kohlschwarz BN gitzwart
Kohlweißling ZN M (+s/+e) koolwitje
Koitus ZN M (-/-, +se) coïtus
Koje ZN V (-/+n) SCHEEPV. kooi < slaapplaats> • *in die ~ gehen* naar kooi gaan
Kokain ZN O (+s/gmv) cocaïne
kokett BN koket
Koketterie ZN V (-/+n) koketterie
kokettieren ONOV WW koketteren
Kokke ZN V (-/+n) bacterie
Kokolores ZN M (-/gmv) **1** INFORM. nonsens **2** INFORM. ophef, kouwe drukte
Kokon ZN M (+s/+s) cocon
Kokosbaum ZN M (+(e)s/-bäume) kokospalm
Kokosmilch ZN V (-/gmv) kokosmelk
Kokosnuss ZN V (-/-nüsse) kokosnoot
Koks 1 ZN M (+es/gmv) **1** poen **2** INFORM. cocaïne • *eine Linie ~* een lijntje coke **3** kletskoek **2** ZN M (+es/+e) cokes < brandstof>
Kolben ZN M (+s/-) **1** kolf **2** TECHN. zuiger
Kolbenhub ZN M (+(e)s/-hübe) opgaande zuigerslag
Kolbenstange ZN V (-/+n) zuigerstang
Kolibri ZN M (+s/+s) kolibrie
Kolik ZN V (-/+en) koliek

Kollaborateur ZN M (+s/+e) collaborateur
Kollaps ZN M (+es/+e) MED. collaps
Kolleg ZN O (+s/+s, +ien) collegegebouw
Kollege ZN M (+n/+n) mannelijke collega
kollegial BN collegiaal • *sich ~ verhalten/geben* zich collegiaal gedragen/opstellen • *einen ~en Umgang pflegen* collegiaal met elkaar omgaan
Kollegin ZN V (-/+nen) vrouwelijke collega • *meine Kolleginnen und Kollegen in der Schule* mijn collega's op school
Kollegium ZN O (+s/-gien) 1 bestuurslichaam 2 de gezamenlijke docenten 3 comité, college
Kollegstufe ZN V ≈ studiehuis
Kollekte ZN V (-/+n) collecte
Kollektion ZN V (-/+en) 1 verzameling 2 ECON. collectie
kollektiv BN collectief
Kollektiv ZN O (+s/+e) 1 collectief, werkgroep 2 productiegemeenschap <in de voormalige DDR>
Kollektivschuld ZN V (-/gmv) collectieve (morele) schuld
Koller 1 ZN M (+s/-) kolder 2 ZN O (+s/-) schouderstuk
kollidieren ONOV WW botsen • *Interessen ~ miteinander* belangen botsen met elkaar
Kollision ZN V (-/+en) 1 botsing 2 conflict
Kollo ZN O (+s/+s, Kolli) collo, stukgoed
Kolloquium ZN O (+s/-quien) colloquium, forumgesprek
Köln ZN O (+s/gmv) Keulen
kölnisch BN Keuls • *~ Wasser* eau de cologne
Kölnischwasser ZN O (+s/-) eau de cologne
kolonial BN koloniaal
Kolonialismus ZN M (-/gmv) kolonialisme
Kolonialzeit ZN V (-/+en) koloniaal tijdperk
Kolonie ZN V (-/+n) kolonie • *die früheren Kolonien* de vroegere koloniën
Kolonisation ZN V (-/+en) kolonisatie
kolonisieren OV WW koloniseren
Kolonist ZN M (+en/+en) kolonist
Kolonne ZN V (-/+n) colonne
Kolonnenfahren ZN O filerijden
Koloss ZN M (+es/+e) kolos
kolossal BN 1 kolossaal, reusachtig 2 ontzettend, enorm, verschrikkelijk • *~es Glück haben* ontzettend veel geluk hebben
Kolumne ZN V (-/+n) column
Kolumnist ZN M (+en/+en) columnist
Koma ZN O (+s/+s, -ta) MED. coma • *im ~ liegen* in coma liggen • *ins ~ fallen* in coma raken • *aus einem ~ erwachen* uit een coma ontwaken
Kombi ZN M (+s/+s) combi, stationcar
Kombimikrowelle ZN V (-/+n) combimagnetron
Kombination ZN V (-/+en) 1 combinatie 2 colbert en broek <van mannen>
kombinieren OV + ONOV WW combineren (mit +3 met)
Kombiwagen ZN M (+s/-) combi(natiewagen), stationcar
Kombüse ZN V (-/+n) kombuis
Komet ZN M (+en/+en) komeet
kometenhaft BN pijlsnel
Komfort ZN M (+s/gmv) comfort • *mit allem ~ ausgestattet* van alle comfort voorzien
komfortabel BN comfortabel
Komfortzone ZN V (-/+n) comfortzone
Komik ZN V (-/gmv) 1 komisch effect 2 komische kunst
Komiker ZN M (+s/-) komiek, grappenmaker
komisch BN 1 raar, eigenaardig, gek • *das sieht ~ aus* dat ziet er raar uit • *das kommt ~ auf mich rüber* dat komt op mij vreemd over • *was für eine ~e Jacke du hast* wat heb jij een gekke jas 2 komisch, komiek
komischerweise BW INFORM. merkwaardigerwijs, eigenaardig genoeg
Komitee ZN O (+s/+s) comité
Komma ZN O (+s/-ta, +s) komma
Kommandant ZN M (+en/+en) commandant
Kommandantur ZN V (-/+en) bureau van de commandant
kommandieren 1 OV WW 1 MIL. commanderen 2 detacheren 2 ONOV WW 1 bevelen 2 INFORM. commanderen
Kommanditgesellschaft ZN V (-/+en) commanditaire vennootschap
Kommanditist ZN M (+en/+en) ECON. stille vennoot, commanditair
Kommando ZN O (+s/+s) commando • *etwas auf ~ tun können* iets op commando kunnen doen • *das ~ haben/übernehmen* het commando voeren/overnemen
Kommandobrücke ZN V (-/+n) SCHEEPV. commandobrug
kommen ONOV WW sterk 1 komen • *wie kommst du dazu?* hoe kom je erbij? • *so kommst du nie zum Ziel* zo kom je er nooit • *zu sich ~* bij kennis komen • *wieder zu sich ~* weer tot bewustzijn komen • *an etwas ~* aan iets komen • *auf etwas ~* iets verzinnen, een idee hebben • *um etwas ~* iets verliezen • *zu etwas ~* iets verkrijgen, iets bereiken • *ach komm!* kom nou toch! • *ich komme!* ik kom eraan! • *das kommt billiger* dat valt goedkoper uit • *der Motor kommt* de motor slaat aan • *es nicht dahin ~ lassen* het niet zover laten komen • *damit brauchst du ihm nicht zu ~* daar hoef je bij hem niet mee aan te komen • *ich habe es ~ sehen* ik kon het zien aankomen • *ich bin nie auf den Gedanken ge~* dat is nooit bij me opgekomen • *es kam anders* het liep anders • *~den Montag* (aan)komende maandag • *~de Woche* (aan)komende week 2 ~ auf kosten • *das kommt auf 100 Euro* dat kost in totaal 100 euro 3 INFORM. klaarkomen
Kommen ZN O mode, trend • *im ~ sein* in de mode komen, in trek komen
Kommentar ZN M (+s/+e) commentaar, verklaring • *einen ~ zu etwas abgeben* commentaar leven op iets
Kommentator ZN M (+s/+en) commentator
kommentieren OV WW commentaar geven, verklaren

Kommerz ZN M (+es/gmv) commercie
kommerzialisieren OV WW commercialiseren
kommerziell BN commercieel
Kommilitone ZN M (+n/+n) studiegenoot, medestudent
Kommilitonin ZN V (-/+nen) studiegenote, medestudente
Kommissar ZN M (+s/+e) **1** commissaris, gevolmachtigde **2** inspecteur van politie **3** ambtenaar ad interim
Kommissariat ZN O (+s/+e) commissariaat
kommissarisch BN **1** door een commissaris **2** plaatsvervangend, tijdelijk
Kommission ZN V (-/+en) **1** commissie • *diese ~ beschäftigt sich mit dem Thema Energie* deze commissie houdt zich bezig met het thema energie **2** FIN. commissie • *in ~ verkaufen* op commissiebasis verkopen
Kommissionär ZN M (+s/+e) commissionair
Kommissionsgebühr ZN V (-/+en) commissieloon
Kommode ZN V (-/+n) ladekast, dressoir
kommunal BN gemeentelijk • *die ~en Behörden* de gemeentelijke autoriteiten
Kommunalabgabe ZN V (-/+n) gemeentebelasting
Kommunalwahl ZN V (-/+en) gemeenteraadsverkiezing
Kommune ZN V (-/+n) **1** commune **2** gemeente
Kommunikation ZN V (-/+en) communicatie
kommunikativ BN communicatief • *~e Fähigkeiten* communicatieve vaardigheden
Kommunion ZN V (-/+en) REL. communie • *zur ~ gehen* ter communie gaan, communie doen
Kommuniqué, **Kommunikee** ZN O (+s/+s) communiqué • *ein ~ herausgeben* een communiqué uitgeven
Kommunismus ZN M (-/gmv) communisme
Kommunist ZN M (+en/+en) communist
kommunistisch BN communistisch
kommunizieren ONOV WW **1** communiceren **2** met elkaar omgaan **3** REL. de communie ontvangen
Komödiant ZN M (+en/+en) komediant
Komödie ZN V (-/+n) komedie
Komorer ZN M (+s/-) Comorees
komorisch BN Comorees
Kompagnon ZN M (+s/+s) compagnon
kompakt BN compact
Kompanie ZN V (-/+n) compagnie • *Vereinigte Ostindische ~* Verenigde Oost-Indische Compagnie
Komparativ ZN M (+s/+e) TAALK. vergrotende trap
Kompass ZN M (+es/+e) kompas
Kompassnadel ZN V kompasnaald
kompatibel BN **1** compatibel, verenigbaar **2** aansluitbaar, combineerbaar
Kompensation ZN V (-/+en) compensatie
kompensieren OV WW compenseren
kompetent BN competent
Kompetenz ZN V (-/+en) competentie
kompilieren OV WW COMP. compileren
Komplementärfarbe ZN V (-/+n) complementaire kleur
komplett BN compleet, volledig
komplettieren OV WW completeren, volledig maken
Komplex ZN M (+es/+e) complex
Komplikation ZN V (-/+en) complicatie, verwikkeling, moeilijkheid
komplikationslos BN zonder complicaties
Kompliment ZN O (+(e)s/+e) compliment • *jemandem ein ~ für etwas (4) machen* iemand een compliment maken over iets • *nach Komplimenten fischen* naar een complimentje vissen • *großzügig mit Komplimenten sein* veel complimenten geven
Komplize ZN M (+n/+n) medeplichtige, handlanger
Komplizenschaft ZN V (-/gmv) medeplichtigheid
komplizieren OV WW compliceren, bemoeilijken
kompliziert BN gecompliceerd, ingewikkeld • MED. *komplizierter Bruch* gecompliceerde breuk
Kompliziertheit ZN V (-/+en) complexiteit
Komplott ZN O (+(e)s/+e) complot • *ein ~ schmieden* een complot smeden
Komponente ZN V (-/+n) component, bestanddeel, element
komponieren OV WW componeren
Komponist ZN M (+en/+en) componist
Komposition ZN V (-/+en) **1** compositie, samenstelling **2** muziekstuk
Kompost ZN M (+(e)s/+e) compost
kompostierbar BN composteerbaar
kompostieren OV WW composteren
Kompott ZN O (+(e)s/+e) compote, vruchtenmoes
Kompresse ZN V (-/+n) kompres
Kompression ZN V (-/+en) compressie, verdichting, samendrukken
Kompressionsverband ZN M (+(e)s/-verbände) drukverband
Kompressor ZN M (+s/+en) compressor
komprimieren OV WW comprimeren, samenpersen
komprimiert BN gecomprimeerd, bondig, beknopt
Kompromiss ZN M/O (+es/+e) compromis, schikking • *einen ~ machen* een compromis sluiten • *immer Kompromisse suchen* altijd willen schipperen
kompromissbereit BN bereid tot compromis(sen), toegeeflijk, inschikkelijk
kompromisslos BN compromisloos, consequent, onverzettelijk
kompromittieren OV WW compromitteren • *sich ~* zich compromitteren
Kondensation ZN V (-/+en) condensatie
Kondensator ZN M (+s/+en) **1** condensator **2** condensor
kondensieren OV + ONOV WW condenseren

ko

Kondensmilch ZN V (-/gmv) gecondenseerde melk
Kondensstreifen ZN M (+s/-) condensstreep
Kondenswasser ZN O (+s/gmv) condenswater
Kondition **1** ZN V (-/gmv) conditie, (lichamelijke) gesteldheid • *eine schlechte ~ haben* een slechte conditie hebben **2** ZN V (-/+en) conditie, voorwaarde • *günstige Konditionen* gunstige condities/voorwaarden
konditional BN conditioneel, voorwaardelijk
Konditional ZN O TAALK. voorwaardelijke wijs
Konditionalsatz ZN M (+es/-sätze) voorwaardelijke bijzin
konditionell BN wat de conditie betreft
konditioniert BN geconditioneerd
konditionsschwach BN in slechte conditie
Konditionstraining ZN O (+s/+s) conditietraining
Konditor ZN M (+s/+en) banketbakker
Konditorei ZN V (-/+en) **1** banketbakkerszaak **2** lunchroom <in banketbakkerszaak>
Kondolenz **1** ZN V (-/gmv) deelneming, medegevoel **2** ZN V (-/+en) condoleantie
Kondolenzbesuch ZN M (+(e)s/+e) condoleancebezoek
Kondolenzkarte ZN V rouwkaart
kondolieren ONOV WW condoleren • *jemandem ~* iemand condoleren
Kondom ZN M/O (+s/+e, +s) condoom
Kondor ZN M (+s/+e) BIOL. condor
Kondukteur ZN M (+s/+e) ZWIT. conducteur
Konfektion ZN V (-/+en) confectie
Konfektionsanzug ZN M (+(e)s/-anzüge) confectiepak
Konfektionsgröße ZN V (-/+n) confectiemaat
Konferenz ZN V (-/+en) conferentie • *eine ~ abhalten* een conferentie houden
konferieren ONOV WW confereren, beraadslagen **(über** +4 over)
Konfession ZN V (-/+en) REL. confessie
konfessionell BN confessioneel
konfessionslos BN onkerkelijk, niet-confessioneel
Konfessionsschule ZN V (-/+n) confessionele school
Konfetti ZN O (-, +s/-) confetti
Konfirmand ZN M (+en/+en) REL. aannemeling
Konfirmandenunterricht ZN M (+(e)s/gmv) REL. belijdeniscatechisatie <protestant>
Konfirmation ZN V (-/+en) REL. confirmatie, aanneming <in de protestantse kerk>
konfirmieren OV WW REL. aannemen, bevestigen <in de protestantse kerk>
Konfiskation ZN V (-/+en) JUR. confiscatie
konfiszieren OV WW confisqueren
Konfitüre ZN V (-/+n) jam
Konflikt ZN M (+(e)s/+e) conflict, botsing • *in ~ kommen mit* in conflict komen met • *mit dem Gesetz in ~ kommen/geraten* met de wet in aanraking komen
konfliktfähig BN tegen conflicten opgewassen
konfliktscheu BN bang voor conflicten
Konföderation ZN V (-/+en) confederatie, statenbond
konform BN +4, conform, overeenkomstig • *eine ~e Entscheidung* een conforme beslissing
konformistisch BN conformistisch
Konfrontation ZN V (-/+en) confrontatie
Konfrontationskurs ZN M (+es/+e) • *auf ~ gehen* de confrontatie zoeken
konfrontieren OV WW confronteren **(mit** +3 **met)** • *konfrontiert werden mit* geconfronteerd worden met
konfus BN confuus, verward • *jemanden ~ machen* iemand confuus maken, iemand in verwarring brengen
Konfusion ZN V (-/+en) verwarring
Konglomerat ZN O (+(e)s/+e) conglomeraat, opeenhoping
Kongregation ZN V (-/+en) congregatie
Kongress ZN M (-gresses/-gresse) congres
kongruent BN congruent, overeenstemmend
Kongruenz ZN V (-/+en) congruentie
kongruieren ONOV WW congrueren
Konifere ZN V (-/+n) conifeer, naaldboom
König ZN M (+s/+e) koning
Königin ZN V (-/+nen) koningin
Königinmutter ZN V (-/-mütter) koningin-moeder
königlich BN **1** koninklijk • *ein königliches Mahl* een koninklijk maal **2** majestueus, voornaam **3** geweldig, vorstelijk • *sich ~ amüsieren* zich kostelijk amuseren
Königreich ZN O (+(e)s/+e) koninkrijk
Königsadler ZN M (+s/-) koningsarend
Königshaus ZN O (+es/-häuser) koningshuis, koninklijk huis
Königssitz ZN M (+es/+e) koninklijke residentie
königstreu BN trouw aan de koning, koningsgezind
Königtum ZN O (+(e)s/gmv) koningschap
konisch BN conisch, taps
Konjugation ZN V (-/+en) TAALK. conjugatie, vervoeging
konjugieren OV WW conjugeren, vervoegen
Konjunktion ZN V (-/+en) **1** TAALK. conjunctie, voegwoord **2** conjunctie <van hemellichamen>
Konjunktiv ZN M (+s/+e) TAALK. conjunctief, aanvoegende wijs
Konjunktur ZN V (-/+en) conjunctuur • *sinkende ~* neergaande conjunctuur • *steigende ~* opgaande conjunctuur • *die ~ ankurbeln/beleben* de economie stimuleren • *die ~ wird schwächer* de economie loopt terug
Konjunkturabschwächung ZN V (-/+en) ECON. dalende conjunctuur, recessie
Konjunkturaufschwung ZN M (+(e)s/gmv) opleving van de conjunctuur
konjunkturell BN conjunctureel • *konjunkturelle Maßnahmen* conjuncturele maatregelen
konkav BN concaaf, holrond
konkret BN concreet, tastbaar • *ohne ~en Anlass*

zonder concrete aanleiding • *die ~e Welt* de tastbare wereld

konkretisieren ov ww concretiseren, verduidelijken

Konkubine zn v (-/+n) concubine

Konkurrent zn m (+en/+en) concurrent

Konkurrenz zn v (-/+en) **1** concurrentie • *jemandem ~ machen* de concurrentie met iemand aangaan, iemand beconcurreren • *außer ~* buiten mededinging **2** concurrent • *zur ~ gehen* naar de concurrent gaan

konkurrenzfähig bn tot concurreren in staat, met een goede marktpositie

Konkurrenzkampf zn m (+(e)s/-kämpfe) concurrentiestrijd • *den ~ überleben* de concurrentiestrijd overleven

konkurrieren onov ww concurreren (**mit** +3 met, **um** +4 om) • *mit jemandem ~* met iemand concurreren

Konkurs zn m (+es/+e) faillissement • *den ~ anmelden/beantragen* faillissement aanvragen • *über eine Firma den ~ eröffnen* een firma failliet verklaren • *~ machen; in ~ gehen/geraten* failliet gaan

Konkursantrag zn m (+(e)s/-träge) faillissementsaanvrage

Konkursmasse zn v (-/+n) failliete boedel • *überschuldete ~* desolate/insolvente boedel

Konkursverfahren zn o (+s/-) faillissement, faillissementsprocedure • *das ~ über eine Firma eröffnen* een firma failliet verklaren

Konkursverwalter zn m (+s/-) curator bij een faillissement

können **1** ov ww onregelmatig **1** kunnen • *ich kann das schon* ik kan dat al **2** kennen • *das Gedicht auswendig ~* het gedicht van buiten kennen **2** onov ww onregelmatig kunnen, vermogen • *ich konnte nichts dafür* het was niet mijn fout **3** hww onregelmatig kunnen • *ich konnte nicht schlafen* ik kon niet slapen • *wir ~ von Glück sagen, dass ...* we mogen/kunnen van geluk spreken dat ... • *sie kann nicht schwimmen* zij kan niet zwemmen • *könnten Sie mir helfen?* zou u mij kunnen helpen?

Können zn o (+s/gmv) kunde, kunnen • *fachliches ~* vakmanschap

Könner zn m (+s/-) expert, talent

konnte ov ww verl. tijd → **können**

könnte ov ww conj. → **können**

Konsekration zn v (-/+en) **1** rel. inzegening **2** rel. consecratie

Konsens zn m (+es/+e) **1** consensus, overeenstemming **2** toestemming

konsequent bn consequent

Konsequenz zn v (-/+en) consequentie • *die Konsequenzen ziehen* de consequenties aanvaarden

konservativ bn conservatief

Konservative zn m/v (+n/+n) conservatief, conservatieveling

Konservatorium zn o (+s/-rien) conservatorium

Konserve zn v (-/+n) conserven(blik)

Konservenbüchse zn v (-/+n) conservenblik

Konservendose zn v (-/+n) conservenblik

konservieren ov ww conserveren

Konservierung zn v (-/+en) conservering

Konservierungsmittel zn o (+s/-) conserveringsmiddel

Konsignation zn v (-/+en) econ. consignatie

konsignieren ov ww consigneren

Konsole zn v (-/+n) console

Konsolidation zn v (-/gmv) consolidatie

konsolidieren **1** ov ww consolideren **2** wkd ww (**sich ~**) zich consolideren

Konsolidierung zn v (-/+en) consolidatie

Konsonant zn m (+en/+en) taalk. consonant, medeklinker

Konsorten zn mv min. consorten, soortgenoten

Konsortium zn o (+s/-tien) consortium, syndicaat

konspirieren onov ww samenzweren

konstant bn constant

Konstante zn v (-, +n/+n) constante, onveranderlijke grootheid

konstatieren ov ww constateren

Konstellation zn v (-/+en) constellatie

konsterniert bn verbouwereerd, uit het veld geslagen

konstituieren **1** ov ww constitueren, vormen **2** wkd ww (**sich ~**) zich constitueren, tot stand komen

Konstitution zn v (-/+en) constitutie • *eine eiserne ~* een ijzeren gestel

konstitutionell bn constitutioneel

konstruieren ov ww construeren

Konstrukteur zn m (+s/+e) constructeur

Konstruktion zn v (-/+en) constructie

Konstruktionsbüro zn o (+s/+s) constructiebureau

Konstruktionsfehler zn m (+s/-) constructiefout

Konsul zn m (+s/+n) consul

konsularisch bn consulair

Konsulat zn o (+(e)s/+e) consulaat

Konsultation zn v (-/+en) **1** pol. gemeenschappelijk overleg **2** consult, consultatie

konsultieren ov ww consulteren • *einen Arzt ~* een dokter consulteren

Konsum **1** zn m (+s/gmv) consumptie, verbruik **2** zn m (+s/+s) **1** verbruikscoöperatie **2** coöperatieve winkel

Konsument zn m (+en/+en) consument

Konsumgesellschaft zn v (-/+en) consumptiemaatschappij

Konsumgut zn o (+(e)s/-güter) consumptiegoed

konsumieren ov ww consumeren

Kontakt zn m (+(e)s/+e) contact • *in ~ kommen mit* in contact komen met • *mit jemandem in ~ bringen* in contact brengen met iemand • *mit jemandem ~ aufnehmen* contact opnemen met iemand • *einen ~ herstellen* contact leggen • *Kontakte knüpfen (mit)* contacten aanknopen (met)

ko

• *er hat hier wenig* ~ hij heeft hier weinig contacten/aanspraak
kontaktfreudig BN toegankelijk, sociaal, open
kontaktieren OV WW contact opnemen
Kontaktlinse ZN V (-/+n) contactlens • *weiche* ~ zachte contactlens
Kontaktlinsenflüssigkeit ZN V contactlensvloeistof
Kontamination ZN V (-/+en) **1** NATK. (radioactieve) besmetting **2** contaminatie <van taal>
Konter ZN M (+s/-) **1** repliek, antwoord **2** SPORT counter
Konteradmiral ZN M (+(e)s/+e) SCHEEPV. schout-bij-nacht
Konterbande ZN V (-/gmv) contrabande
Konterfei ZN O (+s/+s, +e) afbeelding
kontern OV + ONOV WW **1** van repliek dienen, van zich afbijten **2** in spiegelbeeld zetten **3** SPORT counteren
Kontext ZN M (+(e)s/+e) context
Kontinent **1** ZN M (+(e)s/+e) continent, werelddeel **2** ZN M (+(e)s/gmv) vasteland
kontinental BN continentaal
Kontingent ZN O (+(e)s/+e) contingent
kontinuierlich BN onafgebroken, aanhoudend, continu
Konto ZN O (+s/-ten, +s, -ti) **(bank)rekening, conto** • *ein* ~ *eröffnen* een bankrekening openen • *ein* ~ *auflösen* een bankrekening opheffen • *einen Betrag auf jemandes* ~ *überweisen/gutschreiben* een bedrag op iemands rekening overmaken/schrijven • *das Geld wurde auf ein anderes* ~ *geleitet* het geld werd naar een ander rekeningnummer overgeheveld • *ein laufendes* ~ een betaalrekening • *das geht auf mein* ~ dat is voor mijn rekening, FIG. dat is mijn schuld • FIG. *etwas auf seinem* ~ *haben* iets op zijn conto hebben/schrijven, BELG. iets op zijn actief hebben
Kontoauszug ZN M (+(e)s/-züge) rekeningafschrift, BELG. zichtrekening <rekening-courant>
Kontoinhaber ZN M (+s/-) rekeninghouder
Kontostand ZN M (+(e)s/-stände) saldo
kontra **1** BW tegen • ~ *eingestellt sein* altijd tegen zijn **2** VZ +4, contra, tegen • ~ *Abtreibung sein* tegen abortus zijn
Kontra ZN O (+s/+s) verzet, oppositie, bezwaar • *jemandem* ~ *geben* iemand lik op stuk geven, doubleren <kaartspel>
Kontrabass ZN M (+es/-bässe) contrabas
Kontrahent ZN M (+en/+en) **1** tegenstander **2** contractant
kontrahieren OV WW **1** contraheren • *sich* ~ zich samentrekken **2** contracteren
Kontraindikation ZN V (-/+en) contra-indicatie
Kontrakt ZN M (+(e)s/+e) contract
kontraktlich BN contractueel
konträr BN tegengesteld, contrair
Kontrast ZN M (+(e)s/+e) contrast • *im* ~ *zu etwas stehen* met iets in contrast staan • *einen* ~ *bilden zu* een contrast vormen met
kontrastieren ONOV WW contrasteren **(mit** met)
Kontrollabschnitt ZN M (+(e)s/+e) controlestrookje
Kontrolle ZN V (-/+n) controle, BELG. nazicht • *etwas unter* ~ *haben* iets onder controle hebben • *auf etwas* ~ *ausüben* controle uitoefenen op iets • *unter strenger* ~ onder strenge controle • *soziale* ~ sociale controle • *die* ~ *über das Steuer verlieren* de macht over het stuur verliezen • *außer* ~ *geraten* uit de hand lopen
Kontrolleur ZN M (+s/+e) controleur
kontrollieren OV WW controleren **(auf , nach** +3 **op)** • *das Gepäck wird kontrolliert* de bagage wordt gecontroleerd • *einen Text auf Rechtschreibfehler* ~ een tekst controleren op spelfouten
kontrovers BN controversieel, tegengesteld, tegenstrijdig
Kontroverse ZN V (-/+n) controverse, geschilpunt, twistpunt
Kontur ZN V (-/+en) contour, omtrek • *die Konturen einer Frau* de contouren van een vrouw
Konvention ZN V (-/+en) conventie • *wider die* ~ *sein* in strijd zijn met de conventies • *gesellschaftliche Konventionen* sociale conventies • *die Genfer* ~ het verdrag van Genève
konventionell BN conventioneel
konvergieren ONOV WW convergeren, samenkomen
Konversation ZN V (-/+en) conversatie, gesprek • *mit seinen Gästen* ~ *machen* met zijn gasten converseren
Konversationslexikon ZN O (+s/-lexika) encyclopedie
konversieren ONOV WW converseren
Konversion ZN V (-/+en) conversie
konvertierbar BN converteerbaar
konvertieren **1** OV WW **1** converteren, veranderen **2** omwisselen <van geld> **2** ONOV WW REL. zich bekeren • *zum Katholizismus* ~ zich tot het katholicisme bekeren
Konvertierung ZN V (-/+en) conversie
Konvertit ZN M (+en/+en) bekeerling
Konvoi ZN M (+s/+s) konvooi
Konzentrat ZN O (+(e)s/+e) concentraat
Konzentration ZN V (-/+en) concentratie
Konzentrationslager ZN O (+s/-) concentratiekamp
Konzentrationsschwäche ZN V (-/+n) gebrek aan concentratie
konzentrieren OV WW concentreren • *sich auf seine Arbeit* ~ zich op zijn werk concentreren
konzentrisch BN concentrisch
Konzept ZN O (+(e)s/+e) concept, ontwerp • *im* ~ in concept • FIG. *aus dem* ~ *kommen* van de wijs raken • FIG. *jemanden aus dem* ~ *bringen* iemand van de wijs brengen
Konzeption ZN V (-/+en) conceptie, opvatting

ko

Konzeptpapier zn o (+s/+e) kladpapier

konzeptuell bn conceptueel

Konzern zn m (+(e)s/+e) concern

Konzert zn o (+(e)s/+e) concert • *ins ~ gehen* naar een concert gaan

konzertieren onov ww concerteren, een concert geven

konzertiert bn afgesproken, overeenstemmend • *eine ~e Aktion* een gezamenlijke actie

Konzession zn v (-/+en) concessie • *eine ~ erteilen* een concessie verlenen • *Konzessionen machen* concessies doen

Konzil zn o (+s/-lien, +e) concilie

konzipieren ov ww concipiëren

Kooperation zn v (-/+en) coöperatie, samenwerking

kooperativ bn coöperatief, hulpvaardig, sociaal

kooperieren onov ww coöpereren, samenwerken

Koordinate zn v (-/+n) coördinaat • *Koordinaten setzen* coördinaten uitzetten

Koordinatensystem zn o (+s/+e) coördinatenstelsel

Koordination zn v (-/+en) coördinatie

koordinieren ov ww coördineren

Kopf zn m (+(e)s/Köpfe) **1** hoofd, kop • *einen roten ~ bekommen* een rood hoofd krijgen • *am ~ der Tafel sitzen* aan het hoofd van de tafel zitten • *sich den ~ aufschlagen* een gat in zijn hoofd vallen • *der ~ einer Bande* bendeleider • *der führende ~ des Unternehmens* het brein achter de organisatie • *~ an ~* dicht opeengepakt, nek aan nek • *... pro ~ ...* per man • *~ oder Zahl* kop of munt • *~ hoch!* kop op! • *Köpfchen haben* koppiekoppie hebben • *alles muss nach seinem ~ gehen* alles moet gaan zoals hij het wil • *das ganze Zimmer auf den ~ stellen* de hele kamer overhoophalen • *das will mir nicht in den ~* daar kan ik met mijn verstand niet bij • *ich mache mir da keinen ~* ik maal er niet om • *ich werde es mir durch den ~ gehen lassen* ik zal er mijn gedachten over laten gaan • *wo hast du nur deinen Kopf?* waar zit je toch met je gedachten? • *im ~ behalten* in het achterhoofd houden • *etwas im ~ haben* iets in gedachten hebben • *etwas mit dem ~ und mit dem Bauch begreifen* iets met zijn verstand en met zijn gevoel begrijpen • fig. *von ~ bis Fuß* van top tot teen • fig. *die Köpfe zusammenstecken* de koppen bij elkaar steken • fig. *jemanden vor den ~ stoßen* iemand voor het hoofd stoten • fig. *jemanden einen ~ kürzer machen* iemand een kopje kleiner maken • fig. *etwas kostet jemandem den ~* dat kost iemand z'n kop • fig. *seinen ~ in den Sand stecken* zijn kop in het zand steken • fig. *sich den ~ zerbrechen über etwas* zich het hoofd breken over iets • fig. *ich bin wie vor den ~ geschlagen* ik ben er helemaal kapot van • fig. *jemanden vor den ~ stoßen* iemand voor het hoofd stoten • fig. *jemandem den ~ waschen* iemand de les lezen • fig. *jemandem den ~ verdrehen* iemand het hoofd op hol brengen • fig. *jemandem etwas an den ~ werfen* iemand iets naar het hoofd slingeren • fig. *sie ist nicht auf den ~ gefallen* zij is niet op haar achterhoofd gevallen • fig. *nicht ganz richtig im ~ sein* niet helemaal goed bij je hoofd zijn • fig. *sich an den ~ fassen* geen begrip voor iets hebben • fig. *den ~ vom Rumpf trennen* het hoofd van de romp scheiden • fig. *Kopf und Kragen riskieren* alles op het spel zetten • fig. *den ~ hinhalten müssen* de verantwoordelijkheid dragen • fig. *sie wird dir schon nicht den ~ abreißen* ze zal je heus niet opeten • fig. *das wird dich nicht den ~ kosten* het zal je de kop niet kosten • fig. *den ~ hinhalten müssen* het moeten ontgelden • fig. *sich den ~ zerbrechen über etwas* zich het hoofd breken over iets • fig. *sich nicht auf den ~ spucken lassen* zich niet op zijn kop laten zitten **2** krop <sla>

Kopf-an-Kopf-Rennen zn o (+s/-) nek-aan-nekrace

Kopfarbeit zn v (-/gmv) hersenwerk

Kopfarbeiter zn m (+s/-) hoofdarbeider, intellectueel

Kopfball zn m (+(e)s/-bälle) sport kopbal

Kopfbedeckung zn v (-/+en) hoofdbedekking, hoofddeksel

Köpfchen zn o (+s/-) **1** hoofdje, kopje **2** koppiekoppie • *~ haben* pienter zijn

köpfen ov ww **1** onthoofden **2** plantk. toppen **3** sport koppen

Kopfende zn o (+s/+en) hoofd, hoofdeinde

Kopfhaut zn v (-/gmv) hoofdhuid

Kopfhörer zn m (+s/-) koptelefoon

Kopfjäger zn m (+s/-) **1** koppensneller **2** inform. headhunter

Kopfkissen zn o (+s/-) hoofdkussen

kopflos bn **1** onbesuisd, van streek, in de war **2** zonder hoofd, zonder kop

Kopfnicken zn o (+s/gmv) hoofdknik

Kopfrechnen zn o (+s/gmv) hoofdrekenen

Kopfsalat zn m (+(e)s/+e) kropsla

kopfscheu bn kopschuw, schichtig

Kopfschmerzen zn mv hoofdpijn • *heftige ~* barstende hoofdpijn

Kopfschmuck zn m (+(e)s/gmv) hoofdtooi

Kopfschuss zn m (+es/-schüsse) schot door het hoofd

Kopfschütteln zn o (+s/gmv) hoofdschudden

Kopfsprung zn m (+(e)s/-sprünge) duik • *einen ~ ins Wasser machen* in het water duiken

kopfstehen onov ww sterk ondersteboven staan, op zijn kop staan

Kopfsteinpflaster zn o (+s/-) bestrating met kinderhoofdjes

Kopfstimme zn v (-/+n) kopstem

Kopfstoß zn m (+es/-stöße) kopstoot

Kopfstütze zn v (-/+n) hoofdsteun

Kopftuch zn o (+(e)s/-tücher) hoofddoek

kopfüber bw **1** voorover, met het hoofd vooruit **2** hals over kop

kopfunter bw ondersteboven

Kopfweh zn o (+s/gmv) inform. hoofdpijn

Kopfweide zn v (-/+n) knotwilg

ko

Kopfzerbrechen ZN O (+s/gmv) kopzorg, hoofdbrekens • *sich ~ über etwas machen* zich zorgen over iets maken
Kopie ZN V (-/+n) kopie
kopieren OV WW **1** kopiëren • *das Werk eines Anderen ~* het werk van een ander na-apen **2** A-V afdrukken
Kopierer ZN M (+s/-) INFORM. kopieerapparaat
Kopiergerät ZN O (+(e)s/+e) kopieerapparaat
koppeln OV WW koppelen
Kopplung ZN V (-/+en) koppeling
Koralle ZN V (-/+n) koraal
Koralleninsel ZN V (-/+n) koraaleiland
Koran ZN M (+s/+e) Koran
Korb ZN M (+(e)s/Körbe) **1** korf, mand **2** blauwtje • *einen ~ bekommen* een blauwtje lopen • *jemandem einen ~ geben* iemand een blauwtje laten lopen
Korbball ZN M (+(e)s/gmv) korfbal
Körbchen ZN O (+s/-) **1** mandje, korfje **2** cup <van beha>
Korbflasche ZN V (-/+n) mandfles
Korbmacher ZN M (+s/-) mandenmaker
Kord ZN M (+(e)s/+e, +s) corduroy, ribfluweel
Kordel ZN V (-/+n) koord, touw
Kordon ZN M (+s/+s) kordon, keten
Korinthe ZN V (-/+en) krent
Kork ZN M (+(e)s/+e) kurk
korken BN kurken
Korken ZN M (+s/-) kurk, stop • INFORM. *einen ~ abschießen/steigen lassen* een flater begaan
Korkenzieher ZN M (+s/-) kurkentrekker
Kormoran ZN M (+s/+e) aalscholver
Korn **1** ZN O (+(e)s/Körner) korrel **2** ZN O (+(e) s/gmv) koren, graan • *~ dreschen* graan dorsen • FIG. *die Flinte ins ~ werfen* het bijltje erbij neergooien **3** ZN O (+(e)s/+e) vizier • FIG. *jemanden aufs ~ nehmen* iemand in het vizier houden **4** ZN M (+(e) s/gmv) brandewijn
Kornähre ZN V (-/+n) korenaar
Kornblume ZN V (-/+n) korenbloem
Körnchen ZN O (+s/-) **1** korreltje, graantje **2** greintje
körnen OV WW **1** korrelen **2** lokken met korrels
Körnerfrucht ZN V (-/-früchte) graanvrucht • *Körnerfrüchte* ook: graangewassen
Kornett ZN O (+(e)s/+s, +e) piston
körnig BN korrelig
Kornkammer ZN V (-/+n) **1** korenschuur **2** graangebied
Kornspeicher ZN M (+s/-) **1** graansilo **2** korenzolder, graanschuur
Koronargefäß ZN O (+es/+e) MED. kransslagader
Körper ZN M (+s/-) **1** lichaam • *am ganzen ~ zittern* over zijn hele lijf bibberen **2** WISK. lichaam • *die Oberfläche eines Körpers berechnen* de oppervlakte van een lichaam berekenen
Körperbau ZN M (+(e)s/gmv) lichaamsbouw
körperbehindert BN lichamelijk gehandicapt, invalide
Körperbehinderte ZN M/V (+n/+n) invalide
Körperbehinderung ZN V (-/gmv) lichamelijke handicap
Körperchen ZN O (+s/-) deeltje
körpereigen BN lichaamseigen, organisch
Körperfülle ZN V (-/gmv) corpulentie, gezetheid
körpergerecht BN comfortabel
Körpergröße ZN V (-/+n) lichaamslengte
Körperhaltung ZN V (-/+en) lichaamshouding
Körperkraft ZN V (-/-kräfte) lichaamskracht
körperlich BN lichamelijk • *körperliche Arbeit* lichamelijke arbeid
körperlos BN immaterieel, onwezenlijk, bovennatuurlijk
Körperpflege ZN V (-/gmv) lichaamsverzorging
Körperschaft ZN V (-/+en) **1** lichaam, vennootschap, vereniging <met rechtspersoonlijkheid> • *eine gesetzgebende ~* een wetgevend lichaam **2** bestuurslichaam, orgaan
Körperschaftssteuer ZN V (-/+n) belasting op het inkomen van rechtspersonen
Körpersprache ZN V (-/+n) lichaamstaal
Körperstrafe ZN V (-/+n) lijfstraf
Körperteil ZN M (+(e)s/+e) lichaamsdeel
Körperverletzung ZN V (-/+en) **1** lichamelijk letsel **2** JUR. toebrengen van lichamelijk letsel • *fahrlässige ~* lichamelijk letsel door schuld
Korps ZN O (-/-) **1** korps **2** corps • *diplomatisches ~* corps diplomatique
korpulent BN corpulent
Korpulenz ZN V (-/gmv) corpulentie
korrekt BN correct, juist • *~ handeln* correct/juist handelen • *der ~e Betrag* het juiste bedrag • *politisch ~* politiek correct
Korrektheit ZN V (-/gmv) correctheid
Korrektion ZN V (-/+en) correctie
Korrektor ZN M (+s/+en) corrector
Korrektur ZN V (-/+en) **1** correctie **2** drukproef • *Korrekturen lesen* drukproeven nakijken
Korrekturbogen ZN M (-/-bögen) drukproef
Korrekturzeichen ZN O (+s/-) correctieteken
Korrespondent ZN M (+en/+en) correspondent
Korrespondenz ZN V (-/+en) correspondentie • *die ~ führen* de correspondentie voeren
korrespondieren ONOV WW corresponderen
Korridor ZN M (+s/+e) **1** corridor, gang **2** POL. corridor
korrigieren OV WW corrigeren, nakijken, verbeteren • *einen Test ~* een proefwerk corrigeren/nakijken • *er musste seine Meinung ~* hij moest zijn mening bijstellen • *nach unten ~* omlaag bijstellen
korrodieren **1** OV WW corroderen, aantasten **2** ONOV WW aangetast worden
Korrosion ZN V (-/+en) corrosie, aantasting
korrumpieren OV WW corrumperen, omkopen • *korrumpiert* corrupt, bedorven
korrupt BN corrupt
Korruption ZN V (-/+en) corruptie
Korsett ZN O (+s/+s, +e) korset
Korsika ZN O (+s) Corsica • *auf ~* op Corsica

ko

korsisch BN Corsicaans
Korso ZN M (+s/+s) corso
Korvette ZN V (-/+n) korvet
Korvettenkapitän ZN M (+s/+e) luitenant-ter-zee eerste klasse
Koryphäe ZN M/V (-, +n/+n) coryfee
koscher BN koosjer • INFORM. *das ist nicht ganz ~* dat is niet helemaal koosjer, dat is geen zuivere koffie
Kosename ZN M (+ns/+n) troetelnaam
Kosmetik ZN V (-/+en) cosmetiek
Kosmetika ZN MV cosmetica, schoonheidsmiddelen
Kosmetikerin ZN V (-/+nen) schoonheidsspecialiste
Kosmetikkoffer ZN M (+s/-) beautycase
kosmetisch BN cosmetisch
Kosmonaut ZN M (+en/+en) kosmonaut
Kosmopolit ZN M (+en/+en) kosmopoliet
kosmopolitisch BN kosmopolitisch
Kosmos ZN M (-/gmv) kosmos, heelal
Kost ZN V (-/gmv) **1** kost, eten • *~ und Logis* kost en inwoning, BELG. kost en inwoon **2** kost, levensonderhoud
kostbar BN kostbaar
Kostbarkeit 1 ZN V (-/gmv) kostbaarheid **2** ZN V (-/+en) kleinood
kosten OV WW **1** kosten • FIG. *koste es, was es wolle* koste wat (het) kost, coûte que coûte **2** proeven • *diesen Wein müssen sie mal ~* u moet die wijn eens proeven
Kosten ZN MV kosten, onkosten • *die ~ müssen gesenkt werden* de kosten moeten omlaag • *die ~ scheuen* tegen de kosten opzien • *auf ~ der Firma* op kosten van de zaak • *das geht auf meine ~* dat is voor mijn rekening • FIG. *weder ~ noch Mühen scheuen* kosten nog moeite sparen • FIG. *auf seine ~ kommen* aan zijn trekken komen
Kostenaufwand ZN M (+(e)s/gmv) kosten, uitgaven
Kostendämpfung ZN V (-/+en) kostenbesparing
Kostenerstattung ZN V (-/gmv) onkostenvergoeding
Kostenfaktor ZN M (-s/-en) kostenpost
kostenfrei BN kosteloos, gratis
kostengünstig BN met weinig kosten, goedkoop
kostenlos BN kosteloos, gratis • *~ erhältlich* gratis verkrijgbaar • *~e Beilage* gratis bijlage
kostenpflichtig BN JUR. verplicht tot betaling van de kosten
Kostenvoranschlag ZN M (+(e)s/-schläge) kostenraming, begroting • *ein ~ machen* een begroting (op)maken
köstlich BN **1** kostelijk • *sich ~ amüsieren* zich kostelijk amuseren • *es schmeckt ~* het smaakt kostelijk/heerlijk **2** kostbaar
Kostprobe ZN V (-/+n) proef, voorproefje
kostspielig BN duur
Kostüm ZN O (+s/+e) **1** kostuum **2** mantelpakje
Kostümball ZN M (+(e)s/-bälle) gekostumeerd bal
kostümieren OV WW kostumeren, verkleden
Kot ZN M (+(e)s/+e, +s) **1** uitwerpselen **2** vuil, slijk
Kotelett ZN O (+s/+s) karbonade
Koteletten ZN MV koteletten, bakkebaarden
Köter ZN M (+s/-) MIN. hond
Kotflügel ZN M (+s/-) spatbord
kotig BN vuil, slijkerig, vol slijk
Kotze ZN V (-/gmv) VULG. braaksel, kots
kotzen ONOV WW VULG. kotsen • *es ist zum Kotzen* dat is om te kotsen
KPD AFK Kommunistische Partei Deutschlands Communistische Partij van Duitsland
Krabbe ZN V (-/+n) **1** krab **2** INFORM. garnaal • *Krabben pulen* garnalen pellen **3** INFORM. leuk meisje
krabbeln 1 ONOV WW kruipen, rondscharrelen **2** OV + ONOV WW **1** kriebelen, jeuken **2** kietelen
Krach 1 ZN M (+(e)s/gmv) **1** lawaai • *mach nicht so einen ~* maak niet zo veel lawaai • *~ schlagen* herrie maken/schoppen **2** dreun, slag, gekraak • *mit Ach und ~* net op het nippertje **2** ZN M (+(e)s/Kräche) **1** ruzie, mot • *mit jemandem ~ bekommen/haben* met iemand ruzie/mot krijgen/hebben **2** debacle, krach
krachen OV WW knallen, donderen • INFORM. *sich ~* ruziemaken
Kracherl ZN O (+s/+n) priklimonade
Krachlederne ZN V (+n/+n) REG. korte leren broek
Krachmacher ZN M (+s/-) lawaaimaker, herrieschopper
krächzen ONOV WW **1** kraken, krassen <van een vogel> **2** hees spreken
Krad 1 ZN O (+(e)s/Kräder) motorrijwiel **2** AFK (+(e)s/Kräder) Kraftrad tweewielig motorvoertuig, motor
kraft VZ +2, krachtens, op grond van • *~ seines Amtes* krachtens zijn functie
Kraft ZN V (-/Kräfte) **1** kracht, sterkte • *aus eigener ~* op eigen kracht • *~ schöpfen aus* kracht putten uit • *alle seine Kräfte anstrengen* al zijn krachten inspannen • *neue Kräfte sammeln* nieuwe krachten opdoen • *die Kräfte vereinen* de krachten bundelen • *zu Kräften kommen* op krachten komen • *das geht über meine Kräfte* dat gaat mijn krachten te boven • *nach besten Kräften* naar mijn beste vermogen • *mit vereinten Kräften* met vereende krachten **2** arbeidskracht, medewerker • *eine ~ für das Sekretariat* een medewerk(st)er voor het secretariaat **3** kracht, werking • *außer ~* buiten werking • *in ~ setzen* in werking stellen • *in ~ sein* van kracht zijn • *mit rückwirkender ~* met terugwerkende kracht • *in ~ treten* van kracht worden/gaan, in werking treden
Kraftakt ZN M (+(e)s/+e) krachttoer, sterk staaltje
Kraftanstrengung ZN V (-/+en) krachtsinspanning

kr

Kraftaufwand zn m (+(e)s/gmv) krachtsinspanning, krachtsontwikkeling
Kraftausdruck zn m (+(e)s/-drücke) krachtterm • *mit Kraftausdrücken sprechen* met krachttermen smijten
Kraftbrühe zn v (-/+n) bouillon
Kraftfahrer zn m (+s/-) **1** automobilist **2** vrachtwagenchauffeur
Kraftfahrzeug zn o (+(e)s/+e) motorvoertuig, motorrijtuig
Kraftfahrzeugbrief zn m (+(e)s/+e) autopapieren
Kraftfahrzeugschein zn m (+(e)s/+e) kentekenbewijs, belg. inschrijvingsbewijs
Kraftfahrzeugsteuer zn v (-/+n) motorrijtuigenbelasting, wegenbelasting, belg. verkeersbelasting
Kraftfahrzeugversicherung zn v (-/+en) autoverzekering
kräftig bn krachtig, sterk, stevig, flink • *kräftige Kost* stevige kost • *eine kräftige Dosis* een flinke dosis
kräftigen ov ww versterken, krachtig maken • *sich ~* op krachten komen

Kräftigung zn v (-/+en) versterking
kraftlos bn **1** jur. niet geldig, nietig **2** zwak, krachteloos
Kraftprobe zn v (-/+n) krachtproef
Kraftprotz zn m (+es/+e) krachtpatser
Kraftrad zn o (+(e)s/-räder) motorrijwiel
Kraftstoff zn m (+(e)s/+e) motorbrandstof
Kraftstoffverbrauch zn m (+(e)s/gmv) brandstofverbruik
Kraftstrom zn m krachtstroom
kraftstrotzend bn fors, kracht uitstralend
Kraftverkehr zn m (+s/gmv) gemotoriseerd verkeer
kraftvoll bn vol kracht, krachtig
Kraftwagen zn m (+s/-) auto
Kraftwerk zn o (+(e)s/+e) krachtcentrale, elektriciteitscentrale
Kragen zn m (+s/-) kraag, boord • *steifer ~* stijve boord • *jemanden am ~ packen* iemand in zijn kraag grijpen • fig. *es geht ihm an den ~* hij is bang voor z'n hachje • fig. *Kopf und ~ riskieren* zijn nek uitsteken
Kragenknopf zn m (+(e)s/-knöpfe) boordenknoopje
Kragenweite zn v (-/+n) boordwijdte • *das Hemd mit großer/kleiner ~* het overhemd met een wijde/nauwe hals • fig. *das ist genau meine ~* dat is precies wat ik het leukste vind
Krähe zn v (-/+n) kraai
krähen onov ww kraaien
Krähenauge zn o (+s/+n) **1** kraaienoog **2** braaknoot **3** eksteroog
krakeelen onov ww krakelen, luidruchtig ruziën
Krakelei zn v (-/+en) min. gekrabbel, hanenpoten
krakelig bn kriebelig, krabbelig
krakeln onov ww min. krabbelen, hanenpoten schrijven
Kralle zn v (-/+n) klauw, nagel • *jemandem die Krallen zeigen* iemand zijn tanden laten zien
krallen ov ww **1** vastklemmen • *sich ~ an +4* zich vastklampen aan **2** grissen • *sie krallte die Finger in seinen Arm* ze boorde haar nagels in zijn arm
Kram zn m (+(e)s/gmv) **1** goedkope spulletjes, rommel, kraam • *räum deinen ~ auf!* ruim je rommel op • fig. *das passt ihm nicht in den ~* dat komt niet in zijn kraam te pas **2** boel, santenkraam • *der ganze ~* de hele mikmak/hap
kramen onov ww scharrelen, zoeken, snuffelen
Krämer zn m (+s/-) krentenweger, kleingeestig mens
Krämergeist zn m (+(e)s/gmv) kleingeestigheid, bekrompenheid
krämerhaft bn kleingeestig
Krämerseele zn v (-/+n) inform. kruideniersziel, kleingeestig mens
Kramladen zn m (+s/-läden) kruidenierswinkeltje
Krampe zn v (-/+n) haak, kram
Krampf **1** zn m (+(e)s/Krämpfe) kramp • *Krämpfe bekommen* kramp(en) krijgen **2** zn m (+(e)s/gmv) krampachtig gedoe, gemaaktheid
Krampfader zn v (-/+n) spatader
krampfartig bn krampachtig, spastisch
krampfen ov ww vastknellen, omknellen • *sich ~* krampachtig samentrekken
krampfhaft bn krampachtig
krampflösend bn krampstillend, tegen kramp
Kran zn m (+(e)s/Kräne) **1** hijskraan **2** kraan
Kranarm zn m (+(e)s/+e) kraanarm
Kranführer zn m (+s/-) kraanmachinist
Kranich zn m (+s/+e) kraanvogel
krank bn **1** ziek • *das macht mich ~!* daar word ik ziek van! • *schwer ~ sein* ernstig ziek zijn **2** fig. onzinnig, gek
Kranke zn m/v (+n/+n) zieke
kränkeln onov ww ziekelijk zijn, sukkelen
kranken onov ww • *dort krankt es an allem* daar is van alles mis
kränken ov ww krenken, grieven • *sich gekränkt fühlen; sich ~* zich gekrenkt voelen
Krankenbericht zn m (+(e)s/+e) ziekterapport, bulletin
Krankenblatt zn o (+(e)s/-blätter) ziektestaat, bulletin, status van een patiënt
Krankengeld zn o (+(e)s/+er) ziekengeld
Krankengeschichte zn v ziektegeschiedenis
Krankenhaus zn o (+es/-häuser) ziekenhuis
Krankenkasse zn v (-/+n) ziekenfonds
Krankenlager zn o (+s/-) ziekbed
Krankenpflege zn v (-/gmv) ziekenverzorging
Krankenpfleger zn m (+s/-) ziekenverpleger
Krankenschein zn m (+(e)s/+e) **1** ziekenbriefje **2** lidmaatschapskaart <van ziekenfonds>
Krankenschwester zn v (-/+n) ziekenverzorgster, verpleegster
Krankenversicherung zn v (-/+en) ziekteverzekering

Krankenwagen ZN M (+s/-) ziekenauto, ambulance
kränker BN → **krank**
krankfeiern ONOV WW INFORM. zogenaamd ziek zijn
krankhaft BN ziekelijk, pathologisch • *~e Gewohnheiten haben* ziekelijke gewoontes hebben
Krankheit ZN V (-/+en) ziekte • *eine ~ bekommen* een ziekte krijgen • *an einer ~ leiden* aan een ziekte lijden • *sich von einer ~ erholen* van een ziekte herstellen • *wo hat er sich diese ~ zugezogen?* waar heeft hij die ziekte opgelopen? • *einer ~ erliegen* aan een ziekte bezwijken
Krankheitsbild ZN O (+(e)s/+er) ziektebeeld
Krankheitserreger ZN M (+s/-) ziekteverwekker
krankheitshalber BW wegens ziekte
kranklachen WKD WW (**sich ~**) zich krom lachen
kränklich BN ziekelijk, sukkelend
krankmelden WKD WW (**sich ~**) zich ziek melden
Krankmeldung ZN V (-/+en) ziekmelding
krankschreiben OV WW ziek verklaren • *sich ~ lassen* zich door een arts ziek laten verklaren
kränkst BN → **krank**
Kränkung ZN V (-/+en) **1** benadeling **2** belediging
Kranz ZN M (+es/Kränze) krans
Kränzchen ZN O (+s/-) **1** kransje **2** FIG. bijeenkomst, gezellige kring
Kranzniederlegung ZN V (-/+en) kranslegging
Krapfen ZN M (+s/-) beignet
krass BN kras, heel erg • *eine ~e Maßnahme* een krasse/harde maatregel • *ein ~er Gegensatz* een grove/scherpe tegenstelling
Krater ZN M (+s/-) krater
Kratzbürste ZN V (-/+n) **1** draadschuier **2** knorrepot
kratzbürstig BN kattig, kribbig
Krätze ZN V (-/gmv) **1** schurft **2** schraapsel van metaal
kratzen 1 OV + ONOV WW **1** kriebelen **2** krabben **3** krassen **2** WKD WW (**sich ~**) zich krabben
Kratzer ZN M (+s/-) **1** krab, schram • *keinen ~ abbekommen haben* helemaal ongedeerd zijn **2** TECHN. krabber
kratzfest BN krasvrij, krasbestendig
kratzig BN **1** oneffen, kriebelig **2** kribbig, kattig
krätzig BN schurftig
Kratzwunde ZN V (-/+n) schram
kraulen 1 OV WW krauwen **2** ONOV WW crawlen
Kraulschwimmen ZN O (+s/gmv) crawlen, vrije slag zwemmen
kraus BN **1** kroes, gekruld **2** gerimpeld, gefronst **3** INFORM. verward
Krause 1 ZN V (-/+n) geplooide kraag **2** ZN V (-/+n) haargolf, krul
kräuseln 1 OV WW **1** krullen **2** rimpelen, fronsen **2** WKD WW (**sich ~**) **1** krullen, kroezen **2** kringelen <van rook>
Krauseminze ZN V (-/+n) PLANTK. kruizemunt
krausen OV WW **1** kroezen **2** rimpelen, fronsen
Kraushaar ZN O (+(e)s/gmv) kroeshaar
Krauskopf ZN M (+(e)s/-köpfe) kroeskop
Kraut 1 ZN O (+(e)s/Kräuter) kruid • *Kräuter sammeln* kruiden verzamelen • FIG. *dagegen ist kein ~ gewachsen* daartegen is geen kruid gewassen **2** ZN O (+(e)s/gmv) **1** loof • FIG. *ins ~ schießen* welig tieren • FIG. *wie ~ und Rüben* slordig **2** kool • *mit ~* met zuurkool <op menukaart> **3** vruchtenstroop
Krawall 1 ZN M (+s/+e) rel **2** ZN M (+s/gmv) lawaai, herrie • *~ machen* herrie maken/schoppen
Krawatte ZN V (-/+n) **1** stropdas **2** SPORT verboden wurggreep
Krawattennadel ZN V (-/+n) dasspeld
kraxeln ONOV WW INFORM. moeizaam klimmen
Kraxler ZN M (+s/-) INFORM. bergbeklimmer
Kreation ZN V (-/+en) **1** creatie, modeontwerp **2** schepping
kreativ BN creatief, vindingrijk • *~er Sprachgebrauch* creatief taalgebruik
Kreativität ZN V (-/gmv) creativiteit, vindingrijkheid
Kreatur ZN V (-/+en) creatuur, schepsel
Krebs ZN M (+es/+e) **1** krab **2** Kreeft <sterrenbeeld> **3** kanker • *~ erregend* kankerverwekkend
krebsartig BN **1** kankerachtig **2** kreeftachtig
krebsen ONOV WW **1** kreeft vangen **2** zich moeizaam bewegen **3** moeite doen, zich inspannen
krebserregend BN kankerverwekkend
Krebsforschung ZN V (-/+en) kankeronderzoek
Krebsfrüherkennung ZN V (-/+en) vroegtijdige opsporing van kanker
Krebsgeschwulst ZN V (-/-schwülste) kankergezwel
Krebsgeschwür ZN O (+s/+e) kankergezwel
Krebskranke ZN M/V (+n/+n) kankerpatiënt
krebsrot BN vuurrood, zo rood als een kreeft
Krebsvorsorge ZN V (-/+n) kankerpreventie
Krebszelle ZN V (-/+n) kankercel
kredenzen OV WW aanbieden, schenken
Kredit 1 ZN M (+(e)s/+e) krediet • *~ haben* krediet hebben • *jemandem ~ gewähren* iemand krediet verlenen, iemand een lening verstrekken • *einen ~ aufnehmen* een lening nemen • *einen ~ tilgen* een lening aflossen **2** ZN O (+s/+e) credit • *~ und Debet* credit en debet
Kreditbrief ZN M (+(e)s/+e) kredietbrief
kreditfähig BN kredietwaardig
Kreditgeber ZN M (+s/-) kredietgever
Kredithai ZN M (+(e)s/+e) woekeraar
kreditieren OV WW crediteren
Kreditinstitut ZN O (+(e)s/+e) kredietinstelling
Kreditkarte ZN V (-/+n) creditcard • *etwas mit ~ bezahlen* iets met creditcard betalen
Kreditkauf ZN M (+(e)s/-käufe) koop op krediet
Kreditor ZN M (+s/+en) crediteur
kreditwürdig BN kredietwaardig
Kreide ZN V (-/+n) **1** krijt • FIG. *bei jemandem in der*

kr

~ *stehen* bij iemand in het krijt staan **2 krijtje**
kreidebleich BN **krijtwit, doodsbleek**
Kreidefelsen ZN M (+s/-) **krijtrots**
kreideweiß BN **krijtwit**
Kreidezeit ZN V (-/gmv) **krijt, krijtperiode**
kreieren OV WW **creëren**
Kreis ZN M (+es/+e) **1 cirkel, kring** • *der Umfang eines Kreises* de omtrek van een cirkel • *im ~ sitzen/stehen* in een kring zitten/staan • *einen ~ bilden* een kring vormen • *im ~ drehen* in het rond draaien • *der ~ hat sich geschlossen* de cirkel is (weer) rond • *die Affäre zieht immer weitere Kreise* de zaak neemt steeds grotere proporties aan • *im ~ der Familie* in de huiselijke kring • *im engsten Kreise* in besloten kring, in alle intimiteit • *in politischen Kreisen* in politieke kringen • *wie aus gut unterrichteten Kreisen verlautet* volgens welingelichte kringen **2** TECHN. **circuit 3 district** • *das einzige Gymnasium im ~* het enige gymnasium in het district
Kreisbahn ZN V (-/+en) **1 cirkelvormige baan 2 lokaalspoor**
Kreisbewegung ZN V (-/+en) **cirkelbeweging, rotatie**
kreischen ONOV WW zwak **1 krijsen, gillen 2 gieren, knarsen**
Kreisel ZN M (+s/-) **1 rotonde 2 tol 3 gyroscoop**
kreiseln ONOV WW **tollen**
kreisen ONOV WW **draaien, cirkelen, rondgaan**
kreisförmig BN **cirkelvormig**
Kreislauf ZN M (+(e)s/-läufe) **1 kringloop 2 bloedsomloop**
Kreislaufschwäche ZN V (-/+n) MED. **storing in de bloedsomloop**
Kreislaufversagen ZN O (+s/-) **collaps**
kreisrund BN **cirkelrond**
Kreissäge ZN V (-/+n) **cirkelzaag**
Kreißsaal ZN M (+(e)s/-säle) **verloskamer**
Kreisstadt ZN V (-/-städte) **hoofdstad van een district**
Kreisumfang ZN M (+(e)s/-fänge) **cirkelomtrek**
Kreisverkehr ZN M (+s/gmv) **rotonde**
Krem ZN V (-/+s) → **Creme**
Krematorium ZN O (+s/-rien) **crematorium**
Kreml ZN M (-, +s/gmv) **Kremlin**
Krempe ZN V (-/+n) **hoedrand**
Krempel **1** ZN M (+s/gmv) **rommel, troep 2** ZN V (-/+n) **wolkaarde**
krempeln OV WW **1 omslaan** • *die Ärmel ~* de mouwen opstropen **2 kaarden**
Kreole ZN M (+n/+n) **creool**
krepieren ONOV WW **1 ontploffen 2 creperen, sterven**
Krepp ZN M (+s/+e, +s) **crêpe**
Krepppapier ZN O (+s/+e) **crêpepapier**
Kresse ZN V (-/+n) **sterrenkers, tuinkers**
Krethi ZN MV • ~ *und Plethi* Jan en alleman
kretisch BN **Kretenzisch**
kreuz BW • ~ *und quer* kris kras
Kreuz **1** ZN O (+es/+e) **1 kruis** • *über ~* kruisgewijs • *das Rote ~* het Rode Kruis • FIG. *zu Kreuze kriechen* met hangende pootjes terugkomen • FIG. *es ist ein ~ mit ihr* het is heel erg moeilijk met haar • FIG. *sein ~ zu tragen haben* zijn kruis moeten dragen • FIG. *drei Kreuze hinter jemandem machen* opgelucht zijn dat iemand weg is **2 knooppunt, klaverblad** <kruising op snelweg> **3 rug** • *das geht ins ~* daarvan krijg je last van je rug • FIG. *jemanden aufs ~ legen* iemand bedonderen **2** ZN O (+es/gmv) **klaveren** <kaartspel>
Kreuzbein ZN O (+(e)s/+e) ANAT. **heiligbeen**
kreuzbrav BN **door en door braaf**
kreuzen **1** OV WW **kruisen** • *Radweg kreuzt!* overstekende fietsers! **2** ONOV WW **laveren, kruisen** • *durch die Stadt ~* door de stad kruisen **3** WKD WW **(sich ~) 1 tegengesteld zijn, indruisen tegen** • *unsere Ansichten ~ sich* onze opvattingen gaan tegen elkaar in **2 elkaar kruisen**
Kreuzer ZN M (+s/-) **kruiser**
Kreuzfahrer ZN M (+s/-) **kruisvaarder**
Kreuzfahrt ZN V (-/+en) **cruise**
Kreuzfeuer ZN O (+s/gmv) **kruisvuur** • *ins ~ der Kritik geraten* van alle kanten onder vuur genomen worden
kreuzfidel BN **supervrolijk, heel fideel**
Kreuzgang ZN M (+(e)s/-gänge) ARCH. **kruisgang**
Kreuzgewölbe ZN O (+s/-) **kruisgewelf**
kreuzigen OV WW **kruisigen**
Kreuzigung ZN V (-/+en) **kruisiging**
kreuzlahm BN **uitgeput**
Kreuzotter ZN V (-/+n) **adder**
Kreuzritter ZN M (+s/-) **kruisridder**
Kreuzschlüssel ZN M (+s/-) **kruissleutel**
Kreuzschmerz ZN M (+es/+en) **rugpijn**
Kreuzspinne ZN V (-/+n) **kruisspin**
Kreuzung ZN V (-/+en) **kruising**
Kreuzverhör ZN O (+(e)s/+e) JUR. **kruisverhoor**
Kreuzweg ZN M (+(e)s/+e) **1** REL. **kruisweg 2 kruising, viersprong** • FIG. *am ~ stehen* op een tweesprong staan
kreuzweise BW **kruisgewijs, kruiselings** • *du kannst mich ~!* loop naar de maan!
Kreuzworträtsel ZN O (+s/-) **kruiswoordpuzzel**
Kreuzzeichen ZN O (+s/-) REL. **kruisteken**
Kreuzzug ZN M (+(e)s/-züge) **kruistocht**
kribbelig BN INFORM. **kriebelig, nerveus**
kribbeln ONOV WW **1 kriebelen, jeuken** • FIG. *es kribbelt mir in den Fingern* mijn vingers jeuken **2 wemelen, krioelen**
kriechen ONOV WW sterk **kruipen** • *auf allen vieren ~* op handen en voeten kruipen • *ins Bett ~* tussen de lakens kruipen
Kriecher ZN M (+s/-) **kruiper**
kriecherisch BN **kruiperig**
Kriechspur ZN V (-/+en) **1 kruipspoor 2 kruipstrook** <voor langzaam verkeer>
Kriechtier ZN O (+(e)s/+e) **kruipend dier**
Krieg ZN M (+(e)s/+e) **oorlog** • *einem Land den ~ erklären* een land de oorlog verklaren • *mit jemandem ~ führen* oorlog voeren met iemand
kriegen OV WW **1 krijgen** • *zwei Jahre Gefängnis ~* twee jaar gevangenisstraf krijgen • *Kinder/Junge ~* kinderen/jongen krijgen • *krieg mich doch!* pak me

dan! • *den Zug nicht mehr ~* de trein niet meer halen **2** INFORM. willen • *ich kriege ein Bier* ik wil graag een bier • *kriege ich einen Keks?* mag ik een koekje?

Krieger ZN M (+s/-) krijger, soldaat

Kriegerdenkmal ZN O (+(e)s/+e, -denkmäler) monument voor de gesneuvelden

kriegerisch BN **1** krijgshaftig **2** oorlogszuchtig **3** militair

Kriegerwitwe ZN V (-/+n) oorlogsweduwe

Kriegführung ZN V (-/gmv) oorlogvoering

Kriegsausbruch ZN M (+(e)s/gmv) uitbreken van de oorlog

Kriegsbeil ZN O (+(e)s/+e) strijdbijl • *das ~ begraben* de strijdbijl begraven

Kriegsberichterstatter ZN M (+s/-) oorlogscorrespondent

kriegsbeschädigt BN oorlogsinvalide

Kriegsbeschädigte ZN M/V (+n/+n) oorlogsinvalide

Kriegsdienst ZN M (+(e)s/+e) militaire dienst, krijgsdienst

Kriegsdienstverweigerer ZN M (+s/-) dienstweigeraar

Kriegsende ZN O (+s/gmv) einde van de oorlog

Kriegsentschädigung ZN V (-/+en) herstelbetaling

Kriegserklärung ZN V (-/+en) oorlogsverklaring

Kriegsfall ZN M (+(e)s/gmv) geval van oorlog, oorlogstoestand • *im Kriegsfalle* in geval van oorlog

Kriegsführung ZN V → **Kriegführung**

Kriegsfuß ZN M • *mit etwas/jemandem auf ~ stehen* met iets/iemand op voet van oorlog leven

Kriegsgefangene ZN M/V (+n/+n) krijgsgevangene

Kriegsgefangenschaft ZN V (-/gmv) krijgsgevangenschap

Kriegsgegner ZN M (+s/-) **1** vijand **2** pacifist, antimilitarist

Kriegsgericht ZN O (+(e)s/+e) krijgsraad

Kriegsgewinnler ZN M (+s/-) oorlogswinstmaker

Kriegskamerad ZN M (+en/+en) wapenbroeder, krijgsmakker

Kriegslist ZN V (-/+en) krijgslist

Kriegsmaterial ZN O (+s/-materialien) oorlogsmaterieel

Kriegsopfer ZN O (+s/-) oorlogsslachtoffer

Kriegspfad ZN M • *auf dem ~ sein* op het oorlogspad zijn

Kriegsrat ZN M (+(e)s/-ratschläge) krijgsraad

Kriegsschauplatz ZN M (+es/-plätze) oorlogsgebied, strijdtoneel

Kriegsschiff ZN O (+(e)s/+e) oorlogsschip

Kriegsteilnehmer ZN M (+s/-) soldaat, strijder

Kriegstote ZN M (+n/+n) gesneuvelde, oorlogsslachtoffer

Kriegsverbrecher ZN M (+s/-) oorlogsmisdadiger

Kriegsversehrte ZN M/V (+n/+n) oorlogsinvalide

Kriegszustand ZN M (+(e)s/gmv) oorlogstoestand

Krimi ZN M (+s/+s) **1** detective(roman) **2** misdaadfilm **3** misdaadstuk

Kriminalbeamte ZN M/V (+n/+n) rechercheur

Kriminalfilm ZN M (+s/+e) misdaadfilm

kriminalisieren OV WW criminaliseren

Kriminalist ZN M (+en/+en) **1** criminalist **2** rechercheur

Kriminalität ZN V (-/gmv) criminaliteit

Kriminalkommissar ZN M (+s/+e) inspecteur v.d. recherche

Kriminalpolizei ZN V (-/gmv) recherche

Kriminalpolizist ZN M (+en/+en) rechercheur

Kriminalroman ZN M (+(e)s/+e) misdaadroman, detective

kriminell BN crimineel

Kriminelle ZN M/V (+n/+n) crimineel

Krimskrams ZN M (-/gmv) rommel

Kringel ZN M (+s/-) **1** kringetje **2** kransje, krakeling

kringelig BN gekruld, krulvormig • INFORM. *sich ~ lachen* zich een bult lachen

kringeln OV WW kringetjes tekenen, krullen tekenen • *sich ~* zich krullen, kronkelen

Kripo AFK (-/gmv) Kriminalpolizei recherche

Krippe ZN V (-/+n) **1** kribbe, krib **2** crèche

Krippenspiel ZN O (+(e)s/+e) kerstspel

Krise ZN V (-/+n) crisis • *eine ~ durchmachen* een crisis doormaken • *die ~ überwunden haben* de crisis te boven zijn • INFORM. *(von etwas) die ~ kriegen* gek (van iets) worden

kriseln ONP WW • *es kriselt* er is een crisis ophanden

krisenanfällig BN crisisgevoelig, conjunctuurgevoelig

krisenfest BN crisisbestendig

Krisengebiet ZN O (+(e)s/+e) crisisgebied

krisenhaft BN kritiek, crisis-

Krisenherd ZN M (+(e)s/+e) crisisgebied

Krisenstab ZN M (+(e)s/-stäbe) crisisteam

Kristall **1** ZN M (+s/+e) (berg)kristal **2** ZN O (+s/gmv) kristal <glas>

Kristallbildung ZN V (-/+en) kristalvorming

kristallen BN van kristal, kristallen

Kristallglas **1** ZN O (+es/-gläser) kristallen glas **2** ZN O (+es/gmv) kristalglas

Kristallisation ZN V (-/+en) kristallisatie

kristallisieren ONOV WW kristalliseren • *sich ~* kristalliseren, uitkristalliseren

kristallklar BN kristalhelder

Kriterium ZN O (+s/-rien) criterium, maatstaf (**für** +4 voor) • *nach strengen Kriterien auswählen* volgens strenge criteria selecteren, een strenge selectie maken

Kritik ZN V (-/+en) **1** kritiek • *an jemandem/etwas ~ äußern/üben* kritiek op iemand/iets uitoefenen • *berechtigte ~* terechte kritiek • *beißende ~* scherpe kritiek • *dankbar sein für ~* openstaan voor kritiek • *der ~ standhalten* de toets der kritiek kunnen doorstaan • *etwas ohne ~ hinnehmen* iets voor zoete

kr

koek slikken **2** recensie, kritiek • *gute Kritiken* lovende kritieken

Kritiker ZN M (+s/-) criticus

kritiklos BN kritiekloos • *etwas ~ hinnehmen* iets voor zoete koek slikken

kritisch BN kritisch, kritiek • *der Zustand ist ~* de toestand is kritiek

kritisieren OV WW **1** bekritiseren **2** kritiseren

Krittelei ZN V (-/+en) kleingeestige kritiek, muggenzifterij

kritteln ONOV WW INFORM. vitten • *an/über etwas ~* op iets wat aan te merken hebben

Kritzelei ZN V (-/+en) gekrabbel, kriebelig schrijfsel

kritzeln ONOV WW **1** krabbelen, tekenen **2** klein schrijven, kriebelen

Kroate ZN M (+n/+n) Kroaat

Kroatien ZN O (+s/gmv) Kroatië

Kroatin ZN V (-/+nen) Kroatische

kroatisch BN Kroatisch

kroch ONOV WW verl. tijd → **kriechen**

Krokette ZN V (-/+n) aardappelkroket

Krokodil ZN O (+s/+e) krokodil

Krokodilstränen ZN MV krokodillentranen

Krokus ZN M (-/-(se)) krokus

Krone ZN V (-/+n) **1** kroon • FIG. *das setzt dem Werk die ~ auf* dat zet de kroon op het werk **2** kruin, kap

krönen OV WW kronen • *jemanden zum König ~* iemand tot koning kronen

Kronerbe ZN M (+n/+n) erfgenaam van de kroon, kroonprins

Kronleuchter ZN M (+s/-) kroonluchter

Kronprinz ZN M (+en/+en) kroonprins

Krönung ZN V (-/+en) **1** kroning **2** bekroning

Kronzeuge ZN M (+n/+n) kroongetuige

Kropf ZN M (+(e)s/Kröpfe) **1** MED. struma, krop • *so überflüssig wie ein ~ sein* totaal overbodig zijn **2** knolziekte **3** MUZ. kropventiel

kross BN N-D bros, knapperig, krokant

Krösus ZN M (+ses/+se) steenrijke man, Croesus

Kröte ZN V (-/+n) **1** BIOL. pad **2** loeder **3** rakker, nest **4** poen • *meine letzten Kröten* mijn laatste centen

Krücke ZN V (-/+n) OOK FIG. kruk • *an Krücken gehen* op krukken lopen

Krückstock ZN M (+(e)s/-stöcke) wandelstok met kruk

Krug ZN M (+(e)s/Krüge) **1** kan, kruik, pul • FIG. *der ~ geht so lange zum Brunnen, bis er bricht* de kruik gaat zo lang te water tot ze breekt • *einen ~ Bier trinken* een pul bier drinken **2** kroeg

Krume ZN V (-/+n) **1** kruimel **2** kruim **3** teelaarde

Krümel ZN M (+s/-) **1** kruimel **2** INFORM. klein kind

krümelig BN kruimelig, vol kruimels

krümeln **1** OV WW verkruimelen **2** ONOV WW kruimelen

krumm BN krom

krummbeinig BN krombenig

krümmen OV WW krommen, buigen • *sich ~* zich krommen, kromtrekken, krimpen, zich kronkelen • *sich ~ vor Schmerz* krimpen van de pijn

krummlachen WKD WW (**sich ~**) zich krom lachen

krummliegen ONOV WW sterk geldgebrek hebben, kromliggen

krummnehmen OV WW sterk kwalijk nemen

Krümmung ZN V (-/+en) **1** (het) krommen **2** kromming, bocht • *bei der ~ des Weges* bij de kromming van de weg

Krupp ZN M (+s/gmv) MED. kroep

Kruppe ZN V (-/+n) kruis <van een paard>

Krüppel ZN M (+s/-) invalide, gebrekkige, kreupele

krüppelig BN vergroeid, mismaakt

Kruste ZN V (-/+n) korst

Krustentier ZN O (+(e)s/+e) schaaldier

krustig BN korstig

Kruzifix ZN O (+es/+e) crucifix, kruisbeeld

Krypta ZN V (-/-ten) crypte

Kuba ZN O (+s/gmv) Cuba • *auf ~* op Cuba

Kübel ZN M (+s/-) kuip, bak, ton • *es gießt wie aus Kübeln* het regent dat het giet

Kübelwagen ZN M (+s/-) **1** bakwagen <spoorwegen> **2** jeep

Kubikinhalt ZN M (+(e)s/+e) volume

Kubikmeter ZN M/O (+s/-) kubieke meter

Kubikmillimeter ZN M kubieke millimeter

Kubikwurzel ZN V (-/+n) derdemachtswortel

Kubikzentimeter ZN M kubieke centimeter

kubisch BN kubiek

Kubismus ZN M (-/gmv) kubisme

Kubist ZN M (+en/+en) kubist

kubistisch BN kubistisch

Kubus ZN M (-/Kuben) **1** kubus **2** WISK. derdemacht

Küche ZN V (-/+n) keuken • *die kalte ~* de koude keuken, koude gerechten

Kuchen ZN M (+s/-) **1** gebak, cake, taart • *ein Stück ~* een stuk taart **2** koek, samengeklonterde massa

Kuchenblech ZN O (+(e)s/+e) bakblik

Küchenbulle ZN M (+n/+n) INFORM. kok

Küchenchef ZN M (+s/+s) chef-kok

Küchenfee ZN V (-/+n) keukenprinses

Kuchenform ZN V (-/+en) bakvorm

Kuchengabel ZN V (-/+n) gebakvorkje

Küchengerät ZN O (+(e)s/+e) keukengereedschap

Küchenherd ZN M (+(e)s/+e) (keuken)fornuis

Küchenlatein ZN O (+s/gmv) IRON. potjeslatijn

Küchenmeister ZN M (+s/-) kok, keukenmeester

Küchenschabe ZN V (-/+n) kakkerlak

Küchenschrank ZN M (+(e)s/-schränke) keukenkast

Kuchenteig ZN M (+(e)s/+e) koekdeeg, taartbeslag

Kuchenteller ZN M (+s/-) **1** gebakschaal **2** gebakschoteltje

Küchentisch ZN M (+es/+e) keukentafel

Küchentuch ZN O (+(e)s/-tücher) theedoek
Küchenzeile ZN V (-/+n) keukenblok
Kuckuck ZN M (+s/+e) koekoek • FIG., INFORM. *hol dich der Kuckuck!* dat haal je de koekoek! • INFORM. *zum Kuckuck!* verdorie! • FIG. *sein ganzes Vermögen ist zum ~* zijn hele vermogen is naar de maan
Kuckucksei ZN O (+(e)s/+er) **1** koekoeksei **2** twijfelachtig cadeau • *jemandem ein ~ ins Nest legen* iemand knollen voor citroenen verkopen **3** MIN. ondergeschoven kind
Kuckucksuhr ZN V (-/+en) koekoeksklok
Kuddelmuddel ZN M/O (+s/gmv) warboel, wirwar
Kufe ZN V (-/+n) **1** schaats <van vliegtuig> **2** loper <van een slee>
Kugel ZN V (-/+n) **1** kogel **2** bol • *eine ruhige ~ schieben* zo min mogelijk werken **3** bal <bv. aan kerstboom> **4** knikker
Kügelchen ZN O (+s/-) kogeltje, bolletje
kugelfest BN kogelvrij
Kugelgelenk ZN O (+(e)s/+e) kogelgewricht
Kugelhagel ZN M (+s/-) kogelregen
kugelig BN kogelvormig, bolrond
Kugellager ZN O (+s/-) kogellager
kugeln **1** OV WW (doen) rollen, kogelen **2** ONOV WW rollen **3** WKD WW (**sich ~**) **1** op de grond rollen **2** zich een bult lachen • *er kugelte sich vor Lachen* hij lachte zich een bult
kugelrund BN kogelrond
Kugelschreiber ZN M (+s/-) balpen
kugelsicher BN kogelvrij
Kugelstoßen ZN O (+s/gmv) SPORT kogelstoten
Kuh ZN V (-/Kühe) koe • FIG. *die Kuh ist vom Eis* de zaak is afgehandeld ▸ *heilige ~* heilig huisje
Kuhdorf ZN O (+(e)s/-dörfer) boerengat, gehucht
Kuhfladen ZN M (+s/-) koeienvlaai, koeienpoep
Kuhhandel ZN M (+s/gmv) INFORM. koehandel
Kuhhaut ZN V (-/-häute) koeienhuid • *das geht auf keine Kuhhaut!* dat is ongehoord
kühl BN **1** koel, fris • *einen kühlen Kopf behalten* het hoofd koel houden **2** nuchter **3** koeltjes, kil
Kühlanlage ZN V (-/+n) koelinstallatie
Kuhle ZN V (-/+n) kuil
Kühle ZN V (-/gmv) **1** koelte, frisheid **2** kilheid, afstandelijkheid **3** koelheid, flegma
kühlen OV WW (af)koelen
Kühler ZN M (+s/-) **1** koeler **2** radiateur
Kühlerhaube ZN V (-/+n) motorkap
Kühlmittel ZN O (+s/-) koelvloeistof
Kühlraum ZN M (+(e)s/-räume) koelruimte, koelcel
Kühlschrank ZN M (+(e)s/-schränke) koelkast, ijskast
Kühltasche ZN V (-/+n) koeltas
Kühlung **1** ZN V (-/gmv) koelte, (af)koeling **2** ZN V (-/+en) koeling <koelinstallatie>
Kühlwagen ZN M (+s/-) koelwagen
Kuhmilch ZN V (-/gmv) koeienmelk
kühn BN koen, stoutmoedig, gewaagd • *ein kühner Streich* een gewaagde grap
Kühnheit ZN V (-/+en) koenheid, vermetelheid, stoutmoedigheid
Kuhstall ZN M (+s/-ställe) koestal
Küken ZN O (+s/-) **1** kuiken **2** bakvis, grietje
kulant BN coulant • *er hat mich ~ behandelt* hij heeft mij coulant behandeld • *eine ~e Haltung* een coulante houding
Kulanz ZN V (-/gmv) coulance • *aus Kulanz* uit coulance
Kuli ZN M (+s/+s) **1** slaaf, koelie **2** INFORM. balpen
kulinarisch BN culinair
Kulisse ZN V (-/+n) coulisse • *hinter die Kulissen geschaut haben* achter de coulissen hebben gekeken
kullern **1** OV WW kogelen, rollen **2** ONOV WW rollen • *die Tränen ~* de tranen lopen
kulminieren ONOV WW culmineren
Kult ZN M (+(e)s/+e) **1** cultus, eredienst **2** cultus, verering
Kult VOORV / ACHTERV cult-
kultisch BN van/bij een cultus
kultivierbar BN te cultiveren
kultivieren OV WW **1** cultiveren **2** in cultuur brengen **3** beschaven • *kultiviert* beschaafd
Kultstätte ZN V (-/+n) gewijde plaats, cultusoord
Kultur ZN V (-/+en) **1** cultuur • *die westliche ~* de westerse cultuur **2** aanplanting
Kulturabkommen ZN O (+s/-) cultureel akkoord
Kulturbanause ZN M (+n/+n) INFORM. cultuurbarbaar, botterik
Kulturbeutel ZN M (+s/-) toilettas
Kulturdenkmal ZN O (+s/+e, -mäler) (beschermd) monument
kulturell BN cultureel
Kulturerbe ZN O (+s/-) cultureel erfgoed
Kulturgeschichte ZN V (-/gmv) cultuurgeschiedenis
Kultus ZN M (-/Kulte) → **Kult**
Kultusminister ZN M minister van cultuur en van onderwijs
Kümmel ZN M (+s/-) **1** kummel, komijn **2** karwij **3** kummel <likeur>
Kummer ZN M (+s/gmv) kommer, verdriet • *jemandem ~ bereiten* iemand verdriet aandoen, iemand narigheid bezorgen
kümmerlich BN **1** achtergebleven, schriel **2** armzalig
Kümmerling ZN M (+s/+e) zielenpoot
kümmern **1** OV WW aangaan, interesseren • *das kümmert mich nicht* dat gaat mij niet aan, daar maak ik me niet dik over **2** ONOV WW wegkwijnen, verkommeren **3** WKD WW (**sich ~**) zich bezighouden met, zorgen voor • *sich um die Kinder ~* voor de kinderen zorgen • *darum kümmere ich mich* daar zorg ik voor • *sich um den Transport ~* voor het transport verantwoordelijk zijn
kummervoll BN kommervol, vol zorg
Kumpan ZN M (+s/+e) **1** kameraad, makker **2** vent
Kumpel ZN M (+s/-) **1** kompel **2** werkmakker,

ku

kameraad
kumulieren OV WW cumuleren, opeenhopen
kündbar BN opzegbaar
Kunde 1 ZN M (+n/+n) klant, cliënt • *die Kunden* de klanten, de clientèle 2 ZN V (-/+n) 1 leer, kennis 2 bericht, tijding
Kundenbetreuer, **Kundenbetreuerin** ZN M accountmanager
Kundendienst ZN M (+es/+e) 1 klantenservice, dienstverlening 2 reparatiedienst
Kundenkreis ZN M (+es/+e) klantenkring
Kundenstamm ZN M (+(e)s/-) klantenkring
kundgeben OV WW sterk bekendmaken, te kennen geven
Kundgebung ZN V (-/+en) 1 uiting, bekendmaking 2 demonstratie, betoging
kundig BN kundig, op de hoogte van, bekend met • *einer Sprache ~ sein* een taal machtig zijn
kündigen OV WW 1 ontslag nemen • *(seine Stelle) ~* ontslag nemen 2 ontslaan • *jemandem ~* iemand ontslaan • *ihr ist gekündigt worden* zij is ontslagen 3 opzeggen • *ein Abonnement ~* een abonnement opzeggen • *jemandem die Wohnung ~* iemand de huur opzeggen
Kündigung ZN V (-/+en) 1 ontslag • *seine ~ einreichen* zijn ontslag indienen • *er fordert ihre sofortige ~* hij eist haar ogenblikkelijke ontslag 2 opzegging
Kündigungsentschädigung ZN V ontslagvergoeding
Kündigungsfrist ZN V (-/+en) opzeggingstermijn
Kündigungsgespräch ZN O i.v.m. ontslag slechtnieuwsgesprek
Kündigungsgrund ZN M reden tot opzegging
Kundin ZN V (-/+nen) cliënte, klant
kundmachen OV WW bekendmaken
Kundmachung ZN V (-/+en) bekendmaking
Kundschaft ZN V (-/+en) klanten, clientèle, klandizie
kundschaften ONOV WW uitvorsen, op verkenning uitgaan
Kundschafter ZN M (+s/-) verkenner, verspieder
künftig 1 BN komend, toekomstig, aanstaand 2 BW in het vervolg
kungeln ONOV WW konkelen
Kunst ZN V (-/Künste) 1 kunst • *eine brotlose ~* een brodeloze kunst, een nutteloze bezigheid • *das ist keine ~* dat is geen kunst • *~ sein* kunstmatig zijn 2 kundigheid • FIG. *mit seiner ~ am Ende sein* aan het eind van zijn Latijn zijn
Kunstausstellung ZN V (-/+en) kunsttentoonstelling
Kunstdünger ZN M (+s/-) kunstmest
Künstelei 1 ZN V (-/gmv) gekunsteldheid 2 ZN V (-/+en) gekunsteld product
kunstfertig BN kunstvaardig
Kunstgegenstand ZN M (+(e)s/-stände) kunstvoorwerp
kunstgerecht BN vakkundig, volgens de regels der kunst
Kunstgeschichte ZN V (-/gmv) kunstgeschiedenis
kunstgeschichtlich BN kunsthistorisch
Kunstgewerbe ZN O (+s/gmv) kunstnijverheid
Kunstgriff ZN M (+(e)s/+e) kunstgreep
Kunstharz ZN O kunsthars
Künstler ZN M (+s/-) kunstenaar
künstlerisch BN artistiek
künstlich BN 1 kunstmatig • *künstliche Blumen* kunstbloemen • *künstliches Gebiss* kunstgebit 2 gekunsteld, onnatuurlijk • *sich ~ aufregen* zich overbodig opwinden 3 kunstig
Kunstmaler ZN M (+s/-) kunstschilder
kunstreich BN 1 kunstvaardig 2 kunstrijk, kunstig
Kunstsammlung ZN V (-/+en) kunstverzameling
Kunstschatz ZN M (+es/-schätze) kunstschat
Kunstseide ZN V (-/+n) kunstzijde
Kunststoff ZN M (+(e)s/+e) kunststof
Kunststück ZN O (+(e)s/+e) kunststuk, kunst • FIG. *das ist kein ~* dat is een koud kunstje
kunstvoll BN 1 kunstzinnig 2 kunstig
Kunstwerk ZN O (+(e)s/+e) kunstwerk
kunterbunt BN kakelbont, bont
Kupfer 1 ZN O (+s/gmv) koper 2 ZN O (+s/-) kopergravure
Kupferdraht ZN M (+(e)s/-drähte) koperdraad
kupferfarben BN koperkleurig
kupfern BN van koper, koperen
Kupferschmied ZN M (+(e)s/+e) kopersmid
Kupferstecher ZN M (+s/-) 1 kopergraveur 2 schorskever
Kupferstich ZN M (+(e)s/+e) kopergravure
kupieren OV WW couperen
Kupon ZN M (+s/+s) coupon
Kuppe ZN V (-/+n) 1 ronde bergtop 2 vingertop 3 kop <van spijker/speld>
Kuppel ZN V (-/+n) koepel
Kuppeldach ZN O (+(e)s/-dächer) koepeldak
kuppeln 1 OV WW koppelen, verbinden 2 ONOV WW koppelen, de koppeling intrappen of op laten komen
Kuppler ZN M (+s/-) koppelaar
Kupplerin ZN V (-/+nen) koppelaarster
Kupplung 1 ZN V (-/gmv) (het) koppelen 2 ZN V (-/+en) koppeling • *die ~ treten* het koppelingspedaal intrappen
Kupplungsscheibe ZN V (-/+n) TECHN. koppelingsplaat
Kur ZN V (-/+en) 1 kuur, behandeling 2 revalidatie • *zur ~ gehen* (voor revalidatie) naar een kuuroord gaan • MED. *eine ~ verschreiben* een verblijf in een herstellingsoord/revalidatiecentrum voorschrijven
Kür ZN V (-/+en) SPORT vrije oefening, kür
Kürass ZN M (+es/+e) kuras, borstharnas
Kuratel ZN V (-/+en) JUR. curatele
Kurator ZN M (+s/+en) curator
Kurbel ZN V (-/+n) zwengel, kruk, hendel

Kurbelgehäuse ZN O (+s/-) motorcarter
kurbeln OV WW **1** zwengelen **2** draaien
Kurbelwelle ZN V (-/+n) TECHN. krukas
Kürbis ZN M (+ses/+se) **1** pompoen, kalebas **2** INFORM. kop
Kurde ZN M (+n/+n) Koerd
Kurdin ZN V (-/+nen) Koerdische
Kurfürst ZN M (+en/+en) GESCH. keurvorst
kurfürstlich BN van de keurvorst, keurvorstelijk
Kurgast ZN M (+(e)s/-gäste) badgast <in een kuuroord>
Kurhaus ZN O (+es/-häuser) **1** kurhaus, badhotel **2** revalidatiecentrum
Kurie ZN V (-/+n) curie
Kurier ZN M (+s/+e) koerier
Kurierdienst ZN M (+(e)s/+e) koeriersdienst
kurieren OV WW genezen • FIG. *er ist kuriert* hij is er voor altijd van genezen
kurios BN curieus, zonderling
Kuriosität ZN V (-/+en) curiositeit
Kurort ZN M (+(e)s/+e) kuuroord, badplaats
Kurpark ZN M (+s/+e, +s) park in een herstellingsoord
Kurpfuscher ZN M (+s/-) kwakzalver
Kurpfuscherei ZN V (-/gmv) kwakzalverij
Kurs ZN M (+es/+e) **1** OOK FIG. **koers** <van schip of vliegtuig> • *auf ~ bleiben; ~ halten* koers houden • *seinen ~ bestimmen* zijn koers bepalen • *~ setzen auf* koers zetten naar • *vom ~ abkommen* uit de koers raken • *einen falschen ~ einschlagen* een verkeerde koers nemen • *einen bestimmten ~ fahren* een bepaalde koers varen • FIG. *einen harten ~ fahren* een harde koers volgen • FIG. *hoch im ~ stehen* hoog aangeschreven staan • FIG. *einen anderen ~ einschlagen* het over een andere boeg gooien **2** **cursus** • *einen ~ geben* een cursus geven • *einen ~ machen* een cursus volgen **3** **koers, wisselkoers** • *die Kurse fallen* de koersen dalen • *steigender ~* stijgende koers • *zum Kurse von* tegen de koers van **4** **omloop** • *in ~ setzen* in omloop brengen
Kursänderung ZN V (-/+en) koersverandering, koerswijziging
Kursanstieg ZN M (+(e)s/+e) koersstijging
Kursbuch ZN O (+(e)s/-bücher) spoorboekje
Kurschatten ZN M (+s/-) INFORM. vriend/vriendin tijdens een kuur
kursieren ONOV WW circuleren, in omloop zijn • *~ lassen* laten circuleren
kursiv BN cursief
Kurskorrektur ZN V (-/+en) koerscorrectie
kursorisch BN cursorisch
Kursschwankung ZN V (-/+en) koersschommeling
Kurssturz ZN M (+es/-stürze) sterke koersdaling
Kursus ZN M (-/Kurse) cursus
Kurswagen ZN M (+s/-) doorgaand rijtuig <van trein>
Kurswechsel ZN M (+s/-) verandering van richting, koerswijziging
Kurswert ZN M (+(e)s/+e) koerswaarde
Kurszettel ZN M (+s/-) koerslijst
Kurtaxe ZN V (-/+n) toeristenbelasting
Kurve ZN V (-/+n) **1** bocht • *in die ~ gehen* de bocht ingaan • *aus der ~ getragen werden* uit de bocht vliegen • FIG. *die ~ kratzen* ertussenuit knijpen • FIG. *die ~ kriegen* er weer bovenop komen **2** boog, kromming **3** WISK. kromme
kurven **1** OV WW buigen **2** ONOV WW een bocht maken • *durch die Straßen ~* door de straten cruisen
kurvenförmig BN in de vorm van een bocht
kurvenreich BN **1** bochtig, met veel bochten **2** INFORM. weelderig <van vrouw>
kurvig BN **1** gebogen, krom **2** bochtig
kurz BN kort • *die Hose ist sehr ~* de broek is erg kort • *seit ~em* sinds kort • *bis vor ~em* tot voor kort • *~ und bündig* kort en bondig • *~ und gut* kort en goed • *in aller Kürze* kort maar krachtig • *ich habe sie vor ~em/Kurzem noch gesehen* ik heb haar laatst/onlangs nog gezien • *darf ich ~?* mag ik even? • *wir bleiben nur ~* we blijven maar kort/even • *~ telefonieren* kort/even telefoneren • *nur ~ vorbeikommen* (maar) even langskomen • *während ich mich ~ umziehe* terwijl ik me even omkleed • *~ nach zehn* kort na tienen, even over tienen • *ich mache es ~* ik houd/maak het kort • *~* kort gezegd, om kort te gaan • *~ gefasst* kort, beknopt • *innerhalb kürzester Zeit* in de kortst mogelijke tijd • FIG. *über ~ oder lang* vroeg of laat • FIG. *den Kürzeren ziehen* aan het kortste eind trekken • INFORM. *~ vor knapp* op het nippertje • FIG. *~ und klein schlagen* kort en klein slaan
Kurzarbeit ZN V (-/gmv) verkorte werktijd
Kurzarbeiter ZN M (+s/-) werknemer met atv <verkorte werktijd>
kurzärmelig BN met korte mouwen
kurzatmig BN kortademig
Kurzbericht ZN M (+(e)s/+e) kort verslag/artikel
Kurze ZN M (+n/+n) **1** INFORM. kortsluiting **2** INFORM. borrel
Kürze ZN V (-/gmv) **1** kortheid **2** korte duur • *in ~* binnenkort **3** beknoptheid, bondigheid • *etwas in aller ~ erzählen* iets heel in het kort vertellen
Kürzel ZN O (+s/-) **1** stenografisch teken **2** afkorting
kürzen OV WW **1** korten, verkorten, inkorten, verminderen • *eine Geschichte ~* een verhaal inkorten • *um 20 Prozent ~* met 20 procent korten • *die Ausgaben ~* de uitgaven inkrimpen **2** WISK. vereenvoudigen
kürzer BN → **kurz**
kurzerhand BW kortweg, resoluut • *etwas ~ ablehnen* iets resoluut weigeren
kürzest BN → **kurz**
kurzfassen WKD WW (**sich ~**) het kort maken
Kurzfassung ZN V (-/+en) verkorte versie, korte samenvatting
Kurzform ZN V (-/+en) verkorte vorm
kurzfristig BN **1** kort, van korte duur, op korte termijn **2** ECON. met korte looptijd **3**

ku

onverwacht, op het laatste moment
Kurzgeschichte ZN V (-/+n) kort verhaal
kurzlebig BN met geringe levensduur, kort levend
kürzlich BW recent, onlangs
Kurzmeldung ZN V kort bericht
kurzschließen **1** OV WW kortsluiten **2** WKD WW (**sich ~**) **mit** direct contact opnemen
Kurzschluss ZN M (+es/-schlüsse) kortsluiting
Kurzschrift ZN V (-/+en) stenografie
kurzsichtig BN **1** bijziend **2** kortzichtig, bekrompen
Kurzsichtigkeit ZN V (-/gmv) **1** bijziendheid **2** kortzichtigheid
Kurzstrecke ZN V (-/+n) **1** kleine afstand **2** SPORT korte afstand
Kurzstreckenläufer ZN M (+s/-) sprinter
kurzum BW kortom
Kürzung ZN V (-/+en) verkorting, vermindering
Kurzurlaub ZN M (+(e)s/+e) kort verlof, korte vakantie
Kurzwaren ZN MV fournituren, garen en band
kurzweg BW kortweg
kurzweilig BN vermakelijk, amusant, onderhoudend
Kurzwelle ZN V (-/+n) COMM. korte golf
Kurzzeitgedächtnis ZN O (+ses/+se) kortetermijngeheugen
kurzzeitig BN kortdurend
kuschelig BN knus
kuscheln WKD WW (**sich ~**) zich nestelen, zich vlijen • *sich an jemanden ~* lekker tegen iemand aanliggen
Kuscheltier ZN O (+(e)s/+e) knuffelbeest
kuschen ONOV WW zich koest houden, stil gaan liggen <van een hond> • *sich ~* zich koest houden, gehoorzamen
Kusine ZN V (-/+n) → **Cousine**
Kuss ZN M (+es/Küsse) kus
Küsschen ZN O (+s/-) kusje
küssen OV WW kussen, zoenen
Kusshand ZN V (-/-hände) kushand • *Kusshände (zu)werfen* kushandjes geven • INFORM. *etwas mit ~ nehmen* iets met alle plezier doen, iets met beide handen aannemen
Küste ZN V (-/+n) kust
Küstengewässer ZN O (+s/-) kustwateren
Küstenschifffahrt ZN V (-/gmv) kustvaart
Küstenstreifen ZN M (+s/-) kuststrook
Küstenstrich ZN M (+(e)s/+e) kuststrook, kuststreek
Küster ZN M (+s/-) koster
Kutsche ZN V (-/+n) koets, rijtuig
Kutscher ZN M (+s/-) koetsier
kutschieren ONOV WW **1** met de koets rijden **2** karren, toeren
Kutte ZN V (-/+n) habijt
Kutter ZN M (+s/-) kotter
Kuvert ZN O (+s, +(e)s/+s, +e) couvert
kyrillisch BN cyrillisch
KZ AFK Konzentrationslager concentratiekamp

ku

L

L ZN O (-/-) letter l • *L wie Ludwig* de l van Leo
Lab ZN O (+(e)s/+e) stremsel
laben OV WW laven, verkwikken • *sich ~ an* zich te goed doen aan
labern OV WW INFORM. zwammen, kletsen
labil BN labiel, onevenwichtig • *~es Gleichgewicht* wankel evenwicht
Labor ZN O (+s/+s, +e) laboratorium
Laborant ZN M (+en/+en) laborant, analist
Laboratorium ZN O (+s/-rien) laboratorium
laborieren ONOV WW • *an einer Erkältung ~* met een verkoudheid sukkelen • *an einer Examensarbeit ~* zwoegen op een scriptie
Labsal ZN O (+(e)s/+e) lafenis, verfrissing
Labung ZN V (-/+en) lafenis, verfrissing
Labyrinth ZN O (+(e)s/+e) **1** labyrint, doolhof **2** FIG. warboel
Lache **1** ZN V (-/gmv) INFORM. lach, gelach **2** ZN V (-/+n) plas, poel **3** ZN V (-/+n) kerf
lächeln ONOV WW glimlachen • *breit ~* breed glimlachen
Lächeln ZN O (+s/gmv) glimlach, lachje • *ein breites ~* een brede glimlach • *hämisches ~* boosaardig lachje
lachen ONOV WW lachen • *über etwas ~* om iets lachen • *dass ich nicht lache!* laat me niet lachen! • *es ist zum Lachen* het is belachelijk, het is om te lachen • *darüber lacht man nicht; das ist nicht zum Lachen* daar valt niet om te lachen, daar moet/mag je niet om lachen, dat is geen lacheding BELG. • *das wäre ja gelacht* dat zou belachelijk zijn • *selten so gelacht* gelachen dat we hebben • *ein lautes Lachen* een harde lach • *blöd ~* schaapachtig lachen • *sterben vor Lachen* het besterven van het lachen • *platzen vor Lachen* stikken van de lach • *jemanden zum Lachen bringen* iemand aan het lachen krijgen/maken • *gequält/gezwungen ~* lachen als een boer die kiespijn heeft • *zum Lachen aufgelegt sein* goedlachs zijn
Lacher ZN M (+s/-) lacher
Lacherfolg ZN M (+(e)s/+e) lachsucces
lächerlich BN belachelijk
Lächerlichkeit ZN V (-/+en) belachelijkheid
Lachgas ZN O (+es/+e) lachgas
lachhaft BN belachelijk
Lachkrampf ZN M (+(e)s/-krämpfe) lachstuip • *einen ~ haben* dubbel liggen van het lachen, de slappe lach hebben
Lachmöwe ZN V (-/+n) kokmeeuw
Lachs ZN M (+es/+e) zalm
Lachsalve ZN V (-/+n) lachsalvo
Lachsschinken ZN M (+s/gmv) fijne en lichtgerookte ham
Lack ZN M (+(e)s/+e) lak • FIG. *der ~ ist ab* de jeu is eraf
Lackaffe ZN M (+n/+n) fat
Lackel ZN M (+s/-) lummel

lacken ov ww lakken
Lackfarbe zn v (-/+n) lakverf
lackieren ov ww **1** verlakken **2** lakken • FIG. *ich bin der Lackierte* ik ben de klos
Lackleder zn o (+s/gmv) lakleer
lackmeiern ov ww INFORM. verlakken, bedotten
Lackmus zn m/o (-/gmv) lakmoes
Lackschuh zn m (+(e)s/+e) lakschoen
Lade zn v (-/+n) **1** lade **2** windlade <orgel> **3** geweerlade **4** luik
Ladebühne zn v (-/+n) laadbrug
Ladefähigkeit zn v (-/gmv) laadvermogen, capaciteit
Ladefläche zn v (-/+n) laadoppervlak, laadvloer
Ladegerät zn o (+(e)s/+e) laadtoestel, acculader
Ladegewicht zn o (+(e)s/+e) laadvermogen
laden ov ww sterk **1** laden, inladen **2** uitnodigen • *vor Gericht ~* dagvaarden
Laden zn m (+s/Läden) **1** winkel, zaak **2** luik, rolluik **3** INFORM. zaak(je), business, tent • *der ~ brummt* de zaken gaan goed, de tent loopt goed, het gonst van bedrijvigheid
Ladenbesitzer zn m (+s/-) winkelier
Ladenhüter zn m (+s/-) winkeldochter, onverkoopbaar artikel
Ladeninhaber zn m (+s/-) winkelier
Ladenpreis zn m (+es/+e) winkelprijs, verkoopprijs
Ladenschluss zn m (+es/gmv) winkelsluiting
Ladentisch zn m (+(e)s/+e) toonbank
Ladeplatz zn m (+es/-plätze) laadplaats, losplaats
Laderampe zn v (-/+n) laadperron, laadbrug
Laderaum zn m (+(e)s/-räume) **1** laadruim **2** laadruimte
Ladeschein zn m (+(e)s/+e) vrachtbrief
lädieren ov ww **1** schaden, beschadigen **2** verwonden
Ladung zn v (-/+en) **1** lading <elektriciteit> **2** JUR. dagvaarding **3** lading, vracht • *er bekam die volle ~* hij kreeg de volle laag • *eine geballte ~* een grote dosis
lag onov ww verl. tijd → **liegen**
Lage zn v (-/+n) **1** ligging, positie • *die ~ des Hotels* de ligging van het hotel • *in bester ~ wohnen* op stand wonen **2** toestand, situatie, staat • *die ~ der Dinge* de omstandigheden, de stand van zaken • *die politische ~* de politieke situatie • *in der ~ sein* in staat zijn, in de gelegenheid zijn • *sich in einer unangenehmen ~ befinden* in een ongemakkelijke situatie verkeren • *die ~ peilen* de situatie peilen, poolshoogte nemen **3** MIL. salvo, laag • *die volle ~* de volle laag **4** MUZ. register, toonhoogte **5** INFORM. rondje <in café>
Lagebericht zn m (+(e)s/+e) verslag van de toestand, overzicht
lagenweise bw in lagen, laagsgewijs, laag voor laag
Lageplan zn m (+(e)s/-pläne) situatieschets
Lager zn o (+s/-) **1** magazijn, opslagplaats, depot **2** voorraad, sortering • *auf ~ haben* in voorraad hebben • FIG. *eine Überraschung auf ~ haben* een verrassing in petto hebben **3** kamp, legerplaats • *auf ~ fahren* op kamp gaan • *irgendwo sein ~ aufschlagen* ergens zijn kamp opslaan **4** laag, afzetting <geologie> **5** (kogel) lager
Lagerbestand zn m (+(e)s/-bestände) (magazijn)voorraad
Lagerfeuer zn o (+s/-) kampvuur
Lagergebühr zn v (-/+en) opslagkosten
Lagerhalle zn v (-/+n) opslaghal
Lagerhalter zn m (+s/-) magazijnmeester
Lagerhaus zn o (+es/-häuser) **1** pakhuis **2** magazijn
Lagerist zn m (+en/+en) magazijnbediende
lagern 1 ov ww **1** opslaan, bewaren • *kühl ~* koel bewaren **2** neerleggen, legeren • *die Sache ist anders gelagert* de zaak ligt anders **2** onov ww **1** kamperen **2** opgeslagen liggen, in voorraad zijn
Lagerplatz zn m (+es/-plätze) **1** opslagplaats **2** rustplaats, kampeerplaats
Lagerraum zn m (+(e)s/-räume) **1** magazijn, pakhuis **2** opslagruimte, magazijnruimte
Lagerstätte zn v (-/+n) **1** vindplaats <van bodemschatten> **2** kampeerplaats
Lagerung zn v (-/+en) **1** opslag **2** legering **3** ligging **4** afzetting <geologie>
Lagerverwalter zn m (+s/-) **1** magazijnbeheerder, magazijnmeester **2** kampbeheerder
Lagune zn v (-/+n) lagune
lahm bn **1** lam, verlamd • FIG. *sich ~ arbeiten* zich het mikmak werken **2** moe **3** sloom, flauw • *eine ~e Ausrede* een flauw smoesje
lahmen ov ww mank zijn, hinken • *das Pferd lahmt* het paard loopt kreupel/is mank
lähmen ov ww verlammen
Lahmheit zn v (-/gmv) kreupelheid
lahmlegen ov ww lamleggen • *den Verkehr ~* het verkeer stilleggen
Lähmung zn v (-/+en) verlamming • *einseitige ~* eenzijdige verlamming
Laib zn m (+(e)s/+e) ronde of ovale massa • *ein ~ Brot* een rond/ovaal brood • *ein ~ Käse* een kaas
Laich zn m (+(e)s/+e) kuit
Laiche zn v (-/+n) **1** paartijd <van vissen en kikkers> **2** kuitschieten
laichen ov ww kuitschieten
Laichzeit zn v (-/+en) paartijd
Laie zn m (+n/+n) **1** leek <amateur> **2** REL. leek <niet-geestelijke>
laienhaft bn amateuristisch, dilettanterig
Laienspiel zn o (+(e)s/+e) lekenspel
Lakai zn m (+en/+en) lakei
Lake zn v (-/+n) pekel
Laken zn o (+s/-) beddenlaken, badlaken
lakonisch bn laconiek
Lakritze zn v (-/+n) drop

la

Lakritzstange ZN V (-/+n) dropstengel
lallen OV + ONOV WW lallen, stamelen
Lama **1** ZN O (+s/+s) DIERK. lama **2** ZN M (+s/+s) REL. lama
Lamelle ZN V (-/+n) lamel, dun plaatje
lamentieren OV WW lamenteren, jammeren
Lamm ZN O (+(e)s/Lämmer) lam • *Lämmchen* lammetje
lammen ONOV WW lammeren
Lammfell ZN O (+(e)s/+e) lamsvacht, lamsvel
Lammfleisch ZN O (+(e)s/gmv) lamsvlees
lammfromm BN zo mak als een schaap
Lammkeule ZN V CULIN lamsbout
Lammkotelett ZN O (+s/+e, +s) CULIN lamskotelet
Lammsgeduld ZN V (-/gmv) INFORM. engelengeduld
Lampe ZN V (-/+n) lamp
Lampenfieber ZN O (+s/gmv) plankenkoorts
Lampenschirm ZN M (+(e)s/+e) lampenkap
Lampion ZN O (+s/+s) lampion
lancieren OV WW lanceren <ook figuurlijk>
Land ZN O (+es/Länder) **1** land <staat> • *bei uns zu Lande* hier bij ons, hier te lande • *aus aller Herren Länder* uit alle landen/overal vandaan • *außer Landes* in het buitenland • *jemanden des Landes verweisen* iemand uit het land zetten • FIG. *andere Länder, andere Sitten* 's lands wijs, 's lands eer • FIG. *ein Land, wo Milch und Honig fließt* een land van melk en honing • REL. *das Gelobte ~* het Beloofde Land • REL. *das Heilige ~* het Heilige Land • FIG. *ins ~ gehen* verstrijken <van tijd> **2** deelstaat • *die Länder* de Duitse deelstaten **3** vasteland **4** (akker)land • *auf dem ~ arbeiten* op het land werken • *ein Hektar ~* een hectare land **5** platteland • *auf dem ~ wohnen* op het platteland wonen
Landarbeit ZN V (-/gmv) landarbeid
Landarbeiter ZN M (+s/-) landarbeider
Landarzt ZN M (+es/-ärzte) plattelandsdokter
Landbesitz ZN M (+es/+e) grondbezit
Landbesitzer ZN M (+s/-) landeigenaar
Landbevölkerung ZN V (-/+en) plattelandsbevolking, plattelandsbewoners
Landbewohner ZN M (+s/-) plattelandsbewoner
Landebahn ZN V (-/+en) landingsbaan
landeinwärts BW landinwaarts
Landeklappe ZN V (-/+n) landingsklep
landen **1** OV WW aan land zetten • *den Hubschrauber ~* de helikopter aan land zetten • *einen Treffer ~* een slag slaan, succes hebben, scoren **2** ONOV WW **1** landen • *das Flugzeug ist gelandet* het vliegtuig is geland • FORM. *bei jemandem nicht ~ können* bij iemand geen poot aan de grond krijgen, bij iemand geen succes hebben **2** belanden, terechtkomen • *ich weiß nicht, wo er gelandet ist* ik weet niet waar hij is beland • *alles landet immer bei ihr* alles komt altijd op haar bord terecht
Landenge ZN V (-/+n) landengte
Landeplatz ZN M (+es/-plätze) landingsplaats
Ländereien ZN MV landerijen
Länderkampf ZN M (+(e)s/-kämpfe) internationale wedstrijd
Länderkunde ZN V (-/gmv) aardrijkskunde
Länderspiel ZN O (+(e)s/+e) SPORT interland
Landesebene ZN V (-/+n) • *auf ~* op het niveau van de deelstaten
Landesfarben ZN MV nationale kleuren
landesflüchtig BN voortvluchtig <buiten de landsgrenzen>
Landesgrenze ZN V (-/+n) landsgrens
Landeshauptstadt ZN V (-/-städte) **1** hoofdstad van een land **2** hoofdstad van een deelstaat
Landesherr ZN M (+n/+en) landsheer, soeverein
Landeshoheit ZN V (-/gmv) soevereiniteit
Landesmeister ZN M (+s/-) landskampioen
Landesregierung ZN V (-/Länderregierungen) regering van een der Duitse deelstaten
Landessitte ZN V (-/+n) zede, gebruik van het land
Landessprache ZN V (-/+n) landstaal
Landestracht ZN V (-/+en) nationale klederdracht
landesüblich BN in het land gebruikelijk, volgens de gebruiken van het land
Landesvater ZN M (+s/-väter) vader des vaderlands, vorst
Landesverrat ZN M (+(e)s/gmv) landverraad
Landesverräter ZN M (+s/-) landverrader
Landesverweisung ZN V (-/+en) uitwijzing, verbanning
Landfahrer ZN M (+s/-) zwerver
Landflucht ZN V (-/gmv) trek van het platteland naar de stad
landfremd BN vreemd in een land
Landfriedensbruch ZN M (+(e)s/-brüche) **1** landvredebreuk **2** openlijke geweldpleging
Landgemeinde ZN V (-/+n) plattelandsgemeente
Landgericht ZN O (+(e)s/+e) ≈ arrondissementsrechtbank
Landgewinnung ZN V (-/gmv) landaanwinning
Landgut ZN O (+(e)s/-güter) landgoed
Landhaus ZN O (+es/-häuser) landhuis
Landkarte ZN V (-/+n) landkaart • *von der ~ verschwinden lassen* van de kaart vegen
Landkreis ZN M (+es/+e) district
landläufig BN algemeen gebruikelijk, gewoon
Landleben ZN O (+s/gmv) leven op het platteland, buitenleven
Landleute ZN MV plattelandsbewoners, boeren, landlieden
ländlich BN landelijk • *eine ländliche Gemeinde* een plattelandsgemeente • *die ländliche Umgebung* de landelijke omgeving
Landmann ZN M (+(e)s/-leute) plattelandsbewoner, boer, landman
Landplage ZN V (-/+n) plaag op het land • *sie sind eine wahre ~* zij zijn onuitstaanbaar
Landrat ZN M (+(e)s/-räte) districtshoofd, landraad

Landratte ZN V (-/+n) landrot
Landschaft ZN V (-/+en) **1** landschap **2** gewest, landstreek
landschaftlich BN **1** landschappelijk **2** regionaal
Landschaftsschutzgebiet ZN O groene zone
Landschule ZN V (-/+n) plattelandsschool
Landsitz ZN M (+es/+e) landgoed
Landsmann ZN M (+(e)s/-leute) landsman • *Landsleute* landgenoten
Landstraße ZN V (-/+n) provinciale weg
Landstreicher ZN M (+s/-) landloper
Landstreicherei ZN V (-/gmv) landloperij
Landstreitkräfte ZN MV landstrijdkrachten
Landstrich ZN M (+(e)s/+e) landstreek
Landtag ZN M (+(e)s/+e) parlement van een Duitse deelstaat
Landtier ZN O (+(e)s/+e) landdier
Landung ZN V (-/+en) landing
Landungsbrücke ZN V (-/+n) landingsbrug, aanlegsteiger
Landungsplatz ZN M (+es/-plätze) landingsplaats, aanlegplaats
Landungssteg ZN M (+(e)s/+e) aanlegsteiger
Landurlaub ZN M (+s/+e) verlof aan land <van zeelieden>
Landvermessung ZN V (-/+en) landmeting
landw. AFK landwirtschaftlich agrarisch, landbouw-, landbouwkundig
landwärts BW landwaarts
Landweg ZN M (+(e)s/+e) landweg • *auf dem ~* over land
Landwirt ZN M (+(e)s/+e) landbouwer, boer
Landwirtschaft **1** ZN V (-/gmv) landbouw **2** ZN V (-/+en) landbouwbedrijf
landwirtschaftlich BN landbouw-, agrarisch, landbouwkundig • *~er Betrieb* landbouwbedrijf • *~e Geräte* landbouwwerktuigen
Landwirtschaftsministerium ZN O (+s/-rien) ministerie van Landbouw
Landzunge ZN V (-/+n) landtong
lang BN lang • *~ ersehnt* langverwacht • *seit Langem/langem* sinds lang • *etwas ~ und breit ausführen* iets omslachtig/breedvoerig uitleggen • *über kurz oder ~* vroeg of laat • *längere Zeit* vrij lange tijd • *sechs Tage ~* gedurende zes dagen
-lang ACHTERV -lang • *stundenlang* urenlang
langärmelig BN met lange mouwen
langatmig BN langdradig • *ein ~es Theaterstück* een langdradig toneelstuk
lange BW lang, lange tijd • *seit ~m* sinds lang • *das ist ~ her* dat is lang geleden • *~ nicht so gut* lang niet zo goed • *er wird es nicht mehr ~ machen* hij zal het niet lang meer maken
Länge ZN V (-/+n) **1** lengte • *eine Wandertour mit einer ~ von zwölf Kilometern* een wandelroute met een lengte van twaalf kilometer • *der ~ nach hinfallen* languit vallen, plat op de grond vallen • *sich in die ~ ziehen* zich voortslepen, voortduren • *in voller ~* in zijn volle lengte • *der ~ nach durchschneiden* in de lengte doorsnijden **2** lengtegraad • *westlicher ~* westerlengte **3** lange lettergreep
längelang BW INFORM. languit
langen INFORM. **1** OV WW **1** aangeven, aanreiken • *jemandem eine ~* iemand een draai om de oren geven **2** pakken, nemen **2** ONOV WW **1** voldoende/genoeg/toereikend zijn • *jetzt langt es mir* nu heb ik er genoeg van, nu ben ik het beu • *das Brot langt noch bis morgen* er is nog genoeg brood tot morgen **2** reiken • *nach dem Lichtschalter ~* naar de lichtschakelaar reiken
Längengrad ZN M (+(e)s/+e) lengtegraad
Längenkreis ZN M (+es/+e) lengtecirkel, meridiaan
Längenmaß ZN O (+es/+e) lengtemaat
länger BN langer • *das ist schon ~ her* dat is al langer geleden → **lang** • *eine längere Abwesenheit* een langdurige afwezigheid
Langeweile ZN V (-/gmv) verveling
Langfinger ZN M (+s/-) INFORM. dief
langfristig BN op lange termijn
langhaarig BN langharig
langjährig BN jarenlang, langdurig • *langjährige Abwesenheit* jarenlange afwezigheid • *eine langjährige Freundschaft* een langdurige vriendschap
Langlauf ZN M (+(e)s/gmv) (het) langlaufen
Langläufer ZN M (+s/-) langlaufer
langlebig BN **1** BIOL. langlevend **2** duurzaam
Langlebigkeit ZN V (-/gmv) duurzaamheid
länglich BN langwerpig
Langmut ZN V (-/gmv) lankmoedigheid
langmütig BN lankmoedig
längs VZ +2, 3, langs • *~ dem Fluss* langs de rivier
Längsachse ZN V (-/+n) lengteas
langsam **1** BN langzaam, traag • *~ wie eine Schnecke* traag als een slak **2** BW **1** langzaam • *~, aber sicher* langzaam maar zeker • *~er fahren* langzamer gaan rijden • *immer ~!* rustig aan! **2** langzamerhand • *~ wird es zu viel* langzamerhand wordt het teveel
Langschläfer ZN M (+s/-) langslaper
Langspielplatte ZN V (-/+n) langspeelplaat
Längsrichtung ZN V (-/+en) lengterichting
Längsschnitt ZN M (+(e)s/+e) lengtedoorsnede
längst BW sinds lang, allang • *sie war schon ~ zu Hause* zij was allang thuis, zij was al lang en breed thuis • *~ nicht* bij lange na niet → **lang**
längstens BW **1** op zijn langst, hoogstens **2** uiterlijk, op zijn laatst
langstielig BN **1** met een lange steel **2** INFORM., FIG. langdradig, saai
Langstreckenlauf ZN M (+(e)s/-läufe) langeafstandsloop
Langstreckenrakete ZN V (-/+n) langeafstandsraket
langweilen **1** OV WW vervelen **2** WKD WW (**sich ~**) zich vervelen • FIG. *sich zu Tode ~* zich dood vervelen
langweilig BN vervelend, saai • *mir ist ~* ik verveel me • *ein ~er Kerl* een saaie vent
Langweiligkeit ZN V (-/gmv) langdradigheid,

saaiheid
Langwelle ZN V (-/+n) COMM. **lange golf**
langwierig BN **langdradig, langdurig** • *eine ~e Angelegenheit* een langdurige kwestie
Langzeitarbeitslose ZN M/V (+n/+n) **langdurig werkloze**
Lanze ZN V (-/+n) **lans** • FIG. *eine ~ brechen für jemanden* een lans breken voor iemand
Lanzette ZN V (-/+n) MED. **lancet**
lapidar BN **lapidair, kernachtig**
Laplet ZN O (+s/+s) **laplet**
Lappalie ZN V (-/+n) **kleinigheid, futiliteit** • *es ist eine ~* het is een futiliteit/kleinigheid
Läppchen ZN O (+s/-) **lapje**
Lappe ZN M (+n/+n) **Lap**
Lappen ZN M (+s/-) **1 doek, (poets)lap 2 vod 3 kwab 4 (zwem)vlies** <dieren> **5** INFORM. **briefje** <bankbiljet> **6** INFORM. **(roze) papiertje, rijbewijs** ▸ *jemandem durch die ~ gehen* aan iemands neus voorbijgaan, iemand ontglippen
läppern ONP WW • *es läppert sich zusammen* al met al wordt het heel wat • *das läppert sich zusammen* dat tikt aan
lappig BN INFORM. **slap**
läppisch BN **onnozel, onbenullig**
Lappland ZN O (+s/gmv) **Lapland**
Lappländer ZN M (+s/-) **Lap**
lappländisch BN **Laplands**
Laptop ZN M (+s/+s) **laptop**
Lärche ZN V (-/+n) **lariks**
Larifari ZN O (+s/gmv) **larie** • *Larifari!* onzin!
Lärm ZN M (+(e)s/gmv) **lawaai, kabaal** • *~ schlagen* alarm slaan, ophef maken, aan de bel trekken • *viel ~ um nichts* veel drukte om niets
Lärmbelästigung ZN V (-/+en) **geluidshinder/-overlast**
lärmen ONOV WW **1 lawaai maken 2 luidkeels protesteren**
lärmend BN **lawaaierig, luidruchtig** • *lärmende Kinder* luidruchtige kinderen
Lärmpegel ZN M (+s/-) **geluidsniveau**
Lärmschutz ZN M (+es/gmv) **bescherming tegen geluidshinder**
Larve ZN V (-/+n) **1 larve 2 masker 3 smoeltje, nietszeggend gezicht**
las OV WW verl. tijd → **lesen**
lasch BN **slap, laks**
Lasche ZN V (-/+n) **1 las, verbindingsstuk 2 lip** <schoen>
laschen OV WW **met lasplaten verbinden**
Laschheit ZN V (-/gmv) **slapheid, laksheid**
Lase ZN V (-/+n) **buikige aarden kruik**
Laser ZN M (+s/gmv) **laser**
Laserdrucker ZN M (+s/-) **laserprinter**
Laserpointer ZN M (-s/-) **laserpen**
Laserstrahl ZN M (+(e)s/+en) **laserstraal**
lassen 1 laten • *lass mich aus dem Spiel* laat mij erbuiten • *lass es gehen* laat het met rust, laat het los • *etwas bleiben ~* iets niet doen • *lass mich nur machen!* laat mij het nou maar doen, laat het maar aan mij over • *ich lasse ihn sofort kommen* ik laat hem meteen komen • *lass ihr doch das Spielzeug!* laat haar toch met het speelgoed! • *das Rauchen nicht ~ können* het roken niet kunnen laten **2 (achter) laten** • *kann ich meine Tasche hier ~?* kan ik mijn tas hier laten? **3 overlaten** • *du hast mir nichts von den Keksen ge~* je hebt niets van de koekjes voor mij overgelaten **4 nageven** • *das muss ich ihm ~* dat moet ik hem nageven WKD WW **(sich ~) 1 (zich) laten** • *sich gehen ~* zich laten gaan • *sich nichts anmerken ~* niets laten merken • *sich etwas sagen ~* iets te horen krijgen **2 vallen, mogelijk zijn** • *das lässt sich essen, trinken, aushalten* dat is te eten, te drinken, uit te houden • *das lässt sich hören* daar heb ik wel oren naar • *das Fenster lässt sich nicht öffnen* het raam kan niet open
lässig BN **1 onverschillig, traag 2 nonchalant**
Lässigkeit ZN V (-/gmv) **1 onverschilligheid, nonchalance 2 traagheid**
lässlich BN **vergeeflijk, gering** • *lässliche Sünden* kleine zonden
Lasso ZN M/O (+s/+s) **lasso**
Last ZN V (-/+en) **1 last, vracht** • *unter der ~ zusammenbrechen* bezwijken onder de last **2 last, belasting** <figuurlijk> • *jemandem zur ~ fallen* iemand lastigvallen, iemand tot last zijn **3 last, schuld, verplichting** • *jemandem etwas zur ~ legen* iemand iets ten laste leggen • *zu Lasten des Käufers* ten laste van de koper **4** TECHN. **belasting**
Lastauto ZN O (+s/+s) **vrachtauto**
lasten ONOV WW OOK FIG. **zwaar drukken (auf** +3 **op), zwaar wegen** • *eine ernste Sorge lastet auf ihr* er drukt een zware last op haar
Lastenaufzug ZN M (+(e)s/-züge) **goederenlift**
lastenfrei BN **vrij van lasten**
Laster 1 ZN M (+s/-) **vrachtwagen 2** ZN O (+s/-) **zonde, ondeugd**
Lästerer ZN M (+s/-) **lasteraar**
lasterhaft BN **zondig, slecht, verdorven**
Lasterleben ZN O (+s/gmv) **zondig, slecht leven**
lästerlich BN **lasterlijk**
Lästermaul ZN O (+(e)s/-mäuler) **lasteraar, kwaadspreker**
lästern 1 OV WW **(be)lasteren 2** ONOV WW **1 lasteren, roddelen (über** +4 **over)** • *über jemanden ~* over iemand roddelen **2 schelden**
Lästerung ZN V (-/+en) **1 lastering, roddel, smaad 2 gevloek**
Lastesel ZN M (+s/-) **pakezel**
lästig BN **lastig, hinderlijk** • *ein lästiges Kind* een lastig kind • *etwas als ~ empfinden* hinder van iets hebben/ondervinden
Lästigkeit ZN V (-/gmv) **hinderlijkheid**
Lastkahn ZN M (+(e)s/-kähne) **goederenaak, vrachtschip**
Lastkraftwagen ZN M (+s/-) **vrachtwagen**
Last-Minute- VOORV + ACHTERV **lastminute-** • *Last-Minute-Flug* lastminutevlucht
Lastschiff ZN O (+(e)s/+e) **vrachtschip**
Lastschrift ZN V (-/+en) **1 debitering, debetnota 2 automatische afschrijving**
Lasttier ZN O (+(e)s/+e) **lastdier**

Lastträger ZN M (+s/-) sjouwer
Lastwagen ZN M (+s/-) vrachtwagen
Lastwagenfahrer ZN M (+s/-) vrachtwagenchauffeur
Lastzug ZN M (+(e)s/-züge) vrachtwagen met aanhanger
lasziv BN **1** wulps, uitdagend **2** dubbelzinnig, schuin
lat. AFK lateinisch Latijns
Latein ZN O (+s/gmv) Latijn • FIG. *mit seinem ~ am Ende sein* aan het eind van zijn Latijn zijn • *auf Lateinisch* in het Latijn
Lateinamerika ZN O Latijns-Amerika
lateinamerikanisch BN Latijns-Amerikaans
lateinisch BN Latijns • *~e Buchstaben* Latijnse letters
latent BN verborgen, latent
Laterne ZN V (-/+n) lantaarn
Laternenpfahl ZN M (+(e)s/-pfähle) lantaarnpaal
Latrine ZN V (-/+n) latrine
Latsche ZN V (-/+n) slof, pantoffel, versleten schoen
latschen ONOV WW sloffen, slenteren
Latschen ZN M (+s/-) **1** slof, pantoffel **2** versleten schoen
latschig BN **1** sloffend **2** laks
Latte ZN V (-/+n) **1** lat <smalle plank> **2** lat <dun, mager persoon> **3** heleboel, waslijst
Lattenkiste ZN V (-/+n) krat
Lattenzaun ZN M (+(e)s/-zäune) (tuin)hek, schutting
Latz ZN M (+es/Lätze) **1** lijfje <bovendeel van kledingstuk> **2** klep, gulp
Lätzchen ZN O (+s/-) slabbetje
Latzhose ZN V (-/+n) tuinbroek
lau BN **1** lauw **2** mild **3** flauw, besluiteloos
Laub ZN O (+(e)s/gmv) loof, gebladerte
Laubbaum ZN M (+(e)s/-bäume) loofboom
Laube ZN V (-/+n) **1** tuinhuisje, prieel **2** veranda
Laubengang ZN M (+(e)s/-gänge) **1** berceau, pergola **2** arcade
Laubenkolonie ZN V (-/+n) volkstuintjescomplex
Laubfrosch ZN M (+(e)s/-frösche) boomkikvors
Laubholz ZN O (+es/gmv) loofhout
laubig BN lommerrijk, loofrijk
Laubsäge ZN V (-/+n) figuurzaag
Laubwald ZN M (+(e)s/-wälder) loofbos
Laubwerk ZN O (+(e)s/+e) **1** gebladerte **2** lofwerk
Lauch ZN M (+(e)s/gmv) **1** look **2** prei
Lauer ZN V (-/gmv) loer • *auf der ~ liegen* op de loer liggen • *sich auf die ~ legen* op de loer gaan liggen • *auf der ~ sein* op de loer staan
lauern ONOV WW **1** loeren (**auf** +4 op), op de loer staan/liggen **2** uitkijken, afwachten
Lauf ZN M (+(e)s/Läufe) **1** loop, gang • *im Laufe der Zeit* in de loop van de tijd • *seinen ~ nehmen* zijn loop hebben **2** SPORT serie **3** verloop, ontwikkeling • *das ist der ~ der Welt!* zo gaat het in het leven! **4** loop, traject **5** MUZ. loopje **6** loop <vuurwapen>
Laufbahn ZN V (-/+en) **1** (loop)baan <sterrenkunde> **2** loopbaan, carrière • *die falsche ~ einschlagen* zijn carrière mislopen **3** (atletiek)baan
Laufbursche ZN M (+n/+n) loopjongen
laufen WW sterk **1** lopen, rennen, aanstaan • *der Fernseher läuft* de televisie staat aan **2** draaien • *unter Windows ~* onder Windows draaien • *welcher Film läuft diese Woche?* welke film draait er deze week? **3** (ver)lopen • *es läuft anders als gedacht* het loopt anders dan gedacht • *wie läuft's?* hoe gaat het? • *~ wie geschmiert* lopen als een trein • *sobald alles läuft* zodra alles op gang is • *ge~ sein* afgelopen zijn, voorbij zijn **4** bestaan, geldig zijn • *die Regelung läuft noch* de regeling bestaat nog **5** lopen, stromen • *die Kerze läuft* de kaars druipt
laufend BN lopend, doorlopend, voortdurend • *~e Geschäfte* lopende zaken • *das ~e Meter* de/per strekkende meter • *auf dem Laufenden bleiben, halten, sein* op de hoogte blijven, houden, zijn
Läufer ZN M (+s/-) **1** (hard)loper **2** loper <vloerkleed> **3** loper <schaakstuk> **4** middenveldspeler **5** rotor <motoronderdeel>
Lauferei ZN V (-/+en) geloop
Lauffeuer ZN O (+s/-) lopend vuur • *sich wie ein ~ verbreiten* zich als een lopend vuurtje verspreiden
Lauffläche ZN V (-/+n) loopvlak
Lauffrist ZN V (-/+en) looptijd
Laufgestell ZN O (+(e)s/+e) loopwagentje, rollator
Laufgitter ZN O (+s/-) box
Laufgraben ZN M (+s/-gräben) loopgraaf
läufig BN loops
Laufmasche ZN V (-/+n) ladder <in kous> • *dein Strumpf hat eine ~* er zit een ladder in je kous
Laufpass ZN M (+es/-pässe) • *jemandem den ~ geben* iemand wegsturen, iemand zijn congé geven, iemand de laan uit sturen • *den ~ bekommen* weggestuurd worden
Laufrad ZN O (-s/-räder) **1** loopfiets **2** fietswiel
Laufschritt ZN M (+(e)s/gmv) looppas
Laufstall ZN M (+(e)s/-ställe) **1** (kinder)box **2** loopstal
Laufsteg ZN M (+(e)s/+e) loopplank
Laufwerk ZN O (+(e)s/+e) INFORM. diskdrive
Laufzeit ZN V (-/+en) looptijd
Lauge ZN V (-/+n) **1** loog **2** sop
laugen OV WW logen
Lauheit ZN V (-/gmv) lauwheid
Laune ZN V (-/+n) **1** humeur, bui • *guter ~ sein* goedgehumeurd zijn, in een goede bui zijn • *jemanden bei ~ halten* iemand in een goed humeur houden **2** gril, nuk, kuur • *seine Launen haben* nukken hebben • *aus einer ~ heraus* in een opwelling, zomaar
launenhaft BN humeurig, nukkig, wispelturig, grillig • *er ist ein ~er Mensch* hij is een humeurig mens, hij heeft zo z'n buien
Launenhaftigkeit ZN V (-/gmv) **1** humeurigheid **2** wispelturigheid

la

launig BN grappig, geestig
launisch BN **1** humeurig **2** wispelturig
Laus ZN V (-/Läuse) luis ▸ *ihm ist eine ~ über die Leber gelaufen* er zit hem iets dwars
Lausbub ZN M (+en/+en) kwajongen, deugniet, schavuit
Lauschangriff ZN M (+(e)s/+e) afluistercampagne
lauschen ONOV WW +3 **1** (scherp) luisteren **2** afluisteren
Lauscher ZN M (+s/-) **1** afluisteraar, luistervink **2** oor <van dieren>
lauschig BN knus, intiem, gezellig
Lausebengel ZN M (+s/-) INFORM. kwajongen, rakker
lausen OV WW luizen, vlooien
Lauser ZN M (+s/-) IRON. kwajongen
lausig **1** BN **1** armzalig, beroerd **2** nietig, gering • *ein paar ~e Pfennige* een paar onnozele centen **2** BW verdomd, erg
laut **1** BN lawaaierig, luidruchtig • *~e Musik* harde muziek **2** BW **hardop** • *~ singen* hardop zingen • *~ denken* hardop denken ▸ *das kannst du ~ sagen* dat mag je gerust hardop zeggen, daar hoef je niet geheimzinnig over te doen **3** VZ +2, 3, **volgens** • *~ Beschluss vom 15. März* volgens besluit van 15 maart
Laut ZN M (+(e)s/+e) **1** klank • *ausgesprochen mit einem sch-Laut* uitgesproken met een 'sj'-klank **2** geluid • *keinen ~ von sich geben* geen kik geven • *die Hunde gaben ~* de honden sloegen aan **3** uitroep, kreet
Laute ZN V (-/+n) luit
lauten OV WW **1** luiden, behelzen • *~ auf* op naam staan van • *der Pass lautet auf den Namen X* de pas staat op naam van X • *sein Brief lautet folgendermaßen* zijn brief luidt als volgt • *das Urteil lautet auf ein Jahr Gefängnis* het vonnis luidt: 1 jaar gevangenisstraf **2** klinken
läuten **1** OV WW luiden • *die Glocke ~* de klok luiden **2** ONOV WW luiden, bellen, rinkelen • *das Telefon läutet* de telefoon gaat over
lauter BN **1** zuiver, louter • *aus/vor ~ Angst* van pure angst **2** oprecht, zuiver
Lauterkeit ZN V (-/gmv) zuiverheid, oprechtheid
läutern OV WW **1** zuiveren, reinigen **2** louteren <figuurlijk>
Läuterung ZN V (-/gmv) loutering, zuivering
Läutewerk ZN O (+(e)s/+e) elektrische bel
lauthals BW luidkeels, uit volle borst • *etwas ~ anpreisen* iets luidkeels aanprijzen • *~ schreien* keihard/uit volle borst schreeuwen
Lautlehre ZN V (-/+n) klankleer, fonetiek
lautlich BN klank-, de klank betreffend
lautlos BN geluidloos
Lautmalerei ZN V (-/+en) klanknabootsing
Lautschrift ZN V (-/+en) fonetisch schrift
Lautsprecher ZN M (+s/-) luidspreker
lautstark BN overluid
Lautstärke ZN V (-/+n) geluidssterkte
Läutwerk ZN O → **Läutewerk**
Lautzeichen ZN O (+s/-) fonetisch teken
lauwarm BN lauw
Lava ZN V (-/Laven) lava
Lavendel ZN M (+s/gmv) lavendel
lavieren OV + ONOV WW **1** laveren **2** schipperen <figuurlijk>
Lawine ZN V (-/+n) lawine
lawinenartig BN als een lawine
lax BN laks
Laxheit ZN V (-/gmv) laksheid
Lazarett ZN O (+(e)s/+e) lazaret
Lazarettschiff ZN O (+(e)s/+e) hospitaalschip
l.B. AFK laut Bericht **volgens verslag**
Ldkrs. AFK Landkreis **district, bestuursdistrict**
Leaseauto ZN O (+s/+s) leaseauto
leasen OV WW leasen
Leasing ZN O (+s/+s) (het) leasen
Lebemann ZN M (+es/-männer) levensgenieter
leben **1** OV WW **leven, leiden** • *ein glückliches Leben ~* een gelukkig leven leiden **2** ONOV WW **1** leven • *damit kann man ~* daar is wel een mouw aan te passen • *in den Tag hinein ~* van de ene dag in de andere leven, onbekommerd leven • *der Hoffnung ~* in de hoop leven • *wie er leibt und lebt* dat is hem ten voeten uit • *lebe wohl!* vaarwel! • *gut davon ~ können* er goed van kunnen bestaan • *davon kann man nicht ~* daar kun je niet van bestaan **2** voortleven • *sein Andenken lebt in uns* zijn nagedachtenis leeft in ons voort **3** wonen • *er lebt in Köln* hij woont in Keulen
Leben ZN O (+s/-) **1** leven • *ums ~ kommen* om het leven komen • *noch einmal mit dem ~ davonkommen* het er levend afbrengen, aan de dood ontsnappen • *für mein ~ gern* dolgraag • *sich das ~ nehmen* een eind aan zijn leven maken • *seines Lebens nicht froh werden* geen leven hebben • *jemandem nach dem ~ trachten* iemand naar het leven staan • *es mit dem ~ bezahlen* het met de dood bekopen **2** drukte, leven • *~ in die Bude bringen* leven in de brouwerij brengen
lebend BN levend • *~e Sprachen* levende talen • *~es Inventar* levende have • *es von den Lebenden nehmen* de mensen afzetten
lebendig BN **1** levend • *mehr tot als ~* meer dood dan levend • *~ begraben* levend begraven **2** levendig, vitaal
Lebendigkeit ZN V (-/gmv) **1** levendigheid **2** vitaliteit
Lebensabend ZN M (+s/+e) levensavond, oude dag
Lebensabschnitt ZN M (+(e)s/+e) levensperiode
Lebensalter ZN O (+s/-) leeftijd
Lebensart ZN V (-/+en) manier van leven • *~ haben* gecultiveerd zijn
Lebensaufgabe ZN V (-/+n) levenstaak
lebensbedrohend BN levensgevaarlijk
Lebensbereich ZN M (+(e)s/+e) levensgebied
Lebensdauer ZN V (-/gmv) levensduur
lebensecht BN levensecht
Lebenserwartung ZN V (-/gmv) levensverwachting

la

lebensfähig BN levensvatbaar
Lebensfähigkeit ZN V (-/gmv) levensvatbaarheid
Lebensfrage ZN V (-/+n) levensvraag, levenskwestie
lebensfroh BN levenslustig
Lebensführung ZN V (-/+en) levenswandel
Lebensgefahr ZN V (-/+en) levensgevaar
lebensgefährlich BN levensgevaarlijk
Lebensgefährte ZN M (+n/+n) levensgezel
Lebensgeister ZN MV levensgeesten • *das weckt die ~* dat maakt weer wakker
Lebensgröße ZN V (-/gmv) ware grootte • *in ~* levensgroot
Lebenshaltung ZN V (-/gmv) **1** levensstandaard **2** levensonderhoud **3** levenshouding
Lebenshaltungskosten ZN MV kosten van levensonderhoud
Lebenskraft ZN V (-/-kräfte) levenskracht, vitaliteit
Lebenskünstler ZN M (+s/-) levensgenieter
Lebenslage ZN V (-/+n) levenssituatie, levensomstandigheden
lebenslang BN levenslang, voor het leven
lebenslänglich BN levenslang
Lebenslauf ZN M (+(e)s/-läufe) **1** curriculum vitae **2** levensloop
Lebenslust ZN V (-/gmv) levenslust
lebenslustig BN levenslustig
Lebensmittel ZN MV levensmiddelen
lebensmüde BN levensmoe
lebensnah BN reëel, realistisch, levend
Lebensnähe ZN V (-/gmv) realisme, authenticiteit
Lebensqualität ZN V (-/gmv) kwaliteit van het leven
Lebensraum ZN M (+es/-räume) **1** leefgebied **2** leefruimte
Lebensstandard ZN M (+s/+s) levensstandaard
Lebensstellung ZN V (-/gmv) **1** vaste betrekking **2** levensomstandigheden, status
Lebensüberzeugung ZN V (-/+en) levensovertuiging
Lebensunterhalt ZN M (+(e)s/gmv) levensonderhoud • *den ~ verdienen* de kost verdienen • *seinen ~ bestreiten* in zijn levensonderhoud voorzien
Lebensversicherung ZN V (-/+en) levensverzekering
Lebenswandel ZN M (+s/gmv) levenswandel • *einwandfreier ~* onbesproken levenswandel
Lebensweise ZN V (-/+n) leefwijze
lebenswichtig BN essentieel, noodzakelijk, vitaal
Lebenszeichen ZN O (+s/-) teken van leven • *ein ~ von sich geben* een teken van leven geven
Lebenszeit ZN V (-/+en) tijd van leven • *auf ~ ernennen* voor het leven benoemen
Leber ZN V (-/+n) lever
leberkrank BN met een leverziekte
Leberleiden ZN O (+s/-) leverkwaal
Leberpastete ZN V (-/+n) CULIN leverpastei
Lebertran ZN M (+(e)s/gmv) levertraan
Leberwurst ZN V (-/-würste) leverworst
Lebewesen ZN O (+s/-) levend wezen
Lebewohl ZN O (+s/+s) vaarwel
lebhaft BN **1** levendig, druk • *ein ~es Mädchen* een levendig meisje • *~e Phantasie* levendige fantasie • *ein ~er Betrieb* een vrolijke drukte **2** levendig, opgewekt
Lebhaftigkeit ZN V (-/gmv) **1** levendigheid, opgewektheid **2** drukte
Lebkuchen ZN M (+s/-) **1** peperkoek **2** taaitaai
leblos BN levenloos
Lebtag ZN M (+(e)s/gmv) • *mein ~* mijn leven lang
Lebzeiten ZN MV • *bei/zu seinen ~* gedurende zijn leven
lechzen ONOV WW vurig verlangen/snakken **(nach** +3 naar)
leck BN lek
Leck ZN M (+(e)s/+e) lek, lekkage
Leckage ZN V (-/+n) lekkage
lecken **1** ONOV WW lekken, lek zijn **2** OV + ONOV WW likken
lecker BN lekker, smakelijk • *das sieht ~ aus* dat ziet er lekker uit
Leckerbissen ZN M (+s/-) lekkernij, lekker hapje
Leckerei ZN V (-/+en) **1** lekkernij **2** snoep
Leckermaul ZN O (+(e)s/-mäuler) lekkerbek
led. AFK ledig ongehuwd
Leder ZN O (+s/-) **1** leer, leder • *zäh wie ~* taai als leer **2** zeem
Lederband, **Ledereinband** ZN M (+(e)s/-bände) leren band <van boek>
Lederhandschuh ZN M (+(e)s/+e) leren handschoen
Lederhose ZN V (-/+n) leren broek
Lederjacke ZN V (-/+n) leren jas/jack
ledern **1** BN **1** leren **2** taai **2** OV WW zemen
Ledersessel ZN M (+s/-) leren fauteuil
Lederwaren ZN MV lederwaren
ledig BN **1** ongehuwd • *Familienstand ~* ongehuwde staat • *sie ist ~* zij is ongehuwd **2** vrij • *aller Sorgen ~* zonder zorgen
lediglich BW slechts, enkel (en alleen)
Lee ZN V (-/gmv) lij, lijzijde
leer BN **1** leeg • *ein ~er Teller* een leeg bord • *das Haus steht ~* dat huis staat leeg • *~ stehend* leegstaand, ongemeubileerd • *~ ausgehen* ernaast grijpen, met lege handen achterblijven • *mit ~en Händen dastehen* met lege handen staan • *vollkommen/völlig ~* leeg tot op de bodem **2** leeg, nietszeggend • *~e Worte* nietszeggende woorden
Leere ZN V (-/gmv) leegte
leeren OV WW **1** ledigen, leegmaken • *der Saal leerte sich* de zaal liep leeg **2** lichten
Leergut ZN O (+(e)s/gmv) leeg goed, emballage
Leerlauf ZN M (+(e)s/-läufe) **1** vrij <auto> • *im ~* in de vrijloop **2** nutteloos werk
Leertaste ZN V (-/+n) spatiebalk
Leerung ZN V (-/+en) **1** lediging, (het)

le

leegmaken **2** lichting
Leerzimmer ZN O (+s/-) ongemeubileerde kamer
Lefze ZN V (-/+n) lip <van dier>
legal BN legaal, wettig
legalisieren OV WW legaliseren
Legalität ZN V (-/gmv) legaliteit
Legastheniker ZN M (-s/-) dyslecticus <iemand met dyslexie>
Legat 1 ZN M (+en/+en) legaat, gezant **2** ZN O (+(e)s/+e) legaat, testamentaire gift
Legebatterie ZN V (-/+n) legbatterij
Legehenne ZN V (-/+n) legkip
legen OV WW leggen • *sich ~* gaan liggen, minder worden • *leg es mal in die Küche* leg het maar in de keuken
legendär BN legendarisch
Legende ZN V (-/+n) legende
legendenhaft BN legendarisch
leger BN **1** nonchalant, ongedwongen **2** gemakkelijk
legieren OV WW legeren
Legierung ZN V (-/+en) legering
Legion ZN V (-/+en) **1** legioen **2** legio, groot aantal
Legionär ZN M (+s/+e) legionair, legioensoldaat
legislativ BN wetgevend, legislatief
Legislative ZN V (-/+n) wetgevende macht
Legislatur ZN V (-/+en) **1** wetgeving **2** wetgevende macht
Legislaturperiode ZN V (-/+n) regeringsperiode, kabinetsperiode
legitim BN legitiem, wettig, rechtmatig
Legitimation ZN V (-/+en) legitimatie
legitimieren OV WW **1** legitimeren, wettigen • *sich ~* zich legitimeren **2** machtigen
Lehm ZN M (+(e)s/+e) leem
Lehmboden ZN M (+s/-böden) leemgrond
lehmig BN leemachtig
Lehne ZN V (-/+n) **1** helling **2** leuning
lehnen 1 OV WW **1** leunen **2** plaatsen **2** ONOV WW **1** leunen • *sich ~* leunen, zich buigen • *sich aus dem Fenster ~* uit het raam hangen **2** staan
Lehnsessel ZN M (+s/-) leunstoel
Lehnsherr ZN M (+n/+en) GESCH. leenheer
Lehnsmann ZN M (+(e)s/-leute, -männer) GESCH. leenman
Lehnstuhl ZN M (+(e)s/-stühle) leunstoel
Lehnswesen ZN O (+s/gmv) leenstelsel
Lehnwort ZN O (+(e)s/-wörter) leenwoord
Lehramt ZN O (+(e)s/-ämter) ADMIN. leraarsbetrekking, baan in het onderwijs • *auf ~ studieren* de lerarenopleiding volgen
Lehranstalt ZN V (-/+en) school, onderwijsinstelling
Lehrbuch ZN O (+(e)s/-bücher) leerboek
Lehre ZN V (-/+n) **1** les, lering, leermoment • *lassen Sie sich das eine ~ sein!* laat dat een les voor u zijn! • *das soll ihr eine ~ sein* laat dit een les voor haar zijn **2** leer, leerstelling **3** leertijd, vakopleiding • *eine ~ machen* een vakopleiding volgen <in het leerlingenstelsel> • *bei jemandem in die ~ gehen* bij iemand in de leer gaan **4** voorschrift, raad **5** academisch onderwijs • *Forschung und ~* onderzoek en onderwijs
lehren OV WW leren, doceren, onderwijzen • *jemanden etwas ~* iemand iets leren • *die Erfahrung lehrt uns* de praktijk leert ons
Lehrer ZN M (+s/-) **1** leraar, onderwijzer **2** leermeester
Lehrerin ZN V (-/+nen) onderwijzeres, lerares, docente
Lehrerkonferenz ZN V (-/+en) lerarenvergadering
Lehrerschaft ZN V (-/+en) leraren(korps), onderwijzend personeel
Lehrfach ZN O (+(e)s/-fächer) onderwijsvak, leervak
Lehrfilm ZN M (+(e)s/+e) instructiefilm, educatieve film
Lehrgang ZN M (+(e)s/-gänge) leergang, cursus
Lehrgeld ZN O (+(e)s/+er) leergeld • *dafür habe ich viel ~ zahlen müssen* ik ben door schade en schande wijs geworden
lehrhaft BN **1** didactisch, lerend **2** MIN. schoolmeesterachtig
Lehrherr ZN M (+en/+en) leermeester, baas
Lehrjahr ZN O (+(e)s/+e) leerjaar <in het leerlingenstelsel>
Lehrkörper ZN M (+s/-) onderwijzend personeel
Lehrkraft ZN V (-/-kräfte) leerkracht
Lehrling ZN M (+s/+e) leerling
Lehrmittel ZN O (+s/-) leermiddel
lehrreich BN leerrijk
Lehrsatz ZN M (+es/-sätze) leerstelling
Lehrstelle ZN V (-/+n) plaats als leerling <in het leerlingenstelsel>
Lehrstuhl ZN M (+(e)s/-stühle) leerstoel
Lehrtätigkeit ZN V (-/+en) werkzaamheid als docent
Lehrvertrag ZN M (+(e)s/-verträge) leerovereenkomst <in het leerlingenstelsel>
Lehrzeit ZN V (-/+en) leertijd
Leib ZN M (+es/+er) **1** lichaam, lijf • *jemandem zu Leibe gehen; jemandem auf den Leib rücken* iemand te lijf gaan • *bei lebendigem Leibe* levend • *an ~ und Seele gesund* gezond naar lichaam en geest • *einer Sache mit ~ und Seele verschrieben sein* met hart en ziel met iets bezig zijn • *am ganzen Leibe zittern* sidderen over zijn hele lichaam • FIG. *eine Gefahr für ~ und Leben* een dodelijk gevaar **2** buik • *Schmerzen im ~* buikpijn
Leibarzt ZN M (+es/-ärzte) lijfarts
Leibeigene ZN M/V (+n/+n) GESCH. lijfeigene
Leibeigenschaft ZN V (-/gmv) GESCH. lijfeigenschap
leiben WW • *wie er leibt und lebt* dat is hem ten voeten uit
Leibeskräfte ZN MV • *aus Leibeskräften* uit alle macht
Leibesübung ZN V (-/+en) lichaamsoefening

Leibesvisitation ZN V (-/+en) fouillering
Leibgarde ZN V (-/+n) lijfgarde
Leibgericht ZN O (+(e)s/+e) lievelingsgerecht
leibhaftig BN in levenden lijve, in eigen persoon • *der Leibhaftige* de duivel
leiblich BN **1** lichamelijk, lijfelijk **2** bloedeigen • *der ~e Vater* de natuurlijke/biologische vader
Leibrente ZN V (-/+n) lijfrente
Leibspeise ZN V (-/+n) lievelingskost
Leibwache ZN V (-/+n) lijfwacht
Leibwächter ZN M (+s/-) lijfwacht
Leibwäsche ZN V (-/gmv) ondergoed
Leiche ZN V (-/+n) lijk • INFORM. *eine ~ im Keller* een lijk in de kast • *über Leichen gehen* over lijken gaan
Leichenbestatter ZN M (+s/-) begrafenisondernemer
Leichenbestattung ZN V (-/+en) teraardebestelling
leichenblass BN lijkbleek
Leichenhalle ZN V (-/+n) lijkenhuis
Leichenschändung ZN V (-/+en) lijkschennis
Leichenschau ZN V (-/+en) lijkschouwing
Leichenschauhaus ZN O (+es/-häuser) lijkenhuis
Leichenschmaus ZN M (+es/gmv) begrafenismaal
Leichentuch ZN O (+(e)s/-tücher) lijkkleed
Leichenverbrennung ZN V (-/+en) lijkverbranding, crematie
Leichenzug ZN M (+(e)s/-züge) lijkstoet, begrafenisstoet
Leichnam ZN M (+s/+e) lijk
leicht BN **1** licht <van gewicht> **2** licht, luchtig, ongecompliceerd **3** licht, gemakkelijk • *~ entzündlich* licht ontvlambaar • *das fällt ihm ~* dat is gemakkelijk voor hem • *es jemandem ~ machen* het iemand makkelijk maken • *sich etwas ~ machen* zich iets makkelijk maken • *es ~ haben* het gemakkelijk hebben • *es ~ nehmen* het lichtjes nemen • *spielend ~* spelenderwijs **4** licht, gering • *~ verschmutzt* licht vervuild
Leichtathlet ZN M (+en/+en) atletiekbeoefenaar
Leichtathletik ZN V (-/gmv) atletiek
leichtfertig BN lichtvaardig, lichtzinnig
Leichtfuß ZN M (+es/gmv) luchthartig mens
leichtfüßig BN lichtvoetig
leichtgängig BN lichtlopend, lichtgaand
Leichtgewicht ZN O (+(e)s/+e) lichtgewicht
leichtgläubig BN lichtgelovig
Leichtheit ZN V (-/gmv) lichtheid
leichtherzig BN luchthartig
leichthin BW luchtig, gemakkelijk
Leichtigkeit ZN V (-/gmv) **1** lichtheid **2** gemak, nonchalance
leichtlebig BN luchthartig, onbekommerd
Leichtmetall ZN O (+(e)s/+e) licht metaal • *ein Gegenstand aus ~* een lichtmetalen voorwerp
leichtnehmen OV WW sterk licht opvatten • *das Leben ~* het leven gemakkelijk opnemen
Leichtsinn ZN M (+(e)s/gmv) lichtzinnigheid
leichtsinnig BN lichtzinnig
leichttun WKD WW (**sich ~**) sterk zonder moeite doen
Leichtverletzte ZN M/V lichtgewonde
Leichtverwundete ZN M/V (+n/+n) lichtgewonde
leid BN leed • *etwas ~ werden* genoeg van iets krijgen • *ich bin es ~* ik ben het zat
Leid ZN O (+(e)s/gmv) **1** leed, verdriet • *jemandem ein ~ antun* iemand leed berokkenen • *jemandem sein ~ klagen* iemand zijn leed beklagen **2** letsel, schade • *jemandem etwas zu Leide tun* iemand kwaad doen, iemand kwetsen • *jemandem ein ~ antun* iemand kwaad doen
Leideform ZN V (-/gmv) TAALK. lijdende vorm
leiden 1 OV WW onregelmatig **1** lijden, ondervinden • *Schaden ~* schade lijden/ondervinden **2** toestaan, dulden • *gelitten sein* geduld/gedoogd worden • *die Sache leidet keinen Aufschub* de zaak duldt geen uitstel **3** verdragen, uitstaan, lijden • *er kann mich nicht ~* hij kan mij niet uitstaan **2** ONOV WW onregelmatig lijden, leed ondergaan • *an einer Krankheit ~* aan een ziekte lijden • *unter den Verhältnissen ~* onder de omstandigheden lijden
Leiden ZN O (+s/-) **1** lijden, leed **2** kwaal, ziekte
leidend BN **1** lijdend, ziekelijk • *der Leidende* de lijder, de zieke **2** gekweld, getekend • *eine ~e Miene* een gekwelde gezichtsuitdrukking
Leidenschaft ZN V (-/+en) hartstocht, passie • *etwas mit ~ vertreten* iets met gloed verdedigen • *eine ~ für das Theater* een passie voor toneel • *die ~ reißt sie fort* zij laat zich door haar hartstocht meeslepen • *etwas mit ~ betreiben* iets met hartstocht doen • *einer ~ frönen* een hartstocht botvieren
leidenschaftlich BN hartstochtelijk • *ein ~er Wissenschaftler* een gedreven wetenschapper • *jemanden ~ lieben* iemand hartstochtelijk liefhebben • *~er Mensch* hartstochtelijk mens • *ein ~er Jäger* een verwoed jager
Leidenschaftlichkeit ZN V (-/gmv) hartstochtelijkheid, passie
leidenschaftslos BN zonder hartstocht, onbewogen
Leidensgeschichte ZN V (-/+n) lijdensgeschiedenis, lijdensverhaal
Leidensweg ZN M (+(e)s/+e) lijdensweg
leider BW helaas • INFORM. *~ Gottes* jammer genoeg • *es ist ~ wahr* jammer genoeg is het waar
leidgeprüft BN zwaar beproefd
leidig BN ellendig, naar • *das ~e Geld* dat ellendige geld
leidlich BN tamelijk, vrij goed, behoorlijk
Leidtragende ZN M/V (+n/+n) slachtoffer, dupe
leidtun ONOV WW +3, sterk **1** medelijden hebben met, te doen hebben met • *der Mann tut mir leid* ik heb medelijden met de man **2** spijten • *es tut mir leid* het spijt me • *es tut mir leid für dich* ik spijt me voor jou • *es tut mir leid um ihn* het spijt me voor hem, ik vind het jammer voor hem

le

leidvoll BN treurig, smartelijk
Leidwesen ZN O (+s/gmv) **leedwezen, spijt** • *zu meinem ~* tot mijn spijt
Leier ZN V (-/+n) **lier** • FIG. *es ist immer wieder die alte ~* het is altijd hetzelfde liedje • FIG. *immer dieselbe ~ spielen* altijd hetzelfde deuntje zingen
Leierkasten ZN M (+s/-kästen) **draaiorgel**
leiern OV + ONOV WW **1 draaiorgel spelen 2 draaien, zwengelen 3 dreunen, zeuren** • *jemandem die Ohren voll ~* iemand altijd aan het hoofd zeuren
Leihbibliothek ZN V (-/+en) **uitleenbibliotheek**
Leihbücherei ZN V (-/+en) **leesbibliotheek**
leihen OV WW sterk **lenen** • *Geld ~* geld lenen • *jemandem etwas ~* iemand iets lenen, iemand iets te leen geven • *geliehen haben* te leen hebben • *geliehen bekommen* te leen krijgen
Leihgabe ZN V (-/+n) **1 bruikleen 2 in bruikleen afgestaan stuk** • *~ von A. J.* in bruikleen afgestaan door A. J.
Leihgebühr ZN V (-/+en) **leenkosten**
Leihhaus ZN O (+es/-häuser) **lommerd, bank van lening**
Leihmutter ZN V (-/mütter) **draagmoeder**
Leihwagen ZN M (+s/-) **huurauto**
leihweise BW **te leen, in bruikleen**
le
Leim ZN M (+(e)s/+e) **lijm** • *jemandem auf den ~ gehen* erin lopen, zich beet laten nemen • *aus dem ~ gehen* kapotgaan
leimen OV WW **1 lijmen 2 beetnemen** • *der Geleimte* de dupe
leimig BN **lijmachtig, plakkerig, kleverig**
Lein ZN M (+(e)s/+e) **vlas**
Leine ZN V (-/+n) **lijn, touw** • *den Hund an die ~ nehmen* de hond aanlijnen • *die Wäsche auf die ~ hängen* de was aan de lijn hangen • FIG. *jemanden an der langen ~ lassen* iemand een zekere speelruimte geven • FIG. *jemanden an der kurzen ~ halten* iemand aan het lijntje houden
leinen BN **linnen, van linnen**
Leinen ZN O (+s/-) **linnen**
Leinenzeug ZN O (+(e)s/gmv) **linnengoed**
Leinöl ZN O (+(e)s/+e) **lijnolie**
Leinsamen ZN M (+s/gmv) **lijnzaad**
Leinwand ZN V (-/-wände) **1 witte doek, scherm 2 linnen** <van schilder>
leise BN **1 zacht(jes)** <m.b.t. geluid> • *~ sein* stil zijn • *~ Musik* zachte muziek • *~s Geflüster* zacht gefluister • *mit ~r Stimme* met zachte stem • *~!* zachtjes • *die Tür ~ schließen* de deur zachtjes dichtdoen **2 zwak, flauw, licht** • *eine ~ Ahnung* een flauw vermoeden
Leisetreter ZN M (+s/-) **stiekemerd**
Leiste ZN V (-/+n) **1 lijst, richel 2 lies**
leisten 1 OV WW **1 presteren 2 doen, verrichten, volbrengen** • *ganze Arbeit ~* alles perfect doen, IRON. alles kapotmaken **3 geven, verlenen, bieden** • *einen Beitrag ~* een bijdrage leveren • *gute Arbeit ~* goed werk leveren • *jemandem Gesellschaft ~* iemand gezelschap houden **4 betalen, vergoeden 2** WKD WW **(sich ~) zich veroorloven/permitteren** • *das können wir uns nicht ~* dat kunnen we ons niet veroorloven, dat kunnen we niet betalen • *das leiste ich mir jetzt* dat gun ik mezelf • *da hat er sich etwas geleistet* daar heeft hij een grote blunder begaan
Leisten ZN M (+s/-) **leest** • *Schuster, bleib bei deinem ~* schoenmaker, blijf bij je leest
Leistenbruch ZN M (+(e)s/-brüche) MED. **liesbreuk**
Leistung ZN V (-/+en) **1 prestatie** • *die Leistungen des Schülers* de prestaties van de leerling • *~ bringen/erzielen* een prestatie leveren, presteren **2 capaciteit, vermogen** • *eine ~ von 1200 Watt* een vermogen van 1200 watt **3 (uit)betaling, uitkering** • *die Leistungen einer Versicherung* de dekking van een verzekering **4 uitvoering, nakoming**
Leistungsabfall ZN M (+(e)s/-abfälle) **prestatievermindering**
leistungsfähig BN **in staat veel te presteren, met een groot vermogen, productief**
Leistungsfähigkeit ZN V (-/+en) **capaciteit, prestatievermogen, productievermogen**
Leistungsgesellschaft ZN V (-/+en) **prestatiemaatschappij**
Leistungskurs ZN M **≈ profielvak, ≈ hoofdvak** <in de laatste fase van het vwo-onderwijs>
Leistungsort ZN M (+(e)s/+e) **plaats van levering, plaats van betaling**
Leistungsprüfung ZN V (-/+en) **1 proefwerk 2 kwaliteitsonderzoek** <landbouw> **3** SPORT **wedstrijd**
leistungsschwach BN **1 zwak** <m.b.t. prestaties> **2** TECHN. **met een gering vermogen**
Leistungssport ZN M (+(e)s/+e) **wedstrijdsport**
leistungsstark BN **1 sterk** <m.b.t. prestaties> **2 met een groot vermogen**
Leistungszulage ZN V (-/+n) **prestatietoeslag**
Leitartikel ZN M (+s/-) **hoofdartikel**
Leitartikler ZN M (+s/-) **schrijver van hoofdartikelen**
Leitbild ZN O (+(e)s/+er) **ideaal, voorbeeld** • *ein ~ für die Jugend* een voorbeeld voor de jeugd
leiten OV WW **1 leiden, besturen 2 (ge)leiden, sturen** • *etwas in die Wege ~* aan iets beginnen, iets aanpakken **3** TECHN. **geleiden** • *Wärme ~* warmte geleiden
Leiter 1 ZN M (+s/-) **1 leider 2 geleider** • *Kupfer ist ein guter ~* koper is een goede geleider **2** ZN V (-/+n) **ladder**
Leiterin ZN V (-/+nen) **leidster**
Leitfaden ZN M (+s/-fäden) **leidraad**
leitfähig BN **geleidend**
Leitfähigkeit ZN V (-/gmv) TECHN. **geleidingsvermogen**
Leitgedanke ZN M (+ns/+n) **hoofdgedachte**
Leithammel ZN M (+s/-) **kuddeaanvoerder**
Leitmotiv ZN O (+s/+e) **hoofdmotief, thema, leidmotief**
Leitplanke ZN V (-/+n) **vangrail**
Leitsatz ZN M (+es/-sätze) **1 hoofdzin 2 stelling**

3 hoofdprincipe
Leitschiene ZN V (-/+n) OOST. vangrail
Leitspruch ZN M (+(e)s/-sprüche) motto
Leitung ZN V (-/+en) **1** leiding, kabel, lijn <telefoon> • *bleiben Sie in der ~* blijft u aan de lijn • FIG. *eine lange ~ haben* traag van begrip zijn • FIG. *auf der ~ stehen* iets niet begrijpen **2** leiding, bestuur • *die ~ des Kindergartens* de leiding van het kinderdagverblijf • *unter ~ von* onder leiding van
Leitungsrohr ZN O (+(e)s/+e) leiding(buis)
Leitungswasser ZN O (+s/gmv) leidingwater
Lektion ZN V (-/+en) les
Lektor ZN M (+s/+en) lector
Lektüre ZN V (-/gmv) lectuur
Lemming ZN M (+s/+e) lemming
Lende ZN V (-/+n) lende
Lendenbraten ZN M (+s/-) lendenstuk
lendenlahm BN **1** zwak in de lendenen **2** zwak, slap
Lendenschurz ZN M (+es/-schürze) lendendoek
Lendenstück ZN O (+(e)s/+e) lendenstuk
lenkbar BN **1** bestuurbaar **2** handelbaar
lenken OV + ONOV WW **1** besturen, rijden, sturen • *ein Pferd ~* een paard mennen **2** leiden, leiding geven **3** richten • *die Blicke auf sich ~* de blikken op zich vestigen
Lenker ZN M (+s/-) **1** stuur <van fiets> **2** bestuurder
Lenkrad ZN O (+(e)s/-räder) stuurwiel
Lenkradschaltung ZN V (-/+en) stuurschakeling
Lenkradschloss ZN O (+es/-schlösser) stuurslot
Lenkstange ZN V (-/+n) stuurstang, stuur
Lenkung **1** ZN V (-/+en) stuur, stuurinrichting **2** ZN V (-/gmv) besturing **3** ZN V (-/gmv) (het) besturen
Leopard ZN M (+en/+en) luipaard
Lepra ZN V (-/gmv) lepra, melaatsheid
leprakrank BN melaats, lepreus
Lerche ZN V (-/+n) leeuwerik
lernbegierig BN leergierig, leergraag
Lerneifer ZN M (+s/gmv) studie-ijver, leergierigheid
lernen OV + ONOV WW leren, studeren • *aus einer Sache ~* van iets leren • *etwas auswendig ~* iets van buiten leren • *er hat Uhrmacher gelernt* hij heeft voor horlogemaker geleerd • *gelernte Arbeiter* geschoolde arbeiders • *ich muss noch ~* ik moet nog studeren • *gelernt ist gelernt* jong geleerd is oud gedaan
Lernkarte ZN V (-/-n) flitskaart
Lernschwester ZN V (-/+n) leerling-verpleegster
Lesart ZN V (-/+en) lezing, variant, versie
lesbar BN leesbaar
Lesbarkeit ZN V (-/gmv) leesbaarheid
Lesbierin ZN V (-/+nen) lesbienne
lesbisch BN lesbisch
Lese ZN V (-/+n) oogst <wijn>
Lesebuch ZN O (+(e)s/-bücher) leesboek
Lesemappe ZN V (-/+n) leesmap
lesen **1** OV + ONOV WW sterk **1** lezen • *das liest sich wie ein Roman* dat leest als een roman **2** (voor) lezen **3** college geven **2** OV WW sterk lezen, verzamelen, oogsten • *Wein ~* druiven plukken
lesenswert BN lezenswaardig
Lesepult ZN O (+(e)s/+e) lessenaar
Leser ZN M (+s/-) lezer
Leseratte ZN V (-/+n) boekenwurm
Leserbrief ZN M (+(e)s/+e) ingezonden brief
Leserin ZN V (-/+nen) lezeres
Leserkreis ZN M (+es/+e) lezerskring
leserlich BN leesbaar, duidelijk
Leserschaft ZN V (-/+en) lezers
Leserzuschrift ZN V (-/+en) lezersbrief, ingezonden stuk
Lesesaal ZN M (+(e)s/-säle) leeszaal
Lesestoff ZN M (+(e)s/+e) lectuur, leesstof
Lesezeichen ZN O (+s/-) boekenlegger
Lesezirkel ZN M (+s/-) leeskring
Lesung ZN V (-/+en) **1** lezing <voordracht v.e. schrijver> **2** REL. lezing **3** lezing, versie
letal BN MED. dodelijk
Lethargie ZN V (-/gmv) lethargie, volstrekte apathie, slaapzucht
lethargisch BN lethargisch
Lette ZN M (+n/+n) Let, Letlander
Letter ZN V (-/+n) letter, lettertype
Lettin ZN V (-/+nen) Letse
lettisch BN Lets, Letlands
Letzt ZN V • *zu guter ~* ten langen leste, ten laatste • *jemanden zum Letzten treiben* iemand tot het uiterste drijven • *sich bis aufs Letzte verteidigen* zich tot het uiterste verdedigen
letzte BN **1** laatst • *~n Endes* ten slotte • *sein ~r Wille* zijn laatste wil • *der ~ Schrei* het nieuwste snufje • *er kam als ~r* hij kwam het laatst **2** uiterst **3** afgelopen, verleden, vorige • *~ Woche* vorige week **4** laatst, slechtst • *das ist wirklich das Letzte!* dat is het allerlaatste!
letztendlich BW uiteindelijk, ten slotte
letztens BW **1** onlangs **2** ten laatste
letztere BN laatstgenoemde
letzthin BW **1** onlangs, laatst **2** uiteindelijk, ten slotte
letztjährig BN van het laatste jaar
letztlich BW uiteindelijk
letztmals BW voor de laatste keer
letztwillig BN bij testament • *~e Verfügung* laatste wilsbeschikking
Leu ZN M (-/Lei) leu <Roemeense munt>
Leuchtboje ZN V (-/+n) lichtboei
Leuchtbuchstabe ZN M (+n(s)/+n) neonletter
Leuchte ZN V (-/+n) **1** licht, lamp, lantaarn **2** licht <figuurlijk> • *er ist keine ~* hij is geen hoogvlieger
leuchten ONOV WW licht geven, schijnen, stralen • *jemandem ~* iemand bijlichten
leuchtend BN blinkend, lichtend, stralend
Leuchter ZN M (+s/-) **1** kroonluchter **2** kandelaar
Leuchtfarbe ZN V (-/+n) lichtgevende verf
Leuchtfeuer ZN O (+s/-) baken

le

Leuchtkäfer ZN M (+s/-) **glimworm**

Leuchtkraft ZN V (-/gmv) **lichtintensiteit, lichtsterkte**

Leuchtkugel ZN V (-/+n) **lichtkogel**

Leuchtmarker ZN M (+s/-) **markeerstift**

Leuchtpistole ZN V (-/+n) **lichtkogelpistool**

Leuchtrakete ZN V (-/+n) **vuurpijl**

Leuchtreklame ZN V (-/+n) **neonreclame, lichtreclame**

Leuchtschiff ZN O (+(e)s/+e) **lichtschip**

Leuchtschrift ZN V (-/+en) **neonletters**

Leuchtstofflampe ZN V (-/+n) **neonlamp**

Leuchtstoffröhre ZN V (-/+n) **tl-buis**

Leuchtturm ZN M (+(e)s/-türme) **vuurtoren**

leugnen OV WW **ontkennen, loochenen** • *es lässt sich nicht ~* het valt niet te ontkennen

Leugnung ZN V (-/+en) **loochening**

Leukämie ZN V (-/+n) **leukemie, bloedkanker**

Leumund ZN M (+(e)s/gmv) **reputatie**

Leumundszeugnis ZN O (+ses/+se) **bewijs van goed gedrag**

Leutchen ZN MV **luitjes, mensen**

Leute ZN MV **1 mensen, lieden** • *fünf ~* vijf mensen • *unter die ~ kommen* onder de mensen komen • *etwas unter die ~ bringen* iets onder de mensen verspreiden, iets bekendmaken **2 personeel** • *dafür habe ich meine ~* daar heb ik mijn mensen voor **3 manschappen 4** INFORM. **familie**

Leuteschinder ZN M (+s/-) MIN. **uitzuiger, beul, slavendrijver**

Leutnant ZN M (+s/+s) **luitenant**

leutselig BN **amicaal, minzaam**

Leutseligkeit ZN V (-/gmv) **minzaamheid, beminnelijkheid, vriendelijkheid**

Levit ZN M (+en/+en) REL. **leviet** • *jemandem die Leviten lesen* iemand de levieten lezen, iemand de les lezen

Lex. AFK Lexikon **lexicon**

lexikalisch BN **lexicaal**

Lexikografie, **Lexikographie** ZN V (-/gmv) **lexicografie**

Lexikon ZN O (+s/-ka) **1 woordenboek 2 lexicon, encyclopedie** • *ein wandelndes ~* een wandelende encyclopedie

lfd. AFK laufend **lopend**

LGBT AFK **lgbt**

LHBTI AFK **LHBTI**

Liane ZN V (-/+n) **liaan**

Libelle ZN V (-/+n) **1 libel** <insect> **2** TECHN. **waterpas**

liberal BN **liberaal**

liberalisieren OV WW **liberaliseren**

Liberalismus ZN M (-/gmv) **liberalisme**

libysch BN **Libisch**

Licht ZN O (+(e)s/+er) **1 licht** <schijnsel> • *jemanden hinters ~ führen* iemand om de tuin leiden • *das ~ der Welt erblicken* het levenslicht aanschouwen • *bei ~ besehen* op de keper beschouwd • *ans ~ bringen* aan het licht brengen • *ans ~ kommen* aan het licht komen • *sich in ein günstiges ~ setzen* goed voor de dag komen • *jemanden/etwas in ein schlechtes ~ rücken/stellen* iemand/iets in een kwaad daglicht stellen • *jemanden ins rechte ~ rücken/setzen* iemand in het zonnetje zetten • *in ~ getaucht sein* in het licht baden • *zwischen ~ und Dunkel* tussen licht en donker • FIG. *es wurde grünes ~ gegeben* er werd groen licht gegeven • *jetzt geht mir ein ~ auf!* nu gaat me een lichtje op! • *neues ~ werfen auf* nieuw licht werpen op • *das lässt die Sache in einem anderen ~ erscheinen* dat werpt een ander licht op de zaak • *er ist kein großes ~* hij is geen licht **2 licht** <lamp> • *mach das ~ aus!* doe het licht uit!

lichtbeständig BN **lichtecht**

Lichtbild ZN O (+(e)s/+er) **(pas)foto**

Lichtbildervortrag ZN M (+(e)s/-vorträge) **lezing met dia's**

Lichtblick ZN M (+(e)s/+e) **lichtpunt, troost**

lichtempfindlich BN **lichtgevoelig, gevoelig voor licht**

Lichtempfindlichkeit ZN V **lichtgevoeligheid**

lichten OV WW **1 uitdunnen** • *einen Wald ~* een bos dunnen • *sein Haar lichtet sich* zijn haar wordt dunner • *sich ~* dunner worden **2 licht werpen op, licht maken** • *sich ~* licht/helder worden **3 lichten** • *den Anker ~* het anker lichten

lichterloh BW **lichtelaaie** • *~ brennen* in lichtelaaie staan, in vuur en vlam staan

Lichthof ZN M (+(e)s/-höfe) **1 binnenplaats tussen huizen 2 lichtkoker, lichtbundel 3 lichtkrans, halo**

Lichthupe ZN V (-/+n) **signaallicht**

Lichtmaschine ZN V (-/+n) **dynamo**

Lichtnetz ZN O (+es/+e) **lichtnet**

Lichtpause ZN V (-/+n) **blauwdruk**

Lichtpunkt ZN M (+(e)s/+e) **lichtpunt**

Lichtquelle ZN V (-/+n) **lichtbron**

Lichtschein ZN M (+(e)s/+e) **lichtschijnsel**

lichtscheu BN **lichtschuw**

Lichtschimmer ZN M (+s/-) **flauw lichtschijnsel,** FIG. **sprankje licht**

Lichtung ZN V (-/+en) **1 open plek** <in bos> **2 lichten**

Lid ZN O (+(e)s/+er) **(oog)lid**

Lidschatten ZN M (+s/-) **oogschaduw**

lieb BN **1 lief, aardig, vriendelijk** • *~ haben* liefhebben, beminnen • *~ gewinnen* gaan houden van • *es ist mir nicht ~* ik vind het niet prettig, ik heb het niet graag • *alles Liebe* veel liefs • *den ~en langen Tag* de godganse dag **2 lieve, beste** <aanhef in brieven> • *~er Bart* beste Bart • *~e Irene* beste Irene

liebäugeln ONOV WW **een oogje hebben, graag willen** • *mit etwas ~* een oogje op iets hebben

Liebchen ZN O (+s/-) **liefje**

Liebe 1 ZN V (-/gmv) **liefde** • *~ auf den ersten Blick* liefde op het eerste gezicht • *jemandem seine ~ gestehen* iemand zijn liefde bekennen • FIG. *alte ~ rostet nicht* oude liefde roest niet **2** ZN V (-/+n) **(ge)liefde, vlam**

Liebedienerei ZN V (-/gmv) **vleierij, flikflooierij, hielenlikkerij**

Liebelei ZN V (-/+en) **flirt, avontuurtje**

lieben ov ww houden van, liefhebben • *jemanden sehr ~* veel van iemand houden • *~d gern* dolgraag/met liefde
liebenswert bn sympathiek
liebenswürdig bn beminnelijk, vriendelijk • *dies sind sehr liebenswürdige Menschen* dit zijn erg lieve mensen
Liebenswürdigkeit **1** zn v (-/gmv) beminnelijkheid **2** zn v (-/+en) vriendelijkheid
lieber bw liever, maar beter • *das würde ich ~ tun* dat zou ik eerder doen
Liebesabenteuer zn o (+s/-) liefdesavontuur
Liebesbrief zn m (+(e)s/+e) liefdesbrief
Liebesdienst zn m (+es/+e) liefdedienst
Liebeserklärung zn v (-/+en) liefdesverklaring
Liebesgedicht zn o (+(e)s/+e) liefdesgedicht, minnedicht
Liebeskummer zn m (+s/gmv) liefdesverdriet
Liebesmühe zn v moeite • *das ist verlorene/vergebliche Liebesmüh'* dat is verloren moeite, dat is vergeefse moeite
Liebespaar zn o (+(e)s/+e) verliefd stel
Liebesverhältnis zn o (+ses/+se) (liefdes) verhouding
liebevoll bn liefdevol
Liebhaber zn m (+s/-) **1** liefhebber **2** minnaar, vriend
Liebhaberei zn v (-/+en) liefhebberij, hobby
Liebhaberwert zn m (+(e)s/gmv) waarde voor liefhebbers
liebkosen ov ww liefkozen
Liebkosung zn v (-/+en) liefkozing
lieblich bn **1** lieflijk **2** heerlijk, kostelijk
Lieblichkeit zn v (-/gmv) **1** lieftalligheid, liefelijkheid **2** zachtheid, mildheid
Liebling zn m (+s/+e) lieveling
Lieblings- voorv lievelings-, favoriet • *meine Lieblingsbeschäftigung* mijn favoriete bezigheid • *sein Lieblingsessen* zijn favoriet eten
Lieblingsessen zn o lievelingseten
lieblos bn liefdeloos, harteloos
Liebreiz zn m (+es/+e) bekoorlijkheid, gratie
Liebschaft zn v (-/+en) verhouding, affaire
Liechtensteiner **1** zn m (+s/-) Liechtensteiner **2** bn Liechtensteins
Liechtensteinerin zn v (-/+nen) Liechtensteiner
Lied zn o (+(e)s/+er) lied • *ein ~ anstimmen* een gezang aanheffen • *ein ~ von etwas singen können* over iets kunnen meepraten • *es ist immer wieder das alte ~* het is weer het oude liedje • *das Ende vom ~ war, dass ...* het eind van het liedje was dat ... • *davon kann er ein ~ singen* daar kan hij van meepraten
Liederbuch zn o (+(e)s/-bücher) liederenbundel, gezangbundel
Liederjan zn m (+(e)s/+e) inform. liederlijke vent, losbol
liederlich bn **1** slordig **2** liederlijk, losbandig
Liederlichkeit zn v (-/gmv) **1** liederlijkheid, losbandigheid **2** slonzigheid, slordigheid
lief ww verl. tijd → **laufen**
Lieferant zn m (+en/+en) leverancier
lieferbar bn leverbaar
Lieferbedingungen zn mv leveringsvoorwaarden
Lieferer zn m (+s/-) leverancier
Lieferfirma zn v (-/-firmen) leverancier
Lieferfrist zn v (-/+en) leveringstermijn
Lieferkosten zn mv bezorgkosten
liefern ov ww leveren • *die Bestellungen werden frei Haus geliefert* de bestellingen worden gratis aan huis bezorgd • *ins Haus ~* aan huis leveren • fig. *jemanden ans Messer ~* iemand te gronde richten • fig. *der ist geliefert* hij is erbij, hij is verloren
Lieferschein zn m (+(e)s/+e) leveringsbewijs, paklijst
Liefertermin zn m (+es/+e) leverdatum • *der ~ ist der 3.11.* de leverdatum is 3 november
Lieferung zn v (-/+en) **1** levering, leverantie • econ. *Lieferung frei Haus* levering franco huis/vrij aan huis **2** aflevering
Lieferungsbedingungen zn mv leveringscondities
Lieferungszeit zn v (-/+en) levertijd
Lieferwagen zn m (+s/-) bestelwagen
Lieferzeit zn v (-/+en) levertijd
Liege zn v (-/+n) ligstoel
Liegegeld zn o (+(e)s/+er) liggeld
liegen onov ww sterk liggen • *tief ~d* ingezonken • *~ bleiben* blijven liggen, achterblijven, blijven steken • *es liegt mir wenig daran* er is me weinig aan gelegen • *nahe ~* dichtbij liggen • *~ an* liggen aan
Liegenschaft zn v (-/+en) onroerend goed, onroerende goederen
Liegeplatz zn m (+es/-plätze) scheepv. ligplaats
Liegesitz zn m (+es/+e) slaapstoel, ligstoel
Liegestütze zn v (-/+n) fitness push-up
Liegewagen zn m (+s/-) transp. couchetterijtuig • *einen ~ reservieren* een couchette reserveren
Liegewiese zn v (-/+n) zonneweide
lieh ov ww verl. tijd → **leihen**
Lieschen zn v (+s/gmv) **1** Liesje • *~ Müller* de gewone/doorsnee vrouw **2** vlijtig liesje • *fleißiges ~* vlijtig liesje
Liese zn v (-/+n) **1** inform. meisje • *dumme ~* onnozele gans • *neugierige ~* nieuwsgierig aagje **2** nauwe bergspleet
ließ ov ww verl. tijd → **lassen**
Lift **1** zn m **1** lift **2** skilift **2** zn m/o facelift
Liga zn v (-/-gen) **1** bond, verbond, liga **2** sport afdeling, klasse • fig. *in der obersten ~ spielen* hoge toppen scheren
Lightrail zn m lightrail
Liguster zn m (+s/-) liguster
liieren wkd ww (**sich ~**) verbinden, (zich) liëren • *mit jemandem liiert sein* met iemand gelieerd zijn
Like zn o (+s/+s) www like
Likör zn m (+s/+e) likeur
lila bn lila, paars
Lila zn o paars • *~ ist meine Lieblingsfarbe* paars is mijn lievelingskleur

li

lilafarben BN lila
Lilie ZN V (-/+n) lelie
Liliputaner ZN M (+s/-) lilliputter
Limit ZN O (+s/+s, +e) limiet
limitieren OV WW limiteren
Limo ZN V (-/-, +s) INFORM. limonade, frisdrank
Limonade ZN V (-/+n) limonade, frisdrank
Limone ZN V (-/+n) limoen
Limousine ZN V (-/+n) limousine
Linde **1** ZN V (-/+n) linde **2** ZN V (-/gmv) lindehout
Lindenblütentee ZN M (+s/+s) lindebloesemthee
lindern OV WW verzachten, verlichten • *Schmerz ~* pijn verzachten
lindernd BN verzachtend, kalmerend
Linderung ZN V (-/gmv) verzachting, leniging
Linderungsmittel ZN O (+s/-) verzachtend middel
Lindwurm ZN M (+(e)s/-würmer) LIT. draak
Lineal ZN O (+s/+e) liniaal
linear BN lineair, rechtlijnig
Linguist ZN M (+en/+en) linguïst, taalkundige
Linie ZN V (-/+n) **1** lijn • *in erster ~* in de eerste plaats • *gestrichelte/punktierte ~* stippellijn • *wir sind auf einer ~* wij zijn het eens • *in aufsteigender ~* in opwaartse lijn • *~ 2 nehmen* lijn 2 nemen • *~ 3 kommt* lijn 3 komt eraan • *auf die schlanke ~ achten* aan de (slanke) lijn doen **2** linie
Linienpapier ZN O (+s/gmv) gelinieerd papier
Linienrichter ZN M (+s/-) grensrechter
linientreu BN volgzaam in de leer
linieren OV WW liniëren
link BN **1** linker, links **2** louche
Linke ZN V (+n/+n) **1** linkerhand, linkerzijde **2** POL. links, linkervleugel • *die ~ stimmte dagegen* links stemde tegen
linkisch BN links, onhandig
links BN **1** links • *Verkehr von ~* verkeer van links • *sich ~ halten* links (aan)houden • *~ schreiben* links schrijven • *zwei rechts, zwei ~* twee recht, twee averecht <bij breien> • FIG. *etwas mit ~ machen* iets met de ogen dicht doen, iets zonder moeite doen • FIG. *jemanden ~ liegen lassen* iemand links laten liggen **2** POL. links • *er ist/steht ~* hij is links • *~ wählen* links stemmen
Linksabbieger ZN M (+s/-) links afslaand verkeer
Linksaußen ZN M (-/-) SPORT linksbuiten
Linkshänder ZN M (+s/-) linkshandige
linkshändig BN linkshandig • *bist du links- oder rechtshändig?* ben jij links of rechts?, ben jij links- of rechtshandig?
linnen BN linnen
Linnen ZN O (+s/-) linnen
Linoleum ZN O (+s/-) linoleum
Linolschnitt **1** ZN M (+(e)s/gmv) linoleumsnede **2** ZN M (+(e)s/+e) afdruk van een linoleumsnede
Linse ZN V (-/+n) **1** linze **2** lens • *konvexe und konkave Linsen* bolle en holle lenzen
linsen ONOV WW INFORM. loeren, spieken
Lippe ZN V (-/+n) lip
Lippenbalsam ZN M lippenbalsem
Lippenbekenntnis ZN O (+ses/+se) lippendienst, alleen maar woorden
Lippenstift ZN M (+(e)s/+e) lippenstift
liquid BN liquide, vloeibaar
Liquidation ZN V (-/+en) **1** liquidatie • *in ~ treten* tot liquidatie overgaan **2** declaratie, rekening
liquidieren OV WW **1** liquideren **2** declareren **3** bijleggen
Liquidität ZN V (-/gmv) liquiditeit
lispeln ONOV WW lispelen
List ZN V (-/+en) list
Liste ZN V (-/+n) lijst, staat • *etwas in eine ~ eintragen* iets op een lijst invullen • *du kannst deinen Namen in die ~ eintragen* je kunt je naam op de lijst zetten • *schwarze ~* zwarte lijst
listig BN listig, slim
Litanei ZN V (-/+en) litanie
Litauer ZN M (+s/-) Litouwer
litauisch BN Litouws
Liter ZN M/O (+s/-) liter
literarisch BN literair, letterkundig
Literatur ZN V (-/+en) **1** literatuur, letterkunde **2** (vak)literatuur
Literaturangabe ZN V (-/+n) literatuuropgave
literweise BW bij de liter, met liters
Litfaßsäule ZN V (-/+n) aanplakzuil, reclamezuil
Lithiumbatterie ZN V (-/-n) lithiumbatterij
Lithografie, **Lithographie** ZN V (-/+n) lithografie, steendruk
litt OV WW verl. tijd → **leiden**
Liturgie ZN V (-/+n) liturgie
liturgisch BN liturgisch
Livesendung ZN V (-/+en) A-V live-uitzending
Livree ZN V (-/+n) livrei
Lizenz ZN V (-/+en) licentie, vergunning
Lizenzinhaber ZN M (+s/-) licentiehouder, vergunninghouder
Lizenzspieler ZN M (+s/-) SPORT contractspeler
Lkw, **LKW** AFK Lastkraftwagen vrachtwagen, truck
Lkw-Maut ZN V (-/+en) tol <voor vrachtwagens>
Lob ZN O (+(e)s/gmv) lof, lofbetuiging • *zum ~ gereichen* tot eer strekken • *jemandem ~ spenden* iemand lof toezwaaien • *des Lobes voll sein* vol lof zijn
loben OV WW prijzen, loven, lof toezwaaien • *Gott sei gelobt* God zij geloofd
lobenswert BN prijzenswaardig, loffelijk
Lobeshymne ZN V (-/+n) loflied
Lobgesang ZN M (+(e)s/-gesänge) lofzang, loflied
Lobhudelei ZN V (-/gmv) overdreven loftuiting, vleierij
lobhudeln OV + ONOV WW flikflooien, ophemelen
löblich BN loffelijk • *ein löbliches Bestreben* een loffelijk streven
Loblied ZN O (+(e)s/+er) lofzang, loflied • *ein*

~ *auf jemanden singen* de loftrompet over iemand steken
lobpreisen ov ww loven, prijzen
Lobrede zn v (-/+n) lofrede
Loch zn o (+(e)s/Löcher) **1** gat, spleet, kuil • fig. *aus/auf dem letzten ~ pfeifen* er helemaal doorheen zitten, op zijn tandvlees lopen • fig. *in ein ~ fallen* in een diep gat vallen • *ein ~ stopfen* een financieel gat dichten • *ein ~ in den Geldbeutel reißen* een gat in de portemonnee slaan • *jemanden Löcher in den Bauch fragen* iemand de oren van het hoofd vragen • *ein ~ im Zahn haben* een gaatje in de tand hebben **2** hol **3** krot **4** inform. nor, bak, bajes
lochen ov ww **1** perforeren **2** ponsen
Locher zn m (+s/-) perforator
löcherig bn vol gaten, doorboord, poreus
löchern ov ww inform. (iemand) aan zijn hoofd zeuren
Lochkarte zn v (-/+n) ponskaart
Lochsäge zn v (-/+n) schrobzaag
Lochung zn v (-/+en) perforatie
Lochzange zn v (-/+n) kniptang, perforeertang
Locke zn v (-/+n) lok, krul
locken **1** ov ww **1** lokken, aantrekken • *~d* aanlokkelijk, verleidelijk **2** krullen • *gelockt* gekruld **2** wkd ww (**sich ~**) krullen
Lockenkopf zn m (+(e)s/-köpfe) krullenkop
Lockenwickel, **Lockenwickler** zn m (+s/-) krulspeld
locker bn **1** los • *eine ~e Schraube* een losse schroef • *ein ~er Zahn* een losse tand **2** los(jes), luchtig • *eine ~e Atmosphäre* een ontspannen sfeer **3** losbandig, lichtzinnig
lockerlassen ov ww sterk loslaten, opgeven • *nicht ~* niet opgeven
lockermachen ov ww vrijmaken <van geld> • inform. *bei jemandem Geld ~* geld van iemand loskrijgen • *Geld für etwas ~* geld voor iets besteden
lockern ov ww **1** losmaken • *sich ~* losgaan **2** versoepelen • *sich ~* versoepelen • *die Regeln sind gelockert worden* de regels zijn versoepeld **3** doen verslappen • *sich ~* verflauwen
Lockerung zn v (-/+en) **1** (het) losser maken **2** versoepeling **3** verzwakking
lockig bn krullend, gekruld
Lockmittel zn o (+s/-) lokmiddel
Lockruf zn m (+(e)s/+e) lokroep
Lockspeise zn v (-/+n) lokaas
Lockspitzel zn m (+s/-) agent-provocateur
Lockung zn v (-/+en) verlokking, verleiding
Lockvogel zn m (+s/-vögel) lokvogel
Lodenmantel zn m (+s/-mäntel) loden jas
lodern onov ww laaien, vlammen
Löffel zn m (+s/-) **1** lepel • inform. *den ~ abgeben/hinlegen/wegschmeißen* de pijp uitgaan **2** inform. oor • *die ~ aufsperren* zijn oren spitsen • *jemandem etwas hinter die ~ geben* iemand een draai om zijn oren geven • *schreib dir das hinter die Löffel!* knoop dat in je oren!
löffeln ov ww **1** (op)lepelen • *einen Teller leer ~* een bord leeg lepelen **2** begrijpen
löffelweise bw met lepels
log onov ww verl. tijd → **lügen**
Log zn o (+s/+e) log
logarithmisch bn logaritmisch
Logarithmus zn m (-/-rithmen) logaritme
Logbuch zn o (+(e)s/-bücher) logboek
Loge zn v (-/+n) loge
logieren onov ww logeren
Logik zn v (-/gmv) logica
Logis zn o (-/-) logies
logisch bn logisch
Logistik zn v (-/gmv) logistiek
logistisch bn logistiek
Logo zn m/o (+s/+s) logo
Logopäde zn m (+n/+n) logopedist
Logopädie zn v (-/gmv) logopedie
lohen **1** ov ww looien **2** onov ww opvlammen
Lohn **1** zn m (+(e)s/Löhne) loon, beloning • *die Löhne erhöhen/senken* de lonen verhogen/verlagen • *Löhne und Gehälter* beloningen en salarissen • *jemanden um ~ und Brot bringen* broodroof plegen aan iemand **2** zn m (+(e)s/gmv) loon, vergelding • *er wird seinen ~ dafür bekommen* hij zal nog zijn straf hiervoor krijgen
Lohnabbau zn m (+(e)s/+e) loonsverlaging
Lohnabschluss zn m (+es/-schlüsse) loonovereenkomst
Lohnabzug zn m (+(e)s/-abzüge) op het loon ingehouden bedrag
Lohnarbeit zn v (-/gmv) loonarbeid
Lohnarbeiter zn m (+s/-) loonarbeider
Lohnaufbesserung zn v (-/+en) loonsverhoging
Lohnausfall zn m (+(e)s/-ausfälle) loonderving
Lohnempfänger zn m (+s/-) loontrekker
lohnen ov ww lonen, de moeite waard zijn, de moeite lonen • *es lohnt die Mühe* het is de moeite waard • *das lohnt sich nicht* dat is niet de moeite waard
löhnen ov ww **1** loon uitbetalen **2** inform. betalen • *sein Vater muss dafür ~* zijn vader moet het betalen
lohnend bn lonend
Lohnerhöhung zn v (-/+en) loonsverhoging
Lohnforderung zn v (-/+en) looneis
Lohnfortzahlung zn v (-/+en) doorbetaling van het loon • *~ im Krankheitsfall* doorbetaling van het loon bij ziekte
Lohnkürzung zn v (-/+en) korting op het loon
Lohnliste zn v (-/+n) loonlijst
Lohnsenkung zn v (-/+en) loonsverlaging
Lohnsteuer zn v (-/+n) loonbelasting
Lohnstopp zn m (+s/+s) loonstop
Lohnstreifen zn m loonstrookje, belg. loonbriefje
Lohntag zn m (+(e)s/+e) betaaldag
Lohntüte zn v (-/+n) loonzakje
Löhnung zn v (-/+en) **1** loon, soldij **2** uitbetaling
Lohnzettel zn m loonstrookje, belg. loonbriefje
Loipe zn v (-/+n) piste <langlaufen>

Lok ZN V (-/+s) locomotief

lokal BN lokaal, plaatselijk

Lokal ZN O (+s/+e) **1** café, restaurant, zaak • *das ~ schließen* de tent sluiten **2** zaal, lokaal

Lokalbahn ZN V (-/+en) buurtspoor

lokalisieren OV WW lokaliseren

Lokalität ZN V (-/+en) **1** lokaliteit **2** toilet

Lokalteil ZN M (+(e)s/+e) krantenpagina met plaatselijk nieuws

Lokaltermin ZN M (+s/+e) gerechtelijk onderzoek ter plaatse

Lokalzeitung ZN V (-/+en) plaatselijk nieuwsblad, lokale krant

Lokführer ZN M (+s/-) machinist

Lokomotive ZN V (-/+n) locomotief

Lokomotivführer ZN M (+s/-) machinist

Lokus ZN M (-/+se) wc

Lombardsatz ZN M (+es/-sätze) beleningsrentevoet

London ZN O (+s/gmv) Londen

Londoner ZN M (+s/-) Londenaar

Lorbeer ZN M (+s/+en) **1** laurier <boom> **2** laurier <keukenkruid> **3** lauwer • *die Lorbeeren für etwas ernten* met de eer gaan strijken

Lorbeerbaum ZN M laurierboom

Lorbeerkranz ZN M (+es/-kränze) lauwerkrans

Lore ZN V (-/+n) lorrie

los BN **1** kwijt • *den bin ich ~* die ben ik kwijt • *sie ist ihn ~* zij is van hem af **2** af • *der Knopf ist ~* de knoop is af **3** gaande, aan de hand • *was ist los?* wat is er aan de hand? **4** los • *los!* vooruit!, schiet op! • *darauf ~* erop los

Los ZN O (+es/+e) **1** lot, lootje • FIG. *das große ~ ziehen* een lot uit de loterij trekken, geluk hebben **2** lot, noodlot • *ein hartes ~ haben* een zwaar lot hebben **3** perceel, partij

lösbar BN oplosbaar

Lösbarkeit ZN V (-/gmv) oplosbaarheid

losbinden OV WW losmaken, losbinden

losbrechen **1** OV WW sterk losbreken, afbreken **2** ONOV WW sterk losbarsten

Löschblatt ZN O (+(e)s/-blätter) vloeiblad

löschen OV WW **1** blussen • *das Feuer ~* de brand blussen **2** lessen • *Durst ~* dorst lessen **3** aflossen <van schulden> **4** doven **5** COMP. wissen **6** uitvegen, wissen **7** SCHEEPV. lossen

Löscher ZN M (+s/-) **1** brandblusser **2** vloeiblok

Löschkalk ZN M (+(e)s/gmv) gebluste kalk

Löschmannschaft ZN V (-/+en) blusploeg

Löschpapier ZN O (+s/+e) vloeipapier

Löschtaste ZN V (-/+n) wisknop, deleteknop

Löschung ZN V (-/+en) **1** delging, aflossing **2** verwijdering **3** (het) lossen • *die ~ einer Schiffsladung* het lossen van een scheepslading

losdonnern ONOV WW losbarsten

losdrehen OV WW losdraaien

lose BN **1** los <lichtzinnig> • *eine ~ Zunge haben* los in de mond zijn • *ein ~s Mädchen* luchthartig meisje **2** los <niet vast> • *~ sein* los zitten • *der Knopf ist ~* de knoop zit los **3** los <afzonderlijk>

Loseblattausgabe ZN V (-/+n) losbladige uitgave

Lösegeld ZN O (+es/+er) losgeld, losprijs

losen ONOV WW loten • *um etwas ~* om iets loten

lösen OV WW **1** losmaken • *sich ~* losraken • *einen Knoten ~* een knoop losmaken **2** oplossen • *eine Aufgabe ~* een vraag goed beantwoorden, een som oplossen • *das Problem hat sich gelöst* het probleem is opgelost **3** opheffen, verbreken • *eine Beziehung ~* een relatie verbreken **4** betalen, kopen • *eine Fahrkarte ~* een kaartje kopen

losfahren ONOV WW sterk **1** wegrijden, wegvaren **2** INFORM. losbarsten • *auf jemanden ~* iemand aanvliegen

losgehen ONOV WW onregelmatig **1** vertrekken **2** INFORM. erop afgaan • *auf etwas ~* op iets afgaan • *auf jemanden ~* iemand in de haren vliegen **3** INFORM. beginnen, losbarsten **4** INFORM. afgaan • *die Pistole geht los* het pistool gaat af

loshaben WW INFORM. • *er hat nicht viel los* hij heeft weinig in zijn mars

loskaufen OV WW vrijkopen, loskopen, losgeld betalen

loskommen ONOV WW sterk wegkomen, loskomen, vrijkomen • *sie konnte nicht von dem Kerl ~* zij kon niet van die kerel afkomen

loskriegen OV WW **1** verpatsen **2** vanaf komen, kwijtraken **3** loskrijgen

loslassen WW sterk loslaten, vrijlaten • *der Gedanke ließ sie nicht los* de gedachte liet haar niet los • *alles ~* alles loslaten, alles van zich afzetten • *den Hund auf jemanden ~* de hond loslaten op iemand

loslegen ONOV WW (ijverig) beginnen, van wal steken • *legen Sie mal los!* brandt u maar los!

löslich BN oplosbaar • *löslicher Kaffee* oploskoffie

Löslichkeit ZN V (-/gmv) oplosbaarheid

loslösen **1** OV WW losmaken **2** WKD WW (**sich ~**) zich bevrijden, zich losmaken

losmachen OV WW **1** afmeren **2** INFORM. opschieten • *mach los!* schiet op! **3** INFORM. losmaken

losplatzen ONOV WW losbarsten • *er ist vielleicht losgeplatzt* hij viel me toch uit!

losreißen OV WW sterk losrukken, losscheuren • *sie kann sich nicht ~* ze kan zich niet losrukken <bv. uit situatie>

Löss ZN M (+es/+e) löss

lossagen WKD WW (**sich ~**) breken, afstand doen • *sich von jemandem ~* met iemand breken

losschießen **1** OV WW sterk (plotseling) afvuren **2** ONOV WW sterk **1** toeschieten **2** (snel) beginnen te praten • *schieß los!* zeg op!

losschlagen **1** OV WW sterk **1** losslaan **2** goedkoop verkopen, dumpen <van goederen> **2** ONOV WW sterk aanvallen, beginnen te meppen/vechten • *drauf ~* erop losslaan

lossprechen OV WW sterk vergeven, ontslaan van, vrijspreken

losstürmen ONOV WW **1** aanvallen, afstormen op **2** wegstormen

losstürzen ONOV WW afstormen op, zich

storten op
Losung ZN V (-/+en) **1** **leuze, parool, wachtwoord** **2** **dagopbrengst** <in winkel> **3** **uitwerpselen** <van wild>
Lösung ZN V (-/+en) **1** **oplossing** • *die ~ der Aufgabe* het antwoord op de vraag, de oplossing van de som **2** **ontbinding, verbreking** **3** **bevrijding**
Lösungsmittel ZN O (+s/-) **oplosmiddel**
Losungswort ZN O (+es/-wörter) **parool, wachtwoord**
loswerden OV WW onregelmatig **1** **kwijtraken, afkomen van** • *sie konnte ihn nicht ~* zij kon hem maar niet kwijtraken • *sie versuchte ihn loszuwerden* zij probeerde hem te lozen • *man wird sie dort nicht los* zij is (er) niet weg te branden • *ich konnte die Sachen nur schwer ~* ik kon die spullen maar moeilijk kwijtraken **2** **kwijtraken, verliezen** ▸ *das wollte ich kurz ~* dat wou ik even kwijt
losziehen ONOV WW sterk **eropuit trekken, op pad gaan** • *~, um ...* erop uittrekken om... • INFORM. *gegen jemanden ~* tegen iemand tekeergaan
Lot ZN O (+(e)s/+e) **1** **lood, schietlood, dieplood** • *aus dem ~ bringen* uit zijn evenwicht brengen • *im ~ sein* loodrecht staan, in orde zijn <figuurlijk> • *ein ~ fällen* een loodlijn neerlaten **2** **loodlijn** **3** **soldeersel**
lötbar BN **te solderen**
loten OV + ONOV WW **peilen**
löten OV WW **solderen**
Lothringen ZN O **Lotharingen**
lothringisch BN **Lotharings**
Lötkolben ZN M (+s/-) **soldeerbout**
Lötlampe ZN V (-/+n) **soldeerlamp**
lotrecht BN **loodrecht**
Lotse ZN M (+n/+n) **loods**
lotsen OV WW **loodsen** • *Schiffe in den Hafen ~* schepen binnenloodsen
Lötstelle ZN V (-/+n) **soldeernaad**
lotterhaft BN **losbandig, liederlijk**
Lotterie ZN V (-/+n) **loterij**
lotterig BN **1** **slordig** **2** **losbandig**
Lotterleben ZN O (+s/gmv) **losbandig leven**
lottern ONOV WW **1** **lummelen, boemelen** **2** **slordig zijn**
Lotto ZN O (+s/+s) **1** **lotto, loterij** **2** **bingo**
Lötung ZN V (-/+en) **soldering, lassing**
Lotus ZN M (-/-) **lotus**
Loverboy ZN M (+s/+s) **loverboy**
Low-Budget-Film ZN M **lowbudgetfilm**
Löwe ZN M (+n/+n) **leeuw** <ook sterrenbeeld> • FIG. *jemanden den Löwen vorwerfen* iemand voor de leeuwen gooien
Löwenanteil ZN M (+(e)s/+e) **leeuwendeel**
Löwenbändiger ZN M (+s/-) **leeuwentemmer**
Löwenmaul ZN O (+(e)s/gmv) PLANTK. **leeuwenbek(je)**
Löwenzahn ZN M (+(e)s/gmv) PLANTK. **paardenbloem**
Löwin ZN V (-/+nen) **leeuwin**
loyal BN **loyaal**
Loyalität ZN V (-/gmv) **loyaliteit**
lt. AFK laut **volgens**
Luchs ZN M (+es/+e) **lynx**
luchsen ONOV WW **loeren**
Lücke ZN V (-/+n) **1** **opening, gat, leegte** **2** FIG. **lacune, leemte, hiaat, gat** • *eine ~ füllen* een lacune opvullen • *eine ~ reißen* een gat slaan
Lückenbüßer ZN M (+s/-) **1** **opvulling, bladvulling** **2** **invaller, noodhulp**
lückenhaft BN **vol hiaten, onvolledig, gebrekkig** • *lückenhafte Kenntnisse* onvolledige kennis
lückenlos BN **compleet, zonder leemten, volledig**
Lückentext ZN M **invuloefening, gatentekst**
lud OV WW verl. tijd → **laden**
Luder ZN O (+s/-) **1** **loeder, kreng** • *ein dummes ~* een dom wijf **2** **stumper** • *ein armes ~* een arme drommel
Luft ZN V (-/Lüfte) **1** **lucht** • *hier ist dicke ~* hier heerst een gespannen sfeer • *seinem Zorn ~ machen* zijn woede uiten • FIG. *etwas ist aus der ~ gegriffen* iets is uit de lucht gegrepen • *er ist ~ für mich* hij is lucht voor mij • *das ist heiße ~* dat is gebakken lucht **2** **buitenlucht** • *die freie ~* de openlucht • *an die ~ gehen* naar buiten gaan, de buitenlucht ingaan • *jemanden an die ~ setzen* iemand op straat zetten **3** **(speel)ruimte** • *etwas ~ zwischen zwei Terminen haben* een beetje ruimte hebben tussen twee afspraken ▸ *die ~ ist rein* de kust is veilig
Luftabwehr ZN V (-/gmv) **luchtafweer**
Luftangriff ZN M (+(e)s/+e) **luchtaanval**
Luftaufnahme ZN V (-/+n) **luchtfoto**
Luftballon ZN M (+s/+s) **luchtballon**
Luftbehandlung ZN V **luchtbehandeling, airconditioning**
Luftbild ZN O (+(e)s/+er) **luchtfoto**
Luftblase ZN V (-/+n) **luchtbel**
Lüftchen ZN O (+s/gmv) **briesje**
Luftdruck ZN M (+(e)s/gmv) **luchtdruk**
luftdurchlässig BN **lucht doorlatend**
lüften OV + ONOV WW **1** **luchten, ventileren** **2** **afnemen, even oplichten** **3** **onthullen, ontsluieren** • *das Geheimnis ~* het geheim onthullen
Lüfter ZN M (+s/-) **ventilator**
Luftfahrt ZN V (-/gmv) **luchtvaart**
Luftfeuchte ZN V (-/gmv) **luchtvochtigheid**
Luftfeuchtigkeit ZN V (-/gmv) **luchtvochtigheid**
Luftflotte ZN V (-/+n) **luchtvloot**
luftgekühlt BN **luchtgekoeld**
Luftgewehr ZN O (+(e)s/+e) **windbuks**
Lufthauch ZN M (+(e)s/+e) **briesje**
Luftheizung ZN V (-/+en) **heteluchtverwarming**
luftig BN **1** **luchtig** • *~ gekleidet* luchtig gekleed **2** **winderig** **3** **luchthartig**
Luftikus ZN M (+ses/+se) **fantast, windbuil**
Luftkampf ZN M (+(e)s/-kämpfe) **luchtgevecht**
Luftkissen ZN O (+s/-) **luchtkussen**
Luftkissenfahrzeug ZN O (+(e)s/+e)

lu

luchtkussenvoertuig, hovercraft
luftkrank BN luchtziek
Luftkrankheit ZN V (-/+en) luchtziekte
luftleer BN luchtledig
Luftlinie ZN V (-/+n) **1** luchtlijn **2** hemelsbreedte • *in der ~* hemelsbreed
Luftmatratze ZN V (-/+n) luchtbed
Luftpost ZN V (-/gmv) luchtpost • *als ~* per luchtpost
Luftpumpe ZN V (-/+n) luchtpomp
Luftraum ZN M (+(e)s/-räume) luchtruim
Luftröhre ZN V (-/+n) luchtpijp
Luftschloss ZN O (+es/-schlösser) luchtkasteel • *Luftschlösser bauen* luchtkastelen bouwen
Luftschutz ZN M (+es/gmv) luchtbescherming
Luftschutzkeller ZN M (+s/-) schuilkelder
Luftspiegelung ZN V (-/+en) fata morgana, luchtspiegeling
Luftsprung ZN M (+(e)s/-sprünge) luchtsprong • *einen ~ machen* een gat in de lucht springen
Luftstreitkräfte ZN MV luchtstrijdkrachten
Luftstützpunkt ZN M (+(e)s/+e) luchtbasis
Lüftung ZN V (-/+en) **1** ventilator, ventilatie **2** afnemen, oplichten **3** onthulling, ontsluiering
Lüftungsklappe ZN V (-/+n) ventilatieklep
Luftveränderung ZN V • INFORM. *~ brauchen* er eventjes uit moeten
Luftverkehr ZN M (+s/gmv) luchtverkeer
Luftverschmutzung ZN V (-/+en) luchtvervuiling
Luftwaffe ZN V (-/+n) luchtmacht
Luftwechsel ZN M (+s/-) verandering van lucht
Luftweg ZN M (+(e)s/+e) luchtweg • *auf dem ~* door de lucht
Luftzug ZN M (+(e)s/-züge) trek, tocht
Lug ZN M (+(e)s/gmv) • *~ und Trug* leugen en bedrog
Lüge ZN V (-/+n) leugen • *Lügen haben kurze Beine* al is de leugen nog zo snel, de waarheid achterhaalt haar wel • *jemanden Lügen strafen* iemand logenstraffen • *Lügen auftischen* leugens verkopen • *eine einzige ~ sein* van leugens aan elkaar hangen
lugen ONOV WW uitkijken, loeren
lügen ONOV WW sterk liegen, jokken • *~ wie gedruckt* liegen dat het gedrukt staat
Lügenbold ZN M jokkebrok
Lügendetektor ZN M (+s/+en) leugendetector
lügenhaft BN leugenachtig
Lügenmaul ZN O (+(e)s/-mäuler) leugenaar
Lügner ZN M (+s/-) leugenaar • *jemanden einen ~ nennen* iemand voor leugenaar uitmaken • *jemanden als ~ beschimpfen/Lügner schimpfen* iemand voor leugenaar uitschelden
Lügnerin ZN V (-/+nen) leugenaarster
lügnerisch BN leugenachtig
Luke ZN V (-/+n) luik
lukrativ BN lucratief, voordelig
Lulatsch ZN M (+(e)s/+e) slungel
lullen OV WW zachtjes zingen, neuriën, sussen
Lümmel ZN M (+s/-) lummel, vlegel
Lümmelei ZN V (-/+en) onbeschoftheid
lümmelhaft BN onbeschoft
lümmeln WKD WW (**sich ~**) lummelig/ onbeschoft gaan liggen of zitten
Lump ZN M (+en/+en) **1** ploert, schoft **2** bengel
lumpen ONOV WW aan de zwier zijn, boemelen • *sich nicht ~ lassen* zich niet laten kennen
Lumpen ZN M (+s/-) lomp, vod, lor
Lumperei ZN V (-/+en) **1** gemene streek **2** wissewasje, bagatel
lumpig BN **1** gemeen, schofterig **2** armzalig
Lunchpaket ZN O (+(e)s/+e) lunchpakket
Lunge ZN V (-/+n) long • *auf ~ rauchen* over de longen roken
Lungenbläschen ZN O (+s/-) longblaasje
Lungenemphysem ZN O (+s/+e) MED. longemfyseem
Lungenentzündung ZN V (-/+en) longontsteking • *beiderseitige ~* dubbele longontsteking
lungenkrank BN **1** tuberculeus **2** aan een longziekte lijdend
Lungenkrebs ZN M (+es/+e) longkanker
lungern ONOV WW lanterfanten, rondhangen
Lunte ZN V (-/+n) **1** lont **2** vossenstaart
Lupe ZN V (-/+n) loep • FIG. *unter die ~ nehmen* onder de loep nemen • FIG. *die musst du mit der ~ suchen* die moet je met een lantaarntje zoeken
lupenrein BN **1** loepzuiver **2** puur, echt
Lurch ZN M (+(e)s/+e) amfibie
Lust **1** ZN V (-/Lüste) (wel)lust, begeerte, zin • *~ auf etwas haben* zin in iets hebben • *keine ~ haben* geen zin hebben **2** ZN V (-/gmv) lol, plezier • *etwas mit ~ und Liebe tun* iets met veel plezier doen
Lüster ZN M (+s/-) **1** lichtkroon, kroonluchter **2** lustre
lüstern BN **1** begerig, gulzig **2** wellustig, wulps
Lüsternheit ZN V (-/gmv) wellustigheid
Lustgarten ZN M (+s/-gärten) lusthof
lustig BN vrolijk, grappig • *sich ~ machen über jemanden/etwas* zich vrolijk maken over iemand/iets • *das kann noch ~ werden* dat kan nog leuk worden • *das ist nicht mehr ~* dat is geen grapje meer
Lustigkeit ZN V (-/gmv) vrolijkheid
Lüstling ZN M (+s/+e) wellusteling
lustlos BN lusteloos
Lustlosigkeit ZN V (-/gmv) lusteloosheid
Lustschloss ZN O (+es/-schlösser) lustslot
Lustspiel ZN O (+(e)s/+e) blijspel
Lutheraner ZN M (+s/-) lutheraan
lutherisch BN luthers
lutschen OV + ONOV WW zuigen, sabbelen
Lutscher ZN M (+s/-) lolly
Lüttich ZN O (+s/gmv) Luik
Luv ZN V/O (+s/gmv) loef
luven ONOV WW loeven
luxemburgisch BN Luxemburgs
luxuriös BN luxueus, weelderig
Luxus ZN M (-/gmv) luxe, weelde • *im ~ schwelgen* in weelde baden
Luxusartikel ZN M (+s/-) luxeartikel
Luxusdampfer ZN M (+s/-) cruiseschip, luxe

passagiersschip
Luxussteuer ZN V (-/+n) weeldebelasting
Lymekrankheit ZN V (-/+en) ziekte van Lyme
Lymphe ZN V (-/+n) MED. lymfe
Lymphknoten ZN M (+s/-) lymfeklier
lynchen OV WW lynchen
Lynchjustiz ZN V lynchpartij
Lyrik ZN V (-/gmv) lyriek
Lyriker ZN M (+s/-) lyricus, lyrisch dichter
lyrisch BN lyrisch

M

m. AFK **1** mit **met** **2** TAALK. maskulin **m** <mannelijk>
M ZN O (-/-) letter **m** • *M wie Martha* de m van Marie
MA. AFK Mittelalter **middeleeuwen**
Mäander ZN M (+s/-) **1** AARDK. **meander, rivierkronkeling** **2** KUNST **meander**
mäandern ONOV WW **1** AARDK. **meanderen** **2** FIG. **meanderen**
Machart ZN V (-/+en) **maaksel, makelij**
machbar BN **haalbaar, te doen** • *ein Termin morgen? Das ist machbar.* een afspraak morgen? Dat is haalbaar.
Mache ZN V (-/gmv) **1 maaksel 2 geknoei 3 gedoe, schijnvertoning**
machen OV WW **1 maken** • *das macht nichts* dat maakt niet uit • *schnell ~* opschieten • *wie viel macht das?* hoeveel kost dat? • *drei mal drei macht neun* drie maal drie is negen • *mach's gut* het ga je goed, het beste! • *sich nichts ~ aus* +3, niets geven om, zich niet druk maken om • *gemacht!* akkoord! **2 doen** • *das Zimmer ~* de kamer doen • *Erfahrungen ~* ervaring opdoen • *Geschäfte ~* zakendoen • *was macht er?* wat doet hij?, hoe gaat het met hem? • *da war nichts zu ~* er was niets aan te doen • *das lässt sich schon ~* dat is wel te doen **3 de rol spelen van, spelen voor** • *einen auf gute Mutter ~* de goede moeder uithangen
Machenschaft ZN V (-/+en) **intrige** • *dunkle Machenschaften* oneerlijke praktijken
Macher ZN M (+s/-) **1 maker 2 initiatiefnemer, drijvende kracht 3 aanstichter**
Macherlohn ZN M (+(e)s/-löhne) **maakloon**
Macho ZN M (+s/+s) INFORM. **macho** • *sich wie ein ~ benehmen* zich als een macho gedragen
Machoverhalten ZN O **machogedrag**
Macht ZN V (-/Mächte) **1 macht** • *das liegt nicht in meiner ~* dat ligt niet in mijn macht • *an der ~ sein* aan de macht zijn **2 kracht, vermogen 3 gezag 4 mogendheid** • *die bewaffnete ~* de gewapende macht
Machtbefugnis ZN V (-/+se) **gezag, bevoegdheid**
Machtbereich ZN M (+(e)s/+e) **machtsgebied, invloedssfeer**
Machtergreifung ZN V (-/+en) **machtsovername**
Machthaber ZN M (+s/-) **machthebber**
mächtig BN **1 machtig** • *einer Sprache ~ sein* een taal machtig zijn • *ein mächtiger Mann* een machtig man • *seiner selbst nicht mehr ~ sein* zichzelf niet meer in de hand hebben **2 krachtig 3 enorm, geweldig 4 dik**
Mächtigkeit ZN V (-/+en) **laagdikte** <geologie>
Machtkampf ZN M (+(e)s/-kämpfe) **machtsstrijd**
machtlos BN **machteloos, krachteloos**
Machtposition ZN V (-/+en) **machtspositie**
machtvoll BN **machtig, krachtig**

ma

Machtwechsel ZN M (+s/-) machtswisseling
Machtwort ZN O (+(e)s/+e) machtwoord, gebiedend woord
Machwerk ZN O (+(e)s/+e) knoeiwerk
Macke ZN V (-/+n) **1** fout, beschadiging **2** INFORM. tic
Macker ZN M (+s/-) **1** INFORM. geliefde, vriendje **2** INFORM. kameraad
Mädchen ZN O (+s/-) **1** meisje **2** dienstmeisje
mädchenhaft BN meisjesachtig
Made ZN V (-/+n) made, worm • FIG. *leben wie die ~ im Speck* een luizenleventje leiden
Mädel ZN O (+s/-, +s) meisje
madig BN vol maden, wormstekig
madigmachen OV WW zwartmaken, voor gek zetten
Madonna ZN V (-/-nen) Heilige Maagd, madonna
Madrider ZN M (+s/-) Madrileen
Magazin ZN O (+s/+e) **1** magazine, tijdschrift **2** magazijn
Magd ZN V (-/Mägde) dienstmaagd, meid
Magen ZN M (+s/-, Mägen) maag • *ein schwacher ~* een zwakke maag • *ein verdorbener ~* een bedorven maag • *mein ~ knurrt* mijn maag knort • *auf nüchternen ~* op de nuchtere maag • *schwer im ~ liegen* zwaar op de maag liggen
Magenbeschwerden ZN MV maagklachten
Magen-Darm-Grippe ZN V MED. maag-darmontsteking, buikgriep
Magengeschwür ZN O (+s/+e) MED. maagzweer
Magengrube ZN V (-/+n) maagkuil, maagstreek
Magenkrankheit ZN V (-/+en) maagkwaal
Magenkrebs ZN M (+es/+e) MED. maagkanker
Magenleiden ZN O (+s/-) MED. maagkwaal
Magenverstimmung ZN V (-/+en) indigestie
mager BN mager, niet vet, schraal • *~ im Vergleich zu* mager afsteken bij • *die Beteiligung heute Abend war ein bisschen ~* de opkomst vanavond was een beetje magertjes
Magermilch ZN V (-/gmv) magere melk
Magersucht ZN V (-/gmv) MED. anorexia
Maghreb ZN M (+s) AARDK. Maghreb
Magie ZN V (-/gmv) magie, toverij • *schwarze ~* zwarte magie
Magier ZN M (+s/-) **1** magiër **2** tovenaar
magisch BN magisch
Magister ZN M (+s/-) magister, meester
Magistrat ZN M (+(e)s/+e) **1** magistraat **2** overheid **3** college van burgemeesters en wethouders, College van B en W, BELG. schepencollege
Magnat ZN M (+en/+en) magnaat, grootindustrieel
Magnet ZN M (+en, +(e)s/+en, +e) magneet
Magnetband ZN O (+(e)s/-bänder) magneetband
Magnetfeld ZN O (+(e)s/+er) magnetisch veld
magnetisch BN magnetisch
magnetisieren OV WW magnetiseren
Magnetismus ZN M (-/gmv) magnetisme
Magnolie ZN V (-/+n) magnolia
Mahagoni ZN O (+s/gmv) mahonie
Mahd ZN V (-/+en) **1** REG. (het) maaien **2** REG. gemaaide
Mähdrescher ZN M (+s/-) combine, maaidorser
mähen OV + ONOV WW maaien • *Korn ~* koren maaien
Mäher ZN M (+s/-) maaier
Mahl ZN O (+(e)s/+e, Mähler) maal, maaltijd • *ein deftiges ~* een stevig maal
mahlen OV + ONOV WW onregelmatig malen • *gemahlener Kaffee* gemalen koffie
Mahlzeit ZN V (-/+en) maaltijd • *Mahlzeit!* smakelijk eten! • *eine leichte ~* een lichte maaltijd • *kalte ~* koude maaltijd • *die ~ einnehmen* de maaltijd gebruiken
Mähmaschine ZN V (-/+n) maaimachine
Mahnbescheid ZN M betalingsbevel
Mähne ZN V (-/+n) manen <van een leeuw enz.> MV • *die ~ des Löwen* de manen van een leeuw
mahnen OV WW manen, aanmanen, herinneren • *jemanden zur Vorsicht ~* iemand tot voorzichtigheid aanmanen • *jemanden zur Zahlung ~* iemand om geld manen
Mahngebühr ZN V (-/+en) aanmaningskosten
Mahnmal ZN O (+(e)s/+e) gedenkteken <waarschuwend>
Mahnung ZN V (-/+en) aanmaning, herinnering, waarschuwing • *erste ~* eerste aanmaning • *letzte ~* laatste aanmaning
Mähre ZN V (-/+n) merrie, paard, knol
Mähren ZN O (+s/gmv) Moravië
mährisch BN Moravisch
Mai ZN M (+s/gmv) mei • *der erste ~* de eerste mei • *am 1. ~* op 1 mei
Maiglöckchen ZN O (+s/-) lelietje-van-dalen
Mail ZN V (-/+s) COMP. mail
Mailand ZN O (+s/gmv) Milaan
mailändisch BN Milaans
Mailbox ZN V (-/+en) mailbox
mailen OV WW mailen • *jemandem ein Dokument ~* een document aan iemand mailen
Main ZN M (-/gmv) Main
Mais ZN M (+es/+e) maïs
Maiskolben ZN M (+s/-) maïskolf
Maisonette, **Maisonnette** ZN V (-/+s) maisonnette
Maisonettewohnung ZN V maisonnette <appartement met twee verdiepingen>, BELG. duplexwoning
Majestät ZN V (-/+en) majesteit • *Eure/Ihre/Seine ~* Uwe/Hare/Zijne Majesteit
majestätisch BN majestueus, verheven, statig
Majestätsbeleidigung ZN V (-/+en) majesteitsschennis
Majonäse ZN V (-/+n) → **Mayonnaise**
Major ZN M (+s/+e) majoor
Majoran ZN M (+s/+e) marjolein
majorisieren OV WW overstemmen
Majorität ZN V (-/+en) meerderheid

Majuskel ZN V (-/+n) hoofdletter
makaber BN macaber
Makadam ZN M/O (+s/+e) macadam
Makel ZN M (+s/-) vlek, smet
Mäkelei ZN V (-/+en) bedilzucht, vitterij
mäk(e)lig BN MIN. mopperig, kritisch
makellos BN smetteloos, vlekkeloos, onberispelijk • *einen ~en Ruf haben* een vlekkeloze naam hebben
Makellosigkeit ZN V (-/+en) smetteloosheid, onberispelijkheid
mäkeln ONOV WW aanmerkingen maken, vitten
Make-over ZN O (-s/-) make-over • *sie bekommt ein Make-over* ze krijgt een make-over
Make-up ZN O (+s/+s) make-up
Makkaroni ZN MV macaroni
Makler ZN M (+s/-) makelaar
Mäkler ZN M (+s/-) **1** makelaar <regionaal> **2** vitter
Maklergebühr ZN V (-/+en) makelaarscourtage, makelaarsprovisie
Maklergeschäft ZN O makelaarskantoor, BELG. immobiliënkantoor
Makrele ZN V (-/+n) makreel
Makrone ZN V (-/+n) makaron <koekje>
Makulatur ZN V (-/+en) **1** misdruk **2** oud papier, papierafval **3** onzin
mal BW **1** eventjes, eens • *lass mich das ~ machen* laat mij dat maar eventjes doen • *wie wär's, wenn du ihn ~ fragst* als je het hem eens vroeg • *komm ~ her!* kom eventjes hier! • *warte mal!* wacht eens! • *hör mal!* luister eens! • *denk ~ gut nach* denk eens goed na **2** maal • *zwei ~ zwei ist vier* 2 maal 2 is 4 • *Länge ~ Breite* lengte maal breedte • *sechs ~ sechs Meter* zes bij zes meter
Mal **1** ZN O (+(e)s/+e) maal, keer • *jedes ~* iedere keer, telkens • *zum ersten/letzten ~* voor de eerste/laatste keer • *nur ein ~* één enkele keer • *mit einem ~* in één keer, opeens • *ein einziges ~* voor één keer • *kein einziges ~* geen enkele keer • *ein paar ~* een paar keer, enige malen • *beide ~* alle twee de keren • *ein über das andere ~* keer op keer • *von ~ zu ~* telkens weer • *ein für alle ~* eens en voor al **2** ZN O (+(e)s/Mäler) gedenkteken **3** ZN O (+(e)s/+e) moedervlek, vlek, merk, teken
Malaie ZN M (+n/+n) Maleier
Malaria ZN V (-/gmv) malaria
malen OV + ONOV WW schilderen, afschilderen, aftekenen
Maler ZN M (+s/-) schilder, kunstschilder
Malerei ZN V (-/+en) **1** schilderkunst **2** schildering
Malerin ZN V (-/+nen) schilderes
malerisch BN schilderachtig • *seine ~e Fähigkeit* zijn talent als kunstschilder
Malheur ZN O (+s/+s, +e) ongeluk, pech
malnehmen ONOV WW sterk vermenigvuldigen
Maloche ZN V (-/gmv) INFORM. geploeter, zwaar werk
malochen ONOV WW ploeteren
maltesisch BN Maltees
malträtieren OV WW mishandelen
Malve ZN V (-/+n) malve, kaasjeskruid
malvenfarbig BN lichtpaars
Malz ZN O (+es/gmv) mout • *an ihm ist Hopfen und ~ verloren* het is bij hem boter aan de galg gesmeerd
Malzbier ZN O (+(e)s/+e) moutbier
Malzeichen ZN O (+s/-) vermenigvuldigingsteken, maalteken
Mama ZN V (-/+s) mama
Mammut ZN O (+s/+e, +s) mammoet
mampfen ONOV WW vreten, zich volproppen
Mamsell ZN V (-/+en, +s) serveerster, juffrouw
man **1** ONB VNW men, je • *~ kann hier alles haben* je kunt hier alles krijgen • *~ gewöhnt sich daran* je went eraan • *so etwas tut ~ nicht* zoiets doe je niet • *~ sagt...* men zegt... • *wenn ~ uns hören würde* als men ons hoorde • *~ würde sagen...* men zou zeggen... • *das sagt ~ nicht* dat zegt men niet **2** BW maar, maar eens
Management ZN O (+s/+s) management
managen OV WW leiden, managen • *sie managt das für uns* zij regelt dat voor ons
Manager ZN M (+s/-) manager
manch TELW menig • *~ einer* menigeen • *~es Mal* menig keer
manche TELW sommige • *~e Leute* sommige mensen → **manch**
manchenorts BW op menige plaats, hier en daar
mancherlei BN velerlei, allerlei
mancherorts BW op menige plaats
manchmal BW soms, nogal eens
Mandant ZN M (+en/+en) cliënt, opdrachtgever
Mandarin **1** ZN M (+s/+e) mandarijn <Chinees ambtenaar> **2** ZN O TAALK. Mandarijn
Mandarine ZN V (-/+n) mandarijn(tje)
Mandat ZN O (+(e)s/+e) mandaat, volmacht, opdracht • *unter dem ~ der Vereinten Nationen* onder mandaat van de Verenigde Naties • *sein ~ niederlegen* zijn mandaat neerleggen
Mandel ZN V (-/+n) **1** amandel **2** ANAT. keelamandel • *sich die Mandeln herausnehmen lassen* zijn amandelen laten knippen
Mandelbaum ZN M (+(e)s/-bäume) amandelboom
Mandelentzündung ZN V (-/+en) amandelontsteking
Mandoline ZN V (-/+n) mandoline
Manege ZN V (-/+n) manege, piste
Manga ZN M/O manga
Mangan ZN O (+s/gmv) SCHEIK. mangaan
Mangel **1** ZN M (+s/-Mängel) **1** fout, gebrek, mankement • *(technische) Mängel aufweisen* (technische) gebreken vertonen • *(technische) Mängel beheben* een (technisch) gebrek verhelpen • *ein versteckter ~* een verborgen gebrek • *~ leiden* gebrek lijden **2** gemis, gebrek, tekort • *ein großer/akuter ~ an Arbeitskräften* een nijpend tekort aan arbeidskrachten • *~ an Beweisen* gebrek aan bewijs • *Vitamin C-Mangel* gebrek aan vitamine C • *als einen ~ erfahren* als een gemis ervaren **2** ZN V

ma

(-/+n) mangel
Mangelberuf ZN M (+(e)s/+e) beroep waar weinig animo voor is
Mangelerscheinung ZN V (-/+en) MED. deficiëntieverschijnsel
mangelfrei BN zonder gebreken
mangelhaft BN gebrekkig, onvolmaakt, onvolledig
Mangelkrankheit ZN V (-/+en) deficiëntieziekte
mangeln **1** OV WW mangelen • *Bettwäsche ~* linnengoed mangelen **2** ONP WW ontbreken • *es mangelte ihm an allem* het ontbrak hem aan alles • *es mangelt ihm an nichts* hij heeft nergens gebrek aan • *es mangelt ihm an Geld* hij heeft gebrek aan geld • *es mangelt nicht an Möglichkeiten* er zijn mogelijkheden genoeg • *daran mangelt es nicht* daar is geen gebrek aan
Mängelrüge ZN V (-/+n) reclame, klacht
mangels VZ +2 FORM. bij gebrek aan • *~ Masse* bij gebrek aan baten • *~ Zahlung* wegens wanbetaling • *~ Beweisen* uit gebrek aan bewijs • HUMOR. *~ eines solchen* bij gebrek aan zo iemand/zoiets
Mangelware ZN V (-/+n) **1** schaarste **2** schaars artikel
Manie ZN V (-/+n) manie, zucht
Manier ZN V (-/+en) **1** manier, wijze, stijl • *er hat gute Manieren* hij heeft goede manieren • *keine Manieren haben* geen manieren hebben **2** gekunsteldheid
manieriert BN gekunsteld
manierlich BN keurig, netjes, welgemanierd
manifest BN onmiskenbaar, manifest
Manifest ZN O (+(e)s/+e) **1** SCHEEPV. ladingsformulier **2** manifest, (beginsel) verklaring
manifestieren OV WW manifesteren, tot uitdrukking brengen
Maniküre ZN V (-/+n) manicure
maniküren OV WW manicuren • *jemanden ~* iemand manicuren
Manipulation ZN V (-/+en) manipulatie, beïnvloeding • *genetische ~* genetische manipulatie
manipulieren OV + ONOV WW **1** bewerken **2** manipuleren • *die öffentliche Meinung ~* de publieke opinie manipuleren
manisch BN manisch
Manko ZN O (+s/+s) manco, tekort
Mann ZN M (+(e)s/Männer) **1** man • *~ an ~ stehen* dicht op elkaar staan • *alle ~ an Deck* alle hens aan dek • *zwei auf den ~* twee per man • *den wilden ~ machen* tekeergaan • *dieser Beruf nährt seinen ~* in dit beroep verdient men goed zijn brood • *mein lieber Mann!* tjonge, tjonge! **2** man <echtgenoot> • *an den ~ kommen* aan de man geraken
Männchen ZN O (+s/-) **1** mannetje • *~ machen* opzitten, in de houding staan, flikflooien **2** kereltje **3** bij spelletjes pion, poppetje
Manndecker ZN M SPORT mandekker
Männerchor ZN M (+(e)s/-chöre) mannenkoor
männerfeindlich BN vijandig t.o.v. mannen
Männertreu ZN V (-/-) veronica, ereprijs
Mannesalter ZN O (+s/gmv) mannelijke volwassenheid • *im besten ~ sein* in de bloei van zijn leven zijn
mannhaft BN manhaftig, manmoedig, flink
Mannhaftigkeit ZN V (-/gmv) manmoedigheid, flinkheid
mannigfach BN menigvuldig, velerlei
mannigfaltig BN veelsoortig, allerlei
Männlein ZN O (+s/-) mannetje
männlich BN mannelijk • *ein männliches Gesicht* een mannelijk gezicht • *männliches Verhalten* mannelijk gedrag
Männlichkeit ZN V (-/gmv) mannelijkheid
Mannsbild ZN O (+(e)s/+er) INFORM. manspersoon
Mannschaft ZN V (-/+en) **1** elftal, ploeg **2** manschappen, bemanning
Mannschaftsführer ZN M (+s/-) **1** ploegleider **2** aanvoerder
mannshoch BN manshoog
mannstoll BN manziek, nymfomaan
Mannstunde ZN V (-/+n) ECON. manuur
Mannweib ZN O (+(e)s/+er) manwijf
Manometer ZN O (+s/-) manometer
Manöver ZN O (+s/-) manoeuvre • *ins ~ ziehen* op manoeuvre gaan • *im ~* tijdens de manoeuvres
manövrieren OV + ONOV WW manoeuvreren • *ein Auto durch den Verkehr ~* een auto door het verkeer manoeuvreren
manövrierfähig BN wendbaar
Mansarde ZN V (-/+n) dakkamer, zolderkamertje
Mansardenzimmer ZN O (+s/-) dakkamer, zolderkamertje
Mansch ZN M (+(e)s/gmv) knoeiboel, brij
manschen ONOV WW mengen, knoeien, kliederen
Manschette ZN V (-/+n) manchet • *Manschetten haben vor jemandem* een heilig respect koesteren voor iemand
Mantel ZN M (+s/Mäntel) **1** mantel, overjas, jas • *etwas mit dem ~ der Liebe bedecken* iets met de mantel der liefde bedekken **2** buitenband **3** bekleding
Manteltarifvertrag ZN M (+(e)s/-träge) collectieve arbeidsovereenkomst
Mantsch ZN M (+(e)s/gmv) **1** dunne soep **2** moddersneeuw
Manual ZN O (+s/+e) handklavier, manuaal
manuell BN met de hand, hand- • *~e Therapie* manuele therapie
Manufaktur ZN V (-/+en) manufactuur
Manufakturwaren ZN MV manufacturen
Manuskript ZN O (+(e)s/+e) manuscript, kopij
Maoist ZN M (+en/+en) maoïst
Maoistin ZN V (-/+nen) maoïste
Mappe ZN V (-/+n) aktetas, portefeuille, map, tas
Mär ZN V (-/+en) **1** verhaal **2** mare, tijding

ma

Marabu ZN M (+s/+s) maraboe
Marathon ZN M (+s/+s) SPORT marathon • *einen ~ laufen* een marathon lopen
Marathonlauf ZN M (+es/-läufe) SPORT marathonloop
Marathonläufer ZN M (+s/-) SPORT marathonloper
Marathonsitzung ZN V (-/+en) marathonzitting
Märchen ZN O (+s/-) sprookje, fabel • *was er erzählt, sind nur ~* wat hij vertelt, zijn allemaal verzinsels
märchenhaft BN sprookjesachtig
Marder ZN M (+s/-) **1** marter **2** dief
Märe ZN V (-/+n) **1** tijding, mare **2** DICHT. sage
Margarine ZN V (-/+n) margarine
Marge ZN V (-/+n) marge, speelruimte
Margerite ZN V (-/+n) margriet
Marginalien ZN MV kanttekeningen
Marienbild ZN O (+(e)s/+er) Mariabeeld
Marienkäfer ZN M (+s/-) onzelieveheersbeestje
Marihuana ZN O (+s/gmv) marihuana
Marille ZN V (-/+n) abrikoos
Marine ZN V (-/+n) zeemacht, marine
Marinesoldat ZN M (+en/+en) marinier
Marinestützpunkt ZN M (+(e)s/+e) MIL. marinebasis
marinieren OV WW marineren
Marionette ZN V (-/+n) marionet
Marionettenspiel ZN O (+(e)s/+e) marionettenspel
maritim BN maritiem
Mark **1** ZN V (-/+en) **1** mark **2** grens **3** grensgebied, grensprovincie **2** ZN O (+(e)s/gmv) **1** merg • *das geht einem durch ~ und Bein* dat gaat door merg en been **2** puree **3** kracht
markant BN markant
Marke ZN V (-/+n) **1** merk, merkteken **2** kaartje, nummertje, penning, bon, fiche **3** postzegel **4** plakzegel
Markenartikel ZN M (+s/-) merkartikel
Markenbutter ZN V (-/gmv) zeer goede boter
Markenerzeugnis ZN O (+ses/+se) merkfabricaat
Markenzeichen ZN O (+s/-) handelsmerk
Marker ZN M (+s/-) marker, markeerstift
markerschütternd BN door merg en been gaand, hartverscheurend, doordringend
markieren OV WW **1** merken, markeren, aanduiden • *eine Textpassage ~* een stuk tekst markeren • *einen Wanderweg durch den Wald ~* een wandelroute uitzetten door het bos **2** de rol spelen van • *er markiert den starken Mann* hij speelt de geweldenaar **3** simuleren
Markierung ZN V (-/+en) aanduiding, markering
markig BN krachtig, kernachtig
märkisch BN Brandenburgs
Markise ZN V (-/+n) zonnescherm, markies
Markknochen ZN M (+s/-) mergpijp
Markstein ZN M (+(e)s/+e) **1** grenssteen **2** mijlpaal <figuurlijk>
Markt ZN M (+(e)s/Märkte) markt • FIG. *seine Haut zu Markte tragen* zijn leven wagen • FIG. *auf den ~ gehen* de boer opgaan • *auf den ~ gehen* naar de markt gaan • *etwas auf dem ~ kaufen* iets op de markt kopen • *freier ~* vrije sector, vrije markt • *ein Produkt auf den ~ bringen* een product op de markt brengen, een product in de handel brengen • *auf den ~ kommen* in de handel komen, op de markt komen • *der europäische ~* de Europese markt • *Schwarzmarkt* zwarte markt • *den ~ verderben* de markt bederven • *für dieses Produkt gibt es durchaus einen ~* voor dat product is wel een markt
Marktanteil ZN M (+(e)s/+e) marktaandeel
Marktführer ZN M (+s/-) marktleider
marktgängig BN geschikt voor de markt, gangbaar, verkoopbaar, gewild
Marktlage ZN V (-/+n) (toe)stand van de markt, stand van de economie
Marktlücke ZN V (-/+n) gat in de markt
Marktplatz ZN M (+es/-plätze) marktplein
Marktposition ZN V marktpositie
marktschreierisch BN schreeuwerig
Marktstand ZN M (+(e)s/-stände) marktkraam
Marktwert ZN M (+(e)s/+e) marktwaarde
Marktwirtschaft ZN V (-/gmv) **1** markteconomie • *freie/offene ~* vrije markteconomie **2** marktwerking • *der ~ überlassen* aan de marktwerking overlaten
Marmelade ZN V (-/+n) jam
Marmor ZN M (+s/+e) marmer
marmorieren OV WW marmeren • *marmoriertes Papier* gemarmerd papier
marmorn BN van marmer, marmeren
marode BN **1** INFORM. doodop, afgemat **2** aan lager wal geraakt
Marodeur ZN M (+s/+e) plunderaar
marodieren OV + ONOV WW plunderen
Marokkaner ZN M (+s/-) Marokkaan
Marokkanerin ZN V (-/+nen) Marokkaanse
marokkanisch BN Marokkaans
Marokko ZN O (+s) Marokko • *in ~* in Marokko
Marone ZN V (-/+n) tamme kastanje
Marotte ZN V (-/+n) wonderlijke inval, gril
Mars ZN M (-/+e) **1** SCHEEPV. mastkorf **2** Mars
Marsch **1** ZN M (+es/Märsche) **1** MUZ. mars • FIG. *jemandem den ~ blasen* iemand zeggen waar het op staat **2** voettocht, mars • *auf dem ~ sein* op mars/gang zijn • *das Regiment in ~ setzen* het regiment laten opmarcheren • *sich in ~ setzen* zich op weg begeven **2** ZN V (-/+en) marsland, polderland, laagland
Marschall ZN M (+s/-schälle) maarschalk
Marschbefehl ZN M (+(e)s/+e) marsbevel, marsorder
marschieren ONOV WW marcheren
Marschroute ZN V (-/+n) marsroute
Marsmensch ZN M (+en/+en) marsmannetje
Marter ZN V (-/+n) marteling, foltering
martern OV WW martelen, folteren
Marterpfahl ZN M (+(e)s/-pfähle) martelpaal

martialisch BN martiaal, krijgshaftig
Martinshorn ZN O (+(e)s/+e) meertonige sirene
Märtyrer ZN M (+s/-) martelaar
Märtyrerin ZN V (-/+nen) martelares
Märtyrertum ZN O (+s/gmv) martelaarschap
Martyrium ZN O (+s/-rien) martelaarschap
Marxismus ZN M (-/gmv) marxisme
März ZN M (+es/gmv) maart • *der ~ rührt den Sterz* maart roert zijn staart
Marzipan ZN M/O (+s/+e) marsepein
Masche ZN V (-/+n) **1** maas, steek • *durch die Maschen des Gesetzes schlüpfen* door de mazen der wet kruipen • *linke ~* averechtse steek **2** OOST. strikje, lintje **3** slimme oplossing • *das ist eine tolle Masche!* dat is een goede truc!
maschig BN met mazen • *ein ~es Gewebe* een grof weefsel
Maschine ZN V (-/+n) **1** machine **2** INFORM. motor(fiets) • *eine schwere ~* een zware motor
maschinell BN machinaal • *~ gefertigt* machinaal gemaakt
Maschinenbau ZN M (+(e)s/gmv) machinebouw
Maschinengewehr ZN O (+(e)s/+e) mitrailleur
Maschinenhalle ZN V (-/+n) ruimte waar machines staan opgesteld, machinehal
Maschinenpark ZN M (+s/+s) machinepark
Maschinenpistole ZN V (-/+n) machinepistool
Maschinenraum ZN M (+(e)s/-räume) machinekamer
ma
Maschinenschlosser ZN M (+s/-) machinebouwmonteur, machinebankwerker
Maschinerie ZN V (-/+n) machinerie
Maschinist ZN M (+en/+en) machinist
maserig BN geaderd, gevlamd
masern ONOV WW een aderpatroon vormen
Masern ZN MV mazelen
Maserung ZN V (-/+en) geaderde tekening
Maske ZN V (-/+n) **1** masker • *seine ~ abnehmen* het masker afleggen **2** COMP. schermrooster
Maskenball ZN M (+(e)s/-bälle) gemaskerd bal
Maskenzug ZN M (+(e)s/-züge) verklede optocht, maskerade
maskieren OV WW **1** maskeren, verbergen **2** maskeren, vermommen **3** bedekken, overgieten (gerechten)
Maskierung ZN V (-/+en) **1** (het) vermommen, vermomming **2** camouflage
maskulin BN masculien, mannelijk
Masochist ZN M (+en/+en) masochist
masochistisch BN masochistisch
maß OV WW verl. tijd → **messen**
Maß **1** ZN O (-/-, +e) **1** maat, evenwicht • *über alles ~ hinaus* bovenmatig, te zeer • *Maß halten* maathouden • *der Mensch ist das ~ aller Dinge* de mens is de maatstaf van alles • *Maße und Gewichte* maten en gewichten • *mit zweierlei ~ messen* met twee maten (en gewichten) meten • *ein gestrichenes Maß* een afgestreken maat • *das ~ ist voll* de maat is vol • *über die Maßen* bovenmatig, te zeer • *in Maßen* matig **2** mate • *in hohem Maße* in hoge mate **2** ZN V (-/-, +e) 1 liter bier

Massage ZN V (-/+n) massage
Massageöl ZN O (+s/+e) massageolie
Massaker ZN O (+s/-) bloedbad, slachting
massakrieren OV WW massacreren, vermoorden, afmaken
Maßanzug ZN M (+(e)s/-anzüge) maatkostuum
Maßarbeit ZN V (-/+en) maatwerk • *es ist ~* het is maatwerk
Masse ZN V (-/+n) **1** massa • *eine ~ Steine* een massa stenen • *sich nach der ~ richten* met de grote massa meelopen • *die breite ~* de grote massa **2** boedel • *mangels ~* bij gebrek aan baten
Massen- VOORV massa- • *eine Massenkundgebung* een massale betoging
Massenabfertigung ZN V (-/+en) massabediening, behandeling zonder persoonlijke aandacht
Massenartikel ZN M (+s/-) massa-artikel
Massenaufgebot ZN O (+(e)s/+e) massabijeenkomst
Massenentlassung ZN V (-/+en) massaontslag
massenhaft BN in massa's, massaal • *~ auftreten* massaal optreden • *~ Fehler* een massa fouten • *er hat ~ Geld* hij heeft geld zat
Massenmedium ZN O (+s/-medien) massamedium
Massenmord ZN M (+(e)s/+e) massamoord
Massenmörder ZN M (+s/-) massamoordenaar
Massentierhaltung ZN V (-/+en) bio-industrie
Massenvernichtungswaffe ZN V (-/+n) massavernietigingswapen
massenweise BW in massa's
Masseur ZN M (+s/+e) masseur
Masseurin ZN V (-/+nen) masseuse
Maßgabe ZN V (-/gmv) maatstaf, norm • *nach ~* +2 volgens de norm van, al naargelang, overeenkomstig met, conform • *mit der ~* met dien verstande
maßgebend BN toonaangevend, beslissend • *maßgebende Kreise* gezaghebbende kringen • *dies kann nicht ~ sein* dit kan niet tot maatstaf dienen
maßgeblich BN beslissend, doorslaggevend
maßgeschneidert BN op maat gemaakt • *ein maßgeschneiderter Anzug* een maatkostuum • *maßgeschneiderten Service bieten* maatwerk leveren
maßhalten ONOV WW maathouden, zich matigen
massieren OV WW masseren • *massiert* massaal • *Truppen ~* troepen samentrekken
massig BN massaal, kolossaal, zwaar, dik
mäßig BN matig • *ich finde es sehr ~* ik vind het maar matig • *mäßige Ernte* middelmatige oogst
mäßigen OV WW matigen • *sich ~* matig zijn, zich matigen
Mäßigkeit ZN V (-/gmv) matigheid
Mäßigung ZN V (-/+en) matiging, gematigdheid
massiv BN **1** massief • *aus ~em Silber* van massief zilver **2** grof <figuurlijk>, ruw, massaal • *~er Angriff* massale aanval • *~en Widerstand leisten* massaal verzet bieden

Massiv ZN O (+s/+e) bergmassief
Maßkonfektion ZN V (-/gmv) maatconfectie
Maßkrug ZN M (+(e)s/-krüge) bierpul
maßlos BN mateloos, enorm, buitengewoon
Maßlosigkeit ZN V (-/gmv) mateloosheid
Maßnahme ZN V (-/+n) maatregel • *Maßnahmen ergreifen/treffen* maatregelen nemen/treffen • *unzureichende Maßnahmen* halve maatregelen
Maßregel ZN V (-/+n) maatregel
maßregeln OV WW **1** straffen **2** de wet voorschrijven, ringeloren
Maßregelung ZN V (-/+en) berisping, disciplinaire straf
Maßstab ZN M (+(e)s/-stäbe) **1** maatstaf • *als/zum ~ nehmen* als maatstaf nemen • *als ~ dienen* als maatstaf dienen • *seine eigenen Maßstäbe haben* zijn eigen maatstaf hanteren • *nach dem ~* naar die maatstaf **2** schaal • *im ~ 1:100* op een schaal van 1 op 100 **3** maatstok, meetlat
maßvoll BN gematigd, beheerst • *ein maßvolles Leben führen* een ingetogen leven leiden
Mast 1 ZN M (+es/+en) mast **2** ZN V (-/+en) vetmesten
Mastdarm ZN M (+(e)s/-därme) endeldarm
mästen OV WW vetmesten
Masterabschluss ZN M O&W masterdiploma
Masterarbeit ZN V master thesis, afstudeerscriptie
Mästerei ZN V (-/+en) mesterij
Masterstudiengang ZN M (-(e)s/-gänge) O&W masteropleiding
Mästung ZN V (-/+en) vetmesterij
Match ZN O (+(e)s/+s, +e) match, sportwedstrijd
matchen ONOV WW matchen
Material ZN O (+s/+ien) materiaal
Materialbeschaffung ZN V (-/gmv) materiaalvoorziening
Materialismus ZN M (-/gmv) materialisme
Materialist ZN M (+en/+en) materialist
materialistisch BN materialistisch
Materie ZN V (-/+n) materie, stof
materiell BN materieel
Mathe ZN V (-/gmv) INFORM. → **Mathematik**
Mathematik ZN V (-/gmv) wiskunde
Mathematiker ZN M (+s/-) wiskundige
mathematisch BN wiskundig • *~es Problem* wiskundig probleem
Matjeshering ZN M (+s/+e) maatjesharing, nieuwe haring
Matratze ZN V (-/+n) matras
Mätresse ZN V (-/+n) maîtresse, minnares
Matrikel ZN V (-/+n) inschrijvingslijst, register
Matrix ZN V (-/-izes, -izen) matrix
Matrixdrucker ZN M (+s/-) matrixprinter
Matrize ZN V (-/+n) **1** matrijs **2** stencil
Matrose ZN M (+n/+n) matroos
Matrosenanzug ZN M (+(e)s/-züge) matrozenpak
Matsch ZN M (+es/gmv) modder, blubber
matschen ONOV WW INFORM. morsen, knoeien, in de modder wroeten, kliederen
matschig BN modderig, papperig • *ein ~er Tag* een vieze regenachtige dag
Matschwetter ZN O (+s/gmv) smerig weer
matt BN **1** dof • *~e Farbe* matte verf **2** mat, flauw, moe • *~e Stimme* matte stem
mattblau BN matblauw, dofblauw
Matte ZN V (-/+n) **1** vloermat **2** SPORT turnmat • *um sechs Uhr auf der ~ stehen* om zes uur ergens zijn **3** ZWIT. alpenweide
Mattglas ZN O (+es/gmv) matglas
Mattheit ZN V (-/gmv) matheid, vermoeidheid
mattieren OV WW matteren, dof maken
Mattigkeit ZN V (-/gmv) matheid
Matz ZN M (+es/Mätze) kereltje
Mätzchen ZN O (+s/-) **1** smoesjes **2** onzin, dwaasheid, aanstellerij • *mach keine ~* geen geintjes
Mauer ZN V (-/+n) muur • *eine ~ bauen* een muurtje metselen • *die Chinesische ~* de Chinese muur • *tragende ~* dragende muur • *eine ~ des Unwillens* een muur van onwil
Mauerblümchen ZN O (+s/-) muurbloempje
Mauerkelle ZN V (-/+n) troffel
mauern ONOV WW **1** metselen **2** SPORT een muurtje vormen **3** behoedzaam (kaart)spelen
Mauersegler ZN M (+s/-) gierzwaluw, torenzwaluw, steenzwaluw
Mauerstein ZN M (+(e)s/+e) metselsteen
Mauerwerk ZN O (+(e)s/+e) metselwerk
Maul ZN O (+(e)s/Mäuler) muil, bek, mond, snuit • PLAT *das ~ halten* zijn bek houden • PLAT *halt's Maul!* houd je bek! • *Maul- und Klauenseuche* mond-en-klauwzeer • *ein großes ~ gegenüber jemandem haben* een grote mond tegen iemand opzetten • *viel Mäuler zu stopfen haben* veel monden te vullen hebben
maulen ONOV WW mokken, foeteren
Maulesel ZN M (+s/-) muilezel
Maulheld ZN M (+en/+en) INFORM. opschepper
Maulkorb ZN M (+(e)s/-körbe) muilkorf
Maulsperre ZN V (-/gmv) kaakklem
Maulwurf ZN M (+(e)s/-würfe) mol
Maulwurfshügel ZN M (+s/-) molshoop
maunzen ONOV WW miauwen
Maure ZN M (+n/+n) Moor
Maurer ZN M (+s/-) **1** metselaar **2** vrijmetselaar
Maurerkelle ZN V (-/+n) troffel
maurisch BN Moors
Maus ZN V (-/Mäuse) **1** DIERK. muis • FIG. *da beißt die ~ keinen Faden ab* daar is niets aan te veranderen • INFORM. *weiße Mäuse* verkeersagenten • INFORM. *Mäuse* poen **2** gewricht muis **3** COMP. muis • *mit der ~ arbeiten* muizen <de muis gebruiken> **4** schatje • *Mäuschen* schatje
mauscheln ONOV WW **1** onduidelijk spreken **2** intrigeren, kuipen, knoeien
mäuschenstill BN doodstil, muisstil
Mäusebussard ZN M (+s/+e) buizerd
mausen ONOV WW **1** muizen **2** INFORM. gappen
Mauser ZN V (-/-) **1** rui • *in der ~ sein* in de rui zijn **2** mauser <pistool>

mausern WKD WW **(sich ~) 1** ruien **2** INFORM. zich ontwikkelen, zich ontplooien
mausetot BN zo dood als een pier
mausgrau BN muisgrijs
mausig BN • *sich ~ machen* veel praats hebben
Mausklick ZN M (+s/+s) muisklik
Mausoleum ZN O (+s/-een) mausoleum
Mauspad ZN O (+s/+s) muismatje
Maut ZN V (-/+en) **1** tol **2** tolheffing <op snelweg> **3** invoerrecht, uitvoerrecht
Max ZN M ▸ CULIN *strammer ~* uitsmijter
maximal BN maximaal
Maximalpreis ZN M (+es/+e) maximumprijs
Maxime ZN V (-/+n) kernspreuk, stelregel
maximieren OV WW maximeren, tot een maximum opvoeren
Maximum ZN O (+s/-ma) maximum • *du bist am ~ angelangt* jij staat op je maximum
Mayonnaise ZN V (-/+n) mayonaise
Mazedonien ZN O (+s/gmv) Macedonië • *in ~* in Macedonië
Mäzen ZN M (+s/+e) beschermheer, mecenas
MB ZN O Megabyte MB
MdB AFK Mitglied des Bundestages lid van de Bondsdag
MdL AFK Mitglied des Landtages lid van het deelstaatparlement
m.E. AFK meines Erachtens mijns inziens, naar mijn mening
ma
Mechanik ZN V (-/+en) **1** mechanica **2** mechaniek
Mechaniker ZN M (+s/-) mecanicien, monteur
mechanisch BN mechanisch
mechanisieren OV WW mechaniseren
Mechanisierung ZN V (-/+en) mechanisering
Mechanismus ZN M (-/-men) mechanisme
Meckerer ZN M (+s/-) kankeraar
meckern ONOV WW **1** INFORM. vitten, mekkeren • *meckere nicht so herum!* loop niet zo te mekkeren! • *~ über* vitten op **2** blaten
Mecklenburg-Vorpommern ZN O (+s) Mecklenburg-Vorpommern <Duitse deelstaat>
Medaillon ZN O (+s/+s) medaillon
Mediaplayer ZN M (-s/-) mediaspeler
medienkompetent BN mediawijs • *Kinder medienkompetent machen* kinderen mediawijs maken
Medikament ZN O (+(e)s/+e) geneesmiddel, medicament, medicijn • *Medikamente einnehmen* medicijnen gebruiken
Meditation ZN V (-/+en) meditatie
meditieren ONOV WW mediteren
medium BW v. kleding/vlees/sherry medium
Medium ZN O (+s/-dien, -dia) medium
Medizin ZN V (-/+en) **1** medicijn **2** geneeskunde • *innere ~* interne geneeskunde • *die angewandte ~* de toegepaste geneeskunde • *alternative ~* alternatieve geneeskunde • *~ studieren* medicijnen studeren • *Doktor der ~* doctor in de medicijnen
Mediziner ZN M (+s/-) **1** medicus **2** medicijnenstudent
medizinisch BN medisch, geneeskundig • *die ~e Fakultät* de medische faculteit • *sich einer ~en Untersuchung unterziehen* een medisch onderzoek ondergaan
Medizinmann ZN M (+(e)s/-männer) medicijnman
Meer ZN O (+(e)s/+e) zee
Meerbusen ZN M (+s/-) zeeboezem, baai
Meerenge ZN V (-/+n) zee-engte, zeestraat • *die ~ von Calais* het Nauw van Calais
Meeresboden ZN M (+s/-böden) zeebodem
Meeresbucht ZN V (-/+en) zee-inham, baai
Meeresgrund ZN M (+(e)s/-gründe) zeebodem
Meeresrauschen ZN O geluid van de zee
Meeresspiegel ZN M (+s/-) zeespiegel
Meerjungfrau ZN V (-/+en) zeemeermin
Meerrettich ZN M (+s/+e) mierikswortel
Meersalz ZN O (+es/+e) zeezout
Meerschweinchen ZN O (+s/-) cavia
Megabyte ZN O megabyte
Megafon, **Megaphon** ZN O (+s/+e) megafoon
Megapixel ZN O A-V megapixel
Mehl ZN O (+(e)s/+e) meel
mehlig BN meelachtig, melig, poederachtig
Mehlschwalbe ZN V (-/+n) huiszwaluw
Mehltau ZN M (+s/gmv) meeldauw
mehr TELW meer • *das geht jetzt nicht ~* dat kan nu niet meer • *nie ~* nooit meer • *~ oder weniger* min of meer • *immer ~* meer en meer, steeds meer • *nur ~* nog slechts • *~ tot als lebendig* meer dood dan levend • *~ als alle anderen* meer dan alle anderen • *es ist nicht ~ als recht und billig* het is niet meer dan billijk • *je ~ ich daran denke, desto wütender werde ich* hoe meer ik eraan denk, hoe bozer ik word • *nicht ~ sein, was es war* niet meer zijn wat het was
Mehr ZN O (+s/gmv) overschot, hetgeen extra is
Mehrarbeit ZN V (-/gmv) **1** extra werk, overwerk **2** ECON., BOUW meerwerk
Mehraufwand ZN M (+(e)s/gmv) hogere kosten
Mehrbedarf ZN M (+(e)s/gmv) extra behoefte
mehrdeutig BN niet eenduidig • *das ist ~* dit is voor velerlei uitleg vatbaar
Mehreinnahme ZN V (-/+n) hogere ontvangst
mehren OV WW vermeerderen • *sich ~* zich vermeerderen, in aantal toenemen
mehrere BN diverse, verscheidene • *~ Male* verscheidene keren
mehrerlei BN diverse, velerlei
mehrfach **1** BN meervoudig, veelvoudig • *~ ungesättigte Fettsäuren* meervoudig onverzadigde vetzuren **2** BW vaker
Mehrfamilienhaus ZN O (+es/-häuser) flatgebouw
Mehrfarbendruck ZN M (+(e)s/+e) meerkleurendruk
mehrfarbig BN veelkleurig
Mehrheit ZN V (-/+en) **1** meerderheid • *die ~ der Leute* het gros van de mensen • *die ~ entscheidet* de meeste stemmen gelden • *die schweigende ~* de zwijgende meerderheid • *in der ~ sein* in de meerderheid zijn **2** meervoud

mehrheitlich BN in meerderheid
Mehrheitsbeschluss ZN M (+es/-schlüsse) meerderheidsbesluit
Mehrheitswahlrecht ZN O (+(e)s/+e) districtenstelsel
mehrjährig BN meerjarig • *mehrjährige Pflanzen* meerjarige planten
Mehrkampf ZN M SPORT meerkamp
Mehrkosten ZN MV extra kosten, hogere kosten
mehrmalig BN herhaald
mehrmals BW vaker, meermalen
Mehrparteiensystem ZN O (+s/+e) POL. meerpartijensysteem
Mehrpreis ZN M (+es/gmv) meerprijs • *gegen ~* tegen bijbetaling
mehrschichtig BN meerlagig, met meerdere lagen
mehrsilbig BN meerlettergrepig
mehrsprachig BN meertalig
mehrstimmig BN meerstemmig • *~er Gesang* meerstemmig gezang • *~ singen* meerstemmig zingen
mehrstufig BN met verscheidene trappen/ fases
mehrtägig BN meerdaags
Mehrung ZN V (-/+en) vermeerdering, uitbreiding
Mehrwegflasche ZN V (-/+n) statiegeldfles
Mehrwert ZN M (+(e)s/gmv) meerwaarde, overwaarde, extra waarde
Mehrwertsteuer ZN V (-/gmv) belasting op toegevoegde waarde, btw
Mehrzahl ZN V (-/gmv) **1** meervoud **2** meerderheid
Mehrzweckgerät ZN O (+(e)s/+e) multifunctioneel apparaat
meiden OV WW sterk mijden, vermijden • *er mied den neuen Besitzer* hij meed de nieuwe eigenaar • *jemanden ~* iemand ontlopen
Meierei ZN V (-/+en) pachthoeve, hoeve
Meierhof ZN M (+(e)s/-höfe) pachthoeve, hoeve
Meile ZN V (-/+n) mijl • *Meilen auseinander* mijlen uiteen • *englische ~* Engelse mijl
Meilenstein ZN M (+(e)s/+e) mijlpaal <ook figuurlijk> • *ein ~ sein* een mijlpaal vormen
meilenweit BN mijlenver • *~ in der Umgebung* mijlenver in de omtrek • *etwas/jemanden ~ überragen* mijlenver boven iets/iemand uitsteken
mein BEZ VNW **1** mijn • *das ist ~ Buch* dat is mijn boek • *das Fahrrad ~es Bruders* de fiets van mijn zus • *ich denke mir ~en Teil* ik denk er het mijne van • FIG. *das Mein und Dein* het mijn en dijn **2 de/het mijne** • *ist das dein Stift oder ~er?* is dat jouw tas of de mijne? • *ich habe das ~e/Meine getan* ik heb het mijne gedaan
meine BEZ VNW **1 mijn** • *das ist ~ Tasche* dat is mijn tas • *hier sind meine Kinder* hier zijn mijn kinderen **2 de/het mijne** • *ist das deine Tasche oder ~?* is dat jouw tas of de mijne?
Meineid ZN M (+(e)s/+e) meineed • *einen ~ schwören* een meineed doen
meineidig BN meinedig
meinen OV WW **1** denken, menen • *was meinst du, wie viel das kostet?* wat denk je hoeveel dat kost? • *man könnte ~, dass ...* je zou denken dat ... • *ich meinte es ihr sagen zu müssen* ik dacht/meende dat ik het haar moest zeggen **2 bedoelen, menen** • *wie ist das gemeint?* hoe is dat bedoeld? • *damit sind Sie gemeint* daar wordt u mee bedoeld, dat is aan u gericht • *ich meine es gut mit dir* ik bedoel/meen het goed met je • *es nicht böse ~* het niet kwaad menen **3 (het) menen** • *~ Sie das wirklich?* meent u dat echt? • *es ernst ~* het (serieus) menen • *echt ~* echt menen **4 zeggen**
meiner BEZ VNW • *dies ist dein Koffer und das ist ~* dit is jouw koffer en die is van mij • *der Hund meiner Schwester* de hond van mijn zus • *ich habe das meiner Mutter gesagt* ik heb dat tegen mijn moeder gezegd
meinerseits BW wat mij betreft, van mijn kant
meines BEZ VNW • *dies ist dein Buch und das ist ~* dit is jouw boek en dat is dat van mij • *der Hund meines Bruders* de hond van mijn broer
meinetwegen BW **1** om mij, mijnentwege **2** INFORM. voor mijn part
meinige BEZ VNW • *der/die/das ~* de/het mijne
Meinung ZN V (-/+en) mening • *keine ~ dazu haben* er geen mening over hebben • *seine ~ ändern* van mening veranderen • *seine ~ sagen* zijn mening geven • *auf seiner ~ beharren* bij zijn mening blijven • *für seine ~ eintreten* voor zijn mening uitkomen • *die Meinungen sind geteilt* de meningen lopen uiteen • *wir sind verschiedener/unterschiedlicher ~* ik verschil met hem van mening • *der ~ sein, dass* van mening zijn dat, de mening toegedaan zijn dat • *meiner ~ nach* naar mijn mening • *ganz meine ~* ik denk er precies zo over • *die übliche ~* de gevestigde mening • *öffentliche ~* publieke opinie • FIG. *jemandem die ~ blasen* iemand zeggen waar het op staat
Meinungsäußerung ZN V (-/+en) meningsuiting, uitlating
Meinungsaustausch ZN M (+es/+e) gedachtewisseling
Meinungsbildung ZN V (-/+en) meningsvorming
Meinungsforschung ZN V (-/+en) opinieonderzoek
Meinungsfreiheit ZN V (-/gmv) vrijheid van meningsuiting
Meinungsumfrage ZN V (-/+n) opiniepeiling
Meinungsverschiedenheit ZN V (-/+en) verschil van mening
Meise ZN V (-/+n) mees • *er hat eine ~* hij is getikt
Meißel ZN M (+s/-) beitel
meißeln ONOV WW beitelen
meist **1** TELW meest • *das ~e Geld* het meeste geld • *in den ~en Fällen* in de meeste gevallen • *das wünsche ich am ~en* dat wens ik het meest • *die ~gelesene Zeitschrift* het meest gelezen tijdschrift **2** BW meestal
meistbietend BN hoogst biedend • *~ verkaufen* aan de hoogst biedende verkopen • *der*

me

Meistbietende sein het hoogste bod doen
meistens BW meestal
meistenteils BW meestal
Meister ZN M (+s/-) **1** meester • *die Hand des Meisters* de hand van de meester • *ein ~ seines Fachs sein* een meester in zijn vak zijn **2** baas • *den ~ machen* de baas spelen • *jeder findet seinen ~* je hebt altijd baas boven baas **3** kampioen
Meisterarbeit ZN V (-/+en) **1** meesterstuk, meesterproef **2** meesterwerk
meisterhaft BN voortreffelijk, voorbeeldig, meesterlijk
Meisterin ZN V (-/+nen) **1** meesteres **2** kampioene • *die französische ~ im Schwimmen* de zwemkampioene van Frankrijk
meisterlich BN meesterlijk
meistern OV WW beheersen, de baas worden
Meisterprüfung ZN V (-/+en) meesterproef
Meisterschaft **1** ZN V (-/gmv) meesterschap **2** ZN V (-/+en) kampioenschap
Meisterschaftsspiel ZN O (+(e)s/+e) kampioenswedstrijd
Meisterstück ZN O (+(e)s/+e) **1** meesterstuk **2** meesterwerk
Meisterwerk ZN O (+(e)s/+e) meesterwerk
Melancholie ZN V (-/+n) melancholie
melancholisch BN melancholiek
Melanzane ZN V (-/Melanzani) OOST. Aubergine
Melasse ZN V (-/+n) suikerstroop
Meldefrist ZN V (-/+en) aanmeldingstermijn
melden **1** OV WW **1** melden, berichten, rapporteren • *die Ankunft von .... ~* de aankomst melden van **2** melden, aangeven, registreren • *als vermisst gemeldet sein* als vermist geregistreerd staan **2** WKD WW (**sich ~**) **1** zich (aan)melden, van zich laten horen • COMM. *es meldet sich niemand* ik krijg geen gehoor • COMM. *wenn sich niemand meldet* bij geen gehoor **2** O&W de vinger opsteken • *wer die Antwort weiß, meldet sich* wie het antwoord weet, steekt de vinger op
Meldepflicht ZN V (-/gmv) plicht tot aangifte, plicht tot aanmelding
Melder ZN M (+s/-) MIL. ordonnans
Meldeschluss ZN M (+es/-schlüsse) sluiting van de aanmeldingstermijn
Meldung ZN V (-/+en) **1** melding, aanmelding **2** bericht • *~ erstatten* rapporteren
melieren OV WW mengen, mêleren
meliert BN gemêleerd, gespikkeld • *grau ~e Haare* gemêleerd haar
melken OV + ONOV WW ZWAK melken
Melker ZN M (+s/-) melker, melkknecht
Melodie ZN V (-/+n) melodie
melodiös BN melodieus
melodisch BN **1** melodieus **2** melodisch
melodramatisch BN melodramatisch
Melone ZN V (-/+n) **1** meloen **2** INFORM. kop **3** bolhoed
Meltau ZN M (+(e)s/gmv) honingdauw
Membran ZN V (-/+en) membraan
Memme ZN V (-/+n) lafaard, lafbek
memmenhaft BN laf, lafhartig
Memoiren ZN MV memoires
Memorandum ZN O (+s/-den, -da) memorandum
memorieren OV WW **1** memoriseren, van buiten leren **2** memoreren
Menage ZN V (-/+n) **1** menage, huishouding **2** olie-en-azijnstel
Menagerie ZN V (-/+n) menagerie, beestenspul, dierenpark
Menge ZN V (-/+n) **1** menigte, massa • *in der ~ verschwinden* in de menigte opgaan • *eine buntgemischte ~* een bonte menigte **2** hoop <hoeveelheid>, tal van • *jede ~* een hoop • *das ist eine ~ Geld* dat is een hoop geld • *eine ~ Ideen* tal van ideeën • *das ist eine ganz schöne ~* dat zijn er behoorlijk veel
mengen OV WW mengen • *sich ~ in* zich bemoeien met
Mengenlehre ZN V (-/gmv) leer van de verzamelingen
mengenmäßig BN kwantitatief
Mengenrabatt ZN M (+(e)s/+e) kwantumkorting
Mennige ZN V (-/gmv) menie
Menora ZN V (-/-) menora
Mensch **1** ZN M (+en/+en) **1** mens • *es war kein ~ da* er was geen mens • *ein guter ~* een goed mens • *schwieriger ~* lastig heerschap • *von Menschen gemacht* door mensen gemaakt • *unter den Menschen* onder de mensen • FIG. *es war schwarz von Menschen* het zag (er) zwart van de mensen • FIG. *der ~ denkt, Gott lenkt* de mens wikt, God beschikt • FIG. *etwas für den inneren Menschen tun* de inwendige mens versterken • FIG. *ich bin auch nur ein ~* ik ben ook maar een mens **2** man, vent **2** ZN O (+(e)s/+er) vrouwmens, wijf, meid
Mensch-ärger-dich-nicht mens-erger-je-niet • *~ spielen* mens-erger-je-nieten
Menschenaffe ZN M (+n/+n) mensaap
Menschenalter ZN O (+s/gmv) mensenleeftijd
Menschenfeind ZN M (+(e)s/+e) misantroop, mensenhater
Menschenfresser ZN M (+s/-) kannibaal, menseneter
menschenfreundlich BN menslievend, vriendelijk
Menschengedenken ZN O (+s/gmv) • *seit ~* sinds mensenheugenis
Menschengestalt ZN V (-/+en) menselijke gedaante
Menschenkenntnis ZN V (-/+se) mensenkennis • *viel ~ haben* veel mensenkennis hebben
menschenleer BN verlaten
Menschenmenge ZN V (-/+n) mensenmassa
menschenmöglich BN godsmogelijk
Menschenrechtserklärung ZN V (-/+en) verklaring van de rechten van de mens
Menschenrechtsverletzung ZN V (-/+en) schending v.d. mensenrechten
Menschenschlag ZN M (+(e)s/-schläge) slag

mensen, soort mensen • *ein sonderbarer ~* een raar soort mensen
Menschenschmuggler ZN M (-s/-) mensensmokkelaar
Menschenseele ZN V (-/+n) **1** menselijke ziel **2** sterveling • *keine ~* geen sterveling
Menschenskind TUSSENW INFORM. mensenkinderen
Menschentum ZN O (+s/gmv) mens-zijn
menschenunwürdig BN mensonwaardig, mensonterend
Menschenverstand ZN M • *gesunder ~* gezond verstand
Menschenwürde ZN V (-/gmv) menselijke waardigheid
Menschheit ZN V (-/gmv) **1** mensheid **2** menselijke natuur
menschlich BN menselijk • *Irren ist ~* vergissen is menselijk • *nichts Menschliches ist mir fremd* niets menselijks is mij vreemd
Menschlichkeit ZN V (-/gmv) menselijkheid
Menschwerdung ZN V (-/gmv) menswording
Menstruation ZN V (-/+en) menstruatie
menstruieren ONOV WW menstrueren
Mensur ZN V (-/+en) MUZ. mensuur
Mentalität ZN V (-/+en) mentaliteit
Mentor ZN M (+s/+en) mentor
Menü ZN O (+s/+s) CUL., INFORM. menu
Menuett ZN O (+s/+e, +s) menuet
Merengue ZN M dans merengue
Mergel ZN M (+s/-) mergel
Meridian ZN M (+s/+e) meridiaan
merkantil BN commercieel
merkbar BN bemerkbaar, merkbaar
Merkblatt ZN O (+(e)s/-blätter) memorandum, notitieblaadje, blad met beknopte mededelingen
merken OV WW **1** merken, bespeuren • *haben Sie gemerkt, dass ...* heeft u gemerkt dat ... • *ohne dass jemand es merkt* zonder dat iemand het merkt • *ohne etwas zu ~* zonder iets te merken • *man merkt nichts mehr davon* men kan er niets meer van merken • *niemanden etwas ~ lassen* doen alsof je neus bloedt **2** inprenten • *sich ~* onthouden • *merk dir das!* onthoud dat wel! • *sich etwas gut ~ können* iets goed kunnen onthouden • *sich nichts ~ können* niets kunnen onthouden
merklich BN **1** merkbaar **2** aanmerkelijk
Merkmal ZN O (+(e)s/+e) kenteken, merkteken
merkwürdig BN merkwaardig
merkwürdigerweise BW merkwaardig genoeg
Merkwürdigkeit ZN V (-/+en) eigenaardigheid
meschugge BN INFORM. mesjokke, gek
Mesner ZN M (+s/-) koster
Messapparat ZN M (+(e)s/+e) meettoestel
Messband ZN O (+(e)s/-bänder) meetlint
messbar BN meetbaar
Messbecher ZN M (+s/-) maatbeker
Messbuch ZN O (+(e)s/-bücher) misboek
Messdiener ZN M (+s/-) misdienaar
Messe ZN V (-/+n) **1** REL. mis • *stille ~* stille mis • *die ~ lesen* de mis lezen • *die ~ feiern* de mis vieren • *zur/in die ~ gehen* naar de mis gaan **2** ECON. jaarbeurs **3** SCHEEPV. messroom
messen OV WW sterk meten, opnemen • *die Temperatur ~* de temperatuur meten • *sie misst einen Meter siebzig* zij meet één meter zeventig
Messer **1** ZN O (+s/-) mes • *ein ~ schleifen* een mes slijpen • *ein stumpfes ~* een bot mes • *jemandem mit einem ~ niederstechen* iemand met een mes neersteken • FIG. *sich unters ~ begeben* onder het mes gaan • FIG. *jemanden ans ~ liefern* iemand uitleveren, iemand verraden • FIG. *jemandem das ~ an die Kehle setzen* iemand het mes op de keel zetten **2** ZN M (+s/-) opmeter, opnemer
Messerbänkchen ZN O (+s/-) messenlegger
Messergriff ZN M (+(e)s/+e) heft
Messerspitze ZN V (-/+n) mespunt • *eine ~ Salz* een mespuntje zout
Messerstecher ZN M (+s/-) messentrekker
Messerstecherei ZN V (-/+en) steekpartij
Messerstich ZN M (+(e)s/+e) messteek • *jemandem einen ~ verpassen* iemand een messteek toebrengen
Messestand ZN M (+(e)s/-stände) beursstand
Messgerät ZN O (+(e)s/+e) meetinstrument
Messgewand ZN O (+(e)s/-wänder) misgewaad
messianisch BN Messiaans
Messias ZN M (-/+se) Messias
Messing ZN O (+s/+e) messing, geel koper
Messstab ZN M (+(e)s/-stäbe) meetstok
Messung ZN V (-/+en) meting • *eine ~ vornehmen* een meting verrichten
Mestize ZN M (+n/+n) mesties
Metall ZN O (+s/+e) metaal • *~ gießen* metaal gieten
Metallarbeiter ZN M (+s/-) metaalbewerker
metallen BN metalen, van metaal
Metaller ZN M (+s/-) **1** metaalbewerker **2** lid van de metaalvakbond
Metallindustrie ZN V (-/+n) metaalindustrie • *in der ~ arbeiten* in de metaalindustrie werken
metallisch BN metalliek, metaalhoudend, metalen • *ein ~er Klang* een metalen klank
Metallurgie ZN V (-/gmv) metallurgie
metallurgisch BN metallurgisch
Metamorphose ZN V (-/+n) gedaanteverwisseling, metamorfose • *eine Metamorphose durchmachen* een metamorfose ondergaan
Metapher ZN V (-/+n) metafoor, beeldspraak
metaphorisch BN metaforisch
Metaphysik ZN V (-/gmv) metafysica
metaphysisch BN metafysisch
Meteor ZN M/O (+s/+e) meteoor
Meteorit ZN M (-en, +s/+e(n)) meteoriet, meteoorsteen
Meteorologe ZN M (+n/+n) meteoroloog, weerkundige
Meteorologie ZN V (-/gmv) meteorologie, weerkunde
meteorologisch BN weerkundig,

meteorologisch • *~es Institut* meteorologisch instituut
Meter ZN M/O (+s/-) meter • *laufendes ~* strekkende meter • *per laufender ~* per strekkende/lopende meter • *drei ~ lang sein* drie meter lang zijn
meterlang BN meters lang
Metermaß ZN O (+es/+e) meetlint, duimstok, centimeter
meterweise BW per meter
Methadon ZN O (+s/gmv) methadon
Methode ZN V (-/+n) methode, werkwijze
Methodik ZN V (-/+en) methodiek
methodisch BN methodisch, planmatig, systematisch
Metrik ZN V (-/+en) **1** MUZ. metriek **2** LETTERK. metriek, versleer
metrisch BN **1** metrisch **2** metriek • *das ~e System* het metrieke stelsel
Metronom ZN O (+s/+e) metronoom
Metropole ZN V (-/+n) metropool, wereldstad
Metropolit ZN M (+en/+en) metropoliet, aartsbisschop
Metrosexual ZN M metroseksueel
Metrum ZN O (+s/-tren, -tra) metrum, versmaat
Mettwurst ZN V (-/-würste) metworst
Metzelei ZN V (-/+en) slachting
metzeln OV WW slachten, doden, over de kling jagen
Metzger ZN M (+s/-) slager
Metzgerei ZN V (-/+en) slagerij
Meuchelmord ZN M (+(e)s/+e) sluipmoord
Meuchelmörder ZN M (+s/-) sluipmoordenaar
meucheln OV WW verraderlijk vermoorden
meuchlerisch BN verraderlijk, achterbaks, geniepig
Meute ZN V (-/+n) meute, troep
Meuterei ZN V (-/+en) muiterij
Meuterer ZN M (+s/-) muiter
meutern ONOV WW muiten • *zu ~ beginnen* aan het muiten slaan
Mexikaner ZN M (+s/-) Mexicaan
mexikanisch BN Mexicaans
MEZ AFK mitteleuropäische Zeit Midden-Europese tijd
miauen ONOV WW miauwen
mich PERS VNW mij, me • *hast du etwas für ~?* heb je wat voor me? • *er schlägt ~* hij slaat me
Michel ZN M IRON. brave borst • *der (deutsche) ~* de naïeve Duitser
mickrig, **mickerig** BN **1** petieterig, armetierig • *ein ~er Mann* een miezerig mannetje **2** ziekelijk, zwak
MIDI ZN O (+s/+s) midi
mied OV WW verl. tijd → **meiden**
Mieder ZN O (+s/-) keurslijfje, korset
Mief ZN M (+(e)s/gmv) bedompte lucht
Miene ZN V (-/+n) gelaatsuitdrukking, gelaatstrekken, gezicht • *eine ernste ~ aufsetzen* een ernstig gezicht trekken • *eine saure ~ machen* een zuur gezicht trekken • *mit ungerührter ~* met onbewogen gezicht • *ohne eine ~ zu verziehen* met een uitgestreken gezicht • *keine ~ verziehen* geen spier vertrekken • FIG. *gute ~ zum bösen Spiel machen* doen alsof er niets aan de hand is, zich goed houden
Mienenspiel ZN O (+(e)s/+e) gelaatsuitdrukking
Mienensprache ZN V (-/+n) mimiek
mies BN INFORM. vervelend, beroerd, belabberd
Miese ZN MV INFORM. missers • *in den Miesen sein* in het rood staan, minpunten hebben
Miesepeter ZN M (+s/-) zuurpruim
miesepetrig BN knorrig, nors
miesmachen OV WW zwartmaken • *jemandem etwas ~* iemand iets tegenmaken
Miesmacher ZN M (+s/-) zwartkijker, pessimist
Miesmuschel ZN V (-/+n) eetbare mossel
Miete ZN V (-/+n) **1** huur • *~ zahlen* huur betalen • *die ~ wird ab ersten Januar bezahlt* de huur gaat de eerste januari in • *zur ~ wohnen* in een huurhuis wonen **2** AGRAR. hooimijt **3** AGRAR. kuil, ingekuilde voorraad, hoop
mieten OV WW huren
Mieter ZN M (+s/-) huurder
Mieterschutz ZN M (+es/gmv) huurbescherming
mietfrei BN zonder huur te betalen
Miethai ZN M MIN. huisjesmelker
Mietshaus ZN O (+es/-häuser) huurhuis
Mietverhältnis ZN O huur(overeenkomst) • *das ~ beginnt am 1. Januar* de huur gaat per 1 januari in
Mietvertrag ZN M (+(e)s/-träge) huurcontract
Mietwohnung ZN V (-/+en) huurhuis
Mieze ZN V (-/+n) **1** poes **2** INFORM. meisje
Migräne ZN V (-/+n) migraine
Migration ZN V (-/+en) migratie
Migrationshintergrund ZN M (-es/gmv) • *mit ~* met migratieachtergrond
Mikro ZN O (+s/+s) INFORM. microfoon
Mikrochip ZN M (+s/+s) microchip
Mikroelektronik ZN V (-/gmv) micro-elektronica
Mikrofon ZN O (+s/+e) microfoon
Mikrokredit ZN M ECON. microkrediet
Mikroorganismus ZN M (-/-men) micro-organisme
Mikroprozessor ZN M (+s/-oren) microprocessor
Mikroskop ZN O (+s/+e) microscoop
Mikrowelle ZN V (-/+n) **1** microgolf **2** magnetron
Mikrowellenherd ZN M (+s/+e) magnetron
Milan ZN M (+s/+e) wouw
Milbe ZN V (-/+n) mijt
Milch ZN V (-/gmv) **1** melk • *fettarme ~* halfvolle melk • FIG. *nicht viel in die ~ zu brocken haben* niets in de melk te brokkelen hebben **2** hom
Milchbart ZN M (+(e)s/-bärte) melkmuil
Milchdrüse ZN V (-/+n) melkklier
Milchflasche ZN V (-/+n) melkfles
milchig BN **1** melkachtig **2** melkwit
Milchkanne ZN V (-/+n) **1** melkkan **2** melkbus

Milchkuh ZN V (-/-kühe) melkkoe
Milchmixgetränk ZN O (+(e)s/+e) milkshake
Milchner ZN M (+s/-) geslachtsrijpe mannelijke vis
Milchpackung ZN V (-/-en) melkpak
Milchpulver ZN O (+s/gmv) melkpoeder
Milchpumpe ZN V (-/+n) borstkolf
Milchschorf ZN M (+(e)s/gmv) dauwworm
Milchstraße ZN V (-/gmv) Melkweg
Milchwirtschaft ZN V (-/+en) zuivelbedrijf, zuivelindustrie
mild(e) BN mild, zacht, goedaardig • *ein mildes Klima* een zacht klimaat • *ein milder Regen* een milde regen • *die Kritik war nicht gerade mild* de kritiek was niet mals
Milde ZN V (-/gmv) zachtheid, goedertierenheid, mildheid • *~ walten lassen* clementie betrachten
mildern OV WW verzachten, lenigen, matigen • *~de Umstände* verzachtende omstandigheden
Milderung ZN V (-/+en) verzachting, matiging, leniging
Milderungsgrund ZN M (-/-gründe) verzachtende omstandigheid
mildtätig BN milddadig, liefdadig
Milieu ZN O (+s/+s) **1** milieu • *aus einem anderen ~* uit een ander milieu **2** hoeren- en pooierwereld
militant BN strijdvaardig, militant
Militär **1** ZN M (+s/+s) officier **2** ZN O (+s/gmv) militairen, leger, dienst • *beim ~* in dienst
Militärbündnis ZN O (+ses/+se) militair bondgenootschap
Militärdienst ZN M (+(e)s/gmv) militaire dienst
Militärgericht ZN O (+(e)s/+e) militaire rechtbank
militärisch BN militair
Militarismus ZN M (-/gmv) militarisme
Militarist ZN M (+en/+en) militarist
militaristisch BN militaristisch
Militärpolizei ZN V (-/gmv) militaire politie
Militärverwaltung ZN V (-/+en) militair bestuur
Militärzeit ZN V (-/gmv) diensttijd
Miliz ZN V (-/+en) militie
Millennium ZN O (+s/-nien) millennium, tijdperk van duizend jaar
Milliardär ZN M (+(e)s/+e) miljardair
Milliarde ZN V (-/+n) miljard • *zwei Milliarden Menschen* twee miljard mensen
Milligramm ZN O (+(e)s/+e) milligram
Millimeter ZN M/O (+s/-) millimeter
millimetergenau BN tot op de millimeter precies
Million ZN V (-/+en) miljoen • *zwei Millionen Menschen* twee miljoen mensen
Millionär ZN M (+s/+e) miljonair
millionenschwer BN miljoenen bezittend
Millionstel ZN O (+s/-) miljoenste
Milz ZN V (-/+en) milt
Milzbrand ZN M (+(e)s/gmv) miltvuur
Mime ZN M (+n/+n) IRON. toneelspeler
mimen OV WW spelen, doen alsof • *den Unschuldigen mimen* doen alsof men onschuldig is
Mimik ZN V (-/gmv) mimiek
mimisch BN mimisch
Mimose ZN V (-/+n) **1** kruidje-roer-mij-niet <ook figuurlijk> **2** mimosa
mimosenhaft BN uiterst gevoelig
Min. AFK Minute minuut
Minarett ZN O (+s/+e) minaret
minder BN minder, geringer
minderbegabt BN zwakbegaafd
Minderbetrag ZN M (+(e)s/-träge) deficit, tekort
Mindereinnahme ZN V (-/+n) lagere opbrengst
Minderheit ZN V (-/+en) minderheid
minderjährig BN minderjarig
Minderjährige ZN M (+n/+n) minderjarige
Minderjährigkeit ZN V (-/gmv) minderjarigheid
mindern OV WW verminderen, minderen
Minderung ZN V (-/+en) vermindering
minderwertig BN inferieur, minderwaardig
Minderwertigkeit ZN V (-/gmv) minderwaardigheid
Minderwertigkeitskomplex ZN M (+es/+e) minderwaardigheidscomplex
Minderzahl ZN V (-/+en) minderheid • *in der ~ sein* in de minderheid zijn
mindest BN minst, geringst • *zum Mindesten* op zijn minst, minimaal • *nicht im Mindesten* niet in het minst
Mindest- VOORV minimum- • *Mindestalter* minimumleeftijd
Mindestalter ZN O (+s/gmv) minimumleeftijd
mindestens BW minstens, ten minste • *~ genauso (lang) wie* minstens even (lang) als • *~ zwei Mal* minimaal twee keer
Mindestmaß ZN O (+es/+e) kleinste afmeting, minimum
Mindestpreis ZN M (+es/+e) minimumprijs
Mindestzahl ZN V (-/gmv) minimumaantal
Mine ZN V (-/+n) **1** INDUS. mijn **2** MIL. mijn • *auf eine ~ treten* op een mijn lopen • *Minen legen/räumen* mijnen leggen/vegen **3** stift
Minenfeld ZN O (+(e)s/+er) mijnenveld
Minensuchboot ZN O (+(e)s/+e) mijnenveger
Minensucher ZN M (+s/-) mijnenveger
Minensuchgerät ZN O (+(e)s/+e) mijndetector
Mineral ZN O (+s/+e, +ien) mineraal, delfstof
mineralisch BN mineraal
mineralogisch BN mineralogisch
Mineralöl ZN O (+(e)s/+e) aardolie
Mineralölgesellschaft ZN V (-/+en) oliemaatschappij
Mineralwasser ZN O (+s/gmv) bronwater • *stilles ~* bronwater zonder koolzuur
Miniatur ZN V (-/+en) miniatuur
Minigolf ZN O midgetgolf • *~ spielen* midgetgolfen
Minigolfplatz ZN M (+es/-plätze) midgetgolfbaan

minimal BN minimaal, zeer gering • *ein ~er Unterschied* een minimaal verschil
minimieren OV WW minimaliseren
Minimum ZN O (+s/-ma) minimum • *auf ein ~ reduzieren* tot een minimum beperken
Minister ZN M (+s/-) minister • *~ ohne Geschäftsbereich* minister zonder portefeuille • *~ für Arbeit und Soziales* minister van sociale zaken
Ministeramt ZN O (+es/-ämter) ministerschap, ministerspost
Ministerialbeamte ZN M/V (+n/+n) ambtenaar aan het ministerie
Ministerialdirektor ZN M (+s/+en) directeur-generaal
Ministerialrat ZN M (+(e)s/-räte) hoofdambtenaar op ministerie
ministeriell BN ministerieel • *auf ~em Niveau* op ministerieel niveau
Ministerin ZN V (-/+nen) (vrouwelijke) minister
Ministerium ZN O (+s/-rien) ministerie
Ministerpräsident ZN M (+en/+en) minister-president
Ministerrat ZN M (+(e)s/-räte) ministerraad
Ministrant ZN M (+en/+en) misdienaar
Minna ZN V (-/+s) • *jemanden zur ~ machen* iemand uitfoeteren • *die grüne ~* de boevenwagen
Minnesang ZN M (+(e)s/-sänge) minnezang
Minorität ZN V (-/+en) minderheid
Minuend ZN M (+en/+en) aftrektal
mi
minus BW minus, min • *5 Grad ~* 5 graden onder nul • *fünf ~ drei ist zwei* vijf min drie is twee • *12 ~ 4* 12 minus 4, 12 min 4
Minus ZN O (-/gmv) **1** debetbedrag • *im ~ stehen* in de min staan **2** minpunt **3** tekort
Minuskel ZN V (-/+n) minuskel, kleine letter
Minuszeichen ZN O (+s/-) minteken
Minute ZN V (-/+n) minuut • *auf die ~* op de minuut af • INFORM. *eine Minute, bitte!* een minuutje a.u.b. • *es ist fünf Minuten vor zehn* het is vijf minuten voor tien
Minutenzeiger ZN M (+s/-) minutenwijzer
minutiös BN zeer nauwkeurig, minutieus
minütlich BN iedere minuut
minuziös BN minutieus, zeer nauwkeurig
Minze ZN V (-/+n) munt
Mio. AFK Million miljoen
mir PERS VNW mij, me, aan mij • *er gab ~ das Buch* hij gaf me het boek, hij gaf het boek aan mij • *ein Freund von ~* een vriend van mij • *von ~ aus* wat mij betreft, mij best, hoor • *~ nichts, dir nichts* zomaar, zonder meer
Mischehe ZN V (-/+n) GESCH. gemengd huwelijk
mischen OV WW vermengen, mengen • *mische dich nicht in meine Angelegenheiten* bemoei je niet met mijn zaken • *Farben ~* kleuren mengen
Mischfutter ZN O (+s/gmv) gemengd voer
Mischkultur ZN V AGRAR. gemengde teelt
Mischling ZN M (+s/+e) **1** DIERK. kruising, dier van gemengd ras • *unser Hund ist ein ~ aus Pudel und Schäferhund* onze hond is een kruising tussen een poedel en een Duitse herder **2** OUD., MIN. persoon van gemengde afkomst
Mischmasch ZN M (+es/+e) mengelmoes
Mischpult ZN O A-V mengpaneel
Mischung ZN V (-/+en) **1** mengelmoes **2** vermenging **3** mengsel
miserabel BN miserabel, abominabel • *ein miserables Buch* een abominabel boek
Misere ZN V (-/+n) ellende, misère
Mispel ZN V (-/+n) mispel
missachten OV WW minachten, geringschatten • *die Gesetze ~* de wet negeren
Missachtung ZN V (-/gmv) **1** negering • *~ der Vorfahrt* het niet verlenen van voorrang **2** minachting, geringschatting
Missbehagen ZN O (+s/gmv) onbehagen, onbehaaglijk gevoel
Missbildung ZN V (-/+en) **1** wangedrocht, monster **2** misvorming
missbilligen OV WW afkeuren • *jemands Verhalten ~* iemands gedrag afkeuren • *ein ~der Blick* een afkeurende blik
Missbilligung ZN V (-/+en) afkeuring
Missbrauch ZN M (+(e)s/-bräuche) misbruik
missbrauchen OV WW misbruiken, misbruik maken van • *ihre Gutmütigkeit ~* misbruik maken van hun goedheid
missbräuchlich BN verkeerd, oneigenlijk
missdeuten OV WW verkeerd opvatten, fout interpreteren, verkeerd uitleggen
missen OV WW • *etwas nicht ~ können* iets niet kunnen missen/ontberen
Misserfolg ZN M (+(e)s/+e) mislukking, fiasco • *es ist ein ~ geworden* het is op een mislukking uitgelopen • *eine Reihe von Misserfolgen haben* met tegenslagen te kampen hebben
Missernte ZN V (-/+n) misoogst
Missetat ZN V (-/+en) misdaad
Missetäter ZN M (+s/-) misdadiger
missfallen ONOV WW niet bevallen, mishagen
Missfallen ZN O (+s/gmv) misnoegen • *~ erregen* misnoegen opwekken
missfällig BN ongevallig, afkeurend
missgebildet BN misvormd
Missgeburt ZN V (-/+en) **1** misgeboorte, miskraam **2** monster, gedrocht
missgelaunt BN slechtgehumeurd
Missgeschick ZN O (+(e)s/+e) pech, tegenspoed
Missgestalt ZN V (-/+en) wanstaltigheid, wangedrocht, monster
missgestaltet BN mismaakt, wanstaltig
missgestimmt BN ontstemd
missglücken ONOV WW mislukken
missgönnen OV WW misgunnen • *jemandem etwas ~* iemand iets misgunnen
Missgriff ZN M (+(e)s/+e) misgreep, vergissing
Missgunst ZN V (-/gmv) **1** afgunst, misgunnen **2** ongunst
missgünstig BN afgunstig
misshandeln OV WW mishandelen
Misshandlung ZN V (-/+en) mishandeling

Misshelligkeit ZN V (-/+en) onenigheid, wrijving, geschil

Mission ZN V (-/+en) missie, zending • *~ vollbracht* missie volbracht

Missionar ZN M (+s/+e) zendeling, missionaris

Missklang ZN M (+(e)s/-klänge) wanklank

Misskredit ZN M (+s/gmv) slechte naam • *in ~ geraten* in diskrediet komen

misslang ONOV WW verl. tijd → **misslingen**

misslaunig BN slechtgehumeurd

misslich BN netelig, hachelijk, onzeker, precair • *eine ~e Lage* een lastig parket, een onbehaaglijke positie

missliebig BN niet gezien, impopulair

misslingen ONOV WW sterk mislukken • *ein misslungenes Foto* een mislukte foto

misslungen ONOV WW volt. deelw. → **misslingen**

Missmanagement ZN O (+s/gmv) mismanagement

Missmut ZN M (+(e)s/gmv) mismoedigheid, neerslachtigheid, mistroostigheid

missmutig BN mismoedig, terneergeslagen, mistroostig

missraten ONOV WW sterk mislukken • *die Ernte ist ~* de oogst is mislukt • *ein ~er Sohn* een bedorven/ ontaarde zoon

Missstand ZN M (+(e)s/-stände) misstand, wantoestand

Missstimmung ZN V (-/+en) wrevel, wrijving

Misston ZN M (+(e)s/-töne) wanklank

misstrauen ONOV WW wantrouwen

Misstrauen ZN O (+s/gmv) wantrouwen

Misstrauensantrag ZN M (+(e)s/-träge) motie van wantrouwen

Misstrauensvotum ZN O (+s/-voten, -vota) POL. motie van wantrouwen • *ein ~ beantragen* een motie van wantrouwen indienen

misstrauisch BN wantrouwig, wantrouwend

Missvergnügen ZN O (+s/gmv) misnoegen

missvergnügt BN ontstemd, misnoegd

Missverhältnis ZN O (+ses/+se) wanverhouding

missverständlich BN gemakkelijk mis te verstaan, aanleiding gevend tot misverstand

Missverständnis ZN O (+ses/+se) misverstand • *ein ~ klären* een misverstand ophelderen/ rechtzetten

missverstehen OV WW sterk misvatten, verkeerd begrijpen • *in nicht misszuverstehender Weise* op ondubbelzinnige wijze • *jemanden ~* iemand verkeerd begrijpen

Misswahl ZN V (-/+en) missverkiezing

Misswirtschaft ZN V (-/+en) wanbeheer • *~ treiben* een wanbeleid voeren

Mist ZN M (+(e)s/gmv) **1** mest, stalmest • FIG. *das ist auch nicht auf seinem ~ gewachsen* dat is ook niet zijn eigen werk **2** rommel • *räum deinen ~ auf!* ruim je rommel op **3** geklets, onzin • *~ reden* onzin praten **4** MIN. gedoe • *so ein Mist!* wat een toestand!

Mist- VOORV + ACHTERV klere- • *Mistwetter* klereweer, pokkenweer, kloteweer, kutweer, takkeweer

Mistel ZN V (-/+n) BIOL. mistel, maretak

Mistfink ZN M (+en/+en) **1** vink **2** viespeuk, vuilbek

Mistgabel ZN V (-/+n) mestvork

Misthaufen ZN M (+s/-) mesthoop

Mistkerl ZN M (+s/+e) smeerlap

Mistral ZN M mistral

mit 1 VZ +3, met • *~ dem Auto fahren* met de auto rijden • *~ den Kindern* met de kinderen • *Kaffee ~ Milch* koffie met melk **2** BW mee, mede • *~ dabei sein* ook van de partij zijn • *~ im Spiel sein* ook in het spel zijn • *er ist ~ der Beste* hij is een van de besten

Mitangeklagte ZN M/V (+n/+n) medeverdachte

Mitarbeit ZN V (-/gmv) medewerking

mitarbeiten ONOV WW samenwerken, meewerken

Mitarbeiter ZN M (+s/-) medewerker • *freier ~* freelancer

Mitarbeiterstab ZN M (+(e)s/-stäbe) staf van medewerkers

mitbekommen OV WW sterk **1** meekrijgen, krijgen • *ich bekam das Geld mit* ik kreeg het geld mee **2** INFORM. opvangen, toevallig horen

Mitbesitzer ZN M (+s/-) mede-eigenaar

mitbestimmen OV WW medebepalen, inspraak hebben

Mitbestimmung ZN V (-/gmv) **1** inspraak **2** medezeggenschap

Mitbewerber ZN M (+s/-) mededinger, concurrent

Mitbewohner ZN M (+s/-) medebewoner

mitbringen OV WW onregelmatig meebrengen • *bringst du Käse aus den Niederlanden mit?* breng je kaas mee uit Nederland? • *ein Geschenk ~* een cadeau meebrengen • *bringst du Pommes für uns mit?* neem je patat voor ons mee?

Mitbringsel ZN O (+s/-) cadeautje, souvenir

Mitbürger ZN M (+s/-) landgenoot, medeburger

Miteigentümer ZN M (+s/-) mede-eigenaar

miteinander BW met elkaar, samen

mitempfinden OV WW sterk kunnen navoelen, meevoelen

miterleben OV WW meemaken • *er hat den Krieg miterlebt* hij heeft de oorlog meegemaakt

Mitesser ZN M (+s/-) mee-eter

mitfahren ONOV WW sterk meerijden, meevaren • *mit jemandem ~* meerijden met iemand • *jemanden ~ lassen* iemand laten meerijden

Mitfahrgelegenheit ZN V (-/+en) **1** lift <met auto> **2** carpool

Mitfahrzentrale ZN V (-/+n) liftcentrale

mitfühlen OV WW meevoelen, meeleven • *mit jemandem ~* meeleven met iemand • *jemandes Trauer ~* meeleven met iemands verdriet

mitfühlend BN medelijdend, vol medeleven

mitführen OV WW meevoeren, bij zich hebben

Mitgefangene ZN M/V (+n/+n) medegevangene

Mitgefühl ZN O (+(e)s/gmv) medeleven • *~ mit ... zeigen* medeleven tonen met • *unser ~ gilt* ons medeleven gaat uit naar

mi

mitgehen ONOV WW sterk **meegaan** • FIG. *etwas ~ lassen* iets jatten • *gehst du mit?* ga je mee? • *mit jemandem ~* met iemand meegaan • *ein Stück mit jemandem ~* met iemand oplopen
Mitgift ZN V (-/+en) **bruidsschat**
Mitglied ZN O (+(e)s/+er) **lid, lidmaat** • *er ist ~ des Vorstandes* hij is lid van het bestuur
Mitgliedsausweis ZN M **lidmaatschapsbewijs**
Mitgliedsbeitrag ZN M (+(e)s/-träge) **contributie**
Mitgliedschaft ZN V (-/+en) **lidmaatschap**
Mitgliedsland ZN O (+(e)s/-länder) **lidstaat**
Mitgliedsstaat, **Mitgliedstaat** ZN M (+(e)s/+en) **lidstaat**
mithaben OV WW onregelmatig **meehebben, bij zich hebben**
mithalten ONOV WW sterk **1 meedoen 2 deelnemen**
mithelfen ONOV WW sterk **meehelpen**
mithilfe VZ +2, **met behulp van** • *~ eines Stiftes* met behulp van een pen
Mithilfe ZN V (-/gmv) **hulp, steun**
mithin BW **dus, derhalve**
Mitinhaber ZN M (+s/-) **mede-eigenaar, medevennoot**
Mitkämpfer ZN M (+s/-) **medestrijder**
mitkommen ONOV WW sterk **1 meegaan, meekomen** • *kommen Sie bitte mit* komt u met mij mee • *Jan kommt auch mit* Jan komt ook mee **2 het tempo volgen, meekunnen** • *in der Schule nicht ~* niet meekomen op school • *nicht gut ~* niet kunnen meekomen
mitlaufen ONOV WW sterk **1 meelopen 2 terloops afgedaan worden**
Mitläufer ZN M (+s/-) **meeloper**
Mitlaut ZN M (+(e)s/+e) **medeklinker**
Mitleid ZN O (+(e)s/gmv) **medelijden** • *ich habe kein ~ mit ihr* ik heb geen medelijden met haar • *er macht es aus bloßem ~* hij doet het uit louter medelijden • *ohne ~* zonder medelijden • *~ erzeugen* medelijden wekken • *~ erregend* meelijwekkend
Mitleidenschaft ZN V (-/gmv) • *in ~ ziehen* mee in het ongeluk storten, in zijn lot meeslepen
mitleiderregend BN **meelijwekkend, zielig**
mitleidig BN **meelevend, medelijdend**
mitleidlos, **mitleidslos** BN **meedogenloos, harteloos**
mitleidsvoll, **mitleidvoll** BN **vol medelijden**
mitmachen OV + ONOV WW **1 meemaken, beleven** • *er hat viel mitgemacht* hij heeft veel meegemaakt • *einiges ~* heel wat meemaken • *er macht mit ihr was mit* hij beleeft wat met haar **2 meedoen** • *mit jemandem ~* met iemand meedoen • *darf ich ~?* mag ik meedoen? • *selbst ~* zelf meedoen • *nicht mehr ~* niet meer meedoen • *ich mache mit* ik doe mee • *machst du mit?* doe je mee? • *da mache ich nicht mit* daar doe ik niet aan mee • FIG. *zum Schein ~* voor spek en bonen meedoen
Mitmensch ZN M (+en/+en) **medemens**
mitmischen ONOV WW **zich met iets bemoeien, zich ergens in mengen**
mitnehmen OV WW sterk **1 meenemen** • *Essen zum Mitnehmen* eten om mee te nemen • *nimmst du uns mit?* neem je ons mee? **2 beschadigen, aantasten** • *die letzten Jahre haben ihn arg mitgenommen* de laatste jaren hebben hem erg aangepakt • *er sah sehr mitgenommen aus* hij zag er zeer slecht uit • *die Sache hat sie sehr mitgenommen* zij is kapot van die gebeurtenis, die gebeurtenis heeft haar erg aangegrepen
mitnichten BW **in geen geval, volstrekt niet**
Mitra ZN V (-/-ren) **mijter**
mitreden ONOV WW **meepraten** • FIG. *etwas mitzureden haben* iets in de melk te brokkelen hebben • FIG. *da kann ich ~* daar kan ik van meespreken
Mitreisende ZN M/V (+n/+n) **medereiziger**
mitreißen OV WW OOK FIG. **meeslepen** • *sich von der Musik ~ lassen* zich door de muziek laten meeslepen • *sich von seinem Zorn ~ lassen* zich door zijn drift laten meeslepen • *lass dich doch nicht ~* laat je toch niet meeslepen • *das Publikum ~* het publiek meeslepen
mitsamt VZ +3, **samen met, inclusief** • *sie verschwand ~ Freund* zij verdween samen met haar vriend
mitschleppen OV WW **meeslepen, meezeulen** • *eine schwere Last ~* een zware last meeslepen
mitschneiden OV WW sterk **op band opnemen**
Mitschnitt ZN M (+(e)s/+e) **geluidsopname**
Mitschuld ZN V (-/gmv) **medeplichtigheid** • *~ haben* medeschuldig zijn
mitschuldig BN **medeschuldig, medeplichtig** • *~ an* medeplichtig aan
Mitschuldige ZN M/V (+n/+n) **medeplichtige**
Mitschüler ZN M (+s/-) **medescholier**
mitschwingen ONOV WW **1 meezwaaien 2 doorklinken, meeklinken** • *da schwingt noch eine andere Bedeutung mit* daar klinkt nog iets van een andere betekenis door
mitspielen ONOV WW **1 meespelen** • *nicht mehr ~ wollen* niet meer willen meespelen **2 een rol spelen** • *das spielt ja auch mit* dat spreekt ook een woordje mee **3** • *jemandem schlimm ~* iemand lelijk te pakken nemen
Mitspieler ZN M (+s/-) **medespeler**
Mitsprache ZN V (-/gmv) **inspraak**
Mitspracherecht ZN O (+(e)s/gmv) **medezeggenschap, recht op inspraak**
mitsprechen ONOV WW sterk **1 meepraten 2 een woordje meespreken**
Mittag ZN M (+s/+e) **1 middag, middaguur** • *gegen ~* tegen de middag • *kurz nach ~* kort na het middaguur • *über ~ geschlossen* tijdens de middaguren gesloten • *zu ~ essen* het middageten gebruiken **2 middagpauze** • *~ machen* schaften
Mittagessen ZN O (-/-) **middageten, lunch**
mittäglich BN **1 iedere middag 2 middag-**
mittags BW **'s middags om 12 uur, rond het middaguur**
Mittagspause ZN V (-/+n) **middagpauze**
Mittagszeit ZN V **middaguur** • *in der ~* tussen

mi

de middag

Mittäter ZN M (+s/-) medeplichtige

Mittäterschaft ZN V (-/gmv) medeplichtigheid

Mitte ZN V (-/+n) midden • *in der ~ zwischen … liegen* in het midden liggen tussen • *die ~ sein zwischen …* het midden houden tussen • *sie ist ~ dreißig* zij is midden in de dertig • *jemand aus unserer ~* iemand uit ons midden • *~ November* midden november, medio november, half november • *durch die ~ teilen* doormidden delen, middendoor delen • *die goldene ~* de gulden middenweg • *ab durch die Mitte!* verdwijn!

mitteilen OV WW meedelen • *sich jemandem ~* zich tegenover iemand uitspreken • *jemanden etwas vorsichtig ~* iemand iets voorzichtig meedelen • *zu unserem Bedauern müssen wir Ihnen ~* tot onze spijt moeten wij u meedelen • *hiermit teile ich Ihnen mit, dass …* hierbij deel ik u mee dat … • *nichts mitteilen* niets te melden • *ich werde es Ihnen ~* ik zal het u melden

mitteilsam BN mededeelzaam, open

Mitteilung ZN V (-/+en) mededeling • *eine ~ machen* een mededeling doen

mittel BW middelmatig

Mittel ZN O (+s/-) **1** middel, hulpmiddel • *ein bewährtes ~* een beproefd/probaat middel • *alle verfügbaren ~ einsetzen* alle beschikbare middelen aanwenden • *sich ins ~ legen* bemiddelen **2** midden **3** gemiddelde • *im ~* gemiddeld

Mittelalter ZN O (+s/gmv) middeleeuwen • *das frühe ~* de vroege middeleeuwen • *das finstere ~* de donkere middeleeuwen

mittelalterlich BN **1** middeleeuws **2** INFORM. ouderwets • *~e Auffassungen* middeleeuwse opvattingen

mittelbar BN zijdelings, indirect

Mittelding ZN O (+(e)s/+e) kruising, tussenoplossing

mitteleuropäisch BN Midden-Europees

Mittelfeld ZN O (+(e)s/+er) SPORT middenveld

Mittelfinger ZN M (+s/-) middelvinger

mittelfristig BN op middellange termijn

Mittelgewicht ZN O (+(e)s/+e) middengewicht

mittelgroß BN middelgroot

Mittelklasse ZN V (-/+n) **1** tweede tot vierde klas van de middelbare school **2** middenklasse **3** middensoort

Mittellinie ZN V (-/+n) middenlijn

mittellos BN arm, onbemiddeld

Mittelmaß ZN O (+es/+e) middelmaat • *über das ~ hinausragen* boven de middelmaat uitsteken, boven het maaiveld uitsteken

mittelmäßig BN middelmatig

Mittelmäßigkeit ZN V (-/+en) middelmatigheid

Mittelmeer ZN O (+(e)s/gmv) Middellandse Zee

Mittelohrentzündung ZN V (-/+en) MED. middenoorontsteking

Mittelpunkt ZN M (+(e)s/+e) OOK FIG. middelpunt

mittels VZ +2, door middel van • *das ging ~ eines Mikrofons* dat werkte door middel van een microfoon

Mittelschicht ZN V (-/+en) middenstand, middenklasse

Mittelschule ZN V (-/+n) O&W ≈ vmbo

mittelschwer BN **1** middelzwaar, middelmatig zwaar **2** middelmatig moeilijk

Mittelsmann ZN M (+(e)s/-männer) tussenpersoon, bemiddelaar

Mittelstand ZN M (+(e)s/gmv) middenstand

mittelständisch BN de middenstand betreffend • *mittelständische Firma* kleine of middelgrote onderneming

Mittelstreckenläufer ZN M hardloper op de middenafstand

Mittelstreckenrakete ZN V (-/+n) raket voor middellange afstand

Mittelstreifen ZN M (+s/-) middenberm

Mittelstück ZN O (+(e)s/+e) **1** tussenstuk, middenstuk **2** middenmoot

Mittelstufe ZN V (-/+n) middelste klassen van middelbare school

Mittelstürmer ZN M (+s/-) midvoor

Mittel- und Kleinbetrieb ZN M ECON. mkb <midden- en kleinbedrijf>

Mittelweg ZN M (+(e)s/+e) middenweg • *der goldene ~* de gulden middenweg

Mittelwelle ZN V (+n, -/gmv) middengolf • *auf der ~* op de middengolf

Mittelwert ZN M (+(e)s/+e) gemiddelde waarde

Mittelwort ZN O (+(e)s/-wörter) participium, deelwoord

mitten BW midden • *~ ins Schwarze* midden in de roos • *~ in der Nacht* midden in de nacht • *es war ~ im Sommer* het was midden in de zomer • *~ in der Woche* midden in de week • *~ im Fluss* midden in de rivier • *~ auf der Straße* midden op straat • *~ in der Vorstellung* midden onder de voorstelling • *~ im Ozean* in het midden van de oceaan • *~ am Tag* op het midden van de dag

mittendrin BW er middenin

mittendurch BW middendoor

Mitternacht ZN V (-/gmv) middernacht • *um ~* om middernacht

mitternächtlich BN middernachtelijk

mittler BN **1** middelste • *der ~e Sohn ist 15* de middelste zoon is 15 **2** middelbaar • *~es Alter* middelbare leeftijd **3** gemiddeld • *~e Geschwindigkeit* gemiddelde snelheid, middelmatige snelheid **4** middelmatig

Mittler ZN M (+s/-) bemiddelaar, middelaar

mittlerweile BW intussen, inmiddels

Mittsommer ZN M (+s/-) midzomer

Mittwoch ZN M (+(e)s/+e) woensdag

mittwochs BW op woensdag, 's woensdags

mitunter BW soms, nu en dan

Mitunterzeichnende ZN M/V (+n/+n) medeondertekenaar

mitverantwortlich BN medeverantwoordelijk

Mitverantwortlichkeit ZN V (-/+en) medeverantwoordelijkheid

Mitverantwortung ZN V (-/gmv) medeverantwoordelijkheid, gedeelde

verantwoordelijkheid
Mitverfasser ZN M (+s/-) medeauteur
Mitverschwörer ZN M (+s/-) samenzweerder
mitwirken ONOV WW meespelen, meewerken
Mitwirkende ZN M/V (+n/+n) **1** iemand die bijgedragen heeft aan de totstandkoming van iets **2** medewerker
Mitwirkung ZN V (-/gmv) medewerking • *unter ~ von* met medewerking van
Mitwissen ZN O (+s/gmv) (mede)weten • *ohne mein ~* buiten mijn weten
Mitwisser ZN M (+s/-) **1** ingewijde **2** medeplichtige
mitzählen OV + ONOV WW meetellen • *das zählt nicht mit* dat telt niet
mitziehen ONOV WW sterk meetrekken
Mixbecher ZN M (+s/-) mengbeker
mixen OV WW mixen
Mixer ZN M (+s/-) mixer
Mixtur ZN V (-/+en) mixtuur, mix, mengsel
MKS AFK Maul- und Klauenseuche MKZ, mond-en-klauwzeer
MMS AFK Multimedia Messaging Service MMS
Mob ZN M (+s/gmv) opgezweepte menigte, gepeupel
Mobbing ZN O (-s/gmv) WWW pesten
Möbel ZN O (+s/-) meubel • *die ~* de meubels
Möbelstück ZN O (+(e)s/+e) meubelstuk
Möbelwagen ZN M (+s/-) verhuiswagen

mi

mobil BN **1** mobiel • *~e Nummer* mobiel nummer • *~ telefonieren* mobiel bellen **2** beweeglijk **3** marsvaardig • *~ machen* mobiliseren
Mobile ZN O (+s/+s) mobile
Mobilfunk ZN M (+(e)s/gmv) mobilofoon
Mobiliar ZN O (+s/+e) meubilair, huisraad
Mobilien ZN MV huisraad, roerende goederen
mobilisieren OV WW mobiliseren
Mobilisierung ZN V (-/+en) mobilisatie
Mobilität ZN V (-/gmv) **1** beweeglijkheid **2** mobiliteit
Mobilmachung ZN V (-/+en) mobilisatie
Mobiltelefon ZN O (+s/+e) mobiele telefoon
mobiltelefonieren ONOV WW mobiel bellen
möblieren OV WW meubileren • *möbliertes Zimmer* gemeubileerde kamer • *möbliert wohnen* op kamers wonen
Möblierung ZN V (-/+en) meubilering, inrichting
mochte OV WW verl. tijd → **mögen**
Möchtegern ZN M (+s/+e, +s) INFORM. bluffer, grootdoener
modal BN modaal
Modalität ZN V (-/+en) modaliteit
Modalverb ZN O TAALK. modaal hulpwerkwoord
Mode ZN V (-/+n) mode • *~ werden* in de mode komen • *in ~ sein* in de mode zijn • *aus der ~ kommen* uit de mode raken • *es ist ~ zu* het is mode om • *mit der ~ gehen* met de mode meedoen • *von der ~ abhängig sein* aan mode onderhevig zijn • *nach der neuesten ~* naar de nieuwste mode • *die herrschende ~* de heersende mode • *maßgebliche ~* toonaangevende mode
Modeartikel ZN M (+s/-) modeartikel
Model **1** ZN M (+s/-) **1** vorm **2** maat **3** voorbeeld **2** ZN O (+s/+s) fotomodel
Modell ZN O (+s/+e) **1** model, voorbeeld • *~ sein für* model staan voor • *nach ~ zeichnen* een model natekenen • *einem Maler ~ sitzen* voor een schilder poseren **2** maquette
modellieren OV + ONOV WW **1** modelleren, vormen • *etwas nach ... ~* iets modelleren naar ... **2** boetseren
Modellierer ZN M (+s/-) modelleur, boetseerder
modeln OV WW modelleren, vormen
Modem ZN M/O (+s/+s) COMP. modem
Modenarr ZN M (+en/+en) modegek
Modenschau ZN V (-/+en) modeshow
Moder ZN M (+s/gmv) **1** (het) verrotten, (het) vermolmen **2** stof **3** modder
Moderator ZN M (+s/+en) **1** moderator **2** presentator, anchorman **3** WWW moderator
Modergeruch ZN M (+(e)s/-rüche) muffe, bedorven lucht
moderieren OV WW **1** beperken, matigen **2** (een uitzending) samenstellen
moderig BN **1** vermolmd, bedorven, verrot, muf **2** modderig
modern **1** BN **1** modern • *die ~en Sprachen* de moderne talen **2** in de mode, mode- **2** ONOV WW verrotten, vermolmen, vergaan • *~d* muf
Moderne ZN V (-/gmv) **1** moderne tijd **2** moderne kunst
modernisieren OV WW moderniseren
Modernisierung ZN V (-/+en) modernisering
Modeschöpfer ZN M (+s/-) modeontwerper
modifizieren OV WW modificeren, wijzigen
modisch BN **1** modern **2** op het gebied van de mode **3** modieus • *sehr ~* zeer modieus
Modistin ZN V (-/+nen) modiste
Modulation ZN V (-/+en) modulatie
modulieren OV WW moduleren
Modus ZN M (-/Modi) modus, wijze • *wir müssen einen ~ finden, um das zu lösen* we moeten een modus vinden om het op te lossen
Mofa ZN O (+s/+s) **1** fiets met hulpmotor **2** snorfiets
Mofa fahren ONOV WW bromfietsen
Mogelei ZN V (-/+en) **1** bedrog **2** vals spel, gespiek
mogeln ONOV WW **1** vals spelen, bedriegen **2** spieken
mögen **1** OV WW onregelmatig lusten, (graag) mogen, houden van • *ich mag keine Erbsen* ik lust geen erwten • *ich mag diese Musik sehr* ik hou erg van deze muziek • *ich mag ihn* ik mag hem (graag) • *sich ~* elkaar mogen, iets voor elkaar voelen **2** HWW onregelmatig **1** kunnen, mogelijk zijn • *sie mag noch so gut sein* zij kan nog zo goed zijn • *er mag sagen, was er will* hij kan zeggen wat hij wil, wat hij ook zegt • *mag sein, dass er noch kommt* het kan zijn dat hij nog komt, het is mogelijk dat hij nog komt • *wo mag er doch stecken?* waar kan/zou hij

toch zitten • *wie reich er auch sein mag* hoe rijk hij ook zijn mag • *was auch geschehen mag* wat er ook moge gebeuren **2** in de vorm 'möchte' **graag willen** • *ich möchte nach Hause gehen* ik wil graag naar huis • *möchten Sie noch Kaffee?* wilt u nog koffie? • *ich möchte gern einen Tee* ik wil graag thee
möglich BN **mogelijk** • *in allen möglichen Farben* in alle mogelijke kleuren • *es ist durchaus ~* het is best mogelijk • *wenn ~* indien mogelijk, zo mogelijk • *soweit ~* voor zover mogelijk • *so genau wie ~* zo nauwkeurig mogelijk • *alles Mögliche tun* alle mogelijke moeite doen • *sein Möglichstes tun* zijn uiterste best doen
möglicherweise BW **misschien**
Möglichkeit ZN V (-/+en) **1 mogelijkheid** • *die ~ nutzen* de mogelijkheid benutten **2 kans** • *ich sehe keine ~ zu* ik zie geen kans om
Möglichkeitsform ZN V (-/+en) **aanvoegende wijs**
möglichst BW **zo ... mogelijk** • *~ viel* zoveel mogelijk • *mit ~ großer Sorgfalt* met de grootst mogelijke zorg • *sein Möglichstes tun* zijn uiterste best doen • *~ bald* zo spoedig mogelijk
Mohammedaner ZN M (+s/-) **mohammedaan**
mohammedanisch BN **mohammedaans**
Mohikaner ZN M **Mohikaan** • *der letzte ~* de laatste der Mohikanen
Mohn ZN M (+(e)s/+e) **papaver**
Mohnbrötchen ZN O (+s/-) **maanzaadbroodje**
Mohr ZN M (+en/+en) **Moor, Moriaan**
Möhre ZN V (-/+n) **peen, wortel**
Mohrrübe ZN V (-/+n) **peen, wortel**
mokieren WKD WW **(sich ~) über spotten met**
Mokka ZN M (+s/+s) **1 mokka 2 espresso**
Molch ZN M (+(e)s/+e) **salamander**
Moldau ZN V (-/gmv) **Moldau**
Mole ZN V (-/+n) **1 havenhoofd 2 pier**
Molekül ZN O (+s/+e) **molecule**
molekular BN **moleculair**
molk OV + ONOV WW verl. tijd → **melken**
Molke ZN V (-/gmv) **hui, wei**
Molkerei ZN V (-/+en) **zuivelbedrijf/-fabriek**
Molkereiprodukt ZN O (+(e)s/+e) **zuivelproduct**
Moll **1** ZN M (+(e)s/+s, +e) **molton** **2** ZN O (-/gmv) MUZ. **mol** • *Konzert in a-Moll* concert in A mineur
mollig BN **1 mollig 2 behaaglijk, gezellig**
Molotowcocktail ZN M (+s/+s) **molotovcocktail**
Moment **1** ZN M (+(e)s/+e) **moment, ogenblik** • *einen Moment, bitte* een moment alstublieft • *in dem ~* op dat moment • *jeden ~* ieder ogenblik • *im (aller)letzten ~* op het (aller)laatste moment • *~ mal!* een ogenblik! **2** ZN O (+(e)s/+e) **1 doorslaggevende factor 2 gezichtspunt**
momentan BN **1 op dit ogenblik 2 voor dit ogenblik**
Momentaufnahme ZN V (-/+n) **momentopname**
Monarch ZN M (+en/+en) **monarch**
Monarchie ZN V (-/+n) **monarchie**
Monarchin ZN V (-/+nen) **koningin, keizerin**
monarchisch BN **monarchistisch**
Monarchist ZN M (+en/+en) **monarchist**
monarchistisch BN **monarchistisch**
Monat ZN M (+(e)s/+e) **maand** • *der ~ Januar* de maand januari • *pro ~* per maand • *der laufende ~* de lopende maand • *der nächste ~* de volgende maand • *in ein paar Monaten* over een paar maanden
monatelang BN **maandenlang**
monatlich BN **iedere maand, maandelijks**
Monatsblutung ZN V (-/+en) **menstruatie**
Monatserste ZN M (+n/+n) **eerste dag van de maand** • *am Monatsersten* op de eerste van de maand
Monatsgehalt ZN O (+(e)s/-gehälter) **maandsalaris** • *das dreizehnte ~* een dertiende maand
Monatsheft ZN O (+(e)s/+e) **maandblad**
Monatsrate ZN V (-/+n) **maandelijkse termijn, maandelijks te storten bedrag**
monatsweise, **monatweise** BW **maandelijks**
Monatszeitschrift ZN V (-/+en) **maandblad**
Mönch ZN M (+(e)s/+e) **monnik**
mönchisch BN **ascetisch, monniks-**
Mönchskutte ZN V (-/+n) **monnikspij, habijt**
Mond ZN M (+(e)s/+e) **maan** • *der ~ scheint* de maan schijnt • *zunehmender ~* wassende maan • *abnehmender ~* afnemende maan • *künstlicher ~* kunstmaan • FIG., INFORM. *in den ~ gucken* ernaast grijpen • FIG. *auf dem ~ leben* wereldvreemd zijn • FIG. *jemanden zum Mond schießen können* iemand achter het behang kunnen plakken
mondän BN **mondain** • *mondäne Kreise* mondaine kringen
Mondfinsternis ZN V (-/+se) **maansverduistering**
Mondlandefähre ZN V (-/+n) **maanlandingstoestel**
Mondlandschaft ZN V (-/+en) **maanlandschap**
Mondlandung ZN V (-/+en) **maanlanding**
Mondschein ZN M (+(e)s/gmv) **maneschijn** • *bei hellem ~* bij heldere maan • FIG. *er kann mir im ~ begegnen* hij kan naar de maan lopen
Mondsucht ZN V (-/gmv) **maanziekte**
Mondwechsel ZN M (+s/-) **wisseling van de maangestalte**
monetär BN **monetair**
Moneten ZN MV **poen, duiten**
Mongole ZN M (+n/+n) **Mongool**
Mongolei ZN V (-/gmv) **Mongolië** • *in der ~* in Mongolië
mongolisch BN **Mongools**
monieren OV WW **1 berispen, laken 2 manen**
Monitor ZN M (+s/+e, -oren) TECHN. **monitor**
monofon BN **monofoon**
monogam BN **monogaam**
Monogamie ZN V (-/gmv) **monogamie**
Monogramm ZN O (+s/+e) **monogram**
Monokel ZN O (+s/-) **monocle**
Monolog ZN M (+(e)s/+e) **monoloog** • *einen ~ halten* een monoloog houden
Monopol ZN O (+s/+e) **monopolie**

monopolisieren OV WW monopoliseren

Monopoly ZN O (+s/gmv) spel monopoly

monoton BN monotoon, eentonig

Monotonie ZN V (-/+n) monotonie

Monster ZN O (+s/-) **1** monster, gedrocht **2** FIG. schooiertje

Monstranz ZN V (-/+en) monstrans

monströs BN monsterlijk, monstrueus, monsterachtig

Monstrum ZN O (+s/-stren) monster

Monsun ZN M (+s/+e) moesson

Montag ZN M (+(e)s/+e) maandag • *am ~* op maandag • FIG. *blauen ~ machen* niet gaan werken

Montage ZN V (-/+n) montage

montags BW 's maandags, op maandag

Montanindustrie ZN V (-/+n) mijn- en metallurgische industrie

Monteur ZN M (+s/+e) monteur

montieren OV WW **1** monteren **2** zetten

Montur ZN V (-/+en) **1** dienstkleding **2** uitmonstering

Monument ZN O (+(e)s/+e) monument

monumental BN monumentaal

Moor ZN O (+(e)s/+e) veen, moeras

Moorbad ZN O (+es/-bäder) modderbad

moorig BN veenachtig

Moos ZN O (+es/+e) **1** mos **2** veen **3** INFORM. poen

moosig BN **1** mossig, met mos bedekt **2** drassig

Moped ZN O (+s/+s) bromfiets

Mopedfahrer ZN M (+s/-) bromfietser

Mopp ZN M (+s/+s) zwabber

Mops ZN M (+es/Möpse) mopshond • INFORM. *Möpse haben* poen hebben

mopsen **1** OV WW gappen **2** WKD WW (**sich ~**) zich vervelen

Moral ZN V (-/+en) **1** moraal • *doppelte ~* dubbele moraal • *die christliche ~* de christelijke moraal • *die ~ von der Geschichte* de moraal van het verhaal **2** zedenleer **3** moreel • *die ~ heben/verbessern* het moreel opvijzelen • *die ~ hochhalten* het moreel hooghouden

moralisch BN zedelijk, moreel

moralisieren ONOV WW moraliseren

Moralist ZN M (+en/+en) moralist

Moralität ZN V (-/+en) zedelijkheid

Morast ZN M (+(e)s/+e, -räste) moeras

morastig BN moerassig

morbid BN morbide • *ein ~es Gefühl für Humor* een morbide gevoel voor humor

Mord ZN M (+es/+e) moord • *einen ~ begehen* een moord plegen • *der perfekte ~* de perfecte moord

Mordanschlag ZN M (+(e)s/-schläge) moordaanslag

morden OV + ONOV WW moorden, vermoorden

Mörder ZN M (+s/-) moordenaar

Mördergrube ZN V • *aus seinem Herzen keine ~ machen* van zijn hart geen moordkuil maken

mörderisch BN moordend, moorddadig • *mörderische Konkurrenz* moordende concurrentie • *mörderische Hitze* moordende hitte

Mordfall ZN M (+(e)s/-fälle) moord, moordzaak

Mords- VOORV reuze-, enorm • *Mordshunger* reuzehonger • *Mordsdurst* enorme dorst

Mordsangst ZN V (-/-ängste) doodsangst

Mordsding ZN O (+s/+er) iets geweldigs

Mordskerl ZN M (+(e)s/+e) reuzevent

mordsmäßig BW enorm, geweldig, ontzettend

Mordsspaß ZN M (+es/gmv) geweldig plezier

Mordstempo ZN O (+s/+s) razende vaart

Mordversuch ZN M (+(e)s/+e) poging tot moord

Mordwaffe ZN V (-/+n) moordwapen, moordtuig

Mores ZN MV mores, zeden, manieren • INFORM. *jemanden ~ lehren* iemand mores leren

morgen BW morgen • *~ ist Samstag* morgen is het zaterdag • *~ früh* morgen vroeg • *ab ~* vanaf morgen • *~ Nachmittag* morgenmiddag • *bis ~!* tot morgen! • *~ ist ein neuer Tag* morgen is er weer een dag

Morgen ZN M (+s/-) **1** morgen, ochtend • *früh am ~; am frühen ~* vroeg in de morgen, 's morgens vroeg • *am nächsten ~* de volgende morgen • *eines schönen Morgens* op zekere morgen • *vom frühen ~ bis zum späten Abend* van de vroege morgen tot de late avond **2** morgen <landmaat>

Morgenandacht ZN V (-/+en) morgengebed

Morgendämmerung ZN V (-/+en) morgenschemering

morgendlich BN van de morgen, in de morgen, morgen-, ochtend- • *der ~e Nebel* de ochtendmist

Morgenfrühe ZN V (-/gmv) vroege morgen

Morgengrauen ZN O (+s/gmv) ochtendschemering • *im ~* bij het krieken van de dag

Morgenland ZN O (+(e)s/gmv) Morgenland, Oriënt, het Oosten

Morgenlicht ZN O (+s/gmv) ochtendlicht

Morgenmantel ZN M (+s/-) ochtendjas

Morgenmuffel ZN M iemand met een ochtendhumeur • *sie ist ein ~* ze heeft een ochtendhumeur

Morgenrot ZN O (+s/gmv) morgenrood, dageraad

morgens BW 's ochtends, 's morgens

Morgenstern ZN M (+(e)s/+e) **1** Morgenster, Venus **2** GESCH. morgenster

Morgenstunde ZN V (-/+n) morgenuur, morgenstond • *die frühen Morgenstunden* de vroege/kleine uurtjes ▸ *Morgenstund hat Gold im Mund* de morgenstond heeft goud in de mond

Morgenzeitung ZN V (-/+en) ochtendblad

morgig BN van morgen • *der ~e Tag* de dag van morgen

Moritat ZN V (-/+en) GESCH. smartlap, straatlied

Morphin ZN O (+s/gmv) morfine

Morphium ZN O (+s/gmv) morfine

morsch BN vermolmd, vervallen, wrak, half vergaan

Morsealphabet ZN O (+(e)s/+e) morsealfabet

morsen OV WW in morse seinen

Mörser ZN M (+s/-) **1** mortier, vijzel **2** MIL. zware

mortier
Morsezeichen zn o (+s/-) **morseteken**
Mortalität zn v (-/gmv) **1** **sterfelijkheid** **2** **sterftecijfer**
Mörtel zn m (+s/-) **metselkalk, specie**
Mörtelkelle zn v (-/+n) **troffel**
Mosaik zn o (+s/+e) **mozaïek**
Moschee zn v (-/+n) **moskee**
Moschus zn m (-/gmv) **muskus**
Möse zn v (-/+n) vulg. **kut**
Mosel **1** zn m **moezelwijn** **2** zn v **Moezel**
mosern onov ww inform. **mopperen (über** +4 **over), kankeren**
Moskau zn o **Moskou**
Moskito zn m (+s/+s) **muskiet**
Moskitonetz zn o (+es/+e) **1** **muskietennet** **2** **klamboe**
Moskowiter zn m (+s/-) **Moskoviet, inwoner van Moskou**
Moslem zn m (+s/+s) rel. **moslim, islamiet**
moslemisch bn **islamitisch**
Most zn m (+es/+e) **most, vruchtenwijn** • *wissen, wo Barthel den ~ holt* weten waar Abraham de mosterd haalt
Motel zn o (+s/+s) **motel**
Motiv zn o (+s/+e) **motief**
Motivation zn v (-/+en) **motivatie**
motivieren ov ww **motiveren** • *motiviert sein* gemotiveerd zijn
Motor zn m (+s/-_oren) **motor** • *den ~ starten/ausschalten* de motor starten/uitzetten • *der ~ zündet* de motor slaat aan • *der ~ geht aus/versagt* de motor slaat af • *mit 1/2/4 Motoren* met 1/2/4 motor(en)
Motorhaube zn v (-/+n) **motorkap**
motorisch bn **motorisch** • *~e Kraft* motorische kracht
motorisieren ov ww **motoriseren** • *motorisiert sein* een auto bezitten
Motorisierung zn v (-/+en) **motorisering**
Motoröl zn o (+(e)s/+e) **motorolie**
Motorrad zn o (+(e)s/-räder) **motor, motorfiets**
Motorradfahrer zn m (+s/-) **motorrijder**
Motorradrennen zn o (+s/-) **motorrace** • *~ fahren* motorracen
Motorroller zn m (+s/-) **scooter**
Motorschaden zn m (+s/-schäden) **motordefect**
Motorsport zn m (+(e)s/+e) **motor- en autosport**
Motte zn v (-/+n) **mot** • *du kriegst die Motten!* hoe kom je erbij!
mottenfest bn **motecht**
Mottenkiste zn v (-/+n) **mottenkist** • *aus der ~* uit de oude doos
Mottenkugel zn v (-/+n) **mottenbal**
Motto zn o (+s/+s) **motto** • *unter dem ~* onder het motto van
motzen onov ww **1** inform. **mopperen, kankeren** **2** reg. **mokken, pruilen**
Mountainbike zn o (+s/+s) **mountainbike** • *~ fahren* mountainbiken
Moussaka zn o (+s/gmv) **moussaka**
moussieren onov ww **mousseren**
Möwe zn v (-/+n) **meeuw**
MP3[1] zn o **mp3'tje**
MP3[2] afk Motion Picture 3 **MP3**
Mpeg afk Motion picture expert group **mpeg**
MSN zn v **MSN**
mtl. afk monatlich **maandelijks**
Mucke zn v (-/+n) **nuk, kuur** • *jemandem seine Mucken austreiben* iemand zijn kuren afleren • *die Sache hat ihre Mucken* er zitten haken en ogen aan de zaak
Mücke zn v (-/+n) **mug** • *eine ~ machen* 'm smeren • *aus einer ~ einen Elefanten machen* van een mug een olifant maken
Muckefuck zn m (+s/gmv) **1** **surrogaatkoffie** **2** **slappe koffie, slootwater**
mucken onov ww **1** **kikken** **2** **mokken, tegenstribbelen**
Mückenstich zn m (+(e)s/+e) **muggenbeet**
Mucker zn m (+s/-) **1** **chagrijn** **2** **femelaar, schijnheilige** **3** **stiekemerd**
Mucks zn m (+es/+e) **kik** • *keinen ~ von sich geben* geen kik geven
mucksen onov ww • *sich nicht ~* geen kik geven
mucksmäuschenstill bn **muis- en muisstil** • *es ist ~* het is muisstil
müde bn **moe, vermoeid** • *~ sein/werden* moe zijn/worden • *~ Beine haben* vermoeide benen hebben • *des Redens ~* het praten moe
Müdigkeit zn v (-/gmv) **moeheid, vermoeidheid**
Muff **1** zn m (+(e)s/+e) **1** **mof** <kleding> **2** **brompot** **2** zn m (+(e)s/gmv) **muffe lucht, bedompte lucht**
Muffe zn v (-/+n) **1** techn. **mof** <verbindingsstuk> **2** **brompot**
Muffel **1** zn m (+s/-) **1** **brompot, chagrijn** **2** **onverschillig persoon** • *er ist ein richtiger Partymuffel* hij houdt helemaal niet van feestjes **3** biol. **snuit** **2** zn o (+s/-) **moeflon**
muffelig bn **1** min. **onfris, muf** **2** min. **wrevelig, nors**
muffeln onov ww **1** **muf/bedompt ruiken** **2** **mopperen, foeteren**
müffeln onov ww **muf ruiken**
muffig bn **duf, nors** • *es riecht hier ~* het ruikt hier muf
Mühe zn v (-/+n) **moeite** • *es kostet viel ~* het kost veel moeite • *sich (viel) ~ geben* (veel) moeite doen • *sich die ~ machen* de moeite nemen • *es ist nicht der ~ wert* dat is de moeite niet waard • *das macht keine ~* het is geen moeite • *mit ~ und Not* met pijn en moeite • *keine Mühen scheuen* geen moeite ontzien • *die täglichen Mühen* de dagelijkse beslommeringen
mühelos bn **zonder enige moeite, moeiteloos**
muhen onov ww **loeien**
mühen wkd ww (**sich ~**) **zijn best doen, moeite doen**

mü

mühevoll BN met veel moeite, moeitevol, moeilijk
Mühle ZN V (-/+n) **1** molen • *die Mühlen der Bürokratie mahlen langsam* ambtelijke molens malen langzaam **2** molenspel
Mühlenflügel ZN M (+s/-) molenwiek
Mühlstein ZN M (+(e)s/+e) molensteen • FIG. *wie ein ~ um den Hals* als een molensteen om de nek
Mühsal ZN V (-/+e) moeite, zorg • *die Mühsale des Lebens* de beslommeringen des levens
mühsam BN moeizaam, moeilijk
mühselig BN moeilijk, moeitevol, moeizaam
Mulatte ZN M (+n/+n) mulat
Mulde ZN V (-/+n) **1** trog, bak **2** kom, inzinking, duinpan
Muli ZN O (+s/-, +s) muilezel
Mull ZN M (+(e)s/+e) **1** fijn katoenweefsel, verbandgaas **2** humus
Müll ZN M (+s/gmv) vuilnis, afval
Müllabfuhr ZN V (-/+en) **1** reinigingsdienst **2** vuilnistransport
Müllabladeplatz ZN M (+es/-plätze) vuilnisbelt
Mullbinde ZN V (-/+n) zwachtel
Müllcontainer ZN M (+s/-) afvalcontainer
Mülldeponie ZN V (-/+n) vuilnisbelt
Mülleimer ZN M (+s/-) vuilnisemmer
Müllentsorgung ZN V afvalverwerking
Müller ZN M (+s/-) molenaar
Müllerei ZN V (-/gmv) het malen, malerij
Müllkippe ZN V (-/+n) vuilnisstortplaats
Müllmann ZN M (+(e)s/-männer) vuilnisman
Müllschlucker ZN M (+s/-) stortkoker
Mülltonne ZN V vuilnisbak
Mülltrennung ZN V (-/+en) afvalscheiding
Müllverbrennung ZN V (-/+en) vuilverbranding
Müllwagen ZN M (+s/-) vuilniswagen
Mulm ZN M (+(e)s/gmv) molm
mulmig BN onbehaaglijk, naar • *mir ist ~ zumute* ik voel me niet op m'n gemak
Multi ZN M (+s/+s) multinational
Multimedia ZN O (-, +s/gmv) multimedia
multimedial BN multimediaal, multimedia-
Multimillionär ZN M (+s/+e) multimiljonair
multipel BN veelvoudig, multipel
Multiple Choice ZN V multiple choice
Multiple-Choice-Frage ZN V multiplechoicevraag, meerkeuzevraag
Multiplikand ZN M (+en/+en) vermenigvuldigtal
Multiplikation ZN V (-/+en) vermenigvuldiging
Multiplikator ZN M (+s/+en) vermenigvuldiger
multiplizieren OV WW vermenigvuldigen
multitasken ONOV WW multitasken
Multivan ZN M TRANSP. multivan, BELG. monovolume, BELG. volumewagen
Mumie ZN V (-/+n) mummie
mumifizieren OV WW mummificeren
Mumm ZN M (+s/gmv) • *~ in den Knochen haben* pit/energie/fut hebben
Mummelgreis ZN M (+es/+e) tandeloze hoogbejaarde man
mummeln OV + ONOV WW **1** mompelen, mummelen **2** instoppen **3** malen
Mummenschanz ZN M (+es/gmv) maskerade, vermomming
Mumpitz ZN M (+es/gmv) onzin, boerenbedrog
Mumps ZN M (-/gmv) bof
Mund ZN M (+(e)s/Münder) **1** mond • *wie auf den ~ geschlagen* met stomheid geslagen • *den ~ voll nehmen* opscheppen, sterk overdrijven • *jemandem über den ~ fahren* iemand een brutaal antwoord geven, iemand in de rede vallen • *seinen ~ halten* niets verraden, zijn mond houden • *jemandem den ~ wässrig machen* iemand doen watertanden • *sich den Mund fusselig reden* praten als Brugman **2** monding
Mundart ZN V (-/+en) dialect, tongval
mundartlich BN dialectisch
Mündel ZN O (+s/-) pupil
mündelsicher BN solide, veilig • *Geld ~ anlegen* geld veilig beleggen
munden ONOV WW smaken
münden ONOV WW uitmonden, uitkomen
mundfaul BN zwijgzaam • *~ sein* niet veel zeggen
mundgerecht BN **1** naar iemands smaak **2** in hapklare porties
Mundgeruch ZN M slechte adem
Mundharmonika ZN V (-/+s) mondharmonica
mündig BN mondig, meerderjarig • *jemanden für ~ erklären* iemand meerderjarig verklaren
Mündigkeit ZN V (-/gmv) meerderjarigheid, mondigheid • *politische ~* politieke mondigheid
mündigsprechen OV WW sterk meerderjarig verklaren
mündlich BN mondeling • *mündlicher Termin* mondelinge afspraak
Mundschutz ZN M (+es/+e) mondbeschermer, mondmasker
Mundstück ZN O (+(e)s/+e) mondstuk
mundtot BN monddood • *jemanden ~ machen* iemand monddood maken
Mundwerk ZN O (+(e)s/gmv) grote mond <figuurlijk> • *ein großes ~ haben* een grote mond hebben • *ein lockeres ~ haben* een losse tong hebben
Mundwinkel ZN M (+s/-) mondhoek
Mund-zu-Mund-Beatmung ZN V (-/+en) mond-op-mondbeademing • *~ machen* mond-op-mondbeademing geven
Munition ZN V (-/gmv) munitie
Munitionsdepot ZN O (+s/+s) munitiedepot
Munitionslager ZN O (+s/-) munitieopslagplaats
munkeln ONOV WW geruchten verspreiden, mompelen, fluisteren
Münster ZN M/O (+s/-) domkerk
munter BN **1** monter, opgewekt, vrolijk **2** gezond, opgeknapt, fit **3** wakker
Munterkeit ZN V (-/gmv) **1** fitheid **2** monterheid, opgewektheid, vrolijkheid
Münzautomat ZN M (+en/+en) muntautomaat
Münze ZN V (-/+n) munt • *Münzen prägen* munten

slaan • *mit klingender ~* in klinkende munt • FIG. *jemandem etwas mit gleicher ~ heimzahlen* iemand met gelijke munt terugbetalen

münzen ONOV WW **munten slaan** ▸ *es auf jemanden gemünzt haben* het op iemand gemunt hebben

Münzwechsler ZN M (+s/-) **geldwisselautomaat**

mürbe BN **1 murw, zacht, mals, bros** • *~ machen* murw maken **2 bestorven**

Murks ZN M (+es/gmv) **1 puinhoop 2 klungelwerk**

murksen ONOV WW **knoeien, klungelen**

Murmel ZN V (-/+n) **knikker**

murmeln ONOV WW **murmelen, mompelen** • *vor sich hin ~* voor zich uit mompelen • *er murmelte etwas Unverständliches* hij murmelde iets onverstaanbaars

Murmeltier ZN O (+(e)s/+e) **marmot** • FIG. *schlafen wie ein ~* slapen als een marmot

murren ONOV WW **morren, mopperen, tegensputteren**

mürrisch BN **korzelig, knorrig, gemelijk**

Murrkopf ZN M (+(e)s/-köpfe) **mopperaar, brompot**

Mus ZN M/O (+es/+e) **moes, brij**

Muschel ZN V (-/+n) **1 schelp 2 mossel**

Muschelbank ZN V (-/-bänke) **mosselbank**

Muse ZN V (-/+n) **muze**

museal BN **museaal, museum-**

Museum ZN O (+s/Museen) **museum**

Musik ZN V (-/gmv) **muziek** • *leichte ~* lichte muziek • *~ vom Blatt spielen* muziek van het blad spelen • *da ist ~ drin* daar zit muziek in • FIG. *das ist ~ in meinen Ohren* dat klinkt als muziek in mijn oren • IRON. *hier spielt die Musik!* hier gebeurt het!, opletten!

Musikalienhandlung ZN V (-/+en) **muziekhandel, muziekwinkel**

musikalisch BN **muzikaal** • *sie ist ~* zij is muzikaal • *ein ~es Gehör haben* een muzikaal gehoor hebben

Musikalität ZN V (-/gmv) **muzikaliteit**

Musikant ZN M (+en/+en) **muzikant**

Musikantenknochen ZN M (+s/-) **telegrambotje, elektrisch botje**

Musikbox ZN V (-/+en) **jukebox**

Musiker ZN M (+s/-) **musicus**

Musikhochschule ZN V (-/+n) **conservatorium**

Musikinstrument ZN O (+(e)s/+e) **muziekinstrument**

musizieren ONOV WW **musiceren**

Muskat ZN M (+(e)s/+e) **nootmuskaat**

Muskatnuss ZN V (-/-nüsse) **muskaatnoot, nootmuskaat**

Muskel ZN M (+s/+n) **spier**

Muskelkater ZN M (+s/-) **spierpijn**

Muskelprotz ZN M (+es/+e) **krachtpatser**

Muskete ZN V (-/+n) **musket**

Musketier ZN M (+s/+e) **musketier**

Muskulatur ZN V (-/+en) **spierstelsel**

muskulös BN **gespierd**

Müsli ZN O (+s/-) **muesli**

Muslim ZN M → **Moslem**

Muslima ZN V (-/+s) → **Muslimin**

Muslimin ZN V (-/+nen) **moslima**

muslimisch BN → **moslemisch**

Muss ZN O (-/gmv) **noodzaak, must, moeten, dwang** • *ein absolutes ~* een echte must

Muße ZN V (-/gmv) **vrije tijd, tijd, rust** • *jetzt hat er Zeit und ~ dazu* nu heeft hij er volop tijd voor

Mussehe ZN V **moetje** <huwelijk>

müssen HWW onregelmatig **moeten** • *ich muss gehen* ik moet gaan <noodzakelijkheid> • *man müsste mehr Zeit haben* je zou meer tijd moeten hebben <wens> • *das musst du nicht tun* dat hoef je niet te doen <geen noodzakelijkheid> • *sie muss mal* ze moet naar toilet

Mußestunde ZN V (-/+n) **vrij uurtje**

müßig BN **nutteloos, doelloos, overbodig** • *das ist eine müßige Diskussion* dit is een nutteloze discussie

Müßiggang ZN M (+(e)s/gmv) **luiheid, lediggang, ledigheid** • *~ ist aller Laster Anfang* ledigheid is des duivels oorkussen

Müßiggänger ZN M (+s/-) **leegloper**

musste HWW verl. tijd → **müssen**

müsste HWW conj. → **müssen**

Muster ZN O (+s/-) **1 proeve, staal, monster** • *auf ~ kaufen* op monster kopen • *~ ohne Wert* monster zonder waarde **2 patroon, voorbeeld, model, toonbeeld** • *ein ~ an Geduld* een toonbeeld van geduld

Musterbeispiel ZN O (+s/+e) **modelvoorbeeld, klassiek voorbeeld**

Musterbetrieb ZN M (+(e)s/+e) **modelbedrijf**

Musterbuch ZN O (+(e)s/-bücher) **stalenboek**

Musterexemplar ZN O (+s/+e) **1 proefexemplaar, demonstratiemodel 2** IRON. **toonbeeld, lichtend voorbeeld**

mustergültig BN **voorbeeldig**

musterhaft BN **voorbeeldig, onberispelijk** • *ein ~er Schüler* een voorbeeldige leerling

Musterknabe ZN M (+n/+n) **voorbeeldige jongen, modelkind**

mustern OV WW **1 monsteren, keuren, inspecteren, onderzoekend aankijken** • *sie musterte ihn argwöhnisch* ze keek hem argwanend aan • *jemanden von Kopf bis Fuß ~* iemand van top tot teen bekijken, iemand scherp opnemen **2 aanmonsteren 3** • *gemusterter Stoff* stof met een patroon **4 keuren voor de militaire dienst**

Musterprozess ZN M (+es/+e) **proefproces**

Musterschüler ZN M (+s/-) **voorbeeldige leerling**

Musterung ZN V (-/+en) **1 monstering, keuring, inspectie 2 dessin, tekening, patroon**

Mut ZN M (+(e)s/gmv) **moed** • *~ haben zu* de moed hebben om • *den ~ verlieren* de moed verliezen, moedeloos worden • *~ fassen* moed vatten/verzamelen • *jemandem ~ machen* iemand moed inspreken • *den ~ sinken lassen* de moed laten zakken • *guten Mutes* vol goede moed • *~ schöpfen*

mu

moed scheppen • *seinen ganzen ~ zusammennehmen* al zijn moed bijeenrapen • *mit dem ~ der Verzweiflung* met de moed der wanhoop • *er ist immer frohen/heitern Mutes* hij is altijd blijmoedig/ opgewekt • *zu Mute* te moede

Mutation ZN V (-/+en) mutatie

mutieren ONOV WW **1** muteren **2** de baard in de keel krijgen

mutig BN dapper, moedig • *ein ~es Mädchen* een moedig meisje

mutlos BN moedeloos, ontmoedigd

mutmaßen OV WW vermoeden, gissen

mutmaßlich BN waarschijnlijk, vermoedelijk • *der mutmaßliche Täter* de vermoedelijke dader

Mutmaßung ZN V (-/+en) vermoeden

Mutter **1** ZN V (-/Mütter) moeder • *eine werdende ~* een aanstaande moeder • *wie die Mutter, so die Tochter* zo moeder, zo dochter • *~ Erde* Moeder Aarde • *~ Natur* Moeder Natuur • *~ Gans* Moeder de Gans **2** ZN V (-/+n) moer

Mütterberatungsstelle ZN V (-/+n) consultatiebureau

Mütterchen ZN O (+s/-) **1** moedertje **2** vrouwtje

Muttergottes ZN V (-/gmv) Moeder Gods, Maria

Mutterleib ZN M (+(e)s/gmv) moederschoot

mütterlich BN moederlijk

mütterlicherseits BW van moederszijde

Mütterlichkeit ZN V (-/gmv) moederlijkheid

Muttermal ZN O (+(e)s/+e) moedervlek

Muttermilch ZN V (-/gmv) moedermelk • FIG. *etwas mit der ~ eingesogen haben* iets met de paplepel ingegoten krijgen

Mutterschaft ZN V (-/gmv) moederschap

Mutterschaftsurlaub ZN M (+(e)s/+e) zwangerschapsverlof

Mutterschutz ZN M zwangerschaps- en bevallingsverlof • *in ~ gehen* met zwangerschapsverlof gaan

mutterseelenallein BW moederziel alleen

Muttersöhnchen ZN O (+s/-) moederskindje

Muttersprache ZN V (-/+n) moedertaal

Muttersprachler ZN M (+s/-) TAALK. moedertaalspreker, native speaker

Muttertag ZN M (+(e)s/+e) Moederdag

Mutti ZN O (-/+s) mammie

Mutwille ZN M (+ns/gmv) **1** opzet **2** baldadigheid, overmoed

mutwillig BN **1** opzettelijk **2** baldadig, overmoedig

Mütze ZN V (-/+n) **1** pet **2** muts

Mützenschirm ZN M (+(e)s/+e) klep van pet

MwSt. AFK Mehrwertsteuer **btw** <belasting toegevoegde waarde> • *inklusive MwSt* inclusief btw

Myrrhe ZN V (-/+n) mirre

Myrte ZN V (-/+n) mirte

Myrtenkranz ZN M (+es/-kränze) mirtenkrans

mysteriös BN geheimzinnig, mysterieus

Mysterium ZN O (+s/-rien) mysterie, geheim • *ein ~ enthüllen* een mysterie onthullen

mystifizieren OV WW misleiden, bedotten, mystificeren

Mystik ZN V (-/gmv) mystiek

mystisch BN mystiek

mythisch BN mythisch, verdicht

Mythologie ZN V (-/+n) mythologie

mythologisch BN mythologisch

Mythos, **Mythus** ZN M (-/-then) mythe • *Mythen und Legenden* mythen en legenden

Mz. AFK TAALK. Mehrzahl **mv.** <meervoud>

N

n. AFK netto **net.** <netto>

N 1 ZN O (-/-) letter **N** • *N wie Nordpol* de n van Nico **2** AFK (-/-) **1** Nord **N** <noord> **2** Norden **N** <noorden>

na TUSSENW **nu, nou, nou zeg!** • ~ *und?* en wat dan nog? • *na, wird's bald?* en, komt er nog wat van? • ~ *ja* nou ja • ~ *also!* zie je nu wel!

Nabe ZN V (-/+n) **naaf**

Nabel ZN M (+s/-) **navel** • *der ~ der Welt* het middelpunt van de wereld

Nabelbruch ZN M (+(e)s/-brüche) MED. **navelbreuk**

Nabelschnur ZN V (-/-schnüre) **navelstreng**

nach 1 VZ +3 **1 na** • ~ *dem Frühstück* na het ontbijt • ~ *14 Uhr* na 2 uur **2 naar** • ~ *Frankreich fahren* naar Frankrijk gaan • ~ *München gehen* naar München gaan **3 volgens** • ~ *dem Gesetz* volgens de wet • *meiner Ansicht* ~ volgens mij, mijns inziens • *dem Namen ~ kennen* van naam kennen **2** BW **na, achterna** • *ihm nach!* hem achterna! • ~ *wie vor* nog net als vroeger, nog steeds • ~ *und* ~ langzamerhand, geleidelijk

nachäffen OV + ONOV WW **na-apen**

Nachäfferei ZN V (-/+en) **na-aperij**

nachahmen OV WW **1 namaken 2 nabootsen, nadoen**

nachahmenswert BN **navolgenswaard(ig)** • *das ist* ~ dat verdient navolging

Nachahmer ZN M (+s/-) **nabootser, imitator**

Nachahmung ZN V (-/+en) **1 namaak, nabootsing, imitatie 2 navolging** • *zur* ~ ter navolging

nacharbeiten OV + ONOV WW **1 namaken 2 inhalen, overwerken** • *den Schulstoff* ~ de leerstof inhalen **3 bijwerken, verbeteren 4 werken naar voorbeeld van, navolgen**

Nachbar ZN M (+n/+n) **buurman, buur** • *die direkten Nachbarn* de naaste buren

Nachbardorf ZN O (+(e)s/-dörfer) **naburig dorp**

Nachbarhaus ZN O (+es/-häuser) **buurhuis**

Nachbarin ZN V (-/+nen) **buurvrouw, buurmeisje**

Nachbarland ZN O (+es/-länder) **buurland, aangrenzend land, naburig land**

nachbarlich BN **1 naburig, van de buren 2 als buren, met de buren** • *~e Beziehungen pflegen* goede contacten met de buren onderhouden

Nachbarschaft ZN V (-/gmv) **1 buurt 2 omwonenden**

Nachbarsleute ZN MV **buren**

Nachbarstadt ZN V (-/-städte) **naburige stad**

Nachbeben ZN O (+s/-) **naschok** <bij aardbeving>

nachbehandeln OV WW **nabehandelen**

Nachbehandlung ZN V (-/+en) **nabehandeling**

nachbesprechen OV WW **1 nabespreken 2 nabeschouwen** • *een wedstrijd nabeschouwen* ein Spiel nachbesprechen

nachbessern OV WW **bijwerken**

nachbestellen OV WW **nabestellen** • *Fotos* ~ foto's nabestellen

nachbeten OV WW MIN. **napraten**

Nachbeter ZN M (+s/-) MIN. **naprater, jaknikker**

nachbilden OV WW **namaken**

Nachbildung ZN V (-/+en) **1 imitatie, nabootsing 2 namaak, kopie**

nachblicken OV WW **nakijken**

Nachblüte ZN V (-/gmv) **nabloei**

nachbringen OV WW onregelmatig **nabrengen**

nachdatieren OV WW **postdateren**

nachdem 1 BW • *je* ~ al naargelang, dat ligt eraan **2** VOEGW **nadat** • ~ *ich abgereist war* ... nadat ik vertrokken was • ~ *er das gemacht hatte, ging er aus* nadat hij dit gedaan had, ging hij uit

nachdenken ONOV WW onregelmatig **nadenken** • *über etwas* ~ over iets nadenken • *lass mich ~!* even nadenken! • *ohne nachzudenken* zonder na te denken

nachdenklich BN **1 nadenkend, peinzend 2 tot nadenken stemmend** • *das macht* ~ dat stemt tot nadenken

Nachdenklichkeit ZN V (-/gmv) **nadenken, gepeins**

Nachdruck ZN M (+(e)s/+e) **1 nadruk, klemtoon** • *einer Sache ~ verleihen* iets kracht bijzetten **2 nadruk** <van boek> • ~ *verboten* nadruk verboden

nachdrucken OV WW **nadrukken**

nachdrücklich BN **nadrukkelijk, met nadruk**

nacheifern ONOV WW **1 nastreven 2 navolgen**

nacheinander BW **na elkaar, achtereenvolgens**

nachempfinden OV WW sterk **navoelen, meevoelen, zich kunnen inleven** • *das kann ich nicht* ~ dat kan ik niet navoelen • *jemandem etwas ~ können* met iemand meevoelen

nacherzählen OV WW **navertellen**

Nachf. AFK Nachfolger **opvolger**

Nachfahr ZN M (+en/+en) FORM. **nazaat**

nachfahren ONOV WW **achternarijden, volgen**

Nachfolge ZN V (-/+n) **1 navolging 2 opvolging**

nachfolgen ONOV WW **1 volgen** • *das Nachfolgende* het volgende **2 navolgen 3 opvolgen** • *jemandem* ~ iemand opvolgen

Nachfolger ZN M (+s/-) **1 opvolger 2 erven** <in firmanaam> • *H. Schmitt* ~ de erven H. Schmitt

nachfordern OV WW **navorderen**

Nachforderung ZN V (-/+en) **navordering**

nachforschen OV + ONOV WW **1 onderzoeken 2 navorsen, nagaan**

Nachforschung ZN V (-/+en) **onderzoek**

Nachfrage ZN V (-/+n) **1 informatie, navraag** • *danke der* ~ bedankt voor de belangstelling **2** ECON. **vraag** • *Angebot und* ~ vraag en aanbod

nachfragen OV WW **(na)vragen** • *das muss ich erst* ~ dat moet ik eerst navragen • ECON. *der Artikel wird kaum noch nachgefragt* het artikel is nauwelijks nog gevraagd

nachfühlen OV WW **meevoelen, navoelen** • *das kann ich dir* ~ dat kan ik goed van je begrijpen, ik voel daarin met je mee

nachfüllen OV WW **1 bijgieten, toevoegen 2**

aanvullen, bijvullen
nachgeben ONOV WW sterk **1 toegeven** • *jemandem nichts ~* niet voor iemand onderdoen • *sie gibt immer wieder nach* ze geeft steeds weer toe • *schnell ~* grif toegeven • *einer Schwäche ~* aan een zwakte toegeven **2 onderdoen voor** • *das Material gibt Seide an Tragekomfort nichts nach* dit materiaal doet qua draagcomfort niet onder voor zijde **3 wijken, meegeven** • *der Boden gibt nach* de grond zakt in • *nicht ~* niet meegeven • *die Tür gab ein bisschen nach* de deur gaf een beetje mee **4 nog eens voor iemand opscheppen** <van eten>, **nogmaals serveren**
Nachgebühr ZN V (-/+en) **strafport**
Nachgeburt ZN V (-/+en) **nageboorte**
nachgehen ONOV WW **1 nagaan, volgen, achternalopen** • *dieser Verlust ging ihm lange nach* dit verlies bleef hem lang bij **2 nagaan, uitpluizen** • *einer Sache ~* een zaak uitpluizen **3 achterlopen** • *die Uhr geht nach* de klok loopt achter **4 zich wijden aan, uitoefenen** • *welcher Tätigkeit geht sie nach?* wat doet ze voor werk? • *seinen Geschäften ~* zijn zaken waarnemen
nachgeordnet BN **1 ondergeschikt 2 ressorterend onder**
nachgerade BW **1 gewoonweg, bepaald 2 langzamerhand, allengs, gaandeweg**
Nachgeschmack ZN M (+(e)s/gmv) **nasmaak** • *einen bitteren ~ haben* een bittere nasmaak hebben
nachgiebig BN **1 toegeeflijk, meegaand 2 meegevend**
na **Nachgiebigkeit** ZN V (-/gmv) **soepelheid, meegaandheid, toegevendheid**
nachglühen ONOV WW **nagloeien**
nachgrübeln ONOV WW **piekeren, peinzen**
nachgucken ONOV WW INFORM. **nakijken**
Nachhall ZN M (+(e)s/gmv) **nagalm, naklank**
nachhallen ONOV WW **naklinken, nagalmen**
nachhaltig BN **duurzaam**
Nachhaltigkeit ZN V **duurzaamheid**
nachhängen ONOV WW sterk **1 zich overgeven aan, de vrije loop laten, vervuld zijn van** • *seinen Gedanken ~* zijn gedachten de vrije loop laten **2 kleven aan** • *das hängt ihm immer noch nach* das blijft aan hem kleven **3 achterblijven, niet opschieten**
Nachhauseweg ZN M (+(e)s/+e) **weg naar huis, terugweg** • *auf dem ~* op weg naar huis, op de terugweg
nachhelfen ONOV WW sterk **een handje helpen, helpen**
nachher BW **1 daarna, nadien 2 naderhand, later** • *bis ~!* tot later! • *~ tut es dir leid* later heb je er spijt van
Nachhilfe ZN V (-/+n) **bijles**
Nachhilfestunde ZN V (-/+n) **bijles**
Nachhilfeunterricht ZN M (+(e)s/+e) **bijles**
Nachhinein BW • *im ~* achteraf, later
nachhinken ONOV WW **achternahinken**
Nachholbedarf ZN M (+s/gmv) **achterstand, tekort** • *den ~ decken* de achterstand inhalen • *einen ~ haben* veel in te halen hebben
nachholen OV WW **1 inhalen, alsnog doen 2 achteraf bijhalen**
Nachhut ZN V (-/+en) MIL. **achterhoede**
nachjagen ONOV WW **1 najagen** • *dem Erfolg ~* succes najagen **2 jacht maken op**
Nachklang ZN M (+(e)s/-klänge) **1 naklank 2 nawerking, effect**
nachklingen ONOV WW sterk **naklinken**
Nachkomme ZN M (+n/+n) **nakomeling, afstammeling** • *für Nachkommen sorgen* nageslacht verwekken
nachkommen ONOV WW sterk **1 bijhouden, gelijke tred houden** • *nicht ~ können* het niet kunnen bijhouden **2 nakomen, vervullen** • *seinen Verpflichtungen ~* zijn verplichtingen nakomen • *einer Bitte ~* aan een verzoek voldoen **3 achternakomen 4 later komen**
Nachkommenschaft ZN V (-/+en) **nakomelingschap, nageslacht, nakomelingen**
Nachkömmling ZN M (+(e)s/+e) **1 nakomeling 2 nakomertje**
Nachkriegszeit ZN V (-/+en) **naoorlogse tijd**
Nachlass ZN M (+es/+e) **1 nalatenschap** • *der ~ eines Künstlers* de nagelaten werken van een kunstenaar **2 korting**
nachlassen OV + ONOV WW sterk **1 minder worden, verminderen, afnemen, verslappen** • *nicht ~* volhouden • *die Aufmerksamkeit lässt nach* de aandacht verslapt • *der Wind hat nachgelassen* de wind is afgenomen • *der Regen lässt nach* de regen mindert **2 na-/achterlaten** • *nachgelassene Werke* nagelaten werken **3 korting geven** • *nichts vom Preis ~* niets van de prijs afdoen
Nachlassenschaft ZN V (-/+en) **nalatenschap**
nachlässig BN **1 nalatig, slordig 2 nonchalant, achteloos**
Nachlässigkeit ZN V (-/+en) **slordigheid, achteloosheid**
Nachlasspfleger ZN M (+s/-) **executeur-testamentair**
nachlaufen ONOV WW sterk **1 achterlopen 2 nalopen** • *er läuft ihr nach* hij loopt haar achterna
nachleben ONOV WW **1 navolgen 2 naleven, zich houden aan**
nachlegen OV WW **bijvoegen, er nog bijdoen**
Nachlese ZN V (-/+n) **1 naoogst 2** FORM. **nalezing**
nachlesen OV WW sterk **1 nalezen, overlezen 2 naoogsten**
nachliefern OV WW **naleveren**
Nachlieferung ZN V (-/+en) **nalevering**
nachlösen OV WW TRANSP. **bijbetalen, later kopen** • *im Zug eine Fahrkarte ~* een kaartje in de trein kopen
nachmachen OV WW **1 namaken, nadoen, nabootsen, na-apen** • *das machst du ihm nicht nach* dat zul je hem niet nadoen • *das ist nachgemacht* dat is namaak **2 later maken**
nachmalen OV WW **1 overtrekken 2 bijschilderen**
nachmessen OV WW sterk **nameten**

Nachmittag ZN M (+(e)s/+e) **namiddag, middag** • *am ~* in de middag • *am frühen ~* in de middaguren • *am späten ~* laat op de middag
nachmittags BW **'s middags**
Nachnahme ZN V (-/+n) **rembours** • *Nachnahmesendung* rembourszending • *per/gegen/unter ~* onder rembours
Nachnahmegebühr ZN V (-/+en) **rembourskosten**
Nachnahmesendung ZN V (-/+en) **rembourszending**
Nachname ZN M (+ns/+n) **familienaam, achternaam** • *wie heißt du mit Nachnamen?* hoe heet je van achteren?
Nacho ZN O (+s/+s) **nacho**
nachplappern OV WW MIN. **nabauwen, napraten** • *jemandem alles ~* iemand napraten
Nachporto ZN O (+s/+s, -porti) **strafport**
nachprüfbar BN **controleerbaar, verifieerbaar**
nachprüfen OV WW **1 nagaan, nakijken, controleren 2 nog eens examineren**
Nachprüfung ZN V (-/+en) **1 nagaan, controle 2 herexamen**
nachrechnen OV WW **narekenen**
Nachrede ZN V (-/+n) **narede, nawoord** • *üble ~* laster, smaad • *in üble ~ kommen* in opspraak komen
nachreden OV + ONOV WW **1 kwaadspreken** • *jemandem übel ~* iemand belasteren, kwaadspreken van iemand **2 napraten**
nachreichen OV WW **alsnog doen toekomen** • *die Unterlagen ~* de papieren later nog indienen
nachreisen ONOV WW **nareizen**
nachrennen ONOV WW onregelmatig **achternarennen**
Nachricht ZN V (-/+en) **boodschap, tijding, bericht** • *Nachrichten* nieuwsuitzending • *eine ~ hinterlassen* een boodschap achterlaten • *eine gute ~* een goed bericht • *ohne weitere Nachrichten* zonder tegenbericht • *die Nachrichten verfolgen* de nieuwsberichten volgen • *eine ~ entgegennehmen* een boodschap aannemen
Nachrichtenagentur ZN V (-/+en) **nieuwsagentschap**
Nachrichtendienst ZN M (+es/+e) **1 persbureau 2 inlichtingendienst**
Nachrichtensendung ZN V (-/+en) **nieuwsuitzending**
Nachrichtensperre ZN V (-/+n) **verbod op het geven van berichten**
Nachrichtensprecher ZN M (+s/-) **nieuwslezer**
nachrichtlich BN **ter informatie**
nachrücken ONOV WW **1 opschuiven 2 de plaats innemen van** • *wenn ein Bewerber ausfällt, rückt sie nach* als een sollicitant wegvalt, neemt zij zijn plaats in
Nachruf ZN M (+(e)s/+e) **in memoriam, herdenkingsrede, necrologie**
nachrufen OV WW sterk **naroepen**
Nachruhm ZN M (+(e)s/gmv) **faam bij het nageslacht**
nachrüsten 1 OV WW TECHN. **extra voorzieningen aanbrengen, achteraf toerusten 2** ONOV WW MIL. **de bewapening uitbreiden**
nachsagen OV WW **1 nazeggen** • *jemandem etwas ~* iemand iets nazeggen **2 achter iemands rug vertellen** • *jemandem Übles ~* van iemand kwaadspreken
Nachsaison ZN V (-/+en) **naseizoen**
Nachsatz ZN M (+es/-sätze) **1 aanhangsel** • *etwas in einem ~ erwähnen* iets in een toevoeging noemen **2** TAALK. **nazin**
nachschauen OV + ONOV WW **1 nakijken 2 controleren**
nachschicken OV WW **nasturen**
nachschlagen OV WW sterk **naslaan, opzoeken** • *ein Wort im Wörterbuch ~* een woord in een woordenboek opzoeken
Nachschlagewerk ZN O (+(e)s/+e) **naslagwerk**
nachschleichen ONOV WW sterk **achterna sluipen**
nachschleppen OV WW **1 achternaslepen 2 achter zich aan slepen**
Nachschlüssel ZN M (+s/-) **sleutelkopie**
nachschreiben OV WW sterk **1 overschrijven, kopiëren 2** O&W **inhalen** • *eine Klausur ~* een proefwerk inhalen
Nachschrift ZN V (-/+en) **1 naschrift, postscriptum 2 dictaat**
Nachschub ZN M (+(e)s/gmv) **bevoorrading, nieuwe aanvoer**
nachschütten OV WW **bijstorten, bijvullen**
nachschwingen ONOV WW sterk **natrillen**
nachsehen OV + ONOV WW sterk **1 nakijken** • *ich will mal ~* ik zal eens kijken • *das Nachsehen haben* het nakijken hebben **2 nazien, controleren** • *ich kann nicht alles ~* ik kan niet alles nalopen **3 vergeven** • *jemandem etwas ~* iets van iemand door de vingers zien **4 achternakijken**
Nachsehen ZN O • *das ~ haben* het nakijken hebben
nachsenden OV WW onregelmatig **nazenden**
nachsetzen OV + ONOV WW **1 achter plaatsen 2 achteraangaan, achternazitten 3 achterstellen bij**
Nachsicht ZN V (-/gmv) **1 begrip** • *~ zeigen* consideratie tonen **2 toegeeflijkheid**
nachsichtig BN **1 geduldig 2 toegeeflijk, clement** • *jemandem gegenüber ~ sein* toegevend zijn tegenover iemand
Nachsilbe ZN V (-/+n) TAALK. **suffix, achtervoegsel**
nachsinnen ONOV WW sterk **nadenken, peinzen**
nachsitzen ONOV WW sterk **nablijven, schoolblijven** • *jemanden ~ lassen* iemand laten schoolblijven
Nachsommer ZN M (+s/-) **nazomer**
Nachsorge ZN V (-/gmv) **nazorg**
Nachspann ZN M (+(e)s/+e) **aftiteling, credits**
Nachspeise ZN V (-/+n) **nagerecht**
Nachspiel ZN O (+(e)s/+e) **naspel** • *das wird noch ein ~ haben* dat zal nog gevolgen hebben

nachspielen 1 OV WW naspelen 2 ONOV WW SPORT de extra tijd spelen <blessuretijd>
nachspionieren ONOV WW bespioneren
nachsprechen OV WW sterk weergeven, nazeggen
nachspüren ONOV WW naspeuren • *der Sache ~* de zaak uitpluizen
nächst BN 1 naast, meest nabij • *die nächsten Angehörigen* de naaste familieleden • *nächste Umgebung* onmiddellijke omgeving • *in nächster Nähe* in de onmiddellijke nabijheid 2 volgend, aanstaand, komend • *der nächste Beste* de eerste de beste • *nächste Woche* de volgende week • *nächsten Sonntag* aanstaande zondag • *das nächste Mal* de volgende keer • *die nächsten Tage* de eerstkomende dagen 3 toekomstig • *mijn aanstaande echtgenoot* mein zukünftiger Ehemann • *de aanstaande moeder* die werdende Mutter
nächstbest BN eerste de beste
Nächstbeste ZN M/O 1 de eerste de beste, het eerste het beste 2 op een na de/het beste
Nächste ZN M/V (+n/+n) 1 FORM. de naaste 2 het eerstvolgende
nachstehen ONOV WW sterk 1 onderdoen voor • *jemandem an Fleiß in nichts ~* in ijver voor iemand niet onderdoen 2 achterstaan bij • *~de Bemerkungen* de volgende opmerkingen
nachstehend BW navolgend
Nachstehende ZN O (+n/gmv) onderstaande, volgende
na
nachsteigen ONOV WW sterk INFORM. volgen, nalopen • *einem Mädchen ~* achter een meisje aan zitten
nachstellen OV + ONOV WW +3 1 belagen, achternazitten • *jemandem ~* iemand belagen, iemand stalken 2 achteruitzetten 3 bijstellen • *eine Maschine ~* een machine bijstellen 4 TAALK. plaatsen achter
Nachstellung ZN V (-/+en) 1 achtervolging, vervolging 2 TAALK. postpositie
Nächstenliebe ZN V (-/gmv) naastenliefde
nächstens BW 1 binnenkort, eerdaags 2 als het zo verder gaat
nächstliegend BN het meest voor de hand liggend
nachstreben ONOV WW nastreven
nachstürzen OV + ONOV WW 1 nastormen, narennen 2 achteraf naar beneden storten
nachsuchen OV + ONOV WW 1 FORM. vragen, verzoeken • *um etwas ~* verzoeken om iets, solliciteren naar iets 2 nazoeken, opzoeken
Nacht ZN V (-/Nächte) nacht • *über ~* zomaar, plotseling • *bei ~ und Nebel* heimelijk, in de donkere nacht • *bei ~ und Nebel verschwinden* met de noorderzon vertrekken • *hässlich wie die ~* foeilelijk • *vergangene ~* de afgelopen nacht • *kommende ~* komende nacht • *schlaflose Nächte* slapeloze nachten • *bei Einbruch der ~* bij het vallen van de nacht • *die ~ durchmachen* de hele nacht doorfeesten • *schwarz wie die ~* zo zwart als de nacht • *die ~ bricht (her)ein* de nacht valt • *eine ~ über etwas schlafen* ergens een nachtje over slapen
nachtblind BN nachtblind
Nachtblindheit ZN V (-/gmv) nachtblindheid
Nachtdienst ZN M (+es/+e) nachtdienst
Nachteil ZN M (+(e)s/+e) nadeel • *der Prozess ist zu unserem ~ ausgegangen* het proces is in ons nadeel uitgevallen • *sich zu seinem ~ verändern* in zijn nadeel veranderen • *sein Alter war ein ~* zijn leeftijd was in zijn nadeel
nachteilig BN nadelig
nächtelang BN nachten lang
Nachteule ZN V (-/+n) nachtbraker
Nachtfalter ZN M (+s/-) 1 nachtvlinder 2 nachtbraker
Nachtflug ZN M nachtvlucht
Nachtfrost ZN M (+(e)s/-fröste) nachtvorst
Nachthemd ZN O (+(e)s/+en) nachthemd, nachtjapon
Nachtigall ZN V (-/+en) nachtegaal
nächtigen ONOV WW overnachten
Nachtisch ZN M (+(e)s/gmv) dessert, nagerecht, toetje • *zum/als ~ gibt es Pudding* als toetje is er pudding
Nachtklub ZN M (+s/+s) nachtclub
Nachtlager ZN O (+s/-) nachtleger, nachtverblijf
nächtlich BN nachtelijk
Nachtlokal ZN O (+(e)s/+e) nachtclub
nachtönen ONOV WW naklinken
Nachtquartier ZN O (+s/+e) nachtlogies, nachtverblijf
Nachtrag ZN M (+(e)s/-träge) toevoegsel, aanvulling
nachtragen OV + ONOV WW sterk 1 achternadragen 2 (blijven) nadragen, blijven verwijten • *jemandem etwas ~* iemand iets (blijven) nadragen 3 naderhand toevoegen, later aanvullen
nachtragend BN haatdragend • *~ sein* iemand iets blijven verwijten
nachträglich 1 BN verlaat • *nachträgliche Glückwünsche* verlate gelukwensen 2 BW achteraf, later • *~ alles Gute!* alsnog gefeliciteerd
nachtrauern ONOV WW • *einer Sache ~* om iets treuren/rouwen
nachtreten ONOV WW sterk natrappen
Nachtruhe ZN V (-/gmv) nachtrust
nachts BW 's nachts
Nachtschatten ZN M AGRAR. nachtschaduw
Nachtschicht ZN V (-/+en) 1 nachtploeg 2 nachtdienst • *~ haben* nachtdienst hebben
nachtschlafend BN • *bei/zu ~er Zeit* 's nachts
Nachtschwärmer ZN M (+s/-) 1 nachtvlinder 2 nachtbraker
Nachtstunde ZN V (-/+n) nachtelijk uur
Nachttisch ZN M (+(e)s/+e) nachtkastje
Nachttopf ZN M (+(e)s/-töpfe) nachtspiegel, po
nachtun OV WW sterk nadoen
Nacht-und-Nebel-Aktion ZN V (-/+en) overrompelingsactie, overval
Nachtwache ZN V (-/+n) 1 nachtwacht,

nachtwaker **2** nachtwake
Nachtwächter ZN M (+s/-) **1** nachtwacht **2** bewaker (van een bedrijf) **3** INFORM. slaapkop, sufferd **4** IRON. drol, stronthoop
Nachtwandler ZN M (+s/-) slaapwandelaar
Nachtzeit ZN V (-/gmv) nacht • *zur ~* 's nachts
Nachtzeug ZN O (+(e)s/gmv) nachtgoed
Nachtzug ZN M (+(e)s/-züge) nachttrein
Nachuntersuchung ZN V (-/+en) onderzoek na een ziekte
nachvollziehen OV WW sterk **1** navoelen **2** zich voorstellen • *das kann ich nicht ~* dat kan ik niet begrijpen
Nachwehen ZN MV naweeën • *die ~ der Krise* de naweeën van de crisis
nachweinen OV + ONOV WW treuren om
Nachweis ZN M (+es/+e) bewijs
nachweisbar BN aanwijsbaar, aantoonbaar
nachweisen OV + ONOV WW sterk **1** aantonen, bewijzen, met bewijzen staven **2** nawijzen
nachweislich BN **1** aantoonbaar • *dieser Satz ist ~ falsch* deze zin is aantoonbaar fout **2** duidelijk, bewijsbaar
Nachwelt ZN V (-/gmv) nageslacht • *für die ~ bewahrt* voor het nageslacht bewaard
nachwerfen OV WW sterk **1** nagooien, nawerpen **2** erbij gooien
nachwiegen OV WW sterk nawegen
nachwirken ONOV WW **1** nawerken • *sein Einfluss wirkt noch nach* zijn invloed werkt nog na **2** zijn uitwerking behouden
Nachwirkung ZN V (-/+en) nawerking • *die Nachwirkungen von ... spüren* de nawerking ondervinden van
Nachwort ZN O (+(e)s/+e) nawoord
Nachwuchs ZN M (+es/gmv) **1** komende generatie, jeugd **2** INFORM. kroost • *~ erwarten* gezinsuitbreiding verwachten • *~ bekommen* een kind krijgen, FIG. er jonge collega's bij krijgen
Nachwuchsautor ZN M (+s/+en) aankomend auteur
nachzahlen OV WW **1** nabetalen **2** bijbetalen
nachzählen OV WW natellen
Nachzahlung ZN V (-/+en) **1** nabetaling **2** bijbetaling
nachzeichnen OV WW natekenen
nachziehen OV WW onregelmatig **1** achter zich aantrekken, achternatrekken • *das Bein ~* met zijn been trekken **2** AGRAR. nog eens kweken **3** TECHN. steviger aandraaien **4** natekenen, overtrekken • *sich die Lippen ~* de lippen aanzetten **5** het voorbeeld van anderen volgen • *als sie das hörte, musste sie natürlich ~* toen ze dat hoorde, moest ze natuurlijk hetzelfde doen **6** een overeenkomstige zet doen <schaken>
Nachzug ZN M (+(e)s/-züge) volgtrein
Nachzügler ZN M (+s/-) **1** laatkomer, achterblijver • *ein paar ~ kamen erst später über die Ziellinie* een paar achterblijvers kwamen pas later over de finish **2** INFORM. nakomertje
Nackedei ZN M (+s/+s) **1** HUMOR. naakt kind **2** HUMOR. bloterik, naaktloper
Nacken ZN M (+s/-) nek • *jemandem im ~ sitzen* iemand op de huid zitten • *jemanden im ~ haben* iemands hete adem in de nek voelen • *steifer ~* stijve nek
Nackenschlag ZN M (+(e)s/-schläge) nekslag, slag
nackt BN **1** naakt, bloot **2** kaal **3** louter, enkel en alleen, puur • *eine ~e Wand* een kale muur • *die ~e Wahrheit* de naakte waarheid • *~e Tatsachen* pure feiten
Nacktheit ZN V (-/gmv) naaktheid
Nadel ZN V (-/+n) **1** naald • *an der ~ hängen* aan de heroïne verslaafd zijn • *eine ~ im Heuhaufen suchen* een naald in een hooiberg zoeken **2** haarspeld **3** speld(je), broche
Nadelbaum ZN M (+(e)s/-bäume) naaldboom
Nadelholz ZN O (+es/gmv) naaldhout
Nadelkissen ZN O (+s/-) speldenkussen
Nadelkopf ZN M (+(e)s/-köpfe) speldenknop
Nadelöhr ZN O (+(e)s/+e) **1** oog v.e. naald **2** FIG. smal stukje <in het verkeer>
Nadelspitze ZN V (-/+n) **1** naaldkant **2** punt <van naald of speld>
Nadelstich ZN M (+(e)s/+e) **1** naaldsteek, speldenprik **2** naaisteek
Nadelwald ZN M (+(e)s/-wälder) naaldbos
Nagel ZN M (+s/Nägel) **1** nagel • *sich die Nägel schneiden* zijn nagels knippen • FIG. *auf den Nägeln brennen* uiterst kritiek zijn, zeer dringend zijn • FIG. *sich etwas unter den ~ reißen* iets inpikken **2** spijker • FIG. *etwas an den ~ hängen* iets aan de wilgen hangen <ergens mee ophouden> • FIG. *den ~ auf den Kopf treffen* de spijker op de kop slaan • *Nägel in die Wand schlagen* spijkers in de muur hameren • *das ist ein ~ zu meinem Sarg* dat is een nagel aan mijn doodkist
Nagelbürste ZN V (-/+n) nagelborsteltje
Nagelfeile ZN V (-/+n) nagelvijltje
Nagellack ZN M (+(e)s/+e) nagellak
Nagellackentferner ZN M (+s/-) nagellakremover
nageln **1** OV WW **1** nagelen, spijkeren **2** met nagels aan elkaar zetten <van botdelen> **2** ONOV WW **1** nagels inslaan **2** sterk kloppen <van dieselmotor>
nagelneu BN fonkelnieuw
Nagelprobe ZN V (-/+n) • *die ~ machen* nauwkeurig onderzoeken, tot op de bodem leegdrinken
Nagelschere ZN V (-/+n) nagelschaartje
nagen OV + ONOV WW **1** knagen • *~der Schmerz* knagende pijn • *Zweifel nagte an ihr* twijfel verscheurde haar **2** afknagen
Nager ZN M (+s/-) knager, knaagdier
Nagetier ZN O (+(e)s/+e) knaagdier
Näharbeit ZN V (-/+en) naaiwerk
Nahaufnahme ZN V (-/+n) close-up
nah(e) BN **1** na staand, nauw **2** voor de deur staand, nabijzijnd **3** na, nabij, dichtbij, dichtbijgelegen, naburig • *nahe daran sein* op

het punt staan, bijna beginnen te • *nahe sein* eraan komen • *nahe kommen* nader komen • *von nah und fern* van heinde en verre
Nähe ZN V (-/gmv) nabijheid • *in der ~* in de buurt, dichtbij • *aus nächster ~* van heel dichtbij • *in nächster ~* in de onmiddellijke nabijheid
nahebei BW vlakbij, dichtbij
nahebringen OV WW +3, sterk inzicht geven in
nahegehen ONOV WW +3, sterk aan het hart gaan
nahekommen ONOV WW +3, sterk benaderen
nahelegen OV WW +3, aanraden, duidelijk te verstaan geven
naheliegen ONOV WW sterk voor de hand liggen
nahen ONOV WW naderen • *sich jemandem ~* iemand benaderen • *das Fest naht* het feest is aanstaande
nähen OV + ONOV WW naaien
näher BN nader, dichterbij, nauwkeuriger • *bis auf Näheres* tot nader order • *~ zusehen* nauwkeuriger toekijken • *nähere Informationen geben* nadere inlichtingen verstrekken • *bei näherer Betrachtung* bij nader inzien • *einander ~ kommen* nader tot elkaar komen
näherbringen OV WW sterk beter vertrouwd maken met
Nähere ZN O (+n/gmv) (het) nadere, details • *Näheres finden Sie bei ...* nadere bijzonderheden vindt u bij ... • *Näheres wird morgen bekannt gegeben* nadere bijzonderheden worden morgen bekendgemaakt
Näherin ZN V (-/+nen) naaister, coupeuse
näherkommen ONOV WW **(sich ~)** +3, sterk dichter bij elkaar komen
näherliegen ONOV WW sterk meer voor de hand liggen
nähern **1** OV WW dichterbij brengen **2** WKD WW **(sich ~)** **1** benaderen, contact zoeken met **2** naderen • *sich einer Sache ~* een zaak benaderen
nähertreten ONOV WW +3, sterk in nader contact komen met • *einem Vorschlag ~* een voorstel nader bekijken
Näherung ZN V (-/gmv) **1** nadering **2** benadering
Näherungswert ZN M (+(e)s/+e) benaderingswaarde
nahestehen ONOV WW +3, sterk bevriend zijn met
nahetreten ONOV WW +3, sterk in nauw contact komen met
nahezu BW nagenoeg
Nähgarn ZN O (+(e)s/+e) naaigaren
Nahkampf ZN M (+(e)s/-kämpfe) **1** SPORT lijf-aan-lijfgevecht **2** vechtpartij **3** MIL. gevecht van man tegen man
Nähkästchen ZN O ▸ *aus dem ~ plaudern* uit de school klappen
Nähkasten ZN M (+s/-) naaidoos
nahm OV WW verl. tijd → **nehmen**
Nähmaschine ZN V (-/+n) naaimachine
Nähnadel ZN V (-/+n) naainaald
Nahost ZN M (+s/gmv) Nabije Oosten

nä

Nährboden ZN M (+s/-böden) voedingsbodem
nähren OV + ONOV WW **1** voeden, voedsel geven **2** koesteren **3** voedzaam zijn • *nährend* voedzaam • *sich ~* zich voeden, in zijn onderhoud voorzien • *ein Gerücht ~* voeding geven aan een gerucht
nahrhaft BN voedzaam
Nährmittel ZN O (+s/-) voedingsmiddel, levensmiddel
Nährstoff ZN M (+(e)s/+e) voedingsstof
Nahrung ZN V (-/gmv) voedsel, voeding • *die ~ verweigern* voedsel weigeren
Nahrungsergänzungsmittel ZN O voedingssupplement
Nahrungskette ZN V (-/+n) voedselketen
Nahrungsmangel ZN M (+s/gmv) voedselgebrek
Nahrungsmittel ZN O (+s/-) **1** voedingsmiddel **2** levensmiddel
Nahrungsmittelvergiftung ZN V (-/+en) voedselvergiftiging
Nährwert ZN M (+(e)s/+e) voedingswaarde
Nähseide ZN V (-/+n) naaizijde
Naht ZN V (-/Nähte) **1** naad **2** voeg **3** MIL. grens tussen twee formaties
nahtlos BN naadloos
Nahverkehr ZN M (+s/gmv) streekvervoer
Nahverkehrszug ZN M (+(e)s/-züge) stoptrein, boemeltreintje
Nähzeug ZN O (+(e)s/+e) **1** naaigerei **2** naaiwerk
Nahziel ZN O (+es/+e) **1** doel voor nabije toekomst **2** MIL. doel dichtbij
naiv BN naïef • *~e Kunst* naïeve schilderkunst
Naivität ZN V (-/gmv) naïviteit
Name ZN M (+ns/+n) naam • *mit Namen* genaamd, geheten • *im Namen unserer Firma* namens ons bedrijf • *etwas beim Namen nennen* iets met naam en toenaam noemen • *sich einen Namen machen* een naam verwerven • *die Dinge beim Namen nennen* een kat een kat noemen • *seinen guten Namen verspielen* zijn goede naam te grabbel gooien • *einen guten/ schlechten Namen haben* een goede/slechte naam hebben • *sie hat sich einen Namen gemacht* zij heeft een gevestigde reputatie • *sie führt ihren eigenen Namen* zij voert haar eigen naam • *auf den Namen X hören* luisteren naar de naam X • *unter dem Namen X bekannt sein* bekend staan onder de naam X • *in eigenem Namen* op persoonlijke titel • *auf den Namen X* ten name van X • *jemandem dem Namen nach kennen* iemand van naam kennen • *den Namen ändern* van naam veranderen
Namengebung ZN V (-/+en) naamgeving
namenlos BN **1** naamloos **2** nameloos, onnoemelijk
namens **1** BW genaamd, geheten • *ein Mann ~ Meier* een man genaamd Meier **2** VZ +2 FORM. namens, in naam van
Namensaktie ZN V (-/+n) aandeel op naam
Namensliste ZN V (-/+n) namenlijst
Namensschild ZN O (+(e)s/+er) naambordje, naamplaatje
Namenstag ZN M (+(e)s/+e) REL. naamdag,

naamfeest

Namensvetter ZN M (+s/+n) naamgenoot

Namenszeichen ZN O (+s/-) paraaf

Namenszug ZN M (+(e)s/-züge) handtekening

namentlich **1** BN **1** bij naam, volgens naam **2** hoofdelijk **2** BW met name, vooral, in het bijzonder

Namenverzeichnis ZN O (+ses/+se) naamlijst

namhaft BN **1** bekend, vermaard, beroemd • *ein ~er Maler* een bekende schilder • *~ machen* noemen, de naam noemen van, bekendmaken **2** aanzienlijk, belangrijk, groot

nämlich **1** BN OUD. • *er ist noch der Nämliche* hij is dezelfde **2** BW namelijk, immers, te weten • *es ist ~ nichts passiert* er is namelijk niets gebeurd • *ich habe ~ kein Geld* ik heb namelijk geen geld

nannte OV WW verl. tijd → **nennen**

nanu TUSSENW hé • *~, du kommst schon zurück!* hé, kom je nu al terug? • *~?* wat?

Napalm ZN O (+(e)s/gmv) napalm

Napf ZN M (+(e)s/Näpfe) nap, bakje

Napfkuchen ZN M (+s/-) tulband <gebak>

Narbe ZN V (-/+n) **1** litteken **2** nerf

narbig BN vol littekens

Narkose ZN V (-/+n) narcose • *unter ~ setzen* onder narcose brengen • *aus der ~ auf-/erwachen* uit de narcose ontwaken

Narkosearzt ZN M (+es/-ärzte) MED. anesthesist

Narkotikum ZN O (+s/-ka) narcoticum, verdovend middel

narkotisch BN bedwelmend, narcotisch

narkotisieren OV WW narcotiseren

Narr ZN M (+en/+en) **1** nar, dwaas, zot **2** carnavalsvierder • *jemanden zum Narren halten* iemand voor de gek houden • *einen Narren an jemandem gefressen haben* gek zijn op iemand • *ein Narr, wer Böses dabei denkt* zoals de waard is, vertrouwt hij zijn gasten

narren OV WW voor de gek houden

narrensicher BN feilloos, absoluut betrouwbaar

Narretei ZN V (-/+en) **1** dwaasheid **2** gekkenwerk, dwaze streek

Narrheit ZN V (-/+en) domheid

Närrin ZN V (-/+nen) **1** zottin, malloot **2** carnavalsvierster

närrisch BN **1** zot, dwaas, gek **2** carnavalesk **3** INFORM. dol • *~ sein auf etwas* dol zijn op iets • *närrisches Zeug* gekkenpraat • *das närrische Treiben* het carnavalsvieren

Narwal ZN M (+(e)s/+e) BIOL. narwal

Narzisse ZN V (-/+n) narcis

Narzissmus ZN M (+es/gmv) narcisme

Narzisst ZN M (+en/+en) narcist

narzisstisch BN narcistisch

nasal BN **1** nasaal **2** neus-

nasalieren OV WW nasaleren

Nasallaut ZN M (+(e)s/+e) neusklank

naschen OV + ONOV WW snoepen

Nascher ZN M (+s/-) snoeper

Nascherei ZN V (-/+en) **1** gesnoep **2** snoep, snoepgoed

naschhaft BN snoeplustig

Naschhaftigkeit ZN V (-/gmv) snoepzucht

Naschkatze ZN V (-/+n) zoetekauw

Naschmaul ZN O (+(e)s/-mäuler) INFORM. snoeper

Nase ZN V (-/+n) neus • *eine verschnupfte ~* een verstopte neus • *seine ~ läuft* zijn neus loopt, hij heeft een loopneus • *auf die ~ fallen* op zijn neus vallen • *jemandem die ~ blutig schlagen* iemand een bloedneus slaan • *direkt vor meiner ~* pal voor mijn neus FIG., INFORM. *die ~ (gestrichen) voll haben* de neus uit komen • FIG. *jemandem etwas auf die ~ binden* iemand iets aan zijn neus hangen • FIG. *jemanden an der ~ herumführen* iemand bij de neus nemen • FIG. *die ~ rümpfen/hochziehen* zijn neus ophalen/optrekken • FIG. *die ~ hoch tragen* met de neus in de wind lopen • FIG. *jemanden mit der ~ auf etwas stoßen* iemand met de neus op de feiten drukken • FIG. *sich eine goldene ~ mit etwas verdienen* met iets slapend rijk worden, goed garen spinnen bij iets • FIG. *in alles seine ~ stecken* overal zijn neus in steken • FIG. *jemandem etwas unter die ~ reiben* iemand iets onder de neus wrijven • FIG. *jemandem etwas vor der ~ wegschnappen* iets voor iemands neus wegkapen • FIG. *sich an die eigene ~ fassen* naar zichzelf kijken, zich met zijn eigen zaken bemoeien

näseln ONOV WW **1** door de neus spreken **2** neuzelen

Nasenbein ZN O (+(e)s/+e) neusbeen

Nasenbluten ZN O (+s/gmv) neusbloeding • *~ haben* uit de neus bloeden

Nasenloch ZN O (+(e)s/-löcher) neusgat

Nasenspitze ZN V (-/+n) punt van de neus • *jemandem etwas an der ~ ansehen* iets an iemands neus zien • *nicht weiter sehen, als die ~ lang ist* niet verder zien dan zijn neus lang is

Nasenstüber ZN M (+s/-) **1** tik op de neus **2** standje

naseweis BN **1** eigenwijs **2** bijdehand

Naseweis ZN M (+es/+e) wijsneus, bijdehandje

Nashorn ZN O (+(e)s/-hörner) neushoorn

nass BN nat • *~ bis auf die Haut* nat tot op het hemd

Nässe ZN V (-/gmv) **1** natheid **2** vocht

nässen OV + ONOV WW **1** FORM. nat maken **2** bevochtigen **3** vocht afscheiden • *die Wunde nässt* de wond scheidt vocht af • FORM. *das Bett ~* in bed plassen

nassforsch BN REG. overdreven flink, stoer

nasskalt BN waterkoud

Nassrasur ZN V (-/+en) (het) nat scheren

Nation ZN V (-/+en) natie • *die Vereinten Nationen* de Verenigde Naties

national BN nationaal

Nationalfeiertag ZN M (+(e)s/+e) nationale feestdag

Nationalhymne ZN V (-/+n) volkslied

nationalisieren OV WW nationaliseren

Nationalisierung ZN V (-/+en) nationalisering

Nationalismus ZN M (-/gmv) nationalisme

Nationalist ZN M (+en/+en) nationalist

nationalistisch BN nationalistisch
Nationalität ZN V (-/+en) nationaliteit
Nationalmannschaft ZN V (-/+en) nationale ploeg • *die niederländische ~* het Nederlands elftal
Nationalökonomie ZN V (-/gmv) staatshuishoudkunde
Nationalsozialismus ZN M (-/gmv) nationaalsocialisme
Nationalsozialist ZN M (+en/+en) nationaalsocialist
nationalsozialistisch BN nationaalsocialistisch
Nationalspieler ZN M (+s/-) SPORT lid van het nationale team
NATO AFK North Atlantic Treaty Organization NAVO, Noord-Atlantische Verdragsorganisatie
Natrium ZN O (+s/gmv) natrium
Natter ZN V (-/+n) adder
Natur ZN V (-/+en) **1** natuur • *von ~ aus* van nature • *zur zweiten ~ geworden* een tweede natuur geworden **2** karakter, aard, wezen • *finanzieller ~* van geldelijke aard
Naturalbezüge ZN MV inkomsten in natura
Naturalien ZN MV • *in ~ bezahlen* in natura betalen
naturalisieren OV WW tot staatsburger maken, naturaliseren • *sich ~ lassen* zich laten naturaliseren
Naturalismus ZN M (-/-men) KUNST, FILOS. naturalisme
naturalistisch BN naturalistisch
Naturallohn ZN M (+(e)s/-löhne) loon in natura
naturbelassen BN zuiver, onvervalst, onbehandeld • *~es Holz* blank hout
Naturbühne ZN V (-/+n) openluchttheater
Naturdenkmal ZN O (+(e)s/+e, -mäler) natuurmonument
Naturell ZN O (+s/+e) karakter, aard
Naturereignis ZN O (+ses/+se) natuurverschijnsel
Naturerscheinung ZN V (-/+en) natuurverschijnsel
Naturforscher ZN M (+s/-) natuuronderzoeker
Naturfreund ZN M (+(e)s/+e) natuurvriend
naturgemäß **1** BN **1** natuurlijk, uit de aard der zaak **2** overeenkomstig de natuur **2** BW natuurlijk, uiteraard
Naturgesetz ZN O (+es/+e) natuurwet
naturgetreu BN natuurgetrouw • *~ gemalt* naar de natuur geschilderd
Naturgewalt ZN V (-/+en) natuurgeweld
Naturheilkunde ZN V (-/gmv) natuurgeneeskunde, natuurgeneeswijze
Naturkatastrophe ZN V (-/+n) natuurramp
natürlich **1** BN natuurlijk • *eines natürlichen Todes sterben* een natuurlijke dood sterven • *natürliche Selektion* natuurlijke selectie • *natürliche Veranlagung* natuurlijke aanleg • *natürliche Zahl* natuurlijk getal **2** BW **1** natuurlijk • *sich ganz ~ benehmen* zich heel natuurlijk gedragen • *~ nicht* natuurlijk niet **2** weliswaar
Natürlichkeit ZN V (-/gmv) natuurlijkheid
Naturpark ZN M (+s/+s) natuurpark
Naturschutz ZN M (+es/gmv) natuurbescherming
Naturschutzgebiet ZN O (+(e)s/+e) natuurreservaat
naturwidrig BN tegennatuurlijk
Naturwissenschaft ZN V (-/+en) natuurwetenschap
Naturwissenschaftler ZN M (+s/-) natuurwetenschapper
naturwissenschaftlich BN natuurwetenschappelijk
Nautik ZN V (-/gmv) nautiek, scheepvaartkunde, zeevaartkunde
nautisch BN nautisch, de zee-/scheepvaart betreffend
Navelorange ZN V (-/+n) navelsinaasappel
Navi ZN O INFORM. navigatiesysteem
Navigation ZN V (-/gmv) **1** navigatie **2** navigatieleer
Navigationssystem ZN O navigatiesysteem
Navigator ZN M (+s/+en) navigator
navigieren ONOV WW navigeren
Nazi **1** ZN M (+s/+s) nazi **2** AFK (+s/+s) Nationalsozialist nationaalsocialist
Nazismus ZN M (-/gmv) nazisme
nazistisch BN nationaalsocialistisch, nazistisch
NB TUSSENW nota bene NB
n.Chr. AFK nach Christus n. Chr. <na Christus>
ndl. AFK niederländisch Nederlands
Neapel ZN O Napels
Neapolitaner ZN M (+s/-) Napolitaan
Nebel ZN M (+s/-) **1** nevel, mist • *dichter ~* zware/dichte mist • *der ~ löst sich auf* de mist trekt op **2** nevelvlek <astronomie>
Nebelbank ZN V (-/-bänke) mistbank
nebelgrau BN grauw als mist, grijs als nevel
nebelhaft BN **1** nevelig, mistig **2** vaag
Nebelhorn ZN O (+(e)s/-hörner) misthoorn
nebeln OV + ONOV WW **1** nevelen **2** sproeien
Nebelscheinwerfer ZN M (+s/-) mistlamp, mistlicht
Nebelschlussleuchte ZN V (-/+n) mistachterlicht <van auto>
neben VZ +3/4, naast • *die Garage ist ~* 3 *dem Haus* de garage is naast het huis • *sie bauen die Garage ~* 4 *das Haus* ze bouwen de garage naast het huis • *ich setze mich ~* 4 *sie* ik ga naast haar zitten • *ich sitze ~* 3 *ihr* ik zit naast haar
Nebenabsicht ZN V (-/+en) bijbedoeling
Nebenamt ZN O (+(e)s/-ämter) bijbaan • *er ist Bürgermeister im ~* hij is burgemeester als nevenfunctie
nebenan BW hiernaast, daarnaast
Nebenanschluss ZN M (+es/-schlüsse) extra aansluiting
Nebenausgabe ZN V (-/+n) **1** regionale editie <van krant> **2** extra uitgave
Nebenausgang ZN M (+(e)s/-ausgänge) zijuitgang
Nebenbedeutung ZN V (-/+en) bijbetekenis

nebenbei BW **1** bovendien **2** terloops, tussen de bedrijven door • *~ verdienen* bijverdienen • *dies ~ bemerkt* dit terzijde

Nebenberuf ZN M (+(e)s/+e) bijbaan(tje)

nebenberuflich BN als bijverdienste/bijbaan

Nebenbeschäftigung ZN V (-/+en) nevenbetrekking, bijbaan

Nebenbuhler ZN M (+s/-) medeminnaar, mededinger, rivaal

nebeneinander BW naast elkaar

nebeneinanderher BW **1** naast elkaar **2** langs elkaar heen

Nebeneingang ZN M (+(e)s/-eingänge) zijingang

Nebeneinkünfte ZN MV neveninkomsten

Nebeneinnahmen ZN MV neveninkomsten

Nebenerwerb ZN M (+(e)s/+e) bijverdienste

Nebenfach ZN O (+(e)s/-fächer) bijvak

Nebenfluss ZN M (+es/-flüsse) zijrivier

Nebengebäude ZN O (+s/-) bijgebouw

Nebengedanke ZN M (+n/+n) bijgedachte, bijbedoeling

Nebengeräusch ZN O (+(e)s/+e) bijgeluid

Nebengeschäft ZN O (+(e)s/+e) bijzaak

Nebengleis ZN O (+es/+e) zijspoor

nebenher BW **1** daarnaast **2** terloops

Nebenkosten ZN MV bijkomende kosten

Nebenmann ZN M (+(e)s/-männer, -leute) buurman

Nebenniere ZN V (-/+n) bijnier

Nebenprodukt ZN O (+(e)s/+e) bijproduct

Nebenraum ZN M (+es/-räume) zijvertrek

Nebenrolle ZN V (-/+n) bijrol

Nebensache ZN V (-/+n) bijzaak • *das ist ~* dat is van ondergeschikt belang

nebensächlich BN bijkomstig • *Nebensächliches* bijkomstigheden

Nebensatz ZN M (+es/-sätze) bijzin

Nebenstelle ZN V (-/+n) **1** filiaal, bijkantoor **2** tweede aansluiting

Nebenstraße ZN V (-/+n) zijstraat

Nebenstrecke ZN V (-/+n) **1** zijlijn, minder belangrijk traject **2** lokale spoorlijn **3** secundaire weg

Nebenverdienst ZN M (+es/+e) bijverdienste

Nebenwirkung ZN V (-/+en) bijwerking

Nebenzimmer ZN O (+s/-) zijvertrek, aangrenzend vertrek

Nebenzweck ZN M (+es/+e) bijbedoeling

Nebenzweig ZN M (+(e)s/+e) zijtak

neblig BN nevelig, mistig

nebst VZ +3 OUD. benevens, samen met, inclusief • *unsere Tochter ~ Familie kommt* onze dochter komt samen met haar gezin

nebulos, **nebulös** BN **1** nevelig **2** onduidelijk, vaag

Necessaire ZN O (+s/+s) reisnecessaire

necken OV WW plagen

Neckerei ZN V (-/+en) plagerij

neckisch BN **1** plagerig **2** aardig, leuk

Neffe ZN M (+n/+n) neef <zoon van broer/zus>

Negation ZN V (-/+en) negatie, ontkenning

negativ BN negatief

Negativ ZN O (+s/+e) negatief <van foto>

Neger ZN M (+s/-) MIN. neger

Negerin ZN V (-/+nen) MIN. negerin

negieren OV WW **1** negeren **2** ontkennen **3** TAALK. ontkennend maken

Negligé, **Negligee** ZN O (+s/+s) negligé

negroid BN negroïde

nehmen OV WW sterk **1** nemen • *jemandem etwas ~* iemand iets ontnemen • *etwas ernst ~* iets ernstig opvatten • *was ~ Sie dafür?* wat kost dat? • *auf sich ~* zich belasten met **2** opnemen **3** gebruiken • *Medikamente ~* medicijnen gebruiken • *hat er etwas genommen?* heeft hij iets gebruikt? **4** innemen **5** aannemen • *etwas an sich ~* zich iets toe-eigenen • *jemands Mantel ~* iemands jas aannemen

Nehmer ZN M (+s/-) **1** nemer **2** koper

Neid ZN M (+(e)s/gmv) nijd, afgunst, jaloezie • *das ist purer/blasser Neid!* dat is pure nijd • *vor ~ erblassen; gelb/grün vor ~ werden* groen zien van jaloezie

neiden BN OUD. benijden • *jemandem etwas ~* iemand om iets benijden

Neider ZN M (+s/-) jaloers persoon • *er hat viele ~* veel mensen zijn jaloers op hem • *besser ~ als Mitleider* beter benijd dan beklaagd

Neidhammel ZN M (+s/-) jaloers mens

neidisch BN afgunstig, jaloers • *~ auf jemanden sein* jaloers op iemand zijn • *~ machen* afgunstig maken

neidlos BN zonder afgunst

Neige ZN V (-/+n) **1** rest, laatste beetje **2** einde, afloop • *ein Glas bis zur ~ leeren* een glas tot de laatste druppel leegdrinken • *zur ~ gehen* ten einde lopen

neigen **1** OV + ONOV WW **1** neigen, neiging hebben • *zu etwas ~* aanleg voor iets hebben, geneigd zijn tot iets • *ein geneigtes Ohr zu finden hoffen* een open oor hopen aan te treffen • *man neigt zu der Annahme* men is geneigd te veronderstellen • *er neigt zum Dickwerden* hij heeft de neiging dik te worden • *zu einer Ansicht ~* tot een opvatting overhellen **2** nijgen, buigen, laten zakken **3** schuin zetten/houden **2** WKD WW (**sich ~**) ten einde lopen

Neigung ZN V (-/+en) **1** neiging, geneigdheid, trek **2** interesse, voorliefde **3** helling **4** genegenheid • *etwas aus ~ tun* iets uit interesse doen • *jemandes ~ erwidern* iemands genegenheid beantwoorden

nein TUSSENW nee • *dazu sage ich nicht ~* daar zeg ik geen nee op

Nein ZN O nee

Nekrolog ZN M (+(e)s/+e) necrologie, levensbeschrijving van gestorvene

Nektar ZN M (+s/gmv) nectar

Nektarine ZN V (-/+n) nectarine

Nelke ZN V (-/+n) **1** PLANTK. anjer **2** PLANTK. kruidnagel

nennbar BN (be)noembaar

Nennbetrag ZN M (+(e)s/-träge) nominaal

ne

bedrag

nennen 1 OV WW onregelmatig **1 noemen** • *so genannt* zogenaamd • *wie nennt man das?* hoe noem je dat? • *jemanden nach seiner Oma ~* iemand naar zijn vader noemen **2 vermelden, opnoemen** • *ihr Name wird im Buch nicht genannt* haar naam wordt in het boek niet vermeldt **3 aanwijzen** 2 WKD WW (**sich ~**) **heten, zich noemen** • *das nennt sich ...* dat wordt ... genoemd

nennenswert BN **1 vermeldenswaard(ig) 2 noemenswaard(ig)** • *der Unterschied ist nicht ~* het verschil is niet noemenswaardig

Nenner ZN M (+s/-) OOK FIG. **noemer** • *Brüche mit gleichem ~* gelijknamige breuken • FIG. *einen gemeinsamen ~ finden* een gemeenschappelijke basis vinden • FIG. *alles auf einen ~ bringen* alles onder een noemer brengen

Nennung ZN V (-/+en) **benoeming, het noemen**

Nennwert ZN M (+(e)s/+e) **nominale waarde**

Neofaschismus ZN M (-/gmv) **neofascisme**

Neofaschist ZN M (+en/+en) **neofascist**

neofaschistisch BN **neofascistisch**

Neon ZN O (+s/gmv) **neon**

Neonazi ZN M (+s/-, +s) **neonazi**

Neonlicht ZN O (+(e)s/+er) **neonlicht**

Neonröhre ZN V (-/+n) **neonbuis**

Nepotismus ZN M (-/gmv) **nepotisme**

Nepp ZN M (+s/gmv) INFORM. **afzetterij, bedrog**

neppen OV WW **neppen, bedriegen**

Nerv ZN M (+s/+en) **1 zenuw** • *mit den Nerven runter sein* bloednerveus zijn • *mit den Nerven am Ende sein* op zijn van de zenuwen • *jemandem auf die Nerven gehen* op iemands zenuwen werken • *das geht einem auf die Nerven* daarvan krijg je het op je zenuwen • *Nerven wie Drahtseile haben* ijzersterke zenuwen hebben, altijd rustig blijven **2 bladnerf**

nerven OV + ONOV WW **1 op iemands zenuwen werken, irriteren** • *jemanden ~* iemand lastigvallen • *er nervte seine Eltern so lange, bis sie nachgaben* hij zeurde zo lang tegen zijn ouders tot ze toegaven • *du nervst!* je irriteert me! **2 zenuwslopend zijn** • *das nervt mich* daar word ik gek van

Nervenarzt ZN M (+es/-ärzte) **zenuwarts**

nervenaufreibend BN **zenuwslopend** • *eine ~e Reise* een enerverende reis

Nervenbündel ZN O (+s/-) **1 zenuwbundel 2** FIG. **bundel zenuwen, zenuwpees**

Nervengas ZN O (+es/+e) **zenuwgas**

Nervenklinik ZN V (-/+en) **psychiatrische kliniek**

nervenkrank BN **zenuwziek**

Nervenkrankheit ZN V (-/+en) **zenuwziekte**

Nervenkrieg ZN M (+(e)s/+e) **zenuwoorlog**

Nervenleiden ZN O (+s/-) **zenuwziekte**

Nervensäge ZN V (-/+n) **zenuwpees**

nervenschwach BN **met zwakke zenuwen**

nervenstark BN **stressbestendig**

Nervensystem ZN O (+s/+e) **zenuwstelsel**

nervenzerreißend BN **zenuwslopend**

Nervenzusammenbruch ZN M (+(e)s/-brüche) **zenuwinzinking, zenuwinstorting**

nervig BN **1** INFORM. **lastig, zenuwslopend** • *~e Kinder* lastige kinderen • *eine ~e Arbeit* lastig werk **2 sterk, gespierd**

nervös BN **nerveus, zenuwachtig**

Nervosität ZN V (-/gmv) **zenuwachtigheid, nervositeit**

Nerz ZN M (+es/+e) **1 nerts 2 nertsbont**

Nessel ZN V (-/+n) **1 brandnetel** • FIG. *sich in die Nesseln setzen* zich in een netelige situatie brengen **2 netelachtige plant**

Nesselausschlag ZN M (+(e)s/gmv) **netelroos**

Nesselsucht ZN V (-/gmv) **netelroos**

Nest ZN O (+(e)s/+er) **1 nest** • FIG. *sein eigenes ~ beschmutzen* zijn eigen nest bevuilen **2** INFORM. **bed, nest 3** MIN. **gat** <klein dorp of stadje>

nesteln OV + ONOV WW **1 los/vast frunniken 2 frunniken, peuteren**

Nesthäkchen ZN O (+s/-) **jongste kind**

Nestling ZN M (+(e)s/+e) **nestvogel**

nett BN **1** INFORM. **flink, aardig** • *das ist aber ~!* maar dat is aardig!, nou, dat is mooi hoor! • *ich finde ihn sehr ~* ik vind hem wel aardig • *das ist sehr ~ von Ihnen* dat is erg aardig van u • *er war sehr ~ zu mir* hij was erg aardig voor me • *ein ~es Einkommen* een aardig inkomen **2 leuk** • *ich fand es ~* ik vond het gezellig • *ein ~es Mädchen* een leuk meisje **3 keurig, mooi 4** IRON. **mooi, leuk** • IRON. *das ist ja ~!* dat is leuk!

Nettigkeit ZN V (-/+en) **1 vriendelijkheid, aardige houding 2 netheid 3 aardig gebaar** • *sich Nettigkeiten sagen* oppervlakkig aardig tegen elkaar zijn **4 complimentje**

netto BW **netto** • *~ Kasse* à contant met korting

Nettoeinkommen ZN O **netto-inkomen**

Nettogewinn ZN M **netto opbrengst**

Netz ZN O (+es/+e) **net** • *ins ~ locken* in de val lokken • *jemanden in seinem ~ fangen* iemand in zijn netten strikken • *ein ~ von Lügen spinnen* een netwerk van leugens weven • *jemandem ins ~ gehen* in iemands netten verstrikt raken

netzen OV WW **natmaken, bevochtigen**

Netzhaut ZN V (-/-häute) **netvlies**

Netzspeisung ZN V **netvoeding**

Netzwerk ZN O (+(e)s/+e) **netwerk**

neu 1 BN **1 nieuw** • *aufs Neue* opnieuw • *von Neuem* opnieuw • *die neuen Sprachen* de moderne talen **2 ander** • *ein neues Glas* een ander glas **3 vers 4 recent, pas** • *ein neueres Foto* een recente foto 2 BW **1 onlangs, recentelijk** • *~ vermählt* pasgehuwd • *~ angekommen* pas aangekomen • *~ gebacken* versgebakken, nieuwbakken **2 opnieuw** • *~ tapeziert* opnieuw behangen

Neuankömmling ZN M (+(e)s/+e) **nieuwkomer, pas aangekomene**

Neuanschaffung ZN V (-/+en) **nieuwe aanwinst**

neuartig BN **1 modern 2 nieuw**

Neuauflage ZN V (-/+n) **herdruk**

Neuausgabe ZN V (-/+n) **nieuwe uitgave, heruitgave**

ne

Neubau ZN M (+(e)s/+ten) **1** nieuwbouw • *im ~ wohnen* in de nieuwbouw wonen **2** huis in aanbouw **3** nieuw huisgedeelte

Neubaugebiet ZN O Vinex-wijk

Neubildung ZN V (-/+en) **1** nieuwe vorming **2** wijziging **3** neologisme

neuerdings BW **1** de laatste tijd **2** sinds kort

Neuerer ZN M (+s/-) **1** vernieuwer **2** nieuwlichter

neuerlich **1** BN recent **2** BW **1** nogmaals **2** opnieuw

Neuerung ZN V (-/+en) **1** vernieuwing **2** innovatie, nieuwigheid, verandering

Neuerwerbung ZN V nieuwe aanwinst

neuestens BW **1** de laatste tijd **2** sinds kort

neugeboren BN pasgeboren • *ich fühlte mich wie ~* ik voelde me herboren • *ein Neugeborenes* een pasgeboren kind

Neugeborene ZN O (+n/+n) pas geboren kind/dier

Neugestaltung ZN V (-/+en) **1** reorganisatie **2** reconstructie

Neugier, **Neugierde** ZN V (-/gmv) nieuwsgierigheid • *seine ~ beherrschen* zijn nieuwsgierigheid bedwingen • *jemandes ~ erregen* iemands nieuwsgierigheid prikkelen

neugierig BN nieuwsgierig • *~ auf* nieuwsgierig naar

Neugründung ZN V (-/+en) heroprichting, pas opgericht bedrijf

Neuheit ZN V (-/+en) **1** nieuwigheid • *die letzte ~* het nieuwste snufje • *eine ~ auf dem Gebiet von ...* een nieuwigheid op het gebied van ... **2** nieuwtje, nouveauté • *das ist bald keine ~ mehr* het nieuwtje gaat er gauw af • *jetzt hat es den Reiz der ~ verloren* nu is het nieuwe eraf

Neuigkeit ZN V (-/+en) **1** nieuwigheid **2** nieuwtje, nieuwheid

Neujahr ZN O (+(e)s/gmv) Nieuwjaar • *Prost Neujahr!* Gelukkig Nieuwjaar!

Neuland ZN O (+(e)s/gmv) **1** nieuw land **2** onbekend gebied

neulich BW onlangs

Neuling ZN M (+s/+e) **1** beginneling **2** nieuweling

neumodisch BW MIN. hypermodern

Neumond ZN M (+(e)s/gmv) nieuwe maan

neun TELW negen

Neun ZN V (-/+en) negen • *Sie müssen die ~ nehmen* u moet lijn 9 nemen

neunmalklug BN betweterig, waanwijs

neunte TELW negende → **vierte**

Neuntel ZN O (+s/-) negende deel • *ein ~* een negende

neuntens BW op de negende plaats, ten negende

neunzehn TELW negentien

neunzig TELW negentig → **vierzig**

Neunziger ZN M (+s/-) **1** negentigjarige, persoon van rond de negentig **2** negentiger <wijn>

Neuordnung ZN V (-/+en) reorganisatie

Neuorientierung ZN V (-/+en) heroriëntering

Neupreis ZN M (+es/+e) nieuwprijs

Neurochirurg ZN M (+en/+en) neurochirurg

Neurologe ZN M (+n/+n) neuroloog, zenuwarts • *zum Neurologen gehen* naar de neuroloog gaan

Neurose ZN V (-/+n) neurose

Neurotiker ZN M (+s/-) neuroticus

neurotisch BN neurotisch

Neuschnee ZN M (+s/gmv) vers gevallen sneeuw

neutral BN **1** TAALK. onzijdig **2** neutraal, onpartijdig • *eine ~e Farbe* een neutrale kleur • *ein ~er Beobachter* een neutrale waarnemer

neutralisieren OV WW neutraliseren

Neutralität ZN V (-/gmv) **1** neutraliteit **2** onpartijdigheid

Neutrum ZN O (+s/-tra, -tren) **1** TAALK. onzijdig geslacht, neutrum **2** TAALK. onzijdig woord **3** aseksueel mens

Neuwahl ZN V (-/+en) nieuwe verkiezing

Neuwert ZN M (+(e)s/+e) nieuwwaarde • *etwas für den ~ versichern* iets tegen nieuwwaarde verzekeren

neuwertig BN zo goed als nieuw

Neuzeit ZN V (-/gmv) **1** moderne tijd **2** GESCH. nieuwe tijd

neuzeitlich BN **1** modern **2** van de nieuwe tijd

nicht BW niet • *~ nur ... sondern auch ...* niet alleen, maar ... • *~ wahr?* niet waar? • *überhaupt ~; gar ~* helemaal niet • *~ weniger als* niet minder dan • *~ ganz* niet helemaal • *~ einmal* niet eens • *~, dass ich wüsste* niet dat ik weet

Nichtachtung ZN V (-/gmv) **1** geringschatting **2** veronachtzaming

Nichtangriffspakt ZN M (+(e)s/+e) niet-aanvalsverdrag

Nichtbeachtung ZN V (-/+en) veronachtzaming

Nichtbefolgung ZN V (-/+en) (het) geen gehoor geven aan, (het) niet naleven

Nichte ZN V (-/+n) nicht <dochter van broer/zus>

Nichteinhaltung ZN V (-/+en) niet-nakoming <van verdrag e.d.>, (het) zich niet houden aan

Nichteinmischung ZN V (-/gmv) non-interventie

Nichterfüllung ZN V (-/+en) JUR. niet-naleving, niet-nakoming

nichtig BN **1** nietig, ongeldig **2** futiel, onbeduidend

Nichtigkeit ZN V (-/+en) **1** onbeduidendheid, nietigheid **2** JUR. nietigheid, ongeldigheid **3** kleinigheidje, futiliteit

Nichtigkeitsbeschwerde ZN V (-/+n) verzoek tot nietigverklaring

Nichtraucher ZN M (+s/-) **1** niet-roker **2** coupé voor niet-rokers

Nichtraucherzone ZN V (-/+n) nietrookzone

nichts TELW niets • INFORM. *mir ~, dir ~* zonder meer, zomaar • *~ sagend* nietszeggend • *~ ahnend* nietsvermoedend • *~ weniger als* allesbehalve •

ni

um ~ in der Welt voor geen goud in de wereld • *~ zu danken!* niets te danken! • *das macht ~* dat geeft niets • *gar ~* helemaal niets • *überhaupt ~* helemaal niets • *sonst ~?* verder niets? • *nicht umsonst* niet voor niets • *wegen ~ und wieder ~* om/voor niets

Nichts ZN O (-/gmv) **1** onbelangrijk iemand, nul **2** niets, leegte • *sich in ~ auflösen* plotseling opgelost zijn <van probleem e.d.> • *sich in ~ auflösen* spoorloos verdwijnen <van persoon> • *aus dem ~* van de koude grond **3** kleinigheid, niemendalletje

Nichtschwimmer ZN M (+s/-) **1** niet-zwemmer **2** ondiep gedeelte van zwembad

Nichtschwimmerbecken ZN O ondiep deel <van zwembad> • *Nichtschwimmerbecken* het ondiepe

nichtsdestotrotz BW INFORM. desalniettemin, evenwel

nichtsdestoweniger BW desalniettemin

Nichtskönner ZN M (+s/-) MIN. stumper, sukkel, nul

Nichtsnutz ZN M (+es/+e) nietsnut

nichtssagend BN nietszeggend • *eine ~e Rede* een nietszeggende toespraak

Nichtstuer ZN M (+s/-) leegloper, luilak

Nichtstun ZN O (+s/gmv) nietsdoen • *das süße ~* het zalig nietsdoen

nichtswürdig BN verachtelijk, schandelijk

Nichtzutreffendes ZN O • *~ streichen* doorhalen wat niet van toepassing is

ni

Nickel 1 ZN M (+s/-) **1** nikkelen munt **2** INFORM. stijfkoppig kind **2** ZN O (+s/gmv) nikkel

nicken OV + ONOV WW **1** knikken **2** knikkebollen, dutten **3** nekken **4** toeknikken

Nickerchen ZN O (+s/-) dutje • *ein ~ machen* een dutje doen

Nicki ZN M (-, +s/+s) sweater

nie BW nooit, nimmer • *~ und nimmer!* nooit ofte nimmer!

nieder 1 BN **1** lager **2** laag, gemeen **2** BW neer, omlaag • *auf und ~* op en neer • *~ mit ihm!* weg met hem!

niederbeugen OV WW naar beneden buigen • *sich ~* vooroverbuigen

niederbrennen OV + ONOV WW onregelmatig **1** helemaal afbranden **2** afbranden, platbranden

niederbrüllen OV WW INFORM. overschreeuwen

niederdeutsch BN Nederduits

niederdonnern ONOV WW neerdonderen, met donderend geweld omlaaggaan

Niederdruck ZN M (+(e)s/-drücke) TECHN. lage druk

niederdrücken OV WW **1** neerdrukken **2** terneerdrukken

niederfallen WW sterk neervallen

Niedergang ZN M (+(e)s/gmv) ondergang, neergang, verval

niedergehen ONOV WW sterk **1** neerkomen, naar beneden komen **2** naar beneden gaan, neervallen **3** ondergaan **4** tegen het canvas gaan

niedergeschlagen BN terneergeslagen, neerslachtig

Niedergeschlagenheit ZN V (-/gmv) neerslachtigheid

niederhauen OV WW sterk neerslaan

niederholen OV WW neerhalen

Niederholz ZN O (+es/gmv) onderhout, kreupelhout

niederkämpfen OV WW **1** onderdrukken, bedwingen **2** overwinnen

niederkauern ONOV WW neerhurken

niederknüppeln OV WW neerknuppelen, neerslaan

niederkommen ONOV WW sterk OUD. bevallen

Niederkunft ZN V (-/-künfte) OUD. bevalling

Niederlage ZN V (-/+n) nederlaag • *jemandem eine ~ zufügen* iemand een nederlaag toebrengen • *eine ~ erleiden* een nederlaag lijden • *eine empfindliche ~* een gevoelige nederlaag

Niederlande ZN MV Nederland • *in den Niederlanden* in Nederland • *in die ~* naar Nederland • *aus den Niederlanden* uit Nederland

Niederländer ZN M (+s/-) Nederlander

Niederländerin ZN V Nederlandse

niederländisch BN Nederlands

niederlassen OV WW sterk neerlaten, strijken • *sich ~* zich vestigen, gaan zitten, neerstrijken • *niedergelassen in* gevestigd zijn te • *ein niedergelassener Arzt* een arts met een eigen praktijk • *sich auf einem Stuhl ~* zich installeren in een stoel

Niederlassung ZN V (-/+en) **1** vestiging, (het) zich vestigen **2** vestiging, filiaal

niederlegen OV WW **1** neerleggen, opgeven • *ein Amt ~* een functie opgeven • *der Bürgermeister legt sein Amt nieder* de burgemeester treedt af • *die Arbeit ~* in staking gaan **2** te slapen leggen • *sich ~* gaan liggen, gaan slapen

Niederlegung ZN V (-/+en) neerlegging

niedermachen OV WW afmaken, van kant maken

niedermähen OV WW **1** maaien **2** neermaaien, neerschieten

niedermetzeln OV WW afslachten, neersabelen

Niederösterreich ZN O (+s) Niederösterreich <Oostenrijkse deelstaat>

niederprasseln ONOV WW neerkletteren

niederreißen OV WW sterk **1** omverwerpen **2** neerhalen, afbreken, slopen

Niedersachsen ZN O (+s) Nedersaksen <Duitse deelstaat>

niederschießen OV + ONOV WW sterk neerschieten

Niederschlag ZN M (+(e)s/-schläge) **1** neerslag • *seinen ~ finden in* een neerslag hebben op • *radioaktiver ~* radioactieve neerslag **2** SPORT knockdown

niederschlagen 1 OV WW sterk **1** neerslaan, tegen de grond slaan **2** de kop indrukken, met geweld breken • *einen Aufstand ~* een opstand de kop indrukken **3** JUR. ontkrachten, seponeren **4** naar de bodem drukken **5** neerslachtig maken

2 WKD WW (**sich ~**) neerslaan, zijn neerslag vinden
Niederschlagung ZN V (-/+en) **1** onderdrukking, smoren **2** JUR. kwijtschelding **3** JUR. sepot, staking van vervolging
niederschmettern OV WW **1** tegen de grond slaan **2** verpletteren
niederschreiben OV WW sterk op papier vastleggen, schrijven op
niederschreien OV WW sterk overschreeuwen, met geschreeuw het spreken onmogelijk maken
Niederschrift ZN V (-/+en) **1** het neerschrijven, het op papier vastleggen **2** verslag
niedersetzen **1** OV WW neerzetten **2** WKD WW (**sich ~**) gaan zitten
niedersinken ONOV WW sterk **1** neerzijgen, neerzakken **2** wegzinken
Niederspannung ZN V (-/+en) laagspanning
niederstechen OV WW sterk neersteken, doodsteken
niederstoßen **1** OV WW sterk **1** neersteken **2** neerstoten, omverstoten **2** ONOV WW sterk neerschieten • *der Falke stieß auf die Beute nieder* de valk schoot op een prooi neer
niederstrecken **1** OV WW neerleggen, vellen **2** WKD WW (**sich ~**) zich neervlijen, gaan liggen
niederstürzen ONOV WW **1** neerstorten **2** neervallen
Niedertracht ZN V (-/gmv) **1** laagheid, gemeenheid **2** gemene daad
niederträchtig BN **1** afschuwelijk, schandelijk **2** laag, gemeen
Niederträchtigkeit **1** ZN V (-/gmv) gemeenheid **2** ZN V (-/+en) gemene streek
niedertreten OV WW sterk **1** plattrappen **2** naar beneden trappen
Niederung ZN V (-/+en) **1** laagte, laag gebied, vlakte **2** dieptepunt, valkuil • *die Niederungen menschlichen Verhaltens* het dieptepunt van menselijk gedrag
niederwerfen OV WW sterk **1** neerwerpen, neergooien, neerkwakken • *sich vor jemandem ~* voor iemand neervallen/-knielen **2** neerslaan, onderdrukken **3** hevig aangrijpen
niederzwingen OV WW sterk op de knieën dwingen, eronder krijgen
niedlich BN klein, lief, leuk • *~e Kinder* lieftallige kinderen
Niedlichkeit ZN V (-/+en) liefheid
Niednagel ZN M (+s/-nägel) nijnagel
niedrig BN **1** laag • *ein ~er Stuhl* een lage stoel • *~e Temperaturen* lage temperaturen **2** gemeen
Niedrigkeit ZN V (-/gmv) **1** laagheid **2** gemeen karakter
Niedrigwasser ZN O (+s/-) laagwater
niemals BW nooit, nimmer
niemand ONB VNW niemand • *es ist ~ anders als meine Schwester* het is niemand anders dan mijn zus • *ich habe ~en gesehen* ik heb niemand gezien • *es war ~ da* er was niemand • *~ von ihnen* niemand van hen • *ich habe es ~em erzählt* ik heb het aan niemand verteld
Niemandsland ZN O (+(e)s/gmv) niemandsland
Niere ZN V (-/+n) **1** nier **2** CULIN niertje
Nierenbecken ZN O (+s/-) nierbekken
nierenkrank BN met een nierziekte
Nierenstein ZN M (+(e)s/+e) niersteen
nieseln ONP WW motregenen
Nieselregen ZN M (+s/-) motregen
niesen ONOV WW niezen
Niespulver ZN O (+s/-) niespoeder
Nießbrauch ZN M (+(e)s/gmv) vruchtgebruik
Niete ZN V (-/+n) **1** niet <lot waarop geen prijs valt> **2** nul, nietsnut • *er ist eine ~ in Sport* hij is een nul in gym **3** klinknagel
nieten OV WW klinken, nieten, krammen
Nietenhose ZN V (-/+n) spijkerbroek
niet- und nagelfest BN INFORM. nagelvast, spijkervast
Nihilismus ZN M (-/gmv) nihilisme
Nihilist ZN M (+en/+en) nihilist
Nihilistin ZN V nihilist
nihilistisch BN nihilistisch
Nikolaus ZN M (-/-läuse) **1** Sinterklaas **2** Sinterklaasfeest • *etwas zu ~ bekommen* iets voor de Sinterklaas krijgen **3** INFORM. chocoladekerstman
Nikolausabend ZN M Sinterklaasavond, pakjesavond
Nikolaustag ZN M (+(e)s/+e) Sinterklaas <in Duitsland op 6 december>
Nikotin ZN O (+s/gmv) nicotine
nikotinfrei BN nicotinevrij
Nil ZN M (+s/gmv) Nijl
Nilpferd ZN O (+(e)s/+e) nijlpaard
Nimbus ZN M (-/+se) **1** nimbus, stralenkrans **2** glans
nimmer BW OOST., Z-D nooit meer
nimmermüde BN onvermoeibaar
nimmersatt BN onverzadigbaar
Nimmersatt ZN M (-, +(e)s/+e) INFORM. vreetzak, iemand die nooit genoeg heeft
Nimmerwiedersehen ZN O (+s/gmv) definitief vaarwel • *auf ~* voor altijd weg, tot nooit meer weerziens
Nippel ZN M (+s/-) **1** nippel **2** pin **3** pik
nippen ONOV WW nippen, met kleine slokjes drinken
Nippes ZN MV snuisterijen, prulletjes
Nippflut ZN V (-/gmv) dood tij
Nippsachen ZN MV snuisterijen, hebbedingetjes
Niqab ZN M (+s/+s) nikab
nirgend(s) BW nergens
nirgendwo BW nergens
nirgendwoher BW nergens vandaan
nirgendwohin BW nergens heen
Nische ZN V (-/+n) nis
Nisse ZN V (-/+n) neet
nisten ONOV WW nestelen, een nest bouwen
Nistplatz ZN M (+es/-plätze) nestplaats

ni

Nitrat ZN O (+(e)s/+e) nitraat

Niveau ZN O (+s/+s) niveau, peil • *unter dem ~* onder niveau • *auf hohem ~* op hoog niveau

nivellieren OV WW **1** op hetzelfde peil brengen, nivelleren **2** hoogteverschil meten

Nivellierung ZN V (-/+en) nivellering

nix BW INFORM. niks

Nix ZN M (+es/+e) watergeest

Nixe ZN V (-/+n) waternimf

Nizza ZN O Nice

N.N. AFK nomen nescio NN <nomen nescio>

No. AFK Numero nummer

NO AFK Nordost NO <noordoost(en)>

nobel BN **1** nobel, edel **2** IRON. luxueus, chic • *~, ~!* echt chic hier! **3** INFORM. royaal

Nobelpreis ZN M (+es/+e) Nobelprijs

noch **1** BW nog • *wie war der Name ~?* hoe was zijn/uw naam ook alweer? • *es ist immer ~ regnerisches Wetter* het is nog steeds regenachtig weer • *nur ~ wenig* nog maar weinig **2** VOEGW • *weder ... ~ ...* noch ... noch ...

nochmalig BN herhaald

nochmals BW nogmaals

Nocken ZN M (+s/-) nok

Nockenwelle ZN V (-/+n) nokkenas

Nockerl ZN O (+s/+n) **1** CULIN soepballetje **2** CULIN zoet soufflé

NOK AFK Nationales Olympisches Komitee Nationaal Olympisch Comité

Nom. AFK Nominativ eerste naamval

Nomade ZN M (+n/+n) nomade

nomadisch BN nomadisch

nominal, **nominell** BN nominaal

Nominativ ZN M (+(e)s/+e) nominatief, eerste naamval

nominieren OV WW benoemen, voordragen, nomineren • *nominiert sein für ...* genomineerd zijn voor...

Nominierung ZN V (-/+en) nominatie

Nonkonformist ZN M (+en/+en) non-conformist

Nonkonformistin ZN V (-/+nen) non-conformist

Nonne ZN V (-/+n) non

Nonnenkloster ZN O (+s/-klöster) nonnenklooster

Nonsens ZN M (-, +es/gmv) nonsens, onzin

Nonstop-Flug, **Nonstopflug** ZN M (+(e)s/-flüge) non-stopvlucht

Noppe ZN V (-/+n) nop

Nord ZN M (+(e)s/+e) **1** noord(en) **2** noordenwind

Nordatlantikpakt ZN M (+(e)s/gmv) Noord-Atlantische Verdragsorganisatie

Norden ZN M (+s/gmv) noorden • *nach ~ liegen* op het noorden liggen • *der Wind kommt von ~* de wind is noord • *der hohe ~* het hoge noorden

Nordeuropa ZN O (+s/gmv) Noord-Europa • *in ~* in Noord-Europa

nordeuropäisch BN Noord-Europees

Nordic Walking ZN O SPORT nordic walking

nordisch BN **1** noords, Noord-Europees, Scandinavisch **2** GESCH. arisch <in de nationaalsocialistische ideologie>

Nordländer ZN M (+s/-) noorderling

nördlich **1** BN noordelijk, noorder- • *die nördliche Halbkugel* het noordelijk halfrond • *nördliche Breite* noorderbreedte **2** VZ +2, ten noorden van • *~ der Stadt* ten noorden van de stad • *~ von Hamburg* ten noorden van Hamburg

Nordlicht ZN O (+(e)s/+er) **1** noorderlicht **2** IRON. Noord-Duitser

Nordost ZN M (+(e)s/+e) **1** noordoost(en) **2** noordoostenwind

Nordosten ZN M (+s/gmv) noordoosten

nordöstlich BN noordoostelijk

Nordpol ZN M (+s/gmv) **1** noordpool <magnetische pool> **2** AARDK. Noordpool

Nordrhein-Westfalen ZN O (+s) Noordrijn-Westfalen <Duitse deelstaat>

Nordsee ZN V (-/gmv) Noordzee

Nordseite ZN V (-/gmv) noordkant

nordwärts BW noordwaarts

Nordwest ZN M (+(e)s/+e) **1** noordwest(en) **2** noordwestenwind

Nordwesten ZN M (+s/gmv) noordwesten

nordwestlich BN noordwestelijk

Nordwind ZN M (+(e)s/+e) noordenwind

Nörgelei ZN V (-/+en) gemopper, gekanker

nörgeln ONOV WW mopperen, kankeren, vitten

Nörgler ZN M (+s/-) mopperaar, kankeraar, zeurpiet

Norm ZN V (-/+en) **1** norm • *sich nach den herrschenden Normen richten* zich naar de heersende normen richten • *der ~ entsprechen* aan de norm voldoen **2** richtsnoer

normal BN normaal • *ganz ~* heel gewoon

Normale ZN V (-, +n/+n) loodlijn

normalerweise BW gewoonlijk, normaliter, normaal gesproken • *das mache ich ~ nicht* dat is mijn gewoonte niet

Normalfall ZN M (+(e)s/-fälle) normaal geval • *im ~* gewoonlijk, meestal

normalisieren OV WW normaliseren • *das Leben normalisiert sich* het leven herneemt zijn gewone loop

Normalisierung ZN V (-/+en) normalisering

Normalverbraucher ZN M (+s/-) **1** doorsneeconsument **2** MIN. doorsnee mens • *Otto ~* Jan Modaal

Normalzeit ZN V wintertijd, BELG. winteruur

Normandie ZN V (-/gmv) Normandië • *in der ~* in Normandië

Normanne ZN M (+n/+n) Noorman

normannisch BN van de Noormannen

normen OV WW **1** normeren **2** standaardiseren

Normenausschuss ZN M (+es/-schüsse) normalisatiecommissie

normieren OV WW **1** normeren **2** standaardiseren

Normierung, **Normung** ZN V (-/+en) normalisatie, standaardisatie

Norwegen ZN O (+s/gmv) Noorwegen • *in ~* in Noorwegen

Norweger ZN M (+s/-) Noor

norwegisch BN Noors

Nostalgie ZN V (-/-gien) nostalgie, heimwee

nostalgisch BN nostalgisch

Not ZN V (-/Nöte) **1** nood, gebrek • *~ bricht Eisen* nood breekt wet • *~ leidend* noodlijdend • *mit knapper ~* ternauwernood, op het nippertje • *ohne ~* zonder dwingende reden, zonder noodzaak • *zur ~* desnoods • *jetzt ist die ~ groß* nu is er een groot probleem • *ein Retter in der ~* een redder in de nood ▸ *in der ~ frisst der Teufel Fliegen* honger maakt rauwe bonen zoet **2** moeite • *mit Müh' und ~* met grote moeite • *seine liebe ~ mit etwas haben* heel wat met iets te stellen hebben

Notar ZN M (+s/+e) notaris

Notariat ZN O (+(e)s/+e) notariaat

notariell BN notarieel • *~e Vollmacht* notariële volmacht

Notarzt ZN M (+es/-ärzte) ambulancearts, dienstdoend arts <in weekenddienst, nachtdienst enz.>, spoedarts

Notarztwagen ZN M (+s/-) ≈ ambulance, auto van de dienstdoende arts

Notaufnahme ZN V (-/+n) spoedopname

Notausgang ZN M (+(e)s/-gänge) nooduitgang

Notbehelf ZN M (+(e)s/+e) noodhulp

Notbremse ZN V (-/+n) noodrem • OOK FIG. *die ~ ziehen* aan de noodrem trekken

Notbrücke ZN V (-/+n) noodbrug

Notdienst ZN M (-es/-e) • *ärztlicher Notdienst* dokterspost

Notdurft ZN V (-/gmv) **1** FORM., OUD. lichamelijke behoefte • *seine ~ verrichten* zijn darm/blaas legen **2** FORM., OUD. eerste levensbehoefte

notdürftig BN schamel, armoedig, gebrekkig • *etwas ~ flicken* iets provisorisch repareren

Note ZN V (-/+n) **1** muzieknoot • MUZ. *die Noten* de bladmuziek • *eine ~ anhalten* een noot aanhouden • *ganze ~* hele noot • *halbe ~* halve noot • *falsche ~* valse noot **2** O&W cijfer • *jemandem eine ~ geben* een cijfer geven aan iemand • *gute Noten bekommen* hoge cijfers halen • *eine gute ~ in Chemie* een hoog cijfer voor scheikunde **3** bankbiljet **4** tintje • *er gab seinem Vortrag eine persönliche ~* hij gaf zijn lezing een persoonlijk cachet/tintje

Notebook ZN O (+s/+s) notebook

Notenbank ZN V (-/+en) circulatiebank

Notenblatt ZN O (+(e)s/-blätter) muziekblad

Notenpapier ZN O (+s/gmv) muziekpapier

Notenständer ZN M (+s/-) muziekstandaard

Notfall ZN M (+(e)s/-fälle) noodgeval • *im ~* in geval van nood

Notfallklinik ZN V (-/+en) spoedkliniek

notfalls BW **1** in geval van nood **2** indien absoluut noodzakelijk

Notfallzentrale ZN V meldkamer voor noodgevallen

notgedrungen BW noodgedwongen

Notgroschen ZN M (+s/-) spaargeld, appeltje voor de dorst

Nothelfer ZN M (+s/-) helper in de nood

Nothilfe ZN V (-/+n) JUR. hulp in de nood

notieren OV WW **1** noteren, opschrijven **2** ECON. noteren

Notierung ZN V (-/+en) (het) noteren, notatie, (beurs)notering

nötig BN nodig, noodzakelijk, vereist • *wenn ~* indien nodig • *falls ~* indien/zo nodig • *es ~ finden zu ...* het nodig vinden om • *dringend ~ sein* dringend nodig zijn

Nötige ZN O (+n/gmv) (het) nodige • *das ~ veranlassen* de noodzakelijke maatregelen nemen

nötigen OV WW **1** nopen, noodzaken • *sich genötigt fühlen* zich genoodzaakt voelen • *er war dazu genötigt* hij was ertoe gedwongen • *die Umstände nötigten sie* de omstandigheden hebben haar gedwongen **2** opwekken, aansporen, dringend verzoeken/uitnodigen

nötigenfalls BW indien nodig, als het moet

Nötigung ZN V (-/gmv) **1** ongeoorloofde dwang • *sexuelle ~* ≈ aanranding, ≈ verkrachting **2** aanzetting, aansporing

Notiz ZN V (-/+en) **1** aantekening, notitie • FIG. *von etwas ~ nehmen* nota/notitie van iets nemen • *eine ~ schreiben* een briefje schrijven • *sich Notizen machen* aantekeningen maken **2** kort bericht <schriftelijk> **3** notering • *zur ~ zulassen* in de officiële notering opnemen

Notlage ZN V (-/+n) **1** noodsituatie **2** hachelijke positie

Notlager ZN O (+s/-) **1** noodopvangkamp **2** provisorische slaapplaats

notlanden ONOV WW een noodlanding maken

Notlandung ZN V (-/+en) noodlanding

Notlösung ZN V (-/+en) noodoplossing

Notlüge ZN V (-/+n) leugen om bestwil

Notmaßnahme ZN V (-/+n) noodmaatregel

notorisch BN notoir

Notruf ZN M (+(e)s/+e) **1** noodsein **2** alarmnummer **3** noodroep <van dieren>

Notrufnummer ZN V (-/+n) alarmnummer

Notrufsäule ZN V (-/+n) praatpaal

Notsignal ZN O (+s/+e) noodsein, noodsignaal

Notsituation ZN V (-/+en) noodsituatie

Notsitz ZN M (+es/+e) klapstoeltje

Notstand ZN M (+(e)s/-stände) **1** noodtoestand, uitzonderingstoestand **2** noodsituatie

Notstandsgebiet ZN O (+(e)s/+e) noodgebied

Notstromaggregat ZN O (+(e)s/+e) noodaggregaat

Notwehr ZN V (-/gmv) JUR. noodweer <verweer> • *in ~ handeln* uit noodweer handelen

notwendig BN noodzakelijk • *das Notwendigste tun* het hoognodige doen

notwendigerweise BW noodzakelijkerwijs

Notwendigkeit ZN V (-/+en) **1** noodzaak **2** noodzakelijkheid

Notzeichen ZN O (+s/-) noodsein, noodsignaal

Notzucht ZN V (-/gmv) JUR. verkrachting

notzüchtigen OV WW JUR. verkrachten

no

Notzustand ZN M noodtoestand • *den ~ verhängen* de noodtoestand afkondigen
Nougat ZN M/O (+s/+s) → **Nugat**
Nov. AFK November **november**
Novelle ZN V (-/+n) **1** LETTERK. **novelle 2** JUR. **aanvullende wet, wijzigingswet**
November ZN M (+s/-) **november** • *im ~* in november
Novität ZN V (-/+en) **noviteit**
Novize ZN M (+n/+n) **1 novice 2 nieuweling**
Novum ZN O (+s/Nova) **novum, nieuwigheid**
NPD AFK Nationaldemokratische Partei Deutschlands **Nationaal-Democratische Partij van Duitsland**
Nr. AFK Nummer **nummer**
NS AFK **1** Nationalsozialismus **nationaalsocialisme 2** Nachschrift **dictaat, postscriptum**
NSDAP AFK GESCH. Nationalsozialistische Deutsche Arbeiterpartei **NSDAP** <Nationaalsocialistische Duitse Arbeiderspartij>
Nu ZN M • *im ~* in een oogwenk/wip
Nuance ZN V (-/+n) **nuance, schakering**
nuancieren OV WW **nuanceren**
nüchtern BN **nuchter** • *~ besprechen* uit de emotionele sfeer halen • *auf nüchternen Magen* op de nuchtere maag • *die nüchterne Wahrheit* de nuchtere waarheid • *bei etwas ~ bleiben* ergens nuchter onder blijven • *er ist nicht mehr ~* hij heeft iets gedronken
Nüchternheit ZN V (-/gmv) **nuchterheid, zakelijkheid**
nuckeln ONOV WW **1 zuigen 2 met kleine slokjes drinken**
Nuckelpinne ZN V (-/+n) HUMOR. **oud vehikel, oude schuit, oude rammelkast**
Nudel ZN V (-/+n) **1 pasta, vermicelli, macaroni** • *Nudeln essen* pasta eten **2** REG. **deegbal** <in vet gebakken> **3 vreemd persoon, pias** • *eine ulkige ~* een grapjas
Nudelholz ZN O (+es/-hölzer) **deegroller**
nudeln OV WW **vetmesten** • INFORM. *ich bin wie genudelt* ik heb meer dan genoeg gegeten
Nudelsuppe ZN V (-/+n) **vermicellisoep**
Nudist ZN M (+en/+en) **nudist**
Nugat ZN M/O (+s/+s) **noga**
nuklear BN **nucleair, kern-**
Nuklearmacht ZN V (-/-mächte) MIL. **kernmogendheid, kernmacht**
Nuklearwaffe ZN V (-/+n) MIL. **kernwapen**
null TELW **nul** • *~ und nichtig* van nul en gener waarde • *~ Fehler* nul fouten • SPORT *sechs zu ~* zes-nul
Null ZN V (-/+en) **1 nul** • *der Effekt war gleich ~* het resultaat was nihil • *man muss erst eine ~ wählen* je moet eerst een nul draaien • *10 Grad unter ~* 10 graden onder nul **2 onbeduidend persoon**
nullachtfünfzehn BN **dertien in een dozijn, alledaags, gewoontjes**
Null-Bock-Generation ZN V (-/+en) **generatie nix** <eind jaren '80>
Nulllösung ZN V (-/+en) **nuloptie**
Nullpunkt ZN M (+(e)s/+e) **nulpunt** • *die Stimmung sank auf den ~* de stemming daalde tot het nulpunt
Nulltarif ZN M (+s/+e) **nultarief, vrijstelling** • *zum ~* kosteloos, gratis
Nummer ZN V (-/+n) **1 nummer** • *auf ~ Sicher gehen* niets aan het toeval overlaten, een pietjeprecies zijn, eieren voor zijn geld kiezen • *eine ~ ziehen* een volgnummer trekken **2 cijfer 3 maat 4 sketch, programmaonderdeel** <van een show> • FIG. *sie ist eine total schräge ~* zij is een apart iemand **5 track** <op een cd enz.> **6 nummertje** <seks> • *eine schnelle ~ schieben* snel een nummertje maken <seks>
nummerieren OV WW **nummeren**
Nummerierung ZN V (-/+en) **nummering**
nummerisch BN **numeriek**
Nummernscheibe ZN V (-/+n) **kiesschijf**
Nummernschild ZN O (+(e)s/+er) **1 nummerplaat, nummerbord 2 kentekenplaat**
nun BW **1 nu, thans** • *von ~ an* van nu af aan **2 nu, welnu** • *nun, wie geht's?* welnu, hoe is het? • *ich habe ~ ja nicht gesagt ...* ik heb nu echter niet gezegd ... • *es muss ~ einmal sein* het moet nu eenmaal
nunmehr BW **nu, thans, voortaan**
nur 1 BW **1 alleen maar, enkel, slechts, uitsluitend** • *das weiß ~ sein Bruder* dat weet alleen/slechts/uitsluitend zijn broer • *nicht ~ ..., sondern auch...* niet alleen ..., maar ook... • *~ zu!* je doet maar! **2 toch** • *wie das ~ möglich ist!* hoe is dat toch mogelijk! **3 vooral** • *~ ruhig bleiben!* vooral rustig blijven! **2** VOEGW **alleen** • *~ weiß ich nicht ...* alleen weet ik niet ...
Nürnberg ZN O **Neurenberg**
nuscheln ONOV WW **binnensmonds spreken**
Nuss ZN V (-/Nüsse) **1 noot** • *Nüsse knacken* noten kraken • *das ist eine harte ~* dat is een moeilijk proces • *die dumme Nuss!* de trut! **2** INFORM. **kop** • *eine auf die ~ kriegen* op zijn kop krijgen **3** TECHN. **verwisselbare kop**
Nussbaum ZN M (+(e)s/-bäume) **notenboom**
Nussholz ZN O **notenhout** • *aus ~* notenhouten
Nussknacker ZN M (+s/-) **notenkraker**
Nussschale ZN V (-/+n) **notendop**
Nüster ZN V (-/+n) DIERK. **neusgat** <vooral bij paard>
Nut ZN V (-/+en) **1 groef** • *~ und Feder* messing en groef **2 sponning**
nuten OV WW **1 inkepen 2 van een groef voorzien**
Nutte ZN V (-/+n) **slet, hoer**
Nutzanwendung ZN V (-/+en) **voordeel**
nutzbar BN **1 bruikbaar 2 nuttig**
Nutzbarkeit ZN V (-/gmv) **1 bruikbaarheid 2 nut**
Nutzbarmachung ZN V (-/+en) **exploitatie, (het) bruikbaar maken**
nutzbringend BN **nuttig, voordelig**
nütze BW **van nut, bruikbaar** • *er ist zu nichts ~* hij deugt voor niets
Nutzeffekt ZN M (+(e)s/+e) **1 rendement 2 nuttig effect**

nutzen, **nützen** OV + ONOV WW **1** nuttig zijn, van nut zijn, baten, helpen • *das nutzt doch nichts* dat heeft toch geen zin • *es hat leider nichts genützt* het mocht niet baten • *die Gelegenheit ~* van de gelegenheid profiteren • *was nützt es?* wat helpt het? **2** benutten, goed gebruiken • *ein Angebot ~* gebruikmaken van een aanbod • *etwas zu ~ wissen* iets weten te gebruiken

Nutzen ZN M (+s/gmv) nut, voordeel, winst • *zum ~ der Kinder* ten bate van de kinderen • *zu seinem eigenen ~ gebrauchen* te eigen bate aanwenden • *von großem ~* van groot nut

Nutzer ZN M (+s/-) gebruiker

Nutzfahrzeug ZN O (+(e)s/+e) bedrijfsauto

Nutzfläche ZN V (-/+n) bedrijfsruimte, bebouwbare grond

Nutzgarten ZN M (-/-gärten) moestuin

Nutzholz ZN O (+es/gmv) timmerhout

Nutzlast ZN V (-/+en) **1** nuttig draagvermogen **2** nuttige last **3** TECHN. nuttige belasting

Nutzleistung ZN V (-/+en) rendement

nützlich BN nuttig, voordelig • *jemandem mit etwas ~ sein* iemand met iets van dienst zijn • *sich ~ machen* zich nuttig maken • *das Nützliche mit dem Angenehmen verbinden* het nuttige met het aangename verenigen • *~ sein* van nut zijn

Nützlichkeit ZN V (-/gmv) nut, nuttigheid

nutzlos BN nutteloos

Nutzlosigkeit ZN V (-/gmv) nutteloosheid

Nutznießer ZN M (+s/-) **1** profijttrekker **2** vruchtgebruiker

Nutznießung ZN V (-/gmv) **1** voordeel **2** JUR. vruchtgebruik

Nutzung ZN V (-/+en) gebruik

Nylon ZN O (+s/gmv) nylon

Nylonstrumpf ZN M (+(e)s/-strümpfe) nylonkous

Nymphe ZN V (-/+n) nimf

O

O **1** ZN O (-/-) letter **o** • *O wie Otto* de o van Otto • *Ö wie Ökonom* de ö van Ökonom **2** AFK (-/-) **1** Ost **O** <oost> **2** Osten **O** <oosten>

o.a. AFK oben angeführt **boven aangehaald**

Oase ZN V (-/+n) oase

ob VOEGW of • *ich weiß nicht, ~ das jetzt schon möglich ist* ik weet niet of dat nu al mogelijk is • *und ob!* nou en of! • *und ~ ich das gerne mag!* en of ik dat lust!

o.B. AFK ohne Befund **negatieve uitslag** <van medisch onderzoek>

OB AFK Oberbürgermeister **burgemeester** <van een grote stad>

Obacht ZN V (-/gmv) • *~ geben auf* oppassen voor

Obdach ZN O (+(e)s/gmv) INFORM. onderdak, tehuis

obdachlos BN dakloos

Obdachlose ZN M/V (+n/+n) dakloze

Obdachlosenheim ZN O (+s/+e) daklozenopvang

Obdachlosenzeitung ZN V (-/+en) daklozenkrant

Obduktion ZN V (-/+en) sectie

obduzieren OV WW sectie verrichten op

O-Beine ZN MV O-benen

Obelisk ZN M (+en/+en) gedenknaald, obelisk

oben BW boven • *~ erwähnt/genannt* bovenvermeld, bovengenoemd • *von ~ bis unten* van top tot teen • *von ~ herab* uit de hoogte • FIG. *nicht mehr wissen, wo ~ und unten ist* de kluts kwijt zijn • FIG. *sich ~ halten* het hoofd boven water houden • *bis ~ füllen* tot bovenaan vullen • *~ auf der Liste* bovenaan de lijst • *~ ohne* topless

obenan BW bovenaan

obenauf BW bovenop, er bovenop • *er ist wieder ganz ~* hij is er weer bovenop

obendrauf BW bovenop

obendrein BW bovendien

obenhin BN **1** oppervlakkig, terloops • *etwas ~ sagen* iets terloops zeggen **2** • INFORM. *voll bis ~* tot de rand toe gevuld • *etwas/jemanden bis ~ haben* niet meer tegen iets/iemand kunnen

obenhinaus BW • *~ wollen* hogerop willen

ober BN **1** hoger **2** bovenste • *das ~e Stockwerk* de bovenste verdieping • FIG. *die ~en Zehntausend* de elite • *die ~e Elbe* de bovenloop van de Elbe <rivier>

Ober ZN M (+s/-) **1** kelner, ober • *Herr Ober!* ober! **2** heer <Duitse speelkaart>

Oberarm ZN M (+(e)s/+e) bovenarm

Oberarzt ZN M (+es/-ärzte) plaatsvervangend geneesheer-directeur

Oberbefehl ZN M (+(e)s/+e) opperbevel

Oberbefehlshaber ZN M (+s/-) opperbevelhebber

Oberbegriff ZN M (+(e)s/+e) verzamelbegrip, samenvattend begrip

Oberbekleidung ZN V (-/+en) bovenkleding

Oberbett ZN O (+(e)s/+en) dekbed

ob

Oberbürgermeister ZN M (+s/-) burgemeester <van een grote stad>

Oberdeck ZN O (+(e)s/+s) **1** SCHEEPV. opperdek **2** bovenverdieping <van autobus>

Oberfläche ZN V (-/+n) oppervlakte

oberflächlich BN oppervlakkig

Oberflächlichkeit ZN V (-/gmv) oppervlakkigheid

Obergefreite ZN M/V (+n/+n) MIL. korporaal

Obergeschoss ZN O (+es/+e) bovenverdieping

Obergrenze ZN V (-/+n) bovengrens

oberhalb VZ +2, boven • ~ *der Kirche* boven de kerk

Oberhand ZN V (-/gmv) overhand • *die ~ haben* de overhand hebben • *die ~ gewinnen* het laken naar zich toe trekken

Oberhaupt ZN O (+(e)s/-häupter) leider, hoofd, opperhoofd • *das ~ der katholischen Kirche* het hoofd van de katholieke kerk, de paus

Oberhaus ZN O (+es/gmv) Hogerhuis

Oberhemd ZN O (+s/+en) overhemd

Oberherrschaft ZN V (-/+en) opperheerschappij, soevereiniteit

Oberhoheit ZN V (-/gmv) soevereiniteit

Oberin ZN V (-/+nen) overste <van klooster>

oberirdisch BN bovengronds

Oberkellner ZN M (+s/-) ober

Oberkiefer ZN M (+s/-) bovenkaak

Oberklasse ZN V (-/+n) **1** hogere klas **2** hogere klasse

Oberkommando ZN O (+s/+s) opperbevel

Oberkörper ZN M (+s/-) bovenlichaam

Oberland ZN O (+es/gmv) hoogland

Oberlandesgericht ZN O (+(e)s/+e) gerechtshof

Oberlauf ZN M (+(e)s/-läufe) bovenloop

oberlehrerhaft BN schoolmeesterachtig

Oberleitung ZN V (-/+en) **1** bovenleiding **2** hoofdleiding

Oberleutnant ZN M (+s/+s) eerste luitenant

Oberlicht **1** ZN O (+(e)s/+er) bovenvenster **2** ZN O (+(e)s/gmv) vallicht, bovenlicht

Oberliga ZN V (-/-ligen) SPORT eerste divisie

Oberlippe ZN V (-/+n) bovenlip

Oberösterreich ZN O (+s) Oberösterreich <Oostenrijkse deelstaat>

Obers ZN O (-/gmv) OOST. room

Oberschenkel ZN M (+s/-) bovenbeen, dijbeen

Oberschicht ZN V (-/+en) bovenlaag van de bevolking

Oberschule ZN V (-/+n) OUD. middelbare school

Oberschwester ZN V (-/+n) hoofdzuster

Oberseite ZN V (-/+n) bovenzijde, bovenkant

oberst BN bovenst • *das Oberste zuunterst kehren* de boel op zijn kop zetten

Oberst ZN M (+en/+en) MIL. kolonel

Oberstaatsanwalt ZN M (+(e)s/-anwälte) procureur-generaal, hoofdofficier van justitie

Oberstleutnant ZN M (+s/+s) MIL. luitenant-kolonel, overste

Oberstübchen ZN O (+s/-) bovenkamer <figuurlijk>

Oberstudiendirektor ZN M (+s/+en) rector <bij het vwo>

Oberstufe ZN V (-/+n) O&W bovenbouw <van het vwo>

Oberteil ZN M (+(e)s/+e) **1** bovenste deel **2** bovenstukje <van bikini>

Oberton ZN M (+(e)s/-töne) MUZ. boventoon

Oberwasser ZN O (+s/gmv) opgestuwd water • *~ haben* in het voordeel zijn • *~ bekommen* in een gunstige positie komen

Oberweite ZN V (-/+n) bovenwijdte • *viel ~ haben* grote borsten hebben

obgleich VOEGW ofschoon, hoewel

Obhut ZN V (-/gmv) hoede, bescherming, zorg • *jemanden in seine ~ nehmen* iemand onder zijn hoede nemen

obig BN bovenstaand

Objekt ZN O (+s/+e) **1** voorwerp, object • *das ~ seiner Liebe* het voorwerp van zijn liefde **2** TAALK. lijdend voorwerp, meewerkend voorwerp

objektiv BN objectief

Objektiv ZN O (+s/+e) objectief

objektivieren OV WW objectiveren

Objektivität ZN V (-/gmv) objectiviteit

Oblate **1** ZN M (+n/+n) kloosterling, oblaat **2** ZN V (-/+n) **1** hostie, ouwel **2** oblie <wafeltje>

obliegen ONOV WW sterk rusten op, de taak zijn van • *das obliegt ihr* dat valt onder haar plichten, dat is haar taak

Obliegenheit ZN V (-/+en) taak, plicht

Obligation ZN V (-/+en) ECON. obligatie

obligatorisch BN **1** obligatoir, verplicht **2** IRON. obligaat

Obmann ZN M (+(e)s/-leute, -männer) **1** voorzitter **2** voorman **3** scheidsrechter

Oboe ZN V (-/+n) hobo

Oboist ZN M (+en/+en) hoboïst

Obolus ZN M (-/-, se) **1** obool <munt> **2** FORM. kleine bijdrage • *seinen ~ entrichten* zijn steentje bijdragen

Obrigkeit ZN V (-/+en) overheid, autoriteit • *die geistliche ~* de geestelijke autoriteiten

obschon VOEGW ofschoon, hoewel

Observatorium ZN O (+s/-rien) observatorium, sterrenwacht

observieren OV WW observeren, waarnemen

obskur BN obscuur, duister, verdacht • *~e Praktiken* duistere praktijken

Obst ZN O (+(e)s/gmv) fruit • *ich danke für ~ und Südfrüchte* ik dank je feestelijk!, mij niet gezien!

Obstanbau, **Obstbau** ZN M (+(e)s/gmv) fruitteelt

Obstbaum ZN M (+(e)s/-bäume) fruitboom

Obsternte ZN V (-/+n) fruitoogst

Obstgarten ZN M (+s/-gärten) boomgaard

Obstgläschen ZN O fruithapje

Obsthändler ZN M (+s/-) handelaar in fruit, fruitverkoper

obstinat BN obstinaat, koppig, hardnekkig

Obstkuchen ZN M (+s/-) vruchtentaart

Obstmesser ZN O (+s/-) fruitmesje
Obstruktion ZN V (-/+en) **1** obstructie, belemmering **2** MED. obstipatie
Obstsaft ZN M (+(e)s/-säfte) vruchtensap
Obstsalat ZN M (+(e)s/+e) vruchtensalade
Obstschale ZN V (-/+n) fruitschaal
obszön BN **1** obsceen, schunnig **2** PLAT buitensporig, exorbitant
Obszönität ZN V (-/+en) obsceniteit, schunnigheid
Obus ZN M (+ses/+se) trolleybus
obwohl VOEGW ofschoon, hoewel
Ochs ZN M (+en/+en) os • *dastehen wie der ~ vorm Berg* met zijn mond vol tanden staan • *~ und Esel* os en ezel <dieren in de kerststal>
Ochse ZN M (+n/+n) **1** os • *den Ochsen hinter den Pflug spannen* het paard achter de wagen spannen **2** MIN. rund
ochsen ONOV WW blokken, ijverig studeren
ochsenhaft BN onbehouwen, lomp, stom
Ochsenschwanzsuppe ZN V (-/+n) ossenstaartsoep
Ochsentour ZN V (-/gmv) **1** INFORM. inspannend werk **2** INFORM. moeizame weg **3** INFORM. langzame en moeitevolle loopbaan
Ochsenziemer ZN M (+s/gmv) bullenpees
ochsig BN lomp, grof
Ocker ZN M/O (+s/-) oker
ockergelb BN okergeel
OCR ZN V optical character recognition **OCR**, optische tekenherkenning
od. AFK oder **of**
öde BN **1** woest, kaal, doods • *eine ~ Fläche* een kale vlakte • *die ~ Gegend* de woeste streek **2** eenzaam, verlaten, leeg **3** vervelend, suf, saai • *das ~ Einerlei des Alltags* de dagelijkse sleur • *hier ist es ~* hier is het saai
Ode ZN V (-/+n) ode • *ein ~ an* 4 een ode aan • *jemandem eine Ode widmen; eine Ode auf jemanden anstimmen* een ode aan iemand brengen
Öde ZN V (-/+n) **1** eenzaamheid, verlatenheid, doodsheid **2** verveling, saaiheid **3** woestheid, woestenij
Odem ZN M (+s/gmv) LIT. adem
Ödem ZN O (+s/+e) oedeem
oder **1** VOEGW **of** • *Tee ~ Kaffee* thee of koffie • *entweder ... ~ ...* of ... of ... • *~ aber* ofwel **2** TUSSENW toch, hè • *du kommst doch auch, ~?* je komt toch ook, hè?
Oder ZN V (-/gmv) **Oder** <rivier>
Ödland ZN O (+es/gmv) woeste grond, woestenij
Ofen ZN M (+s/Öfen) **1** kachel • *der ~ ist an* de kachel brandt • FIG. *der ~ ist aus* dat is nu verleden tijd • *sie hockt immer hinter dem ~* zij komt de deur niet uit **2** oven **3** INFORM. motorfiets, auto
Ofenrohr ZN O (+(e)s/+e) kachelpijp
Ofenröhre ZN V (-/+n) bakoven
Ofenschirm ZN M (+(e)s/+e) haardscherm
offen BN **1** open • *~ sein* geopend zijn <van winkel e.d.> • *es liegt doch ~ auf der Hand* het is toch zo klaar als een klontje • *~ lassen* open laten • *~ stehen* openstaan • *~ gegenüber etwas/jemandem stehen* openstaan voor iets/iemand • *ein ~es Ohr bieten* 'n gewillig oor lenen aan • FIG. *mit ~en Karten spielen* de kaarten op tafel leggen **2** openhartig, open en bloot, oprecht • *~ gesagt* eerlijk gezegd • *jemandem ~ seine Meinung sagen* iemand eerlijk zijn mening zeggen • *darüber kann man hier ~ reden* dat is hier wel bespreekbaar **3** openstaand, vacant **4** openbaar
offenbar **1** BN (over)duidelijk **2** BW kennelijk, klaarblijkelijk, blijkbaar
offenbaren **1** OV WW openbaren, onthullen **2** WKD WW (**sich ~**) zich openbaren
Offenbarung ZN V (-/+en) openbaring
Offenheit ZN V (-/gmv) **1** openheid **2** openhartigheid • *in aller ~* in alle eerlijkheid
offenherzig BN openhartig
offenkundig BN **1** algemeen bekend, publiek **2** duidelijk
offenlassen OV WW sterk onbeantwoord laten, open laten
offenlegen OV WW blootleggen
offensichtlich BN + BW **1** duidelijk • *das ist wohl ~* dat is nogal glad **2** blijkbaar
offensiv BN offensief, aanvallend
Offensive ZN V (-/+n) offensief, aanval • *in die ~ gehen* in de aanval gaan
offenstehen OV WW sterk vrijstaan • *es steht ihr offen* het staat haar vrij • *~de Rechnung* openstaande rekening
öffentlich BN openbaar, publiek, openlijk • *aus öffentlicher Hand* uit openbare middelen • *ein öffentliches Geheimnis* een publiek geheim • *~ versteigern* publiek verkopen • *öffentliche Meinung* publieke opinie • *öffentliche Verkehrsmittel* openbaar vervoer
Öffentlichkeit ZN V (-/gmv) **1** publiciteit, openbaarheid • *etwas an die ~ bringen* iets openbaar maken • *die ~ scheuen* de publiciteit schuwen • *an die ~ gelangen* openbaar worden **2** publiek • *in aller ~* in het publiek • *sich der ~ zeigen* zich in het openbaar vertonen
Öffentlichkeitsarbeit ZN V (-/gmv) public relations
öffentlich-rechtlich BN publiekrechtelijk • *das öffentlich-rechtliche Fernsehen* de publieke omroep • INFORM. *die Öffentlich-Rechtlichen* de zenders van de publieke omroep
offerieren OV WW aanbieden
Offerte ZN V (-/+n) offerte, aanbieding
offiziell BN **1** officieel **2** formeel
Offizier ZN M (+s/+e) officier
offiziös BN officieus
öffnen **1** OV + ONOV WW openen • *er öffnete mir sein Herz* hij verklaarde mij zijn liefde • *wir ~ um 9 Uhr* wij gaan om 9 uur open **2** WKD WW (**sich ~**) **1** openstellen • *sich einer Sache ~* zich openstellen voor iets • *sich jemandem ~* iemand in vertrouwen nemen **2** opengaan • *die Türen öffneten sich* de deuren gingen open

öf

Öffner ZN M (+s/-) **1** opener, blikopener **2** portier
Öffnung ZN V (-/+en) **1** opening **2** (het) opengaan, (het) openen **3** A-V sluitertijd
Öffnungszeit ZN V (-/+en) openingstijd
Offsetdruck ZN M (+(e)s/gmv) offsetdruk
oft BW dikwijls, vaak
öfter, **öfters** BW **1** vaker • *des Öfteren* meer dan eens, al vaker • *das sieht man heutzutage ~* dat zie je tegenwoordig veel **2** herhaaldelijk
oftmalig BW dikwijls, herhaald
oftmals BW herhaaldelijk, dikwijls
OG AFK Obergeschoss bovenverdieping
oh TUSSENW o!
OHG AFK Offene Handelsgesellschaft handelsvennootschap onder firma
Ohm ZN O (-, +s/-) ohm <elektrische eenheid>
ohmsch BN • *das ~e Gesetz* de wet van Ohm
ohne **1** VZ +4 **1** zonder • *eine CD ~ Schachtel* een cd zonder een doosje • *~ Fahrkarte fahren* zonder kaartje reizen • *sie können nicht ~ einander sein* zij kunnen niet zonder elkaar ▸ *das ist nicht so ~!* dat is serieuzer dan je zou denken!, daar zit meer achter dan je denkt! dat is geen peulenschil! **2** behalve, buiten • *das ist der Preis ~ die Gebühren* dat is de prijs buiten de administratieve kosten **2** VOEGW zonder • *~ zu zögern* zonder (te) aarzelen • *~ dass ...* zonder dat ...
ohnegleichen BW zonder weerga, weergaloos
ohnehin BW **1** toch al **2** toch
Ohnmacht ZN V (-/+en) **1** bewusteloosheid • *in ~ fallen* flauwvallen • *aus einer ~ in die andere fallen* van de ene verbazing in de andere vallen **2** onmacht, machteloosheid
ohnmächtig BN **1** bewusteloos • *~ werden* flauwvallen • *~ sein* in zwijm liggen **2** machteloos • *ohnmächtige Wut* machteloze woede
Ohr ZN O (+(e)s/+en) oor • *lange Ohren machen* nieuwsgierig luisteren • *jemanden übers ~ hauen* iemand een oor aannaaien • *halt die Ohren steif!* hou je taai! • *die Ohren hängen lassen* zijn hoofd laten hangen • *ich bin ganz ~* ik ben één en al oor • *auf diesem ~ schlecht hören* Oost-Indisch doof zijn • *eins hinter die Ohren bekommen* een draai om de oren krijgen • *mit den Ohren schlackern* zijn oren niet kunnen geloven • *es faustdick hinter den Ohren haben* het achter de ellebogen hebben • *sich etwas hinter die Ohren schreiben* iets in de oren knopen • *jemandem in den Ohren liegen* iemand aan het hoofd zeuren • *für alle ein offenes ~ haben* voor ieders verhalen openstaan • *scharfe Ohren haben* een scherp gehoor hebben • *jemandem ein ~ abquatschen* iemand murw praten
Öhr ZN O (+(e)s/+e) oog <van naald>
Ohrenarzt ZN M (+es/-ärzte) oorarts
ohrenbetäubend BN oorverdovend • *ohrenbetäubende Musik* keiharde muziek
Ohrenentzündung ZN V (-/+en) MED. oorontsteking
Ohrensausen ZN O (+s/gmv) oorsuizing • *ich habe ~* mijn oren gonzen
Ohrenschmaus ZN M (+es/gmv) genot voor het oor, oorstrelend • *ein ~ sein* oorstrelend zijn
Ohrenschmerzen ZN MV oorpijn
Ohrenschützer ZN M (+s/-) oorwarmer, oorklep
Ohrenwärmer ZN M (-s/-) oorwarmer
Ohrenzeuge ZN M (+n/+n) oorgetuige
Ohrfeige ZN V (-/+n) oorvijg • *jemandem eine ~ geben* iemand een draai om de oren geven
ohrfeigen OV WW een draai om de oren geven • *ich hätte mich ~ können/mögen* ik kan me wel voor mijn kop slaan
Ohrläppchen ZN O (+s/-) oorlelletje
Ohrmuschel ZN V (-/+n) oorschelp
Ohrring ZN M (+(e)s/+e) **1** oorring **2** oorhanger
Ohrwurm ZN M (+(e)s/-würme(r)) **1** oorwurm **2** INFORM. lekker in het gehoor liggende melodie
o.J. AFK ohne Jahr zonder jaar
okay BW okay
okkult BN occult, geheim
Okkultismus ZN M (-/gmv) occultisme
Okkupation ZN V (-/+en) bezetting, occupatie
Ökofreak ZN M HUMOR. iemand die ecologisch bewust leeft
Ökokatastrophe ZN V (-/+n) ecologische ramp
Ökoladen ZN M (+s/-) ≈ natuurwinkel
Ökologe ZN M (+n/+n) ecoloog
Ökologie ZN V (-/gmv) ecologie
ökologisch BN ecologisch • *ökologisches Gleichgewicht* ecologisch evenwicht • *~ verantwortbar* ecologisch verantwoord
Ökonom ZN M (+en/+en) econoom
Ökonomie ZN V (-/+n) **1** economie **2** zuinigheid
ökonomisch BN **1** economisch **2** financieel **3** zuinig, spaarzaam
Ökosystem ZN O (+s/+e) ecosysteem
Okt. AFK Oktober oktober
Oktanzahl ZN V (-/+en) octaangetal
Oktave ZN V (-/+n) MUZ. octaaf
Oktober ZN M (-, +s/-) oktober • *im ~* in oktober
Oktoberfest ZN O (+(e)s/+e) oktoberfest <groot bierfeest met kermis in München>
Ökumene ZN V (-/gmv) REL. oecumene
ökumenisch BN REL. oecumenisch
Öl ZN O (+(e)s/+e) olie • *sie malt in ~* zij schildert met olieverf • *verschiedene Öle* verschillende soorten olie • *das geht mir runter wie ~* dat klinkt mij als muziek in de oren • FIG. *Öl ins Feuer gießen* olie op het vuur gooien • FIG. *Öl auf die Wogen gießen* olie op de golven gooien • *~ wechseln* olie verversen
Ölbaum ZN M (+(e)s/-bäume) olijfboom
Ölbild ZN O (+(e)s/+er) olieverfschilderij
Ölbohrung ZN V (-/+en) olieboring
Oleander ZN M (+s/-) oleander
Ölembargo ZN O (+s/+s) olie-embargo
ölen OV WW oliën, met olie insmeren
Ölfarbe ZN V (-/+n) olieverf
Ölgemälde ZN O (+s/-) olieverfschilderij
Ölgesellschaft ZN V (-/+en) oliemaatschappij
Ölgötze ZN M • *wie ein ~ dasitzen* er als een standbeeld bij zitten
ölhaltig BN oliehoudend

Ölheizung ZN V (-/+en) oliestook
ölig BN **1** vettig, olieachtig **2** zalvend, kwezelachtig
Oligarchie ZN V (-/+n) oligarchie
oliv BN olijfkleurig, olijfachtig
Olive ZN V (-/+n) olijf
Olivenbaum ZN M (+(e)s/-bäume) olijfboom
Olivenöl ZN O (+(e)s/+e) olijfolie
Ölleitung ZN V (-/+en) oliepijpleiding
Ölmalerei ZN V (-/+en) schilderen met olieverf
Ölpest ZN V (-/gmv) olievervuiling
Ölquelle ZN V (-/+n) oliebron
Ölraffinerie ZN V (-, +n/gmv) olieraffinaderij
Ölscheich ZN M (+(e)s/+e, +s) oliesjeik
Ölstand ZN M oliepeil
Öltanker ZN M (+s/-) olietanker
Ölvorkommen ZN O (+s/-) olieveld, vindplaats van olie
Ölwanne ZN V (-/+n) oliecarter
Ölwechsel ZN M (+s/-) TECHN. olieverversing
Olymp ZN M (+s/gmv) **1** Olympus **2** IRON. engelenbak
Olympiade ZN V (-/+n) **1** GESCH. olympiade **2** SPORT Olympische Spelen, olympiade
Olympiamannschaft ZN V (-/+en) olympische sportploeg
Olympiasieg ZN M (+(e)s/+e) SPORT overwinning bij de Olympische Spelen
Olympiasieger ZN M (+s/-) SPORT olympisch kampioen
Olympiastadion ZN O (+s/-stadien) SPORT olympisch stadion
Olympiateilnehmer ZN M (+s/-) deelnemer aan de Olympische Spelen
olympisch BN olympisch • *die Olympischen Spiele* de Olympische Spelen
Ölzeug ZN O (+(e)s/gmv) oliekleding
Ölzweig ZN M (+(e)s/+e) olijftak
Oma ZN V (-/+s) INFORM. oma
Omelett ZN O (+(e)s/+s, +e) omelet
Omen ZN O (+s/gmv, Omina) omen, voorteken • *ein böses ~* een slecht voorteken
ominös BN omineus, onheilspellend • *ominöses Schweigen* onheilspellende stilte
Omnibus ZN M (+ses/+se) autobus
Omnibusfahrer ZN M (+s/-) buschauffeur
Omnibusfahrt ZN M (-/+en) busrit
Omnibuslinie ZN V (-/+n) buslijn
Onanie ZN V (-/gmv) onanie, zelfbevrediging
onanieren ONOV WW masturberen, onaneren
Onesie ZN M (+s/+s) onesie
Onkel ZN M (+s/-) oom • JEUGDT. *zum ~ Doktor gehen* naar de dokter gaan • INFORM. *großer/dicker ~* grote teen
Onkologie ZN V (-/gmv) oncologie
Onlinedienst ZN M (+(e)s/+e) onlinedienst
on the rocks BN on the rocks
Onyx ZN M (+(e)s/+e) onyx
Opa ZN M (+s/+s) INFORM. opa
opak BN opaak, ondoorzichtig
Opal ZN M (+s/+e) opaal
Open-Air-Konzert ZN O (+(e)s/+e) openluchtconcert
Oper ZN V (-/+n) opera • INFORM. *Opern quatschen* bazelen
Operateur ZN M (+s/+e) **1** chirurg **2** cameraman **3** filmoperateur
Operation ZN V (-/+en) **1** operatie • *sich einer ~ unterziehen* een operatie ondergaan **2** handeling
Operationssaal ZN M (+(e)s/-säle) operatiekamer
operativ BN operatief
Operette ZN V (-/+n) operette
operieren **1** OV WW MED. opereren **2** ONOV WW **1** te werk gaan, opereren **2** MIL. opereren
Opernglas ZN O (+es/-gläser) toneelkijker
Opernhaus ZN O (+es/-häuser) operagebouw
Opernsänger ZN M (+s/-) operazanger
Opfer ZN O (+s/-) **1** offer **2** slachtoffer • *jemandem/einer Sache zum ~ fallen* het slachtoffer van iemand/iets worden
Opferbereitschaft ZN V (-/gmv) offervaardigheid, opofferingsgezindheid
Opfergabe ZN V (-/+n) offergave, offergift
opfern **1** ONOV WW opofferen, offeren • *etwas einer anderen Sache ~* iets offeren aan iets anders **2** WKD WW (**sich ~**) zich opofferen • HUMOR. *ich opfere mich!* ik ben bereid om het te doen
Opferung ZN V (-/+en) REL. offerande
Opferwille ZN M (+n/gmv) offervaardigheid, wil om offers te brengen
Opiat ZN O (+(e)s/+e) opiaat
Opium ZN O (+s/gmv) opium • *~ rauchen* opium schuiven
Opiumraucher ZN M (+s/-) opiumschuiver, opiumroker
Opponent ZN M (+en/+en) opponent, tegenstander
opponieren ONOV WW opponeren
opportun BN opportuun
Opportunismus ZN M (-/gmv) opportunisme
Opportunist ZN M (+en/+en) opportunist
opportunistisch BN opportunistisch
Opportunität ZN V (-/+en) opportuniteit
Opposition ZN V (-/+en) **1** oppositie • *in der ~ sein* oppositie voeren **2** tegenstand, verzet
oppositionell BN oppositioneel
Oppositionsführer ZN M (+s/-) oppositieleider
Oppositionspartei ZN V (-/+en) oppositiepartij
optieren ONOV WW opteren, kiezen
Optik ZN V (-/gmv) **1** optiek, optica **2** uiterlijk aanzien, aanblik **3** zienswijze, oogpunt • *in meiner ~ ...* volgens mij ...
Optiker ZN M (+s/-) opticien
optimal BN optimaal
optimieren OV WW optimaliseren
Optimismus ZN M (-/gmv) optimisme
Optimist ZN M (+en/+en) optimist
optimistisch BN optimistisch
Optimum ZN O (+s/-ma) optimum
Option ZN V (-/+en) optie
optisch BN optisch • *eine ~e Täuschung*

gezichtsbedrog
opulent BN opulent, overvloedig
Opus ZN O (-/Opera) **1** opus, kunstwerk **2** gezamenlijke werken van een kunstenaar
Orakel ZN O (+s/-) orakel
orakeln ONOV WW orakelen
oral BN oraal
orange BN oranje
Orange **1** ZN V (-/+n) sinaasappel **2** ZN O oranje • *haben Sie das T-Shirt auch in Orange?* heeft u dit T-shirt ook in oranje?
orangefarben, **orangefarbig** BN oranje, oranjekleurig
Orangenhaut ZN V sinaasappelhuid
Orangensaft ZN M (+(e)s/-säfte) sinaasappelsap
Orangerie ZN V (-/+n) oranjerie
Orang-Utan ZN M (+s/+s) orang-oetan
Oranien ZN O (+s/gmv) Oranje
Oratorium ZN O (+s/-rien) oratorium
Orchester ZN O (+s/-) orkest
orchestrieren OV WW orkestreren
Orchidee ZN V (-/+n) orchidee
Orden ZN M (+s/-) **1** orde, kloosterorde **2** onderscheiding • *einen ~ bekommen* een lintje krijgen
Ordensbruder ZN M (+s/-brüder) ordebroeder
Ordensschwester ZN V (-/+n) non, kloosterlinge
ordentlich **1** BN **1** ordelijk, keurig, netjes • *~e Kleidung* passende kleren • *eine ~e Übersetzung* een keurige vertaling **2** goed, juist • *ein ~es Ergebnis* een vrij goed resultaat • *ein ~es Stück Fleisch* een flink stuk vlees **3** ordelievend, fatsoenlijk • *sie ist sehr ~* zij is erg netjes **2** BW **1** behoorlijk, zeer • *sie war ~ müde* zij was flink moe • *sie langte ~ zu* zij tastte flink toe **2** netjes • *das sieht ganz ~ aus* dat ziet er netjes uit • *~ essen* netjes eten • *sich ~ benehmen* zich netjes gedragen
Order ZN V (-/+n) MIL. order, bevel
ordern OV + ONOV WW bestellen
Ordinalzahl ZN V (-/+en) rangtelwoord
ordinär BN **1** ordinair, alledaags **2** onbeschaafd **3** goedkoop
ordnen **1** OV WW **1** ordenen, rangschikken • *nach dem Alphabet ~* volgens alfabet rangschikken • *die Papiere ~* de papieren schiften **2** regelen • *in geordneten Verhältnissen leben* een geregeld leven hebben **2** WKD WW (**sich ~**) zich opstellen, zich rangschikken, zich formeren
Ordner ZN M (+s/-) **1** ordebewaarder **2** ordner
Ordnung ZN V (-/+en) **1** orde • *in Ordnung!* akkoord! • *etwas ganz in ~ finden* het helemaal eens zijn met iets • *das geht schon in ~* dat komt wel goed • *der ~ halber* voor de goede orde • *alles ist in schönster ~* alles is prima in orde • *das ist nicht in ~* dat is niet netjes • *er ist ganz in ~* hij is een toffe peer **2** volgorde, structuur • *in alphabetischer ~* in alfabetische volgorde **3** discipline • *jemanden zur ~ rufen* iemand tot de orde roepen
Ordnungsdienst ZN M (+es/+e) ordedienst
ordnungsgemäß BN ordelijk, volgens de regels
ordnungshalber BW voor de goede orde
ordnungsliebend BN ordelievend
ordnungsmäßig BN ordelijk, behoorlijk
Ordnungspolizei ZN V (-/gmv) ordepolitie
Ordnungsstrafe ZN V (-/+n) **1** boete **2** tuchtrechtelijke straf
ordnungswidrig BN in strijd met de voorschriften
Ordnungszahl ZN V (-/+en) rangtelwoord
Ordonnanz ZN V (-/+en) ordonnans
Organ ZN O (+s/+e) **1** orgaan • *ein ~ für etwas haben* feeling voor iets hebben **2** INFORM. stem **3** instituut **4** orgaan, blad
Organbank ZN V (-/+en) organenbank
Organisation ZN V (-/+en) organisatie
Organisationstalent ZN O (+(e)s/+e) organisatietalent
Organisator ZN M (+s/+en) organisator
organisatorisch BN organisatorisch
organisch BN organisch
organisieren **1** OV WW **1** organiseren • *das organisierte Verbrechen* de georganiseerde misdaad **2** INFORM. pikken • *kannst du mal einen Stift ~?* kun je ergens een pen vandaan halen? **2** WKD WW (**sich ~**) zich organiseren
Organismus ZN M (-/-men) organisme
Organist ZN M (+en/+en) organist
Organspende ZN V (-/+n) orgaandonatie
Organspender[1] ZN M (+s/-) orgaandonor
Organspender[2] ZN M (-s/-) orgaandonor
Organspenderausweis ZN M donorpasje
Organtransplantation ZN V (-/+en) MED. orgaantransplantatie
Organverpflanzung ZN V (-/+en) MED. orgaantransplantatie
Orgasmus ZN M (-/-men) orgasme
Orgel ZN V (-/+n) orgel
orgeln ONOV WW **1** slecht muziek maken **2** bruisen, diep en krachtig klinken **3** VULG. neuken
Orgelpfeife ZN V (-/+n) orgelpijp
Orgie ZN V (-/+n) orgie, braspartij • *wahre Orgien feiern* geen maat houden
Orient ZN M (+s/gmv) Oriënt • *der Vordere ~* het Nabije Oosten
Orientale ZN M (+n/+n) oosterling
Orientalin ZN V (-/+nen) Oosterse
orientalisch BN oriëntaals
orientieren **1** OV WW **1** oriënteren **2** ZWIT. informeren **2** WKD WW (**sich ~**) **1** zich oriënteren • *sich auf dem Arbeitsmarkt ~* zich op de arbeidsmarkt oriënteren/informeren **2** inlichtingen inwinnen
Orientierung ZN V (-/gmv) oriëntatie
orientierungslos BN OOK FIG. zonder oriëntatiemogelijkheid, zwalkend, zonder houvast
Orientierungspunkt ZN M (+(e)s/+e) OOK FIG. oriëntatiepunt

op

Orientierungssinn ZN M (+(e)s/+e) oriëntatievermogen
original BN origineel • *eine ~e Komposition* een oorspronkelijke compositie
Original ZN O (+s/+e) **1** origineel • *ein richtiges ~* een zeer origineel type **2** zonderling
Originalausgabe ZN V (-/+n) eerste druk, originele uitgave
Originalfassung ZN V (-/+en) oorspronkelijke vorm <van muziekstuk, boek enz.>
originalgetreu BN precies zoals het origineel
Originalität ZN V (-/+en) originaliteit
originell BN **1** origineel, oorspronkelijk • *eine originelle Idee* een origineel idee **2** zonderling • IRON. *~ gekleidet sein* apart gekleed zijn
Orkan ZN M (+(e)s/+e) orkaan
Ornament ZN O (+(e)s/+e) ornament
ornamental BN ornamenteel
Ornat ZN M (+(e)s/+e) ornaat • *in vollem ~* in vol ornaat
Ornithologe ZN M (+n/+n) ornitholoog, vogelkenner
Ort ZN M (+(e)s/+e) **1** plaats • *an ~ und Stelle* ter plaatse • *im ~* in het dorp, in de plaats • *der ~ des Geschehens* de plaats waar het gebeurde **2** plek • *vor ~* ter plekke • *ein schöner ~* een mooie plek • *am angegebenen ~* aldaar, ibidem • *höheren Orts* van hogerhand
Örtchen ZN O (+s/-) • *das stille ~* de kleinste kamer, het toilet
orten OV WW de plaats bepalen van, navigeren
orthodox BN **1** REL. rechtzinnig, orthodox, streng gelovig **2** REL. betreffende de orthodoxe kerk **3** ouderwets, conservatief
Orthodoxie ZN V (-/gmv) orthodoxie, rechtzinnigheid
Orthografie, **Orthographie** ZN V (-/+n) orthografie, spelkunst
orthografisch, **orthographisch** BN TAALK. de spelling betreffend, orthografisch
Orthopäde ZN M (+n/+n) orthopedist, orthopeed
Orthopädie ZN V (-/gmv) orthopedie
orthopädisch BN orthopedisch
örtlich BN plaatselijk
Örtlichkeit ZN V (-/+en) **1** plaats, locatie **2** omgeving, omstreken • *mit den Örtlichkeiten vertraut sein* bekend zijn met de omgeving **3** HUMOR. wc
Ortsangabe ZN V (-/+n) **1** plaatsvermelding **2** TAALK. bepaling van plaats
ortsansässig BN ter plaatse wonend
Ortsbehörde ZN V (-/+n) plaatselijk bestuur
Ortsbestimmung ZN V (-/+en) **1** AARDK. plaatsbepaling **2** TAALK. bepaling van plaats
Ortschaft ZN V (-/+en) plaats, dorp
ortsfest BN TECHN. ingebouwd, aan een vaste plaats gebonden, niet-verplaatsbaar
ortsfremd BN niet uit de plaats afkomstig, onbekend in een plaats
Ortsgespräch ZN O (+(e)s/+e) **1** COMM. lokaal gesprek **2** gesprek v.d. dag
ortskundig BN ter plaatse bekend
Ortsname ZN M (+n/+n) plaatsnaam
Ortssinn ZN M (+(e)s/gmv) oriënteringsvermogen
ortsüblich BN ter plaatse gebruikelijk
Ortsverkehr ZN M (+s/gmv) lokaal verkeer
Ortswechsel ZN M (+s/-) verandering van plaats
Ortszeit ZN V (-/gmv) plaatselijke tijd
Ortung ZN V (-/+en) koersbepaling, navigatie
OS ZN O COMP. Operating System OS
Öse ZN V (-/+n) haakje
Osmane ZN M (+n/+n) Osmaan, Turk
osmanisch BN Osmaans, Turks
Osmose ZN V (-/+n) osmose
Ossi ZN M (+s/+s) INFORM. Oost-Duitser
Ost **1** ZN M (+(e)s/+e) oost **2** ZN M (+(e)s/+e) oostenwind
Ostafrika ZN O (+s/gmv) Oost-Afrika
Ostalgie ZN V (-/gmv) IRON. Ostalgie <heimwee naar vroegere DDR>
Ostblock ZN M (+(e)s/gmv) Oostblok
ostdeutsch BN Oost-Duits
Ostdeutsche ZN M/V (+n/+n) Oost-Duitser, Oost-Duitse • *ein Ostdeutscher* een Oost-Duitser
Osten ZN M (+s/gmv) oosten • *der Nahe ~* het Nabije Oosten • *der Mittlere ~* het Midden-Oosten • *der Ferne ~* het Verre Oosten
Osterei ZN O (+(e)s/+er) paasei
Osterfest ZN O (+(e)s/+e) paasfeest
Osterglocke ZN V (-/+n) gele narcis
Osterhase ZN M (+n/+n) paashaas
österlich BN tijdens Pasen, paas- • *die österliche Zeit* de paastijd
Ostermontag ZN M (+(e)s/+e) tweede paasdag
Ostern ZN O (-/-) Pasen • *an/zu ~* met Pasen • *wenn ~ und Pfingsten/Weihnachten zusammenfallen* als Pasen en Pinksteren op één dag vallen
Österreich ZN O (+s/gmv) Oostenrijk
Österreicher ZN M (+s/-) Oostenrijker
Österreicherin ZN V (-/+nen) Oostenrijkse
österreichisch BN Oostenrijks
Ostersonntag ZN M (+(e)s/+e) eerste paasdag
Osteuropa ZN O (+s/gmv) Oost-Europa
osteuropäisch BN Oost-Europees
Ostflüchtling ZN M (+s/+e) vluchteling uit het Oostblok
östlich **1** BN **1** oostelijk **2** oosters **3** Oost-Europees **2** VZ +2, ten oosten van • *~ der Grenze* ten oosten van de grens • *~ von Hannover* ten oosten van Hannover
Ostmark **1** ZN V (-/+en) Oost-Duitse mark **2** ZN V (-/gmv) GESCH. Oostenrijk <nationaal-socialistisch>
Östrogen ZN O (+s/+e) oestrogeen
Ostsee ZN V (-/gmv) Oostzee
ostwärts BW oostwaarts
Ostwind ZN M (+(e)s/gmv) oostenwind
Ostzone ZN V (-/gmv) GESCH. DDR
Otter **1** ZN M (+s/-) otter **2** ZN V (-/+n) adder

ottomanisch BN Ottomaans, Turks
Outfit ZN O (-, +s/+s) uitrusting
Outlet ZN M outlet
Ouvertüre ZN V (-/+n) ouverture
oval BN ovaal, eivormig
Oval ZN O (+s/+e) ovaal
Ovation ZN V (-/+en) ovatie
Overall ZN M (+s/+s) overall
Overheadprojektor ZN M (+s/-en) overheadprojector
ÖVP AFK Österreichische Volkspartei Oostenrijkse Volkspartij
Ovulation ZN V (-/+en) ovulatie
Oxidation ZN V (-/+en) oxidatie
oxidieren ONOV WW oxideren
Ozean ZN M (+s/+e) oceaan
Ozeandampfer ZN M (+s/-) oceaanstomer
Ozeanien ZN O Oceanië
ozeanisch BN **1** oceanisch **2** Oceanisch
Ozon ZN M/O (+s/gmv) **1** ozon **2** IRON. frisse lucht
Ozonloch ZN O (+(e)s/-löcher) gat in de ozonlaag
Ozonschicht ZN V (-/gmv) ozonlaag

ot

P

p. AFK **1** pagina **p.** <pagina> **2** per **p.** <per>
P ZN O (-/-) letter **P** • *P wie Paula* de p van Pieter
p. A. AFK per Adresse **p.a.** <per adres>
paar BN paar, enige • *mit ein ~ Worten* met een paar woorden • *ein ~ Mal* enige malen, een paar keer • *nimm noch ein ~ Trauben* neem nog wat druiven
Paar ZN O (+(e)s/+e) **1** paar • *ein ~ Stiefel* een paar laarzen **2** paar <stelletje> • *sie sind schon lange ein ~* ze zijn allang een stelletje
paaren OV WW paarsgewijs rangschikken, aan elkaar paren • *sich ~* gepaard gaan, samengaan, paren
paarig BN gepaard, in paren, paarsgewijs bij elkaar horend • *~e Organe* organen die in paren voorkomen
Paarlauf ZN M (+(e)s/gmv) kunstrijden voor paren
paarmal BW • *ein ~* een paar keer
Paarung ZN V (-/+en) paring
paarweise BW in paren, paarsgewijs
Pacht ZN V (-/+en) pacht
Pachtbrief ZN M (+(e)s/+e) pachtbrief, pachtakte
pachten OV WW pachten
Pächter ZN M (+s/-) pachter
Pachtung ZN V (-/+en) in pacht nemen, pachten
Pachtvertrag ZN M (+(e)s/-verträge) pachtovereenkomst
Pachtzins ZN M (+es/+en) pachtsom/-geld
Pack **1** ZN M (+(e)s/+e, Päcke) pak, bundel • *mit Sack und ~* met zijn hele hebben en houden **2** ZN O (+(e)s/gmv) MIN. gepeupel, gespuis ▸ *~ schlägt sich, ~ verträgt sich* ≈ gespuis heeft zo zijn eigen sociale regels
Päckchen ZN O (+s/-) pakje
Packeis ZN O (+es/gmv) pakijs
packen OV WW **1** pakken • FIG. *sich ~* zich wegscheren **2** inpakken • *seinen Koffer packen* zijn koffer inpakken • *seine Siebensachen ~* inpakken en wegwezen **3** aangrijpen, vastgrijpen • *die Angst packte ihn* hij werd gegrepen door angst
Packen ZN M (+s/-) pak, bundel
packend BN pakkend, boeiend
Packer ZN M (+s/-) inpakker
Packesel ZN M (+s/-) pakezel <ook figuurlijk>
Packpapier ZN O (+(e)s/gmv) pakpapier
Packung ZN V (-/+en) **1** verpakking • *auf der ~ stehen* op de verpakking staan **2** pak • *eine ~ Kekse* een pak koekjes **3** pakking, afdichting **4** kompres
Packwagen ZN M (+s/-) **1** bagagetreinstel **2** bagagekarretje
Pädagoge ZN M (+n/+n) pedagoog, opvoedkundige
Pädagogik ZN V (-/gmv) pedagogiek,

opvoedkunde
pädagogisch BN pedagogisch, opvoedkundig
Paddel ZN O (+s/-) peddel
Paddelboot ZN O (+(e)s/+e) kano
paddeln ONOV WW peddelen
Paddler ZN M (+s/-) peddelaar
p. Adr. AFK per Adresse **p.a.** <per adres>
paff BN **1** paf, sprakeloos **2** poef!, paf!
paffen ONOV WW paffen
Page ZN M (+n/+n) **1** page, edelknaap **2** hotelbediende, piccolo
Pagenkopf ZN M (+(e)s/-köpfe) pagekop
Pagenschnitt ZN M (+es/gmv) pagekop
paginieren OV WW van paginanummers voorzien, pagineren
Paket ZN O (+(e)s/+e) pakket, pakje
Paketannahme ZN V (-/+n) loket voor pakketten
Paketausgabe ZN V (-/+n) loket voor het afhalen van pakketten
Paketkarte ZN V (-/+n) adreskaart, label
Pakistan ZN O Pakistan
Pakt ZN M (+(e)s/+e) pact, verdrag
paktieren ONOV WW **1** een verdrag sluiten **2** heulen, samenzweren
Palais ZN O (-/-) paleis
Palast ZN M (+es/-läste) paleis
Palästina ZN O Palestina
Palästinenser ZN M (+s/-) Palestijn
Palatschinke ZN V (-/+n) OOST. met jam o.i.d. gevulde pannenkoek
Palaver ZN O (+s/-) eindeloos gepraat
palavern ONOV WW MIN. ouwehoeren
Palette ZN V (-/+n) palet
paletti BN INFORM. • *alles ~* alles in orde!
Palisade ZN V (-/+n) palissade
Palisander ZN M (+s/-) palissander(hout)
Palme ZN V (-/+n) palm • *jemanden auf die ~ bringen* iemand op de kast jagen
Palmsonntag ZN M (+s/+e) palmzondag
Palmtop ZN M (+s/+s) COMP. palmtop
Pampa ZN V (-/+s) pampa • *in der ~* in de rimboe
Pampe ZN V (-/gmv) modderbrij, prut
Pampelmuse ZN V (-/+n) pompelmoes, grapefruit
Pamphlet ZN O (+(e)s/+e) pamflet
pampig BN brutaal, grof
Panama ZN O Panama
Panazee ZN V (-/+n) panacee
Paneel ZN O (+s/+e) **1** paneel **2** lambrisering
paneelieren OV WW met schroten betimmeren
Panflöte ZN V (-/+n) pan(s)fluit
panieren OV WW paneren
Paniermehl ZN O (+s/gmv) paneermeel
Panik ZN V (-/+en) paniek • *~ heraufbeschwören* paniek zaaien
panikartig BN **1** paniekerig **2** chaotisch
Panikmache ZN V (-/gmv) paniekzaaierij
Panino ZN O (-s/Panini) panino • *ein Panino mit reifem Käse* een panino oude kaas
panisch BN panisch
Panne ZN V (-/+n) **1** panne, motorstoring • *unterwegs eine ~ haben* onderweg pech hebben **2** pech, fout
Pannendienst ZN M (+(e)s/+e) pechhulpdienst
Pannenhilfe ZN V (-/gmv) pechhulp • *pechhulp verlenen* Pannenhilfe leisten
Panorama ZN O (+s/-men) panorama, vergezicht
panschen OV + ONOV WW **1** spetteren, knoeien **2** versnijden, knoeien met • *gepanschter Wein* versneden wijn
Panscher ZN M (+s/-) knoeier
Panscherei ZN V (-/+en) gepoedel, gespetter
Pansen ZN M (+s/-) pens <van herkauwers>
Panter ZN M (+s/-) → **Panther**
Pantheismus ZN M (-/gmv) pantheïsme
Panther ZN M (+s/-) panter
Pantine ZN V (-/+n) lage klomp
Pantoffel ZN M (+s/+n) pantoffel, muiltje • *unter dem ~ stehen* onder de sloef liggen
Pantoffelheld ZN M (+en/+en) pantoffelheld
Pantomime **1** ZN M (+n/+n) pantomimespeler **2** ZN V (-/+n) pantomime
pantomimisch BN pantomimisch
pantschen WW → **panschen**
Panzer ZN M (+s/-) **1** pantser **2** tank
Panzerabwehr ZN V (-/gmv) tankafweer
Panzerfahrzeug ZN O (+(e)s/+e) MIL. pantservoertuig
Panzerfaust ZN V (-/-fäuste) MIL. pantservuist <granaat>
Panzerglas ZN O (+es/gmv) kogelvrij glas
Panzerhemd ZN O (+(e)s/+en) maliënkolder, pantserhemd
panzern **1** OV WW pantseren **2** WKD WW (**sich ~**) zich wapenen
Panzerschrank ZN M (+(e)s/-schränke) brandkast
Panzerung ZN V (-/+en) **1** pantseren **2** pantsering
Panzerwagen ZN M (+s/-) **1** pantserwagen **2** gepantserd voertuig
Papa ZN M (+s/+s) papa
Papagei ZN M (+s, +en/+e, +en) papegaai • *plappern wie ein ~* klappen als een ekster
Papier ZN O (+s/+e) **1** papier • *~ ist geduldig* papier is geduldig • *etwas zu ~ bringen* iets op papier zetten **2** document • *keine Papiere haben* geen papieren hebben **3** FIN. waardepapier
Papierdeutsch ZN O (-, +s/gmv) ambtelijk Duits
papieren BN van papier, papieren
Papiergeld ZN O (+(e)s/gmv) papiergeld
Papierkorb ZN M (+(e)s/-körbe) prullenbak
Papierkram ZN M (+(e)s/gmv) FIG. papierwinkel
Papierkrieg ZN M (+(e)s/+e) FIG. papierwinkel
Papiermaché, **Papiermaschee** ZN O (+s/+s) papier-maché
Papierschlange ZN V (-/+n) papieren slinger, serpentine
Papierserviette ZN V (-/+n) papieren servet

Papiertaschentuch ZN O (+(e)s/-tücher) papieren zakdoekje
Papiertüte ZN V (-/+n) papieren zakje
Pappband ZN M (+(e)s/-bänder) boek in kartonnen band
Pappbecher ZN M (+s/-) kartonnen bekertje
Pappdeckel ZN M (+s/-) stuk karton, stuk bordpapier
Pappe ZN V (-/+n) **1** karton, bordpapier • *nicht von ~ sein* niet te onderschatten zijn **2** HUMOR. rijbewijs
Pappel ZN V (-/+n) populier
päppeln OV WW vertroetelen, koesteren
pappen OV + ONOV WW INFORM. plakken
Pappenheimer ZN M (+s/-) • *seine ~ kennen* zijn pappenheimers kennen
Pappenstiel ZN M kleinigheid • *das ist keinen ~ wert* dat is geen cent waard • *das ist kein ~* dat is geen kleinigheid • *für einen ~* voor een appel en een ei
pappig BN kleverig • *~er Schnee* papsneeuw
Pappkamerad ZN M (+en/+en) schietpop
Pappkarton ZN M (+s/+s) kartonnen doos
Pappmaché, **Pappmaschee** ZN O (+s/+s) papier-maché
Pappschachtel ZN V (-/+n) kartonnen doos
Paprika ZN M (+s/+s) paprika
Paprikaschote ZN V (-/+n) paprikavrucht
Papst ZN M (+es/Päpste) paus
päpstlich BN pauselijk • *päpstlicher als der Papst* roomser dan de paus
Papsttum ZN O (+(e)s/gmv) pausdom, pausschap
Papua ZN M (+s/+s) Papoea
papuanisch BN Papoeaas
Papyrus ZN M (-/-ri) **1** papyrus(plant) **2** papyrus <schrijfmateriaal> **3** papyrusrol
Parabel ZN V (-/+n) **1** WISK. parabool **2** parabel
Parabolantenne ZN V (-/+n) schotelantenne
parabolisch BN parabolisch
Paracetamol ZN O (+s/+s) paracetamolletje
Parade ZN V (-/+n) **1** parade **2** inhouden <paardensport> **3** SPORT afweerbeweging
Paradeanzug ZN M (+(e)s/-züge) groot tenue
Paradebeispiel ZN O (+(e)s/+e) schoolvoorbeeld
Paradeiser ZN M (+s/-) OOST. tomaat
Paradepferd ZN O (+(e)s/+e) OOK FIG. paradepaard
Paradeschritt ZN M (+(e)s/gmv) paradepas
paradieren ONOV WW paraderen
Paradies ZN O (+es/+e) **1** paradijs • *das ~ auf Erden* het aards paradijs **2** TON. engelenbak
paradiesisch BN paradijselijk, verrukkelijk
Paradiesvogel ZN M (+s/-vögel) paradijsvogel
paradox BN paradoxaal
Paradox ZN O (+es/+e) paradox
Paraffin ZN O (+s/+e) paraffine
Paragliding ZN O (+s/gmv) paragliding
Paragraf, **Paragraph** ZN M (+en/+en) paragraaf
parallel BN parallel, evenwijdig • *~ zu* evenwijdig met • *die Straße läuft ~ zur Bahnlinie* de weg loopt parallel aan het spoor
Parallele ZN V (-/+n) **1** vergelijking, parallel **2** evenwijdige lijn
Parallelismus ZN M (-/-ismen) parallellisme
Parallelogramm ZN O (+s/+e) parallellogram
Parameter ZN M (+s/-) parameter
paramilitärisch BN paramilitair
Paranoia ZN V (-/gmv) paranoia
paranoisch BN paranoïde
Parapsychologie ZN V (-/gmv) parapsychologie
Parasit ZN M (+en/+en) parasiet
parat BN paraat • *er hat immer eine Antwort ~* hij heeft altijd een antwoord klaar
Pärchen ZN O (+s/-) stelletje, paartje
pardauz TUSSENW boem!, pats!
pardon TUSSENW pardon!
Pardon ZN M/O (+s/gmv) genade, pardon • *da gibt's kein ~* er wordt geen uitzondering gemaakt
Parfüm ZN O (+s/+s, +e) parfum
Parfümerie ZN V (-/+n) parfumerie
parfümieren **1** OV WW parfumeren **2** WKD WW (**sich ~**) parfum opdoen, parfumeren
pari BW ECON. gelijk aan de nominale waarde, pari • *~ stehen* pari staan • *unter ~* beneden pari • *zu ~* a pari
Paria ZN M (+s/+s) paria, verstoteling
parieren OV + ONOV WW **1** inhouden <paardensport> **2** pareren, afweren **3** INFORM. gehoorzamen
Paris ZN O Parijs
Pariser ZN M (+s/-) **1** Parijzenaar **2** kapotje, condoom
Parität ZN V (-/gmv) **1** pariteit, gelijkwaardigheid **2** gelijkheid van koers
paritätisch BN gelijkwaardig
Park ZN M (+s/+s, +e) **1** park **2** plantsoen
Parka ZN M/V (-, +s/+s) parka
Parkanlage ZN V (-/+n) plantsoen
Parkbucht ZN V (-/+en) parkeerhaven
parken OV + ONOV WW **1** parkeren **2** HUMOR. onderbrengen • *die Kinder bei der Oma ~* de kinderen bij oma dumpen
Parkett ZN O (+(e)s/+e, +s) parket
Parkettboden ZN M (+s/-böden) parketvloer
parkettieren OV WW parketteren, een parketvloer leggen in
Parkgarage ZN V (-/+n) parkeergarage
Parkhaus ZN O (+es/-häuser) parkeergarage <bovengronds>
Parkinsonkrankheit ZN V (-/+en) ziekte van Parkinson
Parkleuchte ZN V (-/+n) parkeerlicht
Parklücke ZN V (-/+n) parkeerplaatsje tussen twee auto's, gaatje
Parkplatz ZN M (+es/-plätze) **1** parkeerterrein **2** parkeerplaats
Parkscheibe ZN V (-/+n) parkeerschijf
Parkschein ZN M (+(e)s/+e) parkeerbon, parkeerbiljet

pa

Parksünder ZN M (+s/-) INFORM. **foutparkeerder**
Parkuhr ZN V (-/+en) **parkeermeter**
Parkverbot ZN O (+(e)s/gmv) **parkeerverbod**
Parkwächter ZN M (+s/-) **1** **parkeerwachter, bewaker van parkeerterrein** **2** **parkwachter**
Parlament ZN O (+(e)s/+e) **parlement**
Parlamentär ZN M (+s/+e) **onderhandelaar**
Parlamentarier ZN M (+s/-) **parlementslid**
parlamentarisch BN **parlementair**
Parlamentarismus ZN M (-/gmv) **parlementarisme**
Parlamentswahl ZN V (-/+en) **parlementsverkiezing**
Parmesan ZN M (+s/gmv) **Parmezaanse kaas**
Parodie ZN V (-/+n) **parodie**
parodieren OV WW **parodiëren**
Parole ZN V (-/+n) **1** **leuze** **2** **parool, wachtwoord**
Paroli ZN O (+s/+s) ▸ INFORM. *jemandem ~ bieten* iemand van repliek dienen, iemand iets flink betaald zetten
Part ZN M (+(e)s/+e) **1** **part, deel** **2** **rol** **3** MUZ. **partij**
Part. AFK Parterre **parterre**
Partei ZN V (-/+en) **partij** • *eine politische ~* een politieke partij • *jemandes ~ ergreifen* iemands partij kiezen • *~ gegen jemanden ergreifen* partij tegen iemand kiezen • *zwei Parteien in einem Haus* twee gezinnen in één huis • *die beteiligten Parteien* de belanghebbende partijen
Parteibuch ZN O (+(e)s/-bücher) **lidmaatschapsbewijs v.e. partij, partijboekje**
Parteichef ZN M (+s/+s) **partijleider**
Parteiführung ZN V (-/+en) **partijleiding/-bestuur**
parteiisch BN **1** **partijdig** **2** **bevooroordeeld**
Parteilichkeit ZN V (-/gmv) **partijdigheid**
parteilos BN **niet tot een partij behorend**
Parteimitglied ZN O (+(e)s/+er) **partijlid**
Parteinahme ZN V (-/gmv) **(het) partijkiezen**
Parteipolitik ZN V (-/gmv) **partijpolitiek**
Parteitag ZN M (+(e)s/+e) **partijcongres**
Parteiung ZN V (-/+en) **partijscheuring, splitsing in vijandig gezinde partijen**
Parterre ZN O (+s/+s) **1** **begane grond** **2** **parterre** **3** **benedenhuis**
Partie ZN V (-/+n) **1** **partij** • *eine gute ~ machen* een goede partij doen • *eine ~ Schach* een partijtje schaak • *eine ~ Socken* een partij sokken • *mit von der ~ sein* ook van de partij zijn **2** **gedeelte**
partiell BN **gedeeltelijk**
Partikel **1** ZN V (-/+n) TAALK. **partikel, onverbuigbaar woordje** **2** ZN O (+s/-) SCHEIK. **partikel, deeltje**
Partisan ZN M (+s, +en/+en) **partizaan, guerrillastrijder**
Partitur ZN V (-/+en) **partituur**
Partizip ZN O (+s/-pien) **deelwoord** • *~ Präsens* tegenwoordig deelwoord • *~ Perfekt* voltooid deelwoord
partizipieren ONOV WW **deelnemen, participeren**
Partner ZN M (+s/-) **partner, compagnon**
Partnerin ZN V (-/+nen) **(vrouwelijke) partner**
Partnerschaft ZN V (-/+en) **1** **relatie** • *eingetragene ~* samenlevingscontract <alleen voor homoseksuele paren> **2** **compagnonschap**
partnerschaftlich BN **gemeenschappelijk**
Partnerstadt ZN V (-/-städte) **zusterstad**
partout BW **absoluut, volstrekt** • *etwas ~ nicht wollen* iets absoluut niet willen
Party ZN V (-/+s, -ties) **party, feestje** • *auf eine ~ gehen* naar een partij gaan • *eine ~ geben* een partijtje geven
Partyzelt ZN O (+(e)s/+e) **partytent**
Parvenü ZN M (+s/+s) **parvenu**
Parzelle ZN V (-/+n) **1** **perceel, stukje grond** **2** **volkstuintje**
parzellieren OV WW **verkavelen**
Pasch ZN M (+(e)s/+e, Päsche) **doublet, dubbel exemplaar**
Pascha ZN M (+s/+s) **1** **Pascha** **2** **pasja** <ook figuurlijk>
Pass ZN M (+es/Pässe) **1** **paspoort** **2** **(berg)pas** **3** SPORT **pass** **4** **telgang** • *im ~ gehen* in telgang lopen
passabel BN **behoorlijk, redelijk** • *~ sein* ermee door kunnen
Passage ZN V (-/+n) **1** **overtocht** **2** **passage** **3** **doorvaart** **4** **doorgang**
Passagier ZN M (+s/+e) **passagier** • *ein blinder ~* een blinde passagier, een passagier met een visuele beperking
Passant ZN M (+en/+en) **passant, voorbijganger**
Passat ZN M (+(e)s/+e) **passaat**
Passbild ZN O (+es/+er) **pasfoto**
passen ONOV WW **1** **passen** • *die Hose passt* de broek past • *das passt so* dat klopt zo • *das passt sich nicht!* dat hoort niet! • *passen zu* +3, passen bij **2** **goed uitkomen, gelegen komen** • *das passt mir* dat komt me goed uit • *passt Ihnen der Montag?* komt maandag u uit? • *das könnte dir so ~!* je zuster! **3** SPORT **een pass geven** • FIG. *da muss ich passen!* dat weet ik niet!
passend BN **1** **passend, geschikt** • *der ~e Moment* het geschikte moment • *~ zu* passend bij **2** **gepast** • *ein ~es Wort* een gepast woord • *~ bezahlen* met gepast geld betalen
Passfoto ZN O (+s/+s) **pasfoto**
Passgang ZN M (+(e)s/gmv) **telgang**
Passhöhe ZN V (-/+en) **pashoogte**
passierbar BN **te passeren**
passieren OV + ONOV WW **1** **gebeuren** • *was ist passiert?* wat is gebeurd? • *das passiert mir nicht* dat gebeurt mij niet • *es ist schon passiert* het kwaad is al geschied • *das kann jedem ~* dat kan iedereen overkomen • *wenn einem das passiert!* het zal je maar gebeuren! **2** **passeren** • *die Zensur ~* door de censuur komen **3** **voorbijgaan**
Passierschein ZN M (+(e)s/+e) **toegangspasje**
Passion ZN V (-/+en) **1** **passie** **2** **hartstocht**
passioniert BN **hartstochtelijk** • *ein ~er Fußballer*

pa

een gepassioneerd voetballer
Passionsblume ZN V (-/+en) passiebloem
Passionsspiel ZN O (+(e)s/+e) passiespel
passiv BN **1** passief **2** lijdzaam
Passiv ZN O (+s/+e) passief, lijdende vorm
Passiva ZN MV passiva, schulden • *Aktiva und ~ der Bilanz* activa en passiva op een balans
Passivität ZN V (-/gmv) passiviteit, indolentie
Passivrauchen ZN O (+s/gmv) (het) passief roken, (het) meeroken
Passkontrolle ZN V (-/+n) pas(poort)controle
Passnummer ZN V paspoortnummer
Passstelle ZN V (-/+n) paspoortenbureau/-loket
Passstraße ZN V (-/+n) weg over een bergpas
Passus ZN M (-/-) passus, zinsnede
Passwort ZN O (+(e)s/-wörter) **1** wachtwoord **2** COMP. password
Paste ZN V (-/+n) pasta
Pastell ZN O (+(e)s/+e) **1** pastel, pasteltekening **2** pastelkleur
Pastellblau ZN O (-s/gmv) pastelblauw
pastellfarben BN pastel
Pastete ZN V (-/+n) pastei
pasteurisieren OV WW pasteuriseren
Pastille ZN V (-/+n) pastille
Pastinake ZN V pastinaak
Pastor ZN M (+s/+e(n)) **1** pastoor **2** dominee
pastoral BN pastoraal
Pastorin ZN V (-/+nen) predikante
Pate ZN M (+n/+n) peetvader, peetoom • *~ stehen* ten doop houden • INFORM. *bei etwas ~ stehen* als voorbeeld dienen voor iets
Patenkind ZN O (+es/+er) petekind
Patenonkel ZN M (+s/-) peetvader, peetoom
Patenschaft ZN V (-/+en) peetmoeder/-vader zijn • *eine ~ übernehmen* peetmoeder/-vader worden, beschermvrouw/-heer van iets worden
patent BN patent, puik, voortreffelijk
Patent ZN O (+(e)s/+e) **1** patent, octrooi • *etwas zum ~ anmelden* patent voor iets aanvragen • *ein ~ erteilen* octrooi verlenen • HUMOR. *ein ~ auf etwas haben* op iets geabonneerd zijn **2** certificaat, diploma
Patentamt ZN O (+es/-ämter) Octrooiraad
Patentante ZN V (-/+n) peetmoeder, peettante
Patentanwalt ZN M (+(e)s/-anwälte) JUR. octrooigemachtigde
patentieren OV WW **1** patent verstrekken voor **2** patenteren
Patentinhaber ZN M (+s/-) octrooihouder
Patentlösung ZN V (-/+en) kant-en-klare oplossing
Pater ZN M (+s/-, Patres) pater
Paternoster **1** ZN M (+s/-) paternosterlift **2** ZN O (+s/-) onzevader
pathetisch BN **1** vol vuur, pathetisch **2** hoogdravend
Pathologe ZN M (+n/+n) patholoog
pathologisch BN pathologisch
Pathos ZN O (-/gmv) **1** pathos, vuur, gloed **2** hoogdravendheid
Patience ZN V (-/+n) patience <kaartspel>
Patient ZN M (+en/+en) patiënt
Patin ZN V (-/+nen) peetmoeder, peettante
Patriarch ZN M (+en/+en) patriarch, aartsvader
patriarchalisch BN patriarchaal
Patriarchat ZN O (+(e)s/+e) patriarchaat
Patriot ZN M (+en/+en) patriot, goed vaderlander
patriotisch BN vaderlandslievend, patriottisch
Patrizier ZN M (+s/-) patriciër
patrizisch BN patricisch
Patron ZN M (+s/+e) **1** patroon **2** beschermheer **3** MIN. knaap, kerel
Patrone ZN V (-/+n) **1** patroon **2** stofpatroon
Patronengurt ZN M (+(e)s/+e) patroongordel
Patronenhülse ZN V (-/+n) patroonhuls
Patronin ZN V (-/+nen) patrones, beschermvrouw
Patrouille ZN V (-/+n) patrouille, verkenning • *auf ~ gehen* op patrouille gaan
patrouillieren ONOV WW patrouilleren, surveilleren
patsch TUSSENW pats!
Patsche ZN V (-/+n) **1** handje **2** narigheid, knoei • *jemandem aus der ~ helfen* iemand uit de narigheid halen • *in der ~ sitzen* in de knoei zitten
patschen ONOV WW **1** petsen **2** plassen
Patschhand ZN V (-/-hände) handje
patschnass BN kletsnat
patt BN • *~ sein* pat staan, geen zet meer kunnen doen
Patt ZN O (+s/+s) **1** SPORT pat **2** FIG. patstelling
patzen ONOV WW morsen, knoeien
Patzer ZN M (+s/-) **1** fout **2** knoeier
patzig BN **1** ongemanierd, brutaal **2** poenig
Pauke ZN V (-/+n) grote trom, pauk • *auf die ~ hauen* uitgelaten feestvieren, veel tamtam maken • *mit Pauken und Trompeten durchfallen* zakken als een baksteen
pauken ONOV WW **1** de pauken slaan **2** INFORM. blokken, ijverig studeren
Pauker ZN M (+s/-) **1** paukenist **2** INFORM. schoolfrik
Paukerei ZN V (-/gmv) geblok
Pausbacken ZN MV rode, bolle wangen
pausbäckig BN met bolle wangen
pauschal BN **1** alles inbegrepen, all-in • *ein ~er Preis* een all-inprijs • *der Schaden wurde ~ vergütet* de schade werd zonder specificatie vergoed **2** zeer algemeen, generaliserend • *ein ~es Urteil* een generaliserend oordeel • *~ urteilen* kort door de bocht zijn
Pauschale ZN V (-/+n) vast tarief, bedrag ineens
Pauschalgebühr ZN V (-/+en) totale kosten, vaste kosten
pauschalieren OV WW afronden
Pauschalpreis ZN M (+es/+e) **1** all-inprijs, totaalprijs **2** prijs ineens, vooraf bepaalde vaste prijs

Pauschalreise ZN V (-/+n) all-inreis, reis met alle kosten inbegrepen
Pause ZN V (-/+n) **1** pauze, onderbreking • *~ machen* pauze houden **2** overtrektekening
pausen OV WW overtrekken, calqueren
pausenlos BN ononderbroken, voortdurend, onafgebroken
pausieren ONOV WW pauzeren, een pauze houden
Pauspapier ZN O (+s/+e) calqueerpapier
Pavian ZN M (+s/+e) baviaan
Pavillon ZN M (+s/+s) **1** grote tent **2** paviljoen
Pay-TV ZN O (+s/+s) betaaltelevisie
Pazifik ZN M (+s/gmv) Stille Oceaan
pazifisch BN v.d. Grote Oceaan
Pazifismus ZN M (-/gmv) pacifisme
Pazifist ZN M (+en/+en) pacifist
pazifistisch BN pacifistisch
PC AFK Personal Computer pc
PDF ZN O pdf
PDS AFK POL. Partei des demokratischen Sozialismus PDS <opvolger van de DDR-eenheidspartij SED>
Pech ZN O (+(e)s/-) **1** pek **2** pech • *~ haben* pech hebben • *vom ~ verfolgt sein* aan één stuk door pech hebben
pechfinster BN pikdonker
pechschwarz BN pikzwart, stikdonker • *~e Augen* gitzwarte ogen
Pechsträhne ZN V (-/+n) serie tegenslagen, periode van tegenslag • *eine ~ haben* een tijd hebben waar alles misgaat
Pechvogel ZN M (+s/-vögel) pechvogel
Pedal ZN O (+s/+e) pedaal
Pedant ZN M (+en/+en) **1** frik **2** opgeblazen betweter
Pedanterie ZN V (-/+n) pedanterie
pedantisch BN **1** pedant, schoolmeesterachtig, kleingeestig **2** akelig precies
Pedell ZN M (+s/+e) **1** pedel **2** conciërge
Pediküre ZN V (-/+n) pedicure
Pegel ZN M (+s/-) peil, peilschaal
Pegelstand ZN M (+(e)s/-stände) peilhoogte, waterstand • *niedriger ~* beneden peil • *hoher ~* boven peil
peilen OV WW **1** peilen **2** opmeten **3** JEUGDT. snappen • *er peilt's nicht!* hij snapt het niet
Peilung ZN V (-/+en) **1** peiling **2** meting
peinigen OV WW kwellen, pijnigen
Peiniger ZN M (+s/-) folteraar, beul
Peinigung ZN V (-/+en) foltering, pijniging
peinlich BN **1** pijnlijk • GESCH. *peinliche Befragung* verhoor met foltering • *es ist mir ~* ik vind het pijnlijk **2** nauwgezet • *~ genau* heel nauwkeurig **3** hachelijk, onbehaaglijk • *eine ~e Situation* een hachelijke situatie
Peinlichkeit ZN V (-/+en) **1** pijnlijkheid **2** nauwgezetheid
Peitsche ZN V (-/+n) zweep
peitschen OV WW slaan, striemen, geselen
Peitschenhieb ZN M (+es/+e) zweepslag
pejorativ BN pejoratief
Pekinese ZN M (+n/+n) pekinees
Pelikan ZN M (+s/+e) pelikaan
Pelle ZN V (-/+n) **1** pel, schil **2** • *jemandem auf die ~ rücken* iemand op de huid gaan zitten • *jemandem auf der ~ sitzen* iemand op de huid zitten
pellen OV WW pellen, schillen
Pellkartoffeln ZN MV in de schil gekookte aardappelen
Peloton ZN O (+s/+s) peloton
Pelz ZN M (+es/+e) **1** bont, pels **2** huid, vel • *jemandem auf den ~ rücken* zich aan iemand opdringen **3** bontjas
Pelzbesatz ZN M (+es/-besätze) bontrand
pelzen OV WW **1** villen, van de pels ontdoen **2** enten
pelzgefüttert BN bontgevoerd
Pelzhandel ZN M (+s/-) bonthandel
Pelzhändler ZN M (+s/-) bonthandelaar
pelzig BN ruw aanvoelend, pelsachtig
Pelzjacke ZN V (-/+n) bontjasje
Pelzkragen ZN M (+s/-) bontkraag
Pelzmantel ZN M (+s/-mäntel) bontjas
Pelztier ZN O (+(e)s/+e) pelsdier
Pendel ZN O (+s/-) pendel, slinger
Pendeldienst ZN M (+es/+e) pendeldienst
pendeln ONOV WW **1** slingeren, schommelen **2** pendelen, forenzen
Pendeluhr ZN V (-/+en) **1** pendule **2** slingeruurwerk
Pendelverkehr ZN M (+s/gmv) pendelverkeer
Pendler ZN M (+s/-) pendelaar, forens
penetrant BN **1** penetrant, doordringend **2** opdringerig
peng TUSSENW pang
penibel BN **1** overdreven precies/nauwkeurig **2** penibel
Penis ZN M (-/+se) penis
Penizillin ZN O (+s/gmv) penicilline
Pennbruder ZN M (+s/-brüder) INFORM. landloper
Penne ZN V (-/+n) INFORM. school
pennen ONOV WW INFORM. maffen, pitten, slapen • *eine Runde ~* gaan maffen
Penner ZN M (+s/-) **1** landloper, zwerver **2** slome, slaapkop
Pension ZN V (-/+en) **1** pensioen **2** pension • *bei jemanden in ~ sein* bij iemand in de kost zijn
Pensionär ZN M (+s/+e) **1** pensioengerechtigde **2** kostganger, pensiongast **3** kostschoolleerling
Pensionat ZN O (+(e)s/+e) pensionaat, kostschool
pensionieren OV WW pensioneren
Pensionierung ZN V (-/gmv) pensionering
pensionsberechtigt BN pensioengerechtigd
Pensionsgast ZN M (+(e)s/-gäste) pensiongast
Pensum ZN O (+s/-sen, -sa) **1** opdracht, taak **2** werk
Penthouse ZN O (-/+s) penthouse
Pep ZN M (+s/gmv) pep, pit • *das hat keinen ~* er zit geen pit in
per VZ +4, per • *~ Bahn* met de trein • *~ Adresse* per

pe

adres • ~ *Kasse* contant • ~ *procura* per procuratie • ~ *sofort* per direct • ~ *Zufall* toevallig

perfekt BN **1** perfect, uitstekend **2** afgesloten, definitief • ~ *machen* definitief vaststellen • ~ *werden* in orde komen **3** bezegeld

Perfekt ZN O (+(e)s/+e) TAALK. voltooid tegenwoordige tijd

Perfektion ZN V (-/+en) perfectie, volmaaktheid

perfektionieren OV WW perfectioneren, vervolmaken

Perfektionist ZN M (+en/+en) perfectionist

perforieren OV WW perforeren

Pergament ZN O (+(e)s/+e) perkament

Pergola ZN V (-/-len) pergola

Periode ZN V (-/+n) **1** periode **2** menstruatie

Periodensystem ZN O (+s/gmv) periodiek systeem

periodisch BN periodiek

Periodizität ZN V (-/gmv) periodieke terugkeer, periodiciteit

peripher BN perifeer, aan de rand • *das ~e Nervensystem* het perifere zenuwstelsel

Peripherie ZN V (-/+n) periferie

Peripheriegerät ZN O (+(e)s/+e) randapparatuur

Periskop ZN O (+s/+e) periscoop

peristaltisch BN peristaltisch

Perle ZN V (-/+n) parel <ook figuurlijk> ▸ *Perlen vor die Säue werfen* parels voor de zwijnen gooien

perlen ONOV WW parelen

Perlenkette ZN V (-/+n) parelketting, parelsnoer

Perlhuhn ZN O (+(e)s/-hühner) parelhoen

Perlmutt ZN O (+s/gmv) parelmoer <kleur, glans>

Perlmutter 1 ZN V/O (-/gmv) parelmoer <materiaal> **2** ZN O (+s/gmv) parelmoer <kleur, glans>

Perlonstrümpfe ZN MV panty

permanent BN permanent, blijvend, voortdurend

perplex BN onthutst, perplex

Pers. AFK Person persoon

Perser ZN M (+s/-) **1** Perzisch tapijt, pers **2** Pers

Perserteppich ZN M (+s/+e) pers, Perzisch tapijt

Persien ZN O (+s/gmv) Perzië

Persiflage ZN V (-/+n) persiflage

persiflieren OV WW persifleren, belachelijk maken

persisch BN Perzisch

Person ZN V (-/+en) persoon, personage, mens • *eine dumme* ~ een dom mens • *juristische* ~ rechtspersoon • *pro* ~ per persoon • *die betreffende/ fragliche* ~ de bewuste persoon • *die eigene* ~ *vernachlässigen* zichzelf tekortdoen • *der Geiz in* ~ de gierigheid in persoon

Personal ZN O (+s/gmv) personeel

Personalabbau ZN M (+(e)s/gmv) personeelsafvloeiing

Personalabteilung ZN V (-/+en) afdeling personeelszaken

Personalausweis ZN M (+es/+e) persoonsbewijs, ID-kaart

Personalbestand ZN M (+(e)s/-bestände) aantal personeelsleden, personeelsbestand

Personalchef ZN M (+s/+s) personeelschef

Personal Computer ZN M (+s/+s) personal computer

Personalien ZN MV personalia, gegevens

Personalität ZN V (-/+en) personaliteit, persoonlijkheid

Personalkosten ZN MV personeelskosten

Personalmangel ZN M (+s/-mängel) personeelsgebrek

Personalpronomen ZN O (+s/-pronomina, -) persoonlijk voornaamwoord

Personalrat ZN M (+s/-räte) personeelsvertegenwoordiger/-afgevaardigde

Personalunion ZN V (-/+en) personele unie

Personalwechsel ZN M (+s/-) personeelsverloop

personell BN **1** de persoon betreffend <in de psychologie> **2** het personeel betreffend

Personenaufzug ZN M (+(e)s/-aufzüge) personenlift

Personenbeförderung ZN V (-/gmv) reizigers-/personenvervoer

Personenkraftwagen ZN M (+s/-) personenauto, personenwagen

Personenkult ZN M (+(e)s/gmv) persoonsverheerlijking

Personenname ZN M (+ns/+n) persoonsnaam

Personenschaden ZN M (+s/-schäden) lichamelijk letsel

Personenstand ZN M (+(e)s/gmv) burgerlijke staat

Personenstandsregister ZN O (+s/-) bevolkingsregister

Personenverkehr ZN M (+s/gmv) personen-/ reizigersverkeer

Personenwagen ZN M (+s/-) **1** personentreinstel **2** personenauto

Personenzug ZN M (+(e)s/-züge) personentrein

Personifikation ZN V (-/+en) personificatie

personifizieren OV WW verpersoonlijken, personifiëren

persönlich BN persoonlijk • *etwas ~ nehmen* zich iets persoonlijk aantrekken • *aus persönlichen Gründen* om persoonlijke redenen

Persönlichkeit ZN V (-/+en) **1** persoonlijkheid **2** karakter, aard

Perspektive ZN V (-/+n) **1** kans, vooruitzicht, perspectief **2** perspectief <kunst> **3** vergezicht

perspektivisch BN perspectivisch

Peru ZN O Peru

Perücke ZN V (-/+n) pruik

pervers BN pervers

Perversion ZN V (-/+en) perversie

Perversität ZN V (-/+en) perversiteit, verdorvenheid

pervertieren OV WW perverteren, doen

ontaarden • *pervertiert* ontaard
Pessimismus ZN M (-/gmv) pessimisme
Pessimist ZN M (+en/+en) pessimist, zwartkijker
pessimistisch BN pessimistisch
Pest ZN V (-/gmv) pest • INFORM. *jemandem die ~ an den Hals wünschen* iemand vervloeken • INFORM. *wie die ~ stinken* vreselijk stinken • INFORM. *meiden wie die ~* mijden als de pest
Pestilenz ZN V (-/gmv) **1** pestilentie **2** verderf
Pestizid ZN O (+s/+e) pesticide, verdelgingsmiddel
Pesto ZN O (+s/+s) pesto
Peter ZN M Peter, Piet • FIG. *den schwarzen ~ in der Hand haben* de zwartepiet zijn • *jemandem den schwarzen ~ zuschieben* het probleem op iemand afschuiven
Petersilie ZN V (-/gmv) peterselie • *~ in den Ohren haben* bananen in de oren hebben
Petition ZN V (-/+en) **1** petitie **2** verzoekschrift
Petroleum ZN O (+s/gmv) petroleum
Petroleumkocher ZN M (+s/-) petroleumstel
Petunie ZN V (-/+n) petunia
Petze ZN V (-/+n) klikspaan
petzen ONOV WW klikken, overbrieven
Petzer ZN M (+s/-) klikspaan
Pf AFK Pfennig pfennig
Pfad ZN M (+es/+e) pad
Pfadfinder ZN M (+s/-) scout, padvinder
Pfaffe ZN M (+n/+n) MIN. priester
Pfahl ZN M (+(e)s/Pfähle) paal, post, staak • *ein ~ im Fleisch* een doorn in het vlees
Pfahlbau ZN M (+(e)s/-ten) paalwoning
Pfahlgründung ZN V (-/+en) paalfundering
Pfahlzaun ZN M (+(e)s/-zäune) hekwerk, palissade
Pfalz ZN V (-/+en) **1** GESCH. paleis van de Duitse keizers, burcht **2** AARDK. Palts
Pfälzer ZN M (+s/-) **1** wijn uit de Palts **2** bewoner van de Palts
pfälzisch BN van de Palts
Pfand ZN O (+(e)s/Pfänder) pand, onderpand, statiegeld • *ein ~ einlösen* een pand aflossen
pfändbar BN waarop beslag gelegd kan worden
Pfandbrief ZN M (+(e)s/+e) pandbrief
pfänden OV WW beslag leggen op
Pfänderspiel ZN O (+(e)s/+e) pandverbeuren
Pfandflasche ZN V (-/+n) statiegeldfles
Pfandhaus ZN O (+es/-häuser) lommerd, bank van lening, pandjeshuis
Pfandleihe ZN V (-/+n) **1** pandbelening, belening **2** lommerd
Pfandleiher ZN M (+s/-) pandjesbaas
Pfandschein ZN M (+(e)s/+e) **1** pandbriefje **2** lommerdbriefje
Pfändung ZN V (-/+en) verpanding, beslaglegging
Pfanne ZN V (-/+n) **1** braadpan, bakpan • *jemanden in die ~ hauen* iemand in de pan hakken **2** dakpan
Pfannkuchen ZN M (+s/-) **1** pannenkoek **2** REG. berlinerbol
Pfarramt ZN O (+es/-ämter) **1** pastorie **2** ambt van dominee/pastoor
Pfarrbezirk ZN M (+s/+e) parochie
Pfarre ZN V (-/+n) **1** pastorie **2** parochie
Pfarrei ZN V (-/+en) gemeente, parochie
Pfarrer ZN M (+s/-) **1** dominee **2** pastoor
Pfarrerin ZN V (-/+nen) predikante
Pfarrgemeinde ZN V (-/+n) parochie
Pfarrhaus ZN O (+es/-häuser) pastorie
Pfarrkirche ZN V (-/+n) parochiekerk
Pfau ZN M (+(e)s/+en) pauw • *stolz wie ein ~* zo trots als een aap
Pfauenauge ZN O (+s/+n) pauwenoog
Pfd. AFK Pfund **pond** <munteenheid>
Pfeffer ZN M (+s/gmv) peper • *der soll hingehen, wo der ~ wächst* hij moet uit mijn ogen verdwijnen • *er soll bleiben, wo der ~ wächst* hij kan de pot op
Pfefferkorn ZN O (+(e)s/-körner) peperkorrel
Pfefferkuchen ZN M (+s/-) peperkoek
Pfefferminz ZN O (+es/+e) pepermunt(je)
Pfefferminzbonbon ZN M/O CULIN pepermuntje <snoepje>
Pfefferminze ZN V (-/gmv) pepermunt
Pfefferminztee ZN M muntthee
Pfeffermühle ZN V (-/+n) pepermolen
pfeffern OV WW **1** met peper bestrooien • *stark gepfeffert* sterk gepeperd • FIG. *gepfeffert* gepeperd, gezouten, peperduur **2** INFORM. smijten • *die Schultasche in die Ecke ~* de schooltas in de hoek smijten
Pfeffernuss ZN V (-/-nüsse) ≈ taaitaai
Pfefferstreuer ZN M (+s/-) peperbus
Pfeife ZN V (-/+n) **1** pijp • FIG. *das kannst du in der ~ rauchen* dat kun je in je haar smeren **2** fluit • *nach jemandes ~ tanzen* naar iemands pijpen dansen
pfeifen ONOV WW sterk fluiten • *auf/aus dem letzten Loch ~* het einde naderen • *ich pfeife auf ihn* ik heb lak aan hem • *ich pfeife dir was!* ik dank je feestelijk! • *ach, daher pfeift der Wind?* waait de wind uit die hoek? • *dem Hund ~* de hond fluiten
Pfeifenkopf ZN M (+(e)s/-köpfe) pijpenkop
Pfeifentabak ZN M (+s/gmv) pijptabak
Pfeifer ZN M (+s/-) **1** fluiter **2** fluitist
Pfeifkessel ZN M (+s/-) fluitketel
Pfeifkonzert ZN O (+(e)s/+e) fluitconcert
Pfeifton ZN M (+(e)s/-töne) fluittoon
Pfeil ZN M (+(e)s/+e) pijl • *wie ein ~ vom Bogen* als een pijl uit de boog
Pfeiler ZN M (+s/-) pijler, pilaar
pfeilförmig BN pijlvormig
pfeilgerade BN kaarsrecht
Pfeilgift ZN O (+(e)s/+e) pijlgif
pfeilschnell BN pijlsnel
Pfeilspitze ZN V (-/+en) pijlpunt
Pfennig ZN M (+(e)s/+e) GESCH. **pfennig** <1/100 Duitse mark> • *keinen ~ wert sein* geen cent waard zijn • *er ist keinen ~ wert* hij deugt voor geen cent • *es kostet dich keinen ~* het kost je geen cent • *jeden ~ dreimal umdrehen* iedere cent omkeren • *ich habe*

pf

keinen ~ dabei ik heb geen cent op zak • *mit dem ~ rechnen* op de kleintjes letten/passen • *auf Heller und ~* heel precies • *bis auf den letzten ~* tot de laatste penning

Pfennigabsatz ZN M (+es/-absätze) **naaldhak**

Pfennigartikel ZN M (+s/-) **goedkoop artikel**

Pfennigfuchser ZN M (+s/-) **gierigaard, duitendief**

pferchen OV WW **insluiten, stouwen**

Pferd ZN O (+(e)s/+e) **1 paard** • *aufs falsche ~ setzen* op het verkeerde paard wedden • *das ~ beim Schwanz aufzäumen* het paard achter de wagen spannen **2** SPORT **paard, gymnastiektoestel**

Pferdeapfel ZN M (+s/-äpfel) **paardenvijg**

Pferdefleisch ZN O (+(e)s/gmv) **paardenvlees**

Pferdefuhrwerk ZN O (+(e)s/+e) **paard en wagen**

Pferdefuß ZN M (+es/-füße) **1 paardenvoet 2 duivelsklauw 3 verborgen gebrek** • *die Sache hat einen Pferdefuß* er schuilt een addertje onder het gras **4** MED. **horrelvoet**

Pferdekur ZN V (-/+en) **paardenmiddel**

Pferderennen ZN O (+s/-) **paardenrace**

Pferdeschlitten ZN M (+s/-) **arrenslee**

Pferdeschwanz ZN M (+es/-schwänze) **paardenstaart** <ook als haardracht>

Pferdestall ZN M (+(e)s/-ställe) **paardenstal**

Pferdestärke ZN V (-/+en) **paardenkracht, pk** • *ein Auto von 80 Pferdestärken/PS* een auto met een vermogen van 80 pk

Pferdezucht ZN V (-/+en) **paardenfokkerij**

pfiff ONOV WW verl. tijd → **pfeifen**

Pfiff ZN M (+(e)s/+e) **1 fluittoon, gefluit 2 kunstgreep, kneep, list** • *der letzte ~ fehlt noch* de finishing touch ontbreekt nog **3 apart tintje**

Pfifferling ZN M (+s/+e) **1 cantharel, dooierzwam 2 kleinigheid** • *keinen ~ wert sein* geen klap waard zijn

pfiffig BN **slim, goochem, pienter, gewiekst**

Pfiffigkeit ZN V (-/gmv) **slimheid, gewiekstheid**

Pfiffikus ZN M (-/+se) **slimmerik, gladde vogel**

Pfingsten ZN O (-/-) **Pinksteren** • *an/zu ~* met Pinksteren

Pfingstfest ZN O (+(e)s/+e) **Pinksteren, pinksterfeest**

Pfingstmontag ZN M (+(e)s/+e) **tweede pinksterdag**

Pfingstochse ZN M (+n/+n) • *geschmückt wie ein ~* vreselijk opgedirkt

Pfingstrose ZN V (-/+en) **pioenroos**

Pfingstsonntag ZN M (+(e)s/+e) **eerste pinksterdag**

Pfirsich ZN M (+(e)s/+e) **perzik**

Pfirsichbaum ZN M (+(e)s/-bäume) **perzikboom**

Pflanze ZN V (-/+n) **plant** • FIG. *eine schöne ~* een fraai heerschap

pflanzen OV WW **planten, poten**

pflanzenartig BN **als van een plant**

Pflanzenfett ZN O (+(e)s/+e) **plantaardig vet**

Pflanzenfresser ZN M (+s/-) **planteneter, herbivoor**

Pflanzenkunde ZN V (-/gmv) **plantkunde**

Pflanzenöl ZN O (+(e)s/+e) **plantaardige olie**

Pflanzenreich ZN O (+(e)s/+e) **plantenrijk, flora**

Pflanzenzucht ZN V (-/+en) **plantenteelt**

Pflanzer ZN M (+s/-) **1 planter 2 plantagebezitter**

pflanzlich BN **plantaardig**

Pflänzling ZN M (+(e)s/+e) **stekje, jonge plant**

Pflanzung ZN V (-/+en) **1 planten 2 aanplanting 3 plantage**

Pflaster ZN O (+s/-) **1 pleister 2 plaveisel, asfalt** • *~ treten* langs de straat slenteren • INFORM. *ein teures ~* een dure stad

Pflasterer ZN M (+s/-) **stratenmaker**

pflastern OV WW **1 bepleisteren 2 bestraten, plaveien**

Pflasterstein ZN M (+(e)s/+e) **straatsteen**

Pflasterung ZN V (-/+en) **1 bepleistering 2 plaveisel, bestrating**

Pflaume ZN V (-/+n) **1 pruim 2** INFORM. **sul, sukkel**

Pflaumenbaum ZN M (+(e)s/-bäume) **pruimenboom**

Pflaumenkuchen ZN M (+s/-) CULIN **pruimentaart**

Pflaumenmus ZN O (+es/+e) CULIN **pruimenmoes, pruimenjam**

pflaumenweich BN **boterzacht**

Pflege ZN V (-/gmv) **1 verpleging, verzorging** • *in ~ geben* door iemand laten verzorgen • *häusliche ~* verzorging thuis, mantelzorg **2 beoefening** • *die ~ der alten Musik* de beoefening van de oude muziek

pflegebedürftig BN **hulpbehoevend**

Pflegeeinrichtung ZN V **zorginstelling**

Pflegeeltern ZN MV **pleegouders**

Pflegefall ZN M (+(e)s/-fälle) **zieke persoon die verzorging nodig heeft** • *seit dem Unfall ist er ein ~* sinds het ongeluk is hij afhankelijk van verzorging

Pflegegeld ZN O (+(e)s/+er) **verpleeggeld** <bijdrage voor particulieren>

Pflegeheim ZN O (+(e)s/+e) **verpleegtehuis**

Pflegekind ZN O (+(e)s/+er) **pleegkind**

pflegeleicht BN **1 onderhoudsarm 2** FIG. **makkelijk in de omgang**

Pflegemutter ZN V (-/-mütter) **pleegmoeder**

pflegen OV + ONOV WW **1 verplegen, verzorgen** • *einen Kranken ~* een zieke verzorgen • *hegen und ~* met liefde en zorg omringen **2 plegen** • *er pflegt nicht zu frühstücken* hij pleegt niet te ontbijten, hij ontbijt nooit **3 beoefenen, zich bezighouden met** • *Freundschaft ~* vriendschap onderhouden • *Nachbarschaft ~* met de buren omgaan • *Umgang ~* omgang hebben

Pflegepersonal ZN O (+s/+e) **verplegend personeel**

Pfleger ZN M (+s/-) **1 verpleger, verzorger 2 pleegvader, voogd 3 beheerder**

Pflegerin ZN V (-/+nen) **verpleegster, verzorgster**

Pflegesatz ZN M (+es/-sätze) (voorgeschreven) verpleegprijs
Pflegetochter ZN V (-/-töchter) pleegdochter
Pflegevater ZN M (+s/-väter) pleegvader
pfleglich BN zorgzaam, voorzichtig, vol zorg • *etwas ~ behandeln* zorgzaam met iets omgaan
Pflegling ZN M (+s/+e) pleegkind, pupil
Pflegschaft ZN V (-/+en) toezicht, voogdij
Pflicht ZN V (-/+en) **1** plicht, verplichting • *in Eid und ~ nehmen* de eed van trouw laten afleggen • *seine ~ tun* zijn plicht doen • *es ist deine ~ ...* je bent verplicht om ... • *etwas zur ~ machen* iets verplicht stellen **2** SCHEEPV. plecht
pflichtbewusst BN plichtbewust • *~ sein* zijn plicht kennen
Pflichterfüllung ZN V (-/gmv) plichtsbetrachting
Pflichtfach ZN O (+(e)s/-fächer) verplicht vak
Pflichtgefühl ZN O (+(e)s/gmv) plichtsgevoel, plichtsbesef
pflichtgemäß BN overeenkomstig de plicht • *eine pflichtgemäße Abfertigung* een afhandeling volgens de bepalingen
pflichtschuldig BW plichtmatig, beleefdheidshalve
Pflichtteil ZN M (+(e)s/+e) wettelijk erfdeel
pflichttreu BN plichtsgetrouw
Pflichtübung ZN V (-/+en) **1** SPORT verplichte oefening **2** verplicht karweitje
pflichtvergessen BW nalatig
Pflichtverletzung ZN V (-/+en) plichtsverzuim
Pflichtversicherung ZN V (-/+en) verplichte verzekering
Pflock ZN M (+(e)s/Pflöcke) **1** pen, pin • *die Pflöcke des Zeltes* de tentharingen **2** paaltje
pflücken OV WW plukken
Pflug ZN M (+(e)s/Pflüge) ploeg
pflügen OV WW **1** ploegen **2** doorklieven
Pflüger ZN M (+s/-) ploeger
Pflugschar ZN V (-/+en) ploegschaar
Pforte ZN V (-/+n) **1** poort, deur • *die ~ der Hölle* de poort van de hel **2** ingang <van instelling, bedrijfsgebouw enz.> • *sich an der ~ melden* zich bij de portier melden **3** bergpas
Pförtner ZN M (+s/-) **1** portier **2** poortwachter
Pförtnerhaus ZN O (+es/-häuser) portierswoning
Pfosten ZN M (+s/-) post, stijl
Pfote ZN V (-/+n) poot • *bleibe mit deinen Pfoten weg davon* blijf er met je fikken van af • *nimm deine Pfoten da weg* blijf daar met je tengels af
Pfriem ZN M (+(e)s/+e) **1** stift **2** priem, els
Pfropf ZN M (+(e)s/+e) **1** prop **2** stop, kurk, plug • *auf dem Pfropfen sitzen* op zwart zaad zitten
pfropfen OV WW proppen, stoppen • *gepfropft voll* propvol
Pfropfen ZN M (+s/-) prop, kurk, stop
Pfuhl ZN M (+s/+e) poel
pfui TUSSENW foei
Pfund ZN O (+(e)s/+e) **1** gewicht pond, halve kilo **2** munteenheid pond • *~ Sterling* pond sterling • *mit seinen Pfunden wuchern* zijn talenten benutten
pfundig BN reusachtig, enorm, reuze
Pfundskerl ZN M (+s/+s, +e) reuzevent, kei
pfundweise BW per pond
Pfusch ZN M (+(e)s/gmv) **1** prutswerk **2** OOST. zwart werk(en)
pfuschen ONOV WW knoeien, klungelen • *er pfuscht ziemlich rum bei der Arbeit* hij moddert maar wat aan met zijn werk
Pfuscher ZN M (+s/-) **1** knoeier **2** beunhaas
Pfuscherei ZN V (-/+en) (aanhoudend) knoeiwerk, prulwerk
Pfütze ZN V (-/+n) plas
phallisch BN fallisch
Phallus ZN M (-/Phallen, -lli, +se) fallus
Phänomen ZN O (+s/+e) fenomeen, buitengewoon verschijnsel
phänomenal BN fenomenaal, verbazingwekkend
Phantasie ZN V (-/+n) → **Fantasie**
phantasieren ONOV WW → **fantasieren**
Phantast ZN M → **Fantast**
Phantasterei ZN V → **Fantasterei**
phantastisch BN → **fantastisch**
Phantom ZN O (+s/+e) droombeeld, fantoom
Phantombild ZN O (+es/+er) montagefoto
Phantomschmerz ZN M (+es/+en) MED. fantoompijn
Pharao ZN M (+s/+nen) farao
Pharisäer ZN M (+s/-) farizeeër
Pharisäertum ZN O (+s/gmv) schijnheiligheid
Pharmaindustrie ZN V (-/+n) farmaceutische industrie
pharmazeutisch BN farmaceutisch
Pharmazie ZN V (-/gmv) farmacie
Phase ZN V (-/+n) **1** fase **2** maanfase, schijngestalte • *die Phasen des Mondes* de standen van de maan
Philanthrop ZN M (+en/+en) filantroop
philanthropisch BN filantropisch
Philatelie ZN V (-/gmv) filatelie
Philatelist ZN M (+en/+en) postzegelverzamelaar, filatelist
Philharmonie ZN V (-/+n) **1** MUZ. filharmonisch orkest **2** concertgebouw
Philharmoniker ZN M (+s/-) MUZ. lid van filharmonisch orkest • *die Berliner ~* MV het Berlijns Filharmonisch Orkest
Philippinen ZN MV Filippijnen
Philosoph ZN M (+en/+en) filosoof
Philosophie ZN V (-/+n) filosofie
philosophieren ONOV WW filosoferen
philosophisch BN filosofisch, wijsgerig
Phlegma ZN O (+s/gmv) flegma
Phlegmatiker ZN M (+s/-) onverstoorbaar mens, flegmatiek persoon
phlegmatisch BN flegmatiek, onverstoorbaar
Phobie ZN V (-/+n) fobie
Phonetik ZN V (-/gmv) TAALK. fonetiek, uitspraakleer
phonetisch BN fonetisch, volgens de

ph

uitspraakleer

Phönix ZN M (-, +es/+e) feniks

Phosphat ZN O (+(e)s/+e) fosfaat

Phosphor ZN M (+s/gmv) fosfor

phosphoreszierend BN fosforescerend

Photon ZN O (+s/+en) foton

Phrase ZN V (-/+n) frase • *leere Phrasen* holle frasen • *leere Phrasen dreschen* loze kreten slaken

Phrasendrescher ZN M (+s/-) MIN. praatjesmaker, blaaskaak

phrasenhaft BN hol, gezwollen

pH-Wert ZN O (+s/+e) pH-waarde

Physik ZN V (-/gmv) fysica, natuurkunde

physikalisch BN fysisch, natuurkundig

Physiker ZN M (+s/-) fysicus, natuurkundige

Physiognomie ZN V (-/+n) fysionomie, uiterlijke verschijningsvorm, gezichtsuitdrukking

Physiologie ZN V (-/gmv) fysiologie, verrichtingsleer

physiologisch BN fysiologisch

Physiotherapeut ZN M (+en/+en) fysiotherapeut

Physiotherapie ZN V (-/+en) fysiotherapie

physisch BN **1** fysiek **2** natuurlijk **3** lichamelijk

Pianist ZN M (+en/+en) pianist

Pianistin ZN V (-/+nen) pianiste

piano BW MUZ. piano, zacht

Piccolo ZN M (+s/+s) **1** piccolo **2** kleintje champagne **3** MUZ. piccolo(fluit)

Piccoloflöte ZN V (-/+n) piccolo

picheln ONOV WW pimpelen

pichen 1 OV WW met pek bestrijken **2** ONOV WW kleven

Pick ZN M (+(e)s/+e) stoot, prik, steek

Picke ZN V (-/+n) houweel

Pickel ZN M (+s/-) **1** houweel, bikhamer **2** pukkel, puistje

picken OV + ONOV WW **1** pikken, oppikken **2** prikken

Picknick ZN O (+s/+s, +e) picknick

picknicken ONOV WW picknicken

picobello BN + BW • *die Küche sah ~ aus* de keuken zag er keurig netjes uit • *~ angezogen* piekfijn gekleed

piekfein BN piekfijn

pieksauber BN brandschoon, kraakhelder

Piep ZN M (+s/+e) piep, gepiep • INFORM. *er macht keinen ~ mehr* hij geeft geen kik meer • MIN. *er hat einen ~* hij is niet goed snik

piepe BN • INFORM. *das ist mir ~* dat kan me totaal niets schelen

piepegal BN • INFORM. *das ist mir ~* dat kan me totaal niets schelen

piepen ONOV WW piepen • *das ist zum Piepen* dat is om te gieren • INFORM. *bei dir piept's wohl* je bent niet goed snik

Piepmatz ZN M (+es/-mätze) vogeltje • *einen ~ haben* niet goed snik zijn

piepsen ONOV WW piepen

Piepser ZN M (+s/-) **1** piep, piepgeluid **2** TECHN. pieper

piepsig BN • *~ sprechen* spreken met een hoge/ijle stem

Piepvogel ZN M (+s/-vögel) JEUGDT. vogeltje

Pier ZN M (+s/+e) **1** pier, havendam **2** pier, worm

piercen OV WW piercen

piesacken OV WW pesten

Pietät ZN V (-/gmv) piëteit, vroom/diep respect

Pietist ZN M (+en/+en) piëtist

pietistisch BN piëtistisch

Pigment ZN O (+(e)s/+e) pigment, kleurstof

Pik 1 ZN M (+s/+e, +s) **1** piek, top **2** • *einen richtigen ~ auf jemanden haben* de pik op iemand hebben **2** ZN O (+s/+s) schoppen <kaarten> • *du musst ~ bedienen* ik vraag schoppen

pikant BN OOK FIG. pikant, gekruid, gepeperd • *ein (sehr) ~es Gericht* een (flink) gekruid gerecht

Pike ZN V (-/+n) piek, lans • *von der ~ auf* van onderaf, onderaan

piken OV WW INFORM. steken, prikken

pikieren OV WW pikeren, uitplanten • *pikiert* gekrenkt

piksen ONOV WW → **piken**

Piktogramm ZN O (+s/+e) pictogram, beeldschrift

Pilger ZN M (+s/-) pelgrim

Pilgerfahrt ZN V (-/+en) pelgrimstocht, pelgrimage

pilgern ONOV WW **1** op pelgrimstocht gaan **2** reizen

Pille ZN V (-/+n) pil • *eine bittere ~* een bittere pil, een tegenvaller • *die ~* de (anticonceptie-)pil

Pillendöschen ZN O (+s/gmv) pillendoos

Pillendreher ZN M (+s/-) **1** IRON. pillendraaier, apotheker **2** BIOL. pillenkever

Pilot ZN M (+en/+en) **1** LUCHTV. piloot **2** SCHEEPV. loods

Pilotenschein ZN M (+(e)s/+e) vliegbrevet

Pilotprojekt ZN O (+(e)s/+e) pilotproject

Pils ZN O (-/-) pils, pilsener

Pilz ZN M (+es/+e) **1** zwam, paddenstoel • *essbarer ~* eetbare paddenstoel **2** MED. schimmel • *einen ~ haben* een schimmelinfectie hebben

Pimmel ZN M (+s/-) piemel, pik

Pimpelei ZN V (-/+en) INFORM. kleinzerigheid

pimpeln ONOV WW INFORM. zich aanstellen, kleinzerig doen

Pimpf ZN M (+(e)s/+e) **1** kleine jongen **2** sukkel

pimplig BN kinderachtig, kleinzerig

PIN AFK persönliche Identifikationsnummer pin

Pinakothek ZN V (-/+en) pinacotheek, schilderijenmuseum

pingelig BN **1** kleingeestig **2** kleinzerig

Pingpong ZN O (+s/gmv) pingpong, tafeltennis

Pinguin ZN M (+s/+e) pinguïn

Pinie ZN V (-/+n) pijnboom

Pinke, **Pinkepinke** ZN V (-/gmv) INFORM. duiten, poen

Pinkel ZN M (+s/+s, -) dandy, heer(tje), fat • *den feinen ~ spielen* het heertje uithangen

pinkeln ONOV WW INFORM. plassen

Pinne ZN V (-/+n) pen, pin

pinnen OV WW vastpinnen, bevestigen

Pinnwand ZN V (-/-wände) prikbord, mededelingenbord

Pinscher ZN M (+s/-) DIERK. pincher

Pinsel ZN M (+s/-) **1** penseel, kwast **2** onnozele hals, sufferd • *eingebildeter ~* verwaande kwast

Pinselei ZN V (-/+en) **1** MIN. slecht schilderij, knoeierij **2** INFORM. stommiteit

pinseln OV + ONOV WW **1** schilderen **2** penselen

Pinselstrich ZN M (+(e)s/+e) penseelstreek

Pinte ZN V (-/+n) **1** pint **2** INFORM. kroeg

Pinzette ZN V (-/+n) pincet

Pionier ZN M (+s/+e) **1** pionier **2** geniesoldaat

Pionierarbeit ZN V (-/+en) pionierswerk

Pipapo ZN O (+s/gmv) INFORM. • *das ganze ~* de hele mikmak

Pipette ZN V (-/+n) pipet

Piranha ZN M (-, +s/+s) piranha

Pirat ZN M (+en/+en) piraat

Piraterie ZN V (-/+n) piraterij, zeeroverij

Pirol ZN M (+s/+e) wielewaal

Pirouette ZN V (-/+n) pirouette

Pirsch ZN V (-/gmv) sluipjacht • *auf die ~ gehen* op (sluip)jacht gaan

pirschen **1** ONOV WW **1** een sluipjacht houden **2** naderbij sluipen **2** WKD WW (**sich ~**) naderbij sluipen

Pisse ZN V (-/gmv) PLAT pies, urine

pissen ONOV WW PLAT urineren, piesen

Pissoir ZN O (+s/+s, +e) urinoir

Pistazie ZN V (-/+n) pistachenoot

Piste ZN V (-/+n) **1** piste, baan • *auf die ~ gehen* uitgaan **2** skispoor **3** startbaan

Pistole ZN V (-/+n) pistool • *jemandem die ~ auf die Brust setzen* iemand voor het blok zetten

pitschnass BN kletsnat

Pizza ZN V (-/+s, Pizzen) pizza

Pkt. AFK Punkt punt

Pkw, **PKW** AFK Personenkraftwagen personenauto

Placebo ZN O (+s/+s) placebo

placken WKD WW (**sich ~**) zwoegen

Plackerei ZN V (-/gmv) gezwoeg, kwelling

pladdern ONOV WW **1** N-D kletteren • *der Regen pladdert aufs Dach* de regen klettert op het dak **2** N-D stortregenen, gieten

plädieren ONOV WW een pleidooi houden, pleiten • *für jemanden ~* voor iemand pleiten • *für etwas ~* pleiten voor iets

Plädoyer ZN O (+s/+s) pleidooi • *ein leidenschaftliches ~ halten* een vurig pleidooi houden

Plafond ZN M (+s/+s) **1** OOST. plafond **2** ECON. kredietplafond

Plage ZN V (-/+n) plaag, kwelling

Plagegeist ZN M (+(e)s/+er) plaaggeest, kwelgeest

plagen **1** OV WW plagen, kwellen • *ihn plagt das Rheuma* hij heeft last van zijn reuma **2** WKD WW (**sich ~**) zich uitputten, zich uitsloven

Plagiat ZN O (+(e)s/+e) plagiaat • *sich des Plagiats schuldig machen* plagiaat plegen

Plagiator ZN M (+s/+en) plagiator, plagiaris

plagiieren OV WW plagiëren

Plakat ZN O (+(e)s/+e) affiche, plakkaat, aanplakbiljet • *Plakate ankleben verboten!* aanplakken verboden!

plakatieren OV WW aanplakken, algemeen bekendmaken

plakativ BN **1** als een plakkaat **2** opvallend

Plakatsäule ZN V (-/+n) reclamezuil

Plakette ZN V (-/+n) plaquette

plan BN vlak, effen

Plan ZN M (+(e)s/Pläne) **1** plan • *Pläne schmieden* plannen maken • *einen ~ entwerfen* een ontwerp maken • FIG. *bei/mit den Plänen ist er baden gegangen* zijn plannen zijn in het water gevallen **2** ontwerp • INFORM. *keinen ~ haben* geen concept hebben **3** plattegrond • *ein ~ von Rotterdam* een plattegrond van Rotterdam **4** vlakte • *auf den ~ rufen* laten opdraven • *auf dem ~ erscheinen* verschijnen • *einen ~ entwickeln/konzipieren* een plan uitstippelen • *einen ~ machen* een plan opstellen • *einen ~ machen* een rooster opstellen • *nach ~ gebaut* volgens bestek gebouwd

Plane ZN V (-/+n) **1** huif, kap **2** dekzeil

planen OV + ONOV WW beramen, plannen, ontwerpen, van plan zijn • *die geplanten Maßnahmen* de voorgenomen maatregelen

Planer ZN M (+s/-) **1** ontwerper, planoloog **2** agenda

Planet ZN M (+en/+en) planeet

planetarisch BN planetair

Planetarium ZN O (+s/-rien) planetarium

Planetensystem ZN O (+s/+e) planetenstelsel

plangemäß BN **1** volgens plan **2** systematisch, stelselmatig

planieren OV WW pletten, glad maken, effenen

Planierraupe ZN V (-/+n) bulldozer

Planke ZN V (-/+n) **1** plank **2** schutting

Plänkelei ZN V (-/+en) schermutseling, woordenstrijd

plänkeln ONOV WW ruziën, schermutselen <ook figuurlijk>

planlos BN zonder enig plan, systeemloos

Planlosigkeit ZN V (-/gmv) systeemloosheid

planmäßig BN **1** volgens plan **2** systematisch, planmatig

Planmäßigkeit ZN V (-/gmv) stelselmatigheid

Planschbecken ZN O (+s/-) kinderbad(je)

planschen ONOV WW plassen, poedelen, knoeien

Planspiel ZN O (+(e)s/+e) MIL. oefening op de kaart

Planstelle ZN V (-/+n) formatieplaats, voorziene arbeidsplaats

Plantage ZN V (-/+n) plantage

Planung ZN V (-/+en) ontwerpen, plannen, planning

planvoll BN volgens plan, weldoordacht

Planwagen ZN M (+s/-) huifkar

Planwirtschaft ZN V (-/+en) geleide economie

Planziel ZN O (+(e)s/+e) streefcijfer <van

pl

productie in planeconomie>
Plapperei ZN V (-/+en) gebabbel, geklets
Plappermaul ZN O (+(e)s/-mäuler) babbelkous, kletskous
plappern ONOV WW babbelen, kletsen • ~ *wie ein Papagei* klappen als een ekster
Plappertasche ZN V (-/+n) kletskous
plärren ONOV WW blèren, huilen • *das Radio plärrt* de radio schettert
Plasma ZN O (+s/-men) **1** plasma **2** bloedplasma **3** protoplasma **4** chalcedon <gesteente>
Plasmaschirm ZN M ELEK. plasmascherm
Plastik 1 ZN O (+s/gmv) plastic **2** ZN V (-/+en) **1** MED. plastische chirurgie **2** plastiek
Plastikbeutel ZN M (+s/-) plastic zakje, plastic tasje
Plastikfolie ZN V (-/+n) plastic folie, krimpfolie, huishoudfolie
Plastiksuppe ZN V (-/+n) <milieu> plasticsoep
Plastiktüte ZN V (-/+n) plastic tasje, plastic zakje
plastisch BN plastisch, aanschouwelijk
Plastizität ZN V (-/gmv) plasticiteit
Platane ZN V (-/+n) plataan
Plateau ZN O (+s/+s) **1** plateau **2** presenteerblad
Platin ZN O (+s/gmv) platina
platonisch BN platonisch
platsch TUSSENW klets!, plons!, pats!
platschen ONOV WW **1** kletteren, plassen **2** plonzen
plätschern ONOV WW **1** plonzen, plassen **2** kletteren **3** kabbelen
platt BN **1** plat • *einen Platten haben* een lekke band hebben **2** laag-bij-de-gronds **3** INFORM. paf, stomverbaasd • *da bin ich aber ~!* nu ben ik helemaal paf!
Platt ZN O (+s/gmv) dialect, streektaal
Plättbrett ZN O (+(e)s/+er) N-D strijkplank
plattdeutsch BN TAALK. Noord-Duits
Platte ZN V (-/+n) **1** plaat • *die ~ putzen* de plaat poetsen **2** grammofoonplaat • *eine ~ spielen* een plaatje draaien • INFORM. *eine andere ~ auflegen* over iets anders gaan praten • INFORM. *die ~ kenn ich!* nu komt dat verhaal weer! **3** blad **4** INFORM. systeembouwflat <vooral in de voormalige DDR> • *in der ~ wohnen* in een systeembouwflat wonen **5** rotsplateau **6** platte schaal, schotel • *eine kalte ~* een koude schotel **7** INFORM. kale schedel **8** COMP. schijf
Plätte ZN V (-/+n) **1** REG. strijkijzer **2** OOST. platte boot
plätten OV WW **1** N-D strijken **2** pletten
Plattenbauweise ZN V (-/+n) systeembouw <vooral in de voormalige DDR>
Plattenspieler ZN M (+s/-) platenspeler
platterdings BW gewoonweg, ronduit
Plätterin ZN V (-/+nen) strijkster
Plattfisch ZN M (+(e)s/+e) platvis
Plattform ZN V (-/+en) **1** platform **2** balkon <van tram of trein> **3** basis, uitgangspunt • *eine gemeinsame ~* een gemeenschappelijke basis
Plattfuß ZN M (+es/-füße) **1** platvoet **2** INFORM. lekke band
Plattheit ZN V (-/+en) platheid
plattmachen OV WW **1** platmaken **2** INFORM. slopen
Plättwäsche ZN V (-/gmv) N-D strijkgoed
Platz ZN M (+es/Plätze) **1** plaats • ~ *nehmen* plaats nemen, gaan zitten • *am Platze sein* op zijn plaats zijn, gepast zijn • *einen ~ belegen* een plaats reserveren • *den ersten ~ belegen* de eerste plaats innemen • FIG. *fehl am ~ sein* uit de toon vallen • *Platz!* <tegen hond> ga liggen! **2** ruimte • ~ *sparend* ruimtebesparend • ~ *haben* ruimte hebben • ~ *greifen* terrein winnen, zich uitbreiden **3** plein **4** handelsplaats **5** stad • *das erste Haus am Platze* de beste winkel van de stad **6** ambt, positie • *jemandes ~ einnehmen*
Platzangst ZN V (-/-ängste) pleinvrees, agorafobie
Platzanweiserin ZN V (-/+nen) ouvreuse
Plätzchen ZN O (+s/-) **1** plaatsje **2** koekje <vooral in de kerstperiode>
platzen ONOV WW **1** barsten, springen, ontploffen **2** knallen **3** kletteren, gieten **4** niet doorgaan • *die Hochzeit ist geplatzt* het huwelijk gaat niet door
platzieren 1 OV WW plaatsen **2** WKD WW (**sich ~**) SPORT zich plaatsen
Platzkarte ZN V (-/+n) plaatskaartje
Platzkonzert ZN O (+(e)s/+e) openluchtconcert
Platzmangel ZN M (+s/gmv) plaatsgebrek
Platzmiete ZN V (-/+n) **1** staangeld <van standhouders> **2** abonnement <van theater of schouwburg>
Platzpatrone ZN V (-/+n) losse flodder
Platzregen ZN M (+s/-) stortregen
Platzverweis ZN M (+es/+e) (het) uit het veld sturen/gestuurd worden • *einen ~ bekommen* uit het veld gestuurd worden • *einem Spieler ~ erteilen* een speler uit het veld sturen
Platzwunde ZN V (-/+n) huidwond
Plauderei ZN V (-/+en) **1** causerie, praatje **2** column
Plauderer ZN M (+s/-) prater
plauderhaft BN praatziek
plaudern ONOV WW praten, babbelen, een praatje maken • *aus der Schule ~* uit de school klappen
Plaudertasche ZN V (-/+n) babbelkous, kletskous
Plausch ZN M (+es/+e) babbeltje
plauschen ONOV WW babbelen
plausibel BN plausibel, aannemelijk
Plauz ZN M (+es/+e) **1** smak, plof **2** klap, knal
plauzen ONOV WW ploffen, smakken, slaan <met deur>
Play-back, **Playback** ZN O (-/+s) playback
Plazenta ZN V (-/-ten, +s) placenta
Plebiszit ZN O (+(e)s/+e) volksstemming, plebisciet
Plebs 1 ZN M (+es/gmv) plebs, gepeupel **2** ZN V

pl

(-/gmv) GESCH. gewone volk in het oude Rome
pleite BW • INFORM. *~ sein* failliet zijn, blut zijn
Pleite ZN V (-/+n) **1** mislukking **2** bankroet, faillissement • *~ machen* failliet gaan
pleitegehen ONOV WW sterk op de fles gaan
Pleitegeier ZN M (+s/-) INFORM. dreigend faillissement
plempern OV WW spuiten, gieten
Plenarsitzung ZN V (-/+en) plenaire/voltallige vergadering
Plenarversammlung ZN V (-/+en) plenaire/ voltallige vergadering
Plenum ZN O (+s/gmv) voltallige vergadering
Pleonasmus ZN M (-/-men) pleonasme
plissieren OV WW plisseren, plooien
Plombe ZN V (-/+n) **1** loodje **2** MED. vulling <van tanden/kiezen>
plombieren OV WW plomberen
Plombierung ZN V (-/+en) plomberen, met lood verzegelen
plötzlich BW plotseling • *ein bisschen plötzlich!* vlug een beetje!
Plötzlichkeit ZN V (-/+en) (het) onverwachte
Pluderhose ZN V (-/+n) pofbroek
Plug-in ZN O COMP. plug-in
plump BN lomp, plomp • *~e Bewegungen* lompe bewegingen
Plumpheit ZN V (-/gmv) plompheid, lompheid
plumps TUSSENW plof!, plons!
Plumps ZN M (+es/+e) smak, plons, plof
plumpsen ONOV WW neerbonken, ploffen, plonzen • *der Sack plumpste auf den Boden* de zak kwakte tegen de grond
Plunder ZN M (+s/gmv) rommel • *aller mögliche ~* bijeengeraapte zooi
Plünderer ZN M (+s/-) plunderaar
plündern OV WW plunderen
Plünderung ZN V (-/+en) plundering
Plur. AFK Plural meervoud
Plural ZN M (+s/+e) pluralis, meervoud
Pluralismus ZN M (+s/gmv) pluralisme
pluralistisch BN pluralistisch
plus **1** BW **1** WISK. plus **2** boven nul, plus **2** VOEGW en, plus
Plus ZN O (-/-) **1** meerdere, overschot **2** pluspunt
Plüsch ZN M (+es/+e) pluche
Plüschtier ZN O (+(e)s/+e) knuffeldier
Pluspunkt ZN M (+(e)s/+e) pluspunt, plus
Plusquamperfekt ZN O (+s/+e) voltooid verleden tijd
plustern OV WW overeind zetten • *die Federn ~* de veren overeind zetten
Plutonium ZN O (+s/gmv) plutonium
PLZ AFK Postleitzahl postcode
PMS ZN O PMS
PN ZN V <sociale media> persönliche Nachricht PB <persoonlijk bericht>
pneumatisch BN pneumatisch, met (pers)lucht werkend
Po **1** ZN M (+s/+s) bips **2** ZN M (+s/gmv) Po <rivier>
Pobacke ZN V (-/-n) INFORM. bil
Pöbel ZN M (+s/gmv) gepeupel
Pöbelei ZN V (-/+en) belediging, grofheid
pöbelhaft BN laag-bij-de-gronds, grof
pochen OV + ONOV WW **1** kloppen, bonzen **2** afrossen, in stukjes slaan **3** aandringen (**auf** +4 op) • *auf sein Recht ~* zijn recht opeisen
pochieren OV WW pocheren • *pochierte Eier* gepocheerde eieren
Pocke ZN V (-/+n) MED. pok • *die Pocken* de pokken
Pockenimpfung ZN V (-/+en) inenting tegen pokken
Pockennarbe ZN V (-/+n) pokputje
pockennarbig BN pokdalig
Podest ZN M/O (+(e)s/+e) **1** trapportaal **2** verhoging
Podium ZN O (+s/-dien) podium
Podiumsdiskussion ZN V (-/+en) forumdiscussie
Poesie ZN V (-/gmv) **1** dichtkunst **2** poëzie <ook figuurlijk>
Poet ZN M (+en/+en) poëet, dichter
Poetik ZN V (-/gmv) poëtiek, poëtica, leer van de dichtkunst
poetisch BN dichterlijk, poëtisch
Pogrom ZN M/O (+s/+e) pogrom
Pointe ZN V (-/+n) strekking, pointe, clou
pointieren OV WW **1** accentueren, benadrukken • *pointiert* puntig, spits, raak **2** (in)zetten op
pointiert BN spits, puntig, raak • *eine ~e Bemerkung* een puntige opmerking
Pokal ZN M (+s/+e) bokaal, beker
Pokalspiel ZN O (+(e)s/+e) SPORT bekerwedstrijd
Pökel ZN M (+s/-) pekel
Pökelfleisch ZN O pekelvlees
Pökelhering ZN M (+s/+e) pekelharing
pökeln OV WW pekelen
Poker ZN M/O (+s/gmv) poker
pokern ONOV WW **1** hoog spelen <figuurlijk> **2** pokeren
Pol ZN M (+s/+e) pool
polar BN polair
Polareis ZN O (+es/gmv) poolijs
Polarforscher ZN M (+s/-) poolreiziger
Polargebiet ZN O (+(e)s/+e) poolgebied
Polarisation ZN V (-/+en) polarisatie
polarisieren **1** OV WW SCHEIK. polariseren **2** WKD WW (**sich ~**) FORM. polariseren
Polarität ZN V (-/+en) polariteit
Polarkreis ZN M (+es/+e) poolcirkel
Polarlicht ZN O (+(e)s/gmv) poollicht, noorderlicht, zuiderlicht
Polarstern ZN M (+(e)s/gmv) Poolster
Polder ZN M (+s/-) polder
Pole ZN M (+n/+n) Pool
Polemik ZN V (-/+en) polemiek
Polemiker ZN M (+s/-) polemicus, polemist
polemisch BN polemisch
polemisieren ONOV WW polemiseren, een polemiek voeren
Polen ZN O Polen ▸ *noch ist ~ nicht verloren* er is

po

nog hoop

Polente ZN V (-/gmv) PLAT smerissen, politie

Police ZN V (-/+n) polis

Polier ZN M (+s/+e) voorman

polieren OV WW boenen, opwrijven, polijsten

Poliklinik ZN V (-/+en) polikliniek

Polin ZN V (-/+nen) Poolse

Politbüro ZN O (+s/+s) politbureau

Politesse ZN V (-/+n) hulpagente <vooral voor parkeerbeheer>

Politik ZN V (-/+en) **1** politiek • *in die ~ gehen* in de politiek gaan **2** beleid • *unsere ~ ist es ...* ons beleid is ...

Politiker ZN M (+s/-) politicus

Politikwissenschaft ZN V (-/+en) politicologie

politisch BN politiek

politisieren OV + ONOV WW **1** politiek motiveren **2** politiseren, de politiek bespreken • *sich ~* politieke belangstelling ontwikkelen

Politologe ZN M (+n/+n) politicoloog

Politologie ZN V (-/gmv) politicologie

Politur ZN V (-/+en) **1** glansmiddel, politoer **2** glans

Polizei ZN V (-/gmv) **1** politie • *dümmer als die ~ erlaubt* bijzonder dom **2** rijkswacht

Polizeiaktion ZN V (-/+en) politiële actie

Polizeiaufgebot ZN O (+(e)s/gmv) • *ein hohes ~* een hoog aantal (ingezette) politiemensen

Polizeiaufsicht ZN V (-/gmv) politietoezicht

Polizeibeamte ZN M (+n/+n) politieambtenaar

Polizeidienststelle ZN V (-/+n) politiebureau, politiepost

Polizeifunk ZN M (+(e)s/gmv) politieradio

Polizeikommissar ZN M (+s/+e) inspecteur van politie

po

polizeilich BN van de politie, politie- • *~e Vorschriften* politievoorschriften • *~e(s) Führungszeugnis* bewijs van goed gedrag • *~ verboten* door de politie verboden

Polizeipräsident ZN M (+en/+en) hoofdcommissaris van politie

Polizeipräsidium ZN O (+s/-dien) hoofdbureau van politie

Polizeirevier ZN O (+s/+e) **1** politiewijk **2** politiepost, wijkbureau

Polizeischutz ZN M (+es/gmv) politiebescherming

Polizeistaat ZN M (+(e)s/+en) politiestaat

Polizeistreife ZN V (-/+en) politiepatrouille

Polizeistunde ZN V (-/gmv) sluitingsuur

Polizeiwache ZN V (-/+n) politiebureau

Polizist ZN M (+en/+en) politieman, politieagent

Polizistin ZN V (-/+nen) politieagente

Polka ZN V (-/+s) polka

Polkappe ZN V (-/+n) ijskap, poolkap

Pollen ZN M (+s/-) stuifmeel

polnisch BN Pools

Polo ZN O (+s/gmv) polo

Polohemd ZN O (+(e)s/+en) polohemd

Polster ZN O (+s/-) kussen, peluw

Polsterer ZN M (+s/-) meubelstoffeerder

Polstergarnitur ZN V (-/+en) bankstel

Polstermöbel ZN MV gestoffeerde meubels

polstern OV WW stofferen, bekleden

Polstersessel ZN M (+s/-) fauteuil, beklede stoel

Polsterstuhl ZN M (+(e)s/-stühle) fauteuil, beklede stoel

Polsterung ZN V (-/+en) stoffering, bekleding, vulling

Polterabend ZN M (+s/+e) feestje op de avond voor de bruiloft

Polterer ZN M (+s/-) kabaalmaker, bulderaar

Poltergeist ZN M (+(e)s/+er) **1** klopgeest **2** rustverstoorder

polterig BN **1** lawaaierig **2** bulderend

poltern ONOV WW **1** lawaai/kabaal maken, tekeergaan, bulderen **2** met veel lawaai vallen **3** stommelen **4** op de avond voor de bruiloft feestvieren

Polyester ZN M (+s/-) polyester

polygam BN polygaam

Polygamie ZN V (-/gmv) polygamie

Polynesien ZN O (+s/gmv) Polynesië

polynesisch BN Polynesisch

Polyp ZN M (+en/+en) **1** poliep **2** INFORM. smeris **3** MED. • *die Polypen* de neusamandelen

Polytheismus ZN M (-/gmv) veelgodendom

Pomade ZN V (-/+n) haarcrème, pommade, lippencrème

pomadig BN langzaam, onverstoorbaar, flegmatiek

Pommern ZN O (+s/gmv) Pommeren

Pommes frites, INFORM. **Pommes** ZN MV patates frites • *Pommes mit Mayo(nnaise)* patat met (mayonaise)

Pomp ZN M (+(e)s/gmv) praal, pracht, pronk

pompös BN pompeus

Pontifikat ZN M/O (+(e)s/+e) pontificaat

Ponton ZN M (+s/+s) ponton

Pontonbrücke ZN V (-/+n) schipbrug

Pony ZN O (+s/+s) pony

Pool ZN M (+s/+s) pool

Popanz ZN M (+es/+e) **1** vogelverschrikker **2** boeman, spookgestalte **3** marionet <figuurlijk>

Popel ZN M (+s/-) **1** snot **2** (vies) klein kind, viespeuk **3** MIN. miezerig kereltje

popelig BN **1** INFORM. armzalig, onbetekenend **2** INFORM. gierig

popeln ONOV WW in de neus peuteren • *sie popelte in der Nase* zij zat in haar neus te pulken

Popmusik ZN V (-/gmv) popmuziek

Popo ZN M (+s/+s) bips

poppig BN **1** hip, modern **2** met felle kleuren

populär BN populair

Popularität ZN V (-/gmv) populariteit

populärwissenschaftlich BN populairwetenschappelijk

Populismus ZN M (-/gmv) populisme

Pop-up-Fenster ZN O (+s/-) COMP. pop-upvenster

Pore ZN V (-/+n) porie
porig BN met (vele) poriën
Porno ZN M (+s/+s) porno
Pornofilm ZN M (+s/+e) pornofilm
Pornografie, **Pornographie** ZN V (-/gmv) pornografie
pornografisch, **pornographisch** BN pornografisch
Pornoheft ZN O (+(e)s/+e) pornoblaadje
porös BN poreus
Porosität ZN V (-/gmv) poreusheid
Porree ZN M (+s/+s) prei
Portal ZN O (+s/+e) **1** portaal **2** hoofdingang
Portemonnaie ZN O (+s/+s) portemonnee
Portier ZN M (+s/+s) portier
Portiersloge ZN V (-/+n) portiersloge
Portion ZN V (-/+en) portie, deel • *eine ~ Eis* een portie ijs
portionsweise BW in porties, bij stukjes en beetjes
Portmonee ZN O (+s/+s) → **Portemonnaie**
Porto ZN O (+s/+s, -ti) port(o), postzegel, vrachtgeld
portofrei BN portvrij, franco
portopflichtig BN te frankeren
Porträt ZN O (+s/+s) portret
porträtieren OV WW portretteren
Porträtist ZN M (+en/+en) portrettist, portretschilder
Porträtmaler ZN M (+s/-) portretschilder
Portugal ZN O Portugal
Portugiese ZN M (+n/+n) Portugees
Portugiesin ZN V (-/+nen) Portugese
portugiesisch BN Portugees
Portulak ZN M (+s/+s, +e) postelein
Portwein ZN M (+(e)s/+e) port
Porzellan ZN O (+s/+e) porselein
porzellanen BN porseleinen
Porzellangeschirr ZN O (+(e)s/+e) porseleinen servies
Posaune ZN V (-/+n) **1** bazuin **2** trombone
posaunen OV + ONOV WW bazuinen, uitbazuinen
Pose ZN V (-/+n) houding, pose
posieren ONOV WW poseren
Position ZN V (-/+en) **1** ligging, plaats **2** positie • *~ beziehen* een houding bepalen • *seine ~ behaupten* zijn positie handhaven **3** betrekking • *das kann er in seiner ~ nicht tun* dat kan hij in zijn functie niet doen **4** post
positiv BN **1** positief • *sich ~ anlassen* zich gunstig laten aanzien • *einen Antrag ~ bescheiden* goedgunstig beschikken op een verzoek • *eine ~e Antwort* een gunstig antwoord **2** zeker, stellig
Positiv **1** ZN M (+s/+e) TAALK. stellende trap **2** ZN O (+s/+e) **1** klein orgel **2** positief, fotoafdruk
Positivismus ZN M (-/gmv) positivisme
Positur ZN V (-/+en) **1** houding **2** postuur
Pospalte ZN V (-/+n) bilspleet
Posse ZN V (-/+n) **1** klucht **2** grap • *Possen reißen* grappen maken **3** dwaasheid
possenhaft BN grappig, kluchtig
Possenmacher ZN M (+s/-) grappenmaker, grapjas
possessiv BN TAALK. bezittelijk
Possessivpronomen ZN O (+s/-pronomina, -) bezittelijk voornaamwoord
possierlich BN potsierlijk, grappig, lachwekkend
Post[1] ZN V (-/gmv) **1** post, posterijen • *durch die ~* per post • *Deutsche ~ AG* OMSCHR. Duits postbedrijf **2** post(zending)
Post[2] ZN M (-s/-s) bericht <op sociale media> post
postalisch BN post-, de post betreffend
Postamt ZN O (+(e)s/-ämter) postkantoor
Postanschrift ZN V (-/+en) postadres
Postanweisung ZN V (-/+en) postwissel
Postausgang ZN M **1** uitgaande post **2** WWW postvak UIT
Postbeamte ZN M (+n/+n) postbeambte
Postbote ZN M (+n/+n) postbode
Postdienst ZN M (+(e)s/+e) postdienst
Posteingang ZN M **1** ingekomen post **2** WWW Postvak IN
posten OV WW, postet, postete, gepostet WWW posten <op sociale media>
Posten ZN M (+s/-) **1** post • *auf seinem ~ bleiben* op zijn post blijven **2** betrekking, baan **3** schildwacht • *~ stehen* op wacht staan • *auf dem ~ sein* op zijn post zijn **4** partij goederen • *einen ~ als Verlust verbuchen* een post als verlies boeken
Postenjäger ZN M (+s/-) baantjesjager
Poster ZN M/O (+s/-, +s) poster, aanplakbiljet
Postfach ZN O (+(e)s/-fächer) postbus
Postgiroamt ZN O (+(e)s/gmv) ≈ Postbank
postieren OV WW opstellen, plaatsen
Postkarte ZN V (-/+n) ansichtkaart, briefkaart
Postkutsche ZN V (-/+n) postkoets
postlagernd BN poste restante
Postleitzahl ZN V (-/+en) postcode, BELG. postnummer
Postler ZN M (+s/-) INFORM. postbeambte
postmodern BN postmodern
Postpaket ZN O (+(e)s/+e) postpakket
Postsache ZN V (-/+n) **1** poststuk **2** (portvrij) dienststuk van de posterijen
Postscheck ZN M (+s/+s) girocheque
Postscheckkonto ZN O (+s/-ten) postrekening
Postschließfach ZN O (+(e)s/-fächer) postbus
Postsparbuch ZN O (+(e)s/-bücher) postspaarbankboekje
Postsparkasse ZN V (-/+n) postspaarbank
Poststempel ZN M (+s/-) postmerk, poststempel • *Datum des Poststempels* datum postmerk
postum BN postuum
Postweg ZN M (+(e)s/+e) • *auf dem ~* per post
postwendend BW per kerende post, per ommegaande
Postwertzeichen ZN O (+s/-) postzegel, frankeerzegel
Postwesen ZN O (+s/gmv) postwezen
Postwurfsendung ZN V (-/+en)

po

reclamedrukwerk, direct mail
potent BN **1** potent <seksueel> **2** vermogend **3** machtig **4** productief, bekwaam
Potentat ZN M (+en/+en) potentaat
Potenz ZN V (-/+en) potentie, macht
Potenzial ZN O (+s/+e) **1** TECHN. potentiaal **2** vermogen, potentieel
potenziell BN mogelijk, potentieel
potenzieren OV + ONOV WW **1** vergroten **2** tot een hogere macht verheffen
Poll ZN M (+(e)s/Pötte) **1** plee **2** hazenleger **3** pot
Pottasche ZN V (-/gmv) kaliumcarbonaat, potas
Pottwal ZN M (+(e)s/+e) potvis
Poularde ZN V (-/+n) poularde, jong gemest hoen
poussieren OV + ONOV WW het hof maken
Powerbank ZN V (-/-s) powerbank
Poweryoga ZN M/O poweryoga
PR AFK Public Relations pr, public relations
Prä ZN O (+s/+s) FORM. pre, voorrang • *das ~ haben* de voorrang hebben
Präambel ZN V (-/+n) preambule, inleiding
Pracht ZN V (-/gmv) pracht, luister, praal
Prachtaufwand ZN M (+(e)s/gmv) prachtvertoon
prächtig BN prachtig, buitengewoon mooi, luisterrijk, voortreffelijk
Prachtkerl ZN M (+s/+s, +e) prachtkerel
Prachtstück ZN O (+(e)s/+e) prachtexemplaar
prachtvoll BN **1** prachtig, schitterend **2** voortreffelijk, geweldig
Prädestination ZN V (-/gmv) predestinatie, voorbeschikking • *sie hat die ~ zur Ärztin* zij is voorbestemd om dokter te worden
prädestinieren OV WW REL. voorbeschikken • *prädestiniert sein zu etwas* in de wieg gelegd zijn voor iets
Prädikat ZN O (+(e)s/+e) **1** waardeaanduiding, predicaat **2** TAALK. werkwoordelijk gezegde **3** titel
Präfekt ZN M (+en/+en) prefect
Präferenz ZN V (-/+en) preferentie, voorkeur • *das hat meine ~* daar gaat mijn voorkeur naar uit
Präfix ZN O (+es/+e) TAALK. prefix, voorvoegsel
Prag ZN O (+s/gmv) Praag
prägen OV WW **1** stempelen, munten, slaan • *Münzen ~* munten slaan **2** vormen
Prägestempel ZN M (+s/-) stempelijzer, muntstempel
Pragmatiker ZN M (+s/-) pragmaticus
pragmatisch BN pragmatisch
Pragmatismus ZN M (-/gmv) **1** pragmatisme <filosofie> **2** pragmatische instelling
prägnant BN pregnant, kernachtig
Prägnanz ZN V (-/gmv) pregnantie
Prägung ZN V (-/+en) **1** afdrukken, afdruk **2** formulering, uitdrukking **3** gedrag • *von ganz eigener ~* met een heel eigen aard
prähistorisch BN prehistorisch
prahlen ONOV WW opscheppen, pochen, pronken
Prahler ZN M (+s/-) pocher, opschepper
Prahlerei ZN V (-/+en) pochen, gepoch
prahlerisch BN pocherig, opschepperig, snoevend
Prahlhans ZN M (+es/-hänse) pocher, snoever, opschepper
Prahm ZN M (+(e)s/+e, Prähme) praam, platbodem
Praktik ZN V (-/+en) **1** procedure, praktijk, werkwijze **2** MIN. praktijk(en), bedenkelijke daad
praktikabel BN geschikt, bruikbaar
Praktikant ZN M (+en/+en) stagiaire
Praktikantin ZN V (-/+nen) (vrouwelijke) stagiaire
Praktiker ZN M (+s/-) **1** practicus **2** man van de praktijk, persoon met praktische ervaring
Praktikum ZN O (+s/-ka) stage • *ein ~ machen* stage lopen
praktisch BN **1** handig • *~e Lösung* handige oplossing • *~e Erfindung* handige uitvinding **2** praktisch
praktizieren OV + ONOV WW **1** praktiseren, een praktijk voeren **2** uitoefenen
Prälat ZN M (+en/+en) prelaat
Praline ZN V (-/+n) bonbon
prall BN strak, stijf, vol • *in der ~en Sonne* in de fel schijnende zon
Prall ZN M (+(e)s/+e) schok, stoot, botsing
prallen ONOV WW **1** schokken, stoten, botsen, stuiten • *gegen/auf etwas ~* tegen iets botsen • *gegen/an jemanden ~* tegen iemand botsen **2** fel schijnen
prallvoll BN boordevol, propvol
Präludium ZN O (+s/-dien) prelude, voorspel
Prämie ZN V (-/+n) **1** premie **2** prijs
Prämienanleihe ZN V (-/+n) premielening
Prämiensparen ZN O (+s/gmv) premiespaarregeling
prämiieren OV WW **1** bekronen, een prijs toekennen **2** met een premie belonen
Prämisse ZN V (-/+n) premisse, vooropgezette stelling
pränatal BN prenataal
prangen ONOV WW prijken, schitteren
Pranger ZN M (+s/-) schandpaal • *an den ~ stellen* aan de schandpaal nagelen, aan de kaak stellen
Prank ZN M (-s/-s) prank
Pranke ZN V (-/+n) **1** klauw **2** INFORM. hand, poot
pranken OV WW een prank uithalen met
Präparat ZN O (+(e)s/+e) preparaat
Präparation ZN V (-/+en) het prepareren preparatie
Präparator ZN M (+s/+en) preparateur
präparieren OV WW prepareren, voorbereiden, bereiden
Präposition ZN V (-/+en) TAALK. voorzetsel, prepositie
Prärie ZN V (-/+n) prairie

Präsens ZN O (-/gmv) TAALK. tegenwoordige tijd
präsent BN present, aanwezig
Präsent ZN O (+(e)s/+e) presentje, cadeau
präsentieren OV WW presenteren, aanbieden, voorstellen
Präsentierteller ZN M (+s/-) • *auf dem ~ sitzen* te kijk zitten
Präsenz ZN V (-/gmv) presentie, opkomst, aanwezigheid
Präsident ZN M (+en/+en) president, voorzitter
Präsidentschaft ZN V (-/+en) presidentschap, voorzitterschap
Präsidentschaftskandidat ZN M (+en/+en) kandidaat voor het presidentschap/ voorzitterschap
präsidieren OV + ONOV WW voorzitten
Präsidium ZN O (+s/-dien) **1** hoofdbureau van de politie **2** presidium, voorzitterschap
prasseln ONOV WW **1** knetteren, kletteren • *zu Boden ~* met veel geraas vallen **2** branden
prassen ONOV WW in overdaad leven, brassen
Prasser ZN M (+s/-) brasser
Prasserei ZN V (-/+en) gebras
Prätendent ZN M (+en/+en) pretendent
prätentiös BN pretentieus, met veel pretenties
Präteritum ZN O (+s/-ta) verleden tijd
Pratze ZN V (-/+n) **1** klauw, poot **2** INFORM. grote hand, kolenschop
Prävention ZN V (-/+en) preventie, voorkoming
präventiv BN preventief
Präventivkrieg ZN M (+(e)s/+e) preventieve aanvalsoorlog
Praxis ZN V (-/-xen) praktijk
praxisbezogen BN praktijkgericht
praxisfern BN theoretisch, ver van de praktijk af staand
praxisnah BN praktijkgericht, dicht bij de praktijk staand
Präzedens ZN O (-/-zien) precedent
Präzedenzfall ZN M (+(e)s/-fälle) precedent
präzis, **präzise** BN precies, exact • *präzise Auskünfte* nauwkeurige inlichtingen
präzisieren OV WW nauwkeurig(er) omschrijven, preciseren
Präzision ZN V (-/gmv) accuratesse, precisie, nauwkeurigheid
predigen ONOV WW preken, prediken
Prediger ZN M (+s/-) **1** prediker **2** predikant
Predigt ZN V (-/+en) preek
Preis ZN M (+es/+e) **1** prijs • *einen ~ aussetzen* een beloning uitloven • *um jeden ~* tot iedere prijs • *um keinen ~* in geen geval, voor geen geld ter wereld • *empfohlener ~* adviesprijs • *für den halben ~* voor half geld • *den doppelten ~ zahlen* het dubbele van de prijs betalen • *unter ~* onder de prijs • *unterm ~ verkaufen* onder de prijs verkopen • *den ersten ~ bekommen* de eerste prijs krijgen **2** lof
Preisanstieg ZN M (+(e)s/+e) prijsstijging
Preisaufschlag ZN M (+(e)s/-aufschläge) prijsverhoging
Preisauftrieb ZN M (+(e)s/+e) algemene prijsstijging
Preisausschreiben ZN O (+s/-) prijsvraag
Preisauszeichnung ZN V (-/+en) prijsaanduiding
preisbewusst BN prijsbewust
Preisbindung ZN V (-/+en) ECON. prijsbinding
Preiselbeere ZN V (-/+n) vossenbes
preisen 1 OV WW sterk prijzen, loven • *viel gepriesen* veelgeprezen • *preiset den Herrn* prijst de Heer **2** WKD WW (**sich ~**) zich prijzen
Preisentwicklung ZN V (-/+en) prijsontwikkeling
Preiserhöhung ZN V (-/+en) prijsverhoging
Preisfrage ZN V (-/+n) **1** prijsvraag **2** INFORM. moeilijke vraag/zaak **3** INFORM. prijskwestie
Preisgabe ZN V (-/gmv) prijsgeven
preisgeben OV WW sterk prijsgeven
preisgekrönt BN bekroond
Preisgericht ZN O (+(e)s/+e) jury, beoordelingscommissie
preisgünstig BN voordelig, goedkoop
Preiskämpfer ZN M prijsvechter
Preisklasse ZN V (-/+n) prijsklasse
Preislage ZN V (-/+n) prijsklasse
preislich BN in prijs, wat de prijs betreft
Preisliste ZN V (-/+n) prijslijst
Preisnachlass ZN M (+es/-lässe) korting • *einen ~ geben* wat van de prijs afdoen
Preisrätsel ZN O (+s/-) prijsvraag
Preisrichter ZN M (+s/-) jurylid
Preisrückgang ZN M prijsdaling
Preisschild ZN O (+(e)s/+er) prijskaartje
Preisschwankung ZN V (-/+en) prijsschommeling
Preissenkung ZN V (-/+en) prijsdaling
Preissteigerung ZN V (-/+en) prijsverhoging
Preissturz ZN M sterke/snelle daling van prijs
Preisträger ZN M (+s/-) prijswinnaar
Preistreiberei ZN V (-/gmv) prijsopdrijving
Preisüberwachung ZN V (-/gmv) prijsbeheersing, prijzencontrole
preisverdächtig BN IRON. waarschijnlijk in de prijzen vallend
Preisvergleich ZN M (+(e)s/+e) prijsvergelijking
Preisverleihung ZN V (-/+en) prijsuitreiking
Preisverteilung ZN V (-/+en) prijsuitreiking
Preisverzeichnis ZN O (+ses/+se) prijslijst, prijscourant
preiswert BN zijn geld waard, niet duur
prekär BN precair, hachelijk • *das ist eine prekäre Sache* dat ligt gevoelig
Prellbock ZN M (+(e)s/-böcke) **1** stootblok **2** buffer <ook figuurlijk>
prellen 1 OV WW **1** oplichten, bedriegen **2** doen opspringen, jonassen **2** WKD WW (**sich ~**) zich stoten, zich kneuzen
Preller ZN M (+s/-) **1** bedrieger **2** dreun
Prellerei ZN V (-/+en) oplichting
Prellung ZN V (-/+en) kneuzing
Premier ZN M (+s/+s) premier, minister-president

pr

Premiere ZN V (-/+n) première
Premierminister ZN M (+s/-) premier, minister-president
Prepaid- VOORV + ACHTERV prepaid <mobiele telefoon>
Prepaidkarte ZN V (-/+n) prepaid telefoonkaart
Prepay ZN V (-/+s) COMM. prepay
preschen ONOV WW **1** haasten **2** jagen, rennen
Pressdruck ZN M (+(e)s/gmv) persdruk
Presse ZN V (-/+n) pers • *eine schlechte ~ haben* een slechte pers hebben • *in die ~ kommen* de pers halen
Presseagentur ZN V (-/+en) persagentschap
Presseausweis ZN M (+es/+e) perskaart
Pressebericht ZN M (+(e)s/+e) persbericht
Pressechef ZN M (+s/+s) perschef
Presseempfang ZN M (+(e)s/-empfänge) persontvangst
Presseerklärung ZN V (-/+en) verklaring tegenover de pers
Pressefotograf ZN M (+en/+en) persfotograaf
Pressefreiheit ZN V (-/gmv) persvrijheid
Pressekonferenz ZN V (-/+en) persconferentie
Pressemeldung ZN V (-/+en) persbericht
pressen OV WW **1** drukken, persen, samenpersen • *gepresst voll* stampvol • *jemanden an sich ~* iemand tegen zich aan klemmen **2** pressen, dwingen **3** klaarstomen
Pressesprecher ZN M (+s/-) woordvoerder <tegenover de pers>
Pressestelle ZN V (-/+n) voorlichtingsdienst
Pressevertreter ZN M (+s/-) persvertegenwoordiger, journalist
pressieren ONP WW dringend zijn • *es pressiert* het is dringend
Pression ZN V (-/+en) **1** pressie, druk **2** chantage
Presskohle ZN V (-/+n) briket
Pressluft ZN V (-/gmv) perslucht, samengeperste lucht
Presslufthammer ZN M (+s/-hämmer) pneumatische hamer
Pressung ZN V (-/+en) persing, druk
Prestige ZN O (+s/gmv) prestige
Prestigefrage ZN V (-/+n) prestigekwestie
Preuße ZN M (+n/+n) Pruis
Preußen ZN O (+s/gmv) Pruisen
Preußin ZN V (-/+nen) Pruisische
preußisch BN Pruisisch
preziös BN **1** kostbaar **2** gekunsteld
prickeln OV + ONOV WW prikkelen, tintelen • *mir ~ die Finger* mijn vingers tintelen
Priel ZN M (+(e)s/+e) priel <in het wad>
priemen ONOV WW pruimen
Priemtabak ZN M (+s/+e) pruimtabak
pries OV WW verl. tijd → **preisen**
Priester ZN M (+s/-) priester
Priesteramt ZN O (+(e)s/-ämter) priesterschap
Priesterin ZN V (-/+nen) priesteres
priesterlich BN priesterlijk
Priesterschaft ZN V (-/gmv) priesterschap, (de) priesters
Priestertum ZN O (+s/gmv) priesterschap
prima BN prima, eersteklas, puik • *ein ~ Kerl* een fijne vent • *alles läuft ~* alles gaat z'n gangetje
primär BN primair
Primas ZN M (-/+se, -ten) primaat
Primat 1 ZN M BIOL. primaat **2** ZN M/O **1** voorrang **2** oppergezag, hoogste plaats in de (kerkelijke) hiërarchie
Primaten ZN MV primaten, aapachtigen
Prime ZN V (-/+n) **1** DRUKK. signatuur op eerste bladzijde **2** MUZ. grondtoon, prime
Primel ZN V (-/+n) primula
primitiv BN primitief
Primitivität ZN V (-/+en) primitiviteit
Primus ZN M (-/+se, Primi) primus, eerste v.d. klas
Primzahl ZN V (-/+en) priemgetal
Prinz ZN M (+en/+en) prins
Prinzessbohne ZN V (-/+n) haricot vert prinsessenboon
Prinzessin ZN V (-/+nen) prinses
Prinzgemahl ZN M (+s/+e) prins-gemaal
Prinzip ZN O (+s/+e, +ien) principe, beginsel • *im ~* in principe • *aus ~* uit principe
prinzipiell BN principieel
Prinzipienfrage ZN V (-/+n) principiële kwestie, principekwestie
Prinzipienreiter ZN M (+s/-) MIN. iemand die halsstarrig aan zijn principes vasthoudt
prinzlich BN prinselijk
Prinzregent ZN M (+en/+en) prins-regent
Prior ZN M (+s/+en) prior
Priorität ZN V (-/+en) prioriteit, voorkeur, voorrang • *Prioritäten* preferente aandelen • *Prioritäten setzen* prioriteiten stellen • *~ haben* op een hoger plan staan
Prioritätsaktie ZN V (-/+n) preferent aandeel
Prise ZN V (-/+n) snuifje
Prisma ZN O (+s/-men) prisma
Prismenglas ZN O (+es/-gläser) prismakijker
Pritsche ZN V (-/+n) **1** brits, houten slaapplaats **2** open laadbak
privat BN privé, particulier, persoonlijk • MEDIA *die Privaten* de commerciële zenders • *~ versichert* particulier verzekerd • *ein ~es Unternehmen* een particuliere onderneming
Privatangelegenheit ZN V (-/+en) privézaak, persoonlijke aangelegenheid
Privatbank ZN V (-/+en) particuliere bank
Privatbesitz ZN M (+es/gmv) privébezit
Privatbrief ZN M (+(e)s/+e) persoonlijke brief
Privateigentum ZN O (+s/gmv) **1** privébezit, particulier bezit **2** privébezit aan productiemiddelen <DDR>
Privatgebrauch ZN M (+s/gmv) privégebruik, eigen gebruik
Privatgespräch ZN O (+(e)s/+e) privé(telefoon) gesprek
Privatier ZN M (+s/+s) particulier
privatim BW persoonlijk, onder vier ogen

pr

privatisieren 1 OV WW privatiseren 2 ONOV WW 1 rentenieren 2 van je vermogen leven
Privatisierung ZN V (-/+en) 1 privatiseren 2 geprivatiseerd worden
Privatklage ZN V (-/+n) JUR. civiele klacht
Privatleben ZN O (+s/gmv) privéleven
Privatmann ZN M (+(e)s/-leute, -männer) particulier
Privatperson ZN V (-/+en) particulier (persoon)
Privatrecht ZN O (+s/gmv) privaatrecht
Privatsache ZN V (-/+n) persoonlijke aangelegenheid
Privatschule ZN V (-/+n) particuliere school
Privatsender ZN M (+s/-) commercieel televisiestation
Privatsphäre ZN V (-/+n) privésfeer
Privatstrand ZN M privéstrand
Privatstunde ZN V (-/+n) 1 privéles 2 bijles
Privatunterricht ZN M (+(e)s/gmv) 1 privéonderwijs 2 bijles
Privatvergnügen ZN O (+s/-) INFORM. eigen aangelegenheid, persoonlijk genoegen, eigen plezier • *das geht nicht auf Firmenkosten, das ist dein ~* dat gaat niet op kosten van de baas, dat is voor eigen kosten
Privatweg ZN M eigen weg
Privatwirtschaft ZN V (-/gmv) particuliere sector, particulier bedrijfsleven
Privatwohnung ZN V (-/+en) privéwoning
Privileg ZN O (+s/+ien) privilege, voorrecht
privilegieren OV WW bevoorrechten
pro VZ +4, per • *~ Stück* per stuk • *~ Person* per persoon
Pro ZN O pro • *das ~ und Kontra* het pro en contra
proaktiv BN proactief
probat BN probaat, beproefd
Probe ZN V (-/+n) 1 proef, proefneming • *die ~ aufs Exempel machen* de proef op de som nemen • *mit jemandem die ~ machen* het eens met iemand proberen • *jemanden auf die ~ stellen* iemand op de proef stellen • *die ~ bestehen* de proef doorstaan • *jmdn. auf ~ anstellen* iemand op proef nemen 2 proeve • *eine ~ ihres/seines Könnens* een proeve van bekwaamheid 3 monster • *nach ~* volgens monster • *eine ~ entnehmen* een monster nemen 4 O&W proefwerk 5 bewijs 6 repetitie
Probearbeit ZN V (-/+en) 1 proeve van bekwaamheid 2 proefwerk
Probeexemplar ZN O (+s/+e) proefexemplaar, presentexemplaar
Probefahrt ZN V (-/+en) proefvaart, proefrit
probehalber BW bij wijze van proef
proben OV + ONOV WW 1 beproeven, keuren 2 repeteren 3 oefenen
Probenummer ZN V (-/+n) proefnummer
Probesendung ZN V (-/+en) proefzending
Probestunde ZN V (-/-n) proefles • *kostenlose Probestunde* gratis proefles
probeweise BW op proef • *jemanden ~ einstellen* iemand op proef aannemen
Probezeit ZN V (-/+en) proeftijd
probieren OV WW 1 proberen • *Probieren geht über Studieren* praktijk gaat boven theorie 2 proeven, keuren • *darf ich ~?* mag ik proeven? 3 repeteren <theater>
Probierglas ZN O (+es/-gläser) 1 klein glas om drank te proeven 2 reageerbuis
Probierstube ZN V (-/+n) proeflokaal
Problem ZN O (+s/+e) probleem, vraagstuk, moeilijkheid • *die Probleme häuften sich* de problemen stapelden zich op • *da ist das ~* daar zit de moeilijkheid • *das ~ mit ihm ist, dass ...* de ellende met hem is dat ... • *aus etwas ein ~ machen* een punt van maken van iets
Problematik ZN V (-/+en) problematiek
problematisch BN problematisch, onzeker, twijfelachtig
problematisieren OV WW de problemen bespreken van, tot een probleem maken
Problemfall ZN M (+(e)s/-fälle) probleemgeval
problemlos BN probleemloos • *er ist total ~* je hebt geen kind aan hem
Produkt ZN O (+(e)s/+e) product
Produktenbörse ZN V (-/+n) goederenbeurs
Produktion ZN V (-/+en) 1 productie • *die ~ einer Sache aufnehmen* iets in productie nemen 2 uitvoering
Produktionsanlage ZN V (-/+n) fabrieksinstallatie, fabriek
Produktionsapparat ZN M (+(e)s/+e) productieapparaat
Produktionsgenossenschaft ZN V (-/+en) productiecoöperatie, productievereniging <in voormalige DDR>
Produktionskosten ZN MV productiekosten
Produktionssteigerung ZN V (-/+en) productieverhoging
Produktionszweig ZN M (+(e)s/+e) productieafdeling
produktiv BN productief
Produktivität ZN V (-/gmv) productiviteit
Produzent ZN M (+en/+en) producent
produzieren 1 OV WW 1 produceren 2 voor de dag komen met 2 WKD WW (**sich ~**) indruk trachten te maken
Prof. AFK Professor professor
profan BN 1 profaan, werelds 2 alledaags
Profanbau ZN M (+(e)s/-ten) wereldlijk gebouw
Professional ZN M (+s/+s) beroepsspeler, professional
professionell BN beroeps-, professioneel
Professor ZN M (+s/+en) 1 professor 2 hoogleraar • *außerordentlicher ~* bijzonder hoogleraar • *ordentlicher ~* gewoon hoogleraar • *emeritierter ~* emeritus hoogleraar
Professur ZN V (-/+en) professoraat
Profi ZN M (+s/+s) prof, professional
Profifußball ZN M (+(e)s/gmv) SPORT profvoetbal
Profil ZN O (+s/+e) profiel
profilieren 1 OV WW profileren, profiel schetsen van 2 WKD WW (**sich ~**) zich profileren

pr

profiliert BN geprofileerd, markant
Profilierung ZN V (-/gmv) profilering
profillos BN **1** zonder profiel **2** FIG. onopvallend
Profit ZN M (+(e)s/+e) profijt, voordeel, winst • *~ machen* winst maken • *~ aus etwas herausschlagen* zijn voordeel uit iets halen • *etwas mit ~ verkaufen* iets met winst verkopen
Profitgier ZN V (-/gmv) winstbejag
profitieren ONOV WW profiteren • *von etwas ~* ergens beter van worden
Profitmacher ZN M (+s/-) woekeraar
Profitrate ZN V (-/+n) winstmarge
Pro-forma-Rechnung ZN V (-/+en) pro-formafactuur
profund BN grondig, diepgaand
Progenie ZN V centenbak <vooruitstekende onderkaak>
Prognose ZN V (-/+n) **1** prognose **2** voorspelling
prognostizieren OV WW een prognose stellen, vooraf bepalen
Programm ZN O (+s/+e) **1** programma • *auf dem ~ stehen* op het programma staan • *ein volles ~* een druk programma **2** POL. program **3** MEDIA net • *im ersten ~* op het eerste net
programmatisch BN **1** in overeenstemming met het programma **2** richtinggevend
programmgemäß BN volgens programma
programmgesteuert BN COMP. programmagestuurd
programmierbar BN programmeerbaar
programmieren OV WW programmeren • *programmierter Unterricht* computerondersteund onderwijs
Programmierer ZN M (+s/-) programmeur
Programmierung ZN V (-/+en) programmering
programmmäßig BN INFORM. wat het programma betreft, volgens het programma
Programmsteuerung ZN V (-/+en) programmasturing, automatische besturing
Programmzeitschrift ZN V (-/+en) televisiegids
Progression ZN V (-/+en) **1** progressie **2** voortgang **3** WISK. reeks
progressiv BN **1** vooruitstrevend, progressief **2** voortgaand, opklimmend
Projekt ZN O (+(e)s/+e) voornemen, project
Projektgruppe ZN V (-/+n) projectgroep
projektieren OV WW een plan ontwikkelen voor, ontwerpen
Projektil ZN O (+s/+e) projectiel
Projektion ZN V (-/+en) projectie
Projektionsapparat ZN M (+(e)s/+e) projector
Projektleiter ZN M (+s/-) projectleider
Projektor ZN M (+s/+en) projector
projizieren OV WW projecteren • *er projiziert seine Ängste auf sein Kind* hij projecteert zijn angsten op zijn kind
Proklamation ZN V (-/+en) proclamatie
proklamieren OV WW proclameren
Pro-Kopf-Einkommen ZN O (+s/-) gemiddeld inkomen
Pro-Kopf-Verbrauch ZN M (+(e)s/gmv) gemiddeld verbruik
Prokurist ZN M (+en/+en) procuratiehouder
Prolet ZN M (+en/+en) **1** proleet **2** MIN. onbeschaafde persoon
Proletariat ZN O (+(e)s/+e) proletariaat
Proletarier ZN M (+s/-) proletariër
proletarisch BN proletarisch
Prolog ZN M (+s/+e) proloog, inleidende rede
prolongieren OV WW prolongeren, verlengen
Promenade ZN V (-/+n) promenade, wandelstraat
Promenadendeck ZN O (+(e)s/+e, +s) SCHEEPV. promenadedek
promenieren ONOV WW wandelen, flaneren
Promi ZN M INFORM. beroemdheid, bekend persoon
Promille ZN O (-, +s/-) promille
prominent BN prominent, vooraanstaand
Prominente ZN M/V (+n/+n) **1** vooraanstaand persoon **2** beroemdheid
Prominenz ZN V (-/gmv) prominenten, prominente personen
Promiskuität ZN V (-/gmv) promiscuïteit
promoten OV WW promoten
Promotion[1] ZN V (-/+en) promotie
Promotion[2] ZN V (-/+s) ECON. promotion, reclamecampagne
Promotionsstudent ZN M (+s/+en) ≈ aio
Promotionsstudentin ZN V (-/+nen) ≈ aio
promovieren OV + ONOV WW promoveren • *promoviert sein* gepromoveerd zijn • *sie hat promoviert* zij is gepromoveerd
prompt BN prompt, stipt, vlot
Promptheit ZN V (-/gmv) stiptheid, vlotheid
Pron. AFK Pronomen voornaamwoord
Pronomen ZN O (+s/-, -mina) voornaamwoord
Propaganda ZN V (-/gmv) propaganda
Propagandist ZN M (+en/+en) propagandist
propagandistisch BN propagandistisch
propagieren OV WW propageren
Propan ZN O (+s/gmv) propaan
Propeller ZN M (+s/-) **1** LUCHTV. propeller **2** SCHEEPV. schroef
Prophet ZN M (+en/+en) profeet
Prophetie ZN V (-/+n) profetie
prophetisch BN profetisch
prophezeien OV WW **1** profeteren **2** voorspellen • *die Zukunft ~* de toekomst voorspellen
Prophezeiung ZN V (-/+en) voorspelling
prophylaktisch BN profylactisch, preventief
Prophylaxe ZN V (-/+n) profylaxe, preventie, bescherming
Proportion ZN V (-/+en) **1** proportie **2** verhouding
proportional BN proportioneel, verhoudingsgewijs • *umgekehrt ~ zu ... sein* omgekeerd evenredig zijn aan • *~er Teil* evenredig (aan)deel
proportioniert BN geproportioneerd
Proporz ZN M (+es/+e) POL. evenredige

verdeling
Prosa ZN V (-/gmv) proza • *die ~ des Alltags* het leven van alledag
prosaisch BN prozaïsch
prosit TUSSENW proost!, gezondheid!
Prosit ZN O (+s/+s) toast <heildronk>
Prospekt ZN M (+(e)s/+e) **1** prospectus **2** uitzicht
prost TUSSENW proost!, gezondheid! • IRON. *na dann ~!* nou, dat kan een mooie boel worden! • IRON. *~ Mahlzeit!* daar heb je het gedonder in de glazen
Prostata ZN V (-/-tae) prostaat
Prostatakrebs ZN M (-es/gmv) prostaatkanker
prosten ONOV WW toosten
prostituieren **1** OV WW prostitueren **2** WKD WW (**sich ~**) zich prostitueren
Prostituierte ZN V (+n/+n) prostituee
Prostitution ZN V (-/gmv) prostitutie
prot. AFK protestantisch protestants
Protagonist ZN M (+en/+en) **1** protagonist, hoofdrolspeler **2** voorvechter
protegieren OV WW beschermen, vooruithelpen
Protektion ZN V (-/+en) protectie, steun, bescherming, voorspraak
Protektionismus ZN M (-/gmv) protectionisme
protektionistisch BN protectionistisch
Protektor ZN M (+s/+en) **1** beschermer, beschermheer **2** TECHN. geprofileerd loopvlak van autoband
Protest ZN M (+es/+e) protest • *etwas nur unter ~ tun* iets met grote weerzin doen • ECON. *einen Wechsel zu ~ gehen lassen* een wissel laten protesteren • ECON. *~ mangels Annahme* protest van non-acceptatie • ECON. *~ mangels Zahlung* protest van non-betaling • *~ gegen etwas erheben/einlegen* protest aantekenen tegen
Protestant ZN M (+en/+en) protestant
protestantisch BN protestants
Protestantismus ZN M (-/gmv) protestantisme
protestieren ONOV WW protesteren
Protestkundgebung ZN V (-/+en) protestdemonstratie, protestbetoging
Protestler ZN M (+s/-) persoon die protesteert, activist
Prothese ZN V (-/+n) prothese
Protokoll ZN O (+s/+e) **1** protocol **2** notulen, verslag • *das ~ führen* de notulen maken • *zu ~ geben / ins ~ aufnehmen* in de notulen laten opnemen, in het verslag laten opnemen • *das ~ genehmigen* de notulen goedkeuren **3** akte, proces-verbaal, bekeuring • *ein ~ aufnehmen* een proces-verbaal opmaken, een rapport opstellen
protokollarisch BN protocollair
Protokollführer ZN M (+s/-) **1** notulist **2** secretaris **3** griffier
protokollieren OV WW **1** notuleren, rapporteren, proces-verbaal opmaken van **2** bekeuren
Proton ZN O (+s/+en) proton
Prototyp ZN M (+s/+en) prototype
Protz ZN M (+es, +en/+e) blaaskaak, bluffer, dikdoenerig heerschap
protzen OV + ONOV WW snoeven, pochen (met)
Protzerei ZN V (-/+en) bluf, dikdoenerij
protzig BN protserig
Proviant ZN M (+(e)s/gmv) proviand
Provinz ZN V (-/+en) provincie • *in der Stadt und in der ~* in de stad en op het platteland
provinziell BN **1** provinciaal, achterlijk **2** TAALK. regionaal
Provinzler ZN M (+s/-) INFORM. provinciaal, plattelander
provinzlerisch BN INFORM. provinciaal, kleinsteeds, boers
Provision ZN V (-/+en) provisie
provisorisch BN provisorisch, voorlopig • *eine ~e Lösung* een tijdelijke oplossing
Provisorium ZN O (+s/-rien) voorlopige regeling • *in einem ~ leben* geïmproviseerd wonen
provokant BN provocerend, uitdagend
Provokateur ZN V (+s/+e) provocateur
Provokation ZN V (-/+en) provocatie, uitdaging
provozieren OV WW provoceren, uitdagen
Proz. AFK Prozent procent
Prozac ZN O prozac
Prozedur ZN V (-/+en) procedure • *die übliche ~* de normale gang van zaken
Prozent ZN O (+(e)s/+e) procent, percent • *fünf ~* vijf procent
Prozentsatz ZN M (+es/-sätze) percentage
prozentual BN procentueel
Prozess ZN M (+es/+e) proces • *gegen jemanden einen ~ anstrengen* iemand een proces aandoen • *im ~ liegen* in een proces gewikkeld zijn • *kurzen ~ machen* korte metten maken • *einen ~ führen* procederen • *jemandem den ~ machen* iemand een proces aandoen • *den ~ gewinnen* het pleit winnen
Prozessakte ZN V (-/+n) processtuk
Prozessgegner ZN M (+s/-) JUR. tegenpartij
prozessieren ONOV WW procederen
Prozession ZN V (-/+en) processie
Prozesskosten ZN MV proceskosten
Prozessor ZN M (+s/+en) processor
Prozessordnung ZN V (-/gmv) procesorde
Prozessrechner ZN M (+s/-) computer <voor procesbesturing>
prüde BN preuts
Prüderie ZN V (-/gmv) preutsheid
prüfen OV WW **1** beproeven, onderzoeken, toetsen, keuren • *etwas an den Tatsachen ~* iets toetsen aan de feiten **2** controleren • *die Rechnungen ~* de rekeningen nagaan • *eine Möglichkeit ~* een mogelijkheid nagaan **3** examineren • *staatlich geprüft* rijksgediplomeerd **4** op de proef stellen • *sie ist ein schwer geprüfter Mensch* zij wordt zwaar op de proef gesteld
Prüfer ZN M (+s/-) **1** onderzoeker **2** examinator
Prüfling ZN M (+s/+e) examenkandidaat
Prüfstand ZN M (+(e)s/-stände) TECHN. proefbank • FIG. *auf den ~ kommen* doorgelicht

pr

worden

Prüfstein ZN M (+(e)s/+e) toetssteen

Prüfstelle ZN V (-/+n) keuringsstation, controlebureau

Prüfung ZN V (-/+en) **1** onderzoek, keuring • *etwas einer ~ unterziehen/unterwerfen* iets aan een toets onderwerpen • *sich einer ~ unterziehen* zich aan een onderzoek onderwerpen **2** examen • *eine ~ ablegen / machen* een examen afleggen • *eine ~ bestehen* in een examen slagen • *durch eine ~ fallen* voor een examen zakken • *mündliche ~* mondelinge overhoring • *schriftliche ~* schriftelijke overhoring **3** controle **4** beproeving • *das ist eine schwere ~ für sie* dat is een zware beproeving voor haar

Prüfungsangst ZN V (-/-ängste) examenvrees

Prüfungsarbeit ZN V (-/+en) examenwerk

Prüfungsausschuss ZN M (+es/-schüsse) examencommissie

Prüfungskommissar ZN M (+s/+e) rijksgecommitteerde <bij een examen>

Prüfungszeugnis ZN O (+ses/+se) **1** diploma **2** certificaat

Prügel ZN M (+s/-) **1** stok-, knuppel **2** pak slaag • *~ beziehen* een pak slaag krijgen, klappen krijgen

Prügelei ZN V (-/+en) vechtpartij, kloppartij

Prügelknabe ZN M (+n/+n) zondebok, kop-van-jut • *der ~ sein* als kop-van-jut dienen

prügeln **1** OV WW afranselen, ranselen **2** WKD WW (**sich ~**) vechten

Prügelstrafe ZN V (-/+n) lijfstraf, slagen <als straf>

Prunk ZN M (+(e)s/gmv) pracht, praal, luister

Prunkbau ZN M (+(e)s/+ten) prachtig bouwwerk

prunken ONOV WW pronken

Prunkstück ZN O (+(e)s/+e) OOK FIG. pronkstuk

Prunksucht ZN V (-/gmv) pronkzucht

prunksüchtig BN praalziek

prunkvoll BN luisterrijk, vol pracht en praal

Prunkwagen ZN M (+s/-) praalwagen, carnavalswagen

prusten, **pruschen** ONOV WW proesten, snuiven, niezen

PS AFK **1** Pferdestärke **pk** <paardenkracht> **2** Postskriptum **PS** <postscriptum>

Psalm ZN M (+s/+en) psalm

Psalter ZN M (+s/-) psalmboek

pseudo- VOORV + ACHTERV pseudo-

Pseudonym ZN O (+s/+e) pseudoniem, schuilnaam

Psyche ZN V (-/+n) psyche, ziel

Psychiater ZN M (+s/-) psychiater

Psychiatrie ZN V (-/+n) psychiatrie

psychiatrisch BN psychiatrisch

psychisch BN betrekking hebbend op de geest/ziel, psychisch, geestelijk

Psychologe ZN M (+n/+n) psycholoog

Psychologie ZN V (-/-gien) psychologie

psychologisch BN psychologisch

Psychopath ZN M (+en/+en) psychopaat

Psychose ZN V (-/+n) psychose

Psychotherapeut ZN M (+en/+en) psychotherapeut

psychotherapeutisch BN psychotherapeutisch

Psychotherapie ZN V (-/+n) psychotherapie

pubertär BN puberaal, puberteits-

Pubertät ZN V (-/gmv) puberteit

pubertieren ONOV WW puberen

Public Relations ZN V MV public relations

publik BW publiek • *es wurde ~ gemacht* er werd bekendheid aan gegeven

Publikation ZN V (-/+en) publicatie, openbaarmaking, kennisgeving

Publikum ZN O (+s/gmv) publiek

Publikumserfolg ZN M (+(e)s/+e) succes bij het publiek

publikumswirksam BN aanslaand bij het publiek • *~es Auftreten* optreden dat aanslaat bij het publiek

publizieren OV WW publiceren

Publizität ZN V (-/gmv) publiciteit, openbaarheid

Puck ZN M (+s/+s) SPORT puck

Pudding ZN M (+e, +s/+s) pudding

Pudel ZN M (+s/-) poedel • *wie ein begossener ~ dastehen* beteuterd erbij staan

Pudelmütze ZN V (-/+n) ruige bontmuts

pudeln ONOV WW poedelen, spetteren

pudelnackt BN spiernaakt

pudelnass BN kletsnat

pudelwohl BN kiplekker

Puder ZN M/O (+s/-) poeder

Puderdöschen ZN O (+s/-) poederdoosje

puderig BN poederachtig

pudern OV WW poederen

Puderquaste ZN V (-/+n) poederdons, poederkwast

Puderzucker ZN M (+s/gmv) poedersuiker

Puerto Ricaner ZN M (+s/gmv) Porto Ricaan

puff TUSSENW poef!

Puff **1** ZN M (+(e)s/+e, Püffe) **1** stoot, por **2** pof <van een mouw> **3** poef <zitmeubel> **4** MIN. bordeel **2** ZN O (+(e)s/gmv) triktrakspel

Puffärmel ZN M (+s/-) pofmouw

puffen OV + ONOV WW **1** stompen, porren **2** opporren **3** oppoffen, bol doen staan **4** paffen, schieten

Puffer ZN M (+s/-) **1** buffer, stootblok **2** klein pistool **3** aardappelpannenkoek

Pufferzone ZN V (-/+n) POL. bufferzone

puffig BN poffend, bolstaand

Puffmais ZN M (+es/+e) gepofte mais

pulen ONOV WW pulken

Pulk ZN M (+(e)s/+e) **1** afdeling **2** LUCHTV. formatie **3** opeenhoping, zwerm, drom

Pulle ZN V (-/+n) INFORM. fles

pullen ONOV WW **1** roeien **2** sterk naar voren komen <van paard>

Pulli ZN M (+s/+s) **1** trui **2** pullover

Pullover ZN M (+s/-) pullover

Pullunder ZN M (+s/-) slip-over

Pulp ZN M (+s/+en) pulp <van vruchten>

Puls ZN M (+es/+e) **1** pols • *jemandem den ~ fühlen* iemand de pols voelen **2** polsslag
Pulsader ZN V (-/+n) (pols)slagader
pulsen ONOV WW pulseren, kloppen
pulsieren ONOV WW pulseren, kloppen
Pulsschlag ZN M (+(e)s/-schläge) polsslag
Pulswärmer ZN M (+s/-) polsmof
Pult ZN O (+(e)s/+e) **1** lessenaar **2** paneel **3** standaard
Pulver ZN O (+s/-) **1** poeder **2** kruit • FIG. *das ~ nicht erfunden haben* geen nieuwe ideeën hebben **3** INFORM. geld, duiten
Pulverdampf ZN M (+(e)s/-dämpfe) kruitdamp
Pulverfass ZN O (+es/-fässer) kruitvat
pulverig BN **1** poederachtig **2** bepoederd
pulverisieren OV WW verpulveren, fijnmalen, fijnstampen
Pulverkammer ZN V (-/+n) kruitkamer
pulvern OV + ONOV WW **1** verpulveren, fijnmaken, fijnstampen **2** schieten
Pulverschnee ZN M (+s/gmv) poedersneeuw
Puma ZN M (+s/+s) poema
Pummel ZN M (+s/-) mollig meisje
pummelig BN INFORM. mollig
Pump ZN M (+(e)s/+e) **1** bons **2** INFORM. pof • *auf ~* op de pof
Pumpanlage ZN V (-/+n) pompinstallatie
Pumpe ZN V (-/+n) **1** pomp **2** INFORM. (heroïne) spuit **3** INFORM. hart
pumpen OV WW **1** pompen • *Wasser aus einem Polder ~* water uit een polder malen **2** INFORM. uitlenen, lenen
pumpern ONOV WW bonzen, hameren, kloppen
Pumpernickel ZN M (+s/-) zwart roggebrood
Pumphose ZN V (-/+n) pofbroek
Pumps ZN M (-/-) pumps
Punk ZN M (-, +s/+s) punk
Punker ZN M (+s/-) punker
Punkt ZN M (+(e)s/+e) punt • *der springende ~* de kern van de zaak • *~ 8 Uhr* klokslag 8 uur • *der wunde ~* de gevoelige plek, het tere punt • *in diesem ~ ist er sehr empfindlich* op dit punt is hij zeer gevoelig • *etwas auf den ~ bringen* een lang verhaal kort maken • *der tote ~* het dode punt • *einen ~ ins Gespräch einbringen* een punt in bespreking brengen
Punktball ZN M (+(e)s/-bälle) boksbal
Pünktchen ZN O (+s/-) stip(je) • *das ist das ~ auf dem i* dat maakt het helemaal perfect
punkten 1 OV WW stippelen **2** ONOV WW OOK FIG. scoren, punten behalen • *damit konnte er bei ihr ~* daarmee kon hij bij haar scoren
punktieren OV WW **1** MED. een punctie verrichten, puncteren **2** stippelen, uitstippelen • *eine punktierte Linie* een stippellijn
Punktion ZN V (-/+en) MED. punctie
pünktlich BN opt tijd, stipt • *wir fangen ~ an* wij beginnen op tijd • *der Zug war ~* de trein was op tijd • *~ sein* altijd op tijd komen
Pünktlichkeit ZN V (-/gmv) stiptheid
Punktschrift ZN V (-/gmv) brailleschrift
Punktsieg ZN M (+(e)s/+e) overwinning op punten
Punktspiel ZN O (+(e)s/+e) competitiewedstrijd
punktuell BN puntsgewijs, punt voor punt
Punktum TUSSENW • *damit Punktum!* daarmee basta!, daarmee uit!
Punsch ZN M (+(e)s/+e, Pünsche) punch
Pupille ZN V (-/+n) pupil, oogappel
Püppchen ZN O (+s/-) **1** poppetje **2** schatje
Puppe ZN V (-/+n) **1** pop **2** marionet • *die Puppen tanzen lassen* de bloemetjes buiten zetten **3** INFORM. schatje ▸ *bis in die Puppen schlafen* zeer lang slapen
puppenhaft BN popperig
Puppenhaus ZN O (+es/-häuser) poppenhuis
Puppenspiel ZN O (+(e)s/+e) poppenspel, poppenkast, marionettenspel
Puppentheater ZN O (+s/-) poppenkast, marionettentheater
puppig BN popperig, snoezig
Pups ZN M (+(e)s/+e) wind, scheet
pupsen ONOV WW INFORM. winden, scheten laten
pur BN puur, zuiver • *das ist ~ gelogen* dat is zuiver gelogen
Püree ZN O (+s/+s) puree
purgieren OV WW purgeren, zuiveren
pürieren OV + ONOV WW pureren
purifizieren OV WW zuiveren, louteren
Purim ZN O Poerim
Purismus ZN M (-/gmv) purisme
Purist ZN M (+en/+en) purist
Puritaner ZN M (+s/-) puritein <ook figuurlijk>
puritanisch BN puriteins
Purpur ZN M (+s/gmv) purper
purpurfarben BN purperkleurig
purpurn BN purperen
Purpurreiher ZN M purperreiger
purpurrot BN paars
Purzel ZN M (+s/-) knulletje, dreumes
Purzelbaum ZN M (+(e)s/-bäume) koprol • *einen ~ machen* een koprol maken
purzeln ONOV WW vallen, tuimelen, buitelen, over de kop slaan
Push-up-BH ZN M (+s/+s) push-up-bh
pusselig BN tijd en geduld vereisend, pietepeuterig
pusseln ONOV WW INFORM. prutsen, knutselen
Puste ZN V (-/gmv) INFORM. adem • *ihm ist die ~ ausgegangen* hij is buiten adem • *keine ~ mehr haben* geen puf meer hebben
Pustel ZN V (-/+n) puistje
pusten OV + ONOV WW **1** blazen • *ich werde dir was ~!* dank je feestelijk!, geen sprake van! **2** hijgen
Puszta ZN V (-/Puszten) poesta
Pute ZN V (-/+n) (vrouwelijke) kalkoen • *eine dumme ~* een domme gans
Puter ZN M (+s/-) kalkoense haan
puterrot BN zo rood als een kalkoense haan, vuurrood
Putsch ZN M (+es/+e) putsch, staatsgreep
putschen ONOV WW een putsch uitvoeren, een staatsgreep plegen, een coup plegen
Putschist ZN M (+en/+en) pleger van een

staatsgreep
Putte ZN V (-/+n) decoratie-engeltje
Putz ZN M (+es/gmv) **1** opschik, toilet, tooi **2** stucwerk, pleisterwerk • *auf den ~ hauen* de bloemetjes buiten zetten
putzen **1** OV + ONOV WW **1** poetsen, schoonmaak houden, schoonmaken • *heute müssen wir ~* vandaag moeten we schoonmaken **2** OUD. opschikken, tooien • *den Christbaum ~* de kerstboom versieren **3** stukadoren, bepleisteren **4** snuiten • *sich die Nase ~* zijn neus snuiten **2** WKD WW (**sich ~**) **1** toilet maken **2** zich schoonmaken <van dieren> • *die Katze putzt sich* de kat likt zich af
Putzerei ZN V (-/+en) gepoets, schoonmaak
Putzfrau ZN V (-/+en) werkster, schoonmaakster, BELG. poetsvrouw, BELG. werkvrouw
putzig BN komisch, grappig, raar
Putzlappen ZN M (+s/-) poetslap
Putzmittel ZN O (+s/-) schoonmaakmiddel
Putzsucht ZN V (-/gmv) pronkzucht
putzsüchtig BN praalziek
Putztuch ZN O (+(e)s/-tücher) poetsdoek, poetslap
Putzwolle ZN V (-/gmv) poetskatoen
Putzwut ZN V (-/gmv) schoonmaakwoede
Putzzeug ZN O (+(e)s/gmv) poetsgerei
puzzeln ONOV WW puzzelen <legpuzzel>
Puzzle ZN O (+s/+s) legpuzzel
PVC AFK (-, +s/gmv) Polyvinylchlorid **pvc**
Pygmäe ZN M (+n/+n) pygmee
Pyjama ZN M (+s/+s) pyjama
Pyramide ZN V (-/+n) piramide
pyramidenförmig BN piramidevormig
Pyrenäen ZN MV Pyreneeën
Pyrrhussieg ZN M (+(e)s/+e) pyrrusoverwinning
Python ZN M (+s/+s) python

pu

Q

Q ZN O (-/-) letter **q** • *Q wie Quelle* de q van Québec
quabbelig BN **1** kwabbig, week **2** mollig
quabbeln ONOV WW wiebelen, schudden
Quackelei ZN V (-/gmv) **1** geklets **2** getreuzel
Quacksalber ZN M (+s/-) kwakzalver
Quaddel ZN V (-/+n) **1** blaasje **2** brandnetelblaar
Quadrant ZN M (+en/+en) kwadrant
Quadrat ZN O (+(e)s/+e) **1** kwadraat **2** vierkant **3** WISK. tweede macht
quadratisch BN **1** vierkant **2** WISK. tweedemachts- • *~e Gleichung* vierkantsvergelijking
Quadratmeter ZN M/O (+s/-) vierkante meter
Quadratmillimeter ZN M vierkante millimeter
Quadratur ZN V (-/+en) kwadratuur
Quadratwurzel ZN V (-/+n) vierkantswortel
Quadratzahl ZN V (-/+en) kwadraat, tweede macht
Quadratzentimeter ZN M vierkante centimeter
quadrieren OV WW tot de tweede macht verheffen
Quai ZN M/O (+s/+s) ZWIT. kade, wal
quaken ONOV WW kwaken
quäken ONOV WW **1** kwekken **2** janken
Quäker ZN M (+s/-) quaker
Qual ZN V (-/+en) kwelling, pijniging, pijn, plaag • *du hast die ~ der Wahl* jij staat voor een moeilijke keuze
quälen **1** OV WW kwellen, pijnigen, plagen • *jemanden ~* iemand kwellen, iemand aan het hoofd zeuren • FIG. *gequält lächeln* lachen als een boer die kiespijn heeft **2** WKD WW (**sich ~**) zich uitsloven • *sich durch die Hausaufgaben ~* zich moeizaam door het huiswerk worstelen
Quälerei ZN V (-/+en) marteling, kwelling
quälerisch BN kwellend, plagerig
Quälgeist ZN M (+es/+er) kwelgeest, treiteraar
Qualifikation ZN V (-/+en) **1** bekwaamheid, geschiktheid **2** kwalificatie • *er bekam für seinen Test die ~ "ausgezeichnet"* hij kreeg voor zijn test de kwalificatie "uitstekend"
qualifizieren **1** OV WW **1** kwalificeren, geschikt maken voor **2** geschikt achten voor • *~der Hauptschulabschluss* ≈ vmbo-diploma **2** WKD WW (**sich ~**) **1** zich kwalificeren voor, zich plaatsen voor • SPORT *sich für die Europameisterschaft ~* zich kwalificeren /plaatsen voor het EK **2** een opleiding volgen
qualifiziert BN gekwalificeerd, bekwaam • *hoch ~* hoogopgeleid • *ein ~er Rechtsanwalt* een gekwalificeerd advocaat
Qualität ZN V (-/+en) kwaliteit, hoedanigheid • *sie hat Qualitäten* zij heeft vele goede kwaliteiten • *dieser Wein hat ~* deze wijn is van goede kwaliteit • *Fleisch erster ~* eerste kwaliteit vlees
qualitativ BN kwalitatief, betreffende de

waarde/hoedanigheid
Qualle ZN V (-/+n) kwal
Qualm ZN M (+(e)s/gmv) **1** walm, vettige rook/damp, dikke rook/damp • *da ist ~ in der Bude* er heerst daar een zeer gespannen sfeer **2** grootspraak • *viel ~ machen* veel drukte/poeha maken
qualmen ONOV WW **1** walmen, roken **2** kletspraat verkopen
qualmig BN walmend, rokerig
qualvoll BN kwellend, martelend, pijnlijk
Quäntchen ZN O (+s/-) beetje, greintje
Quantität ZN V (-/+en) kwantiteit, hoeveelheid
quantitativ BN kwantitatief, naar omvang/hoeveelheid/grootte
Quantum ZN O (+s/-ten) kwantum, hoeveelheid, partij
Quarantäne ZN V (-/+n) quarantaine • *jemanden unter ~ stellen* iemand in quarantaine plaatsen • *er steht unter ~* hij staat onder quarantaine
Quark 1 ZN M (+s/gmv) **1** kwark **2** onzin • *wieder von dem alten ~ anfangen* oude koeien uit de sloot halen • *das geht dich einen ~ an* dat gaat je geen fluit aan • *einen ~ kriegst du* helemaal niets krijg je **2** ZN O (+s/+s) NATK. quark <hypothetisch elementair deeltje>
Quartal ZN O (+s/+e) kwartaal • *pro ~ bezahlen* per kwartaal betalen
Quartett ZN O (+(e)s/+e) kwartet • *~ spielen* kwartetten
Quartier ZN O (+s/+e) **1** kwartier, onderdak, verblijf, logies • *~ machen* kwartier maken • *ein neues ~ beziehen* naar een nieuw onderkomen verhuizen • *habt ihr schon ein Quartier?* zijn jullie al ergens ondergekomen? **2** ZWIT. stadswijk
Quarz ZN M (+es/+e) kwarts
Quarzuhr ZN V (-/+en) kwartshorloge
quasi BW quasi, schijnbaar, als het ware
Quasselei ZN V (-/+en) kletspraat, geleuter
quasseln ONOV WW kletspraat verkopen, bazelen, leuteren
Quasselstrippe ZN V (-/+n) kletskous
Quast ZN M (+es/+e) N-D kwast
Quaste ZN V pluim
Quatsch ZN M (+es/gmv) kletskoek, onzin • *das ist doch Quatsch!* dat is toch onzin! • *~ machen* onzin uitspoken • *~ mit Soße* kletskoek
quatschen ONOV WW kletsen, wauwelen, leuteren
Quatschkopf ZN M (+(e)s/-köpfe) wauwelaar, kletskous
Quecksilber ZN O (+s/gmv) kwikzilver, kwik
Quell ZN M (+(e)s/+e) OOK FIG. bron, wel
Quelle ZN V (-/+n) OOK FIG. bron, wel
quellen 1 OV WW doen zwellen, uitzetten, laten wellen **2** ONOV WW sterk **1** wellen, opborrelen, vloeien, komen uit • *das Blut quoll aus der Wunde* het bloed golfde uit de wond **2** zwellen **3** puilen • *die Augen quollen ihr aus dem Kopf* de ogen puilden uit haar hoofd
Quellenangabe ZN V (-/+n) bronvermelding
Quellenforschung ZN V (-/+en) bronnenonderzoek
Quellenstudium ZN O (+s/-studien) bronnenonderzoek
Quellwasser ZN O (+s/-) bronwater
Quengelei ZN V (-/+en) gedrein, gezanik
quengelig BN jengelend, zeurend • *ein ~es Kind* een hangerig kind
quengeln ONOV WW zeuren, zaniken, dreinen
quer BW **1** dwars, schuin • *kreuz und ~* kriskras • *~ gestreift* met dwarse strepen **2** scheef, verkeerd
Querbalken ZN M (+s/-) **1** dwarsbalk **2** SPORT evenwichtsbalk
Querdenker ZN M (+s/-) non-conformist, oorspronkelijk/tegendraads denker
Quere ZN V (-/gmv) schuinte, dwarse richting • *jemandem in die ~ kommen* iemand dwarsbomen, iemand in het vaarwater zitten • *wenn nichts in die ~ kommt* als niets in de weg komt • *der ~ nach schneiden* overdwars snijden
Quereinsteiger ZN M (+s/-) zijinstromer
querfeldein BW dwars door het veld
Querfeldeinlauf ZN M (+(e)s/-läufe) veldloop
Querflöte ZN V (-/+n) dwarsfluit
quergehen ONOV WW sterk misgaan • *alles ist quergegangen* alles is verkeerd gelopen
Querkopf ZN M (+(e)s/-köpfe) dwarsligger, stijfkop
Querlatte ZN V (-/+n) **1** dwarslat **2** SPORT doellat
querlegen WKD WW **(sich ~)** gaan dwarsliggen
Querschiff ZN O (+(e)s/+e) ARCH. transept, dwarsbeuk
Querschläger ZN M (+s/-) **1** afketsend projectiel **2** FIG. dwarsligger, dwarskop
Querschnitt ZN M (+(e)s/+e) dwarsdoorsnede
Querschnittslähmung ZN V (-/+en) MED. dwarslaesie
Querstraße ZN V (-/+n) dwarsstraat
Quertreiber ZN M (+s/-) kankeraar, dwarsligger
Querulant ZN M (+en/+en) kankeraar, querulant
Querverbindung ZN V (-/+en) **1** dwarsverbinding **2** onderlinge samenhang, onderling verband, raakvlak
quetschen OV WW **1** samenpersen, drukken, knellen, pletten, persen **2** kneuzen
Quetschung ZN V (-/+en) kneuzing
Queue ZN M/O biljartkeu
Quickie ZN M (+s/+s) vluggertje <seks>
quicklebendig BN springlevend
Quickscan ZN M quickscan
quieken ONOV WW **1** piepen **2** krijsen, gillen
quietschen ONOV WW piepen • *das Bett quietscht* het bed kraakt
quietschvergnügt BN dolblij, supervrolijk
Quinoa ZN O (-s/gmv) quinoa
Quinte ZN V (-/+n) kwint
Quintessenz ZN V (-/+en) kwintessens, kern van de zaak
Quintett ZN O (+s/+e) kwintet
Quirl ZN M (+(e)s/+e) **1** karnstok, eierklopper **2** HUMOR. draaitol, spring-in-'t-veld

quirlen OV WW **1** roeren, kloppen, karnen, klutsen, mixen **2** krioelen **3** als een tol in het rond draaien
quirlig BN INFORM. springerig, draaierig, onrustig
quitt BN quitte • *wir sind ~* we staan quitte
Quitte ZN V (-/+n) kweepeer
quittieren OV WW **1** kwiteren, voldoen **2** beantwoorden, reageren • *er quittierte die Kritik mit Desinteresse* hij reageerde ongeïnteresseerd op de kritiek **3** OUD. ontslag nemen uit, opgeven, afzien van, opzeggen • *den Dienst ~* uit dienst treden
Quittung ZN V (-/+en) **1** kwitantie • *eine ~ ausstellen* een kwitantie uitschrijven **2** FIG. rekening • *jetzt bekommt sie die ~ für ihr Verhalten* nu krijgt ze de straf voor haar gedrag
Quiz ZN O (-/-) quiz
Quizmaster ZN M (+s/-) quizmaster, quizleider
quoll OV WW verl. tijd → **quellen**
Quote ZN V (-/+n) **1** deel, aandeel **2** quotum, vastgesteld percentage
Quotenregelung ZN V (-/+en) quotaregeling
Quotient ZN M (+en/+en) WISK. quotiënt
quotieren OV WW **1** de prijs opgeven **2** de koers aangeven
Quotierung ZN V (-/+en) quotering

qu

R

r AFK Radius **r.** <radius>
R ZN O (-/-) letter **r** • *R wie Richard* de r van Rudolf
Rabatt ZN M (+(e)s/+e) korting, rabat • *~ gewähren* korting geven
Rabatte ZN V (-/+n) **1** rabat, kweekbed **2** omgeslagen zoom van een kleed
Rabatz ZN M (+es/gmv) **1** tumult, herrie **2** luid en heftig protest
Rabauke ZN M (+n/+n) schoffie
Rabbi ZN M (+s/+s, +nen) rabbi
rabbinisch BN rabbijns
Rabe ZN M (+n/+n) raaf • *ein weißer ~* een witte raaf • *schwarz wie die Raben* zo zwart als een raaf, ravenzwart, heel vies <meestal van kinderen>
Rabeneltern ZN MV ontaarde ouders
Rabenmutter ZN V FIG. slechte moeder
rabenschwarz BN ravenzwart
Rabenvater ZN M slechte vader
rabiat BN **1** rabiaat, woedend **2** bruut, meedogenloos **3** rigoureus
Rache ZN V (-/gmv) wraak • *~ ist süß* wraak is zoet • *das ist die ~ des kleinen Mannes* ≈ hij heeft het zijn meerdere eindelijk betaald gezet • *~ an jemandem nehmen* wraak nemen op iemand • *das schreit nach ~* dat roept om wraak
Racheakt ZN M (+(e)s/+e) wraakoefening, wraakneming
Rachedurst ZN M (+(e)s/gmv) wraaklust
rächen **1** OV WW wreken **2** WKD WW (**sich ~**) zich wreken • *sich an jemandem ~* zich op iemand wreken
Rachen ZN M (+s/-) **1** keelholte **2** muil, bek • *jemandem etwas aus dem ~ reißen* iemand iets afhandig weten te maken • *jemandem etwas in den ~ werfen* iemand z'n zin geven, zodat hij/zij zich voorlopig koest houdt
Rachenhöhle ZN V (-/+n) keelholte
Rachenmandel ZN V (-/+n) keelamandel
Rächer ZN M (+s/-) wreker
Rachgier ZN V (-/gmv) FORM. wraakzucht, wraakgierigheid
rachgierig BN FORM. wraakzuchtig
Rachitis ZN V (-/-den) rachitis
Rachsucht ZN V (-/gmv) FORM. wraakzucht, wraakgierigheid
rachsüchtig BN FORM. wraakzuchtig
Racker ZN M (+s/-) rakker
rackern OV WW zwoegen
Rad ZN O (+(e)s/Räder) **1** rad • FIG. *er ist nur ein Rädchen im Getriebe* hij is maar een radertje in het geheel • FIG. *bei ihr ist ein Rädchen locker* er zit een steekje bij haar los • FIG. *unter die Räder kommen* te gronde gaan **2** wiel **3** fiets • *~ fahren* fietsen • *mit dem ~ fahren* met de fiets gaan **4** SPORT radslag • *ein ~ schlagen* een radslag maken
Radachse ZN V (-/+n) wielas
Radar ZN M/O radar

Radarfalle ZN V flitspaal
Radargerät ZN O (+(e)s/+e) radartoestel
Radarkontrolle ZN V (-/+n) radarcontrole
Radau ZN M (+s/gmv) kabaal, herrie
Radaufhängung ZN V (-/gmv) wielophanging
Radaumacher ZN M (+s/-) herrieschopper
Raddampfer ZN M (+s/-) raderboot
radebrechen OV WW radbraken
radeln ONOV WW fietsen
Rädelsführer ZN M (+s/-) raddraaier
rädern OV WW radbraken • *wie gerädert* geradbraakt
Räderwerk ZN O (+(e)s/+e) raderwerk <ook figuurlijk>
Radfahrer ZN M (+s/-) fietser, wielrijder
Radfahrweg ZN M (+(e)s/+e) rijwielpad
Radi ZN M (+s/gmv) rammenas
radial BN radiaal
Radialreifen ZN M (+s/-) radiaalband
Radiant ZN M radiaal
Radiator ZN M (+s/+en) radiator
radieren ONOV WW **1** raderen, gummen **2** etsen
Radierer ZN M (+s/-) INFORM. gum
Radiergummi ZN M (+s/+s) gum
Radierung **1** ZN V (-/+en) ets **2** ZN V (-/gmv) (het) etsen, (het) raderen
Radieschen ZN O (+s/-) radijs(je) • *sich die ~ von unten ansehen* onder de groene zoden liggen
radikal BN radicaal
Radikal ZN O (+s/+e) **1** SCHEIK. radicaal **2** WISK. door worteltrekken verkregen grootheid
radikalisieren **1** WKD WW radicaliseren <radicaler worden> • *er hat sich in kurzer Zeit radikalisiert* hij is in korte tijd geradicaliseerd **2** OV WW radicaliseren <maken dat iemand radicaler wordt> • *die Propaganda hat ihn radikalisiert* propaganda heeft hem geradicaliseerd
Radikalisierung ZN V (-/+en) radicalisering
Radikalismus ZN M (-/-men) radicalisme
Radio ZN O (+s/+s) radio • *im ~* op de radio
radioaktiv BN radioactief
Radioaktivität ZN V (-/gmv) radioactiviteit
Radiomeldung ZN V (-/+en) radiobericht
Radionachrichten ZN MV radiojournaal
Radiosendung ZN V (-/+en) radio-uitzending
Radium ZN O (+s/gmv) radium
radiumhaltig BN radiumhoudend
Radius ZN M (-/-dien) **1** radius, straal • *in einem ~ von 10 Kilometern* in een straal van 10 kilometer **2** actieradius
radizieren OV WW WISK. worteltrekken
Radkappe ZN V (-/+n) wieldop
Radkasten ZN M (+s/-) wielkast
Radler ZN M (+s/-) **1** fietser, wielrijder **2** radler <bier met vruchtensap>
Radrennbahn ZN V (-/+en) wielerbaan
Radrennen ZN O (+s/-) wielerwedstrijd
Radsport ZN M (+(e)s/gmv) wielersport
Radtour ZN V (-/+en) fietstocht
Radweg ZN M (+(e)s/+e) fietspad
RAF AFK Rote-Armee-Fraktion <terroristische organisatie, vooral actief in de jaren 70 en 80>
Raffel ZN V (-/+n) **1** rasp **2** ratel **3** roddelaarster
raffeln OV + ONOV WW **1** raspen **2** klepperen, ratelen **3** roddelen
raffen OV WW **1** snel oprapen **2** pakken, grijpen • *sie rafften alles (an sich), was sie bekommen konnten* zij pakten alles wat ze konden krijgen **3** kort samenvatten • *einen Text ~* een tekst inkorten **4** opnemen, in plooien laten afhangen • *sie raffte ihr Kleid und lief davon* ze nam haar japon op en liep weg
raffgierig BN hebzuchtig
Raffinade ZN V (-/+n) geraffineerde suiker
Raffination ZN V (-/+en) raffinage, zuivering
Raffinement ZN O (+s/+s) raffinement, verfijndheid
Raffinerie ZN V (-/+n) raffinaderij
Raffinesse **1** ZN V (-/gmv) raffinement **2** ZN V (-/+n) finesse
raffinieren OV WW raffineren
raffiniert BN **1** geraffineerd **2** uitgekiend, slim, sluw • *ein ~er Lügner* een geraffineerde leugenaar
Raffiniertheit ZN V (-/gmv) doortraptheid
Rafting ZN O (+s/gmv) rafting
Rage ZN V (-/gmv) **1** woede • *jemanden in ~ bringen* iemand woedend maken **2** opwinding • *in der ~ habe ich das ganz vergessen* in de opwinding heb ik dat helemaal vergeten
ragen ONOV WW uitsteken, oprijzen
Ragout ZN O (+s/+s) ragout
Rah ZN V (-/+en) SCHEEPV. ra
Rahm ZN M (+(e)s/gmv) room • *den ~ abschöpfen* afromen
rahmen OV WW inlijsten
Rahmen ZN M (+s/-) **1** raam, lijst, omlijsting • FIG. *aus dem ~ fallen* uit de toon vallen • FIG. *im ~ bleiben* binnen de grenzen blijven • FIG. *den ~ sprengen* ver boven het gemiddelde uitsteken **2** kozijn **3** frame **4** OOK FIG. kader • *im ~ der Möglichkeiten* binnen het bereik van het mogelijke • *im ~ des Projekts* in het kader van het project
Rahmenabkommen ZN O raamakkoord, basisovereenkomst
Rahmenerzählung ZN V (-/+en) raamvertelling
Rahmengesetz ZN O (+es/+e) raamwet
Rahmenvertrag ZN M (+(e)s/-verträge) raamakkoord, basisovereenkomst
rahmig BN romig
Rahmkäse ZN M (+s/-) roomkaas
räkeln, **rekeln** WKD WW (**sich ~**) zich eens lekker uitrekken
Rakete ZN V (-/+n) **1** raket • *eine ~ starten* een raket lanceren **2** vuurpijl
Raketenantrieb ZN M (+(e)s/+e) raketaandrijving
Rallye ZN V (-/+s) rally
Rammbock ZN M (+(e)s/-böcke) **1** BIOL. ram **2** heiblok, heistelling **3** stormram
Ramme ZN V (-/+n) heimachine
rammeln **1** OV WW **1** VULG. neuken **2** INFORM. rammen, stoten **2** ONOV WW rammelen **3** WKD

ww (**sich ~**) **1** zich stoten **2** vechten, stoeien

rammen ov ww **1** rammen **2** aanvaren, aanrijden **3** heien

Rammklotz zn m (+es/-klötze) heiblok

Rammler zn m (+s/-) rammelaar <mannetjeskonijn, mannetjeshaas>

Rampe zn v (-/+n) **1** laadperron **2** oprit **3** TON. ≈ rand van het podium • *(nicht) über die ~ kommen* (geen) succes hebben bij het publiek

Rampenlicht zn o (+(e)s/gmv) voetlicht • *im ~ stehen* in het middelpunt staan

ramponieren ov ww beschadigen • *ramponiert aussehen* er gehavend uitzien

Ramsch zn m (+(e)s/gmv) **1** ramsj • *im ~ verkaufen* in de ramsj gooien **2** rotzooi

ramschen ov ww **1** ramsjen, in de ramsj verkopen **2** gretig bij elkaar graaien

Ramschladen zn m (+s/-läden) MIN. ramsjwinkel

ran bw → **heran**

Ranch zn v (-/+(e)s) ranch

Rand zn m (+(e)s/Ränder) **1** rand • *bis zum ~ gefüllt* boordevol **2** strook **3** marge • *beim Schreiben einen breiten ~ lassen* bij het schrijven een brede marge vrij laten **4** kring <vlek> • *die Kaffeetasse hinterlässt einen ~ auf dem Tisch* het koffiekopje laat een kring op de tafel achter **5** INFORM. bek, grote mond ▸ *am Rande* en passant, terloops ▸ *außer ~ und Band sein* buiten zichzelf zijn, uitgelaten zijn ▸ *mit jemandem zu Rande kommen* met iemand kunnen opschieten ▸ *mit etwas zu Rande kommen* iets kunnen behappen ▸ *das versteht sich am Rande* dat spreekt voor zich ▸ *jemanden an den ~ des Wahnsinns bringen* iemand tot waanzin drijven

Randale zn v (-/+n) **1** kabaal, herrie **2** rel

randalieren onov ww kabaal maken, herrie maken, keet schoppen

Randalierer zn m (+s/-) **1** herrieschopper **2** vandaal

Randbemerkung zn v (-/+en) kanttekening

rändeln ov ww kartelen

Randerscheinung zn v (-/+en) randverschijnsel

Randgruppe zn v (-/+n) randgroepering

randvoll bn boordevol

rang ov ww verl. tijd → **ringen**

Rang zn m (+(e)s/Ränge) **1** rang, positie, stand, aanzien • *ein Mann von ~* een man van stand • *jemandem den ~ ablaufen* iemand de loef afsteken • *alles, was ~ und Namen hat* iedereen die er wat toe doet, de crème de la crème **2** rang, niveau, kwaliteit • *ersten Ranges* eersterangs **3** SPORT plaats **4** balkon <theater> • *zweiter ~ links* tweede balkon links

Rangabzeichen zn o (+s/-) MIL. rangonderscheidingsteken

Rangälteste zn m/v (+n/+n) hoogste in rang

Range zn v (-/+n) bengel, deugniet, schavuit

rangeln onov ww stoeien, vechten

Rangfolge zn v (-/+n) rangorde, volgorde

Rangierbahnhof zn m (+(e)s/-bahnhöfe) rangeerstation

rangieren **1** ov ww **1** rangeren **2** ordenen **2** onov ww een bepaalde plaats innemen • *ganz oben auf der Liste ~* bovenaan de lijst staan

Rangliste zn v (-/+n) **1** ranglijst **2** SPORT klassement

Rangordnung zn v (-/+en) rangorde

Rangstufe zn v (-/+n) **1** trap, graad **2** rang

rank bn rank, slank

Ranke zn v (-/+n) PLANTK. rank

Ränke zn mv listen, intriges • *~ schmieden* intrigeren

ranken **1** ov + onov ww ranken, ranken vormen • *an der Scheune rankt sich Efeu in die Höhe* klimop slingert zich langs de schuur omhoog **2** wkd ww (**sich ~**) ranken, zich slingeren • *um die Familie ~ sich viele Legenden* om de familie zijn vele legenden ontstaan

Ränkespiel zn o (+(e)s/+e) intriges

rankig bn rankend, slingerend

ranmachen wkd ww (**sich ~**) INFORM. → **heranmachen**

rann onov ww verl. tijd → **rinnen**

rannte ov + onov ww verl. tijd → **rennen**

Ranzen zn m (+s/-) **1** schooltas **2** INFORM. buik **3** INFORM. rug

ranzig bn ranzig

Raphia zn v (-/gmv) raffia

rapide bn vlug, rap, snel

Rappe zn m (+n/+n) moor, zwart paard • *auf Schusters Rappen* met de benenwagen

Rappel zn m (+s/-) • *einen ~ bekommen* de kolder in de kop krijgen

rappelig bn **1** INFORM. dol **2** INFORM. druk, opgewonden, nerveus

rappeln **1** onov ww rammelen • INFORM. *bei ihm rappelt's wohl* hij heeft ze niet allemaal op een rijtje • *gerappelt voll* bomvol **2** wkd ww (**sich ~**) **1** zich bewegen **2** met moeite overeind komen • *sich in die Höhe ~* opkrabbelen

Rappen zn m (+s/-) rappen <1/100 Zwitserse frank>

Rapport zn m (+s/+e) **1** rapport, verslag **2** PSYCH. verbinding

Raps zn m (+es/+e) koolzaad

Rapsöl zn o (+(e)s/gmv) raapolie

Rapunzel zn v (-/+n) **1** rapunzelklokje, rapunzelsla, veldsla **2** sprookjesfiguur Raponsje

rar bn schaars, zeldzaam

Rarität zn v (-/+en) **1** zeldzaamheid **2** rariteit, curiositeit

rarmachen wkd ww (**sich ~**) INFORM. zich zelden laten zien

rasant bn **1** bliksemsnel **2** onstuimig **3** fantastisch

Rasanz zn v (-/gmv) **1** razend tempo **2** onstuimigheid **3** weergaloosheid

rasch bn snel, vlug • *so ~ wie möglich* zo spoedig mogelijk

rascheln onov ww ritselen

Raschheit ZN V (-/gmv) **vlugheid, snelheid**
raschlebig BN **snel voorbijgaand, snel veranderend**
rasen ONOV WW **1 razen, tekeergaan 2 jagen, stuiven** • *in ~der Eile* in vliegende haast • *durch die Kurve ~* door de bocht gieren
Rasen ZN M (+s/-) **gazon** • *jemanden unter den ~ bringen* iemand naar de andere wereld helpen • *der grüne ~* de groene mat • *den ~ mähen* het gras maaien
rasend 1 BN **1 razend, enorm, hevig** • *er hat ~e Kopfschmerzen* hij heeft hevige hoofdpijn • *das macht mich ~* dat maakt me razend **2 vliegend, razend** • *in ~er Fahrt* in vliegende vaart **2** BW INFORM. **razend, ontzettend** • *das ist ~ interessant* dat is razend interessant
Rasenfläche ZN V (-/+n) **gazon, grasveld**
Rasenmäher ZN M (+s/-) **grasmaaier**
Rasensport ZN M (+(e)s/gmv) **veldsport**
Rasensprenger ZN M (+s/-) **tuinsproeier**
Raser ZN M (+s/-) **snelheidsmaniak**
Raserei 1 ZN V (-/+en) **geraas, gejakker 2** ZN V (-/gmv) **razernij**
Rasierapparat ZN M (+es/+e) **scheerapparaat**
Rasiercreme ZN V (-/+s) **scheercrème**
rasieren OV WW **(af)scheren** • *sich ~* zich scheren
Rasierer ZN M (+s/-) **elektrisch scheerapparaat**
Rasierklinge ZN V (-/+n) **scheermesje**
Rasiermesser ZN O (+s/-) **scheermes**
Rasierschaum ZN M (+es/gmv) **scheerschuim**
Rasierseife ZN V (-/+n) **scheerzeep**
Rasierzeug ZN O (+(e)s/+e) **scheergerei**
Räson ZN V (-/gmv) **verstand, inzicht** • *jemanden zur ~ bringen* iemand tot rede brengen
Raspel ZN V (-/+n) **rasp**
raspeln OV WW **raspen**
Rasse ZN V (-/+n) **ras**
Rassehund ZN M (+(e)s/+e) **rashond**
Rassel ZN V (-/+n) **1 ratel 2 rammelaar**
Rasselbande ZN V (-/+n) **stel luidruchtige/ uitgelaten kinderen**
rasseln ONOV WW **ratelen, rammelen, rinkelen** • INFORM. *durch die Prüfung ~* voor het examen zakken
Rassenhass ZN M (+es/gmv) **rassenhaat**
Rassentrennung ZN V (-/gmv) **rassenscheiding**
Rassenunruhen ZN MV **rassenonlusten**
rasserein BN **raszuiver**
rassig BN **temperamentvol, vurig, pittig**
rassisch BN **1 ras-, rassen- 2 vanwege het ras** • *~e Vorurteile* rassenvooroordelen
Rast ZN V (-/+en) **rust, pauze** • *~ machen* pauzeren
rasten ONOV WW **pauzeren, rusten** ▶ *wer rastet, der rostet* rust roest
Raster ZN O (+s/-) **1 raster 2** A-V **testbeeld 3 kader** • *in ein ~ einordnen* in een kader plaatsen • *aus einem ~ herausfallen* niet in een kader passen
Rasterfahndung ZN V (-/+en) JUR., COMP. **opsporing van verdachten door databanken te koppelen**
rastern OV WW DRUKK. **rasteren**
Rasthaus ZN O (+es/-häuser) **1 wegrestaurant 2 motel**
Rasthof ZN M (+(e)s/-höfe) **1 wegrestaurant 2 motel**
rastlos BN **rusteloos**
Rastlosigkeit ZN V (-/gmv) **rusteloosheid**
Rastplatz ZN M (+es/-plätze) **1 parkeerplaats** <langs autowegen> **2 rustplaats**
Raststätte ZN V (-/+n) **wegrestaurant**
Rasur ZN V (-/+en) **1 het scheren 2 het raderen, het uitgummen**
Rat ZN M (+(e)s/gmv) **1 raad, advies** • *~ schaffen* raad weten • *sich keinen ~ wissen* zich geen raad weten • *mit sich ~ halten; mit sich zu Rate gehen* bij zichzelf te rade gaan • *jemanden/etwas zu Rate ziehen* iemand/iets raadplegen • *jemandem mit ~ und Tat zur Seite stehen* iemand met raad en daad terzijde staan • *da ist guter ~ teuer* goede raad is duur **2 raad, bestuurscollege, adviescollege 3 raadsheer, raadslid**
Rate ZN V (-/+n) **1 termijn** • *in Raten zahlen* in termijnen betalen • *auf Raten kaufen* op afbetaling kopen **2 percentage, cijfer**
raten OV WW onregelmatig **1 aanraden, adviseren** • *lass dir das ge~ sein!* dat is je geraden! • *sich nicht zu ~ wissen* zich geen raad weten **2 raden, gissen** • *rate mal, wie viele Einwohner Eindhoven hat* gok eens hoeveel inwoners Eindhoven heeft
ratenweise BW **in termijnen**
Ratenzahlung ZN V (-/+en) **betaling in termijnen** • *auf ~ kaufen* op afbetaling kopen
Ratgeber ZN M (+s/-) **1 raadgever 2 handboek, leidraad**
Rathaus ZN O (+es/-häuser) **raadhuis, stadhuis**
Ratifikation ZN V (-/+en) **ratificatie, bekrachtiging**
ratifizieren OV WW **ratificeren, bekrachtigen**
Ratifizierung ZN V (-/+en) **ratificatie, bekrachtiging**
Ration ZN V (-/+en) **rantsoen, portie** • *eiserne ~* noodrantsoen
rational BN **1 rationeel, redelijk 2 weloverwogen, doelmatig**
rationalisieren OV WW **rationaliseren**
Rationalisierung ZN V (-/+en) **rationalisatie**
Rationalismus ZN M (-/gmv) **rationalisme**
Rationalist ZN M (+en/+en) **rationalist**
rationalistisch BN **rationalistisch**
rationell BN **1 rationeel** • *~ verfahren* rationeel/ doordacht te werk gaan **2 doelmatig 3 economisch**
rationieren OV WW **rantsoeneren**
Rationierung ZN V (-/+en) **rantsoenering**
ratlos BN **radeloos** • *völlig ~ sein* ten einde raad zijn
Ratlosigkeit ZN V (-/gmv) **radeloosheid**
ratsam BN **raadzaam**
Ratsbeschluss ZN M (+es/-schlüsse) **raadsbesluit**
ratsch TUSSENW **rats** <geluid van rits>
ratschen, **rätschen** ONOV WW **1 ratelen,**

ra

klepperen **2** kwebbelen
Ratschlag ZN M (+(e)s/-schläge) raad, advies • *ein gut gemeinter ~* een goed bedoeld advies • *einen ~ erteilen* een advies geven • *auf deine Ratschläge kann ich verzichten!* ik hoef jouw goede raad niet!
Ratschluss ZN M (+es/-schlüsse) **1** raadsbesluit **2** beschikking <van God>
Rätsel ZN O (+s/-) raadsel • *jemandem ein ~ aufgeben* iemand voor een raadsel plaatsen • *das ist des Rätsels Lösung* dat is de oplossing • *wie das gehen soll, ist mir ein ~* hoe dat moet gaan, is mij een raadsel
rätselhaft BN raadselachtig • *das ist mir ~* dat is voor mij onbegrijpelijk
rätseln ONOV WW gissen, raden • *wir ~ schon, wie das gehen soll* wij vragen ons al af hoe dat moet gaan
Ratsherr ZN M (-(e)n/+en) raadslid
Ratsversammlung ZN V (-/+en) raadsvergadering
Rattan ZN O (+s/+e) pitriet
Ratte ZN V (-/+n) **1** rat **2** rotzak
Rattenfänger ZN M (+s/-) rattenvanger
Rattengift ZN O (+(e)s/+e) rattengif
Rattenschwanz ZN M (+es/-schwänze) **1** rattenstaart • *Rattenschwänze* twee staartjes <haarmode> **2** INFORM., MIN. wirwar, kluwen • *ein ~ von Prozessen* een wirwar van processen
rattern ONOV WW ratelen, knetteren, ronken
rau BN **1** ruw, oneffen • *raue Hände* ruwe handen **2** guur, ruig **3** rauw, schor **4** ruw, onvriendelijk • *ein raues Klima* een ruw klimaat • *eine raue See* een ruwe zee
Raub ZN M (+(e)s/gmv) **1** roof **2** prooi, buit • *ein ~ der Flammen werden* aan de vlammen ten prooi vallen
Raubbau ZN M (+(e)s/gmv) roofbouw
Raubein ZN O (+(e)s/+e) **1** INFORM. lompe goedzak **2** SPORT harde speler
raubeinig BN lomp, wat onbehouwen
rauben OV WW **1** roven **2** FIG. ontnemen • *das raubt mir den Schlaf* dat houdt mij uit mijn slaap • *du raubst mir den letzten Nerv* ik word helemaal gek van jou • *den Atem ~* de adem benemen
Räuber ZN M (+s/-) **1** rover • FIG. *unter die ~ gefallen sein* uitgebuit worden **2** HUMOR. boefje <tegen kind>
Räuberbande ZN V (-/+n) roversbende
Räuberei ZN V (-/+en) roverij
räuberisch BN roofzuchtig, roof-
räubern ONOV WW roven, pikken
Räuberpistole ZN V (-/+n) **1** verhaal over rovers **2** ≈ spannend, onwaarschijnlijk verhaal
Raubgier ZN V (-/gmv) roofzucht
Raubmord ZN M (+(e)s/+e) roofmoord
Raubritter ZN M (+s/-) roofridder
Raubtier ZN O (+es/+e) roofdier
Raubüberfall ZN M (+(e)s/-fälle) roofoverval
Raubvogel ZN M (+s/-vögel) roofvogel
Rauch ZN M (+(e)s/gmv) rook, damp • *sich in ~ auflösen* in rook opgaan/vervliegen • *in ~ (und Flammen) aufgehen* in vlammen opgaan

ra

rauchen **1** OV WW roken **2** ONOV WW stomen, dampen • *mir raucht der Kopf vom vielen Arbeiten* ik ben helemaal duf van al het werken
Raucher ZN M (+s/-) **1** roker **2** INFORM. rokersgedeelte • *wir sitzen im ~* wij zitten in de rookcoupé
Räucheraal ZN M gerookte paling
Raucherabteil ZN O (+(e)s/+e) rookcoupé
Raucherbereich ZN M rookzone
Räucherei ZN V (-/+en) rokerij
räucherig BN rokerig
räuchern OV WW (uit)roken • *geräucherter Schinken* gerookte ham
Räucherspeck ZN M (+(e)s/gmv) rookspek
Räucherung ZN V (-/+en) roken <van etenswaar>
Rauchfahne ZN V (-/+n) rookpluim
Rauchfleisch ZN O (+(e)s/gmv) rookvlees
rauchig BN rokerig
Rauchsäule ZN V (-/+n) rookkolom
Rauchschwaden ZN M (+s/-) rookwolk, rooksluier
Rauchverbot ZN O (+(e)s/+e) rookverbod
Rauchwaren ZN MV **1** rookwaren **2** bontwerk
Rauchwerk ZN O (+(e)s/gmv) bontwerk
Räude ZN V (-/+n) schurft
räudig BN schurftig
rauen OV WW ruw maken
rauf BW → **herauf**
Raufbold ZN M (+(e)s/+e) vechtersbaas
Raufe ZN V (-/+n) ruif
raufen **1** OV WW uittrekken, (uit)plukken • *sich die Haare ~* zich de haren uit het hoofd trekken **2** ONOV WW vechten, stoeien **3** WKD WW (**sich ~**) vechten
Rauferei ZN V (-/+en) vechtpartij
Rauheit ZN V (-/+en) **1** ruwheid, oneffenheid **2** guurheid **3** rauwheid, grofheid, onvriendelijkheid **4** schorheid
Raum ZN M (+es/Räume) **1** ruimte • *er gab seinem Zweifel keinen ~* hij liet geen ruimte voor twijfel • *das steht noch im ~* dat is nog niet opgelost, dat is nog onduidelijk • *~ einnehmen* ruimte innemen • *einen ~ ausfüllen* een ruimte opvullen **2** ruimte, vertrek, lokaal **3** regio, gebied
Raumanzug ZN M (+(e)s/-anzüge) ruimtepak
räumen OV WW **1** (op)ruimen, (weg)ruimen • *jemanden aus dem Weg ~* iemand uit de weg ruimen **2** ontruimen, leegmaken • *eine Wohnung ~* een woning ontruimen • *die Polizei räumte die besetzten Häuser* de politie ontruimde de gekraakte panden **3** ruimen, (moeten) verlaten • *das Zimmer ~* de kamer verlaten
Raumersparnis ZN V (-/+se) ruimtebesparing
Raumfähre ZN V (-/+n) ruimteveer, spaceshuttle
Raumfahrt ZN V (-/gmv) ruimtevaart
Raumfahrzeug ZN O (+s/+e) ruimteschip
Räumfahrzeug ZN O (+(e)s/+e) sneeuwruimer
Raumflug ZN M (+(e)s/-flüge) ruimtevlucht
Rauminhalt ZN M (+(e)s/+e) volume, inhoud
Raumkapsel ZN V (-/+n) ruimtecapsule

räumlich BN ruimtelijk, ruimte-
Räumlichkeit 1 ZN V (-/+en) ruimte, vertrek, zaal • *schöne Räumlichkeiten* mooie accommodaties **2** ZN V (-/gmv) ruimtelijkheid
Raummangel ZN M (+s/gmv) plaatsgebrek
Raumordnung ZN V (-/gmv) ruimtelijke ordening
Raumpflegerin ZN V (-/+nen) interieurverzorgster, schoonmaakster
Raumschiff ZN O (+(e)s/+e) ruimteschip
Raumstation ZN V (-/+en) ruimtestation
Räumung ZN V (-/+en) ontruiming
Räumungsarbeiten ZN MV opruimingswerkzaamheden
Räumungsverkauf ZN M (+(e)s/-verkäufe) opruimingsuitverkoop, totale uitverkoop
raunen OV + ONOV WW **1** fluisteren **2** ruisen, murmelen
raunzen ONOV WW INFORM. mopperen, foeteren
Raupe ZN V (-/+n) **1** rups • *Raupen im Kopf haben* zonderlinge ideeën hebben **2** rupsvoertuig
Raupenfahrzeug ZN O (+(e)s/+e) rupsvoertuig
Raureif ZN M (+(e)s/gmv) ruige rijp • *mit ~ bedeckt* met ijzel bedekt
raus BW → **heraus, hinaus**
Rausch ZN M (+(e)s/Räusche) roes, opwinding, extase • *einen ~ haben* in een roes verkeren, dronken zijn
rauschen ONOV WW ruisen, bruisen • *sie rauschte aus dem Zimmer* met veel drukte verliet ze de kamer • *~der Beifall* daverend applaus
Rauschgift ZN O (+(e)s/+e) verdovend middel, drug
Rauschgifthandel ZN M (+s/-) drugshandel
Rauschgifthändler ZN M (+s/-) drugshandelaar
rauschgiftsüchtig BN drugsverslaafd
Rauschgiftsüchtige ZN M/V (+n/+n) drugsverslaafde
Rauschgold ZN O (+es/gmv) klatergoud
rauschhaft BN als in een roes
Rauschmittel ZN O (+s/-) verdovend middel, drug
räuspern WKD WW (**sich ~**) de keel schrapen
rausschmeißen OV WW eruit smijten • *jemanden ~* iemand de deur uitzetten
Rausschmeißer ZN M (+s/-) **1** uitsmijter <persoon> **2** laatste dans
Rausschmiss ZN M (+es/+e) **1** verwijdering, naar buiten gooien **2** ontslag
rauswerfen OV WW naar buiten gooien
Raute ZN V (-/+n) WISK. ruit <vierhoek> • *die bayerischen Rauten* de Beierse vlag
rautenförmig BN ruitvormig
Ravioli ZN MV ravioli
Razzia ZN V (-/-zien, +s) razzia
rd. AFK rund rond
Reagenzglas ZN O (+es/-gläser) reageerbuis
reagieren ONOV WW reageren • *~ auf +4* reageren op • *auf eine Anzeige ~* op een advertentie reageren
Reaktion ZN V (-/+en) reactie
reaktionär BN reactionair
Reaktionär ZN M (+s/+e) reactionair
reaktivieren OV WW **1** reactiveren **2** weer tot leven brengen, weer in gebruik nemen, weer in dienst nemen
Reaktivierung ZN V (-/+en) **1** reactiveren **2** weer in bedrijf stellen, weer in gebruik nemen, weer in dienst nemen
Reaktor ZN M (+s/+en) reactor
real BN reëel, werkelijk
Realeinkommen ZN O (+s/-) reëel inkomen
realisierbar BN realiseerbaar • *der Vorschlag ist nicht ~* dat voorstel is niet haalbaar
realisieren 1 OV WW **1** realiseren, verwezenlijken **2** begrijpen, inzien **3** ECON. te gelde maken **2** WKD WW (**sich ~**) zich realiseren, beseffen
Realisierung ZN V (-/+en) **1** realisering, verwezenlijking **2** ECON. tegeldemaking **3** inzicht
Realismus ZN M (-/-men) realisme
Realist ZN M (+en/+en) realist
realistisch BN realistisch • *etwas ~ einschätzen* een reële kijk op iets hebben
Realität ZN V (-/+en) realiteit • *virtuelle ~* virtual reality
realitätsfern BN onrealistisch
realiter BW FORM. in werkelijkheid
Reallohn ZN M (+(e)s/-löhne) reëel loon
Realpolitik ZN V (-/gmv) reële/zakelijke politiek
Realschulabschluss ZN M ≈vmbo-t/havo-diploma
Realschule ZN V (-/+n) ≈ vmbo-t/havoschool
Realwert ZN M werkelijke waarde
Rebe ZN V (-/+n) **1** wijnrank **2** wijnstok
Rebell ZN M (+en/+en) rebel
rebellieren ONOV WW rebelleren, in opstand komen • *gegen jemanden ~* tegen iemand opstaan
Rebellion ZN V (-/+en) rebellie • *~ gegen* rebellie tegen
rebellisch BN rebels
Rebhuhn ZN O (+(e)s/-hühner) patrijs
Rebstock ZN M (+(e)s/-stöcke) wijnstok
Rebus ZN M/O (-/+se) rebus
rechen OV WW harken
Rechen ZN M (+s/-) **1** hark **2** REG. kapstok
Rechenaufgabe ZN V (-/+n) rekenopgave
Rechenfehler ZN M (+s/-) rekenfout
Rechenmaschine ZN V (-/+n) rekenmachine
Rechenschaft ZN V (-/gmv) rekenschap • *ich bin Ihnen keine ~ schuldig* ik ben u geen rekenschap verschuldigd • *jemanden zur ~ ziehen* iemand ter verantwoording roepen
Rechenschaftsbericht ZN M (+(e)s/+e) ECON. accountantsverslag
Rechenzentrum ZN O (+s/-zentren) rekencentrum
Recherche ZN V (-/+n) onderzoek • *Recherchen anstellen* nasporing doen
recherchieren OV + ONOV WW onderzoeken,

re

naspeuren • *für einen Artikel ~* onderzoek doen voor een artikel

rechnen **1** OV + ONOV WW **rekenen, cijferen** • *~ mit* rekening houden met • *ich rechne mit Ihrer Hilfe* ik reken op uw hulp • *damit haben wir nicht gerechnet* daar hebben we niet op gerekend • *das rechnet sich nicht* dat levert niets op • *~ zu* rekenen bij/tot, rangschikken onder • *mit jedem Pfennig ~ müssen* elk dubbeltje moeten omdraaien • *damit ~ können* eropaan kunnen **2** WKD WW **(sich ~) zich lonen, renderen**

Rechnen ZN O (+s/gmv) **rekenen** <als schoolvak>

Rechner ZN M (+s/-) **1 rekenaar 2 rekenmachine 3 computer**

Rechnerei ZN V (-/gmv) MIN. **eindeloos gereken**

rechnerisch BN **1 rekenkundig 2 wat rekenen betreft, in rekenen**

Rechnung ZN V (-/+en) **1 rekening, factuur** • *die Rechnung, bitte!* de rekening alstublieft! • *das kommt auf meine ~* dat komt/is voor mijn rekening • *die ~ ohne den Wirt machen* buiten de waard rekenen • *mit jemandem eine (alte) ~ begleichen* een rekening met iemand te vereffenen hebben • *jemandem die ~ für etwas präsentieren* iemand de rekening voor iets presenteren • *das nehme ich auf meine ~* dat neem ik voor mijn rekening • *einer Sache ~ tragen* rekening houden met iets • *etwas in ~ ziehen/stellen/setzen* ergens rekening mee houden **2 berekening, becijfering** • *die ~ geht nicht auf* die vlieger gaat niet op • *jemandem einen Strich durch die ~ machen* een streep door iemands plannen zetten **3 berekening, taxatie**

Rechnungsamt ZN O (+(e)s/gmv) **rekenkamer,** BELG. **Rekenhof**

Rechnungsbetrag ZN M (+(e)s/-beträge) **bedrag van de rekening, factuurbedrag**

Rechnungsführer ZN M (+s/-) **1 boekhouder 2 penningmeester**

Rechnungsführung ZN V (-/+en) **boekhouding**

Rechnungshof ZN M (+(e)s/-höfe) **rekenkamer,** BELG. **Rekenhof**

Rechnungsjahr ZN O (+(e)s/+e) **boekjaar**

Rechnungsprüfer ZN M (+s/-) **accountant**

recht **1** BN **1 juist** • *es war ihr nicht ~, dass ...* zij ging er niet mee akkoord dat..., zij vond het niet prettig dat... • *ist Ihnen das ~?* komt u dat uit? • *man kann es nicht allen ~ machen* men kan het niet iedereen naar de zin maken • *es ist mir ~* ik vind het best • *~ haben/behalten* gelijk hebben/krijgen • *da bist du an den Rechten geraten!* daar ben je aan het juiste adres! • *du bist mir der Rechte!* jij bent me er ook eentje! • *nach dem Rechten sehen* kijken of alles in orde is • *daraus wird nichts Rechtes* dat wordt niet veel bijzonders • *der ~e Ort* de juiste plaats • *ihr ist jedes Mittel ~* zij schrikt nergens voor terug • IRON. *du kommst mir gerade ~* jou kan ik er ook nog wel bij hebben • *das geht nicht mit ~en Dingen zu* dat is niet in de haak **2 goed, waar** • *~ so!* goed zo! • *ich hab keine ~e Lust* ik heb eigenlijk niet zo'n zin • *~ und schön, aber...* alles goed en wel, maar... • *du hast ~ daran getan* daar heb je goed aan gedaan • *alles, was ~ ist, aber...* alles goed en wel, maar... **3 rechts, rechter** • *das ~e Haus* het rechterhuis **4 boven-** <van stof>, **recht** <breien> **5** POL. **rechts** • *eine ~e Partei* een rechtse partij **6** WISK. **recht** • *ein ~er Winkel* een rechte hoek **7 terecht** • *es geschieht dir ~* je krijgt je verdiende loon • *das ist ~ und billig* dat is rechtvaardig **2** BW **behoorlijk, nogal, tamelijk** • *~ gut* tamelijk goed • *~ herzlich* heel hartelijk

Recht ZN O (+(e)s/+e) **1 recht** • *auf sein ~ pochen* op zijn recht staan • *zu ~* terecht • *mit ~* terecht • *alle Rechte vorbehalten* alle rechten voorbehouden **2 gelijk** • *~ haben/behalten* gelijk hebben/krijgen • *im ~ sein* gelijk hebben • *das ~ auf seiner Seite haben* het gelijk aan zijn zijde hebben **3 aanspraak, bevoegdheid** • *das ist sein gutes ~* dat is zijn goed recht • *sich Rechte herausnehmen* zich vrijheden veroorloven **4 de wetten** • *~ und Gesetz* de wet **5 rechten, rechtsgeleerdheid** • *~ sprechen* rechtspreken • *von Rechts wegen* van rechtswege

Rechte ZN V (+n/+n) **1 rechterhand** • *zur Rechten* rechts, aan de rechterkant **2** POL. **rechtervleugel 3** SPORT **rechtse**

Rechteck ZN O (+s/+e) **rechthoek**

rechteckig BN **rechthoekig**

rechten ONOV WW **twisten**

rechterseits BW **aan de rechterzijde**

rechtfertigen OV WW **rechtvaardigen** • *sich ~* zich rechtvaardigen • *seine Kritik ist gerechtfertigt* zijn kritiek is gerechtvaardigd • *es lässt sich nicht ~* het is niet goed te praten

Rechtfertigung ZN V (-/+en) **rechtvaardiging, grond**

rechtgläubig BN **rechtzinnig, orthodox, vast/zuiver/recht in de leer**

Rechthaber ZN M (+s/-) **betweter, eigenwijze kerel**

Rechthaberei ZN V (-/gmv) **eigenwijsheid, betweterij**

rechthaberisch BN **betweterig** • *~ sein* altijd gelijk willen hebben

rechtlich BN **1 wettelijk, gerechtelijk** • *~er Anspruch* wettelijke aanspraak **2 rechtschapen, redelijk**

rechtlos BN **1 rechteloos 2** OUD. **onwettig**

rechtmäßig BN **rechtmatig**

Rechtmäßigkeit ZN V (-/gmv) **rechtmatigheid**

rechts **1** BW **1 rechts** • *~ von dir siehst du ...* aan jouw rechterkant zie je ... • *nach ~* naar rechts • *sie wusste nicht mehr, was ~ und links war* ze was helemaal de kluts kwijt **2** POL. **rechts** • *rechte Ideen* rechtse denkbeelden **3 recht** <breien> **2** VZ +2 FORM. **rechts van, aan de rechterkant van** • *~ der Donau* aan de rechterkant van de Donau

Rechtsabbieger ZN M (+s/-) **iemand die rechts afslaat** • *die ~* het rechts afslaand verkeer

Rechtsanspruch ZN M (+(e)s/-sprüche) **wettige aanspraak**

Rechtsanwalt ZN M (+(e)s/-anwälte) **advocaat**

Rechtsanwältin ZN V **advocate**

Rechtsanwaltschaft ZN V (-/+en) **advocatuur, balie**

Rechtsaußen ZN M (-/-) SPORT rechtsbuiten

Rechtsbeistand ZN M (+(e)s/gmv) raadsman, juridisch adviseur, advocaat • *~ leisten* als advocaat/raadsman optreden

Rechtsberater ZN M (+s/-) juridisch adviseur

Rechtsberatung ZN V juridisch advies

Rechtsbeugung ZN V (-/+en) verdraaiing van de wet

Rechtsbruch ZN M (+(e)s/-brüche) schending van het recht, wetsovertreding

rechtschaffen **1** BN **1** rechtschapen **2** behoorlijk, flink **2** BW zeer, erg

Rechtschaffenheit ZN V (-/gmv) rechtschapenheid

Rechtschreibung ZN V (-/gmv) spelling

Rechtsempfinden ZN O (+s/gmv) rechtsgevoel

Rechtsfall ZN M (+(e)s/-fälle) rechtszaak

Rechtsfrage ZN V (-/+n) juridische kwestie

Rechtsgelehrte ZN M/V (+n/+n) rechtsgeleerde

Rechtsgrundlage **1** ZN V (-/gmv) wettelijke basis **2** ZN V (-/+n) rechtsbeginsel

rechtsgültig BN rechtsgeldig

Rechtsgültigkeit ZN V (-/gmv) rechtsgeldigheid

Rechtshänder ZN M (+s/-) rechtshandige

rechtshändig BN rechtshandig

Rechtshilfe ZN V (-/gmv) rechtsbijstand

Rechtskraft ZN V (-/gmv) rechtskracht

rechtskräftig BN rechtsgeldig • *ein rechtskräftiges Urteil* een vonnis

Rechtskurve ZN V (-/+n) bocht naar rechts

Rechtsmittel ZN O (+s/-) JUR. rechtsmiddel

Rechtsordnung ZN V (-/gmv) rechtsorde

Rechtspflege ZN V (-/gmv) rechtspleging

Rechtsprechung ZN V (-/+en) rechtspraak, jurisdictie

rechtsradikal BN rechts-radicaal, ultrarechts

Rechtssache ZN V (-/+n) rechtszaak

Rechtsschutz ZN M (+es/gmv) **1** rechtsbescherming **2** rechtsbijstand

Rechtsschutzversicherung ZN V rechtsbijstandverzekering

rechtsseitig BW rechtzijdig

Rechtsspruch ZN M (+(e)s/-sprüche) vonnis

Rechtsstaat ZN M (+(e)s/+en) rechtsstaat

Rechtsstreit ZN M (+(e)s/+e) rechtsgeding

rechtsum BW MIL. rechts om!

rechtsverbindlich BN wettelijk bindend

Rechtsverfahren ZN O (+s/-) procedure

Rechtsverletzung ZN V (-/+en) JUR. rechtsverkrachting

Rechtsweg ZN M (+(e)s/+e) gerechtelijke weg • *eine Sache auf dem ~ entscheiden* iets langs gerechtelijke weg beslissen • *den ~ beschreiten/einschlagen/gehen* gerechtelijke stappen ondernemen

rechtswidrig BN in strijd met de wet, onwettig

Rechtswidrigkeit ZN V (-/gmv) wetsovertreding

rechtswirksam BN rechtsgeldig

rechtwinklig BN rechthoekig

rechtzeitig BN op tijd, tijdig • *wir kamen ~* wij kwamen op tijd • *eine ~e Lieferung* een tijdige levering • *gerade ~* nog net op tijd

Reck ZN O (+(e)s/+e) rekstok

recken OV WW uitsteken, (uit)rekken, (uit) strekken • *sich ~* zich uitrekken

recycelbar BN recyclebaar

recycelfähig BN recyclebaar

recyceln OV WW recyclen

Recycling ZN O (+s/gmv) recycling, BELG. recuperatie

Recyclinghof ZN M afvalpunt, milieustraat

Redakteur ZN M (+s/+e) redacteur

Redaktion ZN V (-/+en) **1** redactie <het redigeren> **2** redactie <afdeling>

redaktionell BN redactioneel

Rede ZN V (-/+n) **1** (het) praten, gepraat • *große Reden schwingen* grootspreken • *es ist von ihr die ~* het gaat over haar • *davon kann nicht die ~ sein* geen sprake van! • *das ist nicht der ~ wert* dat is het vermelden niet waard • *das ist doch meine Rede!* dat zeg ik toch de hele tijd! • *jemandem ~ und Antwort stehen* iemand rekenschap geven • *jemanden zur ~ stellen* iemand ter verantwoording roepen **2** rede(voering), toespraak • *eine ~ halten* een toespraak houden **3** praatjes, gerucht • *es geht die ~* het gerucht gaat **4** TAALK. rede, stijl • *(un)gebundene ~* (on)gebonden stijl • *(in)direkte ~* (in) directe rede • *erlebte ~* monologue intérieur

Redefluss ZN M (+es/-flüsse) woordenvloed

Redefreiheit ZN V (-/gmv) vrijheid van meningsuiting, vrijheid van het woord

redegewandt BN welbespraakt

Redekunst ZN V (-/gmv) retorica, welsprekendheid

reden OV + ONOV WW praten, spreken • *~ über* praten over • *~ von* spreken van • *von sich ~ machen* van zich doen spreken • *es wird viel geredet* er wordt veel gekletst • *du hast gut ~* jij hebt makkelijk praten • *darüber lässt sich ~* daarover valt te praten • *ein Programm, das von sich ~ macht* een spraakmakend programma

Redensart ZN V (-/+en) **1** zegswijze **2** praatjes • *jemanden mit Redensarten abspeisen* iemand met loze beloftes afschepen

Rederei ZN V (-/gmv) geklets, gepraat

Redeschwall ZN M (+(e)s/+e) woordenvloed

Redewendung ZN V (-/+en) **1** frase, zinswending **2** zegswijze, uitdrukking

redigieren OV WW redigeren

redlich **1** BN eerlijk, oprecht, braaf, rechtschapen **2** BW behoorlijk, flink

Redlichkeit ZN V (-/gmv) eerlijkheid, oprechtheid, braafheid

Redner ZN M (+s/-) spreker, redenaar

rednerisch BN redenaars-, oratorisch

Rednerpult ZN O (+(e)s/+e) lessenaar

redselig BN spraakzaam, praatgraag

Reduktion ZN V (-/+en) reductie, vermindering

reduzieren **1** OV WW **1** reduceren, verminderen • *auf die Hälfte ~* tot de helft terugbrengen **2**

herleiden **2** WKD WW (**sich ~**) verminderen, teruglopen • *sich ~ auf* teruglopen tot

Reduzierung ZN V (-/+en) reductie, vermindering

Reede ZN V (-/+n) SCHEEPV. rede

Reeder ZN M (+s/-) SCHEEPV. reder

Reederei ZN V (-/+en) SCHEEPV. rederij

reell BN + BW **1** eerlijk, betrouwbaar • *das Geld hat er ~ verdient* het geld heeft hij eerlijk verdiend **2** reëel, werkelijk • *eine ~e Chance* een reële kans **3** INFORM. stevig, flink • *~e Portionen* stevige porties

Referat ZN O (+(e)s/+e) **1** afdeling, dienst <vooral bij overheidsinstelling> • *das ~ für Soziales* de sociale dienst **2** O&W lezing, spreekbeurt • *ein ~ halten* een lezing/spreekbeurt geven **3** (kort) verslag

Referendar ZN M (+s/+e) **1** leraar in opleiding **2** jurist in opleiding

Referendum ZN V (+s/-da, -den) referendum, volksstemming

Referent ZN M (+en/+en) **1** referent, spreker **2** adviseur, deskundige **3** afdelingschef **4** TAALK. referent

Referenz ZN V (-/+en) referentie • *gute Referenzen haben* goede referenties hebben

referieren OV + ONOV WW **1** refereren (**über** +4 over), een referaat houden **2** verslag uitbrengen (**über** +4 van)

reflektieren **1** OV WW **1** reflecteren, terugkaatsen **2** overdenken **2** ONOV WW FORM. reflecteren, nadenken

Reflektor ZN M (+s/+en) reflector

Reflex ZN M (+es/+e) reflex

Reflexion ZN V (-/+en) **1** terugkaatsing, reflectie **2** overdenking

reflexiv BN **1** TAALK. reflexief, wederkerend **2** bespiegelend

Reflexivpronomen ZN O (+s/-, -pronomina) wederkerend voornaamwoord

Reform ZN V (-/+en) hervorming, verbetering

Reformation ZN V (-/+en) **1** REL. reformatie, hervorming **2** GESCH. Reformatie, kerkhervorming

Reformator ZN M (+s/+en) reformator, hervormer

reformatorisch BN REL. reformatorisch, betreffende de reformatie

Reformer ZN M (+s/-) hervormer, vernieuwer

reformerisch BN hervormend, sanerend

Reformhaus ZN O (+es/-häuser) reformwinkel, natuurvoedingswinkel

reformieren OV WW reformeren, hervormen

reformiert BN **1** REL. hervormd • *die ~e Kirche* de hervormde kerk **2** REL. gereformeerd

Reformierte ZN M/V **1** REL. hervormde **2** REL. gereformeerde

Reformismus ZN M (-/gmv) **1** reformisme **2** hervormingsbeweging

Refrain ZN M (+s/+s) refrein

Regal ZN O (+s/+e) rek, schap, plank • *Regale füllen* vakkenvullen <in supermarkt>

Regatta ZN V (-/-tten) regatta

rege BN **1** druk, bedrijvig • *Utrecht hat ein ~s Nachtleben* in Utrecht is 's nachts veel vertier **2** levendig, actief • *ein ~r Geist* een levendige geest

Regel ZN V (-/+n) **1** regel, voorschrift • *nach allen Regeln der Kunst* volgens de regels van de kunst **2** FIG. gewoonte • *in der ~* in de regel, doorgaans **3** menstruatie • *sie hat ihre ~* ze is ongesteld

Regelfall ZN M (+(e)s/gmv) regel, normaal geval

regellos BN **1** ongeregeld, regelloos **2** wanordelijk

regelmäßig BN regelmatig

Regelmäßigkeit ZN V (-/+en) **1** regelmaat **2** regelmatigheid

regeln **1** OV WW regelen **2** WKD WW (**sich ~**) opgelost worden • *hat sich das geregelt?* is dat probleem opgelost? • *die Sache ist geregelt* de zaak is rond • *ich habe es für ihn geregelt* ik heb hem gematst

regelrecht BN **1** volgens de regels/voorschriften • *eine ~e Behandlung* een behandeling volgens de regels **2** flink, compleet, echt • *eine ~e Prügelei* een echte/complete vechtpartij

Regelung ZN V (-/+en) regeling

regelwidrig BN in strijd met de regels/voorschriften

Regelwidrigkeit ZN V (-/+en) overtreding van de regels

regen **1** OV WW FORM. bewegen **2** WKD WW (**sich ~**) **1** (zich) bewegen, zich verroeren • *sich ~ bringt Segen* beweging is gezond **2** ontstaan, wakker worden • *es regte sich Widerstand* er ontstond verzet

Regen ZN M (+s/-) regen • *saurer ~* zure regen • *anhaltender ~* gestage regen ▸ *ein warmer ~* zeer welkome, vaak onverwachte schenking ▸ *jemanden im ~ stehen lassen* iemand in de kou laten staan ▸ *auf ~ folgt Sonnenschein* na regen komt zonneschijn ▸ *vom ~ in die Traufe kommen* nog verder van huis zijn

Regenbogen ZN M (+s/-) regenboog

Regenbogenpresse ZN V (-/+n) boulevardpers, sensatiepers

Regeneration ZN V (-/+en) regeneratie

regenerieren **1** OV + ONOV WW regenereren **2** WKD WW (**sich ~**) regenereren

Regenfall ZN M (+(e)s/-fälle) regen, regenval

Regenguss ZN M (+es/-güsse) regenbui, stortbui

Regenmantel ZN M (+s/-mäntel) regenjas

Regenpfütze ZN V (-/+n) regenplas

Regenschauer ZN M (+s/-) regenbui

Regenschirm ZN M (+(e)s/+e) paraplu • INFORM. *ich bin gespannt wie ein Regenschirm!* ik ben zeer benieuwd/nieuwsgierig!

Regent ZN M (+en/+en) regent

Regentropfen ZN M (+s/-) regendruppel

Regenwetter ZN O (+s/gmv) regenweer • IRON. *ein Gesicht wie drei Tage ~ machen* een gezicht als een oorwurm trekken

Regenwurm ZN M (+(e)s/-würmer) regenworm

Regenzeit ZN V (-/-zeiten) regenseizoen

Regie ZN V (-/gmv) **1** regie • *~ führen* de regie hebben **2** leiding, beheer • *etwas in eigener ~ tun/machen* iets in eigen beheer doen, iets zelfstandig doen
regieren 1 OV WW **1** regeren, besturen **2** TAALK. regeren **2** ONOV WW regeren, heersen, het bewind voeren
Regierung ZN V (-/+en) regering • *die ~ übernehmen* aan het bewind komen
Regierungsantritt ZN M (+(e)s/gmv) aanvaarding van de regering
Regierungsbezirk ZN M (+(e)s/+e) district van een deelstaat <in Duitsland>
Regierungserklärung ZN V (-/+en) regeringsverklaring
Regierungsvorlage ZN V (-/+n) wetsontwerp van de regering
Regime ZN O (+s/-, +s) regime, regeringsstelsel
Regiment 1 ZN O (+(e)s/+er) MIL. regiment **2** ZN O (+(e)s/+e) leiding, bewind, heerschappij • *das ~ führen* het bewind voeren
Region ZN V (-/+en) regio, streek, gebied • FIG. *in höheren Regionen* in hogere regionen/sferen
regional BN regionaal, gewestelijk • *~e Nachrichten* plaatselijk nieuws
Regisseur ZN M (+s/+e) regisseur <in theater, film>
Register ZN O (+s/-) register • *ein altes ~* een oud mens(je) • *ein langes ~* een lange slungel • *alle/andere ~ ziehen* alle/andere registers opentrekken
Registerkarte ZN V (-/-n) **1** ADMIN. tabblad **2** COMP. tabblad
Registertonne ZN V (-/+n) registerton
Registratur ZN V (-/+en) **1** registratie, het registreren **2** archief(kast)
registrieren OV WW **1** registreren, optekenen, aantekenen **2** registreren, vaststellen, bemerken • *das habe ich registriert* dat is mij niet ontgaan
Registrierkasse ZN V (-/+n) kasregister
Registrierung ZN V (-/+en) registratie
Reglement ZN O (+s/+s) reglement
reglementarisch BN reglementair
reglementieren OV WW reglementeren
Regler ZN M (+s/-) regelaar
reglos BN roerloos, onbeweeglijk • *alle saßen ~ da* allen zaten doodstil
regnen 1 ONP WW regenen • *weiter ~* blijven regenen • *es regnet in Strömen; es regnet wie aus Eimern* de regen komt met bakken naar beneden • *es regnete Beschwerden* het regende klachten **2** ONOV WW **1** regenen **2** neerdalen • *~ auf* +4, regenen op
regnerisch BN regenachtig
Regression ZN V (-/+en) regressie, teruggang
regressiv BN regressief
regsam BN bedrijvig, levendig
Regsamkeit ZN V (-/gmv) bedrijvigheid, levendigheid
regulär BN **1** regulier, regelmatig • *regulärer Preis* normale prijs • *etwas ~ erwerben* iets rechtmatig verwerven **2** gebruikelijk • *zum regulären Preis* tegen de normale prijs
Regulation ZN V (-/+en) regulatie
Regulator ZN M (+s/+en) **1** regulator **2** regulateur
regulierbar BN regelbaar, te regelen
regulieren OV WW reguleren, regelen • *das System reguliert sich selbst* het systeem reguleert zichzelf
Regulierung ZN V (-/+en) regulering
Regung ZN V (-/+en) **1** FORM. beweging **2** opwelling, gevoel
regungslos BN roerloos
Reh ZN O (+(e)s/+e) ree
Rehabilitation ZN V (-/+en) **1** rehabilitatie **2** revalidatie
rehabilitieren OV WW **1** rehabiliteren • *jemanden ~* iemand in zijn eer herstellen **2** revalideren
Rehabilitierung ZN V (-/+en) **1** rehabilitatie **2** revalidatie
Rehbock ZN M (+(e)s/-böcke) reebok
Rehkeule ZN V (-/+n) reebout
Rehkitz ZN O (+es/+e) reekalf
Reibe ZN V (-/+n) rasp
Reibekuchen ZN M ≈ aardappelpannenkoek
reiben 1 OV + ONOV WW sterk **1** wrijven, schuren **2** raspen **2** WKD WW (**sich ~**) sterk wrijving hebben • *sich an jemandem ~* ruzie met iemand zoeken • *sich an einem Problem ~* op een probleem stuiten
Reiberei ZN V (-/+en) wrijving, onenigheid
Reibkäse ZN M (+s/gmv) geraspte kaas
Reibung ZN V (-/+en) **1** wrijving, weerstand **2** wrijving, onenigheid • *es gab Reibungen zwischen ihnen* er was wrijving tussen hen **3** (het) wrijven
Reibungsfläche ZN V (-/+n) wrijvingsvlak
reibungslos BN + BW zonder wrijving, gesmeerd, vlot • *alles verlief ~* alles verliep gesmeerd
reich BN **1** rijk • *ein Kind aus ~em Hause* een kind van rijke ouders • *~ an etwas sein* rijk zijn aan iets **2** kostbaar **3** overvloedig, ruim • *in ~em Maße* in ruime mate • *~e Ernte* overvloedige oogst re
Reich ZN O (+(e)s/+e) rijk
reichen OV + ONOV WW **1** voldoende zijn • *es reicht für alle* er is genoeg voor iedereen • *es reicht, wenn du dieses liest* je kunt ermee volstaan dit te lezen • *es reicht mir!* ik ben het spuugzat! • *jetzt reicht 's!* nu is het genoeg! **2** FORM. aanreiken, geven • *reichst du mir bitte das Brot?* kun je me het brood even aangeven? **3** FORM. aanbieden, serveren • *dazu werden Kartoffeln gereicht* hierbij worden aardappelen geserveerd **4** reiken • *~ bis* reiken tot • *~ nach* reiken naar • *so weit reicht sein Einfluss* zover strekt zijn invloed
reichhaltig BN rijk van inhoud, goed voorzien, uitgebreid • *eine ~e Sammlung* een uitgebreide collectie
reichlich 1 BN **1** rijkelijk, overvloedig **2** meer dan, ruim **2** BW rijkelijk, nogal • *du bist ~ spät* je bent nogal laat • *~ Zeit haben* ruimschoots de tijd hebben

Reichstag ZN M (+(e)s/gmv) **1** POL. **rijksdag** <het gebouw van het Duitse parlement> **2** GESCH. **rijksdag** <vroeger het Duitse parlement>

Reichtum ZN M (+s/-tümer) **rijkdom**

Reichweite ZN V (-/+n) **1 reikwijdte** • *eine Entscheidung ist noch nicht in ~* een beslissing is nog niet in zicht • *in ~* binnen handbereik • *in ~ haben* bij de hand houden • *außer ~* buiten bereik • *das ist außerhalb meiner ~* dat ligt buiten mijn bereik **2 actieradius** • *das Flugzeug hat eine ~ von 2000 km* het vliegtuig heeft een radius van 2000 km

reif BN **rijp** • *~ für etwas sein* rijp voor iets zijn, klaar voor iets zijn, aan iets toe zijn

Reif **1** ZN M (+(e)s/gmv) **rijp, rijm** **2** ZN M (+(e) s/+e) **1** FORM. **ring** **2** FORM. **diadeem**

Reife ZN V (-/gmv) **rijpheid** • O&W *Mittlere ~* ≈ mavodiploma

reifen **1** ONOV WW **rijpen** **2** OV WW **doen rijpen**

Reifen ZN M (+s) **1 band** • *ein platter ~* een lekke band **2 hoepel** **3 ring** **4 diadeem**

Reifendruck ZN M (+(e)s/-drücke) **bandenspanning**

Reifenpanne ZN V (-/+n) **bandenpech**

Reifenwechsel ZN M (+s/-) **(het) verwisselen van een band**

Reifeprüfung ZN V (-/+en) O&W ≈ **vwo-eindexamen**

Reifezeugnis ZN O (+ses/+se) **einddiploma** <van vwo>

Reifglätte ZN V (-/gmv) **gladheid door rijp**

reiflich BN + BW **grondig** • *sich etwas ~ überlegen* grondig over iets nadenken • *nach ~er Erwägung* na rijp beraad

Reifrock ZN M (+es/-röcke) **hoepelrok**

Reifung ZN V (-/+en) **rijping**

Reihe ZN V (-/+n) **1 rij** • *in der ~ stehen* in de rij staan • FIG. *mit jemandem in einer ~ stehen* gelijkwaardig aan iemand zijn **2 reeks** • *arithmetische/fallende/steigende ~* rekenkundige/dalende/opklimmende reeks **3 serie** • *aus der ~ 'Derrick'* uit de serie 'Derrick' ▸ *in Reih und Glied* in het gelid ▸ *aus der ~ tanzen* uit de pas lopen ▸ *etwas nicht auf die ~ bringen* iets niet voor elkaar krijgen ▸ *an der ~ sein* aan de beurt zijn ▸ *außer der ~* uitzonderlijk ▸ *der ~ nach* op zijn beurt, in de juiste volgorde ▸ *in bunter ~ sitzen* om en om zitten <van dames en heren>

reihen OV WW **1 rijgen** **2 (rang)schikken**

Reihenfolge ZN V (-/+n) **volgorde, reeks**

Reihenhaus ZN O (+es/-häuser) **rijtjeshuis**

Reihenschaltung ZN V (-/+en) **serieschakeling**

Reihenuntersuchung ZN V (-/+en) **bevolkingsonderzoek**

reihenweise BW **1 in rijen, in serie** **2 bij de vleet, bij bosjes**

Reiher ZN M (+s/-) **reiger**

reihum BW **om de beurt, de rij langs**

Reim ZN M (+(e)s/+e) **rijmpje, vers** ▸ *sich keinen ~ auf etwas machen können* ergens niet wijs uit kunnen worden

reimen **1** OV + ONOV WW **rijmen** **2** WKD WW **(sich ~) rijmen** • *das reimt sich nicht* dat rijmt niet

Reimerei ZN V (-/+en) **rijmelarij**

reimlos BN **rijmloos, blank**

rein **1** BN **1 zuiver, puur, onvermengd** • *das ist der ~ste Blödsinn* dat is je reinste onzin • *ein ~es Gewissen haben* een zuiver geweten hebben • *~es Olivenöl* puur olijfolie • *es ist kein ~es Vergnügen* het is geen onverdeeld genoegen **2 rein, schoon, helder** • *etwas ins Reine schreiben* iets in het net schrijven • *etwas ins Reine bringen* iets in het reine brengen • *mit etwas/jemandem ins Reine kommen* met iets/iemand in het reine komen **2** BW **compleet, puur, zuiver, helemaal, totaal** • *aus ~ politischen Gründen* uit zuiver politieke overwegingen • *er hat ~ gar nichts gesagt* hij heeft helemaal niets gezegd **3** BW → **herein**

Reinerlös ZN M (+es/+e) **netto-opbrengst**

Reinertrag ZN M (+(e)s/-erträge) **netto-opbrengst**

Reinfall ZN M (+(e)s/-fälle) **tegenvaller, flop** • *einen ~ erleben* van een koude kermis thuiskomen

reinfallen ONOV WW STERK **erin lopen** • *jemanden ~ lassen* iemand erin luizen • *ich bin drauf reingefallen* ik ben er ingestonken

Reingewinn ZN M (+(e)s/+e) **nettowinst**

Reinheit ZN V (-/gmv) **reinheid**

reinigen OV WW **reinigen, zuiveren, schoonmaken**

Reiniger ZN M (+s/-) **schoonmaakmiddel**

Reinigung ZN V (-/+en) **1 reiniging, zuivering, schoonmaak** **2 stomerij** • *etwas in die ~ bringen* iets naar de stomerij brengen

Reinigungsmittel ZN O (+s/-) **1 schoonmaakmiddel** **2 purgeermiddel**

Reinkarnation ZN V (-/+en) **reïncarnatie**

Reinkultur ZN V (-/+en) **reincultuur** • INFORM. *in ~* onvervalst

reinlich BN **1 proper, netjes** • *sehr ~ sein* erg netjes zijn • *~ gekleidet* netjes gekleed **2 zorgvuldig**

Reinlichkeit ZN V (-/gmv) **netheid**

reinrassig BN **raszuiver**

Reinschrift ZN V (-/gmv) **netschrift** <het geschrevene>

reinwachsen ONOV WW • *etwas zum ~ kaufen* iets op de groei kopen

Reis **1** ZN M (+es/gmv) **rijst** **2** ZN O (+es/+er) **takje, twijg, rijs**

Reisbrei ZN M (+(e)s/gmv) **rijstebrij, rijstepap**

Reise ZN V (-/+n) **reis** • *auf Reisen gehen* op reis gaan • *gute Reise!* een voorspoedige reis!

Reiseandenken ZN O (+s/-) **souvenir**

Reisebüro ZN O (+s/+s) **reisbureau**

Reisebus ZN M **touringcar**

reisefertig BN **reisvaardig, klaar om te vertrekken** • *sich ~ machen* zich klaarmaken voor vertrek

Reiseführer ZN M (+s/-) **1 reisleider** **2 reisgids**

Reisegefährte ZN M (+n/+n) **reisgenoot**

Reisegepäck ZN O (+(e)s/gmv) **reisbagage**

Reisegesellschaft ZN V (-/+en) **reisgezelschap**

Reisekosten ZN MV **reis- en verblijfkosten**

Reisekrankheit ZN V (-/gmv) wagenziekte, reisziekte

Reiseleiter ZN M (+s/-) reisleider

reisen ONOV WW reizen, een reis maken, op reis gaan • *sie reist in Schreibwaren* zij is vertegenwoordigster in papierwaren • *wann ~ Sie?* wanneer vertrekt u?

Reisende ZN M/V (+n/+n) 1 reiziger, reizigster 2 vertegenwoordiger

Reisepass ZN M (+es/-pässe) paspoort

Reiseroute ZN V (-/+n) reisroute

Reisescheck ZN M (+s/+s) reischeque

Reisespesen ZN MV reiskosten <onkosten>

Reiseunternehmen ZN O (+s/-) touroperator

Reiseveranstalter ZN M (+s/-) touroperator, reisorganisator

Reiseverkehr ZN M (+s/gmv) reizigersverkeer

Reisewelle ZN V (-/+n) vakantie-uittocht

Reiseziel ZN O reisdoel, bestemming

Reisfeld ZN O (+(e)s/+er) rijstveld

Reisig ZN O (+s/gmv) rijshout

Reispapier ZN O rijstevloei

Reißaus ZN M • *~ nehmen* de plaat poetsen, op de loop gaan

reißen 1 OV + ONOV WW sterk 1 (ver)scheuren 2 rukken, trekken • *das wird ein Loch in meinen Geldbeutel ~* dat kost me flink wat geld • *an den Nerven ~* op de zenuwen werken • *jemanden aus dem Schlaf ~* iemand ruw uit zijn slaap halen • *ich bin hin und her gerissen* ik ben heen en weer geslingerd, ik kan geen beslissing nemen • *ich könnte mich in Stücke ~* ik kan mezelf wel voor mijn hoofd slaan • *eine Lücke ~* een leegte doen ontstaan • *ein Gespräch an sich ~* een gesprek naar zich toe trekken 3 nemen • *etwas an sich ~* zich iets toe-eigenen, naar iets graaien • *jemandem etwas aus der Hand ~* iemand iets uit de hand grissen 4 DIERK. doodbijten, verscheuren 2 WKD WW (**sich ~**) sterk 1 zich schrammen • *sich ein Loch in die Hose ~* een gat in de broek scheuren 2 **~ um** vechten om • *darum werden sich alle ~* dat zal iedereen willen hebben ▸ *Witze ~* moppen tappen

reißend BN 1 onstuimig, snelstromend 2 snijdend <van pijn> 3 verscheurend 4 gretig, snel • *die Ware findet reißenden Absatz* de waar vindt gretig aftrek

Reißer ZN M (+s/-) succesnummer, kasstuk

reißerisch BN op succes/effect berekend

Reißnagel ZN M (+s/-nägel) punaise

Reißverschluss ZN M (+es/-schlüsse) ritssluiting

Reißwolf ZN M (+(e)s/-wölfe) papiervernietiger, (papier)versnipperaar

Reißzwecke ZN V (-/+n) punaise

Reitanzug ZN M (+(e)s/-züge) rijkostuum

Reitbahn ZN V (-/+en) manege, rijbaan

reiten OV + ONOV WW sterk op een rijdier rijden, paardrijden • *sie reitet gern* ze houdt van paardrijden • *was hat dich denn geritten?* waarom ben je zo opgewonden?

Reiter ZN M (+s/-) ruiter • *Ross und ~ nennen* man en paard noemen

Reiterei ZN V (-/gmv) INFORM. (het) rijden

Reithose ZN V (-/+n) rijbroek

Reitpferd ZN O (+(e)s/+e) rijpaard

Reitstiefel ZN M (+s/-) rijlaars

Reitturnier ZN O (+s/+e) concours hippique

Reitweg ZN M (+(e)s/+e) ruiterpad

Reiz ZN M (+es/+e) 1 aantrekkingskracht • *der ~ an der Sache ist ...* het aantrekkelijke eraan is ... • *seinen ~ verloren haben* niet meer aantrekkelijk zijn 2 aantrekkelijkheid, bekoorlijkheid 3 prikkel • *zu vielen Reizen ausgesetzt sein* aan teveel prikkels blootgesteld zijn

reizbar BN prikkelbaar

Reizbarkeit ZN V (-/gmv) prikkelbaarheid

Reizdarm ZN O (+(e)s/-därme) prikkelbare darm

reizen OV WW 1 prikkelen, irriteren • *Rauchen reizt die Atemwege* roken irriteert de luchtwegen 2 ergeren, provoceren • *dieser schiefe Ton reizt sie* die valse toon prikkelt haar 3 bekoren, (ver) lokken • *das Angebot reizt mich* het aanbod lijkt me erg aantrekkelijk 4 opbieden <in kaartspel>

reizend BN aantrekkelijk, bekoorlijk, alleraardigst • *sie war ganz ~* ze was alleraardigst • IRON. *eine ~e Überraschung* een lelijke tegenvaller • *ein ~es Mädchen* een leuk meisje

Reizgas ZN O (+es/+e) prikkelend gas, traangas

reizlos BN 1 onaantrekkelijk, saai 2 flauw <smaak>

Reizmittel ZN O (+s/-) MED. opwekkend middel, pepmiddel

Reizung ZN V (-/+en) 1 prikkeling 2 MED. geïrriteerdheid

reizvoll BN aantrekkelijk, bekoorlijk

Rekapitulation ZN V (-/+en) recapitulatie

rekapitulieren OV WW recapituleren

rekeln WKD WW (**sich ~**) zich behaaglijk uitrekken

Reklamation ZN V (-/+en) reclamatie, klacht

Reklame ZN V (-/+n) reclame

reklamieren OV + ONOV WW reclameren, bezwaren indienen, terugvorderen • *die Lieferung ~* een klacht over de levering hebben

rekonstruieren OV WW reconstrueren

Rekonstruktion ZN V (-/+en) reconstructie

Rekonvaleszenz ZN V (-/gmv) 1 reconvalescentie, herstel, genezing 2 periode van herstel

Rekord ZN M (+(e)s/+e) record • *einen ~ brechen* een record breken

Rekrut ZN M (+en/+en) rekruut

rekrutieren 1 OV WW rekruteren • *jemanden für eine Aufgabe ~* iemand voor een taak winnen 2 WKD WW (**sich ~**) gerekruteerd worden, samengesteld zijn uit • *die Jury rekrutiert sich aus früheren Mitgliedern* de jury is samengesteld uit oud-leden

Rekrutierung ZN V (-/+en) rekrutering

rektal BN rectaal

Rektifikation ZN V (-/+en) rectificatie

re

rektifizieren OV WW rectificeren
Rektion ZN V (-/+en) TAALK. rectie <het regeren van een bepaalde naamval>
Rektor ZN M (+s/+en) **1** schoolhoofd **2** rector (magnificus) **3** REL. rector
Rektorat ZN O (+(e)s/+e) **1** rectoraat **2** rectorskamer
Rektorin ZN V rectrix
Rel. AFK Religion godsdienst
Relais ZN O (-/-) TECHN. relais
relativ BN relatief • *das Wetter ist ~ schlecht* het weer is tamelijk slecht
Relativismus ZN M (-/gmv) relativisme <filosofie>
Relativität ZN V (-/+en) relativiteit
Relativpronomen ZN O (+s/-mina, -) betrekkelijk voornaamwoord
Relativsatz ZN M (+es/-sätze) betrekkelijke bijzin
relevant BN relevant
Relevanz ZN V (-/gmv) relevantie, belang
Relief ZN O (+s/+e, +s) reliëf
Reliefdruck ZN M (+(e)s/+e) reliëfdruk
Religion **1** ZN V (-/+en) godsdienst, religie **2** ZN V (-/gmv) **1** geloof **2** godsdienstonderwijs, godsdienstles ▸ *~ ist Opium fürs Volk* godsdienst is opium voor het volk
Religionsfreiheit ZN V (-/gmv) godsdienstvrijheid
Religionskrieg ZN M (+(e)s/+e) godsdienstoorlog
religionslos BN zonder godsdienst
religiös BN religieus, godsdienstig • *religiöser Wahnsinn* godsdienstwaanzin
Religiosität ZN V (-/gmv) godsdienstigheid
Relikt ZN O (+(e)s/+e) relict, overblijfsel
Reling ZN V (-/+s, +e) reling
Reliquie ZN V (-/+n) relikwie
Remis ZN O (-/-(en)) remise, onbesliste partij
Remix ZN M remix
Rempelei ZN V (-/+en) **1** geduw **2** SPORT (door duwen enz.) aan de bal komen
rempeln OV WW **1** wegduwen **2** SPORT (door duwen enz.) aan de bal komen
Ren ZN O (+s/+s, +e) rendier
Renaissance **1** ZN V (-/+n) renaissance, vernieuwing **2** ZN V (-/gmv) renaissance <tijdperk, kunststijl>
Rendezvous ZN O (-/-) rendez-vous, afspraak(je)
Rendite ZN V (-/+n) rendement
renitent BN weerspannig
Renitenz ZN V (-/gmv) weerspannigheid
Rennbahn ZN V (-/+en) renbaan
rennen OV + ONOV WW sterk **1** rennen, hollen • *sie ~ um die Wette* zij rennen om het hardst • *sie rennt dauernd zum Arzt* ze gaat om de haverklap naar de dokter **2** botsen • *gegen eine Mauer ~* tegen een muur botsen • *jemandem ein Messer in die Brust ~* iemand met een mes in de borst steken
Rennen ZN O (+s/-) race, wedstrijd, wedren • *das ~ machen* de wedstrijd winnen
Renner ZN M (+s/-) verkoopsucces • *der ~ sein* de knaller zijn
Rennfahrer ZN M (+s/-) wielrenner, autocoureur, motorcoureur
Rennpferd ZN O (+(e)s/+e) racepaard
Rennrad ZN O (+(e)s/-räder) racefiets
Rennsport ZN M (+(e)s/+e) rensport
Rennstrecke ZN V (-/+n) **1** renbaan, racebaan **2** circuit
Rennwagen ZN M (+s/-) racewagen
Renommee ZN O (+s/+s) renommee, reputatie, goede naam
renommiert BN gerenommeerd, bekend • *eine ~e Firma* een gerenommeerde firma
renovieren OV WW renoveren, vernieuwen, opknappen
Renovierung ZN V (-/+en) renovatie
rentabel BN rendabel, winstgevend, lonend
Rentabilität ZN V (-/gmv) rendabiliteit
Rente ZN V (-/+n) **1** pensioen • *in ~ gehen/sein* met pensioen gaan/zijn • *vorzeitig in ~ gehen* vervroegd uittreden **2** lijfrente
Rentenalter ZN O pensioengerechtigde leeftijd
Rentenempfänger ZN M (+s/-) pensioentrekker
Rentenmarkt ZN M (+(e)s/-märkte) obligatiemarkt
Rentenversicherung ZN V (-/+en) pensioenverzekering
Rentier[1] ZN O (+es, +s/+e) rendier
Rentier[2] ZN M (+es, +s/+e) rentenier
rentieren WKD WW (**sich ~**) renderen, opleveren • *das rentiert sich nicht* dat levert niets op • *rentiert sich die Reparatur noch?* is een reparatie nog zinvol?
Rentner ZN M (+s/-) pensioengerechtigde
Reorganisation ZN V (-/+en) reorganisatie
reorganisieren OV WW reorganiseren
Rep AFK POL. → **Republikaner**
reparabel BN herstelbaar
Reparation ZN V (-/+en) • *Reparationen leisten* herstelbetalingen doen
Reparatur ZN V (-/+en) reparatie
reparaturbedürftig BN aan reparatie toe
Reparaturwerkstatt ZN V (-/-stätten) garage
reparieren OV WW repareren, BELG. depanneren • *repariert werden* in reparatie zijn • *seine Uhr ~ lassen* zijn horloge laten maken
Repertoire ZN O (+s/+s) repertoire
Replik ZN V (-/+en) **1** repliek **2** weerwoord **3** replica
Report ZN M (+(e)s/+e) rapport
Reportage ZN V (-/+n) reportage
Reporter ZN M (+s/-) reporter, verslaggever
Repräsentant ZN M (+en/+en) **1** representant, vertegenwoordiger **2** afgevaardigde
Repräsentation ZN V (-/+en) representatie, vertegenwoordiging
repräsentativ BN representatief
repräsentieren OV + ONOV WW **1** representeren **2** vertegenwoordigen

Repressalie ZN V (-/+n) represaille
repressiv BN repressief
Reproduktion ZN V (-/+en) **1** reproductie **2** nabootsing
reproduzieren 1 OV WW reproduceren **2** WKD WW (**sich ~**) **1** zich reproduceren **2** zich voortplanten
Reps ZN MV → **Republikaner**
Reptil ZN O (+s/+ien) reptiel
Republik ZN V (-/+en) republiek
Republikaner 1 ZN M (+s/-) **1** GESCH. republikein **2** POL. Republikaner <aanhanger van de Republikaner> **2** ZN MV POL. Republikaner <ultrarechtse Duitse partij>
republikanisch BN republikeins
Reputation ZN V (-/gmv) reputatie
Requiem ZN O (+s/+s) REL. requiem, dodenmis
requirieren OV WW rekwireren, vorderen
Requisit ZN O (+(e)s/+en) rekwisiet
Reseda ZN V (-/-den) PLANTK. wouw
Reservat ZN O (+(e)s/+e) reservaat
Reserve 1 ZN V (-/+n) reserve, voorraad • *etwas in ~ haben* iets op voorraad hebben • *Reserven anlegen* een reserve aanleggen **2** ZN V (-/gmv) reserve, gereserveerdheid • *jemanden aus der ~ locken* iemand uit zijn tent lokken
Reserverad ZN O (+(e)s/-räder) reservewiel
reservieren OV WW reserveren
Reservierung ZN V (-/+en) reservering
Reservist ZN M (+en/+en) **1** reservist **2** SPORT invaller
Reservoir ZN O (+s/+e) reservoir
resetten OV WW resetten
Residenz ZN V (-/+en) residentie
residieren ONOV WW resideren
Resignation ZN V (-/+en) resignatie, berusting
resignieren ONOV WW berusten in
resigniert BN gelaten
resistent BN resistent
Resistenz ZN V (-/+en) resistentie, weerstand
resolut BN resoluut
Resolution ZN V (-/+en) resolutie
Resonanz ZN V (-/+en) resonantie, weerklank • *~ finden* weerklank vinden
Resonanzboden ZN M (+s/-böden) klankbodem
Resort ZN O resort
Resozialisierung ZN V (-/gmv) resocialisatie
resp. AFK respektive respectievelijk
Respekt ZN M (+(e)s/gmv) respect, bewondering, ontzag • *~ vor jemandem haben* respect hebben voor iemand • *sich ~ verschaffen* respect afdwingen • *aus ~ vor* uit respect voor • *Mangel an ~* gebrek aan respect • *bei allem Respekt, aber ...* met alle respect, maar..., alles goed en wel, maar ... • *jemandem ~ einflößen* iemand ontzag inboezemen
respektabel BN **1** respectabel **2** te respecteren
respektieren OV WW respecteren
respektlos BN respectloos, oneerbiedig, onbeschoft
Respektlosigkeit 1 ZN V (-/gmv) oneerbiedig gedrag **2** ZN V (-/+en) brutale opmerking
Respektsperson ZN V (-/+en) respectabel persoon, achtenswaardig persoon
respektvoll BN met respect, eerbiedig, beleefd
Ressentiment ZN O (+s/+s) ressentiment, wrok, haatgevoel
Ressort ZN O (+s/+s) **1** ressort, gebied, arbeidsveld **2** afdeling, instantie
Ressourcen ZN MV ressources, hulpbronnen
Rest ZN M (+(e)s/+e) rest, resterend deel, restant • *der ~ der Welt* alle andere mensen • *das ist der ~ vom Schützenfest* dat is alles wat er nog over is • *ihre sterblichen Reste* haar stoffelijk overschot • *das gab mir den ~* toen was ik het echt zat, dat deed mij de das om • *ein kleiner ~ Wein* een bodempje wijn
Restant ZN M (+en/+en) **1** ECON. achterstallige schuldenaar **2** ECON. nog niet uitbetaalde obligatie **3** restant, coupon
Restaurant ZN O (+s/+s) restaurant • *ins ~ gehen* naar het restaurant gaan
Restaurateur ZN M (+s/+e) restaurateur, restauranthouder
Restauration ZN V (-/+en) restauratie
restaurieren OV WW **1** restaureren **2** POL. weer instellen
Restaurierung ZN V (-/+en) restauratie
Restbestand ZN M (+(e)s/-stände) rest, restant
Restbetrag ZN M (+(e)s/-beträge) resterend bedrag
Restitution ZN V (-/+en) restitutie, vergoeding, teruggave
restlich BN resterend, overig
restlos BN volkomen, totaal
Restriktion ZN V (-/+en) restrictie, voorbehoud, beperking • *eine grammatische ~* een grammaticale restrictie
Resultat ZN O (+(e)s/+e) resultaat • *zu einem ~ führen* resultaat opleveren
resultieren ONOV WW resulteren
Resümee ZN O (+s/+s) **1** samenvatting, resumé **2** (eind)conclusie • *das ~ ziehen* de conclusie trekken
resümieren 1 OV WW resumeren, beknopt samenvatten **2** ONOV WW tot de conclusie komen, constateren
Retorte ZN V (-/+n) retort, distilleerkolf • *ein Kind aus der ~* een reageerbuisbaby • FIG. *aus der ~* van de tekentafel <kunstmatig>
Retortenbaby ZN O (+s/+s) reageerbuisbaby
Retourkutsche ZN V (-/gmv) koekje van eigen deeg
retten OV WW **1** redden • *die Situation ~* de situatie redden • *der Typ ist nicht mehr zu ~* dat is een opgegeven geval • *sie weiß sich vor Anrufen kaum noch zu ~* ze wordt voortdurend lastiggevallen door telefoontjes **2** in veiligheid brengen • *sich ins Ziel ~* net op tijd (vóór de ander) de finish bereiken **3** behouden • *ein Gebäude vor dem Abriss ~* een gebouw voor sloop bewaren
Retter ZN M (+s/-) redder

Rettich ZN M (+s/+e) **1** rettich **2** rammenas **3** radijs
Rettung ZN V (-/+en) redding
Rettungsaktion ZN V (-/+en) reddingsactie
Rettungsanker ZN M (+s/-) **1** noodanker **2** INFORM. laatste redmiddel
Rettungsboje ZN V (-/+n) reddingsboei
Rettungsboot ZN O (+(e)s/+e) reddingsboot
Rettungsdienst **1** ZN M (+(e)s/+e) reddingsdienst **2** ZN M (+(e)s/gmv) hulpverlening, eerste hulp bij ongelukken
Rettungsgürtel ZN M (+s/-) reddingsgordel, zwemvest
rettungslos BN reddeloos, hopeloos • *die Sache ist ~ verfahren* de boel zit hopeloos vast • *~ verliebt sein* tot over zijn oren verliefd zijn
Rettungsmannschaft ZN V (-/+en) reddingsploeg
Rettungsring ZN M (+(e)s/+e) reddingsboei
Rettungswagen ZN M (+s/-) ambulancewagen
retuschieren OV WW retoucheren, bijwerken
retweeten OV WW retweeten
Reue ZN V (-/gmv) berouw, wroeging, spijt • *keine Spur von ~ zeigen* niet het minste berouw tonen
reuen OV WW berouw hebben over, spijt hebben van • *es reute sie* zij had er spijt van/berouw over
reuevoll BN berouwvol
reuig BN berouwvol
reumütig BN berouwvol
Reuse ZN V (-/+n) fuik
Revanche ZN V (-/+n) **1** revanche, vergelding, wraak **2** tegenprestatie
Revanchespiel ZN O (+(e)s/+e) revanchewedstrijd
revanchieren WKD WW (**sich ~**) **1** zich revancheren **2** iets terugdoen • *kann ich mich mit einem Kaffee ~?* mag ik jou als dank een kopje koffie aanbieden? **3** revanche nemen
Revanchismus ZN M (-/gmv) streven verloren gebieden te heroveren <in het communistisch taalgebruik>
Reverenz ZN V (-/+en) **1** reverentie **2** eerbewijs **3** buiging
Revers ZN M/O revers
revidieren OV WW corrigeren, herzien • *ein Urteil ~* op een oordeel terugkomen
Revier ZN O (+s/+e) **1** district, wijk, gebied **2** BIOL. territorium • *sein ~ abgrenzen* zijn terrein afbakenen **3** jachtterrein **4** politiepost, wijkbureau • *aufs ~ kommen* naar de politiepost komen **5** MIL. ziekenafdeling **6** mijnbouwgebied
Revision ZN V (-/+en) **1** herziening **2** JUR. cassatie • *gegen ein Urteil ~ einlegen* tegen een oordeel in cassatie gaan **3** ECON. revisie <van boeken>
Revisionismus ZN M (-/gmv) revisionisme
Revisor ZN M (+s/+en) accountant, revisor
Revolte ZN V (-/+n) revolte, opstand, muiterij
revoltieren ONOV WW revolteren, in opstand komen, muiten • *sein Magen revoltierte* hij kreeg last van zijn maag
Revolution ZN V (-/+en) revolutie
revolutionär BN revolutionair
Revolutionär ZN M (+s/+e) revolutionair
revolutionieren OV WW omverwerpen
Revolver ZN M (+s/-) revolver
Revolverblatt ZN O (+(e)s/-blätter) INFORM. sensatieblad
Revue ZN V (-/+n) **1** TON. revue **2** tijdschrift
Rezensent ZN M (+en/+en) recensent
rezensieren OV WW recenseren, beoordelen
Rezension ZN V (-/+en) **1** recensie **2** beoordeling
rezent BN **1** BIOL. nu (nog) levend **2** recent, van de laatste tijd
Rezept ZN O (+(e)s/+e) recept
rezeptpflichtig BN alleen op recept verkrijgbaar
Rezeptur ZN V (-/+en) **1** bereiding van een recept **2** ruimte in apotheek waar geneesmiddelen bereid worden
Rezession ZN V (-/+en) recessie, economische achteruitgang
rezipieren OV WW opnemen, overnemen
Rezitation ZN V (-/+en) voordracht
Rezitativ ZN O (+s/+e) recitatief
rezitieren OV WW reciteren, voordragen
R-Gespräch ZN O (+(e)s/+e) collect call
Rh. AFK Rhein Rijn
Rhabarber **1** ZN M (+s/gmv) rabarber **2** ZN O (+s/gmv) geroezemoes
Rhapsodie ZN V (-/+n) rapsodie
Rhein ZN M (+s/gmv) Rijn • *am ~* aan de Rijn
rheinisch BN v.d. Rijn, Rijn-
Rheinländer ZN M (+s/-) Rijnlander
Rheinland-Pfalz ZN V Rijnland-Palts <Duitse deelstaat>
Rhetorik ZN V (-/gmv) retorica, retoriek
Rhetoriker ZN M (+s/-) redekunstenaar
rhetorisch BN retorisch
Rheuma ZN O (+s/gmv) reuma
rheumatisch BN reumatisch
Rheumatismus ZN M (-/-men) reumatiek
Rheumatologe ZN M (+n/+n) reumatoloog
Rhinozeros ZN O (-, +ses/+se) **1** rinoceros, neushoorn **2** stommeling, rund
Rhododendron ZN M/O (+s/-dren) rododendron
rhythmisch BN ritmisch
Rhythmus ZN M (-/-men) ritme
Richtblei ZN O (+(e)s/+e) schietlood
richten OV + ONOV WW **1** richten • *sich nach jemandem ~* zich schikken naar iemand • *an ... gerichtet* aan het adres van • *die Aufmerksamkeit auf etwas ~* de aandacht op iets vestigen **2** juist instellen **3** in orde brengen, klaarmaken, bereiden • *das richtet er wieder* dat gaat hij weer herstellen **4** recht maken **5** rechtop zetten, onder de kap brengen <van huis> **6** rechtspreken • *über jemanden ~* over iemand oordelen
Richter ZN M (+s/-) rechter • *Herr Richter!*

re

edelachtbare!
richterlich BN rechterlijk
Richterskala ZN V (-/gmv) schaal van Richter
Richterspruch ZN M (+(e)s/-sprüche) de rechterlijke uitspraak
Richtgeschwindigkeit ZN V (-/+en) geadviseerde maximumsnelheid
richtig **1** BN **1** juist, goed • *er ist nicht ganz ~ im Kopf* hij is niet goed wijs • *~ oder falsch* goed of fout • *die ~e Person* de aangewezen persoon • *das ~e Mittel* het aangewezen middel **2** in orde **2** BW echt, werkelijk • *ich bin ~ froh* ik ben echt blij • *geht die Uhr ~?* loopt die klok gelijk? • *etwas ~ tun* iets goed doen • *im ~en Moment* op het juiste ogenblik • *mit der ~en Seite nach oben* met de goede kant naar boven
richtiggehend BN echt, werkelijk
Richtigkeit ZN V (-/gmv) juistheid • *das wird schon seine ~ haben* dat zal wel in orde zijn
richtigliegen ONOV WW sterk goed gokken
richtigstellen OV WW rechtzetten • *ein Missverständnis ~* een misverstand ophelderen
Richtlinie ZN V (-/+n) richtlijn, richtsnoer, maatstaf
Richtplatz ZN M (+es/-plätze) plaats van de openbare terechtstelling
Richtpreis ZN M (+es/+e) richtprijs
Richtsatz ZN M (+es/-sätze) norm, genormeerd bedrag
Richtschnur ZN V (-/+en) richtsnoer <ook figuurlijk>
Richtung ZN V (-/+en) richting • *~ Hamburg fahren* in richting Hamburg rijden • INFORM. *Richtung Heimat fahren* naar huis gaan/rijden
Richtzahl ZN V (-/+en) richtgetal, richtcijfer
rieb OV + ONOV WW verl. tijd → **reiben**
riechen OV + ONOV WW sterk ruiken • *es riecht nach Bestechung* het riekt naar omkoperij • *das konnte ich nicht ~* dat kon ik niet ruiken • *jemanden nicht ~ können* iemand niet kunnen luchten (of zien) • *das riecht nach Verrat* dat riekt naar verraad • *die Blumen ~ angenehm* de bloemen ruiken lekker ▸ *den Braten ~* nattigheid voelen
Riecher ZN M (+s/-) INFORM. fijne neus, voorgevoel • *einen guten ~ für etwas haben* een fijne neus voor iets hebben
Riechstoff ZN M (+(e)s/+e) reukstof
Ried ZN O (+(e)s/+e) **1** riet **2** rietland
Riedgras ZN O (+es/-gräser) PLANTK. rietgras, zegge
rief OV WW verl. tijd → **rufen**
Riege ZN V (-/+n) (turn)ploeg, team
Riegel ZN M (+s/-) **1** grendel, schuif • *hinter Schloss und ~* achter slot en grendel • *einer Sache einen ~ vorschieben* ergens een stokje voor steken **2** reep • *ein ~ Schokolade* een reep chocola
Riemen ZN M (+s/-) **1** riem • *sich am ~ reißen* de tanden op elkaar zetten • *den ~ enger schnallen* de buikriem aanhalen **2** drijfriem **3** schoenriem
Riemenantrieb ZN M (+(e)s/+e) riemaandrijving
Riese ZN M (+n/+n) reus
rieseln ONOV WW **1** vloeien **2** ruisen, kabbelen **3** zachtjes neervallen, dwarrelen • *es rieselt der Schnee* het sneeuwt zachtjes
Riesenerfolg ZN M (+(e)s/+e) enorm succes
riesengroß BN reusachtig groot
riesenhaft BN reusachtig
Riesenschritt ZN M (+(e)s/+e) reuzenschrede • *mit Riesenschritten* buitengewoon snel, met grote stappen
riesig BN **1** reusachtig, enorm • *ein ~es Gebäude* een enorm gebouw **2** reuze-, hartstikke, fantastisch
Riesin ZN V (-/+nen) reuzin
Riesling ZN M (+s/+e) riesling <wijnsoort>
riet OV WW verl. tijd → **raten**
Riff ZN O (+(e)s/+e) rif
rigoros BN rigoureus
Rikscha ZN V (-/+s) riksja
Rille ZN V (-/+n) gleuf, groef, geul • *die ~ einer Schallplatte* de groef van een grammofoonplaat
rillen OV WW groeven, ribbelig maken
Rind ZN O (+(e)s/+er) **1** rund **2** rundvlees
Rinde ZN V (-/+n) **1** schors, bast **2** korst
Rinderbraten ZN M (+s/-) groot stuk gebraden rundvlees
Rinderherde ZN V (-/+n) kudde runderen
Rinderwahnsinn ZN M (+(e)s/gmv) gekkekoeienziekte
Rindfleisch ZN O (+(e)s/gmv) rundvlees
Rindsleder ZN O (+s/-) rundleer
rindsledern BN rundleren
Rindvieh ZN O (+s/gmv) **1** rundvee **2** stommeling, rund
Ring ZN M (+(e)s/+e) **1** ring • *die Ringe tauschen* trouwen **2** kring **3** boksring, strijdperk **4** rondweg, ringweg, singel • *der Berliner ~* de ringweg rondom Berlijn **5** syndicaat
Ringbuch ZN O (+(e)s/-bücher) ringband
Ringelblume ZN V (-/+n) goudsbloem
ringeln **1** OV WW krullen, kringvormig slingeren • *ein geringelter Pullover* een streepjestrui **2** WKD WW (**sich ~**) (zich) krullen, zich kronkelen
Ringelnatter ZN V (-/+n) ringslang
ringen ONOV WW sterk worstelen, vechten • *hart um etwas ~* hard voor iets vechten • *nach Worten ~* naar woorden zoeken • *nach Atem ~* naar adem snakken
Ringen ZN O (+s/gmv) SPORT worstelen
Ringer ZN M (+s/-) SPORT worstelaar
Ringfinger ZN M (+s/-) ringvinger
Ringkampf ZN M (+(e)s/-kämpfe) **1** worstelwedstrijd **2** worsteling, strijd
Ringkämpfer ZN M (+s/-) worstelaar
rings BW rondom, in het rond
ringsherum BW rondom, in het rond
Ringstraße ZN V (-/+n) ringweg, rondweg
ringsumher BW in het rond
Rinne ZN V (-/+n) **1** geul, vaargeul **2** goot **3** sleuf, groef
rinnen ONOV WW sterk **1** vloeien, stromen • *die*

Jahre rannen vorbei de jaren gleden voorbij • *das Geld rinnt ihr durch die Finger* het geld glipt haar tussen de vingers door **2** lekken
Rinnsal ZN O (+(e)s/+e) stroompje, beekje
Rinnstein ZN M (+(e)s/+e) **1** goot **2** trottoirband
Rippchen ZN O (+s/-) ribstuk
Rippe ZN V (-/+n) **1** rib • *sie hat nichts auf den Rippen* zij is broodmager • *ich kann es mir doch nicht aus den Rippen schneiden* ik weet niet waar ik het vandaan moet halen **2** ribbel
rippen OV WW **1** ribbelen **2** COMP. rippen
Rippenfell ZN O (+(e)s/+e) borstvlies
Rippenstoß ZN M (+es/-stöße) por in de zij
Risiko ZN O (+s/-ken) risico • *ein ~ eingehen* een risico nemen • *Risiken vermeiden* risico's mijden
riskant BN riskant, gewaagd, gevaarlijk
riskieren OV WW riskeren • *~ durchzufallen* kans lopen te zakken • *das riskiere ich nicht* die gok durf ik niet aan
riss OV + ONOV WW verl. tijd → **reißen**
Riss ZN M (+es/+e) **1** scheur, barst, spleet • *die Mauer bekommt Risse* de muur begint te scheuren • *du hast einen ~ in der Schüssel* jij bent niet goed wijs **2** TECHN. schets, ontwerp, tekening
rissig BN vol scheuren, vol barsten, vol spleten • *eine ~e Haut* een gesprongen huid
ritt OV + ONOV WW verl. tijd → **reiten**
Ritt ZN M (+(e)s/+e) rit <op een rijdier> • *ein ~ über den Bodensee* een roekeloze onderneming
Ritter ZN M (+s/-) ridder • *arme ~* wentelteefjes • *zum ~ schlagen* tot ridder slaan
Ritterburg ZN V (-/+en) ridderburcht
Rittergut ZN O (+(e)s/-güter) GESCH. riddergoed, adellijk leengoed
ritterlich BN ridderlijk
rittlings BN schrijlings
Ritual ZN O (+s/+ien, +e) **1** ritus, ritueel **2** rituele handeling
rituell BN ritueel
Ritus ZN M (-/-ten) **1** ritus **2** rite **3** ritueel
Ritz ZN M (+es/+e) kras, schram
Ritze ZN V (-/+n) spleet, scheur
Ritzel ZN O (+s/-) TECHN. rondsel, klein tandrad
ritzen **1** OV WW **1** ritsen, krassen **2** inkrassen, graveren • *einen Namen in das Holz ~* een naam in het hout insnijden **3** schrammen, openhalen <van huid> **2** WKD WW (**sich ~**) zich schrammen, zich schaven
Ritzer ZN M (+s/-) INFORM. schram
Rivale ZN M (+n/+n) rivaal, mededinger
rivalisieren ONOV WW wedijveren, rivaliseren
Rivalität ZN V (-/+en) rivaliteit
Rizinusöl ZN O (+(e)s/gmv) wonderolie, ricinusolie
r.-k. AFK römisch-katholisch **r.-k.** <rooms-katholiek>
Roadmovie ZN M (+s/+s) roadmovie
Roastbeef ZN O (+s/+s) rosbief
Robbe ZN V (-/+n) rob
robben ONOV WW tijgeren
Robbenfang ZN M (+(e)s/gmv) robbenjacht
Robe ZN V (-/+n) **1** toga **2** japon
Roboter ZN M (+s/-) robot
Robotertechnik ZN V (-/+en) robottechniek
robust BN robuust
roch OV + ONOV WW verl. tijd → **riechen**
Rochade ZN V (-/+n) rokade <in schaakspel> • *große ~* lange rokade • *kleine ~* korte rokade
röcheln ONOV WW rochelen, reutelen
Röcheln ZN O (+s/gmv) **1** gerochel, gereutel **2** rochelen, reutelen
Rochen ZN M (+s/-) rog
Rock ZN M (+(e)s/Röcke) **1** rok • *hinter jedem ~ herlaufen* achter de vrouwtjes aan zitten **2** OUD. colbert, jas
Rockmusik ZN V (-/+en) rockmuziek
Rockzipfel ZN M (+s/-) punt van een rok • *jemandem am ~ hängen* helemaal van iemand afhankelijk zijn • *der Mutter am ~ hängen* aan moeders rokken hangen
Rodelbahn ZN V (-/+en) rodelbaan
rodeln ONOV WW rodelen, sleeën
Rodelschlitten ZN M (+s/-) slee
roden OV WW **1** rooien **2** ontginnen
Rodeo ZN M/O (+s/+s) rodeo
Rodung **1** ZN V (-/gmv) ontginning **2** ZN V (-/+en) ontgonnen stuk grond
Roggen ZN M (+s/gmv) rogge
Roggenbrot ZN O (+(e)s/+e) zuurdesembrood van roggemeel
roh BN **1** rauw • *rohes Fleisch* rauw vlees **2** ruw • *rohe Gewalt* ruw geweld **3** onbewerkt • *roher Stein* onbewerkte steen **4** grof, onbeschaafd • *ein roher Kerl* een onbeschaafde vent
Rohbau ZN M (+(e)s/-ten) ruwbouw • *im ~ fertig* in ruwe trekken klaar, op het afwerken na klaar <gebouwen>
Roheinnahmen ZN MV bruto ontvangsten, bruto inkomsten
Rohertrag ZN M (+(e)s/-erträge) ECON. bruto opbrengst
Rohheit **1** ZN V (-/gmv) **1** rauwheid **2** onbeschaafdheid **2** ZN V (-/+en) ruwheid • *jemandem Rohheiten sagen* ruw tegen iemand zijn
Rohkost ZN V (-/gmv) rauwkost
Rohling ZN M (+s/+e) **1** ruwe vent **2** onbewerkt stuk metaal
Rohmaterial ZN O (+s/+ien) grondstof, ruw materiaal
Rohmilch- VOORV CULIN rauwmelks • *Rohmilchkäse* rauwmelkse kaas, boerenkaas
Rohöl ZN O (+(e)s/gmv) ruwe olie, aardolie
Rohr ZN O (+(e)s/+e) **1** buis, pijp • *Röhrchen* buisje <voor tabletten> **2** riet **3** REG. (bak)oven **4** loop <van vuurwapen> • INFORM. *volles ~* uit alle macht
Rohrammer ZN V (-/+n) rietgors
Rohrdommel ZN V (-/+n) roerdomp
Röhre ZN V (-/+n) **1** buis, pijp • *Röhrchen* buisje <voor tabletten enz.> • *kommunizierende Röhren* communicerende vaten • *eustachische ~* buis van Eustachius **2** REG. oven <in fornuis> **3** tl-buis, neonbuis **4** radiolamp, televisielamp **5** INFORM. beeldbuis ▸ INFORM. *in die ~ gucken* het nakijken

hebben

röhren ONOV WW **1** (bronstig) loeien <vooral van hert> **2** met veel lawaai rijden
Rohrkolben ZN M (+s/-) lisdodde
Rohrleitung ZN V (-/+en) pijpleiding, buisleiding
Röhrling ZN M (+s/+e) boleet
Rohrpost ZN V (-/gmv) buizenpost
Rohrsänger ZN M (+s/-) rietzanger
Rohrspatz ZN M (+es/+en) rietmus • *schimpfen wie ein ~* schelden als een viswijf
Rohrstock ZN M (+(e)s/-stöcke) Spaans rietje, rotting
Rohrstuhl ZN M (+(e)s/-stühle) rieten stoel
Rohrzucker ZN M (+s/gmv) rietsuiker
Rohstoff ZN M (+(e)s/+e) grondstof
Rohzucker ZN M (+s/gmv) ruwe suiker
Rokoko ZN O (+s/gmv) rococo
Rollator ZN M (+s/-oren) rollator
Rollbahn ZN V (-/+en) **1** (veld)spoor **2** startbaan, landingsbaan
Rolle ZN V (-/+n) **1** rol, klos • *von der ~ sein* van de wijs zijn • *Röllchen* rolletje **2** wiel, katrol **3** TON. rol • OOK FIG. *eine ~ spielen* een rol spelen • FIG. *aus der ~ fallen* uit zijn rol vallen • FIG. *sich in seine ~ finden* zich bij zijn situatie neerleggen • FIG. *sich in seiner ~ gefallen* zich thuisvoelen in een bepaalde rol of positie • FIG. *sich jemands ~ versetzen können* zich kunnen inleven in iemand **4** SPORT borstkas over **5** rolvlucht
rollen **1** OV + ONOV WW rollen • *etwas ins Rollen bringen* iets aan het rollen brengen **2** WKD WW (**sich ~**) **1** zich oprollen, omkrullen **2** zich rollen
Rollenlager ZN O (+s/-) TECHN. rolkussenblok, rollager
Roller ZN M (+s/-) **1** step • *~ fahren* steppen **2** scooter **3** rolballetje <in voetbalsport> **4** SPORT rolsprong **5** grote golf, breker
rollern ONOV WW steppen
Rollfeld ZN O (+(e)s/+er) startbaan, landingsbaan
Rollgabelschlüssel ZN M (+s/-) TECHN. Engelse sleutel, schroefsleutel
Rolli ZN M (+s/+s) INFORM. coltrui
Rollkoffer ZN M (+s/-) rolkoffer
Rollkragen ZN M (+s/-) rolkraag, col
Rollkragenpullover ZN M (+s/-) coltrui
Rollladen ZN M (+s/-läden) rolluik
Rollmaß ZN O rolmaat
Rollmops ZN M (+es/-möpse) rolmops
Rollo ZN O (+s/+s) rolgordijn
Rollschuh ZN M (+(e)s/+e) rolschaats • *~ laufen* rolschaatsen
Rollsplitt ZN M (+(e)s/+e) (met teer gemengde) steenslag
Rollstuhl ZN M (+(e)s/-stühle) rolstoel
Rollstuhlfahrer ZN M (+s/-) rolstoelgebruiker
Rolltreppe ZN V (-/+n) roltrap
Rom ZN O Rome
Roman ZN M (+s/+e) roman
Romanesco ZN M (+s/+s) romanesco
romanisch BN ARCH., KUNST romaans
Romanist ZN M (+en/+en) romanist
Romantik ZN V (-/gmv) romantiek
Romantiker ZN M (+s/-) romanticus
romantisch BN romantisch
romantisieren OV WW romantiseren
Romanze ZN V (-/+n) romance
Römer ZN M (+s/-) **1** Romein **2** roemer, wijnglas
römisch BN Romeins
Rondell ZN O (+s/+e) **1** rond bloembed **2** rond plein
Rondo ZN O (+s/+s) rondo
röntgen OV WW een röntgenfoto maken van • *das Bein ~* een röntgenfoto van het been maken
Röntgenbild ZN O (+(e)s/+er) röntgenfoto
Röntgenstrahlen ZN MV röntgenstralen
rosa BN roze
rosafarbig BN roze
rösch BW knapperig, krokant
Rose ZN V (-/+n) roos • *er ist auf Rosen gebettet* hij zit op fluweel
Rosenbeet ZN O (+(e)s/+e) rozenperk
Rosenbusch ZN M (+(e)s/-büsche) rozenstruik
Rosenholz ZN O (+es/gmv) rozenhout
Rosenkohl ZN M (+(e)s/gmv) spruitjes
Rosenkranz ZN M (+es/-kränze) rozenkrans
Rosenmontag ZN M (+s/gmv) carnavalsmaandag
Rosenstrauß ZN M (+es/-sträuße) boeket rozen
Rosette ZN V (-/+n) **1** rozet **2** roosvenster
rosig BN **1** roze, rozig **2** rooskleurig • *etwas in ~em Licht erscheinen lassen* iets rooskleurig voorstellen
Rosine ZN V (-/+n) rozijn • *(große) Rosinen im Kopfe haben* grootse voornemens/plannen hebben • *sich die Rosinen aus dem Kuchen picken* de krenten uit de pap halen
Rosmarin ZN M (+s/gmv) rozemarijn
Ross ZN O (+es/Rösser) **1** FORM. ros • *~ und Reiter nennen* man en paard noemen • *auf dem hohen ~ sitzen* arrogant zijn **2** INFORM. domkop
Rösselsprung ZN M (+(e)s/-sprünge) paardensprong <op schaakbord>
Rosshaar ZN O (+(e)s/gmv) paardenhaar
Rosskur ZN V (-/+en) paardenmiddel
Rost ZN M (+(e)s/e) **1** roest • *~ ansetzen* roesten **2** rooster • *Bratwürste vom ~* vers geroosterde braadworsten
Rostansatz ZN M (+es/-sätze) beginnende roest, roestlaagje
rostbeständig BN bestand tegen roest
Rostbraten ZN M (+s/-) geroosterd stuk vlees
Röstbrot ZN O (+(e)s/+e) geroosterd brood
rosten ONOV WW roesten • *nicht ~d* roestvrij
rösten OV WW **1** branden <koffie> **2** roosteren, roosten • *Erdnüsse ~* pinda's branden
röstfrisch BN versgebrand
rostig BN roestig, verroest
rot BN **1** rood • *~ unterlaufen* bloeddoorlopen • *~ geweinte Augen* rode ogen van het huilen • *~ werden*

blozen • *~ werden wie eine Tomate* een kleur krijgen als een kalkoen **2** POL. links, socialistisch • *sie ist ~ angehaucht* zij tendeert naar links • *eine rot-rote Koalition* een coalitie uit sociaaldemocraten en socialisten • *ein Roter* een rooie rakker

Rot ZN O (+s/gmv) (de kleur) rood • *~ ist meine Lieblingsfarbe* rood is mijn favoriete kleur • *dieses ~ gefällt mir* deze kleur rood bevalt me • *über ~ fahren* door het (rode) stoplicht rijden

Rotang ZN M (+s/-e) rotan

Rotarmist ZN M (+en/+en) soldaat van het Rode Leger

Rotation ZN V (-/+en) rotatie, draaiing, wenteling

Rotationsachse ZN V (-/+en) omwentelingsas

Rotauge ZN O (+s/+n) voorn

rotblond BN rossig

Rotbuche ZN V (-/+n) PLANTK. beuk

Rotbusch ZN M rooibos

Rotdorn ZN M (+(e)s/+e) PLANTK. rode meidoorn

Röte 1 ZN V (-/gmv) **1** roodheid **2** blos **2** ZN V (-/+en) BIOL. meekrap

Rote Bete ZN V (-/+n) rode biet

Rötel ZN M (+s/-) rood krijt

Röteln ZN MV rodehond

röten 1 OV WW rood kleuren **2** WKD WW (**sich ~**) rood worden • *sich rötende Wangen* blozende wangen

röter BN roder

rötest BN roodst

Rotfuchs ZN M (+es/-füchse) **1** roodvos **2** vos **3** rode vos <bont> **4** INFORM. rooie

rothaarig BN roodharig

Rothirsch ZN M (+(e)s/+e) edelhert

rotieren ONOV WW **1** roteren, draaien **2** INFORM. zich druk maken • *sie ist wieder mal am Rotieren* ze heeft het weer veel te druk

Rotkäppchen ZN O (+s/gmv) Roodkapje

Rotkehlchen ZN O (+s/-) roodborstje

Rotkohl ZN M (+(e)s/gmv) rodekool

Rotkraut ZN O (+(e)s/gmv) rodekool

rötlich BN roodachtig, rossig

Rotor ZN M (+s/+en) rotor

Rotstift ZN M (+(e)s/+e) rood potlood • *den ~ ansetzen* bezuinigen, schrappen • *dem ~ zum Opfer fallen* er wordt op bezuinigd

Rotte ZN V (-/+n) **1** MIN. rot, troep **2** MIL. legerschaar **3** DIERK. roedel, kudde

rotten 1 ONOV WW verrotten **2** WKD WW (**sich ~**) samenscholen

Rötung ZN V (-/+en) (het) rood kleuren • *eine ~ der Haut* rode verkleuring van de huid

rotwangig BN met rode wangen

Rotwein ZN M (+(e)s/+e) rode wijn

Rotwild ZN O (+(e)s/gmv) rood wild

Rotz ZN M (-/gmv) **1** VULG. snot • FIG. *frech wie ~* zo brutaal als de beul • FIG. *Rotz und Wasser heulen* tranen met tuiten huilen **2** rotzooi, mikmak • *der ganze ~* de hele rotzooi

rotzen ONOV WW VULG. snotteren

rotzig BN **1** respectloos, provocerend **2** onbeschoft, brutaal **3** VULG. snotterig

Rotzlöffel ZN M (+s/-) snotneus, snotaap

Rouge ZN O (+s/+s) rouge

Roulade ZN V (-/+n) rollade

Roulett(e) ZN O (+s/+s) roulette

roulieren ONOV WW rouleren

Route ZN V (-/+n) route, richting

Routenplaner ZN M (+s/-) routeplanner

Router ZN M COMP. router

Routine ZN V (-/gmv) routine

routiniert BN geroutineerd

Rowdy ZN M (+s/+s) relschopper, vechtersbaas

Royalismus ZN M (-/gmv) royalisme

Royalist ZN M (+en/+en) royalist

royalistisch BN royalistisch

Ruander ZN M (+s/-) Rwandees

Ruanderin ZN V Rwandese

rubbeln OV WW flink wrijven

Rübe ZN V (-/+n) **1** raap, biet, wortel, knol **2** VULG. kop, knikker • *jemanden eins auf die ~ geben* iemand op zijn kop slaan **3** INFORM. vent, knaap

Rubel ZN M (+s/-) roebel • *der ~ rollt* het geld rolt

Rübenacker ZN M (+s/-äcker) knollenland, bietenakker

Rübenzucker ZN M (+s/gmv) bietsuiker

rüber BW **1** daarheen, erheen • GESCH. *rüber machen* naar West-Duitsland vluchten <vanuit de DDR> **2** hierheen • *komm ~ zu uns!* kom hierheen naar ons!

Rubin ZN M (+s/+e) robijn

rubinrot BN robijnrood

Rubrik ZN V (-/+en) rubriek

rubrizieren OV WW rubriceren

Rübsamen ZN M (+s/gmv) raapzaad

ruchbar BN ruchtbaar • *~ werden* ruchtbaar worden • *etwas ~ machen* ruchtbaarheid aan iets geven

ruchlos BN snood, goddeloos, gewetenloos

Ruchlosigkeit 1 ZN V (-/+en) FORM. snode daad **2** ZN V (-/gmv) FORM. laagheid, goddeloosheid

ruck BW **1** • *~, zuck* in een handomdraai • *das ist ~, zuck fertig* dat is in een handomdraai gebeurd **2** • *hau ~!* één, twee!, vooruit!

Ruck ZN M (+(e)s/+e) ruk • *sich einen ~ geben* zich vermannen • *mit einem ~ kam sie hoch* met een ruk kwam zij overeind

Rückansicht ZN V (-/gmv) achteraanzicht

Rückantwort ZN V (-/+en) **1** antwoord <schriftelijk> **2** antwoordkaart

ruckartig BN met een ruk, schoksgewijs

rückbezüglich BN wederkerend

Rückblende ZN V (-/+n) flashback, terugblik

Rückblick ZN M (+(e)s/+e) terugblik

rückdatieren OV WW antedateren

rucken OV + ONOV WW met schokken (voort) bewegen

rücken OV + ONOV WW **1** verplaatsen, verschuiven • *ihr Vorhaben rückt in weite Ferne* haar plan is op de lange baan geschoven **2** schuiven, aan-/opschuiven, verplaatst worden • *~ Sie mal!* schuif een beetje op • *sie war an seine Stelle gerückt* zij had zijn plaats ingenomen • *in den Mittelpunkt ~* centraal komen te staan • *sich selbst ins rechte Licht ~* zichzelf pousseren **3** friemelen, trekken **4** MIL. marcheren

Rücken ZN M (+s/-) **1** rug • *der verlängerte ~* het achterwerk • *einen breiten ~ haben* brede schouders hebben • *jemandem den ~ stärken* iemand een steuntje in de rug geven • *jemandem den ~ decken/ freihalten* iemand rugdekking geven • *fast/beinahe auf den ~ fallen* bijna achteroverslaan van verbazing • *etwas/jemanden im ~ haben* iets/iemand achter de hand hebben • *jemandem in den ~ fallen* onverwacht tegen iemand stelling nemen • *es läuft ihm kalt über den ~* de koude rillingen lopen hem over de rug • *hinter jemandes ~* achter iemands rug om **2** FIG. achterkant **3** SPORT rugslag

Rückendeckung ZN V (-/+en) rugdekking

Rückenflosse ZN V (-/+n) rugvin

Rückenlage ZN V (-/gmv) rugligging • *in ~* op de rug liggend

Rückenlehne ZN V (-/+n) rugleuning

Rückenmark ZN O (+(e)s/gmv) ruggenmerg

Rückenwind ZN M (+(e)s/gmv) wind in de rug, rugwind • *~ haben* de wind mee hebben

Rückenwirbel ZN M (+s/-) rugwervel

Rückerstattung ZN V (-/+en) terugbetaling, restitutie

Rückfahrkarte ZN V (-/+n) retourbiljet

Rückfahrt ZN V (-/+en) terugtocht, terugreis

Rückfall ZN M (+(e)s/-fälle) **1** MED. inzinking **2** terugval • *einen ~ erleiden* een terugval krijgen **3** JUR. recidive

rückfällig BN **1** recidiverend • *ein Rückfälliger* een recidivist **2** MED. opnieuw optredend **3** terugvallend • *~ werden* vervallen in de oude fout, zich aan recidive schuldig maken

Rückflug ZN M (+(e)s/-flüge) retourvlucht

Rückforderung ZN V (-/+en) eis tot teruggave

Rückfrage ZN V (-/+n) **1** wedervraag **2** vraag om nadere inlichtingen

rückfragen ONOV WW nadere inlichtingen vragen

Rückführung ZN V (-/+en) **1** repatriëring **2** (het) terugvoeren

Rückgabe ZN V (-/+n) **1** teruggave **2** SPORT terugspelen <van bal>

Rückgang ZN M (+(e)s/-gänge) teruggang, achteruitgang, daling • *der ~ der Geburtenrate* de daling van het geboortecijfer

rückgängig BN achteruitgaand • *etwas ~ machen* iets herroepen, iets ongedaan maken, iets intrekken, iets annuleren

Rückgewinnung ZN V (-/+en) herwinning, herovering

Rückgrat ZN O (+(e)s/+e) ruggengraat • *jemandem das ~ brechen* iemand de nek breken • *jemandem das ~ stärken* iemand een steuntje in de rug geven • *~ zeigen/haben* ruggengraat tonen

Rückgriff ZN M (+(e)s/+e) **1** (het) teruggrijpen op **2** JUR. regres, verhaal

Rückhalt ZN M (+(e)s/gmv) ruggensteun

rückhaltlos BN onvoorwaardelijk, zonder terughoudendheid, zonder enige reserve

Rückhand ZN V (-/gmv) SPORT backhand

Rückkehr ZN V (-/gmv) terugkeer

Rückkopplung, **Rückkoppelung** ZN V (-/+en) terugkoppeling

Rückkunft ZN V (-/gmv) terugkomst

Rücklage ZN V spaargeld, gespaard geld, reserve • *Rücklagen haben* financiële reserves hebben

rückläufig BN achteruitgaand, teruglopend

Rücklicht ZN O (+(e)s/+er) achterlicht

rücklings BW ruggelings • *er fiel ~ zu Boden* hij viel achterover op de grond

Rückmarsch ZN M (+(e)s/-märsche) terugmars

Rückmeldung ZN V commentaar, feedback • *wir freuen uns über Rückmeldungen* wij houden ons aanbevolen voor commentaar

Rücknahme ZN V (-/+n) terugname

Rückreise ZN V (-/+n) terugreis • *die ~ antreten* de terugreis aanvaarden

Rucksack ZN M (+(e)s/-säcke) rugzak

Rückschau ZN V (-/gmv) terugblik

Rückschlag ZN M (+(e)s/-schläge) **1** terugslag, terugstoot **2** tegenslag • *einen ~ erleiden* een tegenslag te verwerken krijgen • *sich von dem ~ erholen* de klap te boven komen

Rückschluss ZN M (+es/-schlüsse) gevolgtrekking

Rückschritt ZN M (+(e)s/+e) stap achteruit, achteruitgang

Rückseite ZN V (-/+n) achterzijde • *an der ~ des Hauses* aan de achterkant van het huis • *auf der ~* aan ommezijde

Rücksendung ZN V (-/+en) terugzending

Rücksicht **1** ZN V (-/+en) **1** inachtneming, consideratie • *ohne ~ auf* zonder rekening te houden met • *~ auf jemanden / etwas nehmen* rekening met iemand / iets houden • *keinerlei ~ gegenüber jemandem üben* totaal geen rekening met iemand houden **2** achting, respect • *mit ~ auf* met het oog op **2** ZN V (-/gmv) zicht naar achteren

Rücksichtnahme ZN V (-/gmv) consideratie, het rekening houden met, inachtneming

rücksichtslos BN **1** onverbiddelijk, meedogenloos, zonder consideratie **2** lomp

Rücksichtslosigkeit **1** ZN V (-/gmv) meedogenloosheid **2** ZN V (-/+en) grofheid, lompheid

rücksichtsvoll BN attent, fijngevoelig, met egards

Rücksitz ZN M (+es/+e) achterbank

Rückspiel ZN O (+(e)s/+e) returnwedstrijd, terugmatch

Rückspielrunde ZN V SPORT tweede helft van de competitie, BELG. terugronde

Rücksprache ZN V (-/gmv) ruggespraak • *~ mit jemandem halten* ruggespraak houden met iemand

Rückstand ZN M (+(e)s/-stände) **1** achterstand • *im ~ sein* een achterstand hebben • *in ~*

geraten achterstand oplopen • *den ~ einholen* een achterstand inhalen **2 achterstallige schuld** • *mit der Zahlung im ~ sein* achter zijn met betalen **3 rest, bezinksel** • *Rückstände von Insektiziden* resten van insecticiden
rückständig BN **1 achtergebleven, onderontwikkeld 2 achterhaald 3** OUD. **achterstallig**
Rückstellung ZN V (-/+en) **1** ECON. **reservering** • *Rückstellungen* gereserveerd kapitaal **2 uitstel**
Rückstoß ZN M (+es/-stöße) **terugstoot**
Rückstrahler ZN M (+s/-) **reflector, kattenoog**
Rücktaste ZN V (-/+n) **backspacetoets**
Rücktritt ZN M (+(e)s/+e) **1 aftreding** • *der ~ des Ministers* het aftreden van de minister **2 terugtreding, het terugtrekken 3 terugtraprem** <bij fiets>
Rücktrittbremse ZN V (-/+n) **terugtraprem**
Rücktrittsgesuch ZN O (+(e)s/+e) **ontslagaanvraag, verzoek te mogen aftreden**
rückversichern WKD WW **(sich ~) herverzekeren**
Rückwand ZN V (-/-wände) **achterwand**
rückwärtig BN **achterwaarts, naar achteren gelegen** • *rückwärtige Stellungen* meer naar achteren gelegen stellingen
rückwärts BW **1 achterwaarts, achteruit, naar achteren 2 terug, van achteren naar voren**
Rückweg ZN M (+(e)s/+e) **terugweg**
ruckweise BN **met een ruk, met horten en stoten**
rückwirkend BN **terugwerkend, met terugwerkende kracht** • *~ zum 1.1.* met terugwerkende kracht per 1 januari
Rückwirkung ZN V (-/+en) **1 terugslag 2 terugwerking, terugwerkende kracht**
Rückzahlung ZN V (-/+en) **terugbetaling**
Rückzieher ZN M (+s/-) **1** SPORT **trekbal, omhaal 2 herroeping** • *einen ~ machen* terug moeten krabbelen
Rückzug ZN M (+(e)s/-züge) **terugtocht**
Rucola ZN M **rucola, raketsla**
rüde BN **ruw, onbehouwen, lomp**
Rüde ZN M (+n/+n) **reu** <mannelijke hond>
Rudel ZN O (+s/-) **roedel, troep**
rudelweise BW **1 in roedels 2 in dichte drommen**
Ruder ZN O (+s/-) **1 roer, stuur** • FIG. *sich in die ~ legen* iets energiek aanpakken, krachtig roeien • FIG. *ans ~ kommen* aan de macht komen • FIG. *am ~ sein* de leiding hebben • FIG. *aus dem ~ laufen* uit de hand lopen **2 roeispaan 3 zwempoot**
Ruderbank ZN V (-/-bänke) **roeibank**
Ruderboot ZN O (+(e)s/+e) **roeiboot**
Ruderer ZN M (+s/-) **roeier**
Ruderhaus ZN O (+es/-häuser) **stuurhut**
rudern OV + ONOV WW **roeien**
Rudersport ZN M (+(e)s/+e) SPORT **roeisport**
Rudiment ZN O (+(e)s/+e) **overblijfsel, rudiment**
rudimentär BN **rudimentair**
Ruf 1 ZN M (+(e)s/+e) **roep, kreet 2** ZN M (+(e) s/gmv) **1 oproep, appel 2 beroeping** • *sie bekam einen ~ an die Universität Heidelberg* ze kreeg een leerstoel aangeboden aan de universiteit van Heidelberg **3 naam, reputatie** • *einen guten/ schlechten ~ haben* een goede/slechte reputatie hebben • *jemand / etwas ist besser als sein ~* iemand / iets is beter dan men hoort • *sein guter ~ ist beschädigt* zijn goede naam is aangetast **4** FORM. **telefoon(nummer)**
rufen OV WW sterk **1 roepen** • *sich heiser ~* zich schor schreeuwen • *das Kind ruft nach seinem Vater* het kind roept om zijn vader **2 opbellen** • *dringende Geschäfte riefen sie nach Hamburg* dringende zaken riepen haar naar Hamburg • *jemandem wie ge~ kommen* iemand als geroepen komen • *die Polizei ~* de politie bellen • *ein Taxi ~* een taxi aanroepen • *den Arzt ~* de dokter laten halen
Rufer ZN M (+s/-) **roeper, schreeuwer** • *ein ~ in der Wüste* een roepende in de woestijn
Rüffel ZN M (+s/-) **uitbrander** • *jemandem einen ~ erteilen* iemand een uitbrander geven
rüffeln OV WW **een uitbrander geven, de les lezen**
Rufmord ZN M (+(e)s/+e) **gemene laster**
Rufname ZN M (+ns/+n) **roepnaam**
Rufnummer ZN V (-/+n) **telefoonnummer**
Rufnummernanzeige ZN V (-/+n) **nummerweergave** <telefoon>
Rufsäule ZN V (-/+n) **praatpaal**
Rufton ZN M (+(e)s/-töne) **beltoon**
Rufweite ZN V (-/gmv) **gehoorsafstand** • *in ~* binnen gehoorsafstand
Rugby ZN O (-, +s/gmv) SPORT **rugby**
Rugbyspieler ZN M **rugbyspeler**
Rüge ZN V (-/+n) **standje, berisping** • *jemandem eine ~ erteilen* iemand een standje geven
rügen OV WW **1 berispen, een standje geven 2 laken, afkeuren** • *die hygienischen Zustände ~* de hygiënische staat afkleuren
Ruhe ZN V (-/gmv) **1 rust, stilte** • *jemanden in ~ lassen* iemand met rust laten • *die ~ bewahren* rustig blijven • *sie hat die ~ weg* zij is onverstoorbaar/ niet uit haar evenwicht te brengen • *der ~ bedürfen* rust nodig hebben • *immer mit der Ruhe!* kalm/ rustig aan! • *~ geben* stil/rustig zijn • *angenehme Ruhe!* welterusten! • *jetzt ist Ruhe!* nu is het stil! **2 stilstand 3 bedaardheid** • *sich nicht aus der ~ bringen lassen* zich niet uit zijn evenwicht laten brengen • *in aller ~* op zijn (dooie) gemak
Ruhegehalt ZN O (+(e)s/-hälter) **pensioen**
ruhelos BN **rusteloos**
ruhen ONOV WW **1 (uit)rusten** • *weder ~ noch rasten* zich geen rust gunnen • *er ruhte nicht eher, bis ...* hij kon niet rusten totdat ... • *ihre Augen ruhten auf ihm* haar ogen rustten op hem • FORM. *ich wünsche wohl geruht zu haben* heeft u een goede nachtrust gehad? • *hier ruht* hier ligt begraven • *ruhe sanft* rust zacht • *etwas ~ lassen* iets laten rusten **2 stilstaan/-liggen** • *die Arbeiten ~* het werk staat stil **3 steunen** • *die Brücke ruht auf zwei Pfeilern* de

rü

brug steunt op twee pilaren **4 gelegen zijn**
Ruhestand ZN M (+(e)s/gmv) • *in den ~ treten* met pensioen gaan, rustig gaan leven • *in den vorzeitigen ~ treten* vervroegd uittreden
Ruheständler ZN M (+s/-) gepensioneerde
Ruhestatt, **Ruhestätte** ZN V (-/-stätten) FORM. rustplaats • *die letzte ~* de laatste rustplaats
Ruhestörung ZN V (-/+en) rustverstoring, ordeverstoring • *jemanden wegen nächtlicher ~ anzeigen* iemand aangeven bij de politie wegens nachtelijk burengerucht
Ruhetag ZN M (+(e)s/+e) rustdag
Ruhezustand ZN M (+(e)s/-zustände) rusttoestand
ruhig BN **1** rustig • *~ bleiben* rustig blijven **2** stil, gerust • *sei ~!* wees stil • *mach das ~!* doe dat gerust **3** bedaard, kalm • *~ Blut!* kalm aan! • *~ bleiben* kalm blijven
Ruhm ZN M (+(e)s/gmv) roem • *sich nicht gerade mit ~ bekleckert haben* geen bijzondere prestatie geleverd hebben • *sich mit ~ bedecken* zich met roem overladen • *zum größeren ~ von* tot meerdere glorie van
rühmen **1** OV WW prijzen, roemen **2** WKD WW (**sich ~**) zich beroemen op • *sich seiner Taten ~* trots op zijn daden zijn • *sich einer Sache ~* op iets roemen
rühmenswert BN roemenswaardig • *das war ja nicht gerade ~* dat was niet bijzonder roemenswaardig
Ruhmesblatt ZN O (+(e)s/-blätter) • *kein ~ (von etwas) sein* geen roemrijke episode/gebeurtenis zijn
rühmlich BN prijzenswaardig, eervol, roemrijk
ruhmlos BN roemloos
ruhmreich, **ruhmvoll** BN roemrijk
Ruhr ZN V (-/+en) **1** dysenterie **2** AARDK. Ruhr <Duitse rivier>
Rührei ZN O (+(e)s/+er) roerei
rühren **1** OV + ONOV WW **1** (om)roeren, aanroeren **2** (ver)roeren, bewegen • *die Beine nicht mehr ~ können* de benen niet meer kunnen bewegen • *keinen Finger ~* niets doen, niet meehelpen **3** aanraken, komen aan • *wir wollen nicht mehr an diese Sache ~* wij willen dit laten rusten **4** ontroeren • *sie war gerührt* ze was ontroerd **5** FORM. ontstaan, zijn oorzaak vinden • *das rührt daher, dass* de oorzaak daarvan is dat **2** WKD WW (**sich ~**) **1** zich (ver)roeren, bewegen • *er rührt sich nicht mehr* hij beweegt niet meer • *rühr dich nicht von der Stelle!* verroer je niet! • MIL. *rührt euch!* op de plaats rust! **2** van zich laten horen • *hat sie sich bei dir gerührt?* heeft ze met jou contact opgenomen?
rührend BN roerend, ontroerend, aandoenlijk • *eine rührende Geschichte* een aandoenlijk verhaal
rührig BN levendig, bedrijvig
rührselig BN overdreven gevoelig, sentimenteel
Rührung ZN V (-/gmv) ontroering • *seine ~ nicht verbergen können* zijn ontroering niet kunnen verbergen
Ruin ZN M (+s/gmv) ondergang
Ruine ZN V (-/+n) ruïne, bouwval • *die Ruinen* de puinhopen
ruinieren OV WW ruïneren
ruinös BN **1** ruïneus, zeer nadelig **2** OUD. bouwvallig, vervallen
rülpsen ONOV WW boeren, oprispen
Rülpser ZN M (+s/-) **1** boer, oprisping **2** iemand die steeds boert
rum BW om(heen)
Rum ZN M (+s/+s) rum
Rumäne ZN M (+n/+n) Roemeen
Rumänien ZN O (+s/gmv) Roemenië
rumänisch BN Roemeens
Rumba ZN V (-/+s) rumba
Rum-Cola ZN V rum-cola
Rummel ZN M (+s/gmv) **1** INFORM. tumult, drukte • *der Umzug bringt viel ~ mit sich* de verhuizing brengt veel drukte met zich mee **2** kermis • *den ~ verstehen* er alles van af weten
rummeln ONOV WW rommelen, denderen, lawaai maken
Rummelplatz ZN M (+es/-plätze) kermis, lunapark
rumoren ONOV WW rumoeren, rommelen, stommelen
Rumpelkammer ZN V (-/+n) rommelkamer
rumpeln ONOV WW **1** rommelen, rammelen **2** rammelen, hobbelen <van kar>
Rumpelstilzchen ZN O (+s/gmv) Repelsteeltje
Rumpf ZN M (+(e)s/Rümpfe) romp
Rumpfbeuge ZN V (-/+n) rompbuiging
rümpfen OV WW • *die Nase ~* voor iemand of iets zijn neus optrekken
rund BN **1** rond • *~e Formen* ronde vormen **2** perfect, volmaakt • *alles läuft ~* alles gaat goed/zoals gepland, alles lukt • *die Sache ist ~* de zaak is perfect **3** circa, ongeveer • *sie hat ~ 100 Euro bezahlt* zij heeft zo'n/ongeveer 100 euro betaald **4** in het rond, eromheen • *eine Reise ~ um die Welt* een reis om de wereld • *~ um die Uhr* 24 uur per dag, dag en nacht
Runde ZN V (-/+n) **1** gezelschap, kring • *in die ~ fragen* het hele gezelschap vragen **2** ronde, rondgang • *die ~ machen* van hand tot hand gaan, verder verteld worden **3** rondje <beurt> • *eine ~ geben/schmeißen* een rondje geven • *eine ~ Memory spielen* een rondje memory spelen **4** rondte, kring **5** SPORT ronde ▸ *etwas über die Runden bringen* iets doorstaan, iets voor elkaar krijgen ▸ *über die Runden kommen* moeilijkheden te boven komen, het financieel net kunnen rooien ▸ *jemandem über die Runden helfen* iemand uit de brand helpen
runden **1** OV WW **1** ronden **2** rondmaken, afronden **2** WKD WW (**sich ~**) **1** zich ronden, rond worden **2** afgerond worden (tot) • *das Bild hat sich gerundet* het beeld is compleet
Rundfahrt ZN V (-/+en) **1** (wieler)ronde **2** rondvaart, rondreis, rondrit
Rundflug ZN M (+(e)s/-flüge) rondvlucht
Rundfrage ZN V (-/+n) rondvraag

ru

Rundfunk ZN M (+s/gmv) **1** radio • *etwas im ~ hören* iets op de radio horen **2** radio-omroep

Rundfunkapparat ZN M (+(e)s/+e) radiotoestel

Rundfunkgebühr ZN V (-/+en) kijk- en luistergeld

Rundfunkgerät ZN O (+(e)s/+e) radiotoestel

Rundfunkhörer ZN M (+s/-) radioluisteraar

Rundfunksender ZN M (+s/-) radiozender

Rundfunksendung ZN V (-/+en) radio-uitzending

Rundfunkübertragung ZN V (-/+en) radio-uitzending

Rundgang ZN M (+(e)s/-gänge) **1** rondgang, ronde **2** omgang

rundheraus BW ronduit, rondweg

rundherum BW **1** rondom, in het rond **2** helemaal

rundlich BN **1** vrij rond, enigszins rond **2** gezet, mollig

Rundreise ZN V (-/+n) rondreis

Rundschau ZN V (-/gmv) panorama, uitzicht

Rundschreiben ZN O (+s/-) circulaire

rundum BW rondom, in het rond

Rundung ZN V (-/+en) ronding

rundweg BW ronduit, rondweg

Rune ZN V (-/+n) rune, runenteken

Runenschrift ZN V (-/+en) runenschrift

runter BW naar beneden, af → **herunter**

runterwerfen OV WW naar beneden gooien

Runzel ZN V (-/+n) rimpel, plooi, frons

runzeln **1** OV WW fronsen **2** WKD WW (**sich ~**) rimpelig worden

runzlig BN rimpelig, gefronst

Rüpel ZN M (+s/-) lomperd, brutale vlegel

Rüpelei ZN V (-/+en) **1** lompheid, lompe daad **2** onbehouwenheid, onbehouwen gedrag

rüpelhaft BN vlegelachtig, lomp

rupfen OV WW **1** plukken **2** uittrekken **3** FIG. plukken, afzetten • *in dem Lokal wurden sie ganz schön gerupft* in dit café werden ze mooi afgezet

Rupfen ZN M (+s/-) jute(weefsel)

ruppig BN **1** armzalig, haveloos **2** onbehouwen

Rüsche ZN V (-/+n) ruche, geplooid oplegsel

russ. AFK russisch Russisch

Ruß ZN M (+es/+e) roet

Russe ZN M (+n/+n) Rus

Rüssel ZN M (+s/-) **1** slurf **2** zuigspriet, roltong **3** snuit <van bijvoorbeeld varken> **4** INFORM. neus

Rüsselkäfer ZN M (+s/-) snuitkever

rußen **1** OV WW met roet zwart maken **2** ONOV WW roeten

rußig BN beroet, onder het roet

Russin ZN V (-/+nen) Russin

russisch BN Russisch

Russland ZN O (+s/gmv) Rusland

rüsten **1** OV WW toerusten, klaarmaken, gereedmaken **2** ONOV WW zich bewapenen, voorbereidingen treffen • *das Rüsten geht weiter* de bewapening gaat door **3** WKD WW (**sich ~**) zich klaarmaken, zich opmaken • *sich zum Aufbruch ~* zich klaarmaken voor vertrek

rüstig BN kras, flink, energiek

rustikal BN **1** rustiek, landelijk **2** robuust, ongecompliceerd

Rüstung ZN V (-/+en) **1** bewapening **2** wapenrusting, harnas • *ein Ritter in ~* een ridder in harnas

Rüstungsindustrie ZN V (-/+n) wapenindustrie

Rüstungswettlauf ZN M (+(e)s/gmv) bewapeningswedloop

Rüstzeug ZN O (+(e)s/+e) **1** gereedschap, uitrusting **2** vakkennis • *das nötige ~ haben* de nodige vakkennis hebben

Rute ZN V (-/+n) **1** roede, twijg • *sich unter jemandes ~ beugen* zich aan iemand onderwerpen • *mit eiserner ~ regieren* met ijzeren vuist regeren • *die ~ vom Nikolaus* de roe van Sinterklaas **2** wichelroede **3** hengel **4** DIERK. staart

Rutengänger ZN M (+s/-) wichelroedeloper

Rutsch ZN M (+(e)s/+e) **1** het (af)glijden, het schuiven • *auf einen/in einem ~* in één keer, zonder onderbreking **2** aardverschuiving **3** INFORM. uitstapje ▸ *guten ~ ins neue Jahr!* zalig uiteinde!

Rutschbahn ZN V (-/+en) glijbaan

Rutsche ZN V (-/+n) glijbaan

rutschen ONOV WW **1** glijden, schuiven, glippen, slippen • *das Auto kam ins Rutschen* de auto begon te slippen • *das Essen will nicht ~* het eten smaakt niet **2** zakken • *die Preise kommen ins Rutschen* de prijzen beginnen te kelderen

Rutscher ZN M (+s/-) uitglijder, schuiver

rutschfest BN slipvast, antislip

Rutschgefahr ZN V (-/gmv) slipgevaar

rutschig BN glibberig

rütteln OV + ONOV WW **1** schudden, schokken **2** rukken, rammelen • *daran gibt es nichts zu ~* daaraan valt niet te tornen

S

s. AFK **1** siehe **zie** **2** TAALK. sächlich **o** <onzijdig>

S **1** ZN O (-/-) letter **s** • *S wie Siegfried / Salomon* de s van Simon **2** AFK (-/-) **1** Süd **Z** <zuid> **2** Süden **Z** <zuiden>

S. AFK Seite **p.** <pagina, bladzijde>

SA AFK GESCH. Sturmabteilung **SA** <paramilitaire nazi-organisatie>

Saal ZN M (+(e)s/Säle) **zaal**

Saar ZN V (-/gmv) **Saar** <zijrivier van de Moezel>

Saarland ZN O (+s/gmv) **Saarland** <Duitse deelstaat>

Saat ZN V (-/+en) **1 zaad 2 zaaien, uitzaai 3 jong gewas op het veld**

Saatgut ZN O (+(e)s/gmv) **zaaigoed, pootgoed** • *das ~ über den Rasen verteilen* het zaad over het grasveld uitspreiden

Saatkartoffel ZN V (-/+n) **pootaardappel**

Saatkrähe ZN V (-/+n) **roek**

Sabbat ZN M (+s/+e) **sabbat** <joodse rustdag>

Sabbatjahr ZN O (+es/+e) **sabbatical (jaar)**

Sabber ZN M (+s/gmv) **kwijl**

sabbern ONOV WW **1 kwijlen 2 kletsen, leuteren**

Säbel ZN M (+s/-) **sabel**

Säbelhieb ZN M (+(e)s/+e) **sabelhouw**

säbeln OV + ONOV WW **hakken, onhandig snijden**

Säbelrasseln ZN O (+s/gmv) **1 sabelgekletter 2** MIN. **oorlogsdreiging**

Sabotage ZN V (-/+n) **sabotage**

Saboteur ZN M (+s/+e) **saboteur**

sabotieren OV WW **saboteren**

Sachbearbeiter ZN M (+s/-) **beleidsmedewerker, ambtenaar / medewerker die een zaak behandelt** • *mein ~ bei der Versicherung* mijn tussenpersoon bij de verzekering

Sachbeschädigung ZN V (-/+en) **materiële schade**

Sachbuch ZN O (+(e)s/-bücher) **non-fictieboek**

sachdienlich BN **relevant** • *~e Hinweise bitte an die Polizei* relevante informatie graag doorgeven aan de politie

-sache ACHTERV **-kwestie, kwestie van** • *Geschmackssache* kwestie van smaak • *Übungssache* kwestie van oefening

Sache ZN V (-/+n) **zaak, ding, aangelegenheid** • *Sachen* spullen • *die ~ ist die* het probleem is het volgende • *das ist eine ~ der Erziehung* dat is een kwestie van opvoeding • *das ist meine ~* dat is mijn zaak • *das tut nichts zur ~* dat doet er niet toe • *bei der ~ bleiben* bij het thema blijven, er met zijn aandacht bij blijven • *mit 100 Sachen fahren* met een snelheid van 100 kilometer per uur rijden • *zur ~ kommen* ter zake komen

Sachgebiet ZN O (+(e)s/+e) **1 onderwerp** • *nach Sachgebieten ordnen* naar onderwerpen rangschikken **2 werkgebied, ressort**

sachgemäß BN **1 vakkundig** • *mit einem Gerät ~ umgehen* een apparaat op de juiste manier bedienen **2 doelmatig**

sachgerecht BN **doelmatig**

Sachkatalog ZN M (+(e)s/+e) **systematische catalogus**

Sachkenner ZN M (+s/-) **ter zake kundige**

Sachkenntnis ZN V (-/+se) **vakkennis, kennis van zaken, deskundigheid** • *mit ~* met kennis van zaken

sachkundig BN **ter zake kundig, deskundig** • *~e Leitung* deskundige leiding

Sachlage ZN V (-/gmv) **stand van zaken**

Sachleistung ZN V (-/+en) **betaling in natura**

sachlich BN **objectief, zakelijk, inhoudelijk, feitelijk** • *~ bleiben* objectief blijven • *eine ~e Bemerkung* een zakelijke opmerking

sächlich BN TAALK. **onzijdig**

Sachlichkeit ZN V (-/+en) **1 zakelijkheid** • *die Neue ~* de nieuwe zakelijkheid **2 objectiviteit**

Sachregister ZN O (+s/-) **zaakregister**

Sachschaden ZN M (+s/-schäden) **materiële schade**

Sachse ZN M (+n/+n) **Saks**

Sachsen ZN O (+s/gmv) **Saksen** <Duitse deelstaat>

Sachsen-Anhalt ZN O (+s) **Saksen-Anhalt** <Duitse deelstaat>

Sächsin ZN V (-/+nen) **Saksische**

sächsisch BN **Saksisch**

Sachspende ZN V (-/+n) **gift in natura**

sachte **1** BN **1 zacht 2 licht** **2** BW **1 zachtjes 2 kalmpjes aan**

Sachverhalt ZN M (+(e)s/+e) **stand van zaken**

sachverständig BN **ter zake kundig, deskundig**

Sachverständige ZN M/V (+n/+n) **deskundige** • *einen Sachverständigen einschalten* een deskundige inschakelen

Sachwalter ZN M (+s/-) **1 pleitbezorger 2 zaakwaarnemer**

Sachwert **1** ZN M (+(e)s/gmv) **zakelijke waarde** **2** ZN M (+(e)s/+e) **voorwerp van waarde** • *Geld in Sachwerten anlegen* geld in goederen beleggen

Sachwörterbuch ZN O (+(e)s/-bücher) **encyclopedie, zaakwoordenboek**

Sack ZN M (+(e)s/Säcke) **1 zak** • *ein ~ Kartoffeln* een zak aardappelen • *mit ~ und Pack* met zijn hele hebben en houden • *schlafen wie ein ~* heel diep slapen • *in ~ und Asche gehen* boete doen **2** MIN. **man** • *der alte ~* die oude vent • *ein fauler ~* een luiwammes

sacken ONOV WW **zakken, zinken**

Sackgasse ZN V (-/+n) **doodlopende straat, slop** • *in eine ~ geraten* geen uitweg meer vinden, vastlopen, in het slop raken

Sackhüpfen ZN O (+s/gmv) **zaklopen**

Sadismus ZN M (-/-men) **sadisme**

Sadist ZN M (+en/+en) **sadist**

sadistisch BN **sadistisch**

Sadomasochist ZN M (+en/+en) **sadomasochist**

sadomasochistisch BN **sadomasochistisch**

säen OV + ONOV WW **zaaien** • *dünn gesät sein* dun gezaaid zijn

Safari ZN V (-/+s) **safari**

Safe ZN M (+s/+s) safe, bewaarkluis
Safran ZN M (+s/+e) saffraan
safrangelb BN saffraangeel
Saft ZN M (+(e)s/Säfte) **1** sap • *der ~ von Birnen* het sap van peren • *ohne ~ und Kraft* zonder enige fut of pit **2** vleesnat • *jemanden im eigenen ~ schmoren lassen* iemand in zijn eigen sop gaar laten koken **3** INFORM. energie, fut • *es ist kein ~ mehr auf der Leitung* er staat geen stroom op de leiding
saftig BN **1** sappig, mals **2** INFORM. flink **3** pikant, gepeperd • *ein ~es Bußgeld* een hoge boete
saftlos BN **1** zonder sap **2** zonder pit, krachteloos
Saga ZN V (-/+s) saga
Sage ZN V (-/+n) **1** sage **2** gerucht • *es geht die ~* het gerucht gaat
Säge ZN V (-/+n) zaag
Sägebock ZN M (+(e)s/-böcke) zaagbok
Sägemehl ZN O (+s/gmv) zaagmeel
sagen OV + ONOV WW **1** zeggen, vertellen, meedelen • *gesagt, getan* zo gezegd, zo gedaan • *ich lasse mir nichts ~* ik laat me niets zeggen • *lass dir von ihm nichts ~!* trek je van hem maar niets aan! • *das sagt sich so leicht* dat is gemakkelijk gezegd • *das sagt mir nichts* dat zegt mij niets • *können Sie mir ~ ...?* kunt u mij vertellen ...? • *er hat sage und schreibe 100 Euro dafür bezahlt* hij heeft toch werkelijk 100 euro ervoor betaald • *ich habe hier das Sagen* ik heb het hier voor het zeggen **2** betekenen • *das hat nichts zu ~* dat heeft niets te betekenen
sägen **1** OV WW zagen **2** ONOV WW IRON. snurken
sagenhaft BN **1** legendarisch **2** INFORM. fabelachtig, ongelofelijk
Sägerei ZN V (-/+en) zagerij
Sägespäne ZN MV zaagsel
Sägewerk ZN O (+(e)s/+e) houtzagerij
sah OV + ONOV WW verl. tijd → **sehen**
Sahara ZN V (-/gmv) Sahara
Sahne ZN V (-/gmv) **(slag)room** • *geschlagene ~* geklopte room • *mit oder ohne Sahne?* met of zonder slagroom? • *das ist erste ~* dat is het neusje van de zalm
Sahneeis ZN O (+es/gmv) roomijs
Sahnetorte ZN V (-/+n) slagroomtaart
sahnig BN romig, roomachtig
Saison ZN V (-/+s) seizoen
Saisonarbeiter ZN M (+s/-) seizoenarbeider
Saisonkorrektur ZN V seizoenscorrectie
Saite ZN V (-/+n) snaar • *die Saiten einer Geige* de snaren van een viool • *andere Saiten aufziehen* hardere maatregelen nemen
Saiteninstrument ZN O (+(e)s/+e) snaarinstrument
Sake ZN M rijstwijn sake
Sakko ZN M/O (+s/+s) colbertjas
sakral BN sacraal
Sakrament ZN O (+(e)s/+e) sacrament
sakramental BN sacramenteel
sakrisch BN INFORM. duivels, deksels • *das schmeckt ~ gut* dat smaakt verdomme lekker
Sakristei ZN V (-/+en) sacristie
Säkularisation ZN V (-/+en) verwereldlijking, secularisatie
säkularisieren OV WW seculariseren
Salafist ZN M (-en/+en) salafist
Salamander ZN M (+s/-) BIOL. salamander
Salami ZN V (-/-, +s) salami
Salamitaktik ZN V (-/+en) salamitactiek
Salat ZN M (+(e)s/+e) **1** salade, sla • *~ anmachen* sla aanmaken **2** geduvel, gezanik • *da haben wir den Salat!* daar hebben we het gedonder!
Salatkopf ZN M (+(e)s/-köpfe) krop sla
Salatschüssel ZN V (-/+n) slakom
Salbe ZN V (-/+n) zalf, smeersel
Salbei ZN M (+s/gmv) PLANTK. salie
salben OV WW zalven
Salbung ZN V (-/+en) zalving
salbungsvoll BN zalvend
saldieren OV WW salderen
Saldo ZN M (+s/+en, -di, +s) saldo
Sales ZN MV (-) sales
Saline ZN V (-/+n) zoutziederij
Salmiak ZN M/O (+s/gmv) salmiak
Salmiakgeist ZN M (+(e)s/gmv) ammonia
salomonisch BN • *ein ~es Urteil* een salomonsoordeel
Salon ZN M (+s/+s) salon
salonfähig BN **1** gepast **2** geaccepteerd • *das Thema ist wieder ~* over dat onderwerp mag weer gepraat worden • *nicht ~* niet salonfähig
Salonlöwe ZN M (+n/+n) salonheld
salopp BN ongedwongen, nonchalant
Salpeter ZN M (+s/gmv) salpeter
Salpetersäure ZN V (-/+n) salpeterzuur
Salto ZN M (+s/+s, -ti) salto • *~ mortale* salto mortale • *zweifache ~* dubbele salto
Salut ZN M (+(e)s/+e) saluut
salutieren ONOV WW salueren, groeten
Salutschuss ZN M (+es/+e) saluutschot • *Salutschüsse abfeuern* saluutschoten afvuren
Salve ZN V (-/+n) salvo
Salz ZN O (+es/+e) zout • *könntest du mir bitte das ~ geben?* kun je me het zout even geven? • *eine Prise ~* een snufje zout • *~ in die Wunde streuen* zout in de wond wrijven, een situatie verergeren
salzarm BN zoutarm
Salzburger Land ZN O Salzburger Land <Oostenrijkse deelstaat>
salzen OV WW zouten • *das Fleisch ~* het vlees zouten
Salzfässchen ZN O (+s/-) zoutvaatje
Salzfleisch ZN O (+(e)s/gmv) pekelvlees
salzhaltig BN zouthoudend
Salzhering ZN M (+s/+e) pekelharing
salzig BN zout, zoutig, zilt
Salzkartoffel ZN V (-/+n) gekookte aardappel
Salzlake ZN V (-/+n) pekel
salzlos BN zoutloos
Salzsäule ZN V (-/+n) zoutpilaar • FIG. *zur ~ erstarren* in een zoutpilaar veranderen
Salzsäure ZN V (-/gmv) zoutzuur
Salzsee ZN M (+s/+n) zoutmeer

Salzstange ZN V (-/+n) zoute stengel
Salzstreuer ZN M (+s/-) zoutstrooier
Salzwasser **1** ZN O (+s/-wässer) pekel **2** ZN O (+s/gmv) **1** zout water **2** zeewater
Salzwerk ZN O (+(e)s/+e) zoutziederij, zoutmijn
Sämann ZN M (+(e)s/-männer) zaaier
Samariter ZN M (+s/-) Samaritaan • *den ~ spielen* de barmhartige samaritaan uithangen • *der barmherzige ~* de barmhartige Samaritaan
Samba ZN M (+s/+s) samba <dans>
Samen ZN M (+s/-) zaad
Samenkapsel ZN V (-/+n) zaaddoos
Samenkorn ZN O (+(e)s/-körner) zaadkorrel
Samenleiter ZN M (+s/-) zaadleider
sämig BN smeuïg, gebonden
Sämischleder ZN O (+s/-) zeemleer
Sammelband ZN M (+(e)s/-bänder) verzamelband
Sammelbecken ZN O (+s/-) vergaarbak
Sammelbüchse ZN V (-/+n) collectebus
Sammellager ZN O (+s/-) verzamelkamp
sammeln **1** OV WW **1** verzamelen • *Briefmarken ~* postzegels verzamelen **2** inzamelen, collecteren • *für einen guten Zweck ~* voor een goed doel collecteren **2** WKD WW (**sich ~**) zich concentreren, zich verzamelen
Sammelplatz ZN M (+es/-plätze) verzamelplaats
Sammelpunkt ZN M (+(e)s/+e) verzamelplaats, trefpunt
Sammelsurium ZN O (+s/-surien) mengelmoes, allegaartje
Sammler ZN M (+s/-) **1** verzamelaar **2** collectant **3** accumulator **4** TECHN. leidingtunnel
Sammlung ZN V (-/+en) **1** verzameling, collectie, bundel **2** inzameling, collecte • *für einen guten Zweck sammeln* een collecte houden voor een goed doel **3** collectie, museum **4** concentratie, zelfbeheersing, inkeer
Samowar ZN M (+s/+e) samowaar
Sampler ZN M (+s/-) sampler
Samstag ZN M (+(e)s/+e) zaterdag
samstags BW 's zaterdags, op zaterdag
samt **1** BW • *~ und sonders* allen met elkaar, allemaal **2** VZ +3, benevens, met • *eine Geldbörse ~ dem Inhalt* een beurs met inhoud
Samt ZN M (+(e)s/+e) fluweel
Samtband ZN O (+(e)s/-bänder) fluwelen lint
samten BN fluwelen, van fluweel
Samthandschuh ZN M (+(e)s/+e) • *jemanden mit Samthandschuhen anfassen* iemand met fluwelen handschoentjes aanpakken
samtig BN fluwelen, fluweelachtig
Samtkleid ZN O (+(e)s/+er) fluwelen japon
sämtlich BN al, allemaal, alle, allen • *sämtliche Verwandten* alle familieleden • *~ gefundenes Material* al het gevonden materiaal
samtweich BN fluweelzacht
Sanatorium ZN O (+s/-rien) sanatorium
Sand ZN M (+(e)s/+e, Sände) zand • *wie ~ am Meer* ontzettend veel, een zee van ... • *im Sande verlaufen* op niets uitlopen • *auf ~ bauen* op zand bouwen • *etwas in den ~ setzen* iets verknallen • *den Kopf in den ~ stecken* je kop in het zand steken • *jemandem ~ in die Augen streuen* iemand zand in de ogen strooien • *~ im Getriebe* niet gesmeerd lopen
Sandale ZN V (-/+n) sandaal
Sandalette ZN V (-/+n) damessandaaltje
Sandbank ZN V (-/-bänke) zandbank
Sandelholz ZN O (+es/gmv) sandelhout
Sandgrube ZN V (-/+n) zandgroeve
sandig BN zandig, zanderig
Sandkasten ZN M (+s/-kästen) zandbak
Sandkorn ZN O (+(e)s/-körner) zandkorrel
Sandkuchen ZN M (+s/gmv) zandgebak
Sandpapier ZN O (+s/gmv) schuurpapier
Sandsack ZN M (+(e)s/-säcke) zandzak
Sandstein ZN M (+(e)s/+e) zandsteen
sandte OV WW verl. tijd → **senden**
Sanduhr ZN V (-/+en) zandloper
Sandwich ZN M/O (-, +(e)s/+e, +(e)s) sandwich
Sandwüste ZN V (-/+n) zandwoestijn
sanft BN **1** zacht • *mit ~en Mitteln* met zachte middelen • *mit ~er Hand* met zachte hand **2** zachtaardig, zachtmoedig, zachtzinnig • *auf die ~e Tour* op de vriendelijke toer
Sänfte ZN V (-/+n) draagstoel
Sanftheit ZN V (-/gmv) zachtheid, zachtmoedigheid, zachtzinnigheid
Sanftmut ZN V (-/gmv) zachtmoedigheid
sanftmütig BN zachtmoedig
sang OV + ONOV WW verl. tijd → **singen**
Sang ZN M (+(e)s/Sänge) zang, gezang • *mit ~ und Klang* met slaande trom
Sänger ZN M (+s/-) zanger
Sängerin ZN V (-/+nen) zangeres
sangesfreudig BN zanglustig
sang- und klanglos BW met stille trom • *~ abziehen* met stille trom vertrekken
sanieren OV WW **1** gezond maken, saneren • *eine Firma ~* een bedrijf saneren • *ein Gebiet ~* een terrein saneren **2** opknappen, renoveren • *die sanierte Altstadt* de opgeknapte historische binnenstad
Sanierung ZN V (-/+en) sanering
sanitär BN sanitair, hygiënisch
Sanitäter ZN M (+s/-) **1** EHBO'er **2** ambulancemedewerker, BELG. ambulancier **3** MIL. hospik
Sanitätsauto ZN O (+s/+s) ambulance
Sanitätskasten ZN M (+s/-) verbandkist
Sanitätswagen ZN M (+s/-) ambulance
Sanitätswesen ZN O (+s/gmv) geneeskundige dienst
sank ONOV WW verl. tijd → **sinken**
Sankt BN Sint, heilig • *~ Nikolaus* Sinterklaas
Sanktion ZN V (-/+en) sanctie
sanktionieren OV WW sanctioneren
Sankt-Nimmerleinstag ZN M (+(e)s/gmv) sint-juttemis • *am ~* met sint-juttemis
sann ONOV WW verl. tijd → **sinnen**
Sanskrit ZN O (+s/gmv) Sanskriet

Saphir ZN M (+s/+e) **1** saffier **2** saffiernaald

Sarde ZN M (+n/+n) Sardiniër

Sardelle ZN V (-/+n) ansjovis

Sardine ZN V (-/+n) sardine

Sardinien ZN O (+s/gmv) Sardinië

Sardinier ZN M (+s/gmv) Sardiniër

Sarg ZN M (+(e)s/Särge) doodskist

Sari ZN M (-, +s/+s) sari

Sarkasmus ZN M (-/-men) sarcasme

sarkastisch BN sarcastisch

Sarkophag ZN M (+s/+e) sarcofaag

Sarong ZN M (+s/+s) sarong

saß ONOV WW verl. tijd → **sitzen**

Satan ZN M (+s/+e) satan, duivel

satanisch BN satanisch, duivels

Satansbraten ZN M • *der Satansbraten!* die duivelse jongen!

Satellit ZN M (+en/+en) satelliet

Satin ZN M (+s/+s) satijn

Satire ZN V (-/+n) satire

Satiriker ZN M (+s/-) satiricus

satirisch BN spottend, satirisch

satt BN **1** verzadigd • *~es Blau* diep blauw **2** genoeg • *~ sein* genoeg gegeten hebben • *sich ~ essen* genoeg eten • *sich nicht ~ sehen können* er niet genoeg van kunnen krijgen om te kijken **3** beu, moe • *etwas ~ haben* iets zat zijn

sattblau BN diepblauw

Sattel ZN M (+s/Sättel) zadel • OOK FIG. *fest im ~ sitzen* stevig in het zadel zitten • OOK FIG. *jemandem in den ~ helfen* iemand in het zadel helpen • OOK FIG. *jemanden aus dem ~ stoßen/heben* iemand uit het zadel lichten FIG. *im Sattel sterben* in het harnas sterven

Satteldach ZN O (+(e)s/-dächer) zadeldak

sattelfest BN **1** vast in het zadel **2** goed beslagen <figuurlijk>

satteln OV WW zadelen

Sattelschlepper ZN M (+s/-) trekker met oplegger

Sattheit ZN V (-/gmv) verzadiging

sättigen OV + ONOV WW verzadigen • *der Markt ist gesättigt* de markt is verzadigd • *dieses Essen sättigt nicht* dit eten vult niet

Sättigung ZN V (-/+en) verzadiging • *die ~ des Marktes* de verzadiging van de markt

Sattler ZN M (+s/-) zadelmaker

Sattlerei ZN V (-/+en) leerbewerking

sattrot BN dieprood

sattsam BW genoeg, meer dan voldoende

Saturn ZN M (+s/gmv) Saturnus

Satz ZN M (+es/Sätze) **1** zin, volzin • *ein vollständiger ~* een volle zin • *nebengeordneter ~* nevenschikkende zin • *ein aktiver ~* een actieve zin • *Sätze zergliedern/grammatisch zerlegen* zinnen ontleden **2** stel, set, serie • *ein ~ Schraubenzieher* een set schroevendraaiers **3** stelling, leerstelling • *der ~ des Pythagoras* de stelling van Pythagoras **4** sprong • *die Katze macht einen ~* de kat maakt een sprong **5** bezinksel, drab • *im Glas bleibt ein ~* in het glas blijft bezinksel achter **6** tarief • *wie ist Ihr ~ pro Stunde?* wat is uw tarief per uur? **7** SPORT set **8** DRUKK. zetsel • *der ~ der Zeitung* het zetsel van de krant **9** MUZ. deel <van muziekwerk> • *der langsame ~ der Sinfonie* het langzame deel van de symfonie

Satzanalyse ZN V (-/+n) zinsontleding, redekundige ontleding

Satzaussage ZN V (-/+n) TAALK. naamwoordelijk gezegde

Satzball ZN M (+(e)s/-bälle) SPORT setpoint

Satzbau ZN M (+(e)s/gmv) TAALK. zinsbouw

Satzfehler ZN M (+s/-) zetfout

Satzgefüge ZN O TAALK. samengestelde zin

Satzgegenstand ZN M (+(e)s/gmv) TAALK. onderwerp

Satzteil ZN M (+(e)s/+e) TAALK. zinsdeel

Satzung ZN V (-/+en) statuten, reglement

satzungsgemäß BN statutair, volgens de statuten

Satzzeichen ZN O (+s/-) leesteken

sau-, Sau- VOORV + ACHTERV **1** INFORM. enorm • *saudumm* oliedom • *sauteuer* peperduur **2** INFORM. klere- • *Sauwetter* klereweer **3** INFORM. bere-, super- • *saugut* beregoed

Sau **1** ZN V (-/Säue) **1** zeug **2** INFORM. smeerlap, varken • *die ~ herauslassen* de beest uithangen • *zur ~ machen* de grond in boren **3** INFORM. • *wie ~* heel erg • *das tut weh wie ~* dat doet vreselijk pijn ▸ INFORM. *unter aller ~* beneden alle peil **2** ZN V (-/+en) wild zwijn

Sau- VOORV + ACHTERV klere- • *Sauwetter* klereweer, pokkenweer, kloteweer, kutweer, takkeweer • *dort herrscht eine Sauwirtschaft* het is daar een zooi

Sauarbeit ZN V (-/+en) **1** INFORM. vies, zwaar werk • *es war eine Sauarbeit, aber es sieht toll aus* het was een karwei, maar nu ziet het er prachtig uit **2** INFORM. miserabel werk

sauber BN **1** netjes, keurig • *~e Arbeit* keurig werk • IRON. *na, ~!* dat is een mooie boel! • *~ spielen* toonvast zijn **2** onberispelijk, fatsoenlijk • IRON. *ein ~er Bursche* een fraai heerschap • *das ist nicht ganz ~* daar zit een luchtje aan **3** aardig, knap **4** schoon, zindelijk • *das Kind ist noch nicht ~* het kind is nog niet zindelijk

Sauberkeit ZN V (-/gmv) **1** netheid, keurigheid • *auf ~ achten* netjes zijn **2** onberispelijkheid, oprechtheid **3** zindelijkheid

säuberlich BN netjes, keurig

säubern OV WW schoonmaken, reinigen

Säuberung ZN V (-/+en) reiniging, zuivering • *ethnische Säuberungen* etnische zuiveringen

saublöd BN ontzettend stom

Saubohne ZN V (-/+n) tuinboon

Sauce ZN V (-/+n) saus, jus

saudumm BN oliedom

sauen ONOV WW **1** biggen werpen **2** INFORM. morsen, knoeien **3** INFORM. schuine moppen tappen

sauer BN **1** zuur • *saure Sahne* zure room • *saure Milch* zure melk • *~ verdientes Geld* zuur verdiend geld • *~ dreinblicken* zuur kijken • *jemandem das*

Leben ~ machen iemands leven verzuren **2 boos, ontstemd** • *auf jemanden ~ sein* boos op iemand zijn

Sauerampfer ZN M (+s/-) **veldzuring**

Sauerbraten ZN M (+s/-) **zuurvlees, gemarineerd rundvlees**

Sauerei ZN V (-/+en) **1 gemene streek** • *das ist so eine ~ von ihm* dat is zo gemeen van hem **2 knoeiboel** • *was für eine Sauerei!* wat een smeerboel!

Sauerkirsche ZN V (-/+n) **zure kers**

Sauerkraut ZN O (+(e)s/gmv) **zuurkool**

säuerlich BN **1 zuurachtig, zurig 2 zuur, chagrijnig**

Sauermilch ZN V (-/gmv) **zure melk**

säuern OV + ONOV WW **verzuren, zuren**

Sauerstoff ZN M (+(e)s/gmv) **zuurstof**

Sauerstoffflasche ZN V (-/+n) **zuurstoffles**

sauerstoffhaltig BN **zuurstofhoudend**

Sauerteig ZN M (+(e)s/+e) **zuurdesem**

Sauertopf ZN M (+(e)s/gmv) **zuurpruim**

sauertöpfisch BN **zuur, nors**

Säuerung ZN V (-/+en) **verzuring, zuur maken**

saufen OV + ONOV WW sterk **1 drinken** <van dieren> **2 zuipen**

Säufer ZN M (+s/-) **dronkenlap**

Sauferei ZN V (-/+en) **1 drinkgelag 2 gezuip**

Saufgelage ZN O (+s/gmv) INFORM. **drinkgelag**

Saufraß ZN M (+es/gmv) VULG. **varkenskost, zeer slechte kost**

Sauftour ZN V (-/+en) **kroegentocht**

saugen OV + ONOV WW sterk **zuigen** • *den Teppich ~* het tapijt stofzuigen

säugen OV WW **zogen**

Sauger ZN M (+s/-) **1 zuiger 2 fopspeen 3 speen** <op fles>

Säuger ZN M (+s/-) **zoogdier**

Säugetier ZN O (+(e)s/+e) **zoogdier**

Saugflasche ZN V (-/+n) **zuigfles**

Säugling ZN M (+s/+e) **zuigeling**

Säuglingsausstattung ZN V (-/+en) **babyuitzet**

Säuglingspflege ZN V (-/gmv) **zuigelingenzorg**

Säuglingspflegerin ZN V (-/+nen) **babyverzorgster**

Säuglingsschwester ZN V (-/+n) **kraamverpleegster**

Säuglingssterblichkeit ZN V (-/gmv) **zuigelingensterfte**

Saugnapf ZN M (+(e)s/-näpfe) **zuignap**

Sauhaufen ZN M (+s/gmv) **1 een zootje ongeregeld** • *so ein Sauhaufen!* wat een zootje ongeregeld is dat! **2 zwijnestal, varkensstal**

säuisch BN **smerig, obsceen**

saukalt BN **bar koud**

Saukerl ZN M (+s/+e) INFORM. **rotvent**

Säule ZN V (-/+n) **zuil, pilaar, kolom**

Saum ZN M (+(e)s/Säume) **zoom, rand**

saumäßig INFORM. **1** BN **bar slecht, ontzettend slecht** • *der Vortrag war ~* de lezing was ontzettend slecht **2** BW **enorm, ontzettend** • *~ teuer* vreselijk duur

säumen 1 OV WW **zomen, omzomen 2** ONOV WW **dralen, talmen**

säumig BN **1 (te) laat, traag 2 nalatig** • *ein säumiger Zahler* een wanbetaler

Sauna ZN V (-/+s, +en) **sauna**

Säure 1 ZN V (-/gmv) **zuurheid 2** ZN V (-/Säuren) **zuur**

säurebeständig BN **bestand tegen zuur**

Saure-Gurken-Zeit ZN V (-/+en) **komkommertijd**

Saurier ZN M (+s/-) **sauriër**

Saus ZN M • *in ~ und Braus leben* een uitbundig leven leiden, een losbol zijn

Sause ZN V (-/+n) **drinkgelag, knalfuif**

säuseln ONOV WW **1 suizelen, zachtjes ruisen 2** IRON. **vleierig spreken**

sausen ONOV WW **1 suizen, ruisen 2 vliegen, stuiven**

Sausewind ZN M (+(e)s/+e) **1** JEUGDT. **stormachtige wind 2** INFORM. **onrustig mens 3** INFORM. **zeer druk kind**

Saustall ZN M (+(e)s/-ställe) OOK FIG. **varkenskot, zwijnenstal** • *räum deinen ~ auf* ruim je zwijnenstal op

Sauwetter ZN O (+s/gmv) **hondenweer**

sauwohl BW **kiplekker**

Savanne ZN V (-/+n) **savanne**

Saxofon, **Saxophon** ZN O (+s/+e) **saxofoon**

S-Bahn AFK Schnellbahn ≈ **sneltram** <verbindt de buitenwijken en omliggende dorpen van een grote stad met het centrum>

SC AFK Sportclub **sportclub**

scannen OV + ONOV WW **scannen**

Scanner ZN M (+s/-) **scanner**

Schabe ZN V (-/+n) **1** BIOL. **kakkerlak 2 schaafijzer**

schaben OV WW **schaven, schrapen, schrappen, raspen** • *Möhren ~* worteltjes schrappen

Schaber ZN M (+s/-) **schaafijzer**

Schabernack ZN M (+(e)s/+e) **poets, plagerij** • *jemandem einen ~ spielen* iemand een kool stoven

schäbig BN **1 kaal, sjofel, armzalig 2 gierig, bekrompen** • *sich ~ verhalten* bekrompen zijn • *ein schäbiger Trick* een minne streek

Schablone ZN V (-/+n) **sjabloon, model, vorm**

schablonenhaft BN **volgens een sjabloon, naar een vast model, conventioneel**

Schach ZN O (+s/+s) **1 schaak** • *jemanden in ~ halten* iemand in toom houden **2 schaakspel**

Schachbrett ZN O (+(e)s/+er) **schaakbord**

Schacher ZN M (+s/gmv) MIN. **gesjacher**

Schacherer ZN M (+s/-) **sjacheraar**

schachern ONOV WW **sjacheren** • *um den Preis ~* op de prijs afdingen

Schachfigur ZN V (-/+en) **schaakstuk**

schachmatt BN **schaakmat** • *~ sein* totaal uitgeput zijn

Schachmeister ZN M (+s/-) **schaakkampioen**

Schachmeisterschaft ZN V (-/+en) **schaakkampioenschap**

Schachspiel ZN O (+(e)s/+e) **schaakspel, schaakwedstrijd**
Schachspieler ZN M (+s/-) **schaker**
Schacht ZN M (+(e)s/Schächte) **schacht, mijnschacht**
Schachtel ZN V (-/+n) **(kleine) doos** • FIG. *eine alte ~* een oude taart/tante • *eine ~ Streichhölzer* een doosje lucifers • *eine ~ Zigaretten* een pakje sigaretten
Schachtelhalm ZN M (+(e)s/+e) PLANTK **paardenstaart**
schachteln OV WW **in elkaar schuiven, ineenvoegen**
Schachtelsatz ZN M (+es/-sätze) **lange ingewikkelde zin**
schachten ONOV WW **uitgraven** <grond/schacht>
schächten ONOV WW **ritueel slachten** <volgens de joodse of islamitische ritus>
Schachzug ZN M (+(e)s/-züge) **1 schaakzet 2** FIG. **zet**
schade BW **jammer** • *es ist ~ um ihn* het is jammer voor/van hem • *dafür ist mir der Mantel zu ~* daarvoor is me die jas te goed • *wie ~!* wat jammer!
Schädel ZN M (+s/-) **schedel** • OOK FIG. *sich den ~ einrennen* zijn hoofd stoten
Schädeldach ZN O (+(e)s/-dächer) **schedeldak**
schaden 1 OV WW +3, **schaden, benadelen** • *jemandem ~* iemand schade berokkenen, iemand nadeel toebrengen **2** ONOV WW **schadelijk zijn** • *es schadet nichts* het doet er niets toe, het kan geen kwaad • *es schadet mir nicht* ik ondervind er geen nadeel van
Schaden ZN M (+s/Schäden) **1 schade, nadeel** • *zu ~ kommen* letsel oplopen, nadeel ondervinden • *mit ~ verkaufen* met verlies verkopen • *es soll dein ~ nicht sein* je zult er niet slecht bij varen • *durch ~ wird man klug* door schade en schande wordt men wijs • *~ nehmen* schade oplopen • *den ~ begrenzen* de schade beperken • *den ~ aufnehmen* de schade opnemen **2 beschadiging 3 letsel, gebrek**
Schadenersatz, **Schadensersatz** ZN M (+es/gmv) **schadevergoeding** • *~ fordern* schadevergoeding eisen • *auf ~ klagen* een eis tot schadevergoeding instellen
Schadenersatzanspruch, **Schadensersatzanspruch** ZN M **eis tot schadevergoeding** • *Schadenersatzansprüche bei jemandem geltend machen* de schade op iemand verhalen • *Schadenersatzansprüche stellen* eis tot schadevergoeding indienen
Schadenfreiheitsrabatt, **Schadensfreiheitsrabatt** ZN M (+(e)s/+e) **no-claimkorting**
Schadenfreude ZN V (-/gmv) **leedvermaak**
schadenfroh BN **vol leedvermaak**
Schadensachverständige ZN M/V **schade-expert**
schadhaft BN **1 beschadigd, stuk** • *die ~e Stelle* de beschadigde plek **2 aangestoken, slecht** • *~e Zähne* slechte tanden
Schadhaftigkeit ZN V (-/+en) **slechte/beschadigde toestand, schade**
schädigen OV WW **schaden, benadelen** • *der Geschädigte* de beschadigde • *jemandes Interessen ~* iemand in zijn belangen schaden • *er wird dadurch nicht geschädigt* hij heeft er geen nadeel bij
Schädigung ZN V (-/+en) **1 benadeling, aantasting 2 beschadiging**
schädlich BN **schadelijk, nadelig** • *~ sein für* nadelig werken op
Schädlichkeit ZN V (-/gmv) **schadelijkheid**
Schädling ZN M (+s/+e) **1 schadelijk dier 2 schadelijke plant**
Schädlingsbekämpfung ZN V (-/gmv) **bestrijding van schadelijke planten of dieren**
schadlos BW **schadeloos** • *sich an jemandem ~ halten* zijn schade op iemand verhalen
Schadstoff ZN M (+(e)s/+e) **schadelijke stof**
Schaf ZN O (+(e)s/+e) **schaap** • *du bist ein dummes ~* je bent een sukkel/dom schaap • *das schwarze ~ sein* het zwarte schaap zijn
Schafbock ZN M (+(e)s/-böcke) **ram**
Schäfchen ZN O (+s/-) **schaapje** • *er hat seine ~ ins Trockene gebracht* hij heeft zijn schaapjes op het droge • *~ zählen* schaapjes tellen
Schäfchenwolken ZN MV **schapenwolkjes**
Schäfer ZN M (+s/-) **schaapherder**
Schäferei 1 ZN V (-/gmv) **schapenteelt 2** ZN V (-/+en) **schapenfokkerij**
Schäferhund ZN M (+(e)s/+e) **herdershond** • *deutscher ~* Duitse herder
Schaffell ZN O (+(e)s/+e) **schapenvel**
schaffen 1 OV WW sterk **scheppen, doen ontstaan, voortbrengen** • *Ordnung ~* orde scheppen • *Ruhe ~* rust scheppen, zorgen dat het rustig wordt • *wie ge~ sein für* geschapen zijn voor • *einen neuen Raum ~* een nieuwe ruimte creëren **2** OV + ONOV WW zwak **1 redden, klaarspelen** • *es ~* het afkunnen • *es nicht ~* het niet redden • *das ~ wir schon* dat redden we wel • *er hat es geschafft* hij heeft het klaargespeeld • *den Zug noch ~* de trein nog halen • *Roeland wird's schon ~* Roeland komt er wel **2 brengen, vervoeren** • *jemanden ins Krankenhaus ~* iemand naar het ziekenhuis brengen • FIG. *jemanden aus dem Wege ~* iemand uit de weg ruimen • FIG. *sich jemanden vom Halse ~* zich van iemand ontdoen • FIG. *etwas aus der Welt ~* iets uit de wereld helpen **3 werken, bezig zijn** • *viel ~* veel werk verzetten • *sich im Garten zu ~ machen* in de tuin rondklungelen • *das macht mir zu ~* dat geeft te denken, dat bezorgt me veel last • *damit habe ich nichts zu ~* daar heb ik niets mee te maken **4 vermoeien, uitputten** • *die Arbeit schafft* het werk vordert • *sie war ganz geschafft* ze was helemaal uitgeput • *es bis zum Monatsende ~* het einde van de maand halen • *für etwas wie ge~ sein* voor iets geknipt zijn • *es schon ~* het wel rooien • *das Schaffen von mehr Arbeitsplätzen* de verruiming van de werkgelegenheid • *ich habe nichts mit dir zu ~* ik heb niets met je uit te staan • *das wird ihm ganz schön zu ~ machen* daar zal hij een hele kluif aan hebben • *ich schaffe es nicht* ik zie er geen kans toe

• *das ist geschafft!* dat zit erop! • *mein Auto schafft sicher 150 km/h* mijn auto haalt zeker 150 km per uur • *es ~* het halen • *etwas ~* iets gedaan krijgen

Schaffensdrang ZN M (+(e)s/gmv) scheppingsdrift

Schaffenskraft ZN V (-/gmv) scheppingskracht, creativiteit

Schaffleisch ZN O (+(e)s/gmv) schapenvlees

Schaffner ZN M (+s/-) conducteur

Schaffnerin ZN V (-/+nen) conductrice

Schaffung ZN V (-/gmv) (het) scheppen, creatie • *die ~ neuer Arbeitsplätze* de creatie van nieuwe arbeidsplaatsen

Schafherde ZN V (-/+n) kudde schapen

Schafhirt ZN M (+en/+en) schaapherder

Schafott ZN O (+(e)s/+e) schavot

Schafschur ZN V (-/+en) (het) scheren van schapen

Schafskäse ZN M (+s/gmv) schapenkaas

Schafspelz ZN M (+es/+e) schapenvacht • *ein Wolf im ~* een wolf in schapenkleren

Schafstall ZN M (+(e)s/-ställe) schapenstal, schaapskooi

Schaft ZN M (+(e)s/Schäfte) **1** schacht, steel **2** recht middenstuk van zuil **3** lade <van een geweer>

Schaftstiefel ZN M (+s/-) kaplaars

Schafwolle ZN V (-/gmv) schapenwol

Schafzucht ZN V (-/gmv) schapenfokkerij

Schah ZN M (+s/+s) sjah

Schakal ZN M (+s/+e) jakhals

Schäker ZN M (+s/-) **1** grapjas, guit **2** iemand die graag flirt

Schäkerei ZN V (-/+en) gekheid, gestoei, geflirt

schäkern ONOV WW gekheid maken, stoeien, flirten

schal BN **1** verschaald **2** duf, flauw **3** smakeloos

Schal ZN M (+s/+s, +e) sjaal

Schälchen ZN O (+s/-) schaaltje

Schale ZN V (-/+n) **1** schaal, schotel, kom **2** schil, schaal, bast, dop, schelp • FIG. *in ~ sein* piekfijn gekleed zijn • FIG. *sich in ~ werfen* zijn beste kleren aantrekken ▸ *in einer rauen ~ steckt oft ein guter Kern* ruwe bolster, blanke pit

schälen OV WW schillen, pellen • INFORM. *sich aus den Kleidern ~* zich van zijn kleren ontdoen • *sich ~* vervellen

Schalheit ZN V (-/gmv) **1** (het) verschaald zijn **2** flauwheid, dufheid

Schalk ZN M (+(e)s/+e, Schälke) schalk, schelm • *er hat den ~ im Nacken* hij is een grappenmaker

schalkhaft BN schalks

Schalkhaftigkeit ZN V (-/gmv) schalksheid

Schall ZN M (+(e)s/+e, Schälle) **1** geluid, klank **2** geschal **3** galm • *nichts als ~ und Rauch sein* geen betekenis hebben, onbelangrijk/onbeduidend zijn

Schallboden ZN M (+s/-) klankbodem

schalldämmend BN geluiddempend

Schalldämmung ZN V (-/+en) geluiddemping

Schalldämpfer ZN M (+s/-) **1** geluiddemper **2** knalpot

Schalldämpfung ZN V (-/+en) geluiddemping

schalldicht BN geluiddicht • *~ machen* geluiddicht maken

schallen ONOV WW zwak schallen, klinken, galmen

Schallgeschwindigkeit ZN V (-/gmv) snelheid van het geluid

Schallgrenze ZN V (-/gmv) geluidsbarrière

schallisoliert BN geluiddicht

Schallisolierung ZN V (-/+en) geluidsisolatie

Schallmauer ZN V (-/gmv) geluidsbarrière

Schallplatte ZN V (-/+n) grammofoonplaat

Schallschutz ZN M (+es/gmv) geluidsisolatie

Schallwelle ZN V (-/+n) geluidsgolf

Schalmei ZN V (-/+en) schalmei

Schalotte ZN V (-/+n) sjalot

schalt OV + ONOV WW verl. tijd → **schelten**

Schaltanlage ZN V (-/+n) schakelinstallatie

Schaltbild ZN O (+(e)s/+er) schakelschema

Schaltbrett ZN O (+(e)s/+er) **1** schakelbord **2** instrumentenbord

schalten 1 OV WW schakelen, zetten **2** ONOV WW **1** schakelen **2** beheren, regeren • *~ und walten* doen en laten wat men wil **3** INFORM. begrijpen • *er schaltete schnell* hij had het snel door, hij reageerde snel

Schalter ZN M (+s/-) **1** schakelaar **2** loket • *am ~* aan het loket

Schalterbeamte ZN M (+n/+n) loketbeambte

Schalthebel ZN M (+s/-) **1** schakelaar, schakelhefboom **2** versnellingshendel

Schaltjahr ZN O (+(e)s/+e) schrikkeljaar

Schaltplan ZN M (+(e)s/-pläne) schakelschema

Schaltpult ZN O (+(e)s/+e) schakelpaneel

Schalttafel ZN V (-/+n) schakelbord

Schaltung ZN V (-/+en) **1** (het) schakelen **2** schakelschema **3** versnellingsbak

Schaltzentrale ZN V (-/+n) regelcentrale, schakelcentrum

Schaluppe ZN V (-/+n) sloep

Scham ZN V (-/gmv) **1** schaamte • *vor ~ versinken* van schaamte door de grond zinken **2** schaamstreek

Schambein ZN O (+(e)s/+e) schaambeen

schämen WKD WW (**sich ~**) +2, zich schamen • *er schämt sich seiner Herkunft* hij schaamt zich voor zijn afkomst • *sich für etwas ~* zich voor iets schamen • *sich für jemanden ~* plaatsvervangende schaamte voelen • *du solltest dich ~* je zou je moeten schamen

Schamgefühl ZN O (+s/+e) schaamtegevoel

schamhaft BN **1** zedig, kuis **2** beschaamd, bedeesd

Schamhaftigkeit ZN V (-/gmv) zedigheid

schamlos BN schaamteloos

Schamlosigkeit ZN V (-/gmv) schaamteloosheid

Schampus ZN M (-/gmv) INFORM. champagne

schamrot BN schaamrood, blozend van schaamte

Schamröte ZN V (-/gmv) schaamrood,

schaamteblos
schandbar BN **1** schandalig, schandelijk **2** ontzettend slecht
Schande ZN V (-/gmv) schande, smaad
schänden OV WW **1** schenden • *jemandes guten Ruf ~* de goede naam van iemand schenden **2** onteren, verkrachten **3** verminken
Schandfleck ZN M (+(e)s/+e) schandvlek
schändlich BN **1** schandelijk, schandalig **2** INFORM. ontzettend, enorm
Schändlichkeit **1** ZN V (-/gmv) schande **2** ZN V (-/+en) schandelijkheid
Schandmaul ZN O (+(e)s/-mäuler) lasteraar, lastertong
Schandpfahl ZN M (+(e)s/-pfähle) schandpaal
Schandtat ZN V (-/+en) schanddaad
Schändung ZN V (-/+en) **1** schending **2** ontering
Schankbier ZN O (+(e)s/+e) tapbier
Schankerlaubnis ZN V (+ses/+se) tapvergunning
Schankstube ZN V (-/+n) café, gelagkamer
Schanktisch ZN M (+(e)s/+e) tapkast, buffet
Schankwirt ZN M (+(e)s/+e) caféhouder, kroegbaas
Schankwirtschaft ZN V (-/+en) café, kroeg
Schanze ZN V (-/+n) schans
schanzen ONOV WW **1** schansen, een schans opwerpen, graafwerk verrichten **2** INFORM. hard werken, ploeteren
Schar ZN V (-/+en) schare, troep, menigte • *ganze Scharen von Touristen* massa's van toeristen
Scharade ZN V (-/+n) charade, lettergreepraadsel
scharen WKD WW (**sich ~**) scharen • *die Schüler scharten sich um den Lehrer* de leerlingen schaarden zich om de leraar
scharenweise BW in drommen, in scharen • *~ sterben* bij bosjes sterven
scharf BN **1** scherp • *das Gewehr ist ~ geladen* het geweer is met scherp geladen • *~ schießen* met scherp schieten • *~ beobachten* nauwkeurig in de gaten houden **2** bijtend • *ein ~er Geruch* een bijtende geur **3** pikant • *~e gewürzt* pikant gekruid **4** streng • *~ vorgehen* streng/krachtdadig optreden **5** INFORM. geil **6** fel, fanatiek • *~ auf etwas sein* fel op iets zijn • *~er Protest* fel protest
Scharfblick ZN M (+(e)s/gmv) scherpe blik, scherpzinnigheid
Schärfe ZN V (-/+en) **1** scherpte, scherpheid **2** felheid • *hier muss man mit aller ~ vorgehen* dit vereist een harde aanpak
schärfen OV WW **1** scherpen, slijpen • *sich ~* scherper worden **2** verscherpen
schärfer BN → **scharf**
scharfkantig BN met scherpe kanten
scharfmachen OV WW ophitsen, opstoken
Scharfmacher ZN M (+s/-) ophitser
Scharfrichter ZN M (+s/-) scherprechter, beul
Scharfschütze ZN M (+n/+n) scherpschutter
scharfsichtig BN **1** scherpziend **2** FIG. scherpzinnig
Scharfsinn ZN M (+(e)s/gmv) scherpzinnigheid
scharfsinnig BN scherpzinnig
schärfst BN → **scharf**
Scharlach **1** ZN M (+s/+e) scharlaken **2** ZN M (+s/gmv) roodvonk
scharlachrot BN scharlakenrood
Scharlatan ZN M (+s/+e) charlatan
Scharlatanerie ZN V (-/+n) kwakzalverij
scharmant BN → **charmant**
Scharmützel ZN O (+s/-) schermutseling
scharmützeln WW schermutselen
Scharnier ZN O (+s/+e) scharnier
Schärpe ZN V (-/+n) sjerp
scharren OV + ONOV WW **1** schrapen, krabben **2** scharrelen, graven, wroeten • *in die Erde ~* onder de grond stoppen
Scharte ZN V (-/+n) **1** kerf, inkeping, insnijding <ook in bergrug> • *die ~ wieder auswetzen* de fout weer goed maken, de smaad uitwissen **2** schietgat
schassen WW INFORM. van school/universiteit sturen
Schatten ZN M (+s/-) schaduw • *er ist nur noch ein ~ seiner selbst* hij is nog maar een schim van zijn vroegere zelf • *seine ~ vorauswerfen* zijn schaduw vooruitwerpen • *nicht über seinen eigenen ~ springen können* niet over zijn eigen schaduw kunnen springen • *in den ~ stellen* te boven gaan
Schattenbild ZN O (+(e)s/+er) schaduwbeeld, silhouet
Schattendasein ZN O (+s/gmv) schijnbestaan
Schattenkabinett ZN O (+s/+e) schaduwkabinet
Schattenriss ZN M (+es/+e) schaduwbeeld, silhouet
Schattenseite ZN V (-/+n) OOK FIG. schaduwzijde
schattieren OV WW **1** schaduwen, schaduw aanbrengen op/in **2** schakeren, nuanceren
Schattierung ZN V (-/+en) schakering, nuance
schattig BN schaduwrijk, lommerrijk
Schatulle ZN V (-/+n) **1** geldkistje **2** juwelenkistje
Schatz ZN M (+es/Schätze) **1** schat • *nach einem ~ graben* schatgraven **2** liefje, schatje
schätzbar BN te schatten
Schätzchen ZN O (+s/-) schatje, liefje
schätzen OV WW **1** ervan uitgaan • *ich schätze, er ist nicht da* ik neem aan, hij is er niet **2** schatten, taxeren • *ich schätze ihn auf 40* ik geef hem 40 jaar • *ein Gemälde ~* een schilderij taxeren **3** waarderen, op prijs stellen • *sich glücklich ~* zich gelukkig prijzen • *etwas zu ~ wissen* iets kunnen waarderen • *jemanden ~* iemand hoog aanslaan
schätzenswert BN te waarderen, achtenswaardig
Schätzer ZN M (+s/-) taxateur
Schatzgräber ZN M (+s/-) schatgraver
Schatzkammer ZN V (-/+n) schatkamer
Schatzmeister ZN M (+s/-) penningmeester
Schätzpreis ZN M (+es/+e) geschatte prijs
Schätzung ZN V (-/+en) taxatie, schatting •

sc

nach meiner ~ naar mijn mening, volgens mij
schätzungsweise BW naar schatting
Schätzwert ZN M (+(e)s/+e) taxatiewaarde
Schau ZN V (-/+en) **1** show, revue, tentoonstelling • *zur* ~ *stellen* tentoonstellen • *zur* ~ *tragen* ten toon spreiden, te koop lopen met • *jemandem die* ~ *stehlen* iemand de show stelen • *eine* ~ *abziehen* een nummertje opvoeren • *zur* ~ *stehen* te kijk staan **2** beschouwing **3** bezichtiging, schouwing
Schaubild ZN O (+(e)s/+er) grafische voorstelling, diagram
Schaubude ZN V (-/+n) kermistent
Schaubühne ZN V (-/+n) schouwburg, toneel
Schauder ZN M (+s/-) huivering, rilling • ~ *erregend* huiveringwekkend, griezelig
schaudererregend BN huiveringwekkend, griezelig
schauderhaft BN huiveringwekkend, gruwelijk, afschuwelijk
schaudern ONOV WW huiveren, rillen • *es schaudert mich* ik huiver • ~*d* huiveringwekkend
schauen ONOV WW **1** kijken, zien • *aus dem Fenster* ~ uit het raam kijken • *schau mal!* kijk eens! **2** zorgen • *nach dem Kranken* ~ voor de zieke zorgen • *schau, dass du fertig wirst!* zorg ervoor dat je klaar wordt!
Schauer ZN M (+s/-) **1** bui • *es werden* ~ *erwartet* er zijn buien voorspeld **2** FORM. huivering, rilling **3** FORM. eerbiedige schroom
Schauergeschichte ZN V (-/+n) griezelverhaal
schauerlich BN **1** huiveringwekkend, akelig, griezelig **2** zeer slecht, afschuwelijk
schauern ONOV WW huiveren, rillen • *mir/mich schauert* ik huiver
Schauerroman ZN M (+s/+e) griezelroman
schauervoll BN griezelig, huiveringwekkend
Schaufel ZN V (-/+n) **1** schop, schep **2** schoep
schaufeln OV WW **1** scheppen • *Schnee* ~ sneeuw scheppen/ruimen **2** graven
Schaufelrad ZN O (+(e)s/-räder) scheprad
Schaufenster ZN O (+s/-) etalage
Schaufensterdekorateur ZN M (+s/+e) etaleur
Schaukasten ZN M (-/-kästen) vitrine
Schaukel ZN V (-/+n) schommel
schaukeln **1** OV WW schommelen • FIG. *wir werden das Kind schon* ~ wij zullen dat varkentje wel wassen **2** ONOV WW schommelen, deinen, wiegen, wippen
Schaukelpferd ZN O (+(e)s/+e) hobbelpaard
Schaukelstuhl ZN M (+(e)s/-stühle) schommelstoel
schaulustig BN kijklustig • *die Rettungsdienste wurden von Schaulustigen behindert* de hulpdiensten werden door kijklustige omstanders gehinderd
Schaum ZN M (+(e)s/Schäume) schuim • *Träume sind Schäume* dromen zijn bedrog
schäumen ONOV WW **1** schuimen • *schäumender Wein* mousserende wijn **2** schuimbekken
Schaumgummi ZN M (+s/+s) schuimrubber
schaumig BN schuimig, vol schuim
Schaumkelle ZN V (-/+n) schuimspaan
Schaumschläger ZN M (+s/-) opschepper, bluffer
Schaumwein ZN M (+(e)s/+e) mousserende wijn
Schauplatz ZN M (+es/-plätze) schouwtoneel, plaats van handeling • *der Ort sollte zum* ~ *großer Ereignisse werden* de plaats zou het toneel van grote gebeurtenissen worden • *den* ~ *verlassen* het toneel verlaten • *der* ~ *des Kampfes* het toneel van de strijd
Schauprozess ZN M (+es/+e) propagandaproces
schaurig BN **1** huiveringwekkend, griezelig **2** INFORM. vreselijk slecht
Schauspiel ZN O (+(e)s/+e) **1** schouwspel **2** toneelstuk
Schauspieler ZN M (+s/-) toneelspeler, acteur
Schauspielerin ZN V (-/+nen) toneelspeelster, actrice
schauspielern ONOV WW toneelspelen <ook figuurlijk>
Schauspielhaus ZN O (+es/-häuser) schouwburg
Schauspielkunst ZN V (-/gmv) acteerkunst, toneelkunst
Schaustück ZN O (+(e)s/+e) pronkstuk
Scheck ZN M (+s/+s) cheque • *ungedeckter* ~ ongedekte cheque • *einen* ~ *ausstellen* een cheque uitschrijven
Scheckbuch ZN O (+(e)s/-bücher) chequeboek
scheckig BN gevlekt, bont
Scheckkarte ZN V (-/+n) betaalpas
scheel BN **1** scheel, afgunstig • *jemanden mit* ~*em Blick ansehen* iemand scheef aankijken **2** wantrouwend
Scheffel ZN M (+s/-) schepel • *sein Licht unter den* ~ *stellen* zijn licht onder de korenmaat stellen
scheffeln **1** OV WW bijeenschrapen • *Geld* ~ geld bijeenschrapen **2** ONOV WW rijkelijk vrucht dragen <van graan>
scheffelweise BN bij de vleet, bij hopen
Scheibe ZN V (-/+n) **1** schijf **2** snee, plak • INFORM. *sich von jemandem eine* ~ *abschneiden* aan iemand een voorbeeld nemen • *eine* ~ *Wurst* een plakje worst **3** ruit • *die Scheiben des Autos putzen* de ruiten van de auto schoonmaken **4** SPORT puck
Scheibenbremse ZN V (-/+n) schijfrem
Scheibenschießen ZN O (+s/gmv) schijfschieten
Scheibenwaschanlage ZN V (-/+n) ruitensproeier
Scheibenwischer ZN M (+s/-) ruitenwisser
Scheich ZN M (+s/+s, +e) sjeik
Scheide ZN V (-/+n) **1** schede **2** ANAT. schede, vagina
Scheidelinie ZN V (-/+n) scheidingslijn
scheiden **1** OV WW sterk scheiden • *wir sind geschiedene Leute* het is uit tussen ons • *eine Ehe* ~ een huwelijk ontbinden • *sich* ~ *lassen* gaan scheiden • *geschieden sein* gescheiden zijn • *Mann und Frau sind rechtskräftig geschieden* man en vrouw

zijn door de rechtbank gescheiden • *bis dass der Tod uns scheidet* tot de dood ons scheidt **2** ONOV WW sterk **weggaan, heengaan** • FORM. *von jemandem ~* van iemand afscheid nemen • *das ~de Jahr* het jaar dat ten einde loopt ▸ *~ tut weh* scheiden doet lijden
Scheidewand ZN V (-/-wände) **scheidsmuur, scheidingswand, tussenschot**
Scheideweg ZN M (+(e)s/+e) **tweesprong** • *am ~ stehen* op een tweesprong staan
Scheidung ZN V (-/+en) **scheiding** • *in ~ leben* in scheiding liggen • *die ~ einreichen* eis tot echtscheiding indienen
Scheidungsklage ZN V (-/+n) **eis tot echtscheiding**
Schein ZN M (+(e)s/+e) **1 schijn** • *der ~ trügt* schijn bedriegt • *der äußere ~* de uiterlijke schijn • *sich den ~ geben* de schijn aannemen • *etwas zum ~ tun* zo doen alsof men iets doet **2 schijnsel, glans 3 bewijs, papier** • O&W *einen ~ machen* een tentamenbriefje halen <op de universiteit> **4 bankbiljet**
Scheinangriff ZN M (+(e)s/+e) **schijnaanval**
scheinbar BN **schijnbaar** • *die ~e Gefahr* het denkbeeldige gevaar
scheinen ONOV WW sterk **1 schijnen, licht geven 2 schijnen, lijken** • *das scheint anders zu sein* dat blijkt anders te zijn **3 stralen, glanzen**
scheinheilig BN **schijnheilig**
Scheinheiligkeit ZN V (-/gmv) **schijnheiligheid**
scheintot BN **schijndood**
Scheinwerfer ZN M (+s/-) **1 zoeklicht, schijnwerper 2 koplamp**
Scheiß-, **scheiß-** VOORV + ACHTERV **pest-, rot-** • *Scheißwetter* pokkenweer, kloteweer, kutweer, takkeweer
Scheißdreck ZN M (+(e)s/gmv) VULG. **rotzooi, zaakjes** • *das geht ihn einen ~ an* dat gaat hem geen barst aan • *einen ~ werde ich tun* ik zal helemaal niets doen • *du kaufst auch jeden ~* jij koopt ook altijd troep
scheiße TUSSENW **verdomme, fuck**
Scheiße ZN V (-/gmv) **1** VULG. **poep, stront 2** VULG. **rotzooi, balen, kloten** • *so eine Scheiße!* kloten!, shit!
scheißegal BN VULG. **totaal onverschillig** • *das ist mir ~* dat kan me geen donder schelen
scheißen ONOV WW sterk VULG. **schijten**
Scheißer ZN M (+s/-) **klootzak, smeerlap**
Scheit ZN O (+(e)s/+e) **stuk gekloofd hout, blok hout**
Scheitel ZN M (+s/-) **1 kruin** • *vom ~ bis zur Sohle* van kop/top tot teen • *vom ~ bis zur Sohle ein Engländer* op en top Engelsman **2 hoogste punt, top 3 scheiding** <in het haar>
scheiteln OV WW **een scheiding (in het haar) maken**
Scheiterhaufen ZN M (+s/-) **brandstapel**
scheitern ONOV WW **mislukken, stranden, falen** • *eine gescheiterte Ehe* een mislukt huwelijk • *er ist gescheitert* hij heeft gefaald • *~ an einer Sache* afstuiten op iets • *daran ist die Sache gescheitert* daar is de zaak op afgeketst
Scheitern ZN O (+s/gmv) **mislukking** • *zum ~ verurteilt* gedoemd te mislukken
Scheitholz ZN O (+es/gmv) **gekloofd hout**
Schelle ZN V (-/+n) **1 belletje, schel** • *der Katze die ~ umhängen* de kat de bel aanbinden **2 klem, klamp**
schellen ONOV WW **schellen, bellen**
Schellfisch ZN M (+(e)s/+e) **schelvis**
Schelm ZN M (+(e)s/+e) **1 schelm, schurk, boef** • *den ~ im Nacken haben* graag streken uithalen **2 deugniet**
Schelmenroman ZN M (+(e)s/+e) **schelmenroman**
schelmisch BN **schelms, ondeugend** • *~ lachen* ondeugend lachen • *~ gucken* ondeugend kijken
Schelte ZN V (-/+n) **standje, uitbrander** • *~ bekommen* een standje krijgen
schelten OV + ONOV WW sterk **1 een standje geven, tekeergaan (tegen) 2 schelden, uitmaken voor**
Schema ZN O (+s/+s, -ta, Schemen) **schema** • *nach ~ F* op de gebruikelijke manier
schematisch BN **schematisch**
Schemel ZN M (+s/-) **1 voetenbankje 2 krukje**
Schemen ZN M/O (+s/-) **schaduwbeeld**
Schenke ZN V (-/+n) **kroeg, café**
Schenkel ZN M (+s/-) **1 dij 2 been** <van passer, hoek of schaar>
schenken OV WW **1 schenken, cadeau geven** • *was ~ wir ihr?* wat geven we haar cadeau? • *das ist geschenkt zu teuer* dat is waardeloos • *geschenkt ist geschenkt* eens gegeven blijft gegeven • *etwas geschenkt bekommen* iets cadeau krijgen • *mir wird nichts geschenkt* ik krijg het niet cadeau **2 kwijtschelden** • *sich etwas ~* van iets afzien
Schenker ZN M (+s/-) **schenker, gever**
Schenkung ZN V (-/+en) **schenking** • *~ zu Lebzeiten* schenking onder levenden
Schenkungssteuer ZN V (-/+n) **schenkingsrecht**
scheppern ONOV WW **rinkelen, klapperen, rammelen**
Scherbe ZN V (-/+n) **scherf** • *in Scherben gehen* aan diggelen vallen
Scherben ZN M (+s/-) **1** REG. **scherf 2** REG. **bloempot 3 aardewerk**
Scherbengericht ZN O (+(e)s/+e) **schervengericht**
Schere ZN V (-/+n) **1 schaar 2** FIG. **afstand tussen twee factoren** • *die ~ zwischen Arm und Reich geht immer weiter auseinander* de armen worden armer en de rijken worden rijker
scheren 1 OV WW sterk **1** INFORM. **kunnen schelen, aangaan** • *was schert mich das?* wat kan mij dat schelen? **2 scheren** • *eine Hecke ~* een heg knippen • *Schafe ~* schapen scheren **2** WKD WW **(sich ~)** **zich wegscheren** • *scher dich zum Henker/Teufel* loop naar de duivel
Scherenschnitt ZN M (+(e)s/+e) **silhouet, knipsel**

SC

Schererei ZN V (-/+en) narigheid, last, gezeur • *Scherereien mit etwas haben* problemen met iets hebben

Scherflein ZN O (+s/-) • *sein ~ beitragen/beisteuern* zijn bijdrage leveren, zijn duit in het zakje doen

Scherge ZN M (+n/+n) beulsknecht

Scherz ZN M (+es/+e) scherts, grap • *~ mit jemandem treiben* iemand voor de gek houden • *darüber macht man keine Scherze* daar maak je geen grappen over • *das ist kein Scherz!* dat is geen grap! • *zum ~* voor de gein

Scherzartikel ZN M (+s/-) schertsartikel

scherzen ONOV WW schertsen, gekheid maken, grappen maken • *etwas ~d sagen* gekscherend iets zeggen

scherzhaft BN schertsend, grappig, komisch

scheu BN schichtig, schuw, bang, bedeesd

Scheu ZN V (-/gmv) **1** schuwheid, angst, schroom **2** ontzag

scheuchen OV WW wegjagen, verjagen

scheuen 1 OV WW **1** schuwen, vrezen • *das Pferd scheute* het paard weigerde **2** mijden, uit de weg gaan • *keine Gefahr ~* geen gevaar schromen **3** opzien tegen • *er braucht den Vergleich nicht zu ~* het kan de vergelijking glansrijk doorstaan ▸ *etwas ~ wie der Teufel das Weihwasser* ergens als de dood voor zijn **2** ONOV WW schichtig worden, schrikken <vooral van paarden> **3** WKD WW (**sich ~**) terugschrikken • *er scheute sich (davor), sie anzusprechen* hij schrok ervan terug om haar aan te spreken • *sich vor nichts und niemandem ~* voor niets en niemand bang zijn

Scheuerlappen ZN M (+s/-) poetslap

scheuern OV + ONOV WW **1** schuren • *jemandem eine ~* iemand een klap verkopen **2** afwrijven, poetsen, schoonmaken

Scheuertuch ZN O (+(e)s/-tücher) poetslap

Scheuklappe ZN V (-/+n) oogklep • *Scheuklappen haben/tragen* oogkleppen ophebben

Scheune ZN V (-/+n) schuur, loods

Scheunendrescher ZN M • *essen/fressen wie ein ~* eten als een bootwerker

Scheusal ZN O (+s/+e, -säler) monster, gedrocht

scheußlich BN afschuwelijk, afzichtelijk, vreselijk • *scheußliches Wetter* gemeen weer

Scheußlichkeit 1 ZN V (-/gmv) afschuwelijkheid, verschrikkelijkheid **2** ZN V (-/+en) verschrikking

Schi ZN M (+s/+er) ski • *~ fahren/laufen* skiën

Schicht ZN V (-/+en) **1** laag • *eine ~ Staub* een laag stof **2** (sociale) klasse • *gesellschaftliche Schichten* maatschappelijke geledingen • *die unteren Schichten der Gesellschaft* de ondere klassen van de maatschappij **3** dienst, werktijd • *~ haben* dienst hebben **4** ploeg arbeiders • *er arbeitet ~* hij werkt in ploegen • *jemand aus meiner ~* iemand uit mijn ploeg

Schichtarbeit ZN V (-/gmv) werk in ploegen

schichten OV WW in lagen leggen, opstapelen

Schichtung ZN V (-/+en) **1** ligging van lagen, stratificatie **2** opstapeling

Schichtwechsel ZN M (+s/-) wisseling van de ploegen

schichtweise BN **1** in lagen **2** in ploegen

schick BN **1** chic, deftig **2** knap, elegant **3** INFORM. tof, leuk

Schick ZN M (+s/gmv) chic

schicken 1 OV WW sturen, zenden • *jemandem etwas ~* iets naar iemand sturen • *nach dem Arzt ~* de dokter laten halen • *etwas an jemanden ~* iets naar iemand sturen • *jemanden zu jemandem / etwas ~* iemand naar iemand / iets sturen • *sein Kind zur Schule ~* zijn kind naar school sturen **2** WKD WW (**sich ~**) **1** zich schikken **2** passen • *das schickt sich nicht* dat hoort niet **3** zich haasten • *schick dich!* schiet op!

Schickeria ZN V (-/gmv) chic, modebewuste bovenlaag

schicklich BN FORM. passend, betamelijk, fatsoenlijk

Schicksal ZN O (+s/+e) noodlot, lot • *sich in sein ~ ergeben* zich in zijn lot schikken • *jemanden seinem ~ überlassen* iemand aan zijn lot overlaten

schicksalhaft BN **1** van beslissende betekenis **2** door het lot bepaald, onafwendbaar

Schicksalsgefährte ZN M (+n/+n) lotgenoot

Schicksalsglaube ZN M (+ns/gmv) fatalisme

Schicksalsschlag ZN M (+(e)s/-schläge) slag van het noodlot, beproeving

Schiebedach ZN O (+(e)s/-dächer) schuifdak

Schiebefenster ZN O (+s/-) schuifraam

schieben 1 OV WW sterk **1** schuiven • *es auf etwas ~* het op iets gooien • *etwas auf jemanden ~* iets op iemand schuiven **2** duwen, voortduwen • *das Fahrrad ~* de fiets duwen **2** ONOV WW sterk **1** schuifelen, sloffen **2** zwendelen, zwarte handel drijven

Schieber ZN M (+s/-) **1** schuiver **2** schuif, grendel **3** parvenu, zwarthandelaar

Schiebetür ZN V (-/+en) schuifdeur

Schieblehre ZN V (-/+n) TECHN. schuifmaat

Schiebung ZN V (-/+en) bedrog, doorgestoken kaart, zwendel

schied OV WW verl. tijd → **scheiden**

Schiedsgericht ZN O (+(e)s/+e) scheidsgerecht

Schiedsrichter ZN M (+s/-) arbiter, scheidsrechter

schiedsrichterlich BN scheidsrechterlijk

Schiedsspruch ZN M (+(e)s/-sprüche) scheidsrechterlijke uitspraak

schief BN **1** scheef, schuin, hellend **2** scheef, verkeerd

Schiefe ZN V (-/gmv) scheefheid

Schiefer ZN M (+s/-) leisteen, lei

Schieferdach ZN O (+(e)s/-dächer) leien dak

Schiefergebirge ZN O (+s/gmv) leisteengebergte

Schiefertafel ZN V (-/+n) lei

schiefgehen ONOV WW sterk misgaan, mislukken, verkeerd lopen • *da ist etwas schiefgegangen* da is iets misgegaan • *das geht schief*

dat loopt verkeerd af • *das kann nicht ~* daar kun je je geen buil aan vallen • IRON. *wird schon ~!* dat komt wel goed!
schiefgewickelt BN • *~ sein* zich lelijk vergissen, er lelijk naast zitten
Schiefheit ZN V (-/gmv) scheefheid
schieflachen WKD WW (**sich ~**) zich krom lachen, zich een bult lachen
schiefliegen ONOV WW sterk het mis hebben, zich vergissen
schiefwinklig BN scheefhoekig
schielen ONOV WW **1** scheel kijken **2** gluren, loeren • *~d* scheel, loerend/glurend • *~ nach* gluren in/naar
schien ONOV WW verl. tijd → **scheinen**
Schienbein ZN O (+(e)s/+e) scheenbeen • *jemanden vors ~ treten* iemand tegen de schenen schoppen
Schiene ZN V (-/+n) **1** rail, spoorstaaf • *der Transport über die ~* het transport via het spoor **2** spalk **3** elektrische kabel/rail **4** FIG. koers • *die politische ~* de politieke koers
schienen OV WW spalken
Schienenbus ZN M (+ses/+se) railbus
Schienenstrang ZN M (+(e)s/-stränge) spoorlijn, rails
Schienenweg ZN M (+(e)s/+e) spoorweg
schier **1** BN zuiver, puur, onvermengd • *~es Fleisch* vlees zonder vet of been **2** BW bijna • *das ist ~ unmöglich* dat is welhaast onmogelijk
Schier ZN MV ski's
Schierlingsbecher ZN M (+s/-) gifbeker • *den ~ trinken* de gifbeker drinken
Schießbefehl ZN M (+(e)s/+e) bevel om te schieten • GESCH. *der ~ an der Mauer* het bevel om aan de Berlijnse muur met scherp te schieten?
Schießbude ZN V (-/+n) schiettent
schießen **1** OV WW sterk schieten • *einen Hasen ~* een haas schieten • *ein Bild ~* een plaatje schieten • *den Ball ins Tor ~* de bal in het doel schieten • *jemanden über den Haufen ~* iemand overhoop schieten **2** ONOV WW sterk schieten • *schieß los!* vertel op!, barst maar los! • *die Pflanze ist mächtig geschossen* de plant is flink gegroeid • *er schoss um die Ecke* hij vloog de hoek om • *das ist zum Schießen* dat is om je dood te lachen
Schießen ZN O (+s/-) **1** schietwedstrijd **2** (het) schieten • *es ist zum ~* het is om te gillen
Schießerei ZN V (-/+en) **1** geschiet **2** schietpartij
Schießhund ZN M (+(e)s/+e) • *aufpassen wie ein ~* erg op zijn hoede zijn
Schießplatz ZN M (+es/-plätze) schietterrein
Schießpulver ZN O (+s/gmv) buskruit ▸ *das ~ nicht erfunden haben* het buskruit niet uitgevonden hebben
Schießscharte ZN V (-/+n) schietgat
Schießscheibe ZN V (-/+n) schietschijf
Schießstand ZN M (+(e)s/-stände) schietbaan
Schiff ZN O (+(e)s/+e) **1** schip • *klar ~ machen* schoon schip maken **2** schuitje <van weef- of naaimachine> **3** drukvorm <in drukkerij>
schiffbar BN bevaarbaar
Schiffbau ZN M (+(e)s/gmv) scheepsbouw
Schiffbruch ZN M (+(e)s/-brüche) schipbreuk • FIG. *~ erleiden* schipbreuk lijden
schiffbrüchig BN • *~ werden* schipbreuk lijden
Schiffbrüchige ZN M/V (+n/+n) schipbreukeling
Schiffchen ZN O (+s/-) **1** scheepje **2** PLANTK. schuitje **3** schuitje <van weef- of naaimachine>
schiffen ONOV WW zeiken • *es schifft* het stortregent
Schiffer ZN M (+s/-) schipper
Schifferklavier ZN O (+s/+e) trekharmonica
Schifferknoten ZN M (+s/-) schippersknoop, mastworp
Schifffahrt ZN V (-/+en) scheepvaart
Schifffahrtsgesellschaft ZN V (-/+en) scheepvaartmaatschappij
Schifffahrtslinie ZN V (-/+n) scheepvaartlijn
Schiffsarzt ZN M (+es/-ärzte) scheepsarts
Schiffschaukel ZN V (-/+n) kermisschommel
Schiffsführer ZN M (+s/-) gezagvoerder
Schiffsjunge ZN M (+n/+n) scheepsjongen
Schiffskoch ZN M (+(e)s/-köche) scheepskok
Schiffskörper ZN M (+s/-) scheepsromp
Schiffsmannschaft ZN V (-/+en) scheepsbemanning
Schiffsrumpf ZN M (+(e)s/-rümpfe) scheepsromp
Schiffstagebuch ZN O (+(e)s/-bücher) scheepsjournaal, logboek
Schiffsverkehr ZN M (+s/gmv) scheepvaart
Schiffswerft ZN V (-/+en) scheepswerf
schiitisch BN sjiitisch
Schikane ZN V (-/+n) chicane, pesterij, gesar • INFORM. *mit allen Schikanen* met alles erop en eraan
schikanieren OV WW chicaneren, pesten
Schikoree ZN M (+s/gmv) → **Chicorée**
Schild **1** ZN O (+(e)s/+er) **1** bord, plaat **2** naambord **2** ZN M (+(e)s/+e) **1** schild **2** wapenschild
Schildbürger ZN M (+s/-) onnozele hannes
Schildbürgerstreich ZN M (+(e)s/+e) onnozele streek
Schilddrüse ZN V (-/+n) schildklier
schildern OV WW schilderen, beschrijven • *ein Erlebnis ~* een belevenis beschrijven
Schilderung ZN V (-/+en) schildering, beschrijving
Schilderwald ZN M (+(e)s/-wälder) woud van verkeersborden
Schildkröte ZN V (-/+n) schildpad
Schilf ZN O (+(e)s/+e) **1** riet **2** biezen
schilfern **1** ONOV WW schilferen **2** WKD WW (**sich ~**) schilferen
schilfig BN met riet begroeid
Schilfmatte ZN V (-/+n) rieten mat
Schilfrohr ZN O (+(e)s/+e) riet, oeverriet
schillern ONOV WW **1** glinsteren, van kleur wisselen **2** FIG. vaag zijn • *eine ~de Figur* een ondoorzichtig type

Schilling ZN M (+s/+e) **1** schilling <vroegere Oostenrijkse munteenheid> **2** shilling <vroegere Engelse munteenheid>
Schimmel **1** ZN M (+s/-) schimmel <paard> **2** ZN M (+s/gmv) PLANTK. schimmel • *~ an der Decke* uitslag aan het plafond
schimmelig BN **1** schimmelig, beschimmeld **2** muf, duf
schimmeln ONOV WW beschimmelen
Schimmer ZN M (+s/-) **1** schijnsel, zwakke glans **2** zweem **3** vermoeden, besef • *keinen blassen ~ von etwas haben* geen flauw idee van iets hebben • *keinen ~ von etwas haben* geen greintje verstand van iets hebben • *ohne einen ~ von Reue* zonder een zweem van berouw • *ein ~ von Hoffnung* een vleugje hoop • *kein ~ von Ehrgefühl* geen schijntje eergevoel
schimmern ONOV WW glanzen, schijnen, schemeren • *eine Träne schimmert in seinem Auge* een traan glinstert in zijn oog
schimmlig BN → **schimmelig**
Schimpanse ZN M (+n/+n) chimpansee
Schimpf ZN M (+(e)s/+e) smaad, hoon ▸ *mit ~ und Schande* met smaad en schande
schimpfen **1** OV WW schelden, uitmaken voor • *jemanden einen Idioten ~* iemand voor idioot uitmaken **2** ONOV WW schelden, foeteren • *~ wie ein Rohrspatz* schelden als een viswijf • *hat deine Mutter geschimpft?* was je moeder boos? • *auf jemanden ~* op iemand schelden
Schimpferei ZN V (-/+en) scheldpartij
schimpflich BN smadelijk, onterend
Schimpfname ZN M (+n/+n) scheldnaam
Schimpfwort ZN O (+(e)s/+e) scheldwoord
Schindel ZN V (-/+n) dakspaan
schinden OV WW onregelmatig **1** afbeulen **2** uitzuigen, uitbuiten **3** villen ▸ *Eindruck ~* op alle mogelijke manieren indruk trachten te maken ▸ *Zeit ~* tijd winnen
Schinder ZN M (+s/-) **1** vilder **2** beul, uitzuiger, slavendrijver
Schinderei ZN V (-/gmv) afbeulerij, gezwoeg
Schindluder ZN O (+s/-) • *mit jemandem/etwas ~ treiben* iemand/iets schandelijk behandelen
Schinken ZN M (+s/-) **1** ham • *Ardenner ~* Ardenner ham • *gekochter ~* gekookte ham • *roher ~* rauwe ham **2** INFORM. dij, bil **3** HUMOR. • *sein neues Buch ist ein richtiger ~* zijn nieuwe boek is een enorme pil • *im Wohnzimmer haben sie so einen ~ hängen* in de woonkamer hebben ze een draak van een schilderij hangen • *Quo vadis, das ist so ein alter Schinken!* Quo Vadis, dat is zo'n ouderwetse flutfilm
Schinkenbrötchen ZN O broodje ham
Schippe ZN V (-/+n) schop, schep • *jemanden auf die ~ nehmen* iemand in de boot nemen
schippen OV WW scheppen
Schirm ZN M (+(e)s/+e) **1** paraplu, parasol • *den ~ aufspannen* de paraplu / parasol openen **2** scherm **3** klep • *eine Mütze mit ~* een muts met klep **4** bescherming, beschutting
Schirmherr ZN M (+n/+en) beschermheer
Schirmherrschaft ZN V (-/+en) beschermheerschap
Schirmlampe ZN V (-/+n) schemerlamp
Schirmmütze ZN V (-/+n) pet met klep
Schirmständer ZN M (+s/-) paraplubak
Schirokko ZN M (+s/+s) sirocco
Schisma ZN O (+s/-men, -ta) schisma, scheuring
schiss ONOV WW verl. tijd → **scheißen**
Schiss **1** ZN M (+es/+e) VULG. poep, drek, schijt, stront **2** ZN M (+es/gmv) INFORM. angst • *ganz schön ~ haben* behoorlijk bang zijn
schizophren BN schizofreen
Schizophrenie ZN V (-/+n) schizofrenie
Schlabberlätzchen ZN O (+s/-) slabbetje
schlabbern OV + ONOV WW slobberen
Schlacht ZN V (-/+en) slag, veldslag, zeeslag
schlachten OV WW slachten
Schlachtenbummler ZN M (+s/-) supporter
Schlachter ZN M (+s/-) **1** slachter **2** REG. slager
Schlachterei ZN V (-/+en) REG. slagerij
Schlächterei ZN V (-/+en) **1** REG. slagerij **2** slachtpartij, bloedbad
Schlachtfeld ZN O (+(e)s/+er) OOK FIG. slagveld
Schlachthaus ZN O (+es/-häuser) abattoir, slachthuis
Schlachtplan ZN M (+(e)s/-pläne) **1** MIL. plan voor de slag **2** FIG. strategie • *einen ~ entwerfen* een strategie bedenken
Schlachtruf ZN M (+(e)s/+e) strijdkreet
Schlachtschiff ZN O (+(e)s/+e) slagschip
Schlachtung ZN V (-/+en) slachting
Schlachtvieh ZN O (+s/gmv) slachtvee
Schlacke ZN V (-/+n) **1** sintel, slak **2** harde lava **3** MED. ballaststoffen
schlackern ONOV WW klapperen, wapperen, trillen • *mit ~den Knien* met trillende knieën
Schlaf ZN M (+(e)s/gmv) slaap • *etwas im ~ können / beherrschen* iets met de ogen dicht kunnen • *den ~ des Gerechten schlafen* diep in slaap zijn • *die Sorgen bringen ihn um den ~* hij ligt wakker van de zorgen • *jemanden aus dem ~ rütteln* iemand wakker schudden • *aus dem ~ aufschrecken* wakker schrikken
Schlafanzug ZN M (+(e)s/-anzüge) pyjama
Schläfchen ZN O (+s/-) dutje • *ein ~ machen* een dutje doen
Schlafcouch ZN V (-/+es) slaapbank
Schläfe ZN V (-/+n) slaap <van het hoofd>
schlafen ONOV WW sterk slapen • *schlaf nicht!* zit niet te slapen/suffen! • *schlaf gut/schön* welterusten • *sich ~ legen* naar bed gaan • *sich ~d stellen* doen alsof men slaapt
Schläfenbein ZN O (+(e)s/+e) slaapbeen
Schlafenszeit ZN V (-/+en) bedtijd
Schläfer ZN M (+s/-) slaper
schlaff BN slap
Schlaffheit ZN V (-/gmv) slapheid
Schlafittchen ZN O (+s/gmv) • *jemanden beim ~ fassen/kriegen* iemand bij de lurven pakken
schlaflos BN slapeloos
Schlaflosigkeit ZN V (-/gmv) slapeloosheid

Schlafmittel ZN O (+s/-) slaapmiddel
Schlafmütze ZN V (-/+n) **1** slaapmuts **2** slaapkop, sufferd
schläfrig BN slaperig
Schläfrigkeit ZN V (-/gmv) slaperigheid
Schlafrock ZN M (+(e)s/-röcke) kamerjas, ochtendjas • *Apfel im ~* appelbol
Schlafsack ZN M (+(e)s/-säcke) slaapzak
Schlafstadt ZN V (-/-städte) slaapstad, voorstad
schlaftrunken BN slaapdronken
Schlafwagen ZN M (+s/-) slaapwagen
Schlafwagenabteil ZN O (+s/+e) slaapcoupé
schlafwandeln ONOV WW slaapwandelen
Schlafwandler ZN M (+s/-) slaapwandelaar
Schlafzimmer ZN O (+s/-) slaapkamer
Schlafzimmergeheimnisse ZN MV slaapkamergeheimen
Schlag ZN M (+(e)s/Schläge) **1** slag, tik, klap, klop • *mit einem ~* in één klap • *~ vier* klokslag 4 uur • *ein ~ ins Wasser* een slag in de lucht • *das war ein harter ~ für sie* dat was een harde klap voor haar • *jemandem einen ~ versetzen* een klap uitdelen **2** schok **3** beroerte • *mich trifft der Schlag!* ik sta versteld!, ik wordt er beroerd van! **4** slag, soort • *ein Diplomat alten Schlages* een staatsman van de oude stempel • *sie ist vom gleichen ~* zij is van hetzelfde kaliber **5** INFORM. schep, portie
Schlagabtausch ZN M (+(e)s/gmv) **1** SPORT slagenwisseling **2** FIG. korte hevige ruzie
Schlagader ZN V (-/+n) slagader
Schlaganfall ZN M (+(e)s/-fälle) beroerte
schlagartig **1** BN plotseling **2** BW ineens
Schlagbaum ZN M (+(e)s/-bäume) slagboom
Schlägel ZN M (+s/-) **1** sleg, moker, houten hamer **2** trommelstok
schlagen **1** OV WW sterk **1** slaan, kloppen • *aus einer Sache Kapital ~* munt uit iets slaan • *Sahne ~* slagroom kloppen • *Wurzeln ~* wortel schieten • *sich etwas aus dem Kopf ~* iets uit zijn hoofd zetten **2** kappen, vellen **3** verslaan, overwinnen **2** ONOV WW sterk **1** slaan, kloppen • *das Herz schlägt* het hart klopt • *das schlägt nicht in mein Fach* dat behoort niet tot mijn vak • *wie vor den Kopf ge~* als versuft **2 ~ nach** aarden • *nach dem Vater ~* naar zijn vader aarden **3** WKD WW (**sich ~**) **1** vechten, strijden • *du hast dich gut ge~* je hebt goed je best gedaan **2** duelleren
schlagend BN treffend, afdoend • *ein ~er Beweis* een afdoend bewijs • *~e Verbindung* studentenvereniging waarin geduelleerd wordt
Schlager ZN M (+s/-) hit, topper, bestseller, kassucces • *die schönsten ~ aus den Siebzigern* de mooiste hits van de jaren zeventig • *dieses T-Shirt war ein ~* dit T-shirt was een kassucces
Schläger ZN M (+s/-) **1** vechter, vechtjas **2** golfstok, hockeystick, racket
Schlägerei ZN V (-/+en) vechtpartij
Schlagersänger ZN M (+s/-) schlagerzanger
schlagfertig BN slagvaardig • *eine ~e Antwort* een gevat antwoord
Schlagfertigkeit ZN V (-/gmv) slagvaardigheid, gevatheid
Schlagkraft ZN V (-/gmv) **1** slagvaardigheid, stootkracht **2** grote kracht, doorslaande kracht
schlagkräftig BN **1** slagvaardig **2** overtuigend **3** met grote stootkracht, sterk
Schlaglicht ZN O (+(e)s/+er) **1** slaglicht **2** schellicht
Schlagloch ZN O (+(e)s/-löcher) kuil in wegdek
Schlagring ZN M (+(e)s/+e) boksbeugel
Schlagsahne ZN V (-/gmv) slagroom
Schlagseite ZN V (-/gmv) slagzij
Schlagstock ZN M (+(e)s/-stöcke) wapenstok
Schlagwerk ZN O (+s/+e) slagwerk <van klok>
Schlagwetter ZN MV ontploffing van mijngas
Schlagwort ZN O (+(e)s/-wörter) **1** leuze, kernachtige uitdrukking **2** MIN. loze kreet **3** trefwoord
Schlagzeile ZN V (-/+n) kop in krant
Schlagzeug ZN O (+(e)s/+e) slaginstrumenten, slagwerk
Schlagzeuger ZN M (+s/-) slagwerker
schlaksig BN slungelachtig
Schlamassel ZN M/O (+s/gmv) pech, gedonder, ellende • *da haben wir den Schlamassel!* daar hebben we het gedonder in de glazen!
Schlamm ZN M (+(e)s/+e, Schlämme) modder, slik, slijk
Schlammbad ZN O (+(e)s/-bäder) modderbad
schlammen ONOV WW slib afzetten
schlammig BN modderig
Schlammschlacht ZN V • *eine ~ gegen jemanden führen* met modder gooien naar iemand
Schlampe ZN V (-/+n) **1** slons **2** slet, snol
schlampen ONOV WW slordig zijn, slonzen, slordig werken
Schlamper ZN M (+s/-) sloddervos
Schlamperei ZN V (-/+en) slordigheid, slonzige boel, geklungel
schlampig BN slonzig, slordig
schlang OV WW verl. tijd → **schlingen**
Schlange ZN V (-/+n) **1** slang • *eine ~ am Busen nähren* een adder aan zijn borst koesteren **2** rij, file • *~ stehen* in de rij staan • *eine lange ~* een lange rij
schlängelig BN kronkelig
schlängeln WKD WW (**sich ~**) kronkelen, slingeren
Schlangenbiss ZN M (+es/+e) slangenbeet
Schlangengift ZN O (+(e)s/+e) slangengif
schlank BN slank
Schlankheit ZN V (-/gmv) slankheid
Schlankheitskur ZN V (-/+en) slankheidskuur
schlankweg BW INFORM. ronduit, gewoonweg, zonder meer
schlapp BN slap • *er ist noch sehr ~* hij is nog erg zwak
Schlappe ZN V (-/+n) nederlaag, echec • *eine ~ einstecken müssen* een nederlaag lijden
schlappen **1** OV WW INFORM. opslobberen **2** ONOV WW **1** INFORM. slap neerhangen **2** INFORM.

sc

flodderen **3** INFORM. **sloffen**

Schlappheit ZN V (-/gmv) **slapheid**

Schlapphut ZN M (+(e)s/-hüte) **slappe vilthoed**

schlappmachen ONOV WW **opgeven, niet meer kunnen**

Schlappschwanz ZN M (+es/-schwänze) FIG. **slappeling, lapzwans**

Schlaraffenland ZN O (+(e)s/gmv) **Luilekkerland**

schlau BN **slim, sluw, leep** • *aus einer Sache nicht ~ werden* uit iets niet wijs kunnen worden • *aus jemandem nicht ~ werden* iemand niet kunnen begrijpen • INFORM. *sich ~ machen* zich informeren • *ein ~er Kopf* een knappe kop

Schlauch ZN M (+(e)s/Schläuche) **1 slang** <van gummi/kunststof> • INFORM. *auf dem ~ stehen* iets niet doorhebben **2 binnenband** • *den ~ flicken* de binnenband plakken **3** INFORM. **pijpenla, lange smalle ruimte**

Schlauchboot ZN O (+(e)s/+e) **opblaasbare rubberboot**

schlauchlos BN **tubeless, zonder binnenband**

Schläue ZN V (-/gmv) **slimheid, sluwheid**

Schlaufe ZN V (-/+n) **lus**

Schlauheit ZN V (-/gmv) **slimheid, sluwheid**

Schlaukopf ZN M (+(e)s/-köpfe) **slimmerd, sluw heerschap**

Schlaumeier, **Schlauberger** ZN M (+s/-) INFORM. **slimmerd, sluw heerschap** • INFORM. *welcher ~ hat sich das denn ausgedacht?* welke slimmerd heeft dat dan verzonnen?

Schlawiner ZN M (+s/-) **gewiekste kerel**

schlecht BN **1 slecht** • *von jemandem ~ denken* kwaad/slecht van iemand denken • *~ und recht* zo goed en zo kwaad als het gaat • *das kann man ~ sagen* dat kan je moeilijk zeggen • *sich ~ fühlen* zich akelig voelen **2 misselijk** • *mir ist ~* ik ben misselijk • *davon wird mir ~* daar word ik misselijk van

schlechterdings BW **gewoonweg, bepaald, absoluut**

schlechthin BW **1 gewoonweg, eenvoudig 2 bij uitstek 3 volkomen, helemaal**

Schlechtigkeit **1** ZN V (-/gmv) **slechtheid** **2** ZN V (-/+en) **slechte daad**

schlechtweg BW **gewoonweg, ronduit**

schlecken OV + ONOV WW **1 likken 2 snoepen, smullen**

Schleckerei ZN V (-/+en) **snoep, lekkers**

Schleckermaul ZN O (+(e)s/-mäuler) **snoeper, zoetekauw**

Schlegel ZN M (+s/-) **bout, poot**

Schlehdorn ZN M (+(e)s/+e) **sleedoorn**

schleichen ONOV WW sterk **1 sluipen** • *eine ~de Krankheit* een sluipende ziekte • *sich an die Tür ~* naar de deur sluipen **2 kruipen** • *die Zeit schleicht* de tijd kruipt

Schleicher ZN M (+s/-) **kruiper, gluiper**

Schleicherei ZN V (-/+en) **huichelarij, gluiperigheid**

Schleichhandel ZN M (+s/gmv) **sluikhandel, smokkel**

Schleichhändler ZN M (+s/-) **smokkelaar, zwarthandelaar**

Schleichweg ZN M (+(e)s/+e) **sluipweg, heimelijke weg**

Schleichwerbung ZN V (-/+en) **sluikreclame**

Schleie ZN V (-/+n) BIOL. **zeelt**

Schleier ZN M (+s/-) **1 sluier 2 waas**

Schleiereule ZN V (-/+n) **kerkuil**

schleierhaft BN **onduidelijk, raadselachtig** • *es ist mir ~, wie sie das geschafft hat* het is mij geheel onduidelijk hoe ze dat gered heeft

Schleife ZN V (-/+n) **1 lus, strik** • *eine ~ binden* strikken **2 lus, wijde bocht** • *wir fahren eine ~* wij rijden een omweg **3 vlinderdasje 4 lint**

schleifen **1** OV WW sterk **1 slijpen 2 slepen, sleuren 3 slopen, slechten** • *eine Festung ~* een vesting slechten **2** ONOV WW **slepen** • *die Zügel ~ lassen* de teugels vieren <ook figuurlijk> • *das Kleid schleift am Boden* de jurk sleept over de grond

Schleifer ZN M (+s/-) **1 slijper 2** MUZ. **slepende voorslag**

Schleiferei **1** ZN V (-/+en) **slijperij** **2** ZN V (-/gmv) **(het) slijpen**

Schleiflack ZN M (+(e)s/+e) **slijplak, grondvernis**

Schleifpapier ZN O (+s/gmv) **schuurpapier**

Schleifstein ZN M (+(e)s/+e) **slijpsteen**

Schleim ZN M (+(e)s/+e) **1 slijm 2 pap**

schleimen ONOV WW **1 slijm afscheiden 2** INFORM. **slijmen, flikflooien**

Schleimhaut ZN V (-/-häute) **slijmvlies**

schleimig BN **1 slijmig, slijmerig 2 kruiperig**

schlemmen ONOV WW **smullen, brassen**

Schlemmer ZN M (+s/-) **smulpaap**

Schlemmerei ZN V (-/+en) **1 smullerij 2 braspartij**

schlendern ONOV WW **slenteren**

Schlendrian ZN M (+s/gmv) **sleur**

schlenkern OV + ONOV WW **slingeren, zwaaien, bungelen**

Schlepp ZN M • *im ~ haben* achter zich aan slepen • *in ~ nehmen* op sleeptouw nemen

Schleppdampfer ZN M (+s/-) **sleepboot** <met stoomaandrijving>

Schleppe ZN V (-/+n) **sleep** <van een jurk>

schleppen OV WW **1 slepen** • *sich ~* zich voortslepen **2** INFORM. **meetronen**

schleppend BN **1 moeizaam, slepend, sloffend** • *die Sache kommt nur ~ voran* de zaak vordert maar langzaam **2 traag, langzaam** • *eine ~e Abfertigung* een zeer trage afhandeling

Schlepper ZN M (+s/-) **1 sleepboot, sleper 2 tractor 3** MIN. **aanbrenger van klanten**

Schleppkahn ZN M (+(e)s/-kähne) **sleepboot**

Schleppseil ZN O (+(e)s/+e) **sleepkabel**

Schlepptau ZN O (+(e)s/+e) **sleepkabel, sleeptouw** • FIG. *jemanden ins ~ nehmen* iemand op sleeptouw nemen

Schlesien ZN O (+s/gmv) **Silezië**

schlesisch BN **Silezisch**

SC

Schleswig ZN O (+s/gmv) Sleeswijk
Schleswig-Holstein ZN O (+s/gmv) Sleeswijk-Holstein <Duitse deelstaat>
Schleuder ZN V (-/+n) **1** slinger, katapult **2** centrifuge
Schleudergefahr ZN V (-/gmv) slipgevaar
Schleudermaschine ZN V (-/+n) centrifuge, BELG. droogzwierder
schleudern 1 OV WW **1** slingeren **2** centrifugeren • *etwas in die Ecke ~* iets in de hoek smijten **2** ONOV WW slippen • *das Auto geriet ins Schleudern* de auto begon te slippen
Schleuderpreis ZN M (+es/+e) spotprijs, weggeefprijs • *zu Schleuderpreisen verkaufen* tegen afbraakprijzen verkopen
Schleudersitz ZN M (+es/+e) schietstoel
Schleudertrauma ZN O (+s/-men, -ta) MED. whiplash
schleunigst BN zo snel mogelijk, onmiddellijk • *du kommst jetzt ~ nach Hause!* je komt onmiddellijk naar huis!
Schleuse ZN V (-/+n) sluis
schleusen OV WW **1** schutten, sluizen **2** loodsen <figuurlijk>
Schleusenkammer ZN V (-/+n) schutkolk
Schleusenwärter ZN M (+s/-) sluiswachter
schlich ONOV WW verl. tijd → **schleichen**
Schlich ZN M (+(e)s/+e) INFORM. truc • *jemandem auf die Schliche kommen* achter iemands streken/listen komen
schlicht BN eenvoudig, onopgesmukt • *ein ~es Wesen* een eenvoudig/bescheiden karakter • *~ und ergreifend* gewoonweg, eenvoudigweg
schlichten OV WW beslechten
Schlichter ZN M (+s/-) bemiddelaar
Schlichtheit ZN V (-/gmv) eenvoud, bescheidenheid
Schlichtung ZN V (-/+en) bijlegging, beslechting
Schlick ZN M (+(e)s/+e) slik, slib
schlickig BN slijkerig
schlief ONOV WW verl. tijd → **schlafen**
schließbar BN afsluitbaar
Schließbolzen ZN M (+s/-) spiebout
Schließe ZN V (-/+n) **1** slot, sluiting **2** gesp
schließen 1 OV WW sterk **1** sluiten • *eine Ehe ~* een huwelijk sluiten • *eine Versammlung ~* een vergadering sluiten • *die Tür ~* de deur dichtdoen • *in geschlossenen Reihen* in gesloten rijen **2** beëindigen **2** ONOV WW sterk **1** sluiten • *wir ~ um 18 Uhr* wij gaan om 6 uur dicht **2** opmaken, concluderen • *daraus schließe ich* daaruit maak ik op
Schließer ZN M (+s/-) **1** deursluiter **2** cipier **3** portier, conciërge
Schließfach ZN O (+(e)s/-fächer) safeloket, kluis, locker
schließlich BW **1** ten slotte, tot slot **2** tenslotte, per slot van rekening
Schließmuskel ZN M (+s/+n) sluitspier
Schließung ZN V (-/+en) **1** sluiting **2** beëindiging
schliff OV WW verl. tijd → **schleifen**
Schliff ZN M (+(e)s/+e) **1** wijze van slijpen, slijppatroon • *das Glas hat einen schönen ~* het glas is mooi geslepen **2** (het) slijpen • *einen ~ bekommen* geslepen worden • *der letzte ~* de laatste hand, de afwerking **3** welgemanierdheid, goede omgangsvormen • *jemandem ~ beibringen* iemand goede omgangsvormen leren **4** MIL. dril
schlimm BN erg, bedenkelijk, slecht • *eine ~e Nachricht* slecht nieuws • *~ dran sein* er erg aan toe zijn • *es ist nicht so ~* het is niet zo erg • *es hätte ~er sein können* het had erger kunnen komen • FIG. *auf das Schlimmste gefasst sein* op het ergste voorbereid zijn • *das ist ~er als gedacht* dat valt lelijk tegen • *das Schlimmste befürchten* het ergste vrezen • *~er machen / werden* erger maken / worden • *immer ~er* hoe langer hoe erger
schlimmstenfalls BW in het ergste geval
Schlinge ZN V (-/+n) **1** lus, strik, strop • *Schlingen legen* valstrikken leggen, strikken/vallen zetten **2** mitella • *den Arm in einer ~ tragen* z'n arm in een mitella dragen
Schlingel ZN M (+s/-) bengel, lummel, deugniet
schlingen 1 OV WW sterk **1** slingeren, strengelen • *die Pflanze schlingt sich um den Baum* de plant slingert zich om de boom **2** vlechten **2** OV + ONOV WW sterk schrokken • *schling nicht so!* zit niet zo te proppen!
schlingern ONOV WW slingeren, schommelen • *das Schiff schlingert* het schip slingert • *das Boot schlingert* de boot schommelt
Schlingpflanze ZN V (-/+n) slingerplant
Schlips ZN M (+es/+e) stropdas • *jemandem auf den ~ treten* iemand op de tenen trappen • *sich auf den ~ getreten fühlen* zich in het kruis getast voelen
Schlitten ZN M (+s/-) **1** slee, slede • *~ fahren* sleeën **2** INFORM. grote auto • *wenn man in so einem ~ fährt* als je in zo'n slee rijdt
Schlittenfahrt ZN V (-/+en) sledetocht
schlittern ONOV WW **1** glijden, glibberen **2** uitglijden
Schlittschuh ZN M (+(e)s/+e) schaats • *~ laufen* schaatsenrijden, schaatsen • *Schlittschuhe anschnallen* schaatsen aanbinden
Schlittschuhläufer ZN M (+s/-) schaatser
Schlitz ZN M (+es/+e) **1** spleet, gleuf, sleuf, kerf, insnijding **2** split <in kleding> **3** INFORM. gulp
Schlitzauge ZN O (+s/+n) spleetoog
schlitzen OV WW splijten, opensnijden • *ein geschlitztes Kleid* een jurk met splitten
Schlitzohr ZN O (+s/+en) MIN. sluw heerschap, sluwe vos
schlohweiß BN sneeuwwit
schloss OV WW verl. tijd → **schließen**
Schloss ZN O (+es/Schlösser) **1** slot, sluiting • *hinter ~ und Riegel* achter slot en grendel **2** slot, kasteel, paleis
Schlosser ZN M (+s/-) **1** monteur **2** bankwerker
Schlosserei ZN V (-/+en) bankwerkerij
Schlossherr ZN M (+n/+en) slotheer

SC

Schlosshund ZN M (+(e)s/+e) • INFORM. *heulen wie ein ~* tranen met tuiten huilen
Schlot ZN M (+(e)s/+e) **1** schoorsteen, fabrieksschoorsteen • *rauchen wie ein ~* roken als een ketter **2** INFORM. losbol **3** INFORM. vervelende vent
schlott(e)rig BN **1** bevend, bibberend, trillend **2** flodderig
schlottern ONOV WW **1** bibberen, trillen, beven **2** flodderen, ruim zitten
Schlucht ZN V (-/+en) kloof, ravijn
schluchzen ONOV WW snikken
Schluchzer ZN M (+s/-) snik
Schluck ZN M (+(e)s/+e) slok, teug • *in/mit einem ~* in één teug • *ein guter ~* een goede borrel
Schluckauf ZN M (+s/gmv) hik • *~ haben* de hik hebben
schlucken **1** OV WW **1** slikken **2** opslokken **2** ONOV WW slikken
Schlucker ZN M (+s/-) • *ein armer ~* een arme stakker, een tobber
schluderig BN → **schludrig**
schludern ONOV WW slonzen, knoeien
schludrig BN slonzig, slordig
schlug OV WW verl. tijd → **schlagen**
Schlummer ZN M (+s/gmv) dutje
schlummern ONOV WW sluimeren, dutten
Schlumpf ZN M (+(e)s/Schlümpfe) smurf • *du bist vielleicht ein Schlumpf!* jij bent me een mooie!
Schlund ZN M (+(e)s/Schlünde) **1** keelgat, strot • *der ~ eines Vulkans* de mond van een vulkaan **2** afgrond, diepte
schlüpfen, **schlupfen** ONOV WW **1** glijden, glippen • *in die Kleider ~* zijn kleren aanschieten • *ins Zimmer ~* in de kamer glippen • *in die Rolle eines anderen ~* de rol van een ander aannemen **2** uit het ei komen • *die Küken sind geschlüpft* de kuikens zijn uit het ei gekomen
Schlüpfer ZN M (+s/-) onderbroek, slipje
Schlupfwinkel ZN M (+s/-) schuilhoek
schlurfen ONOV WW sloffen, schuifelen
schlürfen OV + ONOV WW slurpen
Schluss ZN M (+es/Schlüsse) **1** slot, einde • *~ machen* nokken, ophouden • *mit einer Sache ~ machen* een eind aan iets maken • *er hat ~ gemacht* hij heeft het uitgemaakt • *jetzt ist aber Schluss!* nu is het afgelopen! **2** gevolgtrekking, conclusie • *einen ~ ziehen* een conclusie trekken • *zu dem ~ kommen, dass ...* tot de conclusie komen dat ... • *das lässt nur einen ~ zu* dat betekent een enkele conclusie • *voreilige Schlüsse ziehen* voorbarige conclusies trekken
Schlussabrechnung ZN V (-/+en) eindafrekening
Schlussakt ZN M (+(e)s/+e) **1** slotakte **2** laatste bedrijf
Schlüssel ZN M (+s/-) sleutel
Schlüsselbein ZN O (+(e)s/+e) sleutelbeen
Schlüsselblume ZN V (-/+n) PLANTK. sleutelbloem
Schlüsselbund ZN M/O (+(e)s/+e) sleutelbos
Schlüsselindustrie ZN V (-/+n) sleutelindustrie
Schlüsselloch ZN O (+(e)s/-löcher) sleutelgat • *durch das ~ gucken* door het sleutelgat loeren
Schlüsselstellung ZN V (-/+en) **1** sleutelpositie **2** MIL. sleutelstelling
Schlüsselwort ZN O (+(e)s/-wörter) sleutelwoord
schlussfolgern OV WW concluderen (**aus** +3 uit)
Schlussfolgerung ZN V (-/+en) conclusie, gevolgtrekking
schlüssig BN logisch, juist, kloppend • *sich ~ sein* zeker zijn, besloten hebben • *sich ~ werden* het met zichzelf eens worden, een besluit nemen
Schlusslicht ZN O (+(e)s/+er) **1** achterlicht **2** FIG. hekkensluiter, laatste
Schlusspfiff ZN M (+(e)s/+e) SPORT laatste fluitsignaal
Schlusspunkt ZN M (+(e)s/+e) (eind)punt
Schlusssatz ZN V (+es/-sätze) **1** slotzin **2** conclusie **3** MUZ. laatste deel
Schlussstrich ZN M (+(e)s/+e) (eind)streep • *unter eine Sache einen ~ ziehen* een streep onder een zaak trekken
Schlussverkauf ZN M (+(e)s/-verkäufe) uitverkoop, opruiming
Schlusswort ZN O (+(e)s/+e) slotwoord
Schlusszeichen ZN O aanhalingsteken sluiten (')
Schmach ZN V (-/gmv) smaad, schande
schmachten ONOV WW smachten
schmächtig BN tenger • *ein schmächtiges Kind* een iel kind
Schmächtigkeit ZN V (-/-) **1** tengerheid **2** spichtigheid
schmachvoll BN smadelijk
schmackhaft BN smakelijk, lekker
Schmackhaftigkeit ZN V (-/gmv) smakelijkheid
schmähen OV WW smaden, honen
schmählich BN smadelijk
Schmährede ZN V (-/+n) smaadrede
Schmähschrift ZN V (-/+en) smaadschrift
Schmähung ZN V (-/+en) spot, hoon, smaad
Schmähwort ZN O (+(e)s/+e) honend woord
schmal BN **1** smal **2** dun **3** mager, schraal
schmälern OV WW **1** verminderen, geringer maken, verkleinen **2** kleineren, te kort doen
Schmälerung ZN V (-/+en) **1** verkleining, vermindering **2** benadeling
Schmalfilm ZN M (+(e)s/+e) smalfilm
Schmalhans ZN M • *bei jemandem ist ~ Küchenmeister* bij iemand is schraalhans keukenmeester
Schmalseite ZN V (-/+n) smalle zijde
Schmalz **1** ZN O (+(e)s/+e) smout, reuzel **2** ZN M (+es/gmv) **1** MIN. overdreven sentimentaliteit **2** MIN. smartlap
schmalzen OV WW **1** met reuzel bereiden, reuzel toevoegen aan **2** smouten
schmalzig BN **1** vet **2** MIN. sentimenteel, overdreven

schmarotzen ONOV WW **1** BIOL. **parasiteren 2 parasiteren, klaplopen**

Schmarotzer ZN M (+s/-) **1** BIOL. **parasiet 2 klaploper**

Schmarren ZN M (+s/-) **1** OOST. **meelspijs 2 onzin, kletspraat** • *das geht dich einen ~ an!* dat gaat je helemaal niets aan! • *so einen ~ lese ich nicht* zo een onzin lees ik niet **3 prul**

Schmatz ZN M (+es/Schmätze) **klapzoen**

schmatzen OV + ONOV WW **smakken** • *jemanden ~* iemand een klapzoen geven

Schmaus ZN M (+es/Schmäuse) **smulpartij, feestmaal**

schmausen ONOV WW **smullen, smikkelen**

schmecken 1 OV WW **proeven** • *ich schmecke etwas Bitteres* ik proef iets bitters **2** ONOV WW +3 **1 smaken** • *das Eis schmeckt mir gut* het ijs smaakt me goed • *es schmeckt nach Lakritz* het smaakt naar drop **2 aanstaan** • *diese Arbeit schmeckt ihm nicht* dit werk bevalt hem niet

Schmeichelei ZN V (-/+en) **vleierij, compliment** • *unempfänglich für Schmeicheleien* ongevoelig voor vleierij

schmeichelhaft BN **vleiend, strelend** • *eine nicht sehr ~e Bemerkung* een weinig vleiende opmerking

Schmeichelkätzchen ZN O (+s/-) **vlei(st)er**

schmeicheln ONOV WW +3 **1 vleien, strelen 2 flatteren** • *das schmeichelt ihr* dat vleit haar • *sich ~ mit* zich vleien met

Schmeichler ZN M (+s/-) **vleier**

schmeichlerisch BN **vleierig**

schmeißen OV + ONOV WW sterk **1** INFORM. **smijten, gooien** • *eine Runde ~* een rondje geven **2** INFORM. **klaarspelen, opknappen** • *den Laden ~* het zaakje opknappen **3** INFORM. **verprutsen, doen mislukken** • *die Schule ~* van school gaan

Schmeißfliege ZN V (-/+n) **bromvlieg**

Schmelz ZN M (+es/+e) **1 email 2 glazuur 3 zachte glans 4 welluidendheid** <stem>

schmelzbar BN **smeltbaar**

Schmelze ZN V (-/+n) **1 smelten 2 gesmolten massa**

schmelzen 1 OV WW sterk **(doen) smelten 2** ONOV WW sterk **smelten, wegsmelten**

schmelzend BN **smeltend, gevoelvol**

Schmelzerei ZN V (-/+en) **smelterij**

Schmelzhütte ZN V (-/+n) **smelterij**

Schmelzkäse ZN M (+s/-) **smeerkaas**

Schmelzsicherung ZN V (-/+en) **smeltzekering**

Schmelztiegel ZN M (+s/-) **smeltkroes**

Schmerbauch ZN M (+(e)s/-bäuche) INFORM. **dikke buik**

Schmerz ZN M (+es/+en) **1 pijn 2 smart, verdriet** • *jemanden mit Schmerzen erwarten* vol verlangen naar iemand uitkijken ▸ *geteilter ~ ist halber ~* gedeelde smart is halve smart

schmerzen OV + ONOV WW **1 pijn doen** • *ein ~der Finger* een zere vinger **2 verdriet doen**

Schmerzensgeld ZN O (+es/+er) **smartengeld**

Schmerzensschrei ZN M (+(e)s/+e) **kreet van pijn**

schmerzhaft BN OOK FIG. **pijnlijk**

schmerzlich BN **pijnlijk, smartelijk** • *jemanden ~ vermissen* iemand pijnlijk missen

schmerzlindernd BN **pijnstillend, de pijn verzachtend**

schmerzlos BN **pijnloos**

schmerzstillend BN **pijnstillend**

Schmerztablette ZN V (-/+n) **pijnstiller**

Schmetterball ZN M (+(e)s/-bälle) SPORT **smash**

Schmetterling ZN M (+s/+e) **1 vlinder 2 vlinderslag** <zwemmen> **3 butterfly** <turnen>

schmettern OV + ONOV WW **1 smijten, smakken 2** SPORT **smashen 3 schallen, schetteren, luid klinken**

Schmied ZN M (+(e)s/+e) **smid**

schmiedbar BN **smeedbaar**

Schmiede ZN V (-/+n) **smederij**

Schmiedeeisen ZN O (+s/gmv) **smeedijzer**

Schmiedehammer ZN M (+s/-hämmer) **smidshamer**

schmieden OV WW **smeden** • *ein Komplott ~* een complot smeden

schmiegen OV WW **vlijen, leunen** • *sie schmiegte sich an seine Brust* ze vlijde zich aan zijn borst • *sich ~* zich vlijen, zich voegen

schmiegsam BN **1 buigzaam, plooibaar 2 meegaand, gedwee**

Schmiere ZN V (-/+n) **1 smeer, smeermiddel 2** INFORM. **smeersel, zalf** ▸ INFORM. *~ stehen* op de uitkijk staan

schmieren 1 OV WW **1 smeren** • *den Motor ~/ölen* de motor oliën • FIG. *das läuft wie geschmiert* dat loopt als gesmeerd **2** INFORM. **omkopen** ▸ INFORM. *jemandem eine ~* iemand een draai om de oren geven **2** OV + ONOV WW **1 klodderen, knoeien 2** MUZ. **onzuiver spelen/zingen 3** TON. **schmieren**

Schmiererei ZN V (-/+en) **1 geknoei, geklodder 2** TON. **geschmier**

Schmierfink ZN M (+en/+en) **smeerpoets, viespeuk**

Schmiergeld ZN O (+(e)s/+er) **smeergeld** • *Schmiergelder annehmen* steekpenningen aannemen

schmierig BN **1 vettig, vol smeer 2 smerig, vies 3 kruiperig, vleierig**

Schmiermittel ZN O (+s/-) **smeermiddel**

Schmieröl ZN O (+(e)s/+e) **smeerolie**

Schmierseife ZN V (-/+n) **zachte zeep**

Schmierung ZN V (-/+en) **smering**

Schminke ZN V (-/+n) **1 make-up 2 schmink**

schminken OV WW **opmaken, schminken** • *sich ~* zich opmaken

Schminktasche ZN V (-/+n) **make-uptasje**

schmirgeln OV WW **schuren, polijsten**

Schmirgelpapier ZN O **schuurpapier**

schmiss OV + ONOV WW verl. tijd → **schmeißen**

Schmiss ZN M (+es/+e) **1 litteken/wond van sabel 2 pit, elan**

schmissig BN **pittig, gloedvol, vlot**

Schmöker ZN M (+s/-) INFORM. **spannend dik boek, pil**

schmökern OV + ONOV WW INFORM. **behaaglijk**

zitten lezen

schmollen ONOV WW pruilen, mokken

schmolz OV WW verl. tijd → **schmelzen**

Schmorbraten ZN M (+s/-) gestoofd vlees

schmoren OV + ONOV WW smoren, stoven • FIG. *jemanden ~ lassen* iemand op antwoord laten wachten • *in der Sonne ~* in de zon liggen bakken

Schmortopf ZN M (+(e)s/-töpfe) **1** stoofpan **2** stoofschotel

Schmu ZN M (+s/gmv) gesjoemel • *~ machen* sjoemelen

schmuck BN **1** knap, mooi, bevallig **2** netjes, keurig

Schmuck ZN M (+(e)s/+e) **1** sieraad, tooi, versiering • *ohne jeden ~* zonder versiering **2** sieraden • *der ~ meiner Großmutter* de sieraden van mijn grootmoeder

schmücken OV WW tooien, opsmukken, versieren

Schmuckkästchen ZN O (+s/-) bijouteriekistje

schmucklos BN onopgesmukt

Schmucksachen ZN MV sieraden, bijouterieën

Schmuckstück ZN O (+(e)s/+e) sieraad

Schmuckwaren ZN MV sieraden

Schmuddel ZN M (+s/gmv) **1** viespeuk **2** vieze boel, viezigheid

schmuddelig BN smoezelig, vies • *~e Wäsche* groezelig wasgoed

Schmuggel ZN M (+s/gmv) smokkel, BELG. trafiek

Schmuggelei ZN V (-/+en) smokkelarij

schmuggeln OV + ONOV WW smokkelen

Schmuggelware ZN V (-/+n) smokkelwaar

Schmuggler ZN M (+s/-) smokkelaar

schmunzeln ONOV WW fijntjes lachen, glimlachen, meesmuilen • *über etwas ~ müssen* over iets moeten meesmuilen • *~d* glunderend

Schmus ZN M (+es/gmv) **1** gebabbel **2** mooipraterij

schmusen ONOV WW liefkozen, knuffelen • *sie schmusten miteinander* zij zaten met elkaar te vrijen

Schmuser ZN M (+s/gmv) **1** vrijkous **2** vleier

Schmutz ZN M (+es/gmv) vuil, vuiligheid, modder • FIG. *sie zieht/tritt ihn in den ~* zij haalt zijn naam door het slijk • *mit ~ bedeckt sein* vol vuil zijn

schmutzen ONOV WW vuil worden

Schmutzfink ZN M (+en/+en) **1** viespeuk **2** smeerlap

Schmutzfleck ZN M (+(e)s/+en) vuile vlek

schmutzig BN **1** vies, vuil, smerig • *sich ~ machen* zich vuil maken • *eine ~e Sache; ein ~es Geschäft* een vuil zaakje **2** smerig, gemeen • *~e Witze* obscene grappen

Schmutzigkeit **1** ZN V (-/gmv) vuiligheid, smerigheid **2** ZN V (-/+en) smeerlapperij, obsceniteit

Schmutzwäsche ZN V (-/gmv) vuile was

Schmutzwasser ZN O (+s/-wässer) afvalwater

Schnabel ZN M (+s/Schnäbel) snavel, bek • *den ~ aufmachen* zijn bek opendoen • *reden wie einem der ~ gewachsen ist* geen blad voor de mond nemen • *halt den Schnabel!* hou je bek!

schnabulieren OV + ONOV WW smullen, lekker eten

Schnack ZN M (+(e)s/+s, Schnäcke) **1** N-D babbeltje **2** N-D geklets, onzin **3** N-D grapje

schnackeln REG. ONOV WW **1** met de tong klakken **2** met de vingers knippen • INFORM. *es hat geschnackelt* het is gelukt, het is doorgedrongen/begrepen

schnacken ONOV WW N-D babbelen, kletsen

Schnake ZN V (-/+n) REG. mug

Schnalle ZN V (-/+n) **1** gesp **2** INFORM. stuk, lekker ding

schnallen OV WW **1** losgespen, vastgespen • *den Gürtel/Riemen enger ~* de buikriem aanhalen **2** INFORM. begrijpen, snappen • *hast du es immer noch nicht geschnallt?* snap je het nog steeds niet?

schnalzen ONOV WW **1** klakken, klappen **2** knippen <met de vingers>

schnapp TUSSENW hap!

Schnäppchen ZN O (+s/-) koopje

Schnäppchenjagd ZN V jacht op koopjes

schnappen **1** OV WW **1** pakken, snappen, grijpen • *die Polizei hat ihn geschnappt* de politie heeft hem gepakt **2** happen • *frische Luft ~* een frisse neus halen **2** ONOV WW **1** happen • *nach Luft ~* naar lucht happen **2** openspringen **3** dichtspringen, dichtklappen

Schnappmesser ZN O (+s/-) knipmes

Schnappschuss ZN M (+es/-schüsse) snapshot, momentopname

Schnaps ZN M (+es/Schnäpse) **1** brandewijn, jenever, sterkedrank **2** borrel

Schnapsidee ZN V (-/+n) dronkenmansidee, bezopen idee

schnarchen ONOV WW snurken

Schnarcher ZN M (+s/-) snurker

schnarren ONOV WW ratelen, kraken <van stem>, brouwen <bij het spreken>

schnattern ONOV WW **1** snateren <ganzen/eenden> **2** kletsen **3** bibberen

schnauben **1** OV WW snuiten **2** ONOV WW **1** snuiven, briesen **2** hijgen, puffen **3** blazen, waaien

schnaufen ONOV WW snuiven, hijgen, blazen

Schnaufer ZN M (+s/-) INFORM. ademtocht, ademhaling • *den letzten ~ tun* de laatste adem uitblazen

Schnauzbart ZN M (+(e)s/-bärte) **1** snor **2** INFORM. snorrenbaard

Schnauze ZN V (-/+n) **1** bek, snuit **2** grote mond, bek • *Schnauze!* kop dicht! • *eine große ~ haben* een grote bek hebben **3** tuit

schnauzen ONOV WW snauwen, schelden

schnäuzen OV WW snuiten • *sich (die Nase) ~* zijn neus snuiten

Schnauzer ZN M (+s/-) **1** BIOL. schnauzer **2** INFORM. snor

schnauzig BN snauwerig, bars

Schnecke ZN V (-/+n) **1** slak • *langsam wie eine ~* traag als een slak **2** TECHN. schroef zonder einde

3 slakkenhuis <in oor> **4** koffiebroodje
schneckenförmig BN spiraalvormig
Schneckengang ZN M (+(e)s/-gänge) slakkengangetje
Schneckenhaus ZN O (+es/-häuser) slakkenhuis
Schneckentempo ZN O (+s/+s) slakkengangetje • *nur im ~ vorankommen* heel langzaam vooruitkomen
Schnee ZN M (+s/gmv) **1** sneeuw • INFORM. *das ist ~ von gestern* dat is oude koek **2** geklopt eiwit **3** INFORM. sneeuw, cocaïne
Schneeball ZN M (+(e)s/-bälle) sneeuwbal
schneebedeckt BN bedekt met sneeuw
Schneebesen ZN M (+s/-) garde, klopper
Schneedecke ZN V (-/+n) sneeuwlaag
Schneefall ZN M (+(e)s/-fälle) sneeuwval
Schneeflocke ZN V (-/+n) sneeuwvlok
Schneegestöber ZN O (+s/-) sneeuwjacht
Schneeglöckchen ZN O (+s/-) sneeuwklokje
Schneegrenze ZN V (-/+n) sneeuwgrens
schneeig BN besneeuwd
Schneekette ZN V (-/+n) sneeuwketting
Schneekönig ZN M (+s/+e) winterkoninkje ▸ *sich freuen wie ein ~* in zijn nopjes zijn
Schneemann ZN M (+(e)s/-männer) sneeuwman, sneeuwpop
Schneematsch ZN M (+(e)s/gmv) sneeuwblubber
Schneepflug ZN M (+(e)s/-pflüge) sneeuwploeg
Schneeschauer ZN M (+s/-) sneeuwbui
Schneeschaufel ZN V (-/+n) sneeuwschop
Schneeschmelze ZN V (-/+n) (het) smelten van sneeuw
schneesicher BN sneeuwzeker <met genoeg sneeuw om te skiën>
Schneetreiben ZN O (+s/gmv) sneeuwjacht
Schneewehe ZN V (-/+n) sneeuwduin
schneeweiß BN sneeuwwit
Schneewittchen ZN O (+s/gmv) Sneeuwwitje
Schneid ZN M (+(e)s/gmv) lef
Schneidbrenner ZN M (+s/-) snijbrander
Schneide ZN V (-/+n) **1** snede **2** lemmet • *auf Messers ~ stehen* een dubbeltje op zijn kant zijn
schneiden **1** OV WW sterk **1** snijden **2** knippen, maaien, snoeien • *die Haare ~* de haren knippen **3** trekken <van gezicht> • *Grimassen ~* gekke gezichten trekken **4** monteren <film> **5** afsnijden, afkorten • *die Kurve ~* de bocht afsnijden **6** negeren • *jemanden ~* iemand negeren **2** ONOV WW sterk **1** snijden, knippen • *die Schere schneidet nicht* de schaar knipt niet **2** snijden, pijn doen • *eine ~de Kälte* een snijdende kou
Schneider ZN M (+s/-) **1** kleermaker • *frieren wie ein ~* het erg koud hebben • HUMOR. *herein, wenn's kein ~ ist!* kom binnen! **2** DIERK. hooiwagen ▸ *aus dem ~ sein* het ergste achter de rug hebben
Schneiderei ZN V (-/+en) kleermakerij
Schneiderin ZN V (-/+nen) kleermaakster
schneidern OV + ONOV WW naaien, maken • *aus einem Stück Stoff eine Hose ~* van een stuk stof een broek maken
Schneidersitz ZN M (+es/gmv) kleermakerszit
Schneidezahn ZN M (+(e)s/-zähne) snijtand
schneidig BN kranig, flink, energiek
schneien ONP WW sneeuwen • *jemandem ins Haus ~* bij iemand komen binnenvallen
Schneise ZN V (-/+n) brandgang
schnell BN snel, vlug, gauw • *zu ~ fahren* te hard rijden • *mach ~!* schiet op!
Schnellbahn ZN V (-/+en) → **S-Bahn**
Schnellboot ZN O (+(e)s/+e) **1** raceboot **2** motortorpedoboot
Schnelle **1** ZN V (-/gmv) • INFORM. *auf die ~* heel vlug, onmiddellijk **2** ZN V (-/+n) stroomversnelling
schnellen **1** OV WW afschieten, laten opspringen **2** ONOV WW **1** opveren, opspringen, schieten **2** knippen <met vingers>
Schnellfeuer ZN O (+s/-) snelvuur
schnellfüßig BN snelvoetig, snel
Schnellgericht ZN O (+(e)s/+e) **1** JUR. snelrecht **2** CULIN fastfood, snel gerecht, snelle hap
Schnellhefter ZN M (+s/-) map
Schnelligkeit ZN V (-/+en) snelheid
Schnellimbiss ZN M (+es/+e) snelbuffet, snackbar
Schnellkupplung ZN V (-/+en) snelkoppeling
Schnellkurs ZN M (+es/+e) spoedcursus, stoomcursus
schnelllebig BN **1** kortstondig, van korte duur **2** snel veranderend • *in unserer ~en Zeit* in onze snel veranderende samenleving
Schnellrichter ZN M (+s/-) politierechter
Schnellstraße ZN V (-/+n) snelweg, autoweg
Schnellverfahren ZN O (+s/-) **1** snel procedé **2** snelle behandeling voor de rechtbank
Schnepfe ZN V (-/+n) **1** BIOL. snip **2** trut, stom wijf
Schnickschnack ZN M (+(e)s/gmv) **1** rommel, prullaria **2** onzin, kletskoek
schniegeln OV WW opdoffen, piekfijn kleden • *geschniegelt und gebügelt* tot in de puntjes verzorgd, om door een ringetje te halen
schnieke BN chic, piekfijn
Schnippchen ZN O (+s/-) knip <met vinger> • *jemandem ein ~ schlagen* iemand voor zijn, iemand een poets bakken
Schnippel ZN M/O (+s/-) snipper
schnippeln OV + ONOV WW **1** INFORM. een beetje afsnijden/-knippen **2** INFORM. kleinsnijden, snipperen
schnippen ONOV WW knippen <met de vingers>
schnippisch BN bits, snibbig
Schnipsel ZN M/O (+s/-) snipper
schnipseln OV + ONOV WW **1** INFORM. snipperen, kleinsnijden **2** INFORM. een beetje afknippen/-snijden
schnitt OV WW verl. tijd → **schneiden**
Schnitt ZN M (+(e)s/+e) **1** (het) knippen **2** snee, snede **3** snit, vorm **4** (het) snijden, (het) maaien **5** doorsnede • *im ~* in doorsnee,

gemiddeld • *horizontaler ~* horizontale doorsnede • O&W *ein guter ~* een goed gemiddelde **6** montage <film> **7** kapsel **8** knippatroon

Schnittblume ZN V (-/+n) snijbloem

Schnitte ZN V (-/+n) **1** sneetje **2** (belegde) boterham • *Schnittchen* broodjes

Schnittfläche ZN V (-/+n) snijvlak

schnittig BN **1** sportief, slank, rank **2** rijp <om te maaien>

Schnittlauch ZN M (+(e)s/gmv) PLANTK. bieslook

Schnittlinie ZN V (-/+n) snijlijn

Schnittmeister ZN M (+s/-) A-V cutter

Schnittmuster ZN O (+s/-) knippatroon

Schnittpunkt ZN M (+(e)s/+e) **1** snijpunt **2** kruispunt

Schnittstelle ZN V (-/+n) **1** scheidslijn, cesuur **2** COMP. interface

Schnittwunde ZN V (-/+n) snijwond

Schnitzarbeit ZN V (-/+en) houtsnijwerk

Schnitzel **1** ZN M/O (+s/-) snipper **2** ZN O (+s/-) schnitzel • *Wiener ~* gepaneerd en gebraden kalfslapje

Schnitzeljagd ZN V (-/+en) kinderspel spoorzoekertje

schnitzeln OV + ONOV WW **1** kleinsnijden, snipperen **2** houtsnijden

schnitzen OV + ONOV WW snijwerk maken, houtsnijden • *Holz ~* in hout snijden

Schnitzer ZN M (+s/-) **1** houtsnijder, beeldsnijder **2** blunder, blooper • *einen ~ machen* een flater slaan

Schnitzerei ZN V (-/+en) **1** houtsnijwerk **2** houtsnijkunst

schnoddrig BN vrijpostig, onbeschaamd, brutaal

schnöde BN **1** boos, snood **2** minachtend, smadelijk

Schnödigkeit **1** ZN V (-/+en) snoodheid **2** ZN V (-/gmv) minachting

Schnorchel ZN M (+s/-) RECR. snorkel

Schnörkel ZN M (+s/-) **1** franje, omhaal **2** versiering, krul

schnorren OV + ONOV WW INFORM. schooien, bedelen • *eine Zigarette ~* om een sigaret vragen

Schnorrer ZN M (+s/-) schooier, klaploper

Schnösel ZN M (+s/-) vlegel

Schnüffelei ZN V (-/+en) gesnuffel, gespionneer

schnüffeln ONOV WW **1** snuffelen <ook figuurlijk> **2** snuiven, opsnuiven

Schnüffler ZN M (+s/-) snuffelaar

Schnuller ZN M (+s/-) **1** speen <fles> **2** fopspeen

Schnulze ZN V (-/+n) **1** smartlap <lied> **2** sentimenteel stuk <film/toneel>

schnupfen ONOV WW **1** snuiven, een snuif nemen **2** snotteren

Schnupfen ZN M (+s/-) neusverkoudheid

Schnupftabak ZN M (+s/+e) snuiftabak

Schnupperkurs ZN M snuffelcursus

schnuppern **1** ONOV WW snuffelen **2** OV + ONOV WW opsnuiven

Schnupperpraktikum ZN O (-s/-praktika) snuffelstage

Schnupperstunde ZN V proefles

Schnur ZN V (-/Schnüre) **1** INFORM. snoer, kabel **2** touwtje, koord

Schnürchen ZN O (+s/-) touwtje, koordje, snoertje • *es läuft wie am ~* het gaat van een leien dakje

schnüren OV WW snoeren • *die Angst schnürte ihr die Kehle* de angst snoerde haar keel dicht

schnurgerade BN lijnrecht, regelrecht

Schnurrbart ZN M (+(e)s/-bärte) snor, knevel

schnurren ONOV WW **1** snorren, zoemen **2** spinnen <van kat> **3** schooien, bedelen

Schnurrhaar ZN O (+(e)s/+e) snorhaar

schnurrig BN raar, koddig

Schnürschuh ZN M (+(e)s/+e) veterschoen, rijgschoen

Schnürsenkel ZN M (+s/-) veter

Schnürstiefel ZN M (+s/-) rijglaars

schnurstracks BW lijnrecht, regelrecht

schnurz BN onverschillig • *es ist mir ~* het interesseert me geen snars

schob OV WW verl. tijd → **schieben**

Schober ZN M (+s/-) hooischuur

Schock **1** ZN M (+(e)s/+s) **1** schok • *einen ~ verwinden* een schok te boven komen • *das war ein ~ für sie* dat was een harde klap voor haar **2** MED. shock, zenuwschok **2** ZN O (+(e)s/+e) een hele hoop

schocken OV WW **1** choqueren **2** MED. een shock toedienen **3** SPORT met kracht werpen

schockieren OV WW choqueren • *ich bin schockiert* ik ben geshockt

schofel BN **1** sjofel, schamel **2** gierig, vrekkig **3** gemeen

Schöffe ZN M (+n/+n) **1** JUR. lekenrechter **2** GESCH. schepen

Schöffengericht ZN O (+(e)s/+e) schepenrechtbank, lekenrechtbank

Schokolade ZN V (-/+n) chocolade • *eine Tafel ~* een tablet chocolade • *weiße ~* witte chocolade

Schokoladenguss ZN M (+es/-güsse) chocoladeglazuur

Schokoladenseite ZN V (-/+n) mooiste zijde

Schokoladentafel ZN V (-/+n) tablet chocolade, stuk chocolade

scholl ONOV WW verl. tijd → **schallen**

Scholle ZN V (-/+n) **1** kluit, aardkluit **2** ijsschots **3** BIOL. schol

schon BW **1** al, reeds • *das ~ gar nicht* dat al helemaal niet **2** wel • *er wird es ~ sagen* hij zal het wel zeggen • *wenn ~, denn ~* als je het doet, doe het dan ook goed, als het dan moet, dan moet het maar • *das stimmt ~* dat klopt wel • *das ist ~ möglich* dat zou wel kunnen **3** nu, nou (weer)

schön BN **1** mooi, fraai • *schöne Jacke!* wat een leuke jas! **2** mooi, aangenaam, fijn • *Schön. Und weiter?* Goed. En verder? • *schöne Ferien!* fijne vakantie! • *einen schönen Preis für etwas bekommen* een leuke prijs voor iets krijgen • *schön, dass du* *gekommen bist* leuk, dat je gekomen bent • *das ist nicht ~ von dir* dat is niet mooi van je • *zu schön, um wahr zu sein* te mooi om waar te zijn • *das wäre ja noch schöner!* wel nu nog mooier! • *das ist mir ja was Schönes!* dat is me wat moois! **3** flink, erg • *bitte ~* alstublieft • *danke ~* dank u wel • *schönen Dank!* hartelijk bedankt! • *eine ganz schöne Erkältung* een flinke verkoudheid

Schöne ZN V (+n/+n) schoonheid, mooie vrouw

schonen OV WW sparen, ontzien • *sich ~* zich ontzien, op zijn gezondheid letten • *die Umwelt ~* zuinig op het milieu zijn • *sie geht ~d mit ihrem neuen Fahrrad um* zij is zuinig op haar nieuwe fiets

schönen OV WW **1** klaren <van vloeistoffen> **2** uiterlijk/smaak/geur verbeteren <van levensmiddelen> **3** verfraaien

Schoner ZN M (+s/-) **1** SCHEEPV. schoener **2** beschermer, hoes

schönfärben OV WW te mooi voorstellen, rooskleurig afschilderen

Schönfärber ZN M (+s/-) optimist, mooiprater

Schönfärberei ZN V (-/+en) optimisme, mooipraterij • *ohne ~* zonder het al te mooi voor te stellen

Schöngeist ZN M (+(e)s/+er) estheet, geletterd iemand

schöngeistig BN esthetisch, kunstzinnig, de schone kunsten betreffend

Schönheit ZN V (-/+en) schoonheid

Schönheitschirurgie ZN V (-/gmv) plastische chirurgie

Schönheitsfarm ZN V beautyfarm

Schönheitsfehler ZN M (+s/-) schoonheidsfout, onvolkomenheid

Schönheitspflege ZN V (-/+n) schoonheidsverzorging, cosmetiek

Schonkost ZN V (-/gmv) dieetkost

schönmachen OV WW verfraaien • *sich ~* zich optutten, zich mooi maken

Schönschrift ZN V (-/gmv) **1** netschrift **2** schoonschrift

Schöntuer ZN M (+s/-) vleier

schöntun ONOV WW vleien, lief doen

Schonung **1** ZN V (-/gmv) **1** consideratie **2** ontzien, zorg, omzichtigheid **2** ZN V (-/+en) jonge aanplant

schonungslos BN nietsontziend, meedogenloos

Schonzeit ZN V (-/+en) tijd buiten het jacht- en visseizoen, schoontijd • FIG. *noch ~ haben* nog even gespaard worden

Schopf ZN M (+(e)s/Schöpfe) kuif • *jemanden beim ~ fassen* iemand bij de haren grijpen • *die Gelegenheit beim Schopfe fassen* van de gelegenheid gebruikmaken

Schöpfbrunnen ZN M (+s/-) waterput

Schöpfeimer ZN M (+s/-) putemmer

schöpfen OV + ONOV WW putten, scheppen • *Kraft ~* kracht putten • *Atem ~* diep ademhalen • *aus dem Vollen ~* zich alles permitteren, geen beperkingen kennen

Schöpfer ZN M (+s/-) **1** schepper, maker, Schepper **2** schepvat, schepemmer **3** scheplepel

schöpferisch BN scheppend

Schöpferkraft ZN V (-/-kräfte) scheppingskracht

Schöpfkelle ZN V (-/+n) scheplepel

Schöpflöffel ZN M (+s/-) scheplepel

Schöpfung ZN V (-/+en) schepping

Schöpfungsgeschichte ZN V (-/+n) scheppingsverhaal

Schöpfwerk ZN O (+(e)s/+e) gemaal

Schoppen ZN M (+s/-) **1** 1/4 (of 1/2) liter wijn / bier • *beim ~ sitzen* achter een glas wijn zitten **2** REG. flesje <voor baby> **3** REG. schuur

schor OV WW verl. tijd → **scheren**

Schorf ZN M (+(e)s/+e) korstje

schorfig BN korstig <wond>

Schorle ZN V (-/+n) wijn gemengd met bronwater, sap gemengd met bronwater • *eine saure ~* droge wijn met bronwater • *eine süße ~* zoete wijn met bronwater

Schornstein ZN M (+(e)s/+e) schoorsteen • *eine Schuld in den ~ schreiben* een schuld afschrijven, een schuld als verloren beschouwen • *Geld zum ~ hinausjagen* zijn geld erdoor jagen

Schornsteinfeger ZN M (+s/-) schoorsteenveger

schoss OV WW verl. tijd → **schießen**

Schoss ZN M (+es/+e) stek, scheut, loot

Schoß ZN M **1** schoot • *einem in den ~ fallen* iets krijgen zonder ervoor iets te hoeven doen • *auf dem ~ sitzen* op schoot zitten **2** slip, pand <van jacquet>

Schoßkind ZN O (+(e)s/+er) lieveling

Schössling ZN M (+s/+e) loot, scheut, uitloper

Schote ZN V (-/+n) **1** peul, dop **2** SCHEEPV. schoot

Schotte ZN M (+n/+n) Schot

Schotter ZN M (+s/-) **1** steenslag **2** INFORM. geld, poen

schottern OV WW met steenslag bestrooien

Schotterstraße ZN V (-/+n) steenslagweg

Schottin ZN V (-/+nen) Schotse

schottisch BN Schots

Schottland ZN O (+s/gmv) Schotland

schraffieren OV WW arceren

schräg BN **1** scheef, schuin • *~ anschauen* een schuinse blik werpen **2** INFORM. vreemd, merkwaardig • *ein schräger Vogel* een rare snuiter

Schräge ZN V (-/+n) schuinte, schuine kant, schuine lijn

schrägen OV WW schuinen, schuin maken

Schräglage ZN V (-/+n) schuine ligging/stand • *die finanzielle ~* de financiële problemen

Schrägschrift ZN V (-/+en) schuinschrift

Schrägstrich ZN M (+(e)s/+e) schuine streep, slash

Schramme ZN V (-/+n) **1** schram **2** kras

Schrammelmusik ZN V (-/-) Oostenrijkse populaire muziek

schrammen OV WW **1** schrammen **2** schampen

Schrank ZN M (+(e)s/Schränke) kast • *nicht alle*

Tassen im ~ haben niet goed snik zijn
Schrankbett ZN O (+(e)s/+en) opklapbed in een kast
Schranke ZN V (-/+n) **1** slagboom, spoorboom, versperring **2** perk, grens • *jemanden in seine Schranken verweisen* iemand op zijn nummer zetten • *die letzten Schranken zwischen ihnen waren gefallen* de laatste barrières tussen hen waren genomen • *für jemanden in die Schranken treten* het voor iemand opnemen • *etwas in Schranken halten* paal en perk aan iets stellen
schrankenlos BN grenzeloos, onbeperkt, ongeremd
Schrankenwärter ZN M (+s/-) overwegwachter
Schrankfach ZN O (+(e)s/-fächer) vak in een kast
Schraubdeckel ZN M (+s/-) schroefdeksel
Schraube ZN V (-/+n) **1** schroef • *bei ihm ist eine ~ locker* aan hem is een steekje los, hij is van lotje getikt **2** MIN. kreng, tang
schrauben OV WW **1** schroeven **2** opschroeven, opvoeren • *sich ~* zich spiraalsgewijs bewegen • FIG. *sich geschraubt ausdrücken* bekakt spreken
Schraubengewinde ZN O (+s/-) schroefdraad
Schraubenmutter ZN V (-/+n) schroefmoer
Schraubenschlüssel ZN M (+s/-) moersleutel
Schraubenzieher ZN M (+s/-) schroevendraaier
Schraubstock ZN M (+(e)s/-stöcke) bankschroef
Schraubverschluss ZN M (+es/-schlüsse) schroefsluiting
Schrebergarten ZN M (+s/-gärten) volkstuintje
Schreck ZN M (+(e)s/+e) schrik • *einen furchtbaren ~ bekommen* ontzettend schrikken
Schreckbild ZN O (+(e)s/+er) schrikbeeld
Schrecken ZN M (+s/-) **1** schrik • *~ erregend* schrikwekkend, schrikaanjagend • *jemandem einen ~ einjagen* iemand schrik aanjagen • *jemanden in ~ versetzen* iemand schrik aanjagen **2** verschrikking • *die ~ des Krieges* de verschrikkingen van de oorlog
schreckenerregend BN schrikwekkend, schrikaanjagend
Schreckensherrschaft ZN V (-/gmv) schrikbewind
Schreckensruf ZN M (+(e)s/+e) kreet van schrik, angstkreet
Schreckenstat ZN V (-/+en) verschrikkelijke daad, gruweldaad
Schreckgespenst ZN O (+(e)s/+er) schrikbeeld
schreckhaft BN schrikachtig
schrecklich BN **1** vreselijk, verschrikkelijk • *~es Wetter* akelig weer **2** erg • *~ aufregend* vreselijk spannend, erg spannend • *~ langweilig* afschuwelijk saai • *es ist ~!* het is een crime!
Schreckschuss ZN M (+es/-schüsse) schot in de lucht, waarschuwingsschot
Schreckschusspistole ZN V (-/+n) alarmpistool
Schredder ZN M (+s/-) → **Shredder**
Schrei ZN M (+(e)s/+e) kreet, schreeuw • *der letzte ~* het laatste snufje, de nieuwste mode • *das ist zum Schreien!* wat een giller!
Schreibblock ZN M (+(e)s/+s, -blöcke) schrijfblok, blocnote
schreiben OV + ONOV WW sterk schrijven • *jemandem etwas ~* iets aan iemand schrijven • *sich etwas hinters Ohr ~* iets in zijn oren knopen • *er schreibt sich Meyer mit ey* zijn naam is Meyer met ey • *wie schreibt sich das?* hoe wordt dat gespeld? • *groß ~* met een hoofdletter schrijven, FIG. belangrijk vinden • *klein ~* met een kleine letter schrijven
Schreiben ZN O (+s/-) schrijven, brief
Schreiber ZN M (+s/-) schrijver
Schreiberei ZN V (-/+en) MIN. schrijverij, geschrijf
Schreibfehler ZN M (+s/-) schrijffout, verschrijving
Schreibgerät ZN O (+(e)s/+e) schrijfgerei
Schreibheft ZN O (+(e)s/+e) schrift
Schreibkopf ZN M (+(e)s/-köpfe) COMP. schrijfkop
Schreibmaschine ZN V (-/+n) schrijfmachine
Schreibpult ZN O (+(e)s/+e) lessenaar
Schreibtisch ZN M (+(e)s/+e) schrijftafel, bureau • *am ~ sitzen* aan zijn bureau zitten
Schreibung ZN V (-/+en) schrijfwijze
Schreibwaren ZN MV schrijfbenodigdheden, bureauaccessoires
Schreibwarengeschäft ZN O (+(e)s/+e) kantoorboekhandel
Schreibwarenhandlung ZN V (-/+en) kantoorboekhandel
Schreibzeug ZN O (+(e)s/gmv) schrijfgerei
schreien OV + ONOV WW sterk gillen, schreeuwen, brullen, roepen • *sich heiser ~* zich hees schreeuwen
Schreier ZN M (+s/-) schreeuwer
Schreierei ZN V (-/+en) geschreeuw, gebrul
Schreihals ZN M (+es/-hälse) schreeuwlelijk
Schrein ZN M (+(e)s/+e) schrijn, kastje
Schreiner ZN M (+s/-) schrijnwerker, meubelmaker
Schreinerei ZN V (-/+en) meubelmakerij, schrijnwerkerij
schreinern ONOV WW meubels maken, schrijnwerker zijn
schreiten ONOV WW sterk **1** schrijden, stappen, (waardig) lopen **2** overgaan • *zur Wahl ~* tot de verkiezing overgaan
schrie OV + ONOV WW verl. tijd → **schreien**
schrieb OV + ONOV WW verl. tijd → **schreiben**
Schrift ZN V (-/+en) **1** schrift **2** geschrift **3** handschrift • *sie hat eine schöne ~* ze heeft een mooie handschrift
Schriftdeutsch ZN O (+en/gmv) Duitse schrijftaal
Schriftführer ZN M (+s/-) secretaris <in vereniging>
Schriftgelehrte ZN M/V (+n/+n) Schriftgeleerde
schriftlich BN schriftelijk • *etwas ~ festhalten* iets schriftelijk vastleggen • *das kann ich dir ~ geben* dat geef ik je op een briefje

Schriftsetzer ZN M (+s/-) letterzetter
Schriftsprache ZN V (-/gmv) schrijftaal
Schriftsteller ZN M (+s/-) schrijver, auteur
schriftstellerisch BN literair, letterkundig
schriftstellern ONOV WW schrijven, als schrijver/auteur werkzaam zijn
Schriftstück ZN O (+(e)s/+e) geschrift, stuk
Schrifttum ZN O (+s/gmv) literatuur
Schriftwechsel ZN M (+s/-) correspondentie, briefwisseling
Schriftzeichen ZN O (+s/-) letterteken
Schriftzug **1** ZN M (+(e)s/-züge) handschrift • *regelmäßige Schriftzüge* een regelmatig handschrift **2** ZN M (+(e)s/gmv) karakteristiek schrift • *ein unleserlicher ~* een onleesbare krabbel • *der ~ des Markennamens* de kenmerkende typografie van de merknaam
schrill BN schril, schel
schrillen ONOV WW schril klinken, rinkelen <van telefoon>
schritt ONOV WW verl. tijd → **schreiten**
Schritt ZN M (+(e)s/+e) **1** stap, pas, schrede • *mit jemandem ~ halten* in de pas blijven met iemand, gelijke tred houden met iemand <ook figuurlijk> • *auf ~ und Tritt* overal • *(im) ~ fahren* stapvoets rijden • *Schritte unternehmen/tun/einleiten* maatregelen treffen, stappen ondernemen • FIG. *den ersten ~ machen* de eerste stap doen • *einen ~ nach hinten machen* een stap naar achteren doen • *~ für ~* voetje voor voetje • *keinen ~ tun* geen voet verzetten • *nur ein paar Schritte von hier* twee passen hier vandaan **2** kruis <van een broek>
Schrittmacher ZN M (+s/-) **1** SPORT gangmaker **2** pacemaker
Schritttempo ZN O (+s/gmv) • *im ~* stapvoets • *~ fahren* stapvoets rijden
schrittweise BW stap voor stap • *~ Annäherung* geleidelijke toenadering
schroff BN **1** steil, ontoegankelijk **2** bot, bars, ruw • *etwas ~ ablehnen* iets bot van de hand wijzen **3** kras • *ein ~er Gegensatz* een krasse tegenstelling
Schroffheit ZN V (-/gmv) **1** steilte **2** barsheid, botheid, ruwheid **3** krasheid
schröpfen OV WW **1** aderlaten **2** INFORM. afzetten
Schrot ZN M/O (+(e)s/+e) **1** schroot **2** grof gemalen graan • FIG. *von altem ~ und Korn* van de oude stempel
schroten OV WW grof malen, klein maken
Schrotflinte ZN V (-/+n) jachtgeweer
Schrott ZN M (+(e)s/gmv) **1** schroot, oud ijzer • *zu ~ fahren* total loss rijden **2** INFORM. onzin, larie **3** INFORM. troep, rommel
schrottreif BN rijp voor de sloop, total loss • *ein Auto ~ fahren* een auto total loss rijden
schrubben OV WW **1** schrobben **2** ruw schaven/vijlen, voorbewerken
Schrubber ZN M (+s/-) schrobber
Schrulle ZN V (-/+n) **1** gril, kuur **2** MIN. rare tante
schrullenhaft BN vol kuren, grillig
schrumpelig BN rimpelig, verschrompeld
schrumpfen ONOV WW **1** verschrompelen **2** krimpen, verminderen • *das Volumen ist geschrumpft* het volumen is verminderd
Schrumpfung ZN V (-/+en) **1** inkrimping **2** verschrompeling
Schrund ZN M (+(e)s/Schründe) kloof
Schub ZN M (+(e)s/Schübe) **1** duw, worp, stoot • *ein ~ in der Entwicklung* een groeisprong **2** stuwkracht **3** partij, groep • *ein ganzer ~ Grundschüler* een hele lading basisscholieren **4** REG. schuifla **5** MED. schub
Schuber ZN M (+s/gmv) **1** kartonnen boekomslag **2** OOST. grendel
Schubfach ZN O (+(e)s/-fächer) schuifla
Schubkarren ZN M (+s/-) kruiwagen
Schublade ZN V (-/+n) (schuif)lade
Schubladendenken ZN O (+s/-) hokjesgeest
Schubs ZN M (+es/+e) duw, stoot • *jemandem einen ~ geben* iemand een duw geven, iemand tot iets aanzetten
schubsen OV WW duwen, stoten
schubweise BW **1** groepsgewijs, in groepen **2** in partijen
schüchtern BN schuchter, bedeesd, verlegen
Schüchternheit ZN V (-/gmv) schuchterheid, bedeesdheid, verlegenheid
schuf OV WW verl. tijd → **schaffen**
Schuft ZN M (+(e)s/+e) schoft, schoelje, schurk
schuften ONOV WW ploeteren, zwoegen
Schufterei ZN V (-/-) **1** gezwoeg • *das ist eine ziemliche ~* dat is een heel karwei **2** schofterigheid, schoftenstreek
schuftig BN schofterig, schurkachtig
Schuh ZN M (+(e)s/+e) **1** schoen • *hochhackige Schuhe* schoenen met hoge hakken • *jemandem etwas in die Schuhe schieben* iets op iemand anders schuiven • *wo drückt denn der Schuh?* waar is het probleem? • INFORM. *das zieht einem glatt die Schuhe aus* daar breekt mijn klomp • *den ~ zieh' ich mir nicht an!* dat laat ik mij niet verwijten! **2** TECHN. remschoen
Schuhbürste ZN V (-/+n) schoenborstel
Schuhgröße ZN V (-/+n) schoenmaat
Schuhlöffel ZN M (+s/-) schoenlepel
Schuhmacher ZN M (+s/-) schoenmaker
Schuhputzer ZN M (+s/-) schoenpoetser
Schuhsohle ZN V (-/+n) schoenzool
Schulabbrecher ZN M (+s/-) vroegtijdige schoolverlater
Schulabgänger ZN M (+s/-) schoolverlater
Schularbeit ZN V (-/+en) huiswerk
Schulbank ZN V (-/-bänke) schoolbank • *ich habe mit ihr die ~ gedrückt* ik heb met haar in de schoolbanken gezeten
Schulbeispiel ZN O (+s/+e) schoolvoorbeeld, bekend voorbeeld
Schulbildung ZN V (-/gmv) onderwijs
schuld BN • *an etwas ~ sein* schuld zijn aan iets
Schuld ZN V (-/+en) **1** JUR. schuld • *sich etwas zu Schulden kommen lassen* zich aan iets schuldig maken • *die ~ tragen/haben* de schuld hebben, de schuldige zijn • *jemandem / einer Sache die ~ (an*

SC

etwas) geben iemand/ iets de schuld (aan iets) geven • *man schiebt ihr die ~ in die Schuhe* men schuift haar de schuld in de schoenen **2** FIN. **schuld** • *schwebende Schulden* vlottende schulden • *tief in den Schulden stecken* heel veel schulden hebben • *in jemands ~ stehen* in iemand schuld staan • INFORM. *Schulden abstottern* schulden in termijnen betalen • *eine ~ tilgen* een schuld aflossen • *eine ~ begleichen* een schuld goedmaken

Schuldbekenntnis ZN O (+ses/+se) **schuldbekentenis**

schuldbewusst BN **schuldbewust**

Schuldbewusstsein ZN O (+s/gmv) **schuldbesef**

schulden OV WW **1** **verschuldigd zijn, schuldig zijn** • *was schulde ich Ihnen?* hoeveel ben ik u schuldig? **2** **te danken hebben aan**

schuldenfrei BN **vrij van schulden**

Schuldforderung ZN V (-/+en) **schuldvordering**

Schuldfrage ZN V (-/+n) **schuldvraag**

schuldhaft BN **schuldig, door (eigen) schuld**

Schuldienst ZN M (+(e)s/gmv) • *im ~ sein* in het onderwijs werken

schuldig BN **1** **schuldig** • *an etwas ~ sein* aan iets schuldig zijn • *jemandem die Antwort ~ bleiben* iemand het antwoord schuldig blijven • *des Mordes ~ sein* schuldig zijn aan moord **2** **verschuldigd, verplicht** • *was bin ich Ihnen ~?* wat ben ik u verschuldigd?

Schuldige ZN M/V (+n/+n) **schuldige** • *man hält mich für den Schuldigen* ik word erop aangekeken

Schuldigkeit ZN V (-/+en) **plicht, verplichting** • *seine (Pflicht und) ~ tun* zijn plicht doen

schuldlos BN **schuldeloos, onschuldig**

Schuldner ZN M (+s/-) **schuldenaar, debiteur**

Schuldschein ZN M (+(e)s/+e) **schuldbekentenis**

Schuldspruch ZN M (+(e)s/-sprüche) **veroordeling**

Schuldverschreibung ZN V (-/+en) **obligatie, schuldbekentenis**

Schule ZN V (-/+n) **school** • *staatliche ~* openbare school • *konfessionelle ~* bijzondere school • *private ~* bijzondere school • *in die ~ gehen* naar school gaan • *zur ~ gehen* op school zitten • *die ~ schwänzen* spijbelen • *von der ~ abgehen* van school gaan • *die ~ besuchen* de school bezoeken, op school zitten • *die höhere ~* een vwo-school • *weiterführende Schulen* voortgezet onderwijs • *eine harte ~* een harde leerschool • *aus der ~ plaudern* uit de school klappen • *etwas macht ~* iets wordt gebruikelijk • *berufsbildende ~* mbo-school, BELG. bso • *von der ~ nehmen* van school halen • *heute ist keine ~* er is vandaag geen school • *in/auf der ~* op school • *die ~ ist aus* de school gaat uit • *ein Maler der flämischen ~* een schilder van de Vlaamse school

schulen OV WW **scholen** • *ein geschultes Gehör* een geoefend gehoor

Schüler ZN M (+s/-) **leerling, scholier** • *die ~ in meiner Klasse* de kinderen in mijn klas

Schüleraustausch ZN M **leerlingenuitwisseling**

schülerhaft BN **1** **schoolmeisjesachtig, schooljongensachtig** **2** **onrijp**

Schülerin ZN V (-/+nen) **leerlinge, scholiere**

Schülerlotse ZN M (+n/+n) **verkeersbrigadier, klaar-over**

Schülerschaft ZN V (-/gmv) **leerlingen**

Schulfeier ZN V (-/+n) **schoolfeest**

Schulferien ZN MV **schoolvakantie**

schulfrei BN **geen school, vrij**

Schulfreund ZN M (+(e)s/+e) **schoolvriend, schoolmakker**

Schulfunk ZN M (+s/gmv) **schoolradio**

Schulgeld ZN O (+(e)s/+er) **schoolgeld**

Schulhaus ZN O (+es/-häuser) **schoolgebouw**

Schulhof ZN M (+(e)s/-höfe) **schoolplein**

schulisch BN **met betrekking tot school, school-** • *~e Leistungen* prestaties op school

Schuljahr ZN O (+(e)s/+e) **1** **schooljaar** • *Anfang des Schuljahrs* begin van het schooljaar • *ein ~ wiederholen* een schooljaar over doen **2** **klas** • *sie ist im zweiten ~* ze zit in groep 4

Schulklasse ZN V (-/+n) **schoolklas**

Schulleiter ZN M (+s/-) **schoolhoofd, schoolleider**

Schulleitung ZN V (-/+en) **schoolleiding**

Schulmappe ZN V (-/+n) **schooltas**

schulmeistern OV WW **schoolmeester spelen**

Schulpflicht ZN V (-/gmv) **leerplicht**

schulpflichtig BN **leerplichtig**

Schulranzen ZN M (+s/-) **schooltas**

Schulrat ZN M (+(e)s/-räte) **schoolinspecteur**

Schulreform ZN V (-/+en) **onderwijsvernieuwing**

Schulschiff ZN O (+(e)s/+e) **opleidingsschip**

Schulschwänzer ZN M (+s/-) **spijbelaar**

Schulter ZN V (-/+n) **schouder** • *auf den Schultern tragen* op de nek dragen • *jemandem die kalte ~ zeigen* iemand links laten liggen • *etwas auf die leichte ~ nehmen* iets gemakkelijk opnemen • *mit den Schultern zucken* de schouders ophalen • *jemandem auf die ~ klopfen* iemand een schouderklopje geven • *auf die leichte ~ nehmen* een flierefluiter zijn

Schulterblatt ZN O (+(e)s/-blätter) **schouderblad**

schultern OV WW **op de schouders nemen**

Schultüte ZN V OMSCHR. **grote puntzak met snoep en cadeautjes bij gelegenheid van de eerste schooldag**

Schulung ZN V (-/+en) **scholing, opleiding**

Schulunterricht ZN M (+(e)s/gmv) **onderwijs**

Schulversäumnis ZN O (+ses/+se) **schoolverzuim**

Schulverwaltung ZN V (-/+en) **1** **onderwijsinspectie** **2** **gemeentelijke afdeling onderwijs**

Schulweg ZN M (+(e)s/+e) **weg naar school**

Schulzeit ZN V (-/+en) **schooltijd, schooljaren**

Schulzeugnis ZN O (+ses/+se) **schoolrapport**

Schulzimmer ZN O (+s/-) **klaslokaal**

schummeln ONOV WW **sjoemelen, bedriegen** • *in der Buchhaltung ~* in de boeken knoeien

SC

schummerig BN schemerig

Schund ZN M (+(e)s/gmv) **1** minderwaardige kunst **2** minderwaardige boeken • GESCH. *~ und Schmutz* minderwaardige/obscene literatuur **3** rommel, rotzooi, afval

Schundliteratur ZN V (-/gmv) **1** pulpliteratuur **2** pornografische lectuur

schunkeln ONOV WW meedeinen <op de maat van de muziek>

Schuppe ZN V (-/+n) **1** schub **2** schilfer • *ein Shampoo gegen Schuppen* een antiroosshampoo • *es fiel ihm wie Schuppen von den Augen* de schellen vielen hem van de ogen

schuppen 1 OV WW van schubben ontdoen **2** WKD WW (**sich ~**) afschilferen

Schuppen ZN M (+s/-) schuurtje, berging

schuppig BN **1** met roos <haar> **2** schubbig, geschubd **3** schilferachtig

Schur ZN V (-/+en) **1** scheren <schapen> **2** maaien <weiland> **3** knippen <heg>

schüren OV WW **1** oprakelen <vuur>, aanwakkeren • *das Feuer ~* in het vuur poken • *jemandes Eifersucht ~* iemands jaloezie aanwakkeren • *das Verlangen ~* verlangens aanwakkeren **2** opwekken

schürfen 1 ONOV WW schaven • *sich ~* zich schaven • *sich an der Wand ~* zich aan de muur schaven **2** OV + ONOV WW graven, boren, zoeken <naar delfstoffen> • *eine tief schürfende Untersuchung* een diepgaand onderzoek

Schürfung ZN V (-/+en) **1** schram **2** grondonderzoek, graven naar erts

Schürfwunde ZN V (-/+n) schaafwond

Schürhaken ZN M (+s/-) pook, rakelijzer

schurigeln OV WW treiteren

Schurke ZN M (+n/+n) schurk

Schurkerei ZN V (-/+en) schurkenstreek

schurkisch BN schurkachtig

Schurwolle ZN V (-/gmv) scheerwol

Schurz ZN M (+es/+e) schort, schootsvel, voorschoot

Schürze ZN V (-/+n) schort • *jeder ~ nachlaufen* een rokkenjager zijn

schürzen OV WW **1** opnemen, opschorten **2** optrekken <van de lippen> • *die Lippen ~* de lippen tuiten **3** FORM. knopen, strikken

Schürzenjäger ZN M (+s/-) rokkenjager

Schuss ZN M (+es/Schüsse) **1** schot • *ein ~ ins Schwarze* een schot midden in de roos • *einen ~ abfeuern* een schot lossen **2** scheut, portie, dosis **3** vaart, snelheid • *~ fahren* met grote snelheid naar beneden suizen <skisport> **4** INFORM. shot, heroïne-injectie • *sich einen ~ setzen* heroïne spuiten ▸ *in ~ sein* in orde zijn ▸ *etwas in ~ halten* iets in orde houden

schussbereit BN klaar om te schieten, schietvaardig

Schussel ZN M (+s/-) INFORM. sufferd, zenuwlijder

Schüssel ZN V (-/+n) **1** schaal, schotel • *leere Schüsseln vorfinden* de hond in de pot vinden **2** INFORM. schotelantenne

schusselig BN verstrooid, suffig

schusseln ONOV WW **1** ongeconcentreerd en slordig doen **2** heen en weer drentelen

Schussfeld ZN O (+(e)s/+er) **1** schootsveld **2** mikpunt

Schusslinie ZN V (-/+n) schootslijn • *in der ~ stehen* in de vuurlijn staan, het doelwit (van kritiek) vormen • *in die ~ geraten* het doelwit van kritiek worden

Schusswaffe ZN V (-/+n) vuurwapen, schietwapen

Schussweite ZN V (-/+n) dracht van vuurwapen • *in ~* binnen schot, binnen schootsafstand • *außer ~* buiten schot

Schuster ZN M (+s/-) schoenmaker • *auf Schusters Rappen* met de benenwagen ▸ *Schuster, bleib bei deinem Leisten!* schoenmaker, blijf bij je leest!

schustern ONOV WW **1** als schoenmaker werken, schoenen maken **2** klungelen, prutsen

Schutt ZN M (+(e)s/gmv) **1** puin • *in ~ und Asche liegen* in de as liggen • *in ~ und Asche legen* in de as leggen **2** afval • *~ abladen verboten* verboden vuil te storten

Schuttabladeplatz ZN M (+es/-plätze) vuilnisbelt

Schüttbeton ZN M (+s/gmv) stortbeton

Schüttelfrost ZN M (+(e)s/-fröste) koortsrillingen • *~ haben* koude rillingen hebben

schütteln OV WW **1** schudden, schokken • *sich ~* schudden • *der Hund schüttelt sich* de hond schudt zich uit **2** doen huiveren • *vor Angst geschüttelt* rillend van angst • *sich ~* huiveren

schütten 1 OV WW gieten, storten **2** ONP WW stortregenen • *es schüttet* het stortregent

schütter BN schaars, dun • *schütteres Haar* dun (geworden) haar

Schutthalde ZN V (-/+n) stortberg

Schutthaufen ZN M (+s/-) puinhoop

Schutz ZN M (+(e)s/+e) **1** bescherming, hoede • *jemanden in ~ nehmen* iemand in bescherming nemen • *unter dem ~ von ...* onder de hoede van ... **2** TECHN. beveiliging

Schutzanzug ZN M (+(e)s/-anzüge) beschermende kleding

Schutzblech ZN O (+(e)s/+e) spatbord

Schutzbrief ZN M (+(e)s/+e) **1** vrijgeleide **2** reis- en kredietbrief <automobilist>

Schutzbrille ZN V (-/+n) veiligheidsbril, stofbril

Schütze ZN M (+n/+n) **1** schutter <ook voetbal> **2** Boogschutter <sterrenbeeld>

schützen OV + ONOV WW **1** bewaren, beschermen, verdedigen • *sich ~ vor* zich beschermen tegen • *gesetzlich geschützt* wettig gedeponeerd **2** TECHN. stuwen

Schutzengel ZN M (+s/-) beschermengel, engelbewaarder

Schützengraben ZN M (+s/-gräben) loopgraaf

Schützenhilfe ZN V (-/+n) steun, hulp • *jemandem ~ geben* iemand steunen

Schützer ZN M (+s/-) beschermer

Schutzfaktor ZN M (+s/-oren) beschermingsfactor

Schutzfrist ZN V (-/+en) auteursrecht

Schutzgebiet ZN O (+(e)s/+e) natuurreservaat

Schutzheilige ZN M/V (+n/+n) beschermheilige, patroon

Schutzhülle ZN V (-/+n) beschermend omhulsel, hoes, foedraal, kaft

Schutzhütte ZN V (-/+n) schuilhut

Schützling ZN M (+s/+e) beschermeling

schutzlos BN onbeschermd, onbeschut, weerloos

Schutzmann ZN M (+(e)s/-leute, -männer) INFORM. politieagent

Schutzmarke ZN V (-/+n) handelsmerk, fabrieksmerk

Schutzmaßnahme ZN V (-/+n) veiligheidsmaatregel

Schutzmittel ZN O (+s/-) beveiligingsmiddel

Schutzpolizei ZN V (-/gmv) politie

Schutzraum ZN M (+(e)s/-räume) schuilkelder

Schutzstoff ZN M (+(e)s/+e) beschermende stof, antistof

Schutzumschlag ZN M (+(e)s/-umschläge) kaft, stofomslag

Schutzvorrichtung ZN V (-/+en) beveiligingsinrichting, veiligheid

Schutzwall ZN M (+(e)s/-wälle) beschermende wal, verdedigingswal

Schw. AFK Schwester zuster

schwabbelig BN lillend, drillend • *ein ~er Bauch* een vette pens

schwabbeln ONOV WW **1** lillen **2** TECHN. polijsten **3** leuteren, kletsen

Schwabe ZN M (+n/+n) Zwaab

Schwaben ZN O Zwaben

schwäbisch BN Zwabisch

schwach BN zwak • *eine ~e Kurve* een flauwe bocht • *~e Verben* zwakke werkwoorden • *~ vor Hunger* wee van de honger • *eine ~e Entschuldigung* een laf excuus

Schwäche ZN V (-/+n) **1** zwakte, slapheid **2** zwak punt, tekortkoming • *keine Schwächen zeigen* zijn zwakke punten verbergen **3** voorliefde, zwak • *eine ~ für etwas haben* een zwak voor iets hebben

schwächen OV WW verzwakken

schwächer BN zwakker

Schwachheit ZN V (-/gmv) zwakheid • *bilde dir nur keine Schwachheiten ein* maak je maar geen illusies

Schwachkopf ZN M (+(e)s/-köpfe) stommerik, uilskuiken

schwächlich BN zwak, zwakjes, slap

Schwächling ZN M (+s/+e) zwakkeling

schwachsichtig BN MED. slechtziend

Schwachsinn ZN M (+s/gmv) **1** zwakzinnigheid **2** onzin, kletskoek • *~ reden* uit zijn nek kletsen

schwachsinnig BN **1** zwakzinnig **2** stompzinnig

schwächst BN zwakst

Schwachstrom ZN M (+(e)s/gmv) zwakstroom

Schwächung ZN V (-/+en) verzwakking

Schwaden ZN M (+s/-) **1** damp, walm, wolk **2** zwad **3** PLANTK. mannagras

Schwadron ZN V (-/+en) eskadron

schwadronieren ONOV WW zwetsen, opscheppen

schwafeln ONOV WW bazelen, leuteren

Schwager ZN M (+s/Schwäger) zwager

Schwägerin ZN V (-/+nen) schoonzuster

Schwalbe ZN V (-/+n) **1** zwaluw **2** SPORT schwalbe

Schwall ZN M (+(e)s/+e) vloed, golf, plens • *ein ~ Wasser* een golf water • *ein ~ von Worten* een stortvloed van woorden

schwamm ONOV WW verl. tijd → **schwimmen**

Schwamm ZN M (+(e)s/Schwämme) **1** zwam **2** spons • *~ drüber!* zand erover!

schwammig BN **1** sponzig **2** opgezwollen

Schwan ZN M (+(e)s/Schwäne) zwaan

schwand ONOV WW verl. tijd → **schwinden**

schwanen ONOV WW INFORM. vermoeden, een voorgevoel hebben • *mir schwant* ik heb zo'n voorgevoel

Schwanengesang ZN M (+(e)s/-gesänge) FIG. zwanenzang

schwang OV + ONOV WW verl. tijd → **schwingen**

Schwang ZN M • *im Schwange sein* in zwang zijn • *in ~ kommen* in zwang komen

schwanger BN OOK FIG. zwanger, in verwachting • *im siebten Monat ~ sein* zes maanden zwanger zijn • *mit einem Sohn ~ sein* zwanger zijn van een zoon • *von jemandem ~ sein* van iemand in verwachting zijn

Schwangere ZN V (+n/+n) zwangere

schwängern OV WW OOK FIG. bezwangeren

Schwangerschaft ZN V (-/+en) zwangerschap

Schwangerschaftsabbruch ZN M (+(e)s/-abbrüche) abortus

Schwangerschaftsstreifen ZN MV zwangerschapsstriemen

Schwangerschaftsverhütung ZN V (-/gmv) anticonceptie

schwank BN **1** wankel **2** buigzaam

Schwank ZN M (+(e)s/Schwänke) klucht

schwanken ONOV WW **1** schommelen • *seine Stimmung schwankt sehr* zijn stemming is erg aan wisselingen onderhevig • *~der Kurs* onvaste koers • *die Preise ~ sehr* de prijzen variëren sterk **2** weifelen

Schwankung ZN V (-/+en) schommeling

Schwanz ZN M (+es/Schwänze) **1** staart • *jemandem auf den ~ treten* iemand op de tenen trappen • *sich auf den ~ getreten fühlen* beledigd zijn • *den ~ einziehen* niet voor zijn mening uitkomen • INFORM. *dafür interessiert sich kein ~* daar interesseert zich geen hond voor **2** einde, sleep **3** lange rij • *ein ganzer ~ von Problemen* een hele rij van problemen **4** VULG. lul, pik

schwänzeln ONOV WW **1** kwispelstaarten **2** INFORM. koket lopen **3** flikflooien

schwänzen OV WW spijbelen, verzuimen

schwappen ONOV WW klotsen, over de rand slaan

Schwarm ZN M (+(e)s/Schwärme) **1** zwerm, menigte, drommen **2** DIERK. zwerm, school, vlucht **3** vlam, idool

schwärmen ONOV WW **1** dwepen • *für jemanden/etwas ~* met iemand/iets dwepen **2** zwermen **3** boemelen, fuiven **4** MIL. uitzwermen, tirailleren

Schwärmer ZN M (+s/-) **1** dweper **2** pijlstaartvlinder **3** voetzoeker, rotje

Schwärmerei ZN V (-/+en) dweperij

schwärmerisch BN dweepziek, dweperig

schwarz BN **1** zwart • *~ malen* in sombere kleuren schilderen • *~ sehen* alles somber voorstellen • *warten, bis man ~ wird* tevergeefs wachten • *~ auf weiß* zwart op wit • *ins Schwarze treffen* in de roos schieten • *jemandem das Schwarze unter dem Nagel nicht gönnen* iemand het licht in de ogen niet gunnen **2** FIG. katholiek • *eine ~e Gegend* een katholieke regio **3** POL. christendemocratisch, conservatief • *~ wählen* christendemocratisch / conservatief stemmen **4** zwart, illegaal • *~ brennen* illegaal stoken

Schwarz ZN O zwart • *in ~ gekleidet sein* in het zwart gekleed gaan

Schwarzarbeit ZN V (-/gmv) zwart werk, clandestiene arbeid

schwarzarbeiten ONOV WW zwartwerken

Schwarzbrot ZN O (+(e)s/+e) roggebrood

schwarzbunt BN zwartbont

Schwarze ZN M/V (+n/+n) zwarte, neger • *ein Schwarzer* een zwarte <man>

Schwärze ZN V (-/gmv) zwartheid

schwärzen OV WW zwart maken

schwarzfahren ONOV WW sterk zwartrijden <trein>

Schwarzgeld ZN O zwart geld

Schwarzhandel ZN M (+s/-) zwarte handel, smokkelhandel

Schwarzhändler ZN M (+s/-) zwarthandelaar

schwärzlich BN zwartachtig

Schwarzmarkt ZN M (+(e)s/gmv) zwarte markt

schwarzsehen ONOV WW sterk INFORM. clandestien tv kijken, zwartkijken <zonder kijk- en luistergeld te betalen>

Schwarzseher ZN M (+s/-) **1** zwartkijker, pessimist **2** zwartkijker, clandestiene tv-kijker

Schwarzsender ZN M (+s/-) clandestiene zender, piraat

Schwarzwald ZN M (+(e)s/gmv) Zwarte Woud

Schwarz-Weiß-Film ZN M (+(e)s/+e) zwart-witfilm

Schwarzwild ZN O (+(e)s/gmv) zwart wild

Schwarzwurzel ZN V (-/+n) schorseneer

schwatzen ONOV WW kletsen, babbelen

Schwätzer ZN M (+s/-) kletser

Schwatzhaftigkeit ZN V (-/gmv) babbelziekte, babbelzucht

Schwebe ZN V • *in der ~ sein* nog onbeslist zijn

Schwebebahn ZN V (-/+en) zweeftrein

schweben ONOV WW zweven • *es schwebt mir vor Augen* het staat me voor de geest • *zwischen Furcht und Hoffnung ~* tussen vrees en hoop hangen • *der Prozess schwebt noch* het proces is nog hangende

Schwede ZN M (+n/+n) Zweed

Schweden ZN O Zweden

Schwedin ZN V (-/+nen) Zweedse

schwedisch BN Zweeds • *hinter ~en Gardinen sitzen* tussen vier muren zitten

Schwefel ZN M (+s/gmv) zwavel

Schweif ZN M (+(e)s/+e) staart

schweifen ONOV WW trekken, zwerven

Schweigegeld ZN O (+(e)s/+er) zwijggeld

Schweigemarsch ZN M (+(e)s/-märsche) stille tocht, stille omgang

schweigen ONOV WW sterk zwijgen • *man schwieg vor sich hin* iedereen zat stilletjes voor zich uit te kijken • *ganz zu ~ von ...* helemaal afgezien van ... • *ganz zu ~ von...* om maar te zwijgen van... • *~ wie ein Grab* zwijgen als het graf / als vermoord • *zu einer Sache ~* het zwijgen ertoe doen

Schweigen ZN O (+s/gmv) zwijgen, stilzwijgen • *sich in ~ hüllen* er het zwijgen toe doen, zich in zwijgen hullen • *jemanden zum ~ bringen* iemand het zwijgen opleggen, iemand tot zwijgen brengen • *das ~ brechen* het zwijgen verbreken • *~ im Walde* zwijgen alom

Schweigepflicht ZN V zwijgplicht

schweigsam BN zwijgzaam, stil

Schweigsamkeit ZN V (-/gmv) zwijgzaamheid

Schwein ZN O (+(e)s/+e) **1** varken • *kein ~* geen hond, niemand • *so fett wie ein ~ sein* zo vet als modder zijn **2** viespeuk **3** FIG. geluk • *~ haben* geluk hebben

Schweinebraten ZN M (+s/-) gebraden varkensvlees

Schweinegrippe ZN V Mexicaanse griep

Schweinehund ZN M (+(e)s/+e) schoft, zwijn <figuurlijk> ▸ *den inneren ~ überwinden* zijn eigen luiheid overwinnen

Schweinerei ZN V (-/+en) **1** rotzooi, smeerboel • *mach nicht so eine Schweinerei!* zit niet de knoeien! **2** gemene streek • *so eine Schweinerei!* wat gemeen! **3** smeerlapperij

Schweinestall ZN M (+(e)s/-ställe) **1** varkenshok **2** zwijnenstal, bende

Schweinezucht ZN V (-/gmv) varkensfokkerij

schweinisch BN ranzig, vies • *~e Witze erzählen* vieze moppen vertellen

Schweinshachse, **Schweinshaxe** ZN V (-/+n) varkenspoot

Schweiß ZN M (+es/+e) zweet • *von/vor ~ triefen* druipen van het zweet • *der kalte Schweiß* het klamme zweet • *jemandem bricht der ~ aus* iemand breekt het zweet uit • *in ~ gebadet sein* baden in het zweet

Schweißapparat ZN M (+(e)s/+e) lasapparaat

Schweißausbruch ZN M (+(e)s/-ausbrüche) uitbreken van zweet, plotselinge hevige transpiratie

Schweißbrenner ZN M (+s/-) lasbrander

Schweißdrüse ZN V (-/+n) zweetklier

SC

schweißen ov + onov ww lassen
Schweißer zn m (+s/-) lasser
Schweißfuß zn m (+es/-füße) zweetvoet
schweißgebadet bn nat van het zweet
Schweißnaht zn v (-/-nähte) lasnaad, las
schweißnass bn + bw nat van het zweet
Schweißquanten zn mv inform. zweetkakkies
schweißtriefend bn druipend van het zweet
Schweiz zn v (-/gmv) Zwitserland • *die ~* Zwitserland • *in der ~ wohnen* in Zwitserland wonen • *in die ~ fahren* naar Zwitserland gaan
Schweizer **1** zn m (+s/-) Zwitser **2** bn Zwitsers • *~ Käse* Zwitserse kaas, gatenkaas
Schweizerin zn v (-/+nen) Zwitserse
schweizerisch bn Zwitsers
schwelen onov ww smeulen
schwelgen onov ww **1** slempen **2** genieten • *in Musik ~* van de muziek genieten **3** zwelgen • *in Erinnerungen ~* in herinneringen zwelgen
Schwelgerei zn v (-/+en) braspartij, zwelgpartij
Schwelle zn v (-/+n) drempel
schwellen onov ww sterk opzwellen, opzetten • *ein geschwollenes Gesicht* een opgezet gezicht • *~ vor Stolz* zwellen van trots
Schwellung zn v (-/+en) zwelling
Schwemme zn v (-/+n) **1** drinkplaats **2** (over)vloed
schwemmen onov ww aanspoelen
Schwemmland zn o (+(e)s/gmv) alluviale grond, door aanslibbing ontstaan land
Schwengel zn m (+s/-) **1** zwengel **2** klepel
schwenkbar bn draaibaar
schwenken ov ww **1** zwenken • culin *das Fleisch in Butter ~* het vlees in de boter wentelen **2** zwaaien **3** (om)spoelen
Schwenkung zn v (-/+en) **1** zwenking, draai **2** fig. ommezwaai
schwer bn **1** zwaar • *sie hat es ~* zij heeft het zwaar • *etwas nicht allzu ~ nehmen* ergens geen halszaak van maken • *meine Beine sind so ~* ik ben zo loom in mijn benen **2** moeilijk • *eine ~e Übung* een moeilijke oefening • *~ verständlich* moeilijk te begrijpen • *es (unnötig) ~ machen* het (nodeloos) moeilijk maken • *~ von Begriff sein* traag van begrip zijn **3** hard, ernstig • *eine ~e Krankheit* een ernstige ziekte • *~ verletzt* ernstig gewond **4** enorm • *jemanden ~ beeindrucken* grote indruk op iemand maken
schwerbehindert bn zwaar gehandicapt
Schwerbehinderte zn m/v (+n/+n) invalide
Schwerbehindertenausweis zn m invalidenkaart
Schwere zn v (-/gmv) zwaarte • *die ~ eines Verbrechens* de ernst van een misdrijf • *die ~ des Unfalls* de zwaarte van het ongeval
schwerelos bn gewichtloos
Schwerelosigkeit zn v (-/gmv) gewichtloosheid
schwerfallen onov ww onregelmatig tegenvallen, niet meezitten • *es fällt ihm schwer zu lernen* hij heeft moeite met leren
schwerfällig bn **1** traag, sloom **2** onbeholpen • *ein schwerfälliger Mensch* een slome duikelaar
Schwergewicht zn o (+(e)s/+e) zwaargewicht
Schwergewichtler zn m (+s/-) sport zwaargewicht
schwerhörig bn slechthorend
Schwerindustrie zn v (-/+n) zware industrie
Schwerkraft zn v (-/gmv) zwaartekracht
schwerlich bw bezwaarlijk, moeilijk
Schwermetall zn o zware metalen
schwermütig bn zwaarmoedig, droefgeestig
Schwerpunkt zn m (+(e)s/+e) **1** zwaartepunt **2** fig. nadruk • *der ~ meiner Arbeit liegt auf ...* het nadruk van mijn werk ligt op ... • *etwas zum ~ machen* een aandachtspunt van iets maken
schwerreich bn schatrijk
Schwert zn o (+(e)s/+er) zwaard
Schwertlilie zn v (-/+n) zwaardlelie
schwertun wkd ww (**sich ~**) onregelmatig moeite hebben • *er tut sich schwer mit dem Schreiben* hij heeft moeite met schrijven
Schwerverbrecher zn m (+s/-) gevaarlijk misdadiger
Schwerverletzte zn m/v (+n/+n) zwaargewonde • *ein Schwerverletzter* een ernstig gewonde
schwerwiegend bn zwaarwegend
Schwester zn v (-/+n) **1** zuster, zus **2** zuster, verpleegster **3** zuster, non
schwesterlich bn zusterlijk
Schwesternschülerin zn v (-/+nen) leerling-verpleegster
schwieg onov ww verl. tijd → **schweigen**
Schwiegereltern zn mv schoonouders
Schwiegerfamilie zn v schoonfamilie
Schwiegermutter zn v (-/-mütter) schoonmoeder
Schwiegersohn zn m (+(e)s/-söhne) schoonzoon
Schwiegertochter zn v (-/-töchter) schoondochter
Schwiegervater zn m (+s/-väter) schoonvader
Schwiele zn v (-/+n) eelt
schwielig bn eeltig, vereelt
schwierig bn moeilijk • *ein ~er Fall* een moeilijk geval • *so ~ ist es nicht* zo moeilijk is het niet • *~er werden* moeilijker worden • *er ist ein ~er Mensch* hij is niet gemakkelijk in de omgang
Schwierigkeit zn v (-/+n) moeilijkheid • *jemandem Schwierigkeiten bereiten* iemand moeilijkheden bezorgen • *mach jetzt keine Schwierigkeiten* doe nou niet zo moeilijk • *Schwierigkeiten mit ... haben* moeilijkheden hebben met • *jemanden in Schwierigkeiten bringen* iemand in moeilijkheden brengen • *sich in Schwierigkeiten bringen* ellende over zich afroepen • *in Schwierigkeiten kommen* in moeilijkheden komen • *Schwierigkeiten bekommen* in moeilijkheden raken • *Schwierigkeiten haben* in moeilijkheden zitten • *ich habe schon genug Schwierigkeiten* ik heb al genoeg

sores aan mijn hoofd

Schwimmbad ZN O (+(e)s/-bäder) zwembad

schwimmen ONOV WW sterk **1** zwemmen • *im Glück* ~ supergelukkig zijn • *im Geld* ~ heel veel geld hebben **2** drijven • *der Ast schwimmt auf dem Wasser* de tak drijft op het water • *wenn sie geduscht hat, schwimmt das Bad* als zij gedoucht heeft, is de badkamer drijfnat

Schwimmer ZN M (+s/-) **1** zwemmer **2** dobber **3** TECHN. vlotter, drijver

Schwimmflügel ZN MV zwembandjes

Schwimmgürtel ZN M (+s/-) **1** zwemgordel **2** HUMOR. vetrolletjes

Schwimmhalle ZN V (-/+n) overdekt zwembad

Schwimmkran ZN M (+(e)s/-kräne) drijvende kraan

Schwimmreifen[1] ZN M (-s/-) zwemband

Schwimmreifen[2] ZN M zwemband

Schwimmvogel ZN M (+s/-vögel) zwemvogel

Schwimmweste ZN V (-/+n) zwemvest

Schwindel ZN M (+s/gmv) **1** duizeligheid **2** zwendel • ~ *erregend* duizelingwekkend

Schwindelanfall ZN M (+(e)s/-fälle) aanval van duizeligheid

Schwindelei ZN V (-/+en) **1** zwendel, oplichterij **2** gejok

schwindelerregend BN duizelingwekkend

schwindelfrei BN vrij van hoogtevrees • *nicht ~ sein* hoogtevrees hebben

schwindeln ONOV WW **1** liegen, jokken **2** duizelen • *mir schwindelt* ik wordt duizelig • *~de Höhe* duizelingwekkende hoogte

schwinden ONOV WW sterk **1** slinken, afnemen **2** verdwijnen • *ihr schwanden die Sinne* zij viel flauw

Schwindler ZN M (+s/-) leugenaar, verlakker

schwindlig BN duizelig • *mir ist* ~ ik ben duizelig

schwingen OV + ONOV WW sterk **1** heen en weer zwaaien **2** trillen

Schwingung ZN V (-/+en) trilling

Schwips ZN M (+es/+e) • *einen ~ haben* aangeschoten zijn

schwirren ONOV WW **1** gonzen, zoemen **2** vliegen

Schwitzbad ZN O (+(e)s/-bäder) zweetbad

schwitzen ONOV WW zweten • *ins Schwitzen kommen/geraten* zich in het zweet werken

schwoll ONOV WW verl. tijd → **schwellen**

schwor OV WW verl. tijd → **schwören**

schwören OV WW sterk zweren • *einen Eid* ~ een eed afleggen • *sie schwört auf Baldrian* zij zweert bij valeriaan • ~ *bei allem, was einem heilig ist* een dure/heilige eed zweren

schwul BN homo

schwül BN zwoel, benauwd, drukkend

Schwüle ZN V (-/gmv) **1** drukkende hitte **2** beklemmende sfeer

Schwulenbar ZN V (-/+s) homobar, gaybar

Schwulenhass ZN M homohaat

Schwulst ZN M (+(e)s/gmv) bombast

schwülstig BN gezwollen, bombastisch

Schwund ZN M (+(e)s/gmv) **1** vermindering **2** MED. atrofie

Schwung **1** ZN M (+(e)s/gmv) **1** pit, pep **2** stapel, boel • *ein ganzer ~ Kinder* een heleboel kinderen **3** vaart, tempo • ~ *holen* vaart nemen • *etwas in ~ bringen* vaart in iets brengen **4** elan • *mit* ~ met elan **2** ZN M (+(e)s/Schwünge) zwaai, welving • *mit einem* ~ met één zwaai • *einen Schwung/Schwenk nach rechts machen* een zwaai naar rechts maken

Schwungfeder ZN V (-/+n) slagpen

schwunghaft BN levendig, energiek

Schwungkraft ZN V (-/gmv) **1** NATK. middelpuntvliedende kracht **2** elan, veerkracht

schwunglos BN zonder enige bezieling, slap

Schwungrad ZN O (+(e)s/-räder) vliegwiel

schwungvoll BN gloedvol, meeslepend, sierlijk, elegant

Schwur ZN M (+(e)s/Schwüre) eed

Schwurgericht ZN O (+(e)s/+e) rechtbank van gezworenen

Screening ZN O screening

sechs TELW zes

Sechs ZN V (-/+en) **1** zes • *wählen Sie dreimal die* ~ kies drie keer zes **2** O&W ≈ **1** <schoolcijfer>, onvoldoende • *sie hat eine ~ bekommen* ze heeft een 1 gekregen

Sechser ZN M (+s/-) **1** cijfer zes **2** O&W **1** <onvoldoende> • *sie wusste gar nichts und bekam einen* ~ ze wist helemaal niets en kreeg een één

Sechstagerennen ZN O (+s/-) zesdaagse

sechste TELW zesde → **vierte**

Sechstel ZN O (+s/-) zesde

sechstens BW ten zesde

sechzehn TELW zestien

sechzig TELW zestig → **vierzig**

Sechziger ZN M (+s/-) persoon van rond/in de zestig, zestiger • *in den Sechzigern* in de jaren zestig

SED AFK GESCH. Sozialistische Einheitspartei Deutschlands <heersende partij in de DDR>

Sediment ZN O (+(e)s/+e) bezinksel, afzetting, sediment

See **1** ZN M (+s/+n) meer • *am* ~ aan het meer **2** ZN V (-/+n) zee • *schwere* ~ zware golven • *auf hoher* ~ in volle zee • *zur ~ fahren* op zee varen • *in ~ stechen* zee kiezen

Seebär ZN M (+en/+en) ervaren zeeman, zeebonk

Seefahrer ZN M (+s/-) zeevaarder

Seefahrt **1** ZN V (-/gmv) zeevaart **2** ZN V (-/+en) zeereis

seefest BN **1** • ~ *sein* geen last van zeeziekte hebben, zeebenen hebben **2** zeewaardig

Seegang ZN M (+(e)s/gmv) zeegang, deining

Seeherrschaft ZN V (-/gmv) heerschappij ter zee

Seehund ZN M (+(e)s/+e) zeehond

Seejungfrau ZN V (-/+en) zeemeermin

Seekarte ZN V (-/+n) nautische kaart, zeekaart

seekrank BN zeeziek

SC

Seelachs ZN M koolvis
Seele ZN V (-/+n) ziel, hart, kern, drijfveer • *keine ~* geen mens, geen sterveling • *jemandem aus der ~ sprechen* iemand naar het hart spreken • *ein Herz und eine ~ sein* het uitstekend met elkaar kunnen vinden • FIG. *jemandem etwas auf die ~ binden* iemand iets op het hart binden/drukken • *sich etwas von der ~ reden* zijn hart over iets luchten • *die ~ baumeln lassen* psychisch ontspannen • *er ist die ~ der ganzen Sache* hij is de spil waar alles om draait
Seelenfrieden ZN M (+s/gmv) zielenvrede
Seelengröße ZN V (-/+n) zielengrootheid
Seelenheil ZN O (+(e)s/gmv) zielenheil
Seelenleben ZN O (+s/gmv) zielenleven
seelenlos BN zielloos
Seelenruhe ZN V (-/gmv) zielenrust • *in aller ~* doodgemoedereerd
seelenruhig BN doodkalm
seelenverwandt BN zielsverwant
Seelenwanderung ZN V (-/+en) zielsverhuizing
Seeleute ZN MV zeelieden
seelisch BN psychisch, ziels-
Seelöwe ZN M (+n/+n) zeeleeuw
Seelsorge ZN V (-/gmv) zielszorg
Seelsorger ZN M (+s/-) zielzorger
Seeluft ZN V (-/gmv) zeelucht
Seemacht ZN V (-/-mächte) zeemogendheid
Seemann ZN M (+(e)s/-leute, -männer) zeeman
seemännisch BN zeevaart-, zeemans-
Seemannsgarn ZN O (+(e)s/gmv) • *~ spinnen* zeemansverhalen opdissen
Seemeile ZN V (-/+n) zeemijl
Seemöwe ZN V (-/+n) zeemeeuw
Seenot ZN V (-/gmv) nood op zee
Seeräuber ZN M (+s/-) zeerover, piraat
Seeräuberei ZN V (-/gmv) zeeroverij, piraterij
Seerecht ZN O (+(e)s/+e) zeerecht
Seeschiff ZN O (+(e)s/+e) zeeschip
Seeschifffahrt ZN V (-/gmv) zeescheepvaart
Seestraße ZN V (-/+n) scheepvaartroute
Seestreitkräfte ZN MV strijdkrachten ter zee, (oorlogs)marine
Seestück ZN O (+(e)s/+e) zeegezicht
Seetang ZN M (+(e)s/+e) zeewier
seetüchtig BN zeewaardig
Seeufer ZN O (+s/-) oever van het meer
Seewarte ZN V (-/+n) instituut voor de scheepvaart
seewärts BW zeewaarts
Seeweg ZN M (+(e)s/+e) zeeweg
Seezunge ZN V (-/+n) tong
Segel ZN O (+s/-) zeil • *die ~ hissen* de zeilen hijsen • *die ~ streichen* de zeilen strijken
Segelboot ZN O (+es/+e) zeilboot
Segelfahrt ZN V (-/+en) zeiltocht
Segelflug ZN M (+(e)s/-flüge) zweefvlucht
Segelflugzeug ZN O (+(e)s/+e) zweefvliegtuig
segeln ONOV WW **1** zeilen **2** zweven **3** INFORM. zakken • *durch sie Prüfung ~* bij het examen zakken **4** INFORM. vallen • *auf den Boden ~* op de grond vallen
Segelschiff ZN O (+(e)s/+e) zeilschip
Segeltuch ZN O (+(e)s/+e) zeildoek
Segen ZN M (+s/gmv) zegen
segensreich BN **1** heilzaam **2** zegenrijk
Segler ZN M (+s/-) **1** zeiler **2** zeilschip **3** gierzwaluw
Segment ZN O (+(e)s/+e) segment
segnen OV WW zegenen • *er hat das Zeitliche gesegnet* hij is overleden
Segnung ZN V (-/+en) zegening
Sehbeteiligung ZN V (-/gmv) A-V kijkdichtheid
sehen OV + ONOV WW sterk zien • *er kann sich ~ lassen* hij ziet er goed uit • *das kann sich ~ lassen* dat is een uitstekende prestatie • *sich irgendwo ~ lassen* ergens verschijnen • *das Etikett sieht aus dem Pullover* de label steekt boven de trui uit • *etwas nicht mehr ~ können* iets niet meer kunnen zien • *sieh mal!* kijk eens! • *etwas anders ~* een andere kijk op iets hebben • *ich kenne ihn vom Sehen* ik ken hem van gezicht
sehenswert BN bezienswaardig
Sehenswürdigkeit ZN V (-/+en) bezienswaardigheid
Seher ZN M (+s/-) profeet, ziener
seherisch BN profetisch, visionair
Sehfehler ZN M (+s/-) gezichtsstoornis
Sehfeld ZN O (+(e)s/gmv) gezichtsveld
Sehkraft ZN V (-/gmv) gezichtsvermogen
Sehne ZN V (-/+n) **1** pees **2** WISK. koorde
sehnen WKD WW (**sich ~**) smachten, snakken, vurig verlangen • *sich nach jemandem ~* naar iemand verlangen
Sehnenriss ZN M MED. gescheurde pees
Sehnenzerrung ZN V (-/+en) MED. peesverrekking
Sehnerv ZN M (+(e)s/+en) gezichtszenuw
sehnig BN **1** pezig, zenig **2** gespierd
sehnlich BN vurig, smachtend • *jemanden ~st erwarten* met smart op iemand wachten
Sehnsucht ZN V (-/-süchte) vurig verlangen • *~ nach etwas haben* naar iets verlangen
sehnsüchtig BN vol verlangen, verlangend • *jemanden / etwas ~ erwarten* verlangend naar iemand / iets uitkijken
sehr BW erg, heel, zeer • *danke ~* dank u wel • *ich freue mich ~* ik ben erg blij • *bitte ~!* alstublieft!, graag gedaan! • *~ gut* erg goed • *~ zufrieden* dik tevreden
Sehschärfe ZN V (-/gmv) gezichtsscherpte
Sehtest ZN M (+(e)s/+e, +s) ogentest
Sehvermögen ZN O (+s/gmv) gezichtsvermogen
Sehweise ZN V (-/+n) zienswijze
seicht BN **1** ondiep **2** oppervlakkig, onnozel, onbenullig • *~e Unterhaltung* oppervlakkig amusement
seid ONOV WW o.t.t. → **sein**
Seide ZN V (-/+n) zijde • *aus ~* van zijde
Seidel ZN O (+s/-) bierpul, bierglas
seiden BN zijden, van zijde • FIG. *am ~en Faden*

se

hängen aan een zijden draadje hangen
Seidenfaden ZN M (+s/-fäden) **zijden draad**
Seidenpapier ZN O (+(e)s/+e) **zijdepapier, vloeipapier**
Seidenraupe ZN V (-/+n) **zijderups**
seidenweich BN **zijdezacht, satijnzacht**
seidig BN **zijig, zijdeachtig**
Seife ZN V (-/+n) **zeep**
Seifenblase ZN V (-/+n) **zeepbel** • *Seifenblasen machen* bellenblazen • FIG. *zerplatzen wie eine* ~ uiteenspatten als een zeepbel
Seifenlauge ZN V (-/+n) **zeepsop**
Seifenpulver ZN O (+s/-) **zeeppoeder**
Seifenschale ZN V (-/+n) **zeepbakje**
Seifenwasser ZN O (+s/gmv) **zeepwater, zeepsop**
seifig BN **1 zeepachtig 2 vol met zeep**
seihen OV WW **zeven, filtreren**
Seiher ZN M (+s/-) **1 filter, zeef 2 droesem, drab**
Seil ZN O (+(e)s/+e) **1 koord, touw** • *etwas mit einem ~ hochziehen* iets aan een touw optrekken • *das Tau fieren* het touw laten vieren **2 kabel**
Seilbahn ZN V (-/+en) **1 kabelbaan 2 hangspoor**
Seilfähre ZN V (-/+n) **kabelpont**
Seilschaft, **Seilmannschaft** ZN V (-/+en) **1 groep met touw verbonden bergbeklimmers 2** POL. **kliek** • *die alten Seilschaften* de oude verbindingen
Seiltänzer ZN M (+s/-) **koorddanser**
sein 1 ONOV WW onregelmatig **zijn** • *der Meinung ~* van mening zijn • *auf ~* open zijn, op de been zijn, wakker zijn • *her ~* vandaan komen, afkomstig zijn • *durch ~* erdoor zijn, door/kapot zijn, gaar/rijp zijn • *herunter ~* omlaag zijn, aan lagerwal zijn, aan het eind van zijn krachten zijn • *etwas ~ lassen* iets laten • *das kann nicht ~* dat is onmogelijk • *das darf nicht ~* dat mag niet • *das war im Jahre 1960* het was in 1960 • *was ist los?* wat is er? • *dann ist es so* het zij zo **2** ONP WW onregelmatig **zijn, zich voelen** • *mir ist nicht gut* ik voel me niet lekker • *es sei denn, dass* tenzij **3** HWW onregelmatig **zijn** • *sie ist nach Hause gelaufen* ze is naar huis gelopen **4** KWW onregelmatig **zijn** • *er ist Arzt* hij is arts • *das ist zu vermeiden* dat moet vermeden worden **5** BEZ VNW **1 zijn** • *das ist ~ Buch* dat is zijn boek **2 de/het zijne** • *das ist mein Pullover und das ist ~er* deze is mijn jas en deze is de zijne
Sein ZN O (+s/gmv) **zijn, bestaan**
seine BEZ VNW **1 zijn** • *das ist ~ Tasche* dat is zijn tas **2 de/het zijne** • *dies ist meine Jacke und das ist ~* dit is mijn jas en dat is de zijne
seiner PERS VNW • *dies ist mein Koffer und das ist ~* dit is mijn koffer en die is van hem • *er nimmt das Auto seiner Schwester* hij neemt de auto van zijn zus • *hast du das seiner Tochter gesagt?* heb je dat tegen zijn dochter gezegd? → **sein**
seinerseits BW **van zijn kant**
seinerzeit BW **destijds**
seines BEZ VNW • *dies ist dein Buch und das ist ~* dit is jouw boek en dat is het zijne • *der Hund seines Bruders* de hond van zijn broer
seinesgleichen PERS VNW **iemand zoals hij**
seinetwegen BW **zijnentwege, voor hem**
seinige BETR VNW • *die Seinigen* de zijnen • *der/die/das ~* de/het zijne
seismisch BN **seismisch**
Seismograf, **Seismograph** ZN M (+en/+en) **seismograaf**
seit VZ +3, **sedert, sinds** • *~ kurzem* sinds kort • *~ Montag* sinds maandag • *~ dem 1. Juli* sinds 1 juli
seitdem 1 BW **sindsdien 2** VOEGW **sinds, sedert**
Seite ZN V (-/+n) **1 zijde, kant** • *das ist seine schwache ~* dat is een zwak punt bij hem • *etwas auf die ~ schaffen/räumen* iets wegdoen, uit de weg ruimen • *ich habe dir das Buch zur ~ gelegt* ik heb het boek voor je klaarliggen • *etwas zur ~ legen* iets opzij leggen • *jemandem jemanden anders an die ~ stellen* iemand met iemand anders gelijkstellen • *sich auf jemandes ~ schlagen* zich aan iemands zijde scharen • *jemanden von der ~ ansehen* iemand van opzij, wantrouwig aankijken • *der Sache eine neue ~ abgewinnen* een nieuwe kant aan de zaak zien **2 bladzijde** • *das steht auf ~ 89* dat staat op pagina 89 • *eine dunkle ~ der Geschichte* een zwarte bladzijde in de geschiedenis
Seitenansicht ZN V (-/+en) **zijaanzicht**
Seitenbalken ZN M COMP. **sidebar**
Seitenblick ZN M (+(e)s/+e) **zijdelingse blik**
Seitenfläche ZN V (-/+n) **zijvlak**
Seitengebäude ZN O (+s/-) **zijgebouw**
Seitenhieb ZN M (+(e)s/+e) **1 zijdelingse slag 2 steek onder water**
seitenlang BN **bladzijdenlang**
Seitenlinie ZN V (-/+n) **zijlinie, zijdelingse lijn**
seitens VZ +2, **uit naam van, van de kant van** • *~ der Geschäftsführung ist das in Ordnung* van de kant van de directie is dat in orde
Seitenschiff ZN O (+(e)s/+e) **zijbeuk**
Seitensprung ZN M (+(e)s/-sprünge) **slippertje** • *einen ~ machen* een slippertje maken
Seitenstechen ZN O (+s/gmv) **steek in de zij**
Seitenstraße ZN V (-/+n) **zijstraat**
Seitenstreifen ZN M (+s/-) **berm**
seitenverkehrt BN **in spiegelbeeld**
Seitenweg ZN M (+(e)s/+e) **zijweg**
Seitenwind ZN M (+(e)s/+e) **zijwind**
Seitenzahl ZN V (-/+en) **1 aantal bladzijden 2 paginanummer**
seither BW **sindsdien**
seitlich 1 BN **naar opzij, zijdelings 2** VZ +2, **naast** • *sie steht ~ der Straße* ze staat naast de straat
seitwärts BW **zijwaarts, terzijde**
Sek. AFK Sekunde **seconde**
Sekret ZN O (+(e)s/+e) **secreet, afscheidingsproduct**
Sekretär ZN M (+s/+e) **1 secretaris 2 schrijfbureau, secretaire 3 secretarisvogel**
Sekretariat ZN O (+(e)s/+e) **administratie, secretariaat**
Sekretärin ZN V (-/+nen) **secretaresse**
Sekt ZN M (+(e)s/+e) **(Duitse) champagne**
Sekte ZN V (-/+n) **sekte**

se

Sektierer ZN M (+s/gmv) aanhanger van een sekte, sektariër
sektiererisch BN sektarisch, BELG. sectair
Sektion ZN V (-/+en) sectie
Sektor ZN M (+s/+en) sector
sekundär BN secundair
Sekundarstufe ZN V (-/gmv) voortgezet onderwijs, secundair onderwijs • *~ I* onderbouw (klas 5-10 van het Duitse voortgezet onderwijs) • *~ II* bovenbouw (klas 11-13 van het Duitse voortgezet onderwijs)
Sekunde ZN V (-/+n) seconde
Sekundenschnelle ZN V (-/gmv) • *in ~* in een wip, razend snel
Sekundenzeiger ZN M (+s/-) secondewijzer
sekundieren ONOV WW +3 **1** seconderen, bijstaan **2** assisteren, terzijde staan
sel. AFK selig zalig
selbe AANW VNW zelfde • *am ~n Tag* op dezelfde dag
selber BETR VNW zelf
selbst **1** PERS VNW zelf • *du ~* jijzelf • *die Tür schließt von ~* de deur sluit automatisch • *sie ist nicht sie ~* zij is niet in haar gewone doen **2** BW zelfs
Selbstachtung ZN V (-/gmv) zelfrespect
selbständig BN → **selbstständig**
Selbstauslöser ZN M (+s/-) A-V zelfontspanner
Selbstbedienung ZN V (-/gmv) zelfbediening
Selbstbedienungsladen ZN M (+s/-läden) zelfbedieningswinkel
Selbstbefriedigung ZN V (-/gmv) zelfbevrediging
Selbstbehauptung ZN V (-/gmv) handhaving van eigen persoonlijkheid
Selbstbeherrschung ZN V (-/gmv) zelfbeheersing • *die ~ verlieren* zichzelf niet langer meester zijn • *seine ~ wieder gewinnen* zichzelf weer meester worden
Selbstbestimmungsrecht ZN O (+(e)s/+e) zelfbeschikkingsrecht
Selbstbetrug ZN M (+(e)s/gmv) zelfbedrog
selbstbewusst BN zelfbewust
Selbstbewusstsein ZN O (+s/gmv) zelfbewustzijn
Selbstbildnis ZN O (+ses/+se) zelfportret
Selbsterhaltung ZN V (-/gmv) zelfbehoud
Selbsterhaltungstrieb ZN M (+(e)s/+e) instinct tot zelfbehoud
Selbsterkenntnis ZN V (-/gmv) zelfkennis ▸ *~ ist der erste Weg zur Besserung* ≈ zelfkennis is het begin van alle wijsheid
Selbsterzeuger ZN M (+s/-) iemand die zelf produceert
selbstgefällig BN zelfgenoegzaam, zelfingenomen
selbstgemacht BN zelfgemaakt
selbstgenügsam BN zichzelf genoeg
selbstgerecht BN MIN. eigengereid
Selbstgespräch ZN O (+(e)s/+e) alleenspraak
selbstherrlich BN autoritair
Selbsthilfe ZN V (-/gmv) **1** eigen hulp • *Hilfe zur ~ geben* iemand helpen om zichzelf te helpen **2** JUR. zelfverdediging
Selbstkostenpreis ZN M (+(e)s/+e) kostprijs
Selbstlaut ZN M (+(e)s/+e) klinker
selbstlos BN onbaatzuchtig
Selbstmedikation ZN V zelfmedicatie
Selbstmord ZN M (+(e)s/+e) zelfmoord
Selbstmörder ZN M (+s/-) zelfmoordenaar
selbstredend BN vanzelfsprekend
selbstreinigend BN zelfreinigend
Selbstschutz ZN M (+es/gmv) zelfbescherming, zelfverdediging
selbstsicher BN zelfverzekerd
selbstständig BN zelfstandig • *sich ~ machen* voor zichzelf gaan beginnen
Selbstständige ZN M/V zzp'er
Selbstständigkeit ZN V (-/gmv) zelfstandigheid
Selbststudium ZN O (+s/gmv) zelfstudie
Selbstsucht ZN V (-/gmv) zelfzucht
selbsttätig BN **1** automatisch • *Türen schließen ~* deuren sluiten automatisch **2** zelf handelend
Selbsttäuschung ZN V (-/gmv) zelfbedrog
selbstvergessen BN zichzelf vergetend
Selbstverlag ZN M (+(e)s/gmv) boekuitgave voor eigen rekening
selbstverschuldet BN aan zichzelf te wijten
selbstverständlich BN vanzelfsprekend • *etwas als ~ hinnehmen* iets als vanzelfsprekend aannemen • *aber selbstverständlich!* maar natuurlijk!
Selbstverständlichkeit ZN V (-/+en) vanzelfsprekendheid
Selbstverstümmelung ZN V (-/+en) zelfverminking
Selbstversuch ZN M (+(e)s/+e) proef op zichzelf
Selbstverteidigung ZN V (-/gmv) zelfverdediging
Selbstvertrauen ZN O (+s/gmv) zelfvertrouwen
Selbstverwaltung ZN V (-/gmv) zelfbestuur
Selbstverwirklichung ZN V (-/gmv) zelfontplooiing
selbstzufrieden BN zelfvoldaan, zelfgenoegzaam
Selbstzweck ZN M (+(e)s/gmv) doel op zichzelf
Selektion ZN V (-/+en) **1** BIOL. teeltkeus **2** selectie, keuze
selektiv BN selectief
Selfie ZN O (+s/+s) selfie • *ein Selfie machen* een selfie maken
selig BN **1** zalig, gelukzalig, gelukkig • *sein ~er Vater* zijn vader zaliger • *Gott habe ihn/sie ~* zaliger gedachtenis **2** aangeschoten
Seligkeit ZN V (-/+en) zaligheid, gelukzaligheid, geluk
Seligsprechung ZN V (-/+en) REL. zaligverklaring
Sellerie ZN M/V (-, +s/-, +n) selderij
selten **1** BN schaars, zeldzaam • *eine ~e Art* een zeldzame soort **2** BW **1** zelden • *wir sehen uns ~* wij

zien elkaar niet vaak **2** bijzonder • *das ist auch ~ blöd* dat is ook bijzonder stom

Seltenheit ZN V (-/+en) zeldzaamheid

seltsam BN raar, eigenaardig, vreemd

Seltsamkeit ZN V (-/+en) eigenaardigheid

Semester ZN O (+s/-) O&W semester <half studiejaar> • *im 4. ~ sein* in het 4e semester studeren

semi-, **Semi-** VOORV + ACHTERV semi-

Seminar ZN O (+(e)s/+e) **1** O&W werkcollege • *ein ~ belegen* zich voor een college inschrijven **2** O&W instituut, afdeling • *das germanische ~* de afdeling Germaanse taal- en letterkunde **3** REL. seminarie **4** seminar

Semit ZN M (+en/+en) Semiet

Semitin ZN V (-/+nen) Semitische

semitisch BN Semitisch

Semmel ZN V (-/+n) broodje, kadetje • *weggehen wie warme Semmeln* als warme broodjes de deur uitvliegen

Semmelbrösel ZN MV broodkruim, paneermeel

sen. AFK Senior senior

Senat ZN M (+(e)s/+e) senaat

Senator ZN M (+s/+en) senator

Sendbote ZN M (+n/+n) bode

Sendeanlage ZN V (+n/+n) zendinstallatie

Sendefolge ZN V (-/+n) **1** radio-/tv-programma **2** serie

Sendeleiter ZN M (+s/-) programmaleider

senden **1** OV WW sterk zenden, sturen **2** OV + ONOV WW zwak A-V uitzenden • *das wurde gestern gesendet* dat werd gisteren uitgezonden

Sendepause ZN V (-/+n) **1** pauze in de uitzending **2** INFORM. onderbreking in een relatie • *seitdem herrscht ~* sindsdien is het contact afgebroken

Sender ZN M (+s/-) **1** zender **2** tv-station

Senderaum ZN M (+(e)s/-räume) studio

Sendereihe ZN V (-/+n) radio-/tv-serie

Sendeschluss ZN M (+es/gmv) sluiting/einde van de uitzendingen

Sendung ZN V (-/+en) **1** zending • *eine ~ erhalten* een zending ontvangen **2** A-V uitzending, programma

Senf ZN M (+(e)s/+e) mosterd • *süßer ~* zoete mosterd <Beierse specialiteit> • FIG. *seinen ~ dazu geben* een duit in het zakje doen, zijn zegje zeggen/doen ▸ *einen langen ~ machen* met onnodig veel omhaal vertellen

Senfgas ZN O (+es/gmv) mosterdgas

sengen OV + ONOV WW verschroeien, zengen, schroeien

senil BN seniel

senior BN senior

Senior ZN M (+s/+en) senior

Seniorenresidenz ZN V (-/+en) seniorenflat

Seniorenwohnheim ZN V (+(e)s/+e) woon-zorgcomplex, complex van bejaardenflats

Senkblei ZN O (+s/gmv) peillood, schietlood

Senke ZN V (-/+n) kom, dal, laagte

Senkel ZN M (+s/-) veter ▸ *jemanden in den ~ stellen* iemand op zijn nummer zetten ▸ *jemandem auf den ~ gehen* op iemands zenuwen werken

senken **1** OV WW **1** doen zinken, neerlaten, laten zakken • *die Stimme ~* zachter gaan spreken **2** neerslaan • *das Haupt ~* het hoofd buigen • *mit gesenktem Kopf* met gebogen hoofd **3** verlagen • *die Preise ~* de prijzen verlagen **2** WKD WW (**sich ~**) **1** dalen, afhellen **2** zakken, neerdalen

Senkgrube ZN V (-/+n) zinkput

senkrecht BN loodrecht, vertikaal • INFORM. *bleib ~!* hou je goed!

Senkrechte ZN V (+n/+n) loodlijn

Senkrechtstarter ZN M (+s/-) **1** verticaal opstijgend vliegtuig **2** INFORM. iemand met een bliksemcarrière **3** INFORM. succesnummer

Senkung ZN V (-/+en) **1** daling, verlaging, vermindering **2** inzinking **3** MED. bloedbezinking, verzakking **4** TAALK. daling

Senn ZN M (+(e)s/+e) OOST. alpenherder

Senne ZN V (-/+n) alpenweide

Senner ZN M (+s/-) bergherder

Sennerin ZN V (-/+nen) vrouwelijke bergherder

Sennhütte ZN V (-/+n) herdershut, alpenhut voor kaasbereiding

Sensation ZN V (-/+en) sensatie

sensationell BN sensationeel

sensationshungrig, **sensationslüstern** BN op sensatie belust

Sensationspresse ZN V (-/+n) sensatiepers

Sense ZN V (-/+n) zeis • *jetzt ist Sense!* nu is het genoeg!

sensibel BN sensibel, gevoelig • *sehr ~* uiterst gevoelig

sensibilisieren OV WW **1** iemands belangstelling wekken, iemand gevoelig maken **2** sensibiliseren

Sensibilität ZN V (-/gmv) gevoeligheid, sensibiliteit

sensitiv BN gevoelig, sensitief

Sensitivität ZN V sensitiviteit

Sensor ZN M (+s/+en) sensor

sensorisch BN sensorisch

Sensualität ZN V (-/gmv) sensualiteit, zinnelijk waarnemingsvermogen

sensuell BN sensueel, zinnelijk

sentimental BN sentimenteel

Sentimentalität ZN V (-/+en) sentimentaliteit

separat BN separaat, afzonderlijk • *ein ~er Eingang* een aparte ingang

Separatismus ZN M (-/gmv) separatisme

Separatist ZN M (+en/+en) separatist

Separatistin ZN V (-/+nen) separatist

separatistisch BN separatistisch

Sepia ZN V (-/gmv) sepia

Sept. AFK September september

September ZN M (+s/gmv) september • *im ~* in september

Septett ZN O (+(e)s/+e) septet

Septime ZN V (-/+n) septime

septisch BN septisch

Sequenz ZN V (-/+en) **1** sequentie **2** MUZ. sequens

sequenziell BN COMP. serieel
Serbe ZN M (+n/+n) Serviër
Serbien ZN O (+s/gmv) Servië
Serbin ZN V (-/+nen) Servische
serbisch BN Servisch
Serenade ZN V (-/+n) serenade
Serie ZN V (-/+n) serie, reeks
seriell BN serieel
Serienherstellung ZN V (-/+en) serieproductie
serienmäßig BN in serie, serie- • *~ mit Klimaanlage ausgestattet* standaard voorzien van airco
Serienproduktion ZN V (-/+en) serieproductie
serienweise BN **1** massaal • *~ Fehler machen* een massa fouten maken **2** in series
seriös BN **1** serieus, ernstig **2** plechtig **3** degelijk, betrouwbaar
Serotonin ZN O (+s/gmv) serotonine
Serpentine ZN V (-/+n) **1** weg met haarspeldbochten **2** haarspeldbocht
Serum ZN O (+s/Sera, -Seren) serum
Server ZN M (+s/-) COMP. server
Service[1] ZN M **1** service, dienstverlening **2** klantenservice, serviceafdeling
Service[2] ZN O serviesgoed
servieren OV + ONOV WW serveren, opdienen, bedienen
Serviererin ZN V (-/+nen) serveerster
Serviertisch ZN M (+(e)s/+e) dientafel
Servierwagen ZN M (-s/-) serveerwagen
Serviette ZN V (-/+n) servet
servil BN slaafs, serviel
Servolenkung ZN V (-/+en) stuurbekrachtiging
Servus TUSSENW OOST. goedendag, tot ziens
Sesam ZN M (+s/+s) sesam • *Sesam, öffne dich!* Sesam open u!
Sessel ZN M (+s/-) **1** fauteuil, luie stoel **2** OOST. stoel **3** parketplaats <schouwburg>
Sessellift ZN M (+(e)s/+e) stoeltjeslift <skilift>
sesshaft BN ingezeten, gevestigd, honkvast • *sich ~ machen* zich vestigen
Sesshaftigkeit ZN V (-/gmv) gebondenheid aan een bepaald woongebied, honkvast zijn
Session ZN V (-/+en, +s) **1** zitting, zittingsperiode **2** MUZ. sessie
setzen **1** OV WW **1** stellen, zetten, plaatsen, oprichten • *das setzt Prügel* dat loopt op een pak slaag uit • *die Fahne ~* de vlag hijsen • *gesetzt* bedaard, rijp • *gesetzt den Fall, dass...* stel dat... **2** poten, planten **3** inzetten **4** vastleggen **5** zetten <boekwezen> **2** ONOV WW **1** springen • *über den Graben ~* over de sloot springen **2** inzetten, gokken • *aufs falsche Pferd ~* op het verkeerde paard wedden • *auf jemanden ~* hoge verwachtingen van iemand hebben **3** WKD WW (**sich ~**) **1** zich plaatsen, gaan zitten • *~ Sie sich* ga zitten • *sich zur Wehr ~* zich verdedigen **2** neerslaan, bezinken <ook figuurlijk>
Setzer ZN M (+s/-) letterzetter, zetter
Setzerei ZN V (-/+en) zetterij
Setzfehler ZN M (+s/-) zetfout
Setzkartoffel ZN V (-/+n) pootaardappel
Seuche ZN V (-/+n) epidemie, besmettelijke ziekte
seufzen OV + ONOV WW zuchten
Seufzer ZN M (+s/-) zucht • *sie unterdrückte einen ~* zij smoorde een zucht
Sex ZN M (+es/gmv) seks • *Safer ~* veilig vrijen • *Sex haben mit* seks hebben met
Sexbombe ZN V (-/+n) seksbom
Sextant ZN M (+en/+en) sextant
Sexte ZN V (-/+n) MUZ. sext
Sextett ZN O (+(e)s/+e) sextet
Sexting ZN O (-s/gmv) sexting
sexual BN → **sexuell**
Sexualaufklärung ZN V (-/+en) seksuele voorlichting
Sexualität ZN V (-/gmv) seksualiteit
Sexualstraftat ZN V (-/+en) zedendelict
Sexualstraftäter ZN M (+s/-) dader van zedendelict
sexuell BN seksueel • *~e Veranlagung* seksuele geaardheid
sexy BN sexy
sezieren OV WW OOK FIG. ontleden
sfr. AFK Schweizer Franken **Zwitserse frank**
Shake ZN M (+s/+s) shake • *Ananas-Karotten-Shake* ananas-worstelshake
Shampoo ZN O (+s/+s) shampoo
Shareware ZN V COMP. shareware
shoppen ONOV WW shoppen
Shoppingcenter ZN O (+s/-) winkelcentrum
Show ZN V (-/+s) show • *eine ~ abziehen* een nummertje weggeven
Shredder ZN M (+s/-) versnipperaar <hout, papier>
Siamese ZN M (+n/+n) Siamees
siamesisch BN Siamees
Siamkatze ZN V (-/+n) siamees, Siamese kat
Sibirien ZN O (+s/gmv) Siberië
sibirisch BN Siberisch
sich **1** WKD VNW zich • *das Buch an ~* het boek op zich • *außer ~* buiten zichzelf • *das hat nichts auf ~* dat heeft niets te betekenen • *vor ~ hin* in zichzelf • *an und für ~* op zichzelf beschouwd • *das ist eine Sache für ~* dat staat op zichzelf **2** WKD VNW **elkaar** • *sie streiten ~* zij hebben ruzie met elkaar • *sie sehen ~ oft* ze zien elkaar vaak • *sie treffen ~* zij ontmoeten elkaar
Sichel ZN V (-/+n) sikkel
sicher **1** BN **1** zeker • *sich einer Sache ~ sein* zeker van iets zijn • *bist du dir da ~?* ben je daar zeker van? • *ich bin mir (völlig) ~* ik weet het zeker • *~!* zeker weten! **2** beslist, zelfverzekerd • *ein ~es Auftreten* een zelfverzekerd optreden **3** veilig • *auf Nummer ~ gehen* geen risico nemen • *vor Diebstahl ~ sein* voor diefstal veilig zijn **4** betrouwbaar, vast • *eine ~e Hand* een vaste hand • *ein ~es Urteil* een betrouwbaar oordeel • *ein ~er Beweis* een onloochenbaar bewijs • *ein ~er Zahler* een goede, solide betaler **2** BW **waarschijnlijk, vast** • *sie hat es ~ vergessen* zij is het vast vergeten

si

sichergehen ONOV WW sterk **het zekere voor het onzekere nemen, geen risico nemen**
Sicherheit ZN V (-/+en) **1 zekerheid** • *etwas mit ~ sagen können* iets met zekerheid kunnen zeggen **2 veiligheid** • *jemanden / etwas in ~ bringen* iemand / iets in veiligheid brengen • *sich in ~ wähnen* zich veilig weten **3 vrijwaring 4 betrouwbaarheid 5 zelfbewustheid 6** ECON. **borgtocht, waarborg** • *Sicherheiten leisten* zekerheden stellen
Sicherheitsbeamte, **Sicherheitsbeamtin** ZN M **beveiligingsbeambte**
Sicherheitsbindung ZN V (-/+en) **veiligheidsbinding** <ski>
Sicherheitsdienst ZN M (+(e)s/+e) **veiligheidsdienst**
Sicherheitsglas ZN O (+es/-gläser) **veiligheidsglas**
Sicherheitsgurt ZN M (+(e)s/+e) **veiligheidsgordel**
sicherheitshalber BN **veiligheidshalve**
Sicherheitsnadel ZN V (-/+n) **veiligheidsspeld**
Sicherheitspolizei ZN V (-/gmv) **veiligheidspolitie**
Sicherheitsrat ZN M (+(e)s/gmv) **Veiligheidsraad**
Sicherheitsvorkehrung ZN V (-/+en) **veiligheidsmaatregel**
sicherlich BW **1 beslist, stellig 2 vermoedelijk, waarschijnlijk**
sichern 1 OV WW **1 beveiligen, op slot doen, afsluiten 2** COMP. **een back-up maken van 3 dekken 4 opnemen, vaststellen** • *Spuren ~* sporen opnemen **5 garanderen, waarborgen, veilig stellen** • *jemandem eine unabhängige Existenz ~* iemand een onafhankelijk bestaan garanderen • *seine Zukunft ist gesichert* zijn toekomst is zeker **2** WKD WW **(sich ~) zich verzekeren van, bezorgen** • *sich einen Platz ~* zich van een plaats verzekeren
sicherstellen OV WW **1 garanderen, verzekeren, waarborgen 2 beschermen, veilig opbergen** • *eine Waffe ~* een wapen in beslag nemen **3 bewijzen, aantonen**
Sicherung ZN V (-/+en) **1 beveiliging 2 vrijwaring 3 back-up 4 garantie, waarborg** • *die ~ der Arbeitsplätze steht an erster Stelle* het garanderen van de werkgelegenheid komt op de eerste plaats **5 veiligheid, veiligheidspal 6 zekering** <elektriciteit> • FIG. *ihm ist die ~ durchgebrannt* hij is gek geworden
Sicherungsdatei ZN V (-/+en) **back-upbestand**
Sicherungsverwahrung ZN V (-/gmv) **verzekerde bewaring**
Sicht ZN V (-/gmv) **1 zicht, uitzicht** • *die ~ versperren* het zicht belemmeren • *in ~ kommen* in zicht komen • *außer ~ sein* niet in zicht zijn • FIG. *nicht in ~ sein* niet in het vooruitzicht zijn **2 termijn** • *auf lange ~* op lange termijn **3 standpunt, kijk** • *nach meiner ~ der Dinge* volgens mijn standpunt • *aus ihrer ~* naar haar zienswijze • *eine eigene ~ der Dinge haben* een eigen kijk op de wereld hebben • *aus historischer ~* vanuit historisch perspectief
sichtbar BN **1 zichtbaar, duidelijk 2 waarneembaar, zichtbaar** • *~ werden* zichtbaar worden • *er war ~ überrascht* hij was zichtbaar verrast
Sichtbarkeit ZN V (-/gmv) **zichtbaarheid**
sichten OV WW **1 zien, waarnemen** • *ein Flugzeug ~* een vliegtuig in zicht krijgen **2 ordenen, uitzoeken, schiften** • *die Unterlagen ~* de papieren uitzoeken
sichtlich BN **zichtbaar, duidelijk**
Sichtung ZN V (-/+en) **waarneming**
Sichtvermerk ZN M (+(e)s/+e) **visum, stempel**
Sichtweise ZN V (-/+n) FIG. **insteek**
Sickergrube ZN V (-/+n) **beerput**
sickern ONOV WW **sijpelen**
sie PERS VNW **1 zij** • *~ ist hier* zij is hier • *~ sind hier* ze zijn hier **2 haar** • *hast du ~ gesehen?* heb je haar gezien? • *er schlug ~* hij sloeg haar **3 hen** • *hast du ~ gesehen?* heb je hen gezien?
Sieb ZN O (+(e)s/+e) **zeef** • *ein Gedächtnis wie ein ~* een slecht geheugen • *undicht wie ein ~ sein* zo lek als een mandje zijn
sieben 1 TELW • FIG. *ein Buch mit ~ Siegeln* een boek met zeven zegels • FIG. *seine ~ Sachen packen* zijn bundeltje pakken **2** OV WW **zeven, ziften**
Sieben ZN V (-/+en) **zeven** • *ich kann das nicht lesen, ist das eine Sieben?* ik kan dat niet lezen, is dat een zeven?
Siebenmeilenstiefel ZN MV **zevenmijlslaarzen**
Siebensachen ZN MV **spullen, boeltje** • *seine ~ zusammensuchen* zijn spullen pakken
siebte TELW **zevende** • FIG. *im ~n Himmel sein/ schweben* in de zevende hemel zijn • FIG. *der ~ Sinn* het zesde zintuig → **vierte**
Siebtel ZN O (+s/-) • *ein ~* een zevende
siebzehn TELW **zeventien**
siebzig TELW **zeventig** → **vierzig**
Siebziger ZN M (+s/-) **persoon van rond/in de zeventig, zeventiger** • *die ~* de jaren zeventig
Siedehitze ZN V (-/gmv) **kookhitte**
siedeln ONOV WW **1 zich vestigen, wonen 2 zich nestelen, groeien**
sieden 1 OV WW onregelmatig **koken, zieden 2** ONOV WW zwak **zieden, koken**
Siedepunkt ZN M (+(e)s/+e) **kookpunt**
Siedler ZN M (+s/-) **kolonist, bewoner**
Siedlung ZN V (-/+en) **1 nederzetting 2 wijk**
Siedlungsgebiet ZN O (+(e)s/+e) **kolonisatiegebied, gebied van vestiging**
Siedlungshaus ZN O (+es/-häuser) **huis in een woonwijk**
Sieg ZN M (+(e)s/+e) **zege, overwinning** • *den ~ davontragen* de overwinning behalen • *der ~ über die Franzosen* de overwinning op de Fransen
Siegel ZN O (+s/-) **zegel** • *das ~ brechen* het zegel verbreken
siegeln OV WW **1 waarmerken 2 verzegelen, zegelen**
Siegelring ZN M (+(e)s/+e) **zegelring**

si

siegen ONOV WW overwinnen, zegevieren

Sieger ZN M (+s/-) overwinnaar, winnaar

Siegerehrung ZN V (-/+en) huldiging van de winnaar, prijsuitreiking

Siegermacht ZN V (-/-mächte) zegevierende mogendheid

Siegermannschaft ZN V (-/+en) SPORT zegevierende ploeg

Siegermiene ZN V (-/+n) triomfantelijk gezicht

Siegerpodest ZN O (+(e)s/+e) erepodium

siegesbewusst BN **1** zelfverzekerd **2** triomfantelijk

siegesgewiss BN zeker van de overwinning

Siegessäule ZN V (-/+n) triomfzuil

siegessicher BN zeker van de overwinning

Siegeszug ZN M (+(e)s/-züge) triomftocht • FIG. *einen ~ antreten* een groot succes worden

siegreich BN zegerijk

Siel ZN M/O (+(e)s/+e) **1** dijksluis **2** afwateringskanaal

siezen OV WW vousvoyeren, met 'u' aanspreken • *sie ~ sich* zij spreken elkaar met 'u' aan • *gesiezt werden* met 'u' aangesproken worden

Signal ZN O (+(e)s/+e) sein, signaal • *das ~ steht auf 'Fahrt'* het sein staat op veilig

Signalanlage ZN V (-/+n) seininstallatie

Signalement ZN O (+s/+s) ZWIT. signalement

Signalflagge ZN V (-/+n) seinvlag

signalisieren OV WW seinen, te verstaan geven, melden, aankondigen

Signallampe ZN V (-/+n) seinlamp

Signalmast ZN M (+(e)s/+e(n)) seinpaal

Signatur ZN V (-/+en) signatuur <ook figuurlijk>

signieren OV WW **1** signeren, ondertekenen **2** van een signatuur voorzien

signifikant BN significant

Signifikanz ZN V significantie

Silbe ZN V (-/+n) lettergreep

Silbenrätsel ZN O (+s/-) lettergreepraadsel

Silbentrennung ZN V (-/+en) verdeling in lettergrepen

Silber ZN O (+s/gmv) zilver

Silberauflage ZN V (-/+n) zilverlaagje

Silberbarren ZN M (+s/-) staaf zilver

silberfarben BN zilverkleurig

Silbergehalt ZN M (+(e)s/gmv) zilvergehalte

Silbergeschirr ZN O (+(e)s/+e) tafelzilver, zilveren vaatwerk

silberhaltig BN zilverhoudend

Silberhochzeit ZN V (-/+en) zilveren bruiloft

Silbermünze ZN V (-/+n) zilveren munt, zilverstuk

silbern BN **1** zilveren <ook figuurlijk> **2** zilverkleurig

Silberschmied ZN M (+(e)s/+e) zilversmid

Silbertanne ZN V (-/+n) zilverspar

silberweiß BN zilverwit

Silberzeug ZN O (+(e)s/gmv) zilverwerk, tafelzilver

Silberzwiebel ZN V (-/+n) zilveruitje

silbrig BN zilverachtig

Silhouette ZN V (-/+n) silhouet

Silo ZN M (+s/+s) silo

Silur ZN O (+s/gmv) siluur

Silvester ZN M (+s/-) oudejaarsdag, oudejaarsavond • *an / zu ~* op oudejaarsavond

Silvesterabend ZN M (+s/+e) oudejaarsavond

SIM ZN O Subscriber Identity Number SIM

SIM-Karte ZN V ELEK. simkaart

SIM-Lock ZN O (+s/+s) ELEK. simlock

simlockfrei BN simlockvrij

simpel BN simpel, eenvoudig

simplifizieren OV WW simplificeren, vereenvoudigen

Sims ZN M/O (+es/+e) lijst, kroonlijst

simsen OV WW INFORM. sms'en

Simulant ZN M (+en/+en) simulant

Simulation ZN V (-/+en) simulatie

Simulator ZN M (+s/+en) simulator

simulieren OV + ONOV WW simuleren

simultan BN simultaan

Simultandolmetscher ZN M (+s/-) simultaantolk

sind ONOV WW o.t.t. → **sein**

Sinfonie ZN V (-/+n) symfonie

sinfonisch BN symfonisch

Sing. AFK Singular enkelvoud

Singdrossel ZN V (-/+n) zanglijster

singen OV + ONOV WW sterk zingen • INFORM. *er hat ihn zum Singen gebracht* hij heeft hem aan het praten gekregen

Singsang ZN M (+s/gmv) **1** deuntje **2** gezang

Singspiel ZN O (+(e)s/+e) zangspel <een soort opera>

Singstimme ZN V (-/+n) zangstem

Singular ZN M (+s/+e) enkelvoud

Singvogel ZN M (+s/-vögel) zangvogel

sinken ONOV WW sterk zinken, verzinken, zakken, dalen • *die Sonne sinkt* de zon gaat onder • *alle Hoffnung ~ lassen* alle hoop laten varen • *in Ohnmacht ~* in zwijm vallen • *die Preise ~* de prijzen dalen • *die Temperatur sinkt* de temperatuur daalt • *tief gesunken sein* ver heen zijn

Sinn ZN M (+(e)s/+e) **1** zin • *die Sinne schwinden mir* ik verlies het bewustzijn • *bei Sinnen sein* bij zijn verstand zijn, bij bewustzijn zijn • *von Sinnen sein* buiten zinnen zijn, zijn verstand verloren hebben • *hat das einen Sinn?* heeft dat zin? • *im weitesten Sinne des Wortes* in de ruimste zin van het woord • *in gewissem Sinne* in zekere zin **2** zintuig • *seine fünf Sinne beisammenhaben* gezond verstand hebben **3** gevoel, begrip • *~ haben für etwas* gevoel voor iets hebben, verstand hebben van iets **4** betekenis • *in diesem Sinne* in deze betekenis • *im wahrsten Sinne des Wortes* in de letterlijke betekenis van het woord • *der ~ dieser Aktion* het nut van deze actie • *handeln im Sinne von* handelen in de geest van • *er antwortete etwas im Sinne von* hij antwoordde iets in de geest van **5** gedachte • *etwas im ~ haben* iets van plan zijn • *eines Sinnes sein* dezelfde mening hebben • *das ist in seinem ~* dat is zoals hij het wil • *sich etwas aus dem ~ schlagen* iets uit zijn hoofd

zetten • *seinen ~ bekommen* zijn wil doorzetten
Sinnbild ZN O (+(e)s/+er) symbool, zinnebeeld
sinnbildlich BN symbolisch, zinnebeeldig
sinnen ONOV WW sterk denken, nadenken, peinzen • *auf Rache ~* op wraak zinnen
sinnentleert BN **1** betekenisloos **2** van zijn inhoud ontdaan
sinnentstellend BN zinstorend
Sinnesänderung ZN V (-/+en) verandering van mening
Sinnesorgan ZN O (+s/+e) zintuig
Sinnestäuschung ZN V (-/+en) zinsbegoocheling
Sinneswahrnehmung ZN V (-/+en) zintuiglijke waarneming
sinnfällig BN aanschouwelijk, duidelijk, concreet, plastisch
sinngemäß BN inhoudelijk, naar de geest • *nicht wörtlich, sondern ~* niet naar de letter, maar naar de geest
sinnieren ONOV WW piekeren, nadenken, peinzen
sinnig BN **1** nuttig, praktisch, verstandig • *ein ~er Gedanke* een zinnige gedachte **2** zinrijk, betekenisvol
sinnlich BN **1** zinnelijk, sensueel **2** zintuiglijk • *~e Wahrnehmung* zintuiglijke waarneming
Sinnlichkeit ZN V (-/gmv) sensualiteit, zinnelijkheid
sinnlos BN **1** tomeloos **2** onzinnig, zinloos
Sinnlosigkeit ZN V (-/+en) **1** zinloosheid **2** zinloze daad, dwaasheid
sinnreich BN **1** zinvol **2** vernuftig
Sinnspruch ZN M (+(e)s/-sprüche) **1** zinspreuk **2** devies
sinnvoll BN **1** zinvol **2** verstandig • *eine ~e Einrichtung* een vernuftig apparaat
sinnwidrig BN onlogisch, ongerijmd
Sinologe ZN M (+n/+n) sinoloog
Sintflut ZN V (-/+en) **1** zondvloed • *nach uns die ~* na ons de zondvloed **2** FIG. stortvloed
sintflutartig BN • *~e Regenfälle* hele zware regenbuien
Sinus ZN M (-/-(se)) WISK. sinus
Siphon ZN M (+s/+s) sifon
Sippe ZN V (-/+n) **1** stam, geslacht, familie **2** kliek, troep, aanhang
Sippschaft ZN V (-/+en) **1** bende • *die ganze ~* de hele kliek **2** MIN. aanhang, familie
Sirene ZN V (-/+n) **1** sirene **2** BIOL. zeekoe
sirren ONOV WW gonzen, zoemen
Sirup ZN M (+s/-pe) **1** stroop, siroop **2** limonadesiroop
Sitte ZN V (-/+n) **1** zede, gebruik • *~ und Brauch* zede en gewoonte • *gute Sitten* goede zeden • *das ist hier so ~* dat is hier zo gebruikelijk • *mit einer ~ brechen* een gebruik afschaffen **2** fatsoen
Sittenlehre ZN V (-/gmv) zedenleer
sittenlos BN zedeloos
Sittenlosigkeit ZN V (-/gmv) zedeloosheid
Sittenpolizei ZN V (-/gmv) zedenpolitie
Sittenrichter ZN M (+s/-) zedenmeester • *den ~ spielen* over andermans moraal oordelen
sittenstreng BN **1** zedelijk **2** streng van zeden
Sittenverfall ZN M (+(e)s/gmv) zedelijk verval
sittenwidrig BN JUR. in strijd met de goede zeden
Sittich ZN M (+s/+e) parkiet, kleine papegaai
sittlich BN **1** zedig **2** zedelijk, moreel • *~e Entrüstung* morele verontwaardiging
Sittlichkeit ZN V (-/gmv) zedelijke waarde, zedelijkheid
Sittlichkeitsdelikt ZN O (+(e)s/+e) JUR. zedenmisdrijf
Sittlichkeitsverbrechen ZN O (+s/-) JUR. zedenmisdrijf
sittsam BN zedig, eerbaar, fatsoenlijk, net
Sittsamkeit ZN V (-/gmv) zedigheid
Situation ZN V (-/+en) situatie
situiert BN gesitueerd • *gut ~ sein* goed gesitueerd zijn
Sitz ZN M (+es/+e) **1** (zit)plaats, stoel • *die Sitze des Autos* de stoelen in de auto **2** zitting • *der ~ des Stuhles ist kaputt* de zitting van de stoel is kapot **3** zetel, hoofdkantoor, woonplaats, verblijfplaats • *ein ~ im Parlament* een zetel in het parlement • *die Firma hat ihren ~ im Ausland* de firma is gevestigd in het buitenland **4** manier van zitten <b.v. bij het paardrijden> **5** model, pasvorm • *der Anzug hat einen guten ~* het kostuum heeft een goede pasvorm, het kostuum zit goed
Sitzbad ZN O (+(e)s/-bäder) zitbad
sitzen ONOV WW sterk **1** zitten • *er hat zwei Jahre lang gesessen* hij heeft twee jaar in de bak gezeten • *~ bleiben* zitten blijven, blijven zitten • *bleiben Sie ~* blijft u zitten • *jemanden ~ lassen* iemand laten zitten • *etwas nicht auf sich ~ lassen* iets niet op zich laten zitten • INFORM. *einen ~ haben* dronken zijn • *im Rat ~* in de raad zitting hebben • *einem Maler ~* voor een schilder poseren • *das Kleid sitzt gut* de jurk zit je goed **2** INFORM. kloppen • *jeder Handgriff sitzt* elke handgreep klopt **3** raak zijn • *der Schuss sitzt* het schot is raak • *das hat gesessen* die klap kwam hard aan
Sitzenbleiber ZN M O&W zittenblijver, BELG. bisser
Sitzfleisch ZN O (+(e)s/gmv) zitvlees • FIG. *kein ~ haben* geen zitvlees hebben, niet rustig kunnen blijven zitten
Sitzordnung ZN V (-/+en) tafelschikking
Sitzplatz ZN M (+es/-plätze) zitplaats
Sitzstreik ZN M (+(e)s/+e) sitdownstaking
Sitzung ZN V (-/+en) zitting, vergadering
Sitzungsprotokoll ZN O (+s/+e) notulen van een vergadering
Sizilianer ZN M (+s/-) Siciliaan
sizilianisch BN Siciliaans
Sizilien ZN O (+s/gmv) Sicilië
Skala ZN V (-/+s, -len) **1** scala, schaal **2** kleurenschaal <boekwezen>
Skalp ZN M (+(e)s/+e) scalp
Skalpell ZN O (+s/+e) scalpel

skalpieren OV WW scalperen

Skandal ZN M (+s/+e) schandaal • *einen ~ machen* voor opschudding zorgen

skandalös BN schandaleus, schandalig

skandieren OV WW scanderen

Skandinavien ZN O (+s/gmv) Scandinavië

Skandinavier ZN M (+s/-) Scandinaviër

Skandinavierin ZN V (-/+nen) Scandinavische

skandinavisch BN Scandinavisch

Skarabäus ZN M (-/-äen) scarabee

Skat ZN M (+(e)s/+e, +s) skaat • *~ dreschen / klopfen* skaat spelen

Skateboard ZN O (+s/+s) skateboard • *~ fahren* skateboarden

skateboarden ONOV WW skateboarden

Skeetschießen ZN O (+s/gmv) SPORT kleiduivenschieten

Skelett ZN O (+(e)s/+e) skelet <ook figuurlijk>, geraamte

Skepsis ZN V (-/gmv) scepsis, twijfel

Skeptiker ZN M (+s/-) twijfelaar, scepticus

skeptisch BN sceptisch

Ski ZN M (+s/+er) ski • *~ laufen/fahren* skiën

Skiausrüstung ZN V (-/+en) skiuitrusting

Skibox ZN V skibox

Skilauf ZN M (+(e)s/gmv) (het) skiën

Skiläufer ZN M (+s/-) skiër

Skinhead ZN M (+s/+s) skinhead

Skinnyjeans ZN V (-/-) skinny spijkerbroek

Skiunterricht, **Schiunterricht** ZN M skiles

Skizze ZN V (-/+n) schets

skizzenhaft BN schetsmatig

skizzieren OV WW schetsen

Sklave ZN M (+n/+n) slaaf

Sklavenarbeit ZN V (-/+en) slavenarbeid

Sklaverei ZN V (-/gmv) slavernij

Sklavin ZN V (-/+nen) slavin

sklavisch BN slaafs

Skonto ZN M/O (+s/+s, -ti) ECON. betalingskorting

Skorbut ZN M (+(e)s/gmv) scheurbuik

Skorpion ZN M (+s/+e) schorpioen <ook sterrenbeeld>

Skriptgirl ZN O (+s/+s) scriptgirl

Skrupel ZN M (+s/-) scrupule, gewetensbezwaar

skrupellos BN zonder gewetenswroeging, gewetenloos, zonder scrupules

Skrupellosigkeit ZN V (-/gmv) gewetenloosheid

skrupulös BN scrupuleus

Skulptur ZN V (-/+en) sculptuur, beeldhouwwerk, beeldhouwkunst

Skunk ZN M (+s/+s) skunk, stinkdier

skurril BN FORM. zonderling, bizar, maf

skypen ONOV WW COMM., COMP. skypen

Slalom ZN M (+s/+s) slalom

Slawe ZN M (+n/+n) Slaaf

Slawin ZN V (-/+nen) Slavische

slawisch BN Slavisch

Slip ZN M (+s/+s) slipje

Slopestyle ZN M (+s) slopestyle

Slowake ZN M (+n/+n) Slowaak

Slowakei ZN V (-/gmv) Slowakije

Slowakin ZN V (-/+nen) Slowaakse

slowakisch BN Slowaaks

Slowene ZN M (+n/+n) Sloveen

Slowenien ZN O (+s/gmv) Slovenië

Slowenin ZN V (-/+nen) Sloveense

slowenisch BN Sloveens

Smaragd ZN M (+(e)s/+e) smaragd

Smartphone ZN O smartphone

Smoking ZN M (+s/+s) smoking

Smoothie ZN M CULIN smoothie

SMS-Nachricht ZN V (-/+en) sms'je

Snob ZN M (+s/+s) MIN. snob

Snobismus ZN M (-/gmv) snobisme

snobistisch BN snobistisch

Snooker ZN O (+s/+s) snooker • *~ spielen* snookeren

snoozen ONOV WW snoozen

Snowboard ZN O (+s/+s) snowboard

Snowboot ZN M (+s/+s) snowboot

so **1** BW zo • *~ oder ~* hoe dan ook • *~ wenig wie möglich* zo min mogelijk, evenmin • *~ weit* zover, in zoverre • *~ genannt* zogenoemd, zogenaamd • *~ dass* zodat • *~ eine Frage!* wat een vraag! • *die Blätter rauschten nur ~* de bladeren ruisten gewoonweg **2** VOEGW hoe, als, of, toen, zo • *~ alt er auch ist, er geht immer mit* hoe oud hij ook is, hij gaat altijd mee • OUD. *~ es dann schönes Wetter ist ...* als het dan mooi weer is ... • *~ sage es doch* zeg het dan toch

s.o. AFK siehe oben zie boven

sobald VOEGW zodra

Socke ZN V (-/+n) sok • *von den Socken sein* totaal verbaasd zijn • *sich auf die Socken machen* ervandoor gaan • MIN. *rote Socken* communisten, socialisten

Sockel ZN M (+s/-) **1** sokkel, voetstuk • *jemanden vom ~ stürzen* iemand van zijn voetstuk halen **2** AARDK. continentaal plat **3** TECHN. lampvoet, buisvoet

Soda ZN V/O (-, +s/gmv) soda

sodann BW vervolgens, dan

sodass, **so dass** VOEGW zodat

Sodawasser ZN O (+s/gmv) sodawater

Sodbrennen ZN O (+s/gmv) brandend maagzuur

Sodomie ZN V (-/+n) seksuele omgang tussen mens en dier, sodomie

soeben BW zo-even, zojuist

Sofa ZN O (+s/+s) sofa, bank

sofern VOEGW voor zover, als, indien

soff OV + ONOV WW verl. tijd → **saufen**

sofort BW meteen, dadelijk, terstond, onmiddellijk • *ab ~* vanaf nu • *ich komme ~* ik kom onmiddellijk • *das würde ich ~ machen!* daar zou ik zo voor tekenen!

Sofortbildkamera ZN V (-/+s) polaroidcamera

Soforthilfe ZN V (-/gmv) onmiddellijke hulp, spoedhulp

sofortig BN direct, onmiddellijk • *~e Lieferung* directe levering • *mit ~er Wirkung* met onmiddellijke ingang

Sofortmaßnahme ZN V (-/+n) **spoedmaatregel**

Sofortprogramm ZN O (+s/+e) **urgentieprogramma**

Softball ZN M **softbal** • ~ *spielen* softballen

Software ZN V (-/gmv) **software**

sog OV + ONOV WW verl. tijd → **saugen**

sog. AFK so genannt **zogenaamd**

Sog ZN M (+(e)s/+e) **1 zuigkracht, zuiging 2 kielzog 3** FIG. **aantrekkingskracht**

sogar BW **zelfs**

sogenannt, **so genannt** BN **zogenaamd** • *ein ~er Makler* een zogenaamde makelaar

sogleich BW **dadelijk, meteen, onmiddellijk**

Sohle ZN V (-/+n) **1 zool** • *auf leisen Sohlen* stiekem, stilletjes **2 bodem 3 verdieping** <mijnwezen>, **vloer van een mijngang**

sohlen OV WW **van nieuwe zolen voorzien, verzolen**

Sohn ZN M (+(e)s/Söhne) **zoon**

Soja ZN V (-/Sojen) **sojaboon, sojaplant**

Sol ZN O muzieknoot **sol**

solange VOEGW **zolang**

solar BN **zonne-, solair**

Solarenergie ZN V (-/gmv) **zonne-energie**

Solarium ZN O (+s/-rien) **solarium**

solch AANW VNW **dergelijk, zo'n, zodanig, zulk** • *es ist ~ schönes Wetter* het is zulk mooi weer • *~ ein Wetter!* wat een weer!

solche AANW VNW **dergelijk, zo'n, zodanig, zulk** • *es gibt ~ und ~* verschil moet er zijn • *~ wie die* mensen van dat slag • *mit ~en Leuten* met dat soort mensen • *die Sache als ~* de zaak als zodanig • *~ Vorfälle sind nicht ungefährlich* dat soort voorvallen zijn niet ongevaarlijk • *~ gibt es noch immer* zulke mensen bestaan nog steeds

solcher AANW VNW **dergelijk, zo'n, zodanig, zulk** • *ein ~ Fehler ist uns noch nie passiert* zo'n fout is ons nog nooit gebeurd • *der Mann als ~* de man als zodanig • *die Fragen solcher Leute* de vragen van dit soort mensen

solcherart BW **zodanig, dusdanig**

solcherlei BN **dergelijk** • *~ (Sachen)* iets dergelijks

solchermaßen BW **1 op zodanige wijze 2 zodanig**

solches AANW VNW **dergelijk, zo'n, zodanig, zulk** • *ein ~ Buch kenne ich nicht* zo'n boek ken ik niet • *sie hat da solches Zeug* ze heeft daar zo'n spul • *das Kind als ~* het kind als zodanig

Sold ZN M (+(e)s/+e) **soldij**

Soldat ZN M (+en/+en) **soldaat**

soldatisch BN **soldatesk, militair, soldaten-**

Soldbuch ZN O (+(e)s/-bücher) **militair zakboekje**

solidarisch BN **solidair** • *~ haften* hoofdelijk aansprakelijk zijn

solidarisieren WKD WW (**sich ~**) **zich solidair verklaren**

Solidarität ZN V (-/gmv) **solidariteit**

solide BN **betrouwbaar, degelijk, solide** • *eine ~ Mahlzeit* een degelijke maaltijd • *eine ~ Konstruktion* een vaste constructie

Solidität ZN V (-/gmv) **soliditeit, degelijkheid**

Solist ZN M (+en/+en) **solist**

Solitär ZN M (+s/+e) **solitair**

Soll ZN O (+(e)s/gmv) **1 debet** • *~ und Haben* debet en credit **2 productienorm, gepland werk** • *sein ~ erfüllen* het geplande werk voltooien

Sollbestand ZN M (+(e)s/-bestände) ECON. **standaardvoorraad**

sollen HWW onregelmatig **1 moeten** • *Herr Meier, Sie ~ zum Chef kommen* meneer Meier, U moet naar de baas komen • *sagen Sie Frau Müller, dass sie mich zurückrufen soll* kunt u mevrouw Müller vragen om mij terug te bellen? • *was soll das?* wat moet dat? • *was soll ich damit?* wat moet ik daarmee? • *was soll ich hier tun?* wat moet ik hier doen? • *Sie sollten sich schämen* u moest zich schamen • *du solltest weniger arbeiten* je zou minder moeten werken • *sollte es zu spät werden, dann komme ich morgen* mocht het te laat worden, dan kom ik morgen **2 zullen** • *soll ich das Buch schicken?* zal ik het boek sturen? • *du sollst nicht töten* gij zult niet doden **3** • *er soll krank sein* ze zeggen dat hij ziek is • *der Baum soll 400 Jahre alt sein* men zegt dat de boom 400 jaar oud is • *sie soll früher schon gestohlen haben* ze zou vroeger al hebben gestolen

Sollseite ZN V (-/gmv) **debetzijde**

Solo ZN O (+s/Soli, +s) **solo**

solvent BN **solvent, solvabel, in staat om te betalen**

Solvenz ZN V (-/+en) **in staat te betalen, solventie**

Somalia ZN O **Somalië**

Somalier ZN M (+s/-) **Somaliër**

somalisch BN **Somalisch**

somatisch BN **somatisch**

somit BW **1 dus, derhalve, bijgevolg 2 hiermede**

Sommer ZN M (+s/-) **zomer** • *im ~* in de zomer • *im ~ 2015* in de zomer van 2015

Sommerferien ZN MV **zomervakantie**

sommerlich BN **zomers**

Sommerloch ZN O (+(e)s/gmv) **komkommertijd**

Sommerpause ZN V (-/+n) **zomerreces**

Sommerschlussverkauf ZN M (+(e)s/-käufe) **zomeruitverkoop**

Sommersport ZN M **zomersport**

Sommerzeit ZN V (-/gmv) **zomertijd,** BELG. **zomeruur**

Sonate ZN V (-/+n) **sonate**

Sonatine ZN V (-/+n) **sonatine**

Sonde ZN V (-/+n) **sonde**

Sonder- VOORV + ACHTERV **extra, speciaal, bijzonder** • *Sondersitzung* extra vergadering • *Sondertarif* speciaal tarief • *Sonderurlaub* buitengewoon verlof

Sonderangebot ZN O (+(e)s/+e) **1 speciale aanbieding 2 koopje**

Sonderausgabe ZN V (-/+n) **1 extra-editie 2 extra-uitgave**

sonderbar BN **zonderling, raar, vreemd** • *im Leben geht es manchmal ~ zu* het loopt soms raar in

het leven
sonderbarerweise BW merkwaardig genoeg, vreemd genoeg
Sonderbeauftragte ZN M/V (+n/+n) speciaal gevolmachtigde
Sonderberichterstatter ZN M (+s/-) speciaal verslaggever
Sonderfall ZN M (+(e)s/-fälle) **1** uitzondering **2** speciaal geval
Sondergenehmigung ZN V (-/+en) speciale vergunning
sondergleichen BW zonder weerga, weergaloos
Sonderheft ZN O (+(e)s/+e) speciaal nummer, extranummer
sonderlich **1** BN vreemd, eigenaardig **2** BW bijzonder, erg • *nicht ~ klug* niet erg verstandig
Sonderling ZN M (+s/+e) zonderling
Sondermaschine ZN V (-/+n) extra vliegtuig
Sondermeldung ZN V (-/+en) extrabericht
sondern VOEGW maar, integendeel • *nicht nur ..., ~ auch* niet alleen..., maar ook • *er ging nicht nach Italien, ~ nach Spanien* hij ging niet naar Italië maar naar Spanje • *er ist nicht nur hübsch, ~ hat auch Talent* hij is niet alleen knap, maar hij heeft ook talent
Sondernummer ZN V (-/+n) extranummer
Sonderpreis ZN M (+es/+e) speciale prijs
sonders BW • *samt und ~* allemaal
Sonderschule ZN V (-/+n) school voor speciaal onderwijs
Sonderstellung ZN V (-/+en) uitzonderingspositie, speciale positie
Sonderzug ZN M (+(e)s/-züge) extratrein
sondieren OV WW **1** sonderen **2** peilen **3** poolshoogte nemen <figuurlijk>
Sondierung ZN V (-/+en) sondering
Sonett ZN O (+(e)s/+e) sonnet
Song ZN M (+s/+s) song, lied
Sonnabend ZN M (+s/+e) zaterdag
sonnabends BW 's zaterdags, op zaterdag
Sonne ZN V (-/+n) zon • *eine bleiche ~* een bleek zonnetje
sonnen OV WW (**sich ~**) zonnebaden • FIG. *sich in seinem Ruhm ~* van zijn roem genieten
Sonnenaufgang ZN M (+(e)s/-gänge) zonsopgang
Sonnenbrand ZN M (+(e)s/gmv) zonnebrand
Sonnendeck ZN O zonnedek
Sonnenenergie ZN V (-/gmv) zonne-energie
Sonnenfinsternis ZN V (-/+se) zonsverduistering
sonnengebräunt BN bruinverbrand, gebruind door de zon
sonnenklar BN **1** zonneklaar, evident • *das ist ~* dat is glashelder **2** helder, zonnig
Sonnenkollektoren ZN MV zonnepanelen
Sonnenlicht ZN O (+(e)s/gmv) zonlicht
Sonnenöl ZN O (+(e)s/+e) zonnebrandolie
Sonnenschein ZN M (+(e)s/gmv) zonneschijn • *sie ist der ~ der Familie* zij is het zonnetje in huis
Sonnenschirm ZN M (+(e)s/+e) parasol
Sonnenseite ZN V (-/+n) zonzijde
Sonnenstich ZN M (+(e)s/+e) zonnesteek
Sonnenstudio ZN O zonnestudio
Sonnensystem ZN O (+s/+e) zonnestelsel
Sonnenuhr ZN V (-/+en) zonnewijzer
Sonnenuntergang ZN M (+(e)s/-untergänge) zonsondergang • *bei ~* bij/tegen valavond
sonnig BN **1** zonnig **2** IRON. **naïef** • *ein ~es Gemüt haben* naïef zijn
Sonntag ZN M (+(e)s/+e) zondag • *am ~* 's zondags • *Weißer ~* beloken pasen <zondag na Pasen> • *an Sonn- und Feiertagen* op zon- en feestdagen
sonntäglich BN zondags, op zijn zondags • *~ angezogen sein* op zijn zondags gekleed
sonntags BW 's zondags, op zondag
Sonntagsfahrer ZN M (+s/-) zondagsrijder
sonor BN sonoor
sonst BW **1** anders • *mach schnell, ~ wird es zu spät* schiet op, anders wordt het te laat • *alles war wie ~* alles was nog als vroeger **2** anders, verder • *sie meint, sie wäre ~ was* zij denkt dat zij heel bijzonder is • *er wohnt ~ wo* hij woont ik weet niet waar • *~ noch jemand?* verder nog iemand? • *~ wer* wie dan ook • *~ noch was?* verder nog iets? • *~ wie* op welke manier dan ook • *~ wohin* waar dan ook naartoe • *oder ~ etwas* of iets anders
sonstig BN ander, verder • *~e Fragen* andere vragen • *Sonstiges* wat verder ter tafel komt
sonstwas ONB VNW • *so einfach wie ~* zo makkelijk als wat
sonstwo BW INFORM. elders, ergens • *von ~* van elders
sooft VOEGW zo vaak als, telkens als
Sopran ZN M (+s/+e) sopraan
Sopranistin ZN V (-/+nen) sopraanzangeres
Sorge ZN V (-/+n) zorg, bezorgdheid • *sich Sorgen machen* zich zorgen maken, zich ongerust maken • *keine Sorge!* geen nood! • *mach dir keine Sorgen* wees niet ongerust • *eine ernste ~ bedrückt sie* er drukt een zware last op haar
sorgen ONOV WW zorg dragen, zorgen • *sich ~* zich zorgen maken, bezorgd zijn • *dafür ~, dass ...* zorg dragen voor
sorgenfrei BN vrij van zorgen, onbekommerd
sorgenlos BN zonder zorgen, onbezorgd
sorgenvoll BN **1** vol zorgen, bezorgd **2** zorgelijk
Sorgerecht ZN O (+(e)s/+e) zorgrecht, voogdijschap • *gemeinsames ~* gedeeld voogdijschap • *das ~ für die Kinder haben* de voogdij over de kinderen hebben • *jemandem das ~ entziehen* iemand uit de ouderlijke macht ontzetten
Sorgfalt ZN V (-/gmv) zorgvuldigheid, zorg • *mit ~ behandeln* met zorg behandelen • *~ verwenden auf* zorg besteden aan
sorgfältig BN zorgvuldig
sorglos BN **1** zorgeloos **2** onbekommerd, lichtvaardig • *ein ~er Mensch* een onbekommerd mens • *ein ~es Leben* een onbezorgd leven

so

Sorglosigkeit ZN V (-/gmv) **1** zorgeloosheid **2** slordigheid
sorgsam BN zorgzaam, zorgvuldig
Sorte ZN V (-/+n) soort
sortieren OV WW sorteren
Sortierung ZN V (-/+en) sorteren, sortering
Sortiment ZN O (+s/+e) sortering, assortiment
sosehr VOEGW hoezeer
soso BW **1** zozo, niet bijzonder **2** zo!
SOS-Ruf ZN M (+(e)s/+e) SOS-sein
Soße ZN V (-/+n) saus • *Quatsch mit ~* volstrekte onzin
Souffleur ZN M (+s/+e) souffleur
Souffleuse ZN V (-/+n) souffleuse
soufflieren OV + ONOV WW souffleren
Soundkarte ZN V (-/+n) geluidskaart
soundso BW • *das Grundstück ist ~ groß* het terrein is zo en zo groot • *am Soundsovielten des Monats* op de zoveelste van de maand
Souterrain ZN O (+s/+s) souterrain
Souvenir ZN O (+s/+s) souvenir
souverän BN soeverein • *eine Situation ~ beherrschen* een situatie op een soevereine manier beheersen
Souverän ZN M (+s/+e) onbeperkt heerser, onafhankelijk vorst, soeverein
Souveränität ZN V (-/gmv) soevereiniteit
soviel VOEGW **1** voor zoveel, zover • *~ ich weiß* voor zover ik weet **2** hoeveel...ook, hoe...ook
soweit VOEGW voor zover • *ich bin noch nicht ~* daar ben ik nog niet aan toe
sowie VOEGW **1** zodra • *~ ich etwas weiß ...* zodra ik iets weet ... **2** evenals, alsmede • *die Kinder ~ ihre Eltern* de kinderen evenals hun ouders
sowieso BW toch al • *ich muss ~ gehen* nu ik toch ga • *ich mache es ~* ik doe het toch wel
Sowjet ZN M (+s/+s) sovjet
sowjetisch BN sovjet-
Sowjetunion ZN V (-/gmv) Sovjet-Unie
sowohl VOEGW zowel • *~...als auch* zowel...als • *er spricht ~ Englisch als auch Deutsch* hij spreekt én Engels én Duits
sozial BN sociaal
Sozialabbau ZN M (+(e)s/gmv) afbraak van sociale voorzieningen
Sozialabgaben ZN MV sociale lasten
Sozialamt ZN O (+(e)s/-ämter) bureau Sociale Zaken
Sozialarbeit ZN V maatschappelijk werk
Sozialarbeiter, **Sozialarbeiterin** ZN M (+s/-) maatschappelijk werker, sociaal werker
Sozialdemokrat ZN M (+en/+en) sociaaldemocraat
Sozialdemokratie ZN V (-/+n) sociaaldemocratie
sozialdemokratisch BN sociaaldemocratisch
Sozialhilfe ZN V bijstand, bijstandsuitkering • *von der ~ leben* van de bijstand moeten leven
Sozialhilfeempfänger ZN M iemand die een bijstandsuitkering krijgt • *er ist ~* hij zit in de bijstand → **Hartz-IV-Empfänger**
sozialisieren OV WW socialiseren
Sozialismus ZN M (-/gmv) socialisme
Sozialist ZN M (+en/+en) socialist
sozialistisch BN socialistisch
Sozialkunde ZN V O&W maatschappijleer
Sozialpädagogik ZN V **1** sociale pedagogiek **2** sociaal-pedagogische hulpverlening
Sozialpartner ZN M (+s/-) sociale partner
Sozialpolitik ZN V (-/gmv) sociale politiek
Sozialprodukt ZN O (+(e)s/gmv) nationaal inkomen
Sozialstunden ZN MV aantal uren van een werkstraf • *~ ableisten* een werkstraf afwerken • *30 ~ bekommen* een werkstraf van 30 uur krijgen
Sozialversicherung ZN V (-/+en) sociale verzekering • *Leistungen der ~* sociale voorzieningen
Sozialwohnung ZN V (-/+en) woningwetwoning
Soziologe ZN M (+n/+n) socioloog
Soziologie ZN V (-/gmv) sociologie
soziologisch BN sociologisch
Sozius ZN M (-/+se) **1** vennoot **2** duopassagier
Soziussitz ZN M (+es/+e) duozitting <op motor>
sozusagen BW zogezegd, bij wijze van spreken, als het ware
Spachtel ZN M/V (+s, -/-, +-n) **1** plamuurmes **2** plamuursel
spachteln OV + ONOV WW **1** plamuren **2** spatelen **3** smullen, smikkelen
Spagat ZN M/O (+(e)s/+e) spagaat
Spaghetti, **Spagetti** ZN MV spaghetti
Spaghettiträger ZN M (+s/-) spaghettibandje
spähen ONOV WW spieden, loeren, uitkijken, speuren • *er spähte zum Horizont* hij tuurde naar de horizon
Spalier ZN O (+s/+e) latwerk • *ein ~ bilden* een erehaag vormen
Spalierbaum ZN M (+(e)s/-bäume) leiboom
Spalt ZN M (+(e)s/+e) spleet, kier, kloof
spaltbar BN splijtbaar
Spaltbarkeit ZN V (-/gmv) splijtbaarheid
Spalte ZN V (-/+n) **1** barst, scheur, kloof **2** spleet **3** kolom • *ein Artikel über drei Spalten* een artikel van drie kolommen breed
spalten OV WW sterk splijten, kloven, splitsen, verdelen • *sich ~* zich splitsen, uiteenvallen • *gespaltenes Bewusstsein* gespletenheid, schizofrenie
Spaltung ZN V (-/+en) verdeeldheid, splijting, splitsing, scheuring • *dies führte zu einer ~ innerhalb der Partei* dit leidde tot verdeeldheid binnen de partij
Spam ZN M (+s/+s) COMP. spam <ongewenste e-mail>
Spammail ZN V (-/+s) COMP. spam <ongewenste e-mail>
Span ZN M (+(e)s/Späne) spaan, spaander • *wo gehobelt wird, fallen Späne* waar gehakt wordt vallen spaanders
Spanferkel ZN O (+s/-) speenvarken
Spange ZN V (-/+n) **1** speld, haarspeldje **2** gesp,

spang **3** beugel <tanden> • *eine ~ tragen* een beugel hebben

Spaniel ZN M (+s/+s) patrijshond, spaniël

Spanien ZN O (+s/gmv) Spanje

Spanier ZN M (+s/-) Spanjaard

Spanierin ZN V (-/+nen) Spaanse

spanisch BN Spaans • *das kommt mir ~ vor* dat vind ik heel vreemd

spann OV + ONOV WW verl. tijd → **spinnen**

Spann ZN M (+(e)s/+e) wreef

Spanne ZN V (-/+n) **1** spanne, tijdsruimte **2** span **3** ECON. winstmarge **4** marge, verschil

spannen **1** OV WW **1** spannen **2** vastklemmen **3** • *gespannt sein auf etwas* benieuwd zijn naar iets • *ich bin gespannt!* ik ben benieuwd! **2** ONOV WW **1** een spanwijdte hebben **2** spannen, strak zitten, knellen **3** INFORM. gluren **4** REG. snappen, begrijpen • *endlich hat er es gespannt* eindelijk snapt hij het **3** WKD WW (**sich ~**) **1** zich spannen, strak worden **2** zich uitspannen

Spanner ZN M (+s/-) **1** spanner, klem **2** BIOL. spanner **3** voyeur, gluurder

Spannkraft ZN V (-/gmv) **1** veerkracht **2** spanning, druk

Spannung ZN V (-/+en) spanning

spannungsgeladen BN gespannen, geladen

Spannungsmesser ZN M (+s/-) **1** voltmeter **2** spanningsmeter

Spannweite ZN V (-/+n) **1** spanwijdte, bandbreedte **2** reikwijdte, spectrum

Spanplatte ZN V (-/+n) spaanplaat

Spanschachtel ZN V (-/+n) spanen doos

Sparbuch ZN O (+(e)s/-bücher) spaarboekje

Sparbüchse ZN V (-/+n) spaarpot

Spareinlage ZN V (-/+n) **1** spaardeposito **2** inleg op spaarbank

sparen OV + ONOV WW **1** bezuinigen, besparen • *wir müssen ~* wij moeten bezuinigen • *spare dir deine Worte* zeg liever niets • *das kann man sich ~* dat is de moeite niet waard • *das hättest du dir ~ können* dat had je beter niet kunnen doen • *an allem ~* op alles bezuinigen • *~ an* beknibbelen op **2** sparen • *für etwas ~* op iets sparen **3** zuinig zijn • *wir müssen ~* wij moeten zuinig zijn • *Energie ~* zuinig zijn op energie

Sparer ZN M (+s/-) spaarder

Sparflamme ZN V (-/+n) waakvlam, spaarvlam

Spargel ZN M (+s/-) asperge • *der ~ schmeckt gut* de asperges smaken lekker • *~ stechen* asperges steken

Spargeld ZN O (+(e)s/+er) spaargeld

Spargroschen ZN M (+s/-) spaarcent(je)

Sparguthaben ZN O (+s/-) spaartegoed

Sparkasse ZN V (-/+n) spaarbank

Sparkonto ZN O (+s/-konten) spaarrekening

spärlich BN schaars, karig, schraal • *spärliches Haar* weinig haar • *~ besiedelt* dun bevolkt • *~ ausgestattet* mondjesmaat bedeeld

Spärlichkeit ZN V (-/gmv) schraalheid

Sparmaßnahme ZN V (-/+n) bezuinigingsmaatregel

Sparren ZN M (+s/-) **1** ARCH. dakspar, keper **2** INFORM. tic, eigenaardigheid

sparsam BN spaarzaam, zuinig • *~ im Gebrauch* zuinig in het gebruik • *ein ~es Lachen* een zuinig lachje • *~ leben* zuinig leven • *dieses Auto fährt ~* deze auto rijdt zuinig

Sparsamkeit ZN V (-/gmv) spaarzaamheid, zuinigheid

Sparschwein ZN O (+(e)s/+e) spaarvarken, spaarpot

Sparstrumpf ZN M (+(e)s/-strümpfe) **1** oude kous **2** spaarpot

spartanisch BN Spartaans

Sparte ZN V (-/+n) **1** afdeling, tak, vakgebied **2** rubriek, kolom

Spaß ZN M (+es/Späße) grap, gekheid, plezier • *zum Spaß* voor de grap • *du machst Spaß* jij maakt een grap • *das macht ihm Spaß* daar heeft hij plezier in • *Spaß beiseite* zonder gekheid • *das ist kein ~ mehr* dat is niet meer grappig • *aus Spaß* uit gekheid • *es macht keinen ~ mehr* de lol is eraf • *verstehst du keinen Spaß?* kun je niet tegen een geintje? • *sich einen ~ aus einer Sache machen* een grap(je) van iets maken • *das ist ein teurer Spaß* dat is een dure grap • *viel Spaß* veel plezier!

spaßen ONOV WW grappen maken, schertsen • *damit ist nicht zu ~* daar valt niet mee te spotten • *er lässt nicht mit sich ~* hij laat niet met zich spotten

spaßhaft BN grappig, lollig

spaßig BN grappig, lollig

Spaßmacher ZN M (+s/-) grapjas, grappenmaker, lolbroek

Spaßvogel ZN M (+s/-vögel) grapjas, grappenmaker, lolbroek

spät BW laat • *sie kommt später* zij komt later • *wie ~ ist es?* hoe laat is het? • *besser ~ als gar nicht* beter laat dan nooit

spätabends BW 's avonds laat

Spatel ZN M (+s/-) **1** spatel **2** plamuurmes

Spaten ZN M (+s/-) schop, spade

spätestens BW uiterlijk, op zijn laatst

Spätgotik ZN V (-/gmv) late gotiek

Spätheimkehrer ZN M (+s/-) GESCH. iemand die laat terugkeert uit krijgsgevangenschap

Spätherbst ZN M (+(e)s/+e) laatste dagen van de herfst

Spätnachrichten ZN MV late nieuwsberichten

Spätschaden ZN M (+s/-schäden) later aan het licht tredende schade of schadelijk gevolg

Spätschicht ZN V (-/+en) **1** late dienst **2** middagploeg

Spätsommer ZN M (+s/-) nazomer

Spätvorstellung ZN V (-/+en) late voorstelling

Spatz ZN M (+en/+en) **1** mus • *essen wie ein ~* heel weinig eten **2** liefje ▸ *besser einen ~ in der Hand als eine Taube auf dem Dach* beter een half ei dan een lege dop ▸ *mit Kanonen auf Spatzen schießen* met een kanon op een mug schieten

Spatzenhirn ZN O (+(e)s/gmv) INFORM. beperkt verstand

Spätzünder ZN M (+s/-) **1** INFORM. laatbloeier **2**

bom/granaat met vertraagde ontsteking
spazieren ONOV WW • *~ gehen* wandelen • *~ fahren* uit rijden gaan
Spazierfahrt ZN V (-/+en) tochtje, ritje, toer
Spaziergang ZN M (+(e)s/-gänge) wandeling • *einen ~ machen* aan de wandel zijn, gaan wandelen
Spaziergänger ZN M (+s/-) wandelaar
Spazierstock ZN M (+(e)s/-stöcke) wandelstok
SPD AFK POL. Sozialdemokratische Partei Deutschlands SPD <Sociaal-democratische Partij van Duitsland>
Specht ZN M (+(e)s/+e) specht
Speck ZN M (+(e)s/gmv) spek ▸ *mit ~ fängt man Mäuse* je vangt vliegen met honing
speckig BN vettig, beduimeld, afgesleten
Speckschwarte ZN V (-/+n) spekzwoerd
Speckseite ZN V (-/+n) zij spek • *mit der Wurst nach der ~ werfen* een spiering uitgooien om een kabeljauw te vangen
spedieren OV WW expediëren <ook figuurlijk>, verzenden
Spediteur ZN M (+s/+e) expediteur, transporteur
Spedition ZN V (-/+en) **1** expeditiebedrijf, transportbedrijf **2** expeditie, verzending
Speditionsfirma ZN V (-/-firmen) expeditiefirma, transportfirma
Speer ZN M (+(e)s/+e) speer
Speerwerfer ZN M (+s/-) speerwerper
Speiche ZN V (-/+n) **1** spaak **2** BIOL. spaakbeen
Speichel ZN M (+s/gmv) speeksel, kwijl
Speichellecker ZN M (+s/-) **1** hielenlikker **2** flikflooier
Speicher ZN M (+s/-) **1** zolder **2** magazijn, opslagplaats, pakhuis **3** COMP. geheugen **4** tank, reservoir
Speicherbecken ZN O (+s/-) verzamelbekken
Speicherkapazität[1] ZN V (-/-en) COMP. geheugencapaciteit
Speicherkapazität[2] ZN V (-/+en) **1** opslagruimte **2** COMP. geheugencapaciteit • *4 Gigabyte ~* 4 gigabyte geheugen
Speicherkarte ZN V COMP. geheugenkaart
Speichermedium ZN O (+s/-medien) opslagmedium
speichern OV WW opslaan, verzamelen • *Daten ~* gegevens opslaan in het geheugen
Speicherung ZN V (-/+en) opslag, opslaan
Speicherwerk ZN O (+(e)s/+e) computergeheugen
speien OV WW sterk spuwen, uitbraken • *der Vulkan speit Feuer* de vulkaan braakt vuur uit
Speise ZN V (-/+n) spijs, gerecht, eten • *Speisen und Getränke* gerechten en dranken
Speiseeis ZN O (+es/gmv) consumptie-ijs
Speisegesetz ZN O (+es/+e) spijswet
Speisekammer ZN V (-/+n) provisiekamer
Speisekarte ZN V (-/+n) menukaart, spijskaart • *auf der ~ stehen* op het menu staan
Speisekartoffel ZN V (-/+n) consumptieaardappel
speisen **1** OV WW FORM. spijzigen, voeden **2** ONOV WW FORM. eten
Speisenfolge ZN V (-/gmv) menu
Speiseöl ZN O (+(e)s/gmv) **1** slaolie **2** tafelolie
Speisepilz ZN M (+es/+e) eetbare paddenstoel
Speiseröhre ZN V (-/+n) slokdarm
Speisesaal ZN M (+(e)s/-säle) eetzaal
Speisewagen ZN M (+s/-) restauratiewagen
Speisezettel ZN M (+s/-) menu
Speisung ZN V (-/+en) voeding, toevoer, spijziging
speiübel BN misselijk • *mir ist ~* ik ben kotsmisselijk
Spektakel ZN M (+s/-) ruzie, spektakel, herrie, lawaai
spektakulär BN opzienbarend, spectaculair
spektral BN spectraal
Spektralfarbe ZN V (-/+n) spectrale kleur
Spektrum ZN O (+s/-tra, -tren) spectrum <ook figuurlijk>
Spekulant ZN M (+en/+en) speculant
Spekulation ZN V (-/+en) speculatie
Spekulatius ZN M (-/gmv) speculaas
spekulativ BN speculatief
spekulieren ONOV WW speculeren • *darauf spekuliere ich* daar gok ik op
Spelunke ZN V (-/+n) **1** krot **2** spelonk, hol
spendabel BN vrijgevig, gul
Spende ZN V (-/+n) gift, donatie
spenden OV WW doneren, geven, schenken • *für einen guten Zweck ~* aan een goed doel geven • *Lob ~* lof toezwaaien • *die Sakramente ~* de sacramenten toedienen
Spender ZN M (+s/-) **1** donateur, schenker, gever **2** MED. donor
spendieren OV WW trakteren op, schenken, geven • *er spendiert ihr die Reise* hij geeft haar de reis
Spendierhosen ZN MV • *die ~ anhaben* het geld laten rollen, een gulle bui hebben
Spengler ZN M (+s/-) **1** blikslager **2** loodgieter
Sperber ZN M (+s/-) sperwer
Sperenzchen ZN MV moeilijkheden, aanstellerij, kapsones • *~ machen* tegenstribbelen, zich aanstellen
Sperling ZN M (+s/+e) mus
Sperma ZN O (+s/-men, -ta) sperma
spermizid BN zaaddodend, spermacide
sperrangelweit BW wagenwijd
Sperre ZN V (-/+n) **1** blokkade, blokkering, versperring **2** afsluiting, slagboom **3** verbod **4** embargo **5** SPORT schorsing
sperren **1** OV WW klemmen <deur, slot> **2** ONOV WW **1** blokkeren • *die EC-Karte ~* de pinpas blokkeren • *das Konto ~* de rekening blokkeren **2** afsluiten, stremmen • *die Straße ist gesperrt* de straat is gestremd **3** verbieden **4** SPORT afhouden, schorsen **5** SPORT obstructie plegen **3** WKD WW **(sich ~)** tegenstribbelen, zich verzetten **(gegen** tegen**)**
Sperrfeuer ZN O (+s/gmv) spervuur
Sperrgebiet ZN O (+(e)s/+e) verboden gebied

sp

/ zone
Sperrgürtel ZN M cordon sanitaire
Sperrgut ZN O (+(e)s/-güter) **1** bulkgoed **2** groot stuk, moeilijk te hanteren vrachtgoed
Sperrguthaben ZN O geblokkeerd tegoed
Sperrholz ZN O (+es/gmv) triplex, multiplex
sperrig BN **1** veel ruimte innemend, hinderlijk **2** moeilijk hanteerbaar, weerspannig
Sperrkette ZN V (-/+n) deurketting
Sperrkonto ZN O (+s/-konten) geblokkeerde rekening
Sperrmüll ZN M (+s/gmv) grof huisvuil
Sperrsitz ZN M (+es/+e) stalles(plaats)
Sperrstunde ZN V (-/gmv) sluitingsuur
Sperrung ZN V (-/+en) **1** sluiting, afsluiting, vergrendeling, versperring **2** blokkade, blokkering **3** verbod **4** SPORT schorsing
Sperrzone ZN V (-/+n) verboden zone
Spesen ZN MV kosten, onkosten
Spesenrechnung ZN V (-/+en) onkostennota
Spezialgeschäft ZN O (+(e)s/+e) specialiteitenzaak
spezialisieren **1** OV + ONOV WW specificeren, specialiseren • *er ist darauf spezialisiert* hij is erin gespecialiseerd **2** WKD WW (**sich ~**) zich specialiseren
Spezialisierung ZN V (-/+en) specialisatie, specialisering
Spezialist ZN M (+en/+en) specialist
Spezialität ZN V (-/+en) specialiteit
speziell BN speciaal • *auf dein Spezielles!* op je gezondheid!
Spezies ZN V (-/-) **1** species, soort **2** WISK. hoofdbewerking **3** theemelange
Spezifikation ZN V (-/+en) specificatie
spezifisch BN specifiek
spezifizieren OV WW specificeren
Sphäre ZN V (-/+n) sfeer, kring
Sphinx ZN M/V (-/+e) sfinx
spicken **1** OV WW **1** spekken, larderen, doorspekken <figuurlijk>, overvloedig voorzien • *gespickt mit Rechtschreibfehlern* vol van spellingfouten **2** INFORM. omkopen • *einen Beamten ~* een ambtenaar omkopen **2** ONOV WW spieken
Spickzettel ZN M (+s/-) spiekbriefje
spie OV WW verl. tijd → **speien**
Spiegel ZN M (+s/-) **1** spiegel • *jemandem den ~ vorhalten* iemand een spiegel voorhouden **2** spiegel <vloeistof>, niveau **3** pat <uniform>, revers
Spiegelbild ZN O (+(e)s/+er) spiegelbeeld
Spiegelei ZN O (+s/+er) spiegelei
spiegelglatt BN spekglad
spiegeln **1** OV WW spiegelen, schitteren, glanzen **2** ONOV WW weerspiegelen • *sich ~* zich weerspiegelen
Spiegelschrift ZN V spiegelschrift
Spiegelung ZN V (-/+en) spiegeling, weerspiegeling
Spiel ZN O (+(e)s/+e) **1** spel • *etwas / jemanden aus dem ~ lassen* iets / iemand erbuiten laten • *jemanden / etwas ins ~ bringen* iemand / iets in het spel brengen • *ins ~ kommen* een rol spelen • *auf dem ~ stehen* op het spel staan, in gevaar zijn • *das ~ verloren haben* een zaak moeten opgeven • *etwas aufs ~ setzen* iets riskeren • *mit jemandem / etwas ein leichtes ~ haben* het makkelijk met iets / iemand hebben **2** SPORT spel, wedstrijd, match • *die Spiele vom Wochenende* de wedstrijden van het weekend
Spielart ZN V (-/+en) **1** speelwijze **2** variëteit, genre
Spielautomat ZN M (+en/+en) gokautomaat
Spielball ZN M (+(e)s/-bälle) speelbal
Spielbank ZN V (-/+en) speelbank
Spieldauer ZN V speelduur
spielen OV + ONOV WW spelen • *sie lässt ihre Beziehungen ~* zij maakt gebruik van haar connecties • *Herman spielt heute Abend im Carré* Herman treedt vanavond in Carré op • *den Unschuldigen ~* de onschuld uithangen • *jemandem einen Streich ~* iemand een poets bakken • *ins Bläuliche, Grünliche ~* naar blauw, groen zwemen • *~d* spelenderwijs • *das ist ~d leicht* dat is een makkie • *den Clown ~* de clown uithangen • *(auf der) Orgel ~* het orgel bespelen • *eine Rolle ~* een rol vervullen • *(nicht) mit sich ~ lassen* (niet) met zich laten sollen
Spieler ZN M (+s/-) speler
Spielerei ZN V (-/+en) **1** gespeel **2** kinderspel, peulenschil **3** beuzelarij, kinderachtigheid
spielerisch BN **1** wat het spel betreft, qua spel **2** speels
Spielfeld ZN O (+(e)s/+er) speelveld
Spielfilm ZN M (+(e)s/+e) speelfilm
Spielführer ZN M (+s/-) aanvoerder
Spielkarte ZN V (-/+n) speelkaart
Spielleiter ZN M (+s/-) spelleider
Spielmacher ZN M (+s/-) spelverdeler
Spielmarke ZN V (-/+n) fiche
Spielplan ZN M (+(e)s/-pläne) repertoire
Spielplatz ZN M (+es/-plätze) speelplaats, speeltuin, BELG. speelplein
Spielraum ZN M (+(e)s/gmv) **1** TECHN. speling **2** speelruimte
Spielregel ZN V (-/+n) spelregel
Spielsachen ZN MV speelgoed
Spielstand ZN M (+(e)s/-stände) spelstand, stand
Spielverderber ZN M (+s/-) spelbreker
Spielzeug ZN O (+s/gmv) speelgoed
Spielzeugtier ZN O speelgoedbeest
Spieß ZN M (+es/+e) **1** spies, lans, piek • *den ~ umdrehen* de zaak omdraaien **2** spit • *schreien wie am Spieß* krijsen als een mager speenvarken **3** INFORM. sergeant-majoor
Spießbürger ZN M (+s/-) kleinburgerlijk mens, burgermannetje
spießbürgerlich BN kleinburgerlijk, bekrompen, truttig
Spießbürgertum ZN O (+s/gmv) kleinburgerlijkheid, bekrompenheid
spießen OV WW opprikken, spietsen,

doorboren, aanrijgen
Spießer ZN M (+s/-) **1** braaf burger, bekrompen burgermannetje **2** spiesbok
spießig BN kleinburgerlijk, bekrompen
Spießrute ZN V (-/+n) spitsroede • *Spießruten laufen* spitsroeden lopen
Spinat ZN M (+s/gmv) spinazie
Spind ZN M/O (+(e)s/+e) kast <vooral mil.>
Spindel ZN V (-/+n) **1** spil **2** spindel, klos
spindeldürr BN mager als een lat
Spinett ZN O (+s/+e) spinet
Spinne ZN V (-/+n) spin • *pfui Spinne!* bah!
spinnefeind BN spinnijdig • *jemandem ~ sein* erg vijandig tegenover iemand staan
spinnen OV + ONOV WW sterk **1** spinnen **2** beramen, weven, smeden • *Ränke ~* intrigeren **3** gek zijn, onzin vertellen, fantaseren • *der spinnt wohl* die is zeker niet goed bij het hoofd • *du spinnst!* je bent niet goed wijs • *spinnst du?* ben je besodemieterd? • INFORM. *mein Computer spinnt mal wieder* mijn computer doet weer gek
Spinnennetz ZN O (+es/+e) spinnenweb
Spinner ZN M (+s/-) **1** spinner **2** vlinder **3** dromer, fantast • *das ist doch ein ~* die is toch een beetje gek
Spinnerei ZN V (-/+en) **1** spinnerij **2** gek idee
Spinning ZN O (-s/gmv) • *Spinning machen* spinnen <fietsen op hometrainer>
Spinnrad ZN O (+(e)s/-räder) spinnewiel
Spinnwebe ZN V (-/+n) spinnenweb
Spion ZN M (+s/+e) spion
Spionage ZN V (-/gmv) spionage
spionieren ONOV WW spioneren
Spionin ZN V (-/+nen) spionne
Spirale ZN V (-/+n) **1** spiraal **2** spiraaltje
spiralförmig BN spiraalvormig
spiralig BN spiraalvormig
Spiritismus ZN M (-/gmv) spiritisme
Spiritist ZN M (+en/+en) spiritist
spiritistisch BN spiritistisch
spirituell BN spiritueel
Spirituosen ZN MV sterkedrank
Spiritus ZN M (-/+se) spiritus
Spirituskocher ZN M (+s/-) spiritusstel
Spital ZN O (+s/-täler) ZWIT. ziekenhuis, hospitaal
spitz BN **1** spits, puntig, scherp • *eine ~e Zunge haben* een scherpe tong hebben • *~ auf jemanden sein* op iemand geilen • *~ zulaufen* schuins toelopen **2** bits, vinnig • *du siehst ~ aus* jij ziet er mager/smal uit
Spitz ZN M (+es/+e) spitshond, keeshond
Spitzbart ZN M (+(e)s/-bärte) **1** puntbaard **2** sik
spitzbekommen OV WW in de gaten krijgen, door krijgen
Spitzbube ZN M (+n/+n) **1** spitsboef **2** rakker
spitzbübisch BN schelms, ondeugend
Spitzdach ZN O (+s/-dächer) puntdak
Spitze ZN V (-/+n) **1** spits, punt, top • *etwas auf die ~ treiben* iets op de spits drijven **2** piek **3** hoofd, top • *an der ~ stehen* aan het hoofd staan • *die Spitzen der Behörde* de kopstukken van het bestuur • *das ist Spitze!* dat is top! • *an der ~ der Rangliste stehen* aan de kop van de ranglijst staan • *an der ~ liegen* op kop liggen **4** scherpte, bitsheid • *einer Sache die ~ abbrechen* aan iets zijn scherpte ontnemen **5** ECON. overschot **6** kant • *ein Kragen aus ~* een kraag van kant
Spitzel ZN M (+s/-) spion
spitzeln ONOV WW spioneren
spitzen OV WW spitsen, aanpunten • *die Ohren ~* de oren spitsen • *einen Bleistift ~* de punt van een potlood slijpen
Spitzenergebnis ZN O topscore
Spitzengeschwindigkeit ZN V (-/+en) topsnelheid
Spitzengruppe ZN V (-/+n) **1** groep koplopers **2** kopgroep
Spitzenhaube ZN V (-/+n) kanten muts
Spitzenkandidat ZN M (+en/+en) lijstaanvoerder
Spitzenklasse ZN V (-/+n) **1** topklasse **2** eerste klas
Spitzenleistung ZN V (-/+en) **1** topprestatie **2** record
Spitzenreiter ZN M (+s/-) **1** nummer één op de ranglijst **2** FIG. successtuk
Spitzensportler ZN M (+s/-) topsporter
Spitzentechnologie ZN V (-/+n) geavanceerde technologie
Spitzenzeit ZN V (-/+en) **1** spits **2** piekuren **3** SPORT snelste tijd
Spitzer ZN M (+s/-) puntenslijper
spitzfindig BN spitsvondig
Spitzfindigkeit ZN V (-/+en) spitsvondigheid
Spitzhacke ZN V (-/+n) (pik)houweel
spitzig BN → **spitz**
spitzkriegen OV WW door krijgen, in de gaten krijgen
Spitzname ZN M (+n/+n) bijnaam
Spleen ZN M (+s/+s, +e) **1** gril, dwaas idee, zonderlinge inval **2** manie, grilligheid, zonderling gedrag • *einen kleinen ~ haben* een beetje getikt zijn
spleenig BN zonderling, grillig
spleißen OV WW sterk splitsen, splijten, klieven
Splint ZN M (+(e)s/+e) **1** splitpen **2** spint
spliss OV WW verl. tijd → **spleißen**
Splitt ZN M (+(e)s/+e) split, fijn steenslag
Splitter ZN M (+s/-) splinter, scherf
splitterfasernackt BN spiernaakt
Splittergruppe ZN V (-/+n) splintergroepering
splittern ONOV WW splinteren, versplinteren
Splitterpartei ZN V (+en/+en) splinterpartij
splittrig BN **1** vol splinters **2** splinterig
SPÖ AFK POL. Sozialistische Partei Österreichs **SPÖ** <Socialistische Partij van Oostenrijk>
spontan BN spontaan • *~ handeln* in een opwelling handelen
Spontaneität, **Spontanität** ZN V (-/+en) spontaniteit
sporadisch BN sporadisch

Spore ZN V (-/+n) spore, spoor
Sporn ZN M (+(e)s/Sporen) spoor
spornen OV WW sporen, aansporen, de sporen geven • *gestiefelt und gespornt* gelaarsd en gespoord
spornstreichs BW spoorslags
Sport ZN M (+(e)s/+e) **1** sport • *~ treiben/machen* aan sport doen, sporten **2** gym • *wir haben ~* wij hebben gym **3** INFORM. liefhebberij
Sportanlage ZN V (-/+n) sportaccommodatie, sportpark
Sportart ZN V (-/+en) tak van sport
Sportfischerei ZN V sportvisserij
Sportfliegen ZN O sportvliegen
Sportfreund, **Sportsfreund** ZN M (+(e)s/+e) **1** sportliefhebber **2** sporter
Sportlehrer ZN M (+s/-) sportleraar
Sportler ZN M (+s/-) sporter, sportbeoefenaar
Sportlerin ZN V (-/+nen) sportvrouw • *~ des Jahres* sportvrouw van het jaar
sportlich BN sportief
Sportlichkeit ZN V (-/gmv) sportiviteit
Sportplatz ZN M (+es/-plätze) sportveld, sportterrein
Sportskanone ZN V kanjer in sport
Sporttauchen ZN O (+s) sportduiken
Sportverein ZN M (+(e)s/+e) sportvereniging
Spott ZN M (+(e)s/gmv) spot • *seinen ~ treiben mit* de spot drijven met
Spottbild ZN O (+(e)s/+er) karikatuur, spotprent
spottbillig BN spotgoedkoop
Spöttelei ZN V (-/+en) spotternij
spötteln ONOV WW licht spotten, de draak steken
spotten ONOV WW spotten, honen • *das spottet jeder Beschreibung* dat tart iedere beschrijving
Spötter ZN M (+s/-) **1** spotvogel **2** spotter
Spötterei ZN V (-/+en) spot, spotternij
spöttisch BN spottend • *ein spöttisches Lächeln* een spottend lachje
Spottname ZN M (+n/+n) spotnaam, bijnaam
Spottpreis ZN M (+es/+e) spotprijs • *das habe ich zu einem ~ gekauft* daar heb ik een koopje aan gehad
sprach ONOV WW verl. tijd → **sprechen**
Sprachbegabung ZN V talenknobbel
Sprache ZN V (-/+n) **1** taal • *diese ~ habe ich noch nie gehört* deze taal heb ik nog nooit gehoord **2** spraak • *zur ~ bringen* ter sprake brengen • *zur ~ kommen* ter sprake komen • *heraus mit der Sprache!* vertel het maar eens • *eine ~ beherrschen* een taal beheersen • *die ~ verlieren* zijn tong verliezen • *er schweigt in sieben Sprachen* hij zwijgt in alle talen • *heraus mit der Sprache!* biecht maar eens op! • *etwas zur ~ bringen* gewag maken van iets • *etwas zur ~ bringen* iets naar voren brengen • *zur ~ bringen* ter sprake brengen • *zur ~ kommen* ter sprake komen
Sprachenstudium ZN O (+s/-studien) taalstudie
Spracherkennung ZN V (-/gmv) spraakherkenning
Sprachfehler ZN M (+s/-) spraakgebrek
Sprachforscher ZN M (+s/-) taalwetenschapper, taalgeleerde
Sprachforschung ZN V (-/+en) taalwetenschap, taalonderzoek
Sprachgebiet ZN O (+(e)s/+e) taalgebied • *das niederländische ~* het Nederlandse taalgebied
Sprachgefühl ZN O (+(e)s/+e) taalgevoel
sprachgewandt BN **1** welbespraakt **2** goed van de tongriem gesneden
Sprachkenntnisse ZN MV talenkennis
Sprachlabor ZN O (+s/+e) talenpracticum, BELG. taallab
Sprachlehre ZN V (-/+n) spraakkunst
Sprachlehrer ZN M (+s/-) taaldocent, taalleraar
sprachlich BN van de taal, taal- • *~e Fehler* taalfouten
sprachlos BN sprakeloos • *~ sein* verstomd staan • *~ vor Staunen* stom van verbazing
Sprachraum ZN M (+(e)s/-räume) taalgebied
Sprachrohr ZN O (+(e)s/+e) **1** FIG. spreekbuis • *jemandes ~ sein* iemands mening kritiekloos overnemen **2** megafoon
Sprachschatz ZN M (+es/gmv) taalschat
Sprachstörung ZN V (-/+en) spraakstoornis
Sprachtalent ZN O talenknobbel
sprang ONOV WW verl. tijd → **springen**
Spray ZN O (+s/+s) spray
sprayen OV + ONOV WW sprayen
Sprechanlage ZN V (-/+n) intercom
Sprechblase ZN V (-/+n) tekstballon <stripverhaal>
Sprechchor ZN M (+s/-chöre) spreekkoor
sprechen OV + ONOV WW sterk spreken • *jemanden ~* iemand spreken • *mit jemandem ~* met iemand spreken • *zu den Leuten ~* tot de mensen spreken • *~ über* spreken over • *er spricht gerade* hij is (telefonisch) in gesprek • *die Tatsachen ~ gegen ihn* de feiten getuigen tegen hem
Sprecher ZN M (+s/-) **1** spreker **2** A-V nieuwslezer, presentator **3** woordvoerder • *der ~ der Partei* de woordvoerder van de partij
Sprechfunk ZN M (+s/gmv) mobilofoon
Sprechstunde ZN V (-/+n) **1** spreekuur, ≈ BELG. zitdag **2** MED. consult • *~ nach Vereinbarung* consult volgens afspraak
Sprechstundenhilfe ZN V (-/+n) doktersassistente
Sprechweise ZN V (-/+n) spreektrant
Sprechzimmer ZN O (+s/-) spreekkamer
spreizbeinig BN wijdbeens
Spreize ZN V (-/+n) **1** schoor, steunbalk **2** spreidsprong
spreizen OV WW uiteenspreiden, uitspreiden • *sich ~* een hoge borst opzetten, zich aanstellen
Sprengbombe ZN V (-/+n) brisantbom
Sprengel ZN M (+s/-) diocees, parochie, gemeente
sprengen **1** OV WW **1** doen springen, in de lucht laten vliegen, opblazen • *ein Gebäude ~* een gebouw opblazen • *eine Versammlung ~*

sp

een vergadering uiteenjagen • FIG. *das würde den Rahmen ~* dat past niet binnen dit kader **2** openbreken, forceren • *ein Schloss ~* een slot forceren • *die Fesseln ~* de boeien verbreken **3** sprenkelen, besprenkelen, besproeien **2** ONOV WW galopperen

Sprengkopf ZN M (+(e)s/-köpfe) neuskegel met explosieve lading

Sprengkörper ZN M (+s/-) explosief wapen, granaat, bom

Sprengkraft ZN V (-/gmv) explosiekracht

Sprengladung ZN V (-/+en) springlading

Sprengsatz ZN M (+es/-sätze) springlading

Sprengstoff ZN M (+(e)s/+e) springstof

Sprengwagen ZN M (+s/-) sproeiwagen

sprenkeln OV WW **1** bespatten, besproeien **2** spikkelen

Spreu ZN V (-/gmv) kaf <ook figuurlijk>

Sprichwort ZN O (+(e)s/-wörter) spreekwoord, gezegde

sprichwörtlich BN spreekwoordelijk

sprießen ONOV WW sterk ontkiemen <ook figuurlijk>, ontspruiten

Springbrunnen ZN M (+s/-) fontein

springen ONOV WW sterk **1** springen, opspringen, overspringen, aanspringen, afspringen • *etwas ~ lassen* geld uitgeven, trakteren • *jemanden über die Klinge ~ lassen* iemand over de kling jagen • *der ~de Punkt* de kern van de zaak **2** barsten **3** REG. lopen, rennen ▸ *das ist gehupft wie gesprungen* het is zo lang als het breed is

Springen ZN O (+s/gmv) springen

Springer ZN M (+s/-) **1** springer **2** dier dat springt **3** paard <schaken>

Springflut ZN V (-/gmv) springvloed

Springinsfeld ZN M (+(e)s/+e) spring-in-'t-veld

springlebendig BN springlevend

Sprinkler ZN M (+s/-) sproeier, sprinkler

Sprint ZN M (+s/+s) sprint

sprinten ONOV WW sprinten, rennen

Sprinter ZN M (+s/-) sprinter

Sprit ZN M (+(e)s/+e) **1** INFORM. benzine, brandstof **2** INFORM. sterke drank

Spritze ZN V (-/+n) **1** spuit, sproeier, brandspuit **2** injectie • *eine ~ bekommen* een spuitje krijgen

spritzen **1** ONOV WW **1** spuiten **2** met water spelen, spatten, spetteren **3** INFORM. rennen **2** OV + ONOV WW **1** besproeien, bespuiten **2** spatten, sproeien, spuiten • *Insulin ~* insuline spuiten • *jemandem etwas ~* iemand iets spuiten **3** verdunnen <met mineraalwater> • OOST. *Gespritzter* met bronwater gemengde wijn • *gespritzter Apfelsaft* appelsap met bronwater

Spritzer ZN M (+s/-) **1** spat, spetter **2** scheutje

spritzig BN **1** mousserend, prikkelend **2** pittig, sprankelend

Spritzpistole ZN V (-/+n) spuitpistool, verfspuit

Spritztour ZN V (-/+en) uitstapje

spross ONOV WW verl. tijd → **sprießen**

Spross ZN M (+es/+en) **1** spruit, loot **2** afstammeling

Sprosse ZN V (-/+n) sport, tree

sprossen ONOV WW verl. tijd → **sprießen**

Sprossenwand ZN V (-/-wände) turnrek, Zweeds rek

Sprössling ZN M (+s/+e) loot, afstammeling

Sprotte ZN V (-/+n) BIOL. sprot

Spruch ZN M (+(e)s/Sprüche) **1** spreuk, gezegde, leus, kreet • *Sprüche klopfen* opscheppen **2** JUR. uitspraak, vonnis

Spruchband ZN O (+(e)s/-bänder) spandoek

spruchreif BN JUR. in staat van wijzen, rijp voor een beslissing

Sprudel ZN M (+s/-) **1** straal, opborreling **2** bron **3** bronwater <met koolzuur>

sprudeln ONOV WW **1** opwellen, borrelen, opborrelen, bruisen **2** parelen, sprankelen, bubbelen

Sprühdose ZN V (-/+n) spuitbus

sprühen **1** OV WW **1** sproeien, spuiten • *Funken ~* vonken schieten, vonken **2** doen spatten **2** ONOV WW **1** spatten **2** sprankelen, tintelen

Sprühregen ZN M (+s/gmv) **1** sluierregen **2** motregen

Sprung ZN M (+(e)s/Sprünge) **1** sprong • FIG. *auf dem ~ sein* op het punt staan om te vertrekken • FIG. *bei jemandem auf einen ~ vorbeikommen* even bij iemand aanwippen • FIG. *jemandem auf die Sprünge helfen* iemand op weg helpen • FIG. *keine großen Sprünge machen können* geen bokkensprongen kunnen maken • FIG. *ein ~ ins Ungewisse* een sprong in het duister **2** barst, scheur **3** verschuiving <geologie>

Sprungbrett ZN O (+(e)s/+er) OOK FIG. springplank

Sprungfederrahmen ZN M springbox

sprunghaft BN **1** met sprongen **2** plotseling • *~ ansteigen* plotseling stijgen **3** wispelturig

Sprungschanze ZN V (-/+n) springschans

Sprungseil ZN O (+(e)s/+e) springtouw

Sprungtuch ZN O (+(e)s/-tücher) springnet, springzeil

Sprungturm ZN M (+(e)s/-türme) springtoren

Spucke ZN V (-/gmv) spuug, speeksel • *da bleibt mir die ~ weg!* nu breekt mijn klomp!

spucken OV + ONOV WW **1** spuwen, spugen **2** braken

Spucknapf ZN M (+(e)s/-näpfe) kwispedoor, spuwbakje

Spuk ZN M (+(e)s/+e) **1** spookgestalte, spookverschijning **2** gespook **3** herrie, drukte • *jetzt ist der ~ vorbei* nu is het weer rustig

spuken ONOV WW spoken

spukhaft BN spookachtig

Spülbecken ZN O (+s/-) spoelbak, afwasbak

Spülbürste ZN V (-/+n) afwasborstel

Spule ZN V (-/+n) spoel

spulen OV WW spoelen

spülen OV WW **1** doorspoelen, spoelen **2** afwassen • *Teller ~* borden wassen

Spüler ZN M (+s/-) **1** afwasmachine **2** afwasser,

bordenwasser
Spülmaschine ZN V (-/+n) afwasmachine
Spülmittel ZN O (+s/-) afwasmiddel
Spülschüssel ZN V (-/+n) afwasbak
Spülwasser ZN O (+s/gmv) **1** afwaswater **2** FIG. slootwater, slappe koffie
Spulwurm ZN M (+(e)s/-würmer) spoelworm
Spur ZN V (-/+en) **1** OOK FIG. spoor • *einer Sache auf die ~ kommen* iets op het spoor komen • *Spuren hinterlassen* sporen achterlaten **2** beetje, snufje • *das Wasser ist eine ~ zu kalt* het water is een klein beetje te koud • *nicht die ~* geen sprake van, geen spoortje
spürbar BN duidelijk, voelbaar • *~ werden durch* merkbaar worden door
spuren ONOV WW **1** draven, in het gareel lopen, zich schikken • *nicht ~* niet luisteren, niet gehoorzamen **2** het eerste spoor maken <skiën>
spüren OV WW bespeuren, speuren, merken, voelen • *nichts ~* niets voelen • *die Folgen ~* de gevolgen ondervinden • *~ lassen* laten merken
Spürhund ZN M (+(e)s/+e) **1** speurhond **2** INFORM. detective
spurlos BN spoorloos • *~ verschwunden sein* spoorloos zijn
Spürnase ZN V (-/+n) speurneus
Spürsinn ZN M (+(e)s/gmv) speurzin
Spurt ZN M (+(e)s/+e) spurt
Spurweite ZN V (-/+n) spoorbreedte
sputen WKD WW (**sich ~**) zich haasten
Spyware ZN V COMP. spyware
Squash ZN O (-/gmv) squash
Squashspieler ZN M squasher
Squashspielerin ZN V squasher
Sri Lanker ZN M (+s/gmv) Sri Lankaan
s.S. AFK siehe Seite **zie p.** <zie pagina>
SS AFK GESCH. Schutzstaffel **SS**
St. AFK **1** Sankt **sint 2** Stück **stuk**
Staat 1 ZN M (+(e)s/+en) staat, overheid **2** ZN M (+(e)s/gmv) pronk, pracht, praal • *~ machen mit* pronken met, eer behalen aan • *damit ist kein ~ zu machen* daarmee kun je niet pronken • *die Vereinigten Staaten von Amerika* de Verenigde Staten van Amerika
Staatenbund ZN M (+(e)s/-bünde) statenbond
staatenlos BN stateloos
staatlich BN van de staat, staats-, rijks- • *~ geprüft* met staatsdiploma/rijksgediplomeerd • *~e Förderung* rijkssubsidie • *~e Schule* openbare school
Staatsaffäre ZN V (-/+n) staatsaangelegenheid • FIG. *mach keine ~ draus!* maak er geen halszaak van!
Staatsangehörige ZN M/V (+n/+n) staatsburger
Staatsangehörigkeit ZN V (-/+en) nationaliteit • *Staatsangehörigkeit: niederländisch* nationaliteit: Nederlandse
Staatsanleihe ZN V (-/+n) staatslening
Staatsanwalt ZN M (+(e)s/-anwälte) officier van justitie
Staatsanwaltschaft ZN V (-/+en) Openbaar Ministerie
Staatsbeamte ZN M/V (+n/+n) rijksambtenaar
Staatsbürger ZN M (+s/-) staatsburger
Staatsbürgerschaft ZN V staatsburgerschap, nationaliteit • *die niederländische ~ erwerben* de Nederlandse nationaliteit verkrijgen
Staatsempfang ZN M (+(e)s/-empfänge) officiële ontvangst ter ere van staatshoofd
Staatsexamen ZN O (+s/-) doctoraal examen <voor leraren, juristen en artsen>
Staatsführung ZN V (-/gmv) staatsbestuur
staatsgefährdend BN staatsgevaarlijk
Staatsgewalt ZN V (-/gmv) staatsgezag
Staatshaushalt ZN M (+(e)s/gmv) staatsbegroting
Staatshoheit ZN V (-/gmv) **1** staatsgezag **2** soevereiniteit
Staatskasse ZN V (-/+n) staatskas
Staatskosten ZN MV • *auf ~* op kosten van de staat
staatsmännisch BN staatsmans-
Staatsoberhaupt ZN O (+(e)s/+e) staatshoofd
Staatsrat ZN M (+(e)s/-räte) **1** staatsraad **2** lid van de staatsraad
Staatsschuld ZN V (-/+en) staatsschuld • *die niederländische ~* Nederlands werkelijke schuld
Staatssekretär ZN M (+s/+e) staatssecretaris
Staatssicherheitsdienst ZN M (+(e)s/+e) GESCH. staatsveiligheidsdienst, geheime politie <in de DDR>
Staatsstreich ZN M (+(e)s/+e) staatsgreep
Staatsverfassung ZN V (-/+en) grondwet
Staatsverwaltung ZN V (-/+en) staatsbestuur
Staatswirtschaft ZN V (-/gmv) staatseconomie
Stab ZN M (+(e)s/Stäbe) **1** staf, stang, spijl, staaf • *über jemanden den ~ brechen* iemand de grond in boren **2** staf, leidende medewerkers **3** polsstok
Stabbatterie ZN V staafbatterij
Stäbchen ZN O (+s/-) **1** staafje **2** CULIN stokje • *mit ~ essen* met stokjes eten **3** INFORM. sigaret
Stabhochsprung ZN M (+(e)s/-sprünge) **1** polsstoksprong **2** polsstokhoogspringen
stabil BN stabiel
stabilisieren OV WW stabiliseren, stabiel maken
Stabilisierung ZN V (-/+en) stabilisering
Stabilität ZN V (-/gmv) stabiliteit
Stabreim ZN M (+(e)s/gmv) stafrijm, beginrijm, alliteratie
Stabsoffizier ZN M (+s/+e) **1** hoofdofficier **2** stafofficier
stach OV WW verl. tijd → **stechen**
Stachel ZN M (+s/+n) **1** stekel, doorn **2** scherpe punt, tong <van gesp> **3** angel **4** drijfveer, prikkel • *der ~ des Ehrgeizes* de prikkel van de eerzucht
Stachelbeere ZN V (-/+n) kruisbes
Stacheldraht ZN M (+(e)s/gmv) prikkeldraad
stachelig BN stekelig
stacheln OV WW prikken, steken
Stachelschwein ZN O (+(e)s/+e) stekelvarken
Stadion ZN O (+s/Stadien) stadion
Stadium ZN O (+s/Stadien) stadium

Stadt ZN V (-/Städte) **1** stad • *in die ~ gehen* de stad in gaan **2** POL. gemeente • *bei der ~ arbeiten* bij de gemeente werken • *die ~ Utrecht* de gemeente Utrecht

Stadtbahn ZN V (-/+en) stadsspoor, stadstram

Stadtbauamt ZN O (+(e)s/-bauämter) gemeentewerken

stadtbekannt BN alom bekend, in de hele stad bekend

Stadtbezirk ZN M (+(e)s/+e) stadsdeel, stadsrayon, stadsdistrict

Stadtbummel ZN M (+s/-) stadswandeling

Stadtdirektor ZN M (+s/+en) gemeentesecretaris

Städtebau ZN M (+(e)s/gmv) stedenbouw

Städtepartnerschaft ZN V (-/+en) stedenband

Städter ZN M (+s/-) stedeling

Stadtgespräch ZN O (+(e)s/+e) **1** lokaal gesprek **2** gesprek van de dag

städtisch BN **1** stads **2** stedelijk, gemeentelijk • *städtische Einrichtung* gemeentelijke instelling

Stadtkasse ZN V (-/+n) gemeentekas

Stadtkern ZN M (+(e)s/+e) binnenstad, stadshart

Stadtmauer ZN V stadsmuur

Stadtmitte ZN V (-/+n) binnenstad, centrum

Stadtplan ZN M (+(e)s/-pläne) stadsplattegrond

Stadtplaner ZN M (+s/-) stedenbouwkundige

Stadtplanung ZN V (-/+en) stedenbouwkundige planning, stadsplanning

Stadtrat ZN M (+(e)s/-räte) **1** gemeenteraad, (college van) burgemeester en wethouders, BELG. schepencollege **2 3** lid van de gemeenteraad

Stadtstreicher ZN M (+s/-) zwerver <in de stad>

Stadtstreicherin ZN V zwerfster <in de stad>

Stadtteil ZN M (+(e)s/+e) stadswijk

Stadtväter ZN MV gemeenteraad

Stadtverordnete ZN M/V (+n/+n) gemeenteraadslid

Stadtverwaltung ZN V (-/+en) gemeentebestuur

Stadtviertel ZN O (+s/-) stadswijk

Stadtzentrum ZN O (+s/-zentren) stadscentrum

Stafette ZN V (-/+n) estafette

Staffage ZN V (-/+n) decoratie, versiering

Staffel ZN V (-/+n) **1** estafetteploeg **2** MIL. squadron, escadrille **3** A-V reeks afleveringen <van een tv-serie>

Staffelei ZN V (-/+en) schildersezel

Staffellauf ZN M (+(e)s/Staffelläufe) estafetteloop

staffeln OV WW **1** onderverdelen, volgens een opklimmende schaal indelen **2** trapsgewijs spreiden • *sich ~* trapsgewijs opklimmen • *gestaffelte Ferien* gespreide vakantie

Staffelung ZN V (-/gmv) **1** glijdende schaal, progressie **2** opstelling, onderverdeling • *~ der Ferien* spreiding van de vakantie

Stag ZN O (+(e)s/+e(n)) SCHEEPV. stag

Stagediving ZN O (het) stagediven

Stagnation ZN V (-/+en) stagnatie, stilstand

stagnieren ONOV WW stagneren

stahl OV WW verl. tijd → **stehlen**

Stahl ZN M (+(e)s/Stähle) staal • *ein Mann von ~* een ijzeren Hein

Stahlbeton ZN M (+s/gmv) staalbeton

Stahlblech ZN O (+(e)s/+e) stalen plaat

stählen OV WW stalen, harden

stählern BN OOK FIG. stalen, van staal

Stahlhelm ZN M (+(e)s/+e) MIL. stalen helm

Stahlindustrie ZN V (-/+n) staalindustrie

Stahlschrank ZN M (+(e)s/-schränke) brandkast

Stahlwerk ZN O (+(e)s/+e) staalfabriek

staksen ONOV WW stijfjes lopen

Stalagmit ZN M (+s/+en) stalagmiet

Stalaktit ZN M (+s/+en) stalactiet

Stalinismus ZN M stalinisme

Stalinist ZN M (+en/+en) stalinist

stalinistisch BN stalinistisch

stalken OV WW stalken

Stalker ZN M (+s/-) Stalker

Stall ZN M (+(e)s/Ställe) stal, hok, schuurtje • *ein ganzer ~ voll* een heleboel • *aus einem guten ~ kommen* van goede huize zijn

Stallhase ZN M (+n/+n) tam konijn

Stallung ZN V (-/+en) **1** stalling **2** stal

Stamm ZN M (+(e)s/Stämme) **1** boomstam **2** geslacht, stam **3** grondslag, basis **4** vaste kern

Stammaktie ZN V (-/+n) gewoon aandeel

Stammbaum ZN M (+(e)s/-bäume) stamboom

Stammbuch ZN O (+(e)s/-bücher) stamboek • *jemandem etwas ins ~ schreiben* iemand een standje geven

stammeln OV + ONOV WW stotteren, stamelen

stammen ONOV WW stammen, afstammen, afkomstig zijn • *aus der Türkei ~* afkomstig zijn van Turkije

Stammgast ZN M (+es/-gäste) stamgast

Stammhalter ZN M (+s/-) stamhouder

stämmig BN gedrongen, stevig, flink, fors

Stämmigkeit ZN V (-/gmv) forsheid

Stammkapital ZN O (+s/gmv) grondkapitaal

Stammkneipe ZN V (-/+n) stamkroeg

Stammkunde ZN M (+n/+n) vaste klant

Stammkundschaft ZN V (-/+en) vaste klantenkring

Stammler ZN M (+s/-) stamelaar, stotteraar

Stammlokal ZN O (+s/+e) stamcafé

Stammsitz ZN M (+es/+e) **1** vaste plaats • *sein ~ ist ganz vorne* zijn vaste plaats is vooraan **2** (eerste) vestigingsplaats <van een bedrijf> • *der ~ der Firma ist in Stuttgart* het hoofdkantoor van het bedrijf is in Stuttgart **3** stamslot <van een adelsfamilie>

Stammtisch ZN M (+(e)s/+e) stamtafel • *~ haben* een vaste afspraak aan de stamtafel hebben • *am ~ sitzen die Wähler* om te horen wat de kiezers willen moet je aan de stamtafel zitten

Stammtischpolitik ZN V MIN. populistische, naïeve politiek

stampfen OV + ONOV WW stampen

Stampfer ZN M (+s/-) stamper
stand OV WW verl. tijd → **stehen**
Stand ZN M (+(e)s/Stände) **1** stand • *aus dem ~ heraus* spontaan, zonder voorbereiding • *einen guten ~ bei jemandem haben* bij iemand in een goed blaadje staan • *einen schweren ~ haben* het moeilijk hebben, het hard te verduren hebben **2** houding, peil, niveau • *der ~ des Euros* de koers van de euro **3** toestand, staat • *im Stand(e) sein zu* bij machte zijn om • *außer Stande sein* niet in staat zijn **4** (burgerlijke) stand • FORM. *in den ~ der Ehe treten* gaan trouwen **5** stalletje, kraampje, stand • *ein ~ auf dem Markt* een marktkraam • *unser ~ auf der Messe* onze stand op de beurs **6** speelstand • *der ~ ist 2:1* de speelstand is 2:1 **7** stand, klasse
Standard ZN M (+s/+s) **1** standaard, norm **2** gehalte <van munt>
standardisieren OV WW standaardiseren, normaliseren
Standardisierung ZN V (-/+en) standaardisatie, normalisatie
Standarte ZN V (-/+n) standaard, vaandel
Standbild ZN O (+(e)s/+er) standbeeld
Ständchen ZN O (+s/-) serenade • *jemandem ein ~ bringen* voor iemand zingen / een muziekstuk spelen
Ständer ZN M (+s/-) **1** stander, bak <voor bv. paraplu> • *den Schirm in den ~ stellen* de paraplu in de paraplubak zetten **2** rek, standaard <voor bv. fiets> • *die Noten sind auf dem ~* de bladmuziek is op de muziekstandaard **3** steunbalk **4** VULG. stijve **5** TECHN. stator
Standesamt ZN O (+(e)s/-ämter) burgerlijke stand
standesamtlich BN voor de burgerlijke stand • *~e Trauung* burgerlijk huwelijk • *~ heiraten* voor de wet trouwen
Standesbeamte ZN M/V (+n/+n) ambtenaar van de burgerlijke stand
standesgemäß BN volgens zijn stand
Standesunterschied ZN M (+(e)s/+e) standsverschil
standfest BN stabiel, standvastig
Standfestigkeit ZN V (-/gmv) standvastigheid
Standgericht ZN O (+(e)s/+e) bijzondere militaire rechtbank
standhaft BN standvastig
standhalten ONOV WW sterk standhouden • *einer Prüfung ~* een toetsing doorstaan
ständig BN permanent, vast, blijvend, voortdurend • *ein ständiger Kunde* een vaste klant
Standlicht ZN O (+(e)s/+er) parkeerlicht, BELG. standlicht
Standort ZN M (+es/+e) **1** standplaats • *die Standorte der Firma* de vestigingsplaatsen van het bedrijf **2** verblijfplaats, ligplaats
Standpauke ZN V (-/+n) strafpreek • *jemandem eine ~ halten* iemand een donderpreek geven
Standpunkt ZN M (+(e)s/+e) standpunt • *auf dem ~ stehen, dass ...* op het standpunt staan dat ...
Standrecht ZN O (+(e)s/+e) JUR. standrecht
standrechtlich BN standrechtelijk • *~ erschossen werden* de kogel krijgen
Standuhr ZN V (-/+en) staande klok
Stange ZN V (-/+n) stang, staak, staaf, stok • *eine ~ Geld* veel geld • *Kleidung von der ~* confectiekleding • *jemandem die ~ halten* het voor iemand opnemen • *bei der ~ bleiben* volhouden, zich bij zijn vak houden • *jemanden bei der ~ halten* iemands belangstelling levendig houden
Stängel ZN M (+s/-) stengel, steel
Stangenbohne ZN V (-/+n) stokboon, snijboon
stank ONOV WW verl. tijd → **stinken**
Stänkerei ZN V (-/+en) gekanker
stänkern ONOV WW opruien, kankeren
Stanniol ZN O (+s/gmv) staniol, bladtin
stanzen OV WW stansen, ponsen
Stapel ZN M (+s/-) **1** stapel • *ein ~ Bücher* een stapel boeken • *vom ~ laufen* van stapel lopen • *vom ~ laufen lassen* te water laten **2** stapelplaats
Stapellauf ZN M (+(e)s/Stapelläufe) tewaterlating, stapelloop
stapeln OV WW ophopen, opstapelen
Stapelung ZN V (-/+en) opstapeling, stapeling
stapfen ONOV WW stappen
Stapfen ZN M (+s/-) voetstap
Star **1** ZN M (+s/+e) **1** spreeuw **2** MED. staar **2** ZN M (+s/+s) ster, filmster
starb ONOV WW verl. tijd → **sterben**
stark BN **1** sterk, krachtig • *~e Nachfrage* grote vraag • *~er Verkehr* druk verkeer • *~er Frost* strenge vorst • *~ bevölkert* dichtbevolkt • *es friert ~* het vriest hard • *das ist nicht seine ~e Seite* daar is hij niet sterk in • *das ist ein ~es Stück* dat is een sterk staaltje **2** dik, corpulent • *ein ~er Stamm* een dikke stam • *500 Seiten ~* 500 bladzijden dik **3** hevig, ontzettend • *~ erkältet* zwaar verkouden **4** tof, te gek • *das ist ja ~!* dat is helemaal te gek!
Stärke ZN V (-/+n) **1** sterkte • *das ist nicht seine ~* dat is niet zijn sterkste kant • *Stärken und Schwächen* sterke en zwakke kanten **2** hevigheid **3** kracht **4** dikte • *die ~ der Klasse* het aantal kinderen in de klas **5** zetmeel **6** stijfsel
stärken OV WW **1** sterken, versterken • *stärkendes Mittel* versterkend middel **2** stijven
stärker BN → **stark**
stärkst BN → **stark**
Starkstrom ZN M (+(e)s/gmv) sterkstroom
Stärkung ZN V (-/+en) **1** hartversterking, versterking **2** versteviging
starr BN **1** star • *jemanden ~ anblicken* iemand strak aankijken • *~ vor Erstaunen* stomverbaasd, paf **2** verstijfd, stijf • *~ vor Schrecken* verstijfd van schrik **3** stijfkoppig, onbuigzaam
Starre ZN V (-/gmv) **1** starheid, stijfheid **2** verstijving
starren ONOV WW **1** staren • *vor sich hin ~* zitten turen **2** stijf staan • *vor Schmutz ~* stijf staan van het vuil
Starrheit ZN V (-/gmv) starheid, stijfheid
starrköpfig BN stijfkoppig
Starrsinn ZN M (+(e)s/gmv) stijfkoppigheid

starrsinnig BN **stijfkoppig**

Start ZN M (+(e)s/+s) **start**

startbereit BN **gereed voor de start, startklaar**

starten **1** OV WW **1** **starten** **2** **het startsein geven** **3** **beginnen met** **2** ONOV WW **starten, opstijgen** <vliegtuig>, **vertrekken** • *wir ~ morgen früh* wij vertrekken morgenochtend

Starter ZN M (+s/-) **starter**

Startschuss ZN M (+es/-schüsse) **startschot** • *den ~ geben* het startsein geven

Startseite ZN V (-/+n) COMP. **startpagina**

Start-up ZN O (-s/-s) **start-up**

Statik ZN V (-/gmv) **statica**

Station ZN V (-/+en) **1** **halte, stopplaats** • *zwei Stationen weiter* twee haltes verder • *in A. ~ machen* in A. de reis onderbreken **2** **afdeling** <ziekenhuis> • *auf welcher ~ liegt er?* op welke afdeling is hij? **3** **pleisterplaats, verblijfplaats** **4** **radiostation, zender** **5** **etappe** <figuurlijk> • *Stationen eines Lebens* levensfasen **6** **station** <voor wetenschappelijk onderzoek>

stationär BN **1** **klinisch, in het ziekenhuis** **2** **stationair**

stationieren OV WW **stationeren** • *stationiert sein* gestationeerd zijn

statisch BN **statisch**

Statist ZN M (+en/+en) **figurant**

Statistik ZN V (-/+en) **statistiek**

Statistiker ZN M (+s/-) **statisticus**

statistisch BN **statistisch** • *das Statistische Bundesamt* Centraal Bureau voor de Statistiek

Stativ ZN O (+s/+e) **statief**

statt **1** VZ +2, **in plaats van** • *~ des Geldes kam nur ein Brief* in plaats van het geld kwam alleen maar een brief • *~ des Pullovers würde ich eine Jacke mitnehmen* in plaats van de trui zou ik een jas meenemen • *er sollte mal arbeiten ~ immer nur zu jammern* hij zou moeten werken in plaats van steeds maar te klagen **2** • *jemanden an Kindes ~ annehmen* iemand als kind aannemen • JUR. *an Eides ~* plechtig

Statt ZN V (-/gmv) **plaats**

Stätte ZN V (-/+n) **plaats**

stattfinden ONOV WW sterk **gebeuren, plaatsvinden** • *das Spiel fand statt* de wedstrijd ging door

stattgeben ONOV WW sterk **inwilligen** • *einer Sache ~* iets toestaan • *einem Ersuchen ~* gevolg geven aan een verzoek • JUR. *einer Klage ~* een eis toewijzen • JUR. *einer Forderung ~* een vordering ontvankelijk verklaren

statthaft BN **geoorloofd**

Statthalter ZN M (+s/-) **stadhouder**

stattlich BN **1** **statig, deftig, imponerend** **2** **groot, aanzienlijk, flink** • *ein ~er Betrag* een aanzienlijk bedrag

Stattlichkeit ZN V (-/gmv) **voornaamheid, deftigheid**

Statue ZN V (-/+n) **standbeeld**

statuieren OV WW **vaststellen** • *ein Exempel ~* een voorbeeld stellen

Statur ZN V (-/+en) **gestalte** • *von kleiner ~ sein* klein van stuk zijn • *von kräftiger ~* flink van postuur

Status ZN M (-/-) **1** **status, maatschappelijk aanzien** **2** FORM. **status, toestand, staat**

Statussymbol ZN O (+s/+e) **statussymbool**

Statut ZN O (+(e)s/+en) **statuut, reglement, bepaling**

statutarisch BN **volgens de statuten**

Stau ZN M (+s/+s) **1** **opstopping, file** • *im ~ stehen* in de file staan **2** **stuw** **3** MED. **stuwing**

Stauanlage ZN V (-/+n) **stuwwerk**

Staub ZN M (+(e)s/+e) **stof** • *die Sache hat viel ~ aufgewirbelt* die zaak is een rel geworden ▸ *sich aus dem ~ machen* zich uit de voeten maken

Staubecken ZN O (+s/-) **stuwbekken**

stauben ONOV WW **stuiven**

stäuben **1** OV WW **bepoederen, bestuiven** **2** ONOV WW **stuiven, uiteenstuiven**

Staubfaden ZN M (+s/-fäden) **meeldraad**

staubig BN **stoffig**

staubsaugen OV WW **stofzuigen**

Staubsauger ZN M (+s/-) **stofzuiger**

stauchen OV WW **1** **duwen, stoten** **2** **stuiken, samenpersen**

Staudamm ZN M (+(e)s/-dämme) **stuwdam**

Staude ZN V (-/+n) **vaste plant**

stauen **1** OV WW **1** SCHEEPV. **stouwen** **2** **stuwen** **3** FIG. **stuiten** **2** WKD WW (**sich ~**) **vastlopen, opgestuwd worden, zich ophopen** • *der Verkehr staut sich* er ontstaat file • *das Eis staut sich* het ijs kruit

Staunachrichten ZN MV **filenieuws**

staunen ONOV WW **zich verbazen** (**über** +4 **over**), **verbaasd staan** • *er staunte darüber* hij stond ervan te kijken

Staunen ZN O (+s/gmv) **verbazing**

staunenswert BN FORM. **bewonderenswaardig**

Stausee ZN M (+s/+n) **stuwmeer**

Stauung ZN V (-/+en) **1** **stuwing, opstuwing** **2** **opstopping, file**

Stauwasser ZN O (+s/gmv) **stuwwater, opgestuwd water**

Steak ZN O (+s/+s) **steak, biefstuk**

Stearin ZN O (+s/+e) **stearine**

stechen **1** OV WW sterk **1** **steken, prikken** • *Löcher ins Ohrläppchen ~ lassen* gaatjes in het oor laten prikken **2** **graveren** • *er schreibt wie gestochen* hij schrijft als gedrukt **2** ONOV WW sterk **1** **steken, prikken** **2** **als troef spelen, introeven** <kaarten> **3** **troef zijn** <kaarten> **4** SPORT **een barrage rijden**

Stechen ZN O (+s/-) **1** **herstemmen** **2** SPORT **beslissende ronde, barrage**

Stechfliege ZN V (-/+n) **steekvlieg**

Stechmücke ZN V (-/+n) **muskiet**

Stechpalme ZN V (-/+n) **hulst**

Stechschritt ZN M (+(e)s/gmv) **paradepas**

Stechuhr ZN V (-/+en) **prikklok**

Steckbrief ZN M (+(e)s/+e) **1** **arrestatiebevel, verzoek tot aanhouding en voorgeleiding** **2** INFORM. **persoonlijke gegevens, informatie over**

zichzelf
steckbrieflich BN • *er wurde ~ gesucht* tegen hem was een arrestatiebevel uitgevaardigd
Steckdose ZN V (-/+n) **stopcontact**
stecken 1 OV WW **1 steken, stoppen, plaatsen** • *~ lassen* laten steken, laten zitten • *etwas in die Tasche ~* iets in zijn zak steken • *Geld in eine Sache ~* geld ertegenaan gooien • FIG. *das kann er sich an den Hut ~* dat kan hij in zijn zak steken **2 verklikken** • *jemandem eine Neuigkeit ~* iemand een nieuwtje verklappen **2** ONOV WW zwak **steken, zijn, zich bevinden** • *sich ein Ziel ~* zich een doel stellen • *in Schulden ~* in de schuld zitten • *der Schlüssel steckt* de sleutel zit in het slot • *wo steckt er denn?* waar zit hij toch? • *dahinter ~* erachter zitten/steken • *hoch gesteckt* groots, eerzuchtig • *~ bleiben* blijven steken
Stecken ZN M (+s/-) **stok**
Steckenpferd ZN O (+(e)s/+e) OOK FIG. **stokpaardje**
Stecker ZN M (+s/-) **stekker**
Steckling ZN M (+s/+e) **1 ent, loot 2** PLANTK. **telg**
Stecknadel ZN V (-/+n) **speld**
Steckzwiebel ZN V (-/+n) **pootui**
Steg ZN M (+(e)s/+e) **1 smalle brug, voetgangersbrug 2 tussenstuk, verbindingsstuk 3 landingssteiger**
Stegreif ZN M • *aus dem ~* voor de vuist weg, zonder voorbereiding
Stehaufmännchen ZN O (+s/-) **1 duikelaartje 2** INFORM. **iemand die niet klein te krijgen is**
stehen 1 OV WW sterk **staan** • *jemandem Rede und Antwort ~* iemand rekenschap geven • *Schlange ~* in de rij staan • *Modell ~* poseren **2** ONOV WW sterk **1 staan** • *auf etwas ~* een voorliefde voor iets hebben • *ins Haus ~* te wachten staan, ophanden zijn • *~ lassen* laten staan • *alles ~ und liegen lassen* de boel de boel laten • *es steht schlecht um die Sache* het is slecht met deze zaak gesteld • *ich stehe zu meinem Bruder* ik sta aan de zijde van mijn broer • *tun, was in seinen Kräften steht* doen wat in zijn macht ligt • *wie geht's, wie steht's?* hoe is het? • *wie ~ die Dinge?* hoe zijn de zaken gelegen? • *das Kleid steht dir gut* die jurk staat je goed **2 stilstaan** • *~ bleiben* stilstaan, blijven staan
Steher ZN M (+s/-) SPORT **stayer**
Stehkragen ZN M (+s/-) **staande boord**
Stehlampe ZN V (-/+n) **schemerlamp, staande lamp**
Stehleiter ZN V (-/+n) **trapleer**
stehlen OV WW sterk **stelen** • *sich aus dem Zimmer ~* de kamer uitsluipen • *du kannst mir gestohlen bleiben* ik kan je missen als kiespijn
Stehplatz ZN M (+es/-plätze) **staanplaats**
Stehpult ZN O **hoge lessenaar**
Steiermark ZN V (-/gmv) **Stiermarken** <Oostenrijkse deelstaat>
steif BN **1 stijf** • *eine ~e Atmosphäre* een stijve sfeer • *jemanden ~ begrüßen* iemand stijfjes begroeten • *halt die Ohren ~!* hou je taai! **2 sterk** • *~ und fest behaupten* bij hoog en laag beweren
Steifheit ZN V (-/gmv) **stijfheid**
Steig ZN M (+(e)s/+e) **bergpad, steil paadje**
Steigbügel ZN M (+s/-) **stijgbeugel** <ook medisch>
Steige ZN V REG. → **Stiege**
steigen ONOV WW sterk **1 stijgen, rijzen, klimmen** • *Treppen ~* trappenlopen • *auf einen Baum ~* in een boom klimmen • *das ~de Wasser* wassend water **2 stappen** • *aus dem Zug ~* uit de trein stappen • *ins Auto ~* in de auto stappen **3** INFORM. **plaatsvinden** • *morgen steigt die Party* morgen vindt het feestje plaats **4 steigeren** <paard>
Steigerer ZN M (+s/-) **bieder, iemand die bij een veiling opbiedt**
steigern 1 OV WW **doen stijgen, verhogen, opvoeren, vergroten** • TAALK. *ein Adjektiv ~* de vergrotende en de overtreffende trap van een bijvoeglijk naamwoord vormen • *eine ~de Nachfrage* een toenemende vraag **2** ONOV WW **bieden 3** WKD WW **(sich ~) groter worden, beter worden, toenemen, hoger worden** • *seine Leistungen haben sich gesteigert* zijn prestaties zijn beter geworden • *die Schmerzen ~ sich* de pijn wordt erger
Steigerung ZN V (-/+en) **1** TAALK. **trappen van vergelijking 2 stijging, vergroting, verhoging**
Steigerungsstufe ZN V (-/+n) **trap van vergelijking**
Steigung ZN V (-/+en) **1 stijging, klim** • *die ~ der Kosten* de stijging van de kosten **2 helling** • *eine ~ von 15%* een helling van 15%
steil BN **steil** • *ein ~er Hang* een steile helling
Steile ZN V (-/gmv) **steilte, steilheid**
Steilhang ZN M (+(e)s/-hänge) **steile helling**
Steilheit ZN V (-/gmv) **steilte, steilheid**
Stein ZN M (+(e)s/+e) **1 steen** • *~ und Bein frieren* vriezen dat het kraakt • *~ und Bein schwören* bij hoog en laag zweren • *über Stock und ~* door dik en dun • *bei jemandem einen ~ im Brett haben* goed aangeschreven staan bij iemand • *Steine aus dem Weg räumen* hindernissen uit de weg ruimen **2 pit** • *die Oliven haben Steine* de olijven hebben pitten **3 damschijf, schaakstuk**
steinalt BN **stokoud**
Steinbock ZN M (+(e)s/-böcke) **steenbok** <ook sterrenbeeld>
Steinbruch ZN M (+(e)s/-brüche) **steengroeve**
Steinbutt ZN M (+(e)s/+e) **tarbot**
steinern BN **stenen, van steen**
steinhart BN **keihard, zo hard als steen**
steinig BN **1 vol stenen 2** FIG. **moeizaam** • *ein ~er Weg zum Erfolg* een moeizame weg naar het succes
steinigen OV WW **stenigen**
Steinkohle ZN V (-/gmv) **steenkool**
Steinmetz ZN M (+en/+en) **steenhouwer**
Steinobst ZN O (+(e)s/gmv) **steenvruchten**
Steinpilz ZN M (+es/+e) **eekhoorntjesbrood**
steinreich BN **schatrijk**
Steinschlag ZN M (+(e)s/-schläge) **1 steenslag 2 vallend gesteente**
Steinsetzer ZN M (+s/-) **stratenmaker**
Steinwolle ZN V BOUW **steenwol**

st

Steinzeit ZN V (-/gmv) **stenen tijdperk** • INFORM. *der lebt ja noch in der Steinzeit!* die is helemaal niet bij deze tijd
Steinzeug ZN O (+(e)s/gmv) **aardewerk**
steirisch BN **Stiermarks**
Steiß ZN M (+es/+e) **stuitje**
Steißbein ZN O (+(e)s/+e) **stuitbeen** • *auf das ~ fallen* op het stuitje vallen
Stellage ZN V (-/+n) **stellage**
Stelldichein ZN O (-, +s/-, +s) **rendez-vous**
Stelle ZN V (-/+n) **1 plaats** • *an erster ~* op de eerste plaats • *an seiner ~* in zijn plaats • *auf der ~* terstond • *zur ~ sein* ter plaatse zijn • *an Ort und ~* ter plaatse **2 baan, betrekking, ambt** • *sich um eine ~ bewerben* naar een betrekking solliciteren • *eine ~ antreten* een functie aanvaarden • *eine ~ an der Uni* een baan op de universiteit • *Stellen abbauen* banen schrappen • *eine freie ~* een vacature **3 instantie, kantoor** • *bei welcher ~ muss man das beantragen?* bij welke instantie moet je dat aanvragen? **4** WISK. **cijfer** • *eine Zahl mit 5 Stellen* een getal van 5 cijfers
stellen 1 OV WW **1 stellen, zetten, plaatsen** • *etwas auf den Tisch ~* iets op tafel zetten • *etwas auf die Seite ~* iets aan de kant zetten • *etwas in Abrede ~* iets loochenen, iets ontkennen • *jemandem ein Bein ~* iemand beentje lichten • *einen Antrag ~* een voorstel/motie indienen, iets aanvragen • *etwas unter Strafe ~* iets strafbaar stellen • *ein gestelltes Foto* een geposeerde foto • *gut gestellt sein* in goeden doen zijn • *auf sich selbst gestellt sein* op zichzelf aangewezen zijn **2 ter beschikking stellen, zorgen voor** • *Material wird vom Veranstalter gestellt* materieel wordt door de organisatie ter beschikking gesteld **2** WKD WW **(sich ~) 1 zich plaatsen, gaan staan** • *sich an die Tür ~* aan de deur gaan staan **2 zich aangeven** • *sich der Polizei ~* zich bij de politie aangeven • *sich der Diskussion ~* bereid zijn om in discussie te gaan **3 veinzen, doen alsof** • *sich taub ~* doen alsof men doof is
Stellenabbau ZN M (+s/gmv) **(het) schrappen van banen**
Stellenangebot ZN O (+(e)s/+e) **aangeboden betrekking** • *Stellenangebote* personeel gevraagd
Stellengesuch ZN O (+(e)s/+e) **advertentie voor personeelsaanbod**
Stellenmarkt ZN M (+(e)s/-märkte) **banenmarkt, banenpool**
Stellenvermittlung ZN V (-/+en) **1 bureau voor arbeidsbemiddeling 2 arbeidsbemiddeling**
stellenweise BW **op sommige plaatsen, hier en daar** • *~ sonnig* plaatselijk zon
Stellenwert ZN M (+(e)s/+e) **waarde, betekenis**
Stellschraube ZN V (-/+n) **stelschroef**
Stellung ZN V (-/+en) **1 stelling 2 positie, rang** • *zu einer Sache ~ nehmen* zijn standpunt bepalen ten opzichte van iets • *für / gegen jemanden / etwas ~ nehmen* vor / tegen iemand / iets positie betrekken • *ihre ~ als Politikerin* haar rang als politica **3 functie, betrekking** • *eine gute ~* een goede baan **4 stand, houding** • *in gebückter ~* in gebukte houding
Stellungnahme ZN V (-/+n) **positiebepaling, stellingname**
stellungslos BN **werkloos, zonder betrekking**
stellvertretend BN **plaatsvervangend, waarnemend**
Stellvertreter ZN M (+s/-) **plaatsvervanger, waarnemer**
Stellwerk ZN O (+(e)s/+e) **seinhuis**
Stelze ZN V (-/+n) **1 stelt 2 kwikstaart**
stelzen ONOV WW **1 op stelten lopen 2 stijfjes lopen** • *gestelzte Sprache* hoogdravende taal
Stelzvogel ZN M (+s/-vögel) **steltloper**
Stemmeisen ZN O (+s/-) **breekijzer**
stemmen 1 OV WW **1 heffen** • *er stemmt einen ganzen Tisch* hij kan een hele tafel heffen • *die Arme in die Seite ~* de handen in de zij zetten **2 met kracht zetten 2** WKD WW **(sich ~) zich verzetten, zich schrap zetten**
Stempel ZN M (+s/-) **1** OOK FIG. **stempel** • *einer Sache seinen ~ aufdrücken* op iets zijn stempel drukken **2 merk, waarmerk 3** TECHN. **zuiger 4 keur 5** PLANTK. **stamper**
stempeln OV WW **stempelen, keuren, waarmerken** • *jemanden zum Versager ~* iemand tot mislukkeling stempelen • OUD. *~ gehen* steun trekken
stenografieren OV WW **stenograferen**
Steppdecke ZN V (-/+n) **doorgestikt dekbed**
Steppe ZN V (-/+n) **steppe**
steppen 1 OV WW **doorstikken 2** ONOV WW **tapdansen**
Steppstich ZN M (+(e)s/+e) **steksteek**
Stepptanz ZN M (+es/-tänze) **tapdans**
Sterbebett ZN O (+(e)s/gmv) **sterfbed**
Sterbefall ZN M (+(e)s/-fälle) **sterfgeval**
Sterbegeld ZN O (+(e)s/-gelder) **overlijdensuitkering, begrafenisuitkering**
Sterbehilfe ZN V (-/gmv) **euthanasie** • *Sterbehilfe praktizieren* euthanasie plegen • *bei jemandem ~ anwenden* iemand euthanaseren
Sterbekasse ZN V (-/+n) **begrafenisfonds**
sterben ONOV WW sterk **overlijden, sterven** • *an Fieber ~* aan koorts sterven • *im Sterben liegen* op sterven liggen • *ich sterbe vor Hunger* ik sterf van de honger
Sterben ZN O (+s/gmv) **1 sterven 2 sterfte**
Sterbensangst ZN V (-/-ängste) **doodsangst**
sterbenskrank BN **doodziek**
Sterbensseele ZN V ▸ *keine ~* geen sterveling, absoluut niemand
Sterbenswort ZN O (+(e)s/gmv) • *kein ~ verraten* absoluut niets loslaten
Sterbenswörtchen ZN O (+s/-) → **Sterbenswort**
Sterbesakramente ZN MV REL. **sacramenten der stervenden** • *einem Sterbenden die ~ erteilen* een stervende bedienen
Sterbeurkunde ZN V (-/+n) **akte van overlijden**
sterblich BN **sterfelijk** • *jeder Mensch ist ~* iedere mens is sterfelijk
Sterblichkeit ZN V (-/gmv) **1 sterfelijkheid 2 sterfte**

Sterblichkeitsziffer ZN V (-/+n) sterftecijfer

Stereoanlage ZN V (-/+n) stereo-installatie

stereofon, **stereophon** BN stereofonisch

stereotyp BN stereotiep

steril BN **1** steriel **2** onvruchtbaar

Sterilisation ZN V (-/+en) sterilisatie

sterilisieren OV WW steriliseren, onvruchtbaar maken, kiemvrij maken

Sterilität ZN V (-/gmv) steriliteit

Stern ZN M (+(e)s/+e) **1** ster, gesternte • *unter einem glücklichen ~* onder een gelukkig gesternte • *Sternchen* sterretje **2** SCHEEPV. achtersteven

Sternbild ZN O (+(e)s/+er) sterrenbeeld

Sterndeuter ZN M (+s/-) astroloog

Sternenzelt ZN O (+(e)s/gmv) sterrendak, sterrenhemel, uitspansel

Sternfahrt ZN V (-/+en) rally

sternhagelvoll BN stomdronken

Sternkunde ZN V (-/gmv) astronomie, sterrenkunde

Sternschnuppe ZN V (-/+n) vallende ster

Sternstunde ZN V (-/+n) beslissend uur • *eine ~ der Physik* een doorslaggevende impuls voor de natuurkunde

Sternwarte ZN V (-/+n) sterrenwacht

Sternzeichen ZN O sterrenbeeld • *was bist du für ein Sternzeichen?* welk sterrenbeeld heb jij?

stet BN bestendig, gestadig, voortdurend

Stethoskop ZN O (+(e)s/+e) stethoscoop

stetig BN bestendig, gestadig, continu

Stetigkeit ZN V (-/gmv) bestendigheid, continuïteit, vastheid

stets BW steeds, altijd

Steuer **1** ZN V (-/+n) belasting • *Steuern erheben* belasting heffen • *Steuern hinterziehen* belasting ontduiken • *von der ~ absetzen* van de belasting aftrekken **2** ZN O (+s/-) stuur <van auto enz.> • *Alkohol am ~* alcohol achter het stuur

Steuerabzug ZN M (+(e)s/-abzüge) belastingaftrek

Steueraufkommen ZN O (+s/gmv) belastingopbrengst

steuerbegünstigt BN fiscaal voordelig/ aantrekkelijk

Steuerbegünstigung ZN V (-/+en) belastingfaciliteit

Steuerbehörde ZN V (-/+n) belastingdienst

Steuerberater ZN M (+s/-) belastingconsulent

Steuerbescheid ZN M (+(e)s/+e) aanslagbiljet • *vorläufiger ~* voorlopige aanslag • *endgültiger ~* definitieve aanslag

Steuerbord ZN O (+(e)s/+e) stuurboord

Steuererhebung ZN V (-/+en) belastingheffing

Steuererklärung ZN V (-/+en) belastingaangifte • *eine ~ machen* aangifte doen van belasting

Steuererlass ZN M belastingontheffing

Steuerfahndung ZN V (-/+en) fiscale recherche

steuerfrei BN belastingvrij, BELG. taksvrij

Steuerfreibetrag ZN M belastingvrije voet

Steuerhinterziehung ZN V (-/+en) belastingontduiking

Steueridentifikationsnummer ZN V burgerservicenummer

Steuerklasse ZN V (-/+n) belastinggroep

steuerlich BN fiscaal, belasting- • *~ absetzbar* fiscaal aftrekbaar

Steuermann ZN M (+(e)s/Steuermänner, Steuer) stuurman

steuern OV + ONOV WW **1** sturen • *nach rechts ~* naar rechts sturen • *er steuerte auf mich zu* hij stevende op mij af • *in sein Unglück ~* op zijn ongeluk afstevenen • *wohin steuert die Politik?* waar gaat het heen met de politiek? **2** besturen **3** leiden **4** beïnvloeden • *eine Sache ~* een zaak sturen, een zaak beïnvloeden **5** TECHN. regelen

Steueroase ZN V (-/+n) belastingparadijs

Steuerparadies ZN O belastingparadijs

steuerpflichtig BN belastingplichtig

Steuerrad ZN O (+(e)s/-räder) stuurwiel, stuurrad

Steuerreform ZN V (-/+en) belastinghervorming

Steuersatz ZN M (+es/-sätze) belastingtarief

Steuersenkung ZN V (-/+en) belastingverlaging

Steuerung **1** ZN V (-/+en) bedieningsapparaat, stuur, stuurinrichting **2** ZN V (-/gmv) regelen, regeling, besturing, sturen

Steuerungstaste[1] ZN V COMP. controltoets

Steuerungstaste[2] ZN V (-/-n) COMP. controltoets

Steuerveranlagung ZN V (-/+en) belastingaanslag

Steuervergünstigung ZN V (-/+en) belastingfaciliteit

Steuervorteil ZN M belastingvoordeel

Steuerzahler ZN M (+s/-) belastingbetaler

Steven ZN M (+s/-) SCHEEPV. steven

Steward ZN M (+s/+s) steward

Stewardess ZN V (-/+en) LUCHTV. stewardess, BELG. airhostess

StGB AFK Strafgesetzbuch wetboek van strafrecht

stibitzen OV WW gappen, pikken

Stich ZN M (+(e)s/+e) **1** OOK FIG. steek, prik • *im ~ lassen* in de steek laten • *überall Stiche haben* overal muggenbulten hebben **2** zweem • *einen ~ ins Grüne haben* naar groen zwemen **3** KUNST gravure **4** INFORM. bijsmaakje • *das Essen hat einen ~* het eten heeft een bijsmaakje **5** slag <kaarten> • *alle Stiche machen* alle slagen halen

Stichelei **1** ZN V (-/+en) hatelijkheid, steek **2** ZN V (-/gmv) gepriegel

sticheln ONOV WW **1** priegelen **2** steken geven, hatelijke opmerkingen maken

Stichflamme ZN V (-/+n) steekvlam

stichhaltig BN steekhoudend • *das ist nicht ~* dat snijdt geen hout

Stichkampf ZN M (+(e)s/-kämpfe) SPORT beslissende wedstrijd

Stichling ZN M (+s/+e) stekelbaars

Stichprobe ZN V (-/+n) steekproef

st

Stichtag ZN M (+(e)s/+e) 1 peildatum, teldag • *der ~ für die Einschreibung* de laatste dag voor de inschrijving 2 dag van afrekening

Stichwaffe ZN V (-/+n) steekwapen

Stichwahl ZN V (-/+en) 1 herstemming 2 slotstemming

Stichwort 1 ZN O (+es/+e, -wörter) trefwoord 2 ZN O (+(e)s/+e) wachtwoord, parool • *das war sein ~* dat was het woord waarop hij wachtte • OOK FIG. *sein ~ abwarten* op zijn teken wachten

Stichwortverzeichnis ZN O (+ses/+se) trefwoordenregister

Stickarbeit ZN V (-/+en) borduurwerk

sticken OV + ONOV WW borduren

Sticker ZN M sticker, BELG. zelfklever

Stickerei ZN V (-/+en) borduren, borduurwerk

stickig BN verstikkend, benauwd

Stickstoff ZN M (+(e)s/gmv) stikstof

stieben ONOV WW sterk stuiven, eraf vliegen

Stiefbruder ZN M (+s/-brüder) stiefbroer

Stiefel ZN M (+s/-) laars • *einen ~ zusammenreden* onzin praten • *es geht alles den alten ~* alles gaat zijn gewone gang • *einen ~ vertragen können* een flinke hoeveelheid drank kunnen verdragen • *das sind zwei Paar ~* dat zijn twee verschillende dingen

stiefeln ONOV WW stappen, met grote stappen lopen • *gestiefelt und gespornt* gelaarsd en gespoord

Stiefeltern ZN MV stiefouders

Stiefgeschwister ZN MV stiefbroers en -zusters

Stiefkind ZN O stiefkind

Stiefmutter ZN V (-/-mütter) stiefmoeder

Stiefmütterchen ZN O (+s/-) viooltje

Stiefschwester ZN V (-/+n) stiefzuster

stieg ONOV WW verl. tijd → **steigen**

Stiege ZN V (-/+n) OOST. smalle, steile trap

Stieglitz ZN M (+es/+e) distelvink, putter

Stiel ZN M (+(e)s/+e) 1 steel • *Eis am ~* ijs op een stokje 2 stengel • *mit Stumpf und ~ ausrotten* met wortel en tak uitroeien

stier BN 1 strak, star 2 wezenloos, starend • *~en Blickes* met starende blik, strak voor zich uit kijkend

Stier ZN M (+(e)s/+e) stier <ook sterrenbeeld> • *den ~ bei den Hörnern fassen/packen* de koe bij de hoorns vatten

stieren ONOV WW staren

Stierkampf ZN M (+(e)s/-kämpfe) stierengevecht

Stierkämpfer ZN M (+s/-) torero, stierenvechter

stieß OV WW verl. tijd → **stoßen**

Stift 1 ZN M (+(e)s/+e) 1 pen, potlood • *hast du einen Stift?* heb je een pen? 2 stift, pen, pinnetje 3 INFORM. leerling, jongste bediende, piccolo 2 ZN O (+(e)s/+e) klooster, sticht

stiften OV WW 1 stichten, veroorzaken, aanrichten • *er stiftet Unruhe* hij brengt onrust teweeg • *~ gehen* 'm smeren 2 instellen, doneren, schenken

Stifter ZN M (+s/-) 1 stichter 2 donateur, schenker

Stiftung ZN V (-/+en) 1 stichting 2 schenking, donatie

Stiftzahn ZN M (+(e)s/Stiftzähne) stifttand

Stigma ZN O (+s/Stigmata, Stigmen) stigma

stigmatisieren OV WW stigmatiseren

Stil ZN M (+(e)s/+e) stijl • *etwas in dem ~* iets in die trant • *im alten ~* naar de oude trant • *im ~ Mozarts komponieren* in de trant van Mozart componeren

Stilblüte ZN V (-/+n) TAALK. stijlbloempje

Stilett ZN O (+s/+e) stiletto

Stiletto-Absatz ZN M stilettohak

stilisieren OV WW stileren

Stilist ZN M (+en/+en) stilist

Stilistik ZN V (-/gmv) stilistiek, stijlleer

stilistisch BN stilistisch

still BN stil • *nun sei doch endlich ~!* wees dan toch eindelijk stil! • *ein ~es Leben führen* stil leven

Stille ZN V (-/gmv) stilte • *in aller ~* in alle stilte

stillen 1 OV WW 1 stillen, bevredigen • *seinen Durst ~* zijn dorst lessen 2 stelpen • *das Blut ~* het bloed stelpen 3 voeden <borstvoeding geven> • *ein Kind ~* een kind voeden 2 ONOV WW borstvoeding geven • *sie stillt noch* ze geeft nog borstvoeding

stillhalten ONOV WW sterk 1 rustig blijven, zich niet bewegen • *bei etwas ~* rustig blijven onder iets 2 niet reageren

Stillleben ZN O (+s/-) stilleven

stilllegen OV WW buiten bedrijf stellen, stilleggen, stopzetten

Stilllegung ZN V (-/+en) sluiting, stillegging, stopzetting

stillliegen ONOV WW stilliggen

stillos BN stijlloos

stillschweigen ONOV WW sterk zwijgen • *~de Übereinkunft* stilzwijgend akkoord

Stillstand ZN M (+(e)s/gmv) stilstand • *zum ~ bringen* tot staan brengen

stillstehen ONOV WW sterk stilstaan • MIL. *stillgestanden!* geef acht!

stilvoll BN stijlvol

stilwidrig BN niet in stijl

Stimmabgabe ZN V (-/+n) stemming

Stimmbänder ZN MV stembanden

stimmberechtigt BN stemgerechtigd

Stimmbruch ZN M (+(e)s/gmv) breken van de stem • *im ~ sein* de baard in de keel hebben

Stimme ZN V (-/+n) stem • *etwas mit gedämpfter ~ sagen* iets op gedempte toon zeggen

stimmen 1 OV WW stemmen • *eine Geige ~* een viool stemmen • *das Gespräch stimmte ihn nachdenklich* het gesprek zette hem aan het denken 2 ONOV WW 1 zijn stem uitbrengen, stemmen • *ich habe dagegen gestimmt* ik heb er tegen gestemd 2 kloppen, passen, juist zijn • *das stimmt nicht* dat is niet juist • *mit dem Auto stimmt etwas nicht* er is wat met de auto • *was stimmt denn nicht?* wat is er mis?

Stimmengewirr ZN O (+(e)s/gmv) geroezemoes, gegons van stemmen

Stimmenmehrheit ZN V (-/+en) meerderheid

van stemmen
Stimmenthaltung ZN V (-/gmv) onthouding <bij het stemmen>
Stimmer ZN M (+s/-) stemmer
Stimmgabel ZN V (-/+n) stemvork
stimmhaft BN stemhebbend • *mit einem ~en s gesprochen* met een z gesproken
stimmig BN sluitend, harmonisch, kloppend
Stimmlage ZN V (-/+n) stemregister
stimmlos BN stemloos
Stimmrecht ZN O (+(e)s/+e) stemrecht
Stimmung ZN V (-/+en) **1** stemming **2** sfeer • *auf der Arbeit ist die ~ angespannt* op het werk heerst een gespannen sfeer **3** MUZ. stemmen, gestemd zijn
Stimmungskanone ZN V gangmaker • *er war die ~ der Party* hij was de gangmaker van het feest
Stimmungsumschwung ZN M (+(e)s/-umschwünge) stemmingsverandering
stimmungsvoll BN sfeervol
Stimmzettel ZN M (+s/-) stembiljet
stimulieren OV WW stimuleren
Stimulus ZN M (-/Stimuli) prikkel, stimulans
Stinkefinger ZN M (+s/-) • *jemandem den ~ zeigen* de middelvinger opsteken naar iemand
stinken ONOV WW sterk stinken • *es stinkt zum Himmel* het is schandalig
stinkfaul BN aartslui
Stinkfüße ZN MV stinkvoeten
stinkig BN **1** MIN. stinkend **2** MIN. pissig, boos
stinklangweilig BN oervervelend
Stinktier ZN O (+(e)s/+e) stinkdier
Stinkwut ZN V (-/gmv) INFORM. ontzettende woede
Stint ZN M (+(e)s/+e) spiering
Stipendiat ZN M (+en/+en) beursstudent
Stipendium ZN O (+s/Stipendien) studiebeurs, studietoelage • *mit einem ~ studieren* van een beurs studeren
stippen OV WW soppen, indopen
Stippvisite ZN V (-/+n) kort bezoek
Stirn ZN V (-/+en) voorhoofd • *jemandem die ~ bieten* iemand het hoofd bieden • *die ~ haben* het lef, de brutaliteit hebben
Stirnhöhle ZN V (-/+n) voorhoofdsholte
Stirnreif ZN M (+(e)s/+e) voorhoofdsband
Stirnrunzeln ZN O (+s/gmv) fronsen
Stirnseite ZN V (-/+n) **1** front, gevel **2** voorzijde
stob ONOV WW verl. tijd → **stieben**
stöbern ONOV WW rommelen, snuffelen • *es stöbert* het sneeuwt
Stocher ZN M (+s/-) **1** tandenstoker **2** pook
stochern ONOV WW poken, peuteren
Stock 1 ZN M (+(e)s/Stöcke) **1** stok • *am ~ gehen* met een stok lopen, FIG. er slecht aan toe zijn, FIG. er (financieel) slecht voorstaan **2** boomstronk • *über ~ und Stein* overal dwars doorheen **2** ZN M (+(e)s/Stöcke, -werke) etage, verdieping • *sie wohnt im dritten ~* zij woont op de derde verdieping **3** ZN M (+(e)s/+s) goederenvoorraad
stockbesoffen BN straalbezopen
stockdumm BN oliedom
stockdunkel BN pikdonker
Stöckelabsatz ZN M (+es/-absätze) hoge hak
stöckeln ONOV WW INFORM. op hoge hakken lopen
Stöckelschuh ZN M (+s/+e) schoen met hoge hak
stocken ONOV WW **1** vastlopen, stokken, haperen, stagneren • *ohne zu ~ vorlesen* zonder haperen voorlezen • *ins Stocken geraten* blijven steken **2** vochtvlekken krijgen, beschimmelen
stockfinster BN pikdonker
Stockfisch ZN M (+(e)s/+e) stokvis
Stockfleck ZN M (+(e)s/+e) vochtvlek
stockig BN **1** geklonterd **2** door vocht aangetast, beschimmeld
stocksauer BN woest, pissig
Stockschnupfen ZN M (+s/gmv) vastzittende verkoudheid
stocksteif BN stokstijf
stocktaub BN stokdoof
Stockung ZN V (-/+en) stokken, stilstand, hapering, stremming, stagnatie
Stockwerk ZN O (+(e)s/+e) etage, verdieping
Stoff ZN M (+(e)s/+e) **1** materie, stof, materiaal • *seidene Stoffe* zijden stoffen **2** INFORM. verdovend middel, stuff
Stoffbahn ZN V (-/+en) baan stof
Stoffel ZN M (+s/-) sukkel
stofflich BN **1** inhoudelijk, met betrekking tot de stof **2** materieel, stoffelijk
Stoffwechsel ZN M (+s/gmv) stofwisseling
stöhnen ONOV WW steunen, kreunen, zuchten, klagen (**über** +4 over)
Stoiker ZN M (+s/-) stoïcijn
stoisch BN stoïcijns
Stola ZN V (-/Stolen) stola
Stollen ZN M (+s/-) **1** kerstbrood, kerststol **2** mijngang **3** • *~ unter den Fußballschuhen* noppen onder de voetbalschoenen
stolpern ONOV WW struikelen, strompelen
stolz BN **1** fier, trots (**auf** +4 op) • *auf etwas ~ sein* trots zijn op iets **2** niet mis, aanzienlijk • *das ist ein ~er Preis* dat is een fikse prijs **3** hoogmoedig, hooghartig
Stolz ZN M (+es/gmv) trots, fierheid • *der Garten ist sein ganzer ~* hij is apetrots op zijn tuin
stolzieren ONOV WW paraderen, lopen pronken
stopfen OV + ONOV WW **1** stoppen • *Kleider in die Tasche ~* kleren in de tas proppen **2** volstoppen, vullen, opvullen • *Löcher ~* gaten dichten • *Strümpfe ~* kousen stoppen **3** vetmesten <vooral ganzen>
Stopfen ZN M (+s/-) stop, kurk
Stopfer ZN M (+s/-) stopper
Stopfnadel ZN V (-/+n) stopnaald
Stopp ZN M (+s/+s) halte, stop • *einen ~ machen* een pauze maken
Stoppel ZN V (-/+n) stoppel
Stoppelbart ZN M (+(e)s/-bärte) stoppelbaard
stoppelig BN stoppelig

stoppen 1 OV WW **1** tegenhouden, doen stoppen **2** opnemen, timen • *die Zeit ~* timen **2** ONOV WW stoppen
Stopper ZN M (+s/-) stopper
Stoppuhr ZN V (-/+en) stopwatch
Stöpsel ZN M (+s/-) **1** stop, kurk **2** TECHN. plug **3** INFORM. klein kereltje
stöpseln OV WW **1** inpluggen **2** met een stop afsluiten
Stör ZN M (+(e)s/+e) steur
störanfällig BN storingsgevoelig
Storch ZN M (+(e)s/Störche) ooievaar
stören OV WW verstoren, storen • *er stört dich doch nicht?* hij hindert je toch niet? • *das Licht stört mich* ik heb last van het licht
Störenfried ZN M (+(e)s/+e) rustverstoorder, spelbreker
stornieren OV WW **1** storneren, terugboeken • *eine Buchung ~* een boeking terugdraaien **2** annuleren • *einen Flug ~* een vlucht annuleren
störrisch BN stug
Störsender ZN M (+s/-) stoorzender
Störung ZN V (-/+en) storing
Stoß ZN M (+es/Stöße) **1** stoot **2** trap, duw, por • OOK FIG. *jemandem einen ~ versetzen* iemand een trap geven **3** vlaag **4** schok **5** stapel • *ein ~ Bücher* een stapel boeken
Stoßdämpfer ZN M (+s/-) schokbreker
Stößel, **Stößer** ZN M (+s/-) stamper
stoßen 1 OV WW sterk **1** stoten, duwen, stompen • *sich ~* zich stoten • FIG. *sich an einer Sache ~* zich aan iets stoten • *jemanden vor den Kopf ~* iemand voor het hoofd stoten • *sich den Kopf ~* zijn hoofd stoten **2** fijnstampen **2** ONOV WW sterk **1** grenzen • *mein Grundstück stößt an die Straße* mijn tuin grenst aan de straat **2 ~ auf** ontmoeten, ondervinden, stuiten • *auf Probleme ~* problemen ondervinden **3** botsen, schokken, hobbelen **4** stoten • *auf jemanden / etwas ~* op iemand / iets stoten • *zu jemandem ~* zich verenigen met iemand, zich bij iemand voegen
Stoßgebet ZN O (+(e)s/+e) schietgebed
Stoßseufzer ZN M (+s/-) diepe zucht, verzuchting
Stoßstange ZN V (-/+n) bumper
Stoßverkehr ZN M (+s/gmv) verkeer in de spits
stoßweise BN **1** met stoten, schoksgewijs **2** bij stapels
Stoßzahn ZN M (+(e)s/-zähne) slagtand
Stoßzeit ZN V spitsuur • *die Stoßzeiten vermeiden* de spits mijden
Stotterei ZN V (-/+en) stotteren
Stotterer ZN M (+s/-) stotteraar
stottern OV + ONOV WW stotteren • *der Motor stottert* de motor hapert
StPO AFK Strafprozessordnung wetboek van strafvordering
Str. AFK Straße straat
stracks BW **1** zonder omwegen, rechtstreeks **2** onmiddellijk
Strafanstalt ZN V (-/+en) gevangenis, strafinrichting
Strafantrag ZN M (+(e)s/-anträge) eis, requisitoir • *~ stellen* straf vorderen, vervolgen
Strafanzeige ZN V (-/+n) JUR. aangifte van een strafbaar feit
Strafarbeit ZN V (-/+en) strafwerk
Strafaufschub ZN M (+(e)s/-aufschübe) voorwaardelijke veroordeling, uitstel van straf
Strafaussetzung ZN V (-/+en) JUR voorwaardelijke veroordeling
strafbar BN strafbaar • *sich ~ machen* zich strafbaar maken • *eine ~e Handlung* een strafbaar feit
Strafbarkeit ZN V (-/-) strafbaarheid
Strafbefehl ZN M (+(e)s/+e) JUR. bekeuring, boete die zonder proces wordt opgelegd op bevel van de rechter
Strafe ZN V (-/+n) **1** straf • *mit einer ~ belegen* een straf opleggen • *unter ~ stellen* strafbaar stellen • *zur ~ bleibst du zu Hause* voor straf blijf jij thuis **2** bekeuring, boete • *~ zahlen müssen* een boete moeten betalen
strafen OV WW straffen, bestraffen • *jemanden Lügen ~* iemand logenstraffen, aantonen dat iemand liegt
Straferlass ZN M (+es/+e) JUR. kwijtschelding van straf, amnestie, gratie • *bedingter ~* voorwaardelijke invrijheidstelling
straff BN **1** strak, strak gespannen, straf **2** streng • *eine ~e Organisation* een strenge organisatie
Straffall ZN M (+(e)s/-fälle) JUR. strafzaak
straffällig BN schuldig aan een strafbaar feit • *~ werden* zich strafbaar maken
straffen OV WW strakker maken, strak aantrekken, spannen • *sich ~* zich oprichten, zich spannen/strak worden
Straffheit ZN V (-/gmv) **1** strafheid, strakheid **2** striktheid
straffrei BN zonder straf, ongestraft
Straffreiheit ZN V (-/gmv) JUR. ontheffing/vrijdom van straf • *Zusicherung von ~* verzekering dat men niet gestraft zal worden
Strafgericht ZN O (+(e)s/+e) **1** strafkamer **2** strafgerecht • *ein ~ über jemanden abhalten* een strafproces over iemand voeren
strafgerichtlich BN strafrechtelijk
Strafgerichtshof ZN M JUR. strafhof • *Internationaler ~* Internationaal Strafhof
Strafgesetz ZN O (+es/+e) strafrecht
Strafgesetzbuch ZN O (+(e)s/-bücher) wetboek van strafrecht
sträflich BN **1** onvergeeflijk **2** onverantwoord • *jemanden / etwas ~ vernachlässigen* iemand / iets op een onverantwoorde wijze verwaarlozen
Sträfling ZN M (+s/+e) gestrafte, strafgevangene
straflos BN ongestraft, straffeloos
Strafmaß ZN O (+es/+e) strafmaat • *das ~ festsetzen* de strafmaat bepalen
Strafpredigt ZN V (-/+en) strafpreek

st

Strafprozess ZN M (+es/+e) strafproces
Strafraum ZN M (+(e)s/-räume) strafschopgebied
strafrechtlich BN strafrechtelijk
Strafstoß ZN M (+es/-stöße) strafschop
Straftat ZN V (-/+en) strafbaar feit
Straftäter ZN M (+s/-) delinquent
Strafverfahren ZN O (+s/-) strafproces
Strafversetzung ZN V (-/gmv) overplaatsing als disciplinaire straf
Strafverteidiger ZN M (+s/-) advocaat
Strafvollzug ZN M (+(e)s/-züge) JUR. strafvoltrekking
Strafvollzugsanstalt ZN V (-/+en) strafinrichting
Strafzettel ZN M boete, bon • *einen ~ bekommen* op de bon gaan
Strahl ZN M (+(e)s/+en) straal
strahlen ONOV WW stralen • *vor Freude ~* van plezier glimmen
Strahler ZN M (+s/-) **1** schijnwerper **2** straalkachel
Strahlung ZN V (-/+en) straling
Strähne ZN V (-/+n) **1** (haar)sliert, pluk • *Strähnchen* coupe soleil **2** fase
strähnig BN sliertig
straighten OV WW straighten
stramm BN **1** strak • *~ ziehen* strak trekken **2** flink • *ein ~er Junge* een flinke jongen • *~er Max* uitsmijter **3** overtuigd, streng • *ein ~er Kommunist* een overtuigde communist
strammstehen ONOV WW MIL. in een kaarsrechte houding staan • *vor ihr stehen auch die Männer stramm* ook de mannen voegen zich naar haar gezag
strampeln ONOV WW **1** trappelen **2** INFORM. hard/moeizaam fietsen
Strand ZN M (+(e)s/Strände) strand
stranden ONOV WW stranden <ook figuurlijk>
Strandkorb ZN M (+(e)s/-körbe) strandstoel
Strandläufer ZN M (+s/-) strandloper, strandplevier
Strandung ZN V (-/+en) stranding
Strang ZN M (+(e)s/Stränge) **1** koord, touw • FIG. *an demselben/einem ~ ziehen* met iemand één lijn trekken • FIG. *am gleichen ~ ziehen* met iemand één lijn trekken **2** strop • *Tod durch den ~* dood door de strop **3** streng **4** lijn, draad van een verhaal ▸ *über die Stränge schlagen* uit de band springen
strangulieren OV WW wurgen
Strapaze ZN V (-/+n) zware inspanning
strapazieren OV WW **1** veel eisen/vorderen van **2** overbelasten, niet ontzien • *sich ~* zich overmatig inspannen
strapazierfähig BN sterk, stevig • *strapazierfähige Kleidung* kleding die veel aankan
strapaziös BN inspannend, zwaar
Strass ZN M (-/+e) valse diamant
Straßburg ZN O Straatsburg
Straße ZN V (-/+n) **1** straat • *auf der ~* op straat • *der Mann auf der ~* de man in de straat • FIG. *jemanden auf die ~ setzen/werfen* iemand op straat zetten **2** weg • *vierspurige ~* vierbaansweg **3** zeestraat • *die ~ von Gibraltar* de Straat van Gibraltar
Straßenarbeiter ZN M (+s/-) wegwerker
Straßenatlas ZN M stratenboek
Straßenbahn ZN V (-/+en) tram • *mit der ~ fahren* met de tram gaan
Straßenbahnkarte ZN V (-/+n) tramkaartje
Straßenbau ZN M (+(e)s/-ten) wegenbouw
Straßenbelag ZN M (+(e)s/-beläge) wegdek
Straßenbeleuchtung ZN V (-/+en) straatverlichting
Straßenecke ZN V (-/+n) straathoek
Straßengraben ZN M (+s/-gräben) greppel langs de weg • *im ~ landen* in de berm terechtkomen
Straßenjunge ZN M (+n/+n) straatjongen
Straßenkampf ZN M (+(e)s/-kämpfe) straatgevecht
Straßenkarte ZN V (-/+n) wegenkaart
Straßenkreuzer ZN M (+s/-) grote slee <auto>
Straßenkreuzung ZN V (-/+en) wegkruising, kruispunt
Straßenlage ZN V (-/+n) wegligging
Straßenmädchen ZN O (+s/-) straatmadelief, prostituee
Straßennetz ZN O (+es/+e) wegennet
Straßenschild ZN O (+(e)s/+er) **1** straatnaambord **2** wegwijzer
Straßenschlacht ZN V (-/+en) straatgevecht
Straßenseite ZN V (-/gmv) kant van de weg • *die rechte ~* het rechter weggedeelte
Straßensperre ZN V (-/+n) wegversperring
Straßenüberführung ZN V (-/+en) viaduct
Straßenunterführung ZN V (-/+en) tunnel <onder een straat door>
Straßenverhältnisse ZN MV toestand op de wegen
Straßenverkehr ZN M (+s/gmv) wegverkeer
Straßenverkehrsordnung ZN V (-/+en) wegenverkeerswet
Straßenwacht ZN V (-/+en) ≈ Wegenwacht®
Straßenzug ZN M (+(e)s/-züge) stratenreeks
Stratege ZN M (+n/+n) strateeg
Strategie ZN V (-/+n) strategie
strategisch BN strategisch
Stratosphäre ZN V (-/gmv) stratosfeer
sträuben **1** OV WW overeind/rechtop laten staan • *der Hund sträubt das Fell* de haren van de hond gaan recht overeind staan **2** WKD WW (**sich ~**) **1** overeind/rechtop gaan staan <van bijv. haren> **2** zich verzetten (**gegen** +4 tegen), tegenstribbelen • *sich gegen die Hausaufgaben ~* zich verzetten tegen het huiswerk
Strauch ZN M (+(e)s/Sträucher) struik
straucheln ONOV WW OOK FIG. struikelen
Strauchwerk ZN O (+(e)s/+e) struikgewas
Strauß **1** ZN M (+es/Sträuße) boeket, bos **2** ZN M (+en/+en) struisvogel
Straußenfeder ZN V (-/+n) struisveer

st

Stream ZN M (+s/+s) WWW **stream**
streaming BN **streaming** • *Streaming-Radio hören* streaming radio luisteren
Strebe ZN V (-/+n) **steunbalk**
streben ONOV WW **1 afstevenen 2 streven**
Streben ZN O (+s/gmv) **streven**
Strebepfeiler ZN M (+s/-) **steunbeer**
Streber ZN M (+s/-) **streber, eerzuchtig persoon** • *der war in der Schule schon ein Streber!* die was op school al een strebertje!
strebsam BN **ijverig, ambitieus**
Strebsamkeit ZN V (-/gmv) **ijver, ambitie**
Strecke ZN V (-/+n) **1 afstand, eind (weegs)** • *sie ist die ganze ~ gelaufen* ze is de hele weg gelopen • *eine ~ festlegen* een route uitstippelen • *eine ganze ~* een heel eind **2 baanvak, traject** • *auf der ~ München-Berlin* op de spoorlijn München-Berlijn • *welche ~ nehmt ihr?* welke route nemen jullie? **3** SPORT **parcours, traject 4** WISK. **lijn 5** • *jemanden zur ~ bringen* iemand overmannen, iemand arresteren, iemand doden • *(ein Tier) zur ~ bringen* (een dier) neerschieten/doden • *auf der ~ bleiben* het loodje leggen
strecken 1 OV WW **1 (uit)strekken, (uit)rekken 2 groter/langer maken, rekken 3 aanlengen, verdunnen** • *die Suppe mit Wasser ~* de soep met water aanlengen **4 over een periode verdelen** • *die Vorräte ~* de voorraden over een periode verdelen **2** WKD WW **(sich ~) 1 strekken, (uit) rekken** • *das Kind hat sich gestreckt* het kind is gegroeid en slanker geworden **2 uitstrekken** • *sich aufs Sofa ~* languit op de bank gaan liggen
Streckenwärter ZN M (+s/-) **baanwachter**
streckenweise BW **gedeeltelijk, bij gedeelten, op bepaalde afstanden** • *das Buch ist ~ ziemlich langweilig* het boek is soms erg saai
Streckmuskel ZN M (+s/+n) **strekspier**
Streckverband ZN M (+(e)s/-verbände) **rekverband**
Streich ZN M (+(e)s/+e) **1 streek, poets** • *jemandem einen ~ spielen* iemand een poets bakken, iemand een hak zetten **2 klap, slag** • *auf einen ~* in een klap
streicheln OV WW **strelen, aaien** • *jemandem über den Kopf ~* iemand over de bol aaien
streichen 1 OV WW sterk **1 schilderen, verven** • *frisch gestrichen!* pas geverfd! **2 doorstrepen, schrappen** • *dieser Flug wurde gestrichen* deze vlucht werd geannuleerd • *Nichtzutreffendes (bitte) ~* (a.u.b.) doorhalen wat niet van toepassing is • *das Fernsehen ist heute gestrichen!* geen televisiekijken vandaag! **3 weg-/afvegen** • *ein gestrichener Löffel Zucker* een afgestreken lepel suiker • FIG. *die Nase gestrichen voll haben* van iemand/iets de buik vol hebben **4 smeren** • *Brote ~* broodjes smeren **2** ONOV WW sterk **1 strijken** • *über etwas ~* ergens lichtjes over heen gaan **2 zwerven**
Streicher ZN M (+s/-) **strijker**
Streichholz ZN O (+es/-hölzer) **lucifer**
Streichholzschachtel ZN V (-/+n) **lucifersdoosje**

st

Streichinstrument ZN O (+(e)s/+e) **strijkinstrument**
Streichorchester ZN O (+s/-) **strijkorkest**
Streichung ZN V (-/+en) **schrapping, doorhaling**
Streifband ZN O (+(e)s/-bänder) **kruisband**
Streife ZN V (-/+n) **patrouille** • *~ laufen/fahren* patrouilleren
streifen 1 OV WW **1 eventjes/lichtjes aanraken** • *beim Einparken ein anderes Auto ~* bij het parkeren een ander auto raken **2 terloops aanroeren/-stippen** • FIG. *dieses Thema wurde nur gestreift* dit onderwerp werd slechts eventjes genoemd • FIG. *sie haben Venedig nur gestreift* zij zijn maar heel kort in Venetië geweest **3 strijken/glijden langs** • *die Handschuhe von den Händen ~* de handschoenen uitdoen **2** ONOV WW **trekken zonder doel, zwerven**
Streifen ZN M (+s/-) **1 streep** • *mit ~* met strepen **2 reep, strook** • *ein fruchtbarer ~ Land* een vruchtbare strook land **3** INFORM. **film**
Streifenkarte ZN V (-/+n) **strippenkaart**
Streifenwagen ZN M (+s/-) **patrouillewagen, politieauto**
streifig BN **gestreept**
Streiflicht ZN O (+(e)s/+er) **1 strijklicht 2 lichtstraal** • *Streiflichter eines Theaterstückes* hoogtepunten van een toneelstuk
Streifschuss ZN M (+es/-schüsse) **schampschot**
Streifzug ZN M (+(e)s/-züge) OOK FIG. **zwerftocht** • *ein ~ durch die Geschichte* een overzicht over de geschiedenis
Streik ZN M (+(e)s/+s, +e) **staking** • *in (den) ~ treten* in staking gaan
Streikbrecher ZN M (+s/-) **stakingsbreker**
streiken ONOV WW **1 staken 2** INFORM. **niet meer meedoen, ermee kappen** • *da streike ich!* daar doe ik niet aan mee! **3** INFORM. **ineens ermee ophouden, plotseling niet meer functioneren** • *die Waschmaschine streikt* de wasmachine doet het niet
Streikende ZN M/V (+n/+n) **staker**
Streikposten ZN M (+s/-) **stakingspost**
Streit ZN M (+(e)s/+e) **1 ruzie, strijd** • *einen ~ vom Zaun brechen* zonder enige aanleiding ruzie zoeken • *mit jemandem ~ haben* met iemand ruzie hebben • *einen ~ schlichten* een ruzie bijleggen • *einen ~ beilegen* een geschil bijleggen • *es gab ~* er vielen woorden **2 discussie** • *ein ~ der Gelehrten* een discussie onder de geleerden
streitbar BN **strijdbaar**
streiten 1 ONOV WW sterk **1 ruziemaken, ruzie hebben** • *sie ~ ständig* ze maken voortdurend ruzie **2 twisten 3** FORM. **strijden 2** WKD WW **(sich ~)** sterk **1 ruzie maken/hebben** • *sich (mit jemandem) um etwas ~* (met iemand) ruzie over iets maken • *warum streitet ihr euch?* waarom maken jullie ruzie? **2 twisten, disputeren, strubbelen** • *sich über etwas ~* over iets twisten ▸ *sich um des Kaisers Bart ~* ruzie maken om niets
Streiter ZN M (+s/-) **strijder**

Streiterei ZN V (-/+en) geruzie, kibbelarij
Streitfall ZN M (+(e)s/-fälle) twist, geschil
Streitfrage ZN V (-/+n) strijdvraag
Streithahn ZN M (+(e)s/-hähne) vechtersbaas, kemphaan
streitig BN betwist, omstreden • *jemandem etwas ~ machen* iemand iets betwisten
Streitigkeit ZN V (-/+en) twist, ruzie
Streitkräfte ZN MV strijdkrachten
Streitpunkt ZN M (+(e)s/+e) twistpunt
Streitschrift ZN V (-/+en) polemisch artikel
streitsüchtig BN twistziek • *ein streitsüchtiger Mann* een hanige man
streng BN **1** streng • *das ist ~stens untersagt* dat is ten strengste verboden • *ein ~er Winter* een strenge winter **2** strikt • *~ genommen* strikt genomen, eigenlijk • *etwas ~ beurteilen* iets nauwkeurig beoordelen **3** scherp <smaak/geur> • *ein ~er Geruch* een sterke bijtende geur
Strenge ZN V (-/gmv) **1** (ge)strengheid **2** nauwgezetheid **3** soberheid <vormgeving> **4** scherpte <smaak> **5** hevigheid <klimaat>
strenggläubig BN rechtzinnig, orthodox
Stress ZN M (+es/+e) stress • *im ~ sein* het druk hebben
Stresserei ZN V gestress
stressig BN druk, hectisch • *ein ~er Beruf* een drukke baan • *ein ~er Tag* een hectische dag • *das ist mir zu ~* dat vind ik teveel stress
Streu ZN V (-/+en) stro, strooisel
Streubüchse ZN V (-/+n) strooibus
streuen **1** OV WW **1** strooien **2** spreiden **2** ONOV WW **1** strooien • *hier wird nicht gestreut* hier wordt niet gestrooid **2** verliezen, lekken **3** MED. zich verspreiden **4** verspreiden <informatie>
Streulicht ZN O (+(e)s/+er) diffuus licht
streunen ONOV WW (rond)zwerven • *der Hund streunt über die Straße* de hond struint over de straat
Streusalz ZN O (+es/gmv) strooizout
Streusel ZN M/O (+s/-) koekkruimel
Streuselkuchen ZN M (+s/-) kruimelgebak • HUMOR. *aussehen wie ein ~* veel pukkels hebben
Streuung ZN V (-/+en) spreiding
Streuzucker ZN M (+s/gmv) losse suiker
strich OV WW verl. tijd → **streichen**
Strich **1** ZN M (+(e)s/+e) **1** streep, lijn **2** schrapping, doorhaling • FIG. *jemandem einen ~ durch die Rechnung machen* iemand dwarsbomen **3** streek ▸ *das geht mir gegen/wider den ~* dat stuit mij tegen de borst, dat staat mij tegen ▸ *nach ~ und Faden* flink, behoorlijk **2** ZN M (+(e)s/gmv) **1** penseelvoering **2** vleug **3** straatprostitutie • *auf den ~ gehen* tippelen
Strichcode, **Strichkode** ZN M (+s/+s) streepjescode, barcode
stricheln OV WW **1** stippelen **2** arceren
Strichmädchen ZN O (+s/-) tippelaarster, prostituee
Strichpunkt ZN M (+(e)s/+e) puntkomma
strichweise BW plaatselijk, hier en daar
Strick **1** ZN M (+(e)s/+e) **1** touw • FIG. *wenn alle Stricke reißen* in het ergste geval **2** strop • *den ~ nehmen* zelfmoord plegen • *jemandem aus etwas einen ~ drehen* iets tegen iemand uitspelen **2** ZN O (+(e)s/gmv) gebreid goed, tricot
Strickarbeit ZN V (-/+en) breiwerk
stricken OV + ONOV WW breien • FIG. *das ist selbst gestrickt* dat is zelf in elkaar geknutseld • *zwei rechts, zwei links ~* twee rechts, twee averechts breien
Strickerin ZN V (-/+nen) breister
Strickleiter ZN V (-/+n) touwladder
Stricknadel ZN V (-/+n) breinaald
Strickwaren ZN MV gebreid goed
Strickzeug ZN O (+(e)s/gmv) breiwerk
Striegel ZN M (+s/-) roskam
striegeln OV WW **1** roskammen • *gestriegelt und gebügelt* piekfijn, tot in de puntjes verzorgd **2** INFORM. sarren
Strieme ZN V (-/+n) striem
striemig BN vol striemen
strikt BN strikt, nauwgezet
Strippe ZN V (-/+n) **1** lijn, draad, touw **2** INFORM. (telefoon)lijn • *jemanden an der ~ haben* iemand aan de lijn hebben
Striptease ZN O (-/gmv) striptease
stritt ONOV WW verl. tijd → **streiten**
strittig BN betwist, omstreden
Stroh ZN O (+(e)s/gmv) stro
Strohblume ZN V (-/+n) strobloem
strohdumm BN oliedom
Strohhalm ZN M (+(e)s/+e) **1** strohalm **2** rietje
Strohhut ZN M (+(e)s/-hüte) strohoed
strohig BN als stro
Strohkopf ZN M (+(e)s/-köpfe) domkop
Strohmann ZN M (+(e)s/-männer) **1** vogelverschrikker **2** stroman
Strohsack ZN M (+(e)s/-säcke) matras, strozak
Strohwitwe ZN V (-/+n) onbestorven weduwe
Strohwitwer ZN M (+s/-) onbestorven weduwnaar
Strolch ZN M (+(e)s/+e) **1** schooier **2** IRON. rakker
strolchen ONOV WW (rond)zwerven
Strom ZN M (+(e)s/Ströme) **1** stroom, rivier • *ein ~ der Flüchtlinge* een vluchtelingenstroom • *es regnete in Strömen* de regen viel bij bakken uit de lucht **2** stroming • FIG. *mit dem ~ schwimmen* met de stroom mee zwemmen • FIG. *gegen den ~ schwimmen* tegen de stroom in zwemmen **3** elektriciteit • *wir haben keinen ~* wij hebben geen elektriciteit
stromabwärts BW stroomafwaarts
Stromaggregat ZN M (+(e)s/+e) stroomaggregaat
stromaufwärts BW stroomopwaarts
strömen ONOV WW OOK FIG. stromen
Stromer ZN M (+s/-) zwerver, landloper
Stromerzeuger ZN M (+s/-) generator
Stromerzeugung ZN V (-/gmv) stroomopwekking
Stromkreis ZN M (+es/+e) stroomkring, stroomketen

st

Stromlinie ZN V (-/+n) stroomlijn

stromlinienförmig BN gestroomlijnd

Strommesser ZN M (+s/-) ampèremeter

Stromschnelle ZN V (-/+n) stroomversnelling

Stromstärke ZN V (-/+n) stroomsterkte

Strömung ZN V (-/+en) OOK FIG. stroming

Stromversorgung ZN V (-/+en) stroomvoorziening

Stromverteiler ZN M (+s/-) stroomverdeler

Strontium ZN O (+s/gmv) strontium

Strophe ZN V (-/+n) strofe, couplet • *die dritte ~* het derde couplet

strophisch BN strofisch

strotzen ONOV WW overvol/propvol zijn • *von/vor Gesundheit ~* blaken van gezondheid • *von Fehlern nur so ~* vol van fouten zijn

Strudel ZN M (+s/-) **1** draaikolk, maalstroom **2** soort gebak <≈ appelflap>

strudeln ONOV WW kolken, wervelen

Struktur ZN V (-/+en) structuur

strukturell BN structureel

Strumpf ZN M (+(e)s/Strümpfe) kous

Strumpfband ZN O (+(e)s/-bänder) **1** kousenband **2** jarretelle

Strumpfhose ZN V (-/+n) **1** maillot **2** panty

Strunk ZN M (+(e)s/Strünke) **1** stronk **2** (boom) stronk

struppig BN borstelig, ruig, verward

Struwwelpeter ZN M (+s/gmv) Piet de smeerpoets

Strychnin ZN O (+s/gmv) strychnine

Stube ZN V (-/+n) **1** kamer • HUMOR. *herein in die gute Stube!* kom binnen! **2** REG. woonkamer **3** MIL. slaapkamer

Stubendienst ZN M (+(e)s/gmv) MIL. kamerwacht

Stubenhocker ZN M (+s/-) thuisblijver, huismus

Stubenmädchen ZN O (+s/-) kamermeisje

stubenrein BN **1** zindelijk <van huisdieren> **2** FIG. fatsoenlijk

Stuck ZN M (+(e)s/gmv) stuc

Stück ZN O (+(e)s/+e) **1** stuk, brok, deel • *das/je/pro ~* per stuk • *aus freien Stücken* uit eigen beweging, uit vrije wil, vrijwillig • *große Stücke auf jemanden halten* een hoge dunk van iemand hebben • *ein ~ weit* voor een deel • *Stückchen* eindje • *ein Stückchen laufen* een eindje gaan wandelen • *ein ~ weg* een eind weg • *gehst du ein ~ mit?* loop je een eindje mee? **2** (toneel)stuk • *das war schon ein starkes Stück!* dat was een sterk staaltje! **3** exemplaar

Stuckarbeit ZN V (-/+en) stucwerk

Stückarbeit ZN V (-/gmv) stukwerk

Stuckatur ZN V (-/+en) stucwerk

Stuckdecke ZN V (-/+n) gestukadoord plafond

stückeln OV WW uit stukken samenvoegen

Stückgut ZN O (+(e)s/-güter) stukgoed

Stücklohn ZN M (+(e)s/-löhne) stukloon

Stückpreis ZN M prijs per stuk

stückweise BW per stuk

Stückwerk ZN O (+(e)s/gmv) **1** stukwerk **2** deelarbeid

Stückzahl ZN V (-/+en) aantal stuks

Student ZN M (+en/+en) student

Studentenfutter ZN O (+s/gmv) studentenhaver

Studentenschaft ZN V (-/+en) studenten <als geheel>

Studentenwohnheim ZN O (+(e)s/+e) studentenhuis

Studentin ZN V (-/+nen) studente

studentisch BN **1** van studenten, studenten- **2** studentikoos

Studie ZN V (-/+n) onderzoek, studie

Studienassessor ZN M (+s/+en) aspirant-leraar

Studienberatung ZN V studieadvies

Studienbetreuung ZN V studiebegeleiding

Studiendirektor ZN M (+s/+en) graad in de lerarencarrière op een vwo-school

Studienfahrt ZN V (-/+en) studiereis

Studiengang ZN M (+(e)s/-gänge) studierichting, studieprogramma

studienhalber BW vanwege de studie, met het oog op de studie, voor studie

Studienrat ZN M (+(e)s/-räte) docent op een vwo-school <graad in de lerarencarrière>

Studienreferendar ZN M (+s/+e) docent in opleiding <op een vwo-school>

studieren **1** OV WW **1** studeren • *Psychologie ~* psychologie studeren **2** bestuderen • *die Karte ~* de kaart studeren **3** instuderen **2** ONOV WW studeren, student op een universiteit of hogeschool zijn • *an einer Technischen Hochschule ~* voor ingenieur studeren

Studierzimmer ZN O (+s/-) studeerkamer

Studio ZN O (+s/+s) **1** atelier **2** studio **3** eenkamerflat

Studium **1** ZN O (+s/Studien) studie <academisch> • *während meines ~* tijdens mijn studie • *ein ~ der Medizin* een studie geneeskunde **2** ZN O (+s/gmv) instuderen • *das ~ eines Musikstücks* het instuderen van een muziekstuk

Stufe ZN V (-/+n) **1** trede, trap • *Vorsicht/Achtung, Stufe!* let op het af-/opstapje! • FIG. *eine ~ auf der Karriereleiter* een trede op de carrièreladder **2** niveau, fase • *die höchste ~ des Sprachkurses* het hoogste niveau van de taalcursus **3** TECHN. trap **4** rang, graad • *noch eine ~ schlimmer* nog een graadje erger • *er steht auf gleicher ~ mit ihr* hij doet niet voor haar onder • *auf eine ~ stellen* op één lijn stellen

stufen OV WW **1** trapsgewijs aanleggen **2** (onder)verdelen

stufenförmig BN trapvormig

Stufenleiter ZN V (-/+n) ladder

stufenweise BN trapsgewijs

Stuhl ZN M (+(e)s/Stühle) **1** stoel • *der Heilige ~* de Heilige Stoel • FIG. *jemandem den ~ vor die Tür setzen* iemand het huis uitzetten, iemand op staande voet ontslaan • FIG. *zwischen den Stühlen sitzen* tussen schip en wal raken • INFORM. *vom ~ fallen* zeer verrast zijn **2** MED. behandelstoel **3** stoelgang

Stuhlbein ZN O (+(e)s/+e) stoelpoot

Stuhllehne ZN V (-/+n) stoelleuning

Stuhlverstopfung ZN V (-/gmv) constipatie

Stulle ZN V (-/+n) REG. boterham

Stulpe ZN V (-/+n) omslag, omgeslagen rand

stülpen OV WW stulpen, stolpen • *sie stülpte ihre Mütze über den Kopf* ze trok haar muts over haar hoofd

Stulpenstiefel ZN M (+s/-) kaplaars

stumm BN **1** stom • *sie blieb ~* ze bleef zwijgen • TAALK. *das ~e e* de stomme e **2** zwijgend • *ein ~er Vorwurf* een stil verwijt • *jemanden ~ machen* iemand onschadelijk maken

Stummel ZN M (+s/-) **1** stomp(je) **2** peuk(je)

Stummfilm ZN M (+(e)s/+e) stomme film

Stümper ZN M (+s/-) stumper, knoeier

Stümperei ZN V (-/+en) knoeiwerk, gestumper

stümperhaft BN knoeierig, klungelig

stümpern ONOV WW knoeien, prutsen • *was stümperst du denn da herum?* wat zit je nou te haspelen?

stumpf BN **1** bot **2** stomp <ook wiskunde> **3** ruw <van oppervlak>, dof/mat <ook kleuren> **4** afgestompt • *~ vor sich hinstarren* afgestompt voor zich uitstaren

Stumpf ZN M (+(e)s/Stümpfe) stomp(je) • FIG. *mit ~ und Stiel ausrotten* met wortel en tak uitroeien

Stumpfheit ZN V (-/gmv) **1** stomp zijn **2** botheid **3** afgestomptheid, sufheid

Stumpfsinn ZN M (+(e)s/gmv) stompzinnigheid

stumpfsinnig BN stompzinnig

Stunde ZN V (-/+n) **1** uur • *zu vorgerückter ~* laat in de avond • *eine geschlagene ~* een heel uur • *die ~ Null* het uur nul <de tijd direct na WO II in Duitsland>, ≈ het uur U • *innerhalb einer ~* binnen een uur • *in einer müßigen ~* in een verloren uurtje • *ein Stündchen* een uurtje • *jede ~* om het uur • *in einer ~* over een uur • *15 Euro pro/die ~* 15 euro per uur • *seine letzte ~ hat geschlagen* zijn laatste uur heeft geslagen • *die ~ der Wahrheit hat geschlagen* het uur van de waarheid heeft geslagen **2** ogenblik • *zur ~* op dit moment **3** (les)uur • *das ist für die nächste ~* dat is voor de volgende les • *Stunden nehmen* (bij) lessen volgen

stunden OV WW uitstel (van betaling) verlenen

Stundenbuch ZN O (+(e)s/-bücher) getijdenboek

Stundengeschwindigkeit ZN V (-/+en) snelheid per uur

Stundenkilometer ZN M (+s/-) INFORM. kilometer per uur

Stundenlohn ZN M (+(e)s/-löhne) uurloon

Stundenplan ZN M (+(e)s/-pläne) lesrooster

stundenweise BW nu en dan een uur, in uren, per uur • *~ arbeiten* oproepwerk doen

Stundenzeiger ZN M (+s/-) kleine wijzer

stündlich BN **1** om het uur, elk/ieder uur, per uur **2** elk moment/uur

Stundung ZN V (-/+en) uitstel van betaling

Stunk ZN M (+s/gmv) INFORM. ruzie • *~ machen* trammelant maken, herrieschoppen

Stuntfrau ZN V (-/+en) stuntvrouw

Stuntman ZN M (+s/Stuntmen) stuntman

Stuntteam ZN O stuntteam

Stups ZN M (+es/+e) stoot(je), duw(tje)

stupsen OV WW aanstoten, duwen

Stupsnase ZN V (-/+n) wipneus

stur BN **1** stug, koppig **2** hardnekkig, onwrikbaar • *~ bleiben* onwrikbaar zijn

Sturheit ZN V (-/gmv) stugheid, onverzettelijkheid, koppigheid

Sturm ZN M (+(e)s/Stürme) **1** storm • *~ läuten/klingeln/schellen* lang en vaak op de bel drukken • *jemandem im ~ erobern* iemand direct voor zich winnen **2** MIL. stormaanval

Sturmangriff ZN M (+(e)s/+e) stormaanval

stürmen **1** OV WW MIL. bestormen • *die Polizei stürmte den Saal* de politie bestormde de zaal **2** ONOV WW **1** stormen <wind> **2** rennen • *ins Zimmer ~* de kamer in rennen **3** MIL. stormlopen

Stürmer ZN M (+s/-) SPORT aanvaller

Sturmflut ZN V (-/+en) stormvloed

stürmisch BN **1** stormachtig • *stürmisches Wetter* onstuimig weer **2** onstuimig • *stürmische Liebe* onstuimige liefde

Sturmschritt ZN M (+(e)s/gmv) MIL. stormpas

Sturz ZN M (+es/Stürze) **1** OOK FIG. val • *ein schwerer ~* een zware val **2** snelle daling • *der ~ der Aktien* de daling van de aandelen • *der ~ des Euros* de val van de euro

Sturzbach ZN M (+(e)s/-bäche) **1** stortvloed **2** bergbeek

sturzbesoffen, **sturzbetrunken** BN straalbezopen

stürzen **1** OV WW **1** storten **2** omdraaien om te legen, uitstorten • *den Kuchen ~* de cake uit de vorm storten **3** ten val brengen • *den Präsidenten ~* de president afzetten **2** ONOV WW **1** vallen • *mit dem Fahrrad ~* met de fiets vallen • *von einer Leiter ~* van een ladder vallen **2** stormen, rennen • *ins Zimmer ~* de kamer instormen/binnenvallen **3** storten, gutsen **3** WKD WW (**sich ~**) **1** aanvallen • *sich auf jemanden ~* iemand bestormen • *sich aufs Essen ~* op zijn eten aanvallen **2** storten • *sich in die Arbeit ~* zich op het werk storten

Sturzflug ZN M (+(e)s/-flüge) duikvlucht

Sturzhelm ZN M (+(e)s/+e) valhelm

Sturzregen ZN M (+s/gmv) stortbui

Sturzsee ZN M (+s/+n) stortzee

Stuss ZN M (+es/gmv) onzin • *rede keinen Stuss!* kraam geen onzin uit!

Stute ZN V (-/+n) merrie

Stutzbart ZN M (+(e)s/-bärte) kortgeknipte baard

Stütze ZN V (-/+n) **1** steunpilaar **2** stut **3** steun, toeverlaat • *ihre Tochter ist ihre große ~* haar dochter is haar grote steun **4** INFORM. uitkering

stutzen **1** OV WW **1** snoeien **2** couperen, kortwieken **3** IRON. knippen, kortwieken • *das Budget ~* in het budget knippen **2** ONOV WW ineens verbaasd/verrast opkijken, ineens geïrriteerd

st

opkijken
stützen 1 ov ww ook fig. steunen 2 wkd ww (**sich ~**) 1 steunen, leunen • *sich auf jemanden ~* op iemand leunen • *sich auf die Ellbogen ~* op zijn ellebogen steunen • ook fig. *sich auf etwas ~* op iets steunen 2 baseren
Stutzen zn m (+s/-) 1 aansluitstuk <van buis> 2 grotere klemhaak 3 voetbal-/sportkous, kniekous <vaak zonder voet>
stutzig bn argwanend • *jemanden ~ machen* iemands achterdocht wekken
Stützpfeiler zn m (+s/-) steunpilaar
Stützpunkt zn m (+(e)s/+e) steunpunt
Stützstrumpf zn m (+(e)s/-strümpfe) steunkous
Stützung zn v (-/+en) steun, ondersteuning
StVO afk Straßenverkehrsordnung verkeersreglement
s.u. afk siehe unten zie onder
Subjekt zn o (+(e)s/+e) 1 subject • *kriminelle Subjekte* criminele sujetten 2 taalk. subject, onderwerp
subjektiv bn subjectief
Subjektivität zn v (-/gmv) subjectiviteit
sublim bn subliem
sublimieren ov ww sublimeren
Submission zn v (-/+en) 1 openbare aanbesteding 2 toewijzing van opdracht • *durch ~* bij inschrijving
Subordination zn v (-/+en) 1 subordinatie 2 taalk. subordinatie, hypotaxis
subskribieren ov + onov ww intekenen
Subskription zn v (-/+en) 1 inschrijving <geldwezen> 2 intekening
Subst. afk Substantiv zelfstandig naamwoord
Substantiv zn o (+s/+e) zelfstandig naamwoord
Substanz 1 zn v (-/+en) substantie, materie • *das geht an die ~* dat heeft een grote impact, dat gaat niet in de kouwe kleren zitten 2 zn v (-/gmv) 1 goederenkapitaal 2 kern van een zaak
substituieren ov ww vervangen
Substrat zn o (+(e)s/+e) 1 grondlaag 2 biol. onderlaag
subtil bn subtiel, fijn
Subtilität zn v (-/+en) subtiliteit
subtrahieren ov ww wisk. aftrekken
Subtraktion zn v (-/+en) wisk. aftrekking, vermindering
Subvention zn v (-/+en) subsidie • *Subventionen bekommen* subsidie krijgen
subventionieren ov ww subsidiëren
subversiv bn subversief
Suche zn v (-/+n) zoektocht • *auf der ~ sein* op zoek zijn • *auf die ~ gehen* op zoek gaan
suchen 1 ov ww 1 zoeken • inform. *irgendwo nichts zu ~ haben* ergens niets te zoeken hebben 2 trachten, pogen • *etwas zu erreichen ~* trachten iets te bereiken 2 onov ww zoeken • *nach etwas ~* naar iets zoeken
Sucher zn m (+s/-) a-v zoeker
Suchmaschine zn v comp. zoekmachine
Sucht zn v (-/Süchte, +en) 1 verslaving, verslaafdheid 2 zucht, manie
Suchthilfe zn v verslavingszorg
süchtig bn 1 verslaafd • *~ machen* verslaven 2 begerig, verlangend • *~ nach* verslaafd aan
Sud zn m (+(e)s/+e) 1 kooknat/-vocht 2 aftreksel
Süd zn m 1 zuid(en) • *von/aus ~* van/uit het zuiden 2 zuidenwind
Sudan zn m (+s/gmv) Soedan
Sudelei zn v (-/+en) 1 knoeierij, geknoei 2 knoei-/prutswerk
sudeln onov ww 1 morsen 2 knoeien, prutsen
Süden zn m (+s/gmv) zuiden • *in den ~ fahren* naar het zuiden reizen
Südfrucht zn v (-/-früchte) zuidvrucht
Südländer zn m (+s/-) zuiderling
südländisch bn zuidelijk
südlich 1 bn zuidelijk 2 vz +2, ten zuiden van • *~ des Waldes* ten zuiden van het bos • *~ von Stuttgart* ten zuiden van Stuttgart
Südmolukken zn mv Zuid-Molukken
Südmolukker zn m Zuid-Molukker
südmolukkisch bn Zuid-Moluks
Sudoku zn o sudoku
Südpol zn m (+s/gmv) 1 zuidpool <magnetische pool> 2 aardk. Zuidpool
Südsee zn v (-/gmv) Zuidzee
Südstaaten zn mv zuidelijke staten
Südsudan zn m (+s) Zuid-Soedan
Südtirol zn o (+s/gmv) Zuid-Tirol <Italiaanse streek waar Duits wordt gesproken>
südwärts bw zuidwaarts
Südwesten zn m (+s/gmv) zuidwesten
Südwester zn m (+s/-) zuidwester <hoed>
Südwind zn m (+(e)s/+e) zuidenwind
Suff inform. zn m (+(e)s/gmv) 1 dronkenschap • *im ~* in bezopen toestand 2 drankzucht • *er ist dem ~ verfallen* hij is aan de drank verslaafd
süffeln ov + onov ww met genot drinken <vaak alcoholische drank>
süffig bn lekker <alcoholische drank>
süffisant bn verwaand, zelfingenomen
Suffix zn o (+es/+e) taalk. achtervoegsel, suffix
suggerieren ov ww suggereren
Suggestion 1 zn v (-/+en) suggestie 2 zn v (-/gmv) suggestieve kracht
suggestiv bn suggestief
Suhle zn v (-/+n) modderpoel
suhlen wkd ww (**sich ~**) wentelen <in plas/modder>
Sühne zn v (-/+n) boete-/genoegdoening, boete
sühnen ov ww 1 boeten • *für etwas ~* voor iets boeten 2 vergelden • *einen Mord ~* een moord vergelden
Suite zn v (-/+n) suite <ook muziek>
sukzessiv bn successief
sukzessive bw successievelijk
Sulfat zn o (+(e)s/+e) scheik. sulfaat

Sulfid ZN O (+(e)s/+e) sulfide
Sulfit ZN O (+s/+e) sulfiet
Sultan ZN M (+s/+e) sultan
Sultanine ZN V (-/+n) grote rozijn
Sülze ZN V (-/+n) vlees in aspic, zure zult
sülzen **1** OV WW in gelei/aspic inmaken **2** ONOV WW **1** geleren **2** INFORM. lullen • *was sülzt er denn wieder?* wat lult hij nou weer?
summarisch BN summier, beknopt
Summe ZN V (-/+n) **1** WISK. som, uitkomst van optelling **2** bedrag • *ein hübsches Sümmchen verdienen* een aardige cent verdienen
summen **1** ONOV WW zoemen, gonzen **2** OV + ONOV WW neuriën **3** ONP WW zoemen, gonzen • *es summt mir in den Ohren* mijn oren suizen
Summer ZN M (+s/-) zoemer
summieren **1** OV WW **1** op-/samentellen **2** samenvatten **2** WKD WW (**sich ~**) (aan)groeien, vermeerderen
Sumoringen ZN O (+s/gmv) sumoworstelen
Sumpf ZN M (+(e)s/Sümpfe) moeras • *ein ~ des Lasters* een poel van verderf • *im ~ stecken bleiben* blijven steken in een moeras
Sumpffieber ZN O (+s/gmv) moeraskoorts
sumpfig BN moerassig, drassig
Sund ZN M (+(e)s/+e) zee-engte
Sünde ZN V (-/+n) **1** zonde **2** fout, misstap
Sündenbock ZN M (+(e)s/-böcke) zondebok
Sündenfall ZN M (+(e)s/gmv) zondeval
Sünder ZN M (+s/-) zondaar
Sünderin ZN V (-/+nen) zondares
sündhaft BN **1** zondig **2** schandalig, vreselijk • *~ teuer* peperduur
Sündhaftigkeit ZN V (-/gmv) zondigheid
sündig BN zondig
sündigen ONOV WW zondigen
sunnitisch BN soennitisch
super BN gaaf, tof • *(das ist) ~!* (dat is) te gek!
super-, **Super-** VOORV + ACHTERV super- • *supertoll* onwijs gaaf
Super ZN O (+s/gmv) super <benzine>
superaffengeil BN JEUGDT. vet, chill
Supercup ZN M VOETB. supercup
Superfood ZN O (-s/gmv) superfood
superklug BN IRON. superintelligent, al te wijs
Superlativ ZN M (+s/+e) **1** TAALK. superlatief, overtreffende trap **2** superlatief
Supermacht ZN V (-/-mächte) supermacht, supermogendheid
Supermarkt ZN M (+(e)s/-märkte) supermarkt
Suppe ZN V (-/+n) soep • *jemandem die ~ versalzen* roet in het eten gooien • *ihm lief die ~ am Körper herunter* het zweet liep hem van het lijf • *hier kocht jeder sein eigenes Süpplein* hier doet iedereen zijn eigen ding, hier wordt niet samengewerkt • IRON. *sich eine schöne ~ einbrocken* zich in de problemen werken • *die ~ auslöffeln, die man sich eingebrockt hat* de gevolgen dragen van het eigen gedrag • *jemandem in die ~ fallen* iemand tijdens het eten opzoeken
Suppenknochen ZN M (+s/-) soepbeen
Suppenschüssel ZN V (-/+n) soepkom, soepterrine
Suppenwürfel ZN M (+s/-) bouillonblokje
Supplement ZN O (+(e)s/+e) supplement
Supremat ZN M/O (+(e)s/+e) suprematie
Surfbrett ZN O (+(e)s/+er) surfplank
surfen ONOV WW surfen • *im Internet ~* op internet surfen
Surrealismus ZN M (-/gmv) surrealisme
surren **1** ONOV WW zoemen **2** ONP WW zoemen, gonzen • *es surrt in der Leitung* de telefoonleiding zoemt
Surrogat ZN O (+(e)s/+e) vervangingsmiddel, surrogaat
suspekt BN suspect, verdacht
suspendieren OV WW **1** suspenderen, schorsen • *jemanden vom Dienst ~* iemand schorsen • *suspendiert sein* op non-actief staan **2** vrijstellen **3** SCHEIK. suspenderen
Suspension ZN V (-/+en) **1** suspensie, schorsing **2** vrijstelling **3** SCHEIK. suspensie
süß BN **1** zoet **2** schattig, snoezig, lief • *Süße(r)* liefje • *mein(e) Süße(r)* mijn schat • *der kleine Hund ist ja süß!* het hondje is zo schattig!
Süße ZN V (-/gmv) zoetheid
süßen OV WW zoeten
Süßholz ZN O (+es/gmv) zoethout • INFORM. *~ raspeln* vleien
Süßigkeit ZN V (-/+en) snoep, zoetigheid • *Süßigkeiten* snoep
Süßkartoffel ZN V (-/+n) zoete aardappel
süßlich BN **1** zoetig **2** zoetsappig • *ein süßliches Lächeln* een zoetsappig glimlachje, een huichelachtig glimlachje
süßsauer BN zoetzuur
Süßspeise ZN V (-/+n) toetje, nagerecht
Süßstoff ZN M (+(e)s/gmv) zoetstof
Süßwasser ZN O (+s/gmv) zoet water
Süßwasserfisch ZN M zoetwatervis
SUV ZN M/O TRANSP. SUV
SV AFK Sportverein sportvereniging
Symbiose ZN V (-/+n) symbiose
Symbol ZN O (+s/+e) symbool
Symbolik ZN V (-/gmv) symboliek
symbolisch BN symbolisch
symbolisieren OV WW symboliseren
Symbolismus ZN M (-/gmv) symbolisme
Symmetrie ZN V (-/+n) symmetrie
symmetrisch BN symmetrisch
Sympathie ZN V (-/+n) sympathie
Sympathisant ZN M (+en/+en) sympathisant
sympathisch BN sympathiek
sympathisieren ONOV WW sympathiseren
Symphonie ZN V (-/+n) OOK FIG. symfonie
Symposium ZN O (+s/-sien) symposium
Symptom ZN O (+s/+e) symptoom, ziekteverschijnsel • *die Symptome einer Krankheit* de verschijnselen van een ziekte
symptomatisch BN symptomatisch
Synagoge ZN V (-/+n) synagoge
synchron BN synchroon

Synchronisation ZN V (-/+n) **1** synchronisatie **2** nasynchronisatie
synchronisieren OV WW **1** synchroniseren • *Bild und Ton ~* beeld en geluid gelijkschakelen **2** nasynchroniseren
Syndikat ZN O (+(e)s/+e) syndicaat
Syndrom ZN O (+s/+e) MED. syndroom
Synergie ZN V (-/-) synergie
Synode ZN V (-/+n) synode
Synonym ZN O (+s/+e) synoniem
syntaktisch BN TAALK. syntactisch
Syntax ZN V (-/+en) syntaxis
Synthese ZN V (-/+n) synthese
Synthesizer ZN M (+s/-) synthesizer
synthetisch BN synthetisch
Syrer ZN M (+s/-) Syriër
Syrien ZN O (+s/gmv) Syrië
Syrienkämpfer ZN M (-s/-) Syriëganger
syrisch BN Syrisch
System ZN O (+s/+e) systeem
Systematik ZN V (-/gmv) systematiek
Systematiker ZN M (+s/-) systematicus
systematisch BN systematisch
systematisieren OV WW systematiseren
Systemvoraussetzungen ZN MV COMP. systeemeisen
Szene ZN V (-/+n) **1** scène <film/toneel> • *in ~ setzen* in scène zetten • FIG. *die ~ beherrschen/dominieren* het toneel beheersen **2** tafereel • *es spielten sich schreckliche Szenen ab* er speelden zich vreselijke tonelen af **3** ruzie • *jemandem eine ~ machen* met iemand hevige ruziemaken **4** circuit, scene • *er ist in der ~ als Drogendealer bekannt* hij is in de drugsscène als dealer bekend
Szenenwechsel ZN M (+s/-) decorverandering, scènewisseling
szenisch BN scenisch

T

t AFK Tonne **t.** <ton>
T ZN O (-/-) letter **t** • *T wie Theodor* de t van Theo
Tabak ZN M (+s/+e) tabak
Tabakbau ZN M (+(e)s/gmv) tabaksteelt
Tabakladen ZN M sigarenwinkel
Tabakwaren ZN MV rookwaren
tabellarisch BN in tabelvorm, tabellarisch
Tabelle ZN V (-/+n) **1** tabel, lijst **2** SPORT ranglijst
Tabellenführer ZN M (+s/-) lijstaanvoerder
tabellieren OV + ONOV WW tabelleren
Tabernakel ZN O (+s/-) tabernakel
Tablett ZN O (+(e)s/+s, +e) dienblad, presenteerblad • *jemandem etwas auf einem silbernen ~ servieren* iemand iets op een presenteerblaadje aanreiken
Tablette ZN V (-/+n) pil, tablet
Tabtop ZN M (+s/+s) laptet
tabu BN taboe, verboden • *dieses Thema ist für viele ~* dit thema is niet voor iedereen bespreekbaar • *das ist ~* dat is verboden terrein
Tabu ZN O (+s/+s) taboe • *ein ~ brechen* een taboe doorbreken
tabuisieren OV WW taboe verklaren
Tacheles • INFORM. *~ reden* iemand ongezouten de waarheid zeggen
Tacho ZN M (+s/+s) INFORM. snelheidsmeter
Tachometer ZN M/O (+s/-) snelheidsmeter
Tackling ZN O tackle
Tadel ZN M (+s/-) **1** blaam, verwijt, berisping • *ohne Furcht und ~* zonder vrees of blaam **2** smet
tadellos BN onberispelijk, puntgaaf • *eine ~e Handschrift* een keurig handschrift
tadeln OV WW laken, afkeuren, berispen • *jemanden ~* iemand een standje geven
tadelnswert BN afkeurenswaardig, laakbaar
Tafel ZN V (-/+n) **1** bord, schoolbord • *etwas an die ~ schreiben* iets op het bord schrijven **2** tablet, plak • *eine ~ Schokolade* een reep chocola **3** FORM. dis, tafel • *die ~ aufheben* de tafel opheffen, de maaltijd beëindigen • *eine festlich geschmückte ~* een feestelijk versierde tafel **4** afbeelding, plaat <in boek> **5** tabel **6** bedieningspaneel
Tafelbesteck ZN O (+(e)s/+e) **1** bestek **2** couvert
Tafelbild ZN O (+(e)s/+er) paneel
Tafelgeschirr ZN O (+(e)s/+e) servies(goed)
tafeln ONOV WW tafelen, dineren
täfeln OV WW betimmeren, lambriseren
Tafelrunde ZN V (-/+n) LETTERK. Ronde Tafel
Tafelwerk ZN O (+(e)s/+e) lambrisering
Taft ZN M (+(e)s/+e) tafzijde, taf
Tag ZN M (+(e)s/+e) dag • *bei Tage* overdag • *eines Tages* op zekere dag • *in den ~ hinein leben* bij de dag leven • *~ der deutschen Einheit* Dag van de Duitse Eenheid <3 oktober> • *es ist noch nicht aller Tage Abend* wat niet is, kan nog komen • *über/unter Tage* boven/onder de grond <mijnbouw> • *zu Tage fördern* tevoorschijn halen, aan het licht brengen,

openbaar maken • *sie hat ihre Tage* zij is ongesteld • *~ der offenen Tür* open dag, BELG. opendeurdag • *der Jüngste ~* de dag des oordeels • *am helllichten Tage* op klaarlichte dag • *an den ~ legen* aan de dag leggen • *von ~ zu ~* van dag tot dag • *auf seine alten Tage* op zijn oude dag

tagaus BW • *~, tagein* dag in, dag uit

Tagebau ZN M (+(e)s/+e) (mijn)dagbouw

Tagebuch ZN O (+(e)s/-bücher) dagboek

tagelang BW dagenlang

tagen 1 ONOV WW vergaderen, zitting houden **2** ONP WW • *es tagt* het wordt dag

Tagesablauf ZN M (+(e)s/-läufe) verloop van de dag

Tagesanbruch ZN M (+(e)s/gmv) dageraad • *bei ~* bij het aanbreken van de dag, bij het krieken van de dag

Tagesbedarf ZN M dagelijkse behoefte

Tageseinnahme ZN V (-/+n) daginkomsten

Tagesereignis ZN O (+ses/+se) dé gebeurtenis van de dag

Tagesgespräch ZN O (+(e)s/gmv) gesprek van de dag

Tageskarte ZN V (-/+n) **1** dagmenu **2** dagkaart(je)

Tageslicht ZN O (+(e)s/gmv) daglicht • *das scheut das ~* dat kan het daglicht niet verdragen • *ans ~ kommen* aan de dag komen

Tagesmutter ZN V gastouder, oppasmoeder, BELG. onthaalmoeder

Tagesordnung ZN V (-/+en) agenda • *auf der ~ stehen* op de agenda staan • *an der ~ sein* aan de orde van de dag zijn, veelvuldig voorkomen • *von der ~ streichen* van de agenda afvoeren

Tagespensum ZN O dagtaak

Tagespresse ZN V (-/gmv) dagbladpers

Tagesschau ZN V (-/gmv) journaal <op het eerste Duitse net>

Tageszeit ZN V (-/+en) tijd van de dag • *zu jeder ~* elk uur van de dag

Tageszeitung ZN V (-/+en) dagblad

tageweise BW enkele dagen (in de week) • *~ arbeiten* oproepwerk doen

taghell BN klaarhelder, helder als de dag

täglich BN dagelijks • *tägliches Brot* dagelijks brood • *dreimal ~ einzunehmen* driemaal daags in te nemen • *zum täglichen Gebrauch* voor dagelijks gebruik

tags BW **1** overdag **2** daags • *~ darauf* daags daarna

Tagschicht ZN V (-/+en) **1** dagploeg **2** dagdienst

tagsüber BW overdag

tagtäglich BN **1** dagelijks **2** voortdurend

Tagung ZN V (-/+en) congres, vergadering, conferentie

Taifun ZN M (+s/+e) tyfoon

Taille ZN V (-/+n) taille, middel • *jemanden um die ~ fassen* iemand om zijn middel pakken

Tajine ZN V tajine

Takel ZN O (+s/-) takel

Takelage ZN V (-/+n) SCHEEPV. takelwerk

takeln OV WW takelen

Takelung ZN V (-/+en) SCHEEPV. takelwerk

Takt ZN M (+(e)s/+e) **1** maat, ritme, versmaat • *den ~ angeben* LETT. de maat aangeven, FIG. het voor het zeggen hebben • *im ~ bleiben* in de maat blijven • *jemanden aus dem ~ bringen* iemand van de wijs brengen • *die Busse fahren im 10-Minuten-Takt* de bussen rijden om de 10 minuten • *mit jemandem ein paar Takte reden müssen* met iemand een hartig woordje moeten spreken • MUZ. *zwei Takte Pause* twee maten pauze **2** tact • *keinen ~ haben* geen tact hebben **3** TECHN. slag <van een motor>

taktfest BN maatvast • *eine ~e Person* iemand die weet wat hij doet

Taktgefühl ZN O (+s/gmv) **1** tact **2** maatgevoel

taktieren ONOV WW **1** tactisch te werk gaan **2** MUZ. de maat aangeven

Taktik ZN V (-/+en) tactiek • *die ~ der verbrannten Erde* de tactiek van de verschroeide aarde

Taktiker ZN M (+s/-) tacticus

taktisch BN tactisch

taktlos BN tactloos

Taktlosigkeit ZN V (-/+en) tactloosheid

taktvoll BN tactvol

Tal ZN O (+(e)s/Täler) dal <ook figuurlijk>, vallei

Talar ZN M (+s/+e) toga

Talent ZN O (+(e)s/+e) talent, aanleg, begaafdheid • *~ zum Zeichnen* talent voor tekenen

talentiert BN talentvol, begaafd

Taler ZN M (+s/-) daalder

Talfahrt ZN V (-/+en) **1** tocht bergaf, vaart stroomafwaarts **2** FIG. inzinking, teruggang • *die ~ des Dollars* de neergang van de dollar

Talg ZN M (+(e)s/+e) talg, talk

Talgdrüse ZN V (-/+n) talgklier

Talisman ZN M (+s/+e) talisman

Talk 1 ZN M (+(e)s/gmv) talk **2** ZN M (+s/+s) A-V gesprek <praatprogramma>

Talkpuder ZN M (+s/-) talkpoeder

Talkshow ZN V (-/+s) talkshow, praatprogramma

Talmi ZN O (+s/gmv) **1** onecht goud **2** klatergoud, waardeloze rommel

Talmud ZN M (+(e)s/+e) Talmoed

Talon ZN M (+s/+s) **1** controlestrook **2** talon

Talsohle ZN V (-/+n) **1** dalbodem **2** FIG. dal, dieptepunt

Talsperre ZN V (-/+n) stuwdam

Tamarinde ZN V (-/+n) tamarinde

Tamburin ZN O (+s/+e) tamboerijn

Tampon ZN M (+s/+s) tampon

tamponieren OV WW tamponneren

Tamtam ZN O (+s/-) **1** tamtam **2** FIG. tamtam, poeha, drukte • *großes ~ um etwas machen* veel tamtam maken om iets • *mit großem ~* met veel tamtam

Tand ZN M (+(e)s/gmv) waardeloze prullen, snuisterijen, kitsch

Tändelei ZN V (-/+en) **1** beuzelarij **2** geflirt

tändeln ONOV WW **1** beuzelen, klungelen **2**

tä

flirten

Tandem ZN O (+s/+s) **1** tandem, tweepersoonsfiets **2** tandem, koppel

Tang ZN M (+(e)s/+e) (zee)wier

Tangens ZN M (-/-) tangens

Tangente ZN V (-/+n) **1** WISK. tangens, raaklijn **2** TRANSP. randweg

tangieren OV WW treffen, raken • *der Plan wird davon nicht tangiert* het plan wordt daardoor niet getroffen • *das tangiert mich nicht* dat raakt mij niet

Tango ZN M (+s/+s) tango

Tank ZN M (+s/+s) tank <voor bv. benzine> • *septische(r) ~* septische put

tanken OV + ONOV WW OOK FIG. tanken • *Kraft ~* kracht opdoen • *frische Luft ~* frisse lucht happen

Tanker ZN M (+s/-) tankschip, tanker

Tanksäule ZN V (-/+n) benzinepomp

Tankschiff ZN O (+(e)s/+e) tankschip

Tankstelle ZN V (-/+n) tankstation, benzinepomp

Tankwart ZN M (+(e)s/+e) pompbediende

Tanne ZN V (-/+n) spar, den

Tannenbaum ZN M (+(e)s/-bäume) **1** spar **2** dennenboom, kerstboom

Tannenwald ZN M (+(e)s/-wälder) sparrenbos

Tannenzapfen ZN M (+s/-) sparappel, sparrenkegel, dennenappel

Tannin ZN O (+s/+e) tannine

Tante ZN V (-/+n) tante

Tante-Emma-Laden ZN M (+s/-Läden) ouderwets winkeltje, winkeltje om de hoek

Tantieme ZN V (-/+n) **1** tantième, aandeel in de winst **2** royalty

Tanz ZN M (+es/Tänze) **1** dans • *zum ~ aufspielen* dansmuziek spelen, de dans begeleiden • *jemanden zum ~ auffordern* iemand ten dans vragen **2** (het) dansen, dansavond **3** gedonder, herrie • *wenn ich zu spät komme, gibt das wieder einen ~* als ik te laat kom, komt er weer gedonder van

Tanzbein ZN O (+(e)s/+e) • *das ~ schwingen* een dansje maken, met de beentjes van de vloer gaan

Tanzboden ZN M (+s/-böden) dansvloer

tänzeln ONOV WW trippelen, dansend huppelen

tanzen OV + ONOV WW dansen

Tänzer ZN M (+s/-) danser

ta

Tänzerin ZN V (-/+nen) danseres

tänzerisch BN dans-, dansend, op dansgebied, als dans

Tanzlokal ZN O (+(e)s/+e) **1** dancing **2** danszaal

Tanzschritt ZN M (+(e)s/+e) danspas

Tanzveranstaltung ZN V (-/+en) dansfeest, bal

Tapenade ZN V CULIN tapenade

Tapet ZN O • *etwas aufs ~ bringen* iets ter sprake brengen

Tapete ZN V (-/+n) behang

Tapetenrolle ZN V (-/+n) rol behangpapier

Tapetenwechsel ZN M (-/-) INFORM. verandering van omgeving • *du brauchst mal ~* je bent toe aan verandering

tapezieren OV WW behangen

Tapezierer ZN M (+s/-) behanger

tapfer BN dapper, flink

Tapferkeit ZN V (-/gmv) moed, dapperheid

Tapir ZN M (+s/+e) tapir

tappen ONOV WW **1** klossen, stappen **2** tasten, op de tast lopen • FIG. *im Dunkeln ~* in het duister tasten

täppisch BN lomp, onhandig, stuntelig

tapsen ONOV WW lomp stappen, onbeholpen sjokken

tapsig BN stuntelig, onhandig

Tarantel ZN V (-/+n) tarantula • *wie von der ~ gestochen* als door een adder gebeten

Tarif ZN M (+s/+e) **1** tarief **2** cao-loon • *nach ~ bezahlt werden* loon volgens cao krijgen

Tarifautonomie ZN V (-/+n) recht op vrije loonvorming, onderhandelingsvrijheid

tariflich BN **1** volgens vastgesteld tarief **2** volgens de cao

Tariflohn ZN M (+(e)s/-löhne) tariefloon

Tarifpartner ZN MV cao-onderhandelaars, sociale partners

Tarifrunde ZN V (-/+n) loonronde

Tarifvertrag ZN M (+(e)s/-verträge) collectieve arbeidsovereenkomst, cao, BELG. interprofessioneel akkoord • *einen ~ kündigen* een cao openbreken

tarnen OV WW camoufleren, vermommen

Tarnfarbe ZN V (-/+n) **1** camouflagekleur **2** schutkleur

Tarnorganisation ZN V (-/+en) mantelorganisatie

Tarnung ZN V (-/+en) camouflage, vermomming

Tarock ZN M/O (+s/+s) tarot

Tarotkarte ZN V tarotkaart

Tasche ZN V (-/+n) **1** tas **2** zak <in kleding> • *in die eigene ~ wirtschaften* zijn eigen zakken vullen • *jemandem auf der ~ liegen* op iemands zak leven • *kräftig in die ~ greifen* flink uitpakken

Taschenausgabe ZN V (-/+n) pocketuitgave

Taschenbuch ZN O (+(e)s/-bücher) **1** pocket, pocketboek **2** zakboek

Taschendieb ZN M (+(e)s/+e) **1** zakkenroller • *Achtung, Taschendiebe!* pas op voor zakkenrollers! **2** tasjesdief

Taschenformat ZN O (+(e)s/+e) zakformaat

Taschengeld ZN O (+(e)s/+er) zakgeld

Taschenlampe ZN V (-/+n) zaklantaarn

Taschenmesser ZN O (+s/-) zakmes

Taschentuch ZN O (+(e)s/-tücher) zakdoek

Taschenuhr ZN V (-/+en) zakhorloge

Taschenwörterbuch ZN O (+(e)s/-bücher) zakwoordenboek

Taskleiste ZN V (-/+n) taakbalk

Tasse ZN V (-/+n) kopje • *eine ~ Tee* een kopje thee • *trübe ~* slome duikelaar • *nicht alle Tassen im Schrank haben* niet goed snik zijn

Tastatur ZN V (-/+en) toetsenbord

tastbar BN tastbaar

Taste ZN V (-/+n) toets • *in die Tasten hauen* op de toetsen slaan

tasten 1 OV + ONOV WW **1** tasten, voelen • *nach einer Sache ~* naar iets tasten **2** zetten, op toetsen drukken <vooral vaktaal> **2** WKD WW (**sich ~**) op de tast lopen, op de tast voelen • *er tastete sich durch den dunklen Flur* hij liep op de tast door de donkere gang

Tastendruck ZN M (+(e)s/-drücke) druk op de knop/toets

Taster ZN M (+s/-) **1** voelspriet **2** toestel met toetsenbord **3** zetter

Tastsinn ZN M (+(e)s/gmv) tastzin

tat OV + ONOV WW verl. tijd → **tun**

Tat ZN V (-/+en) daad • *auf frischer ~ ertappen* op heterdaad betrappen • *in der ~* inderdaad • *gute ~* goede daad • *etwas in die ~ umsetzen* de daad bij het woord voegen

Tatar **1** ZN M (+en/+en) Tartaar **2** ZN O (-, +s/gmv) tartaar

tatarisch BN Tartaars

Tatbestand ZN M (+(e)s/-bestände) **1** feiten, ware toedracht **2** JUR. bestanddelen van een strafbaar feit

Tatendrang ZN M (+(e)s/gmv) dadendrang

tatenlos BN werkeloos, passief, lijdzaam • *~ zusehen* lijdzaam toezien

Täter ZN M (+s/-) dader

Täterschaft ZN V (-/gmv) daderschap

tätig BN **1** werkzaam, actief • *in einer Firma ~ sein* bij een firma werken • *als was sind Sie tätig?* wat is uw beroep? • *der Vulkan ist ~* de vulkaan werkt **2** daadwerkelijk • *tätige Hilfe* daadwerkelijke/praktische hulp

tätigen OV WW verrichten, afsluiten, bewerkstelligen • *einen Kauf ~* een koop sluiten • *Einkäufe ~* boodschappen doen

Tätigkeit ZN V (-/+en) **1** activiteit, bezigheid, bedrijvigheid • *in voller ~ sein* volop in bedrijf zijn, in volle actie zijn **2** werk, beroep, werkzaamheden • *einer ~ nachgehen* een beroep uitoefenen

Tatkraft ZN V (-/gmv) **1** daadkracht **2** energie

tatkräftig BN daadkrachtig, energiek

tätlich BN handtastelijk

Tätlichkeit ZN V (-/+en) **1** gewelddadigheid, daad van geweld • *es kam zu Tätlichkeiten* het kwam tot een vechtpartij **2** handtastelijkheid

Tatort ZN M (+(e)s/+e) plaats van het misdrijf

tätowieren OV WW tatoeëren

Tätowierung ZN V (-/+en) tatoeage

Tatsache ZN V (-/+n) feit • *jemanden vor vollendete Tatsachen stellen* iemand voor een voldongen feit plaatsen • *den Tatsachen ins Auge sehen* de feiten onder ogen zien • *Tatsache!* echt! • *etwas entspricht nicht den Tatsachen* iets is in strijd met de werkelijkheid

Tatsachenbericht ZN M (+(e)s/+e) reportage, verslag

tatsächlich **1** BN werkelijk, feitelijk, echt **2** BW inderdaad, in feite, echt • *ist das ~ passiert?* is dat echt gebeurd?

tätscheln OV WW liefkozende tikjes geven

tatschen ONOV WW INFORM. plomp/onbehouwen beetpakken

Tattergreis ZN M (+es/+e) INFORM. krakkemikkige oude man

Tatterich ZN M (+(e)s/+e) • *den ~ haben* trillende handen hebben

tatterig BN bevend, trillend

Tattoo ZN O (+s/+s) tattoo

Tatze ZN V (-/+n) klauw, poot

Tau **1** ZN M (+(e)s/gmv) dauw **2** ZN O (+s/+e) (scheeps)touw **3** ZN O (-, +s/+s) tau <Griekse letter>

taub BN **1** doof (**für** , **gegen** +4 voor) • *auf beiden Ohren ~ sein* aan beide oren doof zijn • *auf einem Ohr ~* doof aan één oor • FIG. *auf diesem Ohr ist er ~* daar heeft hij geen oren naar • *~ sein für/gegen* doof zijn voor **2** gevoelloos, doof, verdoofd, dood • *ein ~es Gefühl* een doof/dood gevoel **3** loos, leeg • *ein ~es Ei* een onbevrucht ei

Taube ZN V (-/+n) duif • *Tauben halten* duiven melken

Taubenschlag ZN M (+(e)s/-schläge) duiventil

Tauber ZN M (+s/-) doffer <mannetjesduif>

Taubheit ZN V (-/gmv) **1** doofheid **2** gevoelloosheid **3** leeg zijn

Taubnessel ZN V (-/+n) dovenetel

taubstumm BN doofstom

Tauchboot ZN O (+(e)s/+e) onderzeeboot, duikboot

tauchen **1** OV WW dompelen, onderdompelen • *etwas in Wasser ~* iets in water onderdompelen • FIG. *in Rosa getaucht* in roze gehuld **2** ONOV WW duiken

Tauchen ZN O (+s/gmv) duiken

Taucher ZN M (+s/-) duiker

Taucheranzug ZN M (+(e)s/-anzüge) duikerpak

Tauchsieder ZN M (+s/-) dompelaar

tauen **1** OV + ONOV WW ontdooien **2** ONP WW dooien • *es beginnt zu ~* de dooi valt in

Taufbecken ZN O (+s/-) doopvont, doopbekken

Taufe ZN V (-/+n) **1** doop, doopsel • FIG. *etwas aus der ~ heben* iets ten doop houden **2** doopfeest

taufen OV WW **1** dopen **2** een naam geven • *das neue Gerät wurde X100 getauft* het nieuwe toestel kreeg de naam X100

Täufer ZN M (+s/-) **1** doper • *Johannes der ~* Johannes de Doper **2** GESCH. wederdoper

taufeucht BN vochtig van de dauw

Täufling ZN M (+s/+e) dopeling

Taufname ZN M (+n/+n) doopnaam

Taufpate ZN M (+n/+n) peter, peetoom

Taufpatin ZN V (-/+nen) peettante

taufrisch BN **1** dauwfris **2** heerlijk vers, kersvers

Taufschein ZN M (+(e)s/+e) doopbewijs

taugen ONOV WW deugen • *das taugt nichts* dat deugt niet, dat is nergens goed voor

Taugenichts ZN M (-, +es/+e) nietsnut

tauglich BN **1** geschikt, bruikbaar, deugdelijk **2** goedgekeurd voor de militaire dienst

Tauglichkeit ZN V (-/gmv) geschiktheid,

bruikbaarheid
Taumel ZN M (+s/gmv) duizeling, roes, bedwelming
taumelig BN **1** wankelend • *~ ging er über die Straße* wankelend ging hij over straat **2** dartelend **3** bedwelmd, duizelig • *vor lauter Glück ganz ~ sein* duizelen/zwijmelen van gelukzaligheid
taumeln ONOV WW waggelen, wankelen, tuimelen
Tausch ZN M (+(e)s/+e) ruil • *im ~ gegen* in ruil voor • *einen guten ~ machen* een goede ruil doen
tauschen OV + ONOV WW ruilen, wisselen • *Geld ~* geld wisselen <in een andere valuta> • *~ gegen* ruilen tegen • *die Rollen ~* de rollen omdraaien
täuschen 1 OV WW misleiden, om de tuin leiden, bedriegen • *jemandem täuschend ähnlich sehen* sprekend op iemand lijken **2** WKD WW (**sich ~**) zich vergissen • *wenn ich mich nicht täusche* als ik me niet vergis
Täuscher ZN M (+s/-) misleider, bedrieger
Tauschhandel ZN M (+s/gmv) ruilhandel
Täuschung ZN V (-/+en) **1** misleiding, bedrog **2** vergissing **3** illusie
Täuschungsmanöver ZN O (+s/-) schijnmanoeuvre
tausend TELW duizend
Tausend 1 ZN V (-/+en) getal duizend **2** ZN O (+s/+e) duizendtal • *tausend und abertausend / ~ und Abertausend* duizend en nog eens duizend • *einige Tausend/tausend* een paar duizend
tausendeins TELW duizendeen, 1001
Tausender ZN M (+s/-) **1** duizendtal **2** briefje van duizend, duizendje **3** berg van duizend meter en hoger
tausendfach BN duizendvoudig
tausendste TELW duizendste
Tausendstel ZN O (+s/-) duizendste deel
Tautologie ZN V (-/+n) tautologie
Tautropfen ZN M (+s/-) dauwdruppel
Tauwetter ZN O (+s/gmv) dooi • *~ setzt ein* de dooi valt in
Tauziehen ZN O (+s/gmv) **1** touwtrekken **2** FIG. getouwtrek
Taverne ZN V (-/+n) taveerne, café, kroeg
Taxameter ZN M (+s/-) taximeter, taxameter
Taxator ZN M (+s/+en) taxateur
Taxe ZN V (-/+n) **1** heffing, tarief **2** getaxeerde waarde **3** taxi
Taxi ZN O (+s/+s) taxi
taxieren OV WW taxeren, schatten • *er taxierte sie von oben bis unten* hij nam haar van top tot teen op
Taxpreis ZN M (+es/+e) taxatiewaarde, taxatieprijs
Taxus ZN M (-/-) taxus
Taxwert ZN M getaxeerde waarde
TB ZN O Terabyte TB
Teakholz ZN O (+es/gmv) teakhout
Team ZN O (+s/+s) team • *im ~ arbeiten* in teamverband werken
Teamarbeit ZN V (-/+en) teamwerk
Technik ZN V (-/+en) techniek
Techniker ZN M (+s/-) **1** technicus **2** iemand met een bepaalde techniek
Technikum ZN O (+s/-ka, -ken) hogere technische school
technisch BN technisch • *Technische Hochschule* technische hogeschool • *~er Direktor* technisch directeur • *~ gesehen unmöglich* technisch onmogelijk
technisieren OV WW instellen op technische werkwijze, mechaniseren
Technokrat ZN M (+en/+en) technocraat
Technokratie ZN V (-/gmv) technocratie
Technologe ZN M (+n/+n) technoloog
Technologie ZN V (-/+n) technologie
technologisch BN technologisch
Techtelmechtel ZN O (+s/-) gescharrel, flirt, vrijerij
Teckel ZN M (+s/-) dashond, teckel
Teddy, **Teddybär** ZN M (+s/+s) teddybeer
Tee ZN M (+s/+s) thee • *starke(r)/dünne(r) ~* sterke/slappe thee • *~ aufbrühen/kochen* thee zetten • *jmdn. zum ~ einladen* iemand op de thee vragen • *abwarten und ~ trinken* rustig aandoen
Teebeutel ZN M (+s/-) theezakje
Teegeschirr ZN O (+(e)s/+e) theeservies
Teekanne ZN V (-/+n) theepot
Teenager ZN M (+s/-) teenager, tiener
Teer ZN M (+(e)s/+e) teer
teeren OV WW teren, asfalteren
Teerose ZN V (-/+n) theeroos
Teesieb ZN O (+(e)s/+e) theezeefje
Teich ZN M (+(e)s/+e) vijver
Teichrose ZN V (-/+n) waterlelie
Teig ZN M (+(e)s/+e) deeg, beslag
teigig BN **1** onder het deeg zittend **2** deegachtig, klef **3** papperig, pappig, week
Teigwaren ZN MV deegwaren
Teil 1 ZN M (+(e)s/+e) **1** deel, aandeel • *zum größten ~* voor het grootste deel • *Teilchen* deeltje **2** gedeelte, partij • *zum ~* gedeeltelijk • *dieser ~ des Buches* dit gedeelte van het boek **2** ZN O (+(e)s/+e) deel, onderdeel • *wir brauchen das ~ dringend* wij hebben het onderdeel dringend nodig
teilbar BN deelbaar
Teilbarkeit ZN V (-/gmv) deelbaarheid
Teilchen ZN O (+s/-) **1** deeltje **2** gebakje
Teilchenbeschleuniger ZN M (+s/-) deeltjesversneller, cyclotron
teilen 1 OV WW **1** delen • *geteilter Meinung sein* van mening verschillen • *ein geteiltes Land* een gedeeld land **2** <sociale media> **teilen** • *ein Foto auf Instagram teilen* een foto delen op Instagram **3** splitsen **2** WKD WW (**sich ~**) **1** delen, onder elkaar delen • *wir ~ uns die Arbeit* wij delen het werk tussen ons op • *eine Meinung ~* een mening delen **2** zich splitsen, uiteengaan • *die Straße teilt sich* de straat wordt gesplitst
Teiler ZN M (+s/-) deler • *der größte gemeinsame ~* WISK. de grootste gemene deler, FIG. de grootste gemene deler
Teilerfolg ZN M (+(e)s/+e) deelsucces,

gedeeltelijk succes
Teilgebiet ZN O (+(e)s/+e) deelgebied, onderdeel
teilhaben ONOV WW onregelmatig deel hebben • ~ *an* +3 delen in • *jemanden an seiner Freude* ~ *lassen* iemand deelgenoot maken van zijn vreugde
Teilhaber ZN M (+s/-) **1** deelgenoot **2** compagnon, firmant, vennoot • *stiller* ~ stille vennoot
teilhaft BN deelachtig
Teillösung ZN V (-/+en) deeloplossing, gedeeltelijke oplossing
Teilnahme ZN V (-/gmv) **1** deelname **2** belangstelling • *unter reger* ~ onder grote belangstelling **3** deelneming, medeleven
teilnahmslos BN apathisch, ongeïnteresseerd, onverschillig
teilnahmsvoll BN **1** belangstellend, geïnteresseerd **2** vol medeleven
teilnehmen ONOV WW sterk **1** deelnemen, meedoen **2** medeleven, van zijn belangstelling blijk geven • *er nahm an ihrem Kummer teil* hij deelde in haar verdriet
teilnehmend BN **1** belangstellend **2** deelnemend
Teilnehmer ZN M (+s/-) **1** deelnemer **2** COMM. abonnee
Teilregierung ZN V BELG. deelregering
teils BW deels, ten dele • ~, ~ ja en nee, enerzijds wel, anderzijds niet
Teilstrecke ZN V (-/+n) **1** baanvak **2** traject
Teilung ZN V (-/+en) splitsing, deling, verdeling • GESCH. *die deutsche* ~ de verdeling van Duitsland in twee staten
teilweise BN + BW gedeeltelijk
Teilzahlung ZN V (-/+en) gedeeltelijke betaling
Teilzeit ZN V deeltijd • ~ *arbeiten* in deeltijd werken
Teilzeitarbeit ZN V (-/+en) deeltijdbaan, deeltijdarbeid
Teilzeitbeschäftigte ZN M/V (+n/+n) deeltijder, parttimer
Teilzeitbeschäftigung ZN V deeltijdbaan, parttimebaan • *eine* ~ *haben* parttime werken
Teilzeitkraft ZN V (-/-kräfte) parttime werknemer, parttimer
Teint ZN M (+s/+s) huidskleur, teint
Telearbeit ZN V (-/gmv) telewerk
telearbeiten ONOV WW telewerken
Telefon ZN O (+s/+e) telefoon • *das* ~ *klingelt* de telefoon gaat • *ans* ~ *gehen* de telefoon opnemen • *ich habe Albers am* ~ ik heb Albers aan de lijn
Telefonanschluss ZN M (+es/-schlüsse) telefoonaansluiting
Telefonapparat ZN M telefoontoestel
Telefonbanking, **Telebanking** ZN O (+s/gmv) (het) telebankieren
telefonieren ONOV WW bellen, telefoneren • *mit jemandem* ~ met iemand bellen • *nach einem Arzt* ~ om een dokter bellen • *wir* ~ *noch* wij bellen nog
telefonisch BN telefonisch
Telefonkarte ZN V (-/+n) telefoonkaart <voor telefooncel>
Telefonshow ZN V MEDIA belspel
Telefonzelle ZN V (-/+n) telefooncel
Telekarte ZN V (-/+n) **1** telefoonkaart <voor telefooncel> **2** prepaidkaart <voor mobiele telefoon>
Telekommunikation ZN V (-/+en) telecommunicatie
Teleobjektiv ZN O (+s/+e) teleobjectief
Telepathie ZN V (-/gmv) telepathie
telepathisch BN telepathisch
Teleskop ZN O (+s/+e) telescoop
Teller ZN M (+s/-) **1** bord <servies> • *flacher* ~ plat bord • *tiefer* ~ diep bord **2** schijf, schaal **3** handpalm
Tellerwäscher ZN M (+s/-) afwashulp, bordenwasser
Tempel ZN M (+s/-) tempel
Temperament ZN O (+(e)s/+e) temperament
temperamentvoll BN temperamentvol, vurig
Temperatur ZN V (-/+en) **1** temperatuur • *bei niedriger* ~ op een zacht vuurtje **2** MED. verhoging • *erhöhte* ~ lichte koorts
Temperaturschwankung ZN V (-/+en) temperatuurschommeling
temperieren OV WW **1** op temperatuur brengen **2** temperen, matigen
Tempo **1** ZN O (+s/+s. -pi) tempo • *in flottem* ~ in vlot tempo • *das* ~ *erhöhen* het tempo verhogen • *mach es in deinem* ~ doe het in je eigen tempo **2** ZN O (+s/+s) INFORM. ® papieren zakdoekje • *hast du ein Tempo?* heb je een zakdoekje?
Tempolimit ZN O (+s/+s) snelheidsbeperking
temporal BN **1** temporeel **2** MED. temporaal
Temporalsatz ZN M (+es/-sätze) bijwoordelijke bijzin van tijd
temporär BN tijdelijk
Tempus ZN V (-/Tempora) TAALK. tijd(vorm)
Tendenz ZN V (-/+en) tendens, strekking • *steigende* ~ opwaartse tendens
tendenziös BN tendentieus
tendieren ONOV WW tenderen • *zu etwas* ~ naar iets tenderen
Tenne ZN V (-/+n) dorsvloer, deel
Tennis ZN O (-/gmv) tennis
Tennishalle ZN V (-/+n) overdekte tennisbaan
Tennisplatz ZN M (+es/-plätze) tennisveld
Tennisschläger ZN M (+s/-) racket
Tennisturnier ZN O (+s/+e) tennistoernooi
Tenor ZN M (+s/gmv) teneur, inhoud
Tenor ZN M (+s/Tenöre) **1** MUZ. tenor, tenorzanger **2** MUZ. tenor, tenorpartij
Tentakel ZN M/O (+s/-) vangarm, tentakel
Teppich ZN M (+s/+e) tapijt, vloerkleed • FIG. *etwas unter den* ~ *kehren* iets in de doofpot stoppen • *bleib auf dem Teppich!* doe gewoon!
Teppichboden ZN M kamerbreed tapijt
Teppichklopfer ZN M (+s/-) mattenklopper
Terabyte ZN O terabyte
Term ZN M (+(e)s/+e) term

te

Termin ZN M (+s/+e) **1** afspraak, datum, bepaalde tijd • *einen ~ beim Arzt haben* een afspraak bij de dokter hebben • *einen ~ vereinbaren/machen* een afspraak maken • *einen ~ festsetzen* een afspraak vastleggen • *der ~ der Reise* de reisdatum • *den ~ einhalten* de afspraak nakomen **2** termijn **3** rechtszitting, zittingsdag
Terminal ZN M/O (+s/+s) LUCHTV. terminal
Termindruck ZN M (+(e)s/gmv) tijdsdruk, tijdnood
termingemäß BN **1** binnen de gestelde termijn, op tijd **2** volgens afspraak
Termingeschäft ZN O (+(e)s/+e) **1** termijntransactie **2** termijnhandel
Terminkalender ZN M (+s/-) agenda
Terminologie ZN V (-/+n) terminologie
Terminus ZN M (-/-mini) term, vakterm
Termite ZN V (-/+n) termiet
Terpentin ZN O (+s/+e) terpentijn
Terpentinöl ZN O (+s/gmv) terpentijn, thinner
Terrain ZN O (+s/+s) terrein
Terrakotta ZN V (-/-kotten) terracotta
Terrarium ZN O (+s/-rien) terrarium
Terrasse ZN V (-/+n) terras <bv. van huis>
Terrassenheizung ZN V terrasverwarmer
Terrazzo ZN M (-, +s/-zzi) terrazzo
Terrier ZN M (+s/-) terriër
Terrine ZN V (-/+n) terrine, soepterrine
territorial BN territoriaal
Territorialgewässer ZN MV territoriale wateren
Territorium ZN O (+s/-rien) territorium, grondgebied
Terror ZN M (+s/gmv) **1** terreur **2** INFORM. ruzie, heibel • *~ machen* heel boos worden
Terrorakt ZN M (+(e)s/+e) terreurdaad
Terroranschlag ZN M (+(e)s/-anschläge) terreuraanslag
terrorisieren OV WW terroriseren
Terrorismus ZN M (-/gmv) terrorisme
Terrorist ZN M (+en/+en) terrorist
terroristisch BN terroristisch
Terrorwelle ZN V (-/+n) golf van terreur
tertiär BN tertiair • *der tertiäre Sektor* de tertiaire sector
Tertiär ZN O (+s/gmv) tertiair
Terz ZN V (-/+en) MUZ. terts
Terzett ZN O (+(e)s/+e) stuk voor drie stemmen/instrumenten, terzet
Tesafilm, **Tesa** ZN M (+(e)s/gmv) plakband
Test ZN M (+(e)s/+s, +e) test, toets, proef • *jemanden/etwas Tests unterziehen* iemand/iets aan tests onderwerpen
Testament ZN O (+(e)s/+e) testament • *sein ~ machen* zijn testament opmaken • *das Alte/Neue ~* het Oude/Nieuwe Testament • *jemanden in seinem ~ bedenken* iemand in zijn testament zetten
testamentarisch BN testamentair
Testamentsvollstrecker ZN M (+s/-) executeur-testamentair
Testat ZN O (+(e)s/+e) testimonium, attest
Testbild ZN O (+(e)s/+er) testbeeld
testen OV WW testen, toetsen • *etwas in der Praxis ~* aan de praktijk toetsen
Testikel ZN M (+s/-) MED. testikel
Testosteron ZN O (+s/gmv) mannelijk geslachtshormoon, testosteron
Tetanus ZN M (-/gmv) MED. stijfkramp, tetanus
Tetanusimpfung ZN V tetanusprik
teuer BN **1** duur • *es kam sie ~ zu stehen* het kwam haar duur te staan **2** dierbaar • *diese Uhr ist mir sehr ~* deze klok is me erg lief
Teuerung ZN V (-/+en) duurte, prijsstijging
Teufel ZN M (+s/-) duivel • *den ~ werde ich tun* ik peins er niet over • *auf ~ komm raus* in het wilde weg • *man soll den ~ nicht an die Wand malen* je moet geen slapende honden wakker maken • *in Teufels Küche kommen* in een moeilijke situatie geraken • *armer Teufel!* arme drommel! • *der ~ ist los* de boel staat op stelten • *kein ~* niemand • *scher dich zum Teufel!* flikker op! • *in Teufels Küche kommen* in de problemen komen
Teufelei ZN V (-/+en) **1** duivelse streek **2** duivelse kwaadaardigheid
Teufelin ZN V (-/+nen) duivelin
Teufelsbrut ZN V (-/gmv) duivelsbroed, hels gebroed
Teufelskerl ZN M (+s/+e) dekselse kerel
Teufelskreis ZN M (+es/+e) vicieuze cirkel
teuflisch BN duivels • *ein ~er Plan* een duivels plan
Teuro ZN M (-, +s/+s) IRON. duro <dure euro>
Teutone ZN M (+n/+n) HUMOR. Duitser • *Teutonen* Teutonen
Text ZN M (+(e)s/+e) tekst • *jemanden aus dem ~ bringen* iemand in de war brengen
texten OV + ONOV WW reclameteksten/liedjesteksten schrijven
Texter ZN M (+s/-) tekstschrijver
Textilien ZN MV textiel
Textur ZN V (-/+en) **1** textuur **2** structuur, opbouw
TFT-Schirm ZN M ELEK. tft-scherm
Theater ZN O (+s/-) **1** theater, schouwburg, toneel • *ins ~ gehen* naar de schouwburg gaan • *zum/ans ~ gehen* bij het toneel gaan • *am/beim ~ sein* bij het toneel zijn **2** komedie, vertoning **3** gedoe, drukte • *ein wahres ~ aufführen* een drukte van belang maken • *mach kein Theater!* stel je niet zo aan! • *da beginnt das ~ wieder!* daar begint het geduvel weer! • *mit viel ~* met veel tamtam • *welch ein ~* wat een overdreven gedoe
Theateraufführung ZN V (-/+en) toneeluitvoering
Theaterkarte ZN V (-/+n) schouwburgkaartje • *wir haben für heute Theaterkarten* wij gaan vandaag naar het theater
Theatersport ZN M theatersport
Theatervorstellung ZN V (-/+en) toneelvoorstelling
theatralisch BN theatraal
Theismus ZN M (-/gmv) theïsme
Theke ZN V (-/+n) **1** toonbank **2** tapkast, bar

Thema ZN O (+s/-men, -ta) thema, onderwerp • *das ist gar kein ~* dat is geen probleem • *das ~ wechseln* van onderwerp veranderen • *aktuelle Themen* actualiteiten • *heißes ~* hot issue/item
Thematik ZN V (-/gmv) thematiek
Themse ZN V (-/gmv) Theems
Theologe ZN M (+n/+n) theoloog
Theologie ZN V (-/+n) theologie
theologisch BN theologisch
Theoretiker ZN M (+s/-) theoreticus
theoretisch BN theoretisch
theoretisieren ONOV WW theoretiseren
Theorie ZN V (-/+n) theorie
Therapeut ZN M (+en/+en) therapeut
therapeutisch BN therapeutisch
Therapie ZN V (-/+n) therapie
therapieren OV + ONOV WW MED. behandelen
Thermalquelle ZN V (-/+n) thermale bron, warmwaterbron
Therme ZN V (-/+n) thermen, warme bron
Thermik ZN V (-/gmv) thermiek
thermisch BN thermisch
Thermometer ZN O (+s/-) thermometer
Thermosflasche ZN V (-/+n) thermosfles
Thermostat ZN M (+(e)s, +en/+e, +en) thermostaat
These ZN V (-/+n) these, stelling
Thrombose ZN V (-/+n) trombose, bloedpropvorming
Thron ZN M (+(e)s/+e) **1** troon • *jemanden vom ~ stoßen* iemand van zijn troon stoten **2** INFORM. po, toilet
Thronanwärter ZN M (+s/-) troonpretendent
Thronbesteigung ZN V (-/+en) troonsbestijging
thronen ONOV WW tronen
Thronerbe ZN M (+n/+n) troonopvolger
Thronfolge ZN V (-/+n) troonopvolging
Thronfolger ZN M (+s/-) troonopvolger
Thronverzicht ZN M (+(e)s/+e) troonsafstand
Thunfisch ZN M (+(e)s/+e) tonijn
Thüringen ZN O Thüringen <Duitse deelstaat>
Thymian ZN M (+s/+e) tijm
Tiara ZN V (-/-ren) tiara
Tibet ZN O Tibet
Tibetaner ZN M (+s/-) Tibetaan
Tick ZN M (+(e)s/+e) tik, tic, aanwensel
ticken ONOV WW tikken • INFORM. *der tickt nicht ganz richtig* die is niet goed bij zijn hoofd
Ticket ZN O (+s/+s) ticket, kaartje
tief BN **1** diep • *im ~sten Winter* hartje winter • *~ erschüttert* diepgeschokt • *~ gehend* diepgaand • *~ greifend* ingrijpend, diepgaand • *~ liegend* ingezonken • *~ schürfend* grondig, doordacht, diepgaand • *~ betrübt* diepbedroefd **2** laag • *eine ~e Stimme* een lage stem • *sie wohnen einen Stock ~er* ze wonen een verdieping lager
Tief ZN O (+s/+s) **1** depressie <ook figuurlijk>, lagedrukgebied **2** SCHEEPV. diep, vaargeul
Tiefbau **1** ZN M (+(e)s/+ten) bouwen op of onder de grond, weg- en waterbouw **2** ZN M (+(e)s/+e) mijn, groeve
tiefblau BN diepblauw, donkerblauw
Tiefdruck ZN M (+(e)s/+e) **1** diepdruk **2** droge ets
Tiefdruckgebiet ZN O (+(e)s/+e) AARDK. lagedrukgebied
Tiefe ZN V (-/+n) **1** OOK FIG. diepte • *in die ~ blicken* omlaag kijken **2** laagte **3** FIG. diepgang
Tiefebene ZN V (-/+n) laagvlakte
Tiefflieger ZN M (+s/-) laagvliegend vliegtuig
Tiefflug ZN M (+(e)s/-flüge) scheervlucht
Tiefgang ZN M (+(e)s/gmv) diepgang
Tiefgarage ZN V (-/+n) ondergrondse parkeergarage
tiefgekühlt BN diepvries- • *tiefgekühlter Spinat* diepvriesspinazie
tiefgründig BN **1** diep **2** diepgaand
Tiefkühlfach ZN O (+(e)s/-fächer) vriesvak
Tiefkühltruhe ZN V (-/+n) diepvrieskist
Tiefland ZN O (+(e)s/gmv) laagland
Tiefpunkt ZN M (+(e)s/+e) **1** dieptepunt • *die Stimmung hatte ihren ~ erreicht* de sfeer had een dieptepunt bereikt • *einen wirtschaftlichen ~ erreichen* een economisch dieptepunt bereiken **2** laagste punt
Tiefschlag ZN M (+(e)s/-schläge) stoot onder de gordel
Tiefsinn ZN M (+(e)s/gmv) **1** zwaarmoedigheid **2** diepzinnigheid
tiefsinnig BN diepzinnig
Tiefstand ZN M (+(e)s/gmv) laag peil, lage stand
Tiefsttemperatur ZN V minimumtemperatuur
tieftraurig BN **1** diepbedroefd **2** indroevig
Tiegel ZN M (+s/-) kroes, smeltkroes
Tier ZN O (+(e)s/+e) **1** dier, beest • *ein hohes ~* een hoge ome, een hoge piet **2** INFORM. knuffelbeest • *das Kind hat seine Tiere dabei* het kind heeft zijn knuffelbeesten bij zich
Tierart ZN V (-/+en) diersoort
Tierarzt ZN M (+es/-ärzte) dierenarts, veearts
Tierfreund ZN M (+(e)s/+e) dierenvriend
Tiergarten ZN M (+s/-gärten) dierentuin
Tierhandlung ZN V (-/+en) dierenspeciaalzaak
Tierheim ZN O (+(e)s/+e) dierenasiel
tierisch BN **1** dierlijk **2** beestachtig **3** ontzettend <jongerentaal> • *es war ~ heiß* het was ontzettend heet
Tierkreis ZN M (+es/gmv) dierenriem
Tierkreiszeichen ZN O teken van de dierenriem
Tierkunde ZN V (-/gmv) dierkunde
tierlieb BN goed voor dieren, van dieren houdend
Tiermehl ZN O dierenmeel
Tierpark ZN M (+(e)s/+e, +s) dierenpark, wildpark
Tierquäler ZN M (+s/-) dierenbeul
Tierquälerei ZN V (-/+en) dierenmishandeling
Tierreich ZN O (+(e)s/+e) dierenrijk
Tierschutz ZN M (+es/gmv) dierenbescherming
Tierschutzverein ZN M (+(e)s/+e) vereniging

voor dierenbescherming
Tierversuch ZN M (+(e)s/+e) dierproef
Tierwelt ZN V (-/gmv) dierenwereld
Tiger ZN M (+s/-) tijger
Tigerin ZN V (-/+nen) tijgerin
tigern ONOV WW gehaast lopen • *durch die Stadt ~* door de stad banjeren
Tigris ZN M Tigris
tilgen OV WW **1** ECON. aflossen, delgen **2** FORM. wissen, schrappen
Tilgung ZN V (-/+en) ECON. aflossing, delging • *Zins und ~* rente en aflossing • *vorzeitige ~* vervroegde aflossing
Tilgungsanleihe ZN V (-/+n) amortisatielening
timen OV + ONOV WW timen, klokken
Timing ZN O (+s/+s) timing
Tingeltangel ZN O (+s/-) **1** café chantant **2** tingeltangelmuziek
Tinktur ZN V (-/+en) tinctuur
Tinte ZN V (-/+n) **1** inkt • *klar wie dicke ~* zo klaar als een klontje • *in der ~ sitzen* in de knoei zitten **2** tint
Tintenfass ZN O (+es/-fässer) inktkoker, inktpot
Tintenfisch ZN M (+(e)s/+e) inktvis
Tintenklecks ZN M (+es/+e) inktvlek
Tintenpatrone ZN V (-/+n) inktpatroon, inktcartridge
Tintenstrahldrucker ZN M (+s/-) inkjetprinter
Tipp ZN M (+s/+s) **1** tip, hint • *heißer ~* aanrader • *jemandem einen ~ geben* iemand een tip geven • *falscher ~* valse tip **2** wedbriefje
Tippelbruder ZN M (+s/-brüder) landloper, vagebond
tippeln ONOV WW tippelen
tippen OV + ONOV WW **1** typen, tikken • *sich an die Stirn ~* naar zijn voorhoofd wijzen **2** wedden, gokken
Tippfehler ZN M (+s/-) tikfout
tipptopp BN tiptop
Tippzettel ZN M (+s/-) lottobriefje, totobriefje
Tirade ZN V (-/+n) tirade
tirilieren ONOV WW tierelieren, kwinkeleren
Tirol ZN O (+s/gmv) Tirol <Oostenrijkse deelstaat>
Tisch ZN M (+(e)s/+e) **tafel** • *am ~ sitzen* aan tafel zitten • *bei ~* aan tafel • *vor ~* voor het eten • *reinen ~ machen* schoon schip maken • *unter den ~ fallen* niet in aanmerking komen, niet plaatsvinden • *vom ~ sein* afgedaan zijn • *zu ~ sein* lunchpauze hebben • *zu Tisch!* aan tafel! • *sich mit jemandem an einen ~ setzen* om de tafel gaan zitten • *jemanden unter den ~ trinken* iemand onder de tafel drinken
Tischbein ZN O (+(e)s/+e) tafelpoot
Tischdame ZN V (-/+n) tafeldame
Tischdecke ZN V (-/+n) tafelkleed
Tischdekoration ZN V tafelversiering • *sie sorgt für die ~* zij zorgt voor een aangeklede tafel
Tischgebet ZN O (+(e)s/+e) tafelgebed
Tischleindeckdich ZN O (-/gmv) tafeltje-dek-je
Tischler ZN M (+s/-) meubelmaker, schrijnwerker
Tischlerarbeit ZN V (-/+en) meubelmakerswerk
Tischlerei ZN V (-/+en) meubelmakerij
tischlern OV WW timmeren
Tischnachbar ZN M (+n/+n) tafelbuurman
Tischplatte ZN V (-/+n) tafelblad
Tischrede ZN V (-/+n) toespraak aan tafel
Tischtennis ZN O (-/gmv) tafeltennis
Tischtuch ZN O (+(e)s/-tücher) tafellaken
Titan **1** ZN M (+en/+en) titan, reus <ook figuurlijk> **2** ZN O (+s/gmv) titanium
titanenhaft BN titanisch, reusachtig
Titel ZN M (+s/-) **1** titel • *einen ~ führen* een titel voeren **2** ECON. begrotingspost
Titelbild ZN O (+(e)s/+er) **1** titelplaat **2** omslagfoto
Titelverteidiger ZN M (+s/-) titelhouder
Titular ZN M (+s/+e) titularis
Titulatur ZN V (-/+en) titulatuur
titulieren OV WW tituleren, betitelen
Tl. AFK Teil deel
Toast ZN M (+(e)s/+s, +e) **1** geroosterd brood **2** toast
Toastbrot ZN O (+(e)s/+e) **1** geroosterd brood **2** brood om te roosteren
toasten **1** OV WW roosteren <van brood> **2** ONOV WW toasten
Toaster ZN M (+s/-) broodrooster
toben ONOV WW **1** razen, woeden, tieren • *ihr Vater tobte, als er das hörte* haar vader was razend toen hij dat hoorde **2** dollen, ravotten • *die Kinder tobten im Garten* de kinderen dolden in de tuin
Tobsucht ZN V (-/gmv) razernij
tobsüchtig BN razend, dol
Tobsuchtsanfall ZN M (+s/-fälle) razernijaanval, vlaag van razernij
Tochter ZN V (-/Töchter) dochter
Tochtergesellschaft ZN M (-/+en) dochtermaatschappij
töchterlich BN dochterlijk
Tod ZN M (+(e)s/+e) dood • *der weiße ~* dood door een lawine, dood in de sneeuw • *der schwarze ~* de zwarte dood • *sich zu Tode langweilen* zich dodelijk vervelen • *sich zu Tode arbeiten* zich doodwerken • *sich zu Tode erschrecken* zich doodschrikken • *eines gewaltsamen Todes sterben* een gewelddadige dood sterven • FIG. *dem ~ von der Schippe springen* krap aan de dood ontkomen • *zum Tode verurteilen* ter dood veroordelen • *jemanden auf den ~ nicht leiden können* een bloedhekel hebben aan • *~ noch Teufel scheuen* God noch gebod vrezen • *tausend Tode sterben* duizend doden sterven • *von den Toten auferstehen* uit de dood verrijzen
todbringend BN dodelijk
todernst BN doodernstig
Todesahnung ZN V (-/+en) voorgevoel van de dood
Todesangst ZN V (-/-ängste) doodsangst
Todesanzeige ZN V (-/+n) **1** overlijdensadvertentie **2** rouwkaart
Todesfall ZN M (+(e)s/-fälle) sterfgeval • *im ~*

bij overlijden

Todesgefahr ZN V (-/+en) **1** doodsgevaar **2** levensgevaar

Todesjahr ZN O (+(e)s/+e) sterfjaar

Todeskampf ZN M (+(e)s/-kämpfe) doodsstrijd

Todeskandidat ZN M (+en/+en) ten dode opgeschrevene

todesmutig BN met doodsverachting

Todesopfer ZN O (+s/-) **1** dodelijk slachtoffer **2** dode

Todesqual ZN V (-/+en) doodsangst

Todesstrafe ZN V (-/+n) doodstraf

Todestag ZN M (+(e)s/+e) sterfdag

Todesurteil ZN O (+(e)s/+e) doodvonnis

todlangweilig BN oervervelend

tödlich BN dodelijk

todmüde BN doodmoe

todsicher BN vast en zeker

Todsünde ZN V (-/+n) doodzonde

Tofu ZN M (-, +s/gmv) tofoe

Toga ZN V (-/-gen) toga

Tohuwabohu ZN O (-, +s/+s) chaos, wirwar

toi TUSSENW ▶ INFORM. *~, ~, toi!* toitoitoi!, veel succes, even afkloppen

Toilette ZN V (-/+n) **1** wc, toilet • *auf die/zur ~ gehen* naar het toilet gaan **2** toilet <kleding>

Toilettenpapier ZN O (+s/gmv) closetpapier

tolerant BN tolerant

Toleranz ZN V (-/+en) tolerantie

tolerieren OV WW tolereren, gedogen

toll BN **1** geweldig, fantastisch • *es war ~* het was geweldig • *das ist nicht so ~* dat is niet erg leuk • IRON. *na, ~!* en bedankt! **2** gek • *es zu ~ treiben* het te bont maken

Tolle ZN V (-/+n) haarlok, kuif

tollen ONOV WW uitgelaten doen, ravotten, tekeergaan

Tollheit ZN V (-/+en) **1** dolheid, krankzinnigheid **2** doldwaas idee, doldwaze daad

tollkühn BN roekeloos, vermetel, gewaagd

Tollpatsch ZN M (+(e)s/+e) onhandige sukkel, hannes

tollpatschig BN onhandig, lomp

Tollwut ZN V (-/gmv) hondsdolheid

tollwütig BN hondsdol

Tölpel ZN M (+s/-) **1** jan-van-gent **2** lummel, hannes

Tölpelei ZN V (-/+en) **1** stompzinnigheid **2** lompe onhandigheid

tölpelhaft BN lomp, onhandig

tölpeln ONOV WW **1** stompzinnig doen, lummelig doen **2** zich onhandig/lummelig bewegen

Tomate ZN V (-/+n) tomaat • *treulose ~* onbetrouwbaar iemand • *rot wie eine ~ werden* een kleur als een boei krijgen • *hast du Tomaten auf den Augen?* heb je soms je ogen in je zak?

Tomatenmark ZN O (+(e)s/gmv) tomatenpuree

Ton **1** ZN M (+(e)s/Töne) **1** toon • *große Töne spucken* opscheppen • *sie brachte keinen ~ mehr heraus* zij kon geen woord meer uitbrengen • *er hat keinen ~ gesagt* hij heeft er niets over verteld • *den richtigen ~ finden* de juiste toon vinden/treffen • *einen anderen ~ anschlagen* een andere toon aanslaan **2** tint • *ein brauner ~* een bruine tint **3** accent, klemtoon **2** ZN M (+(e)s/gmv) klank, geluid • *den ~ abschalten* het geluid uitzetten • *ohne ~* zonder geluid **3** ZN M (+(e)s/+e) klei, pijpaarde

Tonabnehmer ZN M (+s/-) pick-up element

tonangebend BN toonaangevend

Tonart ZN V (-/+en) toonaard

Tonband ZN O (+(e)s/-bänder) geluidsband

Tonbandgerät ZN O (+(e)s/+e) bandrecorder

tönen **1** OV WW tinten, verven **2** ONOV WW **1** klinken, luiden **2** opscheppen • *laut ~* groot opscheppen

Tonerde ZN V (-/gmv) pijpaarde, aluminiumoxide

tönern BN van klei, aarden

Tonfall ZN M (+(e)s/-fälle) toonval

Tonfilm ZN M (+(e)s/+e) geluidsfilm

Tongefäß ZN O (+es/+e) aarden vat, aarden bak

Tonhöhe ZN V (-/+n) toonhoogte

Tonkopf ZN M (+(e)s/-köpfe) opneemkop

Tonleiter ZN V (-/+n) toonladder

tonlos BN toonloos

Tonnage ZN V (-/gmv) tonnage

Tonne ZN V (-/+n) **1** ton **2** IRON. dikkerd

tonnenweise BW **1** per ton **2** bij tonnen • IRON. *es gab ~ Süßigkeiten* er waren massa's aan snoep

Tontaubenschießen ZN O (+s/gmv) SPORT kleiduivenschieten

Tönung ZN V (-/+en) tint, schakering

top BN prima, uitstekend

Topas ZN M (+es/+e) topaas

Top-down ZN O top-down

Topf ZN M (+(e)s/Töpfe) **1** pot, pan <om te koken> • *wie ~ und Deckel zusammenpassen* voor elkaar geschapen zijn • FIG. *alles in einen ~ werfen* alles over één kam scheren **2** po, potje ▶ *im Topf, wo es kocht* in kannen en kruiken

Topfblume ZN V (-/+n) bloeiende kamerplant

Töpfchen ZN O (+s/-) **1** pannetje **2** potje, po • *aufs ~ gehen* op het potje plassen

Topfdeckel ZN M (+s/-) potdeksel

Töpfer ZN M (+s/-) pottenbakker

Töpferei **1** ZN V (-/+en) pottenbakkerij **2** ZN V (-/gmv) **1** pottenbakkerskunst **2** keramiek, aardewerk

töpfern **1** BN van aardewerk, aarden **2** OV WW bedrijf van pottenbakker uitoefenen, potten bakken

Töpferscheibe ZN V (-/+n) pottenbakkersschijf

Töpferware ZN V (-/+n) aardewerk

Topfgucker ZN M (+s/-) pottenkijker

Topflappen ZN M (+s/-) pannenlap

Topfpflanze ZN V (-/+n) potplant

Toplader ZN M (+s/-) bovenlader

Topografie, **Topographie** ZN V (-/+n) topografie

Topologie ZN V (-/gmv) topologie

topp TUSSENW akkoord!

Topp ZN M (+s/+e) **1** SCHEEPV. top **2** schellinkje

Topping ZN O (+s/+s) topping
Tor **1** ZN O (+(e)s/+e) **1** poort **2** doorgang **3** SPORT doel, doelpunt, poortje • *ein ~ schießen* een goal scoren **2** ZN M (+en/+en) dwaas
Torbogen ZN M (+s/-bögen) portiek
Toresschluss ZN M • *kurz vor ~* op de valreep
Torf ZN M (+(e)s/gmv) **1** veengrond **2** turf
Torfboden ZN M (+s/-böden) **1** veengrond **2** turfzolder
Torheit ZN V (-/+en) dwaasheid
Torhüter ZN M (+s/-) keeper, doelman
töricht BN dwaas, stom
torkeln ONOV WW wankelen, waggelen • *über die Straße ~* dronken over straat zwieren
Torlinie ZN V (-/+n) doellijn
Tormann ZN M (+(e)s/-männer) doelverdediger, keeper
Törn SCHEEPV. ZN M (+s/+s) **1** zeiltocht • *in einem ~* voortdurend, onafgebroken **2** winding **3** slag (in touw) **4** wacht
Tornado ZN M (+s/+s) tornado
torpedieren OV WW torpederen
Torpedo ZN M (+s/+s) torpedo
Torpedoboot ZN O (+(e)s/+e) torpedoboot
Torpfosten ZN M (+s/-) doelpaal
Torschlusspanik ZN V (-/gmv) panische angst iets belangrijks te missen/niet meer te kunnen doen
Torschuss ZN M (+es/-schüsse) schot op het doel
Torschütze ZN M (+n/+n) doelpuntenmaker, goalgetter
Torso ZN M (+s/+s) OOK FIG. romp, torso
Törtchen ZN O (+s/-) taartje
Torte ZN V (-/+n) taart
Tortenheber ZN M (+s/-) gebakschep
Tortur ZN V (-/+en) kwelling, marteling
Torwart ZN M (+(e)s/+e) keeper, doelverdediger
tosen ONOV WW razen, loeien, bulderen • *ein ~der Lärm* een donderend lawaai
tot BN dood • *sich ~ stellen* zich dood houden • *mehr ~ als lebendig* meer dood dan levend <helemaal uitgeput>
total BW totaal, helemaal • *~er Quatsch* volslagen onzin • *sie hat es ~ vergessen* zij is het compleet vergeten
Totalisator ZN M (+s/+en) totalisator
totalitär BN totalitair
Totalitarismus ZN M (-/-men) totalitair systeem
Totalität ZN V (-/+en) totaliteit
Totalschaden ZN M (+s/-schäden) • *~ haben* total loss zijn
Tote ZN M/V (+n/+n) dode • *ein Toter* een dode <man> • *eine ~* een dode <vrouw>
Totem ZN O (+s/+s) totem
töten **1** OV WW doden • *er tötet mir noch den letzten Nerv* hij werkt me vreselijk op de zenuwen • *die Glut ~* de sigaret uitmaken **2** WKD WW (**sich ~**) zelfmoord plegen
Totenbett ZN O (+(e)s/+en) sterfbed
totenblass BN krijtwit
Totengräber ZN M (+s/-) doodgraver
Totenhemd ZN O (+(e)s/+en) doodskleed
Totenkopf ZN M (+(e)s/-köpfe) doodskop
Totenmaske ZN V (-/+n) dodenmasker
Totenmesse ZN V (-/+n) **1** dodenmis **2** lijkdienst
Totenschein ZN M (+(e)s/+e) overlijdensakte
Totensonntag ZN M (+(e)s/+e) dodenzondag
Totenstarre ZN V (-/gmv) lijkstijfheid
totenstill BN doodstil
Totenstille ZN V (-/gmv) doodse stilte
Toter-Winkel-Spiegel ZN M dodehoekspiegel
totfahren OV WW doodrijden
Totgeburt ZN V (-/+en) **1** geboorte van een dood kind **2** doodgeboren kind
totlachen WKD WW (**sich ~**) zich doodlachen • *das ist zum Totlachen* dat is om je dood te lachen
totlaufen WKD WW (**sich ~**) sterk INFORM. doodbloeden, op een dood spoor belanden
Toto ZN M/O (+s/+s) toto
Totschlag ZN M (+(e)s/-schläge) doodslag
totschlagen OV WW sterk doodslaan • *die Zeit ~* de tijd doden
totschweigen OV WW doodzwijgen
Tötung ZN V (-/+en) doden, doding
Touch ZN M (+s/+s) touch, vleugje
Toupet ZN O (+s/+s) toupet, haarstukje
toupieren OV WW touperen <van haar>
Tour ZN V (-/+en) **1** tocht, uitstapje • *die ~ de France* de Ronde van Frankrijk **2** manier, truc • *auf die krumme ~* op slinkse wijze • *jemandem die ~ vermasseln* bij iemand roet in het eten gooien • *auf die plumpe ~* op een grove manier • *die ~ zieht bei mir nicht* daar trap ik niet in **3** TECHN. omwenteling • *in einer ~* ononderbroken • *auf Touren kommen* op gang komen
Tourenzähler ZN M (+s/-) toerenteller
Tourismus ZN M (-/gmv) toerisme
Tourist ZN M (+en/+en) toerist
Touristik ZN V (-/gmv) toerisme
touristisch BN toeristisch
Tournee ZN V (-, +s/+n) tournee • *auf ~ gehen/sein* op tournee gaan/zijn
toxisch BN toxisch
Trab ZN M (+(e)s/gmv) draf • *sie ist immer auf ~* zij is druk in de weer • *jemanden auf ~ halten* iemand bezig houden • *sich in ~ setzen* het op een drafje zetten
Trabant ZN M (+en/+en) **1** Trabant <auto uit DDR> **2** STERRENK. satelliet
Trabantenstadt ZN V (-/-städte) satellietstad
traben ONOV WW draven
Traber ZN M (+s/-) harddraver, draver
Trabrennen ZN O (+s/-) draverij
Tracht ZN V (-/+en) klederdracht, dracht • *eine ~ Prügel* een pak slaag / ransel / rammel
trachten ONOV WW streven, trachten • *jemandem nach dem Leben ~* iemand naar het leven staan
Trachtenanzug ZN M (+(e)s/-anzüge) kostuum in klederdrachtstijl <voor mannen>

trächtig BN drachtig
Trächtigkeit ZN V (-/gmv) BIOL. dracht
Track ZN M track
Tradition ZN V (-/+en) traditie • *nach alter ~* volgens oude traditie
traditionell BN traditioneel
traf OV WW verl. tijd → **treffen**
Trafo ZN M (+s/+s) transformator trafo
Tragbahre ZN V (-/+n) brancard, draagbaar
tragbar BN **1** draagbaar, goed te dragen **2** aanvaardbaar, draaglijk
träge BN traag, loom • *eine ~ Masse* een trage massa
Trage ZN V (-/+n) **1** brancard, draagbaar **2** draagstel
tragen **1** OV WW sterk **1** OOK FIG. dragen • *die Nase hoch ~* de neus in de wind steken • *einer Sache Rechnung ~* rekening houden met iets • *der Sturm trug ihn über Bord* de storm sloeg hem overboord • *aus der Kurve ~* uit de bocht doen vliegen • *zum Tragen kommen* in werking treden • *die neueste Mode ~* naar de laatste mode gekleed gaan • *die Verantwortung ~* de verantwoordelijkheid hebben • *die Brücke trägt auch schwere Fahrzeuge* de brug verdraagt ook zware voertuigen **2** verdragen • *ein schweres Schicksal ~* een zwaar lot hebben • *etwas mit Fassung ~* iets kalm aanvaarden **3** afwerpen, opbrengen • *Früchte ~* vruchten afwerpen **2** ONOV WW sterk **1** dragen **2** drachtig zijn **3** WKD WW (**sich ~**) sterk **1** dragen, te dragen zijn **2** **~ mit** hebben, koesteren • *sich mit dem Gedanken ~* met de gedachte rondlopen **3** zichzelf kunnen bedruipen • *das Unternehmen trägt sich selbst* het bedrijf kan zichzelf bedruipen
Träger ZN M (+s/-) **1** drager • *~ eines bestimmten Gens* drager van een bepaald gen **2** kruier **3** houder **4** schouderbandje **5** draagbalk, steunbalk **6** vliegdekschip **7** verantwoordelijke instantie/organisatie • *der ~ des Vereins ist die Kirche* de vereniging valt onder de verantwoordelijkheid van de kerk **8** FIG. dragende kracht
tragfähig BN met voldoende draagkracht • *eine tragfähige Lösung* een acceptabele oplossing
Tragfähigkeit ZN V (-/gmv) **1** laadvermogen **2** draagkracht
Tragfläche ZN V (-/+n) draagvlak
Trägheit ZN V (-/gmv) traagheid, loomheid • *die ~ einer Masse* de traagheid van een massa
Tragik ZN V (-/gmv) tragiek
Tragiker ZN M (+s/-) tragicus, treurspeldichter
tragikomisch BN tragikomisch
Tragikomödie ZN V (-/+n) tragikomedie
tragisch BN tragisch
Tragödie ZN V (-/+n) **1** tragedie, treurspel **2** ramp, catastrofe
Tragweite ZN V (-/+n) draagwijdte
Trainer ZN M (+s/-) trainer
trainieren OV + ONOV WW trainen
Training ZN O (+s/+s) training, oefening
Trainingsanzug ZN M (+(e)s/-anzüge) trainingspak
Trakt ZN M (+(e)s/+e) **1** vleugel van gebouw **2** MED. tractus
Traktat ZN O (+(e)s/+e) traktaat, vlugschrift, pamflet
traktieren OV + ONOV WW treiteren, onthalen • *sie traktierte ihn mit Vorwürfen* zij onthaalde hem op verwijten
Traktor ZN M (+s/+en) trekker, tractor
trällern OV + ONOV WW kwinkeleren, kwelen
Tram **1** ZN V (-/+s) tram **2** ZN O (+s/+s) ZWIT. tram
Tramp ZN M (+s/+s) zwerver
Trampel ZN M (+s/-) lomp mens
trampeln **1** OV WW stampen, trappen • *jemanden zu Tode ~* iemand doodtrappen **2** ONOV WW **1** trappelen, stampen **2** stappen, sjokken
Trampeltier ZN O (+(e)s/+e) **1** kameel **2** lomp mens
trampen ONOV WW liften
Tramper ZN M (+s/-) lifter
Trampolin ZN O (+s/+e) trampoline
Tran ZN M (+(e)s/+e) vistraan • *im ~ sein* slaapdronken/afwezig/verstrooid zijn
Trance ZN V (-/+n) droomtoestand, trance • *in ~ fallen* in trance raken • *jemanden in ~ versetzen* iemand in trance brengen
tranchieren OV WW trancheren, voorsnijden
Träne ZN V (-/+n) **1** traan • *jemandem / einer Sache keine ~ nachweinen* geen traan om iemand / iets laten • *Tränen vergießen* tranen storten • *ihr traten Tränen in die Augen; die Tränen schossen ihr in die Augen* de tranen sprongen in haar ogen • *eine ~ wegwischen* een traan wegpinken **2** druppeltje
tränen ONOV WW tranen
Tränengas ZN O (+es/gmv) traangas
tranig BN **1** tranig, traanachtig **2** sloom, saai
trank OV + ONOV WW verl. tijd → **trinken**
Trank ZN M (+(e)s/Tränke) drank, drankje ▸ *vielen Dank für Speis' und ~* bedankt voor het eten en drinken
Tränke ZN V (-/+n) drinkplaats
tränken **1** OV WW drenken **2** ONOV WW doordrenken
Transaktion ZN V (-/+en) transactie
transchieren OV WW OOST. trancheren
Transfer ZN M (+s/+s) transfer
transferieren OV WW transfereren, overmaken, overdragen
Transformation ZN V (-/+en) **1** transformatie **2** gedaanteverwisseling, gedaanteverandering **3** omzetting
Transformator ZN M (+s/+en) transformator
transformieren OV + ONOV WW transformeren
Transfusion ZN V (-/+en) bloedtransfusie, transfusie
Transgender ZN M (-s/-) transgender • *Transgender sein* transgender zijn
Transistor ZN M (+s/+en) transistor
Transit ZN M (+s/+e) transit, transito, doorvoer
transitiv BN transitief, overgankelijk • *~es Verb* overgankelijk werkwoord

transkribieren OV WW transcriberen
Transmission ZN V (-/+en) transmissie, overbrenging
transparent BN transparant
Transparent ZN O (+(e)s/+e) **1** transparant **2** spandoek
Transpiration ZN V (-/+en) transpiratie
transpirieren ONOV WW transpireren
Transplantat ZN O (+(e)s/+e) transplantaat
Transplantation ZN V (-/+en) transplantatie
transplantieren OV WW transplanteren
Transport ZN M (+(e)s/+e) transport, vervoer
transportabel BN transportabel
Transporter ZN M (+s/-) **1** transportvoertuig **2** transportschip **3** transportvliegtuig
Transporteur ZN M (+s/+e) transporteur
transportfähig BN in staat vervoerd te worden • *der Patient ist nicht ~* de patiënt mag niet worden vervoerd
transportieren OV WW transporteren
Transportmittel ZN O vervoermiddel
Transportspesen ZN MV transportkosten
Transsexuelle ZN M/V (+n/+n) transseksueel
transsibirisch BN trans-Siberisch
Transuse ZN V (-/+n) slome trut, saaie piet
Transvestit ZN M (+en/+en) travestiet
transzendent BN transcendent
Trapez ZN O (+es/+e) **1** WISK. trapezium **2** trapeze
Trapezoid ZN O (+(e)s/+e) vierhoek met vier ongelijke zijden, trapezoïde
trappeln ONOV WW trappelen, trippelen
trappen ONOV WW klossen
Trappist ZN M (+en/+en) trappist
trapsen ONOV WW stampen, klossen
Trara ZN O (+s/gmv) spektakel, soesa • *mit großem ~* met grote ophef
Trasse ZN V (-/+n) tracé
trassieren OV WW **1** traceren, tracé aangeven **2** een wissel trekken
trat OV WW verl. tijd → **treten**
Tratsch ZN M (+es/gmv) geroddel, geklets
tratschen ONOV WW kletsen, roddelen
Tratscherei ZN V (-/+en) geroddel, geklets
Traualtar ZN M (+(e)s/-altäre) trouwaltaar • *vor den ~ treten* voor het altaar treden
Traube ZN V (-/+n) **1** druif **2** druiventros, tros **3** drom, zwerm, hoop • *eine ~ von Kindern umringte sie* een zwerm kinderen omringde haar
traubenförmig BN trosvormig
Traubenlese ZN V (-/+n) druivenoogst
Traubenzucker ZN M (+s/gmv) druivensuiker
trauen 1 OV WW in de echt verbinden, trouwen • *dieser Pfarrer hat uns getraut* deze pastoor heeft ons in de echt verbonden **2** ONOV WW +3, vertrouwen • *jemandem nicht über den Weg ~* iemand voor geen cent vertrouwen • *seinen Augen nicht ~ können* zijn ogen niet kunnen geloven • *er traute der Sache nicht recht* hij vertrouwde het zaakje niet erg **3** WKD WW (**sich ~**) durven, wagen • *das traust du dich nie!* dat durf je nooit!

tr

Trauer ZN V (-/gmv) **1** rouw **2** rouwtijd • *in ~ sein* in de rouwtijd zijn **3** rouwkleding • *~ tragen* rouwkleding dragen • *in ~ gekleidet sein* rouwkleding aan hebben **4** droefheid, verdriet
Trauerbinde ZN V (-/+n) rouwband
Trauerbotschaft ZN V (-/+en) droeve tijding
Trauerfall ZN M (+(e)s/-fälle) sterfgeval
Trauerfeier ZN V (-/+n) rouwplechtigheid
Trauergottesdienst ZN M (+(e)s/+e) rouwdienst
Trauerhalle ZN V (-/+n) rouwcentrum, uitvaartcentrum
Trauerkarte ZN V (-/+n) rouwkaart
Trauerkleidung ZN V (-/gmv) rouwkleding
Trauerkloß ZN M (+es/-klöße) INFORM. slome duikelaar, saaie piet
Trauermarsch ZN M (+(e)s/-märsche) treurmars
Trauermusik ZN V (-/gmv) treurmuziek
trauern ONOV WW treuren, rouwen • *um etwas ~* om iets rouwen
Trauernachricht ZN V (-/+en) droeve tijding
Trauerspiel ZN O (+(e)s/+e) treurspel • *es war ein Trauerspiel!* het was een trieste vertoning
Trauerweide ZN V (-/+n) treurwilg
Trauerzug ZN M (+(e)s/-züge) rouwstoet
Traufe ZN V (-/+n) **1** dakgoot • *vom Regen in die ~ kommen* van de regen in de drup komen **2** HUMOR. bruiloft en doopsel van het kind in een viering
träufeln OV + ONOV WW druppelen • *etwas ins Ohr ~* iets in het oor druppelen
traulich BN knus, gezellig, behaaglijk
Traulichkeit ZN V (-/gmv) gezelligheid, behaaglijkheid
Traum ZN M (+(e)s/Träume) droom • *Träume sind Schäume* dromen zijn bedrog • *ein ~ von einem Kleid* een droom van een jurk • *das fällt mir im ~ nicht ein* geen haar op mijn hoofd die eraan denkt
Trauma ZN O (+s/-ta, -men) trauma
traumatisch BN traumatisch
Traumbild ZN O (+(e)s/+er) **1** droombeeld **2** fantasiebeeld
Traumdeutung ZN V (-/+en) droomverklaring
träumen OV + ONOV WW dromen • *das hätte ich mir nicht ~ lassen* dat had ik nooit durven dromen • *vor sich hin ~* in zoete mijmeringen verzonken zijn
Träumer ZN M (+s/-) dromer
Träumerei ZN V (-/+en) dromerij
träumerisch BN dromerig
traumhaft BN fantastisch, sprookjesachtig
Traumwelt ZN V (-/+en) droomwereld
traurig BN treurig, bedroefd, triest • *jemanden ~ machen* iemand verdrieten
Traurigkeit ZN V (-/gmv) treurigheid, droefheid
Trauring ZN M (+(e)s/+e) trouwring
Trauschein ZN M (+(e)s/+e) huwelijksakte, trouwakte • INFORM. *Ehe ohne ~* samenwonen
traut BN gezellig, knus, vertrouwd
Trauung ZN V (-/+en) huwelijksceremonie, huwelijksvoltrekking • *standesamtliche ~* burgerlijk huwelijk • *kirchliche ~* kerkelijk huwelijk

Trauzeuge ZN M (+n/+n) **trouwgetuige**

Travestie ZN V (-/+n) **travestie**

Treck ZN M (+s/+s) **tocht, uittocht, trek**

trecken OV + ONOV WW **massaal verhuizen**

Trecker ZN M (+s/-) **tractor, trekker**

Treff ZN M (+s/+s) **trefpunt, ontmoeting**

treffen 1 OV WW sterk **1 ontmoeten 2 treffen, raken** • *das trifft mich sehr* dat raakt mij zeer **3 maken, treffen, tot stand brengen** • *eine Entscheidung ~* een beslissing nemen • *Vorkehrungen ~* voorzorgsmaatregelen treffen (nemen) • *eine Auswahl ~* een keuze maken **2** ONOV WW sterk **1 treffen, raak zijn 2 ~ auf tegenkomen, (aan)treffen, stuiten op** • *auf ein Buch ~* op een boek stuiten **3** ONP WW sterk **uitkomen** • *das trifft sich gut* dat komt goed uit • *sie hat es gut getroffen* bij haar is alles goed gelopen **4** WKD WW (**sich ~**) sterk **samenkomen, elkaar ontmoeten** • *sich mit jemandem ~* een afspraak met iemand hebben • *wir ~ uns bald* we zien elkaar binnenkort

Treffen ZN O (+s/-) **1 samenkomst, bijeenkomst** • *ein ~ aller Mitarbeiter* een bijeenkomst van alle medewerkers **2 ontmoeting, wedstrijd 3 reünie** • *das ~ unseres Abiturjahrgangs* de reünie van ons eindexamenjaar

treffend BN **1 raak, treffend 2 juist** • *eine ~e Bemerkung* een juiste opmerking

Treffer ZN M (+s/-) **1 prijs** <in loterij> **2 treffer** • *das ist ein ~* die zit!

trefflich BN **voortreffelijk, uitstekend**

Trefflichkeit ZN V (-/gmv) **voortreffelijkheid**

Treffpunkt ZN M (+(e)s/+e) **1 trefpunt 2 plaats van samenkomst**

treffsicher BN **trefzeker**

Treibanker ZN M (+s/-) **drijfanker**

Treibeis ZN O (+es/gmv) **drijfijs**

treiben 1 OV WW sterk **1 drijven** • *es zu toll ~* het te bont maken • *von Hand getrieben* met de hand gedreven **2** PLANTK. **uitkomen** • *Blüten ~* in bloei komen • *Wurzeln ~* wortel schieten **3 opdrijven, aandrijven 4 uitoefenen, bedrijven** • *Wucher ~* woekeren • *Sport ~* aan sport doen **5** INFORM. **doen, uithalen** • *was treibst du so?* wat ben jij aan het doen? • *dummes Zeug ~* onzin uithalen • PLAT *es ~* neuken **2** ONOV WW sterk **1 drijven** • *das Eis treibt auf dem Fluss* het ijs drijft op de rivier • *sie ist die ~de Kraft bei der Organisation* de organisatie drijft op haar **2 rijzen 3 uitlopen** • *der Strauch treibt schon* de struik loopt al uit **4 doen zweten, doen plassen** • *Tee treibt* thee werkt zweetdrijvend

Treiben ZN O (+s/gmv) **1 bedrijvigheid, drukte** • *geschäftiges ~* gezellige drukte • *ins ~ kommen* op drift raken **2 handelwijze**

Treiber ZN M (+s/-) **1 drijver 2 veedrijver 3** COMP. **driver**

Treibgas ZN O (+es/+e) **drijfgas**

Treibhaus ZN O (+es/-häuser) **broeikas, kas**

Treibhauseffekt ZN M (+(e)s/+e) **broeikaseffect**

Treibholz ZN O (+es/gmv) **drijfhout**

Treibjagd ZN V (-/+en) **drijfjacht**

Treibsand ZN M (+(e)s/gmv) **drijfzand**

Treibstoff ZN M (+(e)s/+e) **motorbrandstof**

Trema ZN O (+s/-ta, +s) **trema**

Trend ZN M (+s/+s) **trend** • *ein ~ im Kommen* een opkomende trend

Trendsetter ZN M (+s/-) **trendsetter** • *~ sein* de mode aangeven

Trendwende ZN V (-/+n) **kentering** <van trend>

trennbar BN **scheidbaar**

trennen 1 OV WW **scheiden, splitsen, lostornen, verbreken** • *die Verbindung ~* de verbinding verbreken • *Eier ~* eieren splitsen • *voneinander ~* van elkaar scheiden **2** WKD WW (**sich ~**) **1 scheiden, uit elkaar gaan, verlaten** • *sich von jemandem ~* bij iemand weggaan • *sich von einem Mitarbeiter ~* een medewerker ontslaan • *unsere Wegen ~ sich hier* hier scheiden onze wegen **2 loslaten** • *sich nicht von einer Sache ~ können* geen afstand kunnen doen van iets • INFORM. *sich nicht ~ können* niet willen gaan

Trennung ZN V (-/+en) **1 scheiding** • *die ~ von Kirche und Staat* scheiding van kerk en staat **2 onderbreking 3** TAALK. **afbreking**

Trennungsangst ZN V **verlatingsangst**

Trennwand ZN V (-/-wände) **tussenmuur, scheidingsmuur** • *die ~ zwischen den beiden Zimmern* de afscheiding tussen de twee kamers

treppab BW **trap af**

treppauf BW **trap op**

Treppe ZN V (-/+n) **trap** • *Treppen steigen* trappen lopen

Treppenabsatz ZN M (+es/-sätze) **overloop, trapportaal**

Treppengeländer ZN O (+s/-) **trapleuning**

Treppenhaus ZN O (+es/-häuser) **trappenhuis**

Treppenstufe ZN V (-/+n) **traptrede**

Treppenwitz ZN M (+es/+e) **te late gevatte reactie**

Tresen ZN M (+s/-) **1 bar, tapkast** • *am ~ stehen* aan de tap staan **2 toonbank**

Tresor ZN M (+s/+e) **kluis, brandkast**

Tresse ZN V (-/+n) **tres, galon**

Treteimer ZN M (+s/-) **pedaalemmer**

treten 1 OV WW sterk **trappen, schoppen, een trap geven** • *das Gesetz mit Füßen ~* de wet met voeten treden, de wet overtreden **2** ONOV WW sterk **1 stappen, treden** • *der Fluss tritt über die Ufer* de rivier treedt buiten zijn oevers • *an jemandes Stelle ~* iemands plaats innemen • *kürzer ~* zich beperkingen opleggen, bezuinigen • *in den Streik ~* in staking gaan • *in Kraft ~* in werking treden • *in Erscheinung ~* aan het licht komen, zich openbaren • *vor den Spiegel ~* voor de spiegel gaan staan • *in jemandes Dienst ~* bij iemand in dienst treden **2 trappen** • *auf eine Mine ~* op een mijn lopen

Treter ZN M (+s/-) **oude schoen**

Tretmine ZN V (-/+n) **landmijn**

Tretmühle ZN V (-/+n) **tredmolen**

treu BN **trouw** • *~ zu jemandem stehen* iemand trouw zijn • *sich selbst ~ sein* trouw aan zijn beginselen zijn

tr

Treue ZN V (-/gmv) trouw • *auf Treu und Glauben* in goed vertrouwen • *jemandem die ~ halten* iemand trouw blijven
Treueid ZN M (+(e)s/+e) eed van trouw
Treuhand ZN V (-/gmv) JUR. volmacht
Treuhänder ZN M (+s/-) gemachtigde
treuhänderisch BN JUR. als gemachtigde
treuherzig BN trouwhartig
treulich BN **1** trouw **2** getrouw
treulos BN trouweloos
Treulosigkeit ZN V (-/gmv) trouweloosheid
Triangel ZN M (+s/-) triangel
Trias ZN V (-/gmv) AARDK. trias
Tribunal ZN O (+s/+e) tribunaal
Tribüne ZN V (-/+n) tribune
Tribut ZN M (+(e)s/+e) tribuut, schatting, tol • *der Krieg fordert seinen ~* de oorlog eist zijn tol
tributpflichtig BN schatplichtig
Trichter ZN M (+s/-) trechter
trichterförmig BN trechtervormig
trichtern OV WW door een trechter gieten
Trick ZN M (+s/+s) truc • *er ist auf einen ~ hereingefallen* hij heeft zich door een truc laten misleiden • *ein schäbiger ~* een minne streek • *es ist ein ~* het is een handigheidje
trieb OV WW verl. tijd → **treiben**
Trieb ZN M (+(e)s/+e) **1** drift, instinct • *seine Triebe zügeln* zijn driften beteugelen, BELG. zijn hartstochten bedwingen **2** drang, sterke neiging **3** loot, scheut **4** TECHN. aandrijving
Triebfeder ZN V (-/+n) **1** veer, opwindveer **2** drijfveer <figuurlijk>
triebhaft BN **1** instinctmatig, instinctief **2** onbeheerst
Triebkraft ZN V (-/-kräfte) **1** drijfkracht, groeikracht **2** stuwende kracht <figuurlijk>
Triebwagen ZN M (+s/-) dieselwagen, motorwagen
Triebwerk ZN O (+(e)s/+e) **1** drijfwerk **2** mechanisme
Triefauge ZN O (+s/+n) druipoog
triefen ONOV WW onregelmatig druipen • *vor Öl ~* druipen van de olie • *~d nass* druipnat
Triefnase ZN V (-/+n) druipneus
tr **triefnass** BN druipnat
triezen OV WW treiteren, pesten
Trift ZN V (-/+en) drift
triften OV WW vlotten
triftig BN geldig, afdoend • *~e Gründe* dwingende redenen
Triftigkeit ZN V (-/gmv) juistheid
Trigonometrie ZN V (-/gmv) trigonometrie
Trikolore ZN V (-/+n) driekleur, tricolore
Trikot ZN O (+s/+s) tricot • *das gelbe ~* de gele trui
Trikotage ZN V (-/+n) fijn gebreid goed, tricotage
Triller ZN M (+s/-) triller
trillern ONOV WW **1** met trillers zingen **2** kwinkeleren **3** op een fluit fluiten
Trillerpfeife ZN V (-/+n) fluitje, bootsmansfluit
Trillion ZN V (-/+en) triljoen
Trilogie ZN V (-/+n) trilogie
Trimester ZN O (+s/-) trimester
Trimm-dich-Pfad ZN M (+(e)s/+e) trimbaan
trimmen OV WW **1** trimmen • FIG. *sie ist auf jugendlich getrimmt* zij loopt er jeugdig bij **2** INFORM. leren, bijbrengen
Trinität ZN V (-/gmv) Heilige Drie-eenheid
trinkbar BN drinkbaar, te drinken
Trinkbecher ZN M (+s/-) drinkbeker
trinken OV + ONOV WW sterk drinken (**auf** +4 op)
Trinker ZN M (+s/-) drinker
trinkfest BN drankbestendig, in het drinken getraind
Trinkgeld ZN O (+(e)s/+er) tip, fooi • *ein großzügiges ~* een dikke fooi
Trinkmilch ZN V (-/gmv) consumptiemelk
Trinkspruch ZN M (+(e)s/-sprüche) toast • *einen ~ auf jemanden/etwas ausbringen* een toast op iemand/iets uitbrengen
Trinkwasser ZN O (+s/gmv) drinkwater
Trinkwasseraufbereitung ZN V (-/+en) drinkwaterzuivering
Trinkwasserversorgung ZN V (-/gmv) drinkwatervoorziening
Trio ZN O (+s/+s) **1** trio **2** trioseks
Triole ZN V (-/+n) MUZ. triool
Trip ZN M (+s/+s) trip • *auf dem religiösen ~ sein* op de religieuze toer zijn
trippeln ONOV WW trippelen
Tripper ZN M (+s/-) gonorroe, druiper
trist BN triest, droevig
Tritt ZN M (+(e)s/+e) **1** trap, schop • *jemandem einen ~ geben* iemand schoppen • *ein ~ in den Hintern* een schop onder zijn kont **2** stap, pas • *aus dem ~ kommen* uit de pas raken **3** trede, treeplank **4** trapje
Trittbrett ZN O (+(e)s/+er) treeplank
Trittleiter ZN V (-/+n) trapleer
Triumph ZN M (+(e)s/+e) triomf
triumphal BN triomfantelijk
triumphieren ONOV WW triomferen • *über seine Feinde ~* over zijn vijanden triomferen
Triumphzug ZN M (+(e)s/-züge) triomftocht, zegetocht
Triumvirat ZN O (+(e)s/+e) triumviraat, driemanschap
trivial BN triviaal, alledaags
Trivialliteratur ZN V (-/gmv) triviale literatuur
trocken BN droog • *auf dem Trockenen sitzen* blut zijn, in de problemen zitten • *wieder auf dem Trockenen sein* weer veilig aan land zijn • *~er Wein* droge wijn • *er hat einen ~en Humor* hij is een droogkomiek
Trockenapparat ZN M (+(e)s/+e) **1** droogtoestel **2** haardroger
Trockeneis ZN O (+es/gmv) droog ijs
Trockengebiet ZN O (+(e)s/+e) droge streek
Trockenhaube ZN V (-/+n) droogkap
Trockenheit ZN V (-/gmv) droogte, dorheid
Trockenklosett ZN O chemisch toilet
trockenlegen OV WW **1** droogleggen **2** een

schone luier aandoen

Trockenmilch ZN V (-/gmv) melkpoeder

Trockenschleuder ZN V (-/+n) centrifuge

Trockenständer ZN M (+s/-) droogrek

Trockenzeit ZN V (-/+en) droge tijd

trocknen 1 OV WW drogen, afdrogen **2** ONOV WW drogen, opdrogen

Trockner ZN M (+s/-) droger, droogautomaat, droogmachine

Trocknung ZN V (-/gmv) drogen

Troddel ZN V (-/+n) kwast, pluim

Trödel ZN M (+s/gmv) vodden, rommel

Trödelei ZN V (-/+en) getreuzel

Trödelmarkt ZN M (+(e)s/-märkte) rommelmarkt

trödeln ONOV WW teuten, treuzelen

Trödler ZN M (+s/-) opkoper, uitdrager

troff ONOV WW verl. tijd → **triefen**

trog OV + ONOV WW verl. tijd → **trügen**

Trog ZN M (+(e)s/Tröge) trog

Troja ZN O Troje

Trojaner ZN M (+s/-) Trojaan

trojanisch BN Trojaans

Troll ZN M (+(e)s/+e) trol

trollen WKD WW (**sich ~**) afdruipen • *troll dich!* rot op!

Trolley ZN M (+s/+s) rolkoffer

Trommel ZN V (-/+n) trommel • *die ~ (für jemanden/etwas) rühren* de trom slaan/roeren

Trommelfell ZN O (+(e)s/+e) trommelvlies

Trommelfeuer ZN O (+s/-) trommelvuur

trommeln OV + ONOV WW **1** trommelen **2** bonzen • *gegen/an die Tür ~* op de deur bonzen

Trommelschlägel ZN M (+s/-) trommelstok

Trommelwirbel ZN M (+s/-) tromgeroffel

Trommler ZN M (+s/-) tamboer, trommelaar

Trompete ZN V (-/+n) trompet • *in die ~ stoßen* in de trompet steken

trompeten ONOV WW **1** trompetteren **2** uitbazuinen

Trompeter ZN M (+s/-) trompettist, trompetblazer

Tropen ZN MV tropen

Tropenausrüstung ZN V (-/gmv) tropenuitrusting

Tropenfieber ZN O (+s/gmv) tropenkoorts

Tropeninstitut ZN O (+(e)s/+e) kliniek voor tropische ziektes

Tropenklima ZN O (+s/gmv) tropisch klimaat

Tropenkrankheit ZN V (-/+en) tropische ziekte

Tropf 1 ZN M (+(e)s/+e) MED. infuus • *am ~ hängen* aan een infuus liggen, FIG. (financieel) afhankelijk zijn • *er hängt am ~* hij ligt aan het infuus **2** ZN M (+(e)s/Tröpfe) sukkel

tröpfeln ONOV WW sijpelen, druppelen

tropfen OV + ONOV WW druppelen, druppen, druipen

Tropfen ZN M (+s/-) druppel • *ein edler ~* een goede wijn • *ein ~ auf den heißen Stein sein* een druppel op de gloeiende plaat zijn

Tropfenfänger ZN M (+s/-) druppelvanger

tropfenweise BN druppelsgewijs

tropfnass BN druipnat

Tropfsteinhöhle ZN V (-/+n) druipsteengrot

Trophäe ZN V (-/+n) trofee

tropisch BN tropisch

Tross ZN M (+es/+e) **1** tros, legertros **2** gevolg, aanhangers

Trosse ZN V (-/+n) **1** tros **2** scheepstros

Trost ZN M (+(e)s/gmv) troost • *nicht bei ~ sein* niet goed snik zijn • *~ bieten* soelaas bieden • *ein schwacher/magerer ~* een schrale troost • *aus etwas ~ schöpfen* troost vinden in iets

trösten 1 OV WW troosten, vertroosten • *tröstende Worte* zalvende woorden **2** WKD WW (**sich ~**) zich troosten

Tröster ZN M (+s/-) **1** trooster **2** FIG. troost

trostlos BN **1** ontroostbaar **2** troosteloos

Trostlosigkeit ZN V (-/gmv) troosteloosheid

Trostpflaster ZN O (+s/-) FIG. pleister op de wonde

Trostpreis ZN M (+es/+e) troostprijs

Tröstung ZN V (-/+en) troost, vertroosting

Trott ZN M (+(e)s/+e) **1** sukkeldraf, sukkelgang • *im ~ gehen* op een sukkeldrafje lopen **2** sleur • *der tägliche ~* de dagelijkse sleur • *in den alten ~ verfallen* in de oude sleur vervallen

Trottel ZN M (+s/-) sukkel, idioot

trottelig BN INFORM. onnozel, onhandig, sukkelig

trotteln ONOV WW **1** sjokken **2** op een sukkeldrafje lopen

trotten ONOV WW sjokken

trotz VZ +2, ondanks • *~ des schlechten Wetters* ondanks het slechte weer • *~ seiner Krankheit* ondanks zijn ziekte • *~ alledem* desondanks, ondanks alles, toch

Trotz ZN M (+es/gmv) koppigheid, eigenzinnigheid • *dem Verbot zum ~* het verbod ten spijt • *jemandem ~ bieten* iemand trotseren

trotzdem BW toch, desondanks • *ich hatte keine Lust, bin aber ~ gekommen* ik had geen zin, maar ben evengoed gekomen

trotzen ONOV WW **1** trotseren • *seinem Chef ~* zijn chef trotseren • *dem Feind ~* de vijand tarten **2** koppig zijn, weerbarstig zijn, mokken • *sie trotzt* ze is aan het mokken

trotzig BN **1** koppig, eigenzinnig, onbuigzaam **2** fier, stoer

Trotzkopf ZN M (+(e)s/-köpfe) stijfkop

trotzköpfig BN **1** stijfkoppig **2** weerbarstig

trübe, **trüb** BN **1** somber, miezerig, druilerig • *er macht ~ Geschäfte* hij houdt zich bezig met louche handeltjes • *ein trüber Tag* regenachtig/druilerig weer **2** mat, dof • *ein trübes Rot* een dof rood • *ein trübes Licht* een vaag/dof/zwak licht • FIG. *das wirft ein trübes Licht auf die Sache* dat werpt een ongunstig licht op de zaak **3** droevig, somber • *~ Gedanken* naargeestige/sombere gedachten • *~ Aussichten* sombere vooruitzichten • *trüb(e) aussehen* er somber uitzien **4** troebel • *im Trüben fischen* in troebel water vissen

tr

Trubel ZN M (+s/gmv) drukte, gewoel
trüben 1 OV WW **1** troebel maken • *das kann die Stimmung nicht ~* dat tast de goede sfeer niet aan **2** dof maken **3** vertroebelen **4** FIG. benevelen **2** WKD WW (**sich ~**) **1** betrekken **2** zich verduisteren, vertroebelen, verslechteren **3** troebel worden **4** dof worden
Trübsal 1 ZN V (-/+e) ellende, tegenspoed **2** ZN V (-/gmv) droefenis, droefheid • *~ blasen* somber kijken/zijn
trübselig BN droef, jammerlijk, triest
Trübsinn ZN M (+(e)s/gmv) **1** droefgeestigheid **2** zwaarmoedigheid
trübsinnig BN **1** zwaarmoedig **2** droefgeestig
Trübung ZN V (-/+en) vertroebeling, verstoring
trudeln ONOV WW rollen, tollen, dwarrelen • *ins Trudeln geraten* FIG. beginnen te wankelen
Trüffel ZN V (-/+n) truffel
trug OV WW verl. tijd → **tragen**
Trug ZN M (+(e)s/gmv) **1** bedrog • *Lug und ~* leugen en bedrog **2** zinsbegoocheling
Trugbild ZN O (+(e)s/+er) drogbeeld, hersenschim
trügen OV + ONOV WW sterk bedriegen, misleiden • *der Schein trügt* schijn bedriegt
trügerisch BN **1** bedrieglijk, misleidend **2** verraderlijk
Trugschluss ZN M (+es/-schlüsse) verkeerde gevolgtrekking, verkeerde conclusie
Truhe ZN V (-/+n) kist, dekenkist
Trumm ZN O (+(e)s/Trümmertwlareg./twla) brok, brokstuk, bonk
Trümmer ZN MV **1** puinhopen, puinhoop, puin • *in Trümmern liegen* een puinhoop zijn • *unter den Trümmern verschüttet/begraben werden* onder het puin bedolven worden **2** resten, brokstukken, wrakstukken
Trümmerfeld ZN O (+(e)s/+er) met puinhopen bezaaid terrein
Trümmerhaufen ZN M (+s/-) **1** puinhoop **2** ruïne
Trumpf ZN M (+(e)s/Trümpfe) troef
trumpfen ONOV WW troeven, aftroeven
Trunk ZN M (+(e)s/gmv) **1** dronk **2** dronkenschap • *dem ~ ergeben sein* aan de drank zijn
tr
trunken BN dronken
Trunkenbold ZN M (+(e)s/+e) dronkaard, dronkenlap
Trunkenheit ZN V (-/gmv) dronkenschap
Trunksucht ZN V (-/gmv) drankzucht
Trupp ZN M (+s/+s) troep, groep
Truppe ZN V (-/+n) **1** troep, legereenheid • *die ~* de strijdkrachten **2** troep, toneelgezelschap • *sie ist von der schnellen ~* zij doet alles verbazend snel
Truppen ZN MV MIL. troepen
Truppenabzug ZN M (+(e)s/-abzüge) **1** terugtrekken van de troepen **2** troepenafmars
Truppenübungsplatz ZN M (+es/-plätze) militair oefenterrein
Trust ZN M (+(e)s/+e, +s) trust
Truthahn ZN M (+(e)s/-hähne) kalkoense haan
Truthenne ZN V (-/+n) kalkoen, kalkoense hen
trutzen ONOV WW trotseren
Tschador ZN M (+s/+s) chador
Tscheche ZN M (+n/+n) Tsjech
Tschechien ZN O (+s/gmv) Tsjechië
Tschechin ZN V (-/+nen) Tsjechische
tschechisch BN Tsjechisch
Tschechoslowakei ZN V (-/gmv) Tsjecho-Slowakije
tschechoslowakisch BN Tsjecho-Slowaaks
tschüs, **tschüss** TUSSENW **1** doei, houdoe **2** N-D tot ziens
Tsetsefliege ZN V (-/+n) tseetseevlieg
T-Shirt ZN O (+s/+s) T-shirt
Tsunami ZN M (-s/-s) AARDK. tsunami
Tuba ZN V (-/-ben) **1** MUZ. tuba **2** MED. eileider, tuba
Tube ZN V (-/+n) **1** tube • *auf die ~ drücken* gas geven, er vaart achter zetten **2** tuba, buis, eileider
Tuberkel ZN M (+s/-) knobbel, tuberkel
Tuberkelbazillus ZN M (-/-bazillen) tuberkelbacil
tuberkulös BN tuberculeus
Tuberkulose ZN V (-/+n) tuberculose
Tuch 1 ZN O (+(e)s/+e) **1** laken <soort stof> **2** zeildoek **2** ZN O (+(e)s/Tücher) doek, lap • *das ist ein rotes ~ für ihn* dat werkt op hem als een rode lap op een stier ▸ *in trockenen Tüchern sein* in kannen en kruiken zijn
Tuchfühlung ZN V (-/gmv) voeling, lijfelijk contact • *auf ~ gehen* voeling zoeken • *auf ~ bleiben* voeling houden, contact houden
tüchtig BN + BW knap, bekwaam, flink • *ein tüchtiger Mitarbeiter* een goede medewerker • *~ schwitzen* flink zweten
Tüchtigkeit ZN V (-/gmv) **1** bekwaamheid **2** geschiktheid
Tuchwaren ZN MV lakense stoffen, lakens
Tücke ZN V (-/+n) **1** valsheid, arglist, gemeenheid **2** geniepigheid, gemene streek • *mit List und ~* met listen en lagen **3** verraderlijke eigenschap, kuur • *diese Methode hat so ihre Tücken* deze methode heeft haar nadelen
tuckern ONOV WW tuffen, puffen
tückisch BN geniepig, boosaardig, gemeen, verraderlijk • *eine tückische Krankheit* een verraderlijke ziekte
Tuff ZN M (+s/+e) **1** tufsteen **2** sinter
Tüftelei ZN V (-/+en) gepeuter, peuterwerk
tüfteln OV WW peuteren, knutselen
Tüftler ZN M (+s/-) knutselaar, peuteraar
Tugend ZN V (-/+en) deugd
Tugendbold ZN M (+(e)s/+e) brave hendrik
tugendhaft BN deugdzaam
Tugendhaftigkeit ZN V (-/gmv) deugdzaamheid
tugendsam BN deugdzaam
Tüll ZN M (+s/+e) tule
Tülle ZN V (-/+n) tuit
Tüllgardine ZN V (-/+n) **1** vitrage **2** tulen gordijn

Tulpe ZN V (-/+n) **1** tulp **2** tulpglas

Tulpenbaum ZN M (+(e)s/-bäume) tulpenboom

Tulpenzwiebel ZN V (-/+n) tulpenbol

tummeln WKD WW (**sich ~**) stoeien, dartelen • *die Kinder ~ sich im Garten* de kinderen zijn in de tuin aan het stoeien • *die Leute ~ sich in der Einkaufsstraße* de mensen zijn druk bezig in de winkelstraat

Tummelplatz ZN M (+es/-plätze) speelplaats, centrum <ook figuurlijk> • *ein ~ für Taschendiebe* een geliefkoosd terrein voor zakkenrollers

Tumor ZN M (+s/+en) tumor, gezwel

Tümpel ZN M (+s/-) plas

Tumult ZN M (+(e)s/-e) **1** tumult, rumoer, opschudding **2** rel, opstootje

tun 1 OV + ONOV WW onregelmatig doen • *damit ist es nicht getan* dat is niet voldoende • *mit etwas/jemandem zu ~ haben* met iets/iemand te maken hebben • *du kriegst es mit mir zu ~* je krijgt het met mij te maken • *er hat noch in der Küche zu ~* hij is nog in de keuken bezig • *das tut nichts zur Sache* dat doet er niet toe • *viel zu ~ haben* het druk hebben **2** WKD WW (**sich ~**) onregelmatig gebeuren, aan de hand zijn • *es tut sich was* er gebeurt iets

Tun ZN O (+s/gmv) **1** doen • *das ~ und Lassen* het doen en laten **2** activiteiten, praktijken

Tünche 1 ZN V (-/+n) witkalk **2** ZN V (-/gmv) FIG. vernisje, schijn

tünchen OV WW witten, kalken

Tüncher ZN M (+s/-) witter

Tundra ZN V (-/-ren) toendra

tunen OV WW tunen, opvoeren <van auto>

Tuner ZN M (+s/-) tuner

Tunesien ZN O Tunesië

Tunichtgut ZN M (-, +(e)s/+e) deugniet

Tunika ZN V (-/-ken) tunica

Tunke ZN V (-/+n) REG. saus • *in der ~ sitzen* in de penarie zitten

tunken OV WW soppen, dopen

Tunlichkeit ZN V (-/gmv) uitvoerbaarheid, mogelijkheid

tunlichst BN zo mogelijk • *würdest du das ~ sein lassen?* wil je dat alsjeblieft niet doen? • *Sie sollten ~ auf Alkohol verzichten* U zou zo mogelijk geen alcohol moeten drinken

Tunnel ZN M (+s/-) tunnel

Tunnelzelt ZN O tunneltent

Tunte ZN V (-/+n) nicht, homo

Tüpfelchen ZN O (+s/-) puntje, stipje, spikkeltje • *ich habe nicht ein ~ daran geändert!* ik heb er helemaal niets aan veranderd! • *das ~ auf dem i* de puntjes op de i

tüpfeln OV WW stippelen, bestippelen

tupfen OV WW **1** betten, deppen **2** spikkelen, stippelen • *ein blau getupfter Rock* een blauw gespikkelde rok

Tupfen ZN M (+s/-) stip, vlekje • *ein ~ Schlagsahne* een toef slagroom

Tupfer ZN M (+s/-) **1** stip **2** wattenbolletje

Tür ZN V (-/+en) deur • *jemanden vor die ~ setzen* iemand de deur uitzetten • *nicht vor die ~ kommen* niet buiten de deur komen • *zwischen ~ und Angel* inderhaast, op het laatste nippertje • *mit der ~ ins Haus fallen* met de deur in huis vallen • *einer Sache ~ und Tor öffnen* de deur wijd openzetten voor iets, iets in de hand werken, iets bevorderen • *das Frühjahr steht vor der ~* het voorjaar staat voor de deur • *offene Türen einrennen* open deuren intrappen • *jemandem die ~ weisen* iemand het gat van de deur wijzen

Türangel ZN V (-/+n) deurscharnier

Turban ZN M (+s/+e) tulband

Turbine ZN V (-/+n) turbine

Turbo- VOORV turbo-

turbulent BN turbulent, stormachtig

Turbulenz 1 ZN V (-/+en) turbulentie, werveling **2** ZN V (-/gmv) FIG. tumult

Türdrücker ZN M (+s/-) deurklink

Türe ZN V (-/+n) REG. → **Tür**

Türgriff ZN M (+(e)s/+e) deurknop, deurklink

Türke ZN M (+n/+n) Turk

Türkei ZN V (-/gmv) Turkije

türken OV + ONOV WW fingeren, vervalsen

Türkin ZN V (-/+nen) Turkse

türkis BN turkooizen

Türkis 1 ZN M (+es/+e) turkoois **2** ZN O (-/gmv) turquoise

türkisch BN Turks

Türklingel ZN V (-/+n) deurbel

Türklinke ZN V (-/+n) deurklink

Turm ZN M (+(e)s/Türme) toren

Turmalin ZN M (+s/+e) toermalijn

Turmbau ZN M (+(e)s/-ten) torenbouw

türmen 1 OV WW opstapelen **2** ONOV WW de benen nemen **3** WKD WW (**sich ~**) zich opstapelen • *die Arbeit türmt sich* het werk stapelt zich op

Türmer ZN M (+s/-) torenwachter

Turmfalke ZN M (+n/+n) torenvalk

turmhoch BN torenhoog

Turmuhr ZN V (-/+en) torenklok

Turnanzug ZN M (+(e)s/-züge) **1** gymnastiekkleding **2** atletiekkleding

turnen ONOV WW turnen, gymmen

Turnen ZN O (+s/gmv) **1** gymnastiek, (het) turnen **2** O&W gymles

Turner ZN M (+s/-) turner, gymnast

Turnerin ZN V (-/+nen) turnster

turnerisch BN gymnastisch, op turngebied

Turngerät ZN O (+(e)s/+e) gymnastiektoestel

Turnhalle ZN V (-/+n) gymnastiekzaal

Turnier ZN O (+s/+e) toernooi

Turnlehrer ZN M (+s/-) gymnastiekleraar

Turnschuh[1] ZN M (-s/-e) sportschoen

Turnschuh[2] ZN M (+(e)s/+e) gymnastiekschoen ▸ *fit wie ein ~* fit/fris als een hoentje

Turnstunde ZN V (-/+n) gymnastiekles

Turnus ZN M (-/+se) **1** rooster, toerbeurt • *im ~* volgens rooster **2** cyclus • *ein ~ von 4 Jahren* een vierjaarlijkse cyclus **3** periode, ronde

turnusgemäß BN bij toerbeurt

Turnverein ZN M (+(e)s/+e) **1**

tu

gymnastiekvereniging **2** atletiekvereniging
Türöffnung ZN V (-/+en) deuropening
Türpfosten ZN M (+s/-) deurstijl
Türrahmen ZN M (+s/-) **1** deuropening **2** deuromlijsting
Türschild ZN O (+(e)s/+er) naamplaatje
Türschwelle ZN V (-/+n) drempel
turteln ONOV WW tortelen, minnekozen
Turteltaube ZN V (-/+n) tortelduif
Tusch ZN M (+(e)s/+e) touche, fanfare • *einen ~ spielen* een fanfare blazen
Tusche ZN V (-/+n) **1** waterverf **2** tekeninkt • *chinesische ~* Oost-Indische inkt
tuscheln ONOV WW smoezen, kletsen, fluisteren
tuschen OV WW met inkt tekenen, met inkt schilderen • *sich die Wimpern ~* de ogen met mascara opmaken
Tüte ZN V (-/+n) **1** zak, puntzak • *in die ~ blasen* een blaastest doen • *Suppe aus der ~* soep uit een pakje **2** tas <van plastic of papier> • *möchten Sie eine Tüte?* wilt u een tasje? **3** ijshoorntje ▸ *das kommt nicht in die Tüte!* geen sprake van!
tuten ONOV WW toeteren, toeten ▸ *von Tuten und Blasen keine Ahnung haben* van toeten noch blazen weten
Tutor ZN M (+s/+en) **1** mentor **2** voogd
TÜV AFK Technischer Überwachungs-Verein ≈ technische keuringsdienst, ≈ apk, ≈ KEMA • *zum ~ müssen* naar de APK moeten • *TÜV-geprüft* goedgekeurd door de TÜV
TV AFK **1** Television tv **2** Turnverein turnvereniging
Twinset ZN O (-, +s/+s) twinset
Twist ZN M (+(e)s/+e, +s) **1** katoengaren, twist **2** twist <dans>
twittern OV + ONOV WW twitteren
Typ **1** ZN M (+s/+en) model, soort, type **2** ZN M (+en/+en) knul, vent • *ein dufter ~* een toffe vent • *ein komischer ~* een vreemde gast
Type ZN V (-/+n) type, drukletter • *das ist eine seltsame ~* dat is een rare snuiter
Typenrad ZN O (+(e)s/-räder) margrietwiel
Typhus ZN M (-/gmv) tyfus
typisch BN typisch, kenmerkend • *(das ist) ~ für sie* typisch iets voor haar • *das ist ~ er!* dat is net iets voor hem • *du bist ein ~er Lehrer* jij bent het type van een schoolmeester
typisieren OV WW typeren
Typisierung ZN V (-/+en) typering
Typograf, **Typograph** ZN M (+en/+en) typograaf
typografisch, **typographisch** BN typografisch
Typologie ZN V (-/+n) typologie
Typus ZN M (-/-pen) type
Tyrann ZN M (+en/+en) tiran
Tyrannei ZN V (-/+en) tirannie
tyrannisch BN tiranniek
tyrannisieren OV WW tiranniseren

U

u. AFK und en
U ZN O (-/-) letter u • *U wie Ulrich* de u van Utrecht • *Ü wie Übermut* de ü van Übermut
u.a. AFK **1** unter anderem/-en **o.a.** <onder andere> **2** und andere **e.a.** <en andere>
u.a.m. AFK und anderes mehr en wat dies meer zij
U-Bahn ZN V (-/+en) Untergrundbahn metro
übel BN **1** misselijk, onwel • *mir ist ~* ik ben misselijk • *davon wird ihm ~* daar wordt hij misselijk van **2** slecht, gemeen, vals • *ein übler Kerl* een gemene vent **3** slecht, kwaad, kwalijk • *wohl oder ~* goedschiks of kwaadschiks • *jemandem etwas ~ nehmen* iemand iets kwalijk nemen • *~ gelaunt* slechtgehumeurd • *ich habe nicht ~ Lust, alles hinzuschmeißen* ik zou het liefst bij de pakken neer gaan zitten • *~ dran sein* er slecht aan toe zijn • *~ zugerichtet* lelijk toegetakeld • *nicht ~* niet slecht • *ein übles Ende nehmen* slecht aflopen
Übel ZN O (+s/-) **1** kwaal • *ein ~ beheben* een euvel verhelpen • *an demselben ~ leiden* aan hetzelfde euvel mank gaan **2** kwaad • *ein notwendiges ~* een noodzakelijk kwaad • *ein altes ~* oud zeer
Übelkeit ZN V (-/+en) onpasselijkheid, misselijkheid • *~ erregender Gestank* misselijk makende stank
übelnehmen OV WW sterk kwalijk nemen
Übeltäter ZN M (+s/-) misdadiger, boosdoener
üben **1** OV + ONOV WW **1** oefenen, instuderen • *ein Musikstück ~* een muziekstuk instuderen **2** uitoefenen • *Kritik ~* kritiek uitoefenen • *Verrat ~* verraad plegen • *Rache an jemandem ~* wraak nemen op iemand **3** betrachten, beoefenen • *Nachsicht ~* toegevendheid betrachten, inschikkelijk zijn **2** WKD WW **(sich ~)** zich bekwamen, oefenen ▸ *früh übt sich, was ein Meister werden will* jong geleerd, oud gedaan
über **1** VZ +3/4 **1** boven • *~ 3 dem Meeresspiegel* boven de zeespiegel • *die Lampe hängt ~ 3 dem Tisch* de lamp hangt boven de tafel • *wir hängen die Lampe ~ 4 den Tisch* wij hangen de lamp boven de tafel • *~ 4 die Maßen* buitengewoon, uitzonderlijk **2** over • *~ 4 die Straße gehen* de straat oversteken • *~ 4 den Randstein fahren* over de stoep rijden • *~ 4 Nacht bleiben* overnachten **3** meer dan • *~ 4 100 Meter* meer dan 100 meter • *~ 4 alle Erwartungen* tegen alle verwachtingen in • *~ 4 Gebühr* meer dan goed, buitensporig **4** via • *ich habe die Adresse ~ 4 einen Bekannten bekommen* ik heb het adres via een kennis gekregen • *sie hat es ~ 4 ihre Eltern erfahren* ze heeft het via haar ouders gehoord • *von X nach Y ~ Z gehen* van X naar Y gaan via Z **5** gedurende • *~ 4 Mittag* rond het middaguur, gedurende het middaguur • *übers 4 Wochenende nach Hause kommen* voor het weekeinde thuiskomen • *das Jahr ~* het hele jaar door • *~ kurz oder lang* vroeg of laat • *~ alle Berge sein* ervandoor zijn • *~ 3 der Arbeit einschlafen* onder het werk in slaap vallen • *~ 3 der*

Arbeit alles vergessen door het werk alles vergeten • *sie ist eine Stunde ~* 4 *die Zeit* zij is een uur te laat • *Lügen ~ Lügen* de ene leugen na de andere **2** BN • INFORM. *sie ist ihm ~* zij is hem de baas • INFORM. *es sind noch zehn Euro ~* er zijn nog 10 euro over • INFORM. *ich bin es ~* ik ben het beu **3** BW boven • *~ und ~* geheel en al, van onder tot boven
über-, **Über-** VOORV + ACHTERV **1** super-, bijzonder • *überglücklich* supergelukkig **2** proto-, typisch • *Übermacho* typische macho
überall BW overal
überallher BW overal vandaan
überallhin BW overal heen
überaltert BN verouderd, vergrijsd
Überangebot ZN O (+(e)s/+e) te groot aanbod
überängstlich BN overdreven bang, overbezorgd
überanstrengen **1** OV WW te veel vergen van, overwerken **2** WKD WW (**sich ~**) zich overspannen
Überanstrengung ZN V (-/+en) bovenmatige inspanning
überantworten OV WW overdragen, toevertrouwen
überarbeiten **1** OV WW opnieuw bewerken, herzien **2** WKD WW (**sich ~**) zich overwerken
Überarbeitung ZN V (-/gmv) **1** overspanning **2** omwerking, herziening
überaus BW buitengewoon, zeer
überbacken OV WW gratineren
überbauen OV WW overdekken, overkappen
überbauen ONOV WW over de grens van het perceel heen bouwen
überbeanspruchen OV WW **1** te veel eisen, te zwaar belasten **2** TECHN. overbelasten
überbelasten OV WW overbelasten
Überbelastung ZN V (-/+en) overbelasting
überbelichten OV WW overbelichten
Überbevölkerung ZN V (-/gmv) overbevolking
überbewerten OV WW overwaarderen, te hoog aanslaan • *dieser Aspekt wird oft überbewertet* dit aspect wordt vaak te sterk benadrukt • *Brad Pitt wird als Schauspieler oft überbewertet* Brad Pitt wordt als acteur vaak overgewaardeerd
überbieten OV WW sterk **1** hoger bieden • *jemanden ~* hoger bieden dan een ander **2** overtreffen • *jemanden an Frechheit ~* iemand in brutaliteit overtreffen
Überbietung ZN V (-/+en) overtreffen
Überbleibsel ZN O (+s/-) overblijfsel, rest
überblenden OV WW faden, laten overvloeien
Überblick ZN M (+(e)s/+e) OOK FIG. overzicht • *sich einen ~ verschaffen* een overzicht zien te krijgen
überblicken OV WW OOK FIG. overzien
überbraten OV WW • INFORM. *jemandem einen/eins ~* iemand een pak slaag geven
überbringen OV WW onregelmatig overbrengen
Überbringer ZN M (+s/-) **1** brenger **2** toonder
überbrücken OV WW overbruggen • *Gegensätze ~* tegenstellingen overbruggen
Überbrückung ZN V (-/+en) overbrugging
überdachen OV WW van een dak voorzien, overdekken
Überdachung ZN V (-/-en) overdekking
überdauern OV WW standhouden, overleven
Überdecke ZN V (-/+n) **1** dekkleed **2** sprei
überdecken OV WW overdekken, bedekken
überdehnen OV WW uitrekken, verrekken
überdenken OV WW onregelmatig overdenken
überdeutlich BN overduidelijk • *es ist ~* het ligt er dik bovenop
überdies BW bovendien
überdimensional BN buitensporig groot, bovenmaats
Überdosis ZN V (-/-sen) overdosis
überdrehen OV WW te ver doordraaien, doldraaien • *sie ist völlig überdreht* zij is door het dolle heen
Überdruck ZN M (+(e)s/-drücke) TECHN. overdruk
Überdruss ZN M (+es/gmv) verveling, tegenzin • *bis zum ~* tot vervelens toe • *das bereitet mir ~* daar krijg ik genoeg van
überdrüssig BN +2, 4, zat, beu • *einer Sache ~ werden* ergens genoeg van krijgen
überdurchschnittlich BN bovengemiddeld • *~ gut sein* beter zijn dan het gemiddelde
übereck BW dwars, schuin
Übereifer ZN M (+s/gmv) te grote ijver
übereifrig BN al te ijverig/enthousiast
übereignen OV WW in eigendom overdragen, in bezit geven • *jemandem etwas ~* iets in iemands bezit geven
Übereignung ZN V (-/+en) eigendomsoverdracht
Übereile ZN V (-/gmv) te grote haast
übereilen **1** OV WW overhaasten • *übereilt* overhaast, ondoordacht **2** WKD WW (**sich ~**) te hard van stapel lopen
überein BW overeen, eens
übereinander BW boven elkaar, over elkaar
übereinkommen ONOV WW sterk afspreken, overeenkomen
Übereinkommen ZN O (+s/-) overeenkomst
Übereinkunft ZN V (-/-künfte) overeenkomst, akkoord
übereinstimmen ONOV WW overeenstemmen • *mit jemandem ~* het met iemand eens zijn • *in dieser Hinsicht stimmen sie überein* zij stemmen in dat opzicht overeen • *sie erklärten übereinstimmend, dass ...* zij verklaren eenstemmig dat
Übereinstimmung ZN V (-/+en) overeenstemming • *in ~ bringen mit* in overeenstemming brengen met
überempfindlich BN overgevoelig
Überempfindlichkeit ZN V (-/+en) **1** overgevoeligheid **2** MED. allergie
überessen WKD WW (**sich ~**) zich ongans eten
überfahren ONOV WW sterk overvaren, naar de overkant varen
überfahren OV WW sterk **1** overrijden, rijden over • *die rote Ampel ~* door een rood verkeerslicht rijden **2** INFORM. overrompelen • *sich ~ fühlen* zich

overrompeld voelen
Überfahrt ZN V (-/+en) **overtocht, overvaart**
Überfall ZN M (+(e)s/-fälle) **overval**
überfallen OV WW sterk **1 overvallen 2 overrompelen** • *der Schlaf hat ihn ~* de slaap heeft hem overmand
überfällig BN **1 vervallen 2 over tijd, te laat** • *dieser Beschluss war ~* deze beslissing had al veel eerder genomen moeten worden • HUMOR. *mein Mann ist mal wieder ~* mijn man zou allang hier moeten zijn
überfeinert BN **te verfijnd**
überfliegen OV WW sterk **1 eroverheen vliegen 2 vlug doorlezen** • *sie überflog den Brief* ze las snel door de brief heen **3 glippen** • *ein Lächeln überflog ihr Gesicht* zij moest even glimlachen
überfließen ONOV WW sterk **1 overstromen 2 overlopen** • FIG. *vor Begeisterung ~* overlopen van enthousiasme
überflügeln OV WW **overvleugelen** • *sie hat ihre Mitschüler überflügelt* zij is haar klasgenoten voorbijgestreefd
Überfluss ZN M (+es/gmv) **overvloed** • *zu allem ~* ten overvloede • *im ~ vorhanden sein* in overvloed aanwezig zijn
überflüssig BN **overbodig, overtollig**
überflüssigerweise BW **1 onnodig 2 ofschoon overbodig**
überfluten 1 OV WW **overstromen, overspoelen** <ook figuurlijk> **2** ONOV WW **buiten de oevers treden**
Überflutung ZN V (-/+en) **overstroming**
überfordern OV WW **te veel vergen, te veel eisen** • *das überfordert die Eltern* daarmee stel je te hoge eisen aan de ouders • *ein Kind ~* te veel van een kind vergen • *sich überfordert fühlen* het gevoel hebben het niet meer aan te kunnen • *mit etwas überfordert sein* iets niet aankunnen
überfragen OV WW **te veel vragen** • *da bin ich überfragt* dat weet ik niet
überfrieren ONOV WW sterk **dichtvriezen** • *Glätte durch überfrierende Nässe* gladheid door bevriezing van natte weggedeelten
überführen OV WW **1 overbrengen** • *die Leichen wurden nach Deutschland überführt* de lijken werden naar Duitsland overgebracht **2 omzetten 3 het bewijs van iemands schuld leveren** • *jemanden des Diebstahls ~* iemand aan diefstal schuldig bevinden
Überführung ZN V (-/+en) **1 overtuigende bewijsvoering van iemands schuld 2 viaduct, brug 3 overbrenging**
Überfülle ZN V (-/gmv) **grote overvloed**
überfüllen OV WW **1 overladen 2 te vol maken** • *überfüllt* overvol, stampvol
Überfüllung ZN V (-/+en) **1 overvol zijn, overbezetting 2 overladen**
Übergabe ZN V (-/+n) **1 overgave 2 overhandiging**
Übergang ZN M (+(e)s/-gänge) **1 overgang** • TRANSP. *~ zur Straßenbahn* overstapmogelijkheid op de tram **2 oversteekplaats**
Übergangslösung ZN V (-/+en) **overgangsregeling**
Übergangsstelle ZN V (-/+n) **1 grenspost 2 oversteekplaats**
Übergardine ZN V (-/+n) **overgordijn**
übergeben 1 OV WW sterk **1 overhandigen, overdragen** • *eine Straße dem Verkehr ~* een straat voor het verkeer openstellen **2 toevertrouwen 3 opdragen 2** WKD WW **(sich ~)** sterk **overgeven, braken**
übergehen ONOV WW onregelmatig **overgaan, overlopen** • *zur Tagesordnung ~* overgaan tot de orde van de dag
übergehen OV WW onregelmatig **negeren, passeren, overslaan** • *sich übergangen fühlen* zich gepasseerd voelen • *eine Bemerkung ~* een opmerking negeren
übergenug BW MIN. **meer dan genoeg**
übergeordnet BN **1 van hogere orde, belangrijker 2** TAALK. **bovengeschikt**
übergeschnappt BN **niet goed wijs** • *bist du völlig übergeschnappt?* ben je helemaal bedonderd?
Übergewicht ZN O (+(e)s/gmv) **1 overgewicht 2 overwicht** • INFORM. *(das) ~ bekommen/kriegen* zijn evenwicht verliezen
übergewichtig BN **met overgewicht**
übergießen OV WW sterk **1 gieten over, erover gieten 2 overgieten, begieten** • *mit Wasser übergossen* overgoten met water
überglücklich BN **dolgelukkig**
übergreifen ONOV WW sterk **1** MUZ., SPORT **grijpen over, eroverheen grijpen 2 overslaan** • *das Feuer greift auf das Haus über* het vuur slaat over op het huis **3 ingrijpen** <in een gebied waar men niet bevoegd is>
übergreifend BN **overkoepelend**
Übergriff ZN M (+(e)s/+e) **1 inbreuk, overtreding 2 inmenging 3 overval**
übergroß BN **meer dan groot, enorm**
Übergröße ZN V (-/+n) **extra grote maat**
überhaben OV WW **1** INFORM. **om/aan hebben 2** INFORM. **beu zijn, genoeg hebben van** • *jetzt hat sie's über!* nu heeft ze er genoeg van! **3** REG. **over hebben**
überhandnehmen ONOV WW sterk **hand over hand toenemen, sterk toenemen, veld winnen** • *das nimmt überhand* dat wordt te veel
Überhang ZN M (+(e)s/-hänge) **1 overhangende rots 2 overhangend gedeelte van een bouwwerk 3 overtollige voorraad, teveel**
überhängen 1 OV WW sterk **omhangen, omdoen 2** ONOV WW **overhangen, overhellen, uitsteken**
überhasten OV WW **overhaasten**
überhäufen OV WW **overladen** • *mit Arbeit überhäuft sein* tot over zijn oren in het werk zitten • *jemanden mit Geschenken ~* iemand met cadeaus overladen
überhaupt BW **1 helemaal** • *~ nicht* helemaal niet • *~ kein Problem* helemaal geen probleem **2 eigenlijk wel** • *wissen Sie überhaupt, was los ist?*

üb

weet u eigenlijk wel wat er aan de hand is? • *das ist ~ schwierig* dat is over het algemeen moeilijk **3 tenminste, enigszins** • *er weigert sich den Vorschlag ~ zu erwägen* hij weigert het voorstel zelfs maar in overweging te nemen • *wenn es ~ möglich ist* als het tenminste mogelijk is

überheblich BN **aanmatigend, arrogant**

Überheblichkeit ZN V (-/+en) **aanmatiging, verwaandheid**

überheizen OV WW **1 te warm stoken** • *ein überheizter Raum* een veel te warme ruimte **2 oververhitten**

Überhitzung ZN V (-/+en) **1 oververhitting 2** ECON. **overvoeren**

überhöhen OV WW **ophogen, verhogen** • *überhöhte Preise* te hoge prijzen

überholen OV + ONOV WW **1 inhalen, voorbijstreven** • *hier kann man nicht ~* hier kun je niet inhalen • *er hat alle Mitschüler überholt* hij is alle medeleerlingen voorbijgestreefd **2 nazien, reviseren** • *die Maschine ~* de machine nakijken

Überholmanöver ZN O (+s/-) **inhaalmanoeuvre**

Überholspur ZN V (-/+en) **inhaalstrook**

überholt BN **achterhaald, verouderd**

Überholung ZN V (-/+en) **revisie**

Überholverbot ZN O (+(e)s/+e) **inhaalverbod**

überhören OV WW **1 niet horen 2 niet willen horen** • *das will ich überhört haben* dat wil ik niet gehoord hebben

überirdisch BN **bovenaards**

überkandidelt BN **geëxalteerd, buitenissig**

Überkapazität ZN V (-/+en) **overcapaciteit**

überkippen ONOV WW **1 omslaan** • *seine Stimme kippte über* zijn stem sloeg over **2 omkantelen**

überkleben OV WW **overplakken, beplakken**

überklettern OV WW **klimmen over**

überklug BN IRON. **betweterig, waanwijs**

überkochen ONOV WW **overkoken** • *die Milch ist übergekocht* de melk is overgekookt

überkommen 1 BN **traditioneel** • *überkommene Bräuche* overgeleverde gebruiken **2** OV WW sterk **overvallen, aangrijpen** • *Furcht überkam ihn* vrees beving hem

überladen OV WW sterk **overladen**

überlagern OV WW **1 bedekken, overdekken 2 overlappen**

überlang BN **te lang**

überlappen OV WW **overlappen**

überlassen 1 OV WW sterk **1 overlaten, afstaan** • *das überlass lieber mir* laat mij het maar liever doen **2 toevertrouwen** • *sich selbst ~ sein* er alleen voorstaan, alleen zijn **2** WKD WW **(sich ~)** sterk **zich overgeven aan** • *sich jemandes Versorgung ~* zich overgeven aan iemands zorg

Überlassung ZN V (-/+en) **overdracht, afstand doen, overlaten**

überlasten OV WW **overbelasten**

Überlastung ZN V (-/+en) **1 overbelasting 2 overlading**

überlaufen ONOV WW sterk **overlopen** • *die Wanne läuft über* het bad loopt over

überlaufen OV WW sterk **1 overvallen 2 ergens veel komen, de deur plat lopen** • *dieser Ort ist im Sommer total ~* deze plaats is in de zomer overvol

Überläufer ZN M (+s/-) **overloper**

überlaut BN **luidkeels, zeer luid**

überleben OV WW **overleven**

Überlebende ZN M/V (+n/+n) **overlevende**

überlebensgroß BN **meer dan levensgroot**

überlegen OV WW **1 leggen over 2 over de knie leggen**

überlegen 1 OV WW vaak met wederkerend voornaamwoord **nadenken, overdenken** • *sich etwas ~* over iets nadenken *hast du es dir überlegt?* heb je erover nagedacht? • *das muss ich mir noch ~* daar moet ik nog eens over denken • *das muss gut überlegt sein* daar moet goed over gedacht zijn • *es wäre zu überlegen, ob ...* wij zouden erover moeten denken of ... • *es sich anders ~* van gedachten veranderen **2** BN **superieur, beter** • *jemandem weit ~ sein* iemand ver de baas zijn • *~ siegen* met grote voorsprong winnen • *zahlenmäßig ~ sein* in aantal overtreffen

Überlegenheit ZN V (-/gmv) **superioriteit, overmacht**

Überlegung ZN V (-/+en) **overweging** • *nach reiflicher ~* na rijp beraad

überleiten OV WW **een overgang maken** • *zu einem neuen Thema ~* overgaan op een nieuw thema

Überleitung ZN V (-/+en) **overgang**

überlesen OV WW sterk **1 overlezen 2 bij het lezen over het hoofd zien**

überliefern OV WW **overleveren, doorgeven** • *überlieferte Bräuche* traditionele gebruiken

Überlieferung ZN V (-/+en) **overlevering, traditie**

überlisten OV WW **te slim af zijn, verschalken**

überm SAMENTR über dem → **über**

Übermacht ZN V (-/gmv) **overmacht**

übermächtig BN **oppermachtig, overmachtig**

übermalen OV WW **overschilderen**

übermannen OV WW **overmannen, overweldigen** • *von Gefühlen übermannt werden* door gevoelens overstelpt worden

Übermaß ZN O (+es/gmv) **teveel, overmaat**

übermäßig BN **overmatig, buitensporig**

Übermensch ZN M (+en/+en) **supermens, übermensch** <superieur mens in nazi-ideologie>

übermenschlich BN **bovenmenselijk**

übermitteln OV WW **overbrengen, doen toekomen, toezenden** • *Grüße/Glückwünsche ~* groeten/gelukwensen overbrengen

Übermittlung ZN V (-/+en) **(het) overbrengen, (het) doorgeven**

übermorgen BW **overmorgen**

übermüden OV WW **te zeer vermoeien** • *übermüdet sein* oververmoeid zijn

Übermüdung ZN V (-/+en) **oververmoeidheid**

Übermut ZN M (+(e)s/gmv) **overmoed**

übermütig BN **overmoedig**

übern SAMENTR über den → **über**

übernächst BN **tweede daaropvolgende/**

daarna • *am übernächsten Tag* overmorgen • *an der übernächsten Ecke* twee straten verderop • *übernächstes Jahr* over twee jaar
übernachten ONOV WW overnachten
übernächtigt BN (over)vermoeid
Übernachtung ZN V (-/+en) overnachting • *~ und Frühstück* kamer en ontbijt
Übernahme ZN V (-/+n) **1** overname, overneming **2** aanvaarding • *mit sofortiger ~* direct te aanvaarden
übernational BN supranationaal
übernatürlich BN bovennatuurlijk
übernehmen **1** OV WW sterk **1** overnemen, aannemen • *ich übernehme das* ik neem dat over **2** op zich nemen, aanvaarden • *einen Auftrag ~* een opdracht aanvaarden **2** WKD WW (**sich ~**) sterk te veel op zich nemen
überordnen OV WW stellen boven, plaatsen boven • *jemandem übergeordnet sein* boven iemand staan
überparteilich BN boven de partijen staand, neutraal
Überproduktion ZN V (-/+en) overproductie
überprüfen OV WW **1** controleren, nazien • *würdest du das bitte überprüfen?* wil je dat even nagaan? • *insoweit wir das ~ können* voor zover we kunnen nagaan **2** opnieuw overwegen
Überprüfung ZN V (-/+en) controle, onderzoek
überquellen ONOV WW overlopen, overstromen
überqueren OV WW **1** kruisen **2** oversteken • *die Alpen ~* de alpen oversteken • *eine Straße ~* een straat oversteken
überragen OV WW **1** uitsteken boven • *jemanden um Haupteslänge ~* een hoofd boven iemand uitsteken • *weit ~* hoog uitsteken boven **2** FIG. overtreffen
überragend BN buitengewoon, uitzonderlijk
überraschen OV WW verrassen • *überrascht sein von/über etwas* verrast zijn door/over iets
Überraschung ZN V (-/+en) verrassing • *da wird sie noch eine böse ~ erleben* daar zal ze nog lelijk van opkijken
Überraschungspaket ZN O verrassingspakket
überreden OV WW overreden, overhalen • *jemandem zu etwas ~* iemand overhalen tot iets
Überredung ZN V (-/+en) overreding
überreichen OV WW overhandigen, uitreiken • *jemandem ein Geschenk ~* iemand een cadeau aanbieden
überreichlich BN overvloedig
überreif BN overrijp
überreizen OV WW **1** overprikkelen • *überreizt sein* overspannen zijn **2** te hoog bieden <bij kaartspel>
Überreiztheit ZN V overspannenheid
überrennen OV WW onregelmatig overrompelen, omverrennen, onder de voet lopen
Überrest ZN M (+(e)s/+e) rest, overblijfsel • *die sterblichen Überreste* het stoffelijk overschot
Überrollbügel ZN M (+s/-) rolbeugel
überrollen OV WW **1** meesleuren, omverrijden, overrijden **2** MIL. met gemotoriseerde strijdkrachten overrompelen **3** overrompelen
überrumpeln OV WW overrompelen • *ich lass mich von ihm nicht ~* ik laat me door hem niet overdonderen
überrunden OV WW **1** overtreffen **2** SPORT een ronde voor komen • *überrundet sein* een ronde achterstand hebben
übers SAMENTR über das → **über**
Übers. AFK Übersetzung vertaling
übersät BN bezaaid, overdekt
übersatt BN oververzadigd
übersättigen OV WW oververzadigen
Übersättigung ZN V (-/+en) oververzadiging
überschallen OV WW overstemmen
Überschallgeschwindigkeit ZN V (-/+en) supersonische snelheid
überschatten OV WW OOK FIG. overschaduwen
überschätzen OV WW overschatten
Überschätzung ZN V (-/+en) overschatting
überschaubar BN te overzien, overzichtelijk
überschauen OV WW overzien
überschäumen ONOV WW schuimend overlopen, bruisen <ook figuurlijk>
überschießen **1** OV WW sterk **1** te sterk bejagen **2** schieten over, voorbijschieten **2** ONOV WW sterk REG. overkoken
überschlafen OV WW sterk een nacht slapen over • *sie muss die Sache noch einmal ~* ze moet er nog een nachtje over slapen
Überschlag ZN M (+(e)s/-schläge) **1** raming, overslag, begroting **2** SPORT overslag, buiteling **3** looping **4** TECHN. vonkoverslag
überschlagen **1** OV WW sterk schatten, ramen • *die Kosten ~* de kosten schatten **2** WKD WW (**sich ~**) sterk **1** over de kop slaan, over de kop gaan • *sich vor Wut ~* buiten zichzelf zijn van woede **2** overslaan <van stem> **3** in snel tempo op elkaar volgen • *die Ereignisse ~ sich* een gebeurtenis volgt op de andere
überschlagen OV + ONOV WW sterk **1** over elkaar slaan • *mit übergeschlagenen Beinen* met de benen over elkaar **2** overslaan, overspringen • *Funken sind übergeschlagen* er zijn vonken overgeslagen
überschnappen ONOV WW gek worden • *er ist übergeschnappt* hij is niet goed wijs
überschneiden WKD WW (**sich ~**) sterk **1** samenvallen, elkaar overlappen • *die Termine ~ sich* de afspraken overlappen elkaar **2** elkaar kruisen, elkaar snijden
Überschneidung ZN V (-/+en) overlapping
überschreiben OV WW sterk **1** betitelen • *wie ist der Artikel überschrieben?* wat staat er als titel boven het artikel? **2** overschrijven • *etwas auf jemanden ~* iets op iemands naam zetten
überschreien OV WW sterk overschreeuwen
überschreiten OV WW sterk **1** overschrijden • *die Höchstgeschwindigkeit ~* de snelheidslimiet overschrijden **2** overtreden
Überschrift ZN V (-/+en) titel, opschrift, kop <in krant>
Überschuh ZN M (+(e)s/+e) overschoen

überschuldet BN diep in de schulden, zwaar belast
Überschuldung ZN V (-/+en) zeer zware schuldenlast
Überschuss ZN M (+es/-schüsse) **1** nettowinst **2** overschot
überschüssig BN overtollig
überschütten OV WW uitgieten over, bedekken, bedelven
überschütten OV WW overstelpen, overladen
Überschwang ZN M (+(e)s/gmv) overmaat, overvloed, uitbundigheid
überschwänglich, **überschwenglich** BN uitbundig, bovenmatig, overdreven • *jemanden ~ loben* iemand uitbundig prijzen
überschwappen ONOV WW eroverheen klotsen
überschwemmen OV WW overstromen
Überschwemmung ZN V (-/+en) overstroming
Übersee • *in/nach ~* in/naar overzee • *aus/von ~* van overzee
überseeisch BN overzees
übersehbar BN te overzien, overzienbaar
übersehen **1** OV WW sterk **1** overzien • *die Arbeit ist zu ~* dit werk is te overzien **2** over het hoofd zien • *das habe ich leider ~* dat het ik helaas over het hoofd gezien **3** negeren • *sie übersah ihn absichtlich* ze negeerde hem **2** WKD WW (**sich ~**) sterk uitgekeken raken op
übersenden OV WW onregelmatig overzenden, toezenden
Übersendung ZN V (-/+en) toezending
übersetzbar BN vertaalbaar, te vertalen
übersetzen ONOV WW oversteken, overvaren • *zum anderen Ufer ~* naar de andere oever oversteken
übersetzen OV WW **1** vertalen • *einen Text ins Niederländische ~* een tekst naar het Nederlands vertalen • *kann das mal einer übersetzen?* kan dat iemand hier vertalen? **2** omzetten, overbrengen
Übersetzer ZN M (+s/-) vertaler • *vereidigter ~* beëdigd vertaler
Übersetzung ZN V (-/+en) **1** vertaling **2** TECHN. overbrenging, versnelling
Übersetzungsbüro ZN O (+s/+s) vertaalbureau
Übersicht ZN V (-/+en) overzicht
übersichtlich BN overzichtelijk, duidelijk
übersiedeln ONOV WW OOST. verhuizen
übersinnlich BN bovenzinnelijk, bovennatuurlijk • *übersinnliche Kraft* bovennatuurlijke kracht
überspannen OV WW **1** te strak spannen, overspannen • *überspannt* overdreven, geëxalteerd, overspannen **2** bespannen, spannen over
Überspanntheit ZN V (-/gmv) buitenissigheid, overdrevenheid
Überspannung ZN V (-/+en) TECHN. te hoge spanning
überspielen OV WW **1** verdoezelen • *einen Fehler ~* een fout verdoezelen **2** kopiëren <op film of geluidsband> • *einen Film ~* een film kopiëren **3** SPORT overtroeven, buiten spel zetten
überspitzt BN overdreven • *Ihre Forderungen sind ~* uw eisen gaan te ver • *das ist ~ formuliert* dat is overtrokken geformuleerd
übersprechen OV WW simultaan vertalen <op radio/televisie>
überspringen ONOV WW sterk overslaan, overspringen <ook figuurlijk> • *auf ein anderen Thema ~* naar een ander onderwerp overspringen
überspringen OV WW sterk **1** springen over **2** overslaan, passeren • *eine Klasse ~* een klas overslaan
übersprudeln ONOV WW **1** overlopen, overstromen **2** sprankelen, tintelen
überstaatlich BN supranationaal
überstehen ONOV WW onregelmatig uitsteken, naar voren springen
überstehen OV WW onregelmatig doorstaan • *der Kranke wird die Nacht nicht ~* de zieke zal de morgen niet halen
übersteigen OV WW sterk overtreffen, te boven gaan • *das übersteigt unsere finanziellen Möglichkeiten* dat gaat onze financiële mogelijkheden te boven
übersteigern OV WW opdrijven, opjagen, overdrijven
überstellen OV WW FORM. overdragen, overplaatsen • *den Täter der Polizei ~* de dader overdragen aan de politie
überstimmen OV WW overstemmen, wegstemmen
überstrahlen OV WW **1** overstralen **2** doen verbleken
überstreichen OV WW sterk **1** beschilderen **2** bestrijken
überstreifen OV WW snel aantrekken <kleding>
überströmen ONOV WW overstromen, overlopen, overslaan <figuurlijk>
überstülpen OV WW eroverheen zetten, eroverheen stulpen
Überstunde ZN V (-/+n) overuur • *Überstunden machen* overwerken, overuren maken • *Überstunden abfeiern* overuren met vrije dagen compenseren
überstürzen **1** OV WW overhaasten • *nur nichts überstürzen!* geen overhaaste beslissingen nemen! **2** WKD WW (**sich ~**) **1** zich overhaasten **2** snel op elkaar volgen • *die Ereignisse überstürzten sich* de gebeurtenissen volgden elkaar snel op
Überstürzung ZN V (-/gmv) overhaasting
übertäuben OV WW **1** overstemmen **2** verdoven
überteuert BN te hoog geprijsd • *überteuerte Ware* te dure goederen
übertölpeln OV WW beetnemen, bij de neus nemen
übertönen OV WW overstemmen • *meine Stimme konnte den Lärm nicht ~* mijn stem kwam niet boven het lawaai uit
Übertrag ZN M (+(e)s/-träge) ECON. transport <van een bedrag naar andere pagina>
übertragbar BN **1** over te brengen, toepasselijk • *das ist auf deine Situation ~* dat is van toepassing op jouw situatie **2** overdraagbaar • *diese Karte*

ist nicht ~ deze kaart is strikt persoonlijk **3** besmettelijk • *eine übertragbare Krankheit* een besmettelijke ziekte

übertragen **1** BN **1** overdrachtelijk, figuurlijk • *in übertragenem Sinn* in de figuurlijke betekenis **2** OOST. afgedragen <van kleding> **2** OV WW sterk **1** overbrengen, omzetten, vertalen • *etwas ins Englische ~* iets naar het Engels vertalen **2** overdragen, opdragen • *jemandem eine Aufgabe ~* iemand een taak toewijzen **3** uitzenden • *das Fußballspiel live ~* de voetbalwedstrijd live uitzenden **4** overschrijven, kopiëren, overnemen **5** overbrengen <van ziektes> • *Ratten können Krankheiten ~* ratten kunnen ziektes overbrengen **6** overboeken, transporteren **3** WKD WW (**sich ~**) sterk overslaan, overgaan • *sich ~ auf* doorwerken op • *ihre Angst übertrug sich auf die anderen* haar angst sloeg op de anderen over • *im übertragenen Sinn* in overdrachtelijke zin

Übertragung ZN V (-/+en) **1** overbrenging **2** overboeking, transport **3** vertaling **4** A-V uitzending **5** overdracht

übertreffen OV WW sterk overtreffen • *alles ~* de kroon spannen

übertreiben OV WW sterk overdrijven, aandikken • *er übertrieb maßlos* hij sloeg helemaal door

Übertreibung ZN V (-/+en) overdrijving

übertreten OV WW sterk **1** verzwikken **2** overtreden • *ein Gesetz ~* een wet overtreden

übertreten ONOV WW sterk **1** overlopen, overgaan • *zum Islam ~* naar de islam overgaan **2** overstromen, buiten de oevers treden **3** SPORT over de lijn gaan

Übertretung ZN V (-/+en) overtreding

übertrieben BN overdreven

Übertritt ZN M (+(e)s/+e) overgang • *der ~ zum Katholizismus* de overgang naar het katholicisme • *der Übergang in die weiterführende Schule* de overgang naar de middelbare school

übertrumpfen OV WW overtroeven

übertünchen OV WW **1** kalken, witten **2** een vernisje geven

übervölkern OV WW overbevolken • *Touristen übervölkern die Stadt* toeristen overbevolken de stad

übervoll BN overvol

übervorteilen OV WW bedriegen, afzetten

Übervorteilung ZN V (-/+en) **1** afzetterij **2** bedriegerij

überwach BN klaarwakker

überwachen OV WW **1** bewaken, toezicht houden op, controleren • *streng ~* nauwlettend toezien • *jemandes Tun und Lassen ~* iemands gangen nagaan **2** observeren

überwachsen OV WW sterk **1** begroeien, overgroeien **2** uitgroeien boven

Überwachung ZN V (-/+en) **1** observatie **2** bewaking, toezicht, controle

überwältigen OV WW overweldigen, overmeesteren • *von Gefühlen überwältigt werden* door gevoelens overstelpt worden

überwältigend OV WW overweldigend • *ein überwältigender Applaus* een overweldigend applaus

Überwältigung ZN V (-/+en) **1** overweldiging **2** overmeestering

überwälzen OV WW ECON. afwentelen, afschuiven • *die Kosten auf den Verbraucher ~* de kosten op de consument afschuiven

überwechseln ONOV WW overgaan, overlopen, wisselen • *aufs Gymnasium ~* naar het vwo wisselen

Überweg ZN M (+(e)s/+e) oversteekplaats <voor voetgangers>

überweisen OV WW sterk **1** overmaken <van geld>, gireren • *den Betrag auf das Konto ~* het bedrag op de rekening overmaken **2** MED. doorverwijzen, verwijzen • *jemanden zum Augenarzt ~* iemand doorverwijzen naar de oogarts

Überweisung ZN V (-/+en) **1** overschrijving, overmaking **2** MED. verwijzing

Überweisungsschein ZN M (-s/-e) verwijsbrief • *ein Überweisungsschein zum Facharzt* een verwijsbrief voor een specialist

überwerfen OV WW sterk overgooien <kledingstuk>, omslaan

überwerfen WKD WW (**sich ~**) sterk overhoop raken, onenigheid krijgen • *er hat sich mit seiner Mutter überworfen* hij heeft ruzie met zijn moeder

überwiegen ONOV WW sterk het winnen, zwaarder wegen, overheersen • *die Argumente dafür ~* de argumenten voor wegen zwaarder

überwiegend BN overwegend, hoofdzakelijk • *Regionen mit ~ katholischer Bevölkerung* streken met hoofdzakelijk katholieke bevolking

überwinden OV WW sterk overwinnen • *sich ~ etwas zu tun* zich ertoe zetten om iets te doen • *ein Hindernis ~* een hindernis nemen • *etwas ~* ergens overheen groeien

Überwindung ZN V (-/gmv) **1** zelfoverwinning • *es hat mich einige ~ gekostet* het heeft mij wel wat zelfoverwinning gekost **2** FIG. overwinning

überwintern ONOV WW overwinteren

Überwinterung ZN V (-/+en) overwintering

überwölben OV WW overwelven

überwuchern OV WW overwoekeren

Überwurf ZN M (+(e)s/-würfe) **1** mantel **2** sprei, dekkleed **3** SPORT schouderworp

Überzahl ZN V (-/gmv) overmacht, meerderheid • *die Frauen sind in der ~* er zijn merendeels vrouwen

überzählen OV WW natellen

überzahlen OV WW te veel betalen

überzählig BN overtollig, overcompleet

überzeichnen OV WW **1** chargeren **2** ECON. overtekenen

überzeugen **1** OV WW overtuigen • *jemanden von einer Sache ~* iemand van iets overtuigen • *davon bin ich überzeugt* daar ben ik overtuigd van **2** WKD WW (**sich ~**) zich overtuigen (**von** +3 van)

Überzeugung ZN V (-/+en) overtuiging • *sie ist der Überzeugung, dass ...* zij is de overtuiging toegedaan dat ...

Überzeugungskraft ZN V (-/gmv) overtuigingskracht

überziehen OV WW **1** bedekken, overtrekken • *ein Bett frisch ~* een bed verschonen • *der Himmel überzog sich* de hemel betrok **2** overschrijden • *sein Konto ~* rood staan op zijn bankrekening **3** overdrijven • *das ist schon sehr überzogen ausgedrückt* dat is wel erg overdreven gezegd

überziehen OV WW aantrekken, eroverheen trekken • *sich einen Pullover ~* een trui aantrekken • *jemandem eins ~* iemand een klap geven

Überzieher ZN M (+s/-) overjas

überzüchtet BN overgecultiveerd, te ver doorgefokt

überzuckern OV WW suikeren, vergulden <figuurlijk>

Überzug ZN M (+(e)s/-züge) **1** overtrek, sloop **2** deklaag

üblich BN gebruikelijk • *der übliche Preis* de gewone prijs • *wie ~* zoals gebruikelijk • *das ist hier nicht ~* dat is hier niet gebruikelijk • *allgemein ~* algemeen gebruikelijk • *der übliche Name dafür* de gebruikelijke naam hiervoor • *mit dem üblichen Trara* met de nodige ophef

Üblichkeit ZN V (-/+en) gewoonte, gebruik

U-Bogen ZN M (+s/-Bögen) TAALK. boogje boven de u

U-Boot ZN O (+(e)s/+e) Unterseeboot onderzeeër <duikboot>

übrig BN overgebleven, overig, over • *das übrige Europa* de rest van Europa • *~ behalten* overhouden • *~ bleiben* overblijven • *~ lassen* overlaten • *ein Übriges tun* meer doen dan nodig is, zijn uiterste best doen, nog extra moeite doen • *es blieb mir nichts anderes ~* er restte mij niets anders • *im Übrigen* voor de rest, overigens • *alles Übrige* al het overige

übrigens BW trouwens, overigens

übrighaben OV WW sterk overhebben, houden van • *für etwas nichts ~* ergens niets om geven

Übung ZN V (-/+en) **1** oefening • *aus der ~ kommen* het verleren, eruit raken • *in der ~ bleiben* blijven oefenen, in de running blijven **2** O&W werkcollege ▸ *~ macht den Meister* oefening baart kunst

u.dgl. AFK und dergleichen **e.d.** <en dergelijke>

u.d.M. AFK unter dem Meeresspiegel **onder de zeespiegel**

ü.d.M. AFK über dem Meeresspiegel **boven de zeespiegel**

UEFA-Cup ZN M (+s/+s) UEFA-cup

U-Eisen ZN O (+s/-) U-vormige ijzeren/stalen balk

Ufer ZN O (+s/-) oever • *über die ~ treten* buiten zijn oevers treden ▸ *vom anderen ~ sein* homo zijn

uferlos BN oeverloos <figuurlijk>, eindeloos • *~es Gerede* eindeloos gezwam • *eine ~e Diskussion* een oeverloze discussie

Uhr ZN V (-/+en) **1** klok, horloge • *auf die ~ sehen* op de klok kijken • *die ~ geht vor/nach* het horloge loopt voor/achter **2** uur • *wie viel ~ ist es?* hoe laat is het? • *es ist 3 ~* het is 3 uur

Uhrarmband ZN O (+(e)s/-bänder) horlogebandje

Uhrmacher ZN M (+s/-) klokkenmaker, horlogemaker

Uhrwerk ZN O (+(e)s/+e) uurwerk, binnenwerk <van klok/horloge>

Uhrzeiger ZN M (+s/-) wijzer <van klok/horloge>

Uhrzeigersinn ZN M (+(e)s/gmv) • *im ~* met de klok mee • *gegen den Uhrzeigerzinn* tegen de klok in

Uhu ZN M (+s/+s) oehoe

Ukas ZN M (+ses/+se) HUMOR. oekaze • *einen ~ erlassen* een oekaze uitvaardigen

Ukraine ZN V (-/gmv) Oekraïne

Ukrainer ZN M (+s/-) Oekraïner

Ukulele ZN V (-/+n) ukelele

U-Kurve ZN V U-bocht

UKW AFK (-/gmv) Ultrakurzwelle **ultrakorte golf, FM**

Ulk ZN M (+(e)s/+e) grap, gekheid

ulken ONOV WW gekheid maken

ulkig BN **1** INFORM. grappig, komiek **2** INFORM. zonderling, raar

Ulme ZN V (-/+n) olm, iep

ult. AFK ultimo **ultimo**

ultimativ BN ultimatief

Ultimatum ZN O (+s/+s, -ten) ultimatum • *jemandem ein ~ stellen* iemand een ultimatum stellen

Ultimo ZN M (+s/+s) ultimo, laatste dag van de maand

Ultra ZN M (+s/+s) extremist

Ultrakurzwelle ZN V (-/+n) ultrakorte golf

Ultraschall ZN M (+(e)s/gmv) echo, ultrasone, behandeling met ultrasone

um **1** BW rond • *~ die vierzig sein* rond de veertig zijn • *die Zeit ist ~* de tijd is om **2** VZ +4 **1** om • *~ 5 Uhr* om 5 uur • *~ den Garten herum* om de tuin heen • *~ sich schlagen* om zich heen slaan **2** rond • *~ diese Zeit herum* rond deze tijd • *~ 1850* rond 1850 **3** voor • *~ keinen Preis* in geen geval, voor geen prijs **4** van • *es ist schade ~ ihn* het is jammer van hem • *er weiß ~ diese Sache* hij weet van deze zaak **5** met • *den Preis ~ 10 % herabsetzen* de prijs met 10% verlagen • *das Abo ~ ein Jahr verlängern* het abonnement met een jaar verlengen • *sie ist ~ einen Kopf größer* zij is een kop groter • *~ sein Vermögen kommen* zijn vermogen verliezen • *jemanden ~ etwas bringen* iemand iets doen verliezen, iemand van iets beroven • *einer ~ den andern* de een na de ander • *Tag ~ Tag* dagen achter elkaar **3** VOEGW des te, om • *umso besser* des te beter • *je größer, umso schwerer* hoe groter des te zwaarder

umackern OV WW omploegen

umändern OV WW veranderen, vermaken

umarbeiten OV WW **1** omwerken **2** veranderen

Umarbeitung ZN V (-/+en) **1** verandering **2** herschrijven, herbewerking

umarmen OV WW omhelzen

Umarmung ZN V (-/+en) omarming

Umbau ZN M (+(e)s/-ten) **1** verbouwing **2**

changement **3** ombouw
umbauen ov + onov ww verbouwen, veranderen
umbauen ov + onov ww inbouwen, insluiten
umbehalten ov ww sterk omhouden
umbenennen ov ww onregelmatig **1** hernoemen **2** een andere naam geven aan • *Chemnitz wurde in Karl-Marx-Stadt umbenannt* Chemnitz kreeg de naam Karl-Marx-Stadt
Umbenennung zn v (-/+en) **1** naamsverandering **2** titelverandering **3** hernoemen
umbesetzen ov ww anders bezetten
umbestellen ov ww **1** afspraak wijzigen **2** van bestelling veranderen
umbetten ov ww **1** verbedden **2** in een ander graf leggen
umbiegen **1** ov ww sterk ombuigen **2** onov ww sterk afslaan, een bocht maken
umbilden ov ww veranderen, vervormen
Umbildung zn v (-/+en) **1** verandering **2** reorganisatie
umbinden ov ww sterk ombinden
umblasen ov ww sterk **1** omverblazen **2** INFORM. overhoopschieten
umblättern ov + onov ww ombladeren, omslaan
umblicken wkd ww (**sich ~**) **1** rondkijken **2** omkijken
umbrechen **1** ov ww sterk **1** omverhalen, vellen **2** omploegen **3** opmaken <drukwerk> **2** onov ww sterk **1** afbreken, breken **2** omvallen
umbringen ov ww onregelmatig ombrengen, om het leven brengen • *nicht umzubringen sein* onverslijtbaar zijn <van materiaal> • *das bisschen Arbeit bringt dich nicht um* van dat beetje werk ga je niet dood • *sich ~* zelfmoord plegen
Umbruch zn m (+(e)s/-brüche) **1** omwenteling, fundamentele verandering **2** DRUKK. opmaak
umbuchen ov ww **1** ECON. overboeken, omboeken • *den Betrag auf ein anderes Konto ~* het bedrag op een andere rekening overboeken **2** anders boeken • *sie hat die Reise umgebucht* zij heeft de boeking van haar reis veranderd
umdenken onov ww onregelmatig anders denken, in een andere richting denken • *da müssen wir alle ~* nu moeten we allemaal anders gaan denken
umdeuten ov ww anders verklaren, anders uitleggen
umdichten ov ww omdichten, omwerken
umdrängen ov ww zich verdringen om
umdrehen **1** ov ww omdraaien, omkeren **2** wkd ww (**sich ~**) zich omdraaien • *sich nach jemandem ~* zich naar iemand omkeren
Umdrehung zn v (-/+en) toer, omwenteling
Umdrehungszahl zn v (-/+en) toerental
umeinander bw **1** om elkaar **2** rond elkaar
umerziehen ov ww onregelmatig heropvoeden, anders opvoeden
umfahren onov ww sterk omrijden, omvaren • *von einem Auto umgefahren werden* door een auto geschept worden
umfahren ov ww sterk omheen rijden, omheen varen
umfallen onov ww sterk **1** omvallen **2** INFORM. instorten, in elkaar zakken • *sie ist beim Rockkonzert umgefallen* ze is bij het rockconcert onwel geworden • *~ vor Lachen* over de grond rollen van het lachen • *bis zum Umfallen arbeiten* werken tot je er bij neervalt **3** MIN., INFORM. van mening veranderen
Umfang zn m (+(e)s/-fänge) **1** omvang • FIG. *in diesem ~* in deze mate • *in großem ~* op grote schaal **2** WISK. omtrek
umfangen ov ww sterk **1** omhelzen, omarmen **2** omvatten, omgeven
umfangreich bn omvangrijk
umfärben ov ww anders kleuren
umfassen ov ww omhelzen, omvatten <ook figuurlijk>, omsluiten
umfassend bn uitvoerig, veel omvattend, omvangrijk • *~e Kenntnisse (von) einer Sache haben* een uitgebreide kennis van iets hebben
Umfassung zn v (-/+en) **1** omvatten **2** omsingeling
Umfeld zn o (+(e)s/+er) milieu, omgeving • *ein gewalttätiges ~* een gewelddadige omgeving
umfliegen ov ww sterk vliegen rond, vliegen om
umfliegen onov ww sterk INFORM. omvallen
umfließen ov ww sterk **1** omstromen **2** omspoelen
umfluten ov ww omstromen, omspoelen
umformen ov ww **1** omvormen, veranderen **2** TECHN. transformeren, omzetten
Umformer zn m (+s/-) transformator
Umformung zn v (-/+en) **1** omzetting **2** verandering **3** omvorming
Umfrage zn v (-/+n) **1** rondvraag **2** enquête • *eine ~ hat ergeben ...* uit een enquête blijkt ... • *eine ~ machen zu* een enquête houden naar
Umfriedung zn v (-/+en) omheining
umfüllen ov ww overtappen, overgieten
umfunktionieren ov ww omvormen (tot), veranderen (in), de functie van iets wijzigen • *den Bierkasten zur Sitzgelegenheit ~* de bierkrat als zitgelegenheid gebruiken
Umgang **1** zn m (+(e)s/gmv) omgang • *er ist nicht der rechte ~* hij is geen goed gezelschap **2** zn m ((e)s/-gänge) **1** ARCH. omloop **2** ommegang, processie
umgänglich bn aangenaam in de omgang
Umgänglichkeit zn v (-/gmv) geschiktheid in de omgang
Umgangsformen zn mv **1** etiquette **2** manieren • *jemandem ~ lehren* iemand manieren leren
Umgangssprache zn v (-/+n) omgangstaal
umgangssprachlich bn in de omgangstaal
umgarnen ov ww in zijn netten verstrikken
umgeben ov ww sterk omgeven, omringen • *sich ~ mit* zich omgeven met
Umgebung zn v (-/+en) omgeving • *Hoorn*

um

oder ~ Hoorn of daaromtrent • *in der nächsten* ~ in de naaste omgeving • *Utrecht und* ~ Utrecht en omstreken

Umgegend ZN V (-/+en) **omgeving, omstreken**

umgehen OV WW **1 eromheen gaan 2 ontwijken, omzeilen** • *den Stau* ~ de file ontwijken • *eine Situation* ~ een situatie omzeilen • *sie umging das Thema geschickt* zij ontweek dat onderwerp heel handig **3 ontduiken** <van wet>

umgehen ONOV WW sterk **1 rondgaan 2 omgaan** • *eigenartig mit jemandem* ~ raar met iemand omspringen • *~d* per omgaande, onmiddellijk **3 rondwaren, spoken** • *die Angst geht um* er heerst angst

Umgehung ZN V (-/+en) **1 (het) ontwijken, ontduiking** • *unter* ~ *der Gesetze* de wetten ontduikend **2 alternatieve route**

Umgehungsstraße ZN V (-/+n) **1 weg buitenom, weg voor doorgaand verkeer 2 alternatieve route** <om bij file enz. de snelweg te mijden>

umgekehrt BN **1 omgekeerd** • *die Sache ist genau* ~ het is precies andersom **2 integendeel!**

umgestalten OV WW **veranderen, hervormen, wijzigen**

Umgestaltung ZN V (-/+en) **1 verandering 2 hervorming 3 herschepping, wijziging**

umgießen OV WW sterk **overgieten**

umgraben OV WW sterk **omspitten, omwoelen**

umgrenzen OV WW **omgrenzen, omringen**

Umgrenzung ZN V (-/+en) **1 omheining 2 afbakening**

umgruppieren OV WW **hergroeperen**

Umgruppierung ZN V (-/+en) **hergroepering**

umgucken WKD WW **(sich ~) 1 omkijken, rondkijken 2 achteraf verbaasd zijn**

umhaben OV WW onregelmatig **omhebben**

umhacken OV WW **omhakken**

umhalsen OV WW **omhelzen**

Umhang ZN M (+(e)s/-hänge) **schoudermantel, cape**

umhängen OV WW **1 verhangen, anders hangen 2 omhángen 3 ómhangen**

umhauen OV WW sterk **omhakken**

umhegen OV WW **1 omheinen 2 met zorgen omringen, koesteren**

umher BW **rond**

umherblicken ONOV WW **rondkijken**

umhergehen ONOV WW **rondlopen**

umherirren ONOV WW **ronddwalen**

umhinkönnen OV WW • *nicht* ~ er niet omheen kunnen, niet anders kunnen

umhören WKD WW **(sich ~) zijn oor te luisteren leggen**

umhüllen OV WW **omhullen**

Umhüllung ZN V (-/+en) **omhulsel, verpakking**

Umkehr ZN V (-/gmv) **1 omkeer, terugkeer, terugtocht 2 ommekeer 3 bekering**

umkehrbar BN **omkeerbaar**

umkehren 1 OV + ONOV WW **1 terugkeren 2 omkeren, omdraaien** • *lass uns* ~ laat ons omkeren • *sie kehrt ihre Hosentasche um* zij keert haar zak binnenstebuiten **2** WKD WW **(sich ~) 1 zich omdraaien 2** FIG. **keren**

Umkehrung ZN V (-/+en) **omkering, omdraaiing**

umkippen ONOV WW **1 omkiepen, omkantelen** • *nach dem Aufstehen ist er einfach umgekippt* na het opstaan is hij plotseling onwel geworden **2 van mening veranderen, van standpunt veranderen 3 het biologisch evenwicht verliezen** • *der See ist umgekippt* het biologisch evenwicht in het meer is verstoord

umklammern OV WW **1 omklemmen 2 omsingelen**

umklappen 1 OV WW **omslaan 2** ONOV WW **flauwvallen**

Umkleidekabine ZN V (-/+n) **1 badhokje 2 kleedhokje, paskamer**

umkleiden OV WW **omkleden, bekleden**

umkleiden OV WW **verkleden** • *sich* ~ zich verkleden

umknicken OV WW **knakken, breken**

umkommen ONOV WW sterk **omkomen, om het leven komen** • *vor Hunger* ~ creperen van de honger

Umkreis ZN M (+es/+e) **1 omtrek, omgeving** • *in einem* ~ *von zwei Kilometern* in een omtrek van twee kilometer **2 omgeschreven cirkel**

umkreisen OV WW **(er)omheen draaien, cirkelen om, in een kring bewegen om**

Umkreisung ZN V (-/+en) **omloop**

umkrempeln OV WW **1 omslaan 2 op zijn kop zetten**

umladen OV + ONOV WW sterk **overladen**

Umladung ZN V (-/+en) **overladen**

Umlage ZN V (-/+n) **omslag**

umlagern OV WW **1 omringen, belegeren 2 anders leggen, anders plaatsen**

Umland ZN O (+(e)s/gmv) **ommelanden**

Umlauf ZN M (+(e)s/-läufe) **1 omloop, (het) rondgaan, circulatie** • *in* ~ *bringen* in circulatie brengen • *diese Währung ist nicht mehr im* ~ deze munt is niet meer gangbaar • *es sind Gerüchte im* ~ er zijn geruchten in omloop **2 circulaire** • *i*

Umlaufbahn ZN V (-/+en) **1 baan 2 omloopbaan**

umlaufen ONOV WW sterk **1 omverlopen 2 in omloop zijn 3 de ronde doen**

umlaufen ONOV WW sterk **1 (er)omheen lopen 2 rondgaan**

Umlaut ZN M (+(e)s/+e) TAALK. **umlaut, klinkerverandering**

umlauten OV WW TAALK. **van klank doen veranderen**

umlegen OV WW **1 omslaan 2 anders leggen** • *den Patienten auf eine andere Station* ~ de patiënt naar een andere afdeling verplaatsen **3 vellen, neerleggen, neerschieten** • *jemanden* ~ iemand neerschieten **4 (hoofdelijk) omslaan**

umleiten OV WW **omleggen, omleiden** • *der Verkehr wird umgeleitet* het verkeer wordt omgeleid

um

Umleitung ZN V (-/+en) omlegging, omleiding
umlenken OV WW omkeren
umlernen ONOV WW **1** van inzicht veranderen **2** bijscholen, iets anders/nieuws leren
umliegend BN omliggend
ummanteln OV WW TECHN. van een (nieuwe) mantel voorzien
ummauern OV WW ommuren
ummodeln OV WW vervormen, veranderen
umnachten OV WW • *geistig umnachtet* geestelijk gestoord
Umnachtung ZN V (-/gmv) verstandsverbijstering • *geistige ~* geestelijke stoornis, krankzinnigheid
umnehmen OV WW sterk omdoen, omhangen
Umorganisation ZN V (-/+en) reorganisatie
umorganisieren OV WW reorganiseren
umpacken OV WW verpakken
umpflanzen OV WW verplanten
umpflügen OV WW omploegen
umquartieren OV WW elders inkwartieren • *das Kind ins Wohnzimmer ~* het kind in de woonkamer laten slapen
umrahmen OV WW **1** omlijsten **2** omlijnen
umrechnen OV WW omrekenen
Umrechnung ZN V (-/+en) omrekening
umreißen OV WW sterk **1** omlijnen • *einen Plan deutlich ~* een plan duidelijk afbakenen • *klar umrissen* scherp omlijnd **2** omvertrekken, neerhalen
umreiten OV WW sterk omverrijden <met rijdier> • *sie hat ihn umgeritten* ze heeft hem omvergereden
umreiten OV WW sterk **1** rijden om <met rijdier> **2** omheen rijden <met rijdier> • *die Straße ~* om de straat heen rijden
umrennen OV WW onregelmatig **1** (er)omheen rennen **2** omverrennen, omverlopen
umringen OV WW omringen
Umriss ZN M (+es/+e) omtrek, omlijning, contour • *im ~* als schets, in grote lijnen • *feste Umrisse annehmen* vaste vormen aannemen • *in groben Umrissen* in grote lijnen
umrühren OV WW omroeren
umrüsten OV WW **1** van bewapening veranderen, op een andere bewapening overschakelen • *auf Elektroautos ~* op elektroauto's overgaan **2** van uitrusting veranderen

um

ums VOORV um das → **um**
umsatteln ONOV WW FIG. veranderen van beroep/studie
Umsatz ZN M (+es/-sätze) omzet
Umsatzsteuer ZN V (-/+n) omzetbelasting
umschalten ONOV WW OOK FIG. omschakelen • *es fällt mir schwer, auf Englisch umzuschalten* ik vind het moeilijk om op Engels over te schakelen • *schalte mal auf RTL um!* schakel even over naar RTL
Umschalttaste ZN V COMP. shifttoets
Umschaltung ZN V (-/+en) **1** omschakeling **2** overschakeling
Umschau ZN V (-/+en) rondkijken • *~ halten* rondkijken, inspectie houden
umschauen WKD WW (**sich ~**) **1** omkijken, rondkijken **2** achteromkijken
umschichten OV WW **1** omleggen **2** van structuur veranderen, wijzigen
Umschichtung ZN V (-/+en) **1** structuurverandering **2** wijziging in opbouw
umschiffen OV WW **1** omvaren, omzeilen **2** overladen
Umschlag ZN M (+(e)s/-schläge) **1** omslag **2** omslaan, ommekeer, kentering **3** boekomslag, kaft, envelop • *ein blauer ~* een blauwe envelop **4** overlading • *der ~ der Güter* de overlading van de goederen
umschlagen OV WW sterk **1** omslaan **2** overladen
Umschlagplatz ZN M (+es/-plätze) overlaadplaats, overslagplaats
Umschlagtuch ZN O (+(e)s/-tücher) omslagdoek
umschließen OV WW sterk insluiten, omsluiten
umschlingen OV WW sterk omstrengelen, omhelzen
umschmeißen INFORM. OV WW sterk **1** omver smijten, omvergooien • *das Konzept ~* het concept omvergooien **2** diep schokken, van zijn stuk brengen • *den schmeißt so schnell nichts um* die laat zich niet zo snel van zijn stuk brengen
umschmelzen OV WW sterk omsmelten
umschnallen OV WW omgespen
umschreiben OV WW sterk **1** omschrijven **2** overschrijven **3** omwerken
Umschreibung ZN V (-/+en) **1** omschrijving **2** overschrijving **3** omwerking
Umschrift ZN V (-/+en) **1** randschrift **2** kopie, weergave
umschulden OV + ONOV WW een lening converteren
Umschuldung ZN V (-/+en) schuldsanering
umschulen OV WW **1** omscholen • *jemanden zum EDV-Fachmann ~* iemand omscholen tot IT-deskundige • *ich habe auf Sekretärin umgeschult* ik heb een omscholing tot secretaresse gevolgd **2** overplaatsen naar een andere school, op een andere school doen
Umschulung ZN V (-/+en) **1** herscholing, heropleiding **2** verandering van school
Umschulungsmaßnahme ZN V (-/+n) maatregel tot heropleiding van werklozen
umschütten OV WW **1** overgieten **2** omwerpen • *das Glas ~* het glas omwerpen
umschwärmen OV WW omzwermen • *von Frauen umschwärmt* door veel vrouwen aanbeden/omstuwd worden
Umschweif ZN M (+(e)s/+e) omhaal • *ohne Umschweife* zonder omhaal, zonder omweg
umschwenken ONOV WW **1** omzwenken **2** omspoelen
umschwirren OV WW gonzen rond • *Mücken ~ die Lampe* muggen gonzen rond de lamp
Umschwung ZN M (+s/-schwünge) ommezwaai, ommekeer, kentering

umsegeln OV WW **omzeilen**
umsehen WKD WW **(sich ~)** sterk **omkijken, rondkijken** • *ich will mich nur etwas ~* ik wil slechts even rondkijken • *sich nach etwas ~* naar iets zoeken • *ich muss mich nach Arbeit ~* ik moet werk gaan zoeken
Umsehen WKD WW **(sich ~)** sterk • *im ~* in een oogwenk
umseitig BN **aan de ommezijde**
umsetzen OV WW **1 omzetten** • *sich ~* anders gaan zitten, van zitplaats veranderen **2 anders zetten, verzetten 3 realiseren** • *etwas in die Tat ~* de daad bij het woord voegen • *er hat nichts von seinen Plänen umgesetzt* hij heeft niets van zijn plannen gerealiseerd
Umsicht ZN V (-/gmv) **beleid, overleg, behoedzaamheid**
umsichtig BN **behoedzaam, vol beleid** • *~ vorgehen* met beleid te werk gaan
umsiedeln 1 OV WW **1 naar een andere plaats laten verhuizen** • *die Dorfbewohner wurden umgesiedelt* de dorpsbewoners kregen een andere woonplaats **2** EUF. **deporteren 2** ONOV WW **naar een andere plaats verhuizen** • *ins Ausland ~* naar het buitenland verhuizen
Umsiedler ZN M (+s/-) **1 evacué, geëvacueerde 2** EUF. **gedeporteerde**
Umsiedlung ZN V (-/+en) **1 verhuizing 2 evacuatie 3 deportatie**
umsinken ONOV WW sterk **langzaam omvallen**
umso BW **des te** • *~ besser* des te beter • *je größer, ~ schwerer* hoe groter des te zwaarder
umsonst BW **1 voor niets, tevergeefs** • *sie hat sich ~ so viel Mühe gegeben* ze heeft tevergeefs zoveel moeite gedaan **2 gratis** • *das ist alles ~* dat is alles gratis
umsorgen OV WW **met zorg omringen**
umspannen OV WW **1 omspannen 2 transformeren**
umspannen OV WW **omspannen**
Umspanner ZN M (+s/-) **transformator**
Umspannwerk ZN O (+(e)s/+e) **transformatorhuisje**
umspielen OV WW **1 spelen om** • *ein Lächeln umspielte seine Lippen* er speelde een lachje om zijn mond **2 passeren, omspelen**
umspringen ONOV WW sterk **omspringen** • *wie springst du denn mit deiner Mutter um?* hoe behandel jij je moeder?
umspringen ONOV WW sterk **springen rond**
umspulen OV WW TECHN. **omspoelen**
umspülen OV WW **omspóelen** • *das Wasser umspült das Haus* het water omspoelt het huis
Umstand ZN M (+(e)s/-stände) **omstandigheid** • *Umstände machen* drukte maken, moeite doen • *machen Sie meinetwegen keine Umstände* doet u voor mij geen moeite • *unter Umständen* eventueel, in bepaalde omstandigheden • *mildernde Umstände* verzachtende omstandigheden • *es geht ihr den Umständen entsprechend* het gaat met haar naar omstandigheden • *diesem ~ ist es zu verdanken ...* aan deze omstandigheid is het te danken ... • *in andern Umständen sein* in verwachting zijn • *mildernde Umstände* verzachtende omstandigheden
umständehalber, umstandshalber BW **wegens omstandigheden**
umständlich BN **omslachtig, breedvoerig** • *sei doch nicht so ~* doe nou niet zo moeilijk
Umständlichkeit ZN V (-/gmv) **omslachtigheid**
Umstandsangabe ZN V (-/+n) TAALK. **bijwoordelijke bepaling**
Umstandsmode ZN V (-/+n) **mode voor zwangeren, positiekleding**
Umstandswort ZN O (+(e)s/-wörter) TAALK. **bijwoord**
umstechen OV WW sterk **omspitten**
umstecken OV WW **anders (in)steken**
umstecken OV WW **1 met spelden omzomen 2 rondom vol steken**
umstehen OV WW sterk **staan om, omringen, omgeven**
umstehend BN **aan de achterzijde**
Umstehende ZN M/V (+n/+n) **omstander**
umsteigen ONOV WW sterk **overstappen** • *wir müssen in Frankfurt in den Zug nach Nürnberg ~* wij moeten in Frankfurt op de trein naar Neurenberg overstappen • *auf umweltfreundliche Energie ~* op groene energie overstappen
Umsteiger ZN M (+s/-) **1 iemand die overstapt** <trein> **2 overstapje** <trein> **3 iemand die een ander beroep krijgt**
umstellen OV WW **1 verplaatsen, de opstelling veranderen** • *die Möbel ~* de meubels anders opstellen **2 omschakelen** • *sich ~* omschakelen, geheel veranderen, zich aanpassen (aan de gewijzigde omstandigheden) • *er musste sich ganz schön ~* hij moest zich behoorlijk aanpassen • *die Uhr ~* de klok omzetten
umstellen OV WW **omringen, omsingelen**
Umstellung ZN V (-/+en) **1 omzetting** • *die ~ auf Sonnenenergie* de omschakeling op zonne-energie **2 verplaatsing, verandering van opstelling 3 verandering, aanpassing** • *das war eine große ~ für sie* dat was een grote verandering voor haar
umsteuern ONOV WW **in tegengestelde richting laten bewegen**
umstimmen OV WW **1 anders stemmen 2 van mening/gevoelens doen veranderen** • *sich nicht ~ lassen* zich niet laten overhalen
umstoßen OV WW sterk **1 omstoten, omverwerpen 2 vernietigen**
umstritten BN **omstreden**
umstrukturieren OV WW **herstructureren**
umstülpen OV WW **omstulpen, omslaan**
Umsturz ZN M (+es/-stürze) **1 omverwerping 2 revolutie, omwenteling**
Umsturzbewegung ZN V (-/+en) **revolutionaire beweging**
umstürzen OV + ONOV WW **1 omvallen 2 doen omvallen, omverwerpen**
Umstürzler ZN M (+s/-) **revolutionair**
umstürzlerisch BN **revolutionair**

umtaufen OV WW anders dopen, herdopen
Umtausch ZN M (+(e)s/+e) ruil, omwisseling • *vom ~ ausgeschlossen* kan niet worden geruild
umtauschen OV WW omruilen, omwisselen (**in**, **gegen** +4 in, tegen)
Umtriebe ZN MV (-) intriges, ronddraaierijen, woelingen • *unamerikanische ~* on-Amerikaanse activiteiten
Umtrunk ZN M (+(e)s/-trünke) borrel • *jemanden zum ~ einladen* iemand op de borrel vragen
umtun OV WW sterk omdoen • *sich ~* rond-/uitkijken, informeren (naar)
umverteilen OV WW herverdelen
Umverteilung ZN V (-/+en) herverdeling
umwachsen OV WW sterk omgroeien
umwälzen OV WW omwentelen
Umwälzung ZN V (-/+en) revolutie, omwenteling
umwandelbar BN **1** converteerbaar **2** veranderbaar, omzetbaar
umwandeln OV WW **1** veranderen, omzetten • *den Speicher in ein Arbeitszimmer ~* de zolder in een studeerkamer omtoveren **2** converteren
Umwandler ZN M (+s/-) transformator
Umwandlung ZN V (-/+en) **1** verandering, omzetting **2** conversie
umwechseln OV WW omwisselen, verwisselen
Umweg ZN M (+(e)s/+e) omweg • *etwas auf Umwegen erfahren* iets via omwegen vernemen • *das ist ein ~ von einer Stunde* dat is zeker een uur om
umwehen OV WW omwaaien
Umwelt ZN V (-/gmv) **1** milieu • *die ~ schützen* het milieu beschermen • *der ~ zuliebe* voor behoud van het milieu **2** omringende wereld, omgeving
Umweltbelastung ZN V (-/+en) belasting van het milieu
umweltfeindlich BN milieuonvriendelijk, slecht voor het milieu
umweltfreundlich BN milieuvriendelijk • *eine ~e Tüte* een milieuvriendelijke draagtas • *ein ~es Waschmittel* een milieuvriendelijk wasmiddel
Umweltschutz ZN M (+es/gmv) milieubescherming
Umweltschützer ZN M (+s/-) **1** milieuactivist **2** milieubeschermer
Umweltsünder ZN M (+s/-) INFORM. milieuvervuiler
Umweltverschmutzung ZN V (-/gmv) milieuverontreiniging
umwenden OV WW onregelmatig omwenden, omkeren, omslaan
umwerben OV WW sterk het hof maken • *umworben* gevierd
umwerfen OV WW sterk **1** omwerpen **2** omverwerpen **3** diep schokken **4** van zijn stuk brengen • *das wirft ihn schon nicht um* dat zal hem niet van zijn stuk brengen **5** omslaan, om de schouders werpen **6** de bodem inslaan <plan> • *die Krankheit hat all ihre Pläne umgeworfen* de ziekte heeft al haar plannen de bodem ingeslagen
umwerfend BN + BW verbluffend, indrukwekkend
umwerten OV WW herwaarderen, anders waarderen, de waarde veranderen
Umwertung ZN V (-/+en) **1** herwaardering **2** waardeverandering
umwickeln OV WW omwikkelen
umwinden OV WW sterk omwinden
umwohnend BN omwonend
umwölken WKD WW (**sich ~**) bewolkt raken, betrekken <van weer>
umwühlen OV WW omwoelen
umzäunen OV WW omheinen
Umzäunung ZN V (-/+en) omheining
umziehen **1** OV WW sterk omkleden, verkleden • *sich ~* zich omkleden **2** ONOV WW sterk verhuizen
umziehen OV WW sterk omtrekken
umzingeln OV WW omsingelen
Umzingelung ZN V (-/+en) omsingeling
Umzug ZN M (+(e)s/-züge) **1** optocht, processie • *ein festlicher ~* een feestelijke optocht **2** verhuizing
unabänderlich BN onveranderlijk, onherroepelijk
unabdingbar BN **1** noodzakelijk **2** onverminderbaar
Unabdingbarkeit ZN V (-/gmv) absolute noodzaak
unabhängig BN onafhankelijk
Unabhängigkeit ZN V (-/gmv) onafhankelijkheid
unabkömmlich BN onmisbaar
unablässig BN onafgebroken, onophoudelijk
unabsehbar BN niet te overzien, onafzienbaar • *die Folgen sind ~* de gevolgen zijn niet te overzien
unabsichtlich BN onopzettelijk
unabweisbar BN onafwijsbaar, gebiedend
unabwendbar BN **1** onafwendbaar **2** onvermijdelijk
unachtsam BN onachtzaam
Unachtsamkeit ZN V (-/+en) achteloosheid, onoplettendheid, slordigheid
unähnlich BN ongelijk, niet gelijkend
Unähnlichkeit ZN V (-/gmv) ongelijkheid
unanfechtbar BN onbetwistbaar
unangebracht BN misplaatst, onbehoorlijk • *~es Mitleid* misplaatst medelijden • *~er Optimismus* misplaatst optimisme
unangefochten BN SPORT onbetwist, onbedreigd
unangemeldet BN onaangemeld, onaangekondigd
unangemessen BN ongepast
unangenehm BN onaangenaam • *was für ein ~er Typ!* wat een nare jongen • *das ist mir ~* dat zit me niet lekker
unangetastet BN onaangetast
unangreifbar BN onaantastbaar
unannehmbar BN onaanvaardbaar
Unannehmlichkeit ZN V (-/+en) onaangenaamheid • *ich will Ihnen keine Unannehmlichkeiten bereiten* ik wil u niet

lastigvallen • *allerlei Unannehmlichkeiten* allerlei narigheid

unansehnlich BN **1** onaanzienlijk **2** onooglijk

unanständig BN onbehoorlijk, onfatsoenlijk • *unanständige Witze* schunnige grappen

unantastbar BN onaantastbaar

unappetitlich BN onsmakelijk • *~es Essen* onsmakelijk voedsel

Unart ZN V (-/+en) onhebbelijkheid, ondeugd

unartig BN **1** ondeugend, stout **2** niet galant, onbeleefd

Unartigkeit ZN V (-/+en) stoute handeling, ondeugende daad

unartikuliert BN ongearticuleerd

unästhetisch BN onesthetisch

unaufdringlich BN bescheiden, niet opdringerig, decent

unauffällig BN onopvallend

unauffindbar BN onvindbaar

unaufgefordert BN ongevraagd

unaufgeklärt BN **1** onopgehelderd **2** MIN. niet geïnformeerd, onwetend

unaufhaltsam BN **1** onstuitbaar **2** onophoudelijk

unaufhörlich BN onophoudelijk

unauflösbar BN **1** onoplosbaar **2** onontbindbaar

unauflöslich BN onoplosbaar

unaufmerksam BN **1** onoplettend **2** onattent

unaufrichtig BN onoprecht

Unaufrichtigkeit ZN V (-/+en) onoprechtheid

unaufschiebbar BN **1** niet uitstelbaar **2** niet op te schuiven

unausbleiblich BN onvermijdelijk

unausführbar BN onuitvoerbaar • *das ist ein unausführbares Unternehmen* dat is onbegonnen werk

unausgefüllt BN **1** zonder inhoud, leeg, onbevredigend **2** niet ingevuld

unausgeglichen BN **1** labiel, onevenwichtig, niet harmonisch • *sie ist heute so ~* ze is vandaag zo slecht gehumeurd **2** ECON. niet vereffend <van balans>

Unausgeglichenheit ZN V (-/gmv) **1** onevenwichtigheid **2** labiliteit

unausgesetzt BN onafgebroken, onophoudelijk

unauslöschlich BN onuitwisbaar

unausrottbar BN onuitroeibaar

unaussprechbar BN niet uit te spreken

unaussprechlich BN onuitsprekelijk

unausstehlich BN onuitstaanbaar

unausweichlich BN onvermijdelijk

unbändig BN **1** ontembaar, onbedwingbaar • *eine unbändige Wut* een ontembare woede **2** buitengewoon, enorm • *sie hat sich ~ gefreut* ze was buitengewoon verheugd

unbarmherzig BN onbarmhartig

unbeabsichtigt BN onopzettelijk

unbeachtet BN ongemerkt • *etwas ~ lassen* iets buiten beschouwing laten

unbeanstandet BN **1** onbetwist **2** zonder bezwaar

unbeantwortet BN onbeantwoord

unbearbeitet BN onbewerkt

unbeaufsichtigt BN onbeheerd, zonder toezicht

unbebaut BN onbebouwd

unbedarft BN onervaren, naïef

unbedeckt BN onbedekt

unbedenklich BN **1** zonder bezwaar **2** onbedenkelijk

unbedeutend BN onbelangrijk

unbedingt **1** BN onvoorwaardelijk, absoluut, volstrekt • *eine ~e Voraussetzung* een absolute voorwaarde **2** BW beslist, per se • *er kann sich auf sie ~ verlassen* hij kan absoluut op haar rekenen • *das muss ich dir ~ erzählen* dat moet ik je zeker vertellen • *er wollte ~ mitkommen* hij wilde per se meekomen • *muss das ~ sein?* moet dat nou? • *jemandem ~ vertrauen* iemand onvoorwaardelijk vertrouwen • *das muss nicht ~ wahr sein* dat hoeft niet per se waar te zijn

unbeeindruckt BN niet onder de indruk, onaangedaan • *jemanden ~ lassen* geen indruk op iemand maken

unbeeinflussbar BN niet te beïnvloeden

unbefahrbar BN **1** onberijdbaar **2** onbevaarbaar

unbefangen BN **1** ongedwongen, vrijmoedig **2** onbevooroordeeld, onbevangen

Unbefangenheit ZN V (-/gmv) **1** onbevangenheid, vrijmoedigheid **2** ongedwongenheid

unbefestigt BN niet versterkt

unbefriedigend BN onbevredigend • *ein Unbefriedigend bekommen* een onvoldoende halen

unbefristet BN onbepaald, niet aan een termijn gebonden • *ein ~er Vertrag* een vast contract

unbefugt BN onbevoegd • *Zutritt für Unbefugte verboten!* verboden voor onbevoegden • *~es Betreten* onbevoegd betreden

unbegabt BN onbegaafd • *für/zu etwas ~ sein* geen aanleg voor iets hebben

unbegreiflich BN onbegrijpelijk

unbegrenzt BN onbegrensd • *~e Möglichkeiten* onbegrensde mogelijkheden

unbegründet BN ongemotiveerd, ongegrond

unbehaart BN onbehaard

Unbehagen ZN O (+s/gmv) onbehaaglijkheid, onbehaaglijk gevoel

unbehaglich BN onbehaaglijk

unbehandelt BN onbehandeld

unbehelligt BN ongehinderd, ongestoord

unbeherrscht BN onbeheerst

unbehindert BN ongehinderd, ongestoord

unbeholfen BN onbeholpen • *~ sein* zich geen houding weten te geven

unbeirrbar BN niet van de wijs te brengen, onverstoorbaar, vastberaden

unbeirrt BN onverstoorbaar, vastberaden, onverstoord

unbekannt BN onbekend
Unbekannte ZN M/V (+n/+n) onbekende
unbekleidet BN ongekleed, ontbloot
unbekümmert BN onbekommerd, onbezorgd
unbelastet BN onbelast
unbelebt BN **1** levenloos **2** stil, uitgestorven
unbelehrbar BN hardleers, onverbeterlijk
unbelichtet BN onbelicht
unbeliebt BN onbemind, impopulair • *sich ~ machen* vijanden maken • *sich bei jemandem ~ machen* bij iemand eruit liggen
unbemerkt BN onopgemerkt
unbemittelt BN onbemiddeld
unbenommen BN • *etwas ist/bleibt jemandem ~* iets staat iemand vrij
unbenutzt BN ongebruikt
unbeobachtet BN onopgemerkt, onbespied
unbequem BN **1** lastig • *ein ~er Mitarbeiter* een lastige medewerker **2** ongemakkelijk • *ein ~er Stuhl* een ongemakkelijke stoel • *~e Lage* ongemakkelijke houding
Unbequemlichkeit ZN V (-/+en) **1** last **2** ongemak
unberechenbar BN onberekenbaar
unberechtigt BN onrechtmatig, onterecht, onbevoegd
unberücksichtigt BN buiten beschouwing (blijvend) • *etwas ~ lassen* iets buiten beschouwing laten
unberührt BN **1** onaangeraakt, onaangeroerd **2** ongerept • *die unberührte Natur* de ongerepte natuur **3** onaangedaan, onbewogen • *das lässt uns nicht ~* dat laat ons niet koud • *von allem ~ bleiben* voor alles ongevoelig blijven
unbeschädigt BN onbeschadigd, ongedeerd
unbeschäftigt BN **1** zonder werk, werkloos **2** zonder bezigheid
unbescheiden BN onbescheiden
unbescholten BN onberispelijk, onbesproken
unbeschrankt BN onbewaakt • *ein ~er Bahnübergang* een onbewaakte overweg
unbeschränkt BN onbeperkt
unbeschreiblich BN onbeschrijf(e)lijk • *der Film ist ~ gut* die film is eindeloos goed
unbeschrieben BN blanco, onbeschreven <ook figuurlijk>
unbeschwert BN onbezorgd • *etwas ~ genießen* onbezorgd van iets genieten • *eine ~e Kindheit* een onbezorgde jeugd
unbesehen BN ongezien, klakkeloos
unbesetzt BN onbezet
unbesiegbar BN onoverwinnelijk
unbesiegt BN onoverwonnen, ongeslagen
unbesonnen BN onbezonnen, onbesuisd
Unbesonnenheit ZN V (-/gmv) onbezonnenheid
unbesorgt BN onbezorgd • *sei ~* wees niet ongerust
unbeständig BN onbestendig, wisselvallig, veranderlijk
unbestechlich BN onomkoopbaar
Unbestechlichkeit ZN V (-/gmv) onomkoopbaarheid, onkreukbaarheid
unbestimmt BN **1** onbepaald • TAALK. *der ~e Artikel* het onbepaalde lidwoord **2** vaag, onbestemd **3** onzeker
unbestreitbar BN onaanvechtbaar, onbetwistbaar, onloochenbaar
unbestritten BN onbetwist, vaststaand
unbeteiligt BN **1** niet betrokken **2** ongeïnteresseerd
unbetont BN zonder klemtoon
unbeugsam BN onbuigzaam, onverzettelijk
unbewaffnet BN ongewapend
unbeweglich BN **1** onbeweeglijk • *mit ~er Miene* met een effen gezicht **2** onroerend **3** onveranderlijk • *ein ~er Feiertag* een feestdag die altijd op dezelfde datum valt
Unbeweglichkeit ZN V (-/gmv) onbeweeglijkheid
unbewegt BN onbewogen
unbeweisbar BN onbewijsbaar
unbewusst BN onbewust
unbezweifelbar BN ongetwijfeld
unbezwingbar BN **1** onweerstaanbaar, onbedwingbaar **2** onoverwinnelijk, onneembaar
Unbill ZN V (-/gmv) **1** onrecht, krenking **2** beproeving, rampspoed
unblutig BN zonder bloedvergieten • *eine unblutige Revolution* een revolutie zonder bloedvergieten
unbrauchbar BN onbruikbaar
Unbrauchbarkeit ZN V (-/gmv) onbruikbaarheid
und VOEGW en • *zwei ~ zwei* twee aan twee • *na und?* en wat dan nog? • *~ sonst?* en wat dan nog?
Undank ZN M (+es/gmv) ondank
undankbar BN ondankbaar • *eine undankbare Aufgabe* een ondankbare taak
undenkbar BN ondenkbaar
undeutlich BN onduidelijk
undicht BN niet dicht, lek
Unding ZN O (+es/+e) onding
undiszipliniert BN ongedisciplineerd
undurchdringlich BN **1** ondoordringbaar **2** ondoorgrondelijk • *eine ~e Miene* een strakke blik
undurchführbar BN onuitvoerbaar
undurchlässig BN niet-doorlatend, dicht
undurchschaubar BN ondoorzichtig, ondoorgrondelijk
undurchsichtig BN OOK FIG. ondoorzichtig
uneben BN oneffen • *nicht ~ sein* nog niet zo kwaad/in orde zijn
unecht BN onecht
unehelich BN buitenechtelijk
unehrenhaft BN oneervol, gemeen, eerloos
unehrlich BN oneerlijk
Unehrlichkeit ZN V (-/+en) oneerlijkheid
uneigennützig BN onbaatzuchtig
uneingeschränkt BN onbeperkt
uneinig BN onenig, niet eens

Uneinigkeit ZN V (-/+en) onenigheid, tweedracht
uneins BN oneens, in onenigheid
unempfänglich BN ongevoelig
unempfindlich BN **1** ongevoelig **2** immuun (**gegen** +4 voor) **3** vuilafstotend
Unempfindlichkeit ZN V (-/+en) ongevoeligheid, immuniteit
unendlich BN **1** oneindig, eindeloos • *bis ins Unendliche* tot in het oneindige, onafgebroken **2** buitengewoon, ontzettend
Unendlichkeit ZN V (-/gmv) **1** oneindigheid **2** eeuwigheid
unentbehrlich BN onontbeerlijk • *sich ~ machen* zich onmisbaar maken
unentgeltlich BN kosteloos • *~ arbeiten* als vrijwilliger werken
unentrinnbar BN onontkoombaar
unentschieden BN **1** onbeslist **2** SPORT gelijk • *eins zu eins ~* 1-1 gelijk • *~ spielen* quitte spelen
unentschlossen BN besluiteloos • *wir sind noch ~* wij hebben nog geen besluit genomen
unentwegt BN **1** vastberaden, onverzettelijk, onwrikbaar **2** onophoudelijk, aan één stuk door
unerbittlich BN onverbiddelijk, onvermurwbaar • *der Lehrer war ~* de docent was onverbiddelijk
unerfahren BN onervaren
Unerfahrenheit ZN V (-/gmv) onervarenheid
unerfindlich BN onverklaarbaar, onbegrijpelijk
unerforschlich BN ondoorgrondelijk
unerfreulich BN onverkwikkelijk, onplezierig
unerfüllt BN **1** onvervuld **2** onvoldaan
unergiebig BN weinig opleverend, schraal
unergründlich BN **1** ondoorgrondelijk **2** onpeilbaar
unerheblich BN onbelangrijk
unerhört BN **1** buitengewoon, eenmalig **2** ongelofelijk **3** ongehoord, schandalig
unerkannt BN zonder herkend te worden
unerlässlich BN noodzakelijk, onvermijdelijk
unerlaubt BN ongeoorloofd
unerledigt BN onafgedaan, niet afgewerkt
unermesslich BN onmetelijk, mateloos • *(bis) ins Unermessliche* onophoudelijk
unermüdlich BN onvermoeibaar
unerquicklich BN onverkwikkelijk
unerreichbar BN **1** onbereikbaar (**für** +4 voor) **2** ongeëvenaard
unerreicht BN niet bereikt, ongeëvenaard
unersättlich BN onverzadigbaar
unerschöpflich BN onuitputtelijk
unerschütterlich BN onverstoorbaar, onwrikbaar
unerschwinglich BN niet te betalen, onbetaalbaar
unersetzbar BN onvervangbaar
unerträglich BN **1** onverdraaglijk, onuitstaanbaar **2** ondraaglijk
unerwartet BN onverwacht, plotseling, onverhoeds • *es geschah etwas völlig Unerwartetes* er gebeurde iets heel onverwachts
unerwidert BN onbeantwoord
unerwünscht BN ongewenst, niet gewenst
unfähig BN **1** onbekwaam, ongeschikt • *ein unfähiger Mitarbeiter* een onbekwame medewerker **2** niet in staat, niet bij machte • *dazu ist er ~* hiertoe is hij niet in staat
Unfähigkeit ZN V (-/gmv) onbekwaamheid, ongeschiktheid
Unfall ZN M (+(e)s/-fälle) ongeval, ongeluk • *einen ~ haben* een ongeluk krijgen
Unfallflucht ZN V (-/+en) • *~ begehen* doorrijden na een ongeval
Unfallklinik ZN V (-/+en) traumapoli
unfassbar BN **1** onvoorstelbaar **2** onbegrijpelijk
unfehlbar BN **1** onfeilbaar **2** absoluut zeker, onvermijdelijk
unfein BN ordinair, onkies, onbeschaafd
unfertig BN **1** niet gereed, onvoltooid **2** onrijp
unflätig BN smerig, schunnig, ordinair • *~ sprechen* gore taal uitslaan
unfolgsam BN ongehoorzaam
unförmig BN vormeloos, wanstaltig
Unförmigkeit ZN V (-/+en) **1** vormloosheid **2** wanstaltigheid
unfrei BN onvrij
unfreiwillig BN onvrijwillig
unfreundlich BN **1** onvriendelijk • *das Personal ist ~* het personeel is onvriendelijk **2** onaangenaam, guur • *das Wetter ist ~* het is guur weer
Unfriede ZN M (+ns/gmv) onvrede • *in Unfrieden leben* in onenigheid leven • *Unfrieden stiften* onenigheid zaaien
Unfrieden ZN M (+s/gmv) → **Unfriede**
unfruchtbar BN onvruchtbaar
Unfruchtbarkeit ZN V (-/+en) onvruchtbaarheid
Unfug ZN M (+(e)s/gmv) **1** flauwekul, onzin • *so ein Unfug!* wat een flauwekul! **2** baldadigheid • *~ machen* kattenkwaad uithalen • *~ treiben* lol trappen
Ungar ZN M (+n/+n) Hongaar
Ungarin ZN V (-/+nen) Hongaarse
ungarisch BN Hongaars
Ungarn ZN O Hongarije
ungastlich BN **1** ongezellig **2** ongastvrij
ungeachtet VZ +2, ongeacht, ondanks, niettegenstaande • *dessen ~* desondanks • *~ der Tatsache* ongeacht het feit
ungeahnt BN onvermoed, onverwacht • *~e Möglichkeiten* ongekende mogelijkheden
ungebeten BN ongevraagd, ongenood • *~e Gäste* ongenode gasten
ungebildet BN onontwikkeld, onbeschaafd • *auf dem Gebiet bin ich ganz ~* daarvan heb ik helemaal geen verstand
ungebräuchlich BN ongebruikelijk
ungebührlich BN + BW onbetamelijk, ongepast, onbehoorlijk
ungebunden BN ongebonden • *sie genoss*

ihr freies, ~es Leben zij genoot van haar vrije, ongebonden leventje
Ungeduld ZN V (-/gmv) **ongeduld** • *zappeln vor ~* trappelen van ongeduld
ungeduldig BN **ongeduldig** • *etwas ~ erwarten* ergens halsreikend naar uitzien
ungeeignet BN **ongeschikt**
ungefähr BN + BW **ongeveer** • *(nicht) von ~* (niet) toevallig • *~ zwei Monate* ongeveer twee maanden • *eine ungefähre Anzahl* een aantal bij benadering
ungefährdet BN • *~ sein* niet in gevaar zijn
ungefährlich BN **ongevaarlijk**
ungehalten BN **boos, kwaad**
ungehemmt BN **1 onbelemmerd, vrij 2 ongeremd**
ungeheuer 1 BN **kolossaal, geweldig, enorm, reusachtig 2** BW **buitengewoon, reuze** • *es gab ~ viel Applaus* er was geweldig veel applaus
Ungeheuer ZN O (+s/-) **monster** • *das ~ von Loch Ness* het monster van Loch Ness
ungeheuerlich 1 BN **ongehoord, afschuwelijk 2** BW **buitengewoon**
ungehindert BN **ongehinderd**
ungehobelt BN **1 onbeschaafd** • *er ist noch ziemlich ~* aan hem valt nog wel wat te schaven **2 onbehouwen, lomp** • *~es Benehmen* onbehouwen gedrag
ungehörig BN **onbehoorlijk**
ungehorsam BN **ongehoorzaam**
Ungehorsam ZN M (+s/gmv) **ongehoorzaamheid**
Ungeist ZN M (+(e)s/gmv) **verderfelijke geest**
ungeklärt BN **onopgehelderd, onduidelijk**
ungelegen BN **ongelegen**
ungelenk BN FORM. **schutterig, onhandig**
ungelernt BN **ongeschoold, zonder vakopleiding**
ungelöst BN **onopgelost**
Ungemach ZN O (+(e)s/gmv) **1 ongemak, hinder 2 tegenspoed, ongeluk**
ungemein BN **ongemeen, buitengewoon** • *das freut mich ~* dat verheugt mij uitermate
ungemütlich BN **1 ongezellig 2 onbehaaglijk, onplezierig** • *~ werden* grof/onvriendelijk worden
ungenannt BN **ongenoemd, anoniem**
ungenau BN **1 onnauwkeurig** • *~e Messungen* onzuivere metingen **2 vaag**
un **Ungenauigkeit** ZN V (-/+en) **onnauwkeurigheid**
ungeniert BN **ongegeneerd**
ungenießbar BN **1 ongenietbaar, niet te genieten** • *sie ist heute ~* ze is vandaag niet te genieten **2 oneetbaar, ondrinkbaar** • *diese Pflanze ist ~* deze plant kun je niet eten • *diese Suppe ist ~* die soep is niet te pruimen
ungenügend BN **onvoldoende**
ungenutzt BN **1 onbenut 2 ongebruikt**
ungeordnet BN **1 ongeordend, wanordelijk 2 ongeregeld**
ungepflegt BN **onverzorgd**
ungeprüft BN **1 niet onderzocht** • *ich übernehme die Behauptung ~* ik neem de stelling over zonder hem te checken **2 niet beproefd 3 niet geëxamineerd**
ungerade BN **oneven**
ungerecht BN **onrechtvaardig, onbillijk** • *das ist ~!* dat is niet eerlijk! • *~ behandeln* onheus bejegenen
ungerechtfertigt BN **ongerechtvaardigd**
Ungerechtigkeit ZN V (-/+en) **1 onrechtvaardigheid 2 onrechtvaardige handeling**
ungereimt BN **1 niet rijmend 2** FIG. **ongerijmd**
Ungereimtheit ZN V (-/-en) **ongerijmdheid** • *der Text ist voller Ungereimtheiten* de tekst kent veel ongerijmdheden, de tekst is op veel plaatsen merkwaardig
ungern BW **ongaarne, met tegenzin**
ungerührt BN **onbewogen**
ungesättigt BN **onverzadigd** • *ungesättigte Fettsäure* onverzadigd vetzuur
ungeschehen BN • *etwas ~ machen* iets ongedaan maken
Ungeschick ZN O (+(e)s/gmv) **onhandigheid**
Ungeschicklichkeit ZN V (-/+en) **onhandigheid**
ungeschickt BN **onhandig** • *sie ist ~* zij is onbeholpen
ungeschlacht BN **onbehouwen, lomp**
ungeschlagen BN **niet verslagen**
ungeschliffen BN **1 ongeslepen 2 onbeschaafd, lomp** • *~es Benehmen* bot gedrag
ungeschminkt BN **1 ongeschminkt, niet opgemaakt 2 ongezouten, onverbloemd** • *jemandem die ~e Wahrheit sagen* iemand onverbloemd de waarheid zeggen
ungeschoren BN **1 ongeschoren 2 ongedeerd** • *~ davonkommen* er zonder kleerscheuren van afkomen
ungeschützt BN **onbeschermd** • *ungeschützter Geschlechtsverkehr* onveilige sex
ungesehen BN **onopgemerkt, ongezien**
ungesellig BN **1** DIERK. **solitair 2 eenzelvig, teruggetrokken**
Ungeselligkeit ZN V (-/gmv) **eenzelvigheid, teruggetrokkenheid**
ungesetzlich BN **onwettig, illegaal**
Ungesetzlichkeit ZN V (-/+en) **1 onwettigheid 2 onwettige handeling**
ungesittet BN **ongemanierd**
ungestalt BN **1 vormloos 2 mismaakt, misvormd**
ungestört BN **ongestoord, rustig**
ungestüm BN **onstuimig**
Ungestüm ZN O (+(e)s/gmv) **onstuimigheid**
ungesund BN **ongezond**
ungeteilt BN **onverdeeld** • *~e Aufmerksamkeit* onverdeelde aandacht
ungetrübt BN **onverstoord, ongestoord**
Ungetüm ZN O (+s/+e) **1 gevaarte, gedrocht 2 monster**
ungeübt BN **ongeoefend**
ungewaschen BN **ongewassen** • *~es Zeug* grofheden, ondoordachte dingen • *ein ~es Maul*

haben grof in de mond zijn

ungewiss BN **1** onzeker • *im Ungewissen sein* in het onzekere verkeren • *das ist eine Fahrt ins Ungewisse* het is onzeker hoe dat zal lopen • *jemanden im Ungewissen lassen* iemand in het onzekere laten **2** onbepaald

Ungewissheit ZN V (-/+en) onzekerheid

ungewöhnlich **1** BN ongewoon, ongebruikelijk **2** BW buitengewoon

ungewohnt BN ongewoon, vreemd, niet vertrouwd • *eine ~e Umgebung* een niet vertrouwde omgeving • *~er Anblick* ongewoon schouwspel

ungewollt BN ongewild • *ein ~es Kind* een ongewenst kind

ungezählt **1** BN ontelbaar **2** BW ongeteld

Ungeziefer ZN O (+s/gmv) ongedierte

ungeziemend BN onbehoorlijk, onbetamelijk

ungezogen BN brutaal, ondeugend, ongemanierd

Ungezogenheit **1** ZN V (-/gmv) ongemanierdheid, lompheid **2** ZN V (-/+en) brutale streek

ungezügelt BN teugelloos, ongebreideld, tomeloos

ungezwungen BN ongedwongen • *sich ~ bewegen* losse manieren hebben

Unglaube ZN M (+ns/gmv) ongeloof

ungläubig BN ongelovig • *die Ungläubigen* de ongelovigen

unglaublich BN ongelofelijk, ongehoord

unglaubwürdig BN ongeloofwaardig

Unglaubwürdigkeit ZN V (-/gmv) **1** ongeloofwaardigheid **2** onbetrouwbaarheid

ungleich **1** BN ongelijk **2** BW aanzienlijk, veel • *sie ist ~ besser als er* zij is aanzienlijk beter dan hij **3** VZ +3 FORM. in tegenstelling tot, anders dan • *~ ihrer Schwester war sie faul und hässlich* in tegenstelling tot haar zus was ze lui en lelijk

ungleichartig BN ongelijksoortig

Ungleichgewicht ZN O (+(e)s/gmv) onevenwichtigheid

Ungleichheit ZN V (-/+en) ongelijkheid

ungleichmäßig BN ongelijkmatig

ungleichschenklig BN WISK. ongelijkbenig • *~es Dreieck* ongelijkbenige driehoek

Unglück ZN O (+(e)s/+e) ongeluk, ramp, tegenslag • *zu allem ~* tot overmaat van ramp • *ein schweres ~* een ernstig ongeluk • *in sein ~ rennen* zijn ongeluk tegemoet gaan ▸ *ein ~ kommt selten allein* een ongeluk komt zelden alleen

unglücklich BN ongelukkig

unglücklicherweise BW ongelukkigerwijze

unglückselig BN rampzalig

Unglücksfall ZN M (+(e)s/-fälle) **1** ongeluk, ongeval **2** ongelukje, tegenslag

Ungnade ZN V (-/gmv) ongenade • *bei jemandem in ~ fallen/sein* bij iemand in ongenade vallen, bij iemand afgedaan hebben

ungnädig BN ongenadig

ungültig BN ongeldig • *für ~ erklären* nietig verklaren • *ein Tor für ~ erklären* een doelpunt afkeuren

Ungültigerklärung ZN V (-/+en) ongeldigverklaring

Ungültigkeit ZN V (-/gmv) ongeldigheid

Ungunst ZN V (-/gmv) • *zu jemandes Ungunsten* in iemands nadeel

ungünstig BN ongunstig • *ein ungünstiger Wechselkurs* een ongunstige wisselkoers

ungut BN kwaad, slecht • *nichts für ~!* neem me niet kwalijk!

unhaltbar BN onhoudbaar • *die Lage war ~* de toestand was onhoudbaar

unhandlich BN onhandig, onhandzaam

Unheil ZN O (+s/gmv) onheil, leed, ongeluk • *~ bringend* noodlottig • *~ stiften* onheil stichten

unheilbar BN **1** ongeneeslijk **2** FIG. onverbeterlijk

unheilig BN onheilig, profaan, onchristelijk

Unheilstifter ZN M (+s/-) onheilstichter

unheilvoll BN **1** FORM. rampzalig, noodlottig, funest **2** FORM. onheilspellend

unheimlich **1** BN akelig, griezelig, eng • *ich finde es hier ~* ik vind het hier eng • *ein ~er Typ* een enge vent **2** BW enorm • *~ groß* enorm groot

unhöflich BN onbeleefd, onhoffelijk • *jemandem ~ begegnen* iemand onheus bejegenen

Unhöflichkeit ZN V (-/+en) onbeleefdheid

Unhold ZN M (+(e)s/+e) **1** monster, demon **2** onmens

unhörbar BN onhoorbaar

uni BN één kleur uni

Uni ZN V (-/+s) INFORM. universiteit

uniform BN **1** uniform **2** gelijkvormig

Uniform ZN V (-/+en) uniform

uniformieren OV WW **1** uniformeren **2** eenvormig maken

Uniformität ZN V (-/gmv) uniformiteit, eenvormigheid

Unikum ZN O (+s/+s, -ka) **1** unicum **2** origineel/apart type

uninteressant BN oninteressant

uninteressiert BN ongeïnteresseerd

Union ZN V (-/+en) unie • POL. *die ~* unie van CDU en CSU

Unisono ZN O (+s/+s, -ni) unisono

Unität ZN V (-/+en) **1** overeenstemming **2** eenheid

universal BN **1** universeel **2** de hele wereld omvattend

Universalerbe ZN M universeel erfgenaam

Universalität ZN V (-/gmv) universaliteit

universell BN universeel, algemeen

Universität ZN V (-/+en) universiteit • *auf die / zur ~ gehen* naar de universiteit gaan, aan de universiteit studeren • *an der ~ sein* docent op de universiteit zijn

Universitätsklinik ZN V (-/+en) universiteitskliniek, academisch ziekenhuis

Universum ZN O (+s/-sen) universum, heelal • *ein ~ an Farben* een grote verscheidenheid van kleuren

Unke ZN V (-/+n) **1** vuurpad **2** INFORM. pessimist, zwartkijker
unken ONOV WW zwartgallig doen, onheil voorspellen
unkenntlich BN onherkenbaar
Unkenntlichkeit ZN V (-/gmv) onherkenbaarheid
Unkenntnis ZN V (-/gmv) onwetendheid • *jemanden über etwas in ~ lassen* iemand van iets onkundig laten
Unkenruf ZN M (+(e)s/+e) onheilsvoorspelling
unkeusch BN onkuis
unklar BN **1** onduidelijk, onklaar • *jemanden über etwas im Unklaren lassen* iemand over iets in het onzekere laten • *aus irgendeinem ~en Grund* om een of andere duistere reden **2** troebel
Unklarheit ZN V (-/+en) onduidelijkheid • *Unklarheiten beseitigen* onduidelijkheden ophelderen
unklug BN onverstandig
unkörperlich BN **1** onstoffelijk **2** niet lichamelijk
Unkosten ZN MV kosten, onkosten • *sich in ~ stürzen* grote onkosten maken • *jemanden in ~ stürzen* iemand op onkosten jagen • *~ in Rechnung stellen* onkosten declareren
Unkraut ZN O (+(e)s/-kräuter) onkruid • *~ jäten* onkruid wieden ▸ *~ vergeht nicht* onkruid vergaat niet
unkündbar BN niet opzegbaar
unkundig BN onkundig, ondeskundig • *er ist des Deutschen ~* hij beheerst de Duitse taal niet
unlängst BW onlangs
unlauter BN oneerlijk, unfair, bedenkelijk • *~er Wettbewerb* oneerlijke concurrentie • *~e Absichten* onzuivere bedoelingen
unleidlich BN **1** onuitstaanbaar, onverdraaglijk **2** ondraaglijk
unlenkbar BN onbestuurbaar
unleserlich BN onleesbaar, slecht leesbaar • *eine ~e Handschrift* een onleesbaar handschrift • *deine Handschrift ist ~* jouw handschrift is niet te lezen • *~ schreiben* onduidelijk schrijven
unleugbar BN **1** onmiskenbaar **2** onloochenbaar
unlieb BN onaangenaam • *es ist mir nicht ~* het komt me heel goed uit
un **unliebsam** BN onaangenaam
unlimitiert BN ongelimiteerd
unlöblich BN niet loffelijk
unlösbar BN **1** onlosmakelijk • *~ mit etwas verbunden sein* onlosmakelijke met iets verbonden zijn **2** onoplosbaar • *unlösbare Probleme* onoplosbare problemen
Unlust ZN V (-/gmv) **1** tegenzin **2** lusteloosheid
unlustig BN **1** verveeld, lusteloos **2** met tegenzin
unmanierlich BN ongemanierd
unmännlich BN onmannelijk
Unmaß ZN O (+es/gmv) **1** overmaat **2** enorme maat, enorme omvang
Unmasse ZN V (-/+n) enorme massa • *Unmassen essen können* enorme massa's kunnen eten
unmaßgeblich BN niet als maatstaf dienend, irrelevant • *nach meiner unmaßgeblichen Meinung* naar mijn bescheiden mening
unmäßig **1** BN onmatig **2** BW uitermate
Unmäßigkeit ZN V (-/gmv) onmatigheid
Unmenge ZN V (-/+n) enorme massa/hoop • *Unmengen von Süßigkeiten* massa's van snoep • *es sind Unmengen von Besuchern da* er zijn legio bezoekers
Unmensch ZN M (+en/+en) onmens • *ich bin ja kein Unmensch!* ik wil niet onmenselijk zijn
unmenschlich BN onmenselijk • *jemanden ~ behandeln* iemand onmenselijk behandelen
Unmenschlichkeit ZN V (-/+en) onmenselijkheid
unmerkbar BN onmerkbaar
unmerklich BN onmerkbaar
unmissverständlich BN niet mis te verstaan, overduidelijk
unmittelbar BN **1** onmiddellijk **2** rechtstreeks, direct • *in ihrer ~en Nähe* in haar directe omgeving **3** vlak • *~ vorher* vlak daarvoor
unmodern BN ouderwets
unmodisch BN niet volgens de laatste mode, ouderwets
unmöglich BN onmogelijk • *sich bei/vor jemandem ~ machen* zich bij iemand onmogelijk maken • *das Unmögliche verlangen* het onmogelijke eisen
Unmöglichkeit ZN V (-/+en) onmogelijkheid • *das ist ein Ding der ~* dit behoort tot de onmogelijkheden
unmoralisch BN immoreel
unmündig BN **1** onmondig **2** minderjarig
Unmut ZN M (+(e)s/gmv) wrevel, ontstemming
unmutig BN wrevelig, ontstemd
unnachahmlich BN onnavolgbaar
unnachgiebig BN ontoegeeflijk, onverbiddelijk
unnachsichtig BN ontoegeeflijk, onvermurwbaar
unnahbar BN ongenaakbaar
Unnahbarkeit ZN V (-/gmv) ongenaakbaarheid, ontoegankelijkheid
Unnatur ZN V (-/gmv) **1** onnatuurlijkheid, tegennatuurlijk fenomeen **2** gekunsteldheid
unnatürlich BN **1** onnatuurlijk **2** gekunsteld
unnennbar BN FORM. onnoemelijk
unnormal BN abnormaal
unnötig BN onnodig • *~ viel* onnodig veel
unnütz BN **1** nutteloos • *unnützes Zeug* waardeloze spullen/troep **2** onnodig
UNO AFK (-/gmv) United Nations Organization **VN**, Verenigde Naties
unordentlich BN **1** slordig **2** wanordelijk
Unordnung ZN V (-/-) wanorde, chaos • *in ~ geraten* ontregeld worden, onklaar raken
unorganisch BN anorganisch
unparteiisch BN onpartijdig
Unparteiische ZN M/V (+n/+n) SPORT scheidsrechter

unpassend BN ongepast, ongelegen • *~es Benehmen* ongepast gedrag
unpässlich BN onpasselijk
Unpässlichkeit ZN V (-/+en) **1** onpasselijkheid **2** ongesteldheid
unpersönlich BN onpersoonlijk
unpolitisch BN apolitiek
unpopulär BN impopulair
unpraktisch BN onpraktisch
unpünktlich BN te laat, niet op tijd
unqualifizierbar BN niet kwalificeerbaar • *ein ~es Ding* een ding dat niet te beschrijven valt
unqualifiziert BN niet gekwalificeerd • *eine ~e Bemerkung* een opmerking die niet ter zake doet, een onzinnige opmerking
unrasiert BN ongeschoren <van man>
Unrast ZN V (-/gmv) onrust, rusteloosheid
Unrat ZN M (+(e)s/gmv) vuil, afval, rommel • *~ wittern* lont ruiken
unrecht BN onjuist, verkeerd • *~ haben* ongelijk hebben
Unrecht ZN O (+(e)s/gmv) **1** ongelijk • *~ haben* ongelijk hebben **2** onrecht, onrechtvaardigheid • *zu ~* ten onrechte • *mit ~* ten onrechte • *~ haben* geen gelijk hebben • *im ~ sein* ongelijk hebben • *jemandem ein ~ antun* iemand onrecht doen
unrechtmäßig BN onrechtmatig
unredlich BN onoprecht, oneerlijk
unreell BN **1** irreëel, niet reëel **2** oneerlijk
unregelmäßig BN onregelmatig
Unregelmäßigkeit ZN V (-/+en) onregelmatigheid
unregierbar BN onregeerbaar
unreif BN onrijp
Unreife ZN V (-/gmv) gebrek aan rijpheid
unrein BN onrein, onzuiver • *~e Haut* onzuivere huid • *ins Unreine reden/sprechen* hardop zitten te denken • *etwas ins Unreine schreiben* iets in het klad schrijven
Unreinheit ZN V (-/+en) **1** onzuiverheid **2** onreinheid
unreinlich BN onzindelijk, vies, vuil
unrentabel BN niet rendabel
unrettbar BN reddeloos, hopeloos
unrichtig BN onjuist, verkeerd
Unrichtigkeit ZN V (-/+en) onjuistheid, fout
Unruh ZN V (-/+en) onrust <in uurwerk>
Unruhe ZN V (-/+n) **1** onrust, rusteloosheid • *Unruhen* onlusten • *~ stiften* onrust stoken **2** ongerustheid • *jemanden in ~ versetzen* iemand ongerust maken
Unruheherd ZN M (+(e)s/+e) haard van onrust
Unruhestifter ZN M (+s/-) onruststoker
unruhig BN onrustig, ongedurig
unrühmlich BN roemloos
uns **1** PERS VNW ons **2** WKG VNW elkaar • *wir haben ~ lange nicht gesehen* we hebben elkaar lang niet gezien
unsachgemäß BN ondeskundig, onjuist
unsachlich BN onzakelijk
unsagbar BN onuitsprekelijk, onbeschrijfelijk, onnoemelijk, enorm
unsäglich BN onuitsprekelijk, onnoemelijk, onbeschrijflijk
unsanft BN onzacht, hardhandig
unsauber BN **1** vuil, onzindelijk **2** smerig, gemeen **3** onzuiver
unschädlich BN onschadelijk • *jemanden ~ machen* iemand onschadelijk maken
unscharf BN **1** onscherp **2** vaag, onnauwkeurig
Unschärfe ZN V (-/+n) te geringe scherpte
unschätzbar BN onschatbaar • *von unschätzbarem Wert* van onschatbare waarde
unscheinbar BN nietig, onooglijk
unschicklich BN onbehoorlijk, ongepast
Unschicklichkeit ZN V (-/gmv) **1** onfatsoenlijk gedrag, onbehoorlijk gedrag **2** ongepastheid
unschiffbar BN onbevaarbaar
unschlagbar BN onovertreffelijk, onoverwinnelijk, niet te evenaren • *im Organisieren ist sie ~* in het organiseren is ze niet te evenaren
unschlüssig BN **1** besluiteloos • *wir sind noch ~* we hebben nog geen besluit genomen **2** onlogisch • *~ sein* op twee gedachten hinken
Unschlüssigkeit ZN V (-/gmv) besluiteloosheid
unschmackhaft BN onsmakelijk
unschön BN **1** niet mooi, lelijk **2** onaardig
Unschuld ZN V (-/gmv) **1** onschuld • *seine ~ beteuern* zijn onschuld betuigen **2** argeloosheid • *etwas in aller ~ sagen* iets in alle onschuld zeggen **3** maagdelijkheid • *die ~ verlieren* ontmaagd worden
unschuldig BN onschuldig
Unschuldslamm ZN O (+(e)s/-lämmer) onschuldig lam • *das ~ spielen* doen alsof men helemaal onschuldig is
Unschuldsmiene ZN V • *mit einer ~* met een onschuldig gezicht
unschwer BN niet moeilijk, gemakkelijk • *das wird dir ~ gelingen* dat zal je makkelijk lukken
unselbstständig BN onzelfstandig
unselig BN onzalig, noodlottig, rampzalig, beklagenswaardig • *~er Gedanke* onzalige gedachte
unser BEZ VNW **1** ons • *~ Vater* onze vader • *~ Haus* ons huis **2** onze, de/het onze • *~e Mutter* onze moeder • *~e Eltern* onze ouders
unsereiner PERS VNW mensen als wij
unserer PERS VNW • *dies ist euer Koffer und das ist ~* dit is jullie koffer en die is van ons • *die Bemerkung unserer Mutter* de opmerking van onze moeder • *ich gebe es unserer Sekretärin* ik geeft het aan onze secretaresse → **unser**
unser(er)seits BW van onze kant, onzerzijds
unseres BEZ VNW • *dies ist dein Buch und das ist ~* dit is jouw boek en dat is dat van ons • *der Hund unseres Freundes* de hond van onze vriend
unseriös BN niet serieus, louche
unsersgleichen PERS VNW iemand zoals wij
unsertwegen BW **1** ter wille van ons **2** wat ons betreft
unsicher BN **1** onzeker • *es ist noch ~, ob ...* het is

nog onzeker of ... **2 onveilig**
Unsicherheit ZN V (-/+en) **onzekerheid**
unsichtbar BN **onzichtbaar** • *sie macht sich ~* zij verdwijnt/trekt zich terug
Unsichtbarkeit ZN V (-/gmv) **onzichtbaarheid**
Unsinn ZN M (+(e)s/gmv) **onzin, nonsens, dwaasheid** • *das ist Unsinn!* dat is malligheid! • *das ist blanker ~* dat is klinkklare onzin • *~ reden; ~ von sich geben* onzin uitkramen
unsinnig BN **1 waanzinnig 2 onzinnig, dwaas**
Unsitte ZN V (-/+n) **slechte gewoonte**
unsittlich BN **1 onzedelijk, immoreel** • *~e Handlungen* ontuchtige handelingen **2 in strijd met de goede zeden**
Unsittlichkeit ZN V (-/+en) **onzedelijkheid**
unsolide BN **1 niet solide 2 onbetrouwbaar**
unsozial BN **asociaal**
unsportlich BN **1 niet sportief ingesteld, onsportief** • *sich ~ verhalten* zich onsportief gedragen **2 onsportief, niet sportief** • *total ~ sein* totaal niet sportief zijn
unsrerseits BW **van ons uit, van onze kant**
unsrig BEZ VNW **ons, onze** • *wir haben das Unsrige/ unsrige getan* wij hebben het onze gedaan
unstatthaft BN **ongeoorloofd, ongepast**
unsterblich BN **onsterfelijk**
Unsterblichkeit ZN V (-/gmv) **onsterfelijkheid**
Unstern ZN M (+(e)s/gmv) **ongunstig gesternte**
unstet BN **1 rusteloos, onrustig** • *ein ~es Wesen haben* rusteloos van aard zijn • *ein ~es Leben führen* een rusteloos leven leiden **2 ongedurig, ongestadig**
Unstetigkeit ZN V (-/+en) **1 rusteloosheid, onrust 2 onbestendigheid**
unstillbar BN **niet te stillen, niet te bevredigen, onlesbaar**
unstimmig BN **niet kloppend, tegenstrijdig**
Unstimmigkeit ZN V (-/+en) **1 tegenstrijdigheid, verschil, fout 2 meningsverschil, onenigheid**
unstreitig BN **onbetwistbaar, ontegenzeglijk**
unsühnbar BN **niet door boetedoening op te heffen**
Unsumme ZN V (-/+n) **enorme som, enorm bedrag** • *das kostet doch Unsummen!* dat kost een enorm bedrag
unsymmetrisch BN **asymmetrisch**
un **unsympathisch** BN **onsympathiek**
unsystematisch BN **onsystematisch**
untadelig BN **onberispelijk**
Untat ZN V (-/+en) **wandaad**
untätig BN **werkeloos, zonder een vinger uit te steken, passief** • *~ zusehen* werkeloos toezien
Untätigkeit ZN V (-/gmv) **lijdelijkheid, passiviteit**
untauglich BN **1 ondeugdelijk, onbruikbaar** • *körperlich ~* lichamelijk ongeschikt • *zu etwas ~ sein* voor iets ongeschikt zijn **2** MIL. **afgekeurd**
Untauglichkeit ZN V (-/+en) **ongeschiktheid, ondeugdelijkheid**
unteilbar BN **ondeelbaar**
unten BW **1 beneden, onderaan/-af/-in** • *der Laden ist da ~ an der Ecke* de winkel is daarginds op de hoek • *der Waschlappen für ~* het washandje voor de schaamstreek • *von ~ nach oben* van beneden naar boven • *da ~ in Italien* daar in Italië • *die zweite Zeile von ~* de tweede regel van onder • *siehe ~* zie onder • *du bist bei mir ~ durch* je hebt het bij mij verbruid **2 in het zuiden**
untenan BW **onderaan**
untendurch BW **onderdoor** • *bei jemandem ~ sein* het bij iemand verbruid hebben
untenher BW **van beneden, onderaan**
unter 1 BN **onderste, laagste** • *das ~e Ende* het onderste einde **2** VZ **1** +3, 4, **onder** • *der Hund liegt ~* 3 *dem Sofa* de hond ligt onder de bank • *der Hund legt sich ~* 4 *das Sofa* de hond gaat onder de bank liggen • *~ Vorbehalt* onder voorbehoud • *~ den Leuten sein* onder de mensen zijn **2** +3, 4, **aan, tegen** • *bis ~s Dach* tot aan het dak **3** +3, 4, **met** • *~ großen Schmerzen* met veel pijn **4** +3, 4, **van** • *einer ~ vielen* een van de velen **5** +3, **minder dan, beneden** • *Kinder ~ 12 Jahren* kinderen beneden de 12 jaar • *~ dem Meeresspiegel* beneden de zeespiegel • *~ 50 %* minder dan 50% **6** OUD., REG. +3, **gedurende** • *~ dem Essen reden* gedurende het eten praten • *~ der Bedingung, dass* op voorwaarde dat
Unterabteilung ZN V (-/+en) **onderafdeling**
Unterarm ZN M (+es/+e) **onderarm**
Unterart ZN V (-/+en) **variëteit**
Unterausschuss ZN M (+es/-schüsse) **subcommissie**
Unterbau ZN M (+s/-bauten) **fundament, onderbouw**
unterbauen OV WW **funderen, onderbouwen** <ook figuurlijk>**, stutten**
unterbelichten OV WW A-V **onderbelichten**
unterbeschäftigt BN **onderbezet**
unterbewerten OV WW **onderwaarderen, te laag waarderen**
unterbewusst BN **onderbewust**
Unterbewusstsein ZN O (+s/gmv) **onderbewustzijn**
unterbieten OV WW sterk **goedkoper zijn, (er) onder blijven, onderkruipen** • *einen Rekord ~* een record verbeteren • *dieser Beitrag ist kaum zu ~* deze bijdrage is wel het absolute minimum
Unterbilanz ZN V (-/+en) ECON. **nadelig saldo, deficit**
unterbinden OV WW sterk **1 onderbinden 2 afbreken 3 verhinderen, tegengaan**
unterbleiben ONOV WW sterk **uitblijven, achterwege blijven** • *das wäre besser unterblieben* dat had beter niet kunnen gebeuren
unterbrechen OV WW sterk **1 onderbreken 2 verbreken, afbreken** • *die Verbindung wurde unterbrochen* de verbinding is afgebroken **3 in de rede vallen, interrumperen** • *er unterbrach sie* hij viel haar in de rede
Unterbrechung ZN V (-/+en) **onderbreking**
unterbreiten OV WW **1 voorleggen, in overweging geven** • *jemandem einen Vorschlag ~*

iemand een voorstel doen **2** INFORM. uitspreiden

unterbringen OV WW sterk **1** onderbrengen • *wo seid ihr untergebracht?* waar logeren jullie? • *das kann ich nicht ~* daarvoor heb ik geen ruimte • *Leute bei jemandem ~* mensen bij iemand inkwartieren **2** plaatsen • *den Schrank können wir in der Ecke ~* de kast kunnen wij in de hoek plaatsen • FIG. *sie konnte das Gesicht nicht ~* zij kon het gezicht niet thuisbrengen **3** INFORM. aan een baan helpen • *er hat seine Tochter in seiner Firma untergebracht* hij heeft voor zijn dochter een baan in zijn bedrijf georganiseerd

Unterbringung ZN V (-/+en) **1** onderbrenging, plaatsing • *die ~ bei Gastfamilien* het logeren bij gastgezinnen **2** onderkomen, onderdak

unterbuttern OV WW INFORM. kleinkrijgen, eronder krijgen

Unterdeck ZN O (+(e)s/+s) benedendek

unterdessen BW intussen

Unterdruck 1 ZN M (+(e)s/-drücke) onderdruk **2** ZN M (+(e)s/gmv) te lage bloeddruk

unterdrücken OV WW **1** onderdrukken **2** achterhouden

Unterdrücker ZN M (+s/-) onderdrukker

Unterdrückung ZN V (-/+en) dwingelandij, onderdrukking

unterdurchschnittlich BN + BW onder het gemiddelde

untereinander BW onder elkaar, onderling

unterentwickelt BN onderontwikkeld

unterernährt BN ondervoed

Unterernährung ZN V (-/gmv) ondervoeding

Unterfangen ZN O (+s/gmv) onderneming, waagstuk • *ein schwieriges ~* een moeilijke onderneming

unterfassen OV WW **1** ondersteunen **2** een arm geven • *untergefasst* gearmd

unterfordern OV WW • *jemanden ~* iemand niet uitdagen, te weinig van iemand vergen • *er ist in der Schule unterfordert* hij wordt op school niet voldoende uitgedaagd • *das unterfordert sie* dat is te makkelijk voor haar

unterführen OV WW onderdoor leiden

Unterführung ZN V (-/+en) onderdoorgang, tunnel

Unterführungszeichen ZN O (+s/-) aanhalingsteken

Unterfutter ZN O (+s/gmv) binnenvoering

Untergang ZN M (+(e)s/-gänge) ondergang

untergeben BN **1** onderdanig **2** ondergeschikt

Untergebene ZN M/V (+n/+n) ondergeschikte, mindere

untergehen ONOV WW sterk **1** ondergaan • *die Sonne geht unter* de zon gaat onder **2** te gronde gaan

untergeordnet BN ondergeschikt, secundair

Untergeschoss ZN O (+es/+e) souterrain

Untergestell ZN O (+(e)s/+e) onderstel

Untergewicht ZN O (+(e)s/gmv) ondergewicht, te laag gewicht

untergliedern OV WW onderverdelen (**in** +4 in)

Untergliederung ZN V (-/+en) onderverdeling

untergraben OV WW sterk ondergraven, ondermijnen

Untergrund ZN M (+es/gmv) **1** ondergrond, basis, grondslag **2** ondergrond, illegaliteit • *in den ~ gehen* in de illegaliteit gaan

Untergrundbahn ZN V (-/+en) ondergrondse, metro

Untergrundbewegung ZN V ondergrondbeweging, illegale beweging

unterhalb 1 BW **1** onder, beneden **2 ~ von** onder, beneden • *~ von Frankfurt* onder Frankfurt **2** VZ +2, beneden, onder • *~ der Straße* beneden de straat

Unterhalt ZN M (+(e)s/gmv) **1** onderhoud **2** levensonderhoud • *seinen ~ bestreiten* in zijn onderhoud voorzien **3** alimentatie • *~ bezahlen* alimentatie betalen

unterhalten OV WW sterk eronder houden

unterhalten 1 OV + ONOV WW sterk **1** onderhouden **2** verzorgen • *seine Familie ~* zijn gezin (financieel) verzorgen **3** amuseren • *das Publikum ~* het publiek amuseren **2** WKD WW (**sich ~**) **1** een gesprek voeren • *sich mit jemandem ~* met iemand een gesprek voeren **2** zich amuseren • *unterhältst du dich gut?* amuseer je je?

unterhaltend BN onderhoudend, amusant

Unterhalter ZN M (+s/-) entertainer

unterhaltsam BN onderhoudend, amusant

Unterhaltskosten ZN MV onderhoudskosten

Unterhaltspflicht ZN V (-/+en) onderhoudsplicht, alimentatieplicht

Unterhaltung ZN V (-/+en) **1** onderhoud, gesprek • *eine ~ führen* een gesprek voeren **2** vermaak, amusement • *wir wünschen Ihnen gute Unterhaltung!* wij wensen u veel plezier • *zur ~ dienen* tot vermaak dienen

Unterhaltungsliteratur ZN V (-/gmv) ontspanningsliteratuur

Unterhaltungsmusik ZN V (-/gmv) amusementsmuziek

unterhandeln ONOV WW POL. onderhandelen <vooral bij militair conflict>

Unterhändler ZN M (+s/-) POL. onderhandelaar

Unterhandlung ZN V (-/+en) onderhandeling

Unterhaus ZN O (+es/-häuser) Lagerhuis <in Engeland>

Unterhaut ZN V (-/gmv) onderhuid

Unterhemd ZN O (+es/+en) onderhemd

unterhöhlen OV WW **1** uithollen **2** ondermijnen

Unterholz ZN O (+es/gmv) onderhout, kreupelhout

Unterhose ZN V (-/+n) onderbroek

unterirdisch BN onderaards, ondergronds

unterjochen OV WW onderwerpen, onder het juk brengen

unterjubeln ONOV WW in de maag splitsen • *jemandem etwas ~* iemand iets in de maag splitsen

Unterkiefer ZN M (+s/-) onderkaak

unterkommen ONOV WW sterk **1** onderdak vinden **2** terechtkomen, een baan vinden **3**

tegenkomen • *das ist mir noch nie untergekommen* dat ben ik nog nooit tegengekomen

Unterkommen ZN O (+s/-) onderkomen, onderdak

Unterkörper ZN M (+s/-) onderlijf

unterkriechen ONOV WW wegkruipen, zich verschuilen

unterkriegen OV WW INFORM. kleinkrijgen, eronder krijgen • *sich nicht ~ lassen* zich niet gewonnen geven

unterkühlen OV WW onderkoelen

Unterkühlung ZN V (-/gmv) onderkoeling

Unterkunft ZN V (-/-künfte) **1** onderkomen, logies, verblijf • *~ und Verpflegung* kost en inwoning **2** accommodatie • *eine sehr hübsche ~* een leuke accommodatie

Unterlage ZN V (-/+n) **1** onderlegger **2** ondergrond, basis **3** stuk, akte, document • *haben Sie alle Unterlagen dabei?* heeft u alle belangrijke stukken mee?

Unterlass ZN M • *ohne ~* onophoudelijk, zonder ophouden

unterlassen OV WW sterk **1** nalaten, verzuimen **2** ophouden met, stoppen • *würden Sie das bitte ~?* zou u hiermee willen stoppen?

Unterlassung ZN V (-/+en) **1** verzuim, nalatigheid **2** (het) ophouden • JUR. *auf ~ klagen* een aanklacht indienen met de eis, zich ergens van te onthouden

Unterlauf ZN M (+es/-läufe) benedenloop

unterlaufen 1 OV WW sterk omzeilen, ontduiken **2** ONOV WW sterk insluipen • *ihm ist ein Fehler ~* hij heeft een fout gemaakt

unterlegen 1 BN inferieur, minder • *die ~e Partei* de verliezende partij • *er ist seiner Frau geistig ~* hij moet het voor zijn vrouw op intellectueel niveau onderdoen **2** OV + ONOV WW illustreren, schrijven bij

unterlegen OV + ONOV WW **1** eronder leggen **2** toeschrijven • *einer Sache einen falschen Sinn ~* een verkeerde betekenis aan iets geven **3** bekleden, voeren

Unterlegene ZN M/V (+n/+n) verliezer, mindere

Unterlegenheit ZN V (-/+en) **1** het zwakker zijn **2** minderwaardigheid

Unterleib ZN M (+es/+er) **1** onderlijf **2** vrouwelijke geslachtsorganen

unterliegen ONOV WW sterk **1** onderdoen voor, verliezen • *jemandem ~* van iemand verliezen **2** onderworpen zijn aan, onderhevig zijn aan

Unterlippe ZN V (-/+n) onderlip

unterm SAMENTR unter dem → **unter**

untermalen OV + ONOV WW **1** begeleiden, illustreren, opluisteren **2** aanleggen

Untermalung ZN V (-/+en) begeleiding

untermauern OV WW funderen

Untermenge ZN V (-/+n) deelverzameling

untermengen OV WW vermengen

Untermensch ZN M (+en/+en) untermensch, niet-arisch mens <inferieur mens in nazi-ideologie>

Untermiete ZN V (-/gmv) onderhuur

Untermieter ZN M (+s/-) onderhuurder

unterminieren OV WW ondermijnen

untermischen OV WW vermengen

untern SAMENTR unter den → **unter**

unternehmen OV + ONOV WW sterk ondernemen

Unternehmen ZN O (+s/-) **1** onderneming • *das war ein schwieriges ~* dat was een hele expeditie **2** plan

Unternehmensberater ZN M (+s/-) bedrijfsadviseur, management consultant

Unternehmer ZN M (+s/-) ondernemer

unternehmerisch BN **1** ondernemend **2** van de ondernemer(s), ondernemers ...

Unternehmung ZN V (-/+en) onderneming

Unternehmungsgeist ZN M (+(e)s/gmv) ondernemingsgeest

unternehmungslustig BN ondernemend, vol dadendrang

Unteroffizier ZN M (+(e)s/+e) onderofficier

unterordnen OV + ONOV WW onderwerpen, ondergeschikt maken, onderschikken • *sich jemandem ~* zich onder iemand plaatsen

Unterordnung 1 ZN V (-/+en) onderwerping, onderschikking **2** ZN V (-/gmv) TAALK. onderschikking

Unterpfand ZN O (+(e)s/-pfänder) onderpand

unterprivilegiert BN maatschappelijk misdeeld • *die Unterprivilegierten* de maatschappelijk misdeelden

unterqueren OV WW ondergronds kruisen, er dwars onderdoor gaan

unterreden WKD WW (**sich ~**) bespreken • *sich mit jemandem ~* iets met iemand bespreken

Unterredung ZN V (-/+en) onderhoud, officiële, belangrijke bespreking • *eine ~ mit jemandem haben* een onderhoud hebben met iemand

unterrepräsentiert BN ondervertegenwoordigd

Unterricht ZN M (+(e)s/+e) **1** les, college • *~ nehmen* les nemen • *von 9 bis 11 ~ haben* les hebben van 9 tot 11 • *im ~* onder/tijdens de les • *einen guten ~ machen* goed les geven **2** onderwijs • *weiterführender ~* middelbaar/voortgezet onderwijs

unterrichten OV + ONOV WW **1** onderrichten, onderwijzen, lesgeven • *sie unterrichtet Mathematik* zij geeft wiskundeles **2** inlichten, op de hoogte stellen • *jemanden über etwas ~* iemand van iets op de hoogte stellen • *wohl unterrichtet* welingelicht

Unterrichtsanstalt ZN V (-/+en) onderwijsinstituut

Unterrichtsstunde ZN V (-/+n) lesuur

Unterrichtung ZN V (-/+en) onderrichting, inlichting

Unterrock ZN M (+(e)s/-röcke) onderrok

unters SAMENTR unter das → **unter**

untersagen OV WW verbieden

Untersatz ZN M (+es/-sätze) **1** onderzetter, schaaltje **2** onderstel, voetstuk, sokkel • IRON. *ein fahrbarer ~* karretje op vier wielen

unterschätzen OV WW onderschatten

Unterschätzung ZN V (-/+en) onderschatting
unterscheidbar BN te onderscheiden
unterscheiden OV + ONOV WW sterk onderscheiden • *sich ~* verschillen (van), te onderscheiden zijn
Unterscheidung ZN V (-/+en) onderscheiding, het onderscheid maken
Unterschenkel ZN M (+s/-) onderbeen
Unterschicht ZN V (-/+en) **1** lagere klasse **2** onderlaag
unterschieben OV + ONOV WW sterk **1** onderschuiven **2** in de maag splitsen **3** toedichten, in de schoenen schuiven
Unterschied ZN M (+(e)s/+e) onderscheid, verschil • IRON. *der kleine ~* het verschil tussen man en vrouw • *keine Unterschiede machen* iedereen gelijk behandelen • *das macht keinen ~* dat maakt geen verschil
unterschiedlich BN verschillend
unterschiedslos BN zonder onderscheid
unterschlagen OV WW sterk **1** verduisteren **2** achterhouden • *Informationen ~* informatie achterhouden **3** onderscheppen
Unterschlagung ZN V (-/+en) verduistering
Unterschleif ZN M (+(e)s/+e) **1** verduistering **2** bedrog
Unterschlupf ZN M (+(e)s/+e) onderdak, schuilplaats
unterschlüpfen ONOV WW een schuilplaats zoeken, een onderkomen vinden
unterschreiben OV WW sterk **1** ondertekenen • *etwas mit dem Namen ~* (iets) met zijn naam tekenen • *einen Brief ~* zijn handtekening onder een brief zetten **2** FIG. onderschrijven • *das kann ich nur ~* dat kan ik helemaal onderschrijven
unterschreiten OV WW sterk blijven onder • *das Minimum ~* onder het minimum blijven
Unterschrift ZN V (-/+en) **1** handtekening • *Unterschriften sammeln* handtekeningen verzamelen **2** onderschrift <bij afbeelding>
unterschriftsberechtigt BN bevoegd tot ondertekening, tekenbevoegd
unterschwellig BN **1** onbewust **2** nauwelijks merkbaar
Unterseeboot ZN O (+(e)s/+e) duikboot, onderzeeër
unterseeisch BN onderzees
Unterseite ZN V (-/+n) onderzijde
untersetzen OV WW (er)onder plaatsen
untersetzen OV WW doorspekken, vermengen
Untersetzer ZN M (+s/-) onderzetter(tje)
untersetzt BN gedrongen, kort en breed • *~e Figur* gedrongen gestalte
untersinken ONOV WW sterk ondergaan
unterst BN onderste, laagste • *das Unterste zuoberst kehren* alles ondersteboven keren
Unterstadt ZN V (-/gmv) benedenstad
Unterstand ZN M (+es/-stände) schuilplaats
unterstehen ONOV WW +3, sterk schuilen
unterstehen ONOV WW +3, sterk onderworpen zijn aan, ressorteren onder • *sich ~* durven, wagen • *untersteh dich!* waag het eens!
unterstellen OV + ONOV WW zetten, plaatsen, stallen • *sich ~* (gaan) schuilen
unterstellen OV + ONOV WW **1** plaatsen onder, laten ressorteren onder • *er ist dem Direktor unterstellt* hij is ondergeschikt aan de directeur **2** veronderstellen **3** toedichten, in de schoenen schuiven • *jemandem etwas ~* iemand iets toedichten, iemand iets verwijten
Unterstellung ZN V (-/+en) insinuatie, verdachtmaking
unterstreichen OV WW sterk onderstrepen
Unterstreichung ZN V (-/+en) onderstrepen
Unterströmung ZN V (-/+en) OOK FIG. onderstroom
Unterstufe ZN V (-/+n) O&W onderbouw
unterstützen OV WW ondersteunen, helpen, subsidiëren • *unterstützt von* mede mogelijk gemaakt door
Unterstützung ZN V (-/+en) **1** ondersteuning, steun, hulp • *unsere ~ gilt der Familie* onze steun gaat naar de familie uit **2** subsidie • *eine ~ beantragen* een uitkering aanvragen
untersuchen OV WW onderzoeken • *etwas ~* een onderzoek verrichten naar • *untersucht werden* in onderzoek zijn • *jemanden auf Zucker ~* iemand op suikerziekte testen
Untersuchung ZN V (-/+en) onderzoek • *ärztliche ~* geneeskundig onderzoek • *die parlamentarische ~* de parlementaire enquête
Untersuchungsausschuss ZN M (+es/-schüsse) commissie van onderzoek, enquêtecommissie
Untersuchungsgefängnis ZN O (+ses/+se) huis van bewaring
Untersuchungshaft ZN V (-/gmv) voorarrest, voorlopige hechtenis • *jemanden in ~ nehmen* iemand in voorarrest stellen
Untersuchungsrichter ZN M (+s/-) rechter-commissaris
Untersuchungsverfahren ZN O (+s/-) **1** onderzoeksmethode **2** JUR. gerechtelijk onderzoek
Untertagearbeiter ZN M (+s/-) **1** mijnwerker **2** ondergronds arbeider
untertan BN onderdanig, onderworpen aan
Untertan ZN M (+s, +en/+en) onderdaan
untertänig BN onderdanig
Untertänigkeit ZN V (-/gmv) onderdanigheid
Untertasse ZN V (-/+n) schoteltje • *fliegende ~* vliegende schotel
untertauchen **1** OV WW onderdompelen **2** ONOV WW onderduiken
Unterteil ZN M (+es/+e) benedendeel, onderste deel
unterteilen OV WW onderverdelen
Unterteilung ZN V (-/+en) **1** onderverdeling **2** groeperen
Unterton ZN M (+es/-töne) ondertoon
untertreiben **1** OV WW sterk te gering voorstellen **2** ONOV WW sterk zich eufemistisch

un

uitdrukken
untertunneln OV WW een tunnel bouwen onder
untervermieten OV WW onderverhuren **(an** +4 aan)
Unterverteilung ZN V (-/+en) onderverdeling
unterwandern OV WW ondergraven, infiltreren in
Unterwanderung ZN V (-/gmv) POL. infiltratie
Unterwäsche ZN V (-/gmv) ondergoed
unterwegs BW onderweg • *bei ihr ist ein Kind ~* bij haar is een kindje op komst • *sie ist oft ~* zij is vaak uithuizig
unterweisen OV WW sterk onderwijzen, onderrichten
Unterweisung ZN V (-/+en) onderwijs, onderricht, instructie
Unterwelt ZN V (-/gmv) onderwereld
unterwerfen OV + ONOV WW sterk onderwerpen • *jemandem/einer Sache unterworfen sein* aan iemand/iets onderworpen zijn • *sich einer Sache ~* zich aan iets onderwerpen
Unterwerfung ZN V (-/+en) onderwerping
unterwürfig BN onderdanig, slaafs
Unterwürfigkeit ZN V (-/gmv) onderdanigheid, slaafsheid
unterzeichnen OV WW ondertekenen • *unterzeichnet* voor akkoord
Unterzeichner ZN M (+s/-) ondertekenaar
Unterzeichnete ZN M/V (+n/+n) ondergetekende
Unterzeichnung ZN V (-/+en) ondertekening, handtekening • *etwas zur ~ vorlegen* iets ter ondertekening aanbieden
Unterzeug ZN O (+(e)s/gmv) ondergoed
unterziehen OV WW sterk **1** eronder aantrekken **2** eronder aanbrengen **3** mengen
unterziehen OV + ONOV WW sterk onderwerpen • *ich muss mich einer Operation ~* ik moet een operatie ondergaan • *sich einer Aufgabe ~* een taak op zich nemen • *jemanden / etwas einer Prüfung ~* iemand / iets toetsen
untief BN ondiep
Untiefe ZN V (-/+n) **1** ondiepte **2** enorme diepte
Untier ZN O (+es/+e) **1** ondier, monster **2** onmens
untragbar BN ondraaglijk, niet te dragen
untrennbar BN onafscheidelijk, onscheidbaar • *~ mit einer Sache verbunden sein* onafscheidelijk met iets verbonden zijn
untreu BN ontrouw • *jemandem ~ werden / sein* iemand ontrouw worden / zijn
Untreue ZN V (-/gmv) ontrouw
untrinkbar BN ondrinkbaar
untröstlich BN ontroostbaar
untrüglich BN onbedrieglijk, onmiskenbaar
untüchtig BN **1** onbekwaam **2** niet goed functionerend
Untugend ZN V (-/+en) ondeugd, slechte gewoonte
untypisch BN atypisch
unüberbrückbar BN onoverbrugbaar
unüberlegt BN ondoordacht, onbezonnen
unübersehbar BN **1** onafzienbaar **2** onmiskenbaar
unübersetzbar BN onvertaalbaar
unübersichtlich BN onoverzichtelijk
unübertrefflich BN onovertrefbaar
unübertroffen BN onovertroffen
unüberwindlich BN **1** onoverwinnelijk **2** onoverkomelijk
unüblich BN ongebruikelijk
unumgänglich BN onvermijdelijk • *eine unumgängliche Tatsache* iets onvermijdelijks, iets onontkoombaars
unumschränkt BN onbeperkt
unumstößlich BN onomstotelijk
unumstritten BN onbetwist
unumwunden BN onomwonden
ununterbrochen BN ononderbroken, voortdurend, zonder ophouden
ununterscheidbar BN niet te onderscheiden
unveränderlich BN onveranderlijk • *unveränderliche Größe* onveranderlijke grootheid
unverändert BN ongewijzigd
unverantwortlich BN onverantwoordelijk
unverarbeitet BN **1** onverwerkt **2** onbewerkt, ruw
unveräußerlich BN onvervreemdbaar • *unveräußerliche Rechte* onvervreemdbare rechten
unverbesserlich BN onverbeterlijk • *~er Optimist* onverbeterlijke optimist
unverbindlich BN **1** vrijblijvend, niet bindend • *ein ~es Angebot* een vrijblijvend aanbod **2** ontoeschietelijk, kortaangebonden
unverblümt BN onverbloemd, onomwonden • *jemandem ~ die Wahrheit sagen* iemand onverbloemd de waarheid zeggen
unverbrüchlich BN FORM. onverbreekbaar, onverbrekelijk
unverbürgt BN niet gewaarborgd, niet bevestigd
unverdächtig BN onverdacht
unverdaulich BN onverteerbaar
unverdient BN onverdiend
unverdientermaßen BW onverdiend
unverdorben BN onbedorven
unverdrossen BN onverdroten
unvereinbar BN onverenigbaar
unverfälscht BN onvervalst
unverfänglich BN **1** onschuldig **2** vrijblijvend
unverfroren BN brutaalweg, driest
Unverfrorenheit ZN V (-/gmv) **1** kordaatheid **2** brutaliteit
unvergänglich BN onvergankelijk
unvergessen BN onvergetelijk
unvergesslich BN onvergetelijk
unvergleichbar BN onvergelijkbaar, onvergelijkelijk
unvergleichlich BN **1** onvergelijkelijk, weergaloos, ongeëvenaard **2** heel wat, veruit
unverhältnismäßig BW onevenredig
unverheiratet BN vrijgezel, ongehuwd

unverhofft BN onverhoopt, onverwacht ▸ *~ kommt oft* wat men het minst verwacht, gebeurt vaak toch

unverhohlen BN onverholen, onomwonden, ronduit • *mit ~er Schadenfreude* met onverholen leedvermaak

unverhüllt BN **1** onbedekt **2** open en bloot, onverholen

unverkäuflich BN **1** onverkoopbaar **2** niet te koop

unverkennbar BN onmiskenbaar, onloochenbaar • *in der ~en Absicht* met de kennelijke bedoeling

unverletzbar BN onkwetsbaar

unverletzlich BN onschendbaar <v. recht>, onaantastbaar

unverletzt BN ongedeerd

unvermeidbar BN onvermijdelijk

unvermeidlich BN onvermijdelijk

unvermerkt BN **1** FORM. onbemerkt **2** FORM. ongemerkt

unvermindert BN onverminderd

unvermischt BN onvermengd, onversneden

unvermittelt BN onverwachts, plotseling

Unvermögen ZN O (+s/gmv) onvermogen

unvermögend BN **1** onvermogend **2** niet in staat

unvermutet BN onverwacht, onvermoed

Unvernunft ZN V (-/gmv) onverstand, dwaasheid, redeloosheid

unvernünftig BN onverstandig, dwaas, onredelijk

unveröffentlicht BN ongepubliceerd

unverpackt BN onverpakt

unverrichtet BN onverricht • *~er Dinge* onverrichter zake

unverschämt BN **1** schandalig **2** onbeschaamd, brutaal • *~ zu jemandem sein* onbeschoft zijn tegen iemand

Unverschämtheit **1** ZN V (-/gmv) onbeschaamdheid **2** ZN V (-/+en) onbeschofte opmerking • *die ~ haben zu* de euvele moed hebben om

unverschuldet BN onverdiend, buiten zijn schuld

unversehens BW onvoorzien, onverwachts

unversehrt BN **1** ongedeerd, heelhuids **2** onbeschadigd, intact

unversiegbar BN onuitputtelijk

unversöhnlich BN onverzoenlijk

Unverstand ZN M (+(e)s/gmv) onverstand, domheid

unverstanden BN onbegrepen

unverständig BN onverstandig

unverständlich BN **1** onverstaanbaar **2** onbegrijpelijk

Unverständnis ZN O (+ses/gmv) onbegrip

unversteuert BN **1** niet aangegeven **2** accijnsvrij, belastingvrij

unversucht BW • *nichts ~ lassen* alles in het werk stellen

unverträglich BN **1** onverdraagzaam **2** onverenigbaar **3** onverteerbaar

unverwandt BN • *jemanden ~ anstarren* iemand strak aankijken

unverwechselbar BN onmiskenbaar, niet te verwarren

unverwehrt BN niet verhinderd • *es ist jedem ~ zu...* het staat eenieder vrij te...

unverwertbar BN onbruikbaar, waardeloos

unverwischbar BN onuitwisbaar

unverwundbar BN onkwetsbaar

unverwüstlich BN **1** onverwoestbaar **2** onverstoorbaar

unverzagt BN onversaagd

unverzeihlich BN onvergeeflijk

unverzichtbar BN onontbeerlijk, onmisbaar, essentieel

unverzinslich BN geen rente gevend, renteloos • *~es Darlehen* renteloos voorschot

unverzollt BN **1** niet-aangegeven **2** niet met accijns belast

unverzüglich BN onmiddellijk, onverwijld

unvollendet BN onvoltooid

unvollkommen BN **1** onvolkomen, onvolmaakt **2** onvolledig

Unvollkommenheit ZN V (-/+en) onvolmaaktheid, gebrekkigheid

unvollständig BN onvolledig

unvorbereitet BN onvoorbereid

unvoreingenommen BN **1** onbevooroordeeld **2** niet vooringenomen **3** onpartijdig

unvorhergesehen BN onvoorzien • *Unvorhergesehenes vorbehalten* behoudens onvoorziene omstandigheden • *~e Ausgaben* onvoorziene uitgaven

unvorhersehbar BN niet te voorzien

unvorsichtig BN onvoorzichtig

unvorstellbar BN onvoorstelbaar • *~e Mengen* ondenkbare hoeveelheden

unvorteilhaft BN onvoordelig

unwägbar BN niet te wegen, niet te bepalen

unwahr BN onwaar • *~e Geschichte* onwaar verhaal

unwahrhaftig BN onwaarachtig

Unwahrheit ZN V (-/+en) onwaarheid

unwahrscheinlich BN onwaarschijnlijk, ongelofelijk

unwandelbar BN FORM. onveranderlijk, onwrikbaar

unwegsam BN onbegaanbaar • *~es Gelände* ontoegankelijk terrein

unweiblich BN onvrouwelijk

unweigerlich BN onvermijdelijk, beslist, vast en zeker

unweit **1** BW niet ver (**von** van) **2** VZ +2, niet ver van • *~ des Waldes* niet ver van het bos

unwert BN MIN. niet waard om te bestaan

Unwert ZN M (+(e)s/gmv) onwaarde, waardeloosheid

Unwesen ZN O (+s/gmv) **1** FORM. verwerpelijke handeling(en) **2** wantoestand • *sein ~ treiben* huishouden, tekeergaan

unwesentlich BN onbelangrijk, niet essentieel • *sie ist nur ~ jünger* zij is maar ietsje jonger
Unwetter ZN O (+s/-) noodweer
unwichtig BN onbelangrijk
Unwichtigkeit ZN V (-/+en) onbelangrijkheid, onbeduidendheid
unwiderlegbar BN onweerlegbaar
unwiderruflich BN onherroepelijk
unwidersprochen BN niet tegengesproken, onweerlegd
unwiderstehlich BN onweerstaanbaar
unwiederbringlich BN onherstelbaar, voorgoed
Unwille ZN M (+ns/gmv) → **Unwillen**
Unwillen ZN M (+s/gmv) wrevel, misnoegen • *mit ~* met tegenzin
unwillig BN **1** met tegenzin, onwillig **2** niet bereid
unwillkommen BN onwelkom
unwillkürlich BN onwillekeurig
unwirklich BN onwerkelijk, onwezenlijk
unwirksam BN onwerkzaam, zonder effect
unwirsch BN nors, stuurs, knorrig
unwirtlich BN onherbergzaam • *eine ~e Gegend* een onherbergzame buurt
unwirtschaftlich BN oneconomisch, onvoordelig
unwissend BN **1** onwetend **2** onbewust
Unwissenheit ZN V (-/gmv) onwetendheid
unwissentlich BN uit onwetendheid, onopzettelijk, onbewust
unwohl BN **1** onwel, onpasselijk **2** ongemakkelijk, onbehaaglijk
Unwohlsein ZN O (+s/gmv) onpasselijkheid
unwohnlich BN **1** erg ongezellig **2** onleefbaar
unwürdig BN onwaardig
Unzahl ZN V (-/gmv) enorm aantal
unzählbar BN ontelbaar
unzählig BN ontelbaar • *unzählige Male* ontelbare keren
unzähmbar BN ontembaar
Unzeit ZN V (-/+en) • *zur ~* ongelegen, ontijdig
unzeitgemäß BN niet van deze tijd, niet modern
unzerbrechlich BN onbreekbaar
unzerstörbar BN onverwoestbaar
unzertrennlich BN onafscheidelijk • *~e Freunde* gezworen vrienden

unziemlich BN FORM. onbetamelijk, onbehoorlijk
unzippen OV WW COMP. unzippen
Unzucht ZN V (-/gmv) ontucht • *~ treiben* ontucht plegen
unzüchtig BN obsceen, ontuchtig
unzufrieden BN ontevreden • *ein ~es Gefühl haben* een gevoel van onvrede hebben
Unzufriedenheit ZN V (-/+en) ontevredenheid
unzugänglich BN **1** ontoegankelijk **2** ongenaakbaar • *sie ist sehr ~* zij is helemaal niet toegankelijk
unzulänglich BN ontoereikend, onvoldoende • *unzulängliche Kenntnisse* gebrekkige kennis
Unzulänglichkeit ZN V (-/+en) **1** onvolmaaktheid, tekortkoming, gebrek **2** ontoereikendheid
unzulässig BN ontoelaatbaar, ongeoorloofd • *als ~ abweisen* niet ontvankelijk verklaren
Unzulässigkeit ZN V ontoelaatbare handeling
unzumutbar BN te veel gevraagd, onaanvaardbaar • *~e Forderungen* onredelijke eisen
unzurechnungsfähig BN ontoerekeningsvatbaar
unzureichend BN ontoereikend
unzusammenhängend BN onsamenhangend
unzuständig BN niet verantwoordelijk • *sich für ~ erklären* zich onbevoegd verklaren
unzuträglich BN **1** nadelig **2** schadelijk
unzutreffend BN niet opgaand, onjuist • *Unzutreffendes streichen* doorhalen wat niet van toepassing is
unzuverlässig BN onbetrouwbaar
Unzuverlässigkeit ZN V (-/gmv) onbetrouwbaarheid
unzweckmäßig BN ondoelmatig
unzweideutig BN ondubbelzinnig
unzweifelhaft BN ongetwijfeld
Update ZN O (+s/+s) COMP. update
Upgrade ZN M (+s/+s) upgrade
Upload ZN M **1** (+s/+s) **2** upload
uploaden OV WW WWW uploaden
üppig BN **1** weelderig • *eine üppige Figur* een weelderige figuur • *~ wachsen* welig tieren **2** overvloedig, copieus • *ein üppiges Mahl* een rijke maaltijd
Üppigkeit ZN V (-/gmv) **1** weelderigheid **2** overvloed
Ur ZN M (+(e)s/+e) oeros
Urabstimmung ZN V (-/+en) (vakbonds) referendum <m.b.t. staking>
Urahne **1** ZN M (+en/+en) stamvader • *die Urahnen* de voorouders **2** ZN V (-/+n) stammoeder
Ural ZN M (+s/gmv) Oeral
uralt BN **1** oeroud • *ein ~er Brauch* een gewoonte van eeuwen her **2** stokoud
Uran ZN O (+s/gmv) uranium • *angereichertes ~* verrijkt uranium
Uranbrenner ZN M (+s/-) kernreactor
Uranfang ZN M (+(e)s/-fänge) allereerste begin
uranhaltig BN uraniumhoudend
uraufführen OV WW voor de eerste maal opvoeren, in wereldpremière brengen
Uraufführung ZN V (-/+en) eerste uitvoering, wereldpremière
urban BN **1** beschaafd **2** stedelijk
urbanisieren OV WW **1** verstedelijken **2** stedenbouwkundig ontsluiten
urbar BW • *~ machen* ontginnen • *Land ~ machen* grond in cultuur brengen
Urbedeutung ZN V (-/+en) oorspronkelijke betekenis

Urbeginn ZN M (+(e)s/gmv) allereerste begin
Urbewohner ZN M (+s/-) oorspronkelijke bewoner
Urbild ZN O (+es/+er) **1** oervorm, archetype **2** prototype
urdeutsch BN oer-Duits
ureigen BN hoogsteigen
Ureinwohner ZN M (+s/-) oorspronkelijke bewoner
Ureltern ZN MV **1** OUD. voorouders **2** Adam en Eva
Urenkel ZN M (+s/-) achterkleinkind, achterkleinzoon • *die ~* de achterkleinkinderen
Urfassung ZN V (-/+en) allereerste, originele versie
Urform ZN V (-/+en) oorspronkelijke vorm
urgemütlich BN oergezellig, heel erg gezellig
Urgeschichte ZN V (-/gmv) **1** prehistorie **2** wetenschap van de prehistorie
Urgroßeltern ZN MV overgrootouders
Urheber ZN M (+s/-) **1** grondlegger, geestelijke vader **2** veroorzaker, aanstichter, initiatiefnemer **3** JUR. auteur, schrijver
Urheberrecht ZN O (+(e)s/+e) auteursrecht
urheberrechtlich BN met betrekking tot de auteurswet • *~ geschützt* door de auteurswet beschermd
Urheberschaft ZN V (-/gmv) **1** (het) veroorzaken, aanstichting **2** (geestelijk) vaderschap **3** auteursschap
urig BN **1** oorspronkelijk, authentiek **2** origineel, raar
Urin ZN M (+s/+e) urine
urinieren ONOV WW urineren
urkomisch BN allergrappigst
Urkraft ZN V (-/-kräfte) oerkracht
Urkunde ZN V (-/+n) oorkonde, document, akte, certificaat
Urkundenfälschung ZN V (-/+en) valsheid in geschrifte
urkundlich BN gedocumenteerd
URL ZN V (-/gmv) COMP. URL
Urlaub ZN M (+(e)s/+e) vakantie, verlof • *in ~ gehen/fahren* met vakantie gaan • *im ~ sein* met vakantie zijn • *~ haben* verlof hebben • *unbezahlter ~* onbetaald verlof, verlof zonder wedde • *~ nehmen* verlof opnemen
Urlauber ZN M (+s/-) vakantieganger
Urlaubsgeld ZN O (+es/+er) vakantiegeld
urlaubsreif BN • *~ sein* aan vakantie toe zijn
Urlaubsschein ZN M (+(e)s/+e) verlofpas
Urlaubszeit ZN V vakantieperiode
Urmensch ZN M (+en/+en) oermens
Urmutter ZN V (-/-mütter) stammoeder
Urne ZN V (-/+n) **1** urn **2** stembus
Urologe ZN M (+n/+n) uroloog
Urologie ZN V (-/gmv) urologie
urplötzlich BN geheel plotseling, geheel onverwacht
Urquell ZN M (+(e)s/+e) **1** oorsprong **2** uitgangspunt, allereerste bron
Ursache ZN V (-/+n) oorzaak • *du hast alle Ursache, dich zu ärgern* jij hebt alle reden om je te ergeren • *keine Ursache!* geen dank! • *das Gesetz von ~ und Wirkung* de wet van oorzaak en gevolg
ursächlich BN oorzakelijk • *ursächlicher Zusammenhang* oorzakelijk voorwerp
Urschrift ZN V (-/+en) **1** origineel, concept **2** handschrift
urspr. AFK ursprünglich oorspronkelijk
Ursprung ZN M (+(e)s/-sprünge) oorsprong • *der Blues findet seinen ~ in Amerika* de blues ontstond in Amerika
ursprünglich BN **1** oorspronkelijk • *wie ~ beabsichtigt* zoals we oorspronkelijk van plan waren **2** onvervalst, natuurlijk, echt
Ursprünglichkeit ZN V (-/+en) oorspronkelijkheid
Urständ ZN V (-/gmv) ▸ *fröhliche ~ feiern* springlevend zijn
Urteil ZN O (+s/+e) **1** vonnis • *ein ~ verkünden* een vonnis uitspreken • *ein ~ bekräftigen* een vonnis bevestigen • *ein ~ sprechen* een vonnis wijzen • *ein ~ verkünden (zu)* uitspraak doen (over) • *in einer Sache ein ~ verkünden* uitspraak doen in een zaak **2** oordeel • *mit dem ~ zurückhalten* een oordeel opschorten • *sich auf jemandes ~ verlassen* op iemands oordeel afgaan
urteilen ONOV WW oordelen • *nicht vorschnell ~* zijn oordeel opschorten
Urteilsbegründung ZN V (-/+en) motivering van het vonnis
urteilsfähig BN tot oordelen in staat, bevoegd
Urteilskraft ZN V (-/gmv) beoordelingsvermogen
Urteilsspruch ZN M (+(e)s/-sprüche) vonnis, uitspraak
Urteilsverkündung ZN V (-/+en) JUR. uitspraak <van het vonnis> • *die ~ ist am Montag* de uitspraak is maandag
Urtext ZN M (+(e)s/+e) oorspronkelijke tekst
Urtrieb ZN M (+(e)s/+e) oerinstinct
urtümlich BN **1** primitief, onbedorven **2** oorspronkelijk, authentiek
Urvater ZN M (+s/-väter) stamvader
Urwahl ZN V (-/+en) indirecte verkiezing
Urwald ZN M (+(e)s/-wälder) oerwoud • *der Typ hat einen ~ auf der Brust* die vent heeft ontzettend veel borsthaar
Urwelt ZN V (-/gmv) wereld in de oudste tijd, prehistorische wereld
urwüchsig BN **1** primitief, ongerept **2** origineel, oorspronkelijk
Urzeit ZN V (-/+en) oertijd • *in/vor/zu Urzeiten* oneindig veel jaren geleden • *seit Urzeiten* sinds mensenheugenis
urzeitlich BN uit de oertijd
Urzustand ZN M (+(e)s/-stände) **1** oertoestand **2** oorspronkelijke toestand/situatie
USA ZN MV VS, Verenigde Staten • *in den ~ sein* in de VS zijn • *in die ~ fahren* naar de VS gaan
USB-Stick ZN M COMP. usb-stick

User ZN M (+s/-) COMP. **gebruiker, user**
usf. AFK und so fort **enzovoort**
Usus ZN M **gebruik** • ~ *werden* in gebruik komen
usw. AFK und so weiter **enz., enzovoort**
Utensilien ZN MV **benodigdheden**
Utopie ZN V (-/+n) **utopie**
utopisch BN **utopisch**
u.U. AFK unter Umständen **eventueel, in sommige gevallen**
UV AFK ultraviolet **uv**
u.v.a. AFK und viele(s) andere **e.v.a.** <en vele andere(n)>
UV-Strahlen ZN MV **ultraviolette stralen**
uzen OV WW INFORM. **beetnemen, foppen**
Uzerei ZN V (-/+en) INFORM. **grap, fopperij**

V

v. AFK von **v.** <van>
V ZN O (-/-) letter **v** • *V wie Viktor* de v van Victor
v.a. AFK vor allem **m.n.** <met name>
Vagabund ZN M (+es, +en/+en) **vagebond**
vagabundieren ONOV WW **vagebonderen, zwerven**
vage BN **1 onzeker 2 vaag, onduidelijk** • *ich erinnere mich ~ …* ik kan me vaag herinneren …
Vagina ZN V (-/-nen) **vagina**
vaginal BN **vaginaal**
vakant BN **vacant, vrij, onbezet**
Vakanz ZN V (-/+en) **vacature**
Vakuum ZN O (+s/-kua, +en) **vacuüm**
Val. AFK Valuta **valuta**
validieren OV WW **geldig verklaren, de waarde/ betrouwbaarheid bepalen van**
Validität ZN V (-/gmv) **1** FORM. **validiteit, betrouwbaarheid, geldigheid 2** JUR. **rechtsgeldigheid, validiteit**
Valuta ZN V (-/-ten) **valuta**
valutieren OV WW **de waarde vaststellen van, waarderen**
Vampir ZN M (+s/+e) **vampier**
Vanadin ZN O (+s/gmv) **vanadium**
Vanadium ZN O **vanadium**
Vandale ZN M (+n/+n) **vandaal**
Vandalen ZN MV **Vandalen**
Vandalismus ZN M (-/gmv) **vandalisme**
vandalistisch BN **vandalistisch**
Vanille ZN V (-/gmv) **vanille**
variabel BN **veranderlijk, variabel**
Variable ZN V (+n/+n) **variabele**
Variante ZN V (-/+n) **variant**
Variation ZN V (-/+en) **variatie** • *eine ~ zu diesem Lied* een variatie op dit lied
Varietät ZN V (-/+en) **variëteit**
Varieté, **Varietee** ZN O (+s/+s) **variété**
variieren 1 OV WW **variëren, wijzigen** • *ein Thema ~* een thema variëren **2** ONOV WW **variëren, verschillen**
Vasall ZN M (+en/+en) **vazal**
Vasallenstaat ZN M (+(e)s/+en) **vazalstaat, satellietstaat**
Vase ZN V (-/+n) **vaas**
Vaselin ZN O (+s/gmv) **vaseline**
Vater ZN M (+s/Väter) **vader** • *der leibliche ~* de biologische vader • *wie der Vater, so der Sohn* zo vader, zo zoon
Vaterhaus ZN O (+es/-häuser) **vaderhuis, ouderlijk huis**
Vaterland ZN O (+(e)s/-länder) **vaderland**
vaterländisch BN **1 vaderlands 2 patriottisch**
väterlich BN **vaderlijk**
väterlicherseits BW **van vaderszijde**
vaterlos BN **vaderloos**
Vaterschaft ZN V (-/gmv) **vaderschap**
Vaterstelle ZN V (-/gmv) **plaats van de vader** •

US

die ~ vertreten de plaats van de vader innemen

Vaterunser ZN O (+s/-) onzevader

Vati ZN M (+s/+s) papa, pappie

Vatikan ZN M (+s/gmv) Vaticaan

Vatikanstadt ZN V (-/gmv) Vaticaanstad

V-Ausschnitt ZN M (+(e)s/+e) V-hals

v.Chr. AFK vor Christus v. Chr. <vóór Christus>

VEB AFK Volkseigener Betrieb staatsbedrijf (in de vroegere DDR)

vegan BN veganistisch

Veganer ZN M (+s/-) veganist

Veganerin ZN V (-/-nen) veganiste

Vegetarier ZN M (+s/-) vegetariër

vegetarisch BN vegetarisch

Vegetation ZN V (-/+en) vegetatie, plantengroei

vegetativ BN vegetatief • *~es Nervensystem* vegetatief zenuwstelsel

vegetieren ONOV WW vegeteren

Vehemenz ZN V (-/gmv) heftigheid

Vehikel ZN O (+s/-) vehikel

Veilchen ZN O (+s/-) **1** PLANTK. viooltje **2** INFORM. blauw oog

veilchenblau BN **1** blauw als viooltjes **2** INFORM. dronken

Vektor ZN M (+s/+en) WISK. vector

Velours **1** ZN M (-/gmv) velours, fluweel **2** ZN O (-/gmv) suède

Vene ZN V (-/+n) ader

Venedig ZN O (+s/gmv) Venetië

Venezianer ZN M (+s/-) Venetiaan

venezianisch BN Venetiaans

venös BN aderlijk

Ventil ZN O (+s/+e) ventiel, klep

Ventilation ZN V (-/+en) ventilatie

Ventilator ZN M (+s/+en) ventilator

ventilieren OV WW **1** van lucht voorzien **2** FIG. zorgvuldig overwegen

Venus ZN V (-/gmv) Venus

Venusberg ZN M (+(e)s/+e) venusheuvel

Ver. AFK Verein vereniging

verabreden **1** OV WW afspreken • *mit jemandem einen Termin ~* met iemand een afspraak maken • *wie verabredet* volgens (de) afspraak **2** WKD WW (**sich ~**) een afspraak maken, afspreken • *sich mit jemandem ~* met iemand afspreken

Verabredung ZN V (-/+en) afspraak • *eine ~ treffen* een afspraak maken • *eine ~ einhalten* een afspraak nakomen

verabreichen OV WW verstrekken, geven • *Medikamente ~* medicijnen toedienen • *eine Tracht Prügel ~* een pak slaag uitdelen

Verabreichung ZN V (-/+en) **1** verstrekking **2** afgifte

verabsäumen OV WW verzuimen, nalaten

verabscheuen OV WW verafschuwen

verabscheuenswert BN afschuwelijk, verfoeilijk

Verabscheuung ZN V (-/gmv) afschuw

verabscheuungswürdig BN verfoeilijk

verabschieden **1** OV WW **1** ontslaan • *jemanden in den Ruhestand ~* iemand met pensioen sturen **2** aannemen, rechtsgeldig verklaren <van wet of regeling> **2** WKD WW (**sich ~**) afscheid nemen • *ich muss mich noch ~* ik moet nog gedag zeggen

Verabschiedung ZN V (-/+en) **1** afscheid **2** ontslag, afdanking **3** aanvaarding <wetsontwerp>

verachten OV WW verachten, versmaden, geringschatten • *gutes Essen ist nicht zu ~* goed eten is niet te versmaden

verachtenswert BN verachtelijk

Verächter ZN M (+s/-) verachter

verächtlich BN verachtelijk

Verachtung ZN V (-/gmv) verachting • *jemanden mit ~ strafen* iemand straffen door hem te verachten

veralbern OV WW INFORM. voor de gek houden

verallgemeinern OV WW generaliseren

Verallgemeinerung ZN V (-/+en) generalisering

veralten ONOV WW verouderen • *ein veralteter Standpunkt* een gedateerd standpunt

Veranda ZN V (-/-den) veranda

veränderbar BN veranderbaar

veränderlich BN veranderlijk

verändern OV WW veranderen • *sich ~* veranderen, anders worden, van beroep, betrekking of woning veranderen • *du hast dich verändert* je bent veranderd • *das hat sich verändert* dat is anders geworden • *sie hat sich beruflich verändert* ze heeft een andere baan

Veränderung ZN V (-/+en) verandering • *es ist eine ~ eingetreten* er is een wijziging gekomen

verängstigen OV WW bang maken • *sie sieht ganz verängstigt aus* zij ziet er bang uit

verankern OV WW verankeren, vastleggen <ook figuurlijk>

Verankerung ZN V (-/+en) verankering

veranlagen OV WW aanslaan <belastingen>

veranlagt BN • *(künstlerisch) ~ sein* (artistiek) aangelegd zijn

Veranlagung ZN V (-/+en) **1** aanleg, talent • *künstlerische ~* artistieke aanleg • *~ haben zu* aanleg hebben voor • *sexuelle ~* seksuele geaardheid **2** belastingaanslag

veranlassen OV WW **1** aanleiding geven tot, nopen • *sich veranlasst sehen* zich genoodzaakt zien **2** teweegbrengen, veroorzaken • *das Erforderliche ~* de nodige maatregelen nemen • *jemanden ~ zu* iemand doen besluiten om

Veranlassung ZN V (-/+en) **1** aanleiding, reden • *dazu besteht keine ~* daarvoor is geen aanleiding **2** toedoen, initiatief • *auf ~ der Behörde* op verzoek van de overheid

veranschaulichen OV WW aanschouwelijk maken

Veranschaulichung ZN V (-/gmv) **1** aanschouwelijk maken **2** duidelijk maken

veranschlagen OV WW begroten, ramen

Veranschlagung ZN V (-/gmv) **1** begroting **2** raming

ve

veranstalten OV WW **1 organiseren, op touw zetten, houden** • *eine Vortragsreihe ~* een reeks lezingen organiseren **2** IRON. **doen** • *was veranstaltet ihr denn für ein Chaos?* wat maken jullie er nou weer voor een chaos van?

Veranstaltung ZN V (-/+en) **1 manifestatie, evenement** • *Veranstaltungen in der Wintersaison* evenementen in het winterseizoen **2 (het) organiseren, organisatie**

verantworten 1 OV WW **verantwoorden 2** WKD WW **(sich ~) zich verantwoorden, rekenschap afleggen** • *dafür müssen Sie sich ~* daarvoor moet u rekenschap afleggen • *sich gegenüber jemandem ~* iemand tekst en uitleg geven

verantwortlich BN **verantwoordelijk** • *für etwas ~ sein* voor iets verantwoordelijk zijn • *jemanden für etwas ~ machen* iemand voor iets verantwoordelijk stellen

Verantwortlichkeit ZN V (-/+en) **verantwoordelijkheid**

Verantwortung ZN V (-/+en) **1 verantwoordelijkheid** • *~ tragen* verantwoordelijkheid dragen/hebben • *die ~ übernehmen* de verantwoordelijkheid nemen **2 verantwoording** • *jemanden zur ~ ziehen* iemand ter verantwoording roepen

verantwortungsbewusst BN **bewust van de verantwoordelijkheid**

Verantwortungsbewusstsein ZN O (+s/gmv) **verantwoordelijkheidsbesef**

verantwortungslos BN **onverantwoordelijk**

verantwortungsvoll BN **met veel verantwoordelijkheid** • *eine ~e Arbeit* verantwoordelijk werk, een verantwoordelijke baan

veräppeln OV WW INFORM. **voor de gek houden**

verarbeiten OV WW **verwerken** • *die Fabrik verarbeitet Hausmüll zu Kompost* de fabriek verwerkt huisvuil tot compost • *etwas nicht ~ können* iets niet kunnen verwerken

Verarbeitung 1 ZN V (-/gmv) **verwerking 2** ZN V (-/+en) **wijze van verwerken** • *ein Produkt in ausgezeichneter ~* een uitstekend verwerkt product

verärgern OV WW **ergeren, kwaad maken** • *verärgert sein* kwaad zijn

Verärgerung ZN V (-/+en) **ergernis, irritatie, boosheid**

verarmen ONOV WW **verarmen**

Verarmung ZN V (-/+en) **verarming**

verarschen OV WW VULG. **verneuken** <bedriegen>

verarzten OV WW INFORM. **behandelen** • *wir ~ erst einmal dein Knie* wij behandelen nu eerst jouw knie

verästeln WKD WW **(sich ~) zich vertakken**

Verästelung ZN V (-/+en) **vertakking**

verausgaben WKD WW **(sich ~) 1 al zijn geld uitgeven 2 al zijn kracht gebruiken** • *sie hat sich beim Radfahren total verausgabt* ze heeft bij haar fietsen al haar energie verbruikt

veräußerlich BN **verkoopbaar**

veräußerlichen OV WW **veruiterlijken**

veräußern OV WW **1 verkopen 2** JUR. **overdragen**

Veräußerung ZN V (-/+en) **verkoop, vervreemding**

Verb ZN O (+s/+en) **werkwoord**

verbal BN **1 mondeling 2** TAALK. **verbaal, werkwoordelijk**

verbalisieren OV WW **1 verwoorden, onder woorden brengen 2 tot een werkwoord maken**

verballhornen OV WW **woorden verhaspelen, gezegdes door elkaar halen**

Verballhornung ZN V (-/+en) **verknoeiing**

Verband ZN M (+(e)s/-bände) **1** MED. **verband** • *jemandem einen ~ machen/anlegen* iemand een verband aanleggen **2 vereniging, bond 3** MIL. **formatie**

Verbandkasten, **Verbandskasten** ZN M (+s/-kästen) **verbandtrommel, EHBO-doos**

verbannen OV WW **verbannen, in de ban doen** • *den Computer aus dem Haus ~* de computer het huis uit doen

Verbannte ZN M/V (+n/+n) **banneling**

Verbannung ZN V (-/+en) **1 verbanning 2 ballingschap** • *in der ~ leben* in ballingschap leven

Verbannungsort ZN M (+(e)s/+e) **verbanningsoord**

verbarrikadieren OV WW **barricaderen**

verbauen OV WW **1 dichtbouwen** • *jemandem die Aussicht ~* iemand door bouwen het uitzicht ontnemen • FIG. *sich seine Zukunft ~* zijn toekomst verprutsen **2 door bouwen bederven** • *die Landschaft ~* het landschap volbouwen **3 tijdens het bouwen verbruiken, aan bouwwerkzaamheden uitgeven** • *er hat schon viel Geld verbaut* hij heeft al veel geld in de bouwwerkzaamheden gestoken **4 verkeerd bouwen**

verbeißen 1 OV WW sterk **onderdrukken** • *(sich) das Heulen ~* het huilen onderdrukken • *seinen Schmerz ~* de pijn verbijten **2** WKD WW **(sich ~)** sterk **vastbijten** • *sich in die Arbeit ~* zich in het werk vastbijten

verbergen OV WW sterk **verbergen**

Verbesserer ZN M (+s/-) **corrector, verbeteraar**

verbessern 1 OV WW **verbeteren 2** WKD WW **(sich ~) zich verbeteren, beter worden** • *ihre Lebensumstände haben sich verbessert* haar leefomstandigheden zijn beter geworden

Verbesserung ZN V (-/+en) **verbetering**

verbesserungsfähig BN **voor verbetering vatbaar**

verbeugen WKD WW **(sich ~)** OOK FIG. **een buiging maken**

Verbeugung ZN V (-/+en) **buiging**

verbeulen OV WW **deuken, vol deuken maken**

verbiegen 1 OV WW sterk **verbuigen** • *eine verbogene Stange* een kromgebogen stang • *einen Charakter ~* een karakter misvormen **2** WKD WW **(sich ~) verbuigen, krombuigen**

verbiestern WKD WW **(sich ~)** INFORM. **verdwalen, zich vastbijten in**

verbieten OV WW sterk **verbieden** • *jemandem den Mund ~* iemand zeggen dat hij zijn mond moet houden • *jemandem das Haus* ~ iemand de toegang tot het huis ontzeggen • *das verbietet sich von selbst* dit mag vanzelfsprekend niet gebeuren • *der Arzt hat ihm verboten zu rauchen* hij mag niet roken van de dokter • *Rauchen verboten* verboden te roken

verbilden OV WW **1 misvormen, bederven 2 verkeerd opvoeden**

verbildlichen OV WW **veraanschouwelijken**

verbilligen OV WW **goedkoper maken** • INFORM. *sich* ~ goedkoper worden

verbinden OV WW sterk **verbinden** • *eine Wunde* ~ een wond verbinden • *jemandem die Augen* ~ iemand blinddoeken • *sich* ~ zich verbinden, zich vermengen, een verbond aangaan • *ich bin Ihnen sehr verbunden* ik ben u zeer dankbaar • *ich bin falsch verbunden* ik ben verkeerd verbonden • *das lässt sich schlecht* ~ dat gaat niet samen • *die Teile miteinander* ~ de delen aan elkaar voegen • *verbunden sein mit* gepaard gaan met

verbindlich BN **1 beleefd, vriendelijk** • *~sten Dank!* dank u zeer! **2 verplicht, bindend** • *ein ~es Abkommen* een bindende overeenkomst

Verbindlichkeit ZN V (-/+en) **1 schulden, verplichting** • *Verbindlichkeiten* (financiële) verplichtingen **2 beleefdheid, vriendelijkheid**

Verbindung ZN V (-/+en) **1 verbinding** • *eine gute* ~ *haben* een goede (trein-/telefoon-) verbinding hebben **2 relatie, contact** • *eine* ~ *eingehen* een relatie beginnen • *ich sehe da keine* ~ ik zie hier geen relatie/verband • *Verbindungen (an)knüpfen/eingehen/aufnehmen* contacten aanknopen/aangaan • ~ *aufnehmen* contact opnemen • *Verbindungen pflegen* contacten onderhouden • *Verbindungen abbrechen/lösen* contacten verbreken • *sich mit jemandem in* ~ *setzen* met iemand in contact komen **3 vereniging, corps** <v.a. studenten>

verbissen BN **verbeten**

verbitten OV WW sterk **dringend verzoeken van iets verschoond te blijven** • *ich verbitte mir diesen Ton!* deze toon wens ik niet!

verbittern OV + ONOV WW **verbitteren**

Verbitterung ZN V (-/+en) **verbittering**

verblassen ONOV WW OOK FIG. **verbleken** • *meine Jugenderinnerungen sind verblasst* mijn jeugdherinneringen zijn vervaagd

verbläuen OV WW INFORM. **afranselen**

Verbleib ZN M (+(e)s/gmv) **(onbekende) verblijfplaats** • *wisst ihr etwas über seinen Verbleib?* weten jullie iets over zijn verblijfplaats?

verbleiben ONOV WW sterk **1 afspreken** • *wir sind so verblieben, dass ...* we hebben afgesproken dat ... • *wie sind Sie verblieben?* wat heeft u afgesproken? **2** FORM. **verblijven, blijven 3** FORM. **resteren, overblijven**

verbleichen ONOV WW sterk **1 verbleken 2** OUD. **sterven** • *meine verblichene Tante* mijn overleden tante

verbleien OV WW **met lood bedekken** • *verbleites Benzin* gelode benzine

verblenden OV WW **1 verblinden** • *der Erfolg hat ihn verblendet* het succes heeft hem verblind **2 blinderen**

Verblendung ZN V (-/+en) **1 verblinding 2 blindering**

Verblichene ZN M/V (+n/+n) **overledene**

verblöden 1 OV WW **afstompen 2** ONOV WW **1 zwakzinnig worden** • *bei diesem Fernsehprogramm verblödet man ja* bij dit televisieprogramma word je zwakzinnig **2 afgestompt raken**

verblüffen OV WW **verbluffen, overbluffen** • *ihre Antwort verblüffte uns* haar antwoord overdonderde ons

verblüffend BN **verbluffend, verbazend, frappant**

Verblüffung ZN V (-/gmv) **verbijstering**

verblühen ONOV WW **verwelken, uitbloeien** • *eine verblühte Schönheit* een verwelkte schoonheid

verblümen OV WW **verbloemen**

verbluten ONOV WW **doodbloeden**

verbocken OV WW INFORM. **verprutsen, verknoeien**

verbohren WKD WW **(sich ~)** FIG. **zich vastbijten (in** +4 **in), hardnekkig vasthouden aan**

verbohrt BN MIN. **vastgeroest, eigenwijs, halsstarrig**

Verbohrtheit ZN V (-/gmv) **eigenwijsheid, stijfkoppigheid**

verborgen 1 BN **verborgen 2** OV WW **lenen, uitlenen**

Verborgenheit ZN V (-/gmv) **verborgenheid**

Verbot ZN O (+(e)s/+e) **verbod**

verbotenerweise BW **ondanks het verbod**

Verbotsschild ZN O (+(e)s/+er) **verbodsbord**

verbrämen OV WW **1 afzetten** • *ein mit Pelz verbrämter Mantel* een mantel die met bont is afgezet **2** INFORM. **verhullen, verbloemen**

verbraten OV WW INFORM. **uitgeven, verbruiken** • *nichts zu* ~ *haben* geen cent te makken hebben

Verbrauch ZN M (+(e)s/gmv) **1 consumptie 2 verbruik**

verbrauchen 1 OV WW **1 verbruiken, consumeren 2 verslijten, uitputten** • *er ist alt und verbraucht* hij is op/afgeleefd **2** WKD WW **(sich ~) zich uitputten**

Verbraucher ZN M (+s/-) **verbruiker, consument**

Verbraucherschutz ZN M (+es/gmv) **consumentenbescherming**

Verbrauchsgüter ZN MV **consumptiegoederen**

verbrechen OV WW sterk **zich schuldig maken aan, uithalen, misdoen** • *was hast du jetzt wieder verbrochen?* wat heb je nu weer uitgehaald? • *ich habe doch nichts verbrochen?* ik heb toch niets misdaan?

Verbrechen ZN O (+s/-) **misdaad, misdrijf** • *ein* ~ *begehen* een misdaad plegen • *das* ~ *abstreiten* de misdaad bestrijden • *ein* ~ *vermuten* aan een misdrijf denken

Verbrechensbekämpfung ZN V (-/gmv) **misdaadbestrijding**

Verbrecher ZN M (+s/-) **misdadiger**

verbrecherisch BN **misdadig** • *~e Absichten*

misdadige bedoelingen
verbreiten OV WW **1 verspreiden** • *Gerüchte ~* geruchten verspreiden • *die Krankheit verbreitet sich durch ...* de ziekte verspreidt zich door ... • *einen starken Geruch ~* een sterke geur afgeven **2 verbreiden**
verbreitern OV WW **verbreden** • *sich ~* breder worden
Verbreiterung ZN V (-/+en) **1 verbreding 2 uitbreiding**
Verbreitung ZN V (-/gmv) **verspreiding**
verbrennbar BN **verbrandbaar**
verbrennen OV + ONOV WW onregelmatig **verbranden** • *sich ~* zich verbranden • *Papier ~* papier verbranden • INFORM. *sich den Mund ~* zijn mond voorbijpraten • *verbrannte Erde* verschroeide aarde
Verbrennung ZN V (-/+en) **1 verbranding 2 brandwond** • *Verbrennungen dritten Grades* derdegraads brandwonden
verbriefen OV WW **schriftelijk vastleggen, beschrijven** • *verbriefte Rechte* onvervreemdbare rechten
verbringen OV WW onregelmatig **1 doorbrengen, slijten** • *den Urlaub am Meer ~* de vakantie aan zee doorbrengen **2** FORM. **overbrengen, brengen naar**
verbrüdern WKD WW **(sich ~) zich verbroederen**
Verbrüderung ZN V (-/+en) **verbroedering**
verbrühen WKD WW **(sich ~) verbranden** <met heet water> • *ich habe mir die Hand mit kochendem Wasser verbrüht* ik heb mijn hand met kokend water verbrand
verbuchen OV WW **boeken** • *einen Verlust ~* verlies boeken • *etwas als Auftrag ~* iets als order noteren
Verbum ZN O (+s/Verben, Verba) **verbum**
verbummeln **1** OV WW **1 verdoen, verspillen 2 door nalatigheid vergeten/kwijtraken 2** ONOV WW **aan lager wal raken**
Verbund ZN M (+(e)s/+e) **1** ECON. **afdeling 2** TECHN. **verbinding**
verbünden WKD WW **(sich ~) een verbond sluiten**
Verbundenheit ZN V (-/+en) **verbondenheid**
Verbündete ZN M (+n/+n) **bondgenoot**
Verbundglas ZN O (+es/gmv) **gelaagd glas**
verbürgen OV WW **waarborgen, garanderen** • *sich für jemanden ~* voor iemand borg staan/instaan
verbürgerlichen OV + ONOV WW **verburgerlijken**
verbüßen OV WW **uitzitten** • *eine Gefängnisstrafe ~* een gevangenisstraf uitzitten
Verbüßung ZN V (-/gmv) **uitzitten** • *die ~ der Strafe* het uitzitten van de straf
verbuttern OV WW **1 tot boter verwerken 2** INFORM. **verknoeien**
verchromen OV WW **verchromen**
Verdacht ZN M (+(e)s/+e) **argwaan, verdenking** • *jemanden in/im ~ haben* iemand verdenken • *über jeden ~ erhaben sein* boven iedere verdenking verheven zijn • *im ~ des Diebstahls stehen* onder verdenking staan van diefstal
verdächtig BN **verdacht** • *er ähnelt ~ unserem Vater* hij lijkt verdacht op onze vader • *des Diebstahls ~ sein* van diefstal verdacht worden
Verdächtige ZN M/V (+n/+n) **verdachte**
verdächtigen OV WW **verdenken** • *jemanden einer Sache ~* iemand ergens van verdenken
Verdächtigung ZN V (-/+en) **verdachtmaking**
verdammen OV WW **vervloeken, verdoemen** • *verdammt!* godverdomme!
verdammenswert BN **1 verwerpelijk 2 verwenselijk**
Verdammnis ZN V (-/gmv) **verdoemenis**
Verdammung ZN V (-/+en) **verdoeming, vervloeking**
verdampfen OV + ONOV WW **verdampen**
Verdampfung ZN V (-/+en) **verdamping**
verdanken OV WW **te danken hebben** • *ich habe ihm viel zu ~* ik heb veel aan hem te danken • *das hast du ihm zu ~* dat heb je aan hem te wijten
verdarb OV WW verl. tijd → **verderben**
verdattert BN **onthutst, beteuterd**
verdauen OV WW **verteren** • *das hat er nicht ~ können* dat heeft hij niet kunnen verkroppen
verdaulich BN OOK FIG. **verteerbaar** • *leicht ~* licht verteerbaar • *schwer ~* zwaar verteerbaar
Verdauung ZN V (-/gmv) **spijsvertering**
Verdauungsapparat ZN M (+(e)s/+e) **spijsverteringsorganen**
Verdeck ZN O (+(e)s/+e) **1** SCHEEPV. **dek 2 kap** <van een auto>
verdecken OV WW **1 bedekken 2 verbergen** • *die Häuser ~ die Aussicht auf das Tal* de huizen ontnemen het uitzicht op het dal
verdenken OV WW onregelmatig **kwalijk nemen** • *ich kann es ihm nicht ~* ik kan het hem niet kwalijk nemen
Verderb ZN M (+(e)s/gmv) **1 bederf 2 verderf, ondergang** • *auf Gedeih und ~* in voor- en tegenspoed, in lief en leed • *jemandem auf Gedeih und ~ ausgeliefert sein* volledig aan iemand overgeleverd zijn
verderben OV + ONOV WW sterk **bederven** • *jemandem die Freude ~* iemands plezier bederven • *ein schönes Kleid ~* een mooie jurk bederven • *es mit jemandem ~* het bij iemand verbruien • *sich die Augen ~* zijn ogen bederven • *das Spiel ~* het spel verzieken
Verderben ZN O (+s/gmv) **1 verderf, ondergang** • *jemanden ins ~ stürzen* iemand in het ongeluk storten **2 bederf**
verderblich BN **1 bederfelijk 2 verderfelijk** • *ein ~er Einfluss* een verderfelijke invloed
Verderbnis ZN V (-/+se) **1 bederf 2 verdorvenheid**
Verderbtheit ZN V (-/gmv) **verdorvenheid**
verdeutlichen OV WW **verduidelijken** • *etwas an einem Beispiel ~* iets met een voorbeeld verduidelijken
verdeutschen OV WW **1** OUD. **in het Duits vertalen 2** INFORM. **duidelijk uitleggen**

verdichten 1 ov ww verdichten, comprimeren 2 wkd ww (**sich ~**) dichter worden, toenemen • fig. *der Eindruck verdichtet sich immer mehr* de indruk wordt steeds sterker

Verdichtung zn v (-/+en) verdichting, compressie

verdicken ov ww verdikken, dikker maken • *sich ~* dikker worden

verdienen ov ww verdienen • *da gibt es viel zu ~* daar zit een dik belegde boterham in • *das hast du verdient!* dat heb je verdiend!

Verdienst 1 zn m (+(e)s/+e) verdienste, winst, loon 2 zn o (+(e)s/+e) verdienste, verdienstelijkheid • *seine Verdienste um die Stadt* zijn verdiensten voor de stad

Verdienstausfall zn m (+(e)s/-fälle) inkomstenderving

Verdienstkreuz zn o (+es/+e) kruis van verdienste, lintje <onderscheiding>

verdienstlich bn verdienstelijk

verdienstvoll bn verdienstelijk

verdient bn 1 verdiend, terecht 2 verdienstelijk • *sich ~ machen* zich verdienstelijk maken

verdientermaßen bw terecht, verdiend

verdingen ov ww aanbesteden, uitbesteden • *einen Auftrag ~* een opdracht uitbesteden • *sich ~* in loondienst treden

Verdinglichung zn v (-/+en) concretisering

verdolmetschen ov ww 1 vertolken, vertalen 2 inform. uitleggen

verdonnern ov ww inform. veroordelen • *jemanden zu etwas ~* iemand bevelen om iets te doen

verdoppeln ov ww verdubbelen • *die Zahl der Einwohner hat sich verdoppelt* het aantal inwoners is verdubbeld

Verdoppelung, **Verdopplung** zn v (-/+en) verdubbeling

verdorben ov ww volt. deelw. → **verderben**

Verdorbenheit zn v (-/gmv) verdorvenheid

verdorren onov ww verdorren, uitdrogen • *die Blumen sind verdorrt* de bloemen zijn verdroogd

verdrahten ov ww 1 techn. (met draden) verbinden 2 met draad afsluiten

verdrängen ov ww 1 verdringen <ook psychologisch>, wegdringen • *das habe ich verdrängt* dat heb ik willen vergeten • *seine Probleme ~* zijn problemen verdringen 2 scheepv. verplaatsen <van water>

Verdrängung zn v (-/+en) 1 verdringen <ook psychologische term> 2 stuwwater

verdrehen ov ww verdraaien • *die Tatsachen ~* de feiten verdraaien • *jemandem den Kopf ~* iemand het hoofd op hol brengen • *jemandem das Wort im Munde ~* iemands woorden verdraaien

Verdrehung zn v (-/+en) verdraaiing

verdreifachen ov ww verdrievoudigen

verdreschen ov ww sterk inform. afranselen

verdrießen ov ww sterk form. ontstemmen, ergeren • *lass es dich nicht ~* laat je het plezier niet ontnemen

verdrießlich bn ontstemd, gemelijk, knorrig • *~ dreinschauen* zuinig kijken

Verdrießlichkeit zn v (-/+en) korzeligheid, knorrigheid

verdross ov ww verl. tijd → **verdrießen**

verdrossen bn lusteloos, mokkend, misnoegd • *~ seine Arbeit tun* met tegenzin/ontstemd zijn werk doen

Verdrossenheit zn v (-/gmv) landerigheid, lusteloosheid, gemelijkheid, gevoel van ontevredenheid

verdrücken 1 ov ww 1 kreuken 2 inform. verorberen, naar binnen werken 2 wkd ww (**sich ~**) inform. wegsluipen

Verdruss zn m (+es/+e) ergernis, narigheid, wrevel

verduften onov ww 1 'm smeren, verdwijnen • *verdufte!* maak dat je weg komt! 2 vervliegen, zijn geur/aroma verliezen

verdummen onov ww dom worden, afstompen • *sich ~ lassen* zich iets wijs laten maken

verdunkeln ov ww 1 donker maken, verduisteren • *sich ~* duister worden 2 versluieren, verbergen • *Tatbestände ~* feiten verbergen

Verdunklung zn v (-/gmv) verduistering

verdünnen ov ww verdunnen • *sich ~* dunner worden • *den Wein ~* de wijn aanlengen

Verdünner zn m (+s/-) scheik. verdunner

Verdünnung zn v (-/+en) verdunning

verdunsten onov ww verdampen

Verdunstung zn v (-/+en) verdamping

verdursten onov ww verdorsten, omkomen van de dorst

verdüstern ov ww 1 versomberen • *sein Gesicht verdüsterte sich* zijn gezicht versomberde • *sich ~* somber worden, donker worden 2 verduisteren, donker maken • *das Zimmer ~* de kamer verduisteren/donker maken

verdutzt bn verrast, verbluft, perplex, verward • *sie macht ein ~es Gesicht* zij kijkt verbouwereerd

verebben onov ww ook fig. wegebben

veredeln ov ww veredelen

Veredelung zn v (-/+en) veredeling

verehren ov ww 1 achten, waarderen • *verehrte Anwesende!* geachte aanwezigen! 2 vereren

Verehrer zn m (+s/-) 1 bewonderaar 2 iron. aanbidder • *ein heimlicher ~* een stille aanbidder

Verehrung zn v (-/gmv) 1 verering, vereren • *die ~ der alten Götter* de aanbidding van de oude goden • *in stiller ~* in stille aanbidding 2 eerbied, verering • *jemandem seine ~ bezeigen* iemand zijn verering betonen/toedragen

vereidigen, **vereiden** ov ww beëdigen

Vereidigung zn v (-/+en) beëdiging

Verein zn m (+(e)s/+e) vereniging • iron. *das ist ja ein komischer Verein!* wat een rare groep mensen! • *einem ~ beitreten* lid van een vereniging worden • *im ~ mit* in vereniging met

vereinbar bn verenigbaar

vereinbaren ov ww 1 overeenkomen, afspreken • *einen Termin ~* een afspraak maken

2 in overeenstemming brengen, verenigen • *sie kann das mit ihrem Gewissen nicht ~* dat laat haar geweten/overtuiging niet toe • *einen Termin ~* een datum prikken

Vereinbarung ZN V (-/+en) **overeenkomst, afspraak** • *sich an die ~ halten* zich aan de afspraak houden • *sich nicht an die Vereinbarungen halten* zijn afspraken niet nakomen • *laut ~* volgens overeenkomst

vereinbarungsgemäß BW **zoals afgesproken, volgens afspraak**

vereinen OV WW **verenigen** • *die Vereinten Nationen* de Verenigde Naties • *mit vereinten Kräften* met gezamenlijke krachten

vereinfachen OV WW **vereenvoudigen**

Vereinfachung ZN V (-/+en) **vereenvoudiging, versobering**

vereinheitlichen OV WW **uniform/gelijk maken, eenheid brengen in**

Vereinheitlichung ZN V (-/+en) **1 uniform maken, gelijkmaking 2 tot eenheid brengen**

vereinigen OV WW **verenigen, verbinden** • *sich ~* zich verenigen, samenkomen • *Familie und Beruf ~* gezin en werk verbinden • *die Vereinigten Staaten* de Verenigde Staten

Vereinigung ZN V (-/+en) **1 vereniging 2 zich verenigen**

vereinnahmen OV WW **1 ontvangen, innen 2** INFORM. **beslag leggen op, inpalmen** • *jemanden ~* beslag op iemand leggen, iemand inpalmen • *sich ~ lassen* zich laten inpalmen

vereinsamen ONOV WW **vereenzamen**

Vereinsamung ZN V (-/+en) **vereenzaming**

Vereinshaus ZN O (+es/-häuser) **verenigingsgebouw**

vereinzeln WKD WW **(sich ~) steeds zeldzamer worden** • *einigen vereinzelte Häuser* een paar verspreid staande huizen

vereinzelt BN **1 afzonderlijk, op zichzelf staand** • *ein ~er Fall* een opzichzelfstaand geval **2 sporadisch**

vereisen 1 ONOV WW **ijs worden, bevriezen 2** OV WW MED. **bevriezen** <verdoving>

vereiteln OV WW **verijdelen, doen mislukken**

vereitern ONOV WW **veretteren**

verelenden ONOV WW **verpauperen**

Verelendung ZN V (+en/+en) **verpaupering**

verenden ONOV WW DIERK. **creperen, sterven**

verengen 1 OV WW **vernauwen, smaller maken 2** WKD WW **(sich ~) zich vernauwen**

vererben 1 OV WW **1 nalaten 2 doen overgaan op 2** WKD WW **(sich ~) overgaan op** • *diese Eigenschaften ~ sich auf die Kinder* deze eigenschappen gaan over op de kinderen

vererblich BN **erfelijk**

Vererbung ZN V (-/+en) **erfelijkheid, overerving**

verewigen OV WW **1 vereeuwigen** • *sich ~ lassen* zich laten vereeuwigen/fotograferen **2 laten voortduren**

verfahren 1 BN **misgelopen** • *das ist eine ~e Sache* dat is een hopeloze/onoplosbare kwestie **2** OV WW sterk **1 verrijden** • *viel Geld ~* veel geld verrijden **2 verkeerd aanpakken 3** ONOV WW sterk **1 handelen, te werk gaan, optreden** • *wir ~ am besten so* we kunnen maar het beste zo handelen **2 ~ mit behandelen** • *streng mit jemandem ~* iemand streng behandelen **4** WKD WW **(sich ~) verkeerd rijden/varen** • *so musst du gegen ihn ~; so musst du mit ihm ~* zo moet je tegen hem optreden • *wir haben uns ~* we zijn verkeerd gereden • *sich ~* de weg kwijtraken

Verfahren ZN O (+s/-) **1 methode, procedé** • *nach einem neuen ~* volgens een nieuwe methode **2 handelwijze, manier van optreden 3** JUR. **proces, rechtsgeding, procedure** • *ein ~ anstrengen* een proces beginnen • *gegen jemanden ein ~ einleiten* een rechtszaak tegen iemand aanspannen

Verfahrensweise ZN V (-/+n) **methode, procedure**

Verfall ZN M (+(e)s/gmv) **1 verval, achteruitgang** • *~ der Kräfte* verval van krachten **2 vervaldatum**

verfallen ONOV WW sterk **1 aftakelen** • *das Haus verfällt* het huis wordt bouwvallig **2 vervallen** • *die Eintrittskarte ist ~* het kaartje is niet meer geldig **3 verslaafd zijn aan** • *einer Sache ~* verslaafd worden aan iets • *dem Alkohol ~ sein* aan de drank verslaafd zijn **4 ~ auf komen op** • *auf etwas ~* op iets komen • *wie bist du darauf ~?* hoe ben je op die gedachte gekomen?

Verfallsdatum ZN O (+s/-daten) **vervaldatum**

verfälschen OV WW **vervalsen**

Verfälschung ZN V (-/+en) **vervalsing**

verfangen 1 WKD WW **(sich ~) 1 vast raken 2 verstrikt raken in** • *das Tier hat sich im Netz ~* het dier is in het net verstrikt geraakt **2** ONOV WW sterk **baten, helpen** • *diese Mittel ~ bei mir nicht* deze middelen helpen bij mij niet

verfänglich BN **netelig, lastig** • *sich in einer verfänglichen Lage befinden* zich in een netelige situatie bevinden, zich in een lastig parket bevinden • *eine verfängliche Frage* een strikvraag, een pijnlijke vraag/kwestie

Verfänglichkeit ZN V (-/+en) **1 neteligheid 2 precaire ontwikkeling/situatie**

verfärben 1 WKD WW **(sich ~) verbleken, verkleuren** • *die Blätter ~ sich* de bladeren verkleuren **2** OV WW **verkeerd kleuren/verven** • *die blaue Hose hat die ganze Wäsche verfärbt* de blauwe broek heeft de hele was verkleurd

Verfärbung ZN V (-/+en) **verkleuring**

verfassen OV WW **schrijven, opstellen**

Verfasser ZN M (+s/-) **schrijver, auteur**

Verfasserschaft ZN V (-/gmv) **auteurschap**

Verfassung ZN V (-/+en) **1 grondwet, constitutie** • *die bayerische ~* de grondwet van Beieren **2 gesteldheid, toestand** • *in schlechter ~ sein* in slechte toestand verkeren • *körperliche ~* lichamelijke gesteldheid **3 gemoedstoestand, stemming** • *nicht in der ~ sein zu ...* niet in de stemming zijn om te ...

Verfassungsbruch ZN M (+(e)s/-brüche)

schending van de (Duitse) grondwet
Verfassungsgericht ZN O (+(e)s/+e) constitutioneel hof → **Bundesverfassungsgericht**
verfassungsmäßig, **verfassungsgemäß** BN grondwettig, constitutioneel, volgens de statuten
Verfassungsreform ZN V herziening van de grondwet
Verfassungsschutz ZN M (+es/gmv) bescherming van de grondwet • *Bundesamt für ~* ≈ binnenlandse veiligheidsdienst
verfassungswidrig BN in strijd met de grondwet, ongrondwettig
verfaulen ONOV WW verrotten
verfechten OV WW sterk vechten voor, verdedigen, bepleiten
Verfechter ZN M (+s/-) voorstander, verdediger
Verfechtung ZN V (-/gmv) verdediging
verfehlen OV WW missen, mislopen • IRON. *den Beruf ~* zijn roeping mislopen • *das Thema ~* de bedoeling/opzet niet begrepen hebben, de plank misslaan
Verfehlung ZN V (-/+en) fout, misstap
verfeinden WKD WW (**sich ~**) vijanden worden • *sich mit dem Nachbarn ~* met de buurman ruzie krijgen
verfeinern OV WW **1** verbeteren • *den Geschmack ~* de smaak verfijnen/verbeteren **2** verfijnen • *sich ~* verfijnder worden
Verfeinerung ZN V (-/+en) verfijning
verfertigen OV WW vervaardigen, maken
verfestigen **1** OV WW versterken, verstevigen **2** WKD WW (**sich ~**) hard/stevig worden
verfetten ONOV WW erg vet worden
Verfettung ZN V (-/+en) vervetting
verfeuern OV WW **1** verbranden, stoken, verstoken **2** verschieten
verfilmen OV WW verfilmen
Verfilmung ZN V (-/+en) verfilming
verfilzen ONOV WW **1** viltig worden **2** in de war raken • *verfilztes Haar* verwarde haren
verfinstern WKD WW (**sich ~**) **1** verduisteren • *der Himmel verfinsterte sich* de hemel verduisterde **2** versomberen • *ihr Gesicht verfinsterte sich* haar gezicht versomberde
Verfinsterung ZN V (-/+en) **1** verduistering **2** versombering
verflachen **1** OV WW vervlakken, vlak maken, nivelleren **2** ONOV WW **1** vervlakken, vlak worden **2** FIG. oppervlakkig worden
Verflachung ZN V (-/+en) vervlakking
verflechten OV WW sterk vervlechten, ineenvlechten • *in eine Angelegenheit verflochten werden* in een affaire verwikkeld raken
Verflechtung ZN V (-/+en) **1** verstrengeling **2** inbinden
verfliegen **1** ONOV WW sterk **1** FIG. snel overgaan • *die Zeit verfliegt im Nu* de tijd gaat snel over **2** vervliegen **2** WKD WW (**sich ~**) sterk verkeerd vliegen
verfließen ONOV WW sterk **1** FIG. vervagen **2** in elkaar overlopen, vervloeien **3** verstrijken, voorbijgaan
verflixt **1** BN **1** INFORM. drommels, deksels **2** INFORM. ellendig, vervelend • *das ist eine ~e Sache* dat is een vervelende zaak **2** BW hartstikke • *das ist ~ schnell* dat is hartstikke snel ▸ *~ und zugenäht!* potverdorie!
Verflochtenheit ZN V (+en/+en) vervlechting, verstrengeling
verflossen BN vroeger, afgelopen, verstreken • *seine Verflossene* zijn ex-vriendin • *aus ~en Zeiten* uit vervlogen dagen
verfluchen OV WW vervloeken, verwensen
verflüchtigen **1** OV WW vervluchtigen, doen vervliegen **2** WKD WW (**sich ~**) **1** verdampen, vervluchtigen **2** FIG. verdwijnen **3** IRON. er stiekem vandoor gaan
verflüssigen **1** OV WW **1** vloeibaar maken **2** liquide maken <bedrag> **2** WKD WW (**sich ~**) vloeibaar worden
verfolgen OV WW **1** vervolgen **2** nastreven **3** volgen, nagaan • *einen Weg ~* een weg volgen • *ein Ziel ~* een doel najagen • *eine Entwicklung aufmerksam ~* een ontwikkeling op de voet volgen **4** achtervolgen • *jemanden mit Bitten ~* iemand met vragen achtervolgen • *vom Pech verfolgt* door pech achtervolgd • *der Gedanke verfolgt mich* de gedachte achtervolgt me • *einen Verbrecher ~* een misdadiger achtervolgen
Verfolger ZN M (+s/-) achtervolger
Verfolgte ZN M/V (+n/+n) vervolgde, achtervolgde
Verfolgung ZN V (-/+en) vervolging, achtervolging • *die ~ aufnehmen* de achtervolging inzetten
Verformung ZN V (-/+en) vervorming
verfrachten OV WW vervrachten, vervoeren • HUMOR. *einen Kranken ins Bett ~* een zieke naar bed brengen
Verfrachtung ZN V (-/+en) transport
verfremden OV WW vervreemden, vreemd doen voorkomen
Verfremdung ZN V (-/+en) vervreemding
verfressen **1** BN INFORM. vraatzuchtig **2** OV WW INFORM. verbrassen
verfroren BN koud, verkleumd
verfrühen WKD WW (**sich ~**) vroeger komen
verfügbar BN beschikbaar
Verfügbarkeit ZN V (-/+en) beschikbaarheid
verfügen **1** OV WW verordenen, beschikken, bepalen • *den Bau einer neuen Schule ~* de bouw van een nieuwe school verordenen • *etwas testamentarisch ~* iets bij testament bepalen **2** ONOV WW **~ über** +4, beschikken over, bezitten • *über Kapital ~* over kapitaal beschikken
Verfügung ZN V (-/+en) beschikking, besluit, maatregel • *zur ~ stellen* ter beschikking stellen • *zur ~ stehen* ter beschikking staan • *weitere Verfügungen treffen* verdere maatregelen treffen • *eine ~ erlassen* een besluit uitvaardigen

• *testamentarische/letztwillige* ~ testamentaire beschikking • *eine einstweilige* ~ *beantragen* een kort geding aanspannen
verführen OV WW verleiden
Verführer ZN M (+s/-) verleider
verführerisch BN verleidelijk
Verführung ZN V (-/+en) verleiding • *der* ~ *konnte er nicht widerstehen* tegen die verleiding was hij niet bestand
verfuttern OV WW aan eten opmaken, verbrassen
verfüttern OV WW voeren, als voer gebruiken
Vergabe ZN V (-/+n) verstrekking, verlening
vergackeiern OV WW PLAT voor de gek houden
vergaffen WKD WW (**sich ~**) PLAT verliefd worden • *sich in jemanden* ~ op iemand verliefd raken
vergällen OV WW **1** bederven, vergallen **2** SCHEIK. denatureren
vergaloppieren WKD WW (**sich ~**) zich vergalopperen
vergammeln **1** OV WW verlummelen • *den ganzen Tag im Bett* ~ de hele dag in bed verlummelen **2** ONOV WW **1** bederven, verschimmelen, gammel worden • *vergammeltes Brot* bedorven brood **2** aan lager wal raken • *ein vergammelter Typ* een verlopen type
vergangen BN verleden • ~*en Monat* verleden maand • *aus* ~*en Zeiten* uit vervlogen dagen
Vergangenheit ZN V (-/+en) **1** verleden • *in der* ~ in het verleden • *das gehört der* ~ *an* dat behoort tot de historie **2** TAALK. verleden tijd
Vergangenheitsbewältigung ZN V (-/gmv) innerlijke verwerking v.h. verleden
vergänglich BN vergankelijk
Vergänglichkeit ZN V (-/gmv) vergankelijkheid
vergären OV WW sterk laten gisten
vergasen OV WW vergassen
Vergaser ZN M (+s/-) carburateur
vergaß OV WW verl. tijd → **vergessen**
Vergasung ZN V (-/+en) vergassing • INFORM. *bis zur* ~ tot vervelens toe
vergattern OV WW • *jemanden zu etwas* ~ iemand een opdracht tot iets geven • *zu etwas vergattert werden* opdracht krijgen om iets te doen
vergeben **1** OV WW sterk **1** vergeven, vergiffenis schenken • *jemandem einen Fehler* ~ iemand een fout vergeven • *sich selbst etwas nicht* ~ *können* zichzelf iets niet kunnen vergeven • *(nach der Beichte) jemands Sünden* ~ (na biecht) iemands zonden vergeven • ~ *und vergessen* vergeven en vergeten **2** geven, verstrekken • *er ist schon* ~ hij is al in vaste handen • *heute Abend bin ich schon* ~ ik heb al plannen voor vanavond **3** weggeven • *eine Stelle zu* ~ *haben* een vacature hebben • *Preise* ~ prijzen verdelen **2** WKD WW (**sich ~**) sterk verkeerd geven • *sich nichts* ~ niets aan zijn waardigheid tekort doen
vergebens BW tevergeefs
vergeblich BN vergeefs • ~*e Mühe* verloren moeite

ve

Vergebung ZN V (-/+en) vergeving, vergiffenis
vergegenständlichen OV WW concreet voorstellen
vergegenwärtigen OV WW voor de geest halen, voorstellen • *sich* ~ zich voorstellen/voor de geest halen
vergehen **1** ONOV WW sterk **1** vergaan • *ich vergehe vor Durst* ik verga van de dorst **2** verstrijken, voorbijgaan • *die Tage* ~ de dagen verstrijken **2** WKD WW (**sich ~**) • *sich gegen ein Gesetz* ~ een wet overtreden • *sich an jemandem* ~ zich aan iemand vergrijpen
Vergehen ZN O (+s/-) overtreding, vergrijp
vergeistigen OV WW vergeestelijken
Vergeistigung ZN V (-/+en) vergeestelijking
vergelten OV WW sterk vergelden, goedmaken
Vergeltung ZN V (-/+en) vergelding
Vergeltungsmaßnahme ZN V (-/+n) vergeldingsmaatregel
vergesellschaften OV WW **1** ECON. in een maatschappij/vennootschap omzetten **2** SOC. socialiseren
Vergesellschaftung ZN V (-/gmv) SOC. socialisatie
vergessen **1** OV WW sterk vergeten • *das werde ich dir nie* ~! dat zal ik je nooit vergeven!, daarvoor blijf ik je altijd dankbaar! • *ich habe das Buch* ~ ik ben het boek vergeten • *vergiss es!* je kunt me de boom in! • *nicht zu* ~ ... niet te vergeten ... • *das kannst du* ~ schrijf dat maar op je buik **2** WKD WW (**sich ~**) zich vergeten, buiten zichzelf raken
Vergessenheit ZN V (-/gmv) vergetelheid • *etwas der* ~ *entreißen* iets aan de vergetelheid ontrukken • *in* ~ *geraten* in vergetelheid raken • *der* ~ *preisgeben* aan de vergetelheid prijsgeven
vergesslich BN vergeetachtig
Vergesslichkeit ZN V (-/gmv) vergeetachtigheid
vergeuden OV WW verkwisten
Vergeudung ZN V (-/+en) verkwisting
vergewaltigen OV WW verkrachten • *es wurde eine Frau vergewaltigt* er was een vrouw aangerand
Vergewaltigung ZN V (-/+en) verkrachting
vergewissern WKD WW (**sich ~**) zich vergewissen • *sich einer Sache* ~ zich overtuigen van iets
vergießen OV WW sterk **1** vergieten **2** morsen
vergiften OV WW vergiftigen
Vergiftung ZN V (-/+en) vergiftiging • *an einer* ~ *sterben* door vergiftiging sterven
vergilben ONOV WW geel worden, vergelen
vergipsen OV WW in het gips zetten
Vergissmeinnicht ZN O (+(e)s/-, +e) vergeet-mij-nietje
vergittern OV WW van tralies voorzien • *ein vergittertes Fenster* een raam met traliewerk
verglasen OV WW beglazen, van ruiten voorzien
Verglasung ZN V (-/+en) **1** beglazing • *doppelte Verglasung* dubbelglas **2** verglazing
Vergleich ZN M (+(e)s/+e) **1** vergelijking • *ein*

hinkender ~ een vergelijking die mank gaat • *keinen ~ aushalten mit* niet te vergelijken zijn met • *im ~ zu* in vergelijking met, vergeleken met • *das ist ja gar kein Vergleich!* dat is niet te vergelijken • *im ~ zu/gegenüber früher* vergeleken met vroeger • *einen ~ treffen* tot een vergelijk komen **2** vergelijk, overeenkomst, schikking • *ein gütlicher ~* een minnelijke schikking • *einen ~ eingehen* in een schikking treden

vergleichbar BN vergelijkbaar, te vergelijken

vergleichen OV WW sterk vergelijken • *sich ~* zich vergelijken

vergleichsweise BW vergelijkenderwijs

verglimmen ONOV WW sterk doven, uitgaan

verglühen ONOV WW **1** verbranden **2** uitgloeien

vergnügen WKD WW (**sich ~**) zich amuseren, zich vermaken

Vergnügen ZN O (+s/-) **1** plezier, genoegen • *es war mir ein ~* het was mij een genoegen • *das mache ich nicht zum ~* dat doe ik niet voor de lol • *zum ~* uit liefhebberij • *kein ungeteiltes ~* geen onverdeeld genoegen • *ich habe das Vergnügen, Ihnen mitzuteilen* ik heb het genoegen u mede te delen • *etwas mit ~ tun* met graagte iets doen • *mit (dem größten) ~* met (alle) plezier **2** amusement, vermaak • *viel Vergnügen!* veel plezier! • *zum ~ dienen* tot vermaak dienen

vergnüglich BN **1** vrolijk **2** plezierig, aangenaam • *ein vergnüglicher Abend* een genoeglijk avondje

vergnügt BN vergenoegd, vrolijk, opgewekt

Vergnügung ZN V (-/+en) genoegen, vermaak, tijdverdrijf

Vergnügungspark ZN M (+s/+s, +e) pretpark

Vergnügungsreise ZN V (-/+n) plezierreis, pleziertochtje

vergolden OV WW vergulden • *jemandes Lebensabend ~* iemands levensavond veraangenamen

vergönnen OV WW **1** gunnen • *es war ihm nicht vergönnt das zu erleben* het was hem niet gegund dat mee te maken **2** toestaan

vergöttern OV WW verafgoden, aanbidden

vergraben OV WW sterk **1** verbergen **2** begraven • *sich in seinen Büchern ~* zich in zijn boeken begraven • *sich in seine Arbeit ~* zich in zijn werk begraven • *der Hund vergräbt den Knochen* de hond begraaft het bot

vergrämen OV WW boos maken, grieven • *vergrämt* verbitterd

vergrätzen OV WW ergeren, kwaad maken • *vergrätzt sein* kwaad zijn

vergraulen OV WW wegpesten

vergreifen WKD WW (**sich ~**) sterk **1** misgrijpen <muziekinstrument> **2** verkeerd kiezen • *sich im Ton ~* de verkeerde toon aanslaan **3** zich vergrijpen • *sich an einem Mädchen ~* zich aan een meisje vergrijpen • *sich an der Kasse ~* zich aan de kassa vergrijpen

vergreisen ONOV WW vergrijzen, verouderen

Vergreisung ZN V (-/gmv) **1** vergrijzing **2** veroudering

vergriffen BN uitverkocht, niet leverbaar • *das Buch ist ~* het boek is uitverkocht

vergröbern **1** OV WW grover maken **2** WKD WW (**sich ~**) grover worden

vergrößern **1** OV WW vergroten **2** WKD WW (**sich ~**) **1** groter worden **2** INFORM. groter gaan wonen

Vergrößerung ZN V (-/+en) vergroting, uitvergroting

Vergrößerungsglas ZN O (+es/-gläser) vergrootglas

vergucken WKD WW (**sich ~**) zich verkijken <verkeerd inschatten> • INFORM. *sich ~ in* zich vergapen aan, verliefd worden op

vergünstigen OV WW goedkoper maken

Vergünstigung ZN V (-/+en) gunst, voorrecht, voordeel

vergüten OV WW **1** vergoeden **2** belonen **3** de kwaliteit verbeteren • *Metall ~* metaal veredelen

Vergütung ZN V (-/+en) vergoeding

verh. AFK verheiratet gehuwd

verhackstücken OV WW **1** MIN. kraken, afmaken **2** N-D tot in finesses bespreken

verhaften OV WW in hechtenis nemen, arresteren • *einer Sache verhaftet sein* ten zeerste met iets verbonden zijn

Verhaftete ZN M/V (+n/+n) arrestant

Verhaftung ZN V (-/+en) arrestatie

verhageln OV WW door hagel vernielen

verhallen ONOV WW wegsterven <geluid>

verhalten **1** BN **1** ingehouden • *mit ~em Atem* met ingehouden adem • *~er Zorn* ingehouden woede **2** voorzichtig, beheerst • *~ optimistisch* voorzichtig optimistisch **3** gedempt • *~e Freude* gedempte vreugde **2** WKD WW (**sich ~**) zich houden/gedragen, gesteld zijn • *so verhält sich die Sache* zo is het met de zaak gesteld • *sich tapfer ~* zich dapper gedragen • *sich abwartend ~* een afwachtende houding aannemen • *sich ruhig ~* zich kalm houden

Verhalten ZN O (+s/-) houding, gedrag

verhaltensgestört BN gedragsgestoord

Verhaltensregel ZN V gedragsregel

Verhaltensweise ZN V (-/+n) gedrag, houding

Verhältnis ZN O (+ses/+se) **1** verhouding, proportie • *im ~ zu* in verhouding tot • *im umgekehrten ~ zu* omgekeerd evenredig met • *im gleichen ~ zu* in evenredigheid met • *im ~ von 2 zu 3* in de verhouding van 2 staat tot 3 **2** verhouding, betrekking • *ein gutes ~* een goede verstandverhouding **3** liefdesverhouding • *ein ~ haben* een liefdesverhouding hebben **4** INFORM. minnaar, minnares • *sein ~* zijn minnares **5** • *die Verhältnisse* de omstandigheden, de toestand • *über seine Verhältnisse leben* boven zijn stand leven • *in geordneten Verhältnissen leben* een geregeld leven hebben

verhältnismäßig BN betrekkelijk, naar verhouding, evenredig • *es war ~ kalt* het was vrij koud

Verhältniswahl ZN V (-/+en) **evenredige verkiezing**
Verhältniswort ZN O (+(e)s/-wörter) **voorzetsel**
verhandeln OV + ONOV WW **1** **onderhandelen** • *über den Preis ~* onderhandelen over de prijs **2** JUR. **behandelen**
Verhandlung ZN V (-/+en) **1** **onderhandeling, bespreking** **2** JUR. **behandeling, zitting** • *eine ~ anberaumen* een zaak op de rol plaatsen
Verhandlungsbereitschaft ZN V (-/gmv) **bereidheid tot onderhandelen**
verhangen BN **bedekt** • *ein ~er Himmel* een bedekte/bewolkte lucht
verhängen OV WW **1** **bedekken** **2** **gelasten, afkondigen** • *den Ausnahmezustand ~* de noodtoestand afkondigen • *einen Elfmeter ~* een strafschop geven • *eine Strafe ~* een straf opleggen
Verhängnis ZN O (+ses/+se) **lot, noodlot** • *das wurde ihm zum ~* dat werd hem noodlottig
verhängnisvoll BN **fataal, noodlottig** • *ein verhängnisvoller Entschluss* een rampzalige beslissing
Verhängung ZN V (-/+en) **gelasten, afkondiging**
verharmlosen OV WW **bagatelliseren, onschuldiger voorstellen dan het is**
verhärmt BN **door verdriet getekend, verbitterd**
verharren ONOV WW **1** **volharden** **2** **blijven** • *auf/bei seiner Meinung ~* bij zijn mening blijven
verhärten **1** OV WW **hard maken, verharden** **2** WKD WW (**sich ~**) **ongevoelig worden, verharden, hard worden**
Verhärtung ZN V (-/+en) **verharding**
verhaspeln WKD WW (**sich ~**) **zich verspreken**
verhasst BN **gehaat** • *sich ~ machen* zich gehaat maken
verhätscheln OV WW **vertroetelen, verwennen**
Verhau ZN M (+(e)s/+e) **1** **versperring** **2** INFORM. **chaos, wirwar**
verhauen **1** OV WW sterk **1** INFORM. **afranselen** **2** INFORM. **verknoeien** • *den Aufsatz ~* het opstel verprutsen **2** WKD WW (**sich ~**) INFORM. **zich lelijk vergissen**
verheben WKD WW (**sich ~**) sterk **zich vertillen**
verheddern OV WW **verwarren** • *sich ~* in de war raken • *alles ~* alles door elkaar haspelen
verheeren OV WW **verwoesten, vernietigen**
verheerend BN **1** **verwoestend, verschrikkelijk** • *ein ~er Sturm* een hevige storm **2** INFORM. **afschuwelijk**
Verheerung ZN V (-/+en) **verwoesting**
verhehlen OV WW **verhelen, verbergen** • *etwas nicht ~ können* iets niet kunnen verbloemen
verheilen ONOV WW **helen, genezen**
verheimlichen OV WW **geheimhouden, verbergen, verzwijgen**
Verheimlichung ZN V (-/+en) **geheimhouding, verzwijgen**
verheiraten OV WW **1** **in de echt verbinden** • *sich ~* trouwen **2** **uithuwelijken** • *jemanden mit jemandem/an jemanden ~* iemand uithuwelijken aan iemand
verheiratet BN **getrouwd** • *mit jemandem ~ sein* met iemand getrouwd zijn • *sind Sie ~ oder ledig?* bent u getrouwd of ongetrouwd? • *unglücklich ~ sein* ongelukkig getrouwd zijn • *Verheiratete* gehuwden • *ein frisch ~es Paar* een pas getrouwd stel
Verheiratung ZN V (-/+en) **1** **uithuwelijking** **2** **huwelijk**
verheißen OV WW sterk **toezeggen, beloven** • *jemandem Glück ~* iemand geluk voorspellen
Verheißung ZN V (-/+en) **belofte**
verheißungsvoll BN **veelbelovend**
verheizen OV WW **1** **verstoken** • *Holz ~* hout stoken **2** INFORM. **zinloos opofferen**
verhelfen ONOV WW +3, sterk **helpen, bezorgen** • *jemandem zu einer Stellung ~* iemand aan een betrekking helpen
verherrlichen OV WW **verheerlijken**
Verherrlichung ZN V (-/+en) **verheerlijking**
verhetzen OV WW **ophitsen, opruien, opstoken**
verheult BN **behuild**
verhexen OV WW **beheksen** • INFORM. *wie verhext!* of de duvel ermee speelt!
verhindern OV WW **verhinderen** • *geschäftlich verhindert sein* door zaken verhinderd zijn
Verhinderung ZN V (-/+en) **verhindering**
verhohlen BN **verholen, heimelijk**
verhöhnen OV WW **honen, bespotten, belachelijk maken**
Verhöhnung ZN V (-/+en) **beschimping, bespotting**
verhökern OV WW **uitventen, te koop aanbieden**
Verhör ZN O (+(e)s/+e) **verhoor** • *jemanden ins ~ nehmen* iemand een verhoor afnemen
verhören **1** OV WW **verhoren, ondervragen** **2** WKD WW (**sich ~**) **verkeerd verstaan** • *ich habe mich wohl verhört?* waarschijnlijk heb ik het verkeerd verstaan?
verhudeln OV WW **verknoeien**
verhüllen OV WW **verhullen, verbergen, bedekken** • *ein verhüllender Ausdruck* een eufemisme • *mit verhüllenden Worten* in bedekte termen
Verhüllung ZN V (-/+en) **1** **verhullen, verbergen** **2** **omhulsel, bedekking**
verhungern ONOV WW **1** **verhongeren** **2** INFORM. **uitgehongerd zijn**
verhunzen OV WW **verknoeien**
verhüten OV WW **1** **verhoeden, voorkomen, verhinderen** **2** **een voorbehoedmiddel gebruiken** • *wie verhütet ihr?* welk voorbehoedmiddel gebruiken jullie?
Verhütung ZN V (+en/gmv) **1** **verhindering, voorkoming** **2** **anticonceptie**
Verhütungsmittel ZN O (+s/-) **voorbehoedmiddel**
verhutzelt BN **verschrompeld**
verifizieren OV WW **verifiëren**

verinnerlichen OV WW verinnerlijken
verirren WKD WW (**sich ~**) verdwalen
Verirrung ZN V (-/+en) dwaling
verjagen OV WW verjagen, wegjagen
verjähren ONOV WW verjaren
Verjährung ZN V (-/+en) verjaring
Verjährungsfrist ZN V (-/+en) verjaringstermijn
verjubeln OV WW verkwisten
verjüngen OV WW jonger maken • *in verjüngtem Maßstab* op verkleinde schaal • *die Säule verjüngt sich* de zuil wordt naar boven toe dunner
Verjüngung ZN V (-/+en) **1** verjonging **2** verkleining **3** dunner worden
verkabeln OV WW met kabels aansluiten
verkalken ONOV WW verkalken • *verkalkt sein* INFORM. aan aderverkalking lijden, FIG. seniel/afgetakeld zijn
verkalkulieren WKD WW (**sich ~**) **1** fout inschatten **2** misrekenen, verrekenen
verkannt BN miskend
verkappt BN verkapt
verkapseln WKD WW (**sich ~**) zich inkapselen
Verkauf ZN M (+(e)s/-käufe) **1** verkoop • *zum ~ anbieten* te koop aanbieden/zetten • *zum ~ stehen* te koop staan/zijn **2** sales(afdeling)
verkaufen OV WW verkopen • *sein Geschäft ~* zijn zaak overdoen • *sich gut ~* goed in de markt liggen
Verkäufer ZN M (+s/-) verkoper
verkäuflich BN **1** verkoopbaar **2** te koop
Verkaufsleiter ZN M (+s/-) verkoopleider, salesmanager
Verkaufsschlager ZN M (+s/-) goed lopend artikel
Verkehr ZN M (+s/gmv) **1** verkeer • *es herrschte starker ~* het was druk op straat • *gesellschaftlicher ~* maatschappelijk verkeer **2** omloop • *in den ~ bringen* in omloop brengen • *aus dem ~ ziehen* uit de roulatie nemen **3** omgang • *brieflicher ~* briefwisseling, correspondentie **4** (seksuele) gemeenschap • *~ haben* (seksuele) gemeenschap hebben • *geschützter ~* safe sex
verkehren **1** OV WW verdraaien, veranderen • *Worte ~* woorden verdraaien • *sich ~* helemaal omslaan **2** ONOV WW **1** verkeren, omgaan • *bei jemandem ~* regelmatig bij iemand aan huis komen • *er verkehrt in den höchsten Kreisen* zij beweegt zich in hoge kringen • *brieflich mit jemandem ~* met iemand corresponderen **2** lopen, rijden • *zwischen diesen Dörfern verkehrt ein Omnibus* tussen deze dorpen onderhoudt de bus een verbinding
Verkehrsampel ZN V (-/+n) verkeerslicht
Verkehrsaufkommen ZN O (+s/-) verkeersaanbod, verkeersdichtheid
verkehrsberuhigt BN • *~e Zone* autoluw gebied
Verkehrsinsel ZN V (-/+n) vluchtheuvel
Verkehrsmittel ZN O (+s/-) verkeersmiddel • *öffentliche ~ benutzen* het openbaar vervoer gebruiken
Verkehrsnetz ZN O (+es/+e) verkeersnet
Verkehrsschild ZN O (+(e)s/+er) verkeersbord
Verkehrssünder ZN M (+s/-) verkeerszondaar, verkeersovertreder
Verkehrsverein ZN O (+(e)s/+e) bureau voor vreemdelingenverkeer, VVV-kantoor
verkehrswidrig BN in strijd met de verkeersregels
Verkehrszeichen ZN O (+s/-) verkeersteken
verkehrt BN verkeerd • *es ist ~ gelaufen* het is mis • *~!* mis poes!
Verkehrung ZN V (-/+en) **1** valse voorstelling • *eine Verkehrung der Dinge* een verkeerde voorstelling van zaken **2** omkering, verandering
verkeilen **1** OV WW **1** met een wig vastzetten **2** INFORM. afranselen **3** verpatsen **2** WKD WW (**sich ~**) vast in/op elkaar schuiven, vast raken
verkennen OV WW onregelmatig verkeerd beoordelen, miskennen • *es lässt sich nicht ~, dass ...* men kan niet ontkennen dat ... • *unser Haus ist nicht zu ~* ons huis is zeer herkenbaar • *ein verkanntes Genie* een miskend genie
Verkennung ZN V (-/+en) verkeerde beoordeling
verketten OV WW **1** met een ketting vastmaken **2** FIG. verbinden, aaneenschakelen
Verkettung ZN V (-/+en) samenloop, aaneenschakeling • *eine ~ unglücklicher Umstände* een samenloop van ongelukkige omstandigheden
verketzern OV WW openlijk veroordelen, verketteren
verkitten OV WW kitten, met kit dichten
verklagen OV WW aanklagen
verklammern OV WW krammen
Verklappung ZN V (-/+en) afvalstoffen in de zee storten
verklären OV WW **1** REL. verheerlijken • *verklärt* gelukzalig **2** idealiseren, romantiseren • *sich ~* van geluk stralen
Verklärung ZN V (-/+en) verheerlijking
verklausulieren OV WW **1** door clausules beperken • *einen Vertrag ~* in een contract clausules opnemen **2** INFORM. ingewikkeld formuleren
verkleben **1** OV WW dichtplakken **2** ONOV WW vastplakken
verkleckern OV WW verknoeien, verkwisten
verkleiden **1** OV WW bekleden, betimmeren **2** WKD WW (**sich ~**) verkleden, vermommen
Verkleidung ZN V (-/+en) **1** verkleding, vermomming **2** bekleding, betimmering
verkleinern **1** OV WW **1** verkleinen **2** kleineren **2** WKD WW (**sich ~**) INFORM. kleiner worden, kleiner gaan wonen
Verkleinerung ZN V (-/+en) verkleining
Verkleinerungsform ZN V (-/+en) verkleinwoord
verkleistern OV WW met stijfsel dichtplakken
verklemmen WKD WW (**sich ~**) klem gaan zitten • *sich verklemmt haben* vast zitten
verklemmt BN geremd, verkrampt, gefrustreerd
verklingen ONOV WW sterk wegsterven <geluid>

verkloppen OV WW **1** afranselen **2** verpatsen
verknacken OV WW INFORM. veroordelen <straf>
verknacksen OV WW verstuiken
verknallen OV WW verschieten • *sich in jemanden ~* op iemand verliefd worden
verkneifen OV WW sterk samenknijpen • *sich etwas ~ müssen* iets moeten onderdrukken
verkniffen BN verbeten
verknöchern ONOV WW **1** verbenen, tot been worden **2** FIG. verstarren • *ein verknöcherter alter Mann* een halsstarrige oude man
verknorpeln ONOV WW tot kraakbeen worden
verknoten OV WW aan elkaar knopen, vastknopen
verknüpfen OV WW **1** aaneenknopen **2** FIG. verbinden • *zwei Dinge miteinander ~* twee dingen met elkaar verbinden • *die Tatsachen sind eng miteinander verknüpft* de feiten zijn nauw met elkaar verweven
verkochen OV + ONOV WW te lang koken, verkoken
verkohlen 1 OV WW **1** tot houtskool maken **2** INFORM. voor de gek houden **2** ONOV WW tot kool worden
verkommen ONOV WW sterk **1** vervallen, in verval raken • *ein ~es Haus* een vervallen huis **2** aan lager wal raken • *~ sein* aan lager wal geraakt zijn **3** bederven, onbruikbaar worden • *etwas ~ lassen* iets verwaarlozen • HUMOR. *nichts ~ lassen* alles opeten
Verkommenheit ZN V (-/gmv) verdorvenheid
verkonsumieren OV WW verbruiken
verkoppeln OV WW samenkoppelen, verbinden
verkorken OV WW kurken
verkorksen OV WW verknoeien, bederven • *ein verkorkstes Leben* een verknoeid leven
verkörpern OV WW **1** belichamen **2** spelen, vertolken • *eine Rolle im Film ~* een rol in een film uitbeelden
Verkörperung ZN V (-/+en) belichaming
verkosten OV WW proeven
verköstigen OV WW de kost geven, onderhouden
Verköstigung ZN V (-/+en) kost, onderhoud
verkrachen WKD WW (**sich ~**) INFORM. ruzie krijgen • *sich mit jemandem verkracht haben* met iemand ruzie hebben
verkraften OV WW verwerken, aankunnen • *sie verkraftet das schon!* ze kan dat wel aan!
verkrampfen WKD WW (**sich ~**) zich krampachtig samentrekken
verkrampft BN krampachtig
Verkrampfung ZN V (-/+en) **1** verkrampen **2** kramp, krampachtigheid
verkriechen WKD WW (**sich ~**) sterk wegkruipen, zich verschuilen
verkrümeln 1 OV WW verkruimelen **2** WKD WW (**sich ~**) INFORM. zoek raken, er stilletjes vandoor gaan
verkrümmen 1 OV WW krombuigen **2** ONOV WW krom worden **3** WKD WW (**sich ~**) krom worden
Verkrümmung ZN V (-/+en) verbuiging, kromming
verkrusten ONOV WW een korst vormen
verkühlen WKD WW (**sich ~**) kou vatten
verkümmern ONOV WW verkommeren, doodgaan • *ein verkümmerter Garten* een verpieterd tuintje
verkünden OV WW **1** bekendmaken, openbaar maken • *ein Urteil ~* een oordeel uitspreken • *seine Verlobung ~* zijn verloving bekendmaken **2** voorspellen • *Unheil verkündend* onheilspellend
verkündigen OV WW verkondigen, preken
Verkündigung ZN V (-/+en) **1** verkondiging • *Mariä ~* Maria-Boodschap **2** afkondiging
verkupfern OV WW met koper bedekken
verkuppeln OV WW koppelen • *zwei Menschen miteinander ~* twee mensen bij elkaar brengen
verkürzen 1 OV WW verkorten **2** WKD WW (**sich ~**) korter worden
Verkürzung ZN V (-/+en) **1** afkorting, inkorting **2** bekorting, verkorting
Verladebrücke ZN V (-/+n) laadbrug
verladen OV WW sterk **1** inladen **2** vervoeren, verzenden
Verladerampe ZN V (-/+n) laadperron
Verladung ZN V (-/+en) **1** transport **2** verzending
Verlag ZN M (+(e)s/+e) uitgeverij, uitgeversbedrijf
verlagern OV WW verplaatsen • *sich ~* zich verplaatsen
Verlagerung ZN V (-/+en) verplaatsing
Verlagsanstalt ZN V (-/+en) → **Verlag**
Verlagswesen ZN O (+s/-) uitgeverswereld
verlanden ONOV WW tot land worden
verlangen 1 OV WW verlangen, wensen, eisen, vragen • *der verlangte Preis* de gevraagde prijs • *Sie werden am Telefon verlangt* er is telefoon voor u • *das kannst du nicht von mir ~* dat kun je niet van mij vragen • *es verlangt viel von ...* het vergt veel van ... • *von jemandem Unmögliches ~* het onmogelijke van iemand vragen **2** ONOV WW verlangen (**nach** naar) • *nach jemandem ~* wensen dat iemand komt
Verlangen ZN O (+s/-) verlangen • *jemandes ~ nachkommen* aan iemands eis voldoen • *kein ~ haben* geen behoefte hebben • *auf ~ von* op verlangen van • *heißes ~* brandend verlangen • *auf ~* op verzoek • *auf ~ vorzeigen* tonen op verzoek
verlängern OV WW **1** verlengen **2** aanlengen • *Saft mit Wasser ~* sap met water aanlengen
Verlängerung ZN V (-/+en) **1** verlenging • *Straße B ist die ~ von Straße A* straat A ligt in het verlengde van straat B **2** aanlengen
verlangsamen OV WW vertragen • *die Geschwindigkeit ~* de vaart minderen
Verlass ZN M (+es/gmv) • *auf ihn ist kein ~* men kan niet op hem vertrouwen
verlassen 1 BN eenzaam, verlaten • *sich ~ fühlen* zich verlaten voelen **2** OV WW sterk **1** verlaten **2** in de steek laten • *ihr Mann hat sie ~* haar man is weg bij haar **3** WKD WW (**sich ~**) vertrouwen

ve

• *sich auf jemanden/etwas ~* op iemand/iets vertrouwen • *auf dich kann man sich ~* op jou kun je altijd rekenen • *auf ihn kann man sich nicht ~* van hem ben je nooit zeker • *du kannst dich darauf ~* je kunt er vast op aan

Verlassenheit ZN V (-/gmv) **verlatenheid**

verlässlich BN **betrouwbaar**

Verlässlichkeit ZN V (-/gmv) **betrouwbaarheid**

Verlaub ZN M (+s/gmv) • *mit ~* met uw permissie

Verlauf ZN M (+(e)s/-läufe) **verloop** • *nach ~ einiger Stunden* na verloop van een paar uur • *für einen guten ~* voor een goede gang van zaken • *der ~ der Ereignisse* de loop der gebeurtenissen

verlaufen 1 ONOV WW sterk **1 verlopen** • *im Sande ~* op niets uitlopen, doodlopen **2 lopen, zich uitstrekken 2** WKD WW (**sich ~**) **1 ergens ophouden, onduidelijk verlopen** • *der Weg verläuft sich im Gestrüpp* de weg wordt in het struikgewas onduidelijker **2 uiteengaan** <van menigte> • *die Menge verlief sich* de menigte verspreidde zich **3 verdwalen** • *wir haben uns ~* wij zijn verdwaald

verlaust BN **vol met luizen**

verlautbaren OV WW • *~ lassen* publiek maken, officieel bekendmaken

Verlautbarung ZN V (-/+en) **bekendmaking**

verlauten ONOV WW **bekendmaken, mededelen** • *nichts ~ lassen* niets zeggen/loslaten

verleben OV WW **doorbrengen** • *einige schöne Tage ~* enkele mooie dagen doorbrengen • *verlebt* afgeleefd

verlegen 1 BN **verlegen, bedeesd** • *um Geld ~ sein* om geld verlegen zitten **2** OV WW **1 verplaatsen** • *einen Patienten ~* een patiënt naar een andere afdeling verplaatsen **2 verschuiven, uitstellen** • *können wir den Termin ~?* kunnen we de afspraak verplaatsen? **3 ergens neerleggen en daarna niet meer vinden** • *ich habe meine Brille verlegt* ik kan mijn bril niet meer vinden **4 leggen** • *Leitungen ~* leidingen leggen **5 uitgeven** • *ein Buch ~* een boek uitgeven **3** WKD WW (**sich ~**) • *sich auf etwas ~* zich op iets toeleggen • *sich aufs Bitten ~* het met smeekbeden proberen

Verlegenheit ZN V (-/+en) **verlegenheid**

Verlegenheitslösung ZN V (-/+en) **noodoplossing**

Verleger ZN M (+s/-) **uitgever**

Verlegung ZN V (-/+en) **1 leggen** <leidingen> **2 verplaatsing**

verleiden OV WW **vergallen, bederven** • *jemandem etwas ~* iemand de lust tot iets benemen • *jemanden die Freude an etwas ~* voor iemand het plezier in iets vergallen

Verleih 1 ZN M (+(e)s/+e) **uitleenbedrijf, verhuurbedrijf 2** ZN M (+(e)s/gmv) **uitlenen, verhuren** • *der ~ von Fahrrädern* het verhuren van fietsen

verleihen OV WW sterk **1 verlenen, toekennen** • *einen Preis ~* een prijs uitreiken **2 uitlenen, verhuren**

Verleiher ZN M (+s/-) **lener, verhuurder**

Verleihung ZN V (-/+en) **1 verlening, schenking 2 verhuur**

verleimen OV WW **vastlijmen**

verleiten OV WW **verleiden, verlokken**

Verleitung ZN V (-/+en) **verleiding**

verlernen OV WW **verleren** • *etwas verlernt haben* iets verleerd zijn

verlesen 1 OV WW sterk FORM. **voorlezen** • *eine Bekanntmachung ~* een officieel bericht voorlezen **2** WKD WW (**sich ~**) **verkeerd lezen** • *ich habe mich ~* ik heb het verkeerd gelezen

Verlesung ZN V (-/+en) **voorlezen, oplezen**

verletzbar BN **1 verwondbaar 2 kwetsbaar**

verletzen OV WW **1 kwetsen 2 verwonden** • *leicht verletzt* lichtgewond

verletzlich BN **kwetsbaar**

Verletzte ZN M/V (+n/+n) **gewonde**

Verletzung ZN V (-/+en) **1 verwonding** • *schwere Verletzungen* zware verwondingen • *äußere Verletzungen* uitwendige verwondingen **2 krenking, belediging 3 schending** • *die ~ eines Gesetzes* de schending van een wet

verleugnen OV WW **verloochenen, ontkennen**

Verleugnung ZN V (-/+en) **1 loochenen 2 ontkenning**

verleumden OV WW **lasteren** • *jemanden ~* iemands naam bekladden

Verleumder ZN M (+s/-) **lasteraar**

verleumderisch BN **lasterlijk**

Verleumdung ZN V (-/+en) **laster, kwaadsprekerij**

Verleumdungsklage ZN V (-/+n) **aanklacht/vervolging wegens belediging**

verlieben WKD WW (**sich ~**) **verliefd worden** • *sich in jemanden ~* verliefd worden op iemand

verliebt BN **verliefd** • *ich bin ~ in dich* ik ben verliefd op je • *ein ~es Pärchen* een verliefd paartje

Verliebtheit ZN V (-/gmv) **verliefdheid**

verlieren 1 OV WW sterk **verliezen** • *etwas verloren haben* iets kwijt zijn • *er hat voriges Jahr seine Frau verloren* vorig jaar ontviel hem zijn vrouw • *in Gedanken verloren* in gedachten verzonken • FIG. *bei ihm ist Hopfen und Malz verloren* het is bij hem boter aan de galg gesmeerd **2** ONOV WW **verliezen, minder worden** • *an Schönheit ~* aan schoonheid verliezen **3** WKD WW (**sich ~**) **1 verdwijnen 2 zich verliezen**

Verlierer ZN M (+s/-) **verliezer** • *ein schlechter ~ sein* niet tegen zijn verlies kunnen

Verlies ZN O (+es/+e) **kerker**

verloben WKD WW (**sich ~**) **zich verloven** • *verlobt sein* verloofd zijn

Verlobte ZN M/V (+n/+n) **verloofde**

Verlobung ZN V (-/+en) **verloving**

verlocken OV + ONOV WW **verlokken, verleiden** • *ein ~des Angebot* een verleidelijk aanbod

Verlockung ZN V (-/+en) **verlokking, verleiding**

verlogen BN **leugenachtig, onoprecht**

Verlogenheit ZN V (-/+en) **oneerlijkheid, leugenachtigheid, huichelarij**

verlor OV WW verl. tijd → **verlieren**

ve

verloren BN **1** hulpeloos • *ohne ihren Mann ist sie ~* zonder haar man is ze hulpeloos **2** verloren • *ich gebe mich ~* ik geef het op • *~ gehen* zoekraken • *in der Menge ~ gehen* in de menigte verloren gaan • *eine ~e Generation* een verloren generatie
Verlorenheit ZN V (-/gmv) **1** verzonken zijn **2** eenzaamheid, verlatenheid
verlöschen ONOV WW sterk uitgaan, uitdoven • *die Flamme verlischt* de vlam gaat uit
verlosen OV WW verloten
Verlosung ZN V (-/+en) verloting
verlöten OV WW solderen
verlottern ONOV WW **1** verloederen **2** aan lager wal raken
verludern ONOV WW **1** aan lager wal raken **2** verloederen
verlumpen **1** OV WW verbrassen, verslonzen **2** ONOV WW haveloos worden, verwaarlozen, versloffen
verlumpt BN verwaarloosd
Verlust ZN M (+(e)s/+e) verlies • *mit ~ verkaufen* met verlies verkopen • *schwere Verluste* ernstige verliezen • *ein großer ~* een groot gemis
Verlustgeschäft ZN O (+(e)s/+e) verliesgevende zaak/transactie
verlustig BW +2 FORM. kwijt • *einer Sache ~ gehen* iets kwijtraken
Verlustsaldo ZN M nadelig saldo
vermachen OV WW vermaken, legateren
Vermächtnis ZN O (+ses/+se) **1** JUR. legaat, erfenis, nalatenschap **2** testament, uiterste wilsbeschikking
vermählen OV WW FORM. uithuwelijken • *sich ~* trouwen
Vermählte ZN M/V (+n/+n) FORM. gehuwde
Vermählung ZN V (-/+en) FORM. bruiloft • *die ~ bekannt geben* het huwelijk aankondigen
vermahnen OV WW vermanen
vermaledeien OV WW verwensen
vermarkten OV WW **1** op de markt brengen **2** te gelde maken, verdienen aan
Vermarktung ZN V (-/+en) **1** (het) op de markt brengen **2** marketing, commercialisering
vermasseln OV WW bederven, verknoeien • *einen Plan ~* een plan nekken
vermassen MIN. ONOV WW **1** massificeren **2** opgaan in de massa
Vermassung ZN V (-/+en) massificatie
vermehren **1** OV WW vergroten, doen toenemen **2** WKD WW (**sich ~**) zich voortplanten
Vermehrung ZN V (-/gmv) vermeerdering, vergroting
vermeidbar BN vermijdbaar
vermeiden OV WW sterk vermijden
Vermeidung ZN V (-/+en) vermijding
vermeinen ONOV WW menen
vermeintlich BN vermeend
vermelden OV WW melden
vermengen OV WW **1** vermengen **2** verwarren
Vermengung ZN V (-/+en) vermenging
vermenschlichen OV WW vermenselijken
Vermerk ZN M (+(e)s/+e) aantekening, notitie
vermerken OV WW **1** aantekenen, noteren • *am Rande vermerkt* terloops vermeld **2** kennis nemen van, merken
vermessen **1** BN FORM. aanmatigend, gewaagd, vermetel **2** OV WW sterk opmeten **3** WKD WW (**sich ~**) **1** verkeerd meten **2** het wagen
Vermessenheit ZN V (-/+en) vermetelheid
Vermesser ZN M (+s/-) landmeter
Vermessung ZN V (-/+en) opmeting
vermiesen OV WW verpesten, bederven • *jemandem den Tag ~* iemand de dag verpesten
vermieten OV WW verhuren
Vermieter ZN M (+s/-) verhuurder
Vermietung ZN V (-/+en) verhuur
vermindern **1** OV WW verminderen, verlagen **2** WKD WW (**sich ~**) afnemen, minder worden
Verminderung ZN V (-/+en) vermindering
verminen OV WW mijnen leggen in • *ein Gebiet ~* in een gebied mijnen leggen
vermischen **1** OV WW vermengen • *Vermischtes* gemengd nieuws **2** WKD WW (**sich ~**) zich vermengen
Vermischung ZN V (-/+en) vermenging
vermissen OV WW missen • *ich werde dich ~* ik zal je missen • *es wird ein Kind vermisst* er is een kind zoek
Vermisste ZN M/V (+n/+n) vermiste
vermitteln **1** OV WW **1** tot stand brengen • *eine Ehe ~* een huwelijk tot stand brengen **2** bezorgen, verschaffen • *jemandem eine Stelle ~* iemand aan een baan helpen **3** geven, overdragen • *es vermittelt einen Eindruck* het geeft een indruk **2** ONOV WW bemiddelen • *zwischen zwei Personen ~* tussen twee personen bemiddelen
Vermittler ZN M (+s/-) bemiddelaar, tussenpersoon
Vermittlung ZN V (-/+en) **1** bemiddeling **2** telefooncentrale **3** overdracht
Vermittlungsgebühr ZN V (-/+en) bemiddelingskosten, provisie, courtage
Vermittlungsversuch ZN M (+(e)s/+e) bemiddelingspoging
vermöbeln OV WW afrossen
vermodern ONOV WW verrotten, vergaan
vermögen FORM. OV WW onregelmatig **1** vermogen, gedaan weten te krijgen **2** vermogen, in staat zijn
Vermögen ZN O (+s/gmv) **1** vermogen, bezit • *das kostet ein kleines ~* dat kost een aardige duit **2** vermogen, macht
vermögend BN welgesteld, vermogend
Vermögenssteuer ZN V (-/gmv) vermogensbelasting
Vermögensverwaltung ZN V (-/+en) vermogensbeheer
vermummen OV WW vermommen, verkleden • *sich ~* zich vermommen/verkleden
vermurksen OV WW verknoeien
vermuten OV WW vermoeden • *nur ~ können* enkel kunnen gissen • *hinter allem etwas ~* overal

iets achter zoeken • *ich vermutete schon so etwas* ik had er al zo'n vermoeden van
vermutlich BN vermoedelijk • *sie ist ~ nach Hause gegangen* zij is vermoedelijk naar huis gegaan
Vermutung ZN V (-/+en) vermoeden
vernachlässigen OV WW veronachtzamen, verwaarlozen
Vernachlässigung ZN V (-/+en) verwaarlozing
vernageln OV WW dichtspijkeren
vernähen OV WW dichtnaaien
vernarben ONOV WW een litteken vormen, genezen
vernarrt BN () • *in etwas ~ sein* helemaal weg zijn van iets • *in jemanden ~ sein* stapelgek zijn op iemand
vernaschen OV WW opsnoepen • *ein Mädchen ~* een meisje versieren en verleiden • *vernascht* snoeplustig
vernebeln OV WW **1** verstuiven, vernevelen **2** versluieren • *Tatsachen ~* feiten versluieren **3** een rookgordijn leggen
vernehmbar BN **1** verstaanbaar • *ein kaum ~er Laut* een nauwelijks hoorbaar geluid **2** duidelijk
vernehmen OV WW sterk **1** vernemen, horen **2** verhoren, ondervragen • *einen Zeugen ~* een getuige ondervragen
Vernehmen ZN O (+s/gmv) • *dem ~ nach* naar verluidt
vernehmlich BN verstaanbaar, duidelijk
Vernehmung ZN V (-/+en) verhoor
vernehmungsfähig BN in staat om verhoord te worden
verneigen WKD WW (**sich ~**) een buiging maken
Verneigung ZN V (-/+en) buiging
verneinen OV WW **1** ontkennen **2** afwijzen
Verneinung ZN V (-/+en) **1** ontkenning **2** afwijzing
vernichten OV WW vernietigen, verdelgen, uitroeien • *eine ~de Kritik* een vernietigende kritiek • *eine ~de Niederlage* een verpletterende nederlaag
Vernichtung ZN V (-/+en) **1** vernietiging **2** verdelging
Vernichtungsmittel ZN O verdelgingsmiddel
vernickeln OV WW vernikkelen
verniedlichen OV WW onschuldig voorstellen
Vernunft ZN V (-/gmv) rede, verstand • *zur ~ kommen* verstandig worden • *er ist nicht zur ~ zu bringen* hij is niet voor rede vatbaar
vernunftbegabt BN met rede begaafd
Vernunftehe ZN V (-/+n) verstandshuwelijk
vernünftig BN **1** verstandig • *sei doch vernünftig!* wees toch verstandig! **2** redelijk • *ein vernünftiger Vorschlag* een redelijk voorstel
veröden ONOV WW **1** onvruchtbaar worden • *verödetes Land* onvruchtbaar geworden land **2** doods worden, verlaten worden • *verödete Dörfer* verlaten dorpen
veröffentlichen OV WW **1** bekendmaken **2** publiceren • *einen Artikel ~* een artikel publiceren **3** uitgeven • *ein Buch ~* een boek uitgeven
Veröffentlichung ZN V (-/+en) publicatie
verordnen OV WW **1** verordenen, gelasten, instellen **2** MED. voorschrijven
Verordnung ZN V (-/+en) **1** verordening • *durch eine ~ festgesetzt* bij verordening bepaald **2** MED. voorschrift
verpachten OV WW verpachten
Verpächter ZN M (+s/-) verpachter
Verpachtung ZN V (-/+en) verpachting
verpacken OV WW verpakken
Verpackung ZN V (-/+en) verpakking
verpassen OV WW **1** missen • *die Gelegenheit ~* de gelegenheid voorbij laten gaan • *den Zug ~* de trein missen • *hab ich was verpasst?* heb ik iets gemist? • *sich/einander ~* elkaar mislopen **2** INFORM. **geven** • INFORM. *jemandem eine Ohrfeige ~* iemand een klap geven
verpatzen OV WW verknoeien, bederven
verpennen ONOV WW INFORM. zich verslapen
verpesten OV WW verontreinigen • *die Luft ~* de lucht verontreinigen • *die Stimmung ~* de sfeer verzieken
Verpestung ZN V (-/gmv) **1** verpesting **2** vervuiling
verpetzen OV WW verraden, verklikken
verpfänden OV WW verpanden • *sein Wort ~* iets plechtig beloven
verpfeifen OV WW sterk INFORM. verraden, aangeven
verpflanzen OV WW verplanten
Verpflanzung ZN V (-/+en) **1** verplanting **2** MED. transplantatie
verpflegen OV WW te eten geven, maaltijden verstrekken
Verpflegung ZN V (-/gmv) kost, voeding • *Zimmer mit voller ~* kamer met vol pension
verpflichten **1** OV + ONOV WW **1** verplichten • *sich verpflichtet fühlen etwas zu tun* zich verplicht voelen om iets te doen • *jemandem zu Dank verpflichtet sein* iemand dank verschuldigd zijn • *wir sind ihr sehr verpflichtet* wij zijn haar zeer verplicht • *zu etwas verpflichtet sein* ergens toe verplicht zijn • *ich fühle mich verpflichtet, ihn einzuladen* ik voel mij verplicht hem uit te nodigen **2** contracteren **3** plechtig laten beloven • *Beamte auf die Verfassung ~* ambtenaren de eed op de grondwet laten afleggen **2** WKD WW (**sich ~**) **1** zich verplichten (**zu** +3 **tot**) • MIL. *sich für 10 Jahre ~* voor 10 jaar tekenen **2** zich verbinden
Verpflichtung ZN V (-/+en) **1** verplichting • *dadurch entstehen Verpflichtungen* dat schept verplichtingen • *eine ~ übernehmen* een verplichting op zich nemen **2** engagement, verbintenis
verpfuschen OV WW INFORM. verprutsen, verknoeien
verplanen OV WW **1** verkeerd plannen **2** plannen, volboeken • *ich bin völlig verplant* mijn agenda is volgepland
verplappern WKD WW (**sich ~**) INFORM. zijn mond voorbijpraten
verplaudern OV WW verpraten, babbelend

doorbrengen
verplempern OV WW verknoeien, verkwisten • *Geld ~* geld verkwisten
verpönt BN niet geaccepteerd, ongepast, verboden • *die verpönte Aussage* de gewraakte uitspraak • *der verpönte Artikel* het gewraakte artikel
verprassen OV WW verbrassen
verprügeln OV WW afranselen
verpuffen ONOV WW **1** ontploffen <met een zachte knal> **2** mislukken, geen effect sorteren
verpulvern OV WW verkwisten
verpuppen WKD WW (**sich ~**) zich verpoppen
Verputz ZN M (+es/gmv) pleisterlaag
verputzen OV WW **1** bepleisteren **2** INFORM. verorberen • *er hat den ganzen Kuchen verputzt* hij heeft de hele taart verorberd **3** INFORM. verkwisten, opmaken
verqualmen OV WW verroken, vol rook(walm) blazen • *ein verqualmter Raum* een ruimte vol rook
verquellen ONOV WW sterk doen opzwellen <door vocht> • *verquollene Augen* opgezwollen ogen
verquer BW **1** verkeerd, scheef **2** merkwaardig • *jemandem ~ kommen* iemand ongelegen komen
verquicken OV WW amalgameren, verbinden
verrammeln OV WW barricaderen, versperren
verramschen OV WW tegen afbraakprijzen verkopen
Verrat ZN M (+(e)s/gmv) verraad • *~ begehen/üben* verraad plegen
verraten OV WW sterk verraden • *sich ~* zich verraden, duidelijk worden • *jemandem etwas ~* iets aan iemand verklappen • *ihr Akzent verriet ihre Herkunft* haar accent verried haar afkomst
Verräter ZN M (+s/-) verrader
verräterisch BN verraderlijk
verrauchen **1** OV WW verroken, aan roken uitgeven **2** ONOV WW **1** in rook opgaan, verdampen **2** verdwijnen, overgaan • *meine Wut ist verraucht* mijn boosheid is over
verrauschen ONOV WW **1** wegsterven, wegebben **2** afnemen, minder worden
verrechnen OV WW verrekenen, vereffenen • OOK FIG. *sich ~* zich verrekenen
Verrechnung ZN V (-/+en) verrekening
verrecken ONOV WW VULG. verrekken, aan zijn eind komen • *vor Hunger ~* verrekken van de honger
verregnen ONOV WW verregenen

verreisen ONOV WW op reis gaan • *verreist sein* op reis zijn
verreißen OV WW sterk **1** REG. stukscheuren **2** afmaken, afkraken • *der Kritiker verreißt das Buch* de recensent kraakt het boek af
verrenken OV WW **1** verstuiken, ontwrichten • *jemandem den Arm ~* iemands arm omdraaien • *sich den Arm ~* zijn arm verrekken **2** in vreemde bochten draaien
Verrenkung ZN V (-/+en) **1** verstuiking **2** ontwrichting
verrennen WKD WW (**sich ~**) onregelmatig zich hardnekkig vastbijten in iets • *sich in eine Idee ~* zich blind staren op een idee
verrichten OV WW verrichten, doen, uitvoeren • *viel Arbeit ~* veel werk verzetten
Verrichtung ZN V (-/+en) **1** verrichting **2** bezigheid • *seinen täglichen Verrichtungen nachgehen* zijn dagelijkse handelingen verrichten
verriegeln OV WW afgrendelen, vergrendelen, afsluiten • *eine Tür ~* de deur vergrendelen
verringern **1** OV WW verlagen, verkleinen, verminderen **2** WKD WW (**sich ~**) dalen, minder/kleiner/lager worden
Verringerung ZN V (-/+en) vermindering
verrinnen ONOV WW sterk **1** wegsijpelen, wegvloeien **2** verstrijken, vergaan
Verriss ZN M (+es/+e) vernietigende kritiek
verrohen ONOV WW ruw worden
Verrohung ZN V (-/+en) verruwing
verrosten ONOV WW verroesten • *eine verrostete Stimme* een hese stem
verrotten ONOV WW verrotten, vergaan
verrucht BN **1** zondig **2** snood, laaghartig
Verruchtheit ZN V (-/gmv) snoodheid, laagheid
verrücken OV WW verzetten, verschuiven, verplaatsen
verrückt BN + BW **1** gek, krankzinnig • *bist du verrückt?* ben je gek? • *jemanden ~ machen* iemand gek maken • *~ spielen* gek doen, niet goed werken • *ich werd' verrückt!* ik geloof het niet! • *~ auf / nach etwas sein* dol op iets zijn **2** abnormaal **3** enorm, zeer
Verrückte ZN M/V (+n/+n) gek, idioot, krankzinnige
Verrücktheit ZN V (-/+en) **1** gek zijn, krankzinnigheid **2** gekheid, dwaasheid
Verrücktwerden ZN O (+s/gmv) • INFORM. *das ist ja zum ~* dat is om gek van te worden
Verruf ZN M (+(e)s/gmv) slechte reputatie • *in ~ kommen/geraten* een slechte reputatie krijgen • *jemanden in ~ bringen* iemand een slechte naam bezorgen
verrufen BN slecht bekendstaand, berucht
verrunzelt BN gerimpeld, rimpelig
verrußt BN zwartgeblakerd • *zwartgeblakerde muren* verrußte Wände
verrutschen ONOV WW verschuiven
Vers ZN M (+es/+e) vers
versachlichen OV WW zakelijk voorstellen
versacken ONOV WW **1** wegzakken **2** SCHEEPV. zinken **3** INFORM. aan lager wal raken
versagen **1** OV WW **1** weigeren, niet toestaan, onthouden • *jemandem eine Bitte ~* iemand een verzoek weigeren **2** ontzeggen • *sich etwas ~* zich iets ontzeggen **2** ONOV WW **1** mislukken, falen • *er hat versagt* hij heeft gefaald **2** weigeren, het niet doen • *die Bremsen versagten* de remmen weigerden • *die Stimme versagt mir* mijn stem begeeft het
Versagen ZN O (+s/gmv) falen
Versager ZN M (+s/-) **1** mislukkeling **2** mislukking, flop
versalzen OV WW **1** te zout maken • *das Essen*

~ het eten te zout maken **2** INFORM. vergallen, bederven

versammeln OV WW verzamelen, bijeenbrengen • *sich ~* zich verzamelen, samenkomen

Versammlung ZN V (-/+en) **1** bijeenkomst, vergadering • *eine ~ abhalten* een vergadering houden **2** samenkomen, bijeenkomen

Versammlungsfreiheit ZN V (-/gmv) vrijheid/ recht van vergadering

Versand ZN M (+(e)s/gmv) **1** expeditie **2** verzending **3** postorderbedrijf

Versandanzeige ZN V bericht van verzending

versandbereit BN gereed voor verzending

versanden ONOV WW OOK FIG. verzanden

versandfertig BN klaar voor verzending

Versandgeschäft ZN O (+(e)s/+e) verzendhuis, postorderbedrijf

versauen OV WW **1** INFORM. besmeuren **2** INFORM. bederven • *das hat mir den ganzen Tag versaut* dat heeft de hele dag voor mij bedorven

versauern ONOV WW **1** zuur worden **2** INFORM. verkommeren

versaufen **1** OV WW sterk INFORM. verzuipen, aan drank uitgeven **2** ONOV WW sterk INFORM. verdrinken • *den ganzen Lohn ~* zijn hele salaris verzuipen

versäumen OV WW verzuimen • *die Gelegenheit ~* de gelegenheid verzuimen

Versäumnis ZN O (+ses/+se) verzuim, nalatigheid

Versäumnisurteil ZN O (+(e)s/+e) vonnis bij verstek

verschachern OV WW verkwanselen, versjacheren

verschachteln ONOV WW COMP. nesten

verschachtelt BN **1** dicht opeen gebouwd **2** ingewikkeld **3** nauw met elkaar verbonden, verstrengeld

verschaffen OV WW verschaffen

verschalen OV WW betimmeren

verschallen ONOV WW zwak wegsterven

Verschalung ZN V (-/+en) betimmering, bekisting

verschämt BN **1** beschaamd **2** schuchter, bedeesd

verschandeln OV WW verknoeien, ontsieren

verschanzen OV WW verschansen • *sich ~* zich verschansen

Verschanzung ZN V (-/+en) verschansing

verschärfen OV WW verscherpen • *sich ~* zich toespitsen, scherper worden • *eine Strafe ~* een straf verzwaren

Verschärfung ZN V (-/+en) **1** verscherping **2** toespitsing

verscharren OV WW onder de grond stoppen

verschätzen WKD WW (**sich ~**) verkeerd (in) schatten

verschaukeln OV WW INFORM. beduvelen, beetnemen

verscheiden ONOV WW sterk overlijden

verschenken OV WW weggeven, schenken

verscherbeln OV WW goedkoop van de hand doen

verscherzen OV WW verspelen, vergooien • *sich jemandes Gunst ~* zijn voorsprong verspelen

verscheuchen OV WW wegjagen, verdrijven

verschicken OV WW versturen, verzenden

Verschiebebahnhof ZN M (+(e)s/-bahnhöfe) rangeerstation

verschieben OV WW sterk **1** verschuiven, verplaatsen • *einen Termin ~* een afspraak verplaatsen • *eine Verabredung auf den nächsten Tag ~* een afspraak naar de volgende dag verschuiven **2** uitstellen **3** zwart verhandelen

Verschiebung ZN V (-/+en) **1** verschuiving, verplaatsing **2** smokkel, zwarte handel

verschieden **1** TELW verscheidene, enige • *~e Vorfälle* verscheidene gebeurtenissen **2** BN verschillend, ongelijk • *sie sind sehr ~* zij zijn erg verschillend • *sie sind ~er Meinung* zij zijn het oneens

verschiedenartig BN verschillend, uiteenlopend

Verschiedenartigkeit ZN V (-/+en) ongelijksoortigheid, verschil

verschiedenerlei BN verschillend, allerlei

Verschiedenheit ZN V (-/+en) **1** verscheidenheid **2** verschil

verschiedentlich BW verscheidene keren, meermaals

verschießen **1** OV WW sterk **1** verschieten **2** afvuren, afschieten • INFORM. *in jemanden verschossen sein* op iemand verliefd zijn **3** SPORT ernaast schieten **2** ONOV WW sterk verschieten, verbleken

verschiffen OV WW verschepen

Verschiffung ZN V (-/+en) verscheping

verschimmeln ONOV WW beschimmelen

verschlafen **1** BN slaperig **2** OV WW sterk **1** verslapen • *den Tag ~* de dag verslapen **2** door slaap verdrijven **3** niet denken aan • *das hast du ~* dat heb je gemist **3** ONOV WW sterk zich verslapen • *ich habe ~* ik heb me verslapen

Verschlag ZN M (+(e)s/-schläge) **1** afgeschotte ruimte **2** schuurtje

verschlagen **1** BN sluw, geslepen **2** OV WW sterk **1** doen belanden, doen verzeilen • *auf eine Insel ~ werden* op een eiland belanden • *was hat dich denn nach Bielefeld ~?* hoe ben jij dan in Bielefeld terechtgekomen? • *ich weiß nicht, wohin es ihn ~ hat* ik weet niet waar hij verzeild geraakt is **2** dichttimmeren **3** SPORT misslaan **4** benemen • *jemandem den Atem ~* iemand de adem benemen

Verschlagenheit ZN V (-/gmv) sluwheid, raffinement

verschlammen ONOV WW dichtslibben, vol modder raken

verschlampen **1** OV WW MIN. laten slingeren, kwijtraken • *deine Turnschuhe hast du sicher verschlampt!* jouw gympen heb je zeker ergens laten slingeren **2** ONOV WW MIN. verwaarloosd worden,

aftakelen
verschlechtern ov ww slechter maken • *sich ~* achteruitgaan
Verschlechterung zn v (-/+en) verslechtering, achteruitgang
verschleiern ov ww **1** versluieren, verhullen **2** met een sluier bedekken • *der Himmel verschleierte sich* de lucht werd bewolkt • *ein verschleierter Blick* een omfloerste blik
Verschleierung zn v (-/+en) **1** versluiering **2** bedekking
verschleimen ov ww met slijm vullen
Verschleiß zn m (+es/gmv) slijtage
verschleißen ov + onov ww sterk verslijten • *diese Maschinen ~ schnell* deze machines verslijten snel
Verschleißerscheinung zn v (-/+en) slijtageverschijnsel
verschleppen ov ww **1** wegslepen, wegvoeren, deporteren • *die Dorfbewohner wurden verschleppt* de dorpsbewoners werden weggevoerd **2** verspreiden <van ziekte> **3** op de lange baan schuiven, rekken • *den Prozessbeginn ~* het begin van het proces rekken **4** verwaarlozen <ziekte> • *eine verschleppte Lungenentzündung* een niet behandelde longontsteking
Verschleppung zn v (-/+en) **1** wegvoeren, deportatie **2** slepend houden, op de lange baan schuiven **3** verwaarlozing <van ziekte> **4** overbrenging <van ziekte>
verschleudern ov ww **1** over de balk gooien, verspillen **2** verkopen tegen afbraakprijzen, verramsjen
verschließbar bn afsluitbaar
verschließen ov ww sterk **1** afsluiten • *sich einer Sache 2 ~* zich voor iets afsluiten • *hinter verschlossenen Türen* achter gesloten deuren **2** opbergen • *die Süßigkeiten ~* het snoep op een veilige plek opbergen
verschlimmbessern ov ww (ongewild) slechter maken dan het was
verschlimmern ov ww slechter maken, verslechteren • *seine Krankheit hat sich verschlimmert* zijn ziekte is erger geworden
Verschlimmerung zn v (-/+en) verslechtering
verschlingen ov ww sterk **1** verstrengelen, ineenstrengelen • *verschlungene Wege* kronkelwegen **2** verslinden • *das Projekt verschlingt Millionen* het project verslindt miljoenen
Verschlingung zn v (-/+en) **1** verstrengeling **2** verslinden
verschlissen bn versleten • *~e Schuhe* sleetse schoenen
verschlossen bn ook fig. gesloten • *vor ~en Türen stehen* voor gesloten deuren staan • *ein ~es Mädchen* een gesloten meisje • *ein ~er Charakter* een gesloten karakter
Verschlossenheit zn v (-/gmv) fig. geslotenheid
verschlucken ov ww **1** inslikken, doorslikken • *sich ~* zich verslikken • *Silben ~* onduidelijk uitspreken **2** opslokken, kosten
Verschluss zn m (+es/-schlüsse) **1** slot, sluiting • *etwas unter ~ halten* iets op slot houden **2** med. afsluiting, occlusie
verschlüsseln ov ww coderen
Verschlüsselung zn v (-/gmv) codering
Verschlusslaut zn m (+(e)s/+e) ploffer, explosief
verschmachten onov ww versmachten • *vor Durst ~* versmachten van de dorst
verschmähen ov ww versmaden
verschmelzen ov + onov ww sterk versmelten, samensmelten
Verschmelzung zn v (-/+en) versmelting, samensmelting
verschmerzen ov ww te boven komen, verkroppen
verschmieren ov ww **1** versmeren **2** volsmeren, besmeuren **3** dichtsmeren
verschmitzt bn **1** schalks • *~ lächeln* fijntjes glimlachen **2** sluw, geslepen, listig
verschmutzen **1** ov ww vuil maken **2** onov ww vuil worden
Verschmutzung zn v (-/+en) vervuiling, verontreiniging
verschnaufen onov ww op adem komen, uitblazen • *ich muss mich einen Augenblick ~* ik moet een ogenblik uitblazen
Verschnaufpause zn v (-/+n) adempauze, rustpauze
verschneiden ov ww sterk **1** knippen, snoeien **2** versnijden, aanlengen **3** verknippen **4** castreren
verschneit bn met sneeuw bedekt
Verschnitt zn m (+(e)s/+e) **1** versneden drank **2** afval <bij het knippen>
verschnörkeln ov ww met krullen versieren
verschnupfen ov ww inform. ergeren, uit zijn humeur brengen
verschnupft bn **1** verkouden • *eine ~e Nase* een verstopte neus **2** fig. gepikeerd, uit zijn humeur
verschnüren ov ww dichtsnoeren, dichtbinden
verschollen bn spoorloos verdwenen
verschonen ov ww sparen, ontzien • *bitte verschone mich damit!* bespaar het me, alsjeblieft!
verschönern ov ww mooier maken, verfraaien
Verschönerung zn v (-/+en) verfraaiing
Verschonung zn v (-/+en) sparen
verschränken ov ww **1** kruisvormig verbinden **2** kruisen, kruiselings over elkaar slaan • *mit verschränkten Armen* met de armen over elkaar
verschrauben ov ww dichtschroeven, vastschroeven
verschreiben **1** ov ww sterk **1** verschrijven **2** med. voorschrijven • *jemandem Medikamente ~* aan iemand medicijnen voorschrijven **3** legateren, vermaken • *sich dem Teufel ~* zijn ziel aan de duivel verkopen **2** wkd ww (**sich ~**) **1** zich geheel wijden aan • *sich der Mathematik ~* zich geheel aan de wiskunde wijden **2** zich verschrijven
Verschreibung zn v (-/+en) **1** verschrijving **2**

ve

MED. recept

verschreien OV WW sterk in een kwade reuk brengen, uitmaken voor • *als strenger Lehrer verschrien* berucht als strenge leraar

verschroben BN vreemd, eigenaardig, zonderling

Verschrobenheit ZN V (-/gmv) vreemdheid, eigenaardigheid

verschrotten OV WW slopen, tot schroot verwerken

verschrumpeln ONOV WW verschrompelen

verschrumpfen ONOV WW verschrompelen

verschüchtert BN verlegen, bang, geïntimideerd

verschulden 1 OV WW de schuld hebben van, de oorzaak zijn van • *sie hat den Unfall verschuldet* zij heeft de schuld van het ongeluk **2** ONOV WW in de schulden raken • *stark verschuldet sein* diep in de schulden zitten **3** WKD WW **(sich ~)** schulden maken

Verschulden ZN O (+s/gmv) schuld • *durch eigenes ~* door eigen schuld

Verschuldung ZN V (-/+en) schuld, schuldenlast

verschütten OV WW **1** morsen • *Saft ~* sap morsen **2** bedelven • *verschüttet werden* bedolven raken, onder het puin terechtkomen

verschüttgehen ONOV WW verloren gaan

verschweigen OV WW sterk verzwijgen

verschweißen OV WW aaneenlassen

verschwenden OV WW verspillen, verkwisten

Verschwender ZN M (+s/-) verkwister, verspiller

verschwenderisch BN **1** verkwistend **2** kwistig, overdadig

Verschwendung ZN V (-/+en) verkwisting, verspilling

Verschwendungssucht ZN V (-/gmv) spilzucht

verschwiegen BN **1** zwijgzaam, discreet • *~ wie ein Grab* zo gesloten als het graf **2** stil, afgelegen • *ein ~er Ort* een afgelegen plaats

Verschwiegenheit ZN V (-/gmv) geheimhouding, zwijgzaamheid • *unter der strengsten ~* onder de meest strikte geheimhouding

verschwimmen ONOV WW sterk vervagen, in elkaar overlopen

verschwinden ONOV WW sterk verdwijnen • INFORM. *neben jemandem ~* naast iemand in het niet vallen • *~d wenig* uiterst weinig • INFORM. *verschwinde!* rot op! • *verschwindet!* wegwezen jullie!

verschwistern OV WW een hechte verbintenis aangaan • *verschwistert sein* broer en zus zijn

verschwitzen OV WW **1** doorzweten, nat maken van zweet • *verschwitzt sein* nat van zweet zijn **2** INFORM. vergeten • *eine Verabredung ~* een afspraak helemaal vergeten

verschwollen BN opgezwollen

verschwommen BN vaag, wazig • *~e Umrisse* wazige omtrekken

Verschwommenheit ZN V (-/gmv) **1** onbestemdheid **2** vaagheid

verschwören OV WW sterk samenzweren • *sich gegen die Regierung ~* samenzweren tegen de regering • *alles hat sich gegen mich verschworen* niets wil me lukken

Verschworene ZN M/V (+n/+n) samenzweerder

Verschwörer ZN M (+s/-) samenzweerder

Verschwörung ZN V (-/+en) samenzwering, complot • *eine ~ anzetteln* een samenzwering smeden

versehen 1 OV WW sterk **1** vervullen, uitoefenen • *seinen Dienst ~* zijn dienst doen • *jemandes Stelle ~* iemands plaats vervullen **2 ~ mit** voorzien • *jemanden mit etwas ~* iemand van iets voorzien **2** WKD WW **(sich ~) 1** verkeerd kijken • *ich habe mich ~* ik heb verkeerd gekeken **2** zich vergissen • *ehe man sich's versieht* voordat je het in de gaten hebt

Versehen ZN O (+s/-) vergissing, fout, abuis • *aus ~* per abuis, bij vergissing

versehentlich BW per abuis, bij vergissing

versehren OV WW kwetsen, verwonden

Versehrte ZN M/V (+n/+n) invalide

verselbstständigen WKD WW **(sich ~)** zich zelfstandig maken

versenden OV WW onregelmatig verzenden

Versendung ZN V (-/+en) verzending

versengen OV WW verschroeien

versenkbar BN te verzinken, inklapbaar • *diese Schraube ist ~* deze schroef laat zich verzinken

versenken OV WW **1** laten zinken, laten zakken • *sich in etwas ~* zich verdiepen in iets • *eine versenkte Schraube* een verzonken schroef **2** tot zinken brengen • *ein Schiff ~* een schip tot zinken brengen

Versenkung ZN V (-/+en) **1** tot zinken brengen **2** concentratie, meditatie **3** deel van het podium dat men kan laten zakken • *in der ~ verschwinden* van het toneel verdwijnen, in vergetelheid raken • *aus der ~ holen* uit de vergetelheid halen

versessen BN • *~ auf* verzot op, verlekkerd op

versetzen 1 OV WW **1** verzetten, verplaatsen • *einen Baum ~* een boom verplanten **2** bevorderen • *der Schüler wird versetzt* de leerling gaat over **3** verpanden • *seinen Schmuck ~* zijn sieraden verpanden **4** overplaatsen • *er wird in eine andere Abteilung versetzt* hij wordt overgeplaatst naar een andere afdeling **5** laten wachten • *jemanden ~* iemand vergeefs laten wachten **6** geven • *jemandem einen Stoß ~* iemand een stomp geven **7** brengen (in) • *jemanden in Schrecken ~* iemand schrik aanjagen • *jemanden in Unruhe ~* iemand ongerust maken **8** vermengen • *Wein mit Wasser ~* met water vermengen **2** ONOV WW antwoorden **3** WKD WW **(sich ~)** zich verplaatsen in, indenken • *versetz dich doch mal in seine Lage!* probeer om je in zijn situatie te verplaatsen

Versetzung ZN V (-/+en) **1** bevordering, (het) over gaan <naar een volgende klas> • *~ gefährdet* er is een risico dat iemand niet over gaat/blijft zitten **2** verzetting, verplaatsing **3** overplaatsing

verseuchen OV WW **1** verpesten **2** besmetten

Verseuchung ZN V (-/+en) **1** verpesting **2** besmetting

Versicherer ZN M (+s/-) verzekeraar

versichern **1** OV WW **1** verzekeren • *jemandem etwas ~* iemand iets verzekeren **2** beloven **3** een verzekering afsluiten **2** WKD WW (**sich ~**) +2 **1** verzekeren • *sich einer Sache ~* zich verzekeren van iets • *sich ~ gegen Feuer* zich verzekeren tegen brand **2** veilig stellen, bemachtigen • *sich eines guten Platzes ~* een goede plek voor zich veilig stellen **3** vergewissen van • *sich seiner Loyalität ~* zich vergewissen van zijn loyaliteit

Versicherte ZN M/V (+n/+n) verzekerde

Versicherung ZN V (-/+en) verzekering • *eine ~ abschließen* een verzekering afsluiten

Versicherungsanstalt ZN V (-/+en) verzekeringsmaatschappij

Versicherungsgesellschaft ZN V (-/+en) verzekeringsmaatschappij

Versicherungsnehmer ZN M verzekerde

Versicherungspapiere ZN MV verzekeringspapieren

versickern ONOV WW wegsijpelen

versiegeln OV WW **1** verzegelen **2** met een (harde) laag beschermen

versiegen ONOV WW uitdrogen, opdrogen

versiert BN ervaren, bedreven

versilbern OV WW verzilveren

Versilberung ZN V (-/+en) verzilvering

versimpeln **1** OV WW simpel maken **2** ONOV WW simpel worden

versinken ONOV WW sterk **1** opgaan in • *sie ist ganz in ihre Arbeit versunken* zij is helemaal in haar werk verdiept **2** wegzinken, wegzakken **3** zinken, ondergaan

versinnbildlichen OV WW symboliseren

Version ZN V (-/+en) versie

versklaven OV WW tot slaaf maken

Versklavung ZN V (-/+en) **1** slavernij, onderdrukking **2** verslaven

versoffen BN verzopen

versohlen OV WW • *jemandem den Hintern ~* iemand (een pak) voor zijn broek geven

versöhnen OV WW verzoenen • *sich mit jemandem ~* zich met iemand verzoenen • *sie hat sich mit ihrem Schicksal versöhnt* ze heeft zich neergelegd bij haar lot • *er will sich wieder mit ihr ~* hij wil het weer goedmaken met haar

versöhnlich BN **1** verzoenend **2** verzoeningsgezind

Versöhnung ZN V (-/+en) verzoening

versonnen BN in gedachten verzonken, dromerig

versorgen OV WW **1** verzorgen • *die Kinder werden gut versorgt* voor de kinderen wordt goed gezorgd **2** onderhouden • *versorgt* afgetobd **3 ~ mit** voorzien van • *die Gäste mit Essen ~* de gasten van eten voorzien

Versorger ZN M (+s/-) verzorger, kostwinner

Versorgung ZN V (-/+en) **1** verzorging **2** sociale voorziening

Versorgungsbetrieb ZN M (+(e)s/+e) nutsbedrijf

verspachteln OV WW **1** dichtsmeren **2** INFORM. opeten

verspannen OV WW **1** verkrampen • *verspannte Muskeln* verkrampte spieren **2** vastzetten <met draden of touwen>

Verspannung ZN V (-/+en) **1** gespannenheid **2** verkramptheid, kramp <spier> **3** spankabel

verspäten WKD WW (**sich ~**) vertraging hebben, te laat komen • *ein verspäteter Zug* een vertraagde trein • *ich habe mich etwas verspätet* ik ben wat laat

Verspätung ZN V (-/+en) vertraging

verspeisen OV WW opeten

verspekulieren **1** OV WW ECON. verliezen bij het speculeren • *er hat sein ganzes Vermögen verspekuliert* hij heeft zijn hele vermogen aan de beurs verloren **2** WKD WW (**sich ~**) **1** misrekenen **2** ECON. geld verliezen bij het speculeren

versperren OV WW **1** versperren, afsluiten • *die Aussicht ~* het uitzicht benemen **2** op slot doen

verspielen **1** OV WW verspelen • *ein verspieltes Kind* een speels kind **2** ONOV WW verliezen • *bei jemandem verspielt haben* het bij iemand verbruid hebben

verspotten OV WW bespotten, de spot drijven (met)

versprechen **1** OV WW sterk beloven • *jemandem etwas ~* iemand iets beloven • *davon verspreche ich mir wenig* daar verwacht ik niet veel van • *versprochen ist versprochen* eens gezegd, blijft gezegd • *jemandem goldene Berge ~* iemand koeien met gouden horens beloven **2** WKD WW (**sich ~**) zich verspreken

Versprechen ZN O (+s/-) toezegging, belofte • *ein ~ brechen* een belofte breken • *ein ~ geben* een belofte doen • *ein ~ (ein)halten/einlösen* een belofte nakomen

Versprecher ZN M (+s/-) verspreking

Versprechung ZN V (-/+en) belofte, toezegging • *falsche Versprechungen* valse beloften

versprengen OV WW **1** uiteenjagen • *versprengte Truppen* verstrooide troepen **2** verspuiten

verspritzen OV WW **1** spuiten, sproeien • *Wasser ~* met water morsen **2** volspatten

versprühen OV WW vernevelen, verstuiven • *Lebensfreude ~* levensvreugde uitstralen

verspüren OV WW bespeuren • *die Versuchung ~ zu* aanvechting voelen om

verstaatlichen OV WW nationaliseren • *verstaatlicht werden* door de staat overgenomen worden

Verstaatlichung ZN V (-/+en) onteigening door de staat, nationalisatie

verstädtern WW OV + ONOV verstedelijken • *verstädtertes Gebiet* verstedelijkt gebied

Verstädterung ZN V (-/+en) verstedelijking

Verstand ZN M (+(e)s/gmv) verstand, begrip • *zu ~ kommen* verstandig worden • *den ~ verlieren* gek worden • *jemanden um seinen ~ bringen* iemand op de zenuwen werken • *das geht über meinen ~* dat gaat mijn verstand te boven • *klarer ~* helder oordeel

verständig BN verstandig

verständigen 1 OV WW verwittigen, op de hoogte brengen • *die Polizei ~* de politie bellen 2 WKD WW (**sich ~**) 1 het eens worden 2 zich verstaanbaar maken • *sie kann sich in Spanien ~* ze kan zich in Spanje verstaanbaar maken

Verständigung ZN V (-/+en) 1 verwittiging 2 zich verstaanbaar maken • *wie klappt es mit der Verständigung?* kun je je verstaanbaar maken? 3 vergelijk 4 goede verstandhouding, toenadering

verständlich BN 1 verstaanbaar • *laut und ~ sprechen* hardop en verstaanbaar spreken 2 begrijpelijk • *allgemein ~* voor ieder begrijpelijk, makkelijk vatbaar

verständlicherweise BW begrijpelijkerwijs

Verständnis ZN O (+ses/gmv) begrip • *dafür habe ich kein ~* daarvoor heb ik geen begrip

verständnislos BN zonder inzicht/begrip/ gevoel, niet begrijpend, stomverbaasd

verständnisvoll BN vol begrip, met veel gevoel

verstärken 1 OV WW versterken, sterker maken • *den Ton ~* het geluid versterken • *die Polizei um zwanzig Mann ~* de politie met twintig man versterken 2 WKD WW (**sich ~**) sterker/groter worden

Verstärker ZN M (+s/-) versterker

Verstärkeranlage ZN V (-/+n) geluidsinstallatie

Verstärkung ZN V (-/+en) versterking • *um ~ bitten* om versterking vragen

verstauben ONOV WW onder het stof komen

verstäuben OV WW verstuiven

verstaubt BN 1 onder het stof • *völlig ~* helemaal onder het stof 2 MIN. ouderwets, verouderd, achterhaald

verstauchen OV WW verstuiken • *sich den Fuß ~* zijn voet verstuiken

Verstauchung ZN V (-/+en) verstuiking

verstauen OV WW verstuwen

Versteck ZN O (+(e)s/+e) schuilplaats • *~ spielen* verstoppertje spelen

verstecken OV WW verbergen, verstoppen • *sich hinter jemandem ~* zich verbergen achter iemand, zich verschuilen achter iemand • *versteckt* verborgen, heimelijk, verkapt • *eine versteckte Straße* een achterafstraatje • *Verstecken spielen* verstoppertje spelen

Versteckspiel ZN O (+(e)s/+e) verstoppertje

verstehen 1 OV WW sterk 1 verstaan, horen • *ich kann Sie kaum ~* ik kan u amper verstaan • *darunter ~ wir Folgendes* daar verstaan wij het volgende onder • *zu ~ geben* te kennen geven 2 begrijpen • *ich verstehe ihn nicht* ik begrijp hem niet • *verstehe mich nicht falsch* begrijp me goed • *davon versteht er gar nichts* daar heeft hij helemaal geen verstand van 2 WKD WW (**sich ~**) 1 met elkaar kunnen opschieten • *sie ~ sich prima* ze kunnen prima met elkaar opschieten 2 **~ auf** verstand hebben van iets • *sie versteht sich darauf* zij heeft daar verstand van 3 zijn • *der Preis versteht sich mit Bedienung* de bediening is bij de prijs inbegrepen • *das versteht sich von selbst* dat is vanzelfsprekend

versteifen 1 OV WW 1 stijf maken 2 versterken, steviger maken 2 WKD WW (**sich ~**) hardnekkiger worden, stijf worden <gewrichten> • *sich auf eine Meinung ~* hardnekkig bij een mening blijven

Versteifung ZN V (-/+en) 1 versterking 2 verstijven

versteigen WKD WW (**sich ~**) sterk 1 te hoog klimmen, bij het klimmen verdwalen 2 te ver gaan • *er verstieg sich zu der Behauptung, dass...* hij durfde te beweren dat...

versteigern OV WW veilen, bij opbod verkopen • *meistbietend ~; gegen höchstes Gebot ~* bij opbod verkopen

Versteigerung ZN V (-/+en) veiling, verkoop bij opbod

versteinern OV + ONOV WW verstenen

Versteinerung ZN V (-/+en) 1 verstenen 2 fossiel

verstellbar BN verstelbaar

verstellen 1 OV WW 1 verstellen, anders instellen • *wer hat den Sender verstellt?* wie heeft de zender anders ingesteld? • *das Uhr ~* de klok verzetten 2 verplaatsen, op de verkeerde plaats neerzetten 3 belemmeren, versperren • *den Durchgang ~* de doorgang belemmeren 4 verdraaien, veranderen • *die Stimme ~* de stem verdraaien • *seine Handschrift ~* zijn handschrift verdraaien 2 WKD WW (**sich ~**) veinzen, doen alsof

Verstellung ZN V (-/+en) veinzerij, huichelarij • *ihre Freude ist nur ~* haar vreugde is alleen maar geveinsd

versterben ONOV WW sterk overlijden, sterven

versteuern OV WW belasting betalen over/van • *Nebeneinkünfte ~* inkomsten uit bijbaantjes bij de belasting aangeven

Versteuerung ZN V (-/+en) belastingheffing

verstiegen BN 1 overspannen, overdreven 2 gezwollen

Verstiegenheit ZN V (-/+en) 1 overspanning, overdrevenheid 2 gezwollenheid

verstimmen OV WW ontstemmen • *das Klavier ist verstimmt* de piano is ontstemd

Verstimmung ZN V (-/+en) ontstemming

verstockt BN verstokt, koppig

Verstocktheit ZN V (-/gmv) verstoktheid

verstohlen BN heimelijk, verstolen • *ein ~er Blick* een verholen blik • *ein ~es Lächeln* een heimelijke glimlach

verstopfen OV + ONOV WW verstoppen, dichtstoppen

Verstopfung ZN V (-/+en) verstopping

verstorben BN overleden • *sein ~er Vater* zijn overleden vader → **versterben**

Verstorbene ZN M/V (+n/+n) gestorvene, overledene
verstören OV WW **1** verstoren **2** doen schrikken, onrustig maken
verstört BN geheel ontdaan, ontsteld, overstuur • *verstörtes Gesicht* verwilderd gezicht
Verstörtheit ZN V (-/gmv) ontsteltenis, verwarring
Verstoß ZN M (+es/-stöße) vergrijp, overtreding • *Verstoß gegen die guten Sitten* vergrijp tegen de goede zeden
verstoßen **1** OV WW sterk verstoten **2** ONOV WW sterk **~ gegen** in strijd handelen met, overtreden, indruisen tegen • *gegen eine Regel ~* een regel overtreden • *gegen die Sitten ~* in strijd met de goede zeden zijn
Verstrahlung ZN V (-/+en) radioactieve straling/besmetting
verstreben OV WW stutten, schoren
Verstrebung ZN V (-/+en) **1** schoring **2** schoor, stut
verstreichen **1** OV WW sterk **1** dichtstrijken **2** uitsmeren, uitstrijken **3** bij het strijken/verven gebruiken **2** ONOV WW sterk verstrijken, voorbijgaan • *es ist schon einige Zeit verstrichen* er is al enige tijd verstreken
verstreuen OV WW **1** verstrooien, verspreiden • *Zucker ~* met suiker morsen **2** bij het strooien gebruiken
verstricken OV WW verwikkelen • *sich in eigene Lügen ~* in zijn eigen leugens verstrikt raken
verströmen ONOV WW uitstromen
verstümmeln OV WW verminken • *ein Kunstwerk ~* een kunstwerk verminken
Verstümmelung ZN V (-/+en) verminking
verstummen ONOV WW verstommen
Versuch ZN M (+(e)s/+e) **1** poging • *ein letzter ~* een uiterste poging • *einen ~ wagen* een poging wagen • *einen ~ machen* een poging doen **2** proef • *ein chemischer ~* een scheikundige proef • *jemanden einem ~ unterziehen* iemand aan een test onderwerpen
versuchen OV WW **1** proberen, pogen, trachten • *ich habe es dreimal versucht* ik heb het drie keer geprobeerd • *das darfst du bei mir nicht ~* dat moet je met mij niet uithalen • *sich ~* zich wagen aan, zijn krachten beproeven **2** proeven • *den Kuchen ~* de taart proeven **3** in verzoeking brengen • *versucht sein* geneigd zijn
Versuchsanstalt ZN V (-/+en) proefstation
Versuchskaninchen ZN O (+s/-) proefkonijn
versuchsweise BW als proef, bij wijze van proef, op proef
Versuchszweck ZN O (+(e)s/+e) experimenteel doeleinde
Versuchung ZN V (-/+en) verzoeking, bekoring, verleiding
versumpfen ONOV WW **1** moerassig worden **2** verloederen
versündigen WKD WW (**sich ~**) zich bezondigen
versüßen OV WW **1** zoet maken **2** verzoeten • *das Leben ~* het leven veraangenamen
vertäfeln OV WW betimmeren, lambriseren
Vertäfelung ZN V (-/+en) lambrisering, betimmering
vertagen OV WW uitstellen • *sich ~* tot uitstel/verdaging besluiten • *~ auf* verdagen tot
vertäuen OV WW SCHEEPV. afmeren • *ein Schiff ~* een schip afmeren
vertauschen OV WW verwisselen, verruilen
Vertauschung ZN V (-/+en) **1** verwisseling **2** ruil
verteidigen OV WW verdedigen
Verteidiger ZN M (+s/-) verdediger
Verteidigung ZN V (-/+en) verdediging • *die ~ hat das Wort* het woord is aan de verdediging • *eine Schwachstelle in der ~* een zwakke plek in de verdediging
verteidigungsbereit BN paraat, klaar om zich te verdedigen
Verteidigungsminister ZN M (+s/-) minister van Defensie
verteilen OV WW **1** verdelen, uitdelen • *an die Armen ~* onder de armen uitdelen **2** verdelen, indelen • *sich auf das ganze Gebiet ~* over het gehele gebied verspreid zijn • *wir müssen es über dieses Jahr ~* we moeten het over dit jaar uitsmeren
Verteiler ZN M (+s/-) **1** verdeler **2** distributeur
Verteilung ZN V (-/+en) **1** verdeling **2** distributie **3** verspreiding
verteuern **1** OV WW de prijs verhogen, duurder maken **2** WKD WW (**sich ~**) duurder worden
Verteuerung ZN V (-/+en) **1** prijsstijging **2** prijsverhoging
verteufeln OV WW slecht maken, zwart maken
verteufelt **1** BN **1** ontzettend, enorm, verduiveld **2** boosaardig **3** beroerd, belazerd **2** BW duivels, ontzettend
vertiefen **1** OV WW **1** verdiepen, dieper maken • *den Graben ~* de greppel uitdiepen • *eine Rolle ~* een rol uitdiepen **2** intensiveren • *Verbindungen ~* connecties aanhalen **3** verlagen **2** WKD WW (**sich ~**) dieper worden, zich vergroten • *sich in etwas ~* zich in iets verdiepen
Vertiefung ZN V (-/+en) **1** verdieping, verdiepen **2** diepte, inzinking, kom
vertikal BN verticaal, loodrecht
Vertikale ZN V (-/-, +n) loodlijn
vertilgen OV WW **1** verdelgen **2** verorberen
Vertilgung ZN V (-/gmv) **1** verdelging **2** INFORM. verorbering
vertippen WKD WW (**sich ~**) verkeerd typen, verkeerd aanslaan • *er vertippt sich dauernd* hij maakt voortdurend tikfouten
vertonen OV WW op muziek zetten
Vertonung ZN V (-/+en) compositie
vertrackt BN **1** INFORM. lastig, gecompliceerd **2** INFORM. vervelend
Vertrag ZN M (+(e)s/-träge) contract, verdrag • *einen ~ abschließen* een contract afsluiten • *einen ~ erfüllen* een contract naleven • *einen ~ aufsetzen* een contract opmaken • *einen ~ schließen* een contract

aangaan • *einen ~ mit X unterzeichnen* een contract tekenen met X

vertragen 1 OV WW sterk **1 verdragen, bestand zijn tegen** • *sie verträgt keinen Alkohol* ze verdraagt geen alcohol **2 dulden** • *er verträgt keine Kritik* hij duldt geen kritiek 2 WKD WW **(sich ~) zich verzoenen, overweg kunnen, samengaan** • *sich mit jemandem ~* zich met iemand verzoenen, met elkaar kunnen opschieten • *das verträgt sich nicht* dat gaat niet samen, dat past niet bij elkaar

vertraglich BN **contractueel** • *sich ~ binden* zich contractueel verbinden • *~ festlegen* bij contract vastleggen

verträglich BN **1 verdraagzaam 2 goed verteerbaar**

Verträglichkeit ZN V (-/gmv) **1 verdraagzaamheid, tolerantie 2 verenigbaarheid 3 verteerbaarheid**

Vertragsabschluss ZN M (+es/-schlüsse) **sluiting van een contract**

vertragsbrüchig BN **contractbreuk plegend** • *~ werden* contractbreuk plegen

vertragsmäßig BN **volgens verdrag/contract, contractueel**

vertragswidrig BN **in strijd met het verdrag/contract**

vertrauen ONOV WW +3, **vertrouwen** • *sich selbst ~* zelfvertrouwen hebben • *auf jemanden ~* op iemand vertrouwen

Vertrauen ZN O (+s/gmv) **vertrouwen** • *zu jemandem ~ haben* vertrouwen in iemand hebben • *~ erweckend* vertrouwenwekkend • *in jemanden / etwas ~ setzen* vertrouwen stellen in iemand / iets • *zu jemandem ~ fassen* vertrouwen in iemand krijgen • *im ~* onder ons gezegd • *mein ~ ist erheblich angeknackst* mijn vertrouwen kreeg een gevoelige knauw • *im ~ auf* in vertrouwen op • *jemanden ins ~ ziehen* iemand in vertrouwen nemen

vertrauenerweckend BN **vertrouwenwekkend**

Vertrauensarzt ZN M (+(e)s/-ärzte) **1 controlerend geneesheer 2 vertrouwensarts**

Vertrauensbruch ZN M **schending van vertrouwen**

Vertrauensfrage ZN V (-/+n) **1 kwestie van vertrouwen 2** POL. **vertrouwenskwestie**

vertrauensselig BN **argeloos**

vertrauensvoll BN **vol vertrouwen**

vertraulich BN **vertrouwelijk** • *mit jemandem ~ sein* familiair met iemand zijn

Vertraulichkeit ZN V (-/+en) **vertrouwelijkheid**

verträumen OV WW **verdromen**

verträumt BN **1 dromerig 2 idyllisch**

vertraut BN **1 vertrouwelijk 2 vertrouwd** • *mit jemandem ~ sein* eigen met iemand zijn • *sich mit etwas ~ machen* met iets vertrouwd raken

Vertraute ZN M/V (+n/+n) **vertrouweling**

Vertrautheit ZN V (-/gmv) **vertrouwdheid**

vertreiben OV WW sterk **1 verdrijven 2 verkopen, handelen in** • *Waschmaschinen ~* wasmachines verkopen

Vertreibung ZN V (-/+en) **verdrijving, verjagen**

vertretbar BN **verdedigbaar** • *ethisch ~* ethisch verantwoord • *das ist ökologisch nicht ~* dat is ecologisch niet verantwoord

vertreten 1 OV WW sterk **1 vervangen** • *sie vertritt Herrn Weber* ze vervangt meneer Weber • *jemanden in seinem Amt ~* iemands ambt waarnemen **2 behartigen 3 vertegenwoordigen** • *eine Firma ~* een bedrijf vertegenwoordigen **4 verdedigen, opkomen voor** • *seine Ansicht ~* zijn mening verdedigen • *eine Auffassung ~* een opvatting huldigen 2 WKD WW **(sich ~) 1** • *sich den Fuß ~* zijn voet verstuiken **2** • *sich die Beine ~* de benen strekken, een ommetje maken

Vertreter ZN M (+s/-) **1 vertegenwoordiger** • *gesetzlicher ~* wettelijke vertegenwoordiger, ouder/verzorger **2 voorvechter, aanhanger 3 vervanger, waarnemer**

Vertretung ZN V (-/+en) **1 vervanging, waarneming** • *in ~* plaatsvervangend **2 vertegenwoordiging**

Vertrieb ZN M (+(e)s/+e) **1 expeditieafdeling 2 verkoop, distributie**

Vertriebene ZN M/V (+n/+n) **verdrevene, balling** • GESCH. *die Vertriebenen* Duitsers die na de oorlog gebieden in Polen moesten verlaten

vertrinken OV WW sterk **aan drank uitgeven, verdrinken**

vertrocknen ONOV WW **uitdrogen, verdrogen**

vertrödeln OV WW **verdoen, verbeuzelen**

vertrösten OV WW **aan het lijntje houden, paaien** • *jemanden auf später ~* iemand aan het lijntje houden

vertun 1 OV WW sterk **verdoen, verkwisten** 2 WKD WW **(sich ~)** INFORM. **zich vergissen**

vertuschen OV WW **verdoezelen, verheimelijken, in de doofpot stoppen**

verübeln OV WW **kwalijk nemen** • *jemandem etwas ~* iemand iets kwalijk nemen

verüben OV WW **begaan, plegen**

verulken OV WW **voor de gek houden**

verunglimpfen OV WW **beledigen, belasteren**

Verunglimpfung ZN V (-/+en) **smaad, laster**

verunglücken ONOV WW **1 een ongeluk krijgen** • *tödlich ~* verongelukken **2** INFORM. **mislukken** • *der Kuchen ist mit verunglückt* de taart is mij mislukt

verunreinigen OV WW **verontreinigen**

Verunreinigung ZN V (-/+en) **verontreiniging**

verunsichern OV WW **onzeker maken** • *ich war verunsichert* ik voelde me erg opgelaten

verunstalten OV WW **misvormen, mismaken, ontsieren**

ve

veruntreuen OV WW **verduisteren, ontvreemden**

Veruntreuung ZN V (-/+en) **verduistering**

verunzieren OV WW **ontsieren, mismaken**

verursachen OV WW **veroorzaken, teweegbrengen** • *Gefahr ~* gevaar opleveren

Verursacher ZN M (+s/-) **veroorzaker**

verurteilen OV WW **veroordelen** • *zum Scheitern verurteilt* tot mislukken gedoemd • *jemanden zu einem Jahr Freiheitstrafe ~* iemand veroordelen tot

een jaar gevangenisstraf
Verurteilte ZN M/V (+n/+n) veroordeelde
Verurteilung ZN V (-/+en) veroordeling
vervielfachen OV WW **1** sterk uitbreiden/vergroten • *der Verkehr hat sich vervielfacht* het verkeer is sterk toegenomen **2** vermenigvuldigen <getallen>
vervielfältigen OV WW vermenigvuldigen, reproduceren, kopiëren
Vervielfältigung ZN V (-/+en) kopie, reproductie
vervollkommnen OV WW vervolmaken, perfectioneren • *sich ~* volmaakt/beter worden
Vervollkommnung ZN V (-/+en) **1** verbetering **2** vervolmaking
vervollständigen OV WW volledig maken, aanvullen • *die Bibliothek hat sich vervollständigt* de bibliotheek is completer geworden
Vervollständigung ZN V (-/+en) **1** aanvullen **2** volledig maken, voltooiing
verw. AFK verwitwet weduwe, weduwnaar
verwachsen ONOV WW sterk **1** aan elkaar groeien **2** dichtgroeien • *ein ~er Pfad* een overwoekerd pad **3** vergroeien, dichtgaan
Verwachsung ZN V (-/+en) vergroeiing
verwählen WKD WW (**sich ~**) **1** het verkeerde nummer draaien/kiezen **2** HUMOR. de verkeerde partij kiezen
verwahren OV WW bewaren, veilig opbergen • *sich gegen etwas ~* fel protesteren tegen iets • *etwas sicher ~* iets veilig bewaren
verwahrlosen ONOV WW **1** verwaarloosd worden **2** verliederlijken
Verwahrlosung ZN V (-/gmv) verwaarlozing
Verwahrung **1** ZN V (-/+en) protest • *~ einlegen* protest aantekenen **2** ZN V (-/gmv) bewaring • *in ~ geben* in bewaring geven
verwaisen ONOV WW **1** wees worden • *verwaist* ouderloos **2** eenzaam/verlaten worden • *verwaist* eenzaam/verlaten
verwalten OV WW **1** beheren • *das Vermögen ~* het vermogen beheren **2** besturen **3** bekleden
Verwalter ZN M (+s/-) beheerder, bestuurder, administrateur, bewindvoerder
Verwaltung ZN V (-/+en) **1** beheer • *jemandem etwas zur ~ geben* iets bij iemand in beheer geven • *in eigener ~* in eigen beheer • *unter ~ stehen von* onder beheer staan van **2** bestuur, autoriteiten **3** administratie • *er ist in der ~ tätig* hij werkt op de afdeling administratie
Verwaltungsakt ZN M (+(e)s/+e) ambtelijke/bureaucratische beschikking
Verwaltungsapparat ZN M (+(e)s/+e) bestuursapparaat
Verwaltungsbehörde ZN V (-/+n) administratie, bestuur
Verwaltungsgericht ZN O (+(e)s/+e) administratieve rechtbank
Verwaltungskram ZN M INFORM. administratieve rompslomp
Verwaltungsrat ZN M (+(e)s/-räte) raad van beheer
verwandeln OV WW **1** veranderen • *sich ~* veranderen, veranderd worden (in) • *er war wie verwandelt* hij voelde zich een ander mens **2** SPORT benutten • *einen Elfmeter ~* een strafschop benutten
Verwandlung ZN V (-/+en) **1** verandering **2** gedaanteverwisseling **3** TON. changement <r>
verwandt BN familie van, verwant • *sie ist mit mir ~* zij is familie van me
Verwandte ZN M/V (+n/+n) familielid, bloedverwant • *meine Verwandten* mijn familie • *entfernter Verwandter* verre neef • *sie ist eine ~ von mir* zij is familie van me • *entfernten/weitläufige ~* verre bloedverwanten
Verwandtschaft ZN V (-/+en) **1** familie(leden) • *die ganze ~ war da* de hele familie was er **2** verwantschap
verwandtschaftlich BN familie-...
verwarnen OV WW een waarschuwing geven
Verwarnung ZN V (-/+en) ernstige waarschuwing
verwaschen BN **1** door wassen verkleurd **2** flets **3** vaag, onduidelijk • *ein ~er Ausdruck* een vage uitdrukking
verwässern OV WW verwateren
verweben OV WW sterk verweven
verwechseln OV WW **1** verwisselen **2** verwarren • *sich zum Verwechseln ähnlich sehen* sprekend op elkaar lijken
Verwechslung ZN V (-/+en) **1** verwisseling **2** verwarring
verwegen BN vermetel, stoutmoedig
Verwegenheit ZN V (-/gmv) vermetelheid, roekeloosheid
verwehen **1** OV WW verwaaien **2** ONOV WW wegwaaien, verwaaien • *seine Worte verwehten im Sturm* zijn woorden gingen in de storm verloren
verwehren OV WW verbieden • *jemandem etwas ~* iemand iets verbieden • *jemandem den Zutritt ~* iemand de toegang beletten
Verwehung ZN V (-/+en) opgewaaide sneeuw
verweichlichen **1** OV WW week maken **2** ONOV WW week worden
Verweichlichung ZN V (-/gmv) verwekelijking
verweigern OV WW weigeren • *er hat verweigert* hij heeft de militaire dienst geweigerd • *jemandem den Zutritt ~* iemand de toegang ontzeggen
Verweigerung ZN V (-/+en) weigering
verweilen ONOV WW verblijven, vertoeven
verweint BN behuild, betraand
Verweis ZN M (+es/+e) **1** verwijzing **2** berisping, terechtwijzing • *jemandem einen ~ erteilen* iemand een uitbrander geven • *sein Chef hat ihm einen ~ erteilt* zijn baas heeft hem berispt
verweisen OV WW sterk **1** verwijzen **2** berispen, terechtwijzen **3** wegsturen • SPORT *jemanden vom Feld ~* iemand van/uit het veld sturen • *jemanden des Landes ~* iemand verbannen
Verweisung ZN V (-/+en) **1** verwijzing **2** verbanning

verwelken ONOV WW OOK FIG. verwelken, verleppen
verweltlichen OV + ONOV WW verwereldlijken, seculariseren
Verweltlichung ZN V (-/gmv) secularisatie, verwereldlijking
verwendbar BN bruikbaar
Verwendbarkeit ZN V (-/gmv) **1** toepasbaarheid **2** bruikbaarheid
verwenden OV WW onregelmatig **1** gebruiken, toepassen • *nicht mehr verwendet werden* buiten gebruik raken **2** besteden • *viel Sorgfalt ~ auf etwas* veel zorg besteden aan iets • *sich für jemanden ~* moeite doen voor iemand
Verwendung ZN V (-/+en) **1** gebruik, toepassing • *~ für etwas haben* iets kunnen gebruiken **2** besteding
Verwendungszweck ZN M (+(e)s/+e) gebruiksdoeleinde
verwerfen OV WW sterk **1** verwerpen, afkeuren • *einen Vorschlag ~* een voorstel verwerpen • *eine Idee ~* een idee afkeuren • *einen Gesetzentwurf ~* een wetsvoorstel verwerpen • *eine Klausel ~* een clausule wraken **2** verkeerd werpen • *den Ball ~* de bal zoekmaken
verwerflich BN verwerpelijk, afkeurenswaardig
Verwerfung ZN V (-/+en) **1** verwerping **2** AARDK. verschuiving
verwertbar BN te gebruiken, bruikbaar
verwerten OV WW gebruiken, benutten, productief maken
Verwertung ZN V (-/+en) **1** gebruik, benutten, productief maken **2** te gelde maken, verzilvering
verwesen ONOV WW verrotten, vergaan, tot stof vergaan
verwetten OV WW verwedden • *dafür würde ich meinen Kopf ~* ik zou er mijn kop om durven verwedden
verwickeln OV WW **1** verwarren • *die Fäden ~* de draden in de war brengen **2** verwikkelen, betrokken doen raken • *sich ~* in de war raken, zich verstrikken
Verwicklung ZN V (-/+en) **1** verwikkeling, complicatie **2** verwarring **3** LETTERK. plot, intrige
verwildern ONOV WW verwilderen
verwinden OV WW sterk **1** te boven komen **2** verkroppen • *ich kann es nicht ~* ik kan dat niet verkroppen
verwinkelt BN ≈ pittoresk • *die ~en Gassen der Altstadt* de smalle en bochtige steegjes van de oude stadskern
verwirken OV WW FORM. verliezen, verspelen • *das Leben ~* er met zijn leven voor moeten boeten
verwirklichen 1 OV WW realiseren, verwezenlijken **2** WKD WW (**sich ~**) werkelijkheid worden • *sich ~ wollen* zich willen ontplooien
Verwirklichung ZN V (-/+en) verwezenlijking
verwirren 1 OV WW verwarren • *er war ganz verwirrt* hij was helemaal van zijn stuk **2** WKD WW (**sich ~**) in de war/knoop raken, verward raken
Verwirrung ZN V (-/+en) **1** warboel **2** verwarring • *in ~ geraten* verward raken
verwirtschaften OV WW verkwisten
verwischen 1 OV WW uitwissen • *seine Spuren ~* zijn sporen uitwissen **2** WKD WW (**sich ~**) vervagen • *die Unterschiede haben sich verwischt* de verschillen zijn vervaagd • *verwischt* vaag
verwittern ONOV WW verweren
Verwitterung ZN V (-/+en) verwering
verwitwet BN weduwe/weduwnaar geworden
verwoben BN nauw met iets verbonden
verwohnen OV WW uitwonen
verwöhnen OV WW verwennen • *ein verwöhntes Kind* een verwend kind • *sich ~ lassen* zich laten verwennen • *du verwöhnst uns!* wat een verwennerij!
Verwöhntheit ZN V (-/gmv) verwendheid
Verwöhnung ZN V (-/gmv) verwennen
verworren BN onduidelijk, verward
Verworrenheit ZN V (-/gmv) verwarde toestand
verwundbar BN **1** kwetsbaar **2** gevoelig, lichtgeraakt
Verwundbarkeit ZN V (-/gmv) **1** kwetsbaarheid **2** FIG. lichtgeraaktheid
verwunden OV WW **1** verwonden **2** kwetsen
verwunderlich BN verbazend, verwonderlijk
verwundern OV WW verwonderen • *sich über etwas ~* zich over iets verwonderen/verbazen
Verwunderung ZN V (-/gmv) verwondering, verbazing
Verwundete ZN M/V (+n/+n) gewonde • *die Verwundeten* de gewonden
Verwundung ZN V (-/+en) **1** verwonding **2** krenking
verwunschen BN betoverd
verwünschen OV WW **1** verwensen **2** betoveren
Verwünschung ZN V (-/+en) **1** verwensing **2** betovering
verwurzeln ONOV WW OOK FIG. wortel schieten • *irgendwo tief verwurzelt sein* ergens zijn wortels hebben
Verwurzelung ZN V (-/+en) hechte worteling
verwüsten OV WW verwoesten • *verwüstet aussehen* er afgeleefd/verlopen uitzien
Verwüstung ZN V (-/+en) verwoesting
verzagen ONOV WW versagen, moedeloos worden
Verzagtheit ZN V (-/gmv) **1** moedeloosheid **2** angst
verzählen WKD WW (**sich ~**) zich vertellen, verkeerd tellen • *sich verzählt haben* de tel kwijt zijn
verzahnen OV WW in elkaar laten grijpen
verzapfen OV WW **1** REG. tappen **2** TECHN. door gat en pin verbinden **3** INFORM. praten, doen • *Unsinn ~* onzin verkopen
verzärteln OV WW vertroetelen

verzaubern ov ww betoveren

Verzauberung zn v (-/+en) betovering

verzehnfachen ov ww vertienvoudigen

Verzehr zn m (+(e)s/gmv) consumptie

verzehren **1** ov ww **1** eten, consumeren, gebruiken **2** fig. verteren **2** wkd ww (**sich ~**) verteerd worden

verzeichnen ov ww **1** een vertekend beeld geven, vertekenen **2** aantekenen, noteren, registreren

Verzeichnis zn o (+ses/+se) lijst, index, register

Verzeichnung zn v (-/+en) **1** vertekening **2** specificatie, opgave

verzeihen ov ww sterk vergeven, vergiffenis schenken • *~ Sie!* pardon! • *das kann ich dir nie ~* dat kan ik je nooit vergeven

verzeihlich bn vergeeflijk

Verzeihung zn v (-/gmv) vergeving, vergiffenis • *Verzeihung!* pardon!, neem me niet kwalijk • *um ~ bitten* zich verontschuldigen

verzerren ov ww **1** verwringen, vertrekken, vervormen **2** verrekken <spier> **3** vertekenen, een verkeerd beeld geven

Verzerrung zn v (-/+en) **1** vertrekken **2** vervormen **3** fig. verdraaiing

verzetteln ov ww verbeuzelen, verspillen • *sich ~* zijn tijd met kleinigheden verdoen

Verzicht zn m (+(e)s/+e) afstand doen, afzien van • *auf etwas ~ leisten/üben* afstand doen van iets, afzien van

verzichten onov ww afstand doen, afzien van • *auf etwas ~* van iets afzien • *ich verzichte!* het hoeft voor mij niet • *auf den Urlaub musste ich ~* mijn vakantie is erbij ingeschoten • *auf alles ~* zich alles ontzeggen

Verzichterklärung, **Verzichtserklärung** zn v (-/+en) afstandsverklaring

Verzichtleistung zn v (-/+en) (het) afzien van, afstand

verzieh ov ww verl. tijd → **verzeihen**

verziehen **1** ov ww sterk **1** vertrekken, vervormen **2** verwennen • *ein verzogenes Kind* een verwend kind **2** onov ww sterk verhuizen • *die Leute sind verzogen* de mensen zijn verhuisd **3** wkd ww (**sich ~**) **1** wegtrekken/verdwijnen • *die Wolken ~ sich* de wolken verdwijnen **2** inform. ertussenuit knijpen • *ich verziehe mich lieber* ik ga liever weg • *verzieh dich!* hoepel op! **3** kromtrekken

ve

verzieren ov ww versieren

Verzierung zn v (-/+en) **1** versiering **2** versiersel, ornament

verzimmern ov ww betimmeren

verzinken ov ww **1** galvaniseren **2** inform. aangeven, verraden

verzinsbar bn rentegevend

verzinsen **1** ov ww rente betalen **2** wkd ww (**sich ~**) rente geven • *sich zu 8% ~; zu 8% verzinst werden* uitstaan tegen 8%

verzinslich bn rentegevend • *Kapital ~ anlegen* kapitaal op rente zetten

Verzinsung zn v (-/+en) **1** rente, rendement **2** rentebetaling

verzögern **1** ov ww **1** vertragen, verlangzamen • *das Spiel ~* het spel in de lengte rekken **2** uitstellen **2** wkd ww (**sich ~**) uitgesteld worden, later zijn • *die Ankunft des Zuges verzögert sich* de trein is vertraagd • *der Anfang der Konferenz verzögert sich* de conferentie begint later

Verzögerung zn v (-/+en) **1** vertraging **2** uitstel

verzollen ov ww invoerrechten betalen • *haben Sie etwas zu ~?* hebt u iets aan te geven? • *Waren ~* aangifte doen van goederen

Verzollung zn v (-/+en) **1** inklaring <invoer> **2** uitklaring <uitvoer>

verzücken ov ww verrukken, in vervoering brengen

verzuckern ov ww **1** versuikeren **2** met suiker bedekken

verzückt bn in extase, in vervoering

Verzücktheit zn v (-/gmv) extase

Verzückung zn v (-/+en) extase • *in ~ geraten* in vervoering raken

Verzug zn m (+(e)s/gmv) vertraging, achterstand • *in ~ geraten* achter raken • *ohne ~* onverwijld • *im ~ sein* achterliggen op schema • *in ~ bleiben* in gebreke blijven

Verzugszinsen zn mv rente voor te late betaling

verzwackt bn inform. ingewikkeld

verzweifeln onov ww vertwijfelen, wanhopen • *an den Menschen ~* het vertrouwen in de mensen opgeven • *es ist zum Verzweifeln* het is om wanhopig van te worden

verzweifelt bn **1** vertwijfeld **2** wanhopig

Verzweiflung zn v (-/+en) wanhoop, vertwijfeling • *jemanden zur ~ bringen* iemand tot wanhoop brengen, iemand wanhopig maken • *sein Tod stürzte sie in tiefe ~* door zijn dood raakte zij diep vertwijfeld • *der ~ nahe sein* de wanhoop nabij zijn

Verzweiflungstat zn v (-/+en) wanhoopsdaad

verzweigen wkd ww (**sich ~**) vertakken • *sich ~* zich vertakken in

Verzweigung zn v (-/+en) vertakking

verzwickt bn gecompliceerd, ingewikkeld, lastig

Vesper **1** zn v (-/+n) rel. vesper, avonddienst **2** zn o (+s/-) broodmaaltijd

vespern onov ww reg. een broodmaaltijd eten

Veteran zn m (+en/+en) veteraan

Veterinär zn m (+s/+e) dierenarts, veearts

Veterinärmedizin zn v (-/gmv) diergeneeskunde

Veto zn o (+s/+s) veto • *gegen etwas ein ~ einlegen* een veto uitspreken over iets • *in einer Sache ~ einlegen* zijn veto over iets uitspreken

Vetorecht zn o (+(e)s/+e) vetorecht

Vetter zn m (+s/+n) **1** neef **2** ver familielid

Vetternwirtschaft zn v (-/gmv) vriendjespolitiek, nepotisme

Vexierbild ZN O (+(e)s/+er) zoekplaatje
vgl. AFK vergleiche vergelijk
VHS AFK Volkshochschule volksuniversiteit
Viadukt ZN M/O (+(e)s/+e) viaduct
Viagra ZN V (-/+s) viagra
Vibration ZN V (-/+en) vibratie
Vibrator ZN M (+s/+en) vibrator
vibrieren ONOV WW vibreren, trillen
Video ZN O (+s/+s) video
Videoaufzeichnung ZN V (-/+en) video-opname
Videokamera ZN V (-/+s) videocamera
Videoschiedsrichter ZN M (-s/-) videoscheidsrechter
Videoüberwachung ZN V (-/+en) videobewaking
Vieh **1** ZN O (+(e)s/Viecher) INFORM., OOK FIG. beest **2** ZN O (+(e)s/gmv) vee
viehisch BN beestachtig, bruut
Viehzucht ZN V (-/gmv) veeteelt
viel **1** TELW veel, vele, talrijke • *die ~en Kinder, die ...* de vele kinderen die ... • *iss, so ~ du willst* eet zoveel je maar wilt • *noch einmal so ~* nog een keer zoveel • *ich krieg zu ~* nou ben ik het zat • *was zu ~ ist, ist zu ~* mijn geduld is op **2** BW **1** zeer • *~ gefragt* zeer gevraagd • *~ beschäftigt* druk bezet **2** veel, vaak • *wir haben das ~ gespielt* wij hebben dat vaak gespeeld
vieldeutig BN dubbelzinnig, voor velerlei uitleg vatbaar
vielerlei BN **1** velerlei **2** allerlei
vielerorts BW op veel plaatsen
vielfach BN **1** veelvuldig **2** • *das ist ein Vielfaches von ...* dat is een veelvoud van ... **3** INFORM. best vaak, veelal
Vielfalt ZN V (-/gmv) verscheidenheid
vielfältig BN veelvuldig
Vielfraß ZN M (+es/+e) **1** BIOL. veelvraat **2** INFORM. gulzigaard, veelvraat
Vielheit ZN V (-/gmv) veelheid
vielköpfig BN veelkoppig
vielleicht BW **1** misschien, mogelijk • *ist das ~ eine Lösung?* vind je dat nou een oplossing? • *das ist ~ ein Wetter!* wat een weer! • *dein Bruder hat ~ Glück!* is je broer even een boffer! **2** ongeveer • *er ist ~ 30 Jahre alt* hij is ongeveer 30 jaar oud
vielmals BW menigmaal, veelvuldig • *danke ~* dank u zeer
vielmehr BW **1** veeleer, integendeel **2** beter gezegd
vielschichtig BN **1** met veel lagen **2** FIG. gecompliceerd
vielseitig BN **1** veelvuldig • *auf ~en Wunsch* op veelvuldig verzoek **2** veelzijdig • *ein ~es Talent* een veelzijdig talent **3** met veel zijden
Vielseitigkeit ZN V (-/gmv) veelzijdigheid
vielstimmig BN veelstemmig
Vielzahl ZN V (-/gmv) groot aantal
vier TELW vier • *es ist ~ Uhr* het is vier uur • *alle ~e von sich strecken* languit gaan liggen • *auf allen ~en* op handen en voeten
Vier ZN V (-/+en) **1** vier **2** ≈ 6 <schoolcijfer>, voldoende
Vierbeiner ZN M (+s/-) viervoeter
vierbeinig BN met vier poten, met vier benen
Viereck ZN O (+(e)s/+e) **1** vierhoek **2** rechthoek
viereckig BN **1** vierhoekig **2** rechthoekig
Vierer ZN M (+s/-) **1** cijfer vier **2** O&W 4 <voldoende> • *sie hat einen ~ gekriegt* ze heeft een zes gekregen
vierfach BN viervoudig, in viervoud
Vierfüßer ZN M (+s/-) BIOL. viervoeter
Vierling ZN M (+s/+e) één van een vierling
Vierradantrieb ZN M (+(e)s/+e) vierwielaandrijving
vierrädrig BN vierwielig
vierschrötig BN vierkant, potig, fors
Viersitzer ZN M (+s/-) vierpersoonsauto
viert TELW • *wir sind zu ~* we zijn met zijn vieren
Viertakter ZN M (+s/-) **1** viertaktmotor **2** auto/motorfiets met viertaktmotor
viertausend TELW vierduizend
vierte TELW vierde • *zum ~n Mal* voor de vierde keer • *am ~n März* op vier maart • *heute ist der fünfzehnte ~* vandaag is het 15 april
vierteilen OV WW vierendelen
viertel BN vierde, kwart • *drei ~* driekwart
Viertel ZN O (+s/-) **1** kwart, vierde • *~ vor eins* kwart voor een • *~ nach eins* kwart over een • *ein ~ Wein* een kwart liter wijn • *drei ~* drie kwart **2** wijk, buurt • *in unserem ~* in onze buurt
Vierteljahr ZN O (+(e)s/+e) kwartaal
vierteljährig BN drie maanden durend
vierteljährlich BN driemaandelijks
vierteln OV WW in vieren delen • *etwas ~* iets in vieren delen
Viertelnote ZN V MUZ. kwartnoot
Viertelstunde ZN V (-/+n) kwartier • *in einer ~* over een kwartier
viertens BW ten vierde
viertürig BN vierdeurs
vierzehn TELW veertien • *er kommt in ~ Tagen* hij komt over veertien dagen
vierzig TELW veertig • *die ~er Jahre* de jaren veertig • *er war um die ~* hij was in de veertig • *er hat mit ~ geheiratet* op veertigjarige leeftijd is hij getrouwd
Vierziger ZN M (+s/-) veertiger
Vierzigstundenwoche ZN V (-/+n) veertigurige werkweek
Vignette ZN V (-/+n) vignet
Vikar ZN M (+s/+e) REL. vicaris
Villa ZN V (-/Villen) villa
Villenviertel ZN O (+s/-) villawijk
Vinyl ZN M (+s/gmv) vinyl
Viola ZN V (-/-len) **1** PLANTK. viooltje **2** MUZ. altviool
violett BN violet
Violett ZN O paars
Violine ZN V (-/+n) viool
Violinist ZN M (+en/+en) violist
Viper ZN V (-/+n) adder
VIP-Room ZN M (+s/+s) viproom
viril BN viriel, mannelijk

Virtual Reality ZN V (-/gmv) virtual reality
virtuell BN virtueel
virtuos BN virtuoos
Virtuose ZN M (+n/+n) virtuoos
Virtuosität ZN V (-/gmv) virtuositeit
Virus ZN M/O (-/Viren) **1** MED. virus **2** COMP. virus
Visage ZN V (-/+n) smoel, facie
Visier ZN O (+s/+e) vizier
visieren OV + ONOV WW **1** viseren **2** mikken
Vision ZN V (-/+en) **1** visioen <gezicht> **2** visioen, zinsbegoocheling **3** visie
visionär BN visionair
Visionär ZN M (+s/+e) visionair, ziener
Visitation ZN V (-/+en) **1** visitatie, onderzoek **2** bezoek
Visite ZN V (-/+n) MED. visite
Visitenkarte ZN V (-/+n) visitekaartje • *seine ~ hinterlassen* zijn visitekaartje achterlaten
visitieren OV WW visiteren, doorzoeken
Viskosität ZN V (-/gmv) viscositeit
visuell BN visueel
Visum ZN O (+s/Visa, Visen) visum
vital BN **1** vitaal **2** van wezenlijk belang
Vitalfunktionen ZN MV vitale (levens)functies
Vitalität ZN V (-/gmv) vitaliteit
Vitamin ZN O (+s/+e) vitamine • *~ B (=Beziehungen)* connecties, relaties
Vitaminmangel ZN M (+s/-mängel) vitaminegebrek
vitaminreich BN rijk aan vitaminen
Vitrine ZN V (-/+n) vitrine
Vitriol ZN O (+s/+e) vitriool
Vivisektion ZN V (-/+en) vivisectie
Vize- VOORV + ACHTERV vice-
v.J. AFK vorigen Jahres van vorig jaar
VJ ZN M vj
Vlies ZN O (+es/+e) **1** vlies, (schapen)vacht • GESCH. *das Goldene ~* het Gouden Vlies **2** vlies van vezels
Vlog ZN M **1** (+s/+s) **2** vlog
vloggen WW vloggen
Vlogger ZN M (-s/-) vlogger
V-Mann ZN M (+(e)s/-Männer, -Leute) vertrouwensman
VN AFK Vereinte Nationen Verenigde Naties
v.o. AFK von oben van hogerhand
Vogel ZN M (+s/Vögel) **1** vogel • *den ~ abschießen* de eerste/beste zijn, de vogel schieten • *das schießt den ~ ab!* dat slaat alles! • *friss, Vogel, oder stirb!* het is kiezen of delen! • *einen ~ haben* niet goed snik zijn • *jemandem einen/den ~ zeigen* op het voorhoofd wijzen **2** rare kerel • *ein komischer ~* een rare kerel • *ein lustiger ~* een grappig type **3** LUCHTV., INFORM. vliegtuig
Vogelbauer ZN O (+s/-) vogelkooi
Vogelbeerbaum ZN M (+(e)s/-bäume) lijsterbes
Vogelflug ZN M (+(e)s/-flüge) vogelvlucht
vogelfrei BN vogelvrij • *jemanden für ~ erklären* iemand vogelvrij verklaren
Vogelgrippe ZN V (-/-) vogelgriep
Vogelhäuschen ZN O vogelhuisje
Vogelperspektive ZN V (-/+n) vogelvlucht, vogelperspectief • *aus der ~* in vogelvlucht
Vogelschau ZN V (-/gmv) vogelvlucht, vogelperspectief
Vogelscheuche ZN V (-/+n) vogelverschrikker
Vogelschutz ZN M (+es/gmv) vogelbescherming
Vogesen ZN MV Vogezen
Voice-over ZN V (-/gmv) voice-over
Vokabel ZN V (-/+n) **1** woord(je) in vreemde taal • *Vokabeln lernen* woordjes leren • *jemanden die Vokabeln abfragen* woordjes bij iemand overhoren **2** uitdrukking
Vokabular ZN O (+s/+e) **1** woordenlijst **2** vocabulaire
vokal BN vocaal
Vokal ZN M (+s/+e) klinker, vocaal
Vokalisation ZN V (-/+en) vocalisatie
vokalisch BN met een klinker, de klinker betreffend
vol. AFK Volumen volume
Volk **1** ZN O (+(e)s/gmv) **1** bevolking • *er mischte sich unter das ~* hij begaf zich onder het volk **2** bevolkingslaag • *das einfache ~* de gewone mensen • *das junge ~* het jonge volkje **3** menigte **2** ZN O (+(e)s/Völker) **1** volk • *die Völker Afrikas* de volken van Afrika **2** BIOL. volk <van dieren/insecten>
Völkerbund ZN M (+(e)s/gmv) Volkenbond
Völkerkunde ZN V (-/gmv) volkenkunde
Völkerrecht ZN O (+(e)s/gmv) volkenrecht
Völkerschaft ZN V (-/+en) volk, natie
Völkerverständigung ZN V (-/gmv) verstandhouding tussen de volkeren
Völkerwanderung ZN V (-/+en) OOK FIG. volksverhuizing
völkisch BN GESCH. nationaal, Duits <in de nationaal-socialistische ideologie>
volkreich BN volkrijk, dichtbevolkt
Volksabstimmung ZN V (-/+en) referendum, volksstemming
Volksbefragung ZN V (-/+en) referendum
Volksbegehren ZN O (+s/-) volkspetitionnement
volkseigen BN genationaliseerd, van het volk <in voormalige DDR>
Volksentscheid ZN M (+(e)s/+e) volksstemming, referendum
Volkshochschule ZN V (-/+n) volksuniversiteit
Volkskunde ZN V (-/gmv) volkskunde
volksnah BN dicht bij het volk staand • *ein ~er Politiker* een politicus die dicht bij het volk staat
Volkspolizei ZN V (-/gmv) volkspolitie <in voormalige DDR>
volkstümlich BN **1** volks • *volkstümliche Musik* volksmuziek **2** populair, algemeen begrijpelijk
Volkstümlichkeit ZN V (-/gmv) **1** populariteit **2** typische volksgewoonte
Volksvertreter ZN M (+s/-) volksvertegenwoordiger
Volksvertretung ZN V (-/+en)

vi

volksvertegenwoordiging
Volkswirt ZN M (+(e)s/+e) economoom
Volkswirtschaft ZN V (-/+en) **1** (nationale) economie **2** staatshuishoudkunde
Volkszählung ZN V (-/+en) volkstelling
voll BN **1** vol, geheel gevuld • *die Nase/Schnauze ~ haben* er genoeg van hebben, de keel uithangen • INFORM. *der war gestern ziemlich ~* die was gisteren behoorlijk dronken • *sich ~ laufen lassen* zich volgieten • *aus dem Vollen schöpfen* kunnen putten uit een grote voorraad, zich veel kunnen permitteren • *~ von Fehlern sein* vol fouten zitten • *jemanden für ~ nehmen* iemand serieus nemen • *jemanden nicht für ~ ansehen* iemand niet voor vol aanzien • *es war mir zu ~ auf dem Fest* het was me te druk op dat feestje **2** volledig, volkomen • *bei ~er Besinnung* volledig bij bewustzijn • *~er Dankbarkeit* vol dankbaarheid • *zur ~en Zufriedenheit* tot volle tevredenheid **3** intens
-voll VOORV + ACHTERV -vol
vollauf BW volop, volledig • *sie hat ~ zu tun* zij heeft volop werk
Vollbart ZN M (+(e)s/-bärte) volle baard
vollbeschäftigt BN **1** met een volledige betrekking **2** volop werk hebbend
Vollbeschäftigung ZN V (-/gmv) volledige werkgelegenheid
Vollbesitz ZN M (+es/gmv) volle bezit, volledige beschikking • *im ~ seiner geistigen Kräfte* over volledige geestelijke vermogens beschikkend
Vollblut ZN O (+(e)s/+e) volbloed(paard)
Vollblüter ZN M (+s/-) volbloed(paard)
Vollbremsung ZN V • *eine ~ machen* vol op de rem gaan staan
vollbringen OV WW onregelmatig FORM. volbrengen, verrichten • *seine Aufgabe ~* zijn taak volbrengen
Volldampf ZN M (+(e)s/gmv) volle kracht • SCHEEPV. *mit ~ voraus* op/met volle kracht vooruit
Völlegefühl ZN O (+s/gmv) gevoel van volheid
vollenden **1** OV WW voltooien **2** WKD WW (**sich ~**) FORM. hoogtepunt bereiken • *in diesem Bild vollendete sich das Werk der Künstlerin* in dit schilderij bereikte het werk van de kunstenares zijn hoogtepunt
vollendet BN perfect, volmaakt
vollends BW volledig, geheel en al
Vollendung ZN V (-/+en) **1** voltooiing **2** bekroning **3** volmaaktheid, perfectie
voller BN vol (van/met) • *das Gesicht ist ~ Pickel* het gezicht is vol met pukkels
Volleyball ZN M (+(e)s/gmv) SPORT volleybal
vollführen OV WW volbrengen, verrichten
Vollgas ZN O (+es/gmv) vol gas • *mit ~* met volle vaart • *mit ~ vorbeifahren* keihard voorbijrijden
vollgültig BN volledig geldig
Vollidiot ZN M (+en/+en) grote stommeling
völlig BN volledig, geheel en al • *das lässt mich ~ kalt* dat laat mij helemaal koud • *~ unbekannt* totaal onbekend
volljährig BN meerderjarig • *~ werden* meerderjarig worden
Volljährige ZN M/V meerderjarige
Volljährigkeit ZN V (-/gmv) meerderjarigheid
vollkommen BN **1** volmaakt • *das ~e Glück* het volmaakte geluk • *niemand ist ~* niemand is zonder fouten **2** volkomen, volledig
Vollkommenheit ZN V (-/gmv) volkomenheid, volmaaktheid
Vollkorn BN volkoren
Vollkornbrot ZN O (+(e)s/+e) volkorenbrood
volllaufen ONOV WW volstromen
Vollmacht ZN V (-/+en) **1** volmacht, machtiging • *in ~* bij volmacht • *jemandem eine ~ erteilen* iemand machtiging verlenen **2** volmachtbrief
Vollmilch ZN V (-/gmv) volle melk
Vollmilchschokolade ZN V melkchocolade
Vollmond ZN M (+(e)s/+e) **1** volle maan **2** INFORM. kaal hoofd
vollschlagen WKD WW (**sich ~**) • *sich den Bauch ~* zijn buikje rond eten
vollst. AFK vollständig volledig, compleet
vollständig BN **1** volledig, compleet • *ein vollständiges Gebiss* een gaaf gebit **2** totaal
Vollständigkeit ZN V (-/gmv) volledigheid
vollstreckbar BN executoriaal, uitvoerbaar
vollstrecken OV WW JUR. voltrekken
Vollstrecker ZN M (+s/-) voltrekker, uitvoerder
Vollstreckung ZN V (-/+en) voltrekking, executie
Volltreffer ZN M (+s/-) voltreffer
Vollversammlung ZN V (-/+en) algemene/plenaire vergadering, plenum • *die UNO-Vollversammlung* de algemene vergadering van de VN
Vollwaise ZN V (-/+n) volle wees
vollwertig BN volwaardig
Vollwertkost ZN V volwaardig voedsel
vollzählig BN voltallig
Vollzeit ZN V voltijd • *~ arbeiten* voltijds werken
Vollzeit- BN voltijds, voltijd
Vollzeitbeschäftigung ZN V (-/+en) fulltime baan
vollziehen **1** OV WW onregelmatig **1** voltrekken, uitvoeren • *ein Urteil ~/vollstrecken* een vonnis voltrekken **2** verrichten **2** WKD WW (**sich ~**) onregelmatig voltrekken, zijn beloop nemen
Vollzieher ZN M (+s/-) voltrekker, uitvoerder, executeur
Vollziehung ZN V (-/+en) **1** voltrekking, uitvoering **2** realisatie
Vollzug ZN M (+(e)s/-züge) **1** uitvoering **2** JUR. (straf)voltrekking • INFORM. *im ~* in de gevangenis
Volontär ZN M (+s/+e) volontair
Volt ZN O (+(e)s, -/-) volt
voltigieren ONOV WW voltigeren
Volumen **1** ZN O (+s/-) **1** volume, inhoud **2** ECON. hoeveelheid **2** ZN O (+s/-, -mina) volumen
Volumgewicht ZN O (+(e)s/gmv) specifiek gewicht
voluminös BN volumineus, omvangrijk
vom SAMENTR von dem → **von**

von VZ +3 **1 van** • *der Bruder ~ Anna* de broer van Anna • *ich komme gerade ~ ihm* ik kom net van hem • *wir kommen vom Finanzamt* wij komen van de belastingdienst • *einer ~ euch* iemand van jullie • *~ heute an* vanaf vandaag **2 door** • *geschrieben ~ Thomas Mann* geschreven door Thomas Mann • *~ einer Krankheit befallen werden* door een ziekte worden aangetast **3 over** • *das Buch handelt ~ einem Mädchen* het boek gaat over een meisje • *~ mir aus* voor mijn part, wat mij betreft • *~ sich aus* uit zichzelf • *~ Neuem* opnieuw

voneinander BW **van elkaar**

vonnöten BN • *~ sein* nodig zijn

vonstattengehen ONOV WW sterk **plaatsvinden**

Vopo 1 AFK Volkspolizei (DDR) **(volks)politie 2** ZN V (-/gmv) GESCH. **volkspolitie** <van de DDR> **3** ZN M (+s/+s) GESCH. **agent van de volkspolitie** <van de DDR>

vor 1 BW **voor** • *nach wie ~* nog steeds, net als voorheen/vroeger **2** VZ **1** +3/4, **voor** <plaats> • *sie steht ~ 3 der Tür* ze staat voor de deur • *sie stellt sich ~ 4 die Tür* ze gaat voor de deur staan **2** +3, **voor** <tijd> • *~ meiner Abreise* vóór mijn vertrek • *~ 9 Uhr* vóór 9 uur **3** +3, **van** • *zittern ~ Angst* bibberen van angst **4** +3, **geleden** • *~ einem Monat* een maand geleden • *~ 3 Stunden* 3 uur geleden

vorab BW **vooraf, van tevoren**

Vorabend ZN M (+s/+e) **vooravond**

Vorahnung ZN V (-/+en) **voorgevoel**

voran BW **1 vooraan, voorop 2 voorwaarts, vooruit**

voranbringen OV WW **bevorderen**

vorangehen ONOV WW onregelmatig **1 vooroplopen** • *mit gutem Beispiel ~* het goede voorbeeld geven **2 voorafgaan** • *Pferde gingen ihnen voran* zij werden voorafgegaan door paarden • *das Vorangehende* het voorafgaande **3 opschieten, goed vorderen** • *mit dem Projekt geht es voran* het project vordert goed • *die Arbeit geht voran* het werk vordert

vorankommen ONOV WW sterk OOK FIG. **vooruitkomen, opschieten** • *die Arbeit kommt nicht voran* het werk wil niet vlotten • *wie weit bist du mit der Arbeit vorangekommen?* hoever ben je met het werk gevorderd?

Vorankündigung ZN V (-/+en) **vooraankondiging**

Voranmeldung ZN V (-/+en) **reservering**

Voranschlag ZN M (+(e)s/-schläge) **(kosten) raming, begroting**

vorantreiben OV WW sterk **1 tot spoed aanmanen 2 bespoedigen** • *etwas ~* er spoed achter zetten

Voranzeige ZN V (-/+n) **aankondiging**

Vorarbeit ZN V (-/+en) **voorbereidend werk, voorwerk**

vorarbeiten ONOV WW **1 vooruitwerken 2 voorbereidend werk doen**

Vorarbeiter ZN M (+s/-) **voorarbeider, voorman**

Vorarlberg ZN O (+s/gmv) **Vorarlberg** <Oostenrijkse deelstaat>

voraus BW **voorop, vooruit** • *im Voraus bezahlen* vooruitbetalen • *vielen Dank im Voraus* bij voorbaat dank • *~ sein* voor zijn • *er ist den anderen ~* hij is voor bij de anderen • *im Voraus* op voorhand, van tevoren • *volle Kraft ~* volle kracht vooruit

vorausbezahlen OV WW **vooruitbetalen**

vorauseilen ONOV WW **vooruitsnellen, vooruitlopen op** • *~der Gehorsam* bij voorbaat al gehoorzamen

vorausgehen ONOV WW onregelmatig **1 vooruitlopen, vooruitgaan 2 voorafgaan**

voraushaben OV WW onregelmatig **voorhebben op** • *jemandem etwas ~* iets op iemand voorhebben

Voraussage ZN V (-/+n) **prognose, voorspelling**

voraussagen OV WW **voorspellen**

vorausschicken OV WW **1 vooruitsturen, vooruitzenden 2 vooropstellen, doen voorafgaan**

voraussehen OV WW sterk **voorzien, vooruitzien** • *das war vorauszusehen* dat was te voorzien

voraussetzen OV WW **1 veronderstellen** • *vorausgesetzt, er kommt* indien hij komt • *vorausgesetzt, dass* vooropgesteld dat **2 vereisen** • *technische Kenntnisse werden vorausgesetzt* technische kennis is vereist

Voraussetzung ZN V (-/+en) **1 veronderstelling 2 voorwaarde** • *er hat die besten Voraussetzungen zu* hij heeft alles mee om

Voraussicht ZN V (-/+en) **1 vooruitzicht 2 vermoeden, waarschijnlijkheid**

voraussichtlich BN **waarschijnlijk, vermoedelijk**

Vorauswahl ZN V (-/+en) **voorselectie**

Vorbau ZN M (+(e)s/-ten) **voor-/aan-/uitbouw**

vorbauen 1 OV WW **aanbouwen 2** ONOV WW **1 voorzorgsmaatregelen treffen 2 voorkomen, verhoeden**

Vorbedacht ZN M • *ohne ~* zonder opzet • *mit/aus/voll ~* met opzet, met voorbedachten rade

Vorbedeutung ZN V (-/+en) **voorteken**

Vorbedingung ZN V (-/+en) **voorwaarde**

Vorbehalt ZN M (+(e)s/+e) **voorbehoud** • *ohne/unter/mit ~* zonder/onder/met voorbehoud

vorbehalten OV WW sterk **voorbehouden** • *Änderungen ~* wijzigingen voorbehouden

vorbehaltlich BN +2, **onder voorbehoud van** • *~ der Zustimmung der Leitung* behoudens goedkeuring van de leiding

vorbehaltlos BN **zonder voorbehoud**

vorbei BW **1 voorbij** • *er kam ~* hij kwam voorbij • *lass mich ~!* laat me voorbij! • *darf ich mal ~?* mag ik even passeren? • *an der Kirche ~ und dann nach rechts* (ga) de kerk langs en dan rechts **2 afgelopen** • *~ ist ~* wat gebeurd is, is gebeurd • *die Vorstellung ist ~* de voorstelling is over

vorbeigehen ONOV WW onregelmatig **1** OOK FIG. **langsgaan, voorbijgaan** • *er geht an der Situation vorbei* hij schenkt geen aandacht aan de situatie • *der Ball geht am Tor vorbei* de bal mist het doel • *bei jemandem ~* bij iemand langsgaan • *jemanden im Vorbeigehen grüßen* iemand terloops groeten **2**

ophouden, overgaan • *das geht vorbei!* dat gaat weer over • *der Schmerz wird bald ~* de pijn zal spoedig overgaan

vorbeikommen ONOV WW sterk **1** voorbijkomen, langskomen • *an der Wahrheit nicht ~* de waarheid niet kunnen loochenen **2** langsgaan, bezoeken • *bei jemandem ~* bij iemand langsgaan • *komm doch mal vorbei!* kom een keertje langs

vorbeilaufen ONOV WW voorbijlopen • *er lief an mir vorbei, ohne zu grüßen* hij liep me voorbij zonder te groeten • *du bist fast dran vorbeigelaufen* je bent er vlak voorbijgelopen

vorbeireden ONOV WW • *aneinander ~* langs elkaar heen praten

vorbeischauen ONOV WW (kort) langskomen • *kurz ~* even een kijkje nemen

vorbeiziehen ONOV WW onregelmatig **1** FIG. vergaan, verstrijken <van tijd> **2** SPORT passeren **3** voorbijtrekken, langstrekken

Vorbemerkung ZN V (-/+en) kort inleidend voorwoord

vorbereiten OV WW voorbereiden • *sich auf eine Reise ~* zich klaarmaken voor een reis • *jemanden auf schlechte Nachrichten ~* iemand voorbereiden op slecht nieuws • *darauf waren wir nicht vorbereitet* daar waren wij niet op voorbereid

Vorbereitung ZN V (-/+en) voorbereiding • *das Gesetz ist in ~* de wet is in de maak

Vorbericht ZN M (+(e)s/+e) **1** voorbericht **2** voorlopig bericht

vorbesprechen OV WW voorbeschouwen, voorbespreken

vorbestellen OV WW van tevoren bestellen, bespreken

vorbestraft BN reeds eerder veroordeeld, met een strafblad • *nicht ~ sein* een blanco strafregister hebben

Vorbeugehaft ZN V (-/gmv) preventieve hechtenis

vorbeugen **1** ONOV WW voorkomen, verhoeden **2** WKD WW (**sich ~**) vooroverbuigen

Vorbeugung ZN V (-/+en) voorkoming, verhindering

Vorbild ZN O (+(e)s/+er) voorbeeld • *jemandem ein ~ sein* een voorbeeld voor iemand zijn • *nach dem ~ von* naar het voorbeeld van • *nach jemands ~* in navolging van iemand

vorbildlich BN voorbeeldig • *ihr Verhalten ist ~* haar gedrag is voorbeeldig

Vorbildung ZN V (-/+en) vooropleiding

Vorbote ZN M (+n/+n) OOK FIG. voorbode

vorbringen OV WW onregelmatig aanvoeren, naar voren brengen, ter sprake brengen

vorchristlich BN voorchristelijk, uit de tijd voor Christus

Vordach ZN O (+(e)s/-dächer) voor-/afdak, luifel

Vordeck ZN O (+(e)s/+e, +s) voordek

vordem BW voordien, eerder

vorder BN voorst • *die ~en Zähne* de voorste tanden

Vorderachse ZN V (+n/+n) vooras

Vordergrund ZN M (+(e)s/-gründe) voorgrond • FIG. *im ~ stehen* op de voorgrond staan • *in den ~ treten/rücken* op de voorgrond treden • *sich in den ~ drängen* zich op de voorgrond dringen

vordergründig BN oppervlakkig, vluchtig

Vordermann ZN M (+(e)s/-männer) voorman <in een rij> • FIG. *eine Angelegenheit auf ~ bringen* een zaak in orde brengen • FIG., INFORM. *jemanden auf ~ bringen* iemand in het gareel brengen

Vorderrad ZN O (+(e)s/-räder) voorwiel

Vorderseite ZN V (-/+n) voorzijde, voorkant

Vordersitz ZN M (+es/+e) zitplaats vóór <voertuigen>

Vordertür ZN V (-/+en) voordeur <voertuigen>

Vorderzahn ZN M (+(e)s/-zähne) voortand, snijtand

vordrängeln WKD WW (**sich ~**) voordringen

vordrängen **1** ONOV WW naar voren dringen **2** WKD WW (**sich ~**) **1** naar voren dringen **2** op de voorgrond dringen

vordringen ONOV WW sterk door-/indringen • *der Feind drang unaufhaltsam vor* de vijand was niet te stuiten

vordringlich BN urgent, zeer dringend

Vordruck ZN M (+(e)s/+e) bedrukt formulier

vorehelich BN voorechtelijk, voor het huwelijk

voreilig BN voorbarig • *~ urteilen* te gauw oordelen

Voreiligkeit ZN V (-/gmv) voorbarigheid

voreinander BW voor elkaar • *sich ~ hüten* zich voor elkaar hoeden

voreingenommen BN vooringenomen

Voreingenommenheit ZN V (-/gmv) vooringenomenheid

Voreltern ZN MV voorouders

vorenthalten OV WW sterk onthouden, niet geven • *jemandem etwas ~* iemand iets onthouden

Vorentscheidung ZN V (-/+en) voorlopige beslissing

vorerst BW vooreerst, voorlopig

Vorfahr ZN M (+en/+en) voorvader • *meine Vorfahren* mijn voorouders

vorfahren OV + ONOV WW sterk **1** voorrijden **2** naar voren rijden **3** INFORM. vooruitrijden • *wir fahren schon mal vor* wij rijden alvast vooruit

Vorfahrt ZN V (-/gmv) TRANSP. voorrang • *(keine) ~ haben* (geen) voorrang hebben • *jemandem ~ gewähren* iemand voorrang geven • *abknickende ~* voorrangsweg met scherpe bocht

Vorfahrtsrecht ZN O (+(e)s/gmv) voorrang • *das ~ beachten* voorrang verlenen

Vorfahrtsschild ZN O (+(e)s/+er) voorrangsbord

Vorfall ZN M (+(e)s/-fälle) voorval, gebeurtenis

vorfallen ONOV WW sterk **1** voorvallen, gebeuren **2** vooroververvallen

Vorfeld ZN O (+(e)s/+er) **1** voorterrein **2** FIG. voorafgaande periode • *etwas im ~ besprechen* iets in de vooraf bespreken

vorfinden **1** OV WW sterk vinden, aantreffen **2**

WKD WW (**sich ~**) sterk **bevinden** • *sich plötzlich an einem anderen Ort ~* zich plotseling op een andere plaats bevinden
Vorfrage ZN V (-/+n) **vraag vooraf**
Vorfreude ZN V (-/+n) **voorpret**
Vorfrühling ZN M (+s/+e) **het vroege voorjaar**
vorfühlen ONOV WW **polsen** • *bei jemandem vorsichtig ~* iemand polsen
vorführen OV WW **1 voorleiden 2** JUR. **voorgeleiden 3 demonstreren, vertonen**
Vorführung ZN V (-/+en) **1** JUR. **voorgeleiding 2 demonstratie, vertoning, voorstelling**
Vorgabe ZN V (-/+n) **1** SPORT **voorgift 2** FORM. **bepaald kengetal, bepaalde richtlijn, specifieke maat**
Vorgang ZN M (+(e)s/-gänge) **1 verloop, ontwikkeling, gebeurtenis 2** JUR. **akte, dossier**
Vorgänger ZN M (+s/-) **voorganger**
vorgaukeln OV WW **voorspiegelen**
vorgeben OV WW sterk **1 voorwenden, doen alsof** • *er gab vor krank zu sein* hij deed alsof hij ziek was **2** SPORT **voorgeven 3 vaststellen, bepalen** • *das Format ist vorgegeben* de opmaak staat vast
Vorgebirge ZN O (+s/-) **voorgebergte**
vorgeblich BN **vermeend, gewaand**
vorgedruckt BN **gedrukt**
vorgefasst BN **vooropgezet**
vorgefertigt BN **prefab, geprefabriceerd**
Vorgefühl ZN O (+s/+e) **voorgevoel**
vorgehen ONOV WW onregelmatig **1 naar voren gaan 2 vooruitlopen** • *geh schon mal vor!* loop alvast vooruit • *meine Uhr geht vor* mijn horloge loopt voor **3 optreden, handelen** • *rücksichtslos ~* meedogenloos optreden **4 gebeuren** • *was geht hier eigentlich vor?* wat speelt zich hier eigenlijk af? **5 voorrang hebben, voorgaan** • *dieser Auftrag geht vor* deze opdracht heeft voorrang
Vorgehen ZN O (+s/gmv) **handelwijze, manier van optreden**
Vorgehensweise ZN V (-/+n) **handelwijze**
vorgelagert BN **voor iets liggend**
Vorgericht ZN O (+(e)s/+e) **voorgerecht**
Vorgeschichte 1 ZN V (-/+n) **voorgeschiedenis 2** ZN V (-/gmv) **prehistorie**
Vorgeschmack ZN M (+(e)s/gmv) **voorsmaak, voorproef**
Vorgesetzte ZN M/V (+n/+n) **meerdere, superieur, leidinggevende,** BELG. **verantwoordelijke** <leidinggevende>
vorgestern BW **eergisteren** • *der ist doch von ~!* die heeft gewoon achterhaalde opvattingen!
vorglühen ONOV WW JEUGDT. **indrinken**
vorgreifen ONOV WW +3, sterk **1 naar voren grijpen 2 voorbarig zijn, vooruitlopen op** • *jemandem ~* iemand voor zijn • *den Ereignissen ~* op de gebeurtenissen vooruitlopen
Vorgriff ZN M (+(e)s/+e) **anticipatie** • *im ~ auf* vooruitlopend op
vorhaben OV WW onregelmatig **1 van plan zijn** • *was haben Sie heute vor?* wat bent u vandaag van plan? • *was hast du mit mir vor?* wat heb jij met me voor? **2** INFORM. **voorhebben** <schort>
Vorhaben ZN O (+s/-) **voornemen**
Vorhalle ZN V (-/+n) **voorhal, voorportaal**
vorhalten 1 OV WW sterk **1 voorhouden 2 voorleggen, verwijten** • *jemandem seine Fehler ~* iemand zijn fouten verwijten **2** ONOV WW sterk INFORM. **voldoende zijn, lang meegaan** • *das hält nicht lange vor* dat blijft niet lang zo
Vorhaltung ZN V (-/+en) **verwijt** • *jemandem Vorhaltungen machen* iemand verwijten maken
Vorhand ZN V (-/gmv) **1** SPORT **forehand 2 voorhand** <kaartspel>
vorhanden BN **beschikbaar, voorradig** • *es ist kein Papier mehr ~* er is geen papier meer aanwezig
Vorhang ZN M (+(e)s/-hänge) **gordijn, doek** <theater> • *der Eiserne ~* het IJzeren Gordijn • *der ~ fällt* het doek valt • TON. *~ auf!* doek open! • *die Vorhänge aufmachen* de gordijnen opentrekken • *die Vorhänge zuziehen* de gordijnen dichtdoen
vorhängen OV WW **ervoor hangen**
Vorhängeschloss ZN O (+es/-schlösser) **hangslot**
vorher BW **van tevoren, vooraf** • *das ist drei Monate ~ passiert* dat is drie maanden daarvoor gebeurd • *~ und nachher* ervoor en erna • *was hast du ~ gemacht?* wat deed je hiervoor?
vorherbestimmen OV WW **1 vooraf bepalen 2 voorbeschikken, predestineren**
vorhergehen ONOV WW **voorafgaan**
vorherig BN **voorafgaand, vorig**
Vorherrschaft ZN V (-/gmv) MIL. **oppergezag**
vorherrschen ONOV WW **overheersen, overwegen**
Vorhersage ZN V (-/+n) **voorspelling, prognose** • *ihre Vorhersagen sind eingetroffen* haar voorspellingen zijn uitgekomen
vorhersagen OV WW **voorspellen** • *das Wetter ~* het weer voorspellen
vorhersehen OV WW sterk **voorzien**
vorhin BW **daarnet, zo-even**
Vorhinein▸ *im ~* bij voorbaat, van tevoren
Vorhof ZN M (+(e)s/-höfe) **1 voorhof 2** ANAT. **boezem**
Vorhut ZN V (-/+en) **voorhoede**
vorig BN **vorig**
Vorjahr ZN O (+(e)s/+e) FORM. **vorig jaar** • *verglichen mit den Zahlen im ~* in vergelijking met de getallen uit het jaar daarvoor • *im ~* in het vorig jaar
vorjährig BN FORM. **van het vorig jaar**
Vorkämpfer ZN M (+s/-) **voorvechter** • *zu den Vorkämpfern gehören* tot de voorhoede behoren
vorkauen OV WW OOK FIG. **voorkauwen** • *die Antworten wurden ihm vorgekaut* de antwoorden werden hem voorgekookt
Vorkaufsrecht ZN O (+(e)s/+e) **optie, recht van voorkoop**
Vorkehrung ZN V (-/+en) **voorzorgsmaatregel** • *Vorkehrungen treffen* voorzorgsmaatregels nemen
Vorkenntnisse ZN MV **reeds verworven kennis, vooropleidingen**

vorknöpfen OV WW onder handen nemen, terechtwijzen • *sich etwas ~* iets onder handen nemen • *sich jemanden ~* iemand terechtwijzen
vorkommen ONOV WW sterk **1** gebeuren • *das kann ~* dat kan gebeuren **2** aangetroffen worden • *hier kommen seltene Pflanzen vor* hier groeien zeldzame planten **3** voorkomen, schijnen • *sich wichtig ~* zichzelf belangrijk vinden/voelen • *wie kommst du mir eigentlich vor?* wie denk je wel dat je bent? **4** naar voren komen
Vorkommen **1** ZN O (+s/-) vindplaats van grondstoffen **2** ZN O (+s/gmv) voorkomen
Vorkommnis ZN O (+ses/+se) voorval, gebeurtenis
Vorkriegszeit ZN V (-/+en) vooroorlogse tijd
vorladen OV WW sterk dagen, dagvaarden, voor het gerecht dagen
Vorladung ZN V (-/+en) dagvaarding
Vorlage ZN V (-/+n) **1** voorbeeld, patroon • *die ~ für den Brief* het voorbeeld van de brief **2** voorschot **3** overleggen, vertoon • *gegen ~ eines Ausweises* na vertoon van een id-kaart **4** JUR. wetsvoorstel/-ontwerp
Vorland ZN O (+(e)s/gmv) **1** uiterwaard **2** voorterrein
vorlassen OV WW sterk **1** voor laten gaan **2** toelaten, ontvangen
Vorlauf ZN M (+(e)s/-läufe) **1** SCHEIK. voorloop in distilleerproces **2** serie **3** SPORT eerste reeks van kwalificatiewedstrijden
Vorläufer ZN M (+s/-) voorloper
vorläufig BN voorlopig, voorshands
vorlaut BN brutaal, vrijmoedig
Vorleben ZN O (+s/gmv) verleden, vroegere leven
vorlegen OV WW **1** voorleggen, (ver)tonen • *einen Ausweis ~* een id-kaart tonen **2** aanbrengen, ervoor leggen • *sich ~* zich vooroverbuigen **3** FORM. opdienen **4** presenteren • *die Autorin legte ihr neues Buch vor* de schrijfster presenteerde haar nieuwe boek • *ein flottes Tempo ~* in een vlot tempo rijden **5** voorschieten • *eine Summe ~* een bedrag voorschieten
Vorleger ZN M (+s/-) kleedje
Vorlegung ZN V (-/+en) **1** tonen **2** voorleggen
vorlehnen WKD WW (**sich ~**) vooroverhellen, vooroverbuigen, vooroverleunen
vorlesen OV WW sterk voorlezen
Vorleser ZN M (+s/-) voorlezer
Vorlesung ZN V (-/+en) **1** (hoor)college **2** (het) voorlezen • *eine ~ halten* college geven • *eine ~ besuchen* college lopen/volgen
vorletzt BN voorlaatst, een-na-laatst • *die ~e Silbe* de voorlaatste lettergreep • *das ~e Mal* de voorlaatste keer
Vorliebe ZN V (-/+n) voorliefde
vorliebnehmen ONOV WW sterk, mit + 3, voor lief nemen • *mit jemandem/etwas ~* iemand/iets voor lief nemen
vorliegen ONOV WW sterk **1** voorliggen • *dazu liegt kein Grund vor* daarvoor bestaat geen reden **2** beschikbaar zijn, klaarliggen • *im ~den Fall* in het onderhavige geval
vorlügen OV WW sterk voorliegen
vorm SAMENTR vor dem → **vor**
vormachen OV WW **1** voordoen • *sie machte die Übungen vor* zij deed de oefeningen voor **2** wijsmaken, misleiden • *jemandem ein X für ein U ~* iemand knollen voor citroenen verkopen
Vormacht ZN V (-/gmv) hegemonie, suprematie, overwicht
Vormachtstellung ZN V (-/gmv) suprematie, hegemonie, leidende rol
vormalig BN voormalig, vorig
vormals BW vroeger, eens
Vormarsch ZN M (+(e)s/-märsche) OOK FIG. opmars • *auf dem ~ sein* in opmars zijn
vormerken OV WW noteren, optekenen
Vormieter ZN M (+s/-) vorige huurder
Vormittag ZN M (+s/+e) voormiddag, (latere) ochtend • *am ~* 's ochtends
vormittägig BN voormiddag-, ochtend-, van voor de middag • *die vormittägige Besprechung* de ochtendbespreking
vormittags BW 's ochtends • *kommen Sie ~ oder nachmittags?* komt u in de ochtend of in de middag?
Vormund ZN M (+(e)s/+e, -münder) **1** voogd **2** curator
Vormundschaft ZN V (-/+en) **1** voogdij(schap) • *übertragene ~* datieve voogdij **2** curatele • *unter ~ stellen* onder curatele stellen • *unter ~ stehen* onder curatele staan
Vorname ZN M (+ns/+n) voornaam
vorne, **vorn** BW voor, voren, vooraan • *es reicht ~ und hinten nicht* het is op geen stukken na toereikend • *das Geld reicht vorn und hinten nicht* het geld is niet genoeg • *ich weiß nicht mehr, wo ~ und hinten ist* ik ben helemaal de kluts kwijt • *mein Zimmer liegt nach ~* mijn kamer is aan de straatkant • *er liegt vorn* hij ligt aan kop • *vorn im Bild* op de voorgrond • *er steht weiter ~ in der Reihe* hij staat verderop in de rij • *von ~ anfangen* opnieuw beginnen • *von ~ bis hinten* van alle kanten, van begin tot einde • *das ist von ~ bis hinten falsch* dat is van begin tot einde verkeerd
vornehm BN voornaam, deftig • *ein ~es Lokal* een chique tent
vornehmen **1** OV WW sterk **1** aanbrengen • *Änderungen ~* wijzigingen aanbrengen **2** INFORM. om-/voordoen **3** INFORM. iemand voor zijn beurt helpen, met voorrang behandelen **2** WKD WW (**sich ~**) **1** zich voornemen • *sich fest ~* zich vast voornemen **2** INFORM. onder handen nemen, aanpakken • *ich nehme mir heute die Küche vor* ik pak vandaag de keuken aan • *sich jemanden ~* iemand te grazen nemen
Vornehmheit ZN V (-/gmv) **1** voornaamheid, aanzienlijkheid **2** keurigheid, deftigheid
vornehmlich BW voornamelijk, vooral
vorneigen OV WW vooroverbuigen/-bukken • *sich ~* zich vooroverbuigen

vorneweg BW vooraan, voorop, als eerste
vornherein BW van tevoren, van het begin af aan • *von ~* tevoren
vornüber BW naar voren, voorover
Vorort ZN M (+(e)s/+e) **1** buitenwijk **2** voorstad
Vorposten ZN M (+s/-) voorpost
vorpreschen ONOV WW naar voren stormen
vorprogrammieren OV WW voorprogrammeren
vorquellen **1** OV WW zwak voorkiemen **2** ONOV WW sterk uitpuilen, opzwellen
vorragen ONOV WW → **hervorragen**
Vorrang ZN M (+(e)s/gmv) voorrang, prioriteit
vorrangig BN met prioriteit • *etwas ~ behandeln* iets met prioriteit behandelen • *Katzen ernähren sich ~ von Fleisch* katten eten vooral vlees
Vorrangstellung ZN V (-/+en) voorrangspositie
Vorrat ZN M (+(e)s/-räte) voorraad
vorrätig BN voorradig
Vorratskammer ZN V (-/+n) **1** provisiekamer **2** magazijn
Vorratsschrank ZN M (+(e)s/-schränke) provisiekast
Vorraum ZN M (+(e)s/-räume) **1** voorkamer **2** hal
vorrechnen OV WW voorrekenen
Vorrecht ZN O (+(e)s/+e) voorrecht, privilege
Vorrede ZN V (-/+n) voorrede
vorreden OV WW voorpraten
Vorredner ZN M (+s/-) **1** inleidende spreker **2** vorige spreker • *ich kann mich meinem ~ nur anschließen* ik deel de mening van de vorige spreker
Vorreiter ZN M OOK FIG. voortrekker • *in dieser Sache ist diese Firma ~* op dit punt heeft dit bedrijf een voortrekkersrol • *den ~ machen* tot de voorhoede behoren
vorrennen ONOV WW onregelmatig **1** vooruitrennen **2** naar voren rennen
vorrichten OV WW REG. gereedmaken, in orde maken
Vorrichtung ZN V (-/+en) inrichting, installatie
vorrücken **1** OV WW **1** naar voren schuiven, vooruitschuiven **2** voorschuiven **2** ONOV WW **1** MIL. oprukken • *gegen den Feind ~* tegen de vijand oprukken **2** vooruitgaan
Vorruhestand ZN M (+es/gmv) vervroegde uittreding • *in den ~ gehen/treten* met de VUT gaan
Vorrunde ZN V (-/+n) voorronde
vors SAMENTR vor das → **vor**
Vors. AFK Vorsitzender **voorzitter**
vorsagen OV + ONOV WW **1** voorzeggen, influisteren **2** zachtjes opzeggen om in te prenten • *sie sagte sich den Text einige Male vor* ze las de tekst een paar keer op om hem te onthouden
Vorsänger ZN M (+s/-) voorzanger
Vorsatz ZN M (+es/-sätze) **1** voornemen, plan • *etwas mit ~ tun* iets met opzet doen • *gute Vorsätze* goede voornemens **2** TECHN. hulpstuk
vorsätzlich BN opzettelijk • *er beging einen vorsätzlichen Mord* hij pleegde een moord met voorbedachten rade

Vorschau ZN V (-/+en) samengevat overzicht
Vorschein ZN M • *zum ~* tevoorschijn • *zum ~ holen* tevoorschijn halen • *zum ~ kommen* tevoorschijn komen
vorschicken OV WW naar voren zenden, vooruitzenden
vorschieben OV WW sterk **1** voorschuiven **2** naar voren schuiven, vooruitschuiven • *jemanden ~* iemand als stroman gebruiken **3** voorwenden/-geven
vorschießen **1** OV WW sterk voorschieten <geld> **2** ONOV WW sterk naar voren schieten, vooruitschieten
Vorschlag ZN M (+(e)s/-schläge) voorstel, voorslag • *jemandem einen ~ machen* iemand een voorstel doen
vorschlagen OV WW sterk voorstellen, voordragen • *jemandem etwas ~* iemand iets voorstellen
Vorschlaghammer ZN M (+s/-hämmer) voorhamer
Vorschlussrunde ZN V (-/+n) voorlaatste ronde
vorschnell BN voorbarig
vorschreiben OV WW sterk OOK FIG. voorschrijven • *du hast mir gar nichts vorzuschreiben* jij hebt niet het recht om mij iets voor te schrijven
vorschreiten ONOV WW sterk FORM. opschieten, vorderingen maken, vorderen • *mit ~dem Alter* met de hogere leeftijd • *zu vorgeschrittener Stunde* laat in de avond
Vorschrift ZN V (-/+en) voorschrift
vorschriftsmäßig BN reglementair, volgens voorschrift
vorschriftswidrig BN in strijd met de voorschriften
Vorschub ZN M (+(e)s/-schübe) **1** hulp, bijstand • *einer Sache ~ leisten* iets begunstigen/bevorderen **2** NATK. naar voren gerichte kracht
Vorschulalter ZN O (+s/gmv) kleuterleeftijd
Vorschule ZN V (-/+n) kleuterschool, peuterschool, ≈groep 1 en 2
Vorschuss ZN M (+es/-schüsse) voorschot • *jemanden um ~ bitten* iemand om een voorschot vragen
vorschützen OV WW voorwenden/-geven
vorschweben ONOV WW voor de geest staan/zweven
vorschwindeln OV WW voorliegen, wijsmaken
vorsehen **1** OV WW sterk plannen, beogen • *das ist nicht vorgesehen* dat is niet gepland, dat is niet zo bedoeld • *das ist im Vertrag nicht vorgesehen* hierin voorziet het contract niet • *das ist im Gesetz nicht vorgesehen* daarin heeft de wet niet voorzien **2** ONOV WW sterk te zien zijn, tevoorschijn komen • *das Hemd sieht unter der Jacke vor* de bloes komt onder de jas tevoorschijn **3** WKD WW **(sich ~)** sterk voorzichtig zijn
Vorsehung ZN V (-/gmv) voorzienigheid
vorsetzen OV WW **1** vooruitzetten, naar voren plaatsen **2** voorzetten, voor iets zetten • *ich*

vo

setze mich vor dich ik ga voor je zitten, ik neem voor jou plaats **3** voorschotelen • *wir bekamen Kartoffeln vorgesetzt* wij kregen aardappelen geserveerd • *der Chef wurde uns einfach vorgesetzt* we kregen de baas gewoon voorgeschoteld

Vorsicht ZN V (-/gmv) voorzichtigheid • *~ üben* voorzichtig zijn • *Vorsicht!* pas op! • *~ beim Überqueren der Straße!* uitkijken bij het oversteken! • *etwas mit ~ genießen* iets met een korreltje zout nemen

vorsichtig BN voorzichtig

vorsichtshalber BW voorzichtigheidshalve

Vorsichtsmaßnahme ZN V (-/+n) voorzorgsmaatregel

Vorsilbe ZN V (-/+n) voorvoegsel

vorsingen OV + ONOV WW sterk voorzingen

vorsintflutlich BN nog van voor de zondvloed, zeer ouderwets

Vorsitz ZN M (+es/+e) voorzitterschap, leiding • *unter dem ~ von* onder presidium van

Vorsitzende ZN M/V (+n/+n) voorzitter

Vorsorge ZN V (-/+n) voorzorg • *zur ~* uit voorzorg

vorsorgen ONOV WW voorzorg nemen

Vorsorgeuntersuchung ZN V preventief onderzoek

vorsorglich BN uit voorzorg

Vorspann ZN M (+(e)s/+e) **1** korte inleiding **2** A-V credits <voor de film> **3** voorspan

vorspannen OV WW voorspannen

Vorspeise ZN V (-/+n) voorgerecht

vorspiegeln OV WW voorspiegelen

Vorspiegelung ZN V (-/+en) voorspiegeling

Vorspiel ZN O (+(e)s/+e) **1** MUZ. preludium **2** TON. proloog **3** voorspel **4** SPORT voorwedstrijd

Vorsprache ZN V (-/+n) bezoek om een verzoek in te dienen

vorsprechen OV + ONOV WW sterk **1** voorspreken • *bei jemandem ~* naar iemand gaan om een verzoek in te dienen **2** voordragen, reciteren

vorspringen ONOV WW sterk **1** naar voren springen **2** vooruitspringen **3** uitspringen, vooruitsteken • *ein ~der Winkel* een uitspringende hoek

Vorsprung ZN M (+(e)s/-sprünge) **1** voorsprong **2** vooruitspringend gedeelte

Vorstadt ZN V (-/-städte) voorstad

Vorstand ZN M (+(e)s/-stände) **1** bestuurder, bestuurslid **2** bestuur, college van bestuur

Vorstandsmitglied ZN O (+(e)s/+er) bestuurslid

Vorstandsvorsitzende ZN M/V (+n/+n) algemeen directeur, voorzitter van het dagelijks bestuur

vorstecken OV WW **1** vooruitsteken **2** opspelden

vorstehen ONOV WW onregelmatig **1** (voor) uitsteken • *die Schneidezähne stehen vor* de snijtanden staan naar voren **2** leiden, besturen • *einer Organisation ~* bestuurder van een organisatie zijn

Vorsteher ZN M (+s/-) hoofd, leider

Vorsteherdrüse ZN V (-/+n) voorstanderklier

Vorstehhund ZN M (+(e)s/+e) staande hond

vorstellbar BN denkbeeldig

vorstellen **1** OV WW **1** (zich) voorstellen, bekendmaken, presenteren • *jemanden jemandem ~* iemand aan iemand voorstellen • *ein neues Produkt ~* een nieuw product presenteren • *darf ich mich ~?* mag ik me voorstellen? **2** vooruitzetten, naar voren zetten • *die Armbanduhr ~* het horloge vooruitzetten **3** zetten voor, plaatsen voor **4** weergeven **2** WKD WW (**sich ~**) zich voorstellen, zich voor de geest halen • *kannst du dir das ~?* kun je je dat voorstellen? • *Sie können sich ~, wie froh wir waren* u kunt zich voorstellen hoe blij we waren

vorstellig BN • *bei jemandem/etwas ~ werden* bij iemand/iets bezwaar aantekenen

Vorstellung ZN V (-/+en) **1** voorstelling, voorstellen • *eine ~ besuchen* een voorstelling bezoeken **2** denkbeeld, idee • *nach ihren Vorstellungen* volgens haar ideeën • *entspricht das Ihren Vorstellungen?* is het dat wat u in gedachte had? **3** vertoning

Vorstellungskraft ZN V (-/gmv) voorstellingsvermogen

Vorstoß ZN M (+es/-stöße) **1** doordringen, aanval • FIG. *einen ~ wagen* een wens uiten **2** uitstekende rand <bij kleding>

vorstoßen **1** OV WW sterk voorstoten, naar voren stoten **2** ONOV WW sterk doordringen, doorstoten <ook militair>

Vorstrafe ZN V (-/+n) vroegere veroordeling • *ohne ~ sein* een blanco strafregister hebben

Vorstrafenregister ZN O (+s/-) strafblad

vorstrecken OV WW **1** vooruitsteken, naar voren steken • *sich ~* zich naar voren buigen **2** voorschieten <geld>

Vorstufe ZN V (-/+n) voorstadium

Vortag ZN M (+(e)s/+e) vorige dag

vortäuschen OV WW voorspiegelen, voorliegen

Vortäuschung ZN V (-/+en) **1** voorspiegeling **2** leugen

Vorteil ZN M (+(e)s/+e) voordeel • *seinen eigenen ~ suchen* eigen gewin nastreven • *er hat sich zu seinem ~ verändert* hij is in zijn voordeel veranderd • *auf seinen eigenen ~ bedacht sein* op zijn eigen voordeel uit zijn • *~ haben von/durch* voordeel hebben bij • *sie hat alle Vorteile* zij heeft alles mee

vorteilhaft BN voordelig, gunstig

Vortrag ZN M (+(e)s/-träge) **1** lezing • *einen ~ halten* een lezing geven • *ein ~ über Umweltprobleme* een lezing over milieuproblemen **2** voordracht, voordragen • *der ~ eines Gedichts* de voordracht van een gedicht **3** rapport uitbrengen **4** ECON. overboeking • *~ auf neue Rechnung* het overboeken op een nieuwe rekening

vortragen OV WW sterk **1** naar voren dragen **2** voordragen, reciteren **3** voorleggen, verslag uitbrengen **4** ECON. overboeken

Vortragende ZN M/V (+n/+n) spreker

Vortragsreihe ZN V (-/+n) reeks lezingen

vortrefflich BN voortreffelijk

vortreiben OV WW sterk vooruitdrijven

vortreten ONOV WW sterk **1** voortreden, naar voren treden **2** vooruitsteken

Vortritt ZN M (+(e)s/gmv) voorrang • *jemandem den ~ lassen* iemand voor laten gaan • *Mitglieder haben ~* leden gaan voor

vorüber BW **1** voorbij **2** afgelopen

vorübergehen ONOV WW onregelmatig **1** voorbijgaan, overgaan • *das wird schon ~* dat zal wel slijten **2** passeren

vorübergehend BN voorbijgaand, tijdelijk, kortstondig

Vorurteil ZN O (+s/+e) vooroordeel • *Vorurteile abbauen* vooroordelen wegnemen

vorurteilsfrei BN onbevooroordeeld

vorurteilslos BN onbevooroordeeld

Vorverkauf ZN M (+(e)s/gmv) voorverkoop

vorverlegen OV WW naar voren verplaatsen, vervroegen, op een eerder datum/tijdstip plaats laten vinden • *können wir unseren Termin von Mittwoch auf Montag ~?* kunnen wij onze afspraak van woensdag naar de maandag daarvoor verplaatsen?

Vorvertrag ZN M (+(e)s/-verträge) voorlopig contract, voorlopige overeenkomst

vorvorgestern BW drie dagen geleden

vorvorig BW INFORM. voorlaatst

vorwagen WKD WW (**sich ~**) naar voren durven komen • *sich aus dem Versteck ~* uit de schuilplaats tevoorschijn durven komen

Vorwahl ZN V (-/+en) kengetal, netnummer, toegangsnummer • *internationale ~* internationaal toegangsnummer

Vorwahlnummer ZN V (-/+n) kengetal, netnummer

Vorwand ZN M (+(e)s/-wände) voorwendsel, smoes • *unter dem ~* onder de mantel van

vorwärmen OV WW voorverwarmen

Vorwarnung ZN V (-/+en) voorafgaande waarschuwing

vorwärts BW voorwaarts

vorwärtsbringen OV WW onregelmatig bevorderen, verbeteren

Vorwärtsgang ZN M (+(e)s/-gänge) vooruit <versnelling>

vorwärtsgehen ONOV WW onregelmatig **1** vooruitgaan **2** opschieten • *gut ~* goed opschieten **3** verbeteren

vorwärtskommen ONOV WW sterk vooruitkomen, succes hebben

Vorwäsche ZN V (-/gmv) voorwas

vorweg BW **1** vooraf, van tevoren **2** vooruit/-op/-aan **3** vooral, met name

Vorwegnahme ZN V (-/gmv) anticipatie, vooruitlopen op

vorwegnehmen OV WW sterk vooruitlopen/anticiperen op

vorweisen OV WW sterk tonen, laten zien • *sie hat genügend Wissen vorzuweisen* zij beschikt over voldoende kennis

Vorwelt ZN V (-/+en) **1** oudheid **2** voorgeslacht, voorouders

vorweltlich BN voorwereldlijk

vorwenden OV WW onregelmatig voorwenden

vorwerfen OV WW sterk **1** verwijten • *jemandem etwas ~* iemand iets verwijten • *es ihm nicht ~* het hem niet aanrekenen **2** naar voren gooien **3** voorgooien, toe-/voorwerpen

vorwiegen ONOV WW sterk overheersen, overwegen

vorwiegend BW overwegend, voornamelijk

Vorwissen ZN O (+s/gmv) voorkennis

vorwitzig BN **1** (onbezonnen) nieuwsgierig **2** betweterig, eigenwijs <van kinderen>

Vorwoche ZN V (-/+n) voorafgaande week

Vorwort ZN O (+(e)s/+e) voorwoord

Vorwurf ZN M (+(e)s/-würfe) verwijt • *ein leiser ~* een zacht verwijt

vorwurfsvoll BN verwijtend

vorzählen OV WW voorrekenen

Vorzeichen ZN O (+s/-) **1** voorteken, omen • *es ist ein böses ~* het is een veeg teken **2** WISK. voorteken

vorzeichnen OV WW **1** voortekenen **2** uitstippelen

vorzeigen OV WW tonen, laten zien • *ein Freund zum Vorzeigen* een ideale schoonzoon

Vorzeit ZN V (-/+en) voortijd, prehistorie • *in grauer ~* heel lang geleden

vorzeiten BW lang geleden

vorzeitig BN voortijdig • *~ in Rente gehen* vervroegd uittreden

vorzeitlich BN uit de oertijd, prehistorisch

vorziehen OV WW onregelmatig voortrekken, voorkeur geven aan • *das eine dem anderen ~* het een boven het ander verkiezen • *das Bier dem Wein ~* de voorkeur geven aan bier boven wijn **1** naar voren trekken **2** dichttrekken • *die Vorhänge ~* de gordijnen dichttrekken **3** INFORM. tevoorschijn halen **4** vervroegen, vervroegd afhandelen • *vorgezogene Wahlen* vervroegde verkiezingen

Vorzimmer ZN O (+s/-) voorvertrek, wachtkamer

Vorzug ZN M (+(e)s/-züge) **1** voortreffelijke eigenschap, voordeel • *sie hat viele Vorzüge* ze heeft veel positieve eigenschappen **2** voorkeur • *einer Sache den ~ geben* een voorkeur voor iets hebben

vorzüglich BN voortreffelijk, uitstekend

Vorzüglichkeit ZN V (-/+en) voortreffelijkheid

Vorzugsaktie ZN V (-/+n) preferent aandeel, prioriteitsaandeel

Vorzugspreis ZN M (+es/+e) speciale prijs, zeer gunstige prijs

vorzugsweise BW bij voorkeur, voornamelijk • *~ später* bij voorkeur later

votieren ONOV WW voteren

Votum ZN O (+s/Voten, Vota) **1** votum **2** oordeel

Voyeurismus ZN M voyeurisme

VR-Brille ZN V (-/-n) VR-bril

v.u. AFK von unten van onderaf

vulgär BN vulgair
vulgarisieren OV WW vulgariseren, populariseren
Vulkan ZN M (+s/+e) vulkaan
Vulkanausbruch ZN M (+(e)s/-ausbrüche) vulkaanuitbarsting
Vulkanisation ZN V (-/+en) vulkanisatie
vulkanisch BN vulkanisch
vulkanisieren OV WW vulkaniseren

W

w. AFK TAALK. weiblich **v** <vrouwelijk>
W 1 ZN O (-/-) letter **w** • *W wie Wilhelm* de w van Willem **2** AFK **1** West **W** <west> **2** Westen **W** <westen>
Waage ZN V (-/+n) **1** weegschaal, balans • *sich die ~ halten* tegen elkaar opwegen **2** Weegschaal <sterrenbeeld>
waagerecht BN horizontaal
Waagschale ZN V (-/+n) weegschaal
wabbelig, **wabblig** BN week, slap
wabbeln ONOV WW lillen
Wabe ZN V (-/+n) honingraat
Wabenhonig ZN M (+s/gmv) raathoning
wach BN **1** wakker • *~ werden* wakker worden • *jemanden ~ halten* iemand wakker houden **2** helder • *eine Erinnerung ~ halten* een herinnering levend houden
Wachablösung ZN V (-/+en) aflossing van de wacht
Wache ZN V (-/+n) **1** wacht • *~ beziehen* de wacht betrekken • *~ schieben* de wacht hebben, van wacht zijn **2** politiepost
wachen ONOV WW **1** waken (**über** +4 over), toezien op • *über jemanden ~* over iemand waken **2** de wacht houden
Wachhund ZN M (+(e)s/+e) waakhond
Wachmann ZN M (+(e)s/-männer, -leute) **1** bewaker **2** politieagent
Wacholder ZN M (+s/-) jenever(struik)
Wachposten ZN M (+s/-) wachtpost • *~ aufstellen* wachtposten uitzetten
wachrütteln OV WW wakker schudden
Wachs ZN O (+es/+e) was
wachsam BN waakzaam
Wachsamkeit ZN V (-/gmv) waakzaamheid
wachsbleich BN wasbleek
wachsen 1 ONOV WW sterk groeien • *jemandem/einer Sache ge~ sein* tegen iemand/iets opgewassen zijn • *hoch ge~* groot van gestalte, rijzig • *die Arbeit wächst ihr über den Kopf* zij verzuipt in het werk • *~des Interesse* toenemende belangstelling • *~ wie Unkraut* groeien als kool **2** OV WW waxen
wächsern BN van was
Wachsfigur ZN V (-/+en) wassen beeld
Wachskerze ZN V (-/+n) waskaars
Wachslicht ZN O (+(e)s/+er) waskaars
Wachstum ZN O (+s/gmv) groei • *das ~ fördern* de groei bevorderen
Wachstumsrate ZN V (-/+n) groeipercentage
Wachtel ZN V (-/+n) kwartel
Wachtelhund ZN M (+(e)s/+e) **1** patrijshond **2** langharige jachthond
Wächter ZN M (+s/-) bewaker
Wachtmeister ZN M (+s/-) wachtmeester
Wachtposten ZN M (+s/-) → **Wachposten**
Wachtturm ZN M (+(e)s/-türme) wachttoren
wackelig, **wacklig** BN **1** wankel, waggelend **2**

verzwakt, zwak • *noch ~ auf den Beinen sein* nog niet helemaal op de been zijn **3 loszittend** <van contact e.d.>
Wackelkontakt ZN M (+(e)s/+e) **loszittend contact**
wackeln ONOV WW **wankelen, waggelen, wiebelen** • *der Tisch/Stuhl wackelt* de tafel/de stoel wiebelt • *sein Thron wackelte schon lange* zijn troon wankelde al lang
Wade ZN V (-/+n) **kuit**
Wadenkrampf ZN M (+(e)s/-krämpfe) **kuitkramp**
Waffe ZN V (-/+n) **wapen** • *chemische ~* chemisch wapen
Waffel ZN V (-/+n) **wafel**
Waffeleisen ZN O (+s/-) **wafelijzer**
Waffenbesitz ZN M (+es/gmv) **wapenbezit**
Waffengattung ZN V (-/+en) **wapen** <van de infanterie enz.>, **legeronderdeel**
Waffenruhe ZN V (-/+n) **wapenstilstand**
Waffenschein ZN M (+(e)s/+e) **wapenvergunning**
Waffenschieber ZN M (+s/-) MIN. **illegale wapenhandelaar**
Waffenstillstand ZN M (+(e)s/-stände) **wapenstilstand**
Wagehals ZN M (+es/-hälse) **waaghals**
Wagemut ZN M (+(e)s/gmv) **durf, moed**
wagemutig BN **gedurfd, stoutmoedig**
wagen OV + ONOV WW **wagen, durven** ▸ *wer nicht wagt, der nicht gewinnt* wie niet waagt, die niet wint ▸ *frisch gewagt ist halb gewonnen* een goed begin is het halve werk
Wagen ZN M (+s/-) **1 wagen** • *jemanden vor seinen ~ spannen* iemand voor zijn karretje spannen **2 auto 3 wagon**
Wagenabteil ZN O (+(e)s/+e) **coupé**
Wagenführer ZN M (+s/-) **bestuurder**
Wagenheber ZN M (+s/-) **krik**
Wagenkolonne ZN V (-/+n) **rij wagens, colonne voertuigen**
Wagenpark ZN M (+(e)s/+s) **wagenpark**
Wagenpflege ZN V (-/gmv) **onderhoud van auto**
Wagenwäsche ZN V (-/+n) **wasbeurt** <van auto>
Wagestück ZN O (+(e)s/+e) **waagstuk**
Waggon ZN M (+s/+s) **wagon**
waghalsig BN **waaghalzig**
Wagnis ZN V (-/+se) **1 waagstuk 2 risico**
Wahl ZN V (-/+en) **1 keuze** • *eine ~ treffen* een keuze maken ▸ *wer die ~ hat, hat die Qual* ≈ kiezen is moeilijk **2 verkiezing** • *vorgezogene Wahlen* vervroegde verkiezingen • *Wahlen abhalten* verkiezingen houden • *sich zur ~ stellen* zich verkiesbaar stellen
Wahlalter ZN O (+s/-) **stemgerechtigde leeftijd**
wählbar BN **verkiesbaar**
wahlberechtigt BN **kiesgerechtigd**
Wahlbeteiligung ZN V (-/+en) **verkiezingsopkomst**
Wahlbezirk ZN M (+(e)s/+e) **kiesdistrict**

wählen OV + ONOV WW **1 kiezen** • *eine Nummer ~* een nummer kiezen **2 stemmen (op)** • *er hat CDU gewählt* hij heeft op de CDU gestemd
Wähler ZN M (+s/-) **kiezer**
Wahlerfolg ZN M (+(e)s/+e) **verkiezingssucces**
Wählerin ZN V (-/+nen) **vrouwelijke kiezer**
wählerisch BN **kieskeurig**
Wählerschaft ZN V (-/+en) **de kiezers**
Wahlfach ZN O (+(e)s/-fächer) **keuzevak**
Wahlgang ZN M (+(e)s/-gänge) **stemming** • *im ersten ~* bij de eerste stemming
Wahlgeheimnis ZN O (+ses/+se) **kiesgeheim**
Wahlheimat ZN V (-/gmv) **vrij gekozen woonplaats**
Wahlkabine ZN V (-/+n) **stemhokje**
Wahlkampf ZN M (+(e)s/-kämpfe) **verkiezingsstrijd**
Wahlkreis ZN M (+es/+e) **kiesdistrict**
Wahlliste ZN V (-/+n) **verkiezingslijst, kandidatenlijst**
Wahllokal ZN O (+(e)s/+e) **stembureau**
wahllos BN **in het wilde weg, blindelings**
Wahlniederlage ZN V (-/+n) **verkiezingsnederlaag**
Wahlrecht ZN O (+(e)s/gmv) **kiesrecht** • *aktives/passives ~* actief/passief kiesrecht
Wählscheibe ZN V (-/+n) **kiesschijf**
Wahlurne ZN V (-/+n) **stembus**
wahlweise BW **naar keuze**
Wahlzettel ZN M (+s/-) **stembiljet**
Wahn ZN M (+(e)s/gmv) **waan** • *jemanden in dem ~ lassen* iemand in de waan laten
Wahnbild ZN O (+(e)s/+er) **waanvoorstelling**
wähnen OV WW FORM. **wanen, aannemen** • *ich wähnte ihn schon im Urlaub* ik ging ervan uit dat hij al op vakantie was • *sich irgendwo ~* zich ergens wanen
Wahnidee ZN V (-/+n) **waanidee, waandenkbeeld**
Wahnsinn ZN M (+(e)s/gmv) **1 waanzin, krankzinnigheid** • JEUGDT. *das ist ja Wahnsinn!* dat is echt fantastisch! • INFORM. *das ist (heller) Wahnsinn!* dat is gekkenwerk! **2** INFORM. **onzin**
wahnsinnig BN **1 waanzinnig, krankzinnig, gek 2** INFORM. **buitensporig, onzinnig** • *~ verliebt* hopeloos verliefd • *~ toll* onwijs gaaf • *das ist ~ teuer* dat is idioot duur
Wahnsinns- VOORV • *Wahnsinnshitze* ontzettende hitte • *Wahnsinnsarbeit* ontzettend veel werk
Wahnwitz ZN M (+es/gmv) **volstrekte nonsens, waanzin**
wahnwitzig BN **1 waanzinnig, onzinnig 2 krankzinnig**
wahr BN **1 waar** • *es ist wirklich ~* het is echt waar • *so ~ ich hier stehe* zo waar als ik hier sta • *das ist leider allzu ~* dat is helaas maar al te waar • *wäre es nur ~* was het maar waar • *etwas Wahres wird schon daran sein* er zal wel een kern van waarheid in zitten • *das einzig Wahre ist ...* de enige oplossing is ... • *das ist auch nicht das Wahre* dat is ook geen geschikte oplossing **2 echt, werkelijk** • *der ~e Grund* de

echte reden **3 juist** • *wahr oder falsch?* juist of fout?

wahren OV WW handhaven, bewaren • *den Schein ~* de schijn ophouden • *die Disziplin ~* orde houden

währen ONOV WW FORM. duren • *immer während* eeuwigdurend • *das währt nicht lange* dat zal niet lang duren

während **1** VZ +2, gedurende, tijdens • *~ des Essens* tijdens het eten **2** VOEGW terwijl • *~ wir aßen ...* terwijl wij aten ...

währenddessen BW intussen

wahrhaben OV WW inzien • *seine Fehler nicht ~ wollen* zijn fouten niet willen inzien

wahrhaft BW waar, echt, werkelijk

wahrhaftig BN **1** waarachtig, oprecht **2** werkelijk, echt • *er ist ~ weggegangen* hij is nota bene weggegaan

Wahrhaftigkeit ZN V (-/gmv) **1** waarachtigheid **2** oprechtheid

Wahrheit ZN V (-/+en) waarheid • *hinter die ~ kommen* achter de waarheid komen • *die ~ einer Sache bestreiten* de waarheid van iets bestrijden • *der ~ nicht gerecht werden* de waarheid tekortdoen

Wahrheitsbeweis ZN M (+es/+e) bewijs van de waarheid

wahrheitsgemäß BN waarheidsgetrouw, overeenkomstig de waarheid

wahrlich BW werkelijk, heus, voorwaar

wahrnehmbar BN waarneembaar

wahrnehmen OV WW sterk **1** waarnemen, opmerken • *sie hat ihn gar nicht wahrgenommen* ze heeft hem helemaal niet opgemerkt **2** benutten • *die Gelegenheit ~* de gelegenheid benutten

Wahrnehmung ZN V (-/+en) **1** waarneming **2** behartiging, benutting

wahrsagen OV + ONOV WW waarzeggen, voorspellen

Wahrsager ZN M (+s/-) waarzegger

Wahrsagung ZN V (-/+en) voorspelling

wahrscheinlich BN waarschijnlijk • *es ist sehr ~, dass er kommt* je hebt grote kans dat hij komt • *das erscheint mir ~er* dat lijkt me eerder

Wahrscheinlichkeit ZN V (-/+en) waarschijnlijkheid • *aller ~ nach* naar alle waarschijnlijkheid

Wahrung ZN V (-/gmv) handhaving, behoud

Währung ZN V (-/+en) valuta, munt

Währungsabkommen ZN O (+s/-) monetaire overeenkomst

Währungseinheit ZN V (-/+en) munteenheid

Währungsfonds ZN M • *der Internationale ~* het Internationaal Monetair Fonds

Währungspolitik ZN V (-/gmv) monetaire politiek

Währungsreform ZN V (-/+en) geldzuivering

Währungssystem ZN O ECON. • *das Europäische ~* het Europese Monetaire Stelsel

Waise ZN V (-/+n) wees

Waisenhaus ZN O (+es/-häuser) weeshuis

Waisenkind ZN O (+(e)s/+er) weeskind

Waisenrente ZN V (-/+n) wezenrente

Wakeboard ZN O (-s/-s) wakeboard

wakeboarden ONOV WW wakeboarden

Wakeboarder ZN M (-s/-) wakeboarder

Wal ZN M (+(e)s/+e) walvis

Wald ZN M (+(e)s/Wälder) bos, woud • *ein ~ von Regeln* een woud van regels • FIG. *den ~ vor lauter Bäumen nicht sehen* door de bomen het bos niet meer zien

Waldbau ZN M (+(e)s/gmv) bosbouw

Waldbestand ZN M (+(e)s/-bestände) **1** opstand, houtbestand **2** boscomplex

Waldbrand ZN M (+(e)s/-brände) bosbrand

Waldfläche ZN V (-/+n) bebost oppervlak

Waldhorn ZN O (+(e)s/-hörner) waldhoorn

Waldhüter ZN M (+s/-) boswachter

waldig BN bosachtig

Waldkauz ZN M (+es/-käuze) bosuil

Waldlichtung ZN V (-/+en) open plek in het bos

Waldmeister ZN M (+s/gmv) lievevrouwebedstro

Waldsterben ZN O (+s/gmv) bossterfte

Waldung ZN V (-/+en) bosstreek

Waldweg ZN M (+(e)s/+e) bosweg, bospad

Wales ZN O Wales

Walfisch ZN M (+(e)s/+e) walvis

Waliser ZN M (+s/-) bewoner van Wales

walken OV WW **1** walken, vollen **2** walsen **3** kneden

Wall ZN M (+(e)s/Wälle) wal

Wallach ZN M (+(e)s/+e) ruin

wallen ONOV WW ko(l)ken, opwellen • *~des Haar* golvend haar

wallfahren ONOV WW op bedevaart gaan

Wallfahrer ZN M (+s/-) bedevaartganger

Wallfahrt ZN V (-/+en) bedevaart

Wallfahrtsort ZN M (+(e)s/+e) bedevaartplaats

Wallis ZN O Wallis

Wallone ZN M (+n/+n) Waal

Wallonien ZN O (+s/gmv) Wallonië

Wallung ZN V (-/+en) **1** (het) kolken, opwelling **2** bloedaandrang

Walnuss ZN V (-/-nüsse) walnoot

Walnussbaum ZN M (+(e)s/-bäume) walnotenboom

Walpurgisnacht ZN V (-/-nächte) Walpurgisnacht

walten ONOV WW heersen

Walz ZN V (-/+en) tocht, rondreis • *auf der ~ sein* als handwerksgezel onderweg zijn → **Walze**

Walze ZN V (-/+n) **1** wals **2** cilinder

walzen OV WW walsen

wälzen **1** OV WW INFORM. • *die Bücher ~* de boeken bestuderen **2** ONOV WW wentelen, rollen **3** WKD WW (**sich ~**) zich wentelen, zich draaien

walzenförmig BN cilindervormig

Walzer ZN M (+s/-) MUZ. wals

Wälzer ZN M (+s/-) lijvig boek, pil

Walzwerk ZN O (+(e)s/+e) walserij

Wampe ZN V (-/+n) INFORM. dikke buik, pens

wand OV WW verl. tijd → **winden**

Wand ZN V (-/Wände) wand, muur • INFORM. *ich*

könnte ihn an die ~ kleben ik zou hem wel achter het behang kunnen plakken • *nicht aus seinen vier Wänden herauskommen* achter de geraniums zitten • *die weiße ~* het witte doek • *jemanden an die ~ stellen* iemand tegen de muur zetten • *es ist, als ob man gegen eine ~ redet* het is alsof je tegen een muur praat • *die Wände haben Ohren* de muren hebben oren

Wandbehang ZN M (+(e)s/-behänge) wandtapijt

Wandel ZN M (+s/gmv) verandering

wandelbar BN veranderlijk, wisselvallig

wandeln OV + ONOV WW veranderen • *sich ~* veranderen

Wanderausstellung ZN V (-/+en) reizende tentoonstelling

Wanderbühne ZN V (-/+n) reizend toneelgezelschap

Wanderer ZN M (+s/-) trekker, voetreiziger

Wanderkarte ZN V (-/+n) wandelkaart

Wanderleben ZN O (+s/gmv) zwervend leven

wandern ONOV WW **1** trekken, een voettocht maken • *in den Bergen ~* in de bergen wandelen • *nach Santiago ~* een voettocht naar Santiago maken **2** gaan • *durch die Wohnung ~* doelloos door het huis gaan **3** INFORM. belanden, terechtkomen • *ins Gefängnis ~* in de gevangenis belanden • INFORM. *in den Knast ~* de bak indraaien

Wanderpokal ZN M (+s/+e) wisselbeker

Wanderpreis ZN M (+es/+e) wisselprijs

Wanderratte ZN V (-/+n) bruine rat

Wanderschaft ZN V (-/gmv) (het) rondtrekken • *auf ~ sein* een trektocht houden

Wanderschuh ZN M (+(e)s/+e) wandelschoen

Wanderung ZN V (-/+en) **1** voettocht, (lange) wandeling **2** (het) rondtrekken

Wanderzirkus ZN M (-/+se) rondreizend circus

Wandkarte ZN V (-/+n) wandkaart

Wandleuchter ZN M (+s/-) wandlamp

Wandlung ZN V (-/+en) verandering

Wandmalerei ZN V (-/+en) muurschildering

Wandschirm ZN M (+(e)s/+e) kamerscherm

Wandschrank ZN M (+(e)s/-schränke) muurkast

Wandtafel ZN V (-/+n) schoolbord

wandte OV WW verl. tijd → **wenden**

Wanduhr ZN V (-/+en) hangklok

Wandzeitung ZN V (-/+en) **1** muurkrant **2** prikbord

Wange ZN V (-/+n) wang

Wankelmut ZN M (+(e)s/gmv) wankelmoedigheid, besluiteloosheid

wankelmütig BN wankelmoedig, besluiteloos

wanken ONOV WW **1** wankelen, waggelen • *ins Wanken geraten* op de tocht staan **2** weifelen

wann BW wanneer • *dann und ~* nu en dan • *~ immer* wanneer...maar • *~ kommt der Zug?* hoe laat komt de trein? • *ich weiß nicht, ~ er kommt* ik weet niet hoe laat hij komt

Wanne ZN V (-/+n) kuip

Wanst ZN M (+(e)s/Wänste) **1** MIN. pens, dikke buik **2** MIN. vetzak

Wanze ZN V (-/+n) **1** wandluis **2** afluistermicrofoontje

Wappen ZN O (+s/-) wapen

Wappenkunde ZN V (-/gmv) heraldiek

Wappenschild ZN M (+(e)s/+er) wapenschild

Wappenspruch ZN M (+(e)s/-sprüche) wapenspreuk, devies

wappnen WKD WW (**sich ~**) zich wapenen

war ONOV WW verl. tijd → **sein**

warb OV WW verl. tijd → **werben**

Ware ZN V (-/+n) (koop)waar, artikel • *die ~ wird geliefert* de goederen worden geleverd • *eine Partie ~* een partij goederen

Warenangebot ZN O (+(e)s/+e) assortiment, goederenaanbod

Warenbestand ZN M (+(e)s/-bestände) goederenvoorraad, inventaris

Warenhaus ZN O (+es/-häuser) warenhuis

Warenlager ZN O (+s/-) magazijn

Warenprobe ZN V (-/+n) staal, monster

Warenzeichen ZN O (+s/-) handelsmerk • *eingetragenes ~* gedeponeerd handelsmerk

warf OV WW verl. tijd → **werfen**

Warf, **Warft** ZN V terp, werf

warm BN **1** warm • *mir wird/ist ~* ik krijg/heb het warm **2** warm, hartelijk • *etwas wärmstens empfehlen* iets van harte aanbevelen

Warmblüter ZN M (+s/-) warmbloedig dier

Wärme ZN V (-/gmv) **1** warmte **2** hartelijkheid

wärmebeständig BN tegen warmte bestand

Wärmedämmung ZN V (-/+en) warmte-isolatie

Wärmeleiter ZN M (+s/-) warmtegeleider

wärmen OV WW verwarmen

wärmer BN → **warm**

Wärmeschutz ZN M (+es/gmv) warmte-isolatie

Wärmflasche ZN V (-/+n) kruik

Warmfront ZN V (-/+en) warmtefront

warmherzig BN hartelijk, warm • *eine ~e Person* een hartelijk mens

Warmluft ZN V (-/gmv) hete lucht

Warmluftheizung ZN V (-/+en) heteluchtverwarming

wärmst BN → **warm**

Warmwasserspeicher ZN M (+s/-) boiler

Warnblinkanlage ZN V (-/+n) waarschuwingsknipperlichten <op voertuig>

Warndreieck ZN O (+(e)s/+e) gevarendriehoek

warnen OV WW waarschuwen • *jemanden vor einer Gefahr ~* iemand waarschuwen voor een gevaar • *jemandem zum letzten Mal ~* iemand de wacht aanzeggen

Warner ZN M (+s/-) **1** degene die waarschuwt **2** alarmtoestel

Warnruf ZN M (+(e)s/+e) waarschuwende kreet

Warnschild ZN O (+(e)s/+er) waarschuwingsbord

Warnstreik ZN M (+(e)s/+s) prikactie

Warnung ZN V (-/+en) waarschuwing • *~ vor dem Hunde* Hier waak ik! <op bordje met afbeelding

van een hond>

Warnzeichen ZN O (+s/-) waarschuwingsteken

Warschau ZN O Warschau

Warte ZN V (-/+n) FORM. uitkijk • *von meiner ~ aus* ... volgens mijn standpunt ...

Wartefrist ZN V (-/+en) wachttijd

Wartegeld ZN O wachtgeld

Wartegeldempfänger ZN M wachtgelder

Wartehäuschen ZN O bushokje

Warteliste ZN V (-/+n) wachtlijst

warten **1** ONOV WW wachten • *auf jemanden / etwas ~* op iemand / iets wachten • *das kann bis morgen ~* dat heeft tijd tot morgen **2** OV WW TECHN. onderhouden • *ein Auto ~* onderhoud aan een auto plegen

Wärter ZN M (+s/-) oppasser, bewaker

Wärterin ZN V (-/+nen) **1** verzorgster, verpleegster **2** bewaakster

Wartesaal ZN M (+(e)s/-säle) wachtkamer, wachtruimte

Warteschlange ZN V (-/+n) rij, file

Wartezimmer ZN O (+s/-) wachtkamer

Wartung ZN V (-/+en) onderhoud

wartungsfrei BN onderhoudsvrij

warum BW waarom

Warze ZN V (-/+n) wrat

was **1** VR VNW wat • *~ hast du gesagt* wat heb je gezegd? • *~ ist das?* wat is dat? **2** BETR VNW wat • *hast du gehört, ~ er gesagt hat?* heb je gehoord, wat hij heeft gezegd? • *ich weiß nicht, ~ das soll* ik weet niet wat dat moet **3** ONB VNW wat, iets • *das ist schon mal was!* dat is tenminste iets! • *~ Grünes* iets groens • *egal, ~* maakt niet uit, wat • *so ~ Dummes* zo iets stoms **4** BW INFORM. waarom, wat • *~ regst du dich so auf?* waarom wind je je zo op?

Waschautomat ZN M (+en/+en) wasautomaat

Waschbär ZN M (+en/+en) wasbeer

Waschbecken ZN O (+s/-) wastafel

Waschbrett ZN O wasplank

Waschbrettbauch ZN M platte buik wasbordje

Wäsche ZN V (-/+n) was(goed) • *die ~ waschen* de was doen • *die ~ abnehmen* de was afhalen • FIG. *seine schmutzige ~ vor anderen Leuten waschen* de vuile was buiten hangen

Wäschebeutel ZN M (+s/-) wasbuidel

waschecht BN **1** wasecht, kleurecht **2** FIG. rasecht • *er ist ein ~er Bayer* hij is een rasechte Beier

Wäschegeschäft ZN O lingeriewinkel

Wäscheklammer ZN V (-/+n) wasknijper

Wäschekorb ZN M (+(e)s/-körbe) wasmand

Wäscheleine ZN V (-/+n) waslijn

waschen OV WW sterk **1** wassen • *sich die Hände ~* zijn handen wassen • *jemanden/etwas gründlich ~* iemand/iets een wasbeurt geven • *sich ge~ haben* behoorlijk zijn • *die Klassenarbeit hatte sich ge~* het proefwerk was geen makkie • *eine Leiche ~* een dode afleggen **2** de was doen ▸ *eine Hand wäscht die andere* het mes snijdt aan twee kanten

Wäscher ZN M (+s/-) **1** wasser **2** kletser

Wäscherei ZN V (-/+en) wasserij

Wäscherin ZN V (-/+nen) wasvrouw

Wäscheschleuder ZN V (-/+n) centrifuge

Wäscheschrank ZN M (+(e)s/-schränke) linnenkast

Wäschetrockner ZN M (+s/-) droogtrommel

Waschkorb ZN M (+(e)s/-körbe) wasmand

Waschlappen ZN M (+s/-) **1** washandje **2** slappeling, vent van niks

Waschmittel ZN O (+s/-) wasmiddel

Waschpulver ZN O (+s/-) waspoeder

Waschraum ZN M (+(e)s/-räume) waslokaal

Waschtisch ZN M (+(e)s/+e) wastafel

Waschzettel ZN M (+s/-) **1** flap <van boek> **2** inlegvel • IRON. *ein ganzer ~ an Vorschriften* een hele lijst van voorschriften

Waschzeug ZN O (+(e)s/gmv) wasgerei

Wasser ZN O (+s/-, Wässer) **1** water • *bei ~ und Brot* op water en brood • *auf dem ~* te water • *das ~ steigt* het water komt op • *~ dazugeben* water erbij doen **2** MED. vocht ▸ *mit allen Wassern gewaschen sein* door de wol geverfd zijn ▸ *das ~ steht ihm bis zum Hals* het water komt hem tot aan de lippen ▸ *jemandem das ~ abgraben* iemand het gras voor de voeten wegmaaien ▸ *jemandem nicht das ~ reichen können* niet aan iemand kunnen tippen ▸ *das ist ~ auf seine Mühlen* dat is koren op zijn molen ▸ *da läuft einem das ~ im Munde zusammen* het is om van te watertanden

Wasserabfluss ZN M (+es/-flüsse) waterafvoer

Wasserbad ZN O (+(e)s/-bäder) CULIN bain-marie • *etwas im ~ erhitzen* iets au bain-marie verhitten

Wasserball ZN M (+(e)s/-bälle) **1** opblaasbare bal **2** waterpolobal **3** waterpolo

Wasserbau ZN M (+(e)s/gmv) waterbouwkunde, hydrotechniek

Wasserbehälter ZN M (+s/-) watertank, waterreservoir

Wasserblase ZN V (-/+n) blaar, waterblaas

Wässerchen ZN O (+s/-) watertje • FIG. *kein ~ trüben können* geen vlieg kwaad kunnen doen

Wasserfall ZN M (+(e)s/-fälle) waterval

Wasserfarbe ZN V (-/+n) waterverf

wasserfest BN waterproof, waterdicht

Wasserfläche ZN V (-/+n) watervlakte, wateroppervlak

Wasserflut ZN V (-/+en) watervloed, overstroming

Wasserfrosch ZN M (+(e)s/-frösche) groene kikker

wassergekühlt BN met water gekoeld

Wasserglas ZN O (+es/-gläser) waterglas

Wasserglätte ZN V (-/gmv) aquaplaning

Wassergraben ZN M (+s/-gräben) sloot, gracht

Wasserhahn ZN M (+(e)s/-hähne) waterkraan

Wasserhaushalt ZN M (+(e)s/+e) waterhuishouding

Wasserhund ZN M (+(e)s/+e) • *portugiesische(r) Wasserhund* Portugese waterhond

wässerig BN → **wässrig**

Wasserklosett ZN O (+s/+s, +e) watercloset

Wasserkopf ZN M (+(e)s/-köpfe) waterhoofd
Wasserkraft ZN V (-/gmv) waterkracht
Wasserkraftwerk ZN O (+(e)s/+e) waterkrachtcentrale
Wasserlache ZN V (-/+n) waterplas
Wasserlauf ZN M (+(e)s/-läufe) waterloop
Wasserleiche ZN V (-/+n) lijk van een drenkeling
Wasserleitung ZN V (-/+en) waterleiding
Wasserlinie ZN V (-/+n) waterlijn
wasserlöslich BN in water oplosbaar
Wassermangel ZN M (+s/gmv) watergebrek
Wassermann ZN M (+(e)s/-männer) **1** watergeest **2** Waterman <sterrenbeeld>
Wassermelone ZN V (-/+n) watermeloen
Wassermühle ZN V (-/+n) watermolen
wässern OV WW **1** in het water leggen, weken **2** water geven
Wasserpfeife ZN V waterpijp
Wasserpolizei ZN V (-/gmv) waterpolitie
Wasserratte ZN V (-/+n) waterrat
Wasserrohr ZN O (+(e)s/+e) waterbuis
Wasserscheide ZN V (-/+n) waterscheiding
wasserscheu BN bang voor water
Wasserschlauch ZN M (+(e)s/-schläuche) **1** waterzak **2** waterslang **3** PLANTK. blaasjeskruid
Wasserschutzgebiet ZN O (+(e)s/+e) beschermd waterwingebied
Wasserski **1** ZN M (+s/-, +er) waterski **2** ZN O (+s/gmv) waterskisport
Wasserspeier ZN M (+s/-) waterspuwer
Wasserstand ZN M (+(e)s/-stände) waterstand
Wasserstoffbombe ZN V (-/+n) waterstofbom
Wasserstrahl ZN M (+(e)s/+en) waterstraal
Wasserstraße ZN V (-/+n) waterweg
Wasserturm ZN M (+(e)s/-türme) watertoren
Wasseruhr ZN V (-/+en) wateruurwerk
Wasserung ZN V (-/+en) landing op het water
Wasserverdrängung ZN V (-/+en) waterverplaatsing
Wasserverschmutzung ZN V (-/+en) watervervuiling
Wasserversorgung ZN V (-/+en) watervoorziening
Wasserwaage ZN V (-/+n) waterpas
Wasserweg ZN M (+(e)s/+e) waterweg
Wasserwelle ZN V (-/+n) watergolf
Wasserwerfer ZN M (+s/-) waterkanon
Wasserwerk ZN O (+(e)s/+e) waterleidingbedrijf
Wasserzeichen ZN O (+s/-) watermerk
wässrig BN **1** waterig **2** flets **3** vochtig • *jemandem den Mund ~ machen* iemand doen watertanden
waten ONOV WW waden
Waterkant ZN V (-/gmv) Duitse Noordzeekust
Watsche ZN V (-/+n) oorvijg
watscheln ONOV WW waggelen
Watt **1** ZN O (+(e)s/+s) NATK. watt **2** ZN O (+(e)s/+en) wad • *ins ~ gehen* naar de Wadden gaan
Watte ZN V (-/+n) watten
Wattebausch ZN M (+es/-bäusche) dot watten
Wattenmeer ZN O (+(e)s/gmv) Waddenzee
wattieren OV WW watteren
Watvogel ZN M (+s/-vögel) steltloper
Wauwau ZN M (+s/+s) JEUGDT. hond
Wb. AFK Wörterbuch **woordenboek**
Web ZN O (+s/-) COMP. web, internet
Webadresse ZN V (-/+n) webadres
Webdesign ZN O webdesign
weben OV WW ZWAK weven • *er webt ein Muster in den Stoff* hij weeft een patroon in de stof • *sie wob eine Legende um sich* zij weefde een legende om zich heen
Weber ZN M (+s/-) wever
Weberei ZN V (-/+en) weverij
Weberknecht ZN M (+(e)s/+e) BIOL. hooiwagen
Webkante ZN V (-/+n) zelfkant
Weblog ZN O (+s/+s) weblog
Webmaster ZN M (+s/-) webmaster
Webseite ZN V (-/+n) webpagina
Website ZN V (-/+s) website
Webstuhl ZN M (+(e)s/-stühle) weefgetouw
Wechsel ZN M (+s/-) **1** wisseling, (het) wisselen • *ein ~ in der Führung* een wisseling in de leiding **2** verandering **3** ECON. wissel
Wechselbad ZN O (+(e)s/-bäder) wisselbad
Wechselbank ZN V (-/+en) wisselbank
Wechselbeziehung ZN V (-/+en) wederzijdse betrekking
Wechselfälle ZN MV wisselvalligheden
Wechselgeld ZN O (+(e)s/+er) wisselgeld
Wechselgesang ZN M (+(e)s/-gesänge) beurtzang
wechselhaft BN veranderlijk, wisselvallig
Wechseljahre ZN MV overgangsjaren • *in den Wechseljahren sein* in de overgang zijn
Wechselkurs ZN M (+es/+e) wisselkoers
wechseln OV + ONOV WW **1** wisselen • *die Pferde ~* van paarden wisselen • *der Zug wechselt die Gleise* de trein wisselt van spoor • *die Kleider ~* van kleren verwisselen • *den Reifen ~* de band verwisselen **2** veranderen • *die Schule ~* van school veranderen • *zu einem anderen Club ~* naar een andere club gaan
wechselseitig BN wederzijds, wederkerig
Wechselstrom ZN M (+(e)s/-ströme) wisselstroom
Wechselstube ZN V (-/+n) wisselkantoor
wechselweise BW beurtelings, afwisselend
Wechselwirkung ZN V (-/+en) wisselwerking
wecken OV WW wekken, wakker maken • *kannst du mich um 8 Uhr ~?* kun je mij om 8 uur wakker maken?
Wecker ZN M (+s/-) wekker • *jemandem auf den ~ gehen* op iemands zenuwen werken
Weckglas ZN O (+es/-gläser) weckglas
Wedel ZN M (+s/-) plumeau
wedeln ONOV WW **1** waaieren **2** kwispelen <van hond>
weder VOEGW • *~... noch* noch... noch
weg BW weg, kwijt, zoek • *meine Uhr ist ~* mijn horloge is weg • *~ ist ~* op is op • *wie komme ich*

hier weg? hoe kom ik hier vandaan? • *bleib da ~* blijf daar vandaan

Weg ZN M (+(e)s/+e) **1** pad • *zum Haus führt ein kleiner ~* naar het huis gaat een kleine pad **2** weg • *sich auf den ~ machen* op weg gaan • *jemandem aus dem ~ gehen* iemand ontlopen • *sich auf dem Wege der Besserung befinden* aan de beterende hand zijn • *den ~ allen Irdischen gehen* doodgaan • *er wird seinen ~ schon machen* hij zal zijn weg wel vinden • *sie ist mir über den ~ gelaufen* ik ontmoette haar toevallig • *seine eigenen ~ gehen* zijn eigen gang gaan **3** FIG. manier, methode • *etwas zu Wege bringen* iets tot stand brengen • *auf diesem Wege* langs deze weg • *auf dem richtigen ~ sein* op het juiste pad zijn

Wegbereiter ZN M (+s/-) wegbereider, baanbreker

wegbleiben OV WW sterk wegblijven, uitvallen

Wegebau ZN M (+(e)s/gmv) wegenaanleg

wegen VZ (+2), wegens, vanwege • *~ der großen Nachfrage* wegens de grote vraag • *von ~!* helemaal niet!

Wegerich ZN M (+s/+e) weegbree

Wegfahrsperre ZN V (-/+n) startonderbreker <van auto>

wegfallen ONOV WW wegvallen, vervallen

wegfegen OV WW **1** wegvegen **2** wegvagen • *die Häuser wurden vom Sturm weggefegt* de huizen werden door de storm weggevaagd

Weggabelung ZN V (-/+en) wegsplitsing

Weggang ZN M (+(e)s/gmv) vertrek

Weggenosse ZN M (+n/+n) reisgenoot

weghaben OV WW **1** INFORM. wegkrijgen **2** INFORM. te pakken hebben • *er hat einen weg* hij is een beetje dronken, hij is niet goed bij zijn verstand • *er hat seine Strafe weg* hij heeft zijn verdiende loon **3** INFORM. goed kunnen

weglassen OV WW sterk **1** weg laten gaan **2** weglaten • *weggelassen werden* achterwege blijven

weglaufen ONOV WW sterk weglopen

Wegnahme ZN V (-/gmv) FORM. wegnemen, ontnemen

wegnehmen OV WW **1** afpakken, weghalen • *jemandem etwas ~* iemand iets afpakken **2** afdoen • *das nimmt nicht weg, dass...* dat doet er niets aan af dat...

wegräumen OV WW wegruimen, uit de weg ruimen

wegrennen ONOV WW wegrennen

wegschaffen **1** OV WW wegdoen, wegbrengen **2** WKD WW (**sich ~**) zich van kant maken

wegscheren WKD WW (**sich ~**) zich wegscheren

wegschicken OV WW wegsturen

wegschließen OV WW opbergen

wegschnappen OV WW weghappen, wegpakken, afpakken • *jemandem etwas vor der Nase ~* iemand iets voor de neus wegkapen

wegschütten OV WW **1** weggieten **2** weggooien

wegsehen ONOV WW sterk **1** doen alsof men iets niet ziet **2** een andere kant op kijken

wegstecken OV WW **1** wegsteken, wegbergen **2** incasseren • *er steckt das locker weg* hij kan goed incasseren

wegstehlen WKD WW (**sich ~**) wegsluipen

wegstellen OV WW wegzetten

wegstoßen OV WW sterk wegstoten, wegduwen

Wegstrecke ZN V (-/+n) weggedeelte

wegstreichen OV WW sterk **1** wegstrijken **2** schrappen

wegtreten OV + ONOV WW sterk **1** wegtrappen, wegschoppen **2** MIL. inrukken, wegstappen, weggaan • *die Kompanie ~ lassen* de compagnie laten inrukken

wegtun OV WW onregelmatig wegdoen, weggooien

Wegweiser ZN M (+s/-) wegwijzer

wegwerfen OV WW sterk wegwerpen, weggooien

wegwerfend BN minachtend, schamper

Wegwerfflasche ZN V (-/+n) wegwerpfles

Wegwerfgesellschaft ZN V (-/gmv) wegwerpmaatschappij

wegwischen OV WW **1** wegvegen, uitvegen • *etwas an der Tafel ~* iets van het bord vegen **2** wegvagen

Wegzug ZN M (+(e)s/gmv) vertrek, verhuizing

weh BN zeer, pijnlijk

Wehe ZN V (-/+n) wee • *Weh und Ach schreien* ach en wee roepen

wehen ONOV WW waaien

Wehgeschrei ZN O (+s/gmv) gejammer

Wehklage ZN V (-/+n) weeklacht

wehklagen ONOV WW weeklagen

wehleidig BN kleinzerig, huilerig

Wehmut ZN V (+(e)s/gmv) weemoed • *mit ~ an etwas zurückdenken* met weemoed aan iets denken

wehmütig BN weemoedig

Wehr **1** ZN V (-/gmv) weerstand, verdediging • *sich zur ~ setzen* zich verzetten **2** ZN O (+(e)s/+e) stuwdam, waterkering

Wehrbereich ZN M (+(e)s/+e) militair gewest

Wehrdienst ZN M (+(e)s/gmv) militaire dienst

Wehrdienstverweigerer ZN M (+s/-) dienstweigeraar

wehren WKD WW (**sich ~**) **1** zich weren **2** zich verzetten • *sich gegen etwas ~* zich tegen iets verzetten

Wehretat ZN M (+s/+s) defensiebegroting

wehrfähig BN weerbaar, strijdbaar

wehrhaft BN weerbaar

wehrlos BN weerloos

Wehrmacht ZN V (-/gmv) weermacht <Duitse strijdkrachten tot 1945>

Wehrpflicht ZN V (-/gmv) dienstplicht • *seine ~ (ab)leisten* zijn dienstplicht vervullen

wehrpflichtig BN dienstplichtig

wehtun OV WW pijn doen • *sich ~* zich pijn doen • *die Wunde tut weh* de wond doet zeer

Weib ZN O (+(e)s/+er) MIN. wijf, vrouw

Weibchen ZN O (+s/-) vrouwtjesdier

Weiberfeind ZN M (+(e)s/+e) vrouwenhater

Weiberheld ZN M (+en/+en) rokkenjager, donjuan

Weiberkram ZN M MIN. **iets voor vrouwen** • *das ist doch alles Weiberkram!* dat is toch alleen maar voor vrouwen

weibisch BN **verwijfd**

weiblich BN **vrouwelijk**

Weiblichkeit ZN V (-/gmv) **vrouwelijkheid**

Weibsbild ZN O (+(e)s/+er) **vrouwspersoon**

Weibsleute ZN MV **vrouwvolk**

Weibsperson ZN V (-/+en) **vrouwspersoon**

Weibsstück ZN O (+(e)s/+e) **wijf, vrouwmens**

weich BN **1 zacht** • *sie hatte eine ~e Stimme* zij had een warme/aangename stem **2 week, weekhartig**

Weichbild ZN O (+(e)s/+er) **stadsgebied**

Weiche 1 ZN V (-/+n) **1 flank, zijde 2 wissel** <spoorwegen> • *die Weichen stellen* de koers bepalen/uitzetten **2** ZN V (-/gmv) **zachtheid**

Weichei ZN O **zacht ei(tje)**

weichen 1 OV WW **(in)weken 2** ONOV WW sterk **1 weken 2 wijken, weggaan** • *jemandem ~* voor iemand wijken **3 zwichten** • *der Übermacht ~* voor de overmacht zwichten

Weichensteller ZN M (+s/-) **wisselwachter**

Weichheit ZN V (-/+en) **1 zachtheid 2 weekheid, weekhartigheid**

weichherzig BN **weekhartig, teerhartig**

Weichkäse ZN M (+s/-) **zachte kaas**

weichlich BN **week**

Weichlichkeit ZN V (-/gmv) **1 zachtheid 2 zachtmoedigheid**

Weichling ZN M (+s/+e) **zwakkeling, slappeling**

Weichtier ZN O (+(e)s/+e) **weekdier**

Weide ZN V (-/+n) **1 wilg 2 weide, wei**

Weideland ZN O (+(e)s/gmv) **weiland**

weiden 1 OV WW **weiden, laten grazen 2** ONOV WW **weiden, grazen 3** WKD WW **(sich ~) verlustigen, genieten** • *er weidete sich an ihrer Angst* hij verkneukelde zich in haar angst

Weidengerte ZN V (-/+n) **wilgentak**

Weidenkätzchen ZN O (+s/-) **wilgenkatje**

weidlich BW **flink, behoorlijk**

Weidmann ZN M (+(e)s/-männer) **jager**

weidmännisch BN **jagers-, op jagersmanier**

weigern WKD WW **(sich ~) weigeren**

Weigerung ZN V (-/+en) **weigering**

Weigerungsfall ZN M • FORM. *im Weigerungsfall(e)* in geval van weigering

Weihe ZN V (-/+n) **1 wijding 2 kiekendief**

weihen OV WW **1 consacreren 2 wijden** • *das Buch weiht diesem Thema ein Kapitel* het boek wijdt een hoofdstuk aan dit onderwerp

Weiher ZN M (+s/-) **vijver**

weihnachten ONP WW • *es weihnachtet* Kerstmis nadert, er heerst kerststemming

Weihnachten ZN O (-/-) **Kerstmis** • *zu/an ~* met de kerst • *fröhliche ~; frohe ~* prettige kerstdagen • *wenn ~ und Ostern zusammenfallen* als de kalveren op het ijs dansen

weihnachtlich BN **kerstachtig, kerst-** • *~e Stimmung* kerstsfeer

Weihnachtsabend ZN M (+s/+e) **kerstavond**

Weihnachtsbaum ZN M (+(e)s/-bäume) **kerstboom** • *den ~ schmücken* de kerstboom optuigen

Weihnachtsbescherung ZN V (-/+en) **uitdeling van kerstgeschenken**

Weihnachtsfeier ZN V (-/+n) **kerstviering**

Weihnachtsfest ZN O (+(e)s/+e) **kerstfeest**

Weihnachtsgeschenk ZN O (+(e)s/+e) **kerstgeschenk**

Weihnachtsgeschichte ZN V (-/+n) **kerstverhaal**

Weihnachtsmann ZN M (+(e)s/-männer) **1 Kerstman 2 sukkel**

Weihrauch ZN M (+(e)s/gmv) **wierook**

Weihung ZN V (-/+en) **wijding**

Weihwasser ZN O (+s/gmv) **wijwater**

weil VOEGW **omdat**

Weilchen ZN O (+s/gmv) **poosje**

Weile ZN V (-/gmv) **poos, tijd(je)** • *wir warten schon eine ganze ~* wij wachten al een hele tijd • *eile mit ~* haastige spoed is zelden goed • *damit hat es gute ~* dat zal nog wel een tijdje duren

weilen ONOV WW **verwijlen, zich ophouden** • *er weilt nicht mehr unter uns* hij is gestorven

Weiler ZN M (+s/-) **gehucht**

Wein 1 ZN M (+(e)s/gmv) **1 wijnstok 2 wijndruiven** • *wilder ~* wilde wingerd **2** ZN M (+(e)s/+e) **wijn** • *lieblicher ~* zoete wijn • *trockener / herber ~* droge wijn • *jemandem reinen ~ einschenken* iemand de waarheid zeggen • *bei einem Glas ~* onder het genot van een glas wijn

Weinbau ZN M (+(e)s/gmv) **wijnbouw**

Weinberg ZN M (+(e)s/+e) **wijnberg, wijngaard**

Weinbergschnecke ZN V (-/+n) **wijngaardslak**

Weinbrand ZN M (+(e)s/gmv) **brandewijn, cognac**

weinen OV + ONOV WW **wenen, huilen**

weinerlich BN **huilerig**

Weinernte ZN V (-/+n) **wijnoogst**

Weinessig ZN M (+s/gmv) **wijnazijn**

Weingarten ZN M (+s/-gärten) **wijngaard**

Weingeist ZN M (+(e)s/gmv) **ethylalcohol, spiritus, wijngeest**

weinig BN **wijnachtig**

Weinkarte ZN V (-/+n) **wijnkaart**

Weinkrampf ZN M (+(e)s/-krämpfe) **huilbui**

Weinlaub ZN O (+(e)s/gmv) **wingerdloof**

Weinlaube ZN V (-/+n) **prieel van wingerdloof**

Weinlese ZN V (-/+n) **wijnoogst**

Weinlokal ZN O (+(e)s/+e) **wijnlokaal, bodega**

Weinprobe ZN V (-/+n) **wijnproef**

Weinrebe ZN V (-/+n) **wijnrank**

Weinstock ZN M (+(e)s/-stöcke) **wijnstok**

Weinstube ZN V (-/+n) **wijnlokaal, bodega**

Weintraube ZN V (-/+n) **1 wijndruif 2 druiventros**

weise BN **wijs, verstandig** • *die ~ Frau* de wijze vrouw

Weise 1 ZN V (-/+n) **1 wijze, manier** • *auf diese/in dieser ~* op deze manier • *in allen möglichen Weisen* op alle mogelijke manieren **2 wijs(je) 2** ZN M/V (+n/+n) **wijze, wijs mens**

weisen 1 OV WW sterk **wijzen, duidelijk maken** • *jemandem den Weg ~* iemand de weg wijzen • *jemandem die Tür ~* iemand wegsturen 2 ONOV WW sterk **wijzen** • *auf etwas ~* met de vinger naar iets wijzen

Weisheit 1 ZN V (-/+en) **wijsheid** 2 ZN V (-/gmv) **geleerdheid**

Weisheitszahn ZN M (+(e)s/-zähne) **verstandskies**

weislich BW **wijselijk** • *~ handeln* wijs handelen

weismachen OV WW **wijsmaken** • *jemandem etwas ~* iemand iets wijsmaken

weiß 1 BN 1 **wit** • *das Weiße im Auge* het oogwit 2 **blank** • *Weißer Sonntag* Witte Zondag, Beloken Pasen 2 OV WW • *ich ~ nichts* ik weet niets → **wissen**

Weiß ZN O (-, +es/-) **wit**

weissagen OV WW **voorspellen**

Weissager ZN M (+s/-) **profeet, voorspeller**

Weissagung ZN V (-/+en) **voorspelling**

Weißbier ZN O (+(e)s/+e) **wit bier**

Weißblech ZN O (+(e)s/gmv) **blik**

Weißbrot ZN O (+(e)s/+e) 1 **wittebrood** 2 **stokbrood**

Weißdorn ZN M (+(e)s/+e) **meidoorn**

Weiße 1 ZN M/V (+n/+n) **blanke (man, vrouw)** • *ein Weißer* een blanke (man) • *eine ~* een blanke (vrouw) 2 ZN V (-/gmv) **witheid** 3 ZN O (+n/+n) **het wit, witheid** 4 ZN V (-/+n) **witbier**

weißen OV WW **witten**

Weißfluss ZN M MED. **witte vloed**

Weißglut ZN V (-/gmv) **witgloeiende hitte** • *jemanden zur ~ bringen/reizen* iemand witheet maken

Weißkohl ZN M (+(e)s/gmv) **witte kool**

weißlich BN **witachtig**

weißrussisch BN **Wit-Russisch**

Weißwein ZN M (+(e)s/+e) **witte wijn**

Weisung ZN V (-/+en) 1 **aanwijzing, instructie** • *Weisungen befolgen* instructies naleven 2 JUR. **voorwaarde**

weisungsbefugt BN **bevoegd instructies/ bevelen te geven**

weit BN 1 **wijd, breed, ruim** • *~ und breit* wijd en zijd • *eine ~e Ebene* een uitgestrekte vlakte 2 **ver** <afstand> • *so ~* zover, in zoverre • *~ blickend* ver vooruitziend, met ruime blik • *~ gereist* bereisd • *~ reichend* verstrekkend, verreikend • *~ verbreitet* wijdverbreid, wijdverspreid, veel voorkomend • *~ verzweigt* wijd vertakt 3 **ver** <tijd> • *bei Weitem/weitem* verreweg • *bei Weitem/weitem nicht* nog lang niet • *~ gefehlt* volkomen ernaast • *ich bin ~ (davon) entfernt, das zu glauben* ik denk er niet aan (om) dat te geloven 4 **veel** • *es ist ~ schlimmer, als wir dachten* het is veel erger dan we dachten

weitab BW **veraf** • *~ vom Weg* ver van de weg af

weitaus BW **verreweg**

Weitblick ZN M (+(e)s/gmv) 1 **vooruitziende blik** 2 **ruime blik** 3 **vergezicht**

Weite ZN V (-/+n) 1 **uitgestrektheid** 2 **verte** • *von Weitem* uit de verte 3 SPORT **afstand** 4 **wijdte** <ook kleding>

weiten 1 OV WW **wijder/ruimer maken, verwijden/verruimen** 2 WKD WW (**sich ~**) **wijder/ruimer worden, verwijden**

weiter 1 BN **meer, bij-/toegevoegd, aanvullend** • *alles Weitere besprechen wir später* de rest bespreken we later • *bis auf Weiteres/weiteres* voorlopig, tot nader order • *nach ~en zwei Tagen* na nog eens twee dagen • *ohne Weiteres/weiteres* zonder meer 2 BW 1 **verder** • *wir haben ~ nichts besprochen* wij hebben verder niets besproken 2 **vervolgens** 3 **voorts, bovendien** • *und so ~* enzovoort

weiterarbeiten 1 ONOV WW **doorwerken, verder werken** 2 WKD WW (**sich ~**) **opwerken, omhoogwerken**

weiterbilden OV WW **verder ontwikkelen, bijscholen** • *sich ~* zich bijscholen

Weiterbildung ZN V (-/gmv) **verdere ontwikkeling, verdere vorming, verdere opleiding**

Weiterfahrt ZN V (-/gmv) **verder rijden, verdere tocht, voortzetting van de reis**

weiterführen 1 OV WW 1 **verder brengen** 2 **voortzetten** • *die Firma ~* het bedrijf voortzetten • *weiterführende Schule* school voor voortgezet onderwijs 2 ONOV WW **zich voortzetten**

Weitergabe ZN V (-/gmv) **doorgeven**

weitergeben OV WW sterk **doorgeven**

weitergehen ONOV WW **doorgaan** • *wenn es so weitergeht ...* als het zo doorgaat... • *so kann es nicht ~* dit kan zo niet doorgaan

weiterhin BW 1 **voortaan** 2 **nog steeds** 3 **verder**

weiterleiten OV WW 1 **verder leiden, doorgeven** • *die Frage an jemand anderen ~* de vraag aan een ander doorspelen 2 COMP. **forwarden**

weitermachen OV WW **doorgaan** • *mach(e) so weiter!* ga zo voort! • *du kannst so nicht ~* je kunt daarmee niet aan de gang blijven • *lasst uns ~!* laten we doorgaan!

Weiterreise ZN V (-/gmv) **verdere reis**

weitervermitteln OV WW **overdragen** • *Kenntnisse ~* kennis overdragen

weiterwachsen ONOV WW **doorgroeien**

weiterwissen ONOV WW **een uitweg weten** • *ich weiß nicht mehr weiter* ik weet niet hoe het verder moet

weitgehend 1 BN **verregaand, veelomvattend** 2 BW **zoveel mogelijk, ruim, in hoge mate** • *~ zerstört* zeer zwaar verwoest

weither BW **van ver**

weitherzig BN **ruimdenkend**

weithin BW 1 **in belangrijke mate** 2 **ver weg**

weitläufig BN 1 **uitgestrekt, ruim** • *ein weitläufiger Verwandter* een verre bloedverwant 2 **uitvoerig, omslachtig**

Weitläufigkeit ZN V (-/gmv) 1 **uitgestrektheid** 2 **breedvoerigheid, omslachtigheid**

weitreichend BN **verstrekkend** • *dies ist eine ~e Gesetzesvorlage* dit is een ingrijpend wetsvoorstel

weitschweifig BN **omslachtig**

weitsichtig BN 1 **verziend** 2 **met vooruitziende**

blik
Weitsichtigkeit ZN V (-/gmv) verziendheid
Weitsprung **1** ZN M (+(e)s/gmv) verspringen **2** ZN M (+(e)s/-sprünge) sprong
Weitung ZN V (-/+en) verwijding
Weizen ZN M (+s/-) tarwe
Weizenbrot ZN O (+(e)s/+e) tarwebrood
welche **1** VR VNW welk, wat • *~s Haus?* welk huis? **2** BETR VNW die, dat • *die Frau, ~ hier war* de vrouw die hier was • *das Haus, ~s wir kaufen* het huis dat we kopen **3** ONB VNW • *der Wein ist all, hast du noch ~n?* de wijn is op, heb jij nog? **4** VNW uitroepend wat • *welch eine Begeisterung!* wat een enthousiasme! • *~ Blamage!* wat een afgang
welcherart BW hoe (dan) ook
welchergestalt BW hoe (dan) ook
welcherlei BW welke
welk BN verwelkt, slap
welken ONOV WW verwelken
Wellblech ZN O (+(e)s/+e) gegolfd plaatijzer
Welle ZN V (-/+n) **1** golf • TRANSP. *grüne ~* groene golf • *eine ~ der Empörung* een golf van verontwaardiging **2** TECHN. as
wellen **1** OV WW golven, onduleren **2** WKD WW (**sich ~**) golven
Wellenbereich ZN M (+(e)s/+e) frequentiegebied, golfbereik
Wellenbrecher ZN M (+s/-) golfbreker
wellenförmig BN golvend, gegolfd, golfvormig
Wellengang ZN M (+(e)s/gmv) golfslag, golving
Wellenlänge ZN V (-/+n) golflengte • FIG. *auf einer ~ sein* op dezelfde golflengte zitten, dezelfde gedachtegang of mentaliteit hebben
Wellenlinie ZN V (-/+n) golflijn, golvende lijn
Wellenreiten ZN O (+s/gmv) surfen
Wellensittich ZN M (+(e)s/+e) parkiet
wellig BN golvend, gegolfd • *~es Gelände* golvend terrein
Wellpappe ZN V (-/+n) golfkarton
Welpe ZN M (+n/+n) puppy
Wels ZN M (+es/+e) meerval
welsch BN Frans-Zwitsers
Welt ZN V (-/gmv) **1** wereld, aarde • IRON. *sie wohnt am Ende der ~* ze woont heel ver weg • *um nichts in der ~* voor niets ter wereld • INFORM. *dort ist die ~ mit Brettern vernagelt* daar is het eenzaam en saai • FIG. *die ~ aus den Angeln heben* de wereld radicaal veranderen / hervormen • FIG. *zu gut für diese ~* te goed voor deze wereld • *wer in aller ~ hat das gesagt?* wie voor de drommel heeft dat gezegd? • *ein Kind zur ~ bringen* bevallen van een kind • *die Dritte ~* de derde wereld **2** mensheid • *das hat die ~ noch nicht gesehen* dat is iets heel nieuws **3** heelal
Weltall ZN O (+s/gmv) heelal
weltanschaulich BN levensbeschouwelijk
Weltanschauung ZN V (-/+en) levensbeschouwing
Weltausstellung ZN V (-/+en) wereldtentoonstelling
weltbekannt BN wereldbekend, over de gehele wereld bekend

we

weltberühmt BN wereldberoemd
Weltbild ZN O (+(e)s/+er) wereldbeeld
Weltbürger ZN M (+s/-) wereldburger
Weltcup ZN M (+s/+s) wereldcup
Weltenbummler ZN M (+s/-) globetrotter
weltentrückt BN **1** in vervoering **2** ver van deze wereld
weltfremd BN wereldvreemd • *ein ~es Buch* een zweverig boek
Weltgerichtshof ZN M (+(e)s/gmv) Internationaal Gerechtshof
Weltgeschichte ZN V (-/gmv) wereldgeschiedenis • *in der ~ herumfahren* de hele wereld rondreizen, altijd op pad zijn
Weltgesundheitsorganisation ZN V (-/+en) Wereldgezondheidsorganisatie
weltgewandt BN wereldwijs
Weltherrschaft ZN V (-/gmv) wereldheerschappij
Weltklasse ZN V (-/gmv) **1** wereldklasse **2** wereldformaat
Weltklassespieler ZN M (+s/-) speler van wereldklasse
weltklug BN wereldwijs
Weltkrieg ZN M (+(e)s/+e) wereldoorlog
Weltkugel ZN V (-/gmv) wereldbol
weltlich BN **1** werelds **2** wereldlijk, profaan
Weltmacht ZN V (-/-mächte) wereldmacht
weltmännisch BN als een man van wereld
Weltmeer ZN O (+(e)s/+e) wereldzee
Weltmeister ZN M (+s/-) wereldkampioen
Weltmeisterschaft ZN V (-/+en) wereldkampioenschap
Weltmusik ZN V wereldmuziek
Weltnaturfonds ZN M (-/gmv) Wereld Natuur Fonds
Weltöffentlichkeit ZN V (-/gmv) wereldopinie
Weltrangliste ZN V (-/+n) wereldranglijst
Weltraum ZN M (+(e)s/gmv) wereldruim(te)
Weltraumfahrt ZN V (-/+en) ruimtevaart
Weltraumforschung ZN V (-/gmv) ruimteonderzoek
Weltreich ZN O wereldrijk
Weltreisende ZN M/V (+n/+n) wereldreiziger
Weltrekord ZN M (+s/+e) wereldrecord
Weltruf ZN M (+(e)s/gmv) wereldnaam, wereldreputatie
Weltschmerz ZN M (+(e)s/gmv) weltschmerz, ≈ melancholie
Weltsicherheitsrat ZN M (+(e)s/gmv) Veiligheidsraad
Weltteil ZN M (+(e)s/+e) werelddeel, continent
weltumfassend BN wereldomvattend
Weltuntergang ZN M (+(e)s/gmv) ondergang van de wereld
weltweit BN over de gehele wereld, wereldwijd, wereldomvattend
Weltwirtschaft ZN V (-/gmv) wereldeconomie
wem VR VNW 3e naamval van wer **wie** • *von ~ hast du das?* van wie heb je dat? • *~ hat er es gesagt?* aan wie heeft hij het verteld?

Wemfall ZN M (+(e)s/-fälle) **derde naamval**

wen VR VNW 4e naamval v. wer **wie** • *~ meinen Sie?* wie bedoelt u?

Wende ZN V (-/+n) **1 keerpunt, wending** • *an der/um die ~ des 19. Jahrhunderts* rond de wisseling van de 19e eeuw **2** POL. **Wende** <val van de communistische regering van DDR in 1989>

Wendehals ZN M (+es/-hälse) **1** BIOL. **draaihals 2** POL. **windhaan, weerhaan**

Wendekreis ZN M (+es/+e) **1 keerkring 2 draaicirkel**

Wendeltreppe ZN V (-/+n) **wenteltrap**

wenden 1 OV WW onregelmatig **omwenden, (om) draaien, (om)keren** • *den Braten ~* het gebraden vlees wentelen • *bitte ~!* zie ommezijde! **2** ONOV WW onregelmatig **wenden, draaien, keren** • *das Segelboot wendete* de zeilboot ging overstag **3** WKD WW **(sich ~) an zich wenden aan** • *sich an jemanden ~* zich tot iemand wenden

Wendepunkt ZN M (+(e)s/+e) **keerpunt**

wendig BN **1 beweeglijk, wendbaar 2 behendig**

Wendigkeit ZN V (-/gmv) **1 wendbaarheid 2 behendigheid**

Wendung ZN V (-/+en) **1 wending** <ook figuurlijk> **2 scherpe bocht 3 zinswending**

Wenfall ZN M (+es/-fälle) **vierde naamval**

wenig 1 TELW **1 weinig 2 gering 2** BW **1 weinig** • *ich habe ~ getrunken* ik heb weinig gedronken • *ich habe ein ~ schlafen können* ik heb een beetje kunnen slapen **2 niet veel, niet vaak** • *ich benutze es ~* ik gebruik het niet vaak

weniger 1 TELW **minder 2** BN + BW **minder** • *ich sollte ~ trinken* ik zou minder moeten drinken • *je ~, desto besser* hoe minder hoe beter **3** VOEGW **min** • *nichts ~ als* allesbehalve • *mehr oder ~* min of meer

Wenigkeit ZN V (-/gmv) **1 kleine hoeveelheid 2 kleinigheid** • HUMOR. *meine ~* mijn persoontje

wenigst TELW **minst** • *wo die ~en Leute sind* waar de minste mensen zijn

wenigstens BW **1 ten minste 2 minstens**

wenn VOEGW **1 als** • *~ auch/schon* ook al, hoewel • *~ ich es nur wüsste* wist ik het maar • *wie/als ~* alsof • *na ~ schon!* wat zou het!, en wat dan nog! **2 zodra**

Wenn ZN O (+s/-) • *das ~ und Aber* de bezwaren • *es gibt kein ~ und kein Aber* hier valt niets te maren

wenngleich VOEGW **ofschoon, hoewel**

wer 1 VR VNW **wie** • *ist da wer?* is daar iemand? **2** BETR VNW **wie** • *ich weiß nicht, ~ das ist* ik weet niet wie dat is

Werbeabteilung ZN V (-/+en) **reclameafdeling**

Werbeagentur ZN V (-/+en) **reclamebureau**

Werbefeldzug ZN M (+(e)s/-feldzüge) **reclamecampagne**

Werbefernsehen ZN O (+s/gmv) **reclame op de televisie, commerciële televisie**

Werbegeschenk ZN O (+(e)s/+e) **relatiegeschenk**

werben 1 OV WW sterk **(aan)werven** • *Kunden ~* klanten werven **2** ONOV WW sterk **1 reclame maken** • *im Fernsehen ~* adverteren op televisie **2 ~ um het hof maken, versieren** • *um jemandes Vertrauen ~* iemands vertrouwen trachten te winnen

Werber ZN M (+s/-) **reclamevakman**

Werbeschrift ZN V (-/+en) **reclamedrukwerk, reclamefolder**

Werbesendung ZN V (-/+en) **1 reclamezending 2 reclame-uitzending**

Werbespot ZN M (+s/+s) **reclamespot**

Werbetexter ZN M (+s/-) **schrijver van reclameteksten**

Werbeträger ZN M (+s/-) **reclamemedium**

Werbetrommel ZN V (-/gmv) • *die ~ rühren* propaganda maken, reclame maken

werbewirksam BN **doeltreffend in de reclame, wervingskracht bezittend**

Werbung ZN V (-/gmv) **1 reclame** • *~ machen* reclame maken **2 (aan)werving 3 ~ um het hof maken**

Werbungskosten ZN MV **bedrijfs-/beroepskosten**

Werdegang ZN M (+(e)s/gmv) **1 ontwikkeling(sgang) 2 loopbaan**

werden 1 ONOV WW onregelmatig **1 worden, ontstaan** • *sie will Architektin ~* ze wil architect worden • *aus ihm wird nichts* van hem komt niets terecht • *was soll das ~?* wat moet dat worden? **2 gebeuren** • *was wird, wenn sie dich erwischen?* wat gebeurt er als ze je pakken? • *wird's bald?* komt er nog iets van? **2** HWW onregelmatig **1 worden** • *das wird gemacht* dat wordt gedaan • *er wurde gefragt* hij werd gevraagd **2 zullen** • *~ Sie kommen?* zult u komen? • *würdest du das kurz erledigen?* zou je dat even willen doen? **3** KWW onregelmatig **worden** • *mir wird kalt* ik krijg het koud

Werden ZN O (+s/gmv) **wording, worden** • *im ~* in wording

Werfall ZN M (+(e)s/-fälle) **eerste naamval**

werfen 1 OV WW sterk **1 gooien** • *mit Steinen ~* met stenen gooien **2 zich vormen** • *der Teppich wirft Falten* het tapijt bobbelt **2** ONOV WW sterk **1 werpen, jongen 2 gooien 3** WKD WW **(sich ~)** sterk **1 werpen, gooien** • INFORM. *sich in Schale ~* zich heel netjes kleden • *Detlef warf sich aufs Bett* Detlef plofte op het bed neer **2 kromtrekken**

Werfer ZN M (+s/-) **werper**

Werft ZN V (-/+en) **(scheeps)werf**

Werk ZN O (+(e)s/+e) **1 werk, taak** • *sich ans ~ machen* aan het werk gaan **2 boek** • *gesammelte Werke* verzamelde werken **3 fabriek** • *Verkauf ab ~* verkoop vanaf fabriek • *Preise ab ~* prijzen af fabriek

werkeln ONOV WW **bezig zijn, knutselen**

werken ONOV WW **(be)werken, bezig zijn**

Werken ZN O (+s/gmv) **handvaardigheid** <schoolvak>

Werkmeister ZN M (+s/-) **werkmeester, ploegbaas**

Werkstatt ZN V (-/-stätten) **werkplaats, garage** • *mein Auto muss in die ~* mijn auto moet naar de garage

werktätig BN **werkend**

Werktätige ZN M/V (+n/+n) werkende, werknemer
Werkzeug ZN O (+s/+e) **1** werktuig **2** gereedschap
Werkzeugkasten ZN M (+s/-kästen) gereedschapskist
Wermutstropfen ZN M (+s/-) **1** druppel bitterheid **2** bittere ervaring
wert BN waard • *nichts ~ sein* niets waard zijn • *das ist es auch ~* dat is het ook waard • *das ist es mir ~* dat is het mij waard
Wert ZN M (+(e)s/+e) waarde • *~ auf etwas legen* waarde hechten aan iets
Wertangabe ZN V (-/+n) aangegeven waarde
Wertarbeit ZN V (-/+en) eersteklas werk, kwaliteitswerk
wertbeständig BN waardevast
Wertbrief ZN M (+(e)s/+e) brief met aangegeven waarde
werten OV + ONOV WW **1** waarderen **2** beoordelen
Wertgegenstand ZN M (+(e)s/-gegenstände) voorwerp van waarde • *Wertgegenstände* waardevolle spullen
Wertigkeit ZN V (-/+en) valentie
wertlos BN waardeloos • *~e Praktiken* minderwaardige praktijken
Wertminderung ZN V (-/+en) waardevermindering
Wertpapier ZN O (+(e)s/+e) waardepapier, effect
wertschätzen OV WW waarderen
Wertschöpfung ZN V (-/+en) toegevoegde waarde
Wertsteigerung ZN V (-/+en) waardevermeerdering
Wertstoff ZN M (+(e)s/+e) recyclebare stof
Wertung ZN V (-/+en) beoordeling
wertvoll BN waardevol, kostbaar
Werwolf ZN M (+(e)s/-wölfe) weerwolf
Wesen **1** ZN O (+s/-) wezen, schepsel • *lebendiges ~* levend wezen **2** ZN O (+s/gmv) **1** kern • *im ~* in de kern **2** aard, karakter, natuur • *sie hat ein fröhliches ~* ze heeft een vrolijk karakter
wesenlos BN **1** onwerkelijk, onwezenlijk **2** onbelangrijk
wesensfremd BN niet strokend met de aard
Wesenszug ZN M (+(e)s/-züge) karaktertrek
wesentlich BN **1** wezenlijk, essentieel • *im Wesentlichen* voornamelijk, in het kort • *sich auf das Wesentliche beschränken* zich tot de hoofdzaak beperken **2** aanzienlijk, belangrijk
Wesfall ZN M (+(e)s/-fälle) tweede naamval
weshalb BW waarom, om welke reden
Wespe ZN V (-/+n) wesp
Wespennest ZN O (+(e)s/+er) wespennest
Wespenstich ZN M wespensteek
wessen BETR VNW van wie, wiens • *~ Auto ist das?* wiens auto is dat?, van wie is de auto?
Wessi ZN M (+s/+s) INFORM. West-Duitser
West ZN M west(en)
westdeutsch BN West-Duits
Weste ZN V (-/+n) vest • FIG. *eine reine/weiße ~ haben* een zuiver geweten hebben, van onbesproken gedrag zijn
Westen ZN M (+s/gmv) westen • *der Wind kommt von ~* de wind komt uit het westen
Westentasche ZN V (-/+n) vestzak • FIG. *ich kenne diese Stelle wie meine ~* ik ken deze plek als mijn broekzak
Western ZN M (-, +s/-) wildwest-, cowboyfilm
Westeuropa ZN O (+s/gmv) West-Europa
westeuropäisch BN West-Europees
Westfale ZN M (+n/+n) Westfaler
Westfalen ZN O (+s/gmv) Westfalen <Duitse regio>
westfälisch BN Westfaals
westlich **1** BN **1** westelijk **2** westers **2** VZ +2, ten westen van • *~ der Grenze* ten westen van de grens • *~ von Köln* ten westen van Keulen
Westmächte ZN MV westelijke mogendheden
Westwind ZN M (+(e)s/gmv) westenwind
Wettbewerb ZN M (+(e)s/+e) **1** wedstrijd, concours **2** ECON. concurrentie, mededinging • *unlauterer ~* oneerlijke concurrentie
Wettbewerber ZN M (+s/-) mededinger, concurrent
wettbewerbsfähig BN **1** concurrerend **2** in staat tot concurreren
Wette ZN V (-/+n) weddenschap • *um die ~* om het hardst • *eine ~ eingehen* een weddenschap aangaan
Wetteifer ZN M (+s/-) wedijver
wetteifern ONOV WW wedijveren • *mit jemandem ~* iemand naar de kroon steken
wetten ONOV WW wedden • *wollen wir ~?* wil je een gokje wagen? • *ich wette darauf, dass ...* ik gok erop dat... • *so haben wir nicht gewettet!* zo zijn we niet getrouwd!
Wetter ZN O (+s/gmv) weer • *bei gutem / schlechtem ~* met goed / slecht weer • *bei jemandem gut ~ machen* bij iemand een goede sfeer creëren
Wetteramt ZN O (+(e)s/gmv) meteorologisch instituut
Wetteraussichten ZN MV weersverwachting
Wetterballon ZN M weerballon
Wetterbericht ZN M (+(e)s/+e) weerbericht
wetterbeständig BN tegen weer en wind bestand
Wetterdienst ZN M (+(e)s/+e) meteorologische dienst
Wetterfahne ZN V (-/+n) windwijzer, weerhaan
wetterfest BN bestand tegen weer en wind, duurzaam
wetterfühlig BN op weersveranderingen reagerend
Wetterhahn ZN M (+(e)s/-hähne) weerhaan
Wetterkarte ZN V (-/+n) weerkaart
Wetterlage ZN V (-/+n) weerstoestand
wettern ONOV WW tieren
Wetterseite ZN V (-/+n) **1** windzijde **2** kant waarvandaan slecht weer komt
Wetterumschlag ZN M (+(e)s/-umschläge)

weersomslag
Wetterumschwung ZN M (+(e)s/-schwünge) weersomslag
Wettervorhersage ZN V (-/+n) weersvoorspelling
Wetterwarte ZN V (-/+n) weerstation, meteorologisch station
Wettkampf ZN M (+(e)s/-kämpfe) wedstrijd
Wettlauf ZN M (+(e)s/-läufe) wedloop
Wettrennen ZN O (+s/-) wedren
Wettrüsten ZN O (+s/gmv) bewapeningswedloop
Wettspiel ZN O (+(e)s/+e) wedstrijd in spelvorm voor kinderen
wetzen **1** OV WW slijpen **2** ONOV WW hollen
Wetzstein ZN M (+(e)s/+e) wetsteen
WEZ AFK westeuropäische Zeit West-Europese tijd
WG AFK Wohngemeinschaft woongemeenschap, woongroep • *in einer ~ wohnen* met anderen een huis delen
whatsappen OV + ONOV WW appen
WHO AFK World Health Organization, Weltgesundheitsorganisation WGO, Wereldgezondheidsorganisatie
wich OV WW verl. tijd → **weichen**
Wichse **1** ZN V (-/+n) (schoen)smeer **2** ZN V (-/gmv) slaag
wichsen **1** OV WW poetsen, boenen **2** ONOV WW VULG. afrukken
Wichser VULG. ZN M (+s/-) **1** rukker **2** klootzak
Wicht ZN M (+(e)s/+e) **1** kereltje **2** dwerg
Wichtel ZN M (+s/-) dwerg, kabouter, kobold
Wichtelmännchen ZN O (+s/-) dwerg, kabouter, kobold
wichtig BN **1** belangrijk • *sich ~ machen* zich bemoeien, doen alsof men belangrijk is • *etwas ~ nehmen* iets hoog opnemen • *es ist ~, dass ...* het is van belang dat ... **2** gewichtig • *eine ~e Person* een gewichtig persoon
Wichtigkeit ZN V (-/gmv) betekenis, belang
Wichtigtuer ZN M (+s/-) druktemaker, iemand die veel ophef maakt
Wichtigtuerei ZN V (-/+en) druktemakerij
wichtigtuerisch BN aanstellerig
Wickel ZN M (+s/-) wikkel • *jemanden beim/am ~ haben* iemand bij zijn lurven hebben
Wickelkind ZN O (+(e)s/+er) baby, luierkindje
wickeln OV WW **1** wikkelen **2** een luier omdoen, verschonen • *das Baby ~* de baby verschonen
Wicklung ZN V (-/+en) **1** wikkelen **2** draadrol
Widder ZN M (+s/-) ram <ook sterrenbeeld>
wider VZ +4 FORM. **1** in strijd met • *~ das Gesetz* in strijd met de wet **2** tegen • *~ Erwarten* tegen de verwachting in
widerborstig BN weerbarstig
Widerhaken ZN M (+s/-) weerhaak
Widerhall ZN M (+(e)s/+e) weerklank, echo
widerhallen ONOV WW echoën, weergalmen, weerklinken
widerlegen OV WW weerleggen
Widerlegung ZN V (-/+en) **1** tegenargument **2** weerlegging
widerlich BN weerzinwekkend, walgelijk • *ein ~er Kerl* een nare kerel • *~e Geschichte* onsmakelijk verhaal
widernatürlich BN tegennatuurlijk
widerrechtlich BN onrechtmatig, wederrechtelijk
Widerrede ZN V (-/+n) tegenspraak • *keine Widerrede!* ik duld geen tegenspraak! • *ohne (ein Wort der) ~* zonder tegenspreken
Widerruf ZN M (+(e)s/+e) herroeping, intrekking
widerrufen OV WW herroepen, intrekken
Widersacher ZN M (+s/-) tegenstander
Widerschein ZN M (+(e)s/+e) weerschijn, weerkaatsing
widersetzen WKD WW (**sich ~**) zich verzetten • *sich dem Chef ~* zich tegen de baas verzetten
widersetzlich BN weerspannig
Widersinn ZN M (+(e)s/gmv) absurditeit, dwaasheid
widersinnig BN absurd, dwaas, onzinnig
widerspenstig BN weerbarstig, weerspannig • *~es Haar* springerig haar
widerspiegeln **1** OV WW weerspiegelen, weerkaatsen **2** WKD WW (**sich ~**) zich weerspiegelen
widersprechen ONOV WW +3, tegenspreken, in strijd zijn met • *sich selbst ~* zichzelf tegenspreken • *dem kann ich nicht ~* dat kan ik niet tegenspreken
Widerspruch ZN M (+(e)s/-sprüche) **1** tegenspraak, tegenstrijdigheid • *ein ~ in sich* contradictio in terminis • *sich in Widersprüche verstricken* in tegenstrijdigheden verstrikt raken **2** JUR. verzet, protest • *~ einlegen* protest aantekenen, protesteren
widersprüchlich BN tegenstrijdig
widerspruchslos BN zonder tegenspraak • *~ gehorchen* onvoorwaardelijk gehoorzamen
Widerstand ZN M (+(e)s/-stände) **1** weerstand **2** verzet • *~ leisten* tegenstand bieden
widerstandsfähig BN in staat weerstand te bieden, taai
Widerstandsfähigkeit ZN V (-/gmv) weerstandsvermogen
Widerstandskämpfer ZN M (+s/-) verzetsstrijder
widerstandslos BN zonder tegenstand • *~ mitgehen* gewillig meegaan
widerstehen ONOV WW **1** weerstaan • *dem kann ich nicht ~* dat kan ik niet weerstaan **2** tegenstaan • *es widersteht mir* het staat me tegen
widerstreben OV WW in strijd zijn met, strijdig zijn met, ingaan tegen • *es widerstrebt meinem Gefühl* het gaat tegen mijn gevoel in
Widerwille ZN M (+ns/gmv) afschuw (**gegen** +4 van), walging, weerzin
widerwillig BN + BW met tegenzin
Widerwort ZN O (+(e)s/+e) weerwoord
widmen **1** ONOV WW (toe)wijden, opdragen • *jemandem ein Buch ~* een boek opdragen aan iemand

2 WKD WW **(sich ~)** zich (toe)wijden • *sich einer Sache ~* zich aan iets wijden • *sich der Lösung eines Problems ~* zich over een probleem buigen
Widmung ZN V (-/+en) opdracht <in boek>
widrig BN ongunstig, naar • *unter ~en Umständen* onder nare omstandigheden
Widrigkeit ZN V (-/+en) tegenspoed, hinderlijke, onaangename zaak
wie 1 BW hoe • *~ viel* hoeveel • *~ machst du das?* hoe doe je dat? • *~ groß* hoe groot • *~ bitte?* wat zeg je? • *~ dem auch sei* hoe het ook zij **2** VOEGW **1** zoals, als • *Frauen ~ Männer* vrouwen en ook mannen • *das ist ~ in der Schule* dat is zoals op school • *er ist genauso groß ~ sie* hij is even groot als zij • *~ ich bereits sagte ...* zoals ik al zei ... **2** alsof • *sie schreit ~ verrückt* ze schreeuwt als een gek • *~ wenn* alsof **3** toen • *~ wir ankamen ...* toen wij aankwamen ... • *aber wie!* maar hoe! • *das nervt dich wohl, wie?* dat irriteert je zeker wel, nietwaar?
Wie ZN O (-/gmv) manier waarop • *es kommt auf das ~ an* dat hangt van de manier af
Wiedehopf ZN M (+(e)s/+e) hop <vogel>
wieder BW **1** weer • *~ wählen* herkiezen • *schon ~* alweer • *nie ~* nooit meer **2** opnieuw **3** terug • *wann bist du ~ da?* hoe laat ben je terug? • *~ da* terug van weg geweest
Wiederabdruck ZN M (+(e)s/+e) **1** herdruk **2** hernieuwde afdruk
Wiederaufbau ZN M (+(e)s/gmv) wederopbouw, herbouw
Wiederaufbereitung ZN V (-/+en) SCHEIK. opwerking
Wiederaufbereitungsanlage ZN V (-/+n) opwerkingsfabriek
Wiederaufnahme ZN V (-/+n) **1** hervatting **2** weer opnemen <in partij/vereniging enz.> **3** JUR. heropening **4** TON. reprise
Wiederaufnahmeverfahren ZN O (+s/-) revisie
wiederbekommen OV WW sterk terugkrijgen
wiederbeleben OV WW reanimeren
Wiederbelebung ZN V (-/+en) reanimatie • *~ des Marktes* herstel van de markt
wiederbringen OV WW onregelmatig terugbrengen
Wiedereinsteiger ZN M (+s/-) herintreder
wiedererhalten OV WW sterk terugkrijgen
Wiedereroberung ZN V (-/+en) herovering
Wiedergeburt ZN V (-/+en) wedergeboorte
wiedergewinnen OV WW sterk herwinnen, terugwinnen
Wiedergutmachung ZN V (-/+en) schadeloosstelling, herstelbetaling
wiederhaben OV WW onregelmatig terughebben • *ich möchte meinen Stift ~* ik wil mijn pen terug
wiederherstellen 1 OV WW **1** herstellen, restaureren **2** genezen • *bist du gänzlich wiederhergestellt?* ben je helemaal genezen? **2** WKD WW **(sich ~)** zich herstellen
Wiederherstellung ZN V (-/+en) reparatie, restauratie
wiederholen OV WW **1** herhalen • *sich ständig ~* in herhalingen vervallen **2** O&W zittenblijven, BELG. bissen
wiederholen OV WW terughalen
Wiederholung ZN V (-/+en) herhaling
Wiederholungsfall ZN M • *im ~* bij herhaling
Wiederholungsprüfung ZN V herkansing, herexamen • *Wiederholungsprüfung machen* herexamen doen
Wiederholungstäter ZN M (+s/-) recidivist, draaideurcrimineel, veelpleger
Wiederhören ZN O (+s/gmv) • *(auf) ~!* tot horens! <aan de telefoon>, tot de volgende uitzending!
wiederkäuen OV WW herkauwen
Wiederkäuer ZN M (+s/-) herkauwer
wiederkommen ONOV WW sterk terugkomen
wiedersehen OV WW sterk terugzien
Wiedersehen ZN O (+s/gmv) weerzien • *auf ~* tot ziens
Wiedertäufer ZN M (+s/-) wederdoper
wiedervereinigen OV WW herenigen • *das wiedervereinigte Deutschland* het herenigde Duitsland
Wiedervereinigung ZN V (-/+en) hereniging
wiederverwenden OV WW hergebruiken
Wiederverwertung ZN V (-/+en) hergebruik, recycling
Wiederwahl ZN V (-/+en) herkiezing, herverkiezing
Wiege ZN V (-/+n) wieg, bakermat
Wiegemesser ZN O (+s/-) hakmes met een gebogen lemmet
wiegen 1 OV WW sterk **1** wegen, gewicht bepalen • *sich ~* op de weegschaal gaan staan • *80 Kilo ~* 80 kilo wegen **2** wiegen, schommelen • *sich in den Hüften ~* heupwiegen **3** fijnhakken <van kruiden> **2** ONOV WW sterk wegen • *schwer ~* zwaar zijn, FIG. van groot belang zijn
Wiegenlied ZN O (+(e)s/+er) wiegelied
wiehern ONOV WW **1** hinniken **2** schateren
Wien ZN O (+s/gmv) Wenen
Wiener 1 ZN M (+s/-) Wener **2** ZN V (-/-) Weens worstje, knakworst
wienerisch BN Weens
wienern OV WW oppoetsen
wies OV WW verl. tijd → **weisen**
Wiese ZN V (-/+n) **1** wei(de) **2** grasveld
Wiesel ZN O (+s/-) wezel • *großes ~* hermelijn
wieselflink BN watervlug
wieso BW hoezo, waarom
wievielte BN hoeveelste
wieweit BW in hoeverre
wiewohl VOEGW ofschoon
Wikinger, **Wiking** ZN M (+s/-) Viking
wild BN **1** wild, onstuimig • *seid doch nicht so ~!* doe wat rustiger aan! • *~ um sich schlagen* wild om zich heen slaan **2** wild, ongetemd • *~ wachsend* in het wild groeiend • *~e Tiere* wilde dieren **3** MIN. onbeschaafd • *da herrschen ~e Sitten* daar gaat het onbeschaafd aan toe **4** onbebouwd,

wi

ongecultiveerd • *~es Land* onbebouwd land **5** ongeregeld • *ein ~er Streik* een spontane staking **6** erg • *das ist halb/nicht so ~* dat is niet zo erg • *er ist ganz ~ auf sie* hij is helemaal weg van haar

Wild ZN O (+(e)s/gmv) **1** wild **2** wildbraad

Wildbach ZN M (+(e)s/-bäche) bergbeek

Wildbestand ZN M (+(e)s/-bestände) wildstand

Wildbraten ZN M (+s/-) wildbraad, gebraden wild

Wilde ZN M/V (+n/+n) wilde • *sich wie ein Wilder aufführen* zich gedragen als een gek

Wilderei ZN V (-/+en) stroperij

Wilderer ZN M (+s/-) stroper

wildern ONOV WW stropen

wildfremd BN wildvreemd

Wildgans ZN V (-/-gänse) wilde gans

Wildgehege ZN O (+s/-) wildpark

Wildheit ZN V (-/+en) wildheid

Wildhüter ZN M (+s/-) jachtopziener

Wildleder ZN O (+s/-) wildleer, suède

Wildnis ZN V (-/+se) wildernis

Wildpinkeln ZN O (+s/gmv) wildplassen

Wildschaden ZN M (+s/-schäden) door wild aangerichte schade

Wildschwein ZN O (+(e)s/+e) wild zwijn

Wildtaube ZN V (-/+n) houtduif

Wildwasser ZN O (+s/-) wild stromende beek

Wildwechsel ZN M (+s/gmv) **1** wildpad **2** oversteken van wild over verkeersweg • *Wildwechsel!* overstekend wild!

Wille ZN M (+ns/+n) wil • *seinen Willen durchsetzen* zijn (eigen) zin doordrijven/-zetten • *jemandem seinen Willen lassen* iemand zijn zin geven • *wider Willen* zonder opzet • *beim besten Willen nicht* met de beste wil van de wereld niet • *etwas gegen seinen Willen tun* iets tegen zijn zin doen • *es fehlt nicht an gutem Willen* het is geen onwil • *der letzte ~* het testament, de uiterste wilsbeschikking • IRON. *das wäre mein letzter ~* dat zou ik nu helemaal niet willen • REL. *Dein ~ geschehe* Uw wil geschiede ▸ *wo ein ~ ist, ist auch ein Weg* waar een wil is, is een weg

willen VZ +2 • *um einer Sache ~* ter wille van iets • *um jemandes ~* ter wille van iemand • *um Gottes ~!* in 's hemelsnaam!

Willen ZN M → **Wille**

willenlos BN willoos

willens BW • *~ sein, etwas zu tun* willens/bereid zijn, iets te gaan doen

Willenserklärung ZN V (-/+en) wilsverklaring

Willensfreiheit ZN V (-/gmv) vrije wil

Willenskraft ZN V (-/gmv) wilskracht

willensstark BN wilskrachtig

willentlich BN opzettelijk • *wissentlich und ~* willens en wetens

willfahren ONOV WW inwilligen

willfährig BN **1** bereidwillig **2** volgzaam

Willfährigkeit ZN V (-/+en) **1** toegevendheid **2** bereidwilligheid

willig BN gewillig, bereidwillig • *ein ~er Charakter* een gewillig karakter

Willigkeit ZN V (-/gmv) gewilligheid, bereidwilligheid

willkommen BN welkom • *jemanden ~ heißen* iemand verwelkomen • *ein ~er Gast* een welkome gast

Willkür ZN V (-/gmv) willekeur • *das ist die reine ~* dat is pure willekeur

willkürlich BN willekeurig • *eine willkürliche Wahl* een willekeurige keuze

wimmeln ONOV WW krioelen, wemelen • *es wimmelt hier von Mücken* het stikt hier van de muggen

wimmern ONOV WW kermen, jammeren

Wimpel ZN M (+s/-) wimpel

Wimper ZN V (-/+n) wimper • FIG. *ohne mit der ~ zu zucken* zonder een spier te vertrekken

Wimperntusche ZN V (-/+n) mascara

Wind ZN M (+(e)s/+e) wind • *wissen, woher der ~ weht* weten uit welke hoek de wind waait • *starker ~* harde wind • *gegen den ~* tegen de wind in • *der ~ hat sich gedreht* de wind is gedraaid • *~ bekommen von etwas* lucht krijgen van iets

Windbeutel ZN M (+s/-) soes

Windbüchse ZN V (-/+n) windbuks

Winde ZN V (-/+n) **1** windas, lier **2** PLANTK. winde

Windei ZN O (+(e)s/+er) windei • *diese Idee war ein ~* dit idee bleek niets voort te brengen

Windel ZN V (-/+n) luier • *volle ~* poepluier

windelweich BN week, murw • *jemanden ~ prügeln* iemand bont en blauw slaan

winden **1** OV WW sterk **1** wikkelen, vlechten • *einen Blumenkranz ~* een bloemenkrans vlechten **2** wringen, ontrukken • *jemandem etwas aus den Händen ~* iets uit iemands handen ontrukken **3** ophijsen, winden **2** ONP WW waaien • *es windet* het waait **3** WKD WW (**sich ~**) sterk **1** slingeren **2** kronkelen <ook van pijn> • *sich ~ vor Schmerz* krimpen van de pijn

Windeseile ZN V • *in/mit ~* vliegensvlug, razendsnel

Windfang ZN M (+(e)s/-fänge) **1** windvanger <op schoorsteen> **2** ruimte tussen buitendeur en tochtdeur

Windhauch ZN M (+(e)s/gmv) spoortje wind, zuchtje wind

Windhose ZN V (-/+n) windhoos

Windhund ZN M (+(e)s/+e) **1** windhond, hazewind **2** windbuil

windig BN **1** winderig **2** onbetrouwbaar, twijfelachtig • *eine ~e Ausrede* een flauw smoesje

Windjacke ZN V (-/+n) windjack

Windkanal ZN M (+s/-kanäle) windtunnel

Windmühle ZN V (-/+n) windmolen

Windpocken ZN MV waterpokken

Windrose ZN V (-/+n) windroos

Windschatten ZN M (+s/-) luwte, slipstream

windschief BN **1** elkaar kruisend <van lijnen> **2** scheef, krom

Windschirm ZN M (+(e)s/+e) windscherm

Windschutz ZN M (+es/gmv) beschutting/bescherming tegen de wind

Windschutzscheibe ZN V (-/+n) voorruit

Windstärke ZN V (-/+n) windkracht
windstill BN windstil
Windstoß ZN M (+(e)s/-stöße) rukwind
windsurfen ONOV WW windsurfen
Windsurfer ZN M (+s/-) windsurfer
Windsurfing ZN O (+s/gmv) plankzeilen
Windturbine ZN V (-/-n) windturbine
Windung ZN V (-/+en) kronkeling, kromming, winding <spiraal>
Windzug ZN M (+(e)s/gmv) tocht, trek
Wink ZN M (+(e)s/+e) **1** teken, wenk **2** hint • *jemandem einen ~ geben* iemand een hint geven
Winkel ZN M (+s/-) **1** WISK. hoek • *ein rechter ~* een rechte hoek • *der tote ~* de dode hoek • *ein spitzer ~* een scherpe hoek • *im rechten ~ zu* haaks op **2** hoekje, afgelegen plaats • *das lag wirklich im letzten ~* dat lag echt in een afgelegen hoekje
Winkeladvokat ZN M (+en/+en) advocaat voor kwade zaken
winkelig BN hoekig • *wink(e)lige Straßen* bochtige straten
Winkelmesser ZN M (+s/-) graadboog
Winkelzug ZN M (+(e)s/-züge) slinkse streek, draaierij, smoesje, uitvlucht
winken ONOV WW **1** zwaaien, wuiven • *sie winkte dem Taxi* zij riep/wenkte een taxi • *winke-winke machen* zwaaien <kindertaal> **2** het vooruitzicht hebben op • *dem Finder winkt eine Belohnung* op de vinder wacht een beloning
winseln ONOV WW **1** janken <hond> **2** klagend smeken, jammeren
Winter ZN M (+s/-) winter • *im tiefsten ~* hartje winter
winterfest BN **1** geschikt voor winters weer **2** winterhard
winterlich BN winters
wintern ONP WW winteren
Wintersport ZN M (+(e)s/gmv) wintersport • *zum ~ fahren* op wintersport gaan
Win-win-Situation ZN V win-winsituatie
Winzer ZN M (+s/-) wijnbouwer
winzig BN **1** heel klein **2** heel weinig **3** nietig
Winzigkeit ZN V (-/+en) futiliteit, kleinigheid
Winzling ZN M (+s/+e) dwerg, lilliputter
Wipfel ZN M (+s/-) kruin, top • *~ der Bäume* toppen van de bomen
Wippe ZN V (-/+n) wip
wippen ONOV WW wippen
wir PERS VNW wij, we
Wirbel ZN M (+s/-) **1** werveling, turbulentie **2** drukte, ophef • *viel ~ machen* veel drukte veroorzaken **3** TECHN. draaikolk, maalstroom **4** ANAT. wervel **5** MUZ. schroef aan snaarinstrument
wirbelig BN **1** draaiend, wervelend **2** duizelig
wirbellos BN ongewerveld
wirbeln OV + ONOV WW **1** wervelen, draaien, dwarrelen **2** stormen **3** roffelen
Wirbelsäule ZN V (-/+n) wervelkolom • MED. *offene ~* open ruggetje
Wirbelsturm ZN M (+(e)s/-stürme) wervelstorm
Wirbeltier ZN O (+(e)s/+e) gewerveld dier
Wirbelwind ZN M (+(e)s/+e) wervelwind • *wie ein ~* als een wervelwind
wirken **1** ONOV WW **1** FORM. werkzaam zijn, invloed hebben • *sein Vater hat hier lange gewirkt* zijn vader was hier lang werkzaam **2** werken, uitwerking hebben • *das wirkt sehr unhöflich* dat komt erg onbeleefd over • *das Medikament wirkt gut* de medicijn werkt goed • *unsicher ~* onzeker overkomen **3** indruk maken • *das Gemälde wirkt in diesem Raum nicht* in deze ruimte komt het schilderij niet tot zijn recht **2** OV WW **1** tot stand brengen **2** machinaal breien/weven
Wirker ZN M (+s/-) arbeider in tricotagebedrijf/-fabriek
Wirkerei ZN V (-/+en) **1** vervaardiging van tricotage **2** tricotagefabriek/-bedrijf/-weverij
wirklich BN + BW **1** werkelijk, reëel **2** echt • *ja, das stimmt ~* ja, dat klopt inderdaad • *ich weiß das ~ nicht* ik weet dat echt niet
Wirklichkeit ZN V (-/+en) werkelijkheid
Wirklichkeitsform ZN V (-/gmv) indicatief, aantonende wijs
wirklichkeitsfremd BN buiten de werkelijkheid staand, onwerkelijk
wirksam BN werkzaam, doeltreffend • *etwas ~ bekämpfen* iets met succes bestrijden • *ein ~es Mittel* een afdoend middel • *~e Lösung* pasklare oplossing • *ein ~es Gift* een krachtig gif
Wirksamkeit ZN V (-/gmv) werkzaamheid
Wirkstoff ZN M (+(e)s/+e) werkzame stof
Wirkung ZN V (-/+en) (uit)werking • *dieses Mittel erzielt große ~* dit middel heeft groot effect • *mit ~ vom ersten Mai* met ingang van één mei • *mit sofortiger ~* onmiddellijk • *eine nachhaltige ~ haben* van blijvende invloed zijn
Wirkungsbereich ZN M (+(e)s/+e) **1** invloedssfeer **2** werkgebied
Wirkungskraft ZN V (-/-kräfte) werking, invloed, effect
Wirkungskreis ZN M (+es/+e) werkkring, invloedssfeer
wirkungslos BN zonder uitwerking
wirkungsvoll BN **1** indrukwekkend **2** doeltreffend
wirr BN **1** verward, onhelder • *ein ~es Durcheinander* een verwarde boel **2** warrig, wanordelijk
wirren ONOV WW FORM. kriskras door elkaar lopen, verwarren
Wirren ZN MV onlusten, troebelen
Wirrkopf ZN M (+(e)s/-köpfe) warhoofd
Wirrung ZN V (-/+en) **1** verwarring **2** dwaalweg
Wirrwarr ZN M (+s/gmv) wirwar, warboel
Wirsing ZN M (+s/gmv) savooiekool
Wirt ZN M (+(e)s/+e) **1** waard, kastelein **2** hospes, kamerverhuurder **3** BIOL. gastheer
Wirtin ZN V (-/+nen) **1** waardin **2** kamerverhuurster, hospita
wirtlich BN **1** gastvrij **2** huishoudelijk
Wirtschaft ZN V (-/+en) **1** economie **2** herberg,

café • *in die ~ gehen* naar een café gaan **3** landbouwbedrijf **4** OUD. huishouden • *das ist eine schöne Wirtschaft!* dat is een mooie boel!
wirtschaften ONOV WW economisch besturen, huishouden
Wirtschafter ZN M (+s/-) **1** ECON. leidend persoon in bedrijfsleven **2** beheerder landbouwbedrijf **3** bordeelhouder
Wirtschafterin ZN V (-/+nen) huishoudster
Wirtschaftler ZN M (+s/-) econoom
wirtschaftlich BN **1** economisch **2** financieel, geldelijk • *die ~en Folgen* de financiële gevolgen **3** zuinig • *ein ~es Auto* een zuinige auto
Wirtschaftlichkeit ZN V (-/gmv) **1** rentabiliteit, efficiëntie **2** zuinigheid
Wirtschaftsabkommen ZN O (+s/-) handelsverdrag
Wirtschaftsaufschwung ZN M (+(e)s/-schwunge) economische opleving
Wirtschaftshochschule ZN V (-/+n) economische hogeschool
Wirtschaftskrieg ZN M (+(e)s/+e) economische oorlog
Wirtschaftskrise ZN V (-/+n) economische crisis
Wirtschaftslage ZN V (-/gmv) economische toestand
Wirtschaftsleben ZN O (+s/gmv) economisch leven
Wirtschaftslenkung ZN V (-/gmv) geleide economie
Wirtschaftsminister ZN M (+s/-) minister van Economische Zaken
Wirtschaftspolitik ZN V (-/gmv) economische politiek
Wirtschaftsprüfer ZN M (+s/-) **1** accountant **2** registeraccountant
Wirtschaftswachstum ZN O groei van de economie
Wirtschaftswunder ZN O (+s/-) economisch wonder • GESCH. *das ~* tijd van economische groei in de Bondsrepubliek in de jaren 50
Wirtschaftszweig ZN M (+(e)s/+e) bedrijfstak
Wirtshaus ZN O (+es/-häuser) eetcafé op het platteland, herberg
Wisch ZN M (+(e)s/+e) MIN. schriftstuk
wischen OV + ONOV WW **1** wissen, vegen • *jemandem eine ~* iemand een dreun geven **2** af-/wegvegen **3** suizen
Wischer ZN M (+s/-) **1** (ruiten)wisser **2** doezelaar **3** lichte verwonding, schampschot
Wischiwaschi ZN O (+s/gmv) gezwam, geleuter
Wischlappen ZN M (+s/-) stofdoek
Wisent ZN M (+s/+e) wisent
wispern OV + ONOV WW fluisteren
Wissbegierde ZN V (-/gmv) weetgierigheid
wissbegierig BN weetgierig
wissen OV WW **1** weten, kennis hebben • *wissen über* +4, weten van • *was weißt du über Computer?* wat weet je van computers? • *was ich nicht weiß, macht mich nicht heiß* wat niet weet, wat niet deert • *von jemandem/etwas nichts mehr ~ wollen* met iemand/iets niets meer te maken willen hebben • *was weiß ich!* weet ik veel! • *nicht, dass ich wüsste* niet dat ik weet • *als ob sie wer weiß wie wichtig sei* alsof zij heel erg belangrijk zou zijn • *er weiß seine Kinder in guten Händen* hij weet zijn kinderen in goede handen **2** beseffen • *sie weiß um seine Schwierigkeiten* ze is op de hoogte van zijn problemen **3** kunnen • *er weiß das zu organisieren* hij kan dat organiseren
Wissen ZN O (+s/gmv) weten, kennis • *nach bestem ~ und Gewissen* naar eer en geweten • *meines Wissens* naar mijn weten • *wider besseres ~* tegen beter weten in • *ohne mein ~* buiten mijn kennis • *~ ist Macht* kennis is macht • *meines Wissens* bij mijn weten
Wissenschaft ZN V (-/+en) **1** wetenschap **2** kennis
Wissenschaftler ZN M (+s/-) wetenschapper
Wissenschaftlerin ZN V (-/+nen) vrouwelijke wetenschapper
wissenschaftlich BN wetenschappelijk
Wissenschaftlichkeit ZN V (-/gmv) wetenschappelijkheid
Wissensstand ZN M (+(e)s/-stände) stand van de wetenschap
wissenswert BN wetenswaardig
wissentlich BN opzettelijk
wittern OV WW **1** ruiken, snuffelen • *eine Gelegenheit ~* een kans ruiken **2** lucht krijgen van, merken • *Gefahr ~* gevaar bespeuren
Witterung ZN V (-/+en) **1** (weers)gesteldheid • *bei schlechter ~* met slecht weer **2** zin(tuig) **3** reukzin • *~ aufnehmen* de lucht krijgen <van dier> • FIG. *er hat ~ bekommen* hij heeft er lucht van gekregen
Witterungsverhältnisse ZN MV weersomstandigheden
Witwe ZN V (-/+n) weduwe
Witwengeld ZN O (+(e)s/+er) weduwepensioen
Witwenrente ZN V (-/+n) weduwepensioen
Witwenschaft ZN V (-/gmv) weduwstaat, weduwschap
Witwer ZN M (+s/-) weduwnaar
Witz ZN M (+es/+e) **1** mop, grap • *Witze erzählen* moppen vertellen • *Witze reißen* moppen tappen • *ein ~ mit so einem langen Bart* een mop met een baard • *mach keine Witze!* (maak) geen grapjes! **2** esprit, geestigheid • *der ~ dabei ist ...* de lol ervan is ..., het geestige is ...
Witzblatt ZN O (+es/-blätter) humoristisch blad
Witzbold ZN M (+(e)s/+e) grapjas
Witzelei **1** ZN V (-/+en) geestige toe-/zinspeling • *bösartige Witzeleien* hatelijke toe-/zinspelingen **2** ZN V (-/gmv) maken van vervelende grappen
witzeln ONOV WW grapjes maken • *über jemanden ~* de spot drijven met iemand
witzig BN **1** grappig, geestig • *das ist nicht ~* dat is niet grappig • *ich verstehe nicht, was daran ~ sein soll* ik zie er het grappige niet van **2** vreemd,

merkwaardig **3** fantasievol • *ein ~es Ding* een geinig dingetje
witzlos BN **1** niet grappig **2** niet geestig
WLAN AFK COMP. Wireless LAN wifi
wo 1 BW **1** waar • *~ bist du?* waar ben je? • *die Stelle, ~ es passierte* de plaats waar het gebeurde **2** toen • *zu der Zeit, ~ er ankam* op de tijd toen hij aankwam **3** INFORM. ergens • *sie musste um zwei Uhr ~ sein* ze moest om twee uur ergens zijn **2** VOEGW **1** waar • *wir fahren nach München, ~ meine Oma wohnt* wij gaan naar München waar mijn oma woont • *kannst du mir sagen, ~ das war?* kun je mij zeggen waar dat was? **2** aangezien het feit, terwijl, ofschoon • *soll ich das machen, ~ ich doch schon so viel Arbeit habe?* moet ik dat doen, gezien ik al zoveel werk heb? • *~ du schon mal da bist, kannst du mir auch helfen* nu je eenmaal hier bent, kun je mij ook helpen
w.o. AFK wie oben als boven(staand)
woanders BW ergens anders
wob OV WW verl. tijd → **weben**
wobei BW waar, waarbij
Woche ZN V (-/+n) week • *nächste ~* volgende week • *letzte ~* vorige week • *unter der Woche/in der ~* door de week • *sie verdient 300 Euro in der ~* zij verdient wekelijks 300 euro
Wochenbett ZN O (+(e)s/+en) kraambed
Wochenblatt ZN O (+(e)s/-blätter) weekblad
Wochenende ZN O (+s/+n) weekend/-einde • *am ~* in het weekend
Wochenschau ZN V (-/+en) GESCH. bioscoopjournaal, weekoverzicht
Wochenstunde ZN V lesuur <per week>
Wochentag ZN M (+(e)s/+e) weekdag, werkdag
wochentags BW op een doordeweekse dag, door de week
wöchentlich BN wekelijks
Wochenzeitung ZN V (-/+en) weekblad
Wöchnerin ZN V (-/+nen) kraamvrouw
Wodka ZN M (+s/+s) wodka
wodurch BW waardoor
wofür BW waarvoor
wog OV WW verl. tijd → **wiegen**
Woge ZN V (-/+n) golf • *die wilden Wogen* de woeste baren
wogegen 1 BW **1** waartegen **2** waartegenover **2** VOEGW terwijl
wogen ONOV WW golven, op en neer bewegen
woher BW waarvandaan • *~ kommst du?* vanwaar kom je?
wohin BW waarheen • *~ gehst du?* waar ga je heen? • *~ setzt er sich?* waar gaat hij zitten?

wohingegen VOEGW terwijl...daarentegen • *... ~ das Kind gar nichts getan hat ...* terwijl het kind daarentegen helemaal niets heeft gedaan
wohinter BW waarachter
wohl BW **1** wel, ongeveer • *das kann man ~ laut sagen!* dat kun je wel stellen! • *du hast ~ zu viel Geld?* jij hebt zeker geld over? • *lebe ~* vaarwel • *das hat er ~ gesagt* dat heeft hij blijkbaar gezegd • *~ oder übel* goedschiks of kwaadschiks **2** gezond, prettig • *~ und gesund* gezond en wel • *sich ~ fühlen* zich lekker voelen • *fühlen Sie sich nicht ~?* voelt u zich niet lekker?
Wohl ZN O (+es/gmv) welzijn • *zum Wohl(e)!* proost!, gezondheid! • *auf jemandes ~ trinken* op iemands gezondheid drinken • *das öffentliche ~* het algemeen welzijn • *auf dein Wohl!* op je gezondheid! • *das ~ und Weh* het wel en wee
wohlauf BW **1** welaan **2** gezond • *~ sein* het goed maken • *Mutter und Kind sind ~* moeder en kind maken het wel
Wohlbefinden ZN O (+s/gmv) goede gezondheid, welzijn • *sich ausgezeichneten Wohlbefindens erfreuen* in blakende welstand verkeren
Wohlbehagen ZN O (+s/gmv) welbehagen
wohlbehalten BN + BW behouden, in goede toestand • *komm ~ wieder!* behouden thuiskomst!
Wohlergehen ZN O (+s/gmv) welzijn
Wohlfahrt ZN V (-/gmv) **1** welzijn, welvaart **2** Sociale Zaken
Wohlfahrtspflege ZN V (-/gmv) sociale zorg
Wohlfahrtsstaat ZN M (+(e)s/+en) welvaartsstaat
wohlfühlen WKD WW (**sich ~**) je goed voelen, op je gemak zijn
Wohlgefallen ZN O (+s/gmv) welgevallen, welbehagen • *sich in ~ auflösen* tot een goed einde komen
wohlgefällig BN **1** met welgevallen **2** welgevallig
Wohlgefühl ZN O (+(e)s/gmv) behaaglijk gevoel
wohlgemerkt BW wel te verstaan • *er hat es ~ noch einmal getan!* hij heeft het nota bene nog een keer gedaan!
wohlgemut BN welgemoed
wohlgeraten BN **1** welopgevoed **2** goed gelukt
Wohlgeruch ZN M (+(e)s/-gerüche) aangename geur
wohlgesinnt, **wohlgesonnen** BN welgezind • *jemandem ~ sein* iemand goedgezind zijn • *jemandem wohlgesonnen sein* iemand gunstig gezind zijn
wohlhabend BN welgesteld
wohlig BN behaaglijk, aangenaam
Wohlklang ZN M (+(e)s/-klänge) welluidendheid
wohlmeinend BN **1** welgemeend **2** welwillend
Wohlsein ZN O (+s/gmv) welzijn • *zum Wohlsein!* op uw welzijn!
Wohlstand ZN M (+(e)s/gmv) welstand, welvaart
Wohlstandsgesellschaft ZN V (-/+en) welvaartsstaat
Wohlstandskrankheit ZN V welvaartsziekte
Wohltat ZN V (-/+en) **1** goede daad **2** weldaad
Wohltäter ZN M (+s/-) weldoener
wohltätig BN lief-/weldadig • *ein wohltätiger Zweck* een liefdadig doel
Wohltätigkeit ZN V (-/gmv) **1** liefdadigheid **2** weldadigheid

wohltuend BN weldoend, weldadig
wohlunterrichtet BN welingelicht
wohlverdient BN welverdiend
Wohlverhalten ZN O (+s/gmv) goed gedrag
wohlweislich BW wijselijk
Wohlwollen ZN O (+s/gmv) welwillendheid
wohlwollend BN welwillend • *einen ~en Empfang bekommen* een gunstig onthaal vinden
wohnen ONOV WW **1** wonen • *bei jemandem zur Untermiete ~* bij iemand inwonen **2** logeren • *wir können in Hamburg bei Freunden ~* wij kunnen in Hamburg bij vrienden logeren
Wohngebäude ZN O (+s/-) woningencomplex
Wohngeld ZN O (+(e)s/+er) huursubsidie
Wohngemeinschaft ZN V (-/+en) woongemeenschap, woongroep
wohnhaft BN woonachtig • *~ in* wonend te, gevestigd zijn te
wohnlich BN gezellig, geriefelijk • *ein Haus ~ machen* een huis leefbaar maken
Wohnmobil ZN O (+s/+e) camper, kampeerauto, BELG. mobilhome
Wohnort ZN M (+(e)s/+e) woonplaats
Wohnraum ZN M (+(e)s/-räume) **1** woonvertrek **2** woonruimte
Wohnsitz ZN M (+es/+e) woonplaats, domicilie • *seinen ~ haben* zijn verblijf hebben • *keinen ständigen ~ haben* geen vaste woonplaats hebben
Wohnung ZN V (-/+en) **1** woning, huis, appartement • *eine ~ kaufen* een appartement kopen **2** inwoning, logies
Wohnungsamt ZN O (+(e)s/-ämter) huisvestingsbureau
Wohnungsbau ZN M (+(e)s/gmv) woningbouw
Wohnungsnot ZN V (-/gmv) woningnood
Wohnungswechsel ZN M (+s/-) verhuizing
Wohnviertel ZN O (+s/-) woonwijk
Wohnwagen ZN M (+s/-) **1** woonwagen **2** caravan
Wohnzimmer ZN O (+s/-) woonkamer, huiskamer
Wok ZN M (-s/-s) wok • *im Wok machen* wokken
Wokgericht ZN O (-es/-e) wokgerecht
wölben **1** OV WW welven **2** WKD WW (**sich ~**) welven, bol staan
Wölbung ZN V (-/+en) welving
Wolf ZN M (+(e)s/Wölfe) **1** wolf • FIG. *ein ~ im Schafspelz* een wolf in schaapskleren • FIG. *einsamer ~* eenzelvig persoon • FIG. *mit den Wölfen heulen* huilen met de wolven in het bos **2** vleesmolen • *durch den ~ drehen* door de vleesmolen draaien • FIG. *sich fühlen wie durch den ~ gedreht* helemaal brak zijn
wölfisch BN wolfachtig
Wolfram ZN O (+s/gmv) wolfraam
Wolga ZN V (-/gmv) Wolga
Wolke ZN V (-/+n) wolk • FIG. *aus allen Wolken ~* (onaangenaam) verrast zijn
Wolkenbruch ZN M (+(e)s/-brüche) wolkbreuk
wolkenhaft BN als een wolk
Wolkenkratzer ZN M (+s/-) wolkenkrabber
Wolkenkuckucksheim ZN O luchtkasteel
wolkenlos BN wolkeloos
wolkig BN **1** wolkig, bewolkt **2** rookwolken vormend **3** onduidelijk
Wolldecke ZN V (-/+n) wollen deken
Wolle ZN V (-/+n) wol
wollen **1** OV + ONOV WW onregelmatig willen • *ich will Schokolade* ik wil chocola • *wer nicht will, der hat schon* het aanbod wordt niet meer herhaald **2** HWW onregelmatig willen • *er will es nicht getan haben* hij zegt dat hij het niet gedaan heeft • *wir ~ dieses Jahr nach Italien fahren* wij zijn van plan om dit jaar naar Italië te gaan • *wo ist Peter, er wollte doch kommen?* waar is Peter, hij zou toch komen? • *das will gut überlegt sein* daar moet goed over nagedacht worden • *das will ich meinen* dat denk ik ook **3** BN wollen, van wol
wollig BN wollig
Wollust ZN V (-/-lüste) wellust, genot
wollüstig BN **1** wulps **2** wellustig
Wollüstling ZN M (+s/+e) wellusteling
womit BW waarmee
womöglich BW misschien, wellicht
wonach BW **1** waarnaar **2** volgens welke • *das Gesetz, ~ das verboten ist* de wet volgens welke dat verboden is
woneben BW waarnaast
Wonne ZN V (-/+n) gelukzaligheid, genot, verrukking
Wonnegefühl ZN O (+(e)s/+e) gelukzaligheid
wonnig BN **1** schattig **2** gelukzalig, verrukkelijk, heerlijk
woran BW waaraan • *~ denkst du?* waaraan denk je?
worauf BW **1** op wat, waarop • *~ will er hinaus?* waar wil hij heen? **2** waarna • *~ er sich verabschiedete* waarna hij afscheid nam
woraus BW waaruit, waarvan
worein BW waarin
worin BW waarin
Wort ZN O (+(e)s/+e, Wörter) **1** woord • *Wörter lernen* woordjes leren • *in ~ und Schrift* gesproken en geschreven • *kein ~ sagen* geen woord zeggen • *um das ~ bitten* willen spreken • *jemandem das ~ erteilen* iemand laten spreken • *jemandem ins ~ fallen* iemand in de rede vallen • *jemandem das ~ im Munde verdrehen* iemands woorden omdraaien • *in knappen Worten sprechen* afgemeten spreken • *in Worte fassen* onder woorden brengen • *jemandem das ~ entziehen* iemand het woord ontnemen • *da hat man keine Worte* dat is te gek om los te lopen • *Sie haben das ~* het woord is aan u **2** uiting, uitdrukking • *das waren seine Worte* zo heeft hij dat gezegd • *meine Worte!* precies wat ik zeg! **3** belofte • *jemanden beim ~ nehmen* iemand aan zijn woord houden • *das ist ein Wort!* dat is afgesproken! • *sein ~ halten* zijn woord houden • *sein ~ brechen* zijn woord breken **4** openbaring
Wortart ZN V (-/+en) woordsoort
Wortbildung ZN V (-/+en) woordvorming
wortbrüchig BN ontrouw aan een gegeven woord

Wörtchen ZN O (+s/-) woordje • *da habe ich auch noch ein ~ mitzureden* daar heb ik ook nog iets te zeggen
Wörterbuch ZN O (+(e)s/-bücher) woordenboek
Wörterverzeichnis ZN O (+ses/+se) woordenlijst
Wortfolge ZN V (-/+n) woordvolgorde, woordschikking
Wortführer ZN M (+s/-) woordvoerder
wortgetreu BN woordelijk, woordgetrouw • *eine ~e Übersetzung* een getrouwe vertaling
wortkarg BN **1** met weinig woorden **2** zwijgzaam, zuinig met woorden
Wortlaut ZN M (+(e)s/gmv) woordelijke inhoud, tekst • *die Schrift hatte folgenden ~* het geschrift was in deze bewoordingen vervat
wörtlich BN letterlijk, woordelijk • *etwas ~ nehmen* iets letterlijk nemen • *etwas ~ übersetzen* iets letterlijk vertalen
wortlos BN zonder een woord te zeggen, zwijgend
Wortmeldung ZN V (-/+en) teken dat men het woord wil nemen
wortreich BN **1** uitvoerig **2** woordenrijk
Wortschatz ZN M (+(e)s/-schätze) woordenschat
Wortschwall ZN M (+(e)s/gmv) woordenvloed, stortvloed van woorden
Wortspiel ZN O (+(e)s/+e) woordspeling
Wortwechsel ZN M (+s/-) woordenwisseling
wortwörtlich BW woordelijk, letterlijk
worüber BW **1** waarover **2** waarboven
worum BW waarom, om wat • *~ geht es denn?* waar gaat het over?
worunter BW onder wat/welke, waaronder
Wotan ZN M (+s/gmv) Wodan
wovon BW **1** waarvan **2** waarover
wovor BW voor wat, waarvoor
wozu BW waarvoor, waartoe
wozwischen BW waartussen
wrack BN wrak
Wrack ZN O (+(e)s/+s, +e) wrak
wrang OV WW verl. tijd → **wringen**
Wrap ZN O CULIN wrap
wringen OV WW sterk wringen
Wucher ZN M (+s/gmv) woeker
Wucherer ZN M (+s/-) woekeraar
wucherhaft BN als (van) een woekeraar
wuchern ONOV WW **1** woekeren, groeien **2** woeker bedrijven
wuchernd BN woekerend
Wucherung ZN V (-/+en) **1** woekering **2** gezwel
wuchs ONOV WW verl. tijd → **wachsen**
Wuchs **1** ZN M (+es/gmv) **1** groei **2** gestalte **2** ZN M (+es/Wüchse) groei van aanplant
Wucht ZN V (-/gmv) gewicht, kracht, druk • *etwas/jemand ist eine ~* iets/iemand is geweldig/fantastisch
wuchten **1** OV WW **1** zeulen, sjouwen **2** knallen • *sich auf die Couch ~* moeizaam op de bank neerploffen **2** ONOV WW **1** massief staan, massief verheffen **2** loeien <van wind>
wuchtig BN **1** krachtig **2** stevig <van gestalte/bouw>
wühlen **1** OV WW wroeten, graven • *ein Taschentuch aus der Tasche ~* een zakdoek uit de tas zoeken **2** ONOV WW **1** woelen, wroeten **2** ploegen, hard werken **3** WKD WW (**sich ~**) **1** zich wentelen • *sich im Schlamm ~* zich in de modder wentelen **2** voortwroeten
Wühlerei ZN V (-/gmv) gewroet, gewoel
wühlerisch BN **1** wroetend **2** oproerig
Wühlmaus ZN V (-/-mäuse) woelmuis
Wulst ZN M (+(e)s/+e, Wülste) **1** verdikking, bobbel **2** wrong
wulsten **1** OV WW een gezwel vormen, een bobbel vormen **2** WKD WW (**sich ~**) opzwellen
wulstig BN dik, opgezet
wummern ONOV WW **1** dreunen **2** bonken
wund BN (ge)wond • *sich ~ liegen* doorliggen • *sie hat sich ~ gelegen* zij is doorgelegen
Wunde ZN V (-/+n) wond(e) • *eine offene ~* een open wond • *eine schlimme ~* een lelijke wond
Wunder ZN O (+s/-) wonder • *kein Wunder!* geen wonder! • *du wirst noch dein blaues ~ erleben!* je zult nog op je neus kijken!
wunderbar BN **1** wonderbaarlijk **2** fantastisch, prachtig • *das fände ich ~!* ik zou het heerlijk vinden!
Wunderkind ZN O (+(e)s/+er) wonderkind
wunderlich BN wonderlijk, zonderling
wundern **1** OV WW verwonderen, verbazen • *das wundert mich nicht* dat verwondert mij niet **2** WKD WW (**sich ~**) verwonderen, verbazen • *sie wundert sich über sein Verhalten* ze is verwonderd over zijn gedrag
wundersam BN **1** wonderlijk **2** wonderbaarlijk
wunderschön BN wondermooi, prachtig
wundervoll BN **1** wonderbaarlijk **2** prachtig, heerlijk, uitstekend
Wundfieber ZN O (+s/-) wondkoorts
Wundmal ZN O (+(e)s/+e) litteken, wondteken
Wundpflaster ZN O (+s/-) wondpleister
Wundsalbe ZN V wondzalf
Wundstarrkrampf ZN M (+(e)s/gmv) tetanus
Wunsch ZN M (+(e)s/Wünsche) wens • *alle guten Wünsche zum Geburtstag* hartelijk gefeliciteerd met je verjaardag • *da ist wohl der ~ der Vater des Gedankens* daar is de wens de vader van de gedachte • *den ~ äußern, dass* de wens uitspreken dat • *auf ~* op verzoek • *alles verlief nach ~* alles verliep voorspoedig
Wünschelrute ZN V (-/+n) wichelroede
Wünschelrutengänger ZN M (+s/-) wichelroedeloper
wünschen OV WW wensen, verlangen • *jemandem etwas ~* iemand iets wensen • *sich etwas ~* (om) iets vragen • *was wünschst du dir zum Geburtstag?* wat vraag je voor je verjaardag? • *nichts zu ~ übrig lassen* niets te wensen overlaten • *jemandem alles Gute ~* iemand alle goeds gunnen
wünschenswert BN wenselijk

wö

wunschgemäß BN volgens iemands wens • *es ist alles ~* het gaat naar wens
Wunschkonzert ZN O (+(e)s/+e) verzoek(platen)programma
wunschlos BN zonder wensen • *~ glücklich sein* geen wensen meer hebben
Wunschzettel ZN M (+s/-) verlanglijst
wurde ONOV WW verl. tijd → **werden**
würde ONOV WW conj. zou • *ich ~ sagen* .... ik zou zeggen ... • *wenn er sagen ~* ... als hij zou zeggen ... • *würden Sie hier bitte nicht rauchen?* wilt u hier alstublieft niet roken? → **werden**
Würde 1 ZN V (-/+n) ambt • *akademische ~* academische titel/graad **2** ZN V (-/gmv) waardigheid • *etwas für unter seiner ~ erachten* iets beneden zijn waardigheid achten
würdelos BN onwaardig
Würdenträger ZN M (+s/-) waardigheidsbekleder
würdevoll BN vol waardigheid, waardig • *~ sterben* waardig sterven
würdig BN **1** waardig, plechtig **2** waard
würdigen OV WW **1** waarderen **2** waardig keuren • *jemanden keines Blickes ~* iemand met geen blik verwaardigen, iemand met de nek aankijken
Würdigkeit ZN V (-/gmv) waardigheid
Würdigung ZN V (-/+en) waardering
Wurf ZN M (+(e)s/Würfe) **1** worp **2** succes • *ein großer ~* een groot succes **3** val <van stof> **4** worp <dieren>
Würfel ZN M (+s/-) **1** kubus **2** dobbelsteen • *die ~ sind gefallen* de teerling is geworpen, de kogel is door de kerk **3** blokje **4** klontje <suiker>
Würfelbecher ZN M (+s/-) dobbelbeker
würfelig BN geruit, geblokt
würfeln 1 OV WW **1** (met de dobbelsteen) werpen, (met de dobbelsteen) gooien • *eine Sechs ~* een zes gooien **2** in blokjes snijden • *den Speck ~* de spek in blokjes snijden **2** ONOV WW dobbelen • *du musst ~* jij moet gooien
Würfelspiel ZN O (+(e)s/+e) dobbelspel
Würfelzucker ZN M (+s/gmv) suikerklontjes
Wurfgeschoss ZN O (+es/+e) projectiel
Wurfscheibe ZN V (-/+n) discus, werpschijf
Wurfsendung ZN V (-/+en) huis aan huis verspreid reclamedrukwerk
Würgegriff ZN M (+(e)s/+e) wurggreep
würgen 1 OV WW wurgen • *sie würgte den Knopf ins Loch* met moeite propte ze de knoop door het gat **2** ONOV WW **1** kokhalzen **2** met moeite opeten, met moeite slikken • *an einem Bissen ~* met moeite/tegenzin een hap naar binnen werken **3** hard werken
Würger ZN M (+s/-) **1** wurger **2** BIOL. klauwier
Wurm 1 ZN M (+(e)s/Würmer) worm • FIG. *da ist der ~ drin* daar is iets grondig mis **2** ZN O (+(e) s/Würmer) wurm
wurmen ONP WW knagen, ergeren • *es wurmt mich* het zit mij dwars, het ergert mij
wurmig BN wormig, wormstekig
wurmstichig BN wormstekig
Wurst ZN V (-/Würste) **1** worst • *mit der ~ nach der Speckseite werfen* een spiering uitgooien om een kabeljauw te vangen • *das ist mir ~* dat kan me niets schelen, dat laat me volkomen koud **2** vleeswaar • *verschiedene Sorten ~* verschillende soorten vleeswaar **3** worstvorm
Würstchenbude ZN V (-/+n) worstjeskraam
Würstchenstand ZN M (+(e)s/-stände) worstjeskraam
wursteln ONOV WW klungelen, prutsen
wursten ONOV WW worst maken
Wurstigkeit ZN V (-/gmv) INFORM. onverschilligheid
Wurstzipfel ZN M (+s/-) eindje worst
Württemberg ZN O (+s/gmv) Württemberg
Würze ZN V (-/+n) **1** specerij **2** smaak, pittigheid
Wurzel ZN V (-/+n) **1** wortel • *Wurzeln schlagen* wortel schieten **2** oorsprong
wurzeln ONOV WW **1** wortelen **2** oorsprong hebben/vinden
Wurzelziehen ZN O (+s/gmv) worteltrekken
würzen OV WW OOK FIG. kruiden
würzig BN gekruid, kruidig
Würzung ZN V (-/gmv) kruiden
wusch OV WW verl. tijd → **waschen**
Wuschelhaar ZN O (+(e)s/+e) krullerig en verward haar
wuselig BN beweeglijk, druk
wuseln ONOV WW krioelen, druk heen en weer bewegen, druk bezig zijn
wusste OV WW verl. tijd → **wissen**
wüst BN **1** woest, ledig, onbebouwd **2** onordelijk • *hier sieht es ~ aus* het is hier een rommeltje **3** wild, losbandig **4** afschuwelijk, lelijk • *wüste Beschimpfungen* wilde verwijten
Wust ZN M (+(e)s/gmv) warboel, chaos
Wüste ZN V (-/+n) **1** woestijn **2** FIG. woestenij
wüsten ONOV WW roekeloos omgaan
Wüstenei ZN V (-/+en) woestenij
Wüstensand ZN M (+(e)s/gmv) woestijnzand
Wüstling ZN M (+s/+e) woesteling, losbandig type
Wüstung ZN V (-/+en) verlaten nederzetting
Wut ZN V (-/gmv) woede, drift
Wutanfall ZN M (+(e)s/-fälle) woedeaanval
Wutausbruch ZN M (+(e)s/-brüche) woede-uitbarsting
wüten ONOV WW woeden, razen, tekeergaan
wütend BN woedend • *er hat wütende Schmerzen* hij heeft helse pijn • *~ werden* zich kwaad maken • *er war ~ auf mich* hij was woest op me
wutentbrannt BN in woede ontstoken
Wüterich ZN M (+s/+e) woesteling
wutsch TUSSENW hup!, wip!
wutschäumend BN schuimbekkend van woede
wutschnaubend BN briesend van woede
WWF ZN M WNF
WWW AFK COMP. World Wide Web **www** <world wide web>
WYSIWYG AFK COMP. What You See Is What You Get

wysiwyg

X

X ZN O (-/-) **1** letter **x** • *X wie Xanthippe* de x van Xantippe • *sich kein ~ für ein U vormachen lassen* zich geen knollen voor citroenen laten verkopen **2** WISK. <onbekende grootheid> **x** • *sie hat x Paar Schuhe* zij heeft tig paar schoenen

Xanthippe ZN V (-/+n) MIN. **feeks**

X-Beine ZN MV X-benen

x-beinig BN X-benig

x-beliebig BN willekeurig

X-Chromosom ZN O (+s/+en) X-chromosoom

xenophob BN xenofoob

Xenophobie ZN V (-/+n) xenofobie

x-fach TELW WISK. veelvuldig

x-mal BW tig keer, ontelbare malen

x-te BN • *die ~ Potenz von...* de n'de macht van... • *zum x-ten Mal* voor de zoveelste keer

Xylofon, **Xylophon** ZN O (+s/+e) xylofoon

Y

Y ZN O (-/-) **1** letter **y** • *Y wie Ypsilon* de y van Ypsilon **2** WISK. <onbekende grootheid> **y**
Yacht ZN V (-/+en) → **Jacht**
Yak ZN M → **Jak**
Yard ZN O (+s/+s) **yard**
Y-Chromosom ZN O (+s/+en) **Y-chromosoom**
Yoga ZN M/O (-, +s/gmv) **yoga**
Yogi ZN M (+s/+s) **yogi**
Yogin ZN M (+s/+s) **yogi**
Ypsilon ZN O (-, +s/+s) **i-grec, y, ypsilon**
Yuppie ZN M (+s/+s) **yuppie**

Z

z. AFK zu **te, in**
Z ZN O (-/-) letter **z** • *Z wie Zeppelin* de z van Zacharias
Z. AFK **1** Zahl **aantal** **2** Zeile **regel**
Zack ZN M • *auf ~ sein* alert zijn
Zacke ZN V (-/+n) **1** **tand** <vorm> • *die Zacken einer Briefmarke* de tanden van een postzegel **2** **punt, spits, piek** • *ein Stern mit fünf Zacken* een vijfpuntige ster
zackig BN **puntig**
zag BN **schuchter, bedeesd, aarzelend**
zagen ONOV WW **schromen, aarzelen**
zaghaft BN **schuchter, aarzelend**
Zaghaftigkeit ZN V (-/gmv) **bedeesdheid**
zäh BN **1** **taai** • *zähes Fleisch* taai vlees **2** **moeizaam, slepend** • *es geht nur ~ voran* het schiet maar niet op • *~ fließender Verkehr* langzaam rijdend verkeer **3** **hardnekkig** • *ein ~ Husten* een hardnekkig hoestje
zähflüssig BN **stroperig, dikvloeibaar** • *zähflüssiger Verkehr* langzaam rijdend verkeer
Zähheit ZN V (-/gmv) **taaiheid, stroperigheid**
Zähigkeit ZN V (-/gmv) **taaiheid, hardnekkigheid**
Zahl ZN V (-/+en) **1** **getal, cijfer** • WISK. *eine ganze ~* een heel getal • *eine zweistellige ~* een getal van twee cijfers • *in den roten Zahlen sein/stecken* rood staan • ECON. *rote Zahlen schreiben* verlies lijden • ECON. *schwarze Zahlen schreiben* winst maken **2** **aantal** • *die ~ der Personen* het aantal personen • *ohne ~* talloze • *wenig an der ~* gering in aantal
zahlbar BN **betaalbaar, te betalen**
zählbar BN **telbaar**
zählebig BN **taai, met een groot weerstandsvermogen**
zahlen OV + ONOV WW **betalen** • *~, bitte!* de rekening graag • *für etwas zahlen* voor iets betalen • *einen Betrag von 200 Euro zahlen* een bedrag van 200 euro betalen
zählen OV WW **tellen** • *sein Geld zählen* zijn geld tellen • *~ zu* rekenen tot
zahlenmäßig BN **numeriek, aan de hand van cijfers** • *zahlenmäßige Stärke* numerieke sterkte
Zahlenschloss ZN O (+es/-schlösser) **cijferslot**
Zahler ZN M (+s/-) **betaler**
Zähler ZN M (+s/-) **teller** • *den ~ ablesen* de meter opnemen
Zahlkarte ZN V (-/+n) **stortingsformulier** <giro>
zahllos BN **talloos** • *zahllose Einsendungen* talloze inzendingen
Zahlmeister ZN M (+s/-) **betaalmeester, administrateur**
zahlreich BN **talrijk** • *zahlreiche Gäste* talrijke gasten
Zahltag ZN M (+(e)s/+e) **1** **betaaldag** **2** FIG. **bijltjesdag**
Zahlung ZN V (-/+en) **betaling** • *die ~ ist erfolgt* de afrekening heeft plaatsgevonden • *seine Zahlungen*

einstellen zijn betalingen staken
Zählung ZN V (-/+en) telling
Zahlungsanweisung ZN V (-/+en) betalingsopdracht
Zahlungsaufschub ZN M econ. surseance van betaling, uitstel van betaling
Zahlungsbefehl ZN M betalingsbevel
Zahlungsbeleg ZN M bewijs van betaling
Zahlungsbilanz ZN V (-/+en) betalingsbalans
zahlungsfähig BN in staat te betalen • *nicht ~ sein* niet in staat zijn te betalen
Zahlungsfrist ZN V (-/+en) betalingstermijn • *eine ~ von drei Monaten* een betalingstermijn van drie maanden
Zahlungsmittel ZN O (+s/-) betaalmiddel
Zahlungstermin ZN M (+(e)s/+e) betaaldatum
zahlungsunfähig BN niet in staat te betalen, insolvent • *~ sein* in staat van faillissement verkeren
Zahlungsverkehr ZN M (+s/gmv) betalingsverkeer, geldverkeer
Zahlungsverzug ZN M achterstallige betaling
Zählwerk ZN O (+(e)s/+e) telmechanisme
Zahlwort ZN O (+(e)s/-wörter) telwoord
zahm BN **1** tam **2** mak, gedwee • *~ wie ein Lämmchen* zo mak als een lammetje **3** gematigd, mild
zähmbar BN tembaar
zähmen OV WW **1** temmen, africhten **2** FIG. bedwingen, beteugelen • *seine Neugier ~* zijn nieuwsgierigheid bedwingen
Zähmung ZN V (-/+en) het temmen, bedwinging, het getemd worden
Zahn ZN M (+(e)s/Zähne) **1** tand, kies • *die dritten Zähne* kunstgebit • FIG. *jemandem den ~ ziehen* iemand de hoop/illusie ontnemen • FIG. *sich die Zähne an etwas ausbeißen* iets tevergeefs proberen • FIG. *jemandem auf den ~ fühlen* iemand aan de tand voelen • *der ~ der Zeit* de tand des tijds • *bis an die Zähne bewaffnet* tot de tanden gewapend • *die Zähne zusammenbeißen* de tanden op elkaar zetten **2** tempo • *einen ~ zulegen* harder rijden/werken
Zahnarzt ZN M (+es/-ärzte) tandarts
zahnärztlich BN tandheelkundig, van de tandarts
Zahnbürste ZN V (-/+n) tandenborstel
Zähneklappern ZN O (+s/gmv) klappertanden
Zähneknirschen ZN O (+s/gmv) knarsetanden
zähneknirschend BW tandenknarsend
zahnen ONOV WW tanden krijgen
zähnen OV WW van tanden voorzien
Zahnersatz ZN M (+es/-sätze) kunsttand, kunstgebit
Zahnfleisch ZN O (+(e)s/gmv) tandvlees • FIG. *auf dem ~ gehen* op z'n tandvlees lopen
Zahnfüllung ZN V (-/+en) (tand)vulling
zahnlos BN tandeloos
Zahnpasta ZN V (-/-pasten) tandpasta
Zahnpflege ZN V (-/gmv) tandverzorging
Zahnrad ZN O (+(e)s/-räder) tandrad, tandwiel
Zahnschmelz ZN M (+es/gmv) tandglazuur
Zahnseide ZN V (-/gmv) flossdraad
Zahnstocher ZN M (+s/-) tandenstoker
Zahnweh ZN O (+(e)s/gmv) tandpijn, kiespijn
Zander ZN M (+s/-) snoekbaars
Zange ZN V (-/+n) tang • *jemanden in die ~ nehmen* iemand in de mangel nemen • *jemanden in der ~ haben* iemand in zijn macht hebben, iemand onder druk zetten
Zank ZN M (+(e)s/gmv) twist, ruzie • *~ und Streit* haat en nijd
Zankapfel ZN M (+s/-äpfel) twistappel
zanken ONOV WW kibbelen, ruziemaken • *sich ~* kibbelen, ruziemaken
zänkisch BN kijfziek, twistziek
Zäpfchen ZN O (+s/-) **1** pinnetje **2** zetpil **3** huig
zapfen OV WW tappen
Zapfen ZN M (+s/-) **1** dennenappel, pijnappel **2** tap, spon **3** pin **4** kegeltje <in het oog>
Zapfenstreich ZN M (+(e)s/+e) taptoe
Zapfhahn ZN M (+(e)s/-hähne) tapkraan
Zapfsäule ZN V (-/+n) benzinepomp
zappelig BN spartelend, onrustig
zappeln ONOV WW spartelen • *jemanden ~ lassen* iemand in onzekerheid laten
Zappeln ZN O sparteling
zappen ONOV WW zappen
Zar ZN M (+en/+en) tsaar
zart BN **1** tenger, fragiel, zwak **2** teer, teder, zacht • *~ rosa* licht roze • *~e Farben* zachte kleuren **3** mals • *~es Fleisch* mals vlees
zartbesaitet, **zart besaitet** BN fijnbesnaard, teergevoelig
Zartbitterschokolade ZN V pure chocolade
zartfühlend, **zart fühlend** BN **1** teergevoelig **2** tactvol
Zartheit ZN V (-/+en) teerheid, tederheid, zachtheid
zärtlich BN teer, teder, innig, lief
Zärtlichkeit ZN V (-/+en) tederheid • *in ihrem Blick lag ~* zij keek met vertedering
Zaster ZN M (+s/gmv) INFORM. poen
Zäsur ZN V (-/+en) cesuur
Zauber ZN M (+s/-) **1** tovenarij, toverij • *was kostet der Zauber?* wat gaat die rommel kosten? • *den ~ mach ich nicht mit!* aan dat gedoe doe ik niet mee! • *fauler ~* boerenbedrog **2** bekoring, betovering
Zauberei **1** ZN V (-/gmv) tovenarij, toverij **2** ZN V (-/+en) toverkunst
Zauberer ZN M (+s/-) tovenaar
Zauberformel ZN V (-/+n) toverspreuk
zauberhaft BN betoverend, toverachtig
Zauberin ZN V (-/+nen) tovenares
zaubern OV + ONOV WW toveren • *ich kann doch nicht ~!* ik kan toch niet toveren! • *aus dem Speicher ein Arbeitszimmer ~* de zolder in een studeerkamer omtoveren
Zauderer ZN M (+s/-) treuzelaar, weifelaar
zaudern ONOV WW treuzelen, dralen, aarzelen
Zaum ZN M (+(e)s/Zäume) toom, teugel • *jemanden/etwas/sich im ~ halten* iemand/iets/zich in

toom houden
zäumen OV WW tomen
Zaumzeug ZN O (+(e)s/+e) toom, teugels
Zaun ZN M (+(e)s/Zäune) omheining, hek, haag • *ein lebender* ~ een haag/heg
Zaungast ZN M (+(e)s/-gäste) buitenstaander
Zaunkönig ZN M (+s/+e) winterkoninkje
Zaunpfahl ZN M (+(e)s/-pfähle) hekpaal • *ein Wink mit dem* ~ een overduidelijke wenk
zausen OV WW plukken, trekken, schudden • *das Leben hat sie ganz schön gezaust* het leven is niet mild voor haar geweest
z.B. AFK zum Beispiel bv., bijv., bijvoorbeeld
ZDF ZN O (+s/gmv) Duitse televisieomroep
Zebra ZN O (+s/+s) zebra
Zebrastreifen ZN M (+s/-) zebrapad
Zeche ZN V (-/+n) **1** gelag, consumpties • *die* ~ *prellen* zijn consumptie niet betalen • *die* ~ *bezahlen* het gelag betalen, FIG. de gedupeerde zijn **2** mijn
zechen ONOV WW drinken, pimpelen
Zecher ZN M (+s/-) pimpelaar, drinker
Zecherei ZN V (-/+en) drinkgelag
Zechpreller ZN M (+s/-) wanbetaler
Zecke ZN V (-/+n) teek, mijt
Zeder ZN V (-/+n) ceder
Zeh ZN M (+s/+en) teen • *jemandem auf die Zehen treten* iemand op de tenen trappen
Zehe ZN V → **Zeh**
Zehenknochen ZN M teenkootje
Zehenspitze ZN V (-/+n) punt van de teen • *sich auf die Zehenspitzen stellen* op zijn tenen gaan staan • *auf Zehenspitzen gehen* op z'n tenen lopen
zehn TELW tien
Zehn ZN V (-/+en) tien • *du musst die* ~ *nehmen* je moet tramlijn tien nemen
Zehner ZN M (+s/-) **1** INFORM. muntstuk van 10 pfennig/cent **2** briefje van 10 **3** tiental • *du musst den* ~ *nehmen* je moet lijn tien nemen
Zehnerkarte ZN V (-/+n) kaart voor tien ritten/voorstellingen enz.
Zehnerpackung ZN V (-/+en) pak(je) met 10 stuks
Zehneuroschein ZN M (+s/+e) bankbiljet van 10 euro
Zehnkampf ZN M decatlon
zehntausend TELW tienduizend • *die oberen Zehntausend* de 'upper ten'
zehnte TELW tiende → **vierte**
Zehntel ZN O (+s/-) tiende, tiende deel
zehntens BW ten tiende
zehren ONOV WW knagen, vreten, ondermijnen • *von etwas* ~ op iets teren • *sie zehrt von ihrem Vermögen* zij teert in op haar vermogen
Zeichen ZN O (+s/-) **1** teken • *im* ~ *einer Sache stehen* in het teken van iets staan • *als* ~ *der Dankbarkeit* als blijk van dankbaarheid **2** signaal • *ein* ~ *setzen* een signaal afgeven • *die* ~ *der Zeit erkennen* de tekenen van de tijd herkennen **3** kenmerk • *sie ist ihres Zeichens Friseurin* zij is kapster van beroep **4** symptoom • *ein* ~ *für Überbelastung* een symptoom/teken van overbelasting
Zeichensetzung ZN V (-/gmv) interpunctie
Zeichensprache ZN V (-/gmv) gebarentaal
Zeichenstift ZN M (+(e)s/+e) tekenstift, tekenpotlood
Zeichentrickfilm ZN M (+(e)s/+e) tekenfilm
Zeichenunterricht ZN M (+(e)s/+e) tekenonderwijs
zeichnen OV WW **1** tekenen • *im Zeichnen eine schlechte Note haben* voor tekenen een slecht cijfer hebben • *das Fell des Hundes ist schön gezeichnet* de hond heeft een mooi getekende vacht **2** merken • *er war von der Krankheit gezeichnet* de ziekte had haar sporen op hem achtergelaten • *seine Sorgen* ~ *ihn* zijn zorgen tekenen hem **3** beschrijven • *ein Bild der Situation* ~ de situatie beschrijven **4** ECON. intekenen **5** ondertekenen • *gezeichnet ...* ondertekend door
Zeichner ZN M (+s/-) **1** tekenaar • *technischer* ~ technisch tekenaar **2** ondertekenaar, intekenaar
zeichnerisch BN **1** met behulp van een tekening, grafisch **2** wat tekenen betreft, op tekengebied
Zeichnung ZN V (-/+en) **1** tekening **2** ECON. intekening **3** ondertekening
Zeigefinger ZN M (+s/-) wijsvinger • *der erhobene* ~ de belerende (onder)toon
zeigen OV + ONOV WW **1** tonen, aantonen • *sich* ~ zich (ver)tonen, blijken • *das zeigt, dass ...* dat toont aan dat ... • ~, *was man kann* tonen wat men kan **2** laten zien • *ich zeige dir mein Zimmer* ik laat je mijn kamer zien • *ihm werd' ich's aber* ~ ik zal hem krijgen • *sich kurz* ~ even zijn gezicht laten zien **3** aangeven • *das Thermometer zeigt 10 Grad* de thermometer geeft 10 graden aan **4** wijzen, aanwijzen • *man zeigt nicht mit dem Finger* het is niet netjes om te wijzen • *auf jemanden / etwas* ~ iets aanwijzen • *jemanden den Weg* ~ iemand de weg wijzen
Zeiger ZN M (+s/-) wijzer
Zeile ZN V (-/+n) **1** regel • *sie schrieb mir ein paar Zeilen* zij schreef me een kort briefje • *das steht in der dritten* ~ dat staat in de derde regel **2** rij
zeilenweise BW regel voor regel, per regel
Zeisig ZN M (+s/+e) sijsje • *ein lockerer* ~ een losbol
zeit BW tijdens • ~ *seines Lebens* bij / tijdens zijn leven
Zeit ZN V (-/+en) tijd • *auf* ~ tijdelijk • *im Laufe der* ~ in de loop van de tijd • *mit der* ~ mettertijd • *seit ewigen Zeiten* sinds eeuwen • *von* ~ *zu* ~ af en toe • *vor Zeiten* lang geleden • *zur* ~ ten tijde van • *zu einer unchristlichen* ~ op een onchristelijk uur • *zu* ~*er Zeit* tezijnertijd • *eine* ~ *lang* een bepaalde tijd • *sich* ~ *für jemanden / etwas nehmen* tijd voor iemand / iets uittrekken • *ach du liebe* ~ lieve hemel! • *es ist höchste* ~ het is kort dag • *in guten und in schlechten Zeiten* in voor- en tegenspoed • *Vertrag auf* ~ tijdelijk contract
Zeitabschnitt ZN M (+(e)s/+e) tijdvak, tijdperk
Zeitalter ZN O (+s/-) tijdperk, eeuw • *das Goldene* ~ de Gouden Eeuw • *das* ~ *der Aufklärung* de eeuw

van de verlichting
Zeitangabe ZN V (-/+n) tijdaanduiding, tijdopgave
Zeitarbeit ZN V uitzendwerk
Zeitaufwand ZN M (+(e)s/gmv) geïnvesteerde tijd
zeitaufwendig BN tijdrovend • *~ sein* veel tijd kosten
Zeitersparnis ZN V (-, +se/gmv) tijdbesparing
Zeitgeist ZN M (+(e)s/gmv) tijdgeest
zeitgemäß BN eigentijds, modern • *nicht mehr zeitgemäß* niet meer van deze tijd
Zeitgenosse ZN M (+n/+n) tijdgenoot
zeitgenössisch BN **1** uit dezelfde tijd **2** hedendaags, van deze tijd • *ein zeitgenössischer Künstler* een hedendaagse kunstenaar **3** van tijdgenoten
Zeitgeschichte ZN V (-/gmv) nieuwste geschiedenis
zeitig BN vroeg, tijdig
zeitlebens BW een heel leven lang, mijn/zijn enz. hele leven lang
zeitlich BN **1** vergankelijk, aards • *das Zeitliche segnen* het tijdelijke met het eeuwige verwisselen **2** wat de tijd betreft • *das schaffe ich zeitlich nicht* dat red ik qua tijd niet
zeitlos BN tijdloos, niet aan de tijd gebonden
Zeitlupe ZN V (-/gmv) slow motion • *in ~ zeigen* in slow motion laten zien
Zeitlupentempo ZN O (+s/gmv) slakkengang
Zeitplan ZN M (+(e)s/-pläne) tijdschema
Zeitpunkt ZN M (+(e)s/+e) tijdstip
Zeitraffer ZN M (+s/gmv) versnelde weergave • *im ~ zeigen* in versnelde weergave laten zien
Zeitraum ZN M (+(e)s/-räume) tijdsbestek, tijd, periode • *nach einem ~ von zwei Jahren* na een tijdsverloop van twee jaar • *über einen längeren ~* voor een vrij lange periode
Zeitschrift ZN V (-/+en) tijdschrift
Zeitspanne ZN V (-/+n) tijdsbestek
Zeitung ZN V (-/+en) krant
Zeitungsausschnitt ZN M (+(e)s/+e) krantenknipsel
Zeitungsleser ZN M (+s/-) krantenlezer
Zeitverlust ZN M (+(e)s/+e) tijdverlies
Zeitverschiebung ZN V tijdverschuiving
Zeitverschwendung ZN V (-/+en) tijdverspilling
Zeitvertreib ZN M (+(e)s/+e) tijdverdrijf
zeitweilig **1** BN tijdelijk **2** BW tijdelijk, van tijd tot tijd
zeitweise BW **1** tijdelijk **2** van tijd tot tijd
Zeitzeichen ZN O (+s/-) tijdsein
Zeitzünder ZN M (+s/-) tijdbuis, tijdontsteker
zelebrieren OV WW celebreren
Zelle ZN V (-/+n) cel • *die kleinen grauen Zellen* de kleine grijze cellen
Zellophan ZN O (+s/gmv) cellofaan
Zellteilung ZN V (-/+en) celdeling
Zelluloid ZN O (+(e)s/gmv) celluloid • *aus ~* van celluloid
Zellulose ZN V (-/gmv) cellulose
Zelt ZN O (+(e)s/+e) tent • *seine Zelte irgendwo aufschlagen* zijn tenten ergens opslaan • IRON. *seine Zelte abbrechen* ervandoor gaan • *das himmlische ~* het hemelgewelf
zelten ONOV WW kamperen
Zelter ZN M (+s/-) kampeerder
Zeltlager ZN O (+s/-) tentenkamp
Zement ZN M (+(e)s/+e) cement
zementieren OV WW **1** met cement vastmaken **2** MIN. blijvend, onwrikbaar maken
Zenit ZN M (+(e)s/+e) **1** zenit **2** hoogtepunt, toppunt
zensieren OV WW **1** een cijfer geven, beoordelen **2** censureren
Zensor ZN M (+s/+en) censor
Zensur ZN V (-/+en) **1** censuur • *eine ~ einführen* censuur instellen • *unter ~ stellen* onder censuur stellen **2** rapportcijfer
Zentaur ZN M (+en/+en) centaur
Zentimeter ZN M/O (+s/-) centimeter
Zentner ZN M (+s/-) 50 kilogram
zentnerschwer BN loodzwaar
zentral BN centraal
zentralbeheizt BN centraal verwarmd
Zentrale ZN V (-/+n) **1** centrale **2** centrum **3** hoofdkantoor **4** WISK. as
Zentraleinheit ZN V (-/+en) COMP. centrale verwerkingseenheid
Zentralheizung ZN V (-/+en) centrale verwarming
zentralisieren OV WW centraliseren
Zentralisierung ZN V (-/+en) centralisatie
Zentralismus ZN M (-/gmv) centralisme
zentrieren OV WW centreren
zentrifugal BN middelpuntvliedend, centrifugaal
Zentrifugalkraft ZN V (-/-kräfte) NATK. centrifugale kracht, middelpuntvliedende kracht
Zentrifuge ZN V (-/+n) centrifuge
zentripetal BN middelpuntzoekend, centripetaal
Zentrum ZN O (+s/-tren) centrum, middelpunt • *im ~ des Interesses stehen* in het middelpunt van de belangstelling staan
Zeppelin ZN M (+s/+e) zeppelin
Zepter ZN O (+s/-) scepter
zerbeißen OV WW sterk stukbijten
zerbersten ONOV WW sterk barsten
zerbeulen OV WW vol deuken maken
zerbrechen OV + ONOV WW sterk doorbreken, breken • *sich den Kopf ~* zijn hoofd breken
zerbrechlich BN breekbaar, broos
zerbröckeln OV + ONOV WW verbrokkelen, verkruimelen
zerdrücken OV WW platdrukken, in elkaar drukken, stuk drukken
Zeremonie ZN V (-/+n) ceremonie
Zeremoniell ZN O (+s/+e) ceremonieel
zerfahren **1** BN verward, gedachteloos,

verstrooid 2 ov ww sterk stukrijden <van straat enz.>

Zerfall 1 zn m (+(e)s/gmv) verval 2 zn m (+(e)s/-fälle) scheik. splijting, ontleding

zerfallen onov ww sterk 1 vervallen, uiteenvallen, vergaan • *mit sich und der Welt ~ sein* met alles en iedereen overhoop liggen 2 bestaan uit

Zerfallsprodukt zn o (+(e)s/+e) natk. splijtingsproduct

zerfasern ov + onov ww uit elkaar pluizen, uitrafelen

zerfetzen ov ww kapotscheuren, in flarden scheuren • *ein Buch ~* een boek afkraken • *sie zerfetzte ihm die Kleider* zij verscheurde zijn kleren

zerfleischen ov + onov ww verscheuren • *sich ~* zich kwellen

zerfließen onov ww 1 uiteenvloeien, vervloeien 2 smelten • *in Mitleid ~* wegsmelten in gevoelens van medelijden

zerfressen ov ww sterk aanvreten, stuk vreten

zerfurchen ov ww doorploegen, groeven • *ein zerfurchtes Gesicht* een gegroefd gezicht

zergehen onov ww sterk smelten, oplossen • *Butter ~ lassen* boter laten smelten

zergliedern ov ww ontleden

zerhacken ov ww stukhakken, fijnhakken, in stukken hakken

zerhauen ov ww sterk aan stukken slaan

zerkauen ov ww doorkauwen

zerkleinern ov ww kleinmaken, fijnmaken

zerklüftet bn gespleten

zerknautschen ov ww 1 verkreukelen 2 verfomfaaien

zerknirscht bn vol berouw

zerknittern ov ww verfrommelen, verkreukelen • *zerknittert sein* terneergeslagen zijn • *ein zerknittertes Gesicht* een gezicht vol rimpels

zerknüllen ov ww tot een prop maken, verfrommelen

zerkochen ov ww te lang laten koken, stukkoken • *das Gemüse ist völlig zerkocht* de groente is helemaal stukgekookt

zerkratzen ov ww krassen, openhalen

zerkrümeln ov ww verkruimelen

zerlassen ov ww sterk smelten • *die Butter in der Pfanne ~* de boter in de pan laten smelten

zerlegbar bn uit elkaar te nemen

zerlegen ov ww 1 uit elkaar halen, demonteren • *etwas in seine Einzelteile ~* iets helemaal uit elkaar halen 2 in stukken snijden 3 ontleden • *in Faktoren ~* in factoren ontbinden

zerlesen ov ww sterk stuklezen

zerlumpt bn 1 versleten 2 in lompen gekleed

zermahlen ov ww fijnmalen

zermalmen ov ww verbrijzelen, verpletteren

zermürben ov ww murw maken, afmatten

zerpflücken ov ww 1 uit elkaar plukken 2 fig. totaal afkraken

zerplatzen onov ww barsten, uit elkaar barsten, springen

zerquetschen ov ww platdrukken, in elkaar drukken

zerraufen ov ww uit elkaar trekken, in de war maken

Zerrbild zn o (+(e)s/+er) 1 vertekend beeld 2 karikatuur

zerreiben ov ww sterk 1 fijnmalen, kapotwrijven 2 verpletteren

zerreißen ov + onov ww sterk 1 scheuren, verscheuren • *es hat mich fast zerrissen* ik heb me doodgelachen • *sie hat sich für uns zerrissen* zij heeft zich voor ons afgebeuld • *ich kann mich doch nicht ~* ik heb ook maar twee handen • *sich zwischen Familie und Beruf ~* verscheurd worden tussen familie en beroep • *innerlich zerrissen sein* innerlijk verscheurd zijn 2 splijten, doorklieven

Zerreißprobe zn v (-/+en) 1 techn. trekproef 2 fig. zware belasting, beproeving

zerren onov ww rukken, trekken, sleuren, verrekken • *jemanden in den Schmutz ~* iemand door het slijk halen

zerrinnen onov ww sterk wegvloeien, wegsmelten, vervliegen, verdwijnen ▸ *wie gewonnen, so zerronnen* zo gewonnen, zo geronnen

zerrissen bn aan stukken gescheurd

Zerrissenheit zn v (-/+en) verdeeldheid, tweespalt

Zerrung zn v (-/+en) verrekking

zerrütten ov ww in de war brengen, ondermijnen, ontwrichten • *die Ehe ist zerrüttet* het huwelijk is ontwricht • *seelisch zerrüttet* geestelijk ontwricht

Zerrüttung zn v (-/+en) ontwrichting, ondermijning, ontreddering

zersägen ov ww in stukken zagen

zerschellen onov ww te pletter slaan • *das Schiff zerschellte an den Klippen* het schip werd op de klippen verpletterd

zerschießen ov ww sterk kapotschieten

zerschlagen 1 bn • *ich fühle mich wie ~* ik ben geradbraakt 2 ov ww sterk kapot slaan • fig. *das hat sich ~* dat gaat niet door

Zerschlagenheit zn v (-/gmv) uitputting, vermoeidheid

Zerschlagung zn v (-/+en) uitschakeling, vernietiging

zerschmelzen onov ww sterk wegsmelten

zerschmettern ov ww verpletteren, verbrijzelen

zerschneiden ov ww sterk doorsnijden, stuksnijden

zersetzen ov ww 1 ontleden, ontbinden 2 fig. ondermijnen, aantasten

Zersetzung zn v (-/+en) 1 ontleding, ontbinding 2 fig. ontwrichting

zerspalten ov + onov ww splijten • *sich ~* zich splijten

zersplittern ov + onov ww versplinteren • *sie zersplittert sich zu sehr* ze wil te veel dingen tegelijk doen

zersprengen ov ww **1 opblazen, uit elkaar doen springen 2 uit elkaar drijven, uiteenslaan**
zerspringen onov ww sterk **springen, barsten**
zerstampfen ov ww **fijnstampen, stuk stampen**
zerstäuben ov ww **verstuiven, sproeien**
Zerstäuber zn m (+s/-) **verstuiver**
zerstieben onov ww sterk **1 uiteenstuiven, uiteen gedreven worden 2 verdwijnen**
zerstören ov ww **vernielen, verwoesten, te gronde richten** • *den Handel ~* de handel nekken
Zerstörer zn m (+s/-) **1** mil. **torpedojager 2 verwoester, vernieler**
zerstörerisch bn **destructief, vernietigend**
Zerstörung zn v (-/+en) **verwoesting, vernieling**
zerstoßen ov ww sterk **fijnstampen**
zerstreiten wkd ww (**sich ~**) sterk **ruzie krijgen, onenigheid krijgen** • *zerstritten sein* ruzie met elkaar hebben
zerstreuen ov + onov ww **verstrooien, verspreiden** • *zerstreutes Licht* diffuus licht • *die Menge zerstreute sich* de menigte verspreidde zich
zerstreut bn **verstrooid**
Zerstreutheit zn v (-/gmv) **verstrooidheid**
Zerstreuung zn v (-/+en) **verstrooiing** • *~ suchen* zijn zinnen verzetten
zerstückeln ov ww **in kleine stukjes verdelen**
zerteilen ov ww **verdelen, in stukken delen**
Zertifikat zn o (+(e)s/+e) **certificaat**
zertifiziert bn **gecertificeerd**
zertrampeln ov ww **plattrappen, kapot trappen**
zertrennen ov ww **lostrekken, scheiden**
zertreten ov ww sterk **vertrappen, plattrappen** • *etwas ~* iets kapot trappen
Zertrümmerer zn m **vergruizer**
zertrümmern ov ww **stukslaan, vernielen**
Zertrümmerung zn v (-/+en) **vernieling, vernietiging**
Zervelatwurst zn v (-/-würste) **cervelaatworst**
zerwühlen ov ww **omwoelen** • *zerwühltes Haar* haar dat door de war zit
Zerwürfnis zn o (+ses/+se) **tweedracht, onenigheid, ruzie**
zerzausen ov ww **in de war brengen, verwarren**
Zeter zn m • *~ und Mordio schreien* moord en brand schreeuwen
zetern onov ww **tieren, schelden, luid jammeren**
Zettel zn m (+s/-) **papiertje, briefje**
Zeug zn o (+(e)s/gmv) **1 spul, rommel** • *billiges ~* goedkope rommel • *das ganze ~* de hele handel • *räum dein ~ auf!* ruim je spullen op! • *das ~ schmeckt gar nicht schlecht* dat spul smaakt helemaal niet slecht **2 onzin, kletskoek** • *dummes ~ reden / schwatzen* onzin praten ▸ *jemandem etwas am ~ flicken* iemand in een kwaad daglicht stellen ▸ *das ~ zu einer Sache haben* de capaciteiten/aanleg voor iets hebben ▸ *was das ~ hält* zo hard mogelijk ▸ *sich ins ~ legen* zijn uiterste best doen
Zeuge zn m (+n/+n) **getuige** • *~ bei der Unterzeichnung einer notariellen Urkunde sein* getuige zijn bij het passeren van een notariële akte • *~ eines Überfalls sein* getuige zijn van een overval • *als Zeuge/Zeugin erscheinen* als getuige voorkomen • *jemanden als Zeugen/Zeugin laden* iemand tot getuige roepen • *stiller ~* stille getuige
zeugen 1 ov ww **verwekken** • *das zeugt nur Unheil* daar komt alleen maar ellende van **2** onov ww **getuigen** • *für / gegen jemanden ~* voor / tegen iemand getuigen • *das zeugt von wenig Geschmack* dat getuigt van weinig smaak • *es zeugt von großem Mut* het getuigt van grote moed
Zeugenaussage zn v (-/+n) **getuigenverklaring** • *jemandem eine ~ abnehmen* iemand een getuigenis afnemen
Zeugenstand zn m (+(e)s/gmv) **getuigenbank**
Zeugenvernehmung zn v (-/+en) **getuigenverhoor**
Zeugin zn v (-/+nen) **(vrouwelijke) getuige**
Zeugnis zn o (+ses/+se) **1 rapport** • *heute gibt es Zeugnisse* vandaag worden de rapporten verdeeld • *ein gutes / schlechtes ~* een goed / slecht rapport • *eine Fünf im ~ haben* een onvoldoende op zijn rapport hebben **2 getuigschrift, diploma** • *ärztliches ~* doktersverklaring • *Kopien von Zeugnissen* kopieën van diploma's • *ein ~ ausstellen* een getuigschrift afgeven • *gute Zeugnisse haben* goede referenties hebben **3 getuigenis** • *von etwas ~ ablegen/geben* een getuigenverklaring van iets afleggen
Zeugung zn v (-/+en) **verwekking, voortbrenging**
Zeugungsakt zn m (+es/+e) **geslachtsdaad**
z.H., z. Hd. afk zu Händen **ter attentie van**
Zichorie zn v (-/+n) **cichorei**
Zicke zn v (-/+n) **trut**
zicken onov ww inform. **moeilijk doen, truttig zijn** <van meisje>
Zickenkrieg zn m inform. **vete tussen vrouwen, bitch fight**
zickig bn **1 truttig, preuts 2 wispelturig**
Zicklein zn o dierk. **geitje**
zickzack bw **zigzag**
Zickzack zn m (+(e)s/+e) **zigzag**
Ziege zn v (-/+n) **1 geit 2 trut** • *blöde Ziege!* stomme trut!
Ziegel zn m (+s/-) **1 baksteen 2 dakpan**
Ziegelei zn v (-/+en) **steenfabriek**
Ziegelstein zn m (+(e)s/+e) **baksteen**
Ziegenmilch zn v **geitenmelk**
Ziegenpeter zn m (+s/-) med. **bof**
ziehen 1 ov + onov ww sterk **1 trekken** • *tausend Gedanken zogen durch ihren Kopf* er gingen wel duizend gedachtes door haar hoofd heen • *die Straße zieht sich bis zum Fluss* de straat loopt tot aan de rivier • *die Stirn in Falten ~* het voorhoofd fronsen • *das Holz zieht sich* het hout trekt krom • *Zigaretten ~* sigaretten trekken • *Perlen auf einen Faden ~* kralen aan een draad rijgen • *das zieht bei*

mir nicht daarmee ben je bij mij aan het verkeerde adres • *er zieht nicht* hij wil niet echt • *die Fäden ~* FIG. aan de touwtjes trekken, MED. de hechtingen verwijderen • *den Hut ~* zijn hoed afnemen • *sich in die Länge ~* langdradig zijn • *etwas an sich ~* iets naar zich toe trekken • *den Tee ~ lassen* de thee laten trekken **2** wegtrekken • *jemanden ~ lassen* iemand laten weggaan • *in eine kleinere Wohnung ~* kleiner gaan wonen **3** kweken, telen • *Tomaten ~* tomaten telen **4** zetten <bij bordspel> **2** ONP WW • *es zieht* het tocht

Ziehharmonika ZN V (-/+s, -harmoniken) trekharmonica

Ziehung ZN V (-/+en) trekking

Ziel ZN O (+(e)s/+e) **1** doel, bestemming • *weit übers ~ hinausschießen* zijn doel ver voorbijschieten • *hohe Ziele haben* hoog mikken • *ein ~ im Auge haben* een doel beogen/najagen • *sich etwas zum ~ setzen* zich iets ten doel stellen • *ein ~ verfolgen* een doel najagen **2** doelwit • *als Erste(r) ins ~ gehen* als eerste over de eindstreep gaan • *durchs ~ gehen* door de finish gaan **3** ECON. betalingstermijn

zielbewusst BN doelbewust

zielen ONOV WW **1** beogen, (be)doelen **2** richten, mikken • *~ auf* mikken op

Zielgerade ZN V (-/+n) SPORT laatste rechte stuk <van ren-/atletiekbaan> • FIG. *auf der Zielgeraden sein* iets bijna afhebben

zielgerichtet BN doelgericht

Zielgruppe ZN V (-/+n) doelgroep

Ziellinie ZN V eindstreep • *die ~ erreichen* de eindstreep halen

ziellos BN doelloos

Zielrichter ZN M (+s/-) SPORT jurylid aan de finish

Zielsetzung ZN V (-/+en) doelstelling

zielsicher BN **1** doelbewust **2** trefzeker

zielstrebig BN doelbewust, vastberaden

ziemen WKD WW (**sich ~**) betamen, passen • *es ziemt sich nicht ...* het is niet gepast ...

ziemlich **1** BW **1** tamelijk **2** ongeveer, bijna **2** BN **1** flink, behoorlijk • *er ist ~ nett* hij is best aardig • *es ist ~ gutes Wetter* het is redelijk goed weer • *~ gut Englisch sprechen* een aardig mondje Engels spreken **2** betamelijk

Zier ZN V (-/gmv) OUD. → **Zierde**

Zierde ZN V (-/+n) versiering, sieraad

zieren OV + ONOV WW sieren, versieren • *geziert* gekunsteld • *sich ~* zich aanstellen, aarzelen • *es ziert dich, dass ...* het is goed van jou dat ...

Ziererei ZN V (-/+en) aanstellerij

zierlich BN sierlijk, gracieus

Zierlichkeit ZN V (-/+en) sierlijkheid, bevalligheid

Zierpflanze ZN V (-/+n) sierplant

Zierrat ZN M (+(e)s/+e) sieraad, versiering

Ziffer ZN V (-/+n) **1** cijfer **2** nummer

Zifferblatt ZN O (+(e)s/-blätter) wijzerplaat

zig TELW tig

Zigarette ZN V (-/+n) sigaret • *eine ~ drehen* een sjekkie draaien

Zigarettenschachtel ZN V (-/+n) pakje sigaretten

Zigarre ZN V (-/+n) sigaar

Zigarrenkiste ZN V (-/+n) sigarendoos

Zigeuner ZN M (+s/-) **1** zigeuner **2** MIN. haveloos persoon

zigeunerhaft BN MIN. zigeunerachtig

zigfach BN veelvoudig

zigmal BW tig maal, vele malen

Zikade ZN V (-/+n) cicade

Zika-Fieber ZN O (-s/gmv) zikakoorts

Zikavirus ZN O (-/-viren) zikavirus

Zimbel ZN V (-/+n) cimbaal

Zimmer ZN O (+s/-) kamer, vertrek • *~ frei* kamer vrij • *ein ~ haben* BELG. op kot wonen

Zimmerei ZN V (-/+en) **1** timmermanswerkplaats **2** timmermansvak

Zimmerer ZN M (+s/-) timmerman

Zimmerlautstärke ZN V (-/+n) kamersterkte <van radio/tv>

Zimmermädchen ZN O (+s/-) kamermeisje

Zimmermann ZN M (+(e)s/-leute) timmerman

zimmern OV + ONOV WW **1** timmeren **2** FIG. opbouwen • *an seiner Karriere ~* aan zijn carrière werken

Zimmerpflanze ZN V (-/+n) kamerplant

Zimmerwirtin ZN V hospita

zimperlich BN aanstellerig, preuts • *sich ~ benehmen* nuffig doen • *sei nicht so ~!* stel je niet aan!

Zimt ZN M (+es/gmv) **1** kaneel **2** INFORM. rommel

Zimtstange ZN V (-/+n) kaneelstokje

Zink ZN O (+(e)s/gmv) zink

Zinke ZN V (-/+n) **1** tand, punt **2** zwaluwstaart <houtverbinding>

Zinn ZN O (+(e)s/gmv) **1** tin **2** tinnen voorwerp

Zinne ZN V (-/+n) tinne, kanteel

Zinnober **1** ZN M (+s/gmv) **1** vermiljoen **2** INFORM. rommel **3** INFORM. drukte, gedoe • *der ganze ~ um seine Person* het hele gedoe rondom zijn persoon **4** flauwekul **2** ZN O (+s/gmv) OOST. geelachtig rood

Zins **1** ZN M (+es/+en) rente • *Zinsen bezahlen* rente betalen • *4% Zinsen* 4% rente • *sie wird es ihm mit ~ und Zinseszins zurückzahlen* zij zal het hem dubbel en dwars betaald zetten • *laufenden Zinsen* lopende rente • *zu 8% Zinsen* tegen 8% rente **2** ZN M (+es/gmv) pacht, huur

Zinseszins ZN M (+es/+en) rente op rente, samengestelde interest

zinsfrei BN renteloos • *ein ~es Darlehen* een renteloze lening

Zinsfuß ZN M (+es/-füße) rentevoet

zinsgünstig BN tegen gunstige rente

zinslos BN renteloos • *ein ~es Darlehen* een renteloze lening

Zinssatz ZN M (+(e)s/-sätze) rentevoet

Zinssteigung ZN V (-/+en) rentestijging

Zionismus ZN M (-/gmv) zionisme

Zionist ZN M (+en/+en) zionist

Zionistin ZN V (-/+nen) zioniste

zionistisch BN zionistisch
Zipfel ZN M (+s/-) punt, tip, slip • *das ist erst ein kleiner ~ der Wahrheit* dat is maar een klein deel van de waarheid • *etwas am rechten ~ anpacken* iets op de juiste manier aanpakken • *eine Sache an allen vier Zipfeln haben* zeker van iets zijn • *den ~ des Schleiers lüften* een tipje van de sluier oplichten
Zipfelmütze ZN V (-/+n) puntmuts
Zipperlein ZN O (+s/gmv) kwaaltje
zirka BW circa, ongeveer
Zirkel ZN M (+s/-) **1** passer • *Schenkel eines Zirkels* been van een passer **2** cirkel **3** kring, club **4** monogram
zirkeln **1** OV WW **1** precies afmeten • *ein gezirkelter Garten* een precies afgemeten tuin **2** INFORM. deponeren **2** ONOV WW **1** cirkelen **2** passen en meten
Zirkelschluss ZN M (+es/-schlüsse) cirkelredenering, vicieuze cirkel
Zirkon ZN M (+s/+e) zirkoon
Zirkular ZN O (+(e)s/+e) circulaire
Zirkulation ZN V (-/+en) circulatie
zirkulieren ONOV WW circuleren
Zirkus ZN M (-/+se) **1** circus **2** FIG. gedoe • *mach nicht so einen Zirkus!* stel je niet zo aan! • *der ganze ~ hier* dat hele gedoe hier • *so ein Zirkus!* wat een circus!
zirpen ONOV WW sjirpen
Zirrhose ZN V (-/+n) MED. cirrose
zischeln ONOV WW sissen, fluisteren
zischen OV + ONOV WW sissen • INFORM. *ein Bier ~* een biertje drinken
Zischlaut ZN M (+(e)s/+e) sisklank
Zitadelle ZN V (-/+n) citadel
Zitat ZN O (+(e)s/+e) citaat
Zither ZN V (-/+n) citer
zitieren **1** OV WW citeren **2** ONOV WW oproepen, ontbieden • *jemanden vor Gericht ~* iemand voor een zitting oproepen • *jemanden aufs Rathaus ~* iemand op het stadhuis ontbieden • *jemanden (herbei)~* iemand op het matje roepen
Zitrone ZN V (-/+n) citroen
Zitronenpresse ZN V (-/+n) citruspers
Zitteraal ZN M (+(e)s/+e) sidderaal
zittern ONOV WW trillen, sidderen, beven • *mit Zittern und Zagen* met angst en beven • *für jemanden ~* over iemand inzitten • *~ vor Kälte* bibberen van de kou
zittrig BN trillend, beverig
Zitze ZN V (-/+n) speen, tepel <van dier>
Zivi AFK Zivildienstleistende iemand die vervangende dienstplicht doet
zivil BN **1** civiel, burgerlijk • *~e Ziele* civiele doeleinden • *in Zivil* in civiel **2** redelijk, matig • *~e Preise* redelijke prijzen
Zivil ZN O (-/gmv) burgerkleding • *in ~* in burger
Zivilberuf ZN M (+(e)s/+e) civiel beroep
Zivilbevölkerung ZN V (-/+en) burgerbevolking
Zivilcourage ZN V (-/gmv) moed om in te staan voor het algemeen belang • *~ zeigen/beweisen* de moed hebben om voor iets in te staan
Zivildienst ZN M (+(e)s/gmv) vervangende dienstplicht
Zivildienstleistende ZN M/V (+n/+n) iemand die vervangende dienstplicht vervult
Zivilgericht ZN O (+(e)s/+e) civiele rechtbank
Zivilisation ZN V (-/+en) civilisatie
Zivilisationskrankheit ZN V welvaartsziekte
zivilisatorisch BN beschavend
zivilisieren OV WW civiliseren
zivilisiert BN beschaafd • *wir sind doch ~e Menschen!* wij zijn toch beschaafde mensen! • *eine ~e Gesellschaft* een beschaafde maatschappij
Zivilist ZN M (+en/+en) burger
Zivilkleidung ZN V (-/gmv) burgerkleding
Zivilluftfahrt ZN V (-/gmv) burgerluchtvaart
Zivilprozess ZN M JUR. civiel proces, civiele procedure • *einen ~ beginnen* zich (burgerlijk) partij stellen
Zivilrecht ZN O (+(e)s/gmv) burgerlijk recht, privaatrecht
Zivilschutz ZN M (+es/gmv) **1** bescherming van de bevolking **2** burgerorganisatie in rampgevallen
Zobel ZN M (+s/-) **1** sabeldier **2** sabelbont
zocken WW **1** gokken **2** computerspelletje spelen
Zoff ZN M (+s/gmv) **1** INFORM. ruzie, mot **2** JEUGDT. fittie
zog OV + ONOV WW verl. tijd → **ziehen**
zögerlich BN aarzelend, voorzichtig
zögern ONOV WW aarzelen, treuzelen
Zögling ZN M (+(e)s/+e) **1** pupil **2** leerling
Zölibat ZN M/O (+(e)s/+e) cellbaat
zölibatär BN celibatair
Zoll **1** ZN M (+(e)s/Zölle) **1** tol, invoerrecht **2** inch • *~ für ~* tot op het bot • *ein 16-Zoll-Rad* een fiets van 16 inch **2** ZN M (+(e)s/gmv) douane(dienst)
Zollabfertigung ZN V (-/+en) inklaring
Zollabkommen ZN O (+s/-) douaneovereenkomst
Zollamt ZN O (+(e)s/-ämter) douanekantoor
Zollbeamte ZN M (+n/+n) douaneambtenaar
Zollbeamtin ZN V (vrouwelijke) douaneambtenaar
zollen ONOV WW tonen, betuigen, schenken • *jemandem Respekt ~* respect voor iemand hebben
zollfrei BN tolvrij, vrij van invoerrechten
Zöllner ZN M (+s/-) **1** douanebeambte **2** tollenaar
zollpflichtig BN tolplichtig, aan invoerrechten onderhevig
Zollschranke ZN V (-/+n) douanebarrière, tolmuur
Zollunion ZN V (-/+en) douane-unie
Zombie ZN M (-, +s/+s) zombie
Zone ZN V (-/+n) **1** zone • GESCH. *die amerikanische ~* de Amerikaanse bezettingszone **2** GESCH., INFORM. DDR • *aus der ~* uit de DDR
Zoo ZN M (+s/+s) dierentuin
Zoologe ZN M (+n/+n) zoöloog

zi

zoologisch BN zoölogisch • *der ~e Garten* de dierentuin
Zoom ZN O (+s/+s) A-V zoom(lens)
Zoomobjektiv ZN O (+s/+e) A-V zoom(lens), zoomobjectief
Zopf ZN M (+(e)s/Zöpfe) **1** vlecht, staart <haar> • *ein alter ~* een achterhaalde zaak **2** gevlochten brood(je)
Zorn ZN M (+(e)s/gmv) toorn, woede • *vor ~ glühen* gloeien van drift • *~ ergriff/erfasste sie* zij ontstak in woede • *in ~ geraten* in toorn ontsteken
zornentbrannt BN in toorn ontstoken
zornig BN toornig, woedend
Zote ZN V vieze mop, schuine bak
zottelig BN ruig, verward
zotteln ONOV WW slenteren, sjokken
zottig BN ruig, ruigharig
ZPO AFK Zivilprozessordnung wetboek van strafvordering
z.T. AFK zum Teil ten dele, voor een deel
zu **1** BW **1** te • *~ groß* te groot • *das ist ja ~ schön!* dat is geweldig! **2** toe • *ab und ~* af en toe • *immer zu!/nur zu!* toe maar! **3** dicht • *das Fenster ist ~* het raam is dicht **2** VZ +3 **1** naar • *sie ging zum Arzt* ze ging naar de dokter • *wir fahren zum Bahnhof* wij gaan naar het station • *zur Schule gehen* naar school gaan • *~ Bett gehen* naar bed gaan **2** bij • *zum Essen gab es Wein* bij het eten was er wijn • *die rosa Hose passt nicht ~ dem roten Pullover* de roze broek past niet bij de rode trui • *sie kam ~ mir* ze kwam bij mij **3** te • *~ Hause* thuis • *~ Berlin* te Berlijn • *zur Zeit* +2 ten tijde van • *zur See* ter zee • *~ Fuß* te voet • *~ viel* te veel • *zum Teil* ten dele • *etwas zum Essen* iets om te eten **4** tot • *~ meinem Bedauern* tot mijn spijt **5** met • *~ Weihnachten* met Kerstmis • *~ meinem Geburtstag* met mijn verjaardag • *~ Hunderten/zu hunderten* met honderden • *~ zweit* met z'n tweeën **6** van • *zehn Briefmarken ~ einem Euro* tien postzegels van een euro • *zur Tür hinaus* de deur uit • *zum Glück* gelukkig • *was gibt es ~ essen?* wat eten we? • *~ Boden stürzen* op de grond vallen • *~ Eis werden* ijs worden • *zur Last werden* een last worden • *das Spiel endete 1 ~ 0* het spel eindigde met 1-0 • *~ Anfang* in het begin • *~ beiden Seiten* aan beide kanten **3** VOEGW te
zuallererst BW het allereerst
zuarbeiten ONOV WW +3, bij het werk helpen
zubauen OV WW dichtbouwen • *die freistehende Villa ist jetzt ganz zugebaut* die alleenstaande villa is nu helemaal ingebouwd
Zubehör ZN M/O (+(e)s/+e) toebehoren, onderdelen, accessoires
zubeißen ONOV WW sterk (toe)bijten • *kräftig ~* een grote hap nemen
zubereiten OV WW (toe)bereiden
Zubereitung ZN V (-/+en) bereiding
zubilligen ONOV WW toestaan, toekennen
zubinden OV WW sterk vastbinden, dichtbinden
zublinzeln ONOV WW knipoogjes geven • *jemandem ~* iemand knipoogjes geven
zubringen ONOV WW onregelmatig doorbrengen
Zubringer ZN M (+s/-) **1** toegangsweg **2** vervoermiddel voor pendeldienst, transportmiddel voor aanvoer
Zubrot ZN O (+(e)s/gmv) bijverdienste • *sich ein ~ verdienen* iets bijverdienen
Zucchini ZN MV courgette
Zucht ZN V (-/+en) **1** teelt **2** het telen, het kweken, het fokken • *ein Hund aus einer berühmten ~* een hond van een bekende fokker **3** discipline, tucht • *hier herrscht noch ~ und Ordnung* hier heerst nog tucht en orde
Zuchtbulle ZN M (+n/+n) fokstier
züchten OV WW kweken, telen, fokken
Züchter ZN M (+s/-) fokker, kweker, teler
Zuchthaus ZN O (+(e)s/-häuser) tuchthuis
züchtig BN zedig
züchtigen OV WW tuchtigen • *wer seinen Sohn liebt, züchtigt ihn* wie zijn kind liefheeft, kastijdt het
Züchtigkeit ZN V (-/gmv) zedigheid
Züchtigung ZN V (-/+en) tuchtiging
Züchtung ZN V (-/+en) **1** teelt **2** het telen, het fokken, het kweken
zuckeln ONOV WW sjokken
zucken ONOV WW **1** trillen, trekken, stuiptrekken • *es zuckte ihr in den Händen/Fingern* haar handen/vingers jeukten • *mit den Wimpern ~* met zijn oogleden knipperen • *die Achseln ~* zijn schouders ophalen **2** flakkeren **3** flitsen • *~der Blitz* felle bliksemschicht
zücken OV WW IRON. tevoorschijn halen, tevoorschijn trekken
Zucker ZN M (+s/-) **1** suiker • INFORM. *jemandem ~ in den Hintern blasen* iemands hielen likken • INFORM. *das ist Zucker!* dat is prima! **2** INFORM. suikerziekte • *~ haben* suikerziekte hebben **3** MED. bloedsuiker
Zuckerbrot ZN O (+(e)s/+e) **1** suikerbrood • *mit ~ und Peitsche* ≈ naar willekeur streng of vriendelijk **2** met suiker bestrooide boterham
Zuckerfest ZN O Suikerfeest
Zuckerguss ZN M (+es/-güsse) suikerglazuur
zuckerig, **zuckrig** BN **1** suikerzoet, vol suiker **2** van suiker
zuckerkrank BN suikerziek
Zuckerkrankheit ZN V (-/gmv) suikerziekte
Zuckerl ZN O (+s/-, +n) **1** snoepje **2** FIG. neusje van de zalm
zuckern OV WW suikeren
Zuckerrohr ZN O (+(e)s/gmv) suikerriet
Zuckerrübe ZN V (-/+n) suikerbiet
zuckersüß BN suikerzoet
Zuckung ZN V (-/+en) (stuip)trekking, trekje
zudecken OV WW **1** toedekken, afdekken, bedekken • *ein Baby ~* een baby instoppen **2** bestoken
zudem BW bovendien
zudrehen **1** OV WW dichtdraaien • *jemandem den Geldhahn ~* iemand geen geld / geen subsidie meer geven **2** ONOV WW toedraaien
zudringlich BN opdringerig • *~ werden* handtastelijk worden

zudrücken OV + ONOV WW **toedrukken, dichtdrukken**
zueignen 1 ONOV WW **opdragen** 2 WKD WW **(sich ~) zich toe-eigenen**
Zueignung ZN V (-/+en) **1 toe-eigening 2 dedicatie, toewijding**
zueinander BW **bij elkaar**
zueinanderpassen ONOV WW **bij elkaar passen**
zuerkennen ONOV WW onregelmatig **toekennen**
zuerst BW **1 eerst, aanvankelijk 2 in de eerste plaats** ▸ *wer ~ kommt, mahlt ~* wie het eerst komt, het eerst maalt
zufahren ONOV WW sterk **1 doorrijden** • *fahr zu!* rij door!, rijden maar! **2 toerijden op** • *auf jemanden ~* op iemand aanrijden **3 toevliegen op**
Zufahrt ZN V (-/+en) **inrit, oprit**
Zufahrtsstraße ZN V (-/+n) **toegangsweg**
Zufall ZN M (+(e)s/-fälle) **toeval** • *per ~* bij geval • *der ~ wollte, dass ...* het geval wil dat... • *so ein Zufall!* dat is ook toevallig! • *reiner ~* puur toeval • *etwas dem ~ überlassen* iets aan het toeval overlaten • *durch ~* toevallig
zufallen ONOV WW sterk **1 dichtvallen** • *die Tür fällt zu* de deur valt dicht **2 ten deel vallen** • *dieser Besitz wird mir ~* die bezitting zal aan mij vervallen
zufällig BN **toevallig** • *rein ~ sein* op toeval berusten • *rein ~ habe ich das Buch gerade gelesen* het toeval wil dat ik dat boek net gelezen heb
zufälligerweise BW **bij toeval**
Zufälligkeit ZN V (-/+en) **toevalligheid**
zufassen ONOV WW **toetasten**
zufliegen ONOV WW sterk **1 dichtvallen 2 toevliegen, aanwaaien** • *ihr fliegt alles zu* haar komt alles aangewaaid
zufließen ONOV WW sterk **toevloeien, toestromen**
Zuflucht ZN V (-/+en) **toevlucht**
Zufluchtsort ZN M (+(e)s/+e) **toevluchtsoord**
Zufluss ZN M (+es/-flüsse) **1 toevoer 2 watertoevoer, zijrivier**
zuflüstern ONOV WW **toefluisteren**
zufolge VZ +3 **1 volgens** • *dem Zeugen ~* volgens de getuige **2 op grond van** • *einer Vereinbarung ~* op grond van een overeenkomst
zufrieden BN **tevreden** • *~ stellend* bevredigend • *mit etwas ~ sein* tevreden zijn over iets, content met iets zijn
zufriedengeben WKD WW **(sich ~)** sterk **genoegen nemen**
Zufriedenheit ZN V (-/gmv) **tevredenheid** • *nach ~* naar genoegen • *zu jedermanns ~* naar ieders genoegen • *zur ~* tot genoegen van
zufriedenstellen OV WW **bevredigen** • *diese Antwort stellte ihn nicht zufrieden* dit antwoord kon hem niet bevredigen
zufriedenstellend BN **bevredigend**
zufrieren ONOV WW sterk **dichtvriezen**
zufügen OV WW **1 erbij doen 2 toevoegen, berokkenen, aandoen** • *er hat ihr nichts zugefügt* hij heeft haar niets aangedaan • *jemandem Schaden ~* iemand schade berokkenen

Zufuhr ZN V (-/+en) **aanvoer**
zuführen ONOV WW **1 toevoeren 2 brengen 3 leiden/voeren naar**
Zuführung ZN V (-/+en) **1 toevoer 2 toevoerleiding**
Zug 1 ZN M (+(e)s/Züge) **1 trein** • FIG. *der ~ ist abgefahren* er valt niets meer aan te doen • FIG. *im falschen ~ sitzen* de verkeerde keuze gemaakt hebben **2 optocht, stoet, colonne 3 teug** • *im Zuge der Verhandlungen* in het kader van de onderhandelingen • INFORM. *darin ist ~* daar zit vaart in • INFORM. *da ist kein ~ drin* er zit geen schot in • *in einem Zug(e)* in één ruk/teug • INFORM. *in den letzten Zügen liegen* op sterven liggen • *gut im Zuge mit etwas sein* goed op dreef zijn met iets • *in großen/groben Zügen* in grote lijnen • *in/mit vollen Zügen* met volle teugen • *zum Zug(e) kommen* aan zijn trekken komen **4 zet** <bij bordspel> • FIG. *Zug um ~* zonder aarzelen • FIG. *nicht zum Zuge kommen* zijn ei niet kwijt kunnen **5 zwerm, trek** <van vogels> • *ein ~ Heringe* een school haringen **6 gezichtstrekken 7 trek, haal** <roken> • *das ist ein unangenehmer ~ von ihm* dat is een naar trekje van hem 2 ZN M (+(e)s/gmv) **tocht** <luchtstroom> • *im ~ sitzen* in de tocht zitten
Zugabe ZN V (-/+n) **1 toegift** • *~ rufen* bis roepen • *als ~ spielen* als toegift spelen **2 toevoeging**
Zugang ZN M (+(e)s/-gänge) **1 ingang, toegang** • *~ verboten* verboden toegang **2 nieuwe aanwinst 3 toename**
zugänglich BN **toegankelijk** • *das Gelände war schwer ~* het terrein was moeilijk toegankelijk • *~ für neue Ideen* toegankelijk voor nieuwe ideeën
Zugänglichkeit ZN V (-/+en) **toegankelijkheid**
Zugbrücke ZN V (-/+n) **ophaalbrug**
zugeben OV WW sterk **1 toegeven** • *zugegeben,... aber* toegegeven, ...maar • *voll und ganz ~, dass ...* er rond voor uitkomen dat... **2 erbij doen**
zugegen BW **aanwezig**
zugehen 1 ONOV WW sterk **1 toegaan** • *auf jemanden ~* op iemand afgaan, op iemand afstappen **2 toelopen 3 doorlopen, voortmaken 4 toegestuurd worden** • *die Information geht Ihnen heute noch zu* de informatie wordt vandaag nog aan u opgestuurd • *ich werde Ihnen die Unterlagen ~ lassen* ik zal de stukken opsturen 2 ONP WW sterk **(eraan) toegaan, gebeuren, lopen** • *hier geht es ja zu wie im Irrenhaus* het is hier net een gekkenhuis
zugehören ONOV WW **toebehoren**
zugehörig BN **bijbehorend** • *hier fühlt sie sich ~* hier voelt ze zich thuis
Zugehörigkeit ZN V (-/+en) **lidmaatschap, verbondenheid**
Zügel ZN M (+s/-) **teugel** • FIG. *die ~ schleifen lassen* iemand teveel ruimte laten • FIG. *jemanden/etwas am langen ~ führen* iemand/iets genoeg ruimte laten • FIG. *die ~ straffen* de teugels aanhalen • FIG. *die ~ fest in der Hand haben* de teugels in handen hebben • FIG. *die ~ lockern* de teugels vieren
zügellos BN **teugelloos, ongeremd, onbeheerst**

• *ein zügelloses Publikum* een uitzinnig publiek

zügeln OV + ONOV WW **1** tomen **2** beteugelen

Zügelung ZN V (-/+en) beteugeling

Zugereiste ZN M/V (+n/+n) iemand die elders vandaan komt

zugesellen WKD WW (**sich ~**) aansluiten, vergezellen, voegen bij

zugestandenermaßen BW ongetwijfeld, zoals toegegeven wordt

Zugeständnis ZN O (+ses/+se) concessie • *Zugeständnisse machen* concessies maken

zugestehen ONOV WW sterk **1** toekennen, verlenen **2** erkennen, toegeven • *man muss ihm ~, dass er ...* men moet hem nageven dat hij...

zugetan BN FORM. genegen, toegedaan • *jemandem ~ sein* iemand genegen zijn

Zugfahrt ZN V (-/+en) treinreis

Zugführer ZN M (+s/-) **1** hoofdconducteur **2** pelotonscommandant, sectiecommandant

zugießen OV WW sterk bijgieten, bijschenken

zugig BN tochtig

zügig BN snel, vlot • *~ vorankommen* er een aardig gangetje in hebben

Zugkraft 1 ZN V (-/-kräfte) TECHN. trekkracht **2** ZN V (-/gmv) aantrekkingskracht

zugleich BW **1** tegelijk, gelijk **2** tevens • *sie ist Sängerin und Komponistin ~* zij is zangeres en tevens componiste

Zugluft ZN V (-/gmv) tocht

Zugnummer ZN V (-/+n) **1** trekpleister, attractie **2** treinnummer

Zugpferd ZN O (+(e)s/+e) **1** trekpaard **2** FIG. magneet **3** FIG. gangmaker

zugreifen ONOV WW sterk **1** toegrijpen, toetasten • *auf Daten ~ können* toegang tot bestanden hebben **2** ingrijpen • *die Polizei greift zu* de politie grijpt in **3** meehelpen, aanpakken

Zugriff ZN M (+(e)s/+e) **1** het toegrijpen, het toetasten **2** greep **3** COMP. toegang • *Zugriff auf die Daten* toegang tot de gegevens

zugrunde BW • *~ gehen* te gronde gaan, teloorgaan • *~ legen/liegen* ten grondslag leggen/liggen • *~ richten* te gronde richten

Zugtier ZN O (+(e)s/+e) trekdier

zugucken ONOV WW toekijken • *ich durfte bloß ~* ik mocht alleen toekijken

zugunsten VZ +2, ten gunste • *~ ihrer Tochter* ten gunste van haar dochter

zugute BW ten goede • *~ halten* te goede houden • *~ kommen* tot voordeel strekken van • *jemandem etwas ~ halten* iemand iets ten goede houden • *sich etwas auf eine Sache ~halten* ingenomen met iets zijn, trots op iets zijn • *jemandem/einer Sache ~ kommen* nuttig voor iemand / iets zijn, ten gunste van iemand / iets zijn

Zugverbindung ZN V (-/+en) **1** spoor(weg) verbinding **2** aansluiting <van trein>

Zugverkehr ZN M (+s/gmv) treinverkeer

Zugvogel ZN M (+s/-vögel) trekvogel

Zugzwang ZN M (+(e)s/-zwänge) verplichting om te reageren • *unter ~ stehen* gedwongen zijn iets te ondernemen • *in ~ geraten* gedwongen worden een zet te doen

zuhalten OV + ONOV WW sterk dichthouden • *~ auf* aansturen op

Zuhälter ZN M (+s/-) pooier, souteneur

zuhanden BW binnen handbereik • *~ sein* bij de hand liggen/zijn • *~ kommen* in handen vallen

zuhängen OV WW afdekken

zuhauen ONOV WW sterk toeslaan

zuhauf BN in groten getale

Zuhause ZN O (+s/gmv) thuis • *ihr habt ein schönes ~* jullie hebben een mooi huis • *kein ~ haben* thuisloos zijn • *ein gutes ~ haben* een goed thuis hebben

zuheilen ONOV WW helen, dichtgaan

Zuhilfenahme ZN V (-/gmv) behulp, inzet • *mit/unter ~ von* met behulp van

zuhinterst BW helemaal achteraan

zuhöchst BW **1** helemaal bovenaan **2** ten zeerste • *etwas ~ bedauern* iets ten zeerste betreuren

zuhören ONOV WW luisteren (naar), toehoren • *jemandem ~* naar iemand luisteren • *hör zu!* luister! • *einer Rednerin ~* naar een spreekster luisteren

Zuhörer ZN M (+s/-) toehoorder

Zuhörerschaft ZN V (-/gmv) toehoorders

zujubeln ONOV WW toejuichen • *einem Sänger ~* een zanger toejuichen

zukehren OV WW toekeren, toewenden

zuklappen OV WW dichtklappen

zukleben OV WW dichtplakken

zuknallen OV WW hard dichtslaan

zuknöpfen OV WW dichtknopen • *zugeknöpft* gesloten, afwijzend

zukommen ONOV WW sterk **1** toekomen, afkomen, te wachten staan • *auf jemanden ~* op iemand toekomen • *anbei lassen wir Ihnen unsere Dokumentation ~* bijgaand doen wij u onze documentatie toekomen • *da kommt ja einiges auf euch zu* dan staat jullie veel te wachten **2** passen (bij), betamen • *dieser Errungenschaft kommt eine große Bedeutung zu* deze verworvenheid is van grote betekenis

Zukunft ZN V (-/gmv) **1** toekomst **2** TAALK. toekomende tijd

zukünftig 1 BN toekomstig **2** BW voortaan

zukunftsträchtig BN beloften voor de toekomst inhoudend, met veel toekomst

zulächeln ONOV WW glimlachen tegen, toelachen

zulachen ONOV WW toelachen

Zulage ZN V (-/+n) toeslag, toelage

zulangen ONOV WW **1** zich bedienen • *langt nur zu!* bedien je! **2** aanpakken • *sie kann gut ~* ze kan goed aanpakken **3** slaan • *da hat er zugelangt* daar heeft hij een klap gegeven

zulänglich BN voldoende, toereikend

zulassen 1 OV WW INFORM. dichtlaten • *lass das Fenster zu!* laat het raam dicht! **2** OV + ONOV WW sterk toelaten • *das lasse ich nicht zu* dat laat ik niet toe • *über etwas keine Zweifel ~* ergens geen twijfel over laten bestaan • *jemanden nicht ~* iemand weren • *für ein Studium zugelassen sein* ingeloot zijn voor een studie

zulässig BN **toegestaan, toelaatbaar, geoorloofd** • *eine Forderung für ~ erklären* een vordering ontvankelijk verklaren

Zulassung ZN V (-/+en) **1 toelating 2** TRANSP. **kentekenbewijs**

Zulassungsprüfung ZN V O&W **toegangsexamen,** BELG. **ingangsexamen**

Zulauf 1 ZN M (+(e)s/gmv) **toeloop, belangstelling 2** ZN M (+(e)s/-läufe) **watertoevoer**

zulaufen ONOV WW sterk **1 toelopen** • *spitz ~* spits toelopen • *ihr laufen Studenten zu* er komen veel studenten op haar colleges af, haar colleges kennen veel toeloop van studenten **2 aanlopen** • *der Hund ist uns zugelaufen* de hond is aan komen lopen **3 erbij lopen** • *Wasser ~ lassen* water erbij laten lopen

zulegen 1 ONOV WW **1 voortmaken 2 toeleggen, erbij leggen, erbij doen 2** WKD WW **(sich ~)** • *sich etwas ~* iets aanschaffen, iets krijgen

zuleide BW • *jemandem etwas ~ tun* iemand kwaad doen, iemand kwetsen

zuleiten ONOV WW **1 toevoeren 2 doen toekomen**

Zuleitung ZN V (-/+en) **1 toevoer, toeleiding 2 toezending**

zuletzt BW **1 als laatste, het laatst, in de laatste plaats** • *nicht ~ ihrem Einsatz ist es zu verdanken, dass...* wij hebben het niet in het laatst aan haar inzet te danken dat... **2 ten slotte**

zuliebe BW **ter wille van** • *tu es mir ~!* doe het voor mij!

Zulieferant ZN M **toeleverancier**

Zulieferbetrieb ZN M (+(e)s/+e) **toeleveringsbedrijf**

Zulieferer ZN M (+s/-) **toeleverancier, toeleveringsbedrijf**

Zulu ZN M (+s/+s) **Zoeloe**

zum SAMENTR zu dem → **zu**

zumachen 1 OV WW **sluiten, dichtdoen 2** ONOV WW **opschieten**

zumal VOEGW **vooral, met name**

zumauern OV WW **dichtmetselen**

zumeist BW **meestal, grotendeels**

zumessen ONOV WW sterk **1 toemeten 2 toekennen**

zumindest BW **1 op zijn minst 2 tenminste**

zumutbar BN **1 te eisen, te vergen 2 redelijk**

zumute BW **te moede**

zumuten ONOV WW **(iets onmogelijks) verwachten, aandoen** • *das will ich dir nicht ~* dat wil ik niet van je vragen • *du mutet dir zu viel zu* jij eist te veel van jezelf • *dass du dir das zumutest!* dat je jezelf dat aandoet! • *das kann man einem Arbeitnehmer ~* dat kun je van een werknemer verwachten

Zumutung ZN V (-/+en) **1 onredelijke eis, ongerechtvaardigd verlangen** • *das wäre eine ~* dat zou te veel gevraagd zijn • *die Tagesausflügler sind hier eine ~* die dagjesmensen zijn een crime hier **2 onredelijk gedrag** • *dein Verhalten ist eine ~* je gedrag is echt onder de maat

zunächst BW **1 om te beginnen, allereerst 2 eerst, voorlopig, vooralsnog** • *~ sah es nicht so schlimm aus* eerst leek het niet zo erg

Zunahme ZN V (-/+n) **toename, stijging, groei** • *die ~ der Kaufkraft* de groei van de koopkracht

Zuname ZN M (+ns/+n) **achternaam, familienaam**

zündbar BN **ontbrandbaar**

Zündblättchen ZN O (+s/-) **klappertje**

zünden OV + ONOV WW **ontsteken, ontbranden** • *ihre Ideen ~* haar ideeën slaan aan • *eine zündende Rede* een vlammend betoog • *es hat bei ihr gezündet* er ging een belletje bij haar rinkelen

Zunder ZN M (+s/-) **1 tonder, tondel** • *jemandem ~ geben* iemand een pak slaag geven, iemand uitschelden, iemand opjagen • *das brennt wie ~* dat brandt als een lier **2 oxidehuid**

Zünder ZN M (+s/-) **ontsteking**

Zündholz ZN O (+es/-hölzer) **lucifer**

Zündkerze ZN V (-/+n) **bougie** • *ein Satz Zündkerzen* een stel bougies

Zündschlüssel ZN M (+s/-) **contactsleuteltje**

Zündschnur ZN V (-/+en, -schnüre) **lont**

Zündstoff ZN M (+(e)s/+e) **1 ontstekingsmiddel** <voor ontploffing> **2 conflictstof**

Zündung ZN V (-/+en) **1 ontbranding 2 ontsteking** • *den Schlüssel in die ~ stecken* het sleuteltje in het contact steken

zunehmen OV + ONOV WW sterk **1 toenemen, vermeerderen** • *die Anzahl nimmt zu* het aantal stijgt • *bei ~dem Mond* bij wassende maan • *die Tage nehmen zu* de dagen worden langer • *der Wind hat zugenommen* de wind is aangewakkerd • *mit ~dem Alter* bij het meerderen van de jaren • *in ~dem Maße* in toenemende mate **2 zwaarder worden** • *sie hat zugenommen* ze is aangekomen • *5 Kilo ~* 5 kilo aankomen

zunehmend BW **stijgend, duidelijk** • *es ist ~ schwieriger* het is steeds moeilijker

zuneigen ONOV WW **neigen tot** • *sie neigt sich ihr zu* zij buigt zich naar haar • *sich dem Ende ~* ten einde lopen

Zuneigung ZN V (-/+en) **genegenheid** • *~ zu jemandem fassen* genegenheid voor iemand opvatten

Zunft ZN V (-/Zünfte) **gilde**

zünftig BN **behoorlijk, flink** • *eine zünftige Mahlzeit* een flinke maaltijd

Zunge ZN V (-/+n) **tong** • *es liegt mir auf der ~* ik kan niet op het woord komen • *sie hat ein falsche ~* zij is een leugenaarster • *sie stößt mit der ~ an* zij lispelt • *mit heraushängender ~* buiten adem • *sich etwas auf der ~ zergehen lassen* OOK FIG. van iets smullen • *sich die ~ verbrennen* zijn tong branden • *da wird es böse Zungen geben* dat geeft scheve gezichten • *eine belegte ~* een beslagen tong • *mit der ~ schnalzen* met de tong klakken • *es zergeht* *auf der* ~ het smelt op de tong • *jemandem die* ~ *herausstrecken/zeigen* zijn tong uitsteken tegen iemand • *eine scharfe/spitze* ~ *haben* een scherpe tong hebben • FIG. *mit gespaltener* ~ *sprechen* met gespleten tong spreken • *sich auf die* ~ *beißen* zich op de tong bijten • *sich eher die* ~ *abbeißen* nog liever zijn tong afbijten • *die Zungen lösten sich* de tongen kwamen los • *mit doppelter* ~ *sprechen* met twee monden spreken

züngeln ONOV WW **1** de tong naar buiten laten schieten <bij slangen> **2** lekken <van vlammen>

Zungenbrecher ZN M (+s/-) moeilijk uit te spreken woord

zungenfertig BN welbespraakt • ~ *sein* rad/rap van tong zijn

Zungenschlag ZN M (+(e)s/gmv) klik met de tong

Zungenspitze ZN V (-/+n) punt van de tong

Zünglein ZN O (+s/-) tongetje • *das* ~ *an der Waage sein* de doorslag geven

zunichte BW • ~ *machen* tenietdoen

zunicken ONOV WW toeknikken

zunutze BW • *sich etwas* ~ *machen* van iets profiteren

zuoberst BW helemaal bovenaan

zuordnen OV WW indelen, plaatsen bij

zupacken ONOV WW aanpakken • *er kann* ~ hij weet van aanpakken

zupass BW • ~ *kommen* van pas komen

zupfen OV + ONOV WW **1** voorzichtig trekken, plukken **2** tokkelen

Zupfinstrument ZN O (+(e)s/+e) tokkelinstrument, snaarinstrument

zupressen OV WW dichtdrukken, dichtsnoeren

zuprosten ONOV WW een toast uitbrengen op

zur SAMENTR zu der → **zu**

zuraten ONOV WW sterk aanraden

zuraunen ONOV WW toefluisteren

zurechnen OV + ONOV WW **1** indelen, plaatsen bij • *man rechnet diesen Maler der Renaissance zu* deze schilder wordt bij de renaissance geplaatst **2** toeschrijven, toerekenen, aanrekenen **3** rekenen tot, erbij rekenen • *ich rechne mich zu dieser Minderheit* ik reken mij tot deze minderheid

Zurechnung ZN V (-/+en) toerekening

zurechnungsfähig BN toerekeningsvatbaar

Zurechnungsfähigkeit ZN V (-/gmv) toerekeningsvatbaarheid

zurechtbiegen OV WW sterk **1** rechtbuigen **2** in orde brengen

zurechtbringen OV WW onregelmatig in orde brengen

zurechtfinden WKD WW (**sich ~**) sterk **1** de weg vinden **2** eruit komen, er wijs uit worden

zurechtkommen ONOV WW sterk overweg kunnen, het klaarspelen, zich redden • *nicht* ~ *mit* niet overweg kunnen met • *sie kommen nicht miteinander zurecht* het botert niet tussen hen • *allein* ~ zich alleen redden • *du kommst zurecht?* alles duidelijk voor jou?

zurechtlegen OV WW **1** klaarleggen **2** voorbereiden, bedenken • *sich einen Plan* ~ een plan bedenken • *sich eine Ausrede* ~ een smoesje verzinnen

zurechtmachen OV WW **1** opmaken, aankleden **2** in orde maken, gereedmaken

zurechtrücken OV WW **1** rechtzetten, goed zetten • *jemandem den Kopf* ~ iemand op zijn nummer zetten **2** in orde brengen

zurechtweisen OV WW sterk terechtwijzen, berispen

zureden ONOV WW inpraten op, aanmoedigen, aansporen, aandringen • *jemandem gut* ~ op iemand inpraten

zureichen **1** OV WW aanreiken **2** ONOV WW toereikend zijn, voldoende zijn

zureiten OV WW afrijden

Zürich ZN O Zürich

zurichten OV WW toetakelen • *jemanden übel* ~ iemand lelijk toetakelen

zuriegeln OV WW vergrendelen

zürnen ONOV WW boos zijn op

zurren OV WW sjorren

Zurschaustellung ZN V (-/+en) **1** vertoon **2** tentoonstelling

zurück BW **1** terug • *es gibt kein Zurück mehr* er is geen weg terug • *aus dem Urlaub* ~ *sein* terug van vakantie zijn **2** retour • *eine Fahrkarte hin und* ~ een retourtje **3** naar achteren, achteruit

zurückbegeben WKD WW (**sich ~**) sterk teruggaan

zurückbehalten OV WW sterk **1** overhouden **2** achterhouden

zurückbilden WKD WW (**sich ~**) weggaan, verschrompelen

zurückbleiben ONOV WW sterk achterblijven • ~ *bitte!* niet dichterbij komen!, niet meer instappen! • *in der Schule* ~ niet meekomen op school • *hinter den anderen* ~ achterblijven bij de anderen • *hinter den Erwartungen* ~ niet aan de verwachtingen voldoen • *zurückgeblieben sein* achtergebleven zijn • *geistig zurückgeblieben sein* geestelijk gehandicapt/achterlijk zijn • *es bleiben drei Kinder zurück* drie kinderen blijven achter

zurückblicken ONOV WW achterom zien, terugblikken • *auf ein reiches Leben* ~ op een rijk leven terugzien • *auf etwas* ~ *können* met gepaste trots op iets terugzien

zurückdenken ONOV WW onregelmatig terugdenken

zurückdrängen OV + ONOV WW achteruitdringen, terugdringen

zurückdrehen **1** OV WW terugstellen, terugdraaien **2** WKD WW (**sich ~**) achteruit draaien

zurückerobern OV WW heroveren

zurückerstatten OV WW teruggeven, vergoeden, restitueren

zurückfahren **1** OV WW terugrijden **2** ONOV WW sterk **1** terugreizen, achteruitrijden, terugrijden **2** terugdeinzen

zurückfinden **1** OV WW sterk terugvinden **2**

ONOV WW sterk **de weg terug vinden** • *zu sich selbst* ~ het evenwicht hervinden
zurückführen OV WW **terugbrengen, herleiden (auf** +4 **tot), toeschrijven (auf** +4 **aan)** • ~ *auf* terugbrengen tot, toeschrijven aan
zurückgeben OV WW sterk **1 teruggeven 2 ten antwoord geven**
zurückgehen ONOV WW sterk **1 teruggaan, terugkeren 2 minder worden, achteruitgaan, dalen** • *die Anzahl geht zurück* het aantal daalt **3 stammen uit/van** • *das geht auf die Römer zurück* dat stamt uit de tijd van de Romeinen
zurückgezogen BN **teruggetrokken, eenzaam** • *sehr* ~ *leben* een teruggetrokken leven leiden
Zurückgezogenheit ZN V (-/gmv) **teruggetrokkenheid**
zurückhalten OV + ONOV WW sterk **1 terughouden, achterhouden** • *zurückhaltend* terughoudend **2 tegenhouden, weerhouden** • *sich* ~ zich bedwingen, zich inhouden **3 onderdrukken** • *sie hielt mit ihrer Meinung zurück* zij hield haar mening voor zich
Zurückhaltung ZN V (-/gmv) **terughoudendheid, gereserveerdheid**
zurückkommen ONOV WW sterk **terugkomen** • *auf ein Thema* ~ terugkomen op een onderwerp
zurücklassen OV WW sterk **1 achterlaten** • *das Gepäck im Hotel* ~ de bagage in het hotel achterlaten • *er lässt drei Kinder zurück* hij laat drie kinderen achter **2 terug laten gaan**
zurücklegen OV + ONOV WW **1 terugleggen 2 opzij leggen, sparen** • *sie hat etwas zurückgelegt* ze heeft iets opzij gelegd **3 apart houden, reserveren** • *wir legen Ihnen den Artikel zurück* wij reserveren het artikel voor u **4 afleggen** • *10 km mit dem Fahrrad* ~ 10 km per fiets afleggen **5** • *sich* ~ achterover gaan liggen • *den Kopf* ~ het hoofd achteroverleggen
zurücklehnen 1 OV WW **naar achteren laten leunen 2** WKD WW **(sich ~) achteroverleunen**
zurückliegen ONOV WW sterk **1 in het verleden liggen** • *das liegt lang zurück* dat is lang geleden **2** SPORT **achterliggen** • *Kilometer* ~ mijlen achter liggen
Zurücknahme ZN V (-/+n) **terugname, intrekking, herroeping**
zurücknehmen OV WW sterk **1 terugnemen 2 intrekken** • *ein Versprechen* ~ een belofte intrekken • *seine Worte* ~ zijn woorden intrekken
zurückschauen ONOV WW **1 achteromkijken 2** FIG. **terugzien**
zurückscheuen ONOV WW **terugschrikken** • *sie scheut auch vor nichts zurück* zij schrikt echt nergens voor terug
zurückschlagen OV + ONOV WW sterk **1 terugslaan** • *das wird auf die Beziehungen mit Amerika* ~ dat zal repercussies hebben op de betrekkingen met Amerika • *den Ball* ~ de bal terugslaan • *die Decke* ~ de deken terugslaan **2 openslaan, opzij doen**
zurückschrauben OV WW **terugschroeven** <figuurlijk>, **verlagen, verminderen** • *seine Ansprüche* ~ zijn eisen verminderen
zurückschrecken 1 OV WW **afschrikken 2** ONOV WW **terugschrikken, terugdeinzen** • *vor nichts* ~ voor niets terugdeinzen • *vor etwas* ~ huizenhoog tegen iets opzien
zurücksetzen OV + ONOV WW **1 achterstellen** • *sich zurückgesetzt fühlen* zich achtergesteld voelen • *er wird gegenüber seinen Brüdern zurückgesetzt* hij wordt bij zijn broers achtergesteld **2 terugzetten** • *sich* ~ verder naar achteren gaan zitten, weer gaan zitten **3 achteruitzetten**
zurückstecken 1 OV WW **1 terugstoppen 2 inperken, matigen 3 achteruitzetten 2** ONOV WW **zijn eisen matigen, een toontje lager zingen**
zurückstehen ONOV WW sterk **1 achteraan staan 2 achterblijven** • *da wollte sie nicht* ~ daar wilde ze niet achterblijven • *er steht hinter den anderen zurück* hij is achter bij de anderen • *nicht (hinter den anderen)* ~ *wollen* niet willen achterblijven (bij de anderen) **3 achtergesteld worden**
zurückstellen OV WW **1 terugplaatsen** • *stell das wieder zurück!* zet dat weer terug! **2 naar achteren plaatsen 3 terugzetten** <van uurwerk> **4 opzij zetten, reserveren 5 uitstellen, opschorten** • *ein Kind von der Schule* ~ *lassen* een kind nog niet naar school laten gaan
zurücktreten OV WW **terugtrappen**
zurückweisen OV WW **verwerpen** • *einen Vorschlag* ~ een voorstel verwerpen
Zurückweisung ZN V (-/+en) **afwijzing**
Zuruf ZN M (+(e)s/+e) **kreet, schreeuw** • *durch* ~ bij acclamatie
zurufen ONOV WW sterk **toeroepen**
zurzeit BW **op het ogenblik** • *was machst du* ~? wat doe jij tegenwoordig?
Zusage ZN V (-/+n) **toezegging**
zusagen OV + ONOV WW **1 een uitnodiging aannemen 2 toezeggen, beloven** • *jemandem etwas* ~ iemand iets beloven **3 bevallen** • *das sagt mir nicht zu* dat bevalt mij niet
zusammen BW **1 gezamenlijk, samen, bij elkaar 2 in totaal**
Zusammenarbeit ZN V (-/gmv) **samenwerking** • *in* ~ *mit* in samenwerking met
zusammenballen OV + ONOV WW **1 een bal/ prop maken 2 concentreren, opeenpakken, opeenhopen**
zusammenbasteln OV WW **in elkaar prutsen**
zusammenbeißen OV WW sterk **op elkaar bijten** <tanden>
zusammenbrauen 1 OV WW INFORM. **brouwen, maken 2** WKD WW **(sich ~) zich samenpakken** <van bv. onweer> • *da braut sich etwas zusammen* er komt een onweer aan, FIG. er komt zwaar weer aan
zusammenbrechen ONOV WW sterk **in elkaar zakken, instorten, bezwijken**
Zusammenbruch ZN M (+(e)s/-brüche) **1 instorting, ineenstorting, ondergang** • *die Bank steht vor dem* ~ de bank staat op springen **2**

inzinking

zusammenfahren 1 OV WW in de prak rijden 2 ONOV WW sterk 1 tegen elkaar rijden, botsen 2 opschrikken, van schrik ineenkrimpen

zusammenfallen ONOV WW sterk 1 inzakken, instorten 2 samenvallen 3 vermageren

zusammenfalten OV WW 1 dichtvouwen 2 samenvouwen

zusammenfassen OV WW samenvatten • *~d* resumerend

Zusammenfassung ZN V (-/+en) samenvatting

zusammenfinden WKD WW (**sich ~**) elkaar vinden, samenkomen

zusammenfügen 1 OV WW samenvoegen, aaneenvoegen 2 WKD WW (**sich ~**) bij elkaar passen

zusammengehen ONOV WW sterk 1 samengaan, bij elkaar passen 2 zich verenigen 3 samengaan 4 INFORM. krimpen

zusammengehören ONOV WW bij elkaar horen

zusammengesetzt BN samengesteld

Zusammenhalt ZN M (+(e)s/gmv) samenhang

zusammenhalten OV + ONOV WW sterk 1 houden, niet loslaten 2 elkaar trouw blijven • *die Brüder halten zusammen* de broers staan elkaar bij 3 bij elkaar houden, vasthouden • *die Familie ~* het gezin bij elkaar houden

Zusammenhang ZN M (+(e)s/-hänge) samenhang, verband • *aus dem ~ reißen* uit de samenhang rukken • *in engem ~ stehen* nauw samenhangen • *ohne jeden ~ sein; keinen ~ haben* als los zand aan elkaar hangen • *im ~ mit* in verband mit

zusammenhängen ONOV WW sterk samenhangen • *eng ~* nauw samenhangen

zusammenhanglos BN + BW zonder samenhang

zusammenklappen OV + ONOV WW 1 dichtklappen, samenklappen 2 tegen elkaar slaan 3 in elkaar zakken 4 INFORM. instorten

zusammenkommen ONOV WW sterk 1 samenkomen 2 bij elkaar komen 3 samenlopen

Zusammenkunft ZN V (-/-künfte) samenkomst, bijeenkomst

zusammenlaufen ONOV WW sterk 1 samenlopen, samenvloeien 2 te hoop lopen • *die Leute liefen zusammen* de mensen kwamen bij elkaar 3 stremmen, schiften 4 krimpen

zusammenlegen OV + ONOV WW 1 bij elkaar leggen • *sie haben für das Geschenk zusammengelegt* zij hebben voor het cadeau geld bijeengelegd 2 opvouwen • *Handtücher ~* handdoeken opvouwen 3 samenvoegen

zusammennehmen OV + ONOV WW sterk bij elkaar nemen, verzamelen • *alles zusammengenommen* alles bij elkaar genomen • *sich ~* zich beheersen, zich concentreren • *seine Kräfte ~* zijn krachten verzamelen

zusammenpassen OV + ONOV WW 1 in elkaar passen 2 bij elkaar passen • *die beiden passen gut zusammen* de twee passen goed bij elkaar • *wie passt das zusammen?* hoe is dat te rijmen?

zusammenpferchen OV WW samenpakken, samenproppen, samenpersen

Zusammenprall ZN M (+s/+e) OOK FIG. botsing

zusammenprallen ONOV WW botsen

zusammenreimen INFORM. ONOV WW 1 rijmen, overeenstemmen • *sie hat sich da irgendwas zusammengereimt* zij heeft een verhaal in elkaar gedraaid 2 verklaren • *wie reimt sich das zusammen?* hoe is dat te rijmen?

zusammenreißen INFORM. 1 WKD WW (**sich ~**) sterk zich vermannen, zich beheersen • *reiß dich zusammen!* beheers je! 2 OV WW MIL. tegen elkaar slaan • *die Knochen ~* in de houding gaan staan

zusammenrotten WKD WW (**sich ~**) samenscholen

zusammenrücken OV + ONOV WW 1 dichter bij elkaar gaan zitten • *näher ~* bij elkaar schuiven 2 bij elkaar zetten, ineenschuiven

zusammenschlagen OV + ONOV WW sterk 1 tegen elkaar slaan 2 in elkaar slaan • *jemanden ~* iemand in elkaar slaan 3 zich sluiten

zusammenschließen 1 OV WW sterk samenketenen, aaneenketenen 2 WKD WW (**sich ~**) zich aaneensluiten, zich associëren

Zusammenschluss ZN M (+es/-schlüsse) aaneensluiting, vereniging • *politischer ~* politieke eenwording

Zusammenschnitt ZN M (+(e)s/+e) A-V knip- en plakwerk

zusammenschrecken ONOV WW sterk van schrik ineenkrimpen

zusammenschreiben OV WW sterk 1 aan elkaar schrijven • *schreibt man das zusammen oder getrennt?* schrijf je dat aan elkaar of uit elkaar? 2 compileren, bijeenbrengen 3 INFORM. bij elkaar schrijven, schrijvend verdienen • *er hat den größten Blödsinn zusammengeschrieben* hij heeft pure onzin neergeschreven

zusammenschrumpfen ONOV WW ineenschrompelen, krimpen

zusammensetzen OV + ONOV WW 1 samenstellen, in elkaar zetten • *der Betrieb setzt sich aus 10 Mitarbeitern zusammen* het bedrijf is samengesteld uit 10 medewerkers 2 naast/bij elkaar zetten

Zusammensetzung ZN V (-/+en) samenstelling

zusammenstecken 1 OV WW aan elkaar steken, aaneenspelden 2 ONOV WW INFORM. bij elkaar zitten en gemene plannetjes uitbroeden

zusammenstellen OV + ONOV WW 1 samenstellen 2 (neer)zetten, bij elkaar zetten

Zusammenstellung ZN V (-/+en) 1 samenvoeging, combinatie 2 samenstelling

zusammenstimmen ONOV WW 1 harmoniëren 2 overeenstemmen

Zusammenstoß ZN M (+(e)s/-stöße) 1 botsing, aanrijding, aanvaring 2 FIG. botsing, conflict

zusammenstoßen ONOV WW sterk **1 aan elkaar grenzen 2 botsen, in botsing komen** • *ich bin mit einem Lastwagen zusammengestoßen* ik heb een aanrijding gehad met een vrachtwagen • *~ mit* in aanvaring komen met
zusammentragen OV WW sterk **bijeenbrengen, verzamelen**
zusammentreffen ONOV WW sterk **1 samenvallen 2 ontmoeten** • *mit jemandem ~* iemand ontmoeten
zusammentreten 1 OV WW sterk INFORM. **in elkaar trappen 2** ONOV WW sterk **bijeenkomen**
zusammentrommeln OV WW **optrommelen**
zusammentun 1 OV WW sterk **bij elkaar doen 2** WKD WW **(sich ~)** sterk **zich verenigen**
zusammenwirken ONOV WW **samenwerken**
zusammenzählen OV WW **optellen**
zusammenziehen 1 OV WW sterk **1 samentrekken, dichttrekken** • *sich ~* zich samentrekken **2 optellen 2** ONOV WW **gaan samenwonen** • *sie zieht mit ihrem Freund zusammen* ze gaat met haar vriend samenwonen
zusammenzucken ONOV WW **ineenkrimpen**
Zusatz ZN M (+es/-sätze) **1 toe-/bijvoeging 2 bijlage**
zusätzlich BN **aanvullend, extra** • *zusätzliches Gepäck* extra bagage
Zusatzversicherung ZN V (-/+en) **aanvullende verzekering**
Zusatzzahl ZN V (-/+en) **reservegetal** <lotto>
zuschanden BW **kapot** • *~ werden/gehen* vernietigd worden
zuschanzen OV WW **zorgen dat iemand iets krijgt, toestoppen** • *jemandem einen Posten ~* iemand een baantje bezorgen
zuschauen ONOV WW **toekijken**
Zuschauer ZN M (+s/-) **toeschouwer**
zuschaufeln OV WW **dichtgooien**
zuschicken OV WW **toezenden, toesturen**
zuschieben OV + ONOV WW sterk **1 dichtschuiven 2 toeschuiven** • *jemandem die Schuld ~* iemand de schuld in de schoenen schuiven
zuschießen 1 OV WW sterk **toeleggen, betalen 2** ONOV WW sterk **toeschieten** • *auf jemanden ~* op iemand afschieten
Zuschlag ZN M (+(e)s/-schläge) **1 bijbetaling, toeslag** • *~ bezahlen* toeslag betalen • *ein Zug mit ~* een trein met toeslag **2 toewijzing** <bij loting, veiling enz.> **3** TECHN. **toevoegsel**
zuschlagen OV + ONOV WW sterk **1 toeslaan** • *er hat beim Essen kräftig ~* hij heeft bij het eten flink toegetast **2 dichtslaan** • *die Tür schlägt zu* de deur slaat dicht • *sie schlägt die Tür zu* zij slaat de deur dicht **3 toewijzen** • *dieser Teil vom Grundstück wurde dem Nachbarn zugeschlagen* dit deel van de grond is aan de buurman toegewezen **4 toevoegen**
zuschließen OV WW **dichtsluiten, sluiten**
zuschnallen OV WW **dichtgespen, toegespen**
zuschnappen ONOV WW **1 dichtklappen, dichtspringen 2 toehappen**
zuschneiden OV + ONOV WW sterk OOK FIG. **op maat knippen/snijden** • *die Wohnung ist praktisch zugeschnitten* het huis is handig ingedeeld • *das ist ganz auf ihren Geschmack zugeschnitten* dat is helemaal op haar smaak afgestemd
Zuschnitt 1 ZN M (+(e)s/+e) **1 snit, model 2 aard, karakter 3 formaat 2** ZN M (+(e)s/gmv) **het knippen, het (uit)snijden**
zuschnüren OV WW **dichtsnoeren, dichtbinden** • *es schnürte ihr die Kehle zu* het benam haar de adem
zuschrauben OV WW **dichtschroeven**
zuschreiben 1 OV WW **erbij schrijven 2** ONOV WW sterk **toeschrijven** • *das hast du dir selbst zu~* dat heb je aan jezelf te wijten
zuschreiten ONOV WW sterk **1 toestappen 2 doorstappen**
Zuschrift ZN V (-/+en) **schriftelijke reactie, brief, schrijven**
zuschulden BW • *sich etwas ~ kommen lassen* zich aan iets schuldig maken
Zuschuss ZN M (+es/-schüsse) **1 toelage 2 subsidie** • *einen ~ beantragen* subsidie aanvragen **3 verhoging**
zuschütten OV WW **dichtgooien, dempen** • *eine Gracht ~* een gracht dempen
zusehen ONOV WW sterk **1 toekijken, toezien 2 zien, zorgen** • *sieh zu, dass du es schaffst* zorg ervoor dat je het redt
zusehends BW **zienderogen**
zusenden ONOV WW onregelmatig **toezenden**
zusetzen ONOV WW **1 bijvoegen, toevoegen** • *nichts mehr zu~ haben* geen weerstand meer hebben **2 toeleggen 3 lastigvallen, bestoken, aandringen** • *jemandem mit Bitten ~* iemand met vragen bestoken • *die Kündigung hat ihr sehr zugesetzt* zij is erg van streek door haar ontslag
zusichern ONOV WW **verzekeren, garanderen**
Zusicherung ZN V (-/+en) **1 verzekering 2 vaste toezegging**
zusperren OV WW **afsluiten**
zuspielen ONOV WW **toespelen** • *jemandem den Ball ~* iemand de bal toespelen • *jemandem etwas ~* iemand iets in handen spelen
zuspitzen OV + ONOV WW **1 van een punt voorzien 2 toespitsen, verscherpen** • *sich ~* zich toespitsen
Zuspitzung ZN V (-/+en) **1 aanpunting 2 toespitsing**
zusprechen ONOV WW sterk **1 toespreken, inspreken** • *dem Essen kräftig ~* het zich goed laten smaken • *jemandem Mut ~* iemand moed inspreken **2 aanspreken** • *er sprach der Menge zu* hij sprak tegen de menigte **3 toewijzen** • *das Kind wurde dem Vater zugesprochen* het kind werd toegewezen aan de vader
Zuspruch ZN M (+(e)s/gmv) **1 opbeurende woorden** • *~ finden* gewaardeerd worden, bijval vinden • *sie kann etwas ~ vertragen* ze kan wat opbeurende woorden gebruiken **2 toeloop, aanloop**
Zustand ZN M (+(e)s/-stände) **1 toestand, staat**

• *in gutem ~ sein* in goede staat zijn • *in schlechtem ~* in slechte staat van onderhoud • *Zustände wie im alten Rom* onmogelijke toestanden • *Zustände bekommen* in alle staten raken **2 situatie** • *das ist doch kein Zustand!* dat kan toch zo niet langer!

zustande BW • *~ kommen* tot stand komen • *~ bringen* tot stand brengen

zuständig BN **bevoegd, competent, belast met** • *~ sein* erover gaan • *sie ist für die Rechnungen ~* ze is verantwoordelijk voor de facturen

Zuständigkeit ZN V (-/+en) **bevoegdheid, competentie**

Zuständigkeitsbereich ZN M (+(e)s/+e) **bevoegdheid, ressort** • *jemandes ~ erweitern* iemand ruimere bevoegdheden geven

zustatten BW • *jemandem / einer Sache ~ kommen* iemand / iets van pas komen

zustecken OV + ONOV WW **1 dichtspelden 2 toestoppen** • *jemandem etwas ~* iemand iets toestoppen

zustehen ONOV WW sterk **1 recht hebben (op)** • *das steht mir zu* daar heb ik recht op **2 toekomen 3 betamen, passen** • *das steht Ihnen nicht zu* dat betaamt u niet

zusteigen ONOV WW sterk **instappen** <openbaar vervoer>

Zustellbett ZN O **extra bed** <in hotelkamer>

zustellen OV WW **1 versperren** • *den Gang ~* de gang versperren **2 bezorgen, betekenen** • *die Post ~* de post bezorgen

Zusteller ZN M (+s/-) **bezorger, postbode, deurwaarder**

Zustellgebühr ZN V (-/+en) **porto voor het bezorgen van poststukken**

Zustellung ZN V (-/+en) **1 bezorging** <van post> **2** JUR. **betekening, exploot**

zusteuern 1 OV WW **bijdragen, toeleggen 2** ONOV WW **afstevenen, aansturen op** • *auf etwas ~* op iets aansturen

zustimmen ONOV WW +3, **instemmen met, toestemmen** • *jemandem ~* met iemand instemmen • *er stimmte mir völlig zu* hij was het roerend met me eens • *ich stimme dem Vorschlag zu* ik stem in met het voorstel

Zustimmung ZN V (-/+en) **toestemming, instemming, goedkeuring** • *seine ~ äußern zu* zijn instemming betuigen met • *seine ~ festmachen an* zijn goedkeuring hechten aan

zustopfen OV WW **1 dichtstoppen 2 stoppen**

zustoßen 1 OV WW sterk **dichtstoten 2** ONOV WW sterk **1 toestoten 2 overkomen, gebeuren** • *ist dir etwas zugestoßen?* is je iets overkomen?

zustreben ONOV WW **nastreven, afgaan op**

Zustrom ZN M (+(e)s/gmv) **1 toestroom, toevloed 2 aanvoer 3 toeloop**

zuströmen ONOV WW **toestromen**

zustürzen ONOV WW **toestormen, aanrennen** • *auf jemanden / etwas ~* op iemand / iets toestormen

zutage BW **tevoorschijn, aan het licht, openbaar** • *~ fördern* tevoorschijn halen

Zutat ZN V (-/+en) **1 benodigdheid, ingrediënt 2 toevoegsel, franje**

zuteilen OV WW **toebedelen, toewijzen**

Zuteilung ZN V (-/+en) **1 distributie 2 toegewezen deel, rantsoen**

zuteilwerden ONOV WW **ten deel vallen** • *jemandem ~* iemand ten deel vallen • *der Empfang, der mir zuteilwurde* de ontvangst die mij te beurt viel

zutiefst BW **diep, ten zeerste, uiterst** • *das ist mir ~ zuwider* ik heb daar een hartgrondige hekel aan • *jemanden ~ hassen* iemand hartgrondig haten

zutragen 1 ONOV WW sterk **1 verklikken, overbrieven** • *jemandem alles ~* alles aan iemand overbrengen **2 dragen naar, brengen 2** WKD WW **(sich ~) gebeuren, zich toedragen**

Zuträger ZN M (+s/-) **verklikker**

zuträglich BN • *jemandem/einer Sache ~ sein* voor iemand/iets bevorderlijk zijn • *der Gesundheit ~* bevorderlijk voor de gezondheid

Zuträglichkeit ZN V (-/gmv) **1 voordeel 2 heilzame werking**

zutrauen OV WW **in staat achten** • *sich etwas ~* iets aandurven • *das hätte ich ihm nicht zugetraut* dat had ik niet achter hem gezocht • *dergleichen hätte ich dir nicht zugetraut* zoiets had ik niet van je verwacht

Zutrauen ZN O (+s/gmv) **vertrouwen**

zutraulich BN **1 vertrouwelijk 2 niet schuw**

Zutraulichkeit ZN V (-/+en) **1 vertrouwelijkheid 2 aanhankelijkheid**

zutreffen ONOV WW sterk **1 juist zijn, kloppen** • *das trifft zu* dat klopt **2 passen, gelden, van toepassing zijn** • *die Beschreibung trifft auf sie zu* de beschrijving slaat op haar

zutreffend BN **juist** • *Zutreffendes bitte ankreuzen* aankruisen wat van toepassing is

zutreten ONOV WW sterk **1 dichttrappen 2 toetreden**

zutrinken ONOV WW sterk **toedrinken**

Zutritt ZN M (+(e)s/gmv) **toegang** • *jemandem den ~ verweigern* iemand de toegang weigeren • *freier ~* vrij entree • *~ verboten* verboden toegang • *~ ab zwölf Jahren* toegang boven de twaalf jaar

zutun OV + ONOV WW onregelmatig **1 toevoegen, erbij doen 2 dichtdoen** • *die Pforte tat sich hinter ihr zu* de poort ging achter haar dicht

Zutun ZN O (+s/gmv) **toedoen** • *ohne mein ~* buiten mijn toedoen

zuungunsten BW • *~ von* **ten nadele van**

zuunterst BW **helemaal onderaan**

zuverlässig BN **betrouwbaar** • *aus zuverlässiger Quelle* uit betrouwbare bron

Zuverlässigkeit ZN V (-/gmv) **betrouwbaarheid**

Zuversicht ZN V (-/gmv) **vertrouwen, vaste hoop**

zuversichtlich BN **vol vertrouwen, met vast vertrouwen, optimistisch** • *~e Stimmung* hoopvolle stemming

Zuversichtlichkeit ZN V (-/gmv) **vast vertrouwen**

zuvor BW **van tevoren, voorheen, eerst** • *tags ~*

daags tevoren
zuvorderst BW helemaal vooraan
zuvorkommen ONOV WW sterk **1** vóór zijn, te vlug af zijn **2** voorkómen
zuvorkommend BN voorkomend, gedienstig
Zuwachs ZN M (+es/gmv) groei, aanwas • IRON. *wir haben ~ bekommen* we hebben gezinsuitbreiding gekregen
zuwachsen ONOV WW sterk **1** dichtgroeien **2** toewaaien, in de schoot vallen • *der Partei ist eine ungeheure Macht zugewachsen* de partij heeft langzamerhand enorm veel macht gekregen **3** groeien naar
Zuwachsrate ZN V (-/+n) groeipercentage
Zuwanderer ZN M (+s/-) immigrant, nieuwkomer
zuwandern ONOV WW immigreren, zich vestigen
Zuwanderung ZN V (-/+en) **1** immigratie **2** vestiging
zuwege BW • *mit etwas ~ kommen* met iets overweg kunnen • *etwas ~ bringen* iets tot stand brengen • *gut/schlecht ~ sein* een goede/slechte gezondheid hebben
zuweilen BW soms
zuweisen OV WW sterk toewijzen
Zuweisung ZN V (-/+en) toewijzing
zuwenden ONOV WW onregelmatig **1** toedraaien, toekeren • *das Glück wandte sich mir zu* het geluk was aan mijn kant **2** richten op, wijden aan **3** doen toekomen
Zuwendung ZN V (-/+en) **1** uitkering, schenking **2** toewending, aandacht, genegenheid • *sie braucht mehr ~* ze heeft meer aandacht nodig
zuwerfen **1** OV WW sterk dichtgooien **2** ONOV WW toewerpen/-gooien
zuwider **1** BN • *dieser Kerl ist mir ~* deze vent staat mij tegen • *das Wetter war unserem Plan ~* de weersomstandigheden waren ongunstig voor de uitvoering van ons plan • *Rauchen ist ihm ~* zij heeft een grondige afkeer van roken **2** VZ +3, tegen, in strijd met • *der Abmachung ~* in strijd met de afspraak
zuwiderhandeln ONOV WW +3, handelen in strijd met • *einer Anordnung ~* in strijd met een instructie handelen
Zuwiderhandlung ZN V (-/+en) overtreding • *Zuwiderhandlungen werden verfolgt* misbruik wordt gestraft
zuwiderlaufen ONOV WW sterk, +3, in strijd zijn met
zuwinken ONOV WW toewuiven, toezwaaien • *jemandem ~* naar iemand wuiven
zuzahlen OV WW bijbetalen
zuzählen OV WW erbij tellen
zuzeiten BW op bepaalde momenten
zuziehen **1** OV WW sterk **1** dichttrekken • *die Vorhänge ~* de gordijnen dichttrekken **2** aantrekken **3** erbij halen • *einen Arzt ~* een arts erbij halen **4** zich op de hals halen, oplopen • *sich eine Krankheit ~* zich een ziekte op de hals halen **2** ONOV WW **1** komen wonen • *diese Familie ist neu zugezogen* dit gezin is net hier komen wonen **2** trekken naar
Zuzug ZN M (+(e)s/-züge) **1** toestroom van nieuwe inwoners **2** versterking door toeloop
zuzüglich VZ +2, vermeerderd met • *~ der Spesen* plus de kosten • *~ Verpackung* exclusief verpakking
zuzwinkern ONOV WW +3 • *jemandem ~* iemand een knipoog geven
zw. AFK zwischen tussen
zwacken OV WW **1** INFORM. knijpen **2** INFORM. plagen
zwang OV + ONOV WW verl. tijd → **zwingen**
Zwang ZN M (+(e)s/Zwänge) dwang, druk, noodzaak, geweld • *tu dir nur keinen ~ an* ga gerust je gang
zwängen ONOV WW persen, drukken, wringen
zwanghaft BN gedwongen • *~ lachen* gedwongen lachen
zwanglos BN **1** ongedwongen **2** onregelmatig, willekeurig
Zwangsanleihe ZN V (-/+n) gedwongen lening
Zwangsarbeit ZN V (-/gmv) dwangarbeid
Zwangsjacke ZN V (-/+n) dwangbuis
Zwangslage ZN V (-/+en) dwangpositie
zwangsläufig BN automatisch, onvermijdelijk
Zwangsmaßnahme ZN V (-/+n) dwangmaatregel
Zwangsräumung ZN V (-/+en) gedwongen ontruiming
Zwangsversteigerung ZN V gedwongen verkoop
Zwangsvollstreckung ZN V (-/+en) JUR. gedwongen tenuitvoerlegging, executie
Zwangsvorstellung ZN V (-/+en) dwangvoorstelling
zwangsweise BW **1** onvermijdelijk **2** gedwongen, gerechtelijk
zwanzig TELW twintig → **vierzig**
Zwanziger ZN M (+s/-) twintiger
zwanzigste TELW twintigste
Zwanzigstel ZN O (+s/-) • *ein ~* een twintigste
zwar VOEGW wel, weliswaar • *und ~* en wel • *er kam zu spät, und ~ eine ganze Stunde* hij kwam te laat en wel 'n heel uur • *er ist ~ reich, aber nicht glücklich* hij is wel rijk, maar niet gelukkig
Zweck ZN M (+(e)s/+e) **1** bedoeling, doel(einde) • *der ~ heiligt die Mittel* het doel heiligt de middelen • *etwas einem wohltätigen ~ spenden* iets aan een goed doel geven • *es ist für einen guten ~* het is voor een goed doel **2** nut, zin • *das hat doch keinen ~* dat heeft toch geen zin, dat dient nergens toe
zweckdienlich BN doelmatig
zweckentsprechend BN doelmatig
zweckgebunden BN voor een bepaald doel bestemd
zwecklos BN doelloos • *es ist ~* het is niets gedaan
zweckmäßig BN doelmatig
Zweckmäßigkeit ZN V (-/+en) doelmatigheid, effectiviteit
zwecks VZ +2 FORM. ten behoeve van, ter, voor

• ~ *Feststellung der Personalien* ter controle van de persoonsgegevens

zweckwidrig BN ondoelmatig

zwei TELW twee → **vier**

Zwei ZN V (-/+en) **1** twee • *hier muss eine ~ stehen* hier moet twee staan **2** O&W ≈ 8 <schoolcijfer>, goed

Zweibettzimmer ZN O (+s/-) tweepersoonskamer

zweideutig BN dubbelzinnig • *das ist ~* dit is voor tweeërlei uitleg vatbaar

Zweideutigkeit ZN V (-/+en) dubbelzinnigheid

Zweier ZN M (+s/-) **1** INFORM. munt van twee pfennig/cent **2** tweepersoonsboot **3** REG. buslijn twee **4** O&W 2 <goed> • *sie hat einen ~ in Mathe* ze heeft een acht in wiskunde

zweierlei BN tweeërlei, twee verschillende dingen/handelingen

Zweierreihe ZN V (-/+n) • *in Zweierreihen* in rijen van twee

zweifach BN tweevoudig

Zweifel ZN M (+s/-) twijfel • *bohrender/nagender ~* knagende twijfel • *etwas in ~ ziehen* iets in twijfel trekken

zweifelhaft BN **1** dubieus **2** twijfelachtig, problematisch, omstreden

zweifellos BW ongetwijfeld

zweifeln ONOV WW twijfelen • *an jemandem / einer Sache ~* twijfelen aan iemand / iets • *jemanden zum Zweifeln bringen* iemand aan het twijfelen brengen

Zweifelsfall ZN M (+(e)s/-fälle) twijfelgeval • *im ~* in geval van twijfel

Zweifler ZN M (+s/-) twijfelaar

Zweig ZN M (+(e)s/+e) **1** tak • *auf keinen grünen ~ kommen* geen succes/geluk hebben **2** zijtak, deelgebied • *ein Gymnasium mit naturwissenschaftlichem ~* een gymnasium met een bèta-afdeling **3** leerweg

zweigleisig BN dubbelsporig • FIG. *~ fahren* een tweesporenbeleid volgen, twee mogelijkheden openhouden

Zweigniederlassung ZN V (-/+en) filiaal

zweihundert TELW tweehonderd

zweijährlich BN tweejaarlijks

Zweikampf ZN M (+(e)s/-kämpfe) tweegevecht

zweimal BW tweemaal • *~ so viel* twee maal zo veel

zweimalig BN tweevoudig

Zweiparteiensystem ZN O tweepartijenstelsel

Zweirad ZN O (+(e)s/-räder) tweewieler, rijwiel

zweischneidig BN tweesnijdend

zweiseitig BN **1** tweezijdig **2** bilateraal

Zweisitzer ZN M (+s/-) tandem, tweepersoonswagen, tweepersoonsauto, tweepersoonsboot

zweistimmig BN tweestemmig

zweit TELW • *zu ~* met z'n tweeën

zweitausend TELW tweeduizend

zweitbest BN op één na de beste • *der Zweitbeste* de op een na beste

zweite TELW tweede → **vierte**

zweiteilig BN tweedelig

zweitens BN ten tweede

zweitklassig BN tweederangs

zweitrangig BN tweederangs

Zweitschrift ZN V (-/+en) duplicaat, kopie, doorslag

zweitürig BN tweedeurs

Zweitwagen ZN M (+s/-) tweede auto

Zweitwohnsitz ZN M tweede verblijf

Zwerchfell ZN O (+(e)s/+e) middenrif

Zwerg ZN M (+(e)s/+e) **1** dwerg **2** kabouter

Zwergwuchs ZN M (+es/gmv) dwerggroei

Zwetsche, **Zwetschge** ZN V (-/+n) kwets, pruim

Zwickel ZN M (+s/-) driehoekig stukje <in kleding>

zwicken OV + ONOV WW **1** knijpen **2** knellen

Zwickmühle ZN V (-/+n) benarde situatie

Zwieback ZN M (+(e)s/-bäcke) **1** beschuit **2** beschuitje

Zwiebel ZN V (-/+n) **1** ui **2** bloembol **3** knotje

zwiebeln OV WW pesten, treiteren

Zwiegespräch ZN O (+(e)s/+e) dialoog

Zwielicht ZN O (+(e)s/gmv) schemering, halfdonker

zwielichtig BN duister, onguur, verdacht • *~e Figuren* duistere figuren

Zwiespalt ZN M (+(e)s/+e, -spälte) tweespalt, tweestrijd • *sich in einem ~ befinden* in tweestrijd staan

zwiespältig BN gespleten, verdeeld, tegenstrijdig

Zwiesprache ZN V (-/gmv) onderhoud, dialoog, tweegesprek

Zwietracht ZN V (-/gmv) tweedracht, onmin • *~ säen/stiften* tweedracht zaaien

Zwillich ZN M tijk

Zwillinge ZN MV **1** tweeling • *ein Zwilling* één van de tweeling • *sie sind ~* zij zijn een tweeling **2** Tweelingen <sterrenbeeld>

Zwinge ZN V (-/+n) **1** bankschroef, lijmtang **2** bescherming van handvat

zwingen OV + ONOV WW sterk dwingen • *jemanden zu einer Sache ~* iemand tot iets dwingen • *jemanden in die Knie ~* iemand op de knieën dwingen • *er musste sich ~ zu ...* hij moest zich geweld aandoen om...

Zwinger ZN M (+s/-) **1** kennel **2** kooi

zwinkern ONOV WW knipogen

zwirbeln OV WW tussen de vingers draaien

Zwirn ZN M (+(e)s/+e) twijn • *im feinen ~* deftig gekleed

Zwirnsfaden ZN M (+s/-fäden) garendraad

zwischen VZ +3/4, tussen • *~ 3 zwei Freunden sitzen* tussen twee vrienden zitten • *sich ~ 4 zwei Freunde setzen* tussen twee vrienden gaan zitten • *~ 3 zwei Dingen wählen* tussen twee dingen kiezen

Zwischenablage ZN V COMP. klembord

Zwischenakt ZN M (+(e)s/+e) tussenbedrijf

Zwischenbemerkung ZN V (-/+en) terloopse opmerking

zwischendurch BW **1** ertussendoor • *etwas schnell ~ machen* iets tussendoor doen **2** nu en dan
Zwischenfall ZN M (+(e)s/-fälle) voorval, incident
zwischenmenschlich BN intermenselijk
Zwischenphase ZN V (-/+n) tussenfase
Zwischenraum ZN M (+(e)s/-räume) tussenruimte
Zwischenruf ZN M (+(e)s/+e) interruptie
Zwischenspiel ZN O (+(e)s/+e) tussenspel, intermezzo
zwischenstaatlich BN internationaal, tussen de staten
Zwischenstufe ZN V (-/+n) tussentrap
Zwischensumme ZN V (-/+n) subtotaal
Zwischenzeit ZN V (-/gmv) tussentijd
Zwist ZN M (+(e)s/+e) twist, geschil • *mit jemandem in ~ leben* met iemand in onmin leven
Zwistigkeit ZN V (-/+en) onenigheid
zwitschern OV + ONOV WW sjilpen, piepen • *einen ~* een glaasje drinken • *er zwitscherte, dass er sie liebe* hij zei dat hij van haar hield
Zwitter ZN M (+s/-) tweeslachtig wezen, hermafrodiet
zwittrig BN tweeslachtig
zwo TELW → **zwei**
zwölf TELW twaalf
Zwölf ZN V (-/+en) twaalf • *die ~ ist eine heilige Zahl* twaalf is een heilig getal • *die ~ fährt alle zehn Minuten* lijn 12 gaat om de tien minuten
Zwölftel ZN O (+s/-) twaalfde
Zyan ZN O (+s/gmv) SCHEIK. cyaan
Zyanid ZN O (+s/+e) SCHEIK. cyanide
Zyankali ZN O (+s/gmv) cyaankali
zyklisch BN cyclisch • *eine ~e Verbindung* een cyclische verbinding
Zyklon ZN M (+(e)s/+e) cycloon
Zyklop ZN M (+en/+en) cycloop
Zyklus ZN M (-/Zyklen) cyclus
Zylinder ZN M (+s/-) **1** cilinder **2** lampenglas **3** cilinderhoed
zylindrisch BN cilindrisch, cilindervormig
Zyniker ZN M (+s/-) cynicus
zynisch BN cynisch
Zynismus ZN M (-/-men) cynisme
Zypern ZN O (-/gmv) Cyprus • *auf ~* op Cyprus
Zyprer ZN M (+s/-) Cylpriot
Zypresse ZN V (-/+n) cipres
Zyste ZN V (-/+n) MED. cyste
z.Z., **z.Zt.** AFK zur Zeit momenteel, op het ogenblik

De vervoeging van Duitse werkwoorden

Naar de manier van vervoegen onderscheidt men drie soorten werkwoorden: sterke, zwakke en onregelmatige. Bij zwakke werkwoorden blijft de stamklinker in de vervoeging gelijk. Het voltooid deelwoord heeft de uitgang (*e*)*t*. Bij sterke werkwoorden kan de stamklinker in de vervoeging veranderen. Het voltooid deelwoord heeft de uitgang *en*. Onregelmatige werkwoorden worden, zoals de naam al zegt, onregelmatig vervoegd.

Onregelmatige en sterke werkwoorden

In die gevallen waar meerdere vervoegingen mogelijk zijn,is de meest gebruikelijke opgenomen. Kan een werkwoord in al zijn betekenissen én sterk én zwak vervoegd worden, dan is dat werkwoord niet opgenomen.

infinitief	3e persoon enkelvoud o.t.t.	o.v.t.	volt. deelwoord	vertaling
aufschrecken	schreckt auf	schrak auf	aufgeschreckt	opschrikken
backen	backt/bäckt	backte	gebacken	bakken
befehlen	befiehlt	befahl	befohlen	bevelen
beginnen	beginnt	begann	begonnen	beginnen
beißen	beißt	biss	gebissen	bijten
bergen	birgt	barg	geborgen	bergen
bersten	birst	barst	geborsten	barsten
bewegen	bewegt	bewog	bewogen	overhalen
biegen	biegt	bog	gebogen	buigen
bieten	bietet	bot	geboten	bieden
binden	bindet	band	gebunden	binden
bitten	bittet	bat	gebeten	vragen
blasen	bläst	blies	geblasen	blazen
bleiben	bleibt	blieb	geblieben	blijven
bleichen	bleicht	blich	geblichen	bleken
braten	brät	briet	gebraten	braden
brechen	bricht	brach	gebrochen	breken
brennen	brennt	brannte	gebrannt	branden
bringen	bringt	brachte	gebracht	brengen
denken	denkt	dachte	gedacht	denken
dreschen	drischt	drosch	gedroschen	dorsen
dringen	dringt	drang	gedrungen	dringen
dürfen	darf	durfte	gedurft	mogen
empfehlen	empfiehlt	empfahl	empfohlen	aanbevelen
erschrecken	erschrickt	erschrak	erschrocken	schrikken
essen	isst	aß	gegessen	eten
fahren	fährt	fuhr	gefahren	rijden
fallen	fällt	fiel	gefallen	vallen
fangen	fängt	fing	gefangen	vangen
fechten	ficht	focht	gefochten	vechten
finden	findet	fand	gefunden	vinden
flechten	flicht	flocht	geflochten	vlechten
fliegen	fliegt	flog	geflogen	vliegen
fliehen	flieht	floh	geflohen	vluchten
fließen	fließt	floss	geflossen	vloeien
fressen	frisst	fraß	gefressen	vreten
frieren	friert	fror	gefroren	het koud hebben
gären	gärt	gor	gegoren	gisten
gebären	gebärt	gebar	geboren	bevallen
geben	gibt	gab	gegeben	geven
gedeihen	gedeiht	gedieh	gediehen	gedijen
gehen	geht	ging	gegangen	gaan

infinitief	3e persoon enkelvoud o.t.t.	o.v.t.	volt. deelwoord	vertaling
gelingen	gelingt	gelang	gelungen	lukken
gelten	gilt	galt	gegolten	gelden
genesen	genest	genas	genesen	herstellen
genießen	genießt	genoss	genossen	genieten
geschehen	geschieht	geschah	geschehen	gebeuren
gewinnen	gewinnt	gewann	gewonnen	winnen
gießen	gießt	goss	gegossen	gieten
gleichen	gleicht	glich	geglichen	lijken op
gleiten	gleitet	glitt	geglitten	glijden
glimmen	glimmt	glomm	geglommen	glimmen
graben	gräbt	grub	gegraben	graven
greifen	greift	griff	gegriffen	grijpen
haben	hat	hatte	gehabt	hebben
hängen[1]	hängt	hing	gehangen	hangen
hauen	haut	hieb	gehauen	slaan
heben	hebt	hob	gehoben	tillen
heißen	heißt	hieß	geheißen	heten
helfen	hilft	half	geholfen	helpen
hochschrecken	schreckt hoch	schrakhoch	hochgeschreckt	opschrikken
kennen	kennt	kannte	gekannt	kennen
klingen	klingt	klang	geklungen	klinken
kneifen	kneift	kniff	gekniffen	knellen
kommen	kommt	kam	gekommen	komen
können	kann	konnte	gekonnt	kunnen
kriechen	kriecht	kroch	gekrochen	kruipen
laden	lädt	lud	geladen	laden
lassen	lässt	ließ	gelassen	laten
laufen	läuft	lief	gelaufen	lopen
leiden	leidet	litt	gelitten	lijden
leihen	leiht	lieh	geliehen	lenen
lesen	liest	las	gelesen	lezen
liegen	liegt	lag	gelegen	liggen
lügen	lügt	log	gelogen	liegen
mahlen	mahlt	mahlte	gemahlen	malen
meiden	meidet	mied	gemieden	mijden
messen	misst	maß	gemessen	meten
misslingen	misslingt	misslang	misslungen	mislukken
mögen	mag	mochte	gemocht	graag hebben
müssen	muss	musste	gemusst	moeten
nehmen	nimmt	nahm	genommen	nemen
nennen	nennt	nannte	genannt	noemen
pfeifen	pfeift	pfiff	gepfiffen	fluiten
preisen	preist	pries	gepriesen	prijzen
quellen[1]	quillt	quoll	gequollen	wellen
raten	rät	riet	geraten	raden
reiben	reibt	rieb	gerieben	wrijven
reißen	reißt	riss	gerissen	scheuren
reiten	reitet	ritt	geritten	rijden
rennen	rennt	rannte	gerannt	rennen
riechen	riecht	roch	gerochen	ruiken
ringen	ringt	rang	gerungen	worstelen
rufen	ruft	rief	gerufen	roepen
saufen	säuft	soff	gesoffen	zuipen
saugen	saugt	sog	gesogen	zuigen
schaffen	schafft	schuf	geschaffen	creëren
schallen	schallt	scholl	geschallt	klinken
scheiden	scheidet	schied	geschieden	scheiden
scheinen	scheint	schien	geschienen	schijnen
scheißen	scheißt	schiss	geschissen	poepen
schelten	schilt	schalt	gescholten	berispen
scheren	schert	schor	geschoren	afknippen
schieben	schiebt	schob	geschoben	schuiven
schießen	schießt	schoss	geschossen	schieten
schinden	schindet	schund	geschunden	afbeulen

[1] alleen bij onovergankelijk gebruik

infinitief	3e persoon enkelvoud		volt. deelwoord	vertaling
	o.t.t.	o.v.t.		
schlafen	schläft	schlief	geschlafen	slapen
schlagen	schlägt	schlug	geschlagen	slaan
schleichen	schleicht	schlich	geschlichen	sluipen
schleifen	schleift	schliff	geschliffen	slijpen
schließen	schließt	schloss	geschlossen	sluiten
schlingen	schlingt	schlang	geschlungen	schrokken
schmeißen	schmeißt	schmiss	geschmissen	gooien
schmelzen	schmilzt	schmolz	geschmolzen	smelten
schneiden	schneidet	schnitt	geschnitten	snijden
schreiben	schreibt	schrieb	geschrieben	schrijven
schreien	schreit	schrie	geschrien	schreeuwen
schreiten	schreitet	schritt	geschritten	schrijden
schweigen	schweigt	schwieg	geschwiegen	zwijgen
schwellen[1]	schwillt	schwoll	geschwollen	groter worden
schwimmen	schwimmt	schwamm	geschwommen	zwemmen
schwinden	schwindet	schwand	geschwunden	afnemen
schwingen	schwingt	schwang	geschwungen	vibreren
schwören	schwört	schwor	geschworen	zweren
sehen	sieht	sah	gesehen	zien
sein	ist	war	gewesen	zijn
senden	sendet	sandte	gesandt	sturen
singen	singt	sang	gesungen	zingen
sinken	sinkt	sank	gesunken	zinken
sinnen	sinnt	sann	gesonnen	peinzen
sitzen	sitzt	saß	gesessen	zitten
sollen	soll	sollte	gesollt	moeten
spalten	spaltet	spaltete	gespalten	splijten
speien	speit	spie	gespien	spuwen
spinnen	spinnt	spann	gesponnen	spinnen
spleißen	spleißt	spliss	gesplissen	splitsen
sprechen	spricht	sprach	gesprochen	praten
sprießen	sprießt	spross	gesprossen	kiemen
springen	springt	sprang	gesprungen	springen
stechen	sticht	stach	gestochen	steken
stecken	steckt	stak	gesteckt	zitten in
stehen	steht	stand	gestanden	staan
stehlen	stiehlt	stahl	gestohlen	stelen
steigen	steigt	stieg	gestiegen	klimmen
sterben	stirbt	starb	gestorben	overlijden
stinken	stinkt	stank	gestunken	ruiken
stoßen	stößt	stieß	gestoßen	stoten
streichen	streicht	strich	gestrichen	strijken
streiten	streitet	stritt	gestritten	ruziemaken
tragen	trägt	trug	getragen	dragen
treffen	trifft	traf	getroffen	treffen
treiben	treibt	trieb	getrieben	drijven
treten	tritt	trat	getreten	trappen
trinken	trinkt	trank	getrunken	drinken
trügen	trügt	trog	getrogen	vertroebelen
tun tut	tat	getan	doen	
verderben	verdirbt	verdarb	verdorben	bederven
verdrießen	verdrießt	verdross	verdrossen	ontstemmen
vergessen	vergisst	vergaß	vergessen	vergeten
verlieren	verliert	verlor	verloren	verliezen
verzeihen	verzeiht	verzieh	verziehen	vergeven
wachsen	wächst	wuchs	gewachsen	groeien
wägen	wägt	wog	gewogen	wiegen
waschen	wäscht	wusch	gewaschen	wassen
weben	webt	wob	gewoben	weven (fig.)
weichen	weicht	wich	gewichen	toe-/meegeven
weisen	weist	wies	gewiesen	wijzen
wenden	wendet	wandte	gewandt	wenden
werben	wirbt	warb	geworben	werven
werden	wird	wurde	geworden	worden

[1] alleen bij onovergankelijk gebruik

infinitief	3e persoon enkelv o.t.t.	o.v.t.	volt. deelwoord	vertaling
werfen	wirft	warf	geworfen	werpen
wiegen	wiegt	wog	gewogen	wiegen
winden	windet	wand	gewunden	winden
wissen	weiß	wusste	gewusst	weten
wollen	will	wollte	gewollt	willen
wringen	wringt	wrang	gewrungen	wringen
ziehen	zieht	zog	gezogen	trekken
zusammen-schrecken	schreckt zusammen	schrak zusammen	zusammen-geschreckt	van schrik ineenkrimpen
zwingen	zwingt	zwang	gezwungen	dwingen

[1] alleen bij onovergankelijk gebruik